Schaumburg/Englisch
Europäisches Steuerrecht

Europäisches Steuerrecht

herausgegeben von

Prof. Dr. Harald Schaumburg
Rechtsanwalt,
Fachanwalt für Steuerrecht, Bonn

Prof. Dr. Joachim Englisch
Westfälische Wilhelms-Universität,
Münster

bearbeitet von

Dr. Lars Dobratz
Regierungsdirektor im Bundesministerium der Finanzen, Berlin
Referent am Gerichtshof der Europäischen Union a.D.

Prof. Dr. Joachim Englisch
Westfälische Wilhelms-Universität, Münster

Dr. Daniel Fehling, LL.M.
Regierungsdirektor im Bundesministerium der Finanzen, Berlin

Karsten Flüchter
Regierungsdirektor im Bundeszentralamt für Steuern, Bonn

Univ.-Prof. DDr. Georg Kofler, LL.M. (NYU)
Johannes Kepler Universität, Linz

Dr. Ingo Oellerich
Richter am Finanzgericht, Münster

Prof. Dr. Ekkehart Reimer
Universität Heidelberg

Prof. Dr. Harald Schaumburg
Rechtsanwalt, Fachanwalt für Steuerrecht, Bonn

2., völlig überarbeitete und
erweiterte Auflage

2020

ottoschmidt

Zitierempfehlung:
Schaumburg in Schaumburg/Englisch,
Europäisches Steuerrecht, 2. Aufl. 2020, Rz. 1.1 ff.

*Bibliografische Information
der Deutschen Nationalbibliothek*

Die Deutsche Nationalbibliothek verzeichnet diese Publikation in der Deutschen Nationalbibliografie; detaillierte bibliografische Daten sind im Internet über http://dnb.d-nb.de abrufbar.

Verlag Dr. Otto Schmidt KG
Gustav-Heinemann-Ufer 58, 50968 Köln
Tel. 02 21/9 37 38-01, Fax 02 21/9 37 38-943
info@otto-schmidt.de
www.otto-schmidt.de

ISBN 978-3-504-26018-7

©2020 by Verlag Dr. Otto Schmidt KG, Köln

Das Werk einschließlich aller seiner Teile ist urheberrechtlich geschützt. Jede Verwertung, die nicht ausdrücklich vom Urheberrechtsgesetz zugelassen ist, bedarf der vorherigen Zustimmung des Verlages. Das gilt insbesondere für Vervielfältigungen, Bearbeitungen, Übersetzungen, Mikroverfilmungen und die Einspeicherung und Verarbeitung in elektronischen Systemen.

Das verwendete Papier ist aus chlorfrei gebleichten Rohstoffen hergestellt, holz- und säurefrei, alterungsbeständig und umweltfreundlich.

Einbandgestaltung: Lichtenford, Mettmann
Satz: WMTP, Birkenau
Druck und Verarbeitung: Kösel, Krugzell
Printed in Germany

Vorwort zur 2. Auflage

Seit dem Erscheinen der Erstauflage des Handbuchs sind vier Jahre vergangen, in denen sich das Europäische Steuerrecht dynamisch fortentwickelt hat. Der erfreuliche Zuspruch, den das Werk in Fachkreisen gefunden hat, hat uns daher zu einer Neuauflage bewogen. Sie bot zugleich die Gelegenheit, nunmehr auch die wesentlichen Harmonisierungsmaßnahmen auf dem Gebiet der indirekten Steuern in das Handbuch aufzunehmen. Unverändert geblieben ist der Anspruch von Herausgebern und Autoren, sowohl der rechtsanwendenden Praxis wie auch der Wissenschaft, eine umfassende und fundierte Orientierung zu Bestand und Dogmatik des Europäischen Steuerrechts zu verschaffen. Die von uns angestrebte systematische und tiefgehende Erschließung der Materie erlaubt die rasche Durchdringung aller relevanten Fragestellungen und bietet darüber hinaus eine detaillierte Analyse der wesentlichen Auswirkungen auf das deutsche Steuerrecht.

Anlass zu erheblichen Ergänzungen gab der Zuwachs des unionsrechtlichen Normenbestands im Bereich des direkten Steuerrechts. Mit zwei Richtlinien zur Bekämpfung von Steuervermeidung („ATAD I" und „ATAD II") wurde ein unionsweit geltender Mindeststandard von Anti-Missbrauchsmaßnahmen auf dem Gebiet der internationalen Unternehmensbesteuerung geschaffen. Erheblich ausgeweitet wurde außerdem durch sukzessive Ergänzungen der Amtshilferichtlinie der grenzüberschreitende Informationsaustausch in Steuersachen. Besondere Erwähnung verdient in diesem Zusammenhang die Einführung einer Meldepflicht für sog. Intermediäre und insbesondere für Steuerberater betreffend die beabsichtigte Durchführung modellhafter Steuergestaltungen. Treiber dieser Entwicklungen waren der politische Handlungsdruck aufgrund der BEPS-Empfehlungen der OECD sowie der öffentlichkeitswirksamen Aufdeckung internationaler Steuergestaltungsmodelle und Hinterziehungsstrukturen („Lux-Leaks", „Panama Papers" etc.). Des Weiteren haben die internationalen Bemühungen um eine angemessene steuerpolitische Reaktion auf die Digitalisierung der Wirtschaft dem 2016 neu aufgelegten Bemühen um die Harmonisierung der körperschaftsteuerlichen Bemessungsgrundlage mit formelmäßiger Aufteilung der Besteuerungsrechte („GKKB") neuen Auftrieb gegeben.

Stark im Fluss befinden sich ferner Rechtsprechung und Kommissionspraxis zum Verbot von Fiskalbeihilfen. Der Europäische Gerichtshof hat seinen traditionellen Prüfungsansatz teils präzisiert, teils modifiziert und damit nicht zuletzt die Reichweite der beihilfenrechtlichen Kontrolle des mitgliedstaatlichen Steuerrechts erheblich ausgeweitet. Noch expansivere Tendenzen verfolgt die Kommission im Zuge der zahlreichen von ihr initiierten Verfahren zu „tax rulings" sowie zu progressiven Steuern auf den Umsatz. Die wesentlichen Entwicklungslinien werden in der Neuauflage analysiert und kritisch kommentiert.

Auch im Übrigen war auf allen Gebieten des Europäischen Steuerrechts ein großes Maß an Bewegung zu verzeichnen. Verantwortlich hierfür ist in erster Linie die Judikative. Hervorzuheben ist die Rechtsprechung des Europäischen Gerichtshofs zum Missbrauchsverbot im europäischen Primär- und Sekundärrecht, mit starken Vereinheitlichungstendenzen, aber auch mit bedeutsamen Nuancierungen im Detail. Vor besondere Herausforderungen stellt seine Rechtsprechung den Praktiker außerdem nach wie vor auf dem Gebiet der Grundfreiheiten; es seien hier nur die Kapriolen zur Rechtsfigur der „finalen Verluste" erwähnt. Der Unionsgesetzgeber wiederum hat ein Schiedsverfahren bei DBA-Konflikten zwischen Mitgliedstaaten eingeführt, das in einem neuen Kapitel des Handbuchs gewürdigt wird. Schließlich wirft auch der anstehende BREXIT unionsrechtliche Schatten voraus, die es in vielfältigen Zusammenhängen nachzuzeichnen galt.

Erstmals aufgenommen wurden drei Kapitel zum harmonisierten Recht der indirekten Steuern. Besonders eingehend erläutert wird das dichte Normengeflecht des europäischen Mehrwertsteuerrechts. Die maßgebenden unionsrechtlichen Konturen und Vorgaben werden in ihrem Gesamtzusammenhang erschlossen und für ausgewählte praxisrelevante Bereiche wie Organschaft und Steuerbefreiungen vertieft. Daneben bietet das Handbuch einen systematischen Zugang zur komplexen Materie des Rechts der harmonisierten Verbrauchsteuern und weiterer indirekter Steuern.

Vorwort zur 2. Auflage

Wir freuen uns sehr, dass es gelungen ist, für die Neuauflage *Lars Dobratz* zu gewinnen, der sich seit seiner ehemaligen Tätigkeit als Rechtsreferent am EuGH als profunder Kenner des gesamten europäischen Steuerrechts profiliert hat. Der neue Teil zu den indirekten Steuern stammt zur Gänze aus seiner Feder. Als anerkannter und praktisch versierter Experte aus der Finanzverwaltung hat zudem *Karsten Flüchter* das neue Kapitel zur DBA-Streitbeilegung verfasst.

Möge auch die vorliegende zweite Auflage dem Leser ein wertvolles Hilfsmittel in der Bearbeitung von Rechtsproblemen sein, die sich vor dem Hintergrund des Europäischen Steuerrechts stellen.

Bonn und Münster, im August 2019
Prof. Dr. Harald Schaumburg
Prof. Dr. Joachim Englisch

Vorwort zur 1. Auflage

Das Europäische Steuerrecht ist ein verhältnismäßig junger Zweig des Steuerrechts. Es verdankt seine Entstehung in erheblichen Teilen der weit ausgreifenden Rechtsprechung des Europäischen Gerichtshofes. Die Judikatur zur unionsrechtskonformen Auslegung harmonisierten nationalen Steuerrechts sowie zu Vorrang und unmittelbarer Anwendbarkeit von europäischem Verfassungs- und Gesetzesrecht haben die Bedeutung der europäischen Integration für den Steuerrechtsanwender erst vor wenigen Jahrzehnten begründet und sichtbar gemacht. Auch heute noch kommt dem Gerichtshof eine herausragende Stellung bei der Fortentwicklung des Europäischen Steuerrechts zu, vor allem, weil die nunmehr 28 Mitgliedstaaten der EU am Einstimmigkeitsprinzip für die europäische Steuergesetzgebung festgehalten haben und darum nur noch selten die politische Kraft zu grundlegenden Reformen oder weiteren Harmonisierungsschritten finden. Es bleibt abzuwarten, inwieweit diese Defizite in Zukunft durch alternative Verfahren wie die intergouvernementale Kooperation, die verstärkte Zusammenarbeit in einem Europa der zwei Geschwindigkeiten, oder durch rechtlich unverbindliches sog. „soft law" kompensiert werden können. Unbeschadet künftiger Entwicklungen haben jedenfalls sowohl der relevante Normenbestand als auch das „case law" inzwischen eine erhebliche Konsolidierung erfahren und rechtsdogmatische Eigenständigkeit erlangt.

Diese Entwicklung und die damit einhergehende zunehmende Komplexität der Materie erlauben es nicht länger, das Europäische Steuerrecht nur als Annexmaterie in steuer- oder europarechtlichen Handbüchern und Kommentierungen zu thematisieren. Die Zeit schien uns daher reif für ein Handbuch, das sich diesem Rechtsgebiet umfassend und eingehend widmet und seine vielfältigen Bezüge zur nationalen Steuerrechtsordnung herausarbeitet.

Das Handbuch wendet sich sowohl an den mit dem Internationalen und Europäischen Steuerrecht befassten Praktiker als auch an die auf diesem Gebiet Forschenden und Lehrenden. Hauptanliegen von Herausgebern und Autoren ist es, Bestand und Dogmatik des Europäischen Steuerrechts systematisch darzustellen und wesentliche Implikationen für das deutsche Steuerrecht aufzuzeigen. Das erfordert eine Einbettung in das europäische Institutionensystem und die Rückkoppelung an allgemeine europarechtliche Entwicklungen, die vor allem in den ersten Kapiteln dieses Handbuchs, letztlich aber durchgängig im Gesamtwerk ihren Ausdruck finden. Besondere Aufmerksamkeit hat zudem die Rechtsprechung von Europäischem Gerichtshof und Bundesfinanzhof erfahren, deren Verästelungen auf grundlegende Prinzipien zurückgeführt und kritisch gewürdigt werden. Korrespondierend hierzu wird das Rechtsschutzsystem bei Missachtung unionsrechtlicher Bestimmungen sowohl übergreifend wie im jeweiligen Sachzusammenhang behandelt. Auch die vielfältigen Wechselbezüge zwischen europäischen und nationalen verfassungsrechtlichen Vorgaben werden erörtert. Zum Konzept des Handbuches gehört es, dabei jeweils beide großen Teilrechtsgebiete des Europäischen Steuerrechts abzudecken: Die primärrechtlichen Anforderungen namentlich der Grundfreiheiten und des Beihilfenverbotes an die Ausgestaltung der nationalen Steuerrechtsordnung sowie die sekundärrechtliche Harmonisierung einzelner Bereiche des Steuersystems. Die enorme Fülle des Stoffes hat es allerdings erforderlich gemacht, im Bereich der europäischen Steuergesetzgebung Schwerpunkte zu setzen und eine Themenauswahl zu treffen. Die Entwicklungen im Recht der indirekten Steuern sowie im Zollrecht werden daher nur überblicksartig angesprochen.

Es ist uns gelungen, herausragende Experten des Europäischen Steuerrechts aus Wissenschaft, Beratungspraxis, Richterschaft und Finanzverwaltung als Autoren für dieses Werk zu gewinnen. Die Verbindung ihrer verschiedenen Perspektiven auf die Rechtsmaterie hat sich als überaus bereichernd für das Gesamtwerk erwiesen und gewährleistet Ausgewogenheit ebenso wie Praxisrelevanz der Darstellung. Allen Beteiligten sei an dieser Stelle herzlich gedankt.

Vorwort zur 1. Auflage

Möge das Handbuch für seine Leser ein wertvoller Schlüssel zur Erkenntnis des Zusammenspiels nationalen Steuerrechts und unionsrechtlicher Regelungen und Rechtsprechung und zugleich zur Lösung von Rechtsproblemen sein, die sich vor diesem Hintergrund stellen. Anregungen und Kritik sind Herausgeber und Verlag stets willkommen.

Bonn und Münster, im Februar 2015
                                      Prof. Dr. Harald Schaumburg
Prof. Dr. Joachim Englisch

Inhaltsübersicht

	Seite
Vorwort zur 2. Auflage	V
Vorwort zur 1. Auflage	VII
Abkürzungsverzeichnis	XV
Literaturverzeichnis	XXV

1. Teil: Einführende Grundlagen

	Rz.	Seite
Kapitel 1 Dimension des Europäischen Steuerrechts *(Schaumburg)*		1
A. Begriff des Europäischen Steuerrechts	1.1	2
B. Angleichung nationaler Steuerrechtssysteme	1.4	3
C. Europäische Steuerrechtsverfassung	1.21	10
Kapitel 2 Einbettung in den Prozess europäischer Integration *(Schaumburg)*		13
A. Von der Europäischen Wirtschaftsgemeinschaft zur Europäischen Union	2.1	14
B. Gemeinsamer Markt und Europäischer Binnenmarkt	2.14	21
C. Das institutionelle Gefüge der EU	2.17	23
D. Anbindung von Drittstaaten	2.28	26
E. Beitritt zur Union	2.33	29
F. Austritt aus der Union	2.38	30
Kapitel 3 Rechtsquellen des Europäischen Steuerrechts *(Schaumburg)*		33
A. Rechtsquellensystem	3.1	34
B. Primärrecht	3.4	34
C. Sekundärrecht	3.6	36
D. Tertiärrecht	3.15	40
E. Völkerrechtliche Verträge	3.20	42
F. Soft law	3.24	43
Kapitel 4 Das normative Mehrebenensystem *(Schaumburg)*		47
A. Überblick zur Normenhierarchie	4.1	48
B. Normenhierarchie innerhalb des Unionsrechts	4.6	50
C. Anwendungsvorrang des Unionsrechts	4.18	55
D. Einwirkung des Unionsrechts auf das innerstaatliche Steuerrecht	4.24	57
E. Gleichheitsrechtliche Ausweitung unionsrechtlich vermittelter Rechtspositionen	4.64	74

	Rz.	Seite
Kapitel 5 Europäische Gerichtsbarkeit in Steuersachen *(Oellerich)*		79
A. Europäische Gerichtsbarkeit als Teil des europäischen Rechtsschutzverbundes	5.1	80
B. Aufbau der unionsrechtlichen Gerichtsbarkeit	5.2	80
C. Überblick über die für das Steuerrecht bedeutsamen Zuständigkeiten	5.6	81
D. Ausblick: Europäische Gerichtsbarkeit im Verhältnis zu Großbritannien nach dem Brexit	5.46	94

2. Teil: Negative Integration

	Rz.	Seite
Kapitel 6 Diskriminierungs- und Beschränkungsverbote im Recht der Steuern auf Waren und Dienstleistungen *(Englisch)*		97
A. Relevante Vorgaben im Recht der europäischen Verträge	6.1	97
B. Steuerliche Diskriminierung des grenzüberschreitenden Handels	6.7	100
C. Verbot internationaler Doppelbesteuerung	6.63	127
D. Beschränkende Wirkung der Steuererhebung als solcher	6.67	129
Kapitel 7 Diskriminierungs- und Beschränkungsverbote im direkten Steuerrecht		133
A. Überblick *(Reimer)*	7.1	136
B. Anwendungsbereich der einzelnen Grundfreiheiten *(Reimer)*	7.62	153
C. Steuerliche Diskriminierung und Beschränkung *(Reimer)*	7.125	168
D. Rechtfertigungsmöglichkeiten *(Englisch)*	7.199	185
Kapitel 8 Anwendungsfragen im deutschen Steuerrecht		269
A. Persönliche Einkommensteuer *(Schaumburg)*	8.1	271
B. Gemeinnützigkeits- und Spendenrecht *(Schaumburg)*	8.43	292
C. Erbschaft- und Schenkungsteuerrecht *(Oellerich)*	8.57	298
D. Unternehmensbesteuerung *(Oellerich)*	8.76	307
E. DBA-Recht *(Oellerich)*	8.182	351
F. Eintritt in die EU, Ausschluss und Austritt aus der EU (Brexit) *(Fehling)*	8.215	362
Kapitel 9 Das Beihilfenverbot im Steuerrecht *(Englisch)*		377
A. Konzept und ideengeschichtlicher Hintergrund	9.1	379
B. Bedeutung im Steuerrecht	9.4	380
C. Verbotene steuerliche Beihilfen	9.7	382
D. Mit dem Binnenmarkt vereinbare Beihilfen	9.47	423
E. Verhältnis zu Grundfreiheitsverstößen	9.53	427
F. Die Beihilfenkontrolle	9.57	430
G. Rückforderung beihilferechtswidriger Steuervergünstigungen	9.66	439

3. Teil: Positive Integration des materiellen Rechts

	Rz.	Seite
Kapitel 10 Entwicklung und Stand der Harmonisierung *(Fehling)*		447
A. Einführung	10.1	448
B. Vereinheitlichung des Zollrechts	10.3	449
C. Weitreichende Harmonisierung der indirekten Steuern	10.10	450
D. Punktuelle Angleichung der direkten Steuern	10.20	455
E. Nichtsteuerliche Dossiers mit steuerlicher Bedeutung	10.32	460
F. Ein neuer Schwerpunkt der EU	10.38	463
Kapitel 11 Steuergesetzgebungskompetenzen der Union *(Schaumburg)*		467
A. Grundsätze unionsrechtlicher Kompetenzausübung	11.1	467
B. Gesetzgebungskompetenzen in einzelnen Bereichen der Steuerpolitik	11.15	473
Kapitel 12 Einwirkung allgemeiner Rechtsgrundsätze des EU-Rechts *(Englisch)*		487
A. Entwicklung sowie Rechts- und Rechtserkenntnisquellen	12.1	488
B. Anwendungsbereich der allgemeinen Rechtsgrundsätze	12.6	491
C. Für das Steuerrecht bedeutsame allgemeine Rechtsgrundsätze	12.11	496
Kapitel 13 Auslegung und Anwendung des harmonisierten Steuerrechts *(Kofler)*		523
A. Auslegung von EU-Verordnungen und EU-Richtlinien	13.1	523
B. Unionsrechtskonforme Auslegung nationaler Umsetzungsakte	13.9	527
C. Grundsatz des Verbotes missbräuchlicher Berufung auf Unionsrecht	13.17	533
Kapitel 14 Mutter-Tochter-Richtlinie *(Kofler)*		537
A. Entwicklung, Zielsetzung und Regelungskonzept	14.1	549
B. Anwendungsfragen bei der Umsetzung in innerstaatliches Recht	14.11	553
C. Überblick zur Umsetzung im deutschen Recht	14.89	600
Kapitel 15 Zinsen-Lizenzgebühren-Richtlinie *(Kofler)*		607
A. Entwicklung, Zielsetzung und Regelungskonzept	15.1	609
B. Anwendungsfragen bei der Umsetzung in nationales Recht	15.8	612
C. Überblick zur Umsetzung im deutschen Recht	15.31	622
Kapitel 16 Fusionsrichtlinie *(Fehling)*		627
A. Entwicklung, Zielsetzung und Regelungskonzept	16.1	630
B. Regelungskonzept	16.25	638
C. Diskussionspunkte zur Umsetzung in deutsches Recht	16.89	654
D. Fazit	16.113	663

	Rz.	Seite
Kapitel 17 ATAD *(Fehling)*		665
A. Entwicklung und Zielsetzung	17.1	669
B. Regelungskonzept	17.27	681
C. Diskussionspunkte zur Umsetzung in nationales Recht	17.105	716
D. Fazit	17.123	725
Kapitel 18 Vorschlag einer Gemeinsamen (Konsolidierten) Körperschaftsteuer-Bemessungsgrundlage (GKB/GKKB) *(Fehling)*		729
A. Hintergrund und Vorarbeiten	18.1	731
B. Der GKB-Richtlinienentwurf vom 25.10.2016	18.23	738
C. Der GKKB-Richtlinienentwurf vom 25.10.2016	18.75	756
D. Zusammenfassende Würdigung und Ausblick	18.104	763
Kapitel 19 Mehrwertsteuer *(Dobratz)*		767
A. Grundlagen	19.1	768
B. Unionsrechtliche Vorgaben	19.26	780
C. Umsetzung in deutsches Recht	19.250	852
Kapitel 20 Verbrauchsteuern *(Dobratz)*		857
A. Grundlagen	20.1	857
B. Unionsrechtliche Vorgaben	20.6	860
C. Umsetzung in deutsches Recht	20.65	878
Kapitel 21 Sonstige indirekte Steuern *(Dobratz)*		881
A. Kapitalverkehrsteuern	21.1	881
B. Harmonisierungsansätze bei weiteren indirekten Steuern	21.23	889
Kapitel 22 Das Steuerregime für Bedienstete der EU *(Kofler)*		893
A. Übersicht	22.1	893
B. Gehälter, Löhne und andere Bezüge	22.6	898
C. Wohnsitzfiktion für Nebeneinkünfte, Erbschafts- und Vermögensteuern (Art. 13 ProtVB)	22.16	904

4. Teil: Steuerverfahren und Steuerprozess

	Rz.	Seite
Kapitel 23 Schiedsverfahrenskonvention zu Verrechnungspreiskorrekturen *(Schaumburg)*		909
A. Grundlagen	23.1	910
B. Anwendungsbereich	23.7	912
C. Verfahren	23.10	913
D. Konkretisierung durch das Joint-Transfer-Pricing-Forum	23.41	924

	Rz.	Seite
Kapitel 24 Streitbeilegungs-Richtlinie *(Flüchter)*		931
A. Entwicklung, Zielsetzung und Regelungskonzept	24.1	932
B. Anwendungsfragen bei der Umsetzung in innerstaatliches Recht	24.19	939
C. Überblick zur Umsetzung im deutschen Recht	24.86	961
Kapitel 25 Grenzüberschreitende Amts- und Rechtshilfe *(Schaumburg)*		965
A. Grundsätze	25.1	965
B. Überblick	25.6	970
C. Amtshilfe-Richtlinie	25.15	974
D. Beitreibungsrichtlinie	25.61	996
E. Zusammenarbeitsverordnungen	25.97	1008
Kapitel 26 Grundsatz und Grenzen mitgliedstaatlicher Verfahrensautonomie beim Vollzug harmonisierten Steuerrechts *(Oellerich)*		1019
A. Allgemeines	26.1	1020
B. Ausstrahlungswirkung auf das Steuerverfahren	26.7	1022
C. Ausstrahlung auf die Verwaltungsorganisation	26.31	1032
D. Ausstrahlung auf den Steuerprozess	26.33	1032
Kapitel 27 Gerichtliche Durchsetzung des Unionsrechts *(Fehling)*		1035
A. Einleitung	27.1	1036
B. Unionsrechtswidrigkeit nationalen Steuerrechts	27.6	1037
C. Primärrechtswidrigkeit sekundären Unionsrechts	27.43	1049
D. Fazit	27.63	1054
Kapitel 28 Umsetzung von Entscheidungen des EuGH und der Kommission *(Schaumburg)*		1055
A. Wirkung von Urteilen des EuGH	28.1	1055
B. Wirkung von Entscheidungen der Kommission	28.43	1074
Stichwortverzeichnis		1083

Abkürzungsverzeichnis

a.A.	andere(r) Ansicht
a.a.O.	am angegebenen Ort
ABl. EG	Amtsblatt der Europäischen Gemeinschaften (bis Januar 2003)
ABl. EU	Amtsblatt der Europäischen Union (ab Februar 2003)
Abs.	Absatz
Abschn.	Abschnitt
AdR	Ausschuss der Regionen
a.E.	am Ende
AEAO	Anwendungserlass zur Abgabenordnung
AEAStG	Anwendungserlass zum Außensteuergesetz
AEUV	Vertrag über die Arbeitsweise der Europäischen Union
a.F.	alte Fassung
AfA	Absetzung für Abnutzung
AfaA	Absetzung für außergewöhnliche Abnutzung
AfS	Absetzung für Substanzverringerung
AG	Aktiengesellschaft; Arbeitsgemeinschaft; Die Aktiengesellschaft (Zeitschrift)
AGV	Allgemeine Gruppenfreistellungs-Verordnung
AktG	Aktiengesetz
Alt.	Alternative
a.M.	anderer Meinung
amtl.	amtlich
Anh.	Anhang
Anm.	Anmerkung
AO	Abgabenordnung
AOA	Authorised OECD Approach
AöR	Archiv des öffentlichen Rechts (Zeitschrift)
APA	Advanced Pricing Agreement
Art.	Artikel
AS	Amtliche Sammlung (Schweiz)
AST	Besoldungsgruppe innerhalb der Europäischen Union
AStG	Außensteuergesetz
ATAD	Anti-Tax Avoidance-Richtlinie
ATE	Auslandstätigkeitserlass
Aufl.	Auflage
AuslInvG	Auslandsinvestmentgesetz
AVR	Archiv des Völkerrechts (Zeitschrift)
AWD	Außenwirtschaftsdienst des Betriebsberaters (Zeitschrift)
AWV	Außenwirtschaftsverordnung
Az.	Aktenzeichen
BaFin	Bundesanstalt für Finanzdienstleistungsaufsicht
BB	Betriebs-Berater (Zeitschrift)
Bd.	Band
BdF	Bundesminister der Finanzen
BDI	Bundesverband der Deutschen Industrie
BEAT	Base Erosion Anti-Abuse Tax
Begr.	Begründung

BeitrDVO	Durchführungsverordnung (EU) Nr. 1189/2011 der Kommission vom 18. November 2011 zur Festlegung der Durchführungsbestimmungen zu bestimmten Artikeln der Richtlinie 2010/24/EU des Rates über die Amtshilfe bei der Beitreibung von Forderungen in Bezug auf Steuern, Abgaben und sonstige Maßnahmen
BEPS	Base Erosion and Profit Shifting
Beschl.	Beschluss
BeSt	Beratersicht zur Steuerrechtsprechung (Zeitschrift)
betr.	betreffend
BewG	Bewertungsgesetz
BFH	Bundesfinanzhof
BFHE	Sammlung der Entscheidungen des Bundesfinanzhofs
BFH/NV	Sammlung aller nicht amtlich veröffentlichten Entscheidungen des Bundesfinanzhofs (Zeitschrift)
BFuP	Betriebswirtschaftliche Forschung und Praxis (Zeitschrift)
BGB	Bürgerliches Gesetzbuch
BGBl.	Bundesgesetzblatt Teil I oder II
BGH	Bundesgerichtshof
BIFD	Bulletin for International Fiscal Documentation
BK	Bonner Kommentar
B/K/L/M/R	Brezing/Krabbe/Lempenau/Mössner/Runge, Außensteuerrecht
BMF	Bundesministerium der Finanzen
B.O.D.G.I.	Bulletin Officiel de la Générale des Impôts
Bp	Betriebsprüfung
BR	Bundesrat
BR-Drucks.	Drucksachen des Bundesrates
BSB	Beschäftigungsbedingungen für die sonstigen Bediensteten
BsGaV	Betriebsstättengewinnaufteilungsverordnung
BStBl.	Bundessteuerblatt Teil I, II oder III
BT	Bundestag
BT-Drucks.	Drucksachen des Bundestages
BTR	British Tax Review
Buchst.	Buchstabe
BVerfG	Bundesverfassungsgericht
bzgl.	bezüglich
BZSt	Bundeszentralamt für Steuern
bzw.	beziehungsweise
CCCTB	Common Consolidated Corporate Tax Base
CCN	Common Communication Network
CDFI	Cahiers de Droit Fiscal International
CFC	Controlled Foreign Company
CSI	Common System Interface
CTA	Covered Tax Agreement/Contractual Trust Arrangement(s)
DB	Der Betrieb (Zeitschrift)
DBA	Doppelbesteuerungsabkommen
DBG	Bundesgesetz über die direkte Bundessteuer (Schweiz)
ders.	Derselbe
DE-VG	Deutsche Verhandlungsgrundlage für DBA
DFI	Derivatives & Financial Instruments (Zeitschrift)
d.h.	das heißt
dies.	dieselbe(n)

DIHK	Deutscher Industrie- und Handelskammertag
DIHT	Deutscher Industrie- und Handelstag
DK	Der Konzern (Zeitschrift)
D/P/M	Dötsch/Pung/Möhlenbrock, Die Körperschaftsteuer
D/P/P/M	Dötsch/Patt/Pung/Möhlenbrock, Umwandlungssteuerrecht
DStJG	Veröffentlichungen der Deutschen Steuerjuristischen Gesellschaft e.V. (Tagungsbände)
DStR	Deutsches Steuerrecht (Zeitschrift)
DStRE	Deutsches Steuerrecht – Entscheidungsdienst (Zeitschrift)
DStZ	Deutsche Steuerzeitung (Zeitschrift)
DSWR	Datenverarbeitung in Steuer, Wirtschaft und Recht (Zeitschrift)
DVBl.	Deutsches Verwaltungsblatt (Zeitschrift)
€	Euro
-E	(Gesetzes-) Entwurf
EAG	Europäische Atomgemeinschaft
EAS	Express-Antwort-Service des Bundesministeriums für Finanzen (Österreich)
EBIT	Earnings before Interest and Taxes (operativer Gewinn)
ECSD	European Convention on the Settlement of Disputes
ECOFIN	Economic and Financial Affairs Council (Rat Wirtschaft und Finanzen)
EC Tax Review	European Communities Tax Review (Zeitschrift)
EEA	Einheitliche Europäische Akte
EFG	Entscheidungen der Finanzgerichte (Zeitschrift)
EFTA	European Free Trade Association
EG	Vertrag zur Gründung der Europäischen Gemeinschaft in der Fassung des Vertrages von Amsterdam
EG-AHiG	Gesetz zur Durchführung der EG-Richtlinie über die gegenseitige Amtshilfe im Bereich der direkten Steuern, bestimmter Verbrauchsteuern und der Steuern auf Versicherungsprämien (EG-Amtshilfegesetz)
EG-AHiRL	Richtlinie 77/799/EWG des Rates vom 19. Dezember 1977 über die Amtshilfe zwischen den zuständigen Behörden der Mitgliedstaaten im Bereich der direkten Steuern und der Steuern auf Versicherungsprämien (EG-Amtshilferichtlinie)
EGAO	Einführungsgesetz zur Abgabenordnung
EGBGB	Einführungsgesetz zum Bürgerlichen Gesetzbuch
EGFL	Europäischer Garantiefonds für die Landwirtschaft
EGKS	Vertrag über die Europäische Gemeinschaft für Kohle und Stahl
EGMR	Europäischer Gerichtshof für Menschenrechte
EIB	Europäische Investitionsbank
EK	Eigenkapital
ELER	Europäischer Landwirtschaftsfonds für die Entwicklung des ländlichen Raums
EMRK	Europäische Konvention zum Schutz der Menschenrechte und Grundfreiheiten
ENP	Europäische Nachbarschaftspolitik
EP	Europäisches Parlament
EPG	Europäische Politische Gemeinschaft
EPZ	Erfolgte Politische Zusammenarbeit
Erl.	Erlass
ESM	Europäischer Stabilitätsmechanismus
EStB	Ertragsteuerberater (Zeitschrift)
EStDV	Einkommensteuer-Durchführungsverordnung
EStG	Einkommensteuergesetz
EStR	Einkommensteuerrichtlinien
ESZB	Europäisches System der Zentralbanken

ET	European Taxation (Zeitschrift)
et al.	et alii
EU	Europäische Union
EU-AHiG	Gesetz über die Durchführung der gegenseitigen Amtshilfe in Steuersachen zwischen den Mitgliedstaaten der Europäischen Union (EU-Amtshilfegesetz)
EU-AHiRL	Richtlinie 2011/16/EU des Rates vom 15. Februar 2011 über die Zusammenarbeit der Verwaltungsbehörden im Bereich der Besteuerung und zur Aufhebung der Richtlinie 77/799/EWG (EU-Amtshilferichtlinie)
EU-BeitrRL	Richtlinie 2010/24/EU des Rates vom 16. März 2010 über die Amtshilfe bei der Beitreibung von Forderungen in Bezug auf bestimmte Steuern, Abgaben und sonstige Maßnahmen (EU-Beitreibungsrichtlinie)
EuBSt	Verordnung Nr. 31 (EWG) 11 (EAG) über das Statut der Beamten und über die Beschäftigungsbedingungen für die sonstigen Bediensteten der Europäischen Wirtschaftsgemeinschaft und der Europäischen Atomgemeinschaft (Europäisches Beamtenstatut)
EuG	Gericht der Europäischen Union
EuGH	Europäischer Gerichtshof
EuGHE	Sammlung der Rechtsprechung des Gerichtshofes und des Gerichts Erster Instanz
EuGH-URep	EuGH-Umsatzsteuerreport
EuGRZ	Europäische Grundrechte-Zeitschrift
EU JTPF	European Union Joint Transfer Pricing Forum (Gemeinsames EU-Verrechnungspreisforum)
EuR	Europarecht (Zeitschrift
EUSchK	EU-Schiedsverfahrenskonvention
EU-SchÜ	Übereinkommen Nr. 90/436/EWG über die Beseitigung der Doppelbesteuerung im Falle von Gewinnberichtigungen zwischen verbundenen Unternehmen (EU-Schiedsübereinkommen)
EU TDP	European Union Transfer Pricing Documentation (Verhaltenskodex zur Verrechnungspreisdokumentation für verbundene Unternehmen in der Europäischen Union)
EUV	Vertrag über die Europäische Union
EUZBLG	Gesetz über die Zusammenarbeit zwischen Bund und Länder in Angelegenheiten der Europäischen Union
EuZW	Europäische Zeitschrift für Wirtschaftsrecht (Zeitschrift)
EVG	Europäische Verteidigungsgemeinschaft
EWA	Europäisches Währungsabkommen
EWG	Europäische Wirtschaftsgemeinschaft
EWGV und EAGV	Römische Verträge
EWIV	Europäische wirtschaftliche Interessenvereinigung
EWR	Europäischer Wirtschaftsraum
EWS	Europäisches Wirtschafts- und Steuerrecht (Zeitschrift)
EZB	Europäische Zentralbank
EZO	Europäische Zahlungsunion
f.	folgende (eine Seite)
FATCA	Foreign Account Tax Compliance Act
F&E	Forschung und Entwicklung
FE	Fundatio Europaea (Europäische Stiftung)
ff.	fortfolgende (mehrere Seiten)
FG	Finanzgericht
FGO	Finanzgerichtsordnung
Finbeh.	Finanzbehörde

FinMin	Finanzministerium
FinVerw.	Finanzverwaltung
Fn.	Fußnote
FN-IDW	IDW Fachnachrichten
FR	Finanz-Rundschau (Zeitschrift)
FRL	Richtlinie 90/434/EWG des Rates vom 23. Juli 1990 über das gemeinsame Steuersystem für Fusionen, Spaltungen, die Einbringung von Unternehmensteilen und den Austausch von Anteilen, die Gesellschaften verschiedener Mitgliedstaaten betreffen (Fusionsrichtlinie)
FS	Festschrift
FuE	Forschung und Entwicklung
FVerlV	Verordnung zur Anwendung des Fremdvergleichsgrundsatzes nach § 1 Abs. 1 des Außensteuergesetzes in Fällen grenzüberschreitender Funktionsverlagerungen (Funktionsverlagerungsverordnung)
FVG	Finanzverwaltungsgesetz
F/W/B/S	Flick/Wassermeyer/Baumhoff/Schönfeld, Außensteuerrecht
F/W/K	Flick/Wassermeyer/Kempermann, DBA Deutschland-Schweiz
GAAR	allgemeine Missbrauchsvorschrift(en)
GASP	Gemeinsame Außen- und Sicherheitspolitik
GATS	General Agreement on Trade in Services
GATT	General Agreement of Tarifs and Trade
GAufzV	Verordnung zu Art, Inhalt und Umfang von Aufzeichnungen im Sinne des § 90 Abs. 3 der Abgabenordnung (Gewinnabgrenzungsaufzeichnungsverordnung)
GbR	Gesellschaft des bürgerlichen Rechtes
gem.	gemäß
GewStDV	Gewerbesteuer-Durchführungsverordnung
GewStG	Gewerbesteuergesetz
GewStR	Gewerbesteuer-Richtlinien
ggf.	Gegebenenfalls
G/H/N	Grabitz/Hilf/Nettesheim, Das Recht der Europäischen Union
GILTI	Global Intangible Low-Taxed Income
GKB	Gemeinsame Körperschaftsteuer-Bemessungsgrundlage
G/K/G/K	Gosch/Kroppen/Grotherr/Kraft, Doppelbesteuerungsabkommen
GKKB	Gemeinsame Konsolidierte Körperschaftsteuer-Bemessungsgrundlage
gl. A.	gleicher Ansicht
GmbH	Gesellschaft mit beschränkter Haftung
GmbHR	GmbH-Rundschau (Zeitschrift)
GmbH-StB	GmbH-Steuerberater (Zeitschrift)
GrCh	Charta der Grundrechte der Europäischen Union
GrS	Großer Senat
GRUR Int.	Gewerblicher Rechtsschutz und Urheberrecht, internationaler Teil (Zeitschrift)
GS	Gedächtnisschrift
GStB	Gestaltende Steuerberatung (Zeitschrift)
GuV	Gewinn- und Verlustrechnung
h.A.	herrschende Ansicht
Halbs.	Halbsatz
HB	Handelsbilanz
HDASt	Handbuch des Außensteuerrechts
HFR	Höchstrichterliche Finanzrechtsprechung (Zeitschrift)
HGB	Handelsgesetzbuch

H/H/R	Herrmann/Heuer/Raupach, Einkommensteuer- und Körperschaftsteuergesetz
H/H/Sp	Hübschmann/Hepp/Spitaler, Abgabenordnung, Finanzgerichtsordnung
h.M.	herrschende Meinung
Hrsg.	Herausgeber
HZA	Hauptzollamt
IAS	International Accounting Standard
IBFD	International Bureau of Fiscal Documentation
ICC	International Chamber of Commerce
i.d.F.	in der Fassung
i.d.g.F.	in der geltenden Fassung
i.d.R.	in der Regel
i.d.S.	in dem Sinne
IDW	Institut der Wirtschaftsprüfer
i.E.	im Einzelnen/im Ergebnis
i.e.S.	im engeren Sinne
IFA	International Fiscal Association
IFRS	International Financial Reporting Standard
i.H.v.	in Höhe von
Inc.	Incorporated
INF	Die Information für Steuerberater und Wirtschaftsprüfer (Zeitschrift)
Intertax	International Tax Review (Zeitschrift)
IntVG	Gesetz über die Wahrnehmung der Integrationsverantwortung des Bundestages und des Bundesrates in Angelegenheiten der Europäischen Union (Integrationsverantwortungsgesetz)
IPO	Initial Public Offering
IRS	Internal Revenue Service
i.S.	im Sinne
i.S.d.	im Sinne des
ISR	Internationale Steuer-Rundschau (Zeitschrift)
IStR	Internationales Steuerrecht (Zeitschrift)
ITPJ	International Transfer Pricing Journal (Zeitschrift)
i.V.m.	in Verbindung mit
IWB	Internationale Wirtschafts-Briefe (Zeitschrift)
IZA	Informationszentrale für steuerliche Auslandsbeziehungen
JbFStR	Jahrbuch der Fachanwälte für Steuerrecht
JStG	Jahressteuergesetz
JTPF	Joint Transfer Pricing Forum
jurisPR	Juris Praxisreport (Zeitschrift)
JV	Joint Venture
JZ	JuristenZeitung (Zeitschrift)
Kap.	Kapitel
KapGes.	Kapitalgesellschaft
KG	Kommanditgesellschaft
KGaA	Kommanditgesellschaft auf Aktien
KN	Kombinierte Nomenklatur
KÖSDI	Kölner Steuerdialog (Zeitschrift)
KOM	Europäische Kommission
K/S/M	Kirchhof/Söhn/Mellinghoff, Einkommensteuergesetz
KStDV	Körperschaftsteuer-Durchführungsverordnung
KStG	Körperschaftsteuergesetz

KStR	Körperschaftsteuer-Richtlinien
KVV	Kostenverteilungsverträge
L/B/P	Littmann/Bitz/Pust, Das Einkommensteuerrecht
Lfg.	Lieferung
lit.	Litera
LLC	Limited Liability Company
LSt	Lohnsteuer
Ltd.	Private Company Limited by Shares, Limited
MA	Musterabkommen
m. Anm.	mit Anmerkung(en)
MarkenG	Markengesetz
m.a.W.	mit anderen Worten
Mio.	Million(en)
MLI	Multilaterales Instrument
MTR(L)	Richtlinie 90/435/EWG des Rates vom 23. Juli 1990 über das gemeinsame Steuersystem der Mutter- und Tochtergesellschaften verschiedener Mitgliedstaaten (Mutter-Tochter-Richtlinie)
m.w.N.	mit weiteren Nachweisen
MwStSystRL	Richtlinie 2006/112/EG des Rates vom 28. November 2006 über das gemeinsame Mehrwertsteuersystem (Mehrwertsteuersystemrichtlinie)
MwSt-ZVO	Verordnung (EU) Nr. 904/2010 des Rates vom 7. Oktober 2010 über die Zusammenarbeit der Verwaltungsbehörden und die Betrugsbekämpfung auf dem Gebiet der Mehrwertsteuer (Mehrwertsteuer-Zusammenarbeitsverordnung)
n.F.	neue Fassung
NJW	Neue Juristische Wochenschrift (Zeitschrift)
n. n. v.	noch nicht veröffentlicht
Nr.	Nummer
nrkr.	nicht rechtskräftig
NVwZ	Neue Zeitschrift für Verwaltungsrecht
NWB	Neue Wirtschaftsbriefe (Zeitschrift)
NWC	Net-Working-Capital
O/C/N	Oppermann/Classen/Nettesheim, Europarecht
OECD	Organization for Economic Cooperation and Development
OECD-MA	OECD-Musterabkommen zur Vermeidung der Doppelbesteuerung auf dem Gebiet der Steuern vom Einkommen und Vermögen
OECD-MK	OECD-Musterkommentar
OFD	Oberfinanzdirektion
OHG	offene Handelsgesellschaft
OR	Schweizerisches Obligationenrecht
ÖStZ	Österreichische Steuerzeitung
o.V.	ohne Verfasser
p.a.	per annum
PartGG	Gesetz über Partnerschaftsgesellschaften Angehöriger Freier Berufe (Partnerschaftsgesellschaftsgesetz)
PIStB	Praxis Internationale Steuerberatung (Zeitschrift)

Plc	Public Limited Company
PPT	Principal-Purpose(s)-Test
ProtVB	Protokoll über die Vorrechte und Befreiungen der Europäischen Union
RabelsZ	Rabels Zeitschrift für ausländisches und internationales Privatrecht
REIT	Real Estate Investment Trust
Rev.	Revision
RFH	Reichsfinanzhof
R/H/vL	Rödder/Herlinghaus/van Lishaut, Umwandlungssteuergesetz
Richtl.	Richtlinie
RIW	Recht der Internationalen Wirtschaft (Zeitschrift)
rkr.	rechtskräftig
RL	Richtlinie
Rs.	Rechtssache
Rspr.	Rechtsprechung
RStBl.	Reichssteuerblatt
Rz.	Randzahl
S.	Seite
s.	Siehe
SAAR	spezifische Missbrauchsvorschrift(en)
SCE	Societas Cooperativa Europaea (Europäische Genossenschaft)
Schr.	Schreiben
S/D	Schönfeld/Ditz, DBA Kommentar
SE	Societas Europea (Europäische Gesellschaft)
Sec.	Section, Abschnitt
SEED	System for Exchange of Excise Data
SICAV	société d'investissement à capital variable (Investmentgesellschaft mit variablem Grundkapital)
S/K/K	Strunk/Kaminski/Köhler, AStG und OECD-MA
Slg.	Sammlung der Rechtsprechung des Gerichtshofes und des Gerichts Erster Instanz
SLoB	Simplified Limitation of Benefits
s.o.	siehe oben
sog.	so genannt
SPE	Societas Privata Europaea (Europäische Privatgesellschaft)
SPF	Société de Gestion de Patrimoine Familial
StB	Der Steuerberater (Zeitschrift)
Stbg	Die Steuerberatung (Zeitschrift)
StbJb.	Steuerberater-Jahrbuch
StBp	Die steuerliche Betriebsprüfung (Zeitschrift)
StEK	Felix/Carlé, Steuererlasse in Karteiform, Loseblatt und CD-ROM
SteuerStud	Steuer und Studium (Zeitschrift)
StGB	Strafgesetzbuch
StIGH	Ständiger Internationaler Gerichtshof
StJ	Steuerjournal (Zeitschrift)
StPO	Strafprozessordnung
StR	Steuer-Revue (Zeitschrift)
st. Rspr.	ständige Rechtsprechung
StuB	Steuern und Bilanzen (Zeitschrift)
StuW	Steuer und Wirtschaft (Zeitschrift)

SUP		Societas Unius Personae (Europäische Einpersonengesellschaft)
SWI		Steuer & Wirtschaft International (Zeitschrift)
TIEA		Tax Information Exchange Agreement
T/K		Tipke/Kruse, Abgabenordnung – Finanzgerichtsordnung
TMTP		Tax Management Transfer Pricing (Zeitschrift)
TNI		Tax Notes International (Zeitschrift)
TPG		Transfer Pricing Guideline
TPIR		Tax Planning International Review (Zeitschrift)
Tz.		Textziffer
u.a.		unter anderem
Ubg		Die Unternehmensbesteuerung (Zeitschrift)
UFS		unabhängiger Finanzsenat (Österreich)
UmwG		Umwandlungsgesetz
UmwStG		Umwandlungssteuergesetz
UR		Umsatzsteuer-Rundschau (Zeitschrift)
Urt.		Urteil
US. Reg.		United States Regulations
UStB		Umsatzsteuerberater
UStG		Umsatzsteuergesetz
UZK		Verordnung (EU) Nr. 952/2013 des Europäischen Parlaments und des Rates vom 9. Oktober 2013 zur Festlegung des Zollkodex der Union (Unionszollkodex)
v.		vom, von
VA		Verwaltungsakt
VAG		Gesetz über die Beaufsichtigung der Versicherungsunternehmen
VAT		Value added Tax
V/B/E		Vögele/Borstell/Engler, Verrechnungspreise
vE		verdeckte Einlage
VEK		verwendbares Eigenkapital
VerbrauchSt-ZVO		Verordnung (EU) Nr. 904/2010 des Rates vom 7. Oktober 2010 über die Zusammenarbeit der Verwaltungsbehörden und die Betrugsbekämpfung auf dem Gebiet der Mehrwertsteuer (Verbrauchsteuer-Zusammenarbeitsverordnung)
Vfg.		Verfügung
VG		Verwaltungsgericht
vGA		verdeckte Gewinnausschüttung
vgl.		vergleiche
v.H.		vom Hundert
V/L		Vogel/Lehner, Doppelbesteuerungsabkommen
Vorbem.		Vorbemerkung
VWG		Verwaltungsgrundsätze
VWT		Der Wirtschaftstreuhänder (Zeitschrift)
VZ		Veranlagungszeitraum
W/A/D		Wassermeyer/Andresen/Ditz, Betriebsstätten Handbuch
W/B		Wassermeyer/Baumhoff, Verrechnungspreise international verbundener Unternehmen
WEG		Wohnungseigentumsgesetz
WEU		Westeuropäische Union
Wj		Wirtschaftsjahr

WKV	Wiener Vertragsrechtskonvention
Wpg	Die Wirtschaftsprüfung (Zeitschrift)
W/R/S	Wassermeyer/Richter/Schnittker, Personengesellschaften im Internationalen Steuerrecht
WSA	Wirtschafts- und Sozialausschuss
WTO	World Trade Organization
WÜD	Wiener Übereinkommen über diplomatische Beziehungen
WÜK	Wiener Übereinkommen über konsularische Beziehungen
WÜRV	Wiener Übereinkommen über das Recht der Verträge
WVK	Wiener Vertragsrechtskonvention
z.B.	zum Beispiel
ZBstA	Zinsbesteuerungsabkommen
ZfZ	Zeitschrift für Zölle und Verbauchsteuern
ZHR	Zeitschrift für das gesamte Handelsrecht und Wirtschaftsrecht
ZiLiRL	Richtlinie 2003/49/EG des Rates vom 3. Juni 2003 über eine gemeinsame Steuerregelung für Zahlungen von Zinsen und Lizenzgebühren zwischen verbundenen Unternehmen verschiedener Mitgliedstaaten (Zins- und Lizenz-Richtlinie)
ZiRL	Richtlinie 2003/48/EG des Rates vom 3. Juni 2003 im Bereich der Besteuerung von Zinserträgen (Sparzins-Richtlinie)
ZIV	Verordnung zur Umsetzung der Richtlinie 2003/48/EG des Rates vom 3. Juni 2003 im Bereich der Besteuerung von Zinserträgen (Zinsinformationsverordnung)
ZK	Verordnung (EWG) Nr. 2913/92 des Rates vom 12. Oktober 1992 zur Festlegung des Zollkodex der Gemeinschaften (Zollkodex)
ZK-DVO	Verordnung (EWG) Nr. 2454/93 der Kommission vom 2. Juli 1993 mit Durchführungsvorschriften zu der Verordnung (EWG) Nr. 2913/92 des Rates zur Festlegung des Zollkodex der Gemeinschaften (Zollkodex-Durchführungsverordnung)
ZPO	Zivilprozessordnung
ZusEuBBG	Gesetz über die Zusammenarbeit von Bundesregierung und Deutschen Bundestag in Angelegenheiten der Europäischen Union

Literaturverzeichnis

Aubin, Die Haftung der Europäischen Wirtschaftsgemeinschaft und ihrer Mitgliedstaaten bei gemeinschaftsrechtswidrigen nationalen Verwaltungsakten, Baden-Baden 1982;

Balke, Steuerliche Gestaltungsfreiheit der Mitgliedstaaten und freier Warenverkehr im Europäischen Binnenmarkt, Baden-Baden 1998;
Ban, Harmonisierung der Unternehmensbesteuerung in der EU – Notwendigkeit, Umfang und Grenzen einer positiven Integration, Hamburg 2007;
Baranowski, Besteuerung von Auslandsbeziehungen, 2. Aufl., Herne/Berlin 1996;
Bartosch, EU-Beihilfenrecht, 2. Aufl., München 2016;
Baßler, Steuerliche Gewinnabgrenzung im Europäischen Binnenmarkt, Baden-Baden 2011;
Baumhoff/Schönfeld (Hrsg.), Doppelbesteuerungsabkommen – Nationale und internationale Entwicklungen, Köln 2012;
Baumhoff/Schönfeld (Hrsg.), Grenzüberschreitende Verlustverrechnung, Köln 2011;
Beermann/Gosch, Abgabenordnung, Finanzgerichtsordnung mit Nebengesetzen, EuGH-Verfahrensrecht, Kommentar Loseblatt, Bonn;
Bieber/Epiney/Haag/Kotzur, Die Europäische Union – Europarecht und Politik, 13. Aufl., Baden-Baden 2019;
Bilsdorfer, Die Informationsquellen und -wege der Finanzverwaltung, 8. Aufl., Berlin 2009;
Birk (Hrsg.), Handbuch des Europäischen Steuer- und Abgabenrechts, Herne 1995;
Birk/Desens/Tappe, Steuerrecht, 21. Aufl., Heidelberg 2018;
Birkenfeld/Wäger, Das große Umsatzsteuer-Handbuch, Loseblatt, Köln;
Birkenmaier, Die Vorgaben der Beihilfevorschriften des EG-Vertrages für die direkte Unternehmensbesteuerung, Baden-Baden 2007;
Bleckmann, Europarecht – Das Recht der Europäischen Union und der Europäischen Gemeinschaften, 6. Aufl, Köln 1997;
Blümich, EStG, KStG, GewStG, Kommentar, Loseblatt, München;
von Bogdandy/Bast (Hrsg.), Europäisches Verfassungsrecht, 2. Aufl., Berlin 2009;
Bordewin/Brandt, Einkommensteuergesetz, Kommentar, Loseblatt, Heidelberg;
Brähler, Internationales Steuerrecht – Grundlagen für Studium und Steuerberaterprüfung, 8. Aufl., Wiesbaden 2014;
Braunagel, Gemeinsame Körperschaftsteuer-Bemessungsgrundlage in der EU – Eine Beurteilung im Hinblick auf das Europarecht, Lohmar 2008;
Brezing/Krabbe/Lempenau/Mössner/Runge, Außensteuerrecht, Kommentar, Herne/Berlin 1991 (zit.: B/K/L/M/R);
Brosius, Internationaler Steuerwettbewerb und Koordination der Steuersysteme, Frankfurt a.M. 2003;
Buerstedde, Juristische Methodik des Europäischen Gemeinschaftsrechts, Baden-Baden 2006;
von Buttlar, Das Initiativrecht der der Europäischen Kommission, Berlin 2003;

Calliess, Die neue Europäische Union nach dem Vertrag von Lissabon, Tübingen 2010;
Calliess/Ruffert, EUV/AEUV, 5. Aufl., München 2016;
Cloer/Lavrelashvili, Einführung in das Europäische Steuerrecht – mit den 50 wichtigsten Fällen zu den direkten Steuern, Berlin 2008;
Cordes, Steuerliche Aufzeichnungspflichten bei internationalen Verrechnungspreisen, Düsseldorf 2009;
Cordewener, Europäische Grundfreiheiten und nationales Steuerrecht – „Konvergenz" des Gemeinschaftsrechts und „Kohärenz" der direkten Steuern in der Rechtsprechung des EuGH, Köln, 2002;
Craig/De Búrca (Hrsg.), The Evolution of EU Law, 2. Aufl., Oxford 2011;

von Danwitz, Verwaltungsrechtliches System und Europäische Integration, Tübingen 1996;
Daragan/Halaczinsky/Riedel (Hrsg.), Praxiskommentar Erbschaftsteuergesetz und Bewertungsgesetz, 3. Aufl., Bonn 2017;
Dauses, Handbuch des EU-Wirtschaftsrechts, Loseblatt, München;
Dörr, Der europäisierte Rechtsschutzauftrag deutscher Gerichte, Tübingen 2003;
Dötsch/Patt/Pung/Möhlenbrock, Umwandlungssteuerrecht – Umstrukturierung von Unternehmen, Verschmelzung, Spaltung, Formwechsel, Einbringung, 7. Aufl., Stuttgart 2012;
Dötsch/Pung/Möhlenbrock (Hrsg.), Die Körperschaftsteuer, Kommentar, Loseblatt, Stuttgart (zit.: D/P/M);
Dreier, Grundgesetz, Kommentar, 3. Aufl., Tübingen 2013 (Band 1), 2015 (Band 2), 2018 (Band 3);

Ehlers, Europäische Grundrechte und Grundfreiheiten, 4. Aufl., Berlin 2015;
Eilmansberger/Griller/Obwexer, Rechtsfragen der Implementierung des Vertrags von Lissabon, Wien 2010;
Englisch, Wettbewerbsgleichheit im grenzüberschreitenden Handel, Tübingen 2008;
Erle/Sauter, Körperschaftsteuergesetz, Kommentar, 3. Aufl., Heidelberg 2010;
Ernst & Young, Körperschaftsteuergesetz, Kommentar, Loseblatt, Bonn;

Fastenrath/Nowak (Hrsg.), Der Lissabonner Reformvertrag, Berlin 2009;
Fischer, Primäres Gemeinschaftsrecht und direkte Steuern – Die Bindung des Steuergesetzgebers an die Grundfreiheiten des EG-Vertrages, Frankfurt a.M. 2001;
Flick/Wassermeyer/Baumhoff/Schönfeld, Außensteuerrecht, Kommentar, Loseblatt, Köln (zit.: F/W/B/S);
Flick/Wassermeyer/Kempermann, Doppelbesteuerungsabkommen Deutschland – Schweiz, Kommentar, Loseblatt, Köln (zit.: F/W/K);
Frotscher, Internationales Steuerrecht, 4. Aufl., München 2015;
Frotscher/Geurts, Kommentar zum Einkommensteuergesetz, Loseblatt, Freiburg;
Frotscher/Maas, Kommentar zum Körperschaft-, Gewerbe- und Umwandlungssteuergesetz, Loseblatt, Freiburg;
Fuest, Steuerharmonisierung und Steuerwettbewerb – Zur Unternehmensbesteuerung in der Europäischen Union, Köln 2006;
Fuhrmann, Außensteuergesetz, Kommentar, 3. Aufl., Herne 2017;

Gaitanides, Das Recht der Europäischen Zentralbank – Unabhängigkeit und Kooperation in der Europäischen Währungsunion, Tübingen 2005;
Gänswein, Der Grundsatz unionsrechtskonformer Auslegung nationalen Rechts – Erscheinungsformen und dogmatische Grundlage eines Rechtsprinzips des Unionsrechts, Frankfurt a.M. 2009;
Geiger, Grundgesetz und Völkerrecht, 6. Aufl., München 2013;
Geiger/Khan/Kotzur, EUV/AEUV, 6. Aufl., München 2017 (zit.: G/K/K);
Geisenberger, Der Einfluss des Europarechts auf steuerliches Verfahrensrecht, Baden-Baden 2010;
Genschel, Steuerharmonisierung und Steuerwettbewerb in der Europäischen Union, Frankfurt a.M. 2002;
Glanegger/Güroff, Gewerbesteuergesetz, Kommentar, 9. Aufl., München 2017;
Goeters, Das institutionelle Gleichgewicht – seine Funktion und Ausgestaltung im Europäischen Gemeinschaftsrecht, Berlin 2008;
Gosch, Körperschaftsteuergesetz, Kommentar, 3. Aufl., München 2015;
Gosch/Kroppen/Grotherr/Kraft, DBA, Kommentar, Loseblatt, Herne/Berlin (zit.: G/K/G/K);
Grabenwarter/Pabel, Europäische Menschenrechtskonvention, 6. Aufl., München 2016;
Gräber, Finanzgerichtsordnung, 9. Aufl., München 2019;
Grabitz/Hilf/Nettesheim, Das Recht der Europäischen Union: EUV/AEUV, Loseblatt, München (zit.: G/H/N);
von der Groeben/Schwarze/Hatje, Europäisches Unionsrecht, 7. Aufl, Baden-Baden 2015;
Grotherr (Hrsg.), Handbuch der internationalen Steuerplanung, 4. Aufl., Herne/Berlin 2017;

Haase, Außensteuergesetz Doppelbesteuerungsabkommen, 3. Aufl., Heidelberg 2016;
Haase, Internationales und Europäisches Steuerrecht, 5. Aufl., Heidelberg 2017;
Haarmann (Hrsg.), Grenzen der Gestaltung im Internationalen Steuerrecht, Köln 1994;
Haarmann (Hrsg.), Unternehmensstrukturen und Rechtsformen im Internationalen Steuerrecht, Köln 1996;
Habersack/Drinhausen (Hrsg.), SE-Recht mit grenzüberschreitender Verschmelzung, Kommentar, 2. Aufl., München 2016;
Hagen, Die Harmonisierung der indirekten Steuern in Europa, Frankfurt a.M. 2000;
Hakenberg/Stix-Hackl, Handbuch zum Verfahren vor dem Europäischen Gerichtshof, 3. Aufl., Wien 2005;
Hallstein, Die Europäische Gemeinschaft, 5. Aufl., Düsseldorf 1979;
Haltern, Europarecht – Dogmatik im Kontext, 3. Aufl., Tübingen 2017;
Haritz/Menner/Bilitewski, Umwandlungssteuergesetz, 5. Aufl., München 2019;
Heidenhain, Handbuch des Europäischen Beihilfenrechts, München 2003;
Helminen, EU Tax Law – Direct Taxation, Amsterdam 2013;
Hendricks, Internationale Informationshilfe im Steuerverfahren – Grundlagen, Systematik und Grenzen der informationellen zwischenstaatlichen Rechts- und Amtshilfe, Köln 2004;
Herdegen, Die Haftung der Europäischen Wirtschaftsgemeinschaft für fehlerhafte Rechtsetzungsakte, Berlin 1983;
Herdegen, Europarecht, 20. Aufl., München 2018;
Herrmann, Richtlinienumsetzung durch die Rechtsprechung, Berlin 2003;
Herrmann/Heuer/Raupach, Einkommensteuer- und Körperschaftsteuergesetz, Kommentar, Loseblatt, Köln (zit.: H/H/R);
Heselhaus/Nowak, Handbuch der Europäischen Grundrechte, 2. Aufl., München 2019;
Hey, Harmonisierung der Unternehmensbesteuerung in Europa, Köln 1997;
Hidien, Die gemeinschaftsrechtliche Staatshaftung der EU-Mitgliedstaaten, Baden-Baden 1999;
Hilpold, Die EU im GATT/WTO-System, 4. Aufl., Baden-Baden 2019;
Hobe, Europarecht, 9. Aufl., München 2017;
Hoffmann, Die Grundfreiheiten des EG-Vertrags als koordinationsrechtliche und gleichheitsrechtliche Abwehrrechte, Baden-Baden 2000;
Hofmann, Normenhierarchien im europäischen Gemeinschaftsrecht, Berlin 2000;
Hombach, Sperrklauseln im Europäischen Steuerrecht, Baden-Baden 2013;
Huber, Recht der Europäischen Integration, 2. Aufl., München 2002;
Hübschmann/Hepp/Spitaler, Abgabenordnung/Finanzgerichtsordnung, Kommentar, Loseblatt, Köln (zit.: H/H/Sp);

Ipsen, Völkerrecht, 7. Aufl., München 2018;

Jacobs, Internationale Unternehmensbesteuerung, 8. Aufl., München 2016;
Jarass/Pieroth, Grundgesetz, Kommentar, 15. Aufl., München 2018;

Kahl/Waldhoff/Walter (Hrsg.), Bonner Kommentar zum GG, Loseblatt, Heidelberg;
Kaiser, Die Auswirkungen der Grundfreiheiten des EG-Vertrages auf das deutsche Steuerrecht, München 2005;
Kapp/Ebeling, Erbschaftsteuer- und Schenkungsteuergesetz, Kommentar, Loseblatt, Köln (zit.: K/E);
Kellersmann/Treisch/Lampert/Heinemann, Europäische Unternehmensbesteuerung I – Europarecht – Grundfreiheiten – Beihilfeproblematik, 2. Aufl., Wiesbaden 2013;
Kellersmann/Treisch/Lampert/Heinemann, Europäische Unternehmensbesteuerung II – Harmonisierung der direkten Unternehmensbesteuerung, 2. Aufl., Wiesbaden 2013;
Kessler/Kröner/Köhler, Konzernsteuerrecht, 3. Aufl., München 2018;
Kirchhof, Einkommensteuergesetz, Kommentar, 18. Aufl., Köln 2019;
Kirchhof/Söhn/Mellinghoff, Einkommensteuergesetz, Kommentar, Loseblatt, Heidelberg (zit.: K/S/M);

Kirschner/Klüpfel, Das Gericht erster Instanz der Europäischen Gemeinschaften – Aufbau, Zuständigkeiten, Verfahren, 2. Aufl., Köln 1998;
Klein, Abgabenordnung, Kommentar, 14. Aufl., München 2018;
Kluge, Das Internationale Steuerrecht, 4. Aufl., München 2000;
Knobbe-Keuk, Bilanz- und Unternehmenssteuerrecht, 9. Aufl., Köln 1993;
Koenig, Abgabenordnung, 3. Aufl., München 2014;
Koenig/Pechstein/Sander, Einführung in das EU-/EG-Prozessrecht, 2. Aufl., Tübingen 2002;
Kofler, Kommentar zur Mutter-Tochter-Richtlinie, Wien 2011;
Kofler, Doppelbesteuerungsabkommen und Europäisches Gemeinschaftsrecht, Wien 2007;
Kofler/Schnitger, BEPS-Handbuch, München 2019;
Kokott, Das Steuerrecht der Europäischen Union, München 2018;
Korn, Einkommensteuergesetz, Kommentar, Loseblatt, Bonn;
Kraft, Außensteuergesetz, Kommentar, 2. Aufl., München 2019;
Kroppen/Rasch, Handbuch Internationale Verrechnungspreise, Loseblatt, Köln;
Kühn/von Wedelstädt (Hrsg.), Abgabenordnung und Finanzgerichtsordnung, Kommentar, 22. Aufl., Stuttgart 2018;
Kuntze, Die Kompetenzen der Europäischen Gemeinschaft auf dem Gebiet des Steuerrechts, Frankfurt a.M. 1999;

Lackhoff, Die Niederlassungsfreiheit des EGV – nur ein Gleichheits- oder auch ein Freiheitsrecht?, Berlin 2000;
Lademann, Einkommensteuergesetz, Kommentar, Loseblatt, Stuttgart;
Lange, Der Anspruch auf Erstattung gemeinschaftsrechtswidrig erhobener Steuern, Berlin 2008;
Lehner (Hrsg.), Grundfreiheiten im Steuerrecht der EU-Staaten, München 2000;
Lenaerts, Die direkte Besteuerung in der EU, Baden-Baden 2007;
Lenski/Steinberg, Gewerbesteuergesetz, Kommentar, Loseblatt, Köln;
Lenz/Borchardt (Hrsg.), EU-Verträge, Kommentar, 6. Aufl., Köln 2012;
Lienemeyer, Die Finanzverfassung der Europäischen Union, Baden-Baden 2002;
Lippross/Seibel, Basiskommentar Steuerrecht, Loseblatt, Köln;
Lipps, Außensteuerrecht, 3. Aufl., Baden-Baden 1997;
Littmann/Bitz/Pust (Hrsg.), Das Einkommensteuerrecht, Kommentar, Loseblatt, Stuttgart (zit.: L/B/P);
Looks/Heinsen, Betriebsstättenbesteuerung, 3. Aufl., München 2017;
Lübbig/Martin-Ehlers, Beihilfenrecht der EU, 2. Aufl., München 2009;
Lüdicke/Sistermann, Unternehmenssteuerrecht, 2. Aufl., München 2018;
Lutter/Hommelhoff/Teichmann, SE-Kommentar, 2. Aufl., Köln 2015;
Lutz, Harmonisierung der Umsatzsteuer in Europa – Analyse wohlfahrtsökonomischer Implikationen, Köln 2003;

v. Mangoldt/Klein/Starck, Kommentar zum Grundgesetz, 7. Aufl., München 2018;
Maunz/Dürig, Grundgesetz, Kommentar, Loseblatt, München;
Meermagen, Beitrags- und Eigenmittelsystem – Die Finanzierung inter- und supranationaler Organisationen, insbesondere der Europäischen Gemeinschaften, München 2002;
Merten/Papier (Hrsg.), Handbuch der Grundrechte in Deutschland und Europa, Bände I–X, Heidelberg 2004–2018;
Mestmäcker, Wirtschaft und Verfassung in der Europäischen Union – Beiträge zu Recht, Theorie und Politik der europäischen Integration, 2. Aufl., Baden-Baden 2006;
Mick, Die Steuerkonzeption der Europäischen Union, Münster 1995;
Möllenbeck, Das Verhältnis der EG-Amtshilfe zu den erweiterten Mitwirkungspflichten bei internationalen Steuerfällen, Frankfurt a.M. 2010;
Mössner u.a., Steuerrecht international tätiger Unternehmen, 5. Aufl., Köln 2018;
Mössner/Seeger, Körperschaftsteuergesetz Kommentar, 3. Aufl. Herne 2017;
von Münch/Kunig, Grundgesetz, Kommentar, 6. Aufl., München 2012;

Münchener Handbuch des Gesellschaftsrechts, Bd. 1, 5. Aufl., München 2019;
Münchener Kommentar zum Aktiengesetz, 4. Aufl., München 2014–2018; 5. Aufl., München 2019 ff.;
Musil/Weber-Grellet, Europäisches Steuerrecht Kommentar, München 2019;

Niedobitek/Zemanek, Continuing the European Constitutional Debate, Berlin 2008;
Nieskens (Hrsg.), Deutsche Umsatzsteuer im europäischen Kontext, Köln 2008;

Oehmichen, Die unmittelbare Anwendbarkeit der völkerrechtlichen Verträge der EG, Frankfurt a.M. 1992;
Oellerich, Defizitärer Vollzug des Umsatzsteuerrechts – Legislative Verantwortung für Vollzugsdefizite, Rechtsfolgen und Rechtsschutz, Baden-Baden 2008;
Oppermann/Classen/Nettesheim, Europarecht, 8. Aufl., München 2018 (zit.: O/C/N);

Pechstein, EU-Prozessrecht, 4. Aufl., Tübingen 2011;
Piltz/Schaumburg (Hrsg.), Unternehmensfinanzierung im Internationalen Steuerrecht, Köln 1995;
Prinz (Hrsg.), Umwandlungen im Internationalen Steuerrecht, Köln 2013;

Raddatz, Das Eigenmittelsystem der Europäischen Union, Frankfurt a.M. 2005;
Rahn, Dezentrale Umsatzbesteuerung und Europäischer Binnenmarkt, Baden-Baden 2009;
Rau/Dürrwächter, Umsatzsteuergesetz, Kommentar, Loseblatt, Köln (zit.: R/D);
Reith, Internationales Steuerrecht – Handbuch zum Doppelbesteuerungs- und Außensteuerrecht und zu Gestaltungen grenzüberschreitender Investitionen, München 2004;
Rengeling/Middeke/Gellermann, Handbuch des Rechtsschutzes in der Europäischen Union, 3. Aufl., München 2014;
Rieckhoff, Der Vorbehalt des Gesetzes im Europarecht, Tübingen 2007;
Riesenhuber (Hrsg.), Europäische Methodenlehre, 3. Aufl., Berlin 2015;
Rode, Steuervergünstigungen, Beihilfen und Steuerwettbewerb – Zur Relevanz des europäischen Beihilfenrechts für das nationale Steuerrecht der Mitgliedstaaten, Hamburg 2006;
Rödder/Herlinghaus/van Lishaut, Umwandlungssteuergesetz, Kommentar, 3. Aufl., Köln 2019;
Röhl/Röhl, Allgemeine Rechtslehre, 3. Aufl., Köln 2008;
Ruff, Das Europäische Parlament – Entstehung, Struktur, Aufgaben und Schwächen des Europäischen Parlaments, Berlin 2001;
Runge/Ebling/Baranowski, Die Anwendung des Außensteuergesetzes, Heidelberg 1974;

Sachs, Grundgesetz, Kommentar, 8. Aufl., München 2018;
Sapusek, Ökonomische und juristische Analyse der Steuerharmonisierung in der Europäischen Union, Frankfurt a.M. 1997;
Saßenroth, Die Bestandskraft deutscher Steuerbescheide im Licht der Rechtsprechung des EuGH, Münster 2009;
Schaumburg (Hrsg.), Kölner Konzernrechtstage – Steuerrecht und steuerorientierte Gestaltungen im Konzern, Köln 1998;
Schaumburg, Internationales Steuerrecht, 4. Aufl., Köln 2017;
Schaumburg/Piltz (Hrsg.), Betriebsprüfung internationaler Sachverhalte – Prüfungsschwerpunkte in Deutschland und USA – Internationale Sachaufklärung, Köln 1998;
Schaumburg/Piltz (Hrsg.), Veräußerungsgewinne im Internationalen Steuerrecht, Köln 2004;
Schaumburg/Piltz (Hrsg.), Besteuerung von Funktionsverlagerungen – Neuausrichtung?, Köln 2010;
Schmidt, Einkommensteuergesetz, 38. Aufl., München 2019;
Schmidt-Aßmann/Schöndorf-Haubold (Hrsg.), Der Europäische Verwaltungsverbund – Formen und Verfahren der Verwaltungszusammenarbeit in der EU, Tübingen 2005;
Schmidt-Troje/Schaumburg, Der Steuerrechtsschutz, 3. Aufl., Köln 2008
Schmitt/Hörtnagl/Stratz, Umwandlungsgesetz, Umwandlungssteuergesetz, Kommentar, 8. Aufl., München 2018;

Schnitger, Die Grenzen der Einwirkung der Grundfreiheiten des EG-Vertrages auf das Ertragsteuerrecht, Düsseldorf 2006;

Schön, Der rechtliche Rahmen für Assoziierungen der Europäischen Gemeinschaft – vor dem aktuellen Hintergrund der Annäherungs- und Mitgliedschaftswünsche der mittel- und osteuropäischen Staaten, Frankfurt a.M. 1994;

Schön, Die Auslegung europäischen Steuerrechts, Köln 1993;

Schönfeld, Hinzurechnungsbesteuerung und Europäisches Gemeinschaftsrecht, Köln 2005;

Schönfeld/Ditz (Hrsg.), Doppelbesteuerungsabkommen, Kommentar, 2. Aufl., Köln 2019;

Schuch/Zehetner, Verrechnungspreisgestaltung im Internationalen Steuerrecht, Wien 2001;

Schütz/Bruha/König, Casebook Europarecht, München 2004;

Schulze/Zuleeg/Kadelbach (Hrsg.), Europarecht – Handbuch für die deutsche Rechtspraxis, 3. Aufl., Baden-Baden 2015 (zit.: S/Z/K);

Schuppert/Pernice/Haltern, Europawissenschaft, Baden-Baden 2005;

Schwarz/Pahlke, Abgabenordnung/Finanzgerichtsordnung, Kommentar, Loseblatt, Freiburg;

Schwarze, Europarecht – Strukturen, Dimensionen und Wandlungen des Rechts der Europäischen Union, Baden-Baden 2012;

Sedemund, Europäisches Ertragsteuerrecht, Baden-Baden 2008;

Senden, Soft Law in European Community Law, Oxford 2004;

Sölch/Ringleb, Umsatzsteuergesetz, Loseblatt, München;

Stahlschmidt/Laws, Handbuch des Auskunftsverkehrs in Steuersachen, Berlin 2009;

Stein/von Buttlar/Kotzur, Völkerrecht, 14. Aufl., München 2017;

Stern, Das Staatsrecht der Bundesrepublik Deutschland, Band IV/2 – Die einzelnen Grundrechte, München 2011;

Stern/Becker (Hrsg.), Grundrechte-Kommentar – Die Grundrechte des Grundgesetzes mit ihren europäischen Bezügen, 3. Aufl., Köln 2018;

Stiewe, Die verfahrensrechtliche Umsetzung internationaler Verständigungsvereinbarungen (§ 175a AO), Frankfurt a.M. 2011;

Streinz, EUV/AEUV, 3. Aufl., München 2018;

Streinz, Europarecht, 10. Aufl., Heidelberg 2016;

Strunk/Kaminski/Köhler, Außensteuergesetz, Doppelbesteuerungsabkommen, Kommentar, Loseblatt, Bonn (zit.: S/K/K);

Sutter, EG-Beihilfenverbot und sein Durchführungsverbot in Steuersachen, Wien 2005;

Terra/Wattel, European Tax Law, 6. Aufl., Amsterdam 2012;

Tipke, Die Steuerrechtsordnung, Bände I-III, 2. Aufl., Köln 2000–2012;

Tipke/Kruse, Abgabenordnung/Finanzgerichtsordnung, Kommentar, Loseblatt, Köln (zit.: T/K);

Tipke/Lang, Steuerrecht, 23. Aufl., Köln 2018 (zit.: T/L);

Traub, Einkommensteuerhoheit für die Europäische Union?, Baden-Baden 2005;

Troll/Gebel/Jülicher, Erbschaftsteuer- und Schenkungsteuergesetz mit Bewertungsrecht und Verfahrensrecht, Kommentar, Loseblatt, München (zit.: T/G/J);

Trüe, Das System der Rechtsetzungskompetenzen der Europäischen Gemeinschaft und der Europäischen Union, Baden-Baden 2002;

Vögele/Borstell/Engler, Verrechnungspreise – Betriebswirtschaft, Steuerrecht, 4. Aufl., München 2015 (zit.: V/B/E);

Vogel/Lehner, Doppelbesteuerungsabkommen, Kommentar, 6. Aufl., München 2015 (zit.: V/L);

Wägenbaur, Satzung und Verfahrensordnungen EuGH/EuG, Kommentar, 2. Aufl., München 2017;

Wagner, Das Konzept der Mindestharmonisierung, Berlin 2001;

Wasmeier, Umweltabgaben und Europarecht, München 1995;

Wassermeyer, Doppelbesteuerung, Kommentar, Loseblatt, München;

Wassermeyer/Andresen/Ditz, Betriebsstätten Handbuch – Gewinnermittlung und Besteuerung in- und ausländischer Betriebsstätten, 2. Aufl., Köln 2018 (zit.: W/A/D);

Wassermeyer/Baumhoff, Verrechnungspreise international verbundener Unternehmen, Köln 2014 (zit.: W/B);
Weber, Der assoziationsrechtliche Status Drittstaatsangehöriger in der Europäischen Union, Frankfurt a.M. 1997;
Weber-Grellet, Europäisches Steuerrecht, 2. Aufl., München 2016;
Wettner, Die Amtshilfe im Europäischen Verwaltungsrecht, Tübingen 2005;
Widmann/Mayer (Hrsg.), Umwandlungsrecht – Kommentar zur Umwandlung von Unternehmen nach neuestem Handels- und Steuerrecht unter Einbeziehung des ausländischen, vor allem des europäischen Rechts, Loseblatt, Bonn;
Wilke/Weber, Lehrbuch Internationales Steuerrecht, 14. Aufl., Herne/Berlin 2018;
Witte, Zollkodex der Union, 7. Aufl., München 2018;
Witte/Wolffgang (Hrsg.), Lehrbuch des Zollrechts der Europäischen Union, 9. Aufl., Herne 2018;
Wöhrle/Schelle/Gross, Außensteuergesetz, Kommentar, Loseblatt, Stuttgart (zit.: W/S/G);
Wölk, Die Umsetzung von Richtlinien der Europäischen Gemeinschaft, Baden-Baden 2002;
Wonka, Die Europäische Kommission – Supranationale Bürokratie oder Agent der Mitgliedstaaten?, Baden-Baden 2008;

Zazoff, Der Unionsgesetzgeber als Adressat der Grundfreiheiten, Baden-Baden 2011;
Zipfel, Harmonisierung der Körperschaftsteuer in der Europäischen Union, Hamburg 2008.

1. Teil
Einführende Grundlagen

Kapitel 1
Dimension des Europäischen Steuerrechts

A. Begriff des Europäischen Steuerrechts ... 1.1
B. Angleichung nationaler Steuerrechtssysteme ... 1.4
  I. Unionsrechtliche Vorgaben ... 1.4
  II. Rechtsangleichung bei Zöllen und Abgaben gleicher Wirkung ... 1.9
  III. Rechtsangleichung bei indirekten Steuern ... 1.10
    1. Gesetzgebungskompetenz ... 1.10
    2. Diskriminierungsverbote ... 1.12
    3. Harmonisierte Steuern ... 1.15
      a) Umsatzsteuer ... 1.15
      b) Verbrauchsteuern ... 1.17
  IV. Rechtsangleichung bei direkten Steuern ... 1.18
C. Europäische Steuerrechtsverfassung ... 1.21
  I. Kompetenzordnung ... 1.21
  II. Finanzierungskompetenz der EU ... 1.23

Literatur: *Braun Binder*, Rechtsangleichung in der EU im Bereich der direkten Steuern, Tübingen 2017; *Birk*, Das sog. „Europäische Steuerrecht", FR 2005, 121; *Cordewener*, Deutsche Unternehmensbesteuerung und europäische Grundfreiheiten, DStR 2004, 6; *Engler*, Steuerverfassungsrecht im Mehrebenensystem, Baden-Baden 2014; *Englisch*, Zur Dogmatik der Grundfreiheiten des EGV und ihren ertragsteuerlichen Implikationen, StuW 2003, 88; *Genschel*, Die Europäisierung der Steuerpolitik, in Decker/Höreth, Die Verfassung Europas, Perspektiven des Integrationsprojektes, Wiesbaden 2009, 201 ff.; *Hey*, Perspektiven der Unternehmensbesteuerung in Europa, StuW 2004, 193; *Hey*, Europäische Steuergesetzgebung zwischen Binnenmarkt und Fiskalinteressen, DStJG 41 (2018), 9 ff.; *Kofler*, Seminar J: Ist die positive Integration im EU-Steuerrecht wieder auf Schiene?, IStR 2017, 705; *Kokott/Ost*, Europäische Grundfreiheiten und nationales Steuerrecht, EuZW 2011, 496; *Kube*, EU-Steuern: Zuständigkeit zur Regelung und Erhebung sowie Ausgestaltungsmöglichkeiten, DStJG 41 (2018), 69 ff.; *Kuntze*, Die Kompetenzen der EG auf dem Gebiet des Steuerrechts, Augsburg 1999; *Lang, M.*, Direkte Steuern und EU-Steuerpolitik – wo bleiben die Visionen, IStR 2013, 365; *Laule*, Die Harmonisierung des europäischen Steuerrechts, IStR 2001, 297; *Meermagen*, Beitrags- und Eigenmittelsystem, München 2002; *Möstl*, Grenzen der Rechtsangleichung im europäischen Binnenmarkt, EuR 2002, 318; *Möstl*, Rechtsetzungen der europäischen und nationalen Verwaltungen im Lichte des Verfassungsvertrages, in Matthias Niedobitek/Jiri Zémanek (Hrsg.): Continuing the European Constitutional Debate, Berlin 2008, 209 ff.; *Müller-Graff*, Die Rechtsangleichung zur Verwirklichung des Binnenmarktes, EuR 1989, 107; *Reiß*, Steuergerechtigkeit und Umsatzbesteuerung im europäischen Binnenmarkt, in: Tipke/Seer/Hey/Englisch (Hrsg.), Gestaltung der Steuerrechtsordnung, FS für Lang, Köln 2010, 861; *Rödder*, Deutsche Unternehmensbesteuerung im Visier des EuGH, DStR 2004, 1629; *Schaumburg*, Außensteuerrecht und europäische Grundfreiheiten, DB 2005, 1129; *Schön*, Unternehmensbesteuerung und Europäisches Gemeinschaftsrecht, StbJb. 2003/2004, 27; *Schön*, Besteuerung im Binnenmarkt – die Rechtsprechung des EuGH zu den direkten Steuern, IStR 2004, 289; *Schön*, Neutralität und Territorialität – Gegensätze oder Grundsätze des Europäischen Steuerrechts?, in Schön/Heber, Grundfragen des Europäischen Steuerrechts, Berlin/Heidelberg 2015, 109 ff.; *Selling*, Die Harmonisierung des europäischen Steuerrechts, IStR 2000, 417; *Silber*, Die allgemeine Harmonisierungskompetenz des Art. 94 EG als Grundnorm der Rechtsangleichung direkter Steuern, ÖStZ 2008, 436; *Spengel/Braunagel*, EU-Recht und Harmonisierung der Konzernbesteuerung in Europa, StuW 2006, 34; *Stelkens*, Rechtsetzungen der europäischen und nationalen Verwaltungen (Referat), VVDStRL 71 (2012), 369; *Storr*, Die Finanzierung der EU im Lichte des Verfassungsvertrags in Matthias Niedobitek/Jiri Zémanek (Hrsg.): Continuing the European Constitutional Debate, Berlin 2008, S. 209 ff.; *Thiele*, Das Europäische Steuerrecht – Eine Herausforderung für den nationalen Gesetzgeber, ZEuS 2006, 41; *Traub*, Einkommensteuerhoheit für die Europäische Union?, Baden-Baden 2005; *Triantafyllou*, Auf dem Wege zur Koordinierung der direkten Steuern in der EG, EuR 2007, 671; *Tumpel*, Zwischen steuerpolitischer Autonomie und Harmonisierung der direkten Steuern, ÖStZ 2002, 548; *Waldhoff*, Probleme des europ. Finanzausgleichs im Lichte der Erweiterung der EU, ZEuS 2000, 201; *Wilms*, Die Reform des EU-Haushaltes im Lichte der Finanziellen Vorausschau 2007 – 2013 und des Vertrages von Lissabon – neue Perspektiven für die Europäische Union?, EuR 2007, 707; *Wunderlich*, Direkte Steuern und Grundfreiheiten der EU, EuR 2007, Beihefter 3, 7.

A. Begriff des Europäischen Steuerrechts

1.1 Was unter dem Europäischen Steuerrecht zu verstehen ist, welche Begriffsbildungen maßgeblich sein sollen und ob es ein Europäisches Steuerrecht überhaupt gibt, ist umstritten. So wird die Meinung vertreten, von einem Europäischen Steuerrecht könne keine Rede sein, weil die EU-Organe entsprechend dem Prinzip der begrenzten Einzelermächtigung (Art. 5 Abs. 1, 2 EUV) kaum Kompetenzen hätten, ihnen jedwede **Steuersouveränität** fehle.[1] An diesem Befund ist richtig, dass nach den Vorgaben des EUV und des AEUV das Recht der Mitgliedstaaten, Steuern und Abgaben zu erheben, unangetastet bleibt.[2] Denn sie allein haben die hierfür maßgebliche Gesetzgebungs-, Ertrags- und Verwaltungshoheit.

1.2 Auch wenn wegen der fortbestehenden nationalen Steuersouveränität der einzelnen Mitgliedstaaten das Steuerrecht nationales Recht ist, ergeben sich dennoch zahlreiche **Einwirkungen des Europäischen Normensystems**, insbesondere des Primärrechts (z.B. EUV und AEUV), auf das jeweilige nationale Steuerrecht der Mitgliedstaaten. Diese normativen Einwirkungen sind von unterschiedlicher Intensität. Das Primärrecht wirkt insbesondere mittels der Grundfreiheiten – Warenverkehrsfreiheit (Art. 28 AEUV), Arbeitnehmerfreizügigkeit (Art. 45 AEUV), Niederlassungsfreiheit (Art. 49 AEUV), Dienstleistungsfreiheit (Art. 56 AEUV) und Kapitalverkehrsfreiheit (Art. 63 AEUV) – und über das Beihilfeverbot (Art. 107 AEUV) als Schrankenrecht auf das jeweilige nationale Steuerrecht ein, wobei es auch darum geht, diesbezüglich Entscheidungen des EuGH und der KOM durch Anpassung der betroffenen Steuerrechtsnormen umzusetzen (hierzu im Einzelnen Rz. 28.1 ff.). Im Sekundärrecht sind es vor allem die im Bereich des Zollrechts, des Mehrwert- und Verbrauchsteuerrechts ergangenen EU-Verordnungen, etwa der Zollkodex der Union (UZK)[3], die MwSt-ZVO[4] und die VerbrauchSt-ZVO,[5] die ohne weitere nationale Umsetzungsmaßnahmen verbindliches Recht darstellen (vgl. Rz. 4.55 ff.). Abgestuft hiervon sind die auf die Harmonisierung des Steuerrechts gerichteten EU-Richtlinien – z.B. Mutter-Tochter-Richtlinie[6] und EU-Amtshilferichtlinie[7] – von Bedeutung, die im Grundsatz allerdings der Umsetzung in nationales Recht bedürfen (hierzu Rz. 4.57 ff.).

---

1 So z.B. *Birk*, FR 2005, 121 ff.
2 Für Zölle und zollgleiche Abgaben hat die EU die ausschließliche Gesetzgebungskompetenz (Art. 3 Abs. 1 Buchst. a AEUV); vgl. zur Gesetzgebungskompetenz der EU im Einzelnen Rz. 11.1 ff.
3 Verordnung (EU) Nr. 952/2013 zur Festlegung des Zollkodex der Union v. 9.10.2013, ABl. EU 2013 Nr. L 269, 1 (UZK).
4 Verordnung (EU) Nr. 904/2010 des Rates v. 7.10.2010 über die Zusammenarbeit der Verwaltungsbehörden und die Betrugsbekämpfung auf dem Gebiet der Mehrwertsteuer, ABl. EU 2010 Nr. L 268, 1; zuletzt geändert durch VO (EU) 2018/1541 v. 2.10.2018, ABl. EU 2018 Nr. L 259,1; vgl. zu Einzelheiten Rz. 25.97 ff.
5 Verordnung (EU) Nr. 389/2012 des Rates v. 2.5.2004 über die Zusammenarbeit der Verwaltungsbehörden auf dem Gebiet der Verbrauchsteuern und zur Aufhebung der Verordnung (EG) Nr. 2073/2004, ABl. EU 2012 Nr. L 121, 1; geändert durch VO (EU) Nr. 517/2013 v. 13.5.2013, ABl. EU 2013 Nr. L. 158, 1; vgl. zu Einzelheiten Rz. 25.119 ff.
6 Richtlinie 2011/96/EU des Rates über das gemeinsame Steuersystem der Mutter- und Tochtergesellschaften verschiedener Mitgliedstaaten v. 30.11.2011, ABl. EU 2011 Nr. L 345, 8; geändert durch Richtlinie 2013/13/EU v. 13.5.2013, ABl. EU 2013 Nr. L 141, 30; ferner durch Richtlinie 2014/86/EU v. 8.7.2014, ABl. EU 2014 Nr. L 219, 40; zuletzt geändert durch Richtlinie 2018/822/EU des Rates v. 25.5.2019, ABl. EU 2018 Nr. L 139, 1; zu Einzelheiten Rz. 14.1 ff.
7 Richtlinie 2011/16/EU über die Zusammenarbeit der Verwaltungsbehörden im Bereich der Besteuerung und zur Aufhebung der Richtlinie 77/799/EWG v. 15.2.2011, ABl. EU 2011 Nr. L 64, 1; zu Einzelheiten Rz. 25.15 ff.

Die vorbezeichneten europarechtlichen Einwirkungen auf das jeweilige nationale Steuerrecht lassen sich als Europäisches Steuerrecht bezeichnen.[1] Das Europäische Steuerrecht umfasst daher Unionsrecht, das unmittelbare Geltung hat oder auf nationales Steuerrecht einwirkt. Erfasst werden damit vor allem EUV, AEUV, GrCh und allgemeine Rechtsgrundsätze als Primärrecht, Verordnungen, Richtlinien und Beschlüsse als Sekundärrecht, delegierte Rechtsakte und Durchführungsakte als Tertiärrecht, völkerrechtliche Verträge der EU sowie sog. soft law (vgl. Rz. 3.1 ff.). Darüber hinaus werden hierzu auch völkerrechtliche Verträge zwischen den Mitgliedstaaten gezählt, soweit diese auf Initiative der EU zurückgehen.[2]

1.3

B. Angleichung nationaler Steuerrechtssysteme

I. Unionsrechtliche Vorgaben

Sowohl der EUV als auch der AEUV sind in besonderer Weise darauf gerichtet, durch **Verwirklichung des Binnenmarktes** den freien Verkehr von Waren, Personen, Dienstleistungen und Kapital und damit letztlich Wettbewerbsneutralität zu gewährleisten. Diese Aufgabe in Permanenz[3] ergibt sich bereits aus Erwägungsgrund 9 der Präambel zum EUV[4] sowie aus anderen Regelungen des EUV und des AEUV, insbesondere aus Art. 26 Abs. 1 und 2 AEUV. Die Verwirklichung des Binnenmarktes ist nicht bloß ein politischer Programmansatz, sondern verpflichtet auf der Grundlage geteilter Zuständigkeit (Art. 4 Abs. 4 Buchst. a AEUV) die Mitgliedstaaten sowie die Organe der EU gleichermaßen. Bei der Verwirklichung des Binnenmarktes geht es vor allem um die Beseitigung marktrelevanter Schranken zwischen den Mitgliedstaaten.[5] Zu den Instrumenten zur Verwirklichung des Binnenmarkts gehört insbesondere die Angleichung der insoweit relevanten Rechtsvorschriften der einzelnen Mitgliedstaaten.[6] Diese positive Rechtsangleichung[7] ist also grundsätzlich binnenmarktfinal.[8] Sie erfolgt im Wesentlichen auf den Ebenen des Primärrechts und des Sekundärrechts, darüber hinaus aber auch durch Tertiärrechtsetzung und durch soft law. Eine negative Rechtsangleichung[9] wird schließlich durch die Rechtsprechung des EuGH zu den Grundfreiheiten sowie (mittelbar) durch das in Art. 107 ff. AEUV verankerte Beihilfeverbot bewirkt.[10]

1.4

Auf der Ebene des Primärrechts obliegt die Rechtsangleichung den Mitgliedstaaten, die auf der Grundlage der in Art. 4 Abs. 3 Unterabs. 2 und 3 EUV verankerten Loyalitätspflicht (**Unionstreue**) insbesondere die Grundfreiheiten – Warenverkehrsfreiheit (Art. 28 AEUV), Arbeitnehmerfreizügigkeit (Art. 45 AEUV), Niederlassungsfreiheit (Art. 49 AEUV), Dienstleistungsfreiheit (Art. 56 AEUV) und Kapitalverkehrsfreiheit (Art. 63 AEUV) – zu beachten haben. Diese jeden einzelnen Mitgliedstaat treffende

1.5

---

1 So auch die Begriffsbildung der h.L., vgl. etwa *Weber-Grellet*, Europäisches Steuerrecht², § 1 Rz. 1; *Musil* in Musil/Weber-Grellet, Europäisches Steuerrecht, Einf. Rz. 13; *Englisch* in T/L, Steuerrecht²³, § 4 Rz. 1; *Schaumburg* in Schaumburg, Internationales Steuerrecht⁴, Rz. 3.45; *Kube*, DStJG 41 (2018), 69 (70).
2 Beispiel: Übereinkommen 90/436/EWG über die Beteiligung der Doppelbesteuerung im Falle von Gewinnberichtigungen zwischen verbundenen Unternehmen v. 23.7.1990, ABl. EG 1990 Nr. L 225, 10 (Schiedsverfahrenskonvention v. 23.7.1990, BStBl. I 1993, 819); zu Einzelheiten Rz. 23.1 ff.
3 *Bast* in G/H/N, Art. 26 AEUV Rz. 6.
4 Zur rechtlichen Bedeutung der Präambel *Streinz* in Streinz³, Präambel EUV Rz. 17 ff.
5 *Schröder* in Streinz³, Art. 26 AEUV Rz. 20.
6 In den Bereichen Bildung, beruflicher Bildung und Kultur bestehen allerdings Rechtsangleichungsverbote; vgl. hierzu *Remien* in S/Z/K, Europarecht³, § 14 Rz. 13.
7 Zu dieser Begrifflichkeit *Braun Binder*, Rechtsangleichung in der EU im Bereich der direkten Steuern, S. 19 ff., 33.
8 Zu Einzelheiten *Müller-Graff*, EuR 1989, 107 (118 f.); *Höstl*, EuR 2002, 318 (324 f.).
9 Zur Begrifflichkeit *Braun Binder*, Rechtsangleichung in der EU im Bereich der direkten Steuern, S. 145.
10 Kritisch zur Beihilfeaufsicht unter dem Aspekt der Steuerautonomie der EU-Mitgliedstaaten *Ekkenga/Safaei*, DStR 2018, 1993 (1994 ff.).

Verpflichtung bindet Legislative, Exekutive und Judikative gleichermaßen, so dass in Orientierung an diese unionsrechtlichen Vorgaben insoweit eine EU-weite Rechtsangleichung gewährleistet ist. Der entsprechende Prozess der „stillen Harmonisierung"[1] wird vor allem durch die Rechtsprechung des EuGH aktiviert, der die Grundfreiheiten über das eigentliche Diskriminierungsverbot hinaus weitgehend zu einem Beschränkungsverbot entwickelt hat.[2] Diese negative Rechtsangleichung[3] mittels der Grundfreiheiten geht zwar zeitlich stets der einem dynamischen Prozess unterliegenden positiven Rechtsangleichung[4] etwa durch Richtlinien und Verordnungen voraus, sie hat allerdings in den Fällen, in denen der Verstoß gegen die Grundfreiheiten gerechtfertigt ist, nur eine begrenzte Wirkung. Im Hinblick darauf erweisen sich sekundärrechtliche Maßnahmen – Richtlinien und Verordnungen – als effizienter, zumal sie größere Rechtssicherheit gewähren.[5]

1.6 Die Rechtsangleichung auf sekundärrechtlicher Ebene ergibt sich als Gesetzgebungsauftrag für alle Organe der Union aus Art. 26 Abs. 1 und 2 AEUV i.V.m. Art. 114, 115 AEUV. Dieser allgemeine **Gesetzgebungsauftrag** beinhaltet zwar eine Rechtspflicht,[6] nicht aber eine uneingeschränkte Gesetzgebungskompetenz.[7] Dies beruht schon darauf, das Art. 26 Abs. 1 AEUV lediglich den Auftrag enthält, die „erforderlichen Maßnahmen" zu erlassen, um „nach Maßgabe der einschlägigen Bestimmungen der Verträge den Binnenmarkt zu verwirklichen bzw. dessen Funktionieren zu gewährleisten". Das bedeutet, dass die auf dieser Grundlage gebotene Rechtsangleichung in Orientierung an Art. 5 Abs. 4 EUV vor allem der Kompetenzausübungsschranke der Verhältnismäßigkeit unterliegt. Im Übrigen gelten wegen der Bezugnahme auf die „Bestimmungen der Verträge" u.a. auch die übrigen sich aus Art. 5 EUV ergebenden Kompetenzgrenzen. Hierzu gehören zum einen das Prinzip der begrenzten Einzelermächtigung (Art. 5 Abs. 2 EUV) sowie das Subsidiaritätsprinzip (Art. 5 Abs. 3 EUV).

1.7 Die Rechtsangleichung auf Ebene des Tertiärrechts wird durch die EU-Kommission bewirkt. Sie erfordert als bloße administrative oder exekutive Rechtsetzung[8] stets einer im Sekundärrecht angesiedelten Ermächtigung (Rz. 3.15 f.). Zu den Tertiärrechtsakten zählen insbesondere delegierte und Durchführungsverordnungen (Rz. 3.15).

1.8 Aus dem **Prinzip der begrenzten Einzelermächtigung** (vgl. Rz. 11.1) folgt, dass anders als bei den Legislativorganen der Mitgliedstaaten keine generelle Gesetzgebungskompetenz zu Gunsten der Union besteht, sondern nur dann, wenn sich dies ausdrücklich insbesondere aus dem AEUV ergibt. Aus diesem Grunde bleibt gem. Art. 5 Abs. 2 EUV auch eine Kompetenz-Kompetenz[9] versagt, so dass insoweit im Grundsatz die Allzuständigkeit bei den Mitgliedstaaten verbleibt.[10] Das in Art. 5 Abs. 3 EUV verankerte Subsidiaritätsprinzip besagt (negativ), dass die EU nur tätig werden darf, wenn die erforderli-

---

1 Zur „stillen Harmonisierung" bei den direkten Steuern *Cordewener*, Europäische Grundfreiheiten und nationales Steuerrecht, S. 25 ff.; *Schön*, StbJb. 2003/2004, 27 ff.; *Rödder*, DStR 2004, 1629 ff.; *Schaumburg*, DB 2005, 1129 (1130 f.).
2 Nur beispielhaft EuGH v. 12.12.2002 – C-385/00 – de Groot, ECLI:EU:C:2002:750 = FR 2003, 141 m. Anm. *Schnitger* zur Arbeitnehmerfreizügigkeit; v. 13.4.2000 – C-251/98 – Baars, ECLI:EU:C:2000:205 zur Niederlassungsfreiheit; v. 6.6.2000 – C-35/98 – Verkooijen, ECLI:EU:C:2000:294 = FR 2000, 720 m. Anm. *Dautzenberg* zur Kapitalverkehrsfreiheit; zu dieser Entwicklung *Cordewener*, Europäische Grundfreiheiten und nationales Steuerrecht, S. 104 ff.; anders die Rspr. des EuGH zu den speziellen abgabenrechtlichen Diskriminierungsverboten (Art. 110, 111 AEUV); vgl. EuGH v. 11.12.1990 – C-47/88 – KOM/Dänemark, ECLI:EU:C:1990:449, Rz. 10; *Seiler* in G/H/N, Art. 110 AEUV Rz. 13.
3 Gleichbedeutend mit negativer Integration.
4 Gleichbedeutend mit positiver Integration.
5 Zu weiteren Aspekten *Schröder* in Streinz³, Art. 26 AEUV Rz. 28 f.
6 *Bast* in G/H/N, Art. 26 AEUV Rz. 8; *Schröder* in Streinz³, Art. 26 AEUV Rz. 15.
7 *Schröder* in Streinz³, Art. 26 AEUV Rz. 13; zur Steuergesetzgebungskompetenz der EU vgl. Rz. 11.1 ff.
8 Vgl. hierzu *Möstl*, DVBl. 2011, 1076; *Stelkens*, VVDStRL 71 (2012), 369 (371).
9 Die Kompetenz, weitere Kompetenzen zu begründen; vgl. hierzu *Callies* in Calliess/Ruffert⁵, Art. 5 EUV Rz. 6.
10 *Streinz* in Streinz³, Art. 5 EUV Rz. 5.

chen Maßnahmen auf Ebene der Mitgliedstaaten nicht ausreichend erreicht und (positiv) wegen ihres Umfangs oder ihrer Wirkungen diese besser auf Unionsebene umgesetzt werden können.[1] Dieses Subsidiaritätsprinzip ist für den Bereich der Verwirklichung des Binnenmarktes durch Rechtsangleichung deshalb von Bedeutung, weil zwischen den Mitgliedstaaten einerseits und der Union andererseits für wichtige Politikbereiche eine geteilte Zuständigkeit besteht (Art. 4 Abs. 2 Buchst. a AEUV).[2]

II. Rechtsangleichung bei Zöllen und Abgaben gleicher Wirkung

Art. 30 AEUV enthält das Verbot, zwischen den Mitgliedstaaten Ein- und Ausfuhrzölle oder Abgaben gleicher Wirkung zu erheben. Es handelt sich hierbei um eine abschließende Regelung, die darauf gerichtet ist, den freien Warenverkehr und damit einen unverzerrten Wettbewerb im Binnenmarkt zu gewährleisten. Dieses Verbot wird im Ergebnis primärrechtlich durch eine vollständige Rechtsangleichung i.S. einer negativen Harmonisierung hergestellt. Insoweit existiert eine **Zollunion** (vgl. Rz. 11.15 ff.), für die die Union die ausschließliche Gesetzgebungshoheit hat (Art. 3 Abs. 1 Buchst. a AEUV). Im Hinblick auf Art. 28 und Art. 207 AEUV erstreckt sich das gegen die Mitgliedstaaten gerichtete Verbot der Erhebung von Zöllen oder Abgaben gleicher Wirkung auch auf den Warenverkehr mit Drittstaaten.[3] Damit ist die Zollunion umfassend. Auf Grund dieser Gesetzgebungshoheit hat die Union mit dem Zollkodex der Union (UZK),[4] der Delegierten Verordnungen der Kommission (UZK-DA[5]/UZK-TDA[6]) und der Durchführungsverordnung der Kommission (UZK-IA)[7],[8] ein einheitliches EU-weit geltendes materielles Zollrecht und Zollverfahrensrecht geschaffen.[9] Gegenüber Drittstaaten gilt der Gemeinsame Zolltarif (GZT).[10]

1.9

III. Rechtsangleichung bei indirekten Steuern

1. Gesetzgebungskompetenz

Die Gesetzgebungskompetenz der EU für die Rechtsangleichung (Harmonisierung) bei indirekten Steuern[11] ergibt sich aus Art. 113 AEUV.[12] Sie umfasst neben der Umsatzsteuer (Mehrwertsteuer) spezielle Verbrauchsteuern – z.B. Energie-, Tabak- und Alkoholsteuern –, wobei ein ausdrücklicher Warenbezug nicht erforderlich ist und darüber hinaus nicht nur Steuern, sondern auch Abgaben, Gebühren oder Beiträge nach dem jeweiligen nationalen Recht erfasst werden.[13] Die in Art. 113 AEUV verankerte Gesetzgebungskompetenz ist von der Sache her ein **Harmonisierungsauftrag** an den Rat, der der Verwirklichung des Binnenmarktes dient. Der Rat entscheidet auf Vorschlag der Kommission ein-

1.10

---

1 Zu Einzelheiten *Streinz* in Streinz[3], Art. 5 EUV Rz. 20 ff.; *König* in S/Z/K, Europarecht[3], § 2 Rz. 28 ff.
2 Zu Einzelheiten Rz. 11.2 ff.
3 Vgl. EuGH v. 13.12.1973 – C-37, 38/73 – Diamant, ECLI:EU:C:1973:165, Rz. 15, 21; v. 5.10.1995 – C-125/94 – Aprile, ECLI:EU:C:1995:309, Rz. 35 f.; v. 22.4.1999 – C-109/98 – CRT Franc International, ECLI:EU:C:1999:199, Rz. 22; *Kamann* in Streinz[3], Art. 30 AEUV Rz. 4.
4 Verordnung (EU) Nr. 952/2013 des Europäischen Parlaments und des Rates v. 9.10.2013, ABl. EU 2013 Nr. L 269, 1.
5 Delegierte Verordnung (EU) 2015/2446 der Kommission v. 28.7.2015, ABl. EU 2015 Nr. L 343,1, geändert durch Delegierte Verordnung (EU) 2016/341 der Kommission v. 17.12.2015, ABl. EU 2016 Nr. L 69, 1.
6 Delegierte Verordnung (EU) 2016/341 der Kommission v. 17.12.2015, ABl. EU 2016 Nr. L 69, 1.
7 Durchführungsverordnung (EU) Nr. 2015/2447 der Kommission v. 24.11.2015, ABl. EU 2015 Nr. L 343, 558.
8 VO (EWG) Nr. 2454/93, ABl. EG 1993 Nr. L 253, 1; VO (EG) Nr. 312/2009, ABl. EU 2009 Nr. L 98, 3.
9 Vgl. hierzu im Überblick *Wolffgang* in S/Z/K, Europarecht[3], § 33; ferner Rz. 11.15 ff.
10 VO über die zolltariflichen und statistischen Nomenklatur sowie den Gemeinsamen Zolltarif (GZT); VO (EWG) Nr. 2658/87 v. 23.7.1987, ABl. EG 1987 Nr. L 256, 1.
11 Zum Begriff *Hey* in T/L, Steuerrecht[23], § 7 Rz. 20.
12 Zu Einzelheiten Rz. 11.21 ff.
13 *Kamann* in Streinz[3], Art. 113 AEUV Rz. 3; offenlassend *Waldhoff* in Calliess/Ruffert[5], Art. 113 AEUV Rz. 4; zu den Begriffen „Steuern" und „Abgaben" im Überblick *Seiler* in G/H/N, Art. 113 AEUV Rz. 18 ff.

stimmig, wobei das Europäische Parlament und der Wirtschafts- und Sozialausschuss nur ein Anhörungsrecht haben. Die entsprechenden Gesetzgebungsakte sind in erster Linie Richtlinien[1] und EU-Verordnungen.[2] Während die Verordnungen unmittelbar geltendes Recht darstellen (Art. 288 Abs. 2 AEUV), bedürfen Richtlinien der Umsetzung in das jeweilige nationale Recht (Art. 291 Abs. 2 AEUV).

1.11 Der Gesetzgebungskompetenz des Rates sind in zweifacher Hinsicht **Schranken** gesetzt. Sie ermächtigt nämlich zu einer Harmonisierung der indirekten Steuern nur, „soweit diese Harmonisierung für die Errichtung und das Funktionieren des Binnenmarktes und die Vermeidung von Wettbewerbsverzerrungen notwendig ist". Insoweit gilt das allgemeine auf die Wahrung der Steuersouveränität der Mitgliedstaaten gerichtete Subsidiaritätsprinzip (Art. 5 Abs. 3 EUV).[3] Neben dieser Binnenmarktzielsetzung können im Rahmen der dem Rat zukommenden Gesetzgebungskompetenz auch andere Ziele des Allgemeininteresses – z.B. Gesundheits-, Verbraucher-, Umweltschutz- oder sozial- bzw. wirtschaftspolitische Ziele – verfolgt werden.[4] Im Übrigen gilt als allgemeine Kompetenzausübungsschranke auch das Verhältnismäßigkeitsprinzip (Art. 5 Abs. 4 EUV), wonach die Harmonisierung nicht über das notwendige Maß hinausgehen darf.[5] Schließlich besteht eine Bindung an die sich aus Art. 110–112 AEUV ergebenden Diskriminierungsverbote.

2. Diskriminierungsverbote

1.12 Die zweite Säule der für indirekte Steuern maßgeblichen Harmonisierung wird von den in Art. 110 und 111 AEUV verankerten speziellen abgabenrechtlichen Diskriminierungsverboten gebildet.[6] Im Wesentlichen geht es um das Verbot, für Waren aus anderen Mitgliedstaaten höhere Abgaben zu erheben (Art. 110 Abs. 1 AEUV). Angesprochen sind hiermit insbesondere indirekte Steuern ohne Rücksicht darauf, ob diese durch EU-Richtlinien harmonisiert sind oder nicht. Das bedeutet, dass Art. 110 Abs. 1 AEUV nicht nur die Mitgliedstaaten bindet,[7] sondern auch die Unionsorgane, namentlich den Rat etwa im Rahmen seiner Gesetzgebungskompetenz gem. Art. 113 AEUV.[8] Das Diskriminierungsverbot[9] betrifft nur **indirekte Steuern und Abgaben auf Waren.**[10] In Abgrenzung zu Art. 30 AEUV, wonach Abgaben zollgleicher Wirkung von über die Grenze verbrachten Erzeugnissen verboten sind, verbietet Art. 110 AEUV eine inländische indirekte Steuer oder Abgabe auf eingeführte, ausgeführte und inländische Erzeugnisse, soweit diese unabhängig vom Ursprung oder der Bestimmung der Erzeugnisse er-

---

1 Vgl. etwa die Mehrwertsteuer- und Verbrauchsteuer-Systemrichtlinie; MwStSystRL: Richtlinie 2006/112/EG v. 28.11.2006 (ABl. EU 2006 Nr. L 347, 1); VerbrauchStSystRL: Richtlinie 2008/118/EG v. 16.12.2008 (ABl. EU 2008 Nr. L 9, 12).
2 Vgl. etwa die Mehrwertsteuer-DVO und die Zusammenarbeits-VO; MwStDVO: VO (EU) Nr. 282/2011 v. 15.3.2011 (ABl. EU 2011 Nr. L 77, 1); MwStZVO: VO (EU) Nr. 389/2012 v. 2.5.2012 (ABl. EU 2012 Nr. L 121, 1).
3 Hierzu *König* in S/Z/K, Europarecht[3], § 2 Rz. 28 ff.
4 So EuGH v. 5.10.2000 – C-376/98 – Deutschland/EP Rat, ECLI:EU:C:2000:544, Rz. 88 (Gesundheitsschutz); v. 13.5.1997 – C-233/94 – Deutschland/EP und Rat, ECLI:EU:C:1997:231, Rz. 10, 16 (Verbraucherschutz); v. 11.6.1991 – C-300/89 – Kommission/Rat, ECLI:EU:C:1991:244, Rz. 22 (Umweltschutz).
5 *Streinz* in Streinz[3], Art. 5 EUV Rz. 43; *Wernsmann* in S/Z/K, Europarecht[3], § 30 Rz. 15.
6 Es handelt sich um ein Instrument negativer Integration; vgl. *Seiler* in G/H/N, Art. 110 AEUV Rz. 11.
7 Es spielt keine Rolle, ob die Abgabe von einer anderen öffentlich-rechtlichen Stelle als dem Staat oder zu dessen Gunsten erhoben wird; EuGH v. 17.7.1997 – C-114/95, 115/95 – Texaco, ECLI:EU:C:1997:371, Rz. 39.
8 EuGH v. 5.5.1982 – C-15/81 – Schul, ECLI:EU:C:1982:135, Rz. 42; *Waldhoff* in Calliess/Ruffert[5], Art.110 AEUV Rz. 8; *Kamann* in Streinz[3], Art. 110 AEUV Rz. 9 f.
9 Erfasst wird auch eine versteckte Diskriminierung; vgl. *Waldhoff* in Calliess/Ruffert[5], Art. 110 AEUV Rz. 13 mit Hinweisen aus der Rspr. des EuGH.
10 Körperliche Gegenstände; EuGH v. 14.7.1977 – C-1/77 – Bosch, ECLI:EU:C:1977:130, Rz. 4; v. 9.7.1992 – C-2/90 – Kommission/Belgien, ECLI:EU:C:1992:310, Rz. 26; v. 18.1.2007 – C-97/98 – Jägerskiöld, ECLI:EU:C:1999:515, Rz. 30.

hoben wird.[1] Beide Diskriminierungsverbote stehen somit in einem Exklusivitätsverhältnis.[2] Das Verbot, höhere indirekte Steuern oder Abgaben auf Waren aus anderen Mitgliedstaaten zu erheben, betrifft nicht nur solche Waren, die aus Mitgliedstaaten stammen, sondern auch solche, die aus Drittländern in den freien Verkehr eines Mitgliedstaates gelangt sind.[3] Mithin sind unmittelbar aus Drittländern eingeführte Waren nicht geschützt.[4] Demgegenüber ist vom EuGH über den Wortlaut der Regelung hinaus Art. 110 Abs. 1 AEUV im Sinne eines Beschränkungsverbots auch auf die Ausfuhr erstreckt worden.[5]

Das in Art. 110 Abs. 1 AEUV verankerte Diskriminierungsverbot wird durch die Regelung in Art. 110 Abs. 2 AEUV ergänzt. Hiernach ist es den Mitgliedstaaten nicht erlaubt, auf Waren aus anderen Mitgliedstaaten inländische indirekte Steuern oder Abgaben zu erheben, die geeignet sind, andere Produktionen zu schützen. Dieses **Protektionsverbot** erfasst jede Form eines mittelbaren steuerlichen Protektionismus bei Waren, die mit den gem. Art. 110 Abs. 1 AEUV geschützten Waren in einem Wettbewerb stehen.[6]

1.13

Schließlich enthält Art. 111 AEUV ein **Verbot überhöhter Rückvergütungen** inländischer indirekter Steuern und Abgaben bei der Ausfuhr von Waren in andere Mitgliedstaaten. Damit soll die Wettbewerbsneutralität im Binnenmarkt sichergestellt werden. In Abgrenzung zu Art. 110 AEUV, wonach eine Marktverzerrung zu Lasten ausländischer Produkte durch eine steuerliche Diskriminierung auf dem inländischen Markt verhindert werden soll, geht es bei Art. 111 AEUV um das Verbot steuerlicher Subventionierung inländischer Produkte, die in anderen Mitgliedstaaten abgesetzt werden.[7]

1.14

3. Harmonisierte Steuern

a) Umsatzsteuer

Die Harmonisierung der Umsatzsteuer (Mehrwertsteuer) hat europaweit zu einer Systemangleichung i.S. einer **Allphasen-Netto-Umsatzsteuer** mit Vorsteuerabzug[8] geführt, wobei von der Belastungswirkung her die Umsatzsteuer auch unionsrechtlich als (allgemeine) Verbrauchsteuer zu qualifizieren ist.[9]

1.15

Auf Grund der bislang zahlreich zur Umsatzsteuer ergangenen EU-Richtlinien und grundlegend durch die Mehrwertsteuersystemrichtlinie 2016[10] (Rz. 19.1 ff.) sind die Umsatzsteuergesetze der einzelnen

1.16

---

1 EuGH v. 5.5.1982 – C-15/81 – Schul, ECLI:EU:C:1982:135, Rz. 19 = UR 1982, 242 m. Anm. *Weiß*; v. 7.5.1987 – C-193/85 – Co-Frutta, ECLI:EU:C:1987:210, Rz. 10; v. 29.4.2004 – C-387/01 – Weigel, ECLI: EU:C:2004:256, Rz. 64; v. 18.1.2007 – C-313/05 – Brzezinski, ECLI:EU:C:2007:33, Rz. 22.
2 *Kamann* in Streinz³, Art. 110 AEUV Rz. 30; *Schön*, EuR 2001, 216 ff. (219).
3 EuGH v. 7.5.1987 – C-193/85 – Co-Frutta, ECLI:EU:C:1987:210, Rz. 24 ff.; v. 17.7.1997 – C-90/94 – Haahr Petroleum, ECLI:EU:C:1997:368, Rz. 26; v. 17.6.1998 – C-68/96 – Grundig Italiana, ECLI:EU: C:1998:299, Rz. 11.
4 EuGH v. 4.4.1968 – C-7/67 – Wöhrmann, ECLI:EU:C:1968:18; v. 10.10.1978 – C-148/77 – Hansen, ECLI:EU:C:1978:173, Rz. 23; v. 13.7.1994 – C-130/92 – OTO, ECLI:EU:C:1994:288, Rz. 18; v. 17.7.1977 – C-114, 115/95 – Texaco, ECLI:EU:C:1997:371, Rz. 35.
5 EuGH v. 29.6.1978 – C-142/77 – Statens Kontrol, ECLI:EU:C:1978:144, Rz. 21, 27; v. 22.5.2003 – C-355/00 – Freskot, ECLI:EU:C:2003:298, Rz. 45; vgl. zur Kritik an dieser Rspr. *Seiler* in G/H/N, Art. 110 AEUV Rz. 17; *Waldhoff* in Calliess/Ruffert⁵, Art. 110 AEUV Rz. 17.
6 Zu Einzelheiten *Seiler* in G/H/N, Art. 110 AEUV Rz. 37 f.; *Kamann* in Streinz³, Art. 110 AEUV Rz. 26.
7 *Seiler* in G/H/N, Art. 110 AEUV Rz. 3; *Kamann* in Streinz³, Art. 111 AEUV Rz. 2.
8 Hierzu *Englisch* in T/L, Steuerrecht²³, § 17 Rz. 15.
9 Vgl. aus der EuGH-Rechtsprechung EuGH v. 5.5.1982 – C-15/81 – Schul, ECLI:EU:C:1982:135, Rz. 10 = UR 1982, 242 m. Anm. *Weiß*; v. 27.6.1989 – C-50/88 – Kühne, ECLI:EU:C:1989:262; v. 29.2.1996 – C-215/94 – Mohr, ECLI:EU:C:1996:72 = UR 1996, 119 m. Anm. *Widmann*; v. 24.10.1996 – C-317/94 – Elida Gibbs, ECLI:EU:C:1996:400 = UR 1997, 265 m. Anm. *Weiß*; v. 3.10.2006 – C-475/03 – Banca popolare di Cremona, ECLI:EU:C:2006:629.
10 Richtlinie 2006/112/EG des Rates v. 28.11.2006 über das gemeinsame Mehrwertsteuersystem, ABl. EU 2006 Nr. L 347, 1, zuletzt geändert durch Art. 1 ÄndRL (EU) 2016/856 v. 25.5.2016, ABl. EU 2016 Nr. L 142, 12.

Mitgliedstaaten mit Ausnahme der Steuersätze weitgehend einheitlich, so dass insoweit eine **vollständige Harmonisierung** erreicht ist.[1]

b) Verbrauchsteuern

1.17 Auf dem Gebiet der (speziellen) Verbrauchsteuern beruht die Harmonisierung auf verschiedenen Richtlinien, die überwiegend im Jahr 1992 ergangen sind,[2] allerdings ergänzt um die Energiesteuerrichtlinie 2003,[3] die Tabaksteuerrichtlinie 2011[4] und die Verbrauchsteuersystemrichtlinie 2008.[5] Maßgeblich ist die Systemrichtlinie, auf deren Grundlage die Verbrauchsteuern auf **Energieträger, Tabak und alkoholhaltige Getränke** – abgesehen von der Steuersatzhöhe – **vollständig harmonisiert** worden sind. Das bedeutet, dass hiervon abweichend Energie-, Tabak- und Alkoholsteuern nur erhoben werden dürfen, wenn sie eine über die Erzielung von Einnahmen hinausgehende besondere Zielsetzung aufweisen (Art. 1 Abs. 2 VerbrauchStSystRL).[6] Über die vorgenannten harmonisierten Verbrauchsteuern hinaus dürfen die Mitgliedstaaten weitere Verbrauchsteuern auf sonstige Waren oder Dienstleistungen einführen oder beibehalten, soweit hierdurch kein grenzüberschreitender Handel erfasst wird (Art. 1 Abs. 3 VerbrauchStSystRL). Im Hinblick darauf sind die in Deutschland erhobenen örtlichen Aufwand- und Verbrauchsteuern – z.B. Zweitwohnungsteuer, Hundesteuer und Vergnügungssteuer – europarechtlich ohne Weiteres zulässig.[7]

IV. Rechtsangleichung bei direkten Steuern

1.18 Für den Bereich der direkten Steuern[8] – Einkommen-, Körperschaft-, Gewerbe- und Erbschaftsteuer – **fehlt es an einer ausdrücklichen Gesetzgebungskompetenz** für die Union. Im Hinblick darauf ist eine Rechtsangleichung nur auf der Grundlage der allgemeinen Harmonisierungsvorschriften (Art. 115, 116 AEUV)[9] und darüber hinaus in Anwendung der Grundfreiheiten (Art. 26 Abs. 2 AEUV)[10] möglich. Diese Rechtsangleichung zielt hierbei im Wesentlichen auf eine grenzüberschreitende Neutralität der Besteuerung[11] ab.

1.19 Die auf Art. 115 AEUV beruhende auf eine positive Rechtsangleichung gerichtete **Gesetzgebungskompetenz** des Rates hat keine spezifisch-steuerliche Ausrichtung und ist daher lediglich eine Generalklausel, die bislang zu keiner durchgreifenden Harmonisierung der direkten Steuern geführt hat. Dies beruht im Wesentlichen auf dem Einstimmigkeitserfordernis (Art. 115 AEUV) und dem gerade bei den direkten Steuern ausgeprägten Fiskalegoismus der Mitgliedstaaten. Schließlich sind gegen die in Art. 115

---

1 Zu den einzelnen USt-Richtlinien im Überblick Rz. 11.24 ff. sowie zur MwStSystRL vgl. *Lohse/Peltner/Spilker* in R/D, MwStSystRL.
2 Vgl. hierzu Rz. 11.33.
3 Richtlinie 2003/96/EG zur Restrukturierung der gemeinschaftlichen Rahmenvorschriften zur Besteuerung von Energieerzeugnissen und elektrischem Strom v. 27.10.2003, ABl. EU 2003 Nr. L 283, 51.
4 Richtlinie 2011/64/EU des Rates v. 21.6.2011 über die Struktur und die Sätze der Verbrauchsteuern auf Tabakwaren, ABl. EU 2011 Nr. L 176, 24.
5 Richtlinie 2008/118/EG über das allgemeine Verbrauchsteuersystem und zur Aufhebung der Richtlinie 92/12/EWG v. 16.12.2008, ABl. EU 2008 Nr. L 9, 12; zuletzt geändert durch Richtlinie 2013/61/EU v. 17.12.2013, ABl. EU 2013 Nr. L 353, 5; hierzu Rz. 20.3.
6 Unter diesem Gesichtspunkt ist die sog. Alkopopsteuer (BGBl. I 2004, 1857) als Steuer auf alkoholhaltige Süßgetränke zum Schutz junger Menschen zulässig; vgl. *Englisch* in T/L, Steuerrecht[23], § 18 Rz. 113; *Pfab*, DStZ 2006, 249.
7 *Englisch* in T/L, Steuerrecht[23], § 18 Rz. 107.
8 Zum Begriff *Hey* in T/L, Steuerrecht[23], § 7 Rz. 20.
9 Art. 114 AEUV ist zwar die Grundnorm, wegen Art. 114 Abs. 2 AEUV gelten für die Rechtsangleichung direkter Steuern Art. 115, 116 AEUV; vgl. *Korte* in Calliess/Ruffert[5], Art. 115 AEUV Rz. 3.
10 Insbesondere Arbeitnehmerfreizügigkeit (Art. 45 AEUV), Niederlassungsfreiheit (Art. 49 AEUV), Dienstleistungsfreiheit (Art. 56 AEUV) und Kapitalverkehrsfreiheit (Art. 63 AEUV).
11 Hierzu *Schön* in Schön/Heber, Grundfragen des Europäischen Steuerrechts, S. 109 ff.

AEUV verankerte Gesetzgebungskompetenz die **Schranken** der Subsidiarität (Art. 5 Abs. 3 EUV) und der Verhältnismäßigkeit (Art. 5 Abs. 4 EUV) gerichtet.[1] Das bedeutet einerseits, dass die Union in Bereichen, für die sie nicht von vornherein ausschließlich zuständig ist, nur tätig werden darf, sofern und soweit die Ziele der in Betracht gezogenen Maßnahmen auf der Ebene der Mitgliedstaaten nicht ausreichend besser als auf der Unionsebene erreicht werden können. Andererseits bedeutet dies, dass die Maßnahmen zur Erreichung der angestrebten Ziele geeignet und erforderlich sein müssen, so dass, wenn mehrere geeignete Maßnahmen zur Auswahl stehen, die am Wenigsten belastende Maßnahme zu wählen ist. Damit bleibt für den Bereich der direkten Steuern das Konzept der Vollharmonisierung (einstweilen) versagt mit der Folge, dass die EU im Grundsatz weiterhin durch einen **Wettbewerb der Steuersysteme** geprägt ist.[2] Das gilt insbesondere für die unterschiedlichen Körperschaftsteuersysteme innerhalb der EU, die eine grenzüberschreitende Tätigkeit der Unternehmen wesentlich erschweren.[3] Auf der Grundlage von Art. 115 AEUV sind bisher durch Sekundärrechtsetzung z.B. die Fusions-Richtlinie (Rz. 16.1 ff.), Mutter-Tochter-Richtlinie (Rz. 14.1 ff.), Zins- und Lizenzgebühren-Richtlinie (Rz. 15.1 ff.) und die Anit-BEPS[4]-Richtlinie/ATAD[5] (Rz. 17.1 ff.) ergangen.[6] Während im Rahmen der Tertiärrechtsetzung delegierte Rechtsakte für die Rechtsangleichung direkter Steuern bislang noch keine Rolle gespielt haben,[7] hat die EU-Kommission im Zusammenhang mit der Amtshilfe- und der Beitreibungsrichtlinie Durchführungsverordnungen[8] erlassen. Eine auf soft law beruhende Rechtsangleichung ist in der Vergangenheit zudem durch verschiedene Mitteilungen, Empfehlungen und Schlussfolgerungen erfolgt.[9]

Neben Art. 115 AEUV kommt als allgemeine Harmonisierungsgrundlage auch Art. 116 AEUV in Betracht. Voraussetzung ist indessen, dass die Kommission feststellt, „dass vorhandene Unterschiede in den Rechts- und Verwaltungsvorschriften der Mitgliedstaaten die Wettbewerbsbedingungen auf dem Binnenmarkt verfälschen und dadurch eine Verzerrung hervorrufen". Derartige **Wettbewerbsverzerrungen** sind für den Bereich der direkten Steuern bislang allerdings noch nicht festgestellt worden, wie überhaupt Art. 116 AEUV als Rechtsgrundlage für die europaweite Rechtsangleichung ohne Bedeutung geblieben ist.[10] Entsprechendes gilt für die in Art. 352 AEUV enthaltene Kompetenzgrundlage.[11]

1.20

---

1 *Tietje* in G/H/N, Art. 115 AEUV Rz. 25 ff.; *Korte* in Calliess/Ruffert[5], Art. 115 AEUV Rz. 13 ff.; *Weber-Grellet* in Musil/Weber-Grellet, Europäisches Steuerrecht, Art. 115 AEUV Rz. 2.
2 Im Zuge der Bekämpfung von Steuerhinterziehung, Steuermissbrauch und aggressiver Steuerplanung wird seit 2016 allerdings durch eine Reihe von Maßnahmen die positive Integration vorangetrieben, bei der nicht die Freizügigkeit der Unionsbürger, sondern die Fiskalinteressen der Mitgliedstaaten im Vordergrund stehen; vgl. hierzu *Kofler*, IStR 2017, 705 ff.; zur Kritik an dieser aktuellen europäischen Steuerpolitik *Hey*, DStJG 41 (2018), 9 ff.
3 Der aus dem Jahr 1975 stammende Richtlinien-Vorschlag zur Harmonisierung der Körperschaftsteuersysteme (ABl. EG 1975 Nr. 253) wurde 1990 zurückgezogen, und die Empfehlung des Ruding-Komitees (DB 1992, Beilage 5) wurde nicht umgesetzt; derzeit verfolgt die KOM das Ziel einer gemeinsamen konsolidierten Körperschaftsteuer-Bemessungsgrundlage (GKKB – CCCTB/Common Consolidated Corporate Tax Base); hierzu Rz. 18.1 ff.
4 BEPS = Base Erosion and Profit Shifting.
5 ATAD = Anti Tax Avoidance Direktive.
6 Über das in § 5 Abs. 1 EStG verankerte Maßgeblichkeitsprinzip wirken auch die Bilanz-Richtlinien auf das deutsche Steuerrecht ein; vgl. zur (streitigen) Rechtslage *Hennrichs* in T/L, Steuerrecht[23], § 9 Rz. 60 ff.
7 Vgl. allerdings zur GKKB *Braun Binder*, Rechtsangleichung in der EU im Bereich der direkten Steuern, S. 108 ff.
8 DVO 2015/2378/EU v. 15.12.2015, ABl. EU Nr. L 332, 19 (zur Amtshilferichtlinie); DVO 2011/1189/EU v. 18.11.2011, ABl. EU Nr. L 302, 16 (zur Beitreibungsrichtlinie).
9 Vgl. hierzu im Einzelnen *Braun Binder*, Rechtsangleichung in der EU im Bereich der direkten Steuern, S. 123 ff.
10 Vgl. hierzu *Schröder* in Streinz[3], Art. 116 AEUV Rz. 3.
11 *Braun Binder*, Rechtsangleichung in der EU im Bereich der direkten Steuern, S. 67.

C. Europäische Steuerrechtsverfassung

I. Kompetenzordnung

1.21 Eine Steuerrechtsverfassung im eigentlichen Sinne[1] enthält weder der EUV noch der AEUV.[2] Dies beruht im Wesentlichen darauf, dass die EU keine Staatsqualität besitzt.[3] Es handelt sich vielmehr um einen sog. **Staatenverbund**[4], also *„eine enge, auf Dauer angelegte Verbindung souverän bleibender Staaten, die auf vertraglicher Grundlage öffentliche Gewalt ausübt, deren Grundordnung jedoch allein der Verfügung der Mitgliedstaaten unterliegt und in der die Völker – d.h. die staatsangehörigen Bürger – der Mitgliedstaaten die Subjekte demokratischer Legitimation bleiben."*[5] Als Staatenverbund genießt die EU zwar völkerrechtliche Rechtsfähigkeit (Art. 47 EUV) und darüber hinaus auch innerstaatliche Rechtsfähigkeit (Art. 335 AEUV), ihr fehlt aber die für einen Staat typische umfassende Gesetzgebungskompetenz insbesondere für Steuern. Ein Steuerstaat ist sie daher nicht.[6]

1.22 Die für Steuern maßgeblichen Regelungen des EUV und des AEUV beschränken sich auf eine **Kompetenzabgrenzung** zwischen den Mitgliedstaaten einerseits und der EU andererseits. Im Hinblick darauf ist die europäische Steuerrechtsverfassung (derzeit) lediglich i.S. einer Kompetenzordnung zu verstehen. Die hierfür maßgebliche (primärrechtliche) Rechtsgrundlage ist Art. 5 Abs. 1 Satz 1 EUV, wonach für die Abgrenzung der Zuständigkeiten der Union der **Grundsatz der begrenzten Einzelermächtigung** gilt. Soweit auf dieser Grundlage die Union zuständig ist, gelten zudem die Grundsätze der Subsidiarität und der Verhältnismäßigkeit (Art. 5 Abs. 1 Satz 2 EUV). Erforderlich ist danach, dass für jedes Handeln der EU eine Kompetenzzuweisung durch das Primärrecht gegeben sein muss. Eine derartige Kompetenzzuweisung i.S. einer ausschließlichen Zuständigkeit gibt es zwar für Zölle (Art. 3 Abs. 1 Buchst. a AEUV), nicht aber für Steuern, und zwar auch nicht im Rahmen geteilter Zuständigkeit (Art. 4 Abs. 2 AEUV) oder auf Grundlage von Art. 311 Abs. 1 AEUV und Art. 352 AEUV (vgl. Rz. 11.1 ff.). Art. 311 Abs. 1 AEUV ermöglicht zwar der Union, dass sie sich mit den erforderlichen Mitteln ausstattet, um ihre Ziele erreichen und ihre Politik durchführen zu können. Es handelt sich hierbei aber nicht um eine selbständige Finanzierungskompetenz i.S. eines eigenen Steuererhebungsrechts. Geregelt ist lediglich, dass der EU-Haushalt unbeschadet der sonstigen Einnahmen vollständig aus Eigenmitteln finanziert werden soll.[7] Die sog. in Art. 352 AEUV verankerte Flexibilitätsklausel, wonach der Rat einstimmig auf Vorschlag der Kommission nach Zustimmung des Europäischen Parlaments geeignete Vorschriften erlassen darf, soweit dies erforderlich ist, um eines der Vertragsziele zu verwirklichen, räumt der EU ebenfalls nicht die Kompetenz ein, selbst Steuern zu erheben.[8] Das bedeutet im Ergebnis, dass eine Besteuerungshoheit zugunsten der Union nur durch Änderung des derzeit geltenden Primärrechts möglich ist. Dies setzt entweder eine Änderung des EUV/AEUV entsprechend dem in Art. 48 EUV festgelegten Verfahren oder des Eigenmittelbeschlusses vom 26.5.2014[9] selbst voraus. Eine Änderung des auf der Grundlage des Art. 311 Unterabs. 3 AEUV als

---

1 Zum Verfassungsbegriff vgl. *Badura*, Staatsrecht[5], A 7; *Badura* in FG für das BVerfG, Bd. 2, S. 1 ff.; speziell zum Begriff der Finanzverfassung *Vogel/Waldhoff*, Grundlagen des Finanzverfahrensrechts, Rz. 1 ff.
2 Zu Überlegungen de lege ferenda *Kube*, DStJG 41 (2018), 69 (97).
3 Zu Einzelheiten *Pechstein* in Streinz[3], Art. 1 EUV Rz. 10 ff.; *Calliess* in Calliess/Ruffert[5], Art. 1 EUV Rz. 29; *Hilf* in G/H/N, Art. 1 EUV Rz. 29.
4 So die Begriffsschöpfung des BVerfG v. 12.10.1993 – 2 BvR 2134, 2159/92, BVerfGE 89, 155 (181 ff.).
5 BVerfG v. 30.6.2009 – 2 BvE 2, 5/08 u.a., BVerfGE 123, 267 (348).
6 *Genschel* in Decker/Höreth, Die Verfassung Europas, S. 201 f.
7 So das BVerfG v. 12.10.1993 – 2 BvR 2134, 2159/92, BVerfGE 89, 155 (195 f.) und die h.L. *Niedobitek* in Streinz[3], Art. 311 AEUV Rz. 3; *Traub*, Einkommensteuerhoheit für die Europäische Union?, S. 63; eine Sonderregelung besteht allerdings für Gehälter, Löhne und Bezüge von EU-Bediensteten; vgl. Rz. 21.2 f.
8 Es handelt sich lediglich um eine auf Schließung von Regelungslücken gerichtete Kompetenznorm; vgl. *Streinz* in Streinz[3], Art. 352 AEUV Rz. 1; *Traub*, Einkommensteuerhoheit für die Europäische Union?, S. 67 ff.; ferner Rz. 11.1.
9 ABl. EU 2014 Nr. L 168, 105.

Primärrecht¹ ergangenen Eigenmittelbeschlusses ist erst nach Zustimmung der Mitgliedstaaten in Einklang mit deren jeweiligen verfassungsrechtlichen Vorschriften möglich.² Zu einer derartigen Änderung ist es bislang nicht gekommen und sie ist wohl aufgrund des Fiskalegoismus der Mitgliedstaaten auch zukünftig kaum zu erwarten, so dass eine Besteuerungshoheit und damit auch ein eigenes Steuererhebungsrecht für die Union einstweilen versagt bleibt.

II. Finanzierungskompetenz der EU

1.23 Auch wenn die Union nach derzeit geltendem Recht,³ abgesehen von den Steuern auf Bezüge ihrer Bediensteten (vgl. Rz. 22.1 ff.), keine Steuererhebungskompetenz innehat, ist sie dennoch auf Grund ihr zur Verfügung stehender Eigenmittel in der Lage, ihren Haushalt zu finanzieren. Rechtsgrundlage ist derzeit der Eigenmittelbeschluss vom 26.5.2014 (EMB 2014).⁴ Es handelt sich hierbei um ein zweistufiges Verfahren: Auf der ersten Stufe wird der Eigenmittelbeschluss einstimmig durch den Rat in einem besonderen Gesetzgebungsverfahren⁵ und nach Anhörung des Europäischen Parlaments gefasst. Auf der zweiten Stufe haben die Mitgliedstaaten nach Maßgabe ihrer jeweiligen verfassungsrechtlichen Vorschriften zuzustimmen (Art. 311 Abs. 3 Satz 3 AEUV).⁶ Erst nach Zustimmung durch alle Mitgliedstaaten tritt der Eigenmittelbeschluss in Kraft (Art. 11 EMB).⁷

1.24 Zu den Eigenmitteln der Union gehören Einnahmen aus Agrarabgaben,⁸ Zöllen und aus der Umsatzsteuer (Mehrwertsteuer) sowie auf Grund des Bruttonationaleinkommens (BNE) der Mitgliedstaaten. Agrarabgaben und Zölle (Art. 2 Abs. 1 Buchst. a EMB), für die die Union ohnehin die Gesetzgebungskompetenz hat (Art. 3 Abs. 1 Buchst. a; 4 Abs. 2 Buchst. d AEUV i.V.m. Art. 30 ff., 38 ff. AEUV), sind traditionelle (echte) Eigenmittel.⁹ Im Hinblick darauf sind die Agrarabgaben und Zölle von den Mitgliedstaaten nach Maßgabe ihres innerstaatlichen Rechts mit derselben Sorgfalt wie eigene Einnahmen zu erheben,¹⁰ wobei zur Bekämpfung von Betrügereien, die sich gegen die finanziellen Interessen der Union richten, von den Mitgliedstaaten die gleichen Maßnahmen zu ergreifen sind, die sie auch zur Bekämpfung von gegen ihre eigenen finanziellen Interessen gerichteten Betrügereien einsetzen (Art. 325 Abs. 2 AEUV).¹¹ Für die Einbehaltung der Agrarabgaben und Zölle zugunsten der Union behalten die

---

1 *Niedobitek* in Streinz³, Art. 311 AEUV Rz. 19; *Storr*, Die Finanzierung der EU, S. 209 ff. (216); *Traub*, Einkommensteuerhoheit für die Europäische Union?, S. 63.
2 Vgl. in Deutschland §§ 2, 3 IntVG als Folge des Lissabon-Urteils des BVerfG v. 30.6.2009, BVerfGE 123, 267 ff. (400).
3 Zur Diskussion über die Einräumung eigener Besteuerungskompetenzen für die EU vgl. *Engler*, Steuerverfassungsrecht im Mehrebenensystem, Baden-Baden 2014, S. 33 ff.; ferner Vorschläge der High Level Group on Own Resources, Future Financing of the EU, Final report, 12/2016.
4 ABl. EU 2014 Nr. L 168, 105, 17; vgl. zur Entwicklung des Eigenmittelsystems der Union im Überblick *Waldhoff* in Calliess/Ruffert⁵, Art. 311 AEUV Rz. 3; *Niedobitek* in Streinz³, Art. 311 AEUV Rz. 6. ff.; vgl. im Übrigen VO (EU, Euratom) Nr. 608/2014 des Rates v. 26.5.2014 zur Festlegung von Durchführungsbestimmungen für das Eigenmittelsystem der EU (ABl. EU 2014 Nr. L 168, 29) und VO (EU, Euratom) Nr. 609/2014 des Rates v. 26.5.2014 zur Festlegung der Methoden und Verfahren für die Bereitstellung der traditionellen MwSt.- und der BNE-Eigenmittel sowie der Maßnahmen zur Bereitstellung der erforderlichen Kassenmittel (ABl. EU 2014 Nr. L 168, 39).
5 Vorschlag der Kommission (Art. 17 Abs. 2 Satz 1 EUV i.V.m. Art. 289 Abs. 2 AEUV).
6 Vgl. in Deutschland §§ 2, 3 IntVG; hierzu *Nettesheim*, NJW 2010, 177 ff. (179).
7 Der EMB 2014 ist am 1.10.2016 in Kraft getreten.
8 Agrarschöpfungen im Verkehr mit Drittstaaten.
9 *Niedobitek* in Streinz³, Art. 311 AEUV Rz. 11; *Meermagen*, Beitrags- und Eigenmittelsystem, S. 232.
10 *Niedobitek* in Streinz³, Art. 311 AEUV Rz. 21; es handelt sich um eine Rechtspflicht der Mitgliedstaaten; EuGH v. 7.3.2002 – C-10/00 – KOM/Italien, ECLI:EU:C:2002:146, Rz. 88 ff.; v. 15.11.2005 – C-392/02 – KOM/Dänemark, ECLI:EU:C:2005:683, Rz. 60; v. 5.10.2006 – C-105/02 – KOM/Deutschland, ECLI: EU:C:2006:637, Rz. 73, 89.
11 Zu diesem Gleichbehandlungsgebot *Magiera* in G/H/N, Art. 325 AEUV Rz. 27 f.; *Satzger* in Streinz³, Art. 325 AEUV Rz. 15 ff.

Mitgliedstaaten 20 % der Einnahmen ein (Art. 2 Abs. 3 EMB). Des Weiteren erhält die EU 0,3 % der einheitlichen Mehrwertsteuer-Eigenmittelbemessungsgrundlage (Art. 2 Abs. 4 Unterabs. 1 EMB), wobei diese auf 50 % des Bruttonationaleinkommens (BNE) eines jeden Mitgliedstaates begrenzt ist (Art. 2 Abs. 1 Buchst. b EMB). Bis 2020 ist für Deutschland, die Niederlande und Schweden ein Abrufsatz von nur 0,15 % vorgesehen (Art. 2 Abs. 4 Satz 2 EMB). Schließlich greift zugunsten des Vereinigten Königreichs für die Zeit seiner EU-Mitgliedschaft eine Korrektur ein (sog. Britenrabatt). Die hiermit verbundenen Einnahmeausfälle werden von den anderen Mitgliedstaaten aufgrund eines bestimmten Schlüssels ausgeglichen (Art. 4, 5 EMB). Neben den Agrarabgaben und Zöllen sowie den Mehrwertsteuereinnahmen, die ca. 12 % bzw. 14 % der gesamten Eigenmittel der Union ausmachen, sind die BNE-Einnahmen von besonderer Bedeutung. Es handelt sich hierbei um „Einnahmen, die sich aus der Anwendung eines im Rahmen des Haushaltsverfahrens unter Berücksichtigung aller übrigen Einnahmen festzulegenden einheitlichen Satzes auf den Gesamtbetrag der BNE aller Mitgliedstaaten ergeben" (Art. 2 Abs. 1 Buchst. c EMB). Insgesamt sind die BNE-Einnahmen so zu bemessen, dass sie zusammen mit den übrigen Eigenmitteln den Höchstsatz von 1,23 % des BNE nicht überschreiten. Über die BNE-Einnahmen hinaus, die etwa 74 % der Eigenmittel der Union abdecken,[1] fließen der Union noch sonstige Einnahmen zu, zu denen u.a. die Steuern der Unionsbediensteten[2] gehören (Art. 3 Abs. 1 EMB).[3]

1.25 Die Finanzierung der EU durch Eigenmittel sowie durch sonstige Einnahmequellen wird aufgrund des **Brexit** weitreichenden Änderungen unterworfen sein.

---

[1] *Khan* in Geiger/Khan/Kotzur[6], Art. 311 AEUV Rz. 5.
[2] Art. 12, 19 – 22 Protokoll (Nr. 67) über die Vorrechte und Befreiungen der EU, ABl. EU 2010 Nr. L 83, 266 i.V.m. der VO (EWG/EAG, EGKS) Nr. 260/68 des Rates v. 29.2.1968 zur Festlegung der Bestimmungen und des Verfahrens für die Erhebung der Steuer zugunsten der EU, ABl. EG 1968 Nr. L 56, 8; vgl. zu Einzelheiten Rz. 21.1 ff.
[3] Weitere Hinweise bei *Magiera* in G/H/N, Art. 311 AEUV Rz. 41; *Niedobitek* in Streinz[3], Art. 311 AEUV Rz. 30; *Kube*, DStJG 41 (2018), 69 (80 ff.).

Kapitel 2
Einbettung in den Prozess europäischer Integration

A. Von der Europäischen Wirtschaftsgemeinschaft zur Europäischen Union 2.1
  I. Entwicklung vor Gründung der Europäischen Gemeinschaften 2.1
  II. Verträge von Rom und ihre Fortentwicklung 2.2
  III. Gründung der Europäischen Union ... 2.8
  IV. Vertrag von Lissabon 2.11

B. Gemeinsamer Markt und Europäischer Binnenmarkt 2.14
C. Das institutionelle Gefüge der EU 2.17
  I. Gewaltengefüge 2.17
  II. Organe der Union 2.20
D. Anbindung von Drittstaaten 2.28
E. Beitritt zur Union 2.33
F. Austritt aus der Union 2.38

Literatur: *Achatz*, Die steuerlichen Auswirkungen des EWR-Abkommens, SWI 1993, 23; *Badura*, Wandlungen der europäischen Wirtschaftsverfassung, EuR 2000, Beiheft 1, 45; *Calliess*, Die neue Europäische Union nach dem Vertrag von Lissabon, Tübingen 2010; *Dauses*, Europaparlament erkämpft Stärkung seines Initiativaufforderungsrechts, EuZW 2010, 241; *Dorau*, Die Öffnung der Europäischen Union für europäische Staaten, EuR 1999, 736; *Fastenrath/Nowak*, Der Lissabonner Reformvertrag, Berlin 2009; *Friedrich*, Das Abkommen über den Europäischen Wirtschaftsraum, DB 1994, 313; *Glaesner*, Der europäische Rat, EuR 1994, 22; *Goeters*, Das institutionelle Gleichgewicht, Berlin 2008; *Groß*, Erlaubt das Grundgesetz einen Austritt aus der EU?, EuR 2018, 387; *Hahn*, Die Mitwirkungsrechte von Bundestag und Bundesrat in EU-Angelegenheiten nach dem neuen Integrationsverantwortungsgesetz, EuZW 2009, 758; *Hakenberg*, Das Gericht für den öffentlichen Dienst der EU – Eine neue Ära in der Gemeinschaftsgerichtsbarkeit, EuZW 2006, 391; *Heber*, Die Kompetenzverteilung im Rahmen der Austrittsverhandlungen nach Art. 50 EUV unter besonderer Berücksichtigung bestehenden Sekundärrechts, EuR 2017, 581; *Kofler*, Ist der Spuk des Europäischen Steuerrechts bald vorbei?, in Schön/Heber, Grundfragen des Europäischen Steuerrechts, Berlin/Heidelberg 2015, 1 ff.; *Lenz*, Die Gerichtsbarkeit in der Europäischen Gemeinschaft nach dem Vertrag von Nizza, EuGRZ 2001, 433; *Mestmäcker*, Von der Wirtschaftsgemeinschaft zur Wirtschafts- und Währungsunion in Hommelhoff/P. Kirchhof, Der Staatenverbund der EU, Heidelberg 1994, 113; *Michl*, Die formellen Voraussetzungen für den Austritt des Vereinigten Königreichs aus der Europäischen Union, NVwZ 2016, 1365; *Montag/von Bonon*, Die Entwicklung des europäischen Gemeinschaftsrechts bis Mitte 2007, NJW 2007, 3397; *Mosler*, Die europäische Integration aus der Sicht der Gründungsphase, in Due/Lutter/Schwarze (Hrsg.), FS für Everling, Baden-Baden 1995, 911; *Oppermann*, Europäisches Parlament: vom Integrationsmotor zum Protektionisten?, EuZW 2006, 129; *Oppermann*, Die Europäische Union nach Lissabon, DVBl. 2008, 473; *Oppermann/Classen*, Die EG vor der Europäischen Union, NJW 1993, 5; *Reimer*, Ziele und Zuständigkeiten. Die Funktionen der Unionszielbestimmungen, EuR 2003, 992; *Ruff*, Das Europäische Parlament: Entstehung, Struktur, Aufgaben und Schwächen des Europäischen Parlaments, Berlin 2001; *Ruffert*, Institutionen, Organe und Kompetenzen, EuR 2009, Beiheft 1, 31; *Schrade*, Steuerplanerische Überlegungen zum Brexit, DStR 2018, 1898; *Streinz*, Der Vertrag von Amsterdam, JURA 1998, 57; *Skouris*, Brexit: Rechtliche Vorgaben für den Austritt aus der EU, EuZW 2016, 806; *Streit*, Das Abkommen über den Europäischen Wirtschaftsraum, NJW 1994, 555; *Terhechte*, Der Vertrag von Lissabon: Grundlegende Verfassungsurkunde der europäischen Rechtsgemeinschaft, EuR 2008, 143; *Thiele*, Der Austritt aus der EU – Hintergründe und rechtliche Rahmenbedingungen eines „Brexit", EuR 2016, 281; *Vedder*, Die Außenbeziehungen der EU und die Mitgliedstaaten: Kompetenzen, gemischte Abkommen, völkerrechtliche Verantwortlichkeit und Wirkungen des Völkerrechts, EuR 2007, Beiheft 3, 57; *Weber*, Vom Verfassungsvertrag zum Vertrag von Lissabon, EuZW 2008, 7; *Weber*, Der assoziationsrechtliche Status Drittstaatsangehöriger in der Europäischen Union, Frankfurt 1997.

A. Von der Europäischen Wirtschaftsgemeinschaft zur Europäischen Union

I. Entwicklung vor Gründung der Europäischen Gemeinschaften

2.1 Die Europäische Union in der seit dem Lissabon-Vertrag geltenden vertraglichen Ausgestaltung[1] ist Rechtsnachfolgerin der Europäischen Gemeinschaft (Art. 1 Abs. 3 Satz 3 EUV)[2], die wiederum auf den sog. **Römischen Verträgen** beruht, auf Grund deren zwei weitere Europäische Gemeinschaften mit jeweils eigener völker- und privatrechtlicher Rechtspersönlichkeit[3] geschaffen wurden.[4] Die Gründung der beiden Europäischen Gemeinschaften durch die Römischen Verträge zum 1.1.1958 ist ein Ergebnis vor allem der politischen, aber auch der ökonomischen Entwicklung nach dem Ende des 2. Weltkrieges. Es ging vor allen Dingen darum, durch eine neue politische Ordnung den politischen und wirtschaftlichen Wiederaufbau in den westeuropäischen Staaten zu ermöglichen und zugleich der Bedrohung durch den hegemonialen Anspruch der Sowjetunion zu begegnen.[5] Der erste auf die Zusammenarbeit der westeuropäischen Staaten gerichtete Vertrag betrifft die Gründung der Westunion am 17.3.1948 (Brüsseler Pakt), die in der Folgezeit als **Westeuropäische Union** (WEU) bezeichnet wurde. Der WEU trat die Bundesrepublik Deutschland im Jahre 1954 bei.[6] Die WEU, in der seinerzeit die Europäischen Verteidigungsanstrengungen gebündelt wurden,[7] ist inzwischen aufgelöst worden.[8] Der erste Vertrag, der auf eine wirtschaftliche Zusammenarbeit der Europäischen Staaten gerichtet war, war die OEEC (Organisation für European Economic Co-Operation), die am 16.4.1948 gegründet wurde und deren Mitglied die Bundesrepublik Deutschland seit 1949 war.[9] Die OEEC, die Grundlage für die wirtschaftliche Zusammenarbeit der westeuropäischen Staaten war, wurde ergänzt durch die Europäische Zahlungsunion (EZU)[10], mit der erstmals die Zusammenarbeit im grenzüberschreitenden Zahlungsverkehr und in der Währungspolitik begründet wurde. Ebenfalls im Jahre 1949 kam es zur Gründung des Europarates,[11] der im Vorfeld der Römischen Verträge der eigentliche Motor der Europäischen Einigung war. Das gilt vor allem im Hinblick auf die vom Europarat initiierte **Konvention zum Schutz der Menschenrechte und Grundfreiheiten** (EMRK) vom 4.11.1950[12], die auch eine für das Steuerrecht bedeutsame Menschenrechtsgarantie enthält.[13] In der Zwischenzeit ist für die EU auf der Grundlage des Lissabon-Vertrages der Beitritt zur EMRK vorgesehen (Art. 6 Abs. 2 EUV). Mit der mit Vertrag vom 18.4.1951 gegründeten Europäischen Gemeinschaft für Kohle und Stahl (EGKS/Montanunion)[14] wurde erstmals eine europäische Organisation errichtet, auf die die Mitgliedstaaten partiell eigene Hoheitsrechte übertrugen.[15] Hiermit wurde ein gemeinsamer Markt für Kohle und Stahl geschaf-

---

1 Vertrag von Lissabon zur Änderung des Vertrages über die Europäische Union und des Vertrages zur Gründung der Europäischen Gemeinschaft vom 13.12.2007, ABl. EU 2007 Nr. C 306, 1 ff.
2 Hierzu *Nettesheim* in G/H/N, Art. 1 EUV Rz. 52.
3 Art. 6 EGKSV, Art. 210 f. EWGV, Art. 188 f. EAGV.
4 Europäische Wirtschaftsgemeinschaft (EWG) und Europäische Atomgemeinschaft (EAG); am 23.7.1952 war bereits der Vertrag über die Europäische Gemeinschaft für Kohle und Stahl (EGKS) in Kraft getreten.
5 Im Einzelnen *Hallstein*, Die Europäische Gemeinschaft, S. 11 ff.
6 Vgl. hierzu den Kurzüberblick bei *Seidl-Hohenveldern/Loibl*, Das Recht der Internationalen Organisationen, Rz. 2217a, b.
7 Soweit diese nicht in der NATO organisiert waren; vgl. hierzu *Classen* in O/C/N, Europarecht[8], § 1 Rz. 20; *Müller-Graff* in Dauses/Ludwigs, EU-Wirtschaftsrecht, A. I Rz. 8.
8 Durch allseitige Kündigungserklärungen ihrer Mitgliedstaaten bis Ende Juni 2004.
9 Im Jahr 1960 wurde die OEEC unter Einbeziehung der USA und Kanada in die OECD (Organisation for Economic Co-Operation Development) umgewandelt; vgl. BGBl. II 1961, 1151.
10 Gegründet am 19.9.1950, später aufgegangen in das Europäische Währungsabkommen (EWA).
11 BGBl. II 1950, 163; vgl. *Classen* in O/C/N, Europarecht[8], § 1 Rz. 16.
12 BGBl. II 1952, 686, 953.
13 Vgl. hierzu *Mössner*, StuW 1991, 224 ff.
14 BGBl. II 1952, 447.
15 *Müller-Graff* in Dauses/Ludwigs, EU-Wirtschaftsrecht, A. I Rz. 13.

fen, der nach dem Ende der EGKS im Jahre 2002 auf der Grundlage des AEUV Bestandteil der EU-Politiken ist. Ein weiterer auf die Einigung (West-)Europas gerichteter Schritt war der Vertrag zur Gründung einer Europäischen Verteidigungsgemeinschaft (EVG)[1], der allerdings am 30.8.1954 in der Französischen Nationalversammlung scheiterte. Damit war zugleich auch das Projekt einer Europäischen Politischen Gemeinschaft (EPG) vom Tisch, die im Wesentlichen von den Mitgliedstaaten entlehnte Kompetenzen in der Wirtschaftspolitik haben sollte.

II. Verträge von Rom und ihre Fortentwicklung

Das Scheitern der EVG führte in der Folgezeit zu verstärkten Anstrengungen, jedenfalls einen europäischen Binnenmarkt zu schaffen.[2] Auf der Grundlage des sog. Spaak-Berichtes, der bereits die Grundzüge der Ausgestaltung der Europäischen Wirtschaftsgemeinschaft (EWG) und der Europäischen Atomgemeinschaft (EAG) enthielt, wurden am 25.3.1957 die sog. Römischen Verträge (EWGV und EAGV) unterzeichnet, die nach Ratifizierung seitens der sechs Gründerstaaten am 1.1.1958 in Kraft traten.[3] Im Ergebnis wurden somit drei Europäische Gemeinschaften – EGKS, EWG und EAG – geschaffen, wobei die **EWG** für die weitere Entwicklung der Europäischen Integration maßgeblich werden sollte. Obwohl in der Folgezeit insbesondere die Beitrittsgesuche von Großbritannien (1958, 1963 und 1967) am Widerstand Frankreichs scheiterten und zudem Frankreichs „Politik des leeren Stuhles" zu einer Krise der EWG führte,[4] wurden in rechtlicher Hinsicht insbesondere im Hinblick auf die Entwicklung des Primärrechts seitens des EuGH grundlegende Entscheidungen getroffen. Hierzu gehören etwa die Entscheidungen zur unmittelbaren Anwendbarkeit primärrechtlicher Bestimmungen[5] und zum Anwendungsvorrang des Gemeinschaftsrechts vor nationalem Recht.[6] In diese Zeit fällt auch die Änderung des EWG-Vertrages durch die Einführung des Systems der Eigenmittel[7] und die Direktwahl des Europäischen Parlaments.[8]

2.2

Eine Verstärkung der europäischen Integrationspolitik wurde durch die Haager Gipfelkonferenz der Regierungschefs der EG-Staaten am 1. und 2.12.1969 ermöglicht. Auf dieser Grundlage erfolgte in den kommenden Jahren nicht nur eine Erweiterung durch Beitritt weiterer Mitgliedstaaten, sondern auch ein inhaltlicher Ausbau der Zusammenarbeit. Hierzu zählt zum einen die sog. Europäische Politische Zusammenarbeit (EPZ), in deren Rahmen sich seit 1970 regelmäßig die Außenminister der EG-Staaten zusammenfanden. Von Bedeutung ist ferner die Schaffung des Europäischen Währungssystems (EWS), das eine Stabilisierung der Wechselkurse der EG-Staaten zum Ziel hatte.[9] Schließlich wurde ein sog. **Europäischer Rat** geschaffen,[10] der eine regelmäßige Zusammenkunft der Staats- und Regierungschefs beinhaltet. Der Europäische Rat gibt der Union die für ihre Entwicklung erforderlichen Impulse und legt zugleich die allgemeinen politischen Zielvorstellungen und Prioritäten fest.[11]

2.3

---

1 BGBl. II 1954, 343.
2 Vgl. die Außenminister-Konferenz von Messina vom 1.6.1955; hierzu *Oppermann* in O/C/N, Europarecht[8], § 2 Rz. 2 f.
3 EWGV: BGBl. II 1957, 766; EAGV: BGBl. II 1957, 1014.
4 Hierzu im Überblick *Classen* in O/C/N, Europarecht[8], § 2 Rz. 6 ff.
5 EuGH v. 5.2.1963 – C-26/62 – van Gend & Loos, ECLI:EU:C:1963:1.
6 EuGH v. 15.7.1964 – C-6/64 – Costa/ENEL, ECLI:EU:C:1964:66.
7 Beschl. des Rates über die Ersetzung der Finanzbeiträge der Mitgliedstaaten durch eigene Mittel der Gemeinschaften, ABl. EG 1970 Nr. L 94, 19; vgl. zur Entwicklung des Eigenmittelsystems der Union den Überblick bei *Waldhoff* in Calliess/Ruffert[5], Art. 311 AEUV Rz. 3; ferner Rz. 1.23 ff.
8 Beschl. und Akt zur Einführung allgemeiner unmittelbarer Wahlen der Abgeordneten des EP vom 20.9.1976, BGBl. II 1977, 733.
9 Vgl. hierzu *Müller-Graff* in Dauses/Ludwigs, EU-Wirtschaftsrecht, A. I Rz. 26; *Classen* in O/C/N, Europarecht[8], § 2 Rz. 12.
10 Seit der Pariser Gipfelkonferenz von 1974.
11 Vgl. Art. 15 EUV.

2.4 Ein weiterer auf die Europäische Integration gerichteter Schritt stellt die Unterzeichnung der **Einheitlichen Europäischen Akte** (EEA) am 17.2./28.2.1986 dar.[1]

2.5 Auf der Grundlage der in den Art. 95 ff. EWGV verankerten Gesetzgebungskompetenz wurden in den Jahren bis einschließlich 1992 bei den indirekten und in Teilbereichen auch bei den direkten Steuern wichtige Harmonisierungsschritte unternommen, die bis heute maßgeblich sind.

Hierzu gehören insbesondere die 1. und 2. Umsatzsteuer-Richtlinie[2], auf deren Grundlage das heute europaweit geltende gemeinschaftliche **Mehrwertsteuersystem** geschaffen wurde. Das gilt vor allem für die 2. Umsatzsteuer-Richtlinie, die Vorschriften über die Ausgestaltung der nationalen Umsatzsteuergesetze[3] enthielt. Diese wurde durch das UStG 1967/1973[4] in deutsches Steuerrecht umgesetzt.[5] In der Folgezeit wurde sodann mit der 6. Umsatzsteuer-Richtlinie[6] ein weiteres wichtiges Harmonisierungsziel erreicht. Hierbei ging es um die Herstellung eines wettbewerbsneutralen Umsatzsteuer-Systems, wobei die Ermöglichung eines exakten Grenzausgleichs – steuerbefreiter Ausfuhr einerseits und Einfuhrumsatzsteuer andererseits – und die Schaffung einer einheitlichen Umsatzsteuer-Bemessungsgrundlage im Vordergrund stand. Mit der Binnenmarkt-Richtlinie[7] wurde die dritte Stufe der Umsatzsteuer-Harmonisierung eingeleitet. Auf deren Grundlage wurde in Deutschland das Umsatzsteuer-Binnenmarktgesetz[8] erlassen.

2.6 Die Harmonisierung der **Verbrauchsteuern** erfolgte im Wesentlichen auf der Grundlage der hierfür maßgeblichen Verbrauchsteuer-Richtlinien, die überwiegend im Jahre 1992 ergingen.[9] Auf der Grundlage dieses Richtlinienpaketes ist das deutsche Verbrauchsteuerrecht durch das Verbrauchsteuer-Bin-

---

1 BGBl. II 1986, 1102.
2 1. Umsatzsteuer-Richtlinie EWG-67/227/EWG v. 11.4.1967, ABl. EG 1967 Nr. L 71, 1301; 2. Umsatzsteuer-Richtlinie EWG-67/228/EWG v. 14.4.1967, ABl. EG 1967 Nr. L 71, 1303.
3 Hierzu *Wachweger*, UR 1967, 123 ff.
4 BGBl. I 1967, 545 = BStBl. I 1973, 545.
5 Hierzu der Überblick von *Birkenfeld/Wäger*, Umsatzsteuer-Handbuch, Einführung Rz. 17 ff.
6 EWG-77/388/EWG v. 17.5.1977, ABl. EG 1977 Nr. L 145, 1; vgl. hierzu den Überblick über die EuGH-Rechtsprechung zur 6. Umsatzsteuer-Richtlinie bei *Lohse* in R/D, 6. USt-RL.
7 Vom 19.10.1992, 92/77 EWG, ABl. EG Nr. L 316, 1; hierzu *Rondorf*, Das Umsatzsteuer-Binnenmarktgesetz, München 1992; *Noll/Rödder*, Das neue Umsatzsteuerrecht des Exports und Imports, Düsseldorf 1992.
8 Vom 25.8.1992, BGBl. I 1992, 1548.
9 Richtlinie 92/12/EWG des Rates v. 25.2.1992 über das allgemeine System, den Besitz, die Beförderung und die Kontrolle verbrauchsteuerpflichtiger Waren, ABl. EG 1992 Nr. L 76, 1 (System RL bis 15.1.2009); Richtlinie 92/78/EWG des Rates v. 19.10.1992 zur Änderung der Richtlinien 72/464/EWG und 79/32/EWG über die anderen Verbrauchsteuern auf Tabakwaren als die Umsatzsteuer, ABl. EG 1992 Nr. L 316, 5; Richtlinie 92/79/EWG des Rates v. 19.10.1992 zur Annäherung der Verbrauchsteuern auf Zigaretten, ABl. EG 1992 Nr. L 316, 8; Richtlinie 92/80/EWG des Rates v. 10.10.1992 zur Annäherung der Verbrauchsteuern auf andere Tabakwaren als Zigaretten, ABl. EG 1992 Nr. L 316, 10; Richtlinie 92/83/EWG des Rates v. 19.10.1992 zur Harmonisierung der Struktur der Verbrauchsteuern auf Alkohol und alkoholische Getränke, ABl. EG 1992 Nr. L 316, 21 (Struktur RL); Richtlinie 92/84/EWG des Rates v. 19.10.1992 über die Annäherung der Verbrauchsteuersätze auf Alkohol und alkoholische Getränke, ABl. EG 1992 Nr. L 316, 29 (Satz RL); Richtlinie 92/81/EWG des Rates v. 19.10.1992 zur Harmonisierung der Struktur der Verbrauchsteuern auf Mineralöle, ABl. EG 1992 Nr. L 316, 12; Richtlinie 92/82/EWG des Rates v. 19.10.1992 zur Annäherung der Verbrauchsteuersätze für Mineralöle, ABl. EG 1992 Nr. L 316, 19; Richtlinie 92/108 des Rates v. 14.12.1992 zur Änderung der Richtlinie 92/12/EWG des Rates über das allgemeine System, den Besitz, die Beförderung und die Kontrolle verbrauchsteuerpflichtiger Waren, ABl. EG 1992 Nr. L 390, 124; vgl. auch den Kurzüberblick über die SystemRL, StrukturRL und SatzRL bei *Bongartz* in Bongartz/Schröer-Schallenberg, Verbrauchsteuerrecht[3], B 9 ff.; vgl. ferner Rz. 20.1 ff.

nenmarktgesetz[1] angepasst worden.[2] Hierdurch sind mit Wirkung zum 1.1.1993 die Steuergrenzen und Grenzkontrollen zwischen den Mitgliedstaaten beseitigt worden, so dass seitdem im innergemeinschaftlichen Verkehr an den Binnengrenzen der Union Verbrauchsteuern nicht mehr erhoben werden.

Auf der Grundlage von Art. 100 EWGV wurden in den Jahren bis 1992 auch im Bereich der **direkten Steuern** wichtige Harmonisierungsschritte unternommen, die auch heute noch Geltung haben. Hierzu gehören die Fusions-Richtlinie[3], die zunächst durch das StÄndG 1992[4] in nationales Recht umgesetzt worden ist.[5] Hierdurch wird im Wesentlichen die Steuerneutralität von grenzüberschreitenden und ausländischen Umwandlungen gewährleistet (zu Einzelheiten Rz. 16.1 ff.). Von Bedeutung ist ferner die Mutter-Tochter-Richtlinie[6], die darauf gerichtet ist, innerhalb der Union die Mehrfachbesteuerung von Dividenden zwischen Kapitalgesellschaften zu vermeiden (zu Einzelheiten Rz. 14.1 ff.). In diesen Zeitraum fallen auch die Bilanz-Richtlinien.[7] Diese Bilanz-Richtlinien sind durch das Bilanz-Richtlinien-Gesetz[8] zum 1.1.1986 in nationales deutsches Recht umgesetzt worden. Hierbei geht es im Wesentlichen um die Schaffung eines einheitlichen Europäischen Bilanzrechts für Kapitalgesellschaften, wodurch zwar kein spezifisch steuerrechtlicher Inhalt geschaffen wird, das aber über § 5 Abs. 1 EStG (Maßgeblichkeitsprinzip) auf das deutsche Steuerrecht einwirkt.[9] Auf der Grundlage des Art. 293 EG a.F. haben schließlich die EU-Staaten die Schiedsverfahrenskonvention verabschiedet.[10] Diese Schiedsverfahrenskonvention hat zum Ziel, die Doppelbesteuerung im Fall von Gewinnberichtigungen zwischen verbundenen Unternehmen in den Mitgliedstaaten zu vermeiden (Einzelheiten vgl. Rz. 23.1 ff.). 2.7

III. Gründung der Europäischen Union

Mit der Gründung der **Europäischen Union** (EU) durch den Vertrag von Maastricht[11] erfolgte ein wichtiger Schritt auf dem Weg zur politischen Einigung Europas. Der zum 1.11.1993 in Kraft getretene EUV[12] wurde durch die Verträge von Amsterdam[13] und von Nizza[14] ergänzt. Die durch diese Verträge 2.8

---

1 Gesetz zur Anpassung von Verbrauchsteuer und anderen Gesetzen an das Gemeinschaftsrecht sowie zur Änderung anderer Gesetze (Verbrauchsteuer-Binnenmarktgesetz vom 21.12.1992, BGBl. I 1992, 2150 = BStBl. I 1993, 96.
2 Einzelheiten zum Verbrauchsteuer-Binnenmarktgesetz *Rendels*, DStR 1993, 114 ff.; *Beermann*, DStZ 1993, 227 ff., 291 ff.
3 Richtlinie 90/434/EWG v. 23.7.1990, ABl. EG 1990 Nr. L 225, 1; geändert durch Richtlinie 2005/19/EG zur Änderung der Richtlinie 90/434/EWG v. 17.2.2005, ABl. EG 2005 Nr. L 58, 19 ff.
4 Steueränderungsgesetz 1992 v. 25.2.1992, BGBl. I 1992, 297.
5 Später auch das SEStEG (Gesetz über steuerliche Begleitmaßnahmen zur Einführung der Europäischen Gesellschaft und zur Änderung weiterer steuerlicher Vorschriften) v. 7.12.2006, BGBl. I 2006, 2782.
6 Richtlinie 90/435/EWG v. 23.7.1990, ABl. EG 1990 Nr. L 225, 6.
7 Bilanzrichtlinie (4. Richtlinie), Konzernbilanzrichtlinie (7. Richtlinie), Prüferrichtlinie (8. Richtlinie), Siebente EU-Richtlinie 83/349/EWG zur Koordinierung der einzelstaatlichen Vorschriften über die Konzernrechnungslegung von AG, KGaA und GmbH v. 13.6.1983, ABl. EG 1983 Nr. L 193, 1; Achte EU-Richtlinie 84/253/EWG zur Koordinierung der einzelstaatlichen Vorschriften über die Zulassung der mit der Pflichtprüfung der Rechnungsunterlagen beauftragten Personen v. 10.4.1984, ABl. EG 1984 Nr. L 126, 20.
8 Vom 19.12.1985, BGBl. I 1985, 2355.
9 Diese mittelbare Wirkung des Gemeinschaftsrechts begründet bereits insoweit die Prüfungskompetenz des EuGH; vgl. EuGH v. 27.6.1996 – C-234/94 – Tomberger, ECLI:EU:C:1996:252; v. 14.9.1999 – C-275/97 – DE + ES, ECLI:EU:C:1999:406; v. 7.1.2003 – C-306/99 – BIAO, ECLI:EU:C:2003:3; diese Frage ist allerdings immer noch streitig; zum Meinungsstand *Hennrichs* in T/L, Steuerrecht[23], § 9 Rz. 60 ff.
10 Schiedsverfahrenskonvention (90/436/EWG) v. 23.7.1990, ABl. EG 1990 Nr. L 225, 10; Änderungsprotokoll v. 25.5.1999, ABl. EG 1999 Nr. C 202, 1; Ergänzung ABl. EU 2005 Nr. C 160, 11.
11 Vertrag über die Europäische Union – EUV – vom 7.2.1992, BGBl. II 1992, 1253.
12 Vom BVerfG v. 13.10.1993 – 2 BvR 2134, 2159/92, BVerfGE 89, 155 mit dem Grundgesetz für vereinbar erklärt.
13 In Kraft getreten am 1.5.1999, BGBl. II 1998, 386.
14 In Kraft getreten am 1.2.2003, BGBl. II 2001, 1666.

konkret eingeleitete Entwicklung auch zu einer politischen Union war geprägt durch die Beendigung des Ost-West-Konflikts nach der Wiedervereinigung Deutschlands. Hierdurch wurde die EU zur Grundlage einer politischen Neuorientierung, die im Wesentlichen darauf gerichtet war, die osteuropäischen Staaten zu integrieren.[1] Mit ihrer Gründung erfolgte durch die EU ein überdachender Verbund der drei europäischen Gemeinschaften – EG (EWG)[2], EGKS (bis 2002) und EAG.[3] Darüber hinaus wurde mit der Gründung der EU die Grundlage für die Zusammenarbeit der Mitgliedstaaten im Bereich der gemeinsamen Außen- und Sicherheitspolitik (GASP) und in den Bereichen der polizeilichen und justiziellen Zusammenarbeit in Strafsachen (PJZ) geschaffen.[4] Von besonderer Bedeutung war die im Vertrag von Maastricht enthaltene Verpflichtung zur Schaffung einer Wirtschafts- und Währungsunion (Art. 2, 4, 98 ff., 105 ff., 157 EGV). Auf dieser Grundlage beschlossen die Staats- und Regierungschefs am 3.5.1998 den Beginn der Währungsunion ab dem 1.1.1999, was zur Ablösung der nationalen Währungen durch den Euro ab 2002 führte.[5] Auf der Regierungskonferenz von Nizza verkündeten die Staats- und Regierungschefs die **Charta der Grundrechte der EU** (GrCh), die zwar nicht Bestandteil des Nizza-Vertrages wurde, aber in der Folgezeit zu einer Art Selbstbindung der EU-Organe führte.[6] Rechtliche Verbindlichkeit als Primärrecht erlangte die GrCh erst durch Art. 6 Abs. 1 EUV.[7]

2.9   In der Zeitspanne zwischen der Gründung der EU bis zum Lissabon-Vertrag, also in den Jahren 1993 bis 2007, wurde auf der Grundlage von Art. 93 EGV die Harmonisierung auf dem Gebiet der indirekten Steuern vorangetrieben. Das gilt insbesondere für die Umsatzsteuer, deren grundlegende **Binnenmarkt-Richtlinie**[8] durch verschiedene Richtlinien geändert und ergänzt wurde.[9] Für die Verbrauchsteuern ist die Energiesteuer-Richtlinie aus dem Jahr 2003 von besonderer Bedeutung.[10] Im Bereich der direkten Steuern wurden auf der Grundlage von Art. 94 EGV im Jahre 2003 die Zins- und Lizenzgebühren-Richtlinie (ZiLiRL)[11] und die Zins-Richtlinie (ZiRL)[12] geschaffen. Während die ZiLiRL darauf gerichtet ist, eine Doppelbesteuerung im grenzüberschreitenden Zins- und Lizenztransfer zwischen miteinander verbundenen Unternehmen zu vermeiden (vgl. zu Einzelheiten Rz. 15.1 ff.),[13] ging es bei der ZiRL darum, die Besteuerung von Zinserträgen unionsrechtlich zu koordinieren und hierdurch die Besteuerung im Unionsgebiet überhaupt sicherzustellen.[14] Schließlich sind auch die in dieser Zeit geschaffenen europaweit einheitlichen Regelungen für Konzernabschlüsse kapitalmarktorientierter Un-

---

1 Vgl. Erwägungsgrund 2 der Präambel des EUV, wonach auf die historische Bedeutung der Überwindung der Teilung des europäischen Kontinents und der Notwendigkeit, feste Grundlagen für die Gestaltung des zukünftigen Europas zu schaffen, abgestellt wird; ferner Art. 1 Abs. 2 EUV mit folgendem Wortlaut: „Dieser Vertrag stellt eine neue Stufe bei der Verwirklichung einer immer engeren Union der Völker Europas dar, in der die Entscheidungen möglichst offen und möglichst bürgernah getroffen werden."
2 Die Umbenennung erfolgte 1992 durch den Vertrag von Maastricht (Gesetz v. 28.12.1992 zum Vertrag vom 7.2.1992 über die Europäische Union, BGBl. II 1992, 1947).
3 *Müller-Graff* in Dauses/Ludwigs, EU-Wirtschaftsrecht, A. I Rz. 31; *Classen* in O/C/N, Europarecht[8], § 3 Rz. 1.
4 Zu diesem Drei-Säulen-Modell *Hobe*, Europarecht[9], Rz. 126 f.
5 Zur Europäischen Währungsunion im Überblick *Nettesheim* in O/C/N, Europarecht[8], § 19.
6 *Classen/Nettesheim* in O/C/N, Europarecht[8], § 17 Rz. 12 ff.; *Alber*, EuGRZ 2001, 349.
7 Hierzu *Schorkopf* in G/H/N, Art. 6 EUV Rz. 28.
8 Vom 19.10.1992, 92/77 EWG, ABl. EG Nr. L 316, 1; hierzu *Schlienkamp*, UR 1993, 3 ff.
9 Vgl. die Übersicht bei *Lohse* in R/D, Einf. I 6. MwStRL.
10 Richtlinie 2003/96/EG v. 27.10.2003, ABl. EU 2003 Nr. L 283, 51; hierzu im Überblick *Jatzke* in Bongartz, EnergieStG, StromStG, EnergieSt-RL Rz. 14 ff.
11 Richtlinie 2003/49/EG v. 3.6.2003, ABl. EU 2003 Nr. L 157, 49; zuletzt geändert durch Richtlinie 2006/98/EG v. 20.11.2006, ABl. EU 2006 Nr. L 363, 19.
12 Richtlinie 2003/48/EG v. 3.6.2003, ABl. EU 2003 Nr. L 157, 38; zuletzt geändert durch Richtlinie 2006/98/EG v. 20.11.2006, ABl. EU 2006 Nr. L 363, 19; mit Wirkung zum 31.12.2015 aufgehoben Richtlinie (EU) 2015/2060 des Rates v. 10.11.2015, ABl. EU 2015 Nr. L 301, 1.
13 Erwägungsgründe 1 und 2 der ZiLiRL.
14 Nr. 5 der Erwägungsgründe der ZiRL.

ternehmen von Bedeutung: Die IAS-Verordnung[1] verpflichtet kapitalmarktorientierte Unternehmen, ihren Konzernabschluss nach den IFRS aufzustellen.[2] Der nach IFRS aufzustellende Konzernabschluss ist relevant für die Anwendung der Zinsschranke (§ 4h Abs. 2 Buchst. c EStG; § 8a Abs. 3 KStG).[3]

In der Zeit zwischen 1993 und 2007 sind zudem wichtige durchweg binnenmarktfreundliche EuGH-Entscheidungen zu den direkten Steuern ergangen, wodurch in besonderer Weise durch strikte Anwendung der Grundfreiheiten[4] ein Prozess der **stillen Harmonisierung** eingeleitet wurde.[5] Diese stille Harmonisierung beruht auf der Doktrin des Vorrangs der Grundfreiheiten gegenüber der Steuersouveränität der Mitgliedstaaten,[6] was dazu geführt hat, dass zahlreiche Entscheidungen des EuGH in das deutsche Steuerrecht mit folgenschweren fiskalischen Wirkungen eingegriffen haben.[7]

2.10

IV. Vertrag von Lissabon

Dem Vertrag von Lissabon[8], der am 1.12.2009 in Kraft trat, ging der Ende 2004 in Rom unterzeichnete, aber wegen negativer Referenden in Frankreich und den Niederlanden letztlich gescheiterte Verfassungsvertrag voraus.[9] Die in diesem Verfassungsvertrag getroffenen Grundentscheidungen wurden im Wesentlichen in dem Vertrag von Lissabon übernommen. Hierbei wurde durch Beseitigung der für den Maastricht-Vertrag noch maßgeblichen sog. drei Säulen eine Einheitsstruktur geschaffen, neben der allerdings die EAG unverändert fortbesteht.[10] Diese im Sinne einer **Einheitsorganisation** konzipierte EU ist Rechtsnachfolgerin der untergegangenen Europäischen Gemeinschaften und ist wie ihre Rechtsvorgängerin mit eigener Rechtspersönlichkeit ausgestattet (Art. 1 Abs. 3 Satz 3, Art. 47 EUV). Zu den primärrechtlichen Grundlagen der EU zählen neben dem EUV und dem AEUV die GrCh. Hiernach ist die EU ein Staatenverbund,[11] der nur keinen Staatscharakter hat.[12] Der EU fehlt insbesondere die sog.

2.11

---

1 VO (EG) Nr. 1606/2002 des EP und des Rates v. 19.7.2002, ABl. EG 2002 Nr. L 243, 1.
2 Zu Einzelheiten *Grottel/Kreher* in Beck Bil-Komm., § 315a HGB Rz. 1 ff.
3 Vgl. hierzu *Schulz*, DB 2008, 2043 ff.; *Hennrichs*, DB 2007, 2101 ff.; allgemein zur Bedeutung des IFRS für die Unternehmensbesteuerung *Kahle/Dahlke/Schulz*, StuW 2008, 266 f.; zu Zweifeln an der Verfassungsmäßigkeit (Art. 3 Abs. 1 GG) der Zinsschranke Vorlagebeschluss des BFH v. 14.10.2015 – I R 20/15, BFH/NV 2016, 479.
4 Verkürzt: Warenverkehrsfreiheit (Art. 34 ff. AEUV), Dienstleistungsfreiheit (Art. 56 ff. AEUV), Niederlassungsfreiheit für Unternehmer (Art. 49 ff. AEUV) bzw. die Freizügigkeit für Arbeitnehmer (Art. 45 ff. AEUV) sowie die Kapitalverkehrsfreiheit (Art. 63 ff. AEUV).
5 Hierzu auch *Cordewener*, Europäische Grundfreiheiten und nationales Steuerrecht, S. 25 ff.; *Schön*, StbJb. 2003/2004, 27 ff.; *Rödder*, DStR 2004, 1629 ff.; *Hey* in Reimer u.a., Europäisches Gesellschafts- und Steuerrecht, S. 295 (305 ff.).
6 Seit EuGH v. 7.5.1985 – C-18/84 – Kommission/Frankreich, ECLI:EU:C:1985:175; hierzu die Einzelanalyse von *Cordewener*, Europäische Grundfreiheiten und nationales Steuerrecht, S. 386 ff.
7 Nur beispielhaft: EuGH v. 14.2.1995 – C-279/93 – Schumacker, ECLI:EU:C:1995:31 = FR 1995, 224 m. Anm. *Waterkamp-Faupel*; v. 21.9.1999 – C-307/97 – Saint-Gobain, ECLI:EU:C:1999:438; v. 26.10.1999 – C-294/97 – Eurowings, ECLI:EU:C:1999:524 = FR 1999, 1327 m. Anm. *Dautzenberg*; v. 12.12.2002 – C-324/00 – Lankhorst-Hohorst, ECLI:EU:C:2002:749; zur seinerzeitigen Kritik an dieser binnenmarktfreundlichen Rechtsprechung *Ahmann*, DStZ 2005, 75 ff.; *Seiler*, StuW 2005, 25 (25 ff.); *Fischer*, FR 2005, 457 ff.
8 Vertrag von Lissabon zur Änderung des Vertrages über die Europäische Union und des Vertrages zur Gründung der Europäischen Gemeinschaft vom 13.12.2007, ABl. EU 2007 Nr. C 307, 1 ff.
9 *Classen* in O/C/N, Europarecht[8], § 3 Rz. 9 ff.
10 *Müller-Graff* in Dauses/Ludwigs, EU-Wirtschaftsrecht, A. I Rz. 37; *Classen* in O/C/N, Europarecht[8], § 3 Rz. 10; vgl. auch Art. 106a EAGV.
11 So die Terminologie des BVerfG v. 12.10.1993 – 2 BvR 2134, 2159/92, BVerfGE 89, 155 (195 f.); v. 30.6.2009 – 2 BvE 2, 5/08 u.a., BVerfGE 123, 267 „Verbund souverän bleibender Staaten".
12 Es fehlen die maßgeblichen Staatlichkeitselemente: Staatsgebiet, Staatsvolk, Staatsgewalt; zu Einzelheiten *Müller-Graff* in Dauses/Ludwigs, EU-Wirtschaftsrecht, A I Rz. 49 ff.

Kompetenz-Kompetenz (hierzu Rz. 1.8). Dennoch hat die EU auf Grund der im EUV und im AEUV vorgegebenen Struktur eine die Staatsgewalten der Mitgliedstaaten überdachende Funktion, die im Ergebnis zu einer (begrenzten) Gewaltenteilung zwischen EU und den Mitgliedstaaten führt.[1]

2.12 Durch den Vertrag von Lissabon erfolgte zugunsten der EU auch eine Erweiterung der Kompetenzen vor allem auf dem Gebiet der Energie-, der gemeinsamen Handelspolitik, der zivil-justiziellen Zusammenarbeit sowie der polizeilichen und justiziellen Zusammenarbeit und schließlich auf dem Gebiet der Außen- und Sicherheitspolitik.[2] Im Unterschied hierzu sind die **Kompetenzen der EU** in Steuersachen unverändert geblieben, so dass im Ergebnis etwa im Bereich der direkten Steuern die Rechtsangleichung (Harmonisierung) unverändert nur selektiv erfolgt; geändert hat sich allerdings die EuGH-Rechtsprechung, die sich seitdem souveränitätsfreundlich zugunsten der Fiskalinteressen der Mitgliedstaaten entwickelt hat.[3]

2.13 Seit Gründung der EU sind im Bereich der **indirekten Steuern** die Mehrwertsteuersystem-Richtlinie[4] (zu Einzelheiten Rz. 19.1 ff.) und die Verbrauchsteuersystem-Richtlinie[5] (zu Einzelheiten Rz. 20.1 ff.) sowie die Mehrwertsteuer- (zu Einzelheiten Rz. 25.97) und Verbrauchsteuer-Zusammenarbeitsverordnung (zu Einzelheiten Rz. 25.119)[6] ergangen. Auf dem Gebiet der **direkten Steuern** ist die geänderte Amtshilfe-Richtlinie[7] von Bedeutung, die durch das Amtshilfe-Richtlinien-Umsetzungsgesetz (AmtshilfeRLUmsG)[8] als EU-Amtshilfegesetz (EUAHiG) in nationales Recht umgesetzt worden ist (zu Einzelheiten vgl. Rz. 25.15), und darüber hinaus die Beitreibungsrichtlinie[9], umgesetzt als EU-Beitreibungsgesetz (EUBeitrG) durch das Beitreibungsrichtlinie-Umsetzungsgesetz (BeitrRLUmsG)[10] sowie zuletzt die Anti-BEPS-Richtlinie/ATAD[11] (zu Einzelheiten Rz. 17.1 ff.).

---

1 Hierzu nur die folgenden Hinweise: Prinzip der begrenzten Einzelermächtigung der Union (Art. 5 Abs. 2 EUV), ausschließliche und geteilte Kompetenzen (Art. 2f AEUV), Anwendungsvorrang des Unionsrechts, Grundsatz der loyalen Zusammenarbeit zwischen EU und den Mitgliedstaaten (Art. 4 Abs. 3 EUV); diese Kompetenzaufteilung ist vom BVerfG v. 30.6.2009 – 2 BvE 2, 5/08 u.a., BVerfGE 123, 267 als mit dem Grundgesetz vereinbar akzeptiert worden.
2 Hierzu *Müller-Graff* in Dauses/Ludwigs, EU-Wirtschaftsrecht, A. I Rz. 39.
3 Vgl. nur EuGH v. 21.1.2010 – C-311/08 – SGI, ECLI:EU:C:2010:26; v. 21.2.2013 – C-123/11 – A Oy, ECLI:EU:C:2013, 84; v. 28.11.2011 – C-371/10 – National Grid Indus, ECLI:EU:C:2011:785; v. 23.1.2014 – C-164/12 – DMC, ECLI:EU:C:2014:20 = ISR 2014, 96 m. Anm. *Zwirner*; v. 21.5.2015 – C-657/13 – Verder Lab Tec, ECLI:EU:C:2015:331 = ISR 2015, 259 m. Anm. *Müller*; v. 17.12.2015 – C-388/14 – Timac Agro; ECLI:EU:C:2015:829 = ISR 2016, 54 m. Anm. *Müller*; hierzu auch *Kofler* in Schön/Heber, Grundfragen des Europäischen Steuerrechts, S. 1 ff. (16 ff.).
4 Richtlinie 2006/112/EG, ABl. EU 2006 Nr. L 347, 1.
5 Richtlinie 2008/118/EG v. 16.12.2008, ABl. EU 2009 Nr. 9, 12 mit Wirkung ab 16.1.2009.
6 MwSt-ZVO; VO (EU) Nr. 904/2010 des Rates v. 7.10.2010 über die Zusammenarbeit der Verwaltungsbehörden und die Betrugsbekämpfung auf dem Gebiet der Mehrwertsteuer (ABl. EU 2010 Nr. L 268, 1); VerbrauchSt-ZVO: VO (EU) Nr. 389/2012 des Rates v. 2.5.2012 über die Zusammenarbeit der Verwaltungsbehörden auf dem Gebiet der Verbrauchsteuern (ABl. EU 2012 Nr. L 121, 1).
7 Richtlinie 2011/16/EU des Rates v. 15.2.2011, ABl. EU 2011 Nr. L 64, 1.
8 Vom 26.6.2013, BGBl. I 2013, 1809.
9 Richtlinie 2010/24/EU des Rates v. 16.3.2010 über die Amtshilfe bei der Beitreibung von Forderungen in Bezug auf bestimmte Steuern, Abgaben und sonstige Maßnahmen (ABl. EU 2010 Nr. L 84, 1).
10 BGBl. I 2011, 2592; zu Einzelheiten vgl. Rz. 25.58 ff.
11 Richtlinie (EU) 2016/1164 des Rates v. 12.7.2016, ABl. EU 2016 Nr. L 193, 1; zuletzt geändert durch Richtlinie (EU) 2017/952 des Rates v. 29.5.2017, ABl. EU 2017 Nr. L 144, 1.

B. Gemeinsamer Markt und Europäischer Binnenmarkt

Art. 2 EWGV vermittelt das ursprüngliche Selbstverständnis der EWG als Wirtschaftsgemeinschaft.[1] Durch Art. 2 EWGV wurde als primäres Ziel die Errichtung eines gemeinsamen Marktes vorgegeben, ohne den Zentralbegriff **„gemeinsamer Markt"** zu definieren.[2] Allerdings ergibt sich aus den in Art. 3 EWGV enthaltenen vertragsspezifischen Elementen die Reichweite des für den gemeinsamen Markt maßgeblichen Handlungsrahmens. Zu diesen auf die Verwirklichung des gemeinsamen Marktes gerichteten Tätigkeiten und Maßnahmen gehörte die Abschaffung der Zölle und mengenmäßigen Beschränkungen bei der Ein- und Ausfuhr von Waren, die Beseitigung der Hindernisse für den freien Personen-, Dienstleistungs- und Kapitalverkehr zwischen den Mitgliedstaaten, die Errichtung eines Systems unverfälschten Wettbewerbs sowie die Angleichung der mitgliedstaatlichen Rechtsvorschriften. Hierfür war eine Übergangszeit von zwölf Jahren, also bis zum 31.12.1969 vorgesehen (Art. 8 EWGV). Diese schrittweise Verwirklichung des gemeinsamen Marktes erfolgte vor allem auf der Ebene des Primärrechts, wobei die Grundfreiheiten, insbesondere die Warenverkehrsfreiheit,[3] eine besondere Rolle gespielt haben. Demgegenüber erwies sich die angestrebte Verwirklichung des gemeinsamen Marktes durch das Sekundärrecht als wenig effektiv, weil die hierfür in Art. 100 EWGV vorgesehene Rechtsangleichungskompetenz ihre Grenze im Einstimmigkeitserfordernis fand.[4] Dass auf der Grundlage der (primärrechtlichen) Grundfreiheiten überhaupt Fortschritte in der Verwirklichung des gemeinsamen Marktes erzielt werden konnten, beruht nicht zuletzt auf der Rechtsprechung des EuGH, wonach den Grundfreiheiten eine von den Marktteilnehmern durchsetzbare Verpflichtung der Mitgliedstaaten entnommen wird, alles zu unterlassen, was der Verwirklichung des gemeinsamen Marktes entgegensteht.[5] Nach Ablauf der Übergangszeit wurden insbesondere die für den Bereich des freien Warenverkehrs maßgeblichen Art. 30 ff. EWGV sowie die Grundfreiheiten seitens des EuGH für unmittelbar anwendbar erklärt.[6]

2.14

Im Hinblick auf die unbefriedigenden Fortschritte bei der Verwirklichung des gemeinsamen Marktes stellte die Kommission im Jahre 1985 ein Weißbuch über die Vollendung des Binnenmarktes vor,[7] in dem zahlreiche Vorschläge zur Schaffung eines echten Binnenmarktes durch Beseitigung auch von steuerlichen Schranken zwischen den Mitgliedstaaten unterbreitet wurden.[8] Diese Vorschläge gingen in die Einheitliche Europäische Akte (EEA[9]) ein und wurden in Art. 8a EWGV übernommen, mit dem das Binnenmarktkonzept kodifiziert wurde, wobei eine Frist für dessen Verwirklichung bis zum 31.12.1992 vorgesehen war. In dem folgenden Vertrag von Maastricht[10] wurde auch in den übrigen Vorschriften

2.15

---

1 Im Überblick *Nettesheim* in O/C/N, Europarecht[8], § 18 Rz. 1 ff.; *Cordewener*, Europäische Grundfreiheiten und nationales Steuerrecht, S. 41.
2 Vgl. nunmehr die Definition „Binnenmarkt" in Art. 26 Abs. 2 AEUV, der inhaltlich dem früheren Begriff „Gemeinsamer Markt" entspricht; zu Einzelheiten *Bast* in G/H/N, Art. 26 AEUV Rz. 13 f.
3 Vgl. nur EuGH v. 11.7.1974 – C-8/74 – Dassonville, ECLI:EU:C:1974:82; v. 20.2.1979 – C-120/78 – Rewe, ECLI:EU:C:1979:42.
4 Hierzu *Schröder* in Streinz[3], Art. 26 AEUV Rz. 3; *Cordewener*, Europäische Grundfreiheiten und nationales Steuerrecht, S. 42 f.
5 EuGH v. 5.2.1963 – C-26/62 – Van Gend en Loos, ECLI:EU:C:1963:1, Rz. 24–27.
6 EuGH v. 22.3.1977 – C-74/76 – Iannelli, ECLI:EU:C:1977:51, Rz. 13 zu Art. 30 EWGV; v. 21.6.1974 – C-2/74 – Reyners, ECLI:EU:C:1974:68, Rz. 3–32 zur Niederlassungsfreiheit; v. 3.12.1974 – C-33/74 – Van Binsbergen, ECLI:EU:C:1974:131, Rz. 18–27 zur Dienstleistungsfreiheit; v. 4.12.1974 – C-41/74 – Van Duyn, ECLI:EU:C:1974:133, Rz. 4–8 zur Arbeitnehmerfreizügigkeit; zum Ganzen *Pache* in S/Z/K, Europarecht[3], § 10 Rz. 1 ff.; *Cordewener*, Europäische Grundfreiheiten und nationales Steuerrecht, S. 45 ff.
7 KOM (1985), 310 endg.
8 Hierzu *Schröder* in Streinz[3], Art. 26 EUV Rz. 3; *Remien* in S/Z/K, Europarecht[3], § 14 Rz. 5.
9 ABl. EG 1987 Nr. L 169.
10 Vertrag über die Europäische Union v. 7.2.1992, ABl. EG 1992 Nr. C 191, 1; BGBl. II 1992, 1253; hierzu *Oppermann/Classen*, NJW 1993, 5; zur Vereinbarkeit mit dem GG BVerfG v. 12.10.1993 – 2 BvR 2134, 2159/92, BVerfGE 89, 155.

des nunmehrigen EGV der Begriff Gemeinsamer Markt durch **Binnenmarkt** ersetzt.[1] Ob durch diese neue Terminologie auch eine inhaltliche Veränderung der maßgeblichen Vertragsziele einherging, war seinerzeit umstritten.[2] Jedenfalls seit dem Vertrag von Lissabon[3] findet sich im Europäischen Vertragswerk der Begriff des gemeinsamen Marktes nicht.[4] Auf der Grundlage von Art. 3 Abs. 3 Unterabs. 1 Satz 1 EUV[5] ist der Binnenmarkt das wirtschaftliche Herzstück der Integration[6] und damit zugleich zentrale Orientierung für das Handeln der Union und der Mitgliedstaaten.

2.16 Im Hinblick darauf, dass der Binnenmarkt entsprechend seiner in Art. 26 Abs. 2 AEUV gefundenen Definition einen Raum ohne Binnengrenzen umfasst, in dem der freie Verkehr von Waren, Personen, Dienstleistungen und Kapital gemäß den Bestimmungen des Vertrages gewährleistet ist, wird insoweit auf die vier Grundfreiheiten mit dem Ziel verwiesen, einen einheitlichen Markt zu schaffen.[7] Das bedeutet, dass auf einem derart verwirklichten Binnenmarkt einerseits alle Marktteilnehmer einen ungehinderten Zugang zu den Märkten der anderen Mitgliedstaaten haben und sie andererseits auf diesen Märkten gegenüber inländischen Marktteilnehmern nicht benachteiligt werden dürfen. Insoweit ist das in Art. 3 Abs. 1 Unterabs. 1 Satz 1 EUV und Art. 26 Abs. 1 AEUV vorgegebene **Binnenmarktziel** letztlich auch die Rechtfertigung dafür, die Grundfreiheiten gleichermaßen als Diskriminierungsverbote und als Beschränkungsverbote aufzufassen (vgl. ferner Rz. 6.1 ff.).[8] Zugleich ergibt sich daraus, dass das Binnenmarktziel bei der Auslegung und Anwendung des Primär- und Sekundärrechts von zentraler Bedeutung ist.[9] Art. 3 Abs. 3 Unterabs. 1 Satz 1 EUV und Art. 26 Abs. 1 AEUV enthalten einen (permanenten) Gesetzgebungsauftrag an die Union zur Verwirklichung des Binnenmarktes. Es handelt sich hierbei nicht nur um ein politisches Programm, sondern um eine Rechtspflicht.[10] Die Union hat hierfür auch die entsprechende Gesetzgebungskompetenz (vgl. hierzu Rz. 11.1 f.), die sie entweder im Rahmen der ausschließlichen (Art. 3 Abs. 1 AEUV)[11] oder im Rahmen der geteilten Gesetzgebungskompetenz (Art. 4 Abs. 2 Buchst. a AEUV)[12] auszuüben hat. Art. 26 Abs. 1 AEUV beschränkt allerdings den Gesetzgebungsauftrag zur Schaffung eines Binnenmarktes auf die „erforderlichen Maßnahmen", womit insbesondere das in Art. 5 Abs. 4 EUV verankerte Verhältnismäßigkeitsprinzip angesprochen ist (zu den Kompetenzausübungsschranken vgl. Rz. 11.12). Die Union hat den Gesetzgebungsauftrag, soweit es Zölle und indirekte Steuern anbelangt, weitgehend erfüllt, zumal die Umsetzungsdefizite bei EU-Richtlinien in den einzelnen Mitgliedstaaten als gering anzusehen sind.[13] Im Bereich der direkten Steuern kann demgegenüber von einer Vollendung des Binnenmarktes nicht gesprochen werden.

---

1 Zur weiteren Anpassungen im Vertrag von Amsterdam und von Nizza vgl. *Schröder* in Streinz³, Art. 26 AEUV Rz. 5 f.
2 Vgl. hierzu die Übersicht bei *Kuntze*, Die Kompetenzen der Europäischen Gemeinschaft auf dem Gebiet des Steuerrechts, S. 102 ff.
3 ABl. EU 2007 Nr. C 306, 1.
4 Hierzu *Bast* in G/H/N, Art. 26 AEUV Rz. 14; *Terhechte*, EuR 2008, 143 (177).
5 Zuvor entsprechend Art. 2 EUV a.F.
6 *Pechstein* in Streinz³, Art. 3 EUV Rz. 7.
7 Grundlegend hierzu EuGH v. 5.5.1982 – C-15/81 – Schul, ECLI:EU:C:1982:135, Rz. 33 = UR 1982, 242 m. Anm. *Weiß*.
8 *Terhechte* in G/H/N, Art. 3 EUV Rz. 40; *Schröder* in Streinz³, Art. 26 AEUV Rz. 23.
9 *Schröder* in Streinz³, Art. 26 AEUV Rz. 17; *Lux* in Lenz/Borchardt⁶, Art. 26 AEUV Rz. 8; vgl. auch *Englisch*, Wettbewerbsgleichheit im grenzüberschreitenden Handel, S. 219 ff. zum „Binnenmarktziel als zentrale Auslegungsmaxime" im Zusammenhang mit der Warenverkehrs- und Dienstleistungsfreiheit.
10 *Schröder* in Streinz³, Art. 26 AEUV Rz. 15; *Bast* in G/H/N, Art. 26 AEUV Rz. 8.
11 Vor allem im Bereich Zölle und Wettbewerb.
12 Z.B. für die indirekten Steuern.
13 *Schröder* in Streinz³, Art. 26 AEUV Rz. 43.

C. Das institutionelle Gefüge der EU

I. Gewaltengefüge

Der EU kommt keine Staatsqualität zu[1] mit der Folge, dass das für demokratisch verfasste Staaten maßgebliche Gewaltenteilungsprinzip[2] nicht gilt.[3] Die EU ist allerdings als Staatenverbund[4] **rechtsstaatsgebunden**, was sich zum einen schon aus Erwägungsgrund Nr. 4 der Präambel zum EUV[5] ergibt und zum anderen durch das Verfassungsrecht der Mitgliedstaaten[6] sowie durch die Grundrechtsbindung der EU (Art. 6 EUV) vorgegeben ist.[7] Dementsprechend gilt das Gewaltenteilungsprinzip nur in modifizierter Form i.S. eines „Prinzips des institutionellen Gleichgewichts".[8] Es handelt sich hierbei um eine Gewaltenverschränkung zwischen den Organen der EU einerseits und zwischen diesen und den Mitgliedstaaten andererseits.

2.17

Unionsintern beruht diese **Gewaltenverschränkung** im Wesentlichen auf Art. 13 Abs. 1 Satz 1 EUV, wonach der institutionelle Rahmen der EU auf Zusammenarbeit aller EU-Organe und sonstiger Einrichtungen der EU gerichtet ist. Hierbei hat jedes Organ der EU nach Maßgabe der ihm zugewiesenen Befugnisse nach den festgelegten Verfahren, Bedingungen und Zielen zu handeln (Art. 13 Abs. 2 Satz 1 EUV). Auf Grundlage dieser unionsinternen Kompetenzverteilung gelten das Gebot der loyalen Zusammenarbeit (Art. 13 Abs. 2 Satz 2 EUV) sowie die Kohärenz-, Kontinuitäts- und Effizienzgebote (Art. 13 Abs. 1 Satz 1 EUV). Von Bedeutung ist hier insbesondere das Kohärenzgebot, das eine ressortübergreifende Abstimmung aller Entscheidungsträger zum Zwecke einer widerspruchsfreien Gestaltung der Politik verlangt.[9]

2.18

Im Verhältnis zu den Mitgliedstaaten beruht die Gewaltenverschränkung auf dem im Art. 5 Abs. 1, 2 EUV verankerten **Prinzip der begrenzten Einzelermächtigung**, wonach die EU-Organe für ihr Tätigwerden einer ausdrücklichen und speziellen Kompetenzzuweisung bedürfen (vgl. Rz. 11.1). Abgesehen davon kommt die Gewaltenverschränkung im Verhältnis zu den Mitgliedstaaten auch dadurch zum Ausdruck, dass die Mitgliedstaaten rechtlich und tatsächlich einen großen Einfluss auf die EU-Organe ausüben. So werden etwa die im Europäischen Rat zu treffenden Grundsatzentscheidungen (Art. 15 Abs. 1 EUV) von den dort versammelten Staats- und Regierungschefs bestimmt. Darüber hinaus setzt sich der Rat, der gemeinsam mit dem Europäischen Parlament als Gesetzgeber tätig wird (Art. 16 Abs. 1 EUV), aus weisungsabhängigen Vertretern der Mitgliedstaaten zusammen (Art. 16 Abs. 2 EUV).[10]

2.19

---

1 *Pechstein* in Streinz[3], Art. 1 EUV Rz. 10; *Callies* in Calliess/Ruffert[5], Art. 1 EUV Rz. 29; *Hilf* in G/H/N, Art. 1 EUV Rz. 39.
2 In Deutschland: Art. 20 Abs. 2 Satz 2 GG.
3 Vgl. nur *Nettesheim* in O/C/N, Europarecht[8], § 5 Rz. 15.
4 So die Terminologie des BVerfG v. 12.10.1993 – 2 BvR 2134, 2159/92, BVerfGE 89, 155 (185).
5 Bekenntnis zu den Grundsätzen der Freiheit, der Demokratie und der Achtung der Menschenrechte und Grundfreiheiten und der Rechtsstaatlichkeit.
6 Vgl. Art. 23 Abs. 1 Satz 1 GG.
7 Zum Ganzen *Streinz* in Streinz[3], Art. 13 EUV Rz. 17.
8 Zurückzuführen auf EuGH v. 13.6.1958 – C-9/56 – Meroni I, ECLI:EU:C:1958:7; v. 13.6.1958 – C-10/56 – Meroni II, ECLI:EU:C:1958:8; v. 29.10.1980 – C-138/79 – Roquette, ECLI:EU:C:1980:249, Rz. 33; v. 4.10.1991 – C-70/88 – EP/Rat, ECLI:EU:C:1991:373, Rz. 20 ff.; vgl. ferner *Nettesheim* in G/H/N, Art. 13 EUV Rz. 31; *Streinz* in Streinz[3], Art. 13 EUV Rz. 22 ff.; *Callies* in Calliess/Ruffert[5], Art. 13 EUV Rz. 10 ff.
9 *Geiger* in Geiger/Kahn/Kotzur[6], Art. 13 EUV Rz. 2; zu weiteren Einzelheiten *Streinz* in Streinz[3], Art. 13 EUV Rz. 9 ff.
10 Zu weitergehenden Einflussnahmen der Mitgliedstaaten auf die Organe der Union *Nettesheim* in G/H/N, Art. 13 EUV Rz. 71; *Streinz* in Streinz[3], Art. 13 EUV Rz. 20 f.

II. Organe der Union

2.20 Art. 13 Abs. 2 EUV nennt als Organe der Union das **Europäische Parlament** (EP), den **Europäischen Rat**, den **Rat**, die **Europäische Kommission** (KOM), den **Gerichtshof der Europäischen Union** (EuGH), die **Europäische Zentralbank** (EZB) und den **Rechnungshof**. Diese Organe handeln nicht nur für die EU, sondern auch im Bereich der fortbestehenden EAG.[1] Darüber hinaus gibt es noch weitere beratende und unterstützende Einrichtungen (Art. 13 Abs. 4 EUV), und zwar den Wirtschafts- und Sozialausschuss (WSA)[2] und den Ausschuss der Regionen (AdR).[3] Eine weitere Unionseinrichtung ist die Europäische Investitionsbank (EIB), die mit eigener Rechtspersönlichkeit ausgestattet ist und eigene Organe unterhält (Art. 308 AEUV).

2.21 Zu einigen Einzelheiten:

Das **Europäische Parlament** wird gemeinsam mit dem Rat als Gesetzgeber tätig und übt mit ihm die Haushaltsbefugnisse aus (Art. 14 Abs. 1 Satz 1 EUV). Das Europäische Parlament wählt zudem den Präsidenten der Kommission und erfüllt darüber hinaus Aufgaben der politischen Kontrolle und Beratung nach Maßgabe des EUV und AEUV. Verkürzt[4] hat das Europäische Parlament folgende Befugnisse: Haushaltskompetenzen, Mitwirkung an der Rechtsetzung, Zustimmung bei bestimmten völkerrechtlichen Abkommen, Zustimmung zur Aufnahme neuer Mitgliedstaaten, Zustimmung zur Benennung der Kommissionsmitglieder sowie Kontrollfunktionen, etwa Misstrauensvotum gegen die Kommission und Bildung von Untersuchungsausschüssen.[5] Im Zusammenhang mit der dem Europäischen Parlament zukommenden Mitwirkungsbefugnis bei der Rechtsetzung ist von Bedeutung, dass ihm ein Initiativrecht für die Einleitung eines Gesetzgebungsverfahrens und die Befugnis zur abschließenden Beschlussfassung hierüber fehlt. Das Initiativrecht steht nämlich grundsätzlich der Kommission zu (Art. 294 Abs. 2 AEUV),[6] wobei allerdings das Europäische Parlament ebenso wie der Rat die Kommission zur Unterbreitung von Vorschlägen auffordern kann.[7]

2.22 Der **Europäische Rat** ist das politische Leitorgan. In ihm sind u.a. die Staats- und Regierungschefs der Mitgliedstaaten versammelt (Art. 15 Abs. 2 EUV). Ihm kommt die Aufgabe zu, für die Entwicklung der EU durch die Festlegung der allgemeinen politischen Zielvorstellungen Prioritäten und Impulse zu setzen (Art. 15 Abs. 1 Satz 1 EUV). Darüber hinaus obliegen ihm auch die politischen Grundentscheidungen auf dem Gebiet der gemeinsamen Außen- und Sicherheitspolitik (GASP) (Art. 26 Abs. 1 EUV) und im Rahmen der gesetzgeberischen und operativen „Programmplanung im Raum der Freiheit, der Sicherheit und des Rechts" (Art. 68 AEUV).[8]

2.23 Der **Rat**, der sich aus je einem Vertreter jedes Mitgliedstaats auf Ministerebene zusammensetzt (Art. 16 Abs. 2 EUV), wird gemeinsam mit dem Europäischen Parlament als Gesetzgeber tätig und übt mit ihm die Haushaltsbefugnisse aus. Zudem gehört zu seinen Aufgaben die Festlegung der Politik und die Koordinierung nach Maßgabe der Verträge (Art. 16 Abs. 1 EUV). Auf Grundlage von Art. 16 Abs. 1 EUV und auf Grundlage weiterer Bestimmungen des AEUV hat der Rat folgende wesentliche Kompetenzen:[9]

---

1 Art. 3 Abs. 1 Protokoll Nr. 2 zur Änderung des Vertrags zur Gründung der Europäischen Atomgemeinschaft, ABl. EU 2007 Nr. C 199.
2 Art. 301–304 AEUV.
3 Art. 305–307 AEUV.
4 Vgl. *Herdegen*, Europarecht[20], § 7 Rz. 80.
5 Zu Einzelheiten, die hier nicht dargestellt werden können, vgl. Kommentare zu Art. 14 EUV; ferner *Bieber* in S/Z/K, Europarecht[3], § 1 Rz. 22 ff.
6 Zum Initiativmonopol der KOM *Krajewski/Rösslein* in G/H/N, Art. 294 AEUV Rz. 16 ff.
7 Die KOM hat sich verpflichtet, entsprechenden Aufforderungen nachzukommen; vgl. Rahmenabkommen über die Beziehungen zwischen dem EP und der KOM, ABl. EU 2010 Nr. L 304, 47; zu Einzelheiten *Dauses*, EuZW 2010, 241 ff.
8 Zu weiteren Aufgaben im Kurzüberblick *Herdegen*, Europarecht[20], § 7 Rz. 15; vgl. im Übrigen die Kommentare zu Art. 15 EUV.
9 Kurzüberblick bei *Herdegen*, Europarecht[20], § 7 Rz. 32.

Rechtsetzung, Haushaltskompetenzen, Zustimmung zu völkerrechtlichen Verträgen, bestimmte Exekutivbefugnisse, Ernennung der Mitglieder des Rechnungshofs, des Wirtschafts- und Sozialausschusses (WSA) und der Mitglieder des Ausschusses der Regionen (AdR).[1] Eine Besonderheit besteht darin, dass die Vertreter des Rates weisungsgebunden sind und zugleich für die Regierung der Mitgliedstaaten verbindlich handeln (Art. 16 Abs. 2 EUV). Insoweit werden die Mitglieder des Rates als Staatsorgane tätig, so dass sie auch den Bindungen an die Verfassung des betreffenden Mitgliedstaates unterworfen sind (Art. 1 Abs. 3, Art. 20 Abs. 3 GG).[2] Das bedeutet, dass der jeweilige deutsche Vertreter im Rat die Zustimmung zu Rechtsakten verweigern muss, wenn diese gegen tragende Prinzipien der Verfassungsordnung verstoßen. Zugleich bedeutet dies auch, dass sie die Einhaltung der Kompetenzschranken der EU[3] zu beachten haben.[4] Darüber hinaus ergibt sich für den jeweiligen deutschen Vertreter im Rat eine Bindung an Beschlüsse des Deutschen Bundestages (BT) und des Deutschen Bundesrates (BR), soweit diese im Vorfeld der Ratsentscheidungen gem. Art. 23 Abs. 2–7 GG zu beteiligen sind.[5] Die Einzelheiten der **Mitwirkung des Deutschen Bundestages** ergeben sich aus dem Gesetz über die Zusammenarbeit von Bundesregierung und Deutschem Bundestag in Angelegenheiten der Europäischen Union (EUZBBG).[6] Eine weitergehende Mitwirkung des Deutschen Bundestages ist zudem in den Fällen geboten, in denen im Rat über Kompetenzerweiterungen der EU zu entscheiden ist. Hierfür bedarf es der Zustimmung des Bundestages und ggf. auch des Bundesrates.[7] Die Einzelheiten ergeben sich hier aus dem Integrationsverantwortungsgesetz (IntVG)[8], das die Vorgaben des BVerfG umsetzt. Schließlich sind in Art. 23 Abs. 2, Abs. 4–6 GG auch Mitwirkungsrechte der Bundesländer über den Bundesrat in den Fällen verankert, in denen im Rat Rechtsetzungsakte zur Abstimmung gestellt werden, die die Kompetenzen der Länder berühren. Die Einzelheiten sind in dem Gesetz über die Zusammenarbeit zwischen Bund und Ländern in Angelegenheiten der Europäischen Union (EUZBLG)[9] geregelt.[10]

Die **Europäische Kommission** ist das eigentliche Exekutivorgan der EU, wobei die Mitglieder der Kommission in voller Unabhängigkeit, also ohne Weisungsgebundenheit seitens der Mitgliedstaaten, tätig werden (Art. 17 Abs. 3 EUV, Art. 245 AEUV). Darüber hinaus wirkt die Kommission aber auch an der Rechtsetzung der EU mit, und zwar in dem Sinne, dass sie allein ein Vorschlagsrecht hat (Art. 17 Abs. 2 Satz 1 EUV).[11] Im Verhältnis zu den Mitgliedstaaten ist von besonderer Bedeutung, dass die Kommission befugt ist, beim EuGH ein Vertragsverletzungsverfahren einzuleiten (Art. 258 AEUV; hierzu Rz. 28.13). Die wichtigsten Aufgaben der Kommission im Überblick[12] sind Mitwirkung an der Rechtsetzung durch Rat und Parlament, Ausübung eigener Rechtsetzungsbefugnisse, Erlass von Durchführungsbestimmungen, Außenvertretung der Union, Entscheidungen im Verwaltungsvollzug, Vertragsverletzungsverfahren, Nichtigkeits- und Untätigkeitsklagen (zur Klagebefugnis der KOM und zu den Klagearten selbst vgl. Rz. 28.1 ff.).

2.24

Der **Gerichtshof der Europäischen Union** hat die Aufgabe, „die Wahrung des Rechts bei der Auslegung und Anwendung der Verträge" zu sichern (Art. 19 Abs. 1 Satz 2 EUV). Den Gerichtshof der

2.25

---

1 Zu Einzelheiten, die hier nicht dargestellt werden können, vgl. die Kommentare zu Art. 16 EUV.
2 Vgl. BVerfG v. 22.3.1995 – 2 BvG 1/89, BVerfGE 92, 203 ff. (227 f.); zum Ganzen im Überblick *Herdegen*, Europarecht[20], § 7 Rz. 35 ff.
3 Vgl. etwa den Grundsatz der begrenzten Einzelermächtigung (Art. 5 Abs. 1, 2 EUV).
4 BVerfG v. 22.3.1995 – 2 BvG 1/89, BVerfGE 92, 203 ff. (235 ff.); v. 30.6.2009 – 2 BvE 2, 5/08 u.a., BVerfGE 123, 267 ff. (352 f.).
5 Hierzu im Einzelnen und im Überblick *Ziegenhorn* in G/H/N, Art. 16 EUV Rz. 17 ff.
6 V. 4.7.2013, BGBl. I 2013,2170; zurückzuführen auf BVerfG v. 31.3.1998 – 2 BvR 1877/97, 50/98, BVerfGE 97, 350 ff.
7 BVerfG v. 30.6.2009 – 2 BvE 2, 5/08 u.a., BVerfGE 123, 267 ff.
8 V. 22.9.2009, BGBl. I 2009, 3022.
9 V. 12.3.1993 (BGBl. I 1993, 313); zuletzt geändert durch Gesetz v. 13.9.2012, BGBl. II 2012, 1006.
10 Im Einzelnen und im Überblick *Ziegenhorn* in G/H/N, Art. 16 EUV Rz. 17 ff.
11 Zu diesem Initiativmonopol und den Mitwirkungsrechten anderer Organe der EU *Kugelmann* in Streinz[3], Art. 17 EUV Rz. 52 ff.
12 Vgl. *Herdegen*, Europarecht[20], § 7 Rz. 61.

Europäischen Union als Organ der EU (Art. 13 Abs. 1 EUV) bilden der Gerichtshof (EuGH), das Gericht (EuG) und die Fachgerichte (Art. 19 Abs. 1 Satz 1 EUV). Die Zuständigkeiten ergeben sich aus Art. 19 Abs. 3 EUV (zu Einzelheiten Rz. 5.1 ff.). Zum Aufgabenbereich des EuGH gehören insbesondere die Auslegung von Verträgen oder sonstigen Unionrechts, die Kontrolle der Rechtsakte der Unionsorgane auf ihre Vereinbarkeit mit höherrangigem Recht und die Kontrolle des Verhaltens der Mitgliedstaaten am Maßstab des Unionsrechts (vgl. im Übrigen Rz. 28.1).[1] Die Konkretisierung dieser Zuständigkeiten lässt sich sowohl der Satzung als auch der Verfahrensordnung des EuGH entnehmen.[2] Die für den EuGH maßgeblichen organisatorischen Regelungen ergeben sich aus Art. 251 ff. AEUV.[3] Neben dem EuGH, dessen Rechtsprechung im Rahmen von Vorabentscheidungsverfahren (Art. 267 AEUV) insbesondere auf dem Gebiet des Steuerrechts große Bedeutung hat (hierzu Rz. 28.1), ist das EuG vorbehaltlich anderweitiger Regelungen (Sonderzuständigkeiten) für alle Direktklagen zuständig, und zwar für Nichtigkeits-, Untätigkeits- und Schadensersatzklagen (Art. 256 Abs. 1 Unterabs. 1 Satz 1 AEUV) sowie dienstrechtliche Klagen und Klagen aufgrund einer Schiedsklausel. Vorbehalten sind dem EuGH insoweit nur ganz bestimmte selten vorkommende Nichtigkeitsklagen (Art. 263 AEUV) und Untätigkeitsklagen (Art. 265 AEUV) (Art. 256 Abs. 1 Unterabs. 1 Satz 1 AEUV, Art. 51 EuGH-Satzung). Ferner ergibt sich eine fachgerichtliche Sonderzuständigkeit für dienstrechtliche Streitigkeiten (Art. 270 AEUV), die dem Gericht für den öffentlichen Dienst der Europäischen Union (EuGöD) zugewiesen sind (Art. 256 Abs. 1 Unterabs. 1 Satz 1 AEUV).[4]

2.26 Dem **Rechnungshof** obliegt die Prüfung des Finanzgebarens der EU (Art. 287 Abs. 1 AEUV). Er überprüft hierbei die Rechtmäßigkeit und die Ordnungsmäßigkeit der Einnahmen und Ausgaben und überzeugt sich von der Wirtschaftlichkeit der Haushaltsführung (Art. 287 Abs. 2 Unterabs. 1 Satz 1 AEUV). Diese Rechnungsprüfung erstreckt sich auch auf die selbständigen Einrichtungen der Union, soweit diese Mittel der Union verwalten (Art. 287 Abs. 1 Unterabs. 1 Satz 2 AEUV).

2.27 Die **Europäische Zentralbank** (EZB) bildet zusammen mit den nationalen Zentralbanken das Europäische System der Zentralbanken (ESZB). Vorrangiges Ziel der EZB und des ESZB ist die Gewährleistung der Preisstabilität (Art. 282 Abs. 2 Satz 2, Art. 127 Abs. 1 Satz 1 AEUV). Die EZB, die mit eigener Rechtspersönlichkeit ausgestattet ist (Art. 282 Abs. 3 Satz 1 AEUV), ist unabhängig und an keine Weisungen gebunden (Art. 130 AEUV). Im Rahmen des Rechtsetzungsverfahrens der Union ist sie in allen Bereichen, auf die sich ihre Befugnis erstreckt, anzuhören und zugleich befugt, Stellungnahmen abzugeben (Art. 282 Abs. 5 AEUV). Über die vorgenannten in Art. 13 Abs. 1 Unterabs. 2 EUV genannten Organe hinaus gibt es eine Reihe weiterer Einrichtungen in der EU, die mit zum institutionellen Gefüge der EU gehören.[5]

D. Anbindung von Drittstaaten

2.28 Die EU besitzt eine eigene Rechtspersönlichkeit (Art. 47 EUV) mit der Folge, dass sie als Trägerin von völkerrechtlichen Rechten und Pflichten in der Lage ist, im Rahmen ihrer Außenbeziehungen **vertragliche Bindungen mit Drittstaaten** einzugehen.[6] Dementsprechend regelt Art. 216 AEUV die Zuständigkeit der EU zum Abschluss internationaler Übereinkünfte mit verbindlicher Wirkung für die Orga-

---

1 So verkürzt *Herdegen*, Europarecht[20], § 7 Rz. 90.
2 Satzung: ABl. EG 2001 Nr. C 80, 1; ABl. EU 2008 Nr. L 24, 42; Verfahrensordnung: ABl. EG 1991 Nr. L 176, 7; ABl. EU 2010 Nr. C 177, 1; zu Einzelheiten vgl. *Pechstein*, EU-Prozessrecht[4], Rz. 115 ff.
3 Zu Einzelheiten *Pechstein*, EU-Prozessrecht[4], Rz. 87 ff.
4 Beschl. des Rates v. 2.11.2004, ABl. EU 2004 Nr. L 333.
5 Vgl. hierzu die Übersicht bei *Herdegen*, Europarecht[20], § 7 Rz. 110.
6 EuGH v. 31.3.1971 – C-22/70 – Kommission/Rat, ECLI:EU:C:1971:32, Rz. 13; v. 14.7.1976 – C-3, 4 und 6/76 – Cornelis Kramer u.a., ECLI:EU:C:1976:114, Rz. 17; v. 9.8.1994 – C-327/91 – Frankreich/KOM, ECLI:EU:C:1994:305, Rz. 24.

ne der Union und die Mitgliedstaaten. Hierfür bedarf es allerdings einer spezifischen Vertragsabschlussbefugnis (Art. 216 Abs. 1 AEUV),[1] was sich schon aus dem in Art. 5 Abs. 1 und 2 EUV verankerten Prinzip der begrenzten Einzelermächtigung ergibt (hierzu Rz. 11.1 ff.). Das gilt in besonderer Weise in den Fällen, in denen auf Grund internationaler Übereinkünfte Drittstaaten an die EU herangeführt oder an diese angebunden werden sollen. Rechtsgrundlage hierfür ist zum einen die in Art. 8 EUV geregelte europäische Nachbarschaftspolitik (ENP), zu deren Realisierung die EU spezielle Nachbarschaftsabkommen abschließen kann (Art. 8 Abs. 2 EUV), und zum anderen Art. 217 AEUV, der die Ermächtigung enthält, mit Drittstaaten Assoziierungsabkommen abzuschließen (Assoziierungskompetenz).[2] Soweit die Voraussetzungen für den Abschluss von Assoziierungsabkommen gem. Art. 217 AEUV nicht erfüllt sind,[3] besteht dennoch die Möglichkeit, im Rahmen der der EU eingeräumten Außenkompetenzen sog. Kooperations- oder Partnerschaftsabkommen abzuschließen.[4] Die diesbezügliche Vertragsabschlusskompetenz ergibt sich insbesondere aus Art. 37 EUV im Bereich der Außen- und Sicherheitspolitik und Art. 207 Abs. 3 AEUV auf dem Gebiet der Handelspolitik.

Die **Europäische Nachbarschaftspolitik** (ENP) ist darauf gerichtet, „einen Raum des Wohlstands und der guten Nachbarschaft zu schaffen, die auf den Werten der Union aufbaut und sich durch enge, friedliche Beziehungen auf der Grundlage der Zusammenarbeit auszeichnet" (Art. 8 Abs. 1 EUV).[5] Die ENP erfolgt insbesondere gegenüber den unmittelbaren Nachbarn der EU, ohne dass hierdurch zwangsläufig eine Beitrittsperspektive eröffnet wird.[6] Sie bezieht sich daher etwa auf einige Nachfolgestaaten der aufgelösten Sowjetunion im Osten sowie auf einige Mittelmeerländer, die Teilnehmer des sog. Barcelona-Prozesses der Europa-Mittelmeer-Partnerschaft sind.[7] 2.29

In der Praxis spielen im Hinblick auf die Anbindung von Drittstaaten **Assoziierungsabkommen** eine besondere Rolle. Hierfür ergibt sich zwar keine ausdrückliche ausschließliche Kompetenz der EU (vgl. Art. 3 AEUV), es liegt allerdings in der Natur der Sache, dass jedenfalls die Mitgliedstaaten nicht in der Lage sind, entsprechende Abkommen mit Wirkung für die Union einerseits und die beteiligten Drittstaaten andererseits abzuschließen.[8] Daher ist ungeklärt, ob Art. 217 AEUV überhaupt eine ausreichende Vertragsabschlusskompetenz vermittelt.[9] Wegen der hiermit verbundenen Rechtsunsicherheit ist die Vertragsabschlusspraxis seit Jahren so, dass sog. gemischten Abkommen der Vorzug gegeben wird.[10] Das bedeutet, dass die EU und die Mitgliedstaaten gemeinsam als Vertragspartner an den Assoziierungsabkommen mit Drittstaaten beteiligt sind.[11] Mit den Assoziierungsabkommen werden in aller Regel besondere und privilegierte Beziehungen mit einem Drittstaat vereinbart.[12] 2.30

---

1 Vgl. den Überblick über die Kompetenznormen des EUV und des AEUV bei *Vöneky/Beylage-Haarmann* in G/H/N, Art. 216 AEUV Rz. 7.
2 Das Konkurrenzverhältnis beider Ermächtigungsgrundlagen ist unklar, spielt aber in der Praxis keine große Rolle, vgl. *Mögele* in Streinz³, Art. 216 AEUV Rz. 20.
3 Soweit also die „kritische Masse" nicht erreicht wird; vgl. *Vöneky/Beylage-Haarmann*, in G/H/N, Art. 217 AEUV Rz. 13; *Mögele* in Streinz³, Art. 217 AEUV Rz. 16.
4 *Vöneky/Beylage-Haarmann* in G/H/N, Art. 216 AEUV Rz. 13; *Mögele* in Streinz³, Art. 217 AEUV Rz. 16.
5 Vgl. hierzu den Überblick bei *Nettesheim* in O/C/N, Europarecht⁸, § 41 Rz. 1 ff.
6 *Thym* in G/H/N, Art. 8 EUV Rz. 10.
7 Vgl. Nachweise bei *Streinz* in Streinz³, Art. 8 EUV Rz. 4 ff.
8 Zu Einzelheiten *Mögele* in Streinz³, Art. 216 AEUV Rz. 27, Art. 217 AEUV Rz. 8 und Art. 3 AEUV Rz. 13 ff.
9 Die zu dieser Frage vertretenen Auffassungen werden im Einzelnen dargestellt von *Vöneky/Beylage-Haarmann* in G/H/N, Art. 217 EUV Rz. 15 ff.; *Mögele* in Streinz³, Art. 217 AEUV Rz. 16 ff.
10 Zurückzuführen auf die Rechtsprechung des EuGH; vgl. EuGH v. 30.9.1987 – C-12/86 – Demirel, ECLI:EU:C:1987:400, Rz. 9; vgl. allerdings die aktuelle Tendenz der KOM zum Abschluss getrennter EU-Handelsabkommen *Brauneck*, EuZW 2018, 796.
11 Hierzu *Mögele* in Streinz³, Art. 216 AEUV Rz. 42 ff.; *Vöneky/Beylage-Haarmann* in G/H/N, Art. 217 EUV Rz. 21 ff. mit Hinweisen auf einige Sonderprobleme.
12 Vgl. EuGH v. 30.9.1987 – C-12/86 – Demirel, ECLI:EU:C:1987:400, Rz. 9.

2.31 Entsprechend dem politischen Assoziierungskonzept lassen sich drei Assoziierungstypen unterscheiden: **Beitritts-, Freihandels- und Entwicklungsassoziierung**.[1] Zu den auf den Beitritt zur EU gerichteten Abkommen zählen u.a. das Assoziierungsabkommen mit der Türkei aus dem Jahr 1963[2] sowie die z.B. mit Mazedonien und Montenegro abgeschlossenen Abkommen.[3] Die auf eine Freihandelsassoziierung gerichteten Abkommen haben lediglich eine Teilintegration auf dem Gebiet des Handels zum Gegenstand, ohne dass hierbei eine Beitrittsoption vereinbart ist. Zu diesen Abkommen zählen das EWR-Abkommen[4] sowie verschiedene Abkommen mit der Schweiz.[5] Die mit dem Hauptziel, die wirtschaftliche Entwicklung bestimmter Drittstaaten zu fördern, geschlossenen Assoziierungsabkommen beinhalten weitgehend Handelszugeständnisse und finanzielle Hilfen der EU. Hierzu gehören insbesondere die Abkommen mit den sog. AKP-Ländern.[6] Die in den auf den Freihandel gerichteten Assoziierungsabkommen enthaltenen Regelungen, insbesondere solche über Freizügigkeitsrechte, wirken auch auf das deutsche Steuerrecht ein.[7]

2.32 In der Praxis, insbesondere im Bereich der Steuern, hat das zwischen der vormaligen EG und deren Mitgliedstaaten einerseits[8] und den damaligen EFTA-Vertragsparteien[9] andererseits auf der Grundlage des Art. 310 EGV a.F. abgeschlossene und zum 1.1.1994 in Kraft getretene Abkommen über den Europäischen Wirtschaftsraum (EWR)[10] besondere Bedeutung. Das **EWR-Abkommen** zielt auf die Schaffung binnenmarktähnlicher Verhältnisse ab und bewirkt, dass die Grundfreiheiten der EU auch zwischen den EWR-Vertragsparteien gelten. Kern des EWR-Abkommens sind neben der in Teil II. verankerten Warenverkehrsfreiheit die in Teil III. aufgeführten Diskriminierungsverbote, die sich sowohl vom Aufbau als auch vom Inhalt her stark an den entsprechenden Vorschriften des AEUV orientieren. Diese Diskriminierungsverbote beruhen auf den in Art. 4 EWR[11] verankerten allgemeinen Diskriminierungsverboten, wonach jede Diskriminierung auf Grund der Staatsangehörigkeit untersagt ist. Die EWR-Diskriminierungsverbote sind nach dem Vorbild der EU-Diskriminierungsverbote ausgestaltet, so dass sich eine weitgehende parallele Anwendungspraxis ergibt, die insbesondere auch im (deutschen) Steuerrecht normativ verankert ist. So gelten etwa die an den Grundfreiheiten des AEUV orientierten steuerlichen Sonderregelungen gleichermaßen auch für den EWR-Bereich.[12] Im Übrigen wird für Zwecke der einheitlichen Anwendung des EWR-Abkommens auf die EuGH-Rechtsprechung zurückgegriffen.[13]

---

1 Vgl. *Mögele* in Streinz[3], Art. 217 AEUV Rz. 4 ff.; *Schmalenbach* in Calliess/Ruffert[5], Art. 217 AEUV Rz. 33 ff.
2 ABl. EWG 1964 Nr. L 217, 3687.
3 ABl. EU 2004 Nr. L 84, 13; ABl. EU 2010 Nr. L 108, 3.
4 ABl. EG 1994 Nr. L 1, 3.
5 Vgl. ABl. EG 2002 Nr. L 114, 6.
6 ABl. EG 2000 Nr. L 317, 3; diese betreffen afrikanische, karibische und pazifische Staaten.
7 Vgl. nur EuGH v. 28.2.2013 – C-425/11 – Ettwein, ECLI:EU:C:2013:121 = IStR 2013, 353, zum Freizügigkeitsabkommen mit der Schweiz (ABl. EU 2002 Nr. L 114, 6) betreffend familienbezogene Entlastungen; ferner EuGH v. 26.2.2019 – C-581/17 – Wächtler, DStR 2019, 425 zur Wegzugsbesteuerung gem. § 6 AStG; hierzu Rz. 8.7.
8 Sog. „gemischter Vertrag"; hierzu *Hummer* in Dauses/Ludwigs, Handbuch EU-Wirtschaftsrecht, K. III Rz. 83, 90.
9 Österreich, Finnland, Island, Liechtenstein, Norwegen und Schweden; Österreich, Finnland und Schweden sind zwischenzeitlich der EU beigetreten.
10 ABl. EG 1994 Nr. L 1.
11 Entspricht Art. 18 AEUV.
12 Beispiele: § 1a, § 10 Abs. 2 Nr. 2 Buchst. a Doppelbuchst. aa, § 10b Abs. 1 Satz 2 Nr. 1, 3, § 35a Abs. 4 Satz 2, § 50 Abs. 2 Satz 7, § 50a Abs. 3 Satz 2 EStG; § 5 Abs. 2 Nr. 2, § 8b Abs. 7 Satz 3, § 9 Abs. 1 Nr. 2c, § 12 Abs. 3, § 14 Abs. 1 Satz 1, § 17 Satz 1, § 32 Abs. 4, Abs. 5 Satz 1 Nr. 1 Buchst. a, b KStG; § 1 Abs. 2 Nr. 1 UmwStG; § 6 Abs. 5, § 8 Abs. 2, § 15 Abs. 6 AStG; § 2 Abs. 3, § 13a Abs. 4 Satz 5, § 13b Abs. 1 Nr. 3 ErbStG.
13 Vgl. die Urteile des EFTA-Gerichtshofs v. 23.11.2004 – E-1/04 – Fokus, IStR 2005, 55 zur Kapitalverkehrsfreiheit (Art. 40 EWR) und v. 7.5.2008 – E-7/07 – Seabrokers, IStR 2009, 315 zur Niederlassungsfreiheit (Art. 31 EWR).

E. Beitritt zur Union

Art. 49 EUV eröffnet jedem europäischen Staat die Möglichkeit, „Mitglied der Union" zu werden. Der Beitritt bezieht sich daher stets auf alle Verträge der EU.[1] Hierzu gehören nicht nur die Basisverträge EUV, AEUV und EAGV, sondern auch die Verträge der Union mit Drittstaaten oder anderen internationalen Organisationen.[2] Soweit es sich um gemischte Verträge (Rz. 3.21) handelt, also um solche, die die Union und die (bisherigen) Mitgliedstaaten mit Drittstatten geschlossen haben, bedarf es hierzu eines gesonderten Beitritts.[3]

2.33

Der Union können nur europäische Staaten beitreten (Art. 49 Abs. 1 Satz 1 EUV), wobei es ausreichend ist, dass jedenfalls ein (kleiner) Teil geografisch zu Europa gehört.[4] Beitrittsvoraussetzung ist ferner, dass der beitrittswillige Staat die in Art. 2 EUV genannten Werte achtet und sich für deren Förderung einsetzt (Art. 49 Abs. 1 Satz 1 EUV). Zu diesen Werten gehören die Achtung der Menschenwürde, Freiheit, Demokratie, Gleichheit, Rechtsstaatlichkeit und die Wahrung der Menschenrechte einschließlich der Rechte der Personen, die Minderheiten angehören (Art. 2 Satz 1 EUV).[5] Dieser Wertekanon umfasst auch das Steuerrecht, so dass vor allem die Gleichmäßigkeit der Besteuerung sowie der Steuerrechtsschutz zugunsten der Bürger gewährleistet sein müssen.

2.34

Der Beitritt zur Union vollzieht sich auf der Grundlage eines mehrphasigen Verfahrens.[6] Der beitrittswillige Staat richtet den Antrag auf Beitritt an den Rat (Art. 49 Abs. 1 Satz 3 EUV). Nach entsprechender Stellungnahme der Kommission über das Vorliegen der Beitrittsvoraussetzungen beschließt der Rat über die Eröffnung der Beitrittsverhandlungen, womit die sog. **Einleitungsphase** ihr Ende findet.[7] Die sich hieran anschließenden Verhandlungen werden vom Rat unter Beteiligung der Kommission geführt (**Verhandlungsphase**). Nach einer endgültigen Stellungnahme seitens der Kommission hat der Rat sodann die Zustimmung des Europäischen Parlaments zum Beitritt einzuholen. Erforderlich ist die Mehrheit seiner Mitglieder (Art. 49 Abs. 1 Satz 3 EUV). Danach entscheidet der Rat durch einstimmigen Beschluss über den Beitrittsantrag (Art. 49 Abs. 1 Satz 3 EUV). Am Ende der **Abschlussphase** bedarf es sodann noch des Abschlusses des eigentlichen Beitrittsabkommens zwischen den Mitgliedstaaten einerseits und dem beitrittswilligen Staat andererseits (Art. 49 Abs. 2 Satz 2 EUV). Die Ratifikation nach Maßgabe der verfassungsrechtlichen Vorschriften der einzelnen Mitgliedstaaten (Art. 49 Abs. 2 Satz 2 EUV) erfolgt deutscherseits durch Gesetz auf der Grundlage von Art. 23 Abs. 1 GG.[8]

2.35

Mit dem Beitritt zur Union ist nicht automatisch auch die Teilnahme an der Währungsunion verbunden. Voraussetzung hierfür ist, dass der beitretende Mitgliedstaat die in Art. 140 Abs. 1 Satz 3 AEUV aufgezählten vier Konvergenzkriterien[9] erfüllt und zudem die Unabhängigkeit der betreffenden nationalen Zentralbank gewährleistet (Art. 140 Abs. 1 Satz 2 AEUV).[10] Die Entscheidung darüber, ob die vorgenannten Voraussetzungen erfüllt sind, obliegt dem Rat (Art. 140 Abs. 2 AEUV).

2.36

---

1 *Meng* in G/S/H, Europäisches Unionsrecht[7], Art. 49 EUV Rz. 1; *Cremer* in Calliess/Ruffert[5], Art. 49 EUV Rz. 8.
2 *Meng* in G/S/H, Europäisches Unionsrecht[7], Art. 49 EUV Rz. 22.
3 *Ohler* in G/H/N, Art. 49 EUV Rz. 38; *Meng* in G/S/H, Europäisches Unionsrecht[7], Art. 49 EUV Rz. 23.
4 „Europäischer Staat" ist in erster Linie im geografischen Sinne zu verstehen; vgl. *Meng* in G/S/H, Europäisches Unionsrecht[7], Art. 49 EUV Rz. 11; *Nettesheim* in O/C/N, Europarecht[8], § 42 Rz. 8; *Dorau*, EuR 1999, 736 (750).
5 Eine Konkretisierung erfolgt durch Art. 49 Abs. 1 Satz 4 EUV im Wege der Verweisung auf die sog. Kopenhagener Kriterien; vgl. hierzu den Überblick bei *Meng* in G/S/H, Europäisches Unionsrecht[7], Art. 49 EUV Rz. 13 f.
6 Vgl. *Nettesheim* in O/C/N, Europarecht[8], § 42 Rz. 14 ff.
7 Zu Einzelheiten *Pechstein* in Streinz[3], Art. 49 EUV Rz. 7 ff.
8 *Ohler* in G/H/N, Art. 49 EUV Rz. 38; *Meng* in G/S/H, Europäisches Unionsrecht[7], Art. 49 EUV Rz. 35.
9 Niedrige Inflationsrate, auf Dauer tragbare Finanzlage der öffentlichen Hand, Einhaltung der normalen Bandbreiten des Wechselkursmechanismus, Niveau langfristiger Zinssätze.
10 Zu Einzelheiten *Häde* in Calliess/Ruffert[5], Art. 140 AEUV Rz. 16 ff.

2.37 Mit dem Beitritt eines weiteren Mitgliedstaats ändern sich auch die steuerlichen Rahmenbedingungen. Das gilt für die indirekten und direkten Steuern gleichermaßen. So führt der Beitritt ohne Weiteres zur Ausweitung des umsatzsteuerlich relevanten EU-Gebiets, ohne dass eine Änderung der MwStSystRL erforderlich ist. Entsprechendes gilt etwa für den Bereich der Einkommensteuer, soweit es die sog. „EU-Klauseln" betrifft, die ohne Weiteres Beitrittsstaaten erfassen.[1] Demgegenüber bedürfen insbesondere EU-Richtlinien in den Fällen einer Anpassung und zugleich der Umsetzung in nationales Recht, in denen auf das Recht des jeweiligen Beitrittsstaats verwiesen wird.[2] Erfolgt die Anpassung in nationales Recht hierbei mit zeitlicher Verzögerung, ist die geänderte Richtlinie unmittelbar zugunsten des Steuerpflichtigen anzuwenden (Rz. 4.60).[3]

F. Austritt aus der Union

2.38 Während die auf Art. 49 EUV beruhende EU-Erweiterung in der Vergangenheit eine große Rolle gespielt hat,[4] ist bislang Art. 50 EUV, der jedem Mitgliedstaat das Recht einräumt, im Einklang mit seinen eigenen verfassungsrechtlichen Vorschriften aus der EU auszutreten, erstmals durch die Austrittserklärung der Regierung des Vereinigten Königreichs vom 28.3.2017 (**Brexit**) aktiviert worden.[5] Es handelt sich hierbei um eine einseitige Austrittserklärung, für die der austretende Mitgliedstaat – hier: das Vereinigte Königreich – keine Gründe nennen muss.[6] Dass allein auf das nationale Verfassungsrecht verwiesen wird, hat lediglich deklaratorische Bedeutung und räumt somit keine unionale Prüfungskompetenz ein.[7] Der Verweis auf das nationale Verfassungsrecht stellt allerdings klar, dass insoweit gegen einen grundlosen Austritt gerichtete verfassungsrechtliche Schranken zu beachten sind. Aus deutscher Sicht gilt das insbesondere im Hinblick auf Art. 23 Abs. 1 GG, wonach die Beteiligung an der europäischen Integration nicht dem politischen Belieben der deutschen Verfassungsorgane unterstellt ist.[8]

2.39 Art. 50 Abs. 1 EUV regelt nur den „freiwilligen" Austritt aus der Union. Ein **Ausschluss** ist nicht vorgesehen. Hieraus kann aber nicht ohne Weiteres geschlossen werden, dass ein Ausschluss unzulässig ist. Dies deshalb nicht, weil nach Art. 60 Abs. 2 Buchst. a WÜRV für den Bereich des allgemeinen Völkerrechts im Fall erheblicher Vertragsverletzungen eine Vertragsbeendigung bei bilateralen und ein Ausschluss bei multilateralen Verträgen zulässig ist.[9] Bei fundamentalen und andauernden Vertragsverletzungen eines Mitgliedstaats wird als ultima ratio ein Ausschluss aus der EU jedenfalls zulässig sein.[10]

---

1 Vgl. z.B. §§ 1a Abs. 1 Satz 1; 2a Abs. 1; 4 Abs. 1 Satz 5; 4g Abs. 1 Satz 1; 17 Abs. 5 Satz 2; 50 Abs. 2 Satz 7; 50a Abs. 3 Satz 2 EStG; §§ 6 Abs. 5 Satz 1; 8 Abs. 2 AStG.
2 Vgl. nur die Mutter-Tochter-Richtlinie, die im Zuge des Beitritts von Kroatien wegen der Nennung dortiger Steuern und Gesellschaftsformen angepasst wurde (Richtlinie 2013/13/EU des Rates v. 13.5.2013, ABl. EU 2013 Nr. L 141, 30) mit der Folge der Änderung von § 43b EStG und Anlage 2 (zu § 43b EStG) durch das KroatienAnpG v. 25.7.2014 (BGBl. I 2014 = 1266; BStBl. I 2014, 1126).
3 Vgl. nur BMF v. 12.12.2013 – IV B 3 - S 1316/07/10024 – DOK 2013/1111235, BStBl. I 2013, 1613 zu § 43b EStG.
4 Seit den 1970er Jahren ist die EU von 6 auf 28 Mitgliedstaaten angewachsen.
5 Vgl. allerdings zum einvernehmlichen Austritt Grönlands im Jahre 1982 *Johansen/Strensen*, EA 1983, 339 ff.; *Werner*, EA 1984, 345 ff.
6 *Callies* in Calliess/Ruffert[5], Art. 50 EUV Rz. 3; *Puttler*, EuR 2004, 669 (677).
7 *Meng* in G/S/H, Europäisches Unionsrecht[7], Art. 50 EUV Rz. 8.
8 BVerfG v. 30.6.2009 – 2 BvE 2, 5/08 u.a., BVerfGE 123, 267 (346 f.); *Callies* in Calliess/Ruffert[5], Art. 50 EUV Rz. 4; *Thiele*, EuR 2016, 281 (293); zu Einzelheiten *Groß*, EuR 2018, 387.
9 *Meng* in G/S/H, Europäisches Unionsrecht[7], Art. 50 EUV Rz. 12.
10 Vgl. zum Streitstand insbesondere zum möglichen Grexit *Meng* in G/S/H, Europäisches Unionsrecht[7], Art. 50 EUV Rz. 12 ff., 17, 21; *Bonke*, ZEuS 2010, 515 ff.

2.40 Neben dem einseitigen Austritt aus der Union[1] ist der einvernehmliche Austritt sowie noch weitergehend auch die einvernehmliche Auflösung der Union ohne Weiteres möglich.[2] Im Hinblick auf die Schrankenwirkung des Art. 23 Abs. 1 GG wäre eine derartige Auflösung aus deutscher Sicht allerdings nur unter ganz engen Voraussetzungen zulässig.[3]

2.41 Das **Austrittsverfahren** ist in Art. 50 Abs. 2–4 EUV geregelt. Hiernach gilt: Der nach nationalem Recht gefasste Austrittsbeschluss ist dem Europäischen Rat mitzuteilen (Art. 50 Abs. 2 Satz 1 EUV). Er ist somit Adressat der Austrittserklärung.[4] Es handelt sich hierbei um eine einseitige empfangsbedürftige Willenserklärung, die wegen ihrer rechtsgestaltenden Natur im Grundsatz unwiderruflich und mit Ablauf der in Art. 50 Abs. 3 EUV vorgesehenen Frist wirksam wird.[5] Die rechtsgestaltende Wirkung tritt allerdings erst mit Abschluss des Austrittsabkommens (Art. 50 Abs. 2 Satz 4 EUV) bzw. mit Ablauf der Zwei-Jahres-Frist (Art. 50 Abs. 3 EUV) ein, so dass eine Rücknahme der Austrittserklärung bis dahin möglich ist.[6]

Im Gefolge der Austrittserklärung legt der Europäische Rat die Leitlinien fest, aufgrund derer das **Austrittsabkommen** verhandelt wird (Art. 50 Abs. 2 Satz 2 EUV).[7] Der Rat beschließt sodann die Eröffnung der Verhandlungen und bestimmt auf Vorschlag der Kommission den Verhandlungsführer. Die eigentlichen Verhandlungen führt die Kommission.[8] Das Austrittsabkommen beschließt der Rat mit qualifizierter Mehrheit[9] nach Zustimmung des Europäischen Parlaments.[10]

2.42 Für den Abschluss des **Austrittsabkommens** enthält Art. 50 Abs. 3 EUV eine Frist von zwei Jahren, die allerdings durch einstimmigen Beschluss des Europäischen Rates im Einvernehmen mit dem betreffenden Mitgliedstaat verlängert werden kann (Art. 50 Abs. 3 EUV).[11] Kommt es innerhalb der vorgenannten Frist nicht zum Abschluss eines Austrittsabkommens, finden die Verträge (EUV, AEUV, EAGV) keine Anwendung mehr, so dass sich die Trennung „abrupt und bedingungslos" vollzieht,[12] ohne dass im Einzelnen geregelt ist, welche gegenseitigen Verpflichtungen und Ansprüche weiterhin bestehen oder hierdurch ausgelöst werden.

2.43 Art. 50 EUV enthält keine konkreten Vorgaben zum Regelungsbereich des Austrittsabkommens. In Art. 50 Abs. 2 Satz 2 EUV heißt es lediglich, dass die „*Einzelheiten des Austritts*" unter Berücksichtigung der „*künftigen Beziehungen*" des austrittswilligen Mitgliedstaats zur EU zu regeln seien. Zum erstgenannten Regelungsbereich zählen vor allem die beiderseitigen Zahlungsverpflichtungen sowie Regelungen über anhängige EuGH-Verfahren.[13] Beim zweiten Regelungsbereich geht es darum, welche Richtlinien und Verordnungen im ausscheidenden Mitgliedstaat weiterhin gelten sollen.[14] Soweit in

---

1 Zulässig ist ein Austritt nur aus der EU als Ganzes; *Meng* in G/S/H, Europäisches Unionsrecht[7], Art. 50 EUV Rz. 19; *Callies* in Calliess/Ruffert[5], Art. 50 EUV Rz. 18; *Bonke*, ZEuS 2010, 493 (507); a.A. *Dörr* in G/H/N, Art. 50 EUV Rz. 30.
2 *Meng* in G/S/H, Europäisches Unionsrecht[7], Art. 50 EUV Rz. 11; *Nettesheim* in O/C/N, Europarecht[8], § 42 Rz. 42.
3 Vgl. hierzu den Überblick bei *Meng* in G/S/H, Europäisches Unionsrecht[7], Art. 50 EUV Rz. 9.
4 Der Präsident des Europäischen Rates ist Empfangsbevollmächtigter; vgl. Art. 14 der Geschäftsordnung des Europäischen Rates, ABl. EU 2009 Nr. L 315, 52.
5 *Dörr* in G/H/N, Art. 50 EUV Rz. 24.
6 *Thiele*, EuR 2016, 281 (295); *Skouris*, EuZW 2016, 806 (807); *Michl*, NVwZ 2016, 1365 (1368 f.); *Craig*, EL Rev. 2016, 447 (464 f.).
7 Ohne Mitwirkung von Vertretern des austrittswilligen Mitgliedstaats (Art. 50 Abs. 4 Unterabs. 1 EUV).
8 Zu Einzelheiten und der Möglichkeit, das Austrittsabkommen dem EuGH entsprechend Art. 218 Abs. 11 AEUV zur Begutachtung vorzulegen, vgl. *Michl*, NVwZ 2016, 1365 (1368 f.).
9 Ohne Mitwirkung von Vertretern des austrittswilligen Mitgliedstaats (Art. 50 Abs. 4 Unterabs. 1 EUV).
10 Dort reicht die einfache Mehrheit aus (Art. 231 Abs. 1 AEUV).
11 So geschehen im Falle des Vereinigten Königreichs.
12 *Skouris*, EuZW 2016, 806 (807).
13 *Heber*, EUR 2017, 581 (584).
14 *Heber*, EUR 2017, 581 (584).

dem Austrittsabkommen nur die Einzelheiten des Austritts geregelt werden, liegt die Abschlusskompetenz auf Grundlage von Art. 50 EUV bei der Union. Soweit es allerdings um die künftigen Beziehungen zwischen der EU und dem ausscheidenden Mitgliedstaat geht, sind im Hinblick auf den Grundsatz der begrenzten Einzelermächtigung (Rz. 11.1) an sich auch die verbleibenden Mitgliedstaaten zu beteiligen (gemischtes Abkommen), so dass das Austrittsabkommen in zwei Verträge aufgeteilt werden müsste.[1] Indessen kommt es auf den regulativen Schwerpunkt des Austrittsabkommens an,[2] der hier im Regelungsbereich „Einzelheiten des Austritts" liegt. Denn gem. Art.50 Abs. 2 Seite 2 EUV wird hierbei nur der Rahmen für die künftigen Beziehungen des ausscheidenden Mitgliedstaats zur Union „berücksichtigt". Hieraus folgt, dass die Union insgesamt die Kompetenz hat, das Austrittsabkommen zur Gänze abzuschließen.[3]

2.44 Art. 50 EUV gewährleistet nur ein Austrittsrecht aus der Union als Ganzes, so dass ein einseitiger Austritt aus der Währungsunion ausgeschlossen ist.[4] Lediglich im Wege einer Vertragsänderung (Art. 48 EUV) ist ein (isolierter) Austritt aus der Währungsunion zulässig.[5] Zudem ist bei fundamentalen und andauernden (bewussten) Verstößen gegen die Konvergenzkriterien (Art. 140 Abs. 1 Satz 3 AEUV) unter Rückgriff auf die völkerrechtliche clausula rebus sic stantibus ausnahmsweise auch ein Ausschluss aus der Währungsunion möglich.[6]

2.45 Der Austritt eines Mitgliedstaats hat gravierende (nachteilige) Auswirkungen auf die Steuerrechtsordnungen aller verbleibenden Mitgliedstaaten. So führt der **Brexit** dazu, dass in Zukunft z.B. die MwStSystRL (Rz. 19.1 ff.) die VerbrStSystRL (Rz. 20.1 ff.) und die anderen EU-Richtlinien im Verhältnis zum Vereinigten Königreich keine Anwendung mehr finden. Entsprechendes gilt auch für die sog. „EU-Klauseln".[7] Betroffen sind Steuerpflichtige insbesondere hinsichtlich ihrer in der Vergangenheit getroffenen Dispositionen, soweit sie auf den Verbleib des Vereinigten Königreiches in der EU vertraut haben. Das Brexit-StBG[8] enthält die maßgeblichen Regelungen, die die steuerlichen Nachteile des Brexit abmildern (Rz. 8.214 ff.).

---

1 So die Differenzierung von *Heber*, EUR 2017, 581 (588 ff.).
2 So die Rspr. des EuGH; vgl. EuGH v. 26.3.1987 – C-45/86 – Kommission/Rat, ECLI:EU:C:1987:163, Rz. 11; v. 23.2.1988 – C-131/86 – Vereinigtes Königreich/Rat, ECLI:EU:C:1988:86, Rz. 29; v. 23.2.1988 – C-68/86 – Vereinigtes Königreich/Rat, ECLI:EU:C:1988:85, Rz. 24; v. 11.6.1991 – C-300/89 – Kommission/Rat, ECLI:EU:C:19901:244, Rz. 10; v. 4.10.1991 – C-70/88 – Parlament/Rat, ECLI:EU:C:1991:373, Rz. 9; v. 17.3.1993 – C-155/91 – Kommission/Rat, ECLI:EU:C:1993:98, Rz. 7; v. 28.6.1994 – C-187/93 – Parlament/Rat, ECLI:EU:C:1994:265, Rz. 17; v. 26.3.1996 – C-271/94 – Parlament/Rat, ECLI:EU:C:1996:133, Rz. 14; v. 9.11.1995 – C-426/93 – Deutschland/Rat, ECLI:EU:C:1995:367, Rz. 29; v. 4.4.2000 – C-269/97 – Kommission/Rat, ECLI:EU:C:2000:183, Rz. 27; a.A. *Michl*, NVwZ 2016, 1365 (1367); *Heber*, EUR 2017, 581 (589) m.w.N.
3 *Meng* in G/S/H, Europäisches Unionsrecht[7], Art. 50 EUV Rz. 7; *Callies* in Calliess/Ruffert[5], Art. 50 EUV Rz. 7; *Skouris*, EuZW 2016, 806 (809).
4 *Meng* in G/S/H, Art. 50 EUV Rz. 19; *Callies* in Calliess/Ruffert[5], Art. 50 EUV Rz. 18; *Bonke*, ZEUS 2010, 493 (517); a.A. *Seidel*, EuZW 2007, 617.
5 *Häde* in Calliess/Ruffert[5,] Art. 140 AEUV Rz. 52; vgl. auch BVerfG v. 12.10.1993 – 2 BvR 2134, 2159/92, BerfgE 89, 155 (204): Ausscheiden aus der Währungsunion als ultima ratio beim Scheitern der Stabilitätsgemeinschaft (clausula rebus sic stantibus).
6 *Callies* in Calliess/Ruffert[5], Art. 50 EUV Rz. 19; *Behrens*, EuZW 2010, 121; a.A. *Häde* in Calliess/Ruffert[5], Art. 141 AEUV Rz. 54.
7 Z.B. §§ 1a Abs. 1 Satz 1; 2a Abs. 1; 4 Abs. 1 Satz 5; 4g Abs. 1 Satz 1; 17 Abs. 5 Satz 2; 50 Abs. 2 Satz 7; 50a Abs. 3 Satz 2 EStG; § 6 Abs. 5 Satz 1; 8 Abs. 2 AStG; 12 Abs. 3 KStG; 1 Abs. 2 Satz 1 Nr. 1 Satz 2; 3 Abs. 3; 13 Abs. 2 Nr. 2; 20 Abs. 8; 21 Abs. 2 Satz 3 Nr. 2; 22 Abs. 1 Satz 6 Nr. 7 UmwStG.
8 BGBl. I 2019, 357.

Kapitel 3
Rechtsquellen des Europäischen Steuerrechts

A. Rechtsquellensystem	3.1	D. Tertiärrecht		3.15
B. Primärrecht	3.4	E. Völkerrechtliche Verträge		3.20
C. Sekundärrecht	3.6	F. Soft law		3.24

Literatur: *Berrisch/Kamann*, WTO-Recht im Gemeinschaftsrecht – (k)eine Kehrtwende des EuGH, EWS 2000, 89; *Bleckmann*, Die Rechtsquellen des Europäischen Gemeinschaftsrechts, NVwZ 1993, 824; *Bleckmann*, Zur Funktion des Europäischen Gewohnheitsrechts im Europäischen Gemeinschaftsrecht, EuR 1981, 101; *v. Bogdany/Bast/Arndt*, Handlungsformen im Unionsrecht, ZaöRV 2002, 77; *Braun Binder*, Rechtsangleichung in der EU im Bereich der direkten Steuern, Tübingen 2017; *Bungenberg*, Außenbeziehungen und Außenhandelspolitik, EuR 2009, Beiheft 1, 195; *v. Danwitz*, Rechtswirkungen von Richtlinien in der neueren Rechtsprechung des EuGH, JZ 2007, 697; *Duhnkrack*, Die unmittelbare Wirkung von EG-Richtlinien, RIW/AWD 1986, 40; *Ehrike*, Verwirkungen von EU-Richtlinien auf nationale Gesetzgebungsvorhaben, ZIP 2001, 1311; *Epiney*, Zur Stellung des Völkerrechts in der EU, EuZW 1999, 5; *Epiney*, Unmittelbare Wirksamkeit und objektive Wirkung von Richtlinien, DVBl. 1996, 409; *Fassbender*, Die Völkerrechtssubjektivität der Europäischen Union nach dem Entwurf des Verfassungsvertrages, AVR 2004, 26; *Genden*, Soft Law in European Community Law, Oxford 2004; *Götz*, Rechtsstaatliche Grundsätze des Gemeinschaftsrechts als Grund und Grenze der innerstaatlichen Anwendung von Richtlinien, in Bröhmer/Bieber/Callies (Hrsg.), Internationale Gemeinschaft und Menschenrechte, FS für Ress, Köln 2005, 485; *Götz*, Europäische Gesetzgebung durch Richtlinien-Zusammenwirken von Gemeinschaft und Staat, NJW 1992, 1849; *Gundel*, Bindung des Gemeinschaftsgesetzgebers an das im Vertrag vorgesehene System für die Delegation von Rechtsetzungsbefugnissen, JA 2008, 910; *Herrmann*, Richtlinienumsetzung durch Rechtsprechung, Berlin 2003; *Herrmanns*, Zukunft des unionsrechtlichen Grundrechtsschutzes durch die Europäische Menschenrechtskonvention, in Drüen/Hey/Mellinghoff (Hrsg.), 100 Jahre Steuerrechtsprechung in Deutschland 1918-2018, FS BFH, Köln 2018, 763 ff.; *Klagian*, Die objektiv unmittelbare Wirkung von Richtlinien, ZÖR 56 (2001), 305; *Kofler*, Europäischer Grundrechtsschutz im Steuerrecht, DStJG 41 (2018), 125; *Kokott*, Das Steuerrecht der Europäischen Union, München 2018, §1 Rz. 4 ff.; *Kofler*, Entwicklungslinien und Zukunftsfragen des Europäischen Steuerrechts, Festschrift BFH, Köln 2018, 699; *Kühling*, Vorwirkungen von EG-Richtlinien bei der Anwendung nationalen Rechts – Interpretationsfreiheit für Judikative und Exekutive?, DVBl. 2006, 857; *Langenfeld*, Zur Direktwirkung von EG-Richtlinien, DÖV 1992, 955; *Mager*, Die staatengerichtete Entscheidung als supranationale Handlungsform, EuR 2001, 661; *Möllers/Achenbach*, Die Mitwirkung des Europäischen Parlaments an der abgeleiteten Rechtsetzung der Europäischen Kommission nach dem Lissabonner Vertrag, EuR 2011, 39; *Odenthal*, Europarecht, Die Rechtsquellen der Europäischen Union, JA 1995, 781; *Pache/Bielitz*, Das Verhältnis der EG zu den völkerrechtlichen Verträgen ihrer Mitgliedstaaten, EuR 2006, 316; *Reimer*, Ziele und Zuständigkeiten. Die Funktionen der Unionszielbestimmungen, EuR 2003, 992; *Riedel*, Die Durchführungsrechtsetzung nach Art. 211 4. Sp. EG – zwei Arten tertiärer Kommissionsakte und ihre dogmatischen Fragestellungen, EuR 2006, 512; *Schliesky*, Die Vorwirkung von unionsrechtlichen Richtlinien, DVBl. 2003, 631; *Schwarze*, Soft Law im Recht der Europäischen Union, EuR 2011, 3; *Thomas*, Die Bindungswirkung von Mitteilungen, Bekanntmachungen und Leitlinien der EG-Kommission, EuR 2009, 423 ff.; *Thym*, Die völkerrechtlichen Verträge der Europäischen Union, ZaöRV 66 (2006), 863; *Trüe*, Das System der Rechtsetzungskompetenzen der Europäischen Gemeinschaft und der Europäischen Union, Baden-Baden 2002; *Vedder*, Die Außenbeziehungen der EU und die Mitgliedstaaten: Kompetenzen, gemischte Abkommen, völkerrechtliche Verantwortlichkeit und Wirkungen des Völkerrechts, EuR 2007, Beiheft 3, 57; *van Vooren*, A case study of „soft law" in EU external relations: The European Neighbourhood Policy, ELRev. 34 (2009), 696; *Weiss*, Zur Wirkung von Richtlinien vor Ablauf der Umsetzungsfrist, DVBl. 1998, 568; *Wölk*, Die Umsetzung von Richtlinien der EG, Baden-Baden 2002.

A. Rechtsquellensystem

3.1 Die für das Handeln der EU als Rechtsgemeinschaft maßgeblichen Rechtsquellen sind in Art. 288 AEUV mit Verordnungen, Richtlinien, Beschlüssen, Empfehlungen und Stellungnahmen aufgeführt, wobei diese Aufzählung nicht abschließend ist.[1] So gehören etwa der EUV, der AEUV und der EAGV als Grundlagenrecht ebenso zu den verbindlichen Rechtsquellen wie etwa allgemeine Rechtsgrundsätze (zu Einzelheiten Rz. 12.1 ff.) und die von der EU abgeschlossenen völkerrechtlichen Verträge. Darüber hinaus gibt es auch Entschließungen, Mitteilungen, Leitlinien, Erklärungen, Rahmenprogramme oder Memoranden der Union, die zwar nicht verbindlich sind, im Einzelfall aber durchaus Rechtswirkungen haben können.[2] Eine Bindung an bestimmte Typen von Rechtsakten ist allerdings stets in den Fällen gegeben, in denen die Organe der Union im Außenverhältnis tätig werden. Hier ergibt sich schon aus dem in Art. 5 Abs. 1, 2 AEUV verankerten Prinzip der begrenzten Einzelermächtigung, dass nur jene Rechtsakte in Betracht kommen, für die es eine Rechtsgrundlage gibt.[3] Etwas anderes gilt nur im Innenverhältnis der EU-Organe untereinander.[4]

3.2 Zum Erlass der in Art. 288 Abs. 1 AEUV aufgeführten Rechtsakte sind im Rahmen ihrer Zuständigkeiten die EU-Organe (Art. 13 Abs. 1 EUV) berechtigt. Die Kompetenz hierzu orientiert sich nicht nach dem für demokratisch verfasste Staaten maßgeblichen Gewaltenteilungsprinzip, sondern nach einem für die EU typischen System der Machtbalance, wobei dem Einfluss der Mitgliedstaaten besondere Bedeutung zukommt. Aus diesem Grunde beinhalten die **Rechtsakte der Union**, auch soweit sie verbindlich sind, nicht sämtlich abstrakt-generelle Regelungen, haben also nicht stets Rechtsnormcharakter.[5] Hierzu zählen etwa an bestimmte Adressaten gerichtete Beschlüsse, die Einzelfälle regeln.[6]

3.3 Das vorgenannte Rechtsquellensystem der EU[7] enthält einige bedeutsame Strukturprinzipien, die für die Einordnung der Rechtsakte der Union im Hinblick auf ihre unmittelbare Geltung in den Mitgliedstaaten maßgeblich sind. Es geht hierbei insbesondere um den Vorrang gegenüber nationalem Recht und die unmittelbare Anwendbarkeit durch nationale Behörden und Gerichte. Im Hinblick auf diese Strukturprinzipien ist die Unterscheidung zwischen Primärrecht, Sekundärrecht, Tertiärrecht sowie die Zuordnung zu völkerrechtlichen Verträgen und zum soft law von Bedeutung.

B. Primärrecht

3.4 Aus Art. 1 Abs. 3 EUV und Art. 1 Abs. 2 AEUV ergibt sich, dass beide Verträge – **EUV** und **AEUV** – die (rechtlichen) Grundlagen der EU bilden und somit Primärrecht sind. Das Primärrecht ist insbesondere durch übergreifende Grundsatznormen gekennzeichnet, die nicht nur eine politische Orientierung für die Organe der EU und die Mitgliedstaaten darstellen, sondern verbindliches Recht sind,[8] und zwar für die EU-Organe selbst und für die mitgliedstaatlichen Organe, soweit diese Unionsrecht durchfüh-

---

1 *Schroeder* in Streinz³, Art. 288 AEUV Rz. 2.
2 EuGH v. 31.3.1971 – C-22/70 – KOM/Rat, ECLI:EU:C:1971:32, Rz. 38, 42; *Schroeder* in Streinz³, Art. 288 AEUV Rz. 2; vgl. Rz. 3.24.
3 EuGH v. 21.9.1989 – C-46/87 und C-227/88 – Höchst/KOM, ECLI:EU:C:1989:337, Rz. 19.
4 *Nettesheim* in G/H/N, Art. 288 AEUV Rz. 1; *Schroeder* in Streinz³, Art. 288 AEUV Rz. 12.
5 Zur Allgemeinheit des Gesetzes vgl. G. *Kirchhof*, Die Allgemeinheit des Gesetzes, Tübingen 2009.
6 *Nettesheim* in G/H/N, Art. 288 AEUV Rz. 4 u. 20.
7 So die anspruchsvolle Bezeichnung durch EuGH v. 10.10.1973 – C-34/73 – Variola, ECLI:EU:C:1973:101, Rz. 8; *Kirchhof*, EuR 1991, Beiheft 1, 11 (21) spricht demgegenüber von einem „Rechtsquellenwirrwarr".
8 EuGH v. 4.7.1963 – C-24/62 – Deutschland/KOM, ECLI:EU:C:1963:14; *Nettesheim* in O/C/N, Europarecht⁸, § 9 Rz. 24; vgl. auch *Nettesheim* in G/H/N, Art. 288 AEUV Rz. 27: „*Verfassungsrecht der EU*".

ren.[1] Zu diesen grundlegenden Vorschriften gehören z.B. Art. 2 EUV, der im Sinne eines Verfassungsgrundsatzes einen für die EU verbindlichen Wertekanon – Menschenwürde, Freiheit, Demokratie, Gleichheit, Rechtsstaatlichkeit, Wahrung der Menschenrechte – enthält, Art. 3 EUV, der bestimmte Zielvorgaben für die Union benennt, sowie das allgemeine Diskriminierungsverbot (Art. 18 AEUV)[2] und das allgemeine Freizügigkeitsrecht (Art. 21 Abs. 1 AEUV).[3] Darüber hinaus sind als Primärrecht auch jene Grundsatzvorschriften zu qualifizieren, die sich nur auf bestimmte Sachgebiete beziehen. Es geht hierbei vor allem um die Grundfreiheiten, von denen für den Bereich der indirekten Steuern die Warenverkehrsfreiheit (Art. 28 AEUV) und für den Bereich der direkten Steuern die Arbeitnehmerfreizügigkeit (Art. 45 AEUV), die Niederlassungsfreiheit (Art. 49 AEUV), die Dienstleistungsfreiheit (Art. 56 AEUV) und die Kapitalverkehrsfreiheit (Art. 63 AEUV) Bedeutung haben (vgl. hierzu Rz. 4.29 ff.). Neben den vorgenannten Verträgen – EUV und AEUV –, die in ihrer Gesamtheit und zwar gleichrangig,[4] Bestandteil des Primärrechts sind, wird durch den Verweis in Art. 6 Abs. 1 Unterabs. 1 EUV auch die Charta der Grundrechte (GRCh) in das Primärrecht einbezogen,[5] womit neben dem allgemeinen Gleichheitssatz (Art. 20 GRCh) die Berufsfreiheit (Art. 15 GRCh), die unternehmerische Freiheit (Art. 16 GRCh) und das Recht auf Eigentum (Art. 17 GRCh) Bedeutung auch im Steuerrecht erlangen.[6] Zum geschriebenen Primärrecht zählen schließlich neben den vorgenannten Vertragstexten auch die den Verträgen beigefügten Protokolle und Anhänge[7] sowie die Beitrittsverträge einschließlich aller Vertragsänderungen.[8]

Zum ungeschriebenen Primärrecht gehören unter bestimmten Voraussetzungen auch das Gewohnheitsrecht und allgemeine Rechtsgrundsätze.[9] Als Primärrecht kommt **Gewohnheitsrecht** allerdings überhaupt nur dann in Betracht, wenn es in Bezug auf EUV, AEUV und EAGV vertragsergänzenden oder vertragsändernden Charakter hat, wobei eine durch Gewohnheitsrecht bewirkte Vertragsänderung in Art. 48 EUV nicht vorgesehen ist.[10] Während primäres Gewohnheitsrecht in der Praxis bislang kaum Bedeutung erlangt hat,[11] sind **allgemeine Rechtsgrundsätze** primärrechtlich dann von Relevanz, wenn ihnen verfassungsrechtliche Qualität zukommt (vgl. Rz. 12.1 ff.). Das ergibt sich aus Art. 6 Abs. 3 EUV sowie aus Art. 340 Abs. 2 AEUV, in denen auf allgemeine Rechtsgrundsätze verwiesen wird. In Art. 6 Abs. 3 EUV sind als allgemeine Rechtsgrundsätze die Grundrechte benannt, wie sie in der EMRK[12] gewährleistet sind und wie sie sich aus den gemeinsamen Verfassungsüberlieferungen der Mitgliedstaaten ergeben. Im Rahmen dieses unionsrechtlichen Grundrechtregimes, zu dem wichtige rechtsstaatliche Prinzipien[13] – Rechtsklarheit[14], Rechtssicherheit[15], gerichtlicher Rechtsschutz[16] – gehören, haben die all-

3.5

---

1 EuGH v. 13.7.1989 – C-5/88 – Wachauf, ECLI:EU:C:1989:321; v. 18.6.1991 – C-260/89 – ERT, ECLI:EU:C:1991:254; v. 13.4.2000 – C-292/97 – Karlsson u.a., ECLI:EU:C:2000:202; vgl. auch *Nettesheim* in G/H/N, Art. 288 AEUV Rz. 28.
2 Dieses ist gegenüber den Diskriminierungsverboten der Grundfreiheiten subsidiär; vgl. *Epiney* in Calliess/Ruffert[5], Art. 18 AEUV Rz. 44.
3 In der Rspr. des EuGH wird das allgemeine Freizügigkeitsrecht ergänzend zu den Grundfreiheiten herangezogen; z.B. vgl. etwa EuGH v. 1.12.2011 – C-253/09 – KOM/Ungarn, ECLI:EU:C:2011:795.
4 Vgl. Art. 1 Abs. 3 Satz 2 EUV, Art. 1 Abs. 3 Satz 2 AEUV.
5 Hierzu *Streinz* in Streinz[3], vor GrCh Rz. 7; *Jarass*[3], GrCh Einleitung Rz. 7; zum Grundrechtsschutz im Steuerrecht *Kofler*, DStJG 41 (2018), 125 ff.
6 Vgl. hierzu *Kokott*, Steuerrecht der EU, § 1 Rz. 6.
7 EuGH v. 28.4.1988 – C-31, 35/86 – LAISA/Rat, ECLI:EU:C:1988:211.
8 Zu Einzelheiten *Nettesheim* in G/H/N, Art. 288 AEUV Rz. 27; *Schroeder* in Streinz[3], Art. 288 AEUV Rz. 17.
9 *Nettesheim* in G/H/N, Art. 288 AEUV Rz. 28.
10 Hierzu *Nettesheim* in O/C/N, Europarecht[8], § 9 Rz. 29.
11 *Schroeder* in Streinz[3], Art. 288 AEUV Rz. 18; vgl. allerdings die Beispiele bei *Nettesheim* in O/C/N, Europarecht[8], § 9 Rz. 30.
12 Zum unionsrechtlichen Grundrechtsschutz durch die EMRK *Hermanns* in FS BFH, S. 763 ff.
13 Hierzu im Einzelnen *Mayer* in G/H/N, nach Art. 6 EUV Rz. 85 ff.
14 EuGH v. 10.7.1980 – C-32/79 – KOM/Vereinigtes Königreich, ECLI:EU:C:1980:189.
15 EuGH v. 5.3.1980 – C-265/78 – Ferwerda, ECLI:EU:C:1980:66.
16 EuGH v. 15.5.1986 – C-222/84 – Johnston, ECLI:EU:C:1986:206.

gemeinen Rechtsgrundsätze insgesamt verfassungsrechtliche Qualität mit der Folge, dass sie zum Primärrecht zählen.[1] Die vorgenannten Grundrechte binden als allgemeine Rechtsgrundsätze nicht nur die Organe der EU, sondern auch die Mitgliedstaaten, soweit sie Unionsrecht durchführen,[2] etwa bei der Umsetzung von Richtlinien.[3]

C. Sekundärrecht

3.6   Das Sekundärrecht ist **aus dem Primärrecht abgeleitetes Recht**, das „für die Ausübung der Zuständigkeiten der Union" von Bedeutung ist (Art. 288 Abs. 1 AEUV). Im Hinblick darauf bedarf es in Orientierung an dem Prinzip der begrenzten Einzelermächtigung (Art. 5 Abs. 1, 2 EUV) stets einer ausdrücklichen Rechtsgrundlage für den Erlass von Rechtsakten des sekundären Rechts.[4] Als zum Sekundärrecht zählende Akte benennt Art. 288 Abs. 1 AEUV Verordnungen, Richtlinien, Beschlüsse, Empfehlungen und Stellungnahmen. Insoweit besteht ein **Typenzwang**, wobei hinsichtlich der vorgenannten Typen von Rechtsakten eine Wahlfreiheit für die Organe der Union nur dann besteht, wenn und soweit das Primärrecht keine Vorgaben enthält (Art. 296 Abs. 1 AEUV). Etwas anderes gilt allerdings im Binnenbereich der Union, in dem auf der Grundlage des den Organen der EU eingeräumten Selbstorganisationsrechts weitere Rechtsakte des sekundären Rechts zulässig sind.[5]

3.7   **Verordnungen** werden auf Vorschlag der Kommission vom Europäischen Parlament und vom Rat gemeinsam (Art. 289 Abs. 1 AEUV) und in besonderen Fällen (Art. 289 Abs. 2 AEUV) durch Rat und Europäisches Parlament unter Beteiligung des jeweils anderen Organs erlassen. Sie sind unmittelbar in jedem Mitgliedstaat anwendbar (Art. 288 Abs. 2 Satz 2 AEUV) und bedürfen daher keiner Umsetzung in nationales Recht.[6] Verordnungen haben allgemeine Geltung (Art. 288 Abs. 2 Satz 1 AEUV), mithin von der Sache her einen abstrakt-generellen Inhalt, so dass ihnen uneingeschränkt Rechtsnormcharakter zukommt.[7] Auf Grund dieser umfassenden Verbindlichkeiten für die Mitgliedstaaten, die Unionsbürger und auch für die Organe der EU selbst sind Verordnungen stets auf Rechtsvereinheitlichung ausgerichtet. Sie sind daher insbesondere im Bereich der ausschließlichen Gesetzgebungskompetenz der EU, etwa auf dem Gebiet des Zollrechts,[8] die Standardform rechtlichen Handelns. Soweit im Übrigen kein Formzwang vorgegeben ist,[9] besteht Wahlfreiheit, wobei Zweckmäßigkeitsgesichtspunkte entscheidend sind.[10] Wegen der in Art. 288 Abs. 2 Satz 2 AEUV verankerten unmittelbaren Anwend-

---

1   *Streinz* in Streinz[3], Art. 6 EUV Rz. 23 mit dem Hinweis auf die konkurrierenden Grundrechtsschutzsysteme, wie sie in der Rechtsprechung des EuGH einerseits und in der Rechtsprechung des EGMR andererseits zum Ausdruck kommen.
2   Hierzu *Nettesheim* in O/C/N, Europarecht[8], § 9 Rz. 47 ff.; dort auch zum horizontalen Verhältnis zwischen Privaten.
3   *v. Danwitz*, JZ 2007, 697 (704).
4   *Nettesheim* in O/C/N, Europarecht[8], § 9 Rz. 64.
5   Vgl. hierzu die Aufzählung bei *Schroeder* in Streinz[3], Art. 288 AEUV Rz. 23, 29.
6   Es besteht sogar ein Umsetzungs- und Normwiederholungsverbot, vgl. EuGH v. 10.10.1973 – C-34/73 – Variola, ECLI:EU:C:1973:101, Rz. 9 ff.; v. 3.7.1974 – C-9/74 – Casagrande, ECLI:EU:C:1974:74; *Nettesheim* in G/H/N, Art. 288 AEUV Rz. 101; *Schroeder* in Streinz[3], Art. 288 AEUV Rz. 58.
7   EuGH v. 5.5.1977 – C-101/76 – Koniklijke Scholten Honig, ECLI:EU:C:1977:70; v. 30.9.1982 – C-242/81 – Roquette Frères, ECLI:EU:C:1982:325; v. 6.10.1982 – C-307/81 – Alusuisse, ECLI:EU:C:1982:337; v. 29.1.1985 – C-147/83 – Binderer, ECLI:EU:C:1985:26; v. 15.6.1993 – C-264/91 – Abertal, ECLI:EU:C:1993:240; vgl. ferner *Nettesheim* in G/H/N, Art. 288 AEUV Rz. 90; *Ruffert* in Calliess/Ruffert[5], Art. 288 AEUV Rz. 16.
8   Vgl. Zollkodex der Union (UZK), VO (EU) Nr. 952/2013 des Europäischen Parlaments und des Rates v. 9.10.2013, ABl. EU 2013 Nr. L 269, 1; GZT VO (EWG) Nr. 2658/87 des Rates v. 23.7.1987 über die zolltarifliche und statistische Nomenklatur sowie den gemeinsamen Zolltarif (ABl. EG 1987 Nr. L 256, 1).
9   Vgl. etwa Art. 45 Abs. 3 Buchst. d AEUV.
10 *Schroeder* in Streinz[3], Art. 288 AEUV Rz. 38; *Ruffert* in Calliess/Ruffert[5], Art. 288 AEUV Rz. 15.

barkeit und ihrer Einstufung als mit Vorrang ausgestattetes Sekundärrecht (zur Normenhierarchie vgl. Rz. 4.1 ff.) ist abweichendes oder entgegenstehendes nationales Recht aufzuheben oder anzupassen.[1] Andernfalls ist entgegenstehendes nationales Recht unanwendbar (hierzu Rz. 4.19 ff.). Eine Besonderheit besteht für unvollständige Verordnungen, soweit sie im Rahmen der geteilten Zuständigkeit (Art. 4 Abs. 2 AEUV) erlassen wurden. Diese dürfen durch das nationale Recht der Mitgliedstaaten ergänzt werden.[2]

Auf dem Gebiet des Steuerrechts sind die **MwSt-ZVO** (vgl. hierzu Rz. 25.97 ff.)[3] sowie die **VerbrauchSt-ZVO** (vgl. hierzu auch Rz. 25.119 ff.)[4] von besonderer Bedeutung. 3.8

Richtlinien sind für jeden Mitgliedstaat, an den sie gerichtet sind, hinsichtlich des zu erreichenden Ziels verbindlich, wobei innerstaatlichen Stellen bei der Umsetzung die Wahl der Form und Mittel überlassen bleibt (Art. 288 Abs. 3 Satz 1 AEUV). Hierbei sind sie gehalten, diejenigen Formen und Mittel zu wählen, die sich hinsichtlich des verfolgten Zwecks am besten eignen.[5] Die Mitgliedstaaten als Adressaten der Richtlinien sind verpflichtet, die Richtlinien fristgemäß und vollständig in nationales Recht umzusetzen. Diese Verpflichtung ergibt sich aus dem Grundsatz der Unionstreue (Art. 4 Abs. 3 EUV).[6] Bereits vor Ablauf der Umsetzungsfrist dürfen die Mitgliedstaaten ihrerseits keine Vorschriften – Gesetze oder Verwaltungsanweisungen – erlassen, die geeignet sind, die mit den Richtlinien verwirklichten Ziele ernstlich in Frage zu stellen.[7] 3.9

Im Hinblick darauf, dass die Richtlinien nur hinsichtlich ihres Ziels verbindlich sind, die Wahl der Form und der Mittel den Mitgliedstaaten obliegt, sind die Richtlinien im Grundsatz nur auf Rechtsangleichung gerichtet. Allerdings enthalten insbesondere die zum Steuerrecht ergangenen Richtlinien zumeist Detailregelungen, so dass auf Grund der hiermit verbundenen **Regelungsdichte** der Richtlinien den Mitgliedstaaten kaum Spielräume verbleiben.[8] Das den Mitgliedstaaten in Art. 288 Abs. 3 AEUV eingeräumte Wahlrecht hinsichtlich Form und Mittel bezieht sich auch auf die Rechtstechnik. Das bedeutet, dass es im Grundsatz den Mitgliedstaaten überlassen bleibt, ob Richtlinien durch Gesetz, Rechtsverordnung oder durch Verwaltungsvorschriften umgesetzt werden. In Orientierung an die sich durch den Art. 4 Abs. 3 EUV ergebende Loyalitätspflicht sind die Mitgliedstaaten allerdings verpflichtet, die Umsetzung so vorzunehmen, dass sie letztlich im nationalen Recht uneingeschränkte Rechtswirksamkeit entfaltet.[9] Im Hinblick darauf wird die Umsetzung durch Verwaltungsanweisungen oder bloße Verwaltungspraxis in aller Regel nicht ausreichen.[10] Wegen des steuerrechtlichen Le- 3.10

---

1 *Schroeder* in Streinz[3], Art. 288 AEUV Rz. 47.
2 *Schroeder* in Streinz[3], Art. 288 AEUV Rz. 46; vgl auch *Kral*, EL Rev. 33 (2008), 243.
3 VO (EU) Nr. 904/2010 v. 7.10.2010 über die Zusammenarbeit der Verwaltungsbehörden und die Betrugsbekämpfung auf dem Gebiet der Mehrwertsteuer, ABl. EU 2010 Nr. L 268, zuletzt geändert durch VO (EU) 2018/1541 des Rates v. 2.10.2018, ABl. EU 2018 Nr. L 259, 1.
4 VO (EU) Nr. 389/2012 v. 2.5.2012 über die Zusammenarbeit der Verwaltungsbehörden auf dem Gebiet der Verbrauchsteuern, ABl. EU 2012 Nr. L 121, 1.
5 EuGH v. 8.4.1976 – C-48/75 – Royer, ECLI:EU:C:1976:57.
6 Das gilt selbst dann, wenn die Umsetzungsfrist zu kurz bemessen ist; EuGH v. 1.10.1998 – C-71/97 – KOM/Spanien, ECLI:EU:C:1998:455, Rz. 16 f.
7 EuGH v. 18.12.1997 – C-129/96 – Inter-Environnement Wallonie, ECLI:EU:C:1997:628; weitere Einzelheiten dieser Vorwirkung bei *Nettesheim* in G/H/N, Art. 288 AEUV Rz. 118; *Schroeder* in Streinz[3], Art. 288 AEUV Rz. 68; *Hofmann* in Riesenhuber, Europäische Methodenlehre[3], § 15 Rz. 1 ff.
8 Zu dieser kaum noch vorhandenen Durchführungsfreiheit *Nettesheim* in G/H/N, Art. 288 AEUV Rz. 113; *Schroeder* in Streinz[3], Art. 288 AEUV Rz. 54, 74; *G. Kirchhof*, Die Allgemeinheit des Gesetzes, S. 419 ff.
9 EuGH v. 10.4.1984 – C-14/83 – von Colson und Kamann, ECLI:EU:C:1984:153, Rz. 15; v. 15.9.1998 – C-231/96 – Edilizia Industriale Siderurgica, ECLI:EU:C:1998:401, Rz. 34 f.; v. 16.5.2000 – C-78/98 – *Preston* u.a., ECLI:EU:C:2000:247, Rz. 32 ff.
10 Vgl. EuGH v. 2.8.1993 – C-366/89 – KOM/Italien, ECLI:EU:C:1993:330; v. 28.2.1991 – C-131/88 – KOM/Deutschland, ECLI:EU:C:1991:87; v. 7.11.1996 – C-221/94 – KOM/Luxemburg, ECLI:EU:C:1996:424; *Nettesheim* in O/C/N, Europarecht[8], § 9 Rz. 92.

galitätsprinzips¹ kommt für das Steuerrecht nur eine Umsetzung durch Gesetze in Betracht. Nach Umsetzung in nationales Recht behalten Richtlinien ihre Wirkung dahingehend, dass das umgesetzte nationale Recht einer richtlinienkonformen Auslegung unterliegt (zu Einzelheiten Rz. 4.62 f.). Darüber hinaus setzt nach Umsetzung eine Sperrwirkung ein, auf Grund deren die Mitgliedstaaten ihr entsprechendes nationales Recht nachträglich nicht mehr abändern dürfen, soweit dies im Widerspruch zur Richtlinie stünde.²

3.11 Obwohl Richtlinien eine unmittelbare Wirkung nur „für die Mitgliedstaaten" haben und somit nicht unmittelbar Rechte oder Pflichten Einzelner begründen können, gilt dies ausnahmsweise nicht, wenn eine Richtlinie trotz Fristablaufs nicht oder nicht richtig in innerstaatliches Recht umgesetzt worden ist und die Richtlinie von ihrem Inhalt her unbedingt und hinreichend bestimmt ist, um im Einzelfall angewendet werden zu können.³ Die insoweit bestehende **unmittelbare Richtlinienwirkung** ist von allen Behörden und Gerichten des betreffenden Mitgliedstaates von Amts wegen zu beachten⁴ mit der Folge, dass insoweit im Ergebnis eine über Art. 100 GG hinausgehende Normverwerfungskompetenz der Verwaltung und der Gerichte besteht (hierzu im Einzelnen Rz. 4.60).⁵ Auf die für ihn günstige Richtlinie kann sich der Unionsbürger nur dann berufen, wenn die entsprechenden Rechtsbehelfsfristen nicht bereits abgelaufen, Steuerbescheide also noch nicht bestandskräftig sind (zu Einzelheiten Rz. 28.27).⁶ Es tritt auch keine Anlaufhemmung bis zu dem Zeitpunkt ein, zu dem der betreffende Steuerpflichtige Kenntnis von der fehlenden oder fehlerhaften Richtlinienumsetzung erlangt.⁷ Da schließlich auch die Tatbestandsvoraussetzungen abgabenrechtlicher Änderungsvorschriften nicht gegeben sind und aus dem Unionsrecht auch kein eigenständiger Änderungsanspruch abgeleitet werden kann,⁸ hat die unmittelbare Richtlinienwirkung nur eine begrenzte Reichweite (zu der insoweit entgegenstehenden „Verfahrensautonomie" der Mitgliedstaaten Rz. 28.26). Davon abgesehen gilt sie ohnehin nur zugunsten des Unionsbürgers, so dass seitens von Verwaltungsbehörden und Gerichten die entsprechenden Richtlinien nicht zu seinem Nachteil unmittelbar angewendet werden dürfen.⁹

---

1 Hierzu *Hey* in T/L, Steuerrecht²³, § 3 Rz. 230 ff.
2 EuGH v. 7.7.1981 – C-158/80 – Rewe, ECLI:EU:C:1981:163, Rz. 36; v. 6.12.1990 – C-208/88 – KOM/Dänemark, ECLI:EU:C:1990:442, Rz. 7; v. 9.6.1992 – C-96/91 – KOM/Spanien, ECLI:EU:C:1992:253, Rz. 10; bei Verstößen gegen die Sperrwirkung ist ein Vertragsverletzungsverfahren der Kommission nach Art. 258 AEUV möglich.
3 Grundlegend EuGH v. 17.12.1970 – C-33/70 – Spa Sace, ECLI:EU:C:1970:118; v. 4.12.1974 – C-41/74 – Van Duyn, ECLI:EU:C:1974:133; v. 19.1.1982 – C-8/81 – Becker, ECLI:EU:C:1982:7; diese Rechtsfortbildung des EuGH ist verfassungsrechtlich akzeptiert worden vom BVerfG v. 8.4.1987 – 2 BvR 687/85, BVerfGE 75, 223 (241 ff.) = UR 1987, 355 m. Anm. *Weiß*.
4 EuGH v. 22.6.1989 – C-103/88 – Fratelli Constanzo, ECLI:EU:C:1989:256, Rz. 30 ff.; v. 11.7.1991 – C-87/90 u.a. – Verholen u.a., ECLI:EU:C:1991:314, Rz. 15 f.; v. 11.8.1995 – C-431/92 – KOM/Deutschland, ECLI:EU:C:1995:260, Rz. 26.
5 *Schroeder* in Streinz³, Art. 288 AEUV Rz. 105; dies beruht auf dem Vorrang der Richtlinien gegenüber nationalem Recht.
6 BFH v. 16.9.2010 – V R 57/09, BStBl. II 2011, 151; *Seer* in T/K, AO/FGO, EuRS Rz. 50; *Kokott/Henze*, NJW 2006, 177 ff. (179).
7 BFH v. 16.9.2010 – V R 57/09, BStBl. II 2011, 151 Rz. 26, 27: Die sog. Emmottsche Fristenhemmung (EuGH v. 25.7.1991 – C-208/90 – Emmott, ECLI:EU:C:1991:333, Rz. 23) greift nur in dem Sonderfall ein, dass der Steuerpflichtige durch das Verhalten der Finanzbehörde von der rechtzeitigen Einlegung des Rechtsbehelfs abgehalten wurde; einschränkend auch EuGH v. 27.10.1993 – C-338/91 – Steenhorst-Neerings, ECLI:EU:C:1993:857, Rz. 21 ff.; v. 6.12.1994 – C-410/92 – Johnson, ECLI:EU:C:1994:401, Rz. 26.
8 BFH v. 16.9.2010 – V R 57/09, BStBl. II 2011, 151, Rz. 44; **a.A.** z.B. *Jahndorf/Oellerich*, DB 2008, 2559 (2563); *Meilicke*, DStR 2007, 1892 (1893); *Schacht/Steffens*, BB 2008, 1254 (1257).
9 EuGH v. 8.10.1987 – C-80/86 – Kolpinghuis Nijmegen, ECLI:EU:C:1987:431; v. 3.5.2005 – C-387/02 – Berlusconi u.a., ECLI:EU:C:2005:270.

3.12 Für die (selektive) **Harmonisierung der direkten Steuern** haben die Fusionsrichtlinie (zu Einzelheiten vgl. Rz. 16.1 ff.)[1], Mutter-Tochter-Richtlinie (zu Einzelheiten vgl. Rz. 14.1 ff.)[2], Zins- und Lizenzgebühren-Richtlinie (zu Einzelheiten vgl. Rz. 15.1 ff.)[3] und die Anti-BEPS-Richtlinie/ATAD (zu Einzelheiten vgl. Rz. 17.1 ff.)[4] Bedeutung erlangt.[5]

3.13 Neben Verordnungen und Richtlinien zählen auch **Beschlüsse** zu den verbindlichen Rechtsakten der EU (Art. 288 Abs. 4 AEUV). Sie sind nicht auf Rechtsvereinheitlichung oder Rechtsangleichung gerichtet[6], es geht vielmehr um die Regelung in bestimmten Einzelfällen. Die Reichweite einer derart verbindlichen Regelung hängt davon ab, ob es sich um einen adressatenlosen Beschluss oder um einen solchen handelt, der sich an einen bestimmten Adressaten richtet (Art. 288 Abs. 4 Satz 2 AEUV).[7] Adressatenlose Beschlüsse erzeugen unmittelbare Bindungswirkung nur für die Union und ihre Einrichtungen.[8] Es handelt sich insoweit um eine Regelung mit Rechtsnormcharakter nur im Binnenbereich der EU. Die Mitgliedstaaten sind lediglich auf der Grundlage der in Art. 4 Abs. 3 EUV verankerten Loyalitätspflicht gehalten, die verwaltungsmäßige Umsetzung der Beschlüsse zu fördern.[9] Eine Auswirkung erlangen derartige Beschlüsse in den Fällen, in denen der Verpflichtung von Unionsorganen Rechte von Unionsbürgern gegenüberstehen mit der Folge, dass diese die Rechte unmittelbar selbst geltend machen können.[10] Soweit sich Beschlüsse an bestimmte Adressaten richten (bis 2009 als Entscheidungen bezeichnet), hängt die Reichweite der Bindungswirkung davon ab, wer der Adressat ist. Sind es die Mitgliedstaaten (staatengerichtete Beschlüsse)[11], entfalten die Beschlüsse Rechtswirkungen, die mit Richtlinien vergleichbar sind, soweit sie ebenso das im Art. 289 Abs. 1 AEUV verankerte Gesetzgebungsverfahren – Verabschiedung durch das Europäische Parlament und den Rat auf Vorschlag der Kommission – durchlaufen.[12] Richten sich die Beschlüsse an Unionsbürger (individual gerichtete Beschlüsse)[13], kommt ihnen im Ergebnis die Wirkung eines Verwaltungsaktes zu.[14]

3.14 Beschlüsse haben bislang im Steuerrecht keine Bedeutung erlangt.[15]

---

1 Richtlinie 2009/133/EG des Rates v. 19.10.2009 über das gemeinsame Steuersystem für Fusionen, Spaltungen, Abspaltungen, die Einbringung von Unternehmensteilen und den Austausch von Anteilen, die Gesellschaften verschiedener Mitgliedstaaten betreffen sowie die Verlegung des Sitzes einer Europäischen Gesellschaft oder einer Europäischen Genossenschaft von einem Mitgliedstaat in einen anderen Mitgliedstaat, ABl. EU 2009 Nr. L 310, 34.
2 Richtlinie 2011/96/EU des Rates v. 30.11.2011 über das gemeinsame Steuersystem der Mutter- und Tochtergesellschaften verschiedener Mitgliedstaaten, ABl. EU 2011 Nr. L 345, 8.
3 Richtlinie über eine gemeinsame Steuerregelung für Zahlungen von Zinsen und Lizenzgebühren zwischen verbundenen Unternehmen verschiedener Mitgliedstaaten; Richtlinie 2003/49/EG v. 3.6.2003, ABl. EU 2003 Nr. L 157, 49; geändert durch Richtlinie 2006/98/EG v. 20.11.2006, ABl. EU 2006 Nr. L 363, 19.
4 Richtlinie (EU) 2016/1164 v. 12.7.2016, ABl. EU 2016 Nr. L 193, 1; geändert durch Richtlinie (EU) 2017/952, ABL. EU 2017 Nr. L 144,1.
5 Über das in § 5 Abs. 1 EStG verankerte Maßgeblichkeitsprinzip sind auch die Bilanz-Richtlinien (mittelbar) von Bedeutung; vgl. zu dieser streitigen Rechtslage im Überblick *Hennrichs* in T/L, Steuerrecht[23], § 9 Rz. 60 ff.
6 So nur die Zielrichtung von Verordnungen und Richtlinien.
7 Zur unterschiedlichen Terminologie *Nettesheim* in G/H/N, Art. 288 AEUV Rz. 172.
8 *Schroeder* in Streinz[3], Art. 288 AEUV Rz. 119.
9 EuGH v. 30.5.1989 – C-242/87 – KOM/Rat, ECLI:EU:C:1989:217, Rz. 11, 19.
10 EuGH v. 30.4.1996 – C-58/94 – Niederlande/Rat, ECLI:EU:C:1996:171, Rz. 38.
11 Vgl. zur Terminologie *Schroeder* in Streinz[3], Art. 288 AEUV Rz. 122.
12 Hierzu *Schroeder* in Streinz[3], Art. 288 AEUV Rz. 122.
13 Zur Terminologie *Schroeder* in Streinz[3], Art. 288 AEUV Rz. 122.
14 *Ruffert* in Calliess/Ruffert[5], Art. 288 AEUV Rz. 91; *Nettesheim* in G/H/N, Art. 288 AEUV Rz. 174; hiergegen ist Nichtigkeitsklage gem. Art. 263 Abs. 4 AEUV gegeben.
15 Vgl. allerdings z.B. die Entscheidung des Rates 90/640/EWG v. 3.12.1990, ABl. EG 1990 Nr. L 349, 19 aufgrund deren Deutschland ermächtigt wurde, abweichend von der 6. EG-Richtlinie für Umsätze an die sowjetischen Truppen bis zu deren Abzug Steuerbefreiungen auszusprechen.

D. Tertiärrecht

3.15 Zum Tertiärrecht gehören **delegierte Rechtsakte** (Art. 290 AEUV) und **Durchführungsrechtsakte** (Art. 291 Abs. 2 AEUV). In beiden Fällen handelt es sich um eine unmittelbar verbindliche exekutive Rechtsetzung durch die Kommission und ggf. auch des Rates auf Grund einer in einem legislativen Gesetzgebungsakt verankerten Ermächtigung. Im Hinblick darauf ist das Tertiärrecht in der Normenhierarchie dem Primär- und Sekundärrecht untergeordnet (vgl. Rz. 4.15).[1] Insoweit besteht eine Parallele zu den im deutschen Recht vorgesehenen Rechtsverordnungen (Art. 80 GG).

3.16 Durch die in Art. 290 Abs. 1 AEUV vorgesehene Möglichkeit, der Kommission die Befugnis zu übertragen, „Rechtsakte ohne Gesetzescharakter mit allgemeiner Geltung zur Ergänzung oder Änderung bestimmter nicht wesentlicher Vorschriften des betreffenden Gesetzgebungsaktes zu erlassen", soll das Sekundärrecht von Detailregelungen entlastet werden. Die **delegierten Rechtsakte** sind zwar keine Gesetzgebungsakte im formellen Sinne (Art. 289 Abs. 3 AEUV), sie stellen aber materielles Recht dar und sind somit ebenso verbindlich.[2] Adressat der Befugnisübertragung ist allein die Kommission (Art. 290 Abs. 1 AEUV), ohne dass eine Subdelegation auf andere Organe zulässig ist.[3] Die Ermächtigung zum Erlass delegierter Rechtsakte hat nur eine begrenzte Reichweite, da wesentliche Aspekte eines Regelungsbereichs stets dem Gesetzgebungsakt selbst vorbehalten sein müssen (Art. 290 Abs. 1 Unterabs. 2 Satz 2 AEUV).[4] Darüber hinaus geht es auch nur um die Ergänzung oder Änderung[5] nicht wesentlicher Vorschriften des betreffenden Gesetzgebungsaktes. Gegenstand der Delegation sind daher stets nur konkretisierende Detailregelungen als Ergänzung und Anpassungen an neuere Entwicklungen als Änderung des betreffenden Gesetzgebungsaktes.[6] Die in dem betreffenden Gesetzgebungsakt enthaltene Ermächtigung muss hinreichend bestimmt sein und „Ziele, Inhalt, Geltungsbereich und Dauer" der Befugnisübertragung ausdrücklich „festlegen" (Art. 290 Abs. 1 Unterabs. 2 Satz 1 AEUV). Anderenfalls ist die Ermächtigung nichtig.[7] Entsprechendes gilt, wenn der delegierte Rechtsakt über den Ermächtigungsrahmen hinausgeht.[8]

3.17 Im Unterschied zu Art. 290 AEUV, wonach die Ergänzung und Änderung von Gesetzgebungsakten durch die Kommission ermöglicht wird, geht es in Art. 291 Abs. 2 AEUV darum, durch Erlass von Rechtsakten seitens der Kommission und ggf. des Rates eine einheitliche Durchführung des Sekundärrechts sicherzustellen. Angesprochen sind hier insbesondere Richtlinien, zu deren Umsetzung in innerstaatliches Recht die Mitgliedstaaten verpflichtet sind (Art. 291 Abs. 1 AEUV). In Abweichung hiervon wird der Kommission oder, in entsprechend begründeten Sonderfällen – gemeinsame Außen- und Sicherheitspolitik (GASP) –, dem Rat die Befugnis übertragen, entsprechende **Durchführungsrechtsakte** zu erlassen, soweit dies unter dem Gesichtspunkt der gleichförmigen Durchführung in den Mitgliedstaaten erforderlich ist (Art. 291 Abs. 2 AEUV). Mit dieser Einschränkung wird dem Subsidiaritätsprinzip (Art. 5 Abs. 3 EUV) entsprochen, so dass der Souveränitätsanspruch der Mitglied-

---

1 *Gellermann* in Streinz², Art. 290 AEUV Rz. 3.
2 *Nettesheim* in G/H/N, Art. 290 AEUV Rz. 19; *Gellermann* in Streinz³, Art. 290 AEUV Rz. 2.
3 *Nettesheim* in G/H/N, Art. 290 AEUV Rz. 30; *Ruffert* in Calliess/Ruffert⁵, Art. 290 AEUV Rz. 4; *Gellermann* in Streinz², Art. 290 AEUV Rz. 5; eine Subdelegation an die ESMA hat allerdings der EuGH v. 22.1.2014 – C-270/12 – UK/Parlament u. Rat, ECLI:C:2014:18, Rz. 77 ff. nicht beanstandet; zur Kritik an dieser Entscheidung *Ruffert* in Calliess/Ruffert⁵, Art. 290 AEUV Rz. 4c m.w.N.
4 Dies entspricht dem Gesetzesvorbehalt des Art. 52 Abs. 1 Satz 1 GrCh.
5 Da das Gewaltenteilungsprinzip unionsrechtlich nicht ausgeprägt ist und es zudem ein dem Art. 79 Abs. 3 GG entsprechendes Änderungsverbot nicht gibt, ist die delegierte Änderungskompetenz „hinzunehmen"; *Nettesheim* in G/H/N, Art. 290 AEUV Rz. 33; *Möllers/Achenbach*, EuR 2011, 39 (54 f.).
6 *Gellermann* in Streinz³, Art. 290 AEUV Rz. 7.
7 *Nettesheim* in G/H/N, Art. 290 AEUV Rz. 43; *Gellermann* in Streinz³, Art. 290 AEUV Rz. 8.
8 EuGH v. 15.5.1984 – C-121/83 – Zuckerfabrik Franken, ECLI:EU:C:1984:175, Rz. 13; *Ruffert* in Calliess/Ruffert⁵, Art. 290 AEUV Rz. 11; *Gellermann* in Streinz³ Art. 290 AEUV Rz. 8.

staaten nicht tangiert ist.¹ Für den Erlass von Durchführungsrechtsakten etwa seitens der Kommission² bedarf es einer ausdrücklichen Übertragung der Befugnisse in den betreffenden Gesetzgebungsakt (Basisrechtsakt),³ wobei von der zugrunde liegenden Regelung materiell nicht abgewichen werden darf.⁴ Die Durchführungsrechtsakte der Kommission unterliegen einer Kontrolle durch die Mitgliedstaaten (Art. 291 Abs. 3 AEUV). Die mitgliedstaatliche Kontrolle hat hierbei nach den Regeln und Grundsätzen zu erfolgen, die vorab vom Europäischen Parlament und vom Rat im ordentlichen Gesetzgebungsverfahren durch Verordnung festzulegen sind. Auf dieser Grundlage ist die **Komitologie-Verordnung** ergangen,⁵ die die Einzelheiten des Kontrollmechanismus festlegt.⁶ Diese Verordnung, die den bisherigen Komitologiebeschluss des Rates⁷ abgelöst hat, regelt zum einen das Beratungsverfahren (Art. 2 Abs. 3 VO), wonach ein hierfür gebildeter Ausschuss eine von der Kommission zu berücksichtigende Stellungnahme (Art. 4 VO) abgeben kann, und zum anderen bei Durchführungsakten von „allgemeiner Tragweite" ein Prüfverfahren (Art. 2 Abs. 2 VO), wonach die Kommission den Durchführungsrechtsakt nur erlassen darf, wenn der Ausschuss hierüber mit qualifizierter Mehrheit entsprechend abgestimmt hat (Art. 5 VO).⁸

Im Bereich des Steuerrechts sind die vom Rat erlassene MwSt-DV⁹ auf Grundlage von Art. 397 MwSt-SystRL¹⁰ sowie die beiden Durchführungsverordnungen der Kommission zur Amtshilfe-¹¹ und Beitreibungsrichtlinie¹² von Bedeutung.¹³ Darüber hinaus ist im Zollrecht z.B. der UZK als Verordnung des Europäischen Parlaments und des Rates erlassen worden.¹⁴

Delegierte Rechtsakte (Art. 290 AEUV) gibt es bislang im Steuerrecht nicht.¹⁵

---

1 *Gellermann* in Streinz³, Art. 291 AEUV Rz. 11.
2 Die Übertragung von Durchführungsbefugnissen auf andere Einrichtungen mit spezifischem Sachwissen ist zulässig; EuGH v. 22.1.2104 – C-270/12 – UK/Parlament u. Rat, ECLI:C:2014:18, Rz. 77 ff.; *Gellermann* in Streinz³, Art. 291 AEUV Rz. 14; *Ruffert*, Jus 2014, 279 ff.; *Skowron*, EuZW 2014, 349 (353).
3 *Nettesheim* in G/H/N, Art. 290 AEUV Rz. 25; *Gellermann* in Streinz³, Art. 291 AEUV Rz. 14.
4 EuGH v. 17.10.1995 – C-478/93 – Niederlande/KOM, ECLI:EU:C:1995:324, Rz. 30 f.; v. 19.11.1998 – C-159/96 – Portugal/KOM, ECLI:EU:C:1998:550, Rz. 40 f.; v. 1.4.2008 – C-14/06, 295/06 – Parlament und Dänemark/KOM, ECLI:EU:C:2008:176, Rz. 52; *Gellermann* in Streinz³, Art. 291 AEUV Rz. 12.
5 Verordnung (EU) Nr. 18/2011 v. 16.2.2011, ABl. EU 2011 Nr. L 55, 13.
6 Hierzu *Gellermann* in Streinz³, Art. 291 AEUV Rz. 17 ff. (Überblick); *Achleitner/Soetopo*, Der neue Rechtsrahmen für die Komitologie, S. 11 ff.
7 Beschluss des Rates 1999/468/EG v. 28.6.1999 zur Festlegung der Modalitäten für die Ausübung der der Kommission übertragenen Durchführungsbefugnisse, ABl. EG 1999 Nr. L 184, 23 v. 17.7.1999, 23; wesentlich geändert durch Beschluss des Rates 2006/512/EG v. 17.7.2006, ABl. EU 2006 Nr. L 200, 11 v. 22.7.2006 (konsolidierte Fassung in ABl. EU C 255 v. 21.10.2006, 4); vgl. hierzu den Überblick zum früheren Komitologieverfahren bei *Ruffert* in Calliess/Ruffert⁵, Art. 291 AEUV Rz. 14 ff.
8 Vgl. den Überblick hierzu in der Pressemitteilung des Rates v. 14.2.2011, 6378/11 Presse 23; ferner *Hobe*, Europarecht⁹, Rz. 309.
9 VO (EU) Nr. 282/2011 v. 15.3.2011, ABl. EU 2011 Nr. L 77, 1.
10 Richtlinie 2006/112/EG v. 28.11.2006, ABl. EU 2006 Nr. L 347, 1; bei ABl. EU 2007 Nr. L 335, 60.
11 Durchführungsverordnung (EU) 2015/2378 der Kommission v. 15.12.2015, ABl. EU 2015 Nr. L 332, 19.
12 Durchführungsverordnung (EU) Nr. 1189/2011 der Kommission v. 18.11.2011, ABl. EU 2011 Nr. L 302, 16.
13 Durchführungsverordnung (EU) Nr. 79/2012 der Kommission v. 31.1.2012 zur Regelung der Durchführung bestimmter Vorschriften der Verordnung (EU) Nr. 904/2010 des Rates über die Zusammenarbeit der Verwaltungsbehörden und die Betrugsbekämpfung auf dem Gebiet der Mehrwertsteuer (ABl. EU 2012 Nr. L 29, 13; geändert durch VO (EU) Nr. 519/2013 v. 21.2.2013, ABl. EU 2013 Nr. L 158, 174).
14 VO (EU) Nr. 952/2013 v. 9.10.2013, ABl. EU 2013 Nr. L 269,1.
15 Im Zollrecht dagegen z.B. die delegierte VO (EU) 2015/2446 v. 28.7.2015, ABl. EU 2015 Nr. L 343, 1 (UZK-DA).

E. Völkerrechtliche Verträge

3.20 Die EU ist mit eigener Rechtspersönlichkeit ausgestattet (Art. 47 EUV) und daher auch Völkerrechtssubjekt.[1] Damit kann sie folglich mit Drittstaaten[2] völkerrechtliche Verträge abschließen (Art. 216 Abs. 1 AEUV). Die Verträge binden sowohl die Organe der Union als auch die Mitgliedstaaten (Art. 216 Abs. 2 AEUV). Diese Bindungswirkung setzt allerdings voraus, dass der völkerrechtliche Vertrag selbst eine rechtliche Bindungswirkung erzeugt.[3] In diesem Fall ist die EU gegenüber ihren Vertragspartnern völkerrechtlich verpflichtet, die vertraglichen Vereinbarungen zu befolgen.[4] Daneben besteht wegen Art. 216 Abs. 2 AEUV auch eine entsprechende unionsrechtliche Pflicht,[5] die gleichermaßen die Mitgliedstaaten betrifft (Art. 216 Abs. 2 AEUV). Diese unionsrechtliche Pflicht, die sich zwar auf Sekundär- und Tertiärrecht,[6] aber nicht auf das Primärrecht bezieht,[7] ist zwingend und kann nicht etwa im Rahmen eines sog. **treaty-overriding** überspielt werden.[8] Kommt ein Mitgliedstaat der Verpflichtung aus einem von der EU abgeschlossenen völkerrechtlichen Vertrag entgegen Art. 216 Abs. 2 AEUV nicht nach, ist daher ein Vertragsverletzungsverfahren seitens der Kommission (Art. 258 AEUV) die Folge.[9]

3.21 Die EU bzw. die EG als ihre Rechtsvorgängerin hat zahlreiche völkerrechtliche Verträge abgeschlossen, und zwar insbesondere bilaterale Zoll- und Handelsabkommen sowie multilaterale Verträge, wie etwa das WTO-Übereinkommen.[10] Darüber hinaus sind mit Drittstaaten abgeschlossene Assoziierungs- und Partnerschaftsabkommen von Bedeutung, zu denen das EWR-Abkommen[11] zählt. Derartige die Union selbst und auch die Mitgliedstaaten bindende völkerrechtliche Verträge bedürfen in ihrem Abschluss einer Ermächtigung. Eine derartige **Ermächtigung** muss sich entweder ausdrücklich oder aber stillschweigend (implizit) aus den Unionsverträgen ergeben (Art. 216 Abs. 1 AEUV). Ausdrückliche Vertragsabschlusskompetenzen ergeben sich für die wichtigsten Sachbereiche, so etwa für Handelsabkom-

---

1 Dies ergibt sich in Abgrenzung zu Art. 335 AEUV, der die Rechts- und Geschäftsfähigkeit der EU im Verhältnis zu den Mitgliedstaaten regelt; zu Einzelheiten *Dörr* in G/H/N, Art. 47 EUV Rz. 4; *Kokott* in Streinz[3], Art. 47 EUV Rz. 1; *Booß* in Lenz/Borchardt[6], Art. 47 EUV Rz. 1.
2 Art. 216 Abs. 1 AEUV betrifft nur Abkommen mit Drittstaaten; vgl. *Mögele* in Streinz[3], Art. 216 AEUV Rz. 6.
3 *Mögele* in Streinz[3], Art. 216 AEUV Rz. 8; dort auch die in Abgrenzung zu bloß als soft law zu qualifizierenden Absichtserklärungen.
4 EuGH v. 16.6.1998 – C-162/96 – Racke, ECLI:EU:C:1998:293, Rz. 49 f. unter Hinweis auf Art. 26 WVRK; *Mögele* in Streinz[3], Art. 216 AEUV Rz. 49; *Vöneky/Beylage-Haarmann* in G/H/N, Art. 216 AEUV Rz. 25; *Nettesheim* in O/C/N, Europarecht[7], § 38 Rz. 52; zum Grundsatz pacta sunt servanda als allgemeine Regel des Völkerrechts (Art. 26 WÜRV) BVerfG v. 26.3.1957 – 2 BvG 1/55, BVerfGE 6, 309 (363); v. 9.6.1971 – 2 BvR 225/69, BVerfGE 31, 145 (178); BFH v. 1.2.1989 – I R 74/86, BStBl. II 1990, 4; v. 10.1.2012 – I R 66/09, BFH/NV 2012, 1056 = FR 2012, 819 m. Anm. *Hagena/Wagner*.
5 EuGH v. 12.12.1972 – C-21-24/72 – International Fruit Company u.a., ECLI:EU:C:1972:115, Rz. 18; v. 16.3.1983 – C-266/81 – SIOT, ECLI:EU:C:1983:77, Rz. 28; *Mögele* in Streinz[3], Art. 216 AEUV Rz. 46; *Vöneky/Beylage-Haarmann* in G/H/N, Art. 216 AEUV Rz. 27 mit Hinweisen zu den einzelnen in der Literatur vertretenen Auffassungen, wodurch die unionsrechtliche Bindung erzeugt wird.
6 EuGH v. 12.12.1972 – C-21-24/72 – International Fruit Company u.a., ECLI:EU:C:1972:115, Rz. 10–18; v. 3.6.2008 – C-308/06 – Intertanko u.a., ECLI:EU:C:2008:312, Rz. 48; v. 4.5.2010 – C-533/08 – TNT Express Nederland, ECLI:EU:C:2010:243; *Pache/Bielitz*, EuR 2006, 316 (321 ff.).
7 Zur Herleitung *Vöneky/Beylage-Haarmann* in G/H/N, Art. 216 AEUV Rz. 40.
8 Gebilligt bei von Deutschland abgeschlossenen völkerrechtlichen Verträgen (DBA) BVerfG v. 15.12.2015 – 2 BvL 1/12, BVerfGE 141, 1; vgl. hierzu *Schaumburg* in Schaumburg, Internationales Steuerrecht[4], Rz. 3.24 f.
9 Vgl. EuGH v. 19.3.2002 – C-13/00 – KOM/Irland, ECLI:EU:C:2002:184.
10 V. 15.4.1994, ABl. EG 1994 Nr. L 336, 3; ferner GATT 1994, ABl. EG 1994 Nr. L 336, 11; GATS, ABl. EG 1994 Nr. L 336, 190; TRIPS, ABl. EG 1994 Nr. L 336, 213; DSU, ABl. EG 1994 Nr. L 336, 234; hierzu im Überblick *Nettesheim* in O/C/N, Europarecht[7], § 40 Rz. 34 ff.
11 ABl. EG 1994 Nr. L 1, 3.

men aus Art. 207 Abs. 3 AEUV und für Assoziierungsabkommen aus Art. 217 AEUV.[1] Darüber hinaus ist die EU zum Abschluss völkerrechtlicher Verträge befugt, wenn dies zur Verwirklichung mit den in den Verträgen festgesetzten Zielen der Union erforderlich ist,[2] in einem verbindlichen Rechtsakt der Union vorgesehen ist[3] oder aber wenn es darum geht, Beeinträchtigungen des Unionsrechts durch einzelne Abkommen der Mitgliedstaaten zu verhindern.[4] Der Abschluss völkerrechtlicher Verträge durch die EU setzt im Grundsatz voraus, dass es sich um Sachbereiche handelt, die in ihre ausschließliche Zuständigkeit (Art. 3 AEUV) fallen. Handelt es sich dagegen um einen Fall geteilter Zuständigkeit (Art. 4 AEUV), kommt der Abschluss **gemischter Abkommen** in Betracht, die ebenfalls eine unionsrechtliche Befolgungspflicht auslösen.[5]

Die von der EU abgeschlossenen völkerrechtlichen Verträge stehen im Hinblick darauf, dass sie Sekundär- und Tertiärrecht, nicht aber Primärrecht binden (vgl. Rz. 3.20), im Rang zwischen Primär- und Sekundärrecht (vgl. ferner Rz. 4.12).[6] Sie unterliegen der **gerichtlichen Kontrolle** seitens des EuGH im Rahmen eines Vorabentscheidungsverfahrens (Art. 267 AEUV)[7] oder auf Grund von Nichtigkeitsklagen (Art. 263 AEUV).[8]   3.22

Im Bereich des Steuerrechts haben bislang insbesondere die mit Drittstaaten abgeschlossenen Freizügigkeitsabkommen Bedeutung erlangt: Sie dehnen die Grundfreiheiten auch auf Unionsbürger aus, die in solchen Drittstaaten ansässig sind.[9] Von Bedeutung sind ferner Abkommen über den automatischen Austausch von Informationen über Finanzkonten.[10]   3.23

F. Soft law

Zu den Rechtsquellen, die in ihrer Gesamtheit das Unionsrecht ausmachen, gehören nicht nur Rechtsakte der Union, sondern auch die in Art. 288 Abs. 5 AEUV genannten Empfehlungen und Stellungnahmen als unverbindliche Handlungsformen. Als Rechtsquellen gehören sie zwar zum Sekundärrecht der Union, sind aber, weil ihnen **kein Rechtsnormcharakter** zukommt, nicht Bestandteil der Normenhie-   3.24

---

1 Vgl. den Überblick bei *Vöneky/Beylage-Haarmann* in G/H/N, Art. 216 AEUV Rz. 7; *Mögele* in Streinz³, Art. 216 AEUV Rz. 16.
2 Zu dieser Variante *Mögele* in Streinz³, Art. 216 AEUV Rz. 33 ff.; *Schmalenbach* in Calliess/Ruffert⁵, Art. 216 AEUV Rz. 12 f.
3 Zu dieser Variante *Mögele* in Streinz³, Art. 216 AEUV Rz. 36 f.; *Schmalenbach* in Calliess/Ruffert⁵, Art. 216 AEUV Rz. 14 f.
4 So in Anlehnung an die *AETR*-Rechtsprechung des EuGH (EuGH v. 31.3.1971 – C-22/70 – KOM/Rat, ECLI:EU:C:1971:32; hierzu und zu der missglückten Formulierung in Art. 216 Abs. 1 AEUV *Mögele* in Streinz³, Art. 216 AEUV Rz. 38 f.).
5 EuGH v. 30.9.1987 – C-12/86 – Demirel, ECLI:EU:C:1987:400, Rz. 9; vgl. hierzu auch *Mögele* in Streinz³, Art. 216 AEUV Rz. 42 f.; zur aktuellen Tendenz (Handels-)Abkommen aufzuteilen, *Brauneck*, EuZW 2018, 796.
6 *Mögele* in Streinz³, Art. 216 AEUV Rz. 59; *Vöneky/Beylage-Haarmann* in G/H/N, Art. 216 AEUV Rz. 41 mit einem Überblick über die in der Literatur hierzu vertretenen unterschiedlichen Meinungen, die letztlich aber zu einem einheitlichen Ergebnis führen.
7 EuGH v. 30.4.1974 – C-181/73 – Haegeman, ECLI:EU:C:1974:41, Rz. 2 ff.; v. 14.11.1989 – C-30/88 – Griechenland/KOM, ECLI:EU:C:1989:422, Rz. 13.
8 *Mögele* in Streinz³, Art. 216 AEUV Rz. 56.
9 Vgl. im Verhältnis zur Schweiz EuGH v. 28.2.2013 – C-425/11 – Ettwein, ECLI:EU:C:2013:121 = IStR 2013, 353; hierzu auch *Sunde*, IStR 2013, 568 ff.; ferner EuGH v. 21.9.2016 – C – 478/15 – Radgen, ECLI:EU.C:2016:705 und EuGH v. 26.2.2019 – C-581/17-Wächter, DStR 2019, 425.
10 Z.B. mit San Marino: Beschluss (EU) 2015/2469 des Rates v. 8.12.2015, ABl. 2016 Nr. L 346, 1; mit Andorra: Beschluss (EU) 2016/242 des Rates v. 12.12.2016, ABl. EU 2016 Nr. L 45, 10; mit Liechtenstein: Beschluss (EU) 2015/1994 des Rates v. 26.10.2015, ABl. EU 2015 Nr. L 290, 16; mit der Schweiz: Beschluss (EU) 2015/860 des Rates v. 26.5.2015, ABl. EU 2015, Nr. L 136, 5.

rarchie (hierzu Rz. 4.1 ff.). Da Art. 288 AEUV keinen Numerus clausus der Unionshandlungen beinhaltet,[1] finden sich in der Praxis weitere unverbindliche Handlungen der Union, wie etwa Mitteilungen, Leitlinien, Rahmen, Bekanntmachungen, Verhaltenskodizes, Programme, Aktionsprogramme, Erklärungen, Kommuniqués, Weißbuch, Grünbuch, Feststellung, Entschließungen, Grundsatzentscheidungen, Absprachen.[2] Zu diesem soft law[3] zählen auch Übereinkünfte der Union mit anderen Völkerrechtssubjekten, die unterhalb der Schwelle der rechtlichen Verpflichtung bleiben.[4] Auch wenn derartige Handlungen der EU rechtlich unverbindlich sind, so sind sie doch nicht in allen Fällen ohne rechtliche Bedeutung.[5] Nur einige Hinweise:

3.25 **Empfehlungen und Stellungnahmen** sind offizielle Äußerungen der Organe der EU, die nicht verbindlich sind (Art. 288 Unterabs. 5 AEUV). Sie begründen keine Rechte und sind somit auch nicht unmittelbar anwendbar.[6] Sie sind allerdings rechtlich durchaus von Bedeutung, etwa als Prozessvoraussetzung vor dem EuGH (Art. 258, 259, 265 Abs. 2 AEUV) oder im Gesetzgebungsverfahren (Art. 242 AEUV). Darüber hinaus entsteht eine Selbstbindung des betreffenden Organs in dem Sinne, dass ihr Handeln nicht ohne weiteres im Widerspruch zur eigenen Stellungnahme oder Empfehlung stehen darf.[7] Während Empfehlungen auf Rechtsangleichung gerichtet sind und insoweit einer unverbindlichen Richtlinie gleichkommen,[8] sind Stellungnahmen unverbindliche Meinungsäußerungen, die zumeist in den sachpolitischen Bereichen Bedeutung erlangen, in denen insbesondere die Kommission zuständig ist.[9] Die nicht in Art. 288 Abs. 5 AEUV aufgeführten unverbindlichen Handlungen der EU haben demgegenüber nur eine eingeschränkte rechtliche Bedeutung. So sind **Entschließungen** in aller Regel nur darauf gerichtet, künftiges Sekundärrecht vorzubereiten.[10] **Mitteilungen, Leitlinien** usw. seitens der Kommission haben den Rechtscharakter von Verwaltungsvorschriften, deren rechtliche Bedeutung in der Selbstbindung der Kommission und somit in der Begründung von Vertrauensschutz besteht.[11] Erklärungen werden nicht selten seitens der Organe der EU oder der Mitgliedstaaten den Sekundärrechtsakten beigefügt, um so insbesondere eigene Auffassungen zur Auslegung bestimmter sekundärrechtlicher Bestimmungen, insbesondere zu Richtlinien, zum Ausdruck zu bringen. Derartige unverbindliche Erklärungen können im Rahmen der Auslegung des Sekundärrechts überhaupt nur dann herangezogen werden, wenn es hierfür entsprechende Anhaltspunkte im Wortlaut des betreffenden Rechtsaktes gibt.[12]

---

1 Umkehrschluss aus Art. 296 Abs. 1 AEUV; *Nettesheim* in G/H/N, Art. 288 AEUV Rz. 75; *Schroeder* in Streinz³, Art. 288 AEUV Rz. 12.
2 Vgl. die Aufzählungen bei *Nettesheim* in G/H/N, Art. 288 AEUV Rz. 209 ff.; *Schroeder* in Streinz³, Art. 288 AEUV Rz. 2, 33; *Nettesheim* in O/C/N, Europarecht⁸, § 9 Rz. 130 ff.; dort auch zu den zum soft law zählenden Instrumenten der „Methode der offenen Koordinierung" (MoK), bei der es um die „weiche" Steuerung der mitgliedstaatlichen Politik außerhalb der EU vorgegebenen Zuständigkeiten der EU geht; speziell zum Steuerrecht die Aufzählung bei *Kofler* in FS BFH, S. 699, 707 ff.
3 Hier im Sinne von rechtlich unverbindlichen Handlungen der EU; den Begriff weiter fassend *Kokott*, Steuerrecht der EU, § 1 Rz. 30 ff.; wonach auch das OECD-MA und die IRFS zum soft law gezählt werden.
4 *Mögele* in Streinz³, Art. 216 AEUV Rz. 7; vgl. zum GATT EuGH v. 5.10.1994 – C-280/93 – Deutschland/Rat, ECLI:EU:C:1994:367, Rz. 9 – Bananenmarktordnung.
5 Vgl. etwa zur Rechtsangleichung durch soft law *Braun Binder*, Rechtsangleichung in der EU im Bereich der direkten Steuern, S. 114 ff.
6 EuGH v. 13.12.1989 – C-322/88 – Grimaldi, ECLI:EU:C:1989:646, Rz. 18.
7 *Schroeder* in Streinz³, Art. 288 AEUV Rz. 128, 133.
8 *Schroeder* in Streinz³, Art. 288 AEUV Rz. 130; *Ruffert* in Calliess/Ruffert⁵, Art. 288 AEUV Rz. 95.
9 *Schroeder* in Streinz³, Art. 288 AEUV Rz. 132; *Ruffert* in Calliess/Ruffert⁵, Art. 288 AEUV Rz. 96.
10 *Schroeder* in Streinz³, Art. 288 AEUV Rz. 32; *von Boghdandy/Bast/Arndt*, ZaöRV 62 (2002), 77 ff. (123 f.).
11 EuGH v. 12.12.1996 – T-380/94 – AIUFASS und AKT/KOM, ECLI:EU:T:1996:195, Rz. 57; v. 5.11.1997 – T-149/95 – Ducros/KOM, ECLI:EU:T:1997:165, Rz. 61; *Schroeder* in Streinz³, Art. 288 AEUV Rz. 33, 133.
12 EuGH v. 26.2.1991 – C-292/89 – The Queen/Immigration Appeal Tribunal, ex parte Antonissen, ECLI:EU:C:1991:80, Rz. 18; v. 19.3.1996 – C-25/94 – KOM/Rat, ECLI:EU:C:1996:114, Rz. 38; *Schroeder* in Streinz³, Art. 288 AEUV Rz. 34; *Herdegen*, ZHR 156 (1991), 52 ff.

Empfehlungen, Stellungnahmen, Mitteilungen und Erklärungen haben in der Vergangenheit im Bereich sowohl der indirekten als auch der direkten Steuern Bedeutung erlangt.[1] Sie sind nicht selten die Grundlage für Vorschläge zur Änderung oder Ergänzung von Sekundärrecht und hier insbesondere von Richtlinien.[2]

3.26

---

[1] Indirekte Steuern z.B.: Grünbuch über die Zukunft der Mehrwertsteuer-Wege zu einem einfacheren, robusteren und effizienteren MwSt-System v. 1.12.2010, KOM (2010) 695 endg.; Mitteilung der KOM an das EP, den Rat und den Europäischen Wirtschafts- und Sozialausschuss zur Zukunft der Mehrwertsteuer-Wege zu einem einfacheren, robusteren und effizienteren MwSt-System, das auf den Binnenmarkt zugeschnitten ist, v. 6.12.2011, KOM (2011), 851 endg.; Mitteilung der Kommission an das Europäische Parlament, den Rat und den Europäischen Wirtschafts- und Sozialausschuss über einen Aktionsplan im Bereich der Mehrwertsteuer – Auf dem Weg zu einem einheitlichen europäischen Mehrwertsteuerraum: Zeit für Reformen, COM (2016) 148 final, UR 2016, 512.
Direkte Steuern z.B.: Mitteilung der KOM an das EP und den Rat über konkrete Maßnahme, auch in Bezug auf Drittländer, zur Verstärkung der Bekämpfung von Steuerbetrug und Steuerhinterziehung v. 27.6.2012, KOM (2012) 351 endg.; Mitteilung der KOM an das EP und den Rat: Aktionsplan zur Verstärkung der Bekämpfung von Steuerbetrug und Steuerhinterziehung v. 6.12.2012, KOM (2012) 722 endg.; Empfehlung der KOM für Maßnahmen, durch die Drittländer zur Anwendung von Mindeststandards für verantwortungsvolles Handeln im Steuerbereich veranlasst werden sollen, v. 6.12.2012, KOM (2012) 8805 endg.; Empfehlung der KOM betreffend aggressive Steuerplanung v. 6.12.2012, KOM (2012) 8806 endg.; vgl. auch den Überblick bei *Kofler* in Schön/Heber, Grundfragen des Europäischen Steuerrechts, S. 1 ff. (6 ff.) sowie bei *Braun Binder*, Rechtsangleichung in der EU im Bereich der direkten Steuern, S. 114 ff.

[2] Vorschlag für eine Richtlinie des Rates zur Änderung der Richtlinie 2006/112/EG in Bezug auf die Harmonisierung und Vereinfachung bestimmter Regelungen des Mehrwertsteuersystems und zur Einführung des endgültigen Systems der Besteuerung zwischen Mitgliedstaaten, COM (2017) 569 final v. 4.10.2017, BR-Drucks. 660/17; Vorschlag für eine Verordnung des Rates zur Änderung der Verordnung (EU) Nr. 904/2010 hinsichtlich des zertifizierten Steuerpflichtigen, COM; (2017) 567 final v. 4.10.2017, BR-Drucks. 659/17; Vorschlag für eine Durchführungsverordnung des Rates zur Änderung der Durchführungsverordnung (EU) Nr. 282/2011 hinsichtlich bestimmter Befreiungen bei innergemeinschaftlichen Umsätzen, COM (2017) 568 final v. 4.10.2017 im Anschluss an die Mitteilung der Kommission v. 4.10.2017 an das Europäische Parlament, den Rat und den Europäischen Wirtschafts- und Sozialausschuss – Follow-up Zum Aktionsplan im Bereich der Mehrwertsteuer – Auf dem Weg zu einem einheitlichen europäischen Mehrwertsteuerraum: Zeit zum Handeln, COM (2017) 566 final.

Kapitel 4
Das normative Mehrebenensystem

A. Überblick zur Normenhierarchie 4.1
B. Normenhierarchie innerhalb des Unionsrechts 4.6
  I. Unionsvertragsrecht und Sekundärrecht 4.6
  II. Allgemeine Rechtsgrundsätze und Sekundärrecht 4.8
  III. Völkerrechtliche Verträge und Sekundärrecht 4.12
  IV. Sekundärrecht und Tertiärrecht 4.15
C. Anwendungsvorrang des Unionsrechts 4.18
  I. Grundsätze 4.18
  II. Verfassungsrechtliche Vorbehalte 4.21
D. Einwirkung des Unionsrechts auf das innerstaatliche Steuerrecht 4.24
  I. Primärrecht 4.24
    1. Überblick 4.24
    2. Grundrechte, allgemeines Diskriminierungsverbot, allgemeines Freizügigkeitsrecht 4.26
    3. Grundfreiheiten 4.29
    4. Primärrechtskonforme Auslegung 4.50
  II. Sekundärrecht und Tertiärrecht 4.52
    1. Überblick 4.52
    2. Verordnungen 4.55
    3. Richtlinien 4.57
    4. Richtlinienkonforme Auslegung 4.62
E. Gleichheitsrechtliche Ausweitung unionsrechtlich vermittelter Rechtspositionen 4.64
  I. Reichweite des Unionsrechts 4.64
  II. Inländerdiskriminierung 4.68
  III. Ausländerdiskriminierung 4.71

Literatur: *von Arnauld,* Normenhierarchien innerhalb des primären Gemeinschaftsrechts, EuR 2003, 191; *Baßler,* Zu den „Steuerspezifika" der Grundfreiheiten des EG-Vertrags, IStR 2005, 822; *Böse,* Vorrang des Unionsrechts?, in Sieber/Dannecker/Kindhäuser/Vogel/Walter (Hrsg.), Strafrecht und Wirtschaftsstrafrecht, FS für Tiedemann, Köln 2008, 1321; *Brandner,* Die überschießende Umsetzung von Richtlinien, Frankfurt 2013; *Braun Binder,* Rechtsangleichung in der EU im Bereich der direkten Steuern, Tübingen 2017; *Cordewener,* Europäische Grundfreiheiten im nationalen Steuerrecht, Köln 2002; *Cordewener,* Der sachliche, persönliche und territoriale Anwendungsbereich der Grundfreiheiten, in: Lang (Hrsg.), Europäisches Steuerrecht, DStJG 41, Köln 2018, 195; *Engler,* Steuerverfassungsrecht im Mehrebenensystem, Baden-Baden 2014; *Englisch,* Wettbewerbsgleichheit im grenzüberschreitenden Handel, Tübingen 2018; *Englisch,* Zur Dogmatik der Grundfreiheiten des EGV und ihre ertragsteuerlichen Implikationen, StuW 2003, 88; *Epiney,* Zur Stellung des Völkerrechts in der EU, EuZW 1999, 5; *Ettinger,* Die Bestimmung des deutschen Steuerrechts durch die Rechtsprechung des Europäischen Gerichtshofs, RiW 2006, 94; *Funke,* Der Anwendungsvorrang des Gemeinschaftsrechts, DÖV 2007, 733; *Guckelberger,* Zum Grundrechtsschutz ausländischer juristischer Personen, AöR 129 (2004), 618; *Gundel,* Die Inländerdiskriminierung zwischen Verfassungs- und Europarecht: Neue Ansätze in der Rechtsprechung, DVBl. 2007, 269; *Hahn,* Gemeinschaftsrecht und Recht der direkten Steuern, Teil I, II, III, DStZ 2005, 433, 481, 507; *Hain,* Zur Frage der Europäisierung des Grundgesetzes, DVBl. 2002, 148; *Hasselbach,* Der Vorrang des Gemeinschaftsrechts vor dem nationalen Verfassungsrecht nach dem Vertrag von Amsterdam, JZ 1997, 942; *Heuermann,* Prinzipiengeleitete Umsetzung des Unionsrechts in das harmonisierte nationale Recht, StuW 2018, 123; *Hey,* Perspektiven der Unternehmensbesteuerung in Europa, StuW 2004, 197; *Jarass,* Elemente einer Dogmatik der Grundfreiheiten, EuR 2000, 705; *Kessler/Spengel,* Checkliste potentiell EU-rechtswidriger Normen des deutschen direkten Steuerrechts – Update 2019–, DB 2019, Beilage Nr. 1; *Knobbe-Keuk,* Freizügigkeit und direkte Besteuerung, EuZW 1995, 167; *Körner,* Sofortige Entstrickungsbesteuerung nach Sitzverlegung?, IStR 2011, 527; *Kofler,* Das Verhältnis zwischen primärem und sekundärem Unionsrecht im direkten Steuerrecht, in Lang/Weinzierl (Hrsg.), Europäisches Steuerrecht, FS für Rödler, Wien 2010, 433 ff.; *Kokott,* Das Steuerrecht der Europäischen Union, München 2018, § 2 Rz. 261 ff.; *Kokott,* Entwicklungslinien der Rechtsprechung des EuGH zu den direkten Steuern, in Drüen/Hey/Mellinghoff (Hrsg.), 100 Jahre Steuerrechtsprechung in Deutschland 1918-2018, FS BFH, Köln 2018, 735; *Kokott/Dobratz,* Der unionsrechtliche allgemeine Gleichheitssatz im Europäischen Steuerrecht in Schön/Heber, Grundfragen des Europäischen Steuerrechts, Berlin/Heidelberg 2015, 25 ff.; *Kumpf/Roth,* Wahlbesteuerung für beschränkt Einkommensteuerpflichtige?, StuW 1996, 259; *M. Lang,* Kapitalverkehrsfreiheit, Steuerrecht und Drittstaaten, StuW 2011, 209; *M. Lang*, Der Anwendungsvorrang der Grundfreiheiten auf dem Gebiet des Steuerrechts, in Tipke/Seer/Hey/Englisch (Hrsg.), FS für Lang, Gestaltung der Steuerrechtsordnung, Köln 2010, 1003; *Lehner*, Das Territorialitätsprinzip im Lichte des Europarechts, in Gocke/Gosch/Lang (Hrsg.), Körperschaftsteuer, Internationales Steuerrecht, Doppelbesteuerung, FS für Wassermeyer, München 2005, 241; *Linn*, Generalanwältin *Kokott* hält Entstrickungsvorschriften für nicht mit der Niederlassungsfreiheit vereinbar, IStR 2011, 817; *Mansel*, Allgemeines Gleichbehandlungsgesetz – persönlicher und internationaler Anwendungsbereich, in Heldrich/Prölss/Koller u.a. (Hrsg.), FS für Canaris, München 2007, 809 ff.; *Mitschke*, Plädoyer für eine Renaissance des EU-Sekundärrechts, IStR 2013, 15; *Mitschke*, Kein steuerfreier Exit stiller Reserven bei Sitzverlegung einer SE von Deutschland nach Österreich, IStR 2011, 294; *Müller*, Das „Schumacker"-Urteil des EuGH und seine Auswirkungen auf die beschränkte Einkommensteuerpflicht, DStR 1995, 585 ff.; *Nettesheim*, Normenhierarchien im EU-Recht, EuR 2006, 737; *Rieger*, Ist die Inländerdiskriminierung noch mit dem Grundgesetz vereinbar?, DÖV 2006, 685; *Riese/Noll*, Europarechtliche und verfassungsrechtliche Aspekte der Inländerdiskriminierung, NVwZ 2007, 516; *Rödder*, Deutsche Unternehmensbesteuerung im Visier des EuGH, DStR 2004, 1629; *Röhl/Röhl*, Allgemeine Rechtslehre, 3. Aufl. Köln 2008, 305; *Rust*, Unionsrechtskonforme Auslegung, in Drüen/Hey/Mellinghoff (Hrsg.), 100 Jahre Steuerrechtsprechung in Deutschland 1918-2018, FS BFH, Köln 2018, 801; *Schaumburg*, Außensteuerrecht und Europäische Grundfreiheiten, DB 2005, 1129; *Schaumburg/Schaumburg*, Steuerliche Leistungsfähigkeit und europäische Grundfreiheiten im Internationalen Steuerrecht, StuW 2005, 306; *Schnitger*, Die Grenzen der Einwirkung der Grundfreiheiten des EG-Vertrages auf das Ertragsteuerrecht, Düsseldorf 2006; *Schön*, Unternehmensbesteuerung und Europäisches Gemeinschaftsrecht, StbJb. 2003/2004, 27; *Schön*, Der freie Warenverkehr, die Steuerhoheit der Mitgliedstaaten und der Systemgedanke im europäischen Steuerrecht, EuR 2001, 216; *Schön*, Besteuerung im Binnenmarkt – die Rechtsprechung des EuGH zu den direkten Steuern, IStR 2004, 289; *Schön*, Die beschränkte Steuerpflicht zwischen europäischem Gemeinschaftsrecht und deutschem Verfassungsrecht, IStR 1995, 119 ff.; *Schwenke*, Unmittelbare Wirkung von Unionsrecht, Drüen/Hey/Mellinghoff (Hrsg.), 100 Jahre Steuerrechtsprechung in Deutschland 1918-2018, in FS BFH, Köln 2018, 815 ff.; *Seiler*, Das Steuerrecht unter dem Einfluss der Marktfreiheiten, StuW 2005, 25; *Terhechte*, Der Vorrang des Unionsrechts, JuS 2008, 403; *Wacker*, Zur praktischen Konkordanz von Grundfreiheiten und EU-Richtlinien auf dem Gebiet der direkten Steuern, in Drüen/Hey/Mellinghoff (Hrsg.), 100 Jahre Steuerrechtsprechung in Deutschland 1918-2018, FS BFH, Köln 2018, 781 ff.; *Wernsmann*, Steuerliche Diskriminierungen und ihre Rechtfertigung durch die Kohärenz des nationalen Rechts – zur Dogmatik der Schranken der Grundfreiheiten, EuR 1999, 754; *Wilke*, BVerfG und EU-Recht, IWB 2013, 471; *Wölker*, Die Normenhierarchie im Unionsrecht in der Praxis, EuR 2007, 32.

A. Überblick zur Normenhierarchie

4.1 Die Rechtsordnungen demokratisch verfasster Staaten sind allgemein durch eine Hierarchie ihrer Rechtsquellen geprägt. Die Spitze der Normenhierarchie bildet durchweg die durch den Volkswillen legitimierte Verfassung, die die maßgeblichen Grundwertungen für die auf den folgenden Stufen angesiedelten Rechtsnormen vorgibt.[1] Ein derartiger **Stufenbau** der Rechtsordnung gewährleistet im Grundsatz, dass bei Wertungswidersprüchen, also bei Normenkollisionen, die höher angesiedelte Rechtsquelle der nachfolgenden vorgeht. Hierdurch wird im Ergebnis zugleich die für die Einheit der Rechtsordnung maßgebliche Widerspruchsfreiheit sichergestellt.[2]

4.2 Im Anwendungsbereich des Europäischen Steuerrechts stellt sich die Frage nach der Normenhierarchie zum einen auf der Ebene des **nationalen Rechts** und zum anderen auf der **Ebene des Unionsrechts**. Es handelt sich hierbei zwar um zwei unabhängige Rechtsordnungen, die nebeneinander gelten,[3] beide

---

[1] Zur Lehre vom Stufenbau der Rechtsordnung im Überblick *Röhl/Röhl*, Allgemeine Rechtslehre[3], S. 305 ff.
[2] *Drüen* in T/K, § 4 AO Rz. 40; zur Einheit der Rechtsordnung im Überblick *Röhl/Röhl*, Allgemeine Rechtslehre[3], S. 451 ff.
[3] *Drüen* in T/K, § 4 AO Rz. 44.

Rechtsordnungen sind aber miteinander verschränkt,[1] so dass auch im Verhältnis beider zueinander die Frage nach der Normenhierarchie zu beantworten ist.

Im **nationalen (deutschen) Recht** ergibt sich die Normenhierarchie aus den Art. 20, 70 ff., 93, 100 GG, wonach dem Grundgesetz selbst die höchste Rangstufe zukommt.[2] Auf Grund dieser Vorrangstellung ergibt sich, dass dem Grundgesetz widersprechende, auf den nachfolgenden Stufen angesiedelte Rechtsnormen entweder nichtig oder aber anzugleichen sind,[3] wobei dem BVerfG das alleinige Verwerfungsmonopol zukommt, soweit es sich um nachkonstitutionelle Gesetze handelt.[4] Diese Rangstufe bedeutet zugleich, dass dem Grundgesetz nachfolgende Rechtsnormen im Zweifel verfassungskonform auszulegen[5] und etwaige Lücken in Übereinstimmung mit der Verfassung zu schließen sind.[6] Auf der nächsten Stufe sind die allgemeinen Regeln des Völkerrechts angesiedelt, die gem. Art. 25 GG Bestandteil des Bundesrechts sind, dem Bundesgesetz und den Landesgesetzen aber vorgehen (Art. 25 Satz 2 GG). Im Falle der Kollision ist daher Bundes- und Landesrecht unanwendbar.[7] Da das Verfassungsrecht gegenüber den allgemeinen Regeln des Völkerrechts Vorrang hat,[8] sind diese daher im Rang zwischen den formellen Gesetzen und dem Grundgesetz angesiedelt.[9] Auf der nächsten Stufe sind die formellen Gesetze des Bundesrechts angesiedelt. Hierzu gehören auch Vertragsgesetze (Art. 59 Abs. 2 GG), die im Zusammenhang mit Doppelbesteuerungsabkommen im Steuerrecht eine besondere Bedeutung haben.[10] Die formellen Gesetze des Bundes sind demgegenüber mit höherem Rang ausgestattet als die auf ihrer Grundlage erlassenen Rechtsverordnungen (Art. 80 GG).[11] Ein Vorrang von Bundesgesetzen einschließlich der vom Bund erlassenen Rechtsverordnungen vor Landesrecht besteht insoweit, als Bundesrecht und Landesrecht einander widersprechen (Art. 31 GG).[12] Den beiden nachgeordnet sind schließlich autonome Satzungen, insbesondere Gemeinderecht (Art. 28 Abs. 2 GG).[13]

4.3

Ebenso wie die nationale Rechtsordnung ist auch das **Unionsrecht** durch eine Normenhierarchie wie folgt geprägt (hier zunächst nur im Überblick; zu Einzelheiten Rz. 4.6 ff.): Auf der obersten Hierarchiestufe steht das (primäre) Unionsvertragsrecht – EUV, AEUV, EAGV – einschließlich aller Erklärungen, Protokolle und sonstiger Anhänge.[14] Darüber hinaus zählt hierzu über Art. 6 Abs. 1 EUV auch die

4.4

---

1 Vgl. BVerfG v. 25.7.1979 – 2 BvL 6/77, BVerfGE 52, 187 (200); v. 7.10.1981 – 2 BvL 2/81, BVerfGE 58, 202 (207); *Drüen* in T/K, § 2 AO Rz. 47; *Zuleeg*, NJW 2000, 2849.
2 Zu Rangabstufungen innerhalb des Grundgesetzes selbst vgl. *Sachs* in Sachs[8], Art. 20 GG Rz. 5, Art. 79 GG Rz. 28 ff.
3 Zu den verschiedenen Entscheidungsmöglichkeiten des BVerfG *Graßhof* in Umbach/Clemens/Dollinger, § 78 BVerfG Rz. 32 ff.; *Seer* in T/K, VerfRS Rz. 56 ff.; *Hendricks* in Schaumburg/Hendricks, Steuerrechtsschtz[4], Rz. 6.47 ff.; 6.61 ff.
4 *Seer* in T/K, VerfRS Rz. 14; für VO i.S. des Art. 80 GG gilt das nicht, vgl. *Seer* in T/K, VerFRS Rz. 15 m.w.N.
5 Zur verfassungskonformen Auslegung *Drüen* in T/K, § 4 AO Rz. 238 ff.
6 Hierzu *Drüen* in T/K, § 4 AO Rz. 355, 359.
7 *Streinz* in Sachs[8], Art. 25 GG Rz. 93.
8 BVerfG v. 26.3.1957 – 2 BvG 1/55, BVerfGE 6, 309 (363); v. 7.4.1965 – 2 BvR 227/64, BVerfGE 18, 441 (448); v. 14.10.2004 – 2 BvR 1481/04, BVerfGE 111, 307 (318); BFH v. 18.12.1963 – I 230/61 S, BStBl. III 1964, 253; v. 1.2.1989 – I R 74/86, BStBl. II 1990, 4; *Herdegen* in Maunz/Dürig, Art. 25 GG Rz. 7 f. u. 42.
9 *Herdegen* in Maunz/Dürig, Art. 25 GG Rz. 78; *Jarass* in Jarass/Pieroth[13], Art. 25 GG Rz. 14; *Geiger*, Grundgesetz und Völkerrecht[6], S. 152 f.; *Stein/von Buttlar/Kotzur*, Völkerrecht[14], Rz. 201.
10 Zum Rang von DBA BVerfG v. 15.12.2015 – 2 BvL 1/12, BVerfGE 141,1 (Zulässigkeit von treaty overriding); BFH v. 25.5.2016 – I R 64/13, BFH/NV 2016, 1512; *Drüen* in T/K, § 2 AO Rz. 38; *Schaumburg* in Schaumburg, Internationales Steuerrecht[4], Rz. 3.24 ff.
11 *Remmert* in Maunz/Dürig, Art. 80 GG Rz. 132; *Sommermann* in v. Mangoldt/Klein/Starck[6], Art. 20 GG Rz. 265; *Drüen* in T/K, § 4 AO Rz. 41.
12 *Korioth* in Maunz/Dürig, Art. 31 GG Rz. 19 ff.; *Jarass* in Jarass/Pieroth[13], Art. 31 GG Rz. 4 f.; *Drüen* in T/K, § 4 AO Rz. 42.
13 *Drüen* in T/K, § 4 AO Rz. 41.
14 *Nettesheim* in G/H/N, Art. 288 AEUV Rz. 226; *Nettesheim* in O/C/N, Europarecht[8], § 10 Rz. 39; *Hobe*, Europarecht[9], Rz. 400.

GrCh.¹ Auf der nächsten Stufe ist das ungeschriebene primäre Unionsrecht angesiedelt, und zwar das Gewohnheitsrecht und die allgemeinen Rechtsgrundsätze des Unionsrechts.² Im Rang zwischen Primär- und Sekundärrecht sind schließlich die von der Union im Rahmen ihrer Außenkompetenz abgeschlossenen völkerrechtlichen Verträge (Art. 216 Abs. 2 AEUV) angesiedelt.³ Zur dritten Hierarchiestufe zählt das Sekundärrecht, also Verordnungen, Richtlinien, Beschlüsse.⁴ Auf der untersten Stufe befindet sich das Tertiärrecht, also Rechtsakte, die nicht unmittelbar auf der Grundlage der Verträge, sondern auf der Grundlage von Sekundärrecht erlassen wurden (Art. 290, 291 AEUV).⁵

4.5 Im Verhältnis zum nationalen Recht hat das Unionsrecht Vorrang und damit zugleich unmittelbare Wirkung (Anwendbarkeit) (zu Einzelheiten vgl. Rz. 4.18).⁶ Diese europarechtliche Sichtweise⁷ begründet auch einen **Vorrang des Unionsrechts** jeder Rangstufe gegenüber dem nationalen Recht jeder Rangstufe, so dass auch insoweit dem jeweiligen Verfassungsrecht nachrangige Wirkung zukommt (vgl. allerdings zur Rechtsprechung des BVerfG Rz. 4.21 ff.). Darüber hinaus folgt hieraus, dass sich Unionsrecht auch gegenüber zeitlich nachfolgendem nationalem Recht durchsetzt.⁸

B. Normenhierarchie innerhalb des Unionsrechts

I. Unionsvertragsrecht und Sekundärrecht

4.6 Der **Vorrang** des zum **Primärrecht** zählenden Unionsvertragsrechts – EUV, AEUV, EAGV – gegenüber dem Sekundärrecht ergibt sich bereits aus Art. 13 Abs. 2 Satz 1 EUV, der bestimmt, dass die Organe der Union⁹ (nur) nach Maßgabe der ihnen in den Verträgen zugewiesenen Befugnisse und im Rahmen der in den Unionsverträgen festgelegten Verfahren, Bedingungen und Ziele handeln dürfen.¹⁰ Hiermit korrespondiert Art. 288 Abs. 1 AEUV, wonach die Organe der Union Sekundärrecht – Verordnungen, Richtlinien, Beschlüsse – (nur) in Ausübung der Zuständigkeiten der Union schaffen dürfen.¹¹ Das bedeutet im Ergebnis, dass jedweder Rechtsakt der Organe der Union auf eine in den Unionsverträgen verankerte Kompetenznorm gestützt werden muss.¹² Die dem Sekundärrecht zugrunde liegenden Kompetenznormen sind nämlich Rechtsnormen, die überhaupt erst die Grundlage für das Handeln der Organe der Union bilden.¹³ Wegen der strikten Bindung an die in den Unionsverträgen enthaltenen Kompetenznormen, die sich insbesondere in dem Prinzip der begrenzten Einzelermächtigung (Art. 5

---

1 *Schorkopf* in G/H/N, Art. 6 EUV Rz. 28; *Hobe*, Europarecht⁹, Rz. 709.
2 Diese werden durch geschriebenes Primärrecht derogiert; so etwa die allgemeinen Rechtsgrundsätze durch die GrCh; hierzu *Schorkopf* in G/H/N, Art. 6 EUV Rz. 56; vgl. im Übrigen *Nettesheim* in O/C/N, Europarecht⁸, § 10 Rz. 37.
3 EuGH v. 12.12.1972 – C-21/72 – International Fruit Company u.a., ECLI:EU:C:1972:115, Rz. 5 ff.; v. 10.9.1996 – C-61/94 – KOM/Deutschland, ECLI:EU:C:1996:313, Rz. 52; *Mögele* in Streinz³, Art. 216 AEUV Rz. 59; *Hobe*, Europarecht⁹, Rz. 476.
4 *Schroeder* in Streinz³, Art. 288 AEUV Rz. 24; *Nettesheim* in O/C/N, Europarecht⁸, § 10 Rz. 39.
5 *Nettesheim* in G/H/N, Art. 290 AEUV Rz. 56; *Gellermann* in Streinz³, Art. 290 AEUV Rz. 3.
6 Vgl. EuGH v. 5.2.1963 – C-26/62 – Van Gend en Loos, ECLI:EU:C:1963:1; v. 15.7.1964 – C-6/64 – Costa/E.N.E.L., ECLI:EU:C:1964:66; *Nettesheim* in G/H/N, Art. 288 AEUV Rz. 47 ff.; *Nettesheim* in O/C/N, Europarecht⁸, § 10 Rz. 4 ff.; *Schwenke* in FS BFH, S. 815 ff.
7 Hierzu *Nettesheim* in G/H/N, Art. 288 AEUV Rz. 47 ff.
8 Die Lex-posterior-Regel gilt also nicht; *Ehlers* in S/Z/K, Europarecht³, § 11 Rz. 15.51; *Nettesheim* in O/C/N, Europarecht⁸, § 10 Rz. 9.
9 EP, Europäischer Rat, Rat, KOM, EuGH, EZB, Rechnungshof (Art. 13 Abs. 1 EUV).
10 Auf Art. 13 Abs. 2 EUV abstellend *Nettesheim* in G/H/N, Art. 288 AEUV Rz. 226; *Nettesheim*, EuR 2006, 737.
11 Hierauf abstellend *Schroeder* in Streinz³, Art. 288 AEUV Rz. 20.
12 EuGH v. 5.10.1978 – C-26/78 – Viola, ECLI:EU:C:1978:172, Rz. 9,14; v. 10.7.1990 – T-51/89 – Tetra Pak/KOM, ECLI:EU:T:1990:41, Rz. 25.
13 Hierzu *Nettesheim* in O/C/N, Europarecht⁸, § 11 Rz. 2.

Abs. 1, 2 EUV) artikuliert, bleibt den Organen der EU eine Kompetenz-Kompetenz (Selbstermächtigung), die auch nach dem Grundgesetz unzulässig ist,[1] versagt.[2] Aus dieser Bindung folgt weiter, dass Rechtsetzungsbefugnisse aus Vorschriften, die lediglich Werte und Ziele der EU beschreiben,[3] nicht abgeleitet werden können. Sie bilden allerdings den Rahmen für die teleologische Auslegung im Sinne eines effet utile.[4] Auf dieser Linie liegt auch die im Art. 352 AEUV verankerte Flexibilitätsklausel, wonach der Rat durch einstimmigen Beschluss[5] auf Vorschlag der Kommission und nach Zustimmung des Europäischen Parlaments geeignete Vorschriften „erlassen darf", wenn ein Tätigwerden der Union erforderlich erscheint, um die Ziele der in den Verträgen festgelegten Politikbereiche zu verwirklichen, die hierfür erforderlichen Befugnisse in den Verträgen aber nicht vorgesehen sind (Art. 352 Abs. 1 Satz 1 AEUV). Es handelt sich hierbei um eine Art Generalermächtigung, die darauf gerichtet ist, Lücken im Gefüge der Kompetenznormen zu schließen.[6] Die Kompetenznorm des Art. 352 AEUV kommt lediglich subsidiär zur Anwendung.[7] Das bedeutet, dass zunächst die in den Unionsverträgen ausdrücklich verankerte Kompetenznormen anzuwenden sind, wobei diese einer weiten Auslegung (effet utile) zugänglich sind.[8] Darüber hinaus sind auch in den Unionsverträgen implizit enthaltene Kompetenzen (implied powers) vorrangig.[9] Es handelt sich hierbei um Zusatzkompetenzen, die in einem engen Sachzusammenhang mit in den Unionsverträgen ausdrücklich verankerten Kompetenzen stehen, ohne deren Berücksichtigung die ausdrückliche Kompetenz ins Leere ginge.[10]

Halten sich die Organe der EU beim Erlass von **Sekundärrecht** nicht im Rahmen der für sie maßgeblichen Kompetenznormen, kann dieses auf Nichtigkeitsklage (Art. 263 AEUV) hin vom EuGH für nichtig erklärt werden (Art. 264 AEUV; hierzu Rz. 28.18 ff.).[11] Der Nichtigerklärung von Rechtsakten geht allerdings die Verpflichtung zur **primärrechtskonformen Auslegung** mit dem Ziel vor, diese möglichst so auszulegen, dass sie mit dem Unionsvertragsrecht vereinbar sind.[12] Darüber hinaus kommt eine Nichtigkeitserklärung auch nur dann in Betracht, wenn das Sekundärrecht eine primärrechtskonforme Regelung überhaupt ausschließt. Sieht daher etwa eine Richtlinie Wahlrechte vor, die auf Ebene der Mitgliedstaaten primärrechtskonform ausgeübt werden können, ist ein Verstoß gegen Primärrecht

4.7

---

1 Vgl. nur BVerfG v. 21.6.2016 – 2 BvR 2728 – 2731/13, BVerfGE 142. 123, Rz. 130.
2 *Bogdandy/Schill* in G/H/N, Art. 4 EUV Rz. 2; *Streinz* in Streinz³, Art. 4 EUV Rz. 10; *Nettesheim* in O/C/N, Europarecht⁸, § 11 Rz. 3.
3 Vgl. etwa Art. 2, 3 EUV.
4 Praktische bzw. nützliche Wirksamkeit; hierzu *Nettesheim* in O/C/N, Europarecht⁸, § 11 Rz. 7.
5 Vgl. Art. 238 Abs. 4 AEUV.
6 *Streinz* in Streinz³, Art. 352 AEUV Rz. 1, 6.
7 EuGH v. 26.3.1987 – C-45/86 – KOM/Rat, ECLI:EU:C:1987:163; v. 30.5.1989 – C-242/87 – KOM/Rat, ECLI:EU:C:1989:217; v. 12.11.1996 – C-84/94 – UK/Rat, ECLI:EU:C:1996:431, Rz. 48; *Winkler* in G/H/N, Art. 352 AEUV Rz. 73; *Streinz* in Streinz³, Art. 352 AEUV Rz. 8.
8 Vgl. EuGH v. 30.5.1989 – C-242/87 – KOM/Rat, ECLI:EU:C:1989:217, Rz. 6; v. 7.7.1992 – C-295/90 – EP/Rat, ECLI:EU:C:1992:294, Rz. 15; *Rossi* in Calliess/Ruffert⁵, Art. 352 AEUV Rz. 61; *Streinz* in Streinz³, Art. 352 AEUV Rz. 9.
9 *Winkler* in G/H/N, Art. 352 AEUV Rz. 79; *Kahn* in Geiger/Kahn/Kotzur⁶, Art. 352 AEUV Rz. 13; *Streinz* in Streinz³, Art. 352 AEUV Rz. 9.
10 Grundlegend EuGH v. 31.3.1971 – C-22/70 – KOM/Rat, ECLI:EU:C:1971:32, zu dieser Implied-Powers-Lehre im Überblick *Callies* in Calliess/Ruffert⁵, Art. 5 EUV Rz. 16 ff.; *Nettesheim* in O/C/N, Europarecht⁸, § 11 Rz. 1.
11 Vgl. z.B. EuGH v. 6.5.2014 – C-43/12 – KOM/EP und Rat, ECLI:EU:C:2014:298 zur Nichtigkeit der EU-Richtlinie zum Informationsaustausch über Verkehrsdelikte.
12 Zur Priorität dieser primärrechtskonformen Auslegung: EuGH v. 12.11.1969 – C-29/69 – Stauder, ECLI:EU:C:1969:57, Rz. 4 ff.; v. 25.11.1986 – C-201, 202/85 – Klensch, ECLI:EU:C:1986:439, Rz. 21; v. 21.3.1991 – C-314/89 – Rauh, ECLI:EU:C:1991:143, Rz. 17; v. 27.1.1994 – C-98/91 – Herbrink, ECLI:EU:C:1994:24, Rz. 9; v. 18.9.2003 – C-168/01 – Bosal, ECLI:EU:C:2003:479, Rz. 27; *Schroeder* in Streinz³, Art. 288 AEUV Rz. 20; vgl. auch Rz. 13.1 ff.

nicht festzustellen.¹ Im Rahmen der Nichtigkeitsklage kann die Unzuständigkeit des rechtssetzenden Organs der EU, die Verletzung wesentlicher Formvorschriften, die Verletzung der Unionsverträge oder einer bei ihrer Durchführung anzuwendenden Rechtsnorm oder Ermessensmissbrauch (Art. 263 Abs. 2 AEUV) geltend gemacht werden. In Orientierung an dem Gebot des effektiven Rechtsschutzes[2] gehen in den Prüfungsmaßstab nicht nur die Unionsverträge ein, sondern auch das übrige primäre Unionsrecht, also auch das ungeschriebene Recht, wie etwa Gewohnheitsrecht, die allgemeinen Rechtsgrundsätze sowie die von der Union abgeschlossenen völkerrechtlichen Verträge.[3] Soweit es um Rechtsakte mit allgemeiner Wirkung geht, wirkt das Nichtigkeitsurteil des EuGH erga omnes (vgl. ferner Rz. 28.19).[4] Aktiv parteifähig sind Rat, Europäisches Parlament, Kommission und die Mitgliedstaaten (Art. 263 Abs. 2 AEUV). Darüber hinaus sind auch die EZB, der Rechnungshof und der Ausschuss der Regionen klagebefugt, soweit es um die Wahrung ihrer Rechte geht (Art. 263 Abs. 3 AEUV). Schließlich können auch natürliche und juristische Personen unter besonderen Voraussetzungen Klage erheben (Art. 263 Abs. 4 AEUV; zu Einzelheiten vgl. Rz. 27.53). Die Vereinbarkeit von Sekundärrecht mit Unionsvertragsrecht ist auch einer Überprüfung im Wege der Vorabentscheidung durch den EuGH zugänglich (Art. 267 Abs. 1 Buchst. b AEUV). Prüfungsmaßstab sind nicht nur die Unionsverträge selbst, sondern darüber hinaus auch die allgemein anerkannten Rechtsgrundsätze sowie die von der Union abgeschlossenen völkerrechtlichen Verträge.[5] Die auf Vorlage eines mitgliedstaatlichen Gerichts (Art. 267 Abs. 3 AEUV) veranlasste **Gültigkeitskontrolle** des sekundären Unionsrechts ist neben der Erhebung der Nichtigkeitsklage durch natürliche oder juristische Personen (Art. 263 Abs. 4 AEUV) zulässig.[6] Stellt der EuGH die Ungültigkeit des Sekundärrechts fest, so tritt eine Bindungswirkung erga omnes ein[7] und bindet alle nationalen Gerichte (vgl. im Übrigen Rz. 27.43 ff.; 28.10).[8] Schließlich kann bei einer beim EuGH oder EuG anhängigen Klage im Rahmen einer inzidenten Normenkontrolle die Vereinbarkeit von Sekundärrecht mit Unionsvertragsrecht überprüft werden (Art. 277 AEUV). Im Unterschied zu Art. 264 und 267 AEUV wirkt eine Entscheidung auf Grundlage des Art. 277 AEUV lediglich inter partes mit der Folge, dass das betreffende mit dem Unionsvertragsrecht nicht zu vereinbarende Sekundärrecht nur in den betreffenden Rechtsstreit zur Unanwendbarkeit des Sekundärrechts führt.[9]

II. Allgemeine Rechtsgrundsätze und Sekundärrecht

4.8 Soweit allgemeine Rechtsgrundsätze **verfassungsrechtlicher Natur**[10] sind, stehen sie auf der Ebene des Primärrechts und gehen demgemäß dem Sekundärrecht vor.[11] Sind die allgemeinen Rechtsgrundsätze dagegen **verwaltungsrechtlicher Natur**[12], stehen sie nur auf der Ebene des Sekundärrechts, so dass ihnen insoweit kein Vorrang zukommt. Die dem Primärrecht zuzurechnenden allgemeinen Rechtsgrund-

---

1 EuGH v. 18.6.1991 – C-260/89 – ERT, ECLI:EU:C:1991:254; vgl. auch *Engler*, Steuerverfassungsrecht im Mehrebenensystem, S. 73.
2 Hierzu *Classen* in S/Z/K, Europarecht³, § 4 Rz. 1 ff.
3 *Borchardt* in Lenz/Borchardt⁶, Art. 263 AEUV Rz. 88; *Cremer* in Calliess/Ruffert⁵, Art. 263 AEUV Rz. 91; *Ehricke* in Streinz³, Art. 263 AEUV Rz. 84 unter Hinweis auf die Parallele im Vertragsverletzungsverfahren.
4 *Borchardt* in Lenz/Borchardt⁶, Art. 264 AEUV Rz. 3; *Ehricke* in Streinz³, Art. 264 AEUV Rz. 3, dort auch zur Erga-omnes-Wirkung von Beschlüssen.
5 *Wegener* in Calliess/Ruffert⁵, Art. 267 AEUV Rz. 13 f.; *Ehricke* in Streinz³, Art. 267 AEUV Rz. 25; vgl. auch Rz. 12.1 ff.
6 *Ehricke* in Streinz³, Art. 267 AEUV Rz. 26; dort auch zu abweichenden Ansichten und zur differenzierenden Sichtweise des EuGH.
7 *Wegener* in Calliess/Ruffert⁵, Art. 267 AEUV Rz. 49 ff.; *Ehricke* in Streinz³, Art. 267 AEUV Rz. 69.
8 EuGH v. 13.5.1981 – C-66/80 – International Chemical Cooperation, ECLI:EU:C:1981:102, Rz. 13; *Borchardt* in Lenz/Borchardt⁶, Art. 267 AEUV Rz. 58; *Ehricke* in Streinz³, Art. 267 AEUV Rz. 70.
9 *Ehricke* in Streinz³, Art. 277 AEUV Rz. 13 m.w.N.
10 So die Terminologie von *Nettesheim* in O/C/N, Europarecht⁸, § 9 Rz. 43.
11 *Nettesheim* in G/H/N, Art. 288 AEUV Rz. 226; *Nettesheim* in O/C/N, Europarecht⁸, § 9 Rz. 43.
12 So die Terminologie von *Nettesheim* in O/C/N, Europarecht⁸, § 9 Rz. 43.

sätze, also solche verfassungsrechtlicher Natur, sind allerdings innerhalb des Primärrechts gegenüber dem geschriebenen Vertragsrecht nachrangig.[1] Hieraus folgt, dass im Vertragsrecht kodifizierte allgemeine Rechtsgrundsätze sodann als Vertragsrecht die höchste Rangstufe in der Normenhierarchie einnehmen. Zu den kodifizierten allgemeinen Rechtsgrundsätzen gehören insbesondere die in der GrCh verankerten Grundrechte, die über Art. 6 Abs. 3 EUV integraler Bestandteil des Vertragsrechts sind.[2]

Allgemein gilt ein kodifizierter Grundrechtsstandard, der im Wesentlichen mit dem des Grundgesetzes übereinstimmt (vgl. Art. 23 Abs. 1 Satz 1 GG).[3] Damit sind zugleich auch die **Grundfreiheiten** Freizügigkeit der Arbeitnehmer, Niederlassungsfreiheit und Dienstleistungsfreiheit einbezogen (Art. 15 Abs. 2, Art. 45 Abs. 1 GrCh).[4] Zu den nicht kodifizierten allgemeinen Rechtsgrundsätzen verfassungsrechtlicher Natur gehören z.b. das allgemeine Freiheitsrecht, das in der GrCh nicht gesondert geregelt ist,[5] die Grundsätze der Rechtsklarheit,[6] der Rechtssicherheit[7] und der wirksame gerichtliche Rechtsschutz.[8]

4.9

Zu den allgemeinen Rechtsgrundsätzen verwaltungsrechtlicher Natur, die nicht kodifiziert sind und nicht am Vorrang des Primärrechts teilnehmen, gehören u.a. die allgemeinen Grundsätze ordentlicher Verwaltung[9] und das Prinzip des Vertrauensschutzes.[10]

4.10

Soweit die allgemeinen Rechtsgrundsätze zum Primärrecht zählen, hat sich hieran das Sekundärrecht zu orientieren. Sind etwa Verordnungen oder Richtlinien mit den zu den allgemeinen Rechtsgrundsätzen zählenden Grundrechten und Grundfreiheiten unvereinbar, sind diese der Verwerfung durch den EuGH ausgesetzt.[11]

4.11

III. Völkerrechtliche Verträge und Sekundärrecht

Die von der EU als Völkerrechtssubjekt (Art. 47 EUV) abgeschlossenen völkerrechtlichen Verträge binden ohne weiteren Transformationsakt die Organe der Union und die Mitgliedstaaten (Art. 216 Abs. 2 AEUV). Hieraus folgt ein Vorrang der von der EU abgeschlossenen völkerrechtlichen Verträge gegenüber dem Sekundärrecht.[12] Sie sind allerdings dem Primärrecht nachgeordnet, so dass sich inso-

4.12

---

1 *Nettesheim* in O/C/N, Europarecht[8], § 10 Rz. 37.
2 Damit werden, soweit Deckungsgleichheit besteht, die (ungeschriebenen) allgemeinen Rechtsgrundsätze verdrängt; vgl. *Schorkopf* in G/H/N, Art. 6 EUV Rz. 28.
3 *Streinz* in Streinz[3], Art. 6 EUV Rz. 24; vgl. allerdings zu Zweifeln beim Individualrechtsschutz *Kingreen* in Calliess/Ruffert[5], Art. 6 EUV Rz. 35.
4 *Streinz* in Streinz[3], Art. 6 EUV Rz. 34.
5 Zum allgemeinen Freiheitsrecht als allgemeiner Rechtsgrundsatz: EuGH v. 21.5.1987 – C-133/85 – *Rau*, ECLI:EU:C:1987:244, Rz. 15, 19; *Streinz* in Streinz[3], Art. 6 EUV Rz. 35; *Jarass*[3], Einl. GrChr Rz. 35.
6 EuGH v. 10.7.1980 – C-32/79 – KOM/Vereinigtes Königreich, ECLI:EU:C:1980:189.
7 EuGH v. 5.3.1980 – C-265/78 – Ferwerda, ECLI:EU:C:1980:66.
8 EuGH v. 15.5.1986 – C-222/84 – Johnston, ECLI:EU:C:1986:206; vgl. auch die Aufzählung bei *Nettesheim* in O/C/N, Europarecht[8], § 9 Rz. 39.
9 EuGH v. 28.5.1980 – C-33, 75/79 – *Kuhner*, ECLI:EU:C:1980:139.
10 EuGH v. 4.7.1973 – C-1/73 – Westzucker GmbH, ECLI:EU:C:1973:78; v. 3.5.1978 – C-112/77 – Töpfer, ECLI:EU:C:1978:94; v. 6.7.2000 – C-402/98 – ATB u.a., ECLI:EU:C:2000:366; *Mayer* in G/H/N, Nach Art. 6 EUV Rz. 395; zu weiteren Beispielen vgl. die Aufzählung bei *Nettesheim* in O/C/N, Europarecht[8], § 9 Rz. 40.
11 Vgl. EuGH v. 22.10.1987 – C-314/85 – Foto-Frost/HZA Lübeck-Ost, ECLI:EU:C:1987:452; v. 23.11.2017 – C – 292/16 – A, IStR 2018, 32.; zum Vorrang der Grundfreiheiten vgl. nur *Cordewener* in: Europäisches Steuerrecht, DStJG 41 (2018), S. 195 (202 ff.); zur praktischen Konkordanz von Grundfreiheiten und Richtlinien *Wacker* in FS BFH, S. 781 ff.
12 Vgl. EuGH v. 10.1.2006 – C-344/04 – IATA und ELFAA, ECLI:EU:C:2006:10, Rz. 35; v. 10.9.1996 – C-61/94 – KOM/Deutschland, ECLI:EU:C:1996:313, Rz. 52; im Ergebnis übereinstimmend die h.L.: *Vöneky/Beylage-Haarmann* in G/H/N, Art. 216 AEUV Rz. 41; *Mögele* in Streinz[3], Art. 216 AEUV Rz. 59; *Hobe*, Europarecht[9], Rz. 476; *Nettesheim*, EuR 2006, 737 (762).

weit eine **Zwischenstellung** ergibt.[1] Hieraus folgt einerseits, dass von der EU abgeschlossene völkerrechtliche Verträge primärrechtskonform und andererseits, dass nachgeordnete Rechtsakte des Sekundärrechts so auszulegen sind, dass sie mit völkerrechtlichen EU-Abkommen vereinbar sind.[2]

4.13 Die vorstehenden Grundsätze gelten auch für sog. **gemischte Abkommen**, bei denen die EU und die Mitgliedstaaten zusammen als Vertragspartei auftreten.[3] Der Vorrang derartiger gemischter Verträge gegenüber dem Sekundärrecht ist allerdings auf diejenigen Sachbereiche des Vertrages beschränkt, die in die ausschließliche Zuständigkeit der EU fallen.[4]

4.14 Wegen des Vorrangs der von der EU abgeschlossenen völkerrechtlichen Verträge ist das Sekundärrecht der **gerichtlichen Kontrolle** durch den EuGH im Rahmen eines Vorabentscheidungsverfahren (Art. 267 AEUV) oder im Rahmen einer Nichtigkeitsklage (Art. 263 AEUV) ausgesetzt.[5]

IV. Sekundärrecht und Tertiärrecht

4.15 Zum Tertiärrecht zählen zum einen **delegierte Rechtsakte** der Kommission (Art. 290 AEUV) sowie **Durchführungsakte** der Kommission und ggf. des Rates (Art. 291 Abs. 2 AEUV). Bei den delegierten Rechtsakten handelt es sich um eine exekutive Rechtsetzung, für die es wie bei Rechtsverordnungen im deutschen Recht (Art. 80 GG) einer ausdrücklichen Ermächtigung in einem Gesetzgebungsakt (Basisrechtsakt) bedarf.[6] Im Hinblick darauf sind derartige delegierte Rechtsakte in der Normenhierarchie dem Sekundärrecht untergeordnet[7] und somit auf der untersten Stufe der unionsrechtlichen Normenpyramide angesiedelt.[8] Daher dürfen delegierte Rechtsakte der Kommission nicht über den Ermächtigungsrahmen der delegierenden Gesetzgebungsakte hinausgehen.

4.16 Die Durchführungsrechtsakte der Kommission und ggf. des Rates (Art. 291 Abs. 2 AEUV) erfolgen auf der Grundlage einer **Kompetenzübertragung**, die in den jeweiligen Basisrechtsakten verankert ist. Insoweit handelt es sich ebenfalls um nachrangiges Tertiärrecht.[9] Der Umfang der übertragenen Durchführungsbefugnisse wird im betreffenden Basisrechtsakt selbst festgelegt, so dass sich die Durchführungsrechtsakte der Kommission und des Rates in diesem Rahmen halten müssen. Darüber hinaus müssen sie als Tertiärrecht mit dem übergeordneten Primär- und Sekundärrecht vereinbar sein.

4.17 In den Fällen, in denen die delegierten Rechtsakte (Art. 290 AEUV) und die Durchführungsrechtsakte (Art. 291 Abs. 2 AEUV) über den betreffenden Ermächtigungsrahmen hinausgehen, sind sie nichtig. Das Gleiche gilt, wenn sie mit Primär- oder Sekundärrecht nicht vereinbar sind.[10] Die **Nichtigkeitserklärung** erfolgt entweder auf Grund einer Nichtigkeitsklage zum EuGH (Art. 263 AEUV), wobei auch unter bestimmten Voraussetzungen natürliche und juristische Personen klagebefugt sind (Art. 263

---

1 *Mögele* in Streinz³, Art. 216 AEUV Rz. 59; *Schmalenbach* in Calliess/Ruffert⁵, Art. 216 AEUV Rz. 50; *Hobe*, Europarecht⁹, Rz. 476.
2 EuGH v. 10.9.1996 – C-61/94 – KOM/Deutschland, ECLI:EU:C:1996:313, Rz. 52; *Mögele* in Streinz², Art. 216 AEUV Rz. 52.
3 *Mögele* in Streinz³, Art. 216 AEUV Rz. 42.
4 EuGH v. 14.12.2000 – C-300/98, 392/98 – Dior u.a., ECLI:EU:C:2000:688, Rz. 48; *Vöneky/Beylage-Haarmann* in G/H/N, Art. 216 AEUV Rz. 33; *Mögele* in Streinz³, Art. 216 AEUV Rz. 74; zur unmittelbaren Wirksamkeit von Regelungen, die in den ausschließlichen Kompetenzbereich der Mitgliedstaaten fallen *Schmalenbach* in Calliess/Ruffert⁵, Art. 216 AEUV Rz. 44.
5 *Mögele* in Streinz³, Art. 216 AEUV Rz. 56.
6 *Nettesheim* in G/H/N, Art. 291 AEUV Rz. 25; *Gellermann* in Streinz³, Art. 290 AEUV Rz. 4.
7 *Gellermann* in Streinz³, Art. 290 AEUV Rz. 3.
8 *Nettesheim* in G/H/N, Art. 290 AEUV Rz. 27.
9 *Nettesheim* in G/H/N, Art. 291 AEUV Rz. 58.
10 *Gellermann* in Streinz³, Art. 290 AEUV Rz. 3.

Abs. 4 AEUV), oder aber inzidenter im Rahmen eines Vorabentscheidungsverfahrens (Art. 267 AEUV).[1]

C. Anwendungsvorrang des Unionsrechts

I. Grundsätze

Obwohl weder das GG noch der EUV und der AEUV (eindeutige) Regelungen über etwaige Normenkollisionen zwischen Unionsrecht und (deutschem) nationalem Recht enthalten, ist der **Vorrang des Unionsrechts** heute[2] im Grundsatz unstreitig.[3] Aus europarechtlicher Sicht (zu verfassungsrechtlichen Vorbehalten Rz. 4.21 ff.) folgt die Vorrangstellung des Unionsrechts aus der Notwendigkeit, die insbesondere in Art. 4 Abs. 3 EUV angeführten Vertragsziele zu erreichen und die Diskriminierungsverbote (Art. 18 AEUV) durchzusetzen.[4] Neben dieser teleologischen Begründung ergibt sich die Vorrangstellung des Unionsrechts mittelbar auch aus Art. 288 Abs. 2 Satz 2 AEUV, wonach Verordnungen als Sekundärrecht verbindlich sind und unmittelbar in jedem Mitgliedstaat Geltung haben. Diese Regelung ginge ins Leere, wenn sie durch nationales Recht überspielt werden könnte, wodurch die EU ihre Rechtsgrundlage verlöre.[5]

4.18

Im Falle der **Kollision** von Unionsrecht und nationalem Recht[6] gilt daher Folgendes: Das Unionsrecht hat stets Vorrang vor dem nationalen Recht, und zwar unabhängig davon, ob es sich hierbei um Bundes-, Landes- oder Kommunalrecht handelt.[7] Hierbei spielt es keine Rolle, welchen Rang die betreffende Norm innerhalb der Normenhierarchie des Unionsrechts einnimmt. Ebenso wenig ist von Bedeutung, auf welcher Rangstufe die kollidierenden Normen des nationalen Rechts angesiedelt sind.[8] Das bedeutet, dass Primär-, Sekundär- und Tertiärrecht gleichermaßen im Grundsatz Vorrang gegenüber dem jeweiligen nationalen Verfassungsrecht (zu den Vorbehalten Rz. 4.21 ff.) beanspruchen.[9] Hieraus folgt z.B., dass die Vereinbarkeit einer steuerrechtlichen Norm mit dem GG keiner Prüfung bedarf, wenn sie schon (vorrangig) wegen Verstoßes gegen das Unionsrecht unangewendet bleibt.[10] Im Übrigen unterbleibt eine Prüfung in den Fällen, in denen Unionsrecht (z.B. Richtlinien) in deutsches Recht umgesetzt worden ist, ohne dass dem deutschen Gesetzgeber ein Umsetzungsspielraum eingeräumt wurde.[11] Dem entsprechend sind Rechtsvorschriften des deutschen Gesetzgebers, die im Rahmen ei-

4.19

---

1 *Ehricke* in Streinz³, Art. 263 AEUV Rz. 11, 54 f., Art. 267 AEUV Rz. 19.
2 Vgl. zu den früheren Kontroversen *Nettesheim* in G/H/N, Art. 288 AEUV Rz. 47 f.
3 Vgl. die Nachweise bei *Nettesheim* in O/C/N, Europarecht⁸, § 10 Rz. 4 ff.
4 Vgl. EuGH v. 15.7.1964 – C-6/64 – Costa/E.N.E.L., ECLI:EU:C:1964:66.
5 EuGH v. 15.7.1964 – C-6/64 – Costa/E.N.E.L., ECLI:EU:C:1964:66; seitdem ständige Rechtsprechung des EuGH, z.B. EuGH v. 17.12.1970 – C-11/70 – Internationale Handelsgesellschaft, ECLI:EU:C:1970:114; v. 9.3.1978 – C-106/77 – Simmenthal, ECLI:EU:C:1978:49; v. 11.1.2000 – C-285/98 – Kreil, ECLI:EU:C:2000:2.
6 Zur Rangabstufung als Kollisionsregel *Nettesheim* in O/C/N, Europarecht⁸, § 10 Rz. 33; *Funke*, DÖV 2007, 733.
7 EuGH v. 29.4.1999 – C-224/97 – Ciola, ECLI:EU:C:1999:212.
8 *Nettesheim* in G/H/N, Art. 288 AEUV Rz. 52; *Nettesheim* in O/C/N, Europarecht⁸, § 10 Rz. 34.
9 EuGH v. 17.12.1970 – C-11/70 – Internationale Handelsgesellschaft, ECLI:EU:C:1970:114, Rz. 3; v. 13.12.1979 – C-44/79 – Hauer, ECLI:EU:C:1979:290, Rz. 14; *Schroeder* in Streinz³, Art. 288 AEUV Rz. 44; *Nettesheim* in G/H/N, Art. 288 AEUV Rz. 52; *Ipsen*, HdbStR VII, 1992, 792.
10 BVerfG v. 4.10.2011 – 1 BvL 3/08, BVerfGE 129, 186; BFH v. 6.3.2013 – I R 14/07, BFHE 241, 185 = FR 2013, 867 m. Anm. *Nöcker* = ISR 2013, 287 m. Anm. *Quilitzsch* = GmbHR 2013, 875 m. Anm. *Haritz/Werneburg*.
11 BVerfG. v. 22.10.1986 – 2 BvR 197/83; BVerfGE 73, 339 (387); BVerfG. v. 7.6.2000 – 2 BvL 1/97; BVerfGE 102, 147 (162 ff.); BVerfG. v. 13.3.2007 – 1 BvF 1/05; BVerfGE 118, 79(95); BVerfG. v. 11.3.2008 – 1 BvR 256/08; BVerfGE 121, 1(15); BVerfG. v. 14.10.2008 – 1 BvF 4/05; BVerfGE 122, 1 (20); BVerfG. v. 21.9.2016 – 2 BvL 1/15; StV 2017, 71; zur fortbestehenden Identitätskontrolle Rz. 4.23.

nes verbliebenen Umsetzungsspielraums ergangen sind, der verfassungsrechtlichen Kontrolle zugänglich.[1]

4.20 Der Vorrang des Unionsrechts gilt auch in den Fällen, in denen kollidierendes nationales Recht zu einem späteren Zeitpunkt in Kraft getreten ist.[2] Eine dem Unionsrecht widersprechende Rechtsnorm des nationalen Rechts ist nicht etwa nichtig, sondern **unanwendbar**, soweit die Kollision reicht.[3] Dieser Anwendungsvorrang des Unionsrechts gilt ohne weiteres und unmittelbar mit der Folge, dass sie von Legislative, Exekutive und Judikative gleichermaßen beachtet werden muss.[4] Ein Verwerfungsmonopol gibt es daher insoweit nicht.[5]

II. Verfassungsrechtliche Vorbehalte

4.21 Der Vorrang des Unionsrechts wird von den Mitgliedstaaten in ihren nationalen Rechtsordnungen nachvollzogen und damit im Ergebnis anerkannt.[6] Das gilt auf der Grundlage von Art. 23 Abs. 1 GG auch für das deutsche Recht.[7] Vorbehalte zum Vorrang des Unionsrechts gelten allerdings im **Verhältnis zum deutschen Verfassungsrecht**, und zwar unter dem Gesichtspunkt des Grundrechtschutzes, der Einhaltung der Kompetenzgrenzen und des Schutzes der Verfassungsidentität.[8]

4.22 Hierzu folgende Einzelheiten:[9] Unter dem Gesichtspunkt des vom GG verbürgten Grundrechtschutzes übt das BVerfG eine **Grundrechtskontrolle** dahingehend aus, ob das Unionsrecht mit den im GG verankerten Grundrechten vereinbar ist und daher in Deutschland zur Anwendung kommen darf. Während das BVerfG[10] zunächst davon ausging, das Unionsrecht sei an den deutschen Grundrechten zu messen, solange das Unionsvertragsrecht keinen dem Grundrechtskatalog entsprechenden Katalog von Grundrechten enthält,[11] hat das BVerfG zu einem späteren Zeitpunkt[12] entschieden, dass es seine Gerichtsbarkeit über die Anwendbarkeit von Sekundär- und Tertiärrecht nicht mehr ausüben werde, weil der vom Unionsvertragsrecht garantierte Grundrechtschutz dem deutschen Grundrechtstandard entspreche, so dass insoweit Vorlagen (Art. 100 Abs. 1 GG) sowie Verfassungsbeschwerden unzulässig seien.[13] Demgegenüber wurde in nachfolgenden Entscheidungen die Grundrechtskontrolle gegenüber dem Sekundärrecht wieder aktiviert[14] mit der Folge, dass das BVerfG die Vereinbarkeit eines nationalen Gesetzes mit dem GG z.B. auch dann überprüft, wenn zugleich Zweifel an der Vereinbarkeit des Geset-

---

1 BVerfG. v. 14.10.2008 – 1 BvF 4/05; BVerfGE 122, 1 (20); BVerfG v. 19.7.2011 – 1 BvR 1916/09, BVerfGE 129, 78 (90 f.); BVerfG v. 15.12.2015 – 2 BvR 2735/14, StV 2016, 220; BVerfG v. 21.9.2016 – 1 BvL 1/15, StV 2017, 72.
2 Die Lex-posterior-Regel gilt also nicht; hierzu *Nettesheim* in G/H/N, Art. 288 AEUV Rz. 52.
3 EuGH v. 9.3.1978 – C-106/77 – Simmenthal, ECLI:EU:C:1978:49; v. 11.7.1989 – C-170/88 – Ford España, ECLI:EU:C:1989:306; v. 13.3.1997 – C-358/95 – Morellato, ECLI:EU:C:1997:149; v. 22.10.1998 – C-10-22/97 – IN.CO.GE.'90 u.a., ECLI:EU:C:1998:498; *Nettesheim* in G/H/N, Art. 288 AEUV Rz. 53.
4 EuGH v. 12.6.1990 – C-8/88 – Deutschland/KOM, ECLI:EU:C:1990:241; v. 22.6.1989 – C-103/88 – Fratelli Costanzo, ECLI:EU:C:1989:256.
5 EuGH v. 4.6.1992 – C-13/91 und C-113/91 – Debus, ECLI:EU:C:1992:247; *Nettesheim* in G/H/N, Art. 288 AEUV Rz. 52 f.
6 Vgl. hierzu die Übersicht bei *Nettesheim* in O/C/N, Europarecht[8], § 10 Rz. 28 ff.
7 BVerfG v. 18.10.1967 – 1 BvR 248/63 u. 216/67, BVerfGE 22, 293 (296); v. 9.6.1971 – 2 BvR 225/69, BVerfGE 31, 145.
8 Vgl. *Streinz* in Sachs[8], Art. 23 GG Rz. 42; *Nettesheim* in G/H/N, Art. 288 AEUV Rz. 56.
9 Ausführlich *Nettesheim* in G/H/N, Art. 288 AEUV Rz. 57 ff.
10 BVerfG v. 29.5.1974 – 2 BvL 52/71, BVerfGE 37, 271 (Solange I).
11 BVerfG v. 29.5.1974 – 2 BvL 52/71, BVerfGE 37, 271 (285).
12 BVerfG v. 22.10.1986 – 2 BvR 197/83, BVerfGE 73, 339 (Solange II).
13 Hierzu *Ipsen*, EuR 1987, 1 ff.; *Fedder*, NJW 1987, 526; *Stein* in FS Zeidler, Bd. II, 1987, S. 1711 ff.; vgl. auch BVerfG v. 8.4.1987 – 2 BvR 687/85, BVerfGE 75, 223 = UR 1987, 355 m. Anm. *Weiß*.
14 BVerfG v. 12.10.1993 – 2 BvR 2134, 2159/92, BVerfGE 89, 155 (Maastricht); v. 22.1.1997 – 2 BvR 1915/91, BVerfGE 95, 173 (Tabaketikettierung).

zes mit Sekundärrecht bestehen.¹ Im Hinblick darauf, dass der Wesensgehalt der Grundrechte durch die Rechtsprechung des EuGH auf der Grundlage des Unionsvertragsrechts generell verbürgt ist, erfolgt allerdings nach dem derzeitigen Stand der Rechtsprechung des BVerfG² im Grundsatz keine Grundrechtskontrolle mehr, weil der unabdingbar gebotene Grundrechtsschutz auf Unionsebene gewährleistet ist.

Hinsichtlich der **Einhaltung der Kompetenzgrenzen** erfolgt seitens des BVerfG eine Ultra-vires-Kontrolle, denn Sekundärrecht kann nur dann einen Vorrang beanspruchen, wenn es auf Grund einer ausdrücklichen im Unionsvertragsrecht enthaltenen Ermächtigung erlassen worden ist.³ Im Hinblick darauf, dass unionsrechtlich für etwa ausbrechende Rechtsakte der EuGH zuständig ist,⁴ wird das BVerfG nur dann tätig werden, wenn der Verstoß gegen das Kompetenzgefüge offensichtlich ist und zudem erheblich ins Gewicht fällt.⁵ Das BVerfG wird unter dem Gesichtspunkt des Schutzes der Verfassungsidentität ferner dann tätig (**Identitätskontrolle**), wenn durch den fortschreitenden Integrationsprozess die deutsche Verfassungsidentität ausgehöhlt wird.⁶

4.23

D. Einwirkung des Unionsrechts auf das innerstaatliche Steuerrecht

I. Primärrecht

1. Überblick

Wegen der Vorrangstellung des Unionsrechts gegenüber dem nationalen Recht (vgl. hierzu Rz. 4.18) ergibt sich, dass insbesondere das Primärrecht auf das innerstaatliche Steuerrecht einwirkt. Das gilt namentlich für den Bereich der direkten Steuern, die bislang etwa auf Grund von **Richtlinien** nur vereinzelt harmonisiert sind. Hier hat der EuGH in besonderer Weise die Grundfreiheiten (Art. 26 Abs. 2 AEUV) aktiviert und dabei tiefe Spuren im deutschen Steuerrecht hinterlassen.⁷ Nur einige Beispiele: Neufassung des § 1 Abs. 3 EStG und Einführung des § 1a EStG, wonach im Rahmen der sog. erweiterten unbeschränkten Einkommensteuerpflicht beschränkt steuerpflichtige Unionsbürger das Ehegattensplitting in Anspruch nehmen können, wenn sie ihr Einkommen ganz oder fast ausschließlich in Deutschland erzielen und ihr Familienwohnsitz in einem anderen EU-Mitgliedstaat liegt;⁸ Begrenzung der Verlustausgleichsbeschränkung (§ 2a EStG) auf Drittstaateneinkünfte (§ 2a Abs. 1 EStG);⁹ Einschränkung der Hinzurechnungsbesteuerung bei Beteiligung an EU-Kapitalgesellschaften (§ 8 Abs. 2 AStG);¹⁰ Ein-

4.24

---

1 BVerfG v. 21.3.2018 – 1 BvF 1/13, NJW 2018, 2019 Ls. 3.
2 BVerfG v. 7.6.2000 – 2 BvL 1/97, BVerfGE 102, 147 (Bananenmarkt); v. 13.3.2007 – 1 BvF 1/05, BVerfGE 118, 79.
3 BVerfG v. 12.10.1993 – 2 BvR 2134, 2159/92, BVerfGE 89, 155 (Maastricht).
4 EuGH v. 22.10.1987 – C-314/85 – Foto-Frost, ECLI:EU:C:1987:452.
5 BVerfG v. 6.7.2010 – 2 BvR 2661/06, BVerfGE 126, 286 (304) (Honeywell); v. 14.1.2014 – 2 BvR 2728/13 u.a., BVerfGE 135, 317 (OMT).
6 BVerfG v. 30.6.2009 – 2 BvE 2, 5/08 u.a., BVerfGE 123, 267 (Lissabon); v. 7.11.2011 – 2 BvR 987, 1485, 1099/10, BVerfGE 129, 124 (EFSF); v. 18.3.2014 – 2 BvR 1390/12 u.a., BVerfGE 135, 317 (ESM); ferner BVerfG v. 15.12.2015 – 2 BvR 2735/14, BVerfGE 140, 317 (Identitätskontrolle I).
7 Hierzu *Schön*, StbJb. 2003/2004, 27 ff.; *Rödder*, DStR 2004, 1629 ff.; *Schaumburg*, DB 2005, 1129 ff.
8 Als Folge von EuGH v. 14.2.1995 – C-279/93 – Schumacker, ECLI:EU:C:1995:31 = FR 1995, 224 m. Anm. *Waterkamp-Faupel*; v. 11.8.1995 – C-80/94 – Wielockx, ECLI:EU:C:1995:271; ferner EuGH v. 25.1.2007 – C-329/05 – Meindl, ECLI:EU:C:2007:57, wonach § 1 Abs. 3, § 1a Abs. 1 EStG wiederum neu gefasst wurden.
9 Zurückzuführen auf EuGH v. 29.3.2007 – C-347/04 – Rewe Zentral Finanz, ECLI:EU:C:2007:194 = GmbHR 2007, 494 m. Anm. *Rehm/Nagler*.
10 Reaktion auf EuGH v. 12.9.2006 – C-196/04 – Cadbury Schweppes, ECLI:EU:C:2006:544 = GmbHR 2006, 1049 m. Anm. *Kleinert* = FR 2006, 987 m. Anm. *Lieber*.

schränkung der Wegzugsbesteuerung bei Wegzug in EU-/EWR-Staaten (§ 6 Abs. 5 AStG).[1] Soweit das innerstaatliche Steuerrecht ganz oder teilweise harmonisiert ist, sind die Einwirkungen des Primärrechts von geringerer Bedeutung. Soweit nämlich etwa EU-Richtlinien zutreffend in innerstaatliches Steuerrecht umgesetzt worden sind, spricht eine Vermutung dafür, dass diese mit Primärrecht, vor allem mit den Grundfreiheiten (Art. 26 Abs. 2 AEUV) vereinbar sind[2] mit der Folge, dass in aller Regel in Fällen der Vollharmonisierung umgesetztes nationales Recht (z.b. UStG) am betreffenden Sekundärrecht (z.B. MwStSystRL) und nicht unmittelbar am Primärrecht gemessen wird.[3] Soweit es sich um nicht vollharmonisiertes Recht handelt (z.B. EStG/KStG), orientiert sich dagegen die Prüfung unmittelbar am Primärrecht, etwa an den Grundfreiheiten.[4] Das ändert aber nichts an dem Grundsatz, dass wegen des Vorrangs des Primärrechts insbesondere Richtlinien z.B. an den Grundfreiheiten (Art. 26 Abs. 2 AEUV) zu messen sind.[5] Richtlinienkonformes deutsches Steuerrecht ist somit der Verwerfung wegen Verstoßes gegen die Grundfreiheiten (Art. 26 Abs. 2 AEUV) durch den EuGH ausgesetzt.[6] Hieraus folgt weiter, dass richtlinienkonform umgesetztes innerstaatliches Steuerrecht stets in Orientierung an die Grundfreiheiten auszulegen ist.[7]

4.25 Folgende dem Primärrecht zuzuordnende Regelungsbereiche haben für das nationale (deutsche) Steuerrecht Bedeutung: Grundrechte (Art. 6 EUV), allgemeines Diskriminierungsverbot (Art. 18 AEUV), allgemeines Freizügigkeitsrecht (Art. 21 AEUV), Grundfreiheiten (Art. 26 Abs. 2 AEUV).

2. Grundrechte, allgemeines Diskriminierungsverbot, allgemeines Freizügigkeitsrecht

4.26 Die in Art. 6 EUV geregelten **Chartagrundrechte** (Art. 6 Abs. 1 Unterabs. 1 EUV) und die **Unionsgrundrechte** (Art. 6 Abs. 3 EUV) gehören zu den rechtsverbindlichen Grundlagenentscheidungen der EU, die weitgehend identisch sind mit den in den einzelnen Verfassungen der Mitgliedstaaten verankerten Grundrechten. Diese Doppelbindung an unionale und nationale Grundrechte bewirkt im Hinblick auf die Meistbegünstigungsklausel des Art. 53 GrCh,[8] dass das BVerfG in aller Regel keinen Anlass hat, Unionsrecht an den Grundrechten des Grundgesetzes zu messen (vgl. hierzu Rz. 4.21 ff.). Demgegenüber hat der EuGH in zahlreichen Fällen die Unionsgrundrechte (Art. 6 Abs. 3 EUV) zur Anwendung

---

1 Folge von EuGH v. 11.3.2004 – C-9/02 – Hughes de Lasteyrie du Saillant, ECLI:EU:C:2004:138 = GmbHR 2004, 504 m. Anm. *Meilicke*.
2 EuGH v. 15.6.1994 – C-137/92 P – KOM/BASF, ECLI:EU:C:1994:247 Rz. 48; v. 8.7.1999 – C-200/92 – ICI/KOM, Slg. 1999, I-4399 Rz. 69; v. 8.7.1999 – C-227/92 P – Hoechst/KOM, Slg. 1999, I-4443 Rz. 69; *Ruffert* in Calliess/Ruffert[5], Art. 288 AEUV Rz. 14.
3 EuGH v. 1.7.2014 – C-573/12 – Ålands Vindkraft, ECLI:EU:C:2014:237, Rz. 57.
4 Vgl. EuGH v. 2.3.2017 – C-14/16 – Euro Park Service, ECLI:EU:C:2017:177, Rz. 18 ff.; v. 20.12.2017 – C-504/16 u. C-613/16 – Deister-Holding u. Juhler Holding, ECLI:EU:C:2017:1009, Rz. 45 f.; hierzu weiterführend *Cordewener* in Europäisches Steuerrecht, DStJG 41 (2018), S. 195, 2013 f.
5 Die EuGH-Rechtsprechung ist nicht ganz eindeutig; vgl. aber im vorgenannten Sinne EuGH v. 18.9.2003 – C-168/01 – Bosal, Slg. 2003, I-9409; v. 29.11.2011 – C-371/10 – National Grid Indus, IStR 2012, 27 = FR 2012, 25 m. Anm. *Musil*; v. 6.9.2012 – C-38/10 – KOM/Portugal, ECLI:EU:C:2012:521 = ISR 2012, 60 m. Anm. *Müller*; v. 25.4.2013 – C-64/11 – KOM/Spanien, EU:C:2013:264 = ISR 2013, 225 m. Anm. *Müller*; anders dagegen möglicherweise EuGH v. 18.11.2008 – C-158/07 – Förster, NVwZ 2009, 23; v. 21.7.2011 – C-397/09 – Scheuten Solar, IStR 2011, 590 = GmbHR 2011, 935 m. Anm. *Rehm/Nagler*; so der Hinweis von *Mitschke*, IStR 2013, 15 ff. (16 f.).
6 Ebenso *Körner*, IStR 2011, 527 ff. (529); *Linn*, IStR 2011, 817 ff. (818); **a.A.** *Mitschke*, IStR 2011, 294 ff.; *Mitschke*, IStR 2013, 15 ff.
7 EuGH v. 12.11.1969 – C-29/69 – Stauder, Slg. 1969, 419 Rz. 4 ff.; v. 25.11.1986 – C-201, 202/85 – Klensch, Slg. 1986, 3477 Rz. 21; v. 21.3.1991 – C-314/89 – Rauh, Slg. 1991, I-1647 Rz. 17; v. 27.1.1994 – C-98/91 – Herbrink, Slg. 1994, I-248 Rz. 9; v. 18.9.2003 – C-168/01 – Bosal, Slg. 2003, I-9409 Rz. 27; *Schroeder* in Streinz[3], Art. 288 AEUV Rz. 20; *Körner*, IStR 2011, 527 ff. (529).
8 Hierzu *Streinz/Michl* in Streinz[3], Art. 53 GrCh Rz. 3 f.

gebracht,¹ allerdings nicht für das Steuerrecht: Hier haben die Unionsgrundrechte und die Chartagrundrechte noch keinen unmittelbaren Niederschlag gefunden. Etwas anderes gilt freilich im Zusammenhang mit den **Grundfreiheiten** (Art. 26 Abs. 2 AEUV), wo auf der Rechtfertigungsebene das Prinzip der Verhältnismäßigkeit² aktiviert wird. Im Übrigen sind die vorbezeichneten Grundrechte und die Grundfreiheiten voneinander zu trennen. Verpflichtungsadressaten sowohl der Grundrechte als auch der Grundfreiheiten sind zwar die Mitgliedstaaten gleichermaßen, soweit es um die Durchführung bzw. Umsetzung des Unionsrechts geht; die Grundfreiheiten sind aber binnenmarktfinal. Ihre Wirkung beschränkt sich auf grenzüberschreitende Sachverhalte. Demgegenüber kommen die unionalen Grundrechte für alle Unionsbürger zur Anwendung, auch wenn es sich nicht um grenzüberschreitende Sachverhalte handelt.³

Das in Art. 18 AEUV verankerte allgemeine **Diskriminierungsverbot** (aus Gründen der Staatsangehörigkeit) hat für das innerstaatliche (deutsche) Steuerrecht noch keine Bedeutung erlangt.⁴ Dies beruht im Wesentlichen darauf, dass der Gewährleistungsgehalt des allgemeinen Diskriminierungsverbots (Art. 18 AEUV) einerseits und der Grundfreiheiten (Art. 26 Abs. 2 AEUV) andererseits gleich ist, so dass im Hinblick auf den Wortlaut des Art. 18 AEUV („unbeschadet besonderer Bestimmungen der Verträge") die Grundfreiheiten vorgehen.⁵

4.27

Das in Art. 21 AEUV verankerte allgemeine **Freizügigkeitsrecht** hat für das innerstaatliche (deutsche) Steuerrecht ebenfalls keine Bedeutung, weil die für erwerbstätige Unionsbürger maßgeblichen besonderen Freizügigkeitsrechte (Art. 45 ff. AEUV) als speziellere Regelungen vorgehen.⁶ Etwas anderes gilt in den Fällen, in denen keine wirtschaftliche Betätigung erfolgt,⁷ also keine von den Grundfreiheiten geschützten Einkünfte gegeben sind.⁸

4.28

3. Grundfreiheiten

Die vier in Art. 26 Abs. 2 AEUV verankerten Grundfreiheiten sind die Warenverkehrsfreiheit (Art. 28 ff. AEUV), die Personenfreizügigkeit, und zwar die Arbeitnehmerfreizügigkeit (Art. 45 AEUV) und die Niederlassungsfreiheit (Art. 49 AEUV), die Dienstleistungsfreiheit (Art. 56 AEUV) und die Kapitalverkehrsfreiheit (Art. 63 AEUV). Die vorgenannten Grundfreiheiten sind **binnenmarktfinal**, das bedeutet, dass sie nach ihrer Zielrichtung einen freien Verkehr von Waren und Dienstleistungen, von Personen und Kapital über die Grenzen zwischen den Mitgliedstaaten hinweg gewährleisten. Damit errichten sie

4.29

---

1 Hierzu der Überblick bei *Streinz* in Streinz³, Art. 6 EUV Rz. 29 ff.
2 Rechtsstaatliche Garantie, die den Unionsgrundrechten zugeordnet wird; vgl. *Streinz* in Streinz³, Art. 6 EUV Rz. 31 m.w.N.
3 *Streinz* in Streinz³, Art. 6 EUV Rz. 34.
4 *Musil* in Musil/Weber-Grellet, Europäisches Steuerrecht, Art. 18 AEUV Rz. 16.
5 Aus der Rechtsprechung des EuGH: EuGH v. 14.7.1994 – C-379/92 – Peralta, Slg. 1994, I-3453 Rz. 18; v. 12.4.1994 – C-1/93 – Halliburton Services, Slg. 1994, I-1137 Rz. 12; v. 30.5.1989 – C-305/87 – KOM/Griechenland, Slg. 1989, 1461 Rz. 12, 13; v. 11.10.2007 – C-443/06 – Hollmann, Slg. 2007, I-8491 Rz. 28; v. 10.9.2009 – C-269/07 – KOM/Deutschland, BFH/NV 2009, 1930 = FR 2009, 964 Rz. 98; Anm. *Mitschke*, FR 2009, 971; *Streinz* in Streinz³, Art. 18 AEUV Rz. 2; *Epiney* in Calliess/Ruffert⁵, Art. 18 AEUV Rz. 1; *Khan* in Geiger/Khan/Kotzur⁶, Art. 18 AEUV Rz. 2; *Kokott*, Steuerrecht der EU, § 3 Rz. 261; zur Herleitung im Einzelnen *Englisch*, Wettbewerbsgleichheit im grenzüberschreitenden Handel, S. 298 ff.
6 EuGH v. 19.1.1999 – C-348/96 – Calfa, Slg. 1999, I-11 Rz. 29 f.; v. 17.1.2008 – C-152/05 – KOM/Deutschland, Slg. 2008, I-39 Rz. 18; *Magiera* in Streinz³, Art. 21 AEUV Rz. 7.
7 *Giegerich* in S/Z/K, Europarecht³, § 9 Rz. 36; *Musil* in Musil/Weber-Grellet, Europäisches Steuerrecht, Art. 21 AEUV Rz. 23.
8 Vgl. zur wegzugsbedingten Rückzahlung von Zulagen auf das ausgezahlte geförderte Altersvorsorgevermögen (§ 59 Abs. 1 EStG) EuGH v. 10.9.2009 – C-269/07 – KOM/Deutschland, BFH/NV 2009, 1930 = FR 2009, 964 m. Anm. *Mitschke*; zu weiteren Fallgestaltungen *Musil* in Musil/Weber-Grellet, Europäisches Steuerrecht, Art. 21 AEUV Rz. 24; *Schnitger*, Die Grenzen der Einwirkung der Grundfreiheiten des EG-Vertrages auf das Ertragsteuerrecht, S. 62 f.

eine **Schrankenwirkung** gegenüber nationalen Vorschriften, soweit diese z.B. den grenzüberschreitenden Wirtschaftsverkehr behindern. Geschützt wird in diesem Zusammenhang eine wirtschaftliche Tätigkeit, wobei der Schutzbereich sehr weit gezogen ist, so dass sich etwa auch gemeinnützige Körperschaften auf die Grundfreiheiten berufen können, obwohl ihre Tätigkeiten nicht auf Gewinnerzielungsabsicht beruhen.[1]

4.30 Soweit es insbesondere um die Arbeitnehmerfreizügigkeit (Art. 45 AEUV), die Niederlassungsfreiheit (Art. 49 AEUV), die Dienstleistungsfreiheit (Art. 56 AEUV) und die Kapitalverkehrsfreiheit (Art. 63 AEUV) geht, ist eine **Inländergleichbehandlung**[2] dahingehend gewährleistet, dass jeder ausländische Unionsbürger im Ergebnis wie ein inländischer Staatsbürger behandelt wird. Da die Normen des deutschen Steuerrechts indessen nur ausnahmsweise an die Staatsangehörigkeit anknüpfen,[3] stehen sog. versteckte Diskriminierungen[4] im Vordergrund. Da hierdurch nicht nur natürliche, sondern auch juristische Personen betroffen sind, erstreckt sich der Schutzbereich der Grundfreiheiten, soweit es nicht um die Arbeitnehmerfreizügigkeit (Art. 45 AEUV) geht, auch auf nach dem Recht eines Mitgliedstaats errichtete juristische Personen, insbesondere Kapitalgesellschaften und darüber hinaus auch auf nichtrechtsfähige Gesellschaften. Die Grundfreiheiten können auch von Staatsangehörigen der EWR-Staaten (Island, Liechtenstein, Norwegen) in Anspruch genommen werden. Dies beruht auf dem zwischen der EU und deren Mitgliedstaaten einerseits und den (früheren) EFTA-Vertragsparteien andererseits auf der Grundlage des Art. 310 EG-Vertrags[5] abgeschlossenen und zum 1.1.1994 in Kraft getretenen Abkommen über den Europäischen Wirtschaftsraum (EWR-Abkommen).[6] Angehörige von Drittstaaten haben somit grundsätzlich keinen Zugang zu dem von den Grundfreiheiten ausgehenden Schutzbereich.[7] Etwas anderes gilt allerdings für die Kapitalverkehrsfreiheit (Art. 63 AEUV), auf die sich ausnahmsweise auch Angehörige von Drittstaaten berufen können (zu Einzelheiten Rz. 4.46 ff.).

4.31 Die in Art. 26 Abs. 2 AEUV verankerten Grundfreiheiten sind vom EuGH über das eigentliche Diskriminierungsverbot im Sinne einer Inländergleichbehandlung hinaus zu einem **Beschränkungsverbot**[8] dahingehend entwickelt worden,[9] dass auch Inländer unter die Schutzwirkung der Grundfreiheiten fallen, soweit sie grenzüberschreitend oder im EU-Ausland tätig sind.[10]

4.32 Zur Einhaltung der Grundfreiheiten sind in erster Linie die **Mitgliedstaaten** verpflichtet, so dass etwa in Deutschland die Grundfreiheiten für Gesetzgebung, Verwaltung und Rechtsprechung gleicherma-

---

1 EuGH v. 14.9.2006 – C-386/04 – Stauffer, Slg. 2006, I-8203; hierzu *Hüttemann/Helios*, DB 2006, 2481 ff.; *Jachmann*, BB 2006, 2607 ff.
2 Es wird auch der Begriff der „Inländerbehandlung" verwendet.
3 Z.B. § 2 Abs. 1 AStG, § 2 Abs. 1 Nr. 1 Satz 2 Buchst. b ErbStG.
4 Seit EuGH v. 16.2.1978 – C-61/77 – Seefischerei, Slg. 1978, 417 f.; vgl. zum Steuerrecht z.B. EuGH v. 14.2.1995 – C-279/93 – Schumacker, Slg. 1995, I-249 = FR 1995, 224 m. Anm. *Waterkamp-Faupel*; v. 27.6.1996 – C-107/94 – Asscher, Slg. 1996, I-3113 = FR 1996, 666 m. Anm. *Waterkamp-Faupel*.
5 Heute Art. 217 AEUV.
6 ABl. EG 1994 Nr. L 1.
7 Das gilt auch für Staatsangehörige von Drittstaaten, die mit der EU Assoziierungsabkommen abgeschlossen haben; Besonderheiten gelten allerdings im Bereich der Arbeitnehmerfreizügigkeit; vgl. hierzu das Freizügigkeitsabkommen mit der Schweiz (ABl. EG 2002 Nr. L 114, 6); hierzu EuGH v. 28.2.2013 – C-425/11 – Ettwein, ECLI:EU:C:2013:121 = IStR 2013, 353; ferner EuGH v. 26.2.2019 – C-581/17 – Wächtler, DStR 2019, 425.
8 Zur unterschiedlichen Terminologie von Beschränkungsverbot und Diskriminierungsverbot *Kokott* in FS BFH, S. 735 (739).
9 Nur beispielhaft: EuGH v. 12.12.2002 – C-385/00 – de Groot, Slg. 2002, I-11838 = FR 2003, 141 m. Anm. *Schnitger* zur Arbeitnehmerfreizügigkeit; v. 13.4.2000 – C-251/98 – Baars, Slg. 2000, I-2850 zur Niederlassungsfreiheit; v. 6.6.2000 – C-35/98 – Verkooijen, Slg. 2000, I-4113 = FR 2000, 720 m. Anm. *Dautzenberg* zur Kapitalverkehrsfreiheit; zu dieser Entwicklung *Cordewener*, Europäische Grundfreiheiten und nationales Steuerrecht, S. 104 ff.
10 Hierzu der Überblick bei *Kokott* in Lehner, Grundfreiheiten im Steuerrecht der EU-Staaten, S. 1 ff.; *Cordewener*, Europäische Grundfreiheiten und nationales Steuerrecht, S. 288 ff.

ßen verbindlich sind. Darüber hinaus werden aber auch Körperschaften, Anstalten und Stiftungen öffentlichen Rechts sowie unter bestimmten Voraussetzungen insbesondere im Zusammenhang mit der Arbeitnehmerfreizügigkeit (Art. 45 AEUV) auch private Rechtssubjekte verpflichtet (Drittwirkung der Grundfreiheiten).[1] Die Verpflichtung zur Einhaltung der Grundfreiheiten durch die Mitgliedstaaten steht allerdings unter Missbrauchsvorbehalt,[2] wobei auch die Missbrauchsnormen des nationalen Rechts (z.B. § 42 AO) zur Anwendung kommen (Rz. 13.17 ff.).[3]

Die **Warenverkehrsfreiheit** (Art. 28 ff. AEUV) bildet den Kern des Binnenmarktes, dessen Funktionsfähigkeit im Wesentlichen darauf beruht, dass Ein- und Ausfuhrzölle oder Abgaben gleicher Wirkung zwischen den Mitgliedstaaten verboten sind (Art. 30 AEUV). Zu den Abgaben mit zollgleicher Wirkung gehören einseitige staatliche Abgaben, die auf eine Ware[4] aus Anlass eines Grenzübertritts erhoben werden, so z.B. Gebühren für bestimmte Genehmigungen oder Untersuchungen anlässlich des Grenzübertritts.[5] Inländische Abgaben steuerlicher Art, die auch grenzüberschreitende Belastungswirkungen erzeugen, fallen im Grundsatz nicht unter den Anwendungsbereich der Art. 28 ff. AEUV, sondern werden allenfalls von Art. 110 AEUV erfasst[6] mit der Folge, dass sie nicht das absolute Erhebungsverbot, sondern nur das im Art. 110 AEUV verankerte Diskriminierungsverbot trifft.[7] Soweit es sich freilich um eine Steuer handelt, die gezielt auf die Belastung von aus anderen Mitgliedstaaten eingeführten Waren abzielt, es sich also um eine Umgehung des Verbots von Einfuhrzöllen (Art. 30 AEUV) handelt, greifen die Art. 28 ff. AEUV ein.[8] Die Warenverkehrsfreiheit entfaltet somit für den Bereich der direkten und indirekten Steuern keine besonderen Schutzwirkungen.[9]

4.33

Die Art. 28 ff. AEUV werden indessen durch Art. 110 f. AEUV ergänzt. Hier sind folgende **Diskriminierungsverbote** geregelt: Gemäß Art. 110 Abs. 1 AEUV dürfen Mitgliedstaaten auf Waren aus anderen Mitgliedstaaten weder unmittelbar noch mittelbar höhere inländische Abgaben gleich welcher Art erheben als gleichartige inländische Waren unmittelbar oder mittelbar zu tragen haben.[10] Zu den vorgenannten Abgaben zählen neben indirekten Steuern[11] auch produktbezogene Beiträge und Gebühren.[12]

4.34

---

1 EuGH v. 15.12.1995 – C-415/93 – Bosman, Slg. 1995, I-4921; v. 6.6.2000 – C-281/98 – Angonese, Slg. 2009, I-4139; v. 11.12.2007 – C-438/05 – ITF, Slg. 2007, I-10806; zu weiteren Einzelheiten zur Drittwirkung bei der Arbeitnehmerfreizügigkeit *Franzen* in Streinz³, Art. 45 AEUV Rz. 92 ff.
2 Vgl. EuGH v. 12.5.1998 – C-367/96 – Kefalas, ECLI:EU:C:1998:222, Rz. 20; v. 7.7.1992 – C-370/90 – Singh, ECLI:EU:C:1992:296, Rz.24; speziell zur Mehrwertsteuer zuletzt EuGH v. 22.11.2017 – C-251/16 – Cussens u.a., DStRE 2018, 617; zum Missbrauchsverbot im Einzelnen *Kokott*, Steuerrecht der EU, § 2 Rz. 70 ff.
3 Vgl. nur EuGH v. 12.9.2006 – C-196/04 – Cadbury Schweppes, ECLI:EU:C:2006:544, Rz. 34 ff.
4 Hierzu zählen auch Gas und elektrischer Strom; vgl. EuGH v. 21.6.2007 – C-173/05 – KOM/Italien, ECLI:EU:C:2007:362, Rz. 39 (Gas); v. 1.7.2014 – C-573/12 – Ålands Vindkraft, ECLI.EU:C:2014:237, Rz. 66.
5 Vgl. die Übersicht zur EuGH-Rspr. bei *Herrmann* in G/H/N, Art. 30 AEUV Rz. 12, 17.
6 Exklusivitätsverhältnis: EuGH v. 18.6.1975 – C-94/74 – IGAV, Slg. 1975, 699 Rz. 10, 13; v. 15.6.2006 – C-393/04 u. C-41/05 – Air Liquide, Slg. 2006, I-5293 Rz. 50; *Schön*, EuR 2001, 216 (219).
7 EuGH v. 8.7.1965 – C-10/65 – von Fonzi, Slg. 1965, 642; v. 28.1.1981 – C-32/80 – Kortmann, Slg. 1981, 251 Rz. 14; v. 15.6.2006 – C-393/04 u. C-41/05 – Air Liquide, Slg. 2006, I-5293 Rz. 56; *Kamann* in Streinz³, Art. 110 AEUV Rz. 18.
8 EuGH v. 22.4.1999 – C-109/98 – CRT France International, Slg. 1999, I-2237; vgl. hierzu auch *Englisch*, Wettbewerbsgleichheit im grenzüberschreitenden Handel, S. 691 f.; *Balke*, Steuerliche Gestaltungsfreiheit der Mitgliedstaaten und freier Warenverkehr im Europäischen Binnenmarkt, S. 153 ff.
9 *Musil* in Musil/Weber-Grellet, Europäisches Steuerrecht, Art. 34 AEUV Rz. 16.
10 Zu den einzelnen Tatbestandsmerkmalen im Überblick mit Nachweisen aus der EuGH-Rechtsprechung *Nettesheim* in O/C/N, Europarecht⁸, § 35 Rz. 30 ff.
11 EuGH v. 2.4.1998 – C-213/96 – Outokumpu Oy, Slg. 1998, I-1777 ff. (Verbrauchsteuer auf eingeführte Elektrizität); v. 20.9.2007 – C-74/06 – KOM/Griechenland, Slg. 2007, I-7585 (Besteuerung eingeführter Gebrauchtwagen); weitere Beispiele bei *Kamann* in Streinz³, Art. 110 AEUV Rz. 15.
12 EuGH v. 22.3.1977 – C-78/76 – Absatzfonds, Slg. 1977, 595; v. 25.1.1977 – C-46/76 – Bauhuis/Niederlande, Slg. 1977, 5.

Art. 110 Abs. 2 AEUV untersagt den Mitgliedstaaten, auf Waren aus anderen Mitgliedstaaten Abgaben zu erheben, die geeignet sind, andere Produktionen mittelbar zu schützen (Protektionsverbot).[1] Obwohl sich der Wortlaut des Art. 110 AEUV nur auf die Einfuhr von Waren bezieht, hat der EuGH das Diskriminierungsverbot auch auf Ausfuhren in andere Mitgliedstaaten ausgedehnt, um so eine vollkommene Wettbewerbsneutralität zu gewährleisten.[2]

4.35 Art. 111 AEUV verbietet schließlich, dass bei der Ausfuhr in einen Mitgliedstaat die **Rückvergütung** für inländische Abgaben, zu denen auch direkte und indirekte Steuern gehören, höher ist als die auf die ausgeführten Waren mittelbar oder unmittelbar erhobenen inländischen Abgaben.[3]

4.36 Die **Arbeitnehmerfreizügigkeit** (Art. 45 ff. AEUV) gehört zusammen mit der Niederlassungsfreiheit für Selbständige (Art. 49 ff. AEUV) zu den personenbezogenen Grundfreiheiten, die die Freiheit des Personenverkehrs innerhalb der Union gewährleisten sollen. Kern der Arbeitnehmerfreizügigkeit ist das in Art. 45 Abs. 2 AEUV verankerte Gebot der Abschaffung jeder auf der Staatsangehörigkeit beruhenden unterschiedlichen Behandlung der Arbeitnehmer der Mitgliedstaaten in Bezug auf Beschäftigung, Entlohnung und sonstige Arbeitsbedingungen. Die Arbeitnehmerfreizügigkeit hat auf Grundlage der in Art. 40 EGV[4] eingeräumten Ermächtigung ihre sekundärrechtliche Konkretisierung durch verschiedene Rechtsverordnungen erfahren. Hierzu gehören insbesondere die beiden Freizügigkeitsverordnungen,[5] die die Einzelheiten über das Reise- und Aufenthaltsrecht der Unionsbürger regeln,[6] sowie die Richtlinie 2005/36/EG über die Anerkennung von Berufsqualifikationen.[7] Unter den Schutzbereich des Art. 45 AEUV fallen zwar im Grundsatz nur Unionsbürger und Staatsbürger der EWR-Staaten sowie deren Familienangehörige[8] soweit sie in EU-/EWR-Staaten ansässig sind, auf Grund verschiedener völkerrechtlicher Verträge werden unter bestimmten Voraussetzungen aber auch Drittstaatenangehörige und in Drittstaaten ansässige EU-/EWR-Staatsangehörige einbezogen. Hierzu gehört etwa das zwischen der EU und der Schweiz abgeschlossene Freizügigkeitsabkommen.[9]

4.37 Die Arbeitnehmerfreizügigkeit ist in besonderer Weise durch steuerliche Regelungen dann betroffen, wenn beschränkt steuerpflichtige Arbeitnehmer im Vergleich zu unbeschränkt steuerpflichtigen Arbeitnehmern benachteiligt werden (Diskriminierungsverbot).[10] Das Beschränkungsverbot ist dem-

---

1 Zu Einzelheiten mit Nachweisen aus der EuGH-Rechtsprechung *Kamann* in Streinz³, Art. 110 AEUV Rz. 26 ff.
2 EuGH v. 27.2.1980 – C-168/78 – KOM/Frankreich, Slg. 1980, 347 (359); v. 29.6.1978 – C-142/78 – Statens Kontrol, Slg. 1978, 1543 Rz. 21, 27; v. 22.5.2003 – C-355/00 – Freskot, Slg. 2003, I-5263 Rz. 45.
3 Einzelheiten bei *Kamann* in Streinz³, Art. 111 AEUV Rz. 1 ff.
4 Heute Art. 46 AEUV.
5 VO (EU) Nr. 492/2011 v. 5.4.2011 (ABl. EU 2011 Nr. L 492); VO Nr. 883/2004 v. 29.4.2004 (ABl. EG 2004 Nr. L 166, 1).
6 Hierzu *Pache* in S/Z/K, Europarecht³, § 10 Rz. 124 ff.
7 ABl. EU 2005 Nr. L 255, 22; hierzu *Pache* in S/Z/K, Europarecht³, § 10 Rz. 129.
8 UnionsbürgerRL v. 29.4.2004, Richtlinie 2004/38/EG, ABl. EU 2004 Nr. L 158, 77.
9 ABl. EG 2002 Nr. L 114, 6 = BGBl. II 2001, 810; vgl. hierzu EuGH v. 28.2.2013 – C-425/11 – Ettwein, ECLI:EU:C:2013:121 = BStBl. II 2013, 896, wonach auch in der Schweiz ansässige Unionsbürger und EWR-Staatsangehörige § 1a EStG beanspruchen können; vgl. zur Umsetzung BMF v. 16.9.2013, BStBl. I 2013, 1325; vgl. ferner EuGH v.- 26.2.2019 – C-581/17 – Wächtler, DStR 2019, 425 zur Wegzugsbesteuerung.
10 Aus der Rechtsprechung des EuGH: EuGH v. 28.1.1992 – C-204/90 – Bachmann, Slg. 1992, I-276; v. 14.2.1995 – C-279/93 – Schumacker, Slg. 1995, I-249 = FR 1995, 224 m. Anm. *Waterkamp-Faupel*; v. 27.6.1996 – C-107/94 – Asscher, Slg. 1996, I-3113 = FR 1996, 666 m. Anm. *Waterkamp-Faupel*; v. 12.5.1998 – C-336/96 – Gilly, Slg. 1998, I-2823 = FR 1998, 847 m. Anm. *Dautzenberg*; v. 14.9.1999 – C-391/97 – Gschwind, Slg. 1999, I-5478 = FR 1999, 1076 m. Anm. *Stapperfend*; v. 1.7.2004 – C-169/03 – Wallentin, Slg. 2004, I-6458; v. 21.2.2006 – C-152/03 – Ritter Coulais, Slg. 2006, I-1737; vgl. hierzu auch die Analyse der vorgenannten Urteile bei *Cordewener*, Europäische Grundfreiheiten und nationales Steuerrecht, S. 480 ff.; ferner die Hinweise bei *Musil* in Musil/Weber-Grellet, Europäisches Steuerrecht, Art. 45 AEUV Rz. 46 ff.

gegenüber tangiert, soweit die in einem anderen Mitgliedstaat erzielten Einkünfte aus nichtselbständiger Tätigkeit im Wohnsitzstaat zu steuerlichen Nachteilen führen.[1]

Die **Niederlassungsfreiheit** (Art. 49 ff. AEUV) betrifft die Freizügigkeit selbständiger Unternehmer und gehört somit zum Kernbereich der personenbezogenen Grundfreiheiten. Sie ist für das Unternehmensteuerrecht diejenige Grundfreiheit, an der sich europaweit die entsprechende Normenwelt zu orientieren hat. Von der Reichweite der Niederlassungsfreiheit werden natürliche Personen erfasst, soweit diese Staatsangehörige eines Mitgliedstaates sind (Art. 49 Abs. 1 AEUV). Im Falle der sog. primären Niederlassung (Art. 49 Abs. 1 Satz 1 AEUV) ist hierbei ohne Bedeutung, ob die Unionsbürger ihren Wohnsitz oder gewöhnlichen Aufenthalt innerhalb oder außerhalb der EU haben. Für den Fall der sekundären Niederlassung, etwa bei Gründung von Agenturen, Zweigniederlassungen oder Tochtergesellschaften (Art. 49 Abs. 1 Satz 2 AEUV), ist demgegenüber die Ansässigkeit in einem der Mitgliedstaaten erforderlich.[2] Geschützt werden ferner rechtsfähige und nichtrechtsfähige Gesellschaften, die nach den Rechtsvorschriften eines Mitgliedstaates gegründet worden sind und entweder ihren satzungsmäßigen Sitz, ihre Hauptverwaltung oder ihre Hauptniederlassung innerhalb der EU haben (Art. 54 Abs. 1 AEUV), ohne dass es darauf ankommt, ob die Gesellschafter eine EU-Staatsangehörigkeit aufweisen.[3] Damit können im Ergebnis auch Drittstaatenangehörige mittelbar die Schutzwirkung der Niederlassungsfreiheit in Anspruch nehmen. Drittstaatenangehörige werden schließlich von den Schutzwirkungen der Niederlassungsfreiheit auch in den Fällen erfasst, in denen sie etwa als Familienangehörige von Unionsbürgern in einen Mitgliedstaat einreisen und sich dort aufhalten (Recht auf Einreise und Aufenthalt).[4]

4.38

Die Niederlassungsfreiheit umfasst insbesondere die Aufnahme und Ausübung selbständiger Erwerbstätigkeiten sowie die Gründung und Leitung von Unternehmen nach den Bestimmungen des Aufnahmestaates (Art. 49 Abs. 2 AEUV). Damit ist der Schutzbereich sehr weit gezogen, so dass im Ergebnis jedwede unternehmerische Tätigkeit, gleich in welcher Rechtsform, erfasst wird.[5]

4.39

Wie die übrigen Grundfreiheiten erfährt die Niederlassungsfreiheit ihre spezifische Ausprägung im Diskriminierungsverbot und Beschränkungsverbot.

4.40

Im Steuerrecht[6] verstoßen gegen das **Diskriminierungsverbot** vor allem jene Normen, die den Zuzug von Unternehmen[7] direkt oder indirekt erschweren sowie im Rahmen der beschränkten Steuerpflicht im Vergleich zur unbeschränkten Steuerpflicht eine steuerliche Höherbelastung vorsehen. Angesprochen ist insbesondere eine steuerliche Benachteiligung von Unionsbürgern und EU-Kapitalgesellschaften mit Betriebsstätteneinkünften im EU-Ausland.[8] Entsprechendes gilt für Tochtergesellschaften, die

4.41

---

1 Aus der Rechtsprechung des EuGH: EuGH v. 8.5.1990 – C-175/88 – Biehl, Slg. 1990, I-1789; v. 12.12.2002 – C-385/00 – de Groot, Slg. 2002, I-11838 = FR 2003, 141 m. Anm. *Schnitger*; vgl. hierzu auch die Analyse der Rspr. bei *Cordewener*, Europäische Grundfreiheiten und nationales Steuerrecht, S. 422 ff.
2 Zu Einzelheiten *Forsthoff* in G/H/N, Art. 49 AEUV Rz. 11, 56 ff.
3 EuGH v. 25.7.1991 – C-221/89 – Factortame, Slg. 1991, I-3905; *Forsthoff* in G/H/N, Art. 49 AEUV Rz. 16.
4 EuGH v. 7.7.1992 – C-370/90 – Singh, Slg. 1992, I-4265; ein umfassender Schutz gewährleistet die sog. UnionsbürgerRL v. 29.4.2004, Richtlinie 2004/38/EG, ABl. EU 2004 Nr. L 158, 77.
5 *Forsthoff* in G/H/N, Art. 49 AEUV Rz. 16 ff. m.w.N. insbesondere aus der Rspr. des EuGH.
6 Vgl. die Checkliste potentiell EU-rechtswidriger Normen des deutschen direkten Steuerrechts bei *Kessler/Spengel*, DB 2019, Beilage Nr. 1.
7 Aus der Rechtsprechung: EuGH v. 9.3.1999 – C-212/97 – Centros, Slg. 1999, I-1459 = FR 1999, 449 m. Anm. *Dautzenberg*; v. 5.11.2002 – C-208/00 – Überseering, Slg. 2002, I-9919; v. 30.1.2003 – C-167/01 – Inspire Art, Slg. 2003, I-10155 = GmbHR 2003, 1260 m. Anm. *Meilicke* (Gründungstheorie statt Sitztheorie).
8 Aus der Rechtsprechung: EuGH v. 28.1.1986 – C-270/83 – Avoir Fiscal, Slg. 1986, 285 (keine Körperschaftsteuer-Anrechnung für inländische Betriebstätten ausländischer Kapitalgesellschaften); v. 13.7.1993 – C-330/91 – Commerzbank, Slg. 1993, I-4038 (Steuerzuschläge nur bei inländischen Betriebstätten ausländischer Kapitalgesellschaften); v. 15.5.1997 – C-250/95 – Futura/Singer, Slg. 1997, I-2492 = FR 1997, 567

der beschränkten Steuerpflicht unterliegen.¹ Schließlich ist auch eine Benachteiligung in den Fällen untersagt, in denen im betreffenden EU-Staat weder eine Betriebsstätte noch eine Tochtergesellschaft unterhalten wird.²

4.42 Ein Verstoß gegen das **Beschränkungsverbot** ist stets dann gegeben, wenn die Tätigkeit in einem anderen EU-Staat insbesondere durch steuerliche Vorschriften behindert oder weniger attraktiv wird und hierdurch eine Erschwerung des Marktzugangs die Folge ist. Im Vordergrund steht hierbei der grenzüberschreitende Wegzug von Kapital- und Personengesellschaften oder aber von maßgeblich beteiligten Gesellschaftern.³ Die Niederlassungsfreiheit hat freilich besondere Bedeutung für die grenzüberschreitende Konzernbesteuerung, und zwar im Zusammenhang mit der Besteuerung von Dividenden aus dem EU-Ausland,⁴ der grenzüberschreitenden Verlustverrechnung⁵ und Umstrukturie-

---

m. Anm. *Dautzenberg* (Erfordernis einer im Inland geführten Buchführung); v. 29.4.1999 – C-311/97 – Royal Bank of Scotland, Slg. 1999, I-2651 = FR 1999, 822 m. Anm. *Dautzenberg* (höherer Steuertarif bei beschränkter Steuerpflicht); v. 21.9.1999 – C-307/97 – Saint-Gobain, Slg. 1999, I-6181 (kein Schachtelprivileg für ausländische Gesellschaften mit inländischen Betriebsstätten); v. 23.2.2006 – C-253/03 – CLT-UFA, Slg. 2006, I-1861 (höherer Steuertarif bei beschränkter Steuerpflicht).

1 Aus der Rechtsprechung EuGH v. 12.12.2002 – C-324/00 – Langhorst-Hohorst, Slg. 2002, I-11802 (Unterkapitalisierungsregelung nur für beschränkt steuerpflichtige Anteilseigner); v. 13.3.2007 – C-524/04 – Test Claimants in the Thin Cap Group Litigation, Slg. 2007, I-2107 (Unterkapitalisierungsregeln nur bei beschränkt steuerpflichtigen Anteilseignern).

2 EuGH v. 12.4.1994 – C-1/93 – Halliburton, Slg. 1994, I-1151 (Grunderwerbsteuer); v. 14.9.2006 – C-386/04 – Stauffer, Slg. 2006, I-8203 (keine Steuerbefreiung für ausländische gemeinnützige Rechtsträger).

3 Aus der Rechtsprechung: EuGH v. 27.9.1988 – C-81/87 – Daily Mail, Slg. 1988, I-5505 (wegzugsbedingte Liquidationsbesteuerung); v. 11.3.2004 – C-9/02 – Hughes de Lasteyrie du Saillant, Slg. 2004, I-2431 = GmbHR 2004, 504 m. Anm. *Meilicke* (Wegzugsbesteuerung auf Gesellschafterebene); v. 7.9.2006 – C-470/04 – N, Slg. 2006, I-7409 (Wegzugsbesteuerung auf Gesellschafterebene); v. 16.12.2008 – C-210/06 – Cartesio, NJW 2009, 569 (Liquidationsbesteuerung bei formwahrendem Wegzug); v. 12.7.2012 – C-378/10 – VALE, ECLI:EU:C:2012:440 = EWS 2012, 375 (Liquidationsbesteuerung bei formwechselndem Wegzug); v. 29.11.2011 – C-371/10 – National Grid Indus, EWS 2012, 38 = FR 2012, 25 m. Anm. *Musil*; v. 6.9.2012 – C-38/10 – KOM/Portugal, ECLI:EU:C:2012:521 = ISR 2012, 60 m. Anm. *Müller*; v. 25.4.2013 – C-64/11 – KOM/Spanien, ECLI:EU:C:2013:264 = ISR 2013, 225 m. Anm. *Müller*; v. 23.1.2014 – C-164/12 – DMC, ECLI:EU:C:2014:20; v. 21.5.2015 – C-657/13 – Verder LabTec, ECLI:EU:C:2015:331 (Wegzugsbesteuerung auf Gesellschaftsebene); vgl. zu praktischen Anwendungsfällen ferner *Musil* in Musil/Weber-Grellet, Europäisches Steuerrecht, Art. 49 AEUV Rz. 135 ff.

4 EuGH v. 8.3.2001 – C-397/98 und C-410/98 – Metallgesellschaft/Hoechst, Slg. 2001, I-1760 (Körperschaftsteuervorauszahlung nur bei ausländischen Dividenden); v. 18.9.2003 – C-168/01 – Bosal Holding, Slg. 2003, I-9430 (keine Berücksichtigung von Finanzierungsaufwendungen im Zusammenhang mit ausländischen Dividenden); v. 12.12.2006 – C-446/04 – Test Claimants in the FI Group Litigation, Slg. 2006, I-1173 (Steuerpflicht nur von Auslandsdividenden); v. 23.2.2006 – C-471/04 – Keller Holding, Slg. 2006, I-2107 = GmbHR 2006, 435 m. Anm. *Roser* (keine Finanzierungskosten bei ausländischen Dividenden).

5 Aus der Rechtsprechung: EuGH v. 16.7.1998 – C-265/96 – ICI, Slg. 1998, I-4711 (keine Verlustverrechnung bei ausländischen Betriebsstätten); v. 14.12.2000 – C-141/99 – AMID, Slg. 2000, I-11632 (keine Verlustverrechnung bei ausländischen Betriebsstätten); v. 13.12.2005 – C-446/03 – Marks & Spencer, Slg. 2005, I-10866 (kein grenzüberschreitender Verlustausgleich); v. 15.5.2008 – C-414/06 – Lidl Belgien, ECLI:EU:C:2008:278 (kein grenzüberschreitender Verlustausgleich); v. 28.3.2007 – C-347/04 – REWE-Zentralfinanz, Slg. 2007, I-2647 = GmbHR 2007, 494 m. Anm. *Rehm/Nagler* (keine verlustberücksichtigende Teilwertabschreibung); v. 21.2.2013 – C-123/11 – A Oy, IStR 2013, 239; v. 7.11.2013 – C-322/11 – K, IStR 2013, 913; v. 17.7.2014 – C-48/13 – Nordea, RIW 2014, 617 (Berücksichtigung finaler Verluste nur unter engen Voraussetzungen); v. 17,.12.2015 – C-388/14 – Timac Agro, ECLI:EU:C:2015:829 = BStBl. II 2016, 362 (keine Berücksichtigung finaler Verluste); v. 12.6.2018 – C-650/16 – Bevola, IStR 2019, 502 (Berücksichtigung finaler Verluste unter engen Voraussetzungen).

rung,[1] der Gruppenbesteuerung,[2] der Hinzurechnungsbesteuerung[3] und den Konzernverrechnungspreisen.[4]

Die **Dienstleistungsfreiheit** (Art. 56 ff. AEUV) ist darauf gerichtet, den ungehinderten Dienstleistungsverkehr zwischen den Mitgliedstaaten zu gewährleisten. Geschützt ist lediglich der grenzüberschreitende Dienstleistungsverkehr, so dass Empfänger und Erbringer der Dienstleistung in verschiedenen Mitgliedstaaten ansässig sein müssen. Erfasst werden insbesondere gewerbliche, kaufmännische, handwerkliche und freiberufliche Tätigkeiten, darüber hinaus aber auch die Tätigkeiten des Reise- und Baugewerbes ebenso wie die Vermietung und das Leasing, der Gesamtbereich der Finanzdienstleistungen, Börsengeschäfte, Beratungs-, Vermittlungs- und Werbetätigkeiten.[5] In Abgrenzung zur Arbeitnehmerfreizügigkeit (Art. 45 AEUV) werden nur solche Leistungen erfasst, die seitens des Auftragnehmers selbständig gegen Entgelt erbracht werden.[6]

4.43

Geschützt wird die aktive und passive Dienstleistungsfreiheit. Die **aktive Dienstleistungsfreiheit** betrifft den Fall, dass die Dienstleistungen im Land des Empfängers erbracht werden, etwa die Durchführung von Bauprojekten und freiberuflichen Leistungen vor Ort,[7] wobei durch Art. 57 Abs. 3 AEUV auch ein vorübergehendes Aufenthalts- und Tätigkeitsrecht als Begleitrecht gewährleistet wird. Die **passive Dienstleistungsfreiheit** betrifft den Fall, dass der Dienstleistungsempfänger die Dienstleistung in dem anderen Mitgliedstaat, in dem der Erbringer der Dienstleistung ansässig ist, in Anspruch nimmt, also beispielsweise die Leistungen der Hotels, Krankenhäuser und der Ärzte.[8] Schließlich wird auch die sog. Korrespondenzdienstleistungsfreiheit geschützt, die gegeben ist, wenn sowohl der Dienstleistungsempfänger als auch der Dienstleistungserbringer in ihrem jeweiligen EU-Ansässigkeitsstaat verbleiben und nur die Dienstleistung grenzüberschreitend erbracht wird.[9] Hierzu gehören insbesondere die Bank- und Versicherungsdienstleistungen sowie die Leistungen von Hörfunk und Fernsehen.[10] Von den Schutzwirkungen der Dienstleistungsfreiheit werden auch Gesellschaften erfasst (Art. 56, 52 i.V.m. Art. 54 AEUV). Die Dienstleistungsfreiheit wird konkretisiert durch die Dienstleistungs-Richtlinie[11] und durch die Entsende-Richtlinie.[12]

4.44

---

1 Aus der Rechtsprechung EuGH v. 21.11.2002 – C-436/00 – X & Y, Slg. 2002, I-10847 = FR 2003, 84 m. Anm. *Schnitger* (keine steuerneutrale Umstrukturierung bei ausländischen Beteiligungen).
2 Aus der Rechtsprechung: EuGH v. 18.11.1999 – C-200/98, – X AB und Y AB, Slg. 1999, I-8276 = FR 2000, 62 (keine Einschränkung der Gruppenbesteuerung im Falle ausländischer Beteiligungen).
3 EuGH v. 12.9.2006 – C-196/04 – Cadbury Schweppes, Slg. 2006, I-7995 = GmbHR 2006, 1049 m. Anm. *Kleinert* = FR 2006, 987 m. Anm. *Lieber*; v. 23.4.2008 – C-201/05 – CFC and Dividend Group LItigation, ECLI:EU:C:2008:239.
4 EuGH v. 21.1.2010 – C-311/08 – SGI, ECLI:EU:C:2010:26; v. 31.5.2018 – C-382/16 – Hornbach-Baumarkt, ECLI:EU:C:2018:366 = DStR 2018, 1221.
5 So die Aufzählung von *Ludwigs* in Dauses/Ludwigs, Hdb. EU-Wirtschaftsrecht, E. I Rz. 143; vgl. auch die Übersicht aus der Rspr. des EuGH bei *Randelshofer/Forsthoff* in G/H/N, Art. 56/57 AEUV Rz. 48.
6 Zur Abgrenzung *Randelshofer/Forsthoff* in G/H/N, Art. 56/57 AEUV Rz. 40; *Forsthoff* in G/H/N, Art. 45 AEUV Rz. 69 ff.
7 *Ludwigs* in Dauses/Ludwigs, Hdb. EU-Wirtschaftsrecht, E. I Rz. 152.
8 *Ludwigs* in Dauses/Ludwigs, Hdb. EU-Wirtschaftsrecht, E. I Rz. 154.
9 Hierzu *Randelshofer/Forsthoff* in G/H/N, Art. 56/57 AEUV Rz. 54.
10 *Classen* in O/C/N, Europarecht[8], § 25 Rz. 10.
11 Richtlinie 206/123/EG v. 12.12.2006, ABl. EU 2006 Nr. L 376, 36.
12 Richtlinie 96/71 v. 16.12.1996, ABl. EG 1997 Nr. L 18, 1; Richtlinie 2014/67/EU v. 15.5.2014, ABl. EU 2014 Nr. L 159, 11; Einzelheiten zu diesen beiden Richtlinien bei *Classen* in O/C/N, Europarecht[8], § 25 Rz. 23 ff.

4.45 Die Dienstleistungsfreiheit schützt wie die übrigen Grundfreiheiten auch vor steuerlicher Benachteiligung, und zwar als Diskriminierungsverbot[1] und als Beschränkungsverbot.[2]

4.46 Die **Kapitalverkehrsfreiheit** (Art. 63 ff. AEUV) gewährleistet den freien Kapital- und Zahlungsverkehr zwischen den Mitgliedstaaten und zwischen den Mitgliedstaaten und Drittstaaten. Diese somit nicht auf den EU-Bereich beschränkte Kapitalverkehrsfreiheit ist unabdingbare Voraussetzung für das Funktionieren der Wirtschafts- und Währungsunion.[3] Dass die Kapitalverkehrsfreiheit auch im Verhältnis zu Drittstaaten Geltung hat, entspricht der Notwendigkeit, den Euro als eine internationale Handels-, Investitions- und Reservewährung über den eigentlichen Währungsraum weltweit zu implementieren und so auch eine weltweite Liberalisierung des Kapital- und Zahlungsverkehrs zu befördern.[4] Es handelt sich somit eigentlich um eine internationale Kapitalverkehrsfreiheit, die alle Kapitalbewegungen zwischen den EU-Staaten und dem Verhältnis zu Drittstaaten unabhängig von einer Staatsangehörigkeit der Begünstigten und der Herkunft der Mittel begünstigt.[5] Dieses primärrechtliche Gebot, dass freilich wie bei den übrigen Grundfreiheiten nicht für den reinen innerstaatlichen Kapital- und Zahlungsverkehr gilt, ist unmittelbar verbindlich und kann somit von jeder Person mit Wohnsitz, Sitz oder Niederlassung in einem Mitgliedstaat oder Drittstaat in Anspruch genommen werden.[6]

4.47 Entsprechend der Zielsetzung ist der Schutzbereich der Kapitalverkehrsfreiheit sehr weit gezogen,[7] so dass auch gesellschafts- und steuerrechtliche Regelungen, durch die grenzüberschreitende Investitionen beeinträchtigt werden, betroffen sind. Diese weitgehenden Schutzwirkungen werden freilich dadurch eingeschränkt, dass die Kapitalverkehrsfreiheit gegenüber der Niederlassungs- oder Dienstleistungsfreiheit zurücktritt, soweit sich die Beschränkung der Kapitalverkehrsfreiheit als zwangsläufige Folge der Beschränkung der vorgenannten Grundfreiheiten darstellt.[8] Im Bereich des Unternehmenssteuerrechts ist der Vorrang der Niederlassungsfreiheit im Hinblick auf Beteiligungsverhältnisse von besonderer Bedeutung. Hiernach greifen die Schutzwirkungen der Niederlassungsfreiheit ein, wenn die Beteiligung es ihrem Inhaber ermöglicht, einen sicheren Einfluss auf die Entscheidungen der betreffenden Gesellschaft auszuüben und deren Tätigkeiten zu bestimmen. Demgegenüber sind sog. Portfolioinvestitionen, also solche, die in der alleinigen Absicht der Geldanlage erfolgen, ohne dass auf die Verwaltung und Kontrolle des Unternehmens Einfluss genommen werden soll, dem Regelungs-

---

1 Aus der Rechtsprechung: EuGH v. 28.1.1992 – C-204/90 – Bachmann, Slg. 1992, I-276 (Steuerliche Abziehbarkeit nur von Beiträgen an inländische Versicherung); v. 12.6.2003 – C-234/01 – Gerritse, Slg. 2003, I-5945 (kein Abzug von Betriebsausgaben bei beschränkter Steuerpflicht); v. 3.10.2006 – C-290/04 – Scorpio, Slg. 2006, I-9461 (kein Betriebsausgabenabzug beim Steuerabzugsverfahren); v. 15.2.2007 – C-345/04 – Centro Equestre, Slg. 2007, I-1425 (nur teilweise Berücksichtigung von Betriebsausgaben bei beschränkter Steuerpflicht); vgl. ferner die Rechtsprechungsübersicht bei *Cordewener* in Europäisches Steuerrecht, DStJG 41 (2018), S. 195 (2018).
2 Z.B. EuGH v. 26.10.1999 – C-294/97 – Eurowings, Slg. 1999, I-7463 = FR 1999, 1327 m. Anm. *Dautzenberg* (gewerbesteuerliche Hinzurechnung von Mieten an ausländische Leasinggeber).
3 Hierzu *Ress/Ukrow* in G/H/N, Art. 63 AEUV Rz. 10 ff.; im Überblick *Nettesheim* in O/C/N, Europarecht[8], § 30 Rz. 1 ff.
4 EuGH v. 20.5.2008 – C-194/06 – Orange European Smallcap Fund, Slg. 2008, I-3747 Rz. 7; *Nettesheim* in O/C/N, Europarecht[8], § 30 Rz. 12.
5 *Follak* in Dauses/Ludwigs, Hdb. EU-Wirtschaftsrecht, F. II Rz. 5.
6 EuGH v. 14.12.1995 – C-163/94 – Sanz de Lera, Slg. 1995, I-4821; v. 18.12.2007 – C-101/05 – A, Slg. 2007, I-11568; v. 4.6.2009 – C-439/07 u. C-499/07 – KBC Bank, IStR 2009, 494; *Ress/Ukrow* in G/H/N, Art. 63 AEUV Rz. 102; *Follak* in Dauses, Hdb. EU-Wirtschaftsrecht, F. II Rz. 5.
7 EuGH v. 17.9.2009 – C-182/08 – Glaxo Welcome, Slg. 2009, I-8591.
8 EuGH v. 23.2.2006 – C-513/03 – van Hilten-van der Heijten, Slg. 2006, I-1981; v. 12.9.2006 – C-196/04 – Cadbury Schweppes, Slg. 2006, I-7959 = GmbHR 2006, 1049 m. Anm. *Kleinert* = FR 2006, 987 m. Anm. *Lieber*; v. 3.10.2006 – C-452/04 – Fidium Finanz, Slg. 2006, I-9521; v. 13.3.2007 – C-524/04 – Test Claimants in the Thin Cap Group Litigation, Slg. 2007, I-2107; v. 10.5.2007 – C-492/04 – Lasertec, Slg. 2007, I-3775 = FR 2007, 692 m. Anm. *Prinz* = GmbHR 2007, 773 m. Anm. *Rehm/Nagler*.

bereich der Kapitalverkehrsfreiheit unterworfen.[1] Maßgeblich hierfür ist die Zielsetzung der betreffenden Steuernorm,[2] wobei aus deutscher Sicht (typisierend) bei einer Beteiligung von mindestens 10 %[3] von einer unter die Schutzwirkungen der Niederlassungsfreiheit fallenden unternehmerischen Beteiligung auszugehen ist.[4]

Für die Kapitalverkehrsfreiheit ergibt sich eine Besonderheit dadurch, dass Art. 64 Abs. 1 AEUV im Ergebnis auf Drittstaaten bezogene Beschränkungen aus dem Anwendungsbereich ausnimmt, soweit diese Beschränkungen auf Grund einzelstaatlicher oder unionsrechtlicher Regelungen bereits zum 31.12.1993 bestanden und diese in der Folgezeit hinsichtlich ihrer Tragweite nicht ausgeweitet wurden.[5] Von dieser **standstill-Klausel**[6] wird aber nur der Kapitalverkehr im Zusammenhang mit Direktinvestitionen einschließlich Anlagen in Immobilien, mit der Niederlassung, der Erbringung von Finanzdienstleistungen oder der Zulassung von Wertpapieren zu den Kapitalmärkten[7] erfasst.

4.48

In der Praxis der EuGH-Rechtsprechung hat die Kapitalverkehrsfreiheit für das Steuerrecht unter dem Gesichtspunkt des Diskriminierungsverbotes[8] und des Beschränkungsverbotes[9] gleichermaßen Bedeutung.[10]

4.49

---

1 EuGH v. 17.9.2009 – C-182/08 – Glaxo Wellcome, Slg. 2009, I-8591 Rz. 36 ff.; v. 19.7.2012 – C-31/11 – Scheunemann, ECLI:EU:C:2012:481 = DStR 2012, 1508 Rz. 17 ff.; v. 21.11.2001 – C-436/00 – X u. Y, Slg. 2002, I-10829 Rz. 66 ff.; v. 12.12.2006 – C-446/04 – Test Claimants in the FII Group Litigation, Slg. 2006, I-11753 Rz. 37 f.; eine andere Abgrenzung ergibt sich ggf. nach EuGH v. 3.10.2013 – C-282/12 – Itelcar, ECLI:EU:C:2013:629 = ISR 2013, 376.
2 Vgl. EuGH v. 13.11.2012 – C-35/11 – Test Claimants in the FII Group Litigation II, ISR 2013, 18 Rz. 90 ff. m. Anm. *Henze*; v. 28.2.2013 – C-168/11 – Beker und Beker, DStR 2013, 518 Rz. 23 ff.; v. 11.9.2014 – C-47/12 – Kronos International, ISR 2014, 337 Rz. 30 m. Anm. *Spies*; BFH v. 29.8.2012 – I R 7/12, BFH/NV 2013, 158 Rz. 11; v. 12.10.2016 – I R 80/14, BFH/BNV 2017, 636 Rz. 39 f.
3 Qualifizierte Mindestbeteiligungsquote gem. § 8b Abs. 4 KStG.
4 BFH v. 29.8.2012 – I R 7/12, BFH/NV 2013, 158 Rz. 11; v. 6.3.2013 – I R 14/07, BFH/NV 2013, 1325 Rz. 14; dagegen auf die Kapitalverkehrsfreiheit auch ab einer Beteiligung von 10 % abstellend EuGH v. 11.9.2014 – R. C-47/12 – Kronos International, ISR 2014, 337 m. Anm. *Spies*; vgl. auch EuGH v. 3.10.2013 – C-282/12 – Itelcar, ISR 2013, 376 Rz. 22, nunmehr auch BFH v. 24.7.2018 – I R 75/16, IStR 2019, 145.
5 EuGH v. 26.2.2019 – C-135/17 – X GmbH, RIW 2019, 2346 zu § 7 Abs. 6, 61 AStG.
6 Hierzu *Bannes/Holle*, StuW 2017, 112 ff.
7 Hierzu EuGH v. 21.5.2015 – C-560/13 – Wagner-Raith, ECLI:EU:C:2015:347.
8 EuGH v. 5.7.2005 – C-376/03 – D., Slg. 2005, I-5852 (keine Vermögensteuerfreibeträge für Nichtansässige); v. 14.9.2006 – C-386/04 – Stauffer, Slg. 2006, I-8203 (keine Gemeinnützigkeit für inländische Einkünfte); v. 6.10.2006 – C-290/04 – Scorpio, Slg. 2006, I-9461 (kein Betriebsausgabenabzug im Steuerabzugsverfahren); v. 13.3.2007 – C-524/04 – Test Claimants in the Thin Cap Group Litigation, Slg. 2007, I-2107; v. 17.10.2013 – C-181/12 – Welte, ECLI:EU:C:2013:662 = ErbStB 2014, 32 = ISR 2014, 25 m. Anm. *Felten*; v. 4.9.2014 – C-211/13 – KOM/Deutschland, IStR 2014, 768 (geringere Erbschaftsteuerfreibeträge für Nichtansässige); v. 24.2.2015 – C-559/13 – Grünewald, ECLI:EU:C:2015:109 = BStBl. II 2015, 1071 (Abzug von Versorgungsleistungen).
9 EuGH v. 12.9.2006 – C-196/04 – Cadbury Schweppes, Slg. 2006, I-7959 = GmbHR 2006, 1049 m. Anm. *Kleinert* = FR 2006, 987 m. Anm. *Lieber* (Hinzurechnungsbesteuerung); v. 23.2.2006 – C-471/04 – Keller Holding, Slg. 2006, I-2107 = GmbHR 2006, 435 m. Anm. *Roser* (Abzug von Finanzierungskosten); v. 6.6.2000 – C-35/98 – Verkooijen, Slg. 2000, I-4113 = FR 2000, 720 m. Anm. *Dautzenberg* (keine Steuerfreistellung von Auslandsdividenden); v. 15.7.2004 – C-242/03 – Weidert & Paulus, Slg. 2004, I-7391 (kein Abzug von Kosten für den Erwerb von Auslandsanteilen); v. 21.11.2002 – C-436/00 – X und Y, Slg. 2002, I-10847 = FR 2003, 84 m. Anm. *Schnitger* (keine steuerneutrale Umstrukturierung bei ausländischen Beteiligungen); v. 18.11.1999 – C-200/98 – X AB und Y AB, Slg. 1999, I-8276 (keine Einschränkung der Gruppenbesteuerung im Falle ausländischer Beteiligung); v. 28.2.2013 – C-168/11 – Beker und Beker, DStR 2013, 518 (zu geringer Anrechnungshöchstbetrag).
10 Vgl. hierzu *M. Lang*, StuW 2011, 209.

4. Primärrechtskonforme Auslegung

4.50 Aus dem Vorrang des Primärrechts gegenüber dem innerstaatlichen (deutschen) Steuerrecht folgt ohne weiteres, dass die Rechtsnormen des deutschen Steuerrechts in Orientierung an das Primärrecht und hier insbesondere an den Grundfreiheiten (Art. 26 Abs. 2 AEUV) auszulegen sind (zu Einzelheiten Rz. 13.1 ff.). Die Verpflichtung zur primärrechtskonformen Auslegung[1] trifft die Exekutive und die Judikative gleichermaßen und ergibt sich aus der in Art. 4 Abs. 3 EUV verankerten **Unionstreue**.[2]

4.51 Die primärrechtskonforme Auslegung ist keine spezifische Auslegungsmethode, so dass der für die Auslegung des Steuerrechts maßgebliche Auslegungskanon uneingeschränkt Geltung hat.[3] Die primärrechtskonforme Auslegung bewegt sich somit im Rahmen der durch die allgemeine Methodenlehre gezogenen Grenzen[4] mit der Folge, dass auch insoweit der mögliche Wortlaut die Grenze der Auslegung bildet.[5] Die primärrechtskonforme Auslegung greift daher im Rahmen des möglichen Wortsinns nur dann ein, wenn die verschiedenen Auslegungsmethoden eine (abweichende) Deutung zulassen.[6] Damit wird im Ergebnis dem Vorrang des Primärrechts entsprochen und zudem verhindert, dass die dem Primärrecht widersprechende Rechtsnorm unanwendbar ist.[7] Um die Unanwendbarkeit einer dem Primärrecht widersprechenden Norm zu vermeiden, ist es ausnahmsweise zulässig, über die Wortlautgrenze hinaus etwa im Wege **normerhaltender** Reduktion dem Primärrecht Rechnung zu tragen, soweit dies dem erkennbaren Willen des Gesetzgebers entspricht.[8] Eine geltungserhaltende Anwendung von dem Primärrecht widersprechenden Rechtsnormen hat vor allem Bedeutung im Zusammenhang mit der Umsetzung von EuGH-Urteilen (zu Einzelheiten Rz. 28.1 ff.).[9]

II. Sekundärrecht und Tertiärrecht

1. Überblick

4.52 Da auch das **Sekundärrecht** – Verordnungen, Richtlinien und Beschlüsse (Art. 288 AEUV) – gegenüber dem nationalen Recht der Mitgliedstaaten eine Vorrangstellung einnimmt (vgl. hierzu Rz. 4.18 ff.), ist dessen Einwirkung auf das innerstaatliche (deutsche) Steuerrecht ohne weiteres gegeben. Während Beschlüsse (vgl. hierzu Rz. 3.13) im Steuerrecht bislang keine Bedeutung erlangt haben, wirken die EU-Verordnungen insbesondere auf das (deutsche) Umsatzsteuerrecht (Mehrwertsteuerrecht) und die EU-Richtlinien umfassend auf das Recht der indirekten Steuern und partiell auch auf das Recht

---

1 Unterfall der unionsrechtskonformen Auslegung; vgl. hierzu *Leible/Domröse* in Riesenhuber, Europäische Methodenlehre³, § 8 Rz. 44 ff.
2 EuGH v. 5.10.1994 – C-165/91 – van Munster, Slg. 1994, I-4661 Rz. 32 ff.; v. 26.9.2000 – C-262/97 – Engelbrecht, Slg. 2000, I-7321 Rz. 38 ff.; vgl. auch *Rust* in FS BFH, S. 801 (802 ff.).
3 Vgl. *Drüen* in T/K, § 4 AO Rz. 246.
4 BFH v. 8.9.2010 – X I R 40/08, BStBl. II 2011, 661; zu Einzelheiten *Pechstein/Drechsler* in Riesenhuber, Europäische Methodenlehre³, § 7 Rz. 13 ff.; *Rust* in FS BFH, S. 801 (809 f.).
5 *Tipke*, Die Steuerrechtsordnung III², 1624 ff.; *Englisch* in T/L, Steuerrecht²³, § 5 Rz. 58; zum Problem, dass die auszulegenden Normen in allen verbindlichen Sprachfassungen zugrunde zu legen sind, *Pechstein/Drechsler* in Riesenhuber, Europäische Methodenlehre³, § 7 Rz. 17 ff.
6 Vgl. *Drüen* in T/K, § 4 AO Rz. 246.
7 Zum Vorrang der primärrechtskonformen Auslegung EuGH v. 4.2.1988 – C-157/86 – Murphy, Slg. 1988, 673 Rz. 11; v. 10.2.2000 – C-270/97 u.a. – Deutsche Post, Slg. 2000, I-929 Rz. 62; v. 26.9.2000 – C-262/97 – Engelbrecht, Slg. 2000, I-7321 Rz. 38 ff.; v. 22.6.2010 – C-188/10 u.a. – Melki u.a., Slg. 2010, I-5667 Rz. 50.
8 Vgl. EuGH v. 4.4.1968 – 34/67 – Lück, ECLI:EU:C:1968:24; aus der Rechtsprechung des BFH: BFH v. 20.9.2006 – I R 113/03, BFH/NV 2007, 220; v. 20.12.2006 – I R 94/02, BFHE 216, 269; v. 13.6.2006 – I R 78/04, BFHE 215, 82; v. 24.4.2007 – I R 39/04, BStBl. II 2008, 95; v. 22.7.2008 – I R 101/02, BFH/NV 2008, 1747; v. 18.12.2013 – I R 71/10, BFH/NV 2014, 759; vgl. hierzu *Rust* in FS BFH, S. 801 (811 f.).
9 Vgl. nur *M. Lang* in FS Lang, S. 1003 ff. (1008 ff.).

der direkten Steuern ein (vgl. Rz. 3.7 ff.). EU-Verordnungen sind im Bereich des Zollrechts[1] die Standardform der Rechtsetzung durch die EU (vgl. Rz. 11.18 ff.).

4.53 Dies beruht darauf, dass allein EU-Verordnungen im Grundsatz unmittelbar anwendbar sind (Art. 288 Abs. 2 AEUV) und damit eine **Rechtsvereinheitlichung** gewährleisten.[2] Demgegenüber haben die etwa auf dem Gebiet des Umsatzsteuerrechts (Mehrwertsteuerrecht) ergangenen EU-Verordnungen[3] nur eine die MwStSystRL (Rz. 19.1 ff.) ergänzende Funktion, die sich auch auf das UStG und auf die UStDV auswirken, soweit die MwStSystRL tatsächlich umgesetzt worden ist. EU-Richtlinien wirken demgegenüber nicht unmittelbar auf das nationale (deutsche) Steuerrecht ein, weil es insoweit der Umsetzung durch den nationalen Gesetzgeber bedarf (hierzu Rz. 3.9 ff.). Insoweit sind sie im Grundsatz nur auf **Rechtsangleichung** gerichtet.

4.54 Im Bereich des **Tertiärrechts** (vgl. Rz. 3.15 ff.) haben delegierte Rechtsakte der Kommission (Art. 290 AEUV) im Steuerrecht bislang keine Bedeutung erlangt. Demgegenüber hat der Rat im Mehrwertsteuerrecht auf der Grundlage von Art. 397 MwStSystRL die MwStDVO erlassen,[4] die unmittelbare Wirkung erzeugt, ohne dass es einer weiteren Umsetzung in nationales Recht bedarf.[5]

2. Verordnungen

4.55 Die auf Vorschlag der Kommission (Art. 293 Abs. 1 AEUV) vom EU-Parlament und vom EU-Rat erlassenen Verordnungen sind **unmittelbar** in jedem Mitgliedstaat **anwendbar** (Art. 288 Abs. 2 AEUV). Es bedarf insoweit keiner Umsetzung in nationales Recht.[6] Die Verordnungen werden daher unmittelbar Bestandteil der in den Mitgliedstaaten geltenden Rechtsordnungen.[7] Aus Gründen der Rechtsklarheit und Rechtssicherheit[8] besteht die Verpflichtung, mit Inkrafttreten der Verordnung (Art. 297 AEUV) etwa entgegenstehendes innerstaatliches Recht aufzuheben oder zu ändern, obwohl dieses ohnehin wegen des Vorrangs der Verordnungen suspendiert ist.[9] Die Änderung kollidierender nationaler Bestimmungen hat so zu erfolgen, dass sich hierdurch keine bloße Normwiederholung im Sinne einer nationalen Parallelgesetzgebung ergibt.[10] Etwas anderes gilt nur, wenn die zu ändernde kollidierende nationale Bestimmung in einem systematischen Zusammenhang mit anderen Vorschriften steht: In diesem Fall ist eine punktuelle Normwiederholung zulässig, wenn andernfalls der Norminhalt unverständlich blie-

---

1 Vgl. Zollkodex der Union (UZK), VO (EU) Nr. 952/2013 des Europäischen Parlaments und des Rates v. 9.10.2013, ABl. EU 2013 Nr. L 269, 1 (gem. Art. 288 UZK anwendbar ab 30.10.2013/1.6.2016) und GZT VO (EWG) Nr. 2658/87 des Rates vom 23.7.1987 über die zolltarifliche und statistische Nomenklatur sowie den gemeinsamen Zolltarif (ABl. EG 1987 Nr. 256, 1).
2 *Schroeder* in Streinz[3], Art. 288 AEUV Rz. 38.
3 Z.B. VO (EU) Nr. 904/2010 v. 7.10.2010 über die Zusammenarbeit der Verwaltungsbehörden und die Betrugsbekämpfung auf dem Gebiet der Mehrwertsteuer, ABl. EU 2010 Nr. L 268, 1 (MwSt-ZVO); vgl. hierzu Rz. 25.97 ff.
4 VO (EU) Nr. 282/2011 v. 15.3.2011 (ABl. EU 2011 Nr. L 77, 1); geändert durch VO (EU) Nr. 967/212 v. 9.10.2012 (ABl. EU 2012 Nr. L 290, 1).
5 *Englisch* in T/L, Steuerrecht[23], § 17 Rz. 9; *Lohse*, DStR 2011, 1740.
6 EuGH v. 31.1.1978 – C-94/77 – Zerbone, Slg. 1978, 99 Rz. 22, 27; *Nettesheim* in G/H/N, Art. 288 AEUV Rz. 101.
7 *Schroeder* in Streinz[3], Art. 288 AEUV Rz. 42 f.
8 Es handelt sich hierbei um eine durch Art. 6 EUV geschützte rechtsstaatliche Garantie; vgl. *Streinz* in Streinz[3], Art. 6 EUV Rz. 31.
9 EuGH v. 20.3.1986 – C-72/85 – KOM/Niederlande, Slg. 1986, 1219; v. 26.4.1988 – C-74/86 – KOM/Deutschland, Slg. 1988, 2139 Rz. 10.
10 Zum Normwiederholungsverbot EuGH v. 10.10.1973 – 34/73 – Variola, Slg. 1973, 981 Rz. 9; *Schroeder* in Streinz[3], Art. 288 AEUV Rz. 43, 50.

be.[1] Eine Ausnahme ergibt sich ferner in den Fällen unvollständiger Verordnungen,[2] die auf Grund ausdrücklicher oder implizierter Ermächtigung bzw. Verpflichtung seitens des nationalen Gesetzgebers ergänzt bzw. zu vervollständigen sind.[3] Es geht hierbei insbesondere um die Verpflichtung zum Erlass von legislativen Durchführungsmaßnahmen,[4] die seitens der Mitgliedstaaten vorzunehmen sind und deren Rechtmäßigkeit am Maßstab der Verordnung von den nationalen Gerichten zu überprüfen sind.[5] Derart unvollständige Verordnungen haben daher im Ergebnis eine mit Richtlinien vergleichbare Wirkung.[6]

4.56 Während das voll harmonisierte Zollrecht durch Verordnungen geregelt ist,[7] sind im Bereich des Steuerrechts lediglich die beiden auf dem Gebiet der Mehrwertsteuer und der Verbrauchsteuern ergangenen Zusammenarbeitsverordnungen[8] von Bedeutung.

3. Richtlinien

4.57 Richtlinien sind für jeden Mitgliedstaat, an den sie gerichtet sind, hinsichtlich des zu erreichenden Ziels verbindlich, wobei jedoch den Mitgliedstaaten die Wahl der Form und der Mittel überlassen bleibt (Art. 288 Abs. 3 AEUV). Im Unterschied zu Verordnungen schaffen Richtlinien kein unmittelbar geltendes Recht in dem jeweiligen Mitgliedstaat, sondern bedürfen hierfür grundsätzlich der **Umsetzung in nationales Recht**. Im Hinblick darauf, dass Richtlinien lediglich hinsichtlich des zu erreichenden Ziels verbindlich sind, stellen sie in erster Linie ein Instrument der Rechtsangleichung dar und sind damit im Unterschied zu Verordnungen nur auf eine Mindestharmonisierung des betroffenen Rechts gerichtet. Richtlinien enthalten indessen nicht selten umfassende Detailregelungen, so dass insoweit den Mitgliedstaaten bei der Umsetzung kein nennenswerter Spielraum mehr verbleibt. In diesen Fällen ist im Ergebnis kein Unterschied zu den auf Vollharmonisierung (Rechtsvereinheitlichung) gerichteten Verordnungen gegeben.[9]

4.58 Die an die Mitgliedstaaten gerichteten und mit Vorrang gegenüber dem nationalen Recht (vgl. hierzu Rz. 4.18 ff.) ausgestatteten Richtlinien sind **fristgemäß** und **zielkonform** umzusetzen. Diese Verpflichtung ergibt sich nicht nur aus der betreffenden Richtlinie selbst, sondern auch aus Art. 288 Abs. 3 AEUV und aus Art. 4 Abs. 3 EUV (Unionstreue).[10] Wird dieser Umsetzungsverpflichtung nicht entsprochen, kann dies die Einleitung eines Vertragsverletzungsverfahrens (Art. 258, 259 AEUV)[11] zur

---

1 EuGH v. 28.3.1985 – C-272/83 – KOM/Italien, Slg. 1985, 1057 Rz. 27; *Schroeder* in Streinz[3], Art. 288 AEUV Rz. 50.
2 Sog. hinkende Verordnungen.
3 Vgl. EuGH v. 11.11.1992 – C-251/91 – Teulie, Slg. 1992, I-5599 Rz. 13; v. 27.9.1972 – 230/78 – Eridania, Slg. 1979, 2749 Rz. 34; v. 13.3.1984 – 16/83 – Prantl, Slg. 1984, 1299 Rz. 13.
4 *Ruffert* in Calliess/Ruffert[5], Art. 288 AEUV Rz. 21.
5 EuGH v. 27.9.1972 – C-230/78 – Eridania, Slg. 1979, 2749, Rz. 34.
6 *Schroeder* in Streinz[3], Art. 288 AEUV Rz. 54.
7 Zollkodex der Union (UZK) Nr. 952/2013 des Europäischen Parlaments und des Rates v. 9.10.2013, ABl. EU Nr. L 269, 1 (gem. Art. 288 UZK anwendbar ab 30.10.2013/1.6.2016); Gemeinsamer Zolltarif (GZT): VO (EWG) Nr. 2658/87 des Rates vom 23.7.1987 über die zolltarifliche und statistische Nomenklatur sowie den gemeinsamen Zolltarif, ABl. EG 1987 Nr. L 256, 1.
8 MwSt-ZVO: VO (EU) Nr. 904/2010 v. 7.10.2010, ABl. EU 2010 Nr. L 268, 1; zuletzt geändert durch VO (EU) 2018/1541 des Rates v. 2.10.2018, ABl. EU 2018 Nr. L 259, 1; VerbrauchSt-ZVO: VO (EU) Nr. 389/2012 v. 2.5.2012, ABl. EU 2012 Nr. L 121, 1; vgl. Rz. 25.119 ff.
9 Zu dieser Rechtsentwicklung *Schroeder* in Streinz[3], Art. 288 AEUV Rz. 54; *Ruffert* in Calliess/Ruffert[5], Art. 288 AEUV Rz. 25.
10 EuGH v. 10.4.1984 – C-14/83 – von Colson Kamann, Slg. 1984, 1891 Rz. 26; v. 20.9.1988 – C-31/87 – Beentjes, Slg. 1988, 4635 Rz. 39; v. 13.11.1990 – C-106/89 – Marleasing, Slg. 1990, I-4135 Rz. 8; v. 27.6.2000 – C-240-244/98 – Océano, Slg. 2000, I-4941 Rz. 30; *Schroeder* in Streinz[3], Art. 288 AEUV Rz. 62 f.
11 Ggf. auch Verhängung eines Zwangsgeldes (§ 260 Abs. 2 AEUV); vgl. hierzu EuGH v. 4.7.2000 – C-387/97 – KOM/Griechenland, Slg. 2000, I-5047; *Karpenstein*, EuZW 2000, 537.

Folge haben (vgl. hierzu Rz. 27.26 ff.; 28.13 ff.). Darüber hinaus hat der betreffende Mitgliedstaat wegen fehlender oder fehlerhafter Richtlinienumsetzung ggf. Schadensersatz zu leisten (Art. 340 AEUV).[1] Schließlich eröffnet sich für den einzelnen Bürger die Möglichkeit, sich unmittelbar auf eine Richtlinie zu berufen, soweit diese hinreichend genau und von keinen weiteren Bedingungen abhängig ist (hierzu Rz. 4.60). Die Verpflichtung zur fristgerechten Richtlinienumsetzung ist absolut. Das bedeutet, dass die betreffenden Mitgliedstaaten nicht einseitig die Umsetzungsfrist verlängern[2] oder die Umsetzung gar aussetzen[3] dürfen.[4] Bereits vor der Richtlinienumsetzung ergibt sich die Verpflichtung der Mitgliedstaaten,[5] alle die Richtlinie konterkarierenden nationalen Maßnahmen zu unterlassen.[6] Neben dieser **Vorwirkung** entfalten Richtlinien auch eine **Sperrwirkung**, aufgrund derer Mitgliedstaaten nach der Richtlinienumsetzung das nationale Recht nachträglich nicht mehr im Widerspruch zu den umgesetzten Richtlinien abändern dürfen.[7]

Da den Mitgliedstaaten für die Richtlinienumsetzung die Wahl der Form und der Mittel vorbehalten bleibt (Art. 288 Abs. 3 AEUV), besteht nicht die Notwendigkeit, Richtlinienregelungen wörtlich in das nationale Recht zu übernehmen.[8] Entscheidend ist allein die Umsetzung vom Inhalt her,[9] wobei den Erfordernissen der Rechtssicherheit und Rechtsklarheit[10] entsprochen werden muss.[11] Wegen des für das deutsche Steuerrecht maßgeblichen **Legalitätsprinzips**[12] folgt, dass die Richtlinienumsetzung nur durch Gesetz erfolgen darf.[13]   4.59

Ausnahmsweise entfalten Richtlinien eine **unmittelbare Wirkung**, wenn sie nicht ordnungsgemäß oder nicht fristgerecht in innerstaatliches Recht umgesetzt worden sind. In diesem Fall können sich etwa Steuerpflichtige unmittelbar auf einzelne für sie günstige[14] Regelungen in den Richtlinien berufen.[15] Voraussetzung für die unmittelbare Wirkung von nicht oder nur fehlerhaft umgesetzten Richtlinien[16] ist, dass die betreffenden Richtlinienbestimmungen hinreichend genau formuliert und inhalt-   4.60

---

1 EuGH v. 19.11.1991 – C-6/90, 9/90 – Francovich, Slg. 1991, I-5357 Rz. 31: Nichtumsetzung; v. 26.3.1996 – C-392/93 – British Telecommunications, Slg. 1996, I-1631 Rz. 40: Fehlerhafte Umsetzung.
2 EuGH v. 9.8.1994 – C-396/92 – Bund Naturschutz, Slg. 1994, I-3717 Rz. 19.
3 EuGH v. 12.2.1987 – C-306/84 – KOM/Belgien, Slg. 1987, 675 Rz. 6 f.
4 Vgl. auch *Schroeder* in Streinz³, Art. 288 AEUV Rz. 65 f.
5 Rechtsgrundlage Art. 4 Abs. 3 EUV (Unionstreue).
6 *Schroeder* in Streinz³, Art. 288 AEUV Rz. 68 m.w.N.
7 Vgl. EuGH v. 7.7.1981 – C-158/80 – Rewe, Slg. 1981, 1085 Rz. 36; v. 6.12.1990 – C-208/88 – KOM/Dänemark, Slg. 1990, I-4445 Rz. 7; EuGH v. 9.6.1992 – C-96/91 – KOM/Spanien, Slg. 1992, I-3789 Rz. 10; *Schroeder* in Streinz³, Art. 288 Rz. 64; *Ruffert* in Calliess/Ruffert⁵, Art. 288 AEUV Rz. 24.
8 EuGH v. 20.5.1992 – C-190/90 – KOM/Niederlande, Slg. 1992, I-3265 Rz. 17.
9 EuGH v. 9.4.1987 – C-363/85 – KOM/Italien, Slg. 1987, 1733 Rz. 15.
10 Rechtsstaatliche Garantien, die dem Primärrecht zuzuordnen sind; vgl. hierzu *Streinz* in Streinz³, Art. 6 EUV Rz. 31.
11 EuGH v. 23.5.1985 – C-29/84 – KOM/Deutschland, Slg. 1985, 1661 Rz. 23; v. 28.2.1991 – C-360/87 – KOM/Italien, Slg. 1991, I-791 Rz. 12; v. 15.6.1995 – C-220/94 – KOM/Luxemburg, Slg. 1995, I-1589 Rz. 10; EuGH v. 9.9.1999 – C-217/97 – KOM/Deutschland, Slg. 1999, I-5087 Rz. 32 f.
12 Hierzu im Einzelnen *Hey* in T/L, Steuerrecht²³, § 3 Rz. 230 ff.
13 In Orientierung an Art. 288 Abs. 3 AEUV ist dagegen eine Richtlinienumsetzung durch Gesetz nicht erforderlich, wobei allerdings der EuGH eine entsprechende Verwaltungspraxis und Verwaltungsvorschriften nicht ausreichen lässt; hierzu im Überblick m.w.N. *Ruffert* in Calliess/Ruffert⁵, Art. 288 AEUV Rz. 37 f.; *Schroeder* in Streinz³, Art. 288 AEUV Rz. 77 ff.
14 Maßgeblich ist die Minderung der Steuerschuld; BFH v. 24.10.2013 – V R 17/13, BStBl. II 2015, 513; *Heuermann*, StuW 2018, 123 (125).
15 EuGH v. 4.12.1974 – C-41/74 – van Duyn, Slg. 1974, 1337 Rz. 12; v. 5.4.1979 – C-148/78 – Ratti, Slg. 1979, 1629 Rz. 18 ff.; v. 19.1.1982 – C-8/81 – Becker, Slg. 1982, 53 Rz. 21; es handelt sich hierbei um eine auf Art. 19 Abs. 1 AEUV beruhende Rechtsfortbildung, die vom BVerfG (v. 8.4.1987 – 2 BvR 687/85, BVerfGE 75, 223 [241 ff.] = UR 1987, 355 m. Anm. *Weiß*) akzeptiert worden ist; hierzu *Schroeder* in Streinz³, Art. 288 AEUV Rz. 87.
16 Zu diesen beiden Fallkonstellationen EuGH v. 22.6.1989 – C-103/88 – Costanzo, Slg. 1989, 1861 Rz. 29.

lich unbedingt sind.[1] Das bedeutet einerseits, dass die Richtlinienbestimmungen so konkret formuliert sein müssen,[2] dass auf ihrer Grundlage überhaupt Entscheidungen getroffen werden können,[3] und andererseits die Richtlinienbestimmungen nicht mit einem Vorbehalt oder einer Bedingung, die bei der Umsetzung Wahlmöglichkeiten eröffnet, versehen sind.[4] Sind die Richtlinienbestimmungen unter diesem Gesichtspunkt unmittelbar wirksam, gilt dies indessen stets nur zugunsten des Steuerpflichtigen.[5] Die unmittelbare Wirkung nicht oder nur fehlerhaft umgesetzter Richtlinien führt dazu, dass kollidierendes nationales Recht zurücktritt mit der Folge, dass stattdessen die betreffende Richtlinienbestimmung anzuwenden ist.[6] Diese unmittelbare Richtlinienwirkung ist von den Verwaltungsbehörden und den Gerichten ohne weiteres zu beachten, allerdings nur, soweit z.B. Steuerbescheide überhaupt noch geändert werden können. Das ist in aller Regel nicht der Fall, wenn die maßgeblichen Rechtsbehelfsfristen abgelaufen und Steuerbescheide daher bestandskräftig geworden sind (vgl. im Einzelnen Rz. 28.27).[7]

4.61 Während die Einwirkung der Richtlinien auf die Umsatzsteuer – MwStSystRL[8] (hierzu im Einzelnen Rz. 19.1 ff.) – und auf die Verbrauchsteuern – VerbStSystRL[9] (hierzu im Einzelnen Rz. 20.1 ff.) – im Sinne einer Vollharmonisierung sehr weitgehend sind, haben die Richtlinien zu den direkten Steuern nur eine begrenzte Bedeutung. Es geht hierbei insbesondere um die Fusionsrichtlinie[10], die sich mit der Steuerneutralität von grenzüberschreitenden Umwandlungsvorgängen befasst (hierzu im Einzelnen Rz. 16.1 ff.), die Mutter-Tochter-Richtlinie[11], wonach die Hindernisse beseitigt werden sollen, die für grenzüberschreitende Dividendenzahlungen von einer in einem Mitgliedstaat ansässigen Tochtergesellschaft an eine im anderen Mitgliedstaat ansässigen Muttergesellschaft aus der Besteuerung im Quellen-

---

1 EuGH v. 4.12.1974 – C-41/74 – van Duyn, Slg. 1974, 1337 Rz. 12; v. 5.4.1979 – C-148/78 – Ratti, Slg. 1979, 1629 Rz. 18; v. 19.1.1982 – C-8/81 – Becker, Slg. 1982, 53 Rz. 25.
2 Unbestimmte Rechtsbegriffe sind wegen der Möglichkeit der Vorabentscheidung durch den EuGH (Art. 267 AEUV) unschädlich.
3 Zu Einzelheiten *Nettesheim* in G/H/N, Art. 288 AEUV Rz. 147; *Schroeder* in Streinz[3], Art. 288 AEUV Rz. 93.
4 Zu Einzelheiten *Nettesheim* in G/H/N, Art. 288 AEUV Rz. 146; *Schroeder* in Streinz[3], Art. 288 AEUV Rz. 94.
5 Steuerliche oder steuerstrafrechtliche Nachteile sind also ausgeschlossen; EuGH v. 11.6.1987 – C-14/86 – Pretore di Salò, Slg. 1987, 2545 Rz. 19; v. 8.10.1987 – C-80/86 – Kolpinghuis, Slg. 1987, 3969 Rz. 9 f., 13; v. 26.9.1996 – C-168/95 – Arcaro, Slg. 1996, I-4705 Rz. 3 f.; v. 3.5.2005 – C-387/02 u.a. – Berlusconi, Slg. 2005, I-3565 Rz. 74; Rechtsgrund: Die unmittelbare Wirkung ist eine Sanktion gegenüber dem Mitgliedstaat, der aus der fehlenden oder fehlerhaften Richtlinienumsetzung keinen Vorteil erlangen soll; vgl. auch *Schroeder* in Streinz[3], Art. 288 AEUV Rz. 100.
6 *Nettesheim* in G/H/N, Art. 288 AEUV Rz. 166; *Schroeder* in Streinz[3], Art. 288 AEUV Rz. 104; vgl. aus dem Mehrwertsteuerrecht BFH v. 24.10.2013 – V R 17/13, BFH/NV 2014, 284; *Heuermann*, StuW 2018, 123 (124 ff.).
7 Vgl. BFH v. 16.9.2010 – V R 57/09, BStBl. II 2011, 151; v. 23.11.2006 – V R 67/05, BStBl. II 2007, 436; das entgegenstehende Urteil des EuGH v. 25.7.1991 – C-208/90 – Emmott, Slg. 1991, I-4269 Rz. 23 betrifft einen Einzelfall.
8 Richtlinie 2006/112/EG über das gemeinsame Mehrwertsteuersystem, ABl. EU 2006 Nr. L 347, 1; zuletzt geändert durch Richtlinie 2013/61/EU v. 17.12.2013, ABl. EU 2013 Nr. L 353, 5.
9 Richtlinie 2008/118/EG v. 16.12.2008, ABl. EU 2009 Nr. 9, 12; zuletzt geändert durch Richtlinie 2013/61/EU v. 17.12.2013, ABl. EU 2013 Nr. L 353, 5.
10 Richtlinie 2009/133/EG des Rates v. 19.10.2009 über das gemeinsame Steuersystem für Fusionen, Spaltungen, Abspaltungen, die Einbringung von Unternehmensteilen und den Austausch von Anteilen, die Gesellschaften verschiedener Mitgliedstaaten betreffen sowie die Verlegung des Sitzes einer Europäischen Gesellschaft oder einer Europäischen Genossenschaft von einem Mitgliedstaat in einen anderen Mitgliedstaat, ABl. EU 2009 Nr. L 310, 34; zuletzt geändert durch Richtlinie 2013/13/EU v. 13.5.2013, ABl. EU 2013 Nr. L 141, 30.
11 Richtlinie 2011/96/EU des Rates v. 30.11.2011 über das gemeinsame Steuersystem der Mutter- und Tochtergesellschaften verschiedener Mitgliedstaaten, ABl. EU 2011 Nr. L 345, 8; zuletzt geändert durch Richtlinie 2014/86/EU des Rates v. 8.7.2014, ABl. EU 2014 Nr. L 219, 40.

und im Ansässigkeitsstaat resultieren können (hierzu im Einzelnen Rz. 14.1 ff.), Zins- und Lizenzgebühren-Richtlinie[1], auf Grund deren Zins- und Lizenzgebührenzahlungen zwischen verbundenen Unternehmen von der Besteuerung an der Quelle befreit werden (hierzu im Einzelnen Rz. 15.1 ff.), Anti-BEPS[2]-Richtlinie (ATAD)[3], die der „Bekämpfung von Steuervermeidungspraktiken" dient (Rz. 17.1 ff.) sowie die Amtshilferichtlinie[4] (Rz. 25.15 ff.) und die Beitreibungsrichtlinie[5] (hierzu Rz. 25.39 ff.). Die vorgenannten Richtlinien sind durchweg in nationales (deutsches) Steuerrecht umgesetzt worden,[6] so dass eine unmittelbare Wirkung dieser Richtlinien nur in Betracht kommt, soweit eine Umsetzung fehlt oder fehlerhaft ist, was bei den mit anderen EU-Staaten abgeschlossenen Doppelbesteuerungsabkommen der Fall ist. Das hat zur Folge, dass etwa die nach der Mutter-Tochter-Richtlinie gebotene Quellensteuerreduktion über die abkommensrechtlichen Regelungen hinaus auf null erfolgt (vgl. ferner Rz. 14.4)[7] und die den Steuerpflichtigen schützenden Regelungen der Amtshilfe-Richtlinie ungeachtet der abkommensrechtlichen Regelungen den allgemein verbindlichen Mindeststandard bilden (vgl. weiterführend Rz. 25.1 ff.).[8]

4. Richtlinienkonforme Auslegung

Richtlinien binden Legislative, Exekutive und Judikative gleichermaßen.[9] Hieraus folgt, dass die Richtlinien zugleich Orientierungspunkte für die Auslegung sind (zu Einzelheiten Rz. 13.1 ff.). Diese richtlinienkonforme Auslegung[10] gilt ohne weiteres für in nationales Recht umgesetzte Richtlinien.[11] Demgegenüber ist eine solche Auslegung bestehenden nationalen Rechts vor Ablauf der Umsetzungsfrist nicht verpflichtend,[12] es sei denn, die erkennbaren gesetzgeberischen Maßnahmen zielen darauf ab, die Richtlinien nicht oder nicht richtig umzusetzen.[13] Schließlich besteht auch keine unionsrechtliche Verpflichtung zur richtlinienkonformen Auslegung in den Fällen überschießender Umsetzung, wenn etwa aus Gründen der Gleichbehandlung von einer Richtlinie nicht erfasste Regelungsbereiche dem

---

1 Richtlinie 2003/49/EG, ABl. EG 2003 Nr. L 157, 1; zuletzt geändert durch Richtlinie 2013/13/EU, ABl. EU 2013 Nr. L 141, 30.
2 Base Erosion and Profit Shifting.
3 Anti Tax Avoidance Directive; Richtlinie (EU) 2016/1164 v. 12.7.2016, ABl. EU 2016 Nr. L 193, 1.
4 ABl. EU 2011 Nr. L 64, 1.
5 ABl. EU 2010 Nr. L 84, 1.
6 Zuletzt noch durch das EUAHiG v. 26.6.2013, BStBl. I 2013, 802 sowie das Gesetz zur Umsetzung der Änderungen der EU-Amtshilferichtlinie und von weiteren Maßnahmen gegen Gewinnkürzungen und -verlagerungen v. 20.12.2016, BGBl. I 2016, 3000, zuletzt geändert durch Artikel 9 G. v. 23.6.2017, BGBl. I 2017, 1682.
7 *Schönfeld/Häck* in Schönfeld/Ditz, DBA, Systematik Rz. 135.
8 *Schönfeld/Häck* in Schönfeld/Ditz, DBA, Systematik Rz. 138; *Schaumburg* in Schaumburg, Internationales Steuerrecht⁴, Rz. 22.75.
9 Rechtsgrundlage: Art. 288 Abs. 3 AEUV und Art. 4 Abs. 3 EUV; EuGH v. 10.4.1984 – C-79/83 – Harz, Slg. 1984, 1921 (1942); v. 10.4.1984 – C-14/83 – Colson u. Kamann, Slg. 1984, 1891 (1909); v. 26.2.1986 – C-152/84 – Marshall, Slg. 1886, 723 (747); v. 20.9.1988 – C-31/87 – Beentjes, Slg. 1988, 4635 ff.; v. 13.11.1990 – C-106/89 – Marleasing, Slg. 1990, I-4135 (I-4159); BVerfG v. 8.4.1987 – 2 BvR 687/85, BVerfGE 75, 223 (237) = UR 1987, 355 m. Anm. *Weiß*.
10 In der Rspr. des EuGH und der Mitgliedstaaten als Grundsatz anerkannt; vgl. die Hinweise bei *Ruffert* in Calliess/Ruffert⁵, Art. 288 AEUV Rz. 77.
11 EuGH v. 16.12.1993 – C-334/92 – Wagner Miret, Slg. 1993, I-6911; v. 11.7.1996 – C-71/94 – Eurim-Pharm, Slg. 1996, I-3603; v. 22.9.1998 – C-185/97 – Coote, Slg. 1998, I-5199.
12 EuGH v. 4.7.2006 – C-212/04 – Adeneler, Slg. 2006, I-6067 Rz. 115; *Nettesheim* in G/H/N, Art. 288 AEUV Rz. 133; *Schroeder* in Streinz³, Art. 288 AEUV Rz. 115; sie ist aber nach nationalem Recht durchaus zulässig; BGH v. 5.2.1998 – I ZR 211/95, NJW 1998, 2208.
13 Zu diesem Sonderfall EuGH v. 18.12.1997 – C-129/96 – Inter-Environnement, Slg. 1997, I-7411 Rz. 40 ff.

Richtlinienrecht angepasst werden.[1] Die richtlinienkonforme Auslegung ist keine originäre Auslegungsmethode,[2] so dass der allgemein gültige Auslegungskanon auch hier zur Anwendung kommt. Das hat u.a. zur Folge, dass sich im Grundsatz die richtlinienkonforme Auslegung nur im Rahmen des maßgeblichen Wortlauts bewegen darf.[3] Damit kommt der richtlinienkonformen Auslegung gegenüber den nationalen Auslegungskriterien **kein Vorrang** zu.[4] Sie greift somit im Rahmen des möglichen Wortsinns nur dann ein, wenn die verschiedenen Auslegungsmethoden eine (abweichende) Deutung zulassen.[5] Soweit allerdings eine über den Wortlaut hinausgehende Auslegung nach nationalem Recht möglich ist (z.B. teleologische Reduktion), gilt dies auch für die richtlinienkonforme Auslegung.[6]

4.63 Die richtlinienkonforme Auslegung hat im Bereich des **vollharmonisierten Steuerrechts** eine zentrale Bedeutung. Sie soll bewirken, dass etwa die MwStSystRL (Rz. 19.1 ff.) und die VerbrauchStSystRL (Rz. 20.1 ff.) in ihrer Gesamtheit einheitlich zur Anwendung kommen. Diesem Ziel dienen auch die Leitlinien des Mehrwertsteuerausschusses, der sich aus Vertretern der Mitgliedstaaten zusammensetzt und von der KOM geleitet wird.[7] Bei diesen Leitlinien handelt es sich um nicht verbindliche Auslegungshinweise zu Regelungen der MwStSystRL.[8]

E. Gleichheitsrechtliche Ausweitung unionsrechtlich vermittelter Rechtspositionen

I. Reichweite des Unionsrechts

4.64 Die im **Primärrecht** verankerten Rechtspositionen haben in persönlicher, sachlicher und räumlicher Hinsicht nur eine begrenzte Reichweite. Sie wirken im Grundsatz nur zugunsten der Unionsbürger, und zwar nur in Anwendung der Verträge und zudem beschränkt auf zwischenstaatliche Sachverhalte innerhalb der EU. Diese dreifache Reichweitenbegrenzung (Schrankentrias) beruht auf den von Art. 5 EUV ausgehenden gegen die Organe der EU gerichteten Kompetenzausübungsschranken – Prinzip der begrenzten Einzelermächtigung, Subsidiaritätsprinzip, Grundsatz der Verhältnismäßigkeit (vgl. Rz. 11.12 ff.). Sie betrifft vor allem die für das Steuerrecht bedeutsamen Gleichbehandlungsgebote bzw. Diskriminierungsverbote.[9] So gilt etwa der in Art. 9 Satz 1 EUV verankerte Grundsatz der Gleichheit im Grundsatz ebenso nur für Unionsbürger wie das in Art. 18 Abs. 1 AEUV geregelte **Diskriminierungsverbot**.[10] Das Diskriminierungsverbot des Art. 18 Abs. 1 AEUV, das umgekehrt formuliert ein Gebot der Gleichbehandlung unter dem Gesichtspunkt der Staatsangehörigkeit bedeutet,[11] entfaltet sich zudem nur im Anwendungsbereich der Verträge, wenn also überhaupt ein Sachverhalt mit Bezug zum Unionsrecht[12] gegeben ist. Es muss sich also um zwischenstaatliche Sachverhalte innerhalb der Union

---

1 *Ruffert* in Calliess/Ruffert[5], Art. 288 AEUV Rz. 83; *Brandner*, Die überschießende Umsetzung von Richtlinien, S. 91 ff.; *Mansel* in FS Canaris, S. 809 ff. (832); vgl auch (differenzierend) *Habersack/Mayer* in Riesenhuber, Europäische Methodenlehre[3], § 14 Rz. 20 ff.
2 *Drüen* in T/K, § 4 AO Rz. 246.
3 *Schroeder* in Streinz[3], Art. 288 AEUV Rz. 113.
4 Vgl. zum Streitstand *Drüen* in T/K, § 4 AO Rz. 242 ff.
5 *Drüen* in T/K, § 4 AO Rz. 246.
6 BGH v. 26.11.2008 – VIII ZR 200/05, NJW 2009, 427 (428 f.); BGH v. 21.12.2011 – VIII ZR 70/08, NJW 2012, 1073; BGH v. 7.5.2014 – IV ZR 76/11, NJW 2014, 2646; *Schroeder* in Streinz[3], Art. 288 Rz. 113.
7 Rechtsgrundlage: Art. 398 MwStSystRL.
8 Vgl. BMF v. 3.1.2014, UR 2014, 146.
9 Vgl. hierzu *Schaumburg* in Schaumburg, Internationales Steuerrecht[4], Rz. 4.1 ff.
10 Vgl. jeweils den Wortlaut: „Bürgerinnen und Bürger" (Art. 9 Satz 1 EUV) bzw. „aus Gründen der Staatsangehörigkeit" (Art. 18 Abs. 1 AEUV); *Magiera* in Streinz[3], Art. 9 EUV Rz. 8; *Streinz* in Streinz[3], Art. 18 AEUV Rz. 34.
11 EuGH v. 2.2.1989 – C-186/87 – Cowan, Slg. 1989, 195 Rz. 11; *Streinz* in Streinz[3], Art. 18 AEUV Rz. 48.
12 EuGH v. 2.2.1989 – C-186/87 – Cowan, Slg. 1989, 195 Rz. 10.

handeln, so dass reine Inlandssachverhalte und grundsätzlich[1] Sachverhalte im Verhältnis zu Drittstaaten nicht erfasst werden und somit eine Inländerdiskriminierung insoweit nicht vermieden wird.[2] Schließlich bindet das Diskriminierungsverbot stets nur ein und denselben Hoheitsträger, so dass eine Ungleichbehandlung, die auf divergierenden Regelungen der Mitgliedstaaten beruht, keine Verletzung des Diskriminierungsverbotes bedeutet.[3]

Den entsprechenden Reichweitenbegrenzungen sind auch die **Grundfreiheiten** ausgesetzt. So greift etwa die Gewährleistung der Freizügigkeit der Arbeitnehmer (Art. 45 AEUV) grundsätzlich nur für Unionsbürger ein,[4] wobei allerdings über das EWR-Abkommen[5] Staatsangehörige von Liechtenstein, Norwegen und Island und über mit anderen Staaten abgeschlossenen Freizügigkeitsabkommen auch Drittstaatsangehörige erfasst werden.[6] Ausnahmsweise gilt das Freizügigkeitsrecht unter bestimmten Voraussetzungen auch für Familienangehörige eines EU-Arbeitnehmers, und zwar auch dann, wenn diese die Staatsangehörigkeit eines dritten Staates haben.[7] Im Bereich der Niederlassungsfreiheit (Art. 49 AEUV) gilt Entsprechendes, so dass auch hier nur Unionsbürger[8] sowie Gesellschaften, die ihren satzungsmäßigen Sitz, ihre Hauptverwaltung oder ihre Hauptniederlassung innerhalb der Union haben (Art. 54 Abs. 1 AEUV), sich hierauf berufen können. Schließlich schützt die Niederlassungsfreiheit nur grenzüberschreitende und nicht bloß innerstaatliche EU-Niederlassungsvorgänge.[9] Die in Art. 56 Abs. 1 AEUV verankerte Dienstleistungsfreiheit schützt ebenfalls nur Unionsbürger und nur innerhalb der EU ausgetauschte grenzüberschreitende Dienstleistungen.[10] Eine Besonderheit enthält allerdings Art. 63 AEUV (Kapitalverkehrsfreiheit) insoweit, als zu den Berechtigten auch Drittstaatsangehörige zählen[11] und zudem diese Grundfreiheit auch im Verhältnis zu Drittstaaten eingreift.[12]

4.65

Der Anwendungsbereich des **Sekundärrechts**, insbesondere von Verordnungen und Richtlinien, ergibt sich stets aus den getroffenen Regelungen selbst. Soweit es die MwStSystRL[13] und die VerbrauchStSystRL[14] anbelangt, ist deren Anwendungsbereich umfassend. Das bedeutet, dass etwa das UStG und das EnergieStG keine Reichweitenbegrenzungen in persönlicher, sachlicher und räumlicher Hinsicht aufweisen. Anders ist die Rechtslage allerdings bei den für die direkten Steuern maßgeblichen Richtlinien. So werden von der Reichweite der Fusionsrichtlinie[15] und der Mutter-Tochter-Richtlinie[16] lediglich

4.66

---

1 Ausnahme: Kapitalverkehrsfreiheit (Art. 63 AEUV); Freizügigkeitsabkommen (z.B. EGFreizügAbK, CHE); hierzu EuGH v. 28.2.2013 – C-425/11 – Ettwein, ECLI:EU:C:2013:121 = BStBl. II 2013, 896; EuGH v. 26.2.2019 – C-581/17 – Wächtler, DStR 2019, 425.
2 *Streinz* in Streinz³, Art. 18 AEUV Rz. 6, 34 ff.
3 EuGH v. 19.1.1988 – C-223/86 – Pesca Valentina, Slg. 1988, 83 Rz. 18; v. 28.10.1999 – C-6/98 – ARD, Slg. 1999, I-7599 Rz. 53; *von Bogdandy* in G/H/N, Art. 18 AEUV Rz. 9.
4 EuGH v. 5.7.1984 – C-238/83 – Meade, Slg. 1984, 2631 Rz. 7; *Franzen* in Streinz³, Art. 45 AEUV Rz. 37.
5 ABl. 1994 Nr. L 1, 3; BGBl. II 1993, 266; geändert durch Gesetz v. 25.8.1993, BGBl. II 1993, 1249; geändert durch Gesetz v. 27.9.1993, BGBl. I 1993, 1666.
6 Vgl. hierzu auch den Überblick bei *Franzen* in Streinz³, Art. 45 AEUV Rz. 49 ff.
7 Vgl. Richtlinie 2004/38/EG, ABl. EU 2004 Nr. L 158, 77; Richtlinie 2003/86/EG, ABl. EU 2003 Nr. L 251, 12 sowie Art. 10 VO (EU), ABl. EU 2011 Nr. 492; zu Einzelheiten *Franzen* in Streinz³, Art. 45 AEUV Rz. 138 ff.
8 *Müller-Graff* in Streinz³, Art. 49 AEUV Rz. 27.
9 EuGH v. 7.2.1979 – C-136/78 – Auer, Slg. 1979, 437; *Korte* in Calliess/Ruffert⁵, Art. 49 AEUV Rz. 19; *Müller-Graff* in Streinz³, Art. 49 AEUV Rz. 27.
10 Zu Einzelheiten *Müller-Graff* in Streinz³, Art. 56 AEUV Rz. 45 ff.
11 EuGH v. 3.10.2006 – C-452/04 – Fidium Finanz, Slg. 2006, I-9521 Rz. 48; *Sedlaczek/Züger* in Streinz², Art. 63 AEUV Rz. 17.
12 *Sedlaczek/Züger* in Streinz³, Art. 63 AEUV Rz. 4; *Pache* in S/Z/K, Europarecht³, § 10 Rz. 210.
13 Richtlinie 2006/112/EG v. 28.11.2006, ABl. EU 2006 Nr. L 347, 1.
14 Richtlinie 2008/118/EG v. 16.12.2008, ABl. EU 2008 Nr. L 9, 12.
15 Richtlinie 2009/133/EG v. 19.10.2009, ABl. EU 2009 Nr. L 310, 34.
16 Richtlinie 2011/96/EU v. 30.11.2011, ABl. EU 2011 Nr. L 345, 8.

bestimmte EU-Kapitalgesellschaften erfasst,[1] so dass Personengesellschaften und Kapitalgesellschaften in Drittstaaten aus dem Begünstigungsrahmen ausgeschlossen sind (hierzu Rz. 14.14 f.). Zudem sind nur grenzüberschreitende Vorgänge zwischen Mitgliedstaaten begünstigt. Die Zins- und Lizenzgebühren-Richtlinie[2] gilt nur für Zahlungen von Zinsen und Lizenzgebühren zwischen verbundenen Unternehmen verschiedener Mitgliedstaaten. Da nur miteinander in der EU verbundene Kapitalgesellschaften erfasst werden (Art. 3 ZiLiRL), bleiben Personengesellschaften und in Drittstaaten ansässige miteinander verbundene Kapitalgesellschaften aus dem Begünstigungsrahmen ausgeschlossen.

4.67 Im Bereich des **Tertiärrechts** haben die bislang ergangenen Durchführungsverordnungen der Kommission lediglich eine komplementäre Funktion etwa zur MwStSystRL bzw. zum umgesetzten nationalen Recht. Das gilt insbesondere für die MwStDVO[3], die auf Grundlage von Art. 397 MwStSystRL ergangen ist (zu Einzelheiten Rz. 19.10). Deren Reichweite unterscheidet sich somit nicht von der MwStSystRL.

II. Inländerdiskriminierung

4.68 In den Fällen, in denen das Primärrecht eine Reichweitenbegrenzung dahingehend entfaltet, dass nur grenzüberschreitende bzw. zwischenstaatliche Sachverhalte innerhalb der EU erfasst werden, bleiben rein innerstaatliche Sachverhalte und Sachverhalte im Verhältnis zu Drittstaaten unberücksichtigt. Angesprochen sind hiermit insbesondere die für das Steuerrecht bedeutsamen Diskriminierungsverbote, die grundlegend in Art. 18 AEUV als allgemeines Diskriminierungsverbot und in den Grundfreiheiten als spezielle Diskriminierungsverbote verankert sind.[4] Hieraus folgt, dass in persönlicher Hinsicht Inländer gegenüber ausländischen Unionsbürgern und rein innerstaatliche Sachverhalte sowie Sachverhalte im Verhältnis zu Drittstaaten gegenüber zwischenstaatlichen EU-Sachverhalten z.B. steuerlich benachteiligt werden können. Eine derartige Inländerdiskriminierung (**umgekehrte Diskriminierung**) ist wegen der begrenzten Reichweite von Art. 18 AEUV und den Grundfreiheiten unionsrechtlich **nicht verboten**.[5] Darüber hinaus ist es schließlich den Mitgliedstaaten unionsrechtlich auch nicht untersagt, die eigenen Staatsangehörigen untereinander ungleich zu behandeln, so lange es sich nicht um zwischenstaatliche EU-Sachverhalte handelt.[6]

4.69 Soweit in den vorgenannten Fällen die Inländerdiskriminierung unionsrechtlich nicht verboten ist, vermögen allein die nationalen Grundrechte, in Deutschland insbesondere der allgemeine Gleichheitssatz (Art. 3 Abs. 1 GG), hiergegen Schrankenwirkungen zu erzeugen.[7] Hiernach gilt Folgendes:

---

1 Nach dem Anhang zu Art. 3 der FRL gehören dazu in Deutschland die AG, die GmbH, die KGaA, der Versicherungsverein auf Gegenseitigkeit, die Erwerbs- und Wirtschaftsgenossenschaft sowie Betriebe gewerblicher Art von juristischen Personen des öffentlichen Rechts; für die MTRL gilt Entsprechendes.
2 Richtlinie 2003/49/EG v. 3.6.2003, ABl. EG 2003 Nr. L 157, 49.
3 VO (EU) Nr. 282/2011 v. 15.3.2011, ABl. EU 2011 Nr. L 77, 1.
4 Das allgemeine Diskriminierungsverbot (Art. 18 AEUV) gilt nur „unbeschadet besonderer Bestimmungen der Verträge" und ist damit gegenüber den speziellen Diskriminierungsverboten (Grundfreiheiten) subsidiär; EuGH v. 14.7.1977 – C-8/77 – Sagulo u.a., Slg. 1977, 1495 Rz. 11; *Streinz* in Streinz[3], Art. 18 AEUV Rz. 14; *Epiney* in Calliess/Ruffert[5], Art. 18 AEUV Rz. 6.
5 Vgl. z.B. EuGH v. 27.10.1982 – C-35, 36/82 – Morson u.a., Slg. 1982, 3723 Rz. 14 ff.; v. 12.3.1987 – C-178/84 – KOM/Deutschland, Slg. 1987, 1227; v. 28.1.1992 – C-332/90 – Steen, Slg. 1992, I-341 Rz. 8 ff.; v. 16.2.1994 – C-29–35/94 – Aubertin u.a., Slg. 1995, I-301 Rz. 9 ff.; *Streinz* in Streinz[3], Art. 18 AEUV Rz. 64; *Khan/Henrich* in Geiger/Khan/Kotzur[6], Art. 18 AEUV Rz. 10; *Lenz* in Lenz/Borchardt[6], Art. 18 AEUV Rz. 3; *Pache* in S/Z/K, Europarecht[3], § 10 Rz. 16; *Musil* in Musil/Weber-Grellet, Europäisches Steuerrecht, Einf. Rz. 73; *Classen* in O/C/N, Europarecht[8], § 22 Rz. 13; **a.A.** *Epiney* in Calliess/Ruffert[5], Art. 18 AEUV Rz. 35 ff.; *von Bogdandy* in G/H/N, Art. 18 AEUV Rz. 51 f. wonach – differenzierend – Art. 18 AEUV auf die Inländerdiskriminierung ausgedehnt wird.
6 EuGH v. 13.11.1990 – C-370/88 – Marshall, Slg. 1990, I-4071 Rz. 21; *Streinz* in Streinz[3], Art. 18 AEUV Rz. 68.
7 *Streinz* in Streinz[3], Art. 18 AEUV Rz. 69; *Rieger*, DÖV 2006, 269; *Riese/Noll*, NVwZ 2007, 516; *Gundel*, DVBl. 2007, 269.

An Art. 3 Abs. 1 GG sind im Grundsatz lediglich solche Gesetze zu messen, die im Rahmen eigener Gesetzgebungshoheit erlassen worden sind, so dass der **allgemeine Gleichheitssatz** lediglich die Gleichbehandlung von Grundrechtsträgern durch ein und denselben Gesetzgeber verlangt.[1] Das gilt nicht nur im föderalen System der Bundesrepublik Deutschland, wonach die Landesgesetzgeber den Gleichheitssatz lediglich innerhalb des Geltungsbereichs der Landesverfassung zu wahren haben,[2] sondern – erst recht – in den Fällen, in denen Gesetze außerhalb der deutschen Gesetzgebungshoheit erlassen worden sind. Hierzu zählen auch unionale Rechtsetzungsakte, soweit diese in Deutschland unmittelbar anwendbar sind.[3] Das bedeutet, dass etwa die zum Sekundärrecht zählenden Verordnungen der EU (hierzu Rz. 4.55 f.) dem Anwendungsbereich von Art. 3 Abs. 1 GG entzogen sind. Anders ist die Rechtslage beim richtlinienkonform und in Orientierung an die Grundfreiheiten (um-)gesetzten nationalen Recht. Dass dieses auf Unionsrecht (Richtlinien) zurückzuführen ist, spielt keine Rolle, weil durch den Umsetzungs- bzw. Rechtsetzungsakt die Inländerdiskriminierung eine solche des nationalen Rechts (geworden) ist.[4] Dass schließlich in den vorgenannten Fällen den nationalen Gesetzgeber kein „Verschulden" für die unionsrechtlich ausgelöste Ungleichbehandlung trifft, ist ebenfalls ohne Bedeutung.[5] Soweit hiernach der Anwendungsbereich von Art. 3 Abs. 1 GG eröffnet ist, kommt es, soweit überhaupt eine Vergleichbarkeit der jeweiligen Sachverhalte gegeben ist,[6] darauf an, ob Rechtfertigungsgründe für die Ungleichbehandlung vorliegen,[7] wobei die unionsrechtliche Verpflichtung zur entsprechenden Um- oder Rechtsetzung keinen Rechtfertigungstatbestand bildet.[8] Die vorgenannten Rechtsgrundsätze gelten im Grundsatz gleichermaßen für rein innerstaatliche und im Verhältnis zu Drittstaaten verwirklichte Sachverhalte. Ergeben sich allerdings etwa Besteuerungsunterschiede durch Anwendung unterschiedlicher Doppelbesteuerungsabkommen, wird der für Art. 3 Abs. 1 GG relevante Regelungsbereich durch das jeweilige DBA begrenzt. Nur innerhalb dieser Grenzen erfolgt die vom BVerfG vorgegebene Gleichheitskontrolle.[9] Die Begrenzung der Gleichheitskontrolle auf das jeweilige DBA beruht darauf, dass es sich insoweit um einen in sich geschlossenen Regelungskreis handelt, der durch gegenseitige Steuerverzichte geprägt ist.[10]

III. Ausländerdiskriminierung

Soweit das Primärrecht insbesondere im Rahmen der Diskriminierungsverbote lediglich Unionsbürger schützt, können sich Nachteile für Drittstaatsangehörige ergeben. Dies gilt insbesondere im Hinblick auf steuerliche Vergünstigungen, die nach deutschem Steuerrecht nur Unionsbürgern gewährt werden. Eine derartige Ausländerdiskriminierung ist unionsrechtlich nicht verboten, so dass es allein Aufgabe der nationalen Grundrechte ist, eine entsprechende Gleichbehandlung herbeizuführen. An-

---

1 BVerfG v. 23.11.1988 – 2 BvR 1619, 1628/83, BVerfGE 79, 127 (158); v. 12.5.1987 – 2 BvR 1226/83, 101, 313/84, BVerfGE 76, 1 (73); v. 21.12.1966 – 1 BvR 33/64, BVerfGE 21, 55 (68); v. 7.2.1961 – 2 BvR 23/61, BVerfG v. 7.2.1961 – 2 BvR 23/61, 139 (143); v. 25.2.1960 – 1 BvR 239/52, BVerfGE 10, 354 (371).
2 BVerfG v. 7.2.1961 – 2 BvR 23/61, BVerfGE 12, 139 (143); Entsprechendes gilt auch für Kommunen, vgl. BVerfG v. 21.12.1966 – 1 BvR 33/64, BVerfGE 21, 55 (68) betreffend Gewerbesteuerhebesätze, vgl. auch *Boysen* in v. Münch/Kunig[6], Art. 3 GG Rz. 71 m.w.N.
3 *Streinz* in Streinz[3], Art. 18 AEUV Rz. 69.
4 Vgl. BVerwG v. 21.6.2006 – 6 C 19.06, BVerwGE 126, 149 (165); im Ergebnis ebenso *Boysen* in v. Münch/Kunig[6], Art. 3 GG Rz. 98; *Nußberger* in Sachs[8], Art. 3 GG Rz. 71; *Heun* in Dreier[3], Art. 3 GG Rz. 11, 43; *Sachs* in Stern, Das Staatsrecht der Bundesrepublik Deutschland IV/2, 1494 f.; *Rieger*, DÖV 2006, 685 ff.; *Riese/Noll*, NVwZ 2007, 516; **a.A.** *Streinz* in Streinz[3], Art. 18 AEUV Rz. 69; *Albers*, JZ 2008, 708 ff. (712 f.).; differenzierend *Gundel*, DVBl. 2007, 269 ff.
5 *Boysen* in v. Münch/Kunig[6], Art. 3 GG Rz. 98; *Englisch* in Stern/Becker, Art. 3 GG Rz. 63.
6 Hierzu *Englisch* in Stern/Becker, Art. 3 Rz. 63.
7 Zu den Rechtfertigungsgründen speziell im Steuerrecht *Hey* in T/L, Steuerrecht[23], § 3 Rz. 128 ff. m.w.N.
8 Anders *Riese/Noll*, NVwZ 2007, 516 (520 f.).
9 Vgl. BVerfG v. 12.10.1976 – 1 BvR 2378/73, BVerfGE 43, 1; v. 9.2.2010 – 2 BvR 1178/07, IStR 2010, 327; BFH v. 10.1.2012 – I R 66/09, FR 2012, 819 m. Anm. *Hagena/Wagner* = BFH/NV 2012, 1056 Rz. 26.
10 Aus diesem Grunde wird auch unter dem Gesichtspunkt der Grundfreiheiten eine Meistbegünstigung verneint; vgl. nur EuGH v. 5.7.2005 – C-376/03 – D, Slg. 2005, I-5821.

gesprochen ist hierbei insbesondere der **allgemeine Gleichheitssatz** (Art. 3 Abs. 1 GG), der als Menschenrecht auch ausländische Staatsangehörige unabhängig vom Wohnsitz vor Ungleichbehandlung schützt.[1] Hiernach gilt Folgendes:

4.72 Da Art. 3 Abs. 1 GG auch für **ausländische Staatsangehörige** unabhängig von ihrem Wohnsitz zur Anwendung kommt, ergeben sich insoweit keine Unterschiede zwischen Inländer- und Ausländerdiskriminierung. Das gilt insbesondere für das Steuerrecht, das im Grundsatz eine am Prinzip der Leistungsfähigkeit orientierte Besteuerung ohne Rücksicht auf die Staatsangehörigkeit regelt. Soweit allerdings ausnahmsweise auf die Staatsangehörigkeit abgestellt wird,[2] ist der Anwendungsbereich des Art. 3 Abs. 1 GG eröffnet. Dies hat Auswirkungen insbesondere in den Fällen, in denen Steuervergünstigungen Unionsbürgern/EWR-Staatsangehörigen, nicht aber Drittstaatsangehörigen gewährt werden. Soweit keine Rechtfertigungsgründe gegeben sind,[3] ist eine gleichheitswidrige Benachteiligung zu bejahen. Damit erfolgt eine gleichheitsrechtliche Ausweitung Unionsbürgern und EWR-Staatsangehörigen vorbehaltener Rechtspositionen auf Drittstaatsangehörige.[4] Dieser Grundrechtsschutz wird allerdings ausländischen juristischen Personen[5] nicht gewährt (Art. 19 Abs. 3 GG).[6] Das gilt auch für juristische Personen mit Sitz im ausländischen Unionsgebiet, wobei allerdings das unionale Diskriminierungsverbot (Art. 18 AEUV) wegen seines Anwendungsvorrangs bewirkt, dass diese in gleicher Weise wie inländische juristische Personen ihre grundrechtgeschützten Interessen prozessual durchsetzen können.[7] Soweit allerdings nach dem Recht eines ausländischen Mitgliedstaates errichtete juristische Personen im Inland ihren Verwaltungssitz haben, sind sie unmittelbar Grundrechtsträger. Auf Grund der vorgenannten Rechtsschutzlücke[8] wirken sich unionsrechtlich vermittelte Rechtspositionen gleichheitsrechtlich nicht auf von in Drittstaaten ansässigen juristischen Personen verwirklichte Sachverhalte aus. Für das Steuerrecht bedeutet dies, dass in Drittstaaten ansässige ausländische Kapitalgesellschaften die Berufung etwa auf § 43b EStG[9] oder weitgehend auf die vom UmwStG gewährte Steuerneutralität[10] versagt bleibt.

---

1 BVerfG v. 23.3.1971 – 2 BvL 17/69, BVerfGE 30, 409 (412); v. 12.10.1976 – 1 BvR 2328/73, BVerfGE 43, 1 (6); v. 20.3.1979 – 1 BvR 111/74, BVerfGE 51, 1 (22); *Nußberger* in Sachs[8], Art. 3 GG Rz. 69.
2 Vgl. etwa § 1 Abs. 2 EStG (erweiterte unbeschränkte Steuerpflicht); § 1a EStG (fiktive unbeschränkte Steuerpflicht); § 50 Abs. 2 Satz 7 EStG (keine Abgeltungswirkung von Quellensteuern).
3 Die unterschiedliche Staatsangehörigkeit gehört hierzu nicht; vgl. BVerfG v. 14.2.1968 – 1 BvR 628/66, BVerfGE 23, 98 (104); v. 23.3.1971 – 2 BvL 17/69, BVerfGE 30, 392 (412); v. 12.1.1976 – 1 BvR 2328/73, BStBl. II 1977, 190; *Nußberger* in Sachs[8], Art. 3 GG Rz. 69.
4 So kann etwa § 1a EStG, der bestimmte familienstandsbezogene Steuerermäßigungen nur Unionsbürgern und Staatsangehörigen von EWR-Staaten einräumt, wegen Art. 3 Abs. 1 GG auch von Drittstaatsangehörigen beansprucht werden; so *Schaumburg* in Schaumburg, Internationales Steuerrecht[4], Rz. 4.14, 6.51; zu dieser gleichheitsrechtlichen Ausweitung unionsrechtlich vermittelter Rechtspositionen allgemein *Schaumburg/Schaumburg*, StuW 2005, 306 ff.; *Kumpf/Roth*, StuW 1996, 259 (262 f.); *Schaumburg*, DB 2005, 1129 (1134); **a.A.** die h.M., z.B. *Schön*, IStR 1995, 119 (123 f.); *Müller*, DStR 1995, 585 (589); *Knobbe-Keuk*, EuZW 1995, 167 (168).
5 Abgestellt wird nicht auf den Satzungssitz, sondern auf den effektiven Sitz (Verwaltungssitz), der weitgehend dem Ort der Geschäftsleitung (§ 10 AO) entspricht; vgl. BVerfG v. 6.6.2000 – 1 BvR 1539/94, 1 BvR 373/98, NvWZ 2000, 1281 (1282); v. 27.12.2007 – 1 BvR 853/06, NvWZ 2008, 670 (671); *Sachs* in Sachs[8], Art. 19 GG Rz. 54; *Remmert* in Maunz/Dürig, Art. 19 GG Abs. 3 Rz. 78.
6 BVerfG v. 1.3.1967 – 1 BvR 46/66, BVerfGE 21, 207; BFH v. 24.1.2001 – I R 81/99, BStBl. II 2001, 290; v. 19.12.2012 – I R 73/11, BStBl. II 2013, 392 = ISR 2013, 191 m. Anm. *Oellerich*; *Rüfner* in Kahl/Waldhoff/Walter, BK, Art. 3 Abs. 1 GG Rz. 142.
7 BVerfG v. 19.7.2011 – 1 BvR 1916/09, BVerfGE 129, 78; BFH v. 19.12.2012 – I R 73/11, BStBl. II 2013, 392; *Jarass* in Jarass/Pieroth[10], Art. 19 GG Rz. 23; *Sachs* in Sachs[8], Art. 19 GG Rz. 55 m.w.N.
8 Für eine Änderung des GG *Hain*, DVBl. 2002, 148 (156 f.); *Guckelberger*, AöR 129 (2004), 618 (635 ff.).
9 Umsetzung durch die MTRL.
10 Umsetzung der FRL.

Kapitel 5
Europäische Gerichtsbarkeit in Steuersachen

A. Europäische Gerichtsbarkeit als Teil des europäischen Rechtsschutzverbundes 5.1
B. Aufbau der unionsrechtlichen Gerichtsbarkeit 5.2
C. Überblick über die für das Steuerrecht bedeutsamen Zuständigkeiten 5.6
  I. Grundsätzliches 5.6
  II. EuGH 5.7
   1. Rechtliche Grundlagen 5.7
   2. Vorabentscheidungsverfahren 5.8
     a) Wesen des Vorabentscheidungsverfahrens 5.8
     b) Gegenstand des Vorabentscheidungsverfahrens im Steuerrecht ... 5.11
       aa) Zwei Verfahrensgegenstände .. 5.11
       bb) Auslegung der Verträge 5.12
       cc) Gültigkeit und Auslegung von Organhandlungen 5.13
     c) Vorlageberechtigung/Vorlagepflicht 5.15
       aa) Verfahren vor einem FG 5.15
       bb) Verfahren vor dem BFH 5.18
       cc) Verletzung der Vorlagepflicht . 5.20
     d) Entscheidungserheblichkeit 5.22
     e) Wirkung der Entscheidung des EuGH 5.23
       aa) Bedeutung für das Ausgangsverfahren 5.23
       bb) Bedeutung für andere Verfahren 5.24
         (1) Bei Auslegungsfragen 5.24
         (2) Bei Fragen hinsichtlich der Gültigkeit von Sekundärrecht .. 5.25
         cc) Vorwirkungen der Entscheidung des EuGH 5.26
   3. Vertragsverletzungsverfahren 5.27
     a) Wesen des Vertragsverletzungsverfahrens 5.27
     b) Gegenstand des Vertragsverletzungsverfahrens 5.28
     c) Bedeutung des Vertragsverletzungsverfahrens im Steuerrecht 5.29
  III. Bedeutung des EuG für steuerrechtliche Verfahren 5.31
   1. Denkbare Verfahrensarten 5.31
   2. Individualklage 5.32
     a) Klagegegenstand 5.32
     b) Klagebefugnis 5.34
     c) Rechtsschutzinteresse 5.37
     d) Frist 5.38
     e) Entscheidung des EuG 5.39
     f) Rechtsmittel 5.40
   3. Nichtigkeitsklage durch den Mitgliedstaat 5.41
  IV. Fachgerichte 5.42
  V. Bewertung des Rechtsschutzes durch EU-Gerichte 5.43
D. Ausblick: Europäische Gerichtsbarkeit im Verhältnis zu Großbritannien nach dem Brexit 5.46

Literatur: *Albath/Wunderlich*, Wege aus der Steuersackgasse? Neue Tendenzen in der Rechtsprechung des EuGH, EWS 2006, 205; *Classen*, Effektive und kohärente Justizgewährleistung im europäischen Rechtsschutzverbund, JZ 2006, 157; *Düsterhaus*, Es geht auch ohne Karlsruhe: Für eine rechtsschutzorientierte Bestimmung der zeitlichen Wirkungen von Urteilen im Verfahren nach Art. 234 EG, EuZW 2006, 393; *Everling*, Richterliche Rechtsfortbildung in der Europäischen Gemeinschaft, JZ 2000, 217; *Fastenrath*, Der Europäische Gerichtshof als gesetzlicher Richter, Zur verfassungsgerichtlichen Kontrolle der Einhaltung völker- und europarechtlicher Verpflichtungen sowie zum Prüfungsmaßstab bei Art. 101 Abs. 1 Satz 2 GG, in Bröhmer/Bieber/Calliess/Langenfeld/Weber/Wolf (Hrsg.), Internationale Gemeinschaft und Menschenrechte, FS für Ress, Köln 2005, 461; *Glaesner*, Die Vorlagepflicht unterinstanzlicher Gerichte in Vorabentscheidungsverfahren, EuR 1990, 143; *Kokott*, Zusammenwirken der Gerichte in Europa, in Kube/Mellinghoff/Morgenthaler/Palm/Puhl/Seiler (Hrsg.), Leitgedanken des Rechts, Band I, Staat und Verfassung, FS für Kirchhof, Heidelberg 2013, § 103, 1097; *Kokott/Henze*, Die Beschränkung der zeitlichen Wirkung von EuGH-Urteilen in Steuersachen, NJW 2006, 177; *Kokott/Henze/Sobotta*, Die Pflicht zur Vorlage an den Europäischen Gerichtshof und die Folgen ihrer Verletzung, JZ 2006, 633; *Pache*, Die Kontrolldichte in der Rechtsprechung der Gerichte der EG, DVBl. 1998, 380; *Ribbrock*, Zeitliche Begrenzung der Wirkung von EuGH-Entscheidungen – das Urteil „Banca Popolare di Cremona" und die neuen Schlussanträge „Meilicke", BB 2006, 2611; *v. Danwitz*, Europäischer

Gerichtshof, in Kube/Mellinghoff/Morgenthaler/Palm/Puhl/Seiler (Hrsg.), Leitgedanken des Rechts, Band I, Staat und Verfassung, FS für Kirchhof, Heidelberg 2013, § 88, 949; *Walter*, Grundrechtsschutz gegen Hoheitsakte internationaler Organisationen, Überlegungen zur Präzisierung und Fortentwicklung der Dogmatik des Maastricht-Urteils des Bundesverfassungsgerichts, AöR 129 (2004), 39.

A. Europäische Gerichtsbarkeit als Teil des europäischen Rechtsschutzverbundes

5.1 Als Rechtsgemeinschaft muss die Europäische Union einen **umfassenden und effektiven Rechtsschutz** gewährleisten, durch den das Unionsrecht durchgesetzt werden kann.[1] Hierbei handelt es sich um einen allgemeinen Grundsatz des Unionsrechts, der sich aus den gemeinsamen Verfassungstraditionen der Mitgliedstaaten ergibt und auf dessen Einhaltung der Einzelne einen Anspruch hat.[2] Er findet seinen Ausdruck inzwischen in Art. 47 Abs. 1 GRCh, nach dem jede Person, deren durch das Recht der Union garantierte Rechte oder Freiheiten verletzt worden sind, das Recht hat, nach Maßgabe der in diesem Artikel vorgesehenen Bedingungen bei einem Gericht einen wirksamen Rechtsbehelf einzulegen. Dieses Recht ist insbesondere dadurch zu gewährleisten, dass die Sache von einem unabhängigen, unparteiischen und zuvor durch Gesetz errichteten Gericht in einem fairen Verfahren, öffentlich und innerhalb angemessener Frist verhandelt wird (Art. 47 Abs. 2 GRCh). Zu gewährleisten ist der Rechtsschutz in erster Linie durch die Gerichte der Mitgliedstaaten.[3] Die Rechtspflege ist im föderalen Verbund der EU grundsätzlich den Mitgliedstaaten zugewiesen.[4] Allerdings dürfen diese bei Fällen mit unionsrechtlichem Bezug nicht in jedem Fall allein entscheiden. In einer supranationalen Rechtsgemeinschaft muss eine **einheitliche Wirksamkeit des Rechts** gewährleistet werden, weil es gerade Zweck des Zusammenschlusses ist, eine Rechtszersplitterung zu überwinden. Aufgrund dessen wirken die nationalen Gerichte zur Gewährleistung der europäischen Rechtseinheit mit den europäischen Gerichten zusammen.[5] Letztere dienen dem Zweck, mit unionsweiter Bindung die Wirksamkeit von Sekundärrechtsakten bzw. die Auslegung von Unionsrecht, sowohl Primär- als auch Sekundärrecht, zu klären.

B. Aufbau der unionsrechtlichen Gerichtsbarkeit

5.2 Die diesem Zweck dienende Gerichtsbarkeit der Europäischen Union ist **dreistufig aufgebaut**.

5.3 Art. 251 Abs. 1 AEUV sieht einen **Gerichtshof der Europäischen Union (EuGH)** vor, der entsprechend den Regelungen der Satzung[6] als Kammer oder als Große Kammer tagt. Wenn die Satzung dies vorsieht, kann der EuGH gem. Art. 251 Abs. 2 AEUV auch als Plenum tagen. Fehlt auch der Verweis in Art. 251 Abs. 1 AEUV, dient der EuGH – wie auch zuvor der Gerichtshof der Europäischen Gemeinschaften – doch im Rahmen seiner jeweiligen (vertraglich eingeräumten) Zuständigkeiten immer noch der Wahrung des Rechts bei der Auslegung und Anwendung des Unionsrechts (vgl. Art. 220 Abs. 1 EG). Aufgrund dieser Befugnis hat sich der EuGH in der Vergangenheit als maßgeblicher „**Motor der**

---

1 *Classen* in S/Z/K, Europarecht³, § 4 Rz. 1.
2 EuGH v. 9.2.2006 – C-23/05, C-24/05, C-25/05 – Sfakianakis, Slg. 2006, I-1265 Rz. 27 f.
3 EuGH v. 13.3.2007 – C-432/05 – Unibet, Slg. 2007, I-2271 Rz. 37 f.; v. 7.6.2007 – C-156/04 – Kommission/Griechenland, Slg. 2007, I-4129 Rz. 76.
4 *Scholz* in M/D, Art. 23 GG Rz. 77.
5 *Kokott* in FS Kirchhof, Band I, § 103 Rz. 5.
6 Protokoll über die Satzung des Gerichtshofs der Europäischen Union v. 26.1.2001, ABl. EG 2001 Nr. C 80, 53, zuletzt geändert durch Art. 1 ÄndVO (EU, Euratom) 2019/629 v. 17.4.2019, ABl. EU 2019 Nr. L 111, 1.

Integration" erwiesen,[1] musste er doch gegen den Widerstand der Mitgliedstaaten das damalige Gemeinschaftsrecht zu einer eigenständigen supranationalen (Verfassungs-)Rechtsordnung ausbauen, die sich als kohärentes System versteht.[2] Nachdem dieses Ziel erreicht und von den Mitgliedstaaten weitgehend akzeptiert ist, dient er insbesondere als unparteiischer Schiedsrichter zwischen den EU-Organen und den Mitgliedstaaten.[3] Zuweilen dient er aber auch als Verfassungsgericht der EU,[4] das dem Handeln der EU-Organe selbst Grenzen setzt.

Dem gleichen Ziel wie der EuGH dient das **Gericht – EuG –** (Art. 256 AEUV), das früher Gericht erster Instanz hieß (Art. 220 Abs. 1 EG). Das EuG ist für **Entscheidungen im ersten Rechtszug** über die in den Art. 263, 265, 268, 270 und 272 AEUV genannten Klagen zuständig, mit Ausnahme derjenigen Klagen, die einem nach Art. 257 AEUV gebildeten Fachgericht übertragen werden, und der Klagen, die gemäß der Satzung dem Gerichtshof vorbehalten sind (Art. 256 Abs. 1 Unterabs. 1 Satz 1 AEUV). In den letztgenannten Verfahren ist der EuGH aber für Entscheidungen über Rechtsmittel gegen Entscheidungen der Fachgerichte zuständig (Art. 256 Abs. 2 Unterabs. 1 AEUV). Ferner ist das EuG in besonderen in der Satzung festgelegten Sachgebieten für **Vorabentscheidungen nach Art. 267 AEUV** zuständig (Art. 251 Abs. 3 Unterabs. 1 AEUV). Wenn das Gericht der Auffassung ist, dass eine Rechtssache eine Grundsatzentscheidung erfordert, die die Einheit oder die Kohärenz des Unionsrechts berühren könnte, kann es die Rechtssache zur Entscheidung an den Gerichtshof verweisen (Art. 251 Abs. 3 Unterabs. 2 AEUV). In den übrigen Fällen können die Entscheidungen des Gerichts über Anträge auf Vorabentscheidung nach Maßgabe der Bedingungen und innerhalb der Grenzen, die in der Satzung vorgesehen sind, in Ausnahmefällen vom Gerichtshof überprüft werden, wenn die ernste Gefahr besteht, dass die Einheit oder die Kohärenz des Unionsrechts berührt wird (Art. 251 Abs. 3 Unterabs. 3 AEUV).

Art. 257 Abs. 1 Satz 1 AEUV sieht die Möglichkeit vor, dem EuG **beigeordnete Fachgerichte** (früher Kammern) zu bilden, die für Entscheidungen im ersten Rechtszug über bestimmte Kategorien von Klagen zuständig sind, die auf besonderen Sachgebieten erhoben werden. Für Rechtsmittel gegen die Entscheidungen der Fachgerichte ist gem. Art. 257 Abs. 3 AEUV das EuG zuständig.

C. Überblick über die für das Steuerrecht bedeutsamen Zuständigkeiten

I. Grundsätzliches

Steuerrechtliche Verfahren gelangen **vorwiegend zum EuGH** (Rz. 5.7 ff.). Aufgrund der Zuständigkeitsverteilung hat das EuG (Rz. 5.31 ff.) bislang nur eine geringe Bedeutung erlangt; keinerlei Bedeutung haben die ihm beigeordneten Fachgerichte (Rz. 5.42).

II. EuGH

1. Rechtliche Grundlagen

Die Grundlagen für den EuGH als Organ der EU sind in Art. 251 bis 281 AEUV geregelt. Im Primärrecht geregelt ist auch, für welche Verfahren der EuGH zuständig ist (Art. 259 ff. AEUV). Ergänzt wird das Primärrecht durch die **Satzung des EuGH**.[5] Sie regelt die innere Organisation und die Grundsätze des gerichtlichen Verfahrens des EuGH. Der Rechtsnatur nach stellt sie ein Protokoll i.S. des Art. 51

---

1 *Huber*, Recht der Europäischen Integration[2], § 14 Rz. 3.
2 *Von Danwitz*, Verwaltungsrechtliches System und Europäische Integration, S. 90 f.
3 Dies anmahnend bereits *Huber*, Recht der Europäischen Integration[2], § 14 Rz. 3.
4 Hierzu eingehend *Bauer*, Der Europäische Gerichtshof als Verfassungsgericht?, 2008, passim.
5 Protokoll über die Satzung des Gerichtshofs der Europäischen Union v. 26.1.2001, ABl. EG 2001 Nr. C 80, 53, zuletzt geändert durch Art. 1 ÄndVO (EU, Euratom) 2019/629 v. 17.4.2019, ABl. EU 2019 Nr. L 111, 1.

EUV dar, das als solches in den AEUV inkorporiert ist und grundsätzlich dessen Rechtsqualität teilt.[1] Mit Genehmigung des Rates erlässt der EuGH daneben seine eigene (detaillierte) **Verfahrensordnung** (Art. 253 Abs. 6 AEUV).[2] Gemäß Art. 125a der Verfahrensordnung hat der EuGH **Praktische Anweisungen für Klagen und Rechtsmittel** erlassen,[3] die Hinweise für die Schriftsätze und das Verhalten in der mündlichen Verhandlung enthalten. Normhierarchisch stehen die Praktischen Hinweise auf unterster Stufe.[4]

2. Vorabentscheidungsverfahren

a) Wesen des Vorabentscheidungsverfahrens

5.8 Die für das Steuerrecht relevanteste Verfahrensart ist das Vorabentscheidungsverfahren nach Art. 267 AEUV. Das Vorabentscheidungsverfahren stellt ein **objektives Zwischenverfahren** eines vor den nationalen Gerichten anhängigen Verfahrens dar.[5] Stellt sich anlässlich eines bei den nationalen Gerichten anhängigen Verfahrens eine vorgreifliche unionsrechtliche Fragestellung, kann bzw. muss der EuGH zu deren Klärung angerufen werden. Auf die Einleitung eines Vorabentscheidungsverfahrens können die Beteiligten eines finanzgerichtlichen Verfahrens kaum Einfluss nehmen. Aufgrund seines objektiv-rechtlichen Charakters besteht kein Antragsrecht der Beteiligten.[6] Bei der Prüfung des Unionsrechts hat allein das nationale Gericht von Amts wegen zu prüfen, ob die Voraussetzungen für eine Vorlage gegeben sind. In der Praxis geschieht es allerdings häufig, dass die Beteiligten das Augenmerk des Gerichts auf die unionsrechtliche Fragestellung lenken und eine Vorlage an den EuGH anregen.

5.9 Da es sich um ein reines Zwischenverfahren handelt und der EuGH allein die unionsrechtliche Fragestellung beantwortet, entscheidet er den eigentlichen Streitfall nicht durch. Die Entscheidung über den eigentlichen Streitgegenstand bleibt dem vorlegenden nationalen Gericht vorbehalten. Dieses bzw. die Beteiligten des Verfahrens sind die **Herren des Vorabentscheidungsverfahrens**.[7] Nehmen die Beteiligten die Klage zurück, erklären sie die Erledigung des Rechtsstreits in der Hauptsache oder nimmt das vorlegende Gericht seinen Vorlagebeschluss zurück, erledigt sich hierdurch das Vorabentscheidungsverfahren.

5.10 Aus dem Charakter des Vorabentscheidungsverfahrens als einem unselbständigen Zwischenverfahren folgt zugleich, dass ungeachtet seines Ausgangs in der EuGH-Entscheidung **keine Kostenentscheidung** getroffen wird; diese ist vielmehr der Entscheidung in der Hauptsache vorbehalten.[8]

b) Gegenstand des Vorabentscheidungsverfahrens im Steuerrecht
aa) Zwei Verfahrensgegenstände

5.11 Der EuGH entscheidet im Wege der Vorabentscheidung über die Auslegung der Verträge (Art. 267 Abs. 1 Satz 1 Buchst. a AEUV) und über die Gültigkeit und Auslegung der Handlungen der Organe,

---

1 *Seer* in T/K, EuRS, Rz. 22.
2 Verfahrensordnung des Gerichtshofs vom 25.9.2012 (ABl. EU 2012 Nr. L 265, 1) in der Fassung der Änderungen vom 18.6.2013 (ABl. EU 2013 Nr. L 173, 65), vom 19.7.2016 (ABl. EU 2016 Nr. L 217, 69) und vom 9.4.2019 (ABl. EU 2019 Nr. L 111, 73).
3 ABl. EU 2004 Nr. L 361, 15; geändert durch ABl. EU 2009 Nr. L 29, 51.
4 *Seer* in T/K, EuRS, Rz. 23.
5 EuGH v. 15.7.2004 – C-315/02 – Lenz, Slg. 2004, I-7063 Rz. 55; BFH v. 30.8.1996 – V B 64/96, BFH/NV 1997, 139; v. 9.11.2007 – IV B 169/06, BFH/NV 2008, 390.
6 BFH v. 7.3.2003 – VII B 282/02, juris; v. 9.11.2007 – IV B 169/06, BFH/NV 2008, 390.
7 *Middeke* in Rengeling/Middeke/Gellermann, Handbuch des Rechtsschutzes in der Europäischen Union³, § 10 Rz. 11.
8 EuGH v. 15.7.2004 – C-315/02 – Lenz, Slg. 2004, I-7063 Rz. 55; BFH v. 30.8.1996 – V B 64/96, BFH/NV 1997, 139; v. 16.12.2002 – VIII B 163/01, BFH/NV 2003, 497; v. 18.12.2002 – VIII B 166/02, BFH/NV 2003, 921.

Einrichtungen oder sonstigen Stellen der Union (Art. 267 Abs. 1 Satz 1 Buchst. b AEUV). Im Steuerrecht haben beide Formen des Vorabentscheidungsverfahrens Bedeutung.

bb) Auslegung der Verträge

Vorabentscheidungsverfahren zur Klärung von Fragen über die Auslegung der Verträge haben ihre wesentliche Bedeutung im Recht der **direkten Steuern**. Ist mit dem Begriff des Vertrages i.S.d. Art. 267 Abs. 1 Satz 1 Buchst. a AEUV insbesondere der Vertrag über die Arbeitsweise der Europäischen Union gemeint,[1] so fällt die **Auslegung der Grundfreiheiten** unter diese Alternative, die für die direkten, bislang nicht harmonisierten Steuern von besonderer Bedeutung sind.

5.12

cc) Gültigkeit und Auslegung von Organhandlungen

Anders ist dies bei den **indirekten Steuern**, die – wie insbesondere die Umsatzsteuer – weitgehend durch Richtlinien harmonisiert worden sind. Die Richtlinien fallen nicht unter den Begriff des Vertrages i.S.d. Art. 267 Abs. 1 Satz 1 Buchst. a AEUV; sie werden vielmehr von den Handlungen der Organe i.S.d. Art. 267 Abs. 1 Satz 1 Buchst. b AEUV erfasst,[2] die der EuGH auszulegen und über deren Gültigkeit er zu entscheiden hat.

5.13

Art. 267 Abs. 1 Satz 1 Buchst. b AEUV enthält zugleich ein **Verwerfungsmonpol des EuGH** für das Sekundärrecht.[3] Das vorlegende nationale Gericht darf und muss die Gültigkeit eines Sekundärrechtsakts prüfen, kann seine Ungültigkeit aber nicht verbindlich feststellen.[4] Anderenfalls stünde die einheitliche Wirksamkeit des Unionsrechts auf dem Spiel.[5] Ohne eine Verwerfung des Sekundärrechtsakts durch den EuGH ist es dem nationalen Gericht im Fall von Richtlinien zugleich untersagt, Umsetzungsgesetze aufgrund ihrer Verfassungs- oder Unionsrechtswidrigkeit zu verwerfen oder unangewendet zu lassen, soweit die unionsrechtliche Determinierung des nationalen Rechts reicht.[6] Hält der EuGH indes die Richtlinie für primärrechtswidrig, ist aufgrund des Anwendungsvorrangs des Unionsrechts zugleich das nationale Umsetzungsgesetz im Rahmen seiner (bisherigen) Determinierung unanwendbar.[7] In diesen Fällen erübrigt sich eine Vorlage wegen einer ggf. zusätzlich erwägenswerten Verfassungswidrigkeit. Wegen der Primärrechtswidrigkeit des Umsetzungsgesetzes wäre diese zugleich nicht mehr entscheidungserheblich und damit unzulässig.[8]

5.14

c) Vorlageberechtigung/Vorlagepflicht
aa) Verfahren vor einem FG

Stellt sich in einem bei einem FG anhängigen Verfahren die Frage der Auslegung des AEUV oder eines Sekundärrechtsakts, so ist dieses nach Art. 267 Abs. 2 AEUV zur Vorlage **berechtigt, aber nicht verpflichtet**. Dies kommt schon in der Vorschrift des Art. 267 Abs. 2 AEUV zum Ausdruck, die dem Gericht ein Ermessen („kann") einräumt. Dass es sich insoweit nicht um ein reines Kompetenz-Kann han-

5.15

---

1 *Ehricke* in Streinz², Art. 267 AEUV Rz. 16; *Middeke* in Rengeling/Middeke/Gellermann, Handbuch des Rechtsschutzes in der Europäischen Union³, § 10 Rz. 28.
2 *Ehricke* in Streinz², Art. 267 AEUV Rz. 17; *Middeke* in Rengeling/Middeke/Gellermann, Handbuch des Rechtsschutzes in der Europäischen Union³, § 10 Rz. 31.
3 *Oellerich*, Defizitärer Vollzug des Umsatzsteuerrechts, S. 144; *Wernsmann* in Ehlers/Schoch, Rechtsschutz im Öffentlichen Recht, § 11 Rz. 49.
4 EuGH v. 18.7.2007 – C-119/05 – Ministero dell'Industria, del Commericio e dell'Artiginianato/Lucchini, Slg. 2007, I-6199 Rz. 53.
5 *Wernsmann* in Ehlers/Schoch, Rechtsschutz im Öffentlichen Recht, § 11 Rz. 49.
6 *Oellerich*, Defizitärer Vollzug des Umsatzsteuerrechts, S. 92, 144 f.
7 Ausführlich *Oellerich*, Defizitärer Vollzug des Umsatzsteuerrechts, S. 144 ff.
8 BFH v. 6.3.2013 – I R 14/07, BStBl II 2015, 349.

delt, wird durch einen systematischen Vergleich zu Art. 267 Abs. 3 AEUV deutlich, nach dem ein letztinstanzliches Gericht zur Vorlage verpflichtet wird („ist [...] verpflichtet"). Wenn es daher auch rechtlich nicht zu beanstanden ist, ist es für die Steuerrechtspraxis doch zu bedauern, dass die FG Vorlagen regelmäßig dem BFH überlassen, obwohl die streitgegenständlichen unionsrechtlichen Fragestellungen durch den EuGH bislang nicht geklärt worden sind. Revisionsverfahren und dadurch eine für die Beteiligten unbefriedigende Verzögerung bis zum Ergehen einer abschließenden Entscheidung könnten vermieden werden, wenn sich bereits die FG häufiger zu einer Vorlage durchringen könnten.

5.16 Nur ausnahmsweise kann auch ein FG zu einer Vorlage verpflichtet sein. Auch dieses muss die Frage der **Gültigkeit eines Sekundärrechtsaktes** dem EuGH gem. Art. 267 Abs. 1 Satz 1 Buchst. b AEUV zur Vorabentscheidung vorlegen, wenn es den anzuwendenden Sekundärrechtsakt für primärrechtswidrig hält. Dies ergibt sich zwar nicht aus dem Wortlaut des Art. 267 AEUV; Art. 267 Abs. 2 AEUV könnte vielmehr den gegenteiligen Schluss nahe legen. Der Sinn und Zweck des Vorabentscheidungsverfahrens lässt die Annahme einer Vorlagepflicht aber zwingend erscheinen. Denn das Vorabentscheidungsverfahren soll die einheitliche Geltung des Unionsrechts gewährleisten, die nur bei einem **Verwerfungsmonopol des EuGH** hinsichtlich der Sekundärrechtsakte gesichert ist.[1]

5.17 Darüber hinaus geht das BVerfG zu Recht davon aus, dass eine Vorlagepflicht der FG besteht, wenn ein Fachgericht wegen der Verfassungswidrigkeit eines Umsetzungsgesetzes an das BVerfG vorlegen will, aber unklar ist, ob das Unionsrecht den Mitgliedstaaten einen **Umsetzungsspielraum** belässt.[2] Grund hierfür ist, dass das BVerfG ein Umsetzungsgesetz nur verwerfen kann, soweit es in Ausübung des Umsetzungsspielraums erlassen wird; nur dann ist überhaupt eine Verwerfungskompetenz des BVerfG eröffnet. Ohne einen Umsetzungsspielraum ist die Vorlage an das BVerfG nicht entscheidungserheblich. Die Frage zu prüfen, ob und in welchem Umfang ein Umsetzungsspielraum besteht, obliegt nach Auffassung des BVerfG dem Fachgericht; daher ist dieses auch zu einer Vorlage verpflichtet, wenn es nicht riskieren will, dass das BVerfG seine Vorlage mangels Entscheidungserheblichkeit als unzulässig qualifiziert.[3] Diese Grundsätze gelten insgesamt für die Frage nach der Reichweite unionsrechtlicher Bindungen.[4] Das vorlegende Gericht kann dies auch nicht durch Schweigen im Vorlagebeschluss übergehen; denn mit der Feststellungspflicht korrespondiert eine Darlegungspflicht.[5]

bb) Verfahren vor dem BFH

5.18 Demgegenüber ist der BFH zur Vorlage verpflichtet, wenn sich ihm in einem anhängigen Verfahren eine Frage zur Auslegung der Verträge oder zur Auslegung oder Gültigkeit von Handlungen der Organe stellen sollte (Art. 267 Abs. 3 AEUV). Denn seine Entscheidungen sind selbst nicht mehr mit Rechtsmitteln des innerstaatlichen Rechts anfechtbar. Zu den Rechtsmitteln zählen nur solche Rechtsbehelfe, auf deren Einlegung die unterlegene Partei ein Recht hat, die zu ergreifen allein von ihrem Willen abhängt und die generell gegen ein Urteil gegeben sind, um dessen Überprüfung von demselben oder einem Gericht höherer Instanz zu erreichen. Rechtsbehelfe, die außerhalb des normalen Instanzenzuges eingelegt werden, wie das Begnadigungs- und Wiederaufnahmeverfahren, aber auch die Verfassungsbeschwerde i.S.d. Art. 93 Abs. 1 Nr. 4a GG bleiben insoweit außer Betracht.[6] Von diesen Grundsätzen ausgehend ist der Rechtsweg mit dem Abschluss des Revisions- bzw. Nichtzulassungsbeschwerdeverfahrens vor dem BFH ausgeschöpft.

---

1 EuGH v. 22.10.1987 – 314/85 – Foto Frost, Slg. 1987, 4199 Rz. 15; v. 6.12.2005 – C-461/03 – Gaston Schul, Slg. 2005, I-10513 Rz. 21; *Fastenrath* in FS Ress, S. 461 (467); *Oellerich*, Defizitärer Vollzug des Umsatzsteuerrechts, S. 153; *Wernsmann* in Ehlers/Schoch, Rechtsschutz im Öffentlichen Recht, § 11 Rz. 49.
2 BVerfG v. 4.10.2011 – 1 BvL 3/08, BVerfGE 129, 186.
3 Vgl. BVerfG v. 4.10.2011 – 1 BvL 3/08, BVerfGE 129, 186.
4 BVerfG v. 9.9.2014 – 1 BvL 2/14, NvWZ 2015, 1.
5 Vgl. BVerfG v. 4.10.2011 – 1 BvL 3/08, BVerfGE 129, 186.
6 *Middeke* in Rengeling/Middeke/Gellermann, Handbuch des Rechtsschutzes in der Europäischen Union[3], § 10 Rz. 58.

Eine Vorlagepflicht besteht ausnahmsweise nicht, wenn an der Gültigkeit (nicht Ungültigkeit!) oder Auslegung des Unionsrechts keine vernünftigen Zweifel bestehen (**acte claire** bzw. **acte éclairé**).[1] Ein acte claire kann nur in folgenden drei Fällen angenommen werden: (1) Der EuGH hat über eine gleich lautende Vorlagefrage bereits entschieden (acte éclairé), (2) es besteht bereits eine gesicherte Rechtsprechung des EuGH zu der Vorlagefrage (acte éclairé) oder (3) die Rechtslage ist derart offenkundig, dass keinerlei vernünftige Zweifel an der Entscheidung der gestellten Frage verbleiben (acte claire).[2] Dieser Rechtsprechung bedient sich der BFH sehr häufig, um unionsrechtliche Fragestellungen nicht dem EuGH vorlegen zu müssen.[3] Zuweilen dürfte der BFH mit der Annahme hierbei zu großzügig verfahren. Exemplarisch zeigt dies die Rechtsprechung des BFH zur Bestandskraftdurchbrechung;[4] der BFH geht hier von einem acte claire aus, obwohl auch das BVerfG zugesteht, dass diese Frage durch den EuGH noch nicht abschließend geklärt ist.[5] Daneben sorgt bisweilen aber auch der EuGH selbst für Unklarheit. Exemplarisch ist in jüngster Zeit hierfür die Rechtsprechung des BFH zu den finalen Verlusten (hierzu Rz. 8.103 ff.). Während nach der Entscheidung des EuGH in der Rechtssache Timac Agro[6] der BFH in Deutschland keinen praktischen Raum für die Nutzung finaler Verluste sah und deshalb auch meinte, dem EuGH nicht erneut vorlegen zu müssen,[7] hat er nunmehr jüngst seine Rechtsprechung erneut geändert und wieder die Annahme genährt, dass eine Nutzung finaler Verluste möglich sein muss.[8] Der hier gegebene „Schlingerkurs" des EuGH mag vielleicht extrem sein; er zeigt andererseits aber, wie vorsichtig mit der Annahme des acte claire verfahren werden sollte.

5.19

cc) Verletzung der Vorlagepflicht

Die Verletzung der Vorlagepflicht gem. Art. 267 AEUV kann nur sehr eingeschränkt sanktioniert werden, was im Hinblick auf den effektiven Rechtsschutz des Einzelnen (Art. 19 Abs. 4 GG) nicht unproblematisch erscheint. Das Unionsrecht sieht für die Verletzung der Vorlagepflicht keine effektive Sanktion vor. Selbst wenn in einer Verletzung des Art. 267 Abs. 3 AEUV eine Vertragspflichtverletzung liegt, dürfte ein Vertragsverletzungsverfahren kein adäquates Mittel zur Sanktionierung darstellen.[9] Erfolgversprechend kann allenfalls eine Verfassungsbeschwerde vor dem BVerfG sein. Rügen kann der Steuerpflichtige – allerdings nur in engen Grenzen – die **Verletzung des Rechts auf den gesetzlichen Richter** gem. Art. 101 Abs. 1 Satz 2 GG. Die entgegen Art. 267 Abs. 3 AEUV unterlassene Vorlage ist notwendig, aber nicht hinreichend für eine Verletzung des Rechts auf den gesetzlichen Richter. Hinzukommen muss nach der Rechtsprechung des *BVerfG*, dass die Auslegung und Anwendung der Zu-

5.20

---

1 *Middeke* in Rengeling/Middeke/Gellermann, Handbuch des Rechtsschutzes in der Europäischen Union³, § 10 Rz. 61 ff.
2 EuGH v. 6.10.1982 – 283/81 – C.I.L.F.I.T., Slg. 1982, 3415 Rz. 13 ff.; v. 15.9.2005 – C-495/03 – Intermodal Transports, Slg. 2005, I-8151 Rz. 33; v. 6.12.2005 – C-461/03 – Gaston Schul Douane expediteur, Slg. 2005, I-10513 Rz. 16.
3 S. aus jüngerer Zeit beispielsweise BFH v. 12.7.2011 – VII R 10/13, BFHE 234, 83; v. 19.12.2012 – I R 73/11, BFHE 240, 99 = BStBl. II 2013, 392 = ISR 2013, 191 m. Anm. *Oellerich*; v. 10.4.2013 – I R 45/11, BStBl. II 2013, 771 = GmbHR 2013, 1057 m. Anm. *Roser* = ISR 2013, 347 m. Anm. *Andresen*; v. 31.7.2013 – I R 31/12, BFH/NV 2014, 185; v. 31.7.2013 – I R 82/12, BFHE 243, 180; v. 25.10.2016 – I R 54/14, BStBl II 2017, 1216; v. 28.6.2017 – XI R 23/14, DStR 2017, 1987; v. 19.7.2017 – I R 87/15, DStR 2018, 67.
4 BFH v. 23.11.2006 – V R 51/05, BStBl. II 2007, 433; v. 23.11.2006 – V R 67/05, BStBl. II 2007, 436; v. 16.9.2010 – V R 46/09, juris; v. 16.9.2010 – V R 48/09, juris; v. 16.9.2010 – V R 49/09, juris; v. 16.9.2010 – V R 51/09, BFH/NV 2011, 569; v. 16.9.2010 – V R 52/09, juris; v. 16.9.2010 – V R 57/09, BStBl. II 2011, 151.
5 BVerfG v. 4.9.2008 – 2 BvR 1321/07, BFH/NV 2009, 110 = UR 2008, 884. – Eine Verletzung des Art. 101 Abs. 1 Satz 2 GG verneint das BVerfG nur deshalb, weil sich der BFH auf eine in der Literatur vertretene Auffassung stützen konnte und seine Meinung deshalb nicht unvertretbar war.
6 EuGH v. 17.12.2015 – C-388/14, DStR 2016, 28 – Timac Agro.
7 BFH v. 22.2.2017 – I R 2/15, BStBl. II 2017, 709.
8 EuGH v. 12.6.2018 – C-650/16 – Bevola und Jens W. Trock, DStR 2018, 1353.
9 Hierzu *Burgi* in Rengeling/Middeke/Gellermann, Handbuch des Rechtsschutzes in der Europäischen Union³, § 6 Rz. 40 f.

ständigkeitsnorm bei verständiger Würdigung der das Grundgesetz bestimmenden Gedanken nicht mehr verständlich erscheint und offensichtlich unhaltbar ist.[1] Dies ist anzunehmen, wenn

- das Gericht eine Vorlage nicht in Erwägung zieht, obwohl es selbst Zweifel an der Beantwortung der Frage hegt,[2] sowie erst recht, wenn sich das nationale Gericht hinsichtlich der materiellen Unionsrechtslage nicht hinreichend kundig macht.[3] Letzteres erfordert, dass das Finanzgericht die einschlägige Rechtsprechung des EuGH auswerten und seine Entscheidung hieran orientieren muss. Auf dieser Grundlage muss das Finanzgericht unter Anwendung und Auslegung des materiellen Unionsrechts die vertretbare Überzeugung bilden, dass die Rechtslage entweder von vornherein eindeutig („acte clair") oder durch Rechtsprechung in einer Weise geklärt ist, die keine vernünftigen Zweifel offen lässt („acte éclairé").[4] Um eine Kontrolle des BVerfG zu ermöglichen, trifft das Finanzgericht eine *Darlegungspflicht*. Es muss nicht nur angeben, dass es sich gegen eine Vorlage an den EuGH entschieden hat, sondern auch die Gründe für seine Entscheidung angeben.[5]

- das Gericht von der ständigen Rechtsprechung des EuGH bewusst abweicht und gleichwohl nicht vorlegt[6] oder

- der EuGH zu der entscheidungserheblichen Frage noch nicht oder erschöpfend Stellung genommen hat oder eine Fortentwicklung der Rechtsprechung des EuGH nicht nur als eine entfernte Möglichkeit erscheint und das letztinstanzliche Gericht den ihm zukommenden Beurteilungsspielraum in unvertretbarer Weise überschritten hat.[7] Dabei kommt es für eine Verletzung des Art. 101 Abs. 1 Satz 2 GG nicht in erster Linie auf die Vertretbarkeit der fachgerichtlichen Auslegung des für den Streitfall maßgeblichen materiellen Unionsrechts an, sondern auf die Vertretbarkeit der Handhabung der Vorlagepflicht nach Art. 267 Abs. 3 AEUV.[8] Jedenfalls aber in dem Fall einer guten Vertretbarkeit der fachgerichtlichen Auslegung scheidet nach Auffassung des BVerfG eine Verletzung des Art. 101 Abs. 1 Satz 2 GG aus.[9]

5.21 Wegen dieses engen Prüfungsmaßstabs kann es zu dem unbefriedigenden Ergebnis kommen, dass zwar eine Verletzung der Pflicht aus Art. 267 Abs. 3 AEUV, gleichwohl aber keine Verletzung des Art. 101 Abs. 1 Satz 2 GG vorliegt. So hat beispielsweise das BVerfG in einem Verfahren festgestellt, dass die Fragen zur Durchbrechung der Bestandskraft unionsrechtswidriger belastender Verwaltungsakte der Mitgliedstaaten noch nicht erschöpfend beantwortet sei, gleichwohl aber eine Verletzung des Rechts auf den gesetzlichen Richter nicht vorliege, weil die Nichtvorlage nicht willkürlich erfolgt sei. Die Auffassung des Beschwerdeführers sei nicht eindeutig vorzuziehen.[10] Trotzdem besteht aus verfassungs- oder

---

1 BVerfG v. 21.8.1996 – 1 BvR 866/96, NVwZ 1997, 481; v. 14.7.2006 – 2 BvR 264/06, AG 2006, 628; v. 4.9.2008 – 2 BvR 1321/07, BFH/NV 2009, 110 = UR 2008, 884; v. 29.5.2012 – 1 BvR 640/11, BFH/NV 2012, 1404; v. 9.5.2018 – 2 BvR 37/18, juris.
2 BVerfG v. 31.5.1990 – 2 BvL 12/88, 2 BvL 13/88, 2 BvR 1436/87, BVerfGE 82, 159; v. 14.7.2006 – 2 BvR 264/06, AG 2006, 628.
3 BVerfG v. 9.5.2018 – 2 BvR 37/18, juris.
4 BVerfG v. 28.8.2014 – 2 BvR 2639/09, NVwZ 2015, 52.
5 BVerfG v. 10.12.2014 – 2 BvR 1549/07, ZIP 2015, 335; v. 19.7.2016 – 2 BvR 470/08, NJW 2016, 3153.
6 BVerfG v. 8.4.1987 – 2 BvR 687/85, BVerfGE 75, 235 = UR 1987, 355 m. Anm. *Weiß*; v. 2.2.2015 – 2 BvR 2437/14, NJW 2015, 1294.
7 BVerfG v. 9.1.2001 – 1 BvR 1036/99, DVBl. 2001, 720; v. 18.10.2004 – 2 BvR 318/03, BVerfGE 4, 116; v. 14.7.2006 – 2 BvR 264/06, AG 2006, 628; v. 19.12.2017 – 2 BvR 424/17, NJW 2018, 686. – Eine Verletzung des gesetzlichen Richters liegt dann nicht vor, wenn das Gericht kein zweites Vorabentscheidungsersuchen einholt, s. BVerfG v. 16.4.2012 – 1 BvR 523/11, BFH/NV 2012, 1405.
8 BVerfG v. 29.5.2012 – 1 BvR 640/11, NVwZ 2012, 1033.
9 BVerfG v. 16.4.2012 – 1 BvR 523/11, BFH/NV 2012, 1405.
10 BVerfG v. 4.9.2008 – 2 BvR 1321/07, BFH/NV 2009, 110 = UR 2008, 884.

unionsrechtlicher Sicht keine Veranlassung, in Fällen mit unionsrechtlichem Hintergrund den Maßstab zu verschärfen.[1]

d) Entscheidungserheblichkeit

Hält das nationale Gericht eine Entscheidung des EuGH über eine Frage nach Art. 267 Abs. 1 AEUV für erforderlich, kann bzw. muss es diese Frage dem EuGH zur Vorabentscheidung vorlegen (Art. 267 Abs. 2 und 3 AEUV). Dies setzt voraus, dass die Frage für die Entscheidung des nationalen Gerichts erheblich, also vorgreiflich ist. Ob dies der Fall ist, bemisst sich allein nach der **subjektiven Einschätzung des vorlegenden Gerichts**, die durch den EuGH grundsätzlich nicht überprüft werden darf.[2] Insbesondere ist der EuGH nicht befugt, den Sachverhalt des Ausgangsverfahrens zu überprüfen und zu würdigen. Es ist allein Sache des nationalen Gerichts, gemäß den Beweisregeln des nationalen Rechts alle rechtlichen Gesichtspunkte und tatsächlichen Umstände der Rechtssache umfassend zu beurteilen.[3]

e) Wirkung der Entscheidung des EuGH

aa) Bedeutung für das Ausgangsverfahren

Entscheidet der EuGH über eine ihm unterbreitete Rechtsfrage, so stellt dies nicht eine bloße Empfehlung dar; es handelt sich vielmehr um eine rechtskräftige und das vorlegende Gericht bindende Entscheidung.[4] Das Urteil wirkt grundsätzlich **ex tunc**.[5] Durch die Auslegung einer Vorschrift des Unionsrechts wird erläutert und ggf. verdeutlicht, in welchem Sinn und mit welcher Tragweite diese Vorschrift seit ihrem Inkrafttreten zu verstehen und anzuwenden ist bzw. gewesen wäre. Hieraus folgt, dass die Gerichte die Vorschrift in dieser Auslegung auch auf Rechtsverhältnisse, die vor Erlass des auf das Ersuchen um Auslegung ergangenen Urteils entstanden sind, anwenden können und müssen, wenn alle sonstigen Voraussetzungen für die Anrufung der zuständigen Gerichte in einem die Anwendung dieser Vorschriften betreffenden Streit vorliegen.[6] Der EuGH sieht sich nur ausnahmsweise aufgrund des allgemeinen Rechtsgrundsatzes der Rechtssicherheit veranlasst, die Möglichkeit für alle Betroffenen einzuschränken, sich auf eine von ihm vorgenommene Auslegung einer Bestimmung zu berufen, um in gutem Glauben begründete Rechtsverhältnisse in Frage zu stellen.[7] Allerdings sollen die

---

1 Ausführlich zu dem Problem *Dörr*, Der europäisierte Rechtsschutzauftrag deutscher Gerichte, S. 164 ff.; *Oellerich*, Defizitärer Vollzug des Umsatzsteuerrechts, S. 158 ff.
2 Hierzu *Middeke* in Rengeling/Middeke/Gellermann, Handbuch des Rechtsschutzes in der Europäischen Union³, § 10 Rz. 49.
3 EuGH v. 31.1.2013 – C-643/11 – LVK-56, ECLI:EU:C:2013:55 = UR 2013, 346 Rz. 57; v. 31.3.2013 – C-642/11 – Stroy Trans, ECLI:EU:C:2013:54 = UR 2013, 275 Rz. 45; v. 13.2.2014 – C-18/13 – Maks Pen, ECLI:EU:C:2014:69 = BB 2014, 536 Rz. 30; v. 27.2.2014 – 454/12 und C-455/12 – Pro Med Logistik, ECLI:EU:C:2014:111 = BB 2014, 599 Rz. 51; v. 13.3.2014 – C-107/13 – FIRIN, ECLI:EU:C:2014:151 = DStR 2014, 650 Rz. 45 f.
4 EuGH v. 24.6.1969 – 29/68 – Milch-, Fett- und Eierkontor/Hauptzollamt Saarbrücken, Slg. 1969, 165; *Middeke* in Rengeling/Middeke/Gellermann, Handbuch des Rechtsschutzes in der Europäischen Union², § 10 Rz. 86.
5 *Schütz/Bruha/Koenig*, Casebook Europarecht, S. 413 f. In der Literatur wird bisweilen gefordert, auch die Wirkung von Urteilen im Vorabentscheidungsverfahren nach Art. 267 Abs. 1 Buchst. a AEUV zeitlich zu begrenzen. Hierzu *Albath/Wunderlich*, EWS 2006, 205 (210); *Kokott/Henze*, NJW 2006, 177 ff.; *Ribbrock*, BB 2006, 2611 ff.
6 EuGH v. 13.12.1983 – 222/82 – Apple and Pear Development Council, Slg. 1983, 4083 Rz. 38; v. 3.10.2002 – C-347/00 – Bareira Pérez, Slg. 2002, I-8191 Rz. 44; v. 17.2.2005 – C-453/02 und C-462/02 – Linneweber und Akritidis, Slg. 2005, I-1131 Rz. 41.
7 EuGH v. 17.2.2005 – C-453/02 und C-462/02 – Linneweber und Akritidis, Slg. 2005, I-1131 Rz. 42; v. 6.3.2007 – C-292/04 – Meilicke, Slg. 2007, I-1835 = GmbHR 2007, 378 Rz. 35; Anm. *Rehm/Nagler*, GmbHR 2007, 381; v. 17.7.2008 – C-426/07 – Krawczynski, Slg. 2008, I-6021 Rz. 42.

finanziellen Konsequenzen, die sich aus einer Vorabentscheidung für einen Mitgliedstaat ergeben können, für sich allein kein Grund sein, die zeitliche Wirkung eines Urteils zu beschränken.[1] Anders als das BVerfG[2] erkennt der EuGH das Interesse an einer verlässlichen Haushaltsführung zu Recht nicht als Belang an, um die zeitliche Wirkung seiner Urteile einzuschränken. Zutreffend weist der EuGH darauf hin, dass anderenfalls die schwersten Verstöße günstiger behandelt würden, da sie die erheblichsten finanziellen Auswirkungen für den Fiskus haben würden. Darüber hinaus geht er richtigerweise davon aus, dass fiskalische Erwägungen bei der Bestimmung des zeitlichen Anwendungsbereichs des Urteils den effektiven Rechtsschutz des Einzelnen erheblich einschränken könnten.[3] Nur ausnahmsweise zieht der EuGH eine zeitliche Beschränkung der Rechtswirkungen seiner Urteile in Betracht, wenn die Organe des Mitgliedstaats zu einem unionswidrigen Verhalten veranlasst worden sind, weil eine objektive und bedeutende Unsicherheit hinsichtlich der Tragweite der Unionsbestimmungen bestand, zu der ggf. auch das Verhalten anderer Mitgliedstaaten oder der Kommission beigetragen hat.[4] Hierbei dürfte es sich praktisch aber um seltene Ausnahmefälle handeln.

bb) Bedeutung für andere Verfahren
(1) Bei Auslegungsfragen

5.24 Die Entscheidung des EuGH im Vorabentscheidungsverfahren bindet zunächst einmal nur **inter partes**.[5] Zudem beantwortet der EuGH allein die gestellte unionsrechtliche Frage und entscheidet über die Vereinbarkeit der materiellen Steuernorm mit dem Unionsrecht nur mittelbar,[6] wenn auch deutlich ist, wie das Ausgangsverfahren nunmehr zu entscheiden sein wird. Durch die Entscheidung im Vorabentscheidungsverfahren erläutert und ggf. verdeutlicht der EuGH, in welchem Sinn und mit welcher Tragweite diese Vorschrift seit ihrem Inkrafttreten zu verstehen und anzuwenden ist bzw. gewesen wäre.[7] Diese Auslegung kann sich freilich nicht von Fall zu Fall wandeln, so dass auch alle anderen Gerichte, die sich mit denselben Rechtsfragen befassen, der der EuGH beantwortet hat, entweder der Auslegung des EuGH anschließen müssen oder – unter den Voraussetzungen des Art. 267 Abs. 3 AEUV – dem EuGH die Rechtsfrage erneut zur Vorabentscheidung vorlegen müssen.[8]

(2) Bei Fragen hinsichtlich der Gültigkeit von Sekundärrecht

5.25 Entscheidungen des EuGH über die Gültigkeit von Sekundärrecht binden über den Einzelfall hinaus, der Anlass für die Vorlage war. Nach der Rechtsprechung des EuGH stellt ein solches Urteil, obwohl sein unmittelbarer Adressat nur das Gericht ist, das den Gerichtshof angerufen hat, für jedes andere Gericht einen ausreichenden Grund dafür dar, diesen Sekundärrechtsakt bei den von ihm zu erlassen-

---

1 EuGH v. 20.9.2001 – C-184/99 – Grzelczyk, Slg. 2001, I-6193 Rz. 52; v. 17.2.2005 – C-453/02 und C-462/02 – Linneweber und Akritidis, Slg. 2005, I-1131 Rz. 44; v. 10.5.2012 – C-338–347/11 – FIM Santander Top 25 Euro Fi, ECLI:EU:C:2012:286 = BFH/NV 2012, 1293 Rz. 62; v. 19.7.2012 – C-263/11 – Rēdlihs, ECLI:EU:C:2012:497 = UR 2012, 790 Rz. 61; v. 27.2.2014 – C-82/12 – Transportes Jordi Besora, ECLI:EU:C:2014:108 = BB 2014, 599 Rz. 48.
2 BVerfG v. 7.5.2013 – 2 BvR 909/06, 2 BvR 1981/06, 2 BvR 288/07, DStR 2013, 1228.
3 EuGH v. 27.2.2014 – C-82/12 – Transportes Jordi Besora, ECLI:EU:C:2014:108 = BB 2014, 599 Rz. 49.
4 EuGH v. 20.9.2001 – C-184/99 – Grzelczyk, Slg. 2001, I-6193 Rz. 53; v. 15.3.2005 – C-209/03 – Bidar, Slg. 2005, I-2119 Rz. 68.
5 *Middeke* in Rengeling/Middeke/Gellermann, Handbuch des Rechtsschutzes in der Europäischen Union[3], § 10 Rz. 89.
6 *Seer* in T/K, EuRS, Rz. 47.
7 EuGH v. 13.12.1983 – 222/82 – Apple and Pear Development Council, Slg. 1983, 4083 Rz. 38; v. 3.10.2002 – C-347/00 – Bareira Pérez, Slg. 2002, I-8191 Rz. 44; v. 17.2.2005 – C-453/02 und C-462/02 – Linneweber und Akritidis, Slg. 2005, I-1131 Rz. 41.
8 BAG v. 18.2.2003 – 1 ABR 2/02, NZA 2003, 742; *Middeke* in Rengeling/Middeke/Gellermann, Handbuch des Rechtsschutzes in der Europäischen Union[3], § 10 Rz. 89.

den Entscheidungen als ungültig anzusehen.[1] Diese unklaren Ausführungen, die eher auf eine Vernunftserwägung des nationalen Gerichts abstellen, überraschen. Räumt Art. 267 Abs. 1 Buchst. b AEUV dem EuGH die Kompetenz ein, über die Gültigkeit von Sekundärrechtsakten zu entscheiden, kann dies nur eine **Wirkung erga omnes** zur Folge haben.[2] Eine Entscheidung über die Gültigkeit einer Norm ist dogmatisch von der Klärung der Anwendbarkeit einer Norm im konkreten Fall streng zu trennen. Dies gilt zumal dann, wenn man mit dem EuGH – insoweit zutreffend – davon ausgeht, dass nicht jedes nationale Gericht ohne vorherige Anfrage an den EuGH Sekundärrechtsakte aus eigener Befugnis heraus verwerfen darf, der EuGH m.a.W. ein **Verwerfungsmonopol** hat.

cc) Vorwirkungen der Entscheidung des EuGH

Bereits vor der Entscheidung sind die Mitgliedstaaten gehalten, alles zu unterlassen, was den späteren Erfolg des Urteils vereiteln könnte. Dies folgt insbesondere aus der allgemeinen Verpflichtung der Mitgliedstaaten, alle Maßnahmen zu unterlassen, die die Verwirklichung der Ziele der Union gefährden könnten (Art. 4 Abs. 3 Unterabs. 3 EUV). Folge im Steuerrecht kann es ggf. sein, einstweiligen Rechtsschutz durch AdV bzw. Erlass einer einstweiligen Anordnung zu gewähren.[3]

3. Vertragsverletzungsverfahren

a) Wesen des Vertragsverletzungsverfahrens

Grundsätzlich ist die Kommission die Hüterin der Verträge.[4] Hat ein Mitgliedstaat gegen seine vertraglichen Verpflichtungen verstoßen, so gibt sie eine mit Gründen versehene Stellungnahme hierzu ab. Zuvor hat sie dem Mitgliedstaat Gelegenheit zur Stellungnahme hierzu zu geben (Art. 258 Abs. 1 AEUV). Kommt der Mitgliedstaat der Stellungnahme nicht innerhalb der von der Kommission gesetzten Frist nach, so kann die Kommission den EuGH anrufen (Art. 258 Abs. 2 AEUV). Insoweit hat das Vertragsverletzungsverfahren zuvörderst eine **objektive Komponente**. Eine subjektive Komponente erlangt das Vertragsverletzungsverfahren erst dadurch, dass die Kommission die **Beschwerden einzelner Unionsbürger** zum Anlass nehmen kann, ein Vertragsverletzungsverfahren gegen Mitgliedstaaten einzuleiten, ohne dass indes eine Pflicht zum Tätigwerden für die Kommission besteht.[5] Von den Verträgen ist die subjektive Komponente nicht bezweckt und kann auch nicht durchgesetzt werden.

b) Gegenstand des Vertragsverletzungsverfahrens

Das Vertragsverletzungsverfahren kann im Steuerrecht Bedeutung erlangen, wenn die Kommission die **Vereinbarkeit des materiellen innerstaatlichen Steuerrechts mit dem Primärrecht**, insbesondere mit den Grundfreiheiten, überprüfen will. Gleiches gilt für die Prüfung der Vereinbarkeit des materiellen Steuerrechts mit den sekundärrechtlichen Vorgaben, insbesondere im Umsatzsteuerrecht. Daneben kann die Kommission den Mitgliedstaat auch im Recht der harmonisierten indirekten Steuern dazu anhalten, das **Verfahrensrecht** zu erlassen, das für einen effektiven Vollzug des materiellen – auf der unionsrechtlichen Richtlinie beruhenden – Steuerrechts notwendig ist. Da der Mitgliedstaat nämlich zur Erreichung des durch die Richtlinie vorgegebenen Ziels verpflichtet ist (Art. 288 Abs. 3 AEUV), liegt eine Vertragsverletzung vor, wenn der Mitgliedstaat nicht die verfahrensrechtlichen oder verwaltungsorganisatorischen Voraussetzungen für einen effektiven Vollzug schafft.[6]

---

[1] EuGH v. 13.5.1981 – 66/80 – International Chemical Corporation, Slg. 1981, 1191 Rz. 13; bereits aufgrund dieser Entscheidung eine erga-omnes-Wirkung annehmend *Classen* in S/Z/K, Europarecht[3], § 4 Rz. 81.
[2] *Schütz/Bruha/Koenig*, Casebook Europarecht, S. 414; *Seer* in T/K, EuRS, Rz. 49.
[3] *Schütz/Bruha/Koenig*, Casebook Europarecht, S. 414.
[4] *Bleckmann*, Europarecht[6], Rz. 254.
[5] *Burgi* in Rengeling/Middeke/Gellermann, Handbuch des Rechtsschutzes in der Europäischen Union[2], § 6 Rz. 2.
[6] *Oellerich*, Defizitärer Vollzug des Umsatzsteuerrechts, S. 202.

c) Bedeutung des Vertragsverletzungsverfahrens im Steuerrecht

5.29 Im Bereich des Steuerrechts hat das Vertragsverletzungsverfahren nur eine **geringe praktische Bedeutung** erlangt. Ein besonders bekanntes Beispiel ist insoweit sicherlich das Schreiben der Kommission vom 31.10.1995[1], in dem diese die Auffassung vertrat, das deutsche Anrechnungsverfahren sei mit der Kapitalverkehrs- und Niederlassungsfreiheit nicht vereinbar. Aus jüngerer Zeit ist für das deutsche Steuerrecht bspw. das Vertragsverletzungsverfahren gegen Deutschland wegen des Ausschlusses des Sonderausgabenzugs von Schulgeldzahlungen für den Besuch von ausländischen Schulen (§ 10 Abs. 1 Nr. 9 EStG a.F.) zu nennen.[2] Häufig handelt es sich daneben um Verfahren, die wegen der unzureichenden Umsetzung des Sekundärrechts, insbesondere des Umsatzsteuerrechts, eingeleitet worden sind.[3]

5.30 Es bestehen verschiedene **verfahrensimmanente Schwächen**, aufgrund derer das Vertragsverletzungsverfahren zur Beseitigung unionsrechtlicher Friktionen nur in eingeschränktem Maße effektiv ist.[4] Problematisch ist, dass die Einleitung eines Vertragsverletzungsverfahrens nicht erzwungen werden kann.[5] Die Kommission entscheidet hierüber nach eigenem Ermessen.[6] So wird in der Praxis aus Zweckmäßigkeitsgründen häufig von der Einleitung eines Vertragsverletzungsverfahrens abgesehen.[7] Kommt es gleichwohl zu einem Vertragsverletzungsverfahren, dauert es Jahre bis zu einer Entscheidung.[8] Das Urteil des EuGH hat lediglich Feststellungswirkung und ist nicht vollstreckungsfähig. Zwar ermöglicht Art. 260 Abs. 2 Unterabs. 2 AEUV die Feststellung des EuGH, dass der Mitgliedstaat seiner Verpflichtung aus dem Feststellungsurteil nicht nachgekommen ist, mit der Folge, dass ein Pauschalbetrag oder Zwangsgeld verhängt werden kann. Auch der Pauschalbetrag oder das Zwangsgeld können aber nicht vollstreckt werden.[9]

III. Bedeutung des EuG für steuerrechtliche Verfahren

1. Denkbare Verfahrensarten

5.31 Das EuG ist gem. Art. 256 Abs. 1 AEUV grundsätzlich lediglich für Entscheidungen im ersten Rechtszug über die in den Art. 263, 265, 268, 270 und 272 AEUV genannten Klagen zuständig. Denkbar sind hinsichtlich des Steuerrechts allein Individualklagen oder Nichtigkeitsklagen **nach Art. 263 AEUV**. Diese haben indes allein im Rahmen des **Beihilferechts** praktische Bedeutung erlangt.

2. Individualklage

a) Klagegegenstand

5.32 Gemäß Art. 263 Abs. 4 AEUV kann jede natürliche oder juristische Person unter den Bedingungen der Abs. 1 und 2 gegen die an sie gerichteten oder sie unmittelbar und individuell betreffenden Handlungen sowie gegen Rechtsakte mit Verordnungscharakter, die sie unmittelbar betreffen und keine Durchführungsmaßnahmen nach sich ziehen, Klage erheben. Diese Voraussetzungen dürften im Bereich des

---

1 Kommission v. 31.10.1995 – SG (95) D/13622; dazu FG Köln v. 24.6.2004 – 2 K 2241/02, EFG 2004, 1374.
2 EuGH v. 11.9.2007 – C-318/05, Slg. 2007, I-6957.
3 EuGH v. 10.4.1984 – 324/82, Slg. 1984, 1861; v. 10.7.1985 – 16/84, Slg. 1985, 2355; v. 21.6.1988 – 415/85, Slg. 1988, 3097; v. 21.6.1988 – 416/85, Slg. 1988, 3127; v. 8.2.2018 – C-318/16, DStR 2018, 346.
4 Hierzu *Oellerich*, Defizitärer Vollzug des Umsatzsteuerrechts, S. 154 ff.
5 EuGH v. 14.2.1989 – 247/87 – Star Fruit Company, Slg. 1989, 291 Rz. 12; v. 20.2.1997 – C-107/95 P – Bundesverband der Bilanzbuchhalter/Kommission, Slg. 1997, I-947 Rz. 10.
6 EuGH v. 14.2.1989 – 247/87 – Star Fruit Company, Slg. 1989, 291 Rz. 11.
7 *Gaitanides* in von der Groeben/Schwarze[6], Art. 234 EG Rz. 70; *Voßkuhle*, JZ 2001, 924 (925).
8 Ausführlich *Haltern*, Europarecht, S. 160 f.
9 *Epiney* in Bieber/Epiney/Haag, Die Europäische Union, § 9 Rz. 52; *Haltern*, Europarecht, S. 167; *Schütz/Bruha/Koenig*, Casebook Europarecht, S. 335; **a.A.** *Ehricke* in Streinz[2], Art. 244 EG Rz. 2.

Steuerrechts selten vorliegen. Hinsichtlich der direkten Steuern liegt dies aufgrund des geringen Harmonisierungsgrades auf der Hand. Aber auch hinsichtlich der indirekten Steuern spielt die Individualklage kaum eine Rolle. Insoweit ist der Unionsgesetzgeber regelmäßig nicht zum Erlass von Verordnungen oder Rechtsakten mit Verordnungscharakter befugt.

Praktisch werden kann die Nichtigkeitsklage gleichwohl etwa bei Beschlüssen der Kommission im Beihilferecht. So hat die Kommission beispielsweise § 8c Abs. 1a KStG (Sanierungsklausel) als eine mit dem Binnenmarkt unvereinbare Beihilfe qualifiziert und Deutschland aufgefordert, die gewährten steuerlichen Beihilfen zurückzufordern.[1] Dies musste im Hinblick auf die **Sanierungsklausel** durch die nachträgliche Versagung der bei den Steuerpflichtigen anerkannten Verluste geschehen. Dieser die Bundesrepublik unmittelbar bindende Beschluss war denn auch Anlass für die Heitkamp BauHolding GmbH sowie die GFKL Financial Services, jeweils von der Sanierungsklausel begünstigte Unternehmen, Klage gegen die Kommission zu erheben.[2]

5.33

b) Klagebefugnis

Privilegiert klagebefugt sind gemäß Art. 263 Abs. 2 AEUV allein Mitgliedstaaten, das Europäische Parlament, der Rat oder die Kommission. Natürliche oder juristische Personen sind demgegenüber nur unter den Voraussetzungen des Art. 263 Abs. 3 AEUV klagebefugt, nämlich bei an sie gerichtete oder sie unmittelbar und sie individuell betreffenden Handlungen sowie Rechtsakten mit Verordnungscharakter, die sie unmittelbar betreffen und keine Durchführungsmaßnahmen nach sich ziehen. Diese Hürde dürfte in aller Regel im Europäischen Steuerrecht nicht überwunden werden können; auch im Fall der Sanierungsklausel führte das EuG zutreffend eingangs aus, der Beschluss sei eigentlich an die Bundesrepublik adressiert.[3] Bei allzu formaler Betrachtung hätte das EuG an dieser Stelle die Klagebefugnis verneinen können. Es hat sich bekanntermaßen gleichwohl dagegen entschieden, weil die Bundesrepublik aufgrund Art. 4 Abs. 1 und 2 des angefochtenen Beschlusses verpflichtet sei, die gewährten Beihilfen aufzuheben und zurückzufordern. Der Beschluss berühre insoweit **unmittelbar** die Rechtsstellung der Klägerin und lasse den durchführenden Stellen auch keinen Ermessensspielraum.[4] Mehr Begründungsaufwand hat das EuG[5] – und später auch der EuGH[6] – hinsichtlich der **individuellen Betroffenheit** bemühen müssen. Ein Unternehmen könne einen Beschluss der Kommission, mit dem eine sektorielle Beihilferegelung verboten würde, grundsätzlich nicht mit einer Nichtigkeitsklage anfechten, wenn es von ihm nur wegen seiner Zugehörigkeit zum fraglichen Sektor und seiner Eigenschaft als durch diese Regelung potenziell Begünstigter betroffen sei. Ein solcher Beschluss stelle sich nämlich für dieses Unternehmen als generelle Maßnahme dar, die für objektiv bestimmte Situationen gelte und Rechtswirkungen gegenüber einer allgemein und abstrakt umschriebenen Personengruppe erzeuge.[7] Gleichwohl ging das EuG von einer individuellen Betroffenheit aus, weil die betroffenen Unternehmen zum Zeitpunkt des Erlasses des angefochtenen Beschlusses zu einem geschlossenen Kreis von feststehenden oder zumindest leicht feststellbaren Wirtschaftsteilnehmern i.S.d. sog. **Plaumann-Formel** gehört hätten.[8] Hiernach liegt eine individuelle Betroffenheit nur vor, wenn der Rechtsakt die Person wegen bestimmter persönlicher Eigenschaften oder besonderer, sie aus dem Kreis der All-

5.34

---

1 Beschluss der Kommission vom 26.1.2011 über die staatliche Beihilfe Deutschlands C-7/10 (ex CP 250/09 und NN 5/10) „KStG, Sanierungsklausel", ABl. EU 2011 Nr. L 235, 26.
2 EuG v. 4.2.2016 – T-287/11, ECLI:EU:T:2016:60 – Heitkamp BauHolding/Kommission; v. 4.2.2016 – T-620/11, GFKL Financial Services/Kommission, IStR 2016, 249.
3 EuG v. 4.2.2016 – T-287/11 – Heitkamp BauHolding/Kommission, ECLI:EU:T:2016:60, Rz. 57.
4 EuG v. 4.2.2016 – T-287/11 – Heitkamp BauHolding/Kommission, ECLI:EU:T:2016:60, Rz. 59 ff.
5 EuG v. 4.2.2016 – T-287/11 – Heitkamp BauHolding/Kommission, ECLI:EU:T:2016:60, Rz. 59 ff.
6 EuGH v. 28.6.2018 – C-203/16 P – Heitkamp BauHolding/Kommission, IStR 2018, 552 Rz. 41 ff.
7 EuG v. 4.2.2016 – T-287/11 – Heitkamp BauHolding/Kommission, ECLI:EU:T:2016:60, Rz. 61.
8 EuG v. 4.2.2016 – T-287/11, ECLI:EU:T:2016:60 – Heitkamp BauHolding/Kommission, Rz. 70; v. 4.2.2016 – T-620/11, GFKL Financial Services/Kommission, IStR 2016, 249 Rz. 64.

gemeinheit heraushebender Umstände berührt.[1] Der Rechtsakt muss den Einzelnen zumindest in ähnlicher Weise individualisieren wie ein Beschluss i.S.d. Art. 288 Abs. 4 AEUV.[2]

5.35 Das Verfahren zur Sanierungsklausel des § 8c Abs. 1a KStG stellt hiermit einen **sehr speziellen Fall** dar, der nur dadurch zum Einfallstor für die Individualklage wurde, dass die Kommission durch Beschluss i.S.d. Art. 288 Abs. 4 AEUV ein deutsches Gesetz für eine unzulässige Beihilfe hielt und die Bundesrepublik verpflichtete, die notwendigen Maßnahmen zu ergreifen, um die aus ihrer Sicht rechtswidrigen Beihilfen zurückzufordern. Aber auch dies allein führt noch nicht stets zur Klagebefugnis; die klagenden Unternehmen waren nur deshalb klagebefugt, weil sie *bei Erlass des Beschlusses* konkret zu den durch eine Rückforderung betroffenen Unternehmen gehörten und sich deshalb aus der breiten Masse der abstrakt betroffenen Unternehmen abhoben. Nach den strengen Maßgaben des EuG, die der EuGH in Folge noch einmal bestätigt hat,[3] wäre selbst bei einem Unternehmen, das nach Erlass des Beschlusses aufgrund der Sanierungsklausel steuerlich begünstigt worden ist, eine Klagebefugnis zu verneinen, weil es bei Erlass des Beschlusses noch nicht als zu der geschlossenen Gruppe gehörend identifiziert werden konnte. Für die Frage, ob eine steuerliche Begünstigung bereits eingetreten ist und das Unternehmen leicht identifizierbar macht, kommt es auf die Steuerfestsetzung an.

5.36 Jenseits des Beihilfenrechts bietet sich wenig Raum für eine Individualklage durch eine natürliche oder juristische Person. Dies gilt insbesondere für den Bereich des indirekten Steuerrechts, das durch Richtlinien – nicht aber durch Beschlüsse – unionsrechtlich determiniert ist. Die unmittelbare Betroffenheit muss bei Richtlinien auf Ausnahmefälle beschränkt sein; denn diese richten sich allein an den Mitgliedstaat und binden diesen hinsichtlich des zu erreichenden Ziels.[4] Jedenfalls fehlt es bei den allgemein gefassten Bestimmungen des Umsatzsteuer- und Verbrauchsteuerrechts regelmäßig an der beschlussähnlichen individuellen Betroffenheit.[5]

c) Rechtsschutzinteresse

5.37 Nach ständiger Rechtsprechung ist die Klage einer natürlichen oder juristischen Person nur zulässig, wenn der Kläger ein Interesse an der Nichtigerklärung der angefochtenen Handlung hat. Ein solches Interesse setzt voraus, dass die Nichtigerklärung dieser Handlung als solche Rechtswirkungen haben kann und der Rechtsbehelf der Partei, die ihn eingelegt hat, damit im Ergebnis einen Vorteil verschaffen kann.[6] Ist das Kriterium der Klagebefugnis ausnahmsweise überwunden, so dürfte diese Zulässigkeitsvoraussetzung kaum Probleme bereiten.

d) Frist

5.38 Art. 263 Abs. 6 AEUV bestimmt, dass die Klage innerhalb einer Frist von zwei Monaten, je nach Lage des Falls (also **alternativ**) gerechnet ab dem Zeitpunkt der Bekanntgabe der betreffenden Handlung, ihrer Mitteilung an den Kläger oder in Ermangelung dessen von dem Zeitpunkt an, zu dem der Kläger von dieser Handlung Kenntnis erlangt hat, erhoben werden muss. Gerade in den Fällen des Beihilfenrechts, in denen sich der Beschluss an die Bundesrepublik richtet und den Unternehmen gegenüber nicht bekanntgegeben wird, berechnet sich daher die Frist vom Zeitpunkt der Kenntniserlangung an. Zu berücksichtigen ist in diesem Zusammenhang aber Art. 59 der Verfahrensordnung des Gerichts.

---

1 EuGH v. 19.12.2013 – C-274/12 P – Telefónica/Kommission, EWS 2014, 47 Rz. 46; EuG v. *4.2.2016* – T-287/11 – Heitkamp BauHolding/Kommission, juris, Rz. 60.
2 EuGH v. 15.7.1963 – 25/62 – Plaumann, Slg. 1963, 211 Rz. 8.
3 EuGH v. 28.6.2018 – C-203/16 P – Heitkamp BauHolding/Kommission, IStR 2018, 552 Rz. 44.
4 Vgl. *Cremer* in Calliess/Ruffert[5], Art. 263 AEUV Rz. 41b.
5 *Oellerich*, Defizitärer Vollzug des Umsatzsteuerrechts, S. 148.
6 EuGH v. 3.4.2003 – C-277/01 – C 277/01 P – Parlament/Samper, Slg. 2003, I-3019 Rz. 28; v. 17.9.2009 – C-519/07 P – Koninklijke Friesland Foods/Kommission, Slg. 2009, I-8495 Rz. 63; EuG v. 4.2.2016 – T-287/11 – Heitkamp BauHolding/Kommission, juris, Rz. 82.

Beginnt eine Frist für die Erhebung einer Klage gegen eine Handlung eines Organs mit der Veröffentlichung der Handlung im Amtsblatt der Europäischen Union, so ist diese Frist i.S.d. Art. 58 Absatz 1 Buchstabe a der Verfahrensordnung vom Ablauf des vierzehnten Tages nach dieser Veröffentlichung an zu berechnen. Dies war bspw. auch hinsichtlich des Beschlusses zur Sanierungsklausel der Fall.[1]

e) Entscheidung des EuG

Ist die Klage begründet, so **erklärt** der Gerichtshof der Europäischen Union die angefochtene Handlung **für nichtig** (Art. 264 Abs. 1 AEUV), anderenfalls weist das EuG die Klage (als unzulässig oder unbegründet) ab. Erklärt der Gerichtshof eine Handlung für nichtig, so bezeichnet er, falls er dies für notwendig hält, diejenigen ihrer Wirkungen, die als fortgeltend zu betrachten sind (Art. 264 Abs. 2 AEUV). Darin erschöpft sich die Entscheidung des EuG; insbesondere kann dieses keine eigenen Anordnungen erlassen.[2] Haben Unternehmen einen beihilferelevanten Beschluss angefochten, wird hierfür regelmäßig keine Notwendigkeit bestehen, da es ihnen allein darum geht, den Beschluss aus der Welt zu schaffen.

5.39

f) Rechtsmittel

Gegen die Entscheidungen des EuG aufgrund dieses Absatzes kann nach Maßgabe der Bedingungen und innerhalb der Grenzen, die in der Satzung vorgesehen sind, beim EuGH ein auf Rechtsfragen beschränktes Rechtsmittel eingelegt werden (Art. 256 Abs. 1 Unterabs. 2 AEUV). Die Einzelheiten hierzu sind in Art. 167 ff. der Verfahrensordnung des Gerichtshofs geregelt.

5.40

3. Nichtigkeitsklage durch den Mitgliedstaat

Eher theoretischer Natur ist auch die Erhebung einer Nichtigkeitsklage durch den Mitgliedstaat gem. Art. 263 Abs. 1 und 2 AEUV. In Betracht kommt diese Klage von vornherein nur bei den harmonisierten Steuern, weil die Klage der Überwachung der Rechtmäßigkeit der Gesetzgebungsakte sowie der Handlungen des Rates dient (Art. 263 Abs. 1 Satz 1 AEUV). Aber auch bei den harmonisierten indirekten Steuern spielt die Nichtigkeitsklage praktisch keine Rolle. Voraussetzung wäre, dass die Bundesrepublik Deutschland als Steuergläubiger bereit ist, den eigenen Steueranspruch vernichten zu lassen; hiervon kann in der Realität nicht ausgegangen werden.[3]

5.41

IV. Fachgerichte

Fachgerichte i.S.d. Art. 257 AEUV haben in der Praxis bislang nur eine überschaubare Bedeutung erlangt. Praktische Relevanz hat die Möglichkeit zur Errichtung von Fachgerichten bislang nur durch die Errichtung eines Fachgerichts für dienstrechtliche Streitigkeiten durch Beschluss vom 2.11.2004 des Rates.[4] Für den Bereich des Steuerrechts hat dieses Fachgericht keine Bedeutung. Es ist auch rechtspolitisch kein Fachgericht mit steuerrechtlichem Bezug in der Diskussion.

5.42

V. Bewertung des Rechtsschutzes durch EU-Gerichte

Der Rechtsschutz durch die EU-Gerichte kann im Hinblick auf den effektiven Rechtsschutz des Einzelnen nicht zufrieden stellen. Denn es besteht im Steuerrecht – abgesehen von dem schmalen Fenster der Individualklage im Beihilfenrecht (Rz. 5.32 ff.) – **keine Möglichkeit einer Direktklage**. Der einzelne Steuerpflichtige kann sich nicht unmittelbar an den EuGH wenden, um über die Auslegung oder

5.43

---

1 ABl. EU 2011 Nr. L 235 vom 10.9.2011, 26.
2 *Henze/Sobotta* in Gosch, Europäisches Verfahrensrecht, Rz. 134.
3 Zweifelnd auch *Oellerich*, Defizitärer Vollzug des Umsatzsteuerrechts, S. 149.
4 ABl. EU 2004 Nr. L 333, 7.

die Gültigkeit des Unionsrechts entscheiden zu lassen. Insbesondere angesichts des eingeschränkten Prüfungsmaßstabes des BVerfG zu Art. 101 Abs. 1 Satz 2 GG steht zu befürchten, dass eine Nichtvorlage an den EuGH innerstaatlich nicht effektiv sanktionierbar ist.[1] Rechtspolitisch erscheint eine Änderung der Verträge dringend geboten.

5.44 Etwas anderes kann in den Fällen einer Urteilsverfassungsbeschwerde gelten, in der der Steuerpflichtige die Ungültigkeit der die materielle Belastung bewirkenden Steuernorm geltend macht, die auf unionsrechtlichem Sekundärrecht beruht. In diesem Fall ist das BVerfG als letztinstanzliches Gericht unter den Voraussetzungen des Art. 267 Abs. 1 Buchst. b i.V.m. Abs. 3 AEUV selbst zur Vorlage an den EuGH verpflichtet.[2] In der Praxis ist dies allerdings bislang noch nicht geschehen, wenn auch das BVerfG in anderem Zusammenhang zu erkennen gegeben hat, dass es seiner Vorlageverpflichtung als letztinstanzliches Gericht nachzukommen bereit ist.[3]

5.45 Als problematisch am unionsrechtlichen Rechtsschutz wird darüber hinaus auch dessen **Kontrolldichte** empfunden. Diese Kritik trifft aber die Rechtsprechung des EuGH nicht insgesamt, sondern allein die **Prüfung der Verhältnismäßigkeit** im Rahmen des Grundrechtsschutzes.[4] So kann es nicht überzeugen, wenn der EuGH in Einzelfällen allein nach dem Vorliegen eines objektiven Grundes fragt, der abstrakt in der Lage ist, eine Ungleichbehandlung zu rechtfertigen und anschließend Äußerungen zur Verhältnismäßigkeit vollkommen fehlen.[5] Ein so weitgehender Schutz vor der angeblichen gesetzgeberischen Einschätzungsprärogative ist unionsrechtlich nicht gerechtfertigt. Die Einschätzungsprärogative kann sich nur innerhalb grundrechtlicher Bindungen bewegen, nicht aber ihrerseits die Bindung des Gesetzgebers an die Grundrechte relativieren.[6]

D. Ausblick: Europäische Gerichtsbarkeit im Verhältnis zu Großbritannien nach dem Brexit

Literatur: *Hellwig*, Brexit – Verfahren, Austrittswirkungen und Ausblick, Ein Überblick aus der Perspektive von Anwälten und Kanzleien, AnwBl Online 2018, 9; *Wendland*, Die Auswirkungen des Brexit auf das Europäische Wettbewerbsrecht, in Kramme/Baldus/Schmidt-Kessel, Brexit und die juristischen Folgen, Baden-Baden 2017, 231.

5.46 Neue Probleme im Zusammenhang mit dem EU-Prozessrecht wirft der Austritt Großbritanniens aus der Europäischen Union auf. Diese werden verschärft durch die wenig konstruktive Verhandlungsführung Großbritanniens und die innenpolitischen Querelen, durch die bislang wenig Klarheit besteht. Derzeit sieht es so aus, als ob Großbritannien spätestens mit Ablauf des 31.10.2019 aus der Union ausscheiden wird und auf es daher die Verträge keine Anwendung mehr finden werden (Art. 50 Abs. 3 EUV). Ob es sich allerdings um einen geregelten oder ungeregelten Brexit handeln wird, ist momentan

---

1 Krit. *Oellerich*, Defizitärer Vollzug des Umsatzsteuerrechts, S. 165.
2 *Oellerich*, Defizitärer Vollzug des Umsatzsteuerrechts, S. 166.
3 BVerfG v. 14.1.2014 – 2 BvE 13/13, 2 BvR 2728/13, 2 BvR 2729/13, 2 BvR 2730/13, 2 BvR 2731/13, NJW 2014, 907 zum Staatsanleihenkauf der EZB; hierzu *Classen*, jM 2014, 345 ff.; *Frenz*, DVBl. 2014, 451 ff.; *Müller-Franken*, NVwZ 2014, 514 f.
4 Vgl. *Calliess* in Ehlers, Europäische Grundrechte und Grundfreiheiten[4], § 20 Rz. 31; *Oellerich*, Defizitärer Vollzug des Umsatzsteuerrechts, S. 111 ff.; *Pache*, DVBl. 1998, 380 (386 ff.); *Pauly*, EuR 1998, 242 (259 ff.); *Ruffert* in Ehlers, Europäische Grundrechte und Grundfreiheiten[4], § 19 Rz. 38 f.; *Schütz/Bruha/Koenig*, Casebook Europarecht, S. 892 ff.; *Szczekalla* in Heselhaus/Nowak, Handbuch der Europäischen Grundrechte, § 7 Rz. 119; *v. Danwitz*, EWS 2003, 393 (400 ff.); die Kritik am EuGH ablehnend *Classen*, JZ 1997, 454 (455 f.); *Kischel*, EuR 2000, 380 (397 ff.).
5 So EuGH v. 18.5.1994 – C-209/89 – Codorniu/Rat, Slg. 1994, I-1853 Rz. 20; v. 13.12.1994 – C-306/93 – SMW Winzersekt, Slg. 1994, I-5555 Rz. 31.
6 Eingehend *Oellerich*, Defizitärer Vollzug des Umsatzsteuerrechts, S. 113.

unsicher. Das von der Regierung *May* ausgehandelte Austrittsabkommen ist mehrmals in Abstimmungen des Unterhauses abgelehnt worden.

Hinsichtlich der Zuständigkeit des EuGH für Großbritannien hatte Premierministerin *May* das Ziel zunächst klar formuliert: „Wir werden die Kontrolle über unsere Gesetze zurückerobern und die Zuständigkeit des Europäischen Gerichtshofs (EuGH) in Großbritannien beenden. Unsere Gesetze [...] werden von Richtern nicht in Luxemburg, sondern vor Gerichten im ganzen Land ausgelegt." Diese Aussage sollte dahingehend interpretiert werden, dass die Zuständigkeit des EuGH auch dann endet, wenn der Sachverhalt vor dem Austritt Großbritanniens abschließend verwirklicht worden ist.[1] Sie bedeutet einerseits, dass ab diesem Zeitpunkt das nationale Recht nicht mehr am Maßstab der Grundfreiheiten gemessen werden kann. Andererseits führt dies auch dazu, dass das Sekundär- und Primärrecht mit diesem Zeitpunkt seine Maßstabsfunktion für die britischen Gesetze verlieren wird, die in Umsetzung sekundärrechtlicher Vorgaben erlassen worden sind. 5.47

Nachdem zwischenzeitlich der Eindruck entstanden war, dies müsse dahingehend modifiziert werden, dass auch über das Austrittsdatum hinausgehend die EuGH-Zuständigkeit erhalten bleibt,[2] das allerdings nur für eine **Übergangszeit** bis zum 31.12.2020, rückte Premierminsterin *May* hiervon zunächst wieder ab. Britische Fälle würden vor britischen Gerichten entschieden, „aber wo es angebracht ist, werden sich unsere Gerichte weiterhin mit den Urteilen des EuGH befassen."[3] In ihrem Weißbuch hatte die Regierung betont, dass es darum gehe, die Souveränität Großbritanniens zu wahren und den Einfluss des EuGH zu beenden.[4] Hiervon ausgehend und nach den sonstigen Ausführungen des Weißbuchs sollten die Gerichte des Vereinigten Königreichs eine einheitliche Auslegung nur innerhalb der beiderseitigen Abkommen zur Koexistenz der EU mit Großbritannien sichern.[5] Dieses Abkommen sah dann allerdings wieder eine vorübergehende weitere Zuständigkeit des EuGH auch nach dem Austritt Großbritanniens für eine Übergangszeit bis zum 31.12.2020 bzw. 31.12.2024 (Zeitpunkt der Anhängigmachung vor dem EuGH) vor. 5.48

In dem **Abkommen über den Austritt des Vereinigten Königreichs Großbritannien und Nordirland aus der Europäischen Union und der Europäischen Atomgemeinschaft**[6] (im Folgenden: Abkommensentwurf) waren die Zuständigkeiten des EuGH in dem Fall des Brexit ausführlich geregelt. Hiernach sollte der EuGH weiterhin für Verfahren zuständig sein, die vor Ende des Übergangszeitraums (31.12.2020, Art. 126 des Abkommens) durch oder gegen das Vereinigte Königreich eingeleitet würden (Art. 86 Abs. 1 Satz 1 des Abkommensentwurfs). Gleiches sollte für Vorabentscheidungsersuchen der Gerichte des Vereinigten Königreichs gelten, die vor Ende des Übergangszeitraums vorgelegt würden (Art. 86 Abs. 2 des Abkommensentwurfs). Allerdings sah der Abkommensentwurf in Art. 87 auch Fälle vor, in denen *nach Ablauf des Übergangszeitraums* der EuGH für weitere vier Jahre zuständig sein sollte: (1) Sollte die Europäische Kommission zu der Auffassung kommen, dass das Vereinigte Königreich eine Verpflichtung aus den Verträgen oder dem Vierten Teil des Abkommensentwurfs (Übergang) vor Ende des Übergangszeitraums nicht erfüllt hatte, so sollte sie den EuGH im Einklang mit den Vorschriften nach Art. 258 AEUV bzw. Art. 108 Abs. 2 Unterabs. 2 AEUV innerhalb von vier Jahren nach Ende des Übergangszeitraums mit der Angelegenheit befassen können (Art. 87 Abs. 2 Satz 1 des Abkommensentwurfs). (2) Sollte ferner das Vereinigte Königreich eine Entscheidung nach Art. 95 Abs. 1 des Abkommensentwurfs (Rechtsverbindlichkeit und Vollstreckbarkeit von Entschei- 5.49

---

1 Sandford auf Euronews am 29.3.2018, http://de.euronews.com/2018/03/29/ein-jahr-nach-artikel-50-wo-stehen-die-verhandlungen.
2 Handelsblatt v. 24.1.2018, https://www.handelsblatt.com/politik/international/grossbritannien-eugh-rechtshoheit-soll-noch-jahre-nach-brexit-gelten/20881682.html?ticket=ST-2028653-ffkn01xnyM1Mq7qgEgtK-ap6.
3 Sandford auf Euronews am 29.3.2018, http://de.euronews.com/2018/03/29/ein-jahr-nach-artikel-50-wo-stehen-die-verhandlungen.
4 The future relationship between the United Kingdom and the European Union, 2018, 84.
5 The future relationship between the United Kingdom and the European Union, 2018, 90.
6 Text abrufbar unter http://data.consilium.europa.eu/doc/document/XT-21107-2018-INIT/de/pdf.

dungen in laufenden Verwaltungsentscheidungen) nicht umsetzen oder sollte es einer darin genannten Entscheidung, die sich an eine im Vereinigten Königreich ansässige bzw. niedergelassene natürliche oder juristische Person richte, in seiner Rechtsordnung keine Rechtswirksamkeit verleihen, so sollte die Europäische Kommission innerhalb von vier Jahren ab dem Tag der betreffenden Entscheidung den EuGH im Einklang mit den Bestimmungen des Art. 258 AEUV bzw. Art. 108 Abs. 2 Unterabs. 2 AEUV mit der Angelegenheit befassen können (Art. 87 Abs. 2 Satz 1 des Abkommensentwurfs). Die aufgrund Art. 86 f. des Abkommensentwufs ergangenen Urteile des EuGH sollten für die EU und Großbritannien rechtsverbindlich sein; soweit der EuGH feststellen sollte, dass Großbritannien seinen Verpflichtungen aus den Verträgen oder dem Abkommen nicht entsprechen sollte, so sollte Großbritannien die geeigneten Schritte zu ergreifen haben, um dem Urteil nachzukommen (Art. 89 des Abkommensentwurfs).

5.50 Die Chancen, dass dieser Abkommensentwurf doch noch durch das britische Unterhaus verabschiedet wird, stehen schlecht. In mehreren Abstimmungen fand der Entwurf im Unterhaus keine Mehrheit. Die Wahrscheinlichkeit eines Brexit ohne Abkommen ist durch das Ende der Regierung *May* eher größer geworden. Dies würde mit dem Tag des Austritts die Zuständigkeit des EuGH ohne Übergangsregelung vollständig beenden. Zu wünschen, wenn auch momentan nicht besonders realistisch, wäre ein Verbleib Großbritanniens in der EU. Nicht nur die EU-Kommission würde eine entsprechende Brücke bauen; auch unionsrechtlich wäre die **Rücknahme des Antrags gemäß Art. 50 EUV** möglich.[1] Dann würde sich weder etwas am Status Großbritanniens innerhalb der EU noch an der Zuständigkeit des EuG/EuGH für die Rechtsprechung etwas ändern.

---

1 So jedenfalls zu Recht Deutscher Bundestag, Unterabteilung Europa, Fachbereich Europa, Zurücknahme eines Antrags gemäß Art. 50 EUV v. 28.6.2016.

2. Teil
Negative Integration

Kapitel 6
Diskriminierungs- und Beschränkungsverbote im Recht der Steuern auf Waren und Dienstleistungen

A. Relevante Vorgaben im Recht der europäischen Verträge 6.1	b) Gleichartigkeit oder Substituierbarkeit 6.29
B. Steuerliche Diskriminierung des grenzüberschreitenden Handels 6.7	c) Relevante Höherbelastung des grenzüberschreitenden Handels 6.34
I. Diskriminierung des Warenhandels . . 6.7	aa) Grundsätzliche Erwägungen . . . 6.34
1. Art. 110 AEUV als spezielle Ausprägung der Warenverkehrsfreiheit 6.7	bb) Besonderheiten bei bloß mittelbarer Diskriminierung bzw. Protektion 6.40
2. Anwendungsbereich des Art. 110 AEUV 6.8	cc) Parafiskalische Abgaben 6.49
a) Sachlicher Anwendungsbereich . . . 6.8	6. Rechtfertigungsmöglichkeiten 6.53
b) Räumlicher Anwendungsbereich . . 6.14	II. Diskriminierung des Dienstleistungshandels 6.59
c) Verpflichtete 6.15	
3. Verhältnis zu den übrigen den Warenverkehr betreffenden Vorgaben 6.16	C. Verbot internationaler Doppelbesteuerung 6.63
4. Gewährleistungsgehalt 6.20	
5. Prüfungsfolge 6.23	D. Beschränkende Wirkung der Steuererhebung als solcher 6.67
a) Vergleichsgruppenbildung 6.23	

Literatur: *Balke*, Steuerliche Gestaltungsfreiheit der Mitgliedstaaten und freier Warenverkehr im Europäischen Binnenmarkt, Diss., Bonn 1996; *Englisch*, Wettbewerbsgleichheit im grenzüberschreitenden Handel, Köln, Tübingen 2008[1]; *Kuyper*, Booze and fast cars: tax discrimination under GATT and the EC, LIEI 1996, 129; *Schön*, Der freie Warenverkehr, die Steuerhoheit der Mitgliedstaaten und der Systemgedanke im europäischen Steuerrecht, EuR 2001, 216 u. 341; *Trautwein*, Das gemeinschaftsrechtliche Verbot diskriminierender und protektionistischer Abgaben nach Art. 95 EGV, JA 1996, 813; *Tudor*, Discriminatory Internal Taxation in the European Union: 23 Willamette J. Int'l L. & Dis. Res. 2015, 141; *Wasmeier*, Umweltabgaben und Europarecht, Diss., München 1994.

A. Relevante Vorgaben im Recht der europäischen Verträge

Jahrzehnte bevor die Binnenmarktrelevanz der mitgliedstaatlichen Systeme direkter Ertragsteuern in Rechtsprechung und Literatur thematisiert wurde, standen die – typischerweise indirekten – Steuern auf Waren im Fokus der europäischen Gründungsverträge und der Rechtsprechung des EuGH. Dies war hauptsächlich dem Umstand geschuldet, dass Grundlage der Europäischen Wirtschaftsgemeinschaft gem. Art. 9 EWG der Übergang zu einer Zollunion war. Diese beruhte auf dem **unmittelbar anwendbaren**[2] Verbot, zwischen den Mitgliedstaaten **Zölle und „Abgaben gleicher Wirkung"** zu erhe-

6.1

---

[1] Die Bearbeitung dieses Kapitels wurde in Teilen dieser Publikation entnommen.
[2] Grundlegend EuGH v. 1.7.1969 – 2 u. 3/69 – Sociaal Fonds voor de Diamantarbeiders, Slg. 1969, 211 Rz. 22 f.

6.1 **ben**, sowie auf der Einführung eines gemeinsamen Zolltarifs gegenüber Drittstaaten. Verwirklicht wurde die Zollunion 1968, nachdem die Mitgliedstaaten ihre nationalen Zolltarife gemäß den Art. 12–17 EWG schrittweise abgeschafft hatten. Das Verbot jeglicher Einfuhr- und Ausfuhrzölle sowie von Abgaben gleicher Wirkung ist inzwischen in **Art. 28 und 30 AEUV** niedergelegt.

6.2 Flankiert wurde die Zollunion durch besondere Vorgaben an die herkunftsneutrale Ausgestaltung „inländischer", nicht spezifisch wegen des Grenzübertritts der Ware erhobener Abgaben.[1] Nach Art. 95 Abs. 1 EWG durften die Mitgliedstaaten auf Waren aus anderen Mitgliedstaaten weder unmittelbar noch mittelbar inländische Abgaben gleich welcher Art erheben, die höher waren, als sie gleichartige inländische Waren unmittelbar oder mittelbar zu tragen hatten. Neben dieses **spezielle steuerliche Diskriminierungsverbot**[2] gesellte sich das **Verbot protektionistischer Besteuerung** nach Art. 95 Abs. 2 EWG, dem zufolge die Mitgliedstaaten auf Waren aus anderen Mitgliedstaaten keine inländischen Abgaben erheben durften, die geeignet waren, andere Produktionen mittelbar zu schützen. Dieses Protektionsverbot fungierte insbesondere auch als Auffangvorschrift für den Fall, dass keine inländische Produktion gleichartiger Waren existierte.[3] Beide Bestimmungen waren von den steuerlichen Diskriminierungs- und Protektionsverboten des Art. III 2 GATT 1947 inspiriert,[4] was schon anhand des weitgehend übereinstimmenden Wortlauts deutlich wird. Anders als die Bestimmungen des GATT, sind die europarechtlichen Vorgaben des Art. 95 EWG aber seit dem 1.1.1962 in den mitgliedstaatlichen Rechtsordnungen **unmittelbar anwendbar** und gehen nationalem Recht im Rang vor.[5] Sie finden sich heute nach zahlreichen Vertragsrevisionen inhaltlich unverändert in **Art. 110 AEUV** (ehem. Art. 90 EG).

6.3 Erst in Ansätzen geklärt ist, inwiefern Steuern auf Waren daneben auch am Maßstab des innerstaatlich ebenfalls unmittelbar anwendbaren **Verbotes von Maßnahmen gleicher Wirkung wie mengenmäßige Ein- und Ausfuhrbeschränkungen (Art. 34, 35 AEUV)** zu messen sind. Vom EuGH wurde dies jedenfalls grundsätzlich in Betracht gezogen,[6] aber bislang noch nicht konkretisiert (näher dazu Rz. 6.67 ff.). Von Bedeutung ist die Anwendbarkeit der Art. 34, 35 AEUV vor allem bei nichtdiskriminierenden Steuern, die aufgrund der Höhe der Belastung oder im Zusammenwirken mit der Steuererhebung im Herkunftsland eine Beschränkung des freien Warenverkehrs bewirken können.

6.4 Die europäischen Verträge enthalten bis heute keine spezifisch steuerrechtlichen Vorgaben betreffend die Erhebung von Verkehrsteuern und sonstigen Steuern auf Dienstleistungen. Insbesondere Art. 110 AEUV ist insoweit grundsätzlich nicht anwendbar.[7] Auch die Dienstleistungsrichtlinie[8] sieht in Art. 2 Abs. 3 eine Bereichsausnahme für Steuern vor. Bei der Unterzeichnung der Gründungsverträge im

---

1 S. zur Ergänzungsfunktion des heutigen Art. 110 AEUV: EuGH v. 1.7.1969 – 2 u. 3/69 – Sociaal Fonds voor de Diamantarbeiders, Slg. 1969, 211 Rz. 10; v. 8.11.2007 – C-221/06 – Stadtgemeinde Frohnleiten und Gemeindebetriebe Frohnleiten, Slg. 2007, I-9643 Rz. 30; *Würdemann/Glöckle*, ZEuS 2016, 85 (90).
2 Dazu grundlegend EuGH v. 16.6.1966 – 57/65 – Lütticke, Slg. 1966, 257 (266).
3 S. EuGH v. 4.4.1968 – 27/67 – Fink-Frucht, Slg. 1968, 333 (346); v. 8.4.2008 – C-167/05 – Kommission/Schweden, Slg. 2008, I-2127 Rz. 41; *Kamann* in Streinz[3], Art. 110 AEUV Rz. 1.
4 Zu dessen Vorbildfunktion s. *Kuyper*, LIEI 1996, 129 (130); *Schön*, RIW 2004, 50 (51); *Wägenbaur*, RIW 1980, 121 (123).
5 Grundlegend EuGH v. 16.6.1966 – 57/65 – Lütticke, Slg. 1966, 257 (266). Seither ständige Rspr., vgl. beispielsweise EuGH v. 3.4.1967 – 28/67 – Molkerei-Zentrale, Slg. 1968, 215 (232); v. 4.4.1968 – 27/67 – Fink-Frucht, Slg. 1968, 334 (346); v. 5.5.1982 – 15/81 – Schul Douane Expediteur, Slg. 1982, 1409 = UR 1982, 242 Rz. 46; Anm. *Weiß*, UR 1982, 246; v. 29.4.1982 – 17/81 – Pabst & Richarz, Slg. 1982, 1331 Rz. 24; BFH v. 22.10.1985 – VII R 140/82, BFHE 144, 494 (497); *Wägenbaur*, RIW 1980, 121 (126) m.w.N. auch zu kritischen – inzwischen zu Recht verstummten – Gegenstimmen in der Frühzeit der Rechtsprechung.
6 S. insbesondere EuGH v. 17.6.2001 – C-383/01 – De Danske Bilimportører, Slg. 2003, I-6065; s. auch *von Quitzow*, EC Tax Review 1999, 122 f.
7 S. EuGH v. 21.9.1988 – 267/86 – Van Eycke, Slg. 1988, 4769 Rz. 25; v. 26.6.2001 – C-70/99 – Kommission/Portugal, Slg. 2001, I-4845 Rz. 23 ff.; v. 6.2.2003 – C-92/01 – Stylianakis, Slg. 2003, I-1291 Rz. 18 ff.
8 Richtlinie 2006/123/EG v. 12.12.2006 über Dienstleistungen im Binnenmarkt, ABl. EU 2006 Nr. L 376, 36.

Jahr 1957 spielte der grenzüberschreitende Dienstleistungshandel innerhalb der Gemeinschaft noch keine wirtschaftlich signifikante Rolle, und auch das Welthandelsrecht bot insoweit kein Vorbild.[1] Zwar wird in der Literatur vereinzelt dafür plädiert, angesichts der zwischenzeitlich eingetretenen Internationalisierung auch des Dienstleistungshandels Art. 110 AEUV analog auch auf wert- oder mengenbasierte Abgaben mit Dienstleistungsbezug anzuwenden.[2] Mit der herrschenden Meinung ist dies jedoch abzulehnen.[3] Ein Analogieschluss auf ein Verbot diskriminierender bzw. protektionistischer Besteuerung von Dienstleistungen scheitert freilich nicht schon am Prinzip der begrenzten Einzelermächtigung der Union (Art. 5 EUV, Art. 7 AEUV),[4] schon weil es sich bei Art. 110 AEUV gar nicht um eine kompetenzrechtliche Bestimmung handelt. Vielmehr besteht von vornherein gar keine Regelungslücke, die durch eine Erstreckung dieser Vorschrift auf **Dienstleistungen** ausgefüllt werden müsste. In Ermangelung eines speziellen abgabenrechtlichen Diskriminierungsverbotes kann vielmehr unmittelbar auf das **Diskriminierungs- und Beschränkungsverbot des Art. 56 AEUV** zurückgegriffen werden.[5]

Gemeinsam ist allen vorgenannten Bestimmungen ihre Ausrichtung auf das Ziel der Schaffung eines Gemeinsamen Marktes bzw. – seit dem Vertrag von Maastricht (s. Rz. 2.8) – eines Binnenmarktes (vgl. nunmehr Art. 26 AEUV). Deshalb ist ihr räumlicher Anwendungsbereich jeweils ausdrücklich auf den Waren- bzw. Dienstleistungshandel zwischen den Mitgliedstaaten der Union begrenzt. Im **Handel mit Mitgliedstaaten des EWR-Abkommens**, die nicht der EU angehören (Island, Norwegen und Liechtenstein) finden aber die Vorschriften des EWR Anwendung und gewährleisten im Ergebnis identische Standards. Es sind dies im Warenhandel das mit Art. 110 AEUV wortlautgleiche Verbot diskriminierender und protektionistischer Abgaben auf Waren nach Art. 14 EWR, das Verbot von Zöllen und zollgleichen Abgaben nach Art. 10 EWR sowie das in Art. 11 f. EWR verankerte Verbot von Maßnahmen gleicher Wirkung wie mengenmäßige Ein- und Ausfuhrbeschränkungen. Für den Dienstleistungshandel sieht Art. 36 Abs. 1 EWR ein dem Art. 56 AEUV entsprechendes Beschränkungsverbot vor. Nach ständiger Rechtsprechung des EuGH wie auch des EFTA-Gerichtshofs sind die Bestimmungen des EWR über dessen Art. 6 hinaus generell im Einklang mit den Parallelvorschriften des AEUV auszulegen.[6] Dementsprechend gelten die nachfolgenden Ausführungen auch für den Handel mit EWR-Mitgliedstaaten.

6.5

Im Verhältnis zu **sonstigen Drittstaaten** können sich vergleichbare Anforderungen an die Besteuerung grenzüberschreitend gehandelter Waren und Dienstleistungen aus **Assoziierungsabkommen** ergeben. Diese Abkommen enthalten regelmäßig ein dem Art. 110 AEUV angenähertes oder auch voll entsprechendes Verbot von diskriminierenden und protektionistischen Abgaben auf aus den jeweiligen Vertragsstaaten eingeführte Waren.[7] Vielfach finden sich auch Stillstandsklauseln in Gestalt eines Verbotes der Einführung neuer Zölle und zollgleicher Abgaben sowie von neuen Maßnahmen mit gleicher Wirkung wie mengenmäßige Einfuhrbeschränkungen. Eine weitergehende, auch Bestandsregelungen erfassende Zollunion besteht hingegen im Wesentlichen nur mit der Türkei.[8] In all diesen Fällen muss im Übrigen unter Berücksichtigung des Wortlauts der jeweils einschlägigen Bestimmung sowie nach dem

6.6

---

1 Das GATS trat erst 1995 in Kraft.
2 S. *Stumpf* in Schwarze[3], Art. 90 EGV Rz. 6.
3 S. *Balke*, Gestaltungsfreiheit, S. 24 f.; *Waldhoff* in Calliess/Ruffert[5], Art. 110 AEUV Rz. 10; *Kamann* in Streinz[3], Art. 110 AEUV Rz. 5.
4 So aber *Kamann* in Streinz[2], Art. 110 AEUV Rz. 5.
5 Wie hier *Balke*, Gestaltungsfreiheit, S. 25; *Haferkamp*, Kapitalverkehrsfreiheit, S. 101 (dort Fn. 526); *Kamann* in Streinz[3], Art. 110 AEUV Rz. 5; *Snell*, ICLQ 2007, 339 (345); *van Thiel/Lamensch*, World Tax Journal 2018, 3 (32 f.). Tendenziell ebenso *Meulman/de Waele*, LIEI 2006, 207 (228).
6 S. beispielsweise EuGH v. 23.2.2006 – C-471/04 – Keller Holding, Slg. 2006, I-2107 Rz. 48 = GmbHR 2006, 435 m. Anm. *Roser*; EFTA-Gerichtshof v. 26.6.2007 – E-2/06 – Norwegian Waterfalls, Rz. 59 ff.
7 S. beispielsweise Art. 44 Abs. 1 u. 2 des Zusatzprotokolls vom 23.11.1970 (ABl. EG 1972 Nr. L 293, 3) zum Abkommen zur Gründung einer Assoziation zwischen der Europäischen Wirtschaftsgemeinschaft und der Republik Türkei v. 12.9.1963 (ABl. EG 1964 Nr. L 217, 3687); Art. 37 Abs. 1 des Stabilisierungs- und Assoziierungsabkommens mit Serbien v. 29.4.2008.
8 Vgl. Beschluss Nr. 1/95 des Assoziationsrates vom 22.12.1995 (ABl. EG 1996 Nr. L 35, 1).

Zweck und Entwicklungsstand der Assoziierungsvereinbarung insgesamt ermittelt werden, inwieweit ihr Gewährleistungsgehalt mit demjenigen der unionsvertraglichen Parallelbestimmungen übereinstimmt und ob ihnen auch innerstaatlich unmittelbare Geltung zukommt.[1]

B. Steuerliche Diskriminierung des grenzüberschreitenden Handels

I. Diskriminierung des Warenhandels

1. Art. 110 AEUV als spezielle Ausprägung der Warenverkehrsfreiheit

6.7 Art. 110 AEUV soll nach ständiger Rspr. des EuGH den freien Warenverkehr zwischen den Mitgliedstaaten unter normalen Wettbewerbsbedingungen dadurch gewährleisten, dass er jegliche Form von Schutz beseitigt, die sich aus einer die Waren aus anderen Mitgliedstaaten diskriminierenden inländischen Abgabe ergeben kann.[2] Ziel des Art. 110 AEUV ist damit die **Herstellung vollkommener Wettbewerbsneutralität der inländischen Besteuerung** für inländische Waren einerseits und für mit ihnen konkurrierende Importwaren aus dem übrigen Unionsgebiet andererseits (zu Einschränkungen s. Rz. 6.21).[3] An dieser Zielsetzung und an der Einbettung in das allgemeine System der unionsrechtlich verbürgten Warenverkehrsfreiheit hat sich folglich die Auslegung von Anwendungsbereich und Gewährleistungsgehalt des Art. 110 AEUV zu orientieren. Im Übrigen muss die Konkretisierung der Vorschrift generell ihrem Binnenmarktbezug hinreichend Rechnung tragen.[4]

2. Anwendungsbereich des Art. 110 AEUV

a) Sachlicher Anwendungsbereich

6.8 Das Diskriminierungs- und Protektionsverbot des Art. 110 AEUV gilt für **sämtliche Arten von Abgaben** auf Waren, seien es Steuern oder Abgaben nichtsteuerlicher Art.[5] Es spielt auch keine Rolle, ob eine steuerliche Abgabe nach ihrer gesetzlichen Konzeption als direkte Steuer vom Steuerschuldner selbst getragen oder aber als indirekte Steuer auf den Erwerber der Ware abgewälzt werden soll.[6]

6.9 Es muss sich allerdings um **inländische** Abgaben handeln. Die dahingehende Formulierung der Abs. 1 und 2 des Art. 110 AEUV bringt zum einen die Selbstverständlichkeit zum Ausdruck, dass im Rahmen eines abgabenrechtlichen Diskriminierungs- und Protektionsverbotes jeder Mitgliedstaat nur für diejenigen Belastungen verantwortlich gemacht werden kann, die er selbst auferlegt. Es ist daher Skepsis angezeigt gegenüber einer Instrumentalisierung dieser Bestimmungen zur Vermeidung internationaler Doppelbesteuerung (s. Rz. 6.63 ff.). Darüber hinaus liefert die Beschränkung auf „inländische" Abga-

---

1 Vgl. EuGH v. 29.4.1981 – 17/81 – Pabst & Richarz, Slg. 1982, 1331 Rz. 25 ff.; v. 26.10.1982 – 104/81 – Kupferberg, Slg. 1982, 3641 Rz. 23 ff.; v. 1.7.1993 – C-312/91 – Metalsa, Slg. 1993, I-3751 Rz. 8 ff.; v. 17.7.1997 – C-114 u. C-115/95 – Texaco, Slg. 1997, I-4263 Rz. 28; jeweils zu einer Art. 110 AEUV entsprechenden Regelung. s. auch *Kamann* in Streinz[3], Vor Art. 110 AEUV Rz. 6 m.w.N.
2 S. beispielsweise EuGH v. 11.12.1990 – C-47/88 – Kommission/Dänemark, Slg. 1990, I-4509 Rz. 9; v. 15.6.2006 – C-393/04 – Air Liquide Industries Belgium, Slg. 2006, I-5293 Rz. 55; v. 18.1.2007 – C-313/05 – Brzeziński, Slg. 2007, I-513 Rz. 27; v. 8.4.2008 – C-167/05 – Kommission/Schweden, Slg. 2008, I-2127 Rz. 40; v. 3.6.2010 – C-2/09 – Kalinchev, Slg. 2010, I-4939 Rz. 37; v. 7.4.2011 – C-402/09 – Tatu, Slg. 2011, I-2711 Rz. 34; v. 14.4.2015 – C-76/14 – Manea, ECLI:EU:C:2015:216 Rz. 28.
3 S. EuGH v. 29.4.2004 – C-387/01 – Weigel, Slg. 2004, I-4981 Rz. 66; v. 29.4.2010 – C-102/09 – Camar, Slg. 2010, I-4045 Rz. 32; v. 7.3.2019 – C-689/18 – XT, ECLI:EU:C:2019:185 Rz. 17; *Kamann* in Streinz[3], Vor Art. 110 Rz. 4 a.E.
4 S. EuGH v. 25.2.1988 – 299/86 – Drexl, Slg. 1988, 1213 Rz. 24; v. 29.10.2004 – C-102/09 – Camar, Slg. 2010, I-4045 Rz. 33.
5 S. *Kamann* in Streinz[3], Art. 110 AEUV Rz. 11 m.w.N.
6 S. EuGH v. 17.7.2008 – C-206/06 – Essent Netwerk Noord, Slg. 2008, I-5497 Rz. 48 f.

ben auch einen Wortlauthinweis auf die Notwendigkeit, den Anwendungsbereich des Art. 110 AEUV von demjenigen des Art. 30 AEUV abzugrenzen. Die deutsche Fassung ist nämlich insofern unpräzise, als in den meisten Vertragsfassungen genauer von „inneren" Abgaben die Rede ist.[1] Es muss sich also um Abgaben handeln, die nicht als oder wie Zölle ausschließlich wegen des Grenzübertritts erhoben werden. Der EuGH nimmt insofern zu Recht ein Exklusivitätsverhältnis an; näher zu diesem Konkurrenzverhältnis s. Rz. 6.17.

Der **Begriff der Ware** wird vom EuGH für die Zwecke sämtlicher die Warenverkehrsfreiheit betreffenden Vorschriften einheitlich verstanden. Es handelt sich demnach auch für die Zwecke des Art. 110 AEUV um körperliche Gegenstände, die Gegenstand von grenzüberschreitenden Handelsgeschäften sein können.[2] Ein typisches Merkmal von Waren ist ein in Geld messbarer Handelswert. Um ein zwingendes Definitionsmerkmal handelt es sich jedoch nicht; Waren sind damit namentlich auch allein zu Entsorgungszwecken über die Grenze verbrachte Abfälle.[3] Erfasst sind ferner ausnahmsweise auch nichtkörperliche Güter, wenn sie nur leitungsgebunden über die Grenze verbracht werden können und bei ihnen der Grenzübertritt daher ebenso feststellbar ist wie bei körperlichen Gegenständen. Zu den Waren i.S.d. Art. 110 AEUV zählt damit insbesondere auch elektrischer Strom.[4]

6.10

Das Diskriminierungsverbot des Art. 110 Abs. 1 AEUV bezieht sich auf „unmittelbar oder mittelbar" zu tragende Abgaben. Der erforderliche **Warenbezug der Abgabenerhebung** wird vom EuGH daher sehr weit verstanden. Es soll entsprechend der Binnenmarktfinalität des Diskriminierungsverbotes (s. Rz. 6.5) grundsätzlich ausreichen, dass eine abgabenrechtliche Maßnahme dazu geeignet ist, die Einfuhr von Gegenständen aus anderen Mitgliedstaaten zugunsten inländischer Erzeugnisse zu erschweren.[5] Nicht erforderlich ist daher, dass der Abgabentatbestand nach Art einer Verkehrsteuer an den Handel mit der betreffenden Ware anknüpft. Erfasst sind vielmehr insbesondere auch Abgaben auf die Nutzung von Waren oder für eine dahingehende Erlaubnis, wenn die betreffende Ware bestimmungsgemäß bzw. ihrer Natur nach im Wesentlichen der abgabenbelasteten Nutzung zugeführt wird.[6] Umgekehrt ist entsprechend dem jeweiligen Schutzzweck der Norm nicht Art. 110 AEUV, sondern die Niederlassungs- oder Dienstleistungsfreiheit einschlägig, wenn die Höhe der Abgabenbelastung zwar vom Ausmaß des Warenumsatzes abhängt, aber die Ausgestaltung des Abgabentatbestandes nicht Waren ausländischer Herkunft, sondern im Ausland niedergelassene Händler benachteiligt.[7] Sind direkte Steuern auf den Ertrag so ausgestaltet, dass sie sich nachteilig auf den Warenbezug aus dem EU-Ausland auswirken, hat der EuGH Art. 110 AEUV ebenfalls nicht in Betracht gezogen; hier soll stattdessen Art. 34 AEUV ein-

6.11

---

1 Vgl. beispielsweise die englische Version: „internal taxes", die französische Version: „impositions intérieures", oder die spanische Version: „impuestos internos".
2 S. EuGH v. 10.12.1968 – 7/68 – Kommission/Italien, Slg. 1968, 634 Rz. 1; v. 14.7.1977 – 1/77 – Bosch, Slg. 1977, 1473 Rz. 4; v. 28.3.1995 – C-324/93 – Evans Medical und Macfarlan Smith, Slg. 1995, I-563 Rz. 20; v. 21.10.1999 – C-97/98 – Jägerskiöld, Slg. 1999, I-7319 Rz. 30.
3 S. EuGH v. 8.11.2007 – C-221/06 – Stadtgemeinde Frohnleiten und Gemeindebetriebe Frohnleiten, Slg. 2007, I-9643 Rz. 36 ff. m.w.N.; v. 12.11.2015 – C-198/14 – Visnapuu, ECLI:EU:C:2015:751 Rz. 53.
4 S. EuGH v. 2.4.1998 – C-213/96 – Outokumpu, Slg. 1998, I-1777 Rz. 23; v. 17.7.2008 – C-206/06 – Essent Netwerk Noord, Slg. 2008, I-5497 Rz. 43; sowie generell EuGH v. 27.4.1994 – C-393/92 – Almelo, Slg. 1994, I-1477 Rz. 28; v. 23.10.1994 – C-158/94 – Kommission/Italien, Slg. 1997, I-5789 Rz. 17; v. 6.12.2018 – C-305/17 – FENS, ECLI:EU:C:2018:986 Rz. 34.
5 S. EuGH v. 16.2.1977 – 20/76 – Schöttle, Slg. 1977, 247 Rz. 13; v. 3.3.1988 – 252/86 – Bergandi, Slg. 1988, 1343 Rz. 25; v. 7.12.1995 – C-45/94 – Ayuntamiento de Ceuta, Slg. 1995, I-4385 Rz. 29; v. 8.11.2007 – C-221/06 – Stadtgemeinde Frohnleiten und Gemeindebetriebe Frohnleiten, Slg. 2007, I-9643 Rz. 40. Ebenso *Kamann* in Streinz[3], Art. 110 AEUV Rz. 12.
6 S. EuGH v. 3.3.1988 – 252/86 – Bergandi, Slg. 1988, 1343 Rz. 26; v. 15.3.1988 – 317/86 u.a. – Lambert u.a., Slg. 1989, 787 Leitsatz 3; Steuer auf die Nutzung von Glücksspielautomaten. Zustimmend *Eilers/Bahns/Sedlaczek* in von der Groeben/Schwarze[6], Art. 90 EGV Rz. 23.
7 S. EuGH v. 5.2.2014 – C-385/12 – Hervis Sport, ECLI:EU:C:2014:47 = ISR 2014, 102 m. Anm. *Vincze*, Rz. 20 ff.

schlägiger Prüfungsmaßstab sein.¹ Dem wird man mit Blick auf den Wortlaut („auf Waren") und die systematische Stellung des Art. 110 AEUV – namentlich die Einordnung in dasselbe Kapitel wie Art. 113 AEUV – zustimmen können, weil und soweit bei solchen Steuern die Höhe der steuerlichen Mehrbelastung letztlich von der persönlichen Steuerkraft des Steuerpflichtigen abhängt.

6.12 Am Maßstab des Art. 110 AEUV zu beurteilen sind auch Abgaben auf **Dienstleistungen im Zusammenhang mit Waren**, wenn sie sich absehbar als Kostenfaktoren im Warenhandel auswirken können. Dies soll vor allem dann anzunehmen sein, wenn sich Abgaben auf Dienstleistungen nach warenbezogenen Kriterien (Anzahl, Gewicht, etc.) bemessen. Namentlich hat der EuGH unter diesem Aspekt indirekte Steuern auf unternehmerisch genutzte Transportdienstleistungen auch als mittelbare Abgaben auf die transportierten Waren aufgefasst und anhand von Art. 110 AEUV gewürdigt.² Dies ist insofern zutreffend, als Steuern auf Dienstleistungen mittelbar auch von Waren zu tragen sein können und sich unter Umständen eine Differenzierung gerade erst dadurch zur Diskriminierung des grenzüberschreitenden Handels auswächst. Allerdings muss ein hinreichend enger Bezug zu einzelnen Waren verlangt werden, so dass die Abgabe auf die betreffenden Dienstleistungen typischerweise den variablen Kosten der Produktion oder des Handels zuzuordnen sein muss.³ Steuern auf Dienstleistungen, die in der Einräumung einer Nutzungsmöglichkeit hinsichtlich bestimmter Waren bestehen, können richtigerweise ebenfalls auf deren mittelbare Abgabenbelastung hinauslaufen.⁴ Zwar hängt es von den Marktverhältnissen ab, ob und inwieweit es tatsächlich zu einer Rückwälzung der Abgabenbelastung auf die fraglichen Waren kommt. Bleibt diese aus, so kann aber jedenfalls der Absatz der betroffenen, mittelbar steuerlich verteuerten Waren sinken. Wollte man solche Nachteile im Unterschied zur „echten" bzw. direkten Steuerbelastung aus dem Anwendungsbereich des Art. 110 AEUV herausnehmen, sie also nicht mehr als „von Waren zu tragende Abgaben" einstufen, so wären sie jedenfalls einer Überprüfung anhand des Art. 34 AEUV zu unterziehen. Da es regelmäßig nicht nachzuweisen sein wird, inwieweit den Warenhändler eine Rückwälzung oder aber Nachteile anderer Art treffen, erscheint eine einheitliche Beurteilung anhand eines weit ausgelegten Art. 110 AEUV entsprechend der Handhabung des EuGH vorzugswürdig.

6.13 Die unionsrechtliche **Harmonisierung** der in Rede stehenden Abgabe ist keine Vorbedingung für die Anwendbarkeit des Art. 110 AEUV.⁵ Umgekehrt steht eine bereits erfolgte Harmonisierung der Anwendung des Diskriminierungs- und Protektionsverbotes nur entgegen, soweit das Unionsrecht die Modalitäten der Erhebung abschließend festlegt.⁶

b) Räumlicher Anwendungsbereich

6.14 Den Schutz des Art. 110 AEUV genießen nur Waren **aus anderen Mitgliedstaaten**. Dazu zählen auch Waren, die im übrigen Unionsgebiet zwar nicht hergestellt wurden, sich aber dort als Importware bereits im freien Verkehr befinden.⁷ Das Diskriminierungsverbot gilt damit insbesondere auch für Reim-

---

1 S. EuGH v. 7.5.1985 – 18/84 – Kommission/Frankreich, Slg. 1985, 1339.
2 Vgl. EuGH v. 16.2.1977 – C-20/76 – Schöttle, Slg. 1977, 247 Rz. 15 f.; v. 17.7.1997 – C-90/94 – Haahr Petroleum, Slg. 1997, I-4142 Rz. 38. Zustimmend *Eilers/Bahns/Sedlaczek* in von der Groeben/Schwarze⁶, Art. 90 EGV Rz. 31.
3 Ähnlich *Easson*, 18 CMLR (1981), 521 (527); *Ortino*, Basic Legal Instruments for the Liberalisation of Trade, S. 285; enger *Schön*, EuR 2001, 341 (342): Der Erwerb, die Nutzung oder der Verbrauch des Produkts als solcher müsse zum Tatbestand der betroffenen Abgabenvorschrift gehören.
4 Zum umgekehrten Fall s. EuGH v. 29.11.2001 – C-17/00 – De Coster, Slg. 2001, I-9445 Rz. 31 ff.
5 S. EuGH v. 16.6.1966 – 57/65 – Lütticke, Slg. 1966, 257 (266); *Kamann* in Streinz³, Vor Art. 110 Rz. 5.
6 S. EuGH v. 10.7.1984 – 42/83 – Dansk Denkavit, Slg. 1984, 2649 Rz. 27; v. 12.11.2015 – C-198/14 -Visnapuu, ECLI:EU:C:2015:751 Rz. 40 ff.; *Kamann* in Streinz³, Vor Art. 110 Rz. 5.
7 S. EuGH v. 7.5.1987 – 193/85 – Cooperativa Co-Frutta, Slg. 1987, 2085 Rz. 24–29; v. 17.6.1998 – C-68/96 – Grundig Italiana, Slg. 1998, I-3775 Rz. 11.

porte. Nicht erfasst sind demnach nur unmittelbar aus Drittstaaten eingeführte Waren;[1] dies entspricht der Binnenmarktfinalität des Art. 110 AEUV (s. Rz. 6.5). Für diese Drittstaatsimporte kann aber je nach Herkunftsland das parallele Diskriminierungsverbot des Art. 14 EWR oder eine dem Art. 110 AEUV entsprechende Bestimmung in einem Assoziierungsabkommen einschlägig sein (s. Rz. 6.6).

c) Verpflichtete

Zur Beachtung des Diskriminierungs- und Protektionsverbotes sind zunächst die **Mitgliedstaaten** der Europäischen Union verpflichtet, über Art. 14 EWR darüber hinaus auch alle übrigen Mitgliedstaaten des EWR. An die Vorgaben des Art. 110 AEUV gebunden ist ferner **auch der Unionsgesetzgeber**.[2] Dies entspricht der allgemeinen Grundfreiheitsdogmatik[3] und ist auch vom EuGH anerkannt worden, der Art. 110 AEUV wiederholt zur Kontrolle unionsrechtlich angeglichener Steuerbestimmungen herangezogen hat.[4] Nach Auffassung des Gerichtshofs ist insbesondere eine Steuererhebung im Rahmen des gemeinsamen Mehrwertsteuersystems „integraler Bestandteil einer allgemeinen inländischen Abgabenregelung i.S.d. Art. 95 EWG-Vertrag [jetzt Art. 110 AEUV]".[5] Die Anforderungen des Art. 110 AEUV seien zwingender Art und ließen infolgedessen auch keine Ausnahmen aufgrund irgendeiner Handlung eines Unionsorgans zu. Auch im Schrifttum wird dies zu Recht ganz überwiegend so gesehen.[6] Der Wortlaut des Art. 110 AEUV steht dem nicht entgegen. Es sei erneut darauf hingewiesen, dass die deutsche Vertragsfassung missverständlich ist, wenn darin von „inländischen" Abgaben die Rede ist. Maßgeblich angesprochen ist damit tatsächlich die Eigenschaft, als „innere" Abgaben im Unterschied zu zollähnlichen Abgaben Teil eines allgemeinen Abgabensystems zu sein (s. Rz. 6.17). Die Erhebung solcher innerer Abgaben kann den Mitgliedstaaten aber auch durch sekundäres Unionsrecht vorgegeben sein. Es ist vorzugswürdig, auch das hierfür verantwortliche Unionsrecht am Maßstab des Art. 110 AEUV zu messen. Dadurch wird die Herausbildung einheitlicher Maßstäbe befördert, während ansonsten für auf Sekundärrecht basierendes Steuerrecht die Warenverkehrsfreiheit als allgemeiner, unzweifelhaft auch die Unionsorgane bindender Maßstab einschlägig wäre.[7] Daher müs-

6.15

---

[1] S. beispielsweise EuGH v. 4.4.1968 – 7/67 – Milchwerke Wöhrmann, Slg. 1968, 267 (268); v. 10.10.1978 – 148/77 – Hansen & Balle, Slg. 1978, 1787 Rz. 23; v. 9.6.1992 – C-228/90 u.a. – Simba u.a., Slg. 1992, I-3713 Rz. 14; v. 17.7.1997 – C-90/94 – Haahr Petroleum, Slg. 1997, I-4085 Rz. 26.
[2] S. EuGH v. 5.5.1982 – 15/81 – Schul Douane Expediteur, Slg. 1982, 1409 = UR 1982, 242 Rz. 21 u. 42; Anm. *Weiß*, UR 1982, 246; v. 17.6.1999 – C-166/98 – Socridis, Slg. 1999, I-3791 Rz. 13–21; *Kamann* in Streinz[3], Vor Art. 110 AEUV Rz. 5; *Widmann*, UR 2012, 32 (33). Verkannt von FG Hess. v. 10.12.1993 – 7 K 1184/93, EFG 1994, 766 (766) (rkr.).
[3] S. *Zazoff*, Der Unionsgesetzgeber als Adressat der Grundfreiheiten, S. 70 ff.
[4] S. EuGH v. 5.5.1982 – 15/81 – Schul Douane Expediteur, Slg. 1982, 1409 = UR 1982, 242 Rz. 40 ff.; Anm. *Weiß*, UR 1982, 246; v. 10.7.1984 – 42/83 – Denkavit, Sgl. 1984, 2649 Rz. 27.
[5] EuGH v. 5.5.1982 – C-15/81 – Schul Douane Expediteur, Slg. 1982, 1409 = UR 1982, 242 Rz. 21; Anm. *Weiß*, UR 1982, 246.
[6] Vgl. *Berlin*, Droit fiscal, 190 f.; *Farmer/Lyal*, EC Tax Law, 37; *Peters/Bongartz/Schröer-Schallenberg*, Verbrauchsteuerrecht, Rz. C29; *Schön*, EuR 2001, 216 (219); *Voß* in Dauses, Handbuch, J52 u. J72; *Seiler* in G/H/N, Art. 110 AEUV Rz. 18. **A.A.** *Moritz*, Diskriminierungsverbot, S. 281 m.w.N.
[7] Zur Bindung der Unionsorgane an Art. 34 AEUV (ehem. Art. 28 EG) s. EuGH v. 17.5.1984 – 15/83 – Denkavit Nederland, Slg. 1984, 2171 Rz. 15; v. 9.8.1994 – C-51/93 – Meyhui, Slg. 1994, I-3879 Rz. 11; v. 25.6.1997 – C-114/96 – Kieffer und Thill, Slg. 1997, I-3629 Rz. 27; v. 14.7.1998 – C-341/95 – Bettati, Slg. 1998, I-4355 Rz. 61; *Becker* in Schwarze[3], Art. 34 AEUV Rz. 101 ff.; *Gramlich*, DÖV 1996, 801 (805). Im Ergebnis ebenso *Matthies* in GS Sasse, 115 (127); *Rodi*, Die Subventionsrechtsordnung, S. 281: keine „unmittelbare" Bindung an Art. 34, aber prinzipielle Beachtlichkeit der zugrunde liegenden Wertungen. Skeptisch allerdings *Kingreen*, EuGRZ 2004, 570 (574); dagegen überzeugend *Emmerich-Fritsche*, Der Grundsatz der Verhältnismäßigkeit als Direktive und Schranke der EG-Rechtsetzung, S. 440.

sen sich auch EU-Richtlinien zur Rechtsangleichung der Besteuerung des Warenverkehrs an den Vorgaben des Diskriminierungs- und Protektionsverbotes messen lassen.[1]

3. Verhältnis zu den übrigen den Warenverkehr betreffenden Vorgaben

6.16 Das Diskriminierungs- und Protektionsverbot des Art. 110 AEUV ist eine steuerspezifische Ausprägung des allgemeinen Verbotes diskriminierender Behandlung von Einfuhren,[2] das dem Verbot von Maßnahmen gleicher Wirkung wie mengenmäßiger Einfuhrbeschränkungen inhärent ist.[3] Als lex specialis geht Art. 110 AEUV im Rahmen seines – eingeschränkten – Gewährleistungsgehaltes daher den Garantien des Art. 34 AEUV grundsätzlich vor.[4] Raum für die **Anwendung des Art. 34 AEUV** ist damit insbesondere noch bei Abgaben, die wegen rechtlich wie faktisch herkunftsneutraler Ausgestaltung oder mangels einer mit Importware konkurrierenden heimischen Produktion keine diskriminierende Wirkung i.S.d. Art. 110 AEUV haben,[5] aber aufgrund der Höhe der Abgabenbelastung als mögliche Beschränkungen des grenzüberschreitenden Warenverkehrs zu würdigen sind (s. Rz. 6.67 ff.).

6.17 Sowohl das **Verbot von Zöllen und Abgaben gleicher Wirkung** nach Art. 30 AEUV als auch das Diskriminierungs- und Protektionsverbot des Art. 110 AEUV zielen auf die Herstellung von steuerlicher Wettbewerbsneutralität im Binnenmarkt ab. Die beiden Vorschriften sind jedoch nach ständiger Rspr. des EuGH nicht nebeneinander anwendbar, sondern schließen sich wechselseitig aus[6]. Denn Zölle und zollgleiche Abgaben sind ohne weiteres[7] verboten,[8] während sonstige Steuern und Abgaben grundsätzlich erhoben werden dürfen und lediglich diskriminierungsfrei ausgestaltet werden müssen.[9] Der EuGH hat zum Zwecke der Abgrenzung beider Abgabenkategorien folgende Kriterien entwickelt:[10] Abgaben, die Waren gerade wegen des Verbringens über eine Grenze – d.h. wegen ihrer Eigenschaft als Importware – von einem Mitgliedstaat auferlegt werden, seien als Zoll im eigentlichen Sinne oder als zollgleiche Abgabe zu charakterisieren.[11] Auf die Bezeichnung komme es dabei ebenso wenig an wie auf

---

1 Wie hier *Schröer-Schallenberg* in Birk, Handbuch des Europäischen Steuer- und Abgabenrechts, § 16 Rz. 6 u. 17; *Seiler* in G/H/N, Art. 110 AEUV Rz. 18; *Wägenbaur*, RIW 1980, 121 (125); *Waldhoff* in Calliess/Ruffert[5], Art. 110 AEUV Rz. 7.
2 S. *Kamann* in Streinz[3], Art. 110 AEUV Rz. 2; *Würdemann/Glöckle*, ZEuS 2016, 85 (87); EuGH v. 16.6.1966 – 57/65 – Lütticke, Slg. 1966, 257 (265); v. 8.1.1980 – 21/79 – Kommission/Italien, Slg. 1980, 1 Rz. 15.
3 S. dazu statt aller EuGH v. 17.6.1981 – 113/80 – Kommission/Irland, Slg. 1981, 1652 Rz. 17 f.
4 S. EuGH v. 4.4.1968 – 27/67 – Fink-Frucht, Slg. 1968, 334 (335); v. 3.3.1988 – 252/86 – Bergandi, Slg. 1988, 1343 Rz. 33; v. 17.6.2003 – C-383/01 – De Danske Bilimportører, Slg. 2003, I-6065 Rz. 32; v. 18.1.2007 – C-313/05 – Brzezinski, Slg. 2007, I-513 Rz. 50; v. 7.4.2011 – C-402/09 – Tatu, Slg. 2011, I-2711 Rz. 33; v. 12.11.2015 – C-198/14 – Visnapuu, ECLI:EU:C:2015:751 Rz. 50. S. auch BVerwG v. 14.6.1996 – 8 NB 6/95, NVwZ-RR 1997, 111 (112).
5 S. EuGH v. 2.10.2014 – C-254/13 – Orgacom, ECLI:EU:C:2014:2251 Rz. 20; v. 17.12.2015 – C-402/14 – Viamar, ECLI:EU:C:2015:830 Rz. 36, m.w.N.
6 S. EuGH v. 14.6.2018 – C-39/17 – Lubrizol France, ECLI:EU:C:2018:438 Rz. 25, m.w.N.; v. 6.12.2018 – C-305/17 – FENS, ECLI:EU:C:2018:986 Rz. 30.
7 Insbesondere auch unabhängig von der Höhe der einseitigen Belastung, s. dazu EuGH v. 15.6.2006 – C-393/04 – Air Liquide Industries Belgium, Slg. 2006, I-5293 Rz. 51; v. 17.7.2008 – C-206/06 – Essent Netwerk Noord, Slg. 2008, I-5497 Rz. 41.
8 S. EuGH v. 6.12.2018 – C-305/17 – FENS, ECLI:EU:C:2018:986 Rz. 53 ff., m.w.N.
9 Grundlegend EuGH v. 8.7.1965 – 10/65 – Deutschmann, Slg. 1965, 636 (641 f.); v. 16.6.1966 – 57/65 – Lütticke, Slg. 1966, 258 (266); seither ständige Rspr., s. beispielsweise EuGH v. 15.6.2006 – C-393/04 – Air Liquide Industries Belgium, Slg. 2006, I-5293 Rz. 50.
10 S. auch *Wasmeier*, Umweltabgaben und Europarecht, S. 106 ff.; *Streinz* in Handbuch der Grundrechte, Bd. VI/1, § 153 Rz. 13. Zu den grundlegenden Entscheidungen aus der Anfangszeit der EuGH-Judikatur s. ausführlich *Kohler*, Abgaben zollgleicher Wirkung, S. 75 ff.
11 S. beispielsweise EuGH v. 17.7.1997 – C-90/94 – Haahr Petroleum, Slg. 1997, I-4085 Rz. 20; v. 23.4.2002 – C-234/99 – Nygård, Slg. 2002, I-3657 Rz. 19; v. 17.7.2008 – C-206/06 – Essent Netwerk Noord, Slg. 2008, I-5497 Rz. 41. Ursprünglich war die Definition noch weniger präzise, s. EuGH v. 19.6.1973 – 77/72 – Capolongo, Slg. 1973, 611 Rz. 12; v. 22.3.1977 – 78/76 – Steinike & Weinlig, Slg. 1977, 595 Rz. 28; v.

die Art bzw. den Zeitpunkt ihrer Erhebung.[1] Sei eine auf Importwaren erhobene Abgabe hingegen Bestandteil einer allgemeinen inländischen Abgabenregelung, die Gruppen von Waren systematisch nach objektiven, herkunftsunabhängigen Kriterien erfasse, so falle die finanzielle Belastung in den Anwendungsbereich von Art. 110 AEUV.[2] Dies setze voraus, dass die Abgabe sowohl inländische Erzeugnisse als auch eingeführte Erzeugnisse betreffe.[3] Zudem müssten beide Kategorien von Waren in je gleicher Höhe auf der gleichen Handelsstufe erfasst werden, und auch der je anwendbare Steuertatbestand müsse übereinstimmen.[4]

Tendenziell verdienen die Erwägungen des EuGH zum Verhältnis zwischen Art. 30 AEUV und Art. 110 AEUV Zustimmung. Beide Vorschriften zielen darauf ab, eine steuerliche oder ähnliche Mehrbelastung der Einfuhr gegenüber konkurrierenden inländischen Erzeugnissen grundsätzlich zu untersagen[5] (wobei Art. 30 AEUV auch noch weitergehende Zielsetzungen verfolgt, vgl. Rz. 6.19). Ergibt sich eine Mehrbelastung der Importe durch inländische Steuern oder Abgaben daraus, dass auf die im Wettbewerb stehenden inländischen Produkte überhaupt keine entsprechende Abgabe erhoben wird, so muss die Abgabenbelastung vollständig beseitigt werden, um Wettbewerbsneutralität zu gewährleisten. Diese Notwendigkeit besteht typischerweise bei Abgaben, deren Auferlegung an die ausländische Herkunft der Ware anknüpft, indem der Abgabentatbestand offen nach der Warenherkunft differenziert. Derartige Abgaben sind daher grundsätzlich als Zoll oder zollgleiche Abgabe einzustufen und damit nach Art. 30 AEUV ohne weiteres verboten. Anders verhält es sich bei dieser Art von Abgaben nur dann, wenn gleichartige – oder bei deren Fehlen: sonstige, zumindest teilweise substituierbare[6] – inländische Produkte einer formal eigenständigen, dem Grunde nach aber vergleichbaren Abgabenbelastung unterliegen. In diesem Fall genügt es, eine Kontrolle anhand des Art. 110 AEUV vorzunehmen, und Art. 30 AEUV ist nicht einschlägig: Unterliegen inländische Konkurrenzprodukte einer gleichartigen Abgabenbelastung wie die Importe, so muss nämlich nur verhindert werden, dass sie durch Auferlegung geringerer Abgabenbelastungen privilegiert werden. Dafür reicht es ggf. aus, die damit einhergehende Diskriminierung bzw. Schutzwirkung über Art. 110 AEUV durch eine Angleichung der Abgabenbelastung zu neutralisieren, ohne dass die Abgabenerhebung schon dem Grunde nach in Frage gestellt werden müsste. Entgegen dem Standpunkt des EuGH darf bei der Beurteilung dabei nicht zu formalistisch verfahren werden: Das Vorliegen eines allgemeinen, (zumindest potenziell) auch inländische Erzeugnisse umfassenden Abgabensystems bzw. die Gleichartigkeit einer auf inländische Waren erhobenen Abgabe ist primär nach dem Belastungsgrund sowie nach Gegenstand und Wirkung der jeweiligen Abgabe zu beurteilen. Ein Unterschied in der Tatbestandstechnik sollte für sich genommen

6.18

16.12.1992 – C-17/91 – Lornoy u.a., Slg. 1992, I-6523 Rz. 17: „anlässlich oder wegen der Einfuhr geforderte Abgaben, die eingeführte Waren spezifisch treffen".

1 Insbesondere kann die Abgabe auch erst nach dem Überschreiten der Grenze auf einer späteren Bearbeitungs- oder Handelsstufe erhoben werden; s. EuGH v. 22.3.1977 – 78/76 – Steinike & Weinlig, Slg. 1977, 595 Rz. 29.
2 S. EuGH v. 18.6.1975 – 94/74 – IGAV, Slg. 1975, 699 Rz. 14; v. 25.5.1977 – 105/76 – Interzuccheri, Slg. 1977, 383 Rz. 9; v. 22.3.1977 – 78/76 – Steinike & Weinlig, Slg. 1977, 595 Rz. 30; v. 17.7.1997 – C-90/94 – Haahr Petroleum, Slg. 1997, I-4085 Rz. 20; v. 17.9.1997 – C-28/96 – Fricarnes, Slg. 1997, I-4939 Rz. 21; v. 2.4.1998 – C-213/96 – Outokumpu, Slg. 1998, I-1777 Rz. 20; v. 23.4.2002 – C-234/99 – Nygård, Slg. 2002, I-3657 Rz. 19; v. 12.11.2015 – C-198/14 – Visnapuu, ECLI:EU:C:2015:751 Rz. 51; v. 1.3.2018 – C-76/17 – Petrotel-Lukoil und Georgescu, ECLI:EU:C:2018:139 Rz. 21.
3 S. EuGH v. 19.6.1973 – 77/72 – Capolongo, Slg. 1973, 611 Rz. 12; v. 18.6.1975 – 94/74 – IGAV, Slg. 1975, 699 Rz. 14; v. 22.3.1977 – 78/76 – Steinike & Weinlig, Slg. 1977, 595 Rz. 28; v. 11.6.1992 – C-149/91 und C-150/91 – Sanders Adour u.a., Slg. 1992, I-3899 Rz. 17; v. 2.4.1998 – C-213/96 – Outokumpu, Slg. 1998, I-1777 Rz. 24; v. 23.4.2002 – C-234/99 – Nygård, Slg. 2002, I-3657 Rz. 20.
4 S. EuGH v. 2.10.2014 – C-254/13 – Orgacom, ECLI:EU:C:2014:2251 Rz. 29; v. 14.6.2018 – C-39/17 – Lubrizol France, ECLI:EU:C:2018:438 Rz. 39 ff.; v. 6.12.2018 – C-305/17 – FENS, ECLI:EU:C:2018:986 Rz. 40.
5 A.A. bzgl. der Ausrichtung des Art. 30 AEUV auf Wettbewerbsneutralität *Würdemann/Glöckle*, ZEuS 2016, 85 (90).
6 S. EuGH v. 22.3.1977 – 78/76 – Steinike & Weinlig, Slg. 1977, 595 Rz. 30.

unbeachtlich sein; bei Vergleichbarkeit von gegenständlicher Steueranknüpfung, intendierter Belastungswirkung und Belastungsgrund sollten auch auf anderen Handelsstufen erhobene Abgaben als Teilelement eines allgemeinen inländischen Abgabensystems angesehen werden. Das hat der EuGH in anderem Zusammenhang auch selbst implizit anerkannt (vgl. Rz. 6.36).

6.19 Bei Abgaben, die nicht im obigen Sinne offen nach der Warenherkunft differenzieren, die aber aufgrund von anderweitigen Differenzierungskriterien für bestimmte Warenkategorien je unterschiedliche und faktisch den Handel mit Waren aus anderen Mitgliedstaaten benachteiligende Belastungswirkungen zeitigen (zur Erfassung auch solcher Abgabenkategorien Rz. 6.40 ff.), kommt von vornherein nur das Vorliegen einer diskriminierenden oder protegierenden „inneren" Abgabe i.S.d. Art. 110 AEUV in Betracht. Die Vorschrift muss unter diesen Umständen auch dann Anwendung finden, wenn willkürlich nur einzelne Erzeugniskategorien herkunftsneutral einer Abgabe unterworfen werden, wenn es sich also nicht um Abgaben auf systematisch gebildete Gruppen von Waren handelt. Beispielhaft wäre eine Abgabe auf ein ganz bestimmtes alkoholisches Getränk anstelle einer systematischen Belastung einer Gruppe von Alkoholika. Anderenfalls drohen Lücken hinsichtlich des Schutzes der Wettbewerbsneutralität. Denn bei herkunftsneutral (aber faktisch ausschließlich oder vornehmlich) auf Importware erhobenen Abgaben scheidet das Vorliegen einer zollgleichen Abgabe anerkanntermaßen aus. Bei einem zu eng verstandenen Anwendungsbereich des Art. 110 AEUV wären dann aber weder dieser noch Art. 30 AEUV anwendbar, selbst wenn inländische Konkurrenzprodukte vollständig von einer vergleichbaren Besteuerung verschont wären. Dies wäre wertungswidersprüchlich, weil von einer solchen Abgabe tendenziell noch weitergehende Wettbewerbsverzerrungen bzw. Schutzwirkungen ausgehen, als dies bei einer bloßen Minderbelastung im Rahmen eines allgemeiner gefassten Abgabensystems der Fall ist. Diesen Standpunkt scheint auch der EuGH zu teilen,[1] unbeschadet seiner Bezugnahme auf die Diskriminierung von „Warengruppen" (vgl. Rz. 6.17).

Im Übrigen ist eine allein auf Importe erhobene Abgabe, die tatbestandstechnisch wie auch ihrem Belastungsgrund nach notwendig herkunftsspezifisch wirkt und deshalb nicht Teil eines allgemeinen inländischen Abgabensystems ist, als Zoll oder zollgleich auch dann verboten, wenn von ihr keine Schutzwirkung zugunsten der inländischen Produktion ausgehen sollte. Insoweit reicht das Verbot des Art. 30 AEUV weiter als das Protektionsverbot des Art. 110 Abs. 2 AEUV; es gewährleistet damit auch ein freiheitlich konstruiertes Recht auf ungehinderten Marktzugang.[2] Eine ohne rechtliche Differenzierung nach der Warenherkunft erhobene Abgabe wiederum ist selbst dann nicht als zollgleiche Abgabe nach Art. 30 AEUV verboten, wenn sie mangels konkurrierender inländischer Produktion faktisch nur Importe betrifft; ihre Beurteilung richtet sich dann vielmehr nach der allgemeinen Warenverkehrsfreiheit des Art. 34 AEUV (s. Rz. 6.67 ff.).

Zur Abgrenzung zwischen Art. 30 AEUV und Art. 110 AEUV bei **parafiskalischen Abgaben** s. Rz. 6.49 ff.

4. Gewährleistungsgehalt

6.20 Sowohl das Diskriminierungsverbot des Art. 110 Abs. 1 AEUV als auch das Protektionsverbot des Art. 110 Abs. 2 AEUV sind **gleichheitsrechtlich strukturierte Garantien**, entsprechend ihrer binnenmarktfinalen Ausrichtung auf das Ziel steuerlicher Wettbewerbsneutralität (s. Rz. 6.5). Sie untersagen den Mitgliedstaaten jeweils abgabenrechtliche Differenzierungen, soweit diese eine – ungerechtfertigte bzw. nicht durch objektive steuerpolitische Erwägungen getragene – Höherbelastung spezifisch der eingeführten Waren im Verhältnis zu konkurrierenden inländischen Erzeugnissen mit wettbewerbsverzerrender Wirkung zur Folge haben. Dabei enthält Art. 110 Abs. 1 AEUV eine – vorrangig zu prüfende – Spezialregel für Waren, die in einem unmittelbaren Wettbewerbsverhältnis zueinander stehen; das Protektionsverbot nach Art. 110 Abs. 2 AEUV stellt hingegen den eigentlichen Grundtatbestand dar und

---
1 Vgl. EuGH v. 12.11.2015 – C-198/14 – Visnapuu, ECLI:EU:C:2015:751 Rz. 53: bestimmte Getränkeverpackungen als Warengruppe.
2 Vgl. EuGH v. 1.7.1969 – 24/68 – Kommission/Italien, ECLI:EU:C:1969:29 Rz. 12 u. 14.

bringt die Zwecksetzung der Vorschrift deutlicher zum Ausdruck.[1] Ein freiheitsrechtlicher Gehalt lässt sich der Vorschrift hingegen im Einklang mit der Spruchpraxis des EuGH[2] schon ihrem Wortlaut nach nicht entnehmen; die absolute Höhe der Besteuerung von Importwaren kann daher allenfalls unter Rückgriff auf Art. 34 AEUV beanstandet werden (vgl. Rz. 6.67 ff.).

Der EuGH versteht Art. 110 AEUV zwar als Garantie vollkommener Wettbewerbsneutralität der Besteuerung im Bestimmungsland (s. Rz. 6.7). Schon der Gerichtshof schränkt dies aber dahingehend ein, dass dies nur für das Verhältnis zwischen Einfuhren einerseits und mit ihnen konkurrierenden inländischen Waren andererseits gilt. Damit schützt die Vorschrift nicht vor steuerlichen Differenzierungen zwischen Importwaren aus je unterschiedlichen Mitgliedstaaten.[3] Es besteht mit anderen Worten **kein Meistbegünstigungsgebot**, aufgrund dessen eine gleichmäßige Steuerbelastung von gleichartigen Einfuhren in Abwesenheit inländischer Konkurrenzproduktion oder die Ausdehnung einer bestimmten Importwaren gewährten steuerlichen Privilegierung auf alle Importe verlangt werden könnte. Beim Diskriminierungsverbot i.e.S. des Art. 110 Abs. 1 AEUV geht dies schon aus dem Wortlaut der Norm eindeutig hervor, weil Vergleichsgruppe hiernach stets „gleichartige inländische" Waren sind. Für das Protektionsverbot des Art. 110 Abs. 2 AEUV kann nach systematischer Stellung und Entstehungsgeschichte – namentlich im Lichte des Art. III 2 GATT als historischem Vorbild – nichts anderes gelten. Darüber hinaus enthält Art. 110 AEUV nach seinem klaren Wortlaut auch **kein Verbot einer steuerlichen Besserstellung für Einfuhren** aus anderen Mitgliedstaaten gegenüber inländischen Waren, verbietet also nicht deren diskriminierende Höherbelastung.[4] Das steht im Einklang mit der ständigen Rechtsprechung des EuGH, wonach die Warenverkehrsfreiheit generell einer „umgekehrten" Diskriminierung inländischer Waren nicht entgegensteht,[5] relativiert aber das Mantra des Gerichtshofs, Art. 110 AEUV verwirkliche „vollkommene" Wettbewerbsneutralität.

6.21

Nach der ständigen Rechtsprechung des EuGH soll Art. 110 AEUV den grenzüberschreitenden Warenhandel gegenüber dem rein innerstaatlichen Handel umfassend vor steuerlichen Benachteiligungen bewahren. Der Gerichtshof entnimmt der Vorschrift daher **analog ein Verbot der Höherbelastung von Ausfuhren** im Verhältnis zu gleichartigen, auf dem inländischen Markt abgesetzten Waren.[6] Dies überzeugt jedoch nicht, weil keine relevante Regelungslücke besteht: Derartige den Export diskriminierende „innere" Abgabensysteme können ohne weiteres als Maßnahme mit gleicher Wirkung wie eine mengenmäßige Ausfuhrbeschränkung über Art. 35 AEUV erfasst werden. Es besteht auch nicht die Notwendigkeit, sie um der Ausbildung einheitlicher Prüfungsstandards willen in den Anwendungsbereich des Art. 110 AEUV zu integrieren: Vom EuGH selbst wird eingeräumt, dass die Mitgliedstaaten nur ausnahmsweise ein Interesse an einer steuerlichen Behinderung ihrer Ausfuhren haben;[7] zu ergänzen wäre, dass sie sich in diesem Fall zudem regelmäßig eines – nach Art. 30 AEUV jedoch verbotenen

6.22

---

1 Siehe *Schütze*, Yearbook of European Law 2016, S. 382 (394); vgl. auch EuGH v. 14.4.2015 – C-76/14 – Manea, ECLI:EU:C:2015:216 Rz. 28: Art. 110 AEUV insgesamt „soll jede Form des Schutzes beseitigen, die aus einer inländischen Abgabe – *insbesondere einer solchen, die Waren aus anderen Mitgliedstaaten diskriminiert* – folgen könnte" (Hervorhebung nur hier); st. Rspr (s. Rz. 6.7).
2 A.A., aber nicht nachvollziehbar *Munin*, Global Trade and Customs Journal 2017, 350 (356 f.).
3 S. *Easson*, Taxation in the European Community, S. 50; *Farmer/Lyal*, EC Tax Law, 65 f.
4 S. EuGH v. 13.3.1979 – 86/78 – Peureux, Slg. 1979, 897 Rz. 32 f.; BFH v. 2.8.1988 – VII R 101/85, BFHE 154, 401 (406); *Kamann* in Streinz[3], Art. 110 AEUV Rz. 3; s. auch VG Würzburg v. 10.11.2010 – W – 6 K 09.209, Rz. 57 (rkr.): Abgabe zum Deutschen Weinfonds.
5 S. statt aller EuGH v. 23.10.1986 – 355/85 – Driancourt, Slg. 1986, 3231 Rz. 10; kritisch *Lackhoff/Raczinski*, EWS 1997, 116 m.w.N.; für eine Kompromisslösung *Epiney*, Umgekehrte Diskriminierungen, S. 231 ff.
6 S. EuGH v. 23.1.1975 – 51/74 – Van der Hulst, Slg. 1975, 79 Rz. 34; ebenso – allerdings jedenfalls methodisch verfehlt im Wege extensiver Auslegung – EuGH v. 29.6.1978 – 142/77 – Larsen und Kjerulff, Slg. 1978, 1543 Rz. 27; v. 23.4.2002 – C-234/99 – Nygård, Slg. 2002, I-3657 Rz. 41; v. 22.5.2003 – C-355/00 – Freskot, Slg. 2003, I-5263 Rz. 45. Zustimmend *Eilers/Bahns/Sedlaczek* in von der Groeben/Schwarze[6], Art. 90 EGV Rz. 14; *Wägenbaur*, RIW 1980, 121 (128); *Kamann* in Streinz[3], Art. 110 AEUV Rz. 8.
7 S. EuGH v. 29.6.1978 – 142/77 – Statens Kontrol, Slg. 1978, 1543 Rz. 26.

– Ausfuhrzolls bedienen würden. Die wenigen verbleibenden Fälle weisen typischerweise Besonderheiten auf, die adäquater anhand des Art. 35 AEUV und der zugehörigen Ausnahmen nach Art. 36 AEUV zu beurteilen sind.

5. Prüfungsfolge

a) Vergleichsgruppenbildung

6.23 Aus den vorstehenden Erläuterungen folgt, dass für die Zwecke sowohl des Diskriminierungsverbots nach Art. 110 Abs. 1 AEUV als auch für die Prüfung anhand des Protektionsverbots nach Art. 110 Abs. 2 AEUV zunächst zwei Vergleichsgruppen gebildet werden müssen: Die in den betreffenden Mitgliedstaat aus dem übrigen Unionsgebiet eingeführten Waren einerseits und (gleichartige oder sonst konkurrierende) „inländische Waren" andererseits. **Inländische Waren** sind dabei nicht nur solche, die im Inland hergestellt oder gefördert wurden. Es genügt, dass es sich um Waren handelt, die zwar ursprünglich aus dem Ausland eingeführt wurden, die aber infolge von Weiterverarbeitung, Abnutzung oder sonstiger Veränderung mittlerweile eine andere Marktgängigkeit als das ursprüngliche Importprodukt aufweisen.[1] Von besonderer praktischer Bedeutung ist dies im Gebrauchtwagenhandel.[2] Im Übrigen ist der Umfang der in den Belastungsvergleich einzustellenden inländischen Produktion irrelevant.[3]

6.24 Bei einem unmittelbar anhand herkunftsbezogener Differenzierungskriterien diskriminierenden Steuerregime (s. Rz. 6.18) stellt die Bestimmung der **Warenkategorien, die in den Belastungsvergleich einzubeziehen sind** (s. Rz. 6.34 ff.) den Rechtsanwender in der Regel vor keine besonderen Herausforderungen. Sie sind regelmäßig anhand des Bezugsobjektes des geographischen Differenzierungskriteriums zu bestimmen, weil die Warenherkunft bei ansonsten übereinstimmenden Produktmerkmalen deren Gleichartigkeit i.S.d. Art. 110 AEUV nicht in Frage zu stellen vermag.

Beispiel: Differenziert die Bemessungsgrundlage einer Energiesteuer nach Importstrom einerseits und im Inland erzeugten Strom andererseits, so ist die Vergleichsgruppenbildung für die Warenkategorie Elektrizität bzw. elektrischer Strom vorzunehmen.[4]

6.25 Beim Verdacht mittelbar, anhand scheinbar herkunftsneutraler Differenzierungskriterien diskriminierender oder protegierender steuerlicher Regelungen kommt es darauf an, die Wettbewerbswirkung des jeweiligen Steuer- bzw. Abgabenregimes zwischen miteinander konkurrierenden Erzeugnissen zu prüfen (s. Rz. 6.40 ff.).[5] Da Art. 110 AEUV eine den Wettbewerb verzerrende Besteuerung zugunsten jeglicher Art von inländischen Produktkategorien – gleichartige wie auch sonst (noch) substituierbare Erzeugnisse – zu verhindern sucht (s. Rz. 6.7), muss die Vergleichsgruppenbildung im theoretischen Ausgangspunkt inkrementell erfolgen: Es sind zunächst die am engsten miteinander konkurrierenden, homogenen oder nahezu homogenen Güter auf die geographische Verteilung disparater Belastungswirkungen des Abgabensystems hin zu prüfen. Sodann ist der Prüfungsumfang sukzessive durch die Bildung größerer Vergleichsgruppen von miteinander im – loseren – Wettbewerb stehenden Produktkategorien zu erweitern, soweit dadurch zusätzliche Differenzierungen im Abgabensystem ins Blickfeld geraten.

---

1 Vgl. auch die Terminologie bei EuGH v. 14.4.2015 – C-76/14 – Manea, ECLI:EU:C:2015:216 Rz. 29: „bereits auf dem inländischen Markt befindliche" im Gegensatz zu (erst im Zeitpunkt der Abgabenerhebung) „eingeführte" Waren.
2 S. u.a. EuGH v. 15.9.2005 – C-464/02 – Kommission/Dänemark, Slg. 2005, I-7929 Rz. 17; v. 3.6.2010 – C-2/09 – Kalinchev, Slg. 2010, I-4939 Rz. 32, 40; v. 7.4.2011 – C-402/09 – Tatu, Slg. 2011, I-2711 Rz. 55; v. 19.12.2013 – C-437/12 – X, ECLI:EU:C:2013:857 Rz. 22; v. 3.2.2014 – C-97/13 und C-214/13 – Câmpean und Ciocoiu, ECLI:EU:C:2014:229 Rz. 31 f.; v. 14.4.2015 – C-76/14 – Manea, ECLI:EU:C:2015:216 Rz. 31; v. 7.3.2019 – C-689/18 – XT, ECLI:EU:C:2019:185 Rz. 21.
3 S. EuGH v. 10.10.1978 – 148/77 – Hansen & Balle, Slg. 1978, 1787 Rz. 19 f.
4 S. bspw. EuGH v. 2.4.1998 – C-213/96 – Outokumpu, Slg. 1998, I-1777 Rz. 34 f.
5 Exemplarisch BFH v. 5.8.2002 – VII R 105/99, BFHE 200, 57 (62 f.).

Beispiel: Ein Branntweinsteuergesetz sieht vor, nach einem bestimmten Verfahren hergestellte Obstbrände mit 5 Euro je Liter Alkohol, sonstige Obstbrände mit 10 Euro je Liter Alkohol und alle übrigen Branntweine mit 15 Euro je Liter Alkohol zu besteuern. Hier muss zum einen geprüft werden, ob es infolge der abgabenrechtlichen Differenzierung zwischen den beiden Kategorien von Obstbränden zu einer Protektion der heimischen Obstbranderzeugung kommt. Zum anderen ist festzustellen, ob die Differenzierung zwischen Obstbränden und sonstigen Branntweinen einen solchen Effekt bewirkt.

In der Praxis wird die Auswahl der einander gegenüberzustellenden Güter bei scheinbar herkunftsneutralen Differenzierungskriterien meist von vornherein im Hinblick auf die vermuteten protektionistischen Besteuerungseffekte erfolgen, oder sie wird sich an der Stellung des Rechtsschutz begehrenden Wettbewerbers orientieren. Auch dann sind aber stets nicht nur diejenigen Warenkategorien in die Vergleichsgruppenbildung einzubeziehen, deren Ungleichbehandlung konkret gerügt wird, sondern auch alle weiteren Erzeugnisse, die in einem mindestens ebenso engen Substitutionsverhältnis zu den beiden Vergleichsobjekten stehen wie diese selbst zueinander. Im Übrigen darf nach dem Schutzzweck des Art. 110 AEUV (Rz. 6.20 f.) keinesfalls eine Ungleichbelastung mit Schutzwirkung für inländische Produkte, die sich bei der Betrachtung von Vergleichsgruppen gleichartiger oder doch weitgehend austauschbarer Güter ergibt, dadurch überspielt werden, dass in der Prüfung nur auf eine weiter gefasste Vergleichsgruppe unter Einschluss auch von in geringerem Maße substituierbaren Gütern abgestellt wird, in der eine solche asymmetrische Verteilung der Steuerbelastungswirkungen nicht mehr festzustellen ist.[1]

6.26

Hinsichtlich der **geographischen Dimension der Vergleichsgruppenbildung** ist ebenfalls zwischen unmittelbar herkunftsbezogener Diskriminierung von Einfuhren einerseits und mittelbarer Diskriminierung bzw. mittelbarer Protektion heimischer Erzeugnisse andererseits zu differenzieren. Beim Verdacht unmittelbarer Diskriminierung ist die Vergleichsgruppenbildung in den Grenzen des räumlichen Anwendungsbereichs des Art. 110 AEUV am Differenzierungskriterium selbst auszurichten. Erfährt (nur) die inländische Produktion eine abgabenrechtliche Sonderbehandlung, sind folglich die heimischen Erzeugnisse der gleichartigen bzw. konkurrierenden Importware im Belastungsvergleich gegenüberzustellen. **Besonderheiten** ergeben sich aber **bei regionaler Differenzierung** der Abgabenlast, sei es dass bestimmte steuerliche Vorschriften nur für einen anhand seiner geographischen Herkunft bestimmten Teil der inländischen Waren gelten, sei es dass nur Waren mit Herkunft aus bestimmten ausländischen Mitgliedstaaten oder ausländischen Regionen den inländischen Waren abgabenrechtlich gleichgestellt sind. Das mit Art. 110 AEUV angestrebte Ideal der Wettbewerbsneutralität von grenzüberschreitendem und innerstaatlichem Warenhandel lässt es als angezeigt erscheinen, in diesen Fällen die Vergleichsgruppen geographisch so zu bestimmen, dass eine spezifisch herkunftsbezogene steuerliche Besserstellung der inländischen Waren – und sei es nur eines Teils, oder nur gegenüber einem Teil der Importware – ausgeschlossen ist. Vergleichsgruppen sind damit ersterenfalls die steuerlich privilegierten heimischen Erzeugnisse einerseits und die Gesamtheit der EU-Einfuhren andererseits, in der zweiten Variante hingegen die steuerlich ungünstiger behandelten unter den EU-Importwaren einerseits und die inländischen Waren insgesamt andererseits.

6.27

Zwar geht in der zweiten Variante (einer steuerlichen Differenzierung nach bestimmten ausländischen Herkunftsregionen mit einer daran geknüpften etwaigen Diskriminierung nur bestimmter Einfuhren) nicht notwendig auch ein Schutz der heimischen Produktion einher, wenn letztere sich nach wie vor signifikanter Konkurrenz von steuerlich gleichgestellter Importware aus anderen Mitgliedstaaten ausgesetzt sieht. Indes setzt das Diskriminierungsverbot des Art. 110 Abs. 1 AEUV eine solche Schutzwirkung anders als Art. 110 Abs. 2 AEUV nicht voraus, und eine steuerliche Gleichbehandlung wird in diesen Fällen auch stets entsprechend dem Binnenmarktanliegen des Art. 110 Abs. 1 AEUV (s. Rz. 6.5) zu einem größeren Maß an Wettbewerbsneutralität im Verhältnis zwischen Einfuhren und inländischen Produkten führen. Im umgekehrten Fall einer steuerlichen Privilegierung einer bestimmten Herkunftsregion innerhalb des Bestimmungslandes wiederum kann die steuerliche Gleichbehandlung im Ergebnis vielfach auf Importe aus solchen auslän-

---

[1] Die gegenteilige Argumentation des EuGH im Urt. v. 16.12.1986 – 200/85 – Kommission/Italien, Slg. 1986, 3953 Rz. 15 f., ist verfehlt.

dischen Regionen beschränkt werden, die dieselbe Förderwürdigkeit aufweisen wie sie für die innerstaatliche Privilegierung maßgeblich ist (s. Rz. 6.53 ff.).

6.28 Hingegen sind bei der Prüfung geographisch disparater Auswirkungen von scheinbar herkunftsneutralen abgabenrechtlichen Differenzierungskriterien stets sämtliche Importe aus dem übrigen Unionsgebiet der Gesamtheit der gleichartigen bzw. konkurrierenden heimischen Erzeugnisse gegenüberzustellen. Dies entspricht auch der ständigen Spruchpraxis des EuGH.[1] Der Gerichtshof kann sich dabei im Falle des Protektionsverbotes des Art. 110 Abs. 2 AEUV schon auf den Wortlaut der Norm stützen. Denn von einem „mittelbaren Schutz" der inländischen Produktion kann keine Rede sein, wenn ein substantieller Teil konkurrierender Importe derselben (niedrigen) Abgabenbelastung ausgesetzt ist, wie auch immer sich diese gleichbelasteten eingeführten Erzeugnisse ihrer Herkunft nach auf die EU-ausländischen Mitgliedstaaten verteilen mögen. Im Übrigen würde eine länderspezifische Anwendung des Art. 110 AEUV in diesen Fällen – anders als bei unmittelbar herkunftsbezogener Diskriminierung – kein höheres Maß an Wettbewerbsneutralität im Binnenmarkt garantieren.[2]

b) Gleichartigkeit oder Substituierbarkeit

6.29 Das Diskriminierungsverbot des Art. 110 Abs. 1 AEUV gewährleistet eine steuerliche Gleichbehandlung von „**gleichartigen**" Waren in- und ausländischer Provenienz. Der EuGH hatte diesen Begriff ursprünglich eher formalistisch-technisch interpretiert und von einer Einordnung in dieselbe zollrechtliche, steuerrechtliche oder statistische Klassifikation abhängig gemacht.[3] Schon bald ging der Gerichtshof aber dazu über, auf „vergleichbare Eigenschaften und dieselbe Verwendbarkeit aus Sicht des Verbrauchers" abzustellen.[4] Zum Teil hält der Gerichtshof bis heute an diesem Ansatz fest, etwa in seiner Judikatur zur Vergleichbarkeit von Fahrzeugmodellen.[5] In anderen Fällen hat der EuGH hingegen gemeint, es seien zuerst objektive Eigenschaften zu berücksichtigen, hinsichtlich derer sich die zu vergleichenden Waren ähneln müssten. Dazu könnte auch die Herstellungsmethode einer Ware zählen. Erst in zweiter Linie käme es dann darauf an, ob sie auch den gleichen Bedürfnissen der Verbraucher dienen.[6] Die zu vergleichenden Waren müssten hinsichtlich dieser Kriterien weitgehend übereinstimmen, nicht aber in jeder Hinsicht identisch sein.[7] Den produktbezogenen Eigenschaften der Ware wird dadurch eine eigenständige, von den Verbraucherbedürfnissen losgelöste und neben sie tretende Bedeu-

---

[1] S. beispielsweise EuGH v. 27.2.1980 – 171/78 – Kommission/Dänemark, Slg. 1980, 447 Rz. 36; v. 30.11.1995 – C-113/94 – Casarin, Slg. 1995, I-4203 Rz. 22 ff.; v. 27.2.2002 – C-302/00 – Kommission/Frankreich, Slg. 2002, I-2055 Rz. 30.

[2] S. dazu eingehend *Englisch*, Wettbewerbsgleichheit im grenzüberschreitenden Handel, S. 702 f.

[3] S. EuGH v. 4.4.1968 – 27/67 – Fink Frucht, Slg. 1968, 334 (337). Kritisch *Schröer-Schallenberg* in Birk, Handbuch des Europäischen Steuer- und Abgabenrechts, § 16 Rz. 22; *Wägenbaur*, EuR 1969, 20 (22).

[4] S. EuGH v. 17.2.1976 – 45/75 – REWE-Zentrale des Lebensmittel-Großhandels, Slg. 1976, 181 Rz. 12, wenngleich unter fortdauernder Betonung der zolltarifären Zuordnung; EuGH v. 15.7.1982 – 216/81 – COGIS, Slg. 1982, 2701 Rz. 7. (Hervorhebung durch den Verf.).

[5] Zuletzt EuGH v. 19.12.2013 – C-437/12 – X, ECLI:EU:C:2013:857 Rz. 23: „Der Grad des Wettbewerbs zwischen zwei Fahrzeugmodellen hängt davon ab, inwieweit sie verschiedenen Vorstellungen, insbesondere über Preis, Größe, Komfort, Leistung, Kraftstoffverbrauch, Haltbarkeit und Zuverlässigkeit entsprechen."

[6] S. EuGH v. 4.3.1986 – 243/84 – John Walker, Slg. 1986, 875 Rz. 11; v. 7.5.1987 – 184/85 – Kommission/Italien, Slg. 1987, 2013 Rz. 10. Siehe ferner EuGH v. 10.10.1978 – 148/77 – Hansen & Balle, Slg. 1978, 1787 Rz. 19; v. 27.2.1980 – 171/78 – Kommission/Dänemark, Slg. 1980, 447 Rz. 5; v. 11.8.1995 – C-367/93 u.a. – Roders u.a., Slg. 1995, I-2229 Rz. 27; v. 27.2.2002 – C-302/00 – Kommission/Frankreich, Slg. 2002, I-3055 Rz. 23.

[7] S. EuGH v. 27.2.1980 – 168/78 – Kommission/Frankreich, Slg. 1980, 347 Rz. 5; v. 15.7.1982 – 216/81 – COGIS, Slg. 1982, 2701 Rz. 7.

tung zuerkannt. Der Einordnung in dieselbe Position des Gemeinsamen Zolltarifs wird hingegen allenfalls noch eine Indizwirkung beigemessen.[1]

Der Ansatz des EuGH vermag nur teilweise zu überzeugen. Richtigerweise muss die Konkretisierung des Gleichartigkeitserfordernisses der Teleologie des Art. 110 AEUV Rechnung tragen. Die Vorschrift zielt insgesamt entsprechend ihrer Binnenmarktfinalität auf die Herstellung von Wettbewerbsneutralität der inländischen Besteuerung (s. Rz. 6.5 und 6.7). Für das Vorliegen von Wettbewerb zwischen Unternehmen kommt es jedoch einzig auf das Maß an Substituierbarkeit der von ihnen angebotenen Güter durch die nachfragenden Verbraucher an.[2] Dementsprechend kann für die Annahme von Gleichartigkeit nur der Grad an **übereinstimmender Verwendbarkeit zur Befriedigung eines bestimmten Bedarfs** der Abnehmer bzw. Verbraucher ausschlaggebend sein.[3] Allen übrigen Merkmalen und entgegen der jüngeren Rechtsprechung insbesondere auch der Herstellungsmethode oder sonstigen auf den Produktionsprozess bezogenen Eigenschaften darf allenfalls eine Indizfunktion mit Blick auf dieses fundamentale Kriterium beigelegt werden. Eine eigenständige Bedeutung kommt ihnen nicht zu.

6.30

In Abgrenzung zum Protektionsverbot des Art. 110 Abs. 2 AEUV ist dabei für Gleichartigkeit i.S.d. Art. 110 Abs. 1 AEUV ein **hoher Grad an Substituierbarkeit** zu verlangen. Dem Diskriminierungsverbot ist schon dem Wortlaut nach eine „de minimis"-Schwelle fremd; auch schwach diskriminierende Wirkungen durch geringfügige Besteuerungsunterschiede sind untersagt.[4] Derart strenge Anforderungen sind nur sachgerecht, wenn auch minimal höhere „Steuerkosten" bereits eine Beeinträchtigung der Wettbewerbsposition der betroffenen Waren bzw. Anbieter nach sich ziehen können.[5] Übersetzt in ökonomische Kategorien muss also eine hohe Kreuzpreiselastizität gegeben sein. Denn im Kontext des Art. 110 AEUV ist eine Diskriminierung letztlich nichts anderes als die steuerlich veranlasste Nachfrageverlagerung.[6] Eine entsprechende Verlagerung selbst bei geringfügigen Belastungsdifferenzen wird man aber nur bei intensiver Wettbewerbssituation, d.h. nur für vollkommene oder nahezu vollkommene Substitute bzw. für mindestens näherungsweise homogene Güter annehmen können.

6.31

---

1 S. EuGH v. 15.7.1982 – 216/81 – COGIS, Slg. 1982, 2701 Rz. 8; v. 27.2.1980 – 168/78 – Kommission/Frankreich, Slg. 1980, 347 Rz. 35; v. 27.2.2002 – C-302/00 – Kommission/Frankreich, Slg. 2002, I-3055 Rz. 28.
2 Siehe dazu auch *Schröer-Schallenberg* in Birk, Handbuch des Europäischen Steuer- und Abgabenrechts, § 16 Rz. 33. Tendenziell gleiche Auffassung auch *Wägenbaur*, RIW 1980, 121 (129). Vgl. ferner EuGH, Schlussanträge des Generalanwalts *Vilaça* v. 26.2.1987 – 356/85 – Kommission/Belgien, Slg. 1987, 3299 Rz. 122: „Die Auswirkung, die die Anhebung des für eines der Erzeugnisse geltenden Abgabensatzes ohne eine gleichwertige Erhöhung des für das andere Erzeugnis geltenden Abgabensatzes auf den Wettbewerb hat, hängt von der zwischen den beiden Erzeugnissen bestehenden Elastizität der Nachfrage ab, die ihrerseits (vorausgesetzt, dass die Einkünfte der Verbraucher und die anderen Preise gleich bleiben) insbesondere von dem Grad der möglichen Substitution dieser Erzeugnisse abhängt."
3 Ebenso *Trautwein*, JA 1996, 813 (814); *Kamann* in Streinz[3], Art. 110 AEUV Rz. 19; s. dazu im Mehrwertsteuerrecht auch EuGH v. 10.11.2011 – C-259/10 u.a. – The Rank Group, Slg. 2011, I-10947 Rz. 34 f.
4 S. EuGH v. 16.2.1977 – 20/76 – Schöttle, Slg. 1977, 247 Rz. 22; v. 27.2.1980 – 55/79 – Kommission/Irland, Slg. 1980, 481 Rz. 9; v. 3.7.1985 – 277/83 – Kommission/Italien, Slg. 1985, 2049 Rz. 17. Insoweit zutreffend auch EuGH, Schlussanträge des Generalanwalts *Jacobs* v. 27.2.2003 – C-383/01 – De Danske Bilimportorer, Slg. 2003, I-6065 Rz. 28. Wie hier auch *Balke*, Gestaltungsfreiheit, S. 42; *Trautwein*, JA 1996, 813 (815); *Vanistendael*, EC Tax Review 1996, 114 (118); *Wägenbaur*, RIW 1980, 121 (127). Anders noch BFH v. 5.3.1987 – VII R 31/84, BFHE 149, 342 (346).
5 Wie hier *Ortino*, Basic Legal Instruments for the Liberalisation of Trade, S. 296.
6 *Arndt*, DStR 1989, 471 (474).

6.32 Demgegenüber zielt das Protektionsverbot des **Art. 110 Abs. 2 AEUV** auf den unverfälschten Wettbewerb zwischen **unvollkommenen Substitutionsgütern**.[1] Nach einer vom EuGH geprägten Formulierung soll die Vorschrift „jede Form eines mittelbaren steuerlichen Protektionismus bei eingeführten Erzeugnissen erfassen, die, ohne dass sie gleichartig i.S.d. Abs. 1 wären, dennoch mit bestimmten inländischen Erzeugnissen, wenn auch nur teilweise, mittelbar oder potentiell, im Wettbewerb stehen"[2]. Es genüge, wenn das steuerlich benachteiligte Produkt wenigstens unter bestimmten Umständen eine Alternative für den Verbraucher darstelle und somit zumindest ein partielles Substitutionsverhältnis bestehe.[3]

Hinweis: Die vom EuGH vereinzelt reklamierte „Flexibilität" in der Handhabung des Gleichartigkeitserfordernisses[4] ist vor diesem Hintergrund verfehlt. Keinesfalls sind Waren schon allein deshalb gleichartig, „wenn sie aufgrund ihrer Eigenschaften und der Bedürfnisse, denen sie dienen, miteinander im Wettbewerb stehen"[5]. Das Bestehen eines Wettbewerbsverhältnisses ist vielmehr nur Voraussetzung dafür, dass ihre unterschiedliche Besteuerung überhaupt anhand des Art. 110 AEUV überprüfbar ist. Das Diskriminierungsverbot stellt bei scheinbar herkunftsneutral formulierter Differenzierung somit nur einen eng umgrenzten Sonderfall des allgemeinen Protektionsverbotes nach Art. 110 Abs. 2 AEUV dar. Letzteres, aber das Diskriminierungsverbot, erlaubt dem Rechtsanwender die notwendige Flexibilität in der Beurteilung differenzierter Systeme indirekter Besteuerung:[6] Denn hier hängt die Spürbarkeit der Verbraucherbeeinflussung und damit die Schutzwirkung zugunsten der inländischen Produktion gerade auch vom Grad des Wettbewerbsverhältnisses ab, so dass nicht jede Differenzierung schadet.[7] Ist allerdings die Schutzwirkung einer differenzierenden Besteuerung evident, so kann offen bleiben, ob das Diskriminierungsverbot oder das Protektionsverbot Anwendung findet.[8] In jüngerer Zeit wird vom EuGH daher gelegentlich auch von vornherein nur Art. 110 AEUV ohne nähere Differenzierung als Prüfungsstandard angegeben.[9]

---

1 S. EuGH v. 4.4.1968 – 27/67 – Fink Frucht, Slg. 1968, 334 (337); v. 27.2.1980 – 168/78 – Kommission/Frankreich, Slg. 1980, 347, Rz. 5 f.; v. 15.7.1982 – 216/81 – COGIS, Slg. 1982, 2701 Rz. 9. Seither st. Rspr., vgl. EuGH v. 7.5.1987 – 184/85 – Kommission/Italien, Slg. 1987, 2013 Rz. 11; v. 9.7.1987 – 356/85 – Kommission/Belgien, Slg. 1987, 3299 Rz. 6 f.; v. 18.4.1991 – C-230/89 – Kommission/Griechenland, Slg. 1991, I-1909 Rz. 8; v. 11.8.1995 – C-367/93 u.a. – Roders u.a., Slg. 1995, I-2229 Rz. 38; v. 17.6.1999 – C-166/98 – Socridis, Slg. 1999, I-3791 Rz. 17; v. 8.4.2008 – C-167/05 – Kommission/Schweden, Slg. 2008, I-2127 Rz. 41.
2 EuGH v. 11.8.1995 – C-367/93 u.a. – Roders u.a., Slg. 1995, I-2229 Rz. 38; v. 8.4.2008 – C-167/05 – Kommission/Schweden, Slg. 2008, I-2127 Rz. 41.
3 S. EuGH v. 27.2.1980 – 171/78 – Kommission/Dänemark, Slg. 1980, 447 Rz. 35; v. 27.2.1980 – 169/78 – Kommission/Italien, Slg. 1980, 385 Rz. 32 f.; v. 11.7.1989 – 323/87 – Kommission/Italien, Slg. 1989, 2275 Rz. 8.
4 EuGH v. 27.2.1980 – 168/78 – Kommission/Frankreich, Slg. 1980, 347 Rz. 5; v. 27.2.1980 – 169/78 – Kommission/Italien, Slg. 1980, 385 Rz. 5; v. 27.2.1980 – 171/78 – Kommission/Dänemark, Slg. 1980, 447 Rz. 5; ebenso *Eilers/Bahns/Sedlaczek* in von der Groeben/Schwarze[6], Art. 90 EGV Rz. 47. Siehe aber auch EuGH v. 9.7.1987 – 356/85 – Kommission/Belgien, Slg. 1987, 3299 Rz. 7 u. 14 ff.
5 So aber EuGH v. 30.11.1995 – C-113/94 – Casarin, Slg. 1995, I-4203 Rz. 15; v. 15.6.1999 – C-421/97 – Tarantik, Slg. 1999, I-3633 Rz. 29; ebenso unter undifferenzierter Bezugnahme auf Art. III GATT *Voß* in G/H/N, Art. 90 EGV Rz. 30: „Gleichartig sind jedenfalls Waren, die miteinander im Wettbewerb stehen." Dies wird in der Rechtsprechung von Appellate Body und Panels hingegen keineswegs so gesehen; s. dazu die nachfolgende Fußnote. Anders jetzt auch *Seiler* in G/H/N, Art. 110 AEUV Rz. 29.
6 So zur Parallelproblematik im Rahmen des Art. III:2 GATT zutreffend Panel Bericht v. 11.7.1996, Japan – Alcohol II, WT/DS8,10,11/R u.a., Tz. 6.22.
7 Vgl. dazu EuGH v. 9.7.1987 – 356/85 – Kommission/Belgien, Slg. 1987, 3299 Rz. 14 ff. und insbesondere Rz. 18; *Weatherill/Beaumont*, EC Law, 1995, S. 414.
8 Vgl. EuGH v. 10.10.1978 – 148/77 – Hansen & Balle, Slg. 1978, 1787 Rz. 19 f.; v. 27.2.1980 – 171/78 – Kommission/Dänemark, Slg. 1980, 447 Rz. 37; v. 15.7.1982 – 216/81 – COGIS, Slg. 1982, 2701 Rz. 6; *Kamann* in Streinz[3], Art. 110 AEUV Rz. 1.
9 Vgl. EuGH v. 17.6.1998 – C-68/96 – Grundig Italiana, Slg. 1998, I-3775; v. 2.4.1998 – C-213/96 – Outokumpu, Slg. 1998, I-1777; v. 23.4.2002 – C-234/99 – Nygård, Slg. 2002, I-3657.

Das **Bestehen eines Wettbewerbsverhältnisses** ist entsprechend den Forderungen des EuGH **dyna-** 6.33
misch zu beurteilen.[1] Namentlich können bestehende Verbrauchergewohnheiten im betroffenen Mitgliedstaat nicht ausschlaggebend sein, insoweit sie Veränderungen unterliegen können, gerade wenn eine protektionistische Abgabe abgeschafft wird.[2]

c) Relevante Höherbelastung des grenzüberschreitenden Handels
aa) Grundsätzliche Erwägungen

Es ist sowohl im Rahmen des Art. 110 Abs. 1 AEUV als auch bei der Prüfung des Verbotes protektio- 6.34
nistischer Abgaben nach Art. 110 Abs. 2 AEUV ein **Vergleich der Abgabenbelastung** vorzunehmen.[3]

Für den Belastungsvergleich sind nicht nur der Satz der inländischen Abgabe, sondern auch ihre Be- 6.35
messungsgrundlage von Bedeutung; denn die endgültige Abgabenbelastung ergibt sich erst in der Kombination von Bemessungsgrundlage und darauf anwendbarem Abgabensatz.[4] Im Übrigen genügt es bei herkunftsbezogen differenzierender Anwendung je unterschiedlicher **Berechnungsmodalitäten**, wenn jedenfalls in bestimmten Fällen eingeführte Waren höher belastet werden.[5] Eine offene Diskriminierung von Importwaren muss unter allen Umständen ausgeschlossen sein; dies ist bei Intransparenz des Abgabensystems vom Mitgliedstaat darzulegen.[6] Ein Systemwechsel der innerstaatlichen Besteuerung von Waren muss hinsichtlich des Übergangsrechts ebenfalls herkunftsneutral ausgestaltet werden; Art. 110 AEUV steht ihm nicht entgegen, untersagt aber asymmetrisch zu Lasten von Importwaren wirkende Übergangsregelungen.[7]

Im Belastungsvergleich zu berücksichtigen sind grundsätzlich auch solche inländischen Abgaben, die 6.36
von inländischen Waren infolge einer Abgabenerhebung auf Fertigungs- und Vertriebsstufen, die derjenigen der Einfuhr konkurrierender Erzeugnisse aus anderen Mitgliedstaaten vorangehen, mittelbar zu tragen sind. Reichlich unpräzise schränkt der EuGH dies allerdings dahingehend ein, dass „die Auswirkung dieser Abgaben umso geringer ist je weiter die Fertigungs- und Vertriebsstufen zurückliegen, und in dieser Richtung dahin tendiert, rasch bis zur Bedeutungslosigkeit abzusinken"; dem müsse bei der Berechnung der **mittelbaren inländischen Abgabenlast** Rechnung getragen werden.[8] Richtigerweise dürfte nicht nach der Zahl der vermittelnden Produktions- und Handelsstufen, sondern nach der Kostenwirkung der fraglichen Abgabe zu differenzieren sein: Lässt sich die Abgabenbelastung nach Art von Einzelkosten auf der Basis eines unmittelbaren funktionalen Zusammenhangs direkt der einzelnen inländischen Ware zurechnen, kann vorbehaltlich gegenteiliger Anhaltspunkte unterstellt werden, dass

---

1 S. EuGH v. 12.7.1983 – 170/78 – Kommission/Vereinigtes Königreich, Slg. 1980, 417 Rz. 6.
2 S. EuGH v. 12.7.1983 – 170/78 – Kommission/Vereinigtes Königreich, Slg. 1980, 417 Rz. 14; zustimmend *Schütze*, Yearbook of European Law 2016, S. 382 (395).
3 Exemplarisch EuGH v. 27.2.1980 – 171/78 – Kommission/Dänemark, Slg. 1980, 447 Rz. 7; v. 27.2.1980 – 55/79 – Kommission/Irland, Slg. 1980, 481 Rz. 8; v. 17.6.1998 – C-68/96 – Grundig Italiana, Slg. 1998, I-3775 Rz. 13; v. 8.4.2008 – C-167/05 – Kommission/Schweden, Slg. 2008, I-2127 Rz. 45.
4 S. beispielsweise EuGH v. 27.2.1980 – 55/79 – Kommission/Irland, Slg. 1980, 481 Rz. 8; v. 11.12.1990 – C-47/88 – Kommission/Dänemark, Slg. 1990, I-4509 Rz. 18; v. 9.3.1995 – C-345/93 – Nunes Tadeu, Slg. 1995, I-479 Rz. 12; v. 23.10.1997 – C-375/95 – Kommission/Griechenland, Slg. 1997, I-5981 Rz. 19; v. 14.4.2015 – C-76/14 – Manea, ECLI:EU:C:2015:216 Rz. 33.
5 S. beispielsweise EuGH v. 17.2.1976 – 45/75 – Rewe-Zentrale des Lebensmittel-Großhandels, Slg. 1976, 181 Rz. 15; v. 23.10.1997 – C-375/95 – Kommission/Griechenland, Slg. 1997, I-5981 Rz. 20; v. 2.4.1998 – C-213/96 – Outokumpu, Slg. 1998, I-1777 Rz. 34; v. 22.2.2001 – C-393/98 – Gomes Valente, Slg. 2001, I-1327 Rz. 21; v. 20.9.2007 – C-74/06 – Kommission/Griechenland, Slg. 2007, I-7585 Rz. 25; v. 19.12.2013 – C-437/12 – X, ECLI:EU:C:2013:857 Rz. 28; v. 12.11.2015 – C-198/14 – Visnapuu, ECLI:EU:C:2015:751 Rz. 59. Weitere Nachweise bei *Schön*, EuR 2001, 341 (345 f.).
6 S. EuGH v. 26.6.1991 – C-152/89 – Kommission/Luxemburg, Slg. 1991, I-3141 Rz. 25.
7 S. EuGH v. 5.10.2006 – C-290/05 u.a. – Nadasdi und Németh, Slg. 2006, I-10115 Rz. 49; v. 7.4.2011 – C-402/09 – Tatu, Slg. 2011, I-2711 Rz. 48 ff.
8 S. EuGH v. 3.4.1968 – 28/67 – Molkerei-Zentrale Westfalen/Lippe, Slg. 1968, 216 (233).

sie trotz Weiterverarbeitung in nachfolgenden Fertigungsstufen bzw. trotz Durchlaufens weiterer Handelsstufen noch vollumfänglich auf dieser Ware lastet. Bei Abgaben mit Gemeinkostenwirkung obliegt es hingegen dem Mitgliedstaat darzulegen, welche Mindestbelastung letztlich die in den Belastungsvergleich einzubeziehenden inländischen Waren erreicht hat. Dabei wird auf die üblichen Produktions- und Handelsprozesse abzustellen sein.

Entsprechendes gilt für die anteilige inländische Steuerbelastung von langlebigen Wirtschaftsgütern, wenn die Steuer einmalig bei Anschaffung oder Registrierung für die gesamte Nutzungsdauer erhoben wurde und diese Wirtschaftsgüter später als Gebrauchtware gehandelt werden.

Beispiel: Nach ständiger Rechtsprechung liegt ein Verstoß gegen Art. 110 AEUV vor, wenn der Betrag der Steuer, die anlässlich der Zulassung eines eingeführten Gebrauchtfahrzeugs erhoben wird, den Restwert der Steuer übersteigt, die anlässlich der inländischen Erstzulassung von Fahrzeugen erhoben wurde, die nunmehr als gleichartige inländische Gebrauchtfahrzeuge gehandelt werden. Dabei geht der EuGH davon aus, dass die ursprüngliche, anlässlich der Erstzulassung erhobene Steuer noch anteilig im Wert des Gebrauchtfahrzeuges enthalten ist, wobei zur genauen Bestimmung des verbleibenden Steueranteils auf objektive Kriterien wie etwa bisherige Nutzungsdauer und -intensität zurückgegriffen werden muss.[1] Raum für Typisierung sieht der EuGH dabei zutreffend nur in relativ engen Grenzen.[2]

6.37 Darüber hinaus bezieht der Gerichtshof in ständiger Rechtsprechung auch die **Erhebungsmodalitäten** der Steuer in den Anwendungsbereich des Art. 110 AEUV mit ein.[3] Prinzipiell verboten sind demnach etwa ungünstigere Stundungsmöglichkeiten[4] oder kürzere Fristen für die Steuerentrichtung[5] bzw. längere Fristen für Steuervergütungen[6] für Importwaren. In diese Kategorie dürften auch einseitig nur heimischen Waren zugute kommende Regelungen zum Schutz vor wirtschaftlicher Doppelbesteuerung einzuordnen sein.[7] Der Schutz des Art. 110 AEUV soll sich außerdem auch auf belastende Bestimmungen und Sanktionen im Abgabenverfahren erstrecken.[8] Angesichts der Formulierung des Art. 110 AEUV, der nur ein Verbot höherer bzw. protektionistischer inländischer *Abgaben* vorsieht, handelt es sich um einen sehr weit ausgreifenden Ansatz. Er gerät jedenfalls bei nicht gleichartigen Waren an seine Grenzen, da sich eine Schutzwirkung zugunsten der inländischen Produktion nur schwer wird feststellen lassen; vorzugswürdig wäre hier ein Rückgriff auf das allgemeine unionsrechtliche Äquivalenzprinzip (s. Rz. 12.47).

6.38 Für dem **Protektionsverbot** des Art. 110 Abs. 2 AEUV unterfallende Waren, die als unvollkommene Substitute nur teilweise oder nur in geringerem Maße im Wettbewerb miteinander stehen, muss zusätzlich noch die **Eignung der unterschiedlichen Besteuerung zum Schutz der nationalen Produkti-**

---

[1] S. EuGH v. 9.3.1995 – C-345/93 – Nunes Tadeu, Slg. 1995, I-479 Rz. 20; 22.2.2001 – C-393/98 – Gomes Valente, Slg. 2001, I-1327 Rz. 23; v. 19.9.2002 – C-101/00 – Tulliasiamies und Siilin, Slg. 2002, I-7487 Rz. 55; v. 7.4.2011 – C-402/09 – Tatu, Slg. 2011, I-2711 Rz. 39; v. 19.12.2013 – C-437/12 – X, ECLI:EU:C:2013:857 Rz. 31; v. 9.6.2016 – C-586/14 – Budişan, ECLI:EU:C:2016:421 Rz. 38 ff.; vgl. auch EuGH v. 14.4.2015 – C-76/14 – Manea, ECLI:EU:C:2015:216 Rz. 34 ff. und Rz. 49.

[2] S. EuGH v. 16.6.2016 – C-200/15 – Kommission/Portugal, ECLI:EU:C:2016:453 Rz. 26 ff., m.w.N.

[3] Dazu grundsätzlich EuGH v. 18.1.2007 – C-313/05 – Brzeziński, Slg. 2007 I-513 Rz. 51: bloße „Nebenpflicht" zur Steuerzahlung; *Kamann* in Streinz³, Art. 110 AEUV Rz. 22 m.w.N. Zustimmend *Eilers/Bahns/Sedlaczek* in von der Groeben/Schwarze⁶, Art. 90 EGV Rz. 35.

[4] S. EuGH v. 27.2.1980 – 55/79 – Kommission/Irland, Slg. 1980, 481 Rz. 9; v. 17.6.1998 – C-68/96 – Grundig Italiana, Slg. 1998, I-3775 Rz. 22 f.

[5] S. EuGH v. 12.2.2015 – C-349/13 – Oil Trading Poland, ECLI:EU:C:2015:84 Rz. 48.

[6] S. EuGH v. 10.7.1984 – 42/83 – Dansk Denkavit, Slg. 1984, 2649 Rz. 30 ff.

[7] S. FG Hamburg v. 9.6.2017 – 4 K 122/15, n.n.v., Rz. 75, zur Erstattung von TabakSt bei Rückführung von bereits im Freiverkehr befindlicher Ware in ein Steuerlager unter der Bedingung, dass es sich nicht um Importware handelt.

[8] S. EuGH v. 25.2.1988 – 299/86 – Drexl, Slg. 1988, 1213 Rz. 23; v. 2.8.1993 – C-276/91 – Kommission/Frankreich, Slg. 1993, I-4413 Rz. 28.

on festgestellt werden.¹ Die Mehrbelastung der Importe muss ihrem Ausmaß nach dazu angetan sein, den betreffenden Markt durch eine Verminderung der Nachfrage bzw. des potentiellen Verbrauchs von eingeführten Waren zugunsten der mit ihnen im Wettbewerb stehenden inländischen Waren zu beeinflussen.² Die abgabenrechtlich-normativ angeleitete Betrachtung unterschiedlicher Belastungswirkungen bedarf somit der Ergänzung um ein Element empirischer Wirkungszusammenhänge.³ Der EuGH hat diesem Aspekt zwar in einigen frühen Entscheidungen keine besondere Beachtung geschenkt,⁴ inzwischen hat er aber die entsprechende Zweistufigkeit der Prüfung der protektionistischen Wirkungen einer steuerlichen Differenzierung zwischen ungleichartigen Konkurrenzprodukten eindeutig bestätigt.⁵ Maßgeblich für die Beurteilung, ob die Abgabenerhebung geeignet ist, eine inländische Produktion zu schützen, ist ihr absehbarer Einfluss auf das Verbraucherverhalten.⁶ Ist die ungleiche Abgabenbelastung dazu angetan, die Nachfrage in Richtung der steuerlich bevorzugten Produktkategorie zu verschieben oder dahingehende Präferenzen zu zementieren, so verstößt die Regelung gegen Art. 110 AEUV.⁷ Um dies festzustellen, bedarf es einer wirtschaftlichen „Abwägung" aller in Betracht kommenden Umstände, und zwar insbesondere auch der Auswirkung auf die Preisrelation.⁸ Eine steuerliche Wettbewerbsverfälschung ist dabei umso wahrscheinlicher, je enger das Substitutionsverhältnis ist und je höher die Belastungsdifferenz ausfällt.⁹

Hinweis: Eine spürbare Wettbewerbsverzerrung dürfte jedenfalls dann anzunehmen sein, wenn sich bei relativ weitgehender funktionaler Entsprechung der unterschiedlich besteuerten Produkte einschließlich einer

---

1 Treffend erläutert wird die unterschiedliche Prüfungsfolge nach 110 Abs. 1 AEUV einerseits und Art. 110 Abs. 2 AEUV andererseits durch EuGH, Schlussanträge des Generalanwalts *Vilaça* v. 26.2.1987 – 356/85 – Kommission/Belgien, Slg. 1987, 3299 Rz. 56: „…. mit dem Erfordernis der Gleichbehandlung stellt der EWG-Vertrag praktisch für gleichartige Waren eine Rechtsvermutung für das Vorliegen einer Diskriminierung auf, wenn die Abgabenbelastungen unterschiedlich sind; hinsichtlich der konkurrierenden Waren ist zu beweisen, dass die unterschiedliche Belastung ‚geeignet' ist, die inländischen Produktionen mittelbar zu schützen."
2 S. EuGH v. 9.7.1987 – 356/85 – Kommission/Belgien, Slg. 1987, 3299 Rz. 15; v. 11.8.1995 – C-367/93 u.a. – Roders u.a., Slg. 1995, I-2229 Rz. 39; v. 8.4.2008 – C-167/05 – Kommission/Schweden, Slg. 2008, I-2127 Rz. 52.
3 Ähnlich *Goco*, JWT 2006, 315 (326, dort Fn. 32); *Weatherill/Beaumont*, EC Law, 1995, S. 414. Übersehen wird dieses Erfordernis hingegen von *Trautwein*, JA 1996, 813 (816).
4 Vgl. etwa EuGH v. 27.2.1980 – 168/78 – Kommission/Frankreich, Slg. 1980, 347 Rz. 41; v. 15.7.1982 – 216/81 – COGIS, Slg. 1982, 2701 Rz. 11.
5 Vgl. EuGH v. 9.7.1987 – 356/85 – Kommission/Belgien, Slg. 1987, 3299 Rz. 14 f.; v. 11.7.1989 – 323/87 – Kommission/Italien, Slg. 1989, 2275 Rz. 9 ff.; v. 11.8.1995 – C-367/93 u.a. – Roders u.a., Slg. 1995, I-2229 Rz. 39. S. ferner EuGH v. 4.4.1968 – 27/67 – Fink-Frucht, Slg. 1968, 334 (337): „Der Vertrag untersagt dem nationalen Richter jedoch nicht, gegebenenfalls zu entscheiden, unterhalb welcher Höhe die Abgabe die vom Vertrag verbotene Schutzwirkung nicht mehr erzeugt."
6 Siehe dazu neben den in der vorstehenden Fußnote genannten Urteilen auch *Seiler* in G/H/N, Art. 110 AEUV Rz. 43.
7 Vgl. auch EuGH v. 3.3.1988 – 252/86 – Bergandi, Slg. 1988, 1343 Rz. 25; v. 19.12.2013 – C-437/12 – X, ECLI:EU:C:2013:857 Rz. 38: Das Verbot des Art. 110 AEUV greife immer dann ein, „wenn eine steuerliche Maßnahme geeignet ist, die Einfuhr von Gegenständen aus anderen Mitgliedstaaten zugunsten inländischer Erzeugnisse zu erschweren."
8 Instruktiv EuGH v. 9.7.1987 – 356/85 – Kommission/Belgien, Slg. 1987, 3299 Rz. 17 f.; FG Hamburg v. 13.10.1999 – IV 184/94, ZfZ 2000, 132 (133) (Rev. BFH v. 5.8.2002 – VII R 105/99, BFHE 200, 57); jeweils zur unterschiedlichen Besteuerung einfacher Tafelweine einerseits und von Bier andererseits. S. ferner *Eilers/Bahns/Sedlaczek* in von der Groeben/Schwarze⁶, Art. 90 EG Rz. 59. Ebenso EuGH v. 11.8.1995 – C-367/93 u.a. – Roders u.a., Slg. 1995, I-2229 Rz. 39, zu unterschiedlichen alkoholischen Getränken auf Traubenbasis; v. 8.4.2008 – C-167/05 – Kommission/Schweden, Slg. 2008, I-2127 Rz. 53, zu Tafelweinen und Bier.
9 S. *Ortino*, Basic Legal Instruments for the Liberalisation of Trade, S. 296; anders *Beermann*, StBKongRep 1991, 347 (367).

durchschnittlichen Nettopreisrelation nahe eins (d.h. ungefähr gleiche Preise vor Steuern) die Preisrelation bei Addition der Abgabenbelastung zum Nettopreis um mehr als den Faktor 1,25 verändert.[1]

6.39 Ein empirischer Nachweis der protektionistischen Wirkung wird vom EuGH nicht verlangt; es genügt dem Gerichtshof, wenn eine Beeinflussung als möglich erscheint.[2] Statistische Daten zur Entwicklung der Einfuhren haben insoweit eine Indizwirkung.[3] Für eine bloße Plausibilitätsbetrachtung spricht der Wortlaut des Art. 110 Abs. 2 AEUV, der nur die „Eignung" der angegriffenen steuerlichen Differenzierung zur Protektion der inländischen Produktion voraussetzt bzw. normiert, dass die unterschiedliche Besteuerung einen solchen Effekt „ihrer Natur nach" bewirkt.[4] Es reicht aus, wenn eine „durch Anhaltspunkte verfestigte" Möglichkeit oder Wahrscheinlichkeit einer protektionistischen Wirkung gegeben ist.[5] Damit wird eine sorgfältige Analyse wirtschaftlicher Sachverhalte als Voraussetzung einer rechtlichen Bewertung indes nicht entbehrlich.[6]

bb) Besonderheiten bei bloß mittelbarer Diskriminierung bzw. Protektion

6.40 Schon nach dem Wortlaut des Art. 110 AEUV ist grundsätzlich auch eine bloß mittelbare, an scheinbar herkunftsneutrale Kriterien geknüpfte abgabenrechtliche Benachteiligung von Importwaren untersagt.[7] Diese besteht darin, dass die abgabenrechtlichen **Differenzierungskriterien** zwar herkunftsneutral formuliert sind, sich aber zu Lasten des grenzüberschreitenden Handels **herkunftsspezifisch auswirken**. Nicht zu beanstanden sind hingegen bloß faktisch unterschiedliche Wettbewerbswirkungen der Abgabenerhebung, die nicht auf rechtliche Differenzierungen im Abgabentatbestand zurückzuführen sind.[8] Dem gleichzuachten ist nach Ansicht des EuGH eine faktisch unterschiedliche Verteilung von steuerlichen Mehrbelastungen bzw. Vergünstigungen, wenn die Erfüllung herkunftsneutral formulierter Voraussetzungen einer steuerlichen Begünstigung auch für grenzüberschreitend gehandelte Produkte möglich ist und nur deshalb (häufiger) unterbleibt, weil dies wirtschaftlich weniger rentabel ist als für die vornehmlich auf das Bestimmungsland als Absatzmarkt ausgerichtete heimische Produktion.[9] Dem ist mit der Einschränkung zuzustimmen, dass die Inanspruchnahme der günstigeren steuerlichen Regelung keine Anpassung der dem Produkt selbst anhaftenden Eigenschaften voraussetzt

---

1 Vgl. einerseits EuGH v. 7.5.1987 – 184/85 – Kommission/Italien, Slg. 1987, 2013, wo die Preisrelation zwischen Tafelobst typisch italienischer Erzeugung und frischen Bananen, die zwar nicht gleichartig, aber doch relativ weitgehend substituierbar sind, fast um den Faktor 1,5 verändert wurde: Der EuGH sprach hier (in Rz. 13) von einer „klaren" Schutzwirkung. Siehe andererseits EuGH v. 9.7.1987 – 356/85 – Kommission/Belgien, Slg. 1987, 3299 Rz. 16 ff., wo bei einer Veränderung der Preisrelation um den Faktor 1,05 (bei einem Ausgangswert der Preisrelation von 4 zu 1 und auch im Übrigen erheblicher funktionaler Unterschiede zwischen Bier und billigen Konsumweinen) eine protektionistische Wirkung abgelehnt wurde.
2 S. EuGH v. 8.4.2008 – C-167/05 – Kommission/Schweden, Slg. 2008, I-2127 Rz. 60; *Würdemann/Glöckle*, ZEuS 2016, 85 (102); *van Thiel/Lamensch*, World Tax Journal 2018, 3 (30), m.w.N.
3 S. EuGH v. 12.7.1983 – 170/78 – Kommission/Vereinigtes Königreich, Slg. 1980, 417 Rz. 10. Vgl. auch EuGH v. 7.4.2009 – C-402/09 – Tatu, Slg. 2011, I-2711 Rz. 57.
4 Letzteres entspricht dem Wortlaut der gleichermaßen verbindlichen englischen Vertragsfassung.
5 So tendenziell auch *Waldhoff* in Calliess/Ruffert[5], Art. 110 AEUV Rz. 19.
6 So in aller wünschenswerten Deutlichkeit auch EuGH v. 4.4.1968 – 27/67 – Fink-Frucht, Slg. 1968, 334 (337).
7 S. beispielsweise EuGH v. 5.10.2006 – C-290/05 u.a. – Nadasdi und Németh, Slg. 2006, I-10115 Rz. 47; v. 7.4.2011 – C-402/09 – Tatu, Slg. 2011, I-2711 Rz. 37; st. Rspr.
8 Auch der EuGH erkennt in ständiger Rechtsprechung an, dass zwar im Bereich mittelbarer Diskriminierung der tatsächliche Einfluss der einzelnen Steuer auf die inländische Erzeugung einerseits und auf die eingeführten Erzeugnisse andererseits ausschlaggebend ist, eine unterschiedliche Betroffenheit sich aber aus den „Modalitäten" von Steuersatz, Besteuerungsgrundlage oder Steuererhebung ergeben müsse, vgl. EuGH v. 27.2.1980 – 55/79 – Kommission/Irland, Slg. 1980, 481 Rz. 8 m.w.N.; v. 17.6.1998 – C-68/96 – Grundig Italiana, Slg. 1998, I-3775 Rz. 13.
9 Siehe EuGH v. 12.11.2015 – C-198/14 – Visnapuu, ECLI:EU:C:2015:751 Rz. 63; zustimmend *de Sadeleer*, RECIEL 2016, 261 (266).

(so letztlich auch der EuGH, vgl. Rz. 6.42 f.). Maßgeblich sind m.a.W. nur faktisch disparate Belastungswirkungen produktbezogener Differenzierungen im Abgabentatbestand oder bei der Abgabenerhebung. Ansonsten würde die Grenze zu einem rein freiheitsrechtlich verstandenen Beschränkungsverbot verwischt, das Art. 110 AEUV anerkanntermaßen – und im Unterschied zur Grundfreiheitsjudikatur des EuGH (siehe Rz. 6.68) – nicht zu entnehmen ist (vgl. Rz. 6.20 ff.).

Hinweis: Meist wird bei lediglich faktischer Benachteiligung von Importwaren **nur das Protektionsverbot des Art. 110 Abs. 2 AEUV** zu prüfen sein. Denn herkunftsneutrale Differenzierungen bewirken regelmäßig eine Ungleichbelastung von nur unvollkommen substituierbaren Produkten, weil und soweit die vom Gesetzgeber herangezogenen abgabenrechtlichen Differenzierungskriterien auch bei der Auswahlentscheidung des Verbrauchers eine Rolle spielen (so dass auch aus Verbrauchersicht die unterschiedlich besteuerten Güter nicht ohne Weiteres austauschbar sind). Homogene Güter können durch Steuern dieser Art im Wesentlichen nur dann diskriminiert werden, wenn die steuerlich relevante Unterscheidung an Eigenschaften des Produzenten oder des Produktionsprozesses anknüpft, denen ein auf die Befriedigung seiner Bedürfnisse bedachter Konsument für seine Entscheidung keine Bedeutung beimisst. Auch bei produzenten- oder prozessbasierten Differenzierungskriterien darf eine Gleichartigkeit der betroffenen Waren aber nicht ohne weiteres unterstellt werden, weil auch diese Kriterien gewisse – altruistische – Verbraucherpräferenzen und damit eine unterschiedliche Eignung zur Befriedigung von Verbraucherbedürfnissen im weiteren Sinne widerspiegeln können. Dies kann insbesondere bei Differenzierungen entsprechend der Umweltschädlichkeit des Produktionsprozesses durchaus in bestimmtem Maße der Fall sein, je nach der Sensibilität der Verbraucher für diese Problematik.[1]

Da bei mittelbarer Diskriminierung oder Protektion disparate Belastungswirkungen von steuer- bzw. abgabenrechtlichen Differenzierungskriterien in Rede stehen, ist **zwei- bis dreistufig zu prüfen:** Es muss erstens eine steuerliche Ungleichbelastung zwischen den miteinander zu vergleichenden, in einem Wettbewerbsverhältnis zueinander stehenden Warenkategorien (s. Rz. 6.25) festgestellt werden. In einem zweiten Schritt ist zu untersuchen, ob sich diese Ungleichbelastung spezifisch zu Lasten der grenzüberschreitend gehandelten Güter auswirkt; hierin liegt die eigentliche rechtsdogmatische wie rechtspraktische Herausforderung des Verbotes mittelbarer Diskriminierung bzw. Protektion. In den Fällen des Art. 110 Abs. 2 AEUV muss schließlich drittens festgestellt werden, ob die herkunftsspezifisch disparaten Belastungswirkungen auch ihrer Höhe nach geeignet sind, die heimische Produktion mittelbar zu schützen (s. Rz. 6.38 f.). 6.41

Eine Ungleichbelastung liegt auf der Hand, wenn je nach in den Belastungsvergleich einzubeziehender (s. Rz. 6.25) Warenkategorie unterschiedliche gesetzliche Vorschriften zur Bemessungsgrundlage oder zum anwendbaren Steuersatz zur Anwendung gelangen. Indes darf sich der **Belastungsvergleich nicht auf** eine **rein tatbestandstechnische Analyse** der anwendbaren Rechtsvorschriften **beschränken.** Ungleiche Belastungswirkungen sind insbesondere auch dann zu konstatieren, wenn einer für alle relevanten Warenkategorien einheitlich normierten Bemessungsgrundlage ein Skalierungseffekt inhärent ist, der dazu führt, dass die Steuer- oder Abgabenlast für miteinander konkurrierende Produkte unterschiedlich hoch ausfällt. Dies wird bei Steuern auf Waren außer bei proportionalen Mengensteuern regelmäßig der Fall sein. Beispielsweise führt eine mitgliedstaatliche Steuer auf Tabakwaren, deren einheitliche Bemessungsgrundlage sich am Nikotingehalt ausrichtet, dazu dass „stärkere" Zigaretten relativ höher belastet werden als nikotinärmere. 6.42

Hinweis: Der EuGH hat derartigen Belastungsunterschieden im Rahmen des Art. 110 AEUV bislang freilich wenig Bedeutung zugemessen. Er beanstandet im Regelfall nur Unterschiede in der Bemessungsgrundlage, nicht aber in einer einheitlichen Bemessungsgrundlage angelegte Unterschiede in der Steuerbelastung der erfassten Güter.[2] Auch in der Literatur wird für einen „politischen Freiraum" des nationalen Gesetzgebers plädiert, weshalb in Konstellationen potentieller mittelbarer Diskriminierung nur die Konsistenz bzw. System-

---

1 Siehe dazu auch *Fauchald*, Environmental Taxes and Trade Discrimination, S. 133 u. 138 f.
2 Besonders deutlich wird dies in der Entscheidung EuGH v. 22.3.1977 – 74/76 – Iannelli und Volpi, Slg. 1977, 557 Rz. 21.

konsequenz des gewählten Abgabensystems zu prüfen sei.[1] In einem gewissen Widerspruch dazu steht allerdings die wesentlich striktere Beurteilung einer wenn auch nur grob nach der zurückgelegten Distanz gestaffelten Besteuerung von Transportdienstleistungen durch den EuGH. Die Verdoppelung einer relativ geringfügigen griechischen Flughafenabgabe von 10 ECU auf 20 ECU bei Flügen über 750 km wurde vom Gerichtshof als diskriminierend i.S.d. Art. 56 AEUV erachtet, weil sie ausschließlich grenzüberschreitende Flüge betraf, während die niedrigere Abgabe fast ausnahmslos auf Inlandsflüge entfiel.[2]

Im Übrigen sind proportionale Wertsteuern trotz daraus resultierender Ungleichbelastung von – unterschiedlich teuren – Konkurrenzprodukten im Ergebnis regelmäßig nicht nach Art. 110 AEUV zu beanstanden, weil sie die Preisrelation unverändert lassen und somit auch das Austauschverhältnis zwischen Konkurrenzprodukten nicht wie erforderlich (s. Rz. 6.38) beeinflussen.

6.43 Von entscheidender Bedeutung ist sodann die Frage, ob sich die Ungleichbelastung spezifisch zum Nachteil von Importwaren auswirkt. Eine Gesamtschau der einschlägigen Entscheidungen des EuGH lässt eine große, mitunter widersprüchliche **Bandbreite an qualitativen wie quantitativen Kriterien spezifischer Benachteiligungswirkungen** erkennen:[3] Die progressiv höhere Besteuerung einer bestimmten Fahrzeugkategorie, deren Nachfrage zu 95 % durch Importe befriedigt wurde, wurde etwa im Verhältnis zur geringen Steuerbelastung von überwiegend im Inland hergestellten Fahrzeugen für unproblematisch erachtet.[4] Hingegen befand der EuGH eine deutlich höhere Besteuerung bestimmter Branntweinarten, die fast ausschließlich Importe betraf, im Verhältnis zur günstigeren Besteuerung hauptsächlich der im Inland hergestellten konkurrierenden Spirituosen für mittelbar diskriminierend.[5] Gelegentlich lehnte der EuGH die Annahme einer mittelbar diskriminierenden Wirkung trotz Erfassung allein von Importware in höheren Besteuerungsklassen ab, weil die Mehrbelastung der betroffenen Produktkategorie angeblich die Entstehung einer entsprechenden inländischen Produktion verhindert habe, diese also von der steuerlichen Differenzierung letztlich gleichermaßen benachteiligt werde.[6] Vereinzelt hat der Gerichtshof auch nicht auf die Relation der Produkte inländischer Herkunft einerseits und ausländischen Ursprungs andererseits in den verschiedenen Steuerklassen abgestellt, sondern auf das Verhältnis günstiger und weniger günstig besteuerter Produkte innerhalb der jeweiligen Gruppe inländischer bzw. importierter Waren. Als klar diskriminierend hat der EuGH unter dieser Prämisse eine Besteuerung angesehen, wenn der „größte Teil" der inländischen Erzeugung in die günstigste Steuerklasse fällt, während die eingeführten Erzeugnisse „fast sämtlich" vom höchsten Steuersatz erfasst werden.[7] Als gesicherte Erkenntnis darf immerhin gelten, dass nach Ansicht des EuGH eine differenzierte Besteuerung jedenfalls dann keine Schutzwirkung zugunsten der inländischen Produktion entfaltet, wenn jede der Steuerklassen ein wesentlicher Teil der inländischen Erzeugung fällt.[8]

---

1 S. *Schön*, EuR 2001, 216 (219); *Schön*, EuR 2001, 341 (349 ff.).
2 S. EuGH v. 6.2.2003 – C-92/01 – Stylianakis, Slg. 2003, I-1291 Rz. 18 ff.
3 S. auch *Waldhoff* in Calliess/Ruffert[5], Art. 110 AEUV Rz. 13a: „in sich nicht völlig konsistente Rechtsprechungslinie". S. ferner den Rspr.-Überblick bei *Kamann* in Streinz[3], Art. 110 AEUV Rz. 23 ff.
4 S. EuGH v. 30.11.1995 – C-113/94 – Casarin, Slg. 1995, I-4203 Rz. 22 ff. Der EuGH konzentrierte sich stattdessen auf das Verhältnis der erstgenannten Kategorie zu den ihr übergeordneten – nach Hubraum gestaffelten – Fahrzeugklassen, in denen nur noch importierte Kfz vertreten waren, da insoweit ein Progressionssprung zu beobachten war; ähnlich auch EuGH v. 5.4.1990 – C-132/88 – Kommission/Griechenland, Slg. 1990, I-1567 Rz. 20.
5 Vgl. EuGH v. 18.4.1991 – C-230/89 – Kommission/Griechenland, Slg. 1991, I-1909 Rz. 3 u. 10 ff. Noch eindeutiger lagen die entsprechend bewerteten Verhältnisse in der Entscheidung EuGH v. 27.2.2002 – C-302/00 – Kommission/Frankreich, Slg. 2002, I-2055 Rz. 30: Begünstigt waren fast ausschließlich Zigaretten inländischer Produktion, benachteiligt fast gänzlich Zigaretten ausländischer Provenienz.
6 S. EuGH v. 14.1.1981 – 140/79 – Chemial Farmaceutici, Slg. 1981, 1 Rz. 16; v. 14.10.1981 – 46/80 – Vinal, Slg. 1981, 77 Rz. 15.
7 S. EuGH v. 27.2.1980 – 171/78 – Kommission/Dänemark, Slg. 1980, 447 Rz. 36.
8 So ausdrücklich EuGH v. 4.3.1986 – 243/84 – John Walker, Slg. 1986, 875 Rz. 23.

In der Literatur wird teilweise die These aufgestellt, es müsse in vermeintlicher Übereinstimmung mit 6.44
der Rechtsprechung des Gerichtshofes darum gehen, **protektionistische Motive** einer nationalen Regelung zu identifizieren.[1] Diese seien indiziert, wenn ein erheblicher Anteil der Importprodukte sich faktisch nicht für die günstigere Steuerklasse bzw. für das vorteilhaftere Abgabenregime qualifiziere, obschon das in Rede stehende Steuer- oder Abgabensystem keine herkunftsbezogenen Differenzierungskriterien beinhalte.[2] Überwiegend wird demgegenüber unmittelbar auf den **protektionistischen Effekt** des zu untersuchenden nationalen Steuerregimes abgestellt. Der Frage, ob es eher auf das Verhältnis von Importen und heimischen Waren in den verschiedenen Steuerklassen ankommt oder aber auf den Anteil der steuerlich begünstigten Erzeugnisse innerhalb der jeweiligen Gruppe konkurrierender Import- bzw. Inlandsprodukte, wird dabei aber nicht selten keinerlei Bedeutung zugemessen.[3]

Richtigerweise kommt es maßgeblich auf den **Anteil der höher bzw. geringer belasteten Produkte** 6.45
innerhalb der jeweiligen geographischen Vergleichsgruppe von Waren EU-ausländischer Herkunft einerseits im Vergleich zu inländischen Waren andererseits an.[4] Eine Angleichung der Abgabenbelastung sämtlicher Importe an diejenige nur der geringer bzw. am geringsten belasteten Kategorien inländischer Konkurrenzprodukte kann mit Blick auf das Ziel der Angleichung der Wettbewerbsverhältnisse im Binnenmarkt (s. Rz. 6.7) nur dann geboten sein, wenn einerseits die geringere Belastung für den ganz überwiegenden Teil der gesamten Gruppe konkurrierender inländischer Waren gilt, während sich andererseits die Wettbewerbslage des überwiegenden Teils der Waren ausländischer Herkunft durch die gesetzlich vorgesehene Besteuerung verschlechtert.[5] Die bevorzugte Praxis des Gerichtshofs – und ihm folgend des BFH[6] – stattdessen auf die Relation zwischen inländischen und ausländischen Produkten innerhalb der jeweiligen Gruppe begünstigter bzw. benachteiligter Warenarten abzustellen, kann schon im Ansatz nicht überzeugen:[7] Zu fragen ist, ob inländische Konkurrenzprodukte im Wesentlichen eine steuerliche Vorzugsbehandlung erfahren, und nicht ob diese Begünstigung im Wesentlichen inländische Waren betrifft.[8] Der EuGH und die ihm in dieser Frage folgende Literatur verkennen, dass letztere Betrachtung ein Zerrbild der Verhältnisse liefert, wenn der Anteil steuerbegünstigter Produkte insgesamt eher gering ist. Von der steuerlichen Differenzierung kann dann keinesfalls eine protektionistische Ausmaße erreichende Wettbewerbsverfälschung im Binnenmarkt ausgehen. Es könnte im Gegenteil die Anwendung des Art. 110 AEUV aufgrund seiner asymmetrischen Schutzrichtung erst massive Wettbewerbsverzerrungen provozieren. Deshalb impliziert der Schutz einer bestimmten, spezifisch inländischen Nischenproduktion gegenüber konkurrierenden Erzeugnissen aus dem In- und Ausland nicht per se die Unvereinbarkeit mit Art. 110 AEUV, sofern nicht offen nach der Herkunft differenziert wird.[9]

Beispiel: Angenommen, Mitgliedstaat A will aus sozial- und wirtschaftspolitischen Erwägungen kleine und traditionelle Erzeuger eines bestimmten Produktes X steuerlich entlasten und verschont sie darum unter be-

---

1 Vgl. *Easson*, CMLRev. 17 (1980), 521 (546); *Danusso/Denton*, LIEI 1990, 67 (116 ff.).
2 S. *Danusso/Denton*, LIEI 1990, 67 (117 f.). Ähnlich *Schön*, EuR 2001, 341 (352).
3 Vgl. etwa *Balke*, Steuerliche Gestaltungsfreiheit der Mitgliedstaaten und freier Warenverkehr im Europäischen Binnenmarkt, 114 unten; undifferenziert auch *Kamann* in Streinz³, Art. 110 AEUV Rz. 24 (dort bei Fn. 76).
4 Siehe dazu *Englisch*, Wettbewerbsgleichheit im grenzüberschreitenden Handel, S. 258 ff.
5 Zur Begründung ausführlich *Englisch*, Wettbewerbsgleichheit im grenzüberschreitenden Handel, S. 254 ff.
6 S. BFH v. 5.8.2002 – VII R 105/99, BFHE 200, 57 (64).
7 So zur Parallelproblematik im welthandelsrechtlichen Kontext auch *Ehring*, 36 JWT (2002), 921 (964).
8 So aber ausdrücklich EuGH v. 7.4.1987 – 196/85 – Kommission/Frankreich, Slg. 1987, 1597 Rz. 10.
9 Man könnte auch formulieren, dass sich der protektionistische Effekt hier nicht in erster Linie gegen Importe, sondern gegen andersartige Konkurrenzprodukte schlechthin richtet, vgl. *Danusso/Denton*, LIEI 1990, 67 (96). A.A. wohl EuGH v. 10.10.1978 – 148/77 – Hansen & Balle, Slg. 1978, 1787 Rz. 16 ff., wo eine Ausdehnung der Vergünstigung auf im Lichte des Begünstigungszwecks vergleichbare Waren ausländischer Herkunft gefordert wird. Der Gerichtshof legt aber nicht dar, inwieweit dies zur Vermeidung eines Schutzes der inländischen Produktion von sämtlichen mit entsprechenden Einfuhren konkurrierenden Waren geboten sein könnte.

stimmten, herkunftsneutral gestalteten Bedingungen von der an sich auf dieses Produkt erhobenen besonderen indirekten Verbrauchsteuer. Der Anteil dieser Erzeuger an der Gesamtproduktion von X in Mitgliedstaat A belaufe sich auf 10 %, in absoluten Zahlen auf 100 000 Einheiten von insgesamt 1 000 000 Einheiten inländischer Produktion. Daneben werden 5 000 000 Einheiten von Produkt X aus dem übrigen Unionsgebiet eingeführt, wobei sich jedoch die exportstarken ausländischen Hersteller praktisch kaum je für die auf Kleinbetriebe zugeschnittene Steuervergünstigung qualifizieren. Nach der vom EuGH üblicherweise praktizierten Vergleichsbetrachtung wäre festzustellen, dass die Steuervergünstigung fast nur inländischen Waren zugutekommt, während die ungünstiger besteuerten gleichartigen Produkte ganz überwiegend aus dem Ausland stammen. Würde infolgedessen und kraft unmittelbarer Geltung des Art. 110 AEUV die Besteuerung der Importe von X für mittelbar diskriminierend und folglich unanwendbar erklärt, würden sie nunmehr gegenüber dem ganz überwiegenden Teil der inländischen Produktion steuerlich begünstigt und damit eine weitaus stärkere Wettbewerbsverfälschung erzeugt, als sie ursprünglich bestand.

6.46 Immerhin ist vom EuGH erkannt worden, dass eine differenzierte Besteuerung nicht allein deshalb diskriminiert bzw. Schutzwirkungen erzeugt, weil nur eingeführte Erzeugnisse in die am höchsten besteuerte Steuerklasse fallen.[1] Das ist freilich generell und nicht nur unter dem Vorbehalt „objektiver Gründe" für die Steuerdifferenzierung[2] anzuerkennen: Da dieser Umstand nämlich nichts über eine Schutzwirkung zugunsten der heimischen Produktion aussagt, bedarf er auch keiner objektiven Rechtfertigung. Es ist daher auch nicht angezeigt, an die Verteilung von Produkten ausländischer oder inländischer Herkunft innerhalb unterschiedlicher Steuerstufen irgendwelche Vermutungswirkungen zu knüpfen.[3] Umgekehrt ändern mitgliedstaatliche **extrafiskalische Ziele** wie etwa die „ausgewogen" progressive Besteuerung nach der vermeintlichen Umweltschädlichkeit bestimmter Produkte nichts am Vorliegen einer mittelbaren Benachteiligung von Importware mit unter Umständen protektionistischer Wirkung; sie können allenfalls einen Rechtfertigungsgrund hierfür darstellen (s. Rz. 6.53 ff.).

Beispiel: Auf Kühlschränke mit hohem Energieverbrauch wird beim inländischen Hersteller und beim Importeur eine hohe „Ökoabgabe" eingeführt, während ähnliche aber verbrauchsärmere Kühlschränke zwar ebenfalls, aber konsequent deutlich niedriger belastet werden. Machen nun die energiehungrigeren Kühlschränke den überwiegenden Teil der Importe aus anderen Mitgliedstaaten aus, während die inländische Produktion ausschließlich auf verbrauchsarme Kühlschränke entfällt, so ist die abgabenrechtliche Benachteiligung importierter Kühlschränke und eine spezifische Begünstigungswirkung der abgabenrechtlichen Regelung zugunsten der inländischen Kühlschrankproduktion evident.

6.47 Dass dem Steuer- oder Abgabensystem möglicherweise keine **protektionistische Absicht** zugrunde liegt, ist für einen Verstoß gegen Art. 110 AEUV schon nach dessen Wortlaut **irrelevant**.[4] Darüber hinaus folgt dies auch aus der Binnenmarktfinalität des Art. 110 AEUV, da die Verwirklichung von Wett-

---

1 S. EuGH v. 14.1.1981 – 140/79 – Chemial Farmaceutici, Slg. 1981, 1 Rz. 18; v. 5.4.1990 – C-132/88 – Kommission/Griechenland, Slg. 1990, I-1567 Rz. 18; v. 30.11.1995 – C-113/94 – Casarin, Slg. 1995, I-4203 Rz. 21: Für eine diskriminierende Wirkung in derartigen Konstellationen aber *Balke*, Steuerliche Gestaltungsfreiheit der Mitgliedstaaten und freier Warenverkehr im Europäischen Binnenmarkt, S. 117; *Easson*, Taxation, S. 62. S. auch zur mittelbaren Diskriminierung im Kontext der Niederlassungsfreiheit den deutlich strengeren Ansatz in EuGH v. 5.2.2014 – C-385/12 – Hervis Sport, ECLI:EU:C:2014:47 = ISR 2014, 102 m. Anm. *Vincze*, Rz. 39–41: „Wenn ... die Steuerpflichtigen, die ... von der höchsten Tarifstufe ... erfasst werden, in den meisten Fällen mit Unternehmen, die ihren Sitz in anderen Mitgliedstaaten haben, ... ,verbunden' sind, birgt unter Umständen die Anwendung des stark progressiven Tarifs ... die Gefahr, sich insbesondere zum Nachteil der Steuerpflichtigen auszuwirken, die mit Unternehmen ,verbunden' sind, die ihren Sitz in einem anderen Mitgliedstaat haben ... Ist dies der Fall, errichtet eine [solche] Regelung ... eine mittelbare Diskriminierung aufgrund des Sitzes der Unternehmen."
2 S. zu dieser Einschränkung EuGH v. 17.9.1987 – 433/85 – Feldain, Slg. 1987, 3521 Rz. 18.
3 So aber *Balke*, Steuerliche Gestaltungsfreiheit der Mitgliedstaaten und freier Warenverkehr im Europäischen Binnenmarkt, S. 113.
4 Besonders deutlich wird dies in der englischen Fassung, in der Art. 110 Abs. 2 AEUV wie folgt lautet: „Furthermore, no Member State shall impose on the products of other Member States any internal taxation *of such a nature as to afford indirect protection* to other products" (Hervorhebung durch den Verf.).

bewerbsneutralität im Binnenmarkt unabhängig davon geboten ist, ob die Mitgliedstaaten die Verwirklichung dieses Ziels mit einer bestimmten Regelung nur zufällig oder aber absichtlich behindern.[1]

Die vorerwähnten Kriterien sind sowohl anhand der bestehenden Marktverhältnisse als auch unter Berücksichtigung etwaiger Anpassungsprozesse, d.h. **dynamisch zu würdigen**. Theoretisierende Mutmaßungen, wie sie der EuGH etwa zur potentiellen inländischen Produktion anstellt, genügen diesbezüglich nicht; gefordert sind stattdessen die Nennung konkreter Anhaltspunkte und nachvollziehbare, empirisch untermauerter Hypothesen.[2] Dass der EuGH dieser Aufgabe an sich gewachsen wäre, zeigen nicht zuletzt die aufwendigen Analysen und eingehenden Erwägungen des Gerichts erster Instanz in seinen Urteilen zur vergleichbaren Problematik im europäischen Wettbewerbsrecht.[3]

6.48

cc) Parafiskalische Abgaben

Eine besondere Kasuistik hat sich in der Rechtsprechung des EuGH hinsichtlich der sog. parafiskalischen Abgaben herausgebildet. Dieser Abgabentyp ist dadurch charakterisiert, dass das Abgabenaufkommen ganz oder teilweise zugunsten aller oder einiger Abgabenpflichtiger verwendet wird. Die Abgabe orientiert sich nach ihrem Belastungsgrund und ihrer Ausgestaltung also zumindest partiell am Prinzip der Gruppenäquivalenz.[4] Dem entspricht im deutschen Abgabenrecht typischerweise die Kategorie der Sonderabgabe mit Finanzierungsfunktion.[5] Besteht zu Lasten grenzüberschreitend gehandelter Waren eine Asymmetrie zwischen der Finanzierung des Abgabenaufkommens und seiner Verwendung, soll dies nach Ansicht des EuGH im Rahmen des Art. 110 AEUV zu berücksichtigen sein. „Wenn nämlich das Aufkommen aus einer solchen Abgabe dazu bestimmt ist, Tätigkeiten zu fördern, die speziell den belasteten inländischen Erzeugnissen zugutekommen, dann kann sich daraus ergeben, dass der Beitrag ... insoweit eine diskriminierende Besteuerung [darstellt], als die steuerliche Belastung der inländischen Erzeugnisse durch die Vorteile, deren Finanzierung sie dient, aufgehoben wird, während sie für die eingeführten Erzeugnisse eine Nettobelastung darstellt."[6] Der EuGH hat dies als eine **besondere Form der mittelbaren Diskriminierung** eingestuft.[7]

6.49

Es bedarf folglich der **Feststellung eines zumindest anteiligen Belastungsausgleichs**, in dessen Rahmen inländische Erzeugnisse bevorzugt werden, sei es dass sie allein begünstigt sind, sei es dass sie in höherem Umfang in den Genuss der durch die Abgabe finanzierten Vorteile kommen. Dabei spielt es nach der Rechtsprechung des EuGH keine Rolle, ob die aus dem Abgabenaufkommen finanzierten Maßnahmen Direktsubventionen bzw. anderweitige monetäre Zuwendungen zugunsten der inländischen Erzeugnisse sind[8] oder aber sonstige nur oder primär der inländischen Produktion zugutekommende Aktivitäten etwa auf dem Gebiet der Forschung oder der Vermarktung.[9] Letzterenfalls ist nur die Bestimmung einer etwaigen finanziellen Gleichwertigkeit von Abgabenbelastung und Vorteil, die über die Anwendbarkeit des Art. 30 AEUV entscheidet (Rz. 6.51) und die den nationalen Gerichten

6.50

---

1 Im Ergebnis gleiche Ansicht *Ahlfeld*, Zwingende Erfordernisse im Sinne der Cassis-Rechtsprechung des Europäischen Gerichtshofs zu Art. 30 EGV, S. 36.
2 Dazu näher *Englisch*, Wettbewerbsgleichheit im internationalen Handel, S. 706 f. Insoweit kritisch zur EuGH-Rspr. auch *Balke*, Steuerliche Gestaltungsfreiheit der Mitgliedstaaten und freier Warenverkehr im Europäischen Binnenmarkt, S. 112.
3 Exemplarisch EuG v. 2.5.2006 – T-328/03 – O2, Slg. 2006, II-1231 Rz. 65 ff. m.w.N.
4 S. dazu auch EuGH v. 17.9.1997 – C-28/96 – Fricarnes, Slg. 1997, I-4939 Rz. 27.
5 S. dazu *Seer* in T/L, Steuerrecht^{21}, § 2 Rz. 25 ff.
6 Grundlegend EuGH v. 21.5.1980 – 73/79 – Kommission/Italien, Slg. 1980, 1533 Rz. 15. Seither st. Rspr., s. etwa EuGH v. 11.3.1992 – C-78/90 u.a. – Compagnie Commerciale de l'Ouest u.a., Slg. 1992, I-1847 Rz. 26; v. 8.6.2006 – C-517/04 – Visserijbedrijf D.J. Koornstra & Zn., Slg. 2006, I-5015 Rz. 18; v. 1.3.2018 – C-76/17 – Petrotel-Lukoil und Georgescu, ECLI:EU:C:2018:139 Rz. 22 f.
7 S. EuGH v. 21.5.1980 – 73/79 – Kommission/Italien, Slg. 1980, 1533 Rz. 16.
8 S. beispielsweise EuGH v. 21.5.1980 – 73/79 – Kommission/Italien, Slg. 1980, 1533.
9 Paradigmatisch EuGH v. 23.4.2002 – C-234/99 – Nygård, Slg. 2002, I-3657 Rz. 44 ff.

obliegt, erschwert.¹ Bei Fördermaßnahmen nicht monetärer Natur lässt es der EuGH ausreichen, wenn inländische Produkte aus ihnen bloß de facto einen alleinigen oder verhältnismäßig größeren Vorteil ziehen als die eingeführten Erzeugnisse.²

6.51 Wird allerdings die Abgabenbelastung der Gruppe gleichartiger bzw. konkurrierender inländischer Erzeugnisse durch die mit der Abgabe finanzierten Vorteile innerhalb dieser Gruppe³ vollständig ausgeglichen, so wird die Abgabenerhebung bei den nicht gleichermaßen profitierenden Importwaren vom EuGH als Verstoß gegen das **Verbot zollgleicher Abgaben** gewertet, das dann anstelle des Art. 110 AEUV Prüfungsmaßstab wird.⁴ Gleichen die der inländischen Erzeugung zugute kommenden Vorteile deren Abgabenbelastung dagegen nur teilweise aus, so ist ein fehlender oder geringerer Ausgleich für Importwaren anhand des Art. 110 AEUV zu beurteilen. Die für sich genommen diskriminierungsfrei erhobene Abgabe ist dann (nur) bei eingeführten Produkten im Umfang des den inländischen Erzeugnissen asymmetrisch gewährten Belastungsausgleichs nach Art. 110 AEUV entsprechend herabzusetzen.⁵

6.52 Die vom **EuGH** vorgenommene Ausdehnung des Gewährleistungsgehaltes des Art. 110 AEUV auch auf die diskriminierungsfreie bzw. nicht protegierende Verwendung des Abgabenaufkommens **vermag nur teilweise zu überzeugen:** Sofern das Abgabenaufkommen unmittelbar für die Subventionierung oder anderweitige finanzielle Begünstigung gerade der abgabenbelasteten inländischen Erzeugnisse verwendet wird, ist in der Tat eine Saldierung dieser gleichartigen und systematisch zusammenhängenden Be- und Entlastungswirkung angezeigt, um die letztlich maßgebliche inländische Abgabenbelastung zu ermitteln. Fällt selbige infolge der Saldierung geringer aus als die – ebenfalls als Nettogröße zu bestimmende – Belastung konkurrierender Einfuhren, liegt nach den allgemeinen Grundsätzen ein Verstoß gegen Art. 110 AEUV vor. Bei nicht gleichartigen Produkten muss freilich außerdem die Nettobelastungsdifferenz geeignet sein, eine Schutzwirkung zugunsten der inländischen Produktion zu entfalten (s. Rz. 6.38). Konsequent ist es auch, bei vollständiger Belastungskompensation spezifisch zugunsten inländischer Erzeugnisse mit der Folge einer an die Herkunft anknüpfenden, einseitigen Nettobelastung nur von Importware das Verbot der Erhebung zollgleicher Abgaben heranzuziehen (s. Rz. 6.17 ff.). Verfehlt ist es demgegenüber, auch nichtmonetäre Vorteile in die Betrachtung mit einzubeziehen.⁶ Die gegenteilige Judikatur des EuGH steht im Widerspruch zu seiner allgemeinen grundfreiheitlichen Beurteilung von Abgabenlasten, wo der Gerichtshof eine solche Saldierung zu Recht explizit abgelehnt hat.⁷ Der EuGH übersieht, dass die Gewährung derartiger Vorteile die betreffenden Abgaben zwar (innerstaatlich) zu legitimieren, aber nicht zu neutralisieren vermag. Die fiskalische Belastungswirkung der Abgabe als unfreiwilliger, hoheitlich angeordneter Entzug von Geldmitteln mit der Folge höherer Gestehungskosten der betroffenen Waren bleibt bestehen; nur auf die Überprüfung derartiger Belastungswirkungen ist aber Art. 110 AEUV zugeschnitten. Unionsrechtliche Grenzen einer Begrenzung von

---

1 S. EuGH v. 2.8.1993 – C-266/91 – CELBI, Slg. 1993, I-4337 Rz. 18; v. 17.9.1997 – C-28/96 – Fricarnes, Slg. 1997, I-4939 Rz. 27.
2 S. EuGH v. 17.9.1997 – C-28/96 – Fricarnes, Slg. 1997, I-4939 Rz. 29; s. auch EuGH v. 1.3.2018 – C-76/17 – Petrotel-Lukoil und Georgescu, ECLI:EU:C:2018:139 Rz. 25.
3 Zur notwendigen Übereinstimmung von belasteten und begünstigten inländischen Erzeugnissen s. EuGH v. 25.5.1977 – 77/76 – Cucchi, Slg. 1977, 987 Rz. 19; v. 25.5.1977 – 105/76 – Interzuccheri, Slg. 1977, 1029 Rz. 12; v. 17.9.1997 – C-28/96 – Fricarnes, Slg. 1997, I-4939 Rz. 26.
4 S. beispielsweise EuGH v. 11.3.1992 – C-78/90 u.a. – Compagnie Commerciale de l'Ouest u.a., Slg. 1992, I-1847 Rz. 27; v. 27.10.1993 – C-72/92 – Scharbatke, Slg. 1993, I-5509 Rz. 10; v. 8.6.2006 – C-517/04 – Visserijbedrijf D.J. Koornstra & Zn., Slg. 2006, I-5015 Rz. 19; v. 1.3.2018 – C-76/17 – Petrotel-Lukoil und Georgescu, ECLI:EU:C:2018:139 Rz. 24; *Dafnomilis*, European Taxation 2015, 423 (427 f.).
5 S. EuGH v. 18.6.1975 – 94/74 – IGAV, Slg. 1975, 699 Rz. 13; v. 11.3.1992 – C-78/90 u.a. – Compagnie Commerciale de l'Ouest u.a., Slg. 1992, I-1847 Rz. 27; v. 17.9.1997 – C-28/96 – Fricarnes, Slg. 1997, I-4939 Rz. 25.
6 Tendenziell kritisch auch EuGH, Schlussanträge des Generalanwalts *Römer* v. 7.5.1973 – 77/72 – Capolongo, Slg. 1973, 611 (632).
7 S. EuGH v. 15.4.2010 – C-96/08 – CIBA, Slg. 2010, I-2911 Rz. 37 f.

nichtmonetären Vorteilen auf die inländische Produktion können sich demgegenüber nur aus der allgemeinen Warenverkehrsfreiheit des Art. 34 AEUV sowie aus dem Beihilfeverbot des Art. 107 AEUV ergeben. Von vornherein nur an den allgemeinen grundfreiheitlichen Diskriminierungs- und Beschränkungsverboten zu messen sind außerdem parafiskalische Abgaben auf Dienstleistungen.[1]

6. Rechtfertigungsmöglichkeiten

Der Gerichtshof hat sowohl das Diskriminierungs- als auch das Protektionsverbot bei formaler Betrachtung stets als definitive Vorgaben an den mitgliedstaatlichen Gesetzgeber interpretiert. Die Einführung ungeschriebener Rechtfertigungsgründe wurde nie thematisiert, wohl auch deshalb, weil sie nach der allgemeinen Grundfreiheitsdoktrin des EuGH bei offen diskriminierenden Beschränkungen von vornherein nicht in Betracht kommen sollen (s. Rz. 7.202). Generalanwalt *Jacobs* sah sich deshalb zu der Feststellung veranlasst, im Kontext des heutigen Art. 110 AEUV gebe es „keine Vorschrift, nach der eine [diskriminierende bzw. protektionistische] Abgabe aufgrund ... irgendeiner Rechtfertigung zulässig wäre"[2]. Faktisch hat sich der **EuGH** indes sehr wohl genötigt gesehen, mitgliedstaatliche Politikziele in einen schonenden Ausgleich mit dem Art. 110 AEUV zugrunde liegenden Binnenmarktideal steuerlicher Wettbewerbsneutralität zu bringen.[3] Er hat zu diesem Zweck aber **keine systematische und in sich folgerichtige Dogmatik** entwickelt, die auf eine eigenständige Rechtfertigungsprüfung mit Verhältnismäßigkeitskontrolle hätte hinauslaufen müssen. Stattdessen hat der Gerichtshof insbesondere bei herkunftsneutralen Differenzierungskriterien (s. Rz. 6.40 ff.) durch ein **Lavieren zwischen verschieden strengen Kontrollmaßstäben bzw. Diskriminierungsstandards**[4] oder durch empirisch nicht belegte Unterstellungen[5] einen Kompromiss mit als berechtigt anerkannten nationalen Zielvorstellungen gesucht. Er gelangte dadurch in einigen Konstellationen zu der Billigung bestimmter nationaler Steuersysteme, obwohl sich inländische Erzeugnisse danach tatsächlich fast sämtlich oder sogar ausnahmslos für die günstigere Steuerregelung qualifizierten, Importe hingegen nahezu vollständig einer ungünstigeren Steuerkategorie zuzuordnen waren.[6] Ähnliches ist in einer Reihe von Urteilen zur progressiven Besteuerung von Kraftfahrzeugen festzustellen, wo der EuGH bei „ausgewo-

6.53

---

1 S. *Dafnomilis*, European Taxation 2015, 423 (430 f.).
2 S. EuGH, Schlussanträge des Generalanwalts *Jacobs* v. 27.2.2003 – C-383/01 – De Danske Bilimportorer, Slg. 2003, I-6065 Rz. 28. Anders noch die Einschätzung in den Schlussanträgen v. 27.4.1989 – 323/87 – Kommission/Italien, Slg. 1989, 2275 Rz. 19: Es existierten eng auszulegende „Ausnahmen kraft Richterrechts". Ebenfalls für ein ausnahmsloses Verbot *Balke*, Steuerliche Gestaltungsfreiheit der Mitgliedstaaten und freier Warenverkehr im Europäischen Binnenmarkt, S. 122 f. u. 126 f.; *Danusso/Denton*, LIEI 1990, 67 (75 f. u. 82); *Schröer-Schallenberg* in Birk, Handbuch des Europäischen Steuer- und Abgabenrechts, § 16 Rz. 14: „zwingendes, ausnahmslos geltendes Recht".
3 *Weiler*, The Constitution of the Common Market Place: The Free Movement of Goods, S. 365, spricht von einer „de facto derogation clause" im Rahmen des Art. 110 AEUV. Ähnlich auch *van Thiel/Lamensch*, World Tax Journal 2018, 3 (32).
4 S. dazu eingehend *Ortino*, Basic Legal Instruments for the Liberalisation of Trade, S. 299 ff.; *Balke*, Steuerliche Gestaltungsfreiheit der Mitgliedstaaten und freier Warenverkehr im Europäischen Binnenmarkt, S. 123 f. In der Entscheidung des EuGH v. 3.3.1988 – C-252/86 – Bergandi, Slg. 1988, 1343 Rz. 29 ff. argumentierte der Gerichtshof beispielsweise, ein System der progressiven Besteuerung nach Maßgabe der verschiedenen Arten von Spielautomaten, das legitime soziale Ziele verfolge und das vermeintlich nicht zum Schutz inländischer Produktion geeignet sei, sei mit Art. 90 EG „nicht unvereinbar"; dabei hatte der EuGH eingangs der Urteilsgründe bereits alle erforderlichen Feststellungen für die Bejahung einer protektionistischen Wirkung des fraglichen Besteuerungsregimes getroffen.
5 S. EuGH v. 14.1.1981 – 46/80 – Vinal, Slg. 1981, 77 Rz. 15, wo der EuGH ohne weiteres annimmt, eine nachteilige Steuerklasse betreffe auch die inländische Produktion entsprechend zu besteuernder Erzeugnisse, da sie deren Entstehung verhindert habe.
6 S. EuGH v. 14.1.1981 – 140/79 – Chemial Farmaceutici, Slg. 1981, 1 Rz. 16.

genem" Ansteigen der Progression „nach Maßgabe eines objektiven Kriteriums" wie etwa des Kraftstoffverbrauchs keinen Konflikt mit Art. 110 AEUV sieht.[1]

Hinweis: Wiederholt hat der Gerichtshof entschieden, ein Besteuerungssystem sei nicht allein deshalb diskriminierend, weil nur eingeführte Erzeugnisse in die am höchsten besteuerte Gruppe fielen.[2] Könne dies allerdings nicht „aus objektiven Gründen" gerechtfertigt werden, müsse eine diskriminierende oder protektionistische Wirkung konstatiert werden.[3] Welche Gründe sich als „objektive" qualifizieren, bleibt unklar; die Förderung – nicht nur heimischer – landwirtschaftlicher Erzeuger mit Absatzschwierigkeiten etwa genügte offenbar nicht.[4]

6.54 Der vom EuGH eingeschlagene Weg mag zwar im Einzelfall gelegentlich zu billigen Ergebnissen führen und ist damit symptomatisch für das Bemühen des Gerichtshofes um pragmatische Lösungen durch flexible Handhabung scheinbar feststehender Konzepte.[5] Der Rechtsprechungsansatz entbehrt jedoch nicht nur des dogmatischen Fundaments und ist somit **der Rechtssicherheit abträglich**. Die ergebnisorientierte Variation der Anforderungen des Art. 110 AEUV verhindert darüber hinaus die Ausbildung einheitlicher und rational überprüfbarer Standards und erschwert dadurch auch den Anschluss an die grundfreiheitliche Dogmatik. Zwar hinterfragt der EuGH zumindest gelegentlich Eignung und Erforderlichkeit der steuerlichen Differenzierung, was als Verlangen nach „objektiven Differenzierungskriterien" verbrämt wird. Es mangelt jedoch an einer vollständigen und stringent gehandhabten Verhältnismäßigkeitsprüfung. Damit besteht auch die Gefahr, dass mangels Abwägung ein mitgliedstaatliches Ziel von geringer abstrakter und situationsspezifischer Wertigkeit eine erhebliche Beeinträchtigung der Wettbewerbsgleichheit im Binnenmarkt legitimiert.[6]

6.55 Wäre ein Verstoß gegen Art. 110 AEUV keiner Rechtfertigung zugänglich, so müsste **außerdem ein evidenter Wertungswiderspruch** konstatiert werden. Der nationalen Souveränität in Steuerfragen wird in den europäischen Verträgen ausweislich der Einstimmigkeitserfordernisse in Art. 113 AEUV sowie in Art. 114 Abs. 2 i.V.m. 115 Abs. 2 AEUV ersichtlich ein besonderes Gewicht zuerkannt.[7] Es wäre nicht einzusehen, wieso steuerpolitische Anliegen der Mitgliedstaaten gegenüber dem gemeinschaftsrechtlichen Ziel der Wettbewerbsgleichheit kein Gehör finden sollten, während sonstige mitgliedstaatliche Politikziele im Rahmen des allgemeinen Diskriminierungs- und Beschränkungsverbots des Art. 34 AEUV (bzw. der dort anerkannten Rechtfertigungsgründe) durchaus berücksichtigungsfähig sind. Es ist auch nicht ersichtlich, inwiefern die Bestimmung legitimer, mit der unionsrechtlichen Werteordnung vereinbarer nationaler Politikziele dem Gerichtshof im Rahmen des Art. 110 AEUV größere Probleme bereiten sollte als im Kontext der Grundfreiheiten, wo sich dieselbe Frage stellt.[8] Schließlich ließe sich eine Sonderbehandlung der Abgaben auf Waren im Vergleich zu den Anforderungen an die diskriminierungsfreie Ausgestaltung von Abgaben auf Dienstleistungen – hinsicht-

---

1 Vgl. EuGH v. 9.5.1985 – 112/84 – Humblot, Slg. 1985, 1367 Rz. 12; bestätigt durch EuGH v. 17.9.1987 – 433/85 – Feldain, Slg. 1987, 3521 Rz. 11 u. 16; v. 5.4.1990 – C-132/88 – Kommission/Griechenland, Slg. 1990, I-1567 Rz. 17; v. 30.11.1995 – C-113/94 – Casarin, Slg. 1995, I-4203 Rz. 17 ff. Zustimmend *Balke*, Steuerliche Gestaltungsfreiheit der Mitgliedstaaten und freier Warenverkehr im Europäischen Binnenmarkt, S. 115, freilich im Widerspruch zu ihren nachfolgenden Feststellungen auf S. 120, wonach solchen Regelungen im Einzelfall das Potential zur Diskriminierung innewohnen könne.
2 S. EuGH v. 14.1.1981 – 140/79 – Chemial Farmaceutici, Slg. 1981, 1 Rz. 18; v. 5.4.1990 – C-132/88 – Kommission/Griechenland, Slg. 1990, I-1567 Rz. 18; v. 30.11.1995 – C-113/94 – Casarin, Slg. 1995, I-4203 Rz. 21.
3 S. EuGH v. 17.9.1987 – 433/85 – Feldain, Slg. 1987, 3521 Rz. 18.
4 S. EuGH v. 4.3.1986 – 106/84 – Kommission/Dänemark, Slg. 1986, 833 Rz. 11 u. 20 f.
5 Siehe dazu und zu den Hintergründen *Everling*, DStJG 11 (1988), 51 (57 f.).
6 S. dazu etwa EuGH v. 14.1.1981 – 140/79 – Chemial Farmaceutici, Slg. 1981, 1 Rz. 14 ff.: Hier stand die geringfügige Förderung eines bestimmten Wirtschaftszweiges (Weinbau) durch steuerliche Begünstigung eines Nebenerzeugnisses in Rede, welche jedoch die Einfuhr konkurrierender Erzeugnisse unrentabel machte und damit praktisch einem Unterbinden von Wettbewerb gleichkam.
7 Siehe dazu auch *Waldhoff* in Calliess/Ruffert[5], Art. 110 AEUV Rz. 2 m.w.N.
8 **A.A.** *Danusso/Denton*, LIEI 1990, 67 (83).

lich deren die allgemeine Dienstleistungsfreiheit nach Art. 56 AEUV Prüfungsmaßstab ist, womit ohne weiteres die allgemeinen grundfreiheitlichen Rechtfertigungslehren greifen – sachlich nicht begründen. Sie widerspricht zudem der allgemeinen Tendenz zur Konvergenz[1] grundfreiheitlicher Beurteilungsmaßstäbe.[2]

Das Diskriminierungs- und das Protektionsverbot des Art. 110 AEUV sind anerkanntermaßen als steuerspezifische Konkretisierungen des Verbotes mengenmäßiger Beschränkungen i.S.v. Art. 34 AEUV anzusehen (s. Rz. 6.16). Verstöße können darum richtigerweise nach dem zwischenzeitlich erreichten Stand der Grundfreiheitsdogmatik nach den gleichen Maßstäben wie Abweichungen von grundfreiheitlichen Vorgaben (s. Rz. 7.200 ff.) gerechtfertigt werden. Insbesondere muss auch im Kontext des Art. 110 AEUV auf **ungeschriebene Rechtfertigungsgründe** zurückgegriffen werden können. Es kommt also darauf an, ob zwingende Gründe des Gemeinwohls die diskriminierenden bzw. protektionistischen Effekte des Steuersystems zu legitimieren vermögen. Darüber hinaus ist im Rahmen der Rechtfertigungsprüfung eine vollständige **Verhältnismäßigkeitskontrolle** durchzuführen.

6.56

Im Übrigen muss das mit dem Binnenmarktideal einheitlicher Wettbewerbsbedingungen kollidierende mitgliedstaatliche Besteuerungsziel **folgerichtig** umgesetzt worden sein. Das Gebot der Wertungskonsistenz wird vom EuGH zwar anders als im grundfreiheitlichen Kontext (s. Rz. 7.207) nicht ausdrücklich postuliert. Es wird aber in der Sache ebenso anerkannt, wenn der EuGH eine „ausgewogene" Steigerung der Progression verlangt (s. Rz. 6.53). Die Verschonung wesentlicher Teile der heimischen Produktion von Steuerbelastungen, die sie an sich nach dem das jeweilige Steuersystem prägenden Leitprinzip ebenfalls treffen müssten, oder Progressionssprünge spezifisch zu Lasten des grenzüberschreitenden Handels sind daher nicht zu rechtfertigen. Für nach dem Äquivalenzprinzip bemessene Abgaben hat der EuGH ferner zu Recht die durchgängige Beachtung des Prinzips der Kostendeckung ausdrücklich zur Voraussetzung für eine Inkaufnahme ungleicher Belastungswirkungen gemacht.[3]

6.57

Erwähnung verdient abschließend das **strikte Kompensationsverbot**, das der EuGH für die Saldierung steuerlicher Mehrbelastungen bzw. Vergünstigungen mit sonstigen, in keinem unmittelbaren abgabenrechtlichen Zusammenhang stehenden Vorteilen bzw. Nachteilen aufgestellt hat. So hat er es abgelehnt, der höheren Belastung eingeführten Branntweins mit Blick auf vorgeblich zu kompensierende günstige Wechselkurse den diskriminierenden Charakter abzusprechen.[4]

6.58

II. Diskriminierung des Dienstleistungshandels

Der EuGH hat in ständiger Rechtsprechung entschieden, dass Abgaben auf Dienstleistungen dem **Verbot einer Beschränkung der nach Art. 56 AEUV gewährleisteten Dienstleistungsfreiheit** unterliegen.[5] Unter einer Dienstleistung im Sinne dieser Vorschrift ist dabei ausweislich des Art. 57 AEUV und in Abgrenzung zu Art. 45 AEUV jede Leistung zu verstehen, die selbständig und üblicherweise gegen Entgelt erbracht wird, soweit sie nicht bloße Begleiterscheinung einer der übrigen Verkehrsfreiheiten des Art. 26 AEUV ist.[6] Wie bei der Warenverkehrsfreiheit ist der territoriale Anwendungsbereich der Dienstleistungsfreiheit auf den grenzüberschreitenden Handel innerhalb der Union begrenzt, wobei auch insoweit die Ausdehnung auf die übrigen Mitgliedstaaten des EWR (durch Art. 36 EWR) zu beachten ist. Im Übrigen können sich die Erbringer grenzüberschreitender Dienstleistungen

6.59

---

1 Dazu statt aller *Cordewener*, Europäische Grundfreiheiten und nationales Steuerrecht, S. 104 ff., mit zahlreichen weiteren Nachweisen; *Schroeder* in Streinz[3], Art. 34 AEUV Rz. 11.
2 Dies übersieht Generalanwalt *Jacobs* in den Schlussanträgen v. 27.2.2003 – C-383/01 – De Danske Bilimportorer, Slg. 2003, I-6065 Rz. 48.
3 S. EuGH v. 6.2.2003 – C-92/01 – Stylianakis, Slg. 2003, I-1291 Rz. 29.
4 S. EuGH v. 27.2.1980 – 55/79 – Kommission/Irland, Slg. 1980, 481 Rz. 11.
5 S. beispielsweise EuGH v. 8.9.2005 – C-544/03 u.a. – Mobistar und Belgacom Mobile, Slg. 2005, I-7723 Rz. 28 m.w.N.; v. 17.11.2009 – C-169/08 – Presidente del Consiglio dei Ministri, Slg. 2009, I-10821 Rz. 29; st. Rspr.
6 S. auch *Müller-Graff* in Streinz[3], Art. 56 AEUV Rz. 15.

nur auf den Schutz des Art. 56 AEUV berufen, wenn sie Unionsangehörige oder Gesellschaften i.S.d. Art. 54, 62 AEUV sind. Auf die Wahrung der Vorgaben des Art. 56 AEUV verpflichtet ist wiederum neben den Mitgliedstaaten auch der Unionsgesetzgeber.[1]

6.60 Der Dienstleistungsfreiheit ist anerkanntermaßen ein **auch abgabenrechtlich zu effektuierendes Diskriminierungsverbot** inhärent. Es kommt in diesem Zusammenhang maßgeblich darauf an, ob die abgabenrechtliche Regelung geeignet ist, die Tätigkeiten des Dienstleistenden, der in einem anderen Mitgliedstaat als dem Bestimmungsland ansässig ist, „weniger attraktiv" zu machen.[2] Das soll namentlich dann der Fall sein, wenn die Erbringung von Dienstleistungen zwischen Mitgliedstaaten gegenüber der Erbringung von Dienstleistungen, die innerhalb eines einzigen Mitgliedstaats stattfindet, durch ein diskriminierendes Steuer- oder Abgabenregime erschwert wird.[3] Auch die Dienstleistungsfreiheit wirkt damit nur asymmetrisch zugunsten des grenzüberschreitenden Dienstleistungshandels und untersagt nicht die umgekehrte Diskriminierung der rein innerstaatlichen Dienstleistungen. Damit gelten **grundsätzlich dieselben Maßstäbe** für die grundfreiheitliche Beurteilung differenzierender Steuern und Abgaben auf Dienstleistungen, **wie sie nach Art. 110 AEUV** an Abgaben auf Waren **anzulegen sind** (s. Rz. 6.20 ff.). Insbesondere hat der EuGH auch die Möglichkeit einer bloß mittelbaren, von herkunftsneutral formulierten Differenzierungskriterien ausgehenden Diskriminierung des grenzüberschreitenden Dienstleistungshandels in Betracht gezogen.[4] Zu Recht hat der EuGH dabei auf den Anteil der belasteten Dienstleistungskategorien und der abgabenrechtlich verschonten Dienstleistungsarten innerhalb der jeweiligen geografischen Vergleichsgruppe von grenzüberschreitend erbrachten Dienstleistungen einerseits und innerstaatlich ausgeführten Dienstleistungen andererseits abgestellt (vgl. Rz. 6.45). Überzeugend ist auch die geografische Vergleichsgruppenbildung in den Fällen abgabenrechtlicher Privilegierung nur bestimmter Regionen innerhalb des Bestimmungslandes; sie folgt den oben (s. Rz. 6.27 f.) dargelegten Grundsätzen.[5]

6.61 Gleichwohl bestehen bei Abgaben auf Dienstleistungen im Kontext des Art. 56 AEUV **gewisse Besonderheiten** im Vergleich zur Kontrolle warenbezogener Abgaben anhand des Art. 110 AEUV. Zum einen hat es der Gerichtshof bislang nicht vermocht, eine den Differenzierungsgrad des Art. 110 AEUV erreichende grundfreiheitliche Dogmatik der Beurteilung von Abgaben auf Dienstleistungen herauszubilden. Namentlich fehlt es an einer Bestimmung der Gleichartigkeit oder Substituierbarkeit der zu vergleichenden Dienstleistungskategorien anhand des zwischen ihnen bestehenden Wettbewerbsverhältnisses (vgl. Rz. 6.29 ff.). Stattdessen nimmt der Gerichtshof entweder überhaupt nicht zur Vergleichbarkeit der unterschiedlich belasteten Arten von Dienstleistungen Stellung, wenn sie ihm evident erscheint,[6] oder er orientiert sich gar – fälschlich – am Zweck der nationalen Abgabenregelung.[7] Damit verbunden erkennt der EuGH auch nicht die Notwendigkeit einer Spürbarkeitsschwelle der Handelsbeeinträchtigung bei abgabenrechtlicher Differenzierung zwischen nur unvollkommen substituierbaren Dienstleistungen. Stattdessen wird generell postuliert, Art. 56 AEUV kenne (auch) bei der Beurteilung von divergierenden Abgabenlasten keinen Bagatellvorbehalt.[8]

---

1 S. beispielsweise EuGH v. 26.10.2010 – C-97/09 – Schmelz, Slg. 2010, I-10465 Rz. 50; weitere Nachweise bei *Zazoff*, Der Unionsgesetzgeber als Adressat der Grundfreiheiten, S. 70 ff.
2 S. EuGH v. 17.2.2005 – C-134/03 – Viacom Outdoor, Slg. 2005, I-1167 Rz. 35 u. 38; v. 18.10.2012 – C-498/10 – X, ECLI:EU:C:2012:635 Rz. 22 = ISR 2012, 130 m. Anm. *Keuthen*.
3 S. EuGH v. 13.12.1989 – C-49/89 – Corsica Ferries France, Slg. 1989, I-4441 Rz. 7; v. 5.10.1994 – C-381/93 – Kommission/Frankreich, Slg. 1994, I-5145 Rz. 17–22; v. 29.11.2001 – C-17/00 – De Coster, Slg. 2001, I-9445 Rz. 30; v. 8.9.2005 – C-544/03 u.a. – Mobistar und Belgacom Mobile, Slg. 2005, I-7723 Rz. 30; st. Rspr.
4 S. EuGH v. 29.11.2001 – C-17/00 – De Coster, Slg. 2001, I-9445 Rz. 31 ff.
5 S. EuGH v. 17.11.2009 – C-169/08 – Regione Sardegna, Slg. 2009, I-10821 Rz. 31 ff.
6 Vgl. EuGH v. 29.11.2001 – C-17/00 – De Coster, Slg. 2001, I-9445 Rz. 31 ff.
7 S. EuGH 17.11.2009 – C-169/08 – Regione Sardegna, Slg. 2009, I-10821 Rz. 37.
8 S. EuGH v. 13.12.1989 – C-49/89 – Corsica Ferries France, Slg. 1989, I-4441 Rz. 8.

Anders als bei der Anwendung des Art. 110 AEUV (vgl. Rz. 6.53) verschließt sich der EuGH hinsichtlich der Möglichkeiten, diskriminierende Abgabenlasten mit Dienstleistungsbezug zu rechtfertigen, nicht der allgemeinen Grundfreiheitsentwicklung. Die Verankerung des Diskriminierungsverbotes in der allgemeinen Dienstleistungsfreiheit des Art. 56 AEUV erleichtert dem Gerichtshof den Rückgriff auf **ungeschriebene Rechtfertigungsgründe** und die übliche **Verhältnismäßigkeitskontrolle**.[1] Bemerkenswert ist, dass es der EuGH auch im Kontext der Dienstleistungsfreiheit (zu Art. 110 AEUV s. Rz. 6.58) ablehnt, zusammenhanglose Mehrbelastungen des innerstaatlichen Dienstleistungshandels als Rechtfertigung für eine höhere Abgabenerhebung beim grenzüberschreitenden Handel zu akzeptieren.[2]

6.62

C. Verbot internationaler Doppelbesteuerung

Der EuGH hat bezüglich der Abgaben auf Waren schon sehr früh festgestellt, der damalige EWG-Vertrag enthalte „keinerlei Vorschrift ..., die [internationale] Doppelbesteuerungseffekte verböte". Zwar sei ihre Beseitigung „im Interesse des freien Warenverkehrs wünschenswert", dies könne jedoch nur über die Harmonisierung der nationalen Abgabensysteme erreicht werden.[3] An dieser Sichtweise hält der Gerichtshof bis zum heutigen Tag grundsätzlich fest.[4] Er hat in der Folgezeit sogar mehrfach zwischen dem Ziel einer Förderung der Freizügigkeit und des freien Warenverkehrs einerseits sowie dem Verbot der Doppelbesteuerung unterschieden.[5] Es ist nicht anzunehmen, dass der Gerichtshof bei einer mehrfachen Besteuerung von Dienstleistungen anders urteilen würde, zumal sich die vorerwähnte Rechtsprechungslinie nahtlos in das 2006 begründete Dogma mangelnder Grundfreiheitsrelevanz der Doppelbesteuerung auf dem Gebiet der Ertrag- und Erbschaftsteuern (s. Rz. 7.181) einfügt.

6.63

Eine **Ausnahme macht der EuGH aber für die harmonisierten Steuern auf den Konsum**, wobei die bisherigen Entscheidungen sämtlich das gemeinschaftsrechtliche Mehrwertsteuersystem betrafen.[6] Grundlegend war das Urteil in der Rechtssache Schul I.[7] Der EuGH entschied hier, die Erhebung von Einfuhrumsatzsteuer im Bestimmungsland sei im Hinblick auf Art. 110 AEUV nur insoweit gerechtfertigt, als die eingeführten Waren nicht bereits im Ausfuhrmitgliedstaat mit Mehrwertsteuer belastet worden seien. Anderenfalls wäre die Einfuhrumsatzsteuer „in Wirklichkeit eine zusätzliche Abgabe ..., die die eingeführten Waren stärker belasten würde als gleichartige inländische Waren"[8]. Der Wortlaut des Art. 110 AEUV verbiete nämlich nicht nur die unmittelbare, sondern auch die mittelbare Höherbelastung von Waren aus anderen Mitgliedstaaten. Es müsse daher bei der Einfuhr der Teil der aus-

6.64

---

1 Exemplarisch EuGH v. 29.11.2001 – C-17/00 – De Coster, Slg. 2001, I-9445 Rz. 37 ff.; v. 17.11.2009 – C-169/08 – Regione Sardegna, Slg. 2009, I-10821 Rz. 40 ff. S. auch EuGH v. 1.12.2011 – C-250/08 – Kommission/Belgien, Slg. 2011, I-12341 Rz. 34.
2 S. EuGH v. 17.11.2009 – C-169/08 – Regione Sardegna, Slg. 2009, I-10821 Rz. 38.
3 S. EuGH v. 29.6.1978 – 142/77 – Larsen und Kjerulff, Slg. 1978, 1543 Rz. 33 u. 35.
4 S. EuGH v. 27.10.1993 – C-72/92 – Scharbatke, Slg. 1993, I-5509 Rz. 15; v. 23.4.2002 – C-234/99 – Nygård, Slg. 2002, I-3657 Rz. 38. Siehe auch EuGH, Schlussanträge des Generalanwalts *Jacobs* v. 13.11.1997 – C-213/96 – Outokumpu Oy, Slg. 1998, I-1777 Rz. 45; EuGH, Schlussanträge der Generalanwältin *Stix-Hackl* v. 4.3.2004 – C-365/02 – Lindfors, Slg. 2004, I-7183 Rz. 69.
5 S. EuGH v. 3.10.1985 – 249/84 – Profant, Slg. 1985, 3237 Rz. 25; v. 6.7.1988 – 127/86 – Ledoux, Slg. 1988, 3741 Rz. 11; v. 29.5.1997 – C-389/95 – Klattner, Slg. 1997, I-2719 Rz. 25.
6 Vgl. EuGH v. 27.10.1993 – C-72/92 – Scharbatke, Slg. 1993, I-5509 Rz. 15; v. 23.4.2002 – C-234/99 – Nygård, Slg. 2002, I-3657 Rz. 38. Anders soll es sich nach Ansicht des Gerichtshofs jedoch bereits verhalten, wenn die Doppelbesteuerung auf Übergangsbestimmungen beruht, deren Inanspruchnahme den Mitgliedstaaten freigestellt ist, vgl. EuGH v. 7.12.2006 – C-240/05 – Eurodental, Slg. 2006, I-11479 Rz. 53 u. 57.
7 S. EuGH v. 5.5.1982 – 15/81 – Schul Douane Expediteur, Slg. 1982, 1409 = UR 1982, 242 m. Anm. *Weiß*. Siehe dazu auch *Schütze*, Yearbook of European Law 2016, S. 382 (403 ff.).
8 EuGH v. 5.5.1982 – 15/81 – Schul Douane Expediteur, Slg. 1982, 1409 = UR 1982, 242 Rz. 31 ff.; Anm. *Weiß*, UR 1982, 246.

ländischen Mehrwertsteuer berücksichtigt werden, mit dem diese Waren bei ihrer Einfuhr noch belastet seien.[1] Eine solche Auslegung des Art. 110 AEUV sei zudem durch das in den europäischen Verträgen verankerte Ziel eines Gemeinsamen Marktes vorgegeben, der auf die Beseitigung aller Hemmnisse im innergemeinschaftlichen Handel abziele. Diesen Standpunkt hat der Gerichtshof in späteren Urteilen beibehalten,[2] obwohl der damit verbundene mindestens teilweise Steuerverzicht des Einfuhrmitgliedstaates als mit dem Bestimmungslandprinzip unvereinbar kritisiert wurde. Dazu stellte der EuGH fest, eine gerechte Verteilung des Steueraufkommens könne nur durch den Unionsgesetzgeber herbeigeführt werden. Die Vorgaben des Art. 110 AEUV hingegen seien ungeachtet möglicherweise unsachgerechter Verteilungswirkungen zwingend zu befolgen.[3]

6.65 Die **vom EuGH vorgenommene Differenzierung** in der Beurteilung von Doppelbesteuerungskonstellationen bei harmonisierten Steuern einerseits und bei weiterhin der Regelungshoheit der Mitgliedstaaten unterliegenden Steuern andererseits **vermag nicht zu überzeugen**.[4] Wenn Art. 110 AEUV im Lichte des Zieles eines Gemeinsamen Marktes bzw. inzwischen mit Blick auf das Binnenmarktziel tatsächlich die Beseitigung der Doppelbesteuerung als „Hemmnis" für den innergemeinschaftlichen Handel fordern sollte, so müsste dies für beide Arten von Steuern gleichermaßen gelten. Auch sonst hat es der Gerichtshof in ständiger Rechtsprechung zu Recht abgelehnt, Art. 110 AEUV oder die Grundfreiheiten unter Harmonisierungsvorbehalt zu stellen (s. Rz. 6.13). Zugunsten der EuGH-Judikatur lässt sich auch nicht anführen, die Harmonisierung erleichtere die Zuordnung von Besteuerungsrechten durch die Orientierung an detaillierten Vorgaben des Sekundärrechts.[5] Denn die vom Gerichtshof dem Art. 110 AEUV entnommene Anrechnungspflicht des Bestimmungslandes steht gerade im Widerspruch zu dem Grundsatz der Mehrwertsteuerrichtlinie, dem Bestimmungsland die Besteuerungshoheit zuzuweisen. Ist eine Steuer ganz oder teilweise sekundärrechtlich harmonisiert und treten internationale Doppelbesteuerungseffekte auf, so sind diese ohnehin zunächst auf ihre Vereinbarkeit mit der einschlägigen Richtlinie zu überprüfen.[6] Beruht die Kumulation der Steuerbelastung auf ihrer fehlerhaften Umsetzung bzw. Interpretation in einer der beteiligten Jurisdiktionen, so bedarf es keiner Erörterung eines etwaigen Doppelbesteuerungsverbotes auf Basis des Art. 110 AEUV mehr.

Davon abgesehen ist es auch verfehlt, dem Bestimmungsland gestützt auf Art. 110 AEUV einen – vollständigen oder zumindest teilweisen – Verzicht auf die Ausübung seiner Besteuerungshoheit abzuverlangen. Dies widerspricht den Wertungen der Art. 110 f. AEUV, denen sich für warenbezogene Abgaben eine primärrechtliche Präferenz für die Besteuerung nach dem Bestimmungslandprinzip entnehmen lässt.[7]

6.66 Richtigerweise ist Art. 110 AEUV seiner Schutzrichtung nach zu eng konzipiert, als dass ihm ein prinzipielles Verbot internationaler Doppelbesteuerung oder gar eine Zuweisung der Verantwortung für deren Beseitigung an bestimmte Mitgliedstaaten entnommen werden könnte.[8] Die Vorschrift fokus-

---

1 S. dazu auch EuGH v. 21.5.1985 – 47/84 – Schul Douane-Expediteur II, Slg. 1985, 1491 Rz. 31 f.
2 Vgl. EuGH v. 11.12.1984 – 134/83 – Abbink, Slg. 1984, 4097 Rz. 15; v. 25.2.1988 – 299/86 – Drexl, Slg. 1988, 1213 Rz. 10; v. 26.2.1991 – C-120/88 – Kommission/Italien, Slg. 1991, I-621 Rz. 6; v. 26.2.1991 – C-159/89 – Kommission/Griechenland, Slg. 1991, I-691 Rz. 7; v. 26.2.1991 – C-119/89 – Kommission/Spanien, Slg. 1991, I-641 Rz. 6.
3 S. EuGH v. 26.2.1991 – C-159/89 – Kommission/Griechenland, Slg. 1991, I-691 Rz. 14.
4 Wie hier *Kofler*, Doppelbesteuerungsabkommen und Europäisches Gemeinschaftsrecht, S. 233 f. Anders, aber ohne inhaltliche Auseinandersetzung *Eilers/Bahns/Sedlaczek* in von den Groeben/Schwarze[6], Art. 90 EG Rz. 23 u. 40; *Waldhoff* in Calliess/Ruffert[5], Art. 110 AEUV Rz. 13; *Schnitger*, Die Grenzen der Einwirkung der Grundfreiheiten des EG-Vertrages auf das Ertragsteuerrecht, S. 261 ff.; *Schön*, EuR 2001, 341 (353) m.w.N.
5 So aber *Cordewener*, Europäische Grundfreiheiten und nationales Recht, S. 867.
6 Vgl. auch EuGH v. 11.7.2013 – C-521/11 – Amazon.com International Sales, ECLI:EU:C:2013:515 Rz. 64 f., zur Kopierabgabe.
7 Dazu näher *Englisch*, Wettbewerbsgleichheit im grenzüberschreitenden Handel, S. 794 f.
8 A.A. wohl *Schütze*, Yearbook of European Law 2016, S. 382 (408 f.).

siert nur auf die steuerliche Gleichbehandlung innerhalb der nationalen Steuerrechtsordnung und ist ersichtlich nicht auf die Bewältigung von Phänomenen steuerlicher Ungleichbehandlung zugeschnitten, die erst bei Einnahme eines überstaatlichen Standpunktes, das heißt nur aus einer genuinen Binnenmarktperspektive erkennbar werden. **Einschlägig sind stattdessen die allgemeinen Beschränkungsverbote** der Warenverkehrsfreiheit nach Art. 34 f. AEUV; bei Dienstleistungen kommt ohnehin von vornherein nur das Beschränkungsverbot des Art. 56 AEUV in Betracht. Insofern kann auf die Ausführung zur grundfreiheitlichen Dimension internationaler Doppelbesteuerung verwiesen werden (s. Rz. 7.180 ff.).[1]

D. Beschränkende Wirkung der Steuererhebung als solcher

Eine indirekte Steuer auf Waren soll nach wiederholt geäußerter Ansicht des EuGH erst dann einer Prüfung anhand des allgemeinen Beschränkungsverbotes nach Art. 34 AEUV unterzogen werden können, wenn sie infolge ihrer absoluten Belastungshöhe „ihre Qualifizierung als inländische Abgabe i.S.v. Art. 90 EG [jetzt Art. 110 AEUV] eingebüßt hätte und sich als eine Maßnahme mit gleicher Wirkung wie eine mengenmäßige Beschränkung i.S.v. Art. 34 AEUV darstellen würde"[2]. Ausführungen an anderer Stelle der einschlägigen Leitentscheidung geben zu erkennen, dass dies nach Ansicht des Gerichtshofes wohl erst dann der Fall sein soll, wenn die Steuer eine **prohibitive Wirkung** hat, d.h. wenn sie **nach Art einer „Erdrosselungsteuer"** den grenzüberschreitenden Handel ganz oder nahezu vollständig zum Erliegen bringt.[3] Im Kontext der Dienstleistungsfreiheit hat sich der EuGH vereinzelt ebenso restriktiv geäußert.[4] Eine nähere Begründung hierfür findet sich in den jeweiligen Entscheidungen nicht. Den Schlussanträgen des Generalanwalts *Jacobs*, die dem jüngsten Urteil vorausgingen, lassen sich jedoch einige Hinweise entnehmen: Würde man generell jede „hohe" Abgabenbelastung mit faktischen Auswirkungen auf den Umfang des grenzüberschreitenden Waren- oder Dienstleistungsverkehrs an Art. 34 AEUV messen, so bedürfte es der Festlegung eines Schwellenwertes zur Bestimmung der Grundfreiheitsrelevanz der Abgabenhöhe; jeglicher Schwellenwert sei aber „völlig willkürlich". Außerdem könnte die Erhebung reiner Fiskalzwecksteuern im Falle eines Überschreitens dieses Schwellenwertes nicht gerechtfertigt werden, weil rein wirtschaftliche Gründe grundsätzlich kein tauglicher Rechtfertigungsgrund für eine Grundfreiheitsbeschränkung sind (s. Rz. 7.209 ff.). Das führe zu einer übermäßigen Beschneidung mitgliedstaatlicher Souveränität in Steuerfragen.[5] In einem Urteil aus der Frühzeit seiner Rechtsprechung hatte der Gerichtshof außerdem die Feststellung getrof-

---

1 Zu Besonderheiten bei indirekten Steuern unter der – vom EuGH nicht geteilten – Prämisse der Grundfreiheitswidrigkeit internationaler Doppelbesteuerung s. *Englisch*, Wettbewerbsgleichheit im grenzüberschreitenden Handel, S. 765 f. u. 796 f.
2 EuGH v. 17.6.2003 – C-383/01 – De Danske Bilimportorer, Slg. 2003, I-6065 Rz. 42. In diese Richtung, aber weniger eindeutig bereits EuGH v. 11.12.1990 – C-47/88 – Kommission/Dänemark, Slg. 1990, I-4509 Rz. 12.
3 Vgl. EuGH v. 17.6.2003 – C-383/01 – De Danske Bilimportorer, Slg. 2003, I-6065 Rz. 41; s. auch EuGH v. 23.10.1997 – C-189/95 – Franzén, Slg. 1997, I-5909 Rz. 69–73; EuGH, Schlussanträge des Generalanwalts *Mischo* v. 18.8.1990 – C-47/88 – Kommission/Dänemark, Slg. 1990, I-4509 Rz. 12. So explizit auch *Schön*, EuR 2001, 341 (362); *Balke*, Steuerliche Gestaltungsfreiheit der Mitgliedstaaten und freier Warenverkehr im Europäischen Binnenmarkt, S. 188 ff.
4 S. EuGH v. 8.9.2005 – C-544/03 u.a. – Mobistar und Belgacom Mobile, Slg. 2005, I-7723 Rz. 31. S. ferner EuGH, Schlussanträge der Generalanwältin *Kokott* v. 28.10.2004 – C-134/03 – Viacom Outdoor, Slg. 2005, I-1167 Rz. 63; EuGH, Schlussanträge der Generalanwältin *Kokott* v. 2.7.2009 – C-169/08 – Regione Sardegna, Slg. 2009, I-10821 Rz. 50 (dort Fn. 37).
5 S. EuGH, Schlussanträge des Generalanwalts *Jacobs* v. 27.2.2003 – C-383/01 – De Danske Bilimportorer, Slg. 2003, I-6065 Rz. 57–74. S. auch ansatzweise EuGH, Schlussanträge der Generalanwältin *Kokott* v. 28.10.2004 – C-134/03 – Viacom Outdoor, Slg. 2005, I-1167 Rz. 62 (zur Dienstleistungsfreiheit).

fen, inländische Abgaben i.S.d. Art. 95 EWG (der heutige Art. 110 AEUV) unterschieden sich sowohl funktional als auch ihrem Zweck nach von Maßnahmen i.S.d. Art. 30 EWG (der heutige 34 AEUV). Außerdem sähen Art. 30 EWG einerseits und Art. 95 EWG andererseits für die Beseitigung der darin jeweils angesprochenen Hindernisse für den Warenverkehr im Binnenmarkt unterschiedliche Zeitfolgen und Verfahren vor.[1]

6.68 Diese Sichtweise erscheint jedoch als zu restriktiv;[2] sie ist außerdem auch vom EuGH selbst nicht stringent durchgehalten worden. Hinfällig ist zunächst der oben zuletzt zitierte Hinweis des EuGH auf die unterschiedlichen Vorgaben der europäischen Gründungsverträge zur Umsetzung der Art. 30 und 95 EWG. Spätestens mit dem Ende der jeweiligen Übergangszeit und mit dem Eintritt der unmittelbaren Wirkung der Vorläuferbestimmungen sowohl des Art. 34 AEUV als auch des Art. 110 AEUV haben sich die entsprechenden Rechtswirkungen vollumfänglich angeglichen. In systematischer Hinsicht bestehen darum keine Bedenken (mehr), das Verbot von Maßnahmen gleicher Wirkung nach Art. 34 AEUV als nur *subsidiär* im Verhältnis zum spezifisch steuerlichen Diskriminierungs- und Protektionsverbot anzusehen.[3] Steuern auf Dienstleistungen sind ohnehin in jeder Hinsicht an der allgemeinen Dienstleistungsfreiheit des Art. 56 AEUV zu messen.

Im Übrigen kann dem EuGH und seinen Generalanwälten nur tendenziell gefolgt werden. Nachvollziehbar ist zunächst, dass jedenfalls „erdrosselnde" Abgaben einer Maßnahme mit gleicher Wirkung wie eine mengenmäßige Einfuhrbeschränkung bzw. einer Beschränkung der Dienstleistungsfreiheit gleichgeachtet werden, weil bei ihnen der Fiskalzweck in den Hintergrund tritt und sie wie Verkehrs- bzw. Tätigkeitsverbote wirken.[4] Als zutreffend erscheint es ferner, aus den von Generalanwalt *Jacobs* genannten Gründen bei der Annahme freiheitsrechtlicher Wirkungen der Grundfreiheiten jedenfalls auf dem Gebiet des Abgabenrechts Zurückhaltung zu zeigen. Akzeptiert man jedoch mit dem EuGH generell eine freiheitsrechtliche Dimension der Grundfreiheiten,[5] so hieße es das Binnenmarktziel der Union in unverhältnismäßiger Weise der nationalstaatlichen Steuersouveränität preiszugeben, wenn den Mitgliedstaaten jegliche handelsbeschränkende Steuererhebung unterhalb der Schwelle einer Erdrosselungssteuer gestattet wäre. Dies wäre auch deshalb wertungswidersprüchlich, weil nach den Art. 30 und 110 AEUV schon geringfügige Beeinträchtigungen des grenzüberschreitenden Warenhandels durch – nicht herkunftsneutrale – Steuer- und Abgabenregelungen untersagt sind.[6] Im Übrigen ähneln die mit einer Anwendung der Art. 34, 56 AEUV verbundenen Probleme letztlich denjenigen, die sich bei der Abgrenzung zwischen nicht grundfreiheitsrelevanten Verkaufs- bzw. Vertriebsmodalitäten („Keck-Formel" des EuGH)[7] einerseits und **grundfreiheitsbeschränkenden Marktzugangshemmnissen**[8] andererseits ergeben. Auch in diesem Kontext müssen den Handel im Binnenmarkt spezifisch be-

---

1 S. EuGH v. 4.4.1968 – 27/67 – Fink-Frucht, Slg. 1968, 334 (335).
2 Kritisch auch *Wennerås*, LIEI 2002, 219 (229 f.).
3 Für ein Subsidiaritätsverhältnis plädiert auch *Moritz*, Das Diskriminierungsverbot im Spannungsverhältnis zu Gleichbehandlung und Gerechtigkeit, S. 281.
4 Zur Grundfreiheitsrelevanz von Verkehrs- und Tätigkeitsverboten s. beispielsweise EuGH v. 11.7.2000 – C-473/98 – Toolex, Slg. 2000, I-5681 Rz. 35 f.; v. 26.10.2006 – C-65/05 – Kommission/Griechenland, Slg. 2006, I-10341 Rz. 53.
5 S. dazu *Ehlers*, Europäische Grundrechte und Grundfreiheiten[3], S. 223 m.w.N.; s. speziell zu Abgabenregelungen auch EuGH v. 14.10.1999 – C-439/97 – Sandoz, Slg. 1999, I-7041 Rz. 17 ff.
6 Dies konzediert auch Generalanwalt *Jacobs*, Schlussanträge v. 27.2.2003 – C-383/01 – De Danske Bilimportører, Slg. 2003, I-6065 Rz. 75.
7 Grundlegend EuGH v. 24.11.1993 – C-267/91 u.a. – Keck und Mithouard, Slg. 1993, I-6097 Rz. 14 f.; s. ferner zur Dienstleistungsfreiheit die (umstrittene) Entscheidung EuGH v. 10.5.1995 – C-384/93 – Alpine Investments, Slg. 1995, I-1141 Rz. 33 ff.
8 S. beispielsweise EuGH v. 11.12.2003 – C-322/01 – Deutscher Apothekerverband eV gegen 0800 DocMorris NV und Jacques Waterval, Slg. 2003, I-14887 Rz. 68 ff.; v. 5.10.2004 – C-442/02 – CaixaBank France, Slg. 2004, I-8961 Rz. 12 f.; v. 28.4.2009 – C-518/06 – Kommission/Italien, Slg. 2009, I-3491 Rz. 64 ff.; sowie die Übersicht bei *Schroeder* in Streinz[3], Art. 34 AEUV Rz. 41 ff. S. ferner auch EuGH v. 10.11.2011 – C-212/09 – Kommission/Portugal, Slg. 2011, I-10889 Rz. 62 ff., zur Kapitalverkehrsfreiheit.

nachteiligende Wirkungen von unterschiedslos geltenden Vorschriften festgestellt werden. Den Besonderheiten, die bei voraussetzungslos erhobenen Fiskalzwecksteuern hinsichtlich der Verhältnismäßigkeitskontrolle bestehen, kann durch eine Bereichsausnahme für Regelsteuerbelastungen Rechnung getragen werden, die sich in das allgemeine Steuer- und Abgabensystem einfügen.

In eben diese Richtung weisen auch alternative Rechtsprechungsansätze des EuGH. Schon im Jahre 1968 entschied der Gerichtshof zutreffend, es stehe den Mitgliedstaaten „nicht frei, ... Waren ... so hoch zu belasten, dass der freie Warenverkehr innerhalb des Gemeinsamen Marktes hinsichtlich dieser Waren in Frage gestellt wird". Eine grundfreiheitsrelevante Beeinträchtigung des freien Warenverkehrs sei jedoch „nicht anzunehmen, wenn sich der Abgabensatz im allgemeinen Rahmen des nationalen Abgabensystems hält, dessen Bestandteil die streitige Abgabe ist"[1]. Nicht zu beanstanden sind demnach insbesondere spezielle Verkehr- und Verbrauchsteuern auf diejenigen Waren oder Dienstleistungen, die umsatzsteuerfrei gehandelt werden können, sofern die Steuerbelastung den Regelsatz der Umsatzsteuer nicht übersteigt. Derartige Steuern halten sich „im allgemeinen Rahmen" des relevanten nationalen Steuersystems und sind darum nicht weiter rechtfertigungsbedürftig, so dass den Mitgliedstaaten signifikantes steuerpolitisches Gestaltungsermessen verbleibt. Darüber hinausgehende **Sonderbelastungen** werden regelmäßig besondere extrafiskalische Ziele oder sozialpolitische Umverteilungsziele verfolgen und sind darum jedenfalls im Ansatzpunkt auch aus anderen als rein wirtschaftlichen Gründen rechtfertigungsfähig.[2]

6.69

Sodann hat der EuGH in einer späteren Entscheidung zur Dienstleistungsfreiheit des Art. 56 AEUV für die Grundfreiheitsrelevanz der Abgabenerhebung darauf abgestellt, in welchem Verhältnis die Höhe der Abgabenbelastung zum Wert der Dienstleistungen steht, die mit dieser Steuer belegt werden.[3] Dies überzeugt insofern, als die relative Verteuerung der jeweiligen Dienstleistung regelmäßig ausschlaggebend dafür ist, in welchem Maße sie für potentielle Abnehmer unattraktiver wird. Lehnt man allerdings eine Spürbarkeitsschwelle ab, die sich in der Tat nicht widerspruchsfrei in die allgemeine Grundfreiheitsjudikatur einfügt (s. Rz. 7.158 ff.), so muss es stattdessen darauf ankommen, ob eine Verminderung der Einfuhren statistisch belegt werden kann oder ob sich die Abgabe nach Gegenstand oder Bemessungsgrundlage faktisch stärker zu Lasten des grenzüberschreitenden Handels auswirken kann.[4] Stellt die Erhebung der Abgabe einen Grundfreiheitsverstoß dar, bedarf das mitgliedstaatliche Abgabenregime einer verhältnismäßigen Rechtfertigung anhand der allgemein anerkannten Rechtfertigungsgründe; anderenfalls darf die Abgabenregelung im grenzüberschreitenden Handel keine Anwendung finden.

Einen Sonderfall stellt schließlich die Rechtsprechung des EuGH zu **Kfz-Zulassungssteuern** dar, die anlässlich der **grenzüberschreitenden Vermietung bzw. Verleasung von Kraftfahrzeugen** vom Mitgliedstaat der angestrebten Kfz-Nutzung erhoben werden.[5] Der EuGH misst die Steuererhebung zutreffend an Art. 56 AEUV und nimmt unbeschadet einer etwaigen übereinstimmenden Ausgestaltung der Besteuerung für rein innerstaatlich vermietete bzw. verleaste Kfz eine freiheitsrechtlich begründete

6.70

---

1 S. EuGH v. 4.4.1968 – 31/67 – Stier, Slg. 1968, 352; ebenso tendenziell EuGH, Schlussanträge des Generalanwalts *Mischo* v. 18.8.1990 – 47/88 – Kommission/Dänemark, Slg. 1990, I-4509 Rz. 25; EuGH, Schlussanträge des Generalanwalts *Jacobs* v. 27.2.2003 – C-383/01 – De Danske Bilimportører, Slg. 2003, I-6065 Rz. 78.
2 S. speziell zu sozialpolitisch motivierten hohen Steuern auf „Luxusgüter" EuGH v. 5.4.1990 – C-132/88 – Kommission/Griechenland, Slg. 1990, I-1567 Rz. 17.
3 S. EuGH v. 17.2.2005 – C-134/03 – Viacom Outdoor, Slg. 2005, I-1167 Rz. 35 ff.
4 S. zu Letzterem EuGH v. 21.3.2002 – C-451/99 – Cura Anlagen, Slg. 2002, I-3193 Rz. 67–69.
5 S. hierzu und zum Folgenden EuGH v. 27.6.2006 – C-242/05 – van de Coevering, ECLI:EU:C:2006:430 Rz. 21 ff.; v. 19.9.2017 – C-552/15 – Kommission/Irland, ECLI:EU:C:2017:698 Rz. 72 ff.; v. 18.1.2018 – C-249/15 – Wind 1014 GmbH, ECLI:EU:C:2018:21 Rz. 33 ff.; s. auch EuGH v. 15.9.2005 – C-464/02 – Kommission/Dänemark, ECLI:EU:C:2005:546 Rz. 75 ff., unter dem Aspekt der Arbeitnehmerfreizügigkeit bei arbeitgeberseitiger Kfz-Überlassung.

Beschränkung der Dienstleistungsfreiheit an. Für gerechtfertigt und verhältnismäßig erachtet er diese beschränkende Wirkung grds. nur dann, wenn die Höhe der Steuer nach der vorgesehenen inländischen Nutzungsdauer abgestuft wird; sonstigen Rechtfertigungsansätzen steht der Gerichtshof sehr reserviert gegenüber.

Kapitel 7
Diskriminierungs- und Beschränkungsverbote im direkten Steuerrecht

A. Überblick 7.1
  I. Grundfreiheiten als Herzstück des Europäischen Steuerrechts 7.1
  II. Rechtsquellen 7.3
    1. Marktfreiheiten 7.3
    2. Unionsbürgerliche Garantien jenseits des Binnenmarkts 7.6
    3. Grundfreiheiten des EWR-Abkommens 7.7
    4. EFTA-Abkommen 7.8
    5. Bilaterale Abkommen EU-Schweiz ... 7.9
      a) Freihandelsabkommen vom 22.7.1972 .... 7.9
      b) Freizügigkeitsabkommen vom 21.6.1999 .... 7.12
  III. Methodologie 7.15
    1. Anwendungsvorrang und unmittelbare Anwendbarkeit 7.15
    2. Finanzbehörden und Finanzgerichte als Schuldner der Grundfreiheiten 7.18
  IV. Insbesondere: Verhältnis der Grundfreiheiten zum Sekundärrecht 7.19
    1. Grundsatz: Maßgeblichkeit der Grundfreiheiten 7.19
    2. Umgekehrte Maßgeblichkeit: Prägung und Konkretisierung der Grundfreiheiten durch Sekundärrecht 7.21
      a) Vor- und Nachverdichtung 7.21
      b) Geltung der Grundfreiheiten auch und gerade in nichtharmonisierten Bereichen 7.22
      c) Sachverhaltsklärung durch Sekundärrecht 7.25
  V. Allgemeine Grundfreiheitslehren ... 7.26
    1. Eröffnung des Anwendungsbereichs .. 7.26
      a) Persönlicher Unionsbezug 7.26
      b) Gegenständlicher Unionsbezug ... 7.28
      c) Räumlicher Marktbezug 7.29
      d) Grenzüberschreitender Bezug 7.30
      e) Zeitlicher Binnenmarktbezug 7.33
    2. Diskriminierungs- und Beschränkungsverbot 7.34
      a) Grundlagen 7.34
      b) Konvergenz von Diskriminierungs- und Beschränkungsverbot 7.35
      c) Vorrang der Gleichheitsprüfung vor der Freiheitsprüfung 7.37
      d) Verhältnis der „diskriminierenden Beschränkung" zur klassischen Diskriminierung 7.40

      e) Freiheitsrechtliche Garantien i.e.S. . 7.42
    3. Aktive und passive Wirkung 7.43
    4. Direkte und indirekte Wirkung 7.46
    5. Rechtfertigungsgründe 7.48
    6. Verhältnismäßigkeitsgrundsatz 7.50
    7. Schuldner der Grundfreiheiten 7.53
      a) Organe und Untergliederungen der Mitgliedstaaten 7.53
      b) Unionsorgane und mittelbare Unionsverwaltung 7.55
      c) Private 7.56
    8. Rechtsfolgen eines Grundfreiheitsverstoßes 7.58
B. Anwendungsbereich der einzelnen Grundfreiheiten 7.62
  I. Warenverkehrsfreiheit (Art. 34 ff. AEUV) 7.63
    1. Dogmatische Leitfunktion 7.63
    2. Warenverkehrsfreiheit und direkte Steuern 7.64
  II. Arbeitnehmerfreizügigkeit (Art. 45 ff. AEUV) 7.66
    1. Bedeutung 7.66
    2. Abgrenzung zu anderen Grundfreiheiten 7.67
    3. Persönlicher Anwendungsbereich 7.68
    4. Sachlicher Anwendungsbereich 7.69
    5. Rechtfertigungsebene 7.70
  III. Niederlassungsfreiheit (Art. 49 ff. AEUV) 7.71
    1. Bedeutung 7.71
    2. Abgrenzung zu anderen Grundfreiheiten 7.72
    3. Persönlicher Anwendungsbereich 7.75
    4. Sachlicher Anwendungsbereich 7.77
      a) Primäre und sekundäre Niederlassung 7.77
      b) Unternehmerische Aktivitäten 7.80
    5. Rechtfertigungsebene 7.81
  IV. Dienstleistungsfreiheit (Art. 56 ff. AEUV) 7.82
    1. Bedeutung 7.82
    2. Abgrenzung zu anderen Grundfreiheiten 7.83
    3. Persönlicher Anwendungsbereich 7.84
    4. Sachlicher Anwendungsbereich 7.85
    5. Rechtfertigungsebene 7.86

V. Kapitalverkehrsfreiheit (Art. 63 ff. AEUV) 7.87
1. Bedeutung 7.87
2. Abgrenzung zu anderen Grundfreiheiten 7.88
   a) Eindeutige Fälle 7.89
   b) Charakter des Einzelfalles 7.91
   c) Gegenstand der nationalen Rechtsvorschrift 7.94
   d) Kritik und Konsequenzen 7.95
3. Persönlicher Anwendungsbereich 7.99
4. Sachlicher Anwendungsbereich 7.100
5. Steuervorbehalt (Art. 65 Abs. 1 Buchst. a AEUV) und Gemeinsame Erklärung 7.101
6. Rechtfertigungsebene 7.104
7. Insbesondere: Erstreckung auf Fälle mit Drittstaatsbezug 7.106

VI. Freizügigkeit der Unionsbürger (Art. 21 Abs. 1 AEUV) 7.110
1. Bedeutung 7.110
2. Abgrenzung zu anderen Grundfreiheiten 7.112
3. Persönlicher Anwendungsbereich 7.113
4. Sachlicher Anwendungsbereich 7.114
5. Rechtfertigungsebene 7.116

VII. Allgemeines Diskriminierungsverbot (Art. 18 Unterabs. 1 AEUV) 7.117
1. Grundlagen 7.117
2. Abgrenzung zu anderen Grundfreiheiten 7.119
3. Persönlicher Anwendungsbereich 7.120
4. Tatbestandliche Diskriminierungen 7.121
   a) Verbotene Unterscheidungskriterien 7.121
   b) Objektive und subjektive Diskriminierung 7.122
5. Rechtfertigung 7.123

C. Steuerliche Diskriminierung und Beschränkung 7.125

I. Diskriminierung von grenzüberschreitenden gegenüber innerstaatlichen Vorgängen 7.125
1. Vorbemerkungen 7.125
2. Vergleichspaarbildung 7.128
   a) Keine Beschränkung auf ein Vergleichspaar 7.128
   b) Vergleichbarkeit: Faktenlage vs. normative Vorprägung 7.129
   c) Realer Fall des Steuerpflichtigen 7.136
   d) Fiktiver Fall des Vergleichspartners 7.137
3. Kriterien der belastungsauslösenden Verschiedenheit 7.153
4. Steuerliche Benachteiligung und ihre Kategorien 7.158
   a) Materiell-rechtliche Benachteiligung 7.158
   b) Verfahrensrechtliche Benachteiligung 7.160
   c) Umgekehrte Diskriminierung 7.161
5. Insbesondere: Unbeachtlichkeit punktueller Schlechterstellung bei anderweitiger Kompensation 7.162

II. Diskriminierung zwischen verschiedenen grenzüberschreitenden Vorgängen 7.163
1. Steuerliche Diskriminierung im bilateralen Verhältnis 7.163
2. Steuerliche Meistbegünstigung in Dreiecksverhältnissen 7.169
3. Rechtsformneutralität der Besteuerung 7.171

III. Gebot gegenseitiger Anerkennung 7.173

IV. Beschränkende Mehrfachbelastung grenzüberschreitender Vorgänge 7.180
1. Internationale Doppelbesteuerung 7.180
2. Verfahrensrechtliche Doppelbelastung 7.183

V. Beschränkende Wirkung des Steuereingriffs als solchem 7.184
1. Abgrenzung zu den Diskriminierungsfällen 7.185
2. Beschränkungen i.e.S. als Anwendungsfälle der Grundfreiheiten 7.191
3. Absolute Belastungsobergrenze? 7.196

D. Rechtfertigungsmöglichkeiten 7.199

I. Prüfungsschema 7.199

II. Geschriebene und ungeschriebene Rechtfertigungsgründe 7.200

III. Verhältnismäßigkeit und Folgerichtigkeit der Rechtfertigung 7.205

IV. Einzelne Rechtfertigungsgründe 7.208
1. Prinzipiell nicht zur Rechtfertigung taugende Regelungsanliegen 7.208
   a) Drohende Steuerausfälle und sonstige fiskalische Erwägungen 7.209
   b) Ziele im Rahmen einer national ausgerichteten Standortpolitik 7.213
   c) Förderung nur inländischer gemeinnütziger u.ä. Einrichtungen 7.219
   d) Repatriierungspolitik 7.222
2. Anerkannte Rechtfertigungsgründe 7.223
   a) Wahrung einer angemessenen Aufteilung der Besteuerungsbefugnis 7.224
      aa) Besteuerung stiller Reserven bei drohender Steuerentstrickung 7.228
         (1) Anerkennung und Reichweite 7.228

| (2) Anforderungen an die Verhältnismäßigkeit 7.229
| (3) Kritik 7.232
| (4) Besonderheiten im Drittstaatkontext 7.238
| bb) Symmetrische Nichtberücksichtigung von Auslandsverlusten 7.239
| cc) Bekämpfung von missbräuchlicher Steuerumgehung und Steuerflucht 7.248
| (1) Ursprüngliche Begrenzung auf substanzlose Gestaltungen 7.250
| (2) Vorsichtige Öffnung in Richtung Angemessenheitsbetrachtung 7.252
| (3) Insbesondere Einkünftekorrekturen nach dem Fremdvergleichsgrundsatz 7.254
| (4) Notwendigkeit einzelfallbezogener Prüfung 7.257
| (5) Kritik 7.259

dd) Weitere Fallgruppen 7.262
b) Vermeidung internationaler Kumulation von Steuervergünstigungen 7.264
aa) EuGH-Rechtsprechung im Fluss 7.264
bb) Kritische Würdigung 7.269
c) Nachteilsausgleich und Kohärenz . 7.273
aa) Zwischenstaatlich vereinbarter grenzüberschreitender Nachteilsausgleich 7.275
bb) Kohärenter Vorteilsausgleich im nationalen Steuersystem .. 7.279
d) Wirksame steuerliche Kontrolle ... 7.289
aa) Rechtsprechung des EuGH ... 7.289
bb) Kritische Würdigung 7.294
e) Sicherstellung der Durchsetzung des Steueranspruchs 7.297
V. Übergangsregelung für Beschränkungen des Kapitalverkehrs mit Drittstaaten 7.300

Literatur: *Cordewener,* Europäische Grundfreiheiten und nationales Steuerrecht, Köln 2002; *Dölker,* Anbindung der Schweiz an das Steuerrecht der EU: Kapitalverkehrsfreiheit, Freizügigkeitsabkommen, BEPS und Anti Tax Avoidance Package, BB 2019, 726; *Douma/Engelen,* Non-discriminatory tax obstacles to free movement, in Lang/Weinzierl (Hrsg.), Europäisches Steuerrecht, FS für Rödler, Wien 2010, 193; *Dürrschmidt,* „Europäisches Steuerrecht" nach Lissabon, NJW 2010, 2086 ff.; *Englisch,* Taxation of Cross-Border Dividends and EC Fundamental Freedoms, Intertax 2010, 197; *Englisch,* X Holding: Looking beyond Loss Relief Issues, in Weber/da Silva (Hrsg.), From Marks & Spencer to X Holding, 2011, 71; *Gebhardt/Quilitzsch,* Cross-Border Loss Relief in the EU, EC Tax Review 2011, 263; *Ghosh,* Principles of the Internal Market and Direct Taxation, Oxford 2007; *Hahn,* Gemeinschaftsrecht und Recht der direkten Steuern (Teil 1), DStZ 2005, 433, (Teil 2), DStZ 2005, 469; *Haslehner,* Cross-Border Loss Relief for Permanent Establishments under EC Law, Bulletin for International Taxation 2010, 33; *Hemels,* References to the Mutual Assistance Directive in the Case Law of the ECJ: A Systematic Approach, ET 2009, 583; *Kofler,* Doppelbesteuerungsabkommen und europäisches Gemeinschaftsrecht, Wien 2007; *Kofler,* Tax Treaty „Neutralization" of Source State Discrimination under the EU Fundamental Freedoms?, ET 2011, 684; *Kofler,* Wer hat das Sagen im Steuerrecht – EuGH (Teil 1), ÖStZ 2006, 106, (Teil 2), ÖStZ 2006, 154; *Kokott,* Das Steuerrecht der Europäischen Union, München 2018; *Kokott/Ost,* Europäische Grundfreiheiten und nationales Steuerrecht, EuZW 2011, 496; *Kube,* Grenzüberschreitende Verlustverrechnung und die Zuordnung von Verantwortung, IStR 2008, 305; *L. Hinnekens,* Recent trends in the case law of the ECJ in matters of direct taxation. Scripta Iuris Europeae/ERA-Forum, Bd. 7 Nr. 2, Berlin/Heidelberg 2006; *Lehner* (Hrsg.), Grundfreiheiten im Steuerrecht der EU-Staaten, München 2000; *Lehner* (Hrsg.), Steuerrecht im Europäischen Binnenmarkt, DStJG, Bd. 19, Köln 1995; *M. Lang,* 2005 – Eine Wende in der steuerlichen Rechtsprechung des EuGH zu den Grundfreiheiten?, in Mellinghoff/Schön/Viskorf (Hrsg.), Steuerrecht im Rechtsstaat, FS für Spindler, Köln 2011, 297; *M. Lang,* Die Rechtsprechung des EuGH zu den direkten Steuern: Welcher Spielraum bleibt den Mitgliedstaaten?, Frankfurt 2007; *M. Lang,* Direct Taxation: Is the ECJ Heading in a New Direction?, ET 2006, 421; *M. Lang,* Limitation of Temporal Effects of CJEU Judgments: Mission Impossible for Governments of EU Member States, in Popelier u.a. (Hrsg.), The Effects of Judicial Decisions in Time, 2014, S. 245; *M. Lang,* Recent Case Law of the ECJ in Direct Taxation: Trends, Tensions, and Contradictions, EC Tax Review 2009, 98; *M. Lang,* The Legal and Political Context of ECJ Case Law on Mutual Assistance, ET 2012, 199; *Marres,* The Principle of Territoriality and Cross-Border Loss Compensation, Intertax 2011, 112; *Meussen* (Hrsg.), The Principle of Equality in European Taxation, 1999; *Poulsen,* Freedom of Establishment and the Balanced Allocation of Tax Jurisdiction, Intertax 2012, 200; *Reimer* u.a. (Hrsg.), Europäisches Gesellschafts- und Steuerrecht. Grundlagen – Entwicklungen – Verbindungslinien, München 2007; *Reimer,* Taxation – An Area without Mutual Recognition?, in Richelle u.a. (Hrsg.), Allocating Taxing Powers within the European Union, Heidelberg 2013, 197; *Richelle*, Cross-Border Loss Compensation: State and Critique of the Judicature, in Richelle u.a. (Hrsg.), Allocating Taxing Powers within the European Union, Heidelberg 2013, 101; *Riedl*, Die internationale Doppelbesteuerung im EU-Binnenmarkt, Frankfurt 2012; *Rønfeldt*, The Lawfulness of the Restriction of Losses, Intertax 2013, 360; *Schnitger*, Die Grenzen der Einwirkung der Grundfreiheiten des EG-Vertrages auf das Ertragsteuerrecht, Düsseldorf 2006; *Schön*, Der Fremdvergleich, der Europäische Gerichtshof und die „Theory of the Firm", IStR 2011, 777; *Schön*, Transfer Pricing, the Arm's Length Standard and European Union Law, in Richelle u.a. (Hrsg.), Allocating Taxing Powers within the European Union, Heidelberg 2013, 73; *Seer/Haken*, Bedeutung und Einfluss des europäischen Gemeinschaftsrechts. Die Grundfreiheiten des EG-Vertrages als Beschränkungsverbote und ihre gesteigerte Bedeutung für das nationale Steuerrecht, Steuer & Studium 2001, 344; *Simader*, Die Bedeutung der internationalen Amtshilfe in Steuersachen in der Rechtsprechung des EuGH zu den Grundfreiheiten, in Lang u.a. (Hrsg.), Internationale Amtshilfe in Steuersachen, Wien 2011, 309; *Thömmes*, Tatbestandsmäßigkeit und Rechtfertigung steuerlicher Diskriminierungen nach EG-Recht, in Schön (Hrsg.), Gedächtnisschrift für Brigitte Knobbe-Keuk, Köln 1997, 795; *Traversa/Vintras*, The Territoriality of Tax Incentives within the Single Market, in Richelle u.a. (Hrsg.), Allocating Taxing Powers within the European Union, Heidelberg 2013, 171; *van Thiel*, Free movement of Persons and Income Tax Law, Amsterdam 2002; *Vanistendael*, The ECJ at the Crossroads: Balancing Tax Sovereignty against the Imperatives of the Single Market, ET 2006, 413; *Weber-Grellet*, Neu-Justierung der EuGH-Rechtsprechung, DStR 2009, 1129; *Weggenmann*, EG-rechtliche Aspekte steuerlicher Meistbegünstigung im Abkommensrecht, IStR 2003, 677.

A. Überblick

I. Grundfreiheiten als Herzstück des Europäischen Steuerrechts

7.1 Die Grundfreiheiten und ihr Einfluss auf das Recht der direkten Steuern der EU-Mitgliedstaaten sind seit 1995 – sprunghaft und nahezu ohne Ankündigung – zum **Funktionszentrum** des Europäischen Steuerrechts geworden.[1] Harmonisierungen des Rechts der direkten Steuern sind und bleiben in der größer gewordenen Gemeinschaft, der Europäischen Union, angesichts des Einstimmigkeitserfordernisses (Art. 115 i.V.m. Art. 114 Abs. 2 AEUV) die Ausnahme. Das gilt nicht nur in sachlich-thematischer Hinsicht. Harmonisierungen sind auch schwerfälliger, als es der besonders gestaltungsanfällige Sachbereich Steuerrecht zulässt: Retardierungen im Rechtsetzungsprozess reißen rasch Lücken in die Gleichmäßigkeit und die Akzeptanz der Besteuerung, damit aber auch in die Funktionsfähigkeit des Steuerrechts zur Staatsfinanzierung. In dieser Lage kommt dem **richterlich konkretisierten Primärrecht** und damit – noch vor dem Beihilfenrecht – namentlich den Grundfreiheiten eine natürliche **Auf-**

---

1 Dabei markiert die *Schumacker*-Entscheidung des EuGH (EuGH v. 14.2.1995 – C-279/93, Slg. 1995, I-225 = FR 1995, 224 m. Anm. *Waterkamp-Faupel*) einen qualitativen Sprung in der wissenschaftlichen Diskussion; vgl. *Knobbe-Keuk*, EuZW 1995, 177; *Lehner* (Hrsg.), Steuerrecht im Europäischen Binnenmarkt, DStJG Bd. 19 (1996) – insb. die Beiträge von *Saß* (S. 35 ff.), *Birk* (S. 63 ff.), *Thömmes* (S. 81 ff.) und *Lehner* (S. 257 ff.); *Birk* (Hrsg.), Handbuch des Europäischen Steuer- und Abgabenrechts, Herne/Berlin 1995 – insb. die Beiträge von *Eckhoff* (S. 461 ff., 501 ff., 543 ff.) und *Henke* (S. 583 ff.); *Flume/Jakobs/Picker/Schön/Wilhelm* (Hrsg.), Gedächtnisschrift für Brigitte Knobbe-Keuk, 1997 – insb. die Beiträge von *Everling* (S. 607 ff.), *Herzig* (S. 627 ff.), *Schön* (S. 743 ff.) und *Thömmes* (S. 795 ff.); Institut Finanzen und Steuern (Bearbeiter: *Hahn*), Die Vereinbarkeit von Normen des deutschen internationalen Steuerrechts mit EG-Recht (IFSt-Schrift Nr. 378), Bonn 1999; *Thömmes*, Stand und Entwicklungstendenzen der EuGH-Rechtsprechung zu den direkten Steuern, in Steuerberater-Jahrbuch 1998/99, Köln 1999, S. 173 ff.; die Beiträge von *Schön, Lehner* und *Tumpel*, in Pelka (Hrsg.), Europa- und verfassungsrechtliche Grenzen der Unternehmensbesteuerung, DStJG Bd. 23 (2000); *Cordewener*, Europäische Grundfreiheiten und nationales Steuerrecht. „Konvergenz" des Gemeinschaftsrechts und „Kohärenz" der direkten Steuern in der Rechtsprechung des EuGH, Köln 2002; *Straßburger*, Die Dogmatik der EU-Grundfreiheiten – Konkretisiert anhand des nationalen Rechts der Dividendenbesteuerung, Tübingen 2012; *Kokott*, Das Steuerrecht der Europäischen Union, 2018, § 3 Rz. 79 ff.

fangfunktion zu. Die auf die Grundfreiheiten gestützte negative Integration findet in anderen föderativen Ordnungen historische Vorbilder.[1]

Im Europäischen Primärrecht sind Funktion und Dogmatik der Grundfreiheiten auf das Engste mit dem **Konzept des Binnenmarkts** (Art. 3 Abs. 3 EUV, Art. 26 f. AEUV) verknüpft.[2] Seine Leitidee prägt namentlich die Auslegung der Marktfreiheiten (Rz. 7.3): Wer in einem Mitgliedstaat ansässig ist, soll seine Leistungen prinzipiell ungehindert und diskriminierungsfrei in alle und in allen Mitgliedstaaten erbringen können. Diesem **Doppelziel** von Marktfreiheit und Marktgleichheit[3] liegt das ökonomische Erfahrungswissen zugrunde, dass mit der Größe eines Marktes auch die Effizienz der Ressourcenallokation steigt.[4] In dieser finalen Perspektive stellen die Marktfreiheiten den Bürger als Anspruchsteller und Rechtsschutzsuchenden in den Dienst des ökonomischen Wohlfahrts- und des politischen Integrationsziels.[5] Als – allerdings unvollkommene – Ausprägungen einer gemeinsamen Verfassungsüberlieferung der Mitgliedstaaten sind die Marktfreiheiten aber auch grundrechtlich-kausal zu rechtfertigen:[6] Sie explizieren die genuin subjektiven Gewährleistungen der allgemeinen Wirtschaftsfreiheit und einer spezifisch den Grenzübertritt neutralisierenden Freiheit des Einzelnen von mitgliedstaatlicher und unionaler Diskriminierung.[7] Weder in seiner objektiv-finalen noch in der subjektiv-kausalen Begründung kann das Binnenmarktziel aber für sich genommen bereits verlässliche Antworten auf die problematischen Fragen geben, ob die Gesamtheit der mitgliedstaatlichen Märkte als ein „level playing field" zu begreifen ist,[8] ob die Grundfreiheiten eine Präferenz zugunsten einer Import- oder aber einer Exportneutralität enthalten,[9] wie weit das in ihnen enthaltene Prinzip der gegenseitigen Anerkennung reicht (Rz. 7.173 ff.) und ob sich mit ihnen das Doppelbesteuerungsproblem lösen lässt (Rz. 7.180 ff.).

II. Rechtsquellen

1. Marktfreiheiten

Die Bezeichnung „Grundfreiheiten" dient üblicherweise[10] als Oberbegriff für die in Art. 26 Abs. 2 AEUV genannten, für das Funktionieren des Binnenmarktes erforderlichen Rechtspositionen und

---

1 *Hörner*, Die negative Integration einzelstaatlicher Steuerrechtsordnungen – die Europäische Union und die Vereinigten Staaten im Vergleich, Baden-Baden 2014.
2 Grundlegend *Müller-Graff*, Binnenmarktziel und Rechtsordnung, Bergisch-Gladbach 1989; *Reich*, Binnenmarkt als Rechtsbegriff, EuZW 1991, 203; *Korte* in Calliess/Ruffert[5], Art. 26 AEUV Rz. 14 ff.
3 Vgl. auch *Frenz*, Handbuch, Bd. 1, Rz. 28, 128; *Luczak*, Die Europäische Wirtschaftsverfassung als Legitimationselement europäischer Integration, 2009, S. 195 ff.
4 M.w.N. *Straßburger*, Die Dogmatik der EU-Grundfreiheiten – Konkretisiert anhand des nationalen Rechts der Dividendenbesteuerung, Tübingen 2012, S. 8 ff.
5 *Masing*, Die Mobilisierung des Bürgers für die Durchsetzung des Rechts, Berlin 1997; speziell mit Blick auf das Steuerrecht *Reimer*, Wettbewerb der Steuerrechtsordnungen, in Blanke u.a. (Hrsg.), Dimensionen des Wettbewerbs. Europäische Integration zwischen Eigendynamik und politischer Gestaltung, Tübingen 2010, S. 369 (385); *Schaper*, Steuerstaat im Wettbewerb. Internationaler Steuerwettbewerb und nationale Besteuerungsprinzipien als responsives System, Baden-Baden 2014, S. 185 ff.
6 Vgl. *Englisch*, Wettbewerbsgleichheit im grenzüberschreitenden Handel, Tübingen 2008, S. 234 ff.
7 Umfassend *Englisch*, Wettbewerbsgleichheit im grenzüberschreitenden Handel, Tübingen 2008; *Kokott*, Das Steuerrecht der Europäischen Union, 2018, § 3 Rz. 22 ff.
8 Dazu *Vanistendael*, EC Tax Review 2003, 136 (139); *Schön*, IStR 2004, 289 (290); *Straßburger*, Die Dogmatik der EU-Grundfreiheiten – Konkretisiert anhand des nationalen Rechts der Dividendenbesteuerung, Tübingen 2012, S. 15.
9 Diese Problematik deckt sich weitgehend mit der Debatte um einen Vorrang der Anrechnungs- gegenüber der Freistellungsmethode als Königsweg des Binnenmarkts. Hierzu etwa *Schön*, DStJG Bd. 23 (2000), S. 191 (216 ff.); *Lehner*, DStJG Bd. 23, 2000, S. 263 (285).
10 Ausführlich zu Begriffsgeschichte und -verwendung *Pfeil*, Historische Vorbilder und Entwicklung des Rechtsbegriffs der „Vier Grundfreiheiten" im Europäischen Gemeinschaftsrecht, 1998, insb. S. 4 ff. m.w.N.

wird meist synonym mit dem Begriff „Marktfreiheiten"[1] verwendet. Zu den Marktfreiheiten gehören die **Warenverkehrsfreiheit** (Art. 34 ff. AEUV), die Personenverkehrsfreiheit (in ihren beiden Ausprägungen als **Arbeitnehmerfreizügigkeit** nach Art. 45 ff. AEUV und als **Niederlassungsfreiheit** nach Art. 49 ff. AEUV), die **Dienstleistungsfreiheit** (Art. 56 ff. AEUV) und die **Kapitalverkehrsfreiheit** (Art. 63 ff. AEUV). Jede dieser vier Freiheiten umfasst ihrerseits auch rechtliche Garantien für den Bezug der Vergütung und ihre Überweisung in den Heimatstaat. Diese Annexkompetenzen, die meist zusammenfassend als Zahlungsverkehrsfreiheit bezeichnet werden, sind überwiegend nicht ausdrücklich im AEUV geregelt,[2] werden aber einhellig als Bestandteil der Grundfreiheiten anerkannt.[3]

7.4 Die vorstehend skizzierte Beschränkung des Begriffs „Grundfreiheiten" auf die vier Marktfreiheiten erscheint aber heute als zu eng. Die europäische Integration hat das Stadium einer reinen Wirtschaftsgemeinschaft hinter sich gelassen. Jedenfalls für die Zwecke der vorliegenden Untersuchung sind daher auch die allgemeine **Freizügigkeit der Unionsbürger** (Art. 21 AEUV) und das allgemeine **Verbot der Diskriminierung aufgrund der Staatsangehörigkeit** (Art. 18 AEUV) subsidiär[4] als Prüfungsmaßstäbe heranzuziehen. Sie sollen daher ebenfalls als „Grundfreiheiten" angesehen werden.

7.5 Dagegen gehören begrifflich weder die speziellen, in ihrem persönlichen oder sachlichen Anwendungsbereich engeren primärrechtlichen Normen (die zunächst nur die Union als solche und die Mitgliedstaaten beim Vollzug des Unionsrechts bindenden Grundrechte;[5] das Diskriminierungsverbot im Bereich der indirekten Steuern,[6] das Gebot der Gleichberechtigung von Mann und Frau[7]) noch das Sekundärrecht, die Normen des Abkommens über Gewinnberichtigungen in verbundenen Unternehmen oder gar der Verhaltenskodex zur Bekämpfung des schädlichen Steuerwettbewerbs zu den Grundfreiheiten. Diese Regelungen bleiben daher im Folgenden außer Betracht.

2. Unionsbürgerliche Garantien jenseits des Binnenmarkts

7.6 Mit der Vertiefung der Europäischen Integration sind die marktbezogenen Grundfreiheiten der alten Europäischen Wirtschaftsgemeinschaft (EWG) um zahlreiche weitere Garantien ergänzt worden. Aus dem Bereich des Primärrechts sind vor allem das an die **Unionsbürgerschaft** geknüpfte allgemeine **Diskriminierungsverbot** (Art. 18 Unterabs. 1 AEUV, vgl. Rz. 7.117) und die **Freizügigkeit** der Unionsbürger (Art. 21 AEUV, vgl. Rz. 7.110) zu nennen. Steuerlich gegenwärtig nicht (mehr) relevant sind Ungleichbehandlungen zwischen Männern und Frauen, gegen die die sog. Querschnittsklausel zur Gleichstellung der Geschlechter (Art. 8 AEUV) in Stellung gebracht werden kann. Diese Vorschrift deckt aber – in begrenztem Umfang – auch Maßnahme einer *affirmative action*. Insoweit kann sie u.U. zugleich der Rechtfertigung normativer Ungleichbehandlungen dienen.[8] Ebenfalls gering ist der Einfluss der **Grundrechtecharta** und hier namentlich der Diskriminierungsverbote des Art. 21 GrCh im nichtharmonisierten Bereich der direkten Steuern (vgl. Art. 51 GrCh).

---

1 Von „Marktfreiheiten" sprechen *Herdegen*, Internationales Wirtschaftsrecht[2], § 2 Rz. 23; *Eckhoff* in Handbuch des Europäischen Steuer- und Abgabenrechts, § 17 Rz. 8, 14 et passim.
2 Positiviert ist die Zahlungsverkehrsfreiheit nur als Komplement zur Kapitalverkehrsfreiheit in Art. 63 Abs. 2 AEUV.
3 *Streinz*, Europarecht[4], Rz. 753; *Bröhmer* in Calliess/Ruffert[5], Art. 63 AEUV Rz. 77 ff.
4 Zum Verhältnis der Marktfreiheiten zu Art. 18 AEUV vgl. statt aller *Eckhoff* in Handbuch des Europäischen Steuer- und Abgabenrechts, Rz. 13–15; *Epiney* in Calliess/Ruffert[5], Art. 18 AEUV Rz. 3 ff.
5 Vgl. Art. 6 Abs. 1 EUV.
6 Art. 110 AEUV.
7 Art. 8 AEUV; vgl. auch dessen spezielle Ausprägung als Anspruch auf gleichen Lohn für gleiche Arbeit in Art. 157 AEUV.
8 Zur Dogmatik von Art. 8 AEUV statt aller *Schorkopf* in G/H/N, Art. 8 AEUV Rz. 28 ff.

3. Grundfreiheiten des EWR-Abkommens

Über die EU hinaus reicht die 1992 begründete Freihandelszone des Europäischen Wirtschaftsraumes (EWR)[1], dem neben den 28 EU-Staaten auch drei der vier EFTA-Staaten (Island, Liechtenstein und Norwegen, nicht aber die Schweiz[2]) angehören und der damit den größten Binnenmarkt der Welt bildet. Innerhalb des EWR gelten zahlreiche, aber nicht alle Binnenmarktvorschriften des AEUV, namentlich aber der Kern der Grundfreiheiten (Art. 1 Abs. 2, Art. 28 ff. EWR-Abkommen). Damit erlangt das EWR-Abkommen in ähnlichem Umfang wie die Art. 45 ff. AEUV auch für das Recht der direkten Steuern unmittelbare Relevanz.[3] Seine materiell-rechtliche Bedeutung wird institutionell durch die Gründung eines **EFTA-Gerichtshofs** flankiert, der den Grundfreiheiten des EWR-Abkommens inzwischen – gemeinsam mit dem EuGH[4] – in mehreren Entscheidungen auch praktische Wirksamkeit auf dem Gebiet der direkten Steuern verschafft hat.[5] Innerstaatlich schlägt sich die Beachtlichkeit der Grundfreiheiten des EWR-Abkommens in zahlreichen gesetzlichen Vorschriften nieder.[6]

7.7

4. EFTA-Abkommen

Als äußerem Vorhof der unionalen Integration kommt schließlich der **Europäischen Freihandelszone** (EFTA) Bedeutung für das Steuerrecht zu. Die nach den EU-Beitrittsrunden verbliebenen EFTA-Staaten (Island, Liechtenstein, Norwegen und die Schweiz) sind miteinander – wiederum in Anlehnung an die damaligen gemeinschaftsrechtlichen Gewährleistungen, aber unter Wahrung voller institutioneller Eigenständigkeit – durch **grundfreiheitliche Garantien** mit unmittelbarer Anwendbarkeit im Staat-Bürger-Verhältnis verbunden (Art. 20 ff. EFTA-Abkommen). Neben den materiellen Garantien und institutionellen Sicherungen des EWR-Abkommens haben sie aber bislang nur geringe Relevanz für das Recht der direkten Steuern entfaltet (zum EFTA-Gerichtshof oben Rz. 7.7).

7.8

5. Bilaterale Abkommen EU-Schweiz

a) Freihandelsabkommen vom 22.7.1972

In einem wiederum weiteren Kreis steuerlicher Teilintegration zum EU-Binnenmarkt liegt die **Schweiz**, die sich bereits mit einem bilateralen Abkommen mit der damaligen EWG (nicht auch ihren Mitgliedstaaten) über Fragen des freien Warenverkehrs und der Zölle vom 22.7.1972, das am 1.1.1973 in Kraft getreten ist, **an die Gemeinschaft gebunden** hat.[7]

7.9

Für den Bereich der indirekten Steuern und anderer waren- oder objektbezogener Steuern hat das Freihandelsabkommen inzwischen erhebliche **Relevanz** erlangt. Es liefert die normativen Maßstäbe

7.10

---

1 Abkommen über den Europäischen Wirtschaftsraum v. 2.5.1992, ABl. EG 1994 Nr. L 1, 1.
2 Änderungsprotokoll v. 17.3.1993 zum EWR-Abkommen, ABl. EG 1994 Nr. L 1, 572.
3 *Cordewener*, FR 2005, 236; *Gudmundsson*, Intertax 2006, 58; für Österreich außerdem *Tumpel*, ecolex 1992, 583 ff.; *Tumpel*, ecolex 1992, 655 ff.
4 Namentlich EuGH v. 23.2.2006 – C-471/04, ECLI:EU:C:2006:143 – Keller Holding. Der EFTA-Gerichtshof ist an die bis zum 2.5.1992 ergangene Rechtsprechung des EuGH gebunden. Für die seitherige Rechtsprechung stellen Art. 6 und 105 ff. EWR-Abkommen und Art. 3 Abs. 2 ÜGA Regelungen zur Vermeidung von Divergenzen bereit.
5 EFTA-Gerichtshof v. 23.11.2004 – E-1/04, IStR 2005, 55 – Fokus Bank ASA (dazu *Kofler*, ÖStZ 2005, 143; *Kofler*, ÖStZ 2005, 169; *Cordewener*, FR 2005, 345; *Eicker/Breuer*, IStR 2005, 59); Urt. v. 7.5.2008 – E-7/07 – Seabrokers, IStR 2009, 315 (dazu *Lüdicke/Wunderlich*, IStR 2009, 321); v. 3.10.2012 – E-15/11 – Arcade Drilling, IStR 2013, 195 (dazu *Dürrschmidt/Wobst*, IStR 2013, 202).
6 Für Deutschland etwa in § 1a Abs. 1, § 2a Abs. 2a, § 3 Nr. 26, 26a und 55c, § 7 Abs. 5, § 10 Abs. 1 Nr. 9 und Abs. 2 Nr. 2, § 10b, § 32 Abs. 5, § 33b Abs. 6, § 35a Abs. 4, § 36 Abs. 5, § 43a Abs. 2, § 44a Abs. 4, § 50 Abs. 2, § 50a Abs. 3 und § 63 Abs. 1 EStG, ferner z.B. in § 12 Abs. 3 Satz 1 KStG, § 1 Abs. 2 Satz 1 Nr. 1 UmwStG, § 2 Abs. 3 Satz 1 ErbStG.
7 Abkommen zwischen der Schweizerischen Eidgenossenschaft und der Europäischen Wirtschaftsgemeinschaft vom 22.7.1972.

für die schweizerische Automobilsteuer[1] und die Altlastensanierungsabgabe, eine Kostenanlastungssteuer.[2]

7.11 Für den Bereich der direkten Steuern ist dieses frühe Abkommen vor allem wegen des in ihm enthaltenen **Beihilfenverbots** von Bedeutung. Nach Art. 23 Abs. 1 Ziff. iii Abkommen EU-Schweiz ist jede staatliche Beihilfe, die den Wettbewerb durch Begünstigung bestimmter Unternehmen oder Produktionszweige verfälscht oder zu verfälschen droht; mit dem guten Funktionieren dieses Abkommens unvereinbar, soweit sie geeignet ist, den Warenverkehr zwischen der Gemeinschaft und der Schweiz zu beeinträchtigen.

b) Freizügigkeitsabkommen vom 21.6.1999

7.12 Nach dem Scheitern eines Referendums über einen Beitritt zum EWR im Jahr 1992 sind in der Folgezeit sieben **weitere sektorielle Verträge** zwischen der Schweiz, der (damaligen) EG und deren Mitgliedstaaten verhandelt und am 21.6.1999 unterzeichnet worden. Diese Abkommen sind später auf diejenigen Staaten erstreckt worden, die nach 1999 der EG/EU beigetreten sind. Für die Mitgliedstaaten der EU genießen die in ihnen enthaltenen Regelungen Anwendungsvorrang. Alle sieben Abkommen sind miteinander verknüpft; die Kündigung eines von ihnen lässt alle sieben außer Kraft treten.[3]

7.13 Herausgehobene Bedeutung für den Bereich der direkten Steuern kommt dem **Freizügigkeitsabkommen** (FZA) zu, mit dem sich die Schweiz weiteren zentralen Garantien des Binnenmarkts geöffnet hat, die bei Abschluss des FZA im Jahr 1999 zum *acquis communautaire* gehörten. An späteren Rechtsentwicklungen des Europäischen Binnenmarkts hat die Schweiz aber nicht Anteil; (auch) deshalb ist sie niemals ein wirklicher Teil dieses Binnenmarkts geworden. Das FZA ist am 1.6.2002 in Kraft getreten. Seine Bedeutung für das Recht der direkten Steuern ist bereits gründlich nachgezeichnet[4] und hinterlässt inzwischen auch Spuren in der Rechtspraxis.[5]

7.14 In Orientierung an den Grundfreiheiten des AEUV und den parallelen Garantien des EWR-Abkommens gewährt das FZA abhängig beschäftigten natürlichen Personen, aber auch Unternehmensträgern jeder Rechtsform Freizügigkeit. Im Bereich der **Arbeitnehmerfreizügigkeit** galten zunächst Kontingentierungen, die aber 2014 ausgelaufen sind. Auch die **Niederlassungsfreiheit** ist in vergleichbarem Maße geschützt wie im Binnenmarkt. Sie erstreckt sich auf Inbound- und auf Outbound-Fälle, erfasst aber nur Personen, die ihre selbständige Tätigkeit im Hoheitsgebiet einer anderen Vertragspartei als derjenigen ausüben, deren Staatsangehörigkeit sie besitzen.[6] Das FZA gewährleistet darüber hinaus in beträchtlichem Umfang **Dienstleistungsfreiheit** und schließt dabei die **passive Dienstleistungsfreiheit** – im Unterschied zu Art. 56 ff. AEUV sogar ausdrücklich – ein. Umstritten ist die Einbeziehung sog. Kor-

---

1 Automobilsteuergesetz (AStG) v. 21.6.1996 (SR 641.51); hierzu Eidgenöss. Zoll-RK v. 29.8.2001, VPB 66.44 = ASA 71, 332 ff.
2 Art. 32e USG (schweizerisches Bundesgesetz über den Umweltschutz) vom 7.10.1983 (SR 814.01); zur Bedeutung des Freihandelsabkommens für diese Abgabe BGE 131 II 271 E. 10.4.
3 Exemplarisch Art. 25 Abs. 3 und Abs. 4 des Abkommens vom 21.6.1999 zwischen der Europäischen Gemeinschaft und ihren Mitgliedstaaten einerseits und der Schweizerischen Eidgenossenschaft andererseits über die Freizügigkeit.
4 Grundlegend aus deutscher Sicht *Maier*, Die steuerlichen Implikationen der Mobilitätsgarantien des Freizügigkeitsabkommens Schweiz-EU, Baden-Baden 2013; *Schaumburg* in Schaumburg, Internationales Steuerrecht[4], Rz. 4.46 ff.; *Dölker*, BB 2019, 726 ff.; aus österreichischer Sicht *Haslehner*, SWI 2007, 221 ff.; aus schweizerischer Sicht *Cadosch*, The influence on Swiss tax law of the Swiss-EC agreement on the free movement of persons, 2005; ferner *Bock*, SAM 2006, 166 ff.
5 V.a. EuGH v. 26.2.2019 – C-581/17 – Wächtler, ECLI:EU:C:2019:138.
6 Zu den damit erforderlichen Fallunterscheidungen einerseits EuGH v. 28.2.2013 – C-425/11, ECLI:EU:C:2013:121 Rz. 33 – Ettwein; andererseits EuGH v. 15.3.2018 – C-355/16, ECLI:EU:C:2018:184 Rz. 16 – Picart.

respondenzdienstleistungen, bei denen der Leistende seinen Ansässigkeitsstaat physisch nicht verlässt.[1] Eigenständige Regelungen über eine **Kapitalverkehrsfreiheit** fehlen dagegen.

III. Methodologie

1. Anwendungsvorrang und unmittelbare Anwendbarkeit

Die Anwendung der Grundfreiheiten ist – wie die Anwendung des gesamten Primärrechts – von dem Grundsatz des Vorrangs des Unionsrechts vor mitgliedstaatlichem Recht jeder normhierarchischen Stufe geprägt.[2] Im Vergleich mit den mitgliedstaatlichen Normenhierarchien, die regelmäßig Strukturen eines Geltungsvorrangs abbilden, kommt dem Unionsrecht insgesamt und damit auch den Grundfreiheiten jedenfalls aus Sicht des deutschen Verfassungsrechts **lediglich Anwendungsvorrang** zu.[3] Damit sind mitgliedstaatliche Normen, die fallweise Verstöße gegen Grundfreiheiten hervorrufen, nicht an sich „unionsrechtswidrig" oder gar nichtig; das supranational begründete Recht entfaltet keine rechtsvernichtende, derogierende Wirkung. Vielmehr verbieten die Grundfreiheiten lediglich die Anwendung mitgliedstaatlicher Normen in den konkreten Fällen, in denen es ansonsten zu Grundfreiheitsverstößen käme; die Geltung (Rechtsqualität) der mitgliedstaatlichen Norm bleibt aber unberührt.[4]

7.15

Die Grundfreiheiten schöpfen das rechtliche Potential für die **unmittelbare Anwendbarkeit** von Unionsrecht in den Mitgliedstaaten voll aus; sie begründen subjektive Rechte ihrer Träger. Aus Sicht des Unionsrechts selbst gehört dieses Potential, d.h. die abstrakte Möglichkeit der unmittelbaren Anwendbarkeit von Unionsrecht auch in den Mitgliedstaaten, zum frühen Acquis des Rechts der Europäischen Wirtschaftsgemeinschaft; er besteht unverändert fort. Das mitgliedstaatliche Recht hat diesen Anspruch aufgenommen und anerkannt. Für Deutschland folgt das – in Übereinstimmung mit Art. 23 Abs. 1 GG – aus dem Zustimmungsgesetz zu dem Vertragswerk von Lissabon. Deshalb bedürfen die Vorschriften des Unionsrechts, denen aus der Innensicht des Unionsrechts unmittelbare Anwendbarkeit zukommt, keines weiteren innerstaatlichen Rechtsanwendungsbefehls mehr; sie sind nicht nur von den Unionsorganen, sondern auch von den Mitgliedstaaten als unmittelbar anwendbar zu beachten und auszuführen.

7.16

Die Grundfreiheiten beanspruchen eine derartige unmittelbare Anwendbarkeit. Das ergibt sich aus ihrem Inhalt. Sie sind jedenfalls in ihrem Kern – also unbeschadet ihrer **Offenheit für sekundärrechtliche Konkretisierungen** in Randbereichen (vgl. Rz. 7.21) – weder bloßes Determinationsrecht, noch beschränken sie sich darauf, eine Art objektive Wertordnung zu errichten.

7.17

2. Finanzbehörden und Finanzgerichte als Schuldner der Grundfreiheiten

Schuldner der Grundfreiheiten sind primär die Europäische Union und die 28 Mitgliedstaaten. Innerhalb des mitgliedstaatlichen Staatsaufbaus trifft die Verpflichtung zur unmittelbaren Anwendbarkeit der Grundfreiheiten alle Ebenen (Bund, Länder, Gemeinden und Gemeindeverbände) und alle drei

7.18

---

1 Dazu näher *Maier*, Die steuerlichen Implikationen der Mobilitätsgarantien des Freizügigkeitsabkommens Schweiz-EU, 2013, S. 153 ff.
2 Wegweisend EuGH v. 15.7.1964 – 6/64 – Costa/ENEL, Slg. 1964, 1141; seit dem Vertragswerk von Lissabon ausdrücklich niedergelegt in der Erklärung Nr. 17 zur Schlussakte der Regierungskonferenz, die den am 13.12.2007 unterzeichneten Vertrag von Lissabon angenommen hat.
3 BVerfG v. 22.10.1986 – 2 BvR 197/83, BVerfGE 73, 339 (375) – Solange II; BVerfG v. 30.6.2009 – 2 BvE 2/08, 2 BvE 5/08, 2 BvR 1010/08, 2 BvR 1022/08, 2 BvR 1259/08, 2 BvR 182/09, BVerfGE 123, 267 (396 ff.) – Vertrag von Lissabon; BVerfG v. 6.7.2010 – 2 BvR 2661/06, BVerfGE 126, 286 (302 ff.) – Honeywell; zuletzt BVerfG v. 18.3.2014 – 2 BvE 6/12, 2 BvR 1390/12, 2 BvR 1421/12, 2 BvR 1438/12, 2 BvR 1439/12, 2 BvR 1440/12, 2 BvR 1824/12, NJW 2014, 1505 – Erfolglosigkeit des Verfahrens gegen ESM und Fiskalpakt.
4 BVerfG v. 30.6.2009 – 2 BvE 2/08, 2 BvE 5/08, 2 BvR 1010/08, 2 BvR 1022/08, 2 BvR 1259/08, 2 BvR 182/09, BVerfGE 123, 267 (398) – Vertrag von Lissabon.

Gewalten (Legislative, Exekutive, Judikative). Daraus folgt insbesondere, dass Grundfreiheitsverstöße bei der Anwendung des Rechts der direkten Steuern nicht erst im Einspruchsverfahren, vor den FG oder gar vor dem – der Vorlagepflicht nach Art. 267 Unterabs. 3 AEUV unterliegenden – BFH gerügt und korrigiert werden können. Vielmehr ist bereits der Steuerpflichtige selbst berechtigt und verpflichtet, bei der Abgabe von Steueranmeldungen und Steuererklärungen den Grundfreiheiten in vollem Umfang zur Anwendung zu verhelfen. Erst recht trifft diese Pflicht die Finanzbehörden. Hier wirkt sich insbesondere der Einwirkungsmodus der Grundfreiheiten (kein Geltungs-, sondern bloßer Anwendungsvorrang, vgl. Rz. 7.15) zugunsten des Steuerpflichtigen aus: Im Unterschied zur Verfassungswidrigkeit eines Gesetzes, für die Art. 100 Abs. 1 GG ein Verwerfungsmonopol des BVerfG begründet, während Finanzverwaltung und Fachgerichte nach Art. 20 Abs. 3 GG unverändert eine Vollzugspflicht trifft, ist ein Rechtsanwendungsakt auch und gerade dann, wenn das innerstaatliche Gesetz der Finanzbehörde kein Ermessen einräumt, von vornherein zu unterlassen, wenn diese Anwendung des Gesetzes zu einem Verstoß gegen Grundfreiheiten führen würde.

IV. Insbesondere: Verhältnis der Grundfreiheiten zum Sekundärrecht
1. Grundsatz: Maßgeblichkeit der Grundfreiheiten

7.19   Als Teil des Europäischen Primärrechts gehen die Grundfreiheiten dem Sekundärrecht normhierarchisch vor. Deshalb gilt auch auf dem Feld der direkten Steuern: In Konkretisierung des Binnenmarktziels begrenzen die Grundfreiheiten den Spielraum des Unionsgesetzgebers,[1] ebenso aber auch den Umsetzungsspielraum der Mitgliedstaaten.

Nach dem Prinzip der begrenzten Einzelermächtigung (Art. 23 Abs. 1 GG, Art. 5 Abs. 1 Satz 1 EUV) stehen den Unionsorganen bei der Ausübung ihrer Kompetenzen materiell nur diejenigen Handlungsmöglichkeiten zur Verfügung, die die Mitgliedstaaten als Herren der Verträge nicht ex ante ausgeschlossen haben. Die Grundfreiheiten markieren derartige Ausschlusstatbestände. Daraus ergeben sich nicht nur Verbote für die unionale Rechtsetzung. Die Grundfreiheiten begrenzen auch die Bandbreite zulässiger Auslegungen des Sekundärrechts.[2] Richtigerweise ist dabei auch nicht zwischen der Wirkung der Grundfreiheiten als Diskriminierungsverbote (für die der Vorrang vor dem Sekundärrecht allgemein anerkannt ist) und als Beschränkungsverbote zu unterscheiden. Die Maßgeblichkeit der Grundfreiheiten betrifft auch und gerade diejenigen Fragen, in denen Verordnungen oder Richtlinien unterschiedslose Anordnungen treffen.[3]

7.20   Entsprechendes gilt für die Mitgliedstaaten selbst bei der Ausfüllung der ihnen verbliebenen Kompetenzen in harmonisierten Bereichen, namentlich bei der Nachverdichtung richtlinienrechtlich vorgegebener Regelungskonzepte (der sog. „Wahl der Form und der Mittel" i.S.v. Art. 288 Unterabs. 3 AEUV): Die Grundfreiheiten können mitgliedstaatliche Umsetzungs- und Konkretisierungsoptionen ausschließen, die die Richtlinie für sich genommen nicht ausschließt. Sie können ferner die Auslegung

---

1 Etwa EuGH v. 25.6.1997 – C-114/96, ECLI:EU:C:1997:316 Rz. 27 – Kieffer und Thill; aus der Literatur statt aller die Untersuchungen von *Schwemer*, Die Bindung des Gemeinschaftsgesetzgebers an die Grundfreiheiten, 1995; *Scheffer*, Die Marktfreiheiten des EG-Vertrages als Ermessensgrenze des Gemeinschaftsgesetzgebers, 1997; *Leible/Domröse*, Die primärrechtskonforme Auslegung, in *Karl Riesenhuber* (Hrsg.), Europäische Methodenlehre, 2010, § 9 Rz. 10; *Zazoff*, Der Unionsgesetzgeber als Adressat der Grundfreiheiten, 2011.

2 *Leible/Domröse*, Die primärrechtskonforme Auslegung, in *Karl Riesenhuber* (Hrsg.), Europäische Methodenlehre, 2010, § 9 Rz. 10.

3 Hierzu allgemein *Frenz*, Handbuch Europarecht, Bd. 1: Europäische Grundfreiheiten[2], 2012, Rz. 344 m.w.N.; speziell für das Recht der direkten Steuern *Lachmann*, Die Konkurrenz zwischen der Rechtsprechung des Europäischen Gerichtshofs und den Gesetzgebungsbefugnissen der Gemeinschaft und der Mitgliedstaaten im Ertragsteuerrecht, 2010, S. 58. Anders noch *Schwemer*, Die Bindung des Gemeinschaftsgesetzgebers an die Grundfreiheiten, 1995, S. 121 f.

der mitgliedstaatlichen Umsetzungsakte anleiten. Dabei hat das Gebot primärrechtskonformer Auslegung Vorrang vor dem Gebot richtlinienkonformer Auslegung.

2. Umgekehrte Maßgeblichkeit: Prägung und Konkretisierung der Grundfreiheiten durch Sekundärrecht

a) Vor- und Nachverdichtung

Zugleich öffnet der EuGH die Auslegung und Dogmatik der Grundfreiheiten für sekundärrechtliche Prägungen und Konkretisierungen. In der Dimension der Zeit zeigt sich der Einfluss des Sekundärrechts auf das Primärrecht regelmäßig in Nachverdichtungen. Sie zeigen sich etwa, wenn der EuGH bei der Auslegung der Grundfreiheiten auf später erlassene Richtlinien rekurriert. Umgekehrt ist namentlich die Dogmatik der Kapitalverkehrsfreiheit von der alten Kapitalverkehrsrichtlinie[1] und ihrer sog. Nomenklatur geprägt. Im Rahmen der Hochzonung der Richtlinie auf die Ebene einer unmittelbar anwendbaren Grundfreiheit und der textlich-formalen Angleichung ihrer Garantien an das Primärrechtsübliche (vgl. Rz. 7.87 ff.) waren Textkürzungen notwendig; durch andauernden Rückgriff auf früheres Sekundärrecht ließ sich der Übergang dennoch verlustfrei bewältigen.[2]

7.21

b) Geltung der Grundfreiheiten auch und gerade in nichtharmonisierten Bereichen

Dies gilt aber nur positiv, nicht auch negativ. Das Fehlen von Sekundärrecht immunisiert einen Sachbereich oder ein (Teil-)Rechtsgebiet nicht gegen die Anwendbarkeit der Grundfreiheiten. Die Rechtsprechung des EuGH zu dem Einfluss der Grundfreiheiten auf das mitgliedstaatliche Recht der direkten Steuern ist deshalb fast von Anfang an[3] von dem Bekenntnis durchzogen, dass die direkten Steuern zwar in die Zuständigkeit der Mitgliedstaaten fallen, diese ihre Befugnisse jedoch unter Wahrung des Unionsrechts ausüben und deshalb jede offene oder verdeckte Diskriminierung aufgrund der Staatsangehörigkeit unterlassen müssten.[4] Für die Anwendbarkeit der Grundfreiheiten kommt es daher nicht darauf an, ob eine einzelne mitgliedstaatliche Regelung sekundärrechtlich vorgegeben, in Ausfüllung der von Art. 288 Unterabs. 3 AEUV belassenen Spielräume („Wahl der Form und der Mittel") ergangen oder auf freie politische Entscheidung der zuständigen mitgliedstaatlichen Organe in einem nichtharmonisierten Teil des Steuerrechts zurückzuführen ist.[5]

7.22

Allenfalls rechtspraktisch liegt eine Prüfung am Maßstab des steuerspezifischen, daher signifikant präziseren Sekundärrechts oft näher als eine Prüfung am Maßstab der Grundfreiheiten. Aus diesem Grund ist die Anwendung der Grundfreiheiten in harmonisierten Bereichen empirisch seltener als in nichtharmonisierten Bereichen. Das bedeutet aber nicht, dass sich durch das Fehlen einer Harmo-

7.23

---

1 Richtlinie 88/361/EWG des Rates v. 24.6.1988 zur Durchführung von Art. 67 des Vertrages, ABl. EG 1988 Nr. L 178, 5.
2 Vgl. *Ruppe*, Die Bedeutung der Kapitalverkehrsfreiheit für das Steuerrecht, in Lechner/Staringer/Tumpel (Hrsg.), Kapitalverkehrsfreiheit und Steuerrecht, 1999, S. 11 ff.; *Schön* in GS Knobbe-Keuk, 1997, S. 730 ff.; *Musil* in Musil/Weber-Grellet, Europäisches Steuerrecht, 2019, Art. 63 AEUV Rz. 11 f.
3 Anders noch EuGH v. 29.7.1988 – Rs. 81/87 – Daily Mail, ECLI:EU:C:1988:456; dazu bereits kritisch *Voß*, DStR 1991, 925 (931).
4 St. Rspr. seit EuGH v. 25.7.1991 – C-211/89 – Factortame, Slg. 1991, I-3905; vgl. Urt. v. 28.1.1992 – C-204/90 – Bachmann, Slg. 1992, I-249; v. 14.2.1995 – C-279/93 – Schumacker, Slg. 1995, I-225 Rz. 21 = FR 1995, 224 m. Anm. *Waterkamp-Faupel*; v. 28.4.1998 – C-118/96 – Jessica Safir, Slg. 1998, I-1919 Rz. 21 = FR 1998, 514 m. Anm. *Dautzenberg*; v. 14.9.1999 – C-391/97 – Frans Gschwind, Slg. 1999, I-5451 = FR 1999, 1076 m. Anm. *Stapperfend*; v. 26.10.1999 – C-294/97 – Eurowings, Slg. 1999, I-7447 Rz. 32 = FR 1999, 1327 m. Anm. *Dautzenberg*; in jüngerer Zeit EuGH v. 28.10.2010 – C-72/09 – Etablissement Rimbaud, Slg. 2010, I-10659.
5 Vgl. EuGH v. 29.7.1988 – Rs. 81/87 – Daily Mail, Slg. 1988, I-5483; v. 28.1.1992 – C-204/90 – Bachmann, Slg. 1992, I-249.

nisierung der Anwendungsbereich der Grundfreiheiten vergrößern oder gar die gerichtliche Prüfungsdichte erhöhen könnte.[1]

7.24 Umgekehrt kann heute als geklärt gelten, dass das Fehlen einer Harmonisierung die rechtliche Bedeutung der Grundfreiheiten auch nicht abschwächt. Wo das Primärrecht spezifische Harmonisierungskompetenzen begründet oder (z.b. durch das Einstimmigkeitserfordernis des Art. 115 AEUV) konkretisiert oder wo es sogar Harmonisierungsaufträge erteilt, geht es selbst davon aus, dass die Grundfreiheiten diese Harmonisierung nicht oder jedenfalls nicht vollständig vorwegnehmen. Daher sind die Grundfreiheiten so auszulegen, dass Gestaltungsentscheidungen und namentlich die Wahl zwischen zwei funktional äquivalenten Lösungen eines für sich genommen binnenmarktwidrigen Zustands Sache des Gesetzgebers bleiben und nicht justiziell vorweggenommen werden.

c) Sachverhaltsklärung durch Sekundärrecht

7.25 Eine dritte Dimension sekundärrechtlicher Relevanz von Richtlinien für die Anwendung der Grundfreiheiten verläuft nicht allein innerhalb des normativen Bereichs der Maßstabbildung, sondern prägt den Prüfungsgegenstand: Gerade im Bereich der direkten Steuern lässt der EuGH den Rechtfertigungsgrund der Gefahr einer Steuerverkürzung aufgrund von behördlichen Informationsdefiziten im grenzüberschreitenden Fall nicht durchschlagen und verweist die Mitgliedstaaten in der Erforderlichkeitsprüfung (vgl. hierzu näher Rz. 7.52) stereotyp auf die Möglichkeit, sich die potentiell fehlenden Informationen durch Anwendung der Amtshilferichtlinie[2] zu beschaffen, so dass eine materielle Diskriminierung des grenzüberschreitenden innerunionalen Sachverhalts gegenüber dem rein innerstaatlichen Sachverhalt nicht mehr das mildeste Mittel i.S.d. Erforderlichkeitsmaßstabs ist.[3]

V. Allgemeine Grundfreiheitslehren

1. Eröffnung des Anwendungsbereichs

a) Persönlicher Unionsbezug

7.26 Im Vorfeld der eigentlichen Diskriminierungs- oder Beschränkungsprüfung (s. ausführlich Rz. 7.125 ff.) sind zunächst persönliche, sachliche und geographische Anforderungen an die Anwendung der Grundfreiheiten zu klären. In persönlicher Hinsicht oszillieren die Anforderungen in Abhängigkeit von der thematisch einschlägigen Grundfreiheit. Die meisten **Marktfreiheiten** beschränken ihren primären (direkten) Schutz auf Unionsbürger und die den Unionsbürgern gleichgestellten Rechtsträger (v.a. Personen- und Kapitalgesellschaften). Die **Arbeitnehmerfreizügigkeit** und die Grundfreiheiten aus **Art. 18 und Art. 21 AEUV** sind jedenfalls in ihrer aktiven Dimension (zu der Aktiv-Passiv-Unterscheidung unten Rz. 7.43) auf natürliche Personen mit Unionsbürgerschaft beschränkt. Die Niederlassungsfreiheit erfordert wegen Art. 49 Unterabs. 1 Satz 2 AEUV zusätzlich eine Ansässigkeit der potentiellen Grundfreiheitsgläubiger im Gebiet eines Mitgliedstaats.

7.27 Demgegenüber stellen die **Warenverkehrsfreiheit**, die **Kapitalverkehrsfreiheit** und die **Zahlungsverkehrsfreiheit** keine entsprechenden Anforderungen; hier entfällt die Prüfung eines statusrechtlichen Bezugs des Grundfreiheitsgläubigers zum Binnenmarkt oder zur Europäischen Union.

---

1 So *Eckhoff* in Handbuch des Europäischen Steuer- und Abgabenrechts, § 17 Rz. 9 f. m.w.N.; ähnlich auch *Voß*, DStR 1991, 925 (931).
2 Richtlinie 2011/16/EU des Rates v. 15.2.2011, ABl. EU 2011 Nr. L 64, 1; dazu ausführlich *Schaumburg* in Schaumburg, Internationales Steuerrecht[4], Rz. 4.22 und *Schaumburg/Häck* in Schaumburg, Internationales Steuerrecht[4], Rz. 19.55.
3 Etwa bereits EuGH v. 11.8.1995 – C-80/94 – Wielockx, Slg. 1995, I-2493 Rz. 26. Aus der Literatur *Hemels*, ET 2009, 583; *Simader* in Lang u.a. (Hrsg.), Internationale Amtshilfe in Steuersachen, Wien 2011, S. 309; *M. Lang*, ET 2012, 199.

b) Gegenständlicher Unionsbezug

Noch unterschiedlicher, überwiegend sogar komplementär zueinander sind die sachlichen Voraussetzungen für die Anwendbarkeit der einzelnen Grundfreiheiten. Für die Arbeitnehmerfreizügigkeit (Art. 45 ff. AEUV) und die Dienstleistungsfreiheit (Art. 56 ff. AEUV) ist ein **marktgängiges Austauschgeschäft** erforderlich; sie liegen damit im Kern binnenmarktlicher Gewährleistungen. Die Kapitalverkehrsfreiheit (Art. 63 ff. AEUV) erfordert ebenfalls eine **wirtschaftliche Leistung** oder zumindest deren Vorbereitung; diese Leistung kann aber einseitig (gegenleistungsfrei) sein. Für das Niederlassungsrecht (Art. 49 AEUV) genügt die **Vorbereitung** eines marktgängigen und erwerbsorientierten Geschäfts durch Begründung einer Ansässigkeit oder einer Betriebsstätte. Die Grundfreiheiten der Art. 18 und 21 AEUV sind demgegenüber **vom Konzept des Binnenmarkts abgekoppelt**. Bei Art. 18 AEUV gibt es keinen über die persönlichen Anforderungen (Rz. 7.26) hinausgehenden Unionsbezug; für Art. 21 AEUV tritt der räumliche Bezug hinzu.

7.28

c) Räumlicher Marktbezug

Art. 18 AEUV bindet Union und EU-Mitgliedstaaten in ihrem weltweiten Handeln. Noch weiter ist der persönliche und räumliche Anwendungsbereich der Kapitalverkehrsfreiheit (Art. 63 AEUV), die besonderen Drittstaatsbezug erhalten hat und über den EU-Raum hinaus wirkt (s. Rz. 7.106 ff.). Die Anwendbarkeit aller anderen Grundfreiheiten ist dagegen auf das Unionsgebiet, die Anwendung der Marktfreiheiten damit auf das Gebiet des Europäischen Binnenmarkts i.S.d. Art. 26 f. AEUV beschränkt, wie es sich aus Art. 52 EUV, Art. 355 AEUV ergibt. Modifiziert wird diese räumliche Dimension durch die Regeln über die extraterritoriale Anwendbarkeit des Unionsrechts.[1]

7.29

d) Grenzüberschreitender Bezug

Von der Eröffnung des räumlichen Anwendungsbereichs der Grundfreiheiten ist als weitere zentrale gemeinsame Voraussetzung für die Anwendbarkeit aller Grundfreiheiten der **aktuelle grenzüberschreitende Bezug** des konkreten Einzelfalles zu unterscheiden. Dieses Erfordernis filtert rein innerstaatliche Fälle ohne Überwirkung auf das Recht oder die (binnenmarkt-)wirtschaftliche Wirklichkeit eines oder mehrerer anderer Mitgliedstaaten heraus.[2] Es folgt unmittelbar aus der dienenden Ausrichtung der Grundfreiheiten auf das Binnenmarkterfordernis.[3] Nicht ausreichend ist grundsätzlich das Überschreiten der Grenze zwischen dem Hauptterritorium eines Mitgliedstaats und dessen abhängigen überseeischen Gebieten; allenfalls im Rahmen der Kapitalverkehrsfreiheit kann auch insoweit im Einzelfall grundfreiheitlicher Schutz geboten sein.

7.30

Sorgfältiger Klärung bedarf, inwiefern auch Maßnahmen der Kontrolle am Maßstab der Grundfreiheiten unterliegen, die nur **potenziell grenzüberschreitenden Bezug** aufweisen. Hier ist zu unterscheiden. Soweit ein **konkreter Steuerpflichtiger** Träger der Grundfreiheiten ist, der den binnenmarktrelevanten Sachverhalt aber noch nicht ins Werk gesetzt hat, weil ihn die in Rede stehende mitgliedstaatliche Maßnahme davon abhält, kann dieser den Schutz der Grundfreiheiten unmittelbar beanspruchen. Die Grundfreiheiten beseitigen nicht allein die bereits ins Werk gesetzten Diskriminierungen oder Beschränkungen **ex post**, sondern aktivieren bereits **ex ante** einen Anspruch des Einzelnen auf Unterlassung diskriminierender oder beschränkender Maßnahmen (s. Rz. 7.58).

7.31

---

1 EuGH v. 12.12.1974 – Rs. 36/74 – Walrave, Slg. 1974, 1405 Rz. 28 f.; v. 12.7.1984 – Rs. 237/83 – Prodest, Slg. 1984, 3153 Rz. 6 f.; Nachweise bei *von Bogdandy* in G/H/N, Art. 18 AEUV Rz. 24.
2 D.h. Fälle, „*die mit keinem Element über die Grenzen eines Mitgliedstaates hinausweisen*": EuGH v. 26.1.1999 – C-18/95 – Terhoeve, Slg. 1999, I-345 Rz. 26 f.
3 Exemplarisch EuGH v. 18.3.1980 – Rs. 52/79 – Debauve, Slg. 1980, 833 Rz. 9; v. 26.2.1991 – C-198/89 – Kommission/Griechenland, Slg. 1991, I-727 Rz. 9; v. 23.4.1991 – C-41/90 – Höfner und Elser, Slg. 1991, I-1979 Rz. 37–39; v. 16.1.1997 – C-134/95 – Unità Socio-Sanitaria Locale № 47 di Biella, Slg. 1997, I-195 Rz. 19.

7.32 Dagegen genügt es grundsätzlich nicht, dass eine **gesetzliche Regelung** nur insofern potentiell grenzüberschreitende Bezüge aufweist, als Anwendungsfälle denkbar sind, in denen Personen betroffen sein können, die – wenn sie betroffen sind – den Schutz der Grundfreiheiten genießen. Den Grundfreiheiten kommt – wie dem Unionsrecht insgesamt – **nur Anwendungs-, nicht auch Geltungsvorrang** zu; auf der Rechtsfolgenseite ist eine mitgliedstaatliche Belastungsnorm daher weder unwirksam noch generell unanwendbar, wenn einzelne Anwendungsfälle denkbar sind, in denen diese Norm Steuerpflichtige von der Aufnahme einer grenzüberschreitenden Tätigkeit oder Investition abhalten könnte (vgl. Rz. 7.58 ff.). Allenfalls im Vertragsverletzungsverfahren (Art. 258 ff. AEUV) kann aber eine Vorfeldkontrolle im Interesse des *effet utile* des Binnenmarktrechts geboten sein, um eine von zu breit streuenden abstrakt-generellen mitgliedstaatlichen Normen ausgehende Abschreckungswirkung auszuschalten.

e) Zeitlicher Binnenmarktbezug

7.33 In zeitlicher Hinsicht erstreckt sich die Anwendbarkeit der Grundfreiheiten auf alle Sachverhalte, die während der Zeit der Mitgliedschaft des betroffenen Staats zur Europäischen Wirtschaftsgemeinschaft, dann zur Europäischen Gemeinschaft und heute zur Europäischen Union verwirklicht werden. Nicht relevant ist der Zeitpunkt der behördlichen oder gerichtlichen Rechtsanwendung. Damit können Steuerpflichtige für Sachverhalte, die sie bereits vor dem Beitritt ihres Mitgliedstaats oder des von ihnen gewählten Investitions-/Zielstaats zur EU ins Werk gesetzt haben, auch dann nicht den Schutz der Grundfreiheiten beanspruchen, wenn sie zum Beitrittszeitpunkt noch nicht bestandskräftig veranlagt waren und der Steuerbescheid erst nach Wirksamwerden des Beitritts ergeht.

2. Diskriminierungs- und Beschränkungsverbot

a) Grundlagen

7.34 Die Grundfreiheiten des AEUV sind teils als Beschränkungsverbote, teils als Diskriminierungsverbote formuliert; gelegentlich verbinden sich in einer Grundfreiheit auch Formulierungen beider Wirkungsdimensionen. Dabei erfassen die Diskriminierungsverbote textlich in der Regel nur Benachteiligungen Fremder (namentlich der Unionsbürger aus anderen Mitgliedstaaten, aber z.T. auch der Gebietsfremden) gegenüber Einheimischen (Staatsangehörigen, z.T. auch Ansässigen des betroffenen Mitgliedstaats), mithin den typischen Inbound-Fall. Demgegenüber sind die Beschränkungsverbote unspezifisch, oft sogar unpersönlich formuliert.

b) Konvergenz von Diskriminierungs- und Beschränkungsverbot

7.35 Ungeachtet dieser textlichen Unterschiede zwischen den einzelnen Grundfreiheiten bemüht sich die Rechtsprechung des EuGH im Interesse des Binnenmarkts um ein hohes Maß an **Konvergenz der einzelnen Gewährleistungen:**[1] Sie liest die Grundfreiheiten sowohl als absolute Rechte, die ein Hoheitsträger einem Marktteilnehmer unabhängig davon zu gewähren hat, wie derselbe Hoheitsträger andere Marktteilnehmer behandelt (freiheitsrechtliche Dimension), und als relative Rechte, die es einem Hoheitsträger verbieten, bestimmte Marktteilnehmer oder Wirtschaftsvorgänge schlechter zu behandeln als andere (gleichheitsrechtliche Dimension). Die gleichheitsrechtlichen Gewährleistungen umfassen dabei die o.g. Diskriminierungsverbote, gehen aber weiter: Indem der EuGH zutreffend auch Benachteiligungen Einheimischer mit grenzüberschreitenden Aktivitäten gegenüber Einheimischen mit entsprechenden Inlandsaktivitäten (Outbound-Fall; sog. „**diskriminierende Beschränkungen**") als binnenmarkt- und grundfreiheitsrelevant ansieht, dehnt er die gleichheitsrechtliche Dimension der

---

1 Wegweisend *Cordewener*, Europäische Grundfreiheiten und nationales Steuerrecht. „Konvergenz" des Gemeinschaftsrechts und „Kohärenz" der direkten Steuern in der Rechtsprechung des EuGH, Köln 2002; *Haslehner*, Das Betriebsstättendiskriminierungsverbot im Internationalen Steuerrecht, 2009, S. 108; außerhalb des Steuerrechts zuvor bereits *Classen*, EWS 1995, 97 ff.; *Kingreen*, Die Struktur der Grundfreiheiten des Europäischen Gemeinschaftsrechts, 1999.

Grundfreiheiten über die Diskriminierungsverbote hinaus aus; er stützt sich insoweit auf die Beschränkungstatbestände. Im Grundsatz sind damit alle Grundfreiheiten in einem umfassenden Sinne als **Garantien gleicher Freiheit** zu lesen.

Sachlich verdient diese gleichheitsrechtliche Aufladung der Beschränkungsverbote Zustimmung. Sie erfasst die Fälle, in denen der Steuerpflichtige im Anwenderstaat ansässig ist und von dort aus grenzüberschreitend tätig wird, während ein ebenfalls im Anwenderstaat ansässiger (gedachter) Vergleichspartner seine – sachlich gleichartige – Tätigkeit innerhalb der Grenzen des Anwenderstaats ausübt. Diese Fallgruppe umfasst auch die Wohnsitz- oder Geschäftsverlegung in das Ausland sowie die grenzüberschreitende Verlagerung von Wirtschaftsgütern oder betrieblichen Funktionen durch Ansässige, wenn es dabei zu einer höheren inländischen Belastung kommt als bei einer vergleichbaren innerstaatlichen Verlagerung.[1] Damit weist diese Fallgruppe große Nähe zu der klassischen Diskriminierung Gebietsfremder gegenüber Ansässigen auf. Dies zeigt sich insbesondere dann, wenn sich die diskriminierende Wirkung einer innerstaatlichen Regelung daraus ergibt, dass der Steuerpflichtige, der nur einen Teil des Jahres im Anwenderstaat ansässig ist, so behandelt wird, als sei er es ganzjährig. In diesen Fällen ist es wirtschaftlich und in der Teleologie des Binnenmarktes unerheblich, ob der Steuerpflichtige *erst* im Ausland wohnt und *dann* in den Anwenderstaat zieht (klassische Diskriminierung) oder ob er umgekehrt aus dem Anwenderstaat in das Ausland zieht.[2] Die Grenzen zwischen Diskriminierung und diskriminierender Beschränkung verschwimmen aber auch dann, wenn ein Steuerpflichtiger mehrfach die Ansässigkeit wechselt. Hier liefert die ex-ante-Betrachtung der Ansässigkeit (vgl. Rz. 7.28) keine klaren Ergebnisse. Gerade dieser Steuerpflichtige hat aber – in gesteigertem Umfang – von den Grundfreiheiten Gebrauch gemacht und verdient daher jedenfalls ihren Schutz gegen Diskriminierungen. Dies alles bestätigt die volle Einbeziehung der hier erörterten Fallgruppe in den Schutzbereich klassischer grundfreiheitlicher Diskriminierungsverbote.

7.36

c) Vorrang der Gleichheitsprüfung vor der Freiheitsprüfung

Gerade im Steuerrecht, das sich angesichts der Maßlosigkeit des Fiskalzwecks (der mangelnden Zuordnung des streitigen Steueraufkommens zu einem bestimmten Sachzweck) einer sachzweckbezogenen Verhältnismäßigkeitsprüfung entzieht, ist bei der praktischen Anwendung der Grundfreiheiten einer gleichheitsrechtlichen Prüfung sogar der Vorrang vor der freiheitsrechtlichen Prüfung einzuräumen. Sie trägt dem Umstand Rechnung, dass die jeweiligen unionsrechtlichen Obersätze stark variieren. Während gleichheitsrechtliche Maßstäbe stets relativ sind, so dass sich das jeweilige Bezugssystem (die juristische Messlatte) aus dem innerstaatlichen Recht des Anwenderstaats selbst ergibt, erfordert eine freiheitsrechtliche Prüfung ein absolutes, d.h. im Unionsrecht angelegtes Bezugssystem (vgl. Rz. 7.35). Die gleichheitsrechtliche Prüfung ist immer möglich; die freiheitsrechtliche kann in unionsrechtlich nicht oder nur schwach durchformten Sachbereichen rasch an die Funktionsgrenzen dessen stoßen, was die Rechtsprechung leisten kann.

7.37

Zweitens gebietet auch das Subsidiaritätsprinzip (Art. 5 Abs. 1 und 3 EUV) eine Auslegung der Grundfreiheiten, nach der das Handeln der Mitgliedstaaten vorrangig anhand selbst gewählter, d.h. im nationalen Recht angelegter Kriterien beurteilt wird. Nur dann, wenn Behinderungen des Binnenmarktes durch diesen kompetenzschonenden Ansatz nicht zu beseitigen sind, darf auf unionsrechtliche Bezugssysteme rekurriert werden. Auch der EuGH zieht bei der Erörterung der von ihm als Fälle der „Beschränkungsverbote" bezeichneten Konstellationen in der Sache ebenfalls – wo möglich – der freiheitsrechtlichen Prüfung eine gleichheitsrechtliche vor.[3]

7.38

---

1 So z.B. EuGH v. 11.3.2004 – C-9/02 – De Lasteyrie du Saillant, Slg. 2004, I-2409 = GmbHR 2004, 504 m. Anm. *Meilicke*.
2 Dann handelt es sich um eine Diskriminierung Ansässiger gegenüber Ansässigen, also einen Anwendungsfall der hier erörterten Fallgruppe.
3 EuGH v. 28.10.1999 – C-55/98 – Bent Vestergaard, Slg. 1999, I-7641 Rz. 21–23.

7.39 Er behält dabei die Möglichkeit, auf der Stufe von Rechtfertigungsgrund und Verhältnismäßigkeit auch die i.e.S. freiheitsrechtlichen, d.h. sich aus dem Unionsrecht als materiellem Bezugsrahmen ergebenden Anforderungen als Beurteilungs- bzw. Abwägungsgesichtspunkte in die gleichheitsrechtliche Prüfung einfließen zu lassen.

d) Verhältnis der „diskriminierenden Beschränkung" zur klassischen Diskriminierung

7.40 In der praktischen Rechtsanwendung treten immer häufiger Fälle zu Tage, in denen sich nicht eindeutig bestimmen lässt, ob die Grundfreiheiten als klassische Verbote der Inbound-Diskriminierung oder als Verbote einer diskriminierenden Outbound-Beschränkung zur Anwendung gebracht werden müssen. In diesen Fällen geht der EuGH in seiner neuesten Rechtsprechung zumeist von dem Wortlaut der jeweiligen Grundfreiheit aus. Ist sie – wie z.B. die Kapitalverkehrsfreiheit – als Beschränkungsverbot formuliert, folgt der Gerichtshof dieser Diktion.[1]

7.41 Jedenfalls im tatbestandlichen Ausgangspunkt – und vorbehaltlich weiterhin unterschiedlicher Nuancierungen der Rechtfertigungsdogmatik (vgl. Rz. 7.48) – werden diese diskriminierenden Beschränkungen aber ohnehin parallel zu den klassischen Diskriminierungen konstruiert. Damit lassen sich die früheren Asymmetrien zwischen im Übrigen identischen Benachteiligungen durch den Zuzugsstaat (Diskriminierungsfall; hohe Prüfungsdichte) und durch den Wegzugsstaat (Beschränkungsfall, zurückgenommene Prüfungsdichte)[2] weitgehend vermeiden.

e) Freiheitsrechtliche Garantien i.e.S.

7.42 Speziell auf dem Gebiet der direkten Steuern ist die i.e.S. unterschiedslose, damit rein **freiheitsrechtlich wirkende Dimension** der Beschränkungsverbote bis heute unterentwickelt. Im Unterschied zu mitgliedstaatlichen verfassungsrechtlichen Gewährleistungen, aber auch Ansätzen in der Rechtsprechung zur EMRK und der Grundrechtecharta gibt es in der Rechtsprechung des EuGH und der mitgliedstaatlichen Gerichte zu den Grundfreiheiten des AEUV bislang keine gesicherten Hinweise darauf, dass Steuern selbst dann, wenn die **Belastung unterschiedslos ausgestaltet** ist, gegen die Grundfreiheiten verstoßen könnten (vgl. hierzu näher Rz. 7.185).

3. Aktive und passive Wirkung

7.43 Die Grundfreiheiten sind zuvörderst Abwehrrechte desjenigen, der die jeweilige Grundfreiheit aktiv ausübt oder auszuüben beabsichtigt. Diese **aktive Wirkungsdimension** folgt unmittelbar aus dem Wortlaut der jeweiligen Grundfreiheit. Grundsätzlich hat es bei diesem Aktivschutz sein Bewenden; nur der Steuerpflichtige selbst kann sich auf die Grundfreiheiten berufen. So berührt z.B. eine Regelung wie § 6 AStG (Wegzugsbesteuerung bestimmter Gesellschafter) nicht die Rechte der Gesellschaft als solcher.[3]

7.44 Der Schutz aus der aktiven Wirkungsdimension greift aber zu kurz, wo sich eine mitgliedstaatliche oder unionale Regelung im Rechtssinne nicht an den eigentlichen Träger der Grundfreiheit, sondern an einen Dritten richtet, der zwar formell nicht in das Steuerrechtsverhältnis einbezogen ist, mit dem

---

[1] So zuletzt EuGH v. 4.9.2014 – C-211/13, ECLI:EU:C:2014:2148 Rz. 40–43 – Kommission/Deutschland: benachteiligend geringe Freibeträge nach ErbStG, wenn sowohl der Erblasser als auch der Erbe gebietsfremd sind. Diese Konstellation lässt sich mit gleichem Recht als Outbound-Fall (Testierfreiheit des Ansässigen) und als Inbound-Fall (Erwerb einer inländischen Immobilie durch einen Gebietsfremden) formulieren.

[2] Zu dieser Asymmetrie *Reimer* in Lehner, Grundfreiheiten im Steuerrecht der EU-Staaten, 2000, S. 39; und nunmehr EuGH v. 26.2.2019 – C-581/17 – Wächtler, ECLI:EU:C:2019:138.

[3] Vgl. hierzu ausführlich *Hahn*, IFSt-Schrift Nr. 378, S. 69; und nunmehr EuGH v. 26.2.2019 – C-581/17 – Wächtler, ECLI:EU:C:2019:138.

Träger der Grundfreiheit aber in so enger Beziehung steht, dass die Grundfreiheit sich typischerweise auf diesen Dritten oder sein Verhalten auswirkt. Hierzu zählen insbesondere die Fälle, in denen der Steuerpflichtige eine formell ihn treffende Zusatzbelastung wirtschaftlich auf seinen Vertragspartner (der in einem anderen Mitgliedstaat ansässig sein kann) überwälzt oder wirtschaftlich überwälzen müsste. In einer an die zivilrechtliche Drittschadensliquidation erinnernden Argumentationsfigur hat der EuGH in dieser Lage die aus den Grundfreiheiten folgenden subjektiven öffentlichen Rechte über den eigentlichen Träger der jeweiligen Grundfreiheit hinaus auf bestimmte Dritte erstreckt. Diese Anerkennung einer **passiven Wirkungsdimension** der Grundfreiheiten gehört zu den innovativen, ebenfalls dem *effet utile* des Binnenmarktrechts dienenden Entdeckungen der Rechtsprechung des EuGH. Der Drittschutz ist gerechtfertigt, wo nicht der eigentliche Träger der jeweiligen Grundfreiheit, wohl aber der Empfänger der von ihm erbrachten Leistungen Adressat einer unionalen oder mitgliedstaatlichen Regelung ist, die in qualifizierter Weise dazu führt, dass dem eigentlichen Träger der Grundfreiheit deren Ausübung erschwert oder unmöglich gemacht wird.[1]

Für das Recht der direkten Steuern sind Anwendungsfälle der Grundfreiheiten in ihren passiven Wirkungsdimensionen denkbar, wenn z.B. der Abzug von Lohnaufwand von der einkommen- oder körperschaftsteuerlichen Bemessungsgrundlage des Arbeitgebers von einer arbeitnehmerseitigen Besteuerung im Inland abhängig gemacht wird (passive Arbeitnehmerfreizügigkeit), wenn der Abzug des Aufwands für haushaltsnahe Dienstleistungen auf Leistungen im Inland ansässiger Handwerker beschränkt wird (passive Dienstleistungsfreiheit) oder wenn gewerbesteuerliche Hinzurechnungsvorschriften isoliert Mietaufwendungen betreffen, die beim Vermieter nicht zu einem in Deutschland steuerbaren Gewerbeertrag führen (passive Dienstleistungsfreiheit).[2] 7.45

4. Direkte und indirekte Wirkung

Mit dieser passiven Wirkungsdimension eng verwandt sind Erstreckungen der Grundfreiheiten auf nahestehende Personen, die zwar nicht Empfänger der grundfreiheitlich geschützten Leistung sind (oben Rz. 7.43 ff.), mit denen der Träger der Grundfreiheit aber in anderer – üblicherweise persönlicher oder familiärer – Weise so eng verbunden ist, dass an diese Dritte gerichtete Regelungen ihn in der Ausübung der Grundfreiheiten beschränken. 7.46

Leitbild dieser Fallgruppe ist das im Ausländer-/Aufenthaltsrecht angesiedelte Urteil Carpenter,[3] in dem der EuGH den Maßstab der Dienstleistungsfreiheit heranzieht, diese aber um die Garantie des Schutzes des Familienlebens nach Art. 8 EMRK verstärkt. Der Entscheidung liegt der Fall einer in England lebenden Philippinin zugrunde. Der EuGH gewährt ihr Ausweisungsschutz gegen das Vereinigte Königreich, weil sie die Kinder ihres englischen Ehemannes aus erster Ehe betreue und dieser nur dadurch die Möglichkeit habe, unter längerer Abwesenheit von seinem Wohnort Dienstleistungen in anderen EU-Mitgliedstaaten zu erbringen. Legt man diese – methodisch problematische[4] – Rechtsprechung zugrunde, sind parallel auch für das Steuerrecht Konstellationen denkbar, in denen der Träger der Grundfreiheit ein in einem Mitgliedstaat ansässiger Unionsbürger ist, der seinen Wohnsitz in einen anderen Mitgliedstaat verlegt oder verlegen möchte, sich daran aber gehindert sieht, weil er mit der Angehörigen eines Drittstaats verheiratet ist, die bei einem Umzug in einem der beiden Mitgliedstaaten 7.47

---

1 Außerhalb des Steuerrechts v.a. EuGH v. 6.11.2003 – C-243/01 – Gambelli, Slg. 2003, I-13031; mit Blick auf das Recht der direkten Steuern etwa BFH v. 10.4.2013 – I R 45/11, BStBl. II 2013, 771 – passive Dienstleistungsfreiheit.
2 Vgl. § 12 Abs. 2 Nr. 2 GewStG a.F.; hierzu EuGH v. 26.10.1999 – C-294/97 – Eurowings, Slg. 1999, I-7447; *Wachter*, IStR 1999, 689 ff.; *Saß*, DB 2000, 176 ff.; *Scheffler*, DB 2000, 735 ff.
3 EuGH v. 11.7.2002 – C-60/00 – Mary Carpenter, Slg. 2002, I-6279.
4 Zu pointierter Kritik etwa *C.U. Schmid*, Vom effet utile zum effet neolibéral. Eine Kritik des neuen judiziellen Expansionismus des Europäischen Gerichtshofs (ZERP-Arbeitspapier 1/2009), http://ssrn.com/abstract= 2198852 (abgerufen am 19.6.2019).

einer Zu- oder Wegzugsbesteuerung unterläge (indirekte Arbeitnehmerfreizügigkeit, indirekte Niederlassungsfreiheit, indirekte Freizügigkeit der Unionsbürger).

5. Rechtfertigungsgründe

7.48 Die tatbestandliche Diskriminierung oder Beschränkung ist notwendige, aber nicht hinreichende Bedingung für den Verstoß gegen die jeweilige Grundfreiheit. Ein Verstoß scheidet aus, wenn die Diskriminierung oder Beschränkung ausnahmsweise gerechtfertigt ist. Dazu muss ein unionsrechtlich anerkannter Rechtfertigungsgrund eingreifen. Beide Prüfungsstufen sind funktional aufeinander bezogen; gemeinsam mit der Verhältnismäßigkeitsprüfung (vgl. Rz. 7.50 ff.) bilden die Rechtfertigungsgründe das strukturelle Gegengewicht gegen das hier vertretene Konzept breiter Tatbestände der Grundfreiheiten: Je strenger die Anforderungen an eine tatbestandliche Diskriminierung oder eine Beschränkung sind, desto eher kann sich – bei gleichem Schutz des Binnenmarktes – die Prüfung der Rechtfertigungsgründe auf einen engen, möglicherweise sogar abschließenden Kanon von Rechtfertigungsgründen beschränken; je geringer die Toleranz auf Tatbestandsebene ist, desto offener muss der EuGH für rechtfertigende Belange der Mitgliedstaaten sein.

7.49 Auch die Dogmatik der Rechtfertigungsgründe geht historisch vom Wortlaut der jeweiligen Grundfreiheit aus. Im Zuge der teleologisch richtigen, die Wortlautgrenzen aber bisweilen strapazierenden Konvergenz der verschiedenen Grundfreiheiten und ihrer unterschiedlichen Wirkungsdimensionen hat sich aber auch der Kreis anerkannter Rechtfertigungsgründe unter der sog. *rule of reason* für unbenannte Belange geöffnet (vgl. ausführlich Rz. 7.202 ff.).

6. Verhältnismäßigkeitsgrundsatz

7.50 Als nachgeschalteter, im Prüfungsaufbau des EuGH aus der Rechtfertigungsprüfung i.e.S. ausgekoppelter abschließender Prüfungsschritt ist schließlich die Wahrung der Verhältnismäßigkeit zu nennen. Selbst wenn sich der jeweilige Regelungsgeber für eine tatbestandliche Verkürzung einer Grundfreiheit dem Grunde nach auf einen Rechtfertigungsgrund berufen kann, bleibt die Maßnahme rechtswidrig, wenn sie – gemessen an jedem Sachziel, das sich als Rechtfertigungsgrund qualifiziert hat – nicht geeignet, nicht erforderlich oder nicht angemessen ist.

7.51 Mit den beiden erstgenannten Anforderungen verbindet sich die methodische Herausforderung, dass der EuGH den Bereich des Normativen verlassen und empirische Erhebungen anstellen müsste: Denn nur der Blick auf die Wirklichkeit kann klären, ob eine Regelung ein normativ vorgegebenes Ziel real erreichen oder jedenfalls fördern kann; und ebenso ist die Frage nach der Erforderlichkeit an sich nur zu beantworten, wenn mindestens eine andere gleichermaßen geeignete Maßnahme denkbar ist und dann vergleichend Beweis darüber erhoben wird, ob diese alternative(n) Maßnahme(n) bei hinnehmbarem Aufwand mit gleicher Sicherheit zur Zielerreichung führen.

7.52 Für derartige empirische Klärungen fehlen dem EuGH allerdings regelmäßig Ressourcen und Kompetenzen. In dieser Lage belässt es der EuGH dennoch nicht bei einem blinden Verweis auf einschlägige Feststellungen der jeweils vorlegenden mitgliedstaatlichen Gerichte (Verfahren des Art. 267 AEUV) oder die Äußerungen der Verfahrensbeteiligten, insbesondere der betroffenen Regierung. Vielmehr reichert er in argumentativ überzeugender Weise namentlich die Erforderlichkeitsprüfung, aber auch die Prüfung der Angemessenheit um den normativ gefassten sog. **Anerkennungsgrundsatz** an: Danach soll eine diskriminierende oder beschränkende mitgliedstaatliche Regelung, die dem Grunde nach gerechtfertigt ist, immer dann „nicht erforderlich" sein, wenn der betroffene Mitgliedstaat ausweislich seines innerstaatlichen Rechts auch in anderen (aber hinreichend ähnlichen) Fällen ohne diese Diskriminierung oder Beschränkung auskommt. Denn damit erkennt der Mitgliedstaat an, dass diese Diskriminierung oder Beschränkung in Wahrheit doch einem anderen Zweck als dem nun in Rede stehenden dient, dass dieser Zweck auch auf andere Weise zu erreichen ist oder dass ihm jedenfalls nicht durchgehend so hohes Gewicht zukommt, dass derartige Maßnahmen durchgehend vorgesehen sind. Objektiv formuliert, fungiert der Anerkennungsgrundsatz als Gebot folgerichtiger Ausgestaltung einer tatbestandlichen Ungleichbehandlung oder (sonstigen) Grundfreiheitsverkürzung, für die dem Grunde nach eine Rechtfertigung in Betracht kommt.

7. Schuldner der Grundfreiheiten
a) Organe und Untergliederungen der Mitgliedstaaten

Schuldner der Grundfreiheiten sind primär die Europäische Union und die 28 Mitgliedstaaten. Innerhalb des mitgliedstaatlichen Staatsaufbaus trifft die Verpflichtung zur unmittelbaren Anwendbarkeit der Grundfreiheiten alle Ebenen (Bund, Länder, Gemeinden und Gemeindeverbände), alle drei Gewalten (Legislative, Exekutive, Judikative) und die diesen zu- oder nachgeordneten Träger der sog. mittelbaren Staatsverwaltung, soweit sie – wie etwa die Kammern, aber auch beliehene Körperschaften des privaten Rechts – hoheitliche Aufgaben wahrnehmen. 7.53

Aus der Bindung aller drei Staatsgewalten folgt insbesondere, dass Grundfreiheitsverstöße bei der Anwendung des Rechts der direkten Steuern nicht erst im Einspruchsverfahren, vor den FG oder gar vor dem – der Vorlagepflicht nach Art. 267 Unterabs. 3 AEUV unterliegenden – BFH gerügt und korrigiert werden können. Vielmehr ist bereits der Steuerpflichtige selbst berechtigt und verpflichtet, bei der Abgabe von Steueranmeldungen und Steuererklärungen den Grundfreiheiten in vollem Umfang zur Anwendung zu verhelfen. Erst recht trifft diese Pflicht die Finanzbehörden. Hier wirkt sich insbesondere der Einwirkungsmodus der Grundfreiheiten (kein Geltungs-, sondern bloßer Anwendungsvorrang, vgl. Rz. 7.15) zugunsten des Steuerpflichtigen aus: Im Unterschied zur Verfassungswidrigkeit eines Gesetzes, für die Art. 100 Abs. 1 GG ein Verwerfungsmonopol des BVerfG begründet, während Finanzverwaltung und Fachgerichte nach Art. 20 Abs. 3 GG unverändert eine Vollzugspflicht trifft, ist ein Rechtsanwendungsakt auch und gerade dann, wenn das innerstaatliche Gesetz der Finanzbehörde kein Ermessen einräumt, von vornherein zu unterlassen, wenn diese Anwendung des Gesetzes zu einem Verstoß gegen Grundfreiheiten führen würde (vgl. Rz. 7.18). 7.54

b) Unionsorgane und mittelbare Unionsverwaltung

So sehr die Mitgliedstaaten im Bereich der direkten Steuern Primäradressaten der Grundfreiheiten sind, ist zugleich die parallele Bindung auch der Europäischen Union als solcher zu betonen.[1] Diese Bindung zeigt sich nicht nur dort, wo Kommission oder Gerichtshof – wie im Vertragsverletzungsverfahren nach Art. 258 ff. AEUV, der Gerichtshof zudem im Vorabentscheidungsverfahren nach Art. 267 AEUV – als Hüter der Verträge die Grundfreiheiten zum Maßstab ihrer Entscheidungen in mitgliedstaatlichen Angelegenheiten machen. 7.55

c) Private

Nach wie vor nicht geklärt ist, inwiefern daneben auch Private Schuldner der Grundfreiheiten sein können. Außerhalb des Steuerrechts hat der EuGH jedenfalls in zahlreichen Fällen eine unmittelbare Drittwirkung der Grundfreiheiten anerkannt.[2] Für die Anwendung des mitgliedstaatlichen Rechts der direkten Steuern ist die Bindungskraft der Grundfreiheiten zu Lasten Privater zwar von hoher praktischer Relevanz. Das gilt namentlich in allen Konstellationen, in denen der zivilrechtliche Schuldner einer Zahlung kraft mitgliedstaatlichen Rechts zu einem Einbehalt von Lohnsteuer, Bauabzugsteuer, Kapitalertragsteuer oder der Einkommensteuer nach § 50a EStG verpflichtet ist. 7.56

Dogmatisch und inhaltlich ist diese Bindung Privater aber fraglich. Im Wortlaut der Grundfreiheiten selbst findet eine Verpflichtung Privater im horizontalen (zivilrechtlichen) Verhältnis kaum eine Stüt- 7.57

---
1 Überzeugend *Kokott*, Das Steuerrecht der Europäischen Union, 2018, § 3 Rz. 106.
2 Hierzu *Roth* in FS Everling, 1995, S. 1231; *Kluth*, AöR 1997, 557.

ze; das Binnenmarktziel legt eine entsprechende Aufladung des Normgehalts im Interesse des *effet utile* dagegen durchaus nahe. Daher sind jedenfalls in Fällen eines gesetzlichen Steuereinbehalts oder einer gesetzlichen Haftung (§§ 69 ff. AO) der Zahlungs-, Einbehalts- und Haftungsschuldner als Beliehene an die Grundfreiheiten gebunden. Der private Gläubiger (der Steuerpflichtige) kann ihnen daher die Grundfreiheiten materiell unter denselben Voraussetzungen entgegenhalten wie der veranlagenden Finanzbehörde. Prozessual ist der Rechtsweg zu den ordentlichen Gerichten eröffnet (§ 13 GVG).

8. Rechtsfolgen eines Grundfreiheitsverstoßes

7.58 Wo immer die Anwendung einer mitgliedstaatlichen Norm jedweder Stufe (DBA, Gesetz, Rechtsverordnung) oder einer Verwaltungsanweisung (Richtlinie, BMF-Schr., beamtenrechtliche Weisung im Einzelfall) zu einem Belastungsergebnis führen würde, das gegen eine Grundfreiheit verstößt, ist dieser **Grundfreiheitsverstoß von vornherein zu unterlassen** (s. Rz. 7.31). Das gilt auch und gerade dann, wenn das innerstaatliche Recht der Finanzbehörde und/oder dem konkreten Veranlagungssachbearbeiter, Außenprüfer, Vollstreckungsbeamten oder Steuerfahnder bzw. dem FG keinerlei Ermessen einräumt, sondern – aus seiner innerstaatlichen Binnensicht – eine gebundene Entscheidung vorsieht, d.h. den exakten Gesetzesvollzug verlangt.

7.59 Die innerstaatlich vorgesehene Entscheidung ist in diesen Fällen aber nicht notwendig als ganze zu unterlassen, sondern nur insoweit, als sie ihrem Inhalt nach Grundfreiheiten verletzt. Unionsrechtlich möglich und nach Art. 20 Abs. 3 GG innerstaatlich erforderlich ist deshalb eine **geltungserhaltende Reduktion:** Der Gebietsfremde, für den das innerstaatliche Recht unter Verstoß gegen Grundfreiheiten eine nach Grund (etwa: Abgabe zusätzlicher Erklärungen, Anlegen zusätzlicher Dokumentationen, Dulden eines Steuereinbehalts an der Quelle etc.) oder Höhe (etwa: Brutto- statt Nettobesteuerung; Versagung einer Verlustberücksichtigung; abweichender Steuersatz) nachteilige Rechtsfolge vorsieht, ist im konkreten Einzelfall so zu stellen, wie er stünde, wenn sein Fall den inkriminierten grenzüberschreitenden Bezug nicht aufwiese, sondern insoweit vollständig im Inland angesiedelt wäre.

7.60 Dessen ungeachtet bleibt es dem mitgliedstaatlichen Normgeber, aber auch – soweit das Gesetz Entscheidungsspielräume eröffnet – der Verwaltung unbenommen, den Verstoß gegen die Grundfreiheiten dadurch auszuräumen, dass eine zuvor auf den grenzüberschreitenden Fall beschränkte Rechtsfolge nun auch auf innerstaatliche Fälle erstreckt wird. Damit erlangen die Steuerpflichtigen zwar „**Steine statt Brot**". In den Grenzen des verfassungsrechtlich Zulässigen liegt diese Reaktion aber im Rahmen des demokratisch Möglichen; die Verallgemeinerung des (bisherigen) Nachteils ist dann auch unionsrechtlich hinzunehmen.

7.61 Abgesichert ist die Beachtlichkeit der Grundfreiheiten durch den unionsrechtlichen **Staatshaftungsanspruch**, der – insoweit parallel zu § 839 BGB – dem Steuerpflichtigen, der Opfer eines Grundfreiheitsverstoßes geworden ist, den vollen Ersatz seines Zins- und Liquiditätsschadens garantiert.[1] Unionsrechtlich setzt der Haftungsanspruch voraus, dass die verletzte Norm des Unionsrechts auf **Individualschutz** abzielt, der Verstoß nach den Kriterien seiner Erkennbarkeit (Vorsatz oder Fahrlässigkeit) für die mitgliedstaatlichen Rechtsetzungsorgane und der Entschuldbarkeit ihres Handelns **hinreichend qualifiziert** ist und zwischen dem Verstoß und Schaden ein **unmittelbarer Kausalzusammenhang** besteht.[2] Sind diese drei Voraussetzungen erfüllt, ist die Ausgestaltung dieses Anspruchs Sache der mitgliedstaatlichen Rechtsetzung, die aber ihrerseits durch die spezifisch unionsrechtlichen Grundsätze

---

1 Grundlegend EuGH v. 9.11.1983 – Rs. 199/82 – San Giorgio, Slg. 1983, 3595 Rz. 12; Urt. v. 8.3.2001 – C-397/98 und C-410/98 – Metallgesellschaft u.a., Slg. 2001, I-1727 Rz. 84; Urt. v. 12.12.2006 – C-446/04 – Test Claimants in the FII Group Litigation, BFH/NV Beilage 2007, 173 Rz. 202 ff.
2 EuGH v. 5.3.1996 – C-46/93 und C-48/93 – Brasserie du Pêcheur und Factortame, Slg. 1996, I-1029 Rz. 51 und 66; Urt. v. 30.9.2003 – C-224/01 – Köbler, Slg. 2003, I-10239 Rz. 51 und 57; EuGH v. 12.12.2006 – C-446/04 – Test Claimants in the FII Group Litigation, BFH/NV Beilage 2007, 173 Rz. 209 ff.

von Äquivalenz und Effektivität angeleitet wird.¹ Das Unionsrecht garantiert insbesondere, dass neben der überzähligen Steuer auch alle **steuerlichen Nebenleistungen** zu erstatten sind, die in unmittelbarem Zusammenhang mit der Steuer entrichtet wurden und für deren Entrichtung der Verstoß gegen Unionsrecht kausal geworden ist.²

B. Anwendungsbereich der einzelnen Grundfreiheiten

Trotz der starken **Konvergenz der Grundfreiheiten** (vgl. Rz. 7.35, 7.49) weist jede einzelne Grundfreiheit in den ihr von Rechtsprechung und Literatur zugeschriebenen Konturen weiterhin **Besonderheiten** auf. Diese Besonderheiten ergeben sich teils aus den Normen des AEUV selbst. Teils sind sie aber auch eine Folge typischerweise auftretender tatsächlicher Unterschiede bei der Ausübung der Grund- und hier v.a. der Marktfreiheiten durch die Unionsbürger. Wer seine Warenverkehrsfreiheit oder seine Dienstleistungsfreiheit ausübt, agiert regelmäßig weiterhin von seinem Heimatstaat aus und wird lediglich zusätzlich im Quellenstaat tätig. Hier ergeben sich besonders häufig Friktionen aus dem Zusammenwirken zweier oder mehrerer nationaler Rechtsordnungen, nur selten dagegen Entstrickungsprobleme. Demgegenüber sind zumindest die Grundfälle zur Arbeitnehmerfreizügigkeit und zur Niederlassungsfreiheit davon gekennzeichnet, dass der Steuerpflichtige seine gesamte berufliche oder gewerbliche Tätigkeit aus dem Heimat- in den Quellenstaat verlagert; in diesen Grundfällen lässt sich das insoweit allgemein anerkannte³ Bestimmungslandprinzip (in seiner Ausprägung als Grundsatz vorrangiger Ertragsbesteuerung im Quellenstaat) meist sehr viel einfacher verwirklichen.⁴

7.62

I. Warenverkehrsfreiheit (Art. 34 ff. AEUV)

1. Dogmatische Leitfunktion

Die Warenverkehrsfreiheit (Art. 34 ff. AEUV) ist außerhalb des Steuerrechts zum Leitstern der Dogmatik der Grundfreiheiten geworden. Insbesondere die Art. 34 und 35 AEUV prägen die Auslegung sämtlicher Marktfreiheiten und damit das Europäische Steuerrecht. Ihr Nebeneinander zeigt, dass Inbound- und Outbound-Situationen aus der Sicht des Binnenmarktrechts gleichermaßen schutzwürdig sind. Diese Wertung wird im Zuge der allgemeinen Konvergenz der Grundfreiheiten (vgl. Rz. 7.49) auf sämtliche Marktfreiheiten erstreckt (vgl. Rz. 7.34 ff.) und leitet damit vor allem die Auslegung der Art. 49, 56 und 63 AEUV an. Ebenso hat die Warenverkehrsfreiheit Pionierfunktion für den Gedanken einer Ausdehnung des Grundfreiheitsschutzes über die offene Diskriminierung hinaus auf versteckte Diskriminierungen und weiter auf unterschiedslose Beschränkungen.

7.63

2. Warenverkehrsfreiheit und direkte Steuern

Eine unmittelbare Relevanz der Warenverkehrsfreiheit für die direkten Steuern ist dagegen in der bisherigen Rechtsprechung nicht zutage getreten. Verantwortlich ist dafür nicht die besondere Struktur oder Stellung dieser Grundfreiheit. Für das Recht der Ertragsteuern wird sie nach h.M. insbesondere nicht im Wege der Spezialität von Art. 110 AEUV verdrängt, da Art. 110 AEUV nur die indirekten Steuern betrifft.⁵ Entscheidend ist vielmehr, dass weder das Recht der Steuern auf das Einkommen oder den

7.64

---

1 EuGH v. 12.12.2006 – C-446/04 – Test Claimants in the FII Group Litigation, BFH/NV Beilage 2007, 173 Rz. 203 m.w.N.
2 EuGH v. 12.12.2006 – C-446/04 – Test Claimants in the FII Group Litigation, BFH/NV Beilage 2007, 173 Rz. 205.
3 Vgl. nur Art. 7 Abs. 1 Satz 2, 15 Abs. 1 Satz 2 OECD-MA 2017 und die ihm insoweit folgenden Regelungen der deutschen DBA.
4 Pauschal *Eilmansberger*, Zur Reichweite der Grundfreiheiten des Binnenmarktes, JBl. 1999, 351.
5 Arg. Art. 112 AEUV; vgl. *Waldhoff* in Calliess/Ruffert⁵, Art. 110 AEUV Rz. 10.

Ertrag noch Erbschaft- und Schenkungsteuern i.e.S. sachbezogen an einzelne Transport- oder Veräußerungsvorgänge aus dem Bereich des Umlaufvermögens anknüpfen, sondern die persönliche Leistungsfähigkeit des Steuerpflichtigen abbilden. Die zwischenstaatliche Zuweisung der vorrangigen oder ausschließlichen Besteuerung grenzüberschreitender wirtschaftlicher Aktivitäten folgt primär Statusmerkmalen und anderen Kriterien von besonderer Festigkeit und Stetigkeit (Ansässigkeit, Belegenheit unbeweglichen Vermögens oder einer Betriebsstätte, physische Präsenz des Steuerpflichtigen, Kassenstaat etc.), die von einzelnen Wirtschaftsvorgängen losgelöst beurteilt werden.

7.65 Bewegungen einzelner Wirtschaftsgüter können zwar ausnahmsweise – namentlich im Bereich der sog. **Entstrickungen** – auch unabhängig von einer marktgängigen Gegenleistung eine Steuerbelastung auslösen. Relevant werden derartige Regelungen aber wiederum nur im Bereich des Anlagevermögens, während die Warenverkehrsfreiheit primär die freie Zirkulation von Umlaufvermögen absichert, bei dem sich auch in grenzüberschreitenden Fällen regelmäßig keine besonderen Hindernisse einkommen- oder ertragsteuerrechtlicher Art ergeben. Auf Verlagerungen von Anlagevermögen finden vorrangig die Niederlassungs- oder die Dienstleistungsfreiheit Anwendung. Gleiches gilt für die Anwendbarkeit der Warenverkehrsfreiheit auf die Besteuerung von Vermögensgegenständen (auch: Gesellschaftsanteilen) in Zu- und Wegzugsfällen; hier spielt neben der Niederlassungsfreiheit auch die allgemeine Freizügigkeit der Unionsbürger (Art. 18 AEUV) eine wichtige Rolle. Insgesamt kommt der Warenverkehrsfreiheit daher keine erhöhte Bedeutung als Prüfungsmaßstab für das Recht der direkten Steuern zu.

II. Arbeitnehmerfreizügigkeit (Art. 45 ff. AEUV)

1. Bedeutung

7.66 Geradezu Vorbildfunktion kommt dagegen den Personenverkehrsfreiheiten und hier insbesondere der Arbeitnehmerfreizügigkeit zu. In vielen wegweisenden Entscheidungen des EuGH auf dem Gebiet der direkten Steuern (insbesondere den Sachen Biehl[1], Schumacker[2] und Gschwind[3]) war Art. 45 AEUV (damals Art. 39 EGV) die entscheidende Maßstabsnorm. Für die Arbeitnehmerfreizügigkeit gelten die oben dargestellten Grundsätze uneingeschränkt. Insbesondere hat der EuGH die Arbeitnehmerfreizügigkeit auch als Beschränkungsverbot interpretiert.[4] Die Arbeitnehmerfreizügigkeit ist spätestens seit dem 1.1.1970 unmittelbar anwendbar.

2. Abgrenzung zu anderen Grundfreiheiten

7.67 Die Arbeitnehmerfreizügigkeit vereint für nichtselbständig Tätige alle Garantien, die für selbständig Tätige in der Niederlassungsfreiheit (Art. 49 ff. AEUV) oder in der Dienstleistungsfreiheit (Art. 56 ff. AEUV) enthalten sind. Sie ist insoweit komplementär zu Art. 49 ff. und Art. 56 ff. AEUV. Überschneidungen kann es geben, wo zugleich die Niederlassungs- oder Dienstleistungsfreiheit des Arbeitgebers und die Arbeitnehmerfreizügigkeit des Arbeitnehmers betroffen sind; das gilt namentlich, wenn man den Arbeitgeber zum Träger einer „passiven Arbeitnehmerfreizügigkeit" macht (vgl. Rz. 7.45).

---

1 EuGH v. 8.5.1990 – C-175/88 – Biehl, Slg. 1990, I-1789; vgl. auch das nachfolgende Vertragsverletzungsverfahren gegen Luxemburg: EuGH v. 26.10.1995 – C-151/94 – Kommission/Luxemburg, Slg. 1995, I-3685.
2 EuGH v. 14.2.1995 – C-279/93 – Schumacker, Slg. 1995, I-225 = FR 1995, 224 m. Anm. *Waterkamp-Faupel*.
3 EuGH v. 14.9.1999 – C-391/97 – Frans Gschwind, Slg. 1999, I-5451 = FR 1999, 1076 m. Anm. *Stapperfend*.
4 EuGH v. 15.12.1995 – C-415/93 – Bosman, Slg. 1995, I-5040.

3. Persönlicher Anwendungsbereich

Seinem persönlichen Anwendungsbereich nach schützt Art. 45 AEUV nur natürliche Personen. Er fungiert dabei aber gleichermaßen als Freiheitsrecht (Art. 45 Abs. 1 AEUV) und als Gleichheitssatz (Art. 45 Abs. 2 AEUV) und ist durch eine Vielzahl sekundärrechtlicher Gewährleistungen ergänzt und abgesichert worden.[1]

7.68

4. Sachlicher Anwendungsbereich

Der sachliche Schutzbereich von Art. 45 AEUV erfasst jede Art der abhängigen Beschäftigung mit Ausnahme von Beschäftigungen im öffentlichen Dienst (Art. 45 Abs. 4 AEUV).[2] Soweit er gilt, erstreckt sich Art. 45 AEUV nicht nur auf die Arbeitsbedingungen als solche, d.h. die berufliche Sphäre des Arbeitnehmers. Vielmehr schützt diese Grundfreiheit auch das private Vorfeld und Umfeld der Arbeitsausübung – bis hin zu einem Aufenthaltsrecht des **nicht erwerbstätigen Ehegatten** des Arbeitnehmers (vgl. Rz. 7.47 m.w.N.). Es liegt auf dieser Linie, dass auch das Einkommensteuerrecht durch Art. 45 AEUV mit erfasst und in seinen Wirkungen modifiziert wird. Dem steht insbesondere nicht entgegen, dass die Steuerbelastung als solche jedenfalls aus deutscher Sicht im Ganzen zu den Kosten der privaten Lebensführung zählt (vgl. § 12 Nr. 3 EStG); der Belastungsgrund liegt in der grundfreiheitlich geschützten Erwerbssphäre. Der neutralisierende und belastungsbegrenzende Einfluss des Art. 45 AEUV erfasst über das materielle Recht hinaus auch das Verfahrensrecht und hier insbesondere die Ausgestaltung des Lohnsteuererhebungsverfahrens.

7.69

5. Rechtfertigungsebene

Seinem Wortlaut nach gelten die Grundsätze des Art. 45 Abs. 1 und 2 AEUV schrankenlos; nur die vier ergänzenden Garantien des Art. 45 Abs. 3 AEUV stehen – ähnlich wie auch die Warenverkehrsfreiheit, die Niederlassungsfreiheit und die Dienstleistungsfreiheit – unter dem ausdrücklichen Vorbehalt der aus Gründen der öffentlichen Ordnung, Sicherheit und Gesundheit gerechtfertigten Beschränkungen. In der Literatur ist aber die Erstreckung dieses Vorbehalts auf mittelbare Diskriminierungen und Beschränkungen i.S.d. Art. 45 Abs. 2 AEUV anerkannt.[3]

7.70

III. Niederlassungsfreiheit (Art. 49 ff. AEUV)

1. Bedeutung

Was für natürliche Personen die allgemeine Freizügigkeit und die Arbeitnehmerfreizügigkeit sind, ist für Unternehmen (und Unternehmer) die durch Art. 49 AEUV garantierte Niederlassungsfreiheit.[4] Sie erlaubt es allen Unternehmensträgern – egal in welcher Rechtsform sie verfasst sind, also wiederum unter Einschluss der natürlichen Personen –, Niederlassungen in anderen EU-Mitgliedstaaten zu

7.71

---

1 Vgl. vor allem die seit ihrem Erlass mehrfach veränderte VO (EWG) Nr. 1612/68 v. 15.10.1968.
2 Zu dieser Einschränkung näher *Brechmann* in Calliess/Ruffert[5], Art. 45 AEUV Rz. 107 ff. m.w.N.
3 Vgl. m.w.N. *Brechmann* in Calliess/Ruffert[5], Art. 45 AEUV Rz. 99.
4 Grundlegend *Kutt*, Grenzüberschreitende Kapitalgesellschaften und ihre Besteuerung im deutschen Körperschaftsteuerrecht – insbesondere im Lichte der Niederlassungsfreiheit des EG-Vertrages, der Doppelbesteuerungsabkommen und des Steuerwettbewerbs, 2001; *Stewen*, Europäische Niederlassungsfreiheit und deutsches internationales Steuerrecht – Zuzug und Wegzug von Gesellschaften nach „Daily Mail", „Centros", „Überseering", „Inspire Art" und „Lasteyrie du Saillant", 2007; *Stein*, Doppelt ansässige Kapitalgesellschaften – Besteuerung und Niederlassungsfreiheit, 2007; *Haslehner*, Das Betriebsstättendiskriminierungsverbot im Internationalen Steuerrecht, 2009, S. 93 ff.; *Eisenbarth*, Grenzüberschreitende Verlustverrechnung als Kerngebiet des Europäischen Steuerrechts – eine Rechtsprechungsanalyse im europarechtlichen Kontext, 2011; *Rehberg*, Der Zuzug und Wegzug von Kapitalgesellschaften in gesellschafts- und steuerrechtlicher Hinsicht, 2011; *Jost*, Betriebsstätten – Missbrauch und Niederlassungsfreiheit, 2012.

errichten. Stärker als bei der Arbeitnehmerfreizügigkeit ist bei der Niederlassungsfreiheit schon im Wortlaut der spezifische Gehalt als Beschränkungsverbot angelegt, aber – anders als bei der Kapitalverkehrsfreiheit – nicht vollständig entfaltet; im Wortlaut findet sich noch eine Erwähnung der Staatsangehörigkeit. Die Rechtsprechung hat sich davon indes gelöst.[1] Man muss daher heute (auch) die Niederlassungsfreiheit als umfassendes Beschränkungsverbot ansehen.[2] Dies gilt auch für das Steuerrecht.[3] Damit ist die Niederlassungsfreiheit zu der für die Unternehmensbesteuerung wichtigsten Grundfreiheit geworden.[4]

2. Abgrenzung zu anderen Grundfreiheiten

7.72 Im Verhältnis zur **Arbeitnehmerfreizügigkeit** hängt die Anwendbarkeit der Niederlassungsfreiheit von der **Selbständigkeit des Steuerpflichtigen** ab; insoweit gilt das oben (vgl. Rz. 7.67) Gesagte. Dieses Selbständigkeitserfordernis teilt die Niederlassungsfreiheit mit der Dienstleistungsfreiheit.

7.73 Im Unterschied zur **Dienstleistungsfreiheit** schützt die Niederlassungsfreiheit aber nicht den bloßen Import oder Export von Dienstleistungen innerhalb des Binnenmarkts, sondern lediglich **Statusveränderungen** und die mit ihnen verbundenen oder in ihrer Folge erbrachten operativen Tätigkeiten. In dem Bereich der direkten Steuern liegt ein derartiger Statuswechsel vor, wenn der Steuerpflichtige seine Ansässigkeit (Wohnsitz, gewöhnlicher Aufenthalt) von einem in einen anderen Mitgliedstaat verlagert. Er erfasst aber auch Fälle, in denen der Steuerpflichtige in seinem Ansässigkeitsstaat keinerlei Veränderungen vollzieht, aber eine zusätzliche Ansässigkeit, Niederlassung oder Tochtergesellschaft (vgl. Rz. 7.78) in dem anderen EU-Mitgliedstaat begründet.

7.74 Besondere Schwierigkeiten ergeben sich schließlich im Verhältnis zur **Kapitalverkehrsfreiheit**, der zwar – gegen den missverständlichen Wortlaut von Art. 49 Unterabs. 2 AEUV – kein allgemeiner Vorrang gegenüber der Niederlassungsfreiheit zukommt, die aber im Unterschied zur Niederlassungsfreiheit in begrenztem Umfang auch Fälle mit Drittstaatsbezug erfasst und insoweit Selbststand gewinnt. Die Abgrenzung betrifft v.a. Gesellschaftsbeteiligungen. Für sie hängt die Anwendbarkeit der Niederlassungsfreiheit davon ab, ob der Prinzipal die Zielgesellschaft kraft einer starken gesellschaftsrechtlichen Stellung beherrschen kann (dann Niederlassungsfreiheit; kein Schutz für Drittstaatsfälle) oder ob er eine nicht-beherrschende Beteiligung hält, die primär den passiven Charakter einer Vermögensanlage hat (dann Kapitalverkehrsfreiheit mit Schutz auch für Drittstaatsfälle) (vgl. Rz. 7.88 m.w.N.).

3. Persönlicher Anwendungsbereich

7.75 Träger der primären Niederlassungsfreiheit sind „Staatsangehörige" eines Mitgliedstaats (Art. 49 Unterabs. 1 Satz 1 AEUV). Das Recht zur Gründung sekundärer Niederlassungen (Zweitniederlassungen, Agentur, Tochtergesellschaften) steht nach Art. 49 Unterabs. 1 Satz 2 AEUV „Angehörigen" eines Mitgliedstaats zu. Beide Garantien werden aber durch Art. 54 Unterabs. 1 AEUV auf die nach den Rechts-

---

1 EuGH v. 31.3.1993 – C-19/92 – Kraus, Slg. 1992, I-1663; v. 30.11.1995 – C-55/94 – Gebhard, Slg. 1995, I-4165; v. 15.5.1997 – C-250/95 – Futura Participations and Singer, Slg. 1997, I-2471 = FR 1997, 567 m. Anm. Dautzenberg.
2 Knobbe-Keuk, DB 1990, 2573; zurückhaltender Everling in GS Knobbe-Keuk, 1997, S. 607–625 m.w.N.; Roth in GS Knobbe-Keuk, 1997, S. 729–742.
3 EuGH v. 15.5.1997 – C-250/95 – Futura Participations und Singer, Slg. 1997, I-2471; Anm. Dautzenberg, FR 1997, 570 f.; Weiß, EuZW 1999, 493; zweifelnd Hahn, IFSt-Schrift Nr. 378, S. 37 f. m.w.N.
4 Vgl. z.B. EuGH v. 26.1.1993 – C-112/91 – Werner, Slg. 1993, I-429 = FR 1993, 368 m. Anm. Dautzenberg; v. 27.6.1996 – C-107/94 – Asscher, Slg. 1996, I-3089 = FR 1996, 666 m. Anm. Waterkamp-Faupel; v. 15.5.1997 – C-250/95 – Futura Participations und Singer, Slg. 1997, I-2471 = FR 1997, 567 m. Anm. Dautzenberg; v. 21.9.1999 – C-307/97 – Saint-Gobain, Slg. 1999, I-6161; v. 27.11.2008 – C-418/07 – Papillon, Slg. 2008, I-8947; v. 25.2.2010 – C-337/08 – X-Holding, Slg. 2010, I-1215. Zur Reichweite der Niederlassungsfreiheit vgl. auch Steindorff, EuR 1988, 19.

vorschriften eines Mitgliedstaats gegründeten Gesellschaften erstreckt, die ihren satzungsmäßigen Sitz, ihre Hauptverwaltung oder ihre Hauptniederlassung innerhalb der Union haben. Hierzu zählen neben den nach bürgerlichem Recht gegründeten Personengesellschaften und Körperschaften auch juristische Personen des öffentlichen Rechts, die einen Erwerbszweck verfolgen (Art. 54 Unterabs. 2 AEUV).

Parallel zu Art. 49 AEUV begründet Art. 31 Abs. 1 EWR-Abkommen einen im Wesentlichen gleichlautenden Schutz der Niederlassungsfreiheit für Staatsangehörige Norwegens, Islands und Liechtensteins (Rz. 7.7). Art. 34 EWR-Abkommen erstreckt diesen Schutz – parallel zu Art. 54 AEUV und den dort niedergelegten Voraussetzungen (Rz. 7.75) – auf die nach den Rechtsvorschriften eines EWR-Staats gegründeten Gesellschaften. 7.76

4. Sachlicher Anwendungsbereich
a) Primäre und sekundäre Niederlassung

Grundform der „**Niederlassung**" ist die Übersiedlung (Wohnsitznahme oder Verlegung des gewöhnlichen Aufenthalts), in den Fällen des Art. 54 AEUV die Verlegung des statutarischen Sitzes oder der Geschäftsleitung in einen anderen EU-Mitgliedstaat (sog. **primäre Niederlassung**; Art. 49 Unterabs. 1 Satz 1 AEUV). Art. 49 Unterabs. 1 Satz 1 AEUV markiert dabei nicht bloß die Schwelle, ab der eine „Niederlassung" anzunehmen ist; die Verwendung des Ausdrucks „ansässig" in Satz 2 leistet für sich genommen ebenfalls keine substantielle Schärfung. Der Tatbestand „Niederlassung" ist vielmehr hinreichend flexibel für die Aufnahme aller derjenigen Anforderungen des jeweiligen mitgliedstaatlichen Rechts (für das Recht der direkten Steuern namentlich der ansässigkeitsbegründenden Merkmale aus Vorschriften wie §§ 8–11 AO), die eine intensive Verbindung des Steuerpflichtigen zu dem fremden Territorium beschreiben. 7.77

Art. 49 Unterabs. 1 Satz 2 AEUV dehnt den Schutz der Niederlassungsfreiheit über die Ansässigkeitsverlegung hinaus auf die Begründung oder Verlegung einer sog. **sekundären Niederlassung** aus. Zu diesen Sekundärformen zählen nach dem Wortlaut der Vorschrift Agenturen, Zweigniederlassungen und Tochtergesellschaften. In der steuerspezifischen Konkretisierung sind damit insbesondere Betriebsstätten einschließlich ständiger Vertreter (Art. 5 OECD-MA, §§ 12, 13 AO) und fester Einrichtungen (Art. 14 OECD-MA a.F., § 49 Abs. 1 Nr. 3 EStG) angesprochen. Der Schutz des Art. 49 Unterabs. 1 Satz 2 AEUV erstreckt sich aber auch auf Einrichtungen, denen abkommensrechtlich durch Art. 5 Abs. 4 OECD-MA der Status einer Betriebsstätte versagt wird. 7.78

Während der Schutz dieser unterschiedlichen Niederlassungsformen unterschiedslos und in diesem Sinne rechtsformneutral gewährt wird, ist Art. 49 AEUV keine allgemeine Garantie rechtsformneutraler Besteuerung zu entnehmen. Benachteiligungen einzelner Rechtsformen (Gesellschaftsformen) begründen solange keinen Verstoß gegen die Niederlassungsfreiheit, wie mit dieser Benachteiligung keine Benachteiligung grenzüberschreitender gegenüber rein innerstaatlichen Fällen einhergeht. 7.79

b) Unternehmerische Aktivitäten

Sobald einer dieser Niederlassungstatbestände erfüllt ist, kommt der Steuerpflichtige kraft dieses Statusverhältnisses in einen umfassenden Diskriminierungs- und Beschränkungsschutz. Über alle unmittelbar mit dem Vorgang des (Sich-)Niederlassens zusammenhängenden Aktivitäten hinaus sind nach Art. 49 Unterabs. 2 AEUV die **Aufnahme und Ausübung** selbständiger Erwerbstätigkeiten sowie die Gründung und Leitung von Unternehmen umfasst. Mitgeschützt sind schließlich aber auch die **Beendigung und Abwicklung** der Niederlassung in dem Aufnahmestaat. Ausgeklammert sind dagegen Tätigkeiten, die in dem Tätigkeitsstaat als Ausübung öffentlicher Gewalt angesehen werden (Art. 51 Unterabs. 1 AEUV). 7.80

5. Rechtfertigungsebene

7.81 Nach Art. 52 Abs. 1 AEUV können Verkürzungen der Niederlassungsfreiheit aus Gründen der öffentlichen Ordnung, Sicherheit oder Gesundheit gerechtfertigt sein. Damit schließt die Rechtfertigungsdogmatik der Niederlassungsfreiheit eng an die parallelen Regelungen zur Arbeitnehmerfreizügigkeit in Art. 45 Abs. 3 AEUV an (s. Rz. 7.70).

IV. Dienstleistungsfreiheit (Art. 56 ff. AEUV)

1. Bedeutung

7.82 Auch die Dienstleistungsfreiheit wird als umfassendes Beschränkungsverbot angesehen.[1] Sie ist eine besonders facettenreiche Grundfreiheit und schützt alle selbständig und entgeltlich erbrachten Leistungen. Als Regelbeispiele nennt Art. 57 Unterabs. 2 AEUV gewerbliche, kaufmännische, handwerkliche und freiberufliche Tätigkeiten.

2. Abgrenzung zu anderen Grundfreiheiten

7.83 Während die Subsidiarität der Dienstleistungs- gegenüber der Warenverkehrsfreiheit für das Recht der direkten Steuern praktisch irrelevant sein dürfte (s. Rz. 7.64 f.), kommt der Anordnung einer Nachrangigkeit der Dienstleistungsfreiheit gegenüber den Personenfreizügigkeiten aus Art. 45 ff., 49 ff. AEUV durch Art. 57 Unterabs. 1 AEUV zentrale Bedeutung zu. Die Abgrenzung der Anordnung wird durch den Einschluss kurzfristiger Grenzüberschreitungen in den Anwendungsbereich der Dienstleistungsfreiheit präzisiert (Art. 57 Unterabs. 2 AEUV).

3. Persönlicher Anwendungsbereich

7.84 Auf der Ebene des persönlichen Schutzbereichs enthält die Niederlassungsfreiheit nur Vorgaben für die **Person des Dienstleistungserbringers** und erfasst insoweit – wie die Niederlassungsfreiheit – sowohl natürliche Personen als auch Personenmehrheiten (Personengesellschaften) und juristische Personen. Aus sich heraus gelten die Art. 56 ff. AEUV nur für Unionsbürger (vgl. Art. 56 Unterabs. 2 AEUV), die innerhalb der EU ansässig sind oder dort jedenfalls von einer dortigen Niederlassung aus agieren. **Dienstleistungsempfänger** können dagegen auch Angehörige von Drittstaaten sein[2], ohne dass der Schutz der Art. 56 ff. AEUV entfiele.

4. Sachlicher Anwendungsbereich

7.85 Die Dienstleistungsfreiheit schützt primär – insoweit komplementär zur Arbeitnehmerfreizügigkeit – das persönliche Erbringen von Dienstleistungen in einem anderen EU-Mitgliedstaat als dem Ansässigkeitsstaat. Sekundär erstreckt sich der Schutz aber auch – insoweit komplementär zur Warenverkehrsfreiheit – auf sog. Korrespondenzleistungen, die erbracht werden, ohne dass sich der Dienstleistungserbringer in den Zielstaat begibt.[3] Auf der Ebene des sachlichen Schutzbereichs kommt – plastischer als bei den anderen Grundfreiheiten – neben der Aktivdimension (Schutz dessen, der die Dienstleis-

---

1 Vgl. nur EuGH v. 28.4.1998 – C-118/96 – Jessica Safir, Slg. 1998, I-1919 Rz. 22 = FR 1998, 514 m. Anm. *Dautzenberg*; v. 26.10.1999 – C-294/97 – Eurowings, Slg. 1999, I-7447 Rz. 33 m.w.N. = FR 1999, 1327 m. Anm. *Dautzenberg*; *Englisch*, Wettbewerbsgleichheit im grenzüberschreitenden Handel, 2008, S. 197 ff., 207 ff. Für den nichtsteuerrechtlichen Bereich vgl. außerdem die Nachweise bei *Hahn*, IFSt-Schrift Nr. 378, S. 39 ff. – dort insb. Fn. 126.

2 Vgl. EuGH v. 14.11.1995 – C-484/93 – Svensson und Gustavsson, Slg. 1995, I-3955 – gegen den Schlussantrag des Generalanwalts. Hierzu auch *Schnitger*, Die Grenzen der Einwirkung der Grundfreiheiten des EG-Vertrages auf das Ertragsteuerrecht, 2006, S. 73.

3 Zu den damit aufgeworfenen Problemen *Schnitger*, Die Grenzen der Einwirkung der Grundfreiheiten des EG-Vertrages auf das Ertragsteuerrecht, 2006, S. 75 f.

tung erbringt) auch die Passivdimension zum Tragen (s. zu dieser Unterscheidung Rz. 7.43 ff.): Art. 56 ff. AEUV schützen in dieser Dimension auch die Freiheit des Empfängers der Dienstleistung. Im Steuerrecht ist diese doppelte Dimension u.a.[1] im Streit um die belgische Parabolantennenabgabe relevant geworden:[2] Hier hat der EuGH erkannt, dass durch Art. 56 AEUV nicht nur die privaten Produzenten von Fernsehsendungen geschützt sind (aktive Dienstleistungsfreiheit), sondern auch Fernsehzuschauer (passive Dienstleistungsfreiheit). Sie haben ein Recht darauf, mit Parabolantennen („Satellitenschüsseln") ausländische Programme zu sehen, ohne darin durch besondere Abgaben mit Lenkungszweck (Vermeidung der Verschandelung des Ortsbildes) in diskriminierender Weise beschränkt zu werden.

5. Rechtfertigungsebene

Die nach Art. 56 ff. AEUV grundsätzlich verbotenen Diskriminierungen oder Beschränkungen können im Einzelfall aus den in Art. 62 i.V.m. Art. 52 AEUV genannten Rechtfertigungsgründen ausnahmsweise zulässig sein.[3] Zu den ausdrücklich genannten Rechtfertigungsgründen zählen – wie bei der Niederlassungsfreiheit – der Schutz der öffentlichen Ordnung, Sicherheit oder Gesundheit. Hinzu tritt der ungeschriebene Rechtfertigungsgrund der zwingenden Gründe des Allgemeininteresses.[4]   7.86

V. Kapitalverkehrsfreiheit (Art. 63 ff. AEUV)

1. Bedeutung

Die Kapitalverkehrsfreiheit, die ebenfalls zu den jüngeren Freiheiten gehört und erst 1993 in vollem Umfang in den damaligen EG-Vertrag eingefügt wurde, weist gegenüber den anderen bisher behandelten Marktfreiheiten die meisten Besonderheiten auf.[5] Dies gilt schon für die Ebene des Tatbestandes. Die Kapitalverkehrsfreiheit enthält – anders als die anderen Marktfreiheiten – schon ihrem Wortlaut nach ein Beschränkungsverbot, dessen Anwendungsbereich sich nicht auf Angehörige anderer Mitgliedstaaten beschränkt, sondern auch die eigenen Staatsangehörigen (und Ansässigen) des Anwenderstaats und darüber hinaus – in abgestufter Intensität – auch Drittstaatenangehörige erfasst (vgl. Rz. 7.99).   7.87

2. Abgrenzung zu anderen Grundfreiheiten

Das Verhältnis der Kapitalverkehrsfreiheit zu den anderen Grundfreiheiten ist nicht restlos geklärt.[6] Das gilt namentlich für das Verhältnis von Art. 63 ff. zu den Art. 49 ff. AEUV (Niederlassungsfreiheit) bei Investitionen in Kapitalgesellschaften: Denn einerseits scheint Art. 49 Abs. 2 AEUV einen Vorrang der Kapitalverkehrsfreiheit gegenüber der Niederlassungsfreiheit anzuordnen. Andererseits kann Art. 49 Abs. 2 AEUV aber auch so verstanden werden, als erlaube er lediglich eine Übertragung der Einschränkbarkeit von Art. 63 ff. AEUV auf Art. 49 ff. AEUV, lasse aber eine Überschneidung im Schutz-   7.88

---

1 Siehe auch EuGH v. 14.11.1995 – C-484/93 – Svensson und Gustavsson, Slg. 1995, I-3955; v. 26.10.1999 – C-294/97 – Eurowings, Slg. 1999, I-7447 Rz. 34 m.w.N. = FR 1999, 1327 m. Anm. *Dautzenberg*; *Schnitger*, Die Grenzen der Einwirkung der Grundfreiheiten des EG-Vertrages auf das Ertragsteuerrecht, 2006, S. 73 ff.
2 EuGH v. 29.11.2001 – C-17/00 – De Coster, Slg. 2001, I-9445.
3 M.w.N. näher *Kluth* in Calliess/Ruffert[5], Art. 57 AEUV Rz. 74 ff.
4 Vgl. bereits EuGH v. 3.12.1974 – Rs. 33/74 – van Binsbergen, Slg. 1974, 1299 Rz. 10 u. 12; v. 18.10.2012 – C-498/10 – X, IStR 2013, 26 Rz. 36; v. 19.12.2012 – C-577/10, ECLI:EU:C:2012:814 Rz 44 – Kommission/Belgien. Aus der deutschen Rspr. exemplarisch BFH v. 10.4.2013 – I R 45/11, BStBl. II 2013, 771.
5 Vgl. allgemein *Bröhmer* in Calliess/Ruffert[5], Art. 63 AEUV Rz. 1 ff.; speziell zum Steuerrecht v.a. *Schön* in GS Knobbe-Keuk, 1997, S. 743 ff. m.w.N.
6 Statt vieler *M. Lang* in FS Rödler, 2010, S. 521 ff.; *Musil*, DB 2009, 1037 (1041 f.); allgemein *Bröhmer* in Calliess/Ruffert[5], Art. 63 AEUV Rz. 16 ff.

bereich (etwa im Wege einer Simultananwendung beider Grundfreiheiten) durchaus zu.[1] Für die Existenz einer Schnittmenge und Möglichkeit eines echten Nebeneinanders von Niederlassungs- und Kapitalverkehrsfreiheit in diesem Überschneidungsbereich spricht auch die Existenz von Art. 65 Abs. 2 AEUV. Relevanz gewinnt die Frage nach Abgrenzung oder Konkurrenz der beiden Grundfreiheiten vor allem durch die Erstreckung (nur) der Kapitalverkehrsfreiheit auf Fälle mit Drittstaatsbezug (vgl. Rz. 7.106).

a) Eindeutige Fälle

7.89 In der bisherigen Judikatur des EuGH hat sich zunächst eine Fallgruppe als eindeutig erwiesen: Bezieht sich die nationale Rechtsvorschrift, auf deren Grundlage die streitbefangene Maßnahme ergangen ist, nur auf Beteiligungen, die es dem (Haupt-)Gesellschafter ermöglichen, einen sicheren Einfluss auf die Entscheidungen der Gesellschaft auszuüben und deren Tätigkeiten zu bestimmen, kommt nach gefestigter Rechtsprechung ausschließlich die Niederlassungsfreiheit zur Anwendung.[2] Beschränkungen des Kapitalverkehrs sind insoweit nicht mehr als ein unvermeidbarer Reflex der Beschränkung der Niederlassungsfreiheit; er rechtfertigt keine eigenständige Prüfung der Art. 63 ff. AEUV.

7.90 Spiegelbildlich kommt eine Anwendung der Niederlassungsfreiheit von vornherein nicht in Betracht, wenn die streitbefangene Maßnahme auf einer Norm beruht, die sich nicht auf Fälle bezieht, in denen der (Haupt-)Gesellschafter einen sicheren Einfluss auf die Geschäftstätigkeit der Gesellschaft ausüben kann. Aus diesem Grund sind Regelungen, die ausschließlich Streubesitzanteile betreffen, eindeutig und ausschließlich an der Kapitalverkehrsfreiheit zu messen.[3] Gleiches gilt nach der Rechtsprechung des EuGH aber auch für Regelungen über wesentliche Beteiligungen, die in der alleinigen Absicht der Geldanlage erfolgen, ohne dass auf die Verwaltung und Kontrolle des Unternehmens Einfluss genommen werden soll (vgl. Rz. 7.74).

b) Charakter des Einzelfalles

7.91 Für alle anderen Fälle – also dann, wenn sich die nationale Rechtsvorschrift unterschiedslos auf Vermögensanlagen und auf beherrschende Beteiligungen bezieht – bestand dagegen lange Zeit die Gefahr, dass die Niederlassungsfreiheit und die Kapitalverkehrsfreiheit gleichzeitig zur Anwendung kommen könnten. Diese Doppelverpflichtungsthese hat das Argument gegen sich, dass die Mitgliedstaaten offenbar bewusst nur die Kapitalverkehrsfreiheit, nicht auch die Niederlassungsfreiheit auf Angehörige und Ansässige von Drittstaaten erstreckt haben; eine Anwendung der Kapitalverkehrsfreiheit auch auf wesentliche Beteiligung in Drittstaaten hätte diese Zurückhaltung bei Art. 49 ff. AEUV invalidiert.

7.92 Der EuGH hat sich der Aufgabe einer klaren Abgrenzung lange entzogen und den Anwendungsbereich der Kapitalverkehrsfreiheit und den Anwendungsbereich der Niederlassungsfreiheit mit einer zweispurigen und damit letztlich zweideutigen Prüfung voneinander abgegrenzt.

7.93 In einem ersten, gleichsam klassischen Ansatz kommen die Tatumstände des konkreten Ausgangsfalls in den Blick. Wenn in diesem Fall die Voraussetzungen des Art. 49 AEUV erfüllt sind, scheidet eine Erstreckung des grundfreiheitlichen Schutzes auf Drittstaatsangehörige oder -ansässige aus. Dieser

---

[1] In diesem Sinne *Bröhmer* in Calliess/Ruffert[5], Art. 63 AEUV Rz. 33 ff. Vgl. ferner EuGH v. 13.4.2000 – C-251/98 – Baars, Slg. 2000, I-2787.
[2] EuGH v. 13.11.2012 – C-35/11 – Test Claimants in the FII Group Litigation, EU:C:2012:707 – Rz. 91; m. Anm. *Henze*, ISR 2013, 18; v. 10.4.2014 – C-190/12, ECLI:EU:C:2014:249 Rz. 26 f. – Emerging Markets Series of DFA Investment Trust Company = ISR 2014, 165 m. Anm. *Kammeter*.
[3] EuGH v. 13.11.2012 – C-35/11 – Test Claimants in the FII Group Litigation, EU:C:2012:707 – Rz. 92; m. Anm. *Henze*, ISR 2013, 18; v. 10.4.2014 – C-190/12, ECLI:EU:C:2014:249 Rz. 28 – Emerging Markets Series of DFA Investment Trust Company = ISR 2014, 165 m. Anm. *Kammeter*.

Ansatz fügt sich bruchlos in die bestehende Dogmatik des Anwendungsvorrangs des Unionsrechts vor dem mitgliedstaatlichen Recht ein; er verdient weiterhin Zustimmung.

c) Gegenstand der nationalen Rechtsvorschrift

Diesem klassischen Ansatz stellt der Gerichtshof aber inzwischen eine zweite Prüfung zur Seite, die die Klarheit der ersten konterkariert. In diesem zweiten Ansatz soll es auf den Gegenstand der nationalen Rechtsvorschrift ankommen.[1] Wenn die nationale Rechtsvorschrift mehrheitlich oder jedenfalls in nennenswertem Umfang auch Streubesitzfälle erfasst (sog. „Belastungsmengen-Maßstab")[2], soll die Kapitalverkehrsfreiheit nicht nur im Einzelfall, sondern gewissermaßen abstrakt-generell vor der Anwendung von mitgliedstaatlichen Vorschriften schützen, die unterschiedslos beherrschende und nicht-beherrschende Beteiligungen betreffen. Soweit der Einzelne im konkreten Fall eine nicht-beherrschende Beteiligung erwirbt, hält oder veräußert, ergeben sich aus diesem neuen Ansatz keine Unterschiede zu dem klassischen; Relevanz erlangt der neue Ansatz also nur in den Fällen einer beherrschenden Beteiligung, die einer breit streuenden (d.h. auch eine nicht-beherrschende Beteiligung erfassenden) gesetzlichen Regelung unterliegt. In diesem Fall erhält der Einzelne also einen Abwehranspruch gegen mitgliedstaatliche Gesetze, ohne dass der Anlassfall es gebietet.

7.94

d) Kritik und Konsequenzen

Damit entfernt sich der EuGH von den tatsächlichen Gegebenheiten des Einzelfalles. Indem er auf die gesamte Streubreite der mitgliedstaatlichen Norm auch insoweit abstellt, als sie auf die Tatumstände des konkreten Falls von vornherein ohne Relevanz ist, überspielt der Gerichtshof die Grundunterscheidung zwischen Anwendungs- und Geltungsvorrang und ermächtigt sich in einer an die *Elfes*-Entscheidung des BVerfG[3] erinnernden Weise zu einer inzidenten, im Kern objektiv-rechtlichen Normenkontrolle. Jedenfalls bei der negativen Integration durch die Grundfreiheiten kann der Einfluss des Unionsrechts in Deutschland von Verfassungs wegen aber nicht über den konkreten Anwendungsfall hinausgehen (vgl. Rz. 7.58 ff. m.w.N.). Schon das spricht gegen den neuen Ansatz des EuGH.

7.95

Gegen ihn sprechen aber auch genuin unionsrechtliche Argumente. Die Fokussierung auf die gesetzliche Norm erlaubt es den Mitgliedstaaten, durch die bloße Aufspaltung dieser zunächst einheitlich für beherrschende und nicht-beherrschende Beteiligungen geltenden Norm (z.B. des § 8b Abs. 1 oder 2 KStG) in zwei separate Regelwerke dem Verdikt eines Verstoßes gegen die Kapitalverkehrsfreiheit zu entgehen. Zudem liegt in diesem Ansatz die einseitige Privilegierung einer Niederlassungsform (Gründung von Tochtergesellschaften) gegenüber anderen Niederlassungsformen (insbesondere der Gründung von Zweigniederlassungen, d.h. Betriebsstätten, die von vornherein nicht unter den Schutz der Kapitalverkehrsfreiheit fallen).

7.96

Diese Erwägungen sprechen dafür, dass man die Verdrängungsthese aufrechterhält und den Schutz der Kapitalverkehrsfreiheit generell – also namentlich in Drittstaatsfällen – auf nicht-beherrschende Beteiligungen beschränkt. Konsequent bedarf dann allerdings die **Abgrenzung zwischen beherrschenden und nicht-beherrschenden Beteiligungen** dogmatischer Klärung mit größtmöglicher Rechtssicherheit. Daher kommt es in Abhängigkeit von dem anwendbaren Gesellschaftsrecht und der konkreten gesellschaftsvertraglichen (satzungsmäßigen) Grundlage darauf an, ob der Steuerpflichtige die Beteiligung aktiv einsetzen, sie also operativ-strategisch nutzen kann. Bei gleichbleibenden Verhältnissen dürfte z.B.

7.97

---

1 EuGH v. 13.11.2012 – C-35/11, ECLI:EU:C:2012:707 Rz. 89 f. – Test Claimants in the FII Group Litigation = ISR 2013, 18 m. Anm. *Henze*; v. 10.4.2014 – C-190/12 y, ECLI:EU:C:2014:249 Rz. 25 ff. – Emerging Markets Series of DFA Investment Trust Compan = ISR 2014, 165 m. Anm. *Kammeter*.
2 *Gosch*, IStR 2014, 698 (702).
3 BVerfG v. 16.1.1957 – 1 BvR 253/56, BVerfGE 6, 32 – Elfes.

für das deutsche Aktienrecht die Grenze von 25 Prozent des Grundkapitals[1] die Obergrenze der Beteiligungen sein, auf die die Kapitalverkehrsfreiheit noch Anwendung findet.

7.98 Maßgeblich ist dabei allerdings nicht zwingend die akkumulierte Gesamtbeteiligung des Steuerpflichtigen. Wenn der Steuerpflichtige eine in ihrem operativen Potenzial qualitativ unverändert fortbestehende Beteiligung i.S.d. Art. 49 AEUV nur geringfügig auf- oder abstockt und wenn er zugleich darlegen kann, dass die Transaktion allein dem Liquiditätsmanagement geschuldet ist, so dass sie wirtschaftlich einer rein passiven Investition oder Desinvestition mit Kapitalanlagecharakter entspricht, bleiben die Art. 63 ff. AEUV neben Art. 49 AEUV anwendbar. In diesem Sinne lässt der Zukauf von Aktien in einem für sich genommen unwesentlichen Umfang den Schutz der Kapitalverkehrsfreiheit nicht entfallen.

3. Persönlicher Anwendungsbereich

7.99 Der persönliche Schutzbereich erfasst nicht nur Unionsbürger oder die in einem EU-Staat Ansässigen, sondern auch in einem Drittstaat ansässige Drittstaatsangehörige, soweit sie in der EU investieren.[2] Auch fehlen alle Differenzierungen nach Ansässigkeit oder Rechtsform. Im Unterschied zu den personalen Anknüpfungen der Marktfreiheiten aus Art. 45 ff., 49 ff., 56 ff. AEUV und der Grundfreiheiten aus Art. 18 und 21 AEUV ist die Kapitalverkehrsfreiheit damit gleichsam entpersonalisiert.[3]

4. Sachlicher Anwendungsbereich

7.100 Der Sache nach schützt die Kapitalverkehrsfreiheit grenzüberschreitende Geld- und Wertpapierinvestitionen. Sie deckt nahezu alle Investitionsarten und -formen ab: Die klassische Unternehmensfinanzierung (durch Eigenkapital oder Fremdkapital) einschließlich ihrer Früchte, damit insbesondere Beteiligungen an Kapitalgesellschaften (zum Verhältnis der Art. 63 ff. AEUV zur Niederlassungsfreiheit in Fällen beherrschender Beteiligungen oben Rz. 7.88). Sie erstreckt sich aber auch auf Investitionen, die sich als reine private Vermögensverwaltung darstellen. Nach Maßgabe der sog. Nomenklatur zur alten Kapitalverkehrsrichtlinie[4] sind neben Geldinvestitionen i.e.S. auch Investitionen in Sachwerte einschließlich der Anteile an Kapitalgesellschaften und Fonds, Sachdarlehen und Immobilieninvestitionen von Art. 63 AEUV geschützt.[5]

5. Steuervorbehalt (Art. 65 Abs. 1 Buchst. a AEUV) und Gemeinsame Erklärung

7.101 Eine Besonderheit in der Dogmatik des sachlichen Schutzbereichs liegt in dem sog. Steuervorbehalt. Nach dem Wortlaut von Art. 65 Abs. 1 Buchst. a AEUV berührt die Kapitalverkehrsfreiheit nicht das Recht der Mitgliedstaaten, die einschlägigen Vorschriften ihres Steuerrechts anzuwenden, die Steuerpflichtige mit unterschiedlichem Wohnort oder Kapitalanlageort unterschiedlich behandeln. Dieser scheinbare Generalvorbehalt wird aber durch eine rechtswirksame gemeinsame Erklärung der Mitgliedstaaten zum Maastrichter Vertrag[6] praktisch widerrufen. Danach wird man in Art. 65 Abs. 1

---

1 Z.B. in den Fällen von § 52 Abs. 5, § 103 Abs. 1 Satz 2, § 111 Abs. 4 Satz 3, § 129 Abs. 1, § 141 Abs. 3 Satz 2, § 179 Abs. 2 Satz 1, § 182 Abs. 1, § 186 Abs. 3, § 193 Abs. 1, § 202 Abs. 2 Satz 2, § 221 Abs. 1 Satz 2, § 222 Abs. 1, § 262 Abs. 1 Nr. 2, § 274 Abs. 1 Satz 2 AktG.
2 Zu den sich daraus ergebenden Besonderheiten s. *Martha O'Brien*, BTR 6/2008, 628 ff.
3 *Bröhmer* in Calliess/Ruffert[5], Art. 63 AEUV Rz. 7: „*völlig losgelöst von Personen*".
4 Anhang I der RL 88/361/EWG des Rates v. 24.6.1988 zur Durchführung von Art. 67 EWG-Vertrag, ABl. EG 1988 Nr. L 178, 5.
5 EuGH v. 14.9.2006 – C-386/04 – Stauffer, Slg. 2006, I-8203 Rz. 22.
6 (Maastrichter) Schlussakte zum EUV v. 7.2.1992, Abschnitt III Nr. 7: Erklärung [Nr. 7] zu Art. 73d EGV [a.F.]: „*Die Konferenz bekräftigt, dass das in Art. 73d Abs. 1 Buchstabe a des Vertrages zur Gründung der Europäischen Gemeinschaft erwähnte Recht der Mitgliedstaaten, die einschlägigen Vorschriften ihres Steuer-*

Buchst. a AEUV keinen allgemeinen und fortwirkenden Bereichsvorbehalt für das Steuerrecht mehr sehen können (s. Rz. 7.201).[1]

Art. 65 Abs. 1 Buchst. a AEUV gewährt auch keinen unbedingten Bestandsschutz für diejenigen steuerrechtlichen Beschränkungen der Kapitalverkehrsfreiheit, die bereits Ende 1993 bestanden haben. Zwar greift insoweit die gemeinsame Erklärung (s. Rz. 7.101) nicht ein. Der EuGH bemüht sich aber durch hohe Prüfungsdichte auf der Ebene des Art. 65 Abs. 1 AEUV und durch die besondere Betonung einer Kontinuität der Rechtsprechung aus der Zeit vor und nach der Anhebung der Kapitalverkehrsfreiheit auf der Ebene des Primärrechts, den Anwendungsbereich des Art. 65 Abs. 1 Buchst. a AEUV auch insoweit zu minimieren.[2] Für alle neuen Beschränkungen oder Diskriminierungen gilt Art. 63 AEUV nun ohnehin uneingeschränkt. 7.102

Ohnehin gilt dies im Anwendungsbereich von Art. 65 Abs. 3 AEUV, der – unabhängig vom Zeitpunkt des Inkrafttretens der mitgliedstaatlichen Maßnahme – jede willkürliche Diskriminierung untersagt. Damit kommt es auch in diesen Fällen auf das übliche Spektrum an Rechtfertigungsgründen an. Das schließt die „rule of reason" (Rz. 7.104, 7.202 ff.) und eine Verhältnismäßigkeitsprüfung ein.[3] 7.103

6. Rechtfertigungsebene

Weitere Besonderheiten weist die Kapitalverkehrsfreiheit auf der Ebene der Rechtfertigung tatbestandlicher Verstöße auf.[4] Auf der Ebene des Primärrechts lässt Art. 65 AEUV auch über den Steuervorbehalt (s. Rz. 7.101 ff.) hinaus eine Reihe mitgliedstaatlicher Maßnahmen zu, durch die der freie Kapitalverkehr beschränkt werden darf. Diese Aufzählung ist nicht abschließend; neben ihr bleibt auch auf dem Gebiet der Kapitalverkehrsfreiheit grundsätzlich Raum für eine Anwendung der „rule of reason" (Rz. 7.202 ff.).[5] 7.104

Zu den besonderen Anforderungen an die Rechtfertigung bei Sachverhalten mit Drittstaatsbezug s. Rz. 7.108 f. 7.105

7. Insbesondere: Erstreckung auf Fälle mit Drittstaatsbezug

Die Kapitalverkehrsfreiheit enthält ihrem Wortlaut nach ein Beschränkungsverbot, dessen Anwendungsbereich sich nicht auf binnenmarktliche Sachverhalte beschränkt, sondern auch „den Kapitalverkehr zwischen den Mitgliedstaaten und dritten Ländern" umfasst.[6] Nach der Rechtsprechung des EuGH erstreckt sich dieser Schutz gleichermaßen auf Inbound- und auf Outbound-Sachverhalte;[7] verpflichtet sind aus dieser Regel aber nur Union und Mitgliedstaaten, nicht auch die Drittstaaten. Gegenständlich knüpft die Formulierung von Art. 63 Abs. 1 AEUV zunächst an den Ort des Kapitalverkehrsvorgangs an. Der Schutz der Kapitalverkehrsfreiheit wird dem Grunde nach unabhängig davon 7.106

---

rechts anzuwenden, nur für die einschlägigen Vorschriften gilt, die Ende 1993 bestehen. Diese Erklärung betrifft jedoch nur den Kapital- und Zahlungsverkehr zwischen den Mitgliedstaaten."
1 *Schön* in GS Knobbe-Keuk, 1997, S. 743 (765 f.); missverständlich noch *Eckhoff* in Handbuch des Europäischen Steuer- und Abgabenrechts, § 17 Rz. 15.
2 Exemplarisch EuGH v. 6.6.2000 – C-35/98, ECLI:EU:C:2000:294 Rz. 43 – Verkooijen.
3 Hierzu grundlegend *Ruppe* in Lechner/Staringer/Tumpel (Hrsg.), Kapitalverkehrsfreiheit und Steuerrecht, 1999, S. 9 ff. (20 f.).
4 Vgl. im Einzelnen *Schön* in GS Knobbe-Keuk, 1997, S. 743 (763 ff.) m.w.N.
5 *Bröhmer* in Calliess/Ruffert[5], Art. 65 AEUV Rz. 1 ff.
6 Hierzu statt aller *Avery Jones*, EC Tax Review 1998, 95; *Cordewener/Kofler/Schindler*, ET 2007, 371; *Cordewener*, EC Tax Review 2009, 260; *Schneider*, Die Kapitalverkehrsfreiheit im Verhältnis zu Drittstaaten und ihre Auswirkung auf die Anerkennung ausländischer Gesellschaften, 2018.
7 EuGH v. 13.11.2012 – C-35/11, ECLI:EU:C:2012:707 Rz. 20 f. – Test Claimants in the FII Group Litigation = ISR 2013, 18 m. Anm. *Henze*; v. 10.4.2014 – C-190/12, ECLI:EU:C:2014:249 Rz. 32 – Emerging Markets Series of DFA Investment Trust Company = ISR 2014, 165 m. Anm. *Kammeter*.

gewährt, welchem Staat oder Hoheitsgebiet die Parteien des Kapitalverkehrvorgangs rechtlich oder faktisch zuzuordnen sind. Damit sind selbst die im Drittlandsgebiet ausgeführten Kapitalverkehrvorgänge zwischen zwei in diesem Drittstaat ansässigen Rechtsträgern dem Grunde nach von Art. 63 ff. AEUV geschützt.[1]

7.107 Der Schutz von Sachverhalten mit Drittstaatsbezug liegt allerdings unterhalb des binnenmarktlichen Schutzniveaus.[2] Das zeigt sich zunächst im Primärrecht selbst. Es liegt z.B. nicht nahe, dass der EuGH in einer Konstellation wie derjenigen, die dem Fall *Svensson und Gustavson* zugrunde lag,[3] dem Steuerpflichtigen auch dann die luxemburgische Zinsvergütung zugesprochen hätte, wenn es sich bei diesem um einen in Australien ansässigen Australier gehandelt hätte.[4]

7.108 Weitere Einschränkungen ergeben sich aus dem Zusammenwirken von Primär- und Sekundärrecht auf der Ebene der Rechtfertigung tatbestandlicher Beschränkungen des freien Kapitalverkehrs. Namentlich der Rechtfertigungsgrund effektiver Steueraufsicht (s. hierzu allgemein Rz. 7.289 ff.) greift überall dort ein, wo in dem jeweiligen bilateralen Verhältnis zu einem Drittstaat kein oder kein ausreichender, den (innerunionalen) Vorgaben der Amtshilferichtlinie entsprechender Informationsaustausch garantiert ist.[5] Speziell für den Kapitalverkehr mit Drittstaaten nimmt Art. 64 Abs. 1 AEUV bestimmte, sachlich aber eng umgrenzte Altregelungen allerdings aus dem Schutzbereich der Kapitalverkehrsfreiheit aus und begründet insoweit zugleich ein Verschlechterungsverbot.[6]

7.109 Auf der Ebene des Sekundärrechts sind ferner Konkretisierungen der Kapitalverkehrsfreiheit im Verhältnis zu Drittstaaten (Art. 64 Abs. 2 AEUV), bei Einstimmigkeit sogar substantielle Einschränkungen möglich (Art. 64 Abs. 3 AEUV sowie – neu seit dem Vertrag von Lissabon – Art. 65 Abs. 4 AEUV; s. hierzu näher Rz. 7.201).

VI. Freizügigkeit der Unionsbürger (Art. 21 Abs. 1 AEUV)

1. Bedeutung

7.110 Die mit Art. 13 EEA in den damaligen EGV (heute AEUV) eingeführte[7] Garantie der allgemeinen Freizügigkeit der Unionsbürger schützt in erster Linie die Wohnsitznahme in jedem beliebigen Mitgliedstaat. Als nicht spezifisch wirtschaftsbezogene Grundfreiheit steht sie faktisch in einem Exklusivverhältnis zu den Marktfreiheiten (Rz. 7.112).[8] Damit reduziert sich der Anwendungsbereich des Art. 21 Abs. 1 AEUV auf privat veranlasste, d.h. nicht aus der Erwerbssphäre motivierte Ortsveränderungen (Rz. 7.114 f.). Im Unterschied zu Art. 18 Unterabs. 1 AEUV ist Art. 21 AEUV nicht nur ein Gleichheitsrecht, sondern ein echtes Beschränkungsverbot und damit primär ein Freiheitsrecht (s. zu dieser Unterscheidung Rz. 7.34 ff., 7.125 ff.).

---

1 Statt aller *Schneider*, Die Kapitalverkehrsfreiheit im Verhältnis zu Drittstaaten und ihre Auswirkung auf die Anerkennung ausländischer Gesellschaften, 2018, S. 45 ff.
2 *Schön* in FS Wassermeyer, 2005, S. 489 ff.; *Schneider*, Die Kapitalverkehrsfreiheit im Verhältnis zu Drittstaaten und ihre Auswirkung auf die Anerkennung ausländischer Gesellschaften, 2018, S. 50 ff. (55 ff.).
3 EuGH v. 14.11.1995 – C-484/93 – Svensson und Gustavsson, Slg. 1995, I- 3955.
4 Vgl. *Bröhmer* in Calliess/Ruffert[5], Art. 63 AEUV Rz. 8.
5 Etwa *Simonek* in FS Jaag, 2012, S. 721.
6 *Cordewener/Kofler/Schindler*, ET 2007, 371 (375 f.).
7 Sie wurde erst mit der Begründung einer Unionsbürgerschaft durch den Vertrag von Maastricht im Jahr 1993 in den EG-Vertrag eingeführt. Zuvor war ihr Garantiegehalt allerdings bereits durch die heutigen Art. 45 und Art. 49 AEUV sowie durch die Verordnung (EG) über die Freizügigkeit der Arbeitnehmer innerhalb der Gemeinschaft vom 19.10.1968 (Nr. 1612/68) abgedeckt. Zu Entstehung und Dogmatik umfassend *Wollenschläger*, Grundfreiheit ohne Markt. Die Herausbildung der Unionsbürgerschaft im unionsrechtlichen Freizügigkeitsregime, 2006.
8 St. Rspr., z.B. EuGH v. 29.2.1996 – C-193/94 – Skanavi und Chryssanthakopoulos, Slg. 1996, I-929 Rz. 22.

Es entfaltet Wirkung auch für das Steuerrecht der Mitgliedstaaten.[1] Der gleichzeitig eingeführte Art. 114 Abs. 2 AEUV (damals Art. 95 Abs. 2 EGV) zeigt, dass ein Steuervorbehalt dort, wo er gewollt ist, auch in den Wortlaut des Vertrags aufgenommen wird. Das ist bei Art. 21 Abs. 1 AEUV nicht der Fall. Zwar hat die erschwerte Harmonisierbarkeit des Rechts der direkten Steuern durchaus mäßigenden Einfluss auf die Auslegung der Grundfreiheiten. Das Einstimmigkeitserfordernis engt aber nach Wortlaut, Sinn und Zweck den sachlichen Anwendungsbereich des Art. 21 Abs. 1 AEUV nicht schon dem Grunde nach ein; insoweit gilt für Art. 21 Abs. 1 AEUV nichts anderes als für die Marktfreiheiten.

7.111

2. Abgrenzung zu anderen Grundfreiheiten

Der Anwendungsbereich des Art. 21 AEUV ist eröffnet, wenn keine spezielle Gewährleistung eingreift. Jedenfalls die drei Personenverkehrsfreiheiten umfassen die Einreise- und Aufenthaltsrechte und verdrängen die Gewährleistungen des Art. 21 Abs. 1 AEUV daher im Wege der Spezialität.[2] Die praktische Relevanz dieses Zurücktretens des Art. 21 AEUV gegenüber den Marktfreiheiten ist allerdings gering, denn deren Schutzniveau ist jedenfalls nicht geringer als das des Art. 21 AEUV. Unmittelbar bleibt Art. 21 AEUV auf diejenigen Fälle anwendbar, in denen natürliche Personen sich von einem Mitgliedstaat in einen anderen begeben, um sich dort aus Gründen niederzulassen, die nicht mit der Ausübung einer wirtschaftlichen Tätigkeit zusammenhängen.[3]

7.112

3. Persönlicher Anwendungsbereich

Art. 21 AEUV berechtigt die einzelnen natürlichen Personen. Personenvereinigungen (Personenmehrheiten) und Körperschaften kommen als solche nicht in den Genuss der Garantie aus Art. 21 AEUV. Voraussetzung ist weiter – wie bei Art. 18 AEUV – die Unionsbürgerschaft. Unschädlich ist es auch hier, wenn der Steuerpflichtige zusätzlich die Staatsangehörigkeit eines Drittstaats hat. Nicht geschützt sind dagegen Familienangehörige ohne eigene Unionsbürgerschaft. Den unionsfremden Familienangehörigen kommt allerdings sekundärrechtlicher Schutz zu. Außerdem kann der Unionsbürger u.U. im Wege seiner Personenverkehrsfreiheiten (namentlich der Art. 45, 49 und 56 AEUV) seinen Angehörigen ein Zuzugsrecht verschaffen.[4] Im Hinblick auf die zunehmende Konvergenz der Grundfreiheiten (s. Rz. 7.35, Rz. 7.49, Rz. 7.62) ist allerdings zu erwarten, dass diese Schwäche des Art. 21 AEUV gegenüber den Marktfreiheiten auf Dauer ausgeglichen werden wird.

7.113

4. Sachlicher Anwendungsbereich

Art. 21 Abs. 1 AEUV schützt das Recht, sich im Hoheitsgebiet der Mitgliedstaaten frei zu bewegen und aufzuhalten. In systematischer Auslegung belegt die ausdrückliche Erwähnung des Wohnsitzes in Art. 22 AEUV, dass nicht nur der Grenzübertritt und ein zeitweiliger Aufenthalt in einem anderen EU-Mitgliedstaat, sondern auch die Wohnsitznahme in den Schutzbereich des Art. 21 Abs. 1 AEUV fällt.[5] Umgekehrt erfasst Art. 21 Abs. 1 AEUV – anders als z.B. Art. 11 GG – auch das freie Umherziehen unterhalb der Schwelle eines Umziehens, also namentlich privat veranlasste Reisen und Besuchsaufenthalte. In diesem Sinne ist Art. 21 AEUV weit auszulegen[6] und entfaltet seine Relevanz für das Recht der direkten Steuern v.a. im Bereich der Wegzugsbesteuerung i.w.S., namentlich für die auf natürliche Personen bei einem Wohnsitzwechsel, aber auch bei einer Schwerpunktverlagerung i.S.d. Art. 4 Abs. 2 OECD-MA anwendbaren Entstrickungsregeln.[7]

7.114

---

1 Zurückhaltend noch *Hahn*, IFSt-Schrift Nr. 378, S. 78 ff.
2 Zum Streitstand näher *Kluth* in Calliess/Ruffert[5], Art. 21 AEUV Rz. 16 f.
3 EuGH v. 12.7.2012 – C-269/09 – Kommission/Spanien, HFR 2012, 1025 Rz. 50, 91 ff.
4 EuGH v. 11.7.2002 – C-60/00 – Carpenter, Slg. 2002, I-6279.
5 So auch *Magiera* in Streinz, Art. 21 AEUV Rz. 17; zweifelnd BFH v. 17.12.1997 – I B 108/97, BStBl. II 1998, 558 = FR 1998, 489.
6 *Kluth* in Calliess/Ruffert[5], Art. 21 AEUV Rz. 4 ff.
7 Exemplarisch EuGH v. 12.7.2012 – C-269/09 – ECLI:EU:C:2012:439 – Kommission/Spanien.

7.115 Die Ausübung des Freizügigkeitsrechts setzt keine wirtschaftliche Tätigkeit und insbesondere keine Erwerbstätigkeit voraus. Während ein wirtschaftlich vollständig irrelevantes Verhalten i.d.R. auch keine steuerrechtliche Relevanz hat, kommt Art. 21 AEUV im Bereich des Rechts der direkten Steuern v.a. außerhalb der Erwerbssphäre Bedeutung zu. Die Freizügigkeit schützt z.b. den freien Grunderwerb, wenn ein Unionsbürger sich in einem anderen Mitgliedstaat seinen Altersruhesitz errichten will.[1] Die Vorschrift schützt Unionsbürger auch vor unnötigen verfahrensrechtlichen Pflichten und Obliegenheiten aus dem Bereich steuerlicher Nebenpflichten.

5. Rechtfertigungsebene

7.116 Wie die Marktfreiheiten ist auch die Freizügigkeit der Unionsbürger nicht kategorisch geschützt. Tatbestandliche Eingriffe können vielmehr im Einzelfall gerechtfertigt sein. Insoweit setzt der EuGH die „Beschränkungen" und „Bedingungen" in eins und nimmt – grundfreiheitsübergreifend – einen allgemeinen Schrankenvorbehalt an.[2] Danach sind insbesondere die Belange der öffentlichen Sicherheit und des *ordre public* geeignet, Verkürzungen der Freizügigkeit auch auf dem Gebiet der direkten Steuern im Einzelfall zu rechtfertigen, wenn diese Belange objektiv, d.h. von der Staatsangehörigkeit der Betroffenen unabhängig sind und ihre Verwirklichung im Allgemeininteresse liegt.[3]

VII. Allgemeines Diskriminierungsverbot (Art. 18 Unterabs. 1 AEUV)

1. Grundlagen

7.117 Das allgemeine Verbot einer Diskriminierung aufgrund der Staatsangehörigkeit ist für das Recht der direkten Steuern nur von untergeordneter Bedeutung (Rz. 7.119). Es gehört aber als **Leitmotiv** des Vertrages über die Arbeitsweise der Europäischen Union zu den historischen Grundlagen des Binnenmarkts[4] und bildet das Scharnier zwischen dem allgemeinen Gleichheitssatz (Art. 20 f. GrCh) und den Marktfreiheiten, auf deren Dogmatik er ausstrahlt.[5]

7.118 Das Diskriminierungsverbot ist unmittelbar anwendbar, begründet also nicht nur eine objektiv-rechtliche Verpflichtung der Mitgliedstaaten und der Union als solcher, sondern unterlegt diese Verpflichtung durch ein subjektives Recht. Ihm kommt damit ein **grundrechtsähnlicher Charakter** zu. Der EuGH hat den Art. 18 AEUV als europarechtlichen Ausfluss des völkerrechtlich und gemeineuropäisch anerkannten Prinzips der Gleichheit aller Menschen angesehen.

2. Abgrenzung zu anderen Grundfreiheiten

7.119 Schon aus der systematischen Stellung von Art. 18 AEUV ergibt sich, dass die Garantie des Art. 18 AEUV als **lex generalis** hinter den Marktfreiheiten – für das Recht der direkten Steuern namentlich hinter die Art. 45 ff. AEUV – zurücktritt, soweit deren sachlicher Anwendungsbereich eröffnet ist.[6] Weil das allgemeine Verbot der Diskriminierung nur „unbeschadet besonderer Bestimmungen des Ver-

---

1 *Kluth* in Calliess/Ruffert[5], Art. 21 AEUV Rz. 6 m.w.N.
2 *Kluth* in Calliess/Ruffert[5], Art. 21 AEUV Rz. 18 ff.
3 Vgl. EuGH v. 21.9.1999 – C-378/97 – Wijsenbeek, Slg. 1999, I-6207 Rz. 43; v. 23.10.2007 – C-11/06 und C-12/06 – Morgan und Bucher, Slg. 2007, I-9161 Rz. 33; v. 1.12.2011 – C-253/09 – Kommission/Ungarn, Slg. 2011, I-12391 Rz. 88; v. 12.7.2012 – C-269/09 – Kommission/Spanien, HFR 2012, 1025 Rz. 92.
4 *von Bogdandy* in G/H/N, Art. 18 AEUV Rz. 1.
5 Vgl. *von Bogdandy* in G/H/N, Art. 18 AEUV Rz. 4 f. und passim.
6 Vgl. allgemein EuGH v. 25.6.1997 – C-131/96 – Mora Romero, Slg. 1997, I-3659 Rz. 10 m.w.N.; speziell für das Recht der Ertragsteuern EuGH v. 12.5.1998 – C-336/96 – Gilly, Slg. 1998, I-2793 Rz. 37; m. Anm. *Dautzenberg*, FR 1998, 847; v. 29.4.1999 – C-311/97 – Royal Bank of Scotland, Slg. 1999, I-2664 = FR 1999, 822 m. Anm. *Dautzenberg*; v. 28.10.1999 – C-55/98 – Bent Vestergaard, Slg. 1999, I-7641 Rz. 16; vgl. auch *Hinnekens*, Recent trends in the case law of the ECJ in matters of direct taxation, ERA-Forum, Bd. 7, 2006, S. 281 ff. (290); und *Kokott*, Das Steuerrecht der Europäischen Union, 2018, § 3 Rz. 261 f.

trages" zur Anwendung kommt, steht es insbesondere unter dem Vorbehalt der Rechtfertigungsgründe aus den Marktfreiheiten.[1]

3. Persönlicher Anwendungsbereich

Berechtigt aus Art. 18 Unterabs. 1 AEUV sind die einzelnen natürlichen Personen. Personenvereinigungen (Personenmehrheiten) und Körperschaften kommen als solche nicht in den Genuss der Garantie aus Art. 18 AEUV. Voraussetzung ist weiter – wie bei Art. 21 AEUV – die Unionsbürgerschaft. Jedenfalls im Ausgangspunkt genießen damit auch die eigenen Angehörigen des Staats, von dem eine Diskriminierung nach der Staatsangehörigkeit ausgeht, den Schutz des Art. 18 AEUV.[2]

7.120

4. Tatbestandliche Diskriminierungen

a) Verbotene Unterscheidungskriterien

Obwohl Art. 18 AEUV seinem Wortlaut nach lediglich ein Diskriminierungskriterium (die Staatsangehörigkeit) verbietet, erfasst die Vorschrift nach der Rechtsprechung des EuGH im Interesse ihres *effet utile* auch andere Diskriminierungskriterien, wenn sie eine hinreichende typologische Ähnlichkeit zu dem Kriterium der Staatsangehörigkeit aufweisen. Der Diskriminierung nach der Staatsangehörigkeit als einer sog. offenen oder formellen Diskriminierung werden daher Diskriminierungen nach dem Wohnsitz oder nach der Muttersprache als sog. versteckte oder materielle Diskriminierungen gleichgestellt.[3] Allerdings werden hier nur personenbezogene Merkmale erfasst, nicht auch Diskriminierungen z.B. nach der Herkunft einer Ware oder einer Zahlung.

7.121

b) Objektive und subjektive Diskriminierung

Art. 18 AEUV erfasst gleichermaßen die finale (beabsichtigte) und die bloß kausale (historisch überlieferte, als Nebenfolge vermeintlicher Sachzwänge entstandene) Diskriminierung.[4]

7.122

5. Rechtfertigung

Trotz seiner kategorischen Formulierung („jede") lässt auch Art. 18 Unterabs. 1 AEUV Durchbrechungen zu. Für den Fall, dass eine versteckte (materielle) Diskriminierung vorliegt, war das seit jeher anerkannt; inzwischen macht der EuGH aber auch offene (formelle) Diskriminierungen einer Rechtfertigung zugänglich.[5]

7.123

Dabei kommen als Rechtfertigungsgründe grundsätzlich alle objektiven Belange in Betracht, die ein öffentliches (allgemeines) Interesse widerspiegeln. Die Analyse der außersteuerlichen Rechtsprechung verdeutlicht dabei, dass sich der EuGH insbesondere Symmetrieerwägungen wie dem Grundsatz einer Korrespondenz von Finanzierungsverantwortung und Nutzen (Inanspruchnahme) öffentlicher Leistungen öffnet.[6]

7.124

---

1 *von Bogdandy* in G/H/N, Art. 18 AEUV Rz. 55 ff.
2 *von Bogdandy* in G/H/N, Art. 18 AEUV Rz. 49 ff.
3 EuGH v. 10.2.1994 – C-398/92 – Mund & Fester, NJW 1994, 1271 Rz. 16; v. 23.1.1997 – C-29/95 – Pastoors, ECLI:EU:C:1997:28 = Slg. 1997, I-285 Rz. 16; *Streinz* in Streinz, Art. 18 AEUV Rz. 53 ff.; *Epiney* in Calliess/Ruffert[5], Art. 18 AEUV Rz. 12 f. – jeweils m.w.N.; **a.A.** BFH v. 17.12.1997 – I B 108/97, BStBl. II 1998, 558 = FR 1998, 489.
4 *Epiney* in Calliess/Ruffert[5], Art. 18 AEUV Rz. 11 m.w.N.
5 Vgl. *Epiney* in Calliess/Ruffert[5], Art. 18 AEUV Rz. 37.
6 Vgl. *Epiney* in Calliess/Ruffert[5], Art. 18 AEUV Rz. 38 f.

C. Steuerliche Diskriminierung und Beschränkung

I. Diskriminierung von grenzüberschreitenden gegenüber innerstaatlichen Vorgängen

1. Vorbemerkungen

7.125 Die Grundfreiheiten verbieten Diskriminierungen und Beschränkungen von Marktteilnehmern.[1] Diese Verbote sind voraussetzungsreich und komplex. Historisch und teleologisch richten sie sich primär gegen protektionistische Maßnahmen der Mitgliedstaaten, die Fremden (EU-Ausländern) den Zugang zu den örtlichen Nachfragemärkten zu erschweren suchten. Gegen Benachteiligungen der ausländischen gegenüber inländischen Anbietern in Inbound-Fällen richten sich die Grundfreiheiten in ihrer klassischen Dimension als **Diskriminierungsverbote**. Das gilt auch dort, wo sie sprachlich nicht gleichheits-, sondern freiheitsrechtlich formuliert sind. Daneben richten sich die Grundfreiheiten aber auch gegen zahlreiche andere Beeinträchtigungen des Binnenmarkts. Insofern wird ihr Regelungsgehalt unter dem diffusen Begriff „**Beschränkungsverbote**" zusammengefasst, gewinnt aber durch die Unterscheidung zwischen **diskriminierender Beschränkung** und **unterschiedsloser Beschränkung** die nötigen dogmatischen Konturen (vgl. Rz. 7.34).

7.126 Soweit die Grundfreiheiten gleichheitsrechtlich wirken, verbieten sie entsprechend ihrer traditionellen Zweispurigkeit als Diskriminierungsverbote i.e.S. und als Verbote sog. diskriminierender Beschränkungen nach näherer Maßgabe ihres jeweiligen Anwendungsbereichs (vgl. Rz. 7.62 ff.) jedem Mitgliedstaat die ungerechtfertigte Benachteiligung Gebietsfremder gegenüber Ansässigen und die ungerechtfertigte Benachteiligung nach außen gerichteter gegenüber rein innerstaatlichen Wirtschaftsvorgängen.

7.127 Ob tatbestandlich eine Benachteiligung vorliegt, lässt sich nur durch einen Vergleich ermitteln. Er setzt primär eine sorgfältige, zunächst hinreichend offene Vergleichspaarbildung voraus. Sie wird durch weitere Filter beeinflusst und gesteuert, durch die tatbestandliche Schlechterstellungen von grundfreiheitsrechtlich irrelevanten Ungleichbehandlungen abgeschichtet werden.

2. Vergleichspaarbildung

a) Keine Beschränkung auf ein Vergleichspaar

7.128 Der Vergleich erfordert eine Gegenüberstellung des konkreten Steuerpflichtigen mit einem oder mehreren gedachten Vergleichspartnern (zur Einbeziehung Dritter s. Rz. 7.43 ff.). Lassen sich im Einzelfall mehrere mögliche (d.h. nach den im Folgenden dargestellten Regeln zulässige) Vergleichspartner finden, darf nicht exklusiv auf einen Vergleichspartner rekurriert werden.[2] Vielmehr ist im Sinne eines sternförmigen Vorgehens mit jedem dieser Vergleichspartner eine separate bilaterale Gleichheitsprüfung vorzunehmen. Fällt auch nur eine dieser Prüfungen auf Tatbestands-, Rechtfertigungs- und Verhältnismäßigkeitsebene negativ aus, ist der jeweilige Gleichheitssatz verletzt. Ob sich in den anderen Relationen ebenfalls eine Ungleichbehandlung feststellen lässt und ob ggf. insoweit ein Rechtfertigungsgrund eingreift, der die Verhältnismäßigkeit wahrt, ist dann im Ergebnis unbeachtlich. Nur wenn die zur Prüfung gestellte Regelung des innerstaatlichen Rechts in keiner Relation zu beanstanden ist, ist sie als insgesamt mit den Grundfreiheiten vereinbar anzusehen.

b) Vergleichbarkeit: Faktenlage vs. normative Vorprägung

7.129 In jeder einzelnen Vergleichspaarbildung ist der reale Steuerpflichtige bzw. die real belastete (und potentiell benachteiligte) Einheit mit einem fiktiven anderen Steuerpflichtigen bzw. einer anderen Ein-

---

1 Umfassender Überblick bei *Kokott*, Das Steuerrecht der Europäischen Union, 2018, § 3 Rz. 100 ff.
2 Für ein Beispiel s. EuGH v. 20.1.2011 – C-155/09 – Kommission/Griechenland, Slg. 2011, I-65; hierzu *M. Lang*, SWI 2011, 154 (159).

heit zu vergleichen, die sich in einer „vergleichbaren Situation" befindet.[1] Wann eine „vergleichbare Situation" vorliegt, ist dabei regelmäßig von entscheidender Bedeutung für das Gesamtergebnis. Das Merkmal der „vergleichbaren Situation" ist sprachlich unglücklich beschrieben, weil man alles vergleichen kann; gemeint ist eine besondere **Ähnlichkeit der Situation** als Grundlage für die Vergleichspaarbildung. Das Erfordernis der „vergleichbaren Situation" hat in der Sache aber den Charakter eines normativen Erfordernisses, weil ohne diese Ähnlichkeit die avisierte Vergleichspaarbildung von vornherein fehlschlägt, die Grundfreiheit also unter diesem Gesichtspunkt nicht mehr verletzt sein kann.

So wichtig der Maßstab für die Ähnlichkeit der Situation daher ist, so unklar ist er auch. Seit der Entscheidung des EuGH im **Fall Schumacker** verwendet die Rechtsprechung des EuGH die Formel, „im Hinblick auf die direkten Steuern [befänden] sich Gebietsansässige und Gebietsfremde in der Regel nicht in einer vergleichbaren Situation"[2]. Daher sei es „in der Regel nicht diskriminierend", wenn ein Mitgliedstaat Gebietsfremden bestimmte Steuervergünstigungen versage, die er Gebietsansässigen gewähre, da sich diese beiden Gruppen von Steuerpflichtigen nicht in einer vergleichbaren Lage befinden.[3] Daher dürfte ein Mitgliedstaat das Einkommen eines Gebietsfremden, der eine nichtselbständige Beschäftigung in diesem Staat ausübt, grundsätzlich höher besteuern als das eines Gebietsansässigen, der die gleiche Beschäftigung ausübt.[4] Anders sei es erst bei Hinzutreten besonderer Umstände (hier: der Geringfügigkeit der Einkünfte im Ansässigkeitsstaat). Sie könnten den Unterschied im Merkmal der Ansässigkeit hinter anderweitigen Gemeinsamkeiten, namentlich der Einkünfteerzielung (fast) ausschließlich im Quellenstaat, zurücktreten lassen.

7.130

Methodisch zeigt bereits der Eingangshinweis auf das Recht der direkten Steuern, dass die Ähnlichkeitsfeststellung normativ aufgeladen ist. In der Tradition französischer Gleichheitsprüfungen[5] beruht sie nicht auf einer gleichsam fotografischen Abbildung der Wirklichkeit. Sie wird kontextualisiert, und zwar unter Rückgriff auf dasjenige Rechtsgebiet und seine Normgeber, die gerade Gegenstand der Grundfreiheitsprüfung sind. Diese Bildung des Prüfungsmaßstabs aus dem Prüfungsgegenstand läuft logisch stets Gefahr, in eine Zirkularität zu geraten.

7.131

Die spätere Rechtsprechung lässt auch deutliche Absetzbewegungen von dieser frühen Festlegung erkennen. Sie ist sichtlich darum bemüht, die „Unvergleichbarkeit" auf den Bereich der natürlichen Personen und hier die mit dem subjektiven Nettoprinzip verbundenen Verschonungen oder Steuermilderungen zu beschränken. Für den Bereich der Erwerbsphäre – also namentlich den Abzug von Betriebsausgaben oder Werbungskosten – und für den Bereich des Tarifs sollen Gebietsfremde und Ansässige auch dann, wenn es sich – wie bei Schumacker – um natürliche Personen handelt, grundsätzlich „vergleichbar", d.h. hinreichend ähnlich sein.[6] Entsprechendes gilt für den gesamten Bereich der Personenvereinigungen und der Körperschaften, denen eine Privatsphäre von vornherein fehlt und für die die Dreh- und Angelfunktion des Ansässigkeitsstaats als Voraussetzung einer leistungsfähigkeitsgerechten Besteuerung daher entfällt.

7.132

Dem EuGH ist es aber bis heute nicht gelungen, sich kategorisch von dem alten Vergleichbarkeitsparadigma aus den Schumacker-Fällen zu lösen. Das wäre allerdings aus mehreren Gründen geboten. Erstens laufen die Grundfreiheiten bei einer **normativen Aufladung** der Ähnlichkeitsprüfung **Gefahr, sich selbst aufzugeben**. Ihre Anwendbarkeit darf aber nicht zur Disposition des mitgliedstaatlichen

7.133

---

1 Umfassende dogmatische Aufarbeitung bei *Straßburger*, Die Dogmatik der EU-Grundfreiheiten – Konkretisiert anhand des nationalen Rechts der Dividendenbesteuerung, 2012, S. 93 ff.
2 EuGH v. 14.2.1995 – C-279/93 – Schumacker, Slg. 1995, I-225 Rz. 31 = FR 1995, 224 m. Anm. *Waterkamp-Faupel*.
3 EuGH v. 14.2.1995 – C-279/93 – Schumacker, Slg. 1995, I-225 Rz. 34 = FR 1995, 224 m. Anm. *Waterkamp-Faupel*.
4 EuGH v. 14.2.1995 – C-279/93 – Schumacker, Slg. 1995, I-225 Rz. 35 = FR 1995, 224 m. Anm. *Waterkamp-Faupel*.
5 Vgl. *Reimer*, StuW 2000, 285 ff.
6 St. Rspr., EuGH v. 12.6.2003 – C-234/01 – Gerritse, Slg. 2003, I-5933.

Normgebers stehen, der den Binnenmarkt – evident – gefährdet oder beeinträchtigt und daher gerade in die Schranken gewiesen werden soll.

7.134 Zweitens ist die Ähnlichkeitsfeststellung so maßstabsarm, dass sich Entscheidungen künftiger Fälle kaum prognostizieren lassen. Die normative Aufladung macht die **Vergleichspaarbildung** zur „**black box**". Der EuGH übernimmt damit die ihm nicht gemäße Rolle eines dezisionistischen, letztlich binnenmarktpolitischen Entscheidungsträgers. Gerade Wertungen und Abwägungen erfordern ein Höchstmaß an Transparenz und Kommensurabilität. Das spricht für eine Verlagerung der bislang in der „Vergleichbarkeit" untergebrachten steuersystematischen Gesichtspunkte auf die Rechtfertigungsebene. Die Vergleichspaarbildung würde dadurch entlastet, ihre Ergebnisse reproduzierbar und prognostizierbar; und auf Rechtfertigungsebene lassen sich Fragen von Notwendigkeit oder Sinnhaftigkeit von Sonderregelungen im Rahmen z.B. der beschränkten Steuerpflicht besser unterbringen, weil sie hier offen zu konkurrierenden und divergierenden Belangen ins Verhältnis gesetzt werden können.

7.135 Nichts anderes gilt im Grundsatz auch auf Gebieten des Steuerrechts, die **durch** das Recht der **Doppelbesteuerungsabkommen vorgeprägt** sind. Auch dort spricht nichts gegen eine Beurteilung des Sachverhalts aus sich heraus, mithin allein auf Grundlage der Grundfreiheiten („autonom"). Inwieweit Symmetrieerwägungen abkommensrechtliche Vorprägungen aufnehmen, ist eine Frage der Rechtfertigung tatbestandlicher Diskriminierungen oder Beschränkungen insbesondere unter dem Gesichtspunkt der Wahrung einer angemessenen Aufteilung der Besteuerungsbefugnis (s. Rz. 7.224 ff.).

c) Realer Fall des Steuerpflichtigen

7.136 Im Rahmen der Vergleichspaarbildung ist zunächst der reale Steuerpflichtige zu fixieren. Er und sein Fall müssen die Voraussetzungen erfüllen, die die jeweils in Betracht kommende Grundfreiheit in ihrem persönlichen, sachlichen, räumlichen und zeitlichen Anwendungsbereich stellt (s. allgemein Rz. 7.26 ff.). Ferner muss sein Fall regelmäßig einen EU-Auslandsbezug aufweisen, im Fall der Kapitalverkehrsfreiheit alternativ einen persönlichen oder sachlichen Bezug zu einem Drittstaat (s. Rz. 7.30 ff., 7.106 ff.). Bei **gestuften Strukturen** (namentlich Gesellschaften und ihren Gesellschaftern) knüpft die Gleichheitsprüfung allein an ein formales Steuersubjekt (also entweder an die Gesellschaft oder an den einzelnen Gesellschafter) an, so dass parallel auch als fiktiver Vergleichspartner nur die Gesellschaft als solche bzw. nur der einzelne Gesellschafter in Betracht kommt. Dieser Ansatz ist in seiner schematischen Klarheit überzeugend, zumal er für die Rechtfertigungsebene Raum für Korrekturen (Gesamtbetrachtungen) lässt.[1]

d) Fiktiver Fall des Vergleichspartners

7.137 Daran schließt sich die Auswahl des fiktiven Vergleichspartners an. Sie muss **zwei kumulativen Anforderungen** genügen. Erstens ist – negativ – der **grenzüberschreitende Bezug**, den der reale Fall aufweist, **hinwegzudenken** (Rz. 7.138 ff.). Zweitens ist – positiv – alles Übrige zu übernehmen; der fiktive Steuerpflichtige erscheint unter dieser **Ceteris-paribus-Annahme** als eine Art **geklontes Abbild** des realen Steuerpflichtigen (Rz. 7.147 ff.).

7.138 Das **erste Erfordernis** verlangt im (**Outbound-)Fall klassischer Diskriminierungen** eines ausländischen und/oder gebietsfremden Steuerpflichtigen, dass dessen Vergleichspartner als Inländer oder **im Anwenderstaat ansässig** gedacht wird. Das ergibt sich für diese Variante daraus, dass die Grundfreiheiten rechtsfolgenseitig auf eine „Inländerbehandlung" (auch: „Inländergleichbehandlung") des Steuerausländers drängen.[2] Der Anwendungsbereich der Grundfreiheiten ist demgegenüber – jeden-

---

[1] EuGH v. 10.5.2012 – C-338–347/11, ECLI:EU:C:2012:286 – Santander.
[2] Zur Terminologie *Reimer* in Lehner, Grundfreiheiten im Steuerrecht der EU-Staaten, 2000, S. 39 (46 mit Fn. 45). Die Bezeichnungen „Inländerbehandlung" und „Inländergleichbehandlung" sind aber missverständlich. Erstens erwecken sie den Anschein, als erfassten sie nur die Fälle der direkten Diskriminierung

falls in ihrer Ausprägung als Diskriminierungsverbote – nicht eröffnet, wenn ein Mitgliedstaat die Angehörigen eines anderen Mitgliedstaats schlechter behandelt als die Angehörigen eines dritten Mitgliedstaats (s. Rz. 7.169 f.).[1]

Umgekehrt ist in den **(Outbound-)Fällen der diskriminierenden Beschränkung** dem Steuerpflichtigen ein gedachter Vergleichspartner gegenüberzustellen, der denselben Sachverhalt verwirklicht wie der Steuerpflichtige, aber – im Gegensatz zu diesem – vollständig im Inland. Bei grenzüberschreitenden Wirtschaftsbetätigungen oder Investitionen ist also von einem rein innerstaatlich tätigen oder rein innerstaatlich investierenden Vergleichspartner auszugehen, in Wegzugsfällen von einem Umzug innerhalb des Inlands. 7.139

Der Steuerpflichtige und sein gedachter Vergleichspartner müssen sich außerdem wirtschaftlich in **vergleichbaren** (genauer: gleichartigen, d.h. typologisch gleichen) **Situationen** befinden. Ob dies der Fall ist, lässt sich nur durch eine erste, **inzidente Gleichheitsprüfung** feststellen, die in der Rechtsprechungsentwicklung zu gravierenden Verwerfungen und Unsicherheiten geführt hat.[2] 7.140

Während sich für die Steuerinländer im **Outbound-Fall** die Projektion einer reinen Inlandstätigkeit, einer reinen Inlandsinvestition oder eines Umzugs innerhalb des Inlands als leicht und **unproblematisch** erweist,[3] hat der EuGH die Analyse der **Inbound-Fälle** in unnötiger, nur historisch erklärbarer Weise durch ein **Unvergleichbarkeitsdogma** belastet. Er geht seit dem Fall Schumacker in ständiger Rechtsprechung von dem Grundsatz aus, dass sich Nichtansässige und Ansässige grundsätzlich nicht in gleichartigen Situationen befinden.[4] 7.141

Soweit der Grundsatz reicht, misslingt bereits die Vergleichspaarbildung; insoweit kann schon tatbestandlich kein Fall der Diskriminierung Gebietsfremder gegenüber Ansässigen vorliegen. Die Rechtsprechung des EuGH enthält aber auch Einschränkungen des vorstehenden Grundsatzes. Wann allerdings eine Gleichartigkeit der Verhältnisse von Gebietsfremden und Ansässigen anzunehmen ist, lässt sich der bisherigen Rechtsprechung nicht allgemein, sondern nur einzelfallbezogen entnehmen. 7.142

Für **Privatpersonen** nimmt der EuGH in den Grenzpendler-Fällen grundsätzlich nur dann eine Gleichartigkeit an, wenn der Steuerpflichtige[5] in seinem Wohnsitzstaat „keine nennenswerten" Einkünfte hat und sein Einkommen „im Wesentlichen" aus einer Tätigkeit bezieht, die er im Anwender- 7.143

(Anknüpfung an die Staatsangehörigkeit), nicht auch die verdeckte Diskriminierung, auf die es aber in den meisten steuerrechtlichen Fällen ankommt. Zweitens sind sie grammatisch nicht eindeutig. Gemeint ist die Gleichbehandlung des realen Steuerpflichtigen *mit* Inländern.

1 Vgl. EuGH v. 21.9.1999 – C-307/97 – Saint-Gobain, Slg. 1999, I-6161; v. 8.3.2001 – C-397/98 und 410/98 – Metallgesellschaft/Hoechst, Slg. 2001, I-1727.
2 *Englisch* in Tipke/Lang[23], § 4 Rz. 86: „keine klare Linie".
3 S. exemplarisch EuGH v. 22.2.2018 – verb. Rs. C-398/16 u. C-399/16, ECLI:EU:C:2018:110 – X BV und X NV.
4 Vgl. EuGH v. 14.2.1995 – C-279/93 – Schumacker, Slg. 1995, I-225 Rz. 31–34 = FR 1995, 224 m. Anm. *Waterkamp-Faupel*; v. 12.5.1998 – C-336/96 – Gilly, Slg. 1998, I-2793 Rz. 49 = FR 1998, 847 m. Anm. *Dautzenberg*; v. 14.9.1999 – C-391/97 – Frans Gschwind, Slg. 1999, I-5451 Rz. 22 = FR 1999, 1076 m. Anm. *Stapperfend*; vgl. hierzu auch den Vorlagebeschluss des FG Köln v. 27.10.1997 – 1 K 4228/97, EFG 1998, 210 = FR 1998, 58 m. Anm. *Stapperfend* = IWB, F. 11a S. 243 ff. m. Anm. *Thömmes*; EuGH v. 14.12.2006 – C-170/05 – Denkavit Internationaal und Denkavit France, Slg. 2006, I-11949 Rz. 24 = GmbHR 2007, 96 m. Anm. *Tromp/Nagler*; v. 8.11.2007 – C-379/05 – Amurta, Slg. 2007, I-9569 Rz. 37 = GmbHR 2007, 1334 m. Anm. *Kleinert*; v. 22.12.2008 – C-282/07 – Truck Center, Slg. 2008, I-10767 Rz. 38 f.; v. 18.5.2009 – C-303/07 – Aberdeen Property Fininvest Alpha, Slg. 2009, I-5145 Rz. 42.
5 Ggf. bei konsolidierter Betrachtung unter Einschluss der Einkünfte des zusammenveranlagten Ehegatten; so im Fall des EuGH v. 14.9.1999 – C-391/97 – Frans Gschwind, Slg. 1999, I-5451 Rz. 29 = FR 1999, 1076 m. Anm. *Stapperfend*.

staat ausübt.¹ Nur in diesem Fall ist ein im Tätigkeitsstaat (Anwenderstaat) Ansässiger tauglicher Vergleichspartner. Erzielt der Steuerpflichtige dagegen im Heimatstaat Einkünfte in einer Höhe, die ihn bereits dort in den Genuss der üblichen persönlichen Vergünstigungen kommen lassen, so bleibt es bei seiner grundsätzlichen Verschiedenheit von den im Anwenderstaat Ansässigen; die Vergleichspaarbildung misslingt. Nach der Rechtsprechung des EuGH soll es also primär auf die Höhe der Einkünfte im **Heimatstaat** des Steuerpflichtigen ankommen. Anders als bei der Unternehmensbesteuerung steht und fällt die Bestimmung der Gleichartigkeit bei den Grenzpendlern also gerade nicht mit den Einkünften, die im Tätigkeitsstaat (Anwenderstaat) erzielt werden – obwohl sich Steuerpflichtiger und Vergleichspartner gerade insofern am ehesten gleichen.

7.144 Demgegenüber bejaht die Rechtsprechung zur **Besteuerung von Unternehmen** die Gleichartigkeit jedenfalls dann, wenn der Steuerpflichtige durch eine Betriebstätte im Anwenderstaat tätig wird.² Der EuGH hat dies im Fall *avoir fiscal* mit der normativen Erwägung begründet, dass auf den Steuerpflichtigen und seinen Vergleichspartner jeweils eine „identische Besteuerungsgrundlage" angewandt werde.³

7.145 Schon im **Vergleich zwischen den einzelnen Grundfreiheiten** wird allerdings dieser Topos nicht konsequent verwendet. Namentlich bei der Kapitalverkehrsfreiheit entscheidet der EuGH vielfach anders und unterstellt die Vergleichbarkeit Gebietsfremder mit Ansässigen teils apodiktisch, teils nach näherer Prüfung, ohne dass noch substanzielle Spielräume für ein Fortwirken des Unvergleichbarkeitsdogmas erkennbar werden.⁴

7.146 Die Annahme grundsätzlicher Unvergleichbarkeit des Steuerausländers mit dem Steuerinländer führt aber auch im **Vergleich mit Benachteiligungen von Outbound- gegenüber reinen Inlandsfällen** zu schwer erklärbaren Differenzen. Gerade wenn man die Garantie freien Marktzugangs als historischen Kern der Grundfreiheiten und hier insbesondere der Personenverkehrsfreiheiten begreift, darf ihr Schutz von vornherein nicht schwächer sein als der Schutz, den ein im Inland ansässiger Steuerpflichtiger im Outbound-Fall genießt und für den der EuGH auf Tatbestandsebene – zu Recht – keine Zweifel an der grundsätzlichen Vergleichbarkeit des grenzüberschreitenden Falls mit dem reinen Inlandsfall lässt. Zu einem völligen Verzicht auf die Prüfung der Gleichartigkeit der wirtschaftlichen Verhältnisse scheint der EuGH dagegen im Falle des Zu- oder Wegzugs⁵ bereit zu sein. Insgesamt erscheint der fragmentarische Rekurs auf die Unvergleichbarkeit Gebietsfremder mit Ansässigen daher in mehrfacher Hinsicht als logisch brüchig. Beim heutigen Stand der Grundfreiheitsdogmatik verdient er keine Zustimmung mehr.⁶ Gerade wenn man die Ceteris-paribus-Annahme ernst nimmt, spricht alles

---

1 So in den Urteilen des EuGH v. 14.2.1995 – C-279/93 – Schumacker, Slg. 1995, I-225 Rz. 36 f. = FR 1995, 224 m. Anm. *Waterkamp-Faupel*; EuGH v. 14.9.1999 – C-391/97 – Frans Gschwind, Slg. 1999, I-5451 Rz. 27 = FR 1999, 1076 m. Anm. *Stapperfend*.
2 St. Rspr., vgl. nur EuGH v. 28.1.1986 – Rs. 270/83 – Avoir fiscal, Slg. 1986, 285 Rz. 14 und 18; v. 21.9.1999 – C-307/97 – Saint-Gobain, Slg. 1999, I-6161 Rz. 47 f.; ebenso *Hinnekens*, Recent trends in the case law of the ECJ in matters of direct taxation, ERA-Forum, Bd. 7, 2006, S. 281 ff. (291).
3 EuGH v. 28.1.1986 – Rs. 270/83 – Avoir fiscal, Slg. 1986, 285 Rz. 19. Diese Aussage trifft freilich – wie der EuGH ausdrücklich einräumt – nur für Einkünfte aus Quellen im Anwenderstaat zu.
4 Exemplarisch EuGH v. 7.9.2004 – C-319/02 – Manninen, Slg. 2004, I-7477; v. 14.9.2006 – C-386/04 – Centro di Musicologia Walter Stauffer, Slg. 2006, I-8203; v. 8.11.2007 – C-379/05 – Amurta, Slg. 2007, I-9569 Rz. 33 ff.; v. 3.6.2010 – C-487/08 – Kommission/Spanien, Slg. 2010, I-4843. Vgl. zur Problemanalyse auch *Kokott/Ost*, EuZW 2011, 496 (498 f.).
5 Vgl. EuGH v. 8.5.1990 – C-175/88 – Biehl, Slg. 1990, I-1789.
6 Namentlich das aus der Rechtsprechung abgeleitete Konzept einer „virtuellen Ansässigkeit" hat außerhalb des deutschsprachigen Raumes vehemente Kritik erfahren. Vgl. statt aller *Hinnekens*, Recent trends in the case law of the ECJ in matters of direct taxation, ERA-Forum, Bd. 7, 2006, S. 281 ff. (286); *Hinnekens* hebt zu Recht hervor, dass es für das Kriterium der Gleichartigkeit entscheidend auf andere Umstände als die bloße Ansässigkeit ankommen müsse (ebenda, S. 291 f.).

dafür, in künftigen Fällen die **Vergleichbarkeit** auch eines Steuerausländers im Inbound-Fall mit einem im Inland ansässigen Steuerpflichtigen **generell zu bejahen**.

Diese **Ceteris-paribus-Annahme** bildet das **zweite Erfordernis**, das an die Vergleichspaarbildung zu stellen ist. Zentrale Bedeutung kommt der Frage zu, wie eng oder weit der vergleichende Blick sein darf. Bildlich gesprochen: Wie stark darf der Richter in die realen Verhältnisse „hineinzoomen" und die Ceteris-paribus-Annahme auf zentrale Einzelheiten des Falles beschränken, und inwiefern bliebe diese Beschränkung zu fragmentarisch, weil sie z.B. biographische oder betriebswirtschaftliche Verläufe über die Zeit oder auch das familiäre Umfeld des Steuerpflichtigen ausblendet? 7.147

In der dogmatischen Systembildung bietet sich hier eine **Gleitskala möglicher Antworten**. Denkbar ist erstens, dass die Gleichartigkeit eine Gleichheit aller Umstände im Bereich der persönlichen Lebensführung unter Einschluss der Verhältnisse im Heimatstaat des gebietsfremden Steuerpflichtigen erfordert (**weite subjektbezogene Sicht**).[1] Man könnte – zweitens – von den persönlichen Verhältnissen abstrahieren und auf die Einkunftsquellen abstellen, evtl. unter Einschluss der zugehörigen Aufwendungen (**weite objektbezogene Sicht**). Drittens besteht die Möglichkeit, dass es allein auf die jeweils streitigen positiven Einnahmen ankommt (**enge objektbezogene Sicht**); in diesem Falle wäre die Vergleichspaarbildung schon dann erfolgreich, wenn Steuerpflichtiger und sein Vergleichspartner Einnahmen in gleicher Höhe aus ein und derselben inländischen Quelle beziehen. 7.148

Richtigerweise variiert die Weite der Perspektive in Abhängigkeit vom Gegenstand der beanstandeten nationalen Norm:[2] Wenn sich die Ungleichbehandlung auf bestimmte Einkunftsquellen beziehe, sei auf der Stufe der Vergleichspaarbildung für die Prüfung der Gleichartigkeit speziell auf diese Einkunftsquellen abzustellen. Wenn sie sich dagegen auf die steuerlichen Aspekte der persönlichen Lebensführung beziehe, so sei die weite subjektbezogene Sicht maßgebend.[3] 7.149

Insgesamt ist dem zuzustimmen. Nur darf die Vergleichspaarbildung eben nicht schon daran scheitern, dass der Steuerpflichtige gebietsfremd, der Vergleichspartner dagegen ansässig ist. Wenn dies der einzige Unterschied zwischen beiden ist, so liegt m.E. stets eine tatbestandliche Diskriminierung vor; die Vereinbarkeit der angegriffenen nationalen Vorschrift mit den Grundfreiheiten entscheidet sich dann erst auf der Ebene der Rechtfertigung. Anders ausgedrückt: Die grundsätzliche Zulässigkeit der Unterscheidung zwischen beschränkter und unbeschränkter Steuerpflicht ergibt sich gerade nicht daraus, dass man sie nicht als Ungleichbehandlung im Rechtssinne ansehen kann, sondern vielmehr daraus, dass sie gerechtfertigt ist. 7.150

Im Übrigen besteht im Hinblick auf diese variable Fokussierung weiterhin Forschungsbedarf. So stellt sich etwa die Frage, ob die weite subjektbezogene Sicht auch den Ehegatten und die Kinder des Steuerpflichtigen einschließt.[4] Vieles spricht dafür, dass generell, jedenfalls aber bei der Prüfung der an die persönlichen Verhältnisse anknüpfenden Normen des innerstaatlichen Steuerrechts auch im Hinblick auf Ehegatten und Kinder, gewissermaßen mit einem Weitwinkel-Objektiv zu arbeiten ist. Wo das 7.151

---

1 Diese „Weitwinkel-Perspektive" entspricht am ehesten dem Ansatz des EuGH. Vgl. auch die Analyse von *Hinnekens*, Recent trends in the case law of the ECJ in matters of direct taxation, S. 288: „person-based standard".
2 *Hinnekens*, Recent trends in the case law of the ECJ in matters of direct taxation, ERA-Forum, Bd. 7, 2006, S. 281 ff. (291 f.); ebenso *Schön* in GS Knobbe-Keuk, 1997, S. 743 (760 f.). Der EuGH hat bereits im Fall Asscher erkennen lassen, dass die Regeln der Vergleichspaarbildung vom Regelungsgehalt der beanstandeten Norm abhängen, vgl. EuGH v. 27.6.1996 – C-107/94 – Asscher, Slg. 1996, I-3089 Rz. 48; m. Anm. *Waterkamp-Faupel*, FR 1996, 666. Vgl. in diesem Sinne auch EuGH v. 14.9.1999 – C-391/97 – Frans Gschwind, Slg. 1999, I-5451 = FR 1999, 1076 m. Anm. *Stapperfend*; v. 25.2.2010 – C-337/08 – X-Holding, Slg. 2010, I-1215.
3 *Wattel*, ET 1995, 347 ff. (349 f.) u. passim.
4 Vgl. bereits *Reimer* in Lehner (Hrsg.), Grundfreiheiten im Steuerrecht der EU-Staaten, 2000, S. 39 (49) zu EuGH v. 12.5.1998 – C-336/96 – Gilly, Slg. 1998, I-2793 = FR 1998, 847 m. Anm. *Dautzenberg*.

innerstaatliche Steuerrecht auf das familiäre Umfeld des Steuerpflichtigen abstellt, darf der Steuerpflichtige auch für Zwecke der unionsrechtlichen Vergleichspaarbildung nicht isoliert betrachtet werden. Vielmehr ist „Familie mit Familie" zu vergleichen.[1] Entsprechendes dürfte für privatrechtlich begründete Näheverhältnisse wie das Verhältnis von Arbeitgeber und Arbeitnehmer, Bank und Investor, Versicherung und Versicherungsnehmer, möglicherweise sogar – weiter – für sämtliche steuerrechtlich und insbesondere erhebungstechnisch und legistisch relevanten Vertragsverhältnisse und Inzidenzeffekte gelten.

7.152 In diesen Einzelheiten der Vergleichspaarbildung zeigt sich ein der Normenhierarchie an sich zuwiderlaufender, für Gleichheitssätze aber typischer Einfluss des Prüfungsgegenstands (der innerstaatlichen Normen) auf den (gemeinschaftsrechtlichen) Prüfungsmaßstab. Es macht die besondere Struktur von Gleichheitssätzen aus, dass sie „bereichsspezifisch" gelten, also durch ihren Gegenstand jeweils neu geprägt werden und im Lichte der Neutralitätsziele – hier: des Binnenmarktziels – auszulegen sind.[2]

3. Kriterien der belastungsauslösenden Verschiedenheit

7.153 Die Feststellung einer tatbestandlichen Ungleichbehandlung setzt in der Vergleichspaarbildung sodann die **Identifikation eines Unterscheidungskriteriums** voraus, das nach Maßgabe des inkriminierten mitgliedstaatlichen Rechts die **Ursache** (d.h. eine conditio sine qua non) **für die Ungleichbehandlung** bildet. Bei textlichen Unterschieden zwischen den einzelnen Grundfreiheiten ist allen Grundfreiheiten gemeinsam, dass sie jedenfalls das **Merkmal der Staatsangehörigkeit** zu den maßgeblichen Kriterien zählen. Wo ein Mitgliedstaat die Staatsangehörigkeit zum Tatbestandsmerkmal einer Be- oder Entlastungsnorm macht und EU-Ausländer auf dieser Grundlage schlechter behandelt als die eigenen Staatsangehörigen, kommt es zu einer sog. **offenen** (auch: formellen, rechtlichen) **Diskriminierung** bzw. diskriminierenden Beschränkung.[3]

7.154 Die Rechtsprechung des EuGH zu den Grundfreiheiten hat historisch aber erst dadurch Fahrt gewonnen, dass der EuGH **eine Reihe weiterer Kriterien** als der Staatsangehörigkeit typologisch gleichgestellt angesehen hat. Soweit sich anhand dieser Kriterien Ungleichbehandlungen ergeben, ist i.d.R. von einer **verdeckten** (auch: versteckten, verschleierten, tatsächlichen) **Diskriminierung** bzw. diskriminierenden Beschränkung die Rede.[4] Zu diesen Parallelkriterien zählen bei der Besteuerung natürlicher Personen insbesondere der Wohnsitz und der gewöhnliche Aufenthalt, aber auch die geographische oder ethnische Herkunft und die Sprache. Für Personenvereinigungen und juristische Personen sind als relevante Alternativkriterien das Gründungsstatut einer Gesellschaft, ihr Sitz, ihre Geschäftsleitung, aber auch die Auslandsbeherrschung anerkannt. Der Anknüpfung an die Staatsangehörigkeit stehen daneben auch Anknüpfungen an regulatorische Eigenheiten der jeweiligen mitgliedstaatlichen Rechtsordnung gleich.[5]

---

1 So auch EuGH v. 14.9.1999 – C-391/97 – Frans Gschwind, Slg. 1999, I-5451 Rz. 25 ff. = FR 1999, 1076 m. Anm. *Stapperfend*; v. 12.7.2005 – C-403/03 – Schempp, Slg. 2005, I-6421 Rz. 23 f. = FR 2005, 902 m. Anm. *Kanzler*; deutlicher v. 12.12.2013 – C-303/12, ECLI:EU:C:2013:822 Rz. 51 – Imfeld und Garcet = ISR 2014, 101 (102) m. Anm. *von Brocke/Wohlhöfler*.
2 *Straßburger*, Die Dogmatik der EU-Grundfreiheiten – Konkretisiert anhand des nationalen Rechts der Dividendenbesteuerung, 2012, S. 95 ff.
3 Zur Terminologie m.w.N. *Reimer* in Lehner (Hrsg.), Grundfreiheiten im Steuerrecht der EU-Staaten, 2000, S. 39 (54 f.).
4 *Kokott*, Das Steuerrecht der Europäischen Union, 2018, § 3 Rz. 102 ff.
5 Das zeigt sich etwa bei der Besteuerung der Erträge von Investmentfonds auf der Ebene des Investors. Er wird grundsätzlich auf Ist-Basis besteuert. Allerdings kommt es zu einer Pauschalbesteuerung nach § 6 InvStG, wenn der Investmentfonds (anders als in den meisten Fällen deutscher Investmentfonds) die Besteuerungsgrundlagen nicht veröffentlicht. Darin hat der EuGH eine verschleierte Diskriminierung erblickt: EuGH v. 9.10.2014 – C-326/12, ECLI:EU:C:2014:2269 – van Caster und van Caster = FR 2014, 1100; hierzu BMF v. 4.2.2015 – IV C 1 - S 1980-1/11/10014:005 – DOK 2015/0091921, BStBl. I 2015, 135.

Diese weiteren Kriterien stehen zum Merkmal der Staatsangehörigkeit in echter Alternativität:[1] Wenn eines dieser Kriterien erfüllt ist, kommt es auf die Staatsangehörigkeit nicht mehr an. Daher kann sich auch ein **im Ausland ansässiger Inländer** gegenüber dem Inland auf die Grundfreiheiten in ihrer Ausprägung als Diskriminierungsverbote berufen, wenn er gegenüber einem im Inland ansässigen Inländer benachteiligt wird.[2] Teils hat der EuGH den Vorbehalt eingefügt, der im Ausland ansässige Inländer müsse sich „in einer Lage befinde[n], die mit derjenigen anderer Personen vergleichbar ist, die sich gegenüber dem Aufnahmestaat auf die durch den Vertrag garantierten Rechte und Freiheiten berufen können". Dieses zusätzliche Erfordernis hat aber nach der hiesigen Vergleichbarkeitsdogmatik (Rz. 7.146) keine eigenständige Bedeutung neben dem o.g. Kriterium der Ansässigkeit.

7.155

Richtigerweise ist für die Vergleichspaarbildung deshalb im **Ergebnis** wie folgt vorzugehen: Dem realen Steuerpflichtigen des Ausgangsfalles ist ein zunächst auch in den Einzelheiten gleicher virtueller Steuerpflichtiger an die Seite zu stellen. Dann sind bei diesem gedachten Vergleichspartner diejenigen Merkmale, die als Tatbestandsmerkmale der zur Prüfung gestellten Norm die später zu erörternde Ungleichbehandlung konstituieren (Rz. 7.158), abweichend von dem realen Ausgangsfall virtuell als allein im Inland verwirklicht anzunehmen.

7.156

Die Zulässigkeit steuerlicher Ungleichbehandlungen in Abhängigkeit von der Ansässigkeit ist also Prüfungsgegenstand; sie kann nicht zugleich Prüfungsmaßstab sein. Für die Frage, ob Ansässige und Gebietsfremde unterschiedlich behandelt werden können, darf die Vergleichspaarbildung insbesondere nicht daran scheitern, dass der Steuerpflichtige gebietsfremd, der Vergleichspartner dagegen ansässig ist. Hier liegt der wesentliche Unterschied zum klassischen Ansatz des EuGH.

7.157

4. Steuerliche Benachteiligung und ihre Kategorien

a) Materiell-rechtliche Benachteiligung

Eine (sc. negative) **Ungleichbehandlung** ist jedenfalls dann gegeben, wenn der Steuerpflichtige nach dem **Betrag der zu entrichtenden Steuer** wirtschaftlich höher belastet wird als sein Vergleichspartner oder wenn – bei zunächst gleicher Zahllast – der Steuerpflichtige keinen oder einen **geringeren Erstattungsanspruch** hat als der Vergleichspartner. Das *tertium comparationis* auf dieser Prüfungsstufe ist also primär die Belastung mit Steuern des EU-Mitgliedstaats (Anwenderstaats), dessen Handeln in dem konkreten Fall am Maßstab des Unionsrechts geprüft wird. Belastungen durch andere Staaten bleiben außer Betracht. Diese sog. „**Kästchengleichheit**"[3] ergibt sich aus den Rechtsfolgen der gleichheitsrechtlichen Prüfung. Verstöße gegen Diskriminierungsverbote kann und muss ein Staat nur insoweit korrigieren, als *er* sie begangen hat. Symmetrisch dazu muss auch der Prüfungsmaßstab auf die Steuerbelastung verengt werden, die der Anwenderstaat dem Steuerpflichtigen auferlegt. Das Problem einer ungerechtfertigt hohen Steuerbelastung durch das Zusammenwirken von (je für sich diskriminierungsfreien) Regelungen mehrerer Staaten kann daher allenfalls als Anwendungsfall der Grundfreiheiten in ihrer Ausprägung als Beschränkungsverbote i.e.S. angesehen werden.

7.158

Hier spielen aber nicht nur die absolute Höhe der im Einzelfall zu zahlenden Steuern, sondern auch der Besteuerungszeitpunkt und verfahrensrechtliche Regelungen eine Rolle.

---

1 Vgl. auch *Eilmansberger*, Zur Reichweite der Grundfreiheiten des Binnenmarktes, JBl. 1999, 354.
2 Vgl. bereits EuGH v. 31.3.1993 – C-19/92 – Kraus, Slg. 1993, I-1663 Rz. 15 und 16; v. 27.6.1996 – C-107/94 – Asscher, Slg. 1996, I-3089 Rz. 34 = FR 1996, 666 m. Anm. *Waterkamp-Faupel*; v. 8.7.1999 – C-234/97 – Teresa Fernández de Bobadilla, Slg. 1999, I-4773 Rz. 30; v. 21.9.1999 – C-378/97 – Florus Ariël Wijsenbeek, Slg. 1999, I-6207 Rz. 22; offen gelassen in EuGH v. 26.1.1999 – C-18/95 – Terhoeve, Slg. 1999, I-374 Rz. 41; unklar auch EuGH v. 12.5.1998 – C-336/96 – Gilly, Slg. 1998, I-2793 Rz. 21 = FR 1998, 847 m. Anm. *Dautzenberg*.
3 Vgl. *Birk*, Besteuerungsgleichheit in der Europäischen Union, in Lehner (Hrsg.), Steuerrecht im Europäischen Binnenmarkt, S. 63 ff. (65 f.); *Lehner* in FS Offerhaus, 1999, S. 117 (131).

7.159 Daneben ist umstritten, ob die Steuerbelastung bei jedem der Vergleichspartner nach Maßgabe einer isolierten Betrachtung einzelner Besteuerungsmerkmale oder im Wege einer saldierenden Gesamtbetrachtung zu ermitteln ist.[1] Auch hier könnte man fragen, wie stark der EuGH in Einzelheiten des konkreten Besteuerungsfalls „hineinzoomen" und dabei benachbarte Kompensationstatbestände ausblenden muss. Möglicherweise lässt sich die Frage wiederum nicht allgemein beantworten. Denn gerade dann, wenn sich in der Person des einzelnen Steuerpflichtigen Vor- und Nachteile gegenüberstehen, die nicht ohne weiteres kommensurabel sind, bedarf es einer wertenden Betrachtung (Abwägung). Diese ist m.E. auf der Ebene der Rechtfertigung zu leisten; sie sollte nicht schon in den Tatbestand vorverlagert werden. Danach begründen konkrete Nachteile in einem einzigen Detail für sich allein bereits die tatbestandliche Diskriminierung; auf anderweitige Vorteile kommt es also zunächst nicht an. Erforderlich ist eine verengte Betrachtungsweise;[2] der EuGH muss also „bis zum Anschlag" in den konkreten Steuerfall „hineinzoomen".[3]

b) Verfahrensrechtliche Benachteiligung

7.160 Parallel zu der höheren Primärbelastung i.S.e. höheren festgesetzten und zu entrichtenden Steuer oder steuerlichen Nebenleistung können sich tatbestandliche Ungleichbehandlungen auch aus verfahrensrechtlichen Zusatzbelastungen ergeben. Zu diesen verfahrensrechtlichen Benachteiligungen zählen Melde-, Anmelde-, Erklärungs- oder Dokumentationspflichten, ferner Erfordernisse der Benennung inländischer Vertreter oder Zahlstellen, die Pflicht zu einer Sicherheitsleistung oder Verkürzungen des Rechtsschutzes.

c) Umgekehrte Diskriminierung

7.161 Keine Anwendungsfälle der Grundfreiheiten sind Benachteiligungen im Inland ansässiger **Inländer** (inländischer Staatsangehöriger, Gesellschaften inländischen Rechts), die rein innerstaatlich tätig werden oder investieren. In ihrer politisch-finalen Binnenmarktprogrammierung versagen die Grundfreiheiten in diesen Fällen umgekehrter Diskriminierungen, der sog. **discrimination à rebours**. Die Rechtsprechung entnimmt den Grundfreiheiten insofern nach wie vor kein vollständiges, d.h. **unabhängig von grenzüberschreitenden Aktivitäten** oder **Investitionen** anwendbares Verbot der Inländerdiskriminierung.[4] Nach dem gegenwärtigen Stand der Integration begründet erst das Hinzutreten weiterer Umstände den erforderlichen grenzüberschreitenden Bezug (Rz. 7.30 ff.). Zu diesen weiteren Umständen können ein früherer Zuzug des Steuerpflichtigen aus dem Ausland, aber auch die in der Person von Angehörigen oder nahestehenden Personen verwirklichten Merkmale gehören (vgl. Rz. 7.47).

---

1 Beispiel: Darf der nationale Gesetzgeber Gebietsfremden (anders als Ansässigen) den Betriebsausgabenabzug versagen, wenn er ihnen zugleich einen niedrigeren Steuersatz gewährt?
2 *Thömmes* in GS Knobbe-Keuk, 1997, S. 795 ff. (819).
3 So auch der EuGH, der in den Fällen avoir fiscal und Saint-Gobain ein Kompensationsverbot angenommen hat, vgl. EuGH v. 28.1.1986 – Rs. 270/83 – Avoir fiscal, Slg. 1986, 285 Rz. 21; EuGH v. 21.9.1999 – C-307/97 – Saint-Gobain, Slg. 1999, I-6161 Rz. 53 – Im Fall Eurowings hat er dagegen die Möglichkeit einer Kompensation bestimmter Nachteile durch anderweitige Vorteile doppelt geprüft – zunächst auf Tatbestandsebene (EuGH v. 26.10.1999 – C-294/97 – Eurowings, Slg. 1999, I-7447 Rz. 37 ff. = FR 1999, 1327 m. Anm. *Dautzenberg*), dann nochmals im Rahmen der Rechtfertigung durch Kohärenz (EuGH v. 26.10.1999 – C-294/97 – Eurowings, Slg. 1999, I-7447 Rz. 41 ff. = FR 1999, 1327 m. Anm. *Dautzenberg*).
4 *von Bogdandy* in G/H/N, Art. 18 AEUV Rz. 54 m.w.N.; *Schnitger*, Die Grenzen der Einwirkung der Grundfreiheiten des EG-Vertrages auf das Ertragsteuerrecht, 2006, S. 82 f.; **a.A.** *Epiney* in Calliess/Ruffert[5], Art. 18 AEUV Rz. 34 ff.

5. Insbesondere: Unbeachtlichkeit punktueller Schlechterstellung bei anderweitiger Kompensation

Keine der hier vorgestellten Kategorien einer steuerlichen Benachteiligung kann bereits auf der Tatbestandsebene durch anderweitige Vorteile ausgeglichen werden. Im Unterschied zu der insoweit offenen Prüfungsstufe der Rechtfertigung tatbestandlicher Benachteiligungen duldet eine fotografischtechnisch konzipierte Gleichheitsprüfung keine Aufladung um derartige normative Elemente, wenn sie mit Vertypungen und damit – bezogen auf den Einzelfall – Ungewissheiten verbunden sind.

7.162

II. Diskriminierung zwischen verschiedenen grenzüberschreitenden Vorgängen

1. Steuerliche Diskriminierung im bilateralen Verhältnis

Neben den klassischen Ungleichbehandlungen, bei denen ein Mitgliedstaat Sachverhalte mit Auslandsbezug schlechter behandelt als Sachverhalte ohne Auslandsbezug, ohne dass zwischen verschiedenen ausländischen Herkunfts- oder Zielstaaten differenziert würde, kommt es gelegentlich zu steuerlichen Ungleichbehandlungen in Abhängigkeit davon, um welchen konkreten ausländischen Herkunfts- oder Zielstaat es sich handelt.[1]

7.163

Zu diesen Sonderformen steuerlicher Ungleichbehandlungen gehören zunächst die Fälle, in denen aus einer bilateralen völkerrechtlichen Regelung (insbesondere aus einem Doppelbesteuerungsabkommen) folgt, dass ein Vertragsstaat die Angehörigen des anderen Vertragsstaats, die dort Ansässigen oder auch die dort verwirklichten Sachverhalte schlechter behandeln darf als ansonsten gleiche Inländer, im Inland Ansässige oder im Inland verwirklichte Sachverhalte.

7.164

In der rechtlichen Würdigung dieser Konstellation ist zunächst die **benachteiligende Norm** zu identifizieren. Regelmäßig begründet das DBA die Ungleichbehandlung nicht i.S.e. Anordnung, sondern lässt sie nur zu. Das gilt namentlich für die abkommensrechtlichen **Verteilungsnormen** und den **Methodenartikel** (Art. 23A bzw. 23B OECD-MA), die keine Steueransprüche begründen, sondern nur die innerstaatlich begründeten und nicht an die Existenz oder Ausgestaltung eines DBA geknüpften Besteuerungsrechte verdecken. In dieser Lage ist das DBA keine *conditio sine qua non* für die Ungleichbehandlung. Tatbestandlich muss die Grundfreiheitsprüfung dann auf der Ebene der zugrunde liegenden innerstaatlichen Belastungsnorm ansetzen; das DBA als solches wäre selbst in einem Vertragsverletzungsverfahren nach Art. 263 f. AEUV, das normenkontrollartige Züge aufweist, nicht der richtige Prüfungsgegenstand.

7.165

Anders liegen die Dinge, wenn das innerstaatliche Recht für sich genommen diskriminierungsfrei ausgestaltet ist und das DBA selbst kausal für die Beschwer (Benachteiligung) des Auslands- gegenüber dem Inlandssachverhalt wird. Hierzu zählen auch die Konstellationen, in denen **innerstaatliche Belastungsnormen, insbesondere Entstrickungsnormen** steuerverschärfend und dynamisch **auf das jeweils anwendbare DBA verweisen;**[2] bei diesem DBA kann es sich u.U. sogar um ein DBA eines anderen EU-Mitgliedstaats[3] oder der Schweiz[4] mit einem Drittstaat, d.h. ohne deutsche Beteiligung handeln. Gegenstand der Grundfreiheitsprüfung können in diesem Fall m.E. wahlweise – und mit je gleichem Ergebnis – die Verweisungsnorm oder die abkommensrechtliche Regelung als solche sein.

7.166

In der Sache sind diese Regelungen nicht immun gegen eine Prüfung am Maßstab der Grundfreiheiten. Für das innerstaatliche Recht bedarf das keiner weiteren Erläuterung; es gilt aber auch für die o.g.

7.167

---

1 Hierzu *M. Lang*, SWI 2011, 154 (159 ff.).
2 Beispiele: § 1 Abs. 3 Satz 3, § 4 Abs. 1 Satz 3, § 16 Abs. 3a, § 17 Abs. 5 Satz 1, § 50g Abs. 3 Nr. 5 Buchst. a Doppelbuchst. bb und Abs. 6 Satz 2 Nr. 2 EStG, § 6 Abs. 1 Satz 2 Nr. 4, § 7 Abs. 7 AStG, § 12 Abs. 1 und Abs. 3 Satz 2 KStG.
3 Beispiel: § 50g Abs. 3 Nr. 5 Buchst. a Doppelbuchst. bb EStG.
4 Beispiel: § 50g Abs. 6 Satz 2 Nr. 2 EStG.

Regelungen in bilateralen DBA. Dem steht jedenfalls heute der bis 2009 in Art. 293 EG a.F. enthaltene, aber mit dem Vertragswerk von Lissabon m.W.v. 1.12.2009 entfallene DBA-Vorbehalt nicht entgegen.[1]

7.168 Vielmehr gelten auch für abkommensrechtlich begründete Benachteiligungen des grenzüberschreitenden gegenüber dem rein innerstaatlichen Fall auf der Ebene des Tatbestands der Grundfreiheiten die allgemeinen Regeln; vorbehaltlich einer Rechtfertigung (die insbesondere mit Blick auf den Rechtfertigungsgrund einer ausgewogenen Aufteilung der Besteuerungsbefugnisse in Betracht kommt, s. Rz. 7.224) sind derartige Benachteiligungen deshalb verboten.

2. Steuerliche Meistbegünstigung in Dreiecksverhältnissen

7.169 Nicht von vornherein ausgeschlossen erschien in den späten 1990er Jahren eine Anwendung der Grundfreiheiten aber auch in Fällen, in denen es zu Ungleichbehandlungen **innerhalb der Gruppe der Gebietsfremden** kam, weil ein Mitgliedstaat A Gebietsfremde aus Herkunftsstaat B schlechter behandelte als Gebietsfremde aus Herkunftsstaat C, so dass die Vergleichspaarbildung aus Sicht des Anwenderstaats nicht entlang einer Unterscheidung von Innen und Außen, sondern gewissermaßen zwischen Links und Rechts verlief.[2]

7.170 Mit der systematischen Verdichtung und dogmatischen Feinjustierung der Dogmatik der Grundfreiheiten sind allerdings zunehmend Zweifel daran aufgekommen, ob die Grundfreiheiten in dieser Relation in Stellung zu bringen sind, so dass ihnen auch der Charakter von **Meistbegünstigungsklauseln** zukommt.[3] Mit Blick auf das Binnenmarktziel erscheinen derartige Ungleichbehandlungen – vorbehaltlich einer Rechtfertigung, etwa gestützt auf den Belang einer Wahrung der Reziprozität bei der Aufteilung der Besteuerungsbefugnisse – im Ausgangspunkt als ebenso problematisch wie die umgekehrte Diskriminierung, d.h. eine Benachteiligung reiner Inlandsfälle gegenüber im Übrigen gleichen Sachverhalten mit EU-Auslandsberührung. Gegen eine Wirkung der Grundfreiheiten als **Meistbegünstigungsklauseln** sind aber überzeugend die Argumente der Reziprozität der DBA[4] und eines nur relativen, immer nur entlang der Inlands-Auslands-Grenze verlaufenden Neutralitätskonzepts[5] vorgebracht worden.

---

1 Zu dessen Dogmatik und Wirkungen *Lehner*, IStR 2001, 329; *Kofler*, Doppelbesteuerungsabkommen und Europäisches Gemeinschaftsrecht, 2007, S. 131 ff.; *Keuthen*, Die Vermeidung der juristischen Doppelbesteuerung im EG-Binnenmarkt: Die Vereinbarkeit der Anrechnungs- und der Freistellungsmethode mit den EG-Grundfreiheiten, 2009; *Riedl*, Die internationale Doppelbesteuerung im EU-Binnenmarkt, 2012. Zu den Konsequenzen der Streichung von Art. 293 EG a.F. statt aller *Kemmeren*, EC Tax Review 1998, 156; *Lehner*, IStR 2005, 397; die Beiträge in *Rust* (Hrsg.), Double Taxation within the European Union, 2011.

2 Hierzu früh *Vogel*, EC Tax Review 1998, 150; *Stockmann*, IStR 1999, 129; *Weggenmann*, IStR 2003, 677; *Lang* in FS Spindler, S. 297 (302, 315). In der Rechtsprechung finden sich Andeutungen in EuGH v. 14.2.1995 – C-279/93 – Schumacker, Slg. 1995, I-225 Rz. 46 = FR 1995, 224 m. Anm. *Waterkamp-Faupel*; im Urteil der Großen Kammer des EuGH v. 5.7.2005 – C-376/03 – D, Slg. 2005, I-5821 Rz. 59 ff. – Ablehnung einer Vergleichbarkeit nur aufgrund bestehender DBA.

3 *Cordewener/Enchelmaier/Schindler* (Hrsg.), Meistbegünstigung im Steuerrecht der EU-Staaten, 2006; *Cordewener/Reimer*, ET 2006, 239 ff.; *Cordewener/Reimer*, ET 2006, 291 ff.; *Mayer-Theobald*, Non-garden most favoured negotiating – Sind EU-Mitgliedstaaten bei der Neuverhandlung von Doppelbesteuerungsabkommen mit Drittstaaten nach dem Unionsrecht verpflichtet, Vorteile auch für die Angehörigen aller anderen EU-Mitgliedstaaten auszuhandeln?, 2011; kursorisch auch *Hofbauer*, Das Prinzip der Meistbegünstigung im grenzüberschreitenden Ertragsteuerrecht: Eine Betrachtung anhand des Internationalen Wirtschaftsrechts und des Rechts der Doppelbesteuerungsabkommen, 2005, S. 129.

4 Statt vieler *Cordewener/Reimer*, ET 2006, 239 ff.; *Cordewener/Reimer*, ET 2006, 291 ff.; die Nachweise oben Rz. 7.170.

5 *Cordewener/Reimer*, ET 2006, 239 ff.; *Cordewener/Reimer*, ET 2006, 291 ff.

3. Rechtsformneutralität der Besteuerung

Neben vielen weiteren möglichen Ungleichbehandlungen sind in einer dritten Kategorie **Diskriminierungen entlang** des Kriteriums **der Rechtsform** zu nennen. Sie beziehen sich regelmäßig auf die Rechtsform der steuerpflichtigen Einheit, können aber auch auf der Ebene der Muttergesellschaft, ferner einer anderen gruppen- oder konzernangehörigen Gesellschaft oder eines anderweitig an dem betroffenen Wirtschaftsvorgang beteiligten Unternehmens ansetzen. Soweit die Rechtsform gleichsam stellvertretend für die Inlands-Auslands-Unterscheidung steht, so dass sie den Merkmalen von Staatsangehörigkeit oder Ansässigkeit typologisch gleichsteht, kann auch eine nicht rechtsformneutrale Besteuerung zu einer Ungleichbehandlung führen, die den Tatbestand der gegenständlich berührten Grundfreiheiten erfüllt.

7.171

Unterhalb dieser Schwelle greifen die Grundfreiheiten dagegen nicht ein. Soweit sich Rechtsformunterschiede, die bereits in rein innerstaatlichen Fällen Belastungsunterschiede auslösen, grenzüberschreitend lediglich fortsetzen, ist die Rechtsform **kein taugliches Kriterium** für die Grundfreiheitsprüfung. Weder die Grundfreiheiten noch andere primärrechtliche Vorschriften des Binnenmarktrechts garantieren eine rechtsformneutrale Besteuerung.[1]

7.172

III. Gebot gegenseitiger Anerkennung

Die Grundfreiheiten erschöpfen sich in ihrer Wirkung nicht auf Benachteiligungsschutz des Steuerpflichtigen gegenüber der Union als solcher und gegenüber jedem einzelnen Mitgliedstaat. Ihnen kommt zusätzlich der Charakter von Freiheitsrechten, d.h. dem Schutz vor unterschiedslosen Beschränkungen oder Beeinträchtigungen des Einzelnen bei der Ausübung seiner Grundfreiheiten zu (unten Rz. 7.184). Zwischen diesen beiden Wirkungsdimensionen stehen hybride, damit schwerer zu greifende Fallgruppen, für die die Anwendung der Grundfreiheiten zumindest diskussionswürdig ist. Hierzu zählen zunächst Fälle, in denen die Grundfreiheiten nach dem Vorbild außersteuerrechtlicher Präjudizien als Garantien gegenseitiger Anerkennung dienen könnten.

7.173

Außerhalb des Steuerrechts verpflichten die Grundfreiheiten die Mitgliedstaaten dazu, Personen, Waren und Dienstleistungen den Zugang zu einem reglementierten oder regulierten örtlichen Markt zu gewähren, wenn die Person, Ware oder Dienstleistung vergleichbare Regulierungsanforderungen bereits im Herkunftsstaat erfüllt hat. Diese **Mitnahme des Heimatrechts** lässt aus Sicht der Grundfreiheiten eine bloße Gleichwertigkeitsprüfung durch den Zielstaat weiterhin zu; der Zielstaat ist aber daran gehindert, die personen- oder produktbezogenen Anforderungen seines innerstaatlichen Rechts in vollem Umfang erneut zu prüfen. So muss er insbesondere den Nachweis der Erfüllung produktbezogener Anforderungen, im Bereich der Personenverkehrsfreiheiten Berufsqualifikationsnachweise oder Führerscheine aus dem jeweiligen Herkunftsstaat des Marktteilnehmers anerkennen.

7.174

Entsprechende Wirkungen können die Grundfreiheiten perspektivisch auch im Bereich der direkten Steuern entwickeln. Das gilt zwar **nicht für das Ob der Besteuerung**; die Grundfreiheiten verpflichten den Zielstaat nicht dazu, eine bereits durch den Herkunftsstaat des Steuerpflichtigen hergestellte Vorbelastung in der Weise anzuerkennen, dass der Zielstaat zur Freistellung der im Ansässigkeitsstaat vorbelasteten Einkünfte- oder Vermögensbestandteile oder zu einer Anrechnung der dort entrichteten Steuer verpflichtet wäre (s. Rz. 7.174).

7.175

Teils schon heute selbstverständlich, teils konzeptuell bruchlos denkbar ist aber eine Anerkennung des Heimatrechts auf einzelnen Stufen des dem eigentlichen Steuereingriff vorausliegenden Steuertatbestands.[2] Das gilt zunächst für **zivilrechtliche Vorfragen**. So entscheidet das Heimatrecht über die **Rechtsfähigkeit eines Privatrechtssubjekts im Privatrecht**. Das Steuerrecht des Zielstaats ist zwar in

7.176

---

1 EuGH v. 21.9.1999 – C-307/97 – Saint Gobain, Slg. 1999, I-6181.
2 M.w.N. *Reimer*, Taxation – an Area without Mutual Recognition, in Richelle/Schön/Traversa (Hrsg.), Allocating Taxing *Powers* within the European Union, 2013, S. 197 (204 ff.).

der Qualifikation dieses Rechtsträgers als transparent oder intransparent frei; der Zielstaat ist aber unionsrechtlich daran gehindert, im Rahmen seiner Besteuerung zivilrechtliche Rechtsgeschäfte mit der Begründung zu ignorieren, dass die handelnde Einheit nach dem Recht des Zielstaats mangels Rechtsfähigkeit kein Marktteilnehmer sein könne. Entsprechendes gilt nach Art. 9 EUV für die **Staatsangehörigkeit** einer natürlichen Person und damit für die Unionsbürgerschaft; auch insoweit ist dem Zielstaat eine eigene (erneute) Prüfung anhand seines innerstaatlichen Rechts verwehrt.

7.177 Einen spezifisch steuerrechtlichen Einschlag erlangt die Anerkennung von Privatrechtssubjekten im Bereich von **Gruppenbesteuerung** und **Organschaft**. So ist denkbar, dass die Grundfreiheiten den Finanzbehörden und -gerichten eine Pflicht auferlegen, neben den in § 14 KStG, §§ 291, 319 f. AktG genannten, spezifisch auf das deutsche Gesellschafts- oder Konzernrecht zugeschnittenen Instituten wie **Beherrschungsvertrag oder Ergebnisabführungsvertrag** auch funktionale Äquivalente aus dem EU-ausländischen Gesellschaftsrecht anzuerkennen. Ebenso ist perspektivisch eine Anerkennung **ansässigkeitsbegründender Merkmale**, möglicherweise sogar eine Anerkennung des Status eines Steuerpflichtigen als „in X ansässig" denkbar.[1]

7.178 Aus dem Bereich der **Gemeinnützigkeit** einer Körperschaft ist zwar nicht die vollständige Anerkennung der Statusverleihung selbst möglich, weil jeder Mitgliedstaat in den Grenzen des Beihilfenrechts (Art. 107 f. AEUV) frei ist, den Kreis der steuerbegünstigten Einheiten nach Rechtsform und verfolgten Zwecken nach eigenen nationalen Präferenzen festzusetzen. Soweit eine Rechtsform und ein Zweck aber in beiden beteiligten Mitgliedstaaten den Tatbestand des Gemeinnützigkeitsrechts erfüllt, ist durchaus eine Bindung des Zielstaats an die Subsumtion des Herkunftsstaats denkbar, wonach die konkrete Einheit diesen Zweck verfolgt. Parallel dazu können die Grundfreiheiten es dem Steuerpflichtigen gestatten, Formerfordernisse im Recht des Zielstaats (in Deutschland etwa das Erfordernis, dass die Sicherung der Selbstlosigkeit satzungsrechtlich zu regeln ist, § 59 i.V.m. § 55 AO) durch funktionale Äquivalente entsprechend dem Recht ihres Herkunftsstaats zu ersetzen (etwa eine gesetzlich vorgesehene umfassende behördliche Aufsicht in Italien).[2]

7.179 Jenseits dieser statusbezogenen Merkmale könnten sich ähnliche Effekte bei der **Qualifizierung von Einnahmen** (etwa an der Demarkationslinie zwischen § 15 Abs. 2 und § 18 Abs. 1 EStG) oder **Aufwendungen** (etwa bei der Erfüllung einzelner Tatbestandsmerkmale aus dem Bereich der Sonderausgaben, § 10 EStG) ergeben.[3] Das Erfordernis gegenseitiger Anerkennung kann sich darüber hinaus auf die Zurechnung von Einkünften und auf die Qualifikation bestimmter Zahlungen als **fremdvergleichskonform** erstrecken. Es umfasst ferner **Buchführungs- und Dokumentationspflichten** (s. Rz. 7.183).

---

1 *Reimer*, Taxation – an Area without Mutual Recognition, in Richelle/Schön/Traversa (Hrsg.), Allocating Taxing Powers within the European Union, 2013, S. 197 (207 ff.).
2 Exemplarisch das verfahrensabschließende Urteil des BFH v. 20.12.2006 – I R 94/02, BStBl. II 2010, 331 = FR 2007, 387 – im Fall *Centro Musicologia di Walter Stauffer*, in dem der I. Senat die satzungsmäßige Vermögensbindung (§ 61 Abs. 1 AO) als bei einer staatlich beaufsichtigten Stiftung – jedenfalls im Grundsatz und innerhalb der EU – als auch dann nach § 62 AO i.d.F. vor Änderung durch das JStG 2007 entbehrlich ansieht, wenn es sich um eine Stiftung ausländischen Rechts handelt, die der Stiftungsaufsicht eines EU-Mitgliedstaats unterfällt und die ausländische Stiftungsaufsicht dem (Mindest-) Standard der Stiftungsaufsicht der deutschen Bundesländer entspricht (Leitsatz 3 und Abschn. III.3.c)bb) der Entscheidungsgründe). Vgl. auch *Eicker*, Grenzüberschreitende gemeinnützige Tätigkeit, 2004, S. 263 f.; *Kube*, IStR 2005, 469 (472); *Reimer*, SWI 2006, 197 (203 ff.); *Reimer/Ribbrock*, IStR 2006, 679; *H. Jochum* in FS Rengeling, 2008, S. 545 (564); *Droege*, Gemeinnützigkeit im offenen Steuerstaat, 2010, S. 533 ff.
3 Beispiele bei *Reimer*, Taxation – an Area without Mutual Recognition, in Richelle/Schön/Traversa (Hrsg.), Allocating Taxing Powers within the European Union, 2013, S. 197 (210 f.).

IV. Beschränkende Mehrfachbelastung grenzüberschreitender Vorgänge

1. Internationale Doppelbesteuerung

Zu den erstrangigen Hemmnissen jedes funktionierenden Binnenmarkts gehören neben den Ungleichbehandlungen unterschiedlicher Sachverhalte durch ein und denselben Hoheitsträger (Mitgliedstaat) diejenigen **Zusatzbelastungen**, die sich **aus dem unabgestimmten Zusammenwirken mehrerer Hoheitsträger** in grenzüberschreitenden Fällen ergeben.[1] Pars pro toto sind dabei Fälle

7.180

– der Doppelbesteuerung i.e.S. (Belastung ein und desselben Steuerpflichtigen durch mehrere Staaten wegen ein und derselben Vermögensmehrung mit gleichartigen Steuern),

– der wirtschaftlichen Doppelbelastung (Belastung unterschiedlicher Steuerpflichtiger – etwa von Personengesellschaft hier, Mitunternehmern dort – durch mehrere Staaten wegen ein und derselben Vermögensmehrung mit gleichartigen Steuern) und

– mangelnder Korrespondenz von Belastung und Entlastung (Besteuerung von Einnahmen eines Zahlungsempfängers durch einen Staat, dessen Recht schuldnerseitig einen Abzug zugelassen hätte, während der andere Staat, in dem der Schuldner erfasst wird, die Zahlung empfängerseitig für nicht steuerbar, schuldnerseitig daher auch als nicht abziehbar ansieht)

zu nennen.

Diesen Fällen ist gemeinsam, dass jeder der beteiligten Staaten zwar eine **notwendige**, aber **keine hinreichende Bedingung** für die Doppelbelastung setzt; der binnenmarktwidrige Zustand entfiele vielmehr auch dann, wenn man den Verursachungsbeitrag des jeweils anderen Staats hinweg dächte. In dieser Lage liefern die Grundfreiheiten keinen Maßstab dafür, welcher der beiden Mitgliedstaaten „das bessere Recht" zu einer Besteuerung der Einnahmen oder zum Versagen eines Betriebsausgaben- oder Verlustabzugs aus einem grenzüberschreitenden Sachverhalt hat, der einen *genuine link* auch zu einem anderen EU-Mitgliedstaat aufweist. Weder materiell noch prozessual bietet sich dem EuGH auch die Möglichkeit, die beteiligten Mitgliedstaaten in eine Art gemeinschaftliche oder gar gesamtschuldnerische Haftung zu nehmen. Am Fall des **unabgestimmten Zusammenwirkens** zweier je für sich diskriminierungsfrei ausgestalteter **mitgliedstaatlicher Rechtsordnungen** stößt die negative Integration vielmehr an ihre Funktionsgrenzen.[2] Insbesondere versagt für den Steuereingriff die oben (s. Rz. 7.173 ff.) beschriebene Heranziehung der **Grundfreiheiten als Gebote gegenseitiger Anerkennung**. Schon die Existenz des (allerdings mit dem Vertragswerk von Lissabon zum 1.12.2009 entfallenen) **Art. 293 EG a.F.** zeigt, dass eine Übertragung dieser Wirkungsdimension der Grundfreiheiten auf das Doppelbesteuerungsproblem von vornherein ausscheidet. Soweit keine sekundärrechtlichen Regelungen eingreifen, bleibt die Zuordnung der Besteuerungsbefugnisse der uni-, bi- oder multilateralen Koordination der Mitgliedstaaten überlassen.[3] Einer freihändigen Aktivierung der Grundfreiheiten steht in diesem Punkt der Fiskalzweck entgegen: Denn im Unterschied zu den Sachzwecken des Marktordnungs- und Wirtschaftsverwaltungsrechts, bei denen der einzelne Staat lediglich die Rolle des Rechtssetzers und Rechtsanwenders hat und die beteiligten Staaten „gleichgerichtete Rechtsfolgenanordnungen" treffen,[4] zielt das Steuerrecht auf eine Leistung des Einzelnen an den oder die öffent-

7.181

---

1 Grundlegend *Kofler*, Doppelbesteuerungsabkommen und Europäisches Gemeinschaftsrecht, 2007, S. 131 ff.; *Rust* (Hrsg.), Double Taxation within the European Union, 2011; ferner *Keuthen*, Die Vermeidung der juristischen Doppelbesteuerung im EG-Binnenmarkt: Die Vereinbarkeit der Anrechnungs- und der Freistellungsmethode mit den EG-Grundfreiheiten, 2009; *Riedl*, Die internationale Doppelbesteuerung im EU-Binnenmarkt, 2012.
2 Prägnant m.w.N. *Kofler* in Rust (Hrsg.), Double Taxation within the European Union, 2011, S. 97 ff.; im Ansatz auch *Riedl*, Die internationale Doppelbesteuerung im EU-Binnenmarkt, 2012, S. 118 ff. (141 ff.).
3 Exemplarisch EuGH v. 16.7.2009 – C-128/08 – Damseaux, Slg. 2009, I-6823.
4 *Straßburger*, Die Dogmatik der EU-Grundfreiheiten – Konkretisiert anhand des nationalen Rechts der Dividendenbesteuerung, 2012, S. 63 ff.

lichen Haushalte des einzelnen Mitgliedstaats. Die Leistung an einen Dritten (hier: an einen anderen Mitgliedstaat) hat deshalb keine befreiende Wirkung.[1]

7.182 Denkbar bleibt aber eine Auslegung der **Grundfreiheiten als Verschlechterungsverbote**. Geht man davon aus, dass das Binnenmarktprinzip (s. Rz. 7.2) das objektivrechtliche Postulat einer die bloße „Kästchengleichheit" (s. Rz. 7.158) transzendierenden **Ergebnisneutralität** ist, ließen sich die Grundfreiheiten als subjektivrechtliche Absicherung des binnenmarktlichen Status quo lesen, die dem einzelnen Marktteilnehmer einen Anspruch auf die Einhaltung einmal getroffener bilateraler (abkommensrechtlicher) Vereinbarungen durch die beteiligten Mitgliedstaaten bieten: Sobald sich Mitgliedstaaten untereinander an eine bestimmte Aufteilung der Besteuerungsbefugnis gebunden und damit binnenmarktkonforme, d.h. Sonderbelastungen grenzüberschreitenden Wirtschaftens neutralisierende Regelungen getroffen haben, ist jedem der beiden Mitgliedstaaten ein Rückschritt – durch einseitige Kündigung des Abkommens oder gar durch einen *treaty override* – auch unionsrechtlich verstellt.[2]

2. Verfahrensrechtliche Doppelbelastung

7.183 Partiell anders stellen sich aber die Teleologie und damit auch die Ergebnisse der Anwendung der Grundfreiheiten im Bereich des steuerlichen Verfahrensrechts dar.[3] Namentlich für den Bereich der **Buchführungs- und Dokumentationspflichten** hat der EuGH bereits in seinem Urteil *Futura Singer* von 1997 klargestellt, dass ein Mitgliedstaat von einem Steuerpflichtigen, der in seinem ausländischen Ansässigkeitsstaat bereits Bücher führt, nicht ohne Weiteres eine (sc. erneute) inländische Buchführung verlangen darf: Es verstoße gegen die Niederlassungsfreiheit (Art. 52 EGV a.F.; s. Rz. 7.71 ff.), wenn ein Mitgliedstaat den Verlustvortrag aus früheren Jahren bei einem Steuerpflichtigen, der in seinem Gebiet eine Zweigniederlassung, nicht aber seinen Sitz hat, davon abhängig macht, dass der Steuerpflichtige während des Geschäftsjahres, in dessen Verlauf die Verluste entstanden sind, in diesem Staat entsprechend dem einschlägigen nationalen Recht Bücher über seine dortigen Tätigkeiten geführt und aufbewahrt hat. Ausreichend sei vielmehr das Führen der Bücher im jeweiligen Ansässigkeitsstaat.[4]

V. Beschränkende Wirkung des Steuereingriffs als solchem

7.184 Jede benachteiligende Ungleichbehandlung des grenzüberschreitenden gegenüber dem rein innerstaatlichen Fall unterliegt dem grundsätzlichen **Verbot der benachteiligenden Ungleichbehandlung** (s. Rz. 7.48 ff., 7.200 ff.); ihre Zulässigkeit bedarf besonderer Rechtfertigung. Das gilt unabhängig davon, ob es sich um einen Inbound- oder einen Outbound-Fall handelt. Demgegenüber ist bis heute fraglich, ob und inwieweit die Grundfreiheiten in ihrer Dimension als **Beschränkungsverbote** auch vollständig unterschiedslosen Steuerbelastungen oder der vollständig unterschiedslosen Auferlegung steuerlicher Nebenpflichten entgegenstehen können.[5]

---

1 Zum Ganzen *Reimer* in Richelle/Schön/Traversa (Hrsg.), Allocating Taxing *Powers* within the European Union, 2013, S. 197 ff.

2 In diese Richtung statt aller *Riedl*, Die internationale Doppelbesteuerung im EU-Binnenmarkt, 2012, S. 265 f. Zurückhaltend dagegen *Gosch*, IStR 2008, 413 (419 ff.); EuGH v. 19.9.2012 – C-540/11, ECLI:EU:C:2012:581 – Daniel Levy und Carine Sebbag = IStR 2012, 310 m. Anm. *Tippelhofer*.

3 Allgemein *Ehrke-Rabel*, Gemeinschaftsrecht und österreichisches Abgabenverfahren, 2006; die Beiträge bei Holoubek/Lang (Hrsg.), Abgabenverfahrensrecht und Gemeinschaftsrecht, 2006; *Drüen* in Schön/Beck (Hrsg.), Zukunftsfragen des deutschen Steuerrechts, Bd. 1, 2009, S. 1 (24 ff.); *Geisenberger*, Der Einfluss des Europarechts auf steuerliches Verfahrensrecht, 2010.

4 EuGH v. 15.5.1997 – C-250/95 – Futura Participations and Singer, Slg. 1997, I-2471 = FR 1997, 567m. Anm. *Dautzenberg*. Vgl. auch *Riedl*, Die internationale Doppelbesteuerung im EU-Binnenmarkt, 2012, S. 125 f.

5 Zurückhaltend *Musil*, DB 2009, 1037 (1042); *Englisch* in Tipke/Lang[23], § 4 Rz. 85; *Douma/Engelen* in FS Rödler, 2010, S. 193 (196 ff.); *Kokott/Ost*, EuZW 2011, 498 (503).

1. Abgrenzung zu den Diskriminierungsfällen

Eine Belastung wirkt in jeder Hinsicht unterschiedslos, wenn sie Ansässige und Gebietsfremde gleichermaßen trifft und wenn sie außerdem die grenzüberschreitend tätigen Ansässigen und die rein innerstaatlich tätigen Ansässigen gleichermaßen trifft.

7.185

Ob eine Maßnahme unterschiedslos wirkt, lässt sich wiederum nur durch den üblichen Vergleich des realen Steuerpflichtigen, der grenzüberschreitend tätig wird oder grenzüberschreitend investiert, mit einem fiktiven Vergleichspartner feststellen, der den Sachverhalt ceteris paribus vollständig im Inland verwirklicht. Für die Vergleichspaarbildung und die Feststellung der Ungleichbehandlung gelten dabei die oben für die Diskriminierungsfälle aufgestellten Regeln (oben Rz. 7.128 ff.). Ergibt sich unter einem beliebigen Differenzierungskriterium (*tertium comparationis*) eine Diskriminierung des (realen) grenzüberschreitenden gegenüber dem (fiktiven) rein innerstaatlichen Fall, scheidet die freiheitsrechtlich-unterschiedslose Prüfung zwar nicht kategorisch aus; in der Rechtsprechungspraxis konzentriert sich der EuGH dann aber aus gutem Grund auf die Gleichheitsprüfung. Nicht theoretisch, aber doch **rechtsprechungspraktisch** entfaltet die Diskriminierungsprüfung daher grundsätzlich eine **Sperrwirkung gegenüber der rein freiheitsrechtlichen Prüfung** einer unterschiedslosen Beschränkung. Dadurch bleibt der Anwendungsbereich der Regeln über unterschiedslose Beschränkungen eng.

7.186

Dies gilt umso mehr, als der EuGH in teleologischer, am Binnenmarktziel orientierter Auslegung der Grundfreiheiten auch diejenigen Beschränkungen, die zwar In- und Ausländer, Ansässige und Gebietsfremde gleichermaßen treffen, aber zumindest spezifisch an den Grenzübertritt i.w.S. (die Begründung einer zusätzlichen Ansässigkeit oder Niederlassung in einem anderen Mitgliedstaat, die Verlagerung von Wirtschaftsgütern oder Funktionen in einen anderen Mitgliedstaat, das Erbringen einer grenzüberschreitenden Dienstleistung, eine grenzüberschreitende Investition) anknüpfen, der Sache nach als Diskriminierungen begreift (oben Rz. 7.35 ff.), wenn diese Beschränkungen für den reinen Inlandsfall nicht oder nicht in gleicher Weise betroffen vorgesehen sind.[1]

7.187

Da es im Rahmen der gleichheitsrechtlichen Prüfungen stets nur auf die Behandlung durch den einen Anwenderstaat ankommt ("Kästchengleichheit": s. Rz. 7.158), liegt aber dann keine Diskriminierung vor, wenn der **Steuerpflichtige durch den Anwenderstaat** schlechter behandelt wird als ein gedachter **Vergleichspartner durch einen anderen Staat**. Ohne das Hinzutreten weiterer Umstände ist dieser Fall vielmehr als unterschiedslose Beschränkung anzusehen.

7.188

Von den Fällen einer unterschiedslosen Behandlung sind die Fälle einer **umgekehrten Diskriminierung** (der sog. *discrimination à rebours*) zu unterscheiden (oben Rz. 7.161). In diesen Fällen kommt es zu einer Diskriminierung rein innerstaatlicher gegenüber grenzüberschreitenden Sachverhalten, die von vornherein nicht in den Anwendungsbereich der Grundfreiheiten fällt. Unionsrechtlicher Maßstab ihrer Zulässigkeit sind vielmehr allein das Verbot staatlicher Beihilfen (Art. 107 AEUV) und das darauf bezogene Notifizierungserfordernis (Art. 108 AUEV).

7.189

Richtig ist allerdings, dass unterschiedslose Belastungen nicht stärker geschützt sind als die umgekehrte Diskriminierung. Vielmehr kann sich auch gegen eine unterschiedslose Belastung auf die Grundfreiheiten nur berufen, wer von einer Grundfreiheit Gebrauch macht, d.h. grenzüberschreitend tätig ist oder grenzüberschreitend investiert (oben Rz. 7.26 ff.).

7.190

2. Beschränkungen i.e.S. als Anwendungsfälle der Grundfreiheiten

Über die Doppelbesteuerungsfälle hinaus ist aber auch für eine nur einseitige Besteuerung zu fragen, ob in ihr nicht eine (sc. unterschiedslose) Beschränkung liegen kann. In der Tat hat der EuGH die Anwendung der Grundfreiheiten bereits auf einseitige nicht benachteiligende Maßnahmen dem

7.191

---

[1] Vgl. den zugrunde liegenden Sachverhalt der Entscheidung des EuGH v. 21.9.1999 – C-378/97 – Florus Ariël Wijsenbeek, Slg. 1999, I-6207.

Grunde nach bejaht,[1] auch wenn bis heute die Tragweite dieser Judikatur umstritten ist.[2] Dies gilt gerade für den besonders souveränitätssensiblen Bereich des Steuerrechts. Denn einerseits muss man in jeder Auferlegung einer Steuer eine tatbestandliche Beschränkung sehen;[3] andererseits ist aber gerade die Steuererhebungskompetenz der Mitgliedstaaten dem Grunde nach unionsrechtlich anerkannt. Anders als bei den Diskriminierungsverboten, bei denen sich der Verstoß gegen Grundfreiheiten aus einer relativen Betrachtung (Vergleich) ergibt, bedarf die Bewertung unterschiedslos wirkender Maßnahmen eines absoluten Maßstabes.

7.192 Zu diesen unterschiedslos wirkenden Beschränkungen gehören z.B. diejenigen Belastungen, denen ein Inländer beim Wegzug ins Ausland unterliegt, wenn Inländer bei einem Umzug innerhalb des Inlandes eine gleiche Belastung trifft. Die erforderlichen Differenzierungen zeigen sich etwa im Bereich der **Grunderwerbsteuer.** Im Inbound-Fall begründet sie zwar eine Belastung, die den immer schon am inländischen Zielort Ansässigen nicht in gleicher Weise trifft. Eine Diskriminierung scheidet aber im normativen Sinne aus, weil man – nach dem derzeitigen Stand der Rechtsprechung – bei der Vergleichspaarbildung den hereinkommenden Ausländer mit einem fiktiven Steuerpflichtigen vergleicht, der innerhalb Deutschlands umzieht und daher ebenfalls Grunderwerbsteuer am Zielort zu entrichten hat. Die Inbound-Konstellation ist auch nicht mit einem spiegelbildlichen Outbound-Fall zu vergleichen. Die Belastung eines hereinkommenden EU-Ausländers mit deutscher Grunderwerbsteuer entfällt also nicht deshalb, weil Deutschland von Inländern, die sich im Ausland niederlassen, keine deutsche Grunderwerbsteuer erhebt.

7.193 Parallele Fragen sind im Bereich der **Zweitwohnungsteuer** aufgeworfen worden, die viele – v.a. städtische – Gemeinden in Deutschland erheben. Tatbestandlich stehen zwar mit der Arbeitnehmerfreizügigkeit und der Niederlassungsfreiheit taugliche primärrechtliche Maßstäbe zur Verfügung. Im Unterschied zur Grunderwerbsteuer entschärft hier aber bereits das deutsche Finanzverfassungsrecht die Problematik, weil richtigerweise bei beruflicher Veranlassung kein (sc. privater) Aufwand i.S.d. Art. 105 Abs. 2a GG mehr anzunehmen ist, so dass sich die Kompetenz der Länder und – kraft landesrechtlicher Delegation – der Gemeinden von vornherein nur auf privat veranlasste Zweitwohnungen beschränken muss.

7.194 Erneut ist aber auf die Zurückhaltung des EuGH bei der Prüfung von Steuerbelastungseingriffen an diesen i.e.S. freiheitsrechtlichen Gehalten der Grundfreiheiten hinzuweisen. An dieser Zurückhaltung hält die Rechtsprechung bis heute nahezu ausnahmslos fest.[4]

7.195 Ob eine unterschiedslos wirkende Maßnahme europarechtlich unbedenklich ist, kann sich damit nur aus einer Abwägung der konkreten Beschränkungswirkung gegen die mit der Steuererhebung verfolgten Interessen der Mitgliedstaaten auf der Ebene der Rechtfertigungsgründe ergeben. Für jede mitgliedstaatliche Norm ist dabei eine einzelfallbezogenen Abwägung anzustellen, bei der die Bedeutung der Souveränität des Anwenderstaats insbesondere dann erheblich ins Gewicht fällt, wenn die Norm nichtharmonisierten Bereichen des Ertragsteuerrechts entstammt.

---

1 EuGH v. 15.12.1995 – C-415/93 – Bosman, Slg. 1995, I-5040; v. 15.5.1997 – C-250/95 – Futura Participations and Singer, Slg. 1997, I-2471 = FR 1997, 567 m. Anm. *Dautzenberg*.

2 Vgl. bereits *Eilmansberger*, Zur Reichweite der Grundfreiheiten des Binnenmarktes, JBl. 1999, 359 – insb. Fn. 71 m.w.N.

3 Etwas anderes ergäbe sich nur, wenn man durch Einführung eines ungeschriebenen Tatbestandsmerkmals „Berufs- oder Investitionsbezogenheit der Maßnahme" (ähnlich wie bei Art. 12 Abs. 1 GG) gesteigerte Anforderungen an den Eingriffscharakter der Maßnahme stellen würde. Dieses Merkmal ist aber schon verfassungsrechtlich sehr problematisch. Es besteht kein Anlass, es in die Dogmatik der gemeinschaftsrechtlichen Grundfreiheiten einzuführen.

4 S. aber EuGH v. 9.11.2006 – C-433/04, ECLI:EU:C:2006:702 Rz. 28 f. – Kommission/Belgien.

3. Absolute Belastungsobergrenze?

Denkbar erscheint immerhin, dass der Besteuerungsgewalt durch die Grundfreiheiten eine quantitative Obergrenze („Schranken-Schranke") gesetzt ist. Konfiskatorisch wirkende Steuern muss man jedenfalls dann als mit den Grundfreiheiten unvereinbar ansehen, wenn der Anwenderstaat mit ihnen keine unionsrechtlich legitimierten Lenkungszwecke verfolgt. Entsprechendes gilt für Steuereingriffe, die im Hinblick auf eine konkrete Tätigkeit oder Investition prohibitiv und in diesem konkret-individuellen Sinne erdrosselnd wirken. Möglicherweise ist aber bereits unterhalb der Schwelle einer im strengen Sinne erdrosselnden oder prohibitiven Wirkung eine Belastungsobergrenze zu ziehen.

7.196

Dabei sind allerdings die erwerbsbezogenen Grundfreiheiten ein problematischer Prüfungsmaßstab, weil sie mit ihrer Grundentscheidung für privates Wirtschaften dem Grunde nach die Staatsfinanzierung durch Steuern (d.h. durch die öffentliche Partizipation am Erfolg privaten Wirtschaftens statt durch ein eigenwirtschaftliches Handeln der öffentlichen Hand) gerade rechtfertigen und sogar verlangen. Das Einziehen von Belastungsobergrenzen kann deshalb allein quantitative Bedeutung haben; insofern aber sind die Grundfreiheiten so maßstabsarm, dass jede abstrakte richterliche Dezision auch gewaltenteilig an die Grenzen des methodisch Möglichen stieße.

7.197

Zu suchen sind Vorgaben für die Bestimmung relativer und absoluter Belastungsobergrenzen daher vielmehr in den gemeinsamen Verfassungsüberlieferungen der Mitgliedstaaten.[1] Namentlich die innerstaatliche Rechtsprechung, die überwiegend auf den mitgliedstaatlichen Verfassungsnormen, partiell aber auch auf eigenständiger Aufnahme der Garantien der EMRK beruht,[2] bietet hier ein beachtliches, nicht zuletzt durch die Grundfreiheitsdogmatik geschärftes Maß an dogmatischen Übereinstimmungen im Sinne eines *common core*, das für Erdrosselungen einzelner wirtschaftlicher Tätigkeiten hohe Rechtfertigungsanforderungen stellt.

7.198

D. Rechtfertigungsmöglichkeiten

Literatur: *Cordewener/Kofler/van Thiel*, The Clash between European Freedoms and National Direct Tax Law: Public Interest Defences Available to the Member States, CMLR 2009, 1951; *Englisch*, Fiscal Cohesion in the Taxation of Cross-Border Dividends, ET 2004, 322 und 365; *Englisch*, Aufteilung der Besteuerungsbefugnisse – Ein Rechtfertigungsgrund für die Einschränkung von EG-Grundfreiheiten?, Bonn 2008; *Englisch*, Taxation of Cross-Border Dividends and EC Fundamental Freedoms, Intertax 2010, 197; *Englisch*, X Holding: Looking beyond Loss Relief Issues, in Weber/da Silva (Hrsg.), From Marks & Spencer to X Holding, Köln 2011, 71; *Englisch*, Grundfreiheiten: Vergleichbarkeit, Rechtfertigung und Verhältnismäßigkeit, DStJG 41 (2018), 273; *Fischer*, Das EuGH-Urteil Persche zu Auslandsspenden – die Entstaatlichung des Steuerstaates geht weiter, FR 2009, 249; *Gebhardt/Quilitzsch*, Cross-Border Loss Relief in the EU, EC Tax Review 2011, 263; *Glahe*, Einkünftekorrektur zwischen verbundenen Unternehmen, Köln 2012; *Glahe*, Transfer Pricing and EU Fundamental Freedoms, EC Tax Review 2013, 222; *Hahn*, Gemeinschaftsrecht und Recht der direkten Steuern – Teil III: Die Rechtfertigungsgründe, DStZ 2005, 507; *Haslehner*, Cross-Border Loss Relief for Permanent Establishments under EC Law, Bulletin for International Taxation 2010, 33; *Haslehner*, „Consistency" and fundamental freedoms: the case of direct taxation, CMLR 2013, 737; *Hemels*, References to the Mutual Assistance Directive in the Case Law of the ECJ: A Systematic Approach, ET 2009, 583; *Hilling*, Justifications and Proportionality: An Analysis of the ECJ's Assessment of National Rules for the Prevention of Tax Avoidance, Intertax 2013, 294; *Hinnekens*, Basis and scope of public interest justification of national tax measures infringing fundamental Treaty freedoms, in Vanistendael (Hrsg.), EU Freedoms and Taxation, 2006, 73; *Kahlenberg/Vogel*, Unionsrechtsvereinbarkeit der durch Korrespondenzregeln ausgelösten Ungleichbehandlung? Eine Untersuchung des BEPS-Aktionspunkts 2, StuW 2016, 288, *Kofler*,

---

[1] Hierzu demnächst umfassend *Ohlendorf*, Grundrechte als Maßstab des Steuerrechts in der Europäischen Union, Diss., Heidelberg 2014.
[2] Vgl. zu den parallelen gleichheitsrechtlichen Fragen bereits Meussen (Hrsg.), The Principle of Equality in European Taxation, 1999 – mit Nationalberichten.

Tax Treaty „Neutralization" of Source State Discrimination under the EU Fundamental Freedoms?, ET 2011, 684; *Kokott/Ost*, Europäische Grundfreiheiten und nationales Steuerrecht, EuZW 2011, 496; *Kube*, Grenzüberschreitende Verlustverrechnung und die Zuordnung von Verantwortung, IStR 2008, 305; *M. Lang*, Direct Taxation: Is the ECJ Heading in a New Direction?, ET 2006, 421; *M. Lang*, Die Rechtsprechung des EuGH zu den direkten Steuern, Frankfurt 2007; *M. Lang*, Recent Case Law of the ECJ in Direct Taxation: Trends, Tensions, and Contradiction, EC Tax Review 2009, 98; *M. Lang*, 2005 – Eine Wende in der steuerlichen Rechtsprechung de^s EuGH zu den den Grundfreiheiten?, in Mellinghoff/Schön/Viskorf (Hrsg.), Steuerrecht im Rechtsstaat, FS für Spindler, Köln 2011, 297; *M. Lang*, The Legal and Political Context of ECJ Case Law on Mutual Assistance, ET 2012, 199; *M. Lang*, Limitation of Temporal Effects of CJEU Judgments: Mission Impossible for Governments of EU Member States, in Popelier u.a. (Hrsg.), The Effects of Judicial Decisions in Time, Cambridge 2014, 245; *Marres*, The Principle of Territoriality and Cross-Border Loss Compensation, Intertax 2011, 112; *Monteiro/Kiers*, The Court's Position on Cross-Border Losses: A Quest for the Well-Being of EU Citizens?, EC Tax Review 2013, 92; *Musil/Fähling*, Neue Entwicklungen bei den europarechtlichen Rechtfertigungsgründen im Bereich des Ertragsteuerrechts, DStR 2010, 1501; *Neyt/Peeters*, Balanced Allocation and Coherence: Some Thoughts in Light of Argenta and K, EC Tax Review 2014, 64; *Poulsen*, Freedom of Establishment and the Balanced Allocation of Tax Jurisdiction, Intertax 2012, 200; *Rehfeld*, Die Vereinbarkeit des Außensteuergesetzes mit den Grundfreiheiten des EG-Vertrags, Frankfurt 2008; *Richelle*, Cross-Border Loss Compensation: State and Critique of the Judicature, in *Richelle* u.a. (Hrsg.), Allocating Taxing Powers within the European Union, Heidelberg 2013, 101; *Rønfeldt*, The Lawfulness of the Restriction of Losses, Intertax 2013, 360; *Rust*, Renaissance der Kohärenz, EWS 2004, 450; *Schaper*, The Need to Prevent Abusive Practices and Fraud as a Composite Justification, EC Tax Review 2014, 220; *Schnitger*, Die Grenzen der Einwirkung der Grundfreiheiten des EG-Vertrages auf das Ertragsteuerrecht, Düsseldorf 2006; *Schön*, Der Fremdvergleich, der Europäische Gerichtshof und die „Theory of the Firm", IStR 2011, 777; *Schön*, Transfer Pricing, the Arm's Length Standard and European Union Law, in Richelle u.a. (Hrsg.), Allocating Taxing Powers within the European Union, Heidelberg 2013, 73; *Sedemund*, Die Bedeutung des Prinzips der steuerlichen Kohärenz als Rechtfertigungsaspekt für Eingriffe in die Grundfreiheiten des EG-Vertrages, IStR 2001, 190; *Simader*, Die Bedeutung der internationalen Amtshilfe in Steuersachen in der Rechtsprechung des EuGH zu den Grundfreiheiten, in Lang u.a. (Hrsg.), Internationale Amtshilfe in Steuersachen, Wien 2011, 309; *Stangl*, Der Begriff der steuerlichen Kohärenz nach den Urteilen Baars und Verkooijen, SWI 2000, 463; *Staringer*, Missbrauchsbekämpfung, Aufteilung der Besteuerungshoheit und Kohärenz in der Rechtsprechung des EuGH, in Lang (Hrsg.), Europäisches Steuerrecht, DStJG 41 (2018), 365, *Thömmes/Linn*, Deferment of Exit Taxes after National Grid Indus, Intertax 2012, 485; *Traversa/Vintras*, The Territoriality of Tax Incentives within the Single Market, in Richelle u.a. (Hrsg.), Allocating Taxing Powers within the European Union, Heidelberg 2013, 171; *Vanistendael*, The ECJ at the Crossroads: Balancing Tax Sovereignty against the Imperatives of the Single Market, European Taxation 2006, 413; *Vanistendael*, Cohesion: the phoenix rises from his ashes, EC Tax Review 2005, 208; *Vanistendael*, Cadbury Schweppes and Abuse from an EU Tax Law Perspective, in de la Feria/Vogenauer (Hrsg.), Prohibition of Abuse of Law, 2011, 407; *van Thiel*, Justifications in Community Law for Income Tax Restrictions on Free Movement – Part 1, ET 2008, 279; *Thiel*, Part 2, ET 2008, 339; *Verdoner*, The Coherence Principle under EC Tax Law, ET 2009, 274; *Wattel*, Fiscal Cohesion, Fiscal Territoriality and Preservation of the (Balanced) Allocation of Taxing Power: What is the Difference?, in Weber (Hrsg.), Influence of European Law on Direct Taxation, Alphen aan den Rijn 2007, 139; *Weber*, Abuse of Law in European Tax Law – Part 1, ET 2013, 251; *Weber*, Part 2, ET 2013, 313; *Weber-Grellet*, Neu-Justierung der EuGH-Rechtsprechung, DStR 2009, 1129; *Wernsmann*, Steuerliche Diskriminierungen und ihre Rechtfertigung durch die Kohärenz des nationalen Rechts, EuR 1999, 754.

I. Prüfungsschema

7.199 Der EuGH prüft eine mögliche Rechtfertigung grundfreiheitsbeschränkender steuerlicher Regelungen regelmäßig nach folgendem Schema:

1. **Legitimer Rechtfertigungsgrund:** Die grundfreiheitsbeschränkende steuerliche Regelung muss eine legitime Zwecksetzung aufweisen. Es kann sich um einen geschriebenen Rechtfertigungsgrund (s. Rz. 7.200 f.) oder um einen vom EuGH anerkannten ungeschriebenen Grund aus zwingenden Gemeinwohlinteressen (s. Rz. 7.202 ff.) handeln. Auf ungeschriebene Rechtfertigungsgründe darf

grds. nur bei steuerlichen Maßnahmen rekurriert werden, die nicht unmittelbar nach der Staatsangehörigkeit differenzieren (s. Rz. 7.204).

2. **Verhältnismäßigkeit** (s. Rz. 7.205 f.): Die beschränkende Steuernorm muss zur Erreichung bzw. Förderung des potentiellen Rechtfertigungsgrundes geeignet sein. Sie darf außerdem nicht über das hierfür erforderliche Maß hinausgehen. Eine Prüfung der Verhältnismäßigkeit im engeren Sinne bzw. des angemessenen Interessenausgleichs findet hingegen regelmäßig nicht statt.

3. **Folgerichtige Ausgestaltung** (s. Rz. 7.207): Das nationale Steuerrecht muss den legitimierenden Regelungszweck der beschränkenden Norm in kohärenter und systematischer Weise zu erreichen bestrebt sein. Eine Verwirklichung lediglich zu Lasten (bestimmter) grenzüberschreitender Vorgänge lässt die rechtfertigende Wirkung entfallen.

II. Geschriebene und ungeschriebene Rechtfertigungsgründe

Der AEUV erlaubt Beschränkungen von Grundfreiheiten ausdrücklich um der Verfolgung bestimmter im Vertrag aufgeführter Ziele willen. Bei der Arbeitnehmerfreizügigkeit, der Niederlassungsfreiheit sowie bei der Dienstleistungsfreiheit sind Gründe der öffentlichen Ordnung, Sicherheit und Gesundheit (Art. 45 Abs. 3, Art. 52 Abs. 1, Art. 62 AEUV) als **geschriebene Rechtfertigungsgründe** vorgesehen. Der Anwendungsbereich dieser Rechtfertigungsmöglichkeiten ist allerdings jeweils auf bestimmte, steuerrechtlich regelmäßig irrelevante Formen der Beschränkung oder Diskriminierung begrenzt.[1] Der EuGH legt zudem jeden der vorerwähnten Gründe eng aus.[2] Schließlich stehen sie auch unter einem ungeschriebenen Verhältnismäßigkeitsvorbehalt.[3] Aufgrund ihres Gegenstandes sowie ihrer begrenzten Reichweite haben diese geschriebenen Rechtfertigungsgründe für das Steuerrecht kaum Relevanz;[4] von Bedeutung können sie allenfalls in besonderen Konstellationen im Bereich der steuerlichen Verhaltenslenkung sein.

7.200

Anders verhält es sich bei steuerlichen Beschränkungen der Kapitalverkehrsfreiheit, weil Art. 65 AEUV einige steuerspezifische Rechtfertigungsgründe benennt. In Art. 65 Abs. 1 AEUV wird den Mitgliedstaaten das Recht eingeräumt, die einschlägigen Bestimmungen ihres Steuerrechts anzuwenden, die Steuerpflichtige mit unterschiedlichem Wohnort oder Kapitalanlageort unterschiedlich behandeln. Ferner sind die Mitgliedstaaten nach Art. 65 Abs. 2 AEUV u.a. dazu berechtigt, Maßnahmen zu treffen, die unerlässlich sind, um Zuwiderhandlungen gegen innerstaatliche Rechts- und Verwaltungsvorschriften auf dem Gebiet des Steuerrechts – also insb. Steuerhinterziehung[5] – zu verhindern. Daneben enthält die

7.201

---

1 Nach zutreffender h.M. bezieht sich im Rahmen der Arbeitnehmerfreizügigkeit der Schrankenvorbehalt des Art. 45 Abs. 3 AEUV nur auf die in diesem Absatz genannten Freizügigkeitsrechte, nicht auf die – im Steuerrecht regelmäßig allein einschlägigen – Beschränkungs- und Diskriminierungsverbote des Art. 45 Abs. 1 und 2 AEUV, vgl. *Franzen* in Streinz[3], EUV/AEUV, Art. 45 AEUV Rz. 125; *Brechmann* in Calliess/Ruffert[4], EUV/AEUV, Art. 45 AEUV Rz. 95; *Schneider*, Die öffentliche Ordnung als Schranke der Grundfreiheiten im EG-Vertrag, S. 31 f. Bei der Niederlassungs- und Dienstleistungsfreiheit wiederum sind Rechtfertigungsmöglichkeiten nach Art. 52 AEUV nur für direkte Verstöße gegen das Gebot der Inländergleichbehandlung (unmittelbare Diskriminierung von Ausländern) vorgesehen; allerdings wird teilweise im Wege eines Erst-recht-Schlusses vertreten, dass sie auch auf Beschränkungen anwendbar sind, vgl. *Müller-Graf* in Streinz[3], EUV/AEUV, Art. 52 AEUV Rz. 4.
2 S. EuGH v. 4.12.1974 – 41/74 – von Duyn, Slg. 1974, 1338 Rz. 18; v. 28.10.1975 – 36/75 – Rutili, Slg. 1975, 1220 Rz. 26 ff.; v. 3.6.1986 – 139/85 – Kempf, Slg. 1975, 1746 Rz. 13.
3 S. bspw. EuGH v. 7.7.1976 – 118/75 – Watson und Belman, Slg. 1976, 1185 Rz. 21.
4 Wie hier *Hahn*, DStZ 2005, 507; *van Thiel*, Tax Law Review 2008, 143 (169); i.E. auch *Hinnekens*, in Vanistendael (Hrsg.), EU Freedoms and Taxation, S. 73 (78). Tendenziell **a.A.** *Stewen*, EuR 2008, 445 (453 f.) – betreffend eine Rechtfertigung aus Gründen der öffentlichen Ordnung. S. zu einem Ausnahmefall EuGH v. 22.10.2014 – C-344/13 u.a. – Blanco und Fabretti, ECLI:EU:C:2014:2311 – Glücksspielbesteuerung.
5 S. dazu auch *Rehfeld*, Die Vereinbarkeit des Außensteuergesetzes mit den Grundfreiheiten des EG-Vertrags, S. 401.

Vorschrift auch wieder einen Vorbehalt zugunsten der öffentlichen Ordnung und Sicherheit. Allerdings haben die **steuerspezifischen Rechtfertigungsgründe des Art. 65 AEUV**, die in den neunziger Jahren durch den Vertrag von Maastricht Eingang in das Primärrecht gefunden haben, nach der ständigen Rechtsprechung des EuGH – wohl entgegen der Intention der Mitgliedstaaten – einen **rein deklaratorischen Charakter**.[1] Dabei stützt sich der Gerichtshof maßgeblich auf die Bestimmung des Art. 65 Abs. 3 AEUV, wonach die insoweit ergriffenen Maßnahmen weder ein Mittel zur willkürlichen Diskriminierung noch eine verschleierte Beschränkung des freien Kapitalverkehrs darstellen dürfen. Angesichts dieser Einschränkung will der EuGH Art. 65 Abs. 1 AEUV dahingehend verstanden wissen, dass diese Vorschrift lediglich die allgemeinen Voraussetzungen für die Annahme einer diskriminierenden Beschränkung, namentlich das Erfordernis der Vergleichbarkeit von innerstaatlichem und grenzüberschreitendem Vorgang benennt. Zudem weise Art. 65 Abs. 1 AEUV ebenso wie Art. 65 Abs. 2 AEUV auf die schon zuvor etablierte Rechtsprechung zu den ungeschriebenen Rechtfertigungsmöglichkeiten aus zwingenden Gründen des Allgemeinwohls (s. Rz. 7.202) hin.[2] Letztlich hat der EuGH nie eine pauschale Berufung auf Art. 65 AEUV akzeptiert, sondern stets nach einem besonderen rechtfertigenden Grund für einen Verstoß gegen die Kapitalverkehrsfreiheit gefragt und gegebenenfalls die Verhältnismäßigkeit der entsprechenden Steuernorm überprüft.

Hinweis: Durch den Vertrag von Lissabon ist Art. 65 Abs. 4 AEUV als besonderer Rechtfertigungsgrund für steuerliche Beschränkungen der Kapitalverkehrsfreiheit im Verkehr mit Drittstaaten hinzugekommen. Die Vorschrift bestätigt zunächst implizit, dass Art. 63 AEUV insoweit keine Bereichsausnahme vorsieht und dass sich der weltweite territoriale Anwendungsbereich der Kapitalverkehrsfreiheit auch auf steuerliche Maßnahmen bezieht (s. Rz. 7.106 ff.). Im Übrigen hat sie noch keine praktische Bedeutung erlangt. Sie zielt erkennbar darauf ab, den Mitgliedstaaten zu ermöglichen, steuerliche Beschränkungen im Drittstaatenkontext einer Kontrolle durch den EuGH zu entziehen. An seiner Stelle sollen Kommission bzw. Rat feststellen und ggf. verbindlich (vgl. Art. 288 Abs. 4 AEUV) beschließen können, dass steuerliche Regelungen „durch eines der Ziele der Union gerechtfertigt und mit dem ordnungsgemäßen Funktionieren des Binnenmarktes vereinbar sind". Zwar dürfte der EuGH darauf beharren, das tatsächliche Vorliegen dieser Beschlussvoraussetzungen im Falle seiner Anrufung zu überprüfen und auch einen Verhältnismäßigkeitsvorbehalt aussprechen. Möglicherweise wird er aber in diesen Fällen wie auch sonst häufig bei der Überprüfung von Entscheidungen der Unionsorgane – verfehlt – seine Kontrolldichte auf eine bloße Willkürprüfung zurücknehmen.[3] Zudem scheidet dann eine Überprüfung der mitgliedstaatlichen Maßnahme im Wege eines Vertragsverletzungsverfahrens aus.[4]

7.202 In jahrzehntelanger ständiger Rechtsprechung hat der EuGH auch **ungeschriebene Rechtfertigungsgründe** anerkannt. Danach können Grundfreiheitsbeschränkungen generell und folglich auch auf dem Gebiet des Steuerrechts durch **zwingende Gründe des Allgemeininteresses** gerechtfertigt werden.[5] Es handelt sich hierbei um einen Akt der Rechtsfortbildung durch den EuGH im Zuge seiner kontinuierli-

---

1 S. dazu auch *Schönfeld*, StuW 2005, 158 (163); *Smit/Kiekebeld*, EC Free Movement of Capital, Income Taxation and Third Countries: Four Selected Issues, 2008, S. 100; *Cordewener/Kofler/van Thiel*, CMLRev. 2009, 1951 (1968 f.) m.w.N.; *Wyatt/Dashwood*, European Union Law, 2011, S. 596.
2 Siehe bspw. EuGH v. 6.6.2000 – C-35/98 – Verkooijen, Slg. 2000, I-4113 Rz. 44 ff.; m. Anm. *Dautzenberg*, FR 2000, 720; v. 7.9.2004 – C-319/02 – Manninen, Slg. 2004, I-7477 Rz. 29; v. 8.9.2005 – C-512/03 – Blankaert, Slg. 2005, I-7705 Rz. 42; v. 17.1.2008 – C-256/06 – Jäger, Slg. 2008, I-123 Rz. 39 ff.; v. 11.9.2008 – C-11/07 – Eckelkamp, Slg. 2008, I-6845 Rz. 59; v. 19.11.2009 – C-540/07 – Kommission/Italien, Slg. 2008, I-10983 Rz. 49.
3 S. aber auch EuGH v. 5.6.2014 – C-24/12 und C-27/12 – X BV und TBG Limited, ECLI:EU:C:2014:1385 Rz. 51 ff., zur Gestattung von Maßnahmen gegen Steuerflucht durch den Rat im Wege des Überseeische Hoheitsgebiete betreffenden Durchführungsbeschlusses nach Art. 203 AEUV: Kontrolle der Verhältnismäßigkeit wird eingefordert, aber weitestgehend an das vorlegende Gericht delegiert.
4 Vgl. EuGH v. 5.10.2004 – C-475/01 – Kommission/Griechenland, Slg. 2004, I-8923.
5 S. bspw. EuGH v. 25.10.2012 – C-387/11 – Kommission/Belgien, ECLI:EU:C:2012:670 Rz. 45; v. 28.2.2013 – C-168/11 – Beker, ECLI:EU:C:2013:117 Rz. 56; m. Anm. *Pohl*, ISR 2013, 134; m. Anm. *Haritz/Werneburg*, GmbHR 2013, 442; v. 28.2.2013 – C-544/11 – Petersen, ECLI:EU:C:2013:124 Rz. 35; m. Anm. *Pohl*, ISR 2013, 136; v. 7.11.2013 – C-322/11 – K, ECLI:EU:C:2013:716 Rz. 36; m. Anm. *Müller*, ISR 2013, 425.

chen Weiterentwicklung des Gemeinschaftsrechts *praeter legem*; man spricht deshalb auch von der sog. „**rule of reason**". Sie ist ursprünglich in der Entscheidung Cassis de Dijon[1] zur Kompensation der erweiternden Auslegung der Warenverkehrsfreiheit des Art. 34 AEUV vom bloßen Diskriminierungsverbot hin zum Beschränkungsverbot im Sinne der sog. „Dassonville"[2] -Formel geschaffen worden.[3] Seit dem Urteil *Gebhard* wendet der EuGH einheitliche Kriterien für die Prüfung von darauf gestützten ungeschriebenen Rechtfertigungsgründen im Rahmen aller Grundfreiheiten an.[4] In den neunziger Jahren des vergangenen Jahrhunderts setzte sodann eine intensive Befassung mit steuerspezifischen Rechtfertigungsgründen ein, die seither vom EuGH kontinuierlich, wenn auch nicht immer konsistent, konkretisiert und weiterentwickelt worden sind.[5] Seit der Grundsatzentscheidung Marks & Spencer[6] ist der EuGH zudem deutlich eher geneigt, beschränkende steuerliche Maßnahmen der Mitgliedstaaten auch im Ergebnis als gerechtfertigt und verhältnismäßig anzusehen. Allerdings berücksichtigt der EuGH mögliche Rechtfertigungsgründe regelmäßig nicht von Amts wegen, sondern nur auf Vortrag von Verfahrensbeteiligten hin oder soweit sie im Falle eines Vorlageverfahrens i.S.d. Art. 267 AEUV vom vorlegenden Gericht angesprochen wurden.[7] Darüber hinaus muss der betroffene Mitgliedstaat „eine Untersuchung zur Geeignetheit und Verhältnismäßigkeit der von ihm erlassenen Maßnahme vorlegen sowie genaue Angaben zur Stützung seines Vorbringens machen"[8], trägt also auch insoweit die **Darlegungslast**.

Mit der „rule of reason" verfolgt der EuGH auf dem Gebiet der Besteuerung das Anliegen eines schonenden Ausgleichs zwischen den grundfreiheitlichen Anforderungen an Marktzugang und Wettbewerbsgleichheit im europäischen Binnenmarkt auf der einen Seite und der souveränen Ausübung der bei den Mitgliedstaaten verbliebenen Kompetenzen (insbes. auf den Gebieten der Steuer-, Wirtschafts- und Sozialpolitik) auf der anderen Seite. Die **Grundfreiheiten werden somit als zu optimierende, binnenmarktfinale Rechtsprinzipien entfaltet**,[9] die der verhältnismäßigen (s. Rz. 7.205 f.) Relativierung durch in der mitgliedstaatlichen Rechtsordnung verankerte Prinzipien oder Ziele zugänglich sind. Letztere dürfen zwar nicht schon abstrakt, d.h. für sich genommen im Widerspruch zu primärem oder sekundärem Unionsrecht stehen, wie das bspw. bei der Verfolgung einer protektionistischen Wirtschaftspolitik der Fall wäre. Sie müssen aber richtigerweise auch keine positive Bestätigung in den europäi-

7.203

---

1 S. EuGH v. 20.2.1979 – 120/78 – Cassis de Dijon, Slg. 1979, 650 Rz. 8.
2 S. EuGH v. 11.7.1974 – 8/74 – Dassonville, Slg. 1974, 838 Rz. 5.
3 S. hierzu sowie zur nachfolgend skizzierten Entwicklung eingehend *Hinnekens* in Vanistendael (Hrsg.), EU Freedoms and Taxation, S. 73 (79 ff.).
4 S. EuGH v. 30.11.1995 – C-55/94 – Gebhard, Slg. 1995, I-4186 Rz. 37; siehe bspw. auch EuGH v. 14.3.2019 – C-174/18 – Jacob und Lennertz, ECLI:EU:C:2019:205 Rz. 23. Siehe allerdings zu Besonderheiten im Verhältnis zu Drittstaaten, die nur im Rahmen der Kapitalverkehrsfreiheit relevant werden, EuGH v. 26.2.2019 – C-135/17 – X GmbH, ECLI:EU:C:2019:136 Rz. 83 ff. m.w.N.
5 S. dazu eingehend *Cordewener/Kofler/van Thiel*, CMLR 2009, 1951.
6 EuGH v. 13.12.2005 – C-446/03 – Marks & Spencer, Slg. 2005, I-10866; s. zum Grundsatzcharakter *Brauner/Dourado/Traversa*, Intertax 2015, 306 (309).
7 Vgl. EuGH v. 23.4.2009 – C-406/07 – Kommission/Griechenland, Slg. 2009, I-62 Rz. 29; v. 20.5.2010 – C-56/09 – Zanotti, Slg. 2010, I-4517 Rz. 44; v. 3.6.2010 – C-487/08 – Kommission/Spanien, Slg. 2010, I-4843 Rz. 68; v. 31.5.2011 – C-450/09 – Schröder, Slg. 2011, I-2497 Rz. 48; m. Anm. *Fischer*, FR 2011, 532; v. 13.10.2011 – C-9/11 – Waypoint Aviation, Slg. 2011, I-9697 Rz. 28; v. 11.12.2014 – C-678/11 – Kommission/Spanien, ECLI:EU:C:2014:2434 Rz. 43; st. Rspr. Abweichend allerdings EuGH v. 15.4.2010 – C-96/08 – CIBA, Slg. 2010, I-2911 Rz. 46 ff.; v. 1.4.2014 – C-80/12 – Felixstowe Dock and Railway Company u.a., ECLI:EU:C:2014:200 Rz. 27 ff.; m. Anm. *Müller*, ISR 2014, 170. Für eine generelle Prüfung von Amts wegen *Loewens*, Der Einfluss des Europarechts auf das deutsche Einkommen- und Körperschaftsteuerrecht, 2007, S. 355 f.
8 S. bspw. EuGH v. 11.12.2014 – C-678/11 – Kommission/Spanien, ECLI:EU:C:2014:2434 Rz. 43; v. 26.5.2016 – C-244/15 – Kommission/Griechenland, ECLI:EU:C:2016:359 Rz. 42.
9 Zum Verständnis von Rechtsprinzipien als Optimierungsgeboten s. *Alexy*, Rechtstheorie 1979, Beiheft Nr. 1, S. 59; speziell zu den Grundfreiheiten des AEUV s. *Douma*, Optimization of Tax Sovereignty and Free Movement, 2012, S. 39 ff. und 107 ff.; *Cavalcante Koury*, ET 2018, 505 (510).

schen Verträgen gefunden haben.¹ Es genügt, dass ihnen nach den Maßstäben des jeweils nationalen Rechts ein rechtsethisches Gewicht zukommt, das auch im Lichte der Werteordnung des Unionsrechts als schutzwürdig erscheint.² Denn in Rede steht nicht ein Ausgleich des Binnenmarktziels mit kollidierendem „Verfassungsrecht" auf unionaler Ebene, sondern ein Ausgleich im europäischen Mehrebenensystem, der in der Kompetenzverteilung zwischen der Union und ihren Mitgliedstaaten angelegt ist.³

Generell ist allerdings festzustellen, dass der EuGH nicht oder kaum zu begründen pflegt, warum bestimmte von den Mitgliedstaaten vorgebrachte Rechtfertigungsgründe eine Abweichung vom grundsätzlichen Beschränkungsverbot zu legitimieren vermögen oder aber als Rechtfertigungsgründe zurückgewiesen werden. Seitens des EuGH wird also das rechtsethische Fundament der jeweiligen Zielsetzung meist nicht hinreichend herausgearbeitet. Stattdessen werden die Rechtfertigungsgründe, einmal anerkannt, fallgruppenspezifisch fortentwickelt. Das entspricht zwar dem allgemeinen, kasuistischen „case law"-Ansatz des EuGH, ist aber der Herausbildung einer kohärenten Rechtfertigungslehre abträglich und provoziert Brüche und Ungereimtheiten.⁴ Es gelingt dem EuGH infolgedessen vielfach nicht, ein in sich stimmiges, rechtssicher abgrenzbares Konzept einzelner Rechtfertigungsgründe zu entwickeln, ihr Verhältnis zueinander zu klären und seine Verhältnismäßigkeitsprüfung konsequent an den maßgeblichen Grundwertungen auszurichten.

7.204 Eine **Besonderheit** besteht bei den ungeschriebenen Rechtfertigungsgründen hinsichtlich ihres sachlichen Anwendungsbereichs. Nach ständiger Rechtsprechung des EuGH kann eine **unmittelbar an die Staatsangehörigkeit anknüpfende Diskriminierung** nur anhand der ausdrücklich in die Verträge aufgenommenen Allgemeinwohlgründe gerechtfertigt werden.⁵ Diese Einschränkung ist dem historischen Kontext der Entwicklung der „rule of reason" geschuldet, die erst als Reaktion auf die Ausdehnung des Gewährleistungsgehaltes der Grundfreiheiten auf Beschränkungsverbote jenseits der bloßen Inländergleichbehandlung Eingang in die Grundfreiheitsdogmatik fand (s. Rz. 7.35 f., 7.202). Dem restriktiven Ansatz des Gerichtshofs kann insoweit auch grundsätzlich gefolgt werden.⁶ Denn bei der Staatsangehörigkeit handelt es sich um ein höchstpersönliches, für den Einzelnen nicht ohne weiteres verfügbares Merkmal. Außerdem gehen die europäischen Verträge eindeutig davon aus, dass eine daran anknüpfende Ungleichbehandlung in besonderem Maße dem europäischen Ideal zuwiderläuft (vgl. Art. 18 AEUV) und nur ausnahmsweise rechtfertigungsfähig sein soll.

Dessen ungeachtet hat diese Begrenzung der Berufung auf ungeschriebene Rechtfertigungsgründe bei der grundfreiheitlichen Prüfung mitgliedstaatlichen Steuerrechts im Ergebnis kaum Relevanz, nicht zuletzt infolge der terminologischen Unschärfen des EuGH auf der vorgelagerten Ebene der Prüfung eines Grundfreiheitsverstoßes:⁷ Denn für gewöhnlich bezeichnet der EuGH jede Form einer vom Herkunftsland bzw. Wohnsitzstaat ausgehenden steuerlichen Schlechterstellung wirtschaftlicher Aktivitäten im Ausland oder ihre Verlagerung dorthin als „Beschränkung", obwohl die Struktur seiner Analyse regelmäßig alle Elemente einer gleichheitsrechtlich angeleiteten (Diskriminierungs-) Prüfung aufweist (s. Rz. 7.36). Aufgrund der Qualifizierung als „Beschränkung" ohne explizite Nennung des dis-

---

1 So auch *Rehfeld*, Die Vereinbarkeit des Außensteuergesetzes mit den Grundfreiheiten des EG-Vertrags, S. 313.
2 S. auch EuGH v. 4.12.2008 – C-330/07 – Jobra, Slg. 2008, I-9099 Rz. 27.
3 S. *Epiney* in FS Müller-Graff, 2015, S. 467 (468 f.).
4 Wie hier kritisch *Kube/Reimer/Spengel*, EC Tax Review 2016, 247 (254 f.). Befürwortend hingegen *Monteiro/Kiers*, EC Tax Review 2013, 92 (99).
5 S. bspw. EuGH v. 30.11.1995 – C-55/94 – Gebhard, Slg. 1995, I-4186 Rz. 37; v. 9.9.2010 – C-64/08 – Engelmann, Slg. 2010, I-8219 Rz. 34; v. 22.10.2014 – C-344/13 und C-367/13 – Blanco und Fabretti, ECLI:EU:C:2014:2311 Rz. 37 f.; s. auch zur Differenzierung nach dem Ursprung einer Dienstleistung EuGH v. 26.4.1988 – 352/85 – Bond van Adverterders, Slg. 1988, 2085; v. 25.7.1991 – C-288/89 – Stichting Collectieve, Slg. 1991, 4007 Rz. 11. S. dazu ferner *Weber*, EC Tax Review 2003, 220 (223 f.).
6 Kritisch hingegen EuGH, Schlussanträge des Generalanwalts *Jacobs* v. 21.3.2002 – C-136/00 – Danner, ECLI:EU:C:2002:198 Rz. 40.
7 S. dazu auch *Cordewener/Kofler/van Thiel*, CMLR 2009, S. 1951 ff. m.w.N.; *Kellersmann/Treisch*, Europäische Unternehmensbesteuerung, 2002, S. 161 ff. m.w.N.

kriminierenden Charakters der Maßnahme sieht sich der EuGH in der Lage, die Berufung auf die „rule of reason" im Rahmen der Rechtfertigungsprüfung ohne weiteres zuzulassen. Das ist im Ergebnis auch sachgerecht, denn zur Überprüfung steht hier nicht eine Diskriminierung nach der Staatsangehörigkeit, sondern wegen der grenzüberschreitenden Dimension des Wirtschaftsvorgangs.[1] Was wiederum steuerliche Nachteile für nichtansässige bzw. beschränkt steuerpflichtige natürliche Personen im Quellenstaat ihrer Einkünfte anbelangt, so hat der EuGH zugestanden, dass bei einer derartigen bloß „*indirekten* Diskriminierung nach der Staatsangehörigkeit" ebenfalls noch ungeschriebene Rechtfertigungsgründe geltend gemacht werden können.[2] Problematisch ist damit regelmäßig nur die steuerliche Schlechterstellung von beschränkt steuerpflichtigen juristischen Personen und insbesondere Kapitalgesellschaften durch den Quellenstaat. Denn nach – fragwürdiger[3] – Ansicht des EuGH tritt bei ihnen der statuarische Sitz i.S.d. Art. 54 AEUV an die Stelle der Staatsangehörigkeit natürlicher Personen. Soweit die Einordnung als beschränkt oder unbeschränkt steuerpflichtige Person und die damit verbundene Ungleichbehandlung gerade auch an diesen statuarischen Sitz anknüpfen, ist hier vom EuGH zum Teil eine direkte bzw. offene Diskriminierung angenommen worden. Diese soll dann regelmäßig nur anhand der geschriebenen Rechtfertigungsgründe – und damit typischerweise überhaupt nicht – gerechtfertigt werden können.[4] Selbst diese Linie wird vom EuGH aber nicht konsequent durchgehalten.[5] Unbeachtlich ist sie außerdem jedenfalls im Anwendungsbereich der Kapitalverkehrsfreiheit hinsichtlich der geschriebenen steuerspezifischen Rechtfertigungsgründe nach Art. 65 Abs. 1 Buchst. b AEUV (s. Rz. 7.101 ff. und 7.201), weil es insoweit keines Rückgriffs auf die „rule of reason" bedarf.[6]

III. Verhältnismäßigkeit und Folgerichtigkeit der Rechtfertigung

Jede Rechtfertigung von Grundfreiheitsbeschränkungen muss dem **Grundsatz der Verhältnismäßigkeit** gerecht werden.[7] Die grundfreiheitsbeschränkende steuerliche Regelung muss zur Verwirklichung des Rechtfertigungsgrundes **sowohl geeignet als auch erforderlich** sein.[8] Das Kriterium der Eignung wird vom EuGH großzügig gehandhabt. Der Gerichtshof lässt hier regelmäßig einen gewissen Förderzusammenhang genügen[9] und verwirft – ausnahmsweise – nur solche Rechtfertigungsansätze, zu deren

7.205

---

1 S. allerdings jüngst auch für diesen Fall einschränkend EuGH v. 22.10.2014 – C-344/13 und C-367/13 – Blanco und Fabretti, ECLI:EU:C:2014:2311 Rz. 37 ff.
2 S. dazu grundlegend EuGH v. 25.1.2011 – C-382/08 – Neukirchinger, Slg. 2011, I-139 Rz. 32 ff. Eine steuerliche Schlechterstellung von beschränkt Steuerpflichtigen, die an die Merkmale der §§ 8–10 AO anknüpft, kann daher gerechtfertigt werden, s. bspw. EuGH v. 18.1.1992 – C-204/90 – Bachmann/Belgien, Slg. 1992, I-276 Rz. 9 und 14 ff.; v. 27.6.1996 – C-107/94 – Asscher, Slg. 1996, I-3113 Rz. 54 und 60 ff.; m. Anm. *Waterkamp-Faupel*, FR 1996, 666; sowie eingehend *Cordewener/Kofler/van Thiel*, CMLR 2009, 1951 m.w.N.
3 Eingehende Kritik bei *Englisch* in Europäisches Steuerrecht, DStJG 41 (2018), S. 273 (304 f.).
4 Vgl. EuGH v. 29.4.1999 – C-311/97 – Royal Bank of Scotland, Slg. 1999, I-2664 Rz. 32; m. Anm. *Dautzenberg*, FR 1999, 822; v. 19.11.2009 – C-540/07 – Kommission/Italien, Slg. 2008, I-1098 Rz. 49. Kritisch *Farmer/Lyal*, EC Tax Law, 1994, 331; *Loewens*, Der Einfluss des Europarechts auf das deutsche Einkommen- und Körperschaftsteuerrecht, 2007, S. 353 ff. m.w.N.
5 S. bspw. EuGH v. 5.6.2008 – C-164/07 – Wood, Slg. 2008, I-4143 Rz. 13; v. 8.11.2007 – C-379/05 – Amurta, Slg. 2007, I-9594 Rz. 42 ff.; m. Anm. *Kleinert*, GmbHR 2007, 1334. S. auch *Cordewener/Kofler/van Thiel*, CMLRev. 2009, 1951 (1952).
6 So auch, Schlussanträge der Generalanwältin Kokott v. 12.2.2004 – C-242/03 – Weidert und Paulus, Slg. 2004, I-7379 Rz. 28.
7 Grundl. EuGH v. 30.11.1995 – C-55/94 – Gebhard, Slg. 1995, I-4186 Rz. 37; st. Rspr.
8 S. bspw. EuGH v. 15.5.2008 – C-414/06 – Lidl Belgium, Slg. 2008, I-3601 Rz. 27; m. Anm. *Rehm/Nagler*, GmbHR 2008, 709; v. 27.11.2008 – C-418/07 – Papillon, Slg. 2008, I-8947 Rz. 51 f.; v. 18.6.2009 – C-303/07 – Aberdeen Property Fininvest Alpha, Slg. 2009, I-5145 Rz. 57; v. 6.10.2015 – C-66/14 – IFN, ECLI:EU:C:2015:661 Rz. 39; v. 7.9.2017 – C-6/16 – Eqiom, ECLI:EU:C:2017:641 Rz. 57.
9 S. bspw. *Kingreen* in Calliess/Ruffert[5], EUV/AEUV, Art. 36 AEUV Rz. 82.

Verwirklichung die in Rede stehende Maßnahme offensichtlich keinen Beitrag liefern kann.[1] Ausgeschieden werden in diesem Stadium der Prüfung also im Wesentlichen nur vorgeschobene, in Wahrheit vom betreffenden Mitgliedstaat mit der steuerlichen Maßnahme gar nicht verfolgte Zielsetzungen. Bei der Prüfung der Erforderlichkeit hingegen legt der EuGH strengere Maßstäbe an.[2] Zum einen werden denkbare, grundfreiheitsschonendere Alternativen zum Teil sehr eingehend geprüft und es wird den Mitgliedstaaten häufig nur ein sehr begrenztes Wertungsermessen zugestanden.[3] Zum anderen blendet der EuGH nicht selten etwaige anderweitige Nachteile von Alternativmaßnahmen aus seiner Prüfung aus. Durch diese eindimensionale Ausrichtung allein auf den geltend gemachten Rechtfertigungsgrund fällt die Verhältnismäßigkeitsprüfung seitens des EuGH gelegentlich unterkomplex aus. Der Gerichtshof lässt infolgedessen unberücksichtigt, dass der Mitgliedstaat bei der vermeintlich gleichermaßen geeigneten Alternativmaßnahme womöglich anderweitige legitime Anliegen unangemessen vernachlässigen muss. Das betrifft insbesondere den Aspekt der Effizienz und Praktikabilität der Steuererhebung. Von den Mitgliedstaaten angeführte „behördliche Schwierigkeiten" bzw. „verwaltungstechnische Nachteile" werden vom EuGH vielfach für schlicht unbeachtlich erklärt (s. Rz. 7.290).[4] Im Einzelnen hat der Gerichtshof seine Anforderungen an die Verhältnismäßigkeit **fallgruppenspezifisch konkretisiert** und häufig zu bestimmten Prüfungsformeln weiterentwickelt, auf die bei der Erörterung der einzelnen Rechtfertigungsgründe (s. Rz. 7.208 ff.) näher eingegangen wird.

7.206 Die Strenge der Erforderlichkeitsprüfung durch den EuGH mag auch damit zusammenhängen, dass der Gerichtshof **regelmäßig keine** oder allenfalls eine verklausulierte **Prüfung auf Angemessenheit** bzw. Verhältnismäßigkeit im engeren Sinne vornimmt.[5] Typischerweise findet also keine oder zumindest keine erkennbare Abwägung zwischen den Binnenmarktanforderungen des Art. 26 AEUV und dem souverän definierten Regelungsanliegen des betroffenen Mitgliedstaates statt.[6] Diese Abwägungsskepsis lässt sich womöglich mit der Befürchtung von Rationalitätsdefiziten einer richterlichen Kontrolle gesetzgeberischer Abwägung erklären. Es ist indes verfehlt, diese Zurückhaltung durch eine überstrenge aber zugleich unterkomplexe Erforderlichkeitsprüfung unter Vernachlässigung bestimmter mitgliedstaatlicher (Neben-)Zielsetzungen ausgleichen zu wollen. Auf diesem vom EuGH eingeschlagenen Weg wird nämlich tatsächlich nur ein deutlich geringeres Maß an rationaler Prüfung eines schonenden Ausgleichs von unionsrechtlichen und mitgliedstaatlichen Interessen erreicht.[7]

---

[1] S. bspw. EuGH v. 20.1.2011 – C-155/09 – Kommission/Griechenland, Slg. 2011, I-65 Rz. 54 f.; s. allerdings auch – ungewöhnlich streng – EuGH v. 10.2.2011 – C-25/10 – Missionswerk Werner Heukelbach, Slg. 2011, I-497 Rz. 35 f. S. auch *Cordewener*, Europäische Grundfreiheiten und nationales Steuerrecht, S. 86 f.
[2] So auch generell die Beobachtung von *Epiney* in FS Müller-Graff, 2015, S. 467 (473).
[3] S. bspw. EuGH v. 20.1.2011 – C-155/09 – Kommission/Griechenland, Slg. 2011, I-65 Rz. 57; v. 5.5.2011 – C-267/09 – Kommission/Portugal, Slg. 2011, I-3197 Rz. 47; v. 15.9.2008 – C-132/10 – Halley, Slg. 2011, I-8353 Rz. 36 ff.
[4] S. bspw. EuGH v. 4.3.2004 – C-334/02, Kommission/Frankreich, ECLI:EU:C:2004:129 Rz. 29; v. 14.9.2006 – C-386/04 – Stauffer, ECLI:EU:C:2006:568 Rz. 48; v. 27.11.2008 – C-418/07 – Société Papillon, ECLI:EU:C:2008:659 Rz. 54; v. 27.1.2009 – C-318/07 – Persche, ECLI:EU:C:2009:33 Rz. 55; v. 12.7.2012 – C-269/09 – Kommission/Spanien, ECLI:EU:C:2012:439 Rz. 72; v. 26.5.2016 – C-300/15 – Kohll und Kohll-Schlesser, ECLI:EU:C:2016:361 Rz. 59; sowie generell EuGH v. 1.7.2010 – C-233/09 – Dijkman, ECLI:EU:C:2010:397 Rz. 60.
[5] Die Angemessenheit einer Grundfreiheitsbeschränkung spielte bspw. – implizit – eine Rolle in den Entscheidungen EuGH v. 13.12.2005 – C-446/03 – Marks & Spencer, Slg. 2005, I-10866 Rz. 55; v. 23.1.2014 – C-164/12 – DMC, ECLI:EU:C:2014:20 Rz. 62; m. Anm. *Musil*, FR 2014, 466; m. Anm. *Müller*, ISR 2014, 136; m. Anm. *Zwirner*, ISR 2014, 96; m. Anm. *Patzner/Nagler*, GmbHR 2014, 210. So auch *Boulogne/Sumrada Slavnic*, ET 2012, 486 (488); **a.A.** *M. Lang* in FS Spindler, 2011, S. 297 (323). Weitergehend EuGH, Schlussanträge der Generalanwältin *Kokott* v. 18.9.2008 – C-282/07 – Truck Center, Slg. 2008, I-10767 Rz. 45 ff.; v. 29.11.2011 – C-371/10 – National Grid Indus, Slg. 2011, I-12273 Rz. 69 ff.; m. Anm. *Musil*, FR 2012, 25.
[6] S. auch *Zalasiński*, Intertax 2007, 310 (312).
[7] Ausführliche Kritik bei *Englisch* in Europäisches Steuerrecht, DStJG 41 (2018), S. 273 (344 ff.).

cc) Bekämpfung von missbräuchlicher Steuerumgehung und Steuerflucht

Der EuGH hält es schon seit langem für prinzipiell zulässig, dass Mitgliedstaaten Maßnahmen gegen eine als **„rechtsmissbräuchlich" zu beurteilende „Steuerflucht"** ergreifen, d.h. gegen die gemessen an den jeweiligen wirtschaftlichen Verhältnissen unangemessene internationale Verlagerung von Steuersubstrat (insb. Gewinne und Einkünfte) in ausländische Steuerjurisdiktionen.[1] Terminologisch unterscheidet der EuGH zwar nicht stets hinreichend klar zwischen „Steuerflucht" einerseits und „Steuerhinterziehung" andererseits.[2] Dessen ungeachtet beurteilt der Gerichtshof im Ergebnis zutreffend Maßnahmen gegen unzureichende oder unzutreffende *Erklärungen* betreffend die Besteuerungsgrundlagen anhand des besonderen Rechtfertigungsgrundes der Notwendigkeit wirksamer steuerlicher Kontrollen (s. Rz. 7.289 ff.). Die nachfolgend erörterten Maßstäbe zur „missbräuchlichen Steuerflucht" hingegen beziehen sich stets auf *Gestaltungen*, die gemessen an den Wertungen der jeweiligen mitgliedstaatlichen Steuergesetze zu einer unangemessenen Aushöhlung der nationalen Besteuerungsbefugnisse führen.

7.248

In engem Zusammenhang mit der Anerkennung eines legitimen mitgliedstaatlichen Interesses an einer angemessenen Aufteilung der Besteuerungsbefugnisse ist dabei in jüngerer Zeit auch eine **Neuausrichtung der Rechtsprechung des EuGH** zum mitgliedstaatlichen Interesse an einer Bekämpfung von „missbräuchlicher Steuerflucht" zu beobachten. Diese Trendwende wird allerdings nicht in allen betroffenen Bereichen einheitlich, sondern fallgruppenspezifisch vollzogen.[3] Darüber hinaus hat es der EuGH bislang versäumt, konsequent nach der Legitimationsbasis für Maßnahmen gegen die Verlagerung von Steuersubstrat zu differenzieren (näher Rz. 7.259 f.).

7.249

(1) Ursprüngliche Begrenzung auf substanzlose Gestaltungen

Nach ständiger Rechtsprechung des EuGH sind Maßnahmen gegen „Steuerflucht" generell nur dann mit den Grundfreiheiten vereinbar, wenn sie sich speziell auf **„rein künstliche, jeder wirtschaftlichen Realität bare Konstruktionen"** beziehen.[4] Darunter verstand der EuGH zunächst in der Rechtssache Cadbury Schweppes grundsätzlich nur Gestaltungen, die keinerlei „echten" wirtschaftlichen Gehalt aufweisen, etwa weil sich die Präsenz im anderen Mitgliedstaat nicht in Geschäftsräumen und Personal manifestiert.[5]

7.250

---

1 S. zur Entwicklung der Rspr. *Cordewener/Kofler/van Thiel*, CMLRev. 2009, 1951 (1978 ff.).
2 Exemplarisch EuGH v. 11.10.2007 – C-451/05 – ELISA, Slg. 2007, I-8251 Rz. 91; vgl. demgegenüber aber etwa auch – mit klarer Differenzierung – EuGH v. 7.4.2011 – C-20/09 – Kommission/Portugal, Slg. 2011, I-9879 Rz. 60.
3 S. dazu auch *Baker*, Intertax 2010, 194 (195).
4 S. bspw. EuGH v. 16.7.1998 – C-264/96 – ICI, Slg. 1998, I-4695 Rz. 26; v. 21.11.2002 – C-436/00 – X und Y, Slg. 2002, I-10829 Rz. 61; m. Anm. *Schnitger*, FR 2003, 84; v. 12.12.2002 – C-324/00 – Lankhorst-Hohorst, Slg. 2002, I-11779 Rz. 37; v. 11.3.2004 – C-9/02 – De Lasteyrie du Saillant, Slg. 2004, I-2409 Rz. 50; m. Anm. *Meilicke*, GmbHR 2004, 504; v. 12.9.2006 – C-196/04 – Cadbury Schweppes, Slg. 2006, I-7995 Rz. 55; m. Anm. *Kleinert*, GmbHR 2006, 1049; m. Anm. *Lieber*, FR 2006, 987; v. 17.9.2009 – C-182/08 – Glaxo Wellcome, Slg. 2009, I-8591 Rz. 89; v. 10.2.2011 – C-436/08 und C-437/08 – Haribo und Österreichische Salinen, Slg. 2011, I-305 Rz. 165; v. 5.7.2012 – C-318/10 – SIAT, ECLI:EU:C:2012:415 Rz. 40; v. 7.11.2013 – C-322/11 – K, ECLI:EU:C:2013:716 Rz. 61; m. Anm. *Müller*, ISR 2013, 425; v. 1.4.2014 – C-80/12 – Felixstowe Dock and Railway Company u.a., ECLI:EU:C:2014:200 Rz. 33; v. 13.11.2014 – C-112/14 – Kommission/Großbritannien, ECLI:EU:C:2014:2369 Rz. 28; v. 24.11.2016 – C-464/14 – SECIL, ECLI:EU:C:2016:896 Rz. 146. S. dazu *Schön* in FS Tiley, 2008, S. 75; *Englisch*, StuW 2009, 3.
5 S. EuGH v. 12.9.2006 – C-196/04 – Cadbury Schweppes, Slg. 2006, I-7995 Rz. 54 u. 67 f.; m. Anm. *Kleinert*, GmbHR 2006, 1049; m. Anm. *Lieber*, FR 2006, 987; ebenso EuGH v. 23.4.2008 – C-201/05 – CFC and Dicided Group Litigation, Slg. 2008, I-2875, Rz. 79. Der EFTA-Gerichtshof hat sich dem angeschlossen, s. EFTA-Gerichtshof v. 9.7.2014 – E-3/13 und E-20/13 – Olsen, Rz. 166 ff.

Hinweis: Generalanwalt *Léger* hat zwar in seinen Schlussanträgen eine Reihe weitere, tendenziell etwas niederschwelligere Kriterien für mangelnde Substanz aufgezählt.[1] Es ist jedoch unklar, inwieweit ihm der EuGH in seinem Urteil diesbezüglich gefolgt ist. In der Literatur wird ganz überwiegend vertreten, der Gerichtshof lasse in Cadbury Schweppes schon geringfügige Aktivitäten genügen, um den Vorwurf einer missbräuchlichen substanzlosen Gestaltung als widerlegt anzusehen.[2] Insbesondere könne auch reinen Holding-Gesellschaften nicht ohne weiteres die wirtschaftliche Substanz abgesprochen werden.[3] Soweit das nationale Steuerregime höhere Anforderungen stellt, wäre es folglich unvereinbar mit der Rechtsprechung des EuGH. Da der Gerichtshof ausgehend von den Substanzerfordernissen für die Berufung auf die *Niederlassungsfreiheit* argumentierte (näher Rz. 7.252),[4] dürfte diese Sichtweise auch zutreffen.

Der Missbrauchsvorwurf musste ferner darauf gründen, dass die artifiziellen Gestaltungen **darauf abzielen, die Steuer zu umgehen**, die normalerweise auf die durch Tätigkeiten im Inland erzielten Gewinne zu zahlen ist.[5]

Von Bedeutung war diese restriktive Rechtsprechungslinie insbesondere auf dem Gebiet der **Hinzurechnungsbesteuerung** („CFC"-Gesetzgebung). Ähnlich strenge Anforderungen stellte der EuGH erst kürzlich auch noch an Klauseln zur Verhinderung von Gestaltungen, die auf die Erlangung von Abkommensvorteilen abzielen (sog. **„Treaty Shopping"** bzw. **„Directive-Shopping"**).[6]

7.251 Nach einem derart strengen Maßstab konnten freilich fast nur solche Gestaltungen für unbeachtlich erklärt werden, die genaugenommen mangels substantiellen wirtschaftlichen Gehalts **schon gar nicht in den Anwendungsbereich der** auf Entfaltung einer grenzüberschreitenden wirtschaftlichen Aktivität

---

1 S. EuGH, Schlussanträge des Generalanwalts *Léger* v. 2.5.2006 – C-196/04 – Cadbury Schweppes, Slg. 2006, I-7995 Rz. 112–114: Vorhandensein zweckadäquater Ressourcen (Räumlichkeiten, Personal, Ausrüstung), Eignung und Kompetenz des Personals, wirtschaftlicher Gehalt der erbrachten Leistungen. So auch FG Münster v. 20.11.2015 – 10 K 1410/12 F; vgl. demgegenüber aber die Revisionsentscheidung des BFH vom 13.6.2018 – I R 94/15, BFHE 262, 79, die sich auf die restriktivere Linie des EuGH zurückgezogen hat. Vgl. auch *Fischer*, FR 2005, 457 (462 f.), *Kahlenberg/Weiss*, IStR 2018, 878 (881); *Köhler*, ISR 2018, 453 (458).

2 Für eine branchenabhängige Betrachtung und dementsprechend u.U. nur sehr geringe Anforderungen an hinreichende Substanz plädieren bspw. *Almendral*, Intertax 2005, 562 (573); *Hey*, StuW 2008, 167 (180); *Schön*, Beihefter zu IStR 6/2013, 3 (10 f.). Noch restriktiver die Interpretation der EuGH-Entscheidung durch *Kokott/Henze*, BB 2007, 913 (916): nur „reine Briefkastenfirmen"; ähnlich *van Thiel*, Free movement of Persons and Income Tax Law, 2002, S. 628 f.; *Helminen*, ET 2007, 490 (496); auch die Kommission in ihrer Mitteilung v. 10.12.2007, Anwendung von Maßnahmen zur Missbrauchsbekämpfung im Bereich der direkten Steuern, KOM (2007) 785 endg., 4. Dezidiert **a.A.** *de Broe*, International Tax Planning and Prevention of Abuse, 2008, S. 855; *Orlet*, SWI 2018, 162 (170).

3 S. EuGH v. 20.12.2017 – C-504/16 und C-613/16 – Deister Holding und Juhler Holding, ECLI:EU:C:2017:1009 Rz. 73 f.; v. 14.6.2018 – C-440/17 – „GS", ECLI:EU:C:2018:437 Rz. 79 i.V.m. Rz. 53 f.; *Bungaard* u.a., ET 2018, 130 (138), m.w.N.

4 S. EuGH v. 12.9.2006 – C-196/04 – Cadbury Schweppes, Slg. 2006, I-7995 Rz. 52 ff.; m. Anm. *Kleinert*, GmbHR 2006, 1049; m. Anm. *Lieber*, FR 2006, 987; s. dazu auch *Kahlenberg/Schiefer*, IStR 2017, 889 (895).

5 S. EuGH v. 12.9.2006 – C-194/04 – Cadbury Schweppes, Slg. 2006, I-7995 Rz. 55; bestätigt durch EuGH v. 23.4.2008 – C-201/05 – CFC and Dicided Group Litigation, Slg. 2008, I-2875 Rz. 77; v. 18.6.2009 – C-303/07 – Aberdeen Property Fininvest Alpha, Slg. 2009, I-5145 Rz. 64.

6 S EuGH v. 7.9.2017 – C-6/16 – Eqiom und Enka, ECLI:EU:C:2017:641 Rz. 30 ff. i.V.m. Rz. 64; v. 20.12.2017 – C-504/16 und C-613/16 – Deister Holding und Juhler Holding, ECLI:EU:C:2017:1009 Rz. 65 i.V.m. Rz. 97; v. 14.6.2018 – C-440/17 – „GS", ECLI:EU:C:2018:437 Rz. 79 i.V.m. Rz. 51 ff.; s. auch Korneev, EWS 2017, 322 (325); Ernst/Farinato/Würstlin, IStR 2019, 6 (7 f.). S. zur – gemessen an den seinerzeitigen Anforderungen der EuGH-Rspr. unzureichenden – Reaktion des BMF betreffend § 50d Abs. 3 EStG das BMF-Schreiben v. 4.4.2018, BStBl. I 2018, 589 und dazu Sumalvico, DB 2018, 1761. S. ferner die differenzierte Analyse zur Grundfreiheitskompatibilität von sog. „LOB"-Klauseln bei Debelva/Scornos/Van den Berghen/Van Braband, EC Tax Review 2015, 132, m.w.N.; *Pedersen/Schultz*, ET 2017, 323 (325 ff.); kritisch auch *Schnitger*, IStR 2018, 169 (172).

gerichteten **Grundfreiheiten fallen**.¹ Das zeigt sich auch am Lavieren des EuGH in der Grundsatzentscheidung Cadbury Schweppes, wo dieselben Erwägungen zum Rechtsmissbrauch teils im Kontext der Anwendbarkeit der Niederlassungsfreiheit, teils als mögliche Rechtfertigung für deren Beschränkung diskutiert werden.² Als Rechtfertigungsgrund käme die Gefahr einer Steuerumgehung auf Basis dieses restriktiven Verständnisses im Wesentlichen nur in Betracht, wenn der Steuerpflichtige sog. „u-turn"-Gestaltungen praktiziert, vermittels deren die wirtschaftlichen Wirkungen des zunächst „realen" Gebrauchs von Freizügigkeitsrechten nach Vermeidung (oder Erschleichung) des umgangenen Steuertatbestandes wie von Beginn an geplant alsbald wieder vollständig rückgängig gemacht werden.³ In Deutschland werden die vorerwähnten Fallkonstellationen vielfach über die allgemein geltenden Prinzipien der Einkünftezurechnung bzw. des Gestaltungsmissbrauchs i.S.d. § 42 AO zu bewältigen sein, ohne dass es des Rückgriffs auf spezifisch für grenzüberschreitende Vorgänge geltende Vorschriften gegen die Einkünfte- bzw. Gewinnverlagerung ins Ausland bedürfte.⁴ Beim Rückgriff auf diese allgemeinen Instrumentarien der Missbrauchsbekämpfung stellt sich dann aber wegen der Anlegung von auch im reinen Inlandssachverhalt geltenden Maßstäben von vornherein nicht die Frage nach der Rechtfertigung einer Grundfreiheitsbeschränkung. Richtig verstanden sind daher die Cadbury-Schweppes-Grundsätze für die Rechtfertigung spezieller Steuerrechtsregime, die sich spezifisch gegen eine Gewinn- bzw. Einkünfteverlagerung ins Ausland wenden, nicht hilfreich bzw. kaum von Bedeutung.

(2) Vorsichtige Öffnung in Richtung Angemessenheitsbetrachtung

In drei Grundsatzentscheidungen der Großen Kammer hat der EuGH seine Anforderungen an das Vorliegen einer missbräuchlichen Gestaltung inzwischen aber vorsichtig gelockert. Ein Mitgliedstaat kann Gestaltungen demnach schon dann als missbräuchlich einstufen und ihnen die steuerrechtliche Anerkennung versagen, „wenn die Erlangung eines Steuervorteils Hauptzweck der betreffenden Transaktionen ist".⁵ Zwar fällt der EuGH dann zunächst wieder in seine bisherige Rhetorik zurück und verlangt, die betreffende Transaktion müsse wirtschaftlich betrachtet eine „rein künstliche Gestaltung" darstellen; außerdem müsse sie darauf ausgerichtet sein, der Anwendung der Rechtsvorschriften des betref-

7.252

---

1 So auch *Hahn*, IStR 2006, 667 (669); *Axer*, IStR 2007, 162 (164); *Kiekebeld*, EC Tax Review 2009, 144 (145); *Schön* in FS Wiedemann, 2002, S. 1271 (1291 f.); *van Thiel*, Free movement of Persons and Income Tax Law, 2002, S. 183. Vgl. auch EuGH v. 25.7.1991 – C-221/89 – Factortame, Slg. 1991, I-3905 Rz. 20 f. **A.A.** *de Broe*, International Tax Planning and Prevention of Abuse, 2008, S. 827: Erfasst seien von den Kriterien des EuGH auch Gestaltungen, die eine gewisse wirtschaftliche Substanz aufweisen, aber gleichwohl die Zielsetzungen der binnenmarktfinalen Grundfreiheiten nicht verwirklichen würden. Damit wird indes verkannt, dass missbräuchliche Steuergestaltung vielfach nicht die Inanspruchnahme von Grundfreiheiten nur vortäuscht, sondern die Freizügigkeitsrechte gerade „real" ausnutzt und dass insoweit ein angemessener Ausgleich gefunden werden muss; s. Rz. 7.259. Ebenfalls **a.A.** auch *Orlet*, SWI 2018, 162 (169 f.), der – zutreffend – unsachgerechte Konsequenzen eines solchen Verständnisses moniert, und daraus – unzutreffend – den Schluss zieht, der EuGH könne nicht so zu verstehen sein.
2 S. EuGH v. 12.9.2006 – C-196/04 – Cadbury Schweppes, Slg. 2006, I-7995 Rz. 34 ff. und Rz. 50 ff. (insbes. Rz. 52); m. Anm. *Kleinert*, GmbHR 2006, 1049; m. Anm. *Lieber*, FR 2006, 987. S. dazu kritisch und m.w.N. *Englisch*, Curbing ‚Abusive' International Tax Planning Under EU Law: The Case of the Merger Directive, 2012, S. 38 ff.
3 Vgl. EuGH v. 11.3.2004 – C-9/02 – Lastyrie du Saillant, Slg. 2004, I-2409 Rz. 50 und 54; m. Anm. *Meilicke*, GmbHR 2004, 504; *Böing*, Steuerlicher Gestaltungsmissbrauch in Europa, 2006, S. 313 ff.; *de Broe* in FS Ellis, 2005, S. 210 (220); *Schnitger*, Die Grenzen der Einwirkung der Grundfreiheiten des EG-Vertrages auf das Ertragsteuerrecht, S. 390 ff. m.w.N.; *Schön* in Becker/Schön, Steuer- und Sozialstaat im Europäischen Systemwettbewerb, 2005, S. 41 (70); *Schön* in FS Reiß, 2008, S. 571 (585 f.).
4 Vgl. BFH v. 25.2.2004 – I R 42/02, BStBl. II 2005, 14 m.w.N. = GmbHR 2004, 1234 m. Anm. *Roser* = FR 2004, 1064 m. Anm. *Fischer*; v. 21.10.2009 – I R 40/09, BFH/NV 2010, 688; s. auch *Rehfeld*, Die Vereinbarkeit des Außensteuergesetzes mit den Grundfreiheiten des EG-Vertrags, S. 325.
5 S. EuGH v. 26.2.2019 – C-115/16, C-118/16, C-119/16 und C-299/16 – N Luxembourg 1 u. a., ECLI:EU: C:2019:134 Rz. 107; v. 26.2.2019 – C-116/16 und C-117/16 – T Danmark und Y Denmark, ECLI:EU: C:2019:135 Rz. 79; v. 26.2.2019 – C-135/17 – X GmbH, ECLI:EU:C:2019:136 Rz. 77.

fenden Mitgliedstaats zu entgehen.[1] Für eine dahingehende Feststellung soll es aber nunmehr ausreichen, wenn der Steuerpflichtige mit der Gestaltung keine wesentlichen wirtschaftlichen Ziele außer einer Steuerersparnis verfolgt, eine bloße „pro forma-Struktur" gewählt hat, und dies „dem Ziel oder Zweck der anwendbaren Steuervorschriften zuwiderläuft".[2] Bei der Einkünfteerzielung vor- oder zwischengeschalteter Gesellschaften soll dies namentlich dann indiziert sein, wenn die Zwischengesellschaft keiner signifikanten aktiven Geschäftstätigkeit nachgeht oder sie gar als bloße Durchleitungsgesellschaft fungiert, und wenn auch die geringe Substanz der Gesellschaft das Fehlen einer „realen wirtschaftlichen Aktivität" nahelegt.[3] Letzteres sei im Rahmen einer Gesamtbetrachtung der Umstände des Einzelfalls festzustellen. Dafür soll insbesondere sprechen, wenn die Geschäftsführung der Gesellschaft nur „unwesentliche" eigenständige Entscheidungs- und Verfügungsbefugnisse hinsichtlich der Durchführung der Transaktionen und der erwirtschafteten Mittel hat.[4] Der EuGH verweist ferner auf die Notwendigkeit, „die Bilanz, die Kostenstruktur, die tatsächlichen Ausgaben, die Beschäftigten, die Geschäftsräume und die Ausstattung der betreffenden Gesellschaft" im Hinblick auf die „charakteristischen Merkmale der betreffenden Tätigkeit" zu überprüfen.[5] Dies dürfte so zu verstehen sein, dass sachliche, personelle sowie finanzielle Ressourcen und Geschäftsvolumina, die nicht an das üblicherweise für eine eigenständige wirtschaftliche Betätigung auf dem jeweiligen Geschäftsfeld erforderliche Maß heranreichen, als Indiz für die Künstlichkeit der Gestaltung gewertet werden dürfen. Der EuGH hat sich damit ferner für eine segmentspezifische bzw. „tätigkeitsscharfe" Beurteilung der Substanzkriterien geöffnet, die nach dem in der Cadbury Schweppes-Entscheidung gewählten Ansatz noch fernliegend war.[6] Hinzukommen muss jeweils, dass die betreffende Konstruktion Steuervorteile vermittelt, die ohne Zwischenschaltung der betreffenden Gesellschaft nicht erlangt worden wären.[7] Der Steuerpflichtige kann das Vorliegen eines unionsrechtlich beachtlichen Missbrauchs folglich nicht schon durch beliebige, und sei es auch nur unwesentliche oder untergeordnete wirtschaftliche Motive oder Aktivitäten widerlegen.

Dieses Missbrauchskonzept soll nicht nur für die Interpretation richtlinienrechtlich verankerter Missbrauchsklauseln, sondern gleichermaßen für die grundfreiheitliche Würdigung von nationalen Maßnahmen zur Bekämpfung von Steuerumgehung maßgeblich sein.[8] Dabei betont der EuGH, dass im obigen Sinne missbräuchliche Gestaltungen schon nicht dem Schutz der Grundfreiheiten unterfallen

---

1 S. EuGH v. 26.2.2019 – C-115/16, C-118/16, C-119/16 und C-299/16 – N Luxembourg 1 u. a., ECLI:EU:C:2019:134 Rz. 109; v. 26.2.2019 – C-116/16 und C-117/16 – T Danmark und Y Denmark, ECLI:EU:C:2019:135 Rz. 81.
2 S. EuGH v. 26.2.2019 – C-115/16, C-118/16, C-119/16 und C-299/16 – N Luxembourg 1 u. a., ECLI:EU:C:2019:134 Rz. 127; v. 26.2.2019 – C-116/16 und C-117/16 – T Danmark und Y Denmark, ECLI:EU:C:2019:135 Rz. 100.
3 S. EuGH v. 26.2.2019 – C-115/16, C-118/16, C-119/16 und C-299/16 – N Luxembourg 1 u. a., ECLI:EU:C:2019:134 Rz. 127-132; v. 26.2.2019 – C-116/16 und C-117/16 – T Danmark und Y Denmark, ECLI:EU:C:2019:135 Rz. 100-105; ähnlich auch EuGH v. 26.2.2019 – C-135/17 – X GmbH, ECLI:EU:C:2019:136 Rz. 77.
4 S. EuGH v. 26.2.2019 – C-115/16, C-118/16, C-119/16 und C-299/16 – N Luxembourg 1 u. a., ECLI:EU:C:2019:134 Rz. 130 und Rz. 132; v. 26.2.2019 – C-116/16 und C-117/16 – T Danmark und Y Denmark, ECLI:EU:C:2019:135 Rz. 103 und Rz. 105. S. dazu auch schon Köhler, ISR 2018, 453 (456 f.).
5 S. EuGH v. 26.2.2019 – C-115/16, C-118/16, C-119/16 und C-299/16 – N Luxembourg 1 u. a., ECLI:EU:C:2019:134 Rz. 131; v. 26.2.2019 – C-116/16 und C-117/16 – T Danmark und Y Denmark, ECLI:EU:C:2019:135 Rz. 104.
6 S. zum Meinungsstand in der Literatur im Gefolge der Cadbury Schweppes-Entscheidung etwa Köhler, ISR 2018, 453 (456); Böhmer/Schewe, FR 2018, 1099, m.w.N.
7 Vgl. EuGH v. 26.2.2019 – C-115/16, C-118/16, C-119/16 und C-299/16 – N Luxembourg 1 u. a., ECLI:EU:C:2019:134 Rz. 128-130; v. 26.2.2019 – C-116/16 und C-117/16 – T Danmark und Y Denmark, ECLI:EU:C:2019:135 Rz. 101-103.
8 S. EuGH v. 26.2.2019 – C-115/16, C-118/16, C-119/16 und C-299/16 – N Luxembourg 1 u. a., ECLI:EU:C:2019:134 Rz. 155; v. 26.2.2019 – C-116/16 und C-117/16 – T Danmark und Y Denmark, ECLI:EU:C:2019:135 Rz. 122.

D. Rechtfertigungsmöglichkeiten | Rz. 7.253 **Kap. 7**

sollen,¹ so dass sich bei diesem Ansatz von vornherein nicht die Notwendigkeit einer Rechtfertigungs- und Verhältnismäßigkeitsprüfung ergibt. Zur Begründung führt der Gerichtshof u.a. an, durch derartige Steuergestaltungen „würden die Wettbewerbsbedingungen verfälscht und somit der wirtschaftliche Zusammenhalt und das ordnungsgemäße Funktionieren des Binnenmarkts beeinträchtigt"²; damit wird offenbar darauf Bezug genommen, dass die Grundfreiheiten ausweislich des Art. 26 Abs. 2 AEUV binnenmarktfinal zu interpretieren sind.

Geht es um Steuerumgehung durch Gestaltungen mit Drittstaatenbezug, die (nur) dem Schutz der Kapitalverkehrsfreiheit des Art. 63 AEUV unterfallen, sollen außerdem neben dem Kriterium einer den wirtschaftlichen Aktivitäten nicht angemessenen Substanz von Zwischengesellschaften auch andere, vom EuGH allerdings nicht näher bezeichnete Maßstäbe zur Beurteilung der „Künstlichkeit" der Gestaltung herangezogen werden können.³ Sie müssen letztlich wie oben erwähnt dazu angetan sein zu indizieren, dass die Erlangung eines Steuervorteils ein Hauptzweck – nicht notwendig der alleinige Zweck – der Gestaltung ist. Der Gerichtshof würde damit wohl auch ein Missbrauchskonzept akzeptieren, das auf ein unangemessenes Verhältnis von (zusätzlichen) Kosten und Risiken der konkret gewählten Gestaltung einerseits und dem erstrebten wirtschaftlichen Ergebnis abstellt.⁴

Nach diesen Maßstäben dürfte das Mindestsubstanzerfordernis der nunmehr in *Art. 7 Anti-Missbrauchs-RL zwingend vorgesehenen Hinzurechnungsbesteuerung* (das Unternehmen muss „gestützt auf Personal, Ausstattung, Vermögenswerte und Räumlichkeiten eine wesentliche wirtschaftliche Tätigkeit" ausüben, um vom Anwendungsbereich ausgenommen zu werden) vom EuGH als grundfreiheitskonform akzeptiert werden.⁵

Nach wie vor unklar ist, wie sich der EuGH zur **Neutralisierung „unfairer" Steuerregime** im Sinne des Verhaltenskodex für die Unternehmensbesteuerung⁶ verhält. Dahingehende grundfreiheitsbeschränkende Gegenmaßnahmen im Ansässigkeitsstaat sollen nach Ansicht einiger seiner Generalanwälte **nicht rechtfertigungsfähig** sein, sofern die Inanspruchnahme der entsprechenden Steuervergünstigungen mit „substantiellen" Verlagerungen wirtschaftlicher Aktivitäten im Binnenmarkt einhergeht.⁷ Be- 7.253

---

1 S. EuGH v. 26.2.2019 – C-115/16, C-118/16, C-119/16 und C-299/16 – N Luxembourg 1 u. a., ECLI:EU:C:2019:134 Rz. 155 und 177; v. 26.2.2019 – C-116/16 und C-117/16 – T Danmark und Y Denmark, ECLI:EU:C:2019:135 Rz. 122.
2 S. EuGH v. 26.2.2019 – C-115/16, C-118/16, C-119/16 und C-299/16 – N Luxembourg 1 u. a., ECLI:EU:C:2019:134 Rz. 107; v. 26.2.2019 – C-116/16 und C-117/16 – T Danmark und Y Denmark, ECLI:EU:C:2019:135 Rz. 79.
3 S. EuGH v. 26.2.2019 – C-135/17 – X GmbH, ECLI:EU:C:2019:136 Rz. 84; anders zuvor noch Ernst/Farinato/Würstlin, IStR 2019, 6 (10), m.w.N.
4 S. zur damit verbundenen Abschwächung der Anforderungen an nationale Missbrauchsbekämpfungsnormen *Böhmer/Schewe*, FR 2019, 322 (323).
5 So i.E. auch *Ginevra*, Intertax 2017, 120 (129). Zu recht noch **a.A.** im Lichte der Cadbury-Kriterien *Schönfeld*, IStR 2018, 325 (328); weniger deutlich *Schönfeld* in Europäisches Steuerrecht, DStJG 41 (2018), S. 493 (498 f. u. 521); zweifelnd seinerzeit auch *Hey*, StuW 2017, 248 (254). Zum Teil wurde in der Lit. eine restriktive Auslegung i.S.d. Cadbury-Kriterien für möglich und geboten gehalten, s. *Dehne* ISR 2018, 132 (134 f.).
6 Vgl. die Entschließung des Rates und der im Rat vereinigten Vertreter der Regierungen der Mitgliedstaaten vom 1.12.1997 über einen Verhaltenskodex für die Unternehmensbesteuerung, ABl. EG 1998 Nr. C 2, 2.
7 Vgl. EuGH, Schlussanträge des Generalanwalts *Léger* v. 2.5.2006 – C-196/04 – Cadbury Schweppes, Slg. 2006, I-7995 Rz. 56 ff.; zustimmend EuGH, Schlussanträge des Generalanwalts *Geelhoed* v. 29.6.2006 – C-524/04 – Thin Cap Group Litigation, Slg. 2007, I-2107 Rz. 63; EuGH, Schlussanträge des Generalanwalts *Mazák* v. 26.4.2007 – C-451/05 – ELISA, Slg. 2007, I-8254 Rz. 115 ff.; s. dazu auch *Fontana*, ET 2006, 317 (333 f.); *Vinther/Werlauff*, ET 2006, 383 (385 f.). Ebenso argumentiert die Kommission, Mitteilung v. 10.12.2007, Anwendung von Maßnahmen zur Missbrauchsbekämpfung im Bereich der direkten Steuern, KOM (2007) 785 endg., 4; zustimmend *Pistone*, Intertax 2008, 146 (152); offen gelassen bei *Schön* in FS Reiß, 2008, S. 571 (584 f.).

denklich ist dieser Standpunkt insofern, als sich das Unionsrecht damit als Stolperstein für die langjährigen Bemühungen der OECD zur Bekämpfung als missbräuchlich eingestufter Steuergestaltungen und des „schädlichen" Steuerwettbewerbs erweisen würde.[1] Richtigerweise ist zu fordern, auch unilateral ergriffene steuerliche Sonderbestimmungen gegen das Ausnutzen eines nach übereinstimmender Wertung aller EU-Mitgliedstaaten bzw. des EU-Rechts „schädlichen" ausländischen Steuerregimes nicht a priori als ungerechtfertigt anzusehen (näher Rz. 7.260).[2] Nach Maßgabe der derzeitigen EuGH-Rechtsprechung hingegen dürfte etwa die darauf abzielende *Lizenzschrankenregelung des § 4j EStG* grundfreiheitswidrig sein.[3]

(3) Insbesondere Einkünftekorrekturen nach dem Fremdvergleichsgrundsatz

7.254 Wendet sich das grundfreiheitsbeschränkende Steuerregime gegen eine **im Rahmen eines Leistungsaustauschs** (insbesondere zwischen verbundenen Unternehmen bzw. nahestehenden Personen) **bewirkte grenzüberschreitende Verlagerung von Steuersubstrat**, hat der EuGH seine Anforderungen an die Feststellung missbräuchlichen Verhaltens ebenfalls modifiziert:[4] Hier kommt auch bei „realen" Leistungsbeziehungen eine (echte) Rechtfertigung von grundfreiheitsbeschränkenden Einkünftekorrekturvorschriften aus Gründen der Missbrauchsbekämpfung in Verbindung mit der Wahrung einer angemessenen Aufteilung der Besteuerungsbefugnis in Betracht, wenn anderenfalls Steuersubstrat aufgrund der vom Steuerpflichtigen vereinbarten Konditionen der Leistungserbringung entgegen dem Territorialitätsprinzip nicht bzw. nicht vollständig im Mitgliedstaat seiner wirtschaftlichen Entstehung erfasst werden könnte.[5] Voraussetzung hierfür soll sein, dass die Modalitäten des Leistungsaustauschs insoweit nicht durch wirtschaftliche, sondern durch steuerliche Erwägungen motiviert und in diesem Sinne „manipuliert" sind.[6] Eine dahingehende *Vermutung* (s. Rz. 7.257) darf bei besteuerungserheblichen Vorgängen zwischen einander nahe stehenden Personen grds. an die mangelnde Übereinstimmung der gewählten Ausgestaltung mit der nach dem **Fremdvergleichsgrundsatz** („dealing-at-arm's-length"-Standard) ermittelten üblichen Ausgestaltung von Geschäftsbeziehungen unter Wettbewerbs-

---

1 So hat die OECD ihren Mitgliedstaaten eine Hinzurechnungsbesteuerung, wie sie in der Rechtssache Cadbury Schweppes vom EuGH verworfen wurde, zur Bekämpfung unfairer Steuerpraktiken gerade empfohlen, vgl. OECD Report, Harmful Tax Competition – An Emerging Global Issue, 1998, Rz. 97–100; OECD/G20, BEPS Action 3 Report, 2015.
2 Noch weitergehend *Schönfeld*, Hinzurechnungsbesteuerung und Europäisches Gemeinschaftsrecht, 2005, S. 363 ff.: Pflicht zur unilateralen Bekämpfung derartiger Steuerregime. Einschränkend hingegen *Smit/Kiekebeld*, EC Free Movement of Capital, Income Taxation and Third Countries: Four Selected Issues, 2008, S. 108: zulässig nur im Verhältnis zu Drittstaaten.
3 S. *Kühlbacher*, DStZ 2017, 829 (832); *Drummer*, IStR 2017, 602 (603 f.); *Schnitger*, DB 2018, 147. **A.A.** *Link*, DB 2017, 2372 (2375); *Pötsch*, IStR 2018, 417; jeweils i.W. unter (zu einseitiger) Bezugnahme auf EuGH v. 12.7.2005 – C-403/03 – Schempp, Slg. 2005, I-6421.
4 Zu weitgehend hingegen die Schlussfolgerung von *Kahlenberg/Vogel*, StuW 2016, 288 (293), wonach der EuGH die Mitgliedstaaten dadurch bei Maßnahmen gegen Steuersubstratverlagerung durch *verbundene Unternehmen* generell vom Nachweis rein künstlicher Gestaltungen entbunden habe. Dagegen spricht schon, dass auch bei der britischen Hinzurechnungsbesteuerung, die Gegenstand der Cadbury Schweppes-Entscheidung des EuGH war, eine Gewinnverlagerung zwischen verbundenen Unternehmen in Rede stand, und der EuGH in diesem Kontext nach wie vor an seinem ursprünglichen Missbrauchskonzept festhält (s. Rz. 7.251).
5 S. bspw. EuGH v. 13.12.2005 – C-446/03 – Marks & Spencer, Slg. 2005, I-10837 Rz. 49 f.; v. 13.3.2007 – C-524/04 – Thin Cap Group Litigation, Slg. 2007, I-2107 Rz. 77; v. 18.7.2007 – C-231/05 – Oy AA, Slg. 2007, I-6373 Rz. 54 ff.; v. 8.11.2007 – C-379/05 – Amurta, Slg. 2007, I-9569 Rz. 58; m. Anm. *Kleinert*, GmbHR 2007, 1334. Ähnlich die Interpretation durch *Hey*, StuW 2008, 167 (182); *Hilling*, Intertax 2013, 294 (300).
6 S. *Schön* in Richelle u.a. (Hrsg.), Allocating Taxing Powers within the European Union, S. 73 (89 f.); vgl. auch *Kokolia/Chatziioakeimidou*, ET 2015, 149 (154): „partiell künstliche" Gestaltungen.

bedingungen geknüpft werden.¹ Trotz der zunächst gegenteiligen Beteuerungen des EuGH gehen diese Zugeständnisse klar über den tradierten Standpunkt zur Bekämpfung lediglich rein artifizieller Gestaltungen hinaus.² Denn fremdunübliche Gestaltungen sind nicht zwangsläufig auch „rein" künstlich, sondern weisen meist durchaus einen wirtschaftlichen Gehalt auf.

Hinweis: Dieser neue Ansatz wird insbesondere dann bedeutsam, wenn es um die internationale Einkommensabgrenzung zwischen verbundenen Unternehmen geht. Dies betrifft vornehmlich eine grundfreiheitsbeschränkende **Korrektur von Konzernverrechnungspreisen** zu Lasten der in einem bestimmten Mitgliedstaat ansässigen Konzerngesellschaft.³ Daneben können diskriminierende **Unterkapitalisierungsregelungen**, die eine Neutralisierung von übermäßiger Fremdkapitalfinanzierung bezwecken und der dadurch hervorgerufenen Umwandlung von im Inland steuerpflichtigen Unternehmensgewinnen in steuerlich abzugsfähigen Zinsaufwand entgegenwirken sollen, nach diesen Grundsätzen gerechtfertigt werden.⁴

Der EuGH hat allerdings **unter Verhältnismäßigkeitsgesichtspunkten einige Einschränkungen** vorgenommen. Zunächst kommt eine Einkünftekorrektur danach nur in Betracht, soweit sie tatsächlich dazu dienen soll, einen gemessen am steuerlichen Territorialitätsprinzip *berechtigten Steueranspruch* des Mitgliedstaates durchzusetzen. Als Orientierung hierfür können tendenziell die von der OECD gesetzten Standards zur Aufteilung von Steuerhoheiten herangezogen werden (s. dazu im Einzelnen Rz. 7.227). Des Weiteren darf eine etwaige Einkünftekorrektur nicht über diejenigen Besteuerungsfolgen hinausgehen, die bei fremdüblicher bzw. bei wirtschaftlich angemessener Gestaltung eingetreten wären.⁵ Es ist allerdings noch unklar, ob der EuGH sich damit auch gegen eine Einkünftekorrektur wenden würde, die im Fall einer Bandbreite fremdüblicher Verrechnungspreise (oder sonstiger Konditionen) auf einen mittleren Wert statt auf den für den Steuerpflichtigen günstigsten, noch fremdüblichen Wert hin vorgenommen wird.⁶ Fragwürdig sind jedenfalls Vorschriften bzw. Verwaltungspraktiken, welche bei der Einkünftekorrektur eine solche Bandbreite voll zu Lasten des Steuerpflichtigen ausschöpfen. Richtigerweise gehen derartige Vorschriften stets über das sowohl zur Missbrauchs-

7.255

---

1 S. EuGH v. 13.3.2007 – C-524/04 – Thin Cap Group Litigation, Slg. 2007, I-2107 Rz. 80–82; v. 17.1.2008 – C-105/07 – Lammers & Van Cleeff, Slg. 2008, I-173 Rz. 27 ff.; v. 21.1.2010 – C-311/08 – SGI, Slg. 2010, I-487 Rz. 71; v. 31.5.2018 – C-382/16 – Hornbach Baumarkt, ECLI:EU:C:2018:366 Rz. 45-47. Dazu *Meussen*, ET 2010, 245; *Poulsen*, Intertax 2012, 200.
2 Vgl. *EuGH*, Schlussanträge des Generalanwalts *Léger* v. 2.5.2006 – C-196/04 – Cadbury Schweppes, Slg. 2006, I-7995 Rz. 93; *Arginelli*, Intertax 2007, 82 (99); *Hey*, StuW 2008, 167 (182); *Schön*, IStR 2008, 882 (886); *Becker/Sydow*, IStR 2010, 195 (197 f.); *Musil/Fähling*, DStR 2010, 1501 (1503); *Poulsen*, Intertax 2012, 200 (206); *Ruiz Almendral* in Richelle u.a. (Hrsg.), Allocating Taxing Powers within the European Union, S. 131 (157); *Koriak*, ET 2016, 552 (556). **A.A.** *Kokott/Henze*, BB 2007, 913 (916).
3 Vgl. EuGH v. 21.1.2010 – C-311/08 – Société de Gestion Industrielle (SGI), Slg. 2010, I-487; v. 5.7.2012 – C-318/10 – Société d'investissement pour l'agriculture tropicale (SIAT), ECLI:EU:C:2012:415; v. 31.5.2018 – C-382/16 – Hornbach Baumarkt, ECLI:EU:C:2018:366. So auch EU-Kommission, Mitteilung v. 10.12.2007, Anwendung von Maßnahmen zur Missbrauchsbekämpfung im Bereich der direkten Steuern, KOM (2007) 785 endg., 9.
4 S. EuGH v. 13.3.2007 – C-524/04 – Thin Cap Group Litigation, Slg. 2007, I-2107 Rz. 85 ff.; basierend auf EuGH, Schlussanträge des Generalwalts *Geelhoed* v. 29.6.2006 – C-524/04 – Thin Cap Group Litigation, Slg. 2007, I-2107 Rz. 66; bestätigt durch EuGH v. 17.1.2008 – C-105/07 – Lammers & Van Cleeff, Slg. 2008, I-173 Rz. 29 f.; v. 3.10.2013 – C-282/12 – Itelcar, ECLI:EU:C:2013:629 Rz. 34 ff.; m. Anm. *Müller* und *Schwenke*, ISR 2013, 376.
5 Vgl. EuGH v. 13.3.2007 – C-524/04 – Thin Cap Group Litigation, Slg. 2007, I-2107 Rz. 80 u. 83; v. 17.1.2008 – C-105/07 – Lammers & van Cleeff, Slg. 2008, I-173 Rz. 29; v. 21.1.2010 – C-311/08 – SGI, Slg. 2010, I-487 Rz. 72; v. 5.7.2012 – C-318/10 – SIAT, ECLI:EU:C:2012:415 Rz. 52; v. 3.10.2013 – C-282/12 – Itelcar, ECLI:EU:C:2013:629 Rz. 38; m. Anm. *Müller* und *Schwenke*, ISR 2013, 376; v. 31.5.2018 – C-382/16 – Hornbach Baumarkt, ECLI:EU:C:2018:366 Rz. 49.
6 Für die Unverhältnismäßigkeit einer solchen Verrechnungspreiskorrektur s. bspw. *Thömmes*, JbFStR 2010/2011, S. 79, 89; *Glahe*, IStR 2010, 870 (876); *Schönfeld*, IStR 2011, 219 (224 f.); *Glahe*, EC Tax Review 2013, 222; *Rasch/Chwalek/Bühl*, ISR 2018, 275 (279); *Schönfeld/Kahlenberg*, IStR 2018, 498 (501). **A.A.** implizit *Becker/Sydow*, IStR 2010, 195 (198). S. ferner Rz. 7.259 f.

bekämpfung als auch zur Wahrung einer angemessenen Partizipation am Steuersubstrat Erforderliche hinaus und haben den Charakter einer (partiellen) Sanktion. Sie bedürfen damit jedenfalls einer besonderen, weitergehenden Rechtfertigung;[1] anderenfalls sind sie insoweit unanwendbar.

7.256 Nach der Rechtsprechung des Gerichtshofs darf ein Mitgliedstaat unter den obigen Voraussetzungen eine **Einkünftekorrektur ungeachtet einer** daraus etwa resultierenden **internationalen Doppelbesteuerung** der entsprechenden Einkünfte vornehmen.[2] Dies ist insofern konsequent, als der EuGH die internationale Doppelbesteuerung auf dem Gebiet der nicht harmonisierten direkten Steuern generell für grundfreiheitlich nicht angreifbar hält (s. Rz. 7.180 ff.).[3]

(4) Notwendigkeit einzelfallbezogener Prüfung

7.257 Grundfreiheitsbeschränkende Maßnahmen zur Bekämpfung einer missbräuchlichen Gestaltung werden vom EuGH generell nur dann für verhältnismäßig erachtet, wenn Feststellungen bzw. gesetzliche Annahmen betreffend den „rein künstlichen" bzw. missbräuchlichen Charakter der jeweiligen Gestaltung auf **objektiven und nachprüfbaren Umständen** beruhen.[4] Ferner muss dem Steuerpflichtigen Gelegenheit gegeben werden, dahingehende gesetzliche Vermutungen durch Darlegung seiner wirtschaftlichen Motive für die entsprechende Gestaltung zu widerlegen.[5] **Unwiderlegbare gesetzliche Vermutungen** einer missbräuchlichen Gestaltung werden vom Gerichtshof grds. als **unverhältnismäßig** erachtet.[6] Das gilt sowohl für die Fallgruppen einer Prüfung hinreichender wirtschaftlicher

---

1 So i. E. auch *Glahe*, EC Tax Review 2013, 222 (229).
2 S. EuGH v. 13.3.2007 – C-524/04 – Thin Cap Group Litigation, Slg. 2007, I-2107 Rz. 88 ff. Zustimmend *Glahe*, EC Tax Review 2013, 222 (230); a.A. *Beiser*, SWI 2010, 301 (305 f.).
3 So auch *Baßler*, Steuerliche Gewinnabgrenzung im Europäischen Binnenmarkt, 2011, S. 219 f.
4 S. bspw. EuGH v. 12.9.2006 – C-196/04 – Cadbury Schweppes, Slg. 2006, I-8031 Rz. 67; v. 13.3.2007 – C-524/04 – Thin Cap Group Litigation, Slg. 2007, I-2107 Rz. 82; v. 21.1.2010 – C-311/08 – SGI, Slg. 2010, I-487 Rz. 72; v. 5.7.2012 – C-318/10 – SIAT, ECLI:EU:C:2012:415 Rz. 50; v. 3.10.2013 – C-282/12 – Itelcar, ECLI:EU:C:2013:629 Rz. 37; m. Anm. *Müller* und *Schwenke*, ISR 2013, 376; v. 31.5.2018 – C-382/16 – Hornbach Baumarkt, ECLI:EU:C:2018:366 Rz. 49.
5 S. bspw. EuGH v. 12.9.2006 – C-196/04 – Cadbury Schweppes, Slg. 2006, I-8031 Rz. 70 ff.; m. Anm. *Kleinert*, GmbHR 2006, 1049; m. Anm. *Lieber*, FR 2006, 987; v. 11.10.2007 – C-451/05 – ELISA, Slg. 2007, I-8251 Rz. 91; v. 28.10.2010 – C-72/09 – Établissements Rimbaud, Slg. 2010, I-10659 Rz. 34; v. 13.3.2007 – C-524/04 – Thin Cap Group Litigation, Slg. 2007, I-2107 Rz. 82; v. 5.7.2012 – C-318/10 – SIAT, ECLI:EU:C:2012:415 Rz. 50; v. 3.10.2013 – C-282/12 – Itelcar, ECLI:EU:C:2013:629 Rz. 37.; m. Anm. *Müller* und *Schwenke*, ISR 2013, 376; v. 13.11.2014 – C-112/14 – Kommission/Großbritannien, ECLI:EU:C:2014:2369 Rz. 28; v. 26.2.2019 – C-135/17 – X GmbH, ECLI:EU:C:2019:136 Rz. 87. Dazu eingehend EuGH, Schlussanträge des Generalanwalts *Léger* v. 2.5.2006 – C-196/04 – Cadbury Schweppes, Slg. 2006, I-7995 Rz. 135 ff.; s. auch EuGH, Schlussanträge des Generalanwalts *Mengozzi* v. 5.6.2018 – C-135/17 -"X GmbH", ECLI:EU:C:2018:389 Rz. 96. Diesem Standpunkt angeschlossen hat sich die Kommission, Mitteilung v. 10.12.2007, Anwendung von Maßnahmen zur Missbrauchsbekämpfung im Bereich der direkten Steuern, KOM (2007) 785 endg., S. 5 f. Zu möglichen wirtschaftlichen Gründen s. bspw. *Scheipers/Linn*, IStR 2010, 469 (473 f.). Gegen die Zulässigkeit auch nur widerlegbarer Vermutungen wohl *Vanistendael* in de la Feria/Vogenauer (Hrsg.), Prohibition of Abuse of Law, 2011, S. 407 (413).
6 Vgl. EuGH v. 16.7.1998 – C-264/96 – ICI, Slg. 1998, I-4695 Rz. 26; v. 21.11.2002 – C-436/00 – X und Y, Slg. 2002, I-10829 Rz. 43; m. Anm. *Schnitger*, FR 2003, 84; v. 4.3.2004 – C-334/02 – Kommission/Frankreich, Slg. 2004, I-2229 Rz. 27 m.w.N.; v. 12.9.2006 – C-196/04 – Cadbury Schweppes, Slg. 2006, I-7995 Rz. 72 ff.; m. Anm. *Kleinert*, GmbHR 2006, 1049; m. Anm. *Lieber*, FR 2006, 987; v. 17.1.2008 – C-105/07 – Lammers & Van Cleeff, Slg. 2008, I-173 Rz. 32 f.; v. 22.4.2012 – C-510/08 – Mattner, Slg. 2010, I-3553 Rz. 47 f.; v. 28.10.2010 – C-72/09 – Établissements Rimbaud, Slg. 2010, I-10659 Rz. 34; v. 5.5.2011 – C-267/09 – Kommission/Portugal, Slg. 2011, I-3197 Rz. 42; v. 21.12.2016 – C-593/14 – Masco Denmark, ECLI:EU:C:2016:984, Rz. 45; v. 24.11.2016 – C-464/14 – SECIL, ECLI:EU:C:2016:896, Rz. 61; v. 8.3.2017 – C-14/16 – Euro Park Service, ECLI:EU:C:2017:177 Rz. 55 f.; v. 20.12.2017 – C-504/16 und C-613/16 – Deister Holding und Juhler Holding, ECLI:EU:C:2017:1009 Rz. 70 und 97; v. 14.6.2018 – C-440/17 – „GS", ECLI:EU:C:2018:437 Rz. 79 i.V.m. Rz. 56; v. 20.9.2018 – C-685/16 – EV, ECLI:EU:C:2018:743

Substanz¹ (s. Rz. 7.250 ff.) wie auch für die Konstellationen, in denen der EuGH den Mitgliedstaaten zwecks Verhinderung missbräuchlicher Gestaltungen in Verbindung mit der Notwendigkeit der Wahrung einer angemessenen Aufteilung der Besteuerungsbefugnis zugesteht, die „Künstlichkeit" der Gestaltung am Maßstab des Fremdvergleichs zu beurteilen (s. Rz. 7.254 ff.).

Wie der EuGH in seiner Entscheidung der Rechtssache **Hornbach Baumarkt** klargestellt hat, kann der Steuerpflichtige letzterenfalls auch solche Beweggründe vorbringen, die in der besonderen wirtschaftlichen Verbundenheit zwischen den beteiligten Rechtsträgern wurzeln und **einem Fremdvergleich** gerade **nicht standhalten** würden.² Anders als seitens des BMF³ angenommen, ist die Tragweite dieser Rechtsprechungslinie des EuGH nicht auf Sonderkonstellationen beschränkt.⁴ Wie hier breit interpretiert insbesondere auch der BFH – insoweit zutreffend – die Tragweite der EuGH-Entscheidung.⁵ Die Herleitung und Begründung der vom Gerichtshof verlangten Öffnungsklausel – in Anknüpfung an das allgemeine EuGH-Konzept verhältnismäßiger Missbrauchsabwehr – lassen ferner erkennen, dass die dahingehenden Vorgaben des EuGH auch nicht auf bestimmte Kategorien von nicht fremdüblichen Vorteilen begrenzt sind, die schon naturgemäß nur zwischen verbundenen Unternehmen gewährt werden.⁶ Es genügt vielmehr grds., wenn die konkret in Rede stehende Konzerngesellschaft vernünftige und hinreichend plausible Gründe dafür vorbringen kann, dass ein Abgehen von fremdüblichen Bedingungen letztlich in ihrem wirtschaftlichen – nicht lediglich steuerlich motivierten – Eigeninteresse liegt. Nicht nachvollziehbar ist hingegen der jüngst vom BFH eingenommene Standpunkt, der Gerichtshof habe – zumal „zweifelsfrei" – lediglich verlangt, „dass das nationale Gericht Gründe dieser Art [d.h. nicht fremdübliche wirtschaftliche Motive] zu berücksichtigen und damit *im Rahmen einer Abwägung* daran zu messen hat, mit welchem Gewicht die jeweils zu beurteilende Abweichung vom Maßstab des Fremdüblichen in den Territorialitätsgrundsatz und die hierauf gründen-

---

Rz. 98 f. S. auch *Fontana*, ET 2006, 317 (325). Eine gewisse Bereitschaft zur Akzeptanz einer eng umgrenzten Typisierung „missbräuchlicher" bzw. künstlicher Verhaltensweisen ließ der EuGH nur erkennen in seiner Entscheidung v. 11.3.2004 – C-9/02 – de Lasteyrie du Saillant, Slg. 2004, I-2409 Rz. 54; m. Anm. *Meilicke*, GmbHR 2004, 504. Als bloßes obiter dictum bedürfen die dortigen Aussagen aber einer vorsichtigen Bewertung. Zu weitgehend die Interpretation durch *Musil*, der selbst widerlegbare Vermutungen für unzulässig hält vgl. *Musil*, DB 2009, 1037 (1042); diesbzgl. zweifelnd allerdings auch *Kokott*, Das Steuerrecht der Europäischen Union, 2018, § 5 Rz. 79.

1 S. dazu auch *Schnitger/Krüger/Nielsen*, IStR 2019, 340 (345).
2 S. EuGH v. 31.5.2018 – C-382/16 – Hornbach Baumarkt, ECLI:EU:C:2018:366 Rz. 53-56, und dazu i.E. wie hier *Uterhark/Nagler*, IStR 2018, 467 (468); *Ditz/Quilitzsch*, DB 2018, 2009 (2011 f.); *Glahe*, DStR 2018, 1535 (1537). So auch zuvor schon die Interpretation der EuGH-Rspr. in der Vorauf. und bei *Thömmes*, JbFStR 2010/2011, 79 (90); *Schön*, IStR 2011, 777 ff.; *Glahe*, Einkünftekorrektur zwischen verbundenen Unternehmen, 2012, S. 276 ff.; *Régil*, ET 2016, 230 (243); FG Rheinland-Pfalz, Vorlagebeschluss v. 28.6.2016 -1 K 1472/13, EFG 2016, 1678 (1681), m.w.N.; **a.A.** bislang *Becker/Sydow*, IStR 2010, 195 (198); *Hohenwarter-Mayr*, RdW 2010, 538 (540 f.); *Martín Jiménez*, BIT 2010, 271 (277); *Hruschka*, ISR 2013, 123 (124). Nach wie vor zweifelnd *Cloer/Hagemann*, NWB 2018, 3238 (3244); *Greil*, Ubg 2018, 403 (408 f.); *Trossen*, Ubg 2018, 413 (414). S. ferner den Überblick bei *Glahe*, EC Tax Review 2013, 222 (226 f.) m.w.N.
3 S. BMF v. 6.12.2018, BStBl. I 2018, 1305, wonach dies nur in der vom EuGH konkret entschiedenen Fallkonstellation („sanierungsbedingte Maßnahme") von Bedeutung sei.
4 S. *Cloer/Hagemann*, DStR 2018, 1126 f.; *Schönfeld/Kahlenberg*, DStR 2018, 498 (500); tendenziell ebenso *Rasch/Chwalek/Bühl*, ISR 2018, 275 (279); *Kunert/Eberhardt*, StuB 2018, 622 (625). **A.A.** – unter Verweis auf die drohende Aushöhlung des Fremdvergleichsgrundsatzes – Calderon/Ribeiro, TNI 2018, 1325 (1330); *Eisendle*, ISR 2018, 284 (287); *Graw*, DB 2018, 2655 (2657 f.); *Krüger*, DStR 2019, 649 (651). Zweifelnd *Schreiber/Greil*, DB 2018, 2527; *Schnitger*, IStR 2018, 467 (469 f.); *Mitschke*, IStR 2018, 467 (470 f.); *Smit*, H&I 8/2018, 26 (27 f.).
5 S. BFH v. 27.2.2019 – I R 73/16, DStR 2019, 1034, Rz. 33.
6 So insbes. *Ditz/Quilitsch*, European Taxation 2019, 181 (183 f.); dies., DB 2018, 2009 (2012 f.); *Kahlenberg*, IStR 2019, 335 (337 f.).

de Zuordnung der Besteuerungsrechte eingreift."[1] Der Wortlaut der Hornbach Baumarkt-Entscheidung und die dortige Bezugnahme auf die in ständiger Rechtsprechung entwickelte Anti-Missbrauchsdogmatik des Gerichtshofs verdeutlichen vielmehr, dass der Gerichtshof unter Verhältnismäßigkeitsaspekten schlicht verlangt hat, dem Steuerpflichtigen zu ermöglichen „Beweise für *etwaige* wirtschaftliche Gründe für den Abschluss dieses Geschäfts beizubringen".[2] Weitergehende Anforderungen an das Gewicht der wirtschaftlichen Gründe, gar in Relation zur Beeinträchtigung des Territorialitätsprinzips, hat der EuGH im genannten Urteil nirgends aufgestellt. Dies widerspräche auch seiner generellen Zurückhaltung gegenüber einer echten Abwägung von Binnenmarktideal und widerstreitenden nationalen Interessen (s. Rz. 7.206). Der BFH vermag hier denn bezeichnender Weise auch keine konkrete Fundstelle im Urteil zu zitieren. Vertretbar ist im Lichte der jüngeren Entwicklungen der EuGH-Rechtsprechung zur mitgliedstaatlichen Bekämpfung von Steuerumgehung (s. Rz. 7.252) allenfalls die Annahme, die wirtschaftlichen Beweggründe dürften *im Verhältnis zu den erlangten Steuervorteilen nicht von bloß untergeordneter Bedeutung* sein.

Erst recht zuzulassen ist damit der Nachweis des Steuerpflichtigen, dass auch fremde Dritte bestimmte Transaktionen und Konditionen möglicherweise so vorgenommen bzw. ausgehandelt hätten und diese daher wirtschaftliche „Substanz" haben, selbst wenn sie nach den infolge des BEPS-Projekts *neugefassten OECD-Verrechnungspreisrichtlinien* für Besteuerungszwecke keine Rolle (mehr) spielen sollen.[3]

Hinweis: Zu weit dürfte es hingegen gehen, im Falle der Vorteilszuwendung durch eine Muttergesellschaft schon die infolgedessen zu erwartenden höheren Gewinnausschüttungen oder Beteiligungswertsteigerungen ausreichen zu lassen.[4] Ein solches „Nullsummenspiel" stellt keinen beachtlichen außersteuerlichen Grund dar. So lässt sich insbes. auch die Hornbach-Entscheidung nicht interpretieren; der dortige Hinweis auf die Partizipation der Muttergesellschaft am wirtschaftlichen Erfolg der Tochtergesellschaften über Gewinnausschüttungen[5] war ersichtlich nur notwendige, nicht aber schon hinreichende Bedingung für die Akzeptanz wirtschaftlicher Gründe für fremdunübliches Geschäftsgebahren.

Ausnahmsweise können auch unwiderlegbare Vermutungen einer missbräuchlichen Gestaltung verhältnismäßig sein, wenn sie sich auf Transaktionen in einem Drittstaat beziehen. Voraussetzung hierfür ist, dass sich Angaben des Steuerpflichtigen zu etwaigen wirtschaftlichen Motiven fü die gewählte Gestaltung nur im Wege der Amtshilfe durch die Behörden des Drittstaates verifizieren ließen, diese Behörden aber nicht aufgrund DBA oder sonstiger völkerrechtlicher Verträge zur Auskunftserteilung verpflichtet sind (vgl. Rz. 7.290).[6]

7.258 **Tatbestandlich vertypte Vermutungen**, die die missbräuchliche Verlagerung von besteuerungserheblichen Aktivitäten bzw. Einkünften betreffen, **müssen plausibel sein**, d.h., sie müssen sich hinreichend zielgenau an typischen Missbrauchskonstellationen ausrichten.[7] Sie dürfen nicht auf eine allgemeine Beweislastumkehr allein wegen gewisser Auslandsverbindungen der Geschäftstätigkeit hinauslaufen.[8] Der Tatbestand der Vermutungsregelung muss vielmehr an besondere, die Gefahr der Steuerumge-

---

1 BFH v. 27.2.2019 – I R 73/16, DStR 2019, 1034, Rz. 33 (Hervorhebung nur hier); ohne weitergehende Begründung ebenso *Wacker*, FR 2019, 449 (456).
2 EuGH v. 31.5.2018 – C-382/16 – Hornbach Baumarkt, ECLI:EU:C:2018:366 Rz. 49 (Hervorhebung nur hier).
3 Dazu eingehend *Schön*, BTR 2015, 417 (424 ff.); zustimmend *Navarro/Parada/Schwarz*, EC Tax Review 2016, 117 (126).
4 So aber *Schönfeld/Kahlenberg*, IStR 2018, 498 (500).
5 EuGH v. 31.5.2018 – C-382/16 – Hornbach Baumarkt, ECLI:EU:C:2018:366 Rz. 54.
6 S. EuGH v. 26.2.2019 – C-135/17 – X GmbH, ECLI:EU:C:2019:136 Rz. 91 ff.
7 S. dazu insb. EuGH v. 5.7.2012 – C-318/10 – SIAT, ECLI:EU:C:2012:415 Rz. 56 ff.; v. 3.10.2013 – C-282/12 – Itelcar, ECLI:EU:C:2013:629 Rz. 44; m. Anm. *Müller* und *Schwenke*, ISR 2013, 376; v. 14.6.2018 – C-440/17 – „GS", ECLI:EU:C:2018:437 Rz. 79 i.V.m. Rz. 43 ff.; *Weber*, Tax Avoidance and the EC Treaty Freedoms, 2005, S. 209 ff.; *Weber*, ET 2013, 313 (315).
8 S. bspw. EuGH v. 5.7.2012 – C-318/10 – SIAT, ECLI:EU:C:2012:415 Rz. 56 ff.; v. 7.9.2017 – C-6/16 – Eqiom, ECLI:EU:C:2017:641 Rz. 31 f. und Rz. 36; v. 8.3.2017 – C-14/16 – Euro Park Service, ECLI:EU:C:2017:177 Rz. 56; v. 20.12.2017 – C-504/16 und C-613/16 – Deister Holding und Juhler Holding, ECLI:

hung mit hinreichender Wahrscheinlichkeit indizierende – und von der Finanzverwaltung nachzuweisende – Umstände anknüpfen.¹ Grundfreiheitlich nicht hinnehmbar sind demnach etwa Vorschriften, die zu Verrechnungspreiskorrekturen auf Basis unrealistischer Annahmen zu vermeintlich fremdüblichen Gestaltungen führen können. Daran ändert dann auch die Widerlegbarkeit der Vermutung nichts.² Anders als der EuGH meint, ist dies aber kein Problem mangelnder Rechtssicherheit der Vermutungsregelung,³ sondern eine Frage ihrer Verhältnismäßigkeit.

Nach Ansicht des EuGH darf eine steuerliche Schlechterstellung unter dem Aspekt der Missbrauchsabwehr nicht ohne weiteres daran anknüpfen, dass der Steuerpflichtige – und sei es aus Motiven der Steuerersparnis – seine Geschäftstätigkeit in einen anderen Mitgliedstaat verlegt hat.⁴ Denn eine Standortentscheidung im gemeinsamen, aber durch fortbestehende nationale Regelungsautonomie geprägten Binnenmarkt darf sich grundsätzlich auch an den jeweiligen rechtlichen Rahmenbedingungen orientieren, zu denen u.a. das Steuersystem zählt.⁵

Die mit einer widerlegbaren Vermutung einhergehende Umkehr der objektiven Beweislast bzw. daran geknüpfte Nachweispflichten dürfen außerdem nicht zu „übermäßigen Verwaltungszwängen" für den Steuerpflichtigen führen;⁶ sie müssen sich also am Grundsatz der Sphärenverantwortung orientieren.⁷

EU:C:2017:1009 Rz. 62, 69 und 97; vgl. auch EuGH v. 20.9.2018 – C-685/16 – EV, ECLI:EU:C:2018:743 Rz. 96.
1 S. auch EuGH v. 3.10.2013 – C-282/12 – Itelcar, ECLI:EU:C:2013:629 Rz. 40 f.; v. 8.3.2017 – C-14/16 – Euro Park Service, ECLI:EU:C:2017:177 Rz. 54-56 i.V.m. Rz. 69; v. 7.9.2017 – C-6/16 – Eqiom und Enka, ECLI:EU:C:2017:641 Rz. 32 i.V.m. Rz. 64; v. 20.12.2017 – C-504/16 und C-613/16 – Deister Holding und Juhler Holding, ECLI:EU:C:2017:1009 Rz. 62 i.V.m. Rz. 97; v. 14.6.2018 – C-440/17 – „GS", ECLI:EU:C:2018:437 Rz. 79 i.V.m. Rz. 45. S. dazu eingehend – und tendenziell sehr restriktiv bzgl. der verbleibenden Typisierungsmöglichkeiten – *Blum/Spies*, SWI 2017, 574 (579 f.).
2 S. auch *Schön*, IStR 2009, 882 (887).
3 S. EuGH v. 5.7.2012 – C-318/10 – SIAT, ECLI:EU:C:2012:415 Rz. 58 f.
4 Siehe etwa EuGH v. 26.9.2000 – C-478/98 – Kommission/Belgien, Slg. 2000, I-7587 Rz. 45; v. 21.11.2002 – C-436/00 – X und Y, Slg. 2002, I-10829 Rz. 44 u. 62; m. Anm. *Schnitger*, FR 2003, 84; v. 11.3.2004 – C-9/02 – Lasteyrie du Saillant, Slg. 2004, I-2409 Rz. 54 m.w.N.; m. Anm. *Meilicke*, GmbHR 2004, 504; v. 13.12.2005 – C-446/03 – Marks & Spencer, Slg. 2005, I-10837 Rz. 50; v. 12.9.2006 – C-196/04 – Cadbury Schweppes, Slg. 2006, I-7995 Rz. 50; m. Anm. *Kleinert*, GmbHR 2006, 1049; m. Anm. *Lieber*, FR 2006, 987; v. 13.3.2007 – C-524/04 – Thin Cap Group Litigation, Slg. 2007, I-2107 Rz. 73; v. 17.1.2008 – C-105/07 – Lammers & Van Cleeff, Slg. 2008, I-173 Rz. 27; v. 4.12.2008 – C-330/07 – Jobra, Slg. 2008, I-9099 Rz. 37; v. 29.11.2011 – C-371/10 – National Grid Indus, Slg. 2011, I-12273 Rz. 84; m. Anm. *Musil*, FR 2012, 25; v. 5.7.2012 – C-318/10 – SIAT, ECLI:EU:C:2012:415 Rz. 51; v. 7.11.2013 – C-322/11 – K, ECLI:EU:C:2013:716 Rz. 60; m. Anm. *Müller*, IStR 2013, 425. Siehe auch EuGH, Schlussanträge des Generalanwalts *Geelhoed* v. 29.6.2006 – C-524/04 – Thin Cap Group Litigation, Slg. 2007, I-2107 Rz. 63; EuGH, Schlussanträge der Generalanwältin *Kokott* v. 12.9.2006 – C-231/05 – Oy AA, Slg. 2007, I-6373 Rz. 62; *Axer*, IStR 2007, 162 (163); *Schönfeld*, StuW 2005, 158 (164); *Weber*, Tax Avoidance and the EC Treaty Freedoms, 2005, S. 249; *de Broe*, International Tax Planning and Prevention of Abuse, 2008, S. 826; a.A. wohl *Geibel*, JZ 2007, 277 (280); einschränkend (widerlegbare Vermutung missbräuchlichen Verhaltens bei Inanspruchnahme von Steueroasen zulässig) nunmehr auch *Weber*, ET 2013, 313 (317 f.); wie dieser im Drittstaatenkontext – plausibel – auch *Smit/Kiekebeld*, EC Free Movement of Capital, Income Taxation and Third Countries: Four Selected Issues, 2008, S. 108 f.
5 Siehe dazu eingehend *Böing*, Steuerlicher Gestaltungsmissbrauch in Europa, 2006, S. 288 ff.; auch *Terra/Wattel*, European Tax Law⁶, S. 916.
6 S. EuGH v. 13.3.2007 – C-524/04 – Thin Cap Group Litigation, Slg. 2007, I-2107 Rz. 82; v. 5.7.2012 – C-318/10 – SIAT, ECLI:EU:C:2012:415 Rz. 50; v. 3.10.2013 – C-282/12 – Itelcar, ECLI:EU:C:2013:629 Rz. 37; m. Anm. *Müller* und *Schwenke*, ISR 2013, 376; v. 31.5.2018 – C-382/16 – Hornbach Baumarkt, ECLI:EU:C:2018:366 Rz. 49.
7 S. generell zur sphärenorientierten Beweislastverteilung näher *Seer*, EWS 2013, 257 ff.; *Seer* in Tipke/Kruse, AO/FGO, § 96 FGO Rz. 83 ff. Zur Bedeutung für die Ausgestaltung von gesetzlichen Vermutungen vgl. EuGH v. 12.9.2006 – C-196/04 – Cadbury Schweppes, Slg. 2006, I-8031 Rz. 70; m. Anm. *Kleinert*, GmbHR 2006, 1049; m. Anm. *Lieber*, FR 2006, 987.

(5) Kritik

7.259 Die oben skizzierte Rechtsprechung des EuGH zur Rechtfertigung aus Gründen der Bekämpfung missbräuchlicher Gestaltungen und Steuerflucht leidet trotz der in jüngerer Zeit zu beobachtenden Neuausrichtung nach wie vor unter einem **Mangel an rechtsdogmatischer Ausdifferenzierung**:[1] Soweit sich prima facie grundfreiheitsbeschränkende Steuervorschriften gegen Gestaltungen richten, die im Sinne der restriktiven Cadbury Schweppes-Kriterien des EuGH (Rz. 7.250) wirtschaftlich substanzlos sind, sind die binnenmarktfinalen Grundfreiheiten tatsächlich schon nicht in ihrem Gewährleistungsgehalt tangiert. Fehlt es an jeglicher realer wirtschaftlicher Aktivität, kann sich der Steuerpflichtige folglich von vornherin nicht auf die Grundfreiheiten berufen. Insoweit ist dem EuGH darin zuzustimmen, dass Prüfungsgegenstand auch aus grundfreiheitlicher Perspektive das Vorliegen eines *Missbrauchs von Unionsrecht* (der Grundfreiheiten) ist. Konsequenterweise sollte der Prüfungsmaßstab das vom EuGH bereichsübergreifend entwickelte unionsrechtliche Verbot des Rechtsmissbrauchs (s. Rz. 13.17 ff.) sein. Auf die Zielsetzung der nationalen Vorschrift kann es insoweit nicht ankommen.

Darüber hinaus sollte dem Mitgliedstaat prinzipiell zugestanden werden, auch Maßnahmen gegen die Aushöhlung steuerlicher Bemessungsgrundlagen durch Gestaltungen zu treffen, die auf einem realen Gebrauch von Freizügigkeitsrechten im Binnenmarkt beruhen.[2] Als *Rechtfertigungsgrund* sollte das Bestreben der Bekämpfung von Steuerumgehung daher für Gestaltungen relevant sein, die nach einer vertretbaren Einschätzung des betreffenden Mitgliedstaates missbräuchlich sind, weil sie *gemessen an den nationalen Belastungsgrundentscheidungen* als künstliche und dem angestrebten wirtschaftlichen Ziel nicht angemessene Gestaltungen zu werten sind. Es besteht hier ein genuiner Konflikt zwischen der Grundfreiheitsgewährleistung einerseits und dem mitgliedstaatlichen Interesse an einer Gleichbelastung wirtschaftlich vergleichbarer Sachverhalte andererseits. Diesbezüglich müsste auf der Ebene der Rechtfertigungsprüfung ein angemessener Interessenausgleich angestrebt werden. Da es hier nicht um den Missbrauch von Unionsrecht geht, sondern um nach nationaler Wertung missbräuchliche Umgehungsgestaltungen, müssten hierfür vom EuGH eigenständige Verhältnismäßigkeitskriterien entwickelt werden. Denkbar wäre etwa, zu niederschwellige nationale Anforderungen an das Vorliegen eines Missbrauchs zu beanstanden, orientiert an einem europäischen Mindestniveau eines Mangels an wirtschaftlicher Substanz, etwa in Anlehnung an die Vorgaben des Art. 6 Abs. 2 der Anti-Missbrauchs-Richtlinie.[3]

Im Ergebnis hat sich der EuGH diesem Standpunkt jedenfalls für die Beurteilung von Zwischengesellschaften jüngst angenähert. Denn er stellt nunmehr darauf ob, ob diese Gesellschaften gemessen am Sinn und Zweck bzw. am Regelungsgegenstand der je einschlägigen Steuerrechtsvorschriften keine hinreichende Substanz aufweisen und auch bei objektivierender Betrachtung (d.h. losgelöst vom Normzweck) als substanzarm einzustufen sind (s. Rz. 7.252). Grundfreiheitsdogmatisch ordnet der EuGH eine dahingehende Prüfung aber allein als Frage der Anwendbarkeit des jeweiligen Freizügigkeitsrechts ein und fällt insoweit noch hinter die Cadbury Schweppes-Rechtsprechungslinie zurück (vgl. Rz. 7.251 f.). Er erweitert damit das von ihm postulierte Verbot der missbräuchlichen Berufung auf Unionsrecht (konkret: das einschlägige Freizügigkeitsrecht) um ein Verbot der Berufung auf Unionsrecht zu missbräuchlichen Zwecken; was missbräuchlich ist, soll sich dabei gerade auch aus der Wertung rein mitgliedstaatlicher Bestimmungen ergeben können. Das unionsrechtliche Missbrauchsverbot ist allerdings auch in früheren Entscheidungen schon ähnlich formuliert worden.[4] Es stand aber

---

[1] Ebenso *Rehfeld*, Die Vereinbarkeit des Außensteuergesetzes mit den Grundfreiheiten des EG-Vertrags, S. 324. S. auch *Poulsen*, Intertax 2012, 200 (205): „hard to explain".
[2] So auch *Rehfeld*, Die Vereinbarkeit des Außensteuergesetzes mit den Grundfreiheiten des EG-Vertrags, S. 323 ff.; *Weber*, ET 2013, 313 (326 f.); **a.A.** *Schönfeld*, StuW 2005, 158 (163 f.).
[3] Richtlinie (EU) 2016/1164 v. 12.7.2016 mit Vorschriften zur Bekämpfung von Steuervermeidungspraktiken mit unmittelbaren Auswirkungen auf das Funktionieren des Binnenmarkts.
[4] Vgl. bspw. EuGH v. 22.11.2017 – C-251/16 – Cussens, ECLI:EU:C:2017:881 Rz. 27 m.w.N.: „[...] die Anwendung des Unionsrechts [kann] nicht so weit gehen [...], dass die missbräuchlichen Praktiken von Wirtschaftsteilnehmern gedeckt werden".

gleichwohl in den vorangegangen Entscheidungen stets die Absicht des Steuerpflichtigen in Rede, missbräuchlich bzw. zweckwidrig in den Genuss von *im Unionsrecht* vorgesehenen Vorteilen zu gelangen.[1] Darum aber geht es in den hier interessierenden Konstellationen wie oben dargelegt gerade nicht. Die von der Missbrauchsbekämpfungsnorm erfasste Gestaltung des Steuerpflichtigen kann durchaus als genuine und in diesem Sinne zweckadäquate Betätigung von Freizügigkeitsrechten zu werten sein. Unterlaufen wird die Teleologie der nationalen Steuerrechtsnorm, nicht die den Grundfreiheiten immanente Binnenmarktfinalität.

In den vom EuGH bislang konkret nach Maßgabe dieser neuen Missbrauchsdoktrin entschiedenen Fällen war diese rechtsdogmatische Unschärfe zwar im Ergebnis unschädlich. Die hier geübte Kritik daran ist gleichwohl nicht rein akademischer Natur. Indem der EuGH die Missbrauchsprüfung schon auf Ebene der Anwendbarkeit des relevanten Freizügigkeitsrechts ansiedelt, versperrt er den Weg zu einer Verhältnismäßigkeitsprüfung einschließlich der damit verbundenen Kontrolle auf Folgerichtigkeit bzw. Wertungswidersprüche (vgl. Rz. 7.207). Würde er seinem Standpunkt treu bleiben, hieße dies, dass die Mitgliedstaaten speziell für grenzüberschreitende Wirtschaftsvorgänge niederschwelligere Anforderungen an eine Umgehung steuerlicher Belastungen stellen dürften, oder schärfere Rechtsfolgen daran knüpfen dürften, als bei vergleichbaren rein innerstaatlichen Umgehungsgestaltungen. Zu verlangen wäre lediglich, dass sich auch im diskriminierten Fall des Gebrauchmachens von Freizügigkeitsrechten das nationale Missbrauchskonzept noch innerhalb der Grenzen der vom EuGH postulierten Erfordernisse an unzureichende wirtschaftliche Substanz bewegt. Ein solches Ergebnis und die damit einhergehende abschreckende Wirkung auf grenzüberschreitend angelegte Gestaltungen würden dem Binnenmarktanliegen des Unionsrechts nicht gerecht werden.

Überzeugender ist demgegenüber der moderierende Ansatz, den der EuGH vereinzelt zur *Rechtfertigung* von Maßnahmen gegen Steuersubstratverlagerungen in überseeische Länder und Hoheitsgebiete eines Mitgliedstaates vertreten hat.[2]

Es überzeugt ferner nicht, wenn der EuGH annimmt, die Ziele der Wahrung einer ausgewogenen Aufteilung der Besteuerungsbefugnisse zwischen den Mitgliedstaaten einerseits und der Vermeidung von missbräuchlicher Steuerumgehung andererseits seien notwendig miteinander verknüpft[3] und beide Rechtfertigungsgründe darum vor allem bei Einkünftekorrekturnormen automatisch miteinander kombiniert.[4] Denn Maßnahmen gegen die Verschiebung von Steuersubstrat in Niedrigsteuerländer oder -regime zwecks Umgehung nationaler Steuerbelastungen bedürfen zu ihrer Legitimation nicht

7.260

---

1 Sehr deutlich etwa EuGH v. 21.2.2006 – C-255/02 – Halifax, ECLI:EU:C:2006:121 Rz. 69 = UR 2006, 232 m. Anm. *Wäger*. S. ferner bspw. EuGH v. 14.12.2000 – C-110/99 – Emsland-Stärke, EU:C:2000:695 Rz. 52 f.; v. 12.3.2014 – C-456/12 – O. und B., ECLI:EU:C:2014:135 Rz. 58; v. 22.11.2017 – C-251/16 – Cussens, ECLI:EU:C:2017:881 Rz. 43.
2 S. EuGH v. 5.6.2014 – C-24/12 und C-27/12 – X BV und TBG Limited, ECLI:EU:C:2014:1385 Rz. 51 ff. Für im Sinne der Cadbury Schweppes-Doktrin strenge Beurteilungsmaßstäbe auch im Verhältnis zu Drittländern (und damit wohl erst recht zu ÜLH) hingegen EuGH, Schlussanträge des Generalanwalts *Mengozzi* v. 5.6.2018 – C-135/17 -"X GmbH", ECLI:EU:C:2018:389 Rz. 85, unter – nach hier vertretener Ansicht aber nicht aussagekräftigem – Verweis auf EuGH v. 24.11.2016 – C-464/14 – SECIL, ECLI:EU:C:2016:896 Rz. 61.
3 So ausdrücklich EuGH v. 17.12.2015 – C-388/14 – Timac Agro, ECLI:EU:C:2015:795 Rz. 47; s. bspw. auch EuGH v. 1.4.2014 – C-80/12 – Felixstowe Dock and Railway Company u.a., ECLI:EU:C:2014:200 Rz. 32 f. Vgl. demgegenüber aber EuGH v. 18.7.2007 – C-231/05 – Oy AA, Slg. 2007, I-6373 Rz. 62–64. Vgl. auch die gesonderte Erörterung beider Rechtfertigungsgründe im Kontext des Symmetriearguments in EuGH v. 7.11.2013 – C-322/11 – K, ECLI:EU:C:2013:716 Rz. 50 ff. einerseits und Rz. 59 ff. andererseits; m. Anm. *Müller*, ISR 2013, 425.
4 Kritisch auch *Eisenbarth/Hufeld*, IStR 2010, 309 (313); *Baßler*, Steuerliche Gewinnabgrenzung im Europäischen Binnenmarkt, 2011, S. 207 ff. und 217; *Schön*, IStR 2011, 777 (789 f.); *Poulsen*, Intertax 2012, 200 (207); *Glahe*, EC Tax Review 2013, 222 (227 f.); *Terra/Wattel*, European Tax Law[6], S. 925; *Staats*, IWB 2018, 838 (845). Zur nachfolgenden Kritik s. auch schon Englisch, DStJG 41 (2018), S. 273 (306 ff.). Zustimmend hingegen *Staringer* in Europäisches Steuerrecht, DStJG 41 (2018), S. 365 (378).

ohne weiteres auch der Berufung auf die Wahrnehmung von zwischenstaatlich abgestimmten, typischerweise am Territorialitätsprinzip ausgerichteten Besteuerungsbefugnissen. Es kann etwa im Bereich der Verrechnungspreiskontrolle oder der Hinzurechnungsbesteuerung auch genügen, dass sich die seitens des Steuerpflichtigen zum Zwecke der Steuervermeidung eingesetzten Gestaltungen nach – unionsrechtlich akzeptablen (Rz. 7.259) – nationalen Maßstäben als künstlich erweisen.[1] Der Mitgliedstaat kann dann Gegenmaßnahmen prinzipiell schon auf den Rechtfertigungsgrund der Vermeidung missbräuchlicher Gestaltungen stützen.[2] Kann der Mitgliedstaat isoliert nur diesen Rechtfertigungsgrund geltend machen, muss er allerdings – insoweit in Übereinstimmung mit der einschlägigen Rechtsprechung des EuGH (Rz. 7.257) – dem Steuerpflichtigen den Nachweis beachtlicher wirtschaftlicher Gründe einräumen. Diese können dann im Unterschied zu den Maßstäben des Fremdvergleichsgrundsatzes wie vom EuGH angenommen gerade auch in konzernspezifischen Erwägungen wurzeln.

Hingegen kann es auf solche Gründe zur Widerlegung einer „künstlichen" Gestaltung entgegen dem EuGH nicht ankommen, wenn der Mitgliedstaat geltend machen kann, zwischenstaatlich abgestimmte Besteuerungsbefugnisse wahrzunehmen und damit zu verhindern, dass sich der Steuerpflichtige einer seiner wirtschaftlichen Verbindung zum jeweiligen Gemeinwesen angemessenen Finanzierungsverantwortung entzieht.[3] Auszutarieren sind hier dann die Grundfreiheitsgewährleistung einerseits und das mitgliedstaatliche Interesse an einer nach den Maßstäben des internationalen Steuerrechts adäquaten Partizipation am Steuersubstrat andererseits.[4] Die Zuordnung von Steuersubstrat unabhängig von der zivilrechtlich gestalteten Zuweisung von Vermögenswerten und Gewinnen steht dabei nicht schon in einem grundsätzlichen Konflikt zum Binnenmarktideal, jedenfalls sofern sich die Zuordnungskriterien auf wirtschaftlich vertretbare Sachgerechtigkeitserwägungen und namentlich das steuerliche Territorialitätsprinzip stützen. Der Gerichtshof verkennt infolge seiner **unsachgerechten Verquickung von Aspekten der Wahrung einer angemessenen Aufteilung der Besteuerungsbefugnis mit dem Rechtfertigungsgrund der Missbrauchsabwehr**,[5] dass die besondere wirtschaftliche Nähe des Steuerpflichtigen zum verbundenen Unternehmensteil dann regelmäßig keine Rolle für die „Angemessenheit" spielen kann. Denn beim erstgenannten Rechtfertigungsgrund steht nicht die Angemessenheit der gewählten Gestaltung, sondern die angemessene Partizipation am grenzüberschreitend erwirtschafteten Steuersubstrat bzw. die je angemessene Inanspruchnahme des Steuerpflichtigen durch die jeweilige mitglied-

---

1 Schon grds. a.A. offenbar *Nagler*, IStR 2016, 680 (683), der das spezifisch grenzüberschreitenden Vorgängen innewohnende Umgehungspotential bestreitet.
2 Insoweit wie hier *Martín Jiménez*, BIT 2010, 271 (272 f.). S. auch *Régil*, ET 2016, 230 (242), zur künstlichen Herbeiführung einer „double dip"-Konstellation. Nach diesen beiden verschiedenen Rechtfertigungsansätzen differenziert ansatzweise auch Generalanwalt *Bobek*, Schlussanträge v. 14.12.2017 – C-382/16 – Hornbach-Baumarkt, ECLI:EU:C:2017:974 Rz. 24: „Klarzustellen ist, dass auf der Grundlage des Fremdvergleichsgrundsatzes ermittelte Transferpreise zum Zweck der Anpassung der Steuerbemessungsgrundlage einer Gesellschaft im Fall künstlicher oder missbräuchlicher, bewusst zur Steuerumgehung bestimmter Bedingungen verwendet werden können. Sie werden allgemein und berechtigterweise auch dazu verwendet, eine vereinheitlichte Grundlage für die Gewinnverteilung (und die Vermeidung der Doppelbesteuerung) zu gewährleisten."
3 Insoweit zutreffend EuGH, Schlussanträge des Generalanwalts *Bobek* v. 14.12.2017 – C-382/16 – Hornbach-Baumarkt, ECLI:EU:C:2017:974 Rz. 24 und 114; i.E. ebenso *Baßler*, Steuerliche Gewinnabgrenzung im europäischen Binnenmarkt, 2011, S. 217; *Beiser*, IStR 2016, 189 (190 f.); *Koriak*, ET 2016, 552 (556); *Schwenke*, DB 2018, 2329 (2332); wohl auch *Dourado*, Intertax 2016, 440 (441). S. ferner i.E. ebenso, obschon mit andersartigem Ansatz („gebotene Nivellierung der strukturellen Mobilitätsunterschiede zwischen den Einkunftsarten") *Jacobsen*, DStZ 2019, 389 (396). Einschränkend hingegen auch für diesen Fall *Glahe*, IStR 2015, 97 (100 f.).
4 Ähnlich *Ghosh* in de la Feria, Prohibition of Abuse of Law, 2011, S. 459 (464 f.); *Schön* in FS Tiley, 2008, S. 75 (76 f.); *van Thiel*, Free movement of Persons and Income Tax Law, 2002, S. 605.
5 Nach hier vertretener Einschätzung ist die Bestätigung dieses Ansatzes durch EuGH v. 31.5.2018 – C-382/16 – Hornbach Baumarkt, ECLI:EU:C:2018:366, nicht lediglich auf einen „technischen Übertragungsfehler" zurückzuführen (so die Vermutung von *Schwenke*, DB 2018, 2329 [2332]), sondern Ausdruck unzureichender Reflektion und Fundierung des Konzepts der angemessenen Aufteilung der Besteuerungsbefugnisse.

staatliche Solidargemeinschaft der Steuerzahler in Rede.[1] Was einen „fairen" Beitrag zu den Kosten des öffentlichen Gemeinwesens ausmacht, ist also für die Zwecke der Rechtfertigungsprüfung nach den international anerkannten Kriterien der „inter-nation equity" zu bestimmen, und nicht nach den Belastungsgrundentscheidungen des nationalen Steuerrechts. So soll sich bei der Verrechnungspreiskorrektur nach den einschlägigen Vorgaben sowohl der OECD[2] als auch des EU-Verrechnungspreisforums[3] die Unangemessenheit der gewählten Gewinnaufteilung allein aus der Abweichung vom Fremdvergleichsgrundsatz (in seiner Konkretisierung durch die jeweils maßgeblichen Verrechnungspreisrichtlinien) ergeben, weil letzterer von den beteiligten Staaten als angemessener Aufteilungsmaßstab für die Unternehmensgewinne konsentiert ist. Auch im Übrigen gilt es nach der geltend gemachten Rechtfertigung zu differenzieren. So ist etwa zur Bekämpfung unangemessener Gestaltungen bei Verrechnungspreisen nur eine Korrektur bis zur Untergrenze noch angemessener (marktüblicher bzw. wirtschaftlich rationaler) Preissetzung erforderlich; hingegen kann eine Regelung zwecks Wahrung einer zwischenstaatlich als angemessen angesehenen Aufteilung der Besteuerungsbefugnis die Wahl auch von mittleren Werten legitimieren (vgl. auch Rz. 7.255). Eine kombinierte Prüfung beider hier erörterten Rechtfertigungsgründe ist nur angezeigt, wenn gerade die missbräuchliche Inanspruchnahme eben jener zwischenstaatlich vereinbarten Aufteilungsmaßstäbe verhindert werden soll, wie etwa bei Vorschriften gegen „treaty-shopping".

Aus den bereits oben (Rz. 7.234) erörterten Gründen und insbesondere um sicherzustellen, dass die beteiligten Mitgliedstaaten nicht lediglich nationale Fiskalinteressen verfolgen,[4] sollte eine Rechtfertigung aus Gründen angemessener Aufteilung der Besteuerungsbefugnisse eine Grundfreiheitsbeschränkung auch im hier erörterten Kontext allerdings nur zu legitimieren vermögen, wenn die beschränkende Maßnahme der Umsetzung einer dahingehenden *zwischenstaatlichen Übereinkunft* dient und damit eine letztlich *binnenmarktförderliche* Abgrenzung von Steuerhoheiten effektuiert. Rein unilaterale Vorstellungen sachgerechter Partizipation am grenzüberschreitend erzielten Steuersubstrat genügen nicht; solche rein national festgelegten Belastungsentscheidungen legitimieren grundfreiheitsbeschränkende Maßnahmen nur, um sie gegen eine missbräuchliche Umgehung zu schützen.

Die grundfreiheitsbeschränkenden Belastungswirkungen, die aus mitgliedstaatlichen Regelungen zur Wahrung einer angemessenen, international abgestimmten Aufteilung der Besteuerungsbefugnis resultieren, sind im Übrigen umso eher als **verhältnismäßig** i.e.S. anzusehen, als sie bei wirtschaftlicher Betrachtungsweise in ähnlichem Ausmaß auch durch eine alternative, nicht grundfreiheitsbeschränkende und damit seitens des Steuerpflichtigen ohne weiteres hinzunehmende Wahrnehmung von Besteuerungsbefugnissen herbeigeführt werden könnten. So könnte bspw. die grundfreiheitsbeschränkende Hinzurechnungsbesteuerung bei der Muttergesellschaft – vorbehaltlich völker- oder unionsrechtlicher Beschränkungen – auch durch eine unmittelbare (ggf. anteilige) Besteuerung der Gewinne der ausländischen Tochtergesellschaft durch den Mitgliedstaat der Muttergesellschaft substituiert werden, die grundfreiheitsbeschränkende Korrektur von fremdunüblichen Verrechnungspreisen bei der zahlenden inlandsansässigen Gesellschaft durch eine auf die daraus resultierenden (Mehr-)Einnahmen der ausländischen Konzerngesellschaft erhobene Quellensteuer, usw. Die jeweils genannten, beim auslandsansässigen Steuersubjekt ansetzenden Alternativen wären als diskriminierungsfreie Inanspruchnahme nationaler Besteuerungshoheit von vornherein nicht als Grundfreiheitsbeschränkung zu qualifizieren, träfen den inlandsansässigen Steuerpflichtigen oder ggf. dessen Anteilseigner je nach dem Grad seiner wirt-

---

1 Wie hier kritisch *Schön*, IStR 2011, 777 (780 f.); *Schön* in Richelle u.a. (Hrsg.), Allocating Taxing Powers within the European Union, S. 73 (96 ff.). Auch der EuGH hat dies schon vereinzelt anerkannt, vgl. EuGH v. 18.7.2007 – C-231/05 – „Oy AA", ECLI:EU:C:2007:439 Rz. 62-64.
2 S. OECD, Report on the attribution of profits to permanent establishments v. 17.7.2008, Rz. 207 ff.; OECD, Verrechnungspreisrichtlinien für multinationale Unternehmen und Steuerverwaltungen, 2010, Kapitel 1.3 und 1.15.
3 S. Europäische Kommission, EU-Verrechnungspreisforum, Report on cost contribution arrangements on services not creating intangible property v. 7.6.2012, JTPF/008/FINAL/2012/EN, Rz. 15 ff.
4 Vgl. auch EuGH, Schlussanträge des Generalanwalts *Mengozzi* v. 5.6.2018 – C-135/17 – „X GmbH", ECLI:EU:C:2018:389 Rz. 100.

schaftlichen Verbundenheit aber mittelbar womöglich in ähnlicher Weise. Unter Verhältnismäßigkeitsaspekten könnte ferner erwogen werden, eine Rechtfertigung nur zuzulassen, wenn nicht nur materiellrechtlich sondern auch verfahrensrechtlich hinreichend effektive Vorkehrungen für eine Vermeidung internationaler (ggf.: wirtschaftlicher) Doppelbesteuerung ergriffen worden sind.[1] Außerdem muss sich das grundfreiheitsbeschränkende Steuerregime auch folgerichtig an der Rationalität der zwischenstaatlich als sachgerecht erachteten Aufteilungsmaßstäbe orientieren (vgl. Rz. 7.207).[2]

7.261 Im Übrigen ist speziell bei einer Rechtfertigung aus Gründen der Vermeidung von missbräuchlicher Steuerumgehung die kategorische **Ablehnung jeglicher unwiderlegbaren Vermutung** (Rz. 7.257) und die damit verbundene generelle Hintanstellung des mitgliedstaatlichen Interesses an effektiver und praktikabler Missbrauchsbekämpfung **überzogen**.[3] Dies gilt umso mehr, als an den Unionsgesetzgeber seitens des EuGH wesentlich geringere Anforderungen gestellt werden.[4] Der EuGH übersieht insbesondere, dass tatbestandliche Typisierungen gerade bei speziellen Missbrauchsbekämpfungsvorschriften nicht nur Vereinfachungszwecken (vgl. Rz. 7.281), sondern vor allem auch der Rechtssicherheit dienlich sein können.[5] Dabei handelt es sich um einen rechtsstaatlichen Grundsatz, der als allgemeiner Rechtsgrundsatz auch Bestandteil des Unionsprimärrechts ist und schon deshalb auch seitens der Mitgliedstaaten als legitimes Regelungsanliegen vorgetragen werden kann.[6] Zwar ist es mit dem EuGH als unverhältnismäßig anzusehen, grenzüberschreitende Sachverhalte generell und pauschal unter Missbrauchsverdacht zu stellen. In engen Grenzen sollte es den Mitgliedstaaten aber mit Blick auf die genannten Zielsetzungen möglich sein, unwiderlegbare Vermutungen wirtschaftlich unangemessener und in diesem Sinne missbräuchlicher Gestaltungen zu statuieren, wenn sie hinreichend restriktiv und zielgenau sowie empirisch fundiert sind.

dd) Weitere Fallgruppen

7.262 Das Interesse an der Wahrung einer angemessenen Aufteilung von Steuerhoheiten kann es rechtfertigen, dem Steuerpflichtigen die Inanspruchnahme von genuin steuerlichen Wahlrechten oder eines besonderen Steuerregimes zu versagen, soweit anderenfalls Gewinne entgegen dem steuerlichen Territorialitätsprinzip einer Besteuerung in diesem Mitgliedstaat entzogen würden.[7] Es darf also auch insofern **ein wirtschaftlich nicht begründbarer Gewinntransfer ins Ausland unterbunden** werden.[8] Dies wäre etwa auch im Rahmen der Organschaft nach § 14 KStG bei Einbeziehung auch auslandsansässiger Organträger zu befürchten. Die in § 14 Abs. 1 Nr. 2 KStG enthaltene Beschränkung des Kreises möglicher Organträger auf Gesellschaften mit inländischer Geschäftsleitung ist daher gerechtfertigt.[9]

---

1 So tendenziell *Schön*, BTR 2015, 417 (427).
2 S. etwa speziell zu § 4j EStG (ablehnend) *Englisch* in Europäisches Steuerrecht, DStJG 41 (2018), S. 273 (335 f.).
3 So auch *Gutmann/Hinnekens*, EC Tax Review 2003, 90 (95).
4 Exemplarisch EuGH v. 17.10.1996 – C-283/94 – Denkavit International u.a., Slg. 1996, I-5063 Rz. 31 – zu Art. 3 II Mutter-Tochter-Richtlinie: Ermächtigung zur sehr grob typisierenden Missbrauchsabwehr blieb unbeanstandet. S. zu den divergierenden Anforderungen auch *Kofler/Tenore* in Weber (Hrsg.), Traditional and Alternative Routes to European Tax Integration, 2010, S. 311 (325 f.); *Kingston*, CMLRev. 2011, 2061 (2075 f.).
5 S. *Hey*, StuW 2008, 167 (177); *Gabel*, Stuw 2011, 3 (5 f.).
6 S. dazu etwa EuGH v. 21.1.2010 – C-472/08 – Alstom Power Hydro, ECLI:EU:C:2010:32 Rz. 16 ff., m.w.N.; vgl. auch EuGH v. 21.9.2017 – C-605/15 – Aviva, ECLI:EU:C:2017:718 Rz. 37 f.; v. 5.12.2017 – C-42/17 – M.A.S. und M.B., ECLI:EU:C:2017:936 Rz. 51 ff.
7 Vgl. EuGH v. 18.7.2007 – C-231/05 – Oy AA, Slg. 2007, I-6373 Rz. 54 ff., insb. Rz. 56 und 58; bestätigt durch EuGH v. 8.11.2007 – C-379/05 – Amurta, Slg. 2007, I-9569 Rz. 58; m. Anm. *Kleinert*, GmbHR 2007, 1334.
8 S. auch *Schön* in FS Reiß, 2008, S. 571 (581); *Rønfeldt*, Intertax 2013, 360 (367).
9 Vgl. auch *Cloer/Lavrelashvili*, RIW 2007, 777 (781); *Kußmaul/Niehren*, IStR 2008, 81 (86).

Werden steuerliche Vergünstigungen, die im reinen Inlandssachverhalt gewährt werden, dem von seinen Freizügigkeitsrechten Gebrauch machenden Steuerpflichtigen verwehrt, so ist dies grundsätzlich grundfreiheitswidrig. Ausnahmsweise kann aber aufgrund mangelnder Vergleichbarkeit der beiden Konstellationen ein Grundfreiheitsverstoß auszuschließen sein, oder die grundfreiheitsbeschränkende Maßnahme darf aufgrund eines anerkannten Rechtfertigungsgrundes aufrechterhalten werden. In diesem Fall dürfen die Mitgliedstaaten dann auch Maßnahmen gegen Gestaltungen ergreifen, die entgegen den Wertungen des nationalen Rechts den betreffenden Steuervorteil auch im grenzüberschreitenden Kontext zu erlangen suchen.[1]

Entgegen anderslautender Stellungnahmen[2] sind **Steuerwettbewerb und Steuerarbitrage** im Binnenmarkt grundfreiheitlich **nicht um ihrer selbst willen geschützt**.[3] Dagegen sprechen schon die im Binnenmarktinteresse vorgesehenen Harmonisierungsbefugnisse der Union (insbes. Art. 115 f. AEUV). Deshalb sollte die Berufung auf die Wahrung einer angemessenen Aufteilung der Besteuerungsbefugnis auch dann als legitim erachtet werden, wenn sich Staaten aus Gründen des Abbaus von steuerlichen Wettbewerbsverzerrungen und unabhängig vom Vorliegen etwaiger missbräuchlicher Gestaltungen auf die Zuteilung von (ggf.: komplementären bzw. subsidiären) Besteuerungsrechten verständigt haben und zu diesem Zwecke grundfreiheitsbeschränkende Regelungen vorsehen. Soweit einige Entscheidungen des EuGH bislang in eine andere Richtung wiesen,[4] bezogen sie sich zumindest ihrem Gegenstand nach jedenfalls nur auf unilaterale, zwischenstaatlich nicht abgestimmte „ergänzende" Steuerlasten;[5] insoweit verdient sie i.E. auch nach wie vor Zustimmung.

7.263

Daher ist richtigerweise auch eine international oder unionsweit abgestimmte *Mindeststeuerregelung* – etwa nach dem Vorbild der deutsch-französischen GloBE-Initiative[6] – im Grundsatz rechtfertigungsfähig, vorbehaltlich ihrer verhältnismäßigen und folgerichtigen Ausgestaltung.

b) Vermeidung internationaler Kumulation von Steuervergünstigungen

aa) EuGH-Rechtsprechung im Fluss

Die Rechtsprechung des EuGH zur Rechtfertigung einer grundfreiheitsbeschränkenden Versagung von steuerlichen Vergünstigungen zwecks Vermeidung einer internationalen Mehrfachinanspruchnahme vergleichbarer Steuervorteile bzw. Steuerentlastungen („**double dip**") bzw. einer internationalen „Keinmalbesteuerung" befindet sich derzeit noch im Fluss. Von zentraler praktischer Bedeutung ist sie vor allem für die grundfreiheitliche Beurteilung sog. (unmittelbar oder mittelbar[7] auf die grenzüberschrei-

7.264

---

1 Vgl. EuGH v. 17.9.2009 – C-182/08 – Glaxo Wellcome, Slg. 2009, I-8591 Rz. 82–92 – Dividendenstripping.
2 S. etwa Fontana, ET 2006, 317 (324); Vanistendael, EC Tax Review 2008, 52 (56 f.); Hey, StuW 2008, 167 (180) – s. aber nunmehr Hey in Europäisches Steuerrecht, DStJG 41 (2018), S. 9 (38 f.); zurückhaltender Schön in FS Reiß, 2008, S. 571 (583 f.).
3 S. EuGH v. 6.12.2007 – C-298/05 – Columbus Container Services, Slg. 2007, I-10497 Rz. 51 ff. S. ferner EuGH v. 23.2.2006 – C-513/03 – van Hilten-van der Heijden, Slg. 2006, I-1957 Rz. 45 f.: kein genereller Schutz vor Maßnahmen gegen Steuersystemwettbewerb im Binnenmarkt.
4 S. EuGH v. 26.10.1999 – C-294/97 – Eurowings, ECLI:EU:C:1999:524 Rz. 44 f. (bestätigt durch EuGH v. 26.6.2003 – C-422/01 – Skandia, Slg. 2003, I-6817 Rz. 52; v. 5.7.2012 – C-318/10 – SIAT, ECLI:EU:C:2012:415 Rz. 39): „Ein etwaiger Steuervorteil für Dienstleistende in Form ihrer geringen steuerlichen Belastung in dem Mitgliedstaat, in dem sie ansässig sind, gibt einem anderen Mitgliedstaat nicht das Recht, die in seinem Gebiet ansässigen Empfänger der Dienstleistungen steuerlich ungünstiger zu behandeln [...] solche kompensatorischen Abgaben [würden] den Binnenmarkt in seinen Grundlagen beeinträchtigen."
5 Vgl. auch EuGH v. 26.2.2019 – C-115/16, C-118/16, C-119/16 und C-299/16 – N Luxembourg 1 u. a., ECLI:EU:C:2019:134 Rz. 108.
6 S. dazu zuletzt OECD/G20 Inclusive Framework on BEPS, Programme of Work to Develop a Consensus Solution to the Tax Challenges Arising from the Digitalisation of the Economy, Mai 2019, S. 23 ff.
7 Vgl. dazu EuGH v. 26.10.1999 – C-294/97 – Eurowings, ECLI:EU:C:1999:524 Rz. 40.

tende Wirtschaftstätigkeit abzielender) „*Linking rules*", wie bspw. § 8b Abs. 1 Satz 2 KStG oder zur Umsetzung von Art. 9 Anti-Missbrauchs-RL EU/2016/1164 erlassene Vorschriften.

7.265 In der wegweisenden Entscheidung Marks & Spencer hat der Gerichtshof den Mitgliedstaaten zugestanden, dass u.a. auch das Interesse an der **Vermeidung einer international doppelten Verlustberücksichtigung** einen legitimen Rechtfertigungsgrund für einen grundfreiheitsbeschränkenden Ausschluss bestimmter „Auslandsverluste" von Verlustverrechnungsmöglichkeiten abgibt.[1] Dieser Standpunkt ist in späteren Urteilen bestätigt und bis heute beibehalten worden.[2] Allerdings hat der EuGH den Rechtfertigungsgrund der Vermeidung doppelter Verlustberücksichtigung hier stets nur in Verbindung mit dem weiteren Rechtfertigungsgrund der Wahrung einer angemessenen Aufteilung der Besteuerungshoheiten zugelassen.[3] Namentlich hat er in diesem Zusammenhang mit dem daraus abgeleiteten Gesichtspunkt symmetrischer Nichtbesteuerung von Gewinnen und Verlusten argumentiert (s. Rz. 7.239 ff.). Fraglich war damit, ob die Vermeidung doppelter Verlustverwertung auch für sich allein einen tauglichen Rechtfertigungsgrund darstellt, so dass sich ein Mitgliedstaat hierauf auch dann berufen kann, wenn etwaige Gewinne aus der verlustträchtigen Tätigkeit seiner Besteuerungshoheit unterliegen. In der Rechtssache Krankenheim Ruhesitz am Wannsee zeichnete sich bereits ab, dass dies nach Ansicht des EuGH nicht der Fall ist.[4] Zumindest für den Quellenstaat schien sich der EuGH nachfolgend durch die Entscheidung Philips Electronics UK endgültig in diesem Sinne festgelegt zu haben.[5] Eine Kehrtwende vollzog der Gerichtshof dann aber in seinem Urteil zur Rechtssache „NN"[6], wobei er trotz der Hinweise des Generalanwalts[7], des vorlegenden Gerichts und der Verfahrensbeteiligten mit keinem Wort auf den evidenten Widerspruch zur Vorentscheidung einging.[8] Nach der geläuterten Auffassung des EuGH ist es „offensichtlich nicht gerechtfertigt", eine international doppelte Verlustverrechnung zu fordern, wenn dieser keine doppelte Ausübung von Besteuerungshoheiten gegenüberstünde.[9] Grundfreiheitsbeschränkende Maßnahmen gegen die doppelte Verlustnutzung seien daher zwecks Vermeidung „ungerechtfertigter Vorteile" für die betreffende grenzüberschreitende Betätigung im Verhältnis zum reinen Inlandssachverhalt gerechtfertigt.[10] Kurz zuvor hat der EuGH außerdem im Kontext des Symmetrieprinzips (Rz. 7.241 u. 7.244) angedeutet, die Versagung einer doppelten Verlustverrechnung trage dem steuerlichen Leistungsfähigkeitsprinzip Rech-

---

1 S. EuGH v. 13.12.2005 – C-446/03 – Marks & Spencer, Slg. 2005, I-10837 Rz. 47; s. dazu auch *Rønfeldt*, Intertax 2013, 360 (367 und 371). Generalanwalt *Poiares Maduro* hatte in seinen Schlussanträgen sogar dafür plädiert, dies als eine Variante der Rechtfertigung aus Gründen steuerlicher Kohärenz anzusehen, s. EuGH, Schlussanträge des Generalanwalts *Poiares Maduro* v. 7.4.2005 – C-446/03 – Marks & Spencer, Slg. 2005, I-10837 Rz. 72 ff.
2 S. EuGH v. 15.5.2008 – C-414/06 – Lidl Belgium, Slg. 2008, I-3601 Rz. 35 f.; m. Anm. *Rehm/Nagler*, GmbHR 2008, 709; v. 29.3.2007 – C-347/04 – Rewe Zentralfinanz, Slg. 2007, I-2647 Rz. 41; m. Anm. *Rehm/Nagler*, GmbHR 2007, 494; v. 18.7.2007 – C-231/05 – Oy AA, Slg. 2007, I-6373 Rz. 51; v. 29.11.2011 – C-371/10 – National Grid Indus, Slg. 2011, I-12273 Rz. 59; m. Anm. *Musil*, FR 2012, 25; v. 21.2.2013 – C-123/11 – A Oy, ECLI:EU:C:2013:84 Rz. 44; m. Anm. *Müller*, ISR 2013, 103; m. Anm. *Musil*, FR 2013, 370; v. 7.11.2013 – C-322/11 – K, ECLI:EU:C:2013:716 Rz. 56; m. Anm. *Müller*, ISR 2013, 425.
3 S. dazu auch *Sedemund*, Europäisches Ertragsteuerrecht, 2008, Rz. 436.
4 Vgl. EuGH v. 23.10.2008 – C-157/07 – Krankenheim Ruhesitz am Wannsee, Slg. 2008, I-8061 Rz. 47–51.
5 S. EuGH v. 6.2012 – C-18/11 – Philips Electronics UK, ECLI:EU:C:2012:532 Rz. 28 ff.; m. Anm. *Pohl*, ISR 2012, 101; die diesbzgl. von *Monteiro/Kiers* geäußerten leichten Zweifel sind nicht begründet, vgl. *Monteiro/Kiers*, EC Tax Review 2013, 92 (94 f.).
6 EuGH v. 4.7.2018 – C-28/17 – „NN", ECLI:EU:C:2018:526.
7 S. EuGH, Schlussanträge des Generalanwalts *Sánchez-Bordona* v. 21.2.2018 – C-28/17 – „NN", ECLI:EU:C:2018:86 Rz. 63 f.
8 Vordergründig wurde dies durch einen unterschiedlichen Prüfungsansatz erleichtert, vgl. *Vermeulen/Dafnomilis*, EC Tax Review 2019, 90 (93 f.).
9 S. EuGH v. 4.7.2018 – C-28/17 – „NN", ECLI:EU:C:2018:526 Rz. 47; die Entscheidung überzeugt allerdings nur in ihren grundsätzlichen Feststellungen, nicht auch im Ergebnis (s. Rz. 7.271).
10 S. EuGH v. 4.7.2018 – C-28/17 – „NN", ECLI:EU:C:2018:526 Rz. 48.

nung und sei insoweit legitim.¹ Damit ist die Vermeidung der internationalen Kumulation von Verlustverrechnungsmöglichkeiten inzwischen wohl auch für sich genommen ein vom EuGH anerkannter Rechtfertigungsgrund, sofern ihr keine doppelte Ausübung von Besteuerungsrechten hinsichtlich der Gewinne aus der betreffenden Tätigkeit gegenübersteht.² Unter Verhältnismäßigkeitsgesichtspunkten hat der EuGH aber darauf bestanden, dass im jeweils anderen Mitgliedstaat endgültig nicht mehr verrechenbare, **finale Verluste** (vgl. Rz. 7.244) von der Versagung der Verlustberücksichtigung ausgenommen werden müssten. Denn insoweit bestehe keine Gefahr einer doppelten Verrechnung mehr.³

Keine Stellung hat der EuGH in „NN" dazu nehmen müssen, wie zu verfahren ist, wenn beide betroffenen Mitgliedstaaten zugleich eine Verlustverrechnung unter Hinweis darauf ablehnen, dass sie ja im jeweils anderen für den Regelfall gesetzlich vorgesehen sei. In einem obiter dictum in der Krankenheim Ruhesitz-Entscheidung hat er aber die **vorrangige Verantwortung** zur Verlustberücksichtigung dem Mitgliedstaat zugewiesen, in dem die Verluste ihre wirtschaftliche Ursache haben, d.h. dem Quellenstaat.⁴

Unklar ist, inwieweit die neue Rechtsprechungslinie auch für sonstige einkünftebezogene und in diesem Sinne „objektive" **Steuervergünstigungen bzw. steuerliche Entlastungen gilt.** Hier hat der EuGH vor der Entscheidung Philips Electronics UK gelegentlich zu erkennen gegeben, dass der Vermeidung einer international doppelten Gewährung von Befreiungen oder Abzügen ein beachtlicher mitgliedstaatlicher Belang sein könnte. Im Ergebnis wurde dies dann aber stets verneint.⁵ Dabei maß der EuGH dem Gesichtspunkt der Vermeidung doppelter Inanspruchnahme von steuermindernden Tatbeständen teils keine eigenständige Bedeutung zu,⁶ teils verwies er darauf, dass die Steuerhoheit des betroffenen Mitgliedstaates davon nicht tangiert sei.⁷ Beides sind Aspekte, die auch maßgeblich zur Begründung des restriktiven Ansatzes in Philips Electronics UK herangezogen wurden. In jüngerer Zeit hat sich der EuGH aber wiederholt erneut mit dieser Fragestellung befasst und eine Rechtfertigung jeweils nur deshalb verneint, weil der betreffende Mitgliedstaat nicht hinreichend substantiiert zur Gefahr eines doppelten Abzugs und zur Verhältnismäßigkeit der darauf gründenden Abzugsbeschränkung vorgetragen hatte.⁸ Der Gerichtshof hat damit zumindest angedeutet, dass er einer Anerkennung als Rechtfertigungsgrund nicht länger prinzipiell ablehnend gegenübersteht.⁹ Es wäre in

7.266

---

1 S. EuGH v. 12.6.2018 – C-650/16 – Bevola und Trock, ECLI:EU:C:2018:424 Rz. 39; darauf nimmt auch EuGH v. 4.7.2018 – C-28/17 – „NN", ECLI:EU:C:2018:526 Rz. 35 Bezug.
2 Vgl. auch implizit EuGH v. 13.3.2008 – C-248/06 – Kommission/Spanien, ECLI:EU:C:2008:161 Rz. 35 f.
3 S. EuGH v. 4.7.2018 – C-28/17 – „NN", ECLI:EU:C:2018:526 Rz. 50 f.
4 S. EuGH v. 23.10.2008 – C-157/07 – Krankenheim Ruhesitz am Wannsee, Slg. 2008, I-8061 Rz. 51. Noch weitergehend *Vermeulen/Dafnomilis*, EC Tax Review 2019, 90 (97 f.): Die Anerkennung des Rechtfertigungsgrundes der Vermeidung doppelter Verlustverwertung in EuGH v. 4.7.2018 – C-28/17 – „NN", ECLI:EU:C:2018:526 betreffe nur Maßnahmen des Ansässigkeitsstaates.
5 S. EuGH v. 15.2.2007 – C-345/04 – Centro Equestre, Slg. 2007, I-1425 Rz. 32 ff.; v. 16.10.2008 – C-527/06 – Renneberg, Slg. 2008, I-7735 Rz. 76 ff.; v. 6.6.2013 – C-383/10 – Kommission/Belgien, ECLI:EU:C:2013:364 Rz. 61 f. Vgl. ferner EuGH v. 18.7.2007 – C-231/05 – „Oy AA", ECLI:EU:C:2007:439 Rz. 36 f.
6 S. EuGH v. 6.6.2013 – C-383/10 – Kommission/Belgien, ECLI:EU:C:2013:364 Rz. 61.
7 S. EuGH v. 15.2.2007 – C-345/04 – Centro Equestre, Slg. 2007, I-1425 Rz. 34 f.; tendenziell ebenso EuGH v. 16.10.2008 – C-527/06 – Renneberg, Slg. 2008, I-7735 Rz. 76 f.
8 S. EuGH v. 24.2.2015 – C-559/13 – Grünewald, ECLI:EU:C:2015:109 Rz. 52; v. 6.12.2018 – C-480/17 – Montag, ECLI:EU:C:2018:987 Rz. 61.
9 S. *Kahlenberg/Vogel*, StuW 2016, 288 (295). S. ferner schon EuGH v. 12.7.2005 – C-403/03 – Schempp, Slg. 2005, I-6421 Rz. 35 ff. (s. aber Rz. 7.268); sowie EuGH v. 18.6.2009 – C-303/07 – Aberdeen Property Fininvest Alpha, Slg. 2009, I-5145 Rz. 51 f., wo der EuGH die Berufung auf die mangelnde Besteuerung des Dividendenempfängers im Ausland als Erklärung für eine kompensatorische – und diskriminierende – inländische Quellensteuer vornehmlich deshalb zurückwies, weil regelmäßig auch von der Besteuerung der Gewinnausschüttung bei vergleichbaren inländischen Dividendenempfängern abgesehen wurde; hingegen hat er den Verweis auf die Steuerfreiheit im Ausland nicht für generell unbeachtlich erklärt.

der Tat nur konsequent, die mit „NN" eingeleitete Neuausrichtung der Rechtsprechung auch auf die grundfreiheitliche Beurteilung von Regelungen zur Vermeidung des doppelten Abzugs von betrieblichem oder beruflichem Aufwand zu erstrecken. Als grundfreiheitskonform angesehen werden sollte daher im Lichte der jüngeren Rspr.-Entwicklung etwa die Vorschrift des § 4i EStG zwecks Vermeidung eines *doppelten Abzugs von Sonderbetriebsausgaben* bei Personengesellschaften.

Begründen zwei Mitgliedstaaten eine Ungleichbehandlung desselben Steuerpflichtigen mit der Notwendigkeit einer Vermeidung der Kumulation steuerlicher Vorteile unter wechselbezüglichem Verweis auf die im je anderen Steuersystem vorgesehenen Steuervergünstigungen und -entlastungen, bedarf es auch insoweit der Festlegung einer prioritären Verantwortung durch den EuGH, der eine der beiden Regelungen für nicht gerechtfertigt erklären müsste.[1]

7.267 Einen etwas **größeren steuerpolitischen Spielraum** beließ der EuGH den Mitgliedstaaten ohnehin seit jeher im Bereich derjenigen Steuerentlastungen, die im Sinne der Schumacker-Doktrin (s. Rz. 7.130) mit der Gesamtleistungsfähigkeit des Steuerpflichtigen verknüpft sind. Das betrifft insb. die **dem subjektiven Nettoprinzip geschuldeten Abzüge und Freibeträge** zwecks Berücksichtigung des existenziellen persönlichen und familiären Bedarfs des Steuerpflichtigen. Nach der – verfehlten – Ansicht des EuGH soll der Ansässigkeitsstaat des Steuerpflichtigen zwar grundsätzlich gehalten sein, entsprechende Abzüge stets vollumfänglich zuzuerkennen, während der Quellenstaat hiervon grundsätzlich vollständig absehen darf. In der Grundsatzentscheidung *de Groot* hat der EuGH aber auch anerkannt, dass es gerechtfertigt sein kann, dem gebietsansässigen unbeschränkt Steuerpflichtigen entsprechende steuerliche Entlastungen vorzuenthalten, wenn und soweit dieser bereits in den Genuss gleichartiger Entlastungen in einem oder mehreren Quellenstaaten kommt.[2] Voraussetzung sei lediglich, dass die „gesamte persönliche und familiäre Situation im Ganzen gebührend berücksichtigt" werde.[3] In jüngerer Zeit hat der EuGH allerdings eine Einschränkung dahingehend vorgenommen, dass die Gewährung vergleichbarer steuerlicher Entlastungen im Quellenstaat nicht ohne weiteres unterstellt werden dürfe, sondern bilateral vereinbart sein müsse oder zumindest zur konkreten Tatbestandsvoraussetzung für die Vorenthaltung der betreffenden Abzugs- oder Freistellungstatbestände im Ansässigkeitsstaat gemacht werden müsse.[4] Damit nähert die Rechtsprechung die Anforderungen an diejenigen für die grenzüberschreitende Neutralisierung von Belastungsnachteilen an (s. Rz. 7.275 ff.).

7.268 Ergänzend ist darauf hinzuweisen, dass grundfreiheitsbeschränkende Maßnahmen zur **Vermeidung einer Vorteilskumulation** bzw. überschießenden Begünstigung **innerhalb ein und desselben nationalen Steuersystems** vom EuGH anhand eines eigenständigen Rechtfertigungsgrundes beurteilt werden: Der EuGH prüft hier die „**Kohärenz**" des mitgliedstaatlichen Steuersystems (s. Rz. 7.279 ff.).[5] Hingegen ist umgekehrt die Vermeidung einer grenzüberschreitenden „doppelten Nichtbesteuerung" kein Anliegen, das auch unter Kohärenzgesichtspunkten zu legitimieren wäre. Soweit der EuGH in

---

1 S. *Saß*, DB 2006, 123 (126).
2 S. EuGH v. 12.12.2002 – C-385/00 – de Groot, Slg. 2002, I-11819 Rz. 100; s. auch EuGH v. 28.2.2013 – C-168/11 – Beker und Beker, ECLI:EU:C:2013:117 Rz. 56; v. 22.6.2017 – C-20/16 – Bechtel und Bechtel, ECLI:EU:C:2017:488 Rz. 71.
3 EuGH v. 12.12.2002 – C-385/00 – de Groot, Slg. 2002, I-11819 Rz. 101; s. auch – obschon im Ergebnis abgelehnt – EuGH v. 10.5.2012 – C-39/10 – Kommission/Estland, ECLI:EU:C:2012:282 Rz. 57.
4 Vgl. EuGH v. 12.12.2013 – C-303/12 – Imfeld & Garcet, ECLI:EU:C:2013:822 Rz. 70–74 und 79; m. Anm. *von Brocke/Wohlhöfler*, ISR 2014, 101; bestätigt durch EuGH v. 22.6.2017 – C-20/16 – Bechtel und Bechtel, ECLI:EU:C:2017:488 Rz. 74. Erkennbar wurde eine dahingehende Tendenz in der Rspr. des EuGH bereits in der Entscheidung v. 22.4.2010 – C-510/08 – Mattner, Slg. 2010, I-3553 Rz. 40–45. Nicht haltbar daher die abweichende Interpretation der Imfeld & Garcet-Entscheidung durch *de Groot*, Intertax 2017, 567 (574 f.).
5 Besonders deutlich wird dies in EuGH v. 27.11.2008 – C-418/07 – Papillon, Slg. 2008, I- 8947 Rz. 35 ff. einerseits und Rz. 41 ff. andererseits: Die Vermeidung doppelter Verlustberücksichtigung innerhalb derselben Steuerjurisdiktion ist ein Anliegen kohärenter Besteuerung.

der Entscheidung Schempp unausgesprochen zu seiner solchen Sichtweise tendierte,[1] überzeugt dies nicht.[2]

bb) Kritische Würdigung

Die Mitgliedstaaten können grundsätzlich ein legitimes Interesse daran geltend machen, dass eine international abgestimmte Abgrenzung ihrer Steueransprüche nicht dazu genutzt werden kann, sich der Besteuerung in größerem Maße zu entziehen, als dies zur Vermeidung internationaler Doppelbesteuerung angezeigt ist. Dies ist sowohl ein **Gerechtigkeitsanliegen** als auch ein solches, das auf möglichst weitgehende **Wettbewerbsneutralität** im Binnenmarkt abzielt.[3] Das Bemühen um eine in diesem Sinne koordinierte Implementierung des steuerlichen Territorialitätsprinzips ist daher als legitimer Rechtfertigungsgrund anzuerkennen.[4]

7.269

Speziell bei sog. **„hybriden" Gestaltungen** u.ä. Konstellationen internationaler „doppelter Nichtbesteuerung" ist es daher als grundsätzlich legitimes Gemeinwohlinteresse anzusehen, den von seinen Freizügigkeitsrechten Gebrauch machenden Steuerpflichtigen zumindest in einer der betroffenen Jurisdiktionen der Besteuerung zu unterwerfen. Dasselbe gilt spiegelbildlich für die Vermeidung international doppelter Verlustberücksichtigung und weiterer Formen sog. **„double dips"**.[5] Die Bekämpfung solcher Effekte und darauf abzielender Gestaltungen hat gerade in jüngerer Zeit eine erhebliche Aufwertung in der Staatengemeinschaft erfahren[6] und sollte darum als Rechtfertigungsgrund nicht a priori in Abrede gestellt werden.[7] Hingegen lassen sich Maßnahmen zur Neutralisierung der o.g. Gestaltungen regelmäßig nicht schon unter dem Aspekt der Missbrauchsbekämpfung legitimieren, weil sie dem Steuerpflichtigen nach den Wertungen des jeweiligen *nationalen* Steuersystems gerade keinen an sich nicht vorgesehenen Steuervorteil verschaffen.[8] Dies ergibt sich erst bei einer staatenübergreifenden Betrachtung der Entlastungswirkungen. Aus den bereits in anderem Zusammenhang angesprochenen Gründen (s. Rz. 7.234) sollten solche Maßnahmen daher nur im Falle einer **international abgestimmten Vorgehensweise** als grundsätzlich gerechtfertigt erachtet werden. Damit stünde zugleich fest, welchen Mitgliedstaat nach wie vor die Verantwortung zur diskriminierungsfreien Anwendung der steuerentlastenden Regelung seines eigenen Steuersystems trifft.

---

1 S. EuGH v. 12.7.2005 – C-403/03 – Schempp, Slg. 2005, I-6421 Rz. 35 ff.; m. Anm. *Kanzler*, FR 2005, 902 – überdies noch auf der Tatbestandsebene des Diskriminierungsvorwurfs; s. dazu *M. Lang* in Avi-Yonah u.a. (Hrsg.), Comparative Fiscal Federalism, 2007, S. 11 (20 f.). Vgl. demgegenüber noch EuGH v. 26.10.1999 – C-294/97 – Eurowings, Slg. 1999, I-7447 Rz. 42; m. Anm. *Dautzenberg*, FR 1999, 1327.
2 Kritisch auch *M. Lang*, SWI 2005, 411; *M. Lang*, ET 2006, 421 (425): „extreme Ausweitung" des Konzepts der Kohärenz. Zustimmend hingegen *C. Panayi*, ET 2005, 482 (484); i.E. auch *Milanin*, IStR 2015, 861 (866 f.).
3 S. auch *Avi-Yonah*, BIT 2007, 130 (134); *Helminen*, BTR 2015, 325 (330).
4 Tendenziell a.A. wohl *Weber*, Intertax 2006, 585 (602 f.); *Kokott*, Das Steuerrecht der Europäischen Union, 2018, § 5 Rz. 17 u. 89.
5 So jetzt auch EuGH, Schlussanträge des Generalanwalts *Sánchez-Bordona* v. 21.2.2018 – C-28/17 – „NN", ECLI:EU:C:2018:86 Rz. 64 ff. A.A. *Schön* in Schön/Heber, Grundfragen des Europäischen Steuerrechts, 2015, S. 109 (126); offen gelassen bei *Mechtler*, Hybrid Mismatches im Ertragsteuerrecht, 2017, S. 154 ff.
6 S. *OECD/G20*, BEPS Action 2 Report, 2015; sowie in Orientierung daran Art. 9 der Anti-Missbrauchs-RL EU/2016/1164; s. auch schon *Avi-Yonah*, BIT 2007, 130 (133).
7 So i. E. auch schon *Cordewener/Kofler/van Thiel*, CMLRev. 2009, 1951 (1990).
8 Vgl. auch EuGH, Schlussanträge des Generalanwalts *Sánchez-Bordona* v. 21.2.2018 – C-28/17 – „NN", ECLI:EU:C:2018:86 Rz. 73; i.E. ebenso *Helminen*, BTR 2015, 325 (333). Konsequent ablehnend zum Rechtfertigungsgrund der Missbrauchsbekämpfung zu vergleichbaren Problemstellungen im harmonisierten Mehrwertsteuerrecht EuGH v. 22.12.2010 – C-277/09 – RBS Deutschland Holding, ECLI:EU:C:2010:810 Rz. 52; vgl. auch EuGH v. 5.7.2012 – C-318/10 – SIAT, ECLI:EU:C:2012:415 Rz. 54 ff. S. dazu ferner *Rust* in Schön/Heber (Hrsg.), Grundfragen des Europäischen Steuerrechts, 2015, S. 89 (94 ff.); *Navarro/Parada/Schwarz*, EC Tax Review 2016, 117 (130); *Kokott*, Das Steuerrecht der Europäischen Union, 2018, § 5 Rz. 13.

7.270 Entgegen einer in der Literatur vertretenen Ansicht[1] liegt in der Anerkennung einer solchen Rechtfertigungsmöglichkeit dann auch kein Widerspruch zu der (ohnehin nur vermeintlichen)[2] Freiheit der Mitgliedstaaten, im Verhältnis zueinander internationale Doppelbesteuerung zuzulassen, ohne sich dem Vorwurf einer Grundfreiheitsbeschränkung auszusetzen (s. Rz. 7.180 f.). Der Umstand, dass die Mitgliedstaaten die Ausübung ihrer Besteuerungshoheiten (nach Ansicht des EuGH) nicht koordinieren müssen, sagt nichts darüber aus, ob sie dies nicht gleichwohl im Interesse einer Vermeidung übermäßiger Steuerbelastungen wie auch überschießender Begünstigungswirkungen anstreben *dürfen*.[3] Denn die binnenmarktfinalen Anforderungen der Grundfreiheiten an die Ausgestaltung der mitgliedstaatlichen Steuersysteme sind gerade nicht deckungsgleich mit den nationalen Gerechtigkeitsanliegen, um deren Verwirklichung es bei der Geltendmachung von Rechtfertigungsgründen geht. Anders gewendet: Nur weil die Grundfreiheiten bestimmte Maßnahmen nicht fordern, kann nicht im Umkehrschluss gefolgert werden, dass die Mitgliedstaaten kein legitimes Interesse an ihrer Umsetzung haben können.

7.271 Als **verhältnismäßig** ist eine Rechtfertigung aus Gründen der Vermeidung von „weißen Einkünften" und „double dips" dann anzusehen, wenn der im Ausland gewährte Steuervorteil ein funktionales Äquivalent für die im Inland versagte Steuervergünstigung bzw. Steuerentlastung darstellt.[4] Speziell bei Aufwandsabzügen muss allerdings hinzukommen, dass die doppelte Berücksichtigung auch tatsächlich zu einem doppelten Vorteil führt und nicht – wie dies insbesondere bei Abzügen nach dem objektiven Nettoprinzip regelmäßig der Fall ist – schon durch eine doppelte Besteuerung kompensiert wird. Andernfalls ist der Ausschluss der Verlustberücksichtigung nicht erforderlich, um eine unsachgerechte Privilegierung des „free movers" und daraus resultierende Wettbewerbsverzerrungen zu unterbinden.

Hinweis: Nicht überzeugend ist vor diesem Hintergrund das Ergebnis der Entscheidung der Rechtssache „NN" durch den EuGH. Danach soll die Besteuerung von Auslandseinkünften im Ansässigkeitsstaat im Falle der Anrechnung der auf die Einkünfte entfallenden Steuer des Quellenstaates keine doppelte steuerliche Erfassung der Gewinne bewirken, weshalb grds. auch von einer doppelten Verlustberücksichtigung abgesehen werde dürfe.[5] Der Gerichtshof berücksichtigte nicht hinreichend, dass ein im Quellenstaat erlittener vortragsfähiger Verlust dort die Steuerbelastung künftiger Gewinne mindert, hinsichtlich der dann im entsprechenden Umfang folglich keine im Ansässigkeitsstaat anrechnungsfähige Steuer anfällt. Damit unterliegen diese künftigen Gewinne dort ungemindert der inländischen Besteuerung, weshalb eine Berücksichtigung des zuvor erlittenen Auslandsverlustes auch im Ansässigkeitsstaat angezeigt und nicht unangemessen wäre.[6] Bei Besteuerung nach dem Welteinkommensprinzip und *Vermeidung internationaler Doppelbesteuerung nach der Anrechnungsmethode* sollte daher ein Ausschluss der Verlustverrechnung regelmäßig nicht gerechtfertigt werden können.[7]

Hingegen kann es nicht darauf ankommen, ob auch die Höhe der Entlastungswirkung identisch ausfällt, weil und soweit etwaige Unterschiede allein auf Disparitäten zwischen den mitgliedstaatlichen Steuersatzniveaus zurückzuführen sind, hinsichtlich derer ein Steuerpflichtiger grundfreiheitlich keine Gleichstellung verlangen kann.

7.272 Bei Abzügen, die an die Gesamtleistungsfähigkeit des grenzüberschreitend tätigen Steuerpflichtigen anknüpfen (persönliches Existenzminimum, Vorsorgeaufwendungen, etc.), sollte im Übrigen unabhängig von der Gefahr eines „double dip" jeder Mitgliedstaat grundfreiheitlich (nur) zu einer anteiligen Ge-

---

1 *Schön*, BIT 2015, 271 (287); ähnlich auch *M. Lang*, ET 2006, 421 (426); *M. Lang* in FS Spindler, 2011, S. 297 (322); *CFE Opinion Statement*, ET 2013, 341 (343). Nur in rechtspolitischen Junktim sieht demgegenüber *Kofler* in Schön/Heber (Hrsg.), Grundfragen des Europäischen Steuerrechts, 2015, S. 1 (14). I.E. wie hier *Rust* in Schön/Heber (Hrsg.), Grundfragen des Europäischen Steuerrechts, 2015, S. 89 (94 ff.).
2 Anders der oben von *Reimer* vertretene Standpunkt, s. Rz. 7.180 ff., m.w.N.
3 Ähnlich *Kahlenberg/Vogel*, StuW 2016, 288 (296).
4 S. auch *Daxkobler*, Die grundfreiheitliche Rechtsprechung des EuGH, 2015, S. 295 ff.
5 S. EuGH v. 4.7.2018 – C-28/17 – „NN", ECLI:EU:C:2018:526 Rz. 47.
6 So auch *Vermeulen/Dafnomilis*, EC Tax Review 2019, 90 (98).
7 Ebenso *Kokott*, Das Steuerrecht der Europäischen Union, 2018, § 5 Rz. 89.

währung der in seinem jeweiligen Steuersystem vorgesehenen Entlastungen bzw. Abzugsmöglichkeiten verpflichtet werden. Eine abweichende Zuweisung der Verantwortung für die Berücksichtigung der persönlichen Lage des Steuerpflichtigen nur zum Ansässigkeitsstaat bedürfte dann einer zwischenstaatlichen Vereinbarung. Diese sollte als Ausdruck angemessener Aufteilung der Besteuerungsbefugnis sowie ggf. aus Vereinfachungsgründen grds. möglich sein, jedoch unter dem Vorbehalt, dass funktional gleichwertige Entlastungsregelungen bestehen und dann auch in gleichem Maße ausgeschöpft werden können wie bei einem hypothetischen Steuerpflichtigen, der einen mit der in Rede stehenden Summe aller Einkünfte übereinstimmenden Betrag allein im Ansässigkeitsstaat erwirtschaftet hat.

c) Nachteilsausgleich und Kohärenz

Bereits frühzeitig hat der EuGH klargestellt, dass ein **Nachteilsausgleich** durch Saldierung der Mehrbelastungseffekte einer grundfreiheitsbeschränkenden Steuerrechtsnorm mit einer anderweitig bestehenden steuerlichen Besserstellung des grenzüberschreitenden Vorgangs **grundsätzlich nicht möglich** ist.[1] Dabei hat der Gerichtshof einen „Makro-Nachteilsausgleich" innerhalb der Gruppe aller gleichartigen grenzüberschreitenden Vorgänge ebenso abgelehnt[2] wie einen „Mikro-Nachteilsausgleich" in der Person des konkret in Rede stehenden Steuerpflichtigen bzw. seiner Aktivitäten. Dies gilt sowohl für anderweitige Steuervorteile in demselben[3] als auch für solche in einem anderen Mitgliedstaat.[4] Insbesondere kann sich ein Mitgliedstaat nach der gefestigten Rechtsprechung des EuGH grundsätzlich nicht darauf berufen, dass eine in seiner Steuerrechtsordnung angelegte steuerliche Benachteiligung eines grenzüberschreitenden Vorgangs durch eine generell niedrigere steuerliche Belastung desselben Vorgangs im Ausland wieder ausgeglichen würde.[5] Erst recht kommt es nicht in Betracht, steuerliche Nachteile mit außersteuerlichen Vorteilen bzw. Minderbelastungen gegenzurechnen.[6]

7.273

Im Zuge der Fortentwicklung seiner Rechtsprechung hat der Gerichtshof allerdings einige **Ausnahmen** von dem Grundsatz zugelassen, wonach die nachteiligen Effekte einer Schlechterstellung grenzüberschreitender Transaktionen nicht durch eine anderweit bestehende steuerliche Besserstellung – jeweils im Verhältnis zur Steuerbelastung des reinen Inlandssachverhaltes – neutralisiert werden können. Im Wesentlichen sind hier zwei Konstellationen von Bedeutung:

7.274

---

1 S. bspw. EuGH v. 28.1.1986 – 270/83 – avoir fiscal, Slg. 1986, 273 Rz. 21; v. 21.9.1999 – C-307/97 – Saint Gobain, Slg. 1999, I-6181 Rz. 54; v. 26.10.1999 – C-294/97 – Eurowings, Slg. 1999, I-7447 Rz. 43 f.; m. Anm. *Dautzenberg*, FR 1999, 1327; v. 6.6.2000 – C-35/98 – Verkooijen, Slg. 2000, I-4071 Rz. 61; m. Anm. *Dautzenberg*, FR 2000, 720; v. 26.7.2004 – C-315/02 – Lenz, Slg. 2004, I-7063 Rz. 43; v. 1.7.2010 – C-233/09 – Dijkman, Slg. 2010, I-6649 Rz. 41; v. 13.7.2016 – C-18/15 – Brisal, ECLI:EU:C:2016:549 Rz. 32. S. dazu auch *Schön* in GS Knobbe-Keuk, 1997, S. 743 (769 f.); *Hey*, AöR 2003, 226 (234).
2 S. bspw. EuGH v. 23.2.2006 – C-471/04 – Keller Holding, Slg. 2006, I-2107 Rz. 43.
3 S. bspw. EuGH v. 12.12.2002 – C-385/00 – de Groot, Slg. 2002, I-11819 Rz. 97; v. 17.11.2009 – C-169/08 – Regione Sardegna, Slg. 2009, I-10821 Rz. 48.
4 S. bspw. EuGH v. 6.6.2000 – C-35/98 – Verkooijen, Slg. 2000, I-4071 Rz. 61; m. Anm. *Dautzenberg*, FR 2000, 720; v. 17.9.2015 – C-589/13 – F. E. Familienprivatstiftung Eisenstadt, ECLI:EU:C:2015:612 Rz. 76; v. 17.9.2015 – C-10/14 u.a. – Miljoen u.a., ECLI:EU:C:2015:608 Rz. 77; *Elicker* in Fuest/Mitschke (Hrsg.), Nachgelagerte Besteuerung und EU-Recht, 2008, S. 23 (24).
5 S. bspw. EuGH v. 27.6.1996 – C-107/94 – Asscher, Slg. 1996, I-3089 Rz. 53; m. Anm. *Waterkamp-Faupel*, FR 1996, 666; v. 26.10.1999 – C-294/97 – Eurowings, Slg. 1999, I-7447 Rz. 44; m. Anm. *Dautzenberg*, FR 1999, 1327; v. 26.6.2003 – C-422/01 – Skandia, Slg. 2003, I-6817 Rz. 52; v. 12.9.2006 – C-196/04 – Cadbury Schweppes, Slg. 2006, I-7995 Rz. 49; m. Anm. *Kleinert*, GmbHR 2006, 1049; m. Anm. *Lieber*, FR 2006, 987; v. 5.7.2012 – C 318/10 – SIAT, ECLI:EU:C:2012:415 Rz. 39. S. allerdings auch Rz. 7.263.
6 S. dazu auch EuGH v. 23.4.2009 – C-544/07 – Rüffler, Slg. 2009, I-3389 Rz. 83 f.; *Wernsmann*, EuR 1999, 754 (774 f.).

aa) Zwischenstaatlich vereinbarter grenzüberschreitender Nachteilsausgleich

7.275 Erstens hat der EuGH es in einigen jüngeren Entscheidungen nicht ausgeschlossen, dass die steuerliche Benachteiligung eines grenzüberschreitenden Vorgangs im Quellenstaat durch einen **bilateral vereinbarten Ausgleich** im Wohnsitzstaat ausgeglichen werden kann, die dort gemessen an *dessen* regulärem Steuerniveau eine Besserstellung des „free movers" gegenüber dem reinen Inlandsfalll impliziert.[1] Dies kommt vor allem bei Verfahren der Anrechnung von im Quellenstaat erhobenen Steuern auf die Steuerschuld im Wohnsitzstaat in Betracht.[2] Voraussetzung hierfür ist, dass die **Benachteiligung einerseits und die Privilegierung andererseits** nicht nur **systematisch miteinander verknüpft** sind, sondern auch ihrer Höhe nach, d.h. betragsmäßig übereinstimmen.[3] Erhebt beispielsweise der Quellenstaat eine diskriminierende Quellensteuer, so erfordert ein vollständiger Nachteilsausgleich nicht nur die abkommensrechtlich vereinbarte Anrechnung dieser Quellensteuer auf die im Wohnsitzstaat erhobene Einkommensteuer. Bei höherem Quellensteuerniveau ist ggf. auch die Erstattung der überschießenden Quellensteuerbelastung zu verlangen.[4] Das ist international jedoch absolut unüblich, weshalb das vom EuGH zugestandene Prinzip korrespondierender Be- und Entlastungen speziell bei Quellensteuern zwar im Einzelfall, aber nicht bei abstrakt-normativer Betrachtung einen Grundfreiheitsverstoß ausschließen kann.[5]

7.276 Nach Ansicht des Gerichtshofes soll unter den genannten strengen Voraussetzungen **bereits der Vorwurf einer Grundfreiheitsbeschränkung entfallen**. Dies überzeugt freilich schon deshalb nicht, weil die Erstattung ausländischer Quellensteuer im Ansässigkeitsstaat nicht die mit der zeitlich vorgelagerten Quellensteuererhebung einhergehenden Liquiditätsnachteile zu neutralisieren vermag.[6] In jüngerer Zeit hat der EuGH einen solchen Nachteilsausgleich vereinzelt auch – adäquater – als möglichen Rechtfertigungsgrund unter dem Gesichtspunkt der Wahrung einer ausgewogenen Aufteilung der Besteuerungsbefugnisse diskutiert.[7] Zu verlangen ist für die Verhältnismäßigkeit einer solchen zwischenstaatlichen Kompensation außerdem, dass diese weder unter verfahrenstechnischen noch unter Liquiditätsaspekten mit erheblichen Mehrbelastungen für den Steuerpflichtigen verbunden ist. Bislang hat der EuGH ein solches Erfordernis aber nicht aufgestellt.

7.277 Einen solchen grenzüberschreitenden Nachteilsausgleich hat der EuGH ferner auch kraft Richtlinienrechts für möglich erachtet.[8] **Überholt ist** demgegenüber der vom EuGH früher eingenommene Standpunkt, wonach auch eine **einseitige Kompensation** von Besteuerungsnachteilen durch vorteil-

---

1 Vgl. EuGH v. 8.11.2007 – C-379/05 – Amurta, Slg. 2007, I-9569 Rz. 78 ff.; m. Anm. *Kleinert*, GmbHR 2007, 1334; v. 10.9.2008 – C-11/07 – Eckelkamp, Slg. 2008, I-6845 Rz. 68 f.; v. 11.9.2008 – C-43/07 – Arens-Sikken, Slg. 2008, I-6887 Rz. 65 f.; v. 19.11.2009 – C-540/07 – Kommission/Italien, Slg. 2009, I-10983 Rz. 36 ff.; v. 17.9.2015 – C-10/14 u.a. – Miljoen u.a., ECLI:EU:C:2015:608 Rz. 78 f. Sehr kritisch im Vorfeld dieser Rechtsprechungslinie G. *Toifl*, EC Tax Review 1996, 165 (166 f.).
2 S. dazu eingehend *Nijkeuter*, Taxation of Cross-Border Dividends Paid to Individuals from an EU Perspective, 2012, S. 92 ff.
3 So eindeutig EuGH v. 22.11.2010 – C-199/10 – Secilpar, Slg. 2010, I-154 Rz. 40; EuGH, Schlussanträge des Generalanwalts *Mengozzi* v. 7.6.2007 – C-379/05 – Amurta, Slg. 2007, I-9569 Rz. 87 f.; m. Anm. *Kleinert*, GmbHR 2007, 1334. Vgl. auch EuGH v. 13.3.2007 – C-524/04 – Thin Cap Group Litigation, Slg. 2007, I-2107 Rz. 56: „jede" Mehrbelastung im Quellenstaat muss ausgeglichen werden; v. 19.11.2009 – C-540/07 – Kommission/Italien, Slg. 2009, I-10983 Rz. 37 f.; v. 3.6.2010 – C-487/08 – Kommission/Spanien, Slg. 2010, I-4843 Rz. 59 ff.; v. 17.9.2015 – C-10/14 u.a. – Miljoen u.a., ECLI:EU:C:2015:608 Rz. 80 u. 83.
4 S. EuGH v. 19.11.2009 – C-540/07 – Kommission/Italien, Slg. 2009, I-10983 Rz. 37 f.; v. 3.6.2010 – C-487/08 – Kommission/Spanien, Slg. 2010, I-4843 Rz. 59 ff.
5 So auch *Kofler*, ET 2011, 684 (688 f.); *Nijkeuter*, Taxation of Cross-Border Dividends Paid to Individuals from an EU Perspective, 2012, S. 98.
6 Zur Grundfreiheitsrelevanz auch von Liquiditätsnachteilen s. bspw. EuGH v. 11.9.2014 – C-47/12 – Kronos International, ECLI:EU:C:2014:2200 Rz. 79 f. m.w.N.
7 S. EuGH v. 12.12.2013 – C-303/12 – Imfeld & Garcet, ECLI:EU:C:2013:822 Rz. 68 ff.; m. Anm. *von Brocke/Wohlhöfler*, ISR 2014, 101.
8 S. EuGH v. 26.6.2008 – C-284/06 – Burda, Slg. 2008, I-4571 Rz. 89 ff.

hafte, aber nicht zwischenstaatlich verbindlich abgestimmte Maßnahmen eines anderen Mitgliedstaates in Betracht kommen könne.[1] Diese Rechtsprechung hat der EuGH aus Gründen der Rechtssicherheit korrigiert, da die Beurteilung der Grundfreiheitskompatibilität der Steuerrechtsordnung eines Mitgliedstaates nicht von der seinem Einfluss entzogenen einseitigen Ausgestaltung der Steuerrechtsordnung eines anderen Mitgliedstaates abhängen dürfe.[2]

Unklar ist derzeit noch, wie ein **Verstoß gegen die bilateral vereinbarte Verpflichtung** zur Privilegierung des „free mover" zwecks Ausgleich einer Diskriminierung im je anderen Mitgliedstaat grundfreiheitlich zu würdigen ist. Die bisherigen Stellungnahmen insb. der Generalanwälte[3] deuten überwiegend in die Richtung, dass in einem solchen Fall die Verantwortung des originär diskriminierenden Mitgliedstaates zur Beseitigung der steuerlichen Schlechterstellung von grenzüberschreitenden Transaktionen wieder auflebt.[4] Dagegen ist allerdings einzuwenden, dass damit die grundfreiheitliche Beurteilung des betreffenden mitgliedstaatlichen Steuersystems letztlich doch wieder von einseitigen Maßnahmen eines anderen Mitgliedstaates abhinge. Dies wäre der vom EuGH zu Recht in den Vordergrund gerückten Rechtssicherheit abträglich und widerspräche in gewisser Weise auch dem Anspruch des EuGH, die Mitgliedstaaten nur im Rahmen der von ihnen vereinbarten Aufteilung der Besteuerungsbefugnisse auf Diskriminierungsfreiheit ihrer jeweiligen Steuerrechtsordnung zu verpflichten.[5] Der Gerichtshof sollte in einem solchen Fall daher stattdessen gestützt auf die Loyalitätspflicht des Art. 4 Abs. 3 EUV die Erfüllung der abkommensrechtlichen Verpflichtung von dem vertragsbrüchigen Mitgliedstaat einfordern.[6]

7.278

bb) Kohärenter Vorteilsausgleich im nationalen Steuersystem

Des Weiteren erkennt der EuGH bereits seit den Neunziger Jahren an, dass die Wahrung der sog. „Kohärenz" eines nationalen Steuersystems eine Einschränkung der in Art. 45, 49, 56 und 63 AEUV garantierten Verkehrsfreiheiten rechtfertigen kann.[7] Ein auf diesen Rechtfertigungsgrund gestütztes

7.279

---

1 S. EuGH v. 7.9.2006 – C-470/04 – N, Slg. 2006, I-7409 Rz. 54; v. 14.12.2006 – C-170/05 – Denkavit Internationaal, Slg. 2006, I-11949 Rz. 46 f.; m. Anm. *Tromp/Nagler*, GmbHR 2007, 96; v. 13.3.2007 – C-524/04 – Thin Cap Group Litigation, Slg. 2007, I-2107 Rz. 54 ff. und 69. S. ferner auch EuGH v. 7.9.2004 – C-319/02 – Manninen, Slg. 2004, I-7477 Rz. 34. S. dazu auch *Kofler*, ET 2011, 684 (685 f.); kritisch *Kemmeren* in FS Vanistendael, 2008, S. 561 ff.
2 Vgl. EuGH, Schlussanträge des Generalanwalts *Mengozzi* v. 7.6.2007 – C-379/05 – Amurta, Slg. 2007, I-9569 Rz. 78; weniger deutlich, aber offensichtlich auf den Schlussanträgen basierend, das nachfolgende Urteil des EuGH v. 8.11.2007 – C-379/05 – Amurta, Slg. 2007, I-9569 Rz. 79 f.; m. Anm. *Kleinert*, GmbHR 2007, 1334; bestätigt z.B. durch EuGH v. 3.6.2010 – C-487/08 – Kommission/Spanien, Slg. 2010, I-4843 Rz. 66. S. ferner aus dem Bereich der Erbschaftsteuer die Urteile des EuGH v. 11.9.2008 – C-11/07 – Eckelkamp u.a., Slg. 2008, I-6845 Rz. 69; v. 11.9.2008 – C-43/07 – Arens-Sikken, Slg. 2008, I-6887 Rz. 66; v. 22.4.2010 – C-510/08 – Mattner, Slg. 2010, I-3553 Rz. 43.
3 S. EuGH, Schlussanträge des Generalanwalts *Geelhoed* v. 27.4.2006 – C-170/05 – Denkavit, Slg. 2006, I-11949 Rz. 43.
4 So i. E. auch *Kofler*, ET 2011, 684 (686).
5 Vgl. EuGH v. 21.9.1999 – C-307/97 – Saint Gobain, Slg. 1999, I-6181 Rz. 58 f.; v. 12.12.2002 – C-385/00 – de Groot, Slg. 2002, I-11819 Rz. 94; v. 13.3.2007 – C-524/04 – Thin Cap Group Litigation, Slg. 2007, I-2107 Rz. 53.
6 Sehr zurückhaltend, aber diesbzgl. im Kontext der Ablehnung einer Grundfreiheitsbeschränkung durch internationale Doppelbesteuerung EuGH v. 19.9.2012 – C-540/11 – Levy, ECLI:EU:C:2012:581 Rz. 24 ff.
7 Grundlegend EuGH v. 28.1.1992 – C-204/90 – Bachmann, Slg. 1992, I-249 Rz. 21–23; v. 28.1.1992 – C-300/90 – Kommission/Belgien, Slg. 1992, I-305 Rz. 14–16. Seither st. Rspr., vgl. etwa EuGH v. 11.8.1995 – C-80/94 – Wielockx, Slg. 1995, I-2493 Rz. 23–25; v. 14.11.1995 – C-484/93 – Svensson, Slg. 1995, I-3955 Rz. 18; v. 26.10.1999 – C-294/97 – Eurowings, Slg. 1999, I-7447 Rz. 42; m. Anm. *Dautzenberg*, FR 1999, 1327; v. 8.3.2001 – C-397/98 u.a. – Metallgesellschaft u.a., Slg. 2001, I-1727 Rz. 67–70; v. 7.9.2004 – C-319/02 – Manninen, Slg. 2004, I-7477 Rz. 42; v. 23.2.2006 – C-471/04 – Keller Holding, Slg. 2006, I-2107 Rz. 40; v. 27.11.2008 – C-418/07 – Papillon, Slg. 2008, I-8947 Rz. 43; v. 30.6.2016 – C-123/15 – Fei-

Argument kann jedoch nach ständiger Rechtsprechung nur Erfolg haben, wenn ein **unmittelbarer Zusammenhang zwischen dem betreffenden steuerlichen Vorteil und dessen Ausgleich durch eine bestimmte steuerliche Belastung** besteht. Dabei ist die Unmittelbarkeit dieses Zusammenhangs im Hinblick auf das Ziel der fraglichen Regelung zu beurteilen.[1] Eine Rechtfertigung aus Gründen der Kohärenz der Besteuerung kommt daher immer dann in Betracht, wenn eine bestimmte, rein innerstaatlichen Besteuerungssachverhalten vorbehaltene Steuerbegünstigung einen unmittelbar damit korrespondierenden steuerlichen Belastungsnachteil kompensiert, der sich bei grenzüberschreitenden Transaktionen nicht manifestiert. Ein solcher Zusammenhang besteht beispielsweise grundsätzlich zwischen der Abzugsfähigkeit von Beiträgen zu einem System der Altersvorsorge auf der einen Seite und der Möglichkeit einer anschließenden Besteuerung der entsprechenden Rentenzahlungen auf der anderen Seite.[2] Er ist vom EuGH etwa auch grds. bejaht worden zwischen der Möglichkeit einer Teilwertabschreibung einerseits und dem Ausschluss von einer organschaftlichen Verlustzurechnung andererseits.[3] Im Gegensatz dazu kann ein bloß mittelbarer Zusammenhang zwischen der steuerlichen Besserstellung eines Steuerpflichtigen und der Besteuerung eines anderen Steuerpflichtigen keine diskriminierende steuerliche Behandlung rechtfertigen.[4] Ebenfalls abgelehnt hat der EuGH die Saldierung von Vor- und Nachteilen, die keine von demselben Grundgedanken getragene und in diesem Sinne unmittelbare Wechselbezüglichkeit aufweisen.[5] Erst recht nicht dem Rechtfertigungsgrund der „Kohärenz" im Sinne der Rspr. des EuGH zuzuordnen sind (tatsächliche oder vermeintliche) Sachzwänge der Steuererhebung, die in keinem Zusammenhang mit dem Grundanliegen eines effektiven

---

len, ECLI:EU:C:2016:496 Rz. 29 ff. S. ferner den Überblick bei *Verdoner*, ET 2009, 274; *Kokott/Ost*, EuZW 2011, 496 (499 ff.).

1 S. bspw. EuGH v. 28.1.1992 – C-300/90 – Kommission/Belgien, Slg. 1992, I-305 Rz. 14; v. 7.9.2004 – C-319/02 – Manninen, Slg. 2004, I-7477 Rz. 43; v. 23.2.2006 – C-471/04 – Keller Holding, Slg. 2006, I-2107 Rz. 40; v. 14.9.2006 – C-386/04 – Centro di Musicologia Walter Stauffer, Slg. 2006, I-8203 Rz. 56; v. 30.1.2007 – C-150/04 – Kommission/Dänemark, Slg. 2007, I-1163 Rz. 70; v. 11.10.2007 – C-443/06 – Hollmann, Slg. 2007, I-8491 Rz. 56 ff.; v. 18.12.2007 – C-436/6 – Grønfeldt, Slg. 2007, I-12357 Rz. 27; v. 27.11.2008 – C-418/07 – Papillon, Slg. 2008, I-8947 Rz. 43 f.; v. 18.6.2009 – C-303/07 – Aberdeen Property Fininvest Alpha, Slg. 2009, I-5145 Rz. 71 f.; v. 2.9.2015 – C-386/14 – Groupe Steria, ECLI:EU:C:2015:524 Rz. 31; v. 22.2.2018 – C-398/16 – „X", ECLI:EU:C:2018:110 Rz. 43; v. 30.6.2016 – C-123/15 – Feilen, ECLI:EU:C:2016:496 Rz. 30. Gelegentlich betont der Gerichtshof die Bedeutung einer „spiegelbildlichen Logik", s. EuGH v. 23.10.2008 – C-157/07 – Krankenheim Ruhesitz am Wannsee, Slg. 2008, I-8061 Rz. 42; v. 17.12.2015 – C-388/14 – Timac Agro, ECLI:EU:C:2015:795 Rz. 41; v. 30.6.2016 – C-123/15 – Feilen, ECLI:EU:C:2016:496 Rz. 33. S. dazu auch *Vanistendael*, EC Tax Review 2005, 208 (212).

2 Vgl. EuGH v. 28.1.1992 – C-204/90 – Bachmann, Slg. 1992, I-249 Rz. 21 ff.; s. allerdings relativierend auch EuGH v. 30.1.2007 – C-150/04 – Kommission/Dänemark, Slg. 2007, I-1163 Rz. 71 ff.; v. 23.1.2014 – C-296/12 – Kommission/Belgien, ECLI:EU:C:2014:24 Rz. 35 ff.

3 S. EuGH v. 27.11.2008 – C-418/07 – Papillon, Slg. 2008, I-8947 Rz. 43 ff.

4 Grundlegend EuGH v. 14.11.1995 – C-484/93 – Svensson, Slg. 1995, I-3955 Rz. 18. Seither st. Rspr., s. bspw. EuGH v. 6.6.2000 – C-35/98 – Verkooijen, Slg. 2000, I-4071 Rz. 57 f.; m. Anm. *Dautzenberg*, FR 2000, 720; v. 29.3.2007 – C-347/04 – Rewe Zentralfinanz, Slg. 2007, I-2647 Rz. 67; m. Anm. *Rehm/Nagler*, GmbHR 2007, 494; v. 4.12.2008 – C-330/07 – Jobra, Slg. 2008, I-9099 Rz. 34; EuGH v. 17.9.2009 – C-182/08 – Glaxo Wellcome, Slg. 2009, I-8591 Rz. 80. S. ferner auch EuGH v. 11.8.1995 – C-80/94 – Wielockx, Slg. 1995, I-2493 Rz. 24; v. 26.10.1999 – C-294/97 – Eurowings, Slg. 1999, I-7447 Rz. 42; m. Anm. *Dautzenberg*, FR 1999, 1327; v. 13.4.2000 – C-251/98 – Baars, Slg. 2000, I-2787 = FR 2000, 573 Rz. 40; v. 12.12.2002 – C-324/00 – Lankhorst-Hohorst, Slg. 2002, I-11779 Rz. 42; v. 18.9.2003 – C-168/01 – Bosal, Slg. 2003, I-9409 Rz. 30; v. 13.3.2007 – C-524/04 – Thin Cap Group Litigation, Slg. 2007, I-2107 Rz. 68 f.; v. 22.12.2010 – C-287/10 – Tankreederei I, Slg. 2010, I-14233 Rz. 24 f.; v. 17.9.2015 – C-589/13 – F. E. Familienprivatstiftung Eisenstadt, ECLI:EU:C:2015:612 Rz. 83. S. auch BFH v. 28.10.2009 – I R 27/08, BStBl. II 2011, 229 (232).

5 S. EuGH v. 8.6.2016 – C-479/14 – Hünnebeck, ECLI:EU:C:2016:412 Rz. 63; v. 22.6.2017 – C-20/16 – Bechtel und Bechtel, ECLI:EU:C:2017:488 Rz. 77 f. S. ferner *Kokott*, Das Steuerrecht der Europäischen Union, 2018, § 5 Rz. 86.

Vorteilsausgleichs stehen.¹ Insoweit sind stattdessen die auf die effektive Kontrolle und Durchsetzung des Steueranspruchs bezogene Rechtfertigungsgründe (vgl. Rz. 7.289 ff.) zu prüfen.

Der EuGH hat allerdings unter bestimmten Umständen akzeptiert, dass ausnahmsweise ein hinreichend unmittelbarer bzw. **systematischer Zusammenhang personenübergreifend** zwischen der Steuerbelastung eines Steuerpflichtigen und einer damit korrespondierenden steuerlichen Entlastung bei einem anderen Steuerpflichtigen bestehen kann.² Voraussetzung hierfür ist, dass eine personen- und steuerartenübergreifende Betrachtung von der wirtschaftlich nachvollziehbaren und konsequent umgesetzten³ Systematik des nationalen Steuersystems gefordert wird. Dies kann angenommen werden, wenn die Besteuerung jeweils dasselbe Steuersubstrat oder dieselbe wirtschaftliche Aktivität betrifft.⁴ Darüber hinaus muss garantiert sein, dass dem begünstigten Steuerpflichtigen nur dann ein Steuervorteil gewährt wird, wenn der andere Steuerpflichtige nach Grund und Höhe eine korrespondierende Steuerbelastung erfährt. Dies kommt beispielsweise in einem *körperschaftsteuerrechtlichen Vollanrechnungsverfahren* mit Blick auf die körperschaftsteuerliche Vorbelastung ausgeschütteter Dividenden einerseits und deren einkommensteuerliche Entlastung durch Anrechnung bzw. Erstattung eben dieser Vorbelastung im Rahmen der Einkommensteuerveranlagung des Anteilseigners andererseits in Betracht.

7.280

Im Übrigen wird vom EuGH verlangt, dass der Nachteilsausgleich nicht nur dem Grunde, sondern auch der Höhe nach systematisch abgestimmt,⁵ d.h. **betragsmäßig exakt** stattfindet.⁶ Einen bloß typi-

7.281

---

1 S. EuGH v. 26.5.2016 – C-300/15 – Kohll und Kohll-Schlesser, ECLI:EU:C:2016:361 Rz. 61.
2 S. bspw. EuGH v. 7.9.2004 – C-319/02 – Manninen, Slg. 2004, I-7477 Rz. 45; v. 12.12.2006 – C-446/04 – FII Group Litigation, Slg. 2006, I-11753 Rz. 93; v. 6.3.2007 – C-292/04 – Meilicke, Slg. 2007, I-1835 Rz. 28.; m. Anm. *Rehm/Nagler*, GmbHR 2007, 378; EuGH v. 30.6.2016 – C-123/15 – Feilen, ECLI:EU:C:2016:496 Rz. 37. Vgl. auch EuGH v. 12.7.2005 – C-403/03 – Schempp, Slg. 2005, I-6421 Rz. 35 ff. – wo vom EuGH zugestanden wird, dass eine direkte Verbindung zwischen der spiegelbildlichen, steuerlichen Berücksichtigung von Unterhaltszahlungen zwischen zwei geschiedenen Ehepartnern bestehen kann, obwohl die Geschiedenen keine wirtschaftliche Einheit mehr bilden; allerdings rekurrierte der EuGH in diesem Urteil nicht ausdrücklich auf den Rechtfertigungsgrund der Kohärenz; m. Anm. *Kanzler*, FR 2005, 902. Siehe ferner *Schön*, DB 2001, 940 (944); *Schön*, StbJb. 2003/2004, S. 17 (52 f.); *Englisch*, ET 2004, 323 ff.; *Englisch*, ET 2004, 355 ff.; *Hinnekens* in Vanistendael (Hrsg.), EU Freedoms and Taxation, 2006, S. 73 (89 f.); *Weber*, EC Tax Review 2003, 220 (225 f.).
3 Vgl. EuGH v. 24.2.2015 – C-559/13 – Grünewald, ECLI:EU:C:2015:109 Rz. 49-51; v. 6.10.2015 – C-66/14 – IFN, ECLI:EU:C:2015:661 Rz. 49, und Rz. 46 i.V.m. Rz. 35 u. 42.
4 So für das körperschaftsteuerliche Anrechnungsverfahren EuGH v. 7.9.2004 – C-319/02 – Manninen, Slg. 2004, I-7477 Rz. 45; v. 12.12.2006 – C-446/04 – FII Group Litigation (I), Slg. 2006, I-11753 Rz. 93; v. 6.3.2007 – C-292/04 – Meilicke (I), Slg. 2007, I-1835 Rz. 28; m. Anm. *Rehm/Nagler*, GmbHR 2007, 378; für die Konsolidierung im internationalen Konzern wohl auch EuGH v. 27.11.2008 – C-418/07 – Papillon, Slg. 2008, I-8947 Rz. 47 f. und 58; dazu auch *Glahe*, EC Tax Review 2013, 222 (231); für die Berücksichtigung der erbschaftsteuerlichen Vorbelastung des Nachlasses beim Erblasser EuGH v. 30.6.2016 – C-123/15 – Feilen, ECLI:EU:C:2016:496 Rz. 37; zur Besteuerung von Investmentfonds und ihren Anteilseignern s. EuGH v. 21.6.2018 – C-480/16 – Fidelity Funds u.a., ECLI:EU:C:2018:480 Rz. 82. S. ferner *Weber*, EC Tax Review 2003, 220 (225); *Kokott/Henze* in Lüdicke, Tendenzen der Europäischen Unternehmensbesteuerung, 2005, S. 68 (99 f.). Einen solchen wirtschaftlichen Zusammenhang abgelehnt hat der EuGH hingegen – zu Unrecht – bei der Würdigung der deutschen Regelung zur Vermögensübertragung gegen Versorgungsleistungen (Transfer steuerlicher Leistungsfähigkeit), vgl. EuGH v. 31.3.2011 – C-450/09 – Schröder, Slg. 2011, I-2497 Rz. 40 ff.; m. Anm. *Fischer*, FR 2011, 532.
5 S. zur grundlegenden Notwendigkeit eines systematischen Zusammenhangs auch *Schönfeld*, Hinzurechnungsbesteuerung und Europäisches Gemeinschaftsrecht, 2005, S. 293 – allerdings unter Hintanstellung des (richtigerweise erforderlichen) Bezugs auf einen im Steuersystem angelegten Nachteilsausgleich.
6 Vgl. EuGH v. 7.9.2004 – C-319/02 – Manninen, Slg. 2004, I-7477 Rz. 44–46; dazu kritisch *Schön*, IStR 2008, 882 (885); vgl. auch EuGH v. 17.9.2015 – C-589/13 – F. E. Familienprivatstiftung Eisenstadt, ECLI:EU:C:2015:612 Rz. 84. A.A. die Interpretation der EuGH-Rspr. durch EuGH, Schlussanträge des Generalanwalts *Mengozzi* v. 20.12.2017 – C-480/16 – Fidelity Funds u.a., ECLI:EU:C:2017:1015 Rz. 73 ff.

sierenden Nachteilsausgleich hat der EuGH regelmäßig abgelehnt,[1] jedenfalls sofern es nicht lediglich in atypischen Fällen zu Belastungsunterschieden zwischen grenzüberschreitendem und rein innerstaatlichem Vorgang kommt.[2] Die *intertemporalen Wirkungen der Besteuerung*, d.h. insbesondere nachteilige Liquiditätseffekte einer vorgezogenen Besteuerung (ohne Freistellung der aus dem versteuerten Einkommen nachfolgend erzielten Erträge) gegenüber der Alternative eines aufgeschobenen Steuerzugriffs, sind allerdings nur gelegentlich berücksichtigt worden.[3]

Richtigerweise sollte den Mitgliedstaaten ein weitergehender Typisierungsspielraum zugestanden werden als in der bislang vorherrschenden Entscheidungspraxis des EuGH. Erwägungen administrativer Effizienz und einer praktikablen Rechtsanwendung sind in den Rechtsordnungen aller Mitgliedstaaten um der Verwirklichung effektiver Rechtsanwendungsgleichheit willen als Gründe von Gewicht anerkannt. Der EuGH sollte daher auch für die Zwecke der Prüfung einer Rechtfertigung von Grundfreiheitsbeschränkungen nicht pauschal in Abrede stellen, dass sie ein gewisses Maß an Ungleichbelastungen zu legitimieren vermögen. Seine kompromisslose Haltung bei der Kohärenz steht auch im Widerspruch zur Anerkennung des Rechtfertigungsgrundes symmetrischer Nichtberücksichtigung von Auslandsgewinnen und -verlusten (Rz. 7.239 ff.). Wenn diesbezüglich hingenommen wird, dass dem grenzüberschreitend tätigen Steuerpflichtigen im Einzelfall materielle Belastungsnachteile in Gestalt nicht verrechenbarer Verluste erwachsen können, müssen vereinzelt auftretende Mehrbelastungen auch im Kontext des Kohärenzarguments als verhältnismäßig akzeptiert werden, soweit dieser Effekt dort ebenfalls legitimen Erwägungen, namentlich Vereinfachungszwecken, geschuldet ist. Dies gilt ungeachtet des Umstands, dass die Symmetriebetrachtung nach Herleitung und Legitimationsbasis nicht als grob typisierende Ausprägung des Kohärenzanliegens verstanden werden kann (Rz. 7.243). Als Vorbild für einen angemessenen Ausgleich zwischen Binnenmarktideal und Steuervereinfachung könnte im Rahmen von Kohärenzerwägungen die *Sopora*-Entscheidung des EuGH dienen, wo eine unterschiedliche steuerliche Belastung verschiedener grenzüberschreitender Vorgänge als Folge einer Typisierung hingenommen und sogar schon das Vorliegen einer tatbestandsrelevanten Ungleichbehandlung verneint wurde.[4] Diese Feststellung stand unter dem Vorbehalt, dass die Befreiung nicht „systematisch" zu einer „deutlichen" Überkompensierung führen durfte.[5]

7.282 Speziell im Kontext **nachgelagerter Besteuerung** (insbesondere von Rentenversicherungsbeiträgen) hat es der EuGH außerdem in jüngerer Zeit wiederholt für unverhältnismäßig gehalten, den Abzug von Beitragszahlungen an ausländische Institutionen zu verweigern und zugleich spätere Rentenzahlungen nicht der Besteuerung zu unterwerfen, d.h. zur vorgelagerten Besteuerung überzugehen. Zwar liege damit ein kohärenter Nachteilsausgleich vor; dieser sei jedoch nicht erforderlich, wenn der Ansässigkeitsstaat auch die Rentenzahlungen ausländischer Versicherungsträger grds. besteuern könne. Die bloße Möglichkeit eines späteren Wegzugs des Steuerpflichtigen mit der Folge eines Entfallens der

---

1 Grundlegend EuGH v. 6.6.2000 – C-35/98 – Verkooijen, Slg. 2000, I-4071 Rz. 57 f.; m. Anm. *Dautzenberg*, FR 2000, 720; v. 15.7.2004 – C-315/02 – Lenz, Slg. 2004, I-7063 Rz. 34 ff. Vgl. auch EuGH, Schlussanträge des Generalanwalts *Campos Sánchez-Bordona* v. 25.10.2017 – C-398/16 – „X", ECLI:EU:C:2017:807 Rz. 76.
2 Vgl. EuGH v. 13.11.2012 – C-35/11 – FII Group Litigation (II), ECLI:EU:C:2012:707 Rz. 50 – wo der Sache nach eine Kohärenzbetrachtung angestellt wird; m. Anm. *Henze*, ISR 2013, 18; ähnlich EuGH v. 8.9.2005 – C-512/03 – Blanckaert, Slg. 2005, I-7685 Rz. 47.
3 S. EuGH v. 20.10.2011 – C-284/09 – Kommission/Deutschland, Slg. 2011, I-9879 Rz. 91; v. 6.10.2015 – C-66/14 – IFN, ECLI:EU:C:2015:661 Rz. 48; s. auch EuGH v. 8.11.2012 – C-342/10 – Kommission/Finnland, ECLI:EU:C:2012:688 Rz. 52; vgl. demgegenüber keine Berücksichtigung in EuGH v. 28.1.1992 – C-204/90 – Bachmann, Slg. 1992, I-249 Rz. 21 ff.; v. 11.9.2014 – C-47/12 – Kronos International, ECLI:EU:C:2014:2200 Rz. 87 f.
4 S. EuGH v. 24.2.2015 – C-512/13 – Sopora, ECLI:EU:C:2015:108 Rz. 34 f.; zumindest formal bestätigt in EuGH v. 26.5.2016 – C-300/15 – Kohll und Kohll-Schlesser, ECLI:EU:C:2016:361 Rz. 53. Zu den Besonderheiten, die den EuGH zu dieser großzügigeren Haltung bewogen haben könnten, s. *Henze*, ISR 2015, 143.
5 S. zu weiterführenden Erwägungen *Kokott*, Das Steuerrecht der Europäischen Union, 2018, § 5 Rz. 103 f.

Besteuerungsmöglichkeit rechtfertige es nicht, prophylaktisch die Abzugsfähigkeit der Beiträge generell auszuschließen; die Herstellung von Kohärenz gehe damit über das erforderliche Maß hinaus.[1]

Ungeachtet der Anerkennung als zwingendes Gemeinwohlinteresse hat der EuGH sich niemals mit dem **rechtsethischen Fundament des Kohärenzargumentes** befasst. Dieser Mangel an Klarheit und die daraus resultierende Unsicherheit[2] ist nicht zuletzt auch der Unschärfe und Weite des Begriffs „kohärenter Besteuerung" geschuldet. Ausgehend von dem ursprünglich in der Rechtssache Bachmann entwickelten Konzept[3] wäre besser von einem **qualifizierten individuellen Nachteilsausgleich** die Rede.[4] Tatsächlich lässt sich das Kohärenzargument nämlich als eine Forderung interpersonaler Steuergerechtigkeit, d.h. als ein Anliegen der *iustitia distributiva* hinsichtlich der steuerlichen Lastengleichheit begreifen.[5] Die Grundfreiheiten wirken nur asymmetrisch zugunsten des grenzüberschreitenden Vorgangs (s. Rz. 7.30 ff.) und fokussieren zudem in der Rechtsprechungspraxis des EuGH grundsätzlich auf *punktuelle* Schlechterstellungen. Demgegenüber bewirkt das Kohärenzargument einen Wechsel und zugleich eine Ausweitung der maßgeblichen Perspektive. Durch die Einbeziehung weiterer Be- und Entlastungswirkungen in einem systematisch aufeinander abgestimmten Regelungsverbund soll sichergestellt werden, dass grenzüberschreitende Vorgänge im Verhältnis zu solchen rein innerstaatlicher Natur keine ungerechtfertigten Privilegien genießen. Die Kohärenzbetrachtung vermeidet somit, dass der „free mover" zu einem „free rider" wird.[6] Letztlich dient sie damit dem *Ideal einer gleichmäßigen Besteuerung* nach der wirtschaftlichen Leistungsfähigkeit oder der gleichmäßigen Umsetzung eines sonstigen je einschlägigen Belastungsgrundes.[7] Zugleich nimmt der Kohärenzgedanke die grundfreiheitliche Kontrolle normzweckadäquat auf die Beanstandung effektiver Belastungsunterschiede zurück.[8] Dies ist umso bedeutsamer, als der EuGH bei der Analyse beschränkender Wirkungen gelegentlich auf die bloße Besteuerungstechnik abstellt und eine vergleichende Betrachtung der steuerlichen Belastungswirkungen der technisch je unterschiedlich ausgestalteten Besteuerungsregime vernachlässigt, so dass diese erst über das Kohärenzargument in den Blick genommen werden können.[9]

7.283

---

1 S. EuGH v. 30.1.2007 – C-150/04 – Kommission/Dänemark, Slg. 2007, I-1163 Rz. 73; v. 23.1.2014 – C-296/12 – Kommission/Belgien, ECLI:EU:C:2014:24 Rz. 35 ff.; vgl. auch EuGH v. 21.11.2002 – C-436/00 – X und Y, Slg. 2002, I-10829 Rz. 55 und 59; m. Anm. *Schnitger*, FR 2003, 84. So auch schon *Knobbe-Keuk*, EC Tax Review 1994, 74 (84). Implizit aufgegeben ist damit der frühere, großzügigere Standpunkt aus EuGH v. 28.1.1992 – C-300/90 – Kommission/Belgien, Slg. 1992, I-305. S. demgegenüber aber auch *Elicker* in Fuest/Mitschke (Hrsg.), Nachgelagerte Besteuerung und EU-Recht, 2008, S. 23 (28 ff.): Ein hinsichtlich seiner grenzüberschreitenden Dimension in sich stimmiges System nachgelagerter Besteuerung sei immer auch unter Kohärenzgesichtspunkten gerechtfertigt.
2 Paradigmatisch *Thömmes* in GS Knobbe-Keuk, 1997, S. 795 (831): „Leerformel"; EuGH, Schlussanträge des Generalanwalts *Geelhoed* v. 29.6.2006 – C-524/04 – Thin Cap GL, Slg. 2007, I-2107 Rz. 90: „In der weit überwiegenden Zahl der Fälle könnte man sich in der Tat fragen, ob der Rechtfertigungsgrund der ‚steuerlichen Kohärenz' wirklich eine sinnvolle eigene Funktion hat."
3 S. EuGH v. 28.1.1992 – C-204/90 – Bachmann, Slg. 1992, I-249 Rz. 21 ff.
4 I.E. ähnlich *Hey*, AöR 2003, 226 (236); *Loewens*, Der Einfluss des Europarechts auf das deutsche Einkommen- und Körperschaftsteuerrecht, 2007, S. 457; skeptisch *Reimer* in Lehner (Hrsg.), Grundfreiheiten im Steuerrecht der EU-Staaten, 2000, S. 39 (62).
5 Ähnlich *Cordewener*, Europäische Grundfreiheiten und nationales Steuerrecht, S. 961; *Weber-Grellet*, DStR 2009, 1129 (1131); *Baßler*, Steuerliche Gewinnabgrenzung im Europäischen Binnenmarkt, 2011, S. 205. S. auch *Kokott/Ost*, EuZW 2011, 496 (502): Wahrung von „Integrität und Gerechtigkeit des Steuersystems". Verkannt von *van Thiel*, ET 2008, 339 (349).
6 Vgl. auch *Hey*, AöR 2003, 226 (235); *Sedemund*, DStZ 2003, 407 (409); *Staringer* in Europäisches Steuerrecht DStJG 41 (2018), S. 365 (367 f.).
7 Vgl. auch *Cordewener/Kofler/van Thiel*, CMLRev. 2009, 1951 (1974).
8 Ähnlich *Sedemund*, Europäisches Ertragsteuerrecht, 2008, Rz. 445.
9 Exemplarisch EuGH v. 23.10.2008 – C-157/07 – Krankenheim Ruhesitz am Wannsee, Slg. 2008, I-8061 Rz. 42 ff. – zur nachholenden Besteuerung von Auslandsgewinnen bei vorheriger Berücksichtigung von an sich durch DBA freigestellten Auslandsverlusten – hier hätte richtigerweise schon eine Grundfreiheitsbeschränkung durch § 2a Abs. 3 EStG a.F. verneint werden sollen, weil eine solche Gewinnbesteuerung im Inlandssachverhalt ebenso, nur nicht kraft besonderer Regelung stattfand. Als Gegenbeispiel aus der

7.284 In einigen Fällen hat mangelnde Reflektion des EuGH zum rechtsethischen Kontext des Kohärenzgedankens zu **Fehlentwicklungen in der Rechtsprechung** geführt. So hat der EuGH gelegentlich angenommen, dass der Abschluss eines Doppelbesteuerungsabkommens „die Kohärenz auf die Ebene der Gegenseitigkeit der in den Vertragsstaaten anwendbaren Vorschriften verlagern"[1] könnte. Sie werde dann nicht länger auf der Ebene einer Einzelperson durch eine strenge Wechselbeziehung zwischen individuellen Steuervorteilen und Steuernachteilen hergestellt und könne darum nicht mehr als Rechtfertigungsgrund herangezogen werden.[2] Diese Sichtweise ist verfehlt:[3] Die angemessene Aufteilung der Besteuerungsbefugnisse zwischen den Vertragsstaaten als Ziel eines Doppelbesteuerungsabkommens ist eine Frage der ausgleichenden Gerechtigkeit (*iustitia commutativa*) zwischen den Staaten („*inter-nation equity*") und hat nichts mit der gerechten und gleichen Verteilung der steuerlichen Lasten zwischen den Steuerpflichtigen zu tun, die eine Frage der Verteilungsgerechtigkeit (*iustitia distributiva*) zwischen den Steuersubjekten („*taxpayer equity*") darstellt. Ein Mitgliedstaat kann ohne weiteres beide Ideale nebeneinander verfolgen; sie stehen nicht in einem Verhältnis der Exklusivität zueinander. Aus diesem Grund kann das eine Konzept auch nicht durch das andere ersetzt werden. Es kann auch keine Rede davon sein, dass mit Abschluss eines DBA die Kohärenz der innerstaatlichen Steuerrechtsordnung – im hier verstandenen Sinne einer Gleichbelastung aller Steuerpflichtigen – bewusst preisgegeben werde.[4] Anders gewendet: Eine in der Makrobetrachtung ausgeglichene Aufkommensverteilung impliziert keineswegs eine auch individuell gerechte Besteuerung; der Abschluss eines DBA lässt darum das Bestreben nach einer gleichmäßigen Besteuerung unter Vermeidung einer Privilegierung des „free mover" unberührt. In jüngerer Zeit ist der EuGH von dieser Einschränkung auch häufig stillschweigend abgerückt;[5] aufgegeben wurde sie aber bislang nicht.[6]

7.285 Vor diesem Hintergrund kann ein Mitgliedstaat nicht lediglich auf die innere Widerspruchsfreiheit bzw. „Symmetrie" seiner außensteuerlichen Regelungen verweisen, um das Kohärenzargument erfolgreich geltend zu machen.[7] Nur weil die Elemente eines Steuerregimes *systematisch* aufeinander abgestimmt sind, gewährleisten sie nicht auch eine *individuelle* Gleichbelastung vergleichbarer grenzüber-

---

EuGH-Rspr. dienen mag die Entscheidung EuGH v. 13.11.2012 – C-35/11 – FII Group Litigation (II), ECLI:EU:C:2012:707 Rz. 43: Prüfung gleichwertiger Entlastungswirkungen von Anrechnungs- und Befreiungsmethode beim Dividendenbezug; m. Anm. *Henze*, ISR 2013, 18.

1 Siehe EuGH v. 11.8.1995 – C-80/94 – Wielockx, Slg. 1995, I-2493 Rz. 24; EuGH v. 3.10.2002 – C-136/00 – *Danner*, Slg. 2002, I-8147 Rz. 41; v. 21.11.2002 – C-436/00 – X und Y, Slg. 2002, I-10829 Rz. 53; m. Anm. *Schnitger*, FR 2003, 84; v. 12.2.2004 – C-242/03 – Weidert und Paulus, Slg. 2004, I-7379 Rz. 25; v. 10.9.2009 – C-269/07 – Kommission/Deutschland, Slg. 2009, I-7811 Rz. 63; m. Anm. *Mitschke*, FR 2009, 964. Zustimmend *Arginelli*, Intertax 2007, 82 (95); *Gammie* in Vanistendael (Hrsg.), EU Freedoms and Taxation, 2006, S. 105 (121); *van Thiel*, Free Movement of Persons and Income Tax Law, S. 568 ff. und 572 f.

2 Relativierend allerdings die Urteilsinterpretation durch *Richter*, Die Besteuerung grenzüberschreitender Altersversorgung in der EU, 2008, S. 212 ff.

3 Eingehend *Englisch*, Aufteilung der Besteuerungsbefugnisse – Ein Rechtfertigungsgrund für die Einschränkung von EG-Grundfreiheiten, S. 126 ff. Ebenso *Werner*, Systemgerechte Entstrickung im Steuerrecht, 2009, S. 105 ff.; a.A. *Wattel*, CMLR 1996, 223 (253); *Gammie*, BIT 2003, 86 (94); *Gammie* in Vanistendael (Hrsg.), EU Freedoms and Taxation, 2006, S. 105 (121); *van Thiel*, Free Movement of Persons and Income Tax Law, S. 568 ff. und 572 f.; *Cordewener/Kofler/van Thiel*, CMLRev. 2009, 1951 (1971); wohl auch *Elicker*, IStR 2005, 89; *Dahlberg*, Direct Taxation in Relation to the Freedom of Establishment and the Free Movement of Capital, 2005, S. 257; *Musil*, FR 2014, 45 (50); *Neyt/Peeters*, EC Tax Review 2014, 64 (67 f.).

4 So aber *Arginelli*, Intertax 2007, 82 (95); *Knobbe-Keuk*, EC Tax Review 1994, 74 (81); *Malmer*, CDFI 2002, Vol. LXXXVIIb, S. 79 (88); *Prokisch* in Lehner (Hrsg.), Grundfreiheiten im Steuerrecht der EU-Staaten, 2000, S. 119 (128 f.).

5 So auch die Einschätzung von *M. Lang* in Avi-Yonah u.a. (Hrsg.), Comparative Fiscal Federalism, 2007, S. 11 (30 f.).

6 Siehe EuGH v. 10.9.2009 – C-269/07 – Kommission/Deutschland, Slg. 2009, I-7811 Rz. 63; m. Anm. *Mitschke*, FR 2009, 964.

7 S. dazu auch *Englisch*, Intertax 2010, 197 (210). So i.E. auch *M. Lang* in Schön/Weber, Grundfragen des Europäischen Steuerrechts, 2015, S. 63 (85).

schreitender und innerstaatlicher Vorgänge. So kann etwa die mit einer Entstrickungsbesteuerung („exit tax") einhergehende steuerliche Benachteiligung des wegziehenden Steuerpflichtigen nicht schon deshalb als „kohärent" gerechtfertigt werden, weil der Mitgliedstaat bei zuziehenden Steuerpflichtigen darauf abgestimmte Regelungen zur steuerlichen Verstrickung vorsieht.

Aus demselben Grund ist im Übrigen auch die Gleichsetzung des Rechtfertigungsgrundes der Kohärenz mit Aspekten der vom Gerichtshof ebenfalls als Rechtfertigungsgrund herangezogenen ausgewogenen zwischenstaatlichen Aufteilung der Besteuerungsbefugnisse zurückzuweisen. Soweit der EuGH vereinzelt anders entschieden hat,[1] ist ihm nicht zu folgen (s. auch Rz. 7.243 u. 7.268).[2]

Zu kritisieren ist ferner, dass der **EuGH** vor allem auf dem Gebiet der **Dividendenbesteuerung** eine **supranationale Perspektive einnimmt**, um die Verhältnismäßigkeit eines kohärenten Vorteilsausgleichs zu beurteilen.[3] Trage eine Steuerentlastung des rein innerstaatlich verwirklichten Sachverhalts einer damit korrespondierenden innerstaatlichen Belastung gerade – nur – solcher Sachverhalte an anderer Stelle im Steuersystem Rechnung, so sei die Begrenzung der Entlastung auf innerstaatliche Sachverhalte gleichwohl nicht verhältnismäßig, wenn bei grenzüberschreitenden Sachverhalten wegen einer *gleichartigen ausländischen Steuerbelastung* ein vergleichbarer Entlastungsbedarf bestehe. Speziell bei körperschaftsteuerlichen Anrechnungsverfahren müsse die Vorbelastung von Auslandsdividenden mit ausländischer Körperschaftsteuer derjenigen von Inlandsdividenden mit inländischer Körperschaftsteuervorbelastung gleichgeachtet werden.[4]

7.286

Diese **mitgliedstaatenübergreifende Betrachtung ist abzulehnen**, weil sie dem oben dargelegten (s. Rz. 7.283) Grundanliegen der Kohärenz widerspricht: Die Kohärenz weitet lediglich den Blickwinkel der Diskriminierungs- bzw. Beschränkungsprüfung und erlaubt es, ein vermeintlich zu Nachteilen für den grenzüberschreitenden Vorgang führendes Teilelement eines nationalen Steuerregimes in einen größeren systematischen Zusammenhang zu stellen.[5] Es ist aber nahezu[6] unbestritten, dass die vom EuGH im ersten Schritt eingeforderte Diskriminierungs- und Beschränkungsfreiheit nur anhand der Merkmale des jeweiligen nationalen Steuersystems zu beurteilen ist;[7] die Erhebung ausländischer Steu-

7.287

---

1 S. bspw. EuGH v. 21.2.2006 – C-152/03 – Ritter-Coulais, Slg. 2006, I-1711 Rz. 39 f.; v. 7.11.2013 – C-322/11 – K, ECLI:EU:C:2013:716 Rz. 64–71; m. Anm. *Müller*, ISR 2013, 425.
2 **A.A.** EuGH, Schlussanträge der Generalanwältin Kokott v. 13.3.2014 – C-48/13 – Nordea Bank, ECLI: EU:C:2014:153 Rz. 43; *van Thiel*, Free Movement of Persons and Income Tax Law, 2002, S. 578; *Wattel* in Weber (Hrsg.), The Influence of European Law on Direct Taxation: Recent and Future Developments, 2007, S. 139 (153 ff.); *Arginelli*, Intertax 2007, 82 (94); *Schön*, BIT 2015, 271 (285); tendenziell (obschon differenzierend) auch *Weber*, EC Tax Review 2015, 43 (53 f.). Wie hier – obschon anerkennend, dass der EuGH terminologisch nicht mehr klar abgrenzt – *Brauner/Dourado/Traversa*, Intertax 2015, 306 (309 f.). S. auch schon eingehend *Englisch*, Aufteilung der Besteuerungsbefugnisse – Ein Rechtfertigungsgrund für die Einschränkung von EG-Grundfreiheiten, 2008, S. 123 ff.
3 Siehe bspw. EuGH v. 7.9.2004 – C-319/02 – Manninen, Slg. 2004, I-7477 Rz. 46; EuGH v. 23.2.2006 – C-471/04 – Keller Holding, Slg. 2006, I-2107 Rz. 43; EuGH v. 12.12.2006 – C-446/04 – FII Group Litigation (I), Slg. 2006, I-11753 Rz. 93; EuGH v. 6.3.2007 – C-292/04 – Meilicke (I), Slg. 2007, I-1835 Rz. 29; m. Anm. *Rehm/Nagler*, GmbHR 2007, 378.
4 S. EuGH v. 7.9.2004 – C-319/02 – Manninen, Slg. 2004, I-7477 Rz. 46; EuGH v. 6.3.2007 – C-292/04 – Meilicke (I), Slg. 2007, I-1835 Rz. 29; m. Anm. *Rehm/Nagler*, GmbHR 2007, 378; v. 4.10.2018 – C-416/17 – Kommission/Frankreich, ECLI:EU:C:2018:811 Rz. 29 ff. S. ferner mit ähnlicher Argumentation, aber eingebettet in den Rechtfertigungsgrund der Wahrung einer ausgewogenen Aufteilung der Besteuerungsbefugnisse, EuGH v. 21.12.2016 – C-593/14 – Masco Denmark, ECLI:EU:C:2016:984 Rz. 38-43.
5 S. *van Thiel*, Tax Law Review 2008, 143 (171): nur „*prima facie*" Diskriminierung; ähnlich *Hellerstein/Kofler/Mason*, Tax Law Review 2008, 1 (21).
6 A.A. *Kemmeren* in Haslehner u.a., EU Tax Law and Policy in the 21st Century, 2017, S. 3 (20).
7 S. *Birk*, DStJG 19 (1996), S. 63 (77); *Schön*, EC Tax Review 2000, 90 (97 ff.); *Cordewener*, Europäische Grundfreiheiten und nationales Steuerrecht, 2002, S. 829; *Seiler*, StuW 2005, 29; *Kube*, EuGH-Rechtsprechung zum direkten Steuerrecht – Stand und Perspektiven, 2009, S. 31, m.w.N.; s. auch EuGH v. 15.9.2011 – C-240/10, *Schulz-Delzers* und *Schulz*, ECLI:EU:C:2011:591 Rz. 40.

ern durch einen anderen Hoheitsträger ist einem Mitgliedstaat grds. nicht zuzurechnen und folglich für die Feststellung eines Grundfreiheitsverstoßes unbeachtlich.[1] Da das Kohärenzargument lediglich die Perspektive der Prüfung auf systematisch zusammenhängende Regelungen ausdehnt,[2] kann es sich ebenfalls nur auf inländische Steuerlasten beziehen.[3] Verantwortlich für die Kompensation ausländischer Belastungsnachteile ist demnach der ausländische Mitgliedstaat; sieht er in seinem Steuersystem keinen Ausgleich vor, ist dies grundfreiheitlich als Disparität hinzunehmen.[4] Speziell bezüglich der Dividendenbesteuerung ist nicht einzusehen, warum der Ansässigkeitsstaat des Anteilseigners dafür aufkommen sollte, dass der Quellenstaat aufgrund der dortigen steuerpolitischen Präferenzen für seine eigene Körperschaftsteuervorbelastung keine (hinreichende) Entlastung vorsieht.[5] Etwas anderes kommt allenfalls im Rahmen einer *zwischenstaatlich koordinierten*, bilateral vereinbarten Aufteilung von Besteuerungshoheiten und damit korrespondierenden Verantwortlichkeiten in Betracht (s. Rz. 7.285 ff.).

7.288 Dies hat im Übrigen **auch der EuGH inzwischen in zahlreichen Entscheidungen zugestanden** und eine staatenübergreifende Kohärenzbetrachtung zurückgewiesen. Wie der EuGH im ersten dahingehenden Urteil zutreffend feststellte, liefe die Berücksichtigung von ausländischer Besteuerungshoheit unterfallenden Vorgängen bei einem Mechanismus zur Kompensation von inländischen steuerlichen Vorbelastungen „darauf hinaus, diese Geschäfte so zu behandeln, als wären sie bereits der streitigen Steuer unterworfen worden, obwohl dies nicht der Fall ist. Zwar sind die in anderen Mitgliedstaaten [getätigten Geschäfte] möglicherweise auch mit Abgaben belegt worden, die der hier in Rede stehenden ähnlich oder sogar mit ihr identisch sind, doch verfügen die Mitgliedstaaten beim gegenwärtigen Entwicklungsstand des Unionsrechts vorbehaltlich dessen Beachtung über eine gewisse Autonomie in Steuerfragen und sind deshalb nicht verpflichtet, ihr eigenes Steuersystem den verschiedenen Steuersystemen der anderen Mitgliedstaaten anzupassen, um namentlich die Doppelbesteuerung zu beseitigen."[6] Teils ebenso explizit, teils implizit hat sich der EuGH inzwischen in einer Reihe weiterer Entscheidungen gegen eine Gleichstellung von inländischen und ausländischen Steuerbelas-

---

1 Sog. „Kästchengleichheit" im Rahmen des jeweiligen aus der nationalen Steuerrechtsordnung gebildeten „Kästchens" der Ausübung einzelstaatlicher Besteuerungshoheit, s. *Birk* in Steuerrecht im Europäischen Binnenmarkt – Einfluß des EG-Rechts auf die nationalen Steuerrechtsordnungen, DStJG 19 (1996), S. 63 (77). Vgl. auch *Schön*, EC Tax Review 2000, 90 (97 ff.); *Cordewener*, Europäische Grundfreiheiten und nationales Steuerrecht, 2002, S. 829; *Seiler*, StuW 2005, 29. S. ferner EuGH v. 15.9.2011 – C-240/10 – *Schulz-Delzers* und *Schulz*, ECLI:EU:C:2011:591 Rz. 40: „(...) die Vergleichbarkeit der Sachverhalte [kann] notwendigerweise nur im Rahmen ein und desselben Steuersystems beurteilt werden (...)".
2 Vgl. auch EuGH, Schlussanträge des Generalanwalts *Bobek* v. 14.12.2017 – C-382/16 – Hornbach-Baumarkt, ECLI:EU:C:2017:974 Rz. 71 f., der schon im Rahmen der Prüfung des Grundfreiheitsverstoßes den Belastungsvergleich auf eine Gesamtwürdigung der Belastungswirkungen sämtlicher Teilelemente des in Rede stehenden Steuerregimes anlegt und dann konsequent ebenfalls ausländische Belastungen für irrelevant erklärt. Ähnlich, aber weitergehend das von Generalanwältin *Kokott* postulierte „Autonomieprinzip", s. EuGH, Schlussanträge der Generalanwältin *Kokott* v. 12.5.2016 – C-593/14 – Masco Denmark, ECLI:EU:C:2016:336 Rz. 19 ff. (hilfsweise dann wie hier, s. Rz. 46).
3 Wie hier *Seiler*, StuW 2005, 25 (28); *Terra/Wattel*, European Tax Law[6], S. 932; *Schön* in Schön/Heber, Grundfragen des Europäischen Steuerrechts, 2015, S. 109 (127); *Freyer*, ET 2017, 428 (432); *Kokott*, Das Steuerrecht der Europäischen Union, 2018, § 5 Rz. 83; tendenziell auch *Reimer* in Lehner (Hrsg.), Grundfreiheiten im Steuerrecht der EU-Staaten, 2000, S. 39 (60 f.); a.A. *Weber-Grellet*, Europäisches Steuerrecht[2], § 9 Rz. 40; *Schön* in FS Vanistendael, 2008, S. 813 (822 f.); *Poulsen*, Intertax 2012, 200 (201).
4 S. dazu in anderem Zusammenhang auch EuGH v. 23.10.2008 – C-157/07 – Krankenheim Ruhesitz am Wannsee-Seniorenheimstatt, Slg. 2008, I-8061 Rz. 49 – keine Anpassung an ausländisches System erforderlich. S. auch die Argumentation Frankreichs in EuGH v. 4.10.2018 – C-416/17 – Kommission/Frankreich, ECLI:EU:C:2018:811. **A.A.** *Vanistendael*, EC Tax Review 2005, 208 (216 und 221).
5 Wie hier *Freyer*, ET 2017, 384 (388); i.E. auch *Weber*, Intertax 2006, 585 (598). **A.A.** *Kokott*, Das Steuerrecht der Europäischen Union, 2018, § 5 Rz. 26; anders auch *Meussen*, ET 2017, 508 (511), auf der Basis einer – nach hier vertretener Ansicht verfehlten – am Normzweck orientierten (und einseitig auf bestimmte Normzwecke abstellenden) Vergleichbarkeitsprüfung.
6 EuGH v. 1.12.2011 – C-253/09 – Kommission/Ungarn, ECLI:EU:C:2011:795 Rz. 82-83.

D. Rechtfertigungsmöglichkeiten | Rz. 7.255 **Kap. 7**

D. Rechtfertigungsmöglichkeiten | Rz. 7.281 Kap. 7

tungen im Rahmen eines kohärenten Vorteilsausgleichs ausgesprochen.[1] Für die Vermeidung wirtschaftlicher Doppelbesteuerung von Dividenden dürfte nichts anderes gelten.[2] Das Festhalten an einem staatenübergreifenden Belastungsvergleich erweist sich hier zunehmend als eine Anomalie in der Rechtsprechung des EuGH, die sich nur noch mit deren Pfadabhängigkeit erklären lässt.[3]

d) Wirksame steuerliche Kontrolle
aa) Rechtsprechung des EuGH

Der EuGH hat seit jeher anerkannt, dass die Notwendigkeit wirksamer steuerlicher Kontrollen zwecks Vermeidung von Steuerverkürzungen einen zwingenden Grund des Allgemeinwohls darstellt.[4] Im Anwendungsbereich der Kapitalverkehrsfreiheit folgt dies ohnehin bereits aus Art. 65 Abs. 1 Buchst. b AEUV.[5] Dies sagt aber noch wenig über die praktische Relevanz dieses Rechtfertigungsgrundes aus. Hierfür ist vielmehr von entscheidender Bedeutung, dass der Gerichtshof **in der Verhältnismäßigkeitskontrolle** zwischen materiell-rechtlichen und verfahrensrechtlichen Regelungen **differenziert** und dabei sehr unterschiedliche Maßstäbe anlegt.

7.289

In materiell-rechtlicher Hinsicht sind die Anforderungen **sehr strikt**: Unwiderlegbare gesetzliche Vermutungen spezifisch zu Lasten des grenzüberschreitend agierenden Steuerpflichtigen oder sonstige definitive steuerliche Belastungsnachteile zwecks Vermeidung von Ermittlungs- und Verifikationsschwierigkeiten im grenzüberschreitenden Kontext werden im EU-Binnenmarkt grundsätzlich als unverhältnismäßig erachtet.[6] Denn es kämen zwei mildere und vermeintlich stets gleichermaßen geeig-

7.290

---

1 Sehr deutlich EuGH v. 1.12.2011 – C-250/08 – Kommission/Belgien, ECLI:EU:C:2011:793 Rz. 73 f.; v. 10.4.2014 – C-190/12 – Emerging Markets Series of DFA Investment Trust Company, ECLI:EU:C:2014:249 Rz. 94; v. 30.6.2016 – C-123/15 – Feilen, ECLI:EU:C:2016:496 Rz. 40; implizit EuGH v. 1.12.2011 – C-250/08 – Kommission/Belgien, ECLI:EU:C:2011:793 Rz. 80; wohl auch EuGH v. 21.6.2018 – C-480/16 – Fidelity Funds u.a., ECLI:EU:C:2018:480 Rz. 84 (anders die Urteilsinterpretation durch *Patzner/Nagler*, IStR 2018, 599, [601]). S. ferner auch schon EuGH v. 8.9.2005 – C-512/03 – Blanckaert, ECLI:EU:C:2005:516 Rz. 43 ff., zur Steuerermäßigung (nur) für nationale Sozialversicherungsbeiträge (hier bereits auf Ebene der Vergleichbarkeitsprüfung abgehandelt).
2 S. immerhin EuGH v. 10.4.2014 – C-190/12 – Emerging Markets Series of DFA Investment Trust Company, ECLI:EU:C:2014:249 Rz. 94: „Die Prüfung des Grundes der steuerlichen Kohärenz muss (...) grundsätzlich im Hinblick auf ein und dasselbe Steuersystem durchgeführt werden." m. Anm. *Kammeter*, ISR 2014, 165. Kritisch auch *Graetz/Warren*, CMLRev. 2007, 1577 (1613). A.A. mit Blick auf die vermeintliche Unmöglichkeit der Entwicklung einer konsistenten Rechtsprechungslinie *Bellingwout*, ET 2008, 124 (126 und insb. 130); ähnlich *M. Lang*, EC Tax Review 2008, 67 (72 f.). Vgl. aber auch *Bellingwout*, ET 2008, 124 (128 unter 4. 5. 1.3): Konsistent ist letztlich allein die Verpflichtung des Quellenstaates auf diskriminierungsfreie Handhabung eines evtl. shareholder reliefs.
3 So auch *Dobratz*, IStR 2017, 116 ff., zur auf die Argumentation zur Dividendenbesteuerung rekurrierende Entscheidung des EuGH v. 21.12.2016 – C-593/14 – Masco Denmark, ECLI:EU:C:2016:984 Rz. 38-43; kritisch auch *Dürrschmidt*, ISR 2017, 125 (126).
4 Grundlegend EuGH v. 20.2.1979 – 120/78 – Cassis de Dijon, Slg. 1979, I-649 Rz. 8. Seitdem st. Rspr., s. bspw. EuGH v. 15.5.1997 – C-250/95 – Futura Participations and Singer, Slg. 1997, I-2471 Rz. 31; m. Anm. *Dautzenberg*, FR 1997, 567; v. 10.3.2005 – C-39/04 – Laboratoires Fournier, Slg. 2005, I-2057 Rz. 24; v. 8.7.1999 – C-254/97 – Baxter, Slg. 1999, I-4809 Rz. 18; v. 28.10.1999 – C-55/98 – Vestergaard, Slg. 1999, I-7641 Rz. 25; v. 26.9.2000 – C-478/98 – Kommission/Belgien („Eurobonds"), Slg. 2000, I-7587 Rz. 38; v. 14.9.2006 – C-386/04 – Centro di Musicologia Walter Stauffer, Slg. 2006, I-8203 Rz. 47; v. 11.10.2007 – C-451/05 – ELISA, Slg. 2007, I-8251 Rz. 81; v. 21.1.2009 – C-318/07 – Persche, Slg. 2009, I-359 Rz. 52; v. 15.9.2011 – C-132/10 – Halley, Slg. 2011, I-8353 Rz. 30; v. 11.12.2014 – C-678/11 – Kommission/Spanien, ECLI:EU:C:2014:2434 Rz. 45; v. 25.7.2018 – C-553/16 – TTL, ECLI:EU:C:2018:604 Rz. 57.
5 S. EuGH v. 11.6.2009 – C-155/08 und C-157/08 – X und Passenheim-van Schoot, Slg. 2009, I-5093 Rz. 46.
6 Grundlegend EuGH v. 28.1.1992 – C-300/90 – Kommission/Belgien, Slg. 1992, I-305 Rz. 11; v. 12.4.1994 – C-1/93 – Halliburton, Slg. 1994, I-1137 Rz. 22; v. 28.10.1999 – C-55/98 – Vestergaard, Slg. 1999, I-7641 Rz. 25 ff. S. ferner bspw. EuGH v. 8.7.1999 – C-254/97 – Baxter, Slg. 1999, I-4809 Rz. 19 f.; v.

nete Maßnahmen in Betracht: Erstens könne die mitgliedstaatliche Finanzverwaltung aufgrund der *Amtshilferichtlinie* 2011/16/EU (ehem. RL 77/799/EWG) die Behörden anderer Mitgliedstaaten um Sachverhaltsaufklärung ersuchen.[1] Unter Umständen könne zudem auf weitere im EU-Sekundärrecht vorgesehene Möglichkeiten der Auskunftserlangung zurückgegriffen werden, wie die Auskunftserteilung nach Art. 8 f. der (ehem.) ZinsRL 2003/48/EG.[2] Zweitens könnte vom Steuerpflichtigen selbst eine umfassende Erklärung hinsichtlich aller besteuerungsrelevanten Umstände sowie die *Vorlage aller erforderlichen Nachweise und Belege* verlangt werden.[3] Die letztgenannte Möglichkeit müsse zudem auch dann als ausreichend erachtet werden, wenn der zwischenstaatliche Informationsaustausch auf der Basis der vorerwähnten Amtshilferichtlinie 2011/16/EU wegen ihres begrenzten Anwendungsbereichs oder aufgrund der in Art. 17 Richtlinie 2011/16/EU (vormals Art. 8 RL 77/799/EWG) vorgesehenen Ausnahmen nicht in Betracht komme.[4] Erst recht nicht angeführt werden könnten daher von den Mitgliedstaaten verwaltungstechnische Schwierigkeiten bei der Auskunftserlangung unter Nutzung der in der Amtshilferichtlinie vorgesehenen Instrumente des Informationsaustauschs.[5] Generell seien behördliche Schwierigkeiten bzw. verwaltungstechnische Nachteile bei der Ausermittlung und Verifizierung grenzüberschreitender Sachverhalte nicht ausreichend, um materielle Besteuerungsnachteile zu rechtfertigen.[6]

Hinweis: Bei grenzüberschreitenden Vorgängen, die über den EU-Binnenmarkt hinausweisen, gesteht der EuGH den Mitgliedstaaten hingegen zu, dass die mit einer Versagung von steuerlich günstigen Regelungen

---

10.3.2005 – C-39/04 – Laboratoires Fournier, Slg. 2005, I-2057 Rz. 25; v. 14.9.2006 – C-386/04 – Centro di Musicologia Walter Stauffer, Slg. 2006, I-8203 Rz. 49; v. 26.10.1995 – C-151/94 – Kommission/Luxemburg, Slg. 1995, I-3685 Rz. 21; v. 29.11.2011 – C-371/10 – National Grid Indus, Slg. 2011, I-12273 Rz. 65 ff.; v. 6.10.2011 – C-493/09 – Kommission/Portugal, Slg. 2011, I-9247 Rz. 45 f.; v. 13.7.2016 – C-18/15 – Brisal, ECLI:EU:C:2016:549 Rz. 49. S. auch BFH v. 18.11.2008 – VIII R 24/07, BStBl. II 2009, 518 (523).

1 S. bspw. EuGH v. 8.7.1999 – C-254/97 – Baxter, Slg. 1999, I-4809 Rz. 20; v. 30.1.2007 – C-150/04 – Kommission/Dänemark, Slg. 2007, I-1163 Rz. 52; v. 11.10.2007 – C-451/05 – ELISA, Slg. 2007, I-8251 Rz. 96; v. 27.11.2008 – C-418/07 – Papillon, Slg. 2008, I-8947 Rz. 55; v. 21.1.2009 – C-318/07 – Persche, Slg. 2009, I-359 Rz. 53; v. 6.10.2011 – C-493/09 – Kommission/Portugal, Slg. 2011, I-9247 Rz. 49; v. 23.1.2014 – C-296/12 – Kommission/Belgien, ECLI:EU:C:2014:24 Rz. 43. Dazu ausf. *Hemels*, ET 2009, 583; *Gabert*, ET 2011, 342; *Gabert*, IWB 2011, 250.
2 S. EuGH v. 6.6.2013 – C-383/10 – Kommission/Belgien, ECLI:EU:C:2013:364 Rz. 58.
3 S. bspw. EuGH v. 18.1.1992 – C-204/90 – Bachmann/Belgien, Slg. 1992, I-276 Rz. 18 und 20; v. 8.7.1999 – C-254/97 – Baxter, Slg. 1999, I-4809 Rz. 20; v. 3.10.2002 – C-136/00 – Danner, Slg. 2002, I-8147 Rz. 50; v. 10.3.2005 – C-39/04 – Laboratoires Fournier, Slg. 2005, I-2057 Rz. 25; v. 29.3.2007 – C-347/04 – Rewe Zentralfinanz, Slg. 2007, I-2647 Rz. 57; m. Anm. *Rehm/Nagler*, GmbHR 2007, 494; v. 11.10.2007 – C-451/05 – ELISA, Slg. 2007, I-8251 Rz. 92 ff.; v. 27.11.2008 – C-418/07 – Papillon, Slg. 2008, I-8947 Rz. 56; v. 21.1.2009 – C-318/07 – Persche, Slg. 2009, I-359 Rz. 61.
4 S. EuGH v. 18.1.1992 – C-204/90 – Bachmann, Slg. 1992, I-276 Rz. 18 und 20; v. 28.1.1992 – C-300/90 – Kommission/Belgien, Slg. 1992, I-305 Rz. 11 und 13; v. 4.3.2004 – C-334/02 – Kommission/Frankreich, Slg. 2004, I-2229 Rz. 33; i.V.m. EuGH, Schlussanträge des Generalanwalts *Ruiz-Jarabo Colomer* v. 16.10.2003 – C-334/02 – Kommission/Frankreich, Slg. 2004, I-2229 Rz. 36; v. 30.1.2007 – C-150/04 – Kommission/Dänemark, Slg. 2007, I-1163 Rz. 54 f.; v. 11.10.2007 – C-451/05 – ELISA, Slg. 2007, I-8251 Rz. 93 ff.; v. 25.10.2007 – C-464/05 – Geurts und Vogten, Slg. 2007, I-9325 Rz. 28; v. 2.10.2008 – C-360/06 – Heinrich Bauer Verlag, Slg. 2008, I-7333 Rz. 41; v. 27.1.2009 – C-318/07 – Persche, Slg. 2009, I-359 Rz. 69; v. 15.9.2008 – C-132/10 – Halley, Slg. 2011, I-8353 Rz. 37 f.
5 S. EuGH v. 6.6.2013 – C-383/10 – Kommission/Belgien, ECLI:EU:C:2013:364 Rz. 53 f.; zumindest i.E. ablehnend auch EuGH v. 11.12.2014 – C-678/11 – Kommission/Spanien, ECLI:EU:C:2014:2434 Rz. 51.
6 Grundlegend EuGH v. 4.3.2004 – C-334/02 – Kommission/Frankreich, Slg. 2004, I-2229 Rz. 29. S. ferner bspw. EuGH v. 14.9.2006 – C-386/04 – Centro di Musicologia Walter Stauffer, Slg. 2006, I-8203 Rz. 48; v. 29.3.2007 – C-347/04 – Rewe Zentralfinanz, Slg. 2007, I-2647 Rz. 58; m. Anm. *Rehm/Nagler*, GmbHR 2007, 494; v. 27.11.2008 – C-418/07 – Papillon, Slg. 2008, I-8947 Rz. 54; v. 21.1.2009 – C-318/07 – Persche, Slg. 2009, I-359 Rz. 55; v. 6.6.2013 – C-383/10 – Kommission/Belgien, ECLI:EU:C:2013:364 Rz. 53; v. 9.10.2014 – C-326/12 – van Caster, ECLI:EU:C:2014:2269 Rz. 56; generell EuGH v. 1.7.2010 – C-233/09 – Dijkman, Slg. 2010, I-6649 Rz. 60; v. 11.12.2014 – C-678/11 – Kommission/Spanien, ECLI:EU:C:2014:2434 Rz. 61; v. 26.5.2016 – C-300/15 – Kohll und Kohll-Schlesser, ECLI:EU:C:2016:361 Rz. 59.

einhergehende Beschränkung der jeweils betroffenen Grundfreiheit (vornehmlich der Kapitalverkehrsfreiheit oder einer der Grundfreiheiten des EWR) aus Gründen wirksamer steuerlicher Kontrolle gerechtfertigt werden kann. Hierzu hat der EuGH in der Rechtssache FII Group Litigation grundlegend festgestellt, dass aufgrund des Grades der unter den Mitgliedstaaten der Union bestehenden rechtlichen Integration, namentlich angesichts der nur innerhalb der EU geltenden Amtshilferichtlinie, wirtschaftliche Vorgänge zwischen Mitgliedstaaten und **Drittstaaten** in steuerlicher Hinsicht nicht ohne weiteres mit solchen innerhalb des Binnenmarktes vergleichbar seien und Grundfreiheitsbeschränkungen evtl. in weitergehendem Maße gerechtfertigt sein könnten.[1] Dieser in ständiger Rechtsprechung fortgeführte Standpunkt ist dabei bislang lediglich im Kontext des hier erörterten Rechtfertigungsgrundes einer wirksamen steuerlichen Kontrolle praktisch relevant geworden.

Diesbezüglich hat der Gerichtshof erstmals in der Rechtssache A ausgeführt, dass der Ausschluss von Sachverhalten mit Drittstaatsbezug von einer vorteilhaften Regelung als verhältnismäßig anzusehen ist, wenn die Gewährung des Vorteils von Voraussetzungen abhängt, deren Erfüllung sich „wegen des Fehlens einer vertraglichen Verpflichtung des Drittlands zur Vorlage der Informationen" nicht verifizieren lässt.[2] Dies gilt auch im Verhältnis zu Mitgliedstaaten des EWR.[3] Wie der EuGH in späteren Entscheidungen klargestellt hat, sieht er in diesem Zusammenhang insbesondere völkervertragsrechtlich begründete bilaterale oder multilaterale Auskunftsklauseln als relevant an; selbige lassen ggf. eine Berufung auf die Notwendigkeit wirksamer steuerlicher Kontrolle aber nur dann als unverhältnismäßig erscheinen, wenn sie auch im konkreten Einzelfall eine Rechtsgrundlage für die Einholung einer Auskunft im Wege zwischenstaatlicher Amtshilfe bieten.[4] In Betracht kommen vor allem[5] abkommensrechtliche Vereinbarungen entsprechend Art. 26 OECD-MA oder die OECD-Konvention zur gegenseitigen Verwaltungszusammenarbeit in Steuersachen.[6] Erkennbar keine Rolle spielt es dabei für den EuGH, dass derartige Auskunftsklauseln zwischenstaatlich in geringerem Maße durchsetzbar sind als ein auf EU-Richtlinienrecht basierendes Gesuch um internationalen Informationsaustausch; es kommt mithin nur auf die rechtliche, nicht auch auf die tatsächliche Möglichkeit an, die betreffenden Informationen von der fremden Steuerverwaltung zu erlangen.[7] Fehlt es an einer abkommensrechtlich verankerten Auskunftsklausel, muss sich der jeweilige EU-Mitgliedstaat andererseits nicht entgegenhalten lassen, dem betreffenden Drittstaat den Abschluss einer dahingehenden Vereinbarung bislang nicht angetragen zu haben.[8] Er kann sich auf das Fehlen zwischenstaatlicher Vereinbarungen zum Informationsaustausch aber nicht berufen, wenn eine Verifikation der Angaben des Steuerpflichtigen schon anderweitig anhand öffentlich zugänglicher Quellen möglich ist oder wenn die Anwendung der steuerentlastenden Regelung gar nicht an prüfungsbedürftige Voraussetzungen geknüpft ist.[9] Hingegen kommt es entgegen einer in der Lite-

---

1 S. EuGH v. 12.12.2006 – C-446/04 – FII Group Litigation (1), Slg. 2006, I-11753 Rz. 170 f.; seither st. Rspr., s. auch *Cordewener/Kofler/van Thiel*, CMLRev. 2009, 1951 (1966 f.).
2 S. EuGH v. 18.12.2007 – C-101/05 – A, Slg. 2007, I-11531 Rz. 63; seither st. Rspr., s. bspw. EuGH v. 28.10.2010 – C-72/09 – Établissements Rimbaud, Slg. 2010, I-10659 Rz. 44; v. 10.2.2011 – C-436/08 – Haribo Lakritzen, Slg. 2011, I-305 Rz. 67; v. 19.7.2012 – C-48/11 – A Oy, ECLI:EU:C:2012:485 Rz. 36; v. 17.10.2013 – C-181/12 – Welte, ECLI:EU:C:2013:662 Rz. 63; m. Anm. *Felten*, ISR 2014, 25; v. 10.4.2014 – C-190/12 – Emerging Markets Series of DFA Investment Trust Company, ECLI:EU:C:2014:249 Rz. 83; m. Anm. *Kammeter*, ISR 2014, 165; v. 24.11.2016 – C-464/14 – SECIL, ECLI:EU:C:2016:896 Rz. 63 f. Kritisch *Smit*, ET 2011, 275 (280); s. auch schon *Smit/Kiekebeld*, EC Free Movement of Capital, Income Taxation and Third Countries: Four Selected Issues, 2008, S. 110.
3 S. EuGH v. 28.10.2010 – C-72/09 – Établissements Rimbaud, Slg. 2010, I-10659 Rz. 44; *Helminen*, EU Tax Law², S. 136; zu Unrecht zweifelnd *Hemels*, ET 2009, 583 (585 f.).
4 S. EuGH v. 10.4.2014 – C-190/12 – Emerging Markets Series of DFA Investment Trust Company, ECLI:EU:C:2014:249 Rz. 87 f. m.w.N.; m. Anm. *Kammeter*, ISR 2014, 165; *Schön* in FS Wassermeyer, 2005, S. 489 (517 f.); *Binder/Pinetz*, EC Tax Review 2014, 324.
5 Exemplarisch EuGH v. 10.4.2014 – C-190/12 – Emerging Markets Series of DFA Investment Trust Company, ECLI:EU:C:2014:249 Rz. 86; m. Anm. *Kammeter*, ISR 2014, 165.
6 OECD Convention on Mutual Administrative Assistance in Tax Matters.
7 S. dazu auch *Simader* in Lang u.a. (Hrsg.), Internationale Amtshilfe in Steuersachen, S. 309 (340); kritisch *M. Lang*, ET 2012, 199 (200); *M. Lang* in Europäisches Steuerrecht, DStJG 41 (2018), S. 383 (408); ablehnend *Traversa* in Lang/Pistone (Hrsg.), The EU and Third Countries: Direct Taxation, 2007, S. 147 (155).
8 **A.A.** *M. Lang*, ET 2012, 199 (202) – jedenfalls mit Blick auf EWR-Mitgliedstaaten.
9 S. EuGH v. 22.1.2009 – C-377/07 – STEKO, Slg. 2009, I-299 Rz. 55; *Smit*, ET 2011, 275 (280); *Lyal* in Weber (Hrsg.), The Influence of European Law on Direct Taxation, 2007, S. 17 (26 f.); *Ståhl*, EC Tax Re-

ratur vertretenen Ansicht[1] nicht darauf an, ob für Drittstaatenkonstellationen die Gewährung der Steuerentlastung im Tatbestand der Norm explizit vom Bestehen hinreichender völkerrechtlicher Instrumente zum internationalen Informationsaustausch abhängig gemacht wird.

Geht es nicht um die Versagung eines Steuervorteils, sondern um eine mit dem Fehlen von zwischenstaatlichen Möglichkeiten einer genauen Ermittlung und Überprüfung der Besteuerungsgrundlagen begründete Pauschalbesteuerung von Drittstaatssachverhalten, so muss die Pauschalierung realitätsgerecht und verhältnismäßig sein.[2]

7.291 Diskriminierende Mitwirkungspflichten, Nachweispflichten, Beweisvorsorgepflichten sowie diskriminierende objektive Beweislastregeln bzw. widerlegbare gesetzliche Vermutungen, die jeweils **besondere steuerverfahrensrechtliche Anforderungen** im grenzüberschreitenden Kontext begründen, können nach Auffassung des EuGH hingegen grundsätzlich als **verhältnismäßig** angesehen werden.[3] Auf derselben Linie liegt auch die Feststellung, dass die Mitgliedstaaten im Falle unzureichender Erfüllung von verhältnismäßigen Nachweispflichten die Besteuerungsgrundlagen nicht schätzen müssten, sondern eine Beweislastentscheidung zum Nachteil des Steuerpflichtigen treffen dürften.[4] Konkrete Kriterien zur Beurteilung der Angemessenheit nachteiliger verfahrensrechtlicher Regelungen hat der Gerichtshof bislang kaum aufgestellt. Er hat allerdings vereinzelt festgestellt, dass die Steuerpflichtigen nicht „übermäßigen Verwaltungszwängen" unterworfen[5] oder mit „praktisch unmöglich" zu erfüllenden Nachweispflichten konfrontiert[6] werden dürfen. Außerdem dürfen auch nichtdiskriminierende Nachweiserfordernisse im grenzüberschreitenden Kontext „nicht zu formalistisch" gehandhabt werden.[7] Dem Steuerpflichtigen müssen alternative Nachweismöglichkeiten zugestanden werden, solange sie dieselbe Aussagekraft und denselben Beweiswert haben wie die an sich gesetzlich vorgesehenen.[8] Aber auch insoweit hat er den Mitgliedstaaten letztlich bislang erhebliche Einschätzungsspielräume zugestanden.[9]

Widerlegbare Vermutungen wiederum dürfen sich nicht an atypischen oder realitätsfernen Sachverhaltsgestaltungen ausrichten. Sie müssen ein hinreichendes Maß an Wahrscheinlichkeit dafür gewährleisten, dass bei Erfüllung der jeweiligen typisierenden Tatbestandsvoraussetzungen eine Versagung

---

view 2004, 47 (55). S. auch EuGH v. 17.10.2013 – C-181/12 – Welte, ECLI:EU:C:2013:662 Rz. 64; m. Anm. *Felten*, ISR 2014, 25. Weitergehend *Marschner/Stefaner*, SWI 2009, 372 (381).

1 S. *Schönfeld*, IStR 2016, 416 (418), unter Verweis auf EuGH v. 10.2.2011 – C-436/08 und C-437/08 – Haribo und Österreichische Salinen, ECLI:EU:C:2011:61 (wohl) Rz. 67 u. 69. Wie sich aus dem Kontext und insbes. auch aus dem Wortlaut der streitgegenständlichen Norm ergibt, hat sich der EuGH insoweit aber allenfalls missverständlich ausgedrückt.
2 S. BFH v. 25.8.2009 – I R 88/07, BFHE 226, 296 (315). Vgl. auch *Englisch* in Lang u.a. (Hrsg.), ECJ – Recent Developments in Direct Taxation 2012, S. 89 (139 f.).
3 Exemplarisch EuGH v. 27.1.2009 – C-318/07 – Persche, Slg. 2009, I-359 Rz. 59; v. 13.3.2007 – C-524/04 – Thin Cap Group Litigation, Slg. 2007, I-2107 Rz. 82; v. 10.2.2011 – C-436/08 und C-437/08 – Haribo und Österreichische Salinen, Slg. 2011, I-305 Rz. 91 ff.; v. 15.10.2011 – C-310/09 – Accor, Slg. 2011, I-8115 Rz. 95.
4 S. EuGH v. 30.6.2011 – C-262/09 – Meilicke u.a., Slg. 2009, I-5669 Rz. 35 f.
5 S. EuGH v. 13.3.2007 – C-524/04 – Thin Cap Group Litigation, Slg. 2007, I-2107 Rz. 82; v. 23.4.2008 – C-201/05 – CFC and Dividend Group Litigation, Slg. 2008, I-2875 Rz. 85.
6 S. EuGH v. 15.10.2011 – C-310/09 – Accor, Slg. 2011, I-8115 Rz. 100.
7 S. EuGH v. 30.6.2011 – C-262/09 – Meilicke u.a., Slg. 2009, I-5669 Rz. 46; s. auch EuGH v. 15.5.1997 – C-250/95 – Futura Participations and Singer, Slg. 1997, I-2471 Rz. 40; m. Anm. *Dautzenberg*, FR 1997, 567.
8 S. EuGH v. 9.10.2014 – C-326/12 – van Caster, ECLI:EU:C:2014:2269 Rz. 49 ff.
9 Exemplarisch EuGH v. 4.10.2018 – C-416/17 – Kommission/Frankreich, ECLI:EU:C:2018:811 Rz. 60 ff. Dementsprechend restriktiv urteilen vielfach die nationalen Finanzgerichte; exemplarisch Hess. FG v. 25.9.2017 – 3 K 737/15, EFG 2017, 1951 (1952 f.) zu den Anforderungen an den Nachweis einer Einlagenrückgewähr nach § 27 Abs. 8 KStG.

des in Rede stehenden Steuervorteils bzw. die Auferlegung einer Mehrbelastung auch bei Vornahme einer Einzelfallprüfung gerechtfertigt und verhältnismäßig wäre.[1]

Relativ detaillierte, differenzierte und tendenziell auch strengere Vorgaben hat der EuGH lediglich für diskriminierende **Regelungen zur Festsetzungsverjährung** gemacht.[2] Bei Steuerhinterziehung soll die Anwendung einer verlängerten Festsetzungsfrist bei Auslandssachverhalten – in einem vom Gerichtshof entschiedenen Fall um mehr als das Doppelte der innerstaatlich geltenden Frist – im Hinblick auf die geringere Entdeckungswahrscheinlichkeit verhältnismäßig sein. Hingegen kommt bei ordnungsgemäßer Erklärung von besteuerungsrelevanten Umständen durch den Steuerpflichtigen eine Verlängerung der Frist bei grenzüberschreitenden Sachverhalten allenfalls um den Zeitraum in Betracht, der typischerweise benötigt wird, um dessen Angaben mittels des zwischenstaatlichen Informationsaustauschs zu verifizieren oder zusätzliche Auskünfte zu erhalten.[3]

7.292

Im Übrigen sollen die Mitgliedstaaten **nicht verpflichtet** sein, bei verbleibenden Zweifeln aufgrund unzureichender Erklärungen oder Nachweise ergänzend **ein Auskunftsersuchen auf Grundlage der Amtshilferichtlinie** zu initiieren.[4] Dies ergebe sich schon aus dem – seit der Neufassung allerdings weniger klaren – Wortlaut der Richtlinie, wobei dasselbe auch für bilateral vereinbarte Möglichkeiten des Informationsaustauschs (etwa aufgrund einer DBA-Auskunftsklausel) gelte.[5] Eine einzelfallbezogene Abwägung von Aufwand, Kosten und Möglichkeiten der Sachverhaltsaufklärung durch den Steuerpflichtigen einerseits und durch die Finanzverwaltung andererseits hält der EuGH ersichtlich nicht für geboten.[6]

7.293

bb) Kritische Würdigung

Die Rechtsprechung des EuGH zur wirksamen steuerlichen Kontrolle lässt es insgesamt an Augenmaß und Sensibilität für die betroffenen Verfassungs- und Besteuerungsprinzipien ebenso missen wie an einem ausgewogenen Interessenausgleich. In erster Linie ist dem Gerichtshof vorzuhalten, dass er das um der Gleichmäßigkeit der Besteuerung willen legitime, in Deutschland auch verfassungsrechtlich geforderte[7] **Verifikationsprinzip** in seiner Verhältnismäßigkeitsprüfung **vernachlässigt**.[8] Anders als der Gerichtshof meint, vermag die Abgabe von Erklärungen und die Vorlage von Belegen durch den Steuerpflichtigen die Kontrolle dieser Angaben und Nachweise durch die Finanzbehörden selbst nicht zu er-

7.294

---

1 S. EuGH v. 5.7.2012 – C-318/10 – SIAT, ECLI:EU:C:2012:415 Rz. 50 ff.; v. 3.10.2013 – C-282/12 – Itelcar, ECLI:EU:C:2013:629 Rz. 37 ff.; m. Anm. *Müller* und *Schwenke*, ISR 2013, 376.
2 Ausführlich *Kokott*, Das Steuerrecht der Europäischen Union, 2018, § 5 Rz. 43-46.
3 S. EuGH v. 11.6.2009 – C-155/08 und C-157/08 – X und Passenheim-van Schoot, Slg. 2009, I-5093 Rz. 58 ff.; bestätigt durch EuGH v. 15.9.2011 – C-132/10 – Halley, Slg. 2011, I-8353 Rz. 33 ff. S. auch EuGH v. 6.6.2013 – C-383/10 – Kommission/Belgien, ECLI:EU:C:2013:364 Rz. 55 f. Kritisch *de Weerth*, IStR 2009, 469 f.
4 Grundlegend EuGH v. 21.1.2009 – C-318/07 – Persche, Slg. 2009, I-359 Rz. 64 f.; unter Verweis auf EuGH v. 27.9.2007 – C-184/05 – Twoh International, Slg. 2007, I-7897 Rz. 32. S. ferner EuGH v. 10.2.2011 – C-436/08 und C-437/08 – Haribo und Österreichische Salinen, Slg. 2011, I-305 Rz. 101; v. 15.10.2011 – C-310/09 – Accor, Slg. 2011, I-8115 Rz. 98; v. 30.6.2011 – C-262/09 – Meilicke u.a., Slg. 2009, I-5669 Rz. 51.
5 S. zu Letzterem EuGH v. 10.2.2011 – C-436/08 u. C-437/08 – Haribo und Österreichische Salinen, Slg. 2011, I-305 Rz. 103.
6 Besonders deutlich in EuGH v. 10.2.2011 – C-436/08 u. C-437/08 – Haribo und Österreichische Salinen, Slg. 2011, I-305 Rz. 103.
7 Vgl. BVerfG v. 27.6.1991 – 2 BvR 1493/89, BVerfGE 84, 239 (273): Das Deklarationsprinzip bedarf der Ergänzung durch das Verifikationsprinzip. Darauf weist insbesondere auch *Fischer* zu Recht wiederholt hin, vgl. *Fischer*, FR 2009, 249 (250 ff.).
8 Kritisch auch *Hey*, StuW 2004, 193 (197); *Kube*, IStR 2008, 305 (309 f.); *Stewen*, EuR 2008, 445 (447 f.); *Fischer*, FR 2009, 249 (250 ff.).

setzen.¹ Soweit im konkreten Fall oder in bestimmten tatbestandlich vertypten Fallkonstellationen die für eine Verifikation erforderlichen besteuerungsrelevanten Auskünfte weder nach der Amtshilferichtlinie noch aufgrund sonstiger sekundärrechtlicher oder bilateraler² Mechanismen des zwischenstaatlichen Informationsaustauschs zu erlangen sind, muss daher auch bei grenzüberschreitenden Vorgängen innerhalb der EU eine Versagung von an die Erfüllung bestimmter Voraussetzungen geknüpfter Steuervorteile bzw. steuerlicher Abzüge in Betracht kommen.³ Die gegenteilige Judikatur des Gerichtshofs ist überdies widersprüchlich, weil es ansonsten auch im Drittstaatenkontext ausreichen müsste, dass der Steuerpflichtige Belege vorlegt und Nachweise beibringt,⁴ was der EuGH aber wiederholt explizit abgelehnt hat (s. Rz. 7.290). Der Versuch des EuGH, diese Wertungswidersprüchlichkeit plausibel zu machen,⁵ kann nicht überzeugen.⁶ Ausschlaggebend für die Haltung des EuGH dürfte wohl das Bestreben sein, den steuerpflichtigen Unionsbürgern keine Nachteile aus der Weigerung der Mitgliedstaaten zu einer weitergehenden Kooperation beim Informationsaustausch erwachsen zu lassen.⁷ Damit aber leitet er nicht nur – ultra vires – aus den Grundfreiheiten in letzter Konsequenz eine Obliegenheit jedes Mitgliedstaates zum vollständigen zwischenstaatlichen Informationsaustausch ab, sondern macht jeden Mitgliedstaat für die diesbzgl. integrationspolitische Zurückhaltung anderer Mitgliedstaaten mitverantwortlich.⁸ Dies ist gänzlich unakzeptabel.⁹

7.295 Davon abgesehen **fehlt es auch an einem Angemessenheitsvorbehalt**. Es sollte nicht von vornherein ausgeschlossen sein, dass erhebliche administrative Schwierigkeiten bei der Sachverhaltsermittlung eine geringfügige Beeinträchtigung der Grundfreiheiten – etwa in Gestalt von überschaubaren Liquiditätsnachteilen – durch materiell-rechtliche Regelungen rechtfertigen können.¹⁰ Es ist nicht einzusehen, warum nur der Unionsgesetzgeber,¹¹ nicht aber auch der nationale Gesetzgeber derartige Abwägungen soll vornehmen dürfen. Anerkannt wurde immerhin umgekehrt, dass sich ein Mitgliedstaat

---

1 A.A. *Smit*, ET 2011, 275 (280).
2 S. dazu – zutreffend – EuGH v. 15.9.2011 – C-132/10 – Halley, Slg. 2011, I-8353 Rz. 36 f.
3 Sehr kritisch *Musil/Fähling*, DStR 2010, 1501 (1503).
4 So auch *Simader* in Lang u.a. (Hrsg.), Internationale Amtshilfe in Steuersachen, S. 309 (340 f.).
5 S. EuGH v. 28.10.2010 – C-72/09 – Établissements Rimbaud, Slg. 2010, I-10659 Rz. 44 ff.
6 So lässt sich die Ausnahme des Art. 17 der Amtshilferichtlinie, anders als der EuGH (EuGH v. 28.10.2010 – C-72/09 – Établissements Rimbaud, Slg. 2010, I-10659 Rz. 48) insinuiert, nicht unter Verweis auf die Loyalitätspflicht des Art. 4 EUV überspielen. Erst recht versagt diese Art der Argumentation bei Steuerarten, bei denen die Amtshilferichtlinie seinerzeit noch gar nicht anwendbar war, namentlich auf dem Gebiet der Erbschaftsteuern, wo der EuGH gleichwohl Nachweispflichten (nur) im Binnenmarktkontext für ausreichend hielt. Einen Wertungswiderspruch konstatiert auch *Hemels*, ET 2009, 583 (585 f.); nach ihrer Ansicht soll er freilich – unter völliger Vernachlässigung von Verifikationserfordernissen – durch eine Unbeachtlichkeit unzureichender Möglichkeiten internationalen Informationsaustauschs auch in Drittstaatenfällen aufgelöst werden.
7 So sehr offen EuGH v. 28.10.2010 – C-72/09 – Établissements Rimbaud, Slg. 2010, I-10659 Rz. 49.
8 Dies übersehen *Cordewener/Kofler/van Thiel*, CMLRev. 2009, 1951 (1965).
9 S. dazu auch *Drüen/Kahler*, StuW 2005, 171 (179) m.w.N.; a.A. wohl *Hemels*, ET 2009, 583 (584).
10 Näher dazu *Englisch* in Lang u.a. (Hrsg.), Recent developments in Direct Taxation 2008, S. 113 (164 ff.); s. ferner EuGH, Schlussanträge der Generalanwältin *Kokott* v. 18.9.2008 – C-282/07 – Truck Center, Slg. 2008, I-10767 Rz. 45 ff.; EuGH, Schlussanträge der Generalanwältin *Kokott* v. 29.11.2011 – C-371/10 – National Grid Indus, Slg. 2011, I-12273 Rz. 60 ff.; m. Anm. *Musil*, FR 2012, 25; *Hey*, StuW 2004, 193 (196); *Hahn*, DStZ 2005, 507 (509). Vgl. aber auch EuGH v. 12.12.2006 – C-446/04 – FII Group Litigation, Slg. 2006, I-11753 Rz. 155. A.A. *Cordewener/Kofler/van Thiel*, CMLRev. 2009, 1951 (1965); anders im Kontext des Spendenabzugs wohl auch *Hüttemann/Helios*, DB 2009, 701 (704 f.).
11 Vgl. EuGH v. 26.10.2010 – C-97/09 – Schmelz, Slg. 2010, I-10465 Rz. 68 f.; s. auch Art. 40 Abs. 1 Buchst. a VO 1798/2003/EG über die Zusammenarbeit der Verwaltungsbehörden auf dem Gebiet der Mehrwertsteuer.

nicht auf das Fehlen internationaler Amtshilfe berufen darf, wenn die relevanten Informationen auch anderweitig verifizierbar sind.[1]

Daneben erscheint auch **hinsichtlich der Beurteilung diskriminierender Mitwirkungspflichten** oder Beweislastregeln ein **ausgewogenerer Standpunkt**, und zwar insoweit *zugunsten* des Steuerpflichtigen angezeigt. Das den Mitgliedstaaten vom Gerichtshof bislang gewährte weite Ausgestaltungsermessen genügt nicht den Anforderungen des Verhältnismäßigkeitsgrundsatzes.[2] Stattdessen ist zu verlangen, dass besondere Mitwirkungspflichten der Steuerpflichtigen in einem angemessenen, an Verantwortungssphären und Befolgungs- bzw. Verwaltungskosten orientierten Verhältnis zu eigenen Ermittlungspflichten der Finanzbehörden stehen. Um der effektiven Verwirklichung der Freizügigkeit im Binnenmarkt willen darf zudem unbeschadet der vorerwähnten Abwägungskriterien die Diskrepanz zwischen den Befolgungskosten im rein innerstaatlichen Kontext einerseits und bei vergleichbaren grenzüberschreitenden Transaktionen andererseits nicht zu groß werden, auch wenn dies erhöhten Vollzugsaufwand für die Finanzbehörden mit sich bringt. In beiderlei Hinsicht muss auch die Einholung von Auskünften im zwischenstaatlichen Informationsaustausch auf Basis der dafür verfügbaren sekundärrechtlichen oder völkerrechtlichen Instrumentarien in Erwägung gezogen werden.[3] Das gilt insbesondere auch für Auskunftsersuchen nach der Amtshilferichtlinie. Zwar mag die Richtlinie als solche möglicherweise den Steuerpflichtigen keine individuellen Rechte verleihen,[4] doch schließt dies nicht aus, dass sich aus den Grundfreiheiten als anerkannten Individualrechten eine indirekte Verpflichtung zum Rückgriff auf die darin vorgesehenen Auskunftsmechanismen ergibt. Die gegenteilige Auffassung des EuGH steht auch im Widerspruch zu seiner diesbezüglichen Rechtsprechung betreffend die EU-Beitreibungsrichtlinie (s. Rz. 7.298).

7.296

e) Sicherstellung der Durchsetzung des Steueranspruchs

Das Interesse der Mitgliedstaaten an einer effektiven Durchsetzung ihrer Steueransprüche bzw. der **effektiven Beitreibung von Steuerschulden** ist vom EuGH als legitim anerkannt worden.[5] Nicht anders als beim eng verwandten Rechtfertigungsgrund der effektiven steuerlichen Kontrolle (s. Rz. 7.289 ff.) hat es der Gerichtshof jedoch bis vor kurzem kategorisch abgelehnt, materiell-rechtliche bzw. definitive steuerliche Mehrbelastungen als verhältnismäßiges Mittel zur Durchsetzung der nationalen Steuerhoheit zu akzeptieren.[6] Insbesondere hat der EuGH *abgeltende Quellensteuern* als nicht zu rechtfertigende Grundfreiheitsbeschränkung beanstandet.[7] Dies leuchtet in diesem Kontext auch unmittelbar

7.297

---

1 S. EuGH v. 22.1.2009 – C-377/07 – STEKO Industriemontage, Slg. 2009, I-299 Rz. 55; v. 15.9.2011 – C-132/10 – Halley, Slg. 2011, I-8353 Rz. 38; s. auch EuGH v. 17.10.2013 – C-181/12 – Welte, ECLI:EU:C:2013:662 Rz. 64; m. Anm. *Felten*, ISR 2014, 25.
2 S. auch *Fischer*, FR 2009, 249 (256): „Der EuGH gibt dem Steuerpflichtigen Steine, nicht das (...) grundfreiheitliche Manna."
3 S. dazu auch EuGH, Schlussanträge der Generalanwältin *Kokott* v. 11.11.2010 – C-436/08 und C-437/08 – Haribo und Österreichische Salinen, Slg. 2011, I-305 Rz. 53; EuGH, Schlussanträge des Generalanwalts *Mengozzi* v. 21.1.2009 – C-318/07 – Persche, Slg. 2009, I-359 Rz. 109 ff.
4 So EuGH v. 27.9.2007 – C-184/05 – Twoh International, Slg. 2007, I-7897 Rz. 31.
5 Grundlegend EuGH v. 3.10.2006 – C-290/04 – FKP Scorpio Konzertproduktionen, Slg. 2006, I-9461 Rz. 35 f. S. ferner EuGH v. 12.7.2012 – C-269/09 – Kommission/Spanien, ECLI:EU:C:2012:439 Rz. 64; v. 18.10.2012 – C-498/10 – X, ECLI:EU:C:2012:635 Rz. 39; m. Anm. *Keuthen*, ISR 2012, 130. Indirekt EuGH v. 9.11.2006 – C-520/04 – Turpeinen, Slg. 2006, I-10704 Rz. 35; v. 23.1.2014 – C-164/12 – DMC, ECLI:EU:C:2014:20 Rz. 62; m. Anm. *Musil*, FR 2014, 466; m. Anm. *Müller*, ISR 2014, 136; m. Anm. *Zwirner*, ISR 2014, 96; m. Anm. *Patzner/Nagler*, GmbHR 2014, 210; v. 11.12.2014 – C-678/11 – Kommission/Spanien, ECLI:EU:C:2014:2434 Rz. 46; v. 25.7.2018 – C-553/16 – TTL, ECLI:EU:C:2018:604 Rz. 57; v. 22.11.2018 – C-575/17 – Sofina, ECLI:EU:C:2018:943 Rz. 68.
6 S. neben den nachfolgend zitierten Entscheidungen auch EuGH v. 5.7.2007 – C-522/04 – Kommission/Belgien, Slg. 2007, I-5701 Rz. 56.
7 S. bspw. EuGH v. 9.11.2006 – C-520/04 – Turpeinen, Slg. 2006, I-10704 Rz. 35 ff.; v. 6.10.2011 – C-493/09 – Kommission/Portugal, Slg. 2011, I-9247 Rz. 49; v. 25.10.2012 – C-387/11 – Kommission/Belgien,

ein, weil das Bestreben nach Sicherung des Steueranspruchs insoweit allenfalls vorläufige, nicht aber endgültige steuerliche Mehrbelastungen zu erklären vermag. Erwähnenswert ist jedoch die in jüngerer Zeit vorgenommene Modifizierung dieses Standpunktes in Verbindung mit dem Rechtfertigungsgrund einer angemessenen Aufteilung der Besteuerungsbefugnisse: Der EuGH hat hier „in Anbetracht des mit der Zeit steigenden Risikos der Nichteinbringung" des Steueranspruchs eine vorgezogene ratierliche Steuererhebung für verhältnismäßig gehalten.[1] Dabei kann die Entstrickungsbesteuerung im Einzelfall auch zu endgültigen und nicht lediglich vorläufigen steuerlichen Mehrbelastungen führen; dies hat der EuGH in Kauf genommen.

7.298 Bemerkenswert ist im Vergleich zum Rechtfertigungsgrund effektiver steuerlicher Kontrolle ferner, dass der Gerichtshof teilweise auch strenge Maßstäbe an die **Verhältnismäßigkeit von steuerverfahrensrechtlichen Benachteiligungen** im Zusammenhang mit besteuerungserheblichen grenzüberschreitenden Vorgängen anlegt. So ist in bestimmten Fallkonstellationen – allerdings nicht durchgängig – entschieden worden, dass eine vorzeitige Einziehung der festgesetzten Steuer ebenso wenig erforderlich sei[2] wie eine generelle Verpflichtung zur Stellung von Sicherheiten.[3] In beiden Fällen hat der EuGH zur Begründung auf die Beitreibungsrichtlinie[4] verwiesen und festgestellt, die darin vorgesehenen Verfahren zur gegenseitigen Unterstützung seien hinreichend, um die Einziehung der Steuerschuld in einem anderen Mitgliedstaat sicherzustellen. Etwaige – in der Vollzugspraxis tatsächlich häufig gravierende – Schwierigkeiten bei der Kooperation der mitgliedstaatlichen Steuerverwaltungen in Umsetzung der Richtlinienvorgaben[5] seien unbeachtlich.[6] Anders als im Kontext der Amtshilferichtlinie zum zwischenstaatlichen Informationsaustausch (s. Rz. 7.293) hat der EuGH also eine grundfreiheitlich begründete Verpflichtung zum Gebrauchmachen von den in der Beitreibungsrichtlinie zur Disposition gestellten Möglichkeiten internationaler Amtshilfe postuliert. Dasselbe ist für sonstige sekundärrechtliche Instrumente der grenzüberschreitenden Sicherung und Durchsetzung von Steueransprüchen entschieden worden[7] und hätte konsequenterweise auch für entsprechende abkommensrechtliche Möglichkeiten zu gelten. Dies ist grundsätzlich zu begrüßen, jedoch fehlt es an einer echten Abwägung aller betroffenen Belange.[8] Zurückzuweisen, da die je unterschiedliche Interessenlage vernachlässigend, ist dabei insbesondere die vom EuGH geäußerte Ansicht, man könne aus der freiwilligen Hinnahme von höherem Steuerverwaltungsaufwand durch die Steuerpflichtigen bei Nichtgebrauchmachen von einer etwaigen

---

ECLI:EU:C:2012:670 Rz. 74 ff.; v. 10.5.2012 – C-338/11 – Santander Asset Management, ECLI:EU:C:2012:286 Rz. 43; v. 8.11.2012 – C-342/10 – Kommission/Finnland, ECLI:EU:C:2012:688 Rz. 49 f.; vgl. auch EuGH v. 22.11.2018 – C-575/17 – Sofina, ECLI:EU:C:2018:943 Rz. 69 ff. Implizit ist dies auch schon in der Entscheidung des EuGH v. 12.6.2003 zum Ausdruck gekommen, vgl. EuGH v. 12.6.2003 – C-234/01 – Gerritse, Slg. 2003, I-5933 Rz. 33 einerseits und Rz. 52 ff. andererseits.

1 S. EuGH v. 23.1.2014 – C-164/12 – DMC, ECLI:EU:C:2014:20 Rz. 62; m. Anm. *Musil*, FR 2014, 466; m. Anm. *Müller*, ISR 2014, 136; m. Anm. *Zwirner*, ISR 2014, 96; m. Anm. *Patzner/Nagler*, GmbHR 2014, 210; dazu eingehend Rz. 7.230.
2 S. EuGH v. 12.7.2012 – C-269/09 – Kommission/Spanien, ECLI:EU:C:2012:439 Rz. 68 ff.
3 S. EuGH v. 7.9.2006 – C-470/04 – N, Slg. 2006, I-7409 Rz. 51 ff.
4 Richtlinie 2010/24/EU des Rates vom 16.3.2010 über die Amtshilfe bei der Beitreibung von Forderungen in Bezug auf bestimmte Steuern, Abgaben und sonstige Maßnahmen (vormals Richtlinie 2008/55/EG, die wiederum Richtlinie 76/308/EWG ersetzte). S. dazu eingehend *De Troyer*, EC Tax Review 2014, 135; *De Troyer*, EC Tax Review 2014, 207; *De Troyer*, EC Tax Review 2014, 284. Kritisch zur Effektivität *van der Smitte*, ET 2014, 387.
5 S. FG Köln v. 10.6.2015 – 2 K 2305/10, EFG 2015, 2080 (2084), m.w.N.; s. allerdings auch die differenzierte Analyse bei *De Troyer*, ET 2018, 179.
6 S. EuGH v. 12.7.2012 – C-269/09 – Kommission/Spanien, ECLI:EU:C:2012:439 Rz. 72; s. auch EuGH v. 11.12.2014 – C-678/11 – Kommission/Spanien, ECLI:EU:C:2014:2434 Rz. 51. Zustimmend *Kokott*, Das Steuerrecht der Europäischen Union, 2018, § 5 Rz. 56.
7 S. EuGH v. 5.7.2007 – C-522/04 – Kommission/Belgien, Slg. 2007, I-5701 Rz. 56 f.
8 Anders nur bzgl. der Stellung von Sicherheiten EuGH v. 23.1.2014 – C-164/12 – DMC, ECLI:EU:C:2014:20 Rz. 65 ff.; m. Anm. *Musil*, FR 2014, 466; m. Anm. *Müller*, ISR 2014, 136; m. Anm. *Zwirner*, ISR 2014, 96; m. Anm. *Patzner/Nagler*, GmbHR 2014, 210.

Option zur Sofortbesteuerung darauf schließen, dass auch der Vollzugsaufwand für die Finanzbehörden zumutbar sei.[1] Ergänzend hat der EuGH gelegentlich den Standpunkt eingenommen, ein Mitgliedstaat müsse jedenfalls gebietsfremden Dienstleistungserbringern die Option zum Einbehalt von Quellensteuern für den inländischen Fiskus einräumen, um gravierendere Maßnahmen zur Sicherstellung der Steuerbeitreibung abzuwenden.[2] Das überzeugt jedoch nicht, weil die Durchsetzung und Kontrolle eines solchen Quellensteuereinbehalts im Ausland keine gleichwertige Alternative zu entsprechenden Steuerabzügen inlandsansässiger Steuerentrichtungspflichtiger bietet.[3]

Im Übrigen dürfen die Mitgliedstaaten auch im Verhältnis zu Drittstaaten nicht ohne weiteres eine materiell-rechtliche Schlechterstellung vorsehen, wenn ihrem Sicherungsbedürfnis auch durch weniger belastende Maßnahmen Rechnung getragen werden kann. Beispielsweise kann es unverhältnismäßig sein, dem Steuerpflichtigen keine Möglichkeit zur Stellung einer Bankgarantie einzuräumen, um eine zeitlich vorgezogene Besteuerung abzuwenden.[4]

Auch ein **diskriminierender**, aber lediglich als Erhebungsmodalität ausgestalteter **Quellensteuerabzug** ohne abgeltende Wirkung und die daran geknüpfte Haftung des Steuerentrichtungspflichtigen sind vom EuGH ursprünglich nur unter Verweis auf das seinerzeitige Fehlen richtlinienrechtlicher Kooperationsverpflichtungen und gleichwertiger bilateraler Beitreibungsabkommen für zulässig erachtet worden.[5] Der EuGH hielt außerdem einen solchen *Steuerabzug nur bei Erhebung auf Nettobasis* für verhältnismäßig.[6] Inzwischen ist der EuGH von diesem Standpunkt aber wieder abgerückt. Der Gerichtshof beurteilt derartige Regelungen jetzt unterschiedlich, je nachdem, ob der Vorlagefall die Perspektive des beschränkt steuerpflichtigen Steuerschuldners oder diejenige des unbeschränkt steuerpflichtigen Steuerentrichtungspflichteten einnimmt. Ersterenfalls soll es schon an der Vergleichbarkeit von grenzüberschreitendem und rein innerstaatlichem Steuerverfahren fehlen mit der Folge, dass eine Verhältnismäßigkeitsprüfung und damit eine Diskussion der Implikationen der Beitreibungsrichtlinie für die Erforderlichkeit einer unilateralen mitgliedstaatlichen Sicherungsmaßnahme unterbleiben. Abzulehnen ist dieser Ansatz schon deshalb, weil der EuGH die mangelnde Vergleichbarkeit u.a. gerade mit dem unterschiedlichen Sicherungsbedürfnis bzgl. der Beitreibung der Steuerschuld, also einem klassischen Rechtfertigungsgrund, begründet.[7] Bei der Würdigung der dem Abzugsverpflichteten erwachsenden Nachteile (insb. Haftungsrisiken und Befolgungskosten) hingegen führt der EuGH weiterhin eine Verhältnismäßigkeitsprüfung durch und berücksichtigt zu Recht auch den jeweiligen Vollzugsaufwand der Finanzverwaltung in der Gesamtabwägung.[8] Er hat daher auch im Anwendungsbereich der Beitreibungsrichtlinie eine diskriminierende Quellensteuererhebung (nur bei Nichtansässigen) hinsichtlich der aus dieser besonderen Erhebungstechnik resultierenden Nachteile für gerechtfertigt erachtet.[9] Etwas anderes gilt jedoch, wenn der vom Quellensteuereinbehalt betroffene Steuerschuldner zwar seinen Unternehmenssitz im Ausland hat, aber über eine inländische Niederlassung verfügt und damit

7.299

---

1 S. EuGH v. 29.11.2011 – C-371/10 – National Grid Indus, Slg. 2011, I-12273 Rz. 77; m. Anm. *Musil*, FR 2012, 25.
2 S. EuGH v. 11.12.2014 – C-678/11 – Kommission/Spanien, ECLI:EU:C:2014:2434 Rz. 58; v. 21.6.2018 – C-480/16 – Fidelity Funds u.a., ECLI:EU:C:2018:480 Rz. 84.
3 Vgl. auch Hess. FG v. 16.5.2017 – 4 K 2554/13, n.v., Rz. 32.
4 S. EuGH, Schlussanträge des Generalanwalts *Wathelet* v. 27.9.2018 – C-581/17 – Wächtler, ECLI:EU: C:2018:779 Rz. 105 ff.
5 S. EuGH v. 3.10.2006 – C-290/04 – FKP Scorpio Konzertproduktionen, Slg. 2006, I-9461 Rz. 35 ff. Noch strenger und atypisch auf der Grundlage einer freiheitsrechtlich strukturierten Prüfung und ohne umfassende Erörterung der Beitreibungsproblematik EuGH v. 9.11.2006 – C-433/04 – Kommission/Belgien, Slg. 2006, I-10653 Rz. 35 ff.
6 S. EuGH v. 3.10.2006 – C-290/04 – FKP Scorpio Konzertproduktionen, Slg. 2006, I-9461 Rz. 48 f.
7 S. EuGH v. 22.12.2008 – C-282/07 – Truck Center, Slg. 2008, I-10767 Rz. 47 f. Wie hier kritisch *Kokott*, Das Steuerrecht der Europäischen Union, 2018, § 5 Rz. 63.
8 S. EuGH v. 18.10.2012 – C-498/10 – X, ECLI:EU:C:2012:635 Rz. 51; m. Anm. *Keuthen*, ISR 2012, 130.
9 S. EuGH v. 18.10.2012 – C-498/10 – X, ECLI:EU:C:2012:635 Rz. 44 ff.; m. Anm. *Keuthen*, ISR 2012, 130. Kritisch *Kemmeren*, EC Tax Review 2013, 2 (4 f.).

V. Übergangsregelung für Beschränkungen des Kapitalverkehrs mit Drittstaaten

7.300 Die **Kapitalverkehrsfreiheit** beschränkende steuerliche Regelungen, die zum **tradierten Bestand des nationalen Steuerrechts** zählen, dürfen unter bestimmten Umständen gem. Art. 64 Abs. 1 AEUV (zuvor Art. 57 Abs. 1 EGV) **im Verhältnis zu Drittstaaten ohne Rechtfertigungsbedarf beibehalten** werden.[2] Gemäß Art. 64 Abs. 1 AEUV „berührt" die Kapitalverkehrsfreiheit „nicht die Anwendung derjenigen Beschränkungen auf dritte Länder, die am 31.12.1993 ... für den Kapitalverkehr mit dritten Ländern im Zusammenhang mit Direktinvestitionen einschließlich Anlagen in Immobilien [oder] mit der Niederlassung ... bestanden haben". Die Anwendbarkeit dieser Ausnahmeregelung ist einzelfallbezogen zu prüfen. Es ist nicht erforderlich, dass sich das grundfreiheitsbeschränkende Steuerregime nach seinem Tatbestand von vornherein nur auf Konstellationen bezieht, die sämtliche Merkmale des Art. 64 Abs. 1 AEUV erfüllen; bei weitergehenden Beschränkungen der Kapitalverkehrsfreiheit sind nur diese rechtfertigungsbedürftig bzw. ist die steuerliche Regelung nur insoweit nicht länger anwendbar.[3] Im Übrigen erfasst Art. 64 Abs. 1 AEUV Beschränkungen des grenzüberschreitenden Kapitalverkehrs unabhängig davon, ob der jeweilige Verkehrsvorgang in einem Drittstaat („inbound") oder in der EU („outbound") seinen Ausgangspunkt hatte.[4] Im Verhältnis zu den EFTA-angehörigen Mitgliedstaaten des EWR läuft Art. 64 Abs. 1 AEUV jedoch leer, weil die Kapitalverkehrsfreiheit des Art. 40 EWR im Verhältnis zwischen EFTA- und EU-Mitgliedstaaten keinen entsprechenden Vorbehalt statuiert.[5]

7.301 Art. 64 Abs. 1 AEUV gilt nicht für sämtliche, sondern nur für bestimmte und **abschließend** aufgeführte[6] Kategorien **von Kapitalverkehrsvorgängen.** Für steuerrechtliche Bestimmungen relevant sind vornehmlich Direktinvestitionen einschließlich der Anlage in Immobilien sowie Niederlassungsvorgänge; in jüngerer Zeit hatte sich der EuGH aber auch wiederholt mit Vorgängen im Zusammenhang mit der Erbringung von Finanzdienstleistungen zu befassen. Die jeweiligen Begrifflichkeiten sind voll justiziabel und lassen den Mitgliedstaaten keinen Ausgestaltungsspielraum.[7] Bei ihrer Auslegung misst der EuGH etwaigen Begriffsbestimmungen in der Nomenklatur im Anhang zur früheren Kapitalverkehrsrichtlinie

---

1 S. EuGH v. 19.6.2014 – C-53/13 und C-80/13 – Strojírny Prostějov & ACO Industries Tábor, ECLI:EU:C:2014:2011 Rz. 49 ff.; noch weitergehend *Spies*, ÖStZ 2014, 531.
2 S. zu den – nicht spezifisch steuerlich motivierten – entstehungsgeschichtlichen Hintergründen der Vorschrift eingehend *Smit/Kiekebeld*, EC Free Movement of Capital, Income Taxation and Third Countries: Four Selected Issues, 2008, S. 47 ff.
3 S. EuGH v. 12.12.2006 – C-446/04 – FII Group Litigation (1), Slg. 2006, I-11753 Rz. 185 f.; v. 24.5.2007 – C-157/05 – Holböck, Slg. 2007, I-4051 Rz. 37 f.; v. 18.12.2007 – C-101/05 – A, Slg. 2007, I-11531 Rz. 47; v. 15.2.2017 – C-317/15 – „X", ECLI:EU:C:2017:119 Rz. 21 ff.; v. 20.9.2018 – C-685/16 – EV, ECLI:EU:C:2018:743 Rz. 71; v. 26.2.2019 – C-135/17 – X GmbH, ECLI:EU:C:2019:136 Rz. 30 f.; *Sedlaczek/Züger* in Streinz, EUV/AEUV[3], Art. 64 AEUV Rz. 17. Vgl. auch BFH v. 18.12.2013 – I R 71/10, GmbHR 2014, 547 m. Anm. *Haritz/Werneburg* = ISR 2014, 174 m. Anm. *Pohl* = BFH/NV 2014, 759 Rz. 24. A.A. *Smit/Kiekebeld*, EC Free Movement of Capital, Income Taxation and Third Countries: Four Selected Issues, 2008, S. 63 f.; kritisch auch *O'Brien*, BTR 2008, 628 (658).
4 Vgl. EuGH v. 12.12.2006 – C-446/04 – FII Group Litigation (1), Slg. 2006, I-11753 Rz. 174 ff.; v. 24.5.2007 – C-157/05 – Holböck, Slg. 2007, I-4051 Rz. 31 f.; v. 18.12.2007 – C-101/05 – A, Slg. 2007, I-11531 Rz. 45 ff.; v. 11.2.2010 – C-541/08 – Fokus Invest, Slg. 2010, I-1025 Rz. 41 ff.; v. 17.10.2013 – C-181/12 – Welte, ECLI:EU:C:2013:662 Rz. 28 ff.; m. Anm. *Felten*, ISR 2014, 25; v. 10.4.2014 – C-190/12 – Emerging Markets Series of DFA Investment Trust Company, ECLI:EU:C:2014:249 Rz. 45 ff.; m. Anm. *Kammeter*, ISR 2014, 165. Kritisch *Smit/Kiekebeld*, EC Free Movement of Capital, Income Taxation and Third Countries: Four Selected Issues, 2008, S. 56 f.: nach Entstehungsgeschichte sowie Sinn und Zweck der Regelung dürften Beschränkungen nur für Kapitalanlagen aus dritten Staaten aufrechterhalten werden.
5 Ähnlich *Sedlaczek/Züger* in Streinz, EUV/AEUV[3], Art. 64 AEUV Rz. 12.
6 S. EuGH v. 17.10.2013 – C-181/12 – Welte, ECLI:EU:C:2013:662 Rz. 29.; m. Anm. *Felten*, ISR 2014, 25.
7 S. EuGH v. 14.12.1995 – C-163/94 u.a. – Sanz de Lera u.a., Slg. 1995, I-482 Rz. 44.

88/361 „Hinweischarakter" bei.¹ **Direktinvestitionen** werden auf dieser Grundlage² in ständiger Rechtsprechung als „Investitionen jeder Art zur Schaffung oder Aufrechterhaltung dauerhafter und direkter Beziehungen zwischen denjenigen, die die Mittel bereitstellen, und den Unternehmen, für die die Mittel zum Zwecke einer wirtschaftlichen Tätigkeit bestimmt sind", definiert.³ Speziell die Beteiligung an neuen oder bereits bestehenden Unternehmen soll dabei entsprechend der Begriffsbestimmung in der Nomenklatur voraussetzen, dass die Anteile ihrem Inhaber entweder nach den nationalen gesellschaftsrechtlichen Vorschriften oder aus anderen Gründen die Möglichkeit geben, sich tatsächlich an der Verwaltung dieser Gesellschaft oder an deren Kontrolle zu beteiligen.⁴ Das ist bei einer Aktiengesellschaft jedenfalls ab dem Erreichen einer Sperrminorität anzunehmen und bedarf im Übrigen der einzelfallbezogenen Würdigung;⁵ den Schwellenwerten der Mutter-Tochter-Richtlinie (s. Rz. 14.7, 14.34) kommt dabei indizielle Bedeutung zu. Die Besteuerung der Erträge aus derartigen Kapitalanlagen sowie die sonstige Abwicklung der Investition ist ebenfalls von Art. 64 Abs. 1 AEUV erfasst.⁶ „Immobilieninvestitionen" wiederum werden in der vorerwähnten Nomenklatur zwar ebenfalls als eigenständige Kategorie von Kapitalverkehrsvorgängen näher umschrieben.⁷ Da Art. 64 Abs. 1 AEUV die Immobilienanlage als Unterfall der Direktinvestition nennt, verlangt der EuGH jedoch zu Recht einen Zusammenhang der Immobilientransaktion mit dem Begriff der Direktinvestition unterfallenden wirtschaftlichen Aktivitäten. Eine grundfreiheitsbeschränkende Besteuerung des Erwerbs oder der Übertragung einer Immobilie zu privaten Zwecken⁸ unterfällt somit nicht der Bereichsausnahme des Art. 64 Abs. 1 AEUV.⁹ Der Begriff der *Niederlassung* stimmt mit dem der Zweigniederlassung i.S.d. Art. 49 Abs. 1 S. 2 AEUV (s. Rz. 7.78) überein.¹⁰ Ein **Kapitalverkehr im Zusammenhang mit der Erbringung von Finanzdienst-

---

1 S. EuGH v. 2.6.2005 – C-174/04 – Kommission/Italien, Slg. 2005, I-4933 Rz. 27 ff.; v. 12.12.2006 – C-446/04 – FII Group Litigation (1), Slg. 2006, I-11753 Rz. 177 ff.; v. 24.5.2007 – C-157/05 – Holböck, Slg. 2007, I-4051 Rz. 33 f.; v. 17.10.2013 – C-181/12 – Welte, ECLI:EU:C:2013:662 Rz. 31 ff.; m. Anm. *Felten*, ISR 2014, 25; v. 24.11.2016 – C-464/14 – SECIL, ECLI:EU:C:2016:896 Rz. 75; v. 15.2.2017 – C-317/15 – „X", ECLI:EU:C:2017:119 Rz. 27; v. 20.9.2018 – C-685/16 – EV, ECLI:EU:C:2018:743 Rz. 67.
2 In der ersten Rubrik der Nomenklatur stehen unter der Überschrift „Direktinvestitionen" die Gründung und Erweiterung von Zweigniederlassungen oder neuen Unternehmen, die ausschließlich dem Geldgeber gehören, und die vollständige Übernahme bestehender Unternehmen, die Beteiligung an neuen oder bereits bestehenden Unternehmen zur Schaffung oder Aufrechterhaltung dauerhafter Wirtschaftsbeziehungen, langfristige Darlehen zur Schaffung oder Aufrechterhaltung dauerhafter Wirtschaftsbeziehungen sowie Reinvestitionen von Erträgen zur Aufrechterhaltung dauerhafter Wirtschaftsbeziehungen.
3 S. EuGH v. 12.12.2006 – C-446/04 – FII Group Litigation (1), Slg. 2006, I-11753 Rz. 181; v. 24.5.2007 – C-157/05 – Holböck, Slg. 2007, I-4051 Rz. 34; v. 24.11.2016 – C-464/14 – SECIL, ECLI:EU:C:2016:896 Rz. 75; v. 20.9.2018 – C-685/16 – EV, ECLI:EU:C:2018:743 Rz. 67.
4 S. EuGH v. 12.12.2006 – C-446/04 – FII Group Litigation (1), Slg. 2006, I-11753 Rz. 182; v. 24.5.2007 – C-157/05 – Holböck, Slg. 2007, I-4051 Rz. 35; v. 24.11.2016 – C-464/14 – SECIL, ECLI:EU:C:2016:896 Rz. 76; v. 20.9.2018 – C-685/16 – EV, ECLI:EU:C:2018:743 Rz. 68; s. auch schon EuGH v. 2.6.2005 – C-174/04 – Kommission/Italien, Slg. 2005, I-4933 Rz. 28.
5 So auch *Smit/Kiekebeld*, EC Free Movement of Capital, Income Taxation and Third Countries: Four Selected Issues, 2008, S. 52 f.; *O'Brien*, BTR 2008, 628 (660). **A.A.** *Sedlaczek*, ET 2000, 14 (17): stets ab 20 % Beteiligung; *Schönfeld*, IStR 2005, 410 (412): Mehrheitsbeteiligung erforderlich.
6 S. EuGH v. 12.12.2006 – C-446/04 – FII Group Litigation (1), Slg. 2006, I-11753 Rz. 183; v. 24.5.2007 – C-157/05 – Holböck, Slg. 2007, I-4051 Rz. 36; v. 24.11.2016 – C-464/14 – SECIL, ECLI:EU:C:2016:896 Rz. 77 f.; v. 20.9.2018 – C-685/16 – EV, ECLI:EU:C:2018:743 Rz. 69 f.
7 „Der Kauf von bebauten und unbebauten Grundstücken sowie der Bau von Gebäuden zu Erwerbszwecken oder persönlichen Zwecken durch Privatpersonen. Diese Kategorie umfasst auch die Nießbrauchsrechte, Grunddienstbarkeiten und Erbbaurechte."
8 Zur Grundfreiheitsrelevanz auch einer solchen Immobilienanlage s. EuGH v. 13.7.2000 – C-423/98 – Albore, Slg. 2000, I-5965 Rz. 14.
9 S. EuGH v. 17.10.2013 – C-181/12 – Welte, ECLI:EU:C:2013:662 Rz. 32–35; m. Anm. *Felten*, ISR 2014, 25.
10 Vgl. EuGH v. 13.11.2012 – C-35/11 – FII Group Litigation (2), ECLI:EU:C:2012:707 Rz. 101 ff.; m. Anm. *Henze*, ISR 2013, 18. So auch *Smit/Kiekebeld*, EC Free Movement of Capital, Income Taxation and Third Countries: Four Selected Issues, 2008, S. 53 f.

leistungen schließlich soll einen hinreichend engen Kausalzusammenhang zwischen einer Kapitalbewegung und der Erbringung der Finanzdienstleistungen voraussetzen.[1] „Für" den betreffenden Kapitalverkehr bestehen beschränkende steuerliche Vorschriften auch dann, wenn sie nur den Kunden des Finanzleistungsinstituts als Steuerpflichtigen betreffen und unabhängig davon, ob sie die Voraussetzungen oder die Art der Erbringung der Finanzdienstleistung regeln.[2]

7.302 Das **zeitliche Kriterium** des „Bestehens" der grundfreiheitsbeschränkenden Regelung bereits am Stichtag des 31.12.1993 stellt nach dem vor allem in anderen Sprachfassungen eindeutigen Wortlaut nicht auf das Inkrafttreten der jeweiligen Vorschrift ab,[3] sondern auf den Abschluss des jeweiligen Normsetzungsverfahrens.[4] Nachfolgende Änderungen der betreffenden Norm stehen der Berufung auf Art. 64 Abs. 1 AEUV nicht zwangsläufig entgegen. Zum einen ist lediglich entscheidend, ob gerade die konkret in Rede stehende beschränkende Wirkung schon seit dem 31.12.1993 im Wesentlichen unverändert fortbesteht, auch wenn die Vorschrift ansonsten Änderungen erfahren hat.[5] Zum anderen schadet eine Neufassung nicht, wenn sie nach Regelungsgrund und Intensität der Grundfreiheitsbeschränkung noch im Wesentlichen mit der vor dem 1.1.1994 bestehenden Rechtslage übereinstimmt oder wenn sich die Neuregelung sogar in geringem Maße grundfreiheitsbeschränkend auswirkt. Beruht eine Regelung hingegen auf einem anderen Grundgedanken als das frühere Recht und schafft sie wesentlich[6] neue Verfahren, so kommt die Anwendung des Art. 64 Abs. 1 AEUV insoweit nicht mehr in Betracht.[7] Dasselbe gilt für den Fall der Wiedereinführung einer zwischenzeitlich bereits abgeschafften oder abgemilderten Regelung.[8] Eine Berufung auf Art. 64 Abs. 1 AEUV scheidet nach Ansicht des EuGH außerdem im Verhältnis zu Staaten aus, mit denen die EU ein Assoziierungsabkommen – oder mit denen der betreffende Mitgliedstaat eine internationale Übereinkunft – abgeschlossen hat, die mit innerstaatlicher Bindungswirkung eine Liberalisierung des Kapitalverkehrs i.S.d. Art. 64 AEUV vorsieht.[9]

---

1 S. EuGH v. 21.5.2015 – C-560/13 – Wagner-Raith, ECLI:EU:C:2015:347 Rz. 43 f.; v. 15.2.2017 – C-317/15 – „X", ECLI:EU:C:2017:119 Rz. 28.
2 S. EuGH v. 21.5.2015 – C-560/13 – Wagner-Raith, ECLI:EU:C:2015:347 Rz. 28 ff.; v. 15.2.2017 – C-317/15 – „X", ECLI:EU:C:2017:119 Rz. 35. Eine weitere Klärung ist im anhängigen Verfahren C-641/17, College Pension Plan of British Columbia, zu erwarten.
3 **A.A.** *Schnitger*, IStR 2004, 635 (636); *Sedemund*, BB 2006, 2781 (2783).
4 S. auch EuGH v. 10.4.2014 – C-190/12 – Emerging Markets Series of DFA Investment Trust Company, ECLI:EU:C:2014:249 Rz. 48: maßgeblich ist grds. der Zeitpunkt, in dem die Norm erlassen wurde; m. Anm. *Kammeter*, ISR 2014, 165; ebenso BFH v. 28.7.2017 – VIII R 2/09, BStBl. II 2016, 447 Rz. 108.
5 Vgl. EuGH v. 18.12.2007 – C-101/05 – A, Slg. 2007, I-11531 Rz. 48 ff.; v. 24.11.2016 – C-464/14 – SECIL, ECLI:EU:C:2016:896 Rz. 83 f.
6 S. dazu EuGH v. 11.2.2010 – C-541/08 – Fokus Invest, Slg. 2010, I-1025 Rz. 48.
7 Grundlegend EuGH v. 1.6.1999 – C-302/97 – Konle, Slg. 1999, I-3099 Rz. 52 f.; seither st. Rspr., s. bspw. EuGH v. 12.12.2006 – C-446/04 – FII Group Litigation (1), Slg. 2006, I-11753 Rz. 192; v. 24.5.2007 – C-157/05 – Holböck, Slg. 2007, I-4051 Rz. 41; v. 11.2.2010 – C-541/08 – Fokus Invest, Slg. 2010, I-1025 Rz. 42; v. 10.4.2014 – C-190/12 – Emerging Markets Series of DFA Investment Trust Company, ECLI:EU:C:2014:249 Rz. 48; m. Anm. *Kammeter*, ISR 2014, 165; v. 24.11.2016 – C-464/14 – SECIL, ECLI:EU:C:2016:896 Rz. 88; v. 20.9.2018 – C-685/16 – EV, ECLI:EU:C:2018:743 Rz. 75; *Schön* in FS Wassermeyer, 2005, S. 489 (494); *Schönfeld*, Hinzurechnungsbesteuerung und Europäisches Gemeinschaftsrecht, 2005, S. 253 f.
8 S. EuGH v. 18.12.2007 – C-101/05 – A, Slg. 2007, I-11531 Rz. 49; v. 24.11.2016 – C-464/14 – SECIL, ECLI:EU:C:2016:896 Rz. 81 u. 87 und besonders eingehend EuGH v. 26.2.2019 – C-135/17 – X GmbH, ECLI:EU:C:2019:136 Rz. 39 ff., zur Hinzurechnungsbesteuerung nach §§ 7 ff. AStG. Aus der Lit. mit z.T. **a.A.** als der EuGH s. *O'Brien*, BTR 2008, 628 (656); *Kahlenberg/Schiefer*, IStR 2017, 889 (892 ff.), m.w.N.; *Jacobsen*, DStZ 2019, 389. S. ferner EuGH v. 20.9.2018 – C-685/16 – EV, ECLI:EU:C:2018:743 Rz. 74 ff., zu § 9 Nr. 7 GewStG 2002: bei der gebotenen engen Auslegung des Art. 64 AEUV sei es für die Annahme einer – die Anwendung der Bereichsausnahme des Art. 64 AEUV hindernden – zwischenzeitlichen Abmilderung der beschränkenden Wirkung einer Norm nicht erforderlich, dass diese selbst im Wortlaut geändert wurde; es genüge, wenn sich aus dem gesamten Normkontext ein zwischenzeitlich verminderter Anwendungsbereich ergab.
9 S. EuGH v. 24.11.2016 – C-464/14 – SECIL, ECLI:EU:C:2016:896 Rz. 89 f.

Kapitel 8
Anwendungsfragen im deutschen Steuerrecht

A. Persönliche Einkommensteuer	8.1
I. Unbeschränkte Steuerpflicht	8.1
1. Persönliche Steuerpflicht	8.1
2. Erfassung des Welteinkommens	8.8
3. Private Abzüge	8.17
4. Tarif	8.25
5. Steuerermäßigungen	8.27
a) Steueranrechnung/Steuererlass	8.27
b) Steuerermäßigung wegen Erbschaftsteuer	8.32
II. Beschränkte Steuerpflicht	8.33
1. Persönliche Steuerpflicht	8.33
2. Inländische Einkünfte	8.36
3. Steuerabzug und Bruttobesteuerung	8.38
4. Erweiterte beschränkte Steuerpflicht	8.42
B. Gemeinnützigkeits- und Spendenrecht	8.43
I. Überblick	8.43
II. Gemeinnützigkeitsrecht	8.47
III. Spendenrecht	8.54
C. Erbschaft- und Schenkungsteuerrecht	8.57
I. Bedeutung der Grundfreiheiten für das Erbschaft- und Schenkungsteuerrecht	8.57
II. Erweiterte unbeschränkte Steuerpflicht	8.62
III. Steuerbefreiungen	8.64
1. Gegenstände, deren Erhalt im öffentlichen Interesse liegt	8.64
2. Zuwendungen an Religionsgemeinschaften und gemeinnützige Körperschaften	8.65
3. Begünstigung von Betriebsvermögen	8.66
a) Die geltende deutsche Rechtslage	8.66
b) Vereinbarkeit der deutschen Rechtslage mit dem Unionsrecht	8.68
IV. Nachlassverbindlichkeiten in den Fällen beschränkter Steuerpflicht	8.69
V. Freibetrag bei beschränkter Steuerpflicht	8.71
VI. Fehlende Anrechnungsmöglichkeit für ausländische Erbschaftsteuer	8.72
VII. Mehrfacher Erwerb desselben Vermögens	8.74
D. Unternehmensbesteuerung	8.76
I. Unionsrechtskonformität der Entstrickungstatbestände	8.76
1. Einführung	8.76
2. Wegzugsbesteuerung	8.77
a) Zielsetzung	8.77
b) Wegzugsbesteuerung bei natürlichen Personen	8.78
aa) Nationale Rechtslage	8.78
bb) Unionsrechtliche Beurteilung der geltenden Rechtslage	8.82
(1) Grundsatz	8.82
(2) Unionsrechtliche Bedenken in Drittstaatssachverhalten	8.85
c) Verlust oder Beschränkung des Besteuerungsrechts der Bundesrepublik Deutschland hinsichtlich einer Kapitalgesellschaft	8.88
aa) Nationale Rechtslage	8.88
bb) Unionsrechtliche Beurteilung	8.92
3. Entstrickungstatbestand des § 4 Abs. 1 Satz 3 EStG	8.97
a) Theorie der finalen Entnahme	8.97
b) Unionsrechtskonformität der § 4 Abs. 1 Satz 3, § 4g EStG	8.98
4. Entstrickungsregelung des § 16 Abs. 3a EStG	8.100
5. Notwendigkeit einer Synchronisierung der Entstrickungstatbestände	8.102
II. Berücksichtigung von Auslandsverlusten	8.103
1. Freistellung der EU-ausländischen Einkünfte durch DBA	8.103
2. Verluste aus Drittstaaten	8.118
III. Unionsrechtskonformität der Regelungen über die Organschaft	8.119
1. Einführung	8.119
2. Der Regelungsgehalt der §§ 14 ff. KStG	8.120
3. Unionsrechtliche Beurteilung	8.121
a) Beseitigung des doppelten Inlandsbezuges	8.121
b) Unionsrechtswidrigkeit der geltenden Rechtslage	8.124
aa) Versteckte Diskriminierung durch das Erfordernis eines Ergebnisabführungsvertrages	8.125
bb) Inlandsbezug bei der Organgesellschaft	8.127
cc) Unionsrechtswidrigkeit des § 14 Abs. 1 Satz 1 Nr. 5 KStG	8.129
IV. Unionsrechtskonformität der Zinsschranke	8.130
1. Grundtatbestand der Zinsschranke	8.130

2. Unionsrechtswidrigkeit in Randbereichen 8.131
3. Ausweichgestaltung durch Organschaft 8.133
V. Unionsrechtskonformität des § 6b EStG 8.135
VI. Unionsrechtskonformität besonderer Missbrauchsvermeidungsvorschriften 8.137
 1. Beschränkung des Sonderbetriebsausgabenabzugs bei Vorgängen mit Auslandsbezug 8.137
 2. Lizenzschranke 8.141
 3. Verhinderung des Directive- und Treaty Override 8.145
 4. Gewerbesteuerliches internationales Schachtelprivileg 8.150
VII. Verrechnungspreise und Funktionsverlagerung 8.152
 1. Unionsrechtswidrigkeit des § 1 Abs. 1 AStG 8.152
  a) Geltende Rechtslage 8.152
  b) Unionsrechtliche Beurteilung 8.153
   aa) Diskriminierungssachverhalte 8.153
   bb) Rechtfertigung der Ungleichbehandlung 8.156
 2. Funktionsverlagerung 8.161
  a) Geltende Gesetzeslage 8.161
  b) Unionsrechtliche Beurteilung 8.163
   aa) Ungleichbehandlung zu Lasten transnationaler Sachverhalte 8.163
   bb) Rechtfertigung 8.166
VIII. Hinzurechnungsbesteuerung 8.168
 1. Regelungsgehalt 8.168
 2. Europarechtliche Beurteilung 8.170
  a) Beurteilung durch EuGH und BFH 8.170
  b) Unionsrechtliche Beurteilung der aktuellen Rechtslage 8.175
   aa) Beseitigung unionsrechtlicher Bedenken durch Einführung eines Motivtests 8.175
   bb) Unionsrechtskonformität des § 7 Abs. 6 AStG 8.180
   cc) Hinzurechnungsbesteuerung und DBA 8.181
E. DBA-Recht 8.182
 I. Anwendbarkeit der Grundfreiheiten auf das Abkommensrecht 8.182
  1. Vorüberlegungen 8.182
  2. Nach dem 1.1.1958 abgeschlossenes DBA zwischen zwei Mitgliedstaaten .. 8.183
  3. Vor dem 1.1.1958 oder dem Beitritt abgeschlossenes DBA zwischen zwei Mitgliedstaaten 8.185

4. Vor dem 1.1.1958 oder dem Beitritt abgeschlossenes DBA mit einem Drittstaat 8.186
5. Nach dem 1.1.1958 oder dem Beitritt abgeschlossenes DBA mit einem Drittstaat 8.188
II. Allgemeine Überlegungen zu den Grundfreiheiten im Abkommensrecht 8.189
 1. Grundsatz der Meistbegünstigung ... 8.189
 2. Fehlende Kompetenz der Union kein Rechtfertigungsgrund 8.191
 3. Besonderheiten hinsichtlich des Rechtfertigungsgrundes der Kohärenz 8.192
III. Spezielle Problemstellungen bei DBA im Hinblick auf die Grundfreiheiten 8.194
 1. Abkommensberechtigung 8.194
 2. Vereinbarkeit von Verteilungsnormen mit dem Unionsrecht 8.195
 3. Europarechtskonformität der Freistellungs- bzw. Anrechnungsmethode ... 8.197
 4. DBA-Regelungen zur Missbrauchsabwehr 8.199
  a) Vorüberlegungen 8.199
  b) Vorliegen eines Abkommensmissbrauchs 8.200
  c) Rechtskreisspezifische Missbrauchsabwehr 8.202
   aa) Grundsätzliches 8.202
   bb) Missbrauchsklauseln im Abkommensrecht 8.204
  d) Vereinbarkeit der abkommensrechtlichen Missbrauchsklauseln mit Unionsrecht 8.205
   aa) Einschränkung der Abkommensberechtigung 8.205
    (1) Inhalt der Klauseln 8.205
    (2) Europarechtliche Beurteilung der Limitation-on-Benefits-Klauseln 8.208
   bb) Aktivitätsklauseln 8.212
   cc) Subject-to-tax-Klauseln 8.214
F. Eintritt in die EU, Ausschluss und Austritt aus der EU (Brexit) 8.215
 I. Einführung 8.215
 II. Harter oder weicher Brexit? 8.219
 III. Welche steuerlichen Vorschriften wären vom Brexit betroffen? 8.225
  1. Europäisches Primärrecht 8.225
  2. Europäisches Sekundärrecht 8.226
  3. Doppelbesteuerungsabkommen 8.227
  4. Entstrickungsregelungen 8.228

5. Zahlungsstreckung bei der Beschaffung von Ersatzwirtschaftsgütern gemäß § 6b Abs. 2a EStG 8.229
6. Beschränkte Steuerpflicht 8.230
7. Fiktive unbeschränkte Steuerpflicht/ Sonderausgaben 8.231
8. Ehegattensplitting 8.232
9. Negative Einkünfte 8.233
10. Gemeinnützigkeitsrecht 8.234
11. Steuerfreiheit von Lohnersatzleistungen 8.235
12. Degressive Gebäude-AfA 8.236
13. Riester-Rente 8.237
14. Kindergeld 8.238
15. Hinzurechnungsbesteuerung/ Zurechnungsbesteuerung 8.239
16. Gesellschaften, die nach britischem Recht gegründet wurden 8.240
17. Einlagenrückgewähr 8.241
18. Gewerbesteuer 8.242
19. Erbschaftsteuer 8.243
20. Grunderwerbsteuer 8.244
21. Umsatzsteuer 8.245
22. Verbrauchsteuern 8.246
23. Versicherungsteuer 8.247

IV. Ausblick 8.248

A. Persönliche Einkommensteuer

I. Unbeschränkte Steuerpflicht

Literatur: *Cordewener/Schnitger*, Europarechtliche Vorgaben für die Vermeidung der internationalen Doppelbesteuerung im Wege der Anrechnungsmethode, StuW 2006, 50; *Desens*, Der neue Anrechnungshöchstbetrag in § 34c Abs. 1 S. 2 EStG – ein unionsrechts- und verfassungswidriges, fiskalisches Eigentor, IStR 2015, 77; *Dornheim*, Steuerstundungsmodelle im Lichte der aktuellen Rechtsprechung, Ubg 2013, 453; *Ebner*, Steuersystematische, verfassungs- und europarechtliche Untersuchung des § 10 Abs. 1 Nr. 9 EStG unter Einbeziehung der Urteile des EuGH vom 11.9.2007 – Rs. C-76/05 und Rs. C-318/05, DStZ 2009, 645; *Gauß/Schwarz*, Doppelbelastung von Einkommensteuer und Erbschaftsteuer im Rahmen der Abgeltungsteuer, BB 2009, 1387; *Geck*, Die Vermögensübergabe gegen Versorgungsleistungen und das EU-Recht: Rückblick und Ausblick, ZEV 2011, 450; *Grosse*, Die Voraussetzungen und Rechtsfragen der beschränkten und der (fiktiven) unbeschränkten Steuerpflicht, DStR 2003, 10; *Grosse/Ludert*, Beschränkte vs. fiktive unbeschränkte Steuerpflicht, IStR 1999, 737; *Hechtner*, Die Anrechnung ausländischer Steuern im System der Schedule nach den Änderungen durch das JStG 2009, BB 2009, 76; *Herzig/Joisten/Vossel*, Die Vermeidung der Doppelbelastung mit ESt und ErbSt nach Einführung des § 35b EStG, DB 2009, 584; *Hettler*, Die Abziehbarkeit von Unterhaltszahlungen an Angehörige als außergewöhnliche Belastung nach dem JStG 1996 – Dargestellt anhand der jüngsten Rechtsprechung des BFH, DB 2003, 356; *Hillmoth*, Unterhaltsaufwendungen an im Ausland lebende Personen, Inf. 2006, 257; *Myßen/Killat*, Renten, Raten, Dauernde Lasten, Herne/Berlin, 15. Aufl. 2014; *Jennemann*, Anwendbarkeit des § 4 Abs. 3 Satz 4 Alt. 2 EStG beim Handel mit Gold, FR 2013, 253; *Kaefer/Kaefer*, Ausländische Einkünfte und erweiterte unbeschränkte Steuerpflicht, IStR 2006, 37; *Kanzler*, Anmerkung zu BFH III R 8/01, FR 2002, 1244; *Krumm*, Die Übertragung von unternehmerischen Einheiten gegen Versorgungsleistungen: Überschreitung gleichheitsrechtlicher Gestaltungsspielräume anlässlich einer legitimen gesetzlichen Neukonzeption, StuW 2011, 159; *Kumpf/Roth*, Wahlbesteuerung für beschränkt Einkommensteuerpflichtige?, StuW 1996, 259; *Lehner/Reimer*, Quelle vs. Ansässigkeit – Wie sind die grundlegenden Verteilungsprinzipien des Internationalen Steuerrechts austariert?, IStR 2005, 542 ff.; *Lüdicke*, Merkwürdigkeiten bei der Umsetzung des Schumacker-Urteils des EuGH, IStR 1996, 111; *Menhorn*, Anrechnungshöchstbetrag gem. § 34c noch gemeinschaftsrechtskonform?, IStR 2002, 15; *Mössner*, Welteinkommensprinzip, in Tipke/Bozza, Besteuerung von Einkommen, Köln 2000, 253; *Müller*, Das „Schumacker"-Urteil des EuGH und seine Auswirkungen auf die beschränkte Steuerpflicht, DStR 1995, 585; *Müller-Dott*, Zur Rechtsänderung des § 34c zur Anrechnung ausländischer Steuern, DB 2003, 1468; *Oertel/Haberstock/Guth*, Das Leistungsfähigkeitsprinzip beim Progressionsvorbehalt nach § 32b EStG – das Ende einer Lücke im EStG oder nur eine längst notwendige Ergänzung?, DStR 2013, 785; *Paus*, Unterhaltszahlungen nach ausländischem Recht – Verstoß gegen das Leistungsfähigkeitsprinzip aus Gründen der Praktikabilität, DStZ 2003, 306; *Rädler*, Analysis oft the european Court of justice's Schumacker-Decision, TNI 1995, 1683; *Reddig*, Veränderungen bei dauernden Lasten – Ende oder Einschränkung des SA-Abzugs, ErbStB 2011, 221; *Schaffhausen/Plenker*, Neuregelung des Sonderausgabenabzugs von Schulgeldzahlungen, DStR 2009, 1123; *Schaum-*

burg, Besteuerung von Kapitalerträgen – Vollzugsdefizite und Vorgaben des Europäischen und Internationalen Steuerrechts, in Ebling (Hrsg.), Besteuerung von Einkommen, DStJG 24 (2001), 225; *Schaumburg*, Das Leistungsfähigkeitsprinzip im Internationalen Steuerrecht, in Lang (Hrsg.), Die Steuerrechtsordnung in der Diskussion, FS für *Tipke*, Köln 1995, 125; *Schön*, Die beschränkte Steuerpflicht zwischen europäischem Gemeinschaftsrecht und deutschem Verfassungsrecht, IStR 1995, 119; *Schulte-Frohlinde*, Gesetzgeberische Aktivitäten zur Verhinderung der „Goldfinger"-Gestaltungen, BB 2013, 1623; *Schulz-Trieglaff*, „Goldfinger"-Gestaltungen, die Auslegung von Doppelbesteuerungsabkommen und die Reaktion der Verwaltung, IStR 2013, 519; *Schulze zur Wiesche*, Die Besteuerung von unbeschränkt Steuerpflichtigen und beschränkt Steuerpflichtigen nach dem Jahressteuergesetz 1996, IStR 1996, 105; *Seifried*, Steuerermäßigung bei Zusammentreffen von Erbschaftsteuer und Einkommensteuer nach § 35b EStG, ZEV 2009, 285; *Stiller*, Unterhaltsleistungen an den ehemaligen bzw. dauernd getrennt lebenden Ehegatten: Steuerliche Behandlung und Optimierung, DStZ 2011, 154; *Vogel*, Neuere Befürworter des Quellenprinzips (Territorialitätsprinzips) in den Vereinigten Staaten, in Kleineidam (Hrsg.), FS für *L. Fischer*, Berlin 1999, 1007; *Vogel*, Worldwide vs. source taxation of income, Intertax 1988, 216; *Waterkamp*, Ehegattenveranlagung und Freizügigkeit in der Europäischen Gemeinschaft, Köln 1993; *Weimar*, Aktuelle Entwicklungen bei der grenzüberschreitenden Familienbesteuerung, ISR 2014, 1; *Zuber*, Anknüpfungsmerkmale und Reichweite der internationalen Besteuerung, Hamburg 1991.

1. Persönliche Steuerpflicht

8.1 Es gehört zu den allgemeinen Regeln des Völkerrechts, dass jeder Staat eine Steuerpflicht auf Grund seiner Steuergesetze nur dann begründen darf, wenn es hierfür persönliche oder räumliche Anknüpfungspunkte gibt.[1] Im Bereich der unbeschränkten Steuerpflicht (§ 1 Abs. 1 Satz 1 EStG) entspricht das Einkommensteuergesetz diesen völkerrechtlichen Vorgaben durch die Anknüpfung an den Wohnsitz (§ 8 AO) und den gewöhnlichen Aufenthalt (§ 9 AO). Dieses **Wohnsitzprinzip**[2] ist mit dem Unionsrecht, insbesondere mit den Grundfreiheiten im Grundsatz vereinbar. Das gilt auch, soweit die unbeschränkte Steuerpflicht durch einen gewöhnlichen Aufenthalt im Inland begründet wird. Die unbeschränkte Steuerpflicht wird in diesem Zusammenhang nämlich nur dann ausgelöst, wenn die Umstände des Aufenthalts erkennen lassen, dass sich die betreffende Person nicht nur vorübergehend im Inland aufhält (§ 9 Satz 1 AO). Diese Voraussetzung ist nicht bei Personen erfüllt, die im Inland eine Tätigkeit ausüben und täglich in ihre im Ausland gelegene Wohnung zurückkehren. Daher ist ein gewöhnlicher Aufenthalt bei ausländischen Grenzgängern stets zu verneinen.[3] Insoweit kollidiert § 1 Abs. 1 Satz 1 EStG weder mit der Arbeitnehmerfreizügigkeit (Art. 45 AEUV) noch mit der Niederlassungsfreiheit (Art. 49 AEUV), die als personenbezogene Grundfreiheiten die Freiheit des Personenverkehrs innerhalb der Union gewährleisten sollen. Wenn die Grenzgänger dagegen regelmäßig an Arbeitstagen am inländischen Arbeits-/Geschäftsort übernachten und sich nur am Wochenende bzw. an Feiertagen und im Urlaub zu ihrem ausländischen Wohnsitz begeben, begründen sie einen inländischen gewöhnlichen Aufenthalt mit der Folge der unbeschränkten Steuerpflicht. Unter unionsrechtlichen Gesichtspunkten ist das nicht zu beanstanden, weil die Grenzgänger in der vorgenannten Sachverhaltskonstellation sich in einer vergleichbaren Situation befinden wie diejenigen, deren unbeschränkte Steuerpflicht auf einem inländischen Wohnsitz beruht.

8.2 Eine unionsrechtlich relevante Diskriminierung ist ferner dann zu verneinen, wenn etwa der Ehegatte/Lebenspartner[4] des unbeschränkt steuerpflichtigen Grenzgängers im ausländischen Wohnsitzstaat

---

[1] BFH v. 18.12.1963 – I 230/61 S, BStBl. III 1964, 253; v. 16.12.1964 – II 154/61 U, BStBl. III 1965, 134; *Lehner/Waldhoff* in K/S/M, § 1 EStG Rz. A 464 ff.; *Lehner* in V/L[6], Grundlagen Rz. 11; *Verdross*, Völkerrecht[5], S. 319; *Schaumburg* in Schaumburg, Internationales Steuerrecht[4], Rz. 6.2.

[2] Hierzu *Schaumburg* in Schaumburg, Internationales Steuerrecht[4], Rz. 6.9 ff.

[3] BFH v. 10.5.1989 – I R 50/85, BStBl. II 1989, 755; v. 25.1.1989 – I R 205/82, BStBl. II 1990, 687; v. 25.5.1988 – I R 225/82, BStBl. II 1988, 944; v. 20.4.1988 – I R 219/82, BStBl. II 1990, 701; v. 10.8.1983 – I R 241/82, BStBl. II 1984, 11; v. 5.2.1965 – VI 334/63 U, BStBl. III 1965, 352; v. 9.2.1966 – I 244/63, BStBl. II 1966, 522; v. 1.3.1963 – VI 119/61 U, BStBl. III 1963, 212.

[4] Vgl. § 2 Abs. 8 EStG (Gleichstellung von Ehegatten und Ehen mit Lebenspartnern in Lebenspartnerschaften), eingefügt durch Gesetz v. 15.7.2013; anwendbar auf alle noch nicht bestandskräftigen Fälle (§ 52

zurückbleibt. In diesem Fall kann nämlich beantragt werden, dass der nicht dauernd getrennt lebende Ehegatte/Lebenspartner für Zwecke der Anwendung des § 26 Abs. 1 Satz 1 EStG (Zusammenveranlagung) als unbeschränkt einkommensteuerpflichtig behandelt wird (§ 1a Abs. 1 Nr. 2 EStG). Hierbei kommt es nicht darauf an, ob die gemeinsamen Einkünfte der Ehegatten/Lebenspartner zu weniger als 90 % der deutschen Einkommensteuer unterliegen oder ihre ausländischen Einkünfte den doppelten Grundfreibetrag (§ 32a Abs. 1 Satz 2 Nr. 1 EStG) übersteigen.[1] Voraussetzung ist lediglich, dass der unbeschränkt steuerpflichtige Grenzgänger EU-/EWR-Staatsangehöriger ist und sein nicht dauernd getrennt lebender Ehegatte/Lebenspartner seinen Wohnsitz oder gewöhnlichen Aufenthalt in einem anderen EU-/EWR-Staat hat. Eine EU-/EWR-Staatsangehörigkeit des Ehegatten/Lebenspartners ist nicht erforderlich.[2] Das Splitting als Folge der Zusammenveranlagung (§ 32a Abs. 5 EStG) kann darüber hinaus auf Grundlage des zwischen der EU und der Schweiz abgeschlossenen Freizügigkeitsabkommens[3] in Anspruch genommen werden, wenn der Ehegatte/Lebenspartner seinen Wohnsitz in der Schweiz hat.[4]

Während die **erweiterte unbeschränkte Steuerpflicht** (§ 1 Abs. 2 EStG) keine unionsrechtlichen Probleme aufwirft, kollidiert die in § 1 Abs. 3 EStG verankerte **fingierte unbeschränkte Steuerpflicht** mit der Arbeitnehmerfreizügigkeit (Art. 45 ff. AEUV) und der Niederlassungsfreiheit (Art. 49 AEUV) in den Fällen, in denen die familienbezogenen Entlastungen (§ 1a Abs. 1 EStG) nicht gewährt werden, obwohl diese im ausländischen Wohnsitzstaat nicht in Anspruch genommen werden können. Es geht hierbei im Wesentlichen um die Anwendung des § 1 Abs. 3 Satz 4 EStG. 8.3

Die **fingierte unbeschränkte Einkommensteuerpflicht** ist darauf gerichtet, unter bestimmten Voraussetzungen beschränkt steuerpflichtige Personen in Ausrichtung auf die persönliche Leistungsfähigkeit unbeschränkt steuerpflichtigen Personen ganz oder teilweise gleichzustellen. Erfasst werden vor allem **Grenzgänger**, deren personen- und familienbezogenen Verhältnisse wegen des internationalen Gefüges von unbeschränkter Steuerpflicht einerseits und beschränkter Steuerpflicht andererseits im Ausgangspunkt keine Berücksichtigung finden: Im Wohnsitzstaat kommt die persönliche Leistungsfähigkeit im Rahmen der unbeschränkten Steuerpflicht steuerlich nicht zur Geltung, weil dort in Anwendung von Doppelbesteuerungsabkommen entweder keine oder nur geringe Einkünfte zu versteuern sind, und im Tätigkeitsstaat bleibt die Berücksichtigung der persönlichen Leistungsfähigkeit im Rahmen der beschränkten Steuerpflicht von Rechts wegen versagt.[5] Diese fehlende Orientierung der Besteuerung an der persönlichen Leistungsfähigkeit hat der EuGH[6] für unvereinbar mit dem Freizügigkeitsrecht der Arbeitnehmer in der EU (Art. 45 AEUV) für den Fall erklärt, dass beschränkt steuerpflichtige EU-Staatsangehörige ihr Einkommen ganz oder fast ausschließlich aus nichtselbständiger Tätigkeit in Deutschland erzielen. Auf dieser Linie liegen auch weitere EuGH-Entscheidungen.[7] Die EuGH-Rechtsprechung ist zwar sukzessive in § 1 Abs. 3, § 1a EStG umgesetzt worden, bleibt aber in einigen Anwendungsbereichen hinter ihren Vorgaben zurück. Zu einigen Einzelheiten: 8.4

Abs. 2a EStG); die Änderung beruht auf BVerfG v. 7.5.2013 – 2 BvR 909/06, 2 BvR 1981/06, 2 BvR 288/08, DStR 2013, 1228.
1 BFH v. 8.9.2010 – I R 28/10, BStBl. II 2011, 269; *Tiede* in H/H/R, § 1a EStG Rz. 30.
2 BFH v. 8.9.2010 – I R 28/10, BStBl. II 2011, 269 Rz. 7.
3 V. 21.6.1999, ABl. EG 2002 Nr. L 114, 6 (BGBl. II 2001, 810).
4 EuGH v. 28.2.2013 – C-425/11 – Ettwein, ECLI:EU:C:2013:121 = IStR 2013, 514; vgl. BMF v. 16.9.2013, BStBl. I 2013, 1325.
5 Vgl. nur § 50 Abs. 1 EStG.
6 EuGH v. 14.2.1995 – C-279/93 – Schumacker, Slg. 1995, I-249 = FR 1995, 224 m. Anm. *Waterkamp-Faupel*; hierzu die Besprechungen von *Kaefer/Saß*, DB 1995, 642 ff.; *Rädler*, DB 1995, 793 ff.; *Rädler*, TNI 1995, 1683 ff.; *Schön*, IStR 1995, 119 ff.
7 EuGH v. 11.8.1995 – C-80/94 – Wielockx, Slg. 1995, I-2493; v. 14.9.1999 – C-391/97 – Gschwind, Slg. 1999, I-5451 = FR 1999, 1076 m. Anm. *Stapperfend*; v. 16.5.2000 – C-87/99 – Zurstrassen, Slg. 2000, I-3337; v. 25.1.2007 – C-329/05 – Meindl, Slg. 2007, I-1107; weitere Nachweise bei *Stapperfend* in H/H/R, Vor §§ 1, 1a EStG Rz. 35.

8.5 Nach § 1 Abs. 3 Satz 2 EStG wird die fiktive unbeschränkte Einkommensteuerpflicht nur dann ermöglicht, wenn die Einkünfte im Kalenderjahr mindestens zu 90 % der deutschen Einkommensteuer unterliegen oder die nicht der deutschen Einkommensteuer unterliegenden Einkünfte den Grundfreibetrag nach § 32a Abs. 1 Satz 2 Nr. 1 EStG (9.000 Euro) nicht übersteigen (**Wesentlichkeitsgrenze**).[1] Bei der Ermittlung der vorgenannten Einkünfte bleiben sodann aber nicht der deutschen Einkommensteuer unterliegende Einkünfte unberücksichtigt, soweit sie im Ausland nicht besteuert werden und soweit vergleichbare Einkünfte im Inland steuerfrei sind (§ 1 Abs. 3 Satz 4 EStG). Es handelt sich hierbei zwar um eine zugunsten des Steuerpflichtigen wirkende Vorschrift, die aber dadurch eingeschränkt wird, dass die Nichtberücksichtigung im Ausland nicht besteuerter Einkünfte nur unter dem Vorbehalt entsprechender Steuerfreiheit im Inland erfolgt. In diesem Zusammenhang sind zwei Fallgruppen von Bedeutung. Die erste Fallgruppe erfasst den Fall, dass die Einkünfte im Ausland steuerpflichtig, im Inland aber steuerfrei sind. Die zweite Fallgruppe betrifft die umgekehrte Konstellation, wonach die Einkünfte im Ausland steuerfrei, aber im Inland steuerpflichtig sind. Bei der ersten Fallgruppe geht es um die Auslegung nationalen Rechts. Das heißt: Die für die fiktive unbeschränkte Steuerpflicht nach nationalem Recht maßgebliche Einkünfteermittlung (§ 1 Abs. 3 Satz 2 EStG) vollzieht sich in zwei Stufen, wobei auf der ersten Stufe die Summe der Welteinkünfte nach Maßgaben des deutschen Einkommensteuerrechts[2] zu ermitteln ist,[3] zu denen im Inland nicht steuerbare sowie steuerfreie Einkünfte nicht gehören.[4] Unionsrecht wird hierdurch nicht berührt. Die zweite Fallgruppe ist demgegenüber unionsrechtlich relevant. Werden nämlich im Ausland nicht besteuerte Einkünfte bei den für die Wesentlichkeitsgrenze maßgeblichen Einkünften berücksichtigt, weil die vergleichbaren Einkünfte im Inland nicht steuerfrei sind (§ 1 Abs. 3 Satz 4 EStG), so kann das dazu führen, dass die persönliche Leistungsfähigkeit, insbesondere das Splitting (§ 1a Abs. 1 Nr. 2 EStG) in keinem Staat berücksichtigt wird: Im ausländischen EU-/EWR-Wohnsitzstaat nicht, weil dort keine steuerpflichtigen Einkünfte erzielt werden, und im Inland nicht, weil die entsprechenden Einkünfte hier nicht steuerfrei sind. Diese Nichtberücksichtigung der persönlichen Verhältnisse ist mit den Grundfreiheiten[5] nicht vereinbar. Sie widerspricht insbesondere der Rechtsprechung des EuGH[6], der im Ergebnis eine zugunsten von EU-/EWR-Staatsangehörigen wirkende Garantie dahingehend abzuleiten ist, dass die persönlichen Verhältnisse jedenfalls in einem EU-/EWR-Staat zu berücksichtigen sind. Da bei der hier angesprochenen Fallkonstellation steuerpflichtige Einkünfte nur im Inland erzielt werden, ist Deutschland verpflichtet, familienbezogene Ermäßigungen, insbesondere den Splittingtarif zur Anwendung zu bringen.[7] Dieser Verpflichtung kann geltungserhaltend im Wege unionsrechtskonformer Auslegung des § 1 Abs. 3 Satz 4 EStG entsprochen werden.

8.6 Soweit nicht der deutschen Einkommensteuer unterliegende Einkünfte zu berücksichtigen sind, können die **familienbezogenen Entlastungen** (§ 1a Abs. 1 EStG) von nach § 1 Abs. 3 EStG als unbeschränkt steuerpflichtig zu behandelnden Steuerpflichtigen[8] nur dann in Anspruch genommen werden, wenn die Einkünfte im Kalenderjahr mindestens zu 90 % der deutschen Einkommensteuer unter-

---

1 Bei der Prüfung sind auch die der Abgeltungsteuer (§ 32d Abs. 1, 43 Abs. 5 EStG) unterliegenden Einkünfte einzubeziehen (BFH v. 12.8.2015 – I R 18/14, BStBl. II 2016, 201).
2 BFH v. 1.10.2014 – I R 18/13, BFH/NV 2015, 287: kein Verstoß gegen die Grundfreiheiten.
3 Zu dieser Zweistufenprüfung BFH v. 20.8.2008 – I R 78/07, BStBl. II 2009, 708; v. 1.10.2014 – I R 18/13, BStBl. 2015, II 474 Rz. 18; v. 12.8.2015 – I R 18/14, BStBl. II 2016, 201 Rz. 21.
4 Betreffend nicht steuerbare Einkünfte BFH v. 1.10.2014 – I R 18/13, BStBl. II 2015, 474 Rz. 19; betreffend abkommensrechtlich freizustellende Einkünfte, vgl. BFH v. 14.8.1991 – I R 133/90, BStBl. II 1992, 88.
5 Arbeitnehmerfreizügigkeit (Art. 45 AEUV), Niederlassungsfreiheit (Art. 49 AEUV).
6 EuGH v. 16.5.2000 – C-87/99 – Zurstrassen, Slg. 2000, I-3337; v. 25.1.2007 – C-329/05 – Meindl, Slg. 2007, I-1107.
7 *Stapperfend* in H/H/R, Vor §§ 1, 1a EStG Rz. 39; vgl. auch *Gosch* in Kirchhof[18], § 1 EStG Rz. 20; BFH v. 1.10.2014 – I R 18/13, BStBl. II 2015, 474 Rz. 26: hat einen Verstoß gegen die Arbeitnehmerfreizügigkeit (Art. 45 AEUV) bei fehlender Steuerpflicht im Inland verneint.
8 Bei gem. § 1 Abs. 1 EStG unbeschränkt steuerpflichtigen EU-/EWR-Staatsbürgern kommt es auf die Einhaltung der Einkunftsgrenzen des § 1 Abs. 3 Satz 2 EStG nicht an; BFH v. 8.9.2010 – I R 28/10, BStBl. II 2011, 269; *Tiede* in H/H/R, § 1a EStG Rz. 16.

A. Persönliche Einkommensteuer | Rz. 8.8 **Kap. 8**

liegen oder die nicht der deutschen Einkommensteuer unterliegenden Einkünfte den Grundfreibetrag nach § 32a Abs. 1 Satz 2 Nr. 1 EStG (9.000 Euro) nicht übersteigen (§ 9a Abs. 1 Alt. 2, § 1 Abs. 3 Satz 2 Halbs. 1 EStG). Die absolute auf die steuerliche Verschonung des Existenzminimums abzielende Wesentlichkeitsgrenze (9.000 Euro) ist allerdings zu kürzen, soweit es nach den Verhältnissen im Wohnsitzstaat des Steuerpflichtigen notwendig und angemessen ist (§ 1 Abs. 3 Satz 2 Halbs. 2 EStG). Diese Kürzung ist vorgeschrieben ohne Rücksicht darauf, ob der betreffende Steuerpflichtige seinen Wohnsitz in einem EU-/EWR-Staat hat oder nicht. Die Kürzung erfolgt in der Praxis nach der für § 32 Abs. 6 Satz 4 EStG maßgeblichen Ländergruppeneinteilung.[1] Im Hinblick darauf, dass in den einzelnen EU-/EWR-Staaten zum Teil niedrigere Lebenshaltungskosten bestehen, zur Sicherung des Lebensunterhalts also weniger finanzielle Mittel benötigt werden als in Deutschland, ist diese Differenzierung in Orientierung an die Grundfreiheiten[2] nicht zu beanstanden. Es geht nämlich allein darum, die steuerlichen Nachteile auszugleichen, die durch Nichtberücksichtigung der persönlichen Verhältnisse im ausländischen EU-/EWR-Wohnsitzstaat entstehen.[3]

Im Rahmen der familienbezogenen Entlastungen (§ 1a Abs. 1 EStG) hat das **Splitting** (§ 1a Abs. 1 Nr. 2 EStG) in der Praxis eine besondere Bedeutung. In Abweichung von § 26 Abs. 1 Satz 1 EStG ist nicht erforderlich, dass beide Ehegatten/Lebenspartner unbeschränkt steuerpflichtig sind. Voraussetzung ist nur, dass der Ehegatte/Lebenspartner seinen Wohnsitz oder gewöhnlichen Aufenthalt im Hoheitsgebiet eines anderen EU-/EWR-Staates hat (§ 1a Abs. 1 Nr. 2 Satz 2 EStG). Der Steuerpflichtige selbst muss entweder unbeschränkt steuerpflichtig gem. § 1 Abs. 1 EStG sein oder aber gem. § 1 Abs. 3 EStG als unbeschränkt steuerpflichtig behandelt werden. Für die zuletzt genannte Fallalternative werden die Wesentlichkeitsgrenzen des § 1 Abs. 3 Satz 2 EStG dahingehend modifiziert, dass auf die Einkünfte beider Ehegatten abzustellen und der Grundfreibetrag nach § 32a Abs. 1 Satz 2 Nr. 1 EStG zu verdoppeln ist (§ 1a Abs. 1 Nr. 2 Satz 3 EStG).[4] Ob und ggf. in welcher Höhe (steuerpflichtige) Einkünfte erzielt worden sind, beurteilt sich zwar im Grundsatz nach deutschem Steuerrecht,[5] das ist aber nur so lange unionsrechtlich unbedenklich, als die Berücksichtigung der persönlichen Verhältnisse in dem einen oder anderen Staat gewährleistet ist. Nur dieser unionsrechtliche Vorbehalt verhindert eine Ungleichbehandlung der von § 1a Abs. 1 Nr. 2 EStG einerseits und von § 1a Abs. 1 Nr. 1 EStG andererseits erfassten Personen. Dies deshalb, weil das in § 1a Abs. 1 Nr. 1 EStG geregelte Realsplitting in Anspruch genommen werden kann, ohne dass hierbei auf die gemeinsamen Einkünfte bzw. auf die Verdoppelung des Grundfreibetrages abzustellen ist. Andernfalls käme es zu einer Diskriminierung der intakten gegenüber der gescheiterten Ehe/Lebenspartnerschaft, was nicht nur ein Verstoß gegen Art. 6 Abs. 1 GG, sondern auch einen Verstoß gegen die Grundfreiheiten zur Folge hätte.[6]

8.7

2. Erfassung des Welteinkommens

Während im Rahmen der fiktiven unbeschränkten Steuerpflicht (§ 1 Abs. 3 EStG) lediglich inländische Einkünfte (§ 49 Abs. 1 EStG) erfasst werden, unterfällt der Besteuerung auf Grund der unbeschränkten Steuerpflicht gem. § 1 Abs. 1 EStG das gesamte Welteinkommen. Das **Welteinkommensprinzip**, das zwar keine ausdrückliche Regelungen in den §§ 1, 2 EStG erfahren hat, sich aber als Rückschluss aus den § 1 Abs. 1, §§ 2a, 34c, 34d und 49 EStG ergibt, ist sowohl unter verfassungsrechtlichen als auch unter

8.8

---

1 Vgl. BMF v. 20.10.2016, BStBl. I 2016, 1183; die Ländergruppeneinteilung ist von der Rspr. zu beachten, soweit sie nicht zu einem offensichtlich unzutreffenden Ergebnis führt; BFH v. 25.11.2010 – VI R 28/10, BStBl. II 2011, 283 Rz. 11.
2 Arbeitnehmerfreizügigkeit (Art. 45 ff. AEUV), Niederlassungsfreiheit (Art. 49 ff. AEUV).
3 FG Rh.-Pf. v. 11.3.2010 – 6 K 2559/09, EFG 2010, 854 (der BFH hat sich mit dieser Frage in dem Revisionsurteil v. 8.9.2010 – I R 28/10, BStBl. II 2011, 269 nicht befassen müssen).
4 BFH v. 6.5.2015 – I R 16/14, BFH/NV 2015, 1628.
5 BFH v. 20.8.2008 – I R 78/07, BStBl. II 2009, 708; FG Köln v. 20.4.2012 – 4 K 1943/09, EFG 2012, 1677.
6 BFH v. 6.5.2015 – I R 16/14, BFH/NV 2015, 1628; zu Einzelheiten *Reimer/Weimar* in K/S/M, § 1a EStG Rz. B183 ff.; vgl. hierzu auch EuGH v. 12.12.2013 – C-303/12 – Imfeld, ISR 2014, 101.

unionsrechtlichen Gesichtspunkten akzeptabel.[1] Das gilt auch, soweit durch die Besteuerung des Welteinkommens eine (internationale) Doppelbesteuerung verursacht wird.[2] Zweifelhaft ist das aber, wenn zum Nachteil der betroffenen Steuerpflichtigen das Welteinkommensprinzip durchbrochen wird.[3] Angesprochen sind hiermit insbesondere diejenigen Fälle, in denen die steuerliche Berücksichtigung ausländischer Verluste erschwert wird. Hierdurch wird nicht nur in verfassungsrechtlicher Hinsicht das objektive Nettoprinzip[4] verletzt, sondern auch die Grundfreiheiten, insbesondere die Niederlassungsfreiheit (Art. 49 AEUV).[5]

8.9 In diesem Zusammenhang geht es insbesondere um die **Verlustausgleichsbeschränkung** des § 2a Abs. 1 EStG. Diese Vorschrift ist zwar in Umsetzung an die EuGH-Rechtsprechung[6] weitgehend europatauglich ausgestaltet worden,[7] es verbleiben aber dennoch Probleme, weil die Ausgestaltung im Wesentlichen unter dem Gesichtspunkt der Niederlassungsfreiheit (Art. 49 AEUV) erfolgt ist. Die **Kapitalverkehrsfreiheit** (Art. 63 ff. AEUV) blieb hierbei unberücksichtigt.[8] Für den Bereich der privaten Einkünfte sind vor allem die Verlustausgleichsbeschränkungen gem. § 2a Abs. 1 Nr. 4, 6 Buchst. a EStG von Bedeutung.

8.10 § 2a Abs. 1 Satz 1 Nr. 4 EStG betrifft **privat gehaltene Beteiligungen** an ausländischen Kapitalgesellschaften i.S.v. § 17 EStG, soweit diese in Drittstaaten ansässig sind. Da hierdurch auch Streubesitzanteile mit einer Mindestbeteiligung von 1 % erfasst werden, unterfällt die Verlustausgleichsbeschränkung dem Schutzbereich der Kapitalverkehrsfreiheit (Art. 67 ff. AEUV; vgl. Rz. 4.47).[9] Die Schutzwirkung der Kapitalverkehrsfreiheit wird im Ergebnis auch nicht durch die Niederlassungsfreiheit (Art. 49 AEUV) verdrängt, weil § 2a Abs. 1 Satz 1 Nr. 4 EStG nicht nur auf Beteiligungen abstellt, die es ermöglichen, einen sicheren Einfluss auf die Entscheidungen der Gesellschaft auszuüben und deren Tä-

---

1 Vgl. *Schaumburg* in Schaumburg, Internationales Steuerrecht[4], Rz. 6.59 f.
2 *Schaumburg* in Schaumburg, Internationales Steuerrecht[4], Rz. 2.5; *Kofler*, DBA und Europäisches Gemeinschaftsrecht, S. 381 ff.
3 Hierzu *Schaumburg* in Schaumburg, Internationales Steuerrecht[4], Rz. 6.69 ff.
4 Zum normkonzipierenden Charakter des Nettoprinzips *Kirchhof* in K/S/M, § 2 EStG Rz. A 127; *Tipke*, Die Steuerrechtsordnung, I, 2, 762 ff.; *Hey* in T/L, Steuerrecht[23], § 8 Rz. 54 ff.; das BVerfG hat es bisher offen gelassen, ob dem objektiven Nettoprinzip auch Verfassungsrang zukommt; vgl. BVerfG v. 9.12.2008 – 2 BvL 1/07 u.a., BVerfGE 122, 210 (234); v. 12.5.2009 – 2 BvL 1/00, BVerfGE 123, 111 (121); v. 12.10.2010 – 1 BvL 12/07, BVerfGE 127, 224 (245); zur freiheitsrechtlichen Verankerung des objektiven Nettoprinzips *Lehner*, DStR 2009, 185 (191 ff.).
5 EuGH v. 29.3.2007 – C-347/04 – Rewe Zentralfinanz, Slg. 2007, I-2647 = GmbHR 2007, 494 m. Anm. *Rehm/Nagler*; zur Berücksichtigung sog. finaler Verluste vgl. EuGH v. 15.5.2008 – C-414/06 – Lidl Belgium, ECLI:EU:C:2008:278; v. 12.12.2005 – C-446/03 – Marks & Spencer, ECLI:EU:C:2005:763; v. 21.2.2013 – ,C-123/11 – A Oy, ECLI:EU:C:2013:84, Tz. 55 = ISR 2013, 103 m. Anm. *Müller*; BFH v. 9.6.2010 – I R 107/09, IStR 2010, 663; v. 5.2.2014 – I R 48/11, ISR 2014, 204 m. Anm. *Müller* = IStR 2014, 377; *Englisch*, IStR 2008, 404 ff.; *Ditz/Quilitzsch*, IStR 2013, 242; *Mitschke*, IStR 2013, 209; restriktiv nunmehr EuGH v. 17.7.2014 – C-48/13 – Nordea Bank Danmark, ECLI:EU: C:2014:2087 = ISR 2014, 311 m. Anm. *Henze* = BB 2014, 1813; v. 17.12.2015 – C-388/14 – Timac Agro, ECLI:EU:C:2015:829 = ISR 2016, 54 m. Anm. *Müller* = IStR 2016, 74 m. Anm. *Schiefer* u. *Benecke/Staats*; BFH v. 22.9.2015 – I B 83/14, BFH/NV 2016, 375; BFH v. 22.2.2017 – I R 2/15, BStBl. II 2017, 709; EuGH v. 12.6.2018 – C-650/16 – Bevola, IStR 2018, 502.
6 EuGH v. 29.3.2007 – C-347/04 – Rewe Zentralfinanz, Slg. 2007, I-2647 = GmbHR 2007, 494 m. Anm. *Rehm/Nagler*.
7 Im Hinblick darauf werden die unionsrechtlichen Probleme durchweg als gelöst angesehen; vgl. nur *Gosch* in Kirchhof[18], § 2a EStG Rz. 15; *Heinicke* in Schmidt[37], § 2a EStG Rz. 13; *Wagner* in Blümich, § 2a EStG Rz. 9, 13, 51; zurückhaltend *Naujok* in Bordewin/Brandt, § 2a EStG Rz. 35; a.A. *Hahn* in Lademann, § 2a EStG Rz. 36 ff.
8 Zu den einzelnen für § 2a Abs. 1 EStG bedeutsamen Grundfreiheiten *Probst* in F/W/B/S, § 2a EStG Rz. 51 ff.
9 Vgl. BFH v. 29.8.2012 – I R 7/12, BStBl. II 2013, 89 = ISR 2013, 13 m. Anm. *Quilitzsch*.

tigkeiten zu bestimmen.¹ Die Schutzwirkungen der Kapitalverkehrsfreiheit werden auch nicht durch die **Standstill-Klausel** (Art. 64 Abs. 1 AEUV; vgl. Rz. 4.48) suspendiert. Zwar handelt es sich bei § 2a Abs. 1 Satz 1 Nr. 4 EStG um eine „Alt-Vorschrift", die in ihren Vorfassungen bereits am 31.12.1993 bestand, die hier angesprochenen Kapitalbeteiligungen sind aber Portfolioinvestitionen, die nicht als allein Art. 64 Abs. 1 AEUV unterfallende Direktinvestitionen zu qualifizieren sind.² Dies deshalb nicht, weil die in dem in Bezug genommenen § 17 Abs. 1 EStG verankerte Mindestbeteiligungsquote von 1 % nicht die Möglichkeit einräumt, sich tatsächlich an der Verwaltung der Gesellschaft oder an deren Kontrolle zu beteiligen. Dass in den Vorfassungen des in Bezug genommenen § 17 EStG (bis Ende 1998) eine Beteiligung von mehr als 25 % und danach (bis Ende 2000) eine Mindestbeteiligung von 10 % vorausgesetzt war, spielt keine Rolle. Spätestens mit Absenkung der Mindestbeteiligungsquote (ab 2001) ist § 2a Abs. 1 Satz 1 Nr. 4 EStG aus dem Anwendungsbereich der Standstill-Klausel herausgefallen.

Schließlich ist auch keine Rechtfertigung für die Beschränkung der Kapitalverkehrsfreiheit (Art. 67 AEUV) gegeben. Das gilt auch unter dem Gesichtspunkt etwa erschwerter Maßnahmen der Steueraufsicht und der Steuerkontrolle, weil auf der Grundlage³ der mit vielen Drittstaaten (Gebieten) abgeschlossenen Abkommen – DBA, TIEA⁴ – ein weitgehender grenzüberschreitender Informationsaustausch möglich ist. Hieraus folgt, dass die Verlustausgleichsbeschränkung gem. § 2a Abs. 1 Satz 1 Nr. 4 EStG auch in Bezug auf Drittstaaten wegen Verstoßes gegen die Kapitalverkehrsfreiheit (Art. 63 AEUV) unanwendbar bleibt.

8.11

Die Verlustausgleichsbeschränkung gem. § 2a Abs. 1 Satz 1 Nr. 6 Buchst. a EStG ist zwar – wie bereits dargestellt – unter dem Gesichtspunkt der Niederlassungsfreiheit (Art. 49 AEUV) europatauglich gemacht worden,⁵ nicht aber für den Anwendungsbereich der Kapitalverkehrsfreiheit (Art. 63 AEUV) mit der Folge, dass negative Einkünfte aus der **Vermietung oder Verpachtung** von in Drittstaaten belegenem unbeweglichen Vermögen oder von Sachinbegriffen unverändert der Verlustausgleichsbeschränkung unterliegen. In der Praxis sind hierdurch vor allem Immobilieninvestitionen in Drittstaaten betroffen. Für sie gilt die Kapitalverkehrsfreiheit,⁶ ohne dass vorrangig die Dienstleistungsfreiheit (Art. 56 AEUV) oder die Niederlassungsfreiheit (Art. 49 AEUV) zur Anwendung kommt.⁷ Allerdings greift in diesem Zusammenhang ggf. die Standstill-Klausel in Art. 64 Abs. 1 AEUV ein. Das gilt freilich nur, soweit es sich um planmäßige Immobilieninvestitionen handelt, die den Direktinvestitionen im Übrigen

8.12

---

1 Vgl. EuGH v. 24.5.2007 – C-157/05 – Holböck, Slg. 2007, I-4051; v. 6.11.2007 – C-415/06 – Stahlwerk Ergste Westig, EuGHE 2007, I-141 = GmbHR 2008, 154 m. Anm. *Rehm/Nagler*; v. 19.7.2012 – C-31/11 – Scheunemann, ECLI:EU:C:2012:481 = DStR 2012, 1508 = ISR 2012, 23 m. Anm. *Steger* = GmbHR 2012, 970 m. Anm. *Rehm/Nagler*; v. 13.11.2012 – C-35/11 – Test Claimants in the FII-Group Litigation, ECLI: EU:C:2012:707 = IStR 2012, 924 = ISR 2013, 18 m. Anm. *Henze*; soweit sich die EuGH-Rechtsprechung zur Abgrenzung von Niederlassungsfreiheit einerseits und Kapitalverkehrsfreiheit andererseits geändert haben sollte (vgl. EuGH v. 3.10.2013 – C-282/12 – Itelcar, ECLI:EU:C:2013:629 = ISR 2013, 376 m. Anm. *Müller* und *Schwenke*; v. 11.9.2014 – C-47/12 – Kronos International, ISR 2014, 337 m. Anm. *Spies*), spielt dies hier keine Rolle; ohne Bedeutung ist ebenso, ob zusätzlich auf die konkreten Verhältnisse der Beteiligung abgestellt wird (vgl. *Kahle*, ISR 2013, 57); vgl. Rz. 4.47.
2 EuGH v. 13.11.2012 – C-35/11 – Test Claimants in the FII-Group Litigation, ECLI:EU:C:2012:707 = IStR 2012, 924 = ISR 2013, 18 m. Anm. *Henze*; v. 24.5.2007 – C-157/05 – Holböck, Slg. 2007, I-4051; BFH v. 29.8.2012 – I R 7/12, BStBl. II 2013, 89 = ISR 2013, 13 m. Anm. *Quilitzsch*; v. 18.12.2013 – I R 71/10, GmbHR 2014, 547 m. Anm. *Haritz/Werneburg* = ISR 2014, 174 m. Anm. *Pohl* = BFH/NV 2014, 759; *Ress/Ukrow* in G/H/N, Art. 64 AEUV Rz. 15.
3 So das Argument von *Gosch* in Kirchhof¹⁸, § 2a EStG Rz. 15.
4 Vgl. die Länderübersichten in BStBl. I 2018, 171.
5 Umsetzung des EuGH-Urteils v. 29.3.2007 – C-347/04 – Rewe Zentralfinanz, Slg. 2007, I-2647 = GmbHR 2007, 494 m. Anm. *Rehm/Nagler*.
6 EuGH v. 15.10.2009 – C-35/08 – Busley/Cibrian, IStR 2009, 857; v. 7.11.2013 – C-322/11 – K, IStR 2013, 913 Rz. 20.
7 So aber wohl *Schwenke*, IStR 2009, 843 ff. (844).

gleichzustellen sind.¹ Handelt es sich dagegen um Vermögensanlagen in Immobilien, die zu privaten Zwecken getätigt werden und nicht mit der Ausübung einer (planmäßigen) wirtschaftlichen Tätigkeit verbunden sind, ist die Standstill-Klausel nicht einschlägig.² Im Ergebnis sind somit im Rahmen der Verlustausgleichsbeschränkung jedenfalls finale Verluste aus Vermietung und Verpachtung zu berücksichtigen, soweit die fehlende Verlustberücksichtigung im anderen Staat nicht auf rechtlichen Gründen beruht.³

8.13 Soweit die Verlustausgleichsbeschränkung (§ 2a Abs. 1 EStG) zur Anwendung kommt, ist hierdurch auch das Steuersatzeinkommen betroffen mit der Folge, dass ein **negativer Progressionsvorbehalt**, und zwar auch in Abkommensfällen, ausgeschlossen ist.⁴ Das gilt auch für negative Einkünfte aus der Vermietung oder der Verpachtung von unbeweglichem Vermögen oder von Sachinbegriffen, wenn diese in einem EU-/EWR-Staat belegen sind (§ 32b Abs. 1 Satz 2 Nr. 3 EStG). Diese gesetzliche Regelung ist mit den Grundfreiheiten vereinbar.⁵ Soweit die Verlustausgleichsbeschränkung aber wegen Unvereinbarkeit mit der Kapitalverkehrsfreiheit (Art. 63 AEUV) im Verhältnis zu Drittstaaten unanwendbar bleibt, ergibt sich als Konsequenz, dass der negative Progressionsvorbehalt eingreift, soweit die negativen Einkünfte aus Vermietung und Verpachtung von unbeweglichem Vermögen oder Sachinbegriffen abkommensrechtlich freizustellen sind (§ 32b Abs. 1 Satz 2 Nr. 3 EStG).⁶

8.14 **Einnahmen aus nebenberuflicher Tätigkeit** als Übungsleiter, Erzieher, Betreuer und bestimmter weiterer nebenberuflicher Tätigkeiten sind bis zu einem Höchstbetrag von Euro 2.400 und Einnahmen für ehrenamtliche gemeinnützige Tätigkeiten bis zu einem Höchstbetrag von Euro 720 jährlich steuerfrei (§ 3 Nr. 26, 26a EStG). Voraussetzung ist die jeweilige Tätigkeit im Dienste einer juristischen Person des öffentlichen Rechts, die im EU/EWR-Bereich belegen ist. Insoweit bestehen keine unionsrechtlichen Bedenken.⁷ Die bislang geltende territoriale Begrenzung auf den EU-/EWR-Raum war indessen unzureichend. Nach Maßgabe der von der EU geschlossenen Freizügigkeitsabkommen mit Drittstaaten sind daher entsprechende Tätigkeiten für dort belegene juristische Personen des öffentlichen Rechts ebenfalls begünstigt.⁸

8.15 **Stipendien** zur Förderung der Forschung oder zur Förderung der wissenschaftlichen oder künstlerischen Ausbildung oder Fortbildung sind steuerfrei, wenn sie u.a. von Körperschaften, Personenvereinigungen oder Vermögensmassen i.S.d. § 5 Abs. 1 Nr. 9 KStG geleistet werden (§ 3 Nr. 44 EStG). Hierzu gehören auch vergleichbare EU-/EWR-Institutionen, soweit sie beschränkt steuerpflichtig sind (§ 5 Abs. 2 Nr. 2 KStG). Im Rahmen unionsrechtskonformer Auslegung (Rz. 13.1 ff.) sind indessen in den Begünstigungsrahmen auch solche EU-/EWR-Institutionen einzubeziehen, die keine inländischen Einkünfte erzielen. Eine andere Auslegung, die die Steuerfreiheit eines Stipendiums eines Stipendiaten von

---

1 Hierzu *Ress/Ukrow* in G/H/N, Art. 64 AEUV Rz. 14.
2 Vgl. EuGH v. 17.10.2013 – C-181/12 – Welte, ECLI:EU:C:2013:662 = DStR 2013, 2269 = ISR 2014, 25 m. Anm. *Felten*; v. 15.10.2009 – C-35/08 – Busley/Cibrian, IStR 2009, 857; zu dieser Differenzierung im Einzelnen *Ress/Ukrow* in G/H/N, Art. 64 AEUV Rz. 14.
3 EuGH v. 7.11.2013 – C-322/11 – K, IStR 2013, 913; BFH v. 22.9.2015 – I B 83/14, BFH/NV 2016, 375.
4 BFH v. 17.10.1990 – I R 182/87, BStBl. II 1991, 136; v. 13.5.1993 – IV R 69/92, BFH/NV 1994, 100; v. 17.11.1999 – I R 7/99, BStBl. II 2000, 605; *Probst* in F/W/B/S, § 2a EStG Rz. 91; *Herkenroth/Striegel* in H/R, § 2a EStG Rz. 8, 89 f.
5 *Probst* in F/W/B/S, § 2a EStG Rz. 248.
6 Diese Ungleichbehandlung ist Folge der einseitigen Ausrichtung des § 2a Abs. 1 EStG an die Niederlassungsfreiheit (Art. 46 AEUV) und Dienstleistungsfreiheit (Art. 56 AEUV).
7 Umsetzung des Urteils des EuGH v. 18.12.2007 – C-289/06 – Jundt, BFH/NV 2008, Beilage 2, 93; BFH v. 22.7.2008 – VIII R 101/02, BStBl. II 2010, 265.
8 EuGH v. 21.9.-2016 – C-478/15 – Radgen, ECLI:EU:C:2016:705 zum Freizügigkeitsabkommen mit der Schweiz v. 21.6.1991, ABl. EG 2002 Nr. L 114, 6 (BGBl. II 2001, 810); Umsetzung in § 3 Nr. 26 Satz 1, Nr. 26a Satz 1 EStG.

dem – zufälligen – Vorhandensein inländischer Einkünfte des Stipendiengebers abhängig machen würde, verstieße gegen die Kapitalverkehrsfreiheit (Art. 63 AEUV).[1]

Im Bereich der Erzielung privater Einkünfte sind im Hinblick auf die Vereinbarkeit mit den Grundfreiheiten ferner jene Fälle von Bedeutung, in denen ausschließlich inlandsbezogene Werbungskosten steuerliche Berücksichtigung finden. Angesprochen sind hierbei vor allem die in §§ 7h, 7i EStG verankerten **erhöhten Absetzungen von Gebäuden in Sanierungsgebieten und bei Baudenkmalen**. Die vorgenannten erhöhten Absetzungen sind nämlich nur bei im Inland belegenen Gebäuden zulässig (§ 7h Abs. 1 Satz 1, § 7i Abs. 1 Satz 1 EStG). Hierdurch werden unbeschränkt steuerpflichtige Personen, die über Immobilien etwa in einem anderen EU-/EWR-Staat verfügen, im Vergleich zu jenen, die Immobilien in Deutschland besitzen, benachteiligt. Allerdings ist diese Beschränkung gerechtfertigt, da sie zur Erreichung des angestrebten Ziels – Instandsetzung von Sanierungsgrundstücken und Baudenkmalen – geeignet ist und nicht über das dazu Erforderliche hinausgeht. Dies ergibt sich vor allem aus dem Umstand, dass im Ergebnis nur Gebäude in bestimmten Sanierungsgebieten und städtebaulichen Entwicklungsbereichen begünstigt sind (§ 7h Abs. 1 Satz 1 EStG) und darüber hinaus nur Baudenkmale nach Maßgabe der jeweiligen landesrechtlichen Vorschriften erfasst werden (§ 7i Abs. 1 Satz 1 EStG).[2] §§ 7h, 7i EStG sind somit unionsrechtskonform.[3] Entsprechendes gilt für § 10f EStG – Steuerbegünstigung für zu eigenen Wohnzwecken genutzte Baudenkmale und Gebäude in Sanierungsgebieten und städtebaulichen Entwicklungsbereichen – und für § 10g EStG – Steuerbegünstigung für schutzwürdige Kulturgüter, die weder zur Einkunftserzielung noch zu eigenen Wohnzwecken genutzt werden.[4]

3. Private Abzüge

Private Abzüge, insbesondere **Sonderausgaben** (§ 10 EStG), dienen der Berücksichtigung der persönlichen Leistungsfähigkeit dadurch, dass der indisponible Teil des Einkommens von der Besteuerung ausgenommen wird.[5] Gemessen an dieser Zielsetzung sind z.B. auch Sonderausgaben zum Abzug zuzulassen, die in das Ausland geleistet werden.[6] Dieser Auslandsbezug ist auch unter unionsrechtlichen Gesichtspunkten geboten. Zu einigen Einzelheiten:

Der Abzug von **Vorsorgeaufwendungen** (§ 10 Abs. 1 Nr. 2 EStG) ist davon abhängig, dass sie nicht in unmittelbarem wirtschaftlichem Zusammenhang mit steuerfreien Einnahmen stehen (§ 10 Abs. 2 Nr. 1 EStG). Im Ergebnis soll damit eine doppelte steuerliche Vergünstigung von steuerfreien Einnahmen einerseits und Sonderausgabenabzug andererseits verhindert werden. Dieses Abzugsverbot ist indessen mit den Grundfreiheiten (Arbeitnehmerfreizügigkeit, Art. 45 AEUV) in den Fällen unvereinbar, in denen ein unbeschränkt Steuerpflichtiger für die öffentliche Verwaltung eines anderen Mitgliedstaates tätig ist und dort von dessen abkommensrechtlichem unter Progressionsvorbehalt freigestellten Arbeitslohn Beiträge zur Altersvorsorge- und Krankenversicherung einbehalten werden.[7] Es ist nämlich im Grundsatz in erster Linie Aufgabe des Wohnsitzstaates, die an die persönliche und familiäre Situation geknüpften steuerlichen Vergünstigungen zu gewähren.[8] Dass ggf auch im Tätigkeitsmitgliedstaat

---

1 BFH v. 15.9.2010 – X R 33/08, BStBl. II 2011, 637.
2 Insoweit unterscheiden sich §§ 7h, 7i EStG von § 7 Abs. 5 EStG a.F., wonach die undifferenzierte sozialpolitische Komponente – Anreiz zum Bau von Mietwohnungen – vom EuGH v. 15.10.2009 – C-35/08 – Busley/Cibrian, IStR 2009, 857 nicht akzeptiert wurde.
3 So im Ergebnis EuGH v. 18.12.2014 – C-87/13 – Staatssecretaris van Financiën/X, IStR 2015, 70; ferner *Clausen* in H/H/R, § 7h EStG Rz. 3; § 7i EStG Rz. 10; kritisch dagegen *Cloer/Vogel*, DB 2010, 1901.
4 Unionsrechtliche Bedenken äußert dagegen *Kulosa* in H/H/R, § 10 EStG Rz. 15.
5 *Fischer* in Kirchhof[18], § 10 EStG Rz. 1; *Hey* in T/L, Steuerrecht[23], § 8 Rz. 700.
6 *Kulosa* in H/H/R, § 10 EStG Rz. 15.
7 EuGH v. 22.6.2017 – C-20/16 – Bechtel, BStBl. II 2017, 1271; BFH v. 16.89.2015 – I R 62/13, BStBl. II 2016, 205.
8 Vgl. EuGH v. 14.2.1995 – C-279/93 – Schumacker, Slg. 1995, I-225 Rz. 32; v. 28.2.2013 – C-168/11 – Beker, ECLI:EU:C:2013:117, Rz. 43.

die Vorsorgeaufwendungen steuermindernd berücksichtigt werden können, spielt hierbei keine Rolle.[1] Die Neuregelung in § 10 Abs. 2 Satz 1 Nr. 1 Buchst. a) – c) EStG entspricht nunmehr den vorgenannten Grundsätzen.[2]

8.19 **Unterhaltsleistungen** an den geschiedenen oder dauernd getrennt lebenden unbeschränkt einkommensteuerpflichtigen Ehegatten/Lebenspartner sind unter bestimmten Voraussetzungen bis zu 13 805 Euro im Kalenderjahr als Sonderausgaben abzugsfähig (§ 10 Abs. 1a Nr. 1 EStG). Dieses sog. Realsplitting wird auch dann gewährt, wenn der Empfänger nicht unbeschränkt einkommensteuerpflichtig ist, vorausgesetzt er ist in einem EU-/EWR-Staat ansässig (§ 1a Abs. 1 Nr. 1 Buchst. a EStG). Wegen des für Unterhaltsleistungen nach nationalem Recht maßgeblichen Korrespondenzprinzips (§ 22 Nr. 1a EStG), wonach die Bezüge beim Empfänger als sonstige Einkünfte zu versteuern sind, ist weitere Voraussetzung, dass die Besteuerung der Unterhaltszahlungen beim Empfänger durch eine Bescheinigung der zuständigen ausländischen Steuerbehörde nachgewiesen wird (§ 1a Abs. 1 Nr. 1 Buchst. b EStG). Eine derartige Bescheinigung kann z.B. dann nicht beigebracht werden, wenn die Unterhaltszahlungen in dem anderen Staat bereits dem Grunde nach nicht der Besteuerung unterworfen werden. In diesem Fall versagt das grenzüberschreitende Korrespondenzprinzip, was im Grundsatz vom EuGH unter unionsrechtlichen Gesichtspunkten akzeptiert worden ist.[3] Wird allerdings die Steuerbescheinigung des anderen Staates nur deshalb nicht erteilt, weil die dort dem Grunde nach steuerpflichtigen Bezüge deshalb keine Steuer auslösen, weil der Grundfreibetrag nicht überschritten wird, ist ein Abzug der Unterhaltsleistungen als Sonderausgaben beim Unterhaltsverpflichteten dennoch zu gewähren. Dies deshalb, weil auch bei einem Inlandsfall das Korrespondenzprinzip insoweit erfüllt wäre. Im Hinblick darauf ist § 1a Nr. 1 Buchst. b EStG unionsrechtskonform dahingehend auszulegen, dass der Abzug zu gewähren ist, wenn durch die ausländische Steuerbehörde bescheinigt wird, dass die Unterhaltsbezüge zwar in eine Veranlagung einbezogen worden sind, sich aber dennoch kein zu zahlender Steuerbetrag ergeben hat.[4]

8.20 Im Zusammenhang mit der Abzugsfähigkeit von **Versorgungsleistungen** als Sonderausgaben (§ 10 Abs. 1a Nr. 2 EStG) ergeben sich unter unionsrechtlichen Gesichtspunkten (Kapitalverkehrsfreiheit) vergleichbare Probleme. Wegen der korrespondierenden Versteuerung beim Empfänger (§ 22 Nr. 1a EStG) ist im grenzüberschreitenden Kontext Voraussetzung für die Abzugsfähigkeit, dass der in einem EU-/EWR-Staat ansässige Empfänger der Versorgungsleistungen durch eine Bescheinigung der zuständigen ausländischen Steuerbehörde nachweist, dass diese dort besteuert worden sind (§ 1a Abs. 1 Nr. 1 Buchst. b EStG). Auch hier ist im Rahmen unionsrechtskonformer Auslegung die vom Gesetzes wegen gebotene materielle Korrespondenz als erfüllt anzusehen, wenn beim Empfänger im konkreten Fall die Besteuerung der an sich steuerpflichtigen Versorgungsbezüge nur deshalb unterbleibt, weil der Grundfreibetrag nicht überschritten wird.[5] Soweit es um Versorgungsleistungen im Zusammenhang mit der Übertragung eines GmbH-Anteils geht (§ 10 Abs. 1a Nr. 2 Buchst. c EStG), ist damit im Grunde zwar nach dem Wortlaut nur ein Anteil an einer nach deutschem Recht errichteten GmbH angesprochen, eine derartige Beschränkung ist mit Unionsrecht aber unvereinbar. Deshalb ist eine unionsrechtskonforme Auslegung dahingehend geboten, dass auch die Übertragung von Anteilen an einer der GmbH vergleichbaren Gesellschaftsform eines anderen EU-/EWR-Staates begünstigt ist.[6]

---

1 EuGH v. 22.6.2017 – C – 20/16 – Bechtel, BStBl. II 2017, 1271; BFH v. 16.9.2015 – I R 62/13, BStBl. II 2016, 205 Rz. 41.
2 Eingefügt durch Gesetz v. 11.12.2018, BGBl. I 2018, 2338 und anwendbar auf alle noch offenen Fälle (§ 52 Abs. 18 S. 4 EStG).
3 EuGH v. 12.7.2005 – C-403/03 – Schempp, Slg. 2005, I-6421 = FR 2005, 902 m. Anm. *Kanzler*; vgl. auch BFH v. 13.12.2005 – XI R 5/02, BFH/NV 2006, 1069.
4 So *Kulosa* in H/H/R, § 10 EStG Rz. 230.
5 *Kulosa* in H/H/R, § 10 EStG Rz. 251.
6 So im Ergebnis BMF v. 11.3.2010, BStBl. I 2010, 227 Rz. 15; *Kulosa* in H/H/R, § 10 EStG Rz. 260.

Die Beschränkung des Sonderausgabenabzugs für an inländische Kirchen gezahlte **Kirchensteuer** (§ 10 Abs. 1 Nr. 4 EStG) ist mit Unionsrecht (Kapitalverkehrsfreiheit) nicht vereinbar.[1] Diese Beschränkung ergibt sich zwar nicht ausdrücklich aus dem Gesetz, sie entspricht aber der höchstrichterlichen Rechtsprechung, wonach nur solche Zahlungen begünstigt sind, die von den als Körperschaften des öffentlichen Rechts (KdöR) anerkannten Religionsgemeinschaften von ihren Mitgliedern auf Grund gesetzlicher Bestimmungen erhoben werden.[2] Im Wege unionsrechtskonformer Auslegung gilt daher: Kirchensteuerzahlungen an Religionsgemeinschaften, die in einem anderen EU-/EWR-Staat ansässig sind, und die bei Inlandsansässigkeit als Körperschaft des öffentlichen Rechts anzuerkennen wären, sind als Sonderausgaben (§ 10 Abs. 1 Nr. 4 EStG) abziehbar.[3]

8.21

Schließlich ergibt sich auch bei der Berücksichtigung der Zahlung von **Schulgeld** als Sonderausgaben (§ 10 Abs. 1 Nr. 9 EStG) für Schulgeldzahlungen an ausländische Schulen kein unionsrechtlicher Nachteil: Das Schulgeld ist i.H.v. 30 %, höchstens 5 000 Euro, u.a. abzugsfähig, wenn es an eine überwiegend privatfinanzierte inländische oder in einem anderen EU-/EWR-Staat ansässige Schule gezahlt wird.[4]

8.22

Soweit Unterhaltsleistungen unter den Regelungsbereich der **außergewöhnlichen Belastung** (§ 33a EStG) fallen, ergeben sich im Grundsatz keine unionsrechtlichen Probleme, weil der Abzug auch zulässig ist, wenn die unterhaltsberechtigte Person nicht unbeschränkt steuerpflichtig ist (§ 33a Abs. 1 Satz 6 EStG). Der Abzug als außergewöhnliche Belastung hängt in diesem Fall allerdings davon ab, dass die im Ausland ansässige Person nach Maßgabe des deutschen Rechts unterhaltsberechtigt ist (§ 33a Abs. 1 Satz 6 Halbs. 2 EStG). Im Ergebnis bedeutet das, dass die Unterhaltsverpflichtung sich allein nach BGB/LPartG beurteilt. Eine etwaige Unterhaltsberechtigung nach ausländischem Recht ist daher ohne Bedeutung.[5] Da somit Unterhaltszahlungen an in- und ausländische Empfänger steuerlich gleichbehandelt werden, ist ein Verstoß gegen Unionsrecht nicht gegeben.[6] Unionsrechtlich unbedenklich ist auch die im § 33a Abs. 1 Satz 6 Halbs. 1 EStG verankerte Kürzungsregelung, wonach Aufwendungen nur abgezogen werden dürfen, soweit sie nach den Verhältnissen des Wohnsitzstaates der unterhaltenen Person notwendig und angemessen sind. Die Kürzung erfolgt in der Praxis nach der für § 32 Abs. 6 Satz 4 EStG maßgeblichen Ländergruppeneinteilung.[7] Diese Differenzierung ist deshalb nicht zu beanstanden, weil in einzelnen EU-/EWR-Staaten zum Teil niedrige Lebenshaltungskosten bestehen (vgl. hierzu Rz. 8.6).

8.23

Wegen außergewöhnlicher Belastungen, die einem Steuerpflichtigen durch die Pflege einer Person erwachsen, die nicht nur vorübergehend hilflos ist, kann ein **Pflege-Pauschbetrag** in Anspruch genommen werden (§ 33b Abs. 6 Satz 1 EStG). Die Pflege muss hierbei grundsätzlich im Inland erfolgen, wobei nunmehr[8] auch die Pflege in einem EU-/EWR-Staat ausreichend ist. Unionsrechtliche Probleme sind somit nicht (mehr) gegeben.[9]

8.24

---

1 Vgl. zur Parallelproblematik beim Spendenabzug EuGH v. 27.1.2009 – C-318/07 – Persche, Slg. 2009, I-359.
2 BFH v. 19.8.1969 – VI R 261/67, BStBl. II 1970, 11; v. 4.6.1975 – I R 250/73, BStBl. II 1975, 708.
3 BMF v. 16.11.2010, BStBl. I 2010, 1311; *Kulosa* in H/H/R, § 10 EStG Rz. 133.
4 Aus unionsrechtlichen Gründen sollen auch nicht überwiegend privat finanzierte Auslandsschulen in den Begünstigungsrahmen einbezogen werden, so *Kulosa* in H/H/R, § 10 EStG Rz. 197.
5 BFH v. 4.7.2002 – III R 8/01, BStBl. II 2002, 760.
6 BFH v. 4.7.2002 – III R 8/01, BStBl. II 2002, 760; v. 27.7.2011 – VIR 13/10, BStBl. II 2011, 965; *Pfirrmann* in H/H/R, § 33a EStG Rz. 5, 109; *Heger* in Blümich, § 33a EStG Rz. 123; *Loschelder* in Schmidt[38], § 33a EStG Rz. 33.
7 Vgl. BMF v. 20.10.2016, BStBl. I 2016, 1183; die Ländergruppeneinteilung ist von der Rspr zu beachten, soweit nicht zu einem offensichtlich unzutreffenden Ergebnis führt; BFH v. 25.11.2010 – VI R 28/10, BStBl. II 2011, 283 Rz. 11.
8 Ab Veranlagungszeitraum 2013 (AmtshilfeRLUmsG v. 26.6.2013, BGBl. I 2013, 1809).
9 Vgl. zum neuen Recht *Schüler-Täsch* in H/H/R, § 33b EStG Rz. 100.

4. Tarif

8.25 Im Hinblick auf das in dem Einkommensteuergesetz als Konzeption zugrunde liegende Welteinkommensprinzip[1] unterscheidet der Einkommensteuertarif (§ 32a EStG) nicht zwischen in- und ausländischen Einkünften, so dass im Rahmen der unbeschränkten Einkommensteuerpflicht insoweit keine unionsrechtlichen Probleme auftreten. Eine Qualifizierung als ausländische Einkünfte ist allerdings für den Normenbereich erforderlich, in dem es um die Vermeidung der Doppelbesteuerung geht. Angesprochen sind hiermit insbesondere die §§ 32b, 34c, 35b EStG. Zu einigen Einzelheiten:

8.26 Im außensteuerlichen Kontext ist der in § 32b verankerte **Progressionsvorbehalt** in den Fällen von besonderer Bedeutung, in denen abkommensrechtlich der unbeschränkten Steuerpflicht unterliegende Einkünfte steuerfrei zu stellen sind (§ 32b Abs. 1 Nr. 3 EStG). Das gilt in diesem Zusammenhang auch für ausländische Verluste, die auf Grund der sog. Symmetriethese[2] im Inland bei der Ermittlung des Einkommens nicht berücksichtigt werden, aber zu einem negativen Progressionsvorbehalt führen können.[3] Abgesehen von der im Einzelfall unionsrechtlich problematischen Nichtberücksichtigung ausländischer Verluste (vgl. hierzu Rz. 8.103 ff.) ist auch die Suspendierung des negativen Progressionsvorbehalts unionsrechtlich relevant. Das gilt jedenfalls dann, wenn etwa bei inländischen negativen Einkünften Verluste ohne weiteres (zeitnah) berücksichtigt werden können. Angesprochen ist damit die im § 32b Abs. 2 Satz 1 Nr. 2 Satz 2 Buchst. c EStG verankerte Sonderregelung, wonach bei der Gewinnermittlung nach § 4 Abs. 3 EStG (Einnahmeüberschussrechnung) die Anschaffungs- oder Herstellungskosten für Wirtschaftsgüter des Umlaufvermögens erst im Zeitpunkt des Zuflusses des Veräußerungserlöses oder bei der Entnahme im Zeitpunkt der Entnahme als Betriebsausgaben zu berücksichtigen sind. Diese Regelung ist gegen die sog. „Goldfinger"-Gestaltungen gerichtet.[4] Die Folge hiervon ist eine zeitverschobene Berücksichtigung von Betriebsausgaben, so dass im Ergebnis der eigentlich von Gesetzes wegen vorgesehene negative Progressionsvorbehalt eliminiert wird. Diese zeitverschobene Berücksichtigung von Betriebsausgaben für den Erwerb von Gold (Umlaufvermögen) ist im Übrigen nicht vorgesehen. Daher können bei entsprechenden Goldgeschäften im Inland die Betriebsausgaben bereits bei Verausgabung steuerlich abgezogen werden.[5] Diese Ungleichbehandlung in der zeitlichen Berücksichtigung bei der Ermittlung der Einkünfte einerseits und des Steuersatzeinkommens andererseits wird allerdings aus verfassungsrechtlicher Sicht nicht beanstandet, weil es als ausreichend erachtet wird, dass Verluste überhaupt, wenn auch zeitlich später, Berücksichtigung finden können.[6] Das gilt auch unter dem Gesichtspunkt des Unionsrechts, wonach es ebenfalls ausreichend ist, dass überhaupt entsprechende Verluste berücksichtigt werden können.[7]

---

1 Hierzu *Schaumburg* in Schaumburg, Internationales Steuerrecht[4], Rz. 6.53 ff.
2 Aus der Rechtsprechung: BFH v. 11.3.2008 – I R 116/04, BFH/NV 2008, 1101; v. 3.2.2010 – I R 23/09, GmbHR 2010, 722; v. 9.6.2010 – I R 107/09, FR 2010, 896 m. Anm. *Buciek* = BFH/NV 2010, 1744; v. 5.2.2014 – I R 48/11, GmbHR 2014, 607 m. Anm. *Heinsen/Nagler* = ISR 2014, 204 m. Anm. *Müller* = BFH/NV 2014, 963; vgl. im Überblick *Schaumburg/Häck* in Schaumburg, Internationales Steuerrecht[4], Rz. 19.532.
3 *Schaumburg/Häck* in Schaumburg, Internationales Steuerrecht[4], Rz. 19.537.
4 Hierzu *Schulte-Frohlinde*, BB 2013, 1623; *Schutz-Trieglaff*, IStR 2013, 519; *Oertel/Haberstock/Guth*, DStR 2013, 785; *Hechtner*, NWB 2013, 196; *Podewils*, StBW 2014, 15.
5 § 4 Abs. 3 Satz 4 EStG gilt nicht für Goldgeschäfte; BFH v. 19.1.2017 – IV R 50/124, BStBl. II 2017, 466; *Loschelder* in Schmidt[38] § 4 EStG Rz. 411; *Schulte-Frohlinde*, BB 2012, 2791; *Hechtner*, NWB 2013, 196; **a.A.** *Jennemann*, FR 2013, 253; *Dornheim*, Ubg 2013, 453.
6 So im Ergebnis z.B. BVerfG v. 30.9.1988 – 2 BvR 1818/91, BVerfGE 99, 88 (95 ff.); BFH v. 29.4.2005 – XI B 127/04, BStBl. II 2005, 609 = FR 2005, 885 m. Anm. *Wendt*; v. 26.8.2010 – I B 49/10, FR 2011, 75 m. Anm. *Buciek* = BFH/NV 2010, 2356 (2358); v. 22.8.2012 – I R 9/11, FR 2013, 213 m. Anm. *Hallerbach* = DStR 2012, 2435 (2438); etwas anderes gilt, wenn die Verluste endgültig untergehen; vgl. BFH v. 26.2.2014 – I R 59/12, DStR 2014, 1761; zu diesem Problembereich *Schaumburg/Schaumburg*, StuW 2013, 61 (64 ff.).
7 EuGH v. 21.2.2006 – C-152/03 – *Ritter-Coulais*, Slg. 2006, I-1711; zur (Nicht-)Berücksichtigung finaler Verluste zuletzt EuGH v. 7.11.2013 – C-322/11 – *K*, ECLI:EU:C:2013:716 = ISR 2013, 425 m. Anm. *Mül-*

5. Steuerermäßigungen

a) Steueranrechnung/Steuererlass

Zu den allgemeinen Regelungen des Völkerrechts zählt zwar für jeden Staat das Verbot, die Steuerpflicht auf Grund seiner Steuergesetze ohne räumliche oder persönliche Schranken auszudehnen, so dass nur solche Sachverhalte der einseitigen Regelung eines Staates unterworfen sind, die eine tatsächliche Anknüpfung zum regelnden Staat aufweisen. Es gibt aber keinen völkerrechtlichen Satz, der eine Doppelbesteuerung verböte und der die Vermeidung der Doppelbesteuerung zur Auflage machte.[1] Ein derartiges Verbot ergibt sich auch nicht ausdrücklich aus dem AEUV.[2] Ein Doppelbesteuerungsverbot lässt sich auch nicht unmittelbar aus den Grundfreiheiten ableiten.[3] Hiernach ist es allein Sache der Mitgliedstaaten, uni- oder bilaterale Maßnahmen zur Vermeidung der Doppelbesteuerung zu ergreifen. Hierbei sind dann allerdings sodann die Grundfreiheiten zu beachten.[4] Diese Grundsätze gelten auch für § 34c EStG, wonach bei unbeschränkt Steuerpflichtigen die auf ausländische Einkünfte erhobene ausländische Einkommensteuer nur bis zur Höhe der hierauf entfallenden deutschen Einkommensteuer angerechnet werden kann (§ 34c Abs. 1 Satz 1 EStG). Im Hinblick auf diese nur beschränkt gegebene Möglichkeit der Anrechnung ausländischer Steuern ergeben sich unionsrechtliche Probleme im Zusammenhang damit, dass eine Vollanrechnung und die Berücksichtigung von Anrechnungsüberhängen versagt bleibt sowie zudem die sog. „per country-limitation"[5] und die Berechnung des Anrechnungshöchstbetrages sich als nachteilig für den anrechnungsberechtigten Steuerpflichtigen erweisen. Neben der vorgenannten Anrechnung ausländischer Steuern kann die Doppelbesteuerung auch durch Erlass von Steuern vermieden werden. Auf der Grundlage von § 34c Abs. 5 EStG ist hierzu der sog. Auslandstätigkeitserlass[6] ergangen, der nur unionsrechtskonform angewendet werden darf. Zu einigen Einzelheiten:

8.27

Eine **Vollanrechnung** (full credit) ist in Orientierung an die Grundfreiheiten – Niederlassungsfreiheit (Art. 49 AEUV), Kapitalverkehrsfreiheit (Art. 63 AEUV) – nicht geboten, weil wegen der den Mitgliedstaaten vorbehaltenen Aufteilung der Steuerhoheit kein Mitgliedstaat gezwungen ist, auf einen Teil seines Steueraufkommens zugunsten anderer Mitgliedstaaten zu verzichten, was wegen der kompensatorischen Wirkung einer Vollanrechnung ohne Rücksicht auf die inländische Steuerbelastung

8.28

---

ler; EuGH v. 17.12.2015 – C388/14 – Timac Agro, BStBl. II 2016, 362; v. 12.6.2018 – C-650/16 – Bevola, IStR 2018, 502.
1 BFH v. 14.2.1975 – VI R 210/72, BStBl. II 1975, 497; v. 31.5.2006 – II R 66/04, BStBl. II 2007, 49; *Lehner* in V/L[6], Grundlagen DBA Rz. 13; *Schaumburg* in Schaumburg, Internationales Steuerrecht[4], Rz. 17.3; *Cordewener/Schnitger*, StuW 2006, 50 (56).
2 Vgl. *Kofler*, DBA und Europäisches Gemeinschaftsrecht, S. 381 ff.; *Scherer*, Doppelbesteuerung und Europäisches Gemeinschaftsrecht, S. 76 f.; Art. 293 EGV enthielt ein derartiges Verbot ebenfalls nicht, sondern verpflichtete nur die Mitgliederstaaten untereinander, Verhandlungen einzuleiten, um zugunsten ihrer Staatsangehörigen die Beseitigung der Doppelbesteuerung sicherzustellen.
3 EuGH v. 12.5.1998 – C-226/96 – Gilly, Slg. 1998, I-2793 Rz. 30; vgl. ferner EuGH v. 21.9.1999 – C-307/97 – Saint-Gobain, Slg. 1999, I-6161 Rz. 57; v. 12.12.2002 – C-385/00 – de Groot, Slg. 2002, I-11819 = FR 2003, 141 m. Anm. *Schnitger* Rz. 93; v. 16.10.2008 – C-527/06 – Renneberg, Slg. 2008, I-7735 Rz. 48; v. 28.2.2013 – C-168/11 – Beker/Beker, ECLI:EU:C:2013:117 = IStR 2013, 275 = ISR 2013, 134 m. Anm. *Pohl* = GmbHR 2013, 442 m. Anm. *Haritz/Werneburg* Rz. 32; vgl. insbesondere zu den abweichenden Ansichten in der Literatur den Überblick bei *Prokisch* in K/S/M, § 34c EStG Rz. A 72 ff.
4 EuGH v. 16.10.2008 – C-527/06 – Renneberg, Slg. 2008, I-7735 Rz. 25; v. 28.2.2013 – C-168/11 – Beker/Beker, ECLI:EU:C:2013:117 = IStR 2013, 275 = ISR 2013, 134 m. Anm. *Pohl* = GmbHR 2013, 442 m. Anm. *Haritz/Werneburg* Rz. 33.
5 Unionsrechtswidrigkeit verneint vom BFH v. 18.12.2013 – I R 71/10, BFH/NV 2014, 759 Rz. 21.
6 BMF v. 31.10.1983, BStBl. I 1983, 470; der Auslandstätigkeitserlass enthält keine abschließende Regelung der Möglichkeiten des Steuererlasses und der Steuerpauschalierung nach § 34c Abs. 5 EStG, so BFH v. 18.8.1987 – VIII R 297/82, BStBl. II 1988, 139; v. 20.5.1992 – I B 16/92, BFH/NV 1992, 740.

der Fall wäre.¹ Eine Steuererstattung wegen Vollanrechnung aus dem eigenem Haushalt kann daher von den Mitgliedstaaten nicht verlangt werden.² Im Hinblick darauf ist unionsrechtlich auch nicht die Berücksichtigung von Anrechnungsüberhängen im Rahmen eines Anrechnungsvor- oder -rücktrags (carry forward, carry back) geboten. Hierfür eröffnet sich für den Steuerpflichtigen allerdings die Möglichkeit, statt der Steueranrechnung insgesamt den Steuerabzug zu beantragen (§ 34c Abs. 2 EStG). Soweit es um ausländische Einkünfte aus Kapitalvermögen geht, erfolgt die Steueranrechnung nicht nach § 34c Abs. 1 EStG, sondern nach Maßgabe des § 32d Abs. 5, 6 EStG, wonach eine Vollanrechnung ebenfalls ausgeschlossen ist. Auch in diesem Zusammenhang ist aus unionsrechtlicher Sicht nichts zu beanstanden.

8.29 Soweit sich aus § 34c Abs. 1 Satz 1 EStG und klarstellend aus § 68 EStDV ergibt, dass die ausländische Steuer nur auf die deutsche Einkommensteuer anzurechnen ist, „die auf die Einkünfte aus diesem Staat entfällt", ist diese **länderbezogene Höchstbetragsbegrenzung** (per country limitation) ebenfalls mit Unionsrecht vereinbar.³ Auch hier geht es um die den Mitgliedstaaten zugestandene Steuerhoheit, in deren Rahmen sie durch Abschluss von DBA die Anknüpfungspunkte für die Aufteilung der jeweiligen Steuerhoheit festlegen können.⁴ Da die von Deutschland mit allen EU-Staaten abgeschlossenen DBA lediglich bilateral wirken, folgt daraus, dass die Steuerhoheit auch nur im Verhältnis mit dem jeweils anderen Mitgliedstaat aufgeteilt wird. Damit ist die abkommensrechtlich vereinbarte Steueranrechnung als Methode zur Vermeidung der Doppelbesteuerung ebenfalls nur bilateraler Natur, so dass die länderbezogene Höchstbetragsbegrenzung insoweit folgerichtig ist.⁵ Diese unionsrechtliche Beurteilung gilt nicht nur in Abkommensfällen, in denen sich die Anrechnungsmodalitäten nach § 34c Abs. 1 EStG richten (§ 34c Abs. 6 Satz 2 EStG), sondern auch dann, wenn die Anrechnung ausländischer Steuern einseitig erfolgt.⁶

8.30 Die in § 34c Abs. 1 Satz 2 EStG für Veranlagungszeiträume bis einschließlich 2014 (§ 52 Abs. 34a ESt) vorgegebene **Höchstbetragsberechnung** ist allerdings mit den unionsrechtlich verbürgten Grundfreiheiten (Niederlassungsfreiheit, Kapitalverkehrsfreiheit) unvereinbar. Dies deshalb, weil namentlich steuerlich abziehbare Kosten der Lebensführung wie Sonderausgaben (§ 10 EStG) und außergewöhnliche Belastungen (§§ 33, 33a EStG) sowie der Grundfreibetrag (§ 32a Abs. 1 Satz 2 Nr. 1 EStG) bei der für die deutsche Steuer maßgeblichen Ermittlung des zu versteuernden Einkommens (§ 2 Abs. 5 EStG), nicht aber bei der Summe der Einkünfte (§ 2 Abs. 3 EStG) berücksichtigt werden. Damit werden derartige die persönlichen Verhältnisse des Steuerpflichtigen beeinflussende Umstände im Ergebnis auch auf die ausländischen Steuerquellen abgewälzt, obwohl es grundsätzlich Sache des Wohnsitzstaates ist, die persönliche Leistungsfähigkeit des Steuerpflichtigen in vollem Umfang zu berücksichtigen.⁷ § 34c Abs. 1 Satz 2 EStG ist für Veranlagungszeiträume bis einschließlich 2014 nunmehr dadurch unions-

---

1 Zu dieser Rechtfertigung EuGH v. 28.2.2013 – C-168/11 – Beker/Beker, ECLI:EU:C:2013:117 = IStR 2013, 275 = ISR 2013, 134 m. Anm. *Pohl* = GmbHR 2013, 442 m. Anm. *Haritz/Werneburg* Rz. 58.
2 *Gosch* in Kirchhof¹⁸, § 34c EStG Rz. 23 m.w.N.
3 BFH v. 18.12.2013 – I R 71/10, BFH/NV 2014, 759 = GmbHR 2014, 547 m. Anm. *Haritz/Werneburg* = ISR 2014, 174 m. Anm. *Pohl* = BFH/NV 2014, 759 Rz. 21 (Kapitalverkehrsfreiheit), vgl. hierzu auch den Überblick über die Literatur in Rz. 19 des Urteils.
4 EuGH v. 21.9.1999 – C-307/97 – Saint Gobain, Slg. 1999, I-6161 Rz. 57; v. 12.12.2002 – C-385/00 – de Groot, Slg. 2002, I-11819 = FR 2003, 141 m. Anm. *Schnitger* Rz. 93; v. 28.2.2013 – C-168/11 – Beker/Beker, ECLI:EU:C:2013:117 – Rz. 32 = IStR 2013, 275 = ISR 2013, 134 m. Anm. *Pohl* = GmbHR 2013, 442 m. Anm. *Haritz/Werneburg*.
5 BFH v. 18.12.2013 – I R 71/10, BFH/NV 2014, 759 = GmbHR 2014, 547 m. Anm. *Haritz/Werneburg* = ISR 2014, 174 m. Anm. *Pohl* = BFH/NV 2014, 759 Rz. 21.
6 BFH v. 18.12.2013 – I R 71/10, BFH/NV 2014, 759 = GmbHR 2014, 547 m. Anm. *Haritz/Werneburg* = ISR 2014, 174 m. Anm. *Pohl* = BFH/NV 2014, 759 Rz. 22 m.w.N. auch zu Gegenansichten.
7 EuGH v. 12.12.2002 – C-385/00 – de Groot, Slg. 2002, I-11819 = FR 2003, 141 m. Anm. *Schnitger* Rz. 90; v. 28.2.2013 – C-168/11 – Beker/Beker, ECLI:EU:C:2013:117 = IStR 2013, 275 = ISR 2013, 134 m. Anm. *Pohl* = GmbHR 2013, 442 m. Anm. *Haritz/Werneburg* Rz. 43; zu den Auswirkungen auf § 21 Abs. 1 Satz 2 ErbStG *Bachmann/Richter*, FR 2014, 829.

rechtskonform ausgestaltet worden, dass bei Berechnung des Höchstbetrages die Summe der Einkünfte um alle steuerrechtlich abzugsfähigen personen- und familienbezogenen Positionen – z.B. Sonderausgaben (§ 10 EStG), außergewöhnliche Belastungen (§§ 33, 33a EStG), Altersentlastungsbetrag (§ 24a EStG) und Grundfreibetrag (§ 32a Abs. 1 Satz 2 Nr. 1 EStG) – zu vermindern ist.[1] Für Zeiträume danach orientiert sich der Anrechnungshöchstbetrag an dem für die ausländischen Einkünfte maßgeblichen Durchschnittssteuersatz (§ 34c Abs. 1 Satz 2 EStG) mit der Folge, dass im Ergebnis der Grundfreibetrag (§ 32a Abs. 1 Satz 2 Nr. 1 EStG) wiederum nur anteilig bei den inländischen Einkünften berücksichtigt wird.[2] Insoweit ist ein Verstoß gegen die Grundfreiheiten unverändert gegeben.[3]

§ 34c Abs. 5 EStG enthält eine an die Adresse der Exekutive gerichtete Ermächtigung, Steuern ganz oder teilweise zu erlassen, wenn es aus volkswirtschaftlichen Gründen zweckmäßig oder die Steueranrechnung nach § 34c Abs. 1 EStG besonders schwierig ist.[4] Der hierzu ergangene sog. **Auslandstätigkeitserlass**[5], der nur für unbeschränkt und beschränkt steuerpflichtige Arbeitnehmer Anwendung findet, hat nur eine begrenzte Reichweite. Es werden nämlich nur bestimmte Auslandstätigkeiten für inländische Arbeitgeber begünstigt. Diese Begrenzung auf inländische Arbeitgeber ist indessen mit der Arbeitnehmerfreizügigkeit (Art. 45 AEUV) unvereinbar.[6] Im Hinblick darauf ist der Steuererlass auch dann zu gewähren, wenn der Arbeitnehmer für einen Arbeitgeber mit Sitz in einem ausländischen EU-/EWR-Staat tätig ist.[7]

8.31

b) Steuerermäßigung wegen Erbschaftsteuer

Zu den im EStG geregelten Steuerermäßigungen zählt auch § 35b EStG, der eine Ermäßigung für den Fall vorsieht, dass bei der Ermittlung des Einkommens Einkünfte berücksichtigt worden sind, die im Veranlagungszeitraum oder in den vorangegangenen vier Veranlagungszeiträumen als Erwerb von Todes wegen der Erbschaftsteuer unterlegen haben. Angesprochen hierdurch sind z.B. Zahlungseingänge, die beim Erben der Einkommensteuer unterliegen, deren zugrunde liegenden Forderungen beim Erbgang aber bereits der Erbschaftsteuer unterworfen wurden.[8] § 35b EStG dient damit der Vermeidung der wirtschaftlichen Doppelbelastung, die darin besteht, dass derselbe Sachverhalt sowohl der Einkommensteuer als auch der Erbschaftsteuer unterliegt. Diese **wirtschaftliche Doppelbelastung** beruht in vielen Fällen darauf, dass abweichend von der dem § 2 Abs. 1 Satz 1 EStG zugrunde liegenden Konzeption Einkünfte von demjenigen zu versteuern sind, der sie selbst nicht erwirtschaftet hat. Insoweit stellt § 35b EStG einen Härteausgleich dar.[9] Im Hinblick darauf macht es keinen Unterschied, ob die Härte der Doppelbelastung durch Entrichtung inländischer oder ausländischer Erbschaftsteuern bewirkt wird.[10] Unter diesem Gesichtspunkt wird von der Reichweite des § 35b EStG auch eine ausländische

8.32

---

1 § 52 Abs. 34a EStG anwendbar in noch allen offenen Fällen.
2 EuGH v. 28.2.2013 – C-168/11 – Beker/Beker, ECLI:EU:C:2013:117 = IStR 2013, 275 = ISR 2013, 134 m. Anm. *Pohl* = GmbHR 2013, 442 m. Anm. *Haritz/Werneburg* Rz 41; BFH v. 18.12.2013 – I R 71/10, GmbHR 2014, 547 m. Anm. *Haritz/Werneburg* = ISR 2014, 174 m. Anm. *Pohl* = BFH/NV 2014, 759 Rz. 17 f.
3 Vgl. zu Einzelheiten *Desens*, IStR 2015, 77.
4 Das BVerfG hat die Ermächtigung für hinreichend bestimmt gehalten (BVerfG v. 19.4.1978 – 2 BvL 2/75, BStBl. II 1978, 548); vgl. hierzu *Schaumburg* in Schaumburg, Internationales Steuerrecht⁴, Rz. 18.134.
5 BMF v. 31.10.1983, BStBl. I 1983, 470.
6 EuGH v. 28.2.2013 – C-544/11 – Petersen, ECLI:EU:C:2013:124 = BStBl. II 2013, 847 = ISR 2013, 136 m. Anm. *Pohl*.
7 Umsetzung des EuGH-Urteils durch die FinVerw. durch Vfg. OFD NRW v. 5.12.2013, DB 2013, 2892.
8 Vgl. hierzu die einzelnen Fallgruppen bei *Schallmoser* in Blümich, § 35b EStG Rz. 16 ff.; *Zimmermann* in Lademann, § 35b EStG Rz. 56 ff.
9 *Zimmermann* in Lademann, § 35b EStG Rz. 28; vgl. auch BFH v. 29.10.1974 – I R 126/73, BStBl. II 1975, 110; v. 7.12.1990 – X R 72/89, BStBl. II 1991, 350.
10 BFH v. 29.10.1974 – I R 126/73, BStBl. II 1975, 110.

Erbschaftsteuer erfasst.[1] Die Einbeziehung ausländischer Erbschaftsteuer ist auch unter unionsrechtlichen Gesichtspunkten geboten.[2] Die Mitgliedstaaten müssen zwar keine Eingriffe in ihre Steuerhoheit mit kompensatorischer Wirkung hinnehmen; ergreifen sie aber gesetzliche Maßnahmen, um eine (grenzüberschreitende) Doppelbelastung (Doppelbesteuerung) zu vermeiden, so müssen sie hierbei die unionsrechtlich verbürgten Grundfreiheiten beachten.[3] Angesprochen ist hier die Kapitalverkehrsfreiheit (Art. 63 Abs. 1 AEUV).[4] Damit ergibt sich, dass § 35b EStG dahingehend unionsrechtskonform auszulegen ist, dass auch die wirtschaftliche Doppelbelastung durch ausländische Erbschaftsteuer zu berücksichtigen ist.

II. Beschränkte Steuerpflicht

Literatur: *Burgstaller/Schuch*, Beschränkt steuerpflichtige Schriftsteller, Vortragende, Künstler, Architekten, Sportler, Artisten und Mitwirkende an Unterhaltungsdarbietungen, in Gassner/Lang/Lechner/Schuch/Staringer, Die beschränkte Steuerpflicht im Einkommen- und Körperschaftsteuerrecht, Wien 2004, 127; *Cordewener/Dörr*, Die ertragsteuerliche Behandlung von Lizenzgebühren an ausländische Lizenzgeber: Aktuelle Einflüsse des europäischen Gemeinschaftsrechts, GRUR-Int. 2006, 447; *Cordewener/Grams/Molenaar*, Neues aus Luxemburg zur Abzugsbesteuerung nach § 50a EStG – Erste Erkenntnisse aus dem EuGH, Urt. v. 3.10.2006 (C-290/04, „FKP Scorpio Konzertproduktionen GmbH"), IStR 2006, 739; *Ege*, Beschränkte Steuerpflicht – Systematik und aktuelle Entwicklungen, DStR 2010, 1205; *Gassner/Lang/Lechner/Schuch/Staringer*, Die beschränkte Steuerpflicht im Einkommen- und Körperschaftsteuerrecht, Wien 2004; *Gosch*, Altes und Neues, Bekanntes und weniger Bekanntes zur sog. isolierenden Betrachtungsweise, in Gocke/Gosch/Lang (Hrsg.), Körperschaftsteuer, Internationales Steuerrecht, Doppelbesteuerung, FS für Wassermeyer, München 2005, 263; *Haarmann*, Aktuelle Brennpunkte der Künstlerbesteuerung, in Kleineidam (Hrsg.), Unternehmenspolitik und internationale Besteuerung, FS für Fischer, Berlin 1999, 589; *Haarmann* (Hrsg.), Die beschränkte Steuerpflicht, Köln 1993; *Haase*, Erweiterte beschränkte Steuerpflicht nach § 2 AStG und Abgeltungsteuer, BB 2008, 2555; *Haase/Dorn*, Vorteile der erweiterten beschränkten Steuerpflicht i.S.d. § 2 AStG?, IStR 2013, 909; *Hahn*, Die Vereinbarkeit von Normen des deutschen internationalen Steuerrechts mit EG-Recht, Institut Finanzen und Steuern Heft 378, Bonn 1999; *Kahle/Schulz*, Besteuerung von Inbound-Investitionen – Ermittlung der inländischen Einkünfte und Durchführung der Besteuerung nach dem Jahressteuergesetz 2009, RIW 2009, 140; *Koblenzer*, Grundlagen der „beschränkten Steuerpflicht", BB 1996, 933; *Lüdicke*, Steuerentlastungsgesetz 1999/2000/2002: Änderungen bei beschränkt Steuerpflichtigen, IStR 1999, 193; *Lüdicke*, Aktuelle Fragen zur beschränkten Steuerpflicht, in Schaumburg/Wassermeyer/Lüdicke (Hrsg.), Internationales Steuerrecht – Fortentwicklung des Unternehmenssteuerrechts – Außensteuergesetz – Beschränkte Steuerpflicht, Bonn/Berlin 2002, 97 ff.; *Lüdicke*, Probleme der Besteuerung beschränkt Steuerpflichtiger im Inland, DStR 2008, Beih. zu Heft 17, 25; *Lüdicke*, Die mangelnde Abstimmung von Steuerabzug nach § 50a i.d.F. des JStG 2009 und beschränkter Steuerpflicht, IStR 2009, 206; *Maßbaum*, Die beschränkte Steuerpflicht der Künstler und Berufssportler unter Berücksichtigung des Steuerabzugsverfahrens, Herne/Berlin 1991; *Mody*, Problembereiche der Besteuerung beschränkt steuerpflichtiger Künstler und Sportler, in Kleineidam (Hrsg.), Unternehmenspolitik und internationale Besteuerung, FS für Fischer, Berlin 1999, 769; *Morgenthaler*, Beschränkte Steuerpflicht und Gleichheitssatz, IStR 1993, 258; *Mössner*, Isolierende Betrachtungsweise – Essay einer dogmatischen Klärung, in Klein/Stihl/Wassermeyer/Piltz/Schaumburg (Hrsg.), Unternehmen – Steuern, FS für Flick, Köln 1997, 939; *Schauhoff*, Endlich Rechtssicherheit bei der Besteuerung von Werbeverträgen mit beschränkt Steuerpflichtigen – Grundsatzurteil zum Quellensteuerabzug, IStR 2004, 706; *Schauhoff/Cordewener/Schlotter*, Besteuerung ausländischer Künstler und Sportler in der EU, München 2008;

---

1 BFH v. 29.10.1974 – I R 126/73, BStBl. II 1975, 110 zu § 35 Abs: 5 EStG a.F.; zu § 35 EStG a.F.: *Kulosa* in Schmidt[38], § 35b EStG Rz. 10; *Zimmermann* in Lademann, § 35b EStG Rz. 28; *Derlien* in L/B/P, § 35b EStG Rz. 25; *Schaumburg* in Schaumburg, Internationales Steuerrecht[4], Rz. 18.139; a.A. *Schulz* in H/H/R, § 35b EStG Rz. 27; *Schallmoser* in Blümich, § 35b EStG Rz. 41.
2 *Kulosa* in Schmidt[38], § 35b EStG Rz. 10.
3 EuGH v. 16.10.2008 – C-527/06 – Renneberg, Slg. 2008, I-7735 Rz. 48; v. 28.2.2013 – C-168/11 – Beker/Beker, ECLI:EU:C:2013:117 – Rz. 33 f. = IStR 2013, 275 = ISR 2013, 134 m. Anm. *Pohl* = GmbHR 2013, 442 m. Anm. *Haritz/Werneburg*.
4 EuGH v. 28.2.2013 – C-168/11 – Beker/Beker, ECLI:EU:C:2013:117 – Rz. 35 = IStR 2013, 275 = ISR 2013, 134 m. Anm. *Pohl* = GmbHR 2013, 442 m. Anm. *Haritz/Werneburg*.

Schnitger, Das Ende der Bruttobesteuerung beschränkt Steuerpflichtiger, FR 2003, 745; *Stahl*, Die Reichweite der erweiterten beschränkten Einkommensteuerpflicht nach § 2 AStG, Berlin 2013; *Tiedtke/Langheim*, Die Voraussetzungen und Rechtsfolgen der beschränkten und der (fiktiven) unbeschränkten Steuerpflicht, DStZ 2003, 10; *Vogel*, Künstlergesellschaften und Steuerumgehung, StuW 1996, 248; *Th. Vogel/Cortez*, Das Außensteuergesetz im Konflikt mit dem Europarecht, RIW 2011, 532; *Vogt*, Liebhaberei bei beschränkter Steuerpflicht, SpuRt 2003, 58.

1. Persönliche Steuerpflicht

Natürliche Personen, die im Inland weder einen Wohnsitz noch ihren gewöhnlichen Aufenthalt haben, sind, soweit nicht die erweiterte unbeschränkte Steuerpflicht (§ 1 Abs. 2 EStG) oder die fingierte unbeschränkte Steuerpflicht (§ 1 Abs. 3, § 1a EStG) gegeben ist, beschränkt einkommensteuerpflichtig, wenn sie inländische Einkünfte i.S.d. § 49 EStG erzielen. Dass im Unterschied zu den Regelungen über die unbeschränkte Steuerpflicht eine klare Trennung zwischen Steuersubjekt und Steuerobjekt normativ nicht vorgegeben ist, wirft keine unionsrechtlichen Probleme auf. Die Verknüpfung von Steuersubjekt und Steuerobjekt beruht im Wesentlichen darauf, dass die Berücksichtigung der persönlichen Lebensverhältnisse im Rahmen der Besteuerung in erster Linie Aufgabe des Wohnsitzstaates ist, so dass im Ergebnis eine unterschiedliche Berücksichtigung persönlicher Besteuerungsfaktoren im Rahmen unbeschränkter und beschränkter Steuerpflicht unionsrechtlich im Grundsatz unbedenklich ist.[1] Im Hinblick darauf ist der sich insbesondere aus § 50 Abs. 1 EStG ergebende **Objektsteuercharakter** der beschränkten Steuerpflicht mit den unionsrechtlich verbürgten Grundfreiheiten vereinbar. Etwas anderes gilt nur in den Fällen, in denen beschränkt Steuerpflichtige sich in einer mit unbeschränkt Steuerpflichtigen vergleichbaren Lage befinden. In diesem Fall ist eine steuerliche Gleichbehandlung geboten, die durch die fiktive unbeschränkte Einkommensteuerpflicht (§ 1 Abs. 3, § 1a EStG) im Grundsatz gewährleistet ist (zu Einzelheiten Rz. 8.4 ff.). 8.33

Die Nichtberücksichtigung des Grundfreibetrages, von Sonderausgaben und von außergewöhnlichen Belastungen (§ 50 Abs. 1 Sätze 2 und 3 EStG) im Rahmen der beschränkten Steuerpflicht ist zwar grundsätzlich unionsrechtlich unbedenklich, handelt es sich aber nicht um bloß personenbezogene Abzüge, sondern um Aufwendungen, die in einem unmittelbaren Zusammenhang mit den in einem Mitgliedstaat erzielten Einkünften stehen, darf ein Abzug als Sonderausgaben (§ 10 Abs. 1a Nr. 2 EStG) aus Gründen der Kapitalverkehrsfreiheit (Art. 63 AEUV) nicht versagt werden.[2] Das bis zum 31.12.2016 nur für beschränkt Steuerpflichtige geltende Abzugsverbot für dauernde Lasten auf Grund des Erwerbs einer Beteiligung an einer Personengesellschaft im Wege der vorweggenommenen Erbfolge (§ 50 Abs. 1 Satz 3 EStG) verstößt daher gegen die Kapitalverkehrsfreiheit (Art. 63 AEUV).[3] § 50 Abs. 1 Satz 3 EStG in der ab 1.1.2017 geltenden Fassung (§ 52 Abs. 46 S. 1 EStG) ist nunmehr insgesamt für erwerbsbezogene Vorsorgeaufwendungen[4] unionsrechtskonform ausgestaltet worden. Für 8.34

---

1 Vgl. EuGH v. 14.2.1995 – C-279/93 – Schumacker, Slg. 1995, I-225 = FR 1995, 224 m. Anm. *Waterkamp-Faupel* Rz. 31 f.; v. 14.9.1999 – C-391/97 – Gschwind, Slg. 1999, I-5451 = FR 1999, 1076 m. Anm. *Stapperfend* Rz. 22; v. 16.5.2000 – C-87/99 – Zurstrassen, Slg. 2000, I-3337 Rz. 21; v. 12.6.2003 – C-234/01 – Gerritse, Slg. 2003, I-5933 Rz. 43; v. 1.7.2004 – C-169/03 – Wallentin, Slg. 2004, I-6443 Rz. 15; v. 6.7.2006 – C-346/04 – Conijn, Slg. 2006, I-6137 Rz. 16; v. 25.1.2007 – C-329/05 – Meindl, Slg. 2007, I-1107 Rz. 23.
2 Vgl. EuGH v. 6.7.2006 – C-346/04 – Conijn, Slg. 2006, I-6137 (zu Steuerberatungskosten); v. 31.3.2011 – C-450/09 – Schröder, Slg. 2011, I-2497 = FR 2011, 532 m. Anm. *Fischer* Rz. 40; v. 24.2.2015 – C-559/12 – Grünewald, BStBl. II 2015, 1071 (Versorgungsleistungen); BFH v. 14.5.2013 – I R 49/12, ISR 2014, 24 m. Anm. *Fischer* = DStR 2013, 2325 Rz. 15.
3 EuGH v. 31.3.2011 – C-450/09 – Schröder, Slg. 2011, I-2497 = FR 2011, 532 m. Anm. *Fischer*; vgl. auch Vorlagebeschluss des BFH v. 14.5.2013 – I R 49/12, ISR 2014, 24 m. Anm. *Fischer* = DStR 2013, 2325 und das hierzu ergangene Urteil des EuGH v. 24.2.2015 – C-559 – Grünewald, BStBl. II 2015, 1071.
4 Hierzu zählen auch Pflichtbeiträge zu einer berufsständischen Altersversorgungseinrichtung, die auf der Mitgliedschaft in einer Rechtsanwaltskammer im Inland beruhen, die aus berufsrechtlichen Gründen zwingend zu einer in anderen Mitgliedstaaten ausgeübten Tätigkeit erforderlich ist; EuGH v. 6.12.2018 – C-480/17 – Frank Montag, IStR 2019, 27.

Aufwendungen, die vor dem 1.1.2017 geleistet wurden, wird die Neuregelung in allen noch offenen Fällen entsprechend angewendet.[1]

8.35 Ein entsprechender unmittelbarer Zusammenhang zwischen (früheren) inländischen Einkünften und persönlichen Abzugsbeträgen ist auch in den Fällen von § 16 Abs. 4, § 18 Abs. 3 EStG gegeben. Auch hier handelt es sich nicht bloß um personen- und familienbezogene Steuermerkmale, deren Berücksichtigung allein dem Wohnsitzstaat obliegt, sondern um Erwerbsaufwendungen, die auch im Rahmen der beschränkten Steuerpflicht nicht vom Abzug ausgeschlossen werden dürfen.[2] Im Hinblick darauf ist § 50 Abs. 1 Satz 3 EStG, der die Nichtanwendbarkeit des § 16 Abs. 4 EStG (§ 10 Abs. 3 EStG) vorschreibt, mit den unionsrechtlich verbürgten Grundfreiheiten (Niederlassungsfreiheit, Kapitalverkehrsfreiheit) nicht vereinbar.

2. Inländische Einkünfte

8.36 Der beschränkten Steuerpflicht liegt als gesetzgeberische Konzeption das **Territorialitätsprinzip** zugrunde.[3] Das Territorialitätsprinzip ist nicht nur als Rechtsprinzip im internationalen Steuerrecht anerkannt, sondern auch mit den allgemeinen Regeln des Völkerrechts vereinbar, wonach lediglich ein Verbot besteht, die Steuerpflicht auf Grund der Steuergesetze ohne jegliche räumliche oder persönliche Schranke auszudehnen.[4] Dieser völkerrechtlichen Minimalschranke entspricht § 49 Abs. 1 EStG. Da die Erfassungsbreite der inländischen Einkünfte (§ 49 Abs. 1 EStG) im Grundsatz hinter den im Rahmen der unbeschränkten Einkommensteuerpflicht erfassten Welteinkünften zurückbleibt, ergeben sich im Ausgangspunkt insoweit auch keine unionsrechtlichen Probleme.[5] Dies beruht im Wesentlichen darauf, dass der Einkünftekatalog des § 49 Abs. 1 EStG an die Einkunftsarten des § 2 Abs. 1 EStG anknüpft. Die Verweisungen auf die §§ 13–23 EStG bedeuten, dass zugleich alle Tatbestandsvoraussetzungen dieser Vorschriften erfüllt sein müssen. Insoweit hat § 49 Abs. 1 EStG keine konstitutive Bedeutung, sondern wiederholt nur das, was bereits in § 2 Abs. 1 EStG dadurch zum Ausdruck kommt, dass die dort bezeichneten Einkünfte, die der Steuerpflichtige während seiner unbeschränkten Einkommensteuerpflicht oder als inländische Einkünfte während seiner beschränkten Einkommensteuerpflicht erzielt, der Einkommensteuer unterliegen.[6] Unionsrechtlich relevant werden die inlandsqualifizierenden Tatbestandsmerkmale des § 49 Abs. 1 EStG erst dann, wenn sie im Ergebnis zu Einkünften führen, die bei unbeschränkter Steuerpflicht nicht gegeben wären. Unter diesem Gesichtspunkt ist auch die im § 49 Abs. 2 EStG verankerte **isolierende Betrachtungsweise** zu sehen: Die isolierende Betrachtungsweise bietet keine Legitimationsgrundlage, den in Bezug genommenen Einkünftekatalog des § 2 Abs. 1 EStG in sachlicher oder persönlicher Hinsicht zu erweitern.[7] Daher müssen etwa im Ausland verwirklichte Tatbestandsmerkmale stets insoweit miteinbezogen werden, als diese für die Entscheidung, ob überhaupt eine und ggf. welche Einkunftsart vorliegt, erforderlich sind. Das gilt insbesondere in jenen Fällen, in denen es um die Frage der Einkünfteerzielungsabsicht[8] geht. Diese Sichtweise ist auch unionsrechtlich geboten. Es verstieße gegen die Grundfreiheiten (Niederlassungsfreiheit, Kapitalverkehrsfreiheit), wenn

---

1 BMF v. 18.12.2015, BStBl. I 2015, 1088.
2 A.A. FG Düsseldorf v. 1.7.2009 – 7 K 4348/08 E, EFG 2009, 2024; *Wacker* in Schmidt[38], § 16 EStG Rz. 579.
3 *Schaumburg* in Schaumburg, Internationales Steuerrecht[4], Rz. 6.126.
4 *Schaumburg* in Schaumburg, Internationales Steuerrecht[4], Rz. 3.13, 6.128.
5 Dass dem Katalog des § 49 Abs. 1 EStG keine erkennbare Konzeption zugrunde liegt, kann aber unter dem Gesichtspunkt des Folgerichtigkeitsgebots gegen Art. 3 Abs. 1 GG verstoßen; *Gosch* in Kirchhof[18], § 49 EStG Rz. 3; *Hidien* in K/S/M, § 49 EStG Rz. D 318; *Schaumburg* in Schaumburg, Internationales Steuerrecht[4], Rz. 6132 ff., 6.152.
6 BFH v. 20.2.1974 – I R 217/71, BStBl. II 1974, 511; v. 12.11.1986 – I R 192/85, BStBl. II 1987, 383; *Musil* in H/H/R, § 2 EStG Rz. 81; *Loschelder* in Schmidt[38], § 49 EStG Rz. 11; *Mössner* in FS Flick, S. 939 (948); *Gosch* in FS Wassermeyer, S. 263 (268).
7 Vgl. BFH v. 7.11.2001 – I R 14/01, BStBl. II 2002, 861 = FR 2002, 634 m. Anm. *Kempermann*.
8 BFH v. 7.11.2001 – I R 14/01, BStBl. II 2002, 861 = FR 2002, 634 m. Anm. *Kempermann*; *Hidien* in K/S/M, § 49 EStG Rz. K 9 ff.; *Loschelder* in Schmidt[38], § 49 EStG Rz. 11; *Schaumburg* in Schaumburg, Interna-

beschränkt steuerpflichtige Personen Einkünfte zu versteuern hätten, die bei unbeschränkter Steuerpflicht überhaupt keine Einkünfte darstellten. Angesprochen ist hiermit insbesondere die sog. „Liebhaberei"[1], für deren Beurteilung auch die ausländischen Verhältnisse einzubeziehen sind.[2]

Unionsrechtlich relevante Probleme ergeben sich im Anwendungsbereich des § 49 Abs. 1 EStG nicht nur in den Fällen, in denen die Erfassungsbreite der inländischen Einkünfte (§ 49 Abs. 1 EStG) über diejenige des § 2 Abs. 1 EStG hinausgeht, sondern auch dann, wenn eine abweichende Zuordnung von Einkünften angeordnet wird. Es geht hierbei um § 49 Abs. 1 Nr. 2 Buchst. d EStG, wonach Einkünfte durch im Inland ausgeübte oder verwertete künstlerische, sportliche, artistische, unterhaltende oder ähnliche Darbietungen, einschließlich der Einkünfte aus anderen mit diesen Leistungen zusammenhängenden Leistungen, als inländische Einkünfte unabhängig davon qualifiziert werden, wem die Einnahmen zufließen. Diese Regelung weicht von dem dem Einkommensteuergesetz zugrunde liegenden im § 2 Abs. 1 EStG konkretisierten Konzept ab, nach dem Einkünfte nur demjenigen zuzurechnen sind, der sie erzielt hat.[3] Bei den Einkünften aus selbständiger und nichtselbständiger Arbeit ist das derjenige, der die Tätigkeit persönlich ausübt.[4] Die Sonderregelung des § 49 Abs. 1 Nr. 2 Buchst. d EStG führt im Ergebnis dazu, dass etwa sog. **Künstlerverleihgesellschaften** Einkünfte der beschränkten Steuerpflicht zu unterwerfen haben, obwohl sie selbst keine künstlerische Tätigkeit ausüben.[5] Da es eine derartige Zurechnung von Einkünften im Rahmen der unbeschränkten Steuerpflicht nicht gibt, sind beschränkt Steuerpflichtige hierdurch benachteiligt, was zu einem Verstoß gegen die unionsrechtlich verbürgten Grundfreiheiten (Niederlassungsfreiheit, Kapitalverkehrsfreiheit) führt. Dieser Verstoß ist indessen unter dem Gesichtspunkt der Vermeidung missbräuchlicher Nutzung von Besteuerungslücken[6] gerechtfertigt.[7]

8.37

3. Steuerabzug und Bruttobesteuerung

Das dem Einkommensteuergesetz als Konzeption zugrunde liegende **objektive Nettoprinzip**, das die Maßgröße objektiver Leistungsfähigkeit betrifft,[8] gilt nicht für jene beschränkt steuerpflichtigen Einkünfte, die dem Steuerabzug (§ 50 Abs. 2 Satz 1 EStG) unterliegen, ohne dass die Voraussetzungen des § 50 Abs. 2 Satz 2 EStG, insbesondere die Möglichkeit zur Veranlagung, gegeben sind. Hier ist die Einkommensteuer durch den Steuerabzug abgegolten. Diese **Abgeltungswirkung** führt zu einer **Bruttobesteuerung**, weil die Steuer dabei grundsätzlich nicht von den Einkünften, sondern von den Einnahmen ohne Berücksichtigung von Betriebsausgaben und Werbungskosten erhoben wird. Darüber hinaus ist systembedingt insoweit auch ein Verlustausgleich mit negativen Veranlagungseinkünften ausgeschlossen. Dieses Verlustausgleichsverbot gilt auch in die umgekehrte Richtung, so dass positive

8.38

---

tionales Steuerrecht[4], Rz. 6.156; **a.A.** *Gosch* in Kirchhof[18], § 49 EStG Rz. 104, der nur auf die im Inland verwirklichten Tatbestandsmerkmale abstellt.
1 Hierzu im Einzelnen *Musil* in H/H/R, § 2 EStG Rz. 346 ff.
2 BFH v. 7.11.2001 – I R 14/01, BStBl. II 2002, 861 = FR 2002, 634 m. Anm. *Kempermann*.
3 Vgl. im Einzelnen *Musil* in H/H/R, § 2 EStG Rz. 100 ff.
4 *Musil* in H/H/R, § 2 EStG Rz. 250.
5 Anders für den Fall, dass man die „Zurverfügungstellung" eines Künstlers als Darbietung auffasst, so *Maßbaum* in H/H/R, § 49 EStG Rz. 525; im Übrigen bleibt es bei der Besteuerung der Künstler selbst, so dass es in der Praxis auf Grund von Doppelanknüpfungen zu einer Überbesteuerung kommen kann; vgl. *Schaumburg* in Schaumburg, Internationales Steuerrecht[4], Rz. 6.194.
6 Vgl. zum gesetzgeberischen Hintergrund *Loschelder* in Schmidt[38], § 49 EStG Rz. 36.
7 Zur Vermeidung von Steuerumgehungen als Rechtfertigungsgrund vgl. die zusammenfassende Übersicht bei *Cordewener*, Europäische Grundfreiheiten und nationales Steuerrecht, S. 150 ff.
8 Das BVerfG (BVerfG v. 9.12.2008 – 2 BvL 1/07 u.a., BVerfGE 122, 210; v. 12.5.2009 – 2 BvL 1/00, BVerfGE 123, 111 [121] = FR 2009, 873 m. Anm. *Buciek*; v. 12.10.2010 – 1 BvL 12/07, BVerfGE 127, 224 [245] = GmbHR 2011, 203 m. Anm. *Roser*) hat den Verfassungsrang des objektiven Nettoprinzips bislang offen gelassen; zur freiheitsrechtlichen Verankerung des objektiven Nettoprinzips *Lehner*, DStR 2009, 185 (191 ff.).

Veranlagungseinkünfte nicht mit negativen steuerabzugspflichtigen Einkünften ausgeglichen werden dürfen.[1]

8.39 Die Abgeltungswirkung (§ 50 Abs. 2 Satz 1 EStG) ist im Grundsatz mit den unionsrechtlich verbürgten Grundfreiheiten unvereinbar.[2] Im Hinblick darauf sind die gesetzlich vorgesehenen Ausnahmen von der Abgeltungswirkung darauf gerichtet, § 50 Abs. 2 EStG unionsrechtskonform auszugestalten. Das gilt vor allem für die fiktive unbeschränkte Einkommensteuerpflicht, in deren Rahmen die Abgeltungswirkung nicht eingreift (hierzu Rz. 8.4). Darüber hinaus dienen die im § 50 Abs. 2 Satz 2 EStG verankerten **Veranlagungswahlrechte** sowie der in § 50a Abs. 3 EStG vorgesehene **Steuerabzug auf Nettobasis**[3] dem Ziel einer unionsrechtskonformen Nettobesteuerung. Beide vorgenannten Ausnahmen gelten nur für EU-/EWR-Staatsangehörige, soweit sie im Hoheitsgebiet eines dieser Staaten ihren Wohnsitz oder gewöhnlichen Aufenthalt haben (§ 50 Abs. 2 Satz 7, § 50a Abs. 3 Satz 2 EStG). Ein Veranlagungswahlrecht bzw. ein Steuerabzug auf Nettobasis ist indessen für Kapitalerträge und für Vergütungen für die Überlassung von Nutzungsrechten nicht vorgesehen. Das bedeutet, dass eine Bruttobesteuerung in den vorgenannten Fällen auch dann zwingend ist, wenn der beschränkt steuerpflichtige Empfänger der Erträge und Bezüge EU-/EWR-Staatsangehöriger ist.

8.40 Soweit die Abgeltungswirkung des § 50 Abs. 2 Satz 1 EStG private **Kapitalerträge** betrifft, von denen ein Kapitalertragsteuerabzug vorzunehmen ist, ist eine unionsrechtlich relevante steuerliche Benachteiligung beschränkt Steuerpflichtiger nur dann nicht gegeben, wenn die Abgeltungswirkung des § 50 Abs. 2 Satz 1 EStG nicht über die Abgeltungswirkung des § 43 Abs. 5 EStG hinausgeht. Von Bedeutung ist daher insbesondere § 43 Abs. 5 Satz 2 EStG, wonach die Abgeltungswirkung in den Fällen des § 32d Abs. 2 EStG, etwa bei Kapitalerträgen unter nahestehenden Personen, nicht eintritt. Hier erfolgt eine Veranlagung, bei der zwar nicht der besondere Steuertarif des § 32d Abs. 1 EStG zur Anwendung kommt, dafür aber in Orientierung an dem objektiven Nettoprinzip ein Betriebsausgaben- oder Werbungskostenabzug zulässig ist.[4] Diese von Gesetzes wegen gegebene Besteuerung auf Nettobasis bleibt beschränkt steuerpflichtigen Personen im Ausgangspunkt vorenthalten, so dass insoweit ein Verstoß gegen die unionsrechtlich verbürgten Grundfreiheiten gegeben ist. Das abkommensrechtlich Deutschland als Quellenstaat die Befugnis eingeräumt ist, eine Quellensteuer auf Bruttobasis zu erheben, ändert hieran nichts. Die Mitgliedstaaten können zwar durch DBA Anknüpfungspunkte für die Aufteilung der Steuerhoheit festlegen,[5] eine derartige Aufteilung der Steuerhoheit erlaubt es den Mitgliedstaaten aber nicht, Maßnahmen anzuwenden, die gegen die Grundfreiheiten verstoßen.[6]

8.41 Soweit § 50 Abs. 2 Satz 2 Nr. 5 EStG eine Veranlagung nicht für Einkünfte zulässt, die dem Steuerabzug des § 50a Abs. 1 Nr. 3 EStG unterliegen, und darüber hinaus ein Steuerabzug auf Nettobasis

---

1 Zum Ausschluss des Verlustausgleichs als Folge der Abgeltungswirkung BFH v. 10.4.1975 – I R 261/72, BStBl. II 1975, 586; v. 3.11.1982 – I R 3/79, BStBl. II 1983, 259; v. 12.11.1986 – I R 222/82, BStBl. II 1987, 256.
2 EuGH v. 3.10.2006 – C-290/04 – Scorpio, Slg. 2006, I-9461; v. 15.2.2007 – C-345/04 – Centro Equestre, Slg. 2007, I-1425; v. 31.3.2011 – C-450/09 – Schröder, Slg. 2011, I-2497 = FR 2011, 532 m. Anm. *Fischer*; v. 24.2.2015 – C-559/13 – Grünewald, BStBl. II 2015, 1071, BFH v. 27.7.2011 – I R 32/10, BStBl. II 2014, 513.
3 Abzug von im unmittelbaren wirtschaftlichen Zusammenhang stehenden Betriebsausgaben und Werbungskosten (§ 50a Abs. 3 Satz 1 EStG).
4 Bei fremdfinanzierten Kapitalanlagen kann diese Nettobesteuerung zum Normaltarif günstiger sein als die Bruttobesteuerung zum Sondertarif.
5 EuGH v. 21.9.1999 – C-307/97 – St. Gobain, Slg. 1999, I-6161; v. 12.12.2002 – C-385/00 – de Groot, Slg. 2002, I-11819 = FR 2003, 141 m. Anm. *Schnitger*; v. 3.10.2006 – C-290/04 – Scorpio, Slg. 2006, I-9461 Rz. 54; v. 16.10.2008 – C-527/06 – Renneberg, Slg. 2008, I-7735 Rz. 48; v. 28.2.2013 – C-168/11 – Beker/Beker, ECLI:EU:C:2013:117 – Rz. 32 = IStR 2013, 275 = ISR 2013, 134 m. Anm. *Pohl* = GmbHR 2013, 442 m. Anm. *Haritz/Werneburg*.
6 EuGH v. 3.10.2006 – C-290/04 – Scorpio, Slg. 2006, I-9461 Rz. 55; v. 16.10.2008 – C-527/06 – Renneberg, Slg. 2008, I-7735 Rz. 50; v. 28.2.2013 – C-168/11 – Beker/Beker, ECLI:EU:C:2013:117 – Rz. 33 = IStR 2013, 275 = ISR 2013, 134 m. Anm. *Pohl* = GmbHR 2013, 442 m. Anm. *Haritz/Werneburg*.

(§ 50a Abs. 3 EStG) verwehrt wird, ist damit ebenfalls ein Verstoß gegen die unionsrechtlich verbürgten Grundfreiheiten (Dienstleistungsfreiheit) gegeben.[1] Angesprochen ist damit der abgeltende Steuerabzug von Einkünften, die für die Überlassung der Nutzung oder des Rechts auf Nutzung von Rechten und Know-how herrühren. Betroffen sind hierbei insbesondere beschränkt Steuerpflichtige, die etwa **Nutzungsrechte** an einem Urheberrecht fremdfinanziert erworben haben, um sie sodann an inländische Lizenznehmer weiterzugeben.[2] Diese steuerliche Benachteiligung wirkt sich allerdings nur in den Fällen aus, in denen Deutschland als Quellenstaat abkommensrechtlich überhaupt quellensteuerbefugt ist.[3] Auch hier gilt: Dass die Mitgliedstaaten in Ermangelung von Vereinheitlichungs- oder Harmonisierungsmaßnahmen der EU dafür zuständig sind, die Kriterien für die Besteuerung des Einkommens festzulegen und zwecks Vermeidung der Doppelbesteuerung Doppelbesteuerungsabkommen abzuschließen, ändert nichts daran, dass hierbei die Grundfreiheiten zu beachten sind. Im Hinblick darauf sind § 50 Abs. 2 Satz 2 Nr. 5 EStG und § 50a Abs. 3 EStG dahingehend unionsrechtskonform anzuwenden, dass auch die in § 50a Abs. 1 Nr. 3 EStG genannten Einkünfte erfasst werden.[4]

4. Erweiterte beschränkte Steuerpflicht

Durch § 2 AStG wird die beschränkte Steuerpflicht (§§ 49, 50 EStG) für deutsche Staatsangehörige (Wegzügler) einerseits dahingehend erweitert, dass nicht nur die in § 49 Abs. 1 EStG enumerativ aufgeführten Inlandseinkünfte, sondern in Abgrenzung zu § 34d EStG alle nicht ausländischen Einkünfte (sog. erweiterte Inlandseinkünfte) erfasst werden und anderseits die für die abzugspflichtigen Einkünfte gem. § 50 Abs. 2 Satz 1 EStG vorgesehene Abgeltungswirkung aufgehoben wird (§ 2 Abs. 5 Satz 2 AStG). Die mit der Abgeltungswirkung verbundenen unionsrechtlichen Probleme sind somit hier nicht gegeben. Eine Unvereinbarkeit mit den unionsrechtlich verbürgten Grundfreiheiten ergibt sich allerdings unter folgendem Gesichtspunkt: Die erweitert beschränkte Steuerpflicht gilt für natürliche Personen, die in ein Niedrigsteuerland ausgewandert sind und in den letzten zehn Jahren davor insgesamt fünf Jahre lang als deutsche Staatsangehörige unbeschränkt steuerpflichtig waren. Die erweiterte beschränkte Steuerpflicht wird sodann für weitere zehn Jahre aufrechterhalten (§ 2 Abs. 1 Satz 1 AStG). Mit dieser gegen Einkünfteverlagerungen gerichteten Norm wird das politische Ziel verfolgt, der Auswanderung in Niedrigsteuerländer die steuerlichen Anreize zu nehmen.[5] Hierdurch ist allerdings noch kein Verstoß gegen die Arbeitnehmerfreizügigkeit (Art. 45 AEUV) oder Niederlassungsfreiheit (Art. 49 AEUV) gegeben. Dies deshalb nicht, weil der Wegziehende nach dem Wegzug im Ergebnis steuerlich nicht anders belastet wird als derjenige, der im Inland verblieben ist.[6] Diese steuerliche Belastungsobergrenze leitet sich aus § 2 Abs. 6 AStG ab, wonach die bei normaler und erweitert beschränkter Steuerpflicht zu entrichtende Steuer nicht diejenige überschreiten darf, die bei unbeschränkter Steuerpflicht zu entrichten wäre.[7] Dass der Wegziehende im ausländischen Zuzugsstaat einer weitergehenden (höheren) Besteuerung (zusätzlich) unterliegt, ist unionsrechtlich ange-

---

1 *Schaumburg* in Schaumburg, Internationales Steuerrecht[4], Rz. 6.290; *Oellerich* in Musil/Weber-Grellet, Europäisches Steuerrecht, § 50 EstG Rz. 39.
2 BFH v. 27.7.2011 – I R 32/10, BStBl. II 2014, 518; *Kube* in K/S/M, § 50 EStG Rz. E125.
3 Vgl. die Abkommensübersicht bei *Pöllath/Lobeck* in V/L[6], Art. 12 OECD-MA Rz. 29.
4 BFH v. 27.7.2011 – I R 32/10, BStBl. II 2014, 513; BMF v. 17.6.2014, BStBl. I 2014, 887 jeweils zu § 50a Abs. 3 EStG; Hinweis: Das BFH-Urteil erging zur (alten) Rechtslage, die ein Veranlagungswahlrecht noch nicht vorsah.
5 Vgl. hierzu schriftlicher Bericht des Finanzausschusses, BT-Drucks. VI/3537.
6 *Baßler* in F/W/B/S, § 2 AStG Rz. 22; das gilt auch in den Fällen, in denen wegen des Wohnsitzwechsels eines deutschen Staatsbürgers in die Schweiz die sog. überdachende Besteuerung (Art. 4 Abs. 4 DBA-Schweiz) eingreift mit der Folge, dass die Steuerbelastung auf deutsches Steuerniveau hochgeschleust wird; EuGH v. 19.11.2015 – C-241/14 – Bukovanski, IStR 2016, 115 zum Freizügigkeitsabkommen mit der Schweiz v. 21.6.1999 (BGBl. II 2001, 810).
7 Zu Einzelheiten hierzu *Baßler* in F/W/B/S, § 2 AStG Rz. 341 ff.

sichts der fehlenden Harmonisierung bei den direkten Steuern hinzunehmen.[1] Ein Verstoß gegen die Niederlassungsfreiheit (Art. 49 AEUV) ist aber insoweit zu bejahen, als die erweiterte beschränkte Steuerpflicht von der Höhe der Steuerbelastung im jeweiligen Zuzugsstaat abhängt. Eine derartige Differenzierung nach der Höhe der Steuerlast in einem anderen Mitgliedstaat ist mit Unionsrecht nicht vereinbar.[2] Eine erweitert beschränkte Steuerpflicht lässt sich auch nicht unter dem Gesichtspunkt der Vermeidung von Missbrauch rechtfertigen.[3]

B. Gemeinnützigkeits- und Spendenrecht

Literatur: *Droege*, Gemeinnützigkeit im offenen Steuerstaat, Tübingen 2010, 480; *Droege*, Europäisierung des Gemeinnützigkeitsrechts – Der offene Steuerstaat im europäischen Gemeinwohlverbund, StuW 2012, 256; *Drüen/Liedtke*, Die Reform des Gemeinnützigkeits- und Zuwendungsrechts und seine europarechtliche Flanke, FR 2008, 1; *Eicker*, Grenzüberschreitende gemeinnützige Tätigkeit, Frankfurt a.M. 2004; *Fischer*, Überlegungen zur Fortentwicklung des steuerlichen Gemeinnützigkeitsrechts, FR 2008, 752; *Fischer*, Das EuGH-Urteil Persche zu Auslandsspenden – die Entstaatlichung des Steuerstaates geht weiter, FR 2009, 249; *Fischer*, Marktliberalismus vs. Europäisches Sozialmodell, FR 2009, 929; *Fischer*, Gemeinnützigkeitsrechtliche Förderung der Allgemeinheit in Deutschland und Europa, in Tipke/Seer/Hey/Englisch (Hrsg.), Gestaltung der Steuerrechtsordnung, FS für Lang, Köln 2010, 281; *Förster*, Grenzüberschreitende Gemeinnützigkeit – Spenden schwer gemacht?, BB 2011, 663; *Förster*, Immer wieder Ärger mit dem Nachweisen – Verfahrensprobleme bei grenzüberschreitenden Spenden, DStR 2013, 1516; *Frotscher*, Europarechtliche Fragen des Rechts der steuerbegünstigten Zwecke, in Kohl (Hrsg.), Zwischen Markt und Staat, Gedächtnisschrift für Rainer Walz, Köln 2008, 199; *Geserich*, Die Abzugsfähigkeit von Spenden in anderen EU-Staaten, DStR 2009, 207 u. 1173; *Halaczinsky*, Steuerbefreiungen an steuerbegünstigte Körperschaften, ErbSt 2014, 170, 192; *Helios*, Steuerliche Gemeinnützigkeit und EG-Beihilfenrecht, Hamburg 2005; *v. Hippel*, Zukunftsperspektiven für grenzüberschreitend tätige gemeinnützige Nonprofit-Organisationen, in Kohl (Hrsg.), Zwischen Markt und Staat, Gedächtnisschrift für Rainer Walz, Köln 2008, 213; *Hüttemann*, Gemeinnützigkeits- und Spendenrecht, 4. Aufl., Köln 2018; *Hüttemann*, Das Steuerrecht des Non Profit Sektors, KSzW 2014, 158; *Hüttemann*, Steuervergünstigungen wegen Gemeinnützigkeit und europäisches Beihilfenverbot – Auswirkungen des EuGH-Urteils vom 10.1.2006 (Italienische Bankstiftungen) auf das deutsche Steuerrecht, DB 2006, 914; *Hüttemann/Helios*, Gemeinnützige Zweckverfolgung im Ausland nach der „Stauffer"-Entscheidung des EuGH, DB 2006, 2481; *Hüttemann/Helios*, Zum grenzüberschreitenden Spendenabzug in Europa nach EuGH, Urt. v. 27.1.09, DB 2009, 701; *Isensee*, Gemeinnützigkeitsrecht und Europäisches Gemeinschaftsrecht, in Jachmann (Hrsg.), Gemeinnützigkeit, DStJG 26 (2003), 93; *Jachmann*, Gemeinnützigkeit, DStJG 26 (2003), mit Beiträgen von *P. Kirchhof, Seer, Hüttemann, Isensee, Schauhoff, Hofmeister, Orth, Geserich* und *Achatz*; *Jachmann*, Die Entscheidung des EuGH im Fall Stauffer – Nationale Gemeinnützigkeit in Europa, BB 2006, 2607; *Jachmann*, Gemeinnützigkeit in Europa, steuer- und europarechtliche Rahmenbedingungen, Stuttgart 2006; *Kirchhain*, Von Fördern und Gefordertsein, DStR 2013, 2141; *Kirchhain*, Neue Verwaltungsrichtlinien für NPOs, DStR 2014, 289; *Kirchhain*, Immer wieder Ärger mit Auslandsspenden, IWB 2014, 421; *Kube*, Die Zukunft des Gemeinnützigkeitsrechts in der europäischen Marktordnung, IStR 2005, 469; *Martini*, Der Gemeinnützigkeitsstatus beschränkt steuerpflichtiger Körperschaften, ISR 2015, 97; *v. Proff*, Grenzüberschreitende Gemeinnützigkeit nach dem Persche-Urteil des EuGH, IStR 2009, 371; *Runte*, Sonderausgaben-

---

1 EuGH v. 14.11.2006 – C-513/04 – Kerckhaert/Morres, Slg. 2006, I-10967 Rz. 20–22; v. 6.12.2007 – C-298/05 – Columbus Container, Slg. 2007, I-10451 Rz. 46–51; v. 12.2.2009 – C-67/08 – Margarete Block, IStR 2009, 175 Rz. 28–31 = FR 2009, 294 m. Anm. *Billig*; v. 16.7.2009 – C-128/08 – Jacques Damseaux, IStR 2009, 622 Rz. 27.
2 Vgl. EuGH v. 12.9.2006 – C-196/04 – Cadburry Schweppes, Slg. 2006, I-7995 Rz. 45 f. = GmbHR 2006, 1049 m. Anm. *Kleinert* = FR 2006, 987 m. Anm. *Lieber*; v. 20.5.2008 – C-194/06 – Orange European Small Cup Fund, Slg. 2008, I-3747 Rz. 54; v. 11.6.2009 – C-521/07 – Kommission ./. Niederlande, IStR 2009, 470 Rz. 37 ff.; weitere Einzelheiten *Baßler* in F/W/B/S, § 2 AStG Rz. 24, dort auch zum Aspekt der Vergleichbarkeit der Lage von Gebietsfremden unterschiedlicher Herkunftsstaaten.
3 Vgl. EuGH v. 12.9.2006 – C-196/04 – Cadburry Schweppes, Slg. 2006, I-7995 Rz. 55 = GmbHR 2006, 1049 m. Anm. *Kleinert* = FR 2006, 987 m. Anm. *Lieber*; *Baßler* in F/W/B/S, § 2 AStG Rz. 25; dort auch zu einem etwaigen Verstoß gegen die Kapitalverkehrsfreiheit Rz. 26 f.

abzug für Auslandsspenden, RIW 2009, 461; *Schauhoff*, Handbuch der Gemeinnützigkeit, 3. Aufl. München 2010; *Schauhoff*, Wie international ist das deutsche Gemeinnützigkeitsrecht?, KSzW 2014, 168; *Schauhoff/Kirchhain*, Steuer- und zivilrechtliche Neuerungen für gemeinnützige Körperschaften und deren Förderer, FR 2013, 301; *Unger*, Steuerbegünstigung grenzüberschreitender Gemeinnützigkeit im Binnenmarkt – Vorgaben des Gemeinnützigkeits- und Spendenrechts im Lichte der unionalen Grundfreiheiten, DStZ 2010, 154; *Wallenhorst/Halaczinsky*, Die Besteuerung gemeinnütziger und öffentlich-rechtlicher Körperschaften, 7. Aufl. München 2017; *Weidmann/Kohlhepp*, Rechtsprechung zum Gemeinnützigkeitsrecht 2013 – Entscheidungen der FG und des BFH, DStR 2014, 1197; *Weitemeyer/Bornemann*, Problemstellungen gemeinnütziger Tätigkeit mit Auslandsbezug, FR 2016, 437; *Winheller/Klein*, Spendenabzug für Zuwendungen ins EU-Ausland, DStZ 2009, 195; *Winheller/Geibel/Jachmann-Michel*, Gesamtes Gemeinnützigkeitsrecht, Baden-Baden 2017.

I. Überblick

Mit der selbstlosen Förderung der Allgemeinheit durch unmittelbare und ausschließliche Verfolgung gemeinnütziger Zwecke sind zahlreiche Vergünstigungen verbunden. Die für die Erlangung des Gemeinnützigkeitsstatus maßgeblichen Vorschriften sind in den §§ 51–68 AO verankert.[1] Die hierauf aufbauenden **Steuervergünstigungen** beinhalten zum einen Steuerbefreiungen und zum anderen Steuerermäßigungen. Zu den Steuerbefreiungen gehören § 5 Abs. 1 Nr. 9 Satz 1 KStG, § 3 Nr. 6 Satz 1 GewStG, § 4 Nr. 18, Nr. 22 Buchst. a, b UStG, § 3 Abs. 1 Satz 1 Nr. 3 Buchst. b GrStG und § 13 Abs. 1 Nr. 16 Buchst. b Satz 1 ErbStG. Die Steuerermäßigungen betreffen die Umsatzsteuer: § 12 Abs. 2 Buchst. a, § 23a UStG. Neben diesen unmittelbar zugunsten gemeinnütziger Rechtsträger wirkenden Steuervergünstigungen sind auch jene von Bedeutung, die im Spendenrecht verankert sind und somit für gemeinnützige Rechtsträger mittelbare Vergünstigungseffekte auslösen. Angesprochen sind damit bei den Ertragsteuern der Abzug von Spenden (§ 10b EStG, § 9 Abs. 1 Nr. 2 KStG und § 9 Nr. 5 GewStG), die Buchwertprivilegien (§ 6 Abs. 1 Nr. 4 Satz 4 EStG, § 13 Abs. 4 Satz 1 KStG) sowie die Steuerbefreiungen bei der Erbschaftsteuer/Schenkungsteuer (§ 13 Abs. 1 Nr. 16 Buchst b ErbStG).[2]

8.43

Die vorgenannten mit der Gemeinnützigkeit verknüpften Steuervergünstigungen sind verfassungsrechtlich unter dem Gesichtspunkt der **Staatsentlastung** zu rechtfertigen, weil gemeinnützige Institutionen Aufgaben wahrnehmen, die andernfalls der Bund, die Länder und die Kommunen auf den Gebieten des Unterrichts, der Bildung, der Kultur, der Gesundheitspflege, der Sozial- und Jugendhilfe und der Ausbildungs- und Wissenschaftsförderung zu erfüllen hätten.[3] Sie haben sich allerdings gegenüber den Vorgaben des EU-Beihilferechts und den unionsrechtlich verbürgten Grundfreiheiten zu legitimieren. Das in Art. 107 Abs. 1 AEUV verankerte Beihilfeverbot, unter das auch steuerliche Vergünstigungen fallen (s. Rz. 9.1 ff.), gilt im besonderen Maße für Zweckbetriebe (§§ 65–68 AO),[4] die, wie von Art. 107 Abs. 1 AEUV vorausgesetzt, als Unternehmen anzusehen sind.[5] Das Beihilfeverbot stellt freilich nur einen Grundsatz dar, der durch Legalausnahmen (Art. 107 Abs. 2 AEUV) und durch in das Ermessen der Europäischen Kommission gestellte Ausnahmen (Art. 107 Abs. 3 AEUV) durchbrochen wird, wodurch im Ergebnis die gemeinnützigkeitsrechtlichen Regelungen eine unionsrechtliche Rechtfertigung erfahren.[6] Das gilt vor allem im Hinblick darauf, dass die meisten im Gemeinnützigkeitsrecht verankerten steuerlichen Vergünstigungen sog. Altbeihilfen sind, für die keine Notifizierungspflicht (Art. 108 Abs. 2 AEUV) besteht mit der Folge, dass sie nur der fortlaufenden Überprüfung durch die Kommission unterworfen sind (Art. 108 Abs. 1 AEUV).

8.44

---

1 Allgemeiner Teil des Gemeinnützigkeitsrechts.
2 Zu weiteren Vergünstigungen vgl. *Seer* in T/K, Vor § 51 AO Rz. 2.
3 Zu Einzelheiten *Seer* in Gemeinnützigkeit, DStJG 26 (2003), S. 11 ff., 14 ff.
4 *Seer* in T/K, § 65 AO Rz. 5; *Hüttemann*, Gemeinnützigkeits- und Spendenrecht[4], Rz. 1.113.
5 EuGH v. 10.1.2006 – C-222/04 – Cassa di Risparmio di Firenze SpA, Slg. 2006, I-289 Rz. 22 f.
6 Hierzu im Überblick *Helios* in Schauhoff, Handbuch des Gemeinnützigkeitsrechts[3], § 22 Rz. 83 ff.; *Hüttemann*, Gemeinnützigkeits- und Spendenrecht[4], Rz. 1.110 ff.

8.45 Obwohl der Gesichtspunkt der Staatsentlastung eigentlich eine territoriale Begrenzung der mit der Gemeinnützigkeit verbundenen Steuervergünstigungen fordert,[1] hat der EuGH in mehreren Urteilen die früher auf inländische gemeinnützige Rechtsträger begrenzten Regelungen des deutschen Gemeinnützigkeits- und Spendenrechts für unvereinbar mit den unionsrechtlich verbürgten **Grundfreiheiten** erklärt.[2] Auf dieser Linie liegen auch weitere Entscheidungen zum ausländischen Steuerrecht.[3] Im Ergebnis hat der EuGH in allen Fällen der nationalstaatlichen Limitierung des Gemeinnützigkeitsrechts eine Absage erteilt, so dass der Gemeinnützigkeitsstatus auch auf ausländische Organisationen zu erstrecken ist.

8.46 Im Gefolge der EuGH-Rechtsprechung sind die für das Gemeinnützigkeitsrecht maßgeblichen Vorschriften sukzessive und punktuell geändert worden, ohne dass es hierdurch zu einer Neuausrichtung im Gemeinnützigkeits- und Spendenrecht gekommen wäre.[4] Auf Grund der Neuregelungen[5] sind vor allem die Steuervergünstigungen auf EU-/EWR-Einrichtungen ausgeweitet und entsprechend die Spendenabzugsmöglichkeiten modifiziert worden. **Unionsrechtliche Defizite** sind indessen im Gemeinnützigkeitsrecht und gleichermaßen im Spendenrecht verblieben.

II. Gemeinnützigkeitsrecht

8.47 Das in den §§ 51–68 AO verankerte steuerliche Gemeinnützigkeitsregime umfasst gemeinnützige (§ 52 AO), mildtätige (§ 53 AO) und kirchliche (§ 54 AO) Zwecke.[6] Die hiermit verbundenen Steuervergünstigungen werden nur **Körperschaften** gewährt (§ 51 Abs. 1 Satz 2 AO), so dass etwa Personengesellschaften von vornherein aus dem Begünstigungsrahmen ausgeschlossen sind. Hierfür ist ein Rechtfertigungsgrund nicht erkennbar.[7] Aus unionsrechtlicher Sicht ist diese Differenzierung allerdings unbedenklich,[8] da in- und ausländische Personengesellschaften gleichermaßen betroffen sind.

8.48 Soweit es um ausländische Körperschaften geht, ist ein Typenvergleich dahingehend erforderlich, ob der ausländische Rechtsträger einem deutschen Körperschaftsteuersubjekt entspricht.[9] Dass der ausländische Rechtsträger nach dem betreffenden ausländischen Recht einen Gemeinnützigkeitsstatus genießt, ist dabei (auch) aus Gründen des Unionsrechts für die deutsche Rechtsanwendung nicht verbindlich.[10] Die Gemeinnützigkeit ausländischer Rechtsträger beurteilt sich mithin allein nach den über § 5 Abs. 1 Nr. 9 Satz 1 KStG zur Anwendung kommenden §§ 51 ff. AO.[11]

---

1 Hierzu *Fischer*, FR 2008, 752 ff. (756 ff.); *Fischer* in FS Lang, S. 281 ff. (287 ff.); kritisch zu diesem Aspekt dagegen *Thömmes/Nakhai*, DB 2005, 2259 ff.; *Hüttemann/Helios*, DB 2006, 2481 ff.
2 EuGH v. 14.9.2006 – C-386/04 – Stauffer, Slg. 2006, I-8203; v. 18.12.2007 – C-281/06 – Jundt, Slg. 2007, I-12231; v. 27.1.2009 – C-318/07 – Persche, BStBl. II 2010, 440.
3 EuGH v. 10.2.2011 – C-25/10 – Missionswerk Werner Heukelbach, Slg. 2011, I-497; v. 16.6.2011 – C-10/10 – Kommission ./. Österreich, Slg. 2011, I-5389.
4 Zur Kritik hieran *Hüttemann*, Gemeinnützigkeits- und Spendenrecht[4], Rz. 1.138; *Hüttemann*, IStR 2010, 118 ff. (121 f.).
5 Insbesondere durch das JStG 2009 v. 19.12.2008, BGBl. I 2008, 2794; sowie durch das Gesetz zur Umsetzung steuerlicher EU-Vorgaben sowie zur Änderung steuerlicher Vorschriften v. 8.4.2010, BGBl. I 2010, 386.
6 Insgesamt gemeinnützige Zwecke im weiteren Sinne; vgl. *Seer* in T/K, Vor § 51 AO Rz. 3.
7 *Seer* in T/K, Vor § 51 AO Rz. 2; *Leisner-Egensperger* in H/H/Sp, § 51 AO Rz. 28; *Droege*, Gemeinnützigkeit im offenen Steuerstaat, S. 173; a.A. *Hüttemann*, Gemeinnützigkeits- und Spendenrecht[4], Rz. 2.93 ff.
8 Anders unter verfassungsrechtlichen Gesichtspunkten; hierzu *Droege*, Gemeinnützigkeit im offenen Steuerstaat, S. 173 f.
9 BFH v. 25.10.2016 – I R 54/14, BStBl. II 2017, 1216.
10 EuGH v. 14.9.2006 – C-386/04 – Stauffer, ECLI:EU:C:2006:568, Rz. 47; v. 27.1.2009 – C-318/07 – Persche, ECLI:EU:C:2009:33, Rz. 48, BFH v. 21.1.2015 – X R 7/13, BStBl. II 2015, 588; v. 25.10.2016 – I R 454/14, BStBl. II 2017, 1216.
11 BFH v. 25.10.2016 – I R 54/14, BStBl. II 2017, 1216.

B. Gemeinnützigkeits- und Spendenrecht | Rz. 8.51 **Kap. 8**

§ 51 Abs. 2 AO enthält eine Sonderregelung, wonach in den Fällen, in denen steuerbegünstigte Zwecke 8.49
im Ausland verwirklicht werden, entweder Steuerinländer gefördert werden müssen oder Voraussetzung ist, dass „die Tätigkeit der Körperschaft neben der Verwirklichung der steuerbegünstigten Zwecke auch zum Ansehen der Bundesrepublik Deutschland im Ausland beitragen kann". Die praktische Umsetzung dieses insbesondere für ausländische Körperschaften geltenden strukturellen Inlandsbezuges[1] führt zu unionsrechtlichen Problemen. Soweit es nämlich um die vom Gesetz geforderte deutsche Ansehenssteigerung geht, soll diese bei inländischen gemeinnützigen Körperschaften ohne weiteres vermutet werden.[2] Damit werden ausländische Körperschaften aus dieser privilegierenden **Vermutungsregelung** ausgeschlossen, zumal unklar ist, wie überhaupt der Beweis der Ansehenssteigerung erbracht werden kann.[3] Diese asymmetrische Vermutungswirkung, die in der Rechtsanwendung ausländische Körperschaften benachteiligt, ist jedenfalls unionsrechtlich nicht haltbar.[4] Daher ist bei Anwendung des § 51 Abs. 2 AO hinsichtlich der vom Gesetz geforderten Ansehenssteigerung eine Gleichbehandlung in dem Sinne geboten, dass die Indizwirkung auch für ausländische Körperschaften gilt.[5]

Der Gemeinnützigkeitsstatus hängt davon ab, dass die steuerbegünstigten Zwecke „selbstlos" gefördert 8.50
werden (§ 52 Abs. 1, § 53 Abs. 1, § 54 Abs. 1 AO). Voraussetzung für die Selbstlosigkeit ist u.a., dass bei Auflösung oder Aufhebung der Körperschaft oder bei Wegfall ihres bisherigen Zwecks das Vermögen nur für steuerbegünstigte Zwecke verwendet wird (§ 55 Abs. 1 Nr. 4 Satz 1 AO).[6] Diesem Grundsatz der **Vermögensbindung** wird auch entsprochen, wenn das Vermögen einer anderen steuerbegünstigten Körperschaft oder einer juristischen Person des öffentlichen Rechts für steuerbegünstigte Zwecke übertragen werden soll (§ 55 Abs. 1 Nr. 4 Satz 2 AO). Um den unionsrechtlich verbürgten Grundfreiheiten[7] zu entsprechen, ist das Gebot der Vermögensbindung dahingehend zu erweitern, dass anfallsberechtigt auch eine ausländische EU-/EWR-Körperschaft sein kann, soweit sie bei beschränkter Steuerpflicht gemeinnützig wäre.[8] Voraussetzung ist allerdings, dass die Vermögensbindung auch in der Satzung der ausländischen Körperschaft festgeschrieben ist.[9]

Als Ausnahme vom Unmittelbarkeitsgrundsatz (§ 57 Abs. 1 AO)[10] ist es unschädlich, wenn eine Körperschaft Mittel für die Verwirklichung steuerbegünstigter Zwecke einer anderen Körperschaft beschafft (§ 58 Nr. 1 AO). Soweit die Empfängerkörperschaft nicht unbeschränkt steuerpflichtig ist, muss diese zwar nicht steuerbegünstigt sein (§ 58 Nr. 1 Halbs. 2 AO), die Mittelbeschaffungskörperschaft hat aber nachzuweisen (§ 90 Abs. 2 AO), dass die ausländische Empfängerkörperschaft die empfangenen 8.51

---

1 Diese Regelung ist im Gefolge des Urteils des EuGH v. 14.9.2006 – C-386/04 – Stauffer, Slg. 2006, I-8203 und des nachfolgenden Urteils des BFH v. 20.12.2006-I R 94/02, BStBl. II 2010, 331 in das Gesetz aufgenommen worden.
2 BT-Drucks. 16/11108, 46; AEAO Nr. 7 zu § 51 Abs. 2 AO.
3 Zur Kritik an diesem kaum subsumtionsfähigen Tatbestandsmerkmal *Hüttemann*, DB 2008, 1061 ff. (1062); *Hüttemann*, DB 2012, 250; *Fischer*, FR 2009, 249 ff. (257).
4 *Seer* in T/K, § 51 AO Rz. 8; *Helios* in Schauhoff, Handbuch der Gemeinnützigkeit[3], § 22 Rz. 46 f.; *Droege*, StuW 2012, 256 ff. (261 f.); *Runte*, RIW 2009, 461; *Schauhoff/Kirchhain*, DStR 2012, 261 (262); *Förster*, BB 2011, 663 (665); *Förster*, DStR 2013, 1516 ff. (1517); a.A. *Martini*, ISR 2015, 97 (99 f.).
5 *Förster*, DStR 2013, 1516 ff. (1517); *Schauhoff/Kirchhain*, DStR 2012, 261 (262); *Kirchhain*, IWB 2014, 421 ff. (425); im Ergebnis ebenso BFH v. 22.3.2018 – X R 5/16, BStBl. II 2018, 651 Rz. 43 ff.
6 Zum Grundsatz der Vermögensbindung im Einzelnen *Seer* in T/K, § 55 AO Rz. 23 f.; *Schauhoff* in Schauhoff, Handbuch der Gemeinnützigkeit[3], § 6 Rz. 102 ff.
7 Es geht hierbei zumeist um die Kapitalverkehrsfreiheit, vgl. EuGH v. 14.9.2006 – C-386/04 – Stauffer, Slg. 2006, I-8203 Rz. 22.
8 *Schauhoff* in Schauhoff, Handbuch der Gemeinnützigkeit[3], § 6 Rz. 106; *Schauhoff/Kirchhain*, DStR 2012, 261 (263); *Kirchhain*, IWB 2014, 421 ff. (423); vgl. auch AEAO Nr. 26 Satz 2 zu § 55; inländische Einkünfte können allerdings nicht verlangt werden.
9 BFH v. 17.9.2013 – I R 16/12, BStBl. II 2014, 440 = ISR 2014, 133 m. Anm. *Hüttemann*; die satzungsmäßige Vermögensbindung ist unionsrechtlich nach Ansicht des BFH nicht zu beanstanden (Rz. 17).
10 BFH v. 13.9.1989 – I R 19/85 BStBl. II 1990, 28; *Musil* in H/H/Sp, §58 AO Rz. 22; a.A. z.B. *Hüttemann* in Gemeinnützigkeit, DStJG 26 (2003), S. 57: Erweiterung des Katalogs steuerbegünstigter Zwecke.

Mittel auch tatsächlich für gemeinnützige Zwecke (§§ 52-54 AO) verwendet hat.[1] Aus unionsrechtlicher Sicht ist ein derartiger Nachweis nicht zu beanstanden, wobei die Anforderungen an den Nachweis nicht so ausgestaltet sein dürfen, dass EU-Körperschaften faktisch aus dem Begünstigungsrahmen herausfallen.[2] Die vorgenannten Rechtsgrundsätze gelten auch für den Fall der teilweisen (nicht überwiegenden) Mittelweitergabe (§ 58 Nr. 2 AO).[3]

8.52 Die gemeinnützigkeitsrechtlichen Steuervergünstigungen werden nur gewährt, wenn sich aus der Satzung, dem Stiftungsgeschäft oder der sonstigen Verfassung ergibt, welchen Zweck die Körperschaft verfolgt (§ 59 Halbs. 1 AO). Dieser Grundsatz der satzungsmäßigen Gemeinnützigkeit findet seine Konkretisierung in den §§ 60, 61 AO. Diese Vorschriften gelten auch für EU-/EWR-Körperschaften, so dass deren **Satzungen** den Vorgaben des § 59 AO entsprechen müssen.[4] Maßstab[5] hierfür ist die in Anlage 1 zu § 60 AO abgedruckte Mustersatzung, die normativen Charakter hat (§ 60 Abs. 1 Satz 2 AO).[6] Die in der Mustersatzung bezeichneten Festlegungen können indessen nicht ohne weiteres von EU-/EWR-Körperschaften erfüllt werden, da diese insoweit ausschließlich dem Recht des betreffenden Sitzstaates unterliegen. Im Rahmen unionskonformer Auslegung reicht es daher aus, wenn die Satzungen von EU-/EWR-Körperschaften dem entsprechen, was in der Mustersatzung nach Maßgabe des deutschen Rechts verankert und durch die §§ 59–61 AO vorgegeben ist.[7]

8.53 Die mangelhafte Ausrichtung der Gemeinnützigkeitsvorschriften an unionsrechtliche Vorgaben zeigt sich auch in § 60a AO, wonach auf Antrag der Körperschaft oder von Amtswegen bei der Veranlagung zur Körperschaftsteuer eine Feststellung der Satzungsmäßigkeit erfolgt (§ 60a Abs. 2 AO).[8] Dieses **Feststellungsverfahren** gilt auch für EU-/EWR-Körperschaften,[9] und zwar ohne Rücksicht darauf, ob etwa eine beschränkte Steuerpflicht überhaupt gegeben ist.[10] Indessen ergibt sich aus dem Gesetz nicht, welches Finanzamt für EU-/EWR-Körperschaften zuständig sein soll. Im Hinblick darauf muss es aus unionsrechtlichen Gründen ausreichen, dass die ausländische EU-/EWR-Körperschaft den Antrag auf Erteilung eines Feststellungsbescheids (§ 60 Abs. 2 Nr. 1 AO), soweit eine Veranlagung zur Körperschaftsteuer nicht in Betracht kommt, bei irgendeinem inländischen Finanzamt stellt.[11]

---

1 Vgl. AEAO zu § 58 Nr. 1 AO.
2 Hierzu *Kirchhain*, DStR 2013, 2141 (2149 f.).
3 *Weitemeyer/Bornemann*, FR 2016, 437 (444).
4 Vgl. BFH v. 17.9.2013 – I R 16/12, BStBl. II 2014, 440 = GmbHR 2014, 431 = ISR 2014, 133 m. Anm. *Hüttemann*.
5 Maßstab der Gemeinnützigkeit auch ausländischer Rechtsträger ist das innerstaatliche (deutsche) Recht; vgl. BFH v. 20.12.2006 – I R 94/02, BStBl. II 2011, 331; v. 27.5.2009 – X R 46/05, BFH/NV 2009, 1633; v. 17.9.2013 – I R 16/12, BStBl. II 2014, 440 = ISR 2014, 133 m. Anm. *Hüttemann*; BMF v. 16.5.2011, BStBl. I 2011, 557; *Förster*, DStR 2013, 1516 ff. (1517).
6 *Seer* in T/K, § 60 AO Rz. 3.
7 *Seer* in T/K, § 59 AO Rz. 6; *Hüttemann*, Gemeinnützigkeits- und Spendenrecht[4], Rz. 1.136 f.; *Förster*, DStR 2013, 1516 ff. (1518); *Schauhoff/Kirchhain*, FR 2013, 301 (305).
8 Eingeführt durch das Ehrenamtsstärkungsgesetz v. 21.3.2013, BGBl. I 2013, 556.
9 *Seer* in T/K, § 60a AO Rz. 8; *Förster*, DStR 2013, 1516 ff. (1519); *Hüttemann*, DB 2013, 774 ff. (776); *Schauhoff/Kirchhain*, FR 2013, 301 ff. (305); *Kirchhain*, IWB 2014, 421 ff. (425).
10 *Seer* in T/K § 60a Rz. 8, *Kirchhain*, DStR 2014, 289 (292 f.); eine beschränkte Steuerpflicht verlangend dagegen AEAO zu § 60a Abs. 1 AO Nr. 3.5.2.
11 Dieses Ergebnis entspricht dem sog. Effektivitätsprinzip, wonach die Ausübung der unionsrechtlich verbürgten Grundfreiheiten nicht durch Formalien unmöglich oder übermäßig erschwert werden darf; EuGH v. 7.1.2004 – C-201/02 – Wells, Slg. 2004, I-723 Rz. 67; v. 19.9.2006 – C-392/04 u.a. – i-21 Germany-GmbH u. Arcor, Slg. 2006, I-8559 Rz. 57; *von Bogdandy/Schill* in G/H/N, Art. 4 EUV Rz. 81. Falls ein Spendenkonto im Inland eingerichtet worden ist, gilt allerdings die Zuständigkeitsregel des § 20 Abs. 3 AO (Belegenheit des Vermögens); so die Empfehlung von *Schauhoff/Kirchhain*, DStR 2013, 301 ff. (305).

III. Spendenrecht

Ebenso wie das Gemeinnützigkeitsrecht ist auch das Spendenrecht auf Grund der Rechtsprechung des EuGH[1] den unionsrechtlichen Vorgaben angepasst worden.[2] Das bedeutet, dass auch Zuwendungen (Spenden) an Rechtsträger in ausländischen EU-/EWR-Staaten als **Sonderausgaben** abzugsfähig sind (§ 10b Abs. 1 Satz 2 EStG). Soweit die vorgenannten ausländischen Körperschaften inländische Einkünfte erzielen, hängt der Spendenabzug davon ab, dass es sich um eine steuerbefreite Körperschaft gem. § 5 Abs. 1 Nr. 9 KStG handelt (§ 10b Abs. 1 Satz 2 Nr. 2 EStG). Soweit die ausländischen Rechtsträger keine inländischen Einkünfte erzielen, fallen sie unter § 10b Abs. 1 Satz 2 Nr. 3 EStG, wonach Voraussetzung für den Spendenabzug ist, dass die ausländische Körperschaft steuerbefreit wäre, wenn sie inländische Einkünfte erzielen würde. Darüber hinaus ist Voraussetzung, dass in den vorgenannten Fällen die ausländischen EU-/EWR-Ansässigkeitsstaaten Amtshilfe und Unterstützung bei der Beitreibung leisten (§ 10b Abs. 1 Sätze 3–5 EStG). Soweit die steuerbegünstigten Zwecke im Ausland verwirklicht werden, ist für den Sonderausgabenabzug weiterhin Voraussetzung, dass Steuerinländer gefördert werden oder dass die Tätigkeit des ausländischen Rechtsträgers neben der Verwirklichung der steuerbegünstigten Zwecke „auch zum Ansehen der Bundesrepublik Deutschland beitragen kann" (§ 10b Abs. 1 Satz 6 EStG). Insoweit besteht ein Gleichlauf mit den im Gemeinnützigkeitsrecht (§ 51 Abs. 2 AO) verankerten Regelungen.

8.54

Mit der Begrenzung auf EU-/EWR-Rechtsträger als begünstigte Empfänger bleibt § 10b Abs. 1 Satz 2 EStG hinter den Vorgaben der maßgeblichen EuGH-Rechtsprechung zurück. Grenzüberschreitende Spenden fallen nämlich unter den Schutzbereich der Kapitalverkehrsfreiheit (Art. 63 AEUV), die auch im Verhältnis zu Drittstaaten gilt (Art. 63 Abs. 1 AEUV). Die Schutzwirkungen der **Kapitalverkehrsfreiheit** werden in dem hier interessierenden Zusammenhang nicht durch die Stand-still-Klausel (Art. 64 Abs. 1 AEUV) suspendiert. Dies deshalb nicht, weil Spenden nicht als allein von Art. 64 Abs. 1 AEUV erfassten Direktinvestitionen zu qualifizieren sind.[3] Der Ausschluss von Drittstaaten-Körperschaften ist allerdings gerechtfertigt, „wenn es sich, insbesondere wegen des Fehlens einer vertraglichen Verpflichtung des Drittlands zur Erteilung von Auskünften, als unmöglich erweist, die erforderlichen Auskünfte von diesem Land zu erhalten"[4]. Die in § 10b Abs. 1 Satz 3 EStG geforderte Unterstützung bei der Beitreibung durch den ausländischen Ansässigkeitsstaat geht allerdings über die vorgenannte Rechtfertigungsgrenze hinaus. Aus deutscher Sicht rechtfertigt sich der Rückgriff auf Beitreibungsmöglichkeiten nämlich nur unter dem Gesichtspunkt einer etwaigen Haftung des Zuwendungsempfängers (§ 10b Abs. 4 Sätze 2–5 EStG). Den Spendenabzug von einer nur im Ausnahmefall (Haftung) erforderlichen Beitreibungshilfe durch den Ansässigkeitsstaat abhängig zu machen, geht indessen über das erforderliche Maß hinaus. Im Hinblick darauf ist der Spendenabzug zu gewähren, wenn seitens des Steuerpflichtigen Nachweise vorgelegt werden, die es als ausgeschlossen erscheinen lassen, dass ein Haftungsfall eintritt.[5] Insoweit ist also § 10b Abs. 1 Sätze 3–5 EStG unionskonform einschränkend zur Anwendung zu bringen. Entsprechendes gilt auch für § 10b Abs. 1 Satz 6 EStG, wonach als Voraussetzung für den Spendenabzug gefordert wird, dass die Tätigkeit des Zuwendungsempfängers „auch zum Ansehen der Bundesrepublik Deutschland beitragen kann". Dieser strukturelle Inlandsbezug gilt zwar auch für inländische Zuwendungsempfänger, tatsächlich wird die von Gesetzes wegen gebotene „Ansehenssteigerung" aber bei inländischen gemeinnützigen Körperschaften unterstellt (vgl. hierzu Rz. 8.49). Diese

8.55

---

1 Vor allem EuGH v. 27.1.2009 – C-318/07 – Persche, BStBl. II 2010, 440.
2 EU-Umsetzungsgesetz v. 8.4.2010, BGBl. I 2010, 386.
3 Vgl. EuGH v. 13.11.2012 – C-35/11 – Test Claimants in the FII-Group Litigation, ECLI:EU:C:2012:707 = IStR 2012, 924 = ISR 2013, 18 m. Anm. *Henze*; v. 24.5.2007 – C-157/05 – Hohlböck, Slg. 2007, I-4051; BFH v. 29.8.2012 – I R 7/12, BStBl. II 2013, 89 = ISR 2013, 13 m. Anm. *Quilitzsch*; v. 18.12.2013 – I R 71/10, GmbHR 2014, 547 m. Anm. *Haritz/Werneburg* = ISR 2014, 174 m. Anm. *Pohl* = BFH/NV 2014, 759; *Press/Ukrov* in G/H/N, Art. 64 AEUV Rz. 15; *Kulosa* in H/H/R, § 10b EStG Rz. 47; *von Proff*, IStR 2009, 371 ff. (376).
4 EuGH v. 27.1.2009 – C-118/07 – Persche, BStBl. II 2010, 440 Rz. 70.
5 *Kulosa* in H/H/R, § 10b EStG Rz. 55.

Ungleichbehandlung ist unionsrechtlich unzulässig, so dass auch bei ausländischen Zuwendungsempfängern nicht anders zu verfahren ist.[1]

8.56 Dass Spenden nur abgezogen werden dürfen, wenn sie durch eine Zuwendungsbestätigung nachgewiesen werden, ist auch unter unionsrechtlichen Gesichtspunkten unbedenklich. Das gilt auch dann, wenn der Nachweis nach amtlich vorgeschriebenen Vordrucken zu erfolgen hat (§ 50 Abs. 1a EStDV).[2] Das entsprechende Vordruckmuster muss aber so ausgestaltet sein, dass auch ausländische Zuwendungsempfänger hiervon Gebrauch machen können. Das ist derzeit nicht der Fall, so dass in Orientierung nur am Wortlaut des § 50 Abs. 1 EStDV ein Sonderausgabenabzug bei grenzüberschreitenden Spenden ausgeschlossen ist. Um der Kapitalverkehrsfreiheit zu entsprechen, ist es daher geboten, ausländischen Zuwendungsempfängern die **Zuwendungsbestätigung** auch auf andere Art und Weise zu gestatten.[3] Entsprechendes gilt auch für die im § 50 Abs. 5 EStDV geregelten Erleichterungen, wonach etwa bei Zuwendungen zu Hilfen in Katastrophenfällen ein vereinfachter Zuwendungsnachweis bei Spenden an inländische Zuwendungsempfänger ausreicht. Ein genereller Ausschluss ausländischer Zuwendungsempfänger ist daher mit der Kapitalverkehrsfreiheit unvereinbar, so dass § 50 Abs. 5 EStDV auch auf entsprechende ausländische Zuwendungsempfänger auszudehnen ist.[4]

C. Erbschaft- und Schenkungsteuerrecht

Literatur: Brinkmann, Europarechtsverstöße im deutschen Erbschaftsteuerrecht, Diss. Münster 2006, Aachen 2007; *Busch*, Deutsches Erbschaftsteuerrecht im Lichte der europäischen Grundfreiheiten – Teil I: Untersuchung der Vereinbarkeit der persönlichen Freibeträge der §§ 16 und 17 ErbStG sowie der sachlichen Steuerbefreiung des § 13 Nr. 4a ErbStG mit dem Europarecht, IStR 2002, 448; *Busch*, Deutsches Erbschaftsteuerrecht im Lichte der europäischen Grundfreiheiten – Teil II: Untersuchung des Betriebsvermögensfreibetrages und Bewertungsabschlages (§ 13a Abs. 1 u. 2 ErbStG) auf ihre Vereinbarkeit mit dem Europarecht, IStR 2002, 475; *Corsten/Führich*, Europarechtliche Aspekte der Erbschaftsteuerreform, ZEV 2009, 481; *Hamdan*, Verfassungs- und europarechtliche Probleme der Anrechnungsmethode des § 21 ErbStG, ZEV 2007, 401; *Hey*, Erbschaftsteuer: Europa und der Rest der Welt, Zur Europarechtskonformität des ErbStG n.F. insbesondere im Hinblick auf Drittstaatssachverhalte, DStR 2011, 1149; *Scheller/Bader*, Wie weit reichen die europarechtlichen Grundfreiheiten in der Erbschaftsteuer bei Drittlandsfällen, insbesondere gegenüber der Schweiz, ZEV 2011, 112; *Schneider/Deranco*, Der EuGH zur beschränkten Erbschaft- und Schenkungsteuerpflicht, Der Gesetzgeber muss erneut tätig werden, NWB 2016, 3236; *Seitz*, EuGH und Erbschaftsteuer: Europarechtswidrigkeit der Bewertung des Auslandsvermögens, Besprechung des EuGH-Urteils vom 17.1.2008 – Rs. C-256/06, IStR 2008, 144, IStR 2008, 349; *Wachter*, Das Erbschaftsteuerrecht auf dem Prüfstand des Europäischen Gerichtshofs, Zugleich Anmerkung zu EuGH, Urt. v. 11.12.2003 – Rs. C-364/01, DStR 2004, 540; *Werkmüller*, Der Fall „Mattner" oder: Der zunehmende Einfluss der EuGH-Rechtsprechung auf das deutsche Erbschaft- und Schenkungsteuerrecht, IStR 2010, 360.

I. Bedeutung der Grundfreiheiten für das Erbschaft- und Schenkungsteuerrecht

8.57 Gemäß Art. 3 Abs. 3 Satz 1 EUV errichtet die EU einen Binnenmarkt. Dieser umfasst einen Raum ohne Binnengrenzen, in dem der freie Verkehr von Waren, Personen, Dienstleistungen und Kapital gemäß den Bestimmungen der Verträge gewährleistet ist (Art. 26 Abs. 2 AEUV). Die Grundfreiheiten stellen mithin in erster Linie dem freien wirtschaftlichen Verkehr dienende Rechte des Einzelnen dar. Gleichwohl haben sie auch für private Rechtsvorgänge wie Erbschaften und Schenkungen, die sich außerhalb

---

1 *Kulosa* in H/H/R, § 10b EStG Rz. 56; *Geserich*, DStR 2009, 1173 ff. (1176); *von Proff*, IStR 2009, 371 ff. (375); ferner zu § 51 Abs. 2 AO *Seer* in T/K, § 51 AO Rz. 8 m.w.N.; im Ergebnis ebenso BFH v. 22.3.2018 – X R 5/16, BStBl. II 2018, 651 Rz. 43 ff.
2 Ermächtigungsgrundlage § 51 Abs. 1 Nr. 2 Buchst. c EStG.
3 *Kulosa* in H/H/R, § 10b EStG Rz. 81.
4 *Kulosa* in H/H/R, § 10b EStG Rz. 85.

erwerbswirtschaftlicher Betätigungen ereignen, Bedeutung. Nach inzwischen ständiger Rechtsprechung des EuGH sind die nationalen Regelungen grenzüberschreitender Erbschaften und Schenkungen an der **Kapitalverkehrsfreiheit gem. Art. 63 AEUV** zu messen.[1] Denn unter den Begriff des Kapitalverkehrs fallen sowohl Erbschaften, mit denen das Vermögen eines Erblassers auf eine oder mehrere Personen übergeht,[2] als auch Schenkungen, unabhängig davon, ob es sich um Geldbeträge, um bewegliche oder unbewegliche Sachen handelt.[3] Zu den Beschränkungen des Kapitalverkehrs zählen solche Maßnahmen, die eine Wertminderung des Nachlasses oder der Schenkung dessen bewirken, der in einem anderen Staat als derjenige ansässig ist, in dem sich die betreffenden Vermögensgegenstände befinden, und der deren Erwerb besteuert.[4] Eine Beschränkung des Kapitalverkehrs stellt es daher insbesondere dar, wenn auf bestimmte grenzüberschreitende Vorgänge des freien Kapitalverkehrs ein höherer Steuersatz angewendet wird.[5]

Art. 65 Abs. 1 Buchst. a AEUV bestimmt, dass Art. 63 AEUV nicht das Recht der Mitgliedstaaten berührt, die einschlägigen Vorschriften ihres Steuerrechts anzuwenden, die Steuerpflichtige mit unterschiedlichem Wohnsitz oder Kapitalanlageort unterschiedlich behandeln. Diese Vorschrift ist als Ausnahme vom Grundsatz des freien Kapitalverkehrs allerdings eng auszulegen. Sie kann somit nicht dahin verstanden werden, dass jede Steuerregelung, die zwischen Steuerpflichtigen nach ihrem Wohnort oder nach dem Mitgliedstaat ihrer Kapitalanlage unterscheidet, ohne Weiteres mit dem Vertrag vereinbar wäre.[6] Nach Art. 65 Abs. 3 AEUV dürfen die Maßnahmen und Verfahren weder ein Mittel zur willkürlichen Diskriminierung noch eine verschleierte Beschränkung des freien Kapital- und Zahlungsverkehrs i.S.d. Art. 63 AEUV darstellen. Von dieser Systematik ausgehend sind nach der Auffassung des EuGH nur solche Vorschriften mit dem Vertrag vereinbar, wenn die unterschiedliche Behandlung Situationen betrifft, die nicht objektiv vergleichbar sind, oder wenn sie durch einen zwingenden Grund des Allgemeininteresses gerechtfertigt ist.[7] Im Ergebnis hat die Vorschrift des Art. 65 Abs. 1 Buchst. a AEUV allein **deklaratorischen Charakter**.[8]

8.58

Nur ausnahmsweise sind Vorschriften des Erbschaft- und Schenkungsteuerrechts an der **Niederlassungsfreiheit** des Art. 49 ff. AEUV zu messen.[9] Zur Abgrenzung der beiden Grundfreiheiten stellt der EuGH auf den Gegenstand der zu überprüfenden Norm ab.[10] Grundsätzlich kann eine Regelung, die nicht nur auf Beteiligungen anwendbar ist, die es ermöglichen, einen sicheren Einfluss auf die Ent-

8.59

---

1 EuGH v. 17.1.2008 – C-256/06 – Jäger, Slg. 2008, I-123 Rz. 21 ff.; v. 22.4.2010 – C-510/08 – Mattner, Slg. 2010, I-3553 = FR 2010, 528 m. Anm. *Billig* Rz. 17 ff.
2 EuGH v. 17.1.2008 – C-256/06 – Jäger, Slg. 2008, I-123 Rz. 25; v. 11.9.2008 – C-11/07 – Eckelkamp, Slg. 2008, I-6845 Rz. 39; v. 11.9.2008 – C-43/07 – Arens-Sikken, Slg. 2008, I-6887 Rz. 30; v. 12.2.2009 – C-67/08 – Block, Slg. 2009, I-883 = FR 2009, 294 m. Anm. *Billig* Rz. 20; v. 15.10.2009 – C-35/08 – Busley und Cibrian Fernandez, Slg. 2009, I-9807 Rz. 18; v. 17.10.2013 – C-181/12 – Welte, ECLI:EU:C:2013:662 – Rz. 20 = BFH/NV 2013, 2046 = ISR 2014, 25 m. Anm. *Felten*.
3 EuGH v. 22.4.2010 – C-510/08 – Mattner, Slg. 2010, I-3553 Rz. 20 = FR 2010, 528 m. Anm. *Billig*.
4 EuGH v. 10.2.2011 – C-25/10 – Missionswerk Werner Heukelbach, Slg. 2011, I-497 Rz. 22.
5 EuGH v. 27.1.2009 – C-318/07 – Persche, Slg. 2009, I-359 Rz. 38; v. 10.2.2011 – C-25/10 – Missionswerk Werner Heukelbach, Slg. 2011, I-497 Rz. 25.
6 EuGH v. 17.1.2008 – C-256/06 – Jäger, Slg. 2008, I-123 Rz. 40.
7 EuGH v. 6.6.2000 – C-35/98 – Verkooijen Slg. 2000, I-4071 Rz. 43; v. 7.9.2004 – C-319/02 – Manninen, Slg. 2004, I-7477 Rz. 29; v. 8.9.2005 – C-512/03 – Blanckaert, Slg. 2005, I-7685 Rz. 42; v. 19.1.2006 – C-265/04 – Bouanich, Slg. 2006, I-923 Rz. 38; v. 11.10.2007 – C-443/06 – Hollmann, Slg. 2007, I-8491 Rz. 45; v. 17.1.2008 – C-256/06 – Jäger, Slg. 2008, I-123 Rz. 42; v. 20.9.2018 – C-685/16 – EV, DStR 2018, 216 Rz. 87.
8 FG Münster v. 20.9.2016 – 9 K 3911/13 F, EFG 2017, 323; *Schönfeld*, StuW 2005, 158, 163.
9 EuGH v. 25.10.2007 – C-464/05 – Geurts und Vogten, Slg. 2007, I-9325 für den Fall der Steuerbefreiung für ein Familienunternehmen; dazu *Hey*, DStR 2011, 1149 (1151).
10 EuGH v. 24.5.2007 – C-157/05 – Holböck, Slg. 2007, I-4051 Rz. 22; v. 17.9.2009 – C-182/08 – Glaxo Wellcome, Slg. 2009, I-8591 Rz. 36; v. 23.1.2014 – C-164/12 – DMC, DStR 2014, 193 Rz. 29; v. 10.4.2014 – C-190/12 – Emerging Markets Series of DFA Investment Trust Company, IStR 2014, 333 Rz. 25.

scheidungen einer Gesellschaft auszuüben und deren Tätigkeiten zu bestimmen, sondern unabhängig vom Umfang der Beteiligung eines Aktionärs an einer Gesellschaft gilt, sowohl unter Art. 49 AEUV als auch unter Art. 63 AEUV fallen.[1] Der EuGH prüft aber die in Rede stehende Vorschrift nur im Hinblick auf nur eine dieser beiden Freiheiten, wenn sich herausstellt, dass eine der Freiheiten unter den Umständen des Ausgangsfalls gegenüber der anderen völlig zweitrangig ist und ihr zugeordnet werden kann.[2] Insoweit hat der Gerichtshof wiederholt entschieden, dass eine nationale Regelung, die *nur* auf Beteiligungen anwendbar ist, die es ermöglichen, einen sicheren Einfluss auf die Entscheidungen einer Gesellschaft auszuüben und deren Tätigkeiten zu bestimmen, unter die Bestimmungen des Vertrags über die Niederlassungsfreiheit fällt. Hingegen sind nationale Bestimmungen über Beteiligungen, die in der *alleinigen* Absicht der Geldanlage erfolgen, ohne dass auf die Verwaltung und Kontrolle des Unternehmens Einfluss genommen werden soll, ausschließlich im Hinblick auf den freien Kapitalverkehr zu prüfen.[3] Kann dies *bei innergemeinschaftlichen Sachverhalten* anhand der Normstruktur nicht sicher beantwortet werden, stellt der EuGH auf die Umstände des konkreten Falls ab.[4] Diese Grundsätze gelten aber allein bei innergemeinschaftlichen Sachverhalten. In *Drittstaatenkonstellationen* ist die Abgrenzung zwischen den beiden Grundfreiheiten gegenüber innergemeinschaftlichen Sachverhalten leicht verschoben.[5] Hier kommt es nicht hilfsweise auf die konkreten Umstände des Einzelfalls an; wenn die Norm nicht auf eine Beteiligung abstellt, die einen sicheren Einfluss auf die Geschicke der Gesellschaft erlaubt, können sich Steuerpflichtige in Drittstaatenkonstellationen auf die Kapitalverkehrsfreiheit (Art. 63 AEUV) berufen.[6]

8.60 Für die Normbetroffenen kann sich nachteilig auswirken, dass der Schutzbereich der Niederlassungsfreiheit eröffnet ist. Denn im Rahmen ihres Anwendungsbereichs verdrängt die Niederlassungsfreiheit die Kapitalverkehrsfreiheit gem. Art. 63 ff. AEUV, die als einzige Grundfreiheit auch in **Drittstaatssachverhalten** anwendbar ist. Sollten Vorschriften, die zu Beschränkungen der Niederlassungsfreiheit führen, zugleich den freien Kapitalverkehr beschränken, sind derartige Auswirkungen nach Auffassung des EuGH unvermeidliche Konsequenz einer Beschränkung der Niederlassungsfreiheit, so dass keine eigenständige Prüfung der Kapitalverkehrsfreiheit gerechtfertigt sei.[7]

8.61 Besonderheiten gelten im Verhältnis zur **Schweiz**. Am 1.7.2002 ist das Abkommen der Schweizer Eidgenossenschaft einerseits und der Europäischen Gemeinschaft und ihrer Mitgliedstaaten andererseits über Freizügigkeit (FZA)[8] in Kraft getreten. Durch Art. 2 FZA sind Diskriminierungen der Staatsangehörigen einer Vertragspartei untersagt. Zur Erreichung dieses Ziels wird auf die Rechtsakte der EU Bezug genommen (Art. 16 FZA), so dass auf schweizerische Staatsangehörige die Grundfreiheiten entsprechende Anwendung finden.[9] Für schweizerische Staatsangehörige ist demnach unerheblich, ob die Kapitalverkehrsfreiheit oder die Niederlassungsfreiheit einschlägig ist.

II. Erweiterte unbeschränkte Steuerpflicht

8.62 Die persönliche Steuerpflicht für Erwerbe von Todes wegen, Schenkungen unter Lebenden und Zweckzuwendungen tritt für den gesamten Vermögensanfall ein, wenn der Erblasser zur Zeit seines

---

1 EuGH 11.11.2010 – C-543/08 – Kommission/Portugal, Slg. 2010, I-11241 Rz. 43; v. 23.1.2014 – C-164/12 – DMC, DStR 2014, 193 Rz. 31.
2 EuGH 3.10.2006 – C-452/04 – Fidium Finanz, Slg. 2006, I-9521 Rz. 34; v. 23.1.2014 – C-164/12 – DMC, DStR 2014, 193 Rz. 30.
3 EuGH 15.9.2011 – C-310/09 – Accor, Slg. 2011, I-8115 Rz. 32; v. 7.9.2017 – C-6/16 – Equiom und Enka, HFR 2018, 175 Rz. 41; v. 20.12.2017 – C-504/16 und C-613/16 – Deister Holding, DStR 2018, 119 Rz. 78.
4 EuGH 20.12.2017 – C-504/16 und C-603/16 – Deister Holding, DStR 2018, 119 Rz. 81.
5 *Unger*, EuZW 2015, 67 f.
6 Vgl. FG Münster 20.9.2016 – 9 K 3911/13 F, EFG 2017, 323, Az. EuGH: C-685/16; ebenso EuGH, Schlussanträge des Generalanwalts *Wathelet* v. 7.2.2018 – C-685/16 – EV, ECLI:EU:C:2018:70.
7 EuGH v. 18.6.2009 – C-303/07 – Aberdeen Property Fininvest Alpha, Slg. 2009, I-5145 Rz. 35.
8 V. 21.6.1999, BGBl. II 2001, 810; vgl. hierzu ausführlich *Erhard* in F/W/K, Art. 1 DBA-Schweiz Rz. 52 ff.
9 *Scheller/Bader*, ZEV 2011, 112 (117).

Todes, der Schenker zur Zeit der Ausführung der Schenkung oder der Erwerber zur Zeit der Entstehung der Steuer nach § 9 ErbStG ein Inländer ist (§ 2 Abs. 1 Nr. 1 Satz 1 ErbStG). Als Inländer i.s. dieser Vorschrift gelten insbesondere auch deutsche Staatsangehörige, die sich nicht länger als fünf Jahre dauernd im Ausland aufgehalten haben, ohne im Inland einen Wohnsitz zu haben (§ 2 Abs. 1 Nr. 1 Satz 2 Buchst. b ErbStG). Diese Regelung dürfte nicht gegen die Kapitalverkehrsfreiheit des Art. 63 AEUV verstoßen.[1] Für den Fall einer niederländischen Regelung hat der EuGH die erweiterte unbeschränkte Steuerpflicht gebilligt. Mangels anderweitiger unionsrechtlicher Bestimmungen führt die erweiterte unbeschränkte Steuerpflicht nach Auffassung des EuGH zu einer **sachgerechten Aufteilung der Steuerhoheiten**.[2]

Dem kann auch nicht entgegen gehalten werden, der Steuerpflichtige könne durch die erweiterte unbeschränkte Steuerpflicht der Besteuerung sowohl im Zuzugstaat als auch Deutschland (Wegzugstaat) unterliegen. Insoweit könne sich ein Wegzug aus Deutschland als Steuerfalle erweisen.[3] In der Rechtssache Block[4] hat der EuGH entschieden, dass nach dem gegenwärtigen Stand des Unionsrechts eine gewisse **Autonomie der Mitgliedstaaten in dem Bereich der Erbschaftsteuer** bestehe, durch die diese nicht gezwungen seien, ihr eigenes Steuersystem den verschiedenen Systemen anderer Staaten anzupassen, um namentlich die sich aus der parallelen ihrer Besteuerungsbefugnisse ergebende Doppelbesteuerung zu beseitigen. Zwar mag diese Rechtsprechung im Zusammenhang mit der Nichtanrechnung ausländischer Erbschaftsteuer ergangen sein. Die Überlegung gilt aber gleichfalls für die erweiterte unbeschränkte Steuerpflicht, die ebenso zu einer Doppelbesteuerung aufgrund einer parallelen Ausübung von Besteuerungsbefugnissen führen kann.[5]

8.63

III. Steuerbefreiungen

1. Gegenstände, deren Erhalt im öffentlichen Interesse liegt

Steuerbefreit sind unter näher bezeichneten Voraussetzungen gem. § 13 Abs. 1 Nr. 2 ErbStG ganz oder zu 60 % bzw. 85 % Grundbesitz oder Teile von Grundbesitz, Kunstgegenstände, Kunstsammlungen, wissenschaftliche Sammlungen, Bibliotheken und Archive. Gemäß R E 13.2 Abs. 1 Satz 1 ErbStR 2011 kommen allein Gegenstände in Betracht, die sich im Inland oder in einem Mitgliedstaat der Europäischen Union oder in einem Staat des Europäischen Wirtschaftsraums befinden und für mindestens zehn Jahre dort verbleiben. Der Versuch der Verwaltung, die Europarechtswidrigkeit der bis dahin bestehenden Richtlinienbestimmung zu beseitigen,[6] nach der allein Gegenstände, die sich im Inland befinden, steuerbefreit waren (R 42 Abs. 1 Satz 1 ErbStR 2003), dürfte angesichts des Umstandes untauglich sein, dass die einschlägige Grundfreiheit die Kapitalverkehrsfreiheit ist, die auch auf Drittstaatssachverhalte anwendbar ist. Die Kapitalverkehrsfreiheit würde hiervon ausgehend eine Steuerbefreiung auch in Drittstaatssachverhalten gebieten. Die Kritik betrifft jedoch allein die Richtlinienbestimmung. Der Gesetzeswortlaut lässt demgegenüber keinen strukturellen Inlandsbezug erkennen[7] und kann unionsrechtskonform ausgelegt werden.[8] Unter Außerachtlassung der rechtswidrigen Richtlinienbestimmung ergibt sich eine Steuerbefreiung folglich unmittelbar aus dem Gesetz. Auch der EuGH verlangt in Auslegung der Grundfreiheiten aber keine weltweite Befreiung von Kunstdenkmälern. Aus der Rechtsprechung ergibt sich, dass eine grenzüberschreitende Steuerbefreiung jedenfalls insoweit verlangt wird, dass ein Denkmal im Hoheitsgebiet eines anderen Staats dann von der Erbschaft-

8.64

---

1 *Hey*, DStR 2011, 1149 (1153); *Scheller/Bader*, ZEV 2011, 112 (114); a.A. *Schaumburg/von Freeden* in Schaumburg, Internationales Steuerrecht[4], Rz. 8.24; *Wachter*, ZErb 2005, 104 (108 f.).
2 EuGH v. 23.2.2006 – C-513/03 – van Hilten-van der Heijden, Slg. 2006, I-1957 Rz. 47.
3 In diesem Sinne *Schaumburg/von Freeden* in Schaumburg, Internationales Steuerrecht[4], Rz. 8.24.
4 EuGH v. 12.2.2009 – C-67/08 – Block, Slg. 2009, I-883 Rz. 29 ff.
5 *Jüptner* in F/J/P/W, Einführung, Rz. 97; den Gedanken verallgemeinernd auch *Hey*, DStR 2011, 1149 (1153).
6 *Hey*, DStR 2011, 1149 (1155).
7 *Hannes/Holtz* in Meincke/Hannes/Holtz, ErbStG[17], § 13 Rz. 9; *Schmitt* in Tiedtke, ErbStG, § 13 Rz. 40.
8 *Hey*, DStR 2011, 1149 (1155).

und Schenkungsteuer befreit wird, wenn es zum nationalen kulturgeschichtlichen Erbe Deutschlands gehört.[1] Eine darüber hinausgehende weltweite Steuerbefreiung ist unionsrechtlich nicht geboten. Der EuGH akzeptiert hiermit, dass sich das kulturgeschichtliche Erbe grundsätzlich national definiert.[2] Demgegenüber mag eine Steuerbefreiung für Kunstgegenstände, an denen kein nationales Interesse besteht, nach der EuGH-Rechtsprechung nicht geboten sein; eine Versagung der Steuerbefreiung kann angesichts des offenen Wortlauts auf § 13 Abs. 1 Nr. 2 Buchst. a ErbStG aber nicht angenommen werden.[3]

2. Zuwendungen an Religionsgemeinschaften und gemeinnützige Körperschaften

8.65 Gemäß § 13 Abs. 1 Nr. 16 Buchst. a und b Satz 1 ErbStG sind steuerbefreit die Zuwendungen an *inländische* Religionsgesellschaften des öffentlichen Rechts oder an *inländische* jüdische Kultusgemeinden oder an *inländische* Körperschaften, Personenvereinigungen und Vermögensmassen, die nach der Satzung, dem Stiftungsgeschäft oder der sonstigen Verfassung und nach ihrer tatsächlichen Geschäftsführung ausschließlich und unmittelbar kirchlichen, gemeinnützigen oder mildtätigen Zwecken dienen. Ein solcher Inlandsbezug für die Steuerbefreiung wäre mit dem Unionsrecht nicht vereinbar.[4] Zwar entspricht es der Auffassung des EuGH, dass die Mitgliedstaaten für die Gewährung bestimmter Steuervergünstigungen verlangen dürfen, dass eine hinreichend enge Verbindung zwischen den Organisationen, bei denen er anerkennt, dass sie bestimmte Gemeinwohlziele verfolgen, und den Tätigkeiten besteht, die diese ausüben. Hiernach kann der Gesetzgeber die Gewährung solcher Vergünstigungen jedoch nicht Einrichtungen vorbehalten, die in seinem Hoheitsgebiet ansässig sind und deren Tätigkeiten ihn daher von bestimmten Aufgaben entlasten können.[5] Nach Auffassung des EuGH befinden sich nach ausländischem Recht dem Gemeinwohl verpflichtete Einrichtungen, die in einem anderen Mitgliedstaat ansässig sind, mit entsprechenden inländischen Einrichtungen in einer vergleichbaren Situation.[6] Aus diesem Grund befreit § 13 Abs. 1 Nr. 16 Buchst. c ErbStG auch Zuwendungen an ausländische Religionsgesellschaften, Körperschaften, Personenvereinigungen und Vermögensmassen der in den Buchstaben a und b bezeichneten Art von der Erbschaft- und Schenkungsteuer unter der Voraussetzung, dass der ausländische Staat für Zuwendungen an deutsche Rechtsträger der in den Buchstaben a und b bezeichneten Art eine entsprechende Steuerbefreiung gewährt und das Bundesministerium der Finanzen dies durch förmlichen Austausch entsprechender Erklärungen mit dem ausländischen Staat feststellt. Aber auch hierdurch dürfte der Unionsrechtsverstoß nicht beseitigt sein;[7] dies gilt insbesondere dann, wenn man mit der Finanzverwaltung davon ausgeht, dass eine zur Befreiung von der deutschen Erbschaft- oder Schenkungsteuer notwendige Gegenseitigkeit nur dann vorliegt, wenn der ausländische Staat eine Erbschaftsteuer erhebt und seinerseits eine der deutschen Steuerbefreiung entsprechende Befreiung für Zuwendungen an deutsche steuerbegünstigte Körperschaften gewährt (R E 13.9 Satz 2 ErbStR 2011). Denn die Gegenseitigkeit ist zur Rechtfertigung schon deshalb nicht geeignet, weil es nicht um personenidentische Vorteile geht.[8]

---

[1] So zur Niederlassungsfreiheit und zur Einkommensteuer EuGH v. 18.12.2014 – C-87/13 – X, DStR 2015, 70.
[2] *Jülicher* in Troll/Gebel/Jülicher/Gottschalk, § 13 Rz. 23.
[3] A.A. *Hannes/Holtz* in Meincke/Hannes/Holtz, ErbStG[17], § 13 Rz. 9 mit dem Beispiel eines Gegenstandes, für den nur ein öffentliches Interesse in Korea besteht.
[4] *Hey*, DStR 2011, 1149 (1155 f.).
[5] EuGH v. 10.2.2011 – C-25/11 – Missionswerk Werner Heukelbach, Slg. 2011, I-497 Rz. 30.
[6] EuGH v. 10.2.2011 – C-25/11 – Missionswerk Werner Heukelbach, Slg. 2011, I-497 Rz. 33.
[7] Krit. auch *Jüptner/Pahlke* in F/J/P/W, Einführung, Rz. 105.
[8] *Hey*, DStR 2011, 1149 (1156).

3. Begünstigung von Betriebsvermögen

a) Die geltende deutsche Rechtslage

Begünstigtes Vermögen i.S.d. § 13b Abs. 2 ErbStG bleibt grundsätzlich zu 85 % steuerfrei (**Verschonungsabschlag**), wenn der Erwerb begünstigten Vermögens i.S.d. § 13b Abs. 2 ErbStG zuzüglich der Erwerbe i.S.d. Satzes 2 insgesamt 26 Millionen Euro nicht übersteigt. Zu dem begünstigten Vermögen zählen (§ 13b Abs. 1 ErbStG):

8.66

- der *inländische* Wirtschaftsteil des land- und forstwirtschaftlichen Vermögens (§ 168 Abs. 1 Nr. 1 BewG) mit Ausnahme der Stückländereien (§ 168 Abs. 2 BewG) und selbst bewirtschaftete Grundstücke i.S.d. § 159 BewG sowie entsprechendes land- und forstwirtschaftliches Vermögen, das einer Betriebsstätte in einem Mitgliedstaat der Europäischen Union oder in einem Staat des Europäischen Wirtschaftsraums dient;

- *inländisches* Betriebsvermögen (§§ 95 bis 97 BewG) beim Erwerb eines ganzen Gewerbebetriebs, eines Teilbetriebs, eines Anteils an einer Gesellschaft i.S.d. § 15 Abs. 1 Satz 1 Nr. 2 und Abs. 3 oder § 18 Abs. 4 EStG, eines Anteils eines persönlich haftenden Gesellschafters einer Kommanditgesellschaft auf Aktien oder eines Anteils daran und entsprechendes Betriebsvermögen, das einer Betriebsstätte in einem Mitgliedstaat der Europäischen Union oder in einem Staat des Europäischen Wirtschaftsraums dient;

- Anteile an Kapitalgesellschaften, wenn die Kapitalgesellschaft zur Zeit der Entstehung der Steuer *Sitz oder Geschäftsleitung im Inland* oder in einem Mitgliedstaat der Europäischen Union oder in einem Staat des Europäischen Wirtschaftsraums hat und der Erblasser oder Schenker am Nennkapital dieser Gesellschaft zu mehr als 25 % unmittelbar beteiligt war (Mindestbeteiligung).

Die Steuerfreiheit gilt indes nur, wenn der Wert der Zuwendung oder der Gesamtwert der Zuwendung von derselben Person innerhalb der letzten zehn Jahre **26 Mio. € nicht übersteigt**. Auch ein nachträgliches Überschreiten der Grenze ist schädlich und führt zu einem rückwirkenden Wegfall der Steuerfreiheit (§ 13a Abs. 1 Sätze 1 und 2 ErbStG). In Anspruch genommen werden kann der Verschonungsabschlag bei Beteiligungen an einer Personengesellschaft und Anteilen an einer Personengesellschaft allerdings nur, wenn die Vorgaben zur **Mindestlohnsumme** in der Lohnsummenfrist (fünf Jahre nach dem Erwerb) eingehalten werden (§ 13a Abs. 3 ErbStG). Der nach Anwendung des Verschonungsabschlags verbleibende – grundsätzlich steuerpflichtige – Teil der Zuwendung kann ebenfalls steuerfrei sein, wenn der Wert dieses Vermögens 150.000 € nicht übersteigt (Abzugsbetrag, § 13a Abs. 2 Satz 1 ErbStG). Der Abzugsbetrag vermindert sich, soweit der Wert dieses Vermögens insgesamt die Wertgrenze von 150.000 € übersteigt, um 50 % des diese Wertgrenze übersteigenden Betrags (§ 13a Abs. 2 Satz 2 ErbStG). Ab einem Zuwendungswert von 3.000.000 € ist der Abzugsbetrag m.a.W. vollständig abgeschmolzen. Damit der Verschonungsabschlag und der Abzugsbetrag nicht ganz oder teilweise entfallen, darf es innerhalb einer Behaltensfrist von fünf Jahren nach dem Erwerb seitens des Erwerbers ferner nicht zu einem schädlichen Vorgang i.S.d. § 13a Abs. 6 ErbStG kommen.

8.67

b) Vereinbarkeit der deutschen Rechtslage mit dem Unionsrecht

Unionsrechtlich ist die teilweise Steuerbefreiung für Betriebsvermögen – auch nach der Neuregelung durch das Gesetz zur Anpassung des Erbschaftsteuer- und Schenkungsteuergesetzes an die Rechtsprechung des Bundesverfassungsgerichts[1] – **nicht zu beanstanden**. Dies liegt daran, dass der Gesetzgeber die Steuerbefreiung ausdrücklich auf EU- und EWR-Sachverhalte erstreckt hat. Zur Beseitigung unionsrechtlicher Bedenken ist dies ausreichend, weil ausnahmsweise nicht die Kapitalverkehrsfreiheit, son-

8.68

---

1 V. 4.11.2016, BGBl. I 2016, 2464.

dern die Niederlassungsfreiheit einschlägig ist.[1] Die Regelung eines Mitgliedstaats, nach der bei der Berechnung der Erbschaftsteuer die Anwendung bestimmter Steuervergünstigungen auf einen Nachlass in Form der Beteiligung an einer Kapitalgesellschaft mit Sitz in einem Drittstaat ausgeschlossen ist, während diese Vergünstigungen beim Erwerb einer solchen Beteiligung von Todes wegen gewährt werden, wenn sich der Sitz der Gesellschaft in einem Mitgliedstaat befindet, berührt vorwiegend die Ausübung der Niederlassungsfreiheit i.S.d. Art. 49 ff. AEUV, sofern die genannte Beteiligung es ihrem Inhaber ermöglicht, einen sicheren Einfluss auf die Entscheidungen der betreffenden Gesellschaft auszuüben und deren Tätigkeiten zu bestimmen.[2] Dass insoweit die Niederlassungsfreiheit anwendbar ist, wirkt sich aber insoweit nachteilig aus, als diese nicht auf Drittlandssachverhalte anwendbar ist.[3]

IV. Nachlassverbindlichkeiten in den Fällen beschränkter Steuerpflicht

8.69 Nicht abzugsfähig sind Schulden und Lasten, soweit sie in wirtschaftlichem Zusammenhang mit Vermögensgegenständen stehen, die nicht der Besteuerung nach diesem Gesetz unterliegen (§ 10 Abs. 6 Satz 1 ErbStG). Diese Regelung begegnet keinen rechtlichen Bedenken, weil insoweit nur die **Symmetrie** zwischen der Steuerfreiheit der Zuwendung und der damit in Zusammenhang stehenden Schulden und Lasten hergestellt wird.

8.70 Beschränkt sich die Besteuerung auf einzelne Vermögensgegenstände, sind nur die damit in wirtschaftlichem Zusammenhang stehenden Schulden und Lasten abzugsfähig (§ 10 Abs. 2 Satz 2 ErbStG). Diese Regelung wird zuweilen für unionsrechtswidrig gehalten.[4] Dies vermag nicht zu überzeugen. Es dürfte insoweit schon keine Vergleichbarkeit zwischen den Fällen einer unbeschränkten und beschränkten Steuerpflicht vorliegen. Jedenfalls aber ist die Regelung zur **sachgerechten Abgrenzung der Besteuerungshoheit** gerechtfertigt.[5] Soweit durch diese Regelung das Nettoprinzip verwirklicht wird, ist sie in dieser Form jedoch europarechtlich – insbesondere im Hinblick auf die Kapitalverkehrsfreiheit – geboten.[6]

V. Freibetrag bei beschränkter Steuerpflicht

8.71 Bei dem Erwerb des Ehegatten und des Lebenspartners ist ein Freibetrag von 500 000 Euro anwendbar (§ 16 Abs. 1 Nr. 1 ErbStG). Jedenfalls gilt für unbeschränkt Steuerpflichtige der Klassen II und III ein Freibetrag in Höhe von 20 000 Euro (§ 16 Abs. 1 Nr. 5 und 7 ErbStG). Demgegenüber gilt für beschränkt Steuerpflichtige nur ein Freibetrag von 2 000 Euro (§ 16 Abs. 2 ErbStG). Dies soll nach Teilen der Literatur unbedenklich sein, weil es hierbei um die Berücksichtigung persönlicher Verhältnisse geht und Gebietsansässige und Gebietsfremde sich insoweit nicht in einer vergleichbaren Situation befinden sollen.[7] Diese Auffassung vermag jedoch nicht zu überzeugen. Bereits zur alten Rechtslage hatte der EuGH im Jahre 2010 entschieden, dass Art. 56 EG i.V.m. Art. 58 EG (= Art. 63, 65 AEUV) dahin auszulegen ist, dass er der Regelung eines Mitgliedstaats entgegensteht, die hinsichtlich der Berechnung der Schenkungsteuer vorsieht, dass der Freibetrag auf die Steuerbemessungsgrundlage im Fall der Schenkung eines im Inland belegenen Grundstücks dann, wenn Schenker und Schenkungsempfänger zur Zeit der Ausführung der Schenkung ihren Wohnsitz in einem anderen Mitgliedstaat

---

1 *Wachter/Pahlke* in F/J/P/W, Einführung, Rz. 106. **A.A.** noch BFH v. 15.12.2010 – II R 63/09, BStBl. II 2011, 221 = GmbHR 2011, 272 m. Anm. *Rehm/Nagler*; die Rechtslage als unklar bezeichnend *Steger*, ISR 2012, 23 (24 f.).
2 EuGH v. 19.7.2012 – C-31/11 – Scheunemann, ECLI:EU:C:2012:481 = IStR 2012, 723 = ISR 2012, 23 m. Anm. *Steger* = GmbHR 2012, 970 m. Anm. *Rehm/Nagler*.
3 EuGH v. 19.7.2012 – C-31/11 – Scheunemann, ECLI:EU:C:2012:481 = IStR 2012, 723 = ISR 2012, 23 m. Anm. *Steger* = GmbHR 2012, 970 m. Anm. *Rehm/Nagler*.
4 *Meincke*, ZEV 2004, 353 (358).
5 Zutreffend *Jüptner/Pahlke* in F/J/P/W, Einführung, Rz. 98.
6 *Schaumburg/von Freeden* in Schaumburg, Internationales Steuerrecht[4], Rz. 8.50.
7 *Jüptner/Pahlke* in F/J/P/W, Einführung, Rz. 107.

hatten, niedriger ist als der Freibetrag, der zur Anwendung gekommen wäre, wenn zumindest einer von ihnen zu diesem Zeitpunkt seinen Wohnsitz im erstgenannten Mitgliedstaat gehabt hätte.[1] Indem der Gesetzgeber die unbeschränkt und beschränkt Steuerpflichtigen, abgesehen von dem anzuwendenden Freibetrag, gleich behandelt, hat der Gesetzgeber anerkannt, dass zwischen diesen Personen im Hinblick auf die Modalitäten und die Voraussetzungen für die Erhebung der Schenkungsteuer kein Unterschied besteht, der eine ungleiche Behandlung rechtfertigen könnte.[2] Auf Vorlage des FG Düsseldorf[3] hat auch der EuGH[4] für das aktuelle Recht entsprechend entschieden und im Rahmen eines Vertragsverletzungsverfahrens festgestellt, dass die Bundesrepublik durch die Beibehaltung eines geringeren Freibetrages für beschränkt Steuerpflichtige bei der Übertragung von Grundstücken gegen die Kapitalverkehrsfreiheit verstoßen hat.[5] Weder der Grundsatz der steuerlichen Kohärenz noch die Wirksamkeit der steuerlichen Kontrolle könnten die Ungleichbehandlung rechtfertigen.[6] Der Freibetrag ist auch nicht um den Anteil des nicht von der beschränkten Steuerpflicht erfassten Auslandsvermögens am Gesamtvermögen zu kürzen.[7] Schließlich ist es nicht mit Unionsrecht vereinbar, wenn für Gebietsfremde ein niedrigerer Freibetrag (§ 16 Abs. 2 ErbStG a.F.) gewährt wird, weil diese den Antrag nach § 2 Abs. 3 ErbStG a.F. nicht gestellt haben.[8]

VI. Fehlende Anrechnungsmöglichkeit für ausländische Erbschaftsteuer

Bei Erwerben von Todes wegen, die in einem ausländischen Staat mit einem ihrem Auslandsvermögen zu einer der deutschen Erbschaftsteuer entsprechenden Steuer herangezogen werden, ist, sofern kein DBA anwendbar ist, auf Antrag die festgesetzte, auf den Erwerber entfallende, gezahlte und keinem Ermäßigungsanspruch unterliegende ausländische Steuer insoweit auf die deutsche Steuer anzurechnen, als das Auslandsvermögen auch der deutschen Erbschaftsteuer unterliegt (§ 21 Abs. 1 Satz 1 ErbStG). Auf Grund der tatbestandlichen Enge sind transnationale Sachverhalte denkbar, in denen keine Anrechnung erfolgt. So zählen beispielsweise private Guthaben von Inländern bei ausländischen Banken nicht zum Auslandsvermögen.[9] Gleiches gilt für ausländische festverzinsliche Wertpapiere, die Inländern gehören (§ 21 Abs. 2 Nr. 1 ErbStG i.V.m. § 121 Nr. 7 Satz 2 BewG).[10] Insoweit kommt es zu einer **Doppelbesteuerung von deutscher und ausländischer Erbschaftsteuer**.

8.72

Der EuGH kritisiert dies im Hinblick auf die **Kapitalverkehrsfreiheit** nach Art. 63 AEUV – zu Recht – nicht. Der Steuernachteil folge daraus, dass die Mitgliedstaaten ihre Besteuerungsbefugnisse parallel zueinander ausübten. Eine hierdurch eintretende Doppelbesteuerung könne durch DBA vermieden werden; das Unionsrecht schreibe bei seinem gegenwärtigen Entwicklungsstand aber keine allgemeinen Kriterien für die Kompetenzaufteilung vor. Hieraus folge, dass die Mitgliedstaaten derzeit nicht verpflichtet seien, ihr Steuersystem den Systemen der anderen Mitgliedstaaten anzupassen.[11]

8.73

---

1 EuGH v. 22.4.2010 – C-510/08 – Mattner, Slg. 2010, I-3553 = FR 2010, 528 m. Anm. *Billig*.
2 EuGH v. 22.4.2010 – C-510/08 – Mattner, Slg. 2010, I-3553 Rz. 38 = FR 2010, 528 m. Anm. *Billig*.
3 FG Düsseldorf v. 4.4.2012 – 4 K 689/12 Erb, EFG 2012, 1486; s. nun nach der Entscheidung des EuGH auch FG Düsseldorf v. 27.11.2013 – 4 K 689/12 Erb, ZEV 2014, 166.
4 EuGH v. 17.10.2013 – C-181/12 – Welte, ECLI:EU:C:2013:662 = BFH/NV 2013, 2046 = ISR 2014, 25 m. Anm. *Felten*; zustimmend *Eisele* in K/E, § 2 ErbStG Rz. 1.1.
5 EuGH v. 4.9.2014 – C-211/13 – Kommission/Deutschland, ECLI:EU:C:2014:2148 = DStR 2014, 1818.
6 EuGH v. 4.9.2014 – C-211/13 – Kommission/Deutschland, ECLI:EU:C:2014:2148 = DStR 2014, 1818 Rz. 54 ff.
7 BFH v. 10.5.2017 – II R 53/14, BStBl. II 2017, 1200; v. 10.5.2017 – II R 2/16, BFH/NV 2017, 1319.
8 EuGH v. 8.6.2016 – C-479/14 – Hünnebeck, BB 2016, 1632 m. Anm. *Escher*; v. 13.7.2016 – 4 K 488/14 Erb, EFG 2016, 1368 m. Anm. *Baldauf*; *Esskandari/Bick*, ErbStB 2016, 328; *Schneider/Deranco*, NWB 2016, 3236.
9 BFH v. 16.1.2008 – II R 45/05, BStBl. II 2008, 623; v. 19.6.2013 – II R 10/12, BStBl. II 2013, 746 = ISR 2013, 302 m. Anm. *Roderburg*.
10 BFH v. 19.6.2013 – II R 10/12, BStBl. II 2013, 746 = ISR 2013, 302 m. Anm. *Roderburg*.
11 EuGH v. 12.2.2009 – C-67/08 – Block, Slg. 2009, I-883 Rz. 28 ff. = FR 2009, 294 m. Anm. *Billig*; ebenso BFH v. 19.6.2013 – II R 10/12, BStBl. II 2013, 746 = ISR 2013, 302 m. Anm. *Roderburg*; *Jüptner/Pahlke*

VII. Mehrfacher Erwerb desselben Vermögens

8.74 Fällt Personen der Steuerklasse I (Ehegatte und Lebenspartner, Kinder und Stiefkinder, Abkömmlinge der Kinder und Stiefkinder, Eltern und Voreltern bei Erwerben von Todes wegen) von Todes wegen Vermögen an, das in den letzten zehn Jahren vor dem Erwerb bereits von Personen dieser Steuerklasse erworben worden ist und für das nach diesem Gesetz eine Steuer zu erheben war, ermäßigt sich der auf dieses Vermögen entfallende Steuerbetrag um einen bestimmten Prozentsatz (§ 27 Abs. 1 ErbStG). In der Literatur ist insoweit umstritten, ob der Erwerb nur dann begünstigt ist, wenn der Vorerwerb **der deutschen Erbschaftsteuer unterlegen** hat.[1] Dies hat der BFH jüngst – zu Recht – bejaht.[2] Eine ausländische Steuer ist keine Steuer „nach diesem Gesetz", also nach dem deutschen ErbStG.[3] Einer erweiternden Auslegung des § 27 Abs. 1 ErbStG ist der BFH ebenfalls entgegen getreten, obwohl der Grundgedanke des § 27 ErbStG nach den Materialien gerade darin besteht, bei mehrmaligem Übergang desselben Vermögens innerhalb von zehn Jahren auf den begünstigten Erwerberkreis die auf dieses Vermögen entfallende Steuer, soweit das Vermögen beim Vorerwerber der Besteuerung unterlag, bis höchstens 50 % zu ermäßigen.[4] Wenn der BFH dann aber meint, diesen Grundgedanken habe der Gesetzgeber nach dem Wortlaut des § 27 Abs. 1 ErbStG dahin eingeschränkt, dass für den Vorerwerb eine Steuer nach dem ErbStG zu erheben war,[5] erscheint dies – in der Begründung – nicht überzeugend. § 27 Abs. 1 ErbStG verlangte nämlich bereits in der Entwurfsfassung eine Steuer „nach diesem Gesetz", ohne dass eine spätere Einschränkung erfolgt wäre. Vielmehr stellt sich die Frage, ob nicht die Begründung unglücklich weitgehend formuliert ist, zumal kein Interesse des deutschen Gesetzgebers erkennbar ist, einseitig sein Besteuerungsrecht zurückzunehmen, nur weil ein ausländischer Staat auf einen vorangegangenen Erwerb ausländische Erbschaftsteuer erhoben hat.[6]

8.75 Dies wirft indes die Frage auf, ob der Umstand, dass ausländische Erbschaftsteuern nicht berücksichtigt werden, **mit der Kapitalverkehrsfreiheit (Art. 63 AEUV) vereinbar** ist. Nach Auffassung des EuGH ist der Eingriff in die Kapitalverkehrsfreiheit durch die Kohärenz des Steuersystems gerechtfertigt.[7] Die Vorschrift folgt – so der EuGH – einer spiegelbildlichen Logik, dass ein unmittelbarer Zusammenhang zwischen dem fraglichen Steuervorteil und der früheren Besteuerung hergestellt werde. Diese Logik wäre gestört, wenn dieser Steuervorteil auch Personen zugutekäme, die Vermögen erben, für das in diesem Mitgliedstaat keine Erbschaftsteuer erhoben wurde. Da das Ziel der von der nationalen Regelung vorgesehenen Steuervergünstigung darin besteht, in gewissem Umfang die Steuerbelastung eines Nachlasses, der Vermögen enthält, das unter nahen Verwandten übertragen wird, und der bereits früher besteuert wurde, dadurch zu senken, dass die Doppelbesteuerung dieses Vermögens innerhalb kurzer Zeit in dem Besteuerungsmitgliedstaat teilweise vermieden wird, besteht zwischen der Ermäßigung der Erbschaftsteuer und der früheren Erhebung der Erbschaftsteuer ein unmittelbarer Zusammenhang. Dieser Steuervorteil und die frühere Besteuerung betreffen nach Auffassung des EuGH dieselbe Steuer, dasselbe Vermögen und die nahen Verwandten derselben Familie. Dieser Würdigung hat sich der BFH zu Recht angeschlossen.[8]

---

in F/J/P/W, § 21 ErbStG Rz. 108; *Pahlke*, HaufeIndex 5100342; *Riedel* in Daragan/Halaczinsky/Riedel³, § 21 ErbStG Rz. 71.
1 Hierzu *Jülicher* in T/G/J, § 27 ErbStG Rz. 18; *Pahlke* in F/J/P/W, § 27 ErbStG Rz. 20; *Weinmann* in Moench/Weinmann, § 27 ErbStG Rz. 11.
2 BFH v. 27.9.2016 – II R 37/16, BStBl. II 2017, 411.
3 BFH v. 27.9.2016 – II R 37/16, BStBl. II 2017, 411; so bereits zuvor die Vorinstanz FG Hessen v. 3.7.2013 – 1 K 608/10, EFG 2013, 2035; *Jochum* in Wilms/Jochum, § 27 ErbStG Rz. 36; *Jülicher* in T/G/J, § 27 ErbStG Rz. 18.
4 BT-Drucks. 13/4839, 71.
5 BFH v. 27.9.2016 – II R 37/16, BStBl. II 2017, 411.
6 Zutreffend *Jülicher* in T/G/J, § 27 ErbStG Rz. 18.
7 EuGH v. 30.6.2016 – C-123/15 – Feilen, BStBl. II 2017, 424 Rz. 33 ff. – Zu der Entscheidung des EuGH *Gottschalk*, EuZW 2016, 704; *Oppel*, ISR 2017, 213.
8 BFH v. 27.9.2016 – II R 37/16, BStBl. II 2017, 411.

D. Unternehmensbesteuerung

I. Unionsrechtskonformität der Entstrickungstatbestände

Literatur: *Beutel/Rehberg*, National Grid Indus – Schlusspunkt der Diskussion oder Quell neuer Kontroverse zur Entstrickungsbesteuerung?, IStR 2012, 94; *Cloer/Sejdija*, Überführung von Wirtschaftsgütern in das Ausland: Unionsrechtliche Vorgaben für die Besteuerung, SWI 2016, 265; *Dörfler/Ribbrock*, Grenzüberschreitende Verluste, Wegzugsbesteuerung sowie Koordinierung von steuerlichen Regelungen im Binnenmarkt – eine Bestandsaufnahme, BB 2008, 304; *Ettiger*, Wegzugsbesteuerung nach § 6 AStG und Gemeinschaftsrecht, IStR 2006, 747; *Köhler*, Grenzüberschreitende Outbound-Verschmelzung und Sitzverlegung vor dem Hintergrund der jüngsten BFH-Rechtsprechung, IStR 2010, 337; *Körner*, Europarechtliches Verbot der Sofortbesteuerung stiller Reserven beim Transfer im EU-Ausland, IStR 2012, 1; *Kudert/Kahlenberg*, Unionsrechtskonformität der Entstrickungsregelung des § 4 Abs. 1 Satz 3 f. EStG, Anmerkung zu EuGH-Urteil vom 21.5.2015 – Rs. C-657/13, DB 0696766, DB 2015, 1377; *Linn/Pignot*, Neues zur Wegzugsbesteuerung, Jüngere Entscheidungen und neue Perspektiven, IWB 2018, 114; *Mitschke*, National Grid Indus – Ein Pyrrhussieg für die Gegner der Sofortbesteuerung?, Zugleich eine Erwiderung auf *Körner*, in diesem Heft S. 1, IStR 2012, 6; *Mitschke*, Das EuGH-Urteil „National Grid Indus" vom 29.11.2011 – Eine Bestandsaufnahme und eine Bewertung aus Sicht der Finanzverwaltung, DStR 2012, 629; *Mitschke*, Nochmals: Das EuGH-Urteil in der Rs. DMC – Ende der Diskussionen um die Wegzugsteuer?, IStR 2014, 216; *Prinz*, „Teilwegzug" von Unternehmen in das europäische Ausland, GmbHR 2007, 966; *Rasch/Wenzel*, Vereinbarkeit der Entstrickungsbesteuerung nach § 4 Abs. 1 Satz 4 EStG mit der Niederlassungsfreiheit – EuGH, Urteil vom 21.5.2015 – C-657/13, IWB 2015, 579; *Richter/Escher*, Deutsche Wegzugsbesteuerung bei natürlichen Personen nach dem SEStEG im Lichte der EuGH-Rechtsprechung, FR 2007, 674; *Ruiner*, Überlegungen zur deutschen Wegzugsbesteuerung von Gesellschaften im Licht des EuGH-Urteils in der Rs. National Grid Indus BV, IStR 2012, 49; *Schiefer*, Entstrickungsbesteuerung vor SEStEG verstößt nicht gegen Europarecht, Europarechtskonformität der Stundungsregel des § 4g EStG nicht abschließend geklärt, NWB 2015, 2289; *Schönfeld*, Entstrickung über die Grenze aus Sicht des § 4 Abs. 1 Satz 3 EStG anhand von Fallbeispielen, Zugleich Besprechung der jüngsten BFH-Rechtsprechung zur Aufgabe der „Theorie der finalen Entnahme" sowie zur „finalen Betriebsaufgabe", IStR 2010, 133; *Sydow*, Das EuGH-Urteil Kommission/Dänemark, C-261/11 vom 18.7.2013 zur Exit Tax, IStR 2013, 663; *Wassermeyer*, Entstrickungsbesteuerung und EU-Recht, IStR 2011, 813; *Weiss*, EuGH-Vorlage zu § 6 AStG im Verhältnis zur Schweiz, FG Baden-Württemberg, Vorlagebschluss v. 14.6.2017 – 2 K 2413/15, IWB 2018, 73; *Weiss*, Zur Anwendung der Wegzugsbesteuerung des § 6 AStG im Verhältnis zur Schweiz, Anmerkungen zum Urteil des EuGH vom 26.2.2019 - C-581/17, StuB 2019, 392.

1. Einführung

Angesichts des internationalen Steuergefälles können Steuergestaltungen darauf abzielen, sich der deutschen Besteuerung zu entziehen. Der radikalste Weg, dies zu erreichen, ist es, einen Verlust der unbeschränkten Steuerpflicht herbeizuführen (unter 2.); jedenfalls kann der Steuerpflichtige versuchen, durch Verlagerung von Wirtschaftsgütern ins Ausland stille Reserven der deutschen Besteuerung zu entziehen (unter 3.). Beides versucht der deutsche Gesetzgeber als eine besondere Form des Gestaltungsmissbrauchs und zur gerechten Aufteilung der Besteuerungsgrundlagen zwischen den Mitgliedstaaten durch besondere Vorschriften zu unterbinden; inzwischen dürfte geklärt sein, dass die deutschen Vorschriften mit Unionsrecht vereinbar sind. 8.76

2. Wegzugsbesteuerung

a) Zielsetzung

Ein Steuerpflichtiger kann versuchen, durch seinen persönlichen Wegzug ein Ende der unbeschränkten Steuerpflicht herbeizuführen. Garantieren die Grundfreiheiten die Freizügigkeit, darf der Wegzug durch den deutschen Gesetzgeber nicht verhindert werden.[1] Dieser versucht daher, wenigstens eine **Besteuerung der im Zeitpunkt des Wegzugs vorhandenen stillen Reserven** im Inland sicherzustellen. 8.77

---

[1] Statt aller *Birk/Desens/Tappe*, Steuerrecht[21], Rz. 1485.

Hierfür sieht das geltende Steuerrecht Regelungen für natürliche und juristische Personen vor (§ 6 AStG, § 12 KStG).

b) Wegzugsbesteuerung bei natürlichen Personen
aa) Nationale Rechtslage

8.78 § 6 AStG führt bei natürlichen Personen zur **Versteuerung eines fiktiven Veräußerungsgewinns auf Anteile**.[1] Bei natürlichen Personen, die insgesamt zehn Jahre nach § 1 Abs. 1 EStG unbeschränkt steuerpflichtig waren und deren unbeschränkte Steuerpflicht durch Aufgabe des Wohnsitzes oder gewöhnlichen Aufenthalts endet, ist auf Anteile i.S.d. § 17 Abs. 1 Satz 1 EStG im Zeitpunkt der Beendigung der unbeschränkten Steuerpflicht § 17 EStG auch ohne Veräußerung anzuwenden, wenn im Übrigen für die Anteile zu diesem Zeitpunkt die Voraussetzungen dieser Vorschrift erfüllt sind (§ 6 Abs. 1 Satz 1 AStG).

8.79 Es erfolgt jedoch **keine Sofortbesteuerung bei EU-/EWR-Staatsangehörigen**. Die Steuer wird lediglich festgesetzt, aber zeitlich **unbefristet, zinslos und ohne Sicherheitsleistung gestundet**, wenn der Steuerpflichtige im Zuzugsstaat einer der deutschen unbeschränkten Steuerpflicht vergleichbaren Steuerpflicht unterliegt (§ 6 Abs. 5 AStG). Voraussetzung ist gem. § 6 Abs. 5 Satz 2 AStG des Weiteren, dass die Amtshilfe und die gegenseitige Unterstützung bei der Beitreibung der Steuerschuld gewährleistet sind.

8.80 Die Stundung ist gem. § 6 Abs. 5 Satz 4 AStG zu **widerrufen**,

– soweit der Steuerpflichtige oder sein Rechtsnachfolger Anteile veräußert oder verdeckt in eine Gesellschaft i.S.d. § 17 Abs. 1 Satz 1 EStG einlegt oder einer der Tatbestände des § 17 Abs. 4 EStG erfüllt wird,

– soweit Anteile auf nicht unbeschränkt steuerpflichtige Personen übergehen, die nicht in einem EU- oder EWR-Mitgliedstaat einer der deutschen unbeschränkten Einkommensteuerpflicht vergleichbaren Steuerpflicht unterliegen,

– soweit in Bezug auf die Anteile eine Entnahme oder ein anderer Vorgang verwirklicht wird, der nach inländischem Recht zum Ansatz des Teilwerts oder des gemeinen Werts führt, *oder*

– wenn für den Steuerpflichtigen oder seinen Rechtsnachfolger durch Aufgabe des Wohnsitzes oder gewöhnlichen Aufenthalts keine der unbeschränkten Steuerpflicht vergleichbare Steuerpflicht im Zuzugsstaat mehr besteht.

8.81 Mit der geltenden Regelung reagierte der Gesetzgeber auf die Rechtsprechung des EuGH zur unionsrechtlichen Zulässigkeit der Wegzugsbesteuerung[2] sowie auf die Einleitung eines Vertragsverletzungsverfahrens, mit dem die Kommission die Unionsrechtskonformität der bis dahin bestehenden deutschen Regelung beanstandete. Der Kern des Vorwurfs war, dass der deutsche Gesetzgeber allein die Inanspruchnahme der Regelungen über die Freizügigkeit, nämlich den Wegzug, zum Anlass eines Besteuerungszugriffs nahm, nicht aber wie in inländischen Fällen die tatsächliche Realisation. Aus deutscher Sicht geschah dies auch aus gutem Grund, weil die Realisation im Ausland kaum verlässlich verifiziert werden kann und daher **Vollzugsdefizite zu befürchten** waren. Solche Befürchtungen lässt der EuGH in ständiger Rechtsprechung aber nicht gelten.[3] Eine Sofortbesteuerung ist seiner Auffas-

---

1 *Birk/Desens/Tappe*, Steuerrecht[21], Rz. 1486; *Elicker* in Blümich, § 6 AStG Rz. 63, 65; *Schaumburg*, Internationales Steuerrecht[4], Rz. 6.406.
2 EuGH v. 11.3.2004 – C-9/02 – Lasteyrie du Saillant, Slg. 2004, I-2409 = GmbHR 2004, 504 m. Anm. *Meilicke*; v. 7.9.2006 – C-470/04 – N, Slg. 2006, I-7409.
3 Vgl. EuGH v. 4.3.2004 – C-334/02 – Kommission/Frankreich, Slg. 2004, I-2229 Rz. 31; v. 3.10.2006 – C-290/04 – Scorpio, Slg. 2006, I-9461 Rz. 36; v. 9.11.2006 – C-520/04 – Turpeinen, Slg. 2006, I-10685 Rz. 35 f.

sung nach nicht erforderlich, da die **Amtshilfe ein gleich geeignetes Mittel** sei.[1] Durch sie kann die Finanzverwaltung nach Auffassung des EuGH im Zeitpunkt der späteren Realisation die notwendigen Informationen erlangen. Bei einer isolierten Betrachtung der Rechtslage mag das zutreffend sein; ob dies allerdings auch tatsächlich eine realistische Betrachtungsweise ist, darf mit guten Gründen bezweifelt werden.

bb) Unionsrechtliche Beurteilung der geltenden Rechtslage

(1) Grundsatz

Hinsichtlich der geltenden Fassung des § 6 AStG bestehen keine durchgreifenden unionsrechtlichen Bedenken, soweit diese Vorschrift Wegzüge innerhalb der EU oder des EWR betrifft. Im Grundsatz ist es aus unionsrechtlichen Gründen keinen Bedenken unterworfen, wenn die während der Ansässigkeit des Wegziehenden im Wegzugsstaat entstandenen stillen Reserven dort besteuert werden sollen. Bedenken ist allein eine Sofortbesteuerung unterworfen,[2] die § 6 AStG allerdings nicht mehr vorsieht. Durch die zinslose Stundung des § 6 AStG ist von der effektiven Belastungswirkung her gesehen das Realisationsprinzip wiederhergestellt und damit das grundlegende Problem der alten Wegzugsbesteuerung beseitigt. Dies sah bereits früh auch der BFH so.[3]

8.82

Inzwischen ist auch durch die Rechtsprechung des EuGH geklärt, dass eine Regelung wie § 6 AStG unionsrechtlichen Maßgaben standhält. Die Bedeutung der Grundfreiheiten für die deutsche Entstrickungsbesteuerung hatte der EuGH dem deutschen Gesetzgeber erstmals durch die Entscheidung de Lasteyrie du Saillant[4] vor Augen geführt. Gegenstand des Verfahrens war eine französische Regelung, nach der der Wegzug eines Steuerpflichtigen in das Ausland Anlass für den Zugriff des französischen Staats auf latente Wertsteigerungen war. Der EuGH hielt dies für mit der Niederlassungsfreiheit (damals noch Art. 52 EGV) nicht vereinbar, soweit sich der Mitgliedstaat nicht auf einen Gemeinwohlgrund berufen könne und die Regelung zu dessen Erreichung verhältnismäßig sei. Allein den Wegzug sah der EuGH nicht als ausreichenden Grund an, um von einer Steuerflucht ausgehen zu können. Eine solche Regelung gehe weit über das zur Erreichung des Ziels Erforderliche hinaus. Seine Grundsätze hat der EuGH kurze Zeit später in der Rechtssache N dahingehend vertieft, dass es im Hinblick auf die Niederlassungsfreiheit (damals noch Art. 43 EG) unzulässig sei, die Stundung einer aufgrund des Wegzugs festgesetzten Steuer von einer Sicherheitsleistung abhängig zu machen.[5] Offen blieb jedoch auch hier noch, ob der Wegzugsstaat die stillen Reserven beim Wegzug lediglich feststellen darf oder ob es ihm auch möglich ist, die durch die (fingierte) Aufdeckung der stillen Reserven entstandene Steuer festzusetzen und zugleich zu erheben.[6] Inzwischen ist durch die EuGH-Rechtsprechung aber auch diese Frage geklärt.[7] So hat der EuGH bereits in seiner Entscheidung National Grid Indus die Überlegung angestellt, dass ein Besteuerungsaufschub, ggf. verbunden mit einer Verzinsung, ein im Hinblick auf das Ziel (Aufteilung der Besteuerungsbefugnisse) gleich geeignetes, aber milderes Mittel im Vergleich zu einer **Sofortbesteuerung** darstellt.[8] Insofern ist die deutsche Rechtslage sogar milder, denn § 6 Abs. 5 Satz 1 AStG ermöglicht eine zinslose Stundung. Der EuGH würde es darüber hinaus sogar hinnehmen, dass die Besteuerung nicht bei einem echten Realisationstatbestand erfolgt; er hält es auch für hinnehmbar, dass die gestundete Steuer ratierlich in fünf Jahren erhoben wird[9] bzw. ein

8.83

---

1 In diesem Sinne EuGH v. 7.9.2006 – C-470/04 – N, Slg. 2006, I-7409 Rz. 52.
2 *Schönfeld* in F/W/B/S, § 6 AStG Rz. 25.
3 BFH v. 23.9.2008 – I B 92/08, BStBl. II 2009, 524; so auch *Häck* in Haase², § 6 AStG Rz. 17.
4 EuGH v. 11.3.2004 – C-9/02, Slg. 2006, I-2409.
5 EuGH v. 7.9.2006 – C-470/04 – N, Slg. 2006, I-7409.
6 *Mössner* in Mössner/Seeger, KStG³, § 12 Rz. 38.
7 EuGH v. 29.11.2011 – C-371/10 – National Grid Indus, Slg. 2011, I-12273; v. 23.1.2014 – C-164/12 – DMC, DStR 2014, 193; v. 21.5.2015 – C-657/13 – Verder Lab Tec, DStR 2015, 1166.
8 EuGH v. 29.11.2011 – C-371/10 – National Grid Indus, Slg. 2011, I-12273 Rz. 73.
9 EuGH v. 23.1.2014 – C-164/12 – DMC, DStR 2014, 193.

im Billigkeitswege gebildeter Ausgleichsposten über zehn Jahre aufgelöst wird.[1] § 6 Abs. 5 Satz 4 AStG ist insoweit – zugunsten des Steuerpflichtigen – enger formuliert und rechtfertigt einen Widerruf der Stundung nur bei Vorliegen eines Realisationstatbestandes bzw. eines Ersatzrealisationstatbestandes.

8.84 Obwohl es trotz Abkommensrechts zu einer **Doppelbesteuerung** kommen kann, die nur im Wege der Verständigungsvereinbarungen beseitigt werden kann (Art. 25 Abs. 3 OECD-MA), liegt ausgehend von der EuGH-Rechtsprechung keine unionsrechtswidrige Diskriminierung vor.[2] Hiernach stehen die Grundfreiheiten einer Abkommenslage nicht entgegen, nach der Einkünfte in beiden Vertragsstaaten besteuert werden können. Denn aus ihnen folge keine unbedingte rechtliche Verpflichtung zur Vermeidung der Doppelbesteuerung.[3] Eine parallele Ausübung der Besteuerungsbefugnisse ist so lange unbedenklich, als es hierdurch nicht zu einer Diskriminierung kommt.[4]

(2) Unionsrechtliche Bedenken in Drittstaatssachverhalten

8.85 Weiterhin unionsrechtlich zweifelhaft ist indes, ob auch die Diskriminierung zu Lasten von Drittstaatssachverhalten, die unter die Kapitalverkehrsfreiheit gem. Art. 63 AEUV fallen könnte, unionsrechtlich unbedenklich ist.[5] Dies mag auf den ersten Blick überraschen, wenn man von der Anwendbarkeit der Kapitalverkehrsfreiheit i.S.d. Art. 63 AEUV ausgeht, die auch im Verhältnis zu Drittstaaten anwendbar ist. Grundsätzlich kann eine Regelung, die nicht nur auf Beteiligungen anwendbar ist, die es ermöglichen, einen sicheren Einfluss auf die Entscheidungen einer Gesellschaft auszuüben und deren Tätigkeiten zu bestimmen, sondern unabhängig vom Umfang der Beteiligung eines Aktionärs an einer Gesellschaft gilt, sowohl unter Art. 49 AEUV als auch unter Art. 63 AEUV fallen.[6] Der EuGH prüft aber die in Rede stehende Vorschrift nur im Hinblick auf nur eine dieser beiden Freiheiten, wenn sich herausstellt, dass eine der Freiheiten unter den Umständen des Ausgangsfalls gegenüber der anderen völlig zweitrangig ist und ihr zugeordnet werden kann.[7] Die vorgenannten Maßstäbe rechtfertigen die Annahme, dass § 6 AStG am Maßstab der Kapitalverkehrsfreiheit zu messen ist; denn die Vorschrift enthält keine Anforderungen an eine Mindestbeteiligung.[8] § 6 AStG knüpft insbesondere nicht an eine Mindestbeteiligung an, die einen sicheren Einfluss auf die Geschicke der Kapitalgesellschaft ermöglicht. Wegen der Anknüpfung an § 17 EStG genügt bereits eine Beteiligung an einer Kapitalgesellschaft in Höhe von nur 1 %. Ist die Kapitalverkehrsfreiheit maßgebend, stellt sich die Frage, ob die Anknüpfung der Stundung an die Anteile an einer Kapitalgesellschaft in EU- und EWR-Staaten (§ 6 Abs. 5 AStG) ausreichend sein kann.[9] Eine unionsrechtswidrige Diskriminierung soll gleichwohl ausscheiden, weil durch den Wegzug kein Kapital bewegt wird. Insoweit erfolgt keine finan-

---

1 EuGH v. 21.5.2015 – C-657/13 – Verder Lab Tec, DStR 2015, 1166.
2 *Gosch/Oertel* in Kirchhof[18], § 17 EStG Rz. 10; kritisch *Schönfeld* in F/W/B/S, § 6 AStG Rz. 26.
3 EuGH v. 16.7.2009 – Damseaux, Slg. 2009, I-6823.
4 EuGH v. 3.6.2010 – C-478/08 – Kommission/Spanien, Slg. 2010, I-4843 Rz. 56; v. 10.2.2011 – C-436/08 und C-437/08 – Haribo Lakritzen Hans Riegel, Slg. 2011, I-305 Rz. 168 f.; v. 8.12.2011 – C-157/10 – Banco Bilbao Vizcaya Argentaria, Slg. 2011, I-13023 Rz. 38.
5 *Elicker* in Blümich, § 6 AStG Rz. 6; *Kraft* in Kraft, § 6 AStG Rz. 190 ff.; *Häck* in Haase[2], § 6 AStG Rz. 18 ff. – Im Verhältnis zur Schweiz kommt hinzu, dass sich darüber hinaus das Freizügigkeitsabkommen auswirkt, dazu *Elicker* in Blümich, § 6 AStG Rz. 85.
6 EuGH v. 11.11.2010 – C-543/08 – Kommission/Portugal, Slg. 2010, I-11241 Rz. 43; v. 23.1.2014 – C-164/12 – DMC, DStR 2014, 193 Rz. 31.
7 EuGH v. 3.10.2006 – C-452/04 – Fidium Finanz, Slg. 2006, I-9521 Rz. 34; v. 23.1.2014 – C-164/12 – DMC, DStR 2014, 193 Rz. 30.
8 So im Ergebnis EuGH v. 18.12.2007 – C-436/06 – Grønfeldt, Slg. 2007, I-12357; *Bron*, IStR 2006, 296; *Köhler/Eicker*, DStR 2006, 1871; kritisch *Schönfeld* in F/W/B/S, § 6 AStG Rz. 27.
9 In diesem Sinne *Bron*, IStR 2006, 296; *Köhler/Eicker*, DStR 2006, 1871; kritisch *Schönfeld* in F/W/B/S, § 6 AStG Rz. 27.

zielle Transaktion, keine Übertragung von Eigentum und auch keine anderweitige Bewegung von Kapital.[1]

Besonderheiten ergeben sich bei Sachverhalten mit **Bezug zur Schweiz**. Diese beruhen auf dem Freizügigkeitsabkommen.[2] Hiernach ergeben sich Auswirkungen auf die Wegzugsbesteuerung aus der Arbeitnehmerfreizügigkeit (Art. 45 AEUV) und der Niederlassungsfreiheit (Art. 49 AEUV).[3] Danach sind die Grundsätze zu den innergemeinschaftlichen Sachverhalten übertragbar. Namentlich Art. 21 Abs. 1 FZA, nach dem die Bestimmungen der bilateralen DBA zwischen der Schweiz und den Mitgliedstaaten der Europäischen Gemeinschaft von den Bestimmungen des Freizügigkeitsabkommens unberührt bleiben und insbesondere die in den DBA festgelegte Begriffsbestimmung des Grenzgängers unberührt bleibt, rechtfertigt keinen anderen Schluss. Beide Normbereiche wollen die Besteuerungsbefugnisse beschränken oder eine Wegzugsbesteuerung ausschließen.[4] Dementsprechend hat auch der EuGH jüngst die deutsche Rechtslage für unionsrechtswidrig gehalten.[5] Für andere Drittstaatssachverhalte ändert sich durch diese Entscheidung nichts.[6]

8.86

Voraussichtlich wird auch **Großbritannien** durch den Brexit mit Ablauf des 31.10.2019 zum Drittstaat. Eigentlich müsste mit diesem Zeitpunkt die Stundung widerrufen werden (vgl. § 6 Abs. 5 Satz 4 AStG). Das wäre unionsrechtlich auch unbedenklich gewesen. Durch den Gesetzgeber ist diese Gefahr aber durch § 6 Abs. 8 AStG i.d.F. des Gesetzes über steuerliche und weitere Begleitregelungen zum Austritt des Vereinigten Königreichs Großbritannien und Nordirland aus der Europäischen Union (Brexit-Steuerbegleitgesetz – Brexit-StBG)[7] beseitigt worden.[8]

8.87

c) Verlust oder Beschränkung des Besteuerungsrechts der Bundesrepublik Deutschland hinsichtlich einer Kapitalgesellschaft

aa) Nationale Rechtslage

Eine Regelung hinsichtlich des Verlusts oder der Beschränkung des Besteuerungsrechts der Bundesrepublik Deutschland im Hinblick auf eine Körperschaft enthält § 12 KStG. Gemäß § 12 Abs. 1 Satz 1 KStG gilt als Veräußerung oder Überlassung des Wirtschaftsguts zum gemeinen Wert, wenn bei der Körperschaft, Personenvereinigung oder Vermögensmasse das Besteuerungsrecht der Bundesrepublik Deutschland hinsichtlich des Gewinns aus der Veräußerung oder der Nutzung eines Wirtschaftsguts ausgeschlossen oder beschränkt wird. Auch hier werden die stillen Reserven aufgedeckt, obwohl es *nicht* zu einem Veräußerungstatbestand gekommen ist (**Ersatzrealisationstatbestand**).[9] Sinn und Zweck des § 12 KStG ist es, die stillen Reserven steuerlich zu erfassen, weil nach Auffassung des Gesetzgebers die weitere steuerliche Verhaftung in Deutschland gefährdet ist.[10] Dies ist nach der Konzeption des Gesetzes in drei Situationen der Fall:[11]

8.88

---

1 So zu § 6 AStG FG Baden-Württemberg v. 14.6.2017 – 2 K 2413/15, EFG 2018, 18 m. Anm. *Kessens* (Az. des EuGH: C-581/17); vgl. auch EuGH v. 23.2.2006 – C-513/03 – van Hilten-van der Heijden, Slg. 2006, I-1957 Rz. 49; *Schönfeld* in F/W/B/S, § 6 AStG Rz. 27.
2 V. 21.6.1999, ABl. EG 2002, L 114, 6; BGBl. II 2001, 811.
3 Vgl. BFH v. 25.8.2009 – I R 88, 89/07, BStBl. II 2016, 438.
4 FG Baden-Württemberg v. 14.6.2017 – 2 K 2413/15, EFG 2018, 18 m. Anm. *Kessens* (Vorlage an den EuGH; Az. des EuGH: C-581/17). Hierzu auch *Linn/Pignot*, IWB 2018, 114 (116 f.); *Weiss*, IWB 2018, 73 ff.
5 EuGH v. 26.2.2019 – C-581/17 – Wächtler, DStR 2019, 425 = BB 2019, 597 m. Anm. *Dölker*. Dazu *Weiss*, StuB 2019, 392.
6 *Weiss*, EStB 2019, 117 (118).
7 V. 25.3.2019, BGBl. I 2019, 357.
8 Dazu *Häck/Kahlenberg*, IStR 2019, 253.
9 *Pfirrmann* in Blümich, § 12 KStG Rz. 11; vgl. *Frotscher* in Frotscher/Drüen, § 12 KStG Rz. 6a.
10 *Mössner* in Mössner/Seeger³, § 12 KStG Rz. 1; *Pfirrmann* in Blümich, § 12 KStG Rz. 11; ausführlich zum Regelungsgehalt *Lampert* in Gosch³, § 12 Rz. 5 ff.
11 *Mössner* in Mössner/Seeger³, § 12 KStG Rz. 2.

– grenzüberschreitende Verbringung von Wirtschaftsgütern (§ 12 Abs. 1 KStG) als Teil der allgemeinen Entstrickungsregelung,

– internationale Verschmelzungen, auf die das Umwandlungssteuergesetz nicht anwendbar ist (§ 12 Abs. 2 KStG), oder

– Ausscheiden aus der unbeschränkten Steuerpflicht eines EU- oder EWR-Staats (§ 12 Abs. 3 KStG).

8.89 Allerdings erfolgt in EU-Sachverhalten auch hier **keine Sofortversteuerung**, wenn es sich um den Fall der Überführung eines Wirtschaftsguts handelt, der zur Zuordnung des Wirtschaftsguts zu einer Betriebsstätte desselben Steuerpflichtigen in einem anderen EU-Mitgliedstaat führt. Gemäß § 12 Abs. 1 Satz 1 letzter Halbsatz KStG a.E. i.V.m. § 4g EStG kann in diesen Fällen auf Antrag ein Ausgleichsposten in Höhe des Buchwerts und des gemeinen Werts gebildet werden. Der Anwendungsbereich des § 4g EStG ist allerdings dadurch stark eingeschränkt, dass er nur für unbeschränkt Steuerpflichtige einschlägig ist. Erfasst wird deshalb nur der Fall der Übertragung eines Wirtschaftsguts vom inländischen Stammhaus auf die ausländische Betriebsstätte. Nicht erfasst wird hingegen der Fall der Übertragung von einer inländischen Betriebsstätte auf das ausländische Stammhaus oder auf eine ausländische Betriebsstätte.[1] Ein Ausgleichsposten kann auch in den Fällen einer Sitzverlegung nicht gebildet werden, weil in diesen Fällen eine unbeschränkte Steuerpflicht nicht mehr besteht.[2] Darüber hinaus ist eine Ausgleichspostenbildung allein bei Gütern des Anlagevermögens zulässig (§ 4g Abs. 1 Satz 1 EStG).

8.90 Durch den Ausgleichsposten wird die **Besteuerung zeitlich gestreckt**, aber nicht bis zur tatsächlichen Realisation der stillen Reserven gestundet. Vielmehr ist der Ausgleichsposten bereits im Jahr der Bildung und in den folgenden vier Wirtschaftsjahren i.H.v. einem Fünftel gewinnhöhend aufzulösen (§ 12 Abs. 1 Satz 1 letzter Halbsatz KStG i.V.m. § 4g Abs. 2 Satz 1 EStG). Im Ergebnis bedeutet dies, dass der Ausgleichsposten in der Steuerbilanz nur i.H.v. 80 % des entstandenen Gewinns angesetzt werden kann; in der übrigen Höhe von 20 % erfolgt bereits im Jahr des Wegzugs eine Versteuerung.[3]

8.91 Zu einer **sofortigen Versteuerung durch Auflösung des Ausgleichspostens** kommt es gem. § 12 Abs. 1 Satz 1 letzter Halbsatz KStG i.V.m. § 4g Abs. 2 Satz 2 EStG, wenn

– das als entnommen geltende Wirtschaftsgut aus dem Betriebsvermögen des Steuerpflichtigen ausscheidet,

– das als entnommen geltende Wirtschaftsgut aus der Besteuerungshoheit der Mitgliedstaaten der EU ausscheidet oder

– die stillen Reserven des als entnommen geltenden Wirtschaftsguts im Ausland aufgedeckt werden oder in entsprechender Anwendung der Vorschriften des deutschen Steuerrechts hätten aufgedeckt werden müssen.

bb) Unionsrechtliche Beurteilung

8.92 Anders als § 6 AStG, der zu einer Steuerstundung bis zu einer Realisation der stillen Reserven führt, bewirkt § 12 KStG eine partielle Sofortversteuerung der stillen Reserven und eine teilweise Steuerstreckung, ohne dass es einer Realisation der stillen Reserven bedarf. Dies allein führt indes nicht zu Beden-

---

1 *Frotscher* in Frotscher/Drüen, § 12 KStG Rz. 57.
2 *Frotscher* in Frotscher/Drüen, § 12 KStG Rz. 57; *Schaumburg*, Internationales Steuerrecht[4], Rz. 7.51: Beibehaltung des Satzungssitzes im Inland; **a.A.** *Förster*, DB 2007, 72 (75); *Mössner* in Mössner/Seeger[3], § 12 KStG Rz. 386: Bildung in der letzten juristischen Sekunde vor dem Ausscheiden aus der unbeschränkten Steuerpflicht.
3 *Frotscher* in Frotscher/Drüen, § 12 KStG Rz. 66.

ken im Hinblick auf die Vereinbarkeit des § 12 KStG mit der Niederlassungsfreiheit (Art. 49 AEUV).[1] Anders als dies teilweise in der Literatur vertreten wurde,[2] musste eine Besteuerung niemals erst im Zeitpunkt der Realisation der stillen Reserven erfolgen. So hat der EuGH dem mitgliedstaatlichen Gesetzgeber bereits früh die Möglichkeit eingeräumt, zu berücksichtigen, dass **auf Grund des Zeitablaufs das Risiko einer Nichteinziehung der Steuer** besteht.[3] Hiermit trägt der EuGH dem mitgliedstaatlichen Interesse Rechnung, dass die Besteuerungsansprüche auch tatsächlich effektiv durchgesetzt werden können müssen. Auf der Linie eines solchen Verständnisses liegt auch die Rechtsprechung des EuGH in der Rechtssache „DMC"[4] zu § 20 UmwStG 1995, aus der auch Rückschlüsse für die Unionsrechtskompatibilität des § 12 KStG gezogen werden können. In dieser Entscheidung hat der EuGH noch einmal bekräftigt, dass die Wahrung der Aufteilung der Besteuerungsbefugnisse Beschränkungen der Niederlassungsfreiheit rechtfertigen kann.[5] Ein Mitgliedstaat hat nach seiner Rechtsprechung das Recht, den in seinem Hoheitsgebiet durch einen latenten Wertzuwachs erzielten wirtschaftlichen Wert zu besteuern, auch wenn der betreffende Wertzuwachs dort noch nicht tatsächlich realisiert wurde.[6] Andererseits erwächst den Mitgliedstaaten aus dem Recht zur Besteuerung der Wertzuwächse, die entstanden sind, als sich das betreffende Vermögen in ihrem Hoheitsgebiet befand, die Befugnis, für diese Besteuerung einen anderen Entstehungstatbestand als die tatsächliche Realisierung dieser Wertzuwächse vorzusehen, um die Besteuerung dieses Vermögens sicherzustellen.[7] Solange eine nationale Regelung die Wahl zwischen der Sofortbesteuerung und einer auf fünf Jahre gestaffelten Erhebung einräume, gehe sie nicht über das zur Erreichung des Ziels der Aufteilung der Besteuerungsbefugnisse Erforderliche hinaus.[8] Ähnlich hatte der EuGH in der Rechtssache Verder LabTec[9] keine Bedenken gegen eine zeitliche Streckung der Besteuerung auf zehn Jahre im Billigkeitswege.

Ausgehend von der EuGH-Rechtsprechung ist eine Regelung, die eine Steuerstreckung auf fünf Jahre vorsieht, grundsätzlich ebenfalls **gerechtfertigt**.[10] Der EuGH akzeptiert die Steuerstreckung (unter Verzicht auf die Steuerstundung) auf Grund der allgemeinen Erwägung, dass durch den Zeitablauf das Risiko einer Uneinbringlichkeit der Steuer steigt.[11] Hieraus folgt zugleich, dass die Mitwirkungspflichten

8.93

---

1 Zur anwendbaren Grundfreiheit eingehend *Oellerich* in Musil/Weber-Grellet, Europäisches Steuerrecht, § 12 KStG Rz. 35.
2 *Lambrecht* in Gosch[2], § 12 KStG Rz. 18; zweifelnd *Birk/Desens/Tappe*, Steuerrecht[16], Rz. 1488.
3 Deshalb soll der Mitgliedstaat insbesondere eine Bankgarantie verlangen dürfen. S. EuGH v. 29.11.2011 – C-371/10 – National Grid Indus, Slg. 2011, I-12273 Rz. 74 = FR 2012, 25 m. Anm. *Musil*; restriktiv *Mössner* in Mössner/Seeger[3], § 12 KStG Rz. 41.
4 EuGH v. 23.1.2014 – C-164/12 – DMC, ECLI:EU:C:2014:20 = BFH/NV 2014, 478 Rz. 46 = FR 2014, 466 m. Anm. *Musil* = ISR 2014, 136 m. Anm. *Müller* = ISR 2014, 96 m. Anm. *Zwirner* = GmbHR 2014, 210 m. Anm. *Patzner/Nagler* = IStR 2014, 106 mit Anm. *Mitschke*.
5 EuGH v. 23.1.2014 – C-164/12 – DMC, ECLI:EU:C:2014:20 = BFH/NV 2014, 478 Rz. 46 = FR 2014, 466 m. Anm. *Musil* = ISR 2014, 136 m. Anm. *Müller* = ISR 2014, 96 m. Anm. *Zwirner* = GmbHR 2014, 210 m. Anm. *Patzner/Nagler*.
6 EuGH v. 23.1.2014 – C-164/12 – DMC, ECLI:EU:C:2014:20 = BFH/NV 2014, 478 Rz. 52 = FR 2014, 466 m. Anm. *Musil* = ISR 2014, 136 m. Anm. *Müller* = ISR 2014, 96 m. Anm. *Zwirner* = GmbHR 2014, 210 m. Anm. *Patzner/Nagler*; *Körner*, IStR 2012, 1 (3).
7 EuGH v. 23.1.2014 – C-164/12 – DMC, ECLI:EU:C:2014:20 = BFH/NV 2014, 478 Rz. 53 = FR 2014, 466 m. Anm. *Musil* = ISR 2014, 136 m. Anm. *Müller* = ISR 2014, 96 m. Anm. *Zwirner* = GmbHR 2014, 210 m. Anm. *Patzner/Nagler*.
8 EuGH v. 23.1.2014 – C-164/12 – DMC, ECLI:EU:C:2014:20 = BFH/NV 2014, 478 Rz. 64 = FR 2014, 466 m. Anm. *Musil* = ISR 2014, 136 m. Anm. *Müller* = ISR 2014, 96 m. Anm. *Zwirner* = GmbHR 2014, 210 m. Anm. *Patzner/Nagler*.
9 EuGH v. 21.5.2015 – C-657/13 – Verder LabTec, DStR 2015, 1166.
10 Vgl. auch *Gosch*, IWB 2014, 183 (188); *Isselmann*, BB 2014, 496; *Sydow*, jurisPR-SteuerR 16/2014, Anm. 2.
11 EuGH v. 23.1.2014 – C-164/12 – DMC, ECLI:EU:C:2014:20 = BFH/NV 2014, 478 Rz. 62 = FR 2014, 466 m. Anm. *Musil* = ISR 2014, 136 m. Anm. *Müller* = ISR 2014, 96 m. Anm. *Zwirner* = GmbHR 2014, 210 m. Anm. *Patzner/Nagler*.

i.V.m. der Steuerstundung im Vergleich zu der Steuerstreckung kein *gleich* geeignetes milderes Mittel darstellen.[1] Zum einen kann die effektive Erhebung der Steuer nicht genauso gut gewährleistet werden, weil die Liquiditätslage nicht bis in alle Zukunft beurteilt werden kann; zum anderen stellen der jährliche Nachweis, Stundungszinsen und Sicherheitsleistungen kein gleich geeignetes milderes Mittel dar. Denn sie sind nicht in gleicher Weise praktikabel wie eine gestreckte Besteuerung.[2] Zu berücksichtigen ist ferner, dass eine Steuerstundung bis zur tatsächlichen Realisation zu gesteigerten Mitwirkungspflichten des Steuerpflichtigen führen müsste, die den Steuerpflichtigen erheblich belasten können.[3]

8.94 Mit der letzten EuGH-Entscheidung dürfte demgegenüber die auf die Entscheidung in der Rs. National Grid Indus[4] gestützte Auffassung überholt sein, der Wegzug erlaube zwar eine sofortige Festsetzung der Steuer, dem Steuerpflichtigen müsse aber die Möglichkeit gegeben werden, zwischen einer Sofortbesteuerung und der Steuerstundung, ggf. zzgl. einer Zinszahlung und/oder Sicherheitsleistung wählen zu können.[5] Soweit gleichwohl noch das FG Düsseldorf[6] seine Zweifel an der Unionsrechtskonformität auf diese Grundsätze stützt, kann dem unter Zugrundelegung der neuen Rechtsprechung nicht gefolgt werden. Eine Steuerstreckung wie in § 4g EStG ist grundsätzlich unionsrechtlich keinen Bedenken unterworfen.[7] Dies hat der EuGH inzwischen bestätigt.[8]

8.95 Es ist jedoch die **konkrete Ausgestaltung des § 4g EStG**, die unionsrechtlich zweifelhaft erscheint. Nicht hinnehmbar ist bereits die tatbestandliche Verengung des § 4g EStG auf EU-Sachverhalte,[9] obwohl die Grundfreiheiten auch in **EWR-Sachverhalten** anwendbar sind.[10] Dem kann auch nicht unter Hinweis auf ein Redaktionsversehen entgegen getreten werden.[11] Zu überzeugen vermag ebenfalls nicht die Beschränkung auf unbeschränkt Steuerpflichtige.[12] Für seine inländische Betriebsstätte hat auch ein **beschränkt Steuerpflichtiger** Bücher zu führen (§ 141 AO). Deshalb lässt sich der Sachverhalt insoweit in gleicher Weise wie bei einem unbeschränkt Steuerpflichtigen nachverfolgen.[13] Hinzu kommt, dass der Gesetzgeber bei § 6 Abs. 5 AStG keine vergleichbaren Verifikationsschwierigkeiten gesehen hat und bei der Wegzugsbesteuerung beschränkt steuerpflichtig gewordenen Personen eine zinslose Stundung der Steuer anbietet.[14] Dass es unüberwindbare verwaltungstechnische Schwierigkeiten bei der Steuerer-

---

1 A.A. FG Rh.-Pf. v. 7.1.2011 – 1 V 1217/10, EFG 2011, 1096.
2 *Mitschke*, IStR 2014, 216 (219); *Sydow*, IStR 2013, 663 (667).
3 *Kessens* in Schnitger/Fehrenbacher², § 12 KStG Rz. 68.
4 EuGH v. 29.11.2011 – C-371/10 – National Grid Indus, Slg. 2011, I-12273 = FR 2012, 25 m. Anm. *Musil*.
5 Von einer Unionsrechtswidrigkeit der geltenden Rechtslage ausgehend *Beutel/Rehberg*, IStR 2012, 94 (95 f.); *Kessens* in Schnitger/Fehrenbacher, § 12 KStG Rz. 68. – Vgl. *Benecke/Staats* in D/P/M, § 12 KStG Rz. 39 ff., die die Möglichkeit einer Stundung im Wege des § 222 AO fordern. Das Ermessen sei insoweit auf Null reduziert (Rz. 41).
6 FG Düsseldorf v. 5.12.2013 – 8 K 3664/11 F, EFG 2014, 119; hierzu *Müller*, ISR 2014, 60 ff.
7 So auch *Mitschke*, IStR 2012, 310 (311); *Mitschke*, IStR 2014, 37 (43); *Sydow*, IStR 2013, 663 (667); das Placet durch den EuGH in der Rs. „DMC" für bedauerlich haltend *Linn*, IStR 2014, 136 (140); zweifelnd *Dölger*, BB 2014, 616; **a.A.** *Beutel/Rehberg*, IStR 2012, 94 (95 f.); *Thömmes/Linn*, IStR 2012, 282 (283 f.).
8 EuGH v. 21.5.2015 – C-657/13 – Verder LabTec, DStR 2015, 1166.
9 Für Fälle im Verhältnis mit Großbritannien s. nunmehr § 4g Abs. 6 EStG i.d.F. des Gesetzes über steuerliche und weitere Begleitregelungen zum Austritt des Vereinigten Königreichs Großbritannien und Nordirland aus der Europäischen Union v. 25.3.2019 (Brexit-Steuerbegleitgesetz – Brexit-StBG), BGBl. I 2019, 357.
10 So auch *Crezelius* in Kirchhof¹⁸, § 4g EStG Rz. 9; *Endert* in Frotscher/Geurts, § 4g EStG Rz. 4; **a.A.** *Deussen* in Bordewin/Brandt, § 4g EStG Rz. 53.
11 *Oellerich* in Musil/Weber-Grellet, Europäisches Steuerrecht, § 4g EStG Rz. 45; **a.A.** *Endert* in Frotscher/Geurts, § 4g Rz. 4.
12 *Deussen* in Bordewin/Brandt, EStG, § 4g Rz. 54; *Holzhäuser* in K/S/M, § 4g Rz. A 21; *Kudert/Kahlenberg*, DB 2015, 1377 (1378); *Oellerich* in Musil/Weber-Grellet, Europäisches Steuerrecht, § 4g EStG Rz. 46; die Möglichkeit einer geltungserhaltenden Reduktion erwägt *Endert* in Frotscher/Geurts, § 4g EStG Rz. 5.
13 *Deussen* in Bordewin/Brandt, EStG, § 4g Rz. 54; s. aber BT-Drucks. 16/2934 und BR-Drucks. 542/06.
14 Insoweit krit. auch *Holzhäuser* in K/S/M, § 4g Rz. A 21; *Oellerich* in Musil/Weber-Grellet, Europäisches Steuerrecht, § 4g EStG Rz. 46; *Schnitger*, IStR 2007, 22 (28).

hebung insbesondere bei beschränkt Steuerpflichtigen gibt, ist nicht zu ersehen, zumal es gem. § 4g Abs. 2 Satz 1 EStG zu einer voraussetzungslosen gleichmäßigen Auflösung des Ausgleichspostens in Höhe von $^1/_5$ p.a. kommt.[1] Soweit die Finanzverwaltung Bedenken hegt, ob die Wirtschaftsgüter noch vorhanden sind und nicht ggf. eine sofortige Auflösung des Ausgleichspostens erfolgen muss, könnte der Gesetzgeber auch eine negative Vermutung zu Lasten des Steuerpflichtigen vorsehen, die er entkräften kann.[2]

Soweit ein Ausgleichsposten nur bei Wirtschaftsgütern des Anlagevermögens gebildet werden kann (§ 4g Abs. 1 Satz 1 EStG), ist dies demgegenüber im Hinblick auf die Niederlassungsfreiheit hinzunehmen. Typischerweise darf der Gesetzgeber davon ausgehen, dass Umlaufvermögen auf Verbrauch oder Veräußerung angelegt ist und es sich daher – anders als bei dem Anlagevermögen – um eine zeitlich geringfügige Vorziehung der Besteuerung handeln wird.[3] Dem kann nicht mit dem Argument entgegen getreten werden, es könnten auch im **Umlaufvermögen** stille Reserven gebildet werden, die zeitlich vorgezogen versteuert werden.[4] Atypische Fälle muss der Gesetzgeber bei Typisierungen nicht berücksichtigen.[5]

8.96

3. Entstrickungstatbestand des § 4 Abs. 1 Satz 3 EStG

a) Theorie der finalen Entnahme

In seiner früheren Rechtsprechung nahm der BFH bei der Überführung von Einzelwirtschaftsgütern aus einem inländischen Stammhaus in eine ausländische Betriebsstätte oder in einen im Ausland belegenen Betrieb sowie bei der Verlegung des Betriebs ins Ausland eine gewinnverwirklichende Entnahme i.S.d. § 4 Abs. 1 Satz 2 EStG an, wenn die ausländischen Betriebsstättengewinne auf Grund eines DBA von der Besteuerung im Inland freigestellt sind (Theorie der finalen Entnahme).[6] Der BFH ging davon aus, dass die Sicherstellung der Besteuerung der stillen Reserven für die Definition der Entnahme von entscheidender Bedeutung ist. In den Fällen einer Wertabgabe aus dem betrieblichen Bereich sollte stets eine Entnahme anzunehmen sein. Unter einem betriebsfremden Zweck verstand der BFH nicht nur einen privaten Zweck, sondern auch den Fall, dass die stillen Reserven auf Grund der Übertragung auf einen anderen Betrieb oder die Überführung in einen anderen Betriebsteil endgültig der Besteuerung entging.[7] Diese Rechtsprechung hat der BFH für grenzüberschreitende Sachverhalte inzwischen aufgegeben, weil sie zum einen im Gesetz (bis zum Inkrafttreten des SEStEG vom 7.12.2006)[8] **keinen hinreichenden Niederschlag** gefunden habe und zum anderen auf einem **unzutreffenden Verständnis** der Abgrenzung der in- und ausländischen Einkünfte und der Wirkung der abkommensrechtlichen Freistellung beruhe.[9] Angesichts dessen stellt sich die Frage, inwieweit diese Rechtsprechung mit Unionsrecht vereinbar ist, nicht mehr.

8.97

---

1 Im Ergebnis wie hier *Deussen* in Bordewin/Brandt, § 4g EStG Rz. 54; *Holzhäuser* in K/S/M, § 4g EStG Rz. A 24.
2 *Holzhäuser* in K/S/M, § 4g EStG Rz. A 24; *Frotscher* in Frotscher/Maas, § 12 KStG Rz. 110a.
3 *Deussen* in Bordewin/Brandt, EStG, § 4g Rz. 57; *Mitschke*, DStR 2012, 629 (632); *Schwenke*, DStZ 2007, 235 (245); im Ergebnis grundsätzlich wie hier *Kessler/Winterhalter/Huck*, DStR 2007, 133 (134).
4 So *Crezelius* in Kirchhof[18], § 4g EStG Rz. 9.
5 *Oellerich* in Musil/Weber-Grellet, Europäisches Steuerrecht, § 4g EStG Rz. 47.
6 BFH v. 16.7.1969 – I 266/65, BStBl. II 1970, 175; v. 28.4.1971 – I R 55/66, BStBl. II 1971, 630.
7 BFH v. 16.7.1969 – I 266/65, BStBl. II 1970, 175.
8 BGBl. I 2006, 2782.
9 BFH v. 17.7.2008 – I R 77/06, BStBl. II 2009, 464 = GmbHR 2009, 48 m. Anm. *Meilicke*; dazu Nichtanwendungsschreiben des BMF v. 20.5.2009, BStBl. I 2009, 671; v. 28.10.2009 – I R 99/08, BStBl. II 2011, 1019; v. 28.10.2009 – I R 28/08, BFH/NV 2010, 432.

b) Unionsrechtskonformität der § 4 Abs. 1 Satz 3, § 4g EStG

8.98 Der Gesetzgeber hat das Problem indes auf die gesetzliche Ebene gehoben. Durch das SEStEG v. 7.12.2006[1] hat der Gesetzgeber die **Theorie der finalen Entnahme gesetzlich festgeschrieben**. Zur konsequenten Sicherung des deutschen Besteuerungsrechts[2] steht seitdem gem. § 4 Abs. 1 Satz 3 EStG einer Entnahme für betriebsfremde Zwecke der Ausschluss oder die Beschränkung des Besteuerungsrechts der Bundesrepublik Deutschland hinsichtlich des Gewinns aus der Veräußerung oder der Nutzung eines Wirtschaftsguts gleich. Durch das Jahressteuergesetz 2010 v. 8.12.2010[3] fügte der Gesetzgeber in Reaktion auf das BFH-Urt. v. 17.7.2008[4] § 4 Abs. 1 Satz 4 EStG ein, in dem er im Wege eines Nichtanwendungsgesetzes einen besonders wichtigen Fall des § 4 Abs. 1 Satz 3 EStG legal definierte. Ein Ausschluss oder eine Beschränkung des Besteuerungsrechts hinsichtlich des Gewinns aus der Veräußerung eines Wirtschaftsguts liegt hiernach insbesondere vor, wenn ein bisher einer inländischen Betriebsstätte des Steuerpflichtigen zuzuordnendes Wirtschaftsgut einer ausländischen Betriebsstätte zuzuordnen ist (§ 4 Abs. 1 Satz 4 EStG). § 4 Abs. 1 Satz 3 EStG ist nicht anwendbar für Anteile an einer Europäischen Gesellschaft oder Europäischen Genossenschaft in den Fällen der Sitzverlegung einer Europäischen Gesellschaft bzw. einer Europäischen Genossenschaft (§ 4 Abs. 1 Satz 5 EStG).

8.99 Wie auch in den Fällen des § 12 KStG kommt es indes nicht zu einer (unionsrechtlich nicht hinnehmbaren) Sofortbesteuerung. Vielmehr gilt auch hier die Steuerstreckung nach § 4g EStG. Aufgrund der tatbestandlichen Verengung des § 4g EStG stellen sich hier dieselben unionsrechtlichen Fragen wie im Fall der § 12 KStG i.V.m. § 4g EStG (dazu Rz. 8.87). Die unionsrechtlichen Bedenken treffen nicht § 4 Abs. 1 Sätze 3 und 4 EStG[5] und dem Grunde nach auch nicht § 4g EStG; es sind vielmehr Randbereiche des § 4g EStG, die unionsrechtlich nicht hinnehmbar sind (Rz. 8.90 f.).

4. Entstrickungsregelung des § 16 Abs. 3a EStG

8.100 Einer Aufgabe des Gewerbebetriebs steht gem. § 16 Abs. 3a Halbs. 1 EStG der Ausschluss oder die Beschränkung des Besteuerungsrechts der Bundesrepublik Deutschland hinsichtlich des Gewinns aus der Veräußerung sämtlicher Wirtschaftsgüter des Betriebs oder eines Teilbetriebs gleich. Auch dieser Steuertatbestand ist dem Grunde nach aus denselben Gründen wie § 12 KStG und § 4 Abs. 1 Sätze 3 und 4 EStG unionsrechtlich nicht zu beanstanden. Der Gesetzgeber darf Sorge tragen, in seinem Herrschaftsbereich gebildete stille Reserven besteuern zu können. Es stellt sich auch hier allein das Problem, dass der Gesetzgeber für den Zeitpunkt des Ausschlusses oder der Beschränkung des Besteuerungsrechts keine zwingende Sofortversteuerung der stillen Reserven vorsehen darf.[6]

8.101 Der Entschärfung dieser unionsrechtlichen Bedenken dient in diesen Fällen § 36 Abs. 5 EStG, nach dem auf Antrag des Steuerpflichtigen die festgesetzte Steuer, die auf den Aufgabegewinn und den durch den Wechsel der Gewinnermittlungsart erzielten Gewinn in fünf gleichen Jahresraten entrichtet werden kann, wenn die Wirtschaftsgüter einem Betriebsvermögen des Steuerpflichtigen in einem anderen Mitgliedstaat der EU oder des EWR zuzuordnen sind, sofern durch diese Staaten Amtshilfe und Beitreibung nach den unionsrechtlichen Maßgaben gewährleistet wird. Geht man mit der hier vertretenen Auffassung davon aus, dass nach dem derzeitigen Stand der EuGH-Rechtsprechung eine ratierliche Versteue-

---

1 BGBl. I 2006, 2782.
2 BT-Drucks. 16/2710, 25.
3 BGBl. I 2010, 1768.
4 BFH v. 17.7.2008 – I R 77/06, BStBl. II 2009, 464 = GmbHR 2009, 48 m. Anm. *Meilicke*.
5 S. insoweit auch die EuGH-Rechtsprechung: EuGH v. 21.5.2015 – C-657/13 – Verder LabTec, DStR 2015, 1166; dazu *Cloer/Sejdija*, SWI 2016, 265; *Gosch*, BFH/PR 2015, 296; *Kudert/Kahlenberg*, DB 2015, 1377; *Rasch/Wenzel*, IWB 2015, 579; *Schiefer*, NWB 2015, 2289; *Sydow*, jurisPR-SteuerR 51/2015, Anm. 2.
6 So auch *Seer* in Kirchhof[18], § 16 Rz. 231.; vgl. auch *Gosch*, BFH/PR 2015, 296 (297), der allerdings aufgrund Abkommensrechts meint, § 16 Abs. 3a EStG laufe leer; *Schallmoser* in Blümich, § 16 EStG Rz. 491; *Wacker* in Schmidt[38], § 16 Rz. 175.

rung grundsätzlich unionsrechtskonform ist (dazu Rz. 8.89), dürfte § 36 Abs. 5 EStG nicht zu beanstanden sein.[1]

5. Notwendigkeit einer Synchronisierung der Entstrickungstatbestände

Die Regelungssystematik der geltenden Entstrickungstatbestände ist wenig befriedigend. Ungeachtet der in Randbereichen bestehenden unionsrechtlichen Bedenken gegen die Regelungen ist nicht nachvollziehbar, warum der Gesetzgeber zur Vermeidung einer rechtswidrigen Sofortbesteuerung verschiedene, nicht aufeinander abgestimmte Wege gewählt hat. In der Sache begründete Unterschiede der einzelnen Entstrickungstatbestände, die die unterschiedlichen Regelungen rechtfertigen könnten, finden sich jedenfalls nicht.[2] De lege ferenda erscheint es wünschenswert, wenn sich der Gesetzgeber dazu durchringen könnte, die Rechtslage hinsichtlich der Entstrickungstatbestände insoweit zu synchronisieren. Verfassungsrechtlich stellt sich gar die Frage, ob nicht eine ungerechtfertigte Ungleichbehandlung wesentlich gleicher Sachverhalte i.S. des Art. 3 Abs. 1 GG vorliegt.

8.102

II. Berücksichtigung von Auslandsverlusten

Literatur: *Eisenbarth/Hufeld*, Die grenzüberschreitende Verlustverrechnung in der Konsolidierungsphase, Das Verfahren „X Holding" und die Grenzen der negativen Integration, IStR 2010, 309; *Heckerodt*, Finale Betriebsstättenverluste: Kein Mythos, sondern Realität!, Das Finalitätskriterium als tertium comparationis, IStR 2019, 171; *Hey*, Finale Verluste im nationalen und europäischen Recht, in Lüdicke/Mellinghoff/Rödder (Hrsg.), Nationale und internationale Unternehmensbesteuerung in der Rechtsordnung, FS für *Gosch*, München 2016, 161; *Homburg*, Die unheimliche Nummer Sechs – Eine Entscheidung zum Ausgleich grenzüberschreitender Konzernverluste, IStR 2010, 246; *Kessler/Philipp*, Zur gemeinschaftsrechtlichen Notwendigkeit der inländischen Berücksichtigung „finaler" Verluste aus EU-Betriebsstätten, Anmerkungen zur BFH-Judikatur und deren Folgefragen, IStR 2010, 865; *Kögel*, Finale Verluste: Einige Verfahrensprobleme und ein Lösungsvorschlag, in Lüdicke/Mellinghoff/Rödder (Hrsg.), Nationale und internationale Unternehmensbesteuerung in der Rechtsordnung, FS für Gosch, München 2016, 205; *Kopec/Wellmann*, Kein Finale für die finalen Verluste - Berücksichtigung von definitiven Betriebsstättenverlusten nach dem EuGH-Urteil Bevola, ISR 2019, 7; *Niemann/Dodos*, Verrechnung von „finalen" Auslandsverlusten – auch nach „Timac Agro"!, DStR 2016, 1057; *Panzer/Gebert*, Ausnahmsweiser Abzug tatsächlicher finaler Verluste einer EU-Tochtergesellschaft bei der inländischen Muttergesellschaft? – Eine Betrachtung vor dem Hintergrund der jüngsten Rechtsprechung des BFH –, IStR 2010, 781; *Schlücke*, Finale Verluste und kein Ende – Zugleich Besprechung der Schlussanträge der Generalanwältin *Kokott* vom 10.1.2019 in den Rechtssachen C-607/17 (Memira Holding) und C-608/17 (Holmen), ISR 2019, 132; *Schnitger/Berliner*, Die Anwendung der deutschen Organschaft bei grenzüberschreitenden Sachverhalten, IStR 2011, 753; *Schnitger*, EuGH in der RS. Timac Agro zu finalen ausländischen Betriebsstättenverlusten - War es das bei der Freistellungsmethode?, IStR 2016, 72; *Schumacher*, Das EuGH-Urteil Timac Agro - Was bleibt von der Rechtsfigur der finalen Verluste übrig?, IStR 2016, 473; *Schulz-Trieglaff*, Der BFH und finale Verluste bei ausländischen Tochtergesellschaften: das falsche Vergleichspaar, Anmerkung zum Urteil des BFH v. 9.11.2010 – I R 16/10, IStR 2011, 244; *Stöber*, Grenzüberschreitende Organschaft im Lichte abkommensrechtlicher Diskriminierungsverbote und der Niederlassungsfreiheit, BB 2011, 1943; *Winter/Marx*, „Grenzüberschreitende" Organschaft mit zugezogenen EU-/EWR-Gesellschaften, Neue Gestaltungsmöglichkeiten auf Grund des BMF-Schreibens v. 28.3.2011, DStR 2011, 1101.

1. Freistellung der EU-ausländischen Einkünfte durch DBA

Der Gewinn wie der Verlust einer inländischen Betriebsstätte eines inländischen Unternehmens wird nicht selbständig besteuert, sondern ist Bestandteil des Gewinns oder des Verlusts des inländischen

8.103

---

[1] So auch *Ettlich* in Blümich, § 36 EStG Rz. 259; *Gosch* in Kirchhof[18], § 36 Rz. 30; *Kudert/Kahlenberg*, DB 2015, 1377 (1378).
[2] So z.B. für die Unterschiede zwischen § 4g EStG und § 36 Abs. 5 EStG zu Recht herausstellend *Gosch* in Kirchhof[18], § 36 Rz. 30.

und in Deutschland der Besteuerung unterliegenden Unternehmens. Anders ist dies im Ergebnis – aufgrund des Einflusses des Abkommensrechts – bei der ausländischen Betriebsstätte eines inländischen Unternehmens. Gewinne eines Unternehmens eines Vertragsstaates können gemäß Art. 7 Abs. 1 OECD-MA nur in diesem Staat besteuert werden, es sei denn, das Unternehmen übt seine Geschäftstätigkeit im anderen Vertragsstaat durch eine dort gelegene Betriebsstätte aus. Übt das Unternehmen seine Geschäftstätigkeit auf diese Weise aus, so können die Gewinne des Unternehmens im anderen Staat besteuert werden, jedoch nur insoweit, als sie dieser Betriebsstätte zugerechnet werden können. Soweit Gewinne oder Verluste m.a.W. der ausländischen Betriebsstätte zugerechnet werden können, besteuert sie vorrangig der Betriebsstättenstaat als Quellenstaat.[1] Dies führt dazu, dass ein durch die Betriebsstätte erlittener Verlust nicht mit einem Gewinn des Stammhauses steuerlich verrechnet werden darf. Diese Beurteilung gilt nach den nationalen Rechtsordnungen regelmäßig unabhängig davon, ob der Verlust im Betriebsstättenstaat berücksichtigt werden kann. Aus unionsrechtlicher Sicht ist diese Behandlung dem Grunde nach nicht zu beanstanden. Grundsätzlich besteht eine Symmetrie zwischen dem Recht der Besteuerung der Gewinne und der Möglichkeit des Steuerpflichtigen, Verluste in Abzug zu bringen (**Symmetriethese**).[2] Der Ansässigkeitsstaat ist nach der Rechtsprechung des EuGH grundsätzlich nicht verpflichtet, **Verluste ausländischer Betriebsstätten** zu berücksichtigen, wenn das einschlägige DBA die Einkünfte von der Besteuerung freistellt. Der hierdurch gegebene Eingriff in die Niederlassungsfreiheit (Art. 49 AEUV) ist grundsätzlich zur Vermeidung einer willkürlichen Verlagerung der Besteuerungsgrundlagen und einer doppelten Verlustnutzung gerechtfertigt.[3]

8.104 Bis vor kurzem bestand insoweit aufgrund der Rechtsprechung (vermeintlich) Klarheit, dass dieser Grundsatz nicht einschränkungslos gelten sollte. Ein Verstoß gegen die Niederlassungsfreiheit sollte vorliegen, wenn im Ansässigkeitsstaat der Tochtergesellschaft erfolglos alle Möglichkeiten der Verlustnutzung ausgeschöpft wurden und keine Möglichkeit bestand, dass zukünftig die Verluste durch die Betriebsstätte/Tochtergesellschaft oder einen Dritten geltend gemacht werden konnten.[4] Eine Verlustnutzung im Betriebsstättenstaat bzw. Ansässigkeitsstaat der Tochtergesellschaft musste endgültig ausscheiden (sog. **finale Verluste**), wofür der Steuerpflichtige die objektive Beweislast trug.[5] Hierdurch wurde vermieden, dass ein Verlust doppelt genutzt werden konnte und im Vergleich zu Inlandssachverhalten ungerechtfertigte Vorteile erzielt werden konnten.[6] Im Fall der Beendigung der Geschäftstätigkeit oder der Liquidation konnte im Finalitätsjahr der Verlust bei der Muttergesellschaft geltend gemacht werden.[7] Ein Abzug in früheren Jahren kam demgegenüber nicht in Betracht.[8] Der EuGH ging in diesen Sachverhaltskonstellationen davon aus, dass den Unternehmen eine wirtschaftliche Tätigkeit im EU-Ausland jedenfalls erheblich weniger attraktiv gemacht werde und dies sie davon abhalten könne, sich im EU-Ausland wirtschaftlich zu betätigen.[9] Kein Problem sah der EuGH in der Frage der Vergleichbarkeit der in- und ausländischen Betriebsstätten. Lagen die Voraussetzungen für einen

---

1 *Hemmelrath* in Vogel/Lehner, DBA⁶, Art. 7 Rz. 16.
2 EuGH v. 6.9.2012 – C-18/11 – Philips Electronics, ECLI:EU:C:2012:532 – Rz. 24 = IStR 2012, 847 = ISR 2012, 101 m. Anm. *Pohl*; v. 1.4.2014 – C-80/12 – Felixstowe Dock and Railway Company u.a., ECLI:EU: C:2014:200 – Rz. 30 = ISR 2014, 170 m. Anm. *Müller*; BFH v. 5.2.2014 – I R 48/11, GmbHR 2014, 607 m. Anm. *Heinsen/Nagler* = ISR 2014, 204 m. Anm. *Müller*; *Gosch*, HaufeIndex 3703413.
3 EuGH v. 15.5.2008 – C-414/06 – Lidl Belgium, Slg. 2008, I-3601 Rz. 30 ff. = GmbHR 2008, 709 m. Anm. *Rehm/Nagler*; v. 7.11.2013 – C-322/11 – K, ECLI:EU:C:2013:716 = BFH/NV 2014, 142 Rz. 75 = ISR 2013, 425 m. Anm. *Müller*.
4 EuGH v. 13.12.2005 – C-446/03 – Marks & Spencer, Slg. 2005, I-10837 Rz. 55; v. 15.5.2008 – C-414/06 – Lidl Belgium, Slg. 2008, I-3601 = GmbHR 2008, 709 m. Anm. *Rehm/Nagler*.
5 BFH v. 5.2.2014 – I R 48/11, GmbHR 2014, 607 m. Anm. *Heinsen/Nagler* = ISR 2014, 204 m. Anm. *Müller*; *Gosch* in Kirchhof¹⁸, § 2a Rz. 5a.
6 Vgl. EuGH v. 4.7.2018 – C-28/17 – NN, ECLI:EU:C:2018:526, Rz. 48.
7 BFH v. 9.11.2010 – I R 16/10, BFHE 231, 554.
8 FG Düsseldorf v. 25.10.2011 – 13 K 2775/06 E, F, juris; FG Hamburg v. 2.11.2011 – 1 K 208/10, EFG 2012, 434; die Revision hiergegen wurde als unbegründet zurückgewiesen, BFH v. 20.9.2012 – IV R 60/11, BFH/NV 2013, 410.
9 So noch EuGH v. 17.7.2014 – C-48/13 – Nordea Bank Danmark, IStR 2014, 563 Rz. 22.

finalen Verlust vor, war diese ausnahmsweise gegeben, obwohl grundsätzlich der Fall einer inländischen Betriebsstätte oder Tochtergesellschaft mit dem einer ausländischen Betriebsstätte oder Tochtergesellschaft nicht vergleichbar sein sollte.[1]

Nach der Rechtsprechung des EuGH und des BFH fehlte es an der Finalität, wenn der Betriebsstättenstaat nur einen zeitlich begrenzten Vortrag von Verlusten erlaubte[2] oder **aus anderen Rechtsgründen eingeschränkt** war.[3] Beispielsweise lag hiernach keine Finalität vor, wenn das Recht des jeweiligen Mitgliedstaats nur einen Verlustrücktrag, nicht aber einen Verlustvortrag kannte.[4] Dies war Ausdruck und Folge der *abkommensrechtlichen* Zuweisung der Besteuerungshoheit an den Betriebsstättenstaat. 8.105

Anders sollte es sich indes bei einer aus **tatsächlichen Gründen** eintretenden endgültigen Nichtberücksichtigungsfähigkeit von Verlusten verhalten, beispielsweise bei der Umwandlung einer Auslandsbetriebsstätte in eine Kapitalgesellschaft, der Übertragung der Betriebsstätte oder deren Aufgabe. In diesen Fällen sollten die Verluste im Ansässigkeitsstaat abziehbar sein.[5] Final waren die Verluste hiernach auch dann, wenn der Verlustabzug im Ausland theoretisch noch möglich, tatsächlich aber so gut wie ausgeschlossen war und ein wider Erwarten dennoch erfolgter späterer Abzug im Inland verfahrensrechtlich noch rückwirkend nachvollzogen werden konnte.[6] War das Vorliegen finaler Verluste von den tatsächlichen Umständen abhängig, stellte sich zudem die Frage, ob und wann ein **Gestaltungsmissbrauch** vorliegen konnte. Insoweit hatte der BFH zutreffend klargestellt, dass Gestaltungen des Steuerpflichtigen, um finale Verluste zu generieren, an dem allgemeinen Missbrauchstatbestand des § 42 AO zu messen waren.[7] Ein Gestaltungsmissbrauch konnte allerdings nicht allein darin liegen, dass eine Betriebsstätte willentlich eingestellt wurde. Dies war nach Auffassung des BFH vielmehr Ausfluss der unternehmerischen Gestaltungsfreiheit.[8] Verhindert werden sollte allein, dem Steuerpflichtigen ein faktisches Wahlrecht einzuräumen, welchem Besteuerungsregime er unterliegt.[9] Dem Gesetzgeber war es allerdings unbenommen, sich in Fällen missbrauchsanfälliger Gestaltungen Beweislastregeln nutzbar zu machen. So sollte es unter unionsrechtlichen Gesichtspunkten unbeachtlich sein, wenn der deutsche Gesetzgeber einen Verlustabzug nur nach Überwindung einer typisierten Beweislastumkehr ermöglichte, wenn die Hürden auch nicht unüberwindbar sein durften.[10] 8.106

Besonderheiten konnten sich bei der Betriebsstätte ergeben, wenn nach der Beendigung ihrer Geschäftstätigkeit und der hierdurch (zunächst) eintretenden Finalität der erwirtschafteten Verluste in späteren Jahren eine neue Betriebsstätte im gleichen Mitgliedstaat ihre Tätigkeit aufnahm. Ob es dann bei der Verlustverwertbarkeit im Ansässigkeitsstaat verblieb, hing von dem Recht des Betriebsstättenstaats ab.[11] Ging die Möglichkeit des Verlustabzuges mit der Einstellung der Geschäftstätigkeit der ursprünglichen Betriebsstätte endgültig unter, war von einer Finalität auszugehen. Zutreffend ging das FG Köln davon aus, dass die bloß theoretische Möglichkeit, dass in späteren Jahren eine neue Betriebsstätte 8.107

---

1 Jüngst EuGH v. 12.6.2018 – C-650/16, Bevola und Jens W. Trock, DStR 2018, 1353 Rz. 37 f.; v. 4.7.2018 – C-28/17 – NN, ECLI:EU:C:2018:526, Rz. 33 ff.
2 EuGH v. 23.10.2008 – C-157/07 – Krankenhaus Ruhesitz Wannsee-Seniorenheimstatt, Slg. 2008, I-8061; BFH v. 9.6.2010 – I R 107/09, BFHE 230, 35 = FR 2010, 896 m. Anm. *Buciek*.
3 FG Düsseldorf v. 25.10.2011 – 13 K 2775/06 E, F, juris.
4 *Von Brocke* in Mössner/Seeger, KStG³, EU-steuerpolitischer Hintergrund, Rz. 327.
5 BFH v. 9.6.2010 – I R 107/09, BFHE 230, 35 = FR 2010, 896 m. Anm. *Buciek*; *Frotscher* in Frotscher/Geurts, § 2a EStG Rz. 51; *Gosch*, HaufeIndex 2371740; **a.A.** BMF v. 13.7.2009, BStBl. I 2009, 835.
6 BFH v. 5.2.2014 – I R 48/11, GmbHR 2014, 607 m. Anm. *Heinsen/Nagler* = ISR 2014, 204 m. Anm. *Müller*.
7 BFH v. 5.2.2014 – I R 48/11, GmbHR 2014, 607 m. Anm. *Heinsen/Nagler* = ISR 2014, 204 m. Anm. *Müller*.
8 *Gosch*, Haufe Index 3703413.
9 EuGH v. 21.2.2013 – C-123/11 – A Oy, ECLI:EU:C:2013:84 = BFH/NV 2013, 685 Rz. 48 = ISR 2013, 103 m. Anm. *Müller* = FR 2013, 370 m. Anm. *Musil*.
10 *Gosch*, Haufe Index 3703413.
11 So auch *von Brocke* in Mössner/Seeger, KStG³, Europäischer Binnenmarkt, Rz. 328.

eröffnet werden konnte und die Verluste dann weiter geltend gemacht werden könnten, zunächst die Geltendmachung des Verlusts im Ansässigkeitsstaat im Finalitätsjahr nicht hindere.[1] Sah das mitgliedstaatliche Recht vor, dass die Verluste der alten Betriebsstätte durch die neue Betriebsstätte weiterhin geltend gemacht werden konnten, entfiel vielmehr die Finalität mit der Folge rückwirkend, dass ggf. die Steuerfestsetzungen im Ansässigkeitsstaat gem. § 175 Abs. 1 Satz 1 Nr. 2 AO zu ändern waren.[2] Die Festsetzungsfrist stand in diesen Fällen der Änderung des Bescheids nicht entgegen, da gem. § 175 Abs. 1 Satz 2 AO die Festsetzungsfrist erst mit Ablauf des Jahres beginnen sollte, in dem das rückwirkende Ereignis eingetreten war.[3] Dies bedeutete, dass die Festsetzungsfrist mit Ablauf des Jahres, in dem das Ereignis eingetreten war, neu zu laufen begann.[4]

8.108 So einfach diese Abgrenzung auf den ersten Blick erscheint, war es im Einzelfall doch schwierig zu beurteilen, wann nach dieser Diktion rechtliche oder tatsächliche Gründe vorlagen.[5] Soweit beispielsweise angenommen wurde, auch die Nichtberücksichtigung eines Verlusts auf Grund der Umwandlung einer Betriebsstätte in eine Kapitalgesellschaft sei eine aus tatsächlichen Gründen eintretende endgültige Nichtberücksichtigung von Verlusten, erschien dies nicht zweifelsfrei. Denn zunächst einmal sind es die rechtlichen Maßgaben des Umwandlungssteuerrechts, durch die in einem solchen Fall eine Verlustberücksichtigung ausscheidet.[6] Regelmäßig wurde die Finalität durch die konkreten Rahmenbedingungen des Betriebsstätten- bzw. Ansässigkeitsstaats (mit-)verursacht. Es stellte sich dann aber die Frage, warum, jedenfalls wann der Betriebsstätten- bzw. Ansässigkeitsstaat eine fehlende Berücksichtigungsmöglichkeit eines Verlusts im Quellenstaat ausgleichen musste.[7] Zu Recht hatte das FG Köln in seinem Vorlagebeschluss zu der Rechtssache Timac Agro daher ausgeführt, es vermisse „die abstrakten Kriterien für die Bestimmung [der] finalen Verluste"[8]. Ausgehend von der Rechtsprechung des EuGH Krankenhaus Ruhesitz Wannsee[9] stellte sich die Frage, ob es weniger um eine strenge Trennung nach rechtlichen oder tatsächlichen Gründen gehen sollte, sondern vielmehr um die Frage, ob vor der endgültigen Beendigung einer Betriebsstätte aus tatsächlichen oder rechtlichen Gründen (bspw. Umwandlung) die Verlustnutzung aufgrund rechtlicher Gründe beschränkt wurde. Dann konnte der Vorwurf dem Betriebsstättenstaat gemacht werden, gegen dessen Recht sich der Steuerpflichtige wenden musste. Dies erscheint auch nachvollziehbar; dem Ansässigkeitsstaat kann nicht die Rolle zukommen, hilfsweise Verluste anerkennen zu müssen, wenn der Betriebsstättenstaat unilateral die Verlustnutzung beschränkt. Andernfalls könnten die Mitgliedstaaten durch ein entsprechend einseitiges Verhalten stets Gesetze zu Lasten anderer Mitgliedstaaten erlassen, die dann die ungeliebten Verluste steuerlich anerkennen müssten.

8.109 Nachdem sich der dogmatische Stand so weit entwickelt hatte, schlug die Rechtsprechungsentwicklung Kapriolen. Aufgrund der Vorlage des FG Köln (Rz. 8.108) sah es zunächst so aus, als wenn der EuGH seine Rechtsprechung zu den finalen Verlusten gänzlich revidieren wollte[10] (**Verfahren Timac Agro**).[11] Zugrunde lag der Entscheidung des EuGH der Fall einer in Deutschland ansässigen GmbH,

---

1 FG Köln v. 13.3.2013 – 10 K 2067/12, ISR 2013, 246 m. Anm. *Müller* = EFG 2013, 1430.
2 BFH v. 9.6.2010 – I R 107/09, BFHE 230, 35 = FR 2010, 896 m. Anm. *Buciek*; v. 5.2.2014 – I R 48/11, GmbHR 2014, 607 m. Anm. *Heinsen/Nagler* = ISR 2014, 204 m. Anm. *Müller*; *Böing/Dokholian*, GmbH-StB 2018, 270 (271); *Gosch*, HaufeIndex 3703413.
3 So bereits *Frotscher* in Frotscher/Geurts, § 2a EStG Rz. 61.
4 BFH v. 25.9.1996 – III R 53/93, BStBl. II 1997, 269.
5 Von einer fehlenden Klärung ausgehend auch *Naujok* in Bordewin/Brandt, § 2a EStG Rz. 55.
6 Zustimmend *Hey* in FS Gosch, S. 161, 172.
7 *Hey* in FS Gosch, S. 161, 169 f.
8 FG Köln v. 19.2.2014 – 13 K 3906/09, juris; krit. auch *Kögel* in FS Gosch, S. 205, 209.
9 EuGH v. 23.10.2008 – C-157/07 – Krankenhaus Ruhesitz Wannsee-Seniorenheimstatt, Slg. 2008, I-8061; BFH v. 9.6.2010 – I R 107/09, BFHE 230, 35 = FR 2010, 896 m. Anm. *Buciek*.
10 In diesem Sinne *Benecke/Staats*, IStR 2016, 80 (81); *Kister* in Musil/Weber-Grellet, Europäisches Steuerrecht, § 2a EStG Rz. 73; *Schnitger*, IStR 2016, 72 (73); *Schumacher*, IStR 2016, 473; **a.A.** *Niemann/Dodos*, DStR 2016, 1057, 1063: Bestätigung der bisherigen Rechtsprechung.
11 EuGH v. 17.12.2015 – C-388/14 – Timac Agro, DStR 2016, 28.

die eine Betriebsstätte in Österreich unterhielt. Die österreichische Betriebsstätte erzielte – abgesehen von den Jahren 2000 und 2005 – stets Verluste. Gemäß § 2a Abs. 3 Sätze 1 und 2 EStG a.F. berücksichtigte das FA die Verluste der Jahre 1997 und 1998. Der Verlust 1997 wurde zunächst mit dem Gewinn des Stammhauses verrechnet und der Rest zurückgetragen; im Jahre 1998 trug die Gesellschaft den Betriebsstättenverlust insgesamt zurück, weil auch das Stammhaus einen Verlust erwirtschaftet hatte. Die bis 2004 erwirtschafteten Verluste wurden im Anschluss gar nicht berücksichtigt. Die Feststellung von Hinzurechnungsbeträgen unterblieb zunächst.

§ 2a Abs. 3 EStG i.d.F. bis zum 31.12.1998 enthielt folgende Regelung:

„Sind nach einem Abkommen zur Vermeidung der Doppelbesteuerung bei einem unbeschränkt Steuerpflichtigen aus einer in einem ausländischen Staat belegenen Betriebsstätte stammende Einkünfte aus gewerblicher Tätigkeit von der Einkommensteuer zu befreien, so ist auf Antrag des Steuerpflichtigen ein Verlust, der sich nach den Vorschriften des inländischen Steuerrechts bei diesen Einkünften ergibt, bei der Ermittlung des Gesamtbetrags der Einkünfte abzuziehen, soweit er vom Steuerpflichtigen ausgeglichen oder abgezogen werden könnte, wenn die Einkünfte nicht von der Einkommensteuer zu befreien wären, und soweit er nach diesem Abkommen zu befreiende positive Einkünfte aus gewerblicher Tätigkeit aus anderen in diesem ausländischen Staat belegenen Betriebsstätten übersteigt. Soweit der Verlust dabei nicht ausgeglichen wird, ist bei Vorliegen der Voraussetzungen des § 10d der Verlustabzug zulässig. Der nach den Sätzen 1 und 2 abgezogene Betrag ist, soweit sich in einem der folgenden Veranlagungszeiträume bei den nach diesem Abkommen zu befreienden Einkünften aus gewerblicher Tätigkeit aus in diesem ausländischen Staat belegenen Betriebsstätten insgesamt ein positiver Betrag ergibt, in dem betreffenden Veranlagungszeitraum bei der Ermittlung des Gesamtbetrags der Einkünfte wieder hinzuzurechnen. Satz 3 ist nicht anzuwenden, wenn der Steuerpflichtige nachweist, dass nach den für ihn geltenden Vorschriften des ausländischen Staates ein Abzug von Verlusten in anderen Jahren als dem Verlustjahr allgemein nicht beansprucht werden kann. Der am Schluß eines Veranlagungszeitraums nach den Sätzen 3 und 4 der Hinzurechnung unterliegende und noch nicht hinzugerechnete (verbleibende) Betrag ist gesondert festzustellen; § 10d Abs. 3 gilt entsprechend. In die gesonderte Feststellung nach Satz 5 einzubeziehen ist der nach § 2 Abs. 1 Satz 3 und 4 des Gesetzes über steuerliche Maßnahmen bei Auslandsinvestitionen der deutschen Wirtschaft vom 18. August 1969 (BGBl. I S. 1214), das zuletzt durch Artikel 8 des Gesetzes vom 25. Juli 1988 (BGBl. I S. 1093) geändert worden ist, der Hinzurechnung unterliegende und noch nicht hinzugerechnete Betrag."

Gemäß § 52 Abs. 2 Satz 3 EStG (bzw. § 52 Abs. 3 Satz 5 EStG in der für den Streitzeitraum 2005 anwendbaren Fassung) sind § 2a Abs. 3 Satz 3, 5 und 6 EStG in der am 29.4.1997 geltenden Fassung für Veranlagungszeiträume ab 1999 weiter anzuwenden, soweit sich ein positiver Betrag im Sinne des § 2a Abs. 3 Satz 3 EStG in der am 29.4.1997 geltenden Fassung ergibt. Gleiches gilt, soweit eine in einem ausländischen Staat belegene Betriebsstätte i.S.d. § 2a Abs. 4 EStG in der Fassung des § 52 Abs. 3 Satz 8 EStG (in der am 30.7.2014 geltenden Fassung) in eine Kapitalgesellschaft umgewandelt, übertragen oder aufgegeben wird (§ 52 Abs. 2 Satz 3 EStG). Insoweit wirkt die alte Rechtslage des § 2 Abs. 3 und 4 EStG noch bis heute fort.

Im Jahre 2005 veräußerte die GmbH die Betriebsstätte an eine konzernzugehörige Gesellschaft. Im Rahmen einer Außenprüfung für die Veranlagungszeiträume 1997 bis 2004 wurden die ausstehenden Feststellungen für die Hinzurechnungen nachgeholt. Das FA rechnete dem Gesamtbetrag der Einkünfte 2005 den festgestellten Hinzurechnungsbetrag für die für die Jahre 1997 und 1998 anerkannten Verluste hinzu; eine Berücksichtigung der Verluste, die in den Jahren 1999, 2001 bis 2004 in der Betriebsstätte erwirtschaftet worden waren, lehnte das FA ab.

Bei seiner Lösung differenzierte der EuGH zwischen den beiden Sachverhalten (berücksichtigte Verluste 1997 und 1998 sowie Nichtberücksichtigung der Verluste 1999, 2001 bis 2004).

(1) Hinsichtlich der berücksichtigten Verluste (1997 und 1998), die 2005 **hinzugerechnet** wurden, sah er aufgrund der vorangegangenen Berücksichtigung der Verluste eine Beschränkung der Niederlassungsfreiheit gemäß Art. 49 AEUV, die er allerdings für gerechtfertigt hielt. Dadurch, dass das deut-

sche Recht für Verluste ausländischer Betriebsstätten einen Vorteil eingeräumt hätte, der für inländische Betriebsstätten gleichermaßen gelte, habe er hierdurch die Vergleichbarkeit der Sachverhalte selbst hergestellt.[1] Der EuGH sah gleich drei einschlägige Rechtfertigungsgründe: (1) die Wahrung der Aufteilung der Besteuerungsbefugnisse, (2) die Missbrauchsvermeidung und (3) die Kohärenz des Steuersystems.[2] Hinsichtlich der Aufteilung der Besteuerungsbefugnisse führt der EuGH aus, dass das DBA-Österreich der Bundesrepublik die Möglichkeit nehme, auf die Gewinne der Betriebsstätte zuzugreifen; nach dem Symmetriethese sei daher eine Beschränkung des Verlustabzugs dem Grunde nach nicht untersagt.[3] Im Rahmen der Kohärenz erkennt der EuGH an, dass die Beschränkung (Hinzurechnung) die untrennbare Kehrseite der vorhergehenden Berücksichtigung sei (spiegelbildliche Logik).[4] Dem Grunde nach erkennt der EuGH ferner an, dass durch eine Regelung wie § 2a EStG a.F. missbräuchliche Praktiken transnationaler Konzerne verhindert werden können, durch die zum einen Verluste im Inland nutzbar gemacht werden können und zum anderen spätere Gewinne der Besteuerung entzogen werden. Auch wenn der EuGH die Regelung zur Verfolgung für diese drei Ziele für erforderlich erachtet,[5] stellt er zugleich fest, dass dies Deutschland nicht von der Beachtung der Grundsätze zu den finalen Verlusten nach Marks & Spencer befreie. Denn die Hinzurechnung habe für die Frage der Finalität keine Aussagekraft. Stelle sich ein Verlust folglich als final heraus, müsse er berücksichtigt werden.[6] Folge wäre, dass dann eine spätere Hinzurechnung und damit eine Nivellierung der Verlustnutzung nicht in Betracht kämen.

(2) Soweit jedoch die Verluste schon dem Grunde nach nicht berücksichtigt worden seien, so der EuGH, fehle es in Fällen der abkommensrechtlichen Freistellungsmethode an einer **Vergleichbarkeit der Sachverhalte**. Die Situation einer in Österreich belegenen Betriebsstätte, über deren Ergebnisse die Bundesrepublik Deutschland keine Steuerhoheit ausübe und deren Verluste in Deutschland nicht mehr abzugsfähig seien, sei in Bezug auf Maßnahmen der Bundesrepublik Deutschland zur Vermeidung oder Abschwächung einer Doppelbesteuerung der Gewinne einer gebietsansässigen Gesellschaft nicht mit der Situation einer in Deutschland belegenen Betriebsstätte vergleichbar.[7] Insoweit sah der EuGH deshalb kein Problem, dass die Verluste aus der ausländischen Betriebsstätte nicht berücksichtigt werden konnten. Dies stellte der EuGH auch nicht unter den Vorbehalt, dass eine Finalitätsprüfung der Verluste zu erfolgen habe.[8]

8.111 Diese Rechtsprechung wurde bereits früh kritisiert. Es wurde moniert, dass die Rechtsprechung **nicht folgerichtig** sei. Denn sie verlange einen Verlustimport, wenn zunächst als Investitionsanreiz eine Verlustberücksichtigung erfolge (und es nur später zu einer Hinzurechnung komme), nicht aber, wenn eine Verlustberücksichtigung von vornherein ausgeschlossen sei.[9] Nicht nachvollziehbar sei, dass wenn ein Mitgliedstaat über das unionsrechtlich gebotene Maß hinausgehend eine Verlustberücksichtigung ermögliche und später wieder rückgängig mache, anders behandelt werde, als wenn er den Abzug von vornherein nicht zugelassen hätte.[10] Vermutet wurde, dass der EuGH den Ausnahmecharakter des § 2a Abs. 3 EStG verkannt habe; Klarheit sei insoweit nur über eine weitere Vorlage zu erlangen.[11] Der weitere Einwand gegen die Entscheidung traf die Frage der Vergleichbarkeitsprüfung. Aufgeworfen wurde die Frage, ob der EuGH bei der Anwendung der abkommensrechtlichen Freistellungsmethode die Vergleichbarkeit gänzlich verneinen wollte, während er bei der Anrechnungsmethode dem Grunde nach

---

1 EuGH v. 17.12.2015 – C-388/14 – Timac Agro, DStR 2016, 28 Rz. 28.
2 EuGH v. 17.12.2015 – C-388/14 – Timac Agro, DStR 2016, 28 Rz. 33.
3 EuGH v. 17.12.2015 – C-388/14 – Timac Agro, DStR 2016, 28 Rz. 36 ff.
4 EuGH v. 17.12.2015 – C-388/14 – Timac Agro, DStR 2016, 28 Rz. 40 f.
5 EuGH v. 17.12.2015 – C-388/14 – Timac Agro, DStR 2016, 28 Rz. 46 ff.
6 EuGH v. 17.12.2015 – C-388/14 – Timac Agro, DStR 2016, 28 Rz. 52 ff.
7 EuGH v. 17.12.2015 – C-388/14 – Timac Agro, DStR 2016, 28 Rz. 65.
8 *Schumacher*, IStR 2016, 473 (477).
9 *Schiefer*, IStR 2016, 79 (80); *Schumacher*, IStR 2016, 473 (477).
10 *Benecke/Staats*, IStR 2016, 80 (82); krit. auch *Kister* in Musil/Weber-Grellet, Europäisches Steuerrecht, § 2a EStG Rz. 75: „Ausfallbürge".
11 *Schumacher*, IStR 2016, 473 (477 f.).

von einer Vergleichbarkeit der Sachverhalte ausgehe.[1] Gesehen wurde in der Literatur zudem ein Kontrast zur Rechtssache K,[2] in der der EuGH trotz Anwendung der Freistellungsmethode (flankiert durch den Progressionsvorbehalt) eine Vergleichbarkeit der Sachverhalte angenommen habe.[3]

Der BFH hatte der Rechtsprechung des EuGH jedenfalls entnommen, dass seine Rechtsprechung zu den finalen Verlusten insgesamt nicht aufrechterhalten werden könne. Der EuGH habe entschieden, dass Art. 49 AEUV dahin auszulegen sei, dass er einer Steuerregelung eines Mitgliedstaats wie der im Ausgangsverfahren in Rede stehenden (dort: Art. 23 Abs. 1a DBA-Österreich 2000) nicht entgegenstehe, die einer gebietsansässigen Gesellschaft im Fall der Veräußerung einer in einem anderen Mitgliedstaat belegenen Betriebsstätte an eine gebietsfremde, zum gleichen Konzern wie die veräußernde Gesellschaft gehörende Gesellschaft die Möglichkeit verwehre, die Verluste der veräußerten Betriebsstätte in die Bemessungsgrundlage der Steuer einzubeziehen, sofern aufgrund eines DBA die ausschließliche Befugnis zur Besteuerung der Ergebnisse dieser Betriebsstätte dem Mitgliedstaat zustehe, in dem sie belegen sei. Der BFH maß der Symmetriethese die Eignung zu, eine Vergleichbarkeit der Sachverhalte auszuschließen.[4] Hiervon ausgehend hätte für die Figur der finalen Verluste kaum noch ein Anwendungsbereich bestanden.[5]

8.112

Jüngst ist diese Analyse allerdings wieder in Frage gestellt worden; es scheint, als habe der EuGH eine „Rolle rückwarts" vollzogen. Im Urteil **Bevola und Jens W. Trock** greift der EuGH seine jüngere Rechtsprechung zu Maßnahmen eines Mitgliedstaats, die der Vermeidung oder Abschwächung der Doppelbesteuerung der Gewinne einer gebietsansässigen Gesellschaft dienen, noch einmal zustimmend auf und führt aus, dass sich Gesellschaften mit einer Betriebsstätte in einem anderen Mitgliedstaat grundsätzlich *nicht* in einer Situation befinden, die mit der Situation von Gesellschaften mit einer gebietsansässigen Betriebsstätte vergleichbar wäre.[6] Diese Aussage schränkt er allerdings sogleich wieder ein: „In Bezug auf Verluste einer gebietsfremden Betriebsstätte, die jede Tätigkeit eingestellt hat und deren Verluste nicht von ihrem steuerpflichtigen Gewinn in dem Mitgliedstaat, in dem sie tätig war, abgezogen werden konnten und nicht mehr abgezogen werden können, unterscheidet sich die Situation einer gebietsansässigen Gesellschaft, die eine solche Betriebsstätte hat, in Anbetracht des Ziels, den doppelten Abzug der Verluste zu vermeiden, jedoch nicht von der Situation einer gebietsansässigen Gesellschaft mit einer gebietsansässigen Betriebsstätte."[7] Darüber hinaus stellt der EuGH auf den Aspekt der Leistungsfähigkeit ab: Ein Unternehmen mit einer ausländischen Betriebsstätte, das finale Verluste erlitten habe, sei in gleicher Weise wie bei einer inländischen Betriebsstätte beeinträchtigt.[8] Als Rechtfertigungsgründe für eine solche Regelung zieht der EuGH wieder die drei bekannten Rechtfertigungsgründe in Betracht: (1) ausgewogene Aufteilung der Besteuerungsbefugnisse zwischen den Mitgliedstaaten, (2) Kohärenz des Steuersystems und (3) Vorbeugung einer doppelten Verlustberücksichtigung,[9] wobei der EuGH zutreffend ausführt, dass im Fall eines finalen Verlusts eine doppelte Verlustberücksichtigung gerade nicht droht.[10] Eine nationale Regelung, die die Verlustberücksichtigung beschränke, sei nur kohärent, wenn die Verluste der ausländischen Betriebsstätte tatsächlich endgültig seien. Unter Bezugnahme auf ältere Rechtsprechung[11] sei dies nur dann der Fall, wenn keine – auch keine geringfügi-

8.113

---

1 *Schumacher*, IStR 2016, 473 (478); vgl. auch *Kister* in Musil/Weber-Grellet, Europäisches Steuerrecht, § 2a EStG Rz. 75.
2 EuGH v. 7.11.2013 – C-322/11 – K, IStR 2013, 239 mit Anm. *Benecke/Staats*.
3 *Schumacher*, IStR 2016, 473 (478).
4 BFH v. 22.2.2017 – I R 2/15, BStBl. II 2017, 709.
5 So die Schlussfolgerung von *Kister* in Musil/Weber-Grellet, Europäisches Steuerrecht, § 2a EStG Rz. 76.
6 EuGH v. 12.6.2018 – C-650/16 – Bevola und Jens W. Trock, DStR 2018, 1353 Rz. 37. Zu der Entscheidung und der Rechtsprechungsentwicklung *Kopec/Wellmann*, ISR 2019, 7.
7 EuGH v. 12.6.2018 – C-650/16 – Bevola und Jens W. Trock, DStR 2018, 1353 Rz. 38.
8 EuGH v. 12.6.2018 – C-650/16 – Bevola und Jens W. Trock, DStR 2018, 1353 Rz. 39.
9 EuGH v. 12.6.2018 – C-650/16 – Bevola und Jens W. Trock, DStR 2018, 1353 Rz. 41 ff.
10 EuGH v. 12.6.2018 – C-650/16 – Bevola und Jens W. Trock, DStR 2018, 1353 Rz. 58.
11 EuGH v. 3.2.2015 – C-172/13, Kommission/Vereinigtes Königreich, DStR 2015, 337 Rz. 36.

gen – Einnahmen erzielt würden. Ob dies der Fall sei, müsse das nationale Gericht feststellen.[1] Diese Grundsätze hat der EuGH kurze Zeit später noch einmal bestätigt.[2] Nur kurz nach seiner Abkehr ist der EuGH m.a.W. – getreu dem Motto: Totgesagte leben länger[3] – scheinbar wieder zu dem Konzept der finalen Verluste zurückgekehrt.

8.114 Es stellt sich nun die Frage, ob der EuGH eine Kehrtwende vollzogen hat oder ob sich die Rechtsprechung des EuGH miteinander in Einklang bringen lässt,[4] zumal dieser in der Rechtssache Bevola und Jens W. Trock und dann auch noch unter dem Prüfungspunkt „Vergleichbarkeit der Situationen" mehrmals auf das Urteil in der Rechtssache Timac Agro Bezug nimmt.[5] Der EuGH versucht an dieser Stelle selbst, eine Widersprüchlichkeit seiner Rechtsprechung zu vermeiden. Zunächst einmal führt er aus, seiner Rechtsprechung könne einerseits entnommen werden, er müsse die Vergleichbarkeit der Sachverhalte nicht prüfen, wenn der mitgliedstaatliche Gesetzgeber diese durch das nationale Recht selbst hergestellt habe.[6] Dem wird man auch nicht widersprechen können. Ferner führt er aus, dass seiner Rechtsprechung nicht entnommen werden könne, dass eine Vergleichbarkeit nicht angenommen werden könne, wenn der mitgliedstaatliche Gesetzgeber zwei Sachverhalte ungleich behandele.[7] Auch dem ist uneingeschränkt zuzustimmen, da die Ungleichbehandlung gerade Ausgangspunkt einer Prüfung am Maßstab der Grundfreiheiten ist. Die Vergleichbarkeit sei bei in- und ausländischen Betriebsstätten grundsätzlich nicht gegeben, wohl aber, wenn ein Fall finaler Verluste vorliege.[8] Genau an dieser Stelle erscheint aber ein Bruch zu Timac Agro, da es der EuGH an dieser Stelle bei der mangelnden Vergleichbarkeit bewenden ließ und die Vergleichbarkeit nur ausnahmsweise aufgrund des deutschen Rechts bejahte. Der EuGH ist entgegen seinen Beteuerungen von den Grundsätzen in dem Urteil Timac Agro abgewichen, so dass die Rechtsprechungsgrundsätze *vor* Timac Agro wieder gelten dürften (Rz. 8.103 bis 8.106). Dies dürfte für ausländische Betriebsstätten und Tochtergesellschaften gleichermaßen gelten.[9]

8.115 Dass der EuGH sich von seinen Grundsätzen aus dem Urteil Timac Agro wieder abgewendet hat, ist zu bedauern; gleichwohl hält er daran nunmehr (oder bislang?) fest.[10] Warum eine Vergleichbarkeit der Sachverhalte allein deshalb gegeben sein soll, weil die Betriebsstättenverluste im Ausland endgültig steuerlich nicht mehr nutzbar gemacht werden können, vermag nicht einzuleuchten. Vielmehr ist auch dies spiegelbildliche Folge der steuerlichen Nichtberücksichtigung der Gewinne im Betriebsstättenstaat, so dass es folgerichtig erschienen wäre, auch die ausländische Verlustnutzungsmöglichkeit auszublenden.[11] Dass der EuGH hiervon für den Fall des alten § 2a Abs. 3 EStG für Verluste bis 1998 abgewichen ist, mag ebenfalls nachvollziehbar sein, weil der deutsche Gesetzgeber hier selbst von der Symmetriethese abgewichen ist und asymmetrisch Verluste berücksichtigen wollte.[12]

---

1 EuGH v. 12.6.2018 – C-650/16 – Bevola und Jens W. Trock, DStR 2018, 1353 Rz. 60 ff.
2 EuGH v. 4.7.2018 – C-28/17 – NN, juris.
3 *Kraft*, IStR 2018, 508.
4 Von einer Konsistenz der Rechtsprechung ausgehend *Kister* in Musil/Weber-Grellet, Europäisches Steuerrecht, § 2a Rz. 4.
5 EuGH v. 12.6.2018 – C-650/16 – Bevola und Jens W. Trock, DStR 2018, 1353 Rz. 30, 31, 33, 34, 35, 37.
6 EuGH v. 12.6.2018 – C-650/16 – Bevola und Jens W. Trock, DStR 2018, 1353 Rz. 34.
7 EuGH v. 12.6.2018 – C-650/16 – Bevola und Jens W. Trock, DStR 2018, 1353 Rz. 35.
8 EuGH v. 12.6.2018 – C-650/16 – Bevola und Jens W. Trock, DStR 2018, 1353 Rz. 37 f.
9 *Kraft*, IStR 2018, 508 (509).
10 Vgl. jüngst EuGH v. 19.6.2019 – C-607/17 – Memira Holding AB; v. 19.6.2019 – C-608/17 – Holmen AB; dazu *Schlücke*, ISR 2019, 132. Auch FG haben sich der jüngsten Kehrtwende der Rechtsprechung angeschlossen. S. Hess. FG v. 4.9.2018 – 4 K 385/17, EFG 2018, 1876 mit Anm. *Schober* (Az. BFH: I R 32/18).
11 Krit. auch *Kister* in Musil/Weber-Grellet, Europäisches Steuerrecht, § 2a EStG Rz. 75; *Wagner* in Blümich, § 2a EStG Rz. 46.
12 Vgl. auch *Gosch* in Kirchhof[18], § 2a Rz. 5b.

Darüber hinaus ist die wesentliche Frage, die das FG Köln (Rz. 8.108) durch seine Vorlage in dem Verfahren Timac Agro eigentlich geklärt haben wollte, nämlich die nach der Bedeutung der Differenzierung nach rechtlichen und tatsächlichen Gründen für die Anerkennung der Verlustnutzung, bislang nicht vollständig geklärt. Diese Klärung wird die Rechtsprechung in Folge leisten müssen. Insoweit ist allerdings weniger vom EuGH ein ausgefeiltes dogmatisches Konzept zu erwarten, da seine Entscheidungsfindung induktiv – ausgehend von den konkreten Umständen des Einzelfalls – her erfolgt. Dogmatisch grundlegendere Antworten sind eher von den Finanzgerichten und dem BFH zu erwarten. **8.116**

Klarheit besteht demnächst jedoch im **Verhältnis zu Großbritannien**: Da dieses demnächst durch den Brexit als Drittstaat (s. dazu sogleich Rz. 8.118) zu behandeln ist, scheidet die primärrechtlich gebotene Nutzung finaler Verluste insoweit aus.[1] **8.117**

2. Verluste aus Drittstaaten

Die Rechtsprechung des EuGH zur Berücksichtigungsfähigkeit finaler Verluste beruht auf der Niederlassungsfreiheit gem. Art. 49 AEUV. Hieraus folgt, dass finale Verluste von Tochtergesellschaften in Drittstaaten bzw. von Betriebsstätten in Drittstaaten nicht auf Grund Unionsrechts berücksichtigt werden müssen.[2] Denn die Niederlassungsfreiheit ist auf Drittstaatssachverhalte nicht anwendbar. **8.118**

III. Unionsrechtskonformität der Regelungen über die Organschaft

Literatur: *Benecke/Schnitger*, Wichtige Änderungen bei der körperschaftsteuerlichen Organschaft durch das UntStG 2013, IStR 2013, 143; *von Brocke*, Abzug definitiver Verluste ausländischer Tochtergesellschaften im Rahmen der körperschaftsteuerlichen Organschaft?, Zwei FG-Entscheidungen zur Anwendung der Grundsätze des EuGH in der Rs. Marks & Spencer, DStR 2010, 964; *Frotscher*, Grenzüberschreitende Organschaft – wo stehen wir?, IStR 2011, 697; *Glahe*, Grenzüberschreitende Organschaft ohne Gewinnabführungsvertrag, IStR 2012, 128; *Hoene*, Der grenzüberschreitende Gewinnabführungsvertrag, IStR 2012, 462; *Homburg*, Die unheimliche Nummer Sechs – Eine Entscheidung zum Ausgleich grenzüberschreitender Konzernverluste, IStR 2010, 246; *Ismer*, Gruppenbesteuerung statt Organschaft im Ertragsteuerrecht?, DStR 2012, 821; *Mitschke*, Keine grenzüberschreitende Organschaft zum europarechtlichen „Nulltarif"!, Erwiderung auf den Beitrag von Klaus *von Brocke* in DStR 2010, 964 ff., DStR 2010, 1368; *Mitschke*, Ergebnisabführungsvertrag „über die Grenze" und Abzug finaler Verluste ausländischer Tochtergesellschaften – Zugleich eine Erwiderung auf die Anmerkung von *Homburg* zu BFH-Urteil I R 16/10, IStR 2011, 185; *Schaden/Polatzky*, Neuregelung der Verlustausgleichsbeschränkung des § 14 Abs. 1 Satz 1 Nr. 5 KStG – Auswirkungen auf deutsche Inbound-Finanzierungen über KG-Holding-Strukturen, IStR 2013, 131; *Scheipers/Linn*, Zur Unionsrechtswidrigkeit des § 14 Abs. 1 Nr. 5 KStG n.F., IStR 2013, 139; *Schönfeld*, Praxisfragen der grenzüberschreitenden Organschaft – dargestellt anhand von Fallbeispielen, IStR 2012, 368.

1. Einführung

Ein für das deutsche Recht weiterhin diskutiertes Problem im Zusammenhang mit einer Verlustberücksichtigung über die Grenze ist die Unionsrechtskonformität der Regelungen der deutschen Organschaftsbesteuerung gem. §§ 14 ff. KStG. Die Regelungen zur Organschaft nach §§ 14 ff. KStG durchbrechen den Grundsatz, dass jede juristische Person ein eigenes Körperschaftsteuersubjekt darstellt und damit eigenständig zu besteuern ist.[3] Hierdurch besteht die Möglichkeit, Gewinne und Verluste im Konzernverbund zu neutralisieren und hierdurch die Steuerbelastung im Konzernverbund zu minimieren. **8.119**

---

1 *Heckerodt*, IStR 2019, 171 (177).
2 So auch *Frotscher* in Frotscher/Geurts, § 2a EStG Rz. 62.
3 BFH v. 23.1.2013 – I R 1/12, GmbHR 2013, 602 m. Anm. *Walter* = BFH/NV 2013, 989; *Gosch*, BFH/PR 2008, 350 (351).

2. Der Regelungsgehalt der §§ 14 ff. KStG

8.120 Verpflichtet sich eine Europäische Gesellschaft, Aktiengesellschaft oder Kommanditgesellschaft auf Aktien mit Geschäftsleitung im Inland und Sitz in einem Mitgliedstaat der EU oder in einem Mitgliedstaat des EWR-Abkommens (**Organgesellschaft**) durch einen Gewinnabführungsvertrag i.S.d. § 291 Abs. 1 AktG, ihren ganzen Gewinn an ein einziges anderes gewerbliches Unternehmen abzuführen, ist gem. § 14 Abs. 1 KStG das Einkommen der Organgesellschaft grundsätzlich dem Träger des Unternehmens (Organträger) zuzurechnen, wenn die folgenden Voraussetzungen erfüllt sind:

(1) Der Organträger muss an der Organgesellschaft vom Beginn ihres Wirtschaftsjahres an ununterbrochen in einem solchen Maße beteiligt sein, dass ihm die Mehrheit der Stimmrechte aus den Anteilen an der Organgesellschaft zusteht (**finanzielle Eingliederung**).

(2) Der Organträger muss eine **natürliche Person** oder eine nicht von der Körperschaftsteuer befreite **Körperschaft, Personenvereinigung oder Vermögensmasse** oder eine gewerblich tätige Personengesellschaft sein.

(3) Der Gewinnabführungsvertrag muss **auf fünf Jahre abgeschlossen** sein und während seiner gesamten Geltungsdauer durchgeführt werden.

(4) Die Organgesellschaft darf Beträge aus dem Jahresüberschuss nur insoweit in die Gewinnrücklagen mit Ausnahme der gesetzlichen Rücklagen einstellen, als dies bei vernünftiger kaufmännischer Beurteilung wirtschaftlich begründet ist.

(5) Ein negatives Einkommen des Organträgers bleibt bei der inländischen Besteuerung unberücksichtigt, soweit sie in einem ausländischen Staat im Rahmen der Besteuerung des Organträgers, der Organgesellschaft oder einer anderen Person berücksichtigt werden.

3. Unionsrechtliche Beurteilung
a) Beseitigung des doppelten Inlandsbezuges

8.121 Diese durch das Gesetz zur Änderung und Vereinfachung der Unternehmensbesteuerung und des steuerlichen Reisekostenrechts v. 20.2.2013[1] geschaffene Rechtslage gilt ab dem 1.1.2012. Der bis dahin verlangte sog. **doppelte Inlandsbezug** wurde hierdurch beseitigt. Der doppelte Inlandsbezug nach alter Rechtslage verlangte zum einen, dass Organgesellschaft nur eine Europäische Gesellschaft, Aktiengesellschaft oder Kommanditgesellschaft auf Aktien mit *Geschäftsleitung oder Sitz im Inland* sein konnte (§ 14 Abs. 1 Satz 1 KStG a.F.); Organträger musste bis zum 31.12.2013 demgegenüber eine *unbeschränkt steuerpflichtige natürliche Person* oder eine nicht steuerbefreite Körperschaft, Personenvereinigung oder Vermögensmasse i.S.d. § 1 KStG *mit Geschäftsleitung im Inland* sein (§ 14 Abs. 1 Satz 1 Nr. 2 Satz 1 KStG a.F.). Nach Auffassung von Teilen der Literatur verstieß der doppelte Inlandsbezug jedoch gegen die Niederlassungsfreiheit nach Art. 49 AEUV.[2] Auch die EU-Kommission nahm den doppelten Inlandsbezug zum Anlass, ein Vertragsverletzungsverfahren gegen die Bundesrepublik einzuleiten.[3] Zunächst schloss sich das BMF dieser Würdigung an. Über den Wortlaut des § 14 Abs. 1 Satz 1 KStG und des § 17 KStG hinaus konnte deshalb eine im EU-/EWR-Ausland gegründete Kapitalgesellschaft mit Geschäftsführung in Deutschland ihr auf im Inland steuerpflichtigen (positiven und negativen) Einkünften beruhendes Einkommen innerhalb einer steuerlichen Organschaft einem Organträger i.S.d. § 14 Abs. 1 Satz 1 Nr. 2 KStG oder § 18 KStG zurechnen, wenn auch die übrigen Voraussetzungen einer steuerlichen Organschaft erfüllt waren.[4]

---

1 BGBl. I 2013, 188.
2 *Frotscher*, Der Konzern 2003, 98.
3 Nr. 2008/4909.
4 BMF v. 28.3.2011, BStBl. I 2011, 300.

Auch die neue Rechtslage, mit der der Gesetzgeber die Verwaltungsvorschrift übernommen hat, ist **zu eng**, um die Unionsrechtswidrigkeit zu beseitigen. Erfasst wird nämlich immer noch nicht der Fall, dass eine im EU-/EWR-Ausland gegründete Kapitalgesellschaft zwar ihren Sitz, nicht aber die Geschäftsleitung im Inland unterhält, obwohl auch in solchen Fällen inländische Einkünfte vorliegen können. Eine Rechtfertigung für diese Ungleichbehandlung ist nicht erkennbar.[1]

8.122

Bis zum 31.12.2011 konnte Organgesellschaft nur eine Europäische Gesellschaft, Aktiengesellschaft oder Kommanditgesellschaft auf Aktien mit Geschäftsleitung oder Sitz im Inland sein (§ 14 Abs. 1 Satz 1 KStG a.F.). Organträger musste bis zum 31.12.2013 demgegenüber eine unbeschränkt steuerpflichtige natürliche Person oder eine nicht steuerbefreite Körperschaft, Personenvereinigung oder Vermögensmasse i.S.d. § 1 KStG mit Geschäftsleitung im Inland sein (§ 14 Abs. 1 Satz 1 Nr. 2 Satz 1 KStG a.F.). Dieser **doppelte Inlandsbezug** ist erst mit Wirkung ab 1.1.2012 durch das Gesetz zur Änderung und Vereinfachung der Unternehmensbesteuerung und des steuerlichen Reisekostenrechts v. 20.2.2013[2] beseitigt worden. Nunmehr kann Organgesellschaft auch eine Gesellschaft mit Sitz und Geschäftsleitung in einem anderen EU-Mitgliedstaat oder einem EWR-Mitgliedstaat sein (§ 14 Abs. 1 Satz 1 KStG); ebenso kann Organträger nunmehr jede natürliche Person oder auch eine Körperschaft, Personenvereinigung oder Vermögensmasse im Ausland sein.

8.123

b) Unionsrechtswidrigkeit der geltenden Rechtslage

Die Regelungen zur Organschaft stehen unter verschiedenen Gesichtspunkten mit dem Unionsrecht in Konflikt.

8.124

aa) Versteckte Diskriminierung durch das Erfordernis eines Ergebnisabführungsvertrages

In der Literatur wird vertreten, es stelle eine versteckte Diskriminierung dar, dass eine wirksame körperschaftsteuerliche Organschaft einen Ergebnisabführungsvertrag voraussetze.[3] Dem ist zunächst einmal zuzustimmen, weil in innerstaatlichen Fällen eine Organschaft rechtlich möglich ist; das deutsche Gesellschaftsrecht lässt den Abschluss eines Gewinnabführungsvertrages zu. Demgegenüber kennen die Gesellschaftsrechte der meisten anderen Mitgliedstaaten dieses Instrument nicht. In den Fällen, in denen die Organgesellschaft im Ausland ansässig ist, ist aber auf dessen Rechtsordnung abzustellen.[4] Es ist auch nicht möglich, lediglich einen schuldrechtlichen Vertrag mit dem Inhalt eines Gewinnabführungsvertrages abzuschließen, um insoweit dieselben Rechtsfolgen herbeizuführen.[5]

8.125

In diesen Fällen ist eine körperschaftsteuerliche Organschaft ausgeschlossen. Hiermit wird zwar zunächst einmal nur eine Diskriminierung, nicht aber auch eine Verletzung der Niederlassungsfreiheit begründet;[6] nach hier vertretener Auffassung liegt indes auch eine Verletzung vor, weil nicht erkennbar ist, durch welches Erfordernis die Diskriminierung gerechtfertigt werden können sollte.[7] Soweit als Grund angeführt wird,[8] der Ergebnisabführungsvertrag stelle das Kernelement der Organschaftsregelungen dar und die im Steuerrecht nur ausnahmsweise zulässige Durchbrechung der Rechtssubjektivität der Körperschaft sei nur in den Fällen gerechtfertigt, in denen es zu einer langfristigen Bindung zwi-

8.126

---

1 *Frotscher* in Frotscher/Drüen, § 14 KStG Rz. 191.
2 BGBl. I 2013, 188.
3 *Schönfeld*, IStR 2012, 368 (370).
4 *Frotscher*, IStR 2011, 697 (702); *Glahe*, IStR 2012, 128 (131); *Hoene*, IStR 2012, 462 (463).
5 Kritisch *Hoene*, IStR 2012, 462 (463 f.).
6 Insoweit keine Differenzierung bei *Schönfeld*, IStR 2012, 368 (370).
7 **A.A.** offenbar BFH v. 13.10.2010 – I R 79/09, BFHE 231, 529 = GmbHR 2011, 258 m. Anm. *Hoffmann* = FR 2011, 475 m. Anm. *Kanzler*, der die Frage aber mangels Entscheidungserheblichkeit offen lässt; differenzierend *Glahe*, IStR 2012, 128 (132).
8 Vgl. beispielsweise *Witt*, Ubg 2010, 737; *Mitschke*, IStR 2011, 185.

schen Organträger und Organgesellschaft komme,¹ vermag dies als Rechtfertigung nicht zu überzeugen. Die gleichen Rechtsfolgen können nämlich durch einen schuldrechtlichen Vertrag erreicht werden. Einer gesellschaftsrechtlichen Fundierung wie im deutschen Recht bedarf es zur Erreichung dieses Zwecks nicht zwingend.² Dies dürfte auch der EuGH so sehen.³ Wenn er lediglich vermeiden will, dass die Gesellschaften durch Auflösung ihrer Einheit frei entscheiden können, ob die Verluste im Mitgliedstaat der Niederlassung oder in einem anderen Mitgliedstaat berücksichtigt werden, um so eine ausgewogene Aufteilung der Besteuerungsbefugnisse zu gewährleisten,⁴ kann dieses Ziel **durch schuldrechtliche Regelungen in gleich effektiver Weise erreicht** werden.

bb) Inlandsbezug bei der Organgesellschaft

8.127 Hinsichtlich der Organgesellschaft muss auch weiterhin ein Inlandsbezug bestehen. § 14 Abs. 1 Satz 1 KStG verlangt ausdrücklich, dass sowohl Sitz als auch Geschäftsleitung im Inland belegen sind. Auch insoweit sind die Regelungen zur Organschaft weiterhin mit dem Unionsrecht nicht vereinbar.⁵

8.128 Unbedenklich ist es aus unionsrechtlicher Sicht, dass **Kapitalgesellschaften aus Drittstaaten** keine Organgesellschaften sein können. § 14 Abs. 1 Satz 1 Nr. 1 KStG stellt auf eine Mehrheit der Stimmrechte an der Organgesellschaft ab, so dass die Niederlassungsfreiheit die einschlägige Grundfreiheit ist, die aber auf Drittstaatssachverhalte nicht anwendbar ist. Demgegenüber wird die Kapitalverkehrsfreiheit des Art. 63 AEUV verdrängt.⁶

cc) Unionsrechtswidrigkeit des § 14 Abs. 1 Satz 1 Nr. 5 KStG

8.129 Gem. § 14 Abs. 1 Satz 1 Nr. 5 KStG bleiben negative Einkünfte des Organträgers oder der Organgesellschaft bei der inländischen Besteuerung unberücksichtigt, soweit sie in einem ausländischen Staat im Rahmen der Besteuerung des Organträgers, der Organgesellschaft oder einer anderen Person berücksichtigt werden. Die Vorschrift dient dem grundsätzlich anzuerkennenden Belang der **Vermeidung einer doppelten Verlustnutzung**.⁷ Gleichwohl soll die Vorschrift auch in der Fassung des UntSt-ReiseKÄndG v. 20.2.2013 gegen die Niederlassungsfreiheit nach Art. 49 AEUV verstoßen.⁸ Dem ist zuzustimmen. Es handelt sich um negative Einkünfte, die in jedem Fall der Besteuerungsbefugnis Deutschlands unterliegen. Warum ihre Berücksichtigung dann aber von der Besteuerungssituation im Ausland abhängig gemacht wird, was bei innerstaatlichen Sachverhalten nicht der Fall ist, vermag nicht zu überzeugen.⁹ In einem solchen Fall ist Deutschland ausgehend von der Rechtsprechung des EuGH¹⁰ in der Rechtssache Philips Electronics nicht berechtigt, die Verlustberücksichtigung einzuschränken. Einer solchen Regelung steht die Niederlassungsfreiheit des Art. 49 AEUV entgegen. Hieraus ergibt sich zugleich, dass es den Mitgliedstaaten verwehrt ist, die Berücksichtigung der auf ihrem Hoheitsgebiet entstandenen Verluste einzuschränken.¹¹

---

1 In anderem Zusammenhang noch einmal hervorgehoben durch BFH v. 23.1.2013 – I R 1/12, GmbHR 2013, 602 m. Anm. *Walter* = BFH/NV 2013, 989.
2 *Schönfeld*, IStR 2012, 368 (370).
3 So auch zutreffend *Schönfeld*, IStR 2012, 368 (370).
4 EuGH v. 25.2.2010 – C-337/08 – X Holding, Slg. 2010, I-1215 Rz. 29, 31.
5 *Müller* in Mössner/Seeger³, § 14 KStG Rz. 46.
6 Insoweit auch *Schönfeld*, IStR 2012, 368 (372).
7 BT-Drucks. 14/6882, 37.
8 Zutreffend beispielsweise *Benecke/Schnitger*, IStR 2013, 143 (151); *Danelsing* in Blümich, § 14 KStG Rz. 158; *Scheipers/Linn*, IStR 2013, 139 ff.; *Schaden/Polatzky*, IStR 2013, 131 (137 f.).
9 *Scheipers/Linn*, IStR 2013, 139 (142).
10 EuGH v. 6.9.2012 – C-18/11 – Philips Electronics, ECLI:EU:C:2012:532 – Rz. 32 = BFH/NV 2012, 1757 = ISR 2012, 101 m. Anm. *Pohl*.
11 So auch *Benecke/Schnitger*, IStR 2013, 143 (151).

IV. Unionsrechtskonformität der Zinsschranke

1. Grundtatbestand der Zinsschranke

Anders als noch § 8a Abs. 1 Nr. 2 KStG in der Fassung des StandOG[1], der ausschließlich auf Vergütungen für Fremdkapital, das eine unbeschränkt steuerpflichtige Kapitalgesellschaft von einem nicht zur Anrechnung von Körperschaftsteuer berechtigten Anteilseigner erhalten hat, anwendbar war und deshalb vom EuGH für mit der Niederlassungsfreiheit unvereinbar gehalten wurde,[2] wirkt die Zinsschranke nach § 4h EStG, § 8a KStG grundsätzlich nicht zu Lasten grenzüberschreitender Sachverhalte. Sie wirkt für in- wie ausländische Sachverhalte gleichermaßen. Deshalb verstößt die Neuregelung mit ihrem Grundtatbestand nicht mehr gegen die Grundfreiheiten.[3] Die Unionsrechtskonformität offenbart indes ein **legislatives Dilemma**.[4] Denn der Gesetzgeber erkauft diese mit einer vom Zweck der Missbrauchsabwehr her gesehen überschießenden Regelung. Insoweit begegnet die Zinsschranke im Hinblick auf Art. 3 Abs. 1 GG verfassungsrechtlichen Bedenken, weil die verfassungsrechtlichen Grenzen einer Missbrauchstypisierung überschritten sind. Die Einbeziehung inländischer Sachverhalte wäre nicht erforderlich gewesen, weil insoweit ein Gewinnverlagerungspotential, durch das Besteuerungssubstrat dem deutschen Fiskus entzogen wird, nicht besteht.[5] Ausgehend von der aktuellen Rechtsprechung des EuGH stellt sich indes die Frage, ob nicht auch zielgenauere Missbrauchsbekämpfungsnormen, die allein an grenzüberschreitende Sachverhalte anknüpfen, gerechtfertigt gewesen wären.[6]

8.130

2. Unionsrechtswidrigkeit in Randbereichen

Gleichwohl verbleiben in Randbereichen des § 4h EStG unionsrechtliche Bedenken gegen die Zinsschranke. Problematisch erscheint weiterhin, dass ausländische Zinserträge, die ausländischen Betriebsstätten zuzuordnen sind, nicht mit inländischen Zinsaufwendungen i.S.d. § 4h Abs. 1 Satz 1 EStG verrechnet werden dürfen.[7] Bedenklich ist ebenso, dass sie bei der Berechnung der Freigrenze gemäß § 4h Abs. 2 Satz 1 Nr. 1 EStG nicht berücksichtigt werden können.[8] Soweit der Gesetzgeber im Hinblick auf den Zinsvortrag ferner Anreize schaffen wollte, dadurch Gewinnpotential im Inland zu belassen, dass ausschließlich inländische Gewinne mit angesammeltem inländischem Zinsvortrag verrechnet werden können, bestehen ebenfalls unionsrechtliche Bedenken.[9] Durch den Rechtfertigungsgrund der Aufteilung der Besteuerungsbefugnisse mögen die zuerst genannten Ungleichbehandlungen gerechtfertigt werden können; dies gilt allerdings nicht hinsichtlich der Ungleichbehandlung von in- und ausländischem Gewinnpotenzial im Hinblick auf den Zinsvortrag.[10]

8.131

Da die Niederlassungsfreiheit (Art. 49 AEUV) auch in Bezug auf EWR-Staaten anwendbar ist, ist es nach hier vertretener Auffassung unionsrechtswidrig, dass § 4h Abs. 2 Satz 1 Buchst. c Sätze 8 und 9

8.132

---

1 BGBl. I 1993, 1569.
2 EuGH v. 12.12.2002 – C-324/00 – Lankhorst-Hohorst, Slg. 2002, I-11179.
3 *Frotscher* in Frotscher/Geurts, EStG, § 4h Rz. 6a; *Oellerich* in Mössner/Seeger³, § 8a KStG Rz. 46; *Seiler* in Kirchhof¹⁸, § 4h EStG Rz. 6, Fn. 5; **a.A.** *Führich*, IStR 2007, 341.
4 *Seiler* in Kirchhof¹⁸, § 4h EStG Rz. 6.
5 BFH v. 18.12.2013 – I B 85/13, GmbHR 2014, 542 m. Anm. *Wiese* = ISR 2014, 154 m. Anm. *Möhlenbrock* = FR 2014, 560 m. Anm. *Hick* = DStR 2014, 788; *Hey* in FS Djanani, S. 109, 125 f.; *Oellerich*, HFR 2012, 778.
6 Vgl. BFH v. 18.12.2013 – I B 85/13, GmbHR 2014, 542 m. Anm. *Wiese* = ISR 2014, 154 m. Anm. *Möhlenbrock* = FR 2014, 560 m. Anm. *Hick* = DStR 2014, 788.
7 *Oellerich* in Musil/Weber-Grellet, Europäisches Steuerrecht, § 4h EStG Rz. 36; *Schenke* in K/S/M, § 4h Rz. A 211; *Wilke*, FR 2009, 796 (797).
8 *Oellerich* in Musil/Weber-Grellet, Europäisches Steuerrecht, § 4h EStG Rz. 36; *Schenke* in K/S/M, § 4h Rz. A 211.
9 *Oellerich* in Musil/Weber-Grellet, Europäisches Steuerrecht, § 4h EStG Rz. 37; *Schenke* in K/S/M, § 4h Rz. A 212.
10 *Oellerich* in Musil/Weber-Grellet, Europäisches Steuerrecht, § 4h EStG Rz. 40; *Schenke* in K/S/M, § 4h Rz. A 223.

EStG für den Eigenkapitalvergleich Jahresabschlüsse nach IFRS, ggf. nach dem Recht eines EU-Mitgliedstaats verlangt. Da die EWR-Staaten ebenfalls an die EU-Bilanzrichtlinie[1] gebunden sind und diese in ihr nationales Recht umsetzen müssen, lässt sich auch nicht argumentieren, die deutsche Finanzverwaltung könne sich für die zutreffende Ermittlung der Eigenkapitalquote nicht mit einem für sie unzugänglichen Bilanzrecht eines Drittstaates befassen müssen. Aufgrund der Bindung an die Bilanzrichtlinie stehen die EWR-Staaten insoweit einem Mitgliedstaat der EU gleich.

3. Ausweichgestaltung durch Organschaft

8.133   Nicht unmittelbar die Regelung zur Zinsschranke, wohl aber eine Regelung in deren sachlichen Zusammenhang, treffen die unionsrechtlichen Zweifel, dass ein Organkreis als ein Betrieb gilt und diese Möglichkeit nur für inländische Tochtergesellschaften besteht.[2] Die Beschränkung von Organschaften auf inländische Unternehmen wird jedoch von der Rechtsprechung des EuGH zu Recht für unbedenklich gehalten. Er rechtfertigt die Ungleichbehandlung zum Zwecke der angemessenen Aufteilung der Besteuerungsbefugnisse zwischen den Mitgliedstaaten. Dürften die Gesellschaften demgegenüber selbst darüber entscheiden, ob ihre Verluste im Mitgliedstaat ihrer Niederlassung oder in einem anderen Mitgliedstaat berücksichtigt werden, wäre die ausgewogene Aufteilung der Besteuerungsbefugnisse zwischen den Mitgliedstaaten erheblich gefährdet.[3]

8.134   Angenommen wird in der Literatur[4] ebenso ein **Verstoß gegen die sekundärrechtliche Zins- und Lizenzrichtlinie**[5], weil nach Art. 1 Abs. 1 der Richtlinie ein Mitgliedstaat Zinsen, die eine inländische Kapitalgesellschaft an eine im Unionsgebiet ansässige verbundene Kapitalgesellschaft zahlt, von allen darauf erhebbaren Steuern befreien muss. Diese Vorschrift schützt indes allein den Zinsgläubiger;[6] demgegenüber führt die Zinsschranke als Betriebsausgabenabzugsbeschränkung bei dem Schuldner zu einer steuerlichen Mehrbelastung. Darüber hinaus fallen nach Auffassung des EuGH Vorschriften über die Bemessungsgrundlage nicht unter die Richtlinienbestimmung.[7] Letzteres erscheint indes arg formalistisch.[8]

V. Unionsrechtskonformität des § 6b EStG

Literatur: *Adrian/Tigges*, Europäisierung des § 6b EStG durch das Steueränderungsgesetz, Überblick und Analyse anhand von Beispielsfällen, StuB 2015, 858; *Bannes/Holle*, Die Stundung des § 6b Abs. 2a EStG als mildes Mittel - Anmerkungen zur Neuregelung, IStR 2016, 411; *Grefe*, Begünstigung von EU-/EWR-Rein-

---

1 Richtlinie 2013/34/EU des Europäischen Parlaments und des Rates v. 26.6.2013 über den Jahresabschluss, den konsolidierten Abschluss und damit verbundene Berichte von Unternehmen bestimmter Rechtsformen und zur Änderung der Richtlinie 2006/43/EG des Europäischen Parlaments und des Rates und zur Aufhebung der Richtlinien 78/660/EWG und 83/349/EWG des Rates, ABl. EU 2013 Nr. L 182, 19.
2 Vgl. *Dörr/Fehling*, NWB, Fach 2, 9375 (9378); *Frotscher* in Frotscher/Maas, § 8a KStG Rz. 6b; *Führich*, IStR 2007, 341 (343); *Homburg*, FR 2007, 717 (725); *Kraft/Bron*, EWS 2007, 487 (488 ff.); *Musil/Volmering*, DB 2008, 12 (15); *Schreiber/Overesch*, DB 2007, 813 (817).
3 EuGH v. 25.2.2010 – C-337/08 – X Holding, Slg. 2010, I-1215; dem folgend BFH v. 7.12.2011 – I R 30/08, BStBl. II 2012, 507 = GmbHR 2012, 538 m. Anm. *Rehm/Nagler*; *Heuermann* in Blümich, § 4h EStG Rz. 24; *Oellerich* in Mössner/Seeger³, § 8a KStG Rz. 46; **a.A.** *Stöber*, FR 2011, 1943 (1947 f.).
4 *Dörr/Fehling*, NWB, Fach 2, 9375 (9376); *Homburg*, FR 2007, 717 (725); *Köhler*, DStR 2007, 597 (604); *Kraft/Bron*, EWS 2007, 487 (491 f.).
5 Richtlinie 2003/49/EG v. 3.6.2003 des Rates über eine gemeinsame Steuerregelung für Zahlungen von Zinsen und Lizenzgebühren zwischen verbundenen Unternehmen verschiedener Mitgliedstaaten, ABl. EU 2003 Nr. L 157, 49.
6 EuGH v. 21.7.2011 – C-397/09 – Scheuten Solar Technology, DStR 2011, 1419 Rz. 28 = GmbHR 2011, 935 m. Anm. *Rehm/Nagler*.
7 EuGH v. 21.7.2011 – C-397/09 – Scheuten Solar Technology, DStR 2011, 1419 Rz. 29 f. = GmbHR 2011, 935 m. Anm. *Rehm/Nagler*.
8 Kritisch auch *Hiller*, BB 2011, 2715 (2717).

vestitionen nach § 6b Abs. 2a EStG - Anknüpfungspunkte und Anwendungsfragen der gesetzlichen Neuregelung -, DStZ 2016, 439; *Jahndorf/Kleinmanns*, Übertragung stiller Reserven ins Ausland − § 6b EStG im Lichte der Niederlassungsfreiheit, DStR 2010, 1697; *Kanzler*, Umsetzung der EuGH-Entscheidung zum Inlandsbezug des § 6b EStG durch das StÄndG 2015, Anwendungsfragen zur Neuregelung der Reinvestitionsrücklage, NWB 2015, 3814; *Lipp/Vogel*, Übertragung stiller Reserven unter Privilegierung des § 6b EStG - Der Inlandsbezug der Regelung ist europarechtswidrig -, DStZ 2015, 681; *Marcziniak/Gebhardt/Buchholz*, Zur Neuregelung in § 6b Abs. 2a EStG i.R.d. Steueränderungsgesetzes 2015, Ubg 2016, 685; *Mitschke*, Europarechtskonformität des § 6b EStG im Lichte der Niederlassungsfreiheit, Erwiderung auf den Beitrag von *Jahndorf/Kleinmanns* in DStR 2010, 1697, DStR 2010, 2110; *Mitschke*, Europarechtskonformität des § 6b EStG im Lichte der Niederlassungsfreiheit, DStR 2012, 1629; *Scheffler*, Aufhebung des Inlandsbezugs bei der Übertragung von Veräußerungsgewinnen, Umsetzung in geltendes Recht und eine Harmonisierung der Gewinnermittlung, in Lüdicke/Schnitger/Spengel (Hrsg.), Besteuerung internationaler Unternehmen, FS Endres, München 2016, 337; *Schiefer*, Steuerstundung bei grenzüberschreitender Übertragung stiller Reserven, EuGH, Urteil vom 16.4.2015 - RS. C-591/13, Kommission gegen Deutschland, IWB 2015, 539; *Schiefer/Scheuch*, Zur Steuerstundung bei virtuell grenzüberschreitender Übertragung stiller Reserven - Kritische Analyse des neuen § 6b Abs. 2a EStG, FR 2016, 11; *Sydow*, Reinvestitionsrücklage - EuGH fordert keine Ausdehnung auf das EU-/EWR-Ausland, Wird § 6b EStG erweitert oder abgeschafft oder gibt es einen dritten Weg?, NWB 2015, 1980; *Vogel/Cortez*, Zur Europarechtskonformität der Bezugnahme auf eine „inländische Betriebsstätte" in den §§ 6b und 7g EStG, FR 2015, 437; *Zöller/Gläser*, Umstrukturierungen und grenzüberschreitende Reinvestitionen: Praktische Auswirkungen des Steueränderungsgesetzes 2015 für Unternehmen, BB 2016, 663.

§ 6b EStG gestattet als grundsätzlich personenbezogene Begünstigung die Übertragung stiller Reserven, die während einer längeren Zeit bei bestimmten Wirtschaftsgütern des Anlagevermögens gebildet und bei einer anschließenden Veräußerung aufgedeckt werden, auf bestimmte Reinvestitionsobjekte, so dass ein entstehender Veräußerungsgewinn nicht sofort als Ertrag versteuert werden muss.[1] **Grundsätzlich** bestehen gegen diese Norm **keine unionsrechtlichen Bedenken** im Hinblick auf die Grundfreiheiten.[2] Bedenken begegnet es aber, wenn eine Besteuerung der stillen Reserven (u.a.) nur für den Fall vermieden werden kann, dass die angeschafften und hergestellten Wirtschaftsgüter zum **Anlagevermögen einer inländischen Betriebsstätte** gehören (§ 6b Abs. 4 Satz 1 Nr. 3 EStG).[3] Dem hat sich der EuGH angeschlossen.[4] Der EuGH meint, diese Ungleichbehandlung könne für die Liquidität des Steuerpflichtigen, der diese Gewinne reinvestieren möchte, um Ersatzwirtschaftsgüter für eine in einem anderen Mitgliedstaat als der Bundesrepublik Deutschland belegene Betriebsstätte zu erwerben, im Verhältnis zu einem Steuerpflichtigen, der eine ähnliche Reinvestition in eine in Deutschland belegene Betriebsstätte tätigt, von Nachteil sein.[5] Die Ungleichbehandlung sei zumindest geeignet, eine außerhalb Deutschlands getätigte Reinvestition weniger attraktiv zu machen als eine in Deutschland getätigte Reinvestition. Folglich könne sie einen in Deutschland ansässigen Steuerpflichtigen davon abhalten, seine Tätigkeiten mittels einer in einem anderen Mitgliedstaat als der Bundesrepublik Deutschland belegenen Betriebsstätte auszuüben.[6] Eine Regelung wie § 6 Abs. 4 Satz 1 Nr. 3 EStG sieht der EuGH jedenfalls nicht als erforderlich an, um die angemessene Aufteilung der Besteuerungsgrundlagen zu wahren, da sie stets zu einer Sofortbesteuerung führe.[7] Soweit zudem eine Rechtfertigung durch die Kohärenz des

8.135

---

1 *Jachmann-Michel* in Kirchhof[18], § 6b EStG Rz. 1.
2 *Jachmann-Michel* in Kirchhof[18], § 6b EStG Rz. 2; *Loschelder* in Schmidt[38], § 6b EStG Rz. 6.
3 Für einen Verstoß gegen die Niederlassungsfreiheit *Jahndorf/Kleinmanns*, DStR 2010, 1697 ff.; *Marchal* in Herrmann/Heuer/Raupach, § 6b Rz. 3; *Siewert* in Frotscher/Geurts, EStG, § 6b Rz. 105; **a.A.** *Eversloh* in Bordewin/Brandt, § 6b EStG Rz. 31a f.
4 EuGH v. 16.4.2015 – C-591/13 – Kommission/Deutschland, DStR 2015, 870; dazu *Lipp/Vogel*, DStZ 2015, 681 ff.; *Schiefer*, IWB 2015, 439 ff.; *Sydow*, NWB 2015, 1980; *Vogel/Cortez*, FR 2015, 437 ff.
5 EuGH v. 16.4.2015 – C-591/13 – Kommission/Deutschland, ECLI:EU:C:2015:230 = DStR 2015, 870 Rz. 58.
6 EuGH v. 16.4.2015 – C-591/13 – Kommission/Deutschland, ECLI:EU:C:2015:230 = DStR 2015, 870 Rz. 59.
7 EuGH v. 16.4.2015 – C-591/13 – Kommission/Deutschland, ECLI:EU:C:2015:230 = DStR 2015, 870 Rz. 72 f.

Steuersystems in Betracht gezogen worden ist,[1] hat der EuGH auch dem eine klare Absage erteilt.[2] Hinsichtlich der konkreten Norm bestehe kein unmittelbarer Zusammenhang zwischen dem steuerrechtlichen Vorteil und dessen Ausgleich durch eine bestimmte steuerliche Belastung. Der EuGH hat in seiner Entscheidung ausgeführt, dass dies alles nicht nur hinsichtlich der Niederlassungsfreiheit (Art. 49 AEUV) zwischen den Mitgliedstaaten der EU, sondern auch im Verhältnis zu EWR-Staaten gemäß Art. 31 EWR-Abkommen gilt.[3]

8.136 Auf die Entscheidung des EuGH hat der Gesetzgeber durch die Einfügung eines neuen § 6b Abs. 2a EStG[4] reagiert.[5] Erfolgt die Reinvestition in Betriebsvermögen, das einer Betriebsstätte im EU-Ausland oder einem EWR-Staat zuzuordnen ist, soll eine Rücklage gebildet werden können, die in den auf die Anschaffung oder Herstellung folgenden vier Wirtschaftsjahren **ratierlich aufzulösen** sein soll. Diese Regelung gilt für alle noch offenen Fälle (§ 52 Abs. 14 Satz 1 EStG i.d.F. des StÄndG 2015). Da hierdurch ein Gleichklang mit den Regelungen zur Wegzugsbesteuerung hergestellt wird, hinsichtlich derer die Unionsrechtskonformität feststeht, dürften die Friktionen des § 6b EStG mit Unionsrecht nunmehr ebenfalls beseitigt sein.[6]

VI. Unionsrechtskonformität besonderer Missbrauchsvermeidungsvorschriften

1. Beschränkung des Sonderbetriebsausgabenabzugs bei Vorgängen mit Auslandsbezug

Literatur: *Kahle/Braun*, Zur Beschränkung des Abzugs von Sonderbetriebsausgaben nach § 4i EStG, DStZ 2018, 381; *Kanzler*, Das neue Abzugsverbot des § 4i EStG für Sonderbetriebsausgaben, NWB 2017, 326; *Schnitger*, Weitere Maßnahmen zur BEPS-Gesetzgebung in Deutschland, IStR 2017, 214.

8.137 Mit § 4i EStG hat der Gesetzgeber[7] einen Tatbestand eingefügt, der einen **doppelten Betriebsausgabenabzug bei Personengesellschaften verhindern** soll. Diese Gefahr droht aufgrund des im internationalen Vergleich besonderen Konzepts der Personengesellschaft im deutschen internationalen Steuerrecht. Steuerrechtlich ist die Personengesellschaft Gewinnermittlungssubjekt. Die ertragsteuerlichen Folgen werden jedoch bei den Gesellschaftern gezogen, indem die Gewinne der Personengesellschaft unmittelbar den Gesellschaftern zugerechnet werden (§ 15 Abs. 1 Nr. 2 EStG). Dabei gilt die Besonderheit, dass aus dem Sonderbetriebsvermögen veranlasste Erträge und Aufwendungen eines Gesellschafters in die Gewinnermittlung bei der Personengesellschaft mit einfließen. Hierdurch kann es nach Auffassung des Gesetzgebers zu Verwerfungen kommen, weil keine einheitliche Behandlung der beteiligten Staaten gewährleistet ist.[8] Eine doppelte Berücksichtigung von Betriebsausgaben befürchtete der Gesetzgeber bspw. in folgender Situation:[9] Leistet ein in einem DBA-Staat ansässiger Gesellschafter (insb. eine ausländische Kapitalgesellschaft), der als Kommanditist an einer inländischen

---

1 In diesem Sinne *Mitschke*, DStR 2010, 2110.
2 EuGH v. 16.4.2015 – C-591/13 – Kommission/Deutschland, ECLI:EU:C:2015:230 = DStR 2015, 870 Rz. 74 f.
3 EuGH v. 16.4.2015 – C-591/13 – Kommission/Deutschland, ECLI:EU:C:2015:230 = DStR 2015, 870 Rz. 80 ff.
4 Eingefügt durch das Steueränderungsgesetz 2015 v. 2.11.2015 (BGBl. I 2015, 1834) m.W.v. 6.11.2015.
5 Hierzu *Adrian/Tigges*, StuB 2015, 858 ff.; *Bannes/Holle*, IStR 2016, 411 ff.; *Grefe*, DStZ 2016, 439 ff.; *Kanzler*, NWB 2015, 3814 ff.; *Marczniak/Gebhardt/Buchholz*, Ubg 2016, 685 ff.; *Scheffler* in FS Endres, 2016, S. 337 ff.; *Schiefer/Scheuch*, FR 2016, 11 ff.; *Zöller/Gläser*, BB 2016, 2016, 663 (666 ff.).
6 BFH v. 22.6.2017 – VI R 84/14, BStBl. II 2018, 171 = BB 2017, 2224 mAnm. *Abele*; *Jachmann-Michel* in Kirchhof[18], § 6b Rz. 2; **a.A.** *Marczniak/Gebhardt/Buchholz*, Ubg 2016, 685 (688 f.); *Zöller/Gläser*, BB 2016, 2016, 663 (668).
7 Gesetz zur Umsetzung der Änderungen der EU-Amtshilferichtlinie und von weiteren Maßnahmen gegen Gewinnkürzungen und -verlagerungen v. 20.12.2016, BGBl. 2016 I 3000. Geändert durch das StUmgBG v. 23.6.2017, BGBl. 2017 I 1682.
8 BT-Drs. 18/10506, 76.
9 BT-Drs. 18/10506, 76.

GmbH & Co. KG beteiligt ist, eine Einlage in die Personengesellschaft, die er wiederum über ein (Konzern-)Darlehen refinanziert hat, stellt der Refinanzierungsaufwand Sonderbetriebsausgaben des Kommanditisten bei der inländischen Personengesellschaft dar. Das zu Refinanzierung der Einlage aufgenommene Darlehen gehört zum Sonderbetriebsvermögen II des Kommanditisten bei der inländischen Personengesellschaft. Folge ist, dass sich der Refinanzierungsaufwand doppelt gewinnmindernd auswirkt: Beim ausländischen Gesellschafter, der im anderen Staat unbeschränkt steuerpflichtig ist, stellen die Zinszahlungen in der Regel abzugsfähige Betriebsausgaben dar. Im Inland erfolgt über die Zuordnung des Darlehens zum Sonderbetriebsvermögen II eine Berücksichtigung des Refinanzierungsaufwands als Sonderbetriebsausgaben in der Gewinnermittlung der Personengesellschaft.

8.138 Deshalb dürfen Aufwendungen nicht als Sonderbetriebsausgaben abgezogen werden, soweit sie auch die Steuerbemessungsgrundlage in einem anderen Staat mindern (§ 4i Satz 1 EStG). Dem Wortlaut nach kommt es allein auf die Minderung der Steuerbemessungsgrundlage im Ausland, nicht aber auf die Minderung der Steuerlast an. § 4i Satz 1 EStG ist damit nicht anwendbar, wenn im Ausland ein Gesetz den Betriebsausgabenabzug untersagt, bspw. eine ausländische Zinsschrankenregelung einschlägig ist.[1] Das Tatbestandsmerkmal „soweit diese Aufwendungen auch die Steuerbemessungsgrundlage in einem anderen Staat mindern" führt nicht dazu, dass der Betriebsausgabenabzug in Deutschland nur versagt werden darf, wenn auch im Ausland tatsächlich bereits im konkreten VZ eine Minderung der Steuerlast eintritt.[2] Ebenso ist eine zeitliche Übereinstimmung hinsichtlich des Doppelabzugs nicht Voraussetzung für die Anwendung des § 4i Satz 1 EStG.[3] Das Abzugsverbot greift auch, wenn der Abzug im anderen Staat in einem vorhergehenden oder einem nachfolgenden Veranlagungszeitraum, Steuerjahr, Wirtschaftsjahr oder Kalenderjahr geltend gemacht wird.[4] Ebenso fehlt ein personaler Bezug. Es ist ausreichend, dass die Aufwendungen im Ausland – bei wem auch immer – als Betriebsausgaben abziehbar sind.[5]

8.139 Auf **Rechtsfolgenebene** bestimmt § 4i Satz 1 EStG, dass die Aufwendungen in Deutschland als Sonderbetriebsausgaben nicht abgezogen werden können. Allerdings enthält der Wortlaut bereits selbst eine Einschränkung: „soweit". Der deutsche Gesetzgeber macht die Abzugsfähigkeit folglich von der Behandlung im Ausland abhängig,[6] limitiert ihn aber auch auf die *im Ausland konkret abziehbare Höhe*.[7] Im Effekt sind die Aufwendungen damit insgesamt einmal abziehbar.

8.140 Die Einschränkung des Betriebsausgabenabzugs ist aus unionsrechtlicher Perspektive **nicht gerechtfertigt**.[8] Als Argument gegen diese Annahme könnte allenfalls bereits bei der Frage der Vergleichbarkeit der Sachverhalte dienen, ein durch § 4i EStG erfasster Mitunternehmer sei mit einem inländischen Mitunternehmer mit inländischen Einkünften objektiv schon nicht vergleichbar. Letzterer könne nicht in die Lage eines mehrfachen Betriebsausgabenabzugs kommen.[9] Das ist indes eher eine Fragestellung, die für die Rechtfertigung von Bedeutung ist; unter dem Gesichtspunkt der Grundfreiheiten als Mehrebenennormen zur Vermeidung gerade grenzüberschreitender Ungleichbehandlungen ist dies nicht von Bedeutung. Soweit man den doppelten Betriebsausgabenabzug als missbräuchlich betrachtet, genügt dies nicht zur Rechtfertigung, da nicht allein rein künstliche Gestaltungen erfasst werden;[10] Miss-

---

1 *Schnitger*, IStR 2017, 214 (215).
2 *Schnitger*, IStR 2017, 214 (215).
3 Zutreffend *Gosch* in Kirchhof[18], EStG § 4i Rz. 6.
4 BT-Drs. 18/10506, 77.
5 *Gosch* in Kirchhof[18], EStG § 4i Rz. 6.
6 *Gosch* in Kirchhof[18], EStG § 4i Rz. 5.
7 *Wacker* in Schmidt[38], EStG § 4i Rz. 17.
8 *Gosch* in Kirchhof[18], EStG § 4i Rz. 2;
9 In diesem Sinne *Wacker* in Schmidt[38], EStG § 4i Rz. 7.
10 *Kanzler*, NWB 2017, 326; *Oellerich* in Musil/Weber-Grellet, Europäisches Steuerrecht, § 4i EStG Rz. 29; *Pohl* in Blümich, § 4i EStG Rz. 12.

brauchstypisierungen sind grundsätzlich nicht zulässig.[1] Auch die Aufteilung der Besteuerungsbefugnisse bzw. die steuerliche Kohärenz taugen im vorliegenden Fall nicht als Rechtfertigungsgründe. Zum einen geht es nicht um die angemessene Aufteilung der einem bestimmten Mitgliedstaat zustehenden Besteuerungsgrundlagen, sondern um die Verhinderung eines double dip;[2] aber auch die Kohärenz rechtfertigt im vorliegenden Fall die Ungleichbehandlung nicht, weil ein steuerlicher Vorteil im Ausland (Betriebsausgabenabzug) nicht Ansatzpunkt für einen steuerlichen Nachteil, nämlich die Verhinderung des Betriebsausgabenabzugs im Inland sein kann. Ein unmittelbarer Vorteil-Nachteil-Ausgleich liegt insoweit nicht vor.[3]

2. Lizenzschranke

Literatur: *Drummer*, Lizenzschranke: Abzugsbeschränkung vs. Tax Credit aus EU-rechtlicher Sicht, IStR 2017, 602; *Hagemann/Kahlenberg*, Die Lizenzschranke (§ 4j EStG) aus verfassungs- und unionsrechtlicher Sicht, FR 2017, 1125; *Kühbacher*, Die neue Lizenzschranke aus unionsrechtlicher Sicht, DStZ 2017, 829; *Schneider/Junior*, Die Lizenzschranke – Überblick über den Regierungsentwurf zu § 4j EStG, DStR 2017, 417; *Schnitger*, Unionsrechtliche Würdigung der Lizenzschranke gem. § 4j EStG – Grundfreiheitliche Grenzen bei der Umsetzung des BEPS-Projekts –, DB 2018, 147; *Zinowsky/Ellenrieder*, Innovative Besteuerung des Foreign-Derived Intangible Income als Ergebnis der US-Steuerreform, IStR 2018, 134.

8.141 Der ebenfalls neu in das Einkommensteuerrecht eingefügte[4] § 4j EStG beinhaltet ein (anteiliges) Betriebsausgabenabzugsverbot für die Überlassung der Nutzung oder des Rechts auf Nutzung von Rechten für den Fall, dass der Gläubiger der Aufwendungen eine nahe stehende Person i.S.d. § 1 Abs. 2 AStG ist und die Vergütungen beim Gläubiger einer niedrigen Besteuerung unterliegen *(Lizenzschranke)*. Obwohl dies im Wortlaut nicht klar zum Ausdruck kommt, meint der Gesetzgeber grenzüberschreitende Sachverhalte, in denen das inländische Besteuerungsrecht durch Lizenzboxen o.ä. zwischen nahe stehenden Personen zugunsten des ausländischen Fiskus verschoben wird.[5] Dies kann dadurch geschehen, dass immaterielle Wirtschaftsgüter wie Patente, Lizenzen, Konzessionen oder Markenrechte besonders einfach auf andere Rechtsträger bzw. über Staatsgrenzen hinweg übertragen werden können. Dies hat nach Auffassung des Gesetzgebers in der Vergangenheit dazu geführt, dass immer mehr Staaten durch besondere Präferenzregelungen (sog. „IP-Boxen", „Lizenzboxen" oder „Patentboxen") in einen schädlichen Steuerwettbewerb mit anderen Staaten getreten sind, der durch multinationale Konzerne zur Gewinnverlagerung ins niedrig besteuernde Ausland genutzt werden kann.[6] Da eine Vielzahl der deutschen Doppelbesteuerungsabkommen einen Nullsteuersatz auf Lizenzzahlungen vorsieht (darunter auch Abkommen mit Staaten, die nicht der OECD angehören und damit allein deshalb nicht an den Nexus-Ansatz gebunden sind), wäre es möglich, dass es multinationalen Unternehmen auch weiterhin gelingen wird, Gewinne durch Lizenzzahlungen auch in solche Staaten zu verlagern, die über eine nicht Nexus-Ansatz (Verständigung von OECD und G20 im Abschlussbericht zu Aktionspunkt 5, Wirksamere Bekämpfung schädlicher Steuerpraktiken unter Berücksichtigung von Transparenz und Substanz) des BEPS-Projekts (BEPS – Gewinnkürzung und Gewinnverlagerung) über Rahmenbedingungen einer substanziellen Geschäftstätigkeit (Substanzerfordernis) entsprechende Lizenzboxregelung verfügen.[7] Solche dem Gesetzgeber **missbräuchlich erscheinende Gestaltungen zwischen nahe ste-

---

1 EuGH v. 12.9.2006 – C-196/04 – Cadbury Schweppes, Slg. 2006, I-7995 Rz. 75; v. 28.10.2010 – C-72/09 – Établissements Rimbaud, Slg. 2010, I-10659 Rz. 34; v. 6.6.2013 – C-383/10 – Kommission/Belgien, IStR 2013, 503 Rz. 64.
2 *Oellerich* in Musil/Weber-Grellet, Europäisches Steuerrecht, § 4i EStG Rz. 28.
3 *Oellerich* in Musil/Weber-Grellet, Europäisches Steuerrecht, § 4i EStG Rz. 30.
4 Gesetz gegen schädliche Steuerpraktiken im Zusammenhang mit Rechteüberlassung v. 27.6.2017, BGBl. 2017 I 2074.
5 *Oellerich* in Musil/Weber-Grellet, Europäisches Steuerrecht, § 4j EStG Rz. 1.
6 BT-Drs. 18/11233, 1.
7 BT-Drs. 18/11233, 1.

henden Personen sollen unterbunden werden, soweit nicht bestimmte Substanzanforderungen erfüllt sind.[1]

Aufwendungen für die Überlassung der Nutzung oder des Rechts auf Nutzung von Rechten, insbesondere von Urheberrechten und gewerblichen Schutzrechten, von gewerblichen, technischen, wissenschaftlichen und ähnlichen Erfahrungen, Kenntnissen und Fertigkeiten, zum Beispiel Plänen, Mustern und Verfahren, sind ausgehend von diesem Grundgedanken ungeachtet eines bestehenden Abkommens zur Vermeidung der Doppelbesteuerung nur teilweise abziehbar (§ 4j Abs. 3 EStG), wenn die Einnahmen des Gläubigers einer von der Regelbesteuerung abweichenden, niedrigen Besteuerung nach Absatz 2 unterliegen (Präferenzregelung) und der Gläubiger eine dem Schuldner nahestehende Person im Sinne des § 1 Absatz 2 des Außensteuergesetzes ist (§ 4j Abs. 1 Satz 1 EStG). Eine Präferenzregelung liegt vor, wenn die von der Regelbesteuerung abweichende Besteuerung der Einnahmen des Gläubigers oder des weiteren Gläubigers zu einer Belastung durch Ertragsteuern von weniger als 25 % führt; maßgeblich ist bei mehreren Gläubigern die niedrigste Belastung (§ 4j Abs. 2 Satz 1 EStG).

8.142

Die Lizenzschranke des § 4j EStG hält einer Überprüfung am Maßstab der Niederlassungsfreiheit (Art. 49 AEUV) nicht stand. Die Beschränkung des Betriebsausgabenabzugs ist insbesondere nicht durch den Allgemeinwohlbelang der **Missbrauchsabwehr** gerechtfertigt.[2] Die Vorschrift bewegt sich nicht in den Bahnen einer zulässigen Missbrauchstypisierung. Einen Missbrauchsfall erkennt der EuGH dort, wo es sich um eine rein künstliche Gestaltung handelt; beispielhaft benennt er Briefkasten- oder Strohfirmen.[3] § 4j EStG knüpft allerdings nicht daran an, ob diese Voraussetzungen gegeben sind. Ferner hebt der EuGH ausdrücklich hervor, dass den Beteiligten die Möglichkeit eingeräumt werden müsse, die tatsächliche Ansiedlung und die tatsächliche wirtschaftliche Betätigung nachzuweisen (Gegenbeweis).[4] Auch einen Gegenbeweis ermöglicht § 4j EStG aber gerade nicht. Daran ändert nichts, dass § 4j Abs. 1 Satz 4 EStG bei Vorliegen von Substanzanforderungen gemäß dem OECD-Nexus-Approach eine Ausnahme von der Lizenzschranke macht. Denn diese Ausnahme greift nur, wenn die wirtschaftliche Substanz auf Aufwendungen im Bereich von Forschung und Entwicklung beruht; es wird m.a.W. nicht eine umfassende Möglichkeit des Gegenbeweises eröffnet. Um erforderlich zu sein, müsste § 4j EStG dem Stpfl. aber gerade das ermöglichen[5] Wie bereits § 4i EStG kann auch die Lizenzschranke nicht durch die Aufteilung der Besteuerungsbefugnisse[6] oder die Kohärenz gerechtfertigt werden. Insbesondere scheidet die Kohärenz als Rechtfertigungsgrund aus, weil Vor- und Nachteil bei unterschiedlichen Personen eintreten, was für die Rechtfertigung nicht ausreichend ist.[7]

8.143

Kein Verstoß liegt gegen Sekundärrecht, namentlich die Richtlinie 2003/49/EG des Rates vom 3.6.2003 über eine gemeinsame Steuerregelung für Zahlungen von Zinsen und Lizenzgebühren zwischen verbundenen Unternehmen verschiedener Mitgliedstaaten[8] (**Zins- und Lizenzrichtlinie**), vor. Gemäß Art. 1 Abs. 1 der Zins- und Lizenzrichtlinie dürfen in einem Mitgliedstaat angefallene Einkünfte in Form von Zinsen oder Lizenzgebühren von allen in diesem Staat darauf erhebbaren Steuern – unabhängig davon, ob sie an der Quelle abgezogen oder durch Veranlagung erhoben werden – nur befreit werden, sofern der Nutzungsberechtigte der Zinsen oder Lizenzgebühren ein Unternehmen eines anderen

8.144

---

1 Oellerich in Musil/Weber-Grellet, Europäisches Steuerrecht, § 4j EStG Rz. 1.
2 Drummer IStR 2017, 602 (603 f.); Gosch in Kirchhof[18], EStG § 4j Rz. 2; Oellerich in Musil/Weber-Grellet, Europäisches Steuerrecht, § 4j EStG Rz. 23; Pinkernell IStR 2018, 249 (255); Schnitger DB 2018, 147 ff.; Zinowsky/Ellenrieder IStR 2018, 134 (138 f.).
3 EuGH v. 12.9.2006 – C-196/04 – Cadbury Schweppes, Slg. 2006, I-7995 Rz. 68.
4 EuGH v. 12.9.2006 – C-196/04 – Cadbury Schweppes, Slg. 2006, I-7995 Rz. 70.
5 Kühbacher, DStZ 2017, 829 (833); Oellerich in Musil/Weber-Grellet, Europäisches Steuerrecht, § 4j EStG Rz. 23.
6 Hierzu Drummer IStR 2017, 602 (604); Kühbacher DStZ 2017, 829 (831 f.); Oellerich in Musil/Weber-Grellet, Europäisches Steuerrecht, § 4j EStG Rz. 24.
7 Vgl. EuGH 24.2.2015 – C-559/13, BStBl. II 2015, 1071 Rz. 49 – Grünewald; EuGH 30.6.2016 – C-123/15, BStBl. II 2017, 424 Rz. 35 – Feilen; Kühbacher DStZ 2017, 829 (835).
8 ABl. EU 2003 Nr. L 157, 49.

Mitgliedstaats oder eine in einem anderen Mitgliedstaat belegene Betriebsstätte eines Unternehmens eines Mitgliedstaats ist. Hierdurch spricht Art. 1 Abs. 1 der Zins- und Lizenzrichtlinie aber gerade den Staat an, in dem der Nutzungsberechtigte ansässig ist, während § 4j EStG gerade den Betriebsausgabenabzug im Staat des Schuldners betrifft.[1]

3. Verhinderung des Directive- und Treaty Override

Literatur: *Binnewies/Zapf*, § 50d Abs. 3 EStG und Europarecht, AG 2018, 612; *Ernst/Farinato/Würstlin*, Ist § 50d Abs. 3 EStG auch in Drittstaatsfällen am Ende?, IStR 2019, 6; *Farinato*, Gesetzgeber scheitert erneut am EuGH - was wird aus § 50d Abs. 3 EStG?, jm 2019, 68; *Gebhardt*, § 50d Abs. 3 EStG: Stolperstein bei grenzüberschreitenden Gewinnausschüttungen in Inboundfällen (§ 50d Abs. 3 EStG), Anmerkungen zum Vorlagebeschluss des FG Köln vom 17.5.2017 – 2 K 773/16 zu § 50d Abs. 3 EStG i. d. F. des BeitrRLUmsG, BB 2017, 2007; *Gosch*, Missbrauchsabwehr im Internationalen Steuerrecht, in Achatz (Hrsg.), Internationales Steuerrecht, DStJG 36 (2013), 201; *Graf*, Die unendliche Geschichte des § 50d Abs. 3 EStG, BB 2018, 2391; *Kahlenberg*, Es steht fest: § 50d Abs. 3 EStG a.F. verstößt gegen Unionsrecht, EuGH, Urteil v. 20.12.2017 – Rs. C-504/16 „Deister Holding" und Rs. C-613/16 „Juhler Holding", IWB 2018, 145; *Kahlenberg*, Zur Zukunft der Anti-Treaty-Shopping-Regelung des § 50d Abs. 3 EStG, Status quo und Handlungsoptionen des deutschen Steuergesetzgebers, NWB 2018, 3524; *Linn/Pignot*, EuGH-Vorlage zur aktuellen Fassung § 50d Abs. 3 EStG, FG Köln, Vorlagebeschluss v. 17.5.2017 – 2 K 773/16, IWB 2017, 826; *Schönfeld*, BMF entscheidet zur Anwendung von § 50d Abs. 3 EStG nach „Deister Holding" – Eine erste Kurzanalyse, IStR 2018, 325; *Schnitger*, Urteil in den Rs. Deister Holding und Juhler Holding – das Ende des § 50d Abs. 3 EStG, IStR 2018, 169; *Watrin/Leukefeld*, § 50d Abs. 3 EStG i.d.F. des BeitrRLUmsG ist unionsrechtswidrig – Überarbeitungsbedarf bei der deutschen Anti-Treaty-Shopping Vorschrift, FR 2018, 813.

8.145 Ebenfalls eine **typisierende Missbrauchsbestimmung**, diesmal zur Verhinderung von Treaty Shopping und Directve Shopping, enthält § 50d Abs. 3 EStG. Die Vorschrift soll verhindern, dass, um vom Steuerabzug befreit zu werden, eine im Übrigen funktionslose Gesellschaft zwischengeschaltet wird. § 50d Abs. 3 EStG wirft – wie auch die jüngste Rechtsprechung des EuGH zeigt – sowohl im Hinblick auf die Grundfreiheiten (Niederlassungsfreiheit, Kapitalverkehrsfreiheit) als auch mit dem Sekundärrecht (Zins- und Lizenzrichtlinie) erhebliche Schwierigkeiten auf.

8.146 Eine ausländische Gesellschaft hat keinen Anspruch auf völlige oder teilweise Entlastung vom Steuerabzug nach § 50d Abs. 1 oder 2 EStG, soweit Personen an ihr beteiligt sind, denen die Erstattung oder Freistellung nicht zustände, wenn sie die Einkünfte unmittelbar erzielten und die von der ausländischen Gesellschaft im betreffenden Wirtschaftsjahr erzielten Bruttoerträge nicht aus eigener Wirtschaftstätigkeit stammten, sowie (1) in Bezug auf diese Erträge für die Einschaltung der ausländischen Gesellschaft wirtschaftliche oder sonst beachtliche Gründe fehlen oder (2) die ausländische Gesellschaft nicht mit einem für ihren Geschäftszweck angemessen eingerichteten Geschäftsbetrieb am allgemeinen wirtschaftlichen Verkehr teilnimmt (§ 50d Abs. 3 Satz 1 EStG). An einer eigenen Wirtschaftstätigkeit fehlt es, soweit die ausländische Gesellschaft ihre Bruttoerträge aus der Verwaltung von Wirtschaftsgütern erzielt oder ihre wesentlichen Geschäftstätigkeiten auf Dritte überträgt (§ 50d Abs. 3 Satz 3 EStG). Fehlt es daran, dass die ausländische Gesellschaft Bruttoerträge aus einer eigenen wirtschaftlichen Tätigkeit erzielt, muss es ferner *alternativ* an einer der beiden Funktionsvoraussetzungen (§ 50d Abs. 3 S. 1 Nr. 1 oder 2 EStG) fehlen. Erst das *kumulative* Vorliegen dieser Voraussetzungen (Fehlen einer eigenen wirtschaftlichen Tätigkeit und Fehlen einer Funktionsvoraussetzung) kann die Freistellung oder Erstattung ausschließen.[2] An ausreichenden wirtschaftlichen oder sonst beachtlichen Gründen fehlt es, wenn die Einschaltung der ausländischen Gesellschaft *allein steuerlichen Gründen* dient.[3] Der Steuerpflichtige kann sich insoweit nicht zurücklehnen und die Finanzverwaltung ermitteln lassen; vielmehr erlegt ihm

---

1 *Drummer* IStR 2017, 602 (603); *Gosch* in Kirchhof, EStG[18], § 50g Rz. 11; *Oellerich* in Musil/Weber-Grellet, Europäisches Steuerrecht, § 4j EStG Rz. 26; *Staccioli* in Frotscher/Geurts, EStG § 4j Rz. 110; im Ergebnis ebenso, aber unscharf („ein Verstoß [...] liegt im Zweifel nicht vor") *Loschelder* in Schmidt[38], EStG § 4j Rz. 4.
2 *Wagner* in Blümich, § 50d EStG Rz. 81.
3 *Wagner* in Blümich, § 50d EStG Rz. 82.

das Gesetz ausdrücklich die Feststellungslast dafür auf (§ 50d Abs. 3 Satz 4 Alt. 1 EStG). Zu bestimmen sind die wirtschaftlichen oder sonst beachtlichen Gründe aus der Perspektive des Gesellschafters.[1] Ob die ausländische Gesellschaft demgegenüber mit einem gemessen an ihrem Zweck angemessenen eingerichteten Geschäftsbetrieb am allgemeinen wirtschaftlichen Verkehr teilnimmt, bemisst sich nach den Grundsätzen für das Vorliegen von Briefkasten-, Domizil- und Basisgesellschaften. Maßgebend ist die Ausstattung mit Personal- und Sachgütern.[2] Notwendig ist also, ob qualifiziertes Personal vor Ort vorgehalten wird sowie Geschäftsräume und Kommunikationsmittel vorhanden sind.[3]

Die Grundfreiheit, an der sich diese Bestimmungen messen lassen müssen, kann sowohl die **Niederlassungsfreiheit** (Art. 49 AEUV) als auch die **Kapitalverkehrsfreiheit** (Art. 63 AEUV) sein. In der Entscheidung in der Rechtssache Deister Holding[4] hat der EuGH klargestellt, dass § 50d Abs. 3 EStG i.d.F. des JStG 2007[5] am Maßstab der Niederlassungsfreiheit (Art. 49 AEUV) zu messen ist. Zu diesem Ergebnis gelangte der Gerichtshof aber erst, nachdem er feststellte, dass die Norm isoliert betrachtet unergiebig formuliert sei, weil sie auf Gesellschaften anwendbar sei, die mit mindestens 15 % am Kapital ihrer Tochtergesellschaften beteiligt seien. Der EuGH konnte mithin nicht bestätigen, dass die Norm nur auf solche Beteiligungen anwendbar sein sollte, die es ermöglichen, einen sicheren Einfluss auf die Geschicke der Gesellschaft auszuüben. Aufgrund dessen stellte er auf die *Umstände der zugrunde liegenden Fälle* ab.[6] Hiernach ist jeweils im Einzelfall zu schauen, ob die Umstände des Einzelfalls für die Anwendbarkeit der Niederlassungsfreiheit (Art. 49 AEUV) oder der Kapitalverkehrsfreiheit (Art. 63 AEUV) sprechen. In Drittstaatenkonstellationen ist die Abgrenzung zwischen den beiden Grundfreiheiten gegenüber innergemeinschaftlichen Sachverhalten leicht verschoben.[7] Kommt es nicht hilfsweise auf die konkreten Umstände des Einzelfalls an, wenn die Norm – wie auch § 50d Abs. 3 EStG – daher nicht auf eine Beteiligung abstellt, die einen sicheren Einfluss auf die Geschicke der Gesellschaft erlaubt, können sich Steuerpflichtige in Drittstaatenkonstellationen auf die Kapitalverkehrsfreiheit (Art. 63 AEUV) berufen.[8]

8.147

§ 50d Abs. 3 EStG kann nicht aufgrund der typisierenden Annahme eines Gestaltungsmissbrauchs durch Einschaltung einer Zwischengesellschaft **gerechtfertigt** werden. Dies ist unabhängig davon, ob die Prüfung am Maßstab der Niederlassungsfreiheit oder der Kapitalverkehrsfreiheit erfolgt. Dies nahm der EuGH aus drei Gründen an:[9]

8.148

(1) Zum einen schließe die Vorschrift *nicht allein rein künstliche Gestaltungen* von der Entlastung aus. § 50d Abs. 3 EStG erfasse generell jede Situation, in der Personen an einer gebietsfremden Muttergesellschaft beteiligt sind, denen eine solche Befreiung nicht zustünde, wenn sie die Gewinnausschüttungen unmittelbar bezögen.

(2) Zudem begründe diese Vorschrift eine *unwiderlegbare* Missbrauchs- oder Hinterziehungsvermutung. M.a.W. lasse sie einen Gegenbeweis nicht zu.

---

1 *Gosch* in Kirchhof[18], EStG, § 50d Rz. 29c; *Oellerich* in Musil/Weber-Grellet, Europäisches Steuerrecht, § 50d EStG Rz. 21.
2 *Wagner* in Blümich, § 50d EStG Rz. 84.
3 BMF v. 24.1.2012, BStBl. I 2012, 171 Rz. 7.
4 EuGH v. 20.12.2017 – C-504/16 und C-603/16 – Deister Holding, DStR 2018, 119 Rz. 76 ff.
5 V. 13.12.2006, BGBl. 2006 I 2878.
6 EuGH v. 20.12.2017 – C-504/16 und C-603/16 – Deister Holding, DStR 2018, 119 Rz. 81.
7 FG Münster v. 20.9.2016 – 9 K 3911/13 F, EFG 2017, 323; *Oellerich* in Musil/Weber-Grellet, Europäisches Steuerrecht, § 50d EStG Rz. 38; *Unger*, EuZW 2015, 67 f.
8 Vgl. FG Münster v. 20.9.2016 – 9 K 3911/13 F, EFG 2017, 323; vgl. Schlussanträge des Generalanwalts *Wathelet* v. 7.2.2018 – C-685/16 – EV, ECLI:EU:C:2018:70 = IStR 2018, 203.
9 EuGH v. 14.6.2018 – C- 440/17 – GS, IStR 2018, 543 Rz. 47 ff. i.V.m. Rz. 79 f.; dazu *Binnewies/Zapf*, AG 2018, 612; *Farinato*, jm 2019, 68; *Graf*, BB 2018, 2391; *Kahlenberg*, NWB 2018, 3524; *Watrin/Leukefeld*, FR 2018, 813; für Drittstaatsfälle *Ernst/Farinato/Würstlin*, IStR 2019, 6. – So bereits zu § 50d Abs. 3 EStG i.d.F. des JStG 2007: EuGH v. 20.12.2017 – C-504/16 und C-603/16 – Deister Holding, DStR 2018, 119 Rz. 60 ff.

(3) Drittens begründeten die Voraussetzungen des § 50d Abs. 3 EStG, einzeln oder zusammen betrachtet, keinen Missbrauch oder keine Hinterziehung. Sie führten allein nicht dazu, dass eine rein künstliche, jeder *wirtschaftlichen Realität bare Konstruktion* vorliege.

8.149 Diese Beurteilung gilt nach Auffassung des EuGH nicht nur für die Grundfreiheiten, sondern auch im Hinblick auf die Mutter-Tochter-Richtlinie. **Art. 1 Abs. 2 der Mutter-Tochter-Richtlinie** öffnet ein Fenster ebenfalls nur für solche Vorschriften, die der „Verhinderung von Steuerhinterziehungen und Missbräuchen" dienen.

4. Gewerbesteuerliches internationales Schachtelprivileg

Literatur: *Cloer/Hagemann/Vogel,* Gewerbesteuerkürzung von Gewinnausschüttungen passiver Auslandstochtergesellschaften – weitreichende Konsequenzen des EuGH-Urteils EV, BB 2018, 2839; *Desens,* Gewerbesteuer auf Drittstaaten-Dividenden verstößt gegen die Kapitalverkehrsfreiheit, Schlussfolgerungen aus EuGH, 20.9.2018 – C-685/16, EV, BB 2018, 2647; *Korneev,* Gewerbesteuerkürzung: Schachtelvergünstigung auch für Beteiligungen an passiven ausländischen Gesellschaften?, Schlussanträge des GA *Wathelet* vom 7.2.2018 - C-685/16, EV, BB 2018, 993; *Kraft/Hohage,* Repatriierung von Drittstaatendividenden im Kapitalgesellschaftskonzern, Zugleich Besprechung des Beschlusses des FG Münster v. 20.9.2016 - 9 K 3911/13 F, DStR 2017, 384 (Az. EuGH: C-685/16), *Kraft/Hohage,* Die anstehende EuGH-Entscheidung zum gewerbesteuerlichen Schachtelprivileg (Rs. C-685/16), - Präzedenzfunktion der SECIL-Entscheidung (Rs. C-464/14) – DB 2017, 1612; *Kraft/Hohage,* Kapitalverkehrsfreiheit und gewerbesteuerliches Schachtelprivileg, Anmerkungen zu den Schlussanträgen des Generalanwalts in der Rs- C-685/16 (EV), IStR 2018, 175; *Kraft/Hohage,* Implikationen des EuGH-Urteils in der Rs. C-685/16 zum gewerbesteuerlichen Schachtelprivileg, IStR 2018, 799.

8.150 Die Hinzurechnungs- und Kürzungsvorschriften der § 8 f. GewStG dienen der Gewährleistung des Objektsteuercharakters der Gewerbesteuer (**Realsteuerprinzip**).[1] Kürzungsvorschriften wie § 9 Nr. 2 GewStG sollen eine doppelte steuerliche Belastung eines stehenden Gewerbebetriebs vermeiden. Nach § 9 Nr. 2 Satz 1 GewStG ist die Summe des Gewinns und der Hinzurechnungen zu kürzen um die Anteile am Gewinn einer in- oder ausländischen offenen Handelsgesellschaft, einer Kommanditgesellschaft oder einer anderen Gesellschaft, bei der die Gesellschafter als Unternehmer (Mitunternehmer) des Gewerbebetriebs anzusehen sind, wenn die Gewinnanteile bei der Ermittlung des Gewinns angesetzt worden sind. Hierdurch wird erreicht, dass immer dann, wenn die Beteiligung an einer Personengesellschaft zum Betriebsvermögen gehört und deshalb grundsätzlich der Gewerbesteuer unterliegen würden, eine doppelte Belastung der Gewinnanteile ausgeschlossen ist.[2] Eine entsprechende Regelung kennt das Gewerbesteuerrecht auch für den Gewinn aus inländischen Betriebsstätten. Gemäß § 9 Nr. 3 Satz 1 Halbsatz 1 GewStG ist die Summe des Gewinns und der Hinzurechnungen zu kürzen um den Teil des Gewerbeertrags eines inländischen Unternehmens, der auf eine nicht im Inland belegene Betriebsstätte dieses Unternehmens entfällt. Diese Vorschrift ist rein deklaratorisch, da sie nur den grundsätzlichen Ansatz des Gewerbesteuerrechts zum Ausdruck bringt, nur inländische Erträge der Gewerbesteuer zu unterwerfen.[3] Von diesem Gedanken ausgehend wäre es nicht zwingend, auch Erträge aufgrund von Beteiligungen aus ausländischen Gesellschaften von der Gewerbesteuer zu befreien. Gleichwohl hat sich der Gesetzgeber hierfür mit § 9 Nr. 7 GewStG dem Grunde nach entschieden, um eine **grundsätzliche Gleichbehandlung aller in- und ausländischen Erträge** zu gewährleisten.[4] Das unionsrechtliche Problem entsteht dadurch, dass § 9 Nr. 7 GewStG (internationales Schachtelprivileg) trotz dieser grundlegenden Entscheidung nicht an dieselben Tatbestandsvoraussetzungen wie § 9 Nr. 2 GewStG anknüpft, sondern die Inanspruchnahme der Kürzung erheblich erschwert. Die Kürzung wird nach § 9 Nr. 7 GewStG davon abhängig gemacht, dass es sich um Gewinne aus Anteilen an einer Kapi-

---

1 Statt aller *Gosch* in Blümich, § 9 GewStG Rz. 1.
2 *Gosch* in Blümich, § 9 GewStG Rz. 1, 131.
3 BFH v. 6.7.2005 – VIII R 72/02, BStBl. II 2010, 828; FG Münster v. 4.2.2016 – 9 K 1472/13 G, EFG 2016, 925 (Az. des BFH: III R 22/16); v. 20.9.2016 – 9 K 3911/13 F, EFG 2017, 323 (nachfolgend EuGH v. 20.9.2018 – C-685/16 – EV, ECLI:EU:C:2018:743 = IStR 2018, 802).
4 *Gosch* in Blümich, § 9 GewStG Rz. 288.

talgesellschaft mit Geschäftsleitung und Sitz außerhalb des Geltungsbereichs des GewStG handelt, an deren Nennkapital das Unternehmen seit Beginn des Erhebungszeitraums ununterbrochen mindestens zu 15 % beteiligt ist (Tochtergesellschaft) und die ihre Bruttoerträge ausschließlich oder fast ausschließlich aus unter § 8 Abs. 1 Nr. 1 bis 6 AStG fallenden Tätigkeiten und aus Beteiligungen an Gesellschaften bezieht, an deren Nennkapital sie mindestens zu einem Viertel unmittelbar beteiligt ist, wenn die Beteiligungen ununterbrochen seit mindestens zwölf Monaten vor dem für die Ermittlung des Gewinns maßgebenden Abschlussstichtag bestehen und das Unternehmen nachweist, dass (1) diese Gesellschaften Geschäftsleitung und Sitz in demselben Staat wie die Tochtergesellschaft haben und ihre Bruttoerträge ausschließlich oder fast ausschließlich aus den unter § 8 Abs. 1 Nr. 1 bis 6 des Außensteuergesetzes fallenden Tätigkeiten beziehen (*Landesholding*) oder (2) die Tochtergesellschaft die Beteiligungen in wirtschaftlichem Zusammenhang mit eigenen unter § 8 Abs. 1 Nr. 1 bis 6 AStG fallenden Tätigkeiten hält und die Gesellschaft, an der die Beteiligung besteht, ihre Bruttoerträge ausschließlich oder fast ausschließlich aus solchen Tätigkeiten bezieht (*Funktionsholding*), wenn die Gewinnanteile bei der Ermittlung des Gewinns (§ 7 GewStG) angesetzt worden sind. Dieser Tatbestand ist beim Lesen nicht nur kaum verständlich; es ist auch kein Grund dafür ersichtlich, den Tatbestand um diese weiteren Tatbestandsvoraussetzungen aufzuladen.[1]

Das ist nicht nur ein verfassungsrechtliches (Art. 3 Abs. 1 GG),[2] sondern insbesondere – aufgrund des engeren Missbrauchsfensters – ein unionsrechtliches Problem. Gemessen am Maßstab der Niederlassungsfreiheit bzw. (namentlich in Drittstaatenkonstellationen) der Kapitalverkehrsfreiheit, lässt sich diese Ungleichbehandlung nicht rechtfertigen.[3] Der Tatbestand bildet insbesondere **keinen typischen Missbrauchsfall** ab. Im Hinblick auf die vorliegende Regelung hat der EuGH sogar bemängelt, dass gar nicht erkennbar sei, welchen Missbrauchsfall der Gesetzgeber vor Augen gehabt haben sollte.[4] Dies liegt insbesondere daran, dass das für einen Missbrauch typische Merkmal der Niedrigbesteuerung, wie es bei der Hinzurechnungsbesteuerung ausdrücklich gefordert wird, gerade kein Tatbestandsmerkmal des § 9 Nr. 7 GewStG ist. Dies ist umso weniger verständlich, als § 9 Nr. 7 GewStG gerade an die Hinzurechnungsbesteuerung anknüpft. Darüber hinaus kommt § 9 Nr. 7 GewStG dadurch mit dem Unionsrecht in Konflikt, dass eine Widerlegung der Missbrauchsvermutung nicht ermöglicht wird.[5]

VII. Verrechnungspreise und Funktionsverlagerung

Literatur: *Becker/Sydow*, Das EuGH-Urteil in der belgischen Rechtssache C-311/08 SGI und seine Implikationen für die Frage der Europarechtmäßigkeit des § 1 AStG, IStR 2010, 195; *Ditz/Quilitzsch*, Europarechtswidrigkeit des § 1 AStG - Das neue BMF-Schreiben vom 06.12.2018, DB 2019, 456; *Englisch*, Einige Schlussfolgerungen zur Grundfreiheitskompatibilität des § 1 AStG – zugleich Anmerkung zum Urteil des EuGH in der Rs. SGI, IStR 2010, 139; *Glahe*, Vereinbarkeit von § 1 AStG mit den Europäischen Grundfreiheiten, IStR 2010, 870; *Glahe*, § 1 AStG auf dem unionsrechtlichen Prüfstand, Anmerkungen zum EuGH-Urteil „Hornbach Baumarkt", DStR 2018, 1535; *Graw*, § 1 AStG – Folgerungen aus dem EuGH-Urteil in der Rs. Hornbach-Baumarkt (§ 1 AStG), DB 2018, 2655; *Heidecke/Machalitza/Passas*, Abweichung vom Fremdvergleich bei sanierungsbedingten Maßnahmen möglich, Anmerkung zum BMF-Schreiben vom 6.12.2018, Ubg 2019, 141; *Jahndorf*, Besteuerung der Funktionsverlagerung, FR 2008, 101; *Kahlenberg*, BMF reagiert auf die EuGH-Entscheidung in der Rs. Hornbach-Baumarkt - Alles nur ein Missverständnis?!, IStR 2019, 335; *Kofler*, Verrechnungspreise, Einkünfteverlagerung – Gestaltung und Abwehr: Rechtsfragen der Verrechnungspreiskorrektur, in Achatz (Hrsg.), Internationales Steuerrecht, DStJG 36 (2013), 297; *Kunert/Eberhardt*, Nachweis

---

[1] Zutreffend *Gosch* in Blümich, § 9 GewStG Rz. 288.
[2] *Oellerich*, EFG 2017, 332.
[3] FG Münster v. 20.9.2016 – 9 K 3911/13 F, EFG 2017, 323 (nachgehend EuGH v. 20.9.2018 – C-685/16 – EV, ECLI:EU:C:2018:743 = IStR 2018, 802); zu der Entscheidung *Kraft/Hohage*, IStR 2017, 381 ff.; *Kraft/Hohage*, DB 2017, 1612 ff.
[4] EuGH v. 20.9.2018 – C-685/16 – EV, ECLI:EU:C:2018:743 = IStR 2018, 802 Rz. 97; zu der Entscheidung *Desens*, BB 2018, 2647; *Cloer/Hagemann/Vogel*, BB 2018, 2839; *Kraft/Hohage*, IStR 2018, 799.
[5] FG Münster v. 20.9.2016 – 9 K 3911/13 F, EFG 2017, 323 mit Anm. *Oellerich* (Az. EuGH v. 20.9.2018 – C-685/16 – EV, ECLI:EU:C:2018:743 = IStR 2018, 802).

wirtschaftlicher Gründe auf Basis der Hornbach-Entscheidung nur in Sanierungsfällen möglich?, Anmerkungen zum BMF-Schreiben vom 6.12.2018, StuB 2019, 190; *Rolf,* Europarechtswidrigkeit der Besteuerung von Funktionsverlagerungen gem. § 1 Abs. 3 AStG, IStR 2009, 152; *Scheipers/Linn,* Einkünfteberichtigung nach § 1 Abs. 1 AStG bei Nutzungsüberlassung im Konzern – Auswirkungen des EuGH-Urteils SGI, IStR 2010, 469; *Schön,* Der Fremdvergleich, der Europäische Gerichtshof und die „Theory of the Firm", IStR 2011, 777; *Schönfeld,* Aktuelle Entwicklungen im Verhältnis von § 1 AStG und EU-Recht anhand von Fallbeispielen, IStR 2011, 219; *Schönfeld,* EuGH entscheidet zu § 1 AStG und EU-Recht: Nachweis wirtschaftlicher Gründe für fremdübliche Konditionen möglich!, IStR 2018, 498; *Schwenke,* Unionsrechtliche Fragestellungen nach der EuGH-Entscheidung „Hornbach-Baumarkt AG", DB 2018, 2329; *Zech,* Verrechnungspreise und Funktionsverlagerungen, 2009.

1. Unionsrechtswidrigkeit des § 1 Abs. 1 AStG

a) Geltende Rechtslage

8.152 Werden Einkünfte eines Steuerpflichtigen aus einer Geschäftsbeziehung zum Ausland mit einer ihm nahe stehenden Person dadurch gemindert, dass er seiner Einkünfteermittlung andere Bedingungen, insbesondere Preise (Verrechnungspreise), zugrunde legt, als sie voneinander unabhängige Dritte unter gleichen oder vergleichbaren Verhältnissen vereinbart hätten (Fremdvergleichsgrundsatz), sind seine Einkünfte unbeschadet anderer Vorschriften so anzusetzen, wie sie unter den zwischen voneinander unabhängigen Dritten vereinbarten Bedingungen angefallen wären (§ 1 Abs. 1 Satz 1 AStG). Hintergrund des § 1 Abs. 1 AStG ist, dass in Konzernen die internen Beziehungen frei von Interessengegensätzen und Marktverhältnissen festgelegt werden können.[1] Ein Risiko für den deutschen Fiskus entsteht bei Geschäftsbeziehungen mit dem Ausland. Durch unangemessene Verrechnungspreise innerhalb des Konzerns kann Besteuerungssubstrat ins Ausland verlagert werden. Dem soll § 1 Abs. 1 AStG durch **Anwendung des Fremdvergleichsgrundsatzes** begegnen.

b) Unionsrechtliche Beurteilung

aa) Diskriminierungssachverhalte

8.153 Dass § 1 Abs. 1 AStG mit dem Unionsrecht in Konflikt geraten soll, überrascht zunächst, wenn man sich verdeutlicht, dass die Vorschrift eine besondere Ausprägung des Arm's-Lengths-Standards ist und von der Rechtsfolge her mit der vGA nach § 8 Abs. 3 Satz 2 KStG übereinstimmt.[2] Hinzu kommt, dass § 8 Abs. 3 Satz 2 KStG Vorrang gegenüber § 1 Abs. 1 AStG genießt.[3] Nicht unberücksichtigt bleiben darf indes, dass der **Anwendungsbereich** des § 1 Abs. 1 AStG weiter als der des § 8 Abs. 3 Satz 2 KStG ist und § 1 Abs. 1 AStG insoweit anwendbar bleibt, als keine vGA vorliegt.[4] § 8 Abs. 3 Satz 2 KStG ist nur auf Körperschaften i.S.d. § 1 KStG anwendbar, während § 1 AStG auch für natürliche Personen und Personengesellschaften gilt.[5] Die vGA setzt zudem das Gesellschaftsverhältnis zu einer Körperschaft voraus; § 1 Abs. 1 AStG ist hiervon unabhängig und ist auch bei einer tatsächlichen Beherrschung anwendbar.[6] Darüber hinaus erfahren auch Nutzungseinlagen zwischen inländischen Steuerpflichtigen – anders als über § 1 AStG – keine Korrektur.[7] Aber auch in der **Rechtsfolge** unterscheiden sich vGA und Verrechnungspreise. So ermöglicht § 1 Abs. 4 AStG die Schätzung einer angemessenen Kapitalverzinsung und einer Umsatzrendite. § 1 AStG führt ferner nicht zu einer Ausschüttung und damit auch nicht

---

1 *Pohl* in Blümich, § 1 AStG Rz. 4.
2 *Frotscher* in Frotscher/Drüen, Anhang zu § 8 Verdeckte Gewinnausschüttung, Rz. 29. – Insoweit ist es nicht ausreichend festzustellen, dass die Norm isoliert betrachtet allein auf Auslandssachverhalte anwendbar ist. So aber *Becker/Sydow,* IStR 2010, 195 (197).
3 S. nur *Klein/Müller/Döpper* in Mössner/Seeger³, § 8 KStG Rz. 271.
4 *Rengers* in Blümich, § 8 KStG Rz. 252; *Klein/Müller/Döpper* in Mössner/Seeger³, § 8 KStG Rz. 271.
5 *Klein/Müller/Döpper* in Mössner/Seeger³, § 8 KStG Rz. 271 f.
6 *Frotscher* in Frotscher/Drüen, Anhang zu § 8 Verdeckte Gewinnausschüttung, Rz. 31.
7 *Schönfeld* in Wassermeyer/Baumhoff, Verrechnungspreise international verbundener Unternehmen, Rz. 13.17.

zu Einkünften aus Kapitalvermögen bei den Gesellschaftern; Folge ist aber zugleich, dass das Halb- bzw. Teileinkünfteverfahren keine Anwendung findet.[1] Diese Weiterungen gegenüber der vGA führen zu einer spezifischen Benachteiligung von Geschäftsbeziehungen mit dem Ausland. Soweit § 1 Abs. 1 AStG transnationale Sachverhalte benachteiligt, begegnet die Vorschrift daher im Hinblick auf die Niederlassungsfreiheit nach Art. 49 AEUV unionsrechtlichen Bedenken.[2] Ausschließlich für Geschäftsbeziehungen ins Ausland führt das Gesetz zur **Möglichkeit einer Einkünftekorrektur**.

Weiteres unionsrechtliches Ungemach entsteht dadurch, dass gemäß § 1 Abs. 1 Satz 3 AStG für die Anwendung des Fremdvergleichsgrundsatzes davon auszugehen ist, dass die voneinander unabhängigen Dritten alle wesentlichen Umstände der Geschäftsbeziehung kennen und nach den Grundsätzen ordentlicher und gewissenhafter Geschäftsleiter handeln. Diese **Transparenzklausel** ist nicht nur naiv, da eine derartige Markttransparenz regelmäßig nicht besteht;[3] sie erweitert zudem die Korrekturmöglichkeiten bei Geschäftsbeziehungen zum Ausland und lässt Doppelbesteuerungen mit dem Ausland entstehen, da dieses eine entsprechende Transparenzklausel regelmäßig nicht kennt. Dies verstärkt die Ungleichbehandlungen zu innerstaatlichen Sachverhalten.[4]

8.154

Gleichwohl wird in der Literatur problematisiert, warum durch die Verrechnungspreise eine Diskriminierung vorliegen soll. Bezug genommen wird auf die Rechtsprechung des EuGH,[5] durch die den Mitgliedstaaten bei der Zuordnung der Besteuerungsgüter freie Hand gelassen wird.[6] Diese Rechtsprechung fußt indes darauf, dass die Mitgliedstaaten in Ermangelung unionsrechtlicher Vereinheitlichungs- oder Harmonisierungsmaßnahmen befugt bleiben, insbesondere zur Beseitigung der Doppelbesteuerung die Kriterien für die Aufteilung der Steuerhoheit vertraglich oder einseitig festzulegen.[7] Insoweit besteht eine Freiheit der Mitgliedstaaten zur Gestaltung ihrer steuerrechtlichen Regelungen, solange diese nicht zu Diskriminierungen führen.[8] Genau dies ist bei den Verrechnungspreisbestimmungen, die ausschließlich an grenzüberschreitende Sachverhaltsgestaltungen anknüpfen, aber der Fall.[9] Zutreffend ließ auch der EuGH das artverwandte Argument nicht gelten, eine inländische und eine ausländische Muttergesellschaft befänden sich schon nicht in einer vergleichbaren Situation, da im ersten Fall allein nur der inländische Fiskus auf die Erträge zugreife, während im zweiten Fall der inländischen Muttergesellschaft der Zugriff auf den ausländischen Ertrag des Tochterunternehmens versperrt sei. Der EuGH meint richtigerweise, dass es sich hierbei um einen Gesichtspunkt handelt, der im Rahmen der Rechtfertigung Bedeutung erlangen könne, während er für die Frage der Vergleichbarkeit der Sachverhalte irrelevant sei.[10]

8.155

bb) Rechtfertigung der Ungleichbehandlung

Der EuGH hat indes auf Vorlage des FG Rheinland-Pfalz[11] entschieden, dass eine Regelung wie § 1 Abs. 1 AStG dem Grunde nach **mit der Niederlassungsfreiheit des Art. 49 AEUV vereinbar** ist.[12] Der EuGH hat dies allerdings dahingehend eingeschränkt, dass das FG Rheinland-Pfalz zu prüfen haben

8.156

---

1 *Frotscher* in Frotscher/Drüen, Anhang zu § 8 Verdeckte Gewinnausschüttung, Rz. 31.
2 *Kofler* in Internationales Steuerrecht, DStJG 36 (2013), S. 297 (329).
3 *Schaumburg*, Internationales Steuerrecht[4], Rz. 21.163.
4 *Schaumburg*, Internationales Steuerrecht[4], Rz. 21.163.
5 EuGH v. 12.5.1998 – C-336/96 – Gilly, Slg. 1998, I-2793 Rz. 23 ff. = FR 1998, 847 m. Anm. *Dautzenberg*.
6 *Schön*, IStR 2011, 777 (779).
7 EuGH v. 8.12.2011 – C-157/10 – Banco Bilbao Vizcaya Argentaria, Slg. 2011, I-13023 Rz. 31.
8 EuGH v. 13.11.2012 – C-35/11 – Test Claimants in the FII-Group Litigation, ECLI:EU:C:2012:707 Rz. 35 = IStR 2012, 924 = ISR 2013, 18 m. Anm. *Henze*.
9 *Schön*, IStR 2011, 777 (779).
10 EuGH v. 31.5.2018 – C-382/16 – Hornbach-Baumarkt AG, ECLI:EU:C:2018:366 = IStR 2018, 461 Rz. 38 f.
11 FG Rheinland-Pfalz v. 28.6.2016 – 1 K 1472/13, DStRE 2017, 1222.
12 EuGH v. 31.5.2018 – C-382/16 – Hornbach-Baumarkt AG, ECLI:EU:C:2018:366 = IStR 2018, 461.Zur Frage, ob § 1 Abs. 1 AStG ggf. auch an der Kapitalverkehrsfreiheit zu messen ist: *Schönfeld*, IStR 2018,

wird, ob § 1 AStG dem gebietsansässigen Steuerpflichtigen die Möglichkeit des Nachweises einräumt, dass die Bedingungen aus wirtschaftlichen Gründen vereinbart wurden, die sich aus seiner Stellung als Gesellschafter der gebietsfremden Gesellschaft ergeben.

8.157 Zur Rechtfertigung zog der EuGH die ausgewogene **Aufteilung der Besteuerungsbefugnisse zwischen den Mitgliedstaaten** heran.[1] Nach ständiger Rechtsprechung könne die Notwendigkeit, eine ausgewogene Aufteilung der Besteuerungsbefugnis zwischen den Mitgliedstaaten zu wahren, eine Ungleichbehandlung dann rechtfertigen, wenn mit der untersuchten Regelung Verhaltensweisen verhindert werden sollten, die geeignet seien, das Recht eines Mitgliedstaats auf Ausübung seiner Besteuerungszuständigkeit für die in seinem Hoheitsgebiet durchgeführten Tätigkeiten zu gefährden.[2] Der Gerichtshof habe festgestellt, dass es zu einer Beeinträchtigung der ausgewogenen Aufteilung der Besteuerungsbefugnis zwischen den Mitgliedstaaten kommen könne, wenn den gebietsansässigen Gesellschaften eines Mitgliedstaats erlaubt würde, ihre Gewinne in Form von außergewöhnlichen oder unentgeltlichen Vorteilen auf mit ihnen verflochtene Gesellschaften, die in anderen Mitgliedstaaten niedergelassen seien, zu übertragen, und dass die Regelung eines Mitgliedstaats, die die Besteuerung solcher Vorteile bei der gebietsansässigen Gesellschaft vorsehe, die diese einer in einem anderen Mitgliedstaat niedergelassenen Gesellschaft gewährt habe, dem ersten Mitgliedstaat ermögliche, seine Steuerhoheit für die in seinem Hoheitsgebiet durchgeführten Tätigkeiten auszuüben. Zudem verfolge eine solche nationale Regelung berechtigte und mit dem Vertrag zu vereinbarende Ziele, die zwingenden Gründen des Allgemeininteresses entsprächen, und seien zur Erreichung dieser Ziele geeignet. Diesen Rechtfertigungsgrund bejaht der EuGH auch im Hinblick auf die Regelung des § 1 AStG.[3] Er sah die Regelung zur Erreichung dieses Ziels auch als geeignet an.[4]

8.158 Nicht abschließend beantworten konnte der EuGH die Frage der **Erforderlichkeit des § 1 Abs. 1 AStG**. Der Steuerpflichtige müsse nämlich Nachweise zu möglichen wirtschaftlichen Gründen führen können, um den Abschluss von Geschäften unter nicht fremdüblichen Bedingungen zu rechtfertigen.[5] Im vorliegenden Fall sei es Sache des vorlegenden Gerichts, zu überprüfen, ob der Hornbach-Baumarkt AG, *ohne sie übermäßigen Verwaltungszwängen zu unterwerfen*, die Möglichkeit eingeräumt worden sei, Beweise für etwaige wirtschaftliche Gründe für den Abschluss der im Ausgangsverfahren in Rede stehenden Geschäfte beizubringen, ohne dabei auszuschließen, dass wirtschaftliche Gründe, die sich aus ihrer Stellung als Gesellschafterin der gebietsfremden Gesellschaft ergeben, berücksichtigt werden könnten.[6] Soweit die Norm dies ermögliche, sah der EuGH keinen Verstoß gegen die Niederlassungsfreiheit.[7]

8.159 So einfach sich die Lösung des EuGH auf der einen Seite anhört, so problematisch ist, ob hierdurch nun die Unionsrechtskonformität des geltenden § 1 Abs. 1 AStG geklärt ist.[8] So wird vertreten, dass der Motivtest bei einfachgesetzlicher Auslegung nicht in die Norm hineingelesen werden könne;[9] wäre dies zutreffend, wäre § 1 Abs. 1 AStG nicht erforderlich und damit unionsrechtswidrig. Es würde

---

498 (499 f.). Eine Erweiterung der Rechtsprechung auf Drittstaatensachverhalte erwägt auch *Glahe*, DStR 2018, 1535 (1538).
1 EuGH v. 31.5.2018 – C-382/16 – Hornbach-Baumarkt AG, ECLI:EU:C:2018:366 = IStR 2018, 461 Rz. 41 ff.
2 EuGH v. 29.3.2007 – C-347/04 – Rewe Zentralfinanz, Slg. 2007, I-2647 Rz. 42, v. 18.7.2007 – C-231/05 – Oy AA, Slg. 2007, I-6373, Rz. 54; v. 21.2.2013 – C-123/11 – A, DStR 2013, 1392 Rz. 41; v. 21.12.2016 – C-593/14 – Masco Denmark und Damixa, IStR 2017, 113 Rz. 35.
3 EuGH v. 31.5.2018 – C-382/16 – Hornbach-Baumarkt AG, ECLI:EU:C:2018:366 = IStR 2018, 461 Rz. 45 f.
4 EuGH v. 31.5.2018 – C-382/16 – Hornbach-Baumarkt AG, ECLI:EU:C:2018:366 = IStR 2018, 461 Rz. 47.
5 EuGH v. 31.5.2018 – C-382/16 – Hornbach-Baumarkt AG, ECLI:EU:C:2018:366 = IStR 2018, 461 Rz. 51.
6 EuGH v. 31.5.2018 – C-382/16 – Hornbach-Baumarkt AG, ECLI:EU:C:2018:366 = IStR 2018, 461 Rz. 57.
7 EuGH v. 31.5.2018 – C-382/16 – Hornbach-Baumarkt AG, ECLI:EU:C:2018:366 = IStR 2018, 461 Rz. 58.
8 Probleme mit der zusammengefassten Prüfung von Rechtfertigungsgründen siehe *Schwenke*, DB 2018, 2329.
9 *Graw*, DB 2018, 2655 (2658); *Uterhark/Nagler*, IStR 2018, 467.

sich dann die Frage stellen,[1] ob in die Norm „**geltungserhaltend**" ein Motivtest hineininterpretiert werden könnte, wie der BFH dies beispielsweise auch bei § 20 Abs. 2 AStG getan hat.[2] Dogmatisch zutreffend erscheint dies nicht, weil bei einfachgesetzlicher Normauslegung ein Motivtest gerade nicht Bestandteil der Norm ist und der Anwendungsvorrang dann nur negativ in der Weise wirken kann, dass § 1 Abs. 1 AStG insgesamt keine Anwendung findet. Ferner stellt sich die Frage, was unter den **wirtschaftlichen Gründen** zu verstehen ist.[3] Versteht man darunter tatsächlich nur eine Abgrenzung zu den rein künstlichen Gestaltungen,[4] dann ist das unionsrechtliche Fenster identisch zur Prüfung des Gestaltungsmissbrauchs. Das überrascht, denn die Frage eines Gestaltungsmissbrauchs und der angemessenen Aufteilung der Besteuerungsbefugnisse zwischen den Mitgliedstaaten stellen nicht nur zwei unterschiedliche Rechtfertigungsgründe dar; ihnen liegen auch unterschiedliche Erwägungen zugrunde. Gleichwohl sprechen die Ausführungen des EuGH dafür, dass auch bei der angemessenen Aufteilung der Besteuerungsbefugnisse künstliche Gestaltungen ausgeschlossen werden sollen.[5] Andererseits versteht der Tenor der Entscheidung unter den wirtschaftlichen Erwägungen offenbar Gründe, die aus der Gesellschafterstellung rühren.[6] Darüber hinaus führt der EuGH aus, wirtschaftliche Gründe könnten die Überlassung von Kapital durch die Muttergesellschaft unter nicht fremdüblichen Bedingungen rechtfertigen.[7] Der EuGH eröffnet im Ergebnis die Möglichkeit, die Konzernzugehörigkeit und die wirtschaftliche Verflechtung als Argument gegen die Verrechnungspreiskorrekturen heranzuziehen.[8] Dies ist sicherlich ein erheblicher Gegensatz zu dem Grundgedanken des § 1 Abs. 1 AStG, der gerade deshalb einen Korrekturmechanismus etabliert, weil der Gesetzgeber die grundsätzliche Gefahr gesehen hat, dass es aufgrund der Konzernzugehörigkeit zu Vereinbarungen kommt, die dem Fremdvergleich gerade nicht standhalten, sondern allein durch die Konzernzugehörigkeit begründet sind. Der EuGH justiert damit den Fremdvergleichsgrundsatz für den Bereich des § 1 Abs. 1 AStG grundlegend neu und nimmt hierdurch im Ergebnis eine Gewinnverlagerung zwischen den Mitgliedstaaten in Kauf.[9] Wenn nur noch rein künstliche Gestaltungen auszuscheiden sein sollten, wäre die verbleibende Korrekturmöglichkeit sehr gering.[10] Auf der anderen Seite zu eng ist es, wenn das BMF unter den wirtschaftlichen Gründen nur Sanierungsgestaltungen verstehen will.[11]

Die Unklarheiten werden gespeist aus einem grundsätzlich unterschiedlichen Verständnis der wirtschaftlichen Gründe im innerstaatlichen Recht und durch den EuGH.[12] Während das deutsche Recht allein auf den Fremdvergleich zu Dritten abstellt, bezieht der EuGH auch die Geschäftsbeziehung zu dem Unternehmen in dem anderen Mitgliedstaat ein und meint, auch in diesem Verhältnis könne es noch beachtliche wirtschaftliche Gründe geben. Hierdurch ergeben sich automatisch erhebliche Beschneidungen zu dem bisherigen Verständnis des § 1 AStG. Denn: Die ausgewogene Aufteilung der Besteuerungsbefugnisse muss zurücktreten, wenn der Steuerpflichtige ein wirtschaftliches Motiv für die

8.160

---

1 Dies auch in Erwägung ziehend *Glahe*, DStR 2018, 1535 (1537); *Mitschke*, IStR 2018, 470 f.; *Schönfeld*, IStR 2018, 498 (499); *Schnitger*, IStR 2018, 469 (470); *Uterhark/Nagler*, IStR 2018, 467.
2 Dazu BFH v. 21.10.2009 – I R 114/08, BStBl II 2010, 774; s. auch *Gebhardt/Quilitzsch*, IWB 2010, 473 (474); *Meretzki* in Wassermeyer/Richter/Schnittker, Personengesellschaften im Internationalen Steuerrecht², Rz. 15.90.
3 Unklarheiten sieht auch *Schnitger*, IStR 2018, 469 (470); hierzu auch *Schönfeld*, IStR 2018, 498 (500).
4 *Uterhark/Nagler*, IStR 2018, 467.
5 EuGH v. 31.5.2018 – C-382/16 – Hornbach-Baumarkt AG, ECLI:EU:C:2018:366 = IStR 2018, 461 Rz. 49. Eine Verbindung zwischen beiden Rechtfertigungsgründen sehend auch *Cloer/Hagemans*, DStR 2018, 1226.
6 Darauf hinweisend auch *Mitschke*, IStR 2018, 470.
7 EuGH v. 31.5.2018 – C-382/16 – Hornbach-Baumarkt AG, ECLI:EU:C:2018:366 = IStR 2018, 461 Rz. 54.
8 *Schönfeld*, IStR 2018, 498 (500).
9 *Glahe*, DStR 2018, 1535 (1537).
10 So auch *Glahe*, DStR 2018, 1535 (1538).
11 BMF v. 6.12.2018, BStBl. I 2018, 1305; hierzu *Heidecke/Machalitza/Passas*, Ubg 2019, 141; *Kahlenberg*, IStR 2019, 335; krit. *Ditz/Quilitzsch*, DB 2019, 456; *Kunert/Eberhardt*, StuB 2019, 190.
12 Diese Diskrepanz hervorhebend auch *Cloer/Hagemans*, DStR 2018, 1226.

Verminderung seiner Besteuerungsgrundlage in diesem Staat hat.[1] Dies war gerade nicht das bisherige Verständnis zu § 1 AStG. Alles in allem wird man konstatieren dürfen, dass durch die EuGH-Entscheidung die Rechtslage nicht geklärt worden ist; sowohl das FG Rheinland-Pfalz als auch der BFH in dem Revisionsverfahren I R 14/16[2] werden sich mit diesen offenen Fragen beschäftigen und ggf. dem EuGH nochmals vorlegen müssen.

2. Funktionsverlagerung

a) Geltende Gesetzeslage

8.161 Die Regelungen zur Funktionsverlagerung finden sich an recht versteckter Stelle des Außensteuergesetzes. Wird eine Funktion einschließlich der dazugehörigen Chancen und Risiken und der mit übertragenen oder überlassenen Wirtschaftsgüter und sonstigen Vorteile verlagert (Funktionsverlagerung) und ist auf die Funktion § 1 Abs. 3 Satz 5 AStG anzuwenden, weil für das Transferpaket als Ganzes keine zumindest eingeschränkt vergleichbaren Verkehrswerte vorliegen, hat der Steuerpflichtige den Einigungsbereich auf der Grundlage des Transferpakets unter Berücksichtigung funktions- und risikoadäquater Kapitalisierungsgrundsätze zu bestimmen (§ 1 Abs. 3 Satz 9 AStG). In den Fällen des § 1 Abs. 3 Satz 9 AStG ist die Bestimmung von Einzelverrechnungspreisen für alle betroffenen Wirtschaftsgüter und Dienstleistungen nach Vornahme sachgerechter Anpassungen anzuerkennen, wenn der Steuerpflichtige glaubhaft macht, dass keine wesentlichen immateriellen Wirtschaftsgüter und Vorteile Gegenstand der Funktionsverlagerung waren, oder dass die Summe der angesetzten Einzelverrechnungspreise, gemessen an der Bewertung des Transferpakets als Ganzes, dem Fremdvergleichsgrundsatz entspricht. Macht der Steuerpflichtige glaubhaft, dass zumindest ein wesentliches immaterielles Wirtschaftsgut Gegenstand der Funktionsverlagerung ist, und bezeichnet er es genau, sind Einzelverrechnungspreise für die Bestandteile des Transferpakets anzuerkennen (§ 1 Abs. 3 Satz 10 AStG).

8.162 Diese Regelungen tragen dem Umstand Rechnung, dass innerhalb von Konzernen nicht selten größere betriebliche Einheiten oder Tätigkeitsbereiche von einem Teilunternehmen auf ein anderes übertragen werden. Zwar mögen die als solche greifbaren Übertragungen der Beurteilung durch den Fremdvergleich unterliegen; Probleme bereitet es jedoch, dass bei der Übertragung ganzer betrieblicher Einheiten auch geschäftswertbildende Faktoren übergehen, die einer Einzelbewertung nicht zugänglich sind. Um insoweit **Vollzugsdefizite zu beseitigen**, verlangt § 1 Abs. 3 Satz 9 AStG die **Gesamtbewertung einer übertragenen Funktion**.[3]

b) Unionsrechtliche Beurteilung

aa) Ungleichbehandlung zu Lasten transnationaler Sachverhalte

8.163 Bei isolierter Betrachtung des § 1 Abs. 3 Satz 9 AStG ist nicht unmittelbar erkennbar, wie die Regelung mit dem Unionsrecht in Konflikt geraten soll. Denn anwendbar ist sie zunächst einmal auf Funktionsverlagerungen, ohne dass vom Wortlaut her erkennbar wird, dass zwischen Inlandssachverhalten und grenzüberschreitenden Sachverhalten differenziert würde. Deutlich wird die unionsrechtliche Problematik erst durch eine systematische Betrachtung. § 1 Abs. 3 Satz 9 AStG ist eine besondere Vorschrift zur Bestimmung von Verrechnungspreisen und gilt gem. § 1 Abs. 3 Satz 1 AStG für Geschäftsbeziehungen i.S.d. § 1 Abs. 1 Satz 1 AStG. Eine Geschäftsbeziehung i.S. dieser Vorschrift ist indes allein eine **Geschäftsbeziehung zum Ausland**.

---

[1] *Cloer/Hagmans*, DStR 2018, 1226 (1227).
[2] Aufgrund des Urteils des FG Sachsen v. 26.1.2016 – 3 K 653/11, DStRE 2017, 799.
[3] *Pohl* in Blümich, § 1 AStG Rz. 130 f.

Gleichwohl wird eine unionsrechtlich relevante Diskriminierung durch § 1 Abs. 3 Satz 9 AStG in der Literatur vereinzelt abgelehnt.[1] Insbesondere *Jahndorf* verneint zum einen die Anwendbarkeit der Rechtsprechung des EuGH zur Wegzugsbesteuerung. § 1 Abs. 3 Satz 9 AStG stelle **keinen Ersatzrealisationstatbestand** dar, der (spezifisch) für den Fall eines Wegzugs die stillen Reserven besteuere. Vielmehr stelle der Leistungsaustausch zwischen verbundenen Unternehmen ein typisches gewinnrealisierendes Umsatzgeschäft dar. Dass ein Leistungsaustausch zwischen verbundenen Unternehmen im Wege der laufenden Besteuerung eines gewinnrealisierenden Umsatzakts Gegenstand der Besteuerung sein könne, könne dem Grunde nach keinen rechtlichen Zweifeln unterliegen.[2] Es erfolge auch **keine Diskriminierung grenzüberschreitender Sachverhalte**. Im Regelfall würden nämlich auch inländische Funktionsverlagerungen besteuert.[3]

8.164

Sicherlich ist es nicht ausreichend, isoliert auf § 1 Abs. 3 AStG abzustellen, der eine steuerliche Belastung nur bei Geschäftsbeziehungen mit dem Ausland vorsieht.[4] Zu berücksichtigen ist vielmehr, ob auf Grund anderer Regelungen für inländische Fälle eine vergleichbare Belastung hergestellt wird. Dies ist nicht der Fall; insbesondere ist *Zech*[5] zuzustimmen, dass beispielsweise die Nutzungseinlage in transnationalen Sachverhalten am Fremdvergleichsgrundsatz gemessen wird, während dies in nationalen Sachverhalten nicht der Fall ist. Nach der ständigen Rechtsprechung des BFH liegt in den Fällen der Nutzungsüberlassung nämlich kein einlagefähiges Wirtschaftsgut vor.[6] Ebenso können sich Unterschiede bei der Bewertung ergeben.[7] Ferner ergeben sich Unterschiede auf Bewertungsebene. Der Gesetzgeber hat in den Fällen der Funktionsverlagerung nämlich den Grundsatz der Einzelbewertung durch die Bewertung eines Transferpakets ersetzt. Dieser führt dazu, dass bei der grenzüberschreitenden Veräußerung eines Betriebs oder Teilbetriebs ein Mehrwert (good will) anzusetzen ist, der im Inland nicht zu versteuern wäre.[8]

8.165

bb) Rechtfertigung

Zwar mögen auch § 1 Abs. 3 Sätze 9 und 10 AStG die sachgerechte Aufteilung der Besteuerungsbefugnisse zwischen den Mitgliedstaaten bezwecken.[9] Jedoch sind die Regelungen zur Funktionsverlagerung mangels Erforderlichkeit nicht verhältnismäßig. Sie erfassen Fälle, die im Inland nicht der Besteuerung unterliegen würden. Wenn beispielsweise eine Nutzungseinlage im Inland nicht der Besteuerung unterläge, stellt sich die Frage, welches Besteuerungssubstrat dadurch gesichert werden soll, wenn eine grenzüberschreitende Nutzungseinlage besteuert wird. Ferner stellt sich die Frage, warum ein good will besteuert werden soll, wenn es allein um die sachgerechte Aufteilung der Besteuerungsbefugnisse gehen soll. Dieser hat sich noch nicht in einem Gewinn des Unternehmens realisiert, es handelt sich noch nicht einmal um stille Reserven, die auf den Zeitpunkt der Funktionsverlagerung sicher festgestellt werden können. Vielmehr geht es um *erwartete* Gewinne,[10] bei denen sich schon die Frage stellt, ob es überhaupt sachgerecht ist, dass Deutschland hierfür ein Besteuerungsrecht beanspruchen will. Darüber hinaus gewährt § 1 Abs. 3 Satz 9 ff. AStG dem Steuerpflichtigen keinen Gegenbeweis, dass er wirtschaftli-

8.166

---

1 *Jahndorf*, FR 2008, 101 (109 f.).
2 *Jahndorf*, FR 2008, 101 (109).
3 *Jahndorf*, FR 2008, 101 (110).
4 Anders *Wassermeyer* in F/W/B/S, § 1 AStG Rz. V 106.
5 *Baumhoff/Ditz/Greinert*, DStR 2008, 1945 (1952); *Baumhoff/Puls*, IStR 2009, 73 (79 f.); Schaumburg, Internationales Steuerrecht⁴, Rz. 21.198.
6 *Baumhoff/Ditz/Greinert*, DStR 2008, 1945 (1952); *Baumhoff/Puls*, IStR 2009, 73 (79 f.); Schaumburg, Internationales Steuerrecht⁴, Rz. 21.199.
7 *Baumhoff/Ditz/Greinert*, DStR 2008, 1945 (1952); *Baumhoff/Puls*, IStR 2009, 73 (79 f.); Schaumburg, Internationales Steuerrecht⁴, Rz. 21.200.
8 *Baumhoff/Ditz/Greinert*, DStR 2008, 1945 (1952); *Baumhoff/Puls*, IStR 2009, 73 (79 f.); Schaumburg, Internationales Steuerrecht⁴, Rz. 21.198.
9 *Becker/Sydow*, IStR 2010, 195 (198).
10 *Baumhoff/Ditz/Greinert*, DStR 2008, 1945 (1952).

che Gründe für die Funktionsverlagerung hatte. Selbst wenn man § 1 Abs. 3 Satz 9 ff. AStG daher die grundsätzliche Eignung zusprechen würde, eine Missbrauchsvermeidungsbestimmung zu sein, wäre sie hierfür nicht erforderlich.[1]

8.167 Angesichts dessen ist *Zech* nicht darin zuzustimmen, dass es sich um eine **derivative Unionsrechtswidrigkeit** handelt.[2] Die vorstehende Beurteilung beruht nämlich auf spezifischen Punkten, die allein die Regelungen zur Funktionsverlagerung betreffen und eigene unionsrechtliche Fragestellungen aufgeworfen haben, die bei der Beurteilung des § 1 Abs. 1 AStG keine Rolle gespielt haben.

VIII. Hinzurechnungsbesteuerung

Literatur: *Intemann*, Hinzurechnungsbesteuerung ist europarechtskonform auszulegen, NWB 2011, 39; *Kraft/Quilitzsch*, Verbleibende unionsrechtliche Schwachstellen der Hinzurechnungsbesteuerung nach den legislativen Rettungsbemühungen in § 8 Abs. 2 AStG, EWS 2012, 130; *Richter/Heyd*, Perspektiven der Hinzurechnungsbesteuerung für ausländische Betriebsstätten und europäische Harmonisierungsbestrebungen, BFuP 2011, 524; *Rödder/Liekenbrock*, Verstößt die gewerbesteuerliche Belastung des Hinzurechnungsbetrags i.S.d. § 10 AStG gegen Europarecht?, Ubg 2013, 23; *Schönfeld*, Die Anwendung der Hinzurechnungsbesteuerung im Verhältnis zur Schweiz, Zugleich Anmerkung zu FG Baden-Württemberg v. 12.8.2015 – 3 V 4193/13, EFG 2016, 17 = BeckRS 2015, 95754, IStR 2016, 416; *Vogel/Cortez*, Das Außensteuergesetz im Konflikt mit dem Europarecht, RIW 2011, 532.

1. Regelungsgehalt

8.168 Die Regelungen zur Hinzurechnungsbesteuerung (§§ 7 bis 14 AStG) beseitigen die steuerlichen Vorteile, die unbeschränkt Steuerpflichtige durch die Einschaltung ausländischer Basisgesellschaften erzielen können. Sie stellen **besondere Missbrauchsvorschriften zur Vermeidung der Steuerflucht** dar.[3] Sind unbeschränkt Steuerpflichtige an einer Körperschaft, Personenvereinigung oder Vermögensmasse i.S.d. Körperschaftsteuergesetzes, die weder Geschäftsleitung noch Sitz im Geltungsbereich dieses Gesetzes hat und die nicht gem. § 3 Abs. 1 KStG von der Körperschaftsteuerpflicht ausgenommen ist (ausländische Gesellschaft), zu mehr als der Hälfte beteiligt, so sind die Einkünfte, für die diese Gesellschaft Zwischengesellschaft ist, bei jedem von ihnen mit dem Teil steuerpflichtig, der auf die ihm zuzurechnende Beteiligung am Nennkapital der Gesellschaft entfällt (§ 7 Abs. 1 AStG). Eine Zwischengesellschaft liegt kurz gefasst vor, wenn diese einer niedrigen Besteuerung i.S.d. § 8 Abs. 3 AStG unterliegt und passive Einkünfte erzielt; i.S. eines Negativkatalogs führt § 8 Abs. 1 AStG die aktiven Tätigkeiten auf, die eine Zwischengesellschaft ausschließen. Im Falle passiver Einkünfte geht der Gesetzgeber typisierend von **Basisgesellschaften** aus, deren Abschirmwirkung von der deutschen Besteuerung er nicht hinnehmen will.[4] Ungeachtet des § 8 Abs. 1 AStG ist eine Gesellschaft, die ihren Sitz oder ihre Geschäftsleitung in einem EU-Mitgliedstaat oder einem Vertragsstaat des EWR-Abkommens hat, nicht Zwischengesellschaft für Einkünfte, für die unbeschränkt Steuerpflichtige, die i.S.d. § 7 Abs. 2 AStG an der Gesellschaft beteiligt sind, nachweisen, dass die Gesellschaft insoweit einer tatsächlichen wirtschaftlichen Tätigkeit in diesem Staat nachgeht (§ 8 Abs. 2 Satz 1 AStG). Letztere Regelung hat der Gesetzgeber durch das JStG 2008[5] eingefügt; sie ist erstmals anzuwenden für den Veranlagungszeitraum bzw. den Erhebungszeitraum, für den Zwischeneinkünfte hinzuzurechnen sind, die in einem Wirtschaftsjahr der Zwischengesellschaft oder der Betriebsstätte entstanden sind, das nach dem 31.12.2007 beginnt (§ 21 Abs. 17 Satz 1 AStG).

---

1 So auch *Schönfeld*, IStR 2018, 498 (500 f.).
2 *Zech*, Verrechnungspreise und Funktionsverlagerungen, 2009, S. 402 ff.
3 BFH v. 21.10.2009 – I R 114/08, BStBl. II 2010, 774 = FR 2010, 393 m. Anm. *Buciek*; *Vogt* in Blümich, Vor §§ 7–14 AStG Rz. 1.
4 *Vogt* in Blümich, Vor §§ 7–14 AStG Rz. 1.
5 V. 20.12.2007, BGBl. I 2007, 3150.

Fallen zudem **Einkünfte in der ausländischen Betriebsstätte** eines unbeschränkt Steuerpflichtigen an und wären sie ungeachtet des § 8 Abs. 2 AStG als Zwischeneinkünfte steuerpflichtig, falls diese Betriebsstätte eine ausländische Gesellschaft wäre, ist insoweit die Doppelbesteuerung nicht durch Freistellung, sondern durch Anrechnung der auf diese Einkünfte erhobenen ausländischen Steuern zu vermeiden (§ 20 Abs. 2 Satz 1 AStG: switch over). Diese Vorschrift reagiert auf den Umstand, dass Gestaltungen ähnlich wie bei den Basisgesellschaften auch durch ausländische Betriebsstätten möglich sind, soweit nach dem Doppelbesteuerungsabkommen die Einkünfte der Betriebsstätte zugerechnet werden können und in dem Staat der unbeschränkt steuerpflichtigen Person die Freistellungsmethode Anwendung findet. § 20 Abs. 2 Satz 1 AStG stellt in diesen Fällen ein **Treaty Override** dar, soweit Deutschland in den DBA nicht bereits mit den Vertragsstaaten ein Switch-Over vereinbart hat.[1] Unabhängig davon, dass das BVerfG ohnehin davon ausgeht, dass Treaty Overrides keine verfassungsrechtliche Bedeutung haben,[2] dürfte § 20 Abs. 2 Satz 1 AStG jedenfalls deshalb verfassungsrechtlich gerechtfertigt sein, weil es um die Abwehr eines Treaty Shopping und damit einer als gestaltungsmissbräuchlich einzustufenden Gestaltung geht.[3] Denn in diesem Fall entspricht der Gesetzgeber lediglich dem Sinn und Zweck der konkreten Abkommensregelung, weil ein Missbrauch nur vorliegen kann, wenn der Normadressat einen Sachverhalt so gestaltet, dass eine für ihn ungünstige Rechtsfolge entgegen dem Zweck des Abkommens nicht eintritt oder er gegen den Zweck des Abkommens eine für ihn günstige Rechtsfolge erwirkt.[4]

8.169

2. Europarechtliche Beurteilung

a) Beurteilung durch EuGH und BFH

Für die **Rechtslage vor dem Inkrafttreten des § 8 Abs. 2 AStG** hatten sich EuGH und BFH bereits mit der Unionsrechtskonformität der deutschen Hinzurechnungsbesteuerung zu befassen.

8.170

Der EuGH vertrat in dem Verfahren *Columbus Container Services* die Auffassung, dass der Umstand, dass die Anwendung der Anrechnungsmethode durch § 20 Abs. 2 AStG a.F. die Ausübung der Tätigkeit des inländischen Unternehmens kostspieliger und damit weniger attraktiv machen sollte, nicht zwangsläufig bedeute, dass die Bestimmung zu einer Beschränkung der Niederlassungsfreiheit führe.[5] Durch die Regelung finde lediglich der Steuersatz Anwendung, der auch für vergleichbare inländische Gesellschaften anzuwenden sei (seinerzeit 30 %).[6] Die negativen Wirkungen ergäben sich erst durch das Zusammenwirken zweier Rechtsordnungen. Das Unionsrecht schreibe bei seinem derzeitigen Integrationsstand aber keine allgemeinen Kriterien vor, wie die Mitgliedstaaten jeweils ihre Kompetenzen ausüben. Ob nun einer der Mitgliedstaaten durch den Erlass einer steuerrechtlichen Norm gegen das Völkervertragsrecht verstoßen habe, dürfe der EuGH nicht überprüfen.[7]

8.171

Gleichwohl ging der BFH[8] in dem Schlussurteil zu dem Verfahren Columbus Container Services von einer **Unionsrechtswidrigkeit der Hinzurechnungsbesteuerung** aus, weil unbeschränkt Steuerpflichtigen im Wege einer typisierten Missbrauchsabwehr die Anwendung der Freistellungsmethode versagt blieb.[9] Seine Begründung fußt auf dem Argument, der EuGH habe die unionsrechtliche Problematik

8.172

---

1 *Vogt* in Blümich, § 20 AStG Rz. 25.
2 BVerfG v. 15.12.2015 – 2 BvL 1/12, BVerfGE 141, 1.
3 *Oellerich*, IWB 2013, 33 (40); *Oellerich* in Gosch, § 2 AO Rz. 91.
4 *Oellerich* in Gosch, § 2 AO Rz. 91.
5 EuGH v. 6.12.2007 – C-298/05 – Columbus Container Services, Slg. 2007, I-10451 Rz. 38.
6 EuGH v. 6.12.2007 – C-298/05 – Columbus Container Services, Slg. 2007, I-10451 Rz. 39.
7 EuGH v. 6.12.2007 – C-298/05 – Columbus Container Services, Slg. 2007, I-10451 Rz. 43 bis 47.
8 BFH v. 21.10.2009 – I R 114/08, BStBl. II 2010, 774 = FR 2010, 393 m. Anm. *Buciek*.
9 So auch bereits *Hammerschmitt/Rehfeld*, IWB, Fach 3, Gruppe 1, 2293 (2303); *Haun/Käshammer/Reiser*, GmbHR 2007, 184 (188); *Kaminski/Strunk/Haase*, IStR 2007, 726; *Köhler/Eicker*, DStR 2007, 331 (334); *Köhler/Haun*, UbG 2008, 73 (86); *Lieber*, IStR 2009, 35; *Rainer/Müller*, IStR 2007, 151; *Rehfeld*, Die Ver-

nicht in Gänze ausgeschöpft; der BFH ging zutreffend davon aus, dass die gesetzliche Missbrauchstypisierung, die der Hinzurechnungsbesteuerung zugrunde liegt, dem Unionsrecht nicht entspricht. Er monierte die – vor der Einführung des § 8 Abs. 2 AStG – **unwiderlegbare Typisierung eines Missbrauchs**. Die Rechtsprechung des EuGH lässt eine unwiderlegbare Missbrauchstypisierung indes nicht zu. Sichergestellt werden muss, dass nur rein künstliche Gestaltungen, die dazu bestimmt sind, der normalerweise geschuldeten nationalen Steuer zu entgehen, unter die Missbrauchsregelung fallen. Der EuGH fordert, dass von der Anwendung einer Missbrauchsregelung abgesehen wird, wenn es sich auf der Grundlage objektiver und von dritter Seite nachprüfbarer Anhaltspunkte erweist, dass die genannte beherrschte ausländische Gesellschaft ungeachtet des Vorhandenseins von Motiven steuerlicher Art tatsächlich im Aufnahmemitgliedstaat angesiedelt ist und dort wirklichen wirtschaftlichen Tätigkeiten nachgeht.[1] Gleichwohl ließ er die Regelungen zur Hinzurechnungsbesteuerung, wie dies an sich den Grundsätzen zum Anwendungsvorrang entsprochen hätte, nicht schlicht unangewendet; vielmehr sah der BFH die **Möglichkeit einer unionsrechtskonformen Auslegung**.[2] Nach seiner Auffassung war nicht schlicht von der Anwendung der Hinzurechnungsbesteuerung abzusehen; die unionsrechtlichen Anforderungen seien in die betroffenen Normen hineinzulesen.[3] Im Einklang mit den regelungsimmanenten Wertungen seien die deutschen Regelungen zur Hinzurechnungsbesteuerung dahingehend zu interpretieren, dass dem Steuerpflichtigen der unionsrechtlich gebotene „Motivtest" über seine tatsächlichen wirtschaftlichen Tätigkeiten im Einzelfall zu gewähren sei.[4]

8.173 Hierfür beruft sich der BFH auf seine frühere Rechtsprechung, in der er ebenfalls unionsrechtliche Anforderungen über den Wortlaut hinaus in eine Norm hineingelesen hat.[5] Zu überzeugen vermag diese Rechtsprechung nicht. Eine unionsrechtskonforme Auslegung ist nicht möglich, weil der BFH vom Anwendungsvorrang des Unionsrechts ausgeht. Der Anwendungsvorrang greift jedoch erst im Fall einer Normenkollision, also des Widerspruchs einer mitgliedstaatlichen und einer unionsrechtlichen Norm. Wäre aber eine unionsrechtskonforme Auslegung möglich gewesen, läge bereits keine Normenkollision vor. Eine unionsrechtskonforme Auslegung verlangt – wie die verfassungskonforme Auslegung – gerade, dass eine nationale Norm verschiedene Auslegungsmöglichkeiten zulässt, von denen aber nur eine (oder mehrere) den unionsrechtlichen Maßgaben entspricht; es liegt dann kein Widerspruch zum Unionsrecht mehr vor. Genau diese Möglichkeit einer unionsrechtlich unbedenklichen Auslegungsmöglichkeit hat der BFH der Hinzurechnungsbesteuerung aber abgesprochen, weil er sie zutreffend als eine unwiderlegbare Missbrauchstypisierung auffasste.

8.174 Hinzu kommt, dass unionsrechtliche Anforderungen nicht in die deutsche Norm hineingelesen werden können. Sind eine nationale und eine unionsrechtliche Norm miteinander unvereinbar, führt dies zugunsten des Unionsrechts nach den Grundsätzen des Anwendungsvorrangs zur Unanwendbarkeit der deutschen Rechtsnorm.[6] Eine den unionsrechtlichen Maßgaben entsprechende Bestimmung zu erlassen, ist allein Aufgabe des deutschen Gesetzgebers.

---

einbarkeit des Außensteuergesetzes mit den Grundfreiheiten des EG-Vertrags, S. 465 ff.; *Thömmes*, IWB, Fach 11A, 1169 (1171); *Wassermeyer/Schönfeld* in F/W/B/S, § 20 AStG Rz. 151.5 ff.
1 EuGH v. 12.9.2006 – C-196/04 – Cadbury Schweppes, Slg. 2006, I-7995 = GmbHR 2006, 1049 m. Anm. *Kleinert* = FR 2006, 987 m. Anm. *Lieber*.
2 *Gosch*, HaufeIndex 2282870.
3 *Gosch*, HaufeIndex 2282870.
4 BFH v. 21.10.2009 – I R 114/08, BStBl. II 2010, 774 = FR 2010, 393 m. Anm. *Buciek*.
5 BFH v. 25.8.2009 – I R 88, 89/07, BFHE 226, 296.
6 Zum Anwendungsvorrang und seinen Ausnahmen *Oellerich*, Defizitärer Vollzug des Umsatzsteuerrechts, S. 91 ff.

b) Unionsrechtliche Beurteilung der aktuellen Rechtslage
aa) Beseitigung unionsrechtlicher Bedenken durch Einführung eines Motivtests

Die Beurteilung durch EuGH und BFH betraf allein die Rechtslage vor Inkrafttreten des § 8 Abs. 2 AStG. Durch das JStG 2008 v. 20.12.2007[1] hat der Gesetzgeber **§ 8 Abs. 2 AStG** eingefügt. Hiernach ist eine Gesellschaft, die ihren Sitz oder ihre Geschäftsleitung in einem EU-Mitgliedstaat oder einem EWR-Staat hat, nicht Zwischengesellschaft für Einkünfte, für die unbeschränkt Steuerpflichtige, die i.S.d. § 7 Abs. 2 AStG an der Gesellschaft beteiligt sind, nachweisen, dass die Gesellschaft insoweit einer tatsächlichen wirtschaftlichen Tätigkeit in diesem Staat nachgeht (§ 8 Abs. 2 Satz 1 AStG). Weitere Voraussetzung ist gemäß § 8 Abs. 2 Satz 2 AStG, dass zwischen der Bundesrepublik Deutschland und diesem Staat auf Grund der Amtshilferichtlinie gemäß § 2 Absatz 2 des EU-Amtshilfegesetzes oder einer vergleichbaren zwei- oder mehrseitigen Vereinbarung, Auskünfte erteilt werden, die erforderlich sind, um die Besteuerung durchzuführen. Mit dieser Regelung hat der Gesetzgeber die zuvor bereits von der Verwaltung vorgesehenen Verwaltungsgrundsätze gesetzlich geregelt.[2] Indem der Gesetzgeber einen sog. **Motivtest** eingeführt und damit die Möglichkeit des Gegenbeweises eingeräumt hat, haben sich die unionsrechtlichen Zweifel an der bisherigen Rechtslage *insoweit* erledigt.[3]

8.175

Dies bedeutet allerdings nicht, dass sich hierdurch unionsrechtliche Bedenken in Gänze erledigt hätten. Der Tatbestand des § 8 Abs. 2 AStG ermöglicht einen Motivtest nur bei solchen Gesellschaften, die in einem EU-Mitgliedstaat oder einem EWR-Staat ansässig sind. Eine solche Lösung ist nur dann ausreichend, wenn der Ansatz des EuGH, die Hinzurechnungsbesteuerung am Maßstab der Niederlassungsfreiheit zu messen, erschöpfend gewesen wäre. Genau insoweit werden jedoch in jüngster Zeit Bedenken erhoben; es wird jedenfalls für möglich gehalten, dass die Hinzurechnungsbesteuerung bei Drittstaatensachverhalten auch an der **Kapitalverkehrsfreiheit** (Art. 63 AEUV) zu messen ist.[4] Im Verhältnis zur Schweiz stellt sich zudem die Frage der Auswirkungen des Freizügigkeitsabkommens, aufgrund dessen die Grundfreiheiten grundsätzlich auch im Verhältnis zu dieser anwendbar sind.[5] Stellt man – insbesondere bei Drittstaatensachverhalten – allein auf den Gegenstand der Norm ab, so dürfte feststehen, dass die Kapitalverkehrsfreiheit einschlägig ist.[6] Geht man hiervon und auch vom Vorliegen einer Beschränkung aus, so erscheint es auf Rechtfertigungsebene beherzt, den fehlenden Informationsaustausch im Verhältnis zu Drittstaaten ausreichen zu lassen.[7] In diesem Fall wäre als milderes, aber gleich geeignetes Mittel denkbar, dass der Gesetzgeber ein Absehen von der Hinzurechnungsbesteuerung von der tatsächlichen Auskunftsgewähr seitens des Drittstaats abhängig macht. Ebenso wäre denkbar, dass der Steuerpflichtige die notwendigen Unterlagen beibringt.[8] Dies wäre insbesondere deshalb erwägenswert gewesne, weil § 8 Abs. 2 Satz 1 AStG ohnehin die objektive Beweislast auf den Steuerpflichtigen verlagert hat. Insoweit hätte es nahe gelegen, die Mitwirkungspflichten des Steuerpflichtigen dort zu erweitern, wo der Gesetzgeber einen Auskunftsverkehr als nicht hinreichend ansieht.

8.176

Gerade aber die Verlagerung der objektiven Beweislast auf den Steuerpflichtigen, der nachweisen muss, dass die Zwischenschaltung aus wirtschaftlichen oder sonst beachtlichen Gründen erfolgt, wird ebenfalls in der Literatur kritisiert.[9] Dem kann indes nicht gefolgt werden. Denn ausgehend von der Recht-

8.177

---

1 BGBl. I 2007, 3150.
2 BMF v. 8.1.2007, BStBl. I 2007, 99.
3 Vgl. *Gosch*, HaufeIndex 2282870; a.A. *Haase*, Internationales und Europäisches Steuerrecht[5], Rz. 500; *Vogt* in Blümich, § 8 AStG Rz. 151.
4 FG Münster v. 30.10.2014 – 2 K 618/11 F, EFG 2015, 351 (Az. BFH: I R 78/14); FG Baden-Württemberg v. 12.8.2015 – 3 V 4193/13, EFG 2016, 17 mit Anm. *Weinschütz*; *Kahlenberg*, SteuK 2015, 542; *Kahlenberg*, Steuk 2016, 19; *Schaumburg*, Internationales Steuerrecht[4], Rz. 13.7.
5 FG Baden-Württemberg v. 12.8.2015 – 3 V 4193/13, EFG 2016, 17 mit Anm. *Weinschütz*; *Schönfeld*, IStR 2016, 416.
6 So auch *Schönfeld*, IStR 2016, 416 (417).
7 So aber FG Münster v. 30.10.2014 – 2 K 618/11 F, EFG 2015, 351 (Az. BFH: I R 78/14).
8 *Schönfeld*, IStR 2016, 416 (418).
9 *Vogt* in Blümich, § 8 AStG Rz. 151; *Haarmann*, IStR 2011, 565.

sprechung des EuGH ist genau das zulässig. In dem Urteil in der Rechtssache Cadbury Schweppes führt der EuGH ausdrücklich aus, dass von „der Anwendung einer solchen Besteuerungsmaßnahme [...] abzusehen [ist], wenn es sich auf der Grundlage objektiver und von dritter Seite nachprüfbarer Anhaltspunkte erweist, dass die genannte beherrschte ausländische Gesellschaft ungeachtet des Vorhandenseins von Motiven steuerlicher Art tatsächlich im Aufnahmemitgliedstaat angesiedelt ist und dort wirklichen wirtschaftlichen Tätigkeiten nachgeht"[1]. Der EuGH versteht den Motivtest als eine für den Steuerpflichtigen günstige Tatsache, für die dieser nach den allgemeinen Grundsätzen die **objektive Beweislast** trägt.

8.178 Darüber hinaus sind die unionsrechtlichen Vorgaben gemäß der EuGH-Rechtsprechung bei der **Auslegung des § 8 Abs. 2 AStG** zu berücksichtigen. Wenn dieser die Möglichkeit zum Gegenbeweis einräumt, dass die Gesellschaft, die ihren Sitz oder ihre Geschäftsleitung in einem EU- oder EWR-Staat hat, in diesem Staat einer tatsächlichen wirtschaftlichen Tätigkeit nachgeht (§ 8 Abs. 2 Satz 1 AStG), ist zu berücksichtigen, dass einer wirtschaftlichen Tätigkeit i.S.d. EuGH-Rechtsprechung nur dann nicht nachgegangen wird, wenn es sich um eine **rein künstliche Gestaltung** handelt, wenn es sich m.a.W. um eine „Briefkastenfirma" oder „Strohfirma" handelt.[2] Ausgehend hiervon bedarf es lediglich eines Mindestmaßes an substantieller Ausstattung und Existenz; ausreichend sein kann auch die reine Kapitalanlagen- und Finanzierungstätigkeit.[3]

8.179 Zu bedenken ist jedoch, dass der Motivtest für **zwischengeschaltete Betriebsstätten** nicht anwendbar ist. Nach dem Willen des Gesetzgebers sollen die EuGH-Grundsätze zum Gestaltungsmissbrauch auf diese Fälle nicht übertragen werden können. Sie berührten allein die Niederlassungsfreiheit, die durch § 20 Abs. 2 AStG nicht berührt werde; dieser ersetze lediglich eine Methode zur Vermeidung der Doppelbesteuerung durch eine andere.[4] Für die Unionsrechtskonformität dieser Rechtslage mag sprechen, dass der EuGH in der Rechtssache Columbus Container Services gegen eine Regelung wie § 20 Abs. 2 AStG keine unionsrechtlichen Bedenken erhoben hat.[5] Überraschen muss die Rechtslage aber gleichwohl, weil die Niederlassungsfreiheit des Art. 49 AEUV nicht nur die Gründung von Kapitalgesellschaften schützt, sondern genauso die Gründung ausländischer Betriebsstätten.[6] Der EuGH lässt den Wirtschaftsteilnehmern die Möglichkeit, die geeignete Rechtsform für die Ausübung ihrer Tätigkeiten in einem anderen Mitgliedstaat frei zu wählen; diese freie Wahl darf nicht durch diskriminierende Steuerbestimmungen eingeschränkt werden.[7] Auch den BFH lässt in seinem Schlussurteil zu der Rechtssache Columbus Container Services deutlich erkennen, dass er die Grundsätze des EuGH zur Missbrauchsabwehr auch auf den Fall des § 20 Abs. 2 AStG angewendet wissen will.[8] Nach der Auffassung des BFH[9] ist daher der Motivtest in § 20 Abs. 2 AStG hineinzulesen. Dogmatisch zutreffend müsste von einer Hin-

---

1 EuGH v. 12.9.2006 – C-196/04 – Cadbury Schweppes, Slg. 2006, I-7995 Rz. 75 = GmbHR 2006, 1049 m. Anm. *Kleinert* = FR 2006, 987 m. Anm. *Lieber*.
2 EuGH v. 12.9.2006 – C-196/04 – Cadbury Schweppes, Slg. 2006, I-7995 Rz. 68 = GmbHR 2006, 1049 m. Anm. *Kleinert* = FR 2006, 987 m. Anm. *Lieber*.
3 *Gosch* in Internationales Steuerrecht, DStJG 36 (2013), S. 201 (217).
4 BT-Drucks. 16/6290, 136.
5 EuGH v. 6.12.2007 – C-298/05 – Columbus Container Services, Slg. 2007, I-10451.
6 *Vogt* in Blümich, § 20 AStG Rz. 28; **a.A.** FG Münster v. 11.11.2008 – 15 K 1114/99, F, EW, EFG 2009, 309; aufgehoben durch BFH v. 21.10.2009 – I R 114/08, BStBl. II 2010, 774 = FR 2010, 393 m. Anm. *Buciek*.
7 EuGH v. 6.9.2012 – C-18/11 – Philips Electronics, ECLI:EU:C:2012:532 Rz. 13 = BFH/NV 2012, 1757 = ISR 2012, 101 m. Anm. *Pohl*. – Dieser Gedanke liegt bereits dem Urteil des EuGH v. 23.2.2006 – C-253/03 – CLT-UFA, Slg. 2006, I-1831 zugrunde, nach dem die Abführung eines Betriebsstättengewinns an die ausländische Gesellschaft im Vergleich zur Abführung des Gewinns der inländischen Tochtergesellschaft an die ausländische Muttergesellschaft nicht ungleich behandelt werden darf.
8 So auch die Einschätzung von *Haase*, Internationales und Europäisches Steuerrecht³, Rz. 548. – Vgl. auch *Gosch*, HaufeIndex 2282870.
9 BFH v. 21.10.2009 – I R 114/08, BStBl. II 2010, 774 = FR 2010, 393 m. Anm. *Buciek*.

zurechnungsbesteuerung abgesehen werden. Es obläge allein dem Gesetzgeber, den Motivtest auch auf § 20 Abs. 2 AStG zu erstrecken.

bb) Unionsrechtskonformität des § 7 Abs. 6 AStG

Erheblichen unionsrechtlichen Bedenken unterliegt § 7 Abs. 6 AStG. Ist eine ausländische Gesellschaft Zwischengesellschaft für Zwischeneinkünfte mit Kapitalanlagecharakter i.S.d. § 7 Abs. 6a AStG und ist ein unbeschränkt Steuerpflichtiger zu mindestens einem Prozent an der Gesellschaft beteiligt, sind diese Zwischeneinkünfte bei diesem Steuerpflichtigen steuerpflichtig, auch wenn die Voraussetzungen des § 7 Abs. 1 AStG im Übrigen nicht erfüllt sind. Diese Regelung dürfte schon deshalb zu einer Verletzung der Kapitalverkehrsfreiheit gemäß Art. 63 AEUV führen, weil der Gesetzgeber in nicht realitätsgerechter Weise einen Missbrauchsfall typisiert hat. Eine Person, die keinen beherrschenden Einfluss auf die Gesellschaft ausüben kann, wird kaum in missbräuchlicher Weise die Einkünfte in einen anderen Staat verlagern können.[1] Erschwerend kommt hinzu, dass insoweit auch der Motivtest des § 8 Abs. 2 AStG keine Anwendung findet.[2]

8.180

cc) Hinzurechnungsbesteuerung und DBA

Die Anwendbarkeit der Hinzurechnungsbesteuerung wird durch ein DBA nicht ausgeschlossen (§ 20 Abs. 1 AStG). Diese Regelung stellt ein klares **Treaty Override** dar.[3] Allein das Vorliegen eines Treaty Override stellt indes **kein originäres unionsrechtliches Problem** dar. Es könnte nur in Verbindung mit einer konkreten Regelung in §§ 7 bis 14 AStG die insoweit bestehende Unionsrechtswidrigkeit erweitern, indem die Vorschrift, die gegen die Grundfreiheiten verstößt, nun auch auf Sachverhaltskonstellationen anwendbar wird, in denen der Steuerpflichtige anderenfalls durch ein einschlägiges DBA vor der Anwendung der Hinzurechnungsbesteuerung abgeschirmt wird.[4] Praktisch dürfte dies angesichts der grundsätzlich nicht bestehenden unionsrechtlichen Bedenken gegen die Hinzurechnungsbesteuerung nur von geringer Bedeutung sein.

8.181

E. DBA-Recht

Schrifttum: *Dautzenberg*, Vereinbarkeit von Doppelbesteuerungsabkommen und EG-Vertrag am Beispiel der Arbeitnehmereinkünfte, DB 1997, 1354; *Gosch*, Missbrauchsabwehr im Internationalen Steuerrecht, in Achatz, Internationales Steuerrecht, DStJG 36 (2013), 201; *Heydt*, Der Einfluss der Grundfreiheiten des EG-Vertrages auf das nationale Steuerrecht der Mitgliedstaaten und ihrer Doppelbesteuerungsabkommen in Lehner, Grundfreiheiten im Steuerrecht der EU-Staaten, München 2000, 25; *Oellerich*, Die Abwehr des Abkommensmissbrauchs, IWB 2013, 33; *Schnitger*, Die Rechtssache AMID und ihre Folgen für die Freistellungs- und Anrechnungsmethode, IWB, Fach 11, Gruppe 2, 469.

I. Anwendbarkeit der Grundfreiheiten auf das Abkommensrecht

1. Vorüberlegungen

Auch das Abkommensrecht ist nicht unbeeinflusst von den unionsrechtlichen Grundfreiheiten.[5] Zu unterscheiden ist aber hinsichtlich der Anwendbarkeit der unionsrechtlichen Grundfreiheiten auf DBA zwischen Verträgen, die zwischen Mitgliedstaaten der EU und von einem EU-Mitgliedstaat einerseits

8.182

---
1 *Vogt* in Blümich, § 7 AStG Rz. 54.
2 Vgl. *Vogel/Cortez*, RIW 2011, 532.
3 *Vogt* in Blümich, § 20 AStG Rz. 14; *Wassermeyer/Schönfeld* in F/W/B/S, § 20 AStG Rz. 22.
4 So wohl auch *Vogt* in Blümich, § 20 AStG Rz. 21.
5 Vgl. *Musil* in H/H/Sp, § 2 AO Rz. 277.

2. Nach dem 1.1.1958 abgeschlossenes DBA zwischen zwei Mitgliedstaaten

8.183 Soweit zwei Mitgliedstaaten der EU nach dem Inkrafttreten des EWG-Vertrags am 1.1.1958 DBA abgeschlossen haben, besteht unzweifelhaft ein Vorrang des Unionsrechts. Das DBA kommt in Deutschland nicht unmittelbar als Völkerrecht, sondern erst auf Grund eines staatlichen Transformationsaktes und damit als nationales (mitgliedstaatliches) Recht zur Anwendung.[1] Dieser **Transformationsakt** wird als mitgliedstaatlicher nationaler Rechtsakt unproblematisch vom Anwendungsvorrang entgegenstehenden Unionsrechts erfasst.[2] Wenn daher auch der EuGH den Mitgliedstaaten die Freiheit zuspricht, im Rahmen bilateraler Abkommen die Anknüpfungspunkte für die Aufteilung der Steuerhoheit festzulegen,[3] kann sich der Mitgliedstaat nicht auf seine auf völkerrechtlicher Ebene eingegangene Verpflichtung berufen, um im nationalen Steuerrecht Regelungen zu implementieren, die er ohne das DBA auf Grund der Bindungen durch das Unionsrecht nicht erlassen dürfte.[4] Die Grundfreiheiten zwingen den Mitgliedstaat ggf. zum Bruch des Völkervertragsrechts, wenn dieser sich entgegen seinen unionsrechtlichen Bindungen eine den Grundfreiheiten widersprechende Bestimmung im DBA vereinbart haben sollte (**keine Flucht des Mitgliedstaats in das Völkervertragsrecht**)[5].

8.184 Die Grundfreiheiten wirken aber nicht erst auf den Transformationsakt ein. Sie binden den Mitgliedstaat bereits im **Moment des Vertragsschlusses**. Der EuGH verlangt ausdrücklich, dass der Mitgliedstaat seine Zuständigkeit zur Aufteilung der Steuerhoheit unter Wahrung des Unionsrechts ausüben muss.[6] Zunächst überrascht dies, denn eine Kollisionslage scheint mangels unmittelbarer Anwendbarkeit des Völkervertragsrechts nicht zu bestehen, so dass sich die Frage stellt, warum die Grundfreiheiten anwendbar sein sollten. Zu bedenken ist aber, dass die Mitgliedstaaten gem. Art. 4 Abs. 3 Unterabs. 3 Alt. 2 EUV alle Maßnahmen unterlassen, die die Verwirklichung der Ziele der Union gefährden könnten. Dies verbietet es nach hier vertretener Auffassung auch, dass die Mitgliedstaaten durch Abschluss völkerrechtlicher Verträge gegen den Gewährleistungsgehalt der Grundfreiheiten verstoßen.

3. Vor dem 1.1.1958 oder Beitritt abgeschlossenes DBA zwischen zwei Mitgliedstaaten

8.185 Bei Verträgen, die vor dem 1.1.1958 bzw. vor dem Beitritt des Mitgliedstaats abgeschlossen worden sind, war der Mitgliedstaat demgegenüber bei Abschluss des DBA noch nicht auf Grundlage des Art. 4 Abs. 3 Unterabs. 3 Alt. 2 EUV verpflichtet, eine Verletzung der Grundfreiheiten zu vermeiden. Für den Anwendungsvorrang der Grundfreiheiten nach dem 1.1.1958 ist dies jedoch irrelevant. Dies ergibt sich bereits aus dem völkerrechtlichen Grundsatz des Vorrangs des neueren vor dem älteren Abkommen.[7] Aber auch unabhängig hiervon ist es für den Anwendungsvorrang der Grundfreiheiten irrelevant, ob das kollidierende Recht älter oder jünger als der völkerrechtliche Vertrag ist.

---

1 Hierzu *Oellerich* in Gosch, § 2 AO Rz. 70 ff.
2 Vgl. *Schönfeld/Häck* in Schönfeld/Ditz, DBA, Systematik, Rz. 103; *Weber-Grellet*, Europäisches Steuerrecht[2], § 8 Rz. 4.
3 EuGH v. 12.5.1998 – C-336/96 – Gilly, Slg. 1998, I-2793 Rz. 30 = FR 1998, 847 m. Anm. *Dautzenberg*; v. 21.9.1999 – C-307/97 – Saint Gobain, Slg. 1999, I-6161 Rz. 56.
4 Vgl. auch *Lang* in Gassner/Lang/Lechner, DBA und EU-Recht, 25, 30; *Musil* in H/H/Sp, § 2 AO Rz. 281.
5 Nach *Musil* in H/H/Sp, § 2 AO Rz. 281.
6 So etwa EuGH v. 21.9.1999 – C-307/97 – Saint Gobain, Slg. 1999, I-6161 Rz. 57; dem folgend *Weber-Grellet*, Europäisches Steuerrecht[2], § 8 Rz. 4.
7 *Kellersmann/Treisch*, Europäische Unternehmensbesteuerung, S. 200.

4. Vor dem 1.1.1958 oder dem Beitritt abgeschlossenes DBA mit einem Drittstaat

Die Rechte und Pflichten aus Übereinkünften, die vor dem 1.1.1958 oder, im Falle später beigetretener Staaten, vor dem Zeitpunkt ihres Beitritts zwischen einem oder mehreren Mitgliedstaaten einerseits und einem oder mehreren dritten Ländern andererseits geschlossen wurden, werden durch den AEUV nicht berührt (Art. 351 Abs. 1 AEUV). Dieser Vorschrift kann entnommen werden, dass die Grundfreiheiten auch bei dem Abschluss völkerrechtlicher Verträge mit Drittstaaten anwendbar sein sollen.[1] Verhindert werden soll durch Art. 351 Abs. 1 AEUV, dass die Mitgliedstaaten durch den AEUV daran gehindert werden, ihren Verpflichtungen aus einem Abkommen nachzukommen, das vor dem Inkrafttreten des Europarechts abgeschlossen wurde.[2] Diese Vorschrift gilt allerdings nur bei Abkommen zwischen der EU und einem Drittstaat, nicht aber einem nunmehrigen Mitgliedstaat.[3]

8.186

Gemäß Art. 351 Abs. 2 Satz 1 AEUV wenden die Mitgliedstaaten alle geeigneten Maßnahmen an, um die festgestellten Unvereinbarkeiten zu beheben, wenn die DBA mit dem Unionsrecht nicht vereinbar sind. Diese Regelung steht in einem gewissen Gegensatz zu Art. 351 Abs. 1 AEUV. Letzterer gilt nur zugunsten der Drittstaaten; der Mitgliedstaat ist nicht gehindert, seine völkerrechtlichen Verpflichtungen zu erfüllen. Ihm ist es indes verboten, sich zu seinen Gunsten auf den Vertrag zu berufen, wenn hierdurch gegen Unionsrecht – namentlich gegen die Grundfreiheiten – verstoßen werden würde.[4]

8.187

5. Nach dem 1.1.1958 oder dem Beitritt abgeschlossenes DBA mit einem Drittstaat

Für DBA mit Drittstaaten, die nach dem 1.1.1958 oder nach dem Beitritt des Mitgliedstaats abgeschlossen worden sind, enthält der Vertrag über die Arbeitsweise der Europäischen Union keine besonderen Bestimmungen. Aus Art. 4 Abs. 3 Unterabs. 3 Alt. 2 EUV folgt insoweit aber, dass der Mitgliedstaat Verstöße gegen das Unionsrecht durch das Abkommensrecht zu vermeiden hat.[5] Gleichwohl ist denkbar, dass der Mitgliedstaat entgegen dieser Verpflichtung mit einem Drittstaat völkerrechtlich ein DBA abschließt, das gegen den Gewährleistungsgehalt von Grundfreiheiten verstößt. In diesem Fall wird die völkerrechtliche Verbindlichkeit des DBA nicht berührt. Zum einen ist der mitgliedstaatliche Gesetzgeber aber gehindert, den Vertrag in nationales Recht zu transformieren. Zum anderen ist ihm im Falle, dass er auch gegen dieses Verbot verstößt, untersagt, den nationalen Transformationsakt anzuwenden.[6]

8.188

II. Allgemeine Überlegungen zu den Grundfreiheiten im Abkommensrecht

1. Grundsatz der Meistbegünstigung

In der Literatur wurde lange Zeit diskutiert, ob der Einfluss der Grundfreiheiten auf das Abkommensrecht zu einem Grundsatz der Meistbegünstigung führt.[7] Unter Meistbegünstigung wird verstanden, dass ein Staat einem anderen Staat bei der Anwendung seiner Rechtsetzungs- oder Verwaltungsmaßnahmen diejenigen Vorteile gewährt, die er auch einem dritten Staat unter gleichen Bedingungen zukommen lässt.[8] Bereits für die allgemeine Lehre von den Grundfreiheiten wird bisweilen in der Literatur angenommen, den Diskriminierungsverboten, namentlich Art. 18 Abs. 1 AEUV, könne eine „be-

8.189

---

1 Vgl. *Schönfeld/Häck* in Schönfeld/Ditz, DBA, Systematik, Rz. 105.
2 *Schönfeld/Häck* in Schönfeld/Ditz, DBA, Systematik, Rz. 107.
3 *Schönfeld/Häck* in Schönfeld/Ditz, DBA, Systematik, Rz. 106.
4 *Kellersmann/Treisch*, Europäische Unternehmensbesteuerung, S. 200; vgl. *Schönfeld/Häck* in Schönfeld/Ditz, DBA, Systematik, Rz. 110.
5 *Kellersmann/Treisch*, Europäische Unternehmensbesteuerung, S. 200.
6 *Kellersmann/Treisch*, Europäische Unternehmensbesteuerung, S. 200.
7 Dazu *Cordewener*, Europäische Grundfreiheiten und nationales Steuerrecht, S. 501 ff.; *Lehner* in V/L, DBA[6], Grundlagen des Abkommensrechts, Rz. 271a; *Rädler* in FS Debatin, S. 335 ff.
8 *Lehner* in V/L[6], Grundlagen des Abkommensrechts, Rz. 271; aus der Rechtsprechung s. BFH v. 30.3.2011 – I R 63/10, BStBl. II 2011, 747.

schränkte Meistbegünstigungsklausel" entnommen werden.[1] Aber auch für die DBA wird diskutiert, ob ausgehend von dem **Grundsatz der Inländergleichbehandlung** die Mitgliedstaaten die Vorteile, die sie Angehörigen eines Mitgliedstaats in einem bestimmten Zusammenhang gewähren, auch den Angehörigen des anderen Mitgliedstaats gewähren müssen.[2]

8.190 Der EuGH erkennt den Grundsatz der Meistbegünstigung indes **nicht** an. Seiner Auffassung nach sind die Vertragsstaaten frei, die Vorschriften über die Aufteilung der Besteuerungsbefugnisse festzulegen. Eine aus dieser Verteilung folgende Ungleichbehandlung könne im Hinblick auf die Grundfreiheiten keine relevante Diskriminierung darstellen.[3] In Ermangelung unionsrechtlicher Vereinheitlichungs- oder Harmonisierungsmaßnahmen blieben die Mitgliedstaaten befugt, zur Beseitigung der Doppelbesteuerung die Kriterien für die Aufteilung ihrer Steuerhoheit vertraglich oder einseitig festzulegen.[4] Dieser Rechtsprechung ist zuzustimmen. Das DBA rechtfertigt sich gerade durch den Umstand des Aufeinandertreffens unterschiedlicher Steuerrechtsordnungen und erfordert daher unterschiedliche Regelungen.[5] Durch einen Grundsatz der Meistbegünstigung würde die Möglichkeit bilateraler Abkommen zur Verteilung der Besteuerungsbefugnisse dem Grunde nach in Frage gestellt, obwohl das Unionsrecht dieses Instrument akzeptiert.[6] Hinzu kommt, dass die Gegenauffassung auch den Inhalt des Grundsatzes der Inländergleichbehandlung verkennen würde. Dieser ist nämlich auf eine Gleichbehandlung des Ausländers mit den Inländern gerichtet, nicht aber – wie der Grundsatz der Meistbegünstigung – auf eine Gleichbehandlung mit anderen Ausländern.[7]

2. Fehlende Kompetenz der Union kein Rechtfertigungsgrund

8.191 Dass der Abschluss bilateraler Abkommen eines Mitgliedstaats mit einem Drittstaat nicht in die Kompetenz der Union fällt, kann kein Grund sein, durch den eine im Abkommen angelegte Ungleichbehandlung gerechtfertigt werden kann.[8] Die Mitgliedstaaten können sich nicht durch ein Ausweichen auf die völkerrechtliche Ebene ihren unionsrechtlichen Verpflichtungen entziehen. Vielmehr müssen sie ihre Zuständigkeiten unter Wahrung des Unionsrechts ausüben (vgl. bereits Rz. 8.183).[9]

3. Besonderheiten hinsichtlich des Rechtfertigungsgrundes der Kohärenz

8.192 DBA wirken sich auch auf die Möglichkeit der Mitgliedstaaten aus, sich auf den Rechtfertigungsgrund der Kohärenz zu berufen. Von der Kohärenz einer steuerrechtlichen Regelung geht der EuGH in ständiger Rechtsprechung nur aus, wenn ein unmittelbarer Zusammenhang zwischen dem betreffenden steuerlichen Vorteil und dessen Ausgleich durch eine bestimmte steuerliche Belastung besteht.[10] Überdies muss die Unmittelbarkeit dieses Zusammenhangs im Hinblick auf das mit der fraglichen Steuervor-

---

1 *Bleckmann*, Europarecht[6], Rz. 1758.
2 *Haase*, Internationales und Europäisches Steuerrecht[5], Rz. 814.
3 EuGH v. 5.7.2005 – C-376/03 – D., Slg. 2005, I-5821 Rz. 52.
4 EuGH v. 19.11.2009 – C-540/07 – Kommission/Italien, Slg. 2009, I-10983 Rz. 29; v. 29.11.2011 – C-371/10 – National Grid Indus, Slg. 2011, I-12273 Rz. 45 = FR 2012, 25 m. Anm. *Musil*; v. 4.7.2013 – C-350/11 – Argenta Spaarbank, ECLI:EU:C:2013:447 = ISR 2013, 288 m. Anm. *Müller* = HFR 2013, 1076 Rz. 50; v. 23.1.2014 – C-164/12 – DMC, ECLI:EU:C:2014:20 = BFH/NV 2014, 478 Rz. 47 = FR 2014, 466 m. Anm. *Musil* = ISR 2014, 136 m. Anm. *Müller* = ISR 2014, 96 m. Anm. *Zwirner* = GmbHR 2014, 210 m. Anm. *Patzner/Nagler*.
5 *Kellersmann/Treisch*, Europäische Unternehmensbesteuerung, S. 204; *Steichen* in FS Debatin, S. 417 (434).
6 *Kellersmann/Treisch*, Europäische Unternehmensbesteuerung, S. 204.
7 *Lehner* in V/L, DBA[5], Grundlagen des Abkommensrechts, Rz. 271a.
8 *Musil* in H/H/Sp, § 2 AO Rz. 284.
9 EuGH v. 21.9.1999 – C-307/97 – Saint Gobain, Slg. 1999, I-6161 Rz. 54 ff., insb. Rz. 57.
10 EuGH v. 28.2.2008 – C-293/06 – Deutsche Shell, Slg. 2008, I-1129 Rz. 39; v. 27.11.2008 – C-418/07 – Société Papillon, Slg. 2008, I-8947 Rz. 44.

schrift verfolgte Ziel auf der Ebene des Steuerpflichtigen durch eine enge Wechselwirkung zwischen dem Kriterium der Abzugsfähigkeit und dem für die Besteuerung hergestellt werden.[1]

Bei Bestehen eines DBA ist die Prüfung der Voraussetzungen für das Vorliegen der Kohärenz auf die abkommensrechtliche Ebene zu verschieben.[2] In diesen Fällen wird die Kohärenz nicht auf der Ebene der Einzelperson durch eine strenge Wechselbeziehung zwischen einer steuerlichen Be- und Entlastung hergestellt, sondern sie wird auf eine andere Ebene, nämlich die der **Gegenseitigkeit der in den Vertragsstaaten anwendbaren Vorschriften** verlagert.[3] Dies führt dazu, dass es dem Mitgliedstaat verwehrt ist, sich hinsichtlich einer unilateralen materiellen Steuernorm auf den Grundsatz der Kohärenz zu berufen.[4] Der EuGH ließ dementsprechend die Berufung auf den Grundsatz der Kohärenz hinsichtlich einer niederländischen Regelung nicht zu, die unbeschränkt Steuerpflichtigen den Abzug von Aufwendungen für eine Alterssicherung im Gegensatz zu in einem anderen Mitgliedstaat ansässigen Steuerpflichtigen erlaubte.[5] Der Grund für die Ungleichbehandlung und der korrespondierende Vorteil ergaben sich nicht aus dem (unilateralen) niederländischen Steuerrecht, sondern erst durch die Zuweisung des Besteuerungsrechts hinsichtlich der zukünftigen Renten an den Wohnsitzstaat des beschränkt Steuerpflichtigen (vgl. Art. 18 OECD-MA).

8.193

III. Spezielle Problemstellungen bei DBA im Hinblick auf die Grundfreiheiten

1. Abkommensberechtigung

Problematisch ist im Hinblick auf die Grundfreiheiten insbesondere die **fehlende Abkommensberechtigung von Betriebsstätten**.[6] Abkommensberechtigt sind nämlich nur Personen i.S.d. Art. 3 Abs. 1 Buchst. a und b OECD-MA, die in einem Vertragsstaat oder in beiden Vertragsstaaten ansässig sind. Hierzu gehören die Betriebsstätten nicht. Dass ausländische Betriebsstätten deshalb nicht in den Genuss von Abkommensbegünstigungen gelangen können, hält der EuGH zu Recht für unionsrechtswidrig.[7] Zu Einschränkungen der Abkommensberechtigung zum Zweck der Abwehr des Missbrauchs s. Rz. 8.205 ff.

8.194

2. Vereinbarkeit von Verteilungsnormen mit dem Unionsrecht

In der älteren Literatur wurde versucht, Verteilungsvorschriften am Maßstab der Grundfreiheiten zu überprüfen und ggf. zu verwerfen. So sollte nach bisweilen vertretener Auffassung aus den Diskriminierungsverboten folgen, dass allein eine Besteuerung im Tätigkeitsstaat europarechtskonform ist.[8] Ebenso wird vertreten, dass eine Verteilungsnorm, durch die dem Ansässigkeitsstaat das Besteuerungsrecht für ein Auslandsstudium zugeteilt wird, das der Staat des Studiums dem Studenten gewährt, gegen die Grundfreiheiten verstößt.[9] Diese Auffassungen haben sich zu Recht nicht durchgesetzt.[10] Die DBA dienen zudem den Steuerpflichtigen, indem die virtuelle Doppelbesteuerung vermieden werden soll; ihnen kommt Schrankencharakter zu. Allein die Verteilung des Besteuerungsrechts auf die Vertragsstaaten

8.195

---

1 EuGH v. 28.2.2008 – C-293/06 – Deutsche Shell, Slg. 2008, I-1129 Rz. 39.
2 *Musil* in H/H/Sp, § 2 AO Rz. 283.
3 EuGH v. 11.8.1995 – C-80/94 – Wielockx, Slg. 1995, I-2493 Rz. 24.
4 EuGH v. 11.8.1995 – C-80/94 – Wielockx, Slg. 1995, I-2493 Rz. 23 ff.; v. 10.9.2009 – C-269/07 – Kommission/Deutschland, Slg. 2009, I-7811 Rz. 22 = FR 2009, 964 m. Anm. *Mitschke*; *Haase*, Internationales und Europäisches Steuerrecht[5], Rz. 842.
5 EuGH v. 11.8.1995 – C-80/94 – Wielockx, Slg. 1995, I-2493.
6 *Lehner* in V/L, DBA[6], Grundlagen des Abkommensrechts, Rz. 269; *Schönfeld/Häck* in Schönfeld/Ditz, DBA, Systematik, Rz. 116.
7 EuGH v. 21.9.1999 – C-307/97 – Saint Gobain, Slg. 1999, I-6161.
8 *Dautzenberg*, DB 1997, 1354 (1355 f.).
9 *Heydt* in Lehner, Grundfreiheiten im Steuerrecht der EU-Staaten, S. 25 (37).
10 Ablehnend bereits *Kellersmann/Treisch*, Europäische Unternehmensbesteuerung, 202; *Schönfeld/Häck* in Schönfeld/Ditz, DBA, Systematik, Rz. 118.

führt daher grundsätzlich nicht zu einer Diskriminierung oder Beschränkung der Grundfreiheiten, sondern im Gegenteil zur Vermeidung einer unerwünschten, den Steuerpflichtigen belastenden Doppelbesteuerung. Hinzu kommt: Mangels Befugnis der Union zur Beseitigung der unerwünschten Doppelbesteuerung kann das Unionsrecht nach seinem derzeitigen Stand den Mitgliedstaaten nicht die Möglichkeit nehmen, sich an der internationalen Praxis und den von der OECD erarbeiteten Musterabkommen zu orientieren.[1]

8.196 Demgegenüber können die Verteilungsnormen die Unionsrechtswidrigkeit der nationalen Steuerrechtslage vermeiden. Bei der Prüfung, ob das mitgliedstaatliche Steuerrecht zu einer den Grundfreiheiten widersprechenden Diskriminierung oder Beschränkung führt, sind nämlich auch die Bestimmungen des im konkreten Fall einschlägigen DBA einzubeziehen, das der Mitgliedstaat mit dem anderen Staat abgeschlossen hat.[2]

3. Europarechtskonformität der Freistellungs- bzw. Anrechnungsmethode

8.197 Die DBA vermeiden die Doppelbesteuerung entweder nach der Freistellungs- oder nach der Anrechnungsmethode. Die **Freistellungsmethode** (Art. 23A Abs. 1 OECD-MA) setzt beim Einkommen an und scheidet im Rahmen ihres Anwendungsbereichs die Einkünfte (Art. 6 bis 22 OECD-MA) aus der Bemessungsgrundlage im Ansässigkeitsstaat aus. Hierdurch werden diese Einkünfte im Ansässigkeitsstaat vollständig von der Besteuerung freigestellt. Investoren aus verschiedenen Ansässigkeitsstaaten werden hierdurch einheitlich nur im Quellenstaat steuerlich belastet (Konzept der Kapitalimportneutralität).[3] Nach der **Anrechnungsmethode** (Art. 23B Abs. 1 OECD-MA) wird zur Vermeidung der Doppelbesteuerung die Steuerlast im Quellenstaat auf die Steuer im Ansässigkeitsstaat angerechnet. Angerechnet wird jedoch nur die Steuer, soweit die Steuer auf die Einkünfte aus dem Quellenstaat entfällt.

8.198 Auch gegen diese Methoden werden – nicht überzeugende[4] – europarechtliche Bedenken geltend gemacht. Nach seinem gegenwärtigen Stand schreibt das Unionsrecht den Mitgliedstaaten nicht vor, wie sie in den DBA ihre Besteuerungsbefugnisse untereinander aufzuteilen haben.[5] Hiervon ausgehend führt das Unionsrecht nicht zu einem Anspruch auf Anwendung einer bestimmten Methode, auch wenn die eine im Vergleich zur anderen Methode zu einem erheblichen Steuervorteil führen würde.[6] Das Unionsrecht beschränkt insoweit nicht die Wahlfreiheit der Vertragsstaaten hinsichtlich der Anwendung einer der beiden Methoden für Sachverhalte, die unter das konkrete DBA fallen. Dies alles gilt allerdings nur unter der Prämisse, dass die angewandte Methode zu einer Gleichbehandlung von in- und ausländischen Sachverhalten führt. Ist dies hinsichtlich beider Methoden gewährleistet, sind diese gleichwertig.[7] Ob eine Gleichbehandlung erfolgt, darf allerdings nicht zu eng gesehen werden. Insbesondere kommt es nicht auf eine zeitgleiche Gleichbehandlung an. So nimmt es der EuGH insbesondere

---

1 EuGH v. 12.5.1998 – C-336/96 – Gilly, Slg. 1998, I-2823 Rz. 24, 30; v. 23.2.2006 – C-513/03 – van Hilten-van der Heijden, Slg. 2006, I-1957 Rz. 47; v. 7.9.2006 – C-470/04 – N., Slg. 2006, I-7409 Rz. 45; *Schönfeld/Häck* in Schönfeld/Ditz, DBA, Systematik, Rz. 118.
2 EuGH v. 12.12.2006 – C-374/04 – Test Claimants in Class IV of the ACT Group Litigation, Slg. 2006, I-11673 Rz. 71; v. 8.11.2007 – C-379/05 – Amurta, Slg. 2007, I-9569 Rz. 79 = GmbHR 2007, 1334 m. Anm. *Kleinert*; v. 19.11.2009 – C-540/07 – Kommission/Italien, Slg. 2009, I-10983 Rz. 29.
3 *Haase*, Internationales und Europäisches Steuerrecht[5], Rz. 714.
4 Vgl. *Lehner* in V/L, DBA[6], Grundlagen des Abkommensrechts, Rz. 267b.
5 EuGH v. 14.11.2006 – C-513/04 – Kerckhaert und Morres, Slg. 2006, I-10967 Rz. 22; *Schönfeld/Häck* in Schönfeld/Ditz, DBA, Systematik, Rz. 120.
6 FG Köln v. 6.9.2011 – 13 K 170/06, DStRE 2012, 1126; *Lehner* in V/L, DBA[6], Grundlagen des Abkommensrechts, Rz. 267b.
7 EuGH v. 23.4.2008 – C-201/05 – The Test Claimants in the CFC and Dividend Group Litigation, Slg. 2008, I-2882 Rz. 38; v. 15.9.2011 – C-310/09 – Accor, DStRE 2012, 563 Rz. 88; v. 13.11.2012 – C 351/11 – Test Claimants in the FII Group Litigation, IStR 2012, 924 Rz. 39.

hin, dass ausländische Betriebsstättenverluste – anders als Verluste aus inländischen Betriebsstätten – zunächst unberücksichtigt bleiben und allenfalls im Fall finaler Verluste zu berücksichtigen sind, wenn aus tatsächlichen Gründen feststeht, dass ein Verlust im Betriebsstättenstaat nicht mehr berücksichtigt werden kann (dazu eingehend Rz. 8.103 ff.).

4. DBA-Regelungen zur Missbrauchsabwehr

a) Vorüberlegungen

Insbesondere können die Vorschriften eines DBA mit den Grundfreiheiten in Konflikt geraten, die der Missbrauchsabwehr dienen sollen. Mit diesen Vorschriften wollen die Vertragsstaaten die steuerliche Beachtlichkeit von Gestaltungen ausschließen, durch die Steuerpflichtige in missbräuchlicher Absicht den Schrankencharakter der DBA ausnutzen.   8.199

b) Vorliegen eines Abkommensmissbrauchs

Soll die wirtschaftlich unerwünschte Doppelbesteuerung vermieden werden, entsteht für den Steuerpflichtigen Gestaltungsspielraum, das internationale Steuergefälle so auszunutzen, dass eine möglichst geringe Steuerbelastung entsteht. Zwar wird auch im Internationalen Steuerrecht die Freiheit des Steuerpflichtigen grundsätzlich anerkannt, seine steuerlichen Verhältnisse möglichst günstig einzurichten.[1] Ein Missbrauch rechtlicher Gestaltungsmöglichkeiten liegt erst dann vor, wenn ein Normadressat einen Sachverhalt so gestaltet, dass eine für ihn ungünstige Rechtsfolge, die ihn nach dem Zweck des Abkommens treffen soll, nicht eintritt. Gleiches gilt, wenn der Steuerpflichtige gegen den Abkommenszweck eine für ihn günstige Rechtsfolge erwirkt.[2]   8.200

Gemeinhin werden im Abkommensrecht zwei **verschiedene Formen des Missbrauchs** diskutiert, zum einen das sog. Treaty Shopping, zum anderen das sog. Rule Shopping.[3] Beiden Formen ist gemeinsam, dass eine Gesellschaft zur Erzielung abkommensrechtlicher Vorteile zwischengeschaltet wird.[4] In den Fällen des **Treaty Shopping** wird eine Zwischengesellschaft eingeschaltet, damit überhaupt ein DBA, jedenfalls aber ein günstigeres DBA anwendbar wird.[5] Der angestrebte Steuervorteil besteht in diesen Fällen in erster Linie in der Reduktion oder Vermeidung von Quellensteuern, die zur Abgeltung der beschränkten Steuerpflicht im Quellenstaat erhoben werden.[6] Demgegenüber zielt das sog. **Rule Shopping** darauf ab, sich in bestimmte Vorschriften eines bereits einschlägigen Abkommens „einzukaufen". Durch Gestaltungen sollen Einkunftsarten umgeformt werden oder der eingeschränkte persönliche Anwendungsbereich für Abkommensvergünstigungen umgangen werden. Beispielsweise kommt die Ermäßigung für Schachteldividenden nach Art. 10 Abs. 2 Satz 1 Buchst. a OECD-MA nur Kapitalgesellschaften, nicht aber Personengesellschaften oder natürlichen Personen zugute.[7] Zu einem Rule Shopping führt auch die Gründung sog. Künstlerverleihgesellschaften, durch die das Besteuerungsrecht des Quellenstaats (vgl. Art. 17 Abs. 1 OECD-MA) unterlaufen wird.[8]   8.201

---

1 *Lüdicke*, Überlegungen zur deutschen DBA-Politik, S. 42.
2 Zur Definition des Missbrauchs statt aller *Englisch* in Tipke/Lang, Steuerrecht[23], § 5 Rz. 116.
3 Dazu *Prokisch* in V/L[6], Art. 1 OECD-MA Rz. 101.
4 *Oellerich*, IWB 2013, 33 (34).
5 *Hey* in Lüdicke (Hrsg.), Wo steht das deutsche Internationale Steuerrecht?, S. 139, 140; *Wassermeyer* in Wassermeyer, DBA, Art. 1 MA Rz. 65.
6 *Rudolf*, Treaty Shopping und Gestaltungsmissbrauch, S. 10.
7 *Oellerich*, IWB 2013, 33 (34).
8 *Schaumburg*, Internationales Steuerrecht[4], Rz. 19.131.

c) Rechtskreisspezifische Missbrauchsabwehr
aa) Grundsätzliches

8.202 Ob eine steuerrechtliche Gestaltung als missbräuchlich zu verwerfen ist, bemisst sich in erster Linie nach dem DBA selbst. Es gilt der Grundsatz der rechtskreisspezifischen Missbrauchsabwehr.[1] Ergibt sich das Vorliegen eines Missbrauchs durch Auslegung des Abkommensrechts, so obliegt es auch zuvörderst dem DBA, bilateral eigene Missbrauchsregeln vorzusehen. Ggf. kann sich aus dem bewussten Fehlen einer Missbrauchsvermeidungsvorschrift auch der Wille der Vertragsstaaten ergeben, bestimmte Gestaltungen nicht als gestaltungsmissbräuchlich gewertet zu wissen. Unilaterale Bestimmungen, die eine Gestaltung als missbräuchlich qualifizieren, stellen ein sog. **Treaty Override** dar, durch das der Vertragsstaat seine völkerrechtlich eingegangene Verpflichtung verletzt.[2]

8.203 Nach zustimmungsbedürftiger – aber umstrittener – Auffassung steht ein solches Treaty Override auch auf dem verfassungsrechtlichen Prüfstand.[3] Demgegenüber verletzen die Vertragsstaaten durch ein unilaterales Treaty Override nicht Unionsrecht. Der EuGH ist nicht befugt zu überprüfen, ob ein Mitgliedstaat seine Verpflichtungen aus einem DBA verletzt hat.[4] Gemäß Art. 267 Abs. 1 Buchst. a und b AEUV ist der EuGH zuständig für Fragen der Auslegung der Verträge oder der Gültigkeit bzw. Auslegung der Handlungen der Organe. Dazu gehören die DBA nicht.[5]

bb) Missbrauchsklauseln im Abkommensrecht

8.204 DBA enthalten verschiedene Klauseln, die sich gegen missbräuchliche Gestaltungen richten. Zum einen gibt es **spezifische Missbrauchsklauseln**, wie insbesondere Einschränkungen der Abkommensberechtigung im Allgemeinen und Limitation-on-benefits-Klauseln im Besonderen; zum anderen kennt das DBA-Recht auch Klauseln, die sich nicht spezifisch gegen den Gestaltungsmissbrauch richten, aber im Effekt auch einem solchen entgegenwirken, wie beispielsweise bei den sog. Beneficiary-Klauseln, bei denen es sich systematisch um Einkünftezurechnungsnormen handelt.[6] Einen **allgemeinen Missbrauchsvorbehalt** kennt das Abkommensrecht demgegenüber nicht. Dem Wortlaut der Abkommen kann er nicht entnommen werden.[7] Der allgemeine Rechtsgrundsatz des Verbots rechtsmissbräuchlichen Ver-

---

1 *Ferrara*, ISR 2014, 296 (298); *Fischer*, DB 1996, 644 (645); *Kluge*, Das Internationale Steuerrecht⁴, Rz. R 121; *Oellerich*, IWB 2013, 33 (35).
2 *Oellerich* in Gosch, § 2 AO Rz. 86; *Stein*, IStR 2006, 505 (506).
3 BFH v. 10.1.2012 – I R 66/09, BFHE 236, 304 = FR 2012, 819 m. Anm. *Hagena/Wagner* – Aktenzeichen des BVerfG: 2 BvL 1/12; v. 11.12.2013 – I R 4/13, BFHE 244, 1 = FR 2014, 480 – Aktenzeichen des BVerfG: 2 BvL 15/14; *Frotscher* in FS Schaumburg, 2009, S. 687, 705 ff.; *Frotscher*, IStR 2009, 593 ff.; *Giegerich* in FS Kirchhof, Band I, 2013, § 96 Rz. 25 f.; *Gosch*, IStR 2008, 413 ff.; *Hahn*, IStR 2011, 863 ff.; *Hahn*, BB 2012, 1955 ff.; *Jansen/Weidmann*, IStR 2010, 596 ff.; *Mitschke*, DStR 2011, 2221 (2223 f.); *Musil*, RIW 2006, 287 (288 f.); *Musil*, FR 2012, 149 (151); *Oellerich* in Gosch, § 2 AO Rz. 86 ff.; *Rust/Reimer*, IStR 2005, 843 ff.; *Stein*, IStR 2006, 505 ff. Vgl. auch *Lehner*, IStR 2012, 389 (400 ff.), der – vorbehaltlich einer Rechtfertigung – zwar nicht von einer Verfassungswidrigkeit, aber von der Möglichkeit eines Verstoßes gegen den auch den Gesetzgeber bindenden Grundsatz „pacta sunt servanda" ausgeht. Demgegenüber geht das BVerfG v. 15.12.2015, 1 BvL 2 BvL 1/12, BVerfGE 141, 1, nunmehr von einer Verfassungskonformität von Treaty Overrides aus. Dazu *Gosch*, DB 2016, Heft 15, M5; *Musil*, FR 2016, 297; *Trinks/Frau*, IWB 2016, 308, 311; *Weiss*, SteuK 2016, 193, 196; gegen eine Pauschalierung der Erwägungen des BVerfG hingegen *Mitschke*, DStR 2016, 376.
4 EuGH v. 6.12.2007 – C-298/05 – Columbus Container Services, Slg. 2007, I-10451 Rz. 46 f.; BFH v. 10.1.2012 – I R 66/09, BFHE 236, 304 = FR 2012, 819 m. Anm. *Hagena/Wagner*; v. 16.7.2009 – C-128/08 – Damseaux, Slg. 2009, I-6823 Rz. 22.
5 EuGH v. 14.12.2000 – C-141/99 – AMID, Slg. 2000, I-11619 Rz. 18.
6 *Gosch* in Internationales Steuerrecht, DStJG 36 (2013), S. 201 (202); *Oellerich*, IWB 2013, 33 (38).
7 So auch *Menhorn*, IStR 2005, 325 (327).

haltens,[1] der in der Literatur zuweilen bemüht wird,[2] kann ebenfalls keinen allgemeinen Missbrauchsvorbehalt begründen, da er sich allein an die Vertragsstaaten als Völkerrechtssubjekte richtet.[3]

d) Vereinbarkeit der abkommensrechtlichen Missbrauchsklauseln mit Unionsrecht
aa) Einschränkung der Abkommensberechtigung
(1) Inhalt der Klauseln

Unter **typisierender Annahme eines Missbrauchs**[4] schränken viele DBA die Abkommensberechtigung ein. Hierbei lassen sich drei verschiedene Klauseltypen unterscheiden:[5]

– Vollständiger Ausschluss bestimmter niedrigbesteuerter Unternehmen,

– Einkünfte oder Ausgaben solcher Unternehmen kommen nicht in den Genuss von Abkommensbegünstigungen,

– Ausschluss dieser Unternehmen von der Anwendung bestimmter Verteilungsnormen.

Ferner kann weiter danach unterschieden werden, ob die Einschränkungen für Ansässige in beiden Vertragsstaaten oder nur zu Lasten der Ansässigen in einem Vertragsstaat gelten.

Einen **Sonderfall** dieser Klauselart stellen die sog. **Limitation-on-benefits-Klauseln** dar,[6] die in den neueren Abkommen der USA verwandt werden und auf Art. 22 MA USA beruhen.[7] Diese Vorschriften gehen davon aus, dass Vorschriften, die an die Ansässigkeit anknüpfen, zu leicht umgangen werden können. Aus diesem Grunde versagen die jüngeren DBA der USA die Abkommensberechtigung, wenn Personen keinen ausreichend starken Bezug zum Ansässigkeitsstaat haben.[8] Ein Beispiel für eine solche Vorschrift ist Art. 28 Abs. 1 DBA-USA. Hiernach hat eine in einem Vertragsstaat ansässige Person, die Einkünfte aus dem anderen Vertragsstaat bezieht, nur dann einen Anspruch auf die Abkommensvergünstigungen, die in dem anderen Vertragsstaat ansässigen Personen ansonsten gewährt werden, wenn sie eine berechtigte Person i.S.d. Art. 28 Abs. 2 DBA-USA ist und alle sonstigen Voraussetzungen des DBA für den Erhalt dieser Vergünstigungen erfüllt. Zu den berechtigten Personen zählen die eines Treaty Shoppings unverdächtigen Personen, nämlich natürliche Personen, der Vertragsstaat und seine Gebietskörperschaften sowie karitative Organisationen. Zusätzliche Anforderungen müssen – je nach Verdachtsgrad für das Vorliegen eines Treaty Shoppings[9] – die übrigen Gesellschaften erfüllen (Art. 28 Abs. 3, 4 und 6 DBA-USA).[10]

---

1 *Bleckmann*, Völkerrecht, Rz. 213; *Dahm/Delbrück/Wolfrum*, Völkerrecht², Band I/1, 64.
2 *Kluge*, Das Internationale Steuerrecht⁴, Rz. R 135; *Prokisch* in V/L⁶, Art. 1 OECD-MA Rz. 117.
3 *Oellerich*, IWB 2013, 33 (38 f.).
4 *Wassermeyer* in Wassermeyer (Hrsg.), DBA, Art. 1 MA Rz. 73.
5 Nach *Prokisch* in V/L⁶, Art. 1 OECD-MA Rz. 121a.
6 Vgl. *Gosch* in Internationales Steuerrecht, DStJG 36 (2013), S. 201 (210).
7 Eine Auflistung solcher Klauseln mit den EU-Staaten findet sich bei *Kofler* in FS Loukota, 2005, S. 213 (240).
8 *Oellerich*, IWB 2013, 33 (36).
9 *Jacob*, IStR 2011, 45 (46 f.).
10 Ausführliche Darstellung des Art. 28 DBA-USA bei *Dörfler/Birker*, GmbHR 2006, 867 ff.; *Goebel/Glaser/Wangler*, DStZ 2009, 197 ff.; *Jacob*, IStR 2011, 45 (46 ff.).

(2) Europarechtliche Beurteilung der Limitation-on-Benefits-Klauseln

8.208 In der Literatur wird zu Recht bezweifelt, dass die Limitation-on-Benefits-Klauseln mit den Grundfreiheiten, namentlich mit der Niederlassungsfreiheit (Art. 49 AEUV) und der Kapitalverkehrsfreiheit (Art. 63 AEUV) vereinbar sind.[1]

8.209 Unerheblich ist insoweit, dass es sich um DBA mit einem **Drittstaat**, den USA, handelt. Auch Klauseln eines DBA, das ein Mitgliedstaat der EU mit einem Drittstaat abschließt, müssen nach der Rechtsprechung des EuGH den Grundfreiheiten entsprechen.[2] Zwar mag die unmittelbare Diskriminierung durch die USA als Quellenstaat erfolgen; dies geschieht indes in Folge eines durch den Mitgliedstaat mit den USA abgeschlossenen völkerrechtlichen Vertrages. Die dem Mitgliedstaat zurechenbare Diskriminierung liegt nach der Rechtsprechung des EuGH im Vertragsschluss, durch den der Mitgliedstaat den USA erlaubt, sich dementsprechend zu verhalten.[3] Diese Begründung überrascht zunächst. Die Auffassung des EuGH wird aber dann plausibel, wenn man sich vor Augen führt, dass völkerrechtliche Verträge in den USA nicht der Transformation bedürfen, sondern mit wirksamem Abschluss unmittelbar in den USA geltendes Recht darstellen, weil gem. Art. VI der Verfassung der USA Verträge neben der Verfassung und den Gesetzen das oberste Recht des Staates darstellen.[4] Angesichts einer solchen Rechtslage und des Umstandes, dass die Grundfreiheiten auch ein Recht auf Schutzgewähr beinhalten, an das die Mitgliedstaaten als Garanten der Grundfreiheiten gebunden sind,[5] dürfen sie nicht durch den Abschluss des Vertrages eine durch einen Drittstaat anwendbare diskriminierende Rechtslage ermöglichen.

8.210 Die Limitation-on-Benefits-Klauseln sind **nicht gerechtfertigt**. Denn sie sind nicht erforderlich.[6] Eine Bestimmung, mit der bestimmte Gruppen von Vorgängen automatisch und unabhängig davon, ob tatsächlich ein Gestaltungsmissbrauch vorliegt, generell vom Steuervorteil ausgeschlossen werden, geht über das zur Vermeidung eines Missbrauchs Erforderliche hinaus.[7] Unionsrechtliche Bedenken lassen sich nur ausräumen, wenn dem Steuerpflichtigen der Gegenbeweis offen steht.[8] Ausgehend von der Rechtsprechung des EuGH[9] ändert an diesem Befund nichts, wenn beispielsweise Art. 28 Abs. 7 DBA-

---

1 *Kofler* in FS Loukota, 2005, S. 213 (218 ff.); *Lehner* in V/L⁵, Einl., Rz. 260 ff.; *Oellerich*, IWB 2013, 33 (36 f.); *Schnitger*, IWB, Fach 11, Gruppe 2, 599, 606 f. (zu Art. 28 DBA-USA 1989); *Thömmes*, IStR 2007, 577 ff.; *Wolff* in Wassermeyer, DBA, Art. 28 DBA-USA Rz. 12.
2 EuGH v. 21.9.1999 – C-307/97 – Saint-Gobain, Slg. 1999, I-6161 Rz. 58; v. 5.11.2002 – C-476/98 – Kommission/Deutschland, Slg. 2002, I-9855 Rz. 149.
3 EuGH v. 5.11.2002 – C-466/98 – Kommission/Vereinigtes Königreich, Slg. 2002, I-9427 Rz. 46 ff., insbesondere Rz. 51; v. 5.11.2002 – C-467/98 – Kommission/Dänemark, Slg. 2002, I-9519 Rz. 127 ff., insbesondere Rz. 132; v. 5.11.2002 – C-468/98 – Kommission/Schweden, Slg. 2002, I-9575 Rz. 118 ff., insbesondere Rz. 123; v. 5.11.2002 – C-469/98 – Kommission/Finnland, Slg. 2002, I-9627 Rz. 123 ff., insbesondere Rz. 128; v. 5.11.2002 – C-471/98 – Kommission/Belgien, Slg. 2002, I-9681 Rz. 136 ff., insbesondere Rz. 141; v. 5.11.2002 – C-472/98 – Kommission/Luxemburg, Slg. 2002, I-9741 Rz. 127 ff., insbesondere Rz. 132; v. 5.11.2002 – C-475/98 – Kommission/Österreich, Slg. 2002, I-2002, 9797 Rz. 137 ff., insbesondere Rz. 142; v. 5.11.2002 – C-476/98 – Kommission/Deutschland, Slg. 2002, I-9855 Rz. 149 ff., insbesondere Rz. 154.
4 *Doehring*, Völkerrecht, Rz. 710.
5 *Ehlers* in Ehlers, Europäische Grundrechte und Grundfreiheiten⁴, § 7 Rz. 31.
6 *Kofler* in FS Loukota, 2005, S. 213 (227 f.); *Oellerich*, IWB 2013, 33 (37); von einem Verstoß gegen die Niederlassungsfreiheit ausgehend auch *Kellersmann/Treisch*, Europäische Unternehmensbesteuerung, 203; kritisch auch *Schönfeld/Häck* in Schönfeld/Ditz, DBA, Systematik, Rz. 129; demgegenüber geht *Lehner* in V/L⁶, Grundlagen des Abkommensrechts, Rz. 269a davon aus, dass die Unionsrechtskonformität durch den EuGH geklärt ist.
7 EuGH v. 17.7.1997 – C-28/95 – Leur-Bloem, Slg. 1997, I-4161 Rz. 44 = FR 1997, 685 m. Anm. *Dautzenberg*; *Gosch* in Internationales Steuerrecht, DStJG 36 (2013), S. 201 (219).
8 *Schwenke/Hardt* in Wassermeyer, DBA, MA Vor Art. 1 Rz. 141.
9 EuGH v. 17.7.1997 – C-28/95 – Leur-Bloem, Slg. 1997, I-4161 Rz. 44 = FR 1997, 685 m. Anm. *Dautzenberg*.

USA es der zuständigen Finanzbehörde des Quellenstaats erlaubt, im Einzelfall nach Konsultation der Finanzbehörde des Ansässigkeitsstaats auf Grund einer Ermessensentscheidung die Abkommensberechtigung zu gewähren.[1] Denn eine Vorschrift, die der Finanzverwaltung allein das Ermessen einräumt, Ausnahmen vorzusehen, genügt den unionsrechtlichen Vorgaben nicht.[2]

Der Umstand, dass die USA kaum bereit sein werden, in der EU ansässige Steuerpflichtige pauschal zu berechtigten Personen zu machen,[3] hat für die Rechtfertigung der Diskriminierung keine Bedeutung. Dies ist lediglich ein rein tatsächliches Dilemma, das die Mitgliedstaaten aber nicht von der Bindung an die Grundfreiheiten befreien kann.[4]

8.211

bb) Aktivitätsklauseln

Aktivitätsklauseln sollen verhindern, dass Einkünfte aus einem Drittstaat deswegen von der inländischen Besteuerung auszunehmen sind, weil sie über eine passive Betriebsstätte eines im Inland unbeschränkt steuerpflichtigen Stammhauses umgelenkt werden.[5] Sie machen die Freistellung von der deutschen Besteuerung von der Ausübung einer echten wirtschaftlichen Betätigung abhängig. Die Einkünfte müssen (jedenfalls fast vollständig) aus einer **aktiven Tätigkeit** resultieren. Im Kern sind dies die Herstellung und der Verkauf von Gütern und Waren, technische Beratung und technische Dienstleistungen oder Bank- und Versicherungsgeschäfte.[6] Stammen Einkünfte nicht aus einer aktiven Tätigkeit, gilt nicht die Freistellungs-, sondern die Anrechnungsmethode (**Switch-over-Klausel**). Einige Abkommen versagen auch jegliche Steuerbegünstigung. Unbeachtlich ist auf Grund des typisierenden Charakters der Klauseln, ob im Einzelfall beachtliche Gestaltungsgründe vorliegen.[7]

8.212

Auch die Aktivitätsklauseln begegnen im Hinblick auf die Grundfreiheiten unionsrechtlichen Bedenken. Wie bereits bei den Limitation-on-Benefits-Klauseln erlauben die Grundfreiheiten keine **Missbrauchstypisierung**, die den Nachweis abschneidet, dass im konkreten Einzelfall kein Gestaltungsmissbrauch vorliegt. Auch insoweit dürfte es an der Erforderlichkeit fehlen. Der EuGH-Rechtsprechung, die insoweit auf die Steuerautonomie Bezug nimmt,[8] könnte Gegenteiliges zu entnehmen sein.[9] Überzeugen kann dies freilich nicht.[10]

8.213

cc) Subject-to-tax-Klauseln

Obwohl es sich gerade nicht um Missbrauchsvorschriften handelt, wird auch die Unionsrechtskonformität der allgemeinen Subject-to-tax-Klauseln regelmäßig in diesem dogmatischen Umfeld diskutiert.[11] Subject-to-tax-Klauseln dienen der Verhinderung sog. „weißer Einkünfte", indem Abkommensvorteile von der tatsächlichen Besteuerung im Ausland abhängig gemacht werden. In einem engen Zusammenhang mit diesen stehen die sog. Rückfallklauseln, die die Anwendung der Freistellungsmethode von der

8.214

---

1 Möglicherweise a.A. *Schönfeld/Häck* in Schönfeld/Ditz, DBA, Systematik, Rz. 129, und *Schwenke* in Wassermeyer, DBA, MA Vor Art. 1 Rz. 141, die meinen, diese Aufgabe komme Art. 28 Abs. 7 DBA-USA zu.
2 *Oellerich*, IWB 2013, 33 (37).
3 *Wolff* in Wassermeyer, DBA, Art. 28 DBA-USA Rz. 12; ähnlich *Schnitger*, IWB, Fach 11, Gruppe 2, 599 (607).
4 *Oellerich*, IWB 2013, 33 (37).
5 *Kraft*, Die missbräuchliche Inanspruchnahme von Doppelbesteuerungsabkommen, S. 27.
6 *Kluge*, Das Internationale Steuerrecht[4], Rz. R 128. – I.Ü. sind die Aktivitätsklauseln sehr vielfältig; kritisch *Wassermeyer*, IStR 2000, 65 ff., der sieben verschiedene Typen bezeichnet.
7 *Kluge*, Das Internationale Steuerrecht[4], Rz. R 128; *Oellerich*, IWB 2013, 33 (37).
8 EuGH v. 6.12.2007 – C-298/05 – Columbus Container Services, Slg. 2007, I-10451.
9 So auch *Schwenke/Hardt* in Wassermeyer, DBA, MA Vor Art. 1 Rz. 142.
10 So auch *Schönfeld/Häck* in Schönfeld/Ditz, DBA, Systematik, Rz. 130.
11 In diesem Sinne *Schönfeld/Häck* in Schönfeld/Ditz, DBA, Systematik, Rz. 131; *Schwenke/Hardt* in Wassermeyer, DBA, MA Vor Art. 1 Rz. 143.

tatsächlichen Besteuerung im anderen Staat abhängig machen. Diese Klauseln sind aber nicht auf Missbrauchsgestaltungen zugeschnitten, da sie nicht an ein beanstandetes missbräuchliches Verhalten der Steuerpflichtigen, sondern an eine Nichtbesteuerung im anderen Vertragsstaat anknüpfen. Die Rechtfertigung kann daher nicht an den Vorgaben zum Gestaltungsmissbrauch ausgerichtet werden. Subject-to-tax-Klauseln führen häufig aber nicht einmal zu einer unionsrechtlich relevanten Beschränkung der Grundfreiheiten. Wenn Art. 15 Abs. 4 Satz 2 DBA-Schweiz bspw. für die Besteuerung leitender Angestellter bestimmt, dass der Ansässigkeitsstaat besteuern darf, wenn der Tätigkeitsstaat die Einkünfte nicht besteuert, wird der konkrete Steuerpflichtige in seinem Ansässigkeitsstaat lediglich wie jeder andere Person unter im Übrigen vergleichbaren Umständen besteuert, die ihre Einkünfte in diesem Ansässigkeitsstaat erzielt. Soweit ferner die Bundesrepublik gegenüber Großbritannien auf ihr Besteuerungsrecht für Gewinne aus in Großbritannien belegenes Vermögen verzichtete (vgl. Art. VIII Abs. 1 DBA-Großbritannien a.F.), sollte dies nur gelten, wenn die Gewinne in Großbritannien steuerpflichtig waren (Art. XVIII Abs. 2 Buchst. a Satz 1 a.E. DBA-Großbritannien a.F.). Diese Klausel führte folglich zu einer Besteuerung in Deutschland, wenn die Einkünfte in Großbritannien nicht der Besteuerung unterlagen und konnten insoweit ebenfalls nur eine in Deutschland unbeschränkt steuerpflichtige Person betreffen, da das Vermögen in Großbritannien belegen sein musste und nur unbeschränkt Steuerpflichtige mit ihren Welteinkünften in Deutschland der Besteuerung unterliegen konnten. Dann wurde aber dieser konkrete Steuerpflichtige auch nur mit anderen unbeschränkt Steuerpflichtigen gleich behandelt, die aus der Veräußerung von in Deutschland belegenem Vermögen einen Veräußerungsgewinn erzielt hatten.

F. Eintritt in die EU, Ausschluss und Austritt aus der EU (Brexit)

Hinweis: Die folgenden Ausführungen sind nicht in dienstlicher Eigenschaft verfasst.

Literatur: *Benecke*, 70. Berliner Steuergespräch – „Koordinierter oder unkoordinierter Brexit – wie geht es weiter mit den Steuerbeziehungen zu Großbritannien?", FR 2019, 295; *Bhogal*, The Tax Consequences of Brexit, TNI 2018, 599; *Bode/Bron/Fleckenstein-Weiland/Mick/Reich*, Brexit – Tax it?, BB 2016, 1367; *Böttcher/Ferstl*, Ausweg aus der Limited, NWB 2019, 552; *Brandi/Schmidt*, Die britische Limited nach dem Brexit – RefE zur Änderung des UmwG mit weiteren Handlungsoptionen für betroffene Gesellschaften, DB 2018, 2417; *Busch*, Grexit und Brexit aus Verrechnungspreissicht, DB 2015, 1548; *Busch/Gegusch/Linn/Mertgen/Peykan/Gresbrand/Hanten/Hilberg/Sierig/Wesche/Wilke*, Scheiden tut weh: Brexit: die steuerlichen und rechtlichen Folgen, DB 2016, 1526; *Cape*, Brexit: Tax Ax or Tax Max?, TNI 2018, 1517; *Cloer/Holle*, Der Brexit im Lichte des Ertragsteuerrechts, FR 2016, 921; *Eilers/Welling*, Brexit: Soft-Landing statt Bruchlandung!, DB 2016 (Heft 47), M5; *Eilers/Tiemann*, Nach dem Brexit: Zukünftige Steuerpolitik Großbritanniens, FR 2019, 293; *Eisele*, Änderung des ErbStG durch das Brexit-Steuerbegleitgesetz, NWB 2019, 1451; *Franz*, Brexit – Unerkannte versicherungssteuerliche Compliance-Risiken für Unternehmen, DStR 2019, 478; *Geyer/Ullmann*, Sonderprobleme des BREXIT im Umwandlungssteuerrecht, FR 2017, 1069; *Geyer/Ullmann*, Ertragsteuerliche Auswirkungen des Brexits auf britische Limiteds mit Verwaltungssitz in Deutschland, DStR 2019, 305; *Gsödl/Schmid*, Die US-Steuerreform, der Brexit und deren Auswirkungen auf Deutschland, ifst-Schrift 524 (2018); *Häck*, BREXIT und Widerruf der Stundung nach § 6 Abs. 5 AStG, ISR 2018, 265; *Häck*, Neues zur Stundung der Wegzugsbesteuerung im Verhältnis zu Großbritannien und der Schweiz, IStR 2019, 253; *Hagemann*, Deutsche Quellensteuern und der Brexit, IWB 2019, 15; *Helios/Lenz*, Brexit: Steuerliche Herausforderungen im Rahmen der Umstrukturierungen von Banken, DB 2018, 2461; *von der Hellen*, Wegzugsbesteuerung in Drittstaaten, IWB 2019, 44; *Herbst/Gebhardt*, Ausgewählte ertragsteuerliche Implikationen des Austritts eines Staates aus der Europäischen Union am Beispiel des Vereinigten Königreichs, DStR 2016, 1705; *Höring*, „Brexit" und seine steuerlichen Folgen, DStZ 2017, 77; *Holle/Weiss*, Der Entwurf eines Brexit-Steuerbegleitgesetzes, IWB 2018, 800; *Holle/Weiss*, Betriebliche Entstrickungstatbestände und der Brexit, IWB 2019, 29; *Jordan*, Konsequenzen des Brexit für steuerneutrale Einbringungsvorgänge, StuB 2018, 136; *Jordan*, Der Anteilstausch im Lichte des Brexit, StuB 2018, 472; *Jordan*, Der EU-Austritt des Vereinigten Königreichs als Rechtsgrund für eine rückwirkende Einbringungsgewinnbesteuerung, DStR 2018, 1841; *Kahlenberg*, Auswirkungen des Brexit im Zusammenhang mit der Hinzurechnungsbesteuerung, IWB 2019, 8; *Käshammer/Schmohl*, Aktivitätsvorbehalte des gewerbesteuerlichen Schachtelprivilegs bei britischen Schachteldividenden nach dem Brexit, IStR 2018, 297; *Kudert/Hagemann/Kahlenberg*, Die Folgen des Brexit im Kontext der Wegzugsbesteuerung, EuZW 2017, 997; *Link*, Die Gesetzesentwürfe zum Brexit aus umwandlungssteuerlicher Sicht, IWB 2019, 38; *Link*, Der Regierungsentwurf eines Brexit-Steuerbegleitgesetzes, NWB 2019, 177; *Link*, Das Brexit-Steuerbegleitgesetz, NWB 2019, 866; *Linn*, Der Brexit – Erste Überlegungen zu den Folgen im deutschen internationalen Steuerrecht, IStR 2016, 557; *Jürgen Lüdicke*, Subject-to-tax-Klausel bei britischen Schachteldividenden nach dem Brexit, IStR 2017, 936; *Martiny/Sassmann/Wehnert*, Schiedsverfahren: Brexit und Schiedsverfahren über Verrechnungspreise – Konsequenzen und Praktikerhinweise, ISR 2017, 140; *Miras/Tonner*, Ausweg aus der Limited durch Übertragung der Anteile auf eine neu zu gründende GmbH, GmbHR 2018, 601; *Olligs*, Der Entwurf des BREXIT-Steuerbegleitgesetzes aus ertragsteuerlicher Sicht: Wesentliche (Nicht-)Änderungen, DStR 2018, 2237; *Otte-Gräbener*, Rechtsfolgen der Löschung einer Limited mit Verwaltungssitz in Deutschland, GmbHR 2017, 907; *Schall*, Ohne Mindestkapital von England nach Deutschland wechseln – die UG & Co. GmbH als Zielrechtsträger eines grenzüberschreitenden Formwechsels, GmbHR 2017, 25; *Schmidt-Kessel*, Grundfragen des Brexit-Austrittsabkommens, GPR 2018, 119; *Schneider/Stoffels*, Steuerfragen des Brexit, Ubg 2019, 1; *Schrade*, Steuerplanerische Überlegungen zum Brexit, DStR 2018, 1898; *Schulz/Biagi*, Gewerbesteuerliche Aspekte des Brexit, IWB 2019, 23; *Seeger*, Die Folgen des „Brexit" für die britische Limited mit Verwaltungssitz in Deutschland, DStR 2016, 1817; *Vanistendael*, How to Exit from a Brexit, TNI 2018, 913; *Vroom/de Wit*, Brexit: The Road Ahead for EU-UK Trade, EC Tax Review 2018, 196; *Zöller/Steffens*, Der Brexit im deutschen Ertragsteuerrecht - Gesetzgeber sieht Handlungsbedarf, IStR 2019, 286.

I. Einführung

Der Eintritt eines Staats in die EU oder sein Ausschluss bzw. Austritt aus der EU haben umfassende rechtliche Folgen, darunter auch **steuerliche Konsequenzen**. Diese betreffen nicht nur das europäische Recht selbst, sondern auch die nationalen Regelungen des betroffenen Staates sowie der übrigen EU-Mitgliedstaaten.

8.215

Mit dem **Eintritt** in die EU gelangt ein Staat in den Anwendungsbereich des Unionsrechts. Steuerlich relevant sind dabei nicht nur das Primärrecht (dabei vor allem Grundfreiheiten und Beihilfenrecht), sondern auch die einschlägigen Akte des Sekundärrechts. Bei letzteren ist danach zu differenzieren, ob ihre Regelungen explizit auf die jeweiligen Rechtsordnungen der erfassten EU-Mitgliedstaaten Bezug nehmen oder nicht. Wenn Ersteres der Fall ist, muss der Sekundärrechtsakt um einen entsprechenden Verweis auf die Rechtsordnung des neu hinzugekommenen Mitgliedstaats ergänzt werden, um auch für diesen seine volle Wirkung entfalten zu können. Als Beispiel sei die FRL genannt, die in ihren Anhängen für jeden Mitgliedstaat aufführt, welche Gesellschaftsformen und Steuern erfasst sein sollen. Als weitere Staaten der EU beitraten, wurden diese Anhänge jeweils um Regelungen für diese neuen Mitgliedstaaten erweitert (Rz. 16.6). Eine weitere wichtige Konsequenz eines EU-Beitritts besteht darin, dass dieser Staat künftig die Kompetenzen des EuGH und dessen Rechtsprechung beachten muss; so sind die Gerichte dieses Staates unter bestimmten Umständen verpflichtet, die Vereinbarkeit des nationalen Steuerrechts mit dem Unionsrecht durch den EuGH überprüfen zu lassen.

8.216

Das Recht des beitretenden Staates muss mit dem Unionsrecht vereinbar sein. Die Maßgaben des Primärrechts müssen beachtet werden, und Richtlinien müssen in nationales Recht umgesetzt werden. Nationale Verstöße gegen Unionsrecht können Vertragsverletzungsverfahren gemäß Art. 258 AEUV nach sich ziehen. Zudem gilt der **Anwendungsvorrang** des Unionsrechts. Soweit nationales Recht mit EU-Recht unvereinbar ist, entfaltet es keine Wirkungen mehr (s. Rz. 4.18 ff.). Gleichzeitig müssen die anderen EU-Mitgliedstaaten dafür Sorge tragen, dass sie bei der Anwendung ihres nationalen Rechts auf den neuen Mitgliedstaat die EU-rechtlichen Maßgaben befolgen. Wenn ihr nationales Steuerrecht etwa in Umsetzung eines EU-Rechtsaktes besondere Vergünstigungen für EU-Mitgliedstaaten enthält, müssen diese günstigen Wirkungen auch dem neu beigetretenen Staat zugutekommen.

8.217

8.218 Während der EU-Beitritt von Staaten bereits mehrfach vollzogen wurde, gab es bislang noch keinen **Austritt oder Ausschluss** aus der EU.[1] Seit der EU-Reform durch den Vertrag von Lissabon existieren dazu zwar rechtliche Bestimmungen (in Art. 50 EUV), praktische Erfahrungen mit deren Anwendung gibt es aber nicht. Der beabsichtigte Austritt des Vereinigten Königreichs aus der EU (Brexit) wird hier einen Präzedenzfall schaffen. Bei der Untersuchung der steuerlichen Folgen eines solchen Austritts[2] sind – wie bei einem Beitritt – das Unionsrecht selbst wie auch das nationale Recht (des ausscheidenden Staates und der verbleibenden EU-Mitgliedstaaten) in den Blick zu nehmen.

II. Harter oder weicher Brexit?

8.219 Am 29.3.2017 hat das Vereinigte Königreich die EU von seiner Absicht unterrichtet, aus der EU auszutreten.[3]

Schon bald danach begannen Verhandlungen zwischen dem Vereinigten Königreich und der Kommission über den Abschluss eines **Austrittsabkommens** im Sinne von Art. 50 EUV.[4] Ziel dieses Abkommens ist es, grundsätzliche Fragen über das künftige Verhältnis zwischen Vereinigtem Königreich und der EU zu regeln und damit die wirtschaftlichen Nachteile infolge des Brexit abzumildern.[5] Dies beinhaltet nicht nur die erheblichen finanziellen Konsequenzen des Austritts (wieviel Geld muss das Vereinigte Königreich im Sinne einer „Schlussrechnung" für die Verpflichtungen bezahlen, die während seiner EU-Mitgliedschaft begründet worden sind?), sondern auch die Frage, inwiefern Kontrollen an der künftigen Landgrenze zwischen dem Vereinigten Königreich und der EU, also zwischen Nordirland und Irland, notwendig sein werden. Letzteres betrifft zollrechtliche Fragestellungen, ist aber wegen der konfliktreichen Vergangenheit Nordirlands von allgemein hoher politischer Bedeutung.

8.220 Am 14.11.2018 einigten sich das Vereinigte Königreich und die Kommission über ein Austrittsabkommen.[6] Dieses beinhaltet auch eine Vereinbarung, die eine „harte" Grenze zwischen Nordirland und Irland dauerhaft verhindern soll („backstop"). In der Folge konnte die britische Regierung für dieses Abkommen im britischen Parlament aber in drei Versuchen keine Mehrheit erreichen, die für eine Ratifikation des Austrittsabkommens notwendig ist. Dabei war namentlich die Regelung zum „backstop" umstritten. Gleichzeitig rückte der 30.3.2019 näher, ab dem das Vereinigte Königreich gem. Art. 50 EUV (Zwei-Jahres-Frist nach Mitteilung des Austrittswunsches) nicht mehr EU-Mitglied gewesen wäre. Zur Abwendung eines Austritts des Vereinigten Königreichs ohne Austrittsabkommen einigten sich die EU und das Vereinigte Königreich mehrfach darauf, den **Austrittszeitpunkt** auf einen späteren Zeitpunkt zu **verschieben**; nach derzeitigem Stand soll der Austritt am 30.10.2019 erfolgen.

8.221 Vom Inkrafttreten des Austrittsabkommens wird abhängen, welche Konsequenzen der Brexit für die betroffenen Staaten und ihre Bürger haben wird. Kommt kein Austrittsabkommen zustande, wird das Vereinigte Königreich durch den Austritt „über Nacht" zu einem Drittstaat, ohne dass zeitgleich zu-

---

1 Hinzuweisen ist lediglich auf den im Jahr 1985 erfolgten Statuswechsel Grönlands, vgl. *Cloer/Holle*, FR 2017, 921 (921).
2 Die Konstellation eines Ausschlusses wird mangels praktischer Relevanz im Folgenden nicht weiter dargestellt.
3 Knapp neun Monate zuvor, am 23.6.2016, hatte sich in einem Referendum eine Mehrheit für den Austritt aus der EU ausgesprochen.
4 Informationen zum Verhandlungsstand wurden und werden von der Kommission gemeinsam mit weiteren relevanten Informationen regelmäßig veröffentlicht, im Internet abrufbar unter: https://ec.europa.eu/commission/brexit-negotiations/negotiating-documents-article-50-negotiations-united-kingdom_en (letzter Abruf sämtlicher in diesem Beitrag genannten Internetquellen erfolgte am 4.8.2019).
5 S. zu den Inhalten des Abkommens *Schmidt-Kessel*, GPR 2018, 119 (119 ff.).
6 Im Internet abrufbar unter: https://ec.europa.eu/commission/publications/draft-agreement-withdrawal-uk-eu-agreed-negotiators-level-14-november-2018-including-text-article-132-text-subject-final-legal-revision-coming-days_en.

sätzliche Regelungen zur Abmilderung der wirtschaftlichen Folgen zur Anwendung kämen („**harter Brexit**"). Dabei ist hinsichtlich der Rechtsfolgen zu differenzieren:

- Soweit steuerliche Maßgaben unmittelbar und ausschließlich im EU-Recht wurzeln, entfallen sie durch den Brexit. Dies betrifft etwa die Grundfreiheiten, die künftig für das Recht des Vereinigten Königreichs und für die Beziehungen der übrigen EU-Mitgliedstaaten zum Vereinigten Königreich keine Wirkung mehr entfalten werden.[1]

- Die nationalen Bestimmungen des Vereinigten Königreichs oder der anderen EU-Mitgliedstaaten hingegen bleiben nach dem Brexit zunächst unverändert bestehen. Dies gilt auch für diejenigen nationalen Regelungen, die die Vorgaben des EU-Rechts (z.B. die steuerlichen EU-Richtlinien) umsetzen. Die Staaten (sowohl das Vereinigte Königreich als auch die verbleibenden EU-Mitgliedstaaten) sind aber künftig darin frei, diese nationalen Vorschriften zu modifizieren und beispielsweise steuerliche Vergünstigungen, die EU-rechtlich geboten waren, abzuschaffen. Zudem kann der Brexit die sich aus dem nationalen Recht ergebenden Rechtsfolgen beeinflussen, selbst wenn dessen tatbestandliche Fassung unverändert bleibt: Wenn beispielsweise die nationale Regelung eine bestimmte steuerliche Vergünstigung allgemein „für alle EU-Mitgliedstaaten" anordnet, gilt diese Rechtsfolge für das Vereinigte Königreich aufgrund des Brexit künftig grundsätzlich nicht mehr;[2] etwas anderes wäre der Fall, wenn das Vereinigte Königreich in der nationalen Regelung explizit genannt wird – dann müsste der betreffende Staat diese Bestimmung eigens ändern, um das Vereinigte Königreich aus dem Kreis der begünstigten Staaten auszuschließen.

Tritt das angestrebte Austrittsabkommen in Kraft, würden die bisherigen (Schutz-)Wirkungen des Unionsrechts bis zum Ende eines Übergangszeitraums (31.12.2020) weiter gelten. Kommission und Vereinigtes Königreich hätten dann bis dahin Zeit, um ein umfassendes Folgeabkommen auszuhandeln (etwa in Form eines Freihandelsabkommens), das die künftigen Rechtsbeziehungen namentlich in Handels- und Wirtschaftsfragen im Einzelnen regelt und die bisherigen Wirkungen des EU-Rechts wenigstens teilweise dauerhaft aufrechterhalten kann.[3] Hierzu haben die Kommission und das Vereinigte Königreich bereits eine Politische Erklärung erarbeitet, die Grundzüge für dieses künftige Verhältnis beschreibt.[4] Dieses Szenario wird als „**weicher Brexit**" bezeichnet, wobei dann die konkreten Inhalte des Folgeabkommens darüber entscheiden würden, welche (steuerlichen) Folgen sich aus dem EU-Austritt ergeben.

8.222

In Deutschland hatte sich der Gesetzgeber schon während des laufenden Verhandlungsprozesses entschieden, gesetzliche Regelungen für die Abmilderung des Brexit zu schaffen. So wurde im März 2019 das **Brexit-Übergangsgesetz** beschlossen.[5] Dieses Gesetz lässt den im Austrittsabkommen vorgesehenen Übergangszeitraum für das deutsche Recht wirksam werden, indem das Vereinigte Königreich während dieses Zeitraums im Bundesrecht grundsätzlich weiterhin als EU-Mitgliedstaat gilt (§ 1 Brexit-ÜG; in § 2 sind Ausnahmen geregelt, die für das Steuerrecht aber keine Relevanz besitzen). Der derzeitige Rechtszustand wird also bis Ende des Jahres 2020 „eingefroren". Die Regelungen sollen aber gem. § 4 Brexit-ÜG nur dann in Kraft treten, wenn das Austrittsabkommen zwischen dem Vereinigten Königreich und der EU tatsächlich zustande kommt und ebenfalls in Kraft tritt. Die bestehenden Vergüns-

8.223

---

1 Eine Ausnahme bildet die Kapitalverkehrsfreiheit gem. Art. 63 AEUV, die grundsätzlich auch auf Drittstaatssachverhalte anzuwenden ist, allerdings mit niedrigerem Schutzniveau als in EU-Sachverhalten; vgl. *Herbst/Gebhardt*, DStR 2016, 1705 (1710); *Bode/Bron/Fleckenstein-Weiland/Mick/Reich*, BB 2016, 1367 (1367).
2 Das deutsche Steuerrecht enthält eine Reihe solcher „EU-Klauseln", wie in Rz. 8.228 ff. gezeigt wird.
3 Zu möglichen Szenarien für die künftigen Handelsbeziehungen zwischen dem Vereinigten Königreich und der EU s. etwa *Vroom/de Wit*, EC Tax Review 2018, 196 (197 ff.).
4 Politische Erklärung zur Festlegung des Rahmens für die künftigen Beziehungen zwischen der Europäischen Union und dem Vereinigten Königreich (2019/C 66 I/02), ABl. EU 2019 Nr. C 66 I, 185.
5 Gesetz für den Übergangszeitraum nach dem Austritt des Vereinigten Königreichs Großbritannien und Irland aus der Europäischen Union (Brexit-Übergangsgesetz – Brexit-ÜG) v. 27.3.2019, BGBl. I. 402.

tigungen für EU-Mitgliedstaaten sollen dem Vereinigten Königreich nach dem Austritt also nur im Falle eines weichen Brexit zugutekommen.

8.224 Nahezu zeitgleich wurde zudem das **Brexit-Steuerbegleitgesetz** verabschiedet, mit dem steuerliche Folgen des Brexit abgemildert werden sollen.[1] Wesentliche Folge dieses Gesetzes ist die Gewährung von Bestandsschutz für Sachverhalte, die bereits vor dem Brexit verwirklicht wurden.[2] Das Gesetz ist dabei so konzipiert, dass seine Folgen unabhängig vom Inkrafttreten des Austrittsabkommens eintreten; damit sollen steuerliche Nachteile, die sich aus dem Brexit ergeben, also in jedem Fall abgemildert werden. Eine darüber hinausgehende Privilegierung für „Dauersachverhalte" ist damit ebenso wenig verbunden wie eine generelle fortdauernde Behandlung des Vereinigten Königreichs als EU-Mitgliedstaat.[3] Während des Gesetzgebungsprozesses wurden auch noch nichtsteuerliche Regelungen in dieses Gesetz aufgenommen; darunter fällt insbesondere eine Lockerung des Kündigungsschutzes für bestimmte Angehörige der Finanzbranche, die die Attraktivität des Finanzstandorts Deutschland für bislang im Vereinigten Königreich ansässige Unternehmen erhöhen soll.

III. Welche steuerlichen Vorschriften wären vom Brexit betroffen?

1. Europäisches Primärrecht

8.225 Der Austritt aus der EU führt dazu, dass das **primäre EU-Recht** in Bezug auf den künftigen Drittstaat grundsätzlich keine Wirkungen mehr entfaltet. Aus steuerlicher Perspektive betrifft dies namentlich die Grundfreiheiten[4] und das europäische Beihilfenrecht. Der Wegfall der Anwendung der Grundfreiheiten führt dazu, dass der primärrechtliche Schutz vor steuerlichen Beschränkungen der grenzüberschreitenden Wirtschaftsaktivität entfällt. Steuerpflichtige können sich dann gegenüber nationalen Steuerregelungen von EU-Mitgliedstaaten, die Geschäftstätigkeiten im Vereinigten Königreich gegenüber rein nationalen Aktivitäten diskriminieren, grundsätzlich nicht mehr auf den Schutz der Grundfreiheiten berufen.[5] Von besonderer Bedeutung ist dabei der Wegfall der Warenverkehrsfreiheit gemäß Art. 28 AEUV und der Mitgliedschaft des Vereinigten Königreichs in der Zollunion (Art. 30 ff. AEUV). Wegen der erheblichen Belastungen des Wirtschaftsverkehrs, die von Zöllen und Abgaben gleicher Wirkung ausgehen, haben die Überlegungen zur künftigen zollrechtlichen Beziehung zwischen dem Vereinigten Königreich und der EU einen der Schwerpunkte bei den Verhandlungen über das geplante Austrittsabkommen gebildet.

2. Europäisches Sekundärrecht

8.226 **Europäisches Sekundärrecht** bindet nur die EU-Mitgliedstaaten. Der Austritt des Vereinigten Königreichs hat deswegen zur Folge, dass das europäische Sekundärrecht auf das Vereinigte Königreich nicht länger anwendbar ist.[6] Sofern die Bestimmungen des europäischen Sekundärrechts durch nationale britische Bestimmungen umgesetzt wurden (dies betrifft insb. Richtlinien), bleiben sie auch nach

---

1 Gesetz über steuerliche und weitere Begleitregelungen zum Austritt des Vereinigten Königreichs Großbritannien und Irland aus der Europäischen Union (Brexit-Steuerbegleitgesetz – Brexit-StBG) v. 25.3.2019, BGBl. I, 357.
2 Zum Gedanken des Vertrauensschutzes s. schon *Eilers/Welling*, DB 2016, M5.
3 Vgl. *Benecke*, FR 2019, 295 (296), der zudem darauf hinweist, dass ein solches Vorgehen mit der verabredeten gemeinsamen Haltung der 27 verbleibenden EU-Mitgliedstaaten nicht vereinbar wäre.
4 Vgl. schon Fn. 1 auf S. 365 zur Kapitalverkehrsfreiheit.
5 Einzig die Kapitalverkehrsfreiheit, die auch Sachverhalte mit Drittstaatsbezug schützt, wird hier weiterhin einschlägig sein. *Schneider/Stoffels*, Ubg 2019, 1 (3) weisen darauf hin, dass nach dem Brexit die Frage der einschlägigen Grundfreiheit (insb. die Abgrenzung der Kapitalverkehrsfreiheit zur Niederlassungsfreiheit) eine größere Rolle spielen wird.
6 Dem steht es nicht entgegen, wenn Eigenschaften des britischen Rechts explizit in Richtlinien genannt sind, wie dies etwa in den Anhängen zur MTRL, FRL und ZiLiRL der Fall ist. Diese Bestimmungen werden künftig ins Leere gehen.

dem Brexit unverändert anwendbar. Das Vereinigte Königreich ist künftig aber frei darin, dieses nationale Recht zu ändern, ohne daran durch die entsprechenden Bestimmungen des europäischen Sekundärrechts gehindert zu sein. Gleichzeitig müssen die übrigen EU-Mitgliedstaaten die Bestimmungen der betreffenden Rechtsakte nicht mehr gegenüber dem Vereinigten Königreich anwenden. Wiederum anderes gilt für die Schiedskonvention.[1] Diese ist kein Akt des EU-Rechts, sondern eine multilaterale Konvention zwischen den EU-Mitgliedstaaten (s. Rz. 23.1 ff.). Daraus folgt, dass das Vereinigte Königreich auch nach dem Austritt aus der EU Vertragspartei dieses Abkommens sein wird. Andererseits wird im Schrifttum darauf hingewiesen, dass sich gemäß Art. 16 der EU-Schiedskonvention der geografische Geltungsbereich dieses Abkommens auf die EWG beschränkt, so dass nicht auszuschließen sei, dass das Vereinigte Königreich oder EU-Mitgliedstaaten nach dem Brexit die Auffassung vertreten, dass die EU-Schiedskonvention auf das Vereinigte Königreich keine Anwendung mehr finde.[2]

3. Doppelbesteuerungsabkommen

Das zwischen Deutschland und dem Vereinigten Königreich bestehende **Doppelbesteuerungsabkommen v. 30.3.2010**[3] enthält eine Reihe steuerlicher Vergünstigungen. Zu nennen sind namentlich die Quellensteuerermäßigungen bei Dividenden[4], Zinsen[5] und Lizenzzahlungen[6]. Diese Bestimmungen sind teilweise durch europäisches Sekundärrecht überlagert: So statuiert die MTRL (umgesetzt in § 43b EStG) für bestimmte konzerninterne Dividenden ein vollständiges Quellensteuerverbot (s. Rz. 14.77). Nach dem Brexit entfällt diese weitergehende Regelung, so dass die Bestimmungen des Doppelbesteuerungsabkommens zur Besteuerung von Dividenden wieder uneingeschränkt anwendbar sind.[7] Zudem enthält das Doppelbesteuerungsabkommen in Art. 27 und 28 Bestimmungen zum Informationsaustausch und zur Beitreibungshilfe. Diese bilden eine ausreichende Rechtsgrundlage, um die infolge des Brexit wegfallenden Regelungen der EU-Amtshilferichtlinie und der EU-Beitreibungsrichtlinie zu kompensieren. Dazu ist aber erforderlich, dass zusätzliche Verwaltungsabkommen mit dem Vereinigten Königreich geschlossen werden, die die Einzelheiten zum Informationsaustausch und zur Beitreibungshilfe im gewünschten Umfang festlegen.[8]

8.227

---

1 Übereinkommen v. 23.7.1990 über die Beseitigung der Doppelbesteuerung im Falle von Gewinnberichtigungen zwischen verbundenen Unternehmen (90/436/EWG), ABl. EG 1990 Nr. L 225, 10.
2 Vgl. *Martiny/Sassmann/Wehnert*, ISR 2017, 140 (142 f.); offen auch *Busch*, DB 2015, 1548 (1551 f.).
3 In Deutschland umgesetzt durch Gesetz zu dem Abkommen vom 30.3.2010 zwischen der Bundesrepublik Deutschland und dem Vereinigten Königreich Großbritannien und Nordirland zur Vermeidung der Doppelbesteuerung und zur Verhinderung der Steuerverkürzung auf dem Gebiet der Steuern vom Einkommen und vom Vermögen v. 18.11.2010, BGBl. II, 1333; geändert durch Gesetz zu dem Protokoll vom 17.3.2014 zur Änderung des Abkommens vom 30.3.2010 zwischen der Bundesrepublik Deutschland und dem Vereinigten Königreich Großbritannien und Nordirland zur Vermeidung der Doppelbesteuerung und zur Verhinderung der Steuerverkürzung auf dem Gebiet der Steuern vom Einkommen und vom Vermögen v. 20.11.2015, BGBl. II, 1297.
4 Vgl. Art. 10 DBA-GBR: 5 % bei Schachteldividenden.
5 Vgl. Art. 11 DBA-GBR: generelles Quellensteuerverbot.
6 Vgl. Art. 12 DBA-GBR: generelles Quellensteuerverbot.
7 S. vertiefend *Herbst/Gebhardt*, DStR 2016, 1705 (1710 f.); *Bhogal*, TNI 2018, 599 (602 ff.); *Busch/Gegusch/Linn/Mertgen/Peykan/Gresbrand/Hanten/Hilberg/Sierig/Wesche/Wilke*, DB 2016, 1526 (1527). Für bestimmte konzerninterne Zins- und Lizenzzahlungen statuiert die ZiLiRL ebenfalls ein generelles Quellensteuerverbot (umgesetzt in § 50g EStG). Hier wirkt sich der Wegfall des Richtlinienschutzes (und von § 50g EStG) im Regelfall nicht aus, weil auch Art. 11 und 12 DBA-GBR ein generelles Quellensteuerverbot vorsehen. Es kann in bestimmten Fällen allerdings auch hier zum Wegfall von Vergünstigungen kommen, s. *Herbst/Gebhardt*, DStR 2016, 1705 (1711).
8 Vgl. auch Antwort der Bundesregierung auf die Kleine Anfrage der Abgeordneten *Frank Schäffler, Christian Dürr, Dr. Florian Toncar*, weiterer Abgeordneter und der Fraktion der FDP, BT-Drs. 19/2613, S. 16. Dort wird klarstellend darauf hingewiesen, dass für den Informationsaustausch über Finanzkonten und über *Country-by-Country-Reports* keine zusätzlichen Verwaltungsabkommen geschlossen werden müssen,

4. Entstrickungsregelungen

8.228 Das deutsche Ertragsteuerrecht enthält eine Reihe von sog. **Entstrickungsregelungen** (*Exit Tax*), die auf eine Besteuerung der stillen Reserven abzielen, wenn das Besteuerungsrecht Deutschlands ausgeschlossen oder beschränkt wird. Falls die Entstrickung im Verhältnis zu einem EU- oder EWR-Mitgliedstaat eintritt, kann die Besteuerung teilweise zeitlich gestreckt oder gestundet werden (z.B. § 4g EStG – dort nur für EU-Konstellationen –, § 6 Abs. 5 AStG). Der Austritt des Vereinigten Königreichs aus der EU wird zur Folge haben, dass künftige Entstrickungsvorgänge nicht mehr in den Anwendungsbereich dieser Regelungen fallen werden, so dass die entstehende Steuer grundsätzlich sofort zu zahlen ist.[1] Für Fälle, in denen eine Entstrickung bereits stattgefunden hat und eine Zahlungsstreckung oder Stundung gewährt wurde, gewährt das Brexit-StBG Bestandsschutz; dies verhindert, dass die Finanzverwaltung wegen der entfallenen Ansässigkeit in einem EU- oder EWR-Mitgliedstaat Zahlungsstreckung oder Stundung widerruft und die sofortige Zahlung der (verbleibenden) Steuerschuld verlangt. Dabei ist zu beachten, dass die einschlägigen Entstrickungstatbestände nicht einheitlich formuliert sind; in manchen Normen wird für den Widerruf ein vorheriges aktives Handeln des Steuerpflichtigen wie Wegzug oder Betriebsverlegung vorausgesetzt, so dass der bloße Brexit diese Rechtsfolgen von vornherein nicht auslösen kann.[2] Andere Enstrickungsnormen setzen hingegen kein aktives Tun voraus, so dass hier die Abmilderung durch das Brexit-StBG relevant wird. Dies betrifft namentlich § 4g EStG und § 22 UmwStG; im Verlauf des Gesetzgebungsverfahrens wurden entsprechende Regelungen zu § 12 Abs. 3 KStG und § 6 AStG aufgenommen, um auch hier Zweifelsfragen zu klären und Rechtssicherheit zu schaffen.[3] Zudem wurde in § 1 Abs. 2 UmwStG (i.V.m. § 122m UmwG) eigens eine Regelung zum Anwendungsbereich des UmwStG nach dem Brexit geschaffen.[4]

5. Zahlungsstreckung bei der Beschaffung von Ersatzwirtschaftsgütern gemäß § 6b Abs. 2a EStG

8.229 Durch das Steueränderungsgesetz 2015[5] wurde für die Übertragung stiller Reserven bei der Beschaffung von Ersatzwirtschaftsgütern im Sinne von § 6b EStG eine Zahlungsstreckungsregelung eingefügt. Der neu geschaffene § 6b Abs. 2a EStG erlaubt es dem Steuerpflichtigen, die Besteuerung der stillen Reserven über einen Zeitraum von fünf Jahren zu strecken, wenn die **Ersatzwirtschaftsgüter** einem

---

weil dazu bereits entsprechende multilaterale Abkommen vorliegen („Multilateral Competent Authority Agreement on Automatic Exchange of Financial Account Information" sowie „Multilateral Competent Authority Agreement on the Exchange of Country-by-Country Reports").

1 Vgl. auch Antwort der Bundesregierung auf die Kleine Anfrage der Abgeordneten *Frank Schäffler*, *Christian Dürr*, *Dr. Florian Toncar*, weiterer Abgeordneter und der Fraktion der FDP, BT-Drs. 19/2613, S. 3 f.

2 Bei § 36 Abs. 5 EStG beispielsweise setzt der Tatbestand ein vorheriges aktives Handeln des Steuerpflichtigen (Betriebsverlegung) voraus.

3 Der Referentenentwurf des BMF hatte die Regelungen zu § 12 Abs. 3 KStG und § 6 AStG noch nicht vorgesehen. Vgl. zur Diskussion *Pohl* in Blümich, § 6 AStG Rz. 9; *Häck* in FWB, § 6 AStG Rz. 536; *Herbst/Gebhardt*, DStR 2016, 1705 (1706 ff.); *Linn*, IStR 2016, 557 (560); *Bode/Bron/Fleckenstein-Weiland/Mick/Reich*, BB 2016, 1367 (1368, 1371); *Cloer/Holle*, FR 2017, 921 (926 f.); *Geyer/Ullmann*, FR 2017, 1069 (1074 ff.); *Höring*, DStZ 2017, 77 (79); *Kudert/Hagemann/Kahlenberg*, EuZW 2017, 997 (998 ff.); *Jordan*, StuB 2018, 136 (138 ff.); *Jordan*, StuB 2018, 472 (473 ff.); *Jordan*, DStR 2018, 1841 (1842 ff.); *Olligs*, DStR 2018, 2237 (2237 ff.); *Häck*, ISR 2018, 265 (266 ff.); *Helios/Lenz*, DB 2018, 2461 (2464); *Holle/Weiss*, IWB 2018, 800 (801 ff.); *Schneider/Stoffels*, Ubg 2019, 1 (5 f., 9 f.); *Holle/Weiss*, IWB 2019, 29 (33 ff.); *Link*, IWB 2019, 38 (41 ff.); *Link*, NWB 2019, 177 (178 f., 180 ff.); *von der Hellen*, IWB 2019, 44 (47 f.); *Häck*, IStR 2019, 253 (254 ff.); *Zöller/Steffens*, IStR 2019, 286 (286 ff.).

4 Vgl. zum UmwStG auch *Herbst/Gebhardt*, DStR 2016, 1705 (1709); *Bode/Bron/Fleckenstein-Weiland/Mick/Reich*, BB 2016, 1367 (1369); *Geyer/Ullmann*, FR 2017, 1069 (1070 ff.); *Schneider/Stoffels*, Ubg 2019, 1 (4); *Link*, IWB 2019, 38 (40 ff.). Zur Frage der Rückwirkung gem. § 2 UmwStG s. *Bode/Bron/Fleckenstein-Weiland/Mick/Reich*, BB 2016, 1367 (1369); *Geyer/Ullmann*, FR 2017, 1069 (1073 ff.); *Gsödl/Schmid*, ifst-Schrift 524 (2018), S. 42 f.

5 Steueränderungsgesetz 2015 v. 2.11.2015, BGBl. I, 1834.

Betriebsvermögen in einem anderen EU- oder EWR-Mitgliedstaat zuzuordnen sind.[1] Für Reinvestitionen in Wirtschaftsgüter im Vereinigten Königreich entfallen die Voraussetzungen dieser Vergünstigung mit dem Brexit. Wenn die Reinvestition bereits vor dem Brexit erfolgte und dafür eine Stundung gewährt wurde, ist die Fortführung dieser Stundung nun infolge des Brexit-StBG weiterhin möglich.[2]

6. Beschränkte Steuerpflicht

Bei der **beschränkten Steuerpflicht** ordnet § 50 Abs. 2 EStG an, dass die Einkommensteuer für Einkünfte, die dem Steuerabzug vom Arbeitslohn oder vom Kapitalertrag oder auf Grund des § 50a EStG unterliegen, durch den Abzug als abgegolten gilt; zu einer Veranlagung kommt es dann nicht. In den Fällen, in denen der Steuerpflichtige seinen Wohnsitz im EU- oder EWR-Ausland hat, kann er für Einkünfte aus nichtselbständiger Tätigkeit und für Einkünfte im Sinne von § 50a Abs. 1 Nr. 1, 2 und 4 EStG[3] gleichwohl eine Veranlagung zur Einkommensteuer beantragen, § 50 Abs. 2 Satz 7 i.V.m. § 50 Abs. 1 Satz 2 Nr. 4b und 5 EStG. Dies kann beispielsweise vorteilhaft sein, wenn die individuelle Einkommensteuerbelastung unter den in § 50 Abs. 3 Satz 4 EStG genannten Prozentbeträgen liegt. Zudem haben Staatsangehörige von EU- oder EWR-Staaten mit dortiger Ansässigkeit die Möglichkeit eines umfassenderen Abzugs von Betriebsausgaben oder Werbungskosten, als dies in Drittstaatssachverhalten der Fall ist, § 50a Abs. 3 Satz 2 EStG. Diese besonderen Vorschriften sind auf beschränkt Steuerpflichtige, die im Vereinigten Königreich ansässig sind, nach dem Brexit nicht mehr anwendbar.[4]

8.230

7. Fiktive unbeschränkte Steuerpflicht/Sonderausgaben

Auch die fiktive unbeschränkte Steuerpflicht im Sinne von § 1a EStG knüpft an die Staatsangehörigkeit eines EU- oder EWR-Mitgliedstaats an; nach dem Brexit entfällt für Staatsangehörige des Vereinigten Königreichs also die in § 1a EStG enthaltene Möglichkeit, bestimmte Umstände der persönlichen Lebensführung steuerlich berücksichtigen zu können.[5] Dies betrifft insbesondere den **Sonderausgabenabzug** gemäß § 10 Abs. 1a EStG bei Unterhaltsleistungen an den geschiedenen oder dauernd getrennt lebenden Ehegatten sowie bestimmten Fällen von Versorgungsleistungen, Ausgleichsleistungen zur Vermeidung eines Versorgungsausgleichs sowie Ausgleichszahlungen im Rahmen eines Versorgungsausgleichs. Die steuerliche Abzugsfähigkeit in Deutschland ist grundsätzlich daran geknüpft, dass der Empfänger der jeweiligen Zahlungen in Deutschland unbeschränkt steuerpflichtig ist. Nach den Regelungen zur fiktiven unbeschränkten Steuerpflicht sind diese Abzugstatbestände auch auf Konstellationen anwendbar, in denen sich der jeweilige Zahlungsempfänger im EU- oder EWR-Ausland befindet, § 1a Abs. 1 Nr. 1 EStG. Wenn das Vereinigte Königreich aus der EU austritt, entfällt diese Ausweitung auf Zahlungsempfänger im Vereinigten Königreich; in diesen Konstellationen sind die Zahlungen nicht länger als Sonderausgaben abzugsfähig. Ferner ist die Abzugsfähigkeit von Vorsorgeaufwendungen im Sinne von § 10 Abs. 1 Nr. 2, 3 und 3a EStG bei Zahlungen an Drittstaats-Unternehmen gem. § 10 Abs. 2 EStG an zusätzliche Voraussetzungen geknüpft, die nach dem Brexit relevant werden. Weiter ist die Abzugsfähigkeit von Schulgeldzahlungen an im Vereinigten Königreich belegene Schulen

8.231

---

1 Hintergrund für diese Neuregelung war eine Entscheidung des EuGH zur EU-Rechtswidrigkeit der früheren Rechtslage, die keine derartigen Erleichterungen für EU- oder EWR-Sachverhalte vorgesehen hatte, s. EuGH v. 16.4.2015 – C-591/13 – Europäische Kommission/Bundesrepublik Deutschland, ECLI:EU:C:2015:230; s. dazu Rz. 8.135.
2 S. dazu auch schon Antwort der Bundesregierung auf die Kleine Anfrage der Abgeordneten *Frank Schäffler, Christian Dürr, Dr. Florian Toncar*, weiterer Abgeordneter und der Fraktion der FDP, BT-Drs. 19/2613, S. 4.
3 Dies umfasst Einkünfte aus inländischen künstlerischen, sportlichen, artistischen, unterhaltenden oder ähnlichen Darbietungen, Einkünfte aus der inländischen Verwertung solcher Darbietungen und Einkünfte von Aufsichtsräten, Verwaltungsräten, Grubenvorständen und anderen mit der Überwachung der Geschäftsführung beauftragten Personen.
4 Vgl. *Cloer/Holle*, FR 2017, 921 (926); *Hagemann*, IWB 2019, 15 (19).
5 Vgl. *Cloer/Holle*, FR 2017, 921 (925).

gem. § 10 Abs. 1 Nr. 9 EStG nach dem Brexit ausgeschlossen, solange es sich nicht um eine Deutsche Schule handelt.[1]

8. Ehegattensplitting

8.232 Auch die Zusammenveranlagung von Ehegatten, die Voraussetzung für das **Ehegattensplitting** ist (§§ 26, 26b, 32a Abs. 5 EStG), hängt im Ausgangspunkt davon ab, dass beide Ehegatten im Inland unbeschränkt steuerpflichtig sind. Diese Regelung wird ebenfalls im Rahmen der fiktiven unbeschränkten Steuerpflicht auf Fälle ausgeweitet, in denen nur einer der Ehegatten im Inland und der andere im EU- oder EWR-Ausland ansässig ist, § 1a Abs. 1 Nr. 2 EStG. Auch diese Ausweitung gilt nach dem Brexit nicht mehr für Ehen, bei denen einer der Ehegatten im Vereinigten Königreich ansässig ist.

9. Negative Einkünfte

8.233 Gemäß § 2a EStG ist die Möglichkeit eingeschränkt, **negative Einkünfte** aus bestimmten Aktivitäten in Drittstaaten mit anderen Einkünften zu verrechnen. Bislang ist das Vereinigte Königreich von der Anwendung dieser Regelung ausgenommen, wie sich aus § 2a Abs. 2a EStG ergibt. Nach dem Brexit fallen Steuerpflichtige mit solchen Aktivitäten im Vereinigten Königreich grundsätzlich in den Anwendungsbereich von § 2a EStG.[2] Die praktischen Folgen der Anwendung von § 2a EStG würden allerdings durch das weiterhin bestehende Doppelbesteuerungsabkommen mit dem Vereinigten Königreich abgeschwächt werden. Soweit darin die Freistellungsmethode vereinbart ist, kommt eine Berücksichtigung negativer Einkünfte in Anwendung der sog. Symmetriethese in Deutschland ohnehin nicht in Betracht. Nach Auffassung der Bundesregierung besteht die Bedeutung der Vorschrift nach dem Brexit daher im Wesentlichen im Ausschluss des negativen Progressionsvorbehaltes gemäß § 32b Abs. 1 Nr. 3 EStG.[3]

10. Gemeinnützigkeitsrecht

8.234 Gemäß § 3 Nr. 44 EStG ist der Bezug von Leistungen aus bestimmten Stipendien steuerfrei. Bei Stipendien gemeinnütziger Träger im Sinne des § 5 Abs. 1 Nr. 9 KStG gilt dies nach der Verwaltungspraxis auch dann, wenn der jeweilige Geber im EU- oder EWR-Ausland ansässig ist, sofern er bei sinngemäßer Anwendung der §§ 51 ff. AO als **gemeinnützig** anzusehen wäre.[4] Diese Steuerfreiheit entfällt, wenn das Vereinigte Königreich aus der EU austritt.[5] In gleicher Weise würde der Brexit auch weitere steuerliche Vergünstigungen wie die Abzugsfähigkeit von Spenden (§ 10b EStG) und die Steuerfreiheit von Übungsleiter- oder Ehrenamtspauschale (§ 3 Nr. 26, § 3 Nr. 26a EStG) entfallen lassen, soweit es einen entsprechenden Bezug zum Vereinigten Königreich gibt.

11. Steuerfreiheit von Lohnersatzleistungen

8.235 Nach § 3 Nr. 2 Buchst. e EStG sind die in § 3 Nr. 1 und Nr. 2 Buchst. a bis d EStG genannten Leistungen auch dann **steuerfrei**, wenn sie von ausländischen Rechtsträgern gewährt werden, die ihren Sitz in einem EU- oder EWR-Mitgliedstaat (oder in der Schweiz) haben. Dies betrifft unter anderem Leistungen aus einer Krankenversicherung, Mutterschaftsgeld, Arbeitslosengeld und Insolvenzgeld. Diese Steuerfreiheit entfällt mit dem Brexit für Zahlungen von Rechtsträgern, die im Vereinigten Königreich ansässig sind.

---

1 Vgl. *Cloer/Holle*, FR 2017, 921 (926).
2 Vgl. *Herbst/Gebhardt*, DStR 2016, 1705 (1713).
3 Vgl. Antwort der Bundesregierung auf die Kleine Anfrage der Abgeordneten *Frank Schäffler, Christian Dürr, Dr. Florian Toncar*, weiterer Abgeordneter und der Fraktion der FDP, BT-Drs. 19/2613, S. 6.
4 Vgl. R 3.44 EStH 2015.
5 Vgl. Antwort der Bundesregierung auf die Kleine Anfrage der Abgeordneten *Frank Schäffler, Christian Dürr, Dr. Florian Toncar*, weiterer Abgeordneter und der Fraktion der FDP, BT-Drs. 19/2613, S. 7.

12. Degressive Gebäude-AfA

Bei der **degressiven Gebäude-AfA** gem. § 7 Abs. 5 EStG gelten für „Altfälle" erhöhte Abschreibungssätze. Diese Regelungen sind auch auf Gebäude, die in einem EU- oder EWR-Mitgliedstaat belegen sind, anwendbar. Nach dem Brexit gelten diese Regelungen für Gebäude im Vereinigten Königreich nicht mehr; es bleibt dann bei den (niedrigeren) Abschreibungssätzen von § 7 Abs. 4 EStG.

8.236

13. Riester-Rente

Ehegatten besitzen den Anspruch auf die **Altersvorsorgezulage** im Sinne von §§ 79 ff. EStG auch dann, wenn einer der beiden Ehegatten seinen Wohnsitz nicht im Inland, sondern in einem anderen EU- oder EWR-Mitgliedstaat hat, § 79 Satz 2 Nr. 2 EStG. Diese sog. mittelbare Zulageberechtigung würde entfallen, wenn das Vereinigte Königreich aus der EU austritt. Zudem kann dann ein Fall der sog. schädlichen Verwendung im Sinne von § 95 i.V.m. § 93 EStG vorliegen, mit der Folge, dass bereits gewährte Altersvorsorgezulagen und erhaltene Steuerermäßigungen zurückzuzahlen sind.[1] Hier schafft das Brexit-StBG ebenfalls Bestandsschutz.[2]

8.237

14. Kindergeld

Wenn das Vereinigte Königreich aus der EU austritt, ergeben sich Einschränkungen beim **Kindergeld**. Für britische Eltern, die in Deutschland ansässig sind, müsste geprüft werden, ob die Tatbestandsvoraussetzungen von § 62 Abs. 2 EStG weiterhin gegeben sind; bei Staatsangehörigen von EU- oder EWR-Mitgliedstaaten ist dies zumeist unproblematisch, weil deren Freizügigkeitsberechtigung regelmäßig vorliegt. Zudem wären Kinder, die im Vereinigten Königreich leben, grundsätzlich nicht länger berücksichtigungsfähig im Sinne von § 63 Abs. 1 Satz 6 EStG. Es käme dann darauf an, ob mit dem Vereinigten Königreich ein sozialrechtliches Abkommen geschlossen wird, die die Kindergeldberechtigung auf dort ansässige Kinder erstreckt.[3]

8.238

15. Hinzurechnungsbesteuerung/Zurechnungsbesteuerung

Die **Hinzurechnungsbesteuerung** enthält in § 8 Abs. 2 AStG eine Sonderregelung für beherrschte Gesellschaften, die in einem anderen EU- oder EWR-Mitgliedstaat ansässig sind. Demnach unterbleibt die Hinzurechnungsbesteuerung, wenn der Steuerpflichtige nachweist, dass die Gesellschaft einer tatsächlichen wirtschaftlichen Tätigkeit in dem betreffenden Staat nachgeht und mit diesem Staat ein Informationsaustausch auf Basis der EU-Amtshilferichtlinie (oder einer vergleichbaren anderen Vereinbarung) erfolgt.[4] Diese Sonderregelung ist nach dem Brexit auf beherrschte Gesellschaften im Vereinigten Königreich nicht länger anwendbar.[5] Es bleibt dann bei den Voraussetzungen der Hinzurechnungsbesteuerung, wie sie allgemein für Drittstaaten gelten, also ohne Möglichkeit, einen Gegenbeweis gem. § 8 Abs. 2 AStG zu führen. Entsprechendes gilt für die Gegenbeweismöglichkeit bei der Zurechnungsbesteuerung gem. § 15 Abs. 6 AStG, die namentlich für britische *Trusts* relevant sein kann.[6]

8.239

---

[1] Vgl. Antwort der Bundesregierung auf die Kleine Anfrage der Abgeordneten *Frank Schäffler, Christian Dürr, Dr. Florian Toncar*, weiterer Abgeordneter und der Fraktion der FDP, BT-Drs. 19/2613, S. 8.
[2] Vgl. *Link*, NWB 2019, 866 (868).
[3] Vgl. zu derartigen Abkommen den Überblick bei *Selder* in Blümich, § 63 EStG Rz. 28.
[4] Auslöser für diese Sonderregelung waren Entscheidungen des EuGH zu grundfreiheitlichen Grenzen von Anti-Missbrauchsbestimmungen, s. Rz. 8.175 ff.
[5] Vgl. *Herbst/Gebhardt*, DStR 2016, 1705 (1708 f.); *Linn*, IStR 2016, 557 (560); *Bode/Bron/Fleckenstein-Weiland/Mick/Reich*, BB 2016, 1367 (1368); *Gsödl/Schmid*, ifst-Schrift 524 (2018), S. 44 f.; *Schneider/Stoffels*, Ubg 2019, 1 (8 f.); *Kahlenberg*, IWB 2019, 8.
[6] S. hierzu auch *Herbst/Gebhardt*, DStR 2016, 1705 (1707); *Höring*, DStZ 2017, 77 (80); *Schneider/Stoffels*, Ubg 2019, 1 (9).

16. Gesellschaften, die nach britischem Recht gegründet wurden

8.240 Der Brexit kann sich auch auf Gesellschaften auswirken, die nach britischem Recht gegründet wurden, aber deren Geschäftsführung sich in Deutschland befindet. In der Praxis betrifft dies vor allem Gesellschaften in der Form der **Private Company Limited by Shares** britischen Rechts, die als Alternative zu deutschen GmbHs gegründet wurden. Bislang beruht diese Konstruktion auf der Rechtsprechung des EuGH zu den Grundfreiheiten, die eine Anerkennung der nach britischem Recht gegründeten Gesellschaften auch im Inland verlangt (sog. Gründungstheorie). Nach dem Brexit ist Deutschland nicht mehr zur Anerkennung dieser Grundsätze gegenüber Gesellschaften britischen Rechts verpflichtet und könnte die sog. Sitztheorie anwenden; demnach wäre die betreffende Gesellschaft als Personengesellschaft einzuordnen.[1] Es wird diskutiert, ob dies steuerlich zu einem Formwechsel führt, der dann eine Besteuerung stiller Reserven auslöst;[2] ggf. könnte auch unter Anwendung der Grundsätze des Typenvergleichs steuerlich weiterhin von einer Körperschaft ausgegangen werden.[3] Durch das StBG wurde nun eigens eine Regelung in § 12 Abs. 4 KStG geschaffen, die klarstellt, dass es infolge des Brexit nicht zu einer Aufdeckung und Versteuerung der stillen Reserven kommt.[4] Eine Konsequenz wäre jedenfalls, dass diese Gesellschaften aufgrund des zivilrechtlichen Statutenwechsels ihre generelle Abschirmwirkung nicht länger entfalten könnten;[5] dies würde auch Haftungsfragen betreffen, so dass Forderungen (darunter Steuerforderungen) direkt gegenüber den Gesellschaftern geltend gemacht und durchgesetzt werden könnten. Da dies die Attraktivität dieser Rechtsform deutlich einschränken würde, werden in der einschlägigen Literatur mögliche Schritte zur Umwandlung oder Sitzverlagerung der betroffenen Gesellschaften diskutiert.[6] Hinzuweisen ist auch auf das Vierte Gesetz zur Änderung des Umwandlungsgesetzes, mit dem den betroffenen Gesellschaften die Umwandlung in eine deutsche Personengesellschaft erleichtert werden soll.[7]

17. Einlagenrückgewähr

8.241 Gemäß § 27 Abs. 8 KStG sind die Regelungen zur **Einlagenrückgewähr** auch auf solche Gesellschaften anwendbar, die in einem anderen EU-Mitgliedstaat ansässig sind. Nach dem Brexit gilt diese Regelung für Gesellschaften, die im Vereinigten Königreich ansässig sind, nicht mehr; damit entfällt die Möglichkeit, bei Ausschüttungen dieser Gesellschaften nachzuweisen, dass die Beträge aus dem steuerlichen Einlagenkonto stammen und als Kapitalrückzahlungen steuerfrei zu stellen sind.[8]

---

1 Vgl. *Seeger*, DStR 2016, 1817 (1818 ff.); *Busch/Gegusch/Linn/Mertgen/Peykan/Gresbrand/Hanten/Hilberg/Sierig/Wesche/Wilke*, DB 2016, 1526 (1529); *Schall*, GmbHR 2017, 25 (25 f.); *Otte-Gräbener*, GmbHR 2017, 907 (912 f.); *Schrade*, DStR 2018, 1898 (1898); *Miras/Tonner*, GmbHR 2018, 601 (602 f.): „sudden death"; *Schneider/Stoffels*, Ubg 2019, 1 (12); *Geyer/Ullmann*, DStR 2019, 305 (306).
2 Vgl. *Bode/Bron/Fleckenstein-Weiland/Mick/Reich*, BB 2016, 1367 (1368); *Gsödl/Schmid*, ifst-Schrift 524 (2018), S. 46 f.; *Geyer/Ullmann*, DStR 2019, 305 (307 f.).
3 S. zum Typenvergleich nur *Jacobs*, Internationale Unternehmensbesteuerung⁸, S. 393 ff. m.w.N.
4 Im ursprünglichen Referentenentwurf des BMF wie auch im Regierungsentwurf war diese Vorschrift noch nicht enthalten. Vgl. zu dieser Regelung (auch mit Blick auf § 22 UmwStG) *Link*, NWB 2019, 866 (869 f.).
5 *Schall*, GmbHR 2017, 25 (25); *Otte-Gräbener*, GmbHR 2017, 907 (912 f.); *Miras/Tonner*, GmbHR 2018, 601 (602 f.).
6 *Schall*, GmbHR 2017, 25 (26 ff.); *Schrade*, DStR 2018, 1898 (1899 ff.); *Miras/Tonner*, GmbHR 2018, 601 (603 ff.); *Böttcher/Ferstl*, NWB 2019, 552 (555 ff.).
7 Viertes Gesetz zur Änderung des Umwandlungsgesetzes v. 19.12.2018, BGBl. I, 2694; s. *Brandi/Schmidt*, DB 2018, 2417 (2420 ff.).
8 S. dazu *Herbst/Gebhardt*, DStR 2016, 1705 (1711 f.); *Seeger*, DStR 2016, 1817 (1821 ff.); *Linn*, IStR 2016, 557 (559); *Bode/Bron/Fleckenstein-Weiland/Mick/Reich*, BB 2016, 1367 (1368); *Cloer/Holle*, FR 2017, 921 (927); *Höring*, DStZ 2017, 77 (79); *Gsödl/Schmid*, ifst-Schrift 524 (2018), S. 47 f.; *Schneider/Stoffels*, Ubg 2019, 1 (8).

18. Gewerbesteuer

Die Regelungen zum **gewerbesteuerlichen Schachtelprivileg** in § 9 Nr. 7 GewStG differenzieren danach, ob die ausschüttende Gesellschaft dem Anwendungsbereich der MTRL unterfällt (also in einem EU-Mitgliedstaat ansässig ist) oder nicht, vgl. § 9 Nr. 7 Satz 1, 2. HS GewStG. Für Drittstaatsgesellschaften gelten strengere Vorschriften, insb. müssen dann auch die Aktivitätsanforderungen im Sinne von § 8 Abs. 1 Nr. 1 bis 6 AStG erfüllt sein, und die maßgebliche Beteiligungsschwelle liegt bei 15 % statt 10 %. Nach dem Brexit werden für im Vereinigten Königreich ansässige Gesellschaften also grundsätzlich strengere Vorschriften gelten.[1]

8.242

19. Erbschaftsteuer

Der Brexit könnte auch Auswirkungen auf die **Erbschaftsteuer** haben. Nach § 13 Abs. 1 Nr. 4a, 4b und 4c ErbStG ist der Erwerb eines sog. Familienheims (durch Zuwendung unter Lebenden oder von Todes wegen) unter bestimmten Voraussetzungen steuerfrei. Dies gilt auch für Grundstücke, die in einem anderen EU- oder EWR-Mitgliedstaat belegen sind. Diese Steuerfreiheit würde nach dem Brexit für im Vereinigten Königreich belegene Grundstücke entfallen. Gleiches gilt für den verminderten Wertansatz gem. § 13d Abs. 3 Nr. 2 ErbStG; auch die Regelungen zu Großerwerben in § 13c ErbStG sind betroffen. Zudem ergibt sich aus dem Tatbestand von § 13b Abs. 1 ErbStG, dass die dort genannten Vermögenswerte nach dem Brexit nicht länger zum begünstigungsfähigen Vermögen zählen würden. Daraus folgt, dass die Vergünstigungen von § 13a ErbStG auf diese Vermögenswerte nicht mehr anwendbar wären. Weiter ist auf § 13a Abs. 3 ErbStG hinzuweisen, demzufolge auch Beteiligungen an EU- oder EWR-Gesellschaften für den sog. Lohnsummentest einzubeziehen sind. Folge des Brexit wäre, dass Löhne, die von im Vereinigten Königreich ansässigen Gesellschaften gezahlt wurden, nicht länger in die Berechnung der Lohnsumme eingehen können. Durch das Brexit-StBG wurde ein neuer § 37 Abs. 13 ErbStG geschaffen, der für das gesamte ErbStG einen Bestandsschutz für Altfälle normiert.[2]

8.243

20. Grunderwerbsteuer

Gemäß § 6a Satz 2 GrEStG wird bei **Umstrukturierungen im Konzern** keine Grunderwerbsteuer erhoben, wenn die Umstrukturierung auf gesellschaftsvertraglicher Grundlage auf Grund des Rechts eines EU- oder EWR-Mitgliedstaats erfolgt. Für Umstrukturierungen, die auf der Grundlage britischen Rechts vorgenommen werden, entfällt dieses Privileg durch den Brexit.[3] Auch hier schafft das Brexit-StBG (durch eine Neuregelung in § 6a GrEStG) Bestandsschutz für Altfälle. Weitere Entlastung schafft § 4 Nr. 6 GrEStG für die Fälle, in denen der Brexit einen grunderwerbsteuerlich relevanten Übergang des rechtlichen Eigentums an einem Grundstück auslösen würde.[4]

8.244

---

1 Vgl. *Herbst/Gebhardt*, DStR 2016, 1705 (1712); *Linn*, IStR 2016, 557 (559); *Cloer/Holle*, FR 2017, 921 (924); *Höring*, DStZ 2017, 77 (79), *Gsödl/Schmid*, ifst-Schrift 524 (2018), S. 38 f.; *Schulz/Biagi*, IWB 2019, 23 (24 ff.); s. aber auch *Käshammer/Schmohl*, IStR 2018, 297 (298 ff.). Im Schrifttum wird diskutiert, wie sich insoweit die Regelungen zum abkommensrechtlichen Schachtelprivileg in Art. 23 DBA-GBR auswirken, s. *Lüdicke*, IStR 2017, 936 (939 ff.); *Schneider/Stoffels*, Ubg 2019, 1 (6 f.); *Schulz/Biagi*, IWB 2019, 23 (26 f.). Hinzuweisen ist zudem auf die Entscheidung des EuGH in der Rechtssache *EV* zur Unvereinbarkeit der Regelungen zur gewerbesteuerlichen Kürzung mit der Kapitalverkehrsfreiheit. Diese Entscheidung stützte der EuGH gerade auf die in § 9 Nr. 7 GewStG enthaltenen strengeren Maßgaben für Drittstaatensachverhalte, s. EuGH v. 20.9.2018 – C-685/16 – EV, ECLI:EU:C:2018:743.

2 *Eisele*, NWB 2019, 1451 (1452 ff.) spricht von „Generalklausel".

3 S. aber auch *Herbst/Gebhardt*, DStR 2016, 1705 (1713), nach deren Auffassung die Beschränkung der Norm auf EU- oder EWR-Konstellationen eine abkommensrechtliche Diskriminierung darstellt.

4 Vgl. *Link*, NWB 2019, 866 (871).

21. Umsatzsteuer

8.245 Im Umsatzsteuerrecht wird an vielen Stellen und grundlegend zwischen EU-Staaten und Drittstaaten unterschieden. Hier sei nur beispielhaft auf die Regelungen in §§ 1a, 1b und 1c UStG zum innergemeinschaftlichen Erwerb und in § 4 Nr. 1 Buchst. b i.V.m. § 6a UStG zur innergemeinschaftlichen Lieferung hingewiesen. Aus der Perspektive der **Umsatzsteuer** hätte der Brexit daher für Unternehmen und Verbraucher im Verhältnis zum Vereinigten Königreich weitreichende Folgen.[1]

22. Verbrauchsteuern

8.246 Der Austritt des Vereinigten Königreichs aus der EU hat zur Folge, dass die EU-Richtlinien zum **harmonisierten Verbrauchsteuersystem** nicht länger anwendbar sind. Das Vereinigte Königreich könnte daher nach dem Brexit von den EU-Standards zur Verbrauchsteuererhebung, z.B. bei den Steuersätzen, abweichen. Zudem unterliegt die Beförderung verbrauchsteuerpflichtiger Waren zwischen dem Vereinigten Königreich und Deutschland nach dem Brexit nicht länger dem harmonisierten EU-Verbrauchsteuersystem, sondern der für Drittlandswaren vorgesehenen zollrechtlichen Überwachung.[2]

23. Versicherungsteuer

8.247 Der Austritt des Vereinigten Königreichs aus der EU kann dazu führen, dass die Pflicht zur Anmeldung und Entrichtung der **Versicherungsteuer** bei Verträgen mit Versicherungsunternehmen, die im Vereinigten Königreich ansässig sind, auf den einzelnen Versicherungsnehmer übergeht. Dies wäre nach Auffassung der Bundesregierung der Fall, wenn die betreffenden Unternehmen nicht die für einen Geschäftsbetrieb mit in Deutschland ansässigen Versicherungsnehmern erforderliche Erlaubnis[3] beantragen und erhalten.[4] Es liegt auf der Hand, dass ein Übergang versicherungsteuerlicher Pflichten von den Versicherungsunternehmen auf die Endkunden erhebliche Nachteile für die Wettbewerbsfähigkeit der betroffenen Unternehmen auf dem deutschen Markt mit sich bringen würde.

IV. Ausblick

8.248 Derzeit ist noch nicht absehbar, ob das Austrittsabkommen in Kraft treten wird und die Kommission anschließend eine dauerhafte und umfassende Regelung mit dem Vereinigten Königreich aushandelt. Falls dies gelingt sollten dabei auch steuerliche Gesichtspunkte berücksichtigt werden, um den Wegfall des steuerlichen *acquis communautaire* wenigstens teilweise zu kompensieren. Dabei werden die **Interessenlagen** der EU einerseits und des Vereinigten Königreichs andererseits von der Art des betreffenden europäischen Rechtsakts abhängen: Wenn es sich um begünstigende Regelungen handelt (z.B. FRL oder ZiLiRL), dürfte namentlich das Vereinigte Königreich an einem Fortbestand dieser Bestimmungen interessiert sein, um weiterhin günstige Rahmenbedingungen für wirtschaftliche Geschäftsbeziehungen zur EU anbieten zu können; handelt es sich um belastende Regelungen (z.B. ATAD), dürfte eher den verbleibenden EU-Mitgliedstaaten daran gelegen sein, dass das Vereinigte Königreich sich auch künftig

---

1 Zu einzelnen Konsequenzen aus der Perspektive der deutschen Umsatzbesteuerung s. auch *Bode/Bron/Fleckenstein-Weiland/Mick/Reich*, BB 2016, 1367 (1370 f.); *Höring*, DStZ 2017, 77 (80) sowie Antwort der Bundesregierung auf die Kleine Anfrage der Abgeordneten *Frank Schäffler, Christian Dürr, Dr. Florian Toncar*, weiterer Abgeordneter und der Fraktion der FDP, BT-Drs. 19/2613, S. 11 f.
2 Vgl. Antwort der Bundesregierung auf die Kleine Anfrage der Abgeordneten *Frank Schäffler, Christian Dürr, Dr. Florian Toncar*, weiterer Abgeordneter und der Fraktion der FDP, BT-Drs. 19/2613, S. 12. S. dazu auch *Franz*, DStR 2019, 478 (480 f.).
3 Die einschlägigen Rechtsgrundlagen dafür sind § 67 Versicherungsaufsichtsgesetz und Art. 162 der Richtlinie 2009/138/EG des Europäischen Parlaments und des Rates v. 25.11.2009 betreffend die Aufnahme und Ausübung der Versicherung, ABl. EU 2009 Nr. L 335, 10.
4 Vgl. dazu Antwort der Bundesregierung auf die Kleine Anfrage der Abgeordneten *Frank Schäffler, Christian Dürr, Dr. Florian Toncar*, weiterer Abgeordneter und der Fraktion der FDP, BT-Drs. 19/2613, S. 14 f.

an diese Vorschriften halten und unerwünschte Steuergestaltungen unterbinden muss. Gegebenenfalls kann auch eine Fortgeltung der Bestimmungen zum europäischen Beihilfenrecht erreicht werden, um die Spielräume des Vereinigten Königreichs für unfaire steuerliche Praktiken gegenüber der EU einzudämmen.

Auf nationaler Ebene hat das Vereinigte Königreich mit der sog. *Repeal Bill* einen wichtigen Schritt zur Gestaltung des gesetzlichen Umfelds nach dem Brexit getätigt.[1] Mit diesem Gesetz wurden die derzeit geltenden EU-rechtlichen Regelungen in nationales britisches Recht überführt bzw. dort erneut festgeschrieben, damit der Austritt aus der EU zu keinen ungewollten Regelungslücken im Vereinigten Königreich führt; gleichzeitig schafft dieses Gesetz die innerstaatliche Rechtsgrundlage für den Anwendungsvorrang des EU-Rechts gegenüber britischem Recht ab. Außerdem hat die britische Regierung begonnen, Informationsschreiben zu den Auswirkungen eines „harten Brexit" auf verschiedene Regelungsbereiche zu veröffentlichen; dazu zählt beispielsweise auch ein Schreiben zur Umsatzsteuer.[2] Hier geht es nicht um rechtliche Änderungen, sondern darum, bestehende Unsicherheiten über die Folgen eines „harten Brexit" zu verringern. Welchen steuerpolitischen Kurs das Vereinigte Königreich nach dem Brexit einschlagen wird, bleibt abzuwarten; bisweilen wird diskutiert, ob sich das Vereinigte Königreich künftig stärker am internationalen Steuerwettbewerb beteiligen will, etwa durch eine Senkung der Unternehmenssteuersätze.[3] Da der Brexit die Mitgliedschaft des Vereinigten Königreichs in der OECD und bei den G20 nicht berührt, ergeben sich jedenfalls aus den internationalen BEPS-Beschlüssen auch künftig bestimmte (politische) Begrenzungen des Handlungsspielraums.

8.249

Aus deutscher Perspektive sind mit dem Brexit-ÜG und dem Brexit-StBG wichtige Aspekte bereits geregelt, und zwar unabhängig davon, ob es zu einem „weichen" oder „harten" Brexit kommt. Es ist zu begrüßen, dass diese Regelungen zügig verabschiedet werden konnten, so dass für die von ihnen geregelten Bereiche jetzt Klarheit herrscht. Jedoch werden auch diese Vorschriften nicht verhindern können, dass es teilweise zu Übergangsproblemen (dies betrifft nicht zuletzt administrative Aspekte) und Einschränkungen des derzeitigen steuerlichen Schutzniveaus kommen wird. Insgesamt dürfte es in den nächsten Monaten daher vorrangig darum gehen, die durch den Brexit entstehenden Probleme für die Staaten und für die Steuerpflichtigen wenigstens so weit wie möglich einzugrenzen. Als wenig erfreuliches Fazit bleibt, dass der Brexit aus steuerlicher Sicht für alle Beteiligten ein Verlustgeschäft darstellen dürfte.

8.250

---

1 European Union (Withdrawal) Act 2018 v. 26.6.2018. Für nähere Informationen s. https://services.parliament.uk/bills/2017-19/europeanunionwithdrawal.html.
2 Im Internet abrufbar unter: https://www.gov.uk/government/publications/vat-for-businesses-if-theres-no-brexit-deal/vat-for-businesses-if-theres-no-brexit-deal.
3 Vgl. Spiegel-Online v. 27.9.2018 („Theresa May preist Großbritannien als künftiges Steuerparadies an"), im Internet abrufbar unter: http://www.spiegel.de/wirtschaft/soziales/brexit-theresa-may-preist-grossbritannien-als-kuenftiges-steuerparadies-an-a-1230291.html; s. auch *Cape*, TNI 2018, 1517 (1517 ff.); *Vanistendael*, TNI 2019, 913 (915 f.); *Eilers/Tiemann*, FR 2019, 293 (293 ff.) gehen nicht von einer grundlegenden Änderung der britischen Steuerpolitik aus.

Kapitel 9
Das Beihilfenverbot im Steuerrecht

A. Konzept und ideengeschichtlicher Hintergrund 9.1
B. Bedeutung im Steuerrecht 9.4
C. Verbotene steuerliche Beihilfen 9.7
  I. Prüfungsstruktur 9.7
  II. Steuerliche Begünstigung von Unternehmen 9.8
  III. Gewährung eines selektiven Steuervorteils 9.12
    1. Begünstigende Wirkung des Steuerregimes 9.12
    2. Regelmethode der Prüfung selektiver Wirkung 9.16
    3. Sonderdogmatiken selektiver Begünstigungswirkung 9.26
    4. Kritik und eigener Ansatz 9.28
  5. Selektivität bei indirekten Steuern 9.34
  6. Beweislast 9.35
  IV. Gewährung aus staatlichen Mitteln und auf staatliche Veranlassung hin 9.36
  V. Wettbewerbsverfälschung und Handelsbeeinträchtigung 9.43
D. Mit dem Binnenmarkt vereinbare Beihilfen 9.47
E. Verhältnis zu Grundfreiheitsverstößen 9.53
F. Die Beihilfenkontrolle 9.57
  I. Prüfverfahren nach Art. 108 AEUV 9.57
  II. Durchsetzung des Durchführungsverbotes nach Art. 108 Abs. 3 Satz 3 AEUV 9.62
G. Rückforderung beihilferechtswidriger Steuervergünstigungen 9.66

Literatur: *Balbinot*, Beihilfeverbot und Rechtsformneutralität, Diss., Köln 2018; *Bartosch*, Materielle Selektivität und Europäische Beihilfenkontrolle, EuZW 2010, 12; *Becker*, Die parallele Prüfung beihilferechtlicher Sachverhalte durch Kommission und nationale Gerichte – Entscheidungskompetenzen und -konflikte, EuZW 2012, 725; *Bernabeu*, R&D&I Tax Incentives in the European Union and State Aid Rules, ET 2014, 178; *Birkenmaier*, Die Vorgaben der Beihilfevorschriften des EG-Vertrages für die direkte Unternehmensbesteuerung, Diss., Heidelberg 2007; *Blumenberg/Kring*, Europäisches Beihilferecht und Besteuerung, IFSt-Schrift Nr. 473 (2011); *Boder*, Steuerliche Begünstigungen als staatliche Beihilfe i.S. des Art. 107 AEUV, FR 2011, 1034; *Boeshertz*, Community state aid policy and energy taxation, EC Tax Review 2003, 214; *Cordewener*, Die asymmetrische Belastung von Wirtschaftssektoren im Lichte aktueller Entwicklungen des EU-Beihilfeverbots – ein Problem für die Kernbrennstoffsteuer?, Ubg 2012, 607; *de Broe*, Can Tax Treaties Confer State Aid?, EC Tax Review 2017, 228; *Drüen*, Die Sanierungsklausel des § 8c KStG als europarechtswidrige Beihilfe, DStR 2011, 289; *Engelen*, State Aid and Restrictions on Free Movement: Two Sides of the Same Coin?, ET 2012, 204; *Englisch*, Steuerliche Sonderbelastung als verbotene Beihilfe – eine unionsrechtliche Achillesferse der Kernbrennstoffsteuer, StuW 2012, 318; *Englisch*, State Aid and Indirect Taxation, EC Tax Review 2013, 9; *Englisch*, Das EU-Beihilfeverbot – der ultimative Anti-Missbrauchstatbestand?, DStR 2018, 2501; *Ezcurra*, State Aids and Energy Taxes: Towards a Coherent Reference Framework, Intertax 2013, 340; *Forrester*, Is the State Aid Regime a Suitable Instrument to Be Used in the Fight Against Harmful Tax Competition?, EC Tax Review 2018, 19; *Frick*, Einkommensteuerliche Steuervergünstigungen und Beihilfeverbot nach dem EG-Vertrag, Diss., Tübingen 1994; *Geburtig*, Konkurrentenrechtsschutz aus Art. 88 Abs. 3 Satz 3 EGV. Am Beispiel von Steuervergünstigungen, Diss., Heidelberg 2002; *Geelhoed*, The Demarcation of State Aid and Regulatory Charges, EStAL 2005, 401; *Glaser*, Regionale Steuerautonomie im Fokus des EG-Beihilfenrechts, EuZW 2009, 363; *Grube*, Der Einfluss des unionsrechtlichen Beihilfeverbots auf das deutsche Steuerrecht, Diss., Passau 2014; *Haslehner/Kofler/Rust* (Hrsg.), EU Tax Law and Policy in the 21st Century, Alphen aan den Rijn 2017; *Helios*, Steuerliche Gemeinnützigkeit und EG-Beihilfenrecht, Diss., Osnabrück 2004; *Helios*, Indirekte Steuern als Gegenstand des EG-Beihilfenrechts, EWS 2005, 208; *Helios*, EG-beihilfenrechtliche Vereinbarkeit von gemeinnützigkeitsabhängigen Steuervergünstigungen, EWS 2006, 61 u. 108; *Jaeger*, Beihilfen durch Steuern und parafiskalische Abgaben, Diss., Wien 2006; *Jaeger*, Fehlstellungen im Verhältnis von Steuer- und Beihilferecht: Ein Plädoyer für mehr Ausgewogenheit, EuZW 2012, 92; *Jann*, Nationale Steuern und das EG-Beihilfeverbot, in *Monti* u.a. (Hrsg.), Economic law and justice in times of globalisation/Wirtschaftsrecht und Justiz in Zeiten der Globalisierung, FS für *Baudenbacher*, Baden-Baden 2007, 419; *Jansen*, Vorgaben des europäischen Beihilferechts für das nationale Steuerrecht, Diss., Saarbrücken 2003; *Jennert/Ellenrieder*, Unternehmensbesteuerung im Lichte des EU-Beihilfenrechts, EWS 2011, 305; *Jestaedt* in Heidenhain (Hrsg.), Handbuch des Europäischen Beihilfenrechts, § 8: Steuern, Abgaben, München 2003; *Jochum*, Die Steuervergünstigung, Vergünstigungen und vergleichbare Subventionsleistungen im deutschen und europäischen Steuer-, Finanz- und Abgabenrecht, Berlin u.a. 2006; *Jozipović*, Die Anwendung des EU-Beihilferechts auf das internationale Steuerrecht, Wiesbaden 2018; *Kalloe*, Corporate Tax Treatment of Interest, ET 2011, 504; *Kirchhof, F.*, Nationale Steuerermäßigungen und europäisches Beihilfeverbot, ZfZ 2006, 246; *Kokott*, Steuerrecht und unionsrechtlicher Beihilfebegriff, in Lang (Hrsg.), Europäisches Steuerrecht, DStJG 41 (2018), 535; *Koschyk*, Steuervergünstigungen als Beihilfen nach Art. 92 EG-Vertrag, Diss., Hamburg 1999; *Krumm*, Verfahrensrechtliche Aspekte steuerlicher Beihilfe, in Lang (Hrsg.), Europäisches Steuerrecht, DStJG 41 (2018), 561; *Kube*, Nationales Steuerrecht und europäisches Beihilfenrecht, in Becker/Schön (Hrsg.), Steuer- und Sozialstaat im europäischen Systemwettbewerb, Tübingen 2005, 99; *Kühling*, Die beihilfenrechtliche Bewertung der Kernbrennstoffsteuer, EWS 2013, 113; *Kube/Reimer* (Hrsg.), Das Beihilfenrecht als Innovationsmotor des Steuerrechts, Berlin 2018; *Lang, M.*, Die Auswirkungen des gemeinschaftsrechtlichen Beihilferechts auf das Steuerrecht, Verhandlungen 17. ÖJT, Band IV/1, 2009; *Lang, M.*, Seminar J: Steuerrecht, Grundfreiheiten und Beihilfeverbot, IStR 2010, 570; *Lang, M.*, State Aid and Taxation, EStAL 2012, 411; *Lehnert*, Die Korrektur von gemeinschaftsrechtswidrigen Beihilfen in Form von Steuervergünstigungen, Diss., Mannheim 2007; *Linn*, Die Anwendung des Beihilfeverbots im Unternehmenssteuerrecht, IStR 2008, 601; *López López*, General Thought on Selectivity and Consequences of a Broad Concept of State Aid in Tax Matters, EStAL 2010, 807; *Luja*, Assessment and Recovery of Tax Incentives in the EC and the WTO, Diss., Maastricht 2002; *Luja*, Group Taxation, Sectoral Tax Benefits and De Facto Selectivity in State Aid Review, EStAL 2009, 473; *Luja*, (Re)shaping Fiscal State Aid: Selected Recent Cases and Their Impact, Intertax 2012, 120; *Luja*, The Attribution of State Aid to Member States in the Exercising of Options in Directives, EStAL 2013, 119; *Luja*, Will the EU'S State Aid Regime Survive BEPS?, BTR 2015, 379; *Lyal*, Transfer Pricing Rules and State Aid, 38 Fordham Int'l Law Journal 2015, 1017; *Markert*, Deutsche Steuervergünstigungsnormen im Lichte unionsrechtlicher Vorgaben, insbesondere des Beihilferechts und der Grundfreiheiten, 2013; *Martini*, Rechtsfolgen unionsrechtswidriger Beihilfen im Steuerrecht, StuW 2017, 101; *Mehta*, Tax Harmonization and State Aid, EStAL 2007, 257; *Merola*, The Rebus of Selectivity in Fiscal Aid: A Nonconformist View on and beyond Case Law, 39 World Competition (2016), 533; *Micheau*, Tax Selectivity in State Aid Review: A Debatable Case Practice, EC Tax Review 2008, 276; *Micheau*, Fundamental Freedoms and State Aid Rules under EU Law: The Example of Taxation, ET 2012, 210; *Micheau*, State Aid, Subsidy and Tax Incentives Under EU and WTO Law, Alphen aan den Rijn 2014; *Monsenego*, Selectivity in State Aid Law and the Methods for the Allocation of the Corporate Tax Base, Alphen aan den Rijn 2018; *Paterno*, State Aid and Fiscal Protectionism in the European Union from the Perspective of Competitors, Bulletin for International Taxation 2011, 343; *Peters*, Tax Policy Convergence and EU Fiscal State Aid Control: In Search of Rationality, EC Tax Review 2019, 6; *Quigley*, Direct Taxation and State Aid: Recent Developments Concerning the Notion of Selectivity, Intertax 2012, 112; *Raab*, Das EU-Beihilfenverbot und seine verfahrensrechtlichen Auswirkungen im Steuerrecht, Wien 2011; *Richelle/Schön/Traversa* (Hrsg.), State Aid Law and Business Taxation, Berlin, Heidelberg 2016; *Rode*, Steuervergünstigungen, Beihilfen und Steuerwettbewerb, Diss., Bonn 2006; *Rosenberg*, Das beihilferechtliche Durchführungsverbot in Steuerverfahren, Diss., Köln 2014; *Rossi-Maccanico*, State Aid Review of Business Tax Measures, EStAL 2007, 215; *Rossi-Maccanico*, The Notion of Indirect Selectivity in Fiscal Aids: A Reasoned Review of the Community Practice, EStAL 2009, 161; *Rossi-Maccanico*, Fiscal Aid Review and Cross-Border Tax Distortions, Intertax 2012, 92; *Rossi-Maccanico*, EU Review of Direct Tax Measures: Interplay between Fundamental Freedoms and State Aid Control, EC Tax Review 2013, 19; *Rossi-Maccanico*, Fiscal state Aids, Tax Base Erosion and Profit Shifting, EC Tax Review 2015, 63; *Rydelski*, Distinction between State Aid and General Tax Measures, EC Tax Review 2010, 149; *Schön*, Taxation and State Aid Law in the European Union, CMLRev. 1999, 911; *Schön*, Special Charges – A Gap in European Competition Law?, EStAL 2006, 495; *Schön*, State Aid in the Area of Taxation, in Hancher u.a. (Hrsg.), EU State Aids, London 2012, 321; *Schönfeld/Ellenrieder*, Vertrauensschutz bei steuerlichen Beihilfen, IStR 2018, 444; *Strüber*, Steuerliche Beihilfen, Diss., Köln 2005; *Staes*, The Combined Application of the Fundamental Freedoms and the EU State Aid Rules, Intertax 2014, 106; *Sutter*, Das EG-Beihilfenverbot und sein Durchführungsverbot in Steuersachen, Wien 2005; *Szudoczky*, The Sources of EU Law and Their Relationships: Lessons for the Field of Taxation, 2014; *Szudoczky*, Convergence of the Analysis of National Tax Measures Under the EU State Aid Rules and the Fundamental Freedoms, European State Aid Law Quarterly 2016, 357; *Traversa*, Is There Still Room Left in EU Law for Tax Autonomy of Member States' Regional and Local Authorities?, EC Tax Review 2011, 4; *Verhagen*, International State Aid and Tax Rulings – An Assessment of the Selectivity Criterion of Article 107(1) of the TFEU in Relation to Recent Commission Transfer Pricing Decisions, ET 2017, 279; *Vermeulen*, Fiscal State Aid and Real Estate Collective Investment Vehicles, EC Tax Review 2011, 155; *Wattel*, Interaction of State Aid, Free Movement, Policy Competition and

Abuse Control in Direct Tax Matters, World Tax Journal 2013, 128. S. auch weitere Beiträge im Sonderheft Intertax 2/2012; sowie im Tagungsband von *Rust/Micheau* (Hrsg.), State Aid and Tax Law, Alphen aan den Rijn 2013.

A. Konzept und ideengeschichtlicher Hintergrund

Der AEUV verfügt mit den Art. 107 f. über ein **spezielles Regime der Beihilfenkontrolle**.[1] Dessen materiell-rechtliche Grundlage bildet Art. 107 Abs. 1 AEUV, wonach die wettbewerbsverfälschende Unterstützung bestimmter Unternehmen oder Produktionszweige durch staatliche Beihilfen grundsätzlich verboten ist, soweit sie den Handel zwischen Mitgliedstaaten beeinträchtigt. Staatliche Maßnahmen, die von diesem grundsätzlichen Verbot betroffen sind, können allerdings von der EU-Kommission nach Maßgabe des Art. 107 Abs. 2 und Abs. 3 AEUV für mit dem Binnenmarkt vereinbar erklärt und genehmigt werden. Verfahrensrechtlich flankiert wird diese Beihilfenkontrolle durch die Notifizierungspflichten der Mitgliedstaaten und die Prüfungsbefugnisse der EU-Kommission nach Art. 108 AEUV. Danach sind beihilfeverdächtige Maßnahmen der EU-Kommission mitzuteilen, die dann in einem bis zu zweistufigen Verfahren untersucht, ob eine Beihilfe vorliegt und ob diese ggf. genehmigt wird. Bis zum Abschluss dieses Verfahrens darf eine (tatsächliche) Beihilfe vom Mitgliedstaat nicht gewährt werden.

9.1

Integrationspolitischer Sinn der Beihilfenkontrolle ist es, den **Wettbewerb** zwischen den **im EU-Binnenmarkt** tätigen Unternehmen **vor Verfälschungen zu schützen**.[2] Die Art. 107 f. AEUV sind allerdings nur auf die Kontrolle von zielgerichteten Begünstigungen bzw. solchen mit begrenzter Reichweite angelegt. Etwaige wettbewerbsverzerrende Effekte genereller industrie- und wirtschaftspolitischer Rahmenbedingungen sind nach Wortlaut und Systematik (vgl. insbes. Art. 116 AEUV) nicht erfasst, sondern nach der Konzeption der Verträge im Wege der Rechtsangleichung einzuhegen. Das Verbot des Art. 107 Abs. 1 AEUV zielt außerdem nur auf staatliche Beihilfen, mit denen die Mitgliedstaaten ihre eigenen wirtschafts- und sozialpolitischen Ziele verfolgen, nicht auch Unionsbeihilfen (zur Abgrenzung Rz. 9.40).[3] Denn von staatlicher Wirtschaftsförderung geht in besonderem Maße die Gefahr wettbewerbsverzerrender Effekte spezifisch zu Lasten des grenzüberschreitenden Handels im Binnenmarkt aus.[4] Nationale Beihilfen sind nicht zuletzt eine traditionelle, wenn auch kostspielige Form der Kompensation von Zolltarifzugeständnissen.[5] Sie bedürfen in einer Zollunion wie der Europäischen Union deshalb in besonderem Maße der Kontrolle.[6] Dies gilt umso mehr, als die übrigen Mitgliedstaaten wegen des Verbotes von Zöllen und mengenmäßigen Beschränkungen nach Art. 30 ff. AEUV auch keine Möglichkeit mehr haben, unilaterale Abwehrmaßnahmen für den Fall einer Subventionierung der Exportwirtschaft eines anderen Mitgliedstaates zu ergreifen.[7]

9.2

---

1 Der EWRV enthält eine Parallelregelung in Art. 61. S. ferner zu Art. 23 des Freihandelsabkommens EU – Schweiz (1972) *Rossi-Maccanico*, EC Tax Review 2007, 133; *Luja*, EC Tax Review 2007, 231.
2 S. dazu EuGH v. 6.11.2018 – C-622/16 P bis C-624/16 P – Scuola Elementare Maria Montessori, ECLI: EU:C:2018:873 Rz. 43 m.w.N.; *Cremer* in Calliess/Ruffert[5], Art. 107 AEUV Rz. 4; *Forrester*, EC Tax Review 2018, 19 (24), m.w.N.
3 Vgl. EuGH v. 27.3.1980 – 61/79 – Denkavit italiana, Slg. 1980, 1205 Rz. 31.
4 S. *Bleckmann*, RabelsZ 48 (1984), 419 (449).
5 S. *Cremer* in Calliess/Ruffert[5], Art. 107 AEUV Rz. 27; *Schmidt*, Öffentliches Wirtschaftsrecht, 1990, S. 261; vgl. auch *Seidel* in Börner/Neundörfer, Recht und Praxis der Beihilfen im Gemeinsamen Markt, 1984, S. 55 (58).
6 S. auch EuGH v. 16.7.1998 – C-298/96 – Oelmühle Hamburg, Slg. 1998, I-4767 Rz. 37. Grundsätzlich a.A. *Sykes*, Journal of Legal Analysis 2010, 473.
7 S. *Börner* in Magiera, Entwicklungsperspektiven der Europäischen Gemeinschaft, 1985, S. 83 (85); *Grabitz* in *Magiera*, Entwicklungsperspektiven der Europäischen Gemeinschaft, 1985, S. 95 (98). Eine Ausnahme bildet die Festsetzung von Ausgleichsabgaben nach Art. 44 AEUV, die jedoch von der Kommission initiiert werden muss.

9.3 Es ist allerdings nicht zu leugnen, dass sich die Beihilfenkontrolle inzwischen auch zu einem machtvollen **Instrument der industriepolitischen Steuerung** der Mitgliedstaaten durch die EU-Kommission entwickelt hat.[1] Als Hebel dient der Kommission dabei ihr weites Ermessen bei der Genehmigung von Beihilfen gem. Art. 107 Abs. 3 Buchst. c AEUV, d.h. von Beihilfen zur Förderung der Entwicklung gewisser Wirtschaftszweige oder Wirtschaftsgebiete. Diese Befugnis wird von der EU-Kommission weit interpretiert und hat ihr als Grundlage für den Erlass zahlreicher Verwaltungsvorschriften gedient, in denen detaillierte Vorgaben dazu enthalten sind, unter welchen Voraussetzungen die EU-Kommission umweltpolitisch motivierte Beihilfen, Beihilfen für Forschung und Entwicklung, Sanierungsbeihilfen usw. genehmigen wird (dazu näher Rz. 9.52). Bedenklich ist diese Entwicklung insofern, als die EU-Kommission dabei trotz nur geringer demokratischer Legitimation weitreichende Mitwirkungsbefugnisse auf zentralen Politikfeldern der Mitgliedstaaten beansprucht.[2]

B. Bedeutung im Steuerrecht

9.4 Nach ständiger Rechtsprechung des EuGH ist der in Art. 107 Abs. 1 AEUV verwendete Begriff der Beihilfe weiter als der Begriff der (Direkt-)Subvention. Er umfasst nicht nur offen als solche ausgewiesene Zuwendungen in Form von verlorenen Zuschüssen, vergünstigten Konditionen der Kreditgewährung, etc. Vielmehr können **auch Verschonungssubventionen** staatliche Beihilfen darstellen, wenn eine von Unternehmen „normalerweise" zu tragende abgaben- bzw. steuerrechtliche Belastung vermindert wird.[3] Dies betrifft im Steuerrecht der EU-Mitgliedstaaten vor allem **gesetzliche Steuervergünstigungen für Unternehmen**.[4] Daneben können aber auch eine bloße **Verwaltungspraxis oder Einzelmaßnahmen** im Steuervollzug das Beihilfenverbot tangieren, soweit bestimmten Unternehmen infolgedessen eine günstigere steuerliche Behandlung als anderen zuteil wird.[5] Ebenfalls als Beihilfe zu werten sind Entschädigungen, die (bspw. aufgrund bilateraler Investitionsschutzabkommen) von einem Mitgliedstaat als Kompensation für die Abschaffung bzw. Nichtgewährung einer ursprünglich vorgesehenen bzw. zugesagten steuerlichen Beihilfe gezahlt werden.[6]

9.5 Vor der ECOFIN-Entschließung zum schädlichen Steuerwettbewerb im Jahr 1997[7] hat die Kommission steuerliche Vergünstigungen nur sporadisch zum Gegenstand einer beihilferechtlichen Kontrolle

---

1 S. *Peters*, EC Tax Review 2019, 6 (8), m.w.N.; *Dobratz* in Musil/Weber-Grellet, Europäisches Steuerrecht, Art. 107 AEUV Rz. 2.
2 S. dazu auch schon *Nanetti/Mameli*, EC Tax Review 2002, 185 (191); **a.A.** aus Sicht der EU-Kommission *Rossi-Maccanico*, EC Tax Review 2007, 90 (103).
3 Grundlegend EuGH v. 23.2.1961 – C-30/59 – Steenkolenmijnen, Slg. 1961, 3 (42), zum Beihilfenverbot der damaligen EGKS; seither st. Rspr., s. beispielsweise EuGH v. 8.11.2001 – C-143/99 – Adria-Wien Pipeline, Slg. 2001, I-8365 Rz. 38; v. 15.6.2006 – C-393/04 – Air Liquide Industries Belgium, Slg. 2006, I-5239 Rz. 29; v. 22.6.2006 – C-182/03 u. C-217/03 – Belgien und Forum 187, Slg. 2006, I-5479 Rz. 81 u. 86; v. 17.11.2009 – C-169/08 – Regione Sardegna, Slg. 2009, I-10821 Rz. 56; v. 15.11.2011 – C-106/09 P u. C-107/09 P – Kommission und Spanien/Gibraltar u.a., Slg. 2011, I-11113 Rz. 71; v. 24.1.2013 – C-73/11 P – Frucona Košice, ECLI:EU:C:2013:32 Rz. 69; v. 27.6.2017 – C-74/16 – Congregación de Escuelas Pías Provincia Betania, ECLI:EU:C:2017:496 Rz. 66.
4 Die Gesetzmäßigkeit der Vergünstigung schirmt also nicht vor der Beihilfenkontrolle nach Art. 107 f. AEUV ab, s. Kommissionsbeschluss v. 20.6.2018 C(2018) 3839 final („Engie – formerly GDF Suez"), Rz. 195.
5 S. EuGH v. 12.10.2000 – C-480/98 – Magefesa, Slg. 2000, I-8717; v. 5.6.2012 – C-124/10 P – Kommission/EDF, ECLI:EU:C:2012:318; *Cremer* in Calliess/Ruffert[5], Art. 107 AEUV Rz. 40 m.w.N.; *Lang*, BTR 2015, 391 (394). S. auch zu selektiven Begünstigungswirkungen, die erst aus richterlicher Rechtsfortbildung resultieren, Kommissionsbeschluss v. 10.7.2018, C(2018) 4233, Rz. 274.
6 S. Kommissionsbeschluss v. 1.10.2014, C(2014) 6848 final, Rz. 33 ff., m.w.N.
7 Schlussfolgerungen des Rates „Wirtschafts- und Finanzfragen" vom 1.12.1997 zur Steuerpolitik, (98 C 2/01), ABl. EG 1998 Nr. C 2/01, 1.

gemacht;¹ dementsprechend schwach entwickelt war auch die EuGH-Rechtsprechung auf diesem Gebiet. Zwecks Effektuierung des Verhaltenskodex zur Unternehmensbesteuerung, der integraler Bestandteil der ECOFIN-Resolution war,² wurden dann 1998 von der Kommission erstmals Kriterien für eine systematische Prüfung vorteilhafter mitgliedstaatlicher Steuerregime anhand des Art. 107 Abs. 1 AEUV entwickelt.³ Das Prüfschema basierte auf der bis dahin ergangenen EuGH-Rechtsprechung und wurde in einer Mitteilung der Kommission zur Anwendung der Beihilfevorschriften im Bereich direkter Unternehmenssteuern veröffentlicht.⁴ In einem 2004 erstatteten Bericht zum Stand der Umsetzung ihrer Mitteilung⁵ konkretisierte die Kommission ihre Kriterien zur Feststellung von Fiskalbeihilfen noch weiter. Auf diesen Grundlagen wurde die beihilferechtliche Kontrolle mitgliedstaatlicher Steuervergünstigungen erheblich intensiviert. Seither ergehen jährlich Dutzende Kommissionsentscheidungen auf diesem Gebiet, und es sind zahlreiche Einzelfragen des Beihilfebegriffs letztinstanzlich durch den EuGH geklärt worden. Im Rahmen ihrer Initiative zur Modernisierung des Beihilfenrechts⁶ hat die Kommission 2016 eine neue **Bekanntmachung zum Beihilfebegriff** veröffentlicht. Sie ersetzt die Mitteilung aus 1998 und hat deren Inhalte teils modifiziert übernommen, teils ergänzt. Vor allem ist die neue Mitteilung übergreifender Natur und enthält auch Erwägungen zu Beihilfen nicht abgabenrechtlicher Art.

Entsprechend der Zielrichtung der ECOFIN-Resolution standen nach 1998 **zunächst Steuervergünstigungen auf dem Gebiet der direkten Unternehmenssteuern im Fokus** der Beihilfenkontrolle. Im Jahr 2000 etwa war nur eine einzige Beihilfeentscheidung der Kommission mit einer indirekten Steuer befasst. Seither jedoch sind **in zunehmendem Maße auch Verkehr- und Verbrauchsteuern** ins Visier der Kommission geraten; inzwischen entfällt knapp die Hälfte aller Kommissionsentscheidungen auf sie. Dabei hat die Kommission schon im Sachstandsbericht von 2004 zum Ausdruck gebracht, indirekte Steuern grundsätzlich nach denselben Kriterien beurteilen zu wollen, wie sie diese in ihrer Mitteilung aus 1998 für die direkten Unternehmenssteuern formuliert hat.⁷ Generell dominieren bei den direkten Steuern Vergünstigungen im Körperschaftsteuerrecht, bei den indirekten Steuern hingegen Entlastungen von Energiesteuern.⁸ Speziell die Kommissionsentscheidungen betreffend das deutsche Steuersystem befassen sich überwiegend mit Energiesteuervergünstigungen, auch wenn die Entscheidungen zum Recht der direkten Steuern – in jüngerer Zeit zu § 8c Abs. 1 KStG⁹ – in der Fachöffentlichkeit größere Aufmerksamkeit erfahren.

9.6

---

1 S. zur historischen Entwicklung der Kontrolle von Fiskalbeihilfen insgesamt *Traversa/Flamini*, EStAL 2015, 323.
2 S. Schlussfolgerungen des Rates „Wirtschafts- und Finanzfragen" vom 1.12.1997 zur Steuerpolitik, ABl. EG 1998 Nr. C 2/01, 2.
3 Dazu eingehend *Birkenmaier*, Die Vorgaben der Beihilfevorschriften des EG-Vertrages für die direkte Unternehmensbesteuerung, S. 77 ff.
4 Mitteilung der Kommission über die Anwendung der Vorschriften über staatliche Beihilfen auf Maßnahmen im Bereich der direkten Unternehmensbesteuerung, KOM (98/C 384/03), ABl. EG 1998 Nr. C 384, 3.
5 Umsetzungsbericht der Kommission v. 9.2.2004, C(2004) 434.
6 S. dazu die Mitteilung der Kommission v. 8.5.2012, Modernisierung des EU-Beihilfenrechts, KOM (2012) 209 endgültig; zu den Zielen der Initiative s. vor allem Rz. 18.
7 S. den Umsetzungsbericht der Kommission v. 9.2.2004, C(2004) 434, 21 f.
8 Einen Überblick über laufende und abgeschlossene Beihilfeverfahren bietet die online-Datenbank der Kommission: http://ec.europa.eu/competition/elojade/isef/index.cfm?clear=1&policy-area-id=3. S. speziell zu den Entscheidungen betreffend indirekte Steuern auch *Terra*, Intertax 2012, 101.
9 S. den Beschluss der Kommission vom 26.6.2011, K(2011) 275, ABl. EU 2011 Nr. L 235 sowie die nachfolgenden Entscheidungen des EuG v. 4.2.2016 – T-287/11 – GFKL Financial Services, ECLI:EU:T:2016:59; v. 4.2.2016 – T-287/11 – Heitkamp BauHolding, ECLI:EU:T:2016:60; und letztinstanzlich des EuGH v. 28.6.2018 – C-219/16 P – Lowell Financial Services, ECLI:EU:C:2018:508; v. 28.6.2018 – C-203/16 P – Andres („Heitkamp Bauholding"), ECLI:EU:C:2018:505.

C. Verbotene steuerliche Beihilfen

I. Prüfungsstruktur

9.7 Der voll justiziable[1] Beihilfenbegriff des Art. 107 Abs. 1 AEUV wird vom EuGH und ihm folgend von der Kommission bei der Kontrolle steuerrechtlicher Maßnahmen der Mitgliedstaaten regelmäßig über eine **vierstufige Prüfungsstruktur** entfaltet:[2] Erstens muss die untersuchte steuerliche Maßnahme bestimmten *Unternehmen* einen *selektiven Vorteil* in Gestalt einer steuerlichen Entlastung verschaffen. Zweitens muss diese Steuervergünstigung als *„staatliche und staatlich finanzierte"* Maßnahme zu qualifizieren sein. Drittens muss sie den *Handel zwischen Mitgliedstaaten beeinträchtigen* und schließlich viertens eine *wettbewerbsverfälschende Wirkung* haben. Den Schwerpunkt bildet dabei regelmäßig der erste Prüfungspunkt, und dort meist die Selektivität des in Rede stehenden Vorteils.

II. Steuerliche Begünstigung von Unternehmen

9.8 Beihilferechtlich relevant ist **nur die Begünstigung von Unternehmen**. Steuerliche Entlastungen sind daher nur an Art. 107 Abs. 1 AEUV zu messen, soweit sie natürlichen oder juristischen Personen oder Personenvereinigungen in deren Eigenschaft als Unternehmer zugute kommen.

9.9 Der **Begriff des Unternehmens** wird vom EuGH in ständiger Rechtsprechung weit verstanden und soll jede selbständig ausgeübte wirtschaftliche Tätigkeit umfassen.[3] Als wirtschaftliche Tätigkeit wird das entgeltliche Angebot von Gütern oder Dienstleistungen am Markt angesehen.[4] Unerheblich ist, wer die Leistungen bezahlt; keine Unternehmen sind jedoch Einrichtungen, die den Staat in dessen Auftrag bei der Wahrnehmung seiner Aufgaben unterstützen und infolgedessen gänzlich oder überwiegend vom Staat finanziert werden.[5] Auf die Rechtsform des Unternehmens kommt es ebenso wenig an[6] wie auf die Gewinnerzielungsabsicht.[7] Insbesondere können auch gemeinnützige und religiöse Organisationen

---

1 S. beispielsweise EuGH v. 22.12.2008 – C-487/06 – British Aggregates, Slg. 2008, I-10515 Rz. 111 ff.; v. 9.6.2011 – C-71/09 P u.a. – Comitato „Venezia vuole vivere" u.a./Kommission, Slg. 2011, I-4727 Rz. 132; v. 21.6.2012 – C-452/10 P – BNP Paribas, ECLI:EU:C:2012:366 Rz. 100. S. auch *Kokott* in Europäisches Steuerrecht, DStJG 41 (2018), S. 535 (544 f.).
2 S. dazu EuGH v. 17.11.2009 – C-169/08 – Regione Sardegna, Slg. 2009, I-10821 Rz. 52; v. 29.3.2012 – C-417/10 – 3M Italia, ECLI:EU:C:2012:184 Rz. 37; EUGH v. 26.4.2018 – C-236/16 und C-237/16 – ANGED, ECLI:EU:C:2018:291 Rz. 25; v. 25.7.2018 – C-128/16 P – Kommission/Spanien, ECLI:EU:C:2018:591 Rz. 35; v. 28.6.2018 – C-203/16 P – Andres („Heitkamp Bauholding"), ECLI:EU:C:2018:505 Rz. 82; Kommissionsbeschluss v. 30.8.2016 C(2016) 5605 final („Apple Ireland"), Rz. 220.
3 S. beispielsweise EuGH v. 18.6.1998 – C-35/96 – Kommission/Italien, Slg. 1998, I-3851 Rz. 36; v. 16.3.2004 – C-264/01 – AOK Bundesverband u.a., Slg. 2004, I-2493 Rz. 46; v. 10.1.2006 – C-222/04 – Cassa di Risparmio di Firenze u.a., Slg. 2006, I-289 Rz. 107 m.w.N.; *Cremer* in Calliess/Ruffert[5], Art. 107 AEUV Rz. 27.
4 S. EuGH v. 18.6.1998 – C-35/96 – Kommission/Italien, Slg. 1998, I-3851 Rz. 36; v. 12.12.2000 – C-180/98 u.a. – Pavlov u.a., Slg. 2000, I-6451 Rz. 75; v. 10.1.2006 – C-222/04 – Cassa di Risparmio di Firenze u.a., Slg. 2006, I-289 Rz. 107; v. 27.6.2017 – C-74/16 – Congregación de Escuelas Pías Provincia Betania, ECLI:EU:C:2017:496 Rz. 45 u. 47; v. 25.7.2018 – C-128/16 P – Kommission/Spanien, ECLI:EU:C:2018:591 Rz. 34. Zahlreiche Abgrenzungsprobleme aus verschiedenen Sektoren werden eingehend diskutiert in der Bekanntmachung der Kommission zum Begriff der staatlichen Beihilfe im Sinne des Artikels 107 Abs. 1 AEUV, KOM (2016/C 262/2), ABl. EU 2016 Nr. C 262, Rz. 19 ff.
5 S. EuGH v. 27.6.2017 – C-74/16 – Congregación de Escuelas Pías Provincia Betania, ECLI:EU:C:2017:496 Rz. 50.
6 S. EuGH v. 10.1.2006 – C-222/04 – Cassa di Risparmio di Firenze u.a., Slg. 2006, I-289 Rz. 107; v. 27.6.2017 – C-74/16 – Congregación de Escuelas Pías Provincia Betania, ECLI:EU:C:2017:496 Rz. 41; Kommissionsbeschluss v. 19.12.2012 C(2012) 9461 final, Rz. 100.
7 S. EuGH v. 16.11.1995 – C-244/94 – FFSA, Slg. 1995, I-4013 Rz. 21; v. 10.1.2006 – C-222/04 – Cassa di Risparmio di Firenze, Slg. 2006, I-289 Rz. 123; v. 27.6.2017 – C-74/16 – Congregación de Escuelas Pías Provincia Betania, ECLI:EU:C:2017:496 Rz. 46; Kommissionsbeschluss v. 2.5.2013, C(2013) 2372 final, Rz. 54; v. 4.7.2016, C(2016) 4046, Rz. 49 (Sportverein); Bekanntmachung der Kommission zum Begriff der staatli-

als Unternehmen zu charakterisieren sein, soweit sie durch wirtschaftliche Tätigkeiten im obigen Sinne – und sei es auch nur in geringfügigem Maße – am Markt in Wettbewerb mit gewinnorientierten Unternehmen treten.[1] Die gleichzeitige Verfolgung nicht-wirtschaftlicher Zielsetzungen hindert die Einstufung als Unternehmen grds. nicht.[2] Auch öffentliche Unternehmen unterliegen ausweislich des Art. 106 Abs. 1 AEUV grundsätzlich der Beihilfenkontrolle, soweit sie keine hoheitlichen Befugnisse ausüben.[3] Reine Holdinggesellschaften können ebenfalls als – mittelbar – am Markt tätige Unternehmen eingestuft werden, wenn sie unmittelbar oder mittelbar Einfluss auf die Verwaltung einer unternehmerisch tätigen Tochtergesellschaft nehmen.[4] Bei Steuervergünstigungen für offene Investmentfonds ist regelmäßig die Kapitalanlagegesellschaft als begünstigtes Unternehmen anzusehen.[5]

Die Gerichte der EU haben ferner in ständiger Rechtsprechung klargestellt, dass auch die **indirekte bzw. mittelbare Begünstigung von Unternehmen** der Beihilfekontrolle unterliegt.[6] Das ergibt sich insbesondere auch aus Art. 107 Abs. 2 Buchst. a AEUV.[7] Die Reichweite des Beihilfeverbotes nach Art. 107 Abs. 1 AEUV beschränkt sich daher nicht auf Unternehmenssteuervergünstigungen, obschon diese in der Praxis den Hauptanwendungsfall bilden. Potentielle Beihilfen zugunsten von Unternehmen können auch in steuerlichen Entlastungen oder Anreizen für Verbraucher,[8] Arbeitnehmer[9] oder Kapitalanle-

9.10

---

chen Beihilfe im Sinne des Artikels 107 Abs. 1 AEUV, KOM (2016/C 262/2), ABl. EU 2016 Nr. C 262, Rz. 8; *Koenig/Förtsch* in Streinz³, Art. 107 AEUV Rz. 75; *Hüttemann*, DB 2006, 914.

1 S. EuGH v. 27.6.2017 – C-74/16 – Congregación de Escuelas Pías Provincia Betania, ECLI:EU:C:2017:496 Rz. 43; EuG v. 12.9.2013 – T-347/09 – Deutschland/Kommission, EU:T:2013:418 Rz. 31 ff. m.w.N.; eingehend dazu *Helios*, Steuerliche Gemeinnützigkeit und EG-Beihilfenrecht, 87 ff.; *Helios*, EWS 2006, 108 f. Kritisch *Fischer*, FR 2009, 929.
2 S. EuGH v. 27.6.2017 – C-74/16 – Congregación de Escuelas Pías Provincia Betania, ECLI:EU:C:2017:496 Rz. 46; Kommissionsbeschluss v. 27.7.2017, C(2017) 5174, Rz. 43. Zum Ausnahmefall einer rein akzessorischen wirtschaftlichen Betätigung unterhalb einer Bagatellschwelle s. Kommissionsbeschluss v. 27.7.2017, C(2017) 5176, Rz. 60.
3 S. EuG v. 12.9.2013 – T-347/09 – Deutschland/Kommission, EU:T:2013:418 Rz. 26 ff. m.w.N.; Kommissionsbeschluss v. 9.7.2014, C(2014) 4480 final, Rz. 30; So auch die Bekanntmachung der Kommission zum Begriff der staatlichen Beihilfe im Sinne des Artikels 107 Abs. 1 AEUV, KOM (2016/C 262/2), ABl. EU 2016 Nr. C 262, Rz. 8. Zu den Kriterien für die Annahme einer bloßen Ausübung hoheitlicher Befugnisse s. EuGH v. 19.1.1994 – C-364/92 – SAT, Slg. 1994, I-43 Rz. 30 f.; Bekanntmachung der Kommission zum Begriff der staatlichen Beihilfe im Sinne des Artikels 107 Abs. 1 AEUV, KOM (2016/C 262/2), ABl. EU 2016 Nr. C 262, Rz. 17 m.w.N. S. ferner *Raab*, Das EU-Beihilfenverbot und seine verfahrensrechtlichen Auswirkungen im Steuerrecht, 238 ff.; *Stevens*, EC Tax Review 2014, 149 (152 und – zu Art. 106 Abs. 2 AEUV – 162 ff.). Problematisch ist vor diesem Hintergrund im deutschen KStG die mangelnde KSt-Pflicht der von einer jPdöR ausgeübten Vermögensverwaltung.
4 S. EuGH v. 10.1.2006 – C-222/04 – Cassa di Risparmio di Firenze, Slg. 2006, I-289 Rz. 111 ff.; *Rossi* in Weber (Hrsg.), EU Income Tax Law: Issues for the Years Ahead, 2013, S. 123 (126 f.).
5 S. EuG v. 4.3.2009 – T-445/05 – Associazione italiana del risparmio gestito und Fineco Asset Management, Slg. 2009, II-289 Rz. 135; s. auch *Luja*, ET 2006, 565 f.
6 S. dazu vorerst statt aller EuGH v. 19.9.2000 – C-156/98 – Deutschland/Kommission, Slg. 2000, I-6857 Rz. 22 ff.; v. 13.6.2002 – C-382/99 – Niederlande/Kommission, Slg. 2002, I-5163 Rz. 38 u. 60 ff.; EuG v. 4.3.2009 – T-445/05 – Associazione italiana del risparmio gestito und Fineco Asset Management, Slg. 2009, II-289 Rz. 27 u. 127 ff. S. ferner Bekanntmachung der Kommission zum Begriff der staatlichen Beihilfe im Sinne des Artikels 107 Abs. 1 AEUV, KOM (2016/C 262/2), ABl. EU 2016 Nr. C 262, 1 Rz. 115. Ausführlich *Milutinović*, in Kube/Reimer, Das Beihilfenrecht als Innovationsmotor des Steuerrechts, S. 85.
7 S. EuGH v. 28.7.2011 – C-403/10 P – Mediaset, ECLI:EU:C:2011:533 Rz. 81.
8 S. EuGH v. 28.7.2011 – C-403/10 P – Mediaset, ECLI:EU:C:2011:533 Rz. 81.
9 S. EuGH v. 23.2.1961 – C-30/59 – Steenkolenmijnen, Slg. 1961, 3 (52 ff.); Kommissionsbeschluss v. 3.5.2016, Verfahren SA.44732, Rz. 16; v. 19.12.2017, C(2017) 8500 final, Rz. 32.

ger¹ bestehen, sofern sich infolge der Voraussetzungen für die Inanspruchnahme des jeweiligen Steuervorteils mittelbar positive Auswirkungen auf die Wettbewerbsposition bestimmter Unternehmen ergeben. Diese können etwa in einer Ausweitung des Marktanteils oder in höheren Gewinnen, in verminderten Betriebskosten oder in einer größeren Attraktivität für Investoren bestehen. Ebenfalls mittelbar begünstigend sind die erbschaftsteuerlichen Verschonungsregeln zugunsten der Erwerber von Betriebsvermögen.²

9.11 Im Übrigen kann eine Steuervergünstigung **auch nur teilweise dem Verbot des Art. 107 Abs. 1 AEUV unterfallen**, wenn sie zwar nicht ausschließlich, aber u.a. Unternehmen steuerlich entlastet.³ Es bedarf also nicht der Feststellung eines spezifisch auf Unternehmen zugeschnittenen persönlichen Anwendungsbereichs der fraglichen Regelung. Nicht unternehmerisch tätige Begünstigte sind dann von einem etwaigen Negativ- und Rückforderungsbeschluss der Kommission (Rz. 9.66) nicht betroffen (Rz. 9.68).

III. Gewährung eines selektiven Steuervorteils

1. Begünstigende Wirkung des Steuerregimes

9.12 Die europäischen Gerichte und die EU-Kommission befassen sich meistens nicht näher damit, ob ein die Minderung der Steuerschuld bewirkender gesetzlicher Tatbestand oder eine anderweitige Minderung von mit der Besteuerung einhergehenden Belastungen einen **beihilferelevanten Vorteil** bzw. – in der Diktion des Art. 107 Abs. 1 AEUV – eine „Begünstigung" darstellt. Wird ein Unternehmen durch eine bestimmte steuerliche Regelung oder Verwaltungspraxis finanziell besser gestellt als andere Unternehmen, die sich hierfür nicht qualifizieren, so wird das Vorliegen eines Vorteils regelmäßig ohne weiteres bejaht.⁴ Vielfach wird der Begünstigungscharakter einer steuerliche Belastungen mindernden staatlichen Maßnahme inzwischen auch gar nicht mehr gesondert bzw. eigenständig angesprochen, sondern er geht in der Prüfung der Selektivität der Maßnahme mit auf.⁵

Ergibt sich die Begünstigung als Folge einer Steuerreform, so ist nicht erforderlich, dass sich die Steuerbelastung der privilegierten Unternehmen gegenüber dem früheren Rechtszustand verbessert hat; maßgeblich ist allein der Belastungsvergleich mit den anderen, ggf. durch die Reform höher als bisher belasteten Unternehmen.⁶

---

1 S. EuG v. 4.3.2009 – T-445/05 – Associazione italiana del risparmio gestito und Fineco Asset Management, Slg. 2009, II-289 Rz. 131; s. dazu auch *Luja*, ET 2009, 369 (372 ff.); *Staes*, Intertax 2014, 106 (108 f.).
2 S. *Wachter*, DB 2016, 1273 (1275).
3 S. EuGH v. 15.12.2005 – C-66/02 – Italien/Kommission, Slg. 2005, I-10901 Rz. 91 f.; EuGH v. 4.3.2009 – T-424/05 – Italien/Kommission, Slg. 2009, II-23 Rz. 64; Kommissionsbeschluss v. 19.12.2012 C(2012) 9461 final, Rz. 107.
4 S. beispielsweise EuGH v. 15.3.1994 – C-387/92 – Banco Exterior de España, Slg. 1994, I-877 Rz. 14; v. 8.9.2011 – C-78/08 bis C-80/08 – Paint Graphos u.a., Slg. 2011, I-7611 Rz. 46; v. 15.11.2011 – C-106/09 P u. C-107/09 P – Kommission und Spanien/Gibraltar u.a., Slg. 2011, I-11113 Rz. 72; EuG v. 7.3.2012 – T-210/02 RENV – British Aggregates, ECLI:EU:T:2012:110 Rz. 46.
5 S. beispielsweise EuGH v. 22.12.2008 – C-487/06 P – British Aggregates, Slg. 2008, I-10515 Rz. 82; v. 13.2.2003 – C-409/00 – Spanien/Kommission, Slg. 2003, I-1487 Rz. 47; v. 11.9.2008 – C-428/06 – Unión General de Trabajadores de la Rioja, Slg. 2008, I-6747 Rz. 46; v. 8.9.2011 – C-78/08 bis C-80/08 – Paint Graphos u.a., Slg. 2011 I-7611 Rz. 49. Dezidiert bspw. Kommissionsbeschluss v. 30.8.2016 C(2016) 5605 final („Apple Ireland"), Rz. 224; v. 11.1.2016 C(2015) 9837 final („Belgian Excess Profit Scheme"), Rz. 131. S. dazu auch *Ezcurra*, Intertax 2013, 340 (343) m.w.N.; *Szudoczky*, The sources of EU law and their relationships: Lessons for the field of taxation, S. 574 ff. Zu Recht kritisch etwa *Jansen*, Vorgaben des europäischen Beihilferechts für das nationale Steuerrecht, S. 65 ff.
6 S. EuGH v. 8.11.2001 – C-143/99 – Adria-Wien Pipeline, Slg. 2001, I-8365 Rz. 41; s. auch EuG v. 4.3.2009 – T-445/05 – Associazione italiana del risparmio gestito und Fineco Asset Management, Slg. 2009, II-289 Rz. 143.

Staatliche Beihilfen können demnach etwa sein:[1] Eine Minderung der Steuerbemessungsgrundlage beispielsweise durch Gewährung erhöhter Abschreibungen oder besonderer Abzüge,[2] die Möglichkeit steuerfreier Rücklagenbildung, Steuerbefreiungen oder Steuersatzermäßigungen, die teilweise oder vollständige Ermäßigung der Steuerschuld,[3] Verzicht auf die übliche Quellensteuererhebung,[4] besondere Verrechnungspreisregelungen,[5] ein Steuererlass,[6] ein Besteuerungsaufschub[7] oder ein Verzicht auf die Vollstreckung von Steuerforderungen[8] oder die Verhängung an sich vorgesehener Sanktionen.[9] Nach Ansicht der EU-Kommission können auch Verständigungen zwischen Finanzverwaltung und Steuerpflichtigen als staatliche Beihilfe zu klassifizieren sein, wenn sie entweder klar gesetzeswidrig sind oder aber bei „unverhältnismäßigem" Entgegenkommen der Finanzverwaltung.[10] Das letztgenannte Kriterium lässt sich freilich kaum rechtssicher handhaben und darf jedenfalls nur sehr zurückhaltend angewendet werden. Keine beihilferechtlich relevante Begünstigung stellt hingegen die Erstattung rechtswidrig erhobener Steuern dar.[11]

Werden allerdings bestimmten Unternehmen **Steuerentlastungen gerade deshalb gewährt, damit sie auch in Zukunft staatliche Einnahmen generieren**, ist die Feststellung einer Begünstigung i.S.d. Art. 107 Abs. 1 AEUV an die zusätzliche Voraussetzung geknüpft, dass der betreffende Vorteil unter normalen Marktbedingungen von privater Seite nicht gewährt worden wäre.[12] Dabei waren bislang zwei Szenarien Gegenstand einer Entscheidung des EuGH: Zum einen der Steuererlass durch den Staat als Anteilseigner eines öffentlichen Unternehmens,[13] zum anderen die steuerliche Schonung von insolvenzbedrohten Unternehmen in Zahlungsschwierigkeiten.[14] Ersterenfalls beurteilt sich die Marktüblichkeit des Vorgehens der Finanzverwaltung nach dem **„Kriterium des privaten Kapitalgebers"**, das auch für einen Steuerverzicht Geltung beansprucht. Es ist dann danach zu fragen, ob ein privater Anteilseigner unter ähnlichen Umständen dem Kapital eines Unternehmens, das sich in einer vergleichbaren Lage wie das öffentliche Unternehmen befindet, einen Betrag in Höhe der erlassenen Steuer zuge-

9.13

---

1 S. auch EuGH v. 15.12.2005 – C-66/02 – Italien/Kommission, Slg. 2005, I-10901 Rz. 77 f.; v. 15.12.2005 – C-148/04 – Unicredito, Slg. 2005, I-11137 Rz. 50; Mitteilung der Kommission, KOM (98/C 384/03), ABl. EG 1998 Nr. C 384, 3, Rz. 9; *Jann* in FS Baudenbacher, S. 426 m.w.N.; *Strüber*, Steuerliche Beihilfen, S. 132 ff. m.w.N.
2 S. beispielsweise Kommissionsbeschluss v. 23.4.2014, C(2014) 2716 final, Rz. 14 (Sofortaufwand statt AfA bei Reparatur von Hochwasserschäden).
3 S. auch EuG v. 9.9.2009 – T-227/01 u.a. – Territorio Histórico de Álava u.a., Slg. 2009, II-3029 Rz. 126.
4 S. EuGH v. 22.6.2006 – C-182/03 u. C-217/03 – Belgien und Forum 187, Slg. 2006, I-5479 Rz. 109 ff.
5 S. EuGH v. 22.6.2006 – C-182/03 u. C-217/03 – Belgien und Forum 187, Slg. 2006, I-5479 Rz. 95 ff.; dazu näher unten bei 9.27.
6 S. EuG v. 7.12.2010 – T-11/07 – Frucone Košice, Slg. 2010, II-5453; EuGH v. 24.1.2013 – C-73/11 P – Frucona Košice, ECLI:EU:C:2013:32.
7 S. EuGH v. 15.12.2005 – C-66/02 – Italien/Kommission, Slg. 2005, I-10901 Rz. 82; v. 10.1.2006 – C-222/04 – Cassa di Risparmio di Firenze, Slg. 2006, I-289 Rz. 132; v. 6.9.2006 – C-88/03 – Portugal/Kommission, Slg. 2006, I-7115 Rz. 56; EuG v. 7.3.2012 – T-210/02 RENV – British Aggregates, ECLI:EU:T:2012:110 Rz. 46; Kommissionsbeschluss v. 4.2.2015, C(2015) 535 final, Rz. 75 f.
8 S. beispielsweise Kommissionsbeschlüsse v. 4.7.2006, C(2006) 2949 final, Rz. 206 (Olympic Airways); v. 1.9.2012, C(2011) 9316 final (Malév Hungarian Airlines); v. 6.3.2013, C(2013) 1167 final (Larco), Rz. 30; s. auch die Pressemitteilung v. 18.12.2013, IP/13/1287 (zu den spanischen Profi-Fußballclubs).
9 S. EuGH, Schlussanträge der Generalanwältin *Kokott* v. 30.4.2015 – C-105/14 – Taricco u.a., ECLI:EU:C:2015:293 Rz. 61.
10 S. Bekanntmachung der Kommission zum Begriff der staatlichen Beihilfe im Sinne des Artikels 107 Abs. 1 AEUV, KOM (2016/C 262/2), ABl. EU 2016 Nr. C 262, Rz. 175 f. S. ferner *Luja*, Intertax 2012, 120 f. m.w.N.
11 S. EuGH v. 27.3.1980 – 61/79 – Denkavit italiana, Slg. 1980, 1205 Rz. 29 ff.
12 S. EuGH v. 5.6.2012 – C-124/10 P – Kommission/EDF, ECLI:EU:C:2012:318 Rz. 78; v. 24.1.2013 – C-73/11 P – Frucona Košice, ECLI:EU:C:2013:32 Rz. 70. Zur Unanwendbarkeit bei Steuerentlastungen aus sonstigen, insbesondere wirtschafts- oder lenkungspolitischen Motiven s. EuGH v. 9.6.2011 – C-71/09 P u.a. – Comitato „Venezia vuole vivere" u.a./Kommission, Slg. 2011, I-4727 Rz. 101.
13 S. EuGH v. 5.6 2012 – C-124/10 P – Kommission/EDF, ECLI:EU:C:2012:318. Eingehend zu diesem Fall *Rodríguez Miguez*, EStAL 2018, 290.
14 S. EuGH v. 21.1.2013 – C-73/11 P – Frucona Košice, ECLI:EU:C:2013:32.

führt hätte.[1] Bei den Gemeinschaftsteuern i.S.d. Art. 106 Abs. 3 GG dürfte die Berufung hierauf allerdings regelmäßig schon daran scheitern, dass verschiedene Gebietskörperschaften einen Aufkommensverzicht üben müssen, der keine Entsprechung in einer anteiligen Beteiligung am begünstigten Unternehmen findet.[2] In der weitaus häufiger anzutreffenden Situation eines Zahlungsaufschubs, eines Billigkeitserlasses oder sonstiger steuerlicher Erleichterungen für Unternehmen in Schwierigkeiten soll spiegelbildlich dazu[3] eine Beurteilung anhand des „**Kriteriums des privaten Gläubigers**" erfolgen. Es ist somit anhand aller Umstände des Einzelfalles zu prüfen, ob das begünstigte Unternehmen in Anbetracht der Bedeutung des hiermit gewährten wirtschaftlichen Vorteils die steuerlichen Erleichterungen ceteris paribus „offenkundig" nicht von einem marktwirtschaftlich handelnden privaten Gläubiger erhalten hätte.[4] In der erforderlichen Gesamtwürdigung ist jeder Sachverhaltsaspekt als erheblich zu betrachten, der den Entscheidungsprozess eines hypothetischen privaten Gläubigers in ähnlicher Lage bei durchschnittlich sorgfältigem Vorgehen nicht unwesentlich beeinflussen kann.[5] Dabei gesteht der Gerichtshof der EU-Kommission einen nur begrenzt überprüfbaren Beurteilungsspielraum zu.[6]

9.14 Ausnahmsweise kann eine Beihilfe i.S.d. Art. 107 Abs. 1 AEUV auch in der **gezielten steuerlichen Mehrbelastung** von unmittelbaren Wettbewerbern bestehen. Der Umstand, dass die Vorschrift des Art. 107 Abs. 1 AEUV anders als der ausgelaufene Art. 4 Buchst. c des EGKS-Vertrages die Auferlegung von Sonderlasten nicht ausdrücklich erwähnt, steht dem nicht entgegen.[7] Allerdings besteht hier ein Spannungsfeld. Einerseits muss zwecks effektiver Beihilfenkontrolle einer Umgehung des Art. 107 Abs. 1 AEUV entgegengewirkt werden, wie sie bei Einführung von punktuellen Sonderbelastungen droht, die im Ergebnis eine gleichermaßen wettbewerbsverfälschende Wirkung haben wie selektive Steuervergünstigungen. Andererseits ist es notwendig, die mitgliedstaatliche Souveränität bei der Ausgestaltung des nationalen Steuersystems zu wahren. Die Mitgliedstaaten müssen insbesondere bei der Ausgestaltung ihres Systems von Fiskalzwecksteuern grundsätzlich frei darin sein, spezielle Besteuerungsgegenstände auszuwählen.[8] Der EuGH hat sich daher für einen Mittelweg in der beihilferechtlichen Kontrolle von abgabenrechtlichen Sonderbelastungen entschieden. Während in der Rechtssache GIL Insurance[9] die Möglichkeit einer beihilferelevanten Begünstigung durch Sonderbelastungen offen gelassen und in der Rechtssache AEM SpA[10] nur angedeutet wurde, sprach sich der Gerichtshof in den Rechtssachen

---

1 S. EuGH v. 5.6.2012 – C-124/10 P – Kommission/EDF, ECLI:EU:C:2012:318 Rz. 79 u. 88 ff.; *Stevens*, EC Tax Review 2014, 149 (155). EuG v. 16.1.2018 – T-747/15 – EDF/Kommission, ECLI:EU:T:2018:6 Rz. 314 ff., hat in diesem Zusammenhang den Standpunkt der Kommission gebilligt, wonach der betreffende Mitgliedstaat sich nur auf den Vergleich mit einem privaten Kapitalgeber berufen kann, wenn er auch schon bei der Vorbereitung seiner (gesetzgeberischen oder finanzbehördlichen) Entscheidung wie ein solcher Kapitalgeber verfahren ist, etwa indem detailliertere Rentabilitätsanalysen erstellt werden. Dagegen ist unter dem Az. C-221/18 P ein Rechtsmittel beim EuGH anhängig.
2 S. *Dobratz* in Musil/Weber-Grellet, Europäisches Steuerrecht, Art. 107 AEUV Rz. 82.
3 S. zur Übereinstimmung in den Grundwertungen beider Ansätze EuGH, Schlussanträge der Generalanwältin *Kokott* v. 6.9.2012 – C-73/11 P – Frucona Košice, ECLI:EU:C:2013:32 Rz. 58.
4 S. EuGH v. 21.1.2013 – C-73/11 P – Frucona Košice, ECLI:EU:C:2013:32 Rz. 72; s. dazu auch *Luja*, Intertax 2012, 120 (122 ff.).
5 S. EuGH v. 21.1.2013 – C-73/11 P – Frucona Košice, ECLI:EU:C:2013:32 Rz. 78.
6 S. EuGH v. 21.1.2013 – C-73/11 P – Frucona Košice, ECLI:EU:C:2013:32 Rz. 75.
7 Dazu ausführlich *Englisch*, StuW 2012, 318 (322). A.A. *Sutter*, Das EG-Beihilfenverbot und sein Durchführungsverbot in Steuersachen, S. 123 f.; *Flett/Walkerova* in Liber Amicorum *Santaolalla Gadea*, 2008, S. 223 (227); *Schön* in Hancher u.a., EU State Aids, Rz. 10-013; anders noch *Schön*, EStAL 2006, 495 (503).
8 S. dazu EuGH, Schlussanträge des Generalanwalts *Tizzano* v. 8.5.2001 – C-53/00 – Ferring, Slg. 2001, I-9067 Rz. 36 ff. Ablehnend hingegen *Szudoczky*, The sources of EU law and their relationships: Lessons for the field of taxation, S. 519 ff., die sich für eine Beihilfenrelevanz jeglicher von der Regelsteuerbelastung abweichenden Mehrbelastung ausspricht.
9 EuGH v. 29.4.2004 – C-308/01 – GIL Insurance, Slg. 2004, I-4803.
10 EuGH v. 14.4.2005 – C-128/03 u. C-129/03 – AEM SpA, Slg. 2005, I-2861 Rz. 40–43; s. dazu auch *Cordewener*, Ubg 2012, 607 (612).

Ferring[1] und Laboratoires Boiron[2] (nur) unter bestimmten Bedingungen für die Qualifizierung einer abgabenrechtlichen Sonderbelastung als verbotene Beihilfe aus.[3] Ausschlaggebende Bedeutung hat der EuGH dem Umstand beigemessen, dass die sonderbelasteten und die von der Belastung verschonten Unternehmen in unmittelbarem Wettbewerb miteinander standen und dass die fragliche Abgabe auch gerade dazu diente und den Effekt hatte, auf diese Wettbewerbssituation Einfluss zu nehmen.[4] Jedenfalls unter diesen Bedingungen nahm der EuGH zu Recht[5] an, dass die Auferlegung einer Sonderabgabe einer Abgabenbefreiung zugunsten der hiervon verschonten Unternehmen gleichstand und diesen insoweit ein beihilferechtlich relevanter Vorteil zugewendet wurde.[6] Denn (mindestens) unter diesen Voraussetzungen kann eine punktuelle Sonderbelastung den davon nicht betroffenen Konkurrenten Wettbewerbsvorteile verschaffen, die sich mittelbar auch auf deren Position im Wettbewerb mit Unternehmen aus anderen Mitgliedstaaten im Binnenmarkthandel auszuwirken vermögen; derartige Effekte zu unterbinden ist das Kernanliegen des Beihilfenverbots nach Art. 107 Abs. 1 AEUV (Rz. 9.2). Restriktiv gehandhabt hat der EuGH diesen Prüfungsansatz dann aber bei der Beurteilung der deutschen Kernbrennstoffsteuer. Er hat sich hier damit begnügt, dass die fragliche Steuer daneben noch weitere, den reduzierten Anwendungsbereich legitimierende Zielsetzungen verfolgte und ihre ebenfalls intendierte Wirkung auf die Wettbewerbsposition der betroffenen Unternehmen ignoriert.[7]

Der Gerichtshof erlaubt ferner nur unter strengen, im Steuerrecht kaum je zu erfüllenden Voraussetzungen eine **Saldierung** von begünstigend wirkenden Maßnahmen mit anderweitigen (Sonder-)Belastungen, die den begünstigten Unternehmen staatlicherseits auferlegt werden.[8] Insbesondere hat der EuGH in der Grundlagenentscheidung *Altmark Trans* entschieden, dass ein solcher Vorteilsausgleich u.a. nur dann eine Charakterisierung der Begünstigung als staatliche Beihilfe ausschließt, wenn es durch die begünstigende Regelung nicht zu einer Überkompensation der mit der auszugleichenden Gemeinwohlverpflichtung verbundenen Lasten kommt.[9] Außerdem müssen die Parameter, anhand deren der Ausgleich berechnet wird, objektiv und transparent in der begünstigenden Regelung zum Ausdruck

9.15

---

1 EuGH v. 22.11.2001 – C-53/00 – Ferring, Slg. 2001, I-9067; kritisch *Strüber*, Steuerliche Beihilfen, S. 147.
2 EuGH v. 7.9.2006 – C-526/04 – Laboratoires Boiron, Slg. 2006, I-7529.
3 Nicht gefolgt ist der EuGH damit den ablehnenden Schlussanträgen des Generalanwalts *Geelhoed* v. 18.9.2003 – C-308/01 – GIL Insurance, Slg. 2004, I-4777 Rz. 64 ff.; s. auch *Geelhoed*, EStAL 2005, 401.
4 So jetzt tendenziell auch die EU-Kommission, s. Bekanntmachung der Kommission zum Begriff der staatlichen Beihilfe im Sinne des Artikels 107 Abs. 1 AEUV, KOM (2016/C 262/2), ABl. EU 2016 Nr. C 262, Rz. 131.
5 Befürwortend wie hier *Jann* in FS Baudenbacher, S. 419 (428 f.); *Cordewener*, Ubg 2012, 607 (611); *Jung/Neckenich* in Kube/Reimer, Das Beihilfenrecht als Innovationsmotor des Steuerrechts, S. 7 (33 f.). Ablehnend jedoch neben den eingangs dieser Randziffer Zitierten auch *Roth* in Becker/Schön, Steuer- und Sozialstaat im europäischen Systemwettbewerb, 2005, S. 119 (129); ebenfalls a.A. *Schmidt* in Kube/Reimer, Das Beihilfenrecht als Innovationsmotor des Steuerrechts, S. 39 (47 und 57 ff.): keine Vorteilsgewährung „aus staatlichen Mitteln" (vermeintlich) mangels staatlichem Aufkommensverzicht.
6 EuGH v. 22.11.2001 – C-53/00 – Ferring, Slg. 2001, I-9067 Rz. 23 ff.; v. 7.9.2006 – C-526/04 – Laboratoires Boiron, Slg. 2006, I-7529 Rz. 36; s. auch EuGH, Schlussanträge des Generalanwalts *Tizzano* v. 8.5.2001 – C-53/00 – Ferring, Slg. 2001, I-9067 Rz. 39. So auch *Jann* in FS Baudenbacher, 2007, S. 419 (428); ähnlich (gezielter Eingriff in den Wettbewerb) *Koschyk*, Steuervergünstigungen als Beihilfen nach Art. 92 EG-Vertrag, S. 140.
7 S. EuGH v. 4.6.2015 – C-5/14 – Kernkraftwerke Lippe-Ems, ECLI:EU:C:2015:354 Rz. 77 ff. Im Vorfeld der Entscheidung haben den Beihilfecharakter befürwortet *Englisch*, StuW 2012, 318; *Cordewener*, Ubg 2012, 607; *Eiling*, Verfassungs- und europarechtliche Vorgaben an die Einführung neuer Verbrauchsteuern, 2014, S. 209 ff.; **a.A.** *Kühling*, EWS 2013, 113 (121 ff.).
8 S. dazu auch die implizite Zurückweisung einer saldierenden Betrachtungsweise in EuGH v. 17.11.2009 – C-169/08 – Regione Sardegna, Slg. 2009, I-10821 Rz. 55 ff.
9 S. EuGH v. 24.7.2003 – C-280/00 – Altmark Trans, Slg. 2003, I-7747 Rz. 92; s. zuvor auch schon EuGH v. 7.2.1985 – 240/83 – ADBHU, Slg. 1985, 531 Rz. 18; v. 22.11.2001 – C-53/00 – Ferring, Slg. 2001, I-9067 Rz. 26 f. S. auch Bekanntmachung der Kommission zum Begriff der staatlichen Beihilfe im Sinne des Artikels 107 Abs. 1 AEUV, KOM (2016/C 262/2), ABl. EU 2016 Nr. C 262, Rz. 70.

kommen.¹ Diese Kriterien sind auch auf Vergünstigungen in Gestalt einer Minderung von staatlich auferlegten Abgaben anzuwenden.²

Hinweis: Speziell bei Konzernunternehmen soll zudem nach Auffassung der EU-Kommission die steuerliche Begünstigung einer Konzerngesellschaft nicht durch die spiegelbildliche Mehrbelastung einer anderen Konzerngesellschaft – unter Wahrung steuerlicher Neutralität auf Konzernebene – kompensiert werden können.³ Diese Sichtweise negiert allerdings die wirtschaftliche Einheit strategisch verbundener Unternehmen, die darum nach ständiger Rechtsprechung des EuGH grundsätzlich für die Zwecke des Beihilferechts als ein einziges Unternehmen anzusehen sind.⁴

Zurückzuweisen ist im Übrigen der seitens der Kommission vereinzelt zu beobachtende Ansatz, den Ausgleich anderweitig bestehender Nachteile im Rahmen der Vergleichbarkeitsprüfung (dazu näher Rz. 9.22) zu diskutieren.⁵

2. Regelmethode der Prüfung selektiver Wirkung

9.16 Das Kriterium der **Selektivität** dient der Feststellung, ob die steuerliche Maßnahme im Kontext des Steuersystems dazu angetan ist, bestimmte Unternehmen oder Produktionszweige gegenüber anderen Unternehmen oder Produktionszweigen zu begünstigen.⁶ Der Begriff „Produktionszweig" ist dabei weit zu verstehen und umfasst jeden Wirtschaftszweig einschließlich der Branchen des Dienstleistungssektors.⁷ Die Selektivität der Regelung wird vom EuGH **bei gesetzlich vorgegebenen Minderungen steuerlicher Belastungen regelmäßig dreistufig geprüft** (zu Ausnahmen Rz. 9.26):⁸ In einem ersten Schritt sind die in dem betreffenden Mitgliedstaat geltende „normale" steuerliche Behandlung bzw. die systemtragenden Grundsätze der jeweiligen Steuer zu ermitteln. Ausgehend von diesem Referenzrahmen ist zweitens zu prüfen, ob das konkret in Rede stehende, steuerentlastend wirkende Steuerregime von der Regelbesteuerung abweicht⁹ und dadurch verschiedene Gruppen von Steuerpflichtigen unterschiedlich behandelt, die sich im Hinblick auf die maßgeblichen Zielsetzungen der jeweiligen Steuer in einer „ver-

---

1 S. EuGH v. 24.7.2003 – C-280/00 – Altmark Trans, Slg. 2003, I-7747 Rz. 90.
2 Vgl. EuGH v. 7.9.2006 – C-526/04 – Laboratoires Boiron, Slg. 2006, I-7529 Rz. 55.
3 Vgl. Kommissionsentscheidung v. 28.10.2009, C 10/07, K(2009) 8130, Rz. 132.
4 Grundlegend EuGH v. 12.7.1984 – 170/83 – Hydrotherm Gerätebau, Slg. 1984, 2999 Rz. 11.
5 S. Kommissionsentscheidung v. 28.10.2009, K(2009) 8107, Rz. 92 ff.
6 S. beispielsweise EuGH v. 8.11.2001 – C-143/99 – Adria-Wien Pipeline, Slg. 2001, I-8365 Rz. 41; v. 22.12.2008 – C-487/06 P – British Aggregates, Slg. 2008, I-10515 Rz. 82; v. 15.11.2011 – C-106/09 P u. C-107/09 P – Kommission u. Spanien/Gibraltar u.a., Slg. 2011, I-11113 Rz. 75.
7 EuGH v. 15.12.2005 – C-148/04 – Unicredito, Slg. 2005, I-11137 Rz. 45 f.; v. *Wallenberg/Schütte* in G/H/N, Art. 107 AEUV Rz. 40 (Stand: Januar 2014).
8 S. dazu neben den nachfolgenden Entscheidungsnachweisen bspw. EuGH v. 28.6.2018 – C-203/16 P – *Andres* („Heitkamp Bauholding"), ECLI:EU:C:2018:505 Rz. 86 f.; sowie *Drabbe* in Rust/Micheau, State Aid and Tax Law, 2013, S. 87 (90). Die Kommission hat sich dem angeschlossen, s. bspw. Kommissionsbeschluss v. 16.10.2013, C(2013) 6654 final, Rz. 28 u. 128.
9 S. beispielsweise EuGH v. 8.11.2001 – C-143/99 – Adria-Wien Pipeline, Slg. 2001, I-8365 Rz. 41; v. 29.4.2004 – C-308/01 – GIL Insurance u.a., Slg. 2004, I-4777 Rz. 68; v. 3.3.2005 – C-172/03 – Heiser, Slg. 2005, I-1627 Rz. 40; v. 6.9.2006 – C-88/03 – Portugal/Kommission, Slg. 2006, I-7115 Rz. 54 und 56; v. 22.12.2008 – C-487/06 P – British Aggregates, Slg. 2008, I-10515 Rz. 82; v. 15.11.2011 – C-106/09 P u.a. – Kommission/Government of Gibraltar und Vereinigtes Königreich, Slg. 2011, I-11113 Rz. 90; v. 8.9.2011 – C-78/08 bis C-80/08 – Paint Graphos u.a., Slg. 2011, I-7611 Rz. 49 m.w.N.; v. 18.7.2013 – C-6/12 – P Oy, ECLI:EU:C:2013:525 Rz. 19 = ISR 2013, 291 m. Anm. *von Brocke/Wohlhöfler*; v. 21.12.2016 – C-524/14 P – Kommission/Hansestadt Lübeck, ECLI:EU:C:2016:971 Rz. 54 f. S. auch die Mitteilung der Kommission über die Anwendung der Vorschriften über staatliche Beihilfen auf Maßnahmen im Bereich der direkten Unternehmensbesteuerung, KOM (98/C 384/03), ABl. EG 1998 Nr. C 384, 3, Rz. 9 und 16. Sehr kritisch zu diesem Ansatz *Lang*, Die Auswirkungen des gemeinschaftlichen Beihilferechts auf das Steuerrecht, S. 17. ÖJT, Band IV/1, 24 f.; ihm folgend *Blum/Zöhrer*, SWI 2018, 61 (66). Kritisch bzw. relativierend auch *Dobratz* in Musil/Weber-Grellet, Europäisches Steuerrecht, Art. 107 AEUV Rz. 74.

gleichbaren tatsächlichen und rechtlichen Situation befinden"[1]. Kann dies festgestellt werden, so ist die Maßnahme als *prima facie* bzw. *a priori* selektiv einzustufen.[2] Drittens schließlich kann die dadurch indizierte Annahme einer selektiven Vergünstigung widerlegt werden, wenn die betreffende Maßnahme durch das Wesen oder die allgemeinen Zwecke des Systems, zu dem sie gehört, gerechtfertigt ist.[3] Alle drei Prüfungsschritte werfen weitergehende, miteinander verwobene Fragen auf, die der EuGH bislang nur teilweise klären konnte:[4]

Bei weder gesetzlich vorgesehenen noch im Wege allgemeiner Verwaltungspraxis zugestandenen, sondern verwaltungsseitig in Einzelfällen gewährten Vergünstigungen[5] soll hingegen keine dreifstufige Prüfung erforderlich sein, sondern die Selektivität ist nach Ansicht des EuGH bereits durch die Feststellung des wirtschaftlichen Vorteils indiziert.[6] Im deutschen Steuerrecht wird dies wegen des weitreichenden Gesetzesvorbehalts und der Dichte norminterpretierender und typisierender Verwaltungsvorschriften nur ausnahmsweise bedeutsam, namentlich bei (evident) gesetzeswidrig begünstigender Rechtsanwendung im Einzelfall. Verfehlt wäre es demgegenüber, aus der vorerwähnten Rechtsprechungslinie den Schluss zu ziehen, jede Art von Rechtsanwendung im Einzelfall mit für den betroffenen Steuerpflichtigen vorteilhafter Wirkung sei selektiv, selbst wenn sie sich als Umsetzung allgemeiner gesetzlicher Vorgaben erweisen sollte.[7]

Die Bestimmung der **„Normalbelastung"** wird vom Gerichtshof regelmäßig im Kontext ein und derselben Steuerart vorgenommen. Dabei bilden die fiskal- oder lenkungspolitischen Leitprinzipien der Steuer insgesamt den Referenzrahmen für die Ermittlung der Normalbelastung.[8] Diese Belastungsgrundent-

9.17

---

1 S. beispielsweise EuGH v. 8.11.2001 – C-143/99 – Adria-Wien Pipeline, Slg. 2001, I-8365 Rz. 41; v. 3.3.2005 – C-172/03 – Heiser, Slg. 2005, I-1627 Rz. 40; v. 22.6.2006 – C-182/03 u. C-217/03 – Belgien und Forum 187, Slg. 2006, I-5479 Rz. 119; v. 6.9.2006 – C-88/03 – Portugal/Kommission, Slg. 2006, I-7115 Rz. 54; v. 11.9.2008 – C-428/06 bis C-434/06 – UGT Rioja u.a., Slg. 2008, I-6747 Rz. 46; v. 22.12.2008 – C-487/06 P – British Aggregates, Slg. 2008, I-10505 Rz. 82; v. 15.11.2011 – C-106/09 P u. C-107/09 P – Kommission u. Spanien/Gibraltar u.a., Slg. 2005, I-11113 Rz. 75.
2 S. beispielsweise EuGH v. 22.12.2008 – C-487/06 P – British Aggregates, Slg. 2008, I-10505 Rz. 83; v. 29.3.2012 – C-417/10 – 3M Italia, ECLI:EU:C:2012:184 Rz. 40.
3 Grundlegend EuGH v. 2.7.1974 – 173/73 – Italien/Kommission, Slg. 1974, 709 Rz. 33–35. Seither st. Rspr., s. beispielsweise EuGH v. 8.11.2001 – C-143/99 – Adria-Wien Pipeline, Slg. 2001, I-8365 Rz. 42; v. 15.12.2005 – C-148/04 – Unicredito Italiano, Slg. 2005, I-11137 Rz. 51; v. 6.9.2006 – 88/03 – Portugal/Kommission, Slg. 2006, I-7115 Rz. 52; v. 22.12.2008 – 487/06 P – British Aggregates/Kommission, Slg. 2008, I-10515 Rz. 83; v. 8.9.2011 – C-279/08 P – Kommission/Niederlande, Slg. 2011, I-7671 Rz. 62; v. 15.11.2011 – 106/09 P und 107/109 P- Kommission und Spanien/Government of Gibraltar und Vereinigtes Königreich, Slg. 2011, I-11113 Rz. 145; v. 21.6.2012 – C-452/10 P – BNP Paribas, ECLI:EU:C:2012:366 Rz. 101; v. 18.7.2013 – C-6/12 – P Oy, ECLI:EU:C:2013:525 Rz. 22 = ISR 2013, 291 m. Anm. *von Brocke/Wohlhöfler*.
4 Zu den Schwierigkeiten bei der Konkretisierung dieses zentralen Kriteriums der beihilferechtlichen Überprüfung von Steuerentlastungen s. auch EuGH, Schlussanträge des Generalanwalts *Jääskinen* v. 7.4.2011 – C-106/09 P und C-107/09 P – Kommission und Spanien/Government of Gibraltar und Vereinigtes Königreich, Slg. 2011, I-11113 Rz. 176.
5 Sog. Einzelbeihilfen i.S.d. Art. 1 Buchst. e VerfVO 2015/1589/EU. Zur Abgrenzung s. Kommissionsbeschluss v. 11.1.2016 C(2015) 9837 final („Belgian Excess Profit Scheme"), Rz. 94 ff. einerseits; und – stärker zur Annahme einer sich erst im Einzelfall aktualisierenden Begünstigungswirkung neigend – EuG v. 14.2.2019 – T-131/16 und T-263/16 – Belgien und Magnetrol International/Kommission, ECLI:EU:T:2019:91 Rz. 75 ff. andererseits.
6 S. EuGH v. 4.6.2015 – C-15/14 P – Kommission/MOL, ECLI:EU:C:2015:362 Rz. 60; v. 26.10.2016 – C-211/15 P – Orange, ECLI:EU:C:2016:798 Rz. 53 f.; v. 30.6.2016 – C-270/15 P – Belgien/Kommission, ECLI:EU:C:2016:489 Rz. 49.
7 So aber Kommissionsbeschluss v. 30.8.2016 C(2016) 5605 final („Apple Ireland"), Rz. 224. Wie hier *Dobratz* in Musil/Weber-Grellet, Europäisches Steuerrecht, Art. 107 AEUV Rz. 75.
8 S. bspw. EuGH v. 22.12.2008 – C-487/06 P – British Aggregates/Kommission, Slg. 2008, I-10515; v. 8.9.2011 – C-78/08 bis C-80/08 – Paint Graphos u.a., Slg. 2011, I-7611 Rz. 50; EuG v. 7.3.2012 – T-210/02 RENV – British Aggregates/Kommission, EU:T:2012:110 Rz. 49 ff.; v. 28.6.2018 – C-203/16 P – Andres („Heitkamp

scheidungen sind ausgehend von den konkreten steuerpolitischen Wertungen des jeweiligen Mitgliedstaates zu ermitteln; ob selbige mit internationalen Standards, gängigen Prinzipien der Steuergerechtigkeit oder Grundsätzen rationaler Steuerpolitik in Einklang stehen, spielt keine Rolle[1] (zum ausnahmsweise abweichenden Ansatz der Kommission in den „Tax Ruling"-Fällen s. Rz. 9.27). Unterschiede in der individuellen Steuerbelastung, die sich lediglich als Konsequenz der folgerichtigen Umsetzung und Anwendung systemkonstituierender Leitprinzipien darstellen, werden von den europäischen Gerichten nicht als selektive Begünstigung eingestuft. So sind etwa branchenspezifische Sondervorschriften zur Rückstellungsbildung keine Beihilfe, wenn sie lediglich allgemeine Rückstellungsgrundsätze konkretisieren.[2] Eine am Unternehmensgewinn bemessene Körperschaftsteuer ist nicht allein deshalb selektiv, weil weniger profitable Unternehmen infolgedessen einer geringeren absoluten Steuerbelastung unterliegen als ertragsstarke Unternehmen.[3] Auch eine duale Einkommensteuer, die kapitalintensiv wirtschaftende Personenunternehmen bei gleich hohem Gewinn einer niedrigeren Steuerbelastung unterwirft als arbeitsintensive Personenunternehmen, wäre vor diesem Hintergrund nicht zu beanstanden. Ebenso akzeptiert der EuGH unterschiedliche Belastungswirkungen von lenkungspolitisch – z.B. umweltpolitisch – motivierten Faktoreinsatzsteuern.[4] In diesem Sinne sind die Mitgliedstaaten in der Ausgestaltung ihres Steuersystems grundsätzlich frei und dürfen unterschiedliche Produktionsfaktoren und Wirtschaftssektoren je unterschiedlichen Steuerbelastungen aussetzen.[5]

Daraus folgt auch, dass das EU-Beihilfenrecht an sich keine Handhabe gegen den „fairen" Steuersystemwettbewerb bietet, etwa in Gestalt eines allgemein niedrigen KSt-Satzes, wie ihn Irland und Zypern eingeführt und trotz Staatsschuldenkrise beibehalten haben.[6] Allerdings tendieren EuGH und Kommission in jüngerer Zeit dazu, ausnahmsweise auch schon disparate Belastungswirkungen von steuerlichen Systemgrundentscheidungen als „de facto" selektive Beihilfen zu qualifizieren, wenn dadurch eine anhand spezifischer Merkmale klar abgrenzbare Gruppe von Unternehmen begünstigt wird (dazu näher Rz. 9.26). Die bislang von der Kommission aufgegriffenen Fallkonstellationen und inoffizielle Äußerungen legen nahe, dass bei der Beurteilung solcher Ausnahmekonstellationen auch eine gewisse Rolle spielt, ob die selektiven Begünstigungswirkungen vom betreffenden Mitgliedstaat bewusst „herbeigestaltet" wurden, um das Verbot des Art. 107 Abs. 1 AEUV zu umgehen und sich im internationa-

---

Bauholding"), ECLI:EU:C:2018:505 Rz. 103. So auch die Kommisssion, vgl. Bekanntmachung der Kommission zum Begriff der staatlichen Beihilfe im Sinne des Artikels 107 Abs. 1 AEUV, KOM (2016/C 262/2), ABl. EU 2016 Nr. C 262, Rz. 134; sowie exemplarisch Kommissionsbeschluss v. 16.10.2013, C(2013) 6654 final, Rz. 31; v. 24.4.2018, C(2018) 2385 final (irische Steuer auf zuckerhaltige Getränke), Rz. 28 ff. S. auch *Szudoczky*, EStAL 2016, 357 (363). Kritisch *M. Lang*, ISR 2013, 65 (67), m.w.N.

1 S. auch *Forrester*, EC Tax Review 2018, 19 (27).
2 S. EuG v. 26.1.2006 – T-92/02 – Stadtwerke Schwäbisch Hall u.a./Kommission, Slg. 2006, II-11 Rz. 198 (Rückstellung für Entsorgung nuklearer Brennstoffe und Anlagenstilllegung); s. dazu auch *Kessler*, IStR 2006, 98. Anders bzgl. der Würdigung der konkret in Rede stehenden Vorschriften *Reich/Helios*, IStR 2005, 44.
3 Vgl. EuGH v. 15.11.2011 – C-106/09 P u. C-107/09 P – Kommission und Spanien/Government of Gibraltar und Vereinigtes Königreich, Slg. 2011, I-11113 Rz. 79 ff.; s. auch EuG v. 11.9.2014 – T-425/11 – Griechenland/Kommission, EU:T:2014:768 Rz. 55 f.
4 EuGH v. 22.12.2008 – C-487/06 P – British Aggregates/Kommission, Slg. 2008, I-10515 Rz. 121.
5 S. EuGH v. 15.11.2011 – C-106/09 P u. C-107/09 P – Kommission und Spanien/Gibraltar und Vereinigtes Königreich, Slg. 2011, I-11113 Rz. 97; v. 26.4.2018, C-236/16 u.a. – ANGED, ECLI:EU:C:2018:291 Rz. 38; sowie EuGH, Schlussanträge des Generalanwalts *Jääskinen* v. 7.4.2011 – C-106/09 P u. C-107/09 P – Kommission u. Spanien/Government of Gibraltar und Vereinigtes Königreich, Slg. 2011, I-11113 Rz. 139 f.
6 Vgl. EuGH v. 6.9.2006 – C-88/03 – Portugal/Kommission, Slg. 2006, I-7115 Rz. 56 ff.; EuG v. 7.11.2014 – T-219/10 – Autogrill España, ECLI:EU:T:2014:939 Rz. 71 f., 75; EuGH, Schlussanträge des Generalanwalts *Darmon* v. 17.3.1992 – C-72/91 und C-73/91 – Sloman Neptun u.a., Slg. 1993, I-887 Rz. 62; EuGH, Schlussanträge der Generalanwältin *Kokott* v. 8.5.2008 – C-428/06 u.a. – UGT-Rioja u.a., Slg. 2008, I-6747 Rz. 48. S. auch *Merola*, 39 World Competition 2016, 533 (538); kritisch *Peters*, EC Tax Review 2019, 6 (14).

len Steuerstandortwettbewerb einen „unfairen" Vorteil zu verschaffen oder aber ausländische Konkurrenz zu benachteiligen.[1]

Stellt sich eine günstige steuerliche Behandlung als **Abweichung von Belastungsgrundprinzipien** der betreffenden Steuer dar, so kann ihre Selektivität nicht schon im Hinblick darauf ausgeschlossen werden, dass eine große Zahl von Unternehmen aus unterschiedlichen Branchen[2] oder ein ganzer Wirtschaftszweig[3] eine Steuervergünstigung in Anspruch nehmen kann. Insbesondere können auch Steuervergünstigungen, die branchenübergreifend an bestimmte Unternehmensfunktionen, Unternehmensgrößen oder an die Rechtsform geknüpft sind, staatliche Beihilfen darstellen.[4] Die hieran von einigen Generalanwälten geübte Kritik, ein derartig weites Verständnis der Selektivität unterminiere die mitgliedstaatliche Steuersouveränität[5] bzw. nötige zu schwierigen Erwägungen betreffend die Systemkonformität breit zugänglicher Regelungen,[6] hat der EuGH in mittlerweile zwei Grundsatzentscheidungen der Großen Kammer zurückgewiesen.[7] Ebenfalls selektiv wirkt die gezielte steuerliche Bevorzugung bestimmter grenzüberschreitender Investitionen,[8] etwa über Sonderregelungen für Koordinationszentren.[9] Inwieweit die Steuervergünstigungen von den potentiell Begünstigten tatsächlich in Anspruch genommen werden, spielt dabei keine Rolle.[10] Auch kommt es nicht darauf an, ob neben der beihilfeverdächtigen Steuervergünstigung weitere Ausnahmen von der Regelbesteuerung zu verzeichnen sind.[11]

9.18

Nicht zu beanstanden sind nach der herkömmlichen Rechtsprechung des EuGH lediglich **allgemeine Steuervergünstigungen**, die (rechtlich wie auch faktisch, s. Rz. 9.26 u. 9.31) allen Unternehmen unterschiedslos zugute kommen können.[12] Exemplarisch für einen solchen nicht selektiv gewährten Steuer-

---

1 S. auch *Pistone*, Intertax 2012, 85 (87 ff.): „smart tax competition".
2 S. beispielsweise EuGH v. 17.6.1999 – C-75/97 – Belgien/Kommission („Maribel"), Slg. 1999, I-3671 Rz. 32; v. 8.11.2001 – C-143/99 – Adria-Wien Pipeline, Slg. 2001, I-8365 Rz. 48; v. 3.3.2005 – C-172/03 – Heiser, Slg. 2005, I-1627 Rz. 39–42; v. 8.9.2011 – C-279/08 P – Kommission/Niederlande, Slg. 2011, I-7671 Rz. 50 m.w.N.; Bekanntmachung der Kommission zum Begriff der staatlichen Beihilfe im Sinne des Artikels 107 Abs. 1 AEUV, KOM (2016/C 262/2), ABl. EU 2016 Nr. C 262, Rz. 118; Kommissionsbeschluss v. 4.2.2015, C(2015) 535 final, Rz. 85. Verfehlt daher die Argumentation des BFH v. 23.11.1999 – VII R 17/97, BFHE 191, 174 (177).
3 S. beispielsweise EuGH v. 15.12.2005 – C-66/02 – Italien/Kommission, Slg. 2005, I-10901 Rz. 95 f.; v. 15.12.2005 – C-148/04 – Unicredito Italiano, Slg. 2005, I-11137 Rz. 45 (Bankensektor); v. 8.9.2011 – C-78/08 bis C-80/08 – Paint Graphos u.a., Slg. 2011, I-7611 Rz. 53 (Genossenschaftswesen); EuG v. 4.3.2009 – T-445/05 – Associazione italiana del risparmio gestito und Fineco Asset Management, Slg. 2009, II-289 Rz. 155 f. (Finanzsektor); v. 13.9.2012 – T-379/09 – Italien/Kommission, ECLI:EU:T:2012:422 Rz. 47 f. (Gewächshausbetreiber); Kommissionsbeschluss v. 27.3.2014, C(2014) 1786 final, Rz. 36 (Videospielehersteller). Krit. *Lang*, IStR 2010, 570 (578); wie hier *Rossi-Maccanico*, EStAL 2009, 489 (496).
4 S. EuGH v. 26.6.2003 – C-182/03 u.a. – Belgien und Forum 187, Slg. 2003, I-6930 Rz. 125; Bekanntmachung der Kommission zum Begriff der staatlichen Beihilfe im Sinne des Artikels 107 Abs. 1 AEUV, KOM (2016/C 262/2), ABl. EU 2016 Nr. C 262, Rz. 121; *Micheau*, EC Tax Review 2008, 276 (277).
5 S. EuGH, Schlussanträge der Generalanwältin *Kokott* v. 16.4.2015 – C-66/14 – Finanzamt Linz, ECLI:EU:C:2015:242 Rz. 85 und 109 f., insb. Rz. 113 (Erfordernis der Wahrung mitgliedstaatlicher Souveränität); v. 9.11.2017 – Rz. C-236/16 und C-237/16 – ANGED, ECLI:EU:C:2017:854 Rz. 84.
6 S. EuGH, Schlussanträge des Generalanwalts *Saugmandsgaard Øe* v.19.9.2018 – C-374/17 – A-Brauerei, ECLI:EU:C:2018:741 Rz. 123 ff.
7 S. EuGH v. 21.12.2016 – C-20/15 P – Commission v World Duty Free Group, ECLI:EU:C:2016:981 Rz. 70 f.; v. 19.12.2018 – C-374/17 – A-Brauerei, ECLI:EU:C:2018:1024 Rz. 25-27. S. dazu auch Wachendorfer, EuZW 2019, 213.
8 S. EuGH v. 21.12.2016 – C-20/15 P und C-21/15 – World Duty Free, ECLI:EU:C:2016:981 Rz. 87.
9 S. EuGH v. 26.6.2003 – C-182/03 u. C-217/03 – Belgien und Forum 187, Slg. 2003, I-6930 Rz. 119.
10 S. EuGH v. 26.6.2003 – C-182/03 u.a. – Belgien und Forum 187, Slg. 2003, I-6930 Rz. 105.
11 S. EuGH v. 26.6.2003 – C-182/03 u.a. – Belgien und Forum 187, Slg. 2003, I-6930 Rz. 112 und 120; EuG v. 1.7.2010 – T-335/08 – BNP Paribas und BNL/Kommission, Slg. 2010, II-3323 Rz. 162.
12 S. EuGH v. 19.9.2000 – C-156/98 – Deutschland/Kommission, Slg. 2000, I-6857 Rz. 22; v. 15.6.2006 – C-393/04 u.a. – Air Liquide Industries Belgium, Slg. 2006, I-5293 Rz. 32; v. 15.11.2011 – C-106/09 P –

vorteil ist – jedenfalls aus Sicht des Zuwendenden – der Spendenabzug nach § 9 Abs. 1 Nr. 2 KStG. Allerdings reduziert der EuGH inzwischen diesen Vorbehalt (zugunsten allgemeiner, nicht selektiver Begünstigungen) auf den Prüfungsschritt einer systemwidrigen Abweichung von der Regelsteuerbelastung.[1] Das ursprünglich als gesonderter Prüfungspunkt verstandene Kriterium einer Begrenzung der von der Normalbesteuerung abweichenden Begünstigung auf einen durch bestimmte Spezifika charakterisierten Kreis von Unternehmen[2] geht damit in der Prüfung einer Ungleichbehandlung von vergleichbaren Unternehmen auf[3] – eine wenig überzeugende Entwicklung (s. Rz. 9.28 u. 9.30). Im Übrigen hindert es die Annahme selektiver Begünstigungswirkungen jedenfalls nicht, wenn die in Rede stehende Maßnahme zugleich mittelbar bzw. indirekt einem weiteren, allgemein gehaltenen Personenkreis wirtschaftliche Vorteile verschafft.[4]

Eine Einstufung als selektive Vergünstigung kommt nach ständiger Rechtsprechung außerdem dann in Betracht, wenn den Finanzbehörden bei der Gewährung hinsichtlich der Modalitäten ein **Ermessen oder ein Beurteilungsspielraum** zukommt.[5] Dies gilt namentlich dann, wenn sich die Ermessensausübung der zuständigen Behörden bei der Bestimmung der Begünstigten oder der Modalitäten der Vergünstigung an steuersystemfremden Kriterien ausrichtet.[6] Die Anwendung eines „Genehmigungssys-

---

Kommission und Spanien/Government of Gibraltar und Vereinigtes Königreich, Slg. 2011, I-11113 Rz. 73; EuG v. 9.12.2014 – T-140/13 – Netherlands Maritime Technology Association/Kommission, ECLI:EU:T:2014:1029 Rz. 96 ff.; EuGH, Schlussanträge des Generalanwalts *Jääskinen* v. 7.4.2011 – C-106/09 P u. C-107/09 P – Kommission u. Spanien/Government of Gibraltar und Vereinigtes Königreich, Slg. 2011, I-11113 Rz. 167; Kommissionsbeschlüsse v. 11.7.2012, C(2012) 4629 final (Lettische Steueramnestie), Rz. 18 ff.; v. 31.7.2014, C(2014) 5309 final, Rz. 27–29 (ital. IRAP, Steigerung von Produktion und Arbeitskräften); *Micheau*, EC Tax Review 2008, 276 (281).

1 S. EuGH v. 9.10.2014 – C-522/13 – Navantia, ECLI:EU:C:2014:2262 Rz. 33 f.; v. 21.12.2016 – C-20/15 P und C-21/15 – World Duty Free, ECLI:EU:C:2016:981 Rz. 54 ff., insbes. Rz. 65 ff.; v. 26.4.2018 – C-236/16 und C-237/16 – ANGED, ECLI:EU:C:2018:291 Rz. 32; v. 25.7.2018 – C-128/16 P – Kommission/Spanien u.a., ECLI:EU:C:2018:591 Rz. 69 f.; sehr deutlich auch EuGH, Schlussanträge des Generalanwalts *Wathelet* v. 28.7.2016 – C-20/15 P und C-21/15 P – World Duty Free, ECLI:EU:C:2016:624 Rz. 92. Anders für indirekte Begünstigungen (s. Rz. 9.10) in jüngerer Zeit noch Kommissionsbeschluss v. 19.12.2017, C(2017) 8500 final, Rz. 32. Dem EuGH zustimmend *CFE* Opinion Statement, ET 2017, 354 (357); *Rossi-Maccanico* in Rust/Micheau, State Aid and Tax Law, S. 39 (40); *Rossi-Maccanico* in Weber (Hrsg.), EU Income Tax Law: Issues for the Years Ahead, 2013, S. 123 (133); *Szudoczky*, The sources of EU law and their relationships: Lessons for the field of taxation, 581; *Ismer/Piotrowski*, Intertax 2015, 559 (562 ff.). Entgegen der Einschätzung von Generalanwältin *Kokott*, Schlussanträge v. 9.11.2017 – C-236/16 und C-237/16 – ANGED, ECLI:EU:C:2017:854 Rz. 85, dürfte es sich bei dieser neuen Rechtsprechungslinie nicht mehr nur um vereinzelte, durch die besonderen Umstände des Einzelfalls motivierte Ausreißer handeln.
2 Sehr deutlich bspw. in EuGH v. 19.9.2000 – C-156/98 – Deutschland/Kommission, Slg. 2000, I-6857 Rz. 22.
3 S. EuGH v. 4.6.2015 – C-15/14 P – Kommission/MOL, ECLI:EU:C:2015:362 Rz. 61; v. 21.12.2016 – C-524/14 P – Kommission/Hansestadt Lübeck, ECLI:EU:C:2016:971 Rz. 52 f.; *Shi*, ET 2016, 371 (372). Vgl. auch EuGH, Schlussanträge des Generalanwalts *Wahl* v. 22.1.2015 – C-15/14 P, ECLI:EU:C:2015:32 Rz. 53; EuGH, Schlussanträge des Generalanwalts *Saugmandsgaard Øe* v.19.9.2018 – C-374/17 – A-Brauerei, ECLI:EU:C:2018:741, Rz. 91, 112, 115, 117-119, 121-122. Zu dieser Entwicklung eingehend *Szudoczky*, European State Aid Law Quarterly 2016, S. 357 (359 ff.); s. ferner *Ellenrieder*, IStR 2018, 480 (482 f.) m.w.N.; *Dobratz* in Musil/Weber-Grellet, Europäisches Steuerrecht, Art. 107 AEUV Rz. 77 f.
4 S. EuGH v. 19.3.2015 – C-672/13 – OTP Bank, ECLI:EU:C:2015:185 Rz. 49 f.
5 S. dazu generell EuGH v. 26.9.1996 – C-241/94 – Frankreich/Kommission, Slg. 1996, I-4551 Rz. 23 f.; v. 1.12.1998 – C-200/97 – Ecotrade, Slg. 1998, I-7907 Rz. 40; v. 18.7.2013 – C-6/12 – P Oy, ECLI:EU:C:2013:525 Rz. 25 ff. = ISR 2013, 291 m. Anm. *von Brocke/Wohlhöfler*; EuG v. 6.3.2002 – T-127/99 – Diputación Foral de Álava u.a./Kommission, Slg. 2002, II-1275 Rz. 154. S. ferner die Bekanntmachung der Kommission zum Begriff der staatlichen Beihilfe im Sinne des Artikels 107 Abs. 1 AEUV, KOM (2016/C 262/2), ABl. EU 2016 Nr. C 262, Rz. 123 f. Dazu ausführlich *Lang/Zeitler* in Haslehner/Kofler/Rust, EU Tax Law and Policy in the 21st Century, 2017, S. 91.
6 Zustimmend *Lang/Zeitler* in Haslehner/Kofler/Rust, EU Tax Law and Policy in the 21st Century, 2017, S. 91 (98 f.). S. speziell zu § 50 Abs. 4 EStG *Trencsik/Thiede*, StuW 2018, 170 (177 ff.).

tems, bei dem die zuständigen Behörden nur über ein durch objektive Kriterien, die dem mit der betreffenden Regelung geschaffenen Steuersystem nicht fremd sind, begrenztes Ermessen verfügen", wird vom EuGH hingegen grundsätzlich nicht als selektiv angesehen.[1]

Des Weiteren betont der Gerichtshof in ständiger Rechtsprechung, dass die beihilferechtliche Prüfung einer begünstigenden steuerlichen Regelung nach ihren Wirkungen vorzunehmen ist und somit **unabhängig von der Zielsetzung oder der tatbestandstechnischen Ausgestaltung der Begünstigung**.[2] Insbesondere ist es für die Charakterisierung als Beihilfe nicht erforderlich, dass die Begünstigung als eine Ausnahmebestimmung von einer allgemeingültigen Regelsteuerbelastung konzipiert ist.[3] Grundlegend war diesbezüglich die Entscheidung des EuGH in der Rechtssache British Aggregates.[4] Gegenstand des Verfahrens war eine britische Regelung zur Besteuerung nur einiger – nicht aller – mineralischer Granulate aus umweltpolitischen Gründen. Das EuG hatte die Annahme einer Beihilfe i.S.d. Art. 107 Abs. 1 AEUV noch abgelehnt, weil sich die Begünstigungswirkung nicht aus einer Steuerfreistellung, sondern schon aus der Begrenzung des materiellen Anwendungsbereichs der Ökoabgabe ergab.[5] Dieser formalistische Ansatz ist vom EuGH im Rechtsbehelfsverfahren jedoch unmissverständlich zurückgewiesen worden. Entscheidend ist danach allein die selektive Wirkung der Maßnahme.[6] Erfasst sind damit grds. auch legale, aber den jeweiligen Leitprinzipien des Steuersystems zuwiderlaufende Steuervorteile, die Steuerpflichtige durch das Ausnutzen gesetzlicher Besteuerungslücken im Verbund mit *unzureichenden Vorschriften gegen die Bekämpfung von Steuerumgehung* erzielen können.[7] Generell muss die Auswahl von Steuersubjekt und Steuerobjekt den jeweiligen Belastungsgrund der Steuer folgerichtig widerspiegeln.[8] Das bedeutet umgekehrt, dass selbst explizite persönliche oder sachliche Steuerbefreiungen beihilferechtlich nicht zu beanstanden sind, wenn sie sich als konsequente Umsetzung der fundamentalen Belastungsprinzipien der jeweiligen Steuer erweisen und in diesem Sinne bloß deklaratorischer Natur sind.[9]

9.19

Einen Spezialfall bildet die sog. **regionale Selektivität**, wenn die Begünstigung nur den in einem bestimmten Gebiet niedergelassenen Unternehmen zuteil wird. Auch eine derartige Begrenzung des

9.20

---

1 S. EuGH v. 18.7.2013 – C-6/12 – P Oy, ECLI:EU:C:2013:525 Rz. 26 und 27; v. 25.7.2018 – C-128/16 P – Kommission/Spanien, ECLI:EU:C:2018:591 Rz. 55.
2 Grundlegend EuGH v. 2.7.1974 – 173/73 – Italien/Kommission, Slg. 1974, 709 Rz. 26–28. Seither ständige Rspr., s. beispielsweise EuGH v. 17.6 1999 – C-75/97 – Belgien/Kommission („Maribel"), Slg. 1999, I-3671 Rz. 25 m.w.N.; v. 3.3.2005 – C-172/03 – Heiser, Slg. 2005, I-1627 Rz. 46; v. 22.12.2008 – C-487/06 P – British Aggregates/Kommission, Slg. 2008, I-10505 Rz. 85 u. 89; v. 8.9.2011 – C-279/08 P – Kommission/Niederlande, Slg. 2011, I-7671 Rz. 51; v. 9.6.2011 – C-71/09 P u.a. – Comitato „Venezia vuole vivere" u.a./Kommission, Slg. 2011, I-4727 Rz. 94; EuGH v. 4.6.2015 – C-5/14 – Kernkraftwerke Lippe-Ems, ECLI:EU:C:2015:354 Rz. 75; v. 25.7.2018 – C-128/16 P – Kommission/Spanien u.a., ECLI:EU:C:2018:591 Rz. 36; v. 28.6.2018 – C-219/16 P – Lowell Financial Services, ECLI:EU:C:2018:508 Rz. 93. S. auch EuGH, Schlussanträge der Generalanwältin *Kokott* v. 2.7.2009 – C-169/08 – Presidente del Consiglio die Ministri – Slg. 2009, I-10821 Rz. 128; *Drabbe* in Rust/Micheau, State Aid and Tax Law, 2013, 87 (104); Bekanntmachung der Kommission zum Begriff der staatlichen Beihilfe im Sinne des Artikels 107 Abs. 1 AEUV, KOM (2016/C 262/2), ABl. EU 2016 Nr. C 262, Rz. 67 u. 129.
3 S. EuGH v. 28.6.2018 – C-203/16 P – Andres („Heitkamp Bauholding"), ECLI:EU:C:2018:505 Rz. 90 f., m.w.N.; s. auch *Rydelski*, EC Tax Review 2010, 149 (150); *Biondi*, Common Market Law Review 2013, 1719 (1735); *Frenz*, DStZ 2016, 142 (149).
4 EuGH v. 22.12.2008 – C-487/06 P – British Aggregates, Slg. 2008, I-10515.
5 EuG v. 13.9.2006 – T-210/02 – British Aggregates/Kommission, Slg. 2006, II-2789 Rz. 120.
6 EuGH v. 22.12.2008 – C-487/06 P – British Aggregates, Slg. 2008, I-10515 Rz. 89, 92. S. jetzt auch den Kommissionsbeschluss v. 31.7.2013, C(2013) 4901 endgültig, Rz. 51 ff. (British Aggregates II). So auch *Flett/Walkerova* in Santaolalla Gadea, EC State Aid Law, 2008, 223 (233); *Bartosch*, EuZW 2010, 12 (13); *Micheau*, EStAL 2008, 276 (280).
7 S. Kommissionsbeschluss v. 20.6.2018 C(2018) 3839 final („Engie – formerly GDF Suez"); *Englisch*, DStR 2018, 2501. Dies verkennt *Nicolaides*, EStAL 2019, 15 (19 u. 24).
8 Speziell zu Lenkungsteuern s. Kommissionsbeschluss v. 4.2.2015, C(2015) 535 final, Rz. 107 f.
9 S. auch Kommissionsbeschluss v. 9.7.2014, C(2014) 4546 final, Rz. 26–29 u. 121 ff.

Kreises potentiell begünstigter Unternehmen ist grundsätzlich verboten, wie sich Art. 107 Abs. 3 Buchst. a und c AEUV entnehmen lässt.[1] Gleichwohl bestehen hier in der Rechtsprechung des EuGH Besonderheiten, die der Steuerautonomie von subnationalen Gebietskörperschaften in föderal organisierten Staaten wie der Bundesrepublik Deutschland Rechnung tragen sollen. Im Einzelnen ist wie folgt zu differenzieren:[2] Ist die steuerliche Vorzugsbehandlung der in einem bestimmten Gebiet des Mitgliedstaates niedergelassenen Unternehmen dem Zentralstaat zurechenbar, also bundesgesetzlich verankert, so ist die Selektivität der Steuervergünstigung ohne weiteres zu bejahen.[3] In Deutschland betraf und betrifft das vor allem Steuererleichterungen für Investitionen in den neuen Bundesländern. Sind umgekehrt allein subnationale Gebietskörperschaften zur Festlegung des innerhalb ihres Gebietes jeweils geltenden Steuerniveaus befugt, soll mangels gebietsüberschreitenden steuerlichen „Normalmaßes" eine Niedrigbesteuerung im territorialen Geltungsbereich der Steuergesetzgebung einer dieser Gebietskörperschaften für sich genommen keine Beihilfe darstellen.[4] Unterschiedliche kommunale GewSt-Hebesätze oder relativ niedrige GrESt-Sätze in einigen Bundesländern können daher nicht nach Art. 107 Abs. 1 AEUV beanstandet werden.[5] Das müsste konsequent auch dann gelten, wenn aufgrund der föderalen Aufteilung von Besteuerungshoheiten die subnationalen Gebietskörperschaften eine bestimmte, ihrem Belastungsgrund nach weiter zu fassende Steuerquelle nur teilweise ausschöpfen dürfen und sich daraus – ggf. im Zusammenspiel mit dem komplementären Besteuerungsregime auf nationaler Ebene – systemwidrige Belastungsdivergenzen ergeben.[6] Eine dritte Kategorie regional begrenzter Vergünstigungen, die allerdings in Deutschland praktisch nicht relevant wird, stellt schließlich die *„asymmetrische" subnationale Steuerhoheit* in Gestalt einer Befugnis nur bestimmter Gebietskörperschaften zur Abweichung vom an sich bundesgesetzlich vorgegebenen Steuersystem dar. In einer solchen Konstellation soll es nach der Leitentscheidung Portugiesische Azoren[7] maßgeblich auf den Grad an steuerlicher Autonomie dieser Körperschaften ankommen.[8] Nur wenn die betreffende Gebietskörperschaft bei der Ab-

---

1 S. EuGH v. 6.9.2006 – C-88/03 – Portugal/Kommission, Slg. 2006, I-7115 Rz. 60; v. 9.6.2011 – C-71/09 P u.a. – Comitato „Venezia vuole vivere" u.a./Kommission, Slg. 2011, I-4727 Rz. 96; s. auch EuGH, Schlussanträge der Generalanwältin *Kokott* v. 2.7.2009 – C-169/08 – Presidente del Consiglio die Ministri, Slg. 2009, I-10821 Rz. 131 f.
2 S. insbesondere EuGH v. 19.9.2000 – C-156/98 – Deutschland/Kommission, Slg. 2000, I-6857 Rz. 23 ff.; v. 6.9.2006 – C-88/03 – Portugal/Kommission, Slg. 2006, I-7115 Rz. 63 ff.; sowie zusammenfassend EuGH, Schlussanträge der Generalanwältin *Kokott* v. 8.5.2008 – C-428/06 u.a. – Unión General de Trabajadores de la Rioja, Slg. 2008, I-6747 Rz. 45 ff.; Bekanntmachung der Kommission zum Begriff der staatlichen Beihilfe im Sinne des Artikels 107 Abs. 1 AEUV, KOM (2016/C 262/2), ABl. EU 2016 Nr. C 262, Rz. 144. Dazu auch *Lang*, 17. ÖJT, Bd. IV/2, 2009, 36. Noch stärker differenzierend *Luja* in Rust/Micheau, State Aid and Tax Law, 107 (122 ff.). Kritisch *Micheau*, State Aid, Subsidy and Tax Incentives under EU and WTO Law, 2014, S. 242 ff.
3 S. etwa EuGH v. 19.9.2000 – C-156/98 – Deutschland/Kommission, Slg. 2000, I-6857 Rz. 23 ff.; Kommissionsbeschluss v. 14.9.2015, C(2015) 6174, Rz. 45.
4 S. EuGH v. 6.9.2006 – C-88/03 – Portugal/Kommission, Slg. 2006, I-7115 Rz. 64; *Arhold*, EuZW 2006, 717 (719 f.); vgl. auch EuGH v. 21.12.2016 – C-524/14 P – Kommission/Hansestadt Lübeck, ECLI:EU: C:2016:971 Rz. 62 f. **A.A.** *Lang*, IStR 2010, 570 (574 f.); s. auch *Glaser*, EuZW 2009, 363.
5 S. *Stein*, EWS 2006, 493 (496); *Rust*, Regionale Steuerautonomie vor dem europäischen Beihilferecht, S. 279. So i.E. auch *de Weerth*, IStR 2008, 732 (734), aber unter Anwendung der Kriterien der dritten Fallgruppe (s.o.).
6 A.A. für den Fall teils auf Bundesebene (Online-Casinoglücksspiel), teils auf Ebene autonomer Regionen (terrestrisches Glücksspielangebot) angesiedelter Besteuerungsbefugnisse auf dem Gebiet des Glücksspielwesens der Kommissionsbeschluss v. 17.3.2015, C(2015) 1644 final, Rz. 68; s. aber auch Rz. 69 ff.
7 EuGH v. 6.9.2006 – C-88/03 – Portugal/Kommission, Slg. 2006, I-7115.
8 S. insbesondere EuGH v. 6.9.2006 – C-88/03 – Portugal/Kommission, Slg. 2006, I-7115 Rz. 65 ff.; v. 11.9.2008 – C-428/06 u.a. – Unión General de Trabajadores de la Rioja, Slg. 2008, I-6747 Rz. 51; Bekanntmachung der Kommission zum Begriff der staatlichen Beihilfe im Sinne des Artikels 107 Abs. 1 AEUV, KOM (2016/C 262/2), ABl. EU 2016 Nr. C 262, Rz. 144 ff. Dazu *Stein*, EWS 2006, 493; *Arhold*, EuZW 2006, 717; *de Weerth*, IStR 2008, 732; *Glaser*, EuZW 2009, 363; eingehend *Rust*, Regionale Steuerautonomie vor dem europäischen Beihilferecht, S. 93 ff. Kritisch *Luja* in Rust/Micheau, State Aid and Tax Law, S. 107 (127 ff.).

weichung von der zentralstaatlichen Rahmengesetzgebung institutionell, prozedural und wirtschaftlich autonom handelt, ist ihr statt dem Zentralstaat die begünstigende Wirkung zuzurechnen und dementsprechend die regionale Begrenzung der Steuervergünstigung nicht schon per se selektiv.[1] Auf diese Weise will der Gerichtshof einer Umgehung des Beihilfeverbots durch rein formale Verlagerung von Gesetzgebungskompetenzen auf subnationale staatliche Einheiten entgegenwirken, aber zugleich eine reale finanzverfassungsrechtliche Autonomie von Gebietskörperschaften in föderal verfassten Mitgliedstaaten respektieren.[2]

Hinweis: Handelt die regionale Gebietskörperschaft hinreichend autonom, so hat dies zur Folge, dass ihr Zuständigkeitsgebiet den Referenzrahmen für die Feststellung einer staatlichen Beihilfe i.S.d. Art. 107 Abs. 1 AEUV bildet.[3] In diesem räumlichen Kontext sind sodann die allgemeinen Maßstäbe an die Prüfung der materiellen Selektivität von steuerlichen Vergünstigungen anzulegen.[4]

Der EuGH und die Kommission haben ferner klargestellt, dass auch **indirekte Vorteile zugunsten bestimmter Unternehmen** beihilferelevant sind, wenn diese zwar den in Rede stehenden Steuervorteil nicht selbst beanspruchen können, aber das Gesetz Steueranreize für Dritte (nicht notwendig Unternehmen, s. Rz. 9.10) setzt, deren Tatbestandsvoraussetzungen sich zum wirtschaftlichen Vorteil (nur) bestimmter Unternehmen auswirken. Dies kann beispielsweise der Fall sein, wenn durch die Begünstigung des Erwerbs bestimmter Produkte die Marktnachfrage in Richtung der Anbieter solcher Güter gelenkt wird, oder wenn die Attraktivität einer näher abgrenzbaren Kategorie von Unternehmen für Investoren durch die Begünstigung bestimmter Formen der Kapitalanlage bzw. Unternehmensbeteiligung gesteigert wird.[5] Da die indirekt selektive Wirkung hier schon in den gesetzlichen Kriterien für die Inanspruchnahme der Steuervergünstigung angelegt ist, wird dies als **mittelbare „de jure" Selektivität** bezeichnet, im Unterschied zur bloß faktisch mittelbaren Selektivität aufgrund unterschiedlicher tatsächlicher Verteilung der Begünstigungswirkungen einer Steuerentlastung zwischen bestimmten Unternehmen oder Branchen (s. dazu Rz. 9.26).[6] Ohne Bedeutung für die Annahme einer mittelbar selektiven Steuerbegünstigung ist es, ob auch schon der Kreis der unmittelbar steuerlich Begünstigten selektiv gefasst ist oder ob es sich insoweit um eine allgemeine Steuerbegünstigung handelt. Wegweisend war insoweit das Beihilfeverfahren betreffend § 6b EStG i.d.F. des JStG 1996. Diese Vorschrift gewährte zwar unterschiedslos *allen* Unternehmen einen Besteuerungsaufschub für gewisse im Unternehmen reinvestierte Veräußerungsgewinne, jedoch nur für qualifizierte Reinvestitionsobjekte, darunter Beteiligungen an *bestimmten* – somit indirekt begünstigten – Unternehmen im Osten Deutschlands. Kommission und EuGH haben dies übereinstimmend als selektiven Vorteil zugunsten der betreffenden ostdeutschen Unternehmen qualifiziert.[7] An diesen Grundsätzen wird seither konstant festgehalten.[8] Je

9.21

---

1 S. dazu auch EuGH, Schlussanträge des Generalanwalts *Jääskinen* v. 7.4.2011 – C-106/09 P u. C-107/09 P – Kommission und Spanien/Government of Gibraltar und Vereinigtes Königreich, Slg. 2011, I-11113 Rz. 56–58; Kommissionsbeschluss v. 16.10.2013, C(2013) 6654 final, Rz. 52 m.w.N.; v. 31.7.2014, C(2014) 5309 final, Rz. 30 ff.
2 S. EuGH, Schlussanträge der Generalanwältin *Kokott* v. 8.5.2008 – C-428/06 u.a. – Unión General de Trabajadores de la Rioja, Slg. 2008, I-6747 Rz. 50 u. 56 f.
3 S. EuGH v. 6.9.2006 – C-88/03 – Portugal/Kommission, Slg. 2006, I-7115 Rz. 58.
4 S. EuGH v. 17.11.2008 – C-169/08 – Presidente del Consiglio die Ministri, Slg. 2009, I-10821 Rz. 61; *Luja* in Rust/Micheau, State Aid and Tax Law, S. 107 (123 u. 125); *Koenig/Förtsch* in Streinz[3], Art. 107 AEUV Rz. 84.
5 Kritisch *Jennert/Ellenrieder*, EWS 2011, 305 (311).
6 S. auch Bekanntmachung der Kommission zum Begriff der staatlichen Beihilfe im Sinne des Artikels 107 Abs. 1 AEUV, KOM (2016/C 262/2), ABl. EU 2016 Nr. C 262, Rz. 116, wo allerdings nicht hinreichend zwischen beiden Formen mittelbarer Selektivität abgegrenzt wird.
7 S. EuGH v. 19.9.2000 – C-156/98 – Deutschland/Kommission, Slg. 2000, I-6857 Rz. 25 ff.
8 S. EuGH v. 13.6.2002 – C-382/99 – Niederlande/Kommission, Slg. 2002, I-5163 Rz. 62 ff.; EuG v. 4.3.2009 – T-424/05 – Italien/Kommission, Slg. 2009, II-23 Rz. 136 ff.; Kommissionsbeschluss v. 16.4.2012, C (2012) 2460 final, Rz. 47 u. 50; v. 1.3.2013, C(2013) 1265 final, Rz. 41; v. 5.12.2013, C(2013) 8827 final, Rz. 43; Bekanntmachung der Kommission zum Begriff der staatlichen Beihilfe im Sinne des Artikels 107 Abs. 1 AEUV, KOM (2016/C 262/2), ABl. EU 2016 Nr. C 262, Rz. 115.

nach Ausgestaltung der Steuervergünstigung kann in derartigen Konstellationen allerdings auch eine doppelte Selektivität zu prüfen sein, sowohl hinsichtlich der für die Inanspruchnahme des Steuervorteils unmittelbar qualifizierten Unternehmen als auch hinsichtlich der mittelbar begünstigten Gruppe von Unternehmen.[1] In diese Kategorie fällt etwa die Sonderbestimmung für Wagniskapitalgesellschaften nach § 8c Abs. 2 KStG.[2]

Hinweis: Die Kommission prüft eine mittelbare „de jure" Selektivität bzgl. der indirekt begünstigten Unternehmen nach wie vor „klassisch" anhand des Kriteriums der Begrenzung des mittelbaren Vorteils auf bestimmte, anhand spezifischer und nicht ohne weiteres veränderlicher Merkmale abgrenzbare Unternehmen.[3] Es genügt hier also im Gegensatz zur mittlerweile dominierenden Vorgehensweise bei unmittelbaren Begünstigungen (vgl. Rz. 9.18) nicht, dass der betreffende Steuervorteil als systemwidrige Abweichung von Belastungsgrundentscheidungen der jeweiligen Steuer zu charakterisieren ist.

9.22 Bei der Prüfung, ob sich die unterschiedlich behandelten Unternehmen bzw. Produktionszweige in einer „vergleichbaren tatsächlichen und rechtlichen Situation" befinden, ist die **Festlegung des Vergleichsmaßstabs** von entscheidender Bedeutung. Die dahingehende Rechtsprechung der Unionsgerichte und die Kontrollpraxis der Kommission boten hier bis vor kurzem kein einheitliches Bild,[4] obwohl oder eventuell auch weil es sich dabei um eine zentrale Weichenstellung für die Beurteilung einer steuerlichen Maßnahme anhand des Art. 107 Abs. 1 AEUV handelt. Teils wurde darauf abgestellt, ob die Unternehmen oder Wirtschaftssektoren im Hinblick auf das „mit der betreffenden Maßnahme verfolgte Ziel", d.h. gemessen an der Zwecksetzung der Steuervergünstigung vergleichbar waren.[5] Im Ergebnis wurde bei diesem Ansatz nicht jede bestimmten Unternehmen vorbehaltene Steuervergünstigung beihilferechtlich beanstandet, sondern nur eine nicht folgerichtige Ausgestaltung der Begünstigung.[6] Überwiegend – und vor allem dann, wenn ansonsten keine Beihilfe festgestellt werden könnte – bestimmte der EuGH den Vergleichsmaßstab anhand der Grundwertungen des fraglichen Steuerregimes, in das die Steuervergünstigung eingebettet war.[7] Der letztgenannte Ansatz hat sich inzwischen vollends durchgesetzt,[8] und auch die Kommission hat sich dem in jüngeren Entscheidungen

---

1 S. beispielsweise Kommissionsbeschluss v. 18.12.2012, C(2012) 9783 endg.
2 Vgl. Kommissionsentscheidung v. 30.9.2009, K(2009) 7387, S. 18. S. auch generell die Leitlinien der Gemeinschaft für staatliche Beihilfen zur Förderung von Risikokapitalinvestitionen in kleine und mittlere Unternehmen (2006/C 194/02), Rz. 3.2.
3 S. bspw. Kommissionsbeschluss v. 19.12.2017, C(2017) 8500 final, Rz. 32.
4 S. auch *Bartosch*, Common Market Law Review 2010, 729 (741 f.); *Szudoczky*, The sources of EU law and their relationships: Lessons for the field of taxation, S. 553 f.
5 S. beispielsweise EuGH v. 8.11.2001 – C-143/99 – Adria-Wien Pipeline, Slg. 2001, I-8365 Rz. 41; v. 8.9.2011 – C-279/08 P – Kommission/Niederlande, Slg. 2011, I-7671 Rz. 52.
6 Exemplarisch ist die Kommissionsentscheidung v. 28.10.2009, C 10/07, Rz. 109 ff. (Abzug von konzerninternen Zinserträgen).
7 S. beispielsweise EuGH v. 6.9.2003 – C-88/03 – Portugal/Kommission, Slg. 2006, I-7115 Rz. 54; v. 22.12.2008 – C-487/06 P – British Aggregates, Slg. 2006, I-7115 Rz. 87; v. 17.11.2008 – C-169/08 – Presidente del Consiglio dei Ministri, Slg. 2009, I-10821 Rz. 61 ff.; v. 15.11.2011 – C-106/09 P u. C-107/09 P – Kommission und Spanien/Government of Gibraltar und Vereinigtes Königreich, Slg. 2011, I-11113 Rz. 75; v. 18.7.2013 – C-6/12 – P Oy, ECLI:EU:C:2013:525 Rz. 19 = ISR 2013, 291 m. Anm. *von Brocke/Wohlhöfler*. im Ergebnis auch EuGH v. 8.9.2011 – C-279/08 P – Kommission/Niederlande, Slg. 2011, I-7671 Rz. 52 u. 64; wohl auch EuGH v. 29.4.2004 – C-308/01 – GIL Insurance, Slg. 2004, I-4777 Rz. 68. Ansatzweise, obschon im Ergebnis nicht überzeugend, auch EuGH v. 8.9.2011 – C-78/08 bis C-80/08 – Paint Graphos, Slg. 2011, I-7611 Rz. 54 ff. (vgl. dazu – auch i.E. überzeugend – Kommissionsbeschluss v. 4.7.2016, C(2016) 4046, Rz. 65 ff.). Anders die Analyse von *Biondi*, Common Market Law Review 2013, 1719 (1732 f.): Es soll auf die Vergleichbarkeit im Lichte von Zielsetzungen und Grundwertungen der EU ankommen.
8 Sehr deutlich EuGH v. 21.12.2016 – C-524/14 P – Kommission/Hansestadt Lübeck, ECLI:EU:C:2016:971 Rz. 60; v. 28.6.2018 – C-203/16 P – Andres („Heitkamp Bauholding"), ECLI:EU:C:2018:505 Rz. 89; s. auch EuGH v. 28.6.2018 – C-219/16 P – Lowell Financial Services, ECLI:EU:C:2018:508 Rz. 91. Ebenso das Fazit von *Ellenrieder*, IStR 2018, 480 (483).

ganz überwiegend angeschlossen.¹ Da diese Betrachtung im Wesentlichen mit dem vorhergehenden Prüfungsschritt, d.h. der Untersuchung einer Abweichung von der Normalbelastung, übereinstimmt, kommt der Vergleichbarkeitsprüfung dann keine eigenständige Bedeutung mehr zu.² Gelegentlich, obschon inzwischen kaum noch, wird die Vergleichbarkeitsprüfung auch ganz ausgelassen;³ vereinzelt oszilliert sie zwischen den vorgenannten Ansätzen.⁴

Bei der – bislang eher seltenen – Untersuchung von im Steuerverfahrensrecht begründeten Begünstigungen bestimmt der Gerichtshof den Vergleichsmaßstab anhand der insoweit maßgeblichen, in der Regel rechtsstaatlich fundierten Verfahrensgrundsätze.⁵

Nach Ansicht des EuGH kann ein a priori selektiver Vorteil trotz seines Ausnahmecharakters durch die Natur oder den inneren Aufbau des Steuersystem bzw. durch die dem Steuersystem inhärenten Zwecke **gerechtfertigt** sein, **wenn** er sich als **folgerichtige Entfaltung von Grund- oder Leitprinzipien** darstellt, die dem relevanten Steuersystem zugrunde liegen.⁶ Das maßstabsbildende Referenzsystem wird dabei regelmäßig – wie schon bei der Feststellung der Normalbelastung – anhand der Grundwertungen derjenigen Steuerart bestimmt, innerhalb derer die begünstigende Regelung zum Tragen kommt; vereinzelt hat der EuGH aber auch eine im nationalen Steuerrecht angelegte steuerartenübergreifende Systembildung nachvollzogen.⁷ In diesem Rahmen ist dann eine Rechtfertigung zum einen dann anzunehmen, wenn das belastungsvermindernd wirkende Steuerregime lediglich eine im Lichte der systemtragenden Prinzipien konsequente Anpassung an die besonderen Merkmale einer Branche, bestimmter Unternehmen oder Transaktionen bewirkt.⁸ Zum anderen kommt eine solche „Rechtfertigung" für begünstigend wirkende Steuerregelungen in Betracht, wenn diese als Vereinfachungszwecknormen einen

9.23

---

1 S. beispielsweise Kommissionsbeschlüsse v. 11.7.2012, C(2012) 4217 final (Steuervergünstigungen für PPP-Projekte); v. 19.12.2012 C(2012) 9461 final, Rz. 115 (Grundsteuerbefreiungen für gemeinnützige Einrichtungen und Kirchen); v. 2.5.2013, C(2013) 2372 final, Rz. 62 (KSt-Befreiung für bestimmte Unternehmen der öffentlichen Hand); v. 16.10.2013, C(2013) 6654 final, Rz. 28 f. (Gibraltar 2011); und sehr deutlich Kommissionsbeschluss v. 20.6.2018 C(2018) 3839 final („Engie – formerly GDF Suez"), Rz. 187. S. aber auch Kommissionsbeschluss v. 6.3.2013, C(2012) 8765 final (§ 19 StromNEV), Rz. 29.
2 Vgl. Kommissionsbeschluss v. 20.6.2018 C(2018) 3839 final („Engie – formerly GDF Suez"), Rz. 178 iVm. der dortigen Fußnote 200.
3 S. beispielsweise EuGH v. 10.1.2006 – C-222/04 – Cassa di Risparmio di Firenze, Slg. 2006, I-289 Rz. 135 ff.; v. 15.6.2006 – C-393/04 und C-41/05 – Air Liquide Industries Belgium, Slg. 2006, I-5293 Rz. 31 f.; v. 27.6.2017 – C-74/16 – Congregación de Escuelas Pías Provincia Betania, ECLI:EU:C:2017:496 Rz. 67-70; Kommissionsbeschluss v. 29.7.2016, C(2016) 4809 final, Rz. 47-49.
4 S. EuG v. 13.9.2012 – T-379/09 – Italien/Kommission, EU.T:2012:422 Rz. 38 ff.
5 S. EuGH v. 29.3.2012 – C-417/10 – 3M Italia, ECLI:EU:C:2012:184 Rz. 42: Grundsatz angemessener Verfahrensdauer.
6 Grundlegend EuGH v. 6.9.2006 – C-88/03 – Portugal/Kommission, Slg. 2006, I-7115 Rz. 81. S. ferner etwa EuGH v. 8.9.2011 – C-78/08 bis C-80/08 – Paint Graphos u.a., Slg. 2011, I-7611 Rz. 69. S. zur Folgerichtigkeit insbesondere EuGH v. 26.6.2003 – C-182/03 u. C-217/03 – Belgien und Forum 187, Slg. 2003, I-6887 Rz. 125 f.; Bekanntmachung der Kommission zum Begriff der staatlichen Beihilfe im Sinne des Artikels 107 Abs. 1 AEUV, KOM (2016/C 262/2), ABl. EU 2016 Nr. C 262, Rz. 129; instruktiv auch der Kommissionsbeschluss v. 31.7.2013 C(2013) 4901 final, Rz. 85. S. ferner *Schön*, CMLRev. 1999, 911 (930); *Rossi-Maccanico*, EC Tax Review 2009, 67 (74); *Rossi-Maccanico* in Rust/Micheau, State Aid and Tax Law, S. 39 (52); *Rosenberg*, Das beihilferechtliche Durchführungsverbot im Steuerverfahren, S. 82 ff.; *Birkenmaier*, Die Vorgaben der Beihilfevorschriften des EG-Vertrages für die direkte Unternehmensbesteuerung, S. 118 ff.
7 S. EuGH v. 29.4.2004 – C-308/01 – GIL Insurance u.a., Slg. 2004, I-4744 Rz. 76.
8 Vgl. EuGH v. 15.12.2005 – C-66/02 – Italien/Kommission, Slg. 2005, I-10901 Rz. 101; v. 26.4.2018, C-236/16 u.a. – ANGED, ECLI:EU:C:2018:291 Rz. 48-50. S. auch die Bekanntmachung der Kommission zum Begriff der staatlichen Beihilfe im Sinne des Artikels 107 Abs. 1 AEUV, KOM (2016/C 262/2), ABl. EU 2016 Nr. C 262, Rz. 139 sowie nach Fallgruppen konkretisierend Rz. 156 ff. S. auch *Rossi-Maccanico*, EC Tax Review 2009, 67 (75).

effektiven und verhältnismäßigen Steuervollzug sicherstellen sollen,[1] Vollzugsdefiziten durch eine Zurücknahme des Steueranspruchs Rechnung tragen,[2] der Steuerumgehung bzw. der Steuerhinterziehung vorbeugen[3] oder sonst die Rechtsanwendungsgleichheit im Steuerrecht befördern.[4] Ebenfalls als Rechtfertigungsgrund akzeptiert hat der Gerichtshof das Bestreben nach Vermeidung wirtschaftlicher Doppelbesteuerung.[5] Auch ein den traditionellen Methoden der zwischenstaatlichen Aufteilung von Besteuerungsbefugnissen (wie etwa der Befreiungsmethode) inhärenter innerstaatlicher Begünstigungseffekt zwecks Vermeidung internationaler Doppelbesteuerung kann bei konsistenter Handhabung einen Rechtfertigungsgrund bilden (s. auch Rz. 9.33).[6] Bei Lenkungsteuern entspricht dem eine räumliche Begrenzung der Steuererhebung in Orientierung am Territorialitätsprinzip.[7] Im Gegensatz dazu stehen „externe", innerhalb des jeweiligen Referenzsystems nur punktuell – insbesondere zu Lenkungszwecken oder aus wirtschaftspolitischen Motiven[8] – verfolgte Zielsetzungen. Sie vermögen die Einstufung der steuerlichen Entlastung als selektive Beihilfe nicht zu widerlegen und können allenfalls von der Kommission im Rahmen der Art. 107 Abs. 2 u. Abs. 3 AEUV berücksichtigt werden.[9] Dies gilt auch dann, wenn der jeweiligen Zielsetzung im betreffenden Mitgliedstaat Verfassungsrang zukommen sollte.[10] Bei Lenkungsteuern allerdings bildet deren Lenkungszweck gerade den relevanten Maßstab der Prüfung.[11]

---

1 S. die Bekanntmachung der Kommission zum Begriff der staatlichen Beihilfe im Sinne des Artikels 107 Abs. 1 AEUV, KOM (2016/C 262/2), ABl. EU 2016 Nr. C 262, Rz. 138 und speziell zu Sonderregeln für kleine Betriebe Rz. 182; sowie bspw. Kommissionsbeschluss v. 16.10.2013, C(2013) 6654 endg., Rz. 39; v. 29.7.2016, C(2016) 4809 final, Rz. 50 ff.; v. 2.4.2019 C(2019) 2526 final („UK CFC-Regime"), Rz. 160.
2 S. dazu Kommissionsbeschluss v. 31.7.2013 C(2013) 4901 final, Rz. 131 ff. (British Aggregates II).
3 S. EuGH v. 19.12.2018 – C-374/17 – A-Brauerei, ECLI:EU:C:2018:1024 Rz. 51; Bekanntmachung der Kommission zum Begriff der staatlichen Beihilfe im Sinne des Artikels 107 Abs. 1 AEUV, KOM (2016/ C 262/2), ABl. EU 2016 Nr. C 262, Rz. 139; ebenso *Demleitner*, ISR 2016, 328 (333).
4 Ähnlich *van de Casteele/Hocine* in Mederer/Pesaresi/van Hoof, EU Competition Law, Volume 4: State Aid, 2008, Rz. 2.111. S. auch *Rossi-Maccanico*, Intertax 2012, 92 (99). S. ferner EuGH v. 27.6.2017 – C-74/16 – Congregación de Escuelas Pías Provincia Betania, ECLI:EU:C:2017:496 Rz. 72: Zielsetzungen, die für das „Funktionieren und die Wirksamkeit" des Systems erforderlich sind.
5 S. EuGH v. 19.12.2018 – C-374/17 – A-Brauerei, ECLI:EU:C:2018:1024 Rz. 39 u. 50, zu § 6a GrEStG – im konkreten Fall nicht überzeugend, da die in Rede stehende potenzielle Doppelbelastung von Konzernumstrukturierungen mit GrESt der gesetzlichen (obschon steuerpolitisch verfehlten) Grundkonzeption der Steuer immanent und ihre Vermeidung „externen" wirtschaftspolitischen Zielen geschuldet ist.
6 S. Kommissionbeschluss v. 11.7.2012, C(2012) 4217 final, Rz. 179 f.; *Szudoczky*, The sources of EU law and their relationships: Lessons for the field of taxation, S. 609; *de Broe*, EC Tax Review 2017, 228 (229). Einschränkend Kommissionsbeschluss v. 11.1.2016 C(2015) 9837 final („Belgian Excess Profit Scheme"), Rz. 172: nur tatsächliche, nicht auch lediglich virtuelle Doppelbesteuerung; tendenziell bestätigend, aber nur im Wege eines obiter dictum, EuG v. 14.2.2019 – T-131/16 und T-263/16 – Belgien und Magnetrol International/Kommission, ECLI:EU:T:2019:91 Rz. 72 f.
7 S. Kommissionsbeschluss v. 8.5.2015, C(2015) 3064 final, Rz. 45-47.
8 S. dazu Kommissionsbeschluss v. 11.7.2012, C(2012) 4217 final, Rz. 116 u. 153; *Post*, EC Tax Review 2014, 76 (82).
9 S. EuGH v. 6.9.2006 – C-88/03 – Portugal/Kommission, Slg. 2006, I-7115 Rz. 82 f.; EuG v. 9.9.2009 – T-227/01 u.a. – Deputación Foral de Álava und Gobierno Vasco/Kommission, Slg. 2009, II-3029 Rz. 184; v. 4.3.2009 – T-445/05 – Associazione italiana del risparmio gestito und Fineco Asset Management/Kommission, Slg. 2009, II-289 Rz. 170; EuGH, Schlussanträge der Generalanwältin *Trstenjak* v. 16.12.2010 – C-71/09 P u.a. – Comitato „Venezia vuole vivere" u.a./Kommission, Slg. 2011, I-4727 Rz. 117. Grundsätzlich ebenso die Mitteilung der Kommission, KOM (98/C 384/03), ABl. EG 1998 Nr. C 384, 3, Rz. 26; Bekanntmachung der Kommission zum Begriff der staatlichen Beihilfe im Sinne des Artikels 107 Abs. 1 AEUV, KOM (2016/C 262/2), ABl. EU 2016 Nr. C 262, Rz. 135. Unzutreffend daher *Hackemann/Sydow*, IStR 2013, 786 (790): beschäftigungspolitische Gründe als Rechtfertigungsgrund für die Sanierungsklausel nach § 8c Abs. 1a KStG.
10 S. Kommissionsbeschluss v. 27.7.2017, C(2017) 5174, Rz. 106.
11 S. EuGH, Schlussanträge der Generalanwältin *Kokott* v. 2.7.2009 – C-169/08 – Presidente del Consiglio die Ministri, Slg. 2009, I-10821 Rz. 136 ff.; Bekanntmachung der Kommission zum Begriff der staatlichen Beihilfe im Sinne des Artikels 107 Abs. 1 AEUV, KOM (2016/C 262/2), ABl. EU 2016 Nr. C 262,

Es kommt also stets auf die Grund- und Leitprinzipien des konkreten Referenzsystems, nicht aber auf die Zielsetzung der innerhalb dieses Referenzsystems begünstigend wirkenden Maßnahme an.[1]

Erst recht **nicht legitimiert** werden kann eine Steuervergünstigung durch das Ziel, die **Wettbewerbsfähigkeit** bestimmter Unternehmen **zu verbessern**, weil dies dem Anliegen des Art. 107 Abs. 1 AEUV diametral entgegensteht.[2] Dies gilt auch dann, wenn die Steuervergünstigung bezweckt, durch eine punktuelle steuerliche Entlastung die Wettbewerbsbedingungen für die begünstigten Unternehmen oder Wirtschaftssektoren den besseren steuerlichen Rahmenbedingungen der in anderen Mitgliedstaaten ansässigen Konkurrenz anzugleichen.[3] Eine selektive Begünstigung lässt sich somit nicht damit rechtfertigen, dass die in anderen Staaten niedergelassene Konkurrenz dort von einem generell niedrigen Steuerniveau profitiert oder im jeweiligen Ansässigkeitsstaat ihrerseits in den Genuss von Steuervergünstigungen kommt, möglicherweise sogar ebenfalls unter Verstoß gegen Art. 107 Abs. 1 AEUV. Denn nach gefestigter Rechtsprechung des EuGH dürfen die Mitgliedstaaten derartigen internationalen Wettbewerbsverzerrungen nicht durch einseitige Maßnahmen entgegen dem Beihilfeverbot abhelfen.[4] Stattdessen sind sie auf die Instrumente der Steuerharmonisierung nach Art. 113 ff. AEUV bzw. bei in anderen Mitgliedstaaten gewährten Steuerprivilegien auf die Beihilfenkontrolle durch die Kommission verwiesen. In gleicher Weise sind auch regional selektive Abgabenentlastungen, welche ungünstige Standortbedingungen innerhalb ein und desselben Mitgliedstaates ausgleichen sollen, nicht schon vom Beihilfebegriff ausgenommen, sondern allenfalls nach Art. 107 Abs. 3 Buchst. a und c AEUV genehmigungsfähig.[5]

9.24

EuGH und Kommission fordern inzwischen darüber hinaus regelmäßig, dass begünstigende steuerliche Maßnahmen, die sich noch innerhalb des gesetzlichen Gestaltungsermessens bei der Konkretisierung von Leitprinzipien des Steuersystems bewegen und damit rechtfertigungsfähig sind, den **Anforderungen des Verhältnismäßigkeitsgrundsatzes** genügen.[6] Unter diesem Gesichtspunkt sind etwa

9.25

Rz. 136; Kommissionsbeschluss v. 31.7.2013, C(2013) 4901 final, Rz. 67 f. (British Aggregates II); v. 24.4.2018, C(2018) 2385 final (irische Steuer auf zuckerhaltige Getränke), Rz. 60; *Rossi-Maccanico*, EStAL 2004, 229 (243 f.).

1 S. EuGH v. 6.9.2006 – C-88/03 – Portugal/Kommission, Slg. 2006, I-7115 Rz. 81; v. 10.1.2006 – C-222/04 – Cassa di Risparmio di Firenze u.a., Slg. 2006, I-289 Rz. 137; v. 22.12.2008 – Rs, C-487/06 P – British Aggregates, Slg. 2008, I-10515 Rz. 84; v. 29.4.1999 – C-342/96 – Spanien/Kommission, Slg. 1999, I-2459 Rz. 23; v. 8.9.2011 – C-78/08 bis C-80/08 – Paint Graphos u.a., Slg. 2011, I-7611 Rz. 67 ff. S. ferner EuG v. 13.9.2006 – T-210/02 RENV – British Aggregates/Kommission, Slg. 2006, II-2789 Rz. 48; sowie den Kommissionsbeschluss v. 25.7.2012, C(2012) 5037, Rz. 46 (abgestufte Flugverkehrsteuersätze). Anders wohl *Bartosch*, Common Market Law Review 2010, 729 (741 ff.).

2 S. auch EuGH v. 15.12.2005 – C-66/02 – Italien/Kommission, Slg. 2005, I-10901 Rz. 101; EuG v. 13.9.2012 – T-379/09 – Italien/Kommission, EU:T:2012:422 Rz. 51; Umsetzungsbericht der Kommission v. 9.2.2004, C(2004), Rz. 38; *Bartosch*, Common Market Law Review 2010, 729 (747 f.).

3 S. neben den nachfolgend zitierten Entscheidungen auch EuGH v. 13.6.2002 – C-382/99 – Niederlande/Kommission, Slg. 2002, I-5163 Rz. 63; v. 9.6.2011 – C-71/09 P u.a. – Comitato „Venezia vuole vivere" u.a./Kommission, Slg. 2011, I-4727 Rz. 95; Bekanntmachung der Kommission zum Begriff der staatlichen Beihilfe im Sinne des Artikels 107 Abs. 1 AEUV, KOM (2016/C 262/2), ABl. EU 2016 Nr. C 262, Rz. 72.

4 S. EuGH v. 2.7.1974 – 173/73 – Italien/Kommission, Slg. 1974, 709 Rz. 36–40; v. 22.3.1977 – 78/76 – Steinike und Weinlig, Slg. 1977, 595 Rz. 24; v. 3.3.2005 – C-172/03 – Heiser, Slg. 2005, I-1627 Rz. 54. S. auch Kommissionsbeschluss v. 21.1.2016, C(2016) 167 final, Rz. 81 u. 83; *Rossi-Maccanico* in Rust/Micheau, State Aid and Tax Law, S. 39 (46); *Ehricke* in Immenga/Mestmäcker, Europäisches Wettbewerbsrecht, Art. 87 Abs. 1 EGV Rz. 104 m.w.N.

5 S. EuGH v. 9.6.2011 – C-71/09 P u.a. – Comitato „Venezia vuole vivere" u.a./Kommission, Slg. 2011, I-4727 Rz. 96.

6 S. etwa EuGH v. 8.9.2011 – C-78/08 bis C-80/08 – Paint Graphos u.a., Slg. 2011, I-7611 Rz. 75; v. 27.6.2017 – C-74/16 – Congregación de Escuelas Pías Provincia Betania, ECLI:EU:C:2017:496 Rz. 72; Kommissionsbeschluss v. 19.12.2012, C(2012) 9461 final, Rz. 127; v. 29.7.2016, C(2016) 4809 final, Rz. 55 ff.; Bekanntmachung der Kommission zum Begriff der staatlichen Beihilfe im Sinne des Artikels 107 Abs. 1 AEUV, KOM (2016/C 262/2), ABl. EU 2016 Nr. C 262, Rz. 140. So auch *Szudoczky*, The sources of EU law and their

Progressionssprünge beanstandet worden.¹ Im Übrigen ist festzustellen, dass die Kommission gelegentlich dazu neigt, systemfremde Zielsetzungen entgegen den Vorgaben des EuGH den Leitprinzipien des Steuersystems zuzurechnen, um auf diese Weise zu einer Ausdehnung möglicher Rechtfertigungsgründe zu gelangen.²

3. Sonderdogmatiken selektiver Begünstigungswirkung

9.26 Noch keine einheitliche Linie verfolgen die europäischen Gerichte sowie die Kommission bislang in der Frage der Beihilfenrelevanz der sog. **de facto-Selektivität** steuerlicher Vergünstigungen. Dabei handelt es sich um das Phänomen einer faktisch ungleichen Bedeutung bzw. Begünstigungswirkung einer formal allen Unternehmen zugänglichen Steuervergünstigung im Verhältnis zwischen verschiedenen Branchen oder Unternehmenstypen. Seitens der Kommission wird hier gelegentlich unter Orientierung am Vergünstigungszweck stillschweigend die Vergleichbarkeit der unterschiedlich betroffenen Unternehmen oder Wirtschaftszweige in Abrede gestellt, etwa wenn der Einzelhandel in geringerem Maße von Steueranreizen für Forschung und Entwicklung profitiert als beispielsweise die Automobilindustrie oder die Chemiebranche.³ Teilweise wird aber auch ausdrücklich auf faktisch ungleiche Verteilungswirkungen hingewiesen, um die Selektivität eines Steuerregimes zu begründen.⁴ Es drängte sich bislang der Eindruck auf, dass sich die Kommission hier alle Optionen offenhalten will, um je nach wirtschaftspolitischer Opportunität zur Feststellung oder zur Ablehnung des Beihilfecharakters gelangen zu können.⁵ In ihrer kürzlich vorgelegten Bekanntmachung zum Beihilfebegriff bekennt sich die Kommission allerdings scheinbar uneingeschränkt zur Beihilfenrelevanz auch der de facto-Selektivität.⁶ Der EuGH hat in einigen älteren Entscheidungen ebenfalls zu erkennen gegeben, dass er auch faktisch ungleiche Verteilungswirkungen abgabenrechtlicher Vergünstigungen für beihilferechtlich relevant hält.⁷ Er hat aber bislang keine klaren Kriterien für die Abgrenzung zu allgemeinen steuerlichen Vergünstigungen ohne Beihilfecharakter entwickelt. Dies dürfte nicht zuletzt dem Umstand geschuldet sein, dass sich die Rechtsfigur der de facto-Selektivität in ihrer herkömmlichen

---

relationships: Lessons for the field of taxation, S. 604 u. 639 ff.; *Rossi* in Weber (Hrsg.), EU Income Tax Law: Issues for the Years Ahead, 2013, S. 123 (137).

1 Exemplarisch Kommissionsbeschluss v. 25.7.2012, C(2012) 5037, Rz. 47 ff. (abgestufte Flugverkehrsteuersätze); s. aber auch Kommissionsbeschluss v. 24.4.2018, C(2018) 2385 final, Rz. 94-96: Inkonsistente Abweichungen im Progressionsverlauf sind in gewissen Grenzen zu Vereinfachungszwecken hinnehmbar.

2 Umsetzungsbericht der Kommission v. 9.2.2004, C(2004), Rz. 36: niedrigere Grundsteuer für die Landwirtschaft; Kommissionsbeschluss v. 26.5.2014, C(2014) 3152 final, Rz. 19: Neugliederung von Gebietskörperschaften „nach der Logik der GrESt" kein besteuerungswürdiger Vorgang (Wertungswiderspruch zu den Feststellungen in Rz. 17).

3 Vgl. dazu Kommissionsmitteilung v. 22.11.2006, Wege zu einer wirksameren steuerlichen Förderung von FuE, KOM (2006) 728 endgültig, 7 f.; s. auch Kommissionsbeschluss v. 11.12.2007, C(2007) 6042 final, Rz. 28 ff.

4 S. Kommissionsbeschlüsse v. 21.2.2013, C(2013) 1104 final (KWK-Anlagen), Rz. 47; v. 16.10.2013, C (2013) 6654 final, Rz. 38 (Gibraltar II); vgl. auch Umsetzungsbericht der Kommission v. 9.2.2004, C (2004), 9: Selektivität konzernspezifischer Begünstigungen, da diese typischerweise nur größeren Unternehmen zugänglich sind.

5 S. die wachsweiche Formulierung der Mitteilung der Kommission v. 10.12.1998, Rz. 14: Art. 107(1) AEUV sei in Konstellationen der de facto-Selektivität „nicht zwangsläufig" anwendbar.

6 S. Bekanntmachung der Kommission zum Begriff der staatlichen Beihilfe im Sinne des Artikels 107 Abs. 1 AEUV, KOM (2016/C 262/2), ABl. EU 2016 Nr. C 262, Rz. 122.

7 S. EuGH v. 14.7.1983 – 203/82 – Kommission/Italien, Slg. 1983, 2525; v. 15.12.2005 – C-66/02 – Italien/Kommission, Slg. 2005, I-10901 Rz. 97. Nicht ganz eindeutig die Abgrenzung zwischen rechtlicher und faktischer Selektivität durch EuG v. 9.9.2009 – T-227/01 u.a. – Territorio Histórico de Álava u.a., Slg. 2009, II-3029 Rz. 161 ff.; deutlicher EuG v. 7.11.2014 – T-219/10 – Autogrill España, ECLI:EU:T:2014:939 Rz. 58. S. auch *Rossi* in Weber (Hrsg.), EU Income Tax Law: Issues for the Years Ahead, 2013, S. 123 (125 f.).

Ausprägung mit dem neuen, weit ausgreifenden Prüfungsansatz des EuGH zur de jure-Selektivität von Beihilferegelungen weitestgehend erledigt hat: Hält man mit dem Gerichtshof schon jegliche systemwidrige Abweichung vom Regelsteuersystem, unabhängig von ihrer Begrenzung auf spezifische Kategorien von Unternehmen, für prima facie selektiv (s. Rz. 9.18), erübrigt sich auch die Prüfung einer (zumindest) faktischen Beschränkung der Vergünstigung auf bestimmte Unternehmen oder Branchen.

Stattdessen hat das Konzept der de facto-Selektivität in der Rechtsprechung des EuGH seit der kontrovers diskutierten[1] **Gibraltar-Entscheidung**[2] eine neue Dimension erlangt. Der EuGH hat in diesem Urteil eine Unternehmenssteuer als beihilferechtswidrig beanstandet, die erklärtermaßen als Steuer auf Gewinne aus betrieblicher Tätigkeit konzipiert war, aber nur bei den Produktionsfaktoren Arbeit und Boden ansetzte. Der Erfolgsbeitrag des Faktors Kapital hingegen wurde ausgeblendet, zugunsten der klar abgrenzbaren, homogenen Gruppe der offshore-Unternehmen. Die Annahme einer verbotenen Beihilfe ließe sich hier durchaus, im Einklang mit der traditionellen Rechtsprechungslinie des Gerichtshofs,[3] damit begründen, dass die gibraltesische Gesetzgebung den selbst postulierten Belastungsgrund – die im Gewinn ausgedrückte steuerliche Leistungsfähigkeit – nicht folgerichtig und gleichmäßig erfasste, sondern selektiv nur die auf den Einsatz bestimmter Produktionsmittel zurückzuführenden Gewinnbestandteile. Die daraus resultierenden Begünstigungswirkungen verteilten sich auch nicht auf die Gesamtheit aller Unternehmen, sondern bevorzugten eine „Gruppe von Unternehmen ..., [die] gerade aufgrund der typischen und spezifischen Merkmale dieser Gruppe nicht besteuert werden".[4] Dass sich diese Begünstigung tatbestandstechnisch nicht aus einer expliziten Ausnahmebestimmung ergab, sondern in der Abgrenzung der Besteuerungsobjekte angelegt war, spielt nach der ständigen Rechtsprechung des EuGH keine Rolle (s. Rz. 9.19). Die Entscheidung des EuGH wäre also bei zutreffender Würdigung in das tradierte Schema einer selektiv begünstigenden Abweichung bestimmter Tatbestandselemente – hier des sachlichen Anwendungsbereichs der Steuer – von dem seitens des nationalen Gesetzgebers selbst gewählten Referenzrahmen – hier der Konzeption der KSt als allgemeiner Gewinnsteuer – einzuordnen.[5] Teile der Literatur haben aus der Entscheidung aber schon früh die weitreichende Schlussfolgerung gezogen, Art. 107 Abs. 1 AEUV ermächtige ausnahmsweise auch zur **beihilferechtlichen Kontrolle schon der nationalen Belastungsgrundentscheidungen**, d.h. es könne in Sonderfällen schon die Ausgestaltung des Steuersystems selbst selektive Begünstigungswirkungen hervorrufen.[6] Diese Sichtweise hat dann auch der EuGH selbst in der nachfolgenden Entscheidung der Rechtssache World Duty Free bestätigt. Danach habe die Gibraltar-Entscheidung nicht einen „von der

---

1 S. insb. *Lang*, ÖStZ 2011, 593; *Jaeger*, EuZW 2012, 92; *Prek/Lefèvre*, EStAL 2012, 335 (336); *Luja*, Highlights & Insights 2012, 98; *Temple Lang*, EStAL 2012, 805; *Rossi-Maccanico*, EStAL 2012, 443; *Pistone*, Intertax 2012, 85; *Luja* in Weber (Hrsg.), EU Income Tax Law: Issues for the Years Ahead, 2013, S. 115; *Wattel*, World Tax Journal 2012, 128; *Ismer/Piotrowski*, Intertax 2015, 559 (566 ff.).
2 EuGH v. 15.11.2011 – C-106/09 P u.a. – Kommission/Government of Gibraltar und Vereinigtes Königreich, Slg. 2011, I-11113 Rz. 90 ff.
3 Ähnlich die Würdigung durch EuGH, Schlussanträge der Generalanwältin *Kokott* v. 13.6.2019 – C-75/18 – Vodafone Magyarország, ECLI:EU:C:2019:492 Rz. 166 ff.; *Luja*, Intertax 2012, 120 (130); *Luja* in Weber (Hrsg.), EU Income Tax Law: Issues for the Years Ahead, 2013, S. 115 (117 f.); *Szudoczky*, The sources of EU law and their relationships: Lessons for the field of taxation, S. 489 f.; *Stevens*, EC Tax Review 2014, 149 (159); *Ellenrieder*, IStR 2018, 480 (487). Insoweit wie hier auch *Rossi-Maccanico*, Intertax 2012, 92 (97 f.); *Rossi-Maccanico*, EC Tax Review 2015, 63 (68).
4 S. EuGH v. 15.11.2011 – C-106/09 P u.a. – Kommission/Government of Gibraltar und Vereinigtes Königreich, Slg. 2011 I-11113 Rz. 106 f. S. ferner den Kommissionsbeschluss v. 16.10.2013, C(2013) 6654 final, Rz. 29 (Gibraltar II).
5 Vgl. bspw. auch die Argumentation im Kommissionsbeschluss v. 27.7.2017, C(2017) 5174, Rz. 90.
6 So bspw. *Lang*, EStAL 2012, 805 (810); *Traversa/Flamini*, EStAL 2015, 323 (329); *Ismer/Piotrowski*, Intertax 2015, 559 (568 f.). S. ferner *Merola*, 39 World Competition 2016, 533 (535 f.): Die Beihilfekontrolle sollte auch allgemein angelegte „makroökonomische" Maßnahmen der Mitgliedstaaten (wie bspw. die grundlegende Ausgestaltung einer Steuerart) erfassen, soweit diese auf „mikroökonomischer" Ebene verzerrende Wirkungen zugunsten bestimmter Kategorien von Unternehmen haben.

allgemeinen Steuerregelung abweichenden Steuervorteil, sondern [... die] Anwendung einer ‚allgemeinen' Steuerregelung [zum Gegenstand gehabt], die auf Kriterien beruhte, die auch an sich allgemeiner Art waren [... und] die durch ihre Wirkungen bestimmten Unternehmen [...], aufgrund der für diese Unternehmen typischen und spezifischen Merkmale, begünstigen. Diese Maßnahme nahm somit eine faktische Ungleichbehandlung zwischen Unternehmen vor, die sich im Hinblick auf das mit dieser Regelung verfolgte Ziel [...] in einer vergleichbaren Situation befanden."[1] Ergeben sich also aus den systemtragenden Grundsätzen der Steuer selbst und deren (folgerichtiger) Umsetzung disparate Belastungswirkungen zugunsten klar abgrenzbarer Unternehmenskategorien, soll dies über den herkömmlichen Prüfungsansatz hinaus einen Verstoß gegen das Beihilfeverbot begründen können. Die „Normalbelastung", von der die begünstigten Unternehmen verschont werden, wird somit nicht mehr anhand der systemkonstituierenden Grundwertungen bestimmt, sondern anhand davon (vermeintlich) zu unterscheidender, übergeordneter Zielsetzungen der jeweiligen Steuer.

Die Kommission hat diesen Ansatz inzwischen in einer Reihe von Beihilfenentscheidungen aufgegriffen, namentlich in einer Serie von Negativbeschlüssen zu progressiven Steuern und Abgaben vom Umsatz.[2] Die Entscheidungen werfen ein Schlaglicht auf die Problempunkte der neuen Doktrin faktisch diskriminierender Systemgrundentscheidungen: Die Kommission hätte hier mindestens in einem Teil der Fälle durchaus im Rahmen des klassischen Prüfungsansatzes (Rz. 9.16) eine nicht folgerichtige Entfaltung der vom jeweiligen Mitgliedstaat selbst postulierten Besteuerungsgrundsätze feststellen können.[3] Sie konnte aber nicht, wie für diesen Ansatz erforderlich, ermitteln, welcher Steuersatz als „Normalbelastung" den Maßstab für die Beurteilung etwaiger selektiver Begünstigungswirkungen des progressiven Tarifverlaufs bildete.[4] Dieser Problematik wich die Kommission unter Verweis auf die alternative Vorgehensweise der Gibraltar-Entscheidung dadurch aus, dass sie als übergeordnetes Ziel der jeweiligen Abgabe schlicht eine Belastung entsprechend der Umsatzhöhe postulierte und das Element progressiver Besteuerung als Diskriminierung zugunsten kleinerer Unternehmen brandmarkte.[5] Damit wird jedoch der hergebrachte Unterschied zwischen dem Beihilfeverbot unterfallenden selektiven Begünstigungen einerseits und nur ausnahmsweise als Beihilfe zu qualifizierenden selektiven Mehrbelastungen (Rz. 9.14) andererseits verwischt[6] und die mitgliedstaatliche Steuersouveränität empfind-

---

[1] EuGH v. 21.12.2016 – C-20/15 P und C-21/15 P – World Duty Free, ECLI:EU:C:2016:981 Rz. 74. Zustimmend etwa *Frenz*, DStZ 2016, 142 (153); *Bartosch*, BB 2016, 855 (857).

[2] S. Kommissionsbeschluss v. 4.6.2016, C(2016) 4056 final (ungarische Lebensmittelkontrollabgabe), Rz. 41; v. 4.7.2016, C(2016) 4049 (ungarische Tabaksteuer), Rz. 30; v. 4.11.2016, C(2016) 6929 (ungarische Werbesteuer), Rz. 49; v. 30.6.2017, C(2017) 4449 final (polnische Einzelhandelsteuer), Rz. 46 ff. S. dazu *Ylinen*, IStR 2017, 100 (102).

[3] So richtete sich die ungarische Werbesteuer vorgeblich am Leistungsfähigkeitsprinzip aus (s. Kommissionsbeschluss v. 4.11.2016, C(2016) 6929, Rz. 33), mit dem sich eine progressiv mit dem Umsatzvolumen des jeweiligen Leistungserbringers ansteigende Steuerbelastung (anders als evtl. eine Mehrbelastung von Luxusgütern oder eine progressive Gewinnsteuer) aber nicht ohne weiteres erklären lässt (wie hier *Sinnig*, European Taxation 2019, 106 [108 f.]; a.A. allerdings EuG v. 16.5.2019 – T-836/16 und T-624/17 – Polen/Kommission, ECLI:EU:T:2019:338 Rz. 75 f. und Rz. 91; EuGH, Schlussanträge der Generalanwältin *Kokott* v. 13.6.2019 – C-75/18 – Vodafone Magyarország, ECLI:EU:C:2019:492 Rz. 100). In ähnlicher Weise ließ sich von Ungarn zur Begründung des progressiven Tarifverlaufs einer alternativen Lebensmittelkontrollabgabe vorgebrachte Äquivalenzbeziehung zwischen Abgabenhöhe und Kontrollaufwand widerlegen (s. Kommissionsbeschluss v. 4.6.2016, C(2016) 4056 final, Rz. 23 f.). S. ferner Kommissionsbeschluss v. 2.4.2019, C(2019) 2641 final („Slowakische Einzelhandelsumsatzsteuer"), Rz. 37 ff.

[4] S. Kommissionsbeschluss v. 4.6.2016, C(2016) 4056 final, Rz. 43; v. 4.11.2016, C(2016) 6929, Rz. 52; v. 4.7.2016, C(2016) 4049, Rz. 32; v. 30.6.2017, C(2017) 4449 final, Rz. 47. S. auch EuGH, Schlussanträge der Generalanwältin *Kokott* v. 13.6.2019 – C-75/18 – Vodafone Magyarország, ECLI:EU:C:2019:492 Rz. 164.

[5] Ähnlich im Kontext der Besteuerung von Einkommen *Lyal*, Fordham Int'l Law Journal 2015, 1017 (1032).

[6] S. dazu auch *Jung/Neckenich*, in Kube/Reimer, Das Beihilfenrecht als Innovationsmotor des Steuerrechts, S. 7 (17 f. und 27).

lich beschnitten.¹ In der Folge können sich zudem unverhältnismäßige Folgen für die Steuerpflichtigen einstellen, weil ein Verstoß gegen das Beihilfeverbot potenziell – bei unterlassender Notifizierung der Maßnahme – zur (Nach-)Belastung aller Unternehmen entsprechend der höchsten Tarifstufe führen kann,² selbst wenn diese nach der gesetzgeberischen Konzeption nur im Ausnahmefall und eben nicht als „Normalbelastung" Anwendung finden sollte. Das EuG hat diesen Ansatz daher in einer ersten Entscheidung zu Recht verworfen.³ Soweit es der Kommission tatsächlich primär um die Abwehr einer indirekten Diskriminierung grenzüberschreitend tätiger – typischerweise umsatzstärkerer – Anbieter ging,⁴ hätte mit dem Vertragsverletzungsverfahren nach Art. 258 AEUV wegen Grundfreiheitsverstoßes ein wirksames⁵ und auch bzgl. der Rechtsfolgen adäquateres, obschon evtl. verfahrenstechnisch langwierigeres Instrument zur Verfügung gestanden.

Noch einen Schritt weiter geht die Kommission in ihren zahlreichen **„Tax Ruling"-Verfahren**, in denen sie seit 2013 steuerliche Vorabbescheide bzw. verbindliche Zusagen der Mitgliedstaaten auf deren Konformität mit Art. 107 Abs. 1 AEUV hin überprüft, und zwar vornehmlich Verrechnungspreiszusagen.⁶ Die Kommission testet hier die Grenzen des Beihilfeverbots aus, um es im Kampf gegen „aggressive" Steuerplanung großer multinationaler Konzerne und „schädlichen" Steuerwettbewerb zu instrumentalisieren. Sie legt ihrer Bewertung der entsprechenden Maßnahmen zwar die klassische 3-Stufen-Analyse der Selektivität zugrunde, wonach in einem ersten Schritt der Referenzrahmen zu ermitteln und dann zu untersuchen ist, ob die zugesagte steuerliche Behandlung eine systemwidrige Abweichung darstellt und damit eine Diskriminierung vergleichbarer Unternehmen zur Folge hat (Rz. 9.16). Sie bestimmt die maßstäbliche „Normalbelastung" in diesen Fällen aber nicht mehr ausgehend von den Belastungsgrundentscheidungen und systemtragenden Leitprinzipien der Besteuerung in ihrer konkreten Ausprägung im jeweiligen mitgliedstaatlichen Steuersystem. Stattdessen misst sie die mitgliedstaatlichen Verrechnungspreisregeln an einem „unmittelbar Art. 107 Abs. 1 AEUV entnommenen" Fremdvergleichsgrundsatz als Referenzsystem, der zu einem gewissen Grad in Anlehnung an die (rechtlich unverbindlichen) Verrechnungspreisrichtlinien der OECD konkretisiert wird.⁷ Der **Referenzrahmen wird also nicht mehr systemimmanent ermittelt, sondern anhand eines hypothetischen Idealsystems** der Besteuerung festgelegt. Begründet wird dies vor allem unter Verweis auf die EuGH-Entscheidung in der Rechtssache Forum 187⁸, in welcher der EuGH vermeintlich eine solche Vorgehensweise

9.27

---

1 Wie hier kritisch *Ekkenga/Saffaei*, DStR 2018, 1993 (1995). Vgl. auch allgemein EuGH, Schlussanträge des Generalanwalts *Tizzano* v. 8.5.2001 – C-53/00 – Ferring, ECLI:EU:C:2001:253, Rz. 36-37.
2 Zu dieser Konsequenz einer „Rückforderung" rechtswidrig gewährter Fiskalbeihilfen s. näher Rz. 9.64 ff.
3 EuG v. 16.5.2019 – T-836/16 und T-624/17 – Polen/Kommission, ECLI:EU:T:2019:338 Rz. 65-67.
4 S. bspw. Kommissionsbeschluss v. 4.6.2016, C(2016) 4056 final, Rz. 45; v. 30.6.2017, C(2017) 4449 final, Rz. 47.
5 Vgl. EuGH v. 5.2.2014 – C-385/12 – Hervis Sport, ECLI:EU:C:2014:47; s. allerdings auch die restriktiv gehaltenen Schlussanträge von Generalanwältin *Kokott* v. 13.6.2019 – C-75/18 – Vodafone Magyarország, ECLI:EU:C:2019:492 Rz. 57 ff.
6 S. dazu *Rossi-Maccanico*, EC Tax Review 2015, 63 (64); *Bobby*, Chicago Journal of Int'l Law 2017, 187; sowie den Überblick unter http://ec.europa.eu/competition/state_aid/tax_rulings/index_en.html; s. auch das einschlägige Arbeitspapier der EU-Kommission, DG Competition Working Paper on State Aid and Tax Rulings, v. 3.6.2016, http://ec.europa.eu/competition/state_aid/legislation/working_paper_tax_rulings.pdf; und die Bekanntmachung der Kommission zum Begriff der staatlichen Beihilfe im Sinne des Artikels 107 Abs. 1 AEUV, 2016/C 262/01, Rz. 169 ff.
7 S. Kommissionsbeschluss v. 21.10.2015 C(2015) 7152 final („Fiat Luxembourg"), Rz. 228; Kommissionsbeschluss v. 21.10.2015 C(2015) 7143 final („Starbucks Netherlands"), Rz. 264 Kommissionsbeschluss v. 11.1.2016 C(2015) 9837 final („Belgian Excess Profit Scheme"), Rz. 150; v. 30.8.2016 C(2016) 5605 final („Apple Ireland"), Rz. 254 ff.; sowie allgemein die Bekanntmachung der Kommission zum Begriff der staatlichen Beihilfe im Sinne des Artikels 107 Abs. 1 AEUV, 2016/C 262/01, Rz. 172 f.
8 EuGH v. 22.6.2006 – C-182/03 und C-217/03 – Kommission/Belgien und Forum 187, ECLI:EU:C: 2006:416.

gebilligt hat.¹ Ergänzend argumentiert die Kommission, ein idealtypischer Fremdvergleichsgrundsatz ergebe sich schon aus einem „Grundsatz der Besteuerung von unter den Bedingungen freien Wettbewerbs erzielten Markteinkommens" als vermeintlichem Fundamentalprinzip der Besteuerung von Unternehmensgewinnen,² und bilde damit losgelöst vom konkreten gesetzlichen System der Korrektur von Verrechnungspreisen den relevanten Referenzrahmen.³ In der Literatur wurde von einem Mitglied der Kommissionsverwaltung außerdem die Idee lanciert, diesen Ansatz auch noch auf weitere Regelungskomplexe des internationalen Steuerrechts auszudehnen.⁴

Tatsächlich findet die vorstehend skizzierte Rechtsauffassung der Kommission aber **keine Stütze in der Rechtsprechung des EuGH** und stellt jedenfalls einen **unangemessenen Übergriff auf die nationale Steuersouveränität** dar,⁵ auch wenn mindestens einige ihrer inzwischen gefassten Negativbeschlüsse *im Ergebnis* die Selektivität der jeweils zugesagten steuerlichen Behandlung *zutreffend* – nämlich in Übereinstimmung auch mit einer Analyse auf Basis systemimmanenter Wertungen – bejaht haben dürften. Insbesondere hat der EuGH in seiner Entscheidung der Rechtssache Forum 187 entgegen der Ansicht der Kommission keinen freischwebenden, unmittelbar Art. 107 Abs. 1 AEUV entnommenen Fremdvergleichsgrundsatz als Referenzrahmen herangezogen. Wie aus der französischen Originalfassung des Urteils⁶ in Verbindung mit der dort in Bezug genommenen Kommissionsentscheidung⁷ hervorgeht, sah der EuGH einen an den OECD-Verrechnungspreisrichtlinien orientierten Fremdvergleichsgrundsatz gerade (nur) deshalb als das maßgebliche Referenzsystem an, weil der betreffende Mitgliedstaat selbst sich in seinem innerstaatlichen Recht verbindlich auf die Umsetzung besagter OECD-Richtlinien festgelegt hatte.⁸ Nicht zu überzeugen vermag auch der alternative Begründungsansatz der Kommission, Unternehmenssteuern sei das Prinzip der Besteuerung von Gewinnen, wie sie unter Wettbewerbsbedingungen erzielt worden wären, immanent. Die Annahme eines solchen systemkonstituierenden Leitprinzips steht schon im Widerspruch zur gängigen Praxis der unmodifizierten Besteuerung von Gewinnen, die von Monopolunternehmen oder auf oligopolistischen Märkten erzielt wurden. Tatsächlich sind Fundamentalprinzipien der Ermittlung der Bemessungsgrundlage für Unternehmenssteuern regelmäßig die Grundsätze ordnungsgemäßer steuerbilanzieller

---

1 So Kommissionsbeschluss v. 21.10.2015, C(2015) 7152 final („Fiat Luxembourg"), Rz. 222 ff.; v. 21.10.2015, C(2015) 7143 final („Starbucks Netherlands"), Rz. 258 ff.; v. 11.1.2016, C(2015) 9837 final („Belgian Excess Profit Scheme"), Rz. 146 ff.; v. 30.8.2016, C(2016) 5605 final („Apple Ireland"), Rz. 244 ff. In einem jüngeren Beschluss ist die Kommission diesbzgl. zurückhaltender, hält aber in der Sache daran fest, auf hypothetische Grundsätze eines idealisierten Fremdvergleichs abzustellen, s. Kommissionsbeschluss v. 4.10.2017 – C(2017) 6740 („Amazon Luxembourg"), Rz. 402 u. 599.
2 S. bspw. Kommissionsbeschluss v. 21.10.2015, C(2015) 7152 final („Fiat Luxembourg"), Rz. 197 ff.; v. 30.8.2016, C(2016) 5605 final („Apple Ireland"), Rz. 228 ff. u. 253; v. 4.10.2017 C(2017) 6740 final („Amazon Luxembourg"), Rz. 402; v. 18.12.2017 C(2017) 8753 final („IKEA Netherlands"), Rz. 226 ff.
3 Sehr deutlich Kommissionsbeschluss v. 21.10.2015 C(2015) 7152 final („Fiat Luxembourg"), Rz. 213. Wie hier kritisch *Bartosch*, BB 2015, 34 (36).
4 *Rossi-Maccanico*, Tax Notes International 2014, 857.
5 Wie hier ablehnend auch *Bartosch*, BB 2015, 34 (37); *Linn*, IStR 2015, 114 (119); *Galendi Junior*, Intertax 2018, 994 (1001 ff.); *Forrester*, EC Tax Review 2018, 19 (28 ff.); i.E. auch *Nicolaides*, EStAL 2016, 416; *Dobratz* in Musil/Weber-Grellet, Europäisches Steuerrecht, Art. 107 AEUV Rz. 94; **a.A.** (zustimmend) hingegen *Wattel*, Intertax 2016, 791 (792 f.); *Jozipović*, Die Anwendung des EU-Beihilferechts auf das internationale Steuerrecht, 2018, S. 182 f.; sowie mit mit gewissen Einschränkungen auch *Ismer/Piotrowski*, IStR 2015, 257 (264); *Ismer/Piotrowski*, Intertax 2015, 559 (569).
6 EuGH v. 22.6.2006 – C-182/03 und C-217/03 – Kommission/Belgien und Forum 187, ECLI:EU:C:2006: 416 Rz. 95. Auch die deutsche Sprachfassung ist insoweit sehr deutlich; weniger klar hingegen ist die – von der Kommission zitierte – englische Übersetzung.
7 Kommissionsentscheidung v. 17.2.2003, K(2003) 564, Rz. 95.
8 So auch *Verhagen*, ET 2017, 279 (285). Vgl. auch die ergänzende Argumentation im Kommissionsbeschluss v. 21.10.2015 C(2015) 7143 final („Starbucks Netherlands"), Rz. 237.

Gewinnermittlung (was die Kommission in anderem Zusammenhang auch durchaus anerkannt hat)¹, und die Korrektur anhand eines Fremdvergleichsmaßstabs stellt im Verhältnis dazu ein divergierendes Subsystem dar.² Ob gesetzliche Vorschriften zu belastenden Verrechnungspreiskorrekturen³ bzw. deren verwaltungsseitige Umsetzung unzureichend sind und infolgedessen selektive Vorteile verschaffen, beurteilt sich daher anhand der Logik dieses Subsystems (vgl. auch Rz. 9.29) – falls und so wie der Mitgliedstaat es prinzipiell vorgesehen hat⁴. Dabei ist den Mitgliedstaaten ein gewisser Konkretisierungsspielraum einzuräumen (vgl. Rz. 9.30). Davon zu unterscheiden ist eine **im Einzelfall klar gesetzeswidrig gewährte verbindliche** (Verrechnungspreis-)**Zusage**, die ohne weiteres einen selektiven Vorteil begründet.⁵ Im Übrigen verschafft die Erteilung einer verbindlichen Zusage dem Empfänger schon per se einen selektiven Vorteil, wenn nicht alle Unternehmen gleichermaßen eine Rechtssicherheit bietende Zusage beantragen bzw. verlangen können.⁶

4. Kritik und eigener Ansatz

Insgesamt ist kritisch anzumerken, dass die Prüfung des selektiven Charakters einer Steuervergünstigung durch Kommission und EuGH einen **Mangel an rechtsdogmatischer Stringenz** aufweist.⁷ So kann richtigerweise schon das Vorliegen eines beihilferechtlich relevanten *Vorteils* nur angenommen werden, wenn die in Rede stehende Steuerentlastung oder -verschonung sich nicht auf den Belastungsgrund der Steuer bzw. auf ein diesen Belastungsgrund folgerichtig⁸ konkretisierendes Leitprinzip der

9.28

---

1 S. Kommissionsbeschluss v. 20.6.2018 C(2018) 3839 final („Engie – formerly GDF Suez"), Rz. 176; v. 7.3.2019 C(2019) 1615 final („Huhtamäki"), Rz. 75 f.
2 S. Kommissionsbeschluss v. 11.1.2016 C(2015) 9837 final („Belgian Excess Profit Scheme"), Rz. 133; v. 7.3.2019 C(2019) 1615 final („Huhtamäki"), Rz. 87. Ähnlich *Giraud/Petit*, EStAL 2017, 233 (238); **a.A.** *Jozipović*, Die Anwendung des EU-Beihilferechts auf das internationale Steuerrecht, 2018, S. 182 f.
3 Steht wie im Kommissionsbeschluss v. 11.1.2016 C(2015) 9837 final, die Anwendung des Fremdvergleichsgrundsatzes mit steuer*entlastender* Wirkung in Rede (i.W. bei Gegenkorrekturen i.S.d. Art. 9 Abs. 2 OECD-MA), so ist wiederum der allgemeine Grundsatz der Besteuerung nach Buchgewinnen das maßgebliche Referenzsystem, und es stellt sich die Frage, ob die *prima facie* selektive begünstigende Abweichung gerechtfertigt werden kann (s. dazu Rz. *172 zur Rechtfertigung zwecks Vermeidung von Doppelbesteuerung*). A.A. *Galendi Junior*, Intertax 2018, 994 (1003).
4 I.E. wie hier *Vos*, EC Tax Review 2018, 113 (118). Insbes. sind die maßgeblichen Leitprinzipien nur insoweit den OECD-Verrechnungspreisgrundsätzen zu entnehmen, als sie der betreffende Mitgliedstaat für innerstaatlich verbindlich erklärt hat, s. *Verhagen*, ET 2017, 279 (284). Ähnlich *Nicolaides*, EStAL 2016, 416 (425), der auf die Verwaltungspraxis bei der Erteilung von Verrechnungspreiszusagen verweist – dem kann jedenfalls für den Fall zugestimmt werden, als es an gesetzlichen Vorgaben mangelt.
5 Insoweit zutreffend die Bekanntmachung der Kommission zum Begriff der staatlichen Beihilfe im Sinne des Artikels 107 Abs. 1 AEUV, 2016/C 262/01, Rz. 174; s. auch den Kommissionsbeschluss v. 19.12.2018 C(2018) 7848 final („Gibraltar Corporate Income Tax Regime"), Rz. 154 ff. Zutreffend mahnt aber *Lyal*, Fordham Int'l Law Journal 2015, 1017 (1041 f.), zur Zurückhaltung bei der Annahme einer „offensichtlich" fehlerhaften Verrechnungspreiszusage.
6 Insoweit zutreffend die Bekanntmachung der Kommission zum Begriff der staatlichen Beihilfe im Sinne des Artikels 107 Abs. 1 AEUV, 2016/C 262/01, Rz. 174; vgl. auch Kommissionsbeschluss v. 19.9.2018, C (2018) 6076 final, Rz. 123. S. ferner *Lang*, BTR 2015, 391 (395); *Verhagen*, ET 2017, 279 (285 f.); *Lang/Zeitler* in Haslehner/Kofler/Rust, EU Tax Law and Policy in the 21st Century, 2017, S. 91 (105).
7 S. auch *Biondi*, Common Market Law Review 2013, 1719: „… the EU courts are showing signs of mental fatigue in determining the criteria that need to be fulfilled in order for a measure to be classified as aid. The case law … is thus extremely convoluted and complex."
8 Anschaulich zur Folgerichtigkeitsprüfung bspw. Kommissionsbeschluss v. 26.10.2017 C(2017) 7197 final, Rz. 71 ff., insbes. Rz. 82; v. 2.4.2019 C(2019) 2526 final („UK CFC-Regime"), Rz. 144 ff.; Kommissionsbeschluss v. 2.4.2019, C(2019) 2641 final („Slowakische Einzelhandelsumsatzsteuer"), Rz. 37 ff. S. ferner eingehend *Birkenmaier*, Die Vorgaben der Beihilfevorschriften des EG-Vertrages für die direkte Unternehmensbesteuerung, 2007, S. 118 ff.

Besteuerung¹ (bei Lenkungsteuern ggf. das Lenkungsziel)² zurückführen lässt.³ Anderenfalls wäre das gesamte mitgliedstaatliche Unternehmenssteuerrecht einer potentiellen Beihilfekontrolle unterworfen, weil keine Steuer (außer der Kopfsteuer) vollständig wettbewerbsneutral und frei von Begünstigungswirkungen ist.⁴ Auf einen derart umfassenden Kontrollvorbehalt sind die Art. 107 f. AEUV aber nicht angelegt; das würde auch die mitgliedstaatliche Steuersouveränität grundlegend in Frage stellen.⁵ Die Beihilfekontrolle zielt im Gesamtkontext des AEUV nicht darauf ab, verzerrenden Wirkungen grundlegender steuerlicher Systementscheidungen entgegenzuwirken.⁶ Wie sich insbesondere den Art. 113 und 115 f. AEUV entnehmen lässt, ist dem vielmehr nach der Konzeption der Verträge im Wege der Rechtsangleichung zu begegnen. Die Art. 107 f. AEOV bieten damit grds. auch keine Handhabe gegen das Ausnutzen von Systeminkongruenzen („hybrid mismatches") bei grenzüberschreitenden Transaktionen.⁷ Letztlich übt auch der EuGH eine entsprechende Zurückhaltung, weil er regelmäßig nur begünstigende *Abweichungen* von der grds. frei gestaltbaren Regelsteuerbelastung eines Mitgliedstaates als beihilfenverdächtig einstuft (Rz. 9.16).⁸

Gleichwohl ist die in der Rechtsprechung und auch in der Entscheidungspraxis der Kommission vielfach zu beobachtende Verquickung der Prüfung des Vorteils und der Selektivität abzulehnen.⁹ Erstens lädt sie dazu ein, die Prüfung einseitig auf etwaige disparate Belastungswirkungen des in Rede stehenden mitgliedstaatlichen Steuerregimes und die ihnen inhärente selektive Besserstellung bestimmter Kategorien von Unternehmen zu verengen. Dieser Ansatz bildet damit das Einfallstor für die seitens des EuGH zwar bislang nur vereinzelt akzeptierte, seitens der Kommission in jüngerer Zeit aber verstärkt praktizierte beihilferechtliche Beanstandung der mitgliedstaatlichen Festlegung des steuerlichen

---

1 Dies wird bei Fiskalzwecksteuern häufig das Leistungsfähigkeitsprinzip bzw. eines seiner Subprinzipien sein. Auf dessen Anerkennung als allgemeiner Rechtsgrundsatz des Unionsrechts kommt es dabei nicht an; a.A. offenbar *Jansen*, Vorgaben des europäischen Beihilferechts für das nationale Steuerrecht, S. 67 ff.
2 Im Ergebnis wie hier *Szudoczky*, The sources of EU law and their relationships: Lessons for the field of taxation, S. 502 f. Vgl. auch *Ezcurra*, Intertax 2013, 340 (343), zu Ökosteuern.
3 Exemplarisch EuG v. 26.1.2006 – T-92/02 – Stadtwerke Schwäbisch Hall u.a./Kommission, Slg. 2006, II-11 Rz. 67 ff. (zu § 6 Abs. 1 Nr. 3a Buchst. d Satz 3 EStG). S. auch den Diskussionsbeitrag von *Schön*, 17. ÖJT, Bd. IV/2, 2009, 28; sowie *Birkenmaier*, Die Vorgaben der Beihilfevorschriften des EG-Vertrages für die direkte Unternehmensbesteuerung, S. 97 ff. und 118 ff. m.w.N.; *Sutter*, Das EG-Beihilfenverbot und sein Durchführungsverbot in Steuersachen, S. 104 ff.; *Jennert/Ellenrieder*, EWS 2011, 305 (307 f.); *Szudoczky*, The sources of EU law and their relationships: Lessons for the field of taxation, S. 506 f.; *Jung/Neckenich*, in Kube/Reimer, Das Beihilfenrecht als Innovationsmotor des Steuerrechts, S. 7 (8); *Balbinot*, FR 2018, 729 (732 f.). Noch weitergehend *Frenz*, DStZ 2016, 142 (151); *Verhagen*, ET 2017, 279 (280): Begünstigung soll nur vorliegen, wenn die Maßnahme auch selektiv ist.
4 S. dazu *Stiglitz*, Economics of the Public Sector³, 2000, S. 462 ff.; *Zimmermann/Henke/Broer*, Finanzwissenschaft¹⁰, S. 490; *Wellisch*, Finanzwissenschaft II, 2000, S. 95. S. auch EuGH, Schlussanträge des Generalanwalts *Jääskinen* v. 7.4.2011 – C-106/09 P u. C-107/09 P – Kommission u. Spanien/Government of Gibraltar und Vereinigtes Königreich, Slg. 2011, I-11113 Rz. 144 f.
5 Insoweit zutreffend auch EuGH, Schlussanträge des Generalanwalts *Jääskinen* v. 7.4.2011 – C-106/09 P u. C-107/09 P – Kommission und Spanien/Government of Gibraltar und Vereinigtes Königreich, Slg. 2011, I-11113 Rz. 189. Vgl. auch schon EuGH, Schlussanträge des Generalanwalts *Darmon* v. 17.3.1992 – C-72/91 u. C-73/91 – Sloman Neptun, Slg. 1993, I-887 Rz. 55. S. auch *Hey*, StuW 2015, 331 (335).
6 Vgl. auch EuGH, Schlussanträge des Generalanwalts *Maduro* v. 12.1.2006 – C-237/04 – Enirisorse, ECLI:EU:C:2006:21 Rz. 43 ff.
7 S. *Forrester*, EC Tax Review 2018, 19 (31).
8 So auch die Schlussfolgerung *von Koenig/Förtsch* in Streinz³, Art. 107 AEUV Rz. 97.
9 So auch EuGH, Schlussanträge des Generalanwalts *Jääskinen* v. 7.4.2011 – C-106/09 P u. C-107/09 P – Kommission und Spanien/Government of Gibraltar und Vereinigtes Königreich, Slg. 2011, I-11113 Rz. 158; *Schön*, ÖJT IV/2, 28 ff.; *Luja* in Rust/Micheau, State Aid and Tax Law, S. 107 (111); *Jung/Neckenich*, ISR 2018, 83 (84 f.); wohl auch *Micheau*, EC Tax Review 2008, 276 (280 f.); *Rossi-Maccanico* in Rust/Micheau, State Aid and Tax Law, S. 39 (46); a.A. *Lang* EStAL 2012, 411 (419); *Szudoczky*, The sources of EU law and their relationships: Lessons for the field of taxation, S. 574; *Forrester*, EC Tax Review 2018, 19 (25).

(Referenz-)Systems selbst, wenn diesem selektive Begünstigungseffekte immanent sind (Rz. 9.26). Der Mangel an dogmatischer Differenzierung leistet damit einer Beihilfenkontrolle Vorschub, in der die nationale Systementscheidung nicht länger den Ausgangspunkt, sondern den Gegenstand der Beihilfenkontrolle bildet. Eine solch weitreichende Kontrolle ist aber aus den oben genannten Gründen abzulehnen.[1] Zweitens kann aber auch umgekehrt die von EuGH und Kommission regelmäßig praktizierte Einheitsprüfung zu einer Verengung der Prüfung auf die Abweichung vom Referenzsystem Anlass geben, obwohl dies bei zutreffender Betrachtung nur den Vorteilscharakter der Maßnahme und nicht auch schon deren Selektivität begründet. Jegliche systemwidrige Begünstigung ist dann ohne weiteres als (vermeintlich) „selektive" Beihilfe einzustufen, selbst wenn sie allen Unternehmen gleichermaßen offensteht und nicht auf bestimmte Unternehmen oder Branchen begrenzt ist.[2] Zu eben dieser Vorgehensweise tendiert der EuGH in jüngerer Zeit (Rz. 9.18). Auch damit werden jedoch die Grenzen des Beihilfeverbotes entgegen dessen beschränkter Zielsetzung (Rz. 9.2) übermäßig ausgedehnt,[3] indem allgemeine wirtschaftspolitische, umweltpolitische usw. Steuerungsinstrumente allein deshalb, weil sie im Wege von Steueranreizen („tax expenditure") überbracht werden, in selektive Begünstigungen umgedeutet werden. Damit werden nicht zuletzt erhebliche Wertungswidersprüche zur beihilferechtlichen Beurteilung von Direktsubventionen in Kauf genommen. Es darf bspw. beihilferechtlich keinen Unterschied machen, ob alle Unternehmen eines Mitgliedstaates für jeden bei ihnen beschäftigten schwerbehinderten Mitarbeiter eine Direktsubvention von 1.000 Euro jährlich erhalten oder aber ob dafür im Rahmen einer proportionalen Unternehmenssteuer mit einem Satz von 20 % ein Abzug von der Bemessungsgrundlage in Höhe von 5.000 Euro gewährt wird. Nach der verfehlten jüngeren Linie der EuGH-Rechtsprechung wäre hingegen (nur) im zweiten Fall eine selektive Beihilfe anzunehmen.

Der EuGH hat bislang auch noch keine umfassende und konsistente Dogmatik zur korrekten **Bestimmung des Referenzrahmens** entwickelt, an den die vorerwähnte Folgerichtigkeitsbetrachtung zwecks Feststellung eines beihilferelevanten Vorteils (bzw. im Rahmen der dominierenden Einheitsprüfung: eines selektiven Vorteils) anzuknüpfen hat. Klargestellt hat der Gerichtshof immerhin, dass zu diesem Zweck grundsätzlich auf die „oberste Schicht" systemkonstituierender Fundamentalprinzipien der Besteuerung abzustellen ist (Rz. 9.17). Abzulehnen sind damit Überlegungen, bei lenkungspolitisch motivierten Steuerentlastungen innerhalb einer Steuerart auf das jeweilige Lenkungsziel abzustellen,[4] wenn es sich bei der Entlastung, gemessen an den Grundprinzipien der Steuer, um eine Steuervergünstigung handelt. Ansonsten könnte letztlich doch wieder nur eine nicht folgerichtige Ausgestaltung von Begünstigungen beanstandet werden (Rz. 9.22); eine derart weitreichende Konzession an die Steuersouveränität der Mitgliedstaaten würde aber das binnenmarktfinale Anliegen der Art. 107 f. AEUV unverhältnismäßig zurückdrängen und auch Wertungswidersprüche zur Kontrolle von Direktsubventionen nach sich ziehen.

Unterkomplex sind aber noch die Kriterien zur Beurteilung begünstigender Abweichungen von ihrerseits *belastungsverschärfenden Subsystemen*. Hier kann nicht ohne weiteres darauf verwiesen werden, dass die Gegenausnahme zum belastenden Ausnahmeregime wieder zur Regelbelastung zurückführe und damit beihilferechtlich nicht zu beanstanden sei;[5] eben dies aber suggeriert die jüngere Rechtsprechung des EuGH.[6] Allerdings ist dem Gerichtshof darin beizupflichten, dass eine „kleinräumige" Bestimmung des Referenzsystems allein anhand des Bestehens tatbestandstechnischer Ausnahmen (durch

---

[1] Tendenziell ebenso, obschon zurückhaltender als hier *Kokott* in Europäisches Steuerrecht, DStJG 41 (2018), S. 535 (537 ff.). Befürwortend hingegen *Peters*, EC Tax Review 2019, 6 (14 f.).
[2] S. bspw. Kommissionsbeschluss v. 20.6.2018 C(2018) 3839 final („Engie – formerly GDF Suez"), Rz. 184 f. u. 225; s. auch das Fazit von *Eisendle*, ISR 2019, 138 (140 f.).
[3] Wie hier *Forrester*, EC Tax Review 2018, 19 (26); **a.A.** *Merola*, 39 World Competition 2016, 533 (548 ff.).
[4] So *Szudoczky*, The sources of EU law and their relationships: Lessons for the field of taxation, S. 507; s. aber auch *Szudoczky*, a.a.O., S. 559: auf die Motive für eine Steuervergünstigung soll es gerade nicht ankommen.
[5] Insoweit wie hier *Eisendle*, ISR 2018, 317 (318); **a.A.** – zu pauschal – *Micker*, ISR 2018, 368 (369).
[6] S. EuGH v. 28.6.2018 – C-203/16 P – Andres („Heitkamp Bauholding"), ECLI:EU:C:2018:505 Rz. 102 ff.

deren Hinwegdenken)[1] verfehlt ist,[2] „da sonst die Form der staatlichen Maßnahmen in entscheidender Weise Vorrang vor ihren Wirkungen genösse".[3] Ein solcher Ansatz bietet zum einen keine Orientierung mehr, wenn sich die begünstigende Abweichung von der Normalbelastung aus einer andersartigen Regelungstechnik, namentlich einem im Lichte der Belastungsgrundentscheidung verkürzten Anwendungsbereich ergibt (Rz. 9.19). Zum anderen läuft er in der Tat Gefahr, rein formal anhand der Art und Weise der tatbestandstechnischen Begrenzung eines belastenden Sonderregimes (Gegenausnahme versus von vornherein enger begrenzter Anwendungsbereich) über dessen Kompatibilität mit Art. 107 Abs. 1 AEUV zu urteilen; dies überzeugt nicht. Richtigerweise ist zu differenzieren: Bei speziellen Anti-Missbrauchsregimen ist eine Gegen- bzw. Bereichsausnahme (nur) dann als beihilferelevanter Vorteil einzustufen, wenn dadurch die Belastungsgrundprinzipien preisgegeben werden, die durch die speziellen Anti-Missbrauchsvorschriften gegen Umgehungsgestaltungen abgesichert werden sollen. Denn dann erlaubt die Gegenausnahme nach den eigenen Wertungen des mitgliedstaatlichen Gesetzgebers bei wirtschaftlicher Betrachtungsweise eine begünstigende Abweichung von der Normalbelastung. Anders verhält es sich hingegen, wenn dadurch lediglich gemessen an den zu schützenden Belastungsgrundprinzipien überschießende Wirkungen eines im tatbestandstechnischen Ausgangspunkt zu stark typisierenden Anti-Missbrauchsregimes korrigiert werden sollen; hierdurch werden keine Abweichungen von den Leitprinzipien der Besteuerung toleriert, sondern selbige werden gerade folgerichtig umgesetzt.[4] Dabei ist dem mitgliedstaatlichen Gesetzgeber bei der Beurteilung dieser Kriterien umso eher ein Konkretisierungsermessen zuzuerkennen, je breiter der sektorale Anwendungsbereich der Gegenausnahme gefasst ist (vgl. Rz. 9.30). Folgt das belastende Sonderregime hingegen einer Logik, die sich aus einem die allgemeinen Lastenzuteilungsmaßstäbe ergänzenden und insofern eigenständigen systemkonstituierenden Leitprinzip der (insbes.: internationalen) Besteuerung speist, so bildet es selbst das maßgebliche Referenz(sub)system. Das kann beispielsweise bei Regelungen zur Verrechnungspreiskorrektur oder u.U. bei der Hinzurechnungsbesteuerung[5] („CFC-Regime") der Fall sein. Dasselbe gilt, wenn sich die Auferlegung besonderer Mehrbelastungen – nach deutschen Maßstäben dann regelmäßig gleichheitssatzwidrig[6] – allein mit fiskalischen Erwägungen erklären lässt bzw. der betreffende Mitgliedstaat keine anderweitige plausible Begründung vorbringt.

Beispiel: § 8c Abs. 1a KStG Veranschaulichen lassen sich die vorstehenden Erwägungen anhand der Kontroverse um den Beihilfencharakter der sog. **Sanierungsklausel des § 8c Abs. 1a KStG**.[7] Während nach § 8c Abs. 1 KStG der körperschaftsteuerliche Verlustvortrag bei einem „schädlichen Beteiligungserwerb" grundsätzlich ganz oder teilweise untergeht, nimmt § 8c Abs. 1a KStG den Beteiligungserwerb zum Zwecke der Sanierung hiervon aus. Die EU-Kommission hat dies als verbotene Beihilfe zugunsten von Unternehmen in

---

1 So der Kommissionsbeschluss der Kommission v. 26.1.2011, C(2011) 275 final, Rz. 66; zustimmend und einen „kleinräumigen" Ansatz propagierend *Ismer/Karch*, IStR 2014, 130 (134 f.).
2 Kritisch auch *Hey*, StuW 2015, 331 (339); *Kußmaul/Licht*, BB 2018, 1948 (1953); *Eisendle*, ISR 2018, 317 (318); *Jung/Neckenich*, in Kube/Reimer, Das Beihilfenrecht als Innovationsmotor des Steuerrechts, S. 7 (20).
3 EuGH v. 28.6.2018 – C-203/16 P – Andres („Heitkamp Bauholding"), ECLI:EU:C:2018:505 Rz. 92.
4 Ähnlich *de Broe*, EC Tax Review 2018, 285 (297 f.); ähnlich auch *Lyal*, Fordham Int'l Law Journal 2015, 1017 (1035), der seine dahingehenden Überlegungen allerdings auf der Rechtfertigungsebene verortet. Zu pauschal daher bspw. die beihilferechtliche Kritik an Bereichsausnahmen bei LOB-Klauseln in DBA seitens *Debelva* u.a., EC Tax Review 2015, 132 (134).
5 S. dazu Kommissionsbeschluss v. 2.4.2019 C(2019) 2526 final („UK CFC-Regime"), Rz. 103 ff., insbes. Rz. 106.
6 S. bspw. BVerfG v. 9.12.2008 – 2 BvL 1, 2/07, 1, 2/08, BVerfGE 122, 210.
7 S. dazu auch *de Weerth*, DB 2010, 1205; *Arhold*, EStAL 2011, 71; *Ehrmann*, DStR 2011, 5; *Drüen*, DStR 2011, 289; *Jochum*, FR 2011, 497; *Breuninger*, GmbHR 2011, 673; *Marquart*, IStR 2011, 445; *Musil*, DB 2011, 19; *M. Lang* in Lüdicke (Hrsg.), Praxis und Zukunft des deutschen Internationalen Steuerrechts, 2012, S. 85; *Klemt*, DStR 2013, 1057; *Hackemann/Momen*, BB 2011, 2135; *Hackemann/Sydow*, IStR 2013, 786 (789 f.); *Rosenberg*, Das beihilferechtliche Durchführungsverbot im Steuerverfahren, S. 102 ff.; *Kessler/Egelhof/Probst*, DStR 2018, 1945.

der Krise eingestuft.[1] Der Beschluss basiert maßgeblich darauf, dass § 8c Abs. 1 KStG als Referenzrahmen festgelegt und die Vergleichbarkeitsprüfung an dessen – vermeintlicher – Zielsetzung ausgerichtet wurde, die Nutzung von Verlustvorträgen bei Übergang signifikanter Anteile des Gesellschaftskapitals auf einen neuen Anteilseigner aus rein fiskalischen Gründen zu begrenzen. Dementsprechend wird die Ausnahme des § 8c Abs. 1a KStG als selektiver Vorteil zugunsten bestimmter – hinsichtlich dieser Zielsetzung mit den übrigen Gesellschaften vergleichbarer – sanierungsbedürftiger Gesellschaften qualifiziert. Eine Rechtfertigung aus Gründen der Missbrauchsabwehr wurde zurückgewiesen. Würde man hingegen das körperschaftsteuerliche Trennungsprinzip als Referenzrahmen wählen und § 8c Abs. 1 KStG als Ausnahme hiervon einstufen, die der Abwehr von Mantelkäufen u.ä. Gestaltungsmissbräuchen dient, wäre § 8c Abs. 1a KStG als Gegenausnahme wegen der in Sanierungsfällen typischerweise fehlenden Missbrauchsgefahr wiederum systemkonform und dürfte darum nicht einmal als Vorteil, jedenfalls nicht als selektiv eingestuft werden.[2] Dieser Auffassung hat sich im Ergebnis auch der EuGH angeschlossen.[3] Seit der Ergänzung des § 8c Abs. 1 KStG um die Sätze 4 ff. erscheint die letztgenannte Sichtweise auch naheliegender; die Kommissionsansicht überzeugt nur im Lichte der ursprünglichen, rein fiskalisch motivierten Fassung des § 8c Abs. 1 KStG.

Im Übrigen bildet mindestens die durch ihre einheitliche amtliche Bezeichnung und einheitliche gesetzliche Grundlagen charakterisierte Steuerart, in welche die beihilfeverdächtige Regelung eingebettet ist, den Rahmen für die Bestimmung des Referenzsystems bzw. der „Normalbelastung".[4] Darüber hinaus ist die Regelbelastung aber erforderlichenfalls – wenn die Begünstigungswirkung einer Sondersteuer insgesamt zu untersuchen ist – auch steuerartenübergreifend zu bestimmen, und zwar bei Fiskalzwecksteuern unter Einbeziehung aller nach Belastungsgrund und Steuergegenstand vergleichbaren Steuern,[5] und bei Lenkungsteuern anhand aller Steuern mit übereinstimmendem Lenkungsziel und aus Sicht des Lenkungsadressaten substituierbarem Steuerobjekt. Das entspricht dem Anliegen des EuGH, den Beihilfecharakter eines Steuerregimes anhand seiner Begünstigungswirkungen und nicht nach Maßgabe der Tatbestandstechnik zu bestimmen (Rz. 9.19).

Kann nicht anhand der systemtragenden Prinzipien entschieden werden, ob eine bestimmte steuerliche Minderbelastung im Vergleich zu anderen Unternehmen „begünstigend" wirkt oder aber gerade umgekehrt das normale Besteuerungsmaß darstellt und die Mehrbelastung anderer Unternehmen damit eine nur ausnahmsweise (Rz. 9.14) zu beanstandende Sonderbelastung ist, so muss dies als ultima ratio anhand einer quantitativen Analyse der jeweiligen Anwendungsfälle entschieden werden.[6]

Bei Einzelfallentscheidungen der Finanzverwaltung wiederum begründet zwar genaugenommen jeglicher rechtswidrige Steuerbescheid oder anderweitiges rechtswidriges Behördenhandeln mit begüns-

---

1 S. Beschluss der Kommission v. 26.1.2011, C(2011) 275 final. S. dazu auch *de Weerth*, DB 2010, 1205; *Drüen*, DStR 2011, 289; *Linn*, IStR 2011, 481; *Blumenberg/Kring*, Europäisches Beihilferecht und Besteuerung, IFSt-Schrift Nr. 473 (2011), S. 51 ff.; *Arhold*, EStAL 2011, 71; *Hackemann/Momen*, BB 2011, 2135; *Drüen* in FS Spindler, S. 29 (47 f.); *Drüen*, DStR 2011, 289; *Blumenberg/Haisch*, FR 2012, 12.
2 So bspw. *Hindler*, GmbHR 2016, 345 (350 f.).
3 EuGH v. 28.6.2018 – C-203/18 P – Andres (faillite Heitkamp BauHolding), ECLI:EU:C:2018:505; v. 28.6.2018 – C-219/16 P – Lowell, ECLI:EU:C:2018:508.
4 S. Bekanntmachung der Kommission zum Begriff der staatlichen Beihilfe im Sinne des Artikels 107 Abs. 1 AEUV, KOM (2016/C 262/2), ABl. EU 2016 Nr. C 262, Rz. 134.
5 S. auch EuGH v. 8.9.2011 – C-78/08 bis C-80/08 – Paint Graphos u.a., Slg. 2011, I-7611 Rz. 50. Ähnlich, aber potentiell weitergehender *Drabbe* in Rust/Micheau, State Aid and Tax Law, S. 87 (89): übereinstimmende Bemessungsgrundlage. Restriktiver hingegen *Luja*, BTR 2015, 379 (381).
6 So auch der Kommissionsbeschluss v. 25.7.2012, C(2012) 5037, Rz. 43 (abgestufte Flugverkehrsteuersätze); gebilligt durch EuGH v. 21.12.2016 – C-164/15 P und C-165/15 P – Aer Lingus und Ryanair, ECLI:EU:C:2016:990 Rz. 54 ff. Ähnlich auch *Jung/Neckenich*, in Kube/Reimer, Das Beihilferecht als Innovationsmotor des Steuerrechts, S. 7 (25). Kritisch *Luja*, EStAL 2009, 473 (483); *Luja* in Rust/Micheau, State Aid and Tax Law, S. 107 (110), nach dessen Ansicht stets ergänzend eine quantitative Analyse durchzuführen ist, um Steuervergünstigungen von den nur ausnahmsweise beihilferelevanten Sonderbelastungen (Rz. 14) abzugrenzen; s. nun aber einschränkend *Luja* in Weber (Hrsg.), EU Income Tax Law: Issues for the Years Ahead, 2013, S. 115 (118). Generell ablehnend hingegen *Lang*, EStAL 2012, 411 (419); *Lang*, BTR 2015, 391 (393); *Wattel*, World Tax Journal 2013, 128 (133).

tigender Wirkung für den Steuerpflichtigen einen systemwidrigen (und selektiven) Vorteil. Art. 107 Abs. 1 AEUV ist nach seinem Sinn und Zweck aber nicht auf eine umfassende Rechtmäßigkeitskontrolle mitgliedstaatlicher (Steuer-) Rechtsanwendung angelegt;[1] dies würde auch die personellen Kapazitäten der Kommission ganz erheblich überfordern und hätte damit absehbar eine willkürliche Kontrollpraxis zur Folge. Als beihilferechtlich relevant sollten darum nur evident fehlsame oder gar willkürliche Verwaltungsentscheidungen erachtet werden, bei denen die Vermutung naheliegt, dass ungerechtfertigte Steuervorteile zugunsten des Unternehmens billigend in Kauf genommen wurden.[2]

9.30 Wie oben (Rz. 9.18) dargelegt, misst der EuGH inzwischen dem **Kriterium der „allgemeinen" Begünstigung** im Gegensatz zur selektiven Vorteilsgewährung keine eigenständige Bedeutung mehr zu, sondern bejaht die (prima facie) Selektivität einer steuerentlastenden Regelung unabhängig von der Breite ihres Anwendungsbereichs stets schon dann, wenn sie sich nicht auf die Belastungsgrundprinzipien der Steuer zurückführen lässt. Richtigerweise kann aber eine nicht systemkonforme Begünstigungswirkung nach dem Sinn und Zweck der Beihilfenkontrolle (Rz. 9.2) nicht ohne weiteres als selektiv eingestuft werden (Rz. 9.28). Es ist vielmehr mit der früheren Rechtsprechung zu verlangen, dass die Begünstigung einzelne Unternehmen oder hinreichend abgrenzbare Gruppen von Unternehmen innerhalb der jeweiligen Steuerart entlastet bzw. über steuerliche Anreize fördert und ihnen so eine verbesserte Position im nationalen oder binnenmarktweiten Wettbewerb mit nicht begünstigten Unternehmen verschafft. Von einer in diesem Sinne selektiven Fiskalbeihilfe im Gegensatz zu einer allgemeinen, jedem Unternehmen gleichermaßen offenstehenden Verschonungssubvention ist bei Beihilferegelungen richtigerweise dann auszugehen, wenn ihre Inanspruchnahme von unternehmensspezifischen Merkmalen[3] abhängt. Das sind nach hier vertretener Ansicht solche, die der Disposition des Unternehmensträgers entweder gänzlich entzogen sind oder die nicht ohne Auswirkungen auf Geschäftsfeld oder betriebliche Strukturen bzw. Organisationsformen abänderbar sind.[4] Denn in diesem Fall bilden die begünstigten Unternehmen eine homogene, für den Gesetzgeber in ihrer Zusammensetzung vorhersehbare Gruppe, womit sich die Begünstigung bei abstrakter Betrachtung zur wettbewerbsverzerrenden wirtschaftspolitischen Lenkung eignet. Dabei wird es sich regelmäßig um eine sog. **materielle Selektivität**[5] handeln, wenn Kriterien wie Unternehmensgröße,[6] Unternehmensfunk-

---

1 So auch *Traversa/Flamini*, EStAL 2015, 323 (330); *Lyal*, Fordham Int'l Law Journal 2015, 1017 (1042): „... it is not for the Commission to police the application of tax rules...".
2 Weniger zurückhaltend offenbar die Kommission, vgl. Kommissionsbeschluss v. 19.9.2018, C(2018) 6076 final, Rz. 109. Tendenziell wie hier *Schamell*, ISR 2019, 28 (31); s. auch *Schön*, ZHR Beiheft 69, 2001, 106 (113 f.): nur vorsätzlich rechtswidrige Verwaltungsmaßnahmen. A.A. *Trencsik/Thiede*, StuW 2018, 170 (182); *Lang/Zeitler* in Haslehner/Kofler/Rust, EU Tax Law and Policy in the 21st Century, 2017, S. 91 (100).
3 So auch EuGH v. 15.11.2011 – C-106/09 P u. C-107/09 P – Kommission und Spanien/Government of Gibraltar und Vereinigtes Königreich, Slg. 2011, I-11113 Rz. 104.
4 Insoweit entgegen der nachfolgenden Entscheidung des EuGH zutreffend EuG v. 7.11.2014 – T-219/10 – Autogrill España, ECLI:EU:T:2014:939 Rz. 56; dem EuG insoweit zustimmend auch *Nicolaides*, Journal of European Competition Law & Practice 2015, 315 (322). S. ferner Beschluss der EFTA-Überwachungsbehörde v. 3.11.2010, Nr. 416/10/KOL, unter 1.2 (betreffend Art. 61 (1) EWRV, d.h. die Parallelvorschrift zu Art. 107 (1) AEUV). Ähnlich *Hey*, StuW 2015, 331 (340 f.). S. auch die beispielhafte Aufzählung in der Bekanntmachung der Kommission zum Begriff der staatlichen Beihilfe im Sinne des Artikels 107 Abs. 1 AEUV, KOM (2016/C 262/2), ABl. EU 2016 Nr. C 262, Rz. 121.
5 S. EuGH, Schlussanträge des Generalanwalts *Jääskinen* v. 7.4.2011 – C-106/09 P u. C-107/09 P – Kommission und. Spanien/Government of Gibraltar und Vereinigtes Königreich, Slg. 2011, I-11113 Rz. 177 (in Abgrenzung zur regionalen Selektivität); dort auch zur weiteren Differenzierung nach „sektorieller" und „horizontaler" Selektivität. S. auch die Bekanntmachung der Kommission zum Begriff der staatlichen Beihilfe im Sinne des Artikels 107 Abs. 1 AEUV, KOM (2016/C 262/2), ABl. EU 2016 Nr. C 262, Rz. 120 ff.; Kommissionsbeschluss v. 16.10.2013, C(2013) 6654 endg., Rz. 27; *Drabbe* in Rust/Micheau, State Aid and Tax Law, S. 87 (88).
6 S. Umsetzungsbericht der Kommission v. 9.2.2004, C(2004), Rz. 27 (Umsatzschwelle).

tion,[1] Rechtsform,[2] Branchenzugehörigkeit usw. eine Rolle spielen. Erfasst ist aber auch die regionale Selektivität (Rz. 9.20).

Zuzugestehen ist, dass die Differenzierung zwischen allgemeinen und selektiven Maßnahmen anhand des Kriteriums der unternehmensspezifischen Begünstigung in Randbereichen zu Abgrenzungsschwierigkeiten führen kann.[3] Diesen Bedenken kann jedoch durch eine **Abstufung der Kontrolldichte in Abhängigkeit vom Grad der Unternehmens- oder Branchenspezifität** der in Rede stehenden Begünstigung weitgehend Rechnung getragen werden. Je breiter der Anwendungsbereich und je geringer die Voraussetzungen für die Inanspruchnahme der in Rede stehenden Begünstigung gefasst sind, in umso größerem Maße sollte den Mitgliedstaaten eine Wertungsprärogative im Rahmen der Prüfung der übrigen Kriterien eines selektiven Vorteils zugestanden werden. Dies betrifft das Vorliegen einer systemwidrigen Abweichung von der Regelbelastung, einer etwaigen systemimmanenten Rechtfertigung, und ggf. – falls wie vom EuGH für erforderlich gehalten (zur Kritik Rz. 9.32) – der Vergleichbarkeit.[4] Eine exakte Bestimmung hinreichender Spezifität der Maßnahme verlöre damit an praktischer Bedeutung, weil in den problematischen Grenzbereichen jedenfalls insgesamt deutlich höhere Anforderungen an den Nachweis einer selektiven Begünstigung zu stellen wären. Eine in diesem Sinne variable Kontrolldichte ist auch sachgerecht.[5] Sie schafft eine angemessene Balance zwischen der Notwendigkeit, die verbleibende Souveränität der Mitgliedstaaten auf den Gebieten der Steuer-, Wirtschafts-, Sozial- und Umweltpolitik und in weiteren Politikbereichen zu respektieren, und dem Anliegen des Art. 107 Abs. 1 AEUV, den Binnenmarkt vor protektionistischen und wettbewerbsverzerrenden Subventionen zu schützen: Ein relativ breiter Anwendungsbereich einer steuerlichen Vorzugsbehandlung spricht tendenziell dafür, dass diese Maßnahme für die Umsetzung grundlegender politischer Entscheidungen des Mitgliedstaats relevanter ist, während es gleichzeitig weniger wahrscheinlich ist, dass der betreffende Steuervorteil protektionistische Wirkungen (vgl. Rz. 9.2) haben wird. Die Prüfung solcher Maßnahmen sollte daher nicht so streng ausfallen wie die Kontrolle sehr gezielter Steuervergünstigungen. Sie bleibt aber weiterhin möglich, anders als bei Ansätzen, die den Anwendungsbereich des Art. 107 Abs. 1 AEUV zweckwidrig auf ein Verbot der Ungleichbehandlung konkurrierender Unternehmen innerhalb ein und derselben Branche verengen (s. dazu Rz. 9.32).

Hinweis: Eine signifikante Wertungsprärogative des nationalen Gesetzgebers wäre etwa wegen des branchenübergreifenden Anwendungsbereichs des § 3a EStG hinsichtlich der Frage anzuerkennen, ob diese gesetzliche Neuregelung zur Steuerfreiheit von Sanierungsgewinnen im Einklang mit dem Leistungsfähigkeits-

---

1 S. Mitteilung der Kommission über die Anwendung der Vorschriften über staatliche Beihilfen auf Maßnahmen im Bereich der direkten Unternehmensbesteuerung, KOM (98/C 384/03), ABl. EG 1998 Nr. C 384, 3, Rz. 20; Kommissionsentscheidung v. 19.7.2006 zu 1929 Holdings Luxemburg.
2 S. EuGH v. 8.9.2011 – 78/08 – Paint Graphos, Slg. 2011, I-7611 (Steuervergünstigungen für Genossenschaften); Kommissionsbeschluss v. 4.7.2016, C(2016) 4046 (Steuervergünstigungen für in Vereinsform organisierte Fußballclubs).
3 Sehr kritisch EuGH, Schlussanträge des Generalanwalts *Wathelet* v. 28.7.2016 – C-20/15 P und C-21/15 P – World Duty Free, ECLI:EU:C:2016:624 Rz. 84: „extrem unpräzises, ja sogar willkürliches Vorgehen". Kritisch auch *Ellenrieder*, IStR 2018, 480 (482): „... kasuistisch ... und eröffnet Umgehungsmöglichkeiten".
4 Im Rahmen der Vergleichbarkeitsprüfung hat der EuGH eine solche, entsprechend der Spezifizität der Maßnahme abgestufte Kontrolldichte bereits stillschweigend praktiziert, s. EuGH v. 26.4.2018 – C-236/16 und C-237/16 – ANGED, ECLI:EU:C:2018:291 Rz. 37 ff.
5 Anders *Kokott* in Europäisches Steuerrecht, DStJG 41 (2018), S. 535 (544 ff.), die sich ebenfalls für eine abgestufte Kontrolldichte ausspricht, aber eine strenge Kontrolle nur für geboten erachtet, wenn der Zugang zur Begünstigung von der Ansässigkeit des Steuerpflichtigen bzw. vom grenzüberschreitendem Charakter der besteuerten Transaktionen abhängt. Dies sollte aber eher im Rahmen der gesonderten Prüfungspunkte einer Wettbewerbsverzerrung und Beeinträchtigung des Handels im Binnenmarkt eine Rolle spielen. S. nunmehr auch ähnlich wie hier – wenn auch beschränkt auf einen Sonderfall der beihilferechtlichen Folgerichtigkeitsprüfung – EuGH, Schlussanträge der Generalanwältin *Kokott* v. 13.6.2019 – C-75/18 – Vodafone Magyarország, ECLI:EU:C:2019:492 Rz. 170-172.

prinzip steht.[1] Sie würde dann ggf. trotz ihrer Begrenzung auf spezifische Unternehmenskategorien[2] keine selektive Begünstigung für Unternehmen begründen, die sich für die Steuerbefreiung qualifizieren. Ähnliches gilt für die erbschaftsteuerlichen Verschonungsregeln der §§ 13a ff., 19a, 28 Abs. 1, 28a ErbStG.[3] Auch bei Konkretisierung des Territorialitätsprinzips durch Kriterien für einen hinreichenden Inlandsbezug der von Nichtansässigen bezogenen Einkünfte zwecks Abgrenzung des sachlichen Anwendungsbereichs der beschränkten Steuerpflicht ist den Mitgliedstaaten grds. ein weites gesetzgeberisches Ermessen zuzugestehen.[4]

Im Übrigen kommt es – wie der EuGH zutreffend erkannt hat (Rz. 9.21) – nicht darauf an, ob die selektive Begünstigungswirkung für bestimmte Unternehmen als direkte oder als indirekte Folge der Inanspruchnahme der Steuervergünstigung eintritt; nach dem Sinn und Zweck des Art. 107 Abs. 1 AEUV ist keine „Stoffgleichheit" zwischen Steuervorteil und Begünstigungswirkung zu fordern.

9.31 Hält man an der Notwendigkeit einer genuinen Selektivitätsprüfung fest, behält auch die **Prüfung faktisch selektiver Begünstigungswirkung** von Steuervergünstigungen, die ihren Tatbestandsvoraussetzungen nach scheinbar unterschiedslos allen Unternehmen offenstehen, ihre Bedeutung.[5] Anderenfalls wären auf bestimmte Unternehmenstypen oder Branchen zugeschnittene Verschonungssubventionen und die dadurch hervorgerufenen, potentiell erheblichen Wettbewerbsverzerrungen im Binnenmarkt allein deshalb einer Beihilfenkontrolle entzogen, weil die Begünstigung formal auch von anderen Unternehmen beansprucht werden kann, die sich mit ihren üblichen Geschäftstätigkeiten aber faktisch nicht oder kaum dafür qualifizieren. Damit wären den Mitgliedstaaten erhebliche Umgehungsmöglichkeiten eröffnet. Eine beihilferechtlich relevante de facto-Selektivität ist anzunehmen, wenn von einer steuerentlastend wirkenden Regelung spezifische Unternehmenskategorien (i.S.d. Rz. 9.30) oder bestimmte Branchen signifikant stärker profitieren als andere.[6] Dies ist beispielsweise bei Steuervergünstigungen für Forschung und Entwicklung der Fall.[7] Nach hier vertretener Ansicht ist allerdings der damit verbundenen Ausweitung des sachlichen Anwendungsbereichs des Art. 107 Abs. 1 AEUV auf Fälle jenseits des klassischen Leitbilds einer schon dem Addressatenkreis nach selektiven Maßnahme mittels einer parallelen Ausweitung der Rechtfertigungsmöglichkeiten jenseits der geschriebenen Gründe des Art. 107 Abs. 2 und Abs. 3 AEUV Rechnung zu tragen.[8] Vorbild kann insoweit die entsprechende Entwicklung bei den Grundfreiheiten sein (Rz. 7.199).[9] Anders als bei den Rechtfertigungsgründen des Art. 107 Abs. 3 AEUV darf dabei um der Wahrung der mitgliedstaatlichen Gestaltungsspielräume willen der Kommission ihrerseits kein Ermessensspielraum zuerkannt werden; wohl aber ist eine Verhältnismäßigkeitsprüfung vorzunehmen.

9.32 Wird anhand der Leitgedanken und systemtragenden Prinzipien der jeweiligen Steuer festgestellt, was das „Normalmaß" der Besteuerung darstellt und ob die entlastend wirkende Regelung vor diesem Hintergrund eine beihilferelevante Begünstigung darstellt, besteht **für eine gesonderte Vergleichbarkeitsprüfung kein Bedarf**. Wählt man – wie dies inzwischen der EuGH und ganz überwiegend auch

---

1 Befürwortend bspw. zur Vorläuferregelung *Seer* FR 2014, 721 (730); ablehnend *Glatz*, IStR 2016, 447 (451).
2 A.A. BFH v. 25.3.2015 – X R 23/13, BStBl II 2015, 696 Rz. 86; *Demleitner*, ISR 2016, 328 (332): allgemeine Maßnahme; wie hier *Glatz*, IStR 2016, 447 (450).
3 S. zur diesbzgl. beihilferechtlichen Problematik *Wachter*, DB 2016, 1273 (1275 f.).
4 Zu streng daher der Ansatz im Kommissionsbeschluss v. 19.12.2018, C(2018) 7848 final („Gibraltar Corporate Income Tax Regime"), Rz. 82. Zuzugestehen ist aber, dass eine strengere Folgerichtigkeitskontrolle auch dann angezeigt sein kann, wenn die in Rede stehende Ausgestaltung des Anwendungsbereichs der beschränkten Steuerpflicht *faktisch* eine relativ klar abgrenzbare Gruppe von Steuerpflichtigen überproportional begünstigt, vgl. Kommissionsbeschluss a.a.O., Rz. 96 ff.
5 **A.A.** *Jann* in FS Baudenbacher, S. 419 (427): generell abzulehnen.
6 So auch der Maßstab in der Bekanntmachung der Kommission zum Begriff der staatlichen Beihilfe im Sinne des Artikels 107 Abs. 1 AEUV, KOM (2016/C 262/2), ABl. EU 2016 Nr. C 262, Rz. 121. S. auch *Luts* EC Tax Review 2014, 258 (261).
7 **A.A.** zu F&E-Steuervergünstigungen *Bernabeu*, ET 2014, 178 (187).
8 Ebenso *Micheau*, EC Tax Review 2008, 276 (282).
9 So tendenziell auch *Micheau*, EC Tax Review 2008, 276 (282).

die Kommission praktizieren (Rz. 9.22) – die Grundwertungen der jeweiligen Steuer als Vergleichsmaßstab, so ist eine gesonderte Vergleichbarkeitsprüfung neben der Bestimmung des Vorteilscharakters der Steuerentlastung nämlich redundant:[1] Stellt sich die Begünstigung (nur) bestimmter Unternehmen nicht als folgerichtige Konkretisierung eines Leitgedankens der in Rede stehenden Steuer dar und ist sie demnach als beihilferelevanter Vorteil zu werten, so impliziert dies notwendig, dass Unternehmen ungleich behandelt werden, die gemessen an eben jener Belastungsgrundentscheidung vergleichbar sind. Eine gleichwohl zusätzlich durchgeführte Prüfung der Vergleichbarkeit birgt stattdessen die Gefahr, weitergehende und gemessen an den Grundwertungen des Systems sachfremde Erwägungen als Vergleichbarkeitsmaßstab heranzuziehen und auf diese Weise entgegen der Systematik der drei Absätze des Art. 107 AEUV mögliche Rechtfertigungsgründe schon im Rahmen des Beihilfebegriffs selbst zu berücksichtigen.[2] Wollte man hingegen die Zielsetzung der jeweiligen Begünstigung zum Bezugspunkt der Vergleichbarkeitsprüfung machen, wie dies gelegentlich noch vertreten wird,[3] hätte dies im Ergebnis zur Folge, dass die Mitgliedstaaten lediglich zur folgerichtigen Ausgestaltung von Steuervergünstigungen verpflichtet wären, die sie im Übrigen nach Belieben einführen könnten (Rz. 9.22).[4] Damit würde der Grundsatz ausgehöhlt, wonach es für die Feststellung des Beihilfecharakters einer steuerlichen Maßnahme nur auf deren Wirkungen und nicht auf ihre Ziele ankommt (Rz. 9.19).[5] Die Beihilfekontrolle würde damit weitgehend entwertet, ohne dass dies zur Achtung vor der Souveränität der Mitgliedstaaten auf dem Feld der Steuerpolitik als geboten erschiene:[6] Denn selbiger wird bereits dadurch hinreichend Rechnung getragen, dass die Mitgliedstaaten die Leitprinzipien und grundlegenden Zielsetzungen der einzelnen Steuerarten innerhalb ihres Steuersystems festlegen können, ohne dass die sich aus dieser Grundentscheidung ergebenden unterschiedlichen Belastungswirkungen einer Beihilfenkontrolle unterliegen (s. Rz. 9.17 und zu – verfehlten – Ausnahmen Rz. 9.26).

Es ist schließlich auch nicht angezeigt, die Vergleichbarkeitsprüfung auf die Feststellung eines Wettbewerbsverhältnisses zwischen begünstigten und nicht begünstigten Unternehmen bzw. Branchen hin auszurichten.[7] Dies hätte zur Folge, dass Steuerentlastungen, die sich auf eine Branche konzentrieren, die nicht im Wettbewerb zu anderen Wirtschaftszweigen steht, nicht mehr als verbotene Beihilfe ein-

---

1 Vgl. dazu auch EuGH, Schlussanträge des Generalanwalts *Léger* v. 26.6.2003 – C-182/03 u. C-217/03 – Belgien und Forum 187, Slg. 2003, I-6887 Rz. 293; *Lyal*, Fordham Int'l Law Journal 2015, 1017 (1035). So im Ergebnis wohl auch *Szudoczky*, The sources of EU law and their relationships: Lessons for the field of taxation, S. 505 ff.; *Balbinot*, FR 2018, 729 (734). **A.A.** *Neckenich*, in Kube/Reimer, Das Beihilfenrecht als Innovationsmotor des Steuerrechts, S. 104 (109).
2 Exemplarisch EuGH v. 8.9.2011 – C-78/08 bis C-80/08 – Paint Graphos u.a., Slg. 2011, I-7611 Rz. 54 ff.; dazu kritisch *Lyal*, Fordham Int'l Law Journal 2015, 1017 (1035); zustimmend hingegen *Sierra*, EStAL 2018, 85 (89). Generell **a.A.** als hier *Dobratz* in Musil/Weber-Grellet, Europäisches Steuerrecht, Art. 107 AEUV Rz. 96: Die Vergleichbarkeitsprüfung habe danach zu fragen, ob ein „offensichtlich vernünftiger Grund für die Ungleichbehandlung" bestehe.
3 S. neben den Nachweisen in Rz. 9.22 bspw. auch *Mang*, ET 2015, 78 (81).
4 So auch sehr deutlich – und ablehnend – Kommissionsbeschluss v. 23.3.2015 – C(2015) 66 final, Rz. 153.
5 So auch *Szudoczky*, The sources of EU law and their relationships: Lessons for the field of taxation, S. 559; *Shi*, ET 2016, 371 (372); insoweit wie hier auch *Sierra*, EStAL 2018, 85 (89). Vgl. auch Kommissionsbeschluss v. 20.6.2018 C(2018) 3839 final („Engie – formerly GDF Suez"), Rz. 178 f.
6 Wie hier *Drabbe* in Rust/Micheau, State Aid and Tax Law, S. 87 (96); *Szudoczky*, EStAL 2016, 357 (367); i.E. ablehnend auch *Ismer/Piotrowski*, IStR 2015, 257 (262 f.); **a.A.** *Engelen/Gunn* in Rust/Micheau, State Aid and Tax Law, S. 137 (143 f.); *Luts* EC Tax Review 2014, 258 (271 f.).
7 So aber *Lang*, ÖJT IV/2, 69 ff.; *Lang*, IStR 2010, 570 (578); *Hey*, StuW 2015, 331 (343). Im Ergebnis ähnlich, obschon konzeptionell bei Selektivitätskriterium ansetzend *Balbinot*, FR 2018, 729 (737 f.): „im Hinblick auf Tätigkeit oder [angebotene] Leistung homogen". S. auch EuGH, Schlussanträge des Generalanwalts *Bobek* v. 21.4.2016 – C-270/15 P – Belgien/Kommission, ECLI:EU:C:2016:289 Rz. 34; *Micheau*, EC Tax Review 2008, 276 (281 f. u. 283); sowie den – in dieser Hinsicht untypischen – Kommissionsbeschluss v. 17.3.2015, C(2015) 1644 final, Rz. 55 f. Wie hier *Szudoczky*, The sources of EU law and their relationships: Lessons for the field of taxation, S. 566; *Hey*, StuW 2015, 331 (340); *Bartosch*, BB 2016, 855 (859); *Dobratz* in Musil/Weber-Grellet, Europäisches Steuerrecht, Art. 107 AEUV Rz. 77.

zustufen wären. Damit aber würde die grenzüberschreitende Dimension des Beihilfeverbotes vernachlässigt. Insofern bleiben nämlich regelmäßig – was freilich gesondert festzustellen ist (Rz. 9.43) – wettbewerbsrelevante Auswirkungen der Steuervergünstigung bestehen, und Art. 107 Abs. 1 AEUV nimmt diese Effekte vor dem Hintergrund seiner geschichtlichen Entwicklung (Rz. 9.2) auch nicht als bloße „Disparitäten" hin.[1]

9.33 Schließlich **erübrigt sich in der Regel auch der dritte Schritt des** vom EuGH entwickelten **Selektivitätstests**: Stellt sich eine steuerliche Entlastung nämlich als folgerichtige Entfaltung von Grund- oder Leitprinzipien der jeweiligen Steuerart dar, so kann sie schon nicht als beihilferelevante „Begünstigung" i.S. des Art. 107 Abs. 1 AEUV qualifiziert werden. Einer Rechtfertigung anhand der dem Steuersystem inhärenten Grundwertungen bedarf es dann von vornherein nicht.[2] Als Korrektiv wird dieses Element der Beihilfeprüfung allerdings benötigt, soweit die entlastend wirkende Regelung **Rechtsanwendungsgleichheit** in der Vollzugspraxis sicherstellen soll. Dieser Aspekt kann bei der Bestimmung des Vorteilscharakters der Norm noch nicht berücksichtigt werden; dies ist aber angezeigt, weil er keine extrafiskalische bzw. – im Falle einer Lenkungssteuer – subventive Komponente aufweist. Vielmehr zählt dieser Gesichtspunkt zu den Grundfragen der Ausgestaltung eines jeden Steuersystems, weshalb seine Verwirklichung dem hinsichtlich des Art. 107 Abs. 1 AEUV kontrollfreien Raum mitgliedstaatlicher Steuersouveränität zuzuordnen ist. Ähnliches ist für Regelungen festzustellen, die den regulären nationalen Steueranspruch zwecks **Vermeidung internationaler Doppelbesteuerung** zurücknehmen. Da solche Regelungen grds. den Handel im Binnenmarkt gerade fördern und Wettbewerbsverzerrungen abbauen,[3] ist auch insoweit eine souveränitätsschonende Bereichsausnahme von der Beihilfekontrolle angezeigt; von Bedeutung ist dies im Übrigen nur, wenn bei innerstaatlichen und grenzüberschreitenden Sachverhalten überhaupt dieselben Grundprinzipien der Besteuerung zur Anwendung gelangen und eine solche Steuerlastermäßigung deshalb einen beihilfeverdächtigen Vorteilscharakter aufweist. Diese Rechtfertigungsmöglichkeit steht allerdings richtigerweise unter dem Vorbehalt der Verhältnismäßigkeit und der Folgerichtigkeit.[4] Eine Vorzugsbehandlung bestimmter Unternehmen oder Branchen im Rahmen ein und desselben (unilateralen oder bilateralen) Regelwerks zur Vermeidung der Doppelbesteuerung ist als selektiv einzustufen, sofern sie nicht ihrerseits im Einklang mit Grundprinzipien des nationalen Steuersystems steht.[5] Ebenfalls bedenklich sind unter diesem Gesichtspunkt die Anwendung der Freistellungsmethode zwecks Vermeidung lediglich virtueller Doppelbesteuerung[6] und die Anrech-

---

1 S. auch Kommissionsbeschluss v. 21.1.2016, C(2016) 167 final, Rz. 80 f.; *Rossi* in Weber (Hrsg.), EU Income Tax Law: Issues for the Years Ahead, 2013, S. 123 (128 f.).
2 Exemplarisch ist der – diesbzgl. gerade nicht überzeugende – Kommissionsbeschluss v. 9.7.2014, C(2014) 4546 final, Rz. 75–79 (geringere Ökosteuerbelastung auf per Haushaltspost versandte Werbeprospekte bei Verwendung umweltfreundlichen Papiers); s. ferner etwa Kommissionsbeschluss v. 24.4.2018, C (2018) 2385 final, Rz. 60 ff., wo die Kommission im Wesentlichen Erwägungen anstellt, die schon auf der ersten Prüfungsstufe (Abweichung von einer folgerichtigen Entfaltung des Referenzsystems) hätten geprüft werden können. Wie hier *Jestaedt* in Heidenhain, European State Aid Law, 2010, § 8 Rz. 21; *Szudoczky*, The sources of EU law and their relationships: Lessons for the field of taxation, S. 597; *Jung/Neckenich*, in Kube/Reimer, Das Beihilfenrecht als Innovationsmotor des Steuerrechts, S. 134 (138 ff.); im Ergebnis ebenso („two sides of the same coin") *Rossi-Maccanico* in Pistone (ed.), Legal Remedies in European Tax Law, Online Books IBFD, 2009, Kapitel 14.5.; *Hey*, StuW 2015, 331 (339); *Lyal*, Fordham Int'l Law Journal 2015, 1017 (1033); *Ekkenga/Saffaei*, DStR 2018, 1993 (1996); *Balbinot*, FR 2018, 729 (733 f.); A.A. *Biondi*, Common Market Law Review 2013, 1719 (1737 f.); *Stevens*, EC Tax Review 2014, 149 (157).
3 S. EuGH v. 12.9.2017 – C-648/15 – Österreich/Deutschland, ECLI:EU:C:2017:664 Rz. 26.
4 Tendenziell a.A. *Sierra*, EStAL 2018, 85 (91).
5 Ähnlich *de Broe*, EC Tax Review 2017, 228 (231).
6 Gegen die Beihilferechtskompatibilität solcher Regelungen auch noch Kommissionsbeschluss v. 11.1.2016 C(2015) 9837 final („Belgian Excess Profit Scheme"), Rz. 172 u. 175; ebenso zur Vermeidung innerstaatlicher nur virtueller Doppelbesteuerung Kommissionsbeschlüsse v. 20.6.2018 C(2018) 3839 final („Engie – formerly GDF Suez"), Rz. 200 ff. u. Rz. 232-234; v. 7.3.2019 C(2019) 1615 final („Huhtamäki"), Rz. 98 und 102 f. Anders aber zur Freistellung von Auslandseinkünften auch bei nur virtueller internationaler

nung fiktiver Quellensteuern.[1] Nicht zu beanstanden sind hingegen im Regelfall Divergenzen zwischen verschiedenen vom jeweiligen Mitgliedstaat abgeschlossenen DBA, weil und sofern diese nicht Ausdruck einer nach bestimmten Kategorien von Staaten divergierenden Abkommenspolitik, sondern Ausdruck unterschiedlicher Verhandlungsergebnisse sind.[2]

Im Übrigen besteht angesichts der extensiven Interpretation der Tatbestandsalternativen einer möglichen Binnenmarktkompatibilität staatlicher Beihilfen nach Art. 107 Abs. 3 AEUV durch Kommission und europäische Gerichtsbarkeit (Rz. 9.49 ff.) keine Notwendigkeit, eine ungeschriebene Rechtfertigungsmöglichkeit auch für „externe" Lenkungsziele oder sonstige „systemfremde" Zielsetzungen einzuräumen.[3] Dies hieße ohne Not die mit dieser Ermessensvorschrift intendierte binnenmarktpolitische Steuerungsprärogative der EU-Kommission zu unterminieren. Insofern unterscheidet sich die Beihilfeprüfung steuerlicher Maßnahmen von ihrer Grundfreiheitsprüfung (dazu Rz. 7.199 f.). Eine Ausnahme ist wie oben dargelegt (Rz. 9.31) lediglich bei Annahme von de facto-Selektivität wegen des mit dieser Form der Beihilfekontrolle verbundenen besonders weitreichenden Eingriffs in mitgliedstaatliches Gestaltungsermessen anzuerkennen.

Nicht gefolgt wird im Lichte der Erwägungen in den vorstehenden Randziffern der im Schrifttum vielfach vertretenen These, die Vorgaben des Art. 107 Abs. 1 AEUV liefen auf eine Variante einer allgemeinen Gleichheitssatzprüfung mitgliedstaatlichen Steuerrechts hinaus.[4] Zwar weist Art. 107 Abs. 1 AEUV insofern die für den allgemeinen Gleichheitssatz typische Wertungsoffenheit auf, als ein beihilfenverdächtiger Begünstigungseffekt bei zutreffender Interpretation jeweils anhand der konkreten, je nach Steuerart variierenden Leitprinzipien des mitgliedstaatlichen Steuerrechts zu bestimmen ist. Indes wirkt das Beihilfenverbot nach dem hier vertretenen Verständnis im Wesentlichen nur als Gebot folgerichtiger Entfaltung von systemkonstituierenden Besteuerungsgrundsätzen, die ihrerseits ins steuerpolitische Belieben der Mitgliedstaaten gestellt sind.[5] Außerdem ist nicht jede von diesen Leitprinzipien abweichende Regelung mit Begünstigungscharakter rechtfertigungsbedürftig, wie dies bei einem allgemeinen Gleichheitssatz wäre, sondern dies gilt vielmehr nur für *selektive* Begünstigungen, die nur spezifischen Unternehmenskategorien offenstehen. Darüber hinaus weist Art. 107 Abs. 1 AEUV, anders als ein allgemeiner Gleichheitssatz, einen asymmetrischen Gewährleistungsgehalt auf, indem er grds. nur begünstigende Abweichungen von der maßstabsbildenden Regelbelastung untersagt. Schließlich ist auch der Kreis zulässiger Rechtfertigungsgründe auf systemimmanente Regelungsanliegen (s. Rz. 9.23) sowie die in Art. 107 Abs. 2 und 3 AEUV genannten Zielsetzungen begrenzt. Charakteristisch für einen allgemeinen Gleichheitssatz wäre es demgegenüber, jeglichen legitimen Subventionszweck als Rechtfertigungsgrund zuzulassen.[6] Zuzugestehen ist jedoch, dass der weiter ausgreifende Prüfungsansatz von EuGH und Kommission die Beihilfenkontrolle stark an die Vorgaben eines allgemeinen Gleichbehandlungsgrundsatzes angenähert hat, namentlich der Verzicht auf eine genuine Selektivitätsprüfung (Rz. 9.18), die – obschon bislang nur ausnahmsweise praktizierte – gleichheitsrechtliche Kontrolle auch der Auswahl der Leitprinzipien des Besteuerungssystems selbst (Rz. 9.26) sowie die Nivellierung des asymmetrischen Gewährleistungsgehalts im Gefolge der Gibraltar-Entscheidung des EuGH (Rz. 9.26).

Doppelbesteuerung der Kommissionsbeschluss v. 19.9.2018, C(2018) 6076 final („McDonald's Luxembourg"), Rz. 105 ff.
1 **A.A.** Leitsch, SWI 2018, 217 (221 f.).
2 Tendenziell gl.A. *de Broe*, EC Tax Review 2017, 228 (230).
3 Wie hier *Piernas López*, EStAL 2018, 274 (279 f.); **a.A.** *Strüber*, Steuerliche Beihilfen, S. 108 und 354 f.; *Pinto*, Tax Competition and EU Law, 144 ff.; *Szudoczky*, The sources of EU law and their relationships: Lessons for the field of taxation, S. 624 ff.; *dies.*, EStAL 2016, 357 (374).
4 So aber EuGH, Schlussanträge des Generalanwalts *Cosmas* v. 13.5.1997 – C-353/95 P – Tiercé Ladbroke, Slg. 1997, I-7007 Rz. 30; *Lenaerts* in Kanninen, EU Competition Law in Context, 2009, S. 291 (299); *M. Lang*, IStR 2010, 570 (577); *M. Lang*, EStAL 2012, 411 (420); *Ezcurra*, Intertax 2013, 340 (343 f.); *Azizi* in *Rust*/Micheau, State Aid and Tax Law, XV f.; *Blumenberg/Kring*, Europäisches Beihilferecht und Besteuerung, S. 18; im Ergebnis ebenso *Quigley*, Intertax 2012, 112 (113); *Wattel* in Weber (Hrsg.), EU Income Tax Law: Issues for the Years Ahead, 2013, S. 139 (146 ff.); wohl auch *Grube*, Der Einfluss des unionsrechtlichen Beihilfeverbots auf das deutsche Steuerrecht, 2014, S. 52; *Dobratz* in Musil/Weber-Grellet, Europäisches Steuerrecht, Art. 107 AEUV Rz. 74 und 96.
5 Ebenso *Ellenrieder*, IStR 2018, 480 (485), m.w.N.
6 Diesen Unterschied betont zutreffend der Kommissionsbeschluss v. 27.7.2017, C(2017) 5176, Rz. 77.

5. Selektivität bei indirekten Steuern

9.34 Gewisse **Besonderheiten** können sich nach hier vertretener Ansicht hinsichtlich der Frage, wem ein steuerlicher Vorteil zukommt und ob er insoweit eine selektive Wirkung entfaltet, **bei indirekten Steuern** auf Waren oder Dienstleistungen ergeben.[1] Entsprechend ihrer Konzeption als auf Überwälzung an den Vertragspartner bzw. Leistungsempfänger angelegte Steuern sollte hier regelmäßig eine Vermutung gelten, wonach Steuerbefreiungen, ermäßigte Steuersätze und andere Varianten einer gesetzlich vorgesehenen Steuerschuldverminderung primär dem intendierten Steuerträger, d.h. dem Leistungsempfänger zugutekommen.[2] Das entspricht auch der Kommissionspraxis[3] und einer Entscheidung des EuGH.[4] Zwar trifft es zu, dass die reale Steuerinzidenz vielfach nicht (vollständig) mit der vom Gesetzgeber beabsichtigten Steuerüberwälzung übereinstimmen wird. Dem kann jedoch bereits durch die Widerlegbarkeit der Vermutung Rechnung getragen werden; der Steuerpflichtige oder die Kommission müssen nachweisen können, dass die typische Steuerlastverteilung von der gesetzlich intendierten abweicht.[5] Eine umgekehrte Vermutung ist außerdem angezeigt, wenn die Steuervergünstigung an bestimmte Produktionsprozesse oder an bestimmte Eigenschaften des Steuerpflichtigen anknüpft. Derartige Begünstigungen sind vom Gesetzgeber typischerweise gerade nicht darauf angelegt, an den Leistungsempfänger weitergereicht zu werden, sondern sie sollen das Einkommen des Steuerpflichtigen erhöhen. Hier ist also dieser vorbehaltlich des Nachweises des Gegenteils als Begünstigter anzusehen; auch hierfür liefert die Entscheidungspraxis der Kommission zahlreiche Beispiele.[6] Die Selektivität des Steuervorteils ist jeweils mit Blick auf die nach den vorstehend erörterten Grundsätzen zu ermittelnde Gruppe der potentiell Begünstigten festzustellen, wobei zusätzlich zu prüfen ist, inwieweit es sich im Falle einer vermuteten oder nachgewiesenen Begünstigung der Leistungsempfänger bei diesen überhaupt um Unternehmen handelt. Ist nicht davon auszugehen, dass der leistende Unternehmer durch die Steuervergünstigung steuerlich entlastet wird, so muss im Übrigen stets noch untersucht werden, ob ihm gleichwohl beihilferechtlich relevante mittelbare Vorteile erwachsen. Dabei kann es sich insbesondere um eine verbesserte Wettbewerbsposition und damit einhergehende größere Marktanteile bzw. höhere Umsätze handeln.[7] Die Abgrenzung zu den Varianten einer direkten Begünstigung wäre bei zutreffender Würdigung insbesondere für den Gegenstand eines etwaigen Rückforderungsanspruchs bei Rechtswidrigkeit der Beihilfe von Bedeutung (Rz. 9.66 ff.).

Der **EuGH** hat jedoch vor kurzem einen **formalistischen Standpunkt** eingenommen und Besonderheiten bei der beihilferechtlichen Kontrolle von im Rahmen indirekter Steuern gewährten Vergünstigungen in Abrede gestellt. Überwälzungsvorgänge seien im Rahmen der beihilferechtlichen Würdi-

---

1 S. hierzu eingehend *Terra*, Intertax 2012, 101; *Englisch*, EC Tax Review 2013, 9; *Englisch*, in Lang u.a. (Hrsg), CJEU – Recent Developments in Value Added Tax 2018, n.n.v.
2 A.A. *Schön* in Hancher u.a., EU State Aids[4], 321 (353, Rz. 10-033): stets beiderseitige Begünstigung.
3 S. beispielsweise Kommissionsentscheidung v. 15.12.2009, COM (2009) 9972 über die von den Niederlanden geplante Beihilfemaßnahme „Umweltsteuerbefreiung für die Keramikindustrie", Rz. 31; Kommissionsbeschluss v. 3.9.2010, COM (2010) 5769 v. 3.9.2010 über Steuerbefreiungen für Primärerzeuger in Lettland, Rz. 21; Kommissionsbeschluss v. 8.4.2011, COM (2011) 2613 über die Befreiung elektrischer Eisenbahnen von der britischen Klimawandelabgabe, Rz. 15.
4 S. EuG v. 13.9.2012 – T-379/09 – Italien/Kommission, EU:T:2012:422 Rz. 42; EuGH v. 3.3.2005 – C-172/03 – Heiser, Slg. 2005, I-1627 Rz. 47, steht dem wegen der Besonderheiten der EuGH-Rechtsprechung zum (vermeintlich) intendierten Steuerträger bei Mehrwertsteuerbefreiungen nicht entgegen. S. dazu eingehend *Englisch*, EC Tax Review 2013, 9 (12 f.).
5 S. dazu auch EuGH v. 3.3.2005 – C-172/03 – Heiser, Slg. 2005, I-1627 Rz. 47.
6 S. beispielsweise Kommissionsentscheidung COM (2009) 8497 v. 30.10.2009 über die Zollfreiheit von Biokraftstoffen in Finnland, Rz. 18; Kommissionsentscheidung COM (2010) 2219 v. 9.4.2010 über die Steuerermäßigung für Biokraftstoffe in Bulgarien, Rz. 29; Kommissionsentscheidung COM (2010) 2557 v. 19.4.2010 über die Steuerermäßigung von Biokraftstoffen in Deutschland, Rz. 4.
7 Vgl. EuGH v. 8.12.2011 – C-275/10 – Residex Capital IV, Slg. 2011, I-13043 Rz. 43; EuG v. 4.3.2009 – T-445/05 – Associazione italiana del risparmio gestito, Slg. 2009, II-289 Rz. 127.

gung generell unbeachtlich.¹ Maßgeblich sei nicht, welchen „wirtschaftlichen Gewinn" der Steuerpflichtige aufgrund einer Steuerbegünstigung erlange, sondern worin der durch die Beihilfe erlangte Vorteil bei rechtlicher Betrachtungsweise bestehe.² Es sei ohne Belang, ob eine Abgabe nach den Wertungen des mitgliedstaatlichen Steuerrrechts als direkte oder indirekte Steuer zu qualifizieren sei.³ Eine Steuerbegünstigung bewirke immer einen Vorteil bei demjenigen Steuerpflichtigen, dessen Steuerschuld sich infolgedessen reduziere, unabhängig davon, wer letztendlich eine steuerliche Entlastung erfahre. Zu überzeugen vermag diese Rechtsauffassung indes nicht. Zwar spielt die reale Steuerinzidenz für die Frage, wer als Begünstigter einer Fiskalbeihilfe anzusehen ist, regelmäßig keine Rolle,⁴ und ihre Ermittlung sollte aufgrund der damit verbundenen Beweisschwierigkeiten auch keine Voraussetzung der Durchführung einer beihilferechtlichen Überprüfung solcher Maßnahmen sein. Mutmaßliche Überwälzungsvorgänge müssen aber bei einer von den Leitprinzipien des nationalen Steuerrechts ausgehenden Beihilfeprüfung dann Beachtung finden, wenn der Gesetzgeber eine Steuerabwälzung auf Dritte gerade intendiert und die tatbestandstechnische Ausgestaltung der Steuer sie auch als plausibel erscheinen lässt. Der gegenteilige Standpunkt des Gerichtshofs kann dazu führen, dass sich der Steuerpflichtige mit unverhältnismäßigen Rückforderungsansprüchen konfrontiert sieht (näher Rz. 9.68). Er erzeugt außerdem Wertungswidersprüche im Hinblick auf die beihilferechtlichen Implikationen gesetzlich intendierter indirekter Begünstigungswirkungen bei direkten Steuern (s. Rz. 9.10).

6. Beweislast

Für das Vorliegen einer Abweichung von der normalen Besteuerung und der Vergleichbarkeit der rechtlichen und tatsächlichen Situation von begünstigten und nicht begünstigten Unternehmen ist im Verfahren nach Art. 263 AEUV die Kommission **beweispflichtig**.⁵ Hingegen obliegt den Mitgliedstaaten nach ständiger Rechtsprechung der Nachweis, dass die begünstigende steuerliche Maßnahme durch die Natur oder den inneren Aufbau des nationalen Steuersystems gerechtfertigt ist.⁶   9.35

IV. Gewährung aus staatlichen Mitteln und auf staatliche Veranlassung hin

Die selektive Begünstigung bestimmter Unternehmen oder Branchen **muss sowohl aus staatlichen Mitteln finanziert als auch eine „staatliche" Beihilfe**, d.h. dem Mitgliedstaat zurechenbar sein. Nach der ständigen Rechtsprechung der europäischen Gerichte handelt es sich dabei entgegen dem Wortlaut des Art. 107 Abs. 1 AEUV nicht um ein alternatives, sondern um ein **kumulatives Erfordernis**.⁷ Die Unterscheidung zwischen „staatlichen" und „aus staatlichen Mitteln gewährten" Beihilfen dient   9.36

---

1 S. EuGH v. 21.12.2016 – C-164/15 P und C-165/15 P – Aer Lingus und Ryanair, ECLI:EU:C:2016:990 Rz. 99.
2 S. EuGH v. 21.12.2016 – C-164/15 P und C-165/15 P – Aer Lingus und Ryanair, ECLI:EU:C:2016:990 Rz. 92.
3 S. EuGH v. 21.12.2016 – C-164/15 P und C-165/15 P – Aer Lingus und Ryanair, ECLI:EU:C:2016:990 Rz. 98.
4 S. EuGH, Schlussanträge des Generalanwalts *Mengozzi* v. 5.7.2016 – C-164/15 P und C-165/15 P – Aer Lingus und Ryanair, ECLI:EU:C:2016:515 Rz. 62 ff.
5 S. EuGH v. 8.9.2011 – C-279/08 P – Kommission/Niederlande, Slg. 2011, I-7671 Rz. 62.
6 S. EuGH v. 29.4.2004 – C-159/01 – Niederlande/Kommission, Slg. 2004, I-4461 Rz. 43; v. 6.9.2006 – C-88/03 – Portugal/Kommission, Slg. 2006, I-7115 Rz. 80; v. 8.9.2011 – C-279/08 P – Kommission/Niederlande, Slg. 2011, I-7671 Rz. 62; v. 15.11.2011 – C-106/09 – Kommission/Gouvernement of Gibraltar und Vereinigtes Königreich, Slg. 2011, I-11113 Rz. 146. S. dazu und zu einem alternativen Ansatz auch *Balbinot*, FR 2018, 729 (731 u. 735 f.).
7 Grundlegend EuGH v. 16.5.2002 – C-482/99 – Frankreich/Kommission, Slg. 2002, I-4397 Rz. 24, auf Basis der Schlussanträge von Generalanwalt *Jacobs* v. 13.12.2001, Rz. 54; und speziell in steuerrechtlichem Kontext EuGH v. 15.12.2005 – C-182/03 u. C-217/03 – Belgien und Forum 187/Kommission, Slg. 2003, I-6887 Rz. 127; v. 23.4.2009 – C-460/07 – Puffer, Slg. 2009, I-3251 Rz. 67 ff. = UR 2009, 410 m. Anm. *Widmann*; v. 19.12.2013 – C-262/12 – Vent De Colère! u.a., ECLI:EU:C:2013:851 Rz. 16; v. 27.6.2017 – C-74/16 – Congregación de Escuelas Pías Provincia Betania, ECLI:EU:C:2017:496 Rz. 74; EuG v. 5.4.2006 –

nach Auffassung des EuGH nur dazu, in den Beihilfebegriff sowohl die unmittelbar vom Staat gewährten Vorteile einzubeziehen als auch diejenigen, die über eine vom Staat benannte oder errichtete öffentliche oder private Einrichtung gewährt werden; stets aber müssten staatliche Mittel dafür verwendet werden.[1]

9.37 Ebenso aber ist stets die Zurechenbarkeit zum Staat zu fordern, was sich schon aus der Abschnittsüberschrift vor den Art. 107 ff. AEUV („staatliche Beihilfen") ergibt; außerdem entspricht dies auch der Entstehungsgeschichte bzw. Zwecksetzung der Beihilfenkontrolle (Rz. 9.2).[2] Auch die EU-Kommission prüft beide Kriterien je eigenständig.[3]

9.38 Steuerliche Beihilfen werden regelmäßig aus staatlichen Mitteln, nämlich durch einen **Verzicht auf Steueraufkommen** finanziert.[4] Es ist mithin nicht erforderlich, dass dem Staat durch die Beihilfe bereits vereinnahmte Haushaltsmittel wieder entzogen werden.[5] Eine Saldierung der Aufkommenseinbußen mit erwarteten Steuermehreinnahmen infolge der von einer Steuervergünstigung ausgehenden Investitionsanreize ist in diesem Zusammenhang nach Sinn und Zweck des Art. 107 Abs. 1 AEUV unzulässig.[6] Ebenfalls zweckwidrig und damit unzulässig wäre es, auf das Steuermehraufkommen abzustellen, das ein Mitgliedstaat aufgrund selektiver steuerlicher Konzessionen im internationalen Steuerwettbewerb erzielen kann.[7]

9.39 Außerdem muss die Gewährung der steuerlichen Beihilfe **dem Mitgliedstaat zurechenbar** sein. Dabei kommt es nicht darauf an, ob sich die maßgebliche steuerpolitische Willensbildung auf Ebene des Zentralstaates oder – in bundesstaatlich verfassten Mitgliedstaaten – auf einer unteren staatlichen Ebene vollzogen hat. Auch spielt es keine Rolle, ob die steuerliche Entlastung durch einen Träger unmittelbarer Staatsverwaltung (in Deutschland: durch den Bund oder die Länder) oder durch eine Einrichtung der mittelbaren Staatsverwaltung gewährt wird.[8] Es genügt ferner bei indirekten Vorteilen einer Steuerbegünstigung (Rz. 9.21), dass diese die vom Gesetzgeber beabsichtigte Folge eines Verzichts auf Steuereinnahmen beim unmittelbar Begünstigten sind.[9]

T-351/02 – Deutsche Bahn, Slg. 2006, II-1047 Rz. 100 f.; v. 21.3.2012 – T-50/06 u.a. – Kommission/Irland u.a., ECLI:EU:T:2012:134 Rz. 74.

1 S. EuGH v. 13.3.2001 – C-379/98 – PreussenElektra, Slg. 2001, I-2099 Rz. 58; v. 5.3.2009 – C-222/07 – UTECA, Slg. 2009, I-1407 Rz. 43; v. 8.9.2011 – C-279/08 P – Kommission/Niederlande, Slg. 2011, I-7671 Rz. 105; EuG v. 15.1.2013 – T-182/10 – Aiscat, ECLI:EU:T:2013:9 Rz. 103.

2 S. auch *Englisch*, EuR 2009, 488 (489 ff.). S. auch EuG v. 5.4.2006 – T-351/02 – Deutsche Bahn, Slg. 2006, II-1047 Rz. 100 m.w.N.

3 S. Bekanntmachung der Kommission zum Begriff der staatlichen Beihilfe im Sinne des Artikels 107 Abs. 1 AEUV, KOM (2016/C 262/2), ABl. EU 2016 Nr. C 262, Rz. 38.

4 S. beispielsweise EuGH v. 19.9.2000 – C-156/98 – Deutschland/Kommission, Slg. 2000, I-6857 Rz. 25 ff.; v. 16.5.2002 – C-482/99 u. C-387/92 – Banco Exterior de España, Slg. 2002, I-4397 Rz. 13 f.; v. 1.12.1998 – C-200/97 – Ecotrade, Slg. 1998, I-7907 Rz. 45. S. auch EuGH v. 2.7.1974 – 173/73 – Italien/Kommission, Slg. 1974, 709 Rz. 33 u. 35. S. ferner Bekanntmachung der Kommission zum Begriff der staatlichen Beihilfe im Sinne des Artikels 107 Abs. 1 AEUV, KOM (2016/C 262/2), ABl. EU 2016 Nr. C 262, Rz. 51; Beschluss der EFTA-Überwachungsbehörde v. 3.11.2010, Nr. 416/10/KOL, unter 1.1.

5 Vgl. EuGH v. 17.3.1993 – C-72/91 u. C-73/91 – Sloman Neptun, Slg. 1993, I-887 Rz. 21; v. 1.12.1998 – C-200/97 – Ecotrade, Slg. 1998, I-7907 Rz. 35; v. 26.6.2003 – C-182/03 u. C-217/03 – Belgien und Forum 187/Kommission, Slg. 2003, I-6887 Rz. 87.

6 S. EuGH v. 26.6.2003 – C-182/03 u. C-217/03 – Belgien und Forum 187/Kommission, Slg. 2003, I-6887 Rz. 128 f.; EuG v. 23.10.2002 – T-269/99 u.a. – Diputación Foral de Guipúzcoa u.a./Kommission, Slg. 2002, II-4217 Rz. 64; v. 9.9.2009 – T-227/01 u.a. – Territorio Histórico de Álava u.a., Slg. 2009, II-3029 Rz. 130; Umsetzungsbericht der Kommission v. 9.2.2004, C(2004)434, 7; *Grube*, DStZ 2007, 370 (376).

7 S. *Lenaerts* in EU Competition Law in Context, 2009, 291 (296); *Schmidt*, in Kube/Reimer, Das Beihilfenrecht als Innovationsmotor des Steuerrechts, S. 39 (59). **A.A.** *Giraud/Petit*, EStAL 2017, 233 (236).

8 S. EuGH v. 14.10.1987 – 248/84 – Deutschland/Kommission, Slg. 1987, 4013 Rz. 17; EuG v. 9.9.2009 – T-227/01 u.a. – Territorio Histórico de Álava u.a., Slg. 2009, II-3029 Rz. 178.

9 S. EuGH v. 19.9.2000 – C-156/98 – Deutschland/Kommission, Slg. 2000, I-6857 Rz. 27 f.

Von Relevanz ist das Kriterium der staatlichen Beihilfe daher vornehmlich für die **Abgrenzung zur** 9.40
sog. Unionsbeihilfe, wie sie in harmonisierten Bereichen des Steuerrechts vorliegen kann:[1] Der Beihilfeeffekt einer Steuervergünstigung ist dem Mitgliedstaat nach zutreffender Auffassung von EuGH und Kommission jedenfalls dann nicht zurechenbar, wenn er in einer EU-Richtlinie zwingend vorgegeben ist.[2] Eine staatliche Beihilfe kommt hier nur bei richtlinienwidriger Umsetzung im nationalen Recht in Betracht, sofern dadurch zusätzliche Wettbewerbsverzerrungen bewirkt werden.[3] Dasselbe gilt, wenn eine verzichtbare Richtlinienbestimmung die beihilfenverdächtige Steuervergünstigung als Regelfall vorsieht.[4] Darüber hinaus wird man richtigerweise auch dann eine Unionsbeihilfe annehmen müssen, wenn der Beihilfeneffekt einer den Mitgliedstaaten im Richtlinienrecht eingeräumten Gestaltungsoption *inhärent* ist.[5] Denn in diesem Fall kann ein Mitgliedstaat absehbar nur unter Gewährung eines selektiven Vorteils von der Ermächtigung Gebrauch machen, ihre Wirkungen sind also vom Unionsgesetzgeber in Kauf genommen worden. Es besteht daher vor dem Hintergrund der historischen Zwecksetzung der Beihilfenkontrolle (Rz. 9.2) kein Bedürfnis nach einer präventiven Kontrolle schädlicher Auswirkungen auf den Binnenmarkt durch die EU-Kommission. Dafür spricht auch, dass der EuGH den ähnlich gelagerten Problemfall einer Zurechnung grundfreiheitsbeschränkender Effekte bei Gebrauchmachen von richtlinienrechtlichen Ermächtigungen entweder zum Unionsgesetzgeber oder aber zum Mitgliedstaat nach denselben Maßstäben beurteilt hat.[6] Etwas anderes sollte nur ausnahmsweise gelten, wenn die maßgebliche Richtlinie – wie insbesondere Art. 26 Abs. 2 der Energiesteuerrichtlinie 2003/96/EG – die Gewährung von richtlinienrechtlich optionalen Steuervergünstigungen ausdrücklich unter den Vorbehalt einer Beihilfenkontrolle durch die Kommission stellt. Tradierte nationale Steuerbegünstigungen verlieren ihren Charakter als staatliche Beihilfen hingegen nicht dadurch, dass sie für einen Übergangszeitraum durch entsprechende Öffnungsklauseln in der Richtlinie weiterhin sekundärrechtlich toleriert werden, denn einem solchen vorläufigen Verzicht auf Harmonisierung lässt sich nicht die Wertung entnehmen, die Regelung sei insgesamt binnenmarktkompatibel.

Der EuGH tendiert jedoch ohnehin dazu, bei der mitgliedstaatlichen Inanspruchnahme richtlinien- 9.41
rechtlicher Ermächtigungen zur Gewährung von Steuerbefreiungen oder sonstigen Steuerentlastungen *generell* eine staatliche Beihilfe anzunehmen;[7] dies entspricht wohl auch der Haltung der Kommission.[8] Lediglich auf dem Feld *mehrwertsteuerlicher Begünstigungen* zeigt die Kommission bislang große Zurückhaltung bei der Annahme staatlicher Beihilfen,[9] wobei der diesbezügliche Verweis auf die

---

1 S. dazu eingehend *Englisch*, EC Tax Review 2013, 9 (14 ff.).
2 S. EuGH v. 23.4.2009 – C-460/07 – Puffer, Slg. 2009, I-3251 Rz. 67 ff. = UR 2009, 410 m. Anm. *Widmann*; Bekanntmachung der Kommission zum Begriff der staatlichen Beihilfe im Sinne des Artikels 107 Abs. 1 AEUV, KOM (2016/C 262/2), ABl. EU 2016 Nr. C 262, Rz. 44; Kommissionsbeschluss v. 26.10.2015 – C (2015) 7225 final, Rz. 29; *Boeshertz*, EC Tax Review 2013, 214 (217); *Schmidt*, in Kube/Reimer, Das Beihilfenrecht als Innovationsmotor des Steuerrechts, S. 39 (53 ff., dort auch zur zeitlichen Dimension). A.A. *Dobratz* in Musil/Weber-Grellet, Europäisches Steuerrecht, Art. 107 AEUV Rz. 34.
3 S. dazu *Koenig/Busch*, EWS 2009, 510 (514 f.).
4 S. EuG v. 5.4.2006 – T-351/02 – Deutsche Bahn, Slg. 2006, II-1047 Rz. 100 ff.; so wohl auch die EU-Kommission, die das Urteil in der Bekanntmachung der Kommission zum Begriff der staatlichen Beihilfe im Sinne des Artikels 107 Abs. 1 AEUV, KOM (2016/C 262/2), ABl. EU 2016 Nr. C 262, Rz. 44, in Bezug nimmt; s. auch *v. Wallenberg/Schütte* in G/H/N, Art. 107 AEUV Rz. 36.
5 So auch *Jatzke*, EWS 2000, 491 (498).
6 S. EuGH v. 26.10.2010 – C-97/09 – Schmelz, Slg. 2010, I-10465 Rz. 54.
7 Vgl. EuGH v. 10.12.2013 – C-272/12 P – Kommission/Irland u.a., ECLI:EU:C:2013:812 Rz. 47 ff., wonach eine auf Vorschlag der Kommission erteilte Genehmigung des Rates zur Einführung einer Steuerbefreiung wegen der Besonderheiten des Beihilfekontrollverfahrens nach Art. 108 AEUV selbiges nicht ersetzen könne. Zustimmend *Dobratz* in Musil/Weber-Grellet, Europäisches Steuerrecht, Art. 107 AEUV Rz. 34.
8 S. Bekanntmachung der Kommission zum Begriff der staatlichen Beihilfe im Sinne des Artikels 107 Abs. 1 AEUV, KOM (2016/C 262/2), ABl. EU 2016 Nr. C 262, Rz. 45 f.
9 S. Umsetzungsbericht der Kommission v. 9.2.2004, C(2004)434, Rz. 72.

Geltung des Neutralitätsprinzips und die damit vermeintlich verminderte Gefahr der Verwirklichung eines Beihilfetatbestandes nicht zu überzeugen vermag.[1]

9.42 Ebenfalls nicht zurechenbar sind einem Mitgliedstaat solche Steuervorteile, die erst aus dem Zusammenwirken von – je für sich systemkonformen bzw. aus systemimmanenten Gründen gerechtfertigten – Vorschriften zweier Mitgliedstaaten resultieren.[2] Insbesondere gibt es keinen durch Art. 107 Abs. 1 AEUV unterlegten Standard internationaler „Einmalbesteuerung".[3] Dies ist etwa relevant für die beihilferechtliche Beurteilung hybrider Gestaltungen. Davon zu unterscheiden ist die Situation, in der sich ein Mitgliedstaat abkommensrechtlich zu einer bestimmten Steuerbegünstigung verpflichtet und diese dann in seinem nationalen Steuerrecht umgesetzt hat; dies ist ihm zuzurechnen.[4]

V. Wettbewerbsverfälschung und Handelsbeeinträchtigung

9.43 Die Kriterien der tatsächlichen oder drohenden Wettbewerbsverfälschung sowie der Handelsbeeinträchtigung im Binnenmarkt sind **regelmäßig von untergeordneter praktischer Bedeutung**, weil sich EuGH und Kommission insoweit mit niederschwelligen Plausibilitätserwägungen begnügen.[5] Nur in Sonderkonstellationen bedarf es diesbezüglich eingehenderer Erwägungen.

9.44 Nach ständiger Rechtsprechung des EuGH wird der Wettbewerb durch eine selektive Begünstigung bestimmter Unternehmen bzw. Wirtschaftssektoren tatsächlich oder potentiell verfälscht, wenn sie die Belastungen des begünstigten Unternehmens vermindert und damit seine Stellung gegenüber anderen Unternehmen, die mit ihm in Wettbewerb stehen, stärkt.[6] Insbesondere bei steuerlichen Beihilfen ist dies **regelmäßig ohne weiteres zu bejahen, wenn die begünstigten Unternehmen auf einem liberalisierten Markt tätig sind**, auf dem zumindest potentiell Wettbewerb bestehen kann.[7] Auf die Spürbarkeit der Wettbewerbsverzerrung soll es grundsätzlich nicht ankommen.[8] Der innergemeinschaftliche Handel wiederum werde durch eine Beihilfe beeinflusst, wenn selbige die Stellung eines Unterneh-

---

1 S. nunmehr auch die Einschätzung der Kommission für den Fall der richtlinienrechtlichen Gewährung größerer Spielräume der Mitgliedstaaten bei der Festlegung ermäßigter Steuersätze: Vorschlag für eine Richtlinie des Rates zur Änderung der Richtlinie 2006/112/EG in Bezug auf die Mehrwertsteuersätze, 18.1.2018 COM(2018) 20 final, S. 7; und das zugehörige Impact Assessment v. 18.1.2018, SWD(2018) 7 final, S. 47.
2 S. Kommissionsentscheidung v. 8.7.2009, C 4/07 (niederländische „Groepsrentebox"), Rz. 115-117; *Hey*, StuW 2015, 331 (335); *Lyal*, Fordham Int'l Law Journal 2015, 1017 (1043); *Galendi Junior*, Intertax 2018, 994 (999). Vgl. ferner Kommissionsbeschluss v. 11.1.2016 C(2015) 9837 final, Rz. 143; sowie die – in der Sache allerdings fragwürdige – Argumentation der Kommission im Beschluss v. 19.9.2018, C(2018) 6076 final, Rz. 117.
3 S. *Hey*, StuW 2015, 331 (342 f.).
4 S. EuGH v. 27.6.2017 – C-74/16 – Congregación de Escuelas Pías Provincia Betania, ECLI:EU:C:2017:496 Rz. 75.
5 Vgl. auch EuGH, Schlussanträge der Generalanwältin *Trstenjak* v. 9.6.2011 – C-71/09 P u.a. – Comitato „Venezia vuole vivere" u.a./Kommission, Slg. 2011, I-4727, Rz. 162: „Die Anforderungen ... sind ... nicht sehr hoch." Kritisch *Koenig/Förtsch* in Streinz³, Art. 107 AEUV Rz. 105.
6 S. beispielsweise EuGH v. 17.9.1980 – 730/79 – Philip Morris/Kommission, Slg. 1980, 2671 Rz. 11; v. 11.11.1987 – 259/85 – Frankreich/Kommission, Slg. 1987, 4393 Rz. 24; v. 26.6.2003 – C-182/03 – Belgien und Forum 187/Kommission, Slg. 2003, I-6887 Rz. 131; v. 27.6.2017 – C-74/16 – Congregación de Escuelas Pías Provincia Betania, ECLI:EU:C:2017:496 Rz. 80.
7 S. EuGH v. 15.12.2005 – C-148/04 – Unicredito Italiano, Slg. 2005, I-11137 Rz. 57; Bekanntmachung der Kommission zum Begriff der staatlichen Beihilfe im Sinne des Artikels 107 Abs. 1 AEUV, KOM (2016/C 262/2), ABl. EU 2016 Nr. C 262, Rz. 187.
8 S. beispielsweise EuGH v. 21.3.1990 – C-142/87 – Belgien/Kommission, Slg. 1990, I-959 Rz. 43; v. 24.7.2003 – C-280/00 – Altmark Trans und Regierungspräsidium Magdeburg, Slg. 2003, I-7747 Rz. 81; EuG v. 9.9.2009 – T-227/01 u.a. – Territorio Histórico de Álava u.a., Slg. 2009, II- 3029 Rz. 148 m.w.N.; EuGH v. 14.1.2015 – C-518/13 – Eventech, ECLI:EU:C:2015:9 Rz. 68. Unklar hingegen EuGH v.9.6.2011 – C-71/09 P u.a. – Comitato „Venezia vuole vivere" u.a. – Kommission, Slg. 2011, I-4727 Rz. 63.

mens gegenüber anderen Wettbewerbern in diesem Handel stärkt.[1] Das begünstigte Unternehmen braucht zudem nicht selbst am innergemeinschaftlichen Handel teilzunehmen; es genügt, dass sein Wettbewerbsvorteil die grenzüberschreitende Markterschließung durch andere Unternehmen erschweren kann.[2] Einen Bagatellvorbehalt lassen EuGH und Kommission insoweit grundsätzlich ebenfalls nicht gelten (s. aber Rz. 9.46 zur De-minimis-Verordnung).[3] Damit ist auch dieses Kriterium auf liberalisierten Märkten regelmäßig zu bejahen.[4] Insbesondere kann eine Handelsbeeinträchtigung regelmäßig auch bei Beihilfen an Unternehmen angenommen werden, die nur auf einem lokalen oder regionalen Markt tätig sind, sofern ausländische Unternehmen nicht nur hypothetisch ebenfalls auf diesem Markt vergleichbare Waren oder Dienstleistungen anbieten können.[5] Allerdings sieht die Kommission hier in Sonderfällen nur marginaler Wettbewerbswirkungen unter gewissen weiteren Voraussetzungen von der Einstufung einer Begünstigung als staatliche Beihilfe ab:[6] Erstens muss sich das geförderte Angebot auf einen regionalen Markt beschränken, d.h. Zielgruppe darf nur die lokale Bevölkerung oder eine lokale Kundschaft sein.[7] Zweitens darf ein grenzüberschreitender Wettbewerb verschiedener Anbieter weder nachweislich stattfinden noch als wahrscheinlich erscheinen. Dementsprechend darf es nicht zu einer Umlenkung der Nachfrage auf den begünstigten Anbieter kommen.[8] Daneben hat die Kommission vereinzelt auch ergänzend berücksichtigt, dass der Beihilfeempfänger dem Kreis der kleineren Unternehmen zuzurechnen war und die aus der Begünstigung resultierenden Vorteile darum als begrenzt erschienen.[9] Für die Annahme einer generellen Trendwende hin zu einer strengeren bzw. substantielleren Prüfung der Gefahr handelsbeeinträchtigender Wettbewerbsverfäl-

---

1 S. beispielsweise EuGH v. 10.1.2006 – C-222/04 – Cassa di Risparmio di Firenze, Slg. 2006, I-289 Rz. 141; v. 30.4.2009 – C-494/06 P – Kommission/Italien, Slg. 2009, I-3639 Rz. 52. Sehr weitgehend Kommissionsbeschluss v. 2.4.2019 C(2019) 2526 final („UK CFC-Regime"), Rz. 88 (auch Anreize zur Verlagerung des effektiven Verwaltungssitzes der Konzernmuttergesellschaft sollen eine Handelsbeeinträchtigung darstellen).
2 S. beispielsweise EuGH v. 15.12.2005 – C-66/02 – Italien/Kommission, Slg. 2005, I-10901 Rz. 115; v. 15.12.2005 – C-148/04 – Unicredito Italiano, Slg. 2005, I-11137 Rz. 56 u. 58; v. 15.6.2006 – C-393/04 – Air Liquide Industries Belgium, Slg. 2006, I-5293 Rz. 35; v. 14.1.2015 – C-518/13 – Eventech, ECLI:EU:C:2015:9 Rz. 67; v. 27.6.2017 – C-74/16 – Congregación de Escuelas Pías Provincia Betania, ECLI:EU:C:2017:496 Rz. 79. Fragwürdig daher BFH v. 9.2.2011 – I R 47/09, BStBl. II 2012, 601 (603) (öffentlich-rechtliche Versorgungseinrichtungen).
3 S. EuGH v. 14.9.1994 – C-278/92 bis C-280/92 – Spanien/Kommission, Slg. 1994, I-4103 Rz. 42; v. 24.7.2003 – C-280/00 – Altmark Trans, Slg. 2003, I-7747 Rz. 81; v. 3.3.2005 – C-172/03 – Heiser, Slg. 2005, I-1627 Rz. 32; Bekanntmachung der Kommission zum Begriff der staatlichen Beihilfe im Sinne des Artikels 107 Abs. 1 AEUV, KOM (2016/C 262/2), ABl. EU 2016 Nr. C 262, Rz. 189. Kritisch Koenig/Förtsch in Streinz³, Art. 107 AEUV Rz. 114.
4 S. EuGH v. 15.12.2005 – C-148/04 – Unicredito Italiano, Slg. 2005, I-11137 Rz. 57; v. 30.4.2009 – C-494/06 P – Kommission/Italien, Slg. 2009, I-3639 Rz. 53.
5 S. EuGH v. 24.7.2003 – C-280/00 – Altmark Trans, Slg. 2003, I-7747 Rz. 82; Bekanntmachung der Kommission zum Begriff der staatlichen Beihilfe im Sinne des Artikels 107 Abs. 1 AEUV, KOM (2016/C 262/2), ABl. EU 2016 Nr. C 262, Rz. 192.
6 S. dazu im Einzelnen die Bekanntmachung der Kommission zum Begriff der staatlichen Beihilfe im Sinne des Artikels 107 Abs. 1 AEUV, KOM (2016/C 262/2), ABl. EU 2016 Nr. C 262, Rz. 196 f. m.w.N.; Koenig/Förtsch in Streinz³, Art. 107 AEUV Rz. 112; Soltesz, EuZW 2017, 51 (55); Zelger, EStAL 2018, 28 (34 ff.). Großzügig bspw. Kommissionsbeschluss v. 9.7.2014, C(2014) 4546 final, Rz. 81–85; v. 29.4.2015, C(2015) 2798 final, Rz. 24; ff., m.w.N.
7 S. Kommissionsbeschluss v. 29.4.2015, C(2015) 2800 final; v. 29.4.2015, C(2015) 2793 final; v. 29.4.2015, C(2015) 2795 final; noch großzügiger Kommissionsbeschluss v. 29.4.2015, C(2015) 2799 final: „im Wesentlichen regionale oder allenfalls nationale Kundschaft".
8 S. Kommissionsentscheidung v. 6.11.2001, C(2001) 3481, Rz. 3.1; Kommissionsbeschluss v. 29.4.2015, C(2015) 2800 final; v. 29.4.2015, C(2015) 2793 final; v. 29.4.2015, C(2015) 2795 final; v. 29.4.2015, C(2015) 2799 final.
9 S. Kommissionsbeschluss v. 29.4.2015, C(2015) 2800 final.

schungen bietet diese, in ihrem Anwendungsbereich eng begrenzte Kommissionspraxis zu nur lokal tätigen Anbietern aber keine hinreichenden Anhaltspunkte.[1]

Hinweis: Nicht zu überzeugen vermag der vereinzelt in der Literatur vertretene Standpunkt, wonach eine Wettbewerbsverzerrung generell auszuschließen sei, wenn sich die steuerliche Begünstigung auf eine Branche konzentriere, die nicht im Wettbewerb zu anderen, nicht begünstigten Wirtschaftssektoren stehe. Diese Rechtsauffassung verkennt das Potenzial auch solcher Beihilfen zur Verfälschung des Wettbewerbs im Verhältnis zur im EU-Ausland ansässigen Konkurrenz (vgl. dazu schon Rz. 9.32). Zustimmung verdient hingegen im Hinblick auf den Sinn und Zweck des Beihilfeverbots (Rz. 9.2) die Annahme, es greife dann nicht ein, wenn die Beihilfe auch insoweit wettbewerbsneutral wirkt, weil sie sämtlichen im Wettbewerb miteinander stehenden in- und auslandsansässigen Unternehmen gleichermaßen zugute kommt.[2] Das dürfte allerdings mindestens im direkten Steuerrecht einen seltenen Ausnahmefall darstellen.

9.45 Vor diesem Hintergrund bedarf es in einem Verfahren vor dem EuGH keines konkreten Nachweises der Auswirkung auf den Handel zwischen den Mitgliedstaaten und einer tatsächlichen oder drohenden Wettbewerbsverzerrung.[3] Eine dahingehende von der Steuervergünstigung ausgehende **abstrakte Eignung bzw. Gefahr genügt**. Speziell bei der für steuerliche Beihilfen typischen Kategorie der „Betriebsbeihilfe", die ohne projektbezogene Verwendungsauflagen und ohne betragsmäßige Begrenzung in Form einer Verminderung laufender Kosten bzw. (Abgaben-)Belastungen gewährt wird,[4] ist zudem nach gefestigter Rechtsprechung eine wettbewerbsverfälschende Wirkung ohne weiteres zu vermuten.[5] Dementsprechend werden sowohl diese wie auch die damit einhergehende Handelsbeeinträchtigung von der insoweit beweispflichtigen Kommission[6] und vom EuGH regelmäßig ohne nähere Untersuchung der konkreten Marktverhältnisse bejaht.[7] Höhere Anforderungen stellt der Gerichtshof bislang lediglich dann, wenn die in Rede stehende Beihilfe ausschließlich die Erschließung von Märkten in Drittstaaten fördern soll, weil hier die Auswirkungen auf den innergemeinschaftlichen Handel in den Mitgliedstaaten nicht gleichermaßen evident sind.[8] Im Übrigen kann sich die Kommission bei gesetzlichen Steuerentlastungen darauf beschränken, deren Eignung zur Wettbewerbsverzerrung und Handelsbeeinträchtigung anhand der abstrakt-generell formulierten Tatbestandsmerkmale und Rechtsfolgen zu prüfen; sie muss nicht für jeden denkbaren oder bekannten Anwendungsfall darlegen, dass derartige Effekte eintreten können.[9]

9.46 Kraft unmittelbar geltenden Verordnungsrechts (Rz. 3.7) ist allerdings unwiderlegbar zu vermuten, dass von einer Steuerentlastung keine den Wettbewerb verzerrende und den Handel im Binnenmarkt beeinträchtigende Wirkungen ausgehen, wenn es sich um eine betragsmäßig geringfügige Verscho-

---

1 A.A. *Kokott* in Europäisches Steuerrecht, DStJG 41 (2018), S. 535 (549).
2 S. *Kube/Reimer/Spengel*, EC Tax Review 2016, 247 (256).
3 So etwa auch ausdrücklich EuGH v.15.12.2005 – C-148/04 – Unicredito Italiano, Slg. 2005, I-11137 Rz. 54; v. 8.5.2013 – C-197/11 – Libert u.a., ECLI:EU:C:2013:288 Rz. 76.
4 S. neben den nachfolgenden zitierten EuGH-Entscheidungen auch die Mitteilung der Kommission über die Anwendung der Vorschriften über staatliche Beihilfen auf Maßnahmen im Bereich der direkten Unternehmensbesteuerung, KOM (98/C 384/03), ABl. EG 1998 Nr. C 384, 3, Rz. 32; sowie Art. 2 Nr. 2 der Gruppenfreistellungs-VO 800/2008/EG (jetzt modifiziert in Art. 2 Nr. 42 VO 651/2014/EU).
5 S. EuGH v. 19.9.2000 – C-156/98 – Deutschland/Kommission, Slg. 2000, I-6857 Rz. 30; v. 9.6.2011 – C-71/09 P u.a. – Comitato „Venezia vuole vivere" u.a./Kommission, Slg. 2011, I-4727 Rz. 136; *Rossi* in Weber (Hrsg.), EU Income Tax Law: Issues for the Years Ahead, 2013, 123 (134).
6 S. dazu EuGH, Schlussanträge der Generalanwältin *Trstenjak* v. 16.12.2010 – C-71/09 P u.a. – Comitato „Venezia vuole vivere" u.a./Kommission, Slg. 2011, I-4727 Rz. 155 m.w.N.
7 S. EuGH v. 29.4.2004 – C-372/97 – Italien/Kommission, Slg. 2004, I-3679 Rz. 44; v. 15.12.2005 – C-148/04 – Unicredito Italiano, Slg. 2005, I-11137 Rz. 54 ff.; v. 15.6.2006 – C-393/04 u.a. – Air Liquide Industries Belgium, Slg. 2006, I-5293 Rz. 34; v. 9.6.2011 – C-71/09 P u.a. – Comitato „Venezia vuole vivere" u.a./Kommission, Slg. 2011, I-4727 Rz. 134.
8 S. EuGH v. 30.4.2009 – C-494/06 P – Kommission/Italien, Slg. 2009, I-3639 Rz. 62.
9 S. EuGH v. 15.12.2005 – C-148/04 – Unicredito Italiano, Slg. 2005, I-11137 Rz. 67; v. 9.6.2011 – C-71/09 P u.a. – Comitato „Venezia vuole vivere" u.a./Kommission, Slg. 2005, I-11137 Rz. 130.

nungssubvention im Sinne der **De-minimis-Verordnung**[1] handelt.[2] Danach liegt keine gem. Art. 108 Abs. 3 AEUV notifizierungspflichtige Beihilfe vor, soweit der Gesamtbetrag der dem begünstigten Unternehmen gewährten steuerlichen Verschonungen innerhalb eines kontinuierlich fortzuschreibenden Dreijahreszeitraums 200 000 Euro nicht übersteigt.[3] Die steuerliche Entlastungswirkung ist dabei in sog. Bruttosubventionsäquivalente, d.h. in eine äquivalente Direktsubvention umzurechnen.[4] Verbundene Unternehmen müssen außerdem unter den Voraussetzungen des Art. 2 Abs. 2 der Verordnung im Hinblick auf die Summe sämtlicher vom Unternehmensverbund beanspruchter Beihilfen unter dem vorerwähnten Schwellenwert bleiben. In bestimmten „sensiblen" Bereichen (insbesondere Landwirtschaft, Fischerei und Exportwirtschaft) findet die allgemeine De-minimis-VO außerdem gem. Art. 1 Abs. 1 keine Anwendung; für Landwirtschaft und Fischerei gelten die niedrigeren Schwellenwerte sektorspezifischer Verordnungen.[5] Bei gesetzlich vorgegebenen Steuerbegünstigungen scheitert die Abschirmung von beihilferechtlicher Kontrolle unter Berufung auf die De-minimis-VO regelmäßig schon daran, dass es an der von Art. 3 Abs. 1 u. 7 geforderten gesetzlichen Begrenzung des Beihilfehöchstbetrages auf 200 000 Euro fehlt.[6]

D. Mit dem Binnenmarkt vereinbare Beihilfen

Bestimmte steuerliche Maßnahmen sind zwar als Beihilfen i.S.d. Art. 107 Abs. 1 AEUV zu qualifizieren, werden aber von der Kommission als mit dem Binnenmarkt vereinbar angesehen. Dabei ist nach folgenden **Kategorien von zulässigen Beihilfen** zu differenzieren: Zum einen ist zu unterscheiden zwischen Beihilfen, die von der Kommission ohne Ermessensspielraum allein aufgrund der Erfüllung der in Art. 107 Abs. 2 AEUV genannten Voraussetzungen als binnenmarktkompatibel anerkannt werden müssen, und solchen, bei denen die Kommission diesbzgl. gem. Art. 107 Abs. 3 AEUV Ermessenserwägungen anzustellen hat. Zum anderen kann sich die Zulässigkeit einer Beihilfe in unterschiedlicher Weise auf die Notifizierungspflicht nach Art. 108 Abs. 3 AEUV und das damit einhergehende temporäre Durchführungsverbot (Rz. 9.58) auswirken. Beihilfen, welche die Voraussetzungen einer der sog. Gruppenfreistellungs-Verordnungen der Kommission erfüllen und infolgedessen als mit dem Binnenmarkt vereinbar gelten (Rz. 9.51), sind von der präventiven Beihilfenkontrolle ausgenommen.[7] Rechtsgrundlage hierfür sind die Art. 108 Abs. 4, Art. 109 AEUV i.V.m. Art. 1 Abs. 1 der Ermächtigungs-VO des

9.47

---

1 Verordnung (EU) Nr. 1407/2013 der Kommission v. 18.12.2013 über die Anwendung der Art. 107 und 108 AEUV auf De-minimis-Beihilfen (vormals VO 1998/2006). Rechtsgrundlage für diese Verordnung sind die Art. 108 Abs. 4 i.V.m. Art. 109 AEUV sowie Art. 2 Abs. 1, 9 Abs. 1 Satz 2 der VO (EU) 2015/1588 des Rates v. 13.7.2015 über die Anwendung der Artikel 107 und 108 des Vertrags über die Arbeitsweise der Europäischen Union auf bestimmte Gruppen horizontaler Beihilfen („Ermächtigungs-VO").
2 S. Art. 3 Abs. 1 i.V.m. dem dritten Erwägungsgrund der De-Minimis-VO; EuGH v. 8.5.2013 – C-197/11 – Libert u.a., ECLI:EU:C:2013:288 Rz. 81; v. 27.6.2017 – C-74/16 – Congregación de Escuelas Pías Provincia Betania, ECLI:EU:C:2017:496 Rz. 82. Anders die Einordnung durch *Cremer* in Calliess/Ruffert[5], Art. 107 AEUV Rz. 37; *Krumm* in Europäisches Steuerrecht, DStJG 41 (2018), S. 561 (569): unwiderlegbare Vermutung der Binnenmarktkompatibilität der Beihilfe i.S.d. Art. 107 Abs. 3 AEUV.
3 S. Art. 3 Abs. 2 De-Minimis-VO; der Dreijahreszeitraum ist nach Steuerjahren, d.h. nach Wirtschaftsjahren i.S.d. § 4a EStG zu bestimmen.
4 S. Art. 3 Abs. 6 De-Minimis-VO.
5 S. Verordnung (EU) Nr. 717/2014 (Fischerei), Verordnung (EU) Nr. 1408/2013 (Landwirtschaft); s. ferner auch die Verordnung (EU) Nr. 360/2012 (Dienstleistungen von allgemeinem wirtschaftlichen Interesse).
6 Vgl. EuGH v. 19.9.2000 – C-156/98 – Deutschland/Kommission, Slg. 2000, I-6857 Rz. 40 (noch zur früheren De-Minimis-Mitteilung der Kommission); *Dobratz* in Musil/Weber-Grellet, Europäisches Steuerrecht, Art. 107 AEUV Rz. 65.
7 S. Bekanntmachung der Kommission über die Durchsetzung des Beihilfenrechts durch die einzelstaatlichen Gerichte, (2009/C 85/01), ABl. EU 2009 Nr. C 85, 1, Tz. 15.

Rates.¹ Alle übrigen Beihilfen i.S.d. Art. 107 Abs. 1 AEUV müssen hingegen, falls es sich um neue Beihilfen handelt (Rz. 9.57), der Kommission notifiziert werden. Sie unterliegen unbeschadet einer etwaigen späteren Genehmigung nach Art. 107 Abs. 2 oder Abs. 3 AEUV zunächst dem Durchführungsverbot des Art. 108 Abs. 3 Satz 3 AEUV. Schließlich kann im Rahmen des Art. 107 Abs. 3 AEUV auch noch danach unterschieden werden, inwieweit sich die Kommission hinsichtlich ihrer Ermessensausübung durch ihre bisherige Genehmigungspraxis bzw. Leitlinien gebunden hat oder noch einzelfallbezogene Ermessenserwägungen anstellt (Rz. 9.52).

9.48 Bei den Beihilfen, die gem. Art. 107 Abs. 2 AEUV ohne weitere Abwägung mit dem Binnenmarkt vereinbar sind, handelt es sich um (für indirekte Steuern relevante) Verbraucherbeihilfen aus sozialen Erwägungen, um Beihilfen bei Naturkatastrophen und sonstigen außergewöhnlichen Ereignissen, sowie um Beihilfen zum Ausgleich der durch die Teilung Deutschlands verursachten wirtschaftlichen Nachteile. Die Kommission legt diese Legalausnahmen mit Billigung des EuGH eng aus. So dürfen etwa Beihilfen zur Bewältigung von Naturkatastrophen oder sonstigen außergewöhnlichen Ereignissen – wie sie in Deutschland beispielsweise anlässlich von Flutkatastrophen regelmäßig auch Unternehmen gewährt wurden – nur die hierdurch unmittelbar verursachten Nachteile ausgleichen, müssen also auf die jeweilige Schadenshöhe abgestimmt sein und eine Überkompensation vermeiden.² Aus der Teilung Deutschlands resultierende wirtschaftliche Nachteile wiederum sind nur solche, die sich aus der früheren geographischen Trennung ergeben, nicht hingegen solche, die auf dem sozialistischen Wirtschaftsmodell der ehemaligen DDR beruhen.³

Unter den in Art. 107 Abs. 3 AEUV genannten Kategorien genehmigungsfähiger Beihilfen sind in der Genehmigungspraxis der Kommission und insbesondere auch für steuerliche Beihilfen die regionalen und sektoralen Beihilfen nach Buchst. c von besonderer Bedeutung. In extensiver Auslegung dieser Vorschrift sieht sich die Kommission als befugt an, auch „horizontale", branchenübergreifend gewährte Beihilfen wie z.B. Investitionszulagen oder steuerliche Erleichterungen für Forschung und Entwicklung zu genehmigen.⁴ Unternehmenssteuererleichterungen unterfallen daher so gut wie immer dieser Vorschrift, die damit auch das Haupteinfallstor für die über den Hebel der Beihilfenkontrolle betriebene industriepolitische Steuerung durch die Kommission (Rz. 9.3) bildet.

9.49 Bei der Entscheidung über die Vereinbarkeit einer Beihilfe, die sich einer der Kategorien des Art. 107 Abs. 3 AEUV zuordnen lässt, mit dem Binnenmarkt verfügt die Kommission nach ständiger Rechtsprechung über ein **weites Ermessen**.⁵ Sie hat dabei die positiven Auswirkungen der Beihilfe einerseits und ihre negativen Auswirkungen auf die Handelsbedingungen und die Aufrechterhaltung eines un-

---

1 Verordnung (EU) 2015/1588 des Rates vom 13.7.2015 über die Anwendung der Artikel 107 und 108 AEUV auf bestimmte Gruppen horizontaler Beihilfen; zuletzt geändert durch Verordnung (EU) 2018/1911 vom 26.11.2018.
2 S. EuGH v. 9.6.2011 – C-71/09 P u.a. – Comitato „Venezia vuole vivere" u.a./Kommission, Slg. 2011, I-4727 Rz. 175 m.w.N.; Kommissionsbeschluss v. 14.8.2015, C(2015) 5549, Rz. 123-125. Die Anforderungen an entsprechende Beihilfen werden ab dem 1.7.2014 in den neugefassten Allgemeinen Gruppenfreistellungs-VO der Kommission konkretisiert, vgl. Art. 1 Abs. 1 Buchst. (g), 50 ff. VO 651/2014/EU.
3 S. EuGH v. 19.9.2000 – C-156/98 – Deutschland/Kommission, Slg. 2011, I-4727 Rz. 49 ff.; *Dobratz* in Musil/Weber-Grellet, Europäisches Steuerrecht, Art. 107 AEUV Rz. 158.
4 S. VO (EU) Nr. 651/2014 der Kommission v. 17.6.2014 zur Feststellung der Vereinbarkeit bestimmter Gruppen von Beihilfen mit dem Binnenmarkt in Anwendung der Artikel 107 und 108 des Vertrags über die Arbeitsweise der Europäischen Union, insbesondere Art. 17 ff. und Art. 25 ff.; Mitteilung der Kommission, Unionsrahmen für staatliche Beihilfen zur Förderung von Forschung, Entwicklung und Innovation, KOM (2014/C 198/01); Mitteilung der Kommission über die Anwendung der Vorschriften über staatliche Beihilfen auf Maßnahmen im Bereich der direkten Unternehmenssteuerung, KOM (98/C 384/03), ABl. EG 1998 Nr. C 384, 3. Zusammenfassend *Cremer* in Calliess/Ruffert⁵, Art. 107 AEUV Rz. 47-81.
5 S. beispielsweise EuGH v. 14.2.1990 – C-301/87 – Frankreich/Kommission, Slg. 1990, I-307 Rz. 15; v. 29.4.2004 – C-372/97 – Italien/Kommission, Slg. 2004, I-3679 Rz. 83; v. 13.2.2003 – C-409/00 – Spanien/Kommission, Slg. 2003, I-1487 Rz. 93; v. 19.9.2000 – C-156/98 – Deutschland/Kommission, Slg. 2011, I-

verfälschten Wettbewerbs andererseits gegeneinander abzuwägen.¹ Dabei verfolgt die Kommission seit einigen Jahren einen „more economic approach", der vornehmlich darauf abzielt, Beihilfen auf effiziente Maßnahmen zur Kompensation von Marktversagen zu beschränken.² Speziell sog. steuerlichen Betriebsbeihilfen, die ohne Bezug auf ein konkretes Investitionsvorhaben und ohne Limitierung als Verminderung von normalerweise zu tragenden Regelsteuerlasten gewährt werden, steht die Kommission mit Billigung des EuGH dabei seit jeher kritisch gegenüber.³ Zugunsten einer solchen Beihilfe kann allerdings u.U. ihre Eignung zur Schaffung der Voraussetzungen für die Verwirklichung von (insbes. unionsrechtlich verankerten) Grundrechten angeführt werden.⁴ Im Übrigen bettet die Kommission die gebotene Abwägung zutreffend in eine allgemeine Verhältnismäßigkeitsprüfung der Maßnahme ein.⁵

Die europäischen Gerichte stellen bei der Kontrolle von dahingehenden Kommissionsentscheidungen keine eigenen Ermessenserwägungen mehr an. Sie beschränken ihre Prüfung vielmehr auf etwaige Rechtsfehler bei der Auslegung des Art. 107 Abs. 3 AEUV, auf die korrekte Ermittlung des Sachverhaltes sowie auf **Abwägungs- bzw. Ermessensfehler**. Zu letzteren zählen insbesondere Abwägungsdefizite in Gestalt einer offensichtlichen Fehlbewertung relevanter Belange sowie ein Ermessensfehlgebrauch aufgrund sachfremder Erwägungen.⁶ Zum Teil hat die Kommission ihr **Ermessen** jedoch **selbst eingeschränkt**, so dass eine „Ad hoc"-Einzelfallabwägung ohne Orientierung an abstrakt-generell konkretisierenden Verordnungen, Leitlinien u.ä.⁷ inzwischen eher die Ausnahme darstellt. 9.50

So hat die Kommission ihre Ermessensausübung für bestimmte Arten von Beihilfen in tatbestandlich vertypter Form durch **Gruppenfreistellungs-Verordnungen rechtsverbindlich konkretisiert**.⁸ Am bedeutsamsten ist hierbei die 2014 neu gefasste Allgemeine Gruppenfreistellungs-VO 651/2014/EU (AGV).⁹ Die Vorläuferregelung erfasste bereits Beihilfen zugunsten von KMU, von Forschung und Entwicklung, im Bereich des Umweltschutzes und zwecks Förderung von Beschäftigung und Ausbil- 9.51

4727 Rz. 67; v. 6.9.2006 – C-88/03 – Portugal/Kommission, Slg. 2006, I-7115 Rz. 99; *Cremer* in Calliess/Ruffert⁵, Art. 107 AEUV Rz. 50.
1 S. EuGH v. 29.4.2004 – C-372/97 – Italien/Kommission, Slg. 2004, I-3679 Rz. 82 m.w.N.; Kommissionsbeschluss v. 9.7.2014, C(2014) 4546 final, Rz. 99.
2 S. dazu eingehend *Koenig/Paul* in Streinz², Art. 107 AEUV Rz. 89 u. 91 m.w.N. (sowie überblicksartig *Koenig/Förtsch* in Streinz³, Art. 107 AEUV Rz. 105 f.); *Cremer* in Calliess/Ruffert⁵, Art. 107 AEUV Rz. 54; *v. Wallenberg/Schütte* in G/H/N, Art. 107 AEUV Rz. 179, 180. Exemplarisch Kommissionsbeschluss v. 9.7.2014, C(2014) 4546 final, Rz. 103 u. 115.
3 S. EuGH v. 19.9.2000 – C-156/98 – Deutschland/Kommission, Slg. 2000, I-6857 Rz. 68 f.; v. 9.6.2011 – C-71/09 P u.a. – Comitato „Venezia vuole vivere" u.a./Kommission, Slg. 2011, I-4727 Rz. 168; Mitteilung der Kommission über die Anwendung der Vorschriften über staatliche Beihilfen auf Maßnahmen im Bereich der direkten Unternehmensbesteuerung, KOM (98/C 384/03), ABl. EG 1998 Nr. C 384, Rz. 32; *Rossi-Maccanico* in Rust/Micheau, State Aid and Tax Law, S. 39 (44).
4 S. Kommissionsbeschluss v. 9.7.2014, C(2014) 4546 final, Rz. 100 (Medienvielfalt; vgl. Art. 11 EU-GrCH).
5 S. Kommissionsbeschluss v. 9.7.2014, C(2014) 4546 final, Rz. 99 ff. u. 112 ff.
6 S. beispielsweise EuGH v. 29.4.2004 – C-372/97 – Italien/Kommission, Slg. 2004, I-3679 Rz. 83; v. 19.9.2000 – C-156/98 – Deutschland/Kommission, Slg. 2000, I-6857 Rz. 71; v. 6.9.2006 – C-88/03 – Portugal/Kommission, Slg. 2006, I-7115 Rz. 79.
7 S. dazu und zur Begrifflichkeit EuGH v. 9.6.2011 – C-71/09 P u.a. – Comitato „Venezia vuole vivere" u.a./Kommission, Slg. 2011, I-4727 Rz. 168; in Verbindung mit EuGH, Schlussanträge der Generalanwältin *Trstenjak* v. 16.12.2010, Rz. 218; EuG v. 28.11.2008 – T-254/00 u.a. – Hotel Cipriani, Slg. 2008, II-3269 Rz. 307.
8 S. *Koenig/Paul* in Streinz³, Art. 109 AEUV Rz. 8.
9 VO (EU) Nr. 651/2014 v. 17.6.2014 zur Feststellung der Vereinbarkeit bestimmter Gruppen von Beihilfen mit dem Binnenmarkt in Anwendung der Artikel 107 und 108 des Vertrags über die Arbeitsweise der Europäischen Union. Daneben existiert insbesondere noch die Verordnung (EU) Nr. 702/2014 der Kommission vom 25.6.2014 zur Feststellung der Vereinbarkeit bestimmter Arten von Beihilfen im Agrar- und Forstsektor und in ländlichen Gebieten mit dem Binnenmarkt.

dung sowie Regionalbeihilfen.[1] Der sachliche Anwendungsbereich wurde durch die Neufassung[2] und erneut 2017 durch eine Änderungs-VO[3] nochmals erheblich ausgedehnt, u.a. auf kulturpolitisch motivierte Beihilfen, solche zur Schaffung von Breitbandinfrastrukturen und Beihilfen für Regionalflughäfen, Häfen sowie lokale Infrastrukturen. Für steuerliche Beihilfen kommt eine Anwendung der AGV aber gemäß deren Art. 5 Nr. 2 Buchst. (d) nur in Betracht, wenn sie eine *betragsmäßige Obergrenze der Entlastungswirkung* enthalten, die nicht über die Schwellenwerte des Art. 4 AGV hinausgeht. Außerdem müssen sie gem. Art. 6 Abs. 4 AGV kraft Erfüllung der steuergesetzlichen Tatbestandsvoraussetzungen ohne Ermessensspielräume der Finanzverwaltung in Anspruch genommen werden können; schließlich sind bestimmte formale Anforderungen gem. Art. 9 AGV zu beachten. Bestimmte Sektoren und Unternehmenstypen sind auch von vornherein aus dem Anwendungsbereich der AGV ausgenommen.[4] Eine Sonderregelung besteht mit Art. 44 AGV für *Energiesteuerermäßigungen* nach Maßgabe der Energiesteuerrichtlinie 2003/96/EG.[5] Insbesondere dürfen solche Ermäßigungen die sekundärrechtlich festgelegten Mindeststeuersätze nicht unterschreiten, um vom Notifizierungsverfahren freigestellt zu werden.

9.52 Soweit die Gruppenfreistellungs-Verordnungen nicht einschlägig sind, hat die Kommission vielfach in sog. **Leitlinien und Unionsrahmen** zu erkennen gegeben, unter welchen Voraussetzungen sie bestimmte Arten von Beihilfen gem. Art. 107 Abs. 3 AEUV für mit dem Binnenmarkt vereinbar hält. Diese mit einer Verwaltungsvorschrift vergleichbaren Rechtsakte sind zwar für Steuerpflichtige und Gerichte nicht verbindlich. Die Kommission aber ist nach dem gleichheitsrechtlich fundierten Grundsatz der Selbstbindung der Verwaltung auf ihre gleichmäßige Anwendung verpflichtet und darf nur in atypischen Fällen eine abweichende Entscheidung treffen.[6] Für das deutsche Steuerrecht aktuell bzw. potentiell bedeutsam sind unter den „*horizontal*" *(branchenübergreifend) anwendbaren* Vorschriften insbesondere die Leitlinien für Regionalbeihilfen[7], der Unionsrahmen für FuE-Beihilfen[8], die Leitlinien für Umweltschutzbeihilfen[9], die Leitlinien für Risikokapitalbeihilfen[10] sowie die Leitlinien für Beihilfen an Unternehmen in Schwierigkeiten[11]. Sämtliche der vorerwähnten Leitlinien und Unionsrahmen sind als Teil der Beihilfen-Modernisierungsinitiative der Kommission[12] im Jahr 2014 umfassend überarbeitet worden; erwähnenswert ist in diesem Zusammenhang die erhebliche Ausweitung der Ausführungen zu Energie- und Umweltsteuerentlastungen.[13] Daneben finden sich *sektorspezifische Verwaltungsvorschriften* zur beihilferechtlichen Beurteilung von – auch steuerlichen – Fördermaßnahmen zugunsten bestimmter Wirtschaftszweige i.S.d. Art. 107 Abs. 3 Buchst. d AEUV in zahlreichen weiteren Mitteilungen

---

1 S. Art. 1 Abs. 1 VO 800/2008/EG.
2 S. Art. 1 Abs. 1 VO 651/2014/EU.
3 S. Art. 1 Nr. 1 VO 1084/2017/EU.
4 Dies gilt insbesondere regelmäßig für „Unternehmen in Schwierigkeiten" i.S.d. Art. 1 Abs. 4 Buchst. c, 2 Nr. 18 AGV.
5 Dazu näher *Ezcurra*, Intertax 2013, 340 (342); *Englisch*, in Ezcurra (Hrsg.), State Aids, Taxation and the Energy Sector, 2017, S. 283.
6 S. EuGH v. 5.10.2000 – C-288/96 – Deutschland/Kommission, Slg. 2000, I-8237 Rz. 62 m.w.N.; dies erkennt die Kommission auch selbst an, s. Kommissionsbeschluss v. 19.12.2017, C(2017) 8734, Rz. 227. S. ferner *Dobratz* in Musil/Weber-Grellet, Europäisches Steuerrecht, Art. 107 AEUV Rz. 173 m.w.N.
7 Leitlinien für staatliche Beihilfen mit regionaler Zielsetzung 2007–2013 (2006/C 54/08); ab 1.7.2014 Leitlinien für Regionalbeihilfen 2014–2020 (2013/C 209/01).
8 Unionsrahmen für staatliche Beihilfen zur Förderung von Forschung, Entwicklung und Innovation (2014/C 198/01).
9 Leitlinien für staatliche Umweltschutz- und Energiebeihilfen 2014–2020 (2014/C 200/01).
10 Leitlinien für staatliche Beihilfen zur Förderung von Risikofinanzierungen (2014/C 19/04).
11 Leitlinien für staatliche Beihilfen zur Rettung und Umstrukturierung nichtfinanzieller Unternehmen in Schwierigkeiten (2014/C 249/01).
12 Mitteilung der Kommission v. 8.5.2012, Modernisierung des EU-Beihilfenrechts, KOM (2012) 209 endgültig.
13 S. die Leitlinien für staatliche Umwelt- und Energiebeihilfen 2014–2020, Rz. 167 ff.

der Kommission.¹ Steuerrechtlich bedeutsam sind vor allem die Leitlinien und Unionsrahmen zu den Sektoren Landwirtschaft, Schiffsbau und Transportgewerbe, die zum Teil detaillierte Vorgaben für bestimmte Arten von (insbesondere Energie-) Steuerbefreiungen enthalten.

E. Verhältnis zu Grundfreiheitsverstößen

Eine gesetzlich vorgesehene Steuerentlastung kann aufgrund ihrer Modalitäten sowohl den Tatbestand einer staatlichen Beihilfe i.S.d. Art. 107 Abs. 1 AEUV begründen als auch eine grundfreiheitsbeschränkende Wirkung entfalten. Beide primärrechtlichen Vorgaben stimmen nämlich insoweit in ihrem Gewährleistungsgehalt überein, als sie ein gleichheitsrechtlich fundiertes Verbot der Besserstellung bestimmter wirtschaftlicher Aktivitäten oder Transaktionen im Binnenmarkt beinhalten.² Eine steuerliche Ungleichbehandlung kann daher gegen beide Bestimmungen zugleich verstoßen. Bislang ist ein solches Konkurrenzverhältnis aber nur selten Gegenstand einer Entscheidung des EuGH gewesen, was auch darauf zurückzuführen sein dürfte, dass die **Schnittmenge von Beihilfenverbot und dem Verbot von Grundfreiheitsbeschränkungen** in der Besteuerungspraxis **eher gering** ist.³ Einerseits ist der überwiegenden Zahl beihilfeverdächtiger Steuerentlastungen keine *Besserstellung spezifisch innerstaatlicher Vorgänge* inhärent; nur dann aber können die Grundfreiheiten tangiert sein (Rz. 7.126).⁴ Andererseits verbieten die Grundfreiheiten neben einer gemessen an den systemtragenden Leitprinzipien der Besteuerung als *Minderbelastung* zu charakterisierenden steuerlichen Begünstigung spezifisch innerstaatlicher Aktivitäten auch die von der Norm abweichende spezifische Mehrbelastung grenzüberschreitender Transaktionen. Letztere wird jedoch von Art. 107 Abs. 1 AEUV grundsätzlich nicht erfasst (Rz. 9.14). Dasselbe gilt für systemkonforme Belastungsunterschiede, die sich faktisch überwiegend zu Lasten grenzüberschreitender Vorgänge auswirken.⁵ Außerdem betrifft das Beihilfeverbot auch nur Steuerbegünstigungen für *Unternehmen*. Schließlich kann es sich bei grundfreiheitswidrig auf Inlandsaktivitäten (z.B. bestimmte Investitionen im Inland) beschränkten Steuervergünstigungen gleichwohl nach dem *Kreis der potentiell Begünstigten* um eine allgemeine Maßnahme handeln, weshalb das Beihilfeverbot dann nach zutreffender – vom EuGH allerdings inzwischen aufgegebener – Auffassung ebenfalls nicht anwendbar ist (Rz. 9.18). Eine Überschneidung der Gewährleistungsgehalte tritt daher am ehesten in zwei Konstellationen ein: Zum einen dann, wenn gebietsfremde bzw. beschränkt steuerpflichtige Unternehmen von Steuervergünstigungen ausgeschlossen sind und stattdessen systemkonform entsprechend den Leitprinzipien der jeweiligen Steuerart belastet werden (bzw. den regulären Steuerentrichtungsmodalitäten unterworfen sind).⁶ Zum anderen, wenn sich aus allgemein gewährten Steuerbegünstigungen indirekte Vorteile nur für bestimmte inländische Unternehmen ergeben.⁷ Derartige mögliche Überschneidungen erweisen sich unter zwei Aspekten als problematisch:

9.53

Erstens stellt sich die Frage, inwieweit die Kommission **trotz grundfreiheitsbeschränkender Wirkung** einer Steuerbegünstigung im Verfahren der Beihilfenkontrolle eine **Positiventscheidung** betreffend die Vereinbarkeit mit dem Binnenmarkt (Rz. 9.59) erlassen kann, und welche Folgen dies dann ggf. auf die Möglichkeit hat, den Grundfreiheitsverstoß vor nationalen Gerichten zu rügen. Der Gerichtshof hat hierzu in ständiger Rechtsprechung festgestellt, dass der Kommission zwar insbesondere bei einer Ge-

9.54

---

1 S. den Überblick bei http://ec.europa.eu/competition/state_aid/legislation/specific_rules.html.
2 S. *Kokott* in Europäisches Steuerrecht, DStJG 41 (2018), S. 535 (536).
3 S. auch *Blumenberg/Kring*, Europäisches Beihilferecht und Besteuerung, S. 16 f.
4 Insoweit wie hier *Szudoczky*, EStAL 2016, 357 (364).
5 Vgl. EuG v. 16.5.2019 – T-836/16 und T-624/17 – Polen/Kommission, ECLI:EU:T:2019:338 Rz. 100 f.
6 Paradigmatisch hierfür ist die Konstellation, die in EuGH v. 17.11.2008 – C-169/08 – Regione Sardegna, Slg. 2009, I-10821, zu entscheiden war. A.A. *Engelen*, ET 2012, 204 (209).
7 Exemplarisch hierfür ist die Entscheidung des EuGH v. 19.9.2000 – C-156/98 – Deutschland/Kommission, Slg. 2000, I-6857.

nehmigung nach Art. 108 Abs. 3 AEUV ein Beurteilungsspielraum bei der Entscheidung über die Vereinbarkeit einer steuerlichen Beihilferegelung mit den Anforderungen des Binnenmarktes zukomme, dass jedoch die Entscheidung nicht im Widerspruch zu den Vorgaben besonderer Vorschriften des AEUV und namentlich der Grundfreiheiten im Widerspruch stehen dürfe.[1] Dies entspricht auch dem offiziellen Standpunkt der Kommission selbst.[2] Dieser Ansatz ist jedoch unterkomplex und wird in der Rechtsprechung und in der Entscheidungspraxis der Kommission auch nicht stringent durchgehalten. Denn zum einen soll eine Beihilfegenehmigung dann – zu Recht – möglich sein, wenn die mit der Steuerbegünstigung einhergehende Grundfreiheitsbeschränkung gerechtfertigt werden kann.[3] Zum anderen muss die grundfreiheitsbeschränkende Wirkung einer Beihilfe bei systematischer Auslegung der Verträge vorbehaltlich ihrer Verhältnismäßigkeit stets als rechtfertigungsfähig erachtet werden, soweit sie den Genehmigungstatbeständen des Art. 107 Abs. 2 und 3 AEUV inhärent ist.[4] Beispielsweise sind regional selektive Steuerbegünstigungen zwecks wirtschaftlicher Förderung bestimmter Regionen notwendig auf die dort niedergelassenen Unternehmen beschränkt, was nach der Wertung der Art. 107 Abs. 2 Buchst. c, Abs. 3 Buchst. a und c AEUV aber unter bestimmten weiteren Voraussetzungen als mit dem Binnenmarkt – und damit auch mit den binnenmarktfinalen Grundfreiheiten – vereinbar angesehen werden kann.[5]

9.55 Rechtswidrig ist eine Positiventscheidung der Kommission daher nur, wenn sie eine steuerliche Beihilfe genehmigt, der ein auch unter Berücksichtigung der vorerwähnten Gesichtspunkte nicht zu rechtfertigender Grundfreiheitsverstoß immanent ist. Dabei ist zu beachten, dass die Kommission zwar im Prüfverfahren nach Art. 108 AEUV zur Beurteilung der grundfreiheitlichen Implikationen einer Beihilfe befugt ist,[6] dass ihr aber insoweit kein gerichtlich nicht (voll) überprüfbarer Ermessensspielraum zuerkannt werden kann. Die Befugnis zur richterlichen Überprüfung muss hier vielmehr genauso weit reichen wie dies in einem isolierten Vertragsverletzungsverfahren nur bzgl. des Grundfreiheitsverstoßes der Fall wäre.[7]

Der **Rechtsschutz** gegen eine solche Positiventscheidung richtet sich nach den allgemeinen Grundsätzen (Rz. 9.61). Im Sonderfall einer parafiskalischen Abgabe hat es der Gerichtshof allerdings für möglich gehalten, dass mit der Beihilferegelung einhergehende Grundfreiheitsverstöße, die nicht schon in deren Zielsetzung angelegt waren, auch ungeachtet der möglichen Bestandskraft einer Positiventscheidung stets vor den nationalen Gerichten gerügt und ggf. im Wege des Vorabentscheidungsverfahrens dem EuGH zur Beurteilung unterbreitet werden können.[8] Teilweise wird vertreten, dies müsse auch für steuerliche Beihilfen gelten.[9] Da der EuGH in seiner Entscheidung aber auf die größere Sachnähe nationaler Gerichte bei der Beurteilung der Auswirkungen speziell von parafiskalischen Abgaben abgestellt hat, dürfte dies eher nicht anzunehmen sein.

---

1 S. etwa EuGH v. 21.5.1980 – 73/79 – Kommission/Italien, Slg. 1980, 1533 Rz. 11; v. 20.3.1990 – C-21/88 – Du Pont de Nemours Italiana, Slg. 1990, I-889 Rz. 20; v. 3.5.2001 – C-204/97 – Portugal/Kommission, Slg. 2001, I-3175 Rz. 41; v. 19.9.2000 – C-156/98 – Deutschland/Kommission, Slg. 2000, I-6857 Rz. 78; EuG v. 31.1.2001 – T-197/97 und T-98/97 – Weyl Beef Products u.a./Kommission, Slg. 2001, II-303 Rz. 75. Weitere Nachweise bei *Staes*, Intertax 2014, 106 (116).
2 S. Mitteilung der Kommission über die Anwendung der Vorschriften über staatliche Beihilfen auf Maßnahmen im Bereich der direkten Unternehmensbesteuerung, KOM (98/C 384/03), ABl. EG 1998 Nr. C 384, 3 Rz. 29.
3 Vgl. EuGH v. 19.9.2000 – C-156/98 – Deutschland/Kommission, Slg. 2000, I-6857 Rz. 86 f.; Kommissionsbeschluss v. 29.6.2011, C(2011) 4494 final, Rz. 96 f.
4 So auch andeutungsweise EuGH v. 14.9.2006 – C-386/04 – Centro di Musicologia Walter Stauffer, Slg. 2006, I-8203 Rz. 44 f.
5 Vgl. dazu auch EuGH v. 22.3.1977 – 74/76 – Iannelli/Meroni, Slg. 1977, 557 Rz. 10 u. 14.
6 S. EuGH v. 19.9.2000 – C-156/98 – Deutschland/Kommission, Slg. 2000, I-6857 Rz. 76 f.
7 Im Ergebnis ebenso *Rossi-Maccanico*, EC Tax Review 2013, 19 (25 f.).
8 S. EuGH v. 23.4.2002 – C-234/99 – Nygård, Slg. 2002, I-3657 Rz. 57 ff.
9 So *Luja*, Intertax 2012, 120 (125 f.); *Szudoczky*, The sources of EU law and their relationships: Lessons for the field of taxation, S. 679 f.

Zweitens kann sich ein nationales Gericht für den Fall einer nicht zu rechtfertigenden Grundfreiheits- 9.56
beschränkung durch eine steuerliche Regelung, die zugleich als verbotene staatliche Beihilfe einzustufen
ist und unter Verstoß gegen das Durchführungsverbot des Art. 108 Abs. 3 Satz 3 AEUV (Rz. 9.58) gewährt wurde, vor die Frage gestellt sehen, welcher der beiden konträren Rechtsfolgen der jeweiligen primärrechtlichen Vorgaben der Vorzug zu geben ist: Die Feststellung der Grundfreiheitsbeschränkung müsste im Regelfall die Ausdehnung der Steuerbegünstigung auf den grenzüberschreitenden Sachverhalt zur Folge haben (Rz. 4.29 ff.), wohingegen der EuGH dies für Beihilfen grundsätzlich als Konsequenz eines Verstoßes gegen Art. 108 Abs. 3 Satz 3 AEUV ausgeschlossen hat und stattdessen die Rückzahlung des Äquivalents der Steuerentlastung durch den begünstigten Steuerpflichtigen fordert (Rz. 9.66). **Richtigerweise** ist in einem solchen Konflikt regelmäßig den **Rechtsfolgen des Verstoßes gegen das beihilferechtliche Durchführungsverbot der Vorrang einzuräumen:**[1] Wird die Steuerbegünstigung revidiert, so wird nämlich zum einen die von den Grundfreiheiten verlangte Gleichbehandlung von grenzüberschreitendem und rein innerstaatlichem Sachverhalt gewährleistet und zum anderen dem prinzipiellen Verbot wettbewerbsverzerrender Steuerbegünstigungen Rechnung getragen. Während eine solche Lösung im Regelfall eines Grundfreiheitsverstoßes an dem Grundsatz des Vertrauensschutzes scheitert, der den bislang von der gesetzlichen Steuerbegünstigung profitierenden Steuerpflichtigen zuzugestehen ist, besteht dieses Problem bei einem gleichzeitigen Verstoß gegen das beihilferechtliche Durchführungsverbot nämlich typischerweise gerade nicht (Rz. 9.69). Verhält es sich allerdings ausnahmsweise anders, d.h. genießen die bislang Begünstigten Vertrauensschutz, so muss die Steuerbegünstigung auch auf die grundfreiheitsberechtigten Steuerpflichtigen erstreckt werden, weil dann nur so eine Grundfreiheitsbeschränkung durch ungleiche steuerliche Behandlung beseitigt werden kann. Die vorläufige Ausdehnung des Beihilfeneffekts muss dann hingenommen werden.

Der **EuGH präferierte** bis vor kurzem eine **nach dem jeweiligen Streitgegenstand und Verfahrensstand differenzierende Lösung**: Einerseits könne allein „aufgrund des Umstands, dass eine steuerliche Maßnahme andere unionsrechtliche Vorschriften als die Art. 107 und 108 AEUV verstößt, nicht ausgeschlossen werden, dass die bestimmten Steuerpflichtigen gewährte Befreiung von dieser Maßnahme als ‚staatliche Beihilfe' einzustufen ist, *solange* die fragliche Maßnahme Wirkungen gegenüber anderen Steuerpflichtigen erzeugt und weder aufgehoben noch für rechtswidrig und somit unanwendbar erklärt wurde."[2] Das Verbot der Gewährung rechtswidriger Beihilfen würde sich danach solange durchsetzen, bis in einem anderen Verfahren – dafür müsste ggf. auch ein Verfahren vor nationalen (Finanz-) Gerichten genügen – der Verstoß gegen sonstige Vorschriften des Unionsrechts festgestellt wurde *und* infolgedessen die beihilferechtlich problematische selektive Begünstigungswirkung entfällt. Letzteres wäre indes typischerweise gerade nicht die Folge der Feststellung eines Grundfreiheitsverstoßes,[3] so dass man hätte annehmen können, der EuGH habe sich im Ergebnis der hier vertretenen Auffassung eines generellen Vorrangs der Rechtsfolgen des Art. 108 Abs. 3 Satz 3 AEUV angeschlossen. Das steht aber im Widerspruch zu einer anderen Entscheidung des EuGH, in der er auf Vorlage eines mitgliedstaatlichen Gerichts u.a. über die Grundfreiheitskonformität einer grenzüberschreitende Investitionen diskriminierenden Steuerentlastung zu befinden hatte. Der EuGH befürwortete in diesem Verfahren

---

1 So auch sehr deutlich EuGH, Schlussanträge der Generalanwältin *Kokott* v. 16.4.2015 – C-66/14 – IFN, ECLI:EU:C:2015:242 Rz. 25 ff.; sowie *Kokott* in Europäisches Steuerrecht, DStJG 41 (2018), S. 535 (554). Tendenziell ebenso *M. Lang*, IStR 2010, 570 (579); *Rossi-Maccanico*, EC Tax Review 2013, 19 (24); *Staes*, Intertax 2014, 106 (120); *Grube*, Der Einfluss des unionsrechtlichen Beihilfeverbots auf das deutsche Steuerrecht, 2014, S. 94 f. **A.A.** *Luja* in Rust/Micheau, State Aid and Tax Law, S. 107 (133); *Szudoczky*, The sources of EU law and their relationships: Lessons for the field of taxation, S. 703 f.; *Engelen/Gunn* in Rust/Micheau, State Aid and Tax Law, S. 137 (148 f.); *Blumenberg/Kring*, Europäisches Beihilferecht und Besteuerung, S. 18; *Dobratz* in Musil/Weber-Grellet, Europäisches Steuerrecht, Art. 107 AEUV Rz. 17.
2 EuGH v. 21.12.2016 – C-164/15 P und C-165/15 P – Aer Lingus und Ryanair, ECLI:EU:C:2016:990 Rz. 69 (Hervorhebung nur hier).
3 Zwar könnte infolge der grundfreiheitlich erzwungenen Ausdehnung des Anwendungsbereichs der Begünstigung ihre Begrenzung auf eine spezifische Gruppe von (innerstaatlich operierenden) Unternehmen entfallen; das ist aber nach der jüngeren EuGH-Rspr. gerade keine Voraussetzung mehr für die Annahme einer selektiven Begünstigung (Rz. 9.18).

implizit einen Vorrang der grundfreiheitlichen Prüfung und damit eine Ausdehnung auch von unter Verstoß gegen das Durchführungsgebot gewährten Beihilfen zugunsten der Kläger des Ausgangsverfahrens.[1] Damit setzte er sich auch stillschweigend über die klare und gegenteilige Stellungnahme der Generalanwältin[2] hinweg. Die Rechtsprechung des EuGH bot damit insgesamt ein uneinheitliches Bild. Eine Beurteilung des Vorrangverhältnisses in Abhängigkeit davon, wer in welchem Verfahren die Beihilfe- bzw. Grundfreiheitswidrigkeit geltend macht, mutet willkürlich an. Auch auf den jeweiligen Verfahrensstand kann es richtigerweise nicht ankommen, schon weil Verstöße gegen unmittelbar anwendbare Unionsrechtsbestimmungen, und insbesondere auch bzgl. des Art. 108 Abs. 3 Abs. 3 AEUV sowie der Grundfreiheiten, auch rückwirkend festgestellt werden können und damit ein zunächst angenommenes Vorrangverhältnis nachträglich wieder in Frage gestellt werden könnte.

In einer jüngeren Entscheidung hat sich der EuGH inzwischen aber dem hier vertretenen Standpunkt angenähert, wonach mitgliedstaatliche Gerichte eine grundfreiheitswidrig vorenthaltende **Begünstigung nicht** unter Berufung auf den Anwendungsvorrang der Grundfreiheiten **auf die diskriminierten grenzüberschreitenden Vorgänge ausdehnen dürfen**, wenn die fragliche Steuerentlastung als Beihilferegelung zu qualifizieren ist. Einschränkend soll dies allerdings nur dann gelten, wenn die Diskriminierung gerade ein integrales Element der Beihilferegelung darstellt.[3] Die Abgrenzung zwischen allein nach Art. 107 f. AEUV zu prüfenden „unerlässlichen Modalitäten" einer steuerlichen Beihilferegelung einerseits und weiterhin den Rechtsfolgen der Grundfreiheitsprüfung unterliegenden sonstigen (diskriminierenden) Modalitäten andererseits ist indes nicht rechtssicher handhabbar. Es überzeugt auch nicht, wenn der EuGH diese Abgrenzung aus kompetenzrechtlichen Erwägungen zur Zuständigkeit nationaler Gerichte im Verhältnis zur Beihilfenkontrolle durch die Kommission herleitet, statt die Angemessenheit der jeweiligen Rechtsfolgen denkbarer Vorrangverhältnisse in den Blick zu nehmen.

Hinweis: Dieselbe Problematik besteht hinsichtlich der konträren Rechtsfolgen eines kombinierten Verstoßes sowohl gegen das beihilferechtliche Durchführungsverbot als auch gegen das gleichheitsrechtlich fundierte Neutralitätsprinzip, an das die Mitgliedstaaten bei der Ausübung ihres verbleibenden steuerpolitischen Ermessens auf dem Gebiet harmonisierter indirekter Steuern gebunden sind.[4] Denn wie auch die Grundfreiheiten gebietet auch das Neutralitätsprinzip nach der Rechtsprechung des EuGH bis zu einer unionsrechtskonformen Neuregelung stets die Ausdehnung der gleichheitswidrig vorbehaltenen Begünstigung auf die Gruppe der davon gesetzlich ausgeschlossenen Steuerpflichtigen.[5] Eine Konfliktlage mit den diametral entgegengesetzten Rechtsfolgen eines Verstoßes des Art. 108 Abs. 3 Satz 3 AEUV könnte sich damit beispielsweise infolge eines zu engen Anwendungsbereichs eines ermäßigten Steuersatzes mit wettbewerbsverzerrenden selektiven Begünstigungswirkungen ergeben. Der Gerichtshof war mit einer solchen Fragestellung bislang noch nicht befasst. Sie dürfte nach denselben Grundsätzen zu beurteilen sein wie die Parallelproblematik im Falle eines Grundfreiheitsverstoßes.[6]

F. Die Beihilfenkontrolle

I. Prüfverfahren nach Art. 108 AEUV

Der **AEU-Vertrag differenziert** in Art. 108 AEUV **zwischen neuen und bestehenden Beihilfen** und sieht je unterschiedliche Kontrollverfahren vor. Des Weiteren unterscheiden sich auch die Folgen einer etwaigen Unvereinbarkeitserklärung durch die Kommission. Die Verfahrensabläufe sind jeweils in

---

1 Vgl. EuGH v. 6.10.2015 – C-66/14 – IFN, ECLI:EU:C:2015:661 insbes. Rz. 22 f.
2 S. EuGH, Schlussanträge der Generalanwältin *Kokott* v. 16.4.2015 – C-66/14 – IFN, ECLI:EU:C:2015:242 Rz. 25 ff.
3 S. EuGH v. 2.5.2019 – C-598/17 – A-Fonds, ECLI:EU:C:2019:352.
4 S. Rz. 19.1 ff.
5 S. EuGH v. 10.4.2008 – C-309/06 – Marks & Spencer, ECLI:EU:C:2008:211, Rz. 63.
6 Näher *Englisch* in Lang u.a. (Hrsg.), CJEU – Recent Developments in Value Added Tax 2018, n.n.v.

der **Beihilfe-Verfahrensverordnung (VerfVO)**[1] niedergelegt, die ihrerseits in einigen Punkten durch die Beihilfe-Durchführungsverordnung[2] konkretisiert wird. Dort finden sich auch die maßgeblichen Legaldefinitionen für beide Beihilfearten:[3] Nach Art. 1 Buchst. b VerfVO handelt es sich bei bestehenden Beihilfen insbesondere um solche Beihilfen, die bereits vor dem Inkrafttreten der europäischen Verträge im jeweiligen Mitgliedstaat eingeführt worden sind sowie um von der EU-Kommission oder vom Rat bereits genehmigte bzw. als genehmigt geltende Beihilfen.[4] Neue Beihilfen sind demgegenüber nach Art. 1 Buchst. c VerfVO solche, die sich keiner der Kategorien einer bestehenden Beihilfe zuordnen lassen, einschließlich der Änderung bestehender Beihilfen. Von praktischer Bedeutung für das deutsche Steuerrecht ist insbesondere die Abgrenzungsproblematik bei der Änderung einer Steuervergünstigung, die zuvor von der Kommission als mit dem Binnenmarkt vereinbare Beihilfe eingestuft wurde.[5] Aus der Rechtsprechung der Europäischen Gerichte ergibt sich, dass jedenfalls eine Ausweitung des Kreises der potentiell begünstigten Unternehmen, eine Lockerung der für die Inanspruchnahme der Vergünstigung vorgesehenen Voraussetzungen, oder ihre Erweiterung in betragsmäßiger oder zeitlicher Hinsicht als „Umgestaltung" i.S.d. Art. 108 Abs. 3 AEUV zu werten sind;[6] damit gelten insoweit die Verfahrensbestimmungen für neue Beihilfen. Dabei spielt es keine Rolle, ob die Änderung im Gesetz selbst oder auf untergesetzlicher Ebene vollzogen wird.[7] Hingegen hindert eine vermehrte tatsächliche Inanspruchnahme der Steuerbegünstigung ihre Einstufung als bestehende Beihilfe selbst dann nicht, wenn sie auf eine Änderung der rechtlichen Rahmenbedingungen für die Ausübung der begünstigten Tätigkeit zurückzuführen ist.[8]

Hinweis: Speziell zur Neuregelung der Steuerbefreiung von Sanierungsgewinnen nach § 3a EStG soll sich die EU-Kommission dem Vernehmen nach in einem informellen und rechtlich unverbindlichen „comfort letter" gegenüber der Bundesregierung dahingehend eingelassen haben, dass es sich nur um die Fortführung von im Wesentlichen gleichgerichteten Vorläuferregelungen und damit noch um eine bestehende Beihilfe handele.[9] Nationale Finanzgerichte wie auch der EuGH sind an diese Einschätzung indes nicht gebunden. Sie ist gleichwohl von Bedeutung für die betroffenen Unternehmen, weil sie unionsrechtlich anerkannten Vertrauensschutz im Falle der etwaigen späteren Feststellung eines Verstoßes gegen Art. 108 Abs. 3 Satz 3 AEUV zu begründen vermag (s. Rz. 9.69).

Art. 107 Abs. 1 AEUV enthält für **neue Beihilfen** sowie für die Umgestaltung bestehender Beihilfen ein **präventives Verbot mit Erlaubnisvorbehalt:**[10] Die Kommission ist gem. Art. 108 Abs. 3 Satz 1 AEUV *vor* Einführung jeder als Beihilfe zu qualifizierenden Steuervergünstigung zu unterrichten, um diese auf

9.58

---

1 Verordnung (EU) Nr. 2015/1589 des Rates vom 13.7.2015 über besondere Vorschriften für die Anwendung von Art. 108 AEUV.
2 Verordnung (EG) Nr. 794/2004 der Kommission vom 21.4.2004 zur Durchführung der Verordnung (EG) Nr. 659/1999 des Rates über besondere Vorschriften für die Anwendung von Art. 93 EGV; zuletzt geändert durch Verordnung (EU) 2016/2105 der Kommission vom 1.12.2016.
3 S. dazu auch eingehend *Sutter*, Das EG-Beihilfenverbot und sein Durchführungsverbot in Steuersachen, S. 153 ff.; *Wallenberg/Schütte* in G/H/N, Art. 108 AEUV Rz. 13 ff.
4 Eingehend *Dobratz* in Musil/Weber-Grellet, Europäisches Steuerrecht, Art. 108 AEUV Rz. 13 ff.
5 S. aber auch zur gesetzlichen Positivierung einer vor Inkrafttreten des EGV im Wege der richterlichen Rechtsfortbildung gewährten Steuerentlastung FG Köln v. 9.3.2010 – 13 K 3181/05, EFG 2010, 1345 (1350 f.) (rkr.).
6 S. EuG v. 9.9.2009 – T-227/01 u.a. – Diputación Foral de Álava und Gobierno Vasco/Kommission, Slg. 2009, II-3029 Rz. 231 ff. m.w.N.
7 S. EuGH v. 18.7.2013 – C-6/12 – P Oy, ECLI:EU:C:2013:525 Rz. 45 ff. = ISR 2013, 291 m. Anm. *von Brocke/Wohlhöfler*. Für Zurückhaltung bei der Änderung von Durchführungsverordnungen plädiert hingegen *Sutter*, Das EG-Beihilfenverbot und sein Durchführungsverbot in Steuersachen, S. 173 ff.
8 S. EuGH v. 9.8.1994 – C-44/93 – Namur-Les assurances du crédit SA, ECLI:EU:C:1994:311 Rz. 25 ff.; BFH v. 31.7.2013 – I R 82/12, BStBl II 2015, 123, Rz. 40; v. 18.10.2017 – V R 46/16, BStBl II 2018, 672, Rz. 48.
9 S. FAZ vom 13.8.2018; a.A. *Glatz*, IStR 2016, 447 (453): neue Beihilfe.
10 S. EuGH v. 5.3.2019 – C-349/17 – Eesti Pagar, ECLI:EU:C:2019:172 Rz. 84. Ebenso *Krumm* in Europäisches Steuerrecht, DStJG 41 (2018), S. 561 (564 f.), m.w.N.

ihre Vereinbarkeit mit dem Binnenmarkt hin überprüfen zu können.[1] Der Mitgliedstaat, der die Beihilfe einführen will, darf diese gem. Art. 108 Abs. 3 Satz 3 AEUV grundsätzlich nicht vor Abschluss des Prüfverfahrens durch die Kommission ins Werk setzen (sog. **Durchführungsverbot**)[2]. Dabei ist es grundsätzlich unbeachtlich, ob die fragliche Beihilfe nach Art. 107 Abs. 2, Abs. 3 AEUV von der Kommission genehmigt werden muss bzw. – wegen Erfüllung der Kriterien einer ermessensleitenden Mitteilung – absehbar genehmigt werden wird; denn dies festzustellen obliegt allein der Kommission. Eine Ausnahme besteht nur für Beihilfen, die nach einer Gruppenfreistellungs-Verordnung vom Notifizierungsverfahren ausgenommen sind (Rz. 9.47 u. 9.51).[3] Ebenso spielt es nach dem klaren Wortlaut des Art. 108 Abs. 3 Satz 3 AEUV keine Rolle, ob der – später festgestellte – Beihilfecharakter der Steuervergünstigung offensichtlich oder aber objektiv zweifelhaft ist;[4] stattdessen müsste bei begründeten Zweifeln Vertrauensschutz zugunsten gutgläubiger Unternehmen gewährt werden (Rz. 9.69).

9.59 Das Prüfungsverfahren für neue Beihilfen i.S.d. Art. 1 Buchst. c VerfVO wird seitens der Kommission in bis zu zwei Phasen durchgeführt.[5] In der Vorprüfungsphase – in Art. 4 VerfVO als „**vorläufige Prüfung**" bezeichnet – stützt sich die Kommission auf die Angaben und Auskünfte des betroffenen Mitgliedstaates, um zu untersuchen, ob es sich bei der begünstigenden Maßnahme überhaupt um eine Beihilfe i.S.d. Art. 107 Abs. 1 AEUV handelt und ob diese ggf. nach Art. 107 Abs. 2, Abs. 3 AEUV mit dem Binnenmarkt vereinbar ist.[6] Gelangt die Kommission zu der Einschätzung, dass die Voraussetzungen des Art. 107 Abs. 1 AEUV nicht vorliegen, oder dass keine Bedenken hinsichtlich einer Ausnahme bzw. Genehmigungsfähigkeit nach Art. 107 Abs. 2, Abs. 3 AEUV bestehen, so stellt sie dies rechtsverbindlich in einer Entscheidung fest.[7] Anderenfalls muss sie das eigentliche, „förmliche" Prüfverfahren einleiten.[8] Ergeht keine solche Entscheidung innerhalb von 2 Monaten nach Eingang der vollständigen[9] Anmeldung der Beihilfe, so gilt diese gem. Art. 4 Abs. 5 u. 6 VerfVO als genehmigt und ist fortan als bestehende Beihilfe zu behandeln.[10] Sie kann dann grundsätzlich vom jeweiligen Mitgliedstaat auf der Basis dieser Fiktion durchgeführt werden, sofern dies der Kommission angezeigt wird.[11]

Das **förmliche Prüfungsverfahren** bezieht alle von der Entscheidung Betroffenen i.S.d. Art. 1 Buchst. h VerfVO ein; darüber hinaus evtl. auch weitere EU-Mitgliedstaaten oder Interessenverbände. Es bestehen sodann gem. Art. 9 VerfVO im Wesentlichen drei Möglichkeiten einer das Verfahren rechtsver-

---

1 S. *Frenz/Roth*, DStZ 2006, 465; *F. Kirchhof*, ZfZ 2006, 246.
2 Das Durchführungsverbot ist in Art. 3 VerfVO nochmals hervorgehoben worden.
3 Die irrtümliche Annahme des Vorliegens der Voraussetzungen der Gruppenfreistellungsverordnung hat keinen Einfluss auf die Geltung des Durchführungsverbotes, s. EuGH v. 5.3.2019 – C-349/17 – Eesti Pagar, ECLI:EU:C:2019:172 Rz. 86 f.
4 So auch *Sutter*, Das EG-Beihilfenverbot und sein Durchführungsverbot in Steuersachen, S. 162; *Rosenberg*, Das beihilferechtliche Durchführungsverbot im Steuerverfahren, S. 209 ff. m.w.N.
5 S. auch EuGH v. 24.5.2011 – C-83/09 P – Kommission/Kronoply und Kronotex, Slg. 2011, I-4441 Rz. 43 ff.; *Rosenberg*, Das beihilferechtliche Durchführungsverbot im Steuerverfahren, S. 121 ff.
6 Dazu eingehend *Wallenberg/Schütte* in G/H/N, Art. 108 AEUV Rz. 33 ff.; *Dobratz* in Musil/Weber-Grellet, Europäisches Steuerrecht, Art. 108 AEUV Rz. 65 ff.
7 S. Art. 4 Abs. 2 u. 3 VerfVO.
8 S. Art. 4 Abs. 4 VerfVO. S. auch EuGH v. 2.4.1998 – C-367/95 P – Kommission/Sytraval und Brink's France, Slg. 1998, I-1719 Rz. 39; EuG v. 23.10.2002 – T-269/99 u.a. – Diputación Foral de Guipúzcoa u.a./Kommission, Slg. 2002, II-4217 Rz. 45.
9 Wann die Anmeldung vollständig ist, wird häufig zwischen dem betreffenden Mitgliedstaat und der Kommission streitig sein; dabei muss der vorläufige Charakter der Vorprüfungsphase berücksichtigt werden. S. dazu näher EuGH v. 15.2.2001 – C-99/98 – Österreich/Kommission, Slg. 2001, I-1101 Rz. 53 ff.
10 S. auch schon EuGH v. 11.12.1972 – 120/73 – Lorenz GmbH/Bundesrepublik Deutschland u.a., Slg. 1973, 1471 Rz. 5.
11 Die Genehmigungsfiktion nach 2 Monaten ist vom EuGH vor Erlass der VerfVO bereits aus dem Primärrecht hergeleitet worden, s. EuGH v. 11.12.1972 – 120/73 – Lorenz GmbH/Bundesrepublik Deutschland u.a., Slg. 1973, 1471 Rz. 4.

bindlich abschließenden Entscheidung:[1] Es kann endgültig festgestellt werden, dass die betreffende Maßnahme keine Beihilfe darstellt; die Kommission kann die Maßnahme – ggf. in Verbindung mit Bedingungen und Auflagen – als mit dem Binnenmarkt vereinbare Beihilfe qualifizieren („*Positivbeschluss*"), oder aber als nicht binnenmarktkompatible Beihilfe („*Negativbeschluss*"). Letzterenfalls darf die Beihilfe, d.h. die steuerliche Entlastung nicht gewährt werden.

Bestehende Beihilfen unterliegen nach Art. 108 Abs. 1 AEUV der **fortlaufenden Kontrolle der Kommission** hinsichtlich ihrer Binnenmarktkompatibilität unter sich stetig verändernden wirtschaftlichen Rahmenbedingungen. Das betrifft in Deutschland insbesondere steuerliche Beihilfen, die in der Vergangenheit von der Kommission bzw. vom Rat genehmigt wurden bzw. die als genehmigt gelten. Verändert sich bei bestehenden Beihilfen wegen Veränderungen der rechtlichen oder wirtschaftlichen Rahmenbedingungen die Einschätzung hinsichtlich ihrer Vereinbarkeit mit dem Binnenmarkt, so dürfen sie ausweislich des Art. 108 Abs. 1 AEUV dessen ungeachtet weiter gewährt werden, solange die Kommission nicht ihre Vertragswidrigkeit festgestellt hat.[2] Letzterenfalls kann die Kommission nach Art. 23 Abs. 2 i.V.m. Art. 9 Abs. 5 VerfVO einen Negativbeschluss erlassen, sofern der betreffende Mitgliedstaat nicht von sich aus einer von der Kommission verlangten Änderung oder Abschaffung der Steuervergünstigung zustimmt. Erklärt sich der Mitgliedstaat zu einer Modifikation bereit, so kann ggf. im Hinblick darauf ein Positivbeschluss erfolgen.

9.60

Rechtsschutz gegenüber einem den Beihilfecharakter einer steuerlichen Maßnahme oder Regelung bejahenden Beschluss der Kommission kommt seitens der betroffenen Mitgliedstaaten und der durch die Beihilfe Begünstigten in erster Linie bei einem *Negativbeschluss* in Betracht.[3] Statthaft ist die Nichtigkeitsklage nach Art. 263 AEUV. Ohne weiteres klagebefugt ist gem. Art. 263 Abs. 2 AEUV jedoch nur der betroffene Mitgliedstaat. Steuerpflichtige, die von der in Rede stehenden Steuerentlastung profitiert haben oder die sie künftig in Anspruch nehmen wollen, können nach Art. 263 Abs. 4, 2. Alt. AEUV nur bei „unmittelbarer und individueller" Betroffenheit Klage vor dem EuG (vgl. Art. 256 Abs. 1 AEUV) erheben.[4] Eine hinreichende Betroffenheit ist anhand der sog. Plaumann-Formel des EuGH[5] zu beurteilen. Danach muss der EU-Rechtsakt den Kläger wegen bestimmter persönlicher Eigenschaften oder besonderer, ihn aus dem Kreis aller übrigen Personen heraushebender Umstände berühren und ihn daher in ähnlicher Weise individualisieren wie den eigentlichen Adressaten. Speziell im hier interessierenden Kontext eines Negativbeschlusses ist dies zum einen bei einer Entscheidung über Einzelbeihilfen i.S.d. Art. 1 Buchst. e VerfVO zu bejahen, d.h. soweit die Kommission über die Gewährung einer steuerlichen Entlastung an einen bestimmten Steuerpflichtigen entschieden hat. Zum anderen wird eine individuelle Klagebefugnis von der europäischen Rechtsprechung bei einem Kommissionsbeschluss betreffend allgemeine Beihilferegelungen i.S.d. Art. 1 Buchst. d VerfVO, d.h. insbesondere bei gesetzlich vor-

9.61

---

1 S. dazu auch eingehend *Sutter*, Das EG-Beihilfenverbot und sein Durchführungsverbot in Steuersachen, S. 153 ff.; *Wallenberg/Schütte* in G/H/N, Art. 108 AEUV Rz. 13 ff.
2 S. EuGH v. 18.7.2013 – C-6/12 – P Oy, ECLI:EU:C:2013:525 Rz. 36 u. 41 m.w.N. = ISR 2013, 291 m. Anm. *von Brocke/Wohlhöfler*; *Dobratz* in Musil/Weber-Grellet, Europäisches Steuerrecht, Art. 108 AEUV Rz. 24.
3 S. zum Rechtsschutz eingehend *Staebe*, Rechtsschutz bei gemeinschaftswidrigen Beihilfen vor europäischen und nationalen Gerichten; *Jestaedt/Schweda* in Heidenhain, Handbuch des Europäischen Beihilfenrechts, § 14 Rz. 95 f.; *Kühling/Rüchardt* in Streinz³, Art. 108 AEUV Rz. 56 ff.; *Linn*, IStR 2011, 481; *Wallenberg/Schütte* in G/H/N, Art. 108 AEUV Rz. 42 ff. und Rz. 67 f.
4 Eine Berufung auf die 3. Alternative des Art. 263 Abs. 4 AEUV – generelle Klagebefugnis gegen keiner weiteren Durchführung bedürfende Rechtsakte mit Verordnungscharakter – scheitert typischerweise daran, dass die Negativentscheidung erst noch von den nationalen Finanzbehörden umgesetzt werden muss, vgl. EuGH v. 19.12.2013 – C-274/12 P – Telefónica/Kommission, ECLI:EU:C:2013:852 Rz. 27 ff.; v. 6.11.2018 – C-622/16 P bis C-624/16 P – Scuola Elementare Maria Montessori, ECLI:EU:C:2018:873 Rz. 63 f. Kritisch *Jaeger*, EuZW 2019, 194 (198 f.).
5 EuGH v. 15.7.1963 – 25/62 – Plaumann/Kommission, Slg. 1963/00213 S. 238.

gesehenen Steuervergünstigungen,[1] (nur) insoweit bejaht, als sich die fragliche Regelung im Zeitpunkt des Erlasses des Negativbeschlusses bereits mindernd auf die Höhe der gesetzlichen Steuerschuld ausgewirkt hat. Das setzt nach jüngerer Rechtsprechung des EuGH nicht notwendig voraus, dass sich die beihilferechtswidrige Steuerentlastung bereits in einem Steuerbescheid niedergeschlagen hat. Es genügt vielmehr, dass sich die Entlastungsregelung schon im Vorfeld des angefochtenen Kommissionsbeschlusses auf die Höhe der tatbestandsmäßig verwirklichten Steuerschuld ausgewirkt hat. Am konkreten Beispiel der Sanierungsklausel des § 8c Abs. 1a KStG war dies nach Ansicht des EuGH in der Rechtssache *Heitkamp Bauholding* dann der Fall, als zunächst deren Voraussetzungen verwirklicht waren und sich sodann zum Schluss eines nachfolgenden Veranlagungszeitraums der infolgedessen fortbestehende Verlustvortrag auf die Höhe der entstandenen Körperschaftsteuerschuld auswirkte.[2] Demgegenüber reicht im Lichte der Entscheidungsgründe des vorerwähnten Urteils die bloße finanzbehördliche Zusicherung, dass die beihilferechtswidrige Steuerbegünstigung unter bestimmten tatsächlichen Voraussetzungen künftig beansprucht werden kann, für die Annahme einer hinreichend individuellen Betroffenheit nicht aus. Nach den restriktiven Maßstäben des EuGH hebt selbst die Verwirklichung des Begünstigungstatbestandes für sich genommen den Steuerpflichtigen noch nicht hinreichend aus dem Kreis der übrigen, lediglich potenziell Begünstigten heraus, solange noch nicht feststeht, dass sich die Steuerschuld des betreffenden Unternehmens tatsächlich mindert.[3] Steuerpflichtigen, die in diesem Sinne nur potentiell in den Genuss der Steuerentlastung gekommen wären – sei es aufgrund einer bereits realisierten oder infolge einer erst für die Zukunft geplanten Disposition – haben nur die Möglichkeit einer gegen ihre Versagung gerichteten Klage vor den nationalen Finanzgerichten.[4] Jedenfalls letztinstanzlich entscheidende Gerichte müssen dann bei Zweifeln an der Gültigkeit des Kommissionsbeschlusses den EuGH nach Art. 267 AEUV um eine Überprüfung ersuchen;[5] eine eigene Verwerfungsbefugnis kommt ihnen nicht zu.

Ein *Positivbeschluss* wiederum kann nur vom betroffenen Mitgliedstaat angefochten werden, der hierdurch insofern beschwert ist, als er (anders als bei der förmlichen Feststellung, dass der in Rede stehenden Maßnahme kein Beihilfecharakter zukommt) damit einer fortlaufenden Beihilfenkontrolle durch die Kommission unterliegt. Der einzelne Steuerpflichtige, dem eine solche als binnenmarktkompatible Beihilfe eingestufte Steuerbegünstigung gewährt wird, kann hiergegen schon mangels Rechtsschutzbedürfnis regelmäßig keine Klage erheben.[6]

---

1 Zur Abgrenzung von Einzelbeihilfen bei erst verwaltungsseitig gewährten bzw. konkretisierten Begünstigungen s. Kommissionsbeschluss v. 11.1.2016 C(2015) 9837 final („Belgian Excess Profit Scheme"), Rz. 94 ff. einerseits; und – restriktiver bzgl. der Annahme einer allgemeinen, keiner weiteren Umsetzung bedürfenden Regelung – EuG v. 14.2.2019 – T-131/16 und T-263/16 – Belgien und Magnetrol International/Kommission, ECLI:EU:T:2019:91 Rz. 75 ff. andererseits.
2 S. EuGH v. 28.6.2018 – C-203/16 P – Andres („Heitkamp Bauholding"), ECLI:EU:C:2018:505 Rz. 53 ff.; s. auch v. 28.6.2018 – C-219/16 P – Lowell Financial Services, ECLI:EU:C:2018:508 Rz. 52 ff.
3 S. EuGH v. 28.6.2018 – C-203/16 P – Andres („Heitkamp Bauholding"), ECLI:EU:C:2018:505 Rz. 53 ff., insbes. Rz. 58; a.A. *Krumm* in Europäisches Steuerrecht, DStJG 41 (2018), S. 561 (588 ff.), u.a. unter Verweis auf die (vom EuGH jedoch nachfolgend anders interpretierte) Begründung der erstinstanzlichen Entscheidung des EuG v. 4.2.2016 – T-287/11 – Heitkamp BauHolding, ECLI:EU:T:2016:60 Rz. 67 ff.
4 S. EuGH v. 19.10.2000 – C-15/98 und C-105/99 – Italien und Sardegna Lines/Kommission, Slg. 2000, I-8855 Rz. 33; v. 19.12.2013 – C-274/12 P – Telefónica/Kommission, ECLI:EU:C:2013:852 Rz. 49 u. 59; EuGH, Schlussanträge der Generalanwältin *Trstenjak* v. 16.12.2010 – C-71/09 P u.a. – Comitato „Venezia vuole vivere" u.a./Kommission, Slg. 2011, I-4727 Rz. 68. S. zu einem Sonderfall einer von vornherein individuell abgegrenzten Gruppe potentiell Begünstigter aber auch EuGH v. 27.2.2014 – C-133/12 P – Stichting Woonlinie u.a./Kommission, ECLI:EU:C:2014:105 Rz. 44 ff.
5 S. EuGH v. 6.12.2005 – C-461/03 – Gaston Schul Douane-Expediteur, Slg. 2005, I-10513 Rz. 12; v. 22.10.1987 – 314/85 – Foto-Frost/Hauptzollamt Lübeck-Ost, Slg. 1987, 4199 Rz. 11–16; *Wegener* in Calliess/Ruffert[5], Art. 267 AEUV Rz. 27; *Karpenstein* in G/H/N, Art. 267 AEUV Rz. 51.
6 **A.A.** *Kühling/Rüchardt* in Streinz[3], Art. 108 AEUV Rz. 60.

Hinweis: Hinsichtlich der **Rechtsschutzmöglichkeiten von Wettbewerbern** begünstigter Unternehmen wiederum ist zu unterscheiden:[1] Schließt die Kommission ihre vorläufige Prüfung mit dem Ergebnis ab, keine förmliche Prüfung einleiten zu wollen, so wird der Rechtsschutz hiergegen seitens der europäischen Gerichte relativ großzügig gehandhabt. Die Klagebefugnis für eine beim EuG anhängig zu machende Nichtigkeitsklage nach Art. 263 Abs. 4 AEUV ergibt sich in diesem Fall daraus, dass dem Konkurrenten infolgedessen die Wahrnehmung seiner erst im förmlichen Prüfungsverfahren bestehenden Beteiligtenrechte nach Art. 1 Buchst. h, Art. 6 Abs. 1 VerfVO abgeschnitten wird.[2] Hingegen wird die Klagebefugnis für Nichtigkeitsklagen gegen einen Positivbeschluss oder gegen die im förmlichen Verfahren getroffene Entscheidung, die Steuerentlastung nicht als Beihilfe zu qualifizieren, nur unter restriktiveren Voraussetzungen bejaht: Der klagewillige Wettbewerber muss zwar nach der jüngeren Rechtsprechung des Gerichtshofs keine individuelle Betroffenheit geltend machen, weil der Beschluss der Kommission als Rechtsakt mit Verordnungscharakter im Sinne des Art. 263 Abs. 4, 3. Alt. AEUV zu qualifizieren ist und nach Einschätzung des EuGH – anders als ein Negativbeschluss gegenüber (potenziell) Begünstigten – keine weiteren Durchführungsmaßnahmen nach sich zieht.[3] Die auch dann noch geforderte unmittelbare Betroffenheit ergibt sich aber nicht schon aus dem möglichen Vorliegen eines Wettbewerbsverhältnisses. Der Kläger hat vielmehr „stichhaltig [darzulegen], weshalb der Beschluss der Kommission geeignet ist, ihn in eine nachteilige Wettbewerbssituation zu versetzen und sich damit auf seine Rechtsstellung auszuwirken."[4] Davon ist insbes. auszugehen, wenn der Kläger und seine steuerlich (potenziell) begünstigten Konkurrenten vergleichbare Güter oder Dienstleistungen auf demselben räumlichen Markt anbieten.[5]

II. Durchsetzung des Durchführungsverbotes nach Art. 108 Abs. 3 Satz 3 AEUV

Gerade bei steuerlichen Vergünstigungen kommt es häufig vor, dass deren Beihilfecharakter vom nationalen Gesetzgeber verkannt wird oder dass bestehende Zweifel nicht zum Anlass für eine Notifizierung genommen werden, und dass infolgedessen die steuerliche Entlastung ohne Durchführung des der EU-Kommission obliegenden Prüfverfahrens gewährt wird. In diesem Fall kann die **Kommission** gem. Art. 12 VerfVO **von Amts wegen eine Untersuchung vornehmen**, wenn sie – etwa infolge der Beschwerde eines Wettbewerbers – Kenntnis von der betreffenden steuerlichen Regelung oder Maßnahme erhält. Dies kann dann ggf. zur Einleitung eines förmlichen Prüfverfahrens führen. Außerdem kann die Kommission im Wege einer **einstweiligen Anordnung** nach Art. 13 Abs. 1 VerfVO den Mitgliedstaat verpflichten, bis zu einer endgültigen Entscheidung der Kommission von einem weiteren Vollzug der Beihilfe abzusehen.[6] Sie hat diesbzgl. ein weites Ermessen, das vom EuG nur einer groben Verhältnismäßigkeitskontrolle unterzogen wird.[7] Für steuerentlastende Normen bedeutet eine solche Anordnung, dass die entsprechende steuergesetzliche Regelung vorläufig unanwendbar wird. Darüber hinaus kann die Kommission nach Art. 13 Abs. 2 VerfVO ausnahmsweise bei evidenten Verstößen gegen das Durch-

9.62

---

1 S. *Jaeger*, EuZW 2019, 194 (195 f.).
2 S. EuGH v. 22.12.2008 – C-487/06 P – British Aggregates/Kommission, Slg. 2008, I-10515 Rz. 28; v. 9.7.2009 – C-319/07 P – 3F/Kommission, Slg. 2009, I-5963 Rz. 31 f.; v. 24.5.2011 – C-83/09 P – Kommission/Kronoply und Kronotex, Slg. 2011 I-4441 Rz. 47 f.
3 S. EuGH v. 6.11.2018 – C-622/16 P bis C-624/16 P – Scuola Elementare Maria Montessori, ECLI:EU:C:2018:873 Rz. 22 ff. und 58 ff.
4 S. EuGH v. 6.11.2018 – C-622/16 P bis C-624/16 P – Scuola Elementare Maria Montessori, ECLI:EU:C:2018:873 Rz. 46 f.
5 Vgl. EuGH v. 6.11.2018 – C-622/16 P bis C-624/16 P – Scuola Elementare Maria Montessori, ECLI:EU:C:2018:873 Rz. 50. Stillschweigend aufgegeben hat der EuGH damit das in früheren Entscheidungen postulierte, tendenziell strengere Spürbarkeitserfordernis, s. dazu noch S. EuGH v. 28.1.1986 – 169/84 – Cofaz u.a./Kommission, Slg. 1986, 391 Rz. 22–25; v. 29.11.2007 – C-176/06 P – Stadtwerke Schwäbisch Hall u.a./Kommission, Slg. 2007, I-170 Rz. 24.
6 Exemplarisch Kommissionsbeschluss v. 17.7.2013, C(2013) 4399 final, Rz. 74. Zum Rechtsschutz hiergegen s. EuGH v. 30.6.1992 – C-312/90 – Spanien/Kommission, Slg. 1992, I-4117; EuG v. 20.9.2011 – T-394/08 u.a. – Regione autonoma della Sardegna u.a./Kommission, Slg. 2011, II-6255 Rz. 77 m.w.N.
7 S. EuG v. 25.4.2018 – T-554/15 and T-555/15 – Ungarn/Kommission, ECLI:EU:T:2018:220 Rz. 66 ff. und 94 ff.; gegen diese Entscheidung ist in der Rs. C-456/18 P ein Rechtsmittelverfahren beim EuGH anhängig.

führungsverbot in dringenden Fällen zur Abwendung schwerwiegender Wettbewerbsnachteile auch die *einstweilige*[1] *Rückforderung* der beihilfeverdächtigen steuerlichen Verschonungssubvention von den bisherigen Empfängern anordnen. Es gelten dann insoweit die allgemeinen Rückforderungsgrundsätze (Rz. 9.66).[2] Für Konkurrenten eines steuerlich privilegierten Unternehmens kommt angesichts dieser strengen Voraussetzungen für die Rückforderung der Beihilfe aber dem diesbzgl. Rechtsschutz durch nationale Gerichte größere praktische Bedeutung zu:

9.63 Anders als das Beihilfeverbot des Art. 107 Abs. 1 AEUV[3] ist das **Durchführungsverbot** des Art. 108 Abs. 3 Satz 3 AEUV **in den Mitgliedstaaten unmittelbar geltendes Recht**, das zudem subjektive Rechte Dritter zu begründen vermag.[4] Eine gesetzlich vorgesehene Steuervergünstigung darf daher von den Finanzbehörden nicht entgegen Art. 108 Abs. 3 Satz 3 AEUV gewährt werden; die ihr zugrunde liegende gesetzliche Regelung ist im Rahmen der Steuerfestsetzung *unanwendbar*.[5] Ist dies von der Finanzverwaltung nicht beachtet worden, kann sich ein hiervon nachteilig Betroffener auf das Durchführungsverbot berufen, um dessen Durchsetzung bei den nationalen Behörden und vor den nationalen Gerichten einzufordern. Antrags- bzw. klagebefugt sind damit insbesondere Konkurrenten eines begünstigten Unternehmens.[6] Erkennt die Finanzverwaltung nachträglich einen Verstoß gegen das Durchführungsverbot (an), hat sie auch ohne vorherige Gerichtsentscheidung die erforderlichen Maßnahmen zu ergreifen, um bereits gewährte Steuervergünstigungen – vorläufig – zurückzufordern.[7] Anderenfalls können betroffene Wettbewerber Klage vor dem zuständigen Finanzgericht erheben. Dabei hat der EuGH in ständiger Rechtsprechung klargestellt, dass insoweit regelmäßig nur eine **negative Konkurrentenklage**

---

1 Abschließende Entscheidungen über die Rückforderung allein wegen des Verstoßes gegen Notifizierungspflicht und Durchführungsverbot sind der Kommission untersagt, s. EuGH v. 14.2.1990 – C-301/87 – Frankreich/Kommission, Slg. 1990, I-307 Rz. 17–24; v. 21.3.1990 – C-142/87 – Belgien/Kommission, Slg. 1990, I-959 Rz. 15–19.
2 S. dazu näher *Koenig/Ghazarian* in Streinz³, Art. 108 AEUV Rz. 26; *Cremer* in Calliess/Ruffert⁵, Art. 108 AEUV Rz. 27, 28; *v. Wallenberg/Schütte* in G/H/N, Art. 108 AEUV Rz. 90, 91.
3 S. dazu grundlegend EuGH v. 22.3.1977 – 78/76 – Steinike und Weinlig, Slg. 1977, 595 Rz. 8; v. 8.11.2001 – C-143/99 – Adria-Wien Pipeline, Slg. 2001, I-8365 Rz. 30; v. 19.9.2000 – C-156/98 – Deutschland/Kommission, Slg. 2000, I-6857 Rz. 67; s. auch schon EuGH v. 15.7.1964 – 6/64 – Costa/E.N.E.L., Slg. 1964, 1253 (1273) speziell zu bestehenden Beihilfen.
4 Grundlegend – obschon nur als obiter dictum – EuGH v. 15.7.1964 – 6/64 – Costa/E.N.E.L., Slg. 1964, 1253 (1273); s. ferner etwa EuGH v. 11.12.1973 – 120/73 – Lorenz GmbH/Bundesrepublik Deutschland u.a., Slg. 1973, 1471 Rz. 8; v. 21.11.1991 – C-354/90 – FCNE u.a./Frankreich, Slg. 1991, I-5505 Rz. 11; v. 8.11.2001 – C-143/99 – Adria-Wien Pipeline, Slg. 2001, I-8365 Rz. 26; v. 3.3.2005 – C-172/03 – Heiser, Slg. 2005, I-1627 Rz. 59; v. 1.12.2005 – C-394/04 – Air Liquide Industries Belgium, Slg. 2005, I-10373 Rz. 40; v. 8.12.2011 – C-81/10 – France Télécom/Kommission, Slg. 2011, I-12899 Rz. 18, 27; v. 21.11.2013 – C-284/12 – Deutsche Lufthansa, ECLI:EU:C:2013:755 Rz. 29; v. 5.3.2019 – C-349/17 – Eesti Pagar, ECLI:EU:C:2019:172 Rz. 88. Auf die engeren Voraussetzungen der traditionellen deutschen Schutznormtheorie (s. *Wahl* in Schoch/Schmidt-Aßmann/Pietzner, § 43 VwGO Rz. 94 ff.) kommt es insoweit nicht an. S. zur Begründung subjektiver Rechte und zum Kreis der klagebefugten Konkurrenten eingehend *Geburtig*, Konkurrentenrechtsschutz aus Art. 88 Abs. 3 Satz 3 EGV, S. 144 ff.
5 S. zur Unanwendbarkeit EuGH v. 11.12.1973 – 120/73 – Lorenz GmbH/Bundesrepublik Deutschland, Slg. 1973, 1471 Rz. 7 ff.; v. 8.11.2011 – C-143/99 – Adria-Wien Pipeline, Slg. 2001, I-8365 Rz. 25 ff.; unter Verweis auf EuGH v. 21.11.1991 – C-354/90 – Fédération nationale u.a./Frankreich, Slg. 1991, I-5505 Rz. 10 ff.; v. 16.12.2010 – C-239/09 – Seydaland, Slg. 2010, I-13083 Rz. 52; *Sutter*, Das EG-Beihilfenverbot und sein Durchführungsverbot in Steuersachen, S. 216 ff.; *Lang*, Die Auswirkungen des gemeinschaftsrechtlichen Beihilferechts auf das Steuerrecht, S. 68; *Geisenberger*, Der Einfluss des Europarechts auf steuerliches Verfahrensrecht, 2010, S. 50; *Bode*, FR 2011, 1034 (1037); *Krumm* in Europäisches Steuerrecht, DStJG 41 (2018), S. 561 (567), m.w.N. Einschränkend hinsichtlich der Nichtanwendung schon im Vorfeld einer gerichtlichen Anordnung *Rosenberg*, Das beihilferechtliche Durchführungsverbot im Steuerverfahren, S. 264 ff.; sowie allgemein *v. Danwitz*, Verwaltungsrechtliches System und Europäische Integration, 1996, S. 209 ff. **A.A.** *Hey*, StuW 2010, 301 (309 f.).
6 Dazu näher *Paterno*, Bulletin for International Taxation 2011, 343 (344 f.).
7 S. EuGH v. 5.3.2019 – C-349/17 – Eesti Pagar, ECLI:EU:C:2019:172 Rz. 90 ff.

in Betracht kommt.¹ Die Kommission hat zu Einzelfragen dieses Verfahrens eine Art Merkblatt in Gestalt der – rechtlich unverbindlichen – *„Bekanntmachung über die Durchsetzung des Beihilfenrechts durch die einzelstaatlichen Gerichte"* verfasst. Dort stellt sie u.a. zutreffend fest, dass die Konkurrentenklage grundsätzlich nur auf die Aufhebung bzw. Änderung eines die Steuerbegünstigung gewährenden bzw. berücksichtigenden Steuerbescheids sowie auf die – vorläufige oder endgültige – Rückforderung der Steuerentlastung gerichtet sein kann.² Im Wege vorbeugenden Rechtsschutzes kommt es außerdem in Betracht, auf Antrag eines Wettbewerbers die Anwendung der nicht notifizierten oder vor Abschluss des Beihilfekontrollverfahrens in Kraft getretenen Steuerbegünstigung vorläufig zu untersagen.³ Ausgeschlossen ist hingegen grundsätzlich eine positive Konkurrentenklage auf Gleichstellung mit dem steuerlich privilegierten Wettbewerber, weil dadurch der mit der Steuerbegünstigung verbundene Verstoß gegen das Beihilfeverbot noch vertieft würde.⁴ Eine Ausnahme hiervon kommt bei steuerlichen Beihilfen nur ausnahmsweise in Betracht, wenn es um die Aufhebung einer beihilferechtswidrigen Sonderbelastung (Rz. 9.14) geht.⁵

Im Verfahren der negativen Konkurrentenklage ist **materiell-rechtlicher Prüfungsmaßstab** entsprechend Art. 108 Abs. 3 Satz 3 AEUV das folgende Raster: Erstens ist zu klären, ob die angegriffene Steuerbegünstigung eine Beihilfe i.S.d. Art. 107 Abs. 1 AEUV darstellt.⁶ Dabei ist auch die De-minimis-Verordnung (Rz. 9.46) zu berücksichtigen, und zwar bezogen auf den konkreten Beklagten.⁷ Bejahendenfalls ist zweitens zu untersuchen, ob die Steuerbegünstigung unter Verstoß gegen eine Notifizierungspflicht nach Art. 108 Abs. 3 Satz 1 AEUV in Kraft getreten ist bzw. bevor die Kommission das erforderliche Prüfverfahren abgeschlossen hat. Das erfordert zunächst die Klärung, ob die Beihilfe neu eingeführt wurde, d.h. keine bestehende Beihilfe i.S.d. Art. 1 Buchst. b VerfVO ist. Kommt die Anwendbarkeit einer das Durchführungsverbot suspendierenden Gruppenfreistellungsverordnung in Betracht, muss das nationale Gericht außerdem auch dahingehende Feststellungen treffen. Im Zuge ihrer Überprüfung haben die nationalen Gerichte die Befugnis und auch die Verpflichtung, den Beihilfenbegriff

9.64

---

1 S. dazu und zu einem etwaigen vorgeschalteten Auskunftsbegehren auch *Englisch*, StuW 2008, 43; *Bode*, FR 2011, 1034 (1041 ff.).
2 S. dazu auch EuGH v. 8.11.2001 – C-143/99 – Adria-Wien Pipeline, Slg. 2001, I-8365 Rz. 27; EuGH, Schlussanträge der Generalanwältin *Kokott* v. 2.7.2009 – C-169/08 – Regione Sardegna, Slg. 2009, I-10821 Rz. 122. S. zu den zeitlichen Grenzen der Anfechtbarkeit des die Begünstigung gewährenden Steuerbescheids *Geburtig*, Konkurrentenrechtsschutz aus Art. 88 Abs. 3 Satz 3 EGV, S. 62 ff.
3 S. dazu die Bekanntmachung der Kommission über die Durchsetzung des Beihilfenrechts durch die einzelstaatlichen Gerichte, (2009/C 85/01), ABl. EU 2009 Nr. C 85, 1, Tz. 21 u. 26; vgl. auch EuGH v. 26.10.2016 – C-590/14 P – DEI, ECLI:EU:C:2016:797 Rz. 101. Kritisch zur Gefahr einer Divergenz der Gerichtsentscheidung und der späteren Kommissionsentscheidung *Rosenberg*, Das beihilferechtliche Durchführungsverbot im Steuerverfahren, S. 147 ff.
4 S. EuGH v. 15.6.2006 – C-393/04 u.a. – Air Liquide Industries Belgium, Slg. 2006, I-5293 Rz. 43 ff.; v. 5.10.2006 – C-368/04 – Transalpine Ölleitung, Slg. 2006, I-9957 Rz. 49 ff. Ebenso die Bekanntmachung der Kommission über die Durchsetzung des Beihilfenrechts durch die einzelstaatlichen Gerichte (2009/C 85/01), ABl. EU 2009 Nr. C 85, 1, Tz. 75. So i.E. auch BFH v. 7.8.2012 – VII R 35/11, BFH/NV 2013, 382 (384); *Bode*, FR 2011, 1034 (1043).
5 S. EuGH v. 22.11.2001 – C-53/00 – Ferring, Slg. 2001, I-9067 Rz. 23 ff.; v. 7.9.2006 – C-526/04 – Laboratoires Boiron, Slg. 2006, I-7529 Rz. 36; andeutungsweise auch EuGH v. 14.4.2005 – C-128/03 u. C-129/03 – AEM SpA, Slg. 2005, I-2861 Rz. 40–43; noch offen gelassen in EuGH v. 29.4.2004 – C-308/01 – GIL Insurance u.a., Slg. 2004, I-4777 Rz. 50. S. auch *Bartosch*, BB 2016, 855 (856).
6 S. dazu EuGH v. 5.10.2006 – C-368/04 – Transalpine Ölleitung, Slg. 2006, I-9957 Rz. 39. S. ferner EuGH v. 21.11.2013 – C-284/12 – Deutsche Lufthansa, ECLI:EU:C:2013:755 Rz. 34 ff.; wo der EuGH auch eine grds. Bindungswirkung des nationalen Gerichts an eine den Beihilfecharakter der Maßnahme bejahenden Entscheidung der Kommission betreffend die Eröffnung des förmlichen Prüfverfahrens (Rz. 9.59) annimmt. Dazu kritisch und relativierend *Traupel*, EWS 2014, 1; indes bestätigt durch EuGH v. 4.4.2014 – C-27/13 – Flughafen Lübeck/Air Berlin, ECLI:EU:C:2014:240 Rz. 20 ff.; v. 26.10.2016 – C-590/14 P – DEI, ECLI:EU:C:2016:797 Rz. 105.
7 Vgl. EuGH v. 27.6.2017 – C-74/16 – Congregación de Escuelas Pías Provincia Betania, ECLI:EU:C:2017:496 Rz. 82.

der Art. 107 Abs. 1, 108 AEUV auszulegen.¹ Bei Zweifeln hinsichtlich der Beihilfequalität der Steuerentlastung oder auch bezüglich der Voraussetzungen für eine Gruppenfreistellung können die Finanzgerichte und muss der BFH den EuGH nach Art. 267 AEUV um Auslegung der einschlägigen unionsrechtlichen Bestimmungen ersuchen.² Dessen ungeachtet können insbesondere die erstinstanzlich mit dem Rechtsstreit befassten Finanzgerichte auch die Kommission um eine – rechtlich nicht bindende – Stellungnahme zu diesen Rechtsfragen ersuchen.³ Auf die mögliche Vereinbarkeit der Beihilfe mit dem Binnenmarkt nach Art. 107 Abs. 2 oder Abs. 3 AEUV kommt es hingegen nicht an, weil dieser Aspekt das Durchführungsverbot nicht tangiert; im Übrigen ist das nationale Gericht zu dahingehenden Feststellungen auch nicht befugt.⁴ Vertrauensschutz schließlich ist nach Ansicht des EuGH nur ausnahmsweise nach strengen – unionsrechtlichen – Maßstäben anzuerkennen (Rz. 9.69).

9.65 Hält das nationale Gericht die auf Art. 108 Abs. 3 Satz 3 AEUV gestützte Konkurrentenklage im Falle einer bereits beanspruchten Steuerbegünstigung für begründet, so muss die Finanzverwaltung das Subventionsäquivalent der steuerlichen Begünstigung vorläufig zurückfordern. Es ist dazu i.S.d. § 165 Abs. 1 AO *vorläufig* bis zu einer abschließenden Entscheidung der Kommission *die Regelsteuerbelastung herzustellen*,⁵ in der Regel durch eine dahingehende Änderung eines an den Begünstigten adressierten Steuerbescheids. Hiervon ist nur dann grds. abzusehen, wenn Festsetzungsverjährung eingetreten ist.⁶ Darüber hinaus muss das Gericht anordnen, den aus der vorzeitigen Inanspruchnahme der steuerlichen Begünstigung erwachsenen Zinsvorteil beim Begünstigten zu revidieren.⁷ Verstöße gegen das Durchführungsverbot werden nicht durch einen späteren Positivbeschluss der Kommission geheilt, wonach die steuerliche Beihilfe mit dem Binnenmarkt vereinbar ist.⁸ Allerdings ist dann lediglich der Zinsvorteil abzuschöpfen.⁹ Dies hat die Finanzbehörde auch bei keiner Drittanfechtung unterliegenden Steuerbescheiden von Amts wegen zu veranlassen.

---

1 S. EuGH v. 22.3.1977 – 78/76 – Steinike & Weinlig, Slg. 1977, 595 Rz. 14; v. 5.10.2006 – C-368/04 – Transalpine Ölleitung, Slg. 2006, I-9957 Rz. 39; Bekanntmachung der Kommission über die Durchsetzung des Beihilfenrechts durch die einzelstaatlichen Gerichte, (2009/C 85/01), ABl. EU 2009 Nr. C 85, 1, Tz. 10 u. 16.
2 S. EuGH v. 21.11.2013 – C-284/12 – Deutsche Lufthansa, ECLI:EU:C:2013:755 Rz. 44; *Bode*, FR 2011, 1034 (1040).
3 S. die Bekanntmachung der Kommission über die Durchsetzung des Beihilfenrechts durch die einzelstaatlichen Gerichte (2009/C 85/01), ABl. EU 2009 Nr. C 85, 1, Tz. 13 u. 18 sowie zum Verfahrensablauf Tz. 89 ff.; sowie Rz. 93 zur mangelnden Rechtsverbindlichkeit einer Stellungnahme.
4 S. EuGH v. 12.2.2008 – C-199/06 – CELF, Slg. 2008, I-469 Rz. 38 f.; v. 18.7.2013 – C-6/12 – P Oy, ECLI:EU:C:2013:525 – Rz. 38 m.w.N. = ISR 2013, 291 m. Anm. *von Brocke/Wohlhöfler*; v. 26.10.2016 – C-590/14 P – DEI, ECLI:EU:C:2016:797, Rz. 96. S. auch EuGH, Schlussanträge der Generalanwältin *Kokott*, v. 2.7.2009 – C-169/08 – Regione Sardegna, Slg. 2009, I-10821 Rz. 119; sowie die Bekanntmachung der Kommission über die Durchsetzung des Beihilfenrechts durch die einzelstaatlichen Gerichte (2009/C 85/01), ABl. EU 2009 Nr. C 85, 1, Tz. 20 u. 92.
5 Näher *Lang*, Die Auswirkungen des gemeinschaftsrechtlichen Beihilferechts auf das Steuerrecht, S. 71.
6 Vgl. EuGH v. 5.3.2019 – C-349/17 – Eesti Pagar, ECLI:EU:C:2019:172 Rz. 107 ff.
7 S. EuGH v. 12.2.2008 – C-199/06 – CELF, Slg. 2008, I-469 Rz. 52 ff. Zu den Einzelheiten der Berechnung des Zinsvorteils s. die Bekanntmachung der Kommission über die Durchsetzung des Beihilfenrechts durch die einzelstaatlichen Gerichte (2009/C 85/01), ABl. EU 2009 Nr. C 85, 1, Tz. 41.
8 S. EuGH v. 5.10.2006 – C-368/04 – Transalpine Ölleitung, Slg. 2006, I-9957 Rz. 41 und 54; *Rosenberg*, Das beihilferechtliche Durchführungsverbot im Steuerverfahren, S. 133 ff.
9 S. EuGH v. 12.2.2008 – C-199/06 – CELF, Slg. 2008, I-469 Rz. 51 ff.; *Gundel*, EWS 2008, 161; *Paterno*, Bulletin for International Taxation 2011, 343 (347); *Martini*, StuW 2017, 101 (103).

G. Rückforderung beihilferechtswidriger Steuervergünstigungen

Erlässt die Kommission einen Negativbeschluss (Rz. 9.59), so ist „die Aufhebung einer rechtswidrigen Beihilfe durch Rückforderung die logische Folge der Feststellung ihrer Rechtswidrigkeit"[1]. Die Kommission wird daher gem. Art. 16 Abs. 1 VerfVO regelmäßig einen **Rückforderungsbeschluss** erlassen, soweit eine für beihilferechtswidrig erachtete steuerliche Vergünstigung bereits von einzelnen Steuerpflichtigen in Anspruch genommen werden konnte. Es ist dann seitens der nationalen Finanzverwaltung **nachträglich die „Normalbelastung"** herzustellen, d.h. es sind Steuern in entsprechender Höhe nachzuerheben.[2] Dagegen lässt sich nicht einwenden, eine solche rückwirkende Auferlegung steuerlicher Belastungen widerspreche mangels steuergesetzlicher Grundlage dem steuerrechtlichen Legalitätsprinzip.[3] Zum einen kommt als rechtliche Grundlage für die Nachbelastung im Falle eines Verstoßes gegen Art. 108 Abs. 3 Satz 3 AEUV vielfach schon der Regeltatbestand in Betracht, falls die steuerliche Begünstigung tatbestandstechnisch die Form einer Ausnahmebestimmung angenommen hat. Zum anderen ist jedenfalls das über Art. 108 Abs. 3 Satz 3 AEUV effektuierte Beihilfenverbot Art. 107 Abs. 1 AEUV selbst als hinlängliche Rechtsgrundlage anzusehen, insoweit vergleichbar einer Auferlegung von steuerlichen Lasten aufgrund des unionsrechtlichen Missbrauchsverbots (vgl. Rz. 13.17 ff.). Soweit der Gesetzesvorbehalt auch der Steuerplanungssicherheit der Steuerpflichtigen dient und Art. 107 Abs. 1 AEUV demgegenüber einen geringeren Grad an Bestimmtheit aufweist, ist dem über eine angemessene Gewährung von Vertrauensschutz Rechnung zu tragen (Rz. 9.69 f.).

9.66

Darüber hinaus sind **Zinsen** für die schon gezogenen geldwerten Vorteile zu erheben.[4] Besteht die Beihilfe lediglich in einer Steuerstundung, so beschränkt sich die Rückforderung auf die Anordnung einer nachträglichen Entrichtung derjenigen Zinsen, die der Steuerpflichtige nach den marktüblichen Sätzen hätte entrichten müssen.[5]

Der Rückforderungsanordnung ist grundsätzlich unverzüglich, jedenfalls innerhalb der von der Kommission gesetzten Frist Folge zu leisten.[6] Die vorstehenden Ausführungen gelten allerdings uneingeschränkt nur für neue Beihilfen i.S.d. Art. 108 Abs. 3 Satz 1 AEUV. Bereits bestehende Beihilfen (Rz. 9.57), die im Zuge einer fortlaufenden Überprüfung für rechtswidrig erachtet wurden, sind nur ex nunc vom Zeitpunkt des Kommissionsbeschlusses an rückgängig zu machen, sofern sie auch noch danach gewährt wurden.[7]

Der Rückforderungsbeschluss ist ein solcher i.S.d. Art. 108 Abs. 2 Satz 1, Art. 288 Abs. 4 AEUV und somit gegenüber dem Mitgliedstaat verbindlich. Dieser hat ihn ausweislich des Art. 16 Abs. 3 VerfVO entsprechend dem Prinzip der mitgliedstaatlichen Verfahrensautonomie grundsätzlich **nach Maßgabe**

9.67

---

1 EuGH v. 21.3.1990 – C-142/87 – Belgien/Kommission, Slg. 1990, I-959 Rz. 66; v. 10.6.1993 – C-183/91 – Kommission/Griechenland, Slg. 1993, I-3131 Rz. 16; v. 22.12.2010 – C-507/08 – Kommission/Slowakei, Slg. 2010, I-13489 Rz. 42 m.w.N.; v. 9.6.2011 – C-71/09 P u.a. – Comitato „Venezia vuole vivere" u.a./Kommission, Slg. 2011, I-4727 Rz. 181; v. 24.1.2013 – C-529/09 – Kommission/Spanien, ECLI:EU:C:2013:31 Rz. 90; v. 21.12.2016 – C-164/15 P und C-165/15 P – Aer Lingus und Ryanair, ECLI:EU:C:2016:990 Rz. 116.
2 S. EuGH v. 21.12.2016 – C-164/15 P und C-165/15 P – Aer Lingus und Ryanair, ECLI:EU:C:2016:990 Rz. 95; *Rossi-Maccanico*, EC Tax Review 2015, 63 (75).
3 So aber *Kokott* in Europäisches Steuerrecht, DStJG 41 (2018), S. 535 (556 f.). Wie hier ablehnend EuGH v. 21.12.2016 – C-164/15 P und C-165/15 P, Aer Lingus und Ryanair, ECLI:EU:C:2016:990 Rz. 114; vgl. auch *Luja*, BTR 2015, 379 (383).
4 S. Art. 14 Abs. 2 VO 659/1999 i.V.m. Kapitel 5 VO 794/2004; s. auch EuGH v. 21.12.2016 – C-164/15 P und C-165/15 P – Aer Lingus und Ryanair, ECLI:EU:C:2016:990 Rz. 90.
5 S. EuG v. 22.1.2013 – T-308/00 RENV – Salzgitter, EU:T:2013:30 Rz. 139.
6 S. dazu statt aller EuGH v. 1.3.2012 – C-354/10 – Kommission/Griechenland, ECLI:EU:C:2012:109 Rz. 57 ff. m.w.N.
7 S. EuGH v. 30.6.1992 – C-47/91 – Italien/Kommission, Slg. 1992, I-4145 Rz. 25; v. 15.3.1994 – C-387/92 – Banco Exterior de Espana, Slg. 1994, I-877 Rz. 20 f.

seines **nationalen Verfahrensrechts umzusetzen**. Zur Wahrung des unionsrechtlichen *Effektivitätsprinzips* (Rz. 12.47)[1] stellt Art. 16 Abs. 3 VerfVO die nationale Verfahrensautonomie aber unter den Vorbehalt, dass das nationale Verfahrensrecht die sofortige und tatsächliche Vollstreckung der Kommissionsentscheidung ermöglichen muss. Die Kommission hat hierzu im Jahr 2007 eine noch immer gültige *Leitlinie* erlassen, die für nationale Behörden unbeschadet ihres Mangels an Rechtsverbindlichkeit eine gewisse Orientierungsfunktion entfalten soll und sich wesentlich auf die bis dahin ergangene, einschlägige EuGH-Rechtsprechung stützt.[2] Die Durchsetzung des Rückforderungsanspruchs setzt im Steuerrecht regelmäßig die vorherige Aufhebung bzw. Änderung des Steuerbescheids voraus, in dem sich die beihilferechtlich beanstandete Steuerrechtsnorm ausgewirkt hat.[3] Hierfür gelten in erster Linie die *Korrekturvorschriften der § 164 Abs. 2, § 165 Abs. 2 AO sowie der §§ 172 ff. AO*.[4] Soweit diese Vorschriften keine Änderung ermöglichen,[5] muss der betreffende Steuerbescheid aber zwecks Wahrung der Anforderungen des Art. 16 Abs. 3 VerfVO auch unbeschadet der in § 172 Abs. 1 Nr. 1 Buchst. d Halbs. 2 AO vorgesehenen Beschränkungen als abänderbar erachtet werden.[6] Rechtsgrundlage für eine Änderung ist dann § 130 Abs. 1 AO;[7] § 130 Abs. 2 und 3 AO sind ebenfalls unanwendbar, soweit sie einer Rückforderung entgegenstehen.[8] Auch eine etwaige Festsetzungsverjährung nach § 169 AO kann der Rückforderung einer unionsrechtswidrigen steuerlichen Beihilfe grundsätzlich nicht entgegengehalten werden.[9] Dies folgt insbesondere auch aus Art. 16 Abs. 3 VerfVO, wonach die mitgliedstaatlichen Verfahrensvorschriften nur insoweit anwendbar sind, als hierdurch die sofortige und wirksame Vollstreckung der Rückforderungsentscheidung der Kommission ermöglicht wird. Maßgeblich ist stattdes-

---

1 Zur nur deklaratorischen Natur des Art. 16 Abs. 3 VerfVO s. EuGH v. 11.9.2014 – C-527/12 – Kommission/Deutschland, ECLI:EU:C:2014:2193 Rz. 38-41.
2 S. Bekanntmachung der Kommission v. 15.11.2007, Rechtswidrige und mit dem Gemeinsamen Markt unvereinbare staatliche Beihilfen: Gewährleistung der Umsetzung von Rückforderungsentscheidungen der Kommission in den Mitgliedstaaten (2007/C 272/05).
3 Dazu eingehend *Drüen* in Tipke/Kruse, § 37 AO Rz. 33 ff. m.w.N.
4 S. dazu BFH v. 16.9.2010 – V R 57/09, BStBl. II 2011, 151; *Gosch*, DStR 2004, 1988 (1989 f.); *Lehnert*, Die Korrektur von gemeinschaftsrechtswidrigen Beihilfen in Form von Steuervergünstigungen, S. 159 ff.; *Geisenberger*, Der Einfluss des Europarechts auf steuerliches Verfahrensrecht, S. 100 ff.
5 Anders aber *Geisenberger*, Der Einfluss des Europarechts auf steuerliches Verfahrensrecht, S. 135 ff.: stets Korrektur nach § 175 Abs. 1 AO möglich; ebenso *Lehnert*, Die Korrektur von gemeinschaftswidrigen Beihilfen in Form von Steuervergünstigungen, S. 196; sowie *Härtwig*, ISR 2019, 17 (22): (nur) nach § 175 Abs. 1 Satz 1 Nr. 1 AO. Dagegen zutreffend *Jansen*, Vorgaben des europäischen Beihilferechts für das nationale Steuerrecht, S. 174 f.; *Linn*, IStR 2008, 601 (607); *Krumm* in Europäisches Steuerrecht, DStJG 41 (2018), S. 561 (594 f.).
6 S. beispielsweise EuGH v. 5.10.2006 – C-368/04 – Transalpine Ölleitung, Slg. 2006, I-9957 Rz. 44; v. 20.9.2007 – C-177/06 – Kommission/Spanien, Slg. 2007, I-7689 Rz. 45, 53; v. 15.12.2005 – C-148/04 – Unicredito Italiano, Slg. 2005, I-11137 Rz. 103 u. 123. S. auch die Bekanntmachung der Kommission über die Durchsetzung des Beihilfenrechts durch die einzelstaatlichen Gerichte (2009/C 85/01), ABl. EU 2009 Nr. C 85, 1, Tz. 22. **A.A.** *Jansen*, Vorgaben des europäischen Beihilferechts für das nationale Steuerrecht, S. 175 f.
7 So i.E. auch *Jahndorf/Oellerich*, DB 2008, 2559 (2565); *Reich*, in Kube/Reimer, Das Beihilfenrecht als Innovationsmotor des Steuerrechts, S. 220 (226); a.A. mit je unterschiedlichen Lösungsansätzen *Lehnert*, Die Korrektur von gemeinschaftsrechtswidrigen Beihilfen in Form von Steuervergünstigungen, 2009, S. 161 ff.; *Geisenberger*, Der Einfluss des Europarechts auf steuerliches Verfahrensrecht, 2010, S. 98; *Grube*, Der Einfluss des unionsrechtlichen Beihilfeverbots auf das deutsche Steuerrecht, 2014, S. 75; vermittelnd *Krumm* in Europäisches Steuerrecht, DStJG 41 (2018), S. 561 (603): mit „Wohlwollen" entsprechende Anwendung von § 130 AO oder von § 175 Abs. 1 Satz 1 Nr. 1 AO.
8 Vgl. entsprechend zu § 48 VwVfG BVerwG, NJW 1995, 703; *Cremer* in Calliess/Ruffert[5], Art. 108 AEUV Rz. 28; *Sachs* in Stelkens/Bonk/Sachs[8], § 48 VwVfG Rz. 261-289.
9 S. BFH v. 30.1.2009 – VII B 180/08, BFHE 224, 372 (377 f.); s. dazu auch BVerfG v. 17.2.2000 – 2 BvR 1210/98, IStR 2000, 253; *Martini*, StuW 2017, 101 (105). Zur abweichenden Rechtslage bei der bloß vorläufigen Rückforderung durch nationale Stellen s. Rz. 9.65; zur Durchbrechung der Rechtskraft gerichtlicher Entscheidungen s. *Dobratz* in Musil/Weber-Grellet, Europäisches Steuerrecht, Art. 108 AEUV Rz. 79 m.w.N.

sen Art. 15 VerfVO.¹ Geht es allerdings um die Rückforderung nur mittelbarer bzw. indirekter Vorteile, die nicht stoffgleich sind mit der steuerlichen Entlastungswirkung des hierfür verantwortlichen Begünstigungstatbestandes (Rz. 9.21 u. 9.30), muss dies im Wege eines unmittelbar unionsrechtlich begründeten Folgenbeseitigungsanspruchs geltend gemacht werden. Im Übrigen kann sich ein Mitgliedstaat nur ganz ausnahmsweise auf die *faktische Unmöglichkeit des Vollzugs* des Rückforderungsbeschlusses berufen; administrative oder politische Schwierigkeiten genügen hierfür nicht.²

Die nationalen Behörden haben anhand der **Umstände des Einzelfalles** zu prüfen, welche Konsequenzen sich aus einer Rückforderungsentscheidung der Kommission konkret für jedes einzelne derjenigen Unternehmen ergeben, die bereits von der für unionsrechtswidrig erachteten Steuerentlastung profitiert haben. Soweit die Kommission eine steuergesetzliche Regelung – wie regelmäßig – nur abstrakt aufgrund ihrer potentiell negativen Auswirkungen auf den Wettbewerb im Binnenmarkt und den innergemeinschaftlichen Handel überprüft hat, muss folglich noch für den jeweiligen Beihilfeempfänger festgestellt werden, ob diese Voraussetzungen des Art. 107 Abs. 1 AEUV auch im individuellen Fall vorliegen. Nur dann ist die Steuervergünstigung beim betreffenden Steuerpflichtigen zu revidieren.³ Dasselbe gilt auch hinsichtlich des *Überschreitens der Bagatellschwelle* nach der De-Minimis-Verordnung (Rz. 9.46).⁴ Demgegenüber sind Feststellungen der Kommission zur Selektivität des gewährten Vorteils regelmäßig allgemeingültig und daher nicht mehr erneut für den jeweiligen Einzelfall zu verifizieren.⁵

9.68

Davon abgesehen ist generell zu beachten, dass steuerliche Beihilfen in Gestalt von gesetzlichen Steuervergünstigungen nur vom tatsächlich Begünstigten zurückzufordern sind und nur soweit sie ihm verbotene Vorteile i.S.d. Art. 107 Abs. 1 AEUV verschafft haben. Insbesondere bei den auf Überwälzung angelegten indirekten Steuern kann entgegen der Auffassung von EuG und EuGH⁶ nicht ohne weiteres unterstellt werden, dass Steuerentlastungen (vollumfänglich) dem Steuerschuldner zugute kamen.⁷ Vielmehr muss hier wie auch sonst bei indirekten Begünstigungswirkungen (Rz. 9.21) der dem Unternehmer erwachsene wirtschaftliche Vorteil für jeden Einzelfall und erforderlichenfalls schät-

---

1 Dazu näher *Krumm* in Europäisches Steuerrecht, DStJG 41 (2018), S. 561 (587).
2 S. etwa EuGH v. 22.12.2010 – C-507/08 – Kommission/Slowakei, Slg. 2010, I-13489 Rz. 43; v. 2.7.2002 – C-499/99 – Kommission/Spanien, Slg. 2002, I-6031 Rz. 38; v. 12.12.2002 – C-209/00 – Kommission/Deutschland, Slg. 2002, I-11695 Rz. 70; v. 6.11.2018 – C-622/16 P bis C-624/16 P – Scuola Elementare Maria Montessori, ECLI:EU:C:2018:873 Rz. 90 ff. Zu einem seltenen Ausnahmefall s. Kommissionsbeschluss v. 19.12.2012, C(2012) 9461 final, Rz. 197. S. ferner *Wallenberg/Schütte* in G/H/N, Art. 108 AEUV Rz. 100.
3 S. EuGH v. 9.6.2011 – C-71/09 P u.a. – Comitato „Venezia vuole vivere" u.a./Kommission, Slg. 2011, I-4727 Rz. 63 f. u. 114 f.; s. auch EuGH, Schlussanträge der Generalanwältin *Trstenjak* v. 16.12.2010 – C-71/09 P u.a. – Comitato „Venezia vuole vivere" u.a./Kommission, Slg. 2011, I-4727 Rz. 195 f.
4 S. EuGH v. 27.6.2017 – C-74/16 – Congregación de Escuelas Pías Provincia Betania, ECLI:EU:C:2017:496 Rz. 82; Bekanntmachung der Kommission v. 15.11.2007, Rechtswidrige und mit dem Gemeinsamen Markt unvereinbare staatliche Beihilfen: Gewährleistung der Umsetzung von Rückforderungsentscheidungen der Kommission in den Mitgliedstaaten (2007/C 272/05), Tz. 49; *Krumm* in Europäisches Steuerrecht, DStJG 41 (2018), S. 561 (570 f.); einschränkend *Glatz*, IStR 2016, 447 (454 ff.).
5 S. EuGH v. 9.6.2011 – C-71/09 P u.a. – Comitato „Venezia vuole vivere" u.a./Kommission, Slg. 2011, I-4727 Rz. 121.
6 S. EuG v. 4.3.2009 – T-445/05 – Associazione italiana del risparmio gestito und Fineco Asset Management, Slg. 2009, II-289 Rz. 199 ff.; EuGH v. 21.12.2016 – C-164/15 P und C-165/15 P – Aer Lingus und Ryanair, ECLI:EU:C:2016:990 Rz. 91 ff., insbes. Rz. 98 ff. (anders in diesem Fall noch das EuG als Vorinstanz, s. EuG v. 5.2.2015 – T-473/12 – Aer Lingus, ECLI:EU:T:2015:78 Rz. 105 bzw. EuG v. 5.2.2015 – T-500/12 – Ryanair/Kommission, EU:T:2015:73 Rz. 136).
7 S. dazu näher *Englisch* in Rust/Micheau, State Aid and Tax Law, S. 69. Ebenso *Luja* in Rust/Micheau, State Aid and Tax Law, S. 107 (114); **a.A.** um der Erzielung eines „Abschreckungseffekts" willen *Bruc*, EStAL 2018, 54 (60); dem EuGH zustimmend auch *Dobratz* in Musil/Weber-Grellet, Europäisches Steuerrecht, Art. 108 AEUV Rz. 80.

zungsweise bestimmt werden.¹ Wenn der EuGH darauf verweist, der Rückforderungsanspruch ziele auf die „Wiederherstellung der früheren Lage, wie sie sich vor Gewährung der Beihilfe darstellte"² und nicht um eine „Neuerschaffung der Vergangenheit anhand hypothetischer Umstände"³, weshalb die **Steuerbegünstigung als solche zu revidieren** und dem Steuerpflichtigen nachträglich die Regelsteuerbelastung aufzuerlegen sei, so verkennt er den Sinn und Zweck des Beihilfeverbots. Zwecks Wahrung eines unverfälschten Wettbewerbs ist nämlich nicht (notwendig) die Wiederherstellung der „normalen" *steuerrechtlichen* Lage geboten, sondern die Wiederherstellung der *Wettbewerbslage*, wie sie ohne Gewährung der Beihilfe (fort-)bestanden hätte. An diesem Ziel hat sich die Rückforderung der Beihilfe auszurichten. Das ergänzend von Generalanwalt *Mengozzi* bemühte Argument, mittelbare wirtschaftliche Auswirkungen der Gewährung von Steuervorteilen fänden auch sonst bei der Rückforderungsentscheidung keine Berücksichtigung,⁴ trägt nicht, wenn die Weitergabe der Entlastungswirkung an Dritte gerade der gesetzlich intendierte Regelfall ist. Erst recht nicht angezeigt ist es, die Rückforderung des Steuervorteils beim formal unmittelbar Begünstigten aus generalpräventiven Zwecken bzw. um einer wirksamen Abschreckung „nachlässiger" Steuerpflichtiger willen anzuordnen.⁵ Dies überzeugt schon deshalb nicht, weil sich die Steuerpflichtigen regelmäßig nicht aussuchen können, ob sie die Steuerbegünstigung in Anspruch nehmen oder nicht; und einer mit der Steuerersparnis korrespondierenden Rücklagenbildung wird selbst bei „sorgfältigen" Unternehmern meist entgegenstehen, dass diese auf Märkten mit Wettbewerb die Begünstigung (zumindest teilweise) an ihre Kunden weitergeben müssen, solange die weniger „sorgfältige" Konkurrenz so verfährt. Die nachträgliche Auferlegung der Regelsteuerschuld kommt demgegenüber nur in Betracht, wenn nach den Gesamtumständen davon auszugehen ist, dass der Unternehmer sie noch ohne weiteres an den unmittelbar begünstigten Abnehmer seiner zuvor steuerlich entlasteten Leistungen weiterreichen kann.

9.69 Gemäß Art. 16 Abs. 1 VerfVO hat die Kommission von der Rückforderung einer bereits in Anspruch genommenen Beihilfe ausnahmsweise abzusehen, wenn ansonsten gegen einen allgemeinen Rechtsgrundsatz des Unionsrechts (Rz. 12.1) verstoßen würde. Nach ständiger Rechtsprechung des EuGH ist die Rückforderung rechtswidriger steuerlicher Beihilfen zwar wegen der mit ihr bezweckten bloßen Wiederherstellung des *status quo ante* grundsätzlich verhältnismäßig.⁶ Insbesondere sind wirtschaftliche Schwierigkeiten des Beihilfeempfängers kein Grund, der ein Absehen von der Rückforderung rechtfertigen könnte; erforderlichenfalls ist die Insolvenz bzw. Liquidation des Steuerpflichtigen in Kauf zu nehmen.⁷ Im Übrigen kann und muss die Kommission etwaigen negativen wirtschaftlichen Auswirkungen einer Rückgängigmachung der Beihilfe schon bei ihrer Ermessensausübung im Rahmen des Art. 107 Abs. 3 AEUV angemessen Rechnung tragen; die dort für berücksichtigungsfähig erklärten Belange können daher nicht erneut Gegenstand einer Verhältnismäßigkeitsprüfung hinsichtlich der Rückforderungsentscheidung sein.⁸ Ausnahmsweise kann einer Rückforderung aber der unionsrechtliche **Grund-**

---

1 A.A. *Hey*, StuW 2015, 331 (342), m.w.N.: wegen zu großer Ungewissheiten sei Absehen von Rückforderung geboten.
2 S. EuGH v. 21.12.2016 – C-164/15 P und C-165/15 P – Air Lingus & Ryanair, ECLI:EU:C:2016:990, Rz. 89 ff. Ebenso bereits EuG v. 4.3.2009 – T-445/05 – Associazione italiana del risparmio gestito und Fineco Asset Management, ECLI:EU:T:2009:50, Rz. 199 ff.
3 EuGH v. 21.12.2016 – C-164/15 P und C-165/15 P – Air Lingus & Ryanair, ECLI:EU:C:2016:990, Rz. 91.
4 S. EuGH, Schlussanträge des Generalanwalts *Mengozzi* v. 5.7.2016 – C-164/15 P und C-165/15 P – Aer Lingus und Ryanair, ECLI:EU:C:2016:515 Rz. 62 f.
5 So aber EuGH, Schlussanträge des Generalanwalts *Mengozzi* v. 5.7.2016 – C-164/15 P und C-165/15 P – Aer Lingus und Ryanair, ECLI:EU:C:2016:515 Rz. 65, der sich von der Rückforderung der nominellen Begünstigung einen Abschreckungseffekt verspricht, der begünstigte Unternehmen zu der Prüfung anhalten soll, ob die Beihilfe unter Einhaltung des im Vertrag vorgesehenen Verfahrens gewährt wurde.
6 S. EuGH v. 17.6.1999 – C-75/97 – Belgien/Kommission, Slg. 1999, I-3671 Rz. 68 m.w.N.; v. 15.12.2005 – C-148/04 – Unicredito Italiano, Slg. 2005, I-11137 Rz. 113 m.w.N.
7 S. EuGH v. 15.1.1986 – 52/84 – Kommission/Belgien, Slg. 1986, 89 Rz. 14; v. 24.1.2013 – C-529/09 – Kommission/Spanien, ECLI:EU:C:2013:31 Rz. 103.
8 S. EuG v. 9.12.2015 – T-233/11 und T-262/11 – Griechenland/Kommission, ECLI:EU:T:2015:948 Rz. 205.

satz des **Vertrauensschutzes** entgegenstehen. Als tauglicher Vertrauenstatbestand soll dabei jedoch grds. nur ein den Unionsorganen zurechenbares Verhalten in Betracht kommen.[1] Dies können vor allem frühere Äußerungen der Kommission zum vermeintlich fehlenden Beihilfecharakter der betreffenden Steuervergünstigung oder ähnlicher Steuerregime anderer Mitgliedstaaten sein.[2] Dasselbe muss für eine vorangegangene Einschätzung der Kommission gelten, es handele sich um eine bestehende Beihilfe, auf die Art. 108 Abs. 3 AEUV nicht anwendbar ist. Ist eine beihilferechtswidrige Steuervergünstigung im Bereich des harmonisierten Steuerrechts auf der Grundlage einer Einzelermächtigung des Rates zur Abweichung von den Richtlinienbestimmungen in nationales Recht aufgenommen worden und konnte diese Genehmigung vom Rat nur auf Vorschlag der Kommission erteilt werden, so soll dies nach Ansicht des EuGH ebenfalls einen Vertrauenstatbestand begründen.[3] Hingegen sollen Zusicherungen nationaler Behörden oder gar die „bloße" (steuer)gesetzliche Regelung der Vergünstigung kein schutzwürdiges Vertrauen des Steuerpflichtigen begründen können. Der EuGH verweist in diesem Zusammenhang insbesondere darauf, dass es einem sorgfältigen Unternehmer regelmäßig möglich sei festzustellen, ob die steuerliche Beihilfe erst nach Abschluss des Prüfverfahrens nach Art. 108 Abs. 3 AEUV gewährt wurde.[4]

Der letztgenannte **Standpunkt des EuGH** ist indes **zu rigide** und überspannt die an einen sorgfältig handelnden Wirtschaftsteilnehmer zu stellenden Anforderungen.[5] Nicht zuletzt die rechtsdogmatischen Defizite der bisherigen EuGH-Rechtsprechung zu den Kriterien einer steuerlichen Beihilfe i.S.d. Art. 107 Abs. 1 AEUV (Rz. 9.28 ff.)[6] erlauben es nämlich dem Steuerpflichtigen vielfach nicht, eine Steuervergünstigung mit hinreichender Wahrscheinlichkeit als notifizierungspflichtige Beihilfe zu identifizieren.[7] Da der von der Kommission zu prüfende Grundsatz des Vertrauensschutzes seine Wurzeln in rechtsstaatlich wie auch unionsgrundrechtlich fundierten Garantien zugunsten des Einzelnen hat, darf es insoweit auch keine Rolle spielen, inwieweit auch die für die Beihilfegewährung verantwortlichen staatlichen Organe gutgläubig waren. Die Versagung von Vertrauensschutz zwecks Disziplinierung staatlicher Stellen bei der Einräumung von (Steuer-)Vorteilen ist sachwidrig.[8] Richtigerweise ist Vertrauensschutz schon dann zu gewähren, wenn es sich dem Steuerpflichtigen im Lichte der bisherigen EuGH-Rechtsprechung nicht aufdrängen musste, dass es sich bei der von ihm in Anspruch genommenen Steuerentlastung um eine nach Art. 107 Abs. 1 AEUV grundsätzlich verbotene

9.70

---

1 S. EuGH v. 10.6.1993 – C-183/91 – Kommission/Griechenland, Slg. 1993, I-3131 Rz. 18 m.w.N.; v. 17.9.2009 – C-519/07 P – Koninklijke Friesland-Campina, Slg. 2009, I-8495 Rz. 84; s. auch EuGH v. 21.7.2011 – C-194/09 P – Alcoa Trasformazioni, Slg. 2011, I-6311 Rz. 71.
2 S. EuGH v. 22.6.2006 – C-182/03 u.a. – Belgien und Forum 187, Slg. 2006, I-5479 Rz. 147 u. 155 ff.; *Martini*, StuW 2017, 101 (106); *Krumm* in Europäisches Steuerrecht, DStJG 41 (2018), S. 561 (577 ff.), m.w.N.
3 S. EuGH v. 10.12.2013 – C-272/12 P – Kommission/Irland u.a., ECLI:EU:C:2013:812 Rz. 53.
4 S. EuGH v. 20.9.1990 – C-5/89 – Kommission/Deutschland, Slg. 1990, I-3437 Rz. 14; v. 20.3.1997 – C-24/95 – Alcan Deutschland, Slg. 1997, I-1591 Rz. 25; v. 11.11.2004 – C-183/02 P u. C-187/02 P – Demesa, Slg. 2004, I-10609 Rz. 44 f.; v. 15.12.2005 – C-148/04 – Unicredito Italiano, Slg. 2005, I-11137 Rz. 104 ff.; v. 22.4.2008 – C-408/04 P – Salzgitter, Slg. 2008, I-2767 Rz. 104. S. auch die Bekanntmachung der Kommission über die Durchsetzung des Beihilfenrechts durch die einzelstaatlichen Gerichte, (2009/C 85/01), ABl. EU 2009 Nr. C 85, 1, Tz. 32. Der BFH hat sich dem tendenziell angeschlossen, vgl. BFH v. 30.1.2009 – VII B 180/08, BFHE 224, 372 (376 f.).
5 Kritisch auch *Hey*, Steuerplanungssicherheit, S. 361 ff.; *Kamps/Fraedrich*, FR 2005, 969; *Martini*, StuW 2017, 101 (110 f.); *Schönfeld/Ellenrieder*, IStR 2018, 444 (445). **A.A.** *Reich*, in Kube/Reimer, Das Beihilfenrecht als Innovationsmotor des Steuerrechts, S. 220 (231).
6 S. dazu auch *Villar Ezcurra*, Intertax 2013, 340 (342, dort Fn. 21).
7 Dezidiert für unbeachtlich hält dies hingegen EuG v. 4.2.2016 – T-620/11 – GFKL Financial Services, ECLI:EU:T:2016:59 Rz. 189. **A.A.** auch *Dobratz* in Musil/Weber-Grellet, Europäisches Steuerrecht, Art. 108 AEUV Rz. 83.
8 Ebenso *Krumm* in Europäisches Steuerrecht, DStJG 41 (2018), S. 561 (582 f.); a.A. EuGH v. 14.1.1997 – C-169/95 – Spanien/Kommission, ECLI:EU:C:1997:10 Rz. 48, m.w.N.

Beihilfe handelt.¹ Hingegen muss der Steuerpflichtige grundsätzlich davon ausgehen, dass eine als solche erkennbare steuerliche Beihilfe weder unter eine Gruppenfreistellungsverordnung fällt² noch unter das Regime für bereits bestehende Beihilfen, sofern sich nicht aus Äußerungen der Kommission oder der bisherigen Rechtsprechung des Gerichtshofs eindeutige Hinweise für das Gegenteil ergeben.

Hinweis: Zutreffend ist im Übrigen die Feststellung des Gerichtshofs, dass amtliche Äußerungen von für die Beihilfenkontrolle nicht zuständigen europäischen Organen und namentlich politische Schlussfolgerungen des Rates – etwa aufgrund eines Berichts der zur Einhaltung des Verhaltenskodex zur Unternehmensbesteuerung (Rz. 9.5) eingesetzten Gruppe – keinen Vertrauensschutz zu begründen vermögen.³ Auch überzeugt es, der vorübergehenden Untätigkeit der Kommission trotz ihr vorliegender Hinweise zum Beihilfencharakter einer neu eingeführten steuerlichen Entlastungsregelung grundsätzlich noch nicht die Wirkung eines Vertrauenstatbestandes beizumessen.⁴ Die Kommission kann angesichts begrenzter personeller Ressourcen nicht allen derartigen Hinweisen zeitnah nachgehen, ohne dass damit eine Aussage zur Beihilfequalität der in Rede stehenden Maßnahme verbunden wäre.

9.71 Steuerpflichtige, die von einem Rückforderungsbeschluss der Kommission und den diesen Beschluss umsetzenden Verwaltungsakten der nationalen Finanzbehörden betroffen sind, können **Rechtsschutz teils vor europäischen, teils vor nationalen Gerichten** erlangen. Bei einer seitens der Finanzverwaltung gewährten Einzelbeihilfe (wie sie beispielsweise ein Steuererlass nach §§ 163, 227 AO darstellen kann) besteht für den begünstigten Steuerpflichtigen stets die Möglichkeit, sich gegen den Rückforderungsbeschluss der Kommission durch eine Individualklage beim EuG gem. § 263 Abs. 4, § 256 Abs. 1 AEUV zur Wehr zu setzen.⁵ Eine individuelle Klagebefugnis kommt nach gefestigter Rechtsprechung aber auch in Betracht für Beschlüsse der Kommission betreffend die beihilferechtliche Qualifizierung und Rückforderung von Steuerentlastungen, die aufgrund abstrakt-generell ausgestalteter Beihilferegelungen wie insbesondere gesetzlicher Steuervergünstigungen *ipso iure* gewährt wurden. Einzelne Steuerpflichtige können diesbezügliche Beschlüsse jedenfalls dann anfechten, wenn ihnen die Steuerentlastung unter Verstoß gegen das Durchführungsverbot des Art. 108 Abs. 3 Satz 3 AEUV bereits vor dem Kommissionsbeschluss kraft Gesetzes oder behördlicher Entscheidung zugutegekommen ist. Denn diejenigen, die im Zeitpunkt des Negativbeschlusses bereits tatsächliche und nicht lediglich potentielle Beihilfempfänger sind, gelten als hierdurch sowie durch den damit verbundenen Rückforderungsbeschluss der Kommission „unmittelbar und individuell" betroffen i.S.d. Art. 263 Abs. 4 AEUV.⁶ Ebenfalls möglich ist die Erhebung einer *negativen Konkurrentenklage* beim EuG im Falle des Verzichts der Kommission auf die Rückforderung einer mit dem Binnenmarkt unvereinbaren Beihilfe.⁷ Wegen näherer Einzelheiten kann auf die Ausführungen zum Rechtsschutz gegenüber Beschlüssen der Kommission (Rz. 9.61) verwiesen werden.

Versäumt es der Steuerpflichtige trotz bestehender Klagebefugnis, innerhalb der Frist des Art. 263 Abs. 6 AEUV Nichtigkeitsklage beim EuG zu erheben, so werden Negativ- und Rückforderungsbeschluss der Kommission ihm gegenüber bestandskräftig.⁸ Der Steuerpflichtige kann beide Rechtsakte dann auch

---

1 Tendenziell gl.A. *Hey* in Vertrauensschutz im Steuerrecht, DStJG 27 (2004), S. 91 (104 ff., 113); *dies.*, StuW 2015, 331 (336 f.); *Krumm* in Europäisches Steuerrecht, DStJG 41 (2018), S. 561 (585 f.).
2 Insoweit wie hier EuGH v. 5.3.2019 – C-349/17 – Eesti Pagar, ECLI:EU:C:2019:172 Rz. 101 ff.
3 S. EuGH v. 22.6.2006 – C-182/03 u.a. – Belgien und Forum 187, Slg. 2006, I-5479 Rz. 151.
4 S. EuGH v. 11.11.2004 – C-183/02 P u. C-187/02 P – Demesa, Slg. 2004, I-10609 Rz. 52; v. 9.6.2011 – C-465/09 P bis C-470/09 P – Diputación Foral de Viczaya u.a., Slg. 2011, I-83 Rz. 93 ff.
5 S. EuGH v. 9.3.1994 – C-188/92 – TWD Textilwerke Deggendorf, Slg. 1994, I-833 Rz. 14 m.w.N.
6 S. EuGH v. 9.6.2011 – C-71/09 P u.a. – Comitato „Venezia vuole vivere" u.a./Kommission, Slg. 2011, I-4727 Rz. 52 ff.; v. 28.6.2018 – C-203/16 P – Andres („Heitkamp Bauholding"), ECLI:EU:C:2018:505 Rz. 45; sowie ausführlich EuGH, Schlussanträge der Generalanwältin *Trstenjak* v. 16.12.2010 – C-71/09 P u.a. – Comitato „Venezia vuole vivere" u.a./Kommission, Slg. 2011, I-4727 Rz. 69 ff.; EuGH v. 28.6.2018 – C-219/16 P – Lowell Financial Services, ECLI:EU:C:2018:508 Rz. 42-44.
7 S. EuGH v. 6.11.2018 – C-622/16 P bis C-624/16 P – Scuola Elementare Maria Montessori, ECLI:EU:C:2018:873.
8 S. BFH v. 30.1.2009 – VII B 180/08, BFHE 224, 372 (375); *Bode*, FR 2011, 1034 (1036) m.w.N.

nicht mehr inzident durch eine Klage vor den Finanzgerichten gegen einen den Rückforderungsbeschluss der Kommission konkretisierenden Änderungsbescheid der nationalen Finanzbehörden in Frage stellen. Seine dahingehenden Einwände sind präkludiert und ein darauf gerichtetes Vorabentscheidungsersuchen des angerufenen Gerichts an den EuGH nach Art. 267 AEUV wäre unzulässig.[1] Etwas anderes soll ausnahmsweise gelten, wenn der Steuerpflichtige nicht zweifelsfrei erkennen konnte, dass er als individuell Betroffener beim EuG nach Art. 263 Abs. 4 AEUV gegen Negativ- und Rückforderungsbeschluss der Kommission hätte vorgehen können.[2] Werden außerdem diese Rechtsakte auf eine Klage des Adressaten (des Mitgliedstaates) oder eines anderen Betroffenen hin von EuG oder EuGH für nichtig erklärt, so wirkt sich dies auch zugunsten eines Steuerpflichtigen aus, der die Rechtswidrigkeit der Beschlüsse wegen Fristversäumnis selbst nicht mehr hätte geltend machen können.[3] Wendet sich der Steuerpflichtige bei der Rückforderung gesetzlich vorgesehener Steuerentlastungen gegen abschließende Feststellungen zu deren Beihilfecharakter im Einzelfall, die erst von den mitgliedstaatlichen Behörden getroffen werden (Rz. 9.68), ist insoweit mangels Zurechenbarkeit dieser Beschwer zur Kommissionsentscheidung stets nur der Rechtsweg gegen den innerstaatlichen Vollzugsakt zu den nationalen Gerichten eröffnet. Nur insoweit ist dann unter den Voraussetzungen der §§ 361 Abs. 1, 69 Abs. 2 FGO Aussetzung der Vollziehung zu gewähren.[4]

Hinweis: Da Vertrauensschutz allein nach den vom EuGH entwickelten (zu) strengen unionsrechtlichen Maßstäben (Rz. 9.67) in Betracht kommt, muss darüber grundsätzlich schon die Kommission abschließend in ihrem Rückforderungsbeschluss befinden. Daher gelten die obigen Ausführungen zur vorrangigen Klageerhebung beim EuG auch insoweit. Eine Geltendmachung von Vertrauensschutz vor nationalen Gerichten ist nur dann nicht durch die Kommissionsentscheidung präjudiziert, wenn besondere, im Lichte des unionsrechtlichen Vertrauensschutzgrundsatzes beachtliche Umstände des konkreten Einzelfalles vorliegen, welche die Kommission in ihrem die abstrakte Beihilferegelung betreffenden Beschluss nicht berücksichtigt hat.[5]

Eine etwaige Klageerhebung beim EuG hat gem. Art. 278 Satz 1 AEUV keine aufschiebende Wirkung, weshalb die Rückforderung einer steuerlichen Begünstigung von den nationalen Finanzbehörden grundsätzlich dessen ungeachtet weiter zu betreiben ist. Es besteht allerdings die Möglichkeit, beim EuG nach Art. 278 Satz 2 AEUV **einstweiligen Rechtsschutz** zu beantragen, um eine einstweilige Aussetzung der Rückforderungsentscheidung zu erreichen.[6] Bei ernstlichen Zweifeln an der Rechtmäßig-

---

1 Grundlegend EuGH v. 9.3.1994 – C-188/92 – TWD Textilwerke Deggendorf, Slg. 1994, I-833 Rz. 17 f.; s. ferner etwa EuGH v. 30.1.1997 – C-178/95 – Wiljo, Slg. 1997, I-585 Rz. 21; v. 22.10.2002 – C-241/01 – National Farmers' Union, Slg. 2002, I-9079 Rz. 35; v. 18.7.2007 – C-119/05 – Lucchini, Slg. 2007, I-6199 Rz. 54 f. m.w.N. S. auch EuGH v. 10.1.2006 – C-222/04 – Cassa di Risparmio di Firenze u.a., Slg. 2006, I-289 Rz. 72–74. S. auch *Bode*, FR 2011, 1034 (1039); *Martini*, StuW 2017, 101 (103 f.). A.A. *Krumm* in Europäisches Steuerrecht, DStJG 41 (2018), S. 561 (610).
2 S. dazu EuGH v. 9.6.2011 – C-71/09 P u.a. – Comitato „Venezia vuole vivere" u.a./Kommission, Slg. 2011, I-4727 Rz. 58 f.; *Martini*, StuW 2017, 101 (104) m.w.N. Den großzügigen Beurteilungsmaßstab von Generalanwältin *Trstenjak*, Schlussanträge v. 16.12.2010 – C-71/09 P u.a. – Comitato „Venezia vuole vivere" u.a./Kommission, Slg. 2011, I-4727 Rz. 84–87, hat sich der EuGH aber wohl nicht vollumfänglich zu Eigen gemacht. Für Nachweise früherer Rspr. s. auch EuGH, Schlussanträge der Generalanwältin *Kokott* v. 26.6.2008 – C-333/07 – Société Régie Networks, Slg. 2008, I-10807 Rz. 36.
3 S. *Rengeling/Middeke/Gellermann*, Handbuch des Rechtsschutzes in der Europäischen Union³, § 27 Rz. 24 u. 26; vgl. auch EuGH v. 10.6.1993 – C-183/91 – Kommission/Griechenland, Slg. 1993, I-3131 Rz. 9 f.
4 Offen gelassen in EuGH v. 5.10.2006 – C-232/05 – Kommission/Frankreich, ECLI:EU:C:2006:651 Rz. 54; BFH v. 30.1.2009 – VII B 180/08, BFHE 224, 372 Rz. 18. **A.A.** wohl *Dobratz* in Musil/Weber-Grellet, Europäisches Steuerrecht, Art. 108 AEUV Rz. 111; *Reich*, in Kube/Reimer, Das Beihilfenrecht als Innovationsmotor des Steuerrechts, S. 220 (229).
5 S. EuGH v. 12.2.2008 – C-199/06 – CELF u.a., Slg. 2008, I-469 Rz. 42 f.; *Krumm* in Europäisches Steuerrecht, DStJG 41 (2018), S. 561 (575 f.).
6 S. Bekanntmachung der Kommission v. 15.11.2007, Rechtswidrige und mit dem Gemeinsamen Markt unvereinbare staatliche Beihilfen: Gewährleistung der Umsetzung von Rückforderungsentscheidungen der Kommission in den Mitgliedstaaten, (2007/C 272/05), Tz. 25; *Kühling/Rüchardt* in Streinz³, Art. 108 AEUV Rz. 58.

keit des Beschlusses der Kommission kann dem Steuerpflichtigen außerdem in Fällen besonderer Dringlichkeit sowie unter bestimmten weiteren Voraussetzungen einstweiliger Rechtsschutz durch ein nationales Gericht zu gewähren sein.[1] Davon ist allerdings abzusehen, wenn erkennbar ist, dass eine Klage in der Hauptsache infolge einer Versäumnis der Klagefrist nach Art. 263 Abs. 6 AEUV keine Aussicht auf Erfolg hätte.

---

1 S. zu den diesbezüglichen Voraussetzungen EuGH v. 22.12.2010 – C-304/09 – Kommission/Italien, Slg. 2010, I-13903 Rz. 44 f.; v. 5.5.2011 – C-305/09 – Kommission/Italien, Slg. 2011, I-3225 Rz. 43 f.; FG Münster v. 1.8.2011 – 9 V 357/11 K, DStR 2011, 1507 m.w.N. (rkr.). Ablehnend *Bode*, FR 2011, 1034 (1038).

3. Teil
Positive Integration des materiellen Rechts

Kapitel 10
Entwicklung und Stand der Harmonisierung

Hinweis: Die folgenden Ausführungen sind nicht in dienstlicher Eigenschaft verfasst.

A. Einführung	10.1	IV. Schaffung einer Finanztransaktionsteuer?	10.18
B. Vereinheitlichung des Zollrechts	10.3	D. Punktuelle Angleichung der direkten Steuern	10.20
C. Weitreichende Harmonisierung der indirekten Steuern	10.10	E. Nichtsteuerliche Dossiers mit steuerlicher Bedeutung	10.32
I. Harmonisierungsauftrag	10.10		
II. Umsatzsteuer	10.12		
III. Verbrauchsteuern	10.16	F. Ein neuer Schwerpunkt der EU	10.38

Literatur: *Anzinger* in Kube/Reimer (Hrsg.), Europäisches Finanzrecht: Stand – Methoden – Perspektiven, 2017; *Aujean*, Fighting Tax Fraud and Evasion: In Search of a Tax Strategy?, EC Tax Review 2013, 64; *Aujean*, Plea for a New Tax Package, EC Tax Review 2015, 60; *Benz/Böhmer*, Zwei Jahre BEPS-Abschlussberichte: Bericht über den aktuellen Stand der BEPS-Arbeiten, DB 2017, 2951; *Birk*, Handbuch des Europäischen Steuer- und Abgabenrechts, Herne 1995; *Braun Binder*, Rechtsangleichung in der EU im Bereich der direkten Steuern, Tübingen 2017; *Caspar*, Das europäische Tabakwerbeverbot und das Gemeinschaftsrecht, EuZW 2000, 237; *Cloer/Gerlach*, Entwicklungen im Europäischen Steuerrecht im ersten Halbjahr 2018, IWB 2018, 646; *Dawid/Knopp*, Der „BEPS"-Aktionsplan der OECD, IWB 2013, 591; *Dourado*, The EU Black List of Third-Country Jurisdictions, Intertax 2018, 178; *Drygala*, What's SUP? Der Vorschlag der EU-Kommission zur Einführung einer europäischen Einpersonengesellschaft (Societas Unius Personae, SUP), EuZW 2014, 491; *Ehlers*, Die Einwirkungen des Rechts der Europäischen Gemeinschaften auf das Verwaltungsrecht, DVBl. 1991, 605; *Eilers/Oppel*, Die Besteuerung der digitalen Wirtschaft: Trends und Diskussionen, IStR 2018, 361; *Englisch*, Europäische Finanztransaktionsbesteuerung durch Verstärkte Zusammenarbeit – wohlbegründet oder bloße Symbolpolitik?, ISR 2013, 387; *Fehling/Schmid*, Was ist die „europäische Dimension" von BEPS? – Das Beispiel grenzüberschreitender Lizenzzahlungen, IStR 2015, 493; *Frey/Bruhn*, Die Finanztransaktionssteuer – Allheilmittel oder untauglicher Versuch?, BB 2012, 1763; *Friedrich*, Zollkodex und Abgabenordnung, StuW 1995, 15; *Garbarino*, Harmonization and Coordination of Corporate Taxes in the European Union, EC Tax Review 2016, 277; *Goulder*, Should the EU Scrap the Unanimity Requirement?, TNI 2019, 245; *Grotherr*, Der geplante öffentliche Ertragsteuerinformationsbericht – Teil 1, IWB 2016, 854; *Heidecke/Mammen*, Konvergenz um jeden Preis? Die Zukunft nationalstaatlicher Steuerpolitik, FR 2018,941; *Hemmelgarn*, Steuerpolitik im Rahmen der wirtschaftspolitischen Koordinierung in der EU, in Lang (Hrsg.), Europäisches Steuerrecht, DStJG 41 (2018), 101; *Herbort*, „Marks & Spencer 2.0" – Plädoyer gegen Trends in der EuGH-Judikatur, IStR 2015, 15; *Hey*, Harmonisierung der Unternehmensbesteuerung in Europa – Eine Standortbestimmung in Zeiten von BEPS, FR 2016, 554; *Hey*, Europäische Steuergesetzgebung zwischen Binnenmarkt und Fiskalinteressen, in Lang (Hrsg.), Europäisches Steuerrecht, DStJG 41 (2018), 9; *Hinnekens*, Overview of New Paths and Patterns in EU Tax Development with Focus on EU Soft Law and External Factors (Part 1), EC Tax Review 2014, 247; *Hinnekens*, Overview of New Paths and Patterns in EU Tax Development with Focus on EU Soft Law and External Factors (Part 2), EC Tax Review 2014, 313; *Hoeck/Schmid*, Die EU-Gruppe Verhaltenskodex (Unternehmensbesteuerung), IWB 2017, 758; *Kahle/Wildermuth*, BEPS und aggressive Steuerplanung: Ein Diskussionsbeitrag, Ubg 2013, 405; *Kalloe*, EU Code of Conduct – From Reviewing Individual Tax Regimes to Developing Horizontal Policy: Cracking the Code in the BEPS Era, ET 2016, 183; *Kalloe*, EU Tax Haven Blacklist – Is the European Union Policing the Whole World?, ET 2018, 47; *Kavelaars*, EU and OECD: Fighting against Tax Avoidance, Intertax 2013, 507; *Kirchmayr/Mayr/Hirschler/Kofler* (Hrsg.), Anti-BEPS-Richtlinie: Konzernsteuerrecht im Umbruch?, Wien 2017; *Knobbe-Keuk*, Wegzug und Einbringung von Unternehmen zwischen Niederlassungsfreiheit, Fusionsrichtlinie und nationalem Steuerrecht, DB 1991, 298; *Knobbe-Keuk*, Die beiden Unternehmenssteuerrichtlinien, EuZW 1992, 336; *Kofler/Pistone*, Seminar J: Ist die positive Integration im EU-Steuerrecht wieder auf Schiene?, IStR 2017, 705; *Kofler/Schnitger* (Hrsg.), BEPS-Handbuch, München 2019; *Kokolia/Chatziioakeimidou*, BEPS Impact on EU Law: Hybrid Payments and Abusive Tax Behaviour, ET 2015, 149; *Korning/Wijtvliet*, A Consideration of the European Foundation, BIFD 2013, 491; *Krauß/Meichelbeck*, Die Societas Unius Personae („SUP") – insbesondere steuerliche Aspekte, BB 2015, 1562; *Kroppen/van der Ham*, Die digitale Betriebsstätte, IWB 2018, 334; *Kube/Reimer/Spengel*, Tax Policy: Trends in the Allocation of Powers Between the Union and Its Member States, EC Tax Review 2016, 247; *Lamensch*, Adoption of the E-Commerce VAT Package: The Road Ahead Is Still a Rocky One, EC Tax Review 2018, 186; *Lampreave*, Harmful Tax Competition and Fiscal State Aid: Two Sides of the Same Coin?, ET 2019, 197; *Lang*, Direkte Steuern und EU-Steuerpolitik – Wo bleiben die Visionen?, IStR 2013, 365; *Lang/Pistone/Schuch/Staringer/Storck*, Tax Rules in Non-Tax Agreements, Amsterdam 2012; *Lewis*, CJEU Leaves Apple on Its Own in State Aid Case, TNI 2018, 1076; *Lowell/Herrington*, BEPS: Current Reality and Planning in Anticipation, International Transfer Pricing Journal 2014, 67; *Jochen Lüdicke/Salewski*, Informationsaustausch: Entwurf einer EU-Richtlinie zur Veröffentlichung von Steuerdaten, Besonderheiten bei Personengesellschaften und Grundrechte, ISR 2017, 99; *Ness*, An Analysis of the Financial Transaction Tax in the Context of the EU Enhanced Cooperation Procedure, EC Tax Review 2015, 294; *Nouwen*, The European Code of Conduct Group Becomes Increasingly Important in the Fight Against Tax Avoidance: More Openness and Transparency is Necessary, Intertax 2017, 138; *Peeters*, Tax Shifts in EU-Member States: The Growing Impact of (Shifting) Recommendations by the European Commission on National Tax Policy, EC Tax Review 2016, 114; *Piltz*, Base Erosion and Profit Shifting (BEPS): Die ganze Wahrheit?, IStR 2013, 681; *Pinkernell*, Ein Musterfall zur internationalen Steuerminimierung durch US-Konzerne, StuW 2012, 369; *Rau*, Harmonisierung der Verbrauchsteuern – Bewertung aus der Sicht der Wirtschaft, ZfZ 1992, 225; *Schön*, Diskussionsbeitrag, in Lang (Hrsg.), Europäisches Steuerrecht, DStJG 41 (2018), 57; *Schumacher/Stadtmüller*, Quo vadis, SPE? – Auf dem Weg zu einer europäischen Gesellschaft nationalen Rechts?, GmbHR 2012, 682; *Saß*, Die Fusionsrichtlinie und die Mutter/Tochterrichtlinie, DB 1990, 2340; *Selling*, Steuerharmonisierung im europäischen Binnenmarkt, IStR 2000, 417; *Schön* (Hrsg.), Tax Competition in Europe, 2003; *Smit*, International Income Allocation under EU Tax Law: Tinker, Tailor, Soldier, Sailor, EC Tax Review 2017, 67; *Spengel*, Besteuerung der digitalen Wirtschaft – Europa einmal mehr auf dem falschen Weg, DB 2018 (Heft 15), M 4; *Spengel/Stutzenberger*, Widersprüche zwischen Anti-Tax Avoidance Directive (ATAD), länderbezogenem Berichtswesen (CbCR) und Wiederauflage einer Gemeinsamen (Konsolidierten) Körperschaftsteuer-Bemessungsgrundlage (GK(K)B), IStR 2018, 37; *Sprackland*, EU Must Police Itself to Retain Credibility, Commission Warns, TNI 2018, 1408; *Stiegler*, Entwicklungen im Europäischen Gesellschaftsrecht im Jahr 2013, DB 2014, 525; *Teichmann*, SPE 2.0 – Die inhaltliche Konzeption, GmbHR 2018, 713; *Vellen*, Neufassung der 6. EG-Richtlinie, UR 2002, 500; *Vellen*, Neue bzw. geplante Richtlinien und Verordnungen, EU-UStB 2016, 35; *Verse*, Die Entwicklung des europäischen Gesellschaftsrechts im Jahr 2012, EuZW 2013, 336; *Verse/Wiersch*, Die Entwicklung des europäischen Gesellschaftsrechts im Jahr 2013, EuZW 2014, 375; *Wachweger*, Die erste und die zweite Richtlinie zur Harmonisierung der Umsatzsteuer, UR 1967, 123; *Wachweger/Schlienkamp/Schütz*, Die 6. EG-Richtlinie zur Harmonisierung der Umsatzsteuer, UR 1977, 121; *Wäger*, Drei Fragen und ein Wunsch zur Finanztransaktionsteuer, ISR 2013, 396; *Wattel*, Stateless Income, State Aid and the (Which?) Arm's Length Principle, Intertax 2016, 791; *Weber-Grellet*, Neu-Justierung der EuGH-Rechtsprechung, DStR 2009, 1229; *Weyde/Sultman/Steinbiß/Marques*, Der Kommissionsvorschlag zur Einführung einer Finanztransaktionssteuer in elf EU-Mitgliedstaaten, DStZ 2013, 495; *Wittock*, ‚The influence of the Principle of Union Loyalty in Tax Matters', EC Tax Review 2014, 171.

A. Einführung

10.1 Wie im 2. Teil dargestellt, kommt der negativen Integration im europäischen Steuerrecht eine große Bedeutung zu. Ist dies auch darauf zurückzuführen, dass die **positive Integration** im europäischen Steuerrecht so schleppend verläuft? Dieser Gedanke mag naheliegen, wenn man sich den (geringen) Grad der Rechtsangleichung bei den direkten Steuern vergegenwärtigt.

10.2 Damit würde aber ausgeblendet, dass im Zollrecht und im Recht der indirekten Steuern schon früh weitreichende Harmonisierungsschritte unternommen wurden. Hier ist der **Grad der Harmonisierung** weitaus größer als bei den direkten Steuern. Der Hauptgrund dafür ist darin zu sehen, dass Zollabgaben und indirekte Steuern unmittelbare Zusatzkosten für den grenzüberschreitenden Waren- und Dienstleistungsverkehr darstellen und damit die angestrebte wirtschaftliche Integration besonders beeinträchtigen können. Dass auch direkte Steuern Verzerrungen beim grenzüberschreitenden Wirtschaftsverkehr hervorrufen können, stand zu Beginn der europäischen Einigung noch weniger im Fokus der Überlegungen.[1] So erklärt sich, dass das europäische Primärrecht in Art. 28 ff. und Art. 113 AEUV spezifische Harmonisierungsvorschriften für das Zollrecht und die indirekten Steuern kennt, aber keine entsprechenden Regelungen für die direkten Steuern vorsieht. Folglich wurde für die Angleichung der Rechtsvorschriften im Bereich der direkten Steuern bislang nur Art. 115 AEUV relevant – eine allgemeine Harmonisierungsvorschrift, in der der Begriff Steuern gar nicht vorkommt (s. Rz. 11.39 f.).

B. Vereinheitlichung des Zollrechts

10.3 Das Zollrecht der Europäischen Union ist vereinheitlicht und besitzt damit im System des europäischen Abgabenrechts das **höchste Harmonisierungsniveau**.[2] Diese Vereinheitlichung basiert auf einer dahingehenden Grundsatzentscheidung der sechs EWG-Gründungsmitglieder, die sich für eine umfassende Harmonisierung der Zollrechtssysteme der Mitgliedstaaten auf Basis eines einheitlichen EU-Regelwerks aussprachen.[3]

10.4 Aus Art. 28 AEUV ergibt sich, dass die Europäische Union eine **Zollunion** umfasst, die sich auf den gesamten Warenaustausch erstreckt, die die Erhebung von Ein- und Ausfuhrzöllen und Abgaben gleicher Wirkung zwischen Mitgliedstaaten verbietet, und die die Einführung eines Gemeinsamen Zolltarifs gegenüber Drittstaaten beinhaltet.

10.5 Für die **Warenlieferungen zwischen den Mitgliedstaaten** folgt also unmittelbar aus dem Primärrecht, dass keine Ein- und Ausfuhrzölle oder Abgaben gleicher Wirkung erhoben werden dürfen.[4] In Art. 30 AEUV wird dies noch einmal bekräftigt. Sofern es noch Zölle zwischen den Mitgliedstaaten gab, waren die Mitgliedstaaten verpflichtet, diese Zölle abzuschaffen.[5] Seit Abschluss dieses Prozesses entfaltet das Verbot präventive Wirkung, indem es die Einführung neuer Zölle untersagt.[6]

10.6 Für die Warenlieferungen zwischen Drittstaaten und Mitgliedstaaten besteht ein **einheitlicher Außenzoll** der Europäischen Union. Dieser stellt sicher, dass die Mitgliedstaaten für die Verzollung von Waren aus Drittstaaten dieselben Regeln anwenden und sich insoweit keine Verzerrungen zwischen den Mitgliedstaaten ergeben. Ohne einheitliche Regelung bestünde die Gefahr, dass der Import aus Drittstaaten stets über den EU-Mitgliedstaat mit dem geringsten Außenzoll abgewickelt würde, mit anschließender (zollfreier) Weiterleitung innerhalb der Union. Insofern sind die Abschaffung des Binnenzolls in der Union und die Statuierung eines einheitlichen Außenzolls zwei Seiten derselben Medaille. Die Union besitzt in diesem Bereich die ausschließliche Zuständigkeit, Art. 3 Abs. 1 Buchst. a AEUV. Die Mitgliedstaaten sind aber für die Anwendung des Zollrechts zuständig, wobei teilweise auch auf Regelungen des innerstaatlichen Rechts zurückgegriffen wird.[7]

---

1 Vgl. dazu *Terra/Wattel*, European Tax Law[6], S. 198.
2 Vgl. *Witte* in Birk, Handbuch des Europäischen Steuer- und Abgabenrechts, § 12 Rz. 2.
3 *Prieß/Stein* in Witte, Zollkodex[7], Vor Art. 1 Rz. 1.
4 In Art. 34 bis 37 AEUV wird darüber hinaus auch die Erhebung von mengenmäßigen Beschränkungen zwischen den Mitgliedstaaten untersagt.
5 S. *Waldhoff* in Calliess/Ruffert[5], Art. 28 AEUV Rz. 8.
6 *Henke* in Birk, Handbuch des Europäischen Steuer- und Abgabenrechts, § 21 Rz. 1.
7 S. allgemein zum mitgliedstaatlichen Vollzug *Ehlers*, DVBl. 1991, 606 (610); speziell zum Verhältnis von Zollkodex und AO *Friedrich*, StuW 1995, 15 (16 ff.).

10.7 Die Einführung des unionsweiten Außenzolls wurde pünktlich zu der zum 1.1.1993 erfolgten Verwirklichung des EG-Binnenmarkts erreicht.[1] Wichtigste Rechtsgrundlage sind der Unionszollkodex und die dazugehörigen Durchführungsvorschriften.[2] Es handelt sich um unmittelbar geltende Verordnungen.[3] Schon vorher hatte ein Gemeinsamer Zolltarif für den Warenverkehr zwischen den Mitgliedstaaten und Drittstaaten bestanden.[4]

10.8 Der **Unionszollkodex** enthält die wichtigsten grundlegenden Regelungen zum Zollrecht, namentlich zum Zollschuldrecht, zu den unterschiedlichen Zollverfahren, zum Rechtsschutz und zum Zollgebiet. Er wurde vor wenigen Jahren vollständig neugefasst.[5]

10.9 Weil sich der Zollkodex auf die Regelung wesentlicher Prinzipien beschränkt, werden die Einzelheiten zur Anwendung dieser Grundsätze in der **Durchführungsverordnung** geregelt. Diese stellt ein umfassendes Regelungswerk dar; sie wird durch eine Reihe weiterer Verordnungen zur Regelung zollrechtlicher Einzelfragen ergänzt.

C. Weitreichende Harmonisierung der indirekten Steuern

I. Harmonisierungsauftrag

10.10 Ausgangspunkt für die Harmonisierung der indirekten Steuern in der EU ist Art. 113 AEUV. Nach dieser Vorschrift erlässt der Rat einstimmig die Bestimmungen zur Harmonisierung der Rechtsvorschriften über die Umsatzsteuern, die Verbrauchsabgaben und sonstige indirekte Steuern, soweit diese Harmonisierung für die Errichtung und das Funktionieren des Binnenmarkts und die Vermeidung von Wettbewerbsverzerrungen notwendig ist. Hierin liegt ein **Harmonisierungsauftrag**. Der Grund dafür ist, dass das unabgestimmte Nebeneinander indirekter Steuern der einzelnen Mitgliedstaaten den grenzüberschreitenden Wirtschaftsverkehr und damit das Funktionieren des Binnenmarktes behindern würde.[6] Es bestünde zudem die Gefahr, dass Mitgliedstaaten indirekte Steuern einsetzen, um innerhalb der Union ähnlich protektionistische Ziele wie bei der (gemäß Art. 28 AEUV verbotenen) Erhebung von Zöllen zu erreichen.[7]

10.11 Zur Erfüllung dieses Harmonisierungsauftrags hat der Rat eine Reihe von Angleichungsmaßnahmen erlassen. Der mittlerweile erreichte Stand der Harmonisierung stellt sich bei den einzelnen Steuerarten wie folgt dar:

---

1 *Wolffgang* in Witte/Wolffgang, Lehrbuch des Europäischen Zollrechts[7], Rz. 6.
2 VO (EWG) Nr. 2454/93 der Kommission v. 2.6.1993, ABl. EG 1993 Nr. L 253, 1.
3 Diese Rechtsform stellt die Einheitlichkeit des Außenzolls in besonderer Weise sicher, *Lux* in Lenz/Borchardt[6], Art. 28 AEUV Rz. 28.
4 *Wolffgang* in Witte/Wolffgang, Lehrbuch des Europäischen Zollrechts[7], Rz. 16.
5 Zur zeitlichen Anwendbarkeit der Teile des Unionszollkodex s. *Prieß/Stein* in Witte, Zollkodex der Union[7], Vor Art. 1 Rz. 2.
6 Vgl. *Schaumburg*, Internationales Steuerrecht[4], Rz. 3.87; *Kamann* in Streinz[3], Art. 113 AEUV Rz. 1; *Schröer-Schallenberg* in Birk, Handbuch des Europäischen Steuer- und Abgabenrechts, § 27 Rz. 1; s. auch EuGH v. 27.2.1980 – 171/78 – Kommission/Dänemark, ECLI:EU:C:1980:54, Rz. 20.
7 *Terra/Wattel*, European Tax Law[6], S. 11.

II. Umsatzsteuer

Die **Umsatzsteuern** der Mitgliedstaaten wurden in mehreren Schritten in einem Gemeinsamen Mehrwertsteuersystem angeglichen.[1] Die Grundlagen wurden nach jahrelangen Vorarbeiten[2] am 11.4.1967 durch die 1. und die 2. Umsatzsteuerrichtlinie gelegt.[3] Zu den Grundsätzen dieses Systems zählt insbesondere das Neutralitätsprinzip, dem zufolge sich die Zahl der Wertschöpfungsstufen nicht auf die Höhe der Steuer auswirken darf.[4]

10.12

Ein weiterer bedeutender Harmonisierungsschritt erfolgte im Jahr 1977 durch die Verabschiedung der 6. **Umsatzsteuerrichtlinie** mit ihren Regelungen zur steuerlichen Bemessungsgrundlage.[5] Wichtiger Auslöser dafür war die vorherige Entscheidung des Rates, dass ein bestimmter Anteil am Umsatzsteueraufkommen in den Mitgliedstaaten zu den Eigenmitteln der Europäischen Union zählen soll.[6] Um hierfür vergleichbare Rahmenbedingungen zu schaffen, sollte die 6. Umsatzsteuerrichtlinie die bis dato verbliebenen Spielräume der Mitgliedstaaten bei der Festlegung der Bemessungsgrundlage reduzieren.[7] Sie ging in ihren Festlegungen deutlich über die – von ihr außer Kraft gesetzte – 2. Umsatzsteuerrichtlinie hinaus, etwa bei den grenzüberschreitenden Umsätzen und beim Vorsteuerabzug.[8]

10.13

Es folgte eine Vielzahl weiterer umsatzsteuerrechtlicher Richtlinien, mit denen weitere Teilbereiche des Umsatzsteuerrechts und insbesondere die Festlegung von Mindeststeuersätzen geregelt wurden (die Festlegung der konkreten Steuersätze oberhalb der Grenzen ist aber den Mitgliedstaaten überlassen).[9] Hervorzuheben ist die **MwStSystRL**.[10] Diese fasste die Regelungen der 6. Umsatzsteuerrichtlinie und der nachfolgenden Richtlinien – ohne größere inhaltliche Änderungen – in einem einheitlichen Regelwerk zusammen. Die Mehrwertsteuersystemrichtlinie bildet seither den zentralen Rechtsakt auf dem Gebiet des Umsatzsteuerrechts, auch wenn nachfolgend weitere umsatzsteuerliche Richtlinien erlassen wurden.

10.14

---

1 Zur Mehrwertsteuerharmonisierung s. *Seiler* in G/H/N, Art. 113 AEUV Rz. 38 ff.; *Terra/Wattel*, European Tax Law[6], S. 167 ff.
2 Hierzu s. *Terra/Wattel*, European Tax Law[6], S. 167 ff.; *Mick* in Birk, Handbuch des Europäischen Steuer- und Abgabenrechts, § 26 Rz. 9 f.
3 Erste Richtlinie 67/227/EWG des Rates v. 11.4.1967 zur Harmonisierung der Rechtsvorschriften der Mitgliedstaaten über die Umsatzsteuern, ABl. EG 1967 Nr. L 71, 1301; Zweite Richtlinie 67/228/EWG des Rates v. 11.4.1967 zur Harmonisierung der Rechtsvorschriften der Mitgliedstaaten über die Umsatzsteuern – Struktur und Anwendungsmodalitäten des gemeinsamen Mehrwertsteuersystems, ABl. EG 1967 Nr. L 71, 1303; s. *Terra/Wattel*, European Tax Law[6], S. 170 f.; *Wachweger*, UR 1967, 123 (123 ff.).
4 Durch diese Neutralität unterscheidet sich die Mehrwertsteuer von Umsatzsteuern, bei denen die Steuerlast von der Länge des Produktions- und Vertriebswegs abhängig ist („Kaskadeneffekt"), vgl. *Schaumburg*, Internationales Steuerrecht[4], Rz. 3.93; *Terra/Wattel*, European Tax Law[6], S. 169 f.
5 Sechste Richtlinie 77/388/EWG des Rates v. 17.5.1977 zur Harmonisierung der Rechtsvorschriften der Mitgliedstaaten über die Umsatzsteuern – Gemeinsames Mehrwertsteuersystem: einheitliche steuerpflichtige Bemessungsgrundlage, ABl. EG 1977 Nr. L 145, 1.
6 Art. 4 des Beschlusses v. 21.4.1970 über die Ersetzung der Finanzbeträge der Mitgliedstaaten durch eigene Mittel der Gemeinschaften (70/243/EGKS, EWG, Euratom), ABl. EG 1970 Nr. L 94, 19.
7 *Terra/Wattel*, European Tax Law[6], S. 173; *Hombach*, Sperrklauseln im Europäischen Steuerrecht, S. 38; *Wachweger/Schlienkamp/Schütz*, UR 1977, 121 (121).
8 *Birkenfeld* in Birkenfeld/Wäger, Umsatzsteuer-Handbuch, § 23 Rz. 111 ff.; *Wachweger/Schlienkamp/Schütz*, UR 1977, 121 (141 ff., 165 ff.); *Klenk* in Sölch/Ringleb, UStG, Vor § 1 Rz. 5, weist darauf hin, dass die 1. Umsatzsteuerrichtlinie teilweise weiterhin anwendbar blieb.
9 Zu diesen Richtlinien s. *Terra/Wattel*, European Tax Law[6], S. 175 f.; *Schaumburg*, Internationales Steuerrecht[4], Rz. 3.90 ff.; *Vellen*, UR 2002, 500 (500 f.).
10 Richtlinie 2006/112/EG des Rates v. 28.11.2006 über das gemeinsame Mehrwertsteuersystem, ABl. EU 2006 Nr. L 347, 1.

10.15 Die Umsatzbesteuerung ist weiterhin Gegenstand von **Reformüberlegungen**. Am 7.4.2016 hat die Kommission nach längeren Vorarbeiten[1] einen Aktionsplan zur Umsatzsteuer vorgelegt, der grundlegende Veränderungen des Mehrwertsteuersystems vorsieht, insb. den Übergang zum Bestimmungslandprinzip für innergemeinschaftliche Erwerbe.[2] Als ersten Schritt dazu hat die Kommission am 4.10.2017 drei Entwürfe für Richtlinien bzw. Verordnungen vorgelegt;[3] der Systemwechsel soll schrittweise erfolgen.[4] Daneben hat die Kommission Änderungsbedarf bei der Besteuerung von E-Commerce-Umsätzen,[5] bei den Regelungen für KMUs[6] und bei der Festlegung von Umsatzsteuersätzen[7] identifiziert. Ein übergeordneter Schwerpunkt bei den Änderungen der europäischen Umsatzsteuerregelungen ist die Reduzierung der „Steuerlücke": Die Europäische Kommission geht davon aus, dass der Unterschied zwischen erwartetem und tatsächlich erhobenem Umsatzsteueraufkommen mehr als 150 Mrd. Euro beträgt.[8]

---

1 Grünbuch über die Zukunft der Mehrwertsteuer v. 1.12.2010, KOM (2010) 695 endg.
2 Mitteilung der Kommission v. 7.4.2016 an das Europäische Parlament, den Rat und den Europäischen Wirtschafts- und Sozialausschuss über einen Aktionsplan im Bereich der Mehrwertsteuer: Auf dem Weg zu einem einheitlichen europäischen Mehrwertsteuerraum: Zeit für Reformen, COM(2016) 148 final. S. dazu *Vellen*, EU-UStB 2016, 35 (37 ff.).
3 Vorschlag v. 4.10.2017 für eine Richtlinie des Rates zur Änderung der Richtlinie 2006/112/EG in Bezug auf die Harmonisierung und Vereinfachung bestimmter Regelungen des Mehrwertsteuersystems und zur Einführung des endgültigen Systems der Besteuerung des Handels zwischen Mitgliedstaaten, COM (2017) 569 final; Vorschlag v. 4.10.2017 für eine Durchführungsverordnung des Rates zur Änderung der Durchführungsverordnung (EU) Nr. 282/2011 hinsichtlich bestimmter Befreiungen bei innergemeinschaftlichen Umsätzen, COM(2017) 568 final; Vorschlag v. 4.10.2017 für eine Verordnung des Rates zur Änderung der Verordnung (EU) Nr. 904/2010 hinsichtlich des zertifizierten Steuerpflichtigen, COM (2017) 567 final.
4 Ihre weiteren inhaltlichen und zeitlichen Vorstellungen zur Reform der Umsatzsteuer hat die Kommission in einer ebenfalls am 4.10.2017 vorgelegten Mitteilung präsentiert, s. Mitteilung der Kommission v. 4.10.2017 an das Europäische Parlament, den Rat und den Europäischen Wirtschafts- und Sozialausschuss: Follow-up zum Aktionsplan im Bereich der Mehrwertsteuer, Auf dem Weg zu einem einheitlichen europäischen Mehrwertsteuerraum: Zeit zu handeln, COM(2017) 566 final.
5 Hierzu nahm der Rat in seiner Sitzung am 5.12.2017 das sog. „E-Commerce-Paket" an, s. Richtlinie (EU) 2017/2455 des Rates v. 5.12.2017 zur Änderung der Richtlinie 2006/112/EG und der Richtlinie 2009/132/EG in Bezug auf bestimmte mehrwertsteuerliche Pflichten für die Erbringung von Dienstleistungen und für Fernverkäufe von Gegenständen, ABl. EU 2017 Nr. L 348, 7; Durchführungsverordnung (EU) 2017/2459 des Rates v. 5.12.2017 zur Änderung der Durchführungsverordnung (EU) Nr. 282/2011 des Rates zur Festlegung von Durchführungsvorschriften zur Richtlinie 2006/112/EG über das gemeinsame Mehrwertsteuersystem, ABl. EU 2017 Nr. L 348, 32; Verordnung (EU) 2017/2454 des Rates zur Änderung der Verordnung (EU) Nr. 904/2010 des Rates über die Zusammenarbeit der Verwaltungsbehörden und die Betrugsbekämpfung auf dem Gebiet der Mehrwertsteuer, ABl. EU 2017 Nr. L 348, 1. In der Folge hat die Kommission weitere Bestimmungen vorgeschlagen, s. Entwurf vom 11.12.2018 für eine Richtlinie des Rates zur Änderung der Richtlinie 2006/112/EG des Rates vom 28.11.2006 in Bezug auf Vorschriften für Fernverkäufe von Gegenständen und bestimmte inländische Lieferungen von Gegenständen, COM(2018) 819 final sowie Entwurf vom 11.12.2018 für eine Durchführungsverordnung des Rates zur Änderung der Durchführungsverordnung (EU) Nr. 282/2011 bezüglich der über elektronische Schnittstellen unterstützten Lieferung von Gegenständen oder Erbringung von Dienstleistungen sowie bezüglich der Sonderregelungen für Steuerpflichtige, die Dienstleistungen an Nichtsteuerpflichtige erbringen sowie Fernverkäufe von Gegenständen und bestimmte inländische Lieferungen von Gegenständen innerhalb der Union tätigen, COM(2018) 821 final. S. zum „E-Commerce-Paket" auch *Lamensch*, EC Tax Review 2018, 186 (189 ff.).
6 Vorschlag vom 18.1.2018 für eine Richtlinie des Rates zur Änderung der Richtlinie 2006/112/EG über das gemeinsame Mehrwertsteuersystem in Bezug auf die Sonderregelung für Kleinunternehmen, COM (2018) 21 final.
7 Vorschlag vom 18.1.2018 für eine Richtlinie des Rates zur Änderung der Richtlinie 2006/112/EG in Bezug auf die Mehrwertsteuersätze, COM(2018) 20 final.
8 In einer Pressemitteilung vom 28.9.2017 geht die Kommission davon aus, dass die „Steuerlücke" für das Jahr 2015 bei rund 152 Mrd. Euro gelegen habe, IP/17/3441; in dem Aktionsplan vom 7.4.2016 sprach

III. Verbrauchsteuern

Bei den **Verbrauchsteuern** gelang der erste bedeutende Harmonisierungsschritt[1] in den 90er Jahren des letzten Jahrhunderts, als mehrere grundlegende Richtlinien zur Besteuerung von Tabakwaren, Mineralöl (bzw. Energieerzeugnissen und elektrischem Strom) sowie Alkohol und alkoholischen Getränken im Paket verabschiedet wurden:[2] die steuerübergreifende Systemrichtlinie[3] sowie die nach einzelnen Steuern unterscheidenden Strukturrichtlinien[4] und Steuersatzrichtlinien[5].

10.16

---

sie sogar von ca. 170 Mrd. Euro. S. dazu auch den Entwurf vom 12.12.2018 für eine Richtlinie des Rates zur Änderung der Richtlinie 2006/112/EG im Hinblick auf die Einführung bestimmter Anforderungen für Zahlungsdienstleister, COM(2018) 812 final sowie den Entwurf für eine Verordnung des Rates zur Änderung der Verordnung (EU) Nr. 904/2010 im Hinblick auf die Stärkung der Zusammenarbeit der Verwaltungsbehörden bei der Betrugsbekämpfung, COM(2018) 813 final.

1 Zur Vorgeschichte s. *Schröer-Schallenberg* in Birk, Handbuch des Europäischen Steuer- und Abgabenrechts, § 27 Rz. 5 ff.
2 Dazu s. *Hombach*, Sperrklauseln im Europäischen Steuerrecht, S. 43 ff.
3 Richtlinie 92/12/EWG des Rates v. 25.2.1992 über das allgemeine System, den Besitz, die Beförderung und die Kontrolle verbrauchsteuerpflichtiger Waren, ABl. EG 1992 Nr. L 76, 1; mittlerweile ersetzt durch Richtlinie 2008/118/EG des Rates v. 16.12.2008 über das allgemeine Verbrauchsteuersystem und zur Aufhebung der Richtlinie 92/12/EWG, ABl. EU 2009 Nr. L 9, 12.
4 Für **Tabakwaren**: Richtlinie 95/59/EG des Rates v. 27.11.1995 über die anderen Verbrauchsteuern auf Tabakwaren als die Umsatzsteuer, ABl. EG 1995 Nr. L 291, 40; mittlerweile ersetzt durch Richtlinie 2011/64/EU des Rates v. 21.6.2011 über die Struktur und die Sätze der Verbrauchsteuern auf Tabakwaren, ABl. EU 2011 Nr. L 176, 24. Am 21.12.2015 hat die Kommission einen Evaluationsbericht zu dieser Richtlinie vorgelegt, in dem sie den möglichen Reformbedarf prüft, s. Bericht der Kommission v. 21.12.2015 an den Rat über die REFIT-Evaluierung der Richtlinie 2011/64/EU und über die Struktur und die Sätze der Verbrauchsteuern auf Tabakwaren, COM(2015) 621 final. Die Kommission sieht gegenwärtig keinen Bedarf für eine Überarbeitung der Richtlinie, untersucht aber die aktuellen Entwicklungen, insb. mit Blick auf E-Zigaretten und „*heat not burn*"-Erzeugnisse, s. Bericht der Kommission v. 12.1.2018 an den Rat über die Richtlinie 2011/64/EU über die Struktur und die Sätze der Verbrauchsteuern auf Tabakwaren, COM(2018) 17.
Für **Mineralöl**: Richtlinie 92/81/EWG des Rates v. 19.10.1992 zur Harmonisierung der Struktur der Verbrauchsteuern auf Mineralöle, ABl. EG 1992 Nr. L 316, 12; mittlerweile ersetzt durch Richtlinie 2003/96/EG des Rates v. 27.10.2003 zur Restrukturierung der gemeinschaftlichen Rahmenvorschriften zur Besteuerung von Energieerzeugnissen und elektrischem Strom, ABl. EU 2003 Nr. L 283, 51. Ein Vorschlag der Kommission zur Änderung dieser Richtlinie aus dem Jahr 2011 fand nicht die Zustimmung des Rats und wurde von der Kommission im Jahr 2015 zurückgezogen, s. Vorschlag der Europäischen Kommission v. 13.11.2011 für eine Richtlinie des Rates zur Änderung der Richtlinie 2003/96/EG zur Restrukturierung der gemeinschaftlichen Rahmenvorschriften zur Besteuerung von Energieerzeugnissen und elektrischem Strom, KOM (2011) 169 endg.
Für **Alkohol und alkoholische Getränke**: Richtlinie 92/83/EWG des Rates v. 19.10.1992 zur Harmonisierung der Struktur der Verbrauchsteuern auf Alkohol und alkoholische Getränke, ABl. EG 1992 Nr. L 316, 21.
5 Für **Tabakwaren**: Richtlinie 92/79/EWG des Rates v. 19.10.1992 zur Annäherung der Verbrauchsteuern auf Zigaretten, ABl. EG 1992 Nr. L 316, 8; Richtlinie 92/80/EWG des Rates v. 19.10.1992 zur Annäherung der Verbrauchsteuern auf andere Tabakwaren als Zigaretten, ABl. EG 1992 Nr. L 316, 10; beide mittlerweile ersetzt durch Richtlinie 2011/64/EU des Rates v. 21.6.2011 über die Struktur und die Sätze der Verbrauchsteuern auf Tabakwaren, ABl. EU 2011 Nr. L 176, 24.
Für **Mineralöl**: Richtlinie 92/82/EWG des Rates v. 19.10.1992 zur Annäherung der Verbrauchsteuersätze für Mineralöle, ABl. EG 1992 Nr. L 316, 19; mittlerweile ersetzt durch Richtlinie 2003/96/EG des Rates v. 27.10.2003 zur Restrukturierung der gemeinschaftlichen Rahmenvorschriften zur Besteuerung von Energieerzeugnissen und elektrischem Strom, ABl. EU 2003 Nr. L 283, 51.
Für **Alkohol und alkoholische Getränke**: Richtlinie 92/84/EWG des Rates v. 19.10.1992 über die Annäherung der Verbrauchsteuersätze auf Alkohol und alkoholische Getränke, ABl. EG 1992 Nr. L 316, 29.

10.17 Die Systemrichtlinie enthält nähere Bestimmungen für das Besteuerungsverfahren bei den genannten Verbrauchsgütern.[1] Die Struktur- und Steuersatzrichtlinien (die mittlerweile teilweise zusammengelegt wurden) enthalten nähere Regelungen zu den jeweiligen Bemessungsgrundlagen und zu den Steuersätzen. Weil die Mitgliedstaaten (oberhalb von Mindeststeuersätzen) über die Steuersätze frei entscheiden können, können Verbrauchsteuern trotz der weitgehenden Vereinheitlichung der Bemessungsgrundlagen **weiterhin Wettbewerbsverzerrungen** verursachen.[2] Nachdem die Europäische Kommission im April 2017 einen Bericht zur Wirkungsweise der Systemrichtlinie mit Verbesserungsvorschlägen vorgelegt hatte,[3] veröffentlichte sie am 25.5.2018 einen Entwurf für die Neufassung dieser Richtlinie.[4] Gleichzeitig schlug sie Änderungen für die Besteuerung von Alkohol und alkoholischen Getränken vor.[5]

IV. Schaffung einer Finanztransaktionsteuer?

10.18 Zur Besteuerung des Finanzsektors hat die Kommission am 28.9.2011 einen Vorschlag für eine **Finanztransaktionsteuer** vorgelegt.[6] Es handelt sich dabei in gewisser Weise um den möglichen Nachfolger der (ebenfalls durch eine Richtlinie geregelten) Gesellschaftsteuer.[7] Nachdem der Vorschlag im Rat keine einstimmige Zustimmung gefunden hatte, beschlossen elf Mitgliedstaaten, das Projekt einer Finanztransaktionsteuer in verstärkter Zusammenarbeit weiter zu verfolgen.[8] Eine beim EuGH eingelegte Klage des Vereinigten Königreichs gegen den Beginn der verstärkten Zusammenarbeit blieb ohne Erfolg.[9] Die Kommission hat im Jahr 2013 einen überarbeiteten und auf die verstärkte Zusammenarbeit zugeschnittenen Richtlinienentwurf vorgelegt;[10] dieser wird seither im Rat diskutiert.

10.19 Es handelt sich um das erste Mal, dass das Prozedere der **verstärkten Zusammenarbeit** gem. Art. 20 EUV, Art. 326 ff. AEUV im Steuerbereich angewendet wird. Das Projekt einer Finanztransaktionsteuer hat in vielen Staaten hohe politische Bedeutung, weil die Befürworter in dieser Steuer einen gerech-

---

1 S. eingehend *Terra/Wattel*, European Tax Law⁶, S. 467 ff.; *Gröpl* in Dauses/Ludwigs, Handbuch des EU-Wirtschaftsrechts, J Rz. 585 ff.; *Schröer-Schallenberg* in Birk, Handbuch des Europäischen Steuer- und Abgabenrechts, § 27 Rz. 9 ff.
2 *Gröpl* in Dauses/Ludwigs, Handbuch des EU-Wirtschaftsrechts, J Rz. 585; *Rau*, ZfZ 1992, 225 (225 f.); *Hombach*, Sperrklauseln im Europäischen Steuerrecht, S. 47; *Henke* in Birk, Handbuch des Europäischen Steuer- und Abgabenrechts, § 20 Rz. 11 spricht vom Erreichen einer „Vor- oder Zwischenstufe des Binnenmarktes".
3 Bericht der Kommission v. 21.4.2017 an den Rat und das Europäische Parlament über die Umsetzung und Evaluierung der Richtlinie 2008/118/EG des Rates vom 16.12.2008 über das allgemeine Verbrauchsteuersystem, COM(2017) 184 final.
4 Vorschlag der Kommission v. 25.5.2018 für eine Richtlinie des Rates zur Festlegung des allgemeinen Verbrauchsteuersystems (Neufassung), COM(2018) 346 final.
5 Vorschlag der Kommission v. 25.5.2018 für eine Richtlinie des Rates zur Änderung der Richtlinie 92/83/EWG zur Harmonisierung der Struktur der Verbrauchsteuern auf Alkohol und alkoholische Getränke, COM(2018) 334 final. Auch hierzu hatte die Europäische Kommission zuvor einen Evaluationsbericht vorgelegt, s. Bericht der Kommission v. 28.10.2016 an den Rat über die Evaluierung der Richtlinie 92/83/EWG des Rates zur Harmonisierung der Struktur der Verbrauchsteuern auf Alkohol und alkoholische Getränke, COM(2016) 676 final.
6 Vorschlag v. 28.9.2011 für eine Richtlinie des Rates über das gemeinsame Finanztransaktionssteuersystem und zur Änderung der Richtlinie 2008/7/EG, KOM (2011) 594 endg.
7 S. dazu *Gröpl* in Dauses/Ludwigs, Handbuch des EU-Wirtschaftsrechts, J Rz. 637 ff.; *Hombach*, Sperrklauseln im Europäischen Steuerrecht, S. 40 ff.
8 Der Rat hat die dafür erforderliche Ermächtigung erteilt, Beschluss des Rates v. 22.1.2013 über die Ermächtigung zu einer Verstärkten Zusammenarbeit im Bereich der Finanztransaktionssteuer, ABl. EU 2013 Nr. L 22, 11. Im März 2016 ist Estland aus der Verstärkten Zusammenarbeit ausgeschieden, so dass die Gruppe noch aus zehn Staaten besteht.
9 EuGH v. 30.4.2014 – C-209/13 – Vereinigtes Königreich/Rat, ECLI:EU:C:2014:283 = EWS 2014, 163.
10 Vorschlag der Kommission v. 14.2.2013 für eine Richtlinie des Rates über die Umsetzung einer Verstärkten Zusammenarbeit im Bereich der Finanztransaktionssteuer, KOM (2013) 71 endg.

ten Beitrag des Finanzsektors zur Bewältigung der Kosten der letzten Finanzkrise sehen. Gleichzeitig erweist sich die Lösung der technischen Fragen als anspruchsvoll; gleiches gilt für die Kompromissfindung unter den mitwirkenden Staaten. Die weiteren Entwicklungen bleiben abzuwarten.[1]

D. Punktuelle Angleichung der direkten Steuern

Bei den direkten Steuern hat demgegenüber nur eine **punktuelle Angleichung der Rechtsvorschriften** stattgefunden.[2] Zwar hat die Kommission im Laufe der Zeit immer wieder Anstrengungen für eine stärkere Angleichung der Rechtsvorschriften auf Basis von Art. 115 AEUV unternommen und dahingehende Richtlinienentwürfe unterbreitet. Hierbei lag der thematische Schwerpunkt auf dem Abbau steuerlicher Hindernisse für die grenzüberschreitende unternehmerische Betätigung.

10.20

Die **Harmonisierungsbereitschaft** der Mitgliedstaaten bei den direkten Steuern war (und ist) aber begrenzt. Einige der Vorschläge der Kommission sind niemals umgesetzt worden, andere lediglich in abgewandelter bzw. abgeschwächter Form und erst nach jahrelangen schwierigen Diskussionen. Konkret verabschiedeten der Rat bzw. die Mitgliedstaaten bislang lediglich folgende Rechtsakte (zuzüglich späterer Änderungen):

10.21

- Amtshilferichtlinie v. 19.12.1977 (s. Rz. 25.1 ff.);
- MTRL v. 23.7.1990 (s. Rz. 14.1 ff.);
- FRL v. 23.7.1990 (s. Rz. 16.1 ff.);
- Schiedsverfahrenskonvention v. 23.7.1990 (s. Rz. 23.1 ff.);
- ZiLiRL v. 3.6.2003 (s. Rz. 15.1 ff.);
- ZiRL v. 3.6.2003[3]
- ATAD v. 17.6.2016 (s. Rz. 17.1 ff.).
- Schiedsrichtlinie v. 10.10.2017 (s. Rz. 24.1 ff.)

Die Jahreszahlen zeigen, dass es nur selten zu größeren Durchbrüchen kam, nämlich in den Jahren 1990 und 2003, als mehrere Richtlinien jeweils im Paket verabschiedet wurden.[4] Dem waren langwierige Vorarbeiten – teilweise über Jahrzehnte hinweg – vorausgegangen, mit langen Phasen des Stillstands. Entsprechend positiv wurden diese Paketlösungen im Schrifttum aufgenommen.[5] Zudem wurde die aus

---

1 Zur Kritik s. etwa *Wäger*, ISR 2013, 396 (397 ff.); *Weyde/Sultman/Steinbiß/Marques*, DStZ 2013, 495 (502 f.); *Englisch*, ISR 2013, 387 (389 ff.); *Frey/Bruhn*, BB 2012, 1763 (1763 ff.); *Ness*, EC Tax Review 2015, 294 (296 ff.).
2 Vgl. *Selling*, IStR 2000, 417 (417): Harmonisierung befindet sich „noch nicht einmal am Anfang"; s. umfassend zur Entwicklung auch *Anzinger*, in Reimer/Kube, Europäisches Finanzrecht, S. 123 ff., 152 ff. sowie *Kube/Reimer/Spengel*, EC Tax Review 2016, 247 (249 ff.); *Braun Binder*, S. 83 ff.
3 Die ZiRL wurde wegen der umfassenderen Regelungen in der Amtshilferichtlinie mit Wirkung zum 1.1.2016 aufgehoben, allerdings gelten darüber hinaus Übergangsregelungen, s. Richtlinie (EU) 2015/2060 des Rates v. 10.11.2015 zur Aufhebung der Richtlinie 2003/48/EG im Bereich der Besteuerung von Zinserträgen, ABl. EU 2015 Nr. L 301, 1. Für eine Darstellung zur ZiRL s. *Fehling* in Schamburg/Englisch, Europäisches Steuerrecht[1], Rz. 19.1 ff.
4 *Garbarino*, EC Tax Review 2016, 277 (279), spricht daher von „,black swan harmonization', a very unpredictable event".
5 *Knobbe-Keuk*, DB 1991, 298 (298): „geradezu historischer Durchbruch"; *Saß*, DB 1990, 2340 (2340): „Endlich!"

dem Jahr 1976 stammende Beitreibungsrichtlinie[1] im Jahr 2001 auf die gegenseitige Unterstützung bei der Beitreibung direkter Steuern ausgeweitet.[2] In jüngerer Zeit – beim Kampf gegen Gewinnkürzungen und Gewinnverlagerungen internationaler Unternehmen – hat sich das Tempo allerdings deutlich erhöht: Im Zeitraum zwischen Dezember 2015 und Oktober 2017 wurden in rekordverdächtiger Geschwindigkeit fünf Richtlinien zur Umsetzung der Empfehlungen des sog. BEPS-Projekts beschlossen;[3] im Mai 2018 ist noch eine erneute Änderung der Amtshilferichtlinie zur Einführung einer Anzeigepflicht für bestimmte Steuergestaltungen und zum automatischen Informationsaustausch in der EU hinzugekommen.[4]

10.22 Die **Harmonisierungswiderstände** der Mitgliedstaaten haben mehrere Ursachen. Neben Kritik an den konkreten vorgeschlagenen Regelungen spielt dabei eine gewichtige Rolle, dass Steuerpolitik als Kernbereich staatlicher Handlungsgewalt wahrgenommen wird: *„The power to tax is the power to govern."*[5] Gerade weil die Regelungen zu Zöllen und indirekten Steuern bereits in erheblichem Umfang vergemeinschaftet worden sind, haben die bislang kaum angeglichenen direkten Steuern für die Mitgliedstaaten eine hohe symbolische Bedeutung als verbliebener Besitzstand staatlicher Steuersouveränität. Hier verfügen die Mitgliedstaaten noch über Handlungsspielräume, die sie zur Erreichung wirtschaftspolitischer und weiterer nichtsteuerlicher Zwecke nutzen können.[6] Es kommt hinzu, dass einmal gefasste Richtlinien wegen des Einstimmigkeitsprinzips von Art. 115 AEUV nur schwerlich geändert werden können, selbst wenn eine große Anzahl von EU-Mitgliedstaaten dies wünscht – auch dies hemmt die Bereitschaft der Staaten zu weiteren Harmonisierungsschritten. Daher bleibt abzuwarten, ob die in den letzten Jahren gestiegene Harmonisierungsbereitschaft von Dauer ist.

---

1 Richtlinie 76/308/EWG des Rates v. 15.3.1976 über die gegenseitige Unterstützung bei der Beitreibung von Forderungen in Bezug auf bestimmte Abgaben, Zölle, Steuern und sonstige Maßnahmen, ABl. EG 1976 Nr. L 73, 18; mittlerweile ersetzt durch Richtlinie 2008/55/EG des Rates v. 26.5.2008 über die gegenseitige Unterstützung bei der Beitreibung von Forderungen in Bezug auf bestimmte Abgaben, Zölle, Steuern und sonstige Maßnahmen, ABl. EU 2008 Nr. L 150, 28.
2 Richtlinie 2001/44/EG des Rates v. 15.6.2001 zur Änderung der Richtlinie 76/308/EWG über die gegenseitige Unterstützung bei der Beitreibung von Forderungen im Zusammenhang mit Maßnahmen, die Bestandteil des Finanzierungssystems des Europäischen Ausrichtungs- und Garantiefonds für die Landwirtschaft sind, sowie von Abschöpfungen und Zöllen und bezüglich der Mehrwertsteuer und bestimmter Verbrauchsteuern, ABl. EG 2001 Nr. L 175, 17, mittlerweile ersetzt durch die Richtlinie 2010/24/EU des Rates vom 16.3.2010 über die Amtshilfe bei der Beitreibung von Forderungen in Bezug auf bestimmte Steuern, Abgaben und sonstige Maßnahmen, ABl. EU 2010 Nr. L 84, 1.
3 S. Richtlinie (EU) 2015/2376 des Rates vom 8.12.2015 zur Änderung der Richtlinie 2011/16/EU bezüglich der Verpflichtung zum automatischen Austausch von Informationen im Bereich der Besteuerung („DAC3"), ABl. EU 2015 Nr. L 332, 1; Richtlinie (EU) 2016/881 des Rates v. 25.5.2016 zur Änderung der Richtlinie 2011/16/EU bezüglich der Verpflichtung zum automatischen Austausch von Informationen im Bereich der Besteuerung („DAC4"), ABl. EU 2016 Nr. L 146, 8; Richtlinie (EU) 2016/1164 des Rates v. 12.7.2016 mit Vorschriften zur Bekämpfung von Steuervermeidungspraktiken mit unmittelbaren Auswirkungen auf das Funktionieren des Binnenmarkts (ATAD), ABl. EU 2016 Nr. L 193, 1; Richtlinie (EU) 2017/952 des Rates v. 29.5.2017 zur Änderung der Richtlinie (EU) 2016/1164 bezüglich hybrider Gestaltungen mit Drittländern („ATAD2"), ABl. EU 2017 Nr. L 144, 1; Richtlinie (EU) 2017/1852 des Rates v. 10.10.2017 über Verfahren zur Beilegung von Besteuerungsstreitigkeiten in der EU, ABl. EU 2017 Nr. L 265, 1.
4 Richtlinie (EU) 2018/822 des Rates v. 25.5.2018 zur Änderung der Richtlinie 2011/16/EU bezüglich des verpflichtenden automatischen Informationsaustauschs im Bereich der Besteuerung über meldepflichtige grenzüberschreitende Gestaltungen, ABl. EU 2018 Nr. L 139, 1.
5 *Knobbe-Keuk*, EuZW 1992, 336 (337).
6 Dies gilt umso mehr für die Mitglieder der Euro-Zone, die nicht mehr über währungspolitische Steuerungsinstrumente verfügen, s. *Selling*, IStR 2000, 417 (424). Vgl. auch *Heidecke/Mammen*, FR 2018, 941 (948): „Die Steuerpolitik ist eine der letzten makroökonomischen Stellschrauben nach Abschaffung einer atmenden Zins- und Wechselkurspolitik."

10.23 Ganz konkret wird sich dies bei den Diskussionen über die **steuerlichen Auswirkungen der Digitalisierung** zeigen. Am 21.3.2018 hat die Kommission ein Paket mit zwei Richtlinienentwürfen[1], einer Empfehlung[2], einer Folgenabschätzung[3] sowie einer zusammenfassenden Mitteilung[4] vorgelegt.[5] Einer dieser Richtlinienentwürfe zielt auf die Schaffung einer sog. signifikanten digitalen Präsenz im Rahmen der Körperschaftsteuer ab; demnach sollen – abweichend von den üblichen Regelungen in Doppelbesteuerungsabkommen, die Art. 5 OECD-MA nachgebildet sind – die Staaten ein Besteuerungsrecht für Geschäftstätigkeiten nichtansässiger Unternehmen erhalten, wenn diese Geschäftstätigkeit ganz oder teilweise in der Bereitstellung digitaler Dienstleistungen über eine digitale Schnittstelle besteht und wenigstens einer von mehreren Schwellenwerten (bezogen auf die Höhe der Einkünfte, die Zahl der Benutzer und die Zahl der Verträge mit anderen Unternehmen, jeweils mit Blick auf den betreffenden EU-Mitgliedstaat) überschritten ist. Flankiert wird dieser Vorschlag von einer Empfehlung der Kommission an die Mitgliedstaaten, ihre bestehenden Doppelbesteuerungsabkommen mit Drittstaaten, die solche Regelungen nicht enthalten, entsprechend nachzuverhandeln.

10.24 Der andere Richtlinienentwurf sieht die Einführung einer **Sondersteuer auf digitale Dienstleistungen** vor. Diese Sondersteuer wird nicht auf Art. 115 AEUV, sondern auf Art. 113 AEUV gestützt und sieht die Besteuerung bestimmter digitaler Dienstleistungen vor, namentlich

– digitaler Schnittstellen, bei denen Werbung eingeblendet wird

– digitaler Plattformen, die den Benutzern die wechselseitige Interaktion und auch die Ausführung von Dienstleistungen/Lieferung von Waren ermöglichen

– der Übermittlung von Daten, die über Benutzer (und aufgrund der Aktivitäten von Benutzern auf digitalen Schnittstellen) erhoben wurden.

Nach der Einschätzung der Kommission handelt es sich dabei um Dienstleistungen, bei denen die Benutzer eine besondere Rolle für die unternehmerische Wertschöpfung spielen und bei denen eine große räumliche Entfernung zwischen Unternehmen und Benutzer bestehen kann. Die Steuer soll nur auf Unternehmen oberhalb bestimmter Umsatzschwellen erhoben werden; der Steuersatz soll einheitlich bei 3 % liegen.

10.25 Mit der Vorlage dieser Richtlinienentwürfe greift die Europäische Kommission eine Diskussion zur Besteuerung der digitalisierten Wirtschaft auf, die derzeit auf Ebene von OECD und G20 geführt wird.[6] Dabei geht es im Kern um die Frage, ob **Besteuerungsrechte für digitale Leistungen zwischen den Staaten neu verteilt** werden sollen. Dort wird auch über die Erweiterung des Betriebsstättenbegriffs und die Einführung digitaler Sondersteuern diskutiert, wie sie sich jetzt in den Richtlinienentwürfen der

---

1 Vorschlag der Kommission vom 21.3.2018 für eine Richtlinie des Rates zur Festlegung von Vorschriften für die Unternehmensbesteuerung einer signifikanten digitalen Präsenz, COM(2018) 147 final; Vorschlag der Kommission vom 21.3.2018 für eine Richtlinie des Rates zum gemeinsamen System einer Digitalsteuer auf Erträge aus der Erbringung bestimmter digitaler Dienstleistungen, COM(2018) 148 final.
2 Empfehlung der Kommission vom 21.3.2018 bezüglich der Unternehmensbesteuerung einer signifikanten digitalen Präsenz, C(2018) 1650 final.
3 Commission Staff Working Document – Impact Assessment vom 21.3.2018, SWD(2018) 81 final.
4 Mitteilung der Kommission vom 21.3.2018 an das Europäische Parlament und den Rat – Zeit für einen modernen, fairen und effizienten Steuerstandard für die digitale Wirtschaft, COM(2018) 146 final.
5 Bereits im September 2017 hatte die Kommission hierzu eine Mitteilung veröffentlicht, s. Mitteilung der Kommission v. 21.9.2017 an das Europäische Parlament und den Rat: Ein faires und effizientes Steuersystem in der Europäischen Union für den digitalen Binnenmarkt, COM(2017) 547 final.
6 Dazu hat die OECD zum Treffen der G20-Finanzminister und -Notenbankgouverneure in Buenos Aires am 19./20.3.2018 einen Zwischenbericht vorgelegt, s. OECD, Tax Challenges Arising from Digitalisation – Interim Report 2018.

Europäischen Kommission finden. Da die Änderung des weltweit in einer Vielzahl von Doppelbesteuerungsabkommen verankerten Betriebsstättenbegriffs allgemein als mittel- bis langfristige Lösung gesehen wird, ist der Richtlinienentwurf für eine digitale Sondersteuer eher als kurzfristige Maßnahme zu verstehen. So konzentrierten sich die bisherigen Diskussionen auf EU-Ebene auch auf diesen.[1] Bei der Sitzung des ECOFIN im Dezember 2018 sprachen sich Deutschland und Frankreich dafür aus, den Anwendungsbereich der Richtlinie auf Werbeleistungen zu beschränken. Allerdings erhielt auch dieser reduzierte Richtlinienentwurf bei der Sitzung des ECOFIN im März 2019 nicht die erforderliche einstimmige Zustimmung. Mittlerweile haben sich die Diskussionen wieder zur OECD verlagert, die im Auftrag der G20 bis zum Jahr 2020 Lösungsvorschläge unterbreiten soll. Dabei soll es nicht nur um die angesprochenen Fragen der Verteilung von Besteuerungsrechten zwischen den Staaten gehen, sondern auch um die Einführung einer globalen effektiven Mindestbesteuerung. Bei ihrem Treffen in Fukuoka im Juni 2019 haben die Finanzminister und Notenbankgouverneure der G20 hierfür ein konkretes Arbeitsprogramm der OECD[2] gebilligt.[3]

10.26 Aufgrund ihrer wechselhaften Erfahrungen setzt die Kommission seit einiger Zeit auch auf eine **Koordinierung** der nationalen Steuerregelungen **durch nicht-rechtsverbindliche Instrumente**.[4] Diesen Ansatz beschrieb die Kommission in ihrer steuerpolitischen Grundsatzerklärung aus dem Jahr 2001.[5] In einer weiteren Mitteilung aus dem Jahr 2006 führte sie aus, wie die stärkere Koordinierung der nationalen Steuersysteme der Mitgliedstaaten im Einzelnen erfolgen soll.[6] In der Folge veröffentlichte die Kommission eine Vielzahl von Mitteilungen und Empfehlungen.[7] Hierin legt sie dar, welche Auffassung sie zu verschiedenen steuerlichen Einzelfragen vertritt, ohne dass daraus rechtlich verbindliche Befolgungspflichten für die Mitgliedstaaten erwüchsen.

---

1 Vgl. Handelsblatt v. 16.4.2018, S. 6 („Transatlantischer Stressfaktor"); Die Zeit v. 3.5.2018, S. 29 („Her mit der Digitalsteuer!"). Im deutschsprachigen Schrifttum wurden die Richtlinienentwürfe überwiegend kritisch beurteilt, s. z.B. *Eilers/Oppel*, IStR 2018, 361; *Kroppen/van der Ham*, IWB 2018, 334; *Spengel*, DB 2018, M 4.
2 *Programme of Work*, im Internet abrufbar unter: https://www.oecd.org/tax/beps/programme-of-work-to-develop-a-consensus-solution-to-the-tax-challenges-arising-from-the-digitalisation-of-the-economy.pdf.
3 S. Rz. 11 den dort verabschiedeten Kommuniqués, im Internet abrufbar unter: http://www.g20.utoronto.ca/2019/2019-g20-finance-fukuoka.html.
4 S. dazu auch *Hinnekens*, EC Tax Review 2014, 247 (249 ff.), 313 (322) sowie *Braun Binder*, S. 114 ff., 123 ff., jeweils mit Ansätzen für eine Kategorisierung.
5 Mitteilung der Kommission v. 23.5.2001 an den Rat, das Europäische Parlament und den Wirtschafts- und Sozialausschuss: Steuerpolitik in der Europäischen Union – Prioritäten für die nächsten Jahre, KOM (2001) 260 endg.
6 Mitteilung der Kommission v. 19.12.2006 an den Rat, das Europäische Parlament und den Wirtschafts- und Sozialausschuss: Koordinierung der Regelungen der Mitgliedstaaten zu den direkten Steuern im Binnenmarkt, KOM (2006) 823 endg.
7 Z.B. Mitteilung der Kommission v. 19.12.2003 an den Rat, das Europäische Parlament und den Wirtschafts- und Sozialausschuss: Besteuerung von Dividenden natürlicher Personen im Binnenmarkt, KOM (2003) 810 endg.; Mitteilung der Kommission v. 19.12.2006 an den Rat, das Europäische Parlament und den Wirtschafts- und Sozialausschuss: Steuerliche Behandlung von Verlusten bei grenzübergreifenden Sachverhalten, KOM (2006) 824 endg.; Mitteilung der Kommission v. 19.12.2006 an den Rat, das Europäische Parlament und den Wirtschafts- und Sozialausschuss: Wegzugsbesteuerung und die Notwendigkeit einer Koordinierung der Steuerpolitiken der Mitgliedstaaten, KOM (2006) 825 endg.; Empfehlung der Kommission v. 6.12.2012 betreffend aggressive Steuerplanung, C(2012) 8806 final; Empfehlung der Kommission v. 6.12.2012 für Maßnahmen, durch die Drittländer zur Anwendung von Mindeststandards für verantwortungsvolles Handeln im Steuerbereich veranlasst werden sollen, C(2012) 8805 final; Mitteilung der Kommission v. 21.9.2017 an das Europäische Parlament und den Rat: Ein faires und effizientes Steuersystem in der Europäischen Union für den digitalen Binnenmarkt, COM(2017) 547 final; s. Auflistung bei *Terra/Wattel*, European Tax Law[6], S. 206.

10.27 Ein erstes wichtiges Ergebnis dieses *soft-law*-Ansatzes war die Annahme des **Verhaltenskodex (Unternehmensbesteuerung)** im Jahr 1997, mit dem Kriterien für schädlichen Steuerwettbewerb festgelegt werden.[1] Gleichzeitig wurde eine Arbeitsgruppe der Mitgliedstaaten einberufen, die bestehende und geplante steuerliche Regelungen der Mitgliedstaaten anhand dieser Maßgaben analysiert. Sind die Kriterien nicht erfüllt, sollen die Mitgliedstaaten die betreffenden Regelungen abschaffen („*rollback*") oder von der Einführung Abstand nehmen („*standstill*"). Die Gruppe Verhaltenskodex (Unternehmensbesteuerung) wendet diese Grundsätze zunehmend auch gegenüber Drittstaaten an, was im Dezember 2017 zur Veröffentlichung einer „Schwarzen Liste" der EU geführt hat.[2] Im Zuge des Kampfs gegen Gewinnkürzungen und Gewinnverlagerungen in der EU erfährt die Gruppe generell eine stärkere Aufmerksamkeit; im Zuge dessen wird teilweise gefordert, dass die Transparenz der Arbeiten erhöht werden soll, verbunden mit einer generellen Ausweitung des Mandats der Gruppe.[3]

10.28 Ein weiteres *soft-law*-Instrument zur Beeinflussung der Steuerpolitik besteht in den sog. **länderspezifischen Empfehlungen**, die die Kommission im Rahmen des Europäischen Semesters zur wirtschaftspolitischen Koordinierung der Mitgliedstaaten abgibt. Diese Empfehlungen enthalten auch Aussagen zur Steuerpolitik der betreffenden Staaten.[4] Dies sorgte im März 2018 für eine gewisse Erregung, als sich die länderspezifischen Empfehlungen für Belgien, Zypern, Ungarn, Irland, Luxemburg, Malta und die Niederlande auch dazu äußerten, dass die steuerlichen Rahmenbedingungen dieser Staaten für BEPS-Gestaltungen genutzt werden können.[5]

10.29 Schließlich ist auf den Vorschlag der Kommission vom Januar 2019 hinzuweisen, für bestimmte steuerliche Dossiers vom Einstimmigkeitsprinzip zu **qualifizierten Mehrheitsentscheidungen** (und ggf. auch zum ordentlichen Gesetzgebungsverfahren) überzugehen.[6] Dazu soll die sog. Passerelleklausel („Brückenklausel") in Art. 48 Abs. 7 EUV genutzt werden, so dass es keiner Änderung des Primärrechts bedürfte. Die dort formulierten Bedingungen sind aber sehr streng (insb. bedarf es eines einstimmigen Beschlusses des Europäischen Rates, und kein nationales Parlament darf widersprechen). Da derzeit keine breite Unterstützung unter den Mitgliedstaaten für diesen Vorstoß zu erkennen ist, bleibt abzuwarten, inwieweit die Initiative weitere Wirkung entfalten wird. Auch wenn Für und Wider eines solchen Vorgehens nur schwer abstrakt erörtert werden können – da es ja nicht um eine grundlegende Reform der Regelungen im Sinne einer Änderung des EU-Primärrechts geht, sondern um eine Änderung der

---

[1] Ratsschlussfolgerungen v. 1.12.1997, ABl. EG 1998 Nr. C 2, 1. S. *Lampreave*, ET 2019, 197 (197 ff.) sowie eingehend *Hoeck/Schmid*, IWB 2017, 758 (758 ff.); *Becker/Hoeck* in Kofler/Schnitger, BEPS-Handbuch, Rz. F 65 ff.

[2] Auf dieser Liste werden nichtkooperative Jurisdiktionen genannt, die gegen die von der EU definierten Kriterien (Transparenz, Umsetzung von BEPS-Empfehlungen, fairer Steuerwettbewerb) verstoßen. Zunächst befanden sich 17 Staaten und Gebiete auf der Liste; diese Zahl hat sich anschließend reduziert. EU-weite Sanktionen sind damit derzeit nicht verbunden; Zweck der Liste ist es primär, durch „*naming and shaming*" politischen Druck zu erzeugen. Nähere Informationen sind im Internet abrufbar unter: https://ec.europa.eu/taxation_customs/tax-common-eu-list_en. S. dazu auch *Benz/Böhmer*, DB 2017, 2951 (2956 f.); *Dourado*, Intertax 2018, 178 (178 ff.); *Kalloe*, ET 2018, 47; *Cloer/Gerlach*, IWB 2018, 646 (648).

[3] S. dazu *Hoeck/Schmid*, IWB 2017, 758 (764 ff.); *Nouwen*, Intertax 2017, 138 (145 ff.); s zu der Gruppe auch die Studie „Role and Functioning of certain EU Groups in the Area of Taxation" vom November 2015, im Internet abrufbar unter: http://www.europarl.europa.eu/RegData/etudes/IDAN/2015/569977/IPOL_IDA (2015)569977_EN.pdf sowie zur Einbindung in BEPS-relevante Aktivitäten *Kalloe*, ET 2016, 183 (185 ff.).

[4] S. dazu *Peeters*, EC Tax Review 2016, 114 (114 ff.); *Kube/Reimer/Spengel*, EC Tax Review 2016, 247 (260 f.); ausführlich *Hemmelgarn* in Europäisches Steuerrecht, DStJG 41 (2018), S. 101.

[5] Im Internet abrufbar unter: https://ec.europa.eu/info/publications/2018-european-semester-country-reports_en.

[6] Mitteilung der Kommission vom 15.1.2019 an das Europäische Parlament, den Europäischen Rat und den Rat: Auf dem Weg zu einer effizienteren und demokratischeren Beschlussfassung in der EU-Steuerpolitik, COM(2019) 8 final. S. auch *Goulder*, TNI 2019, 245 (245 ff.).

Abstimmungsmodalitäten für das jeweils betroffene Dossier –, könnte die flexiblere Handhabung der Einstimmigkeit zumindest der Tendenz zur „Versteinerung" des steuerlichen Sekundärrechts[1] entgegenwirken: Einmal gesetztes Richtlinienrecht ist nur durch einstimmigen Beschluss wieder änderbar, was beispielsweise die Reform der Zins- und Lizenzrichtlinie mit dem Ziel der Sicherstellung einer effektiven Einmalbesteuerung[2] in den letzten Jahren erschwert hat. Diese Hürde wäre bei der Möglichkeit der Entscheidung mit qualifizierter Mehrheit weniger hoch.

10.30 Der stärkere Einsatz von *soft law* sollte nicht als inhaltliches Zugeständnis der Kommission an die Mitgliedstaaten missverstanden werden. Schon im Jahr 2001 hatte die Europäische Kommission angekündigt, flankierend zum Erlass von *soft law* in stärkerem Maße als bisher **Vertragsverletzungsverfahren** gegen Mitgliedstaaten einzuleiten. In der Folge lässt sich bisweilen ein mehraktiges Vorgehen der Kommission beobachten. Hinsichtlich der Wegzugsbesteuerung beispielsweise bezweifelte die Kommission die Vereinbarkeit der Regelungen einiger Mitgliedstaaten mit der einschlägigen EuGH-Rechtsprechung. Sie erließ daher eine Mitteilung, in der sie den Mitgliedstaaten aufzeigte, wo aus ihrer Sicht die unionsrechtlichen Grenzen solcher Regelungen liegen.[3] Als einige Mitgliedstaaten gleichwohl an den beanstandeten Regelungen festhielten, leitete die Kommission gegen mehrere Mitgliedstaaten Vertragsverletzungsverfahren ein (s. Rz. 8.80). Schließlich wurden entsprechende Regelungen in Art. 5 ATAD festgeschrieben (s. Rz. 17.1 ff.). Dies verdeutlicht, dass die Kommission ihre Ziele weiterhin konsequent verfolgt.[4]

10.31 Die Öffnung für die Verwendung von *soft-law*-Instrumenten bedeutet im Übrigen keinen Verzicht auf **weitere Richtlinieninitiativen.** Dies hat sich zuletzt bei der Umsetzung von BEPS-Empfehlungen durch insgesamt sechs Richtlinien gezeigt. Vielmehr ist es seit geraumer Zeit erklärtes Ziel der Kommission, die vielfältigen Probleme der Unternehmensbesteuerung durch ein großes Richtlinienvorhaben ganzheitlich zu lösen (s. Rz. 18.1 ff.). Nach jahrelangen Vorarbeiten hat sie dazu in den Jahren 2011 und 2016 Richtlinienentwürfe zum GKKB-Projekt veröffentlicht.[5] Zweifellos würde eine Einigung bei diesem umfassenden Harmonisierungsprojekt alle bisher erreichten Angleichungsschritte bei den direkten Steuern in den Schatten stellen.

E. Nichtsteuerliche Dossiers mit steuerlicher Bedeutung

10.32 Neben den genuin steuerlichen Harmonisierungs- und Angleichungsmaßnahmen gibt es auch nichtsteuerliches Unionsrecht, dem gleichwohl eine steuerliche Bedeutung zukommt. Hierbei handelt es sich um Rechtsakte aus anderen Rechtsgebieten, die am Rande auch vereinzelte steuerliche Regelungen enthalten oder die auch ohne solche expliziten Regelungen auf das Steuerrecht ausstrahlen. Dafür hat sich international der Begriff ***tax-in-non-tax*** eingebürgert.[6]

---

1 S. dazu etwa *Hey*, FR 2016, 554 (560); *Schön* in Europäisches Steuerrecht, DStJG 41 (2018), S. 57 (57 f.).
2 S. nur *Fehling/Schmid*, IStR 2015, 493 (496 f.).
3 Mitteilung der Kommission v. 19.12.2006 an den Rat, das Europäische Parlament und den Wirtschafts- und Sozialausschuss: Wegzugsbesteuerung und die Notwendigkeit einer Koordinierung der Steuerpolitiken der Mitgliedstaaten, KOM (2006) 825 endg.
4 S. zum „Wechselspiel" von *soft law* und Vertragsverletzungsverfahren auch *Braun Binder*, S. 182 ff.
5 Vorschlag der Europäischen Kommission v. 16.3.2011 für eine Richtlinie des Rates über eine Gemeinsame Konsolidierte Körperschaftsteuer-Bemessungsgrundlage (GKKB), KOM (2011) 121/4 endg.; Vorschlag v. 25.10.2016 für eine Richtlinie des Rates über eine Gemeinsame Körperschaftsteuer-Bemessungsgrundlage, COM(2016) 685 final; Vorschlag v. 25.10.2016 für eine Richtlinie des Rates über eine Gemeinsame konsolidierte Körperschaftsteuer-Bemessungsgrundlage (GKKB), COM(2016) 683 final.
6 Vgl. zu diesem Begriff *Smit* in Lang/Pistone/Schuch/Staringer/Storck, Tax Rules in Non-Tax Agreements, S. 1 ff.

Dieses Phänomen ist insbesondere im **europäischen Gesellschaftsrecht** anzutreffen. Schon die Verordnung zur EWIV, der Gründungsakt für die erste Gesellschaftsrechtsform des Unionsrechts, enthielt eine steuerliche Regelung, der zufolge das Ergebnis der Tätigkeit einer EWIV nur bei ihren Mitgliedern versteuert wird.[1] Auch bei weiteren europäischen Gesellschaftsrechtsformen kam es zu Folgewirkungen auf das Steuerrecht. So trafen die Verordnungen zur Einführung der europäischen Aktiengesellschaft (SE) und der europäischen Genossenschaft (SCE) zwar selbst keine steuerlichen Aussagen.[2] Gleichwohl hatten sie mittelbar steuerliche Auswirkungen: Weil diese Gesellschaftsformen ihren Sitz ohne Auflösung und Abwicklung in einen anderen Mitgliedstaat verlegen können, verständigten sich die Mitgliedstaaten bald darauf auf Änderungen bei der FRL, um diese Freizügigkeit nicht durch steuerliche Hindernisse zu konterkarieren (s. Rz. 16.7 f.).

10.33

Diskussionen über steuerliche Folgewirkungen können mitunter **ein Hindernis für Fortschritte** bei nichtsteuerlichen Dossiers darstellen. So enthält der Entwurf der FE-Verordnung Regelungen, denen zufolge die FE in steuerlicher Hinsicht so zu behandeln sein soll wie eine gemeinnützige Einrichtung des nationalen Rechts.[3] Diese steuerliche Gleichbehandlung wird kritisiert.[4] Dies ist einer der Gründe, warum es bei diesem Vorhaben bislang zu keiner Einigung der Mitgliedstaaten kam.[5] Vergleichbares gilt für den Entwurf der SPE-Verordnung. Dieser sah vor, dass Satzungssitz und Verwaltungssitz einer SPE in verschiedenen Mitgliedstaaten belegen sein können.[6] Die dagegen erhobenen steuerlichen Bedenken konnten nicht ausgeräumt werden, so dass sich die Mitgliedstaaten nicht auf den Verordnungsentwurf einigen konnten.[7] Der Verordnungsentwurf wurde schließlich von der Kommission nicht weiter verfolgt. Ein vergleichbares Schicksal ereilte den von der Kommission stattdessen präferierten Entwurf einer SUP-Richtlinie (SUP: *societas unius personae* – Einpersonengesellschaft).[8] Dieser enthielt ähnliche Regelungen zu Satzungssitz und Verwaltungssitz.[9] Nachdem auch hier die nötige Unterstützung ausgeblieben war, zog die Kommission den Richtlinienvorschlag zurück.[10]

10.34

---

1 Art. 40 der Verordnung (EWG) Nr. 2137/85 des Rates v. 25.7.1985 über die Schaffung einer Europäischen wirtschaftlichen Interessenvereinigung (EWIV), ABl. EG 1985 Nr. L 199, 1; s. *Salger/Neye* in Münchener Handbuch des Gesellschaftsrechts Bd. 1[4], § 98 Rz. 1 ff.
2 Die SE wurde durch die Verordnung (EG) Nr. 2157/2001 v. 8.10.2001, ABl. EG 2001 Nr. L 294, 1 geschaffen; ergänzende Regelungen zur Beteiligung der Arbeitnehmer wurden durch die Richtlinie 2001/86/EG vom gleichen Tage (ABl. EG 2001 Nr. L 294, 22) normiert. Für die SCE sind die entsprechenden Rechtsakte die Verordnung (EG) Nr. 1435/2003 v. 22.7.2003, ABl. EU 2003 Nr. L 207, 1 und die Richtlinie 2003/72/EG v. 22.7.2003, ABl. EU 2003 Nr. L 207, 25. Aus Erwägungsgrund (20) zur SE-VO ergibt sich explizit, dass diese Verordnung keine steuerlichen Regelungen enthält, s. *Schön* in Lutter/Hommelhoff, SE Kommentar[2], Die SE im Steuerrecht Rz. 6. Erwägungsgrund (16) zur SCE-VO enthält eine entsprechende Aussage.
3 Art. 49 des Vorschlags für eine Verordnung des Rates über das Statut der Europäischen Stiftung (FE), KOM (2012) 35 endg. In Art. 50 f. sind entsprechende Diskriminierungsverbote für die Spender und die Begünstigten der FE enthalten; s. *Korning/Wijtvliet*, BIFD 2013, 491 (495 f.).
4 S. Antwort der Bundesregierung v. 3.4.2012 auf eine Anfrage der Abgeordneten *Kumpf*, BT-Drucks. 17/9678, 17 f.; *Verse*, EuZW 2013, 336 (342).
5 S. *Stiegler*, DB 2014, 525 (528 f.). Mittlerweile treibt die Kommission das Vorhaben nicht mehr aktiv weiter, vgl. *Weitemeyer* in Münchener Kommentar zum BGB[7], § 80 Rz. 236.
6 Art. 7 des Vorschlags v. 25.6.2008 für eine Verordnung des Rates über das Statut der Europäischen Privatgesellschaft, KOM (2008) 396 endg.
7 S. – auch zu weiteren geäußerten Bedenken – *Schumacher/Stadtmüller*, GmbHR 2012, 682 (685 f.).
8 Vorschlag der Kommission v. 9.4.2014 für eine Richtlinie des Europäischen Parlaments und des Rates über Gesellschaften mit beschränkter Haftung mit einem einzigen Gesellschafter, COM(2014) 212 final.
9 *Verse/Wiersch*, EuZW 2014, 375 (381); *Drygala*, EuZW 2014, 491 (492); *Krauß/Meichelbeck*, BB 2015, 1562.
10 Rücknahme von Vorschlägen der Kommission (2018/C 233/05), ABl. EU 2018 Nr. C 233, 6. Vgl. aber auch die weiterführenden Überlegungen von *Teichmann*, GmbHR 2018, 713 (717 ff.).

10.35 Aus jüngerer Zeit ist der Vorschlag der Kommission zur Änderung der Transparenzrichtlinie vom 12.4.2016 zu benennen, mit der ein sog. **öffentliches** *Country-by-Country-Reporting* eingeführt werden soll.[1] Dies hätte zur Folge, dass Unternehmen unter bestimmten Voraussetzungen – insb. wenn sie eine Umsatzschwelle von 750 Mio. Euro überschreiten – auf ihrer Homepage veröffentlichen müssen, wie sich ausgewählte Faktoren (insb. Umsätze, Gewinne, Steuern, Zahl der Arbeitnehmer) auf verschiedene Staaten verteilen. Die dadurch hergestellte größere Transparenz soll unternehmerische Entscheidungen und deren steuerliche Auswirkungen für die Öffentlichkeit leichter nachvollziehbar machen.[2] Die Befürworter dieses Ansatzes, zu denen neben einigen Mitgliedstaaten[3] auch das Europäische Parlament[4] und diverse Nichtregierungsorganisationen[5] zählen, berufen sich nicht zuletzt darauf, dass derartige öffentliche Berichtspflichten in der EU bereits für die Rohstoffwirtschaft[6] und die Finanzbranche[7] eingeführt worden sind, ohne dass dies zu erkennbaren Nachteilen für die betroffenen Unternehmen geführt habe.

10.36 Die Gegner dieses Vorhabens führen an, dass eine solche Berichtspflicht gegenüber der Öffentlichkeit mit den Wertungen des **Steuergeheimnisses** unvereinbar sei, die Preisgabe wichtiger Geschäftsgeheimnisse gegenüber der Konkurrenz zur Folge hätte und die Unternehmen in einen unangemessenen

---

1 Vorschlag der Kommission v. 12.4.2016 für eine Richtlinie des Europäischen Parlaments und des Rates zur Änderung der Richtlinie 2013/34/EU im Hinblick auf die Offenlegung von Ertragsteuerinformationen durch bestimmte Unternehmen und Zweigniederlassungen, COM(2016) 198 final. Eingehend dazu *Grotherr*, IWB 2016, 854 (854 ff.).
2 S. Erwägungsgrund (5) zum Richtlinienentwurf.
3 Frankreich wollte im Vorgriff auf die Diskussionen auf EU-Ebene bereits im November 2016 ein öffentliches *Country-by-Country-Reporting* auf nationaler Ebene einführen (L.225-102-4 des französischen Commercial Codes). Der Conseil Constitutionnel (das französische Verfassungsgericht) sah diese Regelung aber kurz danach als unvereinbar mit der französischen Verfassung an, da sie die Unternehmen zu weitgehend zur Offenlegung sensibler Informationen verpflichte und deswegen die unternehmerische Freiheit verletze, Urteil vom 8.12.2016, Urteil Nummer 2016-741 DC; s. dazu *Jochen Lüdicke/Salewski*, ISR 2017, 99 (100 ff.). Auch Großbritannien hat im September 2016 auf nationaler Ebene die Voraussetzungen für ein öffentliches *Country-by-Country-Reporting* geschaffen (section 17(6) zu Schedule 9 des Finance Act 2016); bislang hat die britische Regierung von dieser Ermächtigung aber noch keinen Gebrauch gemacht, weil sie vorrangig eine internationale Lösung anstrebt, s. für einen Überblick https://researchbriefings.parliament.uk/ResearchBriefing/Summary/CDP-2017-0233.
4 S. die Stellungnahme des Europäischen Parlaments v. 21.7.2017, im Internet abrufbar unter: http://www.europarl.europa.eu/sides/getDoc.do?type=REPORT&mode=XML&reference=A8-2017-0227&language=EN. Dort wird sogar noch eine inhaltliche Ausweitung der Bestimmungen gefordert.
5 S. beispielsweise die gemeinsame Stellungnahme mehrerer Nichtregierungsorganisationen v. 4.5.2015 „Why Public Country-by-Country Reporting for Large Multinationals is a Must", im Internet abrufbar unter: http://www.taxresearch.org.uk/Blog/wp-content/uploads/2015/05/CBCRQA4-15.pdf; s. auch die Stellungnahme der „Independent Commission for the Reform of International Corporate Taxation": A Fairer Future for Global Taxation vom Februar 2018, im Internet abrufbar unter: https://www.icrict.com/icrict-documents-a-fairer-future-for-global-taxation.
6 S. Art. 41 ff. der Richtlinie 2013/34/EU des Europäischen Parlaments und des Rates v. 26.6.2013 über den Jahresabschluss, den konsolidierten Abschluss und damit verbundene Berichte von Unternehmen bestimmter Rechtsformen und zur Änderung der Richtlinie 2006/43/EG des Europäischen Parlaments und des Rates und zur Aufhebung der Richtlinien 78/660/EWG und 83/349/EWG des Rates („Bilanzrichtlinie"), ABl. EU 2013 Nr. L 182, 19.
7 S. Art. 89 der Richtlinie 2013/36/EU des Europäischen Parlaments und des Rates v. 26.6.2013 über den Zugang zur Tätigkeit von Kreditinstituten und die Beaufsichtigung von Kreditinstituten und Wertpapierfirmen, zur Änderung der Richtlinie 2002/87/EG und zur Aufhebung der Richtlinien 2006/48/EG und 2006/49/EG („CRD 4"), ABl. EU 2013 Nr. L 176, 338.

Rechtfertigungszwang gegenüber Jedermann bringen würde.[1] Ein weiteres Argument ist, dass damit gegen den internationalen Konsens zu BEPS-Aktionspunkt 13, bei dem gerade kein öffentliches *Country-by-Country-Reporting* vereinbart wurde, verstoßen werde. In der Folge sei zu befürchten, dass Drittstaaten kein Interesse mehr hätten, mit EU-Staaten *Country-by-Country-Reports* im Einklang mit BEPS-Aktionspunkt 13 auszutauschen, weil sie die Informationen über europäische Unternehmen ohnehin frei im Internet einsehen könnten. Die EU-Staaten würden im Ergebnis wertvolle Informationen liefern, ohne im Gegenzug entsprechende Informationen aus den Drittstaaten zu erhalten.

Neben diesen inhaltlichen Punkten werden auch formale Fragen diskutiert. So ist strittig, ob die Kommission mit Art. 50 Abs. 1 AEUV überhaupt die richtige **Rechtsgrundlage** gewählt hat (hier ist die Beschlussfassung im Rat mit qualifizierter Mehrheit möglich) oder ob der Richtlinienentwurf wegen seines steuerlichen Schwerpunkts nicht auf Art. 115 AEUV hätte gestützt werden müssen (dann müsste die Beschlussfassung im Rat einstimmig erfolgen).[2] Diese Kontroversen haben dazu geführt, dass im Rat noch keine Abstimmung stattgefunden hat. Der weitere Fortgang bei diesem Dossier ist gegenwärtig nicht absehbar.[3]

10.37

F. Ein neuer Schwerpunkt der EU

In jüngerer Zeit hat die Kommission eine partielle Neuausrichtung ihrer steuerlichen Strategie vorgenommen. Während früher vor allem der Abbau steuerlicher Behinderungen für die grenzüberschreitende Betätigung im Vordergrund stand, bemüht sich die Kommission seit einigen Jahren in stärkerem Maße um die **Vermeidung doppelter Nichtbesteuerung**.

10.38

So hat die Kommission den BEPS-Prozess zur Bekämpfung von Gewinnkürzungen und Gewinnverlagerungen von OECD und G20 (*Base Erosion and Profit Shifting*) von Beginn an konstruktiv begleitet und in einer Reihe von Mitteilungen eigene Schwerpunkte gesetzt.[4] Auch der Rat hat sich früh hinter

10.39

---

1 S. z.B. die Stellungnahme des BDI v. 12.4.2016: https://bdi.eu/artikel/news/country-by-country-reporting-birgt-wettbewerbsnachteile-fuer-europaeische-unternehmen/. S. auch *Jochen Lüdicke/Salewski*, ISR 2017, 99 (105 ff.); *Spengel/Stutzenberger*, IStR 2018, 37 (42 f.).
2 S. dazu http://www.spiegel.de/wirtschaft/soziales/eu-kommission-schaeuble-will-konzern-steuern-geheimhalten-a-1126544.html.
3 Hinzuweisen ist noch darauf, dass diese Diskussion vorübergehend nicht auf *Country-by-Country-Reports* beschränkt war: So gab es – mit der Unterstützung des Europäischen Parlaments – Überlegungen in der Kommission, auch eine Veröffentlichung von *Tax Rulings* vorzuschreiben, s. Handelsblatt v. 20.2.2015, S. 10 („Hartes Ringen um Transparenz"). Es liegt auf der Hand, dass die gegen ein öffentliches *Country-by-Country-Reporting* angeführten Argumente hier in noch stärkerer Weise gegolten hätten, da *Tax Rulings* häufig zu besonders bedeutsamen (und sensiblen) Transaktionen angefragt werden. Im Ergebnis hat die Kommission von einem dahingehenden Vorschlag abgesehen, und entsprechende Überlegungen scheinen derzeit nicht weiter angestellt zu werden.
4 Mitteilung der Kommission v. 27.6.2012 an das Europäische Parlament und den Rat über konkrete Maßnahmen, auch in Bezug auf Drittländer, zur Verstärkung der Bekämpfung von Steuerbetrug und Steuerhinterziehung, COM(2012) 351 final; Mitteilung der Kommission v. 6.12.2012 an das Europäische Parlament und den Rat: Aktionsplan zur Verstärkung der Bekämpfung von Steuerbetrug und Steuerhinterziehung, COM(2012) 722 final; Mitteilung der Kommission v. 18.3.2015 an das Europäische Parlament und den Rat über Steuertransparenz als Mittel gegen Steuerhinterziehung und Steuervermeidung, COM(2015) 136 final; Mitteilung der Kommission v. 17.6.2015 an das Europäische Parlament und den Rat: Eine faire und effiziente Unternehmensbesteuerung in der Europäischen Union – Fünf Aktionsschwerpunkte, COM(2015) 302 final; Mitteilung der Kommission v. 28.1.2016 an das Europäische Parlament und den Rat: Maßnahmenpaket zur Bekämpfung von Steuervermeidung: nächste Schritte auf dem Weg zu einer effektiven Besteuerung und einer größeren Steuertransparenz in der EU, COM(2016) 23 final. Vgl. zur Thematik etwa auch *Piltz*, IStR 2012, 681 (681 f.); *David/Knopp*, IWB 2013, 591 (591 ff.); *Kahle/Wildermuth*, Ubg 2013, 405 (406 ff.); *Lang*, IStR 2013, 365 (372 f.); sowie umfassend *Kofler/Schnitger*, BEPS-Handbuch; für eine Gegen-

das BEPS-Projekt gestellt und zudem durch eigene „*Roadmaps*" Zeitpläne für die Bekämpfung von BEPS-Problemen in der EU aufgestellt.[1] Begleitet wird dies von Untersuchungen des Europäischen Parlaments.[2] Diese Anstrengungen haben dazu geführt, dass bislang sechs Richtlinien zur Umsetzung von BEPS-Empfehlungen verabschiedet worden sind.[3] Gegenwärtig befinden sich weitere Vorhaben in der Diskussion, insb. die Arbeiten zur Besteuerung der digitalisierten Wirtschaft (Rz. 10.23 ff.).

10.40 Diese neue Schwerpunktsetzung ist zu begrüßen. Dabei ist es wichtig, dass die weiteren Arbeiten neben der Umsetzung der „allgemeinen" BEPS-Beschlüsse von OECD und G20 auch auf die spezifisch europäischen Aspekte gerichtet sind. Dabei geht es nicht nur darum, dass die Implementierung von BEPS-Empfehlungen mit europäischem Recht vereinbar sein muss, sondern auch um die Beseitigung der europäischen Ursachen von BEPS-Problemen, die sowohl im Unionsrecht als auch im Steuerrecht von EU-Mitgliedstaaten liegen. So sind es die Regelungen der ZiLiRL, die eine Erhebung von Quellensteuern auf Lizenzzahlungen zwischen verbundenen Unternehmen verbieten, selbst wenn diese Zahlungen im anderen Staat einer verschwindend geringen Besteuerung unterliegen. Dieses Problem wird noch dadurch vergrößert, dass einige EU-Mitgliedstaaten nach ihrem nationalen Recht per se keine Quellensteuern auf Lizenzzahlungen an Drittstaaten verlangen, so dass durch entsprechende Steuergestaltungen Lizenzzahlungen im Ergebnis aus jedem EU-Mitgliedstaat quellensteuerfrei in nichtbesteuernde Drittstaaten geschleust werden können.[4] Hier ist eine ehrliche Bestandsaufnahme, inwieweit Unionsrecht und das Recht einiger Mitgliedstaaten Teil des Problems sind, erforderlich.[5]

10.41 Das größere Engagement der EU in diesem Bereich ist auch unter dem Gesichtspunkt der Stärkung des Binnenmarkts folgerichtig. Denn doppelte Nichtbesteuerung und Niedrigbesteuerung können – wie Doppelbesteuerung – zu **wirtschaftlichen Verzerrungen** führen und damit das Funktionieren des

---

überstellung der EU- und OECD-Arbeiten s. auch *Kavelaars*, Intertax 2013, 507 (507 ff.) sowie *Kofler* in Kirchmayr/Mayr/Hirschler/Kofler, Anti-BEPS-Richtlinie, S. 17 ff.

1 Die erste *Roadmap* hat die damalige lettische Ratspräsidentschaft auf Basis von Vorarbeiten der vorhergehenden italienischen Ratspräsidentschaft im Jahr 2015 veröffentlicht (Dok.-Nr. 5968/15 FISC 15). Seither wird die *Roadmap* von den jeweiligen Ratspräsidenten fortgeführt. Die Weiterentwicklung kann beispielsweise anhand der *Roadmap* der bulgarischen Ratspräsidentschaft vom Januar 2018 nachvollzogen werden (Dok.-Nr. 5668/18 FISC 37). Daneben hat der Rat in mehreren Ratsschlussfolgerungen seine Unterstützung für das BEPS-Projekt ausgedrückt, s. z.B. Ratsschlussfolgerungen v.14./15.3.2013, im Internet abrufbar unter: https://www.consilium.europa.eu/uedocs/cms_data/docs/pressdata/de/ec/136173.pdf sowie Ratsschlussfolgerungen v. 8.12.2015, im Internet abrufbar unter: http://www.consilium.europa.eu/de/press/press-releases/2015/12/08/ecofin-conclusions-corporate-taxation/. Mitursächlich für die Dynamik war ein gemeinsamer Brief von drei Finanzministern (Deutschland, Frankreich, Italien) an den EU-Kommissar Moscovici v. 28.11.2014, s. dazu *Kokolia/Chatziioakeimidou*, ET 2015, 149 (156).
2 Nach Bekanntwerden der sog. *Luxemburg-Leaks* hat das Europäische Parlament den TAXE-Sonderausschuss zur Untersuchung der Ruling-Praxis der EU-Mitgliedstaaten eingesetzt. Der Abschlussbericht des TAXE-Ausschusses (P8_TA(2015)0408) wurde am 25.11.2015 angenommen. Das Mandat des Sonderausschusses wurde anschließend für weitere Untersuchungen bis zum 2.8.2016 verlängert (TAXE2); der Abschlussbericht dazu (P8_TA(2016)0310) wurde am 6.7.2016 angenommen. Für weitere Informationen (auch zu den Arbeiten unter „TAXE3") s. http://www.europarl.europa.eu/committees/de/taxe/home.html.
3 S. Rz. 10.21.
4 Eingehend dazu *Fehling/Schmid*, IStR 2015, 493; s. auch *Pinkernell*, StuW 2012, 369 (370 ff.); *Lowell/Harrington*, International Transfer Pricing Journal 2014, 67 (68), die das Agieren einiger Staaten in der BEPS-Diskussion vor diesem Hintergrund als „scheinheilig" bezeichnen; s. zum europäischen Steuerrecht zwischen den Polen „Harmonisierung" und „Wettbewerb" auch bereits *Schön*, Tax Competition in Europe – General Report.
5 Die Versuche, die Bestimmungen der ZiLiRL in diesem Punkte zu ändern, sind bislang an den unterschiedlichen Positionen der EU-Mitgliedstaaten gescheitert, s. ECOFIN-Bericht an den Europäischen Rat zu Steuerfragen v. 7.12.2017, Dok.-Nr. 15405/17 FISC 340, Rz. 34 ff.

Binnenmarktes stören.¹ Unternehmen, die solche aggressiven Steuergestaltungen² nicht einsetzen können oder wollen, erleiden einen signifikanten Wettbewerbsnachteil. Insofern ist es konsequent, dass die Kommission in einer wachsenden Zahl von Fällen prüft, ob solche Regelungen eine unerlaubte Beihilfe im Sinne des europäischen Beihilfenrechts darstellen.³ Auch mit den Grundfreiheiten ist der Kampf gegen aggressive Steuergestaltungen im Grundsatz vereinbar. Denn die Grundfreiheiten dienen nach ihrer Zwecksetzung (s. Art. 26 AEUV) dem Binnenmarkt; sie schützen kein wirtschaftliches Handeln, das zu ökonomischen Verzerrungen führt und den Markt letztlich beeinträchtigt.⁴ Anders gewendet: Marktschädliche Steuergestaltungen genießen von vornherein nicht den Schutz der Grundfreiheiten.

Dieser neue Ansatz weist Parallelen zu der Entwicklung in der Rechtsprechung des EuGH auf, welche mittlerweile den Mitgliedstaaten mehr Möglichkeiten zur Rechtfertigung von Grundfreiheitsbeschränkungen zugesteht.⁵ Hier wie dort wird den berechtigten fiskalischen Interessen der Mitgliedstaaten ein größeres Gewicht beigemessen. Die neue Schwerpunktsetzung sollte aber nicht dazu führen, dass die EU ihre Bemühungen um die Beseitigung steuerlicher Belastungen der grenzüberschreitenden wirt-

10.42

---

1 Die Europäische Kommission spricht selbst von einer „Spaltung des Binnenmarkts", s. Mitteilung der Kommission v. 17.6.2015 an das Europäische Parlament und den Rat: Eine faire und effiziente Unternehmensbesteuerung in der Europäischen Union – Fünf Aktionsschwerpunkte, COM(2015) 302 final. Es kommt hinzu, dass eine „*beggar-thy-neighbour*"-Strategie zu Lasten anderer Mitgliedstaaten in einer EU, die sich als Werte- und Solidargemeinschaft versteht, ganz grundsätzlich nicht akzeptabel ist, vgl. auch Süddeutsche Zeitung v. 8./9.11.2014: „Bruch der europäischen Solidarität" (zu den „*Luxemburg-Leaks*") sowie *Sprackland*, TNI 2018, 1408 (1408) zur Argumentation der Kommission, dass das Betreiben unfairen Steuerwettbewerbs die Glaubwürdigkeit der Union gefährdet. S. auch *Hey* in Europäisches Steuerrecht, DStJG 41 (2018), S. 9 (38 f.) sowie *Aujean*, EC Tax Review 2015, 60 (61), der eine Einigung auf ein „Solidaritätsprinzip" fordert. Ggf. könnte hier auch das in Art. 4 Abs. 3 EUV kodifizierte (aber für die hier betreffende Frage noch wenig konturierte) Prinzip der Unionstreue fruchtbar gemacht werden; s. zu dessen steuerlicher Bedeutung *Wittock*, EC Tax Review 2014, 171.
2 Dieser Begriff wird teilweise kritisiert, z.B. *Kahle/Wildermuth*, Ubg 2013, 405 (409). Er hat sich gleichwohl etabliert und wird daher auch hier verwendet. Dabei ist zu beachten, dass mit dem Begriff der aggressiven Steuerplanung nicht bisher vorgenommenen Gestaltungen rückwirkend die Wirksamkeit abgesprochen werden soll (etwa indem ihnen eine Missbräuchlichkeit i.S.v. § 42 AO attestiert wird). Vielmehr soll die Diskussion über aggressive Steuergestaltungen aufzeigen, in welchen Bereichen künftig Änderungen der rechtlichen Rahmenbedingungen geboten sind.
3 So hat die Kommission alle EU-Mitgliedstaaten in einem beihilferechtlichen Auskunftsersuchen über erteilte Tax Rulings befragt, vgl. Pressemitteilung v. 17.12.2014, IP/14/2742. Von den bislang aufgegriffenen Fällen hat vor allem die Apple-Entscheidung v. 30.8.2016 für Schlagzeilen gesorgt, weil die Kommission darin Irland verpflichtet hat, eine Steuerforderung in Höhe von bis zu 13 Mrd. Euro zuzüglich Zinsen vom Apple-Konzern einzutreiben, Beschluss (EU) 2017/1283 der Kommission v. 30.8.2016 über die staatliche Beihilfe SA.38373 (2014/C) (ex 2014/NN) (ex 2014/CP) Irlands zugunsten von Apple, ABl. EU 2017 Nr. L 18, 1. Irland und der Apple-Konzern haben gegen diese Entscheidung Rechtsmittel eingelegt. Zunächst hatte Irland sich geweigert, die Steuerforderung einzutreiben; mittlerweile hat sich Irland dazu aber bereit erklärt, nachdem die Kommission gegen Irland wegen dieser Untätigkeit eine Klage beim EuGH erhoben hatte, s. FAZ v. 5.12.2017, S. 17. Der Versuch der USA, dem Beihilfeprozess vor dem EuGH als Beteiligter beizutreten, blieb erfolglos, s. *Lewis*, TNI 2018, 1076 (1076 f.). Die beihilfenrechtliche Entscheidung der Europäischen Kommission hat im Übrigen auch in den USA Kritik hervorgerufen und die US Treasury veranlasst, am 24.8.2016 ein „White Paper" zu veröffentlichen, in dem die Argumentation der Kommission in Zweifel gezogen wird, im Internet abrufbar unter: https://www.treasury.gov/resource-center/tax-policy/treaties/Documents/White-Paper-State-Aid.pdf. S. zum Ganzen auch *Wattel*, Intertax 2016, 791 (798 ff.); *Smit*, EC Tax Review 2017, 67 (72 f.); sowie umfassend zu den steuerlichen Bezügen des europäischen Beihilfenrechts Rz. 9.1 ff.
4 Vgl. *Caspar*, EuZW 2000, 237 (241): kein Recht der Unionsbürger „auf Schaffung von Wirtschaftsfreiheit schlechthin".
5 Dazu *Seiler* in G/H/N, Art. 113 AEUV Rz. 58; *Weber-Grellet*, DStR 2009, 1229 (1229 ff.); kritisch *Herbort*, IStR 2015, 15 (16 ff.).

schaftlichen Tätigkeit zurückfährt.[1] Denn hier bestehen noch Defizite, die EU-weit einheitlich angegangen werden sollten. Richtschnur für die weiteren Schritte bei der Harmonisierung der Steuern in der Europäischen Union sollte es sein, die Verhinderung von Doppelbesteuerung und von Doppelnichtbesteuerung/Niedrigbesteuerung als Seiten derselben Medaille zu sehen und auf eine möglichst **gleichberechtigte Verwirklichung beider Zielvorgaben** zu achten.

---

[1] Kritisch insoweit *Kofler/Pistone*, IStR 2017, 705 (711): „Einweg-Entwicklung"; *Hey* in Europäisches Steuerrecht, DStJG 41 (2018), S. 9 (10): „Die Einseitigkeit der aktuellen europäischen Steuerpolitik ist erdrückend."

Kapitel 11
Steuergesetzgebungskompetenzen der Union

A. Grundsätze unionsrechtlicher Kompetenzausübung	11.1	1. Überblick	11.15
I. Prinzip der begrenzten Einzelermächtigung	11.1	2. Zollverbot	11.17
		3. Zollkodex der Union und Gemeinsamer Zolltarif	11.18
II. Kompetenzarten	11.2	4. Zusammenarbeit	11.20
1. Überblick	11.2	II. Indirekte Steuern	11.21
2. Ausschließliche Kompetenz	11.3	1. Überblick	11.21
3. Geteilte Kompetenzen	11.5	2. Umsatzsteuer	11.23
4. Parallele Kompetenzen	11.6	3. Verbrauchsteuern	11.32
5. Koordinationskompetenz	11.7	III. Direkte Steuern	11.39
III. Verstärkte Zusammenarbeit	11.8	1. Überblick	11.39
IV. Kompetenzausübungsschranken	11.12	2. Richtlinien	11.41
B. Gesetzgebungskompetenzen in einzelnen Bereichen der Steuerpolitik	11.15	3. Sonstige Maßnahmen	11.42
I. Zollunion	11.15		

A. Grundsätze unionsrechtlicher Kompetenzausübung

Literatur: *Albin*, Das Subsidiaritätsprinzip in der EU – Anspruch und Rechtswirklichkeit, NVwZ 2006, 629; *Becker*, Differenzierungen der Rechtseinheit durch „abgestufte Integration", EuR 1998, Beiheft 1, 29; *von Borries*, Zum Subsidiaritätsprinzip im Recht der EU, EuR 1994, 263; *Buchhold*, Die ausschließlichen Kompetenzen der Europäischen Gemeinschaft nach dem EGV, 2003; *v. Danwitz*, Subsidiaritätskontrolle in der EU, in Dolde/Hansmann/Paetow/Schmidt-Aßmann (Hrsg.), Verfassung – Umwelt – Wirtschaft, FS für Sellner, München 2010, 37; *Derpa*, Die verstärkte Zusammenarbeit im Recht der Europäischen Union, Stuttgart 2003; *Dittert*, Die ausschließlichen Kompetenzen der Europäischen Gemeinschaft im System des EG-Vertrags, Frankfurt 2001; *Hirsch*, Die Auswirkungen des Subsidiaritätsprinzips auf die Rechtsetzungsbefugnisse der EGen, 1995; *Krauser*, Das Prinzip der begrenzten Ermächtigung im Gemeinschaftsrecht als Strukturprinzip des EWGV, Berlin 1991; *Ladenburger*, Anmerkungen zu Kompetenzordnung und Subsidiarität nach dem Vertrag von Lissabon, ZEuS 2011, 389; *Langeheine*, Abgestufte Integration, EuR 1983, 227; *Lecheler*, Das Subsidiaritätsprinzip, Berlin 1993; *Papier*, Das Subsidiaritätsprinzip – Bremse des europäischen Zentralismus?, in Depenheuer/Heintzen/Jestaedt/Axer (Hrsg.), Staat im Wort, FS für Isensee, Heidelberg 2007, 691; *Rengeling*, Die Kompetenzen der EU, in Huber/Brenner/Möstl (Hrsg.), Der Staat des Grundgesetzes – Kontinuität und Wandel, FS für Badura, Tübingen 2004, 1135; *Schambeck*, Subsidiarität und europäische Integration, in Depenheuer/Heintzen/Jestaedt/Axer (Hrsg.), Staat im Wort, FS für Isensee, Heidelberg 2007, 707; *Scharf*, Die Kompetenzordnung im Vertrag von Lissabon, 2009; *H.P. Schneider*, Zur Kompetenzabgrenzung zwischen der EU und ihren Mitgliedstaaten, in Cremer/Giegerich/Richter/Zimmermann (Hrsg.), Tradition und Weltoffenheit des Rechts, FS für Steinberger, Berlin 2002, 1402; *Trüe*, Das System der Rechtsetzungskompetenzen der EG und der EU, Baden-Baden 2002.

I. Prinzip der begrenzten Einzelermächtigung

11.1 Das für demokratisch verfasste Staaten maßgebliche Gewaltenteilungsprinzip[1] hat für die EU, der keine Staatsqualität zukommt,[2] keine Geltung.[3] Die EU ist allerdings als Staatenverbund[4] rechtsstaatgebunden mit der Folge, dass die Organe der EU nur tätig werden dürfen, wenn sich hierfür eine ausdrückliche Ermächtigung ergibt. Dies gilt insbesondere für die Gesetzgebung, für die die EU keine originären Kompetenzen hat. Die Gesetzgebungskompetenzen verbleiben daher bei den Mitgliedstaaten, soweit sie diese nicht ganz oder teilweise auf die EU übertragen haben (Art. 4 Abs. 1 EUV). Dieses Prinzip der begrenzten Einzelermächtigung,[5] das in Art. 5 Abs. 2 EUV eine Konkretisierung erfahren hat, führt insbesondere dazu, dass der EU insbesondere im Bereich der Gesetzgebung keine Kompetenz-Kompetenz eingeräumt ist.[6] Soweit die EU die Gesetzgebungskompetenz hat, ergeben sich weitere Bindungen wie folgt: Es dürfen nur diejenigen Organe der EU tätig werden, die hierzu ausdrücklich ermächtigt werden, wobei die hierfür jeweils in der Ermächtigungsgrundlage vorgeschriebenen Verfahren und Handlungsformen eingehalten werden müssen.[7] Diese strengen Bindungen schließen aber nicht aus, dass die in Betracht kommenden Ermächtigungsgrundlagen einer an den Werten, Zielen und Aufgaben der EU ausgerichteten teleologischen Auslegung zugänglich sind.[8] Es geht hierbei im Wesentlichen darum, die entsprechenden Ermächtigungsgrundlagen so auszulegen, dass sie eine „nützliche Wirksamkeit" (**effet utile**) entfalten.[9] Auf der gleichen Linie liegt auch die für die Gesetzgebungskompetenzen der EU maßgebliche **implied-powers-Doktrin**, wonach ausdrücklich die in EUV/AEUV vorgesehenen Gesetzgebungskompetenzen zu ergänzen sind um Kompetenzen kraft Sachzusammenhangs für Nachbargebiete und um Annexkompetenzen für Vorbereitungs- und Durchführungsmaßnahmen, wenn andernfalls eine entsprechende Rechtsetzung durch die EU entweder überhaupt nicht oder nicht sinnvoll möglich wäre.[10] Darüber hinaus enthält auch die in Art. 352 AEUV enthaltene sog. **Flexibilitätsklausel** eine Vertragsabrundungskompetenz, wonach ohne Änderung von EUV/AEUV auf Vorschlag der Kommission und nach Zustimmung des Europäischen Parlaments der Europäische Rat einstimmig geeignete Vorschriften erlassen kann, wenn dies zur Zielverwirklichung im Rahmen der Politikbereiche erforderlich ist. Diese Kompetenznorm ist darauf gerichtet, Lücken zu schließen[11] und zugleich eine vertragsimmanente Fortentwicklung des Unionsrechts unterhalb förmlicher Vertragsänderungen zu ermöglichen.[12] Im Kern handelt es sich hierbei um eine Kompetenzerweiterung, die im Vorfeld der Beschlussfassung im Rat die Beteiligung von Bundestag und Bundesrat erforderlich macht (Art. 23 Abs. 2–6 GG).[13] Angesichts dieser Erschwernisse spielt Art. 352 AEUV als Ermächtigungsgrundlage in der Praxis keine große Rolle.[14]

---

1 Vgl. Art. 20 Abs. 2 Satz 2 GG.
2 *Pechstein* in Streinz[3], Art. 1 EUV Rz. 10; *Callies* in Calliess/Ruffert[5], Art. 1 EUV Rz. 29; *Nettesheim* in G/H/N, Art. 1 EUV Rz. 66.
3 Vgl. nur *Nettesheim* in O/C/N, Europarecht[8], § 5 Rz. 15.
4 So die Terminologie des BVerfG v. 12.10.1993 – 2 BvR 2143, 2159/92, BVerfGE 89, 155 (158).
5 *Von Bogdandy/Schill* in G/H/N, Art. 4 EUV Rz. 1; *König* in S/Z/K, Europarecht[3], § 2 Rz. 5.
6 *Von Bogdandy/Schill* in G/H/N, Art. 4 EUV Rz. 2.
7 Hierzu *König* in S/Z/K, Europarecht[3], § 2 Rz. 6; *Trüe*, Das System der Rechtsetzungskompetenzen der EG und der EU, S. 72 ff.
8 *Nettesheim* in O/C/N, Europarecht[8], § 11 Rz. 7.
9 Aus der effet-utile-Rechtsprechung: EuGH v. 30.5.1989 – 242/87 – Kommission ./. Rat, Slg. 1989, 1425 Rz. 6; v. 7.7.1992 – C-295/90 – EP ./. Rat, Slg. 1992, I-4193 Rz. 15 ff.; weitere Nachweise bei *Rossi* in Calliess/Ruffert[5], Art. 352 AEUV Rz. 61.
10 Vgl. EuGH v. 28.3.1996 – Gutachten 2/94 – EMRK-Beitritt, Slg. 1996, I-1759 Rz. 29; ferner *Streinz* in Streinz[3], Art. 352 AEUV Rz. 9; *Callies* in Calliess/Ruffert[5], Art. 5 EUV Rz. 16 ff.; *König* in S/Z/K, Europarecht[3], § 2 Rz. 8 f.; *Nettesheim* in O/C/N, Europarecht[8], § 11 Rz. 11.
11 *Streinz* in Streinz[3], Art. 352 AEUV Rz. 1.
12 *Streinz* in Streinz[3], Art. 352 AEUV Rz. 1; *Rossi* in Calliess/Ruffert[5], Art. 352 AEUV Rz. 10; *Nettesheim* in O/C/N, Europarecht[8], § 11 Rz. 8.
13 Vgl. auch § 8 IntVG sowie §§ 1 ff. EUZBBG.
14 Hierzu *Streinz* in Streinz[3], Art. 352 AEUV Rz. 69, 71.

II. Kompetenzarten

1. Überblick

Im Rahmen der vertikalen Kompetenzverteilung zwischen der EU und den Mitgliedstaaten[1] kommt den in Art. 2 AEUV verankerten Kompetenzarten besondere Bedeutung zu. Insbesondere die Unterscheidung zwischen ausschließlicher und geteilter Kompetenz (Art. 2 Abs. 1, 2, 3 und 4 AEUV) findet zwar eine gewisse Parallele in den Art. 70 ff. GG, die Besonderheit besteht aber darin, dass die Art. 2 ff. AEUV nicht abschließend und zudem nicht konstitutiver Natur sind.[2] Die einzelnen Kompetenzarten lassen sich wie folgt unterscheiden: Ausschließliche Kompetenz (Art. 2 Abs. 1, 3 AEUV), geteilte Kompetenz (Art. 2 Abs. 2, 4 AEUV), Koordinierungskompetenz (Art. 2 Abs. 3 AEUV) und parallele Kompetenz (Art. 2 Abs. 5, 6 AEUV).

11.2

2. Ausschließliche Kompetenz

Für die in Art. 3 AEUV aufgeführten Politikbereiche ist der EU die ausschließliche Gesetzgebungskompetenz zugewiesen mit der Folge, dass es den Mitgliedstaaten untersagt ist, in den jeweiligen Bereichen tätig zu werden (Sperrwirkung).[3] Da die Mitgliedstaaten insoweit Souveränitätsrechte vollständig auf die EU überführt haben, gilt folgerichtig auch nicht das in Art. 5 Abs. 2, Abs. 3 EUV verankerte Subsidiaritätsprinzip.[4] Die vorgenannte **Sperrwirkung** hat auch dann Bedeutung, wenn die EU ihre ausschließliche Gesetzgebungskompetenz nicht ausübt.[5] Die Sperrwirkung bedeutet allerdings nicht, dass die Mitgliedstaaten überhaupt nicht tätig werden dürften. Aus Art. 2 Abs. 1 Halbs. 2 AEUV ergibt sich für sie vielmehr eine (abgeleitete) Gesetzgebungskompetenz, wozu es einer ausdrücklichen Ermächtigung bedarf oder wenn Rechtsakte der Union durchzuführen sind (Art. 2 Abs. 1 Halbs. 2 AEUV). Soweit es um Ermächtigungen der EU geht, müssen diese im Einzelfall sekundärrechtlich festgelegt sein; eine permanente Ermächtigung, etwa aus der Natur der Sache heraus, ist nicht vorgesehen.[6] Den Mitgliedstaaten verbleibt daher im Bereich der ausschließlichen Gesetzgebungskompetenz der EU im Wesentlichen nur die Kompetenz, generell Rechtsakte der Union durchzuführen (Art. 2 Abs. 1 Halbs. 2 Alt. 2 AEUV). Eine Konkretisierung hierfür ergibt sich aus Art. 291 AEUV, wonach die Mitgliedstaaten alle zur Durchführung der verbindlichen Rechtsakte der Union erforderlichen Maßnahmen nach innerstaatlichem Recht zu ergreifen haben. Hierzu gehören insbesondere legislative Maßnahmen, wie z.B. die Umsetzung von EU-Richtlinien.[7] Soweit die vorgenannten Ausnahmen nicht gegeben sind, verstoßen nationale Regelungen gegen die Sperrwirkung der Kompetenznorm und sind damit unanwendbar.[8]

11.3

Welche Politikbereiche der ausschließlichen Gesetzgebungskompetenz der Union zugewiesen sind, ergibt sich aus Art. 3 AEUV. Die dortige Aufzählung ist nicht abschließend und wirkt zudem, wie sich aus Art. 2 Abs. 6 AEUV ergibt, lediglich deklaratorisch.[9] Über die in Art. 3 Abs. 1 AEUV enthaltene Aufzählung – **Zollunion**, Wettbewerbsregeln, Währungspolitik, Fischereipolitik, Handelspolitik – hinaus hat die EU auch die ausschließliche Zuständigkeit für den Abschluss bestimmter internationaler Über-

11.4

---

1 Die horizontale Kompetenzverteilung zwischen den Organen der EU (Organkompetenz) kann in dem hier interessierenden Zusammenhang unerwähnt bleiben.
2 *Nettesheim* in G/H/N, Art. 2 AEUV Rz. 3, 15; *Nettesheim* in O/C/N, Europarecht[8], § 11 Rz. 13.
3 *Nettesheim* in G/H/N, Art. 2 AEUV Rz. 18; *Callies* in Calliess/Ruffert[5], Art. 2 AEUV Rz. 9.
4 *Nettesheim* in G/H/N, Art. 2 AEUV Rz. 18, Art. 3 AEUV Rz. 8; etwas anderes gilt für das generell maßgebliche Verhältnismäßigkeitsprinzip.
5 Ggf. aber – Ultima Ratio – eine Handlungskompetenz der Mitgliedstaaten als „Sachverwalter des gemeinsamen Interesses"; hierzu *Callies* in Calliess/Ruffert[5], Art. 2 AEUV Rz. 13; *Pechstein*, Sachverwalter des gemeinsamen Interesses, S. 75 ff.
6 *Nettesheim* in G/H/N, Art. 2 AEUV Rz. 19, 21.
7 *Gellermann* in Streinz[3], Art. 291 AEUV Rz. 7; *König* in S/Z/K, Europarecht[3], § 2 Rz. 20.
8 *Nettesheim* in G/H/N, Art. 2 AEUV Rz. 27.
9 *Nettesheim* in G/H/N, Art. 3 AEUV Rz. 1, 7.

einkünfte (Art. 3 Abs. 2 AEUV).¹ Voraussetzung hierfür ist allerdings, dass eine solche Übereinkunft in einem Gesetzgebungsakt der EU vorgesehen ist, wenn sie zudem notwendig ist, damit die EU ihre interne Zuständigkeit ausüben kann, oder wenn der Abschluss eines mitgliedstaatlichen Abkommens gemeinsame Regeln beeinträchtigt oder deren Tragweite verändern könnte.²

3. Geteilte Kompetenzen

11.5 Bei den in Art. 2 Abs. 2, 4 AEUV verankerten geteilten Gesetzgebungskompetenzen handelt es sich um **konkurrierende Zuständigkeiten**, die dann gegeben sind, wenn weder eine ausschließliche noch eine koordinierende Gesetzgebungskompetenz vorgesehen ist (Art. 4 Abs. 1 AEUV). Die geteilte Gesetzgebungskompetenz führt zu einer **bedingten Sperrwirkung**. Das bedeutet, dass die Mitgliedstaaten nur dann in den betreffenden Gesetzgebungsbereichen tätig werden dürfen, wenn die Union ihre Zuständigkeit nicht ausgeübt hat (Art. 2 Abs. 2 Satz 2 AEUV). Hat die Union von ihrer geteilten Gesetzgebungskompetenz Gebrauch gemacht, wird konkurrierendes nationales Recht unanwendbar,³ soweit die unionale Regelung konkret reicht.⁴ Die Sperrwirkung entfällt allerdings, sofern und soweit die EU entschieden hat, ihre Zuständigkeit nicht mehr auszuüben (Art. 2 Abs. 2 Satz 3 AEUV).⁵ Die Hauptbereiche geteilter Kompetenzen sind in Art. 4 Abs. 2 AEUV aufgezählt. Diese Aufzählung ist nicht abschließend und hat zudem auch keine konstitutive Wirkung.⁶

4. Parallele Kompetenzen

11.6 Für bestimmte Sachbereiche hat die EU eine (parallele) Gesetzgebungskompetenz, ohne dass hierdurch die Mitgliedstaaten gehindert sind, entsprechende eigene Gesetze zu erlassen (Art. 4 Abs. 3, 4 AEUV). Hat die EU von ihrer Gesetzgebungskompetenz Gebrauch gemacht, entsteht hierdurch zwar keine Sperrwirkung i.S.v. Art. 2 Abs. 2 Satz 2 AEUV, wegen der **Vorrangwirkung** des unionalen Sekundärrechts bleibt aber entsprechendes bereits bestehendes nationales Recht unanwendbar.⁷ Die Mitgliedstaaten sind im Hinblick auf das Loyalitätsgebot (Art. 4 Abs. 3 EUV) zudem gehindert, nachträglich entsprechende nationale Rechtsvorschriften zu erlassen.

5. Koordinationskompetenz

11.7 Art. 2 Abs. 3, 5, Art. 6 AEUV enthalten für die EU eine **ergänzende Gesetzgebungskompetenz**, in deren Rahmen Maßnahmen zur Unterstützung, Koordinierung oder Ergänzung nationalstaatlicher Regelungen ergriffen werden dürfen. Es handelt sich hierbei um Gesetzgebungsbereiche, die in die primäre Zuständigkeit der Mitgliedstaaten fallen.⁸ Im Rahmen dieser Gesetzgebungskompetenz wird die EU in erster Linie durch Stellungnahmen und Empfehlungen (Art. 288 AEUV) tätig,⁹ ohne dass sie hierdurch schon unmittelbar Harmonisierungsziele verfolgen darf (Art. 2 Abs. 5 Satz 2 AEUV).

---

1 Eine Konkretisierung enthält Art. 216 Abs. 1 AEUV.
2 *Nettesheim* in G/H/N, Art. 3 AEUV Rz. 20 ff.; *Callies* in Calliess/Ruffert⁵, Art. 3 AEUV Rz. 17 f.; zu den Voraussetzungen aus der Sicht des EuGH EuGH v. 4.9.2014 – C-114/12 – Kommission ./. Rat, EuZW 2014, 859.
3 *Nettesheim* in G/H/N, Art. 2 AEUV Rz. 27.
4 *König* in S/Z/K, Europarecht³, § 2 Rz. 22.
5 Zu dieser Entsperrungswirkung *Nettesheim* in G/H/N, Art. 2 AEUV Rz. 31; *König* in S/Z/K, Europarecht³, § 2 Rz. 23.
6 *Nettesheim* in G/H/N, Art. 2 AEUV Rz. 24; *Callies* in Calliess/Ruffert⁵, Art. 4 AEUV Rz. 2.
7 *Nettesheim* in G/H/N, Art. 2 AEUV Rz. 33.
8 *Nettesheim* in G/H/N, Art. 6 AEUV Rz. 3; *Callies* in Calliess/Ruffert⁵, Art. 2 AEUV Rz. 25.
9 *Nettesheim* in G/H/N, Art. 6 AEUV Rz. 16.

III. Verstärkte Zusammenarbeit

Die im EUV/AEUV verankerten Gesetzgebungskompetenzen gelten im Grundsatz mit Wirkung für und gegen alle Mitgliedstaaten. Dies entspricht den Vorgaben von Art. 52 EUV und Art. 355 AEUV, wonach die EU ihre Zuständigkeiten im räumlichen Geltungsbereich der Verträge ausübt. Eine Begrenzung der Gesetzgebungskompetenz ergibt sich in räumlicher Hinsicht allerdings in den Fällen der verstärkten Zusammenarbeit (Art. 20 EUV). Hiernach besteht die Möglichkeit, unter bestimmten Voraussetzungen die Rechtssetzung der EU, insbesondere Sekundärrecht, auf einzelne Mitgliedstaaten zu beschränken. Mit diesem Instrument der **abgestuften Integration**[1] wird dem Umstand Rechnung getragen, dass die Mitgliedstaaten zum Teil unterschiedliche Interessen verfolgen, die die Fortentwicklung der EU zu einer Rechtsgemeinschaft hindern können.[2] Nur hierdurch lassen sich wenigstens für einen Teil der Mitgliedstaaten überhaupt Integrationsfortschritte erzielen. Die Setzung partiellen Sekundärrechts nur für bestimmte (integrationsfreundliche) Mitgliedstaaten löst allerdings auf Dauer eine desintegrative Wirkung aus,[3] so dass sie nur unter engen Voraussetzungen zulässig ist und zudem unter dem Vorbehalt der Offenheit steht, wonach diejenigen Mitgliedstaaten, die zunächst nicht teilgenommen haben, zu einem späteren Zeitpunkt in die verstärkte Zusammenarbeit aufgenommen werden können (Art. 20 Abs. 1 Unterabs. 2 Satz 2 EUV).[4]

11.8

Eine verstärkte Zusammenarbeit ist nur außerhalb der ausschließlichen Gesetzgebungskompetenz der EU zulässig (Art. 20 Abs. 1 EUV),[5] wodurch Asymmetrien im Kernbereich der EU-Zollunion, Wettbewerbsrecht, Fischerei-, Handels- und Währungspolitik – vermieden werden. Voraussetzung ist schließlich, dass durch die verstärkte Zusammenarbeit die Verwirklichung der Ziele der Union gefördert, ihre Interessen geschützt und der Integrationsprozess gestärkt wird (Art. 20 Abs. 1 Unterabs. 2 Satz 1 EUV).[6] Als besonders hohe Hürde erweist sich in der Praxis die in Art. 20 Abs. 2 Satz 1 EUV verankerte **Ultima-Ratio-Klausel**, wonach eine verstärkte Zusammenarbeit nur zulässig ist, wenn der Rat feststellt, dass die mit dieser Zusammenarbeit angestrebten Ziele von der EU in ihrer Gesamtheit nicht innerhalb eines vertretbaren Zeitraums verwirklicht werden können, wobei ohnehin eine Mindestzahl von neun teilnehmenden Mitgliedern gefordert wird.[7]

11.9

Art. 20 EUV ist lediglich eine **Rahmenvorschrift**, die eine Konkretisierung in den Art. 326–334 AEUV erfährt. Das hierauf beruhende nur für das jeweilige Staatsgebiet der beteiligten Mitgliedstaaten geltende (partielle) Sekundärrecht (Art. 20 Abs. 4 Satz 1 EUV) nimmt in der Normenhierarchie den gleichen Platz ein wie das „reguläre" für alle Mitgliedstaaten geltende Sekundärrecht, so dass in der Rechtsanwendung keinerlei Unterschiede bestehen. In den Fällen allerdings, in denen (ausnahmsweise) partielles Sekundärrecht mit regulärem Sekundärrecht kollidiert, gebührt dem regulären Sekundärrecht der Vorrang.[8]

11.10

Wegen der engen Voraussetzungen gibt es bislang nur wenige legislative Anwendungsfälle der verstärkten Zusammenarbeit. Hierzu gehören das Scheidungsrecht[9] sowie das Patentrecht[10]. Im Bereich des Steuerrechts ist im Rahmen der verstärkten Zusammenarbeit für Zwecke der **Finanztransaktionsteuer**

11.11

---

1 Vgl. zur Begriffsvielfalt *Blanke* in G/H/N, Art. 20 EUV Rz. 2.
2 Zu Einzelheiten *Pechstein* in Streinz³, Art. 20 EUV Rz. 3 ff.; *Nettesheim* in O/C/N, Europarecht⁸, § 11 Rz. 18 ff.
3 *Blanke* in G/H/N, Art. 20 EUV Rz. 76 ff.
4 Zum Recht des „opting in" *Blanke* in G/H/N, Art. 20 EUV Rz. 42.
5 *Ruffert* in Calliess/Ruffert⁵, Art. 20 EUV Rz. 15; *Blanke* in G/H/N, Art. 20 EUV Rz. 36.
6 Zu Einzelheiten *Blanke* in G/H/N, Art. 20 EUV Rz. 38 ff.
7 Zu Einzelheiten *Blanke* in G/H/N, Art. 20 EUV Rz. 43 ff.; *Ruffert* in Calliess/Ruffert⁵, Art. 20 EUV Rz. 19 f.
8 Hierzu *Pechstein* in Streinz³, Art. 20 EUV Rz. 16; *Becker*, EUR 1998, Beiheft 1, 29 ff. (53).
9 *Classen* in O/C/N, Europarecht⁸, § 36 Rz. 42.
10 *Classen* in O/C/N, Europarecht⁸, § 36 Rz. 26.

ein Ermächtigungsbeschluss des Rates ergangen,[1] der allerdings bislang noch nicht umgesetzt worden ist.[2]

IV. Kompetenzausübungsschranken

11.12 Soweit der EU Gesetzgebungskompetenzen zugewiesen sind, darf hiervon nur Gebrauch gemacht werden, wenn dies mit dem in Art. 5 Abs. 3 und 4 EUV verankerten Subsidiaritäts- und Verhältnismäßigkeitsprinzip vereinbar ist. Das **Subsidiaritätsprinzip**, das allerdings im Bereich der ausschließlichen Gesetzgebungskompetenz der EU nicht gilt (Art. 5 Abs. 3 EUV), besagt, dass die EU von ihrer Gesetzgebungskompetenz nur Gebrauch machen darf, wenn „die Ziele der in Betracht gezogenen Maßnahmen von den Mitgliedstaaten weder auf zentraler noch auf regionaler oder lokaler Ebene ausreichend verwirklicht werden können" und sie „wegen ihres Umfangs oder ihrer Wirkungen auf Unionsebene besser zu verwirklichen sind" (Art. 5 Abs. 3 Satz 1 EUV).[3] Im Ergebnis wird damit ein Effizienz- und Mehrwerttest abverlangt, wobei es darauf ankommt, ob nicht bereits die Mitgliedstaaten die Ziele der beabsichtigten Unionsmaßnahmen ausreichend verwirklichen können und zudem durch das Unionshandeln ein „europäischer Mehrwert" geschaffen wird.[4] Normativ Begünstigte des von den EU-Organen zu beachtenden Subsidiaritätsprinzips sind allein die Mitgliedstaaten,[5] so dass diese wegen Verletzung des Subsidiaritätsprinzips Klage erheben können. Die Unionsbürger können zwar aus dem Subsidiaritätsprinzip (Art. 5 Abs. 3 EUV) keine unmittelbaren Rechte ableiten, die Verletzung des Subsidiaritätsprinzips kann allerdings von allen Klageberechtigten inzidenter gerügt werden, wenn es um die Rechtmäßigkeit des Handelns der EU geht.[6]

11.13 Das **Verhältnismäßigkeitsprinzip** (Art. 5 Abs. 4 EUV) ergänzt das Subsidiaritätsprinzip und ist diesem nachgelagert: Das Subsidiaritätsprinzip entscheidet darüber, ob die EU überhaupt von ihrer Gesetzgebungskompetenz Gebrauch machen darf, und das Verhältnismäßigkeitsprinzip beantwortet die Frage, wie von dieser Gesetzgebungskompetenz Gebrauch zu machen ist.[7] Das Verhältnismäßigkeitsprinzip wirkt nur zugunsten der Mitgliedstaaten und umfasst alle Kompetenzbereiche, also auch den Bereich der ausschließlichen Gesetzgebungskompetenz der EU. Auf Grund des Verhältnismäßigkeitsprinzips dürfen die Gesetzgebungsmaßnahmen der EU inhaltlich wie formal nicht über das zur Erreichung der Ziele der Verträge erforderliche Maß „hinausgehen" (Art. 5 Abs. 4 Satz 1 EUV). Orientierungsmaßstab ist die Erforderlichkeit, die allerdings die Prüfung der Geeignetheit mit einbezieht.[8] Im Ergebnis kommt es damit auf eine **Zweckmittelrelation** an,[9] so dass im Rahmen der Gesetzgebungskompetenzen die Normen so auszugestalten sind, dass sie die Kompetenzen der Mitgliedstaaten am wenigsten beeinträchtigen. Das betrifft eine zugunsten der Mitgliedstaaten vorzunehmende Abstufung der Bindungswirkungen[10] und eine Zurückhaltung bei der Regelungsdichte.[11]

---

1 Beschl. 2013/52/EU des Rates v. 22.1.2013, ABl. EU 2013 Nr. L 22, 11.
2 Die Nichtigkeitsklage des Vereinigten Königreichs Großbritannien und Nordirland ist vom EuGH mit Urt. v. 30.4.2014 – C-209/13 – Vereinigtes Königreich ./. Rat, ECLI:EU:C:2014:283 = Cedex-Nr. 62013CJ0209 = IStR 2014, 407 zurückgewiesen worden.
3 Zu diesen missfungenen und missverständlichen Formulierungen *Streinz* in Streinz², Art. 5 EUV Rz. 25; *Nettesheim* in O/C/N, Europarecht⁸, § 11 Rz. 24.
4 Zu diesen Tests *Streinz* in Streinz³, Art. 5 EUV Rz. 29 f.
5 *Streinz* in Streinz³, Art. 5 EUV Rz. 25.
6 *Streinz* in Streinz³, Art. 5 EUV Rz. 24.
7 *Callies* in Calliess/Ruffert⁵, Art. 5 EUV Rz. 5; *Streinz* in Streinz³, Art. 5 EUV Rz. 43; *König* in S/Z/K, Europarecht³, § 2 Rz. 35.
8 *Nettesheim* in O/C/N, Europarecht⁸, § 11 Rz. 33.
9 *Callies* in Calliess/Ruffert⁵, Art. 5 EUV Rz. 53 f.; *Streinz* in Streinz³, Art. 5 EUV Rz. 48.
10 Empfehlung vor Richtlinie und Richtlinie vor Verordnung.
11 *Callies* in Calliess/Ruffert⁵, Art. 5 EUV Rz. 55 f.; *Streinz* in Streinz³, Art. 5 EUV Rz. 48; *Geiger* in Geiger/Kahn/Kotzur⁶, Art. 5 EUV Rz. 18.

Die gemäß Art. 5 Abs. 4 EUV gebotene kompetenzielle Verhältnismäßigkeitsprüfung ist einer Überprüfung durch den EuGH ausgesetzt,[1] wobei der Union ein weites politisches Ermessen eingeräumt wird, so dass es letztlich bei einer **Evidenzprüfung** verbleibt.[2]

11.14

B. Gesetzgebungskompetenzen in einzelnen Bereichen der Steuerpolitik

I. Zollunion

Literatur: *Krüger*, Neues Zollrecht nach dem Unionszollkodex, in Drüen/Hey/Mellinghoff (Hrsg.), 100 Jahre Steuerrechtsprechung in Deutschland 1918-2018, FS BFH, Köln 2018, 1671; *Lux*, Zollrecht, in Dauses/Ludwigs, Handbuch des EU-Wirtschaftsrechts, München (Loseblatt), C.II; *Lux*, Guide to Community Customs Legislation, Brüssel 2002; *Lux*, Zollrecht und Völkerrecht in der EU, ZfZ 2005, 254; *Lux*, Einführung in den Zollkodex der Union (UZK), ZfZ 2014, 178; *Lux*, Die Verwaltung der EU-Zollunion durch die Mitgliedstaaten, AU-Prax 2016, 342; *Lux/Scheller*, Zollrechtliche Auswirkungen des Brexit für Unternehmen in Deutschland, ZfZ 2017, 54; *Lyons*, EC Customs Law, Oxford 2008; *Weymüller*, Bedeutung des europäischen Zollrechts für die Umsatzsteuer, ZfZ 2014, 13; *Witte/Henke/Kammerzell*, Der Unionszollkodex (UZK), 3. Aufl. Köln 2017; *Witte/Wolffgang*, Lehrbuch des Europäischen Zollrechts, 8. Aufl., Herne/Berlin 2016; *Zeilinger*, Der Unionszollkodex – des Kaisers neue Kleider?, ZfZ 2014, 141.

1. Überblick

Nach Art. 3 Abs. 1 Buchst. a AEUV zählt die Zollunion zu jenen Bereichen, für die die EU die ausschließliche Gesetzgebungskompetenz hat. Art. 28 AEUV enthält insoweit eine Konkretisierung, als die Zollunion den gesamten Warenaustausch der Mitgliedstaaten erfasst, für den das **Verbot** der Erhebung von **Zöllen** und **Abgaben gleicher Wirkung** (Art. 30 AEUV) sowie der gemeinsame Zolltarif (Art. 31 AEUV) gelten. Die Zollunion ist durch ein einheitliches Zollgebiet geprägt, in dem nicht nur die Erhebung von Zöllen und Abgaben gleiche Wirkung zwischen den Mitgliedstaaten, sondern auch solche bei der Warendurchfuhr im Handel mit Drittstaaten verboten ist.[3]

11.15

Die ausschließliche Gesetzgebungskompetenz der Union, für die das Subsidiaritätsprinzip keine Geltung hat (Art. 5 Abs. 3 EUV), führt dazu, dass die Mitgliedstaaten keine eigenen Zölle oder Abgaben gleicher Wirkung erheben und darüber hinaus auch einseitig keine eigenen Tarife festsetzen dürfen (Art. 28, 30 AEUV).[4] Die der EU vorbehaltene Rechtssetzung in Angelegenheiten der Zollunion (Art. 3 Abs. 1 Buchst. a AEUV) umfasst das Zollrecht, das vor allem im Zollkodex der Union (UZK)[5] und in Ergänzung hierzu in der Delegierten Verordnung (EU) Nr. 2015/2446 der Kommission v. 28.7.2015

11.16

---

1 Vgl. EuGH v. 22.10.1998 – C-36/97, 37/97 – Kellinghusen, Slg. 1998, I-6337 Rz. 33 f.
2 Vgl. EuGH v. 13.5.1997 – C-233/94 – Deutschland ./. Parlament und Rat, Slg. 1997, I-2405 Rz. 56; v. 12.11.1996 – C-84/94 – Vereinigtes Königreich ./. Rat, Slg. 1996, I-5755 Rz. 57; *Streinz* in Streinz[3], Art. 5 EUV Rz. 50; kritisch zur Rechtsprechung *Callies* in Calliess/Ruffert[5], Art. 5 EUV Rz. 66 ff.; *Langguth* in Lenz/Borchardt[6], Art. 5 EUV Rz. 58.
3 So über den Wortlaut des Art. 28 Abs. 1 AEUV hinausgehend EuGH v. 5.10.1995 – C-125/94 – Aprile, Slg. 1995, I-2919 Rz. 36 f.; v. 21.6.2007 – C-173/05 – Kommission ./. Italien, Slg. 2007, I-4917 Rz. 40; *Kamann* in Streinz[3], Art. 28 AEUV Rz. 3.
4 Hierzu *Kamann* in Streinz[3], Art. 28 AEUV Rz. 9, Art. 30 AEUV Rz. 4, Art. 31 AEUV Rz. 11.
5 VO (EU) Nr. 952/2013 des EU-Parlaments und des Rates v. 9.10.2013 zur Festlegung des Zollkodex der Union (UZK), ABl. EU 2013 Nr. L 269,1 zuletzt geändert durch VO (EU) 2016/2339 v. 14.12.2016 (ABl. EU 2016 Nr. L 69, 32).

(UZK-DA),[1] in der Durchführungsverordnung (EU) 2015/2447 der Kommission v. 24.11.2015 mit Einzelheiten zur Umsetzung des UZK (UZK-IA)[2], der Delegierten Verordnung (EU) 2016/341 der Kommission v. 17.12.2015 (UZK-TDA),[3] in der Verordnung (EWG) Nr. 2658/87 des Rates v. 23.7.1987 über die zolltarifliche und statistische Nomenklatur sowie den gemeinsamen Zolltarif (VOKN)[4] sowie in der Verordnung (EG) Nr. 1186/2009 des Rates v. 16.11.2009 über das gemeinschaftliche System der Zollbefreiungen (ZollbefreiungsVO)[5] verankert ist (Art. 31 AEUV). Die Verwaltung obliegt demgegenüber den Mitgliedstaaten (Art. 291 Abs. 1 AEUV). Soweit es diese Verwaltungshoheit der Mitgliedstaaten betrifft, sind entsprechende nationale Durchführungsgesetze der Gesetzgebungskompetenz der Mitgliedstaaten überlassen. In Deutschland zählen hierzu insbesondere das ZollVG, die ZollV und die ZKostenVO sowie allgemein das FVG und die AO. Die Ertragshoheit für die Zölle liegt bei der EU, so dass die Zolleinnahmen von den erhebenden Mitgliedstaaten an die EU abzuführen sind.[6]

2. Zollverbot

11.17 Art. 30 AEUV enthält ein **Verbot von Ein- und Ausfuhrzöllen** sowie von Abgaben gleicher Wirkung zwischen den Mitgliedstaaten. Dieses Verbot gilt allgemein nicht nur für die Mitgliedstaaten, sondern auch für die Organe der EU selbst.[7] Soweit es die Mitgliedstaaten angeht, sind hierdurch alle Träger staatlicher Hoheitsgewalt betroffen.[8] In räumlicher Hinsicht wird vor allem der Warenverkehr zwischen den Mitgliedstaaten erfasst. Hierzu zählen Unionswaren[9] sowie Drittlandswaren, die sich im freien Verkehr in der Union befinden und dadurch den Status einer Unionsware erlangen (Art. 28 Abs. 2, Art. 20 AEUV). Bei den neben den Zöllen[10] unter das Verbot fallenden zollgleichen Abgaben muss es sich um solche handeln, die unmittelbar oder mittelbar an den Grenzübertritt einer Ware anknüpfen.[11] Wird entgegen dem Zollverbot etwa seitens eines Mitgliedstaates ein Zoll oder eine zollgleiche Abgabe erhoben, steht dem hierdurch Betroffenen ein unionsrechtlicher Erstattungsanspruch zu.[12]

3. Zollkodex der Union und Gemeinsamer Zolltarif

11.18 Im Rahmen der ausschließlichen Gesetzgebungskompetenz der EU (Art. 3 Abs. 1 Buchst. a AEUV) ist der für alle Mitgliedsstaaten allgemein verbindliche Zollkodex der Union (UZK) als Verordnung des

---

1 ABl. EU 2015 Nr. L 343,1, geändert durch Delegierten Verordnung (EU) 2016/341 v. 17.12.2015, ABl. EU 2016 Nr. L 69, 1 und durch Delegierten Verordnung (EU) 2016, 651 v. 5.4.2016, ABl. EU 2016 Nr. L 111, 1.
2 ABl. EU 2015 Nr. L 887, 67 geändert durch Durchführungsverordnung (EU) 2017/989 v. 8.6.2017, ABl. EU 2017 Nr. L 149, 19.
3 ABl. EU 2016 Nr. L 69, 1.
4 ABl. EG 1987 Nr. L 256, 1 zuletzt geändert durch VO (EG) Nr. 254/2000 v. 31.1.2000 (ABl. EG 2000 Nr. L 28, 16).
5 ABl. EG 2009 Nr. L 324, 13.
6 Es handelt sich um Eigenmittel der EU (Art. 311 Abs. 2 AEUV); vgl. hierzu im Überblick *Waldhoff* in Calliess/Ruffert[5], Art. 311 AEUV Rz. 3 f.; ferner Rz. 1.24 (Eigenmittelbeschluss).
7 Vgl. EuGH v. 20.4.1978 – 80, 81/77 – Commissionaire Réunis, Slg. 1978, 927 Rz. 14 ff.; *Kamann* in Streinz[2], Art. 30 AEUV Rz. 6.
8 EuGH v. 18.6.1975 – 94/74 – IGAV, Slg. 1975, 699 Rz. 10 ff. (regionale, kommunale Körperschaften); v. 11.8.1995 – C-16/94 – Dubois, Slg. 1995, I-2421 Rz. 20 f. (beliehene Private).
9 Zum Begriff der Waren *Herrmann* in G/H/N, Art. 28 AEUV Rz. 39; *Kamann* in Streinz[3], Art. 28 AEUV Rz. 14.
10 Zum Begriff des Zolls *Herrmann* in G/H/N, Art. 30 AEUV Rz. 9; *Kamann* in Streinz[3], Art. 30 AEUV Rz. 9 f.
11 EuGH v. 11.8.1995 – C – 16/94 – Garoneor, Slg. 1995, I-2421; v. 1.3.2018 – RS. C – 76/17 – Petrotel-Lukoil u. Georgescu, ZfZ 2018, 126 Rz. 21; hierzu im Einzelnen *Hermann* in G/H/N, Art. 30 AEUV Rz. 13 ff. mit einer Rechtsprechungsübersicht des EuGH zu Einzelfällen in Rz. 17.
12 Zu Einzelheiten *Kamann* in Streinz[3], Art. 30 AEUV Rz. 24 ff.

Europäischen Parlaments und des Rates ergangen.[1] Als Ermächtigungsgrundlage hierfür benennt der UZK selbst Art. 33, 114 und 207 AEUV. Ergänzende und konkretisierende Vorschriften enthalten die Delegierte Verordnung (EU) 2015/2446 (UZK-DA),[2] die Durchführungsverordnung (EU) 2015/2447 (UZK-IA)[3] und die Delegierte Verordnung (EU) 2016, 341 (UZK-TDA).[4] Der UZK[5] enthält neben Vorschriften des materiellen Zollrechts, zu denen auch der GZT gehört, auch allgemeines Zollverfahrensrecht, für das Art. 33 AEUV die Rechtsgrundlage bildet.[6] Die Verordnung über den Gemeinsamen Zolltarif (GZT-VO)[7] umfasst die für das Zolltarifrecht maßgeblichen Bestimmungen, deren Änderungen Jahr für Jahr von der Kommission in Form einer Verordnung veröffentlicht werden.[8] Über die in der GZT-VO normierten Regelzölle hinaus hat die EU auch die ausschließliche Gesetzgebungskompetenz für Antidumpingzölle, Ausgleichszölle, Schutzzölle und sog. Retorsionszölle.[9] Bestimmte Bereiche des Zollrechts sind unionsrechtlich nicht geregelt, so dass insoweit die Vorschriften des nationalen Rechts zur Anwendung kommen. Hierzu zählen aus deutscher Sicht vor allem Vorschriften über die Organisation der Zollverwaltung, einschließlich der Zuständigkeitsregelungen (§ 17 ZollVG, §§ 7, 24, 25 ZollV, §§ 23–29, 208, 244 Abs. 1 AO, FVG), sowie die Vorschriften über die Zwangsvollstreckung (§§ 249 ff. AO), über das Straf- und Ordnungswidrigkeitenrecht (§§ 369–412 AO, §§ 31, 31a ZollVG, § 30 ZollV), über den Verspätungszuschlag (§ 152 AO) sowie über die Verzinsung (§§ 235–237 AO).[10]

Bei Anwendung des UZK sind die von der Union abgeschlossenen auch die Mitgliedstaaten bindenden völkerrechtlichen Verträge (Art. 216 Abs. 2 AEUV) zu beachten. Zu den völkerrechtlichen Verträgen gehören u.a. die WTO-Übereinkommen – GATT, GATS, TRIPs, DSU, TPRM,[11] der EWR-Vertrag,[12] Verträge mit Drittstaaten über vereinbarte Zollunionen und Freihandelsabkommen[13] und schließlich spezifisch zollrechtliche Abkommen.[14] 11.19

4. Zusammenarbeit

Art. 33 AEUV enthält eine an das Europäische Parlament und den Rat adressierte Ermächtigung, gesetzgeberische Maßnahmen zum Ausbau der Zusammenarbeit im Zollwesen zwischen den Mitgliedstaaten und der Kommission zu ergreifen. Im Wesentlichen geht es hier um die behördliche Zusammenarbeit der Mitgliedstaaten und die Zusammenarbeit einzelner oder aller Mitgliedstaaten mit der Kommission. Die Rechtsetzung erfolgt hier nach Maßgabe der in Art. 288 AEUV aufgeführten Hand- 11.20

---

1 VO (EU) Nr. 952/2013 v. 9.10.2013, ABl. EU 2013 Nr. L 269, 1; berichtigt durch ABl. EU 2016 Nr. L 267, 2, geändert durch VO (EU) 2016/2339 v. 14.12.2016, ABl. EU 2016 Nr. L 69/32.
2 Der Kommission v. 28.7.2015, ABl. EU 2015 Nr. L 343, 1, geändert durch Delegierte Verordnung (EU) 2016/341 v. 17.12.2015, ABl. EU 2016 Nr. L 69,1 und durch Delegierte Verordnung (EU) 2016, 651 v. 5.4.2016, ABl. EU 2016 Nr. L 111, 1.
3 Der Kommission v. 24.11.2015, ABl. EU 2015 Nr. L 87, 67 geändert durch Durchführungsverordnung (EU) 2017/989 v. 8.6.2017, ABl. EU 2017 Nr. L 149, 19.
4 Der Kommission v. 17.12.2105, ABl. EU 2016 Nr. L 69, 1.
5 Vgl. hierzu den Überblick bei *Witte* in Witte, UZK[7], Einführung Rz. 23 ff.; *Lux* in Dorsch, Zollrecht, Einf. Rz. 1 ff.
6 *Ohler* in Streinz[3], Art. 33 AEUV Rz. 3 f.
7 VO (EWG) Nr. 2658/87 über die zolltarifliche und statistische Nomenklatur sowie den gemeinsamen Zolltarif ABl. EG 1987 Nr. L 256.
8 VO zur Änderung des Anhang I (Art. 12 GZT-VO); für 2017: VO (EU) 2016/1821, ABl. EU 2016 Nr. L 294, 1.
9 Vgl. im Überblick *Rusche/Lukas/Schmid/Krzeminska-Vamvaka* in Dauses/Ludwigs, Handbuch EU-Wirtschaftsrecht, K II 31 ff.; 148 ff., 435 ff.
10 Zu Einzelheiten *Roth* in Dorsch, Art. 1 UZK Rz. 39 ff.
11 Vgl. die entsprechenden Nachweise bei *Herrmann* in G/H/N, Art. 28 AEUV Rz. 24 f.
12 ABl. EG 1994 Nr. L 1, 1.
13 Vgl. die Nachweise bei *Herrmann* in G/H/N, Art. 28 AEUV Rz. 28.
14 Nachweise bei *Herrmann* in G/H/N, Art. 28 AEUV Rz. 30 f.

lungsformen, wobei im Wesentlichen die Verordnung in Betracht kommt.[1] Art. 33 AEUV hat eine begrenzte Reichweite, auf dessen Grundlage lediglich verfahrensrechtliche und organisatorische Regelungen getroffen werden dürfen.[2] Im Vordergrund stehen hierbei die gegenseitige Anerkennung behördlicher Maßnahmen und Entscheidungen der Behörden der einzelnen Mitgliedstaaten[3] und der grenzüberschreitende Informationsaustausch. Von besonderer Bedeutung ist der Informationsaustausch durch Nutzung eines automatisierten **Zollinformationssystems** (ZIS).[4] Dem Informationsaustausch zwischen den Mitgliedstaaten dienen zudem verschiedene Amtshilferegelungen[5] sowie insbesondere das Übereinkommen über gegenseitige Amtshilfe und Zusammenarbeit der Zollverwaltungen (Neapel II) aus dem Jahre 1997, das für strafrechtlich relevante Zuwiderhandlungen Bedeutung hat.[6] Schließlich sind die Zollbehörden der einzelnen Mitgliedstaaten verpflichtet, der Kommission alle zweckdienlich erscheinenden Informationen über Zollrechtsverstöße weiter zu übermitteln.[7]

II. Indirekte Steuern

Literatur: *Bongartz/Schroer-Schallenberg*, Verbrauchsteuerrecht, 3. Aufl., München 2018; *Brombach-Krüger*, Wohin entwickelt sich das Europäische Steuerrecht?, Ubg 2009, 337; *Drüen*, Der Steuertypus der Verbrauchsteuer – dargestellt am Negativbeispiel der Kernbrennstoffsteuer, ZfZ 2012, 309; *Englisch*, Steuerliche Sonderbelastung als verbotene Beihilfe – eine unionsrechtliche Achillesferse der Kernbrennstoffsteuer, StuW 2012, 318; *Esser*, Das Alkoholsteuergesetz mit der verbrauchsteuerrechtlichen Ausschlussregelung zum Ende des deutschen Branntweinmonopols, ZfZ 2013, 225; *Faltlhauser*, Die Harmonisierung der speziellen Verbrauchsteuern in der EG am Beispiel der Biersteuer, DStZ 1993, 17; *Gärditz*, Die Richtervorlage des Finanzgerichts Hamburg zum Kernbrennstoffsteuergesetz, ZfZ 2014, 18; *Hagen*, Die Harmonisierung der indirekten Steuern in Europa, Frankfurt a.M. 2000; *Jatzke*, Das System des deutschen Verbrauchsteuerrechts unter Berücksichtigung der Ergebnisse der Verbrauchsteuerharmonisierung in der Europäischen Union, Berlin 1997; *Jatzke*, Die neue Verbrauchsteuer-Systemrichtlinie, ZfZ 2009, 116; *Jatzke*, Grenzen des mitgliedstaatlichen Steuerfindungsrechts am Beispiel der Kernbrennstoffsteuer, ZfZ 2012, 150; *Jatzke*, Europäisches Verbrauchsteuerrecht, München 2016; *Krumm*, Besondere Verbrauchsteuern im Lichte des verfassungs- und unionsrechtlichen Gleichheitssatzes, ZfZ 2014, 289; *Kokott*, Das Steuerrecht der Europäischen Union, München 2018; § 8; *Nieskens/Slapio*, Grünbuch der Europäischen Kommission über die Zukunft der Mehrwertsteuer, UR 2011, 573; *Reiß*, Die harmonisierte Umsatzsteuer im nationalen Wirtschaftsverkehr – Widersprüche, Lücken und Harmonisierungsbedarf, in Seer (Hrsg.), Umsatzsteuer im Europäischen Binnenmarkt, DStJG 32 (2009), 9; *Waldhoff*, Die Kernbrennstoffsteuer als Verbrauchsteuer und steuerrechtliche Typenlehre, ZfZ 2012, 57; *Wernsmann*, Verfassungsfragen der Kernbrennstoffsteuer, ZfZ 2012, 29.

1. Überblick

Für indirekte Steuern, bei denen also Steuerschuldner und Steuerträger verschiedene Personen sind,[8] übt die EU ihre Gesetzgebungskompetenz im Rahmen geteilter Zuständigkeit aus (Art. 4 Abs. 1

---

1 *Ohler* in Streinz[3], Art. 33 AEUV Rz. 15.
2 *Ohler* in Streinz[3], Art. 33 AEUV Rz. 3.
3 Vgl. Art. 12, 16 VO (EG) Nr. 515/97 v. 13.3.1997, ABl. EG 1997 Nr. L 82, 1 (Anerkennung von Beweismitteln); Art. 17 VO (EG) Nr. 450/2008 v. 23.4.2008, ABl. EU 2008 Nr. L 145, 1 (Anerkennung von Entscheidungen der Zollbehörden im ganzen Zollgebiet der Union).
4 ZIS-Übereinkommen v. 26.7.1995, ABl. EG 1995 Nr. C 316, 34; vgl. hierzu die Kommentierung von *Hahn* in Dorsch, ZIS-Übereinkommen.
5 VO (EG) Nr. 515/97 v. 13.3.1997, ABl. EG 1997 Nr. L 82, 1 (Amtshilfe-VO); vgl. hierzu die Kommentierung von *Hahn* in Dorsch, Amtshilfe-VO.
6 Übereinkommen über gegenseitige Amtshilfe und Zusammenarbeit der Zollverwaltungen v. 18.12.1997, ABl. EG 1998 Nr. C 24, 2 – in Kraft getreten am 29.6.2009; vgl. hierzu die Kommentierung von *Hahn* in Dorsch, AmtshilfeÜ.
7 Art. 17 VO (EG) Nr. 515, 97 v. 23.4.2008, ABl. EG 1997 Nr. L 82, 1.
8 Zum Begriff *Hey* in T/L, Steuerrecht[23], § 7 Rz. 20.

AEUV).¹ Die Ermächtigungsgrundlage hierfür ergibt sich aus Art. 113 AEUV, wonach die EU zu Harmonisierungsvorschriften über Umsatzsteuer, Verbrauchsabgaben und sonstige indirekte Steuern ermächtigt wird.² Diese Ermächtigung ist weit gefasst, so dass auf deren Grundlage eine Harmonisierung indirekter Steuern unabhängig davon möglich ist, ob es sich etwa aus deutscher Sicht um Steuern, Abgaben, Gebühren oder Beiträge handelt.³ Da schließlich die Ermächtigung nicht nur auf indirekte Steuern auf Waren begrenzt ist,⁴ werden auch Kapitalverkehrsteuern, Beförderungsteuern und Versicherungsteuern erfasst.⁵ Die der EU eingeräumte Gesetzgebungskompetenz ist im Wesentlichen darauf gerichtet, einen Binnenmarkt ohne Steuergrenzen zu verwirklichen,⁶ um somit einen unverzerrten Wettbewerb zu gewährleisten. Im Hinblick darauf ermöglicht Art. 113 AEUV eine **Vollharmonisierung** der indirekten Steuern, wobei auf Grundlage der Verbrauchsteuer-Systemrichtlinie (vgl. zu Einzelheiten Rz. 20.1 ff.)⁷ die Energiesteuer, Stromsteuer, Tabaksteuer, Alkoholsteuer, Schaumweinsteuer und Biersteuer harmonisiert sind. Von der Gesetzgebungskompetenz hat die EU allerdings nicht vollständig Gebrauch gemacht, so dass die Mitgliedstaaten durchaus differenzierte Steuersysteme beibehalten oder errichten dürfen.⁸ Das führt dazu, dass etwa in Deutschland unverändert nicht harmonisierte Verbrauchsteuern – Kaffeesteuer, Alkopopsteuer⁹ – erhoben werden.

Die in Art. 113 AEUV verankerte Ermächtigung steht unter dem Vorbehalt, dass sie „für die Errichtung und das Funktionieren des Binnenmarktes und die Vermeidung von Wettbewerbsverzerrungen notwendig ist". Das bedeutet, dass die angestrebte Harmonisierung einer bestimmten indirekten Steuer nach ihrem Ziel und Inhalt in überprüfbarer Weise auf die Beseitigung von Wettbewerbsverzerrungen ausgerichtet sein muss.¹⁰ Neben dieser geforderten **Binnenmarktzielsetzung** können im Zuge der Harmonisierung einer indirekten Steuer auch Nebenziele verfolgt werden, zu denen insbesondere gesundheits-, verbraucher-, umweltschutz- oder sozial- bzw. wirtschaftspolitische Ziele gehören.¹¹ Über den in Art. 113 AEUV verankerten Binnenmarktvorbehalt hinaus gilt wie ganz allgemein bei nicht ausschließlicher Gesetzgebungskompetenz der EU das Subsidiaritäts- und das Verhältnismäßigkeitsprinzip (Art. 5 Abs. 3, 4 EUV). Für die Harmonisierung indirekter Steuern besteht zudem eine hohe Hürde, weil der

11.22

---

1 Im Sinne einer konkurrierenden Gesetzgebungskompetenz; vgl. *Wernsmann* in S/Z/K, Europarecht³, § 30 Rz 14.
2 Eine spezielle Ermächtigungsgrundlage für Lenkungssteuern zum Zwecke der Erhaltung und des Schutzes der Umwelt und der menschlichen Gesundheit (z.B. Ökoabgaben) enthält Art. 192 Abs. 2 AEUV; hierzu *Callies* in Calliess/Ruffert⁵, Art. 192 AEUV Rz. 29; *Wernsmann* in S/Z/K, Europarecht³, § 30 Rz. 19 f.
3 Zu dieser weiten unionsautonom vorzunehmenden Qualifizierung EuGH v. 15.7.1982 – 270/81 – Felicitas, Slg. 1982, 2771 Rz. 14; v. 2.12.1997 – C-188/95 – Fantask, Slg. 1997, I-6783 Rz. 26; *Kamann* in Streinz³, Art. 113 AEUV Rz. 3.
4 Anders als in Art. 110 AEUV.
5 *Kamann* in Streinz³, Art. 113 AEUV Rz. 4; *Waldhoff* in Calliess/Ruffert⁵, Art. 113 AEUV Rz. 4; *Weber-Grellet* in Musil/Weber-Grellet, Europäisches Steuerrecht, Art. 113 AEUV Rz. 39.
6 EuGH v. 27.2.1980 – 171/78 – Kommission ./. Dänemark, Slg. 1980, 447 Rz. 20.
7 Richtlinie 2008/118/EG des Rates über das allgemeine Verbrauchsteuersystem und zur Aufhebung der Richtlinie 92/12/EWG v. 16.12.2008, ABl. EU 2009 Nr. L 9, 12.
8 EuGH v. 10.10.1978 – 148/77 – Hansen, Slg. 1978, 1787 Rz. 16; v. 7.4.1987 – 196/85 – Kommission ./. Frankreich, Slg. 1987, 1597 Rz. 6; v. 17.7.1997 – C-90/94 – Haahr Petroleum, Slg. 1997, I-4142 Rz. 29; v. 2.4.1998 – C-213/96 – Outokumpu, Slg. 1998, I-177 Rz. 30; v. 8.11.2007 – C-221/06 – Stadtgemeinde Frohnleiten, Slg. 2007, I-9643 Rz. 56; v. 17.7.2008 – C-206/06 – Essent Netwerk Noord, Slg. 2008, I-5497 Rz. 40; *Kamann* in Streinz³, Vor Art. 110 AEUV Rz. 4.
9 Das KernbrennstoffsteuerG wurde wegen Verstoßes gegen Art. 105 Abs. 2 iVm. Art. 106 Abs. 1 Nr. 2 GG für nichtig erklärt; BVerfG v. 13.4.2017 – 2 BvL 6/13, ZfZ 2017, 182.
10 EuGH v. 5.10.2000 – C-376/98 – Deutschland ./. Parlament und Rat, Slg. 2000, I-8419 Rz. 96 ff., 106 ff.; *Kamann* in Streinz³, Art. 113AEUV Rz. 8; *Sedlmayr/Kamann/Ahlers*, EWS 2003, 49.
11 EuGH v. 5.10.2000 – C-376/98 – Deutschland ./. Parlament und Rat, Slg. 2000, I-8419 Rz. 88 (Gesundheitsschutz); v. 13.5.1997 – C-233/94 – Deutschland ./. Parlament und Rat, Slg. 1997, I-2405 Rz. 10, 16 (Verbraucherschutz); v. 11.6.1991 – C-300/89 – KOM ./. Rat, Slg. 1991, I-2867 Rz. 22 (Umweltschutz); v. 9.10.2001 – C-377/98 – Niederlande ./. Parlament und Rat, Slg. 2000, I-7079 Rz. 28 (Stärkung industrieller Entwicklung und wissenschaftlicher Forschung); hierzu *Kamann* in Streinz³, Art. 113 AEUV Rz. 9.

Rat nach Anhörung des Europäischen Parlaments (EP) und des Wirtschafts- und Sozialausschusses einstimmig beschließen muss. Dieses Einstimmigkeitserfordernis, das in der Praxis ein bedeutsames Harmonisierungshindernis darstellt, kann auch nicht dadurch umgangen werden, dass die betreffende Harmonisierungsmaßnahme auf Art. 114 AEUV gestützt wird.[1]

2. Umsatzsteuer

11.23 Unionsrechtlich ist die Umsatzsteuer eine indirekte Verbrauchsteuer (Art. 1 Abs. 2 MwStSystRL).[2] Damit ergibt sich die Gesetzgebungskompetenz der EU aus Art. 113 AEUV. Es handelt sich hierbei um den in der Praxis wichtigsten Harmonisierungsauftrag, den die EU beginnend mit der Einführung des unionsweiten Mehrwertsteuersystems 1967 schrittweise bis heute erfüllt. Zu einigen Einzelheiten:[3]

11.24 Durch die 1. und 2. UStRL[4] wurden die Grundlagen für das gemeinschaftliche **Mehrwertsteuersystem** geschaffen. Die Harmonisierung der Umsatzsteuer ist im Wesentlichen in drei Stufen erfolgt.[5] Auf der ersten Stufe wurde durch die 1. und 2. UStRL[6] die Grundlage für das gemeinschaftliche Mehrwertsteuersystem geschaffen. Dieses Mehrwertsteuersystem, das in seinen Grundzügen auch heute noch Geltung hat, ist auf Wettbewerbsgleichheit in dem Sinne gerichtet, dass gleichartige Waren innerhalb der Union unabhängig von der Länge des Produktions- und Vertriebswegs steuerlich gleich behandelt werden.[7] Die 2. UStRL, die Vorschriften über die Ausgestaltung der nationalen Umsatzsteuergesetze[8] enthielt, wurde durch das UStG 1967/1973[9] in deutsches Steuerrecht umgesetzt und somit zugleich Grundlage für die weitreichende deutsche MwSt-Reform.

11.25 Während die 3. bis 5. UStRL[10] lediglich Fristen für die Einführung des einheitlichen Mehrwertsteuersystems verlängerten, erfolgte ein weiterer wesentlicher Harmonisierungsschritt durch die 6. UStRL.[11] Mit dieser 6. UStRL wurde die zweite Stufe der Umsatzsteuer-Harmonisierung erreicht.[12] Die 6. UStRL verfolgte **wirtschaftspolitische, binnenmarktpolitische** und **finanzpolitische** Ziele.[13] In wirtschaftspolitischer Hinsicht ging es um die Herstellung eines wettbewerbsneutralen Umsatzsteuer-Systems, unter binnenmarktpolitischen Gesichtspunkten stand die Ermöglichung eines exakten Grenzausgleichs – steuerbefreite Ausfuhr einerseits und Einfuhrumsatzsteuer andererseits – und finanzpolitisch die Schaffung einer einheitlichen Umsatzsteuer-Bemessungsgrundlage als Ausgangspunkt für die Finanzbeiträge der Mitgliedstaaten an die Union im Vordergrund.

11.26 Die 6. UStRL wurde von dem Grundsatz getragen, dass unabhängig von der Zahl der Umsätze auf Gegenstände und Dienstleistungen eine allgemeine zum Preis der Gegenstände und Dienstleistungen

---

1 Art. 113 AEUV ist lex specialis; hierzu *Kamann* in Streinz[3], Art. 113 AEUV Rz. 11.
2 Zum Charakter als indirekte Steuer *Englisch* in T/L, Steuerrecht[23], § 17 Rz. 12.
3 Vgl. *Schaumburg* in Schaumburg, Internationales Steuerrecht[4], Rz. 3.87 ff.
4 1. Umsatzsteuer-Richtlinie 67/227/EWG v. 11.4.1967, ABl. EG 1967 Nr. L 71, 1301; 2. Umsatzsteuer-Richtlinie 67/228/EWG v. 14.4.1967, ABl. EG 1967 Nr. L 71, 1303.
5 *Gröpl* in Dauses/Ludwigs, Handbuch EU-Wirtschaftsrecht, J Rz. 406 ff.; *Mick* in Birk (Hrsg.), Handbuch des Europäischen Steuer- und Abgabenrechts, § 26 Rz. 10 ff.
6 1. Umsatzsteuer-Richtlinie 67/227/EWG v. 11.4.1967, ABl. EG 1967 Nr. L 71, 1301; 2. Umsatzsteuer-Richtlinie 67/228/EWG v. 14.4.1967, ABl. EG 1967 Nr. L 71, 1303.
7 So die Begründungserwägungen der 1. Umsatzsteuer-Richtlinie.
8 Hierzu *Wachweger*, UR 1967, 123 ff.
9 BGBl. I 1967, 545 = BStBl. I 1973, 545.
10 3. Umsatzsteuer-Richtlinie 69/463/EWG, ABl. EG 1969 Nr. L 320, 34; 4. Umsatzsteuer-Richtlinie 71/401/EWG, ABl. EG 1971 Nr. L 283, 41; 5. Umsatzsteuer-Richtlinie 72/250/EWG, ABl. EG 1972 Nr. L 162, 18.
11 77/388/EWG v. 17.5.1977, ABl. EG 1977 Nr. L 145, 1; vgl. hierzu den Überblick über die EuGH-Rechtsprechung zur 6. Umsatzsteuer-Richtlinie bei *Lohse/Peltner* in R/D, 6. USt-RL.
12 *Gröpl* in Dauses/Ludwigs, Handbuch EU-Wirtschaftsrecht, J Rz. 408.
13 *Voß*, StuW 1993, 155 (158).

B. Gesetzgebungskompetenzen in einzelnen Bereichen der Steuerpolitik | Rz. 11.31 **Kap. 11**

proportionale Verbrauchsteuer erhoben wurde.[1] Dieser Grundsatz erfuhr zahlreiche Konkretisierungen im Bereich der Steuerbarkeit, Steuerfreiheit und des Vorsteuerabzuges.

Die 8. UStRL[2] verankerte die Verpflichtung der Mitgliedstaaten, einem nicht im Inland, aber in einem anderen Mitgliedstaat ansässigen Steuerpflichtigen die Umsatzsteuer als Vorsteuer in einem besonderen Verfahren zu erstatten.[3] Die 9. UStRL[4] beschränkte sich darauf, die Frist für die Umsetzung der 6. UStRL bis zum 1.1.1979[5] zu verlängern. 11.27

Die 10. UStRL[6] regelte den Ort der sonstigen Leistung bei der Vermietung beweglicher körperlicher Gegenstände, durch die § 3a UStG 1980 entsprechend angepasst wurde.[7] Während die 11., 13., 15. und 17. UStRL[8] Regelungen enthalten, die entweder für Deutschland überhaupt nicht oder nur von geringer Bedeutung waren, betraf die 18. UStRL[9] Regelungen, die im deutschen Umsatzsteuerrecht zum 1.1.1990 zu Änderungen im Bereich der Umsatzsteuerbefreiungen geführt haben.[10] 11.28

Während die nachfolgenden UStRL keine besondere Bedeutung hatten, wurde mit der wichtigen sog. Ergänzungs-Richtlinie (Binnenmarktrichtlinie) die dritte Stufe der Umsatzsteuer-Harmonisierung eingeleitet. Zu dieser **Binnenmarktrichtlinie** erging schließlich auch eine Änderungsrichtlinie zur Annäherung der Mehrwertsteuersätze.[11] Auf dieser Grundlage wurde in Deutschland das Umsatzsteuer-Binnenmarktgesetz[12] und die 9. VO zur Änderung der UStDV[13] erlassen. 11.29

Die Binnenmarktrichtlinie wurde in der Folgezeit durch verschiedene Richtlinien[14] geändert und ergänzt, ohne dass hierdurch das Grundsystem der 6. UStRL eine wesentliche Änderung erfuhr. Das gilt auch für die seit 2008 geltende MwStSystRL, die im Wesentlichen lediglich eine Neukodifizierung der 6. UStRL und der nachfolgenden Richtlinien darstellt. Im Hinblick darauf, dass durch die Mehrwertsteuersystem-Richtlinie keine wesentlichen inhaltlichen Änderungen vorgenommen wurden, gilt die bisherige Auslegung seitens des EuGH zur 6. Umsatzsteuer-Richtlinie unverändert.[15] 11.30

Trotz dieser weitgehenden Harmonisierung (Vollharmonisierung) ist bis heute eine **Angleichung der Umsatzsteuersätze** in der EU unterblieben. Dies entspricht dem Fiskalinteresse der Mitgliedstaaten, das im Rahmen des für die EU maßgeblichen Subsidiaritätsprinzips (Art. 5 Abs. 3 EUV) zu berücksichtigen ist.[16] Davon abgesehen hat die Regelungsdichte auf Grund der derzeit geltenden **MwStSyst-** 11.31

---

1 EuGH v. 3.3.1988 – 252/86 – Bergandi, Slg. 1988, 1343.
2 79/1072/EWG v. 6.12.1979, ABl. EG 1979 Nr. L 331, 11.
3 Vgl. §§ 59–61 UStDV 1980.
4 78/583/EWG v. 26.6.1978, ABl. EG 1978 Nr. L 194, 16.
5 Deutschland konnte allerdings auch diese Frist nicht einhalten; die Umsetzung der 6. Umsatzsteuer-Richtlinie gelang erst mit Inkrafttreten des UStG 1980 v. 26.11.1979, BGBl. I 1979, 1953. Ein zwischenzeitlich von der EU-KOM eingeleitetes Vertragsverletzungsverfahren beim EuGH wurde hierdurch erledigt.
6 84/386/EWG v. 31.7.1984, ABl. EG 1984 Nr. L 208, 58.
7 Durch das Steuerbereinigungsgesetz 1985 v. 14.12.1985, BGBl. I 1985, 1493.
8 11. Umsatzsteuer-Richtlinie 80/368/EWG v. 26.3.1980, ABl. EG 1980 Nr. L 90, 41; 13. Umsatzsteuer-Richtlinie 86/560/EWG v. 17.11.1983, ABl. EG 1983 Nr. L 326, 40; 15. USt-Richtlinie 83/648/EWG v. 19.12.1983, ABl. EG 1983 Nr. L 360, 49; 17. USt-Richtlinie 85/362/EWG v. 16.7.1985, ABl. EG 1985 Nr. L 192, 20.
9 89/465/EWG v. 18.7.1989, ABl. EG 1989 Nr. L 226, 21.
10 Hierzu *Schlienkamp*, UR 1989, 268 ff.
11 92/77/EWG v. 19.10.1992, ABl. EG Nr. L 316, 1; hierzu *Schlienkamp*, UR 1993, 3 ff.
12 Vom 25.8.1992, BGBl. I 1992, 1548.
13 Vom 3.12.1992, BGBl. I 1992, 1982.
14 Hierzu die Übersicht bei *Lohse* in R/D, Einf. I 6. MwStRL.
15 *Reiß* in R/K/L, Einführung UStG Rz. 124.
16 Vgl. hierzu Protokoll über die Anwendung der Grundsätze der Subsidiarität und der Verhältnismäßigkeit v. 13.12.2007, ABl. EU 2007 Nr. C 306, 150.

RL[1] (zu Einzelheiten Rz. 19.1 ff.) zugenommen. Im Hinblick darauf ist in Anwendung von Art. 291 Abs. 2 AEUV auf Grund der Ermächtigung in Art. 397 MwStSystRL seitens des Rates die MwStDVO[2] ergangen, wodurch spezifische Regelungen zu einzelnen Anwendungsfragen der MwStSystRL getroffen werden. Von Bedeutung ist ferner die MwStErstattungsRL[3]. Um insbesondere den **Informationsaustausch** innerhalb der EU insbesondere zwecks Bekämpfung des Mehrwertsteuerbetrugs zu erleichtern, ist auf Grund von Art. 113 AEUV seitens des Rates die MwStZVO[4] (zu Einzelheiten hierzu Rz. 25.97 ff.) ergangen. Auf der Grundlage der MwStZVO hat die KOM eine Durchführungsverordnung erlassen, die vor allem technische Einzelheiten des Informationsaustauschs regelt.[5] Schließlich sind in den letzten Jahren zur Umsatzsteuer verschiedene (unverbindliche) Empfehlungen und Stellungnahmen (Art. 288 Satz 5 AEUV) der KOM[6] und des MwSt-Ausschusses (Art. 398 MwStSystRL)[7] ergangen. Am 4.10.2017 hat die KOM zuletzt Vorschläge für eine weitreichende Reform des Mehrwertsteuersystems unterbreitet. Die vorgeschlagenen Änderungen betreffen die MwStSystRL sowie zwei DVO.[8] Es geht hierbei insbesondere um die Neuregelung von innergemeinschaftlichen Lieferungen und Dienstleistungen (Rz. 19.5 ff.).[9]

3. Verbrauchsteuern

11.32 Da Verbrauchsteuern auf Abwälzung angelegt sind, unterliegen sie als **indirekte Steuern**[10] der Gesetzgebungskompetenz der EU (Art. 113 AEUV), von der im Rahmen der geteilten Zuständigkeit (Art. 4 Abs. 1 AEUV) nur zum Teil Gebrauch gemacht worden ist. Im Hinblick darauf gibt es im deutschen Steuerrecht ein Nebeneinander von harmonisierten und nicht harmonisierten Verbrauchsteuern. Zu den nicht harmonisierten Verbrauchsteuern zählen die Kaffeesteuer und die Alkopopsteuer. Schließlich sind von vornherein die örtlichen Verbrauch- und Aufwandsteuern – Hunde-, Vergnügungs-, Zweitwohnungs-, Verpackungsteuer[11] – ausgenommen, weil sie wegen ihres örtlich bedingten Wirkungskrei-

---

1 Richtlinie 2006/112/EG des Rates über das gemeinsame Mehrwertsteuersystem v. 28.11.2006, ABl. EU 2006 Nr. L 347, 1; zuletzt geändert durch Richtlinie (EU) 2016/1065 v. 27.6.2016, ABl. EU Nr. L 177, 9.
2 VO (EU) Nr. 282/2011 zur Festlegung von Durchführungsvorschriften zur Richtlinie 2006/112/EG über das gemeinsame Mehrwertsteuersystem v. 15.3.2011, ABl. EU 2011 Nr. L 77, 1, geändert durch VO (EU) Nr. 1042/2013 v. 7.10.2013, ABl. EU 2013 Nr. L 284, 1.
3 Richtlinie 2008/9/EG zur Regelung der Erstattung der Mehrwertsteuer gem. der Richtlinie 2006/112/EG an nicht im Mitgliedstaat der Erstattung, sondern in einem anderen Mitgliedstaat ansässige Steuerpflichtige v. 12.2.2008, ABl. EU 2008 Nr. L 44, 23, geändert durch Richtlinie 2010/66/EU v. 14.10.2010, ABl. EU Nr. L 275, 1.
4 VO (EU) Nr. 904/2010 des Rates über die Zusammenarbeit der Verwaltungsbehörden und die Betrugsbekämpfung auf dem Gebiet der Mehrwertsteuer v. 7.10.2010, ABl. EU 2010 Nr. L 268, 1; geändert durch VO (EU) Nr. 517/2013 v. 13.5.2013, ABl. EU 2013 Nr. L 158, 1.
5 DVO (EU) Nr. 79/2012 der KOM v. 31.1.2012 zur Regelung der Durchführung bestimmter Vorschriften der VO (EU) Nr. 904/2010 des Rates über die Zusammenarbeit der Verwaltungsbehörden und die Betrugsbekämpfung auf dem Gebiet der Mehrwertsteuer v. 31.1.2012, ABl. EU 2012 Nr. L 29, 13; geändert durch VO (EU) Nr. 519/2013 v. 21.2.2013, ABl. EU 2013 Nr. L 158, 74.
6 Z.B. Grünbuch v. 1.12.2010, KOM 2010, 695; vgl. hierzu *Nieskens/Slapio*, UR 2011, 573.
7 *Englisch* in T/L, Steuerrecht[23], § 17 Rz. 7.
8 Vorschlag für eine Richtlinie des Rates zur Änderung der Richtlinie 2006/112/EG in Bezug auf die Harmonisierung und Vereinfachung bestimmter Regelungen des Mehrwertsteuersystems und zur Einführung des endgültigen Systems der Besteuerung zwischen Mitgliedstaaten, COM (2017) 569 final v. 4.10.2017, BR-Drucks. 660/17; Vorschlag für eine Durchführungsverordnung des Rates zur Änderung der Durchführungsverordnung (EU) Nr. 282/2011 hinsichtlich bestimmter Befreiungen bei innergemeinschaftlichen Umsätzen, COM (2017) 568 final v. 4.10.2017; s. dazu *Becker*, MwStR 2017, 902.
9 Vgl. hierzu *Becker*, MWStR 2017, 902; *Widmann*, UR 2018, 10; *Prätzler*, StuB 2018, 24; *Langer/Breitsameter*, DStR 2018, 97.
10 Zum Steuercharakter vgl. *Bongartz* in Bongartz/Schröer-Schallenberg, Verbrauchsteuerrecht[3], C 2.
11 Hierzu im Einzelnen *Englisch* in T/L, Steuerrecht[23], § 18 Rz. 119 ff.

B. Gesetzgebungskompetenzen in einzelnen Bereichen der Steuerpolitik | Rz. 11.34 **Kap. 11**

ses für „das Funktionieren des Binnenmarktes und die Vermeidung von Wettbewerbsverzerrungen" nicht relevant sind.[1]

Soweit die EU von ihrer Gesetzgebungskompetenz Gebrauch gemacht hat, kommt den Richtlinien (Art. 288 Satz 3 AEUV) besondere Bedeutung zu. Im Vordergrund steht hier die **VerbrauchStSystRL**[2], die Grundlage des deutschen Verbrauchsteuerrechts ist (zu Einzelheiten Rz. 20.1 ff.). In der Zeit vor Geltung der VerbrauchStSystRL sind ab 1992 verschiedene Verbrauchsteuerrichtlinien ergangen,[3] auf Grund deren das deutsche Verbrauchsteuerrecht durch das Verbrauchsteuerbinnenmarktgesetz[4] an unionsrechtliche Vorgaben angepasst worden ist.[5] Hierdurch sind mit Wirkung zum 1.1.1993 die Steuergrenzen und Grenzkontrollen zwischen den Mitgliedstaaten beseitigt worden, so dass seitdem im innergemeinschaftlichen Verkehr an den Binnengrenzen der EU Verbrauchsteuern nicht mehr erhoben werden. Mithin werden die Besteuerung bei der Einfuhr und die Steuerbefreiung bei der Ausfuhr grundsätzlich auf den Warenverkehr mit Drittländern beschränkt. 11.33

Durch das VerbrauchStRL-Paket sind die wichtigsten Verbrauchsteuern der EU harmonisiert worden, und zwar insbesondere die Verbrauchsteuern auf Mineralöl, Strom, Tabak, Alkohol und alkoholhaltige Getränke. Auf Grund des Richtlinienpaketes soll für die Verbrauchsteuern auf Dauer das **Bestimmungslandprinzip** beibehalten werden. Das bedeutet, dass im Grundsatz die Steuer erst bei Abgabe zum Verbrauch entsteht. Die Herstellung, Verarbeitung und der Besitz verbrauchsteuerpflichtiger Waren in Herstellungsbetrieben und anderen Steuerlagern erfolgt wie der anschließende Versand im innergemeinschaftlichen Warenverkehr unter Steueraussetzung, die erst mit der Abgabe an den Endverbraucher beendet wird. Abweichend hiervon gilt im nichtkommerziellen innergemeinschaftlichen Reiseverkehr das Ursprungslandprinzip, wonach Waren, die private Verbraucher zum Eigenbedarf aus einem Mitgliedstaat in den anderen Mitgliedstaat überführen, nur in dem Mitgliedstaat besteuert werden, in dem sie erworben werden (Art. 32 Abs. 1 VerbrauchStSystRL).[6] Zu Einzelheiten vgl. Rz. 20.13. 11.34

---

1 *Englisch* in T/L, Steuerrecht[23], § 4 Rz. 66.
2 Richtlinie 2008/118/EG über das allgemeine Verbrauchsteuersystem und zur Aufhebung der Richtlinie 92/12/EWG v. 16.12.2008, ABl. EU 2008 Nr. L 9, 12; zuletzt geändert durch Richtlinie 2013/61/EU v. 17.12.2013, ABl. EU 2013 Nr. L 353, 5.
3 Richtlinie 92/12/EWG des Rates v. 25.2.1992 über das allgemeine System, den Besitz, die Beförderung und die Kontrolle verbrauchsteuerpflichtiger Waren, ABl. EG 1992 Nr. L 76, 1 (SystemRL bis 15.1.2009); Richtlinie 92/78/EWG des Rates v. 19.10.1992 zur Änderung der Richtlinien 72/464/EWG und 79/32/EWG über die anderen Verbrauchsteuern auf Tabakwaren als die Umsatzsteuer, ABl. EG 1992 Nr. L 316, 5; Richtlinie 92/79/EWG des Rates v. 19.10.1992 zur Annäherung der Verbrauchsteuern auf Zigaretten, ABl. EG 1992 Nr. L 316, 8; Richtlinie 92/80/EWG des Rates v. 19.10.1992 zur Annäherung der Verbrauchsteuern auf andere Tabakwaren als Zigaretten, ABl. EG 1992 Nr. L 316, 10; Richtlinie 92/83/EWG des Rates v. 19.10.1992 zur Harmonisierung der Struktur der Verbrauchsteuern auf Alkohol und alkoholische Getränke, ABl. EG 1992 Nr. L 316, 21 (Struktur RL); Richtlinie 92/84/EWG des Rates v. 19.10.1992 über die Annäherung der Verbrauchsteuersätze auf Alkohol und alkoholische Getränke, ABl. EG 1992 Nr. L 316, 29 (Satz RL); Richtlinie 92/81/EWG des Rates v. 19.10.1992 zur Harmonisierung der Struktur der Verbrauchsteuern auf Mineralöle, ABl. EG 1992 Nr. L 316, 12; Richtlinie 92/82/EWG des Rates v. 19.10.1992 zur Annäherung der Verbrauchsteuersätze für Mineralöle, ABl. EG 1992 Nr. L 316, 19; Richtlinie 92/108 des Rates v. 14.12.1992 zur Änderung der Richtlinie 92/12/EWG des Rates über das allgemeine System, den Besitz, die Beförderung und die Kontrolle verbrauchsteuerpflichtiger Waren, ABl. EG 1992 Nr. L 390, 124; vgl. auch den Kurzüberblick über die SystemRL, StrukturRL und SatzRL bei *Bongartz* in Bongartz/Schröer-Schallenberg, Verbrauchsteuerrecht[3], B 9 ff.
4 Gesetz zur Anpassung von Verbrauchsteuern und anderen Gesetzen an das Gemeinschaftsrecht sowie zur Änderung anderer Gesetze (Verbrauchsteuer-Binnenmarktgesetz v. 21.12.1992, BGBl. I 1992, 2150 = BStBl. I 1993, 96.
5 Zu Einzelheiten zum Verbrauchsteuer-Binnenmarktgesetz vgl. *Rendels*, DStR 1993, 114 ff.; *Beermann*, DStZ 1993, 227 ff.; *Beermann*, DStZ 1993, 291 ff.
6 Hierzu *Bongartz* in Bongartz/Schroer-Schallenberg, Verbrauchsteuerrecht[3], E 19. *Jatzke*, Europäisches Verbrauchsteuerrecht, C 117.

11.35 Neben der grundlegenden VerbrauchStSystRL und der hierzu ergangenen DVO[1] sind auch die sog. Strukturrichtlinien für bestimmte Verbrauchsteuern maßgeblich (zu Einzelheiten 20.43 ff.). Hierzu zählen die TabakStRL[2], die AlkoholStRL[3] und die Energie- und StromStRL[4]. Schließlich dient die **VerbrauchStZVO** dem grenzüberschreitenden Informationsaustausch insbesondere für Zwecke der Bekämpfung der Verbrauchsteuerhinterziehung (vgl. Rz. 25.119 ff.).[5]

11.36 Auf der Grundlage der vorgenannten Richtlinien und Verordnungen sind in Deutschland folgende Verbrauchsteuern angepasst worden: **Alkoholsteuer**,[6] **Schaumweinsteuer** inklusive Steuer auf Zwischenerzeugnisse,[7] **Biersteuer, Energie-** und **Stromsteuer** sowie die **Tabaksteuer**.[8]

11.37 Die nicht harmonisierten deutschen Verbrauchsteuern – **Kaffeesteuer, Alkopopsteuer** – sind unionsrechtlich zulässig, weil sie entweder nicht unter den Anwendungsbereich von Art. 1 Abs. 1 VerbrauchStSystRL fallen und zudem der grenzüberschreitende Handel zwischen den Mitgliedstaaten keine mit dem Grenzübertritt verbundene Formalitäten nach sich zieht (Art. 1 Abs. 3 MwStSystRL) – dies betrifft die Kaffeesteuer[9] – oder aber mit ihrer Erhebung besondere Zwecke verfolgt werden (Art. 1 Abs. 2 VerbrauchStSystRL) und nicht lediglich fiskalisch motiviert sind[10] – so bei der Alkopopsteuer.[11] Unter Art. 1 Abs. 3 VerbrauchStSystRL[12] fallen die örtlichen Verbrauch- und Aufwandsteuern, vorausgesetzt, dass es sich hierbei nicht um Steuern handelt, für die unionsrechtlich bei vergleichbaren harmonisierten Verbrauchsteuern zwingend Steuerbefreiungen vorgesehen sind.[13]

11.38 Die **Luftverkehrsteuer**, die von ihrer intendierten Belastungswirkung her eine indirekte Aufwandsteuer ist,[14] gehört ebenfalls zu den nicht harmonisierten Steuern. Das dahingehende „Steuerfindungs-

---

1 Vgl. etwa VO (EG) Nr. 684/2009 zur Durchführung der Richtlinie 2008/118/EG in Bezug auf die EDV-gestützten Verfahren für die Beförderung verbrauchsteuerpflichtiger Waren unter Steueraussetzung v. 24.7.2009, ABl. EU 2009 Nr. L 197, 24; zuletzt geändert durch DVO (EU) Nr. 76/2014 v. 28.1.2014, ABl. EU 2014 Nr. L 26, 4; es handelt sich um eine DVO i.S.v. Art. 291 Abs. 2 AEUV mit Ermächtigungsgrundlage in Art. 21 VerbrauchStSystRL.
2 Richtlinie 2011/64/EU über die Struktur und die Sätze der Verbrauchsteuern auf Tabakwaren v. 21.6.2011, ABl. EU 2011 Nr. L 176, 24.
3 Richtlinie 92/83/EWG zur Harmonisierung der Struktur der Verbrauchsteuern auf Alkohol und alkoholische Getränke v. 19.10.1992, ABl. EG 1992 Nr. L 316, 21.
4 Richtlinie 2003/96/EG zur Restrukturierung der gemeinschaftlichen Rahmenvorschriften zur Besteuerung von Energieerzeugnissen und elektrischem Strom v. 27.10.2003, ABl. EU 2003 Nr. L 283, 51.
5 VO (EU) Nr. 389/2012 über die Zusammenarbeit der Verwaltungsbehörden auf dem Gebiet der Verbrauchsteuern und zur Aufhebung der VO (EG) Nr. 2073/2004 v. 2.5.2012, ABl. EU 2012 Nr. L 121, 1; geändert durch VO (EU) Nr. 517/2013 v. 13.5.2013, ABl. EU 2013 Nr. L 158, 1.
6 Das AlkoholStG gilt ab 1.1.2018; vgl. BranntwMonAbschG v. 21.6.2013, BGBl. I 2013, 1650; zu Einzelheiten *Esser*, ZfZ 2013, 225 ff. (230 ff.).
7 Zwar ist unionsrechtlich eine Weinsteuer vorgesehen, wegen eines Mindeststeuersatzes von 0 Euro bleibt es den Mitgliedstaaten im Ergebnis überlassen, ob eine Weinsteuer erhoben wird; Deutschland hat von diesem Wahlrecht Gebrauch gemacht und erhebt keine Weinsteuer; vgl. hierzu *Jatzke*, ZfZ 2015, 90 (91 f.).
8 Vgl. die Überblicksdarstellungen bei *Schröer-Schallenberg* und *Bongartz* in Bongartz/Schröer-Schallenberg, Verbrauchsteuerrecht[3], G280 – K118.
9 *Bongartz* in Bongartz/Schröer-Schallenberg, Verbrauchsteuerrecht[3], L1.
10 EuGH v. 9.3.2000 – C-437/97 – ev. Krankenhausverein Wien, Slg. 2000, I-1157 Rz. 31.
11 *Schröer-Schallenberg* in Bongartz/Schröer-Schallenberg, Verbrauchsteuerrecht[3], M3.
12 Zur Abgrenzung von Art. 1 Abs. 2 und Art. 1 Abs. 3 VerbrauchStSystRL EuGH v. 5.7.2007 – C-145/06 u.a. – Fendt, Slg. 2007, I-5869 Rz. 44.
13 EuGH v.10.6.1999 – C-346/97 – Braathens, Slg. 1999, I-3419 Rz. 22 ff.
14 *Englisch* in T/L, Steuerrecht[23], § 18 Rz. 99; *Sopp*, DB 2010, 2243 ff. (2247); finanzverfassungsrechtlich ist sie eine Verkehrsteuer i.S.v. Art. 106 Abs. 1 Nr. 3 GG.

recht" Deutschlands ist nicht durch die VerbrauchStSystRL[1] eingeschränkt, weil insoweit die Voraussetzungen einer Verbrauchsteuer nicht gegeben sind. Eine Einschränkung ergibt sich auch nicht aus der EnergieStRL[2], in deren Anwendungsbereich Mineralöl fällt (Art. 2 Abs. 1 EnergieStRL). Dies deshalb, weil die Luftverkehrsteuer tatbestandsmäßig nicht vom Kraftstoffverbrauch abhängig ist, so dass sie deshalb auch nicht als mittelbare Energiesteuer anzusehen ist.[3] Aus diesem Grunde verstößt die Luftverkehrsteuer auch nicht gegen Art. 14 Abs. 1 Buchst. b EnergieStRL, wonach die Lieferung von Energieerzeugnissen zur Verwendung als Kraftstoff für die Luftfahrt steuerbefreit ist.[4] Das Luftverkehrsteuergesetz ist schließlich sowohl formell als auch materiell-rechtlich verfassungsgemäß.[5]

III. Direkte Steuern

Literatur: *Brombach-Krüger*, Wohin entwickelt sich das Europäische Steuerrecht?, Ubg 2009, 335; *Fantozzi*, Besteuerung von Gesellschaften – Die Entwicklung der Harmonisierung der direkten Steuern innerhalb der EG, in *Beisse* u.a. (Hrsg.), FS für Beusch, Berlin/New York 1993, 167; *Herzig*, Besteuerung der Unternehmen in Europa – Harmonisierung im Wettbewerb der Systeme, in Lehner (Hrsg.), Steuerrecht im Europäischen Binnenmarkt – Einfluß des EG-Rechts auf die nationalen Steuerrechtsordnungen, DStJG 19 (1996), 121; *Herzig*, Europäisierung und Internationalisierung der steuerlichen Gewinnermittlung, in Spindler/Tipke/Rödder (Hrsg.), Steuerzentrierte Rechtsberatung, FS für Schaumburg, Köln 2009, 751; *Hey*, Harmonisierung der Unternehmensbesteuerung in Europa, Köln 1997; *Hey*, Perspektiven der Unternehmensbesteuerung in Europa, StuW 2004, 193; *Hey*, Wettbewerb der Rechtsordnungen oder Europäisierung des Steuerrechts?, in Reimer u.a. (Hrsg.), Europäisches Gesellschafts- und Steuerrecht. Grundlagen – Entwicklungen – Verbindungslinien, Münchener Schriften zum Internationalen Steuerrecht Bd. 27, München 2007, 295; *Kreienbaum*, Seminar J: Impact of EU-Law on the BEPS-Initiative, IStR 2014, 721; *Sapusek*, Ökonomische und juristische Analyse der Steuerharmonisierung in der Europäischen Union, Frankfurt/M. 1996; *Spengel/Braunagel*, EU-Recht und Harmonisierung der Konzernbesteuerung in Europa, StuW 2006, 34.

1. Überblick

Die Gesetzgebungskompetenz für direkte Steuern, die dadurch geprägt sind, dass Steuerschuldner und derjenige, der die Steuer zu tragen hat, identisch sind,[6] ergibt sich für die EU im Rahmen der Zuständigkeit (Art. 4 Abs. 1 AEUV) aus Art. 115 AEUV.[7] Es handelt sich hierbei um eine allgemeine nicht speziell auf (direkte) Steuern ausgerichtete **Ermächtigungsgrundlage**, die für direkte Steuern nur deshalb zur Anwendung kommt, weil Art. 113 AEUV allein für indirekte Steuern, Art. 114 AEUV für Steuern überhaupt nicht (Art. 114 Abs. 2 AEUV) gilt und Art. 116 AEUV als Rechtsgrundlage ausscheidet, weil hiernach eine Harmonisierung von Rechts- und Verwaltungsvorschriften der Mitgliedstaaten nur bei einer spezifischen und besonders erheblichen Wettbewerbsverzerrung möglich ist.[8] Die in Art. 115 AEUV verankerte Gesetzgebungskompetenz steht unter dem Vorbehalt, dass sie der „Angleichung derjenigen Rechts- und Verwaltungsvorschriften der Mitgliedstaaten" dient, „die sich unmittelbar auf die Errich-

11.39

---

1 Richtlinie 2008/118/EG über das allgemeine Verbrauchsteuersystem und zur Aufhebung der Richtlinie 92/12/EWG v. 16.12.2008, ABl. EU 2008 Nr. L 9, 12; zuletzt geändert durch Richtlinie 2013/61/EU v. 17.12.2013, ABl. EU 2013 Nr. L 353, 5.
2 Richtlinie 2003/96/EG zur Restrukturierung der gemeinschaftlichen Rahmenvorschriften zur Besteuerung von Energieerzeugnissen und elektrischem Strom v. 27.10.2003, ABl. EU 2003 Nr. L 283, 51.
3 *Englisch* in T/L, Steuerrecht[23], § 18 Rz. 99; a.A. *Real*, ZLW 2011, 460 (471 ff.).
4 Der gestaffelte Steuersatz (§ 11 LuftVStG) richtet sich nach der Flugdistanz und nicht nach dem Kraftstoffverbrauch.
5 BVerfG v. 5.11.2014 – 1 BvF 3/11, BGBl. I 2014, 1764.
6 Vgl. *Hey* in T/L, Steuerrecht[23], § 7 Rz. 20.
7 *Classen* in G/S/H, Art. 115 AEUV Rz. 17; *Korte* in Calliess/Ruffert[5], Art. 115 AEUV Rz. 4; *Wernsmann* in S/Z/K, Europarecht[3], § 30 Rz. 63.
8 Zur subsidiären Anwendung von Art. 115 AEUV *Classen* in G/S/H, Art. 115 AEUV Rz. 24; *Korte* in Calliess/Ruffert[5], Art. 115 AEUV Rz. 13.

tung oder das Funktionieren des Binnenmarktes auswirken". Die EU darf also – durch Richtlinien – normativ nur dann eingreifen, wenn von den mitgliedstaatlichen Steuervorschriften (störende) Einflüsse auf den Binnenmarkt ausgehen.[1] Soweit Art. 115 AEUV als Voraussetzung fordert, dass die störenden Einflüsse „unmittelbar" sein müssen, wird damit eine gewisse Spürbarkeit verlangt.[2] Dies entspricht im Kern auch den ganz allgemein für die EU im Bereich der geteilten Zuständigkeit (Art. 4 Abs. 2 EUV) geltenden Grundsätzen der Subsidiarität und Verhältnismäßigkeit (Art. 5 Abs. 3, 4 EUV).

11.40 Art. 115 AEUV sieht als gesetzgeberische Maßnahme allein **Richtlinien** (Art. 288 Satz 3 AEUV) vor, was in der Praxis dazu führt, dass die Richtlinien sehr detailliert ausformuliert werden, damit den Mitgliedstaaten keine wesentlichen Umsetzungsspielräume mehr verbleiben. Nur auf diese Weise ist eine aus der Sicht der EU gebotene strikte Harmonisierung der direkten Steuern, wenn auch nur auf einzelnen Teilgebieten, gewährleistet.[3] Davon abgesehen besteht ohnehin die Möglichkeit, Maßnahmen durch Durchführung der Richtlinien seitens des Rats auf die KOM zu übertragen, die sodann DVO (Art. 291 Abs. 2 AEUV) erlässt. Die Ermächtigungsgrundlage hierfür muss in der betreffenden Richtlinie selbst verankert sein und zudem auch alle wesentlichen Grundentscheidungen enthalten.[4]

2. Richtlinien

11.41 Für den Erlass von Richtlinien ist nach Anhörung des EP und des Wirtschafts- und Sozialausschusses Einstimmigkeit im Rat erforderlich.[5] Dieses Einstimmigkeitserfordernis hat dazu geführt, dass für den Bereich der direkten Steuern das Konzept der Vollharmonisierung einstweilen versagt geblieben ist mit der Folge, dass die EU weiterhin durch einen **Wettbewerb der Steuersysteme** geprägt ist. Nur für einige – allerdings wichtige – Sachbereiche ist eine Teilharmonisierung gelungen. Dies beruht im Wesentlichen auf folgenden Richtlinien: **MutterTochterRL** (KonzernRL),[6] **Zins- und LizenzgebührenRL**,[7] **FusionsRL**,[8] **AmtshilfeRL**[9] und die **BeitreibungsRL**.[10]

---

1 Vgl. EuGH v. 16.12.1976 – 33/76 – Rewe ./. Landwirtschaftskammer Saarland, Slg. 1976, 1989 Rz. 5; *Schroeder* in Streinz³, Art. 115 AEUV Rz. 8.

2 Die EU-Organe haben insoweit eine gerichtlich nur beschränkt überprüfbare Einschätzungsprärogative; *Schroeder* in Streinz³, Art. 115 AEUV Rz. 8; *Classen* in G/S/H, Art. 15 AEUV Rz. 14.

3 *Schroeder* in Streinz³, Art. 115 AEUV Rz. 15.

4 Vgl. EuGH v. 17.12.1970 – 25/70 – Köster, Slg. 1970, 1161 Rz. 6.

5 Ein Verstoß gegen die Anhörungspflicht führt zur Nichtigkeit der RL; EuGH v. 29.10.1980 – 138/79 – Roquette Frères, Slg. 1980, 3333 Rz. 32 ff.

6 Richtlinie 2011/96/EU über das gemeinsame Steuersystem der Mutter- und Tochtergesellschaften verschiedener Mitgliedstaaten v. 30.11.2011, ABl. EU 2011 Nr. L 345, 8; zuletzt geändert durch Richtlinie 2013/13/EU v. 13.5.2013, ABl. EU 2013 Nr. L 141, 30; zu Einzelheiten vgl. Rz. 17.1 ff.

7 Richtlinie 2003/49/EG über eine gemeinsame Steuerregelung für Zahlungen von Zinsen und Lizenzgebühren zwischen verbundenen Unternehmen verschiedener Mitgliedstaaten v. 3.6.2003, ABl. EU 2003 Nr. L 157, 49; zuletzt geändert durch Richtlinie 2013/13/EU v. 13.5.2013, ABl. EU 2013 Nr. L 141, 30; zu Einzelheiten vgl. Rz. 15.1 ff.

8 Richtlinie 2009/133/EG über das gemeinsame Steuersystem für Fusionen, Spaltungen, Abspaltungen, die Einbringung von Unternehmensteilen und den Austausch von Anteilen, die Gesellschaften verschiedener Mitgliedstaaten betreffend, sowie für die Verlegung des Sitzes einer europäischen Genossenschaft von einem Mitgliedstaat in einen anderen Mitgliedstaat v. 19.10.2009, ABl. EU 2009 Nr. L 310, 34; zuletzt geändert durch Richtlinie 2013/13/EU v. 13.5.2013, ABl. EU 2013 Nr. L 141, 30; zu Einzelheiten vgl. Rz. 16.1 ff.

9 Richtlinie 2011/16/EU über die Zusammenarbeit der Verwaltungsbehörden im Bereich der Besteuerung und zur Aufhebung der Richtlinie 77/799/EWG v. 15.2.2011, ABl. EU 2011 Nr. L 64, 1; zu Einzelheiten vgl. Rz. 25.15 ff.

10 Richtlinie 2010/24/EU über die Amtshilfe bei der Beitreibung von Forderungen in Bezug auf bestimmte Steuern, Abgaben und sonstige Maßnahmen v. 16.3.2010, ABl. EU 2010 Nr. L 84, 1; vgl. Rz. 25.61 ff.

3. Sonstige Maßnahmen

11.42 Im Hinblick darauf, dass die Gesetzgebungskompetenz der EU nur unter strengen Voraussetzungen und zudem nur durch Richtlinien möglich ist, sind auch andere auf Harmonisierung der direkten Steuern gerichtete Maßnahmen von Bedeutung. Hierzu zählt z.b. die **Schiedsverfahrenskonvention**[1], der als multilateraler völkerrechtlicher Vertrag auf der Grundlage des im AEUV ohne Nachfolgevorschrift gebliebenen Art. 293 EG Bindungswirkung zukommt, ohne Bestandteil des Unionsrechts zu sein (zu Einzelheiten Rz. 23.1 ff.).

11.43 Schließlich sind insbesondere im Bereich des Unternehmensteuerrechts **Empfehlungen** und **Stellungnahmen** seitens der KOM von Bedeutung. Obwohl Empfehlungen und Stellungnahmen nicht verbindlich sind (Art. 288 Satz 5 AEUV), gehen von ihnen jedoch vielfältige Rechtswirkungen aus und sind nicht selten Ausgangspunkt für verbindliche, auf die Harmonisierung der direkten Steuern gerichtete Richtlinien.[2] Zu diesen nicht verbindlichen Handlungsformen zählen z.B. das Programm für die Harmonisierung der direkten Steuern der KOM aus dem Jahre 1967,[3] der Bericht der KOM über die Angleichung der Steuersysteme in der Gemeinschaft,[4] das Weißbuch über die Vollendung des Binnenmarktes von 1985,[5] der Ruding-Report 1992,[6] der *Monti*-Bericht 1996[7] und der *Bolkestein*-Bericht.[8] In diesem Zusammenhang sind mitunter Richtlinienentwürfe der KOM vorgestellt worden, wobei zuletzt der Richtlinienentwurf der KOM über eine GKKB[9] derzeit in der Diskussion steht (hierzu Rz. 18.1 ff.).

11.44 Derzeit sind die Bestrebungen der KOM darauf gerichtet, die mangels Harmonisierung zwischen den verschiedenen Steuerrechtsordnungen der EU-Staaten **bestehenden Disparitäten auszugleichen**. Es geht hierbei vor allem um bestimmte, in einigen EU-Mitgliedstaaten gewährte Steuervergünstigungen.[10] Entsprechende Bestrebungen gibt es auch seitens der OECD-Mitgliedstaaten unter Einbeziehung derjenigen G-20-Staaten, die der OECD nicht angehören (BEPS-Aktionsplan).[11] Hiernach sollen Unternehmensgewinne im Ergebnis in dem Staat versteuert werden, in dem sie tatsächlich erwirtschaftet werden, wobei die steuerlichen Auswirkungen von Gestaltungen neutralisiert werden sollen, die auf eine internationale Minderbesteuerung (doppelte Nichtbesteuerung, Doppelabzug von Betriebsausgaben) abzielen. Gegenstand des BEPS-Aktionsplans sind 15 Maßnahmen,[12] die z.B. betreffen die Besteuerung der IT-Konzerne, hybrider Gestaltungen und von mobilen Einkünften unter dem Gesichtspunkt des schädlichen Steuerwettbewerbs, die Verhinderung des Missbrauchs von Doppelbesteuerungsabkommen und

---

1 Übereinkommen 90/436/EWG über die Beseitigung der Doppelbesteuerung im Falle von Gewinnberichtigungen zwischen verbundenen Unternehmen v. 23.7.1990, ABl. EG 1990 Nr. L 225, 10.
2 Zu den Rechtswirkungen allgemein *Schroeder* in Streinz³ Art. 288 AEUV Rz. 52 ff.
3 Programm für die Harmonisierung der direkten Steuern, Mitteilung der KOM an den Rat v. 26.6.1967.
4 Bericht der KOM der Europäischen Gemeinschaften über die Aussichten einer Angleichung der Steuersysteme in der Gemeinschaft 1980, KOM (80) 139.
5 BR-Drucks. 289/85 v. 10.7.1985.
6 Commission of the European Communities, Report of the Committee of the independent Experts of Company Taxation, 1992.
7 KOM v. 22.10.1996: Die Steuern in der Europäischen Union – Bericht über die Entwicklung der Steuersysteme, KOM (96) 564 endg.
8 KOM v. 23.10.2001: Unternehmensbesteuerung im Binnenmarkt, KOM (2001) 528 endg.
9 Vorschlag für eine Richtlinie des Rates über eine gemeinsame konsolidierte Körperschaftsteuerbemessungsgrundlage (GKKB) v. 16.3.2011, KOM (2011) 121, 4; vgl. zu Einzelheiten Rz. 18.1 ff.
10 Z.B. Lizenz-/Patent-Innovations-Boxen sowie bestimmte Tax-Rulings, die als verbotene Beihilfen in Betracht kommen; vgl. zum Beihilfenverbot Rz. 9.1 ff.
11 Vgl. hierzu die Gesamtdarstellung in *Kofler/Schnitger*, BEPS-Handbuch, München 2019 und den Überblick von *Böhmer* in Wassermeyer/Andresen/Ditz, Betriebsstätten-Handbuch², Rz. 14.1 ff.
12 Vgl. im Überblick nur *Böhmer* in Wassermeyer/Andresen/Ditz, Betriebsstätten-Handbuch², Rz. 14.17 ff.

die Konkretisierung immaterieller Werte für Zwecke der Besteuerung von Verrechnungspreisen sowie die Verbesserung der Transparenz von Verrechnungspreisdokumentationen. Die Umsetzung in nationales Recht auf Grundlage der Anti-BEPS-Richtlinie[1] (ATAD -= Anti Tax Avoidance Directive)[2] ist bislang zum Teil erfolgt (Rz. 17.1 ff.).

---

[1] Die wichtigsten Vorgaben: Zinsschranke, Wegzugsbesteuerung, allgemeine Missbrauchsverhinderung, Hinzurechnungsbesteuerung, Maßnahmen gegen hybride Gestaltungen.
[2] Richtlinie (EU) 2016/1164 v. 12.7.2016, ABl. EU 2016 Nr. L 193, 1 (ATAD I); Richtlinie (EU) 2017/952 v. 29.5.2017, ABl. EU 2017 Nr. L 144, 1 (ATAD II).

Kapitel 12
Einwirkung allgemeiner Rechtsgrundsätze des EU-Rechts

A. Entwicklung sowie Rechts- und Rechtserkenntnisquellen 12.1
B. Anwendungsbereich der allgemeinen Rechtsgrundsätze 12.6
  I. Rechtssetzungsakte der Union 12.6
  II. Handeln der Mitgliedstaaten im Anwendungsbereich des EU-Rechts . 12.8
C. Für das Steuerrecht bedeutsame allgemeine Rechtsgrundsätze 12.11
  I. Allgemeine Erwägungen 12.11
  II. Gesetzmäßigkeit der Besteuerung .. 12.12
  III. Verhältnismäßigkeitsgrundsatz 12.16
  IV. Gleichheitssatzkonforme Besteuerung 12.18
    1. Grundlagen 12.18
    2. Neutralitätsprinzip 12.21
    3. Sonstige Aspekte der Rechtssetzungsgleichheit 12.24
    4. Rechtsanwendungsgleichheit 12.26
  V. Freiheitsschonende Besteuerung 12.27
  VI. Rechtssicherheit, Rückwirkungsverbot und Vertrauensschutz 12.30
    1. Bestimmtheitsgebot 12.30
    2. Vertrauensschutz 12.33
      a) Allgemeine Voraussetzungen 12.34
      b) Zusätzliche Anforderungen beim Vertrauen auf die Rechtmäßigkeit von Auskünften u.Ä. 12.35
      c) Zusätzliche Anforderungen beim Vertrauen auf den Fortbestand der Rechtslage 12.37
      d) Anforderung an die Versagung von Vertrauensschutz 12.40
  VII. Verbot des Rechtsmissbrauchs 12.45
  VIII. Äquivalenz- und Effektivitätsprinzip 12.47

Literatur: *Baker*, Taxation, human rights and the family, in Avery Jones u.a. (Hrsg.), Comparative Perspectives on Revenue Law, Cambridge 2009, 232; *Baker*, Retroactive tax legislation and the European convention on human rights, British Tax Review 2005, 1; *Baker*, Taxation and the European Convention of Human Rights, ET 2000, 298; *Brokelind (Hrsg.)*, Principles of law: Function, Status and Impact in EU Tax Law, Amsterdam 2014; *Ehrke-Rabel*, Äquivalenzgebot und Abgabenverfahrensrecht, in Holoubek/Lang (Hrsg.), Abgabenverfahrensrecht und Gemeinschaftsrecht, Wien 2006, 129; *Elicker*, Die Unionsgrundrechte nach Lissabon: Ein starker Hebel im Finanzprozess, DStZ 2011, 162; *Engler*, Steuerverfassungsrecht im Mehrebenensystem, Diss., Baden-Baden 2014; *Englisch*, VAT and General Principles of EU Law, in Weber (Hrsg.), Traditional and Alternative Routes to European Tax Integration, Amsterdam 2010, 231; *Englisch*, Gemeinschaftsgrundrechte im harmonisierten Steuerrecht, in Schön/Beck (Hrsg.), Zukunftsfragen des deutschen Steuerrechts, Heidelberg 2009, 39; *Hahn*, Neues zur Rückwirkung – die Europäische Menschenrechtskonvention, eine übersehene Rechtsquelle, IStR 2011, 437; *Henze*, Grundsatz der steuerlichen Neutralität im gemeinsamen Mehrwertsteuersystem, in Englisch/Nieskens (Hrsg.), Umsatzsteuer-Kongress-Bericht 2010, Köln 2011, 7; *Kokott/Dobratz*, Der unionsrechtliche allgemeine Gleichheitssatz im Europäischen Steuerrecht, in Schön/Heber (Hrsg.), Grundfragen des Europäischen Steuerrechts, Berlin Heidelberg 2015, 25; *Laule*, Die Europäische Menschenrechtskonvention und das deutsche Steuerrecht, EuGRZ 1996, 357; *Leszczyńska*, The European Convention on Human Rights as an Instrument of Taxpayer Protection, in Nykiel/Sęk, Protection of taxpayer's rights, Warschau 2009, 82; *Madner*, Effektivitätsgebot und Abgabenverfahrensrecht, in Holoubek/Lang (Hrsg.), Abgabenverfahrensrecht und Gemeinschaftsrecht, Wien 2006, 115; *Mössner*, Internationale Menschenrechte und Steuern, StuW 1991, 224; *Ohlendorf*, Grundrechte als Maßstab des Steuerrechts in der Europäischen Union, Heidelberg 2015; *Pauwels*, Retroactive Tax Legislation in view of Article 1 First Protocol ECHR, EC Tax Review 2013, 268; *Peeters*, European Supervision on the Use of Vague and Undetermined Concepts in Tax Laws, EC Tax Review 2013, 112; *Wilke*, Grundrechtsstandard in Gefahr?, IWB 2013, 325; *Wittock*, The Influence of the Principle of Union Loyalty in Tax Matters, EC Tax Review 2014, 171; *Zorn/Twardosz*, Grundrechte in der Europäischen Union – Auswirkungen auf das Steuerrecht, ÖStZ 2006, 34; *Zorn/Twardosz*, ÖStZ 2006, 58; s. auch die Beiträge in *Gribnau/Pauwels* (Hrsg.), Retroactivity of Tax Legislation, Amsterdam 2013; *Kofler u.a.* (Hrsg.), Human Rights and Taxation in Europe and the World, Amsterdam 2011; *Meussen* (Hrsg.), The Principle of Equality in European Taxation, Den Haag 1999.

A. Entwicklung sowie Rechts- und Rechtserkenntnisquellen

12.1 Nach der Konzeption der Gründungsverträge der Europäischen Gemeinschaften unterlagen deren Organe bei der Ausübung ihrer Kompetenzen keinen materiell-rechtlichen Bindungen an rechtsstaatliche Grundsätze. Insbesondere enthielt das Primärrecht keine Grundrechtsgarantien. Die Gründungsstaaten waren ersichtlich der Auffassung, dass ihre Bürger und Unternehmen gegenüber der Gemeinschaftsrechtsetzung ausreichend durch die jeweiligen nationalen Grundrechtsstandards geschützt waren. Indes deutete sich schon früh an, dass der EuGH den von ihm angenommenen Anwendungsvorrang des Gemeinschaftsrechts vor innerstaatlichem Recht auch auf nationale Verfassungsbestimmungen erstrecken könnte.[1] Nachdem mitgliedstaatliche und namentlich deutsche Gerichte dem EuGH die Grundrechtsrelevanz gemeinschaftsrechtlicher Harmonisierung in einigen Vorlageverfahren verdeutlicht hatten, stellte der EuGH dann in den 1970er Jahren zum einen ausdrücklich fest, dass nationale Grundrechte oder sonstige in den mitgliedstaatlichen Verfassungen verankerte rechtsstaatliche Garantien um der einheitlichen Geltung des Unionsrechts willen nicht als Kontrollmaßstab für sekundäres Gemeinschaftsrecht herangezogen werden dürften.[2] Zugleich kompensierte der EuGH das damit drohende Kontrolldefizit durch die **prätorianische Entwicklung eines originär gemeinschaftsrechtlichen Grundrechtskatalogs** sowie weiterer rechtsstaatlicher Prinzipien als ungeschriebene „allgemeine Rechtsgrundsätze des Gemeinschaftsrechts".[3] Diese Rechtsgrundsätze genießen grundsätzlich denselben Rang wie das geschriebene (Primär-)Recht der europäischen Verträge. Sie entfalten damit quasi-verfassungsrechtliche Bindungswirkung für den Unionsgesetzgeber (Rz. 4.8). Ihre zunehmende Emanzipation vom ursprünglichen Entstehungsgrund der Gewährleistung eines dem verdrängten mitgliedstaatlichen Grundrechtsschutz äquivalenten Schutzniveaus auf Unionsebene zeigt sich nicht zuletzt daran, dass sie im weiteren Verlauf der Rechtsentwicklung darüber hinaus auch zur Kontrolle von mitgliedstaatlichen Maßnahmen im Anwendungsbereich des Unionsrechts herangezogen wurden (Rz. 12.8 ff.). Der EuGH bezeichnet die Unionsgrundrechte inzwischen als „Herzstück" des europäischen Integrationsprozesses („cœur de cette construction juridique").[4]

12.2 Bei seiner Rechtsfortbildung stützte sich der EuGH im Wesentlichen auf **zwei Rechtserkenntnisquellen**: Zum einen orientierte sich die Entwicklung und Konkretisierung von allgemeinen Rechtsgrundsätzen an den **gemeinsamen Verfassungsüberlieferungen der Mitgliedstaaten**.[5] Zum anderen ließ sich der Gerichtshof speziell bei der Herausbildung von Grundrechtsstandards auch von internationalen Menschenrechtsverträgen inspirieren, an deren Abschluss die Mitgliedstaaten beteiligt waren oder de-

---

1 Vgl. die weite Formulierung in EuGH v. 15.7.1964 – 6/64 – Costa/ENEL, Slg. 1964, 1253 (1270): „Aus alledem folgt, dass dem vom Vertrag geschaffenen ... Recht ... keine *wie immer gearteten* innerstaatlichen Rechtsvorschriften vorgehen können ..." (Hervorhebung nur hier).
2 Grundlegend EuGH v. 17.12.1970 – 11/70 – Internationale Handelsgesellschaft, Slg. 1970, 1125 Rz. 3. Seither st. Rspr., s. beispielsweise EuGH v. 13.12.1979 – 44/79 – Hauer, Slg. 1979, 3727 Rz. 14; v. 8.10.1986 – 234/85 – Keller, Slg. 1986, 2897 Rz. 7; v. 8.9.2010 – C-409/06 – Winner Wetten, Slg. 2010, I-8015 Rz. 61; v. 22.6.2010 – C-188/10 u.a. – Melki, Slg. 2010, I-5665 Rz. 54.
3 Grundlegend EuGH v. 17.12.1970 – 11/70 – Internationale Handelsgesellschaft, Slg. 1970, 1125 Rz. 4. Schon ein Jahr zuvor hatte der EuGH die „Grundrechte der Person" eher beiläufig als Bestandteil der „allgemeinen Grundsätze der Gemeinschaftsrechtsordnung" anerkannt, vgl. EuGH v. 12.11.1969 – 29/69 – Stauder, Slg. 1969, 419 Rz. 7. S. dazu eingehend *Kaczorowska*, European Union Law, 2009, S. 236 ff.; *Lenaerts/Van Nuffel*, European Union Law, 5. Aufl. 2011, Rz. 22-016 ff.; *Ludwig*, EuR 2011, 715; *Weatherill* in *Vogenauer/Weatherill* (Hrsg.), General Principles of Law, 2017, S. 21 ff.
4 EuGH v. 18.12.2014 – Gutachten 2/93 – ECLI:EU:C:2014:2454 Rz. 169.
5 S. EuGH v. 12.11.1969 – 29/69 – Stauder, Slg. 1969, 419 (425); v. 17.12.1970 – 11/70 – Internationale Handelsgesellschaft, Slg. 1970, 1125 Rz. 4; v. 14.5.1974 – 4/73 – Nold, Slg. 1974, 492 Rz. 13; v. 10.7.1984 – 63/83 – Kirk, Slg. 1984, 2690 Rz. 22. Dazu eingehend *Skouris* in Merten/Papier (Hrsg.), Handbuch der Grundrechte, § 157 Rz. 11 ff.

nen sie beigetreten sind. Eine herausgehobene Bedeutung kam dabei der **EMRK** zu.[1] Dieser duale Begründungsansatz hat sich sodann zu einer ständigen Rechtsprechung verfestigt.[2] Er hat schließlich hinsichtlich der Grundrechte durch den Vertrag von Maastricht[3] seinen Niederschlag im geschriebenen Primärrecht gefunden (vgl. Art. F Abs. 2 EUV a.F., jetzt Art. 6 Abs. 3 EUV).[4] Mit Inkrafttreten des Vertrags von Lissabon[5] zum 1.12.2009 hat zudem auch die 2000 in Nizza proklamierte Charta der Grundrechte der Europäischen Union (GrCh)[6] Rechtsverbindlichkeit erlangt.[7] Ausweislich des Art. 6 Abs. 1 EUV steht sie gleichrangig neben den Verträgen und genießt damit quasi-verfassungsrechtlichen Status. Für die Auslegung der Charta-Grundrechte sind die einschlägigen Verfassungsüberlieferungen der Mitgliedstaaten sowie parallele Garantien der EMRK gem. Art. 52 Abs. 3 u. 4 GrCh nach wie vor von maßgeblicher Bedeutung.[8] Im Übrigen schließt es die Charta ausweislich des Art. 6 Abs. 3 EUV nicht aus, über die in ihr positivierten Garantien hinaus auch weiterhin auf ungeschriebene allgemeine Rechtsgrundsätze des Unionsrechts zu rekurrieren, soweit sich daraus zusätzliche Grundrechtsverbürgungen ergeben können.[9]

Unter Verweis auf die Bedeutung der in der EMRK niedergelegten Menschenrechte und Freiheiten nimmt der EuGH bei der Konkretisierung der Tragweite sowie des Gewährleistungsgehaltes diverser allgemeiner Rechtsgrundsätze und insbesondere der Unionsgrundrechte vielfach auch Bezug auf die **Entscheidungspraxis des EGMR**.[10] Dies ist hinsichtlich der Grundrechte der GrCh so auch ausdrücklich in den – nicht unmittelbar rechtsverbindlichen, aber gleichwohl auslegungsrelevanten[11] – Erläute-

---

1 S. EuGH v. 14.5.1974 – 4/73 – Nold, Slg. 1974, 491 Rz. 12 f.; v. 13.12.1979 – 44/79 – Hauer, Slg. 1979, 3727 Rz. 15. Siehe dazu auch EuGH, Schlussanträge des Generalanwalts *Poiares Maduro* v. 9.9.2008 – C-465/07 – Elgafaji, Slg. 2009, I-921 Rz. 21 ff.; *Klein* in GS Bleckmann, S. 257 (258 ff.); *Bergmann*, VBlBW 2011, 169; *F. Kirchhof*, NJW 2011, 3681.
2 S. statt aller EuGH v. 3.5.2005 – C-387/02 u.a. – Berlusconi u.a., Slg. 2005, I-3565 Rz. 67 m.w.N.; v. 26.6.2007 – C-305/05 – Ordre des barreaux francophones et germanophone, Slg. 2007, I-5305 Rz. 29 m.w.N.; v. 3.9.2008 – C-402/05 P u.a. – Kadi/Rat und Kommission, Slg. 2008, I-6351 Rz. 283 f.
3 ABl. EG 1992 Nr. C 191.
4 S. dazu auch EuGH, Schlussanträge des Generalanwalts *Poiares Maduro* v. 21.5.2008 – C-127/07 – Arcelor Atlantique und Lorraine u.a., Slg. 2008, I-9895 Rz. 15–17.
5 Vertrag zur Änderung des Vertrags über die Europäische Union und des Vertrags zur Gründung der Europäischen Gemeinschaft, unterzeichnet in Lissabon am 13.12.2007, ABl. EU 2007 Nr. C 306, 1.
6 ABl. EU 2000 Nr. C 364, 1.
7 S. EuGH v. 22.10.2013 – C-276/12 – Sabou, ECLI:EU:C:2013:678 Rz. 25 = ISR 2013, 423 m. Anm. *Schaumburg*. Auch für Sachverhalte, die vor Inkrafttreten der GrCh verwirklicht wurden, hat der EuGH gelegentlich auf die GrCh rekurriert, um die Geltung bestimmter Grundrechte in der Gemeinschaftsrechtsordnung zu begründen; s. beispielsweise EuGH v. 13.3.2007 – C-432/05 – Unibet, Slg. 2007, I-2271 Rz. 37; v. 3.5.2007 – C-303/05 P – Advocaten voor de Wereld, Slg. 2007, I-3633 Rz. 46; v. 18.12.2007 – C-341/05 – Laval und Partneri, Slg. 2007, I-11767 Rz. 90 f.
8 S. auch den fünften Erwägungsgrund der Präambel zur GrCh; *Skouris* in Merten/Papier (Hrsg.), Handbuch der Grundrechte, § 157 Rz. 42 ff.
9 S. dazu auch *Dobratz*, UR 2014, 425 f.
10 S. beispielsweise EuGH v. 18.6.1991 – C-260/89 – ERT, Slg. 1991, I-2925 Rz. 41 m.w.N.; v. 26.6.1997 – C-368/95 – Familiapress, Slg. 1997, I-3689 Rz. 25 f.; v. 11.7.2002 – C-60/00 – Carpenter, Slg. 2002, I-6279 Rz. 41 f.; v. 12.5.2005 – C-347/03 – ERSA, Slg. 2005, I-3785 Rz. 120 ff.; v. 26.6.2007 – C-305/05 – Ordre des barreaux francophones et germanophone, Slg. 2007, I-5305 Rz. 29. S. auch *Klein* in Merten/Papier (Hrsg.), Handbuch der Grundrechte, § 167 Rz. 53; *Kokott/Sobotta*, 34 Yearbook of European Law 2015, S. 60.
11 Die Erläuterungen sind bei der Auslegung der in der Charta verbürgten Grundrechte „gebührend zu berücksichtigen", vgl. Art. 6 Abs. 1 Unterabs. 3 EUV sowie den fünften Erwägungsgrund der Präambel zur GrCh und Art. 52 Abs. 7 GrCh. S. dazu auch EuGH v. 26.2.2013 – C-617/10 – Åkerberg Fransson, ECLI:EU:C:2013:105 Rz. 20 m.w.N.; *Scheuing*, EuR 2005, 162 (185); *Kingreen* in Calliess/Ruffert[5], Art. 52 GrCh Rz. 42 f.

rungen zur GrCh[1] vorgesehen.[2] Im Steuerrecht hat die Rechtsprechung des EGMR aber bislang vornehmlich zu steuerverfahrensrechtlichen Aspekten gewisse Konturen erlangt. Die verfassungsrechtlichen Anforderungen an materiell-rechtliche Steuergesetzgebung sind hingegen nicht zuletzt mangels eines allgemeinen Gleichheitssatzes im Menschenrechtskatalog der EMRK eher blass geblieben. Der EGMR hat hier gestützt auf das Eigentumsgrundrecht des Art. 1 Protokoll 1 zur EMRK bislang vor allem ein Verbot konfiskatorischer Besteuerung herausgearbeitet (Rz. 12.29). Darüber hinaus hat der EGMR über das dort niedergelegte Erfordernis „rechtmäßiger" Eigentumseingriffe zwar auch zahlreiche rechtsstaatliche Vorgaben postuliert, namentlich Gesetzmäßigkeit, Rechtssicherheit und Verhältnismäßigkeit der Besteuerung.[3] In der Ableitung konkreter Schlussfolgerungen für verfassungsrechtliche Grenzen des steuerpolitischen Gestaltungsermessens blieb der EGMR aber bislang vage bzw. zurückhaltend.[4] Damit liefert seine Rechtsprechung nur relativ wenige Anhaltspunkte für eine steuerspezifische Konkretisierung allgemeiner Rechtsgrundsätze des Unionsrechts oder auch nur für die steuerspezifische Entfaltung der Unionsgrundrechte durch den EuGH.

12.4 Die potentiell bedeutsamere Rechtserkenntnisquelle müssten daher die insoweit reichhaltigeren gemeinsamen Verfassungsüberlieferungen der EU-Mitgliedstaaten sein, zumal die EMRK aus unionsrechtlicher Warte auch nur einen Mindeststandard verbürgt.[5] Allerdings ist hinsichtlich der steuerrechtlichen Implikationen gleichheits- und freiheitsrechtlicher Grundrechtsgarantien bei nunmehr 27 Mitgliedstaaten ein relativ großes Maß an verfassungsrechtlicher Heterogenität festzustellen; dasselbe gilt bezüglich der steuerspezifischen Anforderungen allgemeiner rechtsstaatlicher Grundsätze sowie der Vorgaben zur sozialstaatlichen Akzentuierung des Steuersystems. Sowohl die Erläuterungen zur GrCh als auch der EuGH haben jedoch zu erkennen gegeben, dass die Berufung auf die gemeinsamen Verfassungstraditionen nicht mit der Suche nach einem „kleinsten gemeinsamen Nenner" gleichzusetzen ist.[6] Die Notwendigkeit einer dynamischen, auf ein relativ hohes Schutzniveau angelegten Interpretation wird auch in der Präambel zur GrCh deutlich.[7] Vor diesem Hintergrund dürfte es zutreffend sein, die Frage der „Gemeinsamkeit" der je maßgeblichen Verfassungsüberlieferungen anhand qualitativer anstelle von quantitativen Kriterien zu beurteilen. Je enger sich der allgemeine verfassungsrechtliche Kontext eines Mitgliedstaates hinsichtlich der für einen bestimmten Rechtsgrundsatz bedeutsamen Aspekte an die maßgeblichen Wertvorstellungen und Verfassungsgarantien des Unionsrechts anlehnt, umso bedeutsamer müssen die Verfassungstraditionen dieses Mitgliedstaates für die Fortentwicklung und Konkretisierung des unionsrechtlichen Grundrechtekatalogs sowie rechtsstaatlicher Grundsätze auf dem Gebiet des Steuerrechts sein. Beispielsweise bedeutet dies für die Frage der verfassungsrechtlichen Wirkkraft des – primär sozialstaatlich unterlegten – steuerlichen Leistungsfähig-

---

1 ABl. EU 2007 Nr. C 303, 17.
2 S. die Erläuterungen zu Art. 52 Abs. 3 GrCh; s. dazu auch EuGH v. 28.7.2017 – C-543/14 – Ordre des barreaux francophones et germanophone, ECLI:EU:C:2016:605 Rz. 23.
3 S. EGMR v. 22.9.1994 – 13616/88 – Hentrich, http://hudoc.echr.coe.int/sites/eng/pages/search.aspx?i= 001-57903 – Rz. 47 f.; v. 23.10.1997 – 21319/93 u.a. – National & Provincial Building Society u.a., http://hudoc.echr.coe.int/sites/eng/pages/search.aspx?i= 001-58109 – Rz. 80; v. 20.9.2011 – 14902/04 – Yukos, NJOZ 2012, 2000 (2004); v. 8.12.2011 – 5631/05 – Althoff u.a., NvWZ 2012, 1455 (1457 f.); s. dazu auch Pauwels, EC Tax Review 2013, 268 (274 f.); ausführlich Engler, Steuerverfassungsrecht im Mehrebenensystem, S. 174 ff.
4 Siehe dazu die Beiträge von van Thiel und von Attard in Kofler/Poiares/Pistone (Hrsg.), Human Rights and Taxation in Europe and the World, 2011; befürwortend Endresen, Intertax 2017, 508 (512 ff.).
5 S. Art. 52 Abs. 3 Satz 2 GrCh.
6 S. die Erläuterungen zu Art. 52 Abs. 4 GrCh sowie EuGH v. 22.10.2002 – C-94/00 – Roquette Frères, Slg. 2002, I-9011 Rz. 29; ebenso Besson in Vogenauer/Weatherill (Hrsg.), General Principles of Law, 2017, S. 105 (111 f.), m.w.N. Tendenziell anders zuvor noch EuGH v. 21.9.1989 – C-46/87 – Hoechst, Slg. 1989, I-2859 Rz. 17 und 19; Kaczorowska, European Union Law, 2009, S. 233; Skouris in Merten/Papier (Hrsg.), Handbuch der Grundrechte, § 157 Rz. 33.
7 Vgl. den vierten Erwägungsgrund: „... ist es notwendig, angesichts der Weiterentwicklung der Gesellschaft, des sozialen Fortschritts und der wissenschaftlichen und technologischen Entwicklungen den Schutz der Grundrechte zu stärken".

keitsprinzips auf Unionsebene, dass die Handhabung in Mitgliedstaaten mit einer dem Unionsprimärrecht ähnlichen verfassungsrechtlichen Wertigkeit sozialstaatlicher Anliegen von größerer Relevanz ist als der Status des Leistungsfähigkeitsprinzips in Mitgliedstaaten mit einer libertär geprägten Verfassungsordnung.[1]

In die Rechtsprechungspraxis des EuGH haben solche Überlegungen zur Effektuierung der allgemeinen Rechtsgrundsätze auf dem Gebiet des Steuerrechts aber bislang noch keinen Eingang gefunden. Die quasi-verfassungsrechtliche Kontrolle des europäischen Steuergesetzgebers befindet sich noch in den Anfängen. Die Geltendmachung allgemeiner Rechtsgrundsätze gegenüber dem mitgliedstaatlichen Gesetzgeber wiederum beschränkt sich bislang auf einige wenige rechtsstaatliche Prinzipien wie namentlich die Grundsätze der Rechtssicherheit und der Verhältnismäßigkeit; darüber hinaus fokussiert der EuGH stark auf das nur für den „Steuereinsammler" maßgebliche, gleichheitsrechtlich akzentuierte Neutralitätsprinzip (Rz. 12.21 ff.). Es fehlt vor allem noch an einer am jeweiligen Belastungsgrund und den jeweiligen Belastungswirkungen der sekundärrechtlich harmonisierten Steuern orientierten Entfaltung der Grundrechte als Direktiven und zugleich Schranken für Unionsgesetzgeber und mitgliedstaatlichen Gesetzgeber.

12.5

B. Anwendungsbereich der allgemeinen Rechtsgrundsätze

I. Rechtssetzungsakte der Union

Entsprechend ihrer Entstehungsgeschichte binden die allgemeinen Rechtsgrundsätze vornehmlich die Organe der Union. Daraus folgt zugleich die Beschränkung ihres Geltungsanspruchs auf den Anwendungsbereich des übrigen Unionsrechts.[2] Beides wird inzwischen hinsichtlich der Grundrechte der GrCh in Art. 6 Abs. 1 Unterabs. 2 EUV sowie in Art. 51 GrCh auch ausdrücklich so festgehalten. Somit bilden die allgemeinen Rechtsgrundsätze primär einen quasi-verfassungsrechtlichen **Beurteilungsmaßstab für die Handlungen der Organe und Einrichtungen der Union** und insbesondere für den Unionsgesetzgeber. Sämtliches Sekundärrecht der Union und damit auch die zur Harmonisierung nationalen Steuerrechts ergangenen Verordnungen, Richtlinien und Beschlüsse müssen sich somit an diesen Vorgaben messen lassen. Zu einer entsprechenden Prüfung sind stets auch nationale Gerichte aufgerufen. Eine Verwerfungsbefugnis von Unionsrecht wegen einer Verletzung von Grundrechten oder sonstigen allgemeinen Rechtsgrundsätzen kommt jedoch nur dem EuGH zu, der damit ggf. im Wege eines Vorabentscheidungsersuchens zu befassen ist (Rz. 5.8 ff.). Rechtsfolge eines nicht gerechtfertigten Verstoßes gegen einen allgemeinen Rechtsgrundsatz ist dabei stets die Nichtigkeit der betreffenden Sekundärrechtsbestimmung.[3] Vorrangig ist jedoch eine *primärrechtskonforme Auslegung* des Sekundärrechts in Betracht zu ziehen.[4]

12.6

---

[1] S. dazu eingehend *Englisch* in Brokelind (Hrsg.), Principles of Law: Function, Status and Impact in EU Tax Law, 2014, S. 439 (451 f.).

[2] S. beispielsweise EuGH v. 30.7.1987 – 12/86 – Demirel, Slg. 1987, 3719 Rz. 28; v. 18.6.1991 – C-260/89 – ERT, Slg. 1991, I-2925 Rz. 42; v. 12.12.2002 – C-442/00 – Rodríguez Caballero, Slg. 2002, I-11915 Rz. 31. Speziell zur Bindung der Mitgliedstaaten s. ferner Rz. 12.8 ff.

[3] S. EuGH v. 9.11.2010 – C-92/09 u.a. – Schecke, Slg. 2010, I-11063 Rz. 45 f. i.V.m. Rz. 89 u. 91 (zu Garantien der EU-GrR-Charta); v. 22.6.2010 – C-188/10 – Melki u.a., Slg. 2010, I-5665 Rz. 55. Zu den Folgen der Nichtigkeit einer Richtlinienbestimmung für den nationalen Umsetzungsrechtsakt s. eingehend *Englisch* in Schön/Beck, Zukunftsfragen des deutschen Steuerrechts, S. 39 (45 ff.).

[4] S. EuGH v. 13.12.1983 – 218/82 – Kommission/Rat, Slg. 1983, 4063 Rz. 15; v. 29.6.1995 – C-135/93 – Spanien/Kommission, Slg. 1995, I-1651 Rz. 37; v. 5.6.1997 – C-105/94 – Celestini, Slg. 1997, I-2971 Rz. 32; v. 1.4.2004 – C-1/02 – Borgmann, Slg. 2004, I-3219 Rz. 30; EuGH, Schlussanträge der Generalanwältin *Kokott* v. 8.6.2017 – C-246/16 – Di Maura, ECLI:EU:C:2017:440 Rz. 40 ff. und 45 ff. Eingehend *Höpfner*, Die systemkonforme Auslegung, 2008, S. 220 ff.

12.7 Dementsprechend haben Kommission und Rat bei der Harmonisierung des mitgliedstaatlichen Steuerrechts den unionsrechtlichen Gleichheitssatz und die Freiheitsrechte der Steuerpflichtigen und ggf. der von ihnen personenverschiedenen intendierten Steuerträger zu achten und darüber hinaus auch formal-rechtsstaatliche Anforderungen zu wahren. Aufgabe des EuGH wäre es dementsprechend insbesondere, bereichsspezifisch sachgerechte Maßstäbe grundrechtlicher Anforderungen an unionsrechtliche Steuergesetze zu entwickeln, so wie dies auch das BVerfG getan hat. Derzeit besteht jedoch diesbezüglich noch ein **gravierendes Kontrolldefizit** gegenüber dem Unionsgesetzgeber; der EuGH nimmt beispielsweise selbst evident gleichheitswidrige Regelungen mit nicht tragfähigen Begründungen hin (Rz. 12.24). Hauptverantwortlich hierfür ist eine wohl integrationspolitisch motivierte verminderte Kontrolldichte im Vergleich zur Beurteilung mitgliedstaatlicher Steuergesetzgebung (vielfach *bloße Willkürprüfung*). Zudem macht der EuGH zwecks Aufrechterhaltung der Unionsgesetzgebung oder seiner früheren Rechtsprechung selbst vor einer *Deformierung der Grundrechtsdogmatik* und einer *faktischen Suspendierung von grundrechtlichen Bindungen* nicht Halt.[1] Stringenter handhabt der Gerichtshof hingegen die Einforderung sonstiger rechtsstaatlicher Standards im Rahmen der allgemeinen Rechtsgrundsätze des Unionsrechts und namentlich die Prüfung des *Rückwirkungsverbots*.[2]

II. Handeln der Mitgliedstaaten im Anwendungsbereich des EU-Rechts

12.8 Maßnahmen der Mitgliedstaaten unterliegen nach ständiger Rechtsprechung des EuGH (nur) „im Anwendungsbereich des Unionsrechts" einer Kontrolle anhand der allgemeinen Rechtsgrundsätze des Unionsrechts.[3] Die scheinbar engere Formulierung, wonach die Grundrechte der GrCh gemäß deren Art. 51 Abs. 1 Satz 1 die Mitgliedstaaten „ausschließlich **bei der Durchführung des Rechts der Union**" binden, ist ausweislich der diesbezüglichen Erläuterungen zur GrCh ebenfalls im Sinne der vorerwähnten Rechtsprechungslinie zu verstehen.[4] Daraus folgt einerseits, dass Gesetzgebung auf dem Gebiet des Steuerrechts, des Steuerverfahrensrechts und des Steuerstrafrechts sowie entsprechende Vollzugsmaßnahmen nicht an den allgemeinen Rechtsgrundsätzen einschließlich der Unionsgrundrechte zu messen sind, sofern sie keinen Bezug zu sekundärrechtlichen Akten der Steuerharmonisierung aufweisen.[5] An-

---

1 Exemplarisch EuGH v. 8.5.2003 – C-269/00 – Seeling, Slg. 2003, I-4101 Rz. 53 f. = UR 2003, 288 m. Anm. *Burgmaier*. Ausf. Kritik bei *Englisch* in Weber (Hrsg.), Traditional and Alternative Routes to European Tax Integration, S. 231 (243 ff.). Kritisch, obschon konzilianter in den Formulierungen auch *Dobratz*, UR 2014, 425 (428). Näher Rz. 12.23.
2 S. beispielsweise EuGH v. 29.4.2004 – C-17/01 – Sudholz, Slg. 2004, I-4243 = UR 2004, 315 m. Anm. *Burgmaier*; v. 26.4.2005 – C-376/02 – Stichting Goed Wonen, Slg. 2005, I-3445.
3 Siehe neben den nachfolgend zitierten Urteilen etwa EuGH v. 18.6.1991 – C-260/89 – ERT, Slg. 1991, I-2925 Rz. 42; v. 24.3.1994 – C-2/92 – Bostock, Slg. 1994, I-955 Rz. 16; v. 13.4.2000 – C-292/97 – Karlsson, Slg. 2000, I-2737 Rz. 37 f.; v. 18.5.2000 – C-107/97 – Rombi und Arkopharma, Slg. 2000, I-3367 Rz. 65; v. 7.9.2006 – C-81/05 – Cordero Alonso, Slg. 2006, I-7569 Rz. 35 u. 37; v. 11.7.2006 – C-13/05 – Chacón Navas, Slg. 2006, I-6467 Rz. 56 m.w.N.; v. 27.2.2007 – C-354/04 P – Gestoras pro amnistía u.a., Slg. 2007, I-1579 Rz. 51; v. 3.5.2007 – C-303/05 – Advocaten voor de Wereld, Slg. 2007, I-3633 Rz. 45; v. 18.12.2008 – C-349/07 – Sopropé, Slg. 2008 I-10369 Rz. 34; v. 10.12.2009 – C-323/08 – Rodríguez Mayor, Slg. 2009 I-11621 Rz. 58 f.; v. 25.9.2014 – C-199/14 – Kárász, ECLI:EU:C:2014:2243; v. 5.2.2015 – C-451/14 – Petrus, ECLI:EU:C:2015:71; v. 10.2.2015 – C-305/14 – Babasan, ECLI:EU:C:2015:97. Zur Bindung auch der Mitgliedstaaten s. ferner eingehend *Brosius-Gersdorf*, Bindung der Mitgliedstaaten an die Gemeinschaftsgrundrechte, 2005, S. 17 ff.; *Ehlers* in Ehlers, Europäische Grundrechte und Grundfreiheiten[4], § 14 Rz. 34; *Jarass*, EU-Grundrechte, § 24 Rz. 3; *Tridimas*, The General Principles of EU Law[3], S. 74.
4 Wie hier *Brosius-Gersdorf*, Bindung der Mitgliedstaaten an die Gemeinschaftsgrundrechte, 2005, S. 42 ff.; *Grabenwarter*, EuGRZ 2004, 563 (564 f.); *Ladenburger/Vondung* in Stern/Sachs, GrCh, Art. 51 Rz. 23 ff.; *Scheuing*, EuR 2005, 162 (182 ff.); *Schmahl*, EuR Beiheft 1/2008, 7 (12, dort Fn. 41). Für eine weite Interpretation sprechen auch die übrigen Sprachfassungen. **A.A.** aber *Calliess*, EuZW 2001, 261 (266); *Huber*, EuR 2008, 190 (197).
5 EuGH v. 29.3.2012 – C-417/10 – 3M Italia SpA, ECLI:EU:C:2012:184 Rz. 30; EuGH v. 2.6.2016 – C-122/15 – ECLI:EU:C:2016:391 Rz. 28 f.; BFH v. 19.6.2013 – II R 10/12, BStBl. II 2013, 746 Rz. 28; s. auch generell EuGH v. 12.7.2012 – C-466/11 – Currà u.a., ECLI:EU:C:2012:465 Rz. 26. **A.A.** unter Verweis

dererseits versteht der EuGH den „Anwendungsbereich" des sekundären Unionsrechts und damit auch den Wirkungskreis der allgemeinen Rechtsgrundsätze weit. Er unterzieht auch unionsrechtlich nicht näher konkretisierte, **aber der Effektuierung von unionsrechtlichen Vorgaben oder Zielen dienende** bzw. hinderliche mitgliedstaatliche Maßnahmen einer unions-verfassungsrechtlichen Kontrolle.[1] Ein bloß mittelbarer unionsrechtlicher Bezug von Maßnahmen, die weder auf die Verwirklichung unionsrechtlicher Bestimmungen angelegt noch dafür bedeutsam sind, genügt hingegen nicht für die Aktivierung des Schutzes der GrCh.[2] Im Übrigen müssen Gesetzgeber und Verwaltung bei verbleibenden Umsetzungsspielräumen jedenfalls stets auch noch die Vorgaben des GG beachten.[3]

Aus den Ausführungen unter Rz. 12.6 folgt, dass die nationale Umsetzung von auf Unionsebene abschließend harmonisierten steuerrechtlichen Regelungen nur auf ihre Vereinbarkeit mit der je maßgeblichen Richtlinie hin zu beurteilen ist und nicht unmittelbar hinsichtlich ihrer Kompatibilität mit den Unionsgrundrechten untersucht werden darf.[4] Anderenfalls würde das Verwerfungsmonopol des EuGH betreffend Maßnahmen des europäischen Gesetzgebers unterlaufen. Den Kernbereich der Kontrolle mitgliedstaatlicher Maßnahmen anhand der Unionsgrundrechte bildet daher stattdessen die Ausübung eines etwaigen noch verbleibenden Gestaltungs- oder Anwendungsermessens der nationalen Gesetzgeber oder Behörden.[5] Darüber hinaus rechnet unbeschadet des Grundsatzes mitgliedstaatlicher Verfahrensautonomie[6] auch das mitgliedstaatliche **(Steuer-)Verfahrensrecht** zum Anwendungsbereich des Unionsrechts, soweit es der Durchführung harmonisierten materiell-rechtlichen Steuerrechts dient.[7] Dasselbe hat der Gerichtshof auch für die Ausgestaltung nationaler **Rechtsbehelfsverfahren** an-

12.9

---

auf den Gleichbehandlungsgrundsatz nach nationalem Verfassungsrecht *Brokelind*, ET 2013, 281 (285); a.A. auch *Kokott/Dobratz* in Schön/Heber, Grundfragen des Europäischen Steuerrechts, S. 25 (30 f.): im Anwendungsbereich der Grundfreiheiten, d.h. im Wesentlichen auch bei jeglicher Anwendung steuerlicher Vorschriften auf wirtschaftliche Vorgänge mit grenzüberschreitenden Bezügen innerhalb der EU.

1 Grundlegend EuGH v. 26.2.2013 – C-617/10 – Åkerberg Fransson, ECLI:EU:C:2013:105; v. 13.6.2017 – C-258/14 – Florescu u.a., ECLI:EU:C:2017:448 Rz. 44 ff.; dazu sogleich eingehender. S. etwa auch EuGH C-406/15, Rz. 52 f.; *Haslehner*, in Haslehner/Kofler/Rust, EU Tax Law and Policy in the 21st Century, 2017, S. 155 (160); sowie speziell zur harmonisierten MwSt *Egholm Elgaard*, World Journal of VAT/GST Law 2016, 63.
2 S. EuGH v. 6.3.2014 – C-206/13 – Siragusa, ECLI:EU:C:2014:126 Rz. 24 ff., m.w.N.; v. 6.10.2016 – C-218/15 – Paoletti u.a, ECLI:EU:C:2016:748 Rz. 14.
3 Vgl. *Englisch* in T/L, Steuerrecht[23], § 4 Rz. 55 m.w.N.; *Jarass*, EuR 2013, 29 (38 f.); *Mellinghoff*, UR 2013, 5 (11); dies übersieht *Wilke*, IWB 2013, 325 (327 f.).
4 S. EuGH v. 1.7.2014 – C-573/12 – Ålands Vindkraft, ECLI:EU:C:2014:2037 Rz. 57 m.w.N.
5 S. beispielsweise EuGH v. 26.5.2005 – C-498/03 – Kingscrest Associates, Slg. 2005, I-4442 Rz. 51 f.; v. 29.10.2009 – C-174/08 – NCC Construction Danmark, Slg. 2009 I-10567 Rz. 45 m.w.N.; v. 13.12.2012 – C-395/11 – BLV, ECLI:EU:C:2012:799 Rz. 42; EuGH, Schlussanträge des Generalanwalts *Bobek* v. 7.9.2017 – C-298/16 – Ispas, ECLI:EU:C:2017:650 Rz. 32; *Niedobitek* in Merten/Papier (Hrsg.), Handbuch der Grundrechte, § 159 Rz. 109; *Engler*, Steuerverfassungsrecht im Mehrebenensystem, S. 88; speziell zum Gleichheitssatz auch *Kokott/Dobratz* in Schön/Heber, Grundfragen des Europäischen Steuerrechts, S. 25 (27).
6 So ausdrücklich EuGH v. 7.1.2004 – C-201/02 – Delena Wells, Slg. 2004, I-723 Rz. 67; v. 19.9.2006 – C-392/04 u.a. – i-21 Germany u.a., Slg. 2006, I-8559 Rz. 57; speziell zum Vollzug von harmonisiertem Steuerrecht v. 11.7.2002 – C-62/00 – Marks & Spencer, Slg. 2002, I-6325 Rz. 43 ff.; v. 15.3.2007 – C-35/05 – Reemtsma, Slg. 2007, I-2425 Rz. 40 = UR 2007, 430 m. Anm. *Stadie* = UR 2007, 343 m. Anm. *Burgmaier*. Siehe dazu *Suerbaum*, VerwArch 2000, 169 (173); *Kahl* in Calliess/Ruffert[5], Art. 4 EUV Rz. 61.
7 So ausdrücklich EuGH v. 19.11.1998 – C-85/97 – Société financière d'investissements, Slg. 1998, I-7447 Rz. 31; ähnlich EuGH v. 8.5.2008 – C-95/07 und C-96/07 – Ecotrade, Slg. 2008 I-3457 Rz. 51; v. 17.12.2015 – C-419/14 – WebMindLicenses, ECLI:EU:C:2015:832 – Rz. 67 f. Eindeutig auch EuGH v. 18.12.2008 – C-349/07 – Sopropé, Slg. 2008 I-10369 Rz. 38 zur Anwendung des EG-Zollkodex. Siehe zur Bindung beim mittelbaren Vollzug von Richtlinienrecht *Brosius-Gersdorf*, Bindung der Mitgliedstaaten an die Gemeinschaftsgrundrechte, 2005, S. 17 f.; *Kuntze*, VBlBW 2001, 5 (11); *Szczekalla*, NVwZ 2006, 1019 (1021). Speziell zum Umsatzsteuerrecht s. *Dobratz*, UR 2014, 425 (427).

genommen.[1] Schließlich müssen die Mitgliedstaaten auch bei der gesetzlichen Androhung und bei der Verhängung von **Sanktionen** wie Geldbußen, Geldstrafen oder Freiheitsstrafen die allgemeinen Grundsätze des Gemeinschaftsrechts[2] und folglich auch die Unionsgrundrechte[3] beachten, sofern das betreffende Steuerdelikt auf dem Gebiet harmonisierten Steuerrechts begangen wurde. Dabei spielt es gemäß der in der Besetzung der Großen Kammer getroffenen Åkerberg-Fransson-Entscheidung des EuGH keine Rolle, ob die fraglichen nationalen Vorschriften speziell zur Umsetzung bzw. Flankierung von unionsrechtlich harmonisiertem Steuerrecht erlassen wurden, oder ob es sich um Bestimmungen des allgemeinen Verfahrens-, Prozess- oder Straf- bzw. Ordnungswidrigkeitenrechts handelt, die lediglich im konkreten Einzelfall auf eine harmonisierte Steuer angewendet werden.[4]

Hinweis: Das BVerfG hat sich in Reaktion auf die Åkerberg-Fransson-Entscheidung bemüßigt gefühlt klarzustellen, dass nicht schon „jeder sachliche Bezug einer Regelung zum bloß abstrakten Anwendungsbereich des Unionsrechts oder rein tatsächliche Auswirkungen auf dieses" ausreichen könnten, um eine Bindung der Mitgliedstaaten durch die Grundrechte der EU-GrCh zu begründen.[5] Zur Begründung hat das BVerfG angeführt, ansonsten bewege sich die EuGH-Rechtsprechung *ultra vires* und es bestünde damit verbunden eine Gefährdung für „Schutz und Durchsetzung der mitgliedstaatlichen Grundrechte". Das letztgenannte Argument überzeugt indes schon deshalb nicht, weil der Grundrechtsschutz durch den EuGH in den Fällen eines mitgliedstaatlichen Gestaltungsermessens nur neben und nicht anstelle des nationalen Grundrechtsschutzes tritt.[6] Das BVerfG dürfte hier in Wahrheit weniger einen unzureichenden Grundrechtsschutz für Bürger und Steuerpflichtige als vielmehr den eigenen Bedeutungsverlust fürchten. Eine *ultra-vires*-Rechtsprechung wiederum ist jedenfalls insoweit nicht anzunehmen, als der EuGH in Åkerberg Fransson nicht über die frühere, in den offiziellen Erläuterungen zu Art. 51 GrCh in Bezug genommene Rechtsprechung zum Anwendungsbereich der Unionsgrundrechte hinausging.[7] Vor allem in der Entscheidung ERT wurde schon früh deutlich, dass ein (nur) in bestimmten Fällen bestehender Bezug einer nationalen Regelung zur Umsetzung unionsrechtlicher Vorgaben selbst auf einem Gebiet fortdauernder mitgliedstaatlicher Souveränität ausreicht, um den europäischen Grundrechtekatalog zu aktivieren.[8] Die vom BVerfG ohnehin eher kryptisch formulierten Grenzen stehen darum jedenfalls nicht den im vorstehenden Absatz skizzierten Anwendungsfällen europäischer Grundrechtskontrolle entgegen. Allerdings hat der EuGH in den letzten Jahren gelegentlich (und zwar vornehmlich in Verfahren mit dem deutschen Richter am EuGH als Berichterstatter) eine restriktivere Linie vertreten. Danach sollen tendenziell nur solche nationale Maßnahmen einer Kontrolle unterliegen, die spezifisch die Durchführung von bestimmten unionsrechtlichen Vorgaben bezwecken.[9] Zu-

---

1 Vgl. EuGH v. 10.4.2003 – C-276/01 – Steffensen, Slg. 2003, I-3735 Rz. 66.
2 Grundlegend EuGH v. 21.9.1989 – 68/88 – Kommission/Griechenland, Slg. 1989, 2965 Rz. 23 f.; v. 16.12.1992 – C-210/91 – Kommission/Griechenland, Slg. 1992, I-6735 Rz. 19; v. 26.10.1995 – C-36/94 – Siesse, Slg. 1995, I-3573 Rz. 21; v. 19.7.2012 – C-263/11 – Rēdlihs, ECLI:EU:C:2012:497 Rz. 44; v. 5.12.2017 – C-42/17 – M.A.S. und M.B, ECLI:EU:C:2017:936 Rz. 51 ff.
3 S. EuGH v. 26.2.2013 – C-617/10 – Åkerberg Fransson, ECLI:EU:C:2013:105 Rz. 24 ff.; v. 8.9.2015 – C-105/14 – Taricco u.a., ECLI:EU:C:2015:555 Rz. 49, 52 und 53; v. 17.12.2015 – C-419/14 – WebMindLicenses, ECLI:EU:C:2015:832 Rz. 66 f.; v. 5.4.2017 – C-217/15 und C-350/15 – Orsi & Baldetti, ECLI:EU:C:2017:264 Rz. 16; v. 20.3.2018 – C-524/15 – Menci, ECLI:EU:C:2018:197 Rz. 21; v. 6.10.2016 – C-218/15 – Paoletti u.a., ECLI:EU:C:2016:748 Rz. 16 ff.; v. 16.5.2017 – C-682/15 – Berlioz Investment Fund, ECLI:EU:C:2017:373 Rz. 40 f. S. auch *Hahn*, EWS 2015, 15 (17).
4 S. EuGH v. 26.2.2013 – C-617/10 – Åkerberg Fransson, ECLI:EU:C:2013:105 Rz. 28; s. dazu auch *Zorn*, ÖStZ 2013, 342; kritisch *Widmann*, UR 2014, 5 (6); einschränkend EuGH, Schlussanträge des Generalanwalts *Bobek* v. 7.9.2017 – C-298/16 – Ispas, ECLI:EU:C:2017:650 Rz. 55 ff. S. ferner allgemein zum Trend hin zu einem europäischen Grundrechteföderalismus *Kingreen*, JZ 2013, 801. Generell skeptisch zu dieser Rspr.-Entwicklung *Dougan*, CMLRev 2015, 1201, m.w.N.
5 S. BVerfG v. 24.4.2013 – 1 BvR 1215/07, NJW 2013, 1499 Rz. 91.
6 S. EuGH v. 26.2.2013 – C-617/10 – Åkerberg Fransson, ECLI:EU:C:2013:105 Rz. 29; so auch BVerfG v. 2.3.2010 – 1 BvR 256, 263, 586/08, BVerfGE 125, 260 (306 f.).
7 So auch zutreffend *Kokott/Dobratz* in Schön/Heber, Grundfragen des Europäischen Steuerrechts, S. 25 (28 f.).
8 S. EuGH v. 18.6.1991 – C-260/89 – ERT, Slg. 1991, I-2925 Rz. 43 ff.
9 S. EuGH v. 10.7.2014 – C-198/13 – Hernández u.a., ECLI:EU:C:2014:2055 Rz. 36 und 47; bestätigt durch EuGH v. 14.12.2017 – C-243/16 – Miravitlles Ciurana u.a., ECLI:EU:C:2017:969 Rz. 34; eher zurückhal-

mindest in Verfahren, die das engmaschig harmonisierte indirekte Steuerrecht betreffen, wirkt sich diese zurückhaltendere Sichtweise aber im Ergebnis absehbar kaum aus. Sie hat sich im Übrigen innerhalb des Gerichtshofs insgesamt bislang auch nicht durchgesetzt. Im Gegenteil hat die Große Kammer des EuGH in jüngerer Zeit zu Recht mehrmals bekräftigt, dass jegliche mitgliedstaatliche Maßnahmen, die der Umsetzung von im Sekundärrecht hinreichend detailliert und präzise niedergelegten Zielen dienlich oder hinderlich sind, einer Kontrolle anhand der Unionsgrundrechte unterliegen.[1]

Nach ständiger Rechtsprechung des EuGH findet ferner eine Grundrechtskontrolle von grundfreiheitsbeschränkenden Maßnahmen statt, um sicherzustellen, dass hierfür vorgetragene Rechtfertigungsgründe nicht im Widerspruch zu den Vorgaben der GrCh stehen.[2] Zu weit geht es demgegenüber, einen unionsgrundrechtlichen Kontrollvorbehalt darüber für jegliche steuerliche Vorschrift der Mitgliedstaaten zu postulieren, soweit diese im Einzelfall auf einen Sachverhalt angewendet wird, der dem Anwendungsbereich einer Grundfreiheit unterfällt.[3] Denn die Grundfreiheiten machen den Mitgliedstaaten in ihrem jeweiligen Anwendungsbereich jenseits des ihnen je inhärenten Diskriminierungs- und Beschränkungsverbotes keine hinreichend konkreten Vorgaben zur Regulierung, Besteuerung oder sonstigen Behandlung grenzüberschreitender Sachverhalte.[4]

Auch im Verhältnis zu den Mitgliedstaaten gilt vornehmlich ein *Gebot unionsrechtskonformer Auslegung*. Räumt das Gesetz der Finanzverwaltung ein *Ermessen* ein, hat diese es soweit als möglich unter Beachtung der allgemeinen Rechtsgrundsätze auszuüben.[5] Kann der Rechtsanwender in den von der nationalen Methodenlehre gezogenen Grenzen jedoch keine primärrechtskonforme Anwendung des Steuerrechts erreichen, darf die *gegen die allgemeinen Rechtsgrundsätze verstoßende Norm nicht angewendet* werden.[6]

12.10

---

tend auch EuGH v. 7.9.2017 – C-177/17 und C-178/17 – Demarchi Gino, ECLI:EU:C:2017:656 Rz. 19-21.

1 S. EuGH v. 6.10.2015 – C-650/13 – Delvigne, ECLI:EU:C:2015:648 Rz. 25 ff.; v. 13.6.2017 – C-258/14 – Florescu u.a., ECLI:EU:C:2017:448 Rz. 47 ff.

2 S. bspw. aus jüngerer Zeit die Entscheidung der Großen Kammer, EuGH v. 21.12.2016 – C-201/15 – AGET Iraklis, ECLI:EU:C:2016:972 Rz. 62 ff. Kritisch *Haslehner* in Haslehner/Kofler/Rust, EU Tax Law and Policy in the 21st Century, 2017, S. 155 (162 f. und 171 f.).

3 So aber *Zorn*, ÖStZ 2013, 342 (343); *Kokott/Dobratz* in Schön/Heber, Grundfragen des Europäischen Steuerrechts, S. 25 (30 f.); skeptisch hingegen *Haslehner* in Haslehner/Kofler/Rust, EU Tax Law and Policy in the 21st Century, 2017, S. 155 (176). Für die Gegenmeinung lässt sich auch EuGH v. 6.9.2016 – C-182/15 – Petruhhin, ECLI:EU:C:2016:630 Rz. 52 f., trotz missverständlicher Formulierung nichts entnehmen, da auch in dieser Entscheidung die Beeinträchtigung eines Freizügigkeitsrechts (und nicht lediglich dessen Anwendbarkeit) in Rede stand. Noch weitergehend die – vom EuGH nicht aufgegriffenen – Gedankenspiele von Generalanwältin *Sharpston*, Schlussanträge v. 30.9.2010 – C-34/09 – Ruiz Zambrano, ECLI:EU:C:2010:560 Rz. 163 ff.; s. dazu auch die klar zurückhaltendere Linie in EuGH v. 7.3.2017 – C-638/16 PPU – X und X, ECLI:EU:C:2017:173 Rz. 44 f. Wie hier abl. *Lehner*, IStR 2016, 265 (269).

4 Vgl. auch EuGH v. 5.2.2015 – C-117/14 – Nisttahuz Poclava, ECLI:EU:C:2015:60 Rz. 40 ff.

5 EuGH v. 12.1.2006 – C-246/04 – Turn- und Sportunion Waldburg, Slg. 2006, I-589 Rz. 24; v. 27.9.2007 – C-409/04 – Teleos, Slg. 2007, I-7797 Rz. 44 f., 50, 52 f.; v. 11.7.2002 – C-62/00 – Marks & Spencer, Slg. 2002, I-6325 Rz. 44; *Englisch*, UR 2008, 481 (486 f., 494). Vgl. auch zum Diskriminierungsverbot des Art. 14 EMRK die Entscheidung des EGMR v. 22.3.2016 – 23682/13 – Guberina/Croatia, Rz. 93.

6 S. beispielsweise zum unionsrechtlichen Gleichbehandlungsgrundsatz EuGH v. 11.7.2002 – C-309/06 – Marks & Spencer, Slg. 2002, I-6325 Rz. 63; s. ferner EuGH v. 3.5.2005 – C-387/02 u.a. – Berlusconi u.a., Slg. 2005, I-3565 Rz. 72.

C. Für das Steuerrecht bedeutsame allgemeine Rechtsgrundsätze

I. Allgemeine Erwägungen

12.11 Unter den allgemeinen Rechtsgrundsätzen des Unionsrechts einschließlich der Unionsgrundrechte sind einige von spezifischer Relevanz für das Steuerverfahrens- und Steuerprozessrecht;[1] überwiegend sind sie jedoch gleichermaßen oder primär für das materielle Steuerrecht bedeutsam. Nachfolgend wird schwerpunktmäßig die letztgenannte Kategorie von Rechtsgrundsätzen erörtert (s. im Übrigen auch Rz. 28.8 und 28.23 ff.). Speziell bei den Grundrechten, aber auch bei den meisten der übrigen allgemeinen Rechtsgrundsätze handelt es sich um **Rechtsprinzipien im eigentlichen Sinne**,[2] die einer Relativierung durch gegenläufige Gemeinwohlerwägungen zugänglich sind.[3] Dabei ist zunächst zu prüfen, ob der widerstreitende Gemeinwohlbelang auch nach der unionsrechtlichen Werteordnung als legitim erachtet werden kann; bejahendenfalls ist dann nur ein unverhältnismäßiger Verstoß gegen den in Rede stehenden Rechtsgrundsatz bzw. gegen das betroffene Grundrecht zu beanstanden. Für die Grundrechte der GrCh sind dies sowie eine Wesensgehaltgarantie nunmehr ausdrücklich in Art. 52 Abs. 1 GrCh niedergelegt.[4]

II. Gesetzmäßigkeit der Besteuerung

12.12 Das Prinzip der Gesetzmäßigkeit der Besteuerung ist vom EuGH noch nicht ausdrücklich als solches thematisiert worden. Der Gerichtshof hat nur generell festgestellt, dass jeder hoheitliche Eingriff in die grundrechtlich geschützte Sphäre einer Person einer gesetzlichen Grundlage bedarf, anhand derer die Rechtmäßigkeit behördlichen Handelns zu beurteilen ist.[5] Dieser allgemeine Rechtsgrundsatz[6] der Gesetzmäßigkeit der Eingriffsverwaltung beinhaltet somit sowohl den **Grundsatz des Gesetzesvorbehaltes** als auch den **Grundsatz der Gesetzesbindung der Verwaltung**. Er gilt auch für das unionsrechtlich harmonisierte Steuerrecht.[7] Dies hat insbesondere auch der EGMR unter der Prämisse anerkannt, dass die Besteuerung einen Eingriff in das Eigentumsgrundrecht darstellt.[8] Hinzuweisen ist in diesem Zusammenhang auch auf die – obschon primär auf dem Grundsatz der Rechtssicherheit gründende (Rz. 12.32) – Rechtsprechung des EuGH, wonach bloße Verwaltungspraktiken oder Verwaltungsvor-

---

1 Vgl. dazu etwa EuGH v. 16.5.2017 – C-682/15 – Berlioz Investment Fund, ECLI:EU:C:2017:373 Rz. 43 ff. (zu Art. 47 GrCh – „Recht auf einen wirksamen Rechtsbehelf und ein unparteiisches Gericht").
2 S. *Wouters* in Albregtse/Kogels (Hrsg.), Selected Issues in European Tax Law, 1999, S. 19; *Raitio*, The Principle of Legal Certainty in EC Law, 2003, S. 298 ff.; *Groussot*, General Principles of Community Law, 2006, S. 128; *Tridimas*, The General principles of EU Law³, S. 2; *van Gerven* in Bernitz u.a. (Hrsg.), General Principles of EC Law in a Process of Development, 2008, S. 25.
3 S. beispielsweise EuGH v. 14.5.1974 – 4/73 – Nold, Slg. 1974, 491 Rz. 14; v. 13.12.1979 – 44/79 – Hauer, Slg. 1979, 3727 Rz. 5 und 7; v. 30.6.2005 – C-295/03 – Alessandrini u.a./Kommission, Slg. 2005, I-5673 Rz. 86; v. 9.9.2008 – C-120/06 – FIAMM, Slg. 2008, I-6513 Rz. 183.
4 S. EuGH v. 9.11.2010 – C-92/09 – Schecke u.a., Slg. 2010, I-11063 Rz. 65. S. ferner auch die Erläuterungen zu Art. 52 Abs. 1 GrCh: „Abs. 1 enthält die allgemeine Einschränkungsregelung. Die verwendete Formulierung lehnt sich an die Rechtsprechung des Gerichtshofes an, die wie folgt lautet: ‚Nach gefestigter Rechtsprechung kann jedoch die Ausübung dieser Rechte ... Beschränkungen unterworfen werden, sofern diese tatsächlich dem Gemeinwohl dienenden Zielen der Gemeinschaft entsprechen und nicht einen im Hinblick auf den verfolgten Zweck unverhältnismäßigen, nicht tragbaren Eingriff darstellen, der diese Rechte in ihrem Wesensgehalt antastet.'"
5 S. EuGH v. 21.9.1989 – 46/87 u. 277/88 – Hoechst, Slg. 1989, 2859 Rz. 19.
6 So ausdrücklich EuGH v. 17.10.1989 – 97/87 u.a. – Dow Chemical Ibérica u.a., Slg. 1989, I-3165 Rz. 16.
7 S. dazu EuGH, Schlussanträge des Generalanwalts *Colomer* v. 11.1.2005 – C-491/03 – Hermann, Slg. 2005, I-2025 Rz. 25.
8 S. beispielsweise EGMR v. 29.4.2008 – 13378/05 – Burden/United Kingdom, Rz. 59; v. 14.10.2010 – 23759/03 u. 37943/06 – Shchokin/Ukraine, Rz. 50 f.

schriften den Anforderungen an eine Umsetzung von Richtlinienvorgaben in nationales Recht nicht genügen.¹

Auf der Ebene des Unionsrechts erfolgt die Gesetzgebung auf dem Gebiet des Steuerrechts in erster Linie durch Sekundärrechtsakte, und zwar regelmäßig durch vom Rat unter Mitwirkung des Parlaments (vgl. Art. 14 Abs. 1, Art. 16 Abs. 1 EUV) in einem besonderen Gesetzgebungsverfahren (vgl. Art. 113, 115 AEUV) erlassene Richtlinien und Verordnungen (Rz. 3.6 ff.).² Von besonderer praktischer Bedeutung ist der Grundsatz des Gesetzesvorbehaltes hier für den Erlass von Durchführungsrechtsakten i.S.d. Art. 291 Abs. 2 bis 4 AEUV und von delegierten Rechtsakten i.S.d. Art. 290 AEUV, d.h. für die „Exekutivgesetzgebung" durch die Kommission oder ausnahmsweise durch den Rat (sog. „Tertiärrecht" oder in der Terminologie der Verträge: „Rechtsakte ohne Gesetzescharakter"; Rz. 3.15 ff.). Dies betrifft derzeit potentiell das Gebiet der harmonisierten Mehrwertsteuer (vgl. insbesondere Art. 199b Abs. 4, Art. 397 MwStRL)³ und das Verbrauchsteuerrecht (vgl. insbesondere Art. 13 Abs. 2, Art. 29 Abs. 1, Art. 34 Abs. 1 i.V.m. Art. 43 Abs. 2 VerbrauchStRL)⁴. Auch die Vorschläge für eine Finanztransaktionssteuer,⁵ für eine Steuer auf digitale Dienstleistungen⁶ sowie für eine Gemeinsame Konsolidierte Körperschaftsteuerbemessungsgrundlage (GKKB)⁷ sehen entsprechende Tertiärrechtsetzung in nicht unerheblichem Maß vor. Die Rechtsprechung des EuGH zu den sich aus dem Gesetzesvorbehalt ergebenden Voraussetzungen und Grenzen für diese Flexibilisierung der europäischen Rechtssetzung ist noch rudimentär; der EuGH hat dabei bislang vornehmlich auf die Anforderungen an den Tertiärrechtsakt fokussiert, hingegen kaum zu den Anforderungen an die Ermächtigungsgrundlage Stellung genommen.

12.13

Grundlegend ist die Feststellung, dass sich jeder abgeleitete Rechtsakt **im Rahmen der** durch die Ermächtigungsgrundlage **übertragenen Befugnisse bewegen muss**; anderenfalls ist er nichtig.⁸ Ist eine bestimmte Fragestellung im höherrangigen Rechtsakt erkennbar abschließend geregelt worden, ist für ergänzende oder modifizierende Durchführungsrechtsakte i.S.d. Art. 291 AEUV kein Raum mehr.⁹ Im Übrigen hingegen sollte nach der vor dem Inkrafttreten des Vertrags von Lissabon geltenden Rechtslage eine bloße Ermächtigung zum Erlass von „Durchführungsbestimmungen" auch die Befugnis der Kommission zur Ergänzung des höherrangigen Rechts beinhalten;¹⁰ wobei der EuGH weitreichende Kom-

12.14

---

1 S. EuGH v. 7.3.1996 – C-334/94 – Kommission/Frankreich, Slg. 1996, I-1307 Rz. 30; v. 4.6.2009 – C-102/08 – SALIX, Slg. 2009, I-4629 Rz. 43 = UR 2009, 484 m. Anm. *Küffner*.
2 Für das Zollwesen gilt primär Art. 31 AEUV, der ebenfalls ein besonderes Verfahren der Gesetzgebung – ohne Parlamentsbeteiligung – vorsieht.
3 Richtlinie 2006/112/EG des Rates v. 28.11.2006 über das gemeinsame Mehrwertsteuersystem.
4 Richtlinie 2008/118/EG v. 16.12.2008 über das allgemeine Verbrauchsteuersystem und zur Aufhebung der Richtlinie 92/12/EWG.
5 S. Art. 16 des Vorschlags für eine Richtlinie des Rates über die Umsetzung einer Verstärkten Zusammenarbeit im Bereich der Finanztransaktionssteuer, KOM (2013) 71.
6 S. Art. 10 Abs. 7, Art. 15 Abs. 6, Art. 18 Abs. 2 sowie Art. 23 Abs. 2 des Vorschlags für eine Richtlinie des Rates zum gemeinsamen System einer Digitalsteuer auf Erträge aus der Erbringung bestimmter digitaler Dienstleistungen, KOM (2018) 148.
7 S. Art. 2 Abs. 2 u. Abs. 5, Art. 4 Satz 2, Art. 11 Nr. 6, Art. 32 Abs. 6 und Art. 40 des Vorschlags für eine Richtlinie des Rates über eine Gemeinsame Körperschaftsteuer-Bemessungsgrundlage, KOM(2016) 685; Art. 2 Nr. 2 und Nr. 5, Art. 3 Satz 2, Art. 39, Art. 55 und Art. 69 Nr. 3 des Vorschlags für eine Richtlinie des Rates über eine Gemeinsame konsolidierte Körperschaftsteuer-Bemessungsgrundlage (GKKB), KOM(2016) 683.
8 S. EuGH v. 23.3.1983 – 162/82 – Cousin, Slg. 1983, 1101 Rz. 15; v. 16.6.1987 – 46/86 – Romkes, Slg. 1987, 2671 Rz. 16; v. 13.3.1997 – C-103/96 – Eridania Beghin Say, Slg. 1997, I-1453 Rz. 20; v. 18.6.2002 – C-314/99 – Niederlande/Kommission, Slg. 2002, I-5521 Rz. 24 ff.; v. 23.10.2007 – C-403/05 – Parlament/Kommission, Slg. 2007, I-9045 Rz. 50 f. Vgl. auch Art. 11 der reformierten „Komitologie-Verordnung" (EU) Nr. 182/2011.
9 S. EuGH v. 24.2.1988 – 264/88 – Frankreich/Kommission, Slg. 1988, 973 Rz. 15 f.; v. 29.6.1989 – 22/88 – Vreugdenhil und van der *Kolk*, Slg. 1989, 2049 Rz. 25 f.
10 S. EuGH v. 15.5.1984 – 121/83 – Zuckerfabrik Franken, Slg. 1984, 2039 Rz. 11 ff.

petenzverlagerungen nur für den Agrarbereich akzeptieren wollte.¹ Nachdem aber Art. 290 und 291 AEUV inzwischen klar zwischen delegierten, eine Ergänzungsbefugnis einschließenden Rechtsakten einerseits und Durchführungsrechtsakten andererseits unterscheiden, ziehen die Verträge die Grenzen bei letzteren nunmehr enger als dies die frühere Rechtsprechung des EuGH getan hat. Durchführungsrechtsakte kommen nur noch für eine Konkretisierung des Sekundärrechts in Betracht.² Abgesehen vom Verbot einer unautorisierten Abweichung von höherrangigem Recht³ muss sich der abgeleitete Rechtsakt ferner auch **in das System und die Zielsetzung des übergeordneten Rechtsaktes einfügen**.⁴ Für delegierte Rechtsakte ergibt sich dies auch schon aus Art. 290 Abs. 1 Unterabs. 2 AEUV.

12.15 Schließlich müssen „wesentliche" Entscheidungen dem Gesetzgebungsverfahren vorbehalten bleiben und dürfen nicht im Wege „exekutivischer" Rechtsetzung durch Tertiärrecht geregelt werden.⁵ Für delegierte Rechtsakte wird dies nunmehr in Art. 290 Abs. 1 Unterabs. 2 Satz 2 AEUV ausdrücklich festgehalten. Kritisch anzumerken ist jedoch, dass der EuGH die Wesentlichkeit einer Rechtsmaterie vornehmlich danach beurteilt, ob sie die „grundsätzliche Ausrichtung" der jeweiligen Unionspolitik tangiert bzw. komplexe politische Abwägungen erfordert.⁶ Die vom BVerfG gepflegte Vorstellung einer Wesentlichkeit kraft Grundrechtsrelevanz⁷ ist dem EuGH zwar ebenfalls nicht fremd;⁸ er legt hier aber tendenziell großzügige Maßstäbe an und hat es daher beispielsweise nicht beanstandet, dass ein Durchführungsrechtsakt die Rechtsgrundlage für eine Verwaltungssanktion bildete.⁹

Hinweis: Die rechtsstaatlichen **Anforderungen an den Ermächtigungstatbestand** im Sekundärrecht sind seit dem Vertrag von Lissabon weitgehend primärrechtlich positiviert worden. Bei delegierten Rechtsakten stellt Art. 290 Abs. 1 Unterabs. 2 AEUV ein Bestimmtheitsgebot hinsichtlich der Ziele, des Inhaltes, des Geltungsbereichs und der Dauer der Befugnisübertragung auf. „Im Gesetzgebungsakt muss ... spezifiziert sein, inwieweit er selbst der ‚Ergänzung' bedarf, sowie das, was die Kommission gegebenenfalls ändern darf."¹⁰ Gemäß Art. 290 Abs. 2 AEUV müssen zudem etwaige bei Rat und Parlament verbleibende Kompetenzen ebenfalls ausdrücklich festgelegt werden. Bei Durchführungsrechtsakten wiederum muss nach Art. 291 Abs. 2 AEUV genau bestimmt werden, inwieweit der zugrunde liegende Sekundärrechtsakt einheitlicher Durchführungsbedingungen in den Mitgliedstaaten bedarf; eine Begrenzung der Befugnisübertragung ist also vornehmlich durch das Subsidiaritätsprinzip sowie durch den Verhältnismäßigkeitsgrundsatz gewährleistet.¹¹ Außerdem impliziert Art. 291 Abs. 3 AEUV die Notwendigkeit, in der Ermächtigungsgrundlage festzulegen, welches der Kontrollverfahren zur Sicherstellung einer hinreichenden Beteiligung von Mitgliedstaaten, Rat oder Parlament auf die konkrete Durchführungsrechtssetzung anzuwenden ist.¹²

---

1 Vgl. EuGH v. 29.6.1989 – 22/88 – Vreugdenhil und van der Kolk, Slg. 1989, 2049 Rz. 17.
2 S. EuGH v. 18.3.2014 – C-427/12 – Kommission/Parlament und Rat, ECLI:EU:C:2014:170 Rz. 36 ff.
3 S. dazu auch EuGH v. 23.10.2007 – C-403/05 – Parlament/Kommission, Slg. 2007, I-9045 Rz. 51.
4 S. EuGH v. 30.10.1975 – 23/75 – Rey Soda, Slg. 1975, 1279 Rz. 14; v. 14.11.1989 – 6/88 und 7/88 – Spanien und Frankreich/Kommission, Slg. 1989, 3639 Rz. 14 m.w.N.
5 Grundlegend EuGH v. 17.12.1970 – 25/70 – Köster, Slg. 1970, 1162 Rz. 6; st. Rspr.
6 S. EuGH v. 27.10.1992 – C-240/90 – Deutschland/Kommission, Slg. 1992, I-5383 Rz. 37; v. 5.9.2012 – C-355/10 – Parlament/Rat, ECLI:EU:C:2012:516 Rz. 64 ff.; s. auch *Lenaerts/Van Nuffel*, Constitutional Law of the European Union², Rz. 14-052.
7 S. BVerfG v. 8.8.1978 – 2 BvL 8/77, BVerfGE 49, 89 (126); v. 9.2.2010 – 1 BvL 1, 3, 4/09, BVerfGE 125, 175 (223).
8 S. EuGH v. 5.9.2012 – C-355/10 – Parlament/Rat, ECLI:EU:C:2012:516 Rz. 77.
9 S. EuGH v. 27.10.1992 – C-240/90 – Deutschland/Kommission, Slg. 1992, I-5383 Rz. 38 f.
10 S. EuGH, Schlussanträge des Generalanwalts *Cruz Villalon* v. 19.12.2013 – C-427/12 – Kommission/Parlament und Rat, ECLI:EU:C:2013:871 Rz. 29.
11 S. auch EuGH, Schlussanträge des Generalanwalts *Cruz Villalon* v. 19.12.2013 – C-427/12 – Kommission/Parlament und Rat, ECLI:EU:C:2013:871 Rz. 50.
12 S. auch EuGH, Schlussanträge des Generalanwalts *Cruz Villalon* v. 19.12.2013 – C-427/12 – Kommission/Parlament und Rat, ECLI:EU:C:2013:871 Rz. 51.

III. Verhältnismäßigkeitsgrundsatz

Der Verhältnismäßigkeitsgrundsatz ist vom EuGH schon früh als allgemeiner Grundsatz des Unionsrechts anerkannt worden.[1] Nach der Standardformulierung des Gerichtshofs verlangt er, dass die in Rede stehende hoheitliche Maßnahme zur Erreichung des verfolgten Ziels geeignet ist und nicht über das zur Zielerreichung Erforderliche hinausgeht.[2] Das **Erforderlichkeitskriterium** wird vom EuGH in ständiger Rechtsprechung dahingehend verstanden, dass unter mehreren zur Zielerreichung geeigneten alternativen Maßnahmen die am wenigsten belastende zu wählen ist.[3] Speziell die Mitgliedstaaten müssen sich gemäß diesem Grundsatz auf Maßnahmen beschränken, die „es zwar erlauben, das vom innerstaatlichen Recht verfolgte Ziel wirksam zu erreichen, die jedoch die Ziele und Grundsätze des einschlägigen Unionsrechts möglichst wenig beeinträchtigen"[4]. Nur gelegentlich, obschon mit zunehmender Tendenz führt der EuGH auch eine **Verhältnismäßigkeitsprüfung im engeren Sinne** durch, d.h. eine Prüfung inwieweit die gesetzgeberische oder behördliche Abwägung zwischen den konkret widerstreitenden Rechtsprinzipien bzw. Individual- oder Gemeinwohlbelangen angemessen ist.[5] Möglicherweise versucht der EuGH in den übrigen Fällen zu vermeiden, durch eine Angemessenheitsprüfung seine Rolle im institutionellen Gefüge der Union oder im Verhältnis zu den Mitgliedstaaten zu überdehnen.[6] Indes ließe sich diesen Bedenken bereits durch eine Zurücknahme der Kontrolldichte Rechnung tragen, statt ein der Verhältnismäßigkeitskontrolle immanentes wesentliches Rationalitätspostulat[7] vollständig zu ignorieren.[8] Mindestens bei Grundrechtseingriffen und namentlich auch bei der Auferlegung steuerlicher Belastungen ist eine Angemessenheitsprüfung im Übrigen auch deshalb angezeigt, weil der Schutz der Unionsgrundrechte gem. Art. 52 Abs. 3, Art. 53 GrCh nicht hinter demjenigen vergleichbarer Gewährleistungen nach der EMRK zurückbleiben darf.[9] Für den EGMR steht aber gerade auch bei der mit dem Steuerzugriff verbundenen Beeinträchtigung des Eigentumsgrundrechts der angemessene Interessenausgleich im Vordergrund der Verhältnismäßigkeitsprüfung.[10] Im Übrigen

12.16

---

1 Grundlegend EuGH v. 17.12.1970 – 11/70 – Internationale Handelsgesellschaft, Slg. 1970, 1125 Rz. 2 u. 14 f.; aus jüngerer Zeit bspw. EuGH v. 21.12.2011 – C-499/10 – Vlaamse Oliemaatschappij, Slg. 2011, I-14191 Rz. 20 m.w.N.; v. 19.10.2016 – C-501/14 – EL-EM-2001, ECLI:EU:C:2016:777 Rz. 37; st. Rspr. S. dazu auch *Emiliou*, The Principle of Proportionality in European Law, 1996, S. 134 ff.; *Jacobs* in Ellis (Hrsg.), The principle of Proportionality in the Laws of Europe, 1999, S. 1 ff.; *Groussot*, General Principles of Community Law, 2006, S. 145 ff.; *v. Danwitz*, Europäisches Verwaltungsrecht, 2008, S. 569 ff.
2 S. statt aller EuGH v. 7.12.1993 – C-339/92 – ADM Ölmühlen, Slg. 1993, I-6473 Rz. 15; v. 9.11.1995 – C-426/93 – Deutschland/Rat, Slg. 1995, I-3723 Rz. 42; v. 14.12.2004 – C-210/03 – Swedish Match, Slg. 2004, I-11893 Rz. 47; v. 17.12.2004 – C-434/02 – Arnold André, Slg. 2004, I-11825 Rz. 45; v. 16.3.2006 – C-94/05 – Emsland-Stärke, Slg. 2006, I-2619 Rz. 53; v. 8.6.2010 – C-58/08 – Vodafone u.a., Slg. 2010, I-4999 Rz. 51; v. 9.11.2010 – C-92/09 – Schecke u.a., Slg. 2010, I-11063 Rz. 74.
3 S. statt aller EuGH v. 16.10.1991 – C-26/90 – Wünsche, Slg. 1991, I-4961 Rz. 13; v. 18.11.2010 – C-84/09 – X, Slg. 2010, I-11645 Rz. 36.
4 S. EuGH v. 19.12.2013 – C-563/12 – BDV Hungary Trading, ECLI:EU:C:2013:854 – Rz. 30 m.w.N.; v. 28.2.2018 – C-307/16 – Pieńkowski, ECLI:EU:C:2018:124 Rz. 34.
5 S. bspw. EuGH v. 24.9.1985 – 181/84 – Man, Slg. 1985, 2889 Rz. 20; v. 11.7.1989 – 265/87 – Schräder, Slg. 1989, 2237 Rz. 4; v. 13.11.1990 – C-331/88 – Fedesa, Slg. 1990, I-4023 Rz. 6 und 13; v. 16.10.1991 – C-26/90 – Wünsche, Slg. 1991, I-4961 Rz. 12 ff.; v. 8.6.2010 – C-58/08 – Vodafone u.a., Slg. 2010, I-4999 Rz. 53 u. 69; v. 12.5.2011 – C-176/09 – Luxemburg/Parlament und Rat, Slg. 2011, I-3727 Rz. 63; v. 17.10.2013 – C-101/12 – Schaible, ECLI:EU:C:2013:661 Rz. 29 und 60; v. 29.6.2017 – C-126/15 – Kommission/Portugal, ECLI:EU:C:2017:504 Rz. 64 und 81 ff.; v. 22.3.2017 – C-497/15 u. C-498/15 – Euro-Team, ECLI:EU:C:2017:229 Rz. 40.
6 S. auch *v. Bogdandy*, Common Market Law Review 2000, 1307 (1325 f.); *Freyer*, European Taxation 2017, 384 f.
7 S. etwa *Alexy*, Ratio iuris 2003, 131 ff.; *Ehlers* in Ehlers, Europäische Grundfreiheiten und Grundrechte³, § 14 Rz. 71; *Groussot*, General Principles of Community Law, S. 146.
8 So auch *Sweeney*, Legal Issues of Economic Integration 2007, 27 (35 f. und 44).
9 S. dazu generell *Niedobitek* in Merten/Papier (Hrsg.), Handbuch der Grundrechte, § 159 Rz. 95 ff.
10 S. bspw. EGMR v. 22.1.2009 – 3991/03 – „Bulves"/Bulgarien, Rz. 62; v. 14.11.2017 – 46184/16 – Plaisier/Netherlands, Rz. 71.

ist auch die vom EuGH formulierte Erforderlichkeitsprüfung insofern unterkomplex, als sie nicht berücksichtigt, dass hinsichtlich der Zielerreichung gleichermaßen effektive, aber das beeinträchtigte Recht oder Rechtsprinzip weniger belastende Regelungsalternativen mitunter im Hinblick auf sonstige beachtliche Belange gleichwohl größere Nachteile aufweisen. In diesem Fall kann nicht schon die Erforderlichkeit der Maßnahme verneint, sondern nur im Wege einer Gesamtabwägung aller betroffenen Belange ihre Angemessenheit in Frage gestellt werden.

12.17 Die **gerichtliche Kontrolldichte** hinsichtlich des Verhältnismäßigkeitsgrundsatzes variiert in erheblichem Maße.[1] An die Erforderlichkeit mitgliedstaatlicher Regelungen – etwa bei der Festlegung von Nachweispflichten bzw. der Beachtung von Formalia – legt der EuGH meist relativ strenge Maßstäbe an.[2] Demgegenüber gesteht er dem Unionsgesetzgeber in Bereichen, „in denen seine Tätigkeit sowohl politische als auch wirtschaftliche oder soziale Entscheidungen verlangt und in denen er komplexe Prüfungen und Beurteilungen vornehmen muss", regelmäßig eine weitreichende Einschätzungsprärogative zu.[3] Der EuGH beschränkt sich dann im Sinne einer Willkürkontrolle auf die Feststellung „offensichtlicher Beurteilungsfehler".[4] Ähnlich verfährt speziell im Bereich des Steuerrechts, das regelmäßig in diese Kategorie fällt, auch der EGMR.[5] Während dies als Akt richterlicher Zurückhaltung im Rahmen einer – beim EGMR im Vordergrund stehenden, vom EuGH aber meist gerade nicht durchgeführten – Angemessenheitskontrolle als vertretbar erscheint, ist nicht einzusehen, weshalb der Unionsgesetzgeber bei der Erforderlichkeitsprüfung in geringerem Maße der Kontrolle unterliegt als die Mitgliedstaaten. Richtigerweise sollte die Kontrolldichte einheitlich nach der Bedeutung der beeinträchtigten Rechtsgüter oder Interessen sowie nach der Schwere des Eingriffs abgestuft werden.[6]

IV. Gleichheitssatzkonforme Besteuerung

1. Grundlagen

12.18 Für die Gemeinschaftsrechtsordnung hat der EuGH die Geltung eines allgemeinen Gleichheitssatzes bzw. „Gleichbehandlungsgrundsatzes" frühzeitig aus den geschriebenen Diskriminierungsverboten des seinerzeit maßgeblichen EG-Vertrages hergeleitet, die er nämlich lediglich als besondere Ausprägungen eines grundlegenderen Gleichbehandlungsgebotes ansieht.[7] Der allgemeine Gleichheitssatz hat den Sta-

---

1 Dazu auch *Freyer*, European Taxation 2017, 384 (392).
2 Exemplarisch EuGH v. 8.5.2008 – C-95/07 und C-96/07 – Ecotrade, Slg. 2008, I-3457 Rz. 55 ff.; v. 26.4.2018 – C-81/17 – Zabrus Siret, ECLI:EU:C:2018:283 Rz. 48 ff.
3 S. etwa EuGH v. 29.2.1984 – 37/83 – Rewe-Zentrale, Slg. 1984, 1229 Rz. 20; v. 18.4.1991 – C-63/89 – Assurances du crédit/Rat und Kommission, Slg. 1991, I-1799 Rz. 11; v. 13.5.1997 – C-233/94 – Deutschland/Parlament und Rat, Slg. 1997, I-2405 Rz. 43; v. 10.12.2002 – C-491/01 – British American Tobacco und Imperial Tobacco, Slg. 2002, I-11453 Rz. 123; v. 14.12.2004 – C-210/03 – Swedish Match, Slg. 2004, I-11893 Rz. 48; v. 12.7.2005 – C-154/04 – Alliance for Natural Health, Slg. 2005, I-6451 Rz. 52; v. 16.12.2008 – C-127/07 – Arcelor, Slg. 2008, I-9895 Rz. 57; v. 8.6.2010 – C-58/08 – Vodafone u.a., Slg. 2010, I-4999 Rz. 52 m.w.N.; EuG v. 25.4.2013 – T-526/10 – Inuit Tapiriit, ECLI:EU:T:2013:215 Rz. 88. S. dazu auch *Freyer*, European Taxation 2017, 384 (391).
4 S. etwa EuGH v. 8.7.2010 – C-343/09 – Afton Chemical, ECLI:EU:C:2010:419 Rz. 33; v. 4.5.2016 – C-477/14 – Pillbox 38, ECLI:EU:C:2016:324 Rz. 49; v. 30.4.2019 – C-611/17 – Italien/Rat, ECLI:EU:C:2019:332 Rz. 55 f.; s. zu diesem Kontrollmaßstab näher *Kokott/Sobotta* in Vogenauer/Weatherill (Hrsg.), General Principles of Law, 2017, S. 167 (169 f.).
5 S. EGMR v. 23.10.1997 – 21319/93 u.a. – National & Provincial Building Society u.a., Rz. 80; v. 22.1.2009 – 3991/03 – „Bulves"/Bulgarien, Rz. 63 m.w.N.
6 Zu dahingehenden ersten Tendenzen in der jüngeren Rspr. des EuGH s. *Kokott/Sobotta* in Vogenauer/Weatherill (Hrsg.), General Principles of Law, 2017, S. 167 (174 ff.), unter Verweis insbes. auf EuGH v. 8.4.2014 – C-293/12 und C-594/12 – Digital Rights Ireland, ECLI:EU:C:2014:238 Rz. 47.
7 Grundlegend EuGH v. 19.10.1977 – 117/76 und 16/77 – Ruckdeschel u.a., Slg. 1977, 1753 Rz. 7. Seither st. Rspr., vgl. EuGH v. 5.10.1994 – C-280/93 – Deutschland/Rat, Slg. 1994, I-4973 Rz. 67; v. 17.4.1997 – C-15/95 – Earl de Kerlast, Slg. 1997, I-1961 Rz. 35. Angedeutet wurde diese Entwicklung bereits in den Entscheidungen des EuGH v. 16.3.1971 – 48/70 – Bernardi, Slg. 1971, 175 Rz. 27; v. 22.6.1972 – 1/72 –

tus eines allgemeinen Rechtsgrundsatzes des Unionsrechts;[1] vor allem seit der Verabschiedung der GrCh hat sich der Gerichtshof zudem auch wiederholt zum **Grundrechtscharakter des allgemeinen Gleichheitssatzes** bekannt.[2] Dies entspricht der Wertung des in Art. 20 GrCh verankerten Gleichheitssatzes, der mit dem Inkrafttreten des Vertrags von Lissabon rechtsverbindlich geworden ist (Rz. 3.4). Aus der Rechtsprechungspraxis des Gerichtshofs ergibt sich ferner, dass sowohl die **Rechtsanwendungs- wie auch** die **Rechtssetzungsgleichheit** als Unionsgrundrecht gewährleistet ist.[3]

Nach ständiger Rechtsprechung des EuGH verlangt der Gleichbehandlungsgrundsatz, „dass vergleichbare Sachverhalte nicht unterschiedlich und unterschiedliche Sachverhalte nicht gleich behandelt werden dürfen, es sei denn, dass eine solche Behandlung objektiv gerechtfertigt ist"[4]. Der **Vergleichsmaßstab**, der den wertungsoffenen Gleichheitssatz konkretisiert, ist dabei nach der jedenfalls im Ansatz überzeugenden Rechtsprechung des Gerichtshofes anhand der vom Gesetzgeber bereichsspezifisch vorgegebenen Sachgerechtigkeitserwägungen zu entwickeln:[5] Die Vergleichbarkeit ist „im Licht des Ziels und des Zwecks der Gemeinschaftsmaßnahme, die die fragliche Unterscheidung einführt, zu bestimmen und zu beurteilen. Außerdem sind die Grundsätze und Ziele des Regelungsbereichs zu berücksichtigen, dem die in Rede stehende Maßnahme unterfällt."[6] Entsprechendes soll gelten, wenn die Vereinbarkeit nationaler Maßnahmen im Anwendungsbereich des Unionsrechts mit dem Grundsatz der Gleichbehandlung geprüft wird.[7] Dabei wird man richtigerweise primär auf die Leitprinzipien der Regelungsmaterie – etwa eines bestimmten Steuersystems – abzustellen haben, wenn eine Gleichbehandlung entsprechend diesen Grundsätzen angestrebt wird. Auf eine hiervon ggf. abweichende Zwecksetzung der konkreten Maßnahme kommt es hingegen vornehmlich dann an, wenn deren folgerichtige Ausgestaltung in Rede steht.[8] Ist danach eine gleichheitsrechtlich relevante Ungleichbehand-

12.19

Frilli, Slg. 1972, 457 Rz. 19. Näher zur historischen Entwicklung *Wahle*, Der allgemeine Gleichheitssatz in der Europäischen Union, S. 36 ff.

1 S. statt aller EuGH v. 19.10.1977 – 117/76 – Ruckdeschel, Slg. 1977, 1753 Rz. 7; v. 29.10.2009 – C-174/08 – NCC Construction Danmark, Slg. 2009 I-10567 Rz. 45; v. 14.9.2010 – C-550/07 P – AKZO Nobel Chemicals, Slg. I-2010, 8301 Rz. 54; v. 17.10.2013 – C-101/12 – Schaible, ECLI:EU:C:2013:661 Rz. 76.

2 Vgl. EuGH v. 13.4.2000 – C-292/97 – Karlsson, Slg. 2000, I-2737 Rz. 37 f.; v. 12.12.2002 – C-442/00 – Rodríguez *Caballero*, Slg. 2002, I-11915 Rz. 31 f.; v. 13.12.2005 – C-177/05 – Guerrero Pecino, Slg. 2005, I-10887 Rz. 26; v. 7.9.2006 – C-81/05 – Cordero Alonso, Slg. 2006, I-7569 Rz. 37.

3 *Jarass* in Jarass[3], Art. 20 GRCh Rz. 3; *Streinz* in Streinz[3], Art. 20 GRCh Rz. 7; *Rossi* in Calliess/Ruffert[5], Art. 20 GRCh Rz. 7.

4 EuGH v. 10.1.2006 – C-344/04 – IATA und ELFAA, Slg. 2006, I-403 Rz. 95; v. 16.12.2008 – C-127/07 – Arcelor, Slg. 2008, I-9895 Rz. 23; v. 14.9.2010 – C-550/07 P – AKZO Nobel Chemicals, Slg. I-2010, 8301 Rz. 55; v. 15.10.2009 – C-101/08 – Audiolux u.a., Slg. 2009, I-9823 Rz. 54; v. 12.5.2011 – C-176/09 – Luxemburg/Parlament und Rat, Slg. 2011, I-3727 Rz. 31; v. 13.12.2005 – C-439/11 P – Ziegler, Slg. 2005, I-10887 Rz. 166; v. 26.11.2013 – C-50/12 P – Kendrion, ECLI:EU:C:2013:771 Rz. 62; v. 7.3.2017 – C-390/15 – RPO, ECLI:EU:C:2017:174 – Rz. 41.

5 Dies hat jedenfalls für Gesetzgebungsakte sowie für gesetzesgebundene Maßnahmen der Verwaltung zu gelten.

6 St. Rspr. seit EuGH v. 16.12.2008 – C-127/07 – Arcelor, Slg. 2008, I-9895 Rz. 26 m.w.N. zu dahingehenden Ansätzen in der früheren Rspr.; s. etwa auch EuGH v. 12.5.2011 – C-176/09 – Luxemburg/Parlament und Rat, Slg. 2011, I-3727 Rz. 31; v. 13.12.2005 – C-439/11 P – Ziegler, Slg. 2005, I-10887 Rz. 167; v. 26.9.2013 – C-195/12 – Industrie du bois de Vielsalm, ECLI:EU:C:2013:598 Rz. 52; v. 7.3.2017 – C-390/15 – RPO, ECLI:EU:C:2017:174 Rz. 42; v. 14.6.2017 – C-38/16 – Compass Contract Services, ECLI:EU:C:2017:454 Rz. 25.

7 S. EuGH v. 26.9.2013 – C-195/12 – Industrie du bois de Vielsalm, ECLI:EU:C:2013:598 Rz. 53.

8 S. dazu beispielhaft EuGH v. 27.4.2006 – C-443/04 u.a. – Solleveld, Slg. 2006, I-3617 Rz. 36 ff.; v. 19.7.2012 – C-250/11 – Lietuvos geležinkeliai, ECLI:EU:C:2012:496 Rz. 47 f. (jeweils zur gleichheitssatzkonformen Ausgestaltung einer Steuerbefreiungsregelung); v. 7.3.2017 – C-390/15 – RPO, ECLI:EU:C:2017:174 Rz. 42 ff. (Steuerermäßigung). S. auch EGMR v. 23.10.1990 – 11581/85 – Darby/Schweden, Rz. 33 f. (ungerechtfertigte Differenzierung nach der Ansässigkeit bei der Gewährung einer Steuerbefreiung).

lung festzustellen, so setzt deren **„objektive" Rechtfertigung** voraus, dass sie „im Zusammenhang mit einem rechtlich zulässigen Ziel steht, das mit der in Rede stehenden Regelung verfolgt wird, und [dass] diese unterschiedliche Behandlung in angemessenem Verhältnis zu dem mit der betreffenden Behandlung verfolgten Ziel steht"[1]. Gefordert werden somit grundsätzlich eine legitime Zielsetzung, die der Abweichung zugrunde liegt, und die Vereinbarkeit mit dem Verhältnismäßigkeitsgrundsatz. Dies entspricht dem Standpunkt des EGMR zu Verstößen gegen Art. 14 EMRK.[2] Entsprechendes hätte bei der Gleichbehandlung von nicht Vergleichbarem zu gelten.

12.20 In Übereinstimmung mit den vorstehend skizzierten allgemeinen Grundsätzen müssen der Unionsgesetzgeber und die Mitgliedstaaten auch bei der Ausgestaltung sowie beim Vollzug des harmonisierten Steuerrechts auf die **Gleichmäßigkeit der Besteuerung** achten. Dies folgt auch aus der gebotenen (Rz. 12.2 und 12.4) Anlehnung an die mitgliedstaatlichen Verfassungsüberlieferungen und an die Grundrechtsstandards der EMRK. Die gerechte und gleichmäßige Aufteilung steuerlicher Lasten ist dem Gesetzgeber nämlich in den EU-Mitgliedstaaten ganz überwiegend kraft Verfassung aufgegeben und wird dort regelmäßig gleichheitsrechtlich fundiert.[3] Eine dahingehende Verpflichtung besteht nach Auffassung der Großen Kammer des EGMR zudem auch kraft Art. 14 EMRK, der die diskriminierungsfreie Ausgestaltung des mit dem Steuerzugriff verbundenen Eingriffs in das durch Art. 1 Protokoll 1 zur EMRK geschützte Eigentumsgrundrecht gebietet.[4] Darüber hinaus ist eine Gleichbehandlung von Vergleichbarem prinzipiell auch im Rahmen des Steuerverfahrens geboten.[5]

2. Neutralitätsprinzip

12.21 Der EuGH geht davon aus, dass **im harmonisierten Steuerrecht das Neutralitätsprinzip** der bereichsspezifisch adäquate **Sachgerechtigkeitsmaßstab** ist, der den Gleichheitssatz auf diesem Gebiet konkretisiert. Speziell im Mehrwertsteuerrecht entspricht es ständiger Rechtsprechung, dass „im Grundsatz der steuerlichen Neutralität der Grundsatz der Gleichbehandlung ... zum Ausdruck kommt"[6]. Dabei

---

1 EuGH v. 16.12.2008 – C-127/07 – Arcelor, Slg. 2008, I-9895 Rz. 47 m.w.N. zur früheren Rspr.; EuGH v. 17.10.2013 – C-101/12 – Schaible, ECLI:EU:C:2013:661 Rz. 77; v. 7.3.2017 – C-390/15 – RPO, ECLI:EU: C:2017:174 Rz. 53. Vgl. auch EGMR v. 22.3.2016 – 23682/13 – Guberina/Croatia, Rz. 69.
2 S. EGMR v. 29.4.2008 – 13378/05 – Burden/United Kingdom, Rz. 60 m.w.N.; v. 22.3.2016 – 23682/13 – Guberina/Croatia, Rz. 69; *Englisch* in Stern/Becker, Grundrechte[3], 2019, Art. 3 Rz. 197, m.w.N.
3 Vgl. die Nationalberichte in Meussen (Hrsg.), The Principle of Equality in European Taxation; *Tipke* in FS Vogel, S. 561 (567 ff.); *Englisch* in Brokelind (Hrsg.), Principles of Law: Function, Status and Impact in EU Tax Law, 2014, S. 439 (451 ff.).
4 S. EGMR v. 29.4.2008 – 13378/05 – Burden/United Kingdom, Rz. 60; s. ferner EGMR v. 23.10.1990 – 11581/85 – Darby/Schweden, Rz. 28–31; v. 22.3.2016 – 23682/13 – Guberina/Croatia, Rz. 75. Da die EMRK keinen allgemeinen Gleichheitssatz, sondern mit Art. 14 nur ein Diskriminierungsverbot bezüglich des Gebrauchmachens von den in der Konvention garantierten Rechten und Freiheiten kennt, muss der EGMR dabei in einer ungleichen Besteuerung eine potentiell diskriminierende Beeinträchtigung der Eigentumsfreiheit sehen, vgl. auch EGMR v. 5.12.1984 – 8695/79 – Inze vs. Austria, Rz. 36; *Grabenwarter/Pabel*, Europäische Menschenrechtskonvention[6], § 26 Rz. 1 ff.; *Odendahl* in Heselhaus/Nowak, Handbuch der Europäischen Grundrechte, § 43 Rz. 8.
5 S. beispielsweise EuGH v. 10.4.2008 – C-309/06 – Marks & Spencer, Slg. 2008, I-2283 Rz. 49 ff.; v. 14.6.2017 – C-38/16 – Compass Contract Services, ECLI:EU:C:2017:454 Rz. 26 ff.; v. 26.10.2017 – C-534/16 – BB Construct, ECLI:EU:C:2017:820 Rz. 29 und 43 ff.
6 S. EuGH v. 26.5.2005 – C-498/03 – Kingscrest Associates, Slg. 2005, I-4442 Rz. 54 f.; v. 27.4.2006 – C-443/04 und C-444/04 – Solleveld u.a., Slg. 2006, I-3617 Rz. 35; v. 8.6.2006 – C-106/05 – L. u. P., Slg. 2006, I-5123 Rz. 48 = UR 2006, 464 m. Anm. *Klenk*; v. 7.12.2006 – C-240/05 – Eurodental, Slg. 2006, I-11479 Rz. 55 m.w.N.; EuGH v. 10.4.2008 – C-309/06 – Marks & Spencer, Slg. 2008, I-2283 Rz. 49; v. 10.7.2008 – C-484/06 – Koninklijke Ahold, Slg. 2008, I-5097 Rz. 36; v. 10.11.2011 – C-259/10 u.a. – Rank Group, Slg. 2011, I-10947 Rz. 61; v. 19.7.2012 – C-174/11 – Zimmermann, ECLI:EU:C:2012:716 Rz. 62.

kann sich der Gerichtshof auch auf die Erwägungsgründe der maßgeblichen Richtlinienbestimmungen stützen.[1] In einigen Entscheidungen hat der EuGH zu erkennen gegeben, dass der Gleichheitssatz darüber hinaus generell „im besonderen Sektor des Abgabenwesens" eine besondere Ausprägung im Grundsatz steuerlicher Neutralität erfahren habe.[2] Grundsätzlich unzulässig sei deshalb vor allem eine steuerliche Ungleichbehandlung gleichartiger und deshalb miteinander in Wettbewerb stehender Waren oder Dienstleistungen[3] bzw. der sie am Markt anbietenden Unternehmen.[4] Dementsprechend soll der relevante Vergleichsmaßstab hier das Bestehen eines Wettbewerbsverhältnisses sein.[5] Dies wiederum ist anzunehmen, wenn die betreffenden Güter oder Leistungen aus der Sicht eines durchschnittlichen Nachfragers bzw. Verbrauchers dieselben Bedürfnisse befriedigen, weil sie hinsichtlich ihrer Verwendungsfähigkeit ähnliche Eigenschaften aufweisen.[6] Dabei ist nicht nur auf den Leistungsgegenstand abzustellen, sondern auch auf die Begleitumstände der Leistungserbringung einschließlich der rechtlichen Rahmenbedingungen.[7]

Hinweis: Aus der Grundlage des als Garant von Wettbewerbsneutralität verstandenen Neutralitätsprinzips hat der Gerichtshof vor allem im Mehrwertsteuerrecht umfangreiche Schlussfolgerungen zur Bestimmung des Steuersubjekts[8], des Steuerobjekts[9], zum Umfang und zur Berechnung der steuerlichen Bemessungsgrundlage[10], zum Zeitpunkt der Steuerentstehung[11] sowie zur sachlichen und persönlichen Reichweite von

---

1 Vgl. die Erwägungsgründe 4, 5 und 7 der MwStSystRL 2006/112/EG, vormals 8. Erwägungsgrund der Ersten Mehrwertsteuerrichtlinie 67/227/EWG. S. dazu auch EuGH v. 16.11.2017 – C-308/16 – Kozuba Premium Selection, ECLI:EU:C:2017:869 Rz. 42.
2 S. EuGH v. 9.6.2011 – C-285/10 – Campsa Estaciones de Servicio, Slg. 2011, I-5059 Rz. 29; v. 19.12.2012 – C-549/11 – Orfey Balgaria, ECLI:EU:C:2012:832 – Rz. 33; s. auch (speziell zur Mineralölsteuer) EuGH v. 29.4.2004 – C-240/01 – Kommission/Deutschland, Slg. 2004, I-4733 Rz. 39 u. 44.
3 S. beispielsweise EuGH v. 3.5.2001 – C-481/98 – Kommission/Frankreich, Slg. 2001, I-3369 Rz. 22; EuGH v. 26.5.2005 – C-498/03 – Kingscrest Associates, Slg. 2005, I-4442 Rz. 41 und 54; v. 10.11.2011 – C-259/10 u.a. – Rank Group, Slg. 2011, I-10947 Rz. 32; v. 19.7.2012 – C-250/11 – Lietuvos geležinkeliai, ECLI:EU:C:2012:496 Rz. 45; v. 27.2.2014 – C-454/12 u.a. – Pro Med Logistik u.a., ECLI:EU:C:2014:111 Rz. 52; v. 14.12.2017 – C-305/16 – Avon Cosmetics, ECLI:EU:C:2017:970 Rz. 52; v. 20.12.2017 – C-462/16 – Boehringer Ingelheim Pharma, ECLI:EU:C:2017:1006 Rz. 33.
4 S. beispielsweise EuGH v. 28.6.2007 – C-363/05 – JP Morgan Fleming Claverhouse Investment Trust u.a., Slg. 2007, I-5517 Rz. 46 = UR 2007, 727 m. Anm. *Maunz*; v. 17.5.2018 – C-566/16 – Vámos, ECLI:EU:C:2018:321 Rz. 48.
5 Grundlegend EuGH v. 10.11.2011 – C-259/10 u.a. – Rank Group, Slg. 2011, I-10947 Rz. 33.
6 S. EuGH v. 10.11.2011 – C-259/10 u.a. – Rank Group, Slg. 2011, I-10947 Rz. 34 u. 44 m.w.N.; v. 27.2.2014 – C-454/12 u.a. – Pro Med Logistik u.a., ECLI:EU:C:2014:111 Rz. 54; v. 11.9.2014 – C-219/13 – K Oy, ECLI:EU:C:2014:2207 Rz. 25.
7 S. EuGH v. 3.5.2001 – C-481/98 – Kommission/Frankreich, Slg. 2001, I-3369 Rz. 27–29; v. 23.4.2009 – C-357/07 – TNT Post UK, Slg. 2009, I-3025 Rz. 38; v. 27.2.2014 – C-454/12 u.a. – Pro Med Logistik u.a., ECLI:EU:C:2014:111 – Rz. 55 f.
8 S. EuGH v. 8.6.2000 – C-400/98 – Breitsohl, Slg. 2000, I-4321 Rz. 34–37 m.w.N.; v. 8.6.2006 – C-430/04 – Feuerbestattungsverein Halle, Slg. 2006, I-4999 = UR 2006, 459 Rz. 24 m. Anm. *Widmann*; v. 13.12.2007 – C-408/06 – Götz, Slg. 2007, I-11295 Rz. 41 f.; v. 19.1.2017 – C-344/15 – National Roads Authority, ECLI:EU:C:2017:28 Rz. 39.; v. 8.2.2018 – C-380/16 – Kommission/Deutschland, ECLI:EU:C:2018:76 Rz. 56 ff.
9 S. EuGH v. 4.12.1990 – C-186/89 – Van Tiem, Slg. 1990, I-4363 Rz. 18; v. 6.2.1997 – C-80/95 – Harnas & Helm, Slg. 1997, I-745 Rz. 13 f.; v. 29.4.2004 – C-77/01 – Empresa de Desenvolvimento Mineiro, ECLI:EU:C:2004:243 Rz. 48; v. 29.10.2009 – 29/08 – AB SKF, ECLI:EU:C:2009:665 Rz. 67.
10 S. EuGH v. 17.5.2001 – C-322/99 u.a. – Fischer und Brandenstein, Slg. 2001, I-4049 Rz. 75 f. m.w.N.; v. 6.10.2005 – C-291/03 – MyTravel, Slg. 2005, I-8477 = UR 2005, 685 Rz. 32 ff. m. Anm. *Henkel*;v. 11.12.2008 – C-371/07 – Danfoss und AstraZeneca, ECLI:EU:C:2008:711 Rz. 46; v. 8.2.2018 – C-380/16 – Kommission/Deutschland, ECLI:EU:C:2018:76 Rz. 51 ff.
11 S. EuGH v. 19.12.2012 – C-549/11 – Orfey Balgaria, ECLI:EU:C:2012:832 Rz. 33 ff.; v. 28.2.2018 – C-672/16 – Imofloresmira, ECLI:EU:C:2018:134 Rz. 43 f.

Steuerbefreiungen[1] und zu ermäßigten Steuersätzen[2] gezogen. Auch hat er den Mitgliedstaaten auf Basis des Neutralitätsgrundsatzes Vorgaben zur Ausgestaltung ihres Besteuerungsverfahrens gemacht.[3]

12.22 Ungeachtet der herausragenden Bedeutung des Neutralitätsprinzips in seiner Rechtsprechung erkennt der EuGH an, dass „der Grundsatz der Gleichbehandlung auf dem Gebiet der Steuern nicht mit dem Grundsatz der steuerlichen Neutralität deckungsgleich ist"[4]. Die **gleichheitsrechtliche Rechtsprechung auf dem Gebiet des Steuerrechts ist aber bislang jenseits des Neutralitätsprinzips konturenlos** geblieben. Die faktische Verengung einer prinzipiengeleiteten Entfaltung des Gleichbehandlungsgrundsatzes im Recht der harmonisierten Steuerarten bzw. Steuerregime auf ein Postulat der Wettbewerbsneutralität **lässt die gebotene Ausrichtung der Gleichheitsprüfung am Belastungsgrund** des jeweiligen Steuersystems **vermissen**.[5] Eine gleichmäßige Besteuerung bedeutet zuvörderst die konsequente Orientierung des gesamten Steuertatbestandes an den der Steuer zugrunde liegenden Prinzipien gerechter oder effizienter Lastenausteilung bzw. – bei Lenkungssteuern – an der jeweiligen extrafiskalischen Zielsetzung.[6] Der Gleichheitssatz muss darum im Steuerrecht *in erster Linie bei den intendierten Steuerträgern ansetzen* und ihre Befähigung bzw. Verantwortung für die steuerliche Lastentragung ins rechte Verhältnis zueinander setzen.[7] Nur wenn der Steuerpflichtige nicht mit dem Steuerdestinatar identisch ist, d.h. bei den indirekten Steuern, die gegenwärtig die unionsrechtliche Steuerharmonisierung dominieren (Rz. 10.2), ist es *ergänzend* angezeigt, eine Gleichbehandlung der Unternehmer in ihrer Eigenschaft als „Steuereinnehmer für Rechnung des Staates und im Interesse der Staatskasse"[8] durch das Neutralitätsprinzip zu gewährleisten. Dessen *einseitige* Betonung durch den EuGH ist demgegenüber noch zu stark im integrationspolitischen Zweck der sekundärrechtlichen Harmonisierung verhaftet, durch den Abbau von Wettbewerbsverzerrungen einen gemeinschaftsweiten Binnenmarkt zu verwirklichen.[9] Bei einer bloßen Koordinierung originär mitgliedstaatlich definierter Steueransprüche, wie sie für die punktuelle Rechtsangleichung auf dem Gebiet der direkten Steuern (noch) charakteristisch ist (Rz. 10.20 ff.),[10] mag

---

1 S. EuGH v. 7.9.1999 – C-216/97 – Gregg, Slg. 1999, I-4947 Rz. 20; v. 10.9.2002 – C-141/00, UR 2002, 513 – Kügler, Slg. 2002, I-6833 Rz. 30 f.; v. 3.4.2003 – C-144/00 – Hoffmann, Slg. 2003, I-2921 Rz. 24 ff. = UR 2003, 286 m. Anm. *Nieskens*; v. 12.7.2012 – C-326/11 – J.J. Komen en Zonen Beheer Heerhugowaard, ECLI:EU:C:2012:461 Rz. 20.

2 S. EuGH v. 23.10.2003 – C-109/02 – Kommission/Deutschland, Slg. 2003, I-12691 = UR 2004, 34 Rz. 20 m. Anm. *Nieskens*; v. 7.3.2013 – C-424/11 – Wheels Common Investment Fund Trustees u.a, ECLI:EU:C:2013:144 Rz. 18 ff.

3 S. EuGH v. 13.12.1989 – C-342/87 – Genius Holding, Slg. 1989, I-4227 Rz. 18 = UR 1991, 83 m. Anm. *Reiß*; v. 12.5.2011 – C-107/10 – Enel Maritsa Iztok 3 AD, ECLI:EU:C:2011:530 Rz. 33, 64; v. 28.7.2011 – C-274/10 – Kommission/Ungarn, ECLI:EU:C:2011:530 Rz. 45; v. 26.1.2012 – C-588/10 – Kraft Food Polska, ECLI:EU:C:2012:40 Rz. 30; v. 15.5.2014 – C-337/13 – Almos Agrárkülkereskedelmi, ECLI:EU:C:2014:328 Rz. 38.

4 EuGH v. 25.4.2013 – C-480/10 – Kommission/Schweden, ECLI:EU:C:2013:263 Rz. 18 m.w.N. S. auch EuGH v. 10.4.2008 – C-309/06 – Marks & Spencer, Slg. 2008, I-2283 Rz. 49; v. 14.6.2017 – C-38/16 24 – Compass Contract Services, ECLI:EU:C:2017:454 Rz. 24; sowie in der Sache (obschon nicht terminologisch) auch EuGH v. 5.3.2009 – C-302/07 – Wetherspoon, Slg. 2009, I-1467 Rz. 57 ff.

5 Diese erfolgt seitens des EuGH nur ganz ausnahmsweise; s. insbesondere EuGH v. 11.12.2008 – C-371/07 – Danfoss u. AstraZeneca, Slg. 2008, I-9549 Rz. 46 f.

6 Zu denken ist im Bereich der Steuern auf das Einkommen etwa an Netto- und Realisationsprinzip, bei der Mehrwertsteuer das Prinzip der gleichmäßigen Besteuerung (nur) von Endverbrauchsaufwendungen; bei klimapolitischen Lenkungssteuern die gleichmäßige Belastung entsprechend der CO_2-Emission o.Ä. usw.

7 S. dazu auch *Tipke*, StuW 1992, 103 (105); *Löhr*, Das umsatzsteuerrechtliche Optionsrecht für Vermietungsumsätze, S. 242; *Engler*, Steuerverfassungsrecht im Mehrebenensystem, S. 272. Insoweit wie hier auch *Zirkl*, Die Neutralität der Umsatzsteuer als europäisches Besteuerungsprinzip, 2015, S. 173 ff. **A.A.** *Stadie* in Umsatzsteuer im Europäischen Binnenmarkt, DStJG 32 (2009), S. 143 (154).

8 Vgl. EuGH v. 20.10.1993 – C-10/92 – Balocchi, Slg. 1993, I-5105 Rz. 25; v. 21.2.2008 – C-271/06 – Netto Supermarkt, Slg. 2008, I-771 Rz. 21.

9 S. dazu auch *Schön*, USt-Kongr-Bericht 2001/2002, 17 (20); kritisch *Fantozzi* in FS Vanistendael, S. 387 (388).

10 S. auch *Aujean*, European Review of Labour and Research 2010, 11 ff.

dies noch angehen. Im Falle der unionsrechtlichen Durchnormierung von Steuergegenstand und Steuertatbestand erweist sich diese Perspektive aber als unzureichend, auch und gerade weil dann nationalverfassungsrechtliche Kontrollmaßstäbe gleichmäßiger Lastenausteilung verdrängt werden.[1] Insbesondere hat es der EuGH bislang auch versäumt, die gleichheitsrechtliche Prüfung von systemdurchbrechenden Steuervergünstigungen unter einem anderen Blickwinkel als demjenigen des Neutralitätsprinzips zu beurteilen.[2] Es fehlt damit sowohl an der gebotenen (Rz. 12.19) Prüfung einer objektiven Rechtfertigung für solche Abweichungen wie auch an der ebenfalls stets angezeigten[3] Kontrolle ihrer folgerichtigen Ausgestaltung. Vereinzelt aufgegriffen – und im konkreten Fall verneint – wurde lediglich umgekehrt die Frage, ob Charta-Grundrechte eine Steuerbegünstigung erzwingen können.[4]

Zu kritisieren ist außerdem eine **asymmetrische Durchsetzung des Neutralitätsprinzips** als Ausprägung des Gleichheitsgrundsatzes. Allerdings wird das Neutralitätsprinzip vom EuGH sehr häufig als Auslegungsregel und gelegentlich auch als *Idée Directrice* für die Rechtsfortbildung auf dem Gebiet des harmonisierten Steuerrechts und insbesondere des Mehrwertsteuerrechts herangezogen.[5] Richtigerweise handelt es sich dabei nicht nur um ein Element teleologischer Auslegung, sondern aufgrund der gleichheitsrechtlichen Anbindung des Neutralitätsprinzips auch um eine Ausprägung primärrechtskonformer Auslegung von Sekundärrecht (Rz. 4.50 f.). Soweit den Mitgliedstaaten ein politisches Gestaltungsermessen (wie etwa bei den ermäßigten Steuersätzen im Mehrwertsteuerrecht)[6] oder auch begrenzte Autonomie (vor allem beim Steuerverfahren[7], bei Sanktionen[8] und beim allgemeinen Steuerschuldrecht[9]) verbleibt, wird ihnen gegenüber das Neutralitätsprinzip auch als quasi-verfassungsrechtliche Vorgabe entfaltet:[10] Verstöße dagegen können von den Steuerpflichtigen unter unmittelbarer Berufung auf das Unionsrecht gerügt werden und führen zur Unanwendbarkeit der entgegenstehenden nationalen Bestimmungen.[11] Hingegen ist bislang noch keine Bestimmung der sekundärrechtlichen Unionsgesetzgebung wegen Verletzung des Neutralitätsgrundsatzes für nichtig erklärt worden. Teilweise wurde im Gegenteil ein (ungerechtfertigter) Verstoß gegen den Neutralitätsgrundsatz zwar eingeräumt, aber zugleich darauf hingewiesen, dass dieser bis zu einer eventuellen Abhilfe durch den Unionsgesetzgeber hinzunehmen sei.[12]

12.23

---

1 Kritisch auch *Tipke*, StRO II, 2003, 939 m.w.N.
2 S. statt aller EuGH v. 3.5.2001 – C-481/98 – Kommission/Frankreich, Slg. 2001, I-3369.
3 S. dazu auch EuGH, Schlussanträge des Generalanwalts *Poiares Maduro* v. 21.5.2008 – C-127/07 – Arcelor, Slg. 2008, I-9895 Rz. 36, 2. Spiegelstrich.
4 S. EuGH v. 28.7.2016 – C-543/14 – Ordre des barreaux francophones und germanophone u.a., ECLI:EU:C:2016:605 Rz. 27 ff.
5 Beispielhaft EuGH v. 20.12.2017 – C-462/16 – Boehringer Ingelheim Pharma, ECLI:EU:C:2017:1006 Rz. 33 ff.
6 S. beispielsweise EuGH v. 3.4.2008 – C-442/05 – Zweckverband zur Trinkwasserversorgung und Abwasserbeseitigung Torgau-Westelbien, Slg. 2008, I-1817 Rz. 43; v. 6.5.2010 – C-94/09 – Kommission/Frankreich, Slg. 2010, I-4261 Rz. 26.
7 S. beispielsweise EuGH v. 10.7.2008 – C-25/07 – Sosnowska, Slg. 2008, I-5129 Rz. 17 ff.; v. 18.10.2012 – C-525/11 – Mednis, ECLI:EU:C:2012:652 Rz. 23 ff.
8 S. beispielsweise EuGH v. 20.6.2013 – C-259/12 – Rodopi-M 91, ECLI:EU:C:2013:414 Rz. 32 ff. Der EuGH hat insoweit allerdings ein Untermaßverbot postuliert, s. EuGH v. 8.9.2015 – C-105/14 – Taricco, ECLI:EU:C:2015:555 Rz. 39 ff.; v. 2.5.2018 – C-574/15 – Scialdone, ECLI:EU:C:2018:295 Rz. 34 ff.
9 S. beispielsweise EuGH v. 24.10.2013 – C-431/12 – Rafinăria Steaua Română, ECLI:EU:C:2013:686 Rz. 23 ff. (Verzinsung von Steuererstattungsansprüchen des Stpfl.).
10 S. etwa auch EuGH v. 10.6.2010 – C-262/08 – CopyGene, Slg. 2010, I-5053 Rz. 64 = UR 2010, 526 m. Anm. *Hölzer*; v. 28.11.2013 – C-319/12 – MDDP, ECLI:EU:C:2013:778 Rz. 38 m.w.N.
11 S. beispielsweise EuGH v. 11.4.2013 – C-138/12 – Rusedespred, ECLI:EU:C:2013:233 Rz. 27; s. auch EuGH v. 28.7.2011 – C-274/10 – Kommission/Ungarn, Slg. 2011, I-7289 Rz. 45 = UR 2011, 755 m. Anm. *Sterzinger*; v. 26.1.2012 – C-588/10 – Kraft Foods Polska, ECLI:EU:C:2012:40 Rz. 30.
12 S. EuGH v. 8.11.2001 – C-338/98 – Kommission/Niederlande, Slg. 2001, I-8280 Rz. 55 f.; s. auch EuGH v. 8.5.2003 – C-269/00 – Seeling, Slg. 2003, I-4101 Rz. 53 f. = UR 2003, 288 m. Anm. *Burgmaier*; v. 2.6.2005 – C-378/02 – Waterschap Zeeuws Vlaanderen, Slg. 2005, I-4685 Rz. 43.

Der Gerichtshof hat es dementsprechend mehrfach ausdrücklich abgelehnt, den Unionsgesetzgeber auf die prinzipielle Beachtung des Neutralitätsgrundsatzes zu verpflichten und bei Abweichungen eine objektive Rechtfertigung zu fordern.[1] Nach Ansicht des EuGH steht das Neutralitätsprinzip anders als der Gleichbehandlungsgrundsatz nicht im Rang von Verfassungsrecht, sondern stellt lediglich eine Auslegungsregel dar.[2] Keinesfalls könne der Neutralitätsgrundsatz Rechtspositionen begründen, die im Sekundärrecht nicht vorgesehen seien.[3] Diese Aussage ist offensichtlich wertungswidersprüchlich, wenn man – wie der Gerichtshof in ständiger Rechtsprechung (Rz. 12.21) – davon ausgeht, dass der Neutralitätsgrundsatz als eine wesentliche Ausprägung des Gleichheitssatzes auf dem Gebiet des Mehrwertsteuerrechts zu erachten ist.[4] Verstöße gegen den Neutralitätsgrundsatz müssten damit automatisch auch einen rechtfertigungsbedürftigen Verstoß gegen den primärrechtlich verankerten Gleichheitssatz implizieren.[5] Der EuGH wird folglich derzeit seiner selbst beanspruchten Rolle als einzige quasi-verfassungsrechtliche Kontrollinstanz des Unionsgesetzgebers nicht gerecht. Der Gerichtshof fürchtet offensichtlich die Folgen einer stärkeren Akzentuierung der verfassungsrechtlichen Dimension wettbewerbsneutraler Besteuerung, die auch bei weit zurückgenommener Kontrolldichte (dazu noch Rz. 12.24) zur Nichtigkeit einiger, zum Teil bedeutsamer Elemente des harmonisierten Steuerrechts führen müsste. Damit vergibt der EuGH aber auch die derzeit wohl einzige Chance, die Mitgliedstaaten der EU zu einer – dringend erforderlichen – grundlegenden Reform des harmonisierten Systems der Steuern auf den Konsum und insbesondere der Mehrwertsteuer zu bewegen. Ohne den verfassungsrechtlichen Zwang zur Reform sind hier wegen des Einstimmigkeitsprinzips des Art. 113 AEUV kaum signifikante Fortschritte zu erwarten.

3. Sonstige Aspekte der Rechtssetzungsgleichheit

12.24 Auf derselben Linie liegt die Tendenz des EuGH, die Unionsgesetzgebung auf dem Gebiet des Steuerrechts generell nur einer **minimalistischen gleichheitsrechtlichen Kontrolle** zu unterwerfen. Allerdings gesteht der Gerichtshof dem Unionsgesetzgeber auch auf anderen Regelungsfeldern ein weites, nur eingeschränkter gleichheitsrechtlicher Kontrolle unterliegendes Ermessen zu, „wenn seine Tätigkeit politische, wirtschaftliche und soziale Entscheidungen beinhaltet und wenn er komplexe Beurteilungen und Prüfungen vornehmen muss"[6]. Der EuGH will sich in derartigen Konstellationen regelmäßig auf die Prüfung offensichtlicher Ermessensfehler beschränken.[7] Nach diesen Kriterien wäre die Kontrolldichte konsequent auch bei der Steuergesetzgebung entsprechend zurückzunehmen;[8] für richterliche Zurückhaltung plädiert diesbezüglich auch der EGMR bei der Anwendung des Art. 14 EMRK.[9] Indes ist

---

1 S. EuGH v. 9.7.2012 – C-44/11 – Deutsche Bank, ECLI:EU:C:2012:484 Rz. 45; v. 15.11.2012 – C-174/11 – Zimmermann, ECLI:EU:C:2012:716 Rz. 50; v. 13.3.2014 – C-204/13 – Malburg, UR 2014, 353 Rz. 43; s. auch EuGH v. 29.10.2009 – C-174/08 – NCC Construction Danmark, Slg. 2009, I-10567 Rz. 42 f.; v. 19.12.2012 – C-310/11 – Grattan, ECLI:EU:C:2012:822 Rz. 29.
2 S. EuGH v. 19.7.2012 – C-44/11 – Deutsche Bank, ECLI:EU:C:2012:484 Rz. 45; v. 17.3.2016 – C-40/15 – Aspiro, ECLI:EU:C:2016:172 Rz. 31; st. Rspr.
3 S. EuGH v. 15.11.2012 – C-174/11 – Zimmermann, ECLI:EU:C:2012:716 Rz. 50; v. 5.3.2015 – C-479/13 – Kommission/Frankreich, ECLI:EU:C:2015:141 Rz. 42 f.
4 Wie hier *Zirkl*, Die Neutralität der Umsatzsteuer als europäisches Besteuerungsprinzip, 2015, S. 238 ff. A.A. der Erklärungsansatz von EuGH, Schlussanträge der Generalanwältin *Kokott* v. 8.9.2016 – C-390/15 – RPO, ECLI:EU:C:2016:664 Rz. 33.
5 Wie hier *Zirkl*, Die Neutralität der Umsatzsteuer als europäisches Besteuerungsprinzip, 2015, S. 243. **A.A.** *Engler*, Steuerverfassungsrecht im Mehrebenensystem, 267 f.; differenzierend *Henze* in Englisch/Nieskens (Hrsg.), USt-Kongr-Bericht 2010, S. 7 (19 f.).
6 S. bspw. EuGH v. 16.12.2008 – C-127/07 – Arcelor Atlantique und Lorraine u.a., Slg. 2008, I-9895 Rz. 57 ff. m.w.N.
7 S. auch EuGH v. 12.5.2011 – C-176/09 – Luxemburg/Parlament und Rat, Slg. 2011, I-3727 Rz. 35 m.w.N.
8 So auch EuGH v. 7.3.2017 – C-390/15 – RPO, ECLI:EU:C:2017:174 – Rz. 54; s. auch EuG v. 5.4.2006 – T-351/02 – Deutsche Bahn/Kommission, Slg. 2006, II-1047 Rz. 112.
9 S. EGMR v. 29.4.2008 – 13378/05 – Burden/United Kingdom, Rz. 60 m.w.N.

im unionsrechtlichen Kontext schon nicht einzusehen, warum beim Unionsgesetzgeber die Kontrolle der Wahrung gleichheitsrechtlicher Anforderungen in Richtung eines bloßen Willkürverbotes reduziert sein sollte, während der nationale Steuergesetzgeber im Anwendungsbereich der Grundfreiheiten bei vergleichbar komplexen Abwägungsprozessen einer strikten gleichheitsrechtlichen Kontrolle unterliegt (Rz. 7.125 ff.).[1] Davon abgesehen prüft der EuGH im Allgemeinen auch bei komplexen Rechtsmaterien die Vergleichbarkeit unterschiedlich behandelter Gruppen von Wirtschaftsteilnehmern grundsätzlich prinzipienorientiert, verlangt bei Systemdurchbrechungen zumindest einen legitimen Rechtfertigungsgrund und beanstandet offensichtlich unverhältnismäßige Interessenabwägungen.[2] Bei der Steuergesetzgebung aber läuft der Gleichbehandlungsgrundsatz häufig regelrecht leer: Vereinzelt wird er mit dem Argument ad absurdum geführt, dass der Unionsgesetzgeber die unterschiedlich behandelten Kategorien von Steuerpflichtigen ausweislich der Besteuerungsdifferenzen für nicht vergleichbar gehalten habe.[3] Teilweise wird die Vergleichbarkeitsprüfung nicht wie grundsätzlich geboten am Belastungsgrund der Steuer ausgerichtet[4] oder eine Verhältnismäßigkeitsprüfung fällt vollständig aus.[5] Vor allem aber werden zahlreiche Abweichungen vom je maßgeblichen Belastungsgrund gleichheitsrechtlich erst gar nicht problematisiert.[6] Immerhin gibt die jüngere Entscheidung des EuGH in der Rechtssache *RPO*[7] Anlass zur Hoffnung, dass sich Prüfungsstruktur und Kontrolldichte im Steuerrecht den sonst angelegten Maßstäben zumindest annähern.

Hinweis: Zu großzügig ist der EuGH auch bei der Akzeptanz von Ungleichbehandlungen, die sich aus der **bloß schrittweisen Harmonisierung** einer Steuer ergeben können. Zutreffend ist allerdings die Feststellung, dass unter dieser Prämisse die Mitgliedstaaten nicht für ungleiche steuerliche Rahmenbedingungen im Verhältnis der nationalen Steuerrechtsordnungen zueinander verantwortlich gemacht werden können.[8] Denn der Gleichheitssatz bindet stets nur ein und denselben Hoheitsträger bei der Ausübung seiner Hoheitsgewalt. Damit ist aber noch nichts dazu ausgesagt, ob und ggf. inwieweit der Unionsgesetzgeber gleichheitsrechtlich gezwungen sein kann, ein bestimmtes Rechtsgebiet so weit zu harmonisieren, dass keine gleichheitswidrigen Steuerbelastungswirkungen mehr auftreten.[9] Bislang hat der Gerichtshof dies pauschal in Abrede gestellt.[10] Überzeugender dürfte eine differenziertere Herangehensweise sein: Steuerliche Disparitäten zwischen den Mitgliedstaaten wie etwa unterschiedliche Steuersätze müssen grundsätzlich hingenom-

---

1 Zwar zielen die Grundfreiheiten auf die Verwirklichung des EU-Binnenmarktes, der allgemeine Gleichheitssatz hingegen ist ein individuelles Grundrecht. Es ist aber nicht ersichtlich, dass die Unionsrechtsordnung die Verwirklichung des Binnenmarktes für gewichtiger erachtet als den Schutz der Grundrechte (s. auch Art. 6 Abs. 1 EUV). Auch kann die Neigung der Mitgliedstaaten, Grundfreiheiten zu beschränken, nicht als größer eingestuft werden als die Tendenz des Unionsgesetzgebers, fragwürdige steuerliche Ungleichbehandlungen einzuführen.
2 S. statt aller EuGH v. 16.12.2008 – C-127/07 – Arcelor, Slg. 2008, I-9895 Rz. 58 f. m.w.N.
3 S. EuGH v. 13.3.2014 – C-599/12 – Jetair, ECLI:EU:C:2014:144 Rz. 55; kritisch auch *Dobratz*, UR 2014, 425 (428).
4 Exemplarisch EuGH v. 29.10.2009 – C-174/08 – NCC Construction Danmark, Slg. 2009 I-10567. Für eine ausführliche Urteilskritik s. *Englisch* in Weber (Hrsg.), Traditional and Alternative Routes to European Tax Integration, 2010, S. 231 (241 ff.).
5 Exemplarisch EuGH v. 23.4.2009 – C-460/07 – Puffer, Slg. 2009, I-3251 Rz. 55 = UR 2009, 410 m. Anm. *Widmann*; neben diversen anderen Schwächen. S. dazu ausführlich *Englisch* in Weber (Hrsg.), Traditional and Alternative Routes to European Tax Integration, S. 231 (243 ff.).
6 S. dazu näher *Englisch* in Schön/Beck (Hrsg.), Zukunftsfragen des deutschen Steuerrechts, 2009, S. 39 (61 ff.).
7 EuGH v. 7.3.2017 – C-390/15 – RPO, ECLI:EU:C:2017:174 Rz. 55 ff.
8 S. EuGH v. 17.10.2013 – C-101/12 – Schaible, ECLI:EU:C:2013:661 Rz. 87; v. 13.3.2014 – C-599/12 – Jetair, ECLI:EU:C:2014:144 Rz. 50.
9 S. auch EuGH, Schlussanträge der Generalanwältin *Kokott*, v. 4.9.2014 – C-144/13 – VDP Dental Laboratory u.a, ECLI:EU:C:2014:2163 Rz. 84.
10 Vgl. EuGH v. 24.10.1996 – C-217/94 – Eismann, Slg. 1996, I-5287 Rz. 15 ff.; v. 7.12.2006 – C-240/05 – Eurodental, Slg. 2006, I-11479 Rz. 55–57; v. 13.7.2000 – C-36/99 – Idéal tourisme, Slg. 2000, I-6049 Rz. 30 ff.; s. ferner auch schon – aber ohne Eingehen auf gleichheitsrechtliche Bedenken – EuGH v.

men werden, da der Gleichheitssatz im föderativen Gefüge der Union nicht als Hebel zur Preisgabe von Souveränitätsvorbehalten der Mitgliedstaaten instrumentalisiert werden darf. Allenfalls für einen zeitlich eng begrenzten, unter Vertrauensschutzaspekten gebotenen Übergangszeitraum hingenommen werden kann hingegen die Aufrechterhaltung einer unionsrechtlich vorgegebenen bzw. vorgezeichneten steuerlichen Diskriminierung innerhalb ein und derselben angeglichenen mitgliedstaatlichen Steuerrechtsordnung.[1] Es ist inkonsequent, einerseits die Mitgliedstaaten auf die Wahrung des Gleichheitssatzes zu verpflichten, wenn sie großzügig zugeschnittene Ausnahmebestimmungen in eigenem Ermessen konkretisieren dürfen (Rz. 12.9), andererseits aber sowohl sie als auch den Unionsgesetzgeber gleichheitsrechtlich freizusprechen, wenn die Ermächtigung zur punktuellen Beibehaltung früheren Rechts enger gefasst ist und dem Mitgliedstaat nur die Wahl zwischen ihrer Inanspruchnahme oder dem Verzicht darauf belässt. Es darf beispielsweise keinen Unterschied machen, ob der nationale Gesetzgeber im Rahmen einer weitgehenden Ermächtigung zur Beibehaltung etwaiger Steuerbefreiungen von Transportdienstleistungen nur noch den Flugverkehr im Gegensatz zum Busverkehr befreit, oder ob sich diese Ungleichbehandlung aus der ebenfalls in sein politisches Ermessen gestellten Inanspruchnahme einer enger gefassten Richtlinienermächtigung ergibt, die von vornherein nur eine Begünstigung des Flugverkehrs gestattet.[2]

12.25 Steuergesetzliche **Typisierungen und Pauschalierungen** sind als Abweichung von der genauen Umsetzung des jeweiligen Belastungsgrundes ebenfalls gleichheitsrechtlich rechtfertigungsbedürftig. Der EuGH hat es daher zu Recht wiederholt unternommen, solche Regelungen einer Prüfung anhand des Verhältnismäßigkeitsgrundsatzes zu unterziehen.[3] Bei dieser Prüfung gesteht der Gerichtshof dann zwar tendenziell Gesichtspunkten der Verwaltungspraktikabilität ein hohes Gewicht zu, bemüht sich aber dennoch um die ausgewogene Abwägung aller relevanten Gesichtspunkte. Akzeptiert werden zwar u.U. auch grob geschätzte Pauschalierungen auf Basis von Durchschnittswerten.[4] Berücksichtigt wird dabei seitens des Gerichtshofs jedoch auch, wie komplex und schwierig eine Verifizierung der tatsächlichen Verhältnisse im Einzelfall für die Finanzverwaltung wäre.[5] Zu einseitige Typisierungen, die etwa trotz gemischter Veranlassung von Aufwendungen keinerlei Abzug von Vorsteuern zulassen, wurden vom EuGH verworfen.[6] Das Ausmaß der Abweichung von einer sachgerechten Besteuerung in Einzelfällen einerseits und der Gewinn an Verwaltungspraktikabilität und Rechtsanwendungsgleichheit andererseits sind damit als relevante Aspekte erkannt, wenn auch noch nicht ausdrücklich benannt worden.

4. Rechtsanwendungsgleichheit

12.26 Aus dem Gleichheitssatz folgt schließlich für das harmonisierte Steuerrecht auch ein Gebot der **Rechtsanwendungsgleichheit**, das sich vornehmlich an die mitgliedstaatlichen Finanzbehörden richtet.[7] Da sie insoweit im Geltungsbereich des Unionsrechts handeln, gilt dies unbeschadet der Tatsache, dass die Mitgliedstaaten in Ermangelung einer unionsrechtlichen Regelung ihre nationalen Steuerverfahrens-

---

1 S. dazu auch im außersteuerlichen Kontext grundlegend EuGH v. 16.12.2008 – C-127/07 – Arcelor, Slg. 2008, I-9895 Rz. 60 ff.
2 Verfehlt daher EuGH v. 13.7.2000 – C-36/99 – Idéal tourisme, Slg. 2000, I-6049 Rz. 34 ff.
3 S. EuGH v. 29.5.1997 – C-63/96 – Skripalle, Slg. 1997, I-2847 Rz. 24 = UR 1997, 301 m. Anm. *Widmann*; v. 19.9.2000 – C-177/99 u.a. – Ampafrance und Sanofi u.a., Slg. 2000, I-7013 Rz. 42 f.; v. 29.4.2004 – C-17/01 – Sudholz, Slg. 2004, I-4243 Rz. 46 = UR 2004, 315 m. Anm. *Burgmaier*; v. 29.6.2017 – C-126/15 – Kommission/Portugal, ECLI:EU:C:2017:504 Rz. 84 f.
4 S. EuGH v. 29.4.2004 – C-17/01 – Sudholz, Slg. 2004, I-4243 Rz. 60 ff. = UR 2004, 315 m. Anm. *Burgmaier*.
5 S. EuGH v. 29.4.2004 – C-17/01 – Sudholz, Slg. 2004, I-4243 Rz. 54 u. 63 = UR 2004, 315 m. Anm. *Burgmaier*.
6 S. EuGH v. 19.9.2000 – C-177/99 u.a. – Ampafrance und Sanofi u.a., Slg. 2000, I-7013 Rz. 62; s. allerdings auch EuGH v. 5.10.1990 – C-305/97 – Royscot u.a., Slg. 1999, I-6671 Rz. 23–25, wo eine solche Regelung – verfehlt – akzeptiert wurde, weil sie originär nationalen Ursprungs war und von der unionsrechtlichen Harmonisierung durch eine Übergangsregelung ausgenommen wurde.
7 S. EuGH v. 10.4.2008 – C-309/06 – Marks & Spencer, Slg. 2008, I-2283 Rz. 50; v. 17.7.2008 – C-132/06 – Kommission/Italien, Slg. 2008, I-5457 Rz. 39; s. auch EuGH v. 5.3.1980 – 265/78 – Ferwerda, Slg. 1980, 617 Rz. 7 f.

vorschriften anwenden können.¹ Der Grundsatz der Selbstbindung der Verwaltung ist demnach auch unionsrechtlich beachtlich, wobei nach herrschender Auffassung ebenfalls das Verbot einer Gleichbehandlung im Unrecht gelten soll.²

Hinweis: Im sog. Zinsurteil hat das BVerfG die Rechtsfigur des „**strukturellen Vollzugsdefizits**" kreiert, wonach Normen des materiellen Steuerrechts nichtig sind, wenn sie infolge ihrer vom Gesetzgeber zu verantwortenden Ausgestaltung bzw. ihrer unzureichenden verfahrensrechtlichen Effektuierung die Gleichheit im Belastungserfolg prinzipiell verfehlen.³ Es handelt sich um einen Sonderfall einer Verletzung der **Rechtsanwendungsgleichheit**. Der EuGH hat bislang auf der Grundlage des europäischen Gleichbehandlungsgrundsatzes und speziell des Neutralitätsprinzips keinen vergleichbaren Standpunkt entwickelt. Der Gerichtshof hat allerdings die Mitgliedstaaten für verpflichtet gehalten, „eine wirksame Erhebung der [Mehrwertsteuer-]Eigenmittel der Gemeinschaft zu garantieren und bei der Behandlung von Steuerpflichtigen keine bedeutsamen Unterschiede zu schaffen, und zwar weder innerhalb eines der Mitgliedstaaten noch in den Mitgliedstaaten insgesamt"⁴. Wenn Defizite bei der Erhebung der Mehrwertsteuer in einem Mitgliedstaat „an die Struktur der Steuer selbst" rührten,⁵ so verletze der betreffende Mitgliedstaat Unionsrecht. Dies sei jedenfalls dann anzunehmen, wenn die Vollzugsdefizite ein ganz erhebliches Ausmaß annähmen.⁶ Bei bloß punktuell wirkendem Verzicht auf einen effektiven Steuervollzug könne hingegen noch kein Verstoß gegen den Grundsatz der Steuerneutralität angenommen werden.⁷ Aus dieser Rechtsprechungslinie kann jedoch nicht gefolgert werden, der EuGH habe sich bereits der Idee eines gleichheitsrechtlich beachtlichen strukturellen Vollzugsdefizits im Sinne der Rechtsprechung des BVerfG angenähert. Denn der Gerichtshof bezieht sich mit der Formulierung „strukturelle Erhebungsdefizite" nicht auf die Zurechenbarkeit der Vollzugsmängel zum Gesetzgeber, sondern auf das Ausmaß der Nichterhebung. Tatsächlich waren dem europäischen „Sachgesetzgeber" die Verfahrensmängel im entschiedenen Fall auch gar nicht zurechenbar, weil sie vom nationalen „Verfahrensgesetzgeber" zu verantworten waren. Es ist damit offen, ob sich der EuGH der Rechtsprechung des BVerfG zu Voraussetzungen und Konsequenzen eines strukturellen Vollzugsdefizits anschließen würde, wenn er mit entsprechenden Einwänden konfrontiert würde. Zwar ließe sich die Rechtsfigur des strukturellen Vollzugsdefizits dogmatisch ohne Weiteres auch im unionsrechtlichen Gleichheitssatz fundieren, weil dessen Gewährleistungsgehalt weitgehende Parallelen zu Art. 3 Abs. 1 GG aufweist.⁸ Es erscheint aber wenig wahrscheinlich, dass der EuGH sein hohes Maß an richterlicher Zurückhaltung bei der Effektuierung des Gleichheitssatzes gegenüber dem europäischen Steuergesetzgeber ausgerechnet in diesem Kontext alsbald aufgeben wird.

V. Freiheitsschonende Besteuerung

Der EuGH hat bislang die unionsrechtlichen Freiheitsgrundrechte **noch nicht ausdrücklich als Prüfungsmaßstab** bei der Kontrolle materiellen Steuerrechts **herangezogen**. Stattdessen rekurriert er unmittelbar auf den Verhältnismäßigkeitsgrundsatz (Rz. 12.16 f.), der freilich implizit eine Beeinträchtigung schutzwürdiger Rechtspositionen der Steuerpflichtigen voraussetzt. Richtigerweise werden speziell bei den indirekten Steuern die steuerpflichtigen Unternehmer in ihrer Eigenschaft als „Steuereinsammler" durch die Steuererhebung regelmäßig in ihrer nach Art. 16 GrCh geschützten unternehmeri-

12.27

---

1 S. EuGH v. 19.11.1998 – C-85/97 – Société financière d'investissements, Slg. 1998, I-7447 Rz. 30 f.
2 S. EuGH v. 10.3.2011 – C-51/10 P – Agencja Wydawnicza Technopol, Slg. 2011, I-1541 Rz. 73 ff.; v. 10.11.2011 – C-259/10 u.a. – Rank Group, Slg. 2011, I-10947 Rz. 62 f. m.w.N.; EuG v. 11.9.2002 – T-13/99 – Pfizer Animal Health/Rat, Slg. 2002, II-3305 Rz. 479; v. 16.11.2006 – T-120/04 – Peróxidos Orgánicos, Slg. 2006, II-4441 Rz. 77; v. 13.9.2017 – C-350/16 P – Pappalardo u.a./Kommission, ECLI:EU:C:2017:672 Rz. 52; *Trimidas*, The General Principles of EU Law², S. 769.
3 S. BVerfG v. 27.6.1991 – 2 BvR 1493/89, BVerfGE 84, 239 (271) = FR 1991, 375 m. Anm. *Felix*; bestätigt und weiter konkretisiert durch BVerfG v. 9.3.2004 – 2 BvL 17/02, BVerfGE 110, 94 (114) = GmbHR 2004, 439 m. Anm. *Altrichter-Herzberg* = FR 2004, 470 m. Anm. *Jacob/Vieten*.
4 S. EuGH v. 17.7.2008 – C-132/06 – Kommission/Italien, Slg. 2008, I-5457 Rz. 39; bestätigt in EuGH v. 15.11.2011 – C-539/09 – Kommission/Deutschland, Slg. 2011, I-11235 Rz. 74.
5 S. EuGH v. 17.7.2008 – C-132/06 – Kommission/Italien, Slg. 2008, I-5457 Rz. 43.
6 Vgl. EuGH v. 17.7.2008 – C-132/06 – Kommission/Italien, Slg. 2008, I-5457 Rz. 48 f.
7 Vgl. EuGH v. 29.3.2012 – C-500/10 – Belvedere Costruzioni, ECLI:EU:C:2012:186 Rz. 26 f.
8 S. dazu eingehend *Oellerich*, Defizitärer Vollzug des Umsatzsteuerrechts, 2008, S. 101 ff.

schen Freiheit tangiert.¹ Denn damit verbunden ist die sanktionsbewehrte Verpflichtung zur rechtzeitigen und korrekten Steueranmeldung, zur Steuerentrichtung (auch im Falle noch ausstehender oder fehlgeschlagener Steuerüberwälzung), zur Vornahme von Aufzeichnungen, Beibringung von Nachweisen, Duldung einer Betriebsprüfung oder Maßnahmen der Steueraufsicht, etc. Alternativ könnte man mit dem EGMR auch auf die Stellung als Steuerschuldner abstellen und auf dieser Grundlage in der Verpflichtung zur Steuerentrichtung sowie bei Beschränkungen der Vorsteuervergütung von einem Eingriff in das Eigentumsgrundrecht des Unternehmers ausgehen.² Bei der Entwicklung von primärrechtlichen Vorgaben an das Steuerverfahrensrecht sowie an das jeweilige mitgliedstaatliche System von Sanktionen für Zuwiderhandlungen gegen steuerliche Verfahrensvorschriften ist eine ähnliche „Grundrechtsscheu" des EuGH festzustellen. Hier hat der Gerichtshof bislang nur ausnahmsweise einen Verstoß gegen Verfahrensgrundrechte bzw. Grundsätze eines rechtsstaatlichen Verfahrens³ oder Art. 16 GrCh geprüft,⁴ und hat ansonsten direkt die Verhältnismäßigkeit der betreffenden Regelung thematisiert. Der rechtsstaatlich fundierte und grundrechtlich ausgeprägte allgemeine Rechtsgrundsatz des Verbots unangemessener Strafe (s. insbesondere auch Art. 49 Abs. 3 GrCh) ist vom EuGH ebenfalls noch nicht als solcher angesprochen worden.

12.28 In seiner bisherigen Rechtsprechung hat sich der EuGH vornehmlich mit der Verhältnismäßigkeit von – wie erwähnt regelmäßig nicht als solchen benannten – Grundrechtseingriffen in Gestalt der Ahndung von Formverstößen durch Versagung einer umsatzsteuerlichen Steuerbefreiung oder Vorsteuervergütung befasst. Hier hat der Gerichtshof **relativ strenge Anforderungen an die mitgliedstaatliche Gesetzgebung und Verwaltungspraxis** formuliert. Insbesondere dürfen Verstöße gegen Form- oder Nachweiserfordernisse grundsätzlich nicht mit dem Entzug steuerlich vorteilhafter materiell-rechtlicher Rechtspositionen geahndet werden, wenn deren Voraussetzungen (anderweitig) bewiesen werden können.⁵ Klargestellt wurde ferner, dass der Steuerpflichtige für die Steuerhinterziehung durch einen Geschäftspartner nur einstehen muss, wenn er davon wusste oder hätte Kenntnis haben können.⁶ In jüngerer Zeit war auch vermehrt das System mitgliedstaatlicher Verwaltungssanktionen, d.h. von Zuschlägen und Geldbußen, Gegenstand der Überprüfung durch den Gerichtshof. Auch hier ist die Notwendigkeit der Wahrung des Verhältnismäßigkeitsgrundsatzes vom EuGH betont worden; im Ergebnis hat er sich

---

1 S. dazu ausführlicher *Englisch* in Schön/Beck (Hrsg.), Zukunftsfragen des deutschen Steuerrechts, S. 39 (71); ebenso EuGH, Schlussanträge der Generalanwältin *Kokott* v. 23.11.2017 – C-246/16 – Di Maura, ECLI:EU:C:2017:440 Rz. 45 f., unter Nennung weiterer Grundrechtsbestimmungen. Zurückhaltender, obschon tendenziell gl. A. *Zirkl*, Die Neutralität der Umsatzsteuer als europäisches Besteuerungsprinzip, 2015, S. 244 ff. S. zur Geltung des Verhältnismäßigkeitsgrundsatzes bei Einschränkungen der unternehmerischen Freiheit ferner EuGH v. 28.4.1998 – C-200/96 – Metronome Musik, Slg. 1998, I-1953 Rz. 21; v. 8.2.2018 – C-380/16 – Kommission/Deutschland, ECLI:EU:C:2018:76 Rz. 66 u. 68.
2 S. beispielsweise EGMR v. 22.1.2009 – 3991/03 – „Bulves" AD/Bulgaria, Rz. 54; v. 7.7.2011 – 39766/05 – Serkov/Ukraine, Rz. 32.
3 S. EuGH v. 22.10.2013 – C-276/12 – Sabou, ECLI:EU:C:2013:678 Rz. 28 ff. = ISR 2013, 423 m. Anm. *Schaumburg*: Unterlassung einer Anhörung vor Stellung eines Amtshilfeersuchens nach der Amtshilferichtlinie (Rz. 25.14 ff.) kein Verstoß gegen das Grundrecht auf rechtliches Gehör.
4 S. EuGH v. 26.10.2017 – C-534/16 – BB construct, ECLI:EU:C:2017:820 Rz. 38.
5 S. beispielsweise EuGH v. 8.5.2008 – C-95/07 und C-96/07 – Ecotrade, Slg. 2008, I-3457 Rz. 63; v. 27.7.2007 – C-146/05 – Collée, Slg. 2007, I-7861 Rz. 29 ff. = UR 2007, 813 m. Anm. *Maunz*; v. 11.4.2013 – C-138/12 – Rusedespred, ECLI:EU:C:2013:233 Rz. 25 ff.; v. 19.12.2013 – C-563/12 – BDV Hungary Trading Kft., ECLI:EU:C:2013:854 Rz. 39. S. auch EuGH v. 15.9.2016 – C-518/14 – Senatex, ECLI:EU:C:2016:691 Rz. 41 f.
6 S. beispielsweise EuGH v. 12.1.2006 – C-354/03 u.a. – Optigen u.a., Slg. 2006, I-483 Rz. 51 ff.; v. 11.5.2006 – C-384/04 – FTI, Slg. 2006, I-4191 Rz. 30 ff. = UR 2006, 410 m. Anm. *Hahne*; v. 6.7.2006 – C-439/04 und C-440/04 – Kittel und Recolta Recycling, Slg. 2006, I-6161 Rz. 45 ff.; v. 21.6.2012 – C-80/11 – Mahagében und Dávid, ECLI:EU:C:2012:373 Rz. 47; v. 14.3.2013 – C-527/11 – Ablessio, ECLI:EU:C:2013:168 Rz. 28 ff. = UR 2013, 392 m. Anm. *Mann*; v. 18.7.2013 – C-78/12 – Evita-K, ECLI:EU:C:2013:486 Rz. 41; v. 13.3.2014 – C-107/13 – FIRIN, ECLI:EU:C:2014:151 Rz. 42. S. ferner auch EuGH v. 19.9.2000 – C-454/98 – Schmeink & Cofreth und Strobel, Slg. 2000, I-6973 Rz. 58 ff. = UR 2000, 470.

hier aber bis vor kurzem großzügig gezeigt und auch gravierende Sanktionen als verhältnismäßig akzeptiert.[1]

Weniger grundrechtssensibel ist der EuGH hingegen – kaum anders als bei der Effektuierung des Gleichbehandlungsgrundsatzes (Rz. 12.24) –, wenn es um belastende Regelungen bzw. formale Anforderungen geht, die in einem **Unionsrechtsakt** vorgegeben werden. Hier wird eine (grundrechtlich unterlegte) Unverhältnismäßigkeit regelmäßig gar nicht erst in Betracht gezogen. Dies war speziell bei den Anforderungen an eine ordnungsgemäße Rechnung zwecks Vorsteuerabzug lange Zeit selbst dann zu beobachten, wenn vergleichbare Erfordernisse, die vor der unionsrechtlichen Harmonisierung vom nationalen Gesetzgeber zu verantworten waren, vom EuGH als unverhältnismäßig verworfen wurden.[2] Dieses Messen mit zweierlei Maß ist nicht anders als im Kontext des Gleichheitssatzes (Rz. 12.24) abzulehnen. Vom Unionsgesetzgeber ausgehende Gefährdungen der Freiheitsrechte der Steuerpflichtigen sind nicht geringer einzustufen als bei Maßnahmen, die trotz Harmonisierung noch im politischen Ermessen der Mitgliedstaaten stehen. Bezüglich der vorerwähnten Rechnungserfordernisse hat der EuGH dies nunmehr im Ergebnis ebenso gesehen.[3] Eine besondere Rücksichtnahme auf die Schwierigkeiten der politischen Kompromissfindung auf Unionsebene erscheint im Übrigen deshalb nicht angezeigt, weil dies auf eine Preisgabe des primärrechtlich vorgegebenen Grundrechtsschutzes hinausläuft. Es ist angesichts der Konsolidierung der Union als Rechtsgemeinschaft an der Zeit, dem Unionsgesetzgeber zu verdeutlichen, dass eine Kompromissfindung auch im Steuerrecht nur in den unionsverfassungsrechtlich gezogenen Grenzen möglich ist.

12.29

Hinweis: Die bisherige **Rechtsprechung des EGMR**, welche den Eigentumsschutz gegen unverhältnismäßige Besteuerungsregelungen aktiviert, ist zwar dogmatisch stringenter, reicht aber gleichwohl im Ergebnis nicht wesentlich über die Rechtsprechung des EuGH hinaus. So entspricht etwa der Standpunkt des EGMR zur Haftung des umsatzsteuerpflichtigen Unternehmers für das betrügerische Verhalten anderer Unternehmer in der Leistungskette im Wesentlichen den vom EuGH unter unmittelbarem Rekurs auf den Verhältnismäßigkeitsgrundsatz herausgearbeiteten Kriterien.[4] Auch zur Verhältnismäßigkeit von Sanktionen für Zuwiderhandlungen gegen steuerverfahrensrechtliche Vorgaben nimmt der EGMR nicht anders als der EuGH einen eher großzügigen Standpunkt ein.[5] Nur in einigen wenigen Bereichen[6] und insbesondere beim Verbot konfiskatorischer Besteuerung[7] hat der EGMR Neuland betreten; diese Fragestellungen werden aber derzeit unionsrechtlich nicht relevant.

---

1 S. beispielsweise EuGH v. 19.7.2012 – C-263/11 – Rēdlihs, ECLI:EU:C:2012:497 Rz. 46 f.; v. 20.6.2013 – C-259/12 – Rodopi-M 91, ECLI:EU:C:2013:414 Rz. 38 ff.; s. nunmehr aber auch EuGH v. 17.7.2014 – C-272/13 – Equoland, ECLI:EU:C:2014:2091 Rz. 31 f.
2 Vgl. EuGH v. 21.10.2010 – C-385/09 – Nidera Handelscompagnie, Slg. 2010, I-10385 Rz. 42; v. 30.9.2010 – C-392/09 – Uszodaépítő, Slg. 2010, I-8791 Rz. 39, einerseits; v. 8.11.2001 – C-338/98 – Kommission/Niederlande, Slg. 2001, I-8265 Rz. 75; v. 15.7.2010 – C-368/09 – Pannon Gép Centrum, Slg. 2010, I-7467 Rz. 42 f. = UR 2010, 693 m. Anm. *Nieskens*, andererseits. S. jüngst allerdings auch EuGH v. 1.3.2012 – C-280/10 – Polski Trawertyn, ECLI:EU:C:2012:107 Rz. 48; v. 13.2.2014 – C-18/13 – Maks Pen, ECLI:EU:C:2014:69 Rz. 31.
3 S. EuGH v. 15.9.2016 – C-516/14 – Barlis 06, ECLI:EU:C:2016:690 Rz. 42.
4 Vgl. EGMR v. 22.1.2009 – 3991/03 – Bulves/Bulgarien, Rz. 70, einerseits; EuGH v. 21.6.2012 – C-80/11 – Mahagében und Dávid, ECLI:EU:C:2012:373 Rz. 47 m.w.N., andererseits.
5 S. EGMR v. 23.7.2002 – 36985/97 – Västberga Taxi Aktiebolag und Vulic/Schweden, Rz. 112 f. (zu verschuldensunabhängigen Zuschlägen).
6 S. neben den in der nachfolgenden Fußnote zitierten Entscheidungen etwa auch EGMR v. 31.1.2013 – 50615/07 – Association des Chevaliers du Lotus d'Or/Frankreich, Rz. 34 (Besteuerung von Religionsgemeinschaften); v. 29.4.2008 – 13378/05 – Burden/United Kingdom (erbschaftsteuerliche Differenzierungen zwischen verschiedenen Kategorien von Familienangehörigen; s. dazu auch *Baker* in Avery Jones u.a., Comparative Perspectives on Revenue Law, 2009, S. 232).
7 S. EGMR v. 14.5.2013 – 66529/11 – N.K.M./Ungarn, Rz. 60 ff.; v. 25.6.2013 – 49570/11 – Gáll/Ungarn, Rz. 60 ff.; s. auch EGMR v. 21.5.2005 – 28856/95 – Jokela/Finnland, Rz. 59. S. dazu auch *Quintas Seara*, Intertax 2014, 218.

VI. Rechtssicherheit, Rückwirkungsverbot und Vertrauensschutz

1. Bestimmtheitsgebot

12.30 Der Grundsatz der Rechtssicherheit zählt anerkanntermaßen zu den allgemeinen Grundsätzen des Unionsrechts.[1] Er beinhaltet zunächst ein Gebot der **Normenklarheit und** der **Normenbestimmtheit**: Unionsrechtliche Rechtsvorschriften sowie solche der Mitgliedstaaten im Anwendungsbereich des Unionsrechts müssen klar, bestimmt und in ihren Auswirkungen vorhersehbar sein.[2] Dieses Gebot gilt nach ständiger Rechtsprechung des EuGH in besonderem Maße, wenn es sich um eine Regelung handelt, die sich finanziell belastend auswirken kann.[3] Auch der EGMR hat festgestellt, dass die mit dem Steuerzugriff verbundene Beeinträchtigung des Eigentumsgrundrechts auf einer gesetzlichen Grundlage beruhen müsse, die klar und deren Anwendung vorhersehbar sein muss.[4] Der EuGH legt allerdings grundsätzlich eher großzügige Maßstäbe an die Normenklarheit der europäischen Gesetzgebung an[5] und überlässt bei diesbezüglichen Zweifeln betreffend nationale Umsetzungsvorschriften tendenziell nationalen Gerichten die abschließende Beurteilung.

12.31 Der Grundsatz der Rechtssicherheit kann auch als **Auslegungsmaxime** für Bestimmungen des harmonisierten Steuerrechts herangezogen werden; er legt die Wahl einer klar und eindeutig handhabbaren Auslegungsvariante nahe.[6] Dessen ungeachtet kann aus dem Grundsatz der Rechtssicherheit **kein Verbot analoger Rechtsanwendung** hergeleitet werden;[7] vereinzelt ist der EuGH hier hinsichtlich der Vorgaben steuerlicher Richtlinien zu restriktiv verfahren.[8]

Hinweis: Der EGMR hat klargestellt, dass auch die dritte Gewalt den Grundsatz der Rechtssicherheit beachten muss. Insbesondere sei es Aufgabe eines obersten Gerichtshofes, eine einheitliche und widerspruchs-

---

1 S. beispielsweise EuGH v. 3.12.1998 – C-381/97 – Belgocodex, Slg. 1998, I-8153 Rz. 26; v. 29.4.2004 – C-487/01 u. C-7/02 – Gemeente Leusden u. Holin Groep, Slg. 2004, I-5337 Rz. 57; v. 26.4.2005 – C-376/02 – „Goed Wonen", Slg. 2005, I-3445 Rz. 32; v. 10.9.2009 – C-201/08 – Plantanol, Slg. 2009, I-8343 Rz. 43; v. 31.1.2013 – C-643/11 – LVK – 56, ECLI:EU:C:2013:55 Rz. 51.
2 S. beispielsweise EuGH v. 18.5.2000 – C-107/97 – Rombi und Arkopharma, Slg. 2000, I-3367 Rz. 66; v. 10.9.2009 – C-201/08 – Plantanol, Slg. 2009, I-8343 Rz. 46; v. 31.1.2013 – C-643/11 – LVK – 56, ECLI: EU:C:2013:55 Rz. 51; v. 12.12.2013 – C-362/12 – FII Group Litigation (III), ECLI:EU:C:2013:834 Rz. 44; *Mayer* in G/H/N, Nach Art. 6 EUV Rz. 394.
3 S. beispielsweise EuGH v. 29.4.2004 – C-17/01 – Sudholz, Slg. 2004, I-4243 Rz. 34 = UR 2004, 315 m. Anm. *Burgmaier*; v. 21.2.2006 – C-255/02 – Halifax, Slg. 2006, I-1609 Rz. 72 = UR 2006, 232 m. Anm. *Wäger*; v. 27.9.2007 – C-409/04 – Teleos, Slg. 2007, I-7797 Rz. 48; v. 10.9.2009 – C-201/08 – Plantanol, Slg. 2009, I-8343 Rz. 46; v. 13.12.2012 – C-395/11 – BLV, ECLI:EU:C:2012:799 Rz. 47.
4 S. EGMR v. 9.11.1999 – 26449/95 – Špaček/Tschechien, Rz. 54; v. 20.9.2011 – 14902/04 – Yukos/Russland, Rz. 559; v. 14.10.2010 – 23759/03 u. 37943/06 – Shchokin/Ukraine, Rz. 51. S. auch *Pauwels*, EC Tax Review 2013, 268 (274) m.w.N.
5 Exemplarisch EuGH v. 14.4.2005 – C-110/03 – Belgien/Kommission, Slg. 2005, I-2801 Rz. 31 ff.; v. 10.1.2006 – C-344/04 – IATA und ELFAA, Slg. 2006, I-403 Rz. 75 f. S. auch EGMR v. 7.7.2011 – 39766/05 – Serkov/Ukraine, Rz. 35: Die Auslegungsbedürftigkeit einer Norm ist nicht gleichbedeutend mit einem Verstoß gegen den Grundsatz der Rechtssicherheit. Auch EGMR v. 20.9.2011 – 14902/04 – Yukos/Russland, Rz. 559, spricht sich für großzügige Maßstäbe im Steuerrecht aus.
6 S. EuGH v. 6.10.2011 – C-421/10 – Stoppelkamp, Slg. 2011, I-9309 Rz. 34; v. 26.1.2012 – C-218/10 – ADV Allround, ECLI:EU:C:2012:35 – Rz. 31 = UR 2012, 175 m. Anm. *Burgmaier*; s. auch v. 20.5.2010 – C-370/08 – Data I/O, Slg. 2010, I-4401 Rz. 29; EuGH, Schlussanträge der Generalanwältin *Kokott* v. 4.9.2014 – C-144/13 u.a. – VDP Dental Laboratory u.a., ECLI:EU:C:2014:2163 Rz. 60.
7 So überzeugend die Große Kammer des EuGH v. 23.10.2012 – C-581/10 u.a. – Nelson, ECLI:EU: C:2012:657 Rz. 66 f. **A.A.** für das Gebiet des Steuerrechts EuGH v. 9.7.1981 – 169/80 – Gondrand Frères, Slg. 1981, I-1931 Rz. 17 f.; *von Arnauld*, Rechtssicherheit, 2006, S. 503, 531; *Hammer-Strnad*, Das Bestimmtheitsgebot als allgemeiner Rechtsgrundsatz des Europäischen Gemeinschaftsrechts, 1999, S. 77.
8 S. EuGH v. 15.7.2010 – C-582/08 – Kommission/Vereinigtes Königreich, Slg. 2010, I-7195 Rz. 49–51 (Analogie); v. 5.7.2012 – C-259/11 – DtZ Zadelhoff, ECLI:EU:C:2012:423 Rz. 40 (teleologische Reduktion).

C. Für das Steuerrecht bedeutsame allgemeine Rechtsgrundsätze | Rz. 12.32 Kap. 12

freie Anwendung des Rechts zu gewährleisten. Ansonsten bestünde die Gefahr, dass seine Rechtsprechung rechtsstaatlichen Anforderungen nicht genüge.[1] Dies sollte sich auch der EuGH zu Herzen nehmen, dessen Richterrecht („case law") es etwa auf dem Gebiet des harmonisierten Mehrwertsteuerrechts vielfach an innerer Kohärenz missen lässt.[2]

Speziell für die Umsetzung von Richtlinien in nationales Recht hat der EuGH aus dem Grundsatz der Rechtssicherheit gefolgert, dass die **mitgliedstaatlichen Umsetzungsbestimmungen rechtliche Verbindlichkeit aufweisen müssen**.[3] Eine bloße Verwaltungspraxis bzw. bloße Verwaltungsvorschriften, die keine (unmittelbare) Bindungswirkung gegenüber Bürgern und Gerichten zu entfalten vermögen und die einseitig von der Verwaltung geändert werden können, genügen den Anforderungen an eine rechtssichere Umsetzung zwingender Richtlinienvorgaben nicht.[4] Außerdem soll sich gerade auch aus dem Grundsatz der Rechtssicherheit ergeben, dass Richtlinien (auch) auf dem Gebiet des Steuerrechts nie zu Lasten der Steuerpflichtigen unmittelbar anwendbar sein sollen (Rz. 4.60).[5] Darüber hinaus hat der Gerichtshof verlangt, dass die Mitgliedstaaten **von richtlinienrechtlichen Ermächtigungen** zur Einführung besonderer Besteuerungsregime oder zu sonstigen Abweichungen von den Regelvorgaben der Richtlinie **ausdrücklich Gebrauch machen** müssten.[6] Es genüge nicht, dass die nationale Rechtslage von Gerichten und Verwaltung im Wege der Gesetzesauslegung entsprechend verstanden werde, sofern der Wortlaut diesbezüglich nicht eindeutig sei. Dieser Rechtsprechungsansatz missachtet jedoch in unzulässiger Weise die Autonomie nationaler Methodenlehre, die der Gerichtshof ansonsten durchaus respektiert.[7] Sofern nach nationalem Recht – wie in Deutschland[8] – über eine extensive teleologisch-systematische bzw. historische Auslegung trotz zweifelhaften Wortlauts eindeutig auf einen entsprechenden Umsetzungswillen des Gesetzgebers geschlossen werden kann, muss dies genügen.[9] In einer jüngeren außersteuerlichen Entscheidung hat der EuGH eben dies sogar für den Fall der Umsetzung einer richtlinienrechtlichen Ermächtigung durch richterliche Rechtsfortbildung anerkannt.[10]

12.32

Darüber hinaus hat der EuGH dem rechtsstaatlichen Grundsatz der Rechtssicherheit noch weitere **Anforderungen** an die Mitgliedstaaten **auf dem Gebiet der** ihnen verbleibenden **Verfahrensautonomie** formuliert. So muss sichergestellt sein, dass hinsichtlich der Feststellung und Beurteilung von Besteuerungsgrundlagen nach einer gewissen Zeit Festsetzungsverjährung eintritt.[11] Die Voraussetzungen für die Durchbrechung der Bestandskraft einer Steuerfestsetzung müssen im Gesetz klar benannt werden.[12] Zulässig ist dabei grundsätz-

---

1 S. EGMR v. 7.7.2011 – 39766/05 – Serkov/Ukraine, Rz. 35.
2 S. dazu *Englisch* in Lang/Pistone/Schuch/Staringer/Raponi, ECJ – Recent Developments in Value Added Tax, 2014, S. 21.
3 S. EuGH v. 4.6.2009 – C-102/08 – SALIX, Slg. 2009, I-4629 Rz. 42 = UR 2009, 484 m. Anm. *Küffner*.
4 S. EuGH v. 7.3.1996 – C-334/94 – Kommission/Frankreich, Slg. 1996, I-1307 Rz. 30; v. 4.6.2009 – C-102/08 – SALIX, Slg. 2009, I-4629 Rz. 43 = UR 2009, 484 m. Anm. *Küffner*.
5 S. EuGH v. 5.7.2007 – C-321/05 – Kofoed, Slg. 2007, I-5795 Rz. 42 = GmbHR 2007, 880 m. Anm. *Rehm/Nagler*.
6 S. EuGH v. 4.6.2009 – C-102/08 – SALIX, Slg. 2009, I-4629 Rz. 54 f. = UR 2009, 484 m. Anm. *Küffner*, zu § 2 Abs. 3 UStG.
7 S. insbesondere zu den Grenzen richtlinienkonformer Auslegung Rz. 13.14.
8 S. statt aller *J. Englisch* in T/L, Steuerrecht[23], § 5 Rz. 60 f. u. 63 ff.
9 Vgl. auch für den umgekehrten Fall der richtlinienkonformen Auslegung nationalen Rechts, das zwecks Umsetzung zwingender sekundärrechtlicher Vorgaben ergangen ist, EuGH v. 9.6.2016 – C-332/14 – Wolfgang und Wilfried Rey Grundstücksgemeinschaft GbR, ECLI:EU:C:2016:417 Rz. 51 ff.
10 S. EuGH v. 5.5.2011 – C-201/10 u.a. – Ze Fu Fleischhandel u.a., Slg. 2011, I-3545 Rz. 21 ff.
11 S. EuGH v. 8.5.2008 – C-95/07 und C-96/07 – Ecotrade, Slg. 2008, I-3457 Rz. 44; v. 21.1.2010 – C-472/08 – Alstom Power Hydro, Slg. 2010, I-623 Rz. 16; v. 5.5.2011 – C-201/10 – Ze Fu Fleischhandel, Slg. 2011, I-3545 Rz. 32; v. 12.7.2012 – C-284/11 – EMS – Bulgaria Transport, ECLI:EU:C:2012:458 Rz. 48; v. 21.6.2012 – C-294/11 – Elsacom, ECLI:EU:C:2012:382 Rz. 29; v. 6.2.2014 – C-424/12 – Fatorie, ECLI:EU:C:2014:50 Rz. 46.
12 S. EuGH v. 6.2.2014 – C-424/12 – Fatorie, ECLI:EU:C:2014:50 Rz. 47 f.

lich auch ein Vorbehalt der Nachprüfung.[1] Ferner müssen den Steuerpflichtigen im steuerlichen Massenverfahren klare Vorgaben gemacht werden, welche Nachweise sie beizubringen haben, um in den Genuss steuerlich vorteilhafter Regelungen zu kommen.[2] Verwaltungssanktionen wie beispielsweise Geldbußen oder Zuschläge müssen auf einer klaren und eindeutigen Rechtsgrundlage beruhen.[3]

2. Vertrauensschutz

12.33   Der **Grundsatz des Vertrauensschutzes** wird vom EuGH aus dem Grundsatz der Rechtssicherheit abgeleitet.[4] Auf den Schutz berechtigten Vertrauens kann sich grundsätzlich jeder berufen, bei dem ein Organ der Union oder eines Mitgliedstaates „begründete" Erwartungen in das Bestehen bzw. in die Beibehaltung einer bestimmten Rechtslage geweckt hat.[5] Dabei sind zwei Grundkonstellationen zu unterscheiden, in denen Vertrauensschutz relevant werden kann: Zum einen beim Vertrauen auf unzutreffende Aussagen zur geltenden Rechtslage, und zum anderen beim Vertrauen auf die Kontinuität einer später – ggf. sogar rückwirkend – geänderten Rechtslage.

a) Allgemeine Voraussetzungen

12.34   Stets bedarf es erstens eines der Union oder einer mitgliedstaatlichen Instanz zurechenbaren Vertrauenstatbestandes sowie zweitens der (fortdauernden) Schutzwürdigkeit dieses Vertrauens im maßgeblichen Zeitpunkt der Vertrauensbetätigung.[6] Abzustellen ist dabei grundsätzlich auf den Zeitpunkt, in dem der Steuerpflichtige disponiert, d.h. der EuGH entfaltet den Grundsatz des Vertrauensschutzes – zu Recht – grundsätzlich **dispositionsbezogen**.[7] An der Schutzwürdigkeit des Vertrauens fehlt es, wenn ein „**umsichtiger und besonnener Wirtschaftsteilnehmer**" zu diesem Zeitpunkt in der Lage ist, die Abweichung der tatsächlichen Rechtslage von der durch ein Organ der Union bzw. des Mitgliedstaates zum Ausdruck gebrachten Rechtsansicht zu erkennen bzw. die künftige Änderung der für ihn maßgeblichen Rechtslage bereits vorherzusehen.[8] Dies ist anhand einer umfassenden **Würdigung sämtlicher relevanter Umstände** zu beurteilen.[9] Die Konkretisierung dieser Grundsätze hat der Gerichtshof fallgruppenbezogen vorgenommen, wobei insbesondere zwischen den vorerwähnten Varianten des Vertrauens auf eine amtliche, aber unzutreffende Einschätzung der Rechtslage einerseits und dem Vertrauen auf den Fortbestand der einmal erworbenen Rechtsposition oder der für eine Disposition mitursächlichen Rechtslage andererseits zu unterscheiden ist.

---

1   S. EuGH v. 8.6.2000 – C-396/98 – Schloßstraße, Slg. 2000, I-4279 Rz. 49 ff. = UR 2000, 336 m. Anm. *Widmann*.
2   S. EuGH v. 27.9.2007 – C-409/04 – Teleos, Slg. 2007, I-7797 Rz. 48–50; s. auch EuGH v. 21.2.2008 – C-271/06 – Netto Supermarkt, Slg. 2008, I-771 Rz. 26.
3   S. beispielsweise EuGH v. 11.7.2002 – C-210/00 – Käserei Champignon *Hofmeister*, Slg. 2002, I-6453 Rz. 52; v. 26.10.2006 – C-248/04 – Koninklijke Coöperatie Cosun, Slg. 2006, I-10211 Rz. 80.
4   S. EuGH v. 10.9.2009 – C-201/08 – Plantanol, Slg. 2009, I-8343 Rz. 46.
5   Vgl. EuGH v. 26.6.2012 – C-335/09 P – Polen/Kommission, ECLI:EU:C:2012:385 Rz. 180.
6   S. auch EuGH v. 14.9.2006 – C-181/04 bis C-183/04 – Elmeka, Slg. 2006, I-8167 Rz. 32; *Lecheler* in Merten/Papier (Hrsg.), Handbuch der Grundrechte, 2010, § 158 Rz. 32.
7   S. beispielsweise EuGH v. 11.7.1991 – C-368/89 – Crispoltini, Slg. 1991, I-3695 Rz. 15 f.; v. 8.6.2000 – C-396/98 – Schloßstraße, Slg. 2000, I-4279 Rz. 47 = UR 2000, 336 m. Anm. *Widmann*; v. 29.4.2004 – C-487/01 und C-7/02 – Gemeente Leusden und Holin Groep, Slg. 2004, I-5337 Rz. 66 m.w.N.; v. 6.9.2012 – C-273/11 – Mecsek-Gabona, ECLI:EU:C:2012:547 Rz. 39 m.w.N. = UR 2012, 796 m. Anm. *Maunz*.
8   S. EuGH v. 1.2.1978 – 78/77 – Lührs, Slg. 1978, 169 Rz. 6; v. 26.6.2003 – C-182/03 u.a. – Belgien und Forum 187, Slg. 2003, I-6887 Rz. 147; v. 17.9.2009 – C-519/07 P – Koninklijke FrieslandCampina, Slg. 2009, I-8495 Rz. 84; v. 10.9.2009 – C-201/08 – Plantanol, Slg. 2009, I-8343 Rz. 53; v. 21.7.2011 – C-194/09 P – Alcoa Trasformazioni, Slg. 2011, I-6311 Rz. 71. Dazu eingehend *Tridimas*, The General Principles of EU Law², S. 265 ff.
9   S. EuGH v. 10.9.2009 – C-201/08 – Plantanol, Slg. 2009, I-8343 Rz. 67.

b) Zusätzliche Anforderungen beim Vertrauen auf die Rechtmäßigkeit von Auskünften u.Ä.

Auf rechtswidrige **Zusicherungen** oder auf die anderweitige Bekundung einer fehlerhaften Rechtsauffassung durch Unionsorgane oder staatliche Stellen darf ein umsichtiger Steuerpflichtiger nur vertrauen, wenn die jeweilige Institution dabei im Rahmen ihrer Zuständigkeiten und Befugnisse handelt.[1] Dasselbe gilt für begünstigende Verwaltungsakte.[2] Auf die Form der Auskunftserteilung oder Kundgabe kommt es grundsätzlich nicht an; sie kann auch gegenüber Dritten oder der Allgemeinheit erfolgt sein.[3] Die Äußerungen müssen aber klar und unbedingt sein und dürfen nicht im Widerspruch zu anderweitigen Aussagen stehen.[4] Generell beharrt der EuGH zudem darauf, dass nationale Behörden kein berechtigtes Vertrauen darauf begründen könnten, in den Genuss einer unionsrechtswidrigen Behandlung zu kommen, sofern die einschlägigen unionsrechtlichen Bestimmungen klar und eindeutig seien.[5] Diese Rechtsprechung bezieht sich allerdings bislang nur auf Verordnungen, nicht auf Richtlinien. Bei letzteren wäre dieser restriktive Ansatz in der Tat schon deshalb wertungswidersprüchlich, weil der EuGH selbst geurteilt hat, die Steuerpflichtigen müssten sich aus Gründen der Rechtssicherheit Richtlinienbestimmungen nicht zu ihrem Nachteil entgegenhalten lassen (Rz. 4.60).[6] Eine verbindliche Zusage etwa auf dem Gebiet des harmonisierten Umsatzsteuerrechts muss daher grundsätzlich auch dann als bindend angesehen werden, wenn die darin geäußerte Rechtsauffassung richtlinienwidrig sein sollte.[7] Ausgeschlossen werden sollte berechtigtes Vertrauen nur bei evidenter Unrichtigkeit der erteilten Auskunft.

12.35

Zu den mitgliedstaatlichen Instanzen, die potentiell ein schutzwürdiges Vertrauen des Steuerpflichtigen in die Unionsrechtskonformität seiner steuerlichen Behandlung begründen können, zählt im Übrigen auch der Gesetzgeber. Der Steuerpflichtige darf grundsätzlich davon ausgehen, dass nationales Gesetzesrecht im Einklang mit unionsrechtlichen Vorgaben steht. Auch in diesem Kontext sollte nur bei evidenten Verstößen gegen die unionsrechtlichen Vorgaben ein darauf gründender Vertrauensschutz entfallen. Zur Kritik speziell an der beihilferechtlichen Vertrauensschutz-Judikatur des EuGH Rz. 9.69 f.

12.36

c) Zusätzliche Anforderungen beim Vertrauen auf den Fortbestand der Rechtslage

Die Anforderungen an die Feststellung **schutzwürdigen Vertrauens in die Beständigkeit der Rechtslage**, das gegen im weiteren Sinne rückwirkende Gesetzesänderungen vorgebracht werden kann, hat der EuGH in zahlreichen Entscheidungen konkretisiert. Dabei kommt dem Urteil Plantanol[8] bei Än-

12.37

---

1 S. EuGH v. 14.9.2006 – C-181/04 bis C-183/04 – Elmeka, Slg. 2006, I-8167 Rz. 34 f.; v. 13.6.2013 – C-631/11 P u.a. – HGA u.a., ECLI:EU:C:2013:387 – Rz. 132; v. 19.7.2016 – C-526/14 – Kotnik u.a., ECLI:EU:C:2016:570 Rz. 62; *Mayer* in G/H/N, Nach Art. 6 EUV Rz. 402. Vgl. auch EuG v. 15.11.2018 – T-207/10 – Deutsche Telekom/Kommission, ECLI:EU:T:2018:786 Rz. 70 ff.
2 S. dazu generell EuGH v. 26.2.1987 – 15/85 – Consorzio Cooperative d'Abruzzo, Slg. 1987, 1005 Rz. 12 m.w.N.; v. 17.4.1997 – C-90/95 P – de Compte/Parlament, Slg. 1997, I-1999 Rz. 35 ff.
3 S. EuG v. 15.11.2018 – T-207/10 – Deutsche Telekom/Kommission, ECLI:EU:T:2018:786 Rz. 55 ff., m.w.N.
4 S. EuGH v. 16.12.2010 – C-537/08 P – Kahla Thüringen Porzellan, Slg. 2010, I-12917 Rz. 63 m.w.N.; v. 13.6.2013 – C-631/11 P u.a. – HGA u.a., ECLI:EU:C:2013:387 Rz. 132; EuG v. 15.11.2018 – T-207/10 – Deutsche Telekom/Kommission, ECLI:EU:T:2018:786 Rz. 64 ff.
5 S. beispielsweise EuGH v. 26.4.1988 – 316/86 – Krücken, Slg. 1988, 2213 Rz. 24; v. 16.3.2006 – C-94/05 – Emsland-Stärke, Slg. 2006, I-2619 Rz. 31; v. 17.12.2010 – C-153/10 – Sony Supply Chain Solutions, Slg. 2011, I-2775 Rz. 47.
6 Tendenziell weniger streng daher auch EuGH v. 15.12.2011 – C-427/10 – Banca Antoniana Popolare Veneta SpA, ECLI:EU:C:2011:844 Rz. 38 ff.
7 S. dazu auch EuGH v. 14.9.2006 – C-181/04 bis C-183/04 – Elmeka, Slg. 2006, I-8167 Rz. 31 ff.
8 S. EuGH v. 10.9.2009 – C-201/08 – Plantanol – Slg. 2009, I-8343, betreffend die Aufhebung des Steuerbefreiungsregimes für Biokraftstoffe durch das Biokraftstoffquotengesetz. Die Entscheidung erging ohne Schlussanträge, bietet aber gleichwohl reichhaltiges Anschauungsmaterial hinsichtlich der für die Beurteilung schutzwürdigen Vertrauens maßgeblichen Kriterien.

derungen von harmonisiertem Steuerrecht durch den mitgliedstaatlichen Gesetzgeber eine Leitfunktion zu. Der Gerichtshof hat zunächst wiederholt betont, dass ein besonnener Wirtschaftsteilnehmer generell nicht auf die Kontinuität der bestehenden Rechtslage vertrauen dürfe; mit Änderungen für die Zukunft müsse grundsätzlich gerechnet werden.[1] So ist auch die Aussage des Gerichtshofes zu verstehen, dass eine im Einklang mit einer steuerrechtlichen Richtlinie ergangene Gesetzesänderung nicht als unvorhersehbar betrachtet werden könne, wenn die Richtlinie den Mitgliedstaaten ein entsprechendes Gestaltungsermessen belasse.[2] Dessen ungeachtet kann aber das Vertrauen des Steuerpflichtigen darauf, dass bereits begründete Rechtspositionen nicht rückwirkend entzogen werden und dass Neuregelungen *nicht übergangslos* auf in der Vergangenheit begründete Sachverhalte bzw. Rechtsverhältnisse angewendet werden, schutzwürdig sein.[3]

12.38 Für die Schutzwürdigkeit eines dahingehenden Vertrauens am Maßstab eines umsichtigen Wirtschaftsteilnehmers hat der EuGH u.a. auf folgende **Einzelaspekte** abgestellt: Die Vertrauensgrundlage soll entfallen können, sobald das letztlich zu einer Rechtsänderung führende Gesetzesvorhaben „in interessierten Kreisen", d.h. bei den potentiell betroffenen Steuerpflichtigen, einen „angemessenen Bekanntheitsgrad erlangt hat"[4]. Dies richte sich nach Art und Ausmaß sowie Verfügbarkeit der offiziellen Verlautbarungen im Vorfeld der Reformgesetzgebung. Steht die Änderung nationaler Rechtsvorschriften in Rede, soll auf die vom jeweiligen Mitgliedstaat üblicherweise genutzten Informationskanäle abzustellen sein.[5] Neben Gesetzesentwürfen können auch Koalitionsvereinbarungen oder amtliche Pressemitteilungen nach Ansicht des EuGH dazu führen, dass ein besonnener Wirtschaftsteilnehmer mit einer Änderung der Rechtslage rechnen muss.[6] Stets sei jedoch maßgeblich, ob dem Betroffenen bereits vor seiner Disposition deutlich werde, wie sich die beabsichtigte Gesetzesänderung auswirken würde.[7] Im Steuerrecht wird dabei richtigerweise zu differenzieren sein, ob die Gesetzesänderung Unternehmen oder aber Privatpersonen betrifft. Da sich erstere in aller Regel eines professionellen Steuerberaters bedienen bzw. über eine spezialisierte Steuerabteilung verfügen, sind die Anforderungen an die Verlautbarung geplanter Änderungen hier deutlich niedriger anzusetzen.[8] Stehe eine gesetzliche Steuerbegünstigung im Sinne einer Experimentierklausel unter dem Vorbehalt der Anpassung an neue Erkenntnisse oder an eine Veränderung der maßgeblichen äußeren Umstände, könne nicht ohne Weiteres mit ihrer Beibehaltung gerechnet werden.[9] Umgekehrt spreche es für die Schutzwürdigkeit des Vertrauens auf die geltende Rechtslage, wenn deren Fortbestand im Zuge anderweitiger

---

1 S. EuGH v. 11.7.1991 – C-368/89 – Crispoltoni, Slg. 1991, I-3695 Rz. 21; v. 29.4.2004 – C-487/01 und C-7/02 – Gemeente Leusden und Holin Groep, Slg. 2004, I-5337 Rz. 81; s. auch EuGH v. 26.6.2012 – C-335/09 P – Polen/Kommission, ECLI:EU:C:2012:385 Rz. 180.
2 S. EuGH v. 29.4.2004 – C-487/01 u.a. – Gemeente Leusden und Holin Groep u.a., Slg. 2004, I-5337 Rz. 66; v. 10.9.2009 – C-201/08 – Plantanol, Slg. 2009, I-8343 Rz. 53.
3 S. EuGH v. 11.7.1991 – C-368/89 – Crispoltoni, Slg. 1991, I-3695 Rz. 21; v. 29.4.2004 – C-487/01 u.a. – Gemeente Leusden und Holin Groep u.a., Slg. 2004, I-5337 Rz. 70; v. 10.9.2009 – C-201/08 – Plantanol, Slg. 2009, I-8343 Rz. 57; v. 20.12.2017 – C-322/16 – Global Starnet, ECLI:EU:C:2017:985 Rz. 47 f.; s. auch EuGH v. 11.6.2015 – C-98/14 – Berlington Hungary u.a, ECLI:EU:C:2015:386 Rz. 78.
4 S. EuGH v. 10.9.2009 – C-201/08 – Plantanol, Slg. 2009, I-8343 Rz. 59; s. auch EuGH v. 5.10.1993 – C-13/92 u.a. – Driessen u.a., Slg. 1993, I-4751 Rz. 34.
5 S. EuGH v. 26.4.2005 – C-376/02 – „Goed Wonen", Slg. 2005, I-3445 Rz. 43; v. 10.9.2009 – C-201/08 – Plantanol, Slg. 2009, I-8343 Rz. 57.
6 S. EuGH v. 26.4.2005 – C-376/02 – „Goed Wonen", Slg. 2005, I-3445 Rz. 44; v. 29.4.2004 – C-487/01 u.a. – Gemeente Leusden und Holin Groep u.a., Slg. 2004, I-5337 Rz. 81; v. 10.9.2008 – C-201/08 – Plantanol, Slg. 2009, I-8343 Rz. 63.
7 S. EuGH v. 26.4.2005 – C-376/02 – „Goed Wonen", Slg. 2005, I-3445 Rz. 44.
8 Vgl. EuGH v. 28.6.2005 – C-189/02 P u.a. – Dansk Rørindustri, Slg. 2005, I-5425 Rz. 219. Vgl. auch generell zur Vorhersehbarkeit steuerrechtlicher Konsequenzen EGMR v. 20.9.2011 – 14902/04 – Yukos/Russland, Rz. 559.
9 S. EuGH v. 10.9.2009 – C-201/08 – Plantanol, Slg. 2009, I-8343 Rz. 61 f.; s. auch EuGH v. 26.6.2012 – C-335/09 P – Polen/Kommission, ECLI:EU:C:2012:385 Rz. 180.

Gesetzesänderungen vom Gesetzgeber ausdrücklich bekräftigt werde.[1] Keine besondere Bedeutung hat der EuGH hingegen dem Umstand beigemessen, dass eine dem Steuerpflichtigen günstige steuerliche Regelung befristet war, wenn sie sodann schon vor Ablauf der Frist modifiziert bzw. abgeschafft wird.[2] Richtigerweise muss dies aber bereits für sich genommen ein erhöhtes Maß an schutzwürdigem Vertrauen begründen, wenn – wie regelmäßig – dem Steuerpflichtigen auf diese Weise Planungssicherheit für Investitionen oder sonstige Dispositionen gegeben werden soll, die er ohne steuerliche Anreize womöglich nicht getätigt hätte. Schließlich hat der Gerichtshof auch noch entschieden, dass ein Steuerpflichtiger „kein berechtigtes Vertrauen in die Aufrechterhaltung eines rechtlichen Rahmens setzen [dürfe], der Steuerhinterziehungen, Steuerumgehungen oder Missbrauche ermöglicht"[3]. Vertrauensschutz könne insbesondere nicht in Anspruch nehmen, wer selbst an einer Steuerhinterziehung beteiligt sei.[4] Darüber hinaus soll selbst ein Steuerpflichtiger, der Gesetzeslücken oder Systembrüche ausnutzt, ohne dass ihm ein Missbrauchsvorwurf gemacht werden kann, der Aufhebung des von ihm ausgenutzten rechtlichen Rahmens nicht den unionsrechtlichen Grundsatz des Vertrauensschutzes entgegenhalten können.[5]

Kritik: Die vom Gerichtshof als Indizien für den Wegfall schutzwürdigen Vertrauens genannten Gesichtspunkte sollten richtigerweise erst in der Abwägung mit dem Änderungsinteresse des Gesetzgebers berücksichtigt werden, weil und soweit sie im Einzelfall das Vertrauen des Steuerpflichtigen auf den Eintritt bestimmter Besteuerungsfolgen im Zusammenhang mit einer besteuerungsrelevanten Disposition als weniger gewichtig oder aber das Änderungsinteresse als besonders gewichtig erscheinen lassen. Keiner der vorstehend genannten Aspekte ist dazu angetan, ein schutzwürdiges Vertrauen generell *a priori* und unabhängig von der Gewichtigkeit des Änderungsinteresses des Gesetzgebers entfallen zu lassen. Nur eine scheinbare Ausnahme bildet der Fall des vorsätzlichen Steuerhinterziehers, dessen „Steuerminimierungsstrategie" aber gerade nicht auf die Ausnutzung einer günstigen Rechtslage, sondern auf Tatsachenverschleierung beruht. Insbesondere sollte auch die Vorlage eines Gesetzesentwurfs nicht schon jegliches Vertrauen auf den unveränderten Fortbestand der Rechtslage entfallen lassen, weil die Realisierung eines Gesetzesvorhabens naturgemäß ungewiss ist.[6] Das gilt erst Recht für Reformvorschläge der Kommission, die im Steuerrecht regelmäßig erst noch die Zustimmung von 27 Mitgliedstaaten finden müssen.[7] Das – europäische oder nationale – Gesetz bildet den maßgeblichen Vertrauenstatbestand.[8] Es vermag zwar durch die Ankündigung von Reformvorhaben u.a. womöglich nur noch in vermindertem Maße Verhaltenserwartungen des Steuerpflichtigen in die Verlässlichkeit der Rechtslage zu begründen. Ihm ist aber mindestens bis zum Beschluss einer Änderung oder Aufhebung nach wie vor eine Orientierungsfunktion zuzuerkennen.

Einen Sonderfall schutzwürdigen Vertrauens behandelte der EuGH in der Rechtssache Sudholz. Danach darf ein Steuerpflichtiger grundsätzlich darauf vertrauen, dass richtlinienwidrige nationale Steuergesetze keine Anwendung zu seinem Nachteil finden, solange nicht auf Unionsebene ein sie legitimierender Sekundärrechtsakt erlassen worden ist.[9] Geschützt wird hier genau genommen das **Vertrauen auf die Geltung von unmittelbar anwendbarem Richtlinienrecht** bei Richtlinienwidrigkeit des nationalen Umsetzungsrechtsaktes (dazu Rz. 4.60), das nicht durch eine rückwirkende Änderung der Richt-

12.39

---

1 S. EuGH v. 10.9.2009 – C-201/08 – Plantanol, Slg. 2009, I-8343 Rz. 51 u. 64 f.
2 S. EuGH v. 10.9.2009 – C-201/08 – Plantanol, Slg. 2009, I-8343 Rz. 64 f.
3 S. EuGH v. 29.4.2004 – C-487/01 und C-7/02 u.a. – Gemeente Leusden und Holin Groep u.a., Slg. 2004, I-5337 Rz. 77.
4 S. EuGH v. 7.12.2010 – C-285/09 – „R", Slg. 2010, I-12605 Rz. 54 (Steuerhinterziehung) = UR 2011, 15 m. Anm. *Sterzinger*; v. 22.11.2017 – C-251/16 – Cussens, ECLI:EU:C:2017:881 Rz. 43, m.w.N. (Steuerumgehung).
5 S. EuGH v. 29.4.2004 – C-487/01 und C-7/02 u.a. – Gemeente Leusden und Holin Groep u.a., Slg. 2004, I-5337 Rz. 77. S. auch *Pauwels*, EC Tax Review 2013, 268 (277), zu dahingehenden Tendenzen in der Rechtsprechung des EGMR.
6 **A.A.** *Pauwels*, EC Tax Review 2013, 268 (278).
7 S. dazu auch EuGH v. 5.10.1993 – C-13/92 u.a. – Driessen u.a., Slg. 1993, I-4751 Rz. 33.
8 So auch *Groussot*, General Principles of Community Law, 2006, S. 208.
9 S. EuGH v. 29.4.2004 – C-17/01 – Sudholz, Slg. 2004, I-4243 Rz. 39 f. = UR 2004, 315 m. Anm. *Burgmaier*.

linie enttäuscht werden darf.¹ Ein weiterer Sonderfall betrifft die Unwirksamkeit eines belastend wirkenden Unionsrechtsaktes aus rein formalen Gründen. Die Betroffenen müssen hier nach Ansicht des EuGH davon ausgehen, dass die zuständigen Organe der Union in einem neuen Verfahren rückwirkend dieselbe materiell-rechtliche Regelung nochmals beschließen werden. Ein berechtigtes Vertrauen auf den dauerhaften Wegfall der an sich vorgesehenen Belastungen bis zum Inkrafttreten einer auch formell rechtmäßigen Neuregelung besteht jedenfalls dann nicht, wenn der Unionsgesetzgeber zeitnah auf die Nichtigkeitserklärung des alten Rechts reagiert.²

d) Anforderung an die Versagung von Vertrauensschutz

12.40 Ist ein berechtigtes Vertrauen des Steuerpflichtigen entweder auf die *Richtigkeit* amtlicher Verlautbarungen zur geltenden Rechtslage oder auf den *Fortbestand des* bei der Vornahme bestimmter Dispositionen *geltenden Rechts* anzuerkennen, muss der Grundsatz des Vertrauensschutzes mit gegenläufigen Rechtsprinzipien bzw. Gemeinwohlerwägungen abgewogen werden. Die **Abwägung** erfolgt dabei ersterenfalls (in den Konstellationen einer rechtswidrigen Zusicherung u.Ä.) mit dem Grundsatz der Gesetzmäßigkeit der Besteuerung. Im Falle von Gesetzesänderungen oder der Änderung einer legitimen Verwaltungspraxis hingegen muss geprüft werden, ob ein angemessener Ausgleich zwischen dem schutzwürdigen Vertrauen einerseits und dem Änderungsinteresse des Gesetzgebers bzw. der Verwaltung andererseits gefunden wurde. In der letztgenannten Konstellation ist die Gewichtigkeit des Änderungsinteresses anhand der zugrunde liegenden Gemeinwohlziele zu beurteilen.

12.41 Eine **Enttäuschung berechtigten Vertrauens auf eine zutreffende Würdigung der Rechtslage** in amtlichen Auskünften, Stellungnahmen oder Verwaltungsakten von Institutionen der Union oder der Mitgliedstaaten, wie sie durch deren Aufhebung bzw. den Wegfall ihrer Verbindlichkeit bewirkt wird, hat der EuGH bislang nur ausnahmsweise für zulässig gehalten: Ist die fehlerhafte rechtliche Würdigung in einer dem Steuerpflichtigen zurechenbarer Weise durch falsche oder unvollständige Angaben veranlasst worden, so kann er noch nachträglich gesetzeskonform behandelt werden.³

12.42 Bei einer **Änderung der Rechtslage** differenziert der EuGH in der Abwägung tendenziell zwischen einer **rückwirkenden Erstreckung von Rechtsfolgen** für einen Zeitraum vor Inkrafttreten der Neuregelung durch eine entsprechende Vorverlegung ihrer zeitlichen Geltung einerseits und der Anwendung einer Neuregelung auf einen Sachverhalt, der noch unter Geltung der früheren Rechtslage begründet worden ist, andererseits.⁴ Die Rückwirkung im engeren Sinne, die vom EuGH auch als nachträglicher Entzug wohlerworbener Rechtspositionen aufgefasst wird, soll grundsätzlich unzulässig sein.⁵ Daraus folgt zugleich, dass Vorschriften des materiellen Unionsrechts im Zweifel so auszulegen sind, dass ihnen

---

1 So recht deutlich EuGH, Schlussanträge des Generalanwalts *Geelhoed*, v. 13.3.2003 – C-17/01 – Sudholz, Slg. 2004, I-4243 Rz. 47.
2 S. EuGH v. 13.11.1990 – C-331/88 – Fedesa, Slg. 1990, I-4023 Rz. 47.
3 S. EuGH v. 8.6.2000 – C-396/98 – Schloßstraße, Slg. 2000, I-4279 Rz. 40 = UR 2000, 336 m. Anm. *Widmann*; v. 8.6.2000 – C-400/98 – Breitsohl, Slg. 2000, I-4321 Rz. 38 f. m.w.N., jeweils zur Bestätigung der Vorsteuerabzugsberechtigung; s. ferner generell EuGH v. 17.4.1997 – C-90/95 P – de Compte/Parlament, Slg. 1997, I-1999 Rz. 37 m.w.N., zur Rücknahme eines Verwaltungsaktes.
4 S. beispielsweise EuGH v. 29.4.2004 – C-487/01 und C-7/02 u.a. – Gemeente Leusden und Holin Groep u.a., Slg. 2004, I-5337 Rz. 62; v. 12.5.2011 – C-107/10 – Enel Maritsa Iztok 3, Slg. 2011, I-3873 Rz. 39. S. dazu auch *Groussot*, General Principles of Community Law, 2006, 197; *Raitio*, The Principle of Legal Certainty in EC Law, 2003, S. 187 f.
5 S. beispielsweise EuGH v. 25.1.1979 – 98/78 – Racke, Slg. 1979, 69 Rz. 20; v. 25.1.1979 – 99/78 – Decker, Slg. 1979, 101 Rz. 8; v. 11.7.1991 – C-368/89 – Crispoltoni, Slg. 1991, I-2695 Rz. 17; v. 29.4.2004 – C-17/01 – Sudholz, Slg. 2004, I-4243 Rz. 33 = UR 2004, 315 m. Anm. *Burgmaier*; v. 12.5.2011 – C-107/10 – Enel Maritsa Iztok 3, Slg. 2011, I-3873 Rz. 39. Anders der EGMR, vgl. *Baker*, British Tax Review 2005, 1 (8); *Pauwels*, EC Tax Review 2013, 268 (276 f.): Rückwirkende Steuergesetzgebung ist nicht grundsätzlich unzulässig, sie muss lediglich verhältnismäßig sein.

keine solche Rückwirkung zukommt.[1] Demgegenüber wird die **rechtliche Neubewertung** eines in seinen tatsächlichen oder rechtlichen Wirkungen noch nicht abgeschlossenen Sachverhaltes **mit Wirkung ex nunc** vom Gerichtshof für grundsätzlich zulässig erachtet.[2] Die Differenzierung entspricht damit vom Ansatz her derjenigen des BVerfG zwischen echter und unechter Rückwirkung bzw. zwischen einer Rückbewirkung von Rechtsfolgen („retroactive legislation") und der bloßen tatbestandlichen Rückanknüpfung („retrospective legislation").[3] Insbesondere berücksichtigt der Gerichtshof ebenfalls,[4] dass eine erst mit Inkrafttreten der Neuregelung geänderte Besteuerung eines in der Vergangenheit ins Werk gesetzten Sachverhaltes in ihren Auswirkungen dem rückwirkenden Entzug einer schon begründeten Rechtsposition gleichkommen kann. In diesem Fall gelten dann nach der Rechtsprechung des EuGH die strengen Grundsätze für „echte" Rückwirkung.[5] Beide Grundsätze unterliegen im Übrigen gewissen Einschränkungen, die der Gerichtshof insbesondere wie folgt konkretisiert hat:

Die Vorverlegung des zeitlichen Geltungsbereichs einer Neuregelung und der damit verbundene rückwirkende Entzug einer bereits begründeten günstigeren Rechtsposition ist ausnahmsweise zulässig, wenn dies zur Erreichung des Ziels der Änderungsgesetzgebung erforderlich ist und auch unter Berücksichtigung des berechtigten Vertrauens der Betroffenen diesen zumutbar ist.[6] Das hat der EuGH insbesondere für möglich gehalten, wenn ansonsten schon die Ankündigung einer Gesetzesänderung zur Folge hätte, dass bis zum Inkrafttreten der Neuregelung eine bestehende Gesetzeslücke oder gesetzliche Systembrüche in vermehrtem Ausmaß zu steuerminimierenden Gestaltungen entgegen dem Anliegen steuerlicher Gleichbelastung genutzt werden („**Ankündigungseffekt**").[7] Der EGMR hat darüber hinaus die rückwirkende gesetzliche Behebung von Verfahrens- bzw. Formfehlern,[8] die Bekämpfung von Steuerumgehung[9] sowie die fiskalische Bewältigung der budgetären Herausforderungen einer außergewöhnlichen Finanzkrise[10] als Rechtfertigungsgrund anerkannt. Generell misst der EGMR dem Schutz vor rückwirkender Besteuerung einen (zu) geringen Stellenwert bei; so soll etwa eine „echte" Rückwirkung von Steuergesetzen auf bereits vollständig abgeschlossene Sachverhalte schon dann gerechtfertigt sein, wenn der Rückwirkungszeitraum relativ kurz und die Steuerbelastung noch angemessen ist.[11]

12.43

---

1 S. beispielsweise EuGH v. 10.2.1982 – 21/81 – Bout, Slg. 1982, 381 Rz. 13; v. 15.7.1993 – C-34/92 – Gru-Sa Fleisch, Slg. 1993, I-4147 Rz. 22; v. 24.3.2011 – C-369/09 P – ISD Polska, Slg. 2011, I-2011 Rz. 98.
2 S. beispielsweise EuGH v. 14.1.1987 – 278/84 – Deutschland/Kommission, Slg. 1987, 1 Rz. 36; v. 29.6.1999 – C-60/98 – Butterfly Music, Slg. 1999, I-3939 Rz. 25; v. 27.1.2011 – C-168/09 – Flos, Slg. 2011, I-181 Rz. 53 m.w.N.; v. 12.5.2011 – C-107/10 – Enel Maritsa Iztok 3, Slg. 2011, I-3873 Rz. 39.
3 Grundlegend BVerfG v. 14.5.1986 – 2 BvL 2/83, BVerfGE 72, 200 (241 f.); s. auch *Lecheler* in Merten/Papier (Hrsg.), Handbuch der Grundrechte in Deutschland und Europa, § 158 Rz. 35. S. zu den englischen Begrifflichkeiten *Pauwels*, EC Tax Review 2013, 268 (270).
4 S. zur dahingehenden jüngeren Rspr. des BVerfG beispielhaft BVerfG v. 10.10.2012 – 1 BvL 6/07, BVerfGE 132, 302 (319 f.).
5 S. EuGH v. 11.7.1991 – C-368/89 – Crispoltini, Slg. 1991, I-3695 Rz. 17; v. 8.6.2000 – C-396/98 – Schloßstraße, Slg. 2000, I-4279 Rz. 47 = UR 2000, 336 m. Anm. *Widmann*.
6 S. EuGH v. 25.1.1979 – 98/78 – Racke, Slg. 1979, 69 Rz. 20; v. 22.11.2001 – C-110/97 – Niederlande/Rat, Slg. 2001, I-8763 Rz. 151; v. 29.4.2004 – C-17/01 – Sudholz, Slg. 2004, I-4243 Rz. 33 = UR 2004, 315 m. Anm. *Burgmaier*; v. 29.4.2004 – C-487/01 u.a. – Gemeente Leusden u.a., Slg. 2004, I-5337 Rz. 59; v. 4.10.2001 – C-326/99 – „Goed Wonen", Slg. 2001, I-5337 Rz. 33 f.; vgl. auch EGMR v. 23.10.1997 – 21319/93, 21449/93 u. 21675/93 – National & Provincial Building Society/Vereinigtes Königreich, Rz. 80 f.
7 S. EuGH v. 4.10.2001 – C-326/99 – „Goed Wonen", Slg. 2001, I-5337 Rz. 38 f.; s. auch EGMR v. 10.6.2003 – 27793/95 – M.A./Finland. Tendenziell befürwortend – im Kontext der EGMR-Rechtsprechung zu Art. 1 Protokoll 1 EMRK – auch *Pauwels*, EC Tax Review 2013, 268 (277).
8 S. EGMR v. 23.10.1997 – 21319/93 – National & Provincial Building Society u.a., Rz. 81 ff.
9 S. EGMR v. 13.1.2015 – 50131/12, Huitson/UK, Rz. 28 ff.
10 S. EGMR v. 14.11.2017 – 46184/16 – Plaisier/Netherlands, Rz. 84 ff., m.w.N.
11 S. EGMR v. 3.6.2004 – 72665/01 – Di Belmonte/Italy (No. 2); vgl. demgegenüber aber auch EGMR v. 10.3.2010 – 72638/01, Di Belmonte/Italy, Rz. 43 ff.

12.44 Nach Ansicht des EuGH ist es ferner grundsätzlich nicht zu beanstanden, wenn ein Mitgliedstaat die Umstellung auf einen neuen Regelungszustand mit einer **Übergangsregelung** für Sachverhalte verbindet, die noch unter Geltung der früheren Rechtslage begründet wurden. Zu fordern sei jedoch einerseits, dass in den Genuss einer Übergangsregelung nur diejenigen Personen (Steuerpflichtigen) kämen, die tatsächlich ein berechtigtes Vertrauen auf die fortdauernde Anwendung der früher geltenden Vorschriften geltend machen könnten. Außerdem müsse die Übergangsregelung nach Zuschnitt und Dauer einen angemessenen Ausgleich mit den der Neuregelung zugrunde liegenden Änderungsinteressen darstellen.[1] Andererseits *muss* schutzwürdigem Vertrauen generell durch eine verhältnismäßige Übergangsregelung Rechnung getragen werden, sofern nicht das Interesse an einer übergangslosen Inkraftsetzung der Neuregelung klar überwiegt.[2] Von Bedeutung für die Abwägung sind dabei bei steuerlichen Neuregelungen vor allem der Grad der Irreversibilität der Disposition des Steuerpflichtigen, das Ausmaß der mit der Neuregelung verbundenen Nachteile, sowie der Grad an Schutzwürdigkeit des Vertrauens des Steuerpflichtigen.

VII. Verbot des Rechtsmissbrauchs

12.45 Nach Ansicht des EuGH ist auch das **Verbot der missbräuchlichen Berufung auf die Normen des Unionsrechts** ein allgemeiner Rechtsgrundsatz, der im harmonisierten Steuerrecht unmittelbare Geltung beansprucht.[3] In einigen steuerlichen Richtlinien und Richtlinienvorschlägen hat dieser Grundsatz eine spezialgesetzliche Ausprägung gefunden.[4] Darüber hinaus hat ihn der Gerichtshof auch als möglichen Rechtfertigungsgrund für Grundfreiheitsverstöße in Betracht gezogen (Rz. 7.250 ff.). Außerdem sind die Mitgliedstaaten von der Kommission in einer – rechtlich unverbindlichen – Empfehlung dazu aufgefordert worden, zwecks Bekämpfung aggressiver Steuerplanung allgemeine Vorschriften zur Bekämpfung von Steuermissbrauch bzw. Steuerumgehung mit näher spezifiziertem Inhalt in ihre Steuerrechtsordnungen aufzunehmen.[5]

12.46 Richtigerweise handelt es sich jedoch nicht um einen Grundsatz im Rang von Unionsprimärrecht, der unmittelbar in den mitgliedstaatlichen Steuerrechtsordnungen angewendet werden kann.[6] Es handelt sich vielmehr um einen **rechtsmethodischen Grundsatz**, der dementsprechend im nachfolgenden Kapitel (Rz. 13.17 ff.) erörtert wird. Er dürfte daher entgegen der Rechtsprechung des EuGH[7] eine unmittelbare Wirkung nur bei der Interpretation von Verordnungsrecht, nicht aber bei der Anwendung von nationalen Umsetzungsrechtsakten auf dem Gebiet richtlinienrechtlich harmonisierten Steuerrechts haben. Denn das Unionsrecht achtet nach ständiger Rechtsprechung des EuGH die Autonomie der jeweiligen nationalen Methodenlehren und verlangt nicht, sich zwecks Erzielung (vermeintlich)

---

1 S. EuGH v. 27.1.2011 – C-168/09 – Flos, Slg. 2011, I-181 Rz. 54.
2 S. EuGH v. 22.6.2006 – C-182/03 und C-217/03 – Belgien und Forum 187, Slg. 2006, I-5479 Rz. 148 f.; v. 12.12.2013 – C-362/12 – FII Group Litigation (III), ECLI:EU:C:2013:834 Rz. 44 ff.; s. auch *Schermers/Waelbroek*, Judicial Protection in the European Communities, 2000, S. 63–65 m.w.N. *Raitio*, The Principle of Legal Certainty in EC Law, 2003, S. 189.
3 Grundlegend EuGH v. 5.7.2007 – C-321/05 – Kofoed, Slg. 2007, I-5759 Rz. 38 = GmbHR 2007, 880 m. Anm. *Rehm/Nagler*.
4 S. insbesondere Art. 15 RL 2009/133/EG (Fusionsrichtlinie); Art. 13 f. des Vorschlags für eine Richtlinie des Rates über die Umsetzung einer verstärkten Zusammenarbeit im Bereich der Finanztransaktionssteuer, KOM (2013) 71 endg.
5 Empfehlung der Kommission v. 6.12.2012 betreffend aggressive Steuerplanung, C(2012) 8806 final, Tz. 4.
6 Dazu näher *Englisch*, StuW 2009, 3 (5 ff.).
7 S. EuGH v. 18.12.2014 – C-131/13 u.a. – Schoenimport „Italmoda", ECLI:EU:C:2014:2455 Rz. 41 ff.; v. 22.11.2017 – C-251/16 – Cussens, ECLI:EU:C:2017:881 Rz. 33 ff.; v. 6.2.2018 – C-359/16 – Altun u.a., ECLI:EU:C:2018:63 Rz. 49; v. 26.2.2019 – C-115/16 u.a. – N Luxembourg 1 u. a., ECLI:EU:C:2019:134 Rz. 98; v. 26.2.2019 – C-116/16 und C-117/16 – T Danmark und Y Denmark, ECLI:EU:C:2019:135 Rz. 70 ff.; zustimmend etwa Buckler, EuR 2018, 371 (377) m.w.N.; *Heuermann*, StuW 2018, 123 (129 f.).

unionsrechtskonformer Ergebnisse darüber hinwegzusetzen.¹ Die gegenteilige Rechtsprechung des EuGH unterläuft letztlich den (unionsprimärrechtlich verankerten!) Grundsatz, wonach richtlinienrechtliche Vorgaben jedenfalls zu Lasten Einzelner keine unmittelbare Anwendung finden. Ergänzend sei hinsichtlich der inhaltlichen Konkretisierung dieses „allgemeinen Rechtsgrundsatzes" auch auf die Ausführungen zu den jeweiligen Harmonisierungsrechtsakten (Rz. 14.85 ff., Rz. 15.27 ff. und Rz. 16.81 ff.) bzw. zur Rechtfertigung von Grundfreiheitsverstößen (Rz. 7.250 ff.) verwiesen.

VIII. Äquivalenz- und Effektivitätsprinzip

Zwei Rechtsgrundsätze, die vom EuGH speziell zum Zwecke der unionsrechtlichen Einhegung der mitgliedstaatlichen Autonomie im Verfahrensrecht sowie im Prozessrecht entwickelt wurden, sind das Äquivalenzprinzip sowie das Effektivitätsprinzip.² Nach dem **Äquivalenzprinzip** dürfen die im Anwendungsbereich des Unionsrechts maßgeblichen nationalen Verfahrensbestimmungen nicht ungünstiger ausgestaltet sein als diejenigen für vergleichbare,³ aber nicht dem Anwendungsbereich des Unionsrechts unterfallende Sachverhalte.⁴ Dasselbe gilt für die Ausgestaltung der Rechtsschutzmöglichkeiten.⁵ Es handelt sich letztlich um eine besondere Variante eines unionsrechtlichen Gleichbehandlungsgrundsatzes mit asymmetrischer Schutzwirkung.⁶ Nach dem **Effektivitätsprinzip** müssen die Mitgliedstaaten darüber hinaus, d.h. unabhängig von der Behandlung ähnlicher Sachverhalte ohne Bezug zum Unionsrecht, ihre Verfahrensvorschriften und Rechtsbehelfe so ausgestalten, dass die Durchsetzung materiellrechtlicher unionsrechtlicher Vorgaben nicht übermäßig erschwert oder praktisch unmöglich gemacht wird.⁷ Das Effektivitätsprinzip wurzelt im Grundsatz der loyalen Zusammenarbeit von Union und Mitgliedstaaten,⁸ der in Art. 4 Abs. 3 EUV ausdrücklich erwähnt wird. Im Bereich des gerichtlichen Rechtsschutzes erfährt das allgemeine Effektivitätsprinzip eine spezielle Ausprägung durch den Grundsatz des effektiven gerichtlichen Rechtsschutzes, der einen eigenständigen Grundsatz des Unionsrechts darstellt

12.47

---

1 S. bspw. EuGH v. 16.6.2005 – C-105/03 – Pupino, ECLI:EU:C:2004:712 Rz. 47; v. 4.7.2006 – C-212/04 – Adeneler, ECLI:EU:C:2006:443 Rz. 110; v. 15.4.2008 – C-268/06 – Impact, ECLI:EU:C:2008:223 Rz. 100; v. 10.3.2011 – C-109/09 – Lufthansa, ECLI:EU:C:2011:129 Rz. 54.
2 Eine eingehende Analyse findet sich bei *König*, Der Äquivalenz- und Effektivitätsgrundsatz in der Rechtsprechung des Europäischen Gerichtshofs, 2010; ebenfalls im Beitrag des Richters am EuGH *Lenaerts*, Irish Jurist 2011, 46, 13.
3 Illustrativ zur Vergleichbarkeitsprüfung EuGH v. 24.10.2018 – C-234/17 – „XC, YB und ZA", ECLI:EU: C:2018:853 Rz. 35 ff.
4 S. EuGH v. 15.4.2010 – C-542/08 – Barth, Slg. 2010, I-3189 Rz. 19 f.; v. 26.1.2010 – C-118/08 – Transportes Urbanos y Servicios Generales, Slg. 2010, I-635 Rz. 33; v. 19.9.2006 – C-392/04 und C-422/04 – i-21 Germany und Arcor, Slg. 2006, I-8559 Rz. 62; v. 1.12.1998 – C-326/96 – Levez, Slg. 1998, I-7835 Rz. 41; v. 15.9.1998 – C-231/96 – Edis, Slg. 1998, I-4951 Rz. 36. S. zur Bestimmung der Vergleichbarkeit s. EuGH, Schlussanträge des Generalanwalts *Wahl*, v. 11.9.2018 – C-378/17 – The Minister for Justice and Equality and Commissioner of the Garda Síochána, ECLI:EU:C:2018:698 Rz. 95 ff.
5 S. bspw. EuGH v. 30.6.2016 – C-200/14 – Câmpean, ECLI:EU:C:2016:494 Rz. 45; v. 6.10.2015 – C-69/14 – Târşia, ECLI:EU:C:2015:662 Rz. 32; v. 24.10.2018 – C-234/17 – „XC, YB und ZA", ECLI:EU:C:2018:853 Rz. 25; st. Rspr.
6 S. EuGH, Schlussanträge der Generalanwältin *Kokott*, v. 13.3.2008 – C-454/06 – pressetext Nachrichtenagentur, Slg. 2008, I-4401 Rz. 156 m.w.N.
7 Zusammenfassend EuGH v. 12.2.2008 – C-2/06 – Kempter, Slg. 2008, I-411 Rz. 57; v. 8.9.2010 – C-409/06 – Winner Wetten, Slg. 2010, I-8015 Rz. 58; v. 26.1.2010 – C-118/08 – Transportes Urbanos y Servicios Generales, Slg. 2010, I-635 Rz. 33; v. 3.9.2009 – C-2/08 – Fallimento Olimpiclub, Slg. 2009, I-7501 Rz. 24; v. 24.10.2018 – C-234/17 – „XC, YB und ZA", ECLI:EU:C:2018:853 Rz. 23 f. Grundlegend *Ehrke-Rabel*, Gemeinschaftsrecht und österreichisches Abgabenverfahren, 2006, S. 69 ff.; *Madner* in Holoubek/Lang (Hrsg.), Abgabenverfahrensrecht und Gemeinschaftsrecht, S. 115.
8 S. EuGH v. 15.4.2008 – C-268/06 – Impact, Slg. 2008, I-2483 Rz. 41 ff.; v. 24.10.2018 – C-234/17 – „XC, YB und ZA", ECLI:EU:C:2018:853 Rz. 22; *Schlücke*, Die Umsetzung von EuGH-Entscheidungen in das deutsche Steuerrecht, 2013, S. 45; *Wittock*, EC Tax Review 2014, 171 (177 ff.).

und inzwischen in Art. 47 GrCh verankert ist.¹ Beide Vorgaben sind auch im Steuerverfahrensrecht bzw. im Steuerprozessrecht zu beachten.

12.48 Von besonderer praktischer Bedeutung sind Äquivalenz- und Effektivitätsgrundsatz für die Kontrolle von nationalen **Ausschluss- bzw. Verjährungsfristen** für die Erstattung von unionsrechtswidrig erhobenen Steuern oder für die Inanspruchnahme von unionsrechtlich gewährten Steuervergünstigungen. Der EuGH erkennt die Zulässigkeit solcher Fristen um der Wahrung des Prinzips der Rechtssicherheit (Rz. 12.30 ff.) willen grundsätzlich an. Er stellt sie aber mit Blick auf den Effektivitätsgrundsatz unter einen Angemessenheitsvorbehalt, der von ihm in zahlreichen Entscheidungen jeweils kontextspezifisch konkretisiert worden ist (dazu näher Rz. 28.27 ff.).²

---

1 S. EuGH v. 27.6.2013 – C-93/12 – ET Agrokonsulting-04-Velko Stoyanov, ECLI:EU:C:2013:432 Rz. 59.
2 S. beispielsweise EuGH v. 15.12.2011 – C-427/10 – Banca Antoniana Popolare Veneta, Slg. 2011, I-13377 Rz. 24; v. 18.10.2012 – C-603/10 – Pelati, ECLI:EU:C:2012:639 Rz. 30–32. S. auch EuGH v. 30.6.2011 – C-262/09 – Meilicke (II), Slg. 2011, I-5669 Rz. 56 ff. = GmbHR 2011, 875 m. Anm. *Rehm/Nagler*; EuGH v. 12.12.2013 – C-362/12 – FII Group Litigation (III), ECLI:EU:C:2013:834 Rz. 35 ff., zur rückwirkenden Verkürzung von Fristen.

Kapitel 13
Auslegung und Anwendung des harmonisierten Steuerrechts

A. Auslegung von EU-Verordnungen und EU-Richtlinien	13.1	B. Unionsrechtskonforme Auslegung nationaler Umsetzungsakte	13.9
I. Auslegung des Unionsrechts	13.1	I. Unmittelbare Geltung und Umsetzungsverpflichtung	13.9
1. Überblick	13.1	II. Unmittelbare Anwendbarkeit	13.12
2. Wortlautauslegung	13.3	III. Unionsrechtskonforme Auslegung nationalen Rechts	13.14
3. Systematische Auslegung	13.4		
4. Teleologische Auslegung	13.5		
5. Historische Auslegung	13.6	C. Grundsatz des Verbotes missbräuchlicher Berufung auf Unionsrecht	13.17
II. Fortbildung des Unionsrechts	13.7		

Literatur (Auswahl): *Anweiler*, Die Auslegungsmethoden des Gerichtshofs der Europäischen Gemeinschaften, Pieterlen 1997; *Dänzer-Vanotti*, Unzulässige Rechtsfortbildung des Europäischen Gerichtshofs, RIW 1992, 733; *Ehrke-Rabel*, Gemeinschaftsrechtskonforme Interpretation und Anwendungsvorrang im Steuerrecht, ÖStZ 2009, 189; *Gänswein*, Der Grundsatz unionsrechtskonformer Auslegung nationalen Rechts, Frankfurt 2009; *Kischel*, Zuständigkeit des EuGH bei rein nationalen Sachverhalten und Auslegung der Missbrauchsbestimmung der sog. Fusionsrichtlinie, IWB 1997/16, Fach 11a, 207; *Kofler*, Auslegung und Anwendung des harmonisierten europäischen Steuerrechts, ISR 2014, 126; *Lasok/Millet*, Judicial Control in the EU: Procedures and Principles, London 2004, 375 ff.; *Riesenhuber* (Hrsg.), Europäische Methodenlehre, 2. Aufl., Berlin 2010; *Schön*, Die Auslegung europäischen Steuerrechts, Köln 1993; *Rust*, Unionsrechtskonforme Auslegung in *Drüen/Hey/Mellinghoff* (Hrsg.), 100 Jahre Steuerrechtsprechung in Deutschland 1918-2018, FS BFH, Köln 2018, 801; *Schön*, Gemeinschaftskonforme Auslegung und Fortbildung des nationalen Steuerrechts – unter Einschluss des Vorlageverfahrens nach Art. 177 EGV, in Lehner (Hrsg.), Steuerrecht im Europäischen Binnenmarkt, DStJG 19, Köln 1996, 167; *Weber*, Grenzen EU-rechtskonformer Auslegung und Rechtsfortbildung, Baden-Baden 2010. – Für Literatur zum Grundsatz des Verbotes missbräuchlicher Berufung auf Unionsrecht s. vor Rz. 14.1.

A. Auslegung von EU-Verordnungen und EU-Richtlinien

I. Auslegung des Unionsrechts

1. Überblick

Bei der Auslegung des Unionsrechts zieht der – zur Auslegung des Unionsrechts berufene (Art. 19 EUV) – EuGH alle **herkömmlichen Auslegungsmethoden** heran.[1] So betont der EuGH in ständiger Rechtsprechung zum Steuerrecht, dass *„der Wortlaut der Bestimmung, um deren Auslegung ersucht wird, sowie die Ziele und das System der Richtlinie zu berücksichtigen"*[2] sind, wobei z.T. auch die historische Auslegung herangezogen wird.[3] Wegen der Besonderheiten des Unionsrechts werden die klassi-

13.1

---

1 Siehe zum innerstaatlichen Auslegungskanon z.B. Englisch in T/L, Steuerrecht[23], § 5 Rz. 46 ff.
2 Siehe z.B. EuGH v. 17.10.1996 – C-283/94, C-291/94 u. C-292/94 – Denkavit, VITIC, Voormeer, ECLI:EU:C:1996:387, Rz. 24 u. 26; v. 8.6.2000 – C-375/98 – Epson Europe, ECLI:EU:C:2000:302, Rz. 22 u. 24; v. 3.4.2008 – C-27/07 – Banque Fédérative du Crédit Mutuel, ECLI:EU:C:2008:195, Rz. 22; v. 1.10.2009 – C-247/08 – Gaz de France, ECLI:EU:C:2009:600, Rz. 26.
3 EuGH v. 19.12.2012 – C-207/11 – 3D I Srl, ECLI:EU:C:2012:818, Rz. 31; s. z.B. auch EuGH v. 7.7.1981 – 158/80 – Rewe-Handelsgesellschaft Nord, ECLI:EU:C:1981:163.

schen Auslegungsmethoden jedoch anders gewichtet als bei der Auslegung des nationalen Rechts, nämlich zugunsten der **systematischen und insbesondere der teleologischen Interpretation**.

13.2 Hinzu treten **spezifische, dem Unionsrecht eigene Methoden der Auslegung**.[1] Wesentlich ist zunächst das Prinzip der **autonomen Auslegung des Unionsrechts**, durch die – weitgehend entkoppelt vom Verständnis rechtlicher Begriffe und Institute im nationalen Recht der Mitgliedstaaten – die einheitliche Geltung des Unionsrechts in allen Mitgliedstaaten gewährleistet werden soll.[2] Solcherart ist ein Sekundärrechtsakt auch im Rahmen der Unionsrechtsquellen und der Unionsrechtsordnung auszulegen, sofern nicht ausdrücklich etwas anderes vorgegeben ist.[3] Ergänzend nutzt die Rechtsprechung die **rechtsvergleichende Methode**, also der komparativen Analyse von Begriffen und Rechtsinstituten aus der gemeinsamen juristischen Tradition einiger oder aller Mitgliedstaaten.[4]

2. Wortlautauslegung

13.3 Sowohl Anfang als auch Grenze der Interpretation ist der **Wortlaut der Bestimmung**, vor allem auch im – oft technischen – Steuerrecht.[5] Aufgrund der prinzipiellen Gleichrangigkeit der mittlerweile bis zu **vierundzwanzig Sprachfassungen (Art. 55 EUV)** der auszulegenden Normen ist die Wortauslegung aber mit besonderen Schwierigkeiten verbunden.[6] Eine vergleichende Analyse der jeweiligen Sprachfassungen kann dabei Hilfen für die Auslegung geben[7], reicht aber dennoch bisweilen nicht aus, den Inhalt einer Norm ausreichend festzustellen. Es bedarf daher vielfach einer **Überprüfung der wörtlichen Auslegung anhand der weiteren Methoden**, weshalb der EuGH, falls eine Vorschrift ihrem Wortlaut nach mehrdeutig ist oder die Wortlautinterpretation einer Bestätigung bedarf, die Teleologie,[8] die Systematik[9] oder sowohl Teleologie als auch Systematik[10] ebenso heranzieht, wie die Entstehungsgeschichte einer Vorschrift.[11]

---

1 Aufgrund des Charakters des Unionsrechts finden die völkerrechtlichen Auslegungsgrundsätze der Art. 31 ff. WVK keine Anwendung; s. auch *Schön* in Lehner, Steuerrecht im Europäischen Binnenmarkt, DStJG 19 (1996), S. 167 (176 ff.).
2 Siehe dazu aus der steuerlichen Judikatur insbesondere EuGH v. 8.6.2000 – C-375/98 – Epson Europe, ECLI:EU:C:2000:302, Rz. 22 f.; v. 4.10.2001 – C-294/99 – Athinaïki Zythopiia, ECLI:EU:C:2001:505, Rz. 26 f.; v. 25.9.2003 – C-58/01 – Océ van der Grinten, ECLI:EU:C:2003:495, Rz. 46 f.; v. 24.6.2010 – C-338/08 u. C-339/08 – Ferrero, ECLI:EU:C:2010:364, Rz. 25.
3 Siehe z.B. EuGH v. 12.2.2009 – C-138/07 – Cobelfret, ECLI:EU:C:2009:82, Rz. 55.
4 Dazu *Schön* in Lehner, Steuerrecht im Europäischen Binnenmarkt, DStJG 19 (1996), S. 167 (172 f.).
5 Siehe z.B. EuGH v. 17.10.1996 – C-283/94, C-291/94 und C-292/94 – Denkavit, VITIC, Voormeer, ECLI:EU:C:1996:387, Rz. 24; v. 8.6.2000 – C-375/98 – Epson Europe, ECLI:EU:C:2000:302, Rz. 22; v. 4.10.2001 – C-294/99 – Athinaïki Zythopiia, ECLI:EU:C:2001:505, Rz. 26; v. 15.1.2002 – C-43/00 – Andersen og Jensen, ECLI:EU:C:2002:15, Rz. 24; v. 11.12.2008 – C-285/07 – A.T., ECLI:EU:C:2008:705, Rz. 26; v. 22.12.2008 – C-48/07 – Les Vergers du Vieux Tauves, ECLI:EU:C:2008:758, Rz. 38 f.; v. 21.7.2011 – C-397/09 – Scheuten Solar Technology, ECLI:EU:C:2011:499, Rz. 26 ff.
6 EuGH v. 24.10.1996 – C-72/95 – Aannemersbedrijf P. K. Kraaijeveld BV, ECLI:EU:C:1996:404, Rz. 21 ff.; s. für weitere Nachweise z.B. *Schön* in Lehner, Steuerrecht im Europäischen Binnenmarkt, DStJG 19 (1996), S. 167 (172 Fn. 19).
7 Siehe zur Heranziehung und zum Vergleich mehrerer Sprachfassungen im steuerlichen Richtlinienrecht z.B. EuGH v. 17.10.1996 – C-283/94, C-291/94 und C-292/94 – Denkavit, VITIC, Voormeer, ECLI:EU:C:1996:387, Rz. 25. Allgemein z.B. EuGH v. 6.10.1982 – 283/81 – Cilfit, ECLI:EU:C:1982:335, Rz. 18; v. 24.10.1996 – C-72/95 – Aannemersbedrijf P. K. Kraaijeveld BV, ECLI:EU:C:1996:404, Rz. 21 ff.
8 Z.B. EuGH v. 5.7.2007 – C-321/05 – Kofoed, ECLI:EU:C:2007:408, Rz. 32; v. 11.12.2008 – C-285/07 – A. T., ECLI:EU:C:2008:705, Rz. 27; s. auch EuGH v. 21.7.2011 – C-397/09 – Scheuten Solar Technology, ECLI:EU:C:2011:499, Rz. 28.
9 Z.B. EuGH v. 22.12.2008 – C-48/07 – Les Vergers du Vieux Tauves, ECLI:EU:C:2008:758, Rz. 40 ff.; v. 1.10.2009 – C-247/08 – Gaz de France, ECLI:EU:C:2009:600, Rz. 33.
10 Z.B. EuGH v. 12.2.2009 – C-138/07 – Cobelfret, ECLI:EU:C:2009:82, Rz. 43; v. 26.4.2012 – C-225/11 – Able UK, ECLI:EU:C:2012:252, Rz. 22; v. 4.4.2017 – C-544/15 – Fahimian, ECLI:EU:C:2017:255, Rz. 30.
11 Z.B. EuGH v. 19.12.2012 – C-207/11 – 3D I Srl, ECLI:EU:C:2012:818, Rz. 31.

3. Systematische Auslegung

13.4 Weiter berücksichtigt der EuGH bei der Interpretation einer Norm auch die **Systematik**, also den Zusammenhang, in dem sie steht. Solcherart spielt bei der Auslegung von Sekundärrecht nicht nur die Struktur der einzelnen Vorschrift, der Textzusammenhang oder der Gesamtzusammenhang eine Rolle,[1] sondern etwa auch die Ziele der Verträge („**vertragskonforme Interpretation**").[2] Überhaupt ist eine Bestimmung des sekundären Unionsrechts im Fall ihrer Mehrdeutigkeit so auszulegen, dass sie mit dem gesamten Primärrecht, also etwa auch den Grundrechten, vereinbar ist. Weiter fordert die Rechtsprechung eine **einheitliche Auslegung des Unionsrechts**,[3] die sich auch darin manifestiert, dass verschiedene, aber inhaltlich einander ergänzende Richtlinien wechselseitig für die Auslegung herangezogen werden.[4]

4. Teleologische Auslegung

13.5 Der **Regelungszweck einer Vorschrift** ist für die Interpretation des Unionsrechts von herausragender Bedeutung: Bei Richtlinien und Verordnungen zieht der EuGH insbesondere die in der **Präambel angeführten Begründungserwägungen** für die Auslegung heran, sodass es auch eine gängige Herangehensweise des EuGH ist, seine Analyse mit einer Darlegung der einschlägigen Begründungserwägungen einer Richtlinie zu eröffnen,[5] geben doch diese in gestraffter Form die Zielorientierung und die Hintergründe des Rechtssetzungsvorhabens (z.B. Beseitigung von Behinderungen, Vereinheitlichung) wieder; gerade im Richtlinienrecht, bei dem eine Umsetzung im Hinblick auf Regelungsziele besteht (Art. 288 Abs. 3 AEUV), kommt die Bedeutung der Teleologie besonders zum Ausdruck. Auch der vom EuGH stets betonte Interpretationsgrundsatz, dass **Ausnahmebestimmungen eng auszulegen** sind,[6] kann als Ausdruck der teleologischen Methode aufgefasst werden. Wesentlich ist schließlich die Sicher-

---

1 Siehe aus der steuerlichen Judikatur z.B. EuGH v. 17.7.1997 – C-28/95 – Leur-Bloem, ECLI:EU:C:1997:369, Rz. 36 = FR 1997, 685 m. Anm. *Dautzenberg*; v. 5.7.2007 – C-321/05 – Kofoed, ECLI:EU:C:2007:408, Rz. 29 f.; v. 22.12.2008 – C-48/07 – Les Vergers du Vieux Tauves, ECLI:EU:C:2008:758, Rz. 40 ff.; v. 21.7.2011 – C-397/09 – Scheuten Solar Technology, ECLI:EU:C:2011:499, Rz. 29.
2 Vgl. z.B. EuGH v. 5.5.1982 – Rs. 15/81 – Schul, ECLI:EU:C:1982:135, Rz. 41–44; v. 13.12.1983 – 218/82 – Kommission/Rat, ECLI:EU:C:1983:369, Rz. 15; v. 4.12.1986 – 205/84 – Kommission/Deutschland, ECLI:EU:C:1986:463, Rz. 62.
3 EuGH v. 25.9.2003 – C-58/01 – Océ van der Grinten, ECLI:EU:C:2003:495, Rz. 53.
4 Siehe aus der steuerlichen Judikatur insbesondere EuGH v. 18.10.2012 – C-371/11 – Punch Graphix Prepress Belgium, ECLI:EU:C:2012:647, Rz. 32 ff., wo der Fusionsbegriff der FusionsRL für die Auslegung des Liquidationsbegriffes der MTR herangezogen wurde. Vgl. zu diesem Urteil auch *Benecke/Staats*, ISR 2013, 15 ff.
5 Siehe aus der Rechtsprechung zu den ertragsteuerlichen Richtlinien insbesondere EuGH v. 17.10.1996 – C-283/94, C-291/94 und C-292/94 – Denkavit, VITIC, Voormeer, ECLI:EU:C:1996:387, Rz. 22; v. 8.6.2000 – C-375/98 – Epson Europe, ECLI:EU:C:2000:302, Rz. 20; v. 17.7.1997 – C-28/95 – Leur-Bloem, ECLI:EU:C:1997:369, Rz. 45; v. 4.10.2001 – C-294/99 – Athinaïki Zythopiia, ECLI:EU:C:2001:505, Rz. 25; v. 25.9.2003 – C-58/01 – Océ van der Grinten, ECLI:EU:C:2003:495, Rz. 45 und 81 f.; v. 3.4.2008 – C-27/07 – Banque Fédérative du Crédit Mutuel, ECLI:EU:C:2008:195, Rz. 23; v. 11.12.2008 – C-285/07 – A. T., ECLI:EU:C:2008:705, Rz. 21; v. 22.12.2008 – C-48/07 – Les Vergers du Vieux Tauves, ECLI:EU:C:2008:758, Rz. 36 f.; v. 12.2.2009 – C-138/07 – Cobelfret, ECLI:EU:C:2009:82, Rz. 28 ff.; v. 1.10.2009 – C-247/08 – Gaz de France, ECLI:EU:C:2009:600, Rz. 27; v. 20.5.2010 – C-352/08 – Zwijnenburg, ECLI:EU:C:2010:282, Rz. 38; v. 24.6.2010 – C-338/08 und C-339/08 – Ferrero, ECLI:EU:C:2010:364, Rz. 23; v. 21.7.2011 – C-397/09 – Scheuten Solar Technology, ECLI:EU:C:2011:499, Rz. 24.
6 Siehe z.B. EuGH v. 17.10.1996 – C-283/94, C-291/94 und C-292/94 – Denkavit, VITIC, Voormeer, ECLI:EU:C:1996:387, Rz. 27; v. 25.9.2003 – C-58/01 – Océ van der Grinten, ECLI:EU:C:2003:495, Rz. 86; v. 20.5.2010 – C-352/08 – Zwijnenburg, ECLI:EU:C:2010:282, Rz. 46; v. 10.11.2011 – C-126/10 – Foggia, ECLI:EU:C:2011:718, Rz. 44; v. 8.3.2017 – C-14/16 – Euro Park Service, ECLI:EU:C:2017:177, Rz. 49; v. 26.10.2017 – C-39/16 – Argenta Spaarbank, ECLI:EU:C:2017:813, Rz. 51.

stellung der „**nützlichen Wirkung**" („**effet utile**") einer Unionsrechtsnorm:[1] Es ist jener Auslegung der Vorzug zu geben, die die Verwirklichung der Ziele des Unionsrechts und die Funktionsfähigkeit der Union sicherstellt, also der praktischen Wirksamkeit des Unionsrechts zum Durchbruch verhilft; auf dieser Überlegung beruhen u.a. die Judikatur zur unmittelbaren Anwendbarkeit von Unionsrechtsnormen (s. Rz. 13.12 f.) und der Grundsatz der Staatshaftung bei Verletzungen des Unionsrechts (s. Rz. 13.13).

5. Historische Auslegung

13.6 Schließlich ist die **historische Interpretation** eine zulässige Methode der Auslegung des Unionsrechts, die auch bei der Auslegung des Sekundärrechts insofern eine – wenn auch untergeordnete – Rolle spielen kann, als – ergänzend[2] – die Entstehungsgeschichte und die in den Materialien niedergelegten Motive der rechtssetzenden Organe herangezogen werden.[3] Allerdings können auch **Protokollerklärungen** des Rates und der Kommission, die „die bei vorbereitenden Arbeiten, die zum Erlass einer Richtlinie geführt haben, abgegeben worden sind, bei der Auslegung der Richtlinie nicht berücksichtigt werden, wenn ihr Inhalt im Wortlaut der fraglichen Bestimmung keinen Ausdruck gefunden hat und sie somit keine rechtliche Bedeutung haben"[4]. Auch eine bestimmte **Praxis der zuständigen Organe** ist kein bestimmender Faktor für die Auslegung des Rechts.[5]

II. Fortbildung des Unionsrechts

13.7 Die Auslegung vollzieht sich innerhalb des möglichen Wortsinnes, während die „**gesetzesimmanente Rechtsfortbildung**" die Auffüllung von Lücken zum Ziel hat und durch die „**gesetzesübersteigende Rechtsfortbildung**" neue Rechtsinstitute geschaffen werden. Auch das Unionsrecht kann in diesem Sinne fortgebildet werden.[6] In der Rechtsprechung des EuGH sind **beide Formen der Rechtsfortbildung** zu finden, wobei die Grenzen zwischen Auslegung, immanenter Rechtsfortbildung und Rechtsschöpfung oft fließend sind. So war zwar z.B. die gesetzesübersteigende Fortbildung des europäischen institutionellen Rechts durch die **Anerkennung der unmittelbaren Wirkung von Richtlinienbestimmungen** zunächst auf heftigen Widerstand gestoßen,[7] wurde aber auch von der deutschen Verfassungsjudikatur letztlich als zulässig erachtet.[8] Im Rahmen der gesetzesimmanenten Rechtsfortbildung hat der EuGH wiederholt Regelungslücken im Bereich des Unionsrechts durch **analoge Anwendung paralleler Bestimmungen** geschlossen.[9] Gleichermaßen finden sich in der Rechtsprechung **Größenschlüsse**[10], **Umkehrschlüsse**[11] und **teleologische Reduktionen**[12] als Methoden zur ergänzenden Rechtsfortbil-

---

1 Grundlegend EuGH v. 6.10.1970 – Rs. 9/70 – Grad, ECLI:EU:C:1970:78; s. z.B. auch *Schön* in Lehner, Steuerrecht im Europäischen Binnenmarkt, DStJG 19 (1996), S. 167 (174 m.w.N.).
2 Z.B. EuGH v. 19.12.2012 – C-207/11 – 3D I Srl, ECLI:EU:C:2012:818, Rz. 31.
3 Siehe z.B. auch *Schön* in Lehner, Steuerrecht im Europäischen Binnenmarkt, DStJG 19 (1996), S. 167 (174 f.).
4 EuGH 8.6.2000 – C-375/98 – Epson Europe, ECLI:EU:C:2000:302, Rz. 26; s. auch EuGH, Schlussanträge des Generalanwalts *Cosmas* v. 17.2.2000 – C-375/98 – Epson Europe, ECLI:EU:C:2000:90, Rz. 66.
5 Siehe z.B. EuGH v. 23.2.1988 – 68/86 – Hormone, ECLI:EU:C:1988:85, Rz. 24, zur Wahl der Rechtsgrundlage für eine Richtlinie.
6 *Schön* in Lehner, Steuerrecht im Europäischen Binnenmarkt, DStJG 19 (1996), S. 167 (187 f.).
7 BFH v. 25.4.1985 – V R 123/84, BFHE 143, 383.
8 BVerfG v. 8.4.1987 – 2 BvR 687/85, BVerfGE 75, 223.
9 Z.B. EuGH v. 2.10.1979 – 152/77 – Fräulein B, ECLI:EU:C:1979:220; v. 9.8.1994 – C-395/93 – Neckermann Versand AG, ECLI:EU:C:1994:318.
10 Siehe z.B. EuGH v. 13.5.1971 – 41 bis 44/70 – NV International Fruit Company, ECLI:EU:C:1971:53, Rz. 62/65 (*argumentum a minori ad maius*); EuGH v. 4.2.1988 – 157/86 – Murphy, ECLI:EU:C:1988:62, Rz. 9 (*argumentum a maiori ad minus*).
11 EuGH v. 29.11.1956 – 8/55 – Fédération Charbonnière de Belgique, ECLI:EU:C:1956:11.
12 EuGH v. 5.5.1982 – 15/81 – Schul, ECLI:EU:C:1982:135, 1409.

dung. Zurückhaltend ist der EuGH freilich bei eher technischen Regelungskomplexen bzw. ersichtlich taxativen Regelungen (z.b. die Auflistung von erfassten Gesellschaftsformen).¹

Eine andere Frage ist jene nach der Herstellung unionsrechtskonformen nationalen Rechts durch **Fortbildung der innerstaatlichen Steuernormen**. Ebenso wie bei der unionsrechtskonformen Auslegung umsetzenden Rechts,² kann und muss Unionsrechtskonformität nur im Rahmen der verfassungsrechtlich zulässigen richterlichen Tätigkeit hergestellt werden.³ Insofern ist z.b. eine begünstigende Analogie möglich,⁴ wohingegen umstritten ist, ob und inwieweit eine belastende Analogie verfassungsrechtlich zulässig ist.⁵

13.8

B. Unionsrechtskonforme Auslegung nationaler Umsetzungsakte

I. Unmittelbare Geltung und Umsetzungsverpflichtung

Während im Bereich des Sekundärrechts **Verordnungen** gem. Art. 288 Abs. 2 AEUV auch ohne nationalen Umsetzungsakt unmittelbar gelten, sind **Richtlinien** gem. Art. 288 Abs. 3 AEUV (ex-Art. 249 Abs. 3 EG) umsetzungsbedürftig. Nach dieser Bestimmung ist eine Richtlinie „für jeden Mitgliedstaat, an den sie gerichtet wird, hinsichtlich des zu erreichenden Ziels verbindlich, überlässt jedoch den innerstaatlichen Stellen die **Wahl der Form und der Mittel**"⁶. Die Mitgliedstaaten können dabei die Form und Mittel wählen, „mit denen sich das mit den Richtlinien angestrebte Ergebnis am besten gewährleisten lässt"⁷; sie können „unter Berücksichtigung der Erfordernisse ihrer innerstaatlichen Rechtsordnung frei darüber bestimmen", wie das von einer Richtlinienbestimmung „vorgeschriebene Ergebnis erreicht werden soll"⁸.

13.9

Nach dem Inkrafttreten einer Richtlinie und bereits **während der Frist für die Richtlinienumsetzung** dürfen die Mitgliedstaaten keine Vorschriften erlassen, die geeignet sind, die Erreichung des in der Richtlinie vorgeschriebenen Zieles ernstlich zu gefährden;⁹ diese Unterlassungspflicht richtet sich nicht nur an den Gesetzgeber, sondern z.b. auch an die Judikative.¹⁰ Die Implementation in nationales Recht muss nach der Rechtsprechung so erfolgen, dass die **tatsächliche und vollständige Anwendung der Richtlinien** durch nationale Behörden sowie die **Erkennbarkeit und Durchsetzbarkeit** von Rech-

13.10

---

1 Zur Ablehnung einer Analogie im Hinblick auf die im Anhang zur MTR genannten Gesellschaftsformen s. EuGH v. 1.10.2009 – C-247/08 – Gaz de France, ECLI:EU:C:2009:600, Rz. 32 u. 43; ebenso auch EuGH, Schlussanträge des Generalanwalts *Mazák* v. 25.6.2008 – C-247/08 – Gaz de France, ECLI:EU: C:2009:399, Rz. 34 f.
2 Dazu und zur Rechtsprechung des BVerfG unten, Rz. 13.14 ff.
3 *Schön* in Lehner, Steuerrecht im Europäischen Binnenmarkt, DStJG 19 (1996), S. 167 (188).
4 Z.B. BFH v. 15.9.1994 – V R 34/93, BStBl. II 1995 214.
5 Siehe zum Meinungsstand z.B. *Englisch* in T/L, Steuerrecht²¹, § 5 Rz. 80 ff.
6 Zum Gebot der effektiven Umsetzung von Richtlinien s. grundlegend EuGH v. 8.4.1976 – 48/75 – Royer, ECLI:EU:C:1976:57, Rz. 69, 73.
7 EuGH v. 5.7.2007 – C-321/05 – Kofoed, ECLI:EU:C:2007:408, Rz. 43; v. 4.6.2009 – C-439/07, C-499/07 – KBC Bank, ECLI:EU:C:2009:339, Rz. 49 f.; s. weiter z.B. EuGH v. 16.6.2005 – C-456/03 – Kommission/Italien, ECLI:EU:C:2005:388, Rz. 51; v. 8.5.2008 – C-491/06 – Danske Svineproducenter, ECLI:EU: C:2008:263, Rz. 27.
8 Siehe z.B. EuGH v. 17.10.1996 – C-283/94, C-291/94 und C-292/94 – Denkavit, VITIC, Voormeer, ECLI: EU:C:1996:387, Rz. 33; v. 4.6.2009 – C-439/07, C-499/07 – KBC Bank, ECLI:EU:C:2009:339, Rz. 50.
9 EuGH v. 8.5.2003 – C-14/02 – ATRAL, ECLI:EU:C:2003:265, Rz. 58; v. 4.7.2006 – C-212/04 – Adeneler, ECLI:EU:C:2006:443, Rz. 121; v. 23.4.2009 – C-378/07 bis C-380/07 – Angelidaki, ECLI:EU:C:2009:250, Rz. 206.
10 EuGH v. 4.7.2006 – C-212/04 – Adeneler, ECLI:EU:C:2006:443, Rz. 122.

ten Einzelner bei individualbegünstigenden Vorschriften jedenfalls gewährleistet ist.[1] Basierend auf den **Erfordernissen der „Publizität, der Klarheit und der Bestimmtheit"**[2] fordert der EuGH damit die Umsetzung von Richtlinien durch **verbindliche, normative Akte**, wozu jedenfalls **Parlamentsgesetze** und **Rechtsverordnungen** rechnen, nicht jedoch eine ständige richtlinienkonforme **Verwaltungspraxis**[3] oder die Umsetzung **durch inneradministrative Bestimmungen** wie Verwaltungsvorschriften, *circulaires* oder *administrative circulars*.[4] Der z.B. in Art. 8 der Stammfassung der MTR[5] verwendete Ausdruck der „erforderlichen **Rechts- und Verwaltungsvorschriften**" ist insofern einschränkend zu verstehen.

13.11 Aufgrund des **Gebots der effektiven Umsetzung von Richtlinien** kann eine mangelnde Umsetzung nach der Rechtsprechung von einem Mitgliedstaat z.b. nicht dadurch gerechtfertigt werden, dass eine vermeintlich zu **kurze Umsetzungsfrist** bestand,[6] dass **„Bestimmungen, Übungen oder Umstände seiner internen Rechtsordnung"** eine Umsetzung hindern,[7] dass **andere Staaten auch noch keine Umsetzung** vorgenommen hätten[8] oder dass die Nichtumsetzung den **Binnenmarkt** nicht beeinträchtige.[9]

Nach der **Dzodzi-Rechtsprechung**[10] ist der EuGH für Fragen nach der Auslegung von Vorschriften des Unionsrechts auch in Fällen zuständig, in denen der nationale Gesetzgeber im Rahmen der Um-

---

1 EuGH v. 23.5.1985 – Rs. 29/84 – Kommission/Deutschland, ECLI:EU:C:1985:229, Rz. 23 und 28; v. 9.4.1987 – 363/85 – Kommission/Italien, ECLI:EU:C:1987:196, Rz. 7; v. 28.2.1991 – C-131/88 – Kommission/Deutschland, ECLI:EU:C:1991:87, Rz. 6; v. 30.5.1991 – C-59/89 – Kommission/Deutschland, ECLI:EU:C:1991:225, Rz. 18; v. 30.5.1991 – C-361/88 – Kommission/Deutschland, ECLI:EU:C:1991:224, Rz. 15; v. 20.5.1992 – C-190/90 – Kommission/Niederlande, ECLI:EU:C:1992:225, Rz. 17; v. 23.3.1995 – C-365/93 – Kommission/Griechenland, ECLI:EU:C:1995:76, Rz. 9; v. 11.8.1995 – C-433/93 – Kommission/Deutschland, ECLI:EU:C:1995:263, Rz. 18; v. 20.3.1997 – C-96/95 – Kommission/Deutschland, ECLI:EU:C:1997:165, Rz. 35; v. 22.4.1999 – C-340/96 – Kommission/Vereinigtes Königreich und Nordirland, ECLI:EU:C:1999:192, Rz. 37.
2 So EuGH v. 20.3.1997 – C-96/95 – Kommission/Deutschland, ECLI:EU:C:1997:165, Rz. 39.
3 Siehe z.B. EuGH v. 28.2.1991 – C-131/88 – Kommission/Deutschland, ECLI:EU:C:1991:87, Rz. 8; v. 13.3.1997 – C-197/96 – Kommission/Frankreich, ECLI:EU:C:1997:155, Rz. 14; v. 16.12.1997 – C-316/96 – Kommission/Italien, ECLI:EU:C:1997:614, Rz. 16; v. 11.11.1999 – C-315/98 – Kommission/Italien, ECLI:EU:C:1999:551, Rz. 10; v. 9.3.2000 – C-358/98 – Kommission/Italien, ECLI:EU:C:2000:114, Rz. 17.
4 Siehe z.B. EuGH v. 2.12.1986 – 239/85 – Kommission/Belgien, ECLI:EU:C:1986:457, Rz. 7; v. 30.5.1991 – C-361/88 – Kommission/Deutschland, ECLI:EU:C:1991:224, Rz. 10 ff.; v. 30.5.1991 – C-59/89 – Kommission/Deutschland, ECLI:EU:C:1991:225, Rz. 9 ff.; v. 11.8.1995 – C-433/93 – Kommission/Deutschland, ECLI:EU:C:1995:263, Rz. 17 ff.; v. 20.3.1997 – C-96/95 – Kommission/Deutschland, ECLI:EU:C:1997:165, Rz. 38.
5 Richtlinie 90/435/EWG, ABl. EG 1990 Nr. L 225, 6.
6 Siehe z.B. EuGH v. 26.2.1976 – 52/75 – Kommission/Italien, ECLI:EU:C:1976:29, Rz. 11, 13; v. 1.3.1983 – 301/81 – Kommission/Belgien, ECLI:EU:C:1983:51, Rz. 10 f.; v. 8.10.1996 – C-178/94 ua – Dillenkofer, ECLI:EU:C:1996:375, Rz. 54.
7 Siehe z.B. EuGH v. 26.2.1976 – 52/75 – Kommission/Italien, ECLI:EU:C:1976:29, Rz. 14; v. 21.6.1988 – 283/86 – Kommission/Belgien, ECLI:EU:C:1988:325, Rz. 7; v. 29.6.1995 – C-109/94, C-207/94 und C-225/94 – Kommission/Griechenland, ECLI:EU:C:1995:210, Rz. 11; v. 8.10.1996 – C-178/94 ua – Dillenkofer, ECLI:EU:C:1996:375, Rz. 53; v. 18.12.1997 – C-263/96 – Kommission/Belgien, ECLI:EU:C:1997:629, Rz. 27; v. 12.2.1998 – C-144/97 – Kommission/Frankreich, ECLI:EU:C:1998:60, Rz. 8; 19.2.1998 – C-8/97 – Kommission/Belgien, ECLI:EU:C:1998:75, Rz. 8 (zur FusionsRL); v. 23.3.2000 – C-327/98 – Kommission/Frankreich, ECLI:EU:C:2000:155, Rz. 21; v. 13.4.2000 – C-274/98 – Kommission/Spanien, ECLI:EU:C:2000:206, Rz. 19.
8 EuGH v. 26.2.1976 – 52/75 – Kommission/Italien, ECLI:EU:C:1976:29, Rz. 11, 13.
9 EuGH v. 18.12.1997 – C-263/96 – Kommission/Belgien, ECLI:EU:C:1997:629, Rz. 30.
10 Siehe EuGH v. 18.10.1990 – C-297/88 und C-197/89 – Dzodzi, ECLI:EU:C:1990:360, Rz. 29 ff.; nachfolgend z.B. EuGH v. 8.11.1990 – C-231/89 – Gmurzynska-Bscher, ECLI:EU:C:1990:386, Rz. 25 f.; v. 17.7.1997 – C-28/95 – Leur-Bloem, ECLI:EU:C:1997:369, Rz. 32 = FR 1997, 685 m. Anm. *Dautzenberg*; v. 17.7.1997 – C-130/95 – Giloy, ECLI:EU:C:1997:372, Rz. 23; v. 3.12.1998 – C-247/97 – Schoonbroodt,

setzung von Richtlinien bei der inhaltlichen Gestaltung der nationalen Umsetzungsmaßnahme über die unionsrechtlichen Anforderungen hinausgeht und sie auf Situationen außerhalb des Unionskontextes erstreckt (sog **„überschießende" Richtlinienumsetzung**).[1] In diesem Sinne hat der Gerichtshof z.B. seine Zuständigkeit zur Vorabentscheidung auch im Hinblick auf Situationen bejaht, in denen ein Mitgliedstaat die Umsetzung der MTR auch **auf rein innerstaatliche Mutter-Tochter-Verhältnisse** erstreckt hat.[2] Ob die Auslegung der Richtlinie durch den EuGH für die Interpretation des rein innerstaatliche Sachverhalte betreffenden Rechts eines Mitgliedstaates **entscheidungserheblich** ist, bleibe jedoch der Beurteilung des **vorlegenden Spruchkörpers** überlassen.[3] Unzuständig ist der EuGH für die Auslegung des Unionsrechts im Hinblick auf Sachverhalte, die sich in einem neuen Mitgliedstaat vor dem **Zeitpunkt des Beitritts** zur Europäischen Union ereignet haben.[4]

II. Unmittelbare Anwendbarkeit

Bereits im Jahr 1963 hat der EuGH mit seiner Entscheidung in Van Gend & Loos[5] das Fundamentalprinzip der **unmittelbaren Anwendbarkeit des Unionsrechts** begründet. Während im Bereich des Sekundärrechts Verordnungen gem. Art. 288 Abs. 2 AEUV auch ohne nationalen Umsetzungsakt unmittelbar gelten, bezieht sich die unmittelbare Anwendbarkeit auf die **Geltendmachung von inhaltlich unbedingten und hinreichend genauen Bestimmungen des Unionsrechts** durch Steuerpflichtige vor Gerichten und Behörden. Solcherart können nicht nur Verordnungen unmittelbar anwendbar sein,[6] sondern auch die – gem. Art. 288 Abs. 3 AEUV nicht unmittelbar geltenden – Richtlinien.[7] Auch internationale Verträge zwischen der EU und Drittstaaten[8] und Beschlüsse gem. Art. 288 Abs. 4 AEUV[9] können diese Wirkung entfalten, nicht aber Empfehlungen nach Art. 288 Abs. 5 AEUV.[10]

In ständiger Rechtsprechung hat der EuGH damit eine **unmittelbare Anwendbarkeit** i.S.d. *effet utile* auch **umsetzungsbedürftigem Richtlinienrecht** zugestanden, wenn die Bestimmungen einer Richt-

---

ECLI:EU:C:1998:586, Rz. 14; v. 11.1.2001 – C-1/99 – Kofisa Italia, ECLI:EU:C:2001:10, Rz. 32; v. 15.1.2002 – C-43/00 – Andersen og Jensen, ECLI:EU:C:2002:15, I-379, Rz. 18; v. 17.3.2005 – C-170/03 – Feron, ECLI:EU:C:2005:176, Rz. 11; v. 20.5.2010 – C-352/08 – Zwijnenburg, ECLI:EU:C:2010:282, Rz. 33; v. 10.11.2011 – C-126/10 – Foggia, ECLI:EU:C:2011:718, Rz. 21; v. 18.10.2012 – C-603/10 – Pelati, ECLI:EU:C:2012:639, Rz. 18; s. auch EuGH v. 4.6.2009 – C-439/07, C-499/07 – KBC Bank NV, ECLI:EU:C:2009:339, Rz. 59; kritisch zu dieser Rechtsprechung z.B. EuGH, Schlussanträge des Generalanwalts *Jacobs* v. 15.11.2001 – C-306/99 – BIAO, ECLI:EU:C:2001:608.

1 Siehe dazu kritisch z.B. *Kischel*, IWB 1997/16, Fach 11a, 207 (214 m.w.N.).
2 Siehe EuGH v. 22.12.2008 – C-48/07 – Les Vergers du Vieux Tauves, ECLI:EU:C:2008:758, Rz. 21 ff.; v. 4.6.2009 – C-439/07, C-499/07 – KBC Bank NV, ECLI:EU:C:2009:339, Rz. 55 ff.
3 EuGH v. 17.7.1997 – C-28/95 – Leur-Bloem, ECLI:EU:C:1997:369, Rz. 33 = FR 1997, 685 m. Anm. *Dautzenberg*; v. 22.12.2008 – C-48/07 – Les Vergers du Vieux Tauves, ECLI:EU:C:2008:758, Rz. 21 ff.; v. 4.6.2009 – C-439/07, C-499/07 – KBC Bank NV, ECLI:EU:C:2009:339, Rz. 59; v. 20.5.2010 – C-352/08 – Zwijnenburg, ECLI:EU:C:2010:282, Rz. 34; v. 10.11.2011 – C-126/10 – Foggia, ECLI:EU:C:2011:718, Rz. 22; v. 18.10.2012 – C-603/10 – Pelati, ECLI:EU:C:2012:639, Rz. 19; s. auch v. 15.1.2002 – C-43/00 – Andersen og Jensen, ECLI:EU:C:2002:15, Rz. 18.
4 EuGH v. 15.6.1999 – C-321/97 – Andersson und Wåkerås-Andersson, ECLI:EU:C:1999:307, Rz. 31; v. 10.1.2006 – C-302/04 – Ynos, ECLI:EU:C:2006:9, Rz. 34 ff.
5 EuGH v. 5.2.1963 – 26/62 – van Gend & Loos, ECLI:EU:C:1963:1.
6 Grundlegend EuGH v. 17.5.1972 – 93/71 – Orsolina Leonesio, ECLI:EU:C:1972:39; v. 10.10.1973 – 34/73 – Fratelli Variola, ECLI:EU:C:1973:101, Rz. 8. EuGH v. 17.9.2002 – C-253/00 – Antonio Muñoz, ECLI:EU:C:2002:497, Rz. 27.
7 Grundlegend EuGH v. 4.12.1974 – 41/74 – van Duyn, ECLI:EU:C:1974:133; v. 5.4.1979 – 148/78 – Ratti, ECLI:EU:C:1979:110; v. 19.1.1982 – 8/81 – Becker, ECLI:EU:C:1982:7.
8 EuGH v. 26.10.1982 – 104/81 – Kupferberg, ECLI:EU:C:1982:362; v. 30.9.1987 – 12/86 – Demirel, ECLI:EU:C:1987:400.
9 Grundlegend EuGH v. 6.10.1970 – 9/70 – Grad, ECLI:EU:C:1970:78.
10 EuGH v. 13.12.1989 – C-322/88 – Salvatore Grimaldi, ECLI:EU:C:1989:646, Rz. 11–13.

linie, die nicht oder nicht ordnungsgemäß umgesetzt worden ist, **inhaltlich unbedingt und hinreichend genau** sind;[1] in diesen Fällen kann sich der Einzelne auf der Basis des Anwendungsvorranges des Unionsrechts[2] gegenüber dem Staat auf die Bestimmungen einer nicht fristgemäß[3] oder nur unzulänglich umgesetzten Richtlinie berufen („**vertikaler Effekt**").[4] Eine Unionsvorschrift ist dann unbedingt, wenn sie eine Verpflichtung normiert, die an keine Bedingung geknüpft ist und zu ihrer Durchführung oder Wirksamkeit auch keiner weiteren Maßnahmen der Union oder der Mitgliedstaaten bedarf; sie ist hinreichend genau, um von einem einzelnen in Anspruch genommen und von den Gerichten angewandt werden zu können, wenn sie in eindeutigen Worten eine Verpflichtung festlegt.[5] Auch **Gestaltungsspielraum, Optionen oder Wahlrechte der Mitgliedstaaten** (insbesondere auch Anti-Missbrauchsklauseln)[6] hindern eine unmittelbare Anwendbarkeit nicht, zumal typischerweise Mindestrechte bestimmt werden können.[7] In der Tat sind die Kernbestimmungen des steuerlichen Richtlinienrechts i.d.R. auch unmittelbar anwendbar.[8] Umgekehrt kann jedoch ein Mitgliedstaat, der seine Verpflichtung verletzt hat, Bestimmungen einer Richtlinie in seine innerstaatliche Rechtsordnung umzusetzen, den Unionsbürgern die **Beschränkungen**, die sich aus diesen Bestimmungen ergeben oder die er nach diesen Bestimmungen hätte vorsehen können (z.B. eine Mindestbehaltedauer)[9], **nicht entgegenhalten** (kein „**inverser vertikaler Effekt**").[10] Ein Mitgliedstaat kann sich ferner bei **unvollständiger Umsetzung einer Richtlinie** nicht auf einen Umsetzungsspielraum berufen, wenn er hiervon im Hinblick

---

1 Grundlegend EuGH v. 4.12.1974 – 41/74 – van Duyn, ECLI:EU:C:1974:133, Rz. 12 ff.; v. 1.2.1977 – 51/76 – Nederlandse Ondernemingen, ECLI:EU:C:1977:12, Rz. 21–24; v. 19.1.1982 – 8/81 – Becker, ECLI:EU:C:1982:7, Rz. 18–25.
2 Grundlegend EuGH v. 15.7.1964 – 6/64 – Costa/ENEL, ECLI:EU:C:1964:66; nachfolgend etwa EuGH v. 9.3.1978 – 106/77 – Simmenthal II, ECLI:EU:C:1978:49, Rz. 17 f.; v. 19.6.1990 – C-213/89 – Factortame, ECLI:EU:C:1990:257, Rz. 18.
3 EuGH v. 5.4.1979 – 148/78 – Ratti, ECLI:EU:C:1979:110, Rz. 43.
4 Siehe dazu z.B. EuGH v. 26.2.1986 – 152/84 – Marshall, ECLI:EU:C:1986:84, Rz. 46; v. 20.9.1988 – 31/87 – Beentjes, ECLI:EU:C:1988:422, Rz. 40; v. 22.6.1989 – 103/88 – Fratelli Costanzo, ECLI:EU:C:1989:256, Rz. 29; v. 19.11.1991 – C-6/90 und C-9/90 – Francovich, ECLI:EU:C:1991:428, Rz. 11; v. 10.9.2002 – C-141/00 – Kügler, ECLI:EU:C:2002:473, Rz. 51; v. 11.7.2002 – C-62/00 – Marks & Spencer, ECLI:EU:C:2002:435, Rz. 25; v. 20.5.2003 – C-465/00, C-138/01 und C-139/01 – Österreichischer Rundfunk ua, ECLI:EU:C:2003:294, Rz. 98; v. 5.10.2004 – C-397/01 bis C-403/01 – Pfeiffer, ECLI:EU:C:2004:584, Rz. 103; v. 12.2.2009 – C-138/07 – Cobelfret, ECLI:EU:C:2009:82, Rz. 58. Angemerkt sei, dass die Frage, ob eine Richtlinienbestimmung dem Steuerpflichtigen Rechte verleiht, für die Einleitung eines Vertragsverletzungsverfahrens durch die Kommission nicht relevant ist; s. EuGH 11.8.1995 – C-431/92 – Kommission/Deutschland, ECLI:EU:C:1995:260, Rz. 26.
5 EuGH 29.5.1997 – C-389/95 – Klattner, ECLI:EU:C:1997:258, Rz. 33 m.w.N.
6 EuGH, Schlussanträge des Generalanwalts *Jacobs* v. 2.5.1996 – C-283/94, C-291/94 und C-292/94 – Denkavit, VITIC, Voormeer, ECLI:EU:C:1996:387, Rz. 52; s. auch implizit EuGH v. 12.2.2009 – C-138/07 – Cobelfret, ECLI:EU:C:2009:82, Rz. 33; v. 4.6.2009 – C-439/07, C-499/07 – KBC Bank NV, ECLI:EU:C:2009:339, Rz. 36.
7 Siehe z.B. EuGH v. 17.10.1996 – C-283/94, C-291/94 und C-292/94 – Denkavit, VITIC, Voormeer, ECLI:EU:C:1996:387, Rz. 38–40; v. 12.2.2009 – C-138/07 – Cobelfret, ECLI:EU:C:2009:82, Rz. 59–65; s. auch EuGH v. 4.6.2009 – C-439/07, C-499/07 – KBC Bank NV, ECLI:EU:C:2009:339, Rz. 48; weiter etwa EuGH 14.7.1994 – C-91/92 – Faccini Dori, ECLI:EU:C:1994:292, Rz. 17.
8 Siehe z.B. zur MTR, Rz. 14.1 ff. und zur ZiLiRL, Rz. 15.1 ff.
9 Dazu EuGH, Schlussanträge der Generalanwältin *Sharpston* v. 12.5.2011 – C-397/09 – Scheuten Solar Technology, ECLI:EU:C:2011:292, Rz. 92–96.
10 Grundlegend EuGH v. 26.2.1986 – 152/84 – Marshall, ECLI:EU:C:1986:84; v. 11.6.1987 – 14/86 – Pretore di Salò, ECLI:EU:C:1987:275, Rz. 19; v. 8.10.1987 – 80/86 – Kolpinghuis Nijmegen, ECLI:EU:C:1987:431; s. auch EuGH v. 5.4.1979 – 148/78 – Ratti, ECLI:EU:C:1979:110, Rz. 22 ff.; v. 19.11.1991 – C-6/90 und C-9/90 – Francovich, ECLI:EU:C:1991:428, Rz. 21; v. 14.7.2005 – C-142/04 – Aslanidou, ECLI:EU:C:2005:473, Rz. 35; v. 30.3.2006 – C-184/04 – Uudenkaupungin kaupunki, ECLI:EU:C:2006:214, Rz. 33; v. 12.2.2009 – C-138/07 – Cobelfret, ECLI:EU:C:2009:82, Rz. 49.

auf die in seine innerstaatliche Rechtsordnung umgesetzten Bestimmungen keinen Gebrauch gemacht hat.[1]

Das Unionsrecht kann außerdem eine Verpflichtung der Mitgliedstaaten zum Ersatz der den Steuerpflichtigen durch die mangelnde oder fehlerhafte Umsetzung einer Richtlinie **verursachten Schäden** begründen.[2] Dies betrifft etwa Fälle, in denen das von einer Richtlinie vorgeschriebene Ziel **nicht im Wege der richtlinienkonformen Auslegung oder aufgrund der unmittelbaren Anwendbarkeit** erreicht wird, kann aber auch darüber hinaus für den **Ersatz weiterer Schäden** (z.B. Zinsen, Beratungskosten) relevant sein.[3] Der Grundsatz der Haftung des Staates für Schäden, die dem Einzelnen durch dem Staat zuzurechnende Verstöße gegen das Unionsrecht entstehen, folgt nach der Rechtsprechung aus dem Wesen der mit dem Vertrag geschaffenen Rechtsordnung.[4] Nach den **Francovich-Prinzipien der Staatshaftung**[5] erkennt das Unionsrecht einen Entschädigungsanspruch an, sofern drei Voraussetzungen erfüllt sind: Die Rechtsnorm, gegen die verstoßen worden ist, bezweckt, dem einzelnen Rechte zu verleihen, der Verstoß ist hinreichend qualifiziert (d.h. hinreichend deutlich und unentschuldbar), und zwischen dem Verstoß gegen die dem Staat obliegende Verpflichtung und dem den Geschädigten entstandenen Schaden besteht ein unmittelbarer Kausalzusammenhang. Diese Grundsätze und Voraussetzungen gelten auch, wenn ein Mitgliedstaat eine **Richtlinie** nicht ordnungsgemäß in sein innerstaatliches Recht umsetzt.[6]

III. Unionsrechtskonforme Auslegung nationalen Rechts

Die **Figur der unionsrechtskonformen Auslegung** des nationalen Rechts als Ausfluss des Anwendungsvorranges des Unionsrechts ist erst relativ spät durch den EuGH anerkannt und in die Unionsrechtsordnung eingeführt worden[7] und stützt sich wesentlich auf den **Grundsatz der loyalen Zusammenarbeit** (Art. 4 Abs. 3 EUV; ex-Art. 10 EG);[8] sie betrifft insb. auch die grundrechtskonforme Auslegung des nationalen Umsetzungsrechts.[9] Der praktisch wichtigste Anwendungsfall der unionsrechtskonformen Auslegung ist das **Institut der richtlinienkonformen Auslegung**[10], die ungeachtet dessen zum Tragen kommt, ob die einschlägige Richtlinienbestimmung unmittelbare Wirkung entfaltet.[11] Sie

13.14

---

1 Siehe z.B. EuGH v. 17.2.2005 – C-453/02 – C-462/02 – Linneweber, ECLI:EU:C:2005:92, Rz. 35; weiter auch BFH v. 27.5.2009 – I R 30/08, BFHE 226, 357.
2 ZB EuGH v. 4.7.2006 – C-212/04 – Adeneler, ECLI:EU:C:2006:443, Rz. 122; v. 23.4.2009 – C-378/07 bis C-380/07 – Angelidaki, ECLI:EU:C:2009:250, Rz. 202.
3 Siehe auch EuGH v. 17.10.1996 – C-283/94, C-291/94 und C-292/94 – Denkavit, VITIC, Voormeer, ECLI:EU:C:1996:387, Rz. 41 ff.
4 EuGH v. 5.3.1996 – C-46/93 und C-48/93 – Brasserie du Pêcheur, ECLI:EU:C:1996:79, Rz. 31; v. 8.10.1996 – C-178/94 ua – Dillenkofer, ECLI:EU:C:1996:375, Rz. 20.
5 EuGH v. 19.11.1991 – C-6/90 und C-9/90 – Francovich, ECLI:EU:C:1991:428; s. auch EuGH v. 5.3.1996 – C-46/93 und C-48/93 – Brasserie du Pêcheur, ECLI:EU:C:1996:79; v. 8.10.1996 – C-178/94 ua – Dillenkofer, ECLI:EU:C:1996:375.
6 Siehe z.B. EuGH v. 26.3.1996 – C-392/93 – British Telecommunications, ECLI:EU:C:1996:131, Rz. 40; speziell zur MTR EuGH v. 17.10.1996 – C-283/94, C-291/94 und C-292/94 – Denkavit, VITIC, Voormeer, ECLI:EU:C:1996:387, Rz. 41 ff.
7 Grundlegend EuGH v. 10.4.1984 – 14/83 – Von Colson and Kamann, ECLI:EU:C:1984:153.
8 Siehe z.B. auch BVerfG v. 8.4.1987 – 2 BvR 687/85, BVerfGE 75, 223; BVerfG v. 26.9.2011 – 2 BvR 2216/10, ZIP 2012, 911; öVfGH v. 12.12.1995 – V 136/94, VfSlg. 14 391/1995; für eine Analyse der möglichen Grundlagen der unionsrechtskonformen Auslegung s. etwa Schön in Lehner, Steuerrecht im Europäischen Binnenmarkt, DStJG 19 (1996), S. 167 (180 ff. m.w.N.).
9 EuGH v. 12.12.1996 – C-74/95 und C-129/95 – X, ECLI:EU:C:1996:491, Rz. 25 f.; v. 6.11.2003 – C-101/01 – Lindqvist, ECLI:EU:C:2003:596, Rz. 87; v. 27.3.2014 – C-314/12 – UPC Telekabel Wien, ECLI:EU:C:2014:192, Rz. 42 ff.
10 EuGH v. 10.4.1984 – 14/83 – Von Colson and Kamann, ECLI:EU:C:1984:153.
11 EuGH v. 4.7.2006 – C-212/04 – Adeneler, ECLI:EU:C:2006:443, Rz. 112. Zur Pflicht zur richtlinienkonformen Auslegung von Amts wegen und unabhängig von einer unmittelbaren Wirkung von Richtlinienvorschriften s. z.B. auch EuGH 14.7.1994 – C-91/92 – Faccini Dori, ECLI:EU:C:1994:292, Rz. 26; v.

verlangt, dass nach Ablauf der Umsetzungsfrist[1] die Auslegung des nationalen Rechts soweit wie möglich am **Wortlaut und Zweck der Richtlinie** auszurichten ist, unabhängig davon, ob das betreffende nationale Recht vor oder nach der jeweiligen Richtlinie erlassen wurde.[2] Die richtlinienkonforme Interpretation ist auch dann anzuwenden, wenn sie **für den Steuerpflichtigen nachteilig** ist.[3]

13.15 Alle **Organe der Mitgliedstaaten**, insb. die nationalen Gerichte, sind verpflichtet, unter Berücksichtigung des gesamten nationalen Rechts und unter Anwendung seiner Auslegungsmethoden alles zu tun, was in ihrer Zuständigkeit liegt, um die **volle Wirksamkeit der fraglichen Richtlinie zu gewährleisten** und zu einem Ergebnis zu gelangen, das mit dem von der Richtlinie verfolgten Ziel übereinstimmt.[4] In **zeitlicher Hinsicht** besteht die Pflicht zur richtlinienkonformen Interpretation erst nach Ablauf der Umsetzungsfrist, allerdings müssen die Gerichte der Mitgliedstaaten bereits *„ab dem Zeitpunkt des Inkrafttretens einer Richtlinie es soweit wie möglich unterlassen [...], das innerstaatliche Recht auf eine Weise auszulegen, die die Erreichung des mit dieser Richtlinie verfolgten Zieles nach Ablauf der Umsetzungsfrist ernsthaft gefährden würde."*[5]

13.16 **Grenzen** findet diese Pflicht vor allem im Grundsatz der Rechtssicherheit und im Rückwirkungsverbot; ebenso existiert keine Pflicht zur Rechtsfortbildung *contra legem*, also entgegen dem eindeutigen Wortlaut oder Willen des nationalen Gesetzgebers,[6] wohl aber besteht im **Rahmen der vom nationalen Recht anerkannten Auslegungsmethoden** eine Pflicht zur gesetzesimmanenten Rechtsfortbildung, zumal der Beurteilungsspielraum, den das nationale Recht einräumt, voll auszuschöpfen ist.[7] Die richtlinienkonforme Auslegung findet dementsprechend nach Ansicht des **BVerfG**[8] „ihre Grenzen an dem nach **innerstaatlicher Rechtstradition methodisch Erlaubten**", wobei weder eine bestimmte Auslegungsmethode oder gar nur eine reine Wortinterpretation vorgeschrieben sei, noch der Wortlaut des Gesetzes im Regelfall keine starre Auslegungsgrenze ziehe; zu den anerkannten Methoden der Gesetzesauslegung gehört auch die teleologische Reduktion. Demgegenüber wäre eine verfassungsrechtlich unzulässige richterliche Rechtsfortbildung dadurch gekennzeichnet, dass sie, ausgehend von einer teleologischen Interpretation, den klaren Wortlaut des Gesetzes hintanstellt, ihren Widerhall nicht im Gesetz

---

14.12.1995 – C-430/93 und 431/93 – van Schijndel, ECLI:EU:C:1995:441, Rz. 13 ff.; v. 24.10.1996 – C-72/95 – Kraaijeveld, ECLI:EU:C:1996:404, Rz. 57 f.; v. 9.11.1999 – C-365/97 – Kommission/Italien, ECLI:EU:C:1999:544, Rz. 63.

1 EuGH v. 4.7.2006 – C-212/04 – Adeneler, ECLI:EU:C:2006:443, Rz. 115; v. 23.4.2009 – C-378/07 bis C-380/07 – Angelidaki, ECLI:EU:C:2009:250, Rz. 200; anders, nämlich auf das Inkrafttreten der Richtlinie abstellend, EuGH, Schlussanträge des Generalanwalts *Tizzano* v. 30.6.2005 – C-144/04 – Mangold, ECLI:EU:C:2005:420, Rz. 118 ff.; wohl ebenso EuGH v. 22.11.2005 – C-144/04 – Mangold, ECLI:EU: C:2005:709, Rz. 66 u. 78.

2 EuGH v. 14.7.1994 – C-91/92 – Faccini Dori, ECLI:EU:C:1994:292, Rz. 26; v. 13.11.1990 – C-106/89 – Marleasing, ECLI:EU:C:1990:395, Rz. 8; v. 5.10.2004 – C-397/01 bis C-403/01 – Pfeiffer, ECLI:EU: C:2004:584, Rz. 115; v. 23.4.2009 – C-378/07 bis C-380/07 – Angelidaki, ECLI:EU:C:2009:250, Rz. 197.

3 EuGH v. 5.7.2007 – C-321/05 – Kofoed, ECLI:EU:C:2007:408, Rz. 45; EuGH, Schlussanträge der Generalanwältin *Kokott* v. 8.2.2007 – C-321/05 – Kofoed, ECLI:EU:C:2007:408, Rz. 65.

4 EuGH v. 5.10.2004 – C-397/01 bis C-403/01 – Pfeiffer, ECLI:EU:C:2004:584, Rz. 115 ff.; v. 4.7.2006 – C-212/04 – Adeneler, ECLI:EU:C:2006:443, Rz. 111; v. 15.4.2008 – C-268/06 – Impact, ECLI:EU:C:2008:223, Rz. 101; v. 23.4.2009 – C-378/07 bis C-380/07 – Angelidaki, ECLI:EU:C:2009:250, Rz. 200.

5 EuGH v. 4.7.2006 – C-212/04 – Adeneler, ECLI:EU:C:2006:443, Rz. 115 u. 123.

6 EuGH v. 23.2.1999 – C-63/97 – BMW, ECLI:EU:C:1999:82, Rz. 23 f.; v. 15.4.2008 – C-268/06 – Impact, ECLI:EU:C:2008:223, Rz. 100; v. 23.4.2009 – C-378/07 bis C-380/07 – Angelidaki, ECLI:EU:C:2009:250, Rz. 199; s. z.B. auch EuGH v. 8.10.1987 – 80/86 – Kolpinghuis Nijmegen, ECLI:EU:C:1987:431, Rz. 13; v. 4.7.2006 – C-212/04 – Adeneler, ECLI:EU:C:2006:443, Rz. 108.

7 EuGH v. 10.4.1984 – 14/83 – Von Colson and Kamann, ECLI:EU:C:1984:153, Rz. 28; v. 4.2.1988 – 157/86 – Murphy, ECLI:EU:C:1988:62, Rz. 11; v. 11.1.2007 – C-208/05 – ITC, ECLI:EU:C:2007:16, Rz. 68. Siehe zu den möglichen Grenzen im deutschen Verfassungsrecht auch *Schön* in Lehner, Steuerrecht im Europäischen Binnenmarkt, DStJG 19 (1996), S. 167 (186 f.).

8 BVerfG v. 26.9.2011 – 2 BvR 2216/06, ZIP 2012, 911 m.w.N.

findet und vom Gesetzgeber nicht ausdrücklich oder – bei Vorliegen einer erkennbar planwidrigen Gesetzeslücke – stillschweigend gebilligt wird.

C. Grundsatz des Verbotes missbräuchlicher Berufung auf Unionsrecht

Die unionsrechtliche Rechtsprechung hat einen langen Weg zur Etablierung eines unionsrechtlichen Missbrauchsansatzes hinter sich, der mittlerweile aber sowohl das **harmonisierte Steuerrecht** als auch die **Grundfreiheiten** durchdringt. Der EuGH bezieht sich mittlerweile gar auf einen „**allgemeinen Grundsatz des Gemeinschaftsrechts**", wonach Rechtsmissbrauch verboten ist.[1] Zumal jedoch eine optimierende Steuerplanung in der Union unstrittig erlaubt ist,[2] die Grenzen des Missbrauchskonzepts schwer festzumachen sind und nicht zuletzt Rechtssicherheitsargumente eine tragende Rolle spielen,[3] nähert sich der EuGH diesen Fragen mit einiger Zurückhaltung.[4] So entspricht es zwar mittlerweile ständiger Rechtsprechung, dass sich die Angehörigen eines Mitgliedstaats nicht „der Anwendung ihres nationalen Rechts unter Missbrauch der durch den Vertrag geschaffenen Erleichterungen" entziehen, also sich „**missbräuchlich oder betrügerisch auf Gemeinschaftsvorschriften berufen**" können.[5] Gerade im **Bereich der Grundfreiheiten** hat der Gerichtshof allerdings deutlich gemacht, dass eine Berufung auf jene nicht dadurch ausgeschlossen wird, weil die unionsangehörige natürliche oder juristische Person „beabsichtigt hat, von der in einem anderen Mitgliedstaat als dem seiner Ansässigkeit geltenden **vorteilhaften Steuerrechtslage** zu profitieren"[6]. Speziell für die Niederlassungsfreiheit betont der EuGH zudem, dass der Umstand, dass eine Gesellschaft in einem Mitgliedstaat mit dem Ziel gegründet worden ist, in den **Genuss vorteilhafterer Rechtsvorschriften** zu kommen, für sich allein nicht ausreicht, um auf eine missbräuchliche Ausnutzung dieser Freiheit zu schließen.[7]

13.17

Die Rechtsprechung des EuGH zum Missbrauch nahm ihren Ausgang in jenen **Bereichen des harmonisierten Rechts**, die die Eigenmittel der Gemeinschaft bzw. Union betreffen. Beginnend mit **Emsland-Stärke**[8] und kulminierend in den Mehrwertsteuerfällen **Halifax**[9], **Part Service**[10], **Ampliscientifica und Amplifin**[11] und **Cussens**[12] hat der Gerichtshof dargelegt, dass die Vermeidung des Missbrauchs ein vom Unionsrecht anerkanntes Ziel ist. Die Akzeptanz eines allgemeinen (abstrakten) Missbrauchskonzepts in diesen Bereichen des indirekten Steuerrechts ist offenbar dazu angetan, unionsrechtliche Steuersysteme vor Transaktionen zu schützen, die auf eine missbräuchliche Inanspruchnahme unionsrechtlicher Bestimmungen hinauslaufen und ihre Zielsetzung unterwandern würden („**Gesetzeserschleichung**"), ohne dass es darauf ankäme, ob im entsprechenden Sekundärrecht eine entsprechende Miss-

13.18

---

1 EuGH v. 5.7.2007 – C-321/05 – Kofoed, ECLI:EU:C:2007:408, Rz. 38.
2 Siehe z.B. EuGH v. 8.11.2007 – C-251/06 – Ing. Auer, ECLI:EU:C:2007:658, Rz. 43.
3 Siehe z.B. EuGH v. 21.2.2006 – C-255/02 – Halifax, ECLI:EU:C:2006:121, Rz. 72.
4 Z.B. EuGH v. 12.5.2005 – C-452/03 – RAL, ECLI:EU:C:2005:289; v. 15.12.2005 – C-63/04 – Centralan Property Ltd, ECLI:EU:C:2005:773.
5 EuGH v. 7.2.1979 – 115/78 – Knoors, ECLI:EU:C:1979:31, Rz. 25; v. 3.10.1990 – C-61/89 – Bouchoucha, ECLI:EU:C:1990:343, Rz. 14; v. 9.3.1999 – C-212/97 – Centros, ECLI:EU:C:1999:126, Rz. 24 = FR 1999, 449 m. Anm. *Dautzenberg*; v. 12.9.2006 – C-196/04 – Cadbury Schweppes, ECLI:EU:C:2006:544, Rz. 35 = FR 2006, 987 m. Anm. *Lieber*.
6 EuGH v. 11.12.2003 – C-364/01 – Barbier, ECLI:EU:C:2003:665, Rz. 71; v. 12.9.2006 – C-196/04 – Cadbury Schweppes, ECLI:EU:C:2006:544, Rz. 36 = FR 2006, 987 m. Anm. *Lieber*.
7 EuGH v. 9.3.1999 – C-212/97 – Centros, ECLI:EU:C:1999:126, Rz. 24 = FR 1999, 449 m. Anm. *Dautzenberg*; v. 30.9.2003 – C-167/01 – Inspire Art, ECLI:EU:C:2003:512, Rz. 96; v. 12.9.2006 – C-196/04 – Cadbury Schweppes, ECLI:EU:C:2006:544, Rz. 37 = FR 2006, 987 m. Anm. *Lieber*.
8 EuGH v. 14.12.2000 – C-110/99 – Emsland Stärke, ECLI:EU:C:2000:695.
9 EuGH v. 21.2.2006 – C-255/02 – Halifax, ECLI:EU:C:2006:121.
10 EuGH v. 21.2.2008 – C-425/06 – Part Service, ECLI:EU:C:2008:108.
11 EuGH v. 22.5.2008 – C-162/07 – Ampliscientifica and Amplifin, ECLI:EU:C:2008:301.
12 EuGH v. 22.11.2017 – C-251/16 – Cussens, ECLI:EU:C:2017:881.

brauchsklausel enthalten ist.[1] Gerade auch im Mehrwertsteuerrecht kann sich ein Mitgliedstaat daher unmittelbar auf das unionsrechtliche Verbot missbräuchlicher Praktiken zu Lasten eines Steuerpflichtigen berufen.[2]

13.19 Die Problemstellung liegt somit im Grunde gänzlich anders als im Bereich der **Grundfreiheiten**, wo der EuGH – beginnend mit Lankhorst[3], X und Y[4] und Kommission/Frankreich[5] und sodann vor allem in **Cadbury Schweppes**[6] und **Thin Cap Group Litigation**[7] – anerkannt hat, dass prinzipiell diskriminierende nationale Steuervorschriften unter gewissen Voraussetzungen dadurch gerechtfertigt werden können, dass sie der Missbrauchsvermeidung dienen, wodurch offensichtlich einer missbräuchlichen Berufung auf die Grundfreiheiten zur Umgehung des nationalen Steuerrechts vorgebeugt werden soll (**„Gesetzesumgehung"**). In diesen Fällen kann sich eine unionsangehörige natürliche oder juristische Person zwar auf die jeweils einschlägige Grundfreiheit berufen,[8] ein Mitgliedstaat kann aber eine Diskriminierung dann rechtfertigen, wenn „das spezifische Ziel der Beschränkung darin liegt, Verhaltensweisen zu verhindern, die darin bestehen, rein künstliche, jeder wirtschaftlichen Realität bare Gestaltungen zu dem Zweck zu errichten, der Steuer zu entgehen, die normalerweise für durch Tätigkeiten im Inland erzielte Gewinne geschuldet wird"[9]. Dabei erfordert **Cadbury Schweppes** kumulativ ein **subjektives Element**, das „Streben nach einem Steuervorteil"[10], und ein **objektives Element**, „dass aus objektiven Anhaltspunkten hervorgeht, dass trotz formaler Beachtung der im Gemeinschaftsrecht vorgesehenen Voraussetzungen der mit der Niederlassungsfreiheit verfolgte Zweck [...] nicht erreicht worden ist"[11].

13.20 Eine wiederum andere Stoßrichtung lässt sich im Bereich des materiell-harmonisierten **direkten Steuerrechts** ausmachen (z.B. der MTR oder der ZiLiRL). Angesichts der im Richtlinienrecht enthaltenen Anti-Missbrauchsklauseln liegt hier der Fokus vielfach auf der Frage, ob nationale Anti-Missbrauchsbestimmungen mit den **Standards des Richtlinienrechts** übereinstimmen. Allerdings sehen nunmehr sowohl Art. 1 Abs. 2 und 3 MTR (s. hierzu z.B. Rz. 14.98 ff.) als auch Art. 6 der ATAD in ihren jeweiligen Anwendungsbereichen allgemeine Anti-Missbrauchsklauseln vor, die den Mitgliedstaaten einen Mindeststandard vorgeben („De-minimis-Missbrauchsbekämpfungsvorschrift"). Enthält allerdings das nationale Recht trotz richtlinienkonformer Auslegung keinerlei „Umsetzung" der Anti-Missbrauchsbestimmungen des Richtlinienrechts,[12] so kann sich der Mitgliedstaat gegenüber dem Steuerpflichtigen dementsprechend nicht auf die Existenz der Anti-Missbrauchsbestimmung der Richtlinie oder das ge-

---

1 Siehe auch EuGH v. 8.11.2007 – C-251/06 – Ing. Auer, ECLI:EU:C:2007:658, Rz. 40 f.; EuGH v. 7.6.2007 – C-178/05 – Kommission/Griechenland, ECLI:EU:C:2007:317, Rz. 32 (zur KapitalansammlungsRL).
2 Deutlich EuGH v. 22.11.2017 – C-251/16 – Cussens, ECLI:EU:C:2017:881, Rz. 25–44; siehe z.B. auch EuGH v. 21.2.2006 – C-255/02 – Halifax, ECLI:EU:C:2006:121, Rz. 67 ff.
3 EuGH v. 12.12.2002 – C-324/00 – Lankhorst-Hohorst, ECLI:EU:C:2002:749.
4 EuGH v. 21.11.2002 – C-436/00 – X und Y, ECLI:EU:C:2002:704 = FR 2003, 84 m. Anm. *Schnitger*.
5 EuGH v. 4.3.2004 – C-334/02 – Kommission/Frankreich, ECLI:EU:C:2004:129.
6 EuGH v. 12.9.2006 – C-196/04 – Cadbury Schweppes, ECLI:EU:C:2006:544 = FR 2006, 987 m. Anm. *Lieber*.
7 EuGH v. 13.3.2007 – C-524/04 – Thin Cap Group Litigation, ECLI:EU:C:2007:161.
8 Siehe z.B. EuGH v. 9.3.1999 – C-212/97 – Centros, ECLI:EU:C:1999:126, Rz. 24 = FR 1999, 449 m. Anm. *Dautzenberg*; v. 30.9.2003 – C-167/01 – Inspire Art, ECLI:EU:C:2003:512, Rz. 96; v. 12.9.2006 – C-196/04 – Cadbury Schweppes, ECLI:EU:C:2006:544, Rz. 37 = FR 2006, 987 m. Anm. *Lieber*.
9 EuGH v. 12.9.2006 – C-196/04 – Cadbury Schweppes, ECLI:EU:C:2006:544, Rz. 55 = FR 2006, 987 m. Anm. *Lieber*.
10 EuGH v. 12.9.2006 – C-196/04 – Cadbury Schweppes, ECLI:EU:C:2006:544, Rz. 63 f. = FR 2006, 987 m. Anm. *Lieber*.
11 EuGH v. 12.9.2006 – C-196/04 – Cadbury Schweppes, ECLI:EU:C:2006:544, Rz. 64 = FR 2006, 987 m. Anm. *Lieber*.
12 Die aber auch in einer allgemeinen Missbrauchsklausel und sogar in ungeschriebenen, richterrechtlichen Doktrinen bestehen kann; EuGH v. 5.7.2007 – C-321/05 – Kofoed, ECLI:EU:C:2007:408, Rz. 44 ff. (zur FRL); dazu auch unten, Rz. 17.32.

nerelle Prinzip des Unionsrechts zur Missbrauchsvermeidung stützen,[1] zumal auch das *„Erfordernis der richtlinienkonformen Auslegung nicht so weit reichen kann, dass eine Richtlinie selbst und unabhängig von einem nationalen Umsetzungsakt Einzelnen Verpflichtungen auferlegt oder die strafrechtliche Verantwortlichkeit der ihren Bestimmungen Zuwiderhandelnden bestimmt oder verschärft"*[2].

---

[1] EuGH v. 5.7.2007 – C-321/05 – Kofoed, ECLI:EU:C:2007:408, Rz. 40 ff. Traditionell wird davon ausgegangen, dass eine nicht umgesetzte Richtlinienbestimmung den Steuerpflichtigen nicht entgegengehalten werden kann (EuGH v. 26.2.1986 – 152/84 – M. H. Marshall, ECLI:EU:C:1986:84; v. 11.6.1987 – 14/86 – Pretore di Salò, ECLI:EU:C:1987:275, Rz. 19), was vom EuGH auch im Hinblick auf Art. 15 FRL bestätigt wurde (EuGH v. 5.7.2007 – C-321/05 – Kofoed, ECLI:EU:C:2007:408, Rz. 42). Die gegenteilige, auf einem allgemeinen unionsrechtlichen Anti-Missbrauchskonzept basierende Rechtsprechung zum Mehrwertsteuerrecht (EuGH v. 22.11.2017 – C-251/16 – Cussens, ECLI:EU:C:2017:881, Rz. 25-44) dürfte wohl im direkten Steuerrecht nicht einschlägig sein (ebenso EuGH, Schlussanträge der Generalanwältin *Kokott* v. 1.3.2018 – C-115/16 – N Luxembourg 1, ECLI:EU:C:2018:143, Rz. 98-113; v. 1.3.2018 – C-116/16 – T Danmark, ECLI:EU:C:2018:144, Rz. 94-109; v. 1.3.2018 – C-117/16 – Y Denmark, ECLI:EU:C:2018:145, Rz. 94-109; v. 1.3.2018 – C-118/16 – X Denmark, ECLI:EU:C:2018:146, Rz. 108-123; v. 1.3.2018 – C-119/16 – C Danmark I, ECLI:EU:C:2018:147, Rz. 96-111; v. 1.3.2018 – C-299/16 – Z Denmark, ECLI:EU:C:2018:148, Rz. 98-113). Natürlich besteht stets die Verpflichtung zur richtlinienkonformen Auslegung des nationalen Steuerrechts, selbst wenn diese nachteilig für den Steuerpflichtigen ist (s. z.B. EuGH v. 5.7.2007 – C-321/05 – Kofoed, ECLI:EU:C:2007:408, Rz. 45).

[2] EuGH v. 5.7.2007 – C-321/05 – Kofoed, ECLI:EU:C:2007:408, Rz. 45.

Kapitel 14
Mutter-Tochter-Richtlinie

A. Entwicklung, Zielsetzung und
  Regelungskonzept 14.1
B. Anwendungsfragen bei der Umsetzung in innerstaatliches Recht 14.11
  I. Anwendungsbereich 14.11
    1. Überblick 14.11
    2. Persönlicher Anwendungsbereich 14.12
      a) Überblick 14.12
      b) „Gesellschaft eines Mitgliedstaates" 14.13
        aa) Überblick 14.13
        bb) Rechtsformerfordernis 14.16
        cc) Ansässigkeitserfordernis 14.18
        dd) Steuerpflichterfordernis 14.20
      c) „Betriebsstätte" 14.24
      d) Qualifiziertes Mutter-Tochter-Verhältnis 14.26
        aa) Überblick 14.26
        bb) Beteiligung am „Kapital" 14.30
        cc) Mindestbeteiligungshöhe 14.34
        dd) Mindestbeteiligungsdauer ... 14.35
      e) Betriebsstättensituationen 14.37
    3. Sachlicher Anwendungsbereich 14.41
      a) Gewinnausschüttungen 14.41
      b) Beteiligungskausalität 14.47
      c) Zeitliche Aspekte 14.49
    4. Territorialer Anwendungsbereich 14.51
  II. Gewährleistungsgehalt 14.52
    1. Überblick 14.52
    2. Entlastung im Staat der Muttergesellschaft bzw. Betriebsstätte 14.54
      a) Überblick 14.54
      b) Befreiungs- und Anrechnungsmethode 14.60
      c) Hybride Gesellschaften 14.66
      d) Kosten der Beteiligung und Minderwerte 14.70
    3. Quellenentlastung im Staat der Tochtergesellschaft 14.72
      a) Überblick 14.72
      b) Verbot des Steuerabzugs an der Quelle 14.78
      c) Begriff der Quellensteuer 14.83
  III. Missbrauchsklausel 14.85
C. Überblick zur Umsetzung im deutschen Recht 14.89
  I. Entlastung von der wirtschaftlichen Doppelbesteuerung 14.89
  II. Quellensteuerbefreiung 14.94

Literatur: *Aigner, D.*, Beschränkung der Niederlassungsfreiheit durch Nichtabzugsfähigkeit von Beteiligungskosten, SWI 2003, 63; *Aigner, D.*, ECJ – The Bosal Holding BV Case: Parent-Subsidiary Directive and Freedom of Establishment, Intertax 2004, 148; *Aigner, D./Kofler/Kofler, H./Tumpel*, Grenzüberschreitende Gewinnausschüttungen und hybride Gesellschaften in § 10 Abs. 2 KStG und § 94 Z 2 EStG, in Kammer der Wirtschaftstreuhänder (Hrsg.), Personengesellschaften und andere Mitunternehmerschaften sowie ihre Gesellschafter, GedS Bruckner, Wien 2013, 355; *Aigner, H.-J./Scheuerle/Stefaner, M.*, General Report, in Lang/Aigner, H.-J./Scheuerle/Stefaner, M. (Hrsg.), CFC Legislation, Tax Treaties and EC Law, Wien 2004, 13; *Airs*, Lankhorst-Hohorst GmbH: Thin Capitalisation Rules and the EC Treaty, BTR 2003, 268; *Allram/Hörtenhuber*, Die Hybrid Mismatches Rule (Art 9 der Anti-Tax-Avoidance-Richtlinie), in Lang/Rust/Schuch/Staringer (Hrsg.), Die Anti-Tax-Avoidance-Richtlinie, Wien 2017, 131; *Almakaeva*, Effects of Russian Tax Treaties and the EC Parent-Subsidiary Directive on the Tax Planning Strategies of European Multinational Groups Investing in Russia, 23 Rev. of Central and East Europ. Law 77 (1997); *Altheim*, Beratung der mittelständischen Wirtschaft bei Beteiligungen, Fusionen und Spaltungen im Binnenmarkt – Teil I: Mutter-/Tochterrichtlinie, IStR 1993, 353; *Anschütz*, Harmonization of Direct Taxes in the European Economic Community, 13 Harv. Int'l. L. J. 1 (1972); *Anthony*, Treaty Holding Structures Protected by OECD Treaties ad European Laws, 24 Tax Planning Int'l Rev. 8 (Mar. 1997); *Anzinger*, Das Protokoll zur Änderung des Zinsbesteuerungsabkommens zwischen der Schweiz und der EU – CH-FATCA vs CH-Rubik mit Stand 30:2, ISR 2015, 320; *Aramini*, Thin Capitalization: Issues of Compatibility with EC Law and the OECD Model Treaty, DFI 2004, 127; *Arginelli*, The Subject-to-Tax Requirement in the EU Parent-Subsidiary Directive (2011/96), ET 2017, 334; *AXR*, Körperschaftsteuer: Besteuerung der an die Muttergesellschaft ausgeschütteten Gewinne einer Tochtergesellschaft (Anm), IStR 1996, 526; *Bammens*, Belgium: CJEU Recent Cases, in Lang/Pistone/Rust/Schuch/Staringer/Storck (Hrsg.), CJEU – Recent Developments in Direct Taxation 2016, Wien 2017, 11; *Bataillon*, Anti-Avoidance Measures in France and the European Union, in Campbell

(Hrsg.), International Tax Planning (1995) 45; *Becker/Thömmes*, Treaty Shopping and EC Law – Critical Notes to Article 28 of the New German-U.S. Double Taxation Convention, ET 1991, 173; *Becker/Thömmes*, Treaty Shopping und EG-Recht, DB 1991, 566; *Behrens/Renner*, Erhebung einer Quellensteuer auf inländische Dividenden gebietsfremder Muttergesellschaften gemeinschaftsrechtswidrig?, BB 2007, 1320; *Bell*, Cross-Border Repatriation of Dividends: Tax Neutral in the European Union?, DFI 2005, 18; *Bellettini*, Italy Catches up with EC Parent-Subsidiary Directive, 3 Int'l Tax Rev. 11 (Sept. 1992); *Bellettini*, Parent/Subsidiary Finds Home in Italy, 4 Int'l Tax Rev. 36 (Apr. 1993); *Bendlinger*, Änderung der Mutter-Tochter-Richtlinie der EU, SWI 2004, 277; *Bendlinger*, Die Harmonisierung der Unternehmensbesteuerung in der EG, SWI 1992, 374; *Bendlinger*, Highlights und Probleme des deutsch-österreichischen DBA, IStR 2018, 85; *Bendlinger/Kofler*, BMF zum Umfang der KESt-Befreiung nach § 94a EStG, ÖStZ 2005, 412; *Bendlinger/Kofler*, Mutter-Tochter-Richtlinie vs. § 94a EStG: Quellensteuerfreie Ausschüttungen bei „mittelbarer" Beteiligung der Muttergesellschaft?, ÖStZ 2005, 332; *Bendlinger/Kofler*, Österreich: Quellensteuerfreiheit von Ausschüttungen an „mittelbar" beteiligte EU-Muttergesellschaften, IStR-Länderbericht 19/2005, 2; *Benecke*, Befreiung von der Quellensteuer auf Gewinnausschüttungen an die Muttergesellschaft im Mitgliedstaat der Tochtergesellschaft, IStR 2009, 774; *Berg/Schmich*, Gewinnverwendung: Europarechtmäßigkeit der Besteuerung von Ausschüttungen aus dem EK 02 bei gebietsfremden Anteilseignern?, GmbHR 2006, 827; *Bergmann*, Dual Residence and Directive Shopping, in Hofstätter/Plansky (Hrsg.), Dual Residence in Tax Treaty Law and EC Law, Wien 2009, 457; *Bergmann*, Missbrauch im Anwendungsbereich der Mutter-Tochter-Richtlinie, StuW 2010, 246; *Bergmann*, Steuerhinterziehungs- und Missbrauchsterminologie im europäischen Steuerrecht, SWI 2010, 477; *Bergmans*, The Principal Purpose Test: Comparison with the EU-GAAR Initiatives, in Blum/Seiler (Hrsg.), Preventing Treaty Abuse, Wien 2016, 327; *Betten*, European Communities: Implementation of the Parent-Subsidiary Directive in the Member States – Introduction, ET 1992, 130; *Bidaud*, France: Rules on Parent-Subsidiary Regime Modified, 46 Tax Notes Int'l 1001 (June 4, 2007); *Biebinger/Hiller*, Europarechtliche Zweifel an § 50d Abs. 3 EStG gemäß den EuGH-Vorlagen des FG Köln v. 8.7.2016 und v. 91.8.2016, IStR 2017, 299; *Blanluet*, Guideline on the Implementation of the Parent-Subsidiary Directive, ET 1993, 225; *Blasina*, „Unmittelbarkeit" im internationalen Schachtelprivileg (§ 10 Abs. 2 KStG) und bei der KESt-Befreiung gem. § 94a EStG, SWI 2002, 171; *Blasina*, Internationales Schachtelprivileg und Gemeinschaftsrecht, SWI 2003, 14; *Blum/Spies*, Die unionsrechtliche Missbrauchsdoktrin: Die Rechtssache *Eqiom* und ihre Auswirkungen auf Österreich, SWI 2017, 574; *Bolik/Zöller*, Unterjähriger Hinzuerwerb von Beteiligungen im Rahmen des § 8b Abs. 4 KStG, DStR 2014, 782; *Boon*, To Withhold or Not to Withhold, That Is the Question, ET 1994, 290; *Boon/Lambooij*, EC Parent-Subsidiary Directive: Steps Towards Harmonization of Direct Taxes, 18 Tax Planning Int'l Rev. 6 (April 1991); *Boulogne/Geursen, Gaz de France*: Dividends to Companies Not Listed in the Parent-Subsidiary Directive Are Not Exempt, ET 2010, 129; *Bouzoraa*, European Communities: Implementation of the Parent-Subsidiary Directive in the Member States – France, ET 1992, 136; *Bouzoraa*, The Parent-Subsidiary Directive: *Denkavit's* Lessons, ET 1997, 14; *Bouzoraa/van der Brink/Baranger/Russo*, The *Océ van der Grinten* Case: Implications for Other EU Member States, ET 2003, 394; *Bowen, Bosal Holding BV V. Staatssecretaris Van Financien*: The ECJ Moves the EU Closer to Unlegislated Harmonization of Corporate Taxes, 28 Loy. L.A. Int'l & Comp. L. Rev. 171 (2006); *Bozza-Bodden*, § 50d Abs. 3 EStG (2007) unionsrechtswidrig?, IStR 2016, 905; *Brekelmans*, Luxembourg Implements Changes to EU Parent-Subsidiary Directive, 44 Tax Notes Int'l 509 (Nov. 13, 2006); *Brekelmans*, Luxembourg, 44 Tax Notes Int'l 1072 (1072) (Dec. 25, 2006); *Breuninger*, Zur Umsetzung der Mutter-Tochter-Richtlinie nach dem Steueränderungsgesetz 1992, EWS 1992, 85; *Breuninger/Bruse*, 1992: Europarechtliche Einflüsse auf die Unternehmensbesteuerung, EWS 1990, 124; *Briem*, Vorentwurf einer Mutter-Tochter-Richtlinie der EG-Kommission, ecolex 1990, 64; *Brokelind*, Anti-Directive Shopping on Outbound Dividends in the Light of the Pending Decision in Holcim France (Case C-6/16), ET 2016, 394; *Brokelind*, Legal Issues in Respect of the Changes to the Parent-Subsidiary Directive as a Follow-Up of the BEPS Project, Intertax 2015, 816; *Brokelind*, Swedish Supreme Administrative Court Rejects Reference to ECJ Regarding Application of the EC Parent-Subsidiary Directive, ET 2005, 323; *Brokelind*, Ten years of application of the Parent-Subsidiary Directive, EC Tax Rev. 2003, 158; *Brokelind*, The Proposed Amendments to the Parent-Subsidiary Directive: Some Progress?, ET 2003, 451; *Bron*, Die Europarechtswidrigkeit des § 50d Abs. 3 EStG unter Berücksichtigung von Missbrauchsvorschriften im Gemeinschaftsrecht, DB 2007, 1273; *Brosens*, Thin capitalization rules and EU law, EC Tax Rev. 2004, 188; *Bruin*, European Communities: Implementation of the Parent-Subsidiary Directive in the Member States – Luxembourg, ET 1992, 159; *Brunsbach/Mock*, Die sachliche Entlastungsberechtigung des § 50d Abs. 3 EStG für Dividendenausschüttungen aus Deutschland in Theorie und Praxis, IStR 2013, 653; *Buciek*, Haftung einer Tochtergesellschaft für Kapitalertragsteuer – Vereinbarkeit der Besteuerung der Muttergesellschaft mit Gemeinschaftsrecht, StC 7/2007, 8; *Bullinger*, Änderungen der Mutter-Tochter-Richtlinie ab 2005: Erweiterung des Anwendungsbereiches und verbleibende Probleme, IStR 2004,

406; *Bundgaard*, Classification and Treatment of Hybrid Financial Instruments and Income Derived Therefrom under EU Corporate Tax Directives, ET 2010, 442 (Part 1); *Bundgaard*, ET 2010, 490 (Part 2); *Bundgaard/Schmidt/Tell/Laursen/Aarup*, When Are Domestic Anti-Avoidance Rules in Breach of Primary and Secondary EU Law? – Comments Based on Recent ECJ Decisions, ET 2018, 130; *Busenhart*, Withholding Tax-Free Repatriation of Swiss Source Dividends to E.U. Corporate Shareholders, 32 Tax Planning Int'l Rev. 8 (Aug. 2005); *Cabarro*, Spanish Tax Court Strictly Interprets Applicability of Parent-Subsidiary Directive, 17 JOIT 10 (Jan. 2006); *Calderón Carrero*, Spanish Thin Capitalisation in Light of the Non-Discrimination Principle: its Compatibility with Double Tax Treaties and EC Law, Intertax 1996, 282; *Carducci Artenisio*, Implementation in Italy of the Mergers and Parent Subsidiary Directives, 21 Tax Planning Int'l Rev. 15 (Mar. 1994); *Carl*, Neue Vorschläge zur Vereinheitlichung der Unternehmensbesteuerung, DStZ 1993, 2; *CFE*, Comments on ECJ, Lankhorst-Hohorst GmbH, Case C-324/00, 12 December 2002, ET 2003, 167; *CFE*, Opinion on Proposed Parent/Subsidiary Directive, Intertax 1981, 395; *CFE*, Opinion Statement Concerning the Implications of the Denkavit-Vitic-Voormeer Judgments of the European Court of Justice, ET 1998, 40; *CFE*, Opinion Statement on the Decision of the European Court of Justice Bosal Holding BV, Case C-168/01, ET 2004, 506; *Charpentier*, France adopts EC law and brings controversy, 3 Int'l Tax Rev. 5 (Mar. 1992); *Chown/Hopper*, Company Tax Harmonisation in the European Economic Community, Intertax 1982, 275; *Comis/van der Stok*, Double tax on dividends: the UK v Holland, 11 Int'l Tax Rev 35 (July/Aug. 2000); *Cordewener*, Anti Abuse Measures in the Area of Direct Taxation: Towards Converging Standards Under Treaty Freedoms and EU Directives?, EC Tax Rev. 2017, 60; *Cordewener*, Deister Holding. Reference for a preliminary ruling. Freedom of establishment. Parent-Subsidiary Directive. Relief from investment income tax on distributions of profits. Finanzgericht Köln, H&I 2017, 35; *Cordewener*, Juhler Holding. Reference for a preliminary ruling. PSD. Freedom of establishment. Finanzgericht Köln, H&I 2017, 31; *Craig/Rainer/Roels/Thoemmes/Tomsett/van den Hurk*, ECJ Upholds Withholding on Tax Credit Payments, Intertax 2004, 204; *Cunningham*, Portugal Exercises Options on EC Directives, 4 Int'l Tax Rev. 11 (Nov. 1992); *Cussons*, The Parent-Subsidiary and Mergers Directives, BTR 1993, 105; *Cussons/Taplin/Munro-Faure, M.*, European Community Direct Tax Measures, 17 Tax Planning Int'l Rev. 14 (Nov. 1990); *Dallwitz/Mattern/Schnitger*, Beeinträchtigung grenzüberschreitender Finanzierung durch das JStG 2007, DStR 2007, 1697; *Danon/Glauser*, Cross-border Dividends from the Perspective of Switzerland as the Source State – Selected Issues under Article 15 of the Swiss-EU Savings Agreements, Intertax 2005, 503; *Danon/Storckmeijer*, National Report Switzerland, in Lang/Pistone (Hrsg.), The EU and Third Countries: Direct Taxation (2007), 943; *Dautzenberg*, Die Mutter-Tochter-Richtlinie in der geänderten Form ab dem 1.1.2005, StuB 2005, 254; *Dautzenberg*, Europäische „Agenda" für das Ertragsteuerrecht im Jahr 2004: Die Richtlinien vom Juni 2003, BB 2004, 17; *Dautzenberg*, Präzisierungen zur Mutter-Tochter-Richtlinie durch den EuGH, UM 2003, 174; *Dautzenberg*, Voraussetzungen des ermäßigten Kapitalertragsteuersatzes gem. § 44d EStG: Vorbesitzzeit der Muttergesellschaft in einem anderen EU-Mitgliedstaat, FR 1996, 821; *De Broe*, International Tax Planning and Prevention of Abuse, Amsterdam 2008; *De Broe*, Some observations on the 2007 communication from the Commission: ‚The application of anti-abuse measures in the area of direct taxation within the EU and in relation to third countries', EC Tax Rev. 2008, 142; *De Broe/Bammens*, Cobelfret. National provisions designed to prevent double taxation of distributed dividends. ECJ, H&I 2009/7/8, 7; *De Broe/Beckers*, The General Anti-Abuse Rule of the Anti-Tax Avoidance Directive: An Analysis Against the Wider Perspective of the European Court of Justice's Case Law on Abuse of EU Law, EC Tax Rev. 2017, 133; *de Hosson*, The Parent-Subsidiary Directive, Intertax 1990, 414; *de Hosson/van Noordenne*, Current Status of the Implementation of the Direct Tax Directives, EC Tax Rev. 1992, 156; *de Sousa da Câmara*, Analysis of Article 2(c) of the Parent-Subsidiary Directive, EC Tax Journal 1995/1996, 215; *de Sousa da Câmara*, European Communities: Implementation of the Parent-Subsidiary Directive in the Member States – Portugal, ET 1992, 173; *de Sousa da Câmara*, Parent-Subsidiary Directive: The Epson Case, ET 2001, 307; *De Wolf*, Die belgische „Fairness Tax", IWB 2017/21, 814; *De Wolf*, Belgische „Fairness Tax" verstößt gegen Mutter-Tochter-Richtlinie, SWI 2017, 536; *Debatin*, Die Steuerharmonisierung in der EWG in Form der Konzern-Besteuerungs-Richtlinie, DStZ 1969, 146; *Debatin*, Die steuerliche Gewandung der EWG, DB 1973, 683; *Debatin*, Unternehmensorganisationsstrukturen im Gemeinsamen Markt aus steuerlicher Sicht, BB 1991, 947; *Debelva/Luts*, The General Anti-Abuse Rule of the Parent-Subsidiary Directive, ET 2015, 223; *Denk*, Allgemeine Missbrauchsvermutung bei Drittstaatengesellschaft innerhalb der Beteiligungskette verstößt gegen Mutter-Tochter-Richtlinie, GES 2017, 385; *Denys*, The ECJ Case Law on Cross-Border Dividends Revisited, ET 2007, 221; *Deutsch*, Internationales Schachtelprivileg und Quellenbesteuerung nach der Mutter-Tochter-Richtlinie, ÖStZ 1995, 458; *Dierckx*, The Belgian Participation Exemption and the ECJ Decision in Cobelfret, ET 2009, 301; *Dik*, EU Enlargement – Compatibility of the Tax Systems of Applicant States with EC Direct Taxation – Introduction, ET 1994, 98; *Dik*, European Communities: Implementation of the Parent-Subsidiary Directive in the Member States –

Denmark, ET 1992, 134; *Donald*, Taxation for a Single Market: European Community Legislation on Mergers, Distributed Profits and Intracompany Sales, 22 Law & Pol'y Int'l Bus. 37 (1991); *Dorfmüller*, Die aktive Beteiligungsverwaltung – Eine kritische Analyse der Erfordernisse des BMF-Schreibens zu § 50d Abs. 3 EStG i.d.F. des BeitrRLUmsG, IStR 2012, 423; *Dötsch/Pung*, Richtlinien-Umsetzungsgesetz: Die Änderungen des EStG, des KStG und des GewStG, DB 2005, 10; *Easson*, Harmonization of Direct Taxation in the European Community: From Neumark to Ruding, 40 Canadian Tax J. (1992); *Eberhartinger/Six*, National Tax Policy, the Directives and Hybrid Finance, SFB International Tax Coordination Discussion Paper Nr. 16 (2006); *Eberhartinger/Six*, National Tax Policy, the Directives and Hybrid Finance, in Andersson/Eberhartinger/Oxelheim (Hrsg.), National tax policy in Europe: to be or not to be? (2007), 213; *Eberhartinger/Six*, Taxation of Cross-Border Hybrid Finance: A Legal Analysis, Intertax 2009, 4; *Eicker/Obser*, The impact of the Swiss-EC Agreement on intra-group dividend, interest and royalty payments, EC Tax Rev. 2006, 134; *Eilers*, Gemeinschaftsrechtliche Anwendungsrestriktionen für § 42 AO, DB 1993, 1156; *Eilers/Schiessl*, Zur Quellensteuervergünstigung nach der Mutter-Tochterrichtlinie – Folgerungen aus der Entscheidung des EuGH vom 17.10.1996 (Denkavit), DStR 1997, 721; *Elliot/Smith*, United Kingdom – Parent/Subsidiary and Merger Directive, EC Tax Rev. 1992, 204; *Englisch*, Océ van der Grinten: 5 % Quellensteuer von grenzüberschreitenden Dividenden, IStR 2003, 777; *Englisch/Schütze*, Gewinnausschüttungen zwischen verbundenen Unternehmen im Binnenmarkt – Neuerungen und Zweifelsfragen, UM 2005, 137; *Englisch/Schütze*, The Implementation of the EC Parent-Subsidiary Directive in Germany – Recent Developments and Unresolved Issues, ET 2005, 488; *Ersson/Melbi*, EU Enlargement – Compatibility of the Tax Systems of Applicant States with EC Direct Taxation – Sweden, ET 1994, 198; *Esser*, Quellensteuerbefreiung, Schachtelprivileg und Staatshaftung, RIW 1992, 293; *Evers/de Graaf*, Limiting Benefit Shopping: Use and Abuse of EC Law, EC Tax Rev. 2009, 279; *Evertz*, Denkavit und die Folgen – Die Auslegung des europäischen Steuerrechts durch den EuGH, IStR 1997, 289; *Fantozzi*, Italy – Parent-Subsidiary Directive ready for implementation, EC Tax Rev. 1992, 201; *Farmer*, National Anti Abuse Clauses and Distortion of the Single Market: Comments on Prof. Rädler's Article, ET 1994, 314; *Farmer/Lyal*, EC Tax Law, Oxford 1994, 254 ff.; *Fibbe*, The different translations of the term ‚company' in the Merger Directive and the Parent Subsidiary Directive: a Babylonian confusion of tongues?, EC Tax Rev. 2006, 95; *Fischer*, Die Umgehung des Steuergesetzes – Zu den Bedingungen einer Bewahrung der Steuerrechtsordnung „aus eigener Kraft", DB 1996, 644; *Fischer*, The Meaning of EC Tax Harmonization and the Internal Market for U.S. Business and U.S. Tax Legislation, BIFD 1991, 319; *Förster*, Konsequenzen aus der verzögerten Verabschiedung des Steueränderungsgesetzes 1992, DStR 1992, 101; *Förster/Schollmeier*, Harmonisierung der Unternehmensbesteuerung (§ 30), in Birk (Hrsg.), Handbuch des Europäischen Steuer- und Abgabenrechts, Herne/Berlin 1995, 813; *Forsthoff*, EuGH vs. Europäischer Gesetzgeber – oder Freiheiten über alles? Urteil in der Rs. C-471/04, Keller Holding vom 23.2.2006, IStR 2006, 222; *Fortuin*, Denkavit Internationaal: The Procedural Issues, ET 2007, 239; *Fortuin*, X. Belgian Fairness Tax. Infringement of Article 4 Parent-Subsidiary-Directive. Court of Justice, H&I 2017/297; *Fox*, European Community Tax Directives, 17 Int'l Tax J. 45 (Spring 1991); *Friedman/Bauer*, US Opportunities in the EC Dividends Directive, 2 Int'l Tax Rev. 5 (Sept. 1991); *Frotscher*, Zur Europarechtswidrigkeit der „Nachversteuerung" nach § 38 KStG, BB 2006, 861; *FW*, Körperschaftsteuer: Besteuerung der an die Muttergesellschaft ausgeschütteten Gewinne einer Tochtergesellschaft (Anm), IStR 1996, 526; *Galli*, Dividend Tax Credit and Equalization Tax Refund for Non-Resident Shareholders, ET 1994, 467; *Gamito/Antas*, Portugal: Relief from Double Taxation of Distributed Profits and the „Effective Taxation" Requirement, ET 2012, 122; *García Muniozguren*, Parent-Subsidiary Directive: An Excessive Extension of Anti-Abuse Provisions, DFI 2005, 299; *García Prats*, Spain – Application of the Parent-Subsidiary Directive to Permanent Establishments, ET 1995, 179; *Gazzo/Fleming*, Dividend Flows: Treaty Rules or the Parent-Subsidiary Directive? The Italy-UK Experience, BIFD 2001, 8; *Gazzo/Girad/Demenge*, Dividend Flows: Treaty Rules or the Parent-Subsidiary Directive? The Italy-France Experience, BIFD 2001, 203; *Gebhardt*, § 50d Abs. 3 EStG: Stolperstein bei grenzüberschreitenden Gewinnausschüttungen in Inboundfällen, BB 2017, 2007; *Geurts/de Vries*, Umsetzung der Mutter/Tochterrichtlinie in niederländisches Recht, DB 1992, 2367; *Gjems-Onstad*, The EEA Agreement and Taxation, ET 1995, 210; *Gonnella*, Mindesbesitzzeiten des Schachtelprivilegs nach Umsetzung der Mutter/Tochterrichtlinie ins deutsche Recht, DB 1993, 1693; *Gosch*, Über das Treaty Overriding, IStR 2008, 413; *Graham*, United Kingdom – The EC Parent-Subsidiary Directive and UK Advance Corporation Tax: Abuse by the Tax Authorities?, ET 1992, 353; *Grimm*, European Commission: Proposal to Amend EC Parent-Subsidiary Directive, 10 Colum. J. Eur. L. 153 (Fall, 2003); *Grotherr*, International relevante Änderungen durch das Richtlinien-Umsetzungsgesetz, IWB 2005/2, Fach 3 Gruppe 2, 1157; *Grund*, Grundprobleme der Steuerharmonisierung und des internationalen Steuerrechts, StuW 1965, 392; *Gudmundsson*, European Tax Law in the Relations with EFTA Countries, Intertax 2006, 58; *Gusmeroli/Russo*, Italian Thin Capitalization Rules, Tax Treaties and EC Law: Much Ado About Something, Intertax 2004, 493; *Gutmann*, France: Pending Cases, in

Lang/Pistone/Rust/Schuch/Staringer/Storck (Hrsg.), CJEU – Recent Developments in Direct Taxation 2016, Wien 2017, 53; *Gutmann/Hinnekens*, The Lankhorst-Hohorst case. The ECJ finds German thin capitalization rules incompatible with freedom of establishment, EC Tax Rev. 2003, 90; *Gutmann/Perdelwitz/Raingeard de la Blétière/Offermanns/Schellekens/Gallo/Grant Hap/van Doorn-Olejnicka*, European Union – The Impact of the ATAD on Domestic Systems: A Comparative Survey, ET 2017, 2; *Haarmann/Schüppen*, Die Entscheidung des EuGH vom 17.10.1996 zur Mutter-/Tochterrichtlinie – ein „historisches Ereignis" wirft Schatten, DB 1996, 2569; *Hagemann/Kahlenberg*, Sekundärrechtliche Reaktionen auf aggressive Steuerplanungsaktivitäten – Änderung der Mutter-Tochter-Richtlinie, IStR 2014, 840; *Hahn*, Geht der EuGH bei der Auslegung der Mutter-Tochter-Richtlinie einen Schritt zu weit?, IStR 2002, 248; *Hahn*, Nießbrauch an Gesellschaftsrechten und Steuerbefreiung nach Maßgabe der Mutter-Tochter-Richtlinie, EWS 2010, 22; *Hahn*, Von kleinen Aktiengesellschaften, sociétés par actions simplifiées und anderen Raritäten – der Anwendungsbereich der Mutter-Tochter-Richtlinie nach „Gaz de France", EWS 2010, 176; *Halasz/Kloster*, Fortschreitende Europäisierung des Rechts grenzüberschreitender Unternehmenszusammenschlüsse, DStR 2004, 1324; *Hamaekers*, Corporate Tax Policy and Competence of the European Community: An EC Tax Convention with Non-Member States?, ET 1990, 358; *Harris*, The European Community's Parent-Subsidiary Directive, 9 Fla. J. Int'l L. 111 (1994); *Haug-Adrion*, Die Harmonisierung der direkten Unternehmensbesteuerung in der EG, in Eisele/Zimmermann (Hrsg.), Steuerrecht im Wandel, FS zum 10-jährigen Bestehen der Fachhochschule für Finanzen Baden-Württemberg, Stuttgart 1989, 272; *Haunold/Tumpel/Widhalm*, EuGH: Mindestbehaltedauer für Begünstigungen aufgrund der Mutter-/Tochter-Richtlinie, SWI 1996, 556; *Haunold/Stangl/Tumpel*, EuGH: Quellensteuerbefreiung nach der Mutter-Tochter-Richtlinie unabhängig von Ansässigkeit der Gesellschafter der Muttergesellschaft, SWI 2018, 95; *Häuselmann/Ludemann*, Besteuerung von verbundenen Unternehmen: Richtlinien-Umsetzungsgesetz und EG-Amtshilfe-Anpassungsgesetz, RIW 2005, 123; *Hausner*, Source and Residence aspects in the amended parent subsidiary directive, in Aigner, H.-J./Loukota, W. (Hrsg.), Source Versus Residence in International Tax Law (2005), 487; *Hein*, Luxembourg Implements the EC Directives, 4 Int'l Tax Rev. 34 (Nov. 1992); *Heinrich*, Der EuGH als „Motor" der Harmonisierung der direkten Steuern im Binnenmarkt? Eine kritische Hinterfragung anhand des Beispiels des § 10 KStG, ÖStZ 2002, 554; *Heinrich*, Die Vermeidung einer steuerlichen Mehrfachbelastung von Gewinnen intransparenter Personengesellschaften nach der Mutter-Tochter-Richtlinie, in Urnik/Fritz-Schmied/Kanduth-Kristen (Hrsg.), Steuerwissenschaften und betriebliches Rechnungswesen, FS H. Kofler, Wien 2009, 83; *Helbing/Wetli*, Zinsbesteuerungsabkommen Schweiz-EU – Art. 15 Zinsbesteuerungsabkommen, Der Schweizer Treuhänder 2006, 81 (Teil 1); *Helbing/Wetli*, Der Schweizer Treuhänder 2006, 959 (Teil 2); *Helminen*, Classification of Cross-Border Payments on Hybrid Instruments, BIFD 2004, 56; *Helminen*, Dividend equivalent benefits and the concept of profit distribution of the EC Parent-Subsidiary Directive, EC Tax Rev. 2000, 161; *Helminen*, Is There a Future for CFC-regimes in the EU?, Intertax 2005, 117; *Helminen*, National Report Finland, in Lang/Aigner/Scheuerle/Stefaner (Hrsg.), CFC Legislation, Tax Treaties and EC Law, Wien 2004, 191; *Helminen*, The Dividend Concept in International Tax Law, Alphen aan den Rijn 1999; *Helminen*, The International Tax Law Concept of Dividend, Alphen aan den Rijn 2010; *Henckaerts*, Recent Developments in Corporate Taxation in the European Communities en Route to the Establishment of the Internal Market, 13 N.Y.L. Sch. J. Int'l & Comp. L. 47 (1992); *Herlinghaus*, Entfaltung einer eigenen wirtschaftlichen Tätigkeit i.S.d. § 50d Abs. 1a EStG 1990/1994, EFG 2006, 896; *Herzig/Dautzenberg*, Steuergestaltung und Steuerharmonisierung im Binnenmarkt, DB 1992, 1; *Heuberger/Oesterhelt*, Verständigungsvereinbarung mit Frankreich zu Art. 15 Abs. 1 (ZBstA), SteuerRevue 2007, 165; *Hey*, Recent Developments in German Tax Law, 21 Tax Planning Int'l Rev. 16 (Aug. 1996); *Heyvaert*, Belgium's Dividends Received Deduction Under Fire (Again), 55 Tax Notes Int'l 749 (Aug. 31, 2009); *Heyvaert*, Court Ruling May Prompt Changes to Belgian Dividends-Received Deduction Rules, 31 Tax Notes Int'l 43 (July 7, 2003); *Heyvaert/De Broe*, Belgian Dividends Received Deduction Illegal, ECJ AG Says, 50 Tax Notes Int'l 539 (May 19, 2008); *Hinny*, Überblick über das Zinsbesteuerungsabkommen zwischen der Schweiz und der EU, ecolex 2006, 353; *Hintsanen/Pettersson*, Finland: Supreme Administrative Court Rules on Taxation of Dual Resident Companies, ET 2004, 192; *Hirschler/Sulz*, Die internationale Schachtelbeteiligung nach dem Abgabenänderungsgesetz 1996, SWI 1997, 216; *Hofbauer-Steffel*, Das Erfordernis eines Rechtsformvergleichs für EU-Körperschaften im Rahmen des internationalen Schachtelprivilegs, taxlex 2008, 382; *Höfner*, Die Mindestbesitzzeit nach § 44d Abs. 2 EStG – Ein Verstoß gegen die EG-Mutter-/Tochterrichtlinie, RIW 1997, 53; *Holfeuer*, Austria – Tax Laws Adapted to EC Regime, ET 1995, 23; *Höppner*, Ausländische Holdinggesellschaften mit deutschen Einkünften – Die neue Missbrauchsregelung in § 50d Abs. 1a EStG, IWB 1996/3, Fach 3 Gruppe 3, 1153; *Höppner*, Die EG-Steuerharmonisierung, EuR 1977, 122; *Hörnschemeyer/Lühn*, Gestaltungsüberlegungen zur internationalen Rechtsformwahl in der EU nach der Änderung der Mutter-Tochter-Richtlinie, GmbHR 2005, 1397; *Huber/Hausmann/Jaeger/Bruelisauer/Hull/Schreiber/Preisig*, Switzerland Issues Long Awaited Guidelines on Swiss-EU Intra-

Group Dividends Agreement, 16 JOIT 8 (Oct. 2005); *Hügel*, Internationales Schachtelprivileg: Mindestbeteiligungszeit richtlinienwidrig, RdW 1996, 544; *Hull*, EC Parent Subsidiary Directive in Switzerland, Der Schweizer Treuhänder 3/2005, 178; *Hull*, Switzerland and European Union – Tax Treatment of Intra-Group Cross-Border Dividends, BIFD 2006, 73; *Hull*, The EC Parent-Subsidiary Directive in Switzerland – Swiss Outbound Dividends, BIFD 2005, 63; *Ilhi/Malmer/Schoneville/Tuominen*, Dividend taxation in the European Union, in IFA (Hrsg.), Trends in company/shareholder taxation: single or double taxation?, CDFI LXXXVIIIa (2003) 71; *IMN*, Mittelbare Quellenbesteuerung nur bei Ausschüttungen von Tochtergesellschaften ins EU-Ausland verstößt gegen Mutter-Tochter-Richtlinie, FR 2001, 1119; *IMN*, Mutter-Tochter-Richtlinie verbietet zusätzliche Dividendenbesteuerung unter anderem Namen und anderer rechtlicher Konstruktion neben der begrenzten Zulässigkeit von Quellensteuern, FR 2000, 882; *Inland Revenue*, EC direct tax measures on cross-border mergers, parent/subsidiary companies; convention for arbitration in transfer pricing disputes – A Consultative Document (Dec. 1991); *Jahn*, Auslegung einer Freistellungsbescheinigung nach § 50d EStG, PIStB 2007, 178; *Jann*, The Implementation of EC Direct and Indirect Tax Directives in Austrian Tax Law, EC Tax Rev. 1995, 142; *Jann/Toifl*, EuGH-Entscheidung zur Behaltefrist nach der Mutter-/Tochter-Richtlinie, SWI 1996, 483; *Jansen*, KBC Bank NV en Beleggen, Risicokapitaal, Beheer NV. EC law precludes Belgian exemption method for profits received by a Belgian company from its subsidiary in another Member State. ECJ, H&I 2009/10, 5; *Jaun/Stählin*, Gemeinsames Steuersystem der Mutter- und Tochtergesellschaften in der EU – Vorschlag zur Änderung der Mutter-Tochter-Richtlinie 90/435/EWG, Der Schweizer Treuhänder 12/2003, 1135; *Jesse*, Richtlinien-Umsetzungsgesetz – EURLUmsG: Anpassung des § 43b EStG (Kapitalertragsteuerbefreiung) an die geänderte Mutter-Tochter-Richtlinie, IStR 2005, 151; *Jorewitz*, Anwendung der Mutter-Tochter-Richtlinie auf französische Einfache Aktiengesellschaft vor dem Jahr 2005? (Anmerkung zum Beschluss des FG Köln 23.5.2008, 2 K 3527/02), IStR 2008, 600; *Joseph*, Australia: Controlled Foreign Companies and the EU Parent-Subsidiary Directive, DFI 2005, 110; *Jung*, Art. 15 of the Switzerland-EC Savings Tax Agreement: Measures Equivalent to Those in the EC Parent-Subsidiary and the Interest and Royalties Directives – A Swiss Perspective, ET 2006, 112; *Jung*, Verbot der rechtsmissbräuchlichen Steuerumgehung – Auslegung und Anwendung von Art. 15 ZBstA, Der Schweizer Treuhänder 2006, 90; *Kahlenberg*, Es steht fest: § 50d Abs. 3 EStG a.F. verstößt gegen Unionsrecht, IWB 2018, 145; *Kaye*, European Tax Harmonization and the Implications for U.S. Tax Policy, 19 B.C. Int'l & Comp. L. Rev. 109 (1996); *Kempf/Gelsdorf*, Umsetzung der Mutter-Tochter-Richtlinie in deutsches Steuerrecht – eine alte Kamelle, IStR 2011, 173; *Kergall*, Double taxation: an assessment of the last EC proposals in the light of existing regimes as implemented by national laws and bilateral treaties, Intertax 1990, 447; *Kerschner*, Der Zeitpunkt der Dividendenrealisierung, SWK 2013, 823; *Kessler*, Die Gesellschafter-Fremdfinanzierung im Spannungsfeld zum Recht der Doppelbesteuerungsabkommen und Europarecht, DB 2003, 2507; *Kessler*, Weiterentwicklung des Deutschen und Internationalen Steuerrechts, IStR 2004, 810 (Teil I); *Kessler*, IStR 2004, 841 (Teil II); *Kessler/Eicke*, Treaty-Shopping – Quo vadis? Kritische Anmerkungen zu § 50d Abs. 3 EStG-E, IStR 2006, 577; *Kessler/Eicker/Obser*, Die Schweiz und das Europäische Steuerrecht – Der Einfluss des Europäischen Gemeinschaftsrechts auf das Recht der direkten Steuern im Verhältnis zu Drittstaaten am Beispiel der Schweiz, IStR 2005, 658; *Kessler/Philipp/Egelhof*, Applying the EU Parent-Subsidiary and Merger Directives to Gibraltar Companies, 68 Tax Notes Int'l 477 (Oct. 29, 2012); *Kessler/Sinz*, Änderung der Mutter-Tochter-Richtlinie: Ende der „Quellensteuerfalle" im Verhältnis zu Frankreich absehbar, IStR 2004, 789; *Kesti*, Sweden – EC Tax Law Implementation and 1991 Tax Reform Revival, ET 1995, 69; *Kirchmayr/Kofler*, Beteiligungsertragsbefreiung und Internationale Steuerarbitrage, GES 2011, 449; *Kischel*, Zuständigkeit des EuGH bei rein nationalen Sachverhalten und Auslegung der Missbrauchsbestimmung der sog. Fusionsrichtlinie, IWB 1997/16, Fach 11a, 207; *Klar*, Anmerkung zu EuGH 22.12.2008 – Rs. C-48/07 (Les Vergers du Vieux Tauves SA), GeS 2009, 150; *Klauson*, ECJ Sides With Estonia in Burda Case, 51 Tax Notes Int'l 154 (July 14, 2008); *Kleemann*, Richtlinienshopping: Voraussetzungen für die KESt-Entlastung nach § 94a EStG, ÖStZ 1997, 114; *Knobbe-Keuk*, Die beiden Unternehmenssteuerrichtlinien – Insbesondere die Missbrauchsklauseln und die Mängel der deutschen Umsetzung, EuZW 1992, 336; *Knobbe-Keuk*, The EC corporate tax directives – anti-abuse provisions, direct effect, German implementation law, Intertax 1992, 485; *Knobbe-Keuk/Thömmes/Schön*, Vorlagebeschlüsse des FG Köln vom 19.9.1994 (6 K 1327/93, 6 K 763/93, 6 K 1024/93) betr. die Auslegung der Mutter-Tochter-Richtlinie, JbFfSt 1995/1996, 79; *Kofler*, Bosal: Abzugsverbot für Beteiligungsaufwendungen verstößt gegen die im Lichte der Niederlassungsfreiheit ausgelegte Mutter-Tochter-RL, ÖStZ 2003, 554; *Kofler*, Capital Gains on Shares and EU Law: The Income Tax Directives, in Maisto (Hrsg.), Taxation of Capital Gains on Shares under Domestic Law, EU Law and Tax Treaties, Amsterdam 2014, 57; *Kofler*, Das Verhältnis zwischen primärem und sekundärem Unionsrecht im direkten Steuerrecht, in Lang/Weinzierl (Hrsg.), Europäisches Steuerrecht, FS für Friedrich Rödler (2010) 433; *Kofler*, Doppelbesteuerungsabkommen und Europäisches Gemeinschaftsrecht (2007); *Kofler*, EuGH zu Unterkapitalisierungsregeln, GeS 2003, 33; *Kofler*, Fruchtgenuss und internationales Schachtelprivileg, SWI 2008, 513; *Kofler*, Mutter-Tochter-Richtlinie – Kommentar, Wien 2011; *Kofler*, „Hybride Finanzinstrumente" in der Mutter-Tochter-RL, ZFR 2014, 214; *Kofler*, Océ van der Grinten: Gestattet die Mutter-Tochter-RL eine abkommensrechtlich vorgesehene Quellenbesteuerung?, ÖStZ 2004, 28; *Kofler*, Steuergestaltung im Europäischen und Internationalen Recht, in Hüttemann (Hrsg.), Gestaltungsfreiheit und Gestaltungsmissbrauch im Steuerrecht, DStJG 33, Köln 2010, 213; *Kofler*, The Relationship Between the Arm's-Length Principle in the OECD Model Treaty and EC Tax Law, JOIT 2005/1, 32; *Kofler*, JOIT 2005/2, 34; *Kofler*, The Relationship between the Fundamental Freedoms and Directives in the Area of Direct Taxation, DPTI 2009, 471; *Kofler/Kofler, H.*, Betriebsstätten in der Mutter-Tochter-Richtlinie, in Quantschnigg/Wiesner/Mayr (Hrsg.), Steuern im Gemeinschaftsrecht, FS Nolz, Wien 2008, 53; *Kofler/Renner*, Mutter-Tochter-Richtlinie: „Offenkundigkeit" einer verdeckten Ausschüttung nach § 94 Z 2 EStG, BFG Journal 2016, 43; *Kofler/Tenore*, Fundamental Freedoms and Directives in the Area of Direct Taxation, in Weber (Hrsg.), Traditional and Alternative Routes to European Tax Integration, Amsterdam 2010, 311; *Kofler/Tumpel*, „Abuse" in Direct and Indirect Community Tax Law: A Convergence of Standards?, in Lang/Melz/Kristoffersson (Hrsg.), Value Added Tax and Direct Taxation, Amsterdam 2009, 471; *Kofler/Tumpel*, Double Taxation Conventions and European Directives in the Direct Tax Area, in Lang/Schuch/Staringer (Hrsg.), Tax Treaty Law and EC Law, Wien 2007, 191; *Kokott*, Das Steuerrecht der Europäischen Union, München 2018; *Kolb*, Übergang der Schweiz zum Verfahren der Entlastung an der Quelle bei Dividenden im Mutter-Tochter-Verhältnis, IWB 2005/3, Fach 5 Gruppe 2, 587; *Kollruss*, Dual Resident Companies and the Implementation of the Parent-Subsidiary Directive by Germany in Light of European Union Secondary Legislation and Primary Law: An Analysis and Review, EC Tax Rev. 2012, 183; *Konezny/Züger*, Ist die internationale Schachtelbeteiligung „europatauglich"?, SWI 2000, 218; *Körner*, § 8a KStG n.F. – Darstellung, Gestaltungsmöglichkeiten, Europarechtsinkonformität, IStR 2004, 217 (Teil I); *Körner*, IStR 2004, 253 (Teil II); *Körner*, Das „Bosal"-Urteil des EuGH – Vorgaben für die Abzugsfähigkeit der Finanzierungsaufwendungen des Beteiligungserwerbs, BB 2003, 2436; *Körner*, The ECJ's Lankhorst-Hohorst Judgment – Incompatibility of Thin Capitalization Rules with European Law and Further Consequences, Intertax 2003, 162; *Kotschnigg*, Der Einfluss des EG-Rechts auf das materielle Steuerrecht, ÖStZ 1996, 328; *Kraft*, EuGH kippt deutsche Anti-Treaty-Shopping-Vorschrift – eine Zwischenbilanz, NWB 2018, 473; *Krebs*, Die Harmonisierung der direkten Steuern für Unternehmen in der EG, BB 1990, 1945; *Kriegbaum*, New Provisions to the Merger Directive and the Parent/Subsidiary Directive, 19 Tax Planning Int'l Rev. 35 (Apr. 1992); *Kypris*, European Communities: Implementation of the Parent-Subsidiary Directive in the Member States – Greece, ET 1992, 147; *Laghmouchi*, Netherlands: Issues Arising under the Decrees on the Tax Treatment of Foreign (Hybrid) Entities, BIFD 2006, 81; *Lamensch/van Thiel*, The Elimination of Double Taxation of Dividends in the EU: Cobelfret Means the End of Belgium's Final Taxation, Intertax 2009, 473; *Lamers/Stevens*, Classification of Foreign Entities and Classification Conflicts: Netherlands' Developments, Intertax 2005, 240; *Lampert*, Belgische Fairness Tax: Vereinbarkeit mit Art. 49 ff. AEUV sowie Art. 4 Abs 3 und Art. 5 Mutter-Tochter-Richtlinie, ISR 2017, 297; *Langbein/Rosenbloom*, The direct investment tax initiatives of the European Community: a view from the United States, Intertax 1990, 452; *Lawall*, Besteuerung von Ausschüttungen aus dem EK 02 bei gebietsfremden Anteilseignern – Vereinbarkeit mit Gemeinschaftsrecht, IStR 2006, 496; *Lawall*, Die Folgen des EuGH-Urteils Athinaiki für die bisherige deutsche Dividendenbesteuerung, IStR 2002, 204; *Lehis/Klauson/Pahapill/Uustalu*, Compatibility of the Estonian Corporate Income Tax System with the Community Law, Intertax 2008, 389; *Lieber*, Ausschluss der Kapitalertragsteuererstattung bei Zwischenschaltung einer funktionslosen Holdinggesellschaft, IWB 2006/12, Fach 3 Gruppe 3, 1433; *Liebman/Patten*, Review of EC Tax Developments, ET 1991, 364; *Linn/Pignot*, EuGH-Vorlage zur aktuellen Fassung des § 50d Abs. 3 EStG, IWB 2017/21, 826; *Lobis*, Italien: Steuerliche Behandlung von Dividenden im EU-Raum, IStR 1994, Beiheft 11/1994, 2; *Loughlin*, Ireland Merges Domestic and EC Tax Treatment, 4 Int'l Tax Rev. 15 (Dec. 1992/Jan. 1993); *Lüdicke*, Der missratene § 50d Abs. 3 Satz 1 EStG i.d.F. des BeitrRLUmsG, IStR 2012, 81; *Lüdicke*, Zum BMF, Schr. v. 24.1.2012: Entlastungsberechtigung ausländischer Gesellschaften (§ 50d Abs. 3 EStG), IStR 2012, 148; *Ludwig*, Mutter-Tochter-Richtlinie und zwischengeschaltete Personengesellschaft – richtlinienwidrige Umsetzung?, RdW 1997, 752; *Lühn*, Körperschaftsteuerpflichtige Personengesellschaften in der EU – eine attraktive Alternative zur Kapitalgesellschaft nach der Änderung der Mutter-Tochter-Richtlinie? IWB 2004/10, Fach 11 Gruppe 2, 635; *Lurie*, Adoption of the EC Parent Subsidiary and Mergers Directive by the United Kingdom, 19 Tax Planning Int'l Rev. 10 (Feb. 1992); *Lytras*, Dual resident companies and the Interest and Royalties, Merger and Parent-Subsidiary Directives, in Hofstätter/Plansky (Hrsg.), Dual Residence in Tax Treaty Law and EC Law, Wien 2009, 415; *Maisto*, Current Issues on the Interpretation of the Parent-Subsidiary Directive, in Weber (Hrsg.), EU Income Tax Law: Issues for the Years Ahead, Amsterdam 2013, 1; *Maisto*, EC Court's interpretation of the Parent-Subsidiary Directive under the Denkavit case, Intertax 1997, 180; *Maisto*, Proposal for an EC Exemption of Capital Gains Realized by Parent Companies of Member States, ET 2002, 28; *Maisto,* Shaping EU Company Tax Policy: Amending the Tax Directives, ET 2002, 287; *Maisto,* Status and perspectives of harmonization and co-ordination if company taxation in the European Community, in Referate für den 1. Europäischen Juristentag, Baden-Baden 2001, 165; *Maisto,* The 2003 amendments to the EC Parent-Subsidiary Directive: what's next?, EC Tax Rev. 2004, 164; *Maisto,* The implementation of the EC parent-subsidiary directive in Italy, Intertax 1992, 502; *Maisto/van den Bruinhorst,* Netherlands-Italy – Taxation of Cross-border Dividends, ET 1993, 286; *Manganelli,* European Communities: Implementation of the Parent-Subsidiary Directive in the Member States – Italy, ET 1992, 151; *Manganelli,* Italy – Parent-Subsidiary Directive Ready for Implementation, ET 1992, 397; *Manganelli,* Italy – Tax Treaty and Anti-avoidance Implications of the Implementation of the Parent-Subsidiary Directive, ET 1993, 333; *Manke,* Unternehmensbesteuerung in der EG – 1. Teil, ZGR 1992, 333; *Marchgraber,* Cross-Border Tax Arbitrage, the Parent-Subsidiary Directive (2011/96) and Double Tax Treaty Law, BIT 2016, 123; *Marquard/Kläs,* Grenzüberschreitende Kooperation von Unternehmen am Beispiel Deutschlands und Luxemburgs, DB 1992, 1951; *Marres/De Groot,* The General Anti-Abuse Clause in the Parent-Subsidiary Directive, in Weber (Hrsg.), EU Law and the Building of Global Supranational Law: EU BEPS and State Aid, Amsterdam 2017, 225; *Mavraganis,* Greece: The Implementation of the Mergers and the Parent-Subsidiary Directives and the Ratification of the Arbitration Convention, Intertax 1994, 129; *McGregor,* Implementation of the European Community Parent Subsidiary Directive in France, Italy, and Spain, 19 Tax Planning Int'l Rev. 3 (July 1992); *McGregor,* Implementation of the European Community Parent Subsidiary Directive in the various Member States, BTR 1992, 131; *Meerpohl,* Die Mutter-/Tochter-Richtlinie der Europäischen Gemeinschaft und ihre Umsetzung in das Recht der Mitgliedstaaten, Frankfurt 1998; *Meier,* Europe in 1992: A U.S. Tax Perspective, BIFD 1991, 328; *Meiisel/Bokeloh,* Neuere Erkenntnisse für die Anwendung primären und sekundären EU-Rechts aus der Rechtssache Burda?, DB 2008, 2160; *Melkonyan/Schade,* Kein sekundärrechtlicher Schutz für Dividendenausschüttungen an den transparenten Teilbereich von EU-Mutterkapitalgesellschaften?, FR 2018, 120; *Merks,* Dutch Dividend Withholding Tax in Corporate Cross-border Scenarios, Dividend Stripping and Abuse-of-law, Intertax 2003, 450 (Part I); *Merks,* Intertax 2004, 51 (Part II); *Meussen,* Bosal Holding Case and the Freedom of Establishment: A Dutch Perspective, ET 2004, 59; *Meussen,* Denkavit Internationaal: The Practical Issues, ET 2007, 244; *Michielse,* Anti-Avoidance Provisions in the EC Directives, in Shipwright, Tax Avoidance and the Law (1997) 361; *Michielse,* EU Harmonization – An Obstacle for New Initiatives in Drafting Corporate Income Tax Systems, National Tax Association – Tax Institute of America, Proceedings of the Annual Conference on Taxation (Washington) 2002, 236; *Milders/McGregor,* Double taxation. EEC law. Netherlands. Subsidiary companies, BTR 1993, 426; *Mocka,* Die Mutter-Tochter-Richtlinie, finanzreform 2005, 25; *Moore,* European Communities: Implementation of the Parent-Subsidiary Directive in the Member States – Ireland, ET 1992, 148; *Moore,* European Communities: Implementation of the Parent-Subsidiary Directive in the Member States – United Kingdom, ET 1992, 177; *Morgan,* UK Implements Directive in Fits and Starts, 3 Int'l Tax Rev. 15 (Mar. 1992); *Moschovakos,* Greece – Implementation of Amendments to the Parent-Subsidiary Directive, 8 Tax Planning Int'l EU Focus 4 (Apr. 30, 2006); *Muller,* The Netherlands – Implementation of the Amended Parent/Subsidiary Directive, 7 Tax Planning Int'l EU Focus 7 (May 27, 2005); *Muller,* The Netherlands – State Secretary Responds to Questions on Parent/Subsidiary Directive, 7 Tax Planning Int'l EU Focus 9 (Oct. 31, 2005); *Muller,* Wijn Issues Decree on Implementing EU Parent-Subsidiary, 37 Tax Notes Int'l 148 (Jan. 10, 2005); *Muray,* European Direct Tax Harmonization – Progress in 1990, ET 1991, 74; *Muten,* Die Betriebsstättensteuer und die Mutter/Tochtergesellschaft-Richtlinie, IStR 1995, 564; *Mutén,* Schweden: Die Umsetzung der Fusions- und der Mutter-/Tochter-Richtlinie, IStR1995, Beihefter 3/1995, 3; *Muyldermans/De Haen/Eynatten,* Understanding Belgium's participation exemption, 13 Int'l Tax Rev. 43 (May 2002); *Narraina,* European Tax Directives: Impact on Belgian Coordination Centers, 18 Tax Planning Int'l Rev. 13 (July 1991); *Nascimento,* The International Business Centre of Madeira: Profile, Tax Incentives and Perspectives, ET 2007, 74; *Nijs/Thömmes,* EC Tax Scene: EU Commission Tables Proposal for Amendment to Parent-Subsidiary Directive, Intertax 2003, 558; *Nikolopoulos,* The implementation of the Parent-Subsidiary Directive in Greece, EC Tax Rev. 2002, 13; *Novak-Stief,* Falsa demonstratia (non) nocet: Mutter-Tochter-Richtlinie und nationale Einkommensteuern, ELR 2000, 279; *O'Grady,* High Court Refers Double Taxation Issue to ECJ, 21 Tax Notes Int'l 2281 (Nov. 13, 2000); *O'Shea,* ECJ Rules Dissolution of a Company Not the Same as Liquidation, 69 Tax Notes Int'l 675 (Feb. 18, 2013); *O'Shea,* French Profit Tax Rules Compatible With Directive, ECJ Says, 51 Tax Notes Int'l 724 (Sept. 1, 2008); *O'Shea,* ECJ Interprets Parent-Subsidiary Directive in *Burda,* 51 Tax Notes Int'l 471 (Aug. 11, 2008); *Oberson,* Agreement between Switzerland and the European Union on the Taxation of Savings – A Balanced „Compromis Helvétique", BIFD 2005, 108; *Obluda/Tulp,* Die Umsetzung der Mutter-/Tochter-Richtlinie in den Niederlanden, IWB 4/1992, Fach 5, Gruppe 2, 205; *Obser,* § 8a KStG im Inbound-Sachverhalt – eine EG-rechtliche Beurteilung, IStR 2005, 799; *Oes-*

terhelt/Winzap, Quellensteuerbefreiung von Dividenden, Zinsen und Lizenzen durch Art. 15 Zinsbesteuerungsabkommen, Archiv für Schweizerisches Abgaberecht 449 (2006), 8; *Oldiges*, Wirkungen und Rechtfertigung des pauschalen Abzugsverbots gem. § 8b Abs. 5 KStG, DStR 2008, 533; *Oliver*, The Parent-Subsidiary Directive of 23 July 1990: A United Kingdom Perspective, EC Tax Rev. 2001, 211; *Öner*, Is Tax Avoidance the Theory of Everything in Tax Law? A Terminological Analysis of EU Legislation and Case Law, EC Tax Rev. 2018, 96; *oV*, Implementation of the Merger and Parent-Subsidiary Directives, ET 1991, 377; *Overgaard*, Legislation – Denmark: Parent/Subsidiary Directive, The Mergers Directive, EC Tax Rev. 1992, 256; *Pahapill*, Estonia Proposes Amendment to EU Parent-Subsidiary Directive, 37 Tax Notes Int'l 145 (Jan. 10, 2005); *Palacios/García Cortázar*, European Communities: Implementation of the Parent-Subsidiary Directive in the Member States – Spain, ET 1992, 174; *Panayi, HJI*, Treaty Shopping and Other Tax Arbitrage Opportunities in the European Union: A Reassessment – Part 2, ET 2006, 139; *Pedersen/Schultz*, Action 6: Are the Anti-Abuse Rules EU Compatible?, ET 2017, 323; *Peeters/Van de Vijver*, ECJ Rules on Compatibility of Belgian Participation Exemption Regime with EC Parent-Subsidiary Directive, EC Tax Rev. 2009, 146; *Pflüger*, FG Köln: Keine höhere Quellensteuer-Entlastung bei im Drittland ansässigen Gesellschaftern, PIStB 2002, 102; *Picq*, „Abuse" of EU Holding Companies: Fundamental Freedoms, EC Parent-Subsidiary Directive and the French Constitution, ET 2009, 471 (Part 1); *Picq*, ET 2009, 534 (Part 2); *Pinetz*, Der Begriff der Liquidation in Art. 4 Abs. 1 RL 90/435/EWG über das gemeinsame Steuersystem der Mutter- und Tochtergesellschaften verschiedener Mitgliedstaaten („Mutter-Tochter-Richtlinie"), ecolex 2013, 469; *Pinetz/Plansky*, Einschränkung der Voraussetzungen für die KESt-Entlastung an der Quelle?, SWI 2017, 189; *Polatzky/Goldschmidt/Schuhmann*, § 50d Abs. 3 EStG 2007 unionsrechtswidrig – das Ende der deutschen Anti-Treaty-/Directive-Shopping-Regelung?, DStR 2018, 641; *Preisig/Huber/Hull/Helbing/Staehlin*, Swiss Source Intra-Group EU Dividends under Scrutiny, 17 JOIT 11 (Mar. 2006); *Prym*, Richtlinie über das gemeinsame Steuersystem für Mutter/Tochter Gesellschaften verschiedener Mitgliedsstaaten in der EWG, AG 1971, 263; *Quaghebeur*, Belgian Participation Exemption Adapted in Accordance with Cobelfret, 54 Tax Notes Int'l 557 (May 18, 2009); *Quaghebeur*, ECJ Judgment in KBC Bank Not Just a Repeat of Cobelfret, 55 Tax Notes Int'l 97 (July 13, 2009); *Quaghebeur, Oce van der Grinten NV* – the wrong answer to the wrong question?, BTR 2004, 88; *Raby*, National Implementation of the Parent-Subsidiary Directive: Some Problems and Opportunities Identified, EC Tax Rev. 1992, 216; *Rädler*, Do National Anti-Abuse Clauses Distort the Internal Market?, ET 1994, 311; *Rädler/Lausterer/Blumenberg*, Steuerlicher Missbrauch und EG-Recht, DB 1996, Beilage 3/96 zu Heft 6; *Rädler/Lausterer/Blumenberg*, Tax abuse and EC law, EC Tax Rev. 1997, 86; *Rainer*, Behaltefrist und Quellensteuerreduzierung nach der Mutter-Tochter-Richtlinie – Der steuer- und europarechtliche Rahmen der EuGH-Vorlagen des FG Köln, EWS 1995, 137; *Rainer*, ECJ AG Mengozzi Opines on Compliance of Old German Imputation System with EC Parent-Subsidiary Directive, Intertax 2008, 240; *Rainer*, EuGH: § 8a I Nr. 2 KStG europarechtswidrig, EuZW 2003, 79; *Rainer*, European Court of Justice Rules on Parent-Subsidiary Directive, 13 Tax Notes Int'l 1411 (Oct. 28, 1996); *Rainer/Sohier*, AG Sharpston Opines Belgian DRD Incompatible with EC Parent-Subsidiary Directive, Intertax 2008, 415; *Rainer/Thoemmes/Tomsett*, Amendment to Parent-Subsidiary Directive Adopted, Intertax 2004, 203; *Rehm/Nagler*, Anmerkungen zum nachstehenden EuGH-Urteil „Burda" S. 515, IStR 2008, 511; *Rehm/Nagler*, Anwendung der Mutter-Tochter-Richtlinie auf französische Einfache Aktiengesellschaft vor dem Jahr 2005? (Anmerkung zum Beschluss des FG Köln 23.5.2008, 2 K 3527/02), IStR 2008, 597; *Rehm/Nagler*, Gewinnverwendung: Auslegung einer Freistellungsbescheinigung und Zuflusszeitpunkt von Dividenden. Gemeinschaftsrechtmäßigkeit einer Quellensteuer auf inländische Dividenden gebietsfremder Muttergesellschaften, GmbHR 2007, 711; *Rehm/Nagler*, Gewinnverwendung: Körperschaftsteuererhöhungen bei inländischer Tochtergesellschaft mit (gebietsfremder) EU-Muttergesellschaft aufgrund Verwendung von EK 02, GmbHR 2008, 828; *Richardson*, The Hoechst and Pirelli Cases: The Adventures of an Innocent Abroad or the Curious Case of the Foreign Parents and the Missing Credit, BTR 1998, 283; *Rigaut*, Anti-Tax Avoidance Directive (2016/1164): New EU Policy Horizons, ET 2016, 497; *Richter*, Frankreich: Avoir fiscal, Précompte mobilier, wie lange noch ...?, IStR 2002, 726; *Riedweg/Heuberger*, Die Quellensteuerbefreiung von Dividenden, Zinsen und Lizenzgebühren nach Art. 15 Zinsbesteuerungsabkommen, FStR 2006, 29 (Teil 1); *Riedweg/Heuberger*, FStR 2006, 110 (Teil 2); *Rief*, Denkavit, Vitic, Vormeer und die vorläufige Besteuerung internationaler Beteiligungserträge, FJ 1997, 4; *Rief/Toifl*, Richtlinienwidrige Umsetzung der Mutter-/Tochter-Richtlinie?, SWI 1995, 104; *Ritter*, Das Steueränderungsgesetz 1992 und die Besteuerung grenzüberschreitender Unternehmenstätigkeit, BB 1992, 361; *Ritzer/Stangl*, Zwischenschaltung ausländischer Kapitalgesellschaften – Aktuelle Entwicklungen im Hinblick auf § 50d Abs. 3 EStG und § 42 AO, FR 2006, 757; *Robert*, The New French 3 % Withholding Tax on Profit Distributions: A Minefield for the French Government, ET 2013, 115; *Röhrbein*, EuGH-Urteil Denkavit Internationaal BV: Bedeutung für die deutsche Kapitalertragsteuer und für deutsche Unternehmen mit Auslandsbeteiligungen, RIW 2007, 194; *Rolle*, Is corporate income tax a withholding tax? Some comments on the Athinaïki Zythopoiia case, EC Tax Rev. 2003, 36; *Romanelli*, The French Anti-Abuse Rule Implementing the EU Parent-Subsidiary Directive (90/435) is Contrary to EU Law, ET 2018, 38; *Rousselle/Liebman*, The Doctrine of the Abuse of Community Law: The Sword of Damocles Hanging over the Head of EC Corporate Tax Law?, ET 2006, 559; *Rubbens*, Madeira and Gibraltar Holding Companies and their Status under the Parent-Subsidiary Directive, EC Tax Journal 1995/1996, 145; *Russo*, Partnerships and Other Hybrid Entities and the EC Corporate Direct Tax Directives, ET 2006, 478; *Russo/Morabito*, Parent-subsidiary directive: Discussion of a controversial position taken by the Italian tax authorities, ET 2002, 501; *Rust*, Gaz de France. FG Köln requests a preliminary ruling about the Parent-Subsidiary Directive. FG Köln, H&I 2008, 69; *Rust*, Hinzurechnungsbesteuerung, München 2007; *Rust*, National Report Germany, in Lang/Aigner/Scheuerle/Stefaner (Hrsg.), CFC Legislation, Tax Treaties and EC Law, Wien 2004, 255; *Rytöhonka*, EU Enlargement – Compatibility of the Tax Systems of Applicant States with EC Direct Taxation – Finland, ET 1994, 130; *Saß*, Die Fusionsrichtlinie und die Mutter/Tochterrichtlinie, DB 1990, 2340; *Saß*, Grundsatzentscheidung des EuGH zur Mutter-/Tochterrichtlinie, DB 1996, 2316; *Sass*, Implementation of the EC Merger and Parent/Subsidiary Directives and the Arbitration Convention, 20 Tax Planning Int'l Rev. 3 (July 1993); *Saß*, Körperschaftsteuerreform und Mutter-/Tochter-Richtlinie der EG, BB 1986, 1195; *Saß*, Neuere Entwicklungen bei Mutter-/Tochter-Beziehungen in der EG, DB 1994, 1589; *Sass*, The New EC Tax Directives on Mergers and Parent/Subsidiaries, 18 Tax Planning Int'l Rev. 3 (May 1991); *Saß*, Zu den steuerlichen EG-Richtlinienvorschlägen über die grenzüberschreitende Zusammenarbeit von Unternehmen, FR 1985, 344; *Saß*, Zu den steuerlichen EWG-Richtlinienentwürfen für Mutter-Tochtergesellschaften und für internationale Fusion im gemeinsamen Markt, RIW/AWD 1970, 533; *Schaffner*, Luxembourg responds to Denkavit case, 9 Int'l Tax Rev. 3 (Feb. 1998); *Schaffner/Dusemon*, Post-Denkavit changes in the Luxembourg tax legislation: the new parent-subsidiary rules, EC Tax Rev. 1998, 37; *Schelpe*, The Denkavit-Vitic-Voormeer case, EC Tax Rev. 1997, 17; *Schelpe*, Two New Proposals for a Directive Amending the ‚Merger' and ‚Parent-Subsidiary' Directives, EC Tax Rev. 1993, 200; *Schiefer/Quinten*, Die Umsetzung der Mutter-Tochter-Richtlinie in der EU, IWB 13/2013, 460; *Schnitger*, Urteil in den Rs. Deister Holding und Juhler Holding – das Ende des § 50d Abs. 3 EStG, IStR 2018, 169; *Schnitger*, Urteil des EuGH in der Rs. Lankhorst-Hohorst GmbH und Schlussantrag des Generalanwalts Alber in der Rs. Bosal Holding BV, IStR 2003, 51; *Schnitger*, Verstoßen Körperschaftsteuer-Erhöhung und Gesellschafter-Fremdfinanzierung gegen die Mutter/Tochter-Richtlinie? Auswirkungen der EuGH-Urteile „Epson", „Athinaïki" und „Océ van der Grinten" auf das deutsche Körperschaftsteuerrecht, GmbHR 2003, 1240; *Schnitger*, Vorabentscheidungsersuchen an den EuGH: Verpflichtung zur Berücksichtigung der besonderen Situation gebietsfremder Anteilseigner im Körperschaftsteuer-Anrechnungsverfahren bei der Regelung des § 28 Abs. 4 KStG 1996, FR 2006, 779; *Schnitger/Gebhardt*, Zweifelsfragen im Zusammenhang mit der Auslegung der sachlichen Entlastungsberechtigung gem. § 50d Abs. 3 EStG, ISR 2013, 202; *Schön*, Abuse of rights and European tax law, in Avery Jones/Oliver (Hrsg.), Comparative Perspectives on Revenue Law: Essays in Honour of John Tiley, Cambridge 2008, 75; *Schön*, Gestaltungsmissbrauch im europäischen Steuerrecht, IStR 1996, Beihefter zu Heft 2; *Schön*, Rechtsmissbrauch und Europäisches Steuerrecht, in Kirchhof/Nieskens (Hrsg.), FS für Wolfram Reiß zum 65. Geburtstag, Köln 2008, 571; *Schonewille*, Some questions on the Parent-Subsidiary-Directive and the Merger Directive, Intertax 1992, 13; *Schwarz*, Current Issues under European Community Law on Cross-Border Dividends, BIFD 2001, 46; *Schwarz*, European Corporate Group Structures and Financing: The Impact of European Court Decisions and European Legislative Developments, BIFD 2003, 514; *Schwerin*, Richtlinienvorschläge der Kommission zur direkten Besteuerung internationaler Zusammenschlüsse in der EWG, AG 1969, 344; *Sedemund*, Der EuGH verwirft eine wirtschaftliche Betrachtungsweise für die Anwendung der Mutter-Tochterrichtlinie, BB 2008, 1830; *Self*, Finance Bill Notes: EC Direct Tax Measures: Clauses 28, 34–35 and Clause 54, BTR 1992, 223; *Shalhav*, Netherlands: Interaction between the Participation Exemption and the Principle of Compartmentalization: Portfolio Investments in the New EU Accession Member States, ET 2005, 64; *Shelton/De Petter*, Implementation of the Parent/Subsidiary Directive in Belgian Domestic Law, 19 Tax Planning Int'l Rev. 3 (Jan. 1992); *Sidler/Wetli*, Bilaterale II – Vorteile aus dem Steuerpaket für die Schweiz, Der Schweizer Treuhänder 2005, 91; *Simader*, SWI-Jahrestagung: Zurechnung von Gewinnausschüttungen im Anwendungsbereich der Mutter-Tochter-Richtlinie, SWI 2010, 70; *Smit*, The Position of the EU Member States' Associated and Dependent Territories under the Freedom of Establishment, the Free Movement of Capital and Secondary EU Law in the Field of Company Taxation, Intertax 2011, 40; *Smit/van Weeghel*, European Communities: Implementation of the Parent-Subsidiary Directive in the Member States – Netherlands, ET 1992, 166; *Snel*, Bosal Holding Case – Landmark or Business as Usual?, ET 2003, 420; *Snel*, Non-Deductibility of Expenses Relating to the Holding of Foreign Participations: Preliminary Ruling Requested from ECJ, ET 2001, 403; *Snel*, Systems to Prevent Accumulation of Taxation in Parent-Subsidiary Relations, Intertax 2005, 527; *Sorabjee*, European Tax Policy: Mergers, Parent-Subsidiaries and Value-Added Tax, in Campbell (Hrsg.), International Tax Planning

(1995) 185; *Spengel/Golücke*, Gesellschafter-Fremdfinanzierung: Implikationen der EG-Rechtswidrigkeit von § 8a KStG für die Praxis und den Gesetzgeber, RIW 2003, 333; *Spierts*, Die niederländische Besteuerung hybrider Tochtergesellschaften, IWB 2005/7, Fach 5 Gruppe 2, 409; *Staribacher/Müller*, Die österreichische Mutter-Tochter-VO zwischen EU-Rechtswidrigkeit und möglicher nachträglicher Heilung, ÖStZ 2018, 88; *Staringer*, Verfahrensrecht und die Methoden zur Vermeidung der Doppelbesteuerung, in Gassner/Lang/Lechner (Hrsg.), Die Methoden zur Vermeidung der Doppelbesteuerung, Wien 1996, 207; *Staringer/Tüchler*, Die Quellensteuerfreiheit nach der Mutter-Tochter-Richtlinie und nach der Zinsen/Lizenzgebühren-Richtlinie und ihre Umsetzung in Österreich, in Lang/Schuch/Staringer (Hrsg.), Quellensteuern – Der Steuerabzug bei Zahlungen an ausländische Empfänger, Wien 2010, 281; *Stark/Jasper*, Methodische Überlegungen zu aktuellen Anwendungsproblemen des § 50d Abs. 3 und einer systemgerechten Neuregelung, IStR 2013, 169; *Stavropoulos*, ECJ: Greek Income Tax Provision is a Withholding within the Meaning of the Parent-Subsidiary Directive, ET 2002, 94; *Stavropoulos*, Greece: Income, Inheritance and Incentive Tax Legislation Reform, ET 2003, 133; *Stavropoulos*, The EC Parent-Subsidiary Directive and the Decision of the European Court of Justice in *Burda*, ET 2009, 150; *Stoschek/Peter*, § 50d Abs. 3 EStG – erste Rechtsprechung zu einer verfehlten Missbrauchsvorschrift – Vereinbarkeit von § 50d Abs. 3 EStG mit Europarecht?, IStR 2002, 656; *Suhrbier-Hahn*, Umsetzung von EU-Richtlinien in Deutschland sowie die Änderung weiterer Steuervorschriften, SWI 2005, 182; *Sunderman*, Netherlands – Participation Exemption Restricted in EU Situations, DFI 2002, 224; *Świtała*, Holding via a Partnership Ineligible for Exemption under the EC Parent-Subsidiary Directive, ET 2009, 386; *Świtała*, Withholding Tax Exemption and Right to Usufruct Shares in a Subsidiary Company, ET 2009, 337; *Szudoczky*, Gaz de France – Berliner Investissement SA. Concept of ‚company of a Member State', ECJ, H&I 2009/12, 43; *Szudoczky*, Gaz de France – Berliner Investissement SA. Is a French S.A.S. a ‚company of a Member State'? Advocate General, H&I 2009/9, 40; *Tardivy/Schiessl/Haelterman/Sunderman/Berner*, Parent subsidiary directive: the long reach of Athinaiki, 13 Int'l Tax Rev. 11 (Mar. 2002); *Tavares/Bogenschneider*, The New De Minimis Anti-Abuse Rule in the Parent-Subsidiary Directive: Validating EU Tax Competition and Corporate Tax Avoidance?, Intertax 2015, 484; *Traversa/Velden*, Belgium: Pending Cases, in Lang/Pistone/Rust/Schuch/Staringer/Storck (Hrsg.), CJEU – Recent Developments in Direct Taxation 2015, Wien 2016, 11; *Tenore*, Taxation of Dividends: A Comparison of Selected Issues under Article 10 OECD MC and the Parent-Subsidiary Directive, Intertax 2010, 222; *Tenore*, The Parent-Subsidiary Directive, in Lang/Pistone/Schuch/Staringer (Hrsg.), Introduction to European Tax Law on Direct Taxation[5], Wien 2018, 143; *ter Kuile*, Taxation, Discrimination and the Internal Market, ET 1992, 402; *Terra/Wattel*, European Tax Law[6], Alphen aan den Rijn 2012, 601 ff.; *Thömmes*, Auslegung und Anwendung von Missbrauchsverhütungsvorschriften im EG-Steuerrecht, in Haarmann (Hrsg.), Grenzen der Gestaltung im Internationalen Steuerrecht, Forum der Internationalen Besteuerung 4, Köln 1994, 27; *Thömmes*, Branch taxation in a single market, Intertax 1992, 65; *Thömmes*, Commentary on the Parent/Subsidiaries Directive: Chapter 6, in Thömmes/Fuks (Hrsg.), EC Corporate Tax Law (Amsterdam, Loseblatt); *Thömmes*, Deutsche Missbrauchsvorschriften im Lichte der neuesten EuGH-Rechtsprechung, JbFSt 1998/99, 94; *Thömmes*, EC tax directives: first implementation laws passed, Intertax 1991, 336; *Thömmes*, Europarechtliche Probleme aus der Praxis des Internationalen Steuerrechts, in Lehner/Thömmes et al. (Hrsg.), Europarecht und Internationales Steuerrecht, Münchener Schriften zum Internationalen Steuerrecht 19, München 1994, 29; *Thömmes*, European Communities: Implementation of the Parent-Subsidiary Directive in the Member States – Germany, ET 1992, 144; *Thömmes*, European Court of Justice decides case regarding implementation of Parent-Subsidiary Directive, Intertax 1997, 32; *Thömmes*, German draft legislation for the implementation if the EC tax directives – light and shadow, Intertax 1991, 535; *Thömmes*, German Legislator Implements Denkavit Decision, Intertax 1999, 81; *Thömmes*, Germany Implements Anti-Treaty Shopping Legislation which may also Affect the Application of the EC Parent/Subsidiaries Directive, Intertax 1994, 134; *Thömmes*, Harmonization of enterprise taxation in the EC, Intertax 1990, 208; *Thömmes*, Kapitalertragsteuerbefreiung nach der Mutter-Tochter-Richtlinie für Dividenden an eine französische SAS?, IWB 2009/15, Fach 11a, 1257; *Thömmes*, Keine Begünstigung der französischen SAS nach der Mutter-Tochter-Richtlinie, IWB 2009/20, Fach 11a, 1273; *Thömmes*, Kritische Anmerkungen zu den Änderungsvorschlägen der EG-Kommission zur Fusionsrichtlinie und zur Mutter-/Tochter-Richtlinie, IWB 1993, Fach 11, Gruppe 2, 203; *Thömmes*, Lessons to be learnt from Member States' implementation laws for the EC direct tax Directives, Intertax 1993, 266; *Thömmes*, Missbrauch und Missbrauchsverhütung aus EG-rechtlicher Sicht, in Gocke/Gosch/Lang (Hrsg.), Körperschaftsteuer – Internationales Steuerrecht – Doppelbesteuerung, FS für Franz Wassermeyer zum 65. Geburtstag (2008) 207; *Thömmes*, Neue steuerliche Maßnahmen zur Förderung der grenzüberschreitenden Unternehmenskooperation in der Europäischen Gemeinschaft, WPg 1990, 473; *Thömmes*, Stand der Umsetzung der EG-Steuerrichtlinien, IWB 4/1992, Fach 11, Gruppe 2, 197; *Thömmes*, Steuern: Förderung der Unternehmenskooperation in der Gemeinschaft, EWS 1990, 80; *Thömmes*, Steuerrecht, in Lenz (Hrsg.), EG Handbuch Recht im Binnenmarkt[2], Herne/Berlin, 561;

Thömmes, The European Dimension in International Tax Law, Intertax 1990, 464; *Thömmes*, Unvereinbarkeit des neuen § 8b Abs. 7 KStG mit der EG-Mutter-/Tochterrichtlinie, DB 1999, 500; *Thömmes/Eicker*, Limitation on Benefits: The German View, ET 1999, 9; *Thömmes/Nakhai*, Vorlage des BFH an den EuGH zur Anrechnung nicht gezahlter Körperschaftsteuer, zur Verletzung der Mutter-/Tochterrichtlinie bei Verrechnung mit dem EK 02 und zur Ausschüttung an Steuerausländer, DB 2006, 1539; *Tissot*, Änderungen der MTRL – Welcher Änderungsbedarf ergibt sich daraus für den österreichischen Steuergesetzgeber, GeS 2004, 244; *Tixier*, France – Implementation of Parent/Subsidiary and Merger Directives, EC Tax Rev. 1993, 138; *Trasberg*, Estonia: Tax Law Changed as Commission Deadline Approaches, 50 Tax Notes Int'l 898 (June 16, 2008); *Tredicine*, Italy: Withholding Tax on the Equalization Tax Refund in Breach of EC Law, ET 2002, 257; *Tumpel*, Beseitigung der Doppelbesteuerung von Dividenden, Zinsen und Lizenzgebühren innerhalb der EG, in Gassner/Lechner (Hrsg.), Österreichisches Steuerrecht und europäische Integration, Wien 1992, 163; *Tumpel*, Die Bedeutung der abkommensrechtlichen Ansässigkeit für die Mutter-Tochter-Richtlinie und die Fusionsrichtlinie, in Gassner/Lang/Lechner (Hrsg.), Doppelbesteuerungsabkommen und EU-Recht, Wien 1996, 181; *Tumpel*, Harmonisierung der direkten Unternehmensbesteuerung in der EU, Wien 1994, 242 ff.; *Tumpel*, Umsetzung der Mutter/Tochter-Richtlinie in Österreich, IStR 1995, 113; *Tumpel*, Vorschlag zur Änderung der Mutter/Tochter-Richtlinie und Fusionsrichtlinie, SWI 1993, 329; *Tumpel/Prechtl*, Die Grenzen steuerlicher Gestaltung in der Rechtsprechung des EuGH zum Sekundärrecht, in Lang/Schuch/Staringer (Hrsg.), Die Grenzen der Gestaltungsmöglichkeiten im Internationalen Steuerrecht, Wien 2009, 67; *Uustalu*, EU Accession and the Estonian Tax System, ET 2003, 162; *van den Broek*, Bosal Holding and the Confusion Surrounding the Territoriality Principle, ITPJ 2003, 116; *van den Hurk/Wagenaar*, The Far-Reaching Consequences of the ECJ Decision in Bosal and the Response of the Netherlands, BIFD 2004, 269; *van der Geld*, Some General Problems in the Implementation of the Parent-Subsidiary Directive, EC Tax Rev. 1992, 224; *van der Geld/Kleemans*, The Dutch participation exemption in a European perspective, EC Tax Rev. 2001, 72; *van der Helm*, Anti-Dividend-Stripping Rules in the Netherlands, 30 Tax Planning Int'l Rev. 24 (Dec. 2003); *van der Stok/Sunderman*, ECJ Clarifies Tax Treatment of Profit Distributions, 24 Tax Notes Int'l 443 (Oct. 29, 2001); *van Dijk/Rouwers*, Benelux adopts case-by-case approach, 3 Int'l Tax Rev. 9 (Mar. 1992); *van Dijk/Rouwers*, Benelux Adopts Case-by-Case Approach: An Update, 4 Int'l Tax Rev. 38 (Dec. 1992/Jan. 1993); *van Dongen*, Thin Capitalization Legislation and the EU Corporate Tax Directives, ET 2012, 20; *van Thiel/Ratträ/Meër*, Corporate Income Taxation and the Internal Market Without Frontiers – Adoption of the Mergers and Parent/Subsidiary Directive, ET 1990, 326; *Vanderhoydonck,/Verjans*, Belgium – Implementation of the EC Parent Subsidiary Directive, ET 1991, 286; *Vanderhoydonck/Verjans*, European Communities: Implementation of the Parent-Subsidiary Directive in the Member States – Belgium, ET 1992, 131; *Vanistendael*, Bosal?!, EC Tax Rev. 2003, 192; *Vanistendael*, Denkavit Internationaal: The Balance between Fiscal Sovereignty and the Fundamental Freedoms?, ET 2007, 210; *Vanistendael*, EU vs BEPS: Conflicting Concepts of Tax Avoidance, in Weber (Hrsg.), EU BEPS and State Aid, Amsterdam 2017, 249; *Vanistendael*, Joined Cases C-283/94, Denkavit Internationaal BV v. Bundesamt für Finanzen, C-291/94, VITIC Amsterdam BV v. Bundesamt für Finanzen, C-292/94, Voormeer BV v. Bundesamt für Finanzen, [1996] ECR I-5063, CML Rev. 1997, 1279; *Vanistendael*, Looking back: a decade of parent subsidiary directive – the case of Belgium, EC Tax Rev. 2001, 154; *Vanistendael*, Tax Policy Reform: The Implementation of the Parent/Subsidiary Directive in the EC – Comments on some Unresolved Questions, 5 Tax Notes Int'l 599 (Sept. 21, 1992); *Vanistendael*, The ECJ at the Crossroads: Balancing Tax Sovereignty against the Imperatives of the Single Market, ET 2006, 413; *Vanoppen*, Case C-294/99 Athinaiki Zithopiia AE v. Elliniko Dimosio (Greek State), 9 Colum. J. Eur. L. 167 (Fall 2002); *Vaudoyer*, France Clarifies the Parent-Subsidiary Rules, 3 Int'l Tax Rev. 45 (Sept. 1992); *Vikerkenttä*, The Implementation of the EC Tax Directives in Finnish Law, EC Tax Rev. 1995, 146; *Vock*, KESt-Abzug bei Zahlung von Konzerndividenden in die Schweiz, SWI 2007, 171; *Völker*, Kapitalverkehrsfreiheit für Drittstaatendividenden – Widerspruch zur BFH-Rechtsprechung oder Bestätigung des BFH durch den EuGH, Beschl. v. 4.6.2009?, IStR 2009, 705; *von Werder*, Unzulässige Anknüpfung der Mindestbesitzzeit nach § 44d EStG an die Entstehung der Kapitalertragsteuer bei Restgewinnausschüttungen an die frühere Muttergesellschaft, IStR 1994, 159; *Voss*, Europäisches und nationales Steuerrecht, StuW 1993, 155; *Vroom*, The Compatibility of the Netherlands Taxation of Dividends Derived by Foreign Shareholders with EC Law, ET 2009, 592; *Walsh*, Ireland – Parent/Subsidiary Directive, Merger Directive, EC Tax Rev. 1992, 199; *Watrin/Lühn*, Besteuerung von Genussrechten deutscher Emittenten mit im Ausland ansässigen Inhabern, IWB 2006/21 Fach 3, 483; *Wattel*, Red Herrings in Direct Tax Cases before the ECJ, LIEI 2004, 81; *Weber*, A closer look at the general anti-abuse clause in the Parent-Subsidiary Directive and the Merger Directive, EC Tax Rev. 1996, 63; *Weber*, Tax Avoidance and the EC Treaty Freedoms: A Study of the Limitations under European Law for the Prevention of Tax Avoidance (2005); *Weber*, The Bosal Holding Case: Analysis and Critique, EC Tax Rev. 2003, 220; *Weber*, The first steps of the ECJ concerning an abuse-doctrine in the field of harmonized direct taxes, EC Tax Rev. 1997, 22; *Weber*, The New Common Minimum Anti-Abuse Rule in the EU Parent-Subsidiary Directive: Background, Impact, Applicability, Purpose and Effect, Intertax 2016, 98; *Weber*, Proposal for a Common Anti-abuse provision and anti-hybrid loan arrangements in the Parent-Subsidiary Directive. European Commission, H&I 2017, 47; *Widhalm*, Die Umsetzung der Mutter/Tochter-Richtlinie in Österreich, in Gassner/Lang/Lechner (Hrsg.), Österreich – Der steuerrechtliche EU-Nachbar, München 1996, 89; *Wiedow*, Steuerharmonisierung bei den direkten Steuern: Stand, Perspektiven, Auswirkungen auf Doppelbesteuerungsabkommen, in Lehner/Thömmes et al. (Hrsg.), Europarecht und Internationales Steuerrecht, Münchener Schriften zum Internationalen Steuerrecht 19, München 1994, 45; *Wiedow*, To Withhold or Not to Withhold: Comments on Mr Boon's Article, ET 1994, 293; *Wilke*, Ausschüttungen spanischer Tochtergesellschaften, BB 1993, 834; *Williams*, The British reaction to the French package, Intertax 1991, 560; *Wiman*, The Implementation of EC Tax Measures in Swedish Law, EC Tax Rev. 1995, 151; *Wingert*, EG-Richtlinien über die grenzüberschreitende Zusammenarbeit von Unternehmen, SWI 1990, 39; *Zanotti*, Taxation of Inter-Company Dividends in the Presence of a PE: The Impact of the EC Fundamental Freedoms, ET 2004, 493 (Part I); *Zanotti*, ET 2004, 535 (Part II); *Zeitler/Jüptner*, Europäische Steuerharmonisierung und direkte Steuern, BB 1988, Beilage 17 zu Heft 32/1988; *Zöchling*, Austria – International Tax Changes, ET 1997, 267; *Zöchling*, EU Enlargement – Compatibility of the Tax Systems of Applicant States with EC Direct Taxation – Austria, ET 1994, 99; *Züger*, Missbrauch im europäischen Unternehmenssteuerrecht, in Gassner/Lang (Hrsg.), Besteuerung und Bilanzierung international tätiger Unternehmen, FS 30 Jahre Steuerrecht an der Wirtschaftsuniversität Wien, Wien 1998, 549; *Żukowski*, Estonian Corporate Income Tax and the European Union: The Implications, ET 2006, 128.

A. Entwicklung, Zielsetzung und Regelungskonzept

Die 1990 verabschiedete **MTR** befasst sich mit **grenzüberschreitenden Gewinnausschüttungen** zwischen EU-Gesellschaften. Aufgrund der zwischenzeitlichen zahlreichen Änderungen der **MTR** wurde sie im Jahr 2011 inhaltlich unverändert **kodifiziert**.[1] Die Richtlinie wurde aber auch in die Überlegungen zur Bekämpfung von **Steuerbetrug und Steuerhinterziehung**[2] und zur **aggressiven Steuerplanung**[3] einbezogen; ein Ende 2013 unterbreiteter **Vorschlag der Kommission zur Änderung der MTR**[4] befasst sich daher insbesondere mit einer allgemeinen Anti-Missbrauchsklausel und der Versagung der Befreiung für Ausschüttungen auf hybride Finanzinstrumente, wobei in der letztlich verabschiedeten ÄnderungsRL 2014[5] nur das Thema der hybriden Finanzinstrumente aufgegriffen wurde (Rz. 14.57). Schlussendlich wurde mit der ÄnderungsRL 2015[6] eine generelle Anti-Missbrauchsklausel in Form einer De-minimis-Missbrauchsvorschrift implementiert, die alle Mitgliedstaaten dazu verpflichtet, ein einheitliches Mindestschutzniveau gegen die missbräuchliche Inanspruchnahme der Richtlinie vorzusehen (Rz. 14.85 ff.).

14.1

Im **Verhältnis zur Schweiz** bestand mit **Art. 15 Abs. 1 des Zinsbesteuerungsabkommens (ZBstA)**[7] für grenzüberschreitende Gewinnausschüttungen eine vergleichbare, auf der Stammfassung der MTR basierende Regelung zur Entlastung von der Quellenbesteuerung.[8] Das ZBstA wurde mit dem Protokoll zur Änderung des Abkommens vom 27.5.2015[9] inhaltlich vollständig aufgehoben und durch ein Ab-

14.2

---

1 Richtlinie 2011/96/EU, ABl. EU 2011 Nr. L 345, 8.
2 Siehe den Aktionsplan in COM (2012) 711.
3 Siehe die diesbezügliche Empfehlung C(2012)8806.
4 COM (2013) 814 endg.
5 Richtlinie 2014/86/EU, ABl. EU 2014 Nr. L 219, 40.
6 Richtlinie (EU) 2015/121, ABl. EU 2015 Nr. L 21, 1.
7 ABl. EU 2004 Nr. L 385, 30.
8 Dazu ausführlich *Kofler*, MTR, ZBstA Rz. 1 ff.
9 ABl. EU 2015 Nr. L 333, 12. Das Änderungsprotokoll sieht neben den inhaltlichen Anpassungen u.a. auch die Änderung der Abkommensbezeichnung zu „Abkommen zwischen der Europäischen Union und der Schweizerischen Eidgenossenschaft über den automatischen Informationsaustausch über Finanzkonten zur Förderung der Steuerehrlichkeit bei internationalen Sachverhalten" vor.

kommen über den automatischen Informationsaustausch (Informationsaustauschabkommen) ersetzt. Im Zuge dessen wurde die Bestimmung des Art. 15 Abs. 1 ZBstA inhaltlich unverändert in Art. 9 Abs. 1 des Informationsaustauschabkommens übernommen.[1]

14.3 Die MTR soll unter gewissen Voraussetzungen durch die **Schaffung eines gemeinsamen Steuersystems** jede Benachteiligung der grenzüberschreitenden gegenüber der innerstaatlichen Zusammenarbeit zwischen Gesellschaften beseitigen und so die **Zusammenschlüsse von Gesellschaften auf Unionsebene erleichtern**.[2] Sie soll sicherstellen, „dass Gewinnausschüttungen einer in einem Mitgliedstaat ansässigen Tochtergesellschaft an ihre in einem anderen Mitgliedstaat ansässige Muttergesellschaft **steuerlich neutral sind**"[3]. Um dieses Ziel zu erreichen, sieht die MTR **zwei zentrale Maßnahmen** vor:

– Einerseits muss der **Ansässigkeitsstaat der Muttergesellschaft** (und allenfalls der Betriebsstättenstaat) zur **Vermeidung der wirtschaftlichen Doppelbesteuerung** grenzüberschreitende Gewinnausschüttungen der Tochtergesellschaft entweder von der Besteuerung freistellen (Art. 4 Abs. 1 Buchst. a MTR) oder eine indirekte Anrechnung gewähren (Art. 4 Abs. 1 Buchst. b MTR).

– Andererseits sieht Art. 5 MTR zur **Vermeidung der juristischen Doppelbesteuerung** vor, dass im **Staat der Tochtergesellschaft** bei der Gewinnausschüttung eine **Befreiung vom Steuerabzug an der Quelle** gewährt wird, die beschränkt steuerpflichtige Muttergesellschaft also im Staat der Tochtergesellschaft keiner Besteuerung mit ihren Dividenden unterliegt.

14.4 Die dem **OECD-MA** folgenden DBA vermeiden zwar idealtypisch durch Art. 10 i.V.m. Art. 23 des jeweiligen DBA eine juristische Doppelbesteuerung von Dividenden, nicht aber die **wirtschaftliche Doppelbesteuerung** der an die Muttergesellschaft ausgeschütteten Gewinne, die durch eine Besteuerung der Gewinne im Staat der Tochtergesellschaft einerseits und eine weitere Besteuerung der Ausschüttungen im Staat der Muttergesellschaft andererseits resultiert.[4] Viele Mitgliedstaaten haben zwar in ihren DBA oder in das nationale Recht diesbezügliche Regelungen (z.B. Schachtelprivilegien, indirekte Anrechnung) aufgenommen, allerdings bestehen nach wie vor im Abkommensnetz zwischen den Mitgliedstaaten Lücken. Die MTR schafft solcherart ein gemeinsames Steuersystem zur Vermeidung der wirtschaftlichen Doppelbesteuerung, das im Vergleich zur abkommensrechtlichen bzw. national-rechtlichen Behandlung aufgrund der Vereinheitlichung und der typischerweise weitreichenderen Begünstigungen eine signifikante Verbesserung für grenzüberschreitende Gruppen bedeutete. Ebenso sehen **DBA** zwar typischerweise eine Reduktion der **Quellensteuer** auf Dividenden vor,[5] jedoch auch bei Schachtelbeteiligungen oftmals keine vollständige Entlastung. Die Befreiung durch Art. 5 MTR ist daher notwendig, weil typischerweise grenzüberschreitende Ausschüttungen durch eine Quellensteuer im Vergleich zu rein nationalen Ausschüttungen einer zusätzlichen Steuerbelastung ausgesetzt wären, wenn im Staat der Muttergesellschaft wegen des Eingreifens des Anrechnungshöchstbetrages **keine oder zumindest keine vollständige Anrechnung** erfolgen kann;[6] hinzu würden die aus dem Abkommensrecht bekannten Probleme von Rückerstattungsverfahren treten. Vor diesem Hintergrund ist da-

---

1 Dazu *Anzinger*, ISR 2015, 320 (322).
2 So z.B. EuGH v. 22.12.2008 – C-48/07 – Les Vergers du Vieux Tauves, ECLI:EU:C:2008:758, Rz. 36; v. 12.2.2009 – C-138/07 – Cobelfret, ECLI:EU:C:2009:82, Rz. 28; v. 1.10.2009 – C-247/08 – Gaz de France, ECLI:EU:C:2009:600, Rz. 27; v. 24.6.2010 – C-338/08 und C-339/08 – ECLI:EU:C:2010:364, Rz. 23; v. 8.3.2017 – C-448/15 – Wereldhave Belgium u.a., ECLI:EU:C:2017:180, Rz. 25; v. 7.9.2017 – C-6/16 – Eqiom und Enka, ECLI:EU:C:2017:641, Rz. 20.
3 So z.B. EuGH v. 3.4.2008 – C-27/07 – Banque Fédérative du Crédit Mutuel, ECLI:EU:C:2008:195, Rz. 24; v. 1.10.2009 – C-247/08 – Gaz de France, ECLI:EU:C:2009:600, Rz. 27; v. 8.3.2017 – C-448/15 – Wereldhave Belgium u.a., ECLI:EU:C:2017:180, Rz. 25; v. 7.9.2017 – C-6/16 – Eqiom und Enka, ECLI:EU:C:2017:641, Rz. 20.
4 Für eine Diskussion dieser Frage s. Art. 23 Tz. 50 ff. OECD-MK.
5 Siehe z.B. Art. 10 Abs. 2 OECD-MA, wo eine Reduktion auf 5 % für Beteiligungen ab 25 % und im Übrigen eine Reduktion auf 15 % vorgesehen ist.
6 Vgl. etwa *de Hosson*, Intertax 1990, 414 (419 f.); *Herzig/Dautzenberg*, DB 1992, 1 (6); *Meerpohl*, Mutter-/Tochter-Richtlinie, S. 44 und 47; s. auch EuGH, Schlussanträge des Generalanwalts *Alber* v. 10.5.2001 –

her die Befreiung von der Quellenbesteuerung ein grundlegendes Element der in der Präambel angesprochenen **„Sicherung der steuerlichen Neutralität"**[1]: Denn einerseits steht eine Quellensteuer aufgrund der Präferenzierung inländischen Kapitals im Widerspruch zur **Kapitalimportneutralität**, andererseits wird eine Verwirklichung der **Kapitalexportneutralität** oftmals mangels einer vollständigen Anrechnung im Empfängerstaat unmöglich sein.[2]

Art. 2 MTR legt die Voraussetzungen fest, unter denen eine Gesellschaft als **Gesellschaft eines Mitgliedstaats** anzusehen ist.[3] Dafür müssen kumulativ[4] **drei Kriterien** erfüllt sein: Die Gesellschaft muss eine der im Anhang zur Richtlinie aufgeführten nationalen Rechtsformen aufweisen, sie muss in einem Mitgliedstaat – auch abkommensrechtlich – steuerlich ansässig sein und sie muss ohne Wahlmöglichkeit einer der in der Richtlinie angeführten nationalen Körperschaftsteuern unterliegen, ohne davon befreit zu sein. Art. 3 MTR regelt sodann die Frage, wann ein **qualifiziertes Mutter-Tochter-Verhältnis** vorliegt. Dafür ist ein bestimmtes Ausmaß einer **Kapital- oder Stimmrechtsbeteiligung** erforderlich; dieses war in der Stammfassung mit 25 % festgelegt und wurde nachfolgend sukzessive auf 10 % (ab 1.1.2009) abgesenkt. Nach Art. 3 Abs. 2 MTR steht es den Mitgliedstaaten frei, als weitere Anwendungsvoraussetzung eine maximal zweijährige **Mindestbehaltedauer** vorzusehen. Die **weiteren materiellen Bestimmungen** der Richtlinie haben heute nur mehr eingeschränkte Relevanz: Art. 6 MTR befasst sich mit der Quellenbesteuerung im Staat der Muttergesellschaft, Art. 7 MTR u.a. mit grenzüberschreitenden Steuergutschriften in körperschaftsteuerlichen Anrechnungssystemen.[5]

14.5

Die MTR äußert sich – anders als etwa Art. 1 Abs. 11 ff. ZiLiRL – nicht zu der Frage, ob bzw. inwieweit die Mitgliedstaaten den Steuerpflichtigen die **Erfüllung gewisser Formalpflichten als Voraussetzung für die Gewährung der Richtlinienbegünstigungen** (insbesondere einer Quellensteuerbefreiung) auferlegen können.[6] Ungeachtet der AmtshilfeRL (s. hierzu Rz. 25.15 ff.) und der – seit Mitte 2002 auch auf direktes Steuerrecht anwendbaren[7] – BeitreibungsRL (s. hierzu Rz. 25.61 ff.)[8] dürften Formalpflichten wie z.B. die Vorlage einer **Ansässigkeitsbescheinigung** oder anderer **Unterlagen zum Nachweis der Berechtigung** zur Erlangung z.B. einer Quellenentlastung jedoch im Prinzip weder auf grundfreiheitsrechtliche[9] noch auf richtlinienrechtliche Bedenken stoßen. Allerdings dürfen die Nachweiserfordernisse (etwa bei börsenotierten Muttergesellschaften) nicht überzogen sein und dadurch die **faktische Anwendbarkeit der Richtlinie** unverhältnismäßig einschränken.[10]

14.6

Historisch geht die MTR auf einen bereits **1969 erstatteten**[11] und **1985 abgeänderten**[12] Vorschlag der Kommission zurück, der allerdings – in stark modifizierter Form – **erst 1990 zur Verabschiedung**

14.7

C-294/99 – Athinaïki Zythopiia, ECLI:EU:C:2001:263, Rz. 25 f.; zum Einfluss der Grundfreiheiten s. *Kofler*, MTR, Einl. Rz. 8 ff.
1 Pkt. 5 der Präambel der Richtlinie 90/435/EWG, ABl. EG 1990 Nr. L 225, 6 ff.
2 Dazu auch *de Hosson*, Intertax 1990, 414 (419 f.).
3 EuGH v. 1.10.2009 – C-247/08 – Gaz de France, ECLI:EU:C:2009:600, Rz. 29; v. 8.3.2017 – C-448/15 – Wereldhave Belgium u.a., ECLI:EU:C:2017:180, Rz. 25.
4 EuGH v. 1.10.2009 – C-247/08 – Gaz de France, ECLI:EU:C:2009:600, Rz. 29; EuGH, Schlussanträge des Generalanwalts *Mazák* v. 25.6.2008 – C-247/08 – Gaz de France, ECLI:EU:C:2009:399, Rz. 27; v. 8.3.2017 – C-448/15 – Wereldhave Belgium u.a., ECLI:EU:C:2017:180 Rz. 25.
5 Dazu *Kofler*, MTR, Art. 6 Rz. 1 ff. und Art. 7 Rz. 8 ff.
6 Siehe zu dieser Frage *de Hosson*, Intertax 1990, 414 (427); *Farmer/Lyal*, EC Tax Law, 256 f.; *Meerpohl*, Mutter-/Tochter-Richtlinie, S. 101.
7 Siehe die Richtlinie 2001/44/EG, ABl. EG 2001 Nr. L 175, 17 – die nach ihrem Art. 2 Abs. 1 bis spätestens 30.6.2002 umzusetzen war.
8 Derzeit Richtlinie 2010/24/EU, ABl. EU 2010 Nr. L 84, 1.
9 Siehe etwa öVwGH v. 19.10.2006 – 2006/14/0109, ÖStZB 2007, 117; weiter EuGH v. 3.10.2006 – C-290/04 – Scorpio, ECLI:EU:C:2006:630, Rz. 56 ff.
10 *Farmer/Lyal*, EC Tax Law, 256 f.
11 KOM (69) 6 endg., abgedruckt in ABl. EG 1969 Nr. C 39, 7 ff.
12 KOM (85) 360 endg.

der Richtlinie führte.[1] Die Stammfassung der Richtlinie wies allerdings zahlreiche **Schwächen** auf. Ein erster, teilweise auf den Empfehlungen des Ruding-Berichts[2] basierender **Vorschlag der Kommission im Jahr 1993** zur Ausdehnung der Richtlinie auf weitere Gesellschaftsformen und zur Verbesserung des Anrechnungsmechanismus bei tiefer strukturierten Konzernen blieb jedoch erfolglos,[3] wenngleich die Kommission ihre Aktivität in diesem Bereich auch nachfolgend aufrechterhalten hat.[4] Abgesehen von **Anpassungen aufgrund des Beitrittes weiterer Mitgliedstaaten**[5] führte erst **ein im Jahr 2003 erstatteter Vorschlag**[6] zur Anpassung der Stammfassung der Richtlinie. Diese ÄnderungsRL 2003[7] beinhaltete im Wesentlichen vier Änderungskomplexe: Eine Erweiterung **der Liste von erfassten Gesellschaftsformen**, eine sukzessive **Absenkung des Beteiligungsschwellenwerts auf 10 %**, die Vermeidung der Doppelbesteuerung im Falle von **mehrstufigen Konzernen** und schließlich die Ausdehnung des Anwendungsbereiches der MTR auf gewisse **Betriebsstättensituationen**. Diese Änderungen waren für Ausschüttungen ab dem **1.1.2005** von den Mitgliedstaaten in nationales Recht umzusetzen, unabhängig davon, wann die zugrunde liegenden Gewinne entstanden sind.[8] Eine im Jahr **2008** von der Kommission vorgeschlagene **Kodifizierung der MTR**[9] wurde zunächst zwar nicht weiterverfolgt,[10] erfolgte aber letztlich doch im Jahr 2011.[11] Im Lichte des **Aktionsplanes zur Verstärkung der Bekämpfung von Steuerbetrug und Steuerhinterziehung**[12] und der **Kommissionsempfehlung betreffend aggressive Steuerplanung**[13] hat die Kommission Ende 2013 auch einen **Vorschlag zur Änderung der MTR**[14] unterbreitet, der neben einer Einschränkung der Steuerbefreiung im Fall von hybriden Finanzinstrumenten auch den Entwurf für eine generelle Anti-Missbrauchsbestimmung enthielt. In der darauf basierenden **ÄnderungsRL 2014** wurde zunächst lediglich das Thema der **hybriden Finanzinstrumente** aufgegriffen (Rz. 14.57).[15] Mit der ÄnderungsRL 2015[16] wurde schließlich auch eine – vom ursprünglichen Kommissionsvorschlag abweichende – generelle Anti-Missbrauchsklausel in die MTR aufgenommen.

14.8 In den Erläuterungen zum **Vorschlag für eine Verordnung des Rates über das Statut der Europäischen Privatgesellschaft**[17], die **Societas Privata Europaea (SPE)**, hat die Kommission ihre Absicht

---

1 Richtlinie 90/435/EWG, ABl. EG 1990 Nr. L 225, 6 ff.; berichtigt in ABl. EG 1990 Nr. L 266, 20 (Berichtigung von „eine" auf „keine" in Art. 6; s. *Kofler*, MTR, Art. 6 Rz. 1 mit Fn. 4); ferner in ABl. EG 1997 Nr. L 16, 98. Ausführlich zur Rechtsentwicklung und zum Hintergrund der damaligen Wirtschaftspolitik der Gemeinschaft s. *Kofler*, MTR, Einl. Rz. 30 ff. An der diesbezüglichen Harmonisierungskompetenz nach Art. 115 AEUV (früher: Art. 94 EG bzw. Art. 100 EGV) war zu diesem Zeitpunkt auch nicht mehr gezweifelt worden; s. z.B. *Anschütz*, 13 Harv. Int'l L. J. 1972, 1 (4 ff.); *de Hosson*, Intertax 1990, 414 (416); *Harris*, 9 Fla. J. Int'l L. 1994, 111 (127 ff.).
2 *Europäische Kommission*, Bericht des unabhängigen Sachverständigenausschusses zur Unternehmensbesteuerung (Ruding-Bericht), S. 14 und 214.
3 KOM (93) 293 endg., abgedruckt in ABl. EG 1993 Nr. C 225, 5 ff.; letztlich zurückgezogen durch KOM (2004) 542 endg., abgedruckt in ABl. EU 2005 Nr. C 75, 10.
4 Siehe z.B. die Mitteilung der Kommission „Ein Binnenmarkt ohne steuerliche Hindernisse", KOM (2001) 582 endg., 11.
5 Zu den Anpassungen aufgrund der Erweiterung und Besonderheiten der estnischen Beitrittsakte s. *Kofler*, MTR, Art. 9 Rz. 2.
6 KOM (2003) 462 endg.
7 Richtlinie 2003/123/EG, ABl. EU 2004 Nr. L 7, 41 ff.
8 Gegen eine temporale „compartmentalization" z.B. auch *Schonewille*, Intertax 1992, 13 (17); *Farmer/Lyal*, EC Tax Law, 256; *Merks*, Intertax 2003, 450 (458); *Kofler*, MTR, Art. 1 Rz. 32 f.
9 KOM (2008) 691 endg.
10 Dok. 11186/09 CODIF 75 (18.6.2009); dazu *Kofler*, MTR, Einl. Rz. 61.
11 Richtlinie 2011/96/EU, ABl. EU 2011 Nr. L 345, 8.
12 COM (2012) 711.
13 C(2012)8806.
14 COM (2013) 814 endg.
15 Richtlinie 2014/86/EU, ABl. EU 2014 Nr. L 219, 40.
16 Richtlinie (EU) 2015/121, ABl. EU 2015 Nr. L 21, 1.
17 KOM (2008) 396 endg.

angekündigt, den Anwendungsbereich der MTR auf die SPE ausdehnen zu wollen;[1] der Vorschlag einer SPE ist aber 2011 im Rat gescheitert[2] und wurde daraufhin von der Kommission zurückgezogen.[3] Im nachfolgend vorgelegten[4] und inzwischen wieder zurückgezogenen[5] alternativen Vorschlag für eine Richtlinie über Gesellschaften mit beschränkter Haftung mit einem einzigen Gesellschafter, der **Societas Unius Personae (SUP)**, fand sich hingegen kein ausdrücklicher Hinweis auf die steuerliche Behandlung. Weitere inhaltliche Änderungsvorschläge der Kommission zur MTR sind derzeit – soweit ersichtlich – nicht in Diskussion, wenngleich im Schrifttum aus rechtspolitischer Sicht etwa eine unionsrechtliche **Regelung der Besteuerung von Gewinnen aus Beteiligungsveräußerungen** in qualifizierten Mutter-Tochter-Verhältnissen gefordert wird.[6]

Die MTR ist an *alle* Mitgliedstaaten adressiert (Art. 9 MTR). Nach Art. 288 Abs. 3 AEUV (ex-Art. 249 Abs. 3 EG) ist eine Richtlinie „*für jeden Mitgliedstaat, an den sie gerichtet wird, hinsichtlich des zu erreichenden Ziels verbindlich, überlässt jedoch den innerstaatlichen Stellen die Wahl der Form und der Mittel*". Diese **Verpflichtung zur Umsetzung** in innerstaatliches Recht kommt auch in Art. 8 der Stammfassung der MTR,[7] Art. 2 der ÄnderungsR,[8] und in Art. 8 Abs. 2 der kodifizierten Richtlinie zum Ausdruck.[9] In zeitlicher Hinsicht wurden zuletzt Bulgarien und Rumänien mit 1.1.2007[10] und Kroatien mit 1.7.2013[11] in den Anwendungsbereich der Richtlinie einbezogen.

14.9

Die **Umsetzung der MTR im deutschen Steuerrecht** findet sich für die empfangende Muttergesellschaft in § 8b KStG,[12] für die ausschüttende Tochtergesellschaft in § 43b EStG (i.V.m. § 50d Abs. 3 EStG) (s. Rz. 14.89 ff.).

14.10

B. Anwendungsfragen bei der Umsetzung in innerstaatliches Recht

I. Anwendungsbereich

1. Überblick

Das System der MTR folgt einem eher technischen Ansatz: Ihr **Art. 1 Abs. 1** steckt i.V.m. **Art. 2 und 3** MTR den **mitgliedstaatsbezogenen persönlichen und sachlichen Anwendungsbereich** ab, während **Art. 4 und 5 MTR** die entsprechenden Rechtsfolgen – Entlastung von der wirtschaftlichen Doppelbelastung einerseits und Quellensteuerfreiheit andererseits – normieren. Die Stammfassung der Richtlinie nahm auf **Betriebsstätten** keinen expliziten Bezug, sondern normierte in Art. 1 Abs. 1 MTR lediglich, dass der **Staat der Muttergesellschaft** die Richtlinie auf Gewinnausschüttungen anwendet, „*die Gesellschaften dieses Staates von Tochtergesellschaften eines anderen Mitgliedstaats zufließen*" (Buchst. a) und

14.11

---

1 Siehe KOM (2008) 396 endg., 3.
2 Siehe Doc. 10547/11 PRESSE 146 (30. und 31.5.2011).
3 Siehe ABl. EU 2014 Nr. C 153, 6.
4 Siehe COM(2014) 212 final.
5 ABl. EU 2018 Nr. C 233, 6 f.
6 Siehe z.B. den kommentierten Textvorschlag von *Maisto*, ET 2002, 28 (28 ff.); dazu weiter *Kofler* in Maisto, Taxation of Capital Gains on Shares under Domestic Law, EU Law and Tax Treaties (2014), S. 57 ff.
7 Richtlinie 90/435/EWG, ABl. EG 1990 Nr. L 225, 6.
8 Richtlinie 2003/123/EG, ABl. EU 2004 Nr. L 7, 41.
9 Ausführlich zur Umsetzung in den Mitgliedstaaten und den entsprechenden Rechtsgrundlagen in den Beitrittsakten *Kofler*, MTR, Art. 9 Rz. 2. Für einen Überblick zur Umsetzung der MTR in der EU s. *Schiefer/Quinten*, IWB 13/2013, 460 (460 ff.).
10 Richtlinie 2006/98/EG, ABl. EU 2005 Nr. L 157, 203.
11 Richtlinie 2013/13/EU, ABl. EU 2013 Nr. L 141, 30.
12 Siehe auch § 9 Nr. 7 GewStG und dazu *Gosch* in Gosch[3], § 8b KStG Rz. 142; *Kempf/Gelsdorf*, IStR 2011, 173 (176 f.); *Schnitger* in Schnitger/Fehrenbacher[2], § 8b KStG Rz. 115 ff.

verpflichtete umgekehrt den **Staat der Tochtergesellschaft** zur Anwendung der Richtlinie *"auf Gewinnausschüttungen von Tochtergesellschaften dieses Staates an Gesellschaften anderer Mitgliedstaaten"* (Buchst. b). Erst durch die **ÄnderungsRL 2003**[1] wurden durch die Erweiterung des Art. 1 Abs. 1 MTR gewisse **Betriebsstättensituationen** in den Anwendungsbereich einbezogen. Ebenso wie andere Richtlinien im direkten Steuerrecht[2] enthält auch die MTR eine **"Anti-Missbrauchsklausel"**.[3] Mit der ÄnderungsRL 2015[4] wurde diese Anti-Missbrauchsklausel um eine sog. „De-minimis-Missbrauchsbekämpfungsvorschrift" ergänzt, welche die Mitgliedstaaten dazu verpflichtet, einen Mindeststandard für die Bekämpfung von Steuervermeidung vorzusehen (s. Rz. 14.85 ff.).

2. Persönlicher Anwendungsbereich

a) Überblick

14.12 Art. 1 Abs. 1 MTR bezieht sich auf Gesellschaften *"dieses Staates"* und jene *"anderer Mitgliedstaaten"* und meint damit die in Art. 2 MTR näher definierten *"Gesellschaft[en] eines Mitgliedstaats"*, wobei seit der ÄnderungsRL 2003 auch verschiedene **Betriebsstättensituationen** ausdrücklich erfasst sind. Art. 2 MTR normiert somit den **subjektiven Anwendungsbereich der Richtlinie**[5] und legt die Voraussetzungen fest, unter denen eine Gesellschaft als **Gesellschaft eines Mitgliedstaats** anzusehen ist.[6] Art. 3 MTR regelt sodann die Frage, wann ein **qualifiziertes Mutter-Tochter-Verhältnis** vorliegt. Dafür ist ein bestimmtes Ausmaß einer **Kapital- oder Stimmrechtsbeteiligung** erforderlich; dieses war in der Stammfassung mit 25 % festgelegt und wurde nachfolgend sukzessive auf 10 % (seit 1.1.2009) abgesenkt.[7] Den Mitgliedstaaten steht es jedoch frei, eine maximal zweijährige **Mindestbehaltedauer** vorzusehen.[8]

b) „Gesellschaft eines Mitgliedstaates"

aa) Überblick

14.13 Art. 2 MTR regelt den **subjektiven Anwendungsbereich der Richtlinie**[9] und legt die Voraussetzungen fest, unter denen eine Gesellschaft als **Gesellschaft eines Mitgliedstaats** anzusehen ist.[10] Dafür müssen kumulativ[11] **drei Kriterien** erfüllt sein: Die Gesellschaft muss eine der im Anhang zur Richtlinie aufgeführten **nationalen Rechtsformen** aufweisen (Art. 2 Buchst. a Ziff. i MTR), sie muss in einem Mitgliedstaat – auch abkommensrechtlich – **steuerlich ansässig** sein (Art. 2 Buchst. a Ziff. ii MTR) und sie muss ohne Wahlmöglichkeit einer der in der Richtlinie angeführten **nationalen Körperschaftsteuern** unterliegen, ohne davon befreit zu sein (Art. 2 Buchst. a Ziff. iii MTR); auf die **Ansässigkeit der Anteils-**

---

1 Richtlinie 2003/123/EG, ABl. EU 2004 Nr. L 7, 41 ff.
2 Siehe Art. 15 Abs. 1 der kodifizierten FusionsRL (früher: 11 Abs. 1) und Art. 5 ZiLiRL; weiter auch Art. 8 Abs. 1 der Schiedskonvention.
3 Dazu ausführlich *Kofler*, MTR, Art. 1 Rz. 61 ff.
4 Richtlinie (EU) 2015/121, ABl. EU 2015 Nr. L 21, 1.
5 EuGH v. 1.10.2009 – C-247/08 – Gaz de France, ECLI:EU:C:2009:600, Rz. 29.
6 EuGH v. 1.10.2009 – C-247/08 – Gaz de France, ECLI:EU:C:2009:600, Rz. 29.
7 Dazu *Kofler*, MTR, Art. 3 Rz. 14 ff.
8 Dazu *Kofler*, MTR, Art. 3 Rz. 31 ff.
9 EuGH v. 1.10.2009 – C-247/08 – Gaz de France, ECLI:EU:C:2009:600, Rz. 29.
10 EuGH v. 1.10.2009 – C-247/08 – Gaz de France, ECLI:EU:C:2009:600, Rz. 29; s. auch *Kofler*, MTR, Art. 1 Rz. 13 f.
11 Siehe nur EuGH v. 1.10.2009 – C-247/08 – Gaz de France, ECLI:EU:C:2009:600, Rz. 29; ebenso z.B. EuGH, Schlussanträge des Generalanwalts *Mazák* v. 25.6.2008 – C-247/08 – Gaz de France, ECLI:EU:C:2009:399, Rz. 27; EuGH v. 8.3.2017 – C-448/15 – Wereldhave Belgium u.a., ECLI:EU:C:2017:180, Rz. 25; weiter z.B. *Tumpel* in Gassner/Lang/Lechner, DBA und EU-Recht, S. 181 (187).

eigner der Muttergesellschaft kommt es hingegen nicht an.[1] Auf diese Definition der „Gesellschaft eines Mitgliedstaates" rekurrieren insb. Art. 1 Abs. 1 MTR, der sich auf Gesellschaften *„dieses Staates"* und jene *„anderer Mitgliedstaaten"* bezieht, und Art. 3 MTR, der für die Definition des qualifizierten Mutter-Tochter-Verhältnisses ebenfalls auf den Begriff der *„Gesellschaft eines Mitgliedstaats"* rekurriert. Durch die ausdrückliche **Einbeziehung von gewissen Betriebsstättensituationen** in den Anwendungsbereich der MTR wurde Art. 2 durch die ÄnderungsRL 2003[2] ergänzt und der **Begriff der Betriebsstätte** definiert.[3]

Die Mitgliedstaaten können selbstverständlich in ihrer nationalen Umsetzung auch **über Art. 2 MTR hinausgehen** und etwa auch andere Rechtsformen einbeziehen.[4] Die jeweils anderen Mitgliedstaaten sind diesfalls durch die Richtlinie jedoch **nicht zu reziproken Maßnahmen** verpflichtet, so dass eine Doppelbesteuerung weiter bestehen bleiben kann.[5] Wie nämlich auch der EuGH betont, zielt die MTR „nicht darauf ab, ein gemeinsames Steuersystem für alle Gesellschaften der Mitgliedstaaten oder für alle Arten von Beteiligungen einzuführen"[6].   14.14

Anders als **Art. 54 AEUV** enthält die **MTR kein Erfordernis der Gründung nach den Rechtsvorschriften eines Mitgliedstaats**. Allerdings erreichte die MTR dasselbe Ergebnis durch das **Kriterium der Auflistung spezifischer Rechtsformen** im Anhang. Nach Erweiterung des Anhangs durch die ÄnderungsRL 2003 und aufgrund der Beitritte weiterer Mitgliedstaaten finden sich dort auch eine Reihe offener Klauseln, die sich freilich i.d.R. nur auf **nach dem jeweiligen nationalen Recht gegründete Gesellschaften** beziehen.[7] Damit sind in einem **Drittstaat gegründete, doppelt-ansässige Gesellschaften** mit Geschäftsleitung in einem Mitgliedstaat unabhängig von der Abkommensrechtslage auch effektiv aus dem Anwendungsbereich der Richtlinie ausgeschlossen;[8] es ist insofern nicht geboten, etwa die Quellensteuerfreiheit auch auf Drittstaatsgesellschaften anzuwenden, die abkommensrechtlich in einem EU-Staat ansässig sind.[9]

Sowohl Art. 1 als auch Art. 2 Buchst. a MTR implizieren zunächst, dass eine Gesellschaft **nur einem einzigen Mitgliedstaat** als zugehörig angesehen werden kann (arg *„dieses Staates"*, *„eines anderen Mitgliedstaats"*, *„Gesellschaft eines Mitgliedstaats"*, *„einer der nachstehenden Steuern"* etc). Dies ist aber insofern zu relativieren, als **doppelt ansässige Gesellschaften**, bei denen die beiden typischerweise ansässigkeitsbegründenden Kriterien des Sitzes und des Ortes der Geschäftsleitung in zwei unterschiedlichen Staaten liegen, unstrittig ebenfalls von der Richtlinie erfasst sein können;[10] dies ergibt sich schon im Gegenschluss zur ausdrücklichen Disqualifikation von abkommensrechtlich in Drittstaaten ansässigen Gesellschaften durch Art. 2 Buchst. a Ziff. ii MTR. Eine Gesellschaft muss auch nicht in jenem Staat ansässig sein, nach **dessen Recht sie gegründet** wurde, um als „Gesellschaft eines Mitgliedstaates" zu   14.15

---

1 *Kofler*, MTR, Art. 2 Rz. 16; EuGH v. 7.9.2017 – C-6/16 – Eqiom und Enka, ECLI:EU:C:2017/641, Rz. 37; v. 20.12.2017 – C-504/16 und 613/16 – Deister Holding und Juhler Holding, ECLI:EU:C:2017:1009, Rz. 66.
2 Richtlinie 2003/123/EG, ABl. EU 2004 Nr. L 7, 41 ff.
3 Siehe dazu und zur Rechtsentwicklung *Kofler*, MTR, Art. 1 Rz. 35 ff.
4 *Boon/Lambooij*, 18 Tax Planning Int'l Rev. 6 (7) (Apr. 1991); *Raby*, EC Tax Rev. 1992, 216 (221); *Tumpel*, Harmonisierung der direkten Unternehmensbesteuerung in der EU, S. 250; *Helminen*, The International Tax Law Concept of Dividend, S. 77; ebenso zur ZiLiRL der Bericht der Kommission KOM (2009) 179 endg., 8.
5 *Tumpel* in Gassner/Lang/Lechner, DBA und EU-Recht, 181 (187).
6 EuGH v. 1.10.2009 – C-247/08 – Gaz de France, ECLI:EU:C:2009:600, Rz. 36; s. auch EuGH, Schlussanträge des Generalanwalts *Mazák* v. 25.6.2008 – C-247/08 – Gaz de France, ECLI:EU:C:2009:399, Rz. 31.
7 Dazu *Kofler*, MTR, Art. 2 Rz. 17 ff.
8 Siehe auch *Oliver*, EC Tax Rev. 2001, 211 (213 und 214); *Gusmeroli*, ET 2005, 39 (43 f.); *Lytras* in Hofstätter/Plansky, Dual Residence in Tax Treaty Law and EC Law, S. 415 (421, unklar jedoch 419 f.).
9 Für eine Quellensteuerbefreiung aber die österreichische Verwaltungspraxis in EAS 1760 = SWI 2001, 51 = ÖStZ 2001, 134, und EAS 1780 = SWI 2001, 146 = ÖStZ 2001, 243.
10 Dazu *Kofler*, MTR, Art. 2 Rz. 25 ff. m.w.N.

gelten;[1] insofern ist es auch nicht erforderlich, dass die Gesellschaft der **Körperschaftsteuer des Gründungsstaates** unterliegt, solange sie nur unter zumindest eine andere der in Art. 2 Buchst. a Ziff. iii MTR i.V.m. Anh I Teil B genannten Steuern fällt.[2]

bb) Rechtsformerfordernis

14.16 Um als „Gesellschaft eines Mitgliedstaats" zu gelten, muss die Gesellschaft erstens *„eine der im Anhang aufgeführten Formen"* aufweisen (Art. 2 Buchst. a Ziff. i MTR), widrigenfalls die Richtlinienbegünstigungen nicht offen stehen.[3] In diesem – insbesondere durch die ÄnderungsRL 2003 stark erweiterten, auch hybride Rechtsformen einbeziehenden – Anhang werden **verschiedene Regelungstechniken** verwendet:[4] Teilweise finden sich Generalklauseln, teilweise werden die Bezeichnungen der erfassten Rechtsformen ausdrücklich angegeben und teilweise werden sowohl ausdrücklich Rechtsformen angegeben als auch eine allgemeine Öffnungsklausel („**Blankettregelungen**") bereitgestellt.[5] Beschränkt sich die jeweilige Bestimmung im Anhang auf die exakten **Bezeichnungen der nationalen Rechtsformen**, bedeutet dies nach der Rechtsprechung des EuGH in der Rechtssache **Gaz de France**, *„dass die fraglichen Bezeichnungen abschließend aufgezählt werden"*[6]. Die Anwendung dieser Richtlinie kann daher auch *„nicht im Wege der Analogie auf andere Arten von Gesellschaften [...] ausgedehnt werden, mögen sie auch vergleichbar sein"*[7], selbst wenn die fragliche nationale Rechtsform erst nach der Verabschiedung der Richtlinie eingeführt wurde.[8] Ausdrücklich erfasst sind seit der ÄnderungsRL 2003 freilich die **Europäische Gesellschaft (SE)** und die **Europäische Genossenschaft (SCE)**.[9]

14.17 Der EuGH folgt bei der **Auslegung des Anhanges** im Hinblick auf die ausdrücklich bezeichneten Rechtsformen offenbar einem **formalen Ansatz** und stellt auf die **Bezeichnung der Rechtsform im nationalen Recht** und nicht auf den variierenden Realtypus der jeweiligen Rechtsform ab;[10] solcherart wurde etwa in der Rechtssache **Aberdeen** eine SICAV luxemburgischen Rechts, bei der es sich im Kern um eine Aktiengesellschaft handelt, u.a. aufgrund der mangelnden Nennung im damaligen Anhang der Stammfassung nicht als qualifizierte Rechtsform angesehen.[11] Irrelevant ist hingegen, wie diese Rechts-

---

1 *Boon/Lambooij*, 18 Tax Planning Int'l Rev. 6 (7) (Apr. 1991); *Schonewille*, Intertax 1992, 13 (14); *Vanistendael*, 5 Tax Notes Int'l 599 (603) (Sept. 21, 1992); *Tumpel* in Gassner/Lechner, Österreichisches Steuerrecht und europäische Integration, S. 163 (169); *Tumpel*, Harmonisierung der direkten Unternehmensbesteuerung in der EU, S. 256 f.
2 *Fibbe*, EC Tax Rev. 2006, 95 (99 f.); *Tenore*, Intertax 2010, 222 (235 f.).
3 Siehe EuGH v. 18.6.2009 – C-303/07 – Aberdeen Property Fininvest Alpha, ECLI:EU:C:2009:377, Rz. 27; zu den grundfreiheitsrechtlichen Implikationen s. *Kofler*, MTR, Einl. Rz. 8 ff. und Einl. Rz. 84 ff.; sowie z.B. BFH 11.1.2012 – I R 25/10, BFHE 236, 318 = FR 2012, 524 m. Anm. *Klein/Hagena*.
4 Siehe zur Stammfassung EuGH v. 1.10.2009 – C-247/08 – Gaz de France, ECLI:EU:C:2009:600, Rz. 31.
5 Dazu ausführlich *Kofler*, MTR, Art. 2 Rz. 17 ff.; siehe auch *Kokott*, Das Steuerrecht der Europäischen Union, S. 293.
6 EuGH v. 1.10.2009 – C-247/08 – Gaz de France, ECLI:EU:C:2009:600, Rz. 32.
7 EuGH v. 1.10.2009 – C-247/08 – Gaz de France, ECLI:EU:C:2009:600, Rz. 43; ebenso auch EuGH, Schlussanträge des Generalanwalts *Mazák* v. 25.6.2008 – C-247/08 – Gaz de France, ECLI:EU:C:2009:399, Rz. 34 f. Dies vermag freilich nichts am grundfreiheitsrechtlichen Schutz zu ändern; s. *Kofler*, MTR, Einl. Rz. 84 ff.
8 Siehe konkret zur französischen „société par actions simplifiée" (SAS) EuGH v. 1.10.2009 – C-247/08 – Gaz de France, ECLI:EU:C:2009:600; s. nachfolgend auch FG Köln v. 28.1.2010 – 2 K 4220/03, BB 2010, 1194; nachfolgend BFH v. 11.1.2012 – I R 25/10, BFHE 236, 318 = FR 2012, 524 m. Anm. *Klein/Hagena*; ebenso zuvor bereits die Kommission in der Anfragebeantwortung ABl. EU 2004 Nr. C 78 E, 175 f.
9 *Kofler*, MTR, Art. 2 Rz. 12.
10 Dazu auch *Hahn*, EWS 2010, 176 (180).
11 EuGH v. 18.6.2009 – C-303/07 – Aberdeen Property Fininvest Alpha, ECLI:EU:C:2009:377, Rz. 27, wo der EuGH auf „Art. 2 Abs. 1 Buchst. a und c" (nunmehr Art. 2 Buchst. a Ziff. i und iii MTR) verweist; s. auch EuGH, Schlussanträge des Generalanwalts *Mazák* v. 18.12.2008 – C-303/07 – Aberdeen Property Fininvest Alpha, ECLI:EU:C:2008:742, Rz. 23.

formen aus der **Perspektive von Drittstaaten** – etwa im Falle einer Option zur transparenten Besteuerung – qualifiziert werden.

cc) Ansässigkeitserfordernis

Um als „Gesellschaft eines Mitgliedstaats" zu gelten, muss die Gesellschaft zweitens „*nach dem Steuerrecht eines Mitgliedstaats in Bezug auf den steuerlichen Wohnsitz* **als in diesem Staat ansässig und aufgrund eines mit einem dritten Staat geschlossenen DBA in Bezug auf den steuerlichen Wohnsitz nicht als außerhalb der Union ansässig** *betrachtet*" werden (Art. 2 Buchst. a Ziff. ii MTR). Der Begriff der „Ansässigkeit" korrespondiert mit jenem des Art. 4 OECD-MA[1] und rekurriert somit auf eine **unbeschränkte Steuerpflicht**;[2] als **ansässigkeitsbegründende Kriterien** kommen insbesondere der Sitz („Wohnsitz") und der Ort der Geschäftsleitung in Betracht. Der Verwendung des **„Wohnsitzes" in Art. 2 Buchst. a Ziff. ii MTR** als alleiniges Ansässigkeitskriterium kommt dabei **keine einschränkende Bedeutung** zu[3]; ebenso wenig wäre es zulässig, nur jene Gesellschaften als „ansässig" zu betrachten, die den Ort der Geschäftsleitung im betreffenden Staat haben.[4] Der persönliche Anwendungsbereich der MTR erstreckt sich somit auf Gesellschaften, die **nach dem nationalen Steuerrecht eines Mitgliedstaates in diesem als ansässig gelten**, selbst wenn zusätzlich eine Ansässigkeit innerhalb oder außerhalb der Union gegeben ist;[5] eine Grenze für die Doppelansässigkeit außerhalb der Union sieht jedoch Art. 2 Buchst. a Ziff. ii MTR insofern vor, als eine **abkommensrechtliche Ansässigkeit in einem Drittstaat** disqualifizierend wirkt.

14.18

Art. 2 Buchst. a MTR schließt **in der EU doppelt ansässige Gesellschaften** nicht vom Status als „Gesellschaft eines Mitgliedstaates" aus;[6] dies ergibt sich schon im **Gegenschluss zum zweiten Satzteil des Art. 2 Buchst. a Ziff. ii MTR**, da es andernfalls keines Ausschlusses des Spezialfalls jener doppelt ansässigen Gesellschaften bedürfte, die abkommensrechtlich in einem Drittstaat ansässig sind.[7] Erfasst sind daher – ungeachtet einer allfälligen abkommensrechtlichen Tie-Breaker-Regel i.S.d. Art. 4 Abs. 3 OECD-MA i.d.F. vor dem Update 2017 – in **EU-Situationen** alle Gesellschaften, die vom nationalen Steuerrecht als ansässig angesehen werden: Im Falle **doppelt ansässiger Muttergesellschaften** sind sowohl der Sitz- als auch der Geschäftsleitungsstaat zur Entlastung und der Staat der Tochtergesellschaft zum Verzicht auf die Quellenbesteuerung verpflichtet;[8] im Falle **doppelt ansässiger Tochtergesellschaften** sind beide Staaten zur Quellenbefreiung angehalten und der Staat der Muttergesellschaft zur Entlastung verpflichtet. Die **Abkommensrechtslage** zwischen den betroffenen Staaten hat in EU-Situationen **keine Auswirkung auf die Auslegung der Richtlinie**;[9] so bedeutet beispielsweise eine an Art. 4

14.19

---

1 Siehe auch *de Hosson*, Intertax 1990, 414 (428); *Farmer/Lyal*, EC Tax Law, 263; *Tumpel*, Harmonisierung der direkten Unternehmensbesteuerung in der EU, S. 250.
2 *De Hosson*, Intertax 1990, 414 (428); *Tumpel* in Gassner/Lang/Lechner, DBA und EU-Recht, S. 181 (188).
3 Siehe *Kofler*, MTR, Art. 2 Rz. 24; ebenso *Tumpel* in Gassner/Lechner, Österreichisches Steuerrecht und europäische Integration, S. 163 (167); *Tumpel*, Harmonisierung der direkten Unternehmensbesteuerung in der EU, S. 251.
4 Ebenso zur ZiLiRL der Bericht der Kommission KOM (2009) 179 endg., 7 f.
5 Siehe *Kofler*, MTR, Art. 2 Rz. 25 ff. m.w.N.; z.B. *Boon/Lambooij*, 18 Tax Planning Int'l Rev. 6 (7) (Apr. 1991); *Schonewille*, Intertax 1992, 13 (14 ff.); *Tumpel*, Harmonisierung der direkten Unternehmensbesteuerung in der EU, S. 251.
6 Siehe nur *Boon/Lambooij*, 18 Tax Planning Int'l Rev. 6 (7) (Apr. 1991); *Schonewille*, Intertax 1992, 13 (14 f.); *Raby*, EC Tax Rev. 1992, 216 (222); *Vanistendael*, 5 Tax Notes Int'l 599 (603) (Sept. 21, 1992); *Tumpel*, Harmonisierung der direkten Unternehmensbesteuerung in der EU, S. 256 ff.; *Harris*, 9 Fla. J. Int'l L. 1994, 111 (133); *Tumpel* in Gassner/Lang/Lechner, DBA und EU-Recht, S. 181 (181 ff.); *Oliver*, EC Tax Rev. 2001, 211 (215); *Bell*, DFI 2005, 18 (21); *Gusmeroli*, ET 2005, 39 (40 f. und 43 ff.).
7 *Tumpel* in Gassner/Lang/Lechner, DBA und EU-Recht, S. 181 (191).
8 *Tumpel*, Harmonisierung der direkten Unternehmensbesteuerung in der EU, S. 256; *Tumpel* in Gassner/Lang/Lechner, DBA und EU-Recht, S. 181 (191).
9 *Tumpel* in Gassner/Lang/Lechner, DBA und EU-Recht, S. 181 (191).

Abs. 3 OECD-MA i.d.F. vor dem Update 2017 orientierte Tie-Breaker-Regel zugunsten des Geschäftsleitungsstaates einer doppelt ansässigen Muttergesellschaft nicht, dass der Sitzstaat der Muttergesellschaft nicht mehr Ansässigkeitsstaat i.S.d. Art. 2 Buchst. a Ziff. ii MTR wäre.[1] Bereits durch das **Rechtsformenerfordernis des Art. 2 Buchst. a Ziff. i MTR** werden allerdings **in einem Drittstaat gegründete, doppelt ansässige Gesellschaften** mit Geschäftsleitung in einem Mitgliedstaat unabhängig von der Abkommensrechtslage effektiv aus dem Anwendungsbereich der Richtlinie ausgeschlossen.[2] Darüber hinaus nimmt der zweite Satzteil des **Art. 2 Buchst. a Ziff. ii MTR** explizit auf jene Situationen Bezug, in denen „*aufgrund eines mit einem dritten Staat geschlossenen Doppelbesteuerungsabkommens*" eine doppelt ansässige Gesellschaft „*in Bezug auf den steuerlichen Wohnsitz [...] als außerhalb der Union ansässig betrachtet*" wird. Dies ist im Falle einer dem **Art. 4 Abs. 3 OECD-MA i.d.F. vor dem Update 2017** nachgebildeten Regelung dann der Fall, wenn zwar der Sitz in einem Mitgliedstaat liegt, der Ort der Geschäftsleitung hingegen in einem Drittstaat. Seit dem Update 2017 sieht Art. 4 Abs. 3 OECD-MA anstelle einer automatischen Tie-Breaker-Regel die Festlegung der abkommensrechtlichen Ansässigkeit im Rahmen eines Verständigungsverfahrens zwischen den beiden Vertragstaaten vor. Da es nach dem Wortlaut des Art. 2 Buchst. a MTR entscheidend darauf ankommt, ob das Besteuerungsrecht des Mitgliedstaats eingeschränkt ist, wird daher im Fall von Art. 4 Abs. 3 OECD-MA i.d.F. des Updates 2017 nachgebildeten DBA die Anwendbarkeit der Richtlinie erst dann zu verneinen sein, wenn das Verständigungsverfahren mit einer Einigung zugunsten des Drittstaats abgeschlossen wurde.[3]

Liegt solcherart aufgrund eines zeitlich und räumlich anwendbaren Abkommens (arg „*aufgrund*")[4] die abkommensrechtliche Ansässigkeit einer nach dem Recht eines Mitgliedstaates gegründeten Gesellschaft in einem Drittstaat, wird die doppelt ansässige Gesellschaft **zur Gänze aus dem Anwendungsbereich der Richtlinie ausgeschlossen**[5]; solcherart erlangt das DBA zwischen den beiden Ansässigkeitsstaaten für alle anderen Mitgliedstaaten Bedeutung[6], was insofern auch der neueren Auslegung des Art. 4 OECD-MA entspricht.[7] Durch diesen Ausschluss des Art. 2 Buchst. a Ziff. ii MTR soll iS einer speziellen Missbrauchsklausel[8] auch vermieden werden, dass Gesellschaften bei Doppelansässigkeit innerhalb und außerhalb der Union die Begünstigungen in Anspruch nehmen können, obwohl effektiv das **weltweite Besteuerungsrecht aufgrund eines DBA einem Drittstaat** zugewiesen ist[9] und sich solcherart im Falle der Doppelansässigkeit der Muttergesellschaft ein **Quellensteuerverzicht zugunsten des Drittstaates** auswirken würde.[10] Umgekehrt ist es daher für Zwecke der Ausschlussklausel Art. 2 Abs. 1 Buchst. b MTR auch irrelevant, woher eine in einem Mitgliedstaat ansässige Gesellschaft ihr Einkommen bezieht und z.B. – allenfalls abkommensrechtlich befreite – Betriebsstätteneinkünfte in einem Drittstaat hat.[11]

dd) Steuerpflichterfordernis

14.20 Um als „Gesellschaft eines Mitgliedstaats" zu gelten, muss die Gesellschaft drittens **„ohne Wahlmöglichkeit"** einer der im Anhang **ausdrücklich genannten nationalen Steuern „oder irgendeiner Steu-

---

1 *Tumpel* in Gassner/Lang/Lechner, DBA und EU-Recht, S. 181 (191 f.), auch mit dem Hinweis, dass die Ansässigkeit i.S.d. Art. 2 Abs. 1 Buchst. b dann entfiele, wenn der Staat der abkommensrechtlich nachrangigen Ansässigkeit die Gesellschaft auch national-steuerrechtlich als Nichtansässige ansähe.
2 Dazu *Kofler*, MTR, Art. 2 Rz. 14.
3 *Tumpel* in Gassner/Lang/Lechner, DBA und EU-Recht, S. 181 (197 f.); s auch *Kofler*, MTR, Art. 2 Rz. 29.
4 *Tumpel* in Gassner/Lang/Lechner, DBA und EU-Recht, S. 181 (194).
5 Siehe z.B. *Lytras* in Hofstätter/Plansky, Dual Residence in Tax Treaty Law and EC Law, S. 415 (421).
6 *Tumpel* in Gassner/Lang/Lechner, DBA und EU-Recht, S. 181 (193).
7 Art. 4 Tz. 8.2 OECD-MK seit dem Update 2008; s. auch *de Hosson*, Intertax 1990, 414 (428); *Tenore*, Intertax 2010, 222 (237).
8 *Kofler*, MTR, Art. 1 Rz. 76 und Rz. 84.
9 *Tumpel* in Gassner/Lechner, Österreichisches Steuerrecht und europäische Integration, S. 163 (167); *Tumpel*, Harmonisierung der direkten Unternehmensbesteuerung in der EU, S. 251.
10 *Tumpel*, Harmonisierung der direkten Unternehmensbesteuerung in der EU, S. 251 f.
11 *Farmer/Lyal*, EC Tax Law, S. 264.

er, die eine dieser Steuern ersetzt", unterliegen, „ohne davon befreit zu sein" (Art. 2 Buchst. a Ziff. iii MTR). Unzulässig sind jedoch weitere Anforderungen, wie etwa, dass eine Gesellschaft in ihrem Ansässigkeitsstaat einer Steuer unterliegen muss, die mit der Steuer im ersten Mitgliedstaat vergleichbar ist.[1] Zur Erfüllung der Kriterien des Art. 2 Buchst. a Ziff. iii MTR muss die Gesellschaft zudem „ohne Wahlmöglichkeit" einer Körperschaftsteuer unterliegen.

Ausgeschlossen sind damit insbesondere **Personengesellschaften**, die nach dem Recht ihres Sitzstaates die Wahlmöglichkeit haben, als Körperschaft besteuert zu werden,[2] und zwar nach h.A. unabhängig davon, ob diese Wahlmöglichkeit tatsächlich ausgeübt wurde.[3] Unklar ist die Beurteilung jedoch, wenn ein Wahlrecht zur Körperschaftsbesteuerung ausgeübt wurde und diese Wahl **irreversibel** ist; wird eine solche Gesellschaft aufgrund der Körperschaftsbesteuerung durch eine Öffnungsklausel im Anhang[4] erfasst, so kann diese Gesellschaft nach Ausübung des einmaligen Wahlrechts wohl auch im Lichte des Art. 2 Buchst. a Ziff. iii MTR richtlinienbegünstigt sein.[5]

14.21

Die Gesellschaft muss der Körperschaftsteuer **unterliegen**, *„ohne davon befreit zu sein"* (**„Subject-to-Tax-Klausel"**). Maßgeblich ist dabei die Gewinnbesteuerung der Gesellschaft, nicht hingegen die Belastung mit gewinnunabhängigen Steuern (z.B. Vermögensteuern, Umsatzsteuer etc).[6] Da sich Art. 2 Buchst. a Ziff. iii MTR auf die Gesellschaft und nicht deren Einkommen bezieht, dürfte zunächst unstrittig sein, dass es nicht auf die **tatsächliche Entrichtung von Steuern bzw. die tatsächliche Besteuerung im jeweiligen Steuerjahr** ankommt,[7] so dass die Voraussetzung bei prinzipieller Steuerpflicht etwa auch in Verlustsituationen erfüllt ist.[8] Überdies müsste es unschädlich sein, wenn die empfangende Gesellschaft Unterkörperschaft einer **Organschaft oder Unternehmensgruppe** ist und ihr Ergebnis dem Organ- bzw. Gruppenträger zugerechnet wird,[9] und zwar selbst dann, wenn der Organ- bzw. Gruppenträger nicht die Voraussetzungen der MTR erfüllt.[10] Im Übrigen ist jedoch umstritten, ob Art. 2 Buchst. a Ziff. iii MTR nur auf eine **subjektive Befreiung** abstellt, oder ob diese Voraussetzung auch in jenen Fällen nicht erfüllt ist, in denen etwa eine **vollständige oder weitgehende objektive Befreiung** oder eine **Niedrigbesteuerung**[11] Anwendung findet.[12] Auf der Basis des Wortlauts wird man zunächst ableiten können, dass die Voraussetzung des Art. 2 Buchst. a Ziff. iii MTR **subjektiv befreite Gesellschaften** aus dem Anwendungsbereich der Richtlinie ausschließt,[13] wie etwa die luxemburgische „1929

14.22

---

1 Ebenso zur ZiLiRL der Bericht der Kommission KOM (2009) 179 endg., 8.
2 So auch das öBMF in EAS 2288 = SWI 2003, 324; weiter z.B. *Tumpel* in Gassner/Lechner, Österreichisches Steuerrecht und europäische Integration, 163 (167); *Meerpohl*, Mutter-/Tochter-Richtlinie, 58; *Maisto*, ET 2002, 287 (288).
3 *Boon/Lambooij*, 18 Tax Planning Int'l Rev. 6 (7) (Apr. 1991); *Lühn*, IWB 2004, Fach 11 Gruppe 2, 635 (636); *Englisch/Schütze*, ET 2005, 488 (490); *Boulogne/Geursen*, ET 2010, 129 (140); kritisch *Maisto*, ET 2002, 287 (289).
4 Siehe *Kofler*, MTR, Art. 2 Rz. 17 ff.
5 *Bullinger*, IStR 2004, 406 (407); *Kessler/Sinz*, IStR 2004, 789 (790); *Jesse*, IStR 2005, 151 (153); aufgrund des Wortlauts a.A. *Englisch/Schütze*, ET 2005, 488 (490); *Boulogne/Geursen*, ET 2010, 129 (139); anders wohl auch *Lühn*, IWB 2004, Fach 11 Gruppe 2, 635 (636).
6 *Danon/Glauser*, Intertax 2005, 503 (519).
7 Siehe nur *Vanistendael*, 5 Tax Notes Int'l 599 (603) (Sept. 21, 1992); *Maisto*, ET 2002, 287 (288).
8 Siehe z.B. auch *Hull*, BIFD 2005, 63 (72); *Hull*, BIFD 2006, 73 (77); *Arginelli*, ET 2017, 334 (340).
9 So auch die österreichische Verwaltungspraxis; s. EAS 869 = SWI 1996, 330; EAS 1756 = SWI 2001, 4 = ÖStZ 2001, 84; EAS 2819 = SWI 2007, 103; ebenso UFS Wien v. 23.8.2006 – RV/1915-W/04.
10 So das öBMF in EAS 1756 = SWI 2001, 4 = ÖStZ 2001, 84; EAS 2183 = SWI 2003, 175 = ÖStZ 2003, 269; weiter z.B. *Kempf/Gelsdorf*, IStR 2011, 173 (177 ff.). Siehe aber zum deutschen Recht Rz. 14.90.
11 So auch *Maisto* in Weber, EU Income Tax Law: Issues for the Years Ahead, Kapitel 1.2.2.2.
12 Ausführlich *Kofler*, MTR, Art. 2 Rz. 30 ff.; s. auch *Arginelli*, ET 2017, 334 (338 f.), der im Fall einer objektiven Steuerbefreiung grundsätzlich von der Anwendbarkeit der MTR ausgeht.
13 So z.B. *Vanistendael*, 5 Tax Notes Int'l 599 (603) (Sept. 21, 1992); *Bouzoraa*, ET 1992, 136 (142); *Raby*, EC Tax Rev. 1992, 216 (222); *Tumpel*, Harmonisierung der direkten Unternehmensbesteuerung in der EU, S. 253; *de Sousa da Câmara*, EC Tax Journal 1995/96, 215 (218); *Meerpohl*, Mutter-/Tochter-Richt-

Holding"[1] bzw. nunmehr die SPF[2]. Wie der EuGH deutlich in der Rechtssache **Wereldhave** zum Ausdruck gebracht hat, sind auch quasi-subjektiv befreite Körperschaften, bei denen auf Basis einer anderen Regelungstechnik ebenfalls eine vollständige Befreiung erfolgt, aus dem Anwendungsbereich der MTR ausgeschlossen (s. Rz. 14.23).[3]

Unklar ist hingegen die Behandlung bei z.b. auf der Anteilseignerstruktur basierenden **(quasi) subjektiven Teilbefreiungen** (z.b. bei Teiltransparenz einer Personengesellschaft hinsichtlich der Komplementäre) von im Anhang genannten Rechtsformen.[4] Angesichts der gebotenen engen Auslegung werden von der Subject-to-tax-Klausel aber im Übrigen wohl nur jene Gesellschaften ausgeschlossen, bei denen aufgrund eines speziellen Steuerregimes eine **vollständige – persönliche oder sachliche – Steuerbefreiung** besteht.[5] Nicht vom Ausschluss betroffen sind umgekehrt Begünstigungen auf der **Ebene des Steuersatzes**[6] oder auf **der Ebene der Bemessungsgrundlage**, etwa aufgrund einer sachlichen Befreiung gewisser (womöglich im Konkreten das gesamte Einkommen der Gesellschaft darstellender) Einkommensteile,[7] einer Pauschalierung bzw. besonderen Gewinnermittlungsmethode[8] oder einer abkommensrechtlichen Freistellung ausländischer Einkünfte.[9] Es scheint daher weder im Einklang mit Art. 2 Buchst. a Ziff. iii MTR zu stehen, noch Deckung in Art. 1 Abs. 2 bis 4 MTR zu finden, wenn einzelne Mitgliedstaaten als Voraussetzung für die Gewährung von Richtlinienbegünstigungen fordern, dass eine **nicht zu vernachlässigende Besteuerung der Gesellschaft** erfolgt.[10]

---

linie, S. 58; *Danon/Storckmeijer* in Lang/Pistone, The EU and Third Countries: Direct Taxation, S. 943 (960 f.).

1 Siehe z.B. *de Hosson*, Intertax 1990, 414 (429); *Boon/Lambooij*, 18 Tax Planning Int'l Rev. 6 (8) (Apr. 1991); *Bruin*, ET 1992, 159 (161); *Raby*, EC Tax Rev. 1992, 216 (222); *Tumpel*, Harmonisierung der direkten Unternehmensbesteuerung in der EU, S. 253; *Harris*, 9 Fla. J. Int'l L. 1994, 111 (133 f.); *Hull*, BIFD 2006, 73 (77); *Oesterhelt/Winzap*, 8 ASA 449 (480) (2006).

2 Dazu öBMF, EAS 2930 = SWI 2008, 50; ebenso zum Abkommensrecht OFD Rheinland und OFD Münster, DB 2008, 2335 = IStR 2008, 779.

3 EuGH v. 8.3.2017 – C-448/15 – Wereldhave Belgium u.a., ECLI:EU:C:2017:180; in diesem Sinne hat der EuGH bereits in der Aberdeen-Entscheidung die Anwendung der MTR auf eine luxemburgische SICAV verneint (EuGH v. 18.6.2009 – C-303/07 – Aberdeen Property Fininvest Alpha, ECLI:EU:C:2009:377, Rz. 27); so auch *Tumpel*, Harmonisierung der direkten Unternehmensbesteuerung in der EU, S. 253 f.

4 Für eine nur anteilige Richtlinienbegünstigung *Fibbe*, EC Tax Rev. 2006, 95 (100); *Boulogne/Geursen*, ET 2010, 129 (139); demgegenüber für eine volle Quellensteuerbefreiung von Ausschüttungen an im Anhang genannte Rechtsformen *Bullinger*, IStR 2004, 406 (412); *Arginelli*, ET 2017, 334 (338 f.); für eine volle Quellensteuerbefreiung bei teiltransparenten Muttergesellschaften *Melkonyan/Schade*, FR 2018, 120 (127 ff.); s. aber auch zur vollen Entlastung empfangener Ausschüttungen FG Hess. v. 23.6.2009 – 12 K 3439/01, EFG 2010 1418; BFH v. 19.5.2010 – I R 62/09, FR 2010, 809 m. Anm. *Wassermeyer* = IStR 2010, 661 (zum Schachtelprivileg im DBA Deutschland-Frankreich für eine KGaA).

5 So auch *Arginelli*, ET 2017, 334 (338); ebenso wohl *Bouzoraa*, ET 1992, 136 (142) („statutorily exempt companies"); *Farmer/Lyal*, EC Tax Law, 265.

6 *Tumpel*, Harmonisierung der direkten Unternehmensbesteuerung in der EU, S. 253 f., mit dem Beispiel von Investmentgesellschaften, die mit einem Steuersatz von 1 % der Körperschaftsteuer unterliegen.

7 *De Hosson*, Intertax 1990, 414 (429); *Bouzoraa*, ET 1992, 136 (142); *Raby*, EC Tax Rev. 1992, 216 (222); *Vanistendael*, 5 Tax Notes Int'l 599 (603) (Sept. 21, 1992); *Farmer/Lyal*, EC Tax Law, 265; *de Sousa da Câmara*, EC Tax Journal 1995/96, 215 (218 f. und 220 f.); *Meerpohl*, Mutter-/Tochter-Richtlinie, 58; *Maisto*, ET 2002, 287 (288); *Danon/Glauser*, Intertax 2005, 503 (519); *Danon/Storckmeijer* in Lang/Pistone, The EU and Third Countries: Direct Taxation, S. 943 (961); *Arginelli*, ET 2017, 334 (340).

8 Siehe *Schonewille*, Intertax 1992, 13 (16); *Vanistendael*, EC Tax Rev. 2001, 154 (156), zu belgischen Koordinationszentren, deren steuerpflichtiger Gewinn durch eine Kostenaufschlagsmethode ermittelt wurde; s. aber auch die Diskussion bei *Tumpel*, Harmonisierung der direkten Unternehmensbesteuerung in der EU, S. 254, der einen Ausschluss der Koordinationszentren für gerechtfertigt hielte.

9 *Tumpel* in Gassner/Lang/Lechner, DBA und EU-Recht, S. 181 (192).

10 Siehe dazu auch die Übersicht bei *Maisto*, ET 2002, 287 (288).

14.23
Lange Zeit war unklar, ob auch **quasi-subjektiv befreite Gesellschaften**, die zwar grundsätzlich einer der in der Anlage genannten Steuern unterliegen, bei denen auf Basis einer anderen Regelungstechnik allerdings eine vollständige Befreiung erfolgt, von der Anwendung der MTR ausgeschlossen sind.[1] Die (unveröffentlichten) **Erklärungen für das Ratsprotokoll** zur Stammfassung der Richtlinie sprechen jedenfalls für einen **Ausschluss quasi-subjektiv befreiter Gesellschaften**, indem explizit vier Konstellationen aus dem Anwendungsbereich der Richtlinie ausgenommen werden sollten:[2] **Holdinggesellschaften und Kapitalanlagegesellschaften**, die im Sitzstaat nicht der Körperschaftsteuer unterliegen;[3] **deutsche Anlagegesellschaften**, soweit sie nicht der Körperschaftsteuer unterliegen, weil das Fondseinkommen bei den Anteilseignern besteuert wird;[4] **niederländische Anlagegesellschaften**, auf deren Einkommen unter der Voraussetzung einer Weiterausschüttung an ihre Anteilseigner ein Steuersatz von Null anwendbar ist;[5] und die **spanischen Gesellschaften mit steuerlicher Transparenz** und die **portugiesischen Gesellschaften**, die im Prinzip der Körperschaftssteuer unterliegen, zugleich jedoch davon befreit sind und deren **Gewinne bei ihren Gesellschaftern besteuert werden**.[6] In all diesen Fällen wurde im Schrifttum aufgrund der **Nichtbesteuerung auf Körperschaftebene** ein Ausschluss aus dem Anwendungsbereich der Richtlinie überwiegend als gerechtfertigt angesehen.[7] Der EuGH hat in seiner Rechtsprechung zunächst in der Rechtssache **Aberdeen** auch die luxemburgische **SICAV** als nicht von der Richtlinie erfasst eingestuft, ist doch spezifisch diese Fondsstruktur *„in Luxemburg vollständig von der Einkommensteuer befreit"*[8]. In der Rechtssache **Wereldhave**[9] hatte der EuGH zu beurteilen, ob (die im Ratsprotokoll angeführten)[10] niederländischen Anlagegesellschaften die Voraussetzungen für die Anwendung der MTR erfüllen. Der EuGH hat dabei deutlich zum Ausdruck gebracht, dass eine **(vollständige) quasi-subjektive Steuerbefreiung** die Anwendung der MTR ausschließt. Demnach fallen Konstellationen, in denen die dividendenempfangende Gesellschaft, *„obwohl sie [einer der im Anhang genannten] Steuer unterliegt, nicht tatsächlich deren Entrichtung schuldet"*,[11] weil es zu einer Nullbesteuerung im Fall der vollständigen Ausschüttung an die Anteilseigner und damit effektiv zur Behandlung wie ein transparentes Gebilde kommt, nicht in den Anwendungsbereich der Richtlinie. Dies zeigt jedoch auch, dass die **Richtlinie in sich nicht widerspruchsfrei** war bzw. ist: Als die Richtlinie im Jahr 1990 verabschiedet wurde, erhob **Griechenland** – ähnlich dem Besteuerungskonzept für die im Ratsprotokoll angeführten niederländischen Anlagegesellschaften – nach nationalem Recht keine Körperschaftsteuer auf ausgeschüttete Gewinne, sondern sah eine Besteuerung ausgeschütteter Gewinne nur auf Ebene der Anteilseigner vor. Dennoch wurde nicht daran gezweifelt, dass griechische Gesellschaften solche i.S.d. Art. 2 (Abs. 1) Buchst. b MTR sein konnten; vielmehr sah Art. 5 Abs. 2 MTR sogar explizit ein Recht zur Quellenbesteuerung vor, zumal bei einem vollständigen Quellensteuerverzicht die ausgeschütteten Körperschaftsgewinne in Griechenland keiner Besteuerung unterlegen wären.[12]

---

1 *Tumpel*, Harmonisierung der direkten Unternehmensbesteuerung in der EU, S. 253 f.
2 Siehe zum Wortlaut dieser Erklärungen *Kofler*, MTR, Art. 2 Rz. 8.
3 Dok. 7384/90 FISC 61 (9.7.1990), 5; s. zur vorgehenden Diskussion bereits Dok. R/1538/70 ECO 154 (14.7.1970), 3.
4 Dok. 7384/90 FISC 61 (9.7.1990), 5; dazu auch *de Hosson*, Intertax 1990, 414 (429).
5 Dok. 7384/90 FISC 61 (9.7.1990), 5; dazu auch *de Hosson*, Intertax 1990, 414 (429); kritisch *Smit/van Weeghel*, ET 1992, 166 (170 f.).
6 Dok. 7384/90 FISC 61 (9.7.1990), 5.
7 *Tumpel*, Harmonisierung der direkten Unternehmensbesteuerung in der EU, S. 253; *Smit/van Weeghel*, ET 1992, 166 (170 f.).
8 EuGH, Schlussanträge des Generalanwalts *Mazák* v. 18.12.2008 – C-303/07 – Aberdeen Property Fininvest Alpha, ECLI:EU:C:2008:742, Rz. 23; dem – durch einen Verweis sowohl auf Art. 2 Abs. 1 Buchst. a als auch Buchst. c MTR – folgend EuGH v. 18.6.2009 – C-303/07 – Aberdeen Property Fininvest Alpha, ECLI:EU:C:2009:377, Rz. 27; ebenso bereits z.B. *Bouzoraa*, ET 1992, 136 (142).
9 EuGH v. 8.3.2017 – C-448/15 – Wereldhave Belgium u.a., ECLI:EU:C:2017:180.
10 Dok. 7384/90 FISC 61 (9.7.1990), 5.
11 EuGH v. 8.3.2017 – C-448/15 – Wereldhave Belgium u.a., ECLI:EU:C:2017:180, Rz. 32; siehe auch *Kokott*, Das Steuerrecht der Europäischen Union, S. 293.
12 *Kofler*, MTR, Art. 5 Rz. 50 ff. m.w.N.

c) „Betriebsstätte"

14.24 Seit der ÄnderungsRL 2003 findet sich in **Art. 2 Buchst. b MTR** auch eine an Art. 5 Abs. 1 OECD-MA orientierte **Definition der Betriebsstätte, die um eine *Subject-to-Tax*-Klausel** erweitert wurde.[1] Demnach ist „Betriebsstätte" „eine feste Geschäftseinrichtung in einem Mitgliedstaat, durch die die Tätigkeit einer Gesellschaft eines anderen Mitgliedstaats ganz oder teilweise ausgeübt wird, sofern die Gewinne dieser Geschäftseinrichtung in dem Mitgliedstaat, in dem sie gelegen ist, nach dem jeweils geltenden bilateralen Doppelbesteuerungsabkommen oder – in Ermangelung eines solchen Abkommens – nach innerstaatlichem Recht steuerpflichtig sind". Die Subject-to-Tax-Klausel des zweiten Satzteiles des Art. 2 Buchst. b MTR ist in mehrfacher Hinsicht unscharf. So wird zunächst eine Betriebsstätte aufgrund der typischen **Schrankenwirkung** von DBA nicht „*nach dem jeweils geltenden bilateralen Doppelbesteuerungsabkommen*" steuerpflichtig sein, sondern lediglich nach dem jeweiligen nationalen Recht jener Jurisdiktion, der abkommensrechtlich ein Besteuerungsrecht zugewiesen ist.[2] Die MTR fordert damit aber offenbar, dass nach dem Abkommen zwischen dem Staat der Muttergesellschaft und dem Betriebsstättenstaat letzterem das **Besteuerungsrecht zugewiesen ist**,[3] unabhängig davon, ob dieses Abkommen letztlich die Anrechnungs- oder Befreiungsmethode zur Entlastung im Staat des Stammhauses vorsieht.[4] Diese Voraussetzung ist somit bei am OECD-MA orientierten Abkommen wegen **Art. 7 Abs. 1 Satz 2 OECD-MA** regelmäßig erfüllt.

14.25 Fordern wird man überdies können, dass die Beteiligung tatsächlich **zum Betriebsvermögen der Betriebsstätte** gehört,[5] wodurch auch der **„Authorized OECD Approach"**[6] zur Betriebsstättengewinnermittlung und zur abkommensrechtlichen Zuordnung von Wirtschaftsgütern indirekt für die Auslegung des Art. 2 Abs. 2 MTR relevant wird. Dies ergibt sich faktisch ohnehin aus dem Erfordernis der steuerlichen Erfassbarkeit im Betriebsstättenstaat, sowohl auf der Basis des nationalen Rechts als auch auf der Basis des Abkommensrechts. Die Frage der Beteiligungszuordnung hat im Binnenmarkt idealtypisch aus der Sicht des Tochtergesellschaftsstaates freilich lediglich für *„Sandwichsituationen"* Bedeutung, da ansonsten bei einer Beteiligungszuordnung an die Muttergesellschaft die Richtlinienvorteile ohnehin aufgrund der **direkten Beteiligung** gewährt werden müssten.[7]

d) Qualifiziertes Mutter-Tochter-Verhältnis

aa) Überblick

14.26 Art. 3 MTR regelt – aufbauend auf den Definitionen des Art. 2 MTR – die Frage, wann ein **qualifiziertes Mutter-Tochter-Verhältnis** vorliegt. Art. 3 MTR fordert als Voraussetzung für das Vorliegen eines qualifizierten Mutter-Tochter-Verhältnisses lediglich eine **prozentuelle Mindestkapitalbeteiligung** (Art. 3 Abs. 1 Buchst. a MTR) bzw. – alternativ – **Mindeststimmrechtsbeteiligung** (Art. 3 Abs. 2 Buchst. a MTR). Dieses Ausmaß war in der Stammfassung – ebenso wie in Art. 10 Abs. 2 Buchst. a OECD-MA – mit 25 % festgelegt[8] und wurde nachfolgend sukzessive über 20 % (ab 1.1.2005) und 15 %

---

1 Siehe Dok. 14814/03 FISC 184 (14.11.2003); vorgehend z.B. Dok. 14237/03 FISC 169 (31.10.2003).
2 Kritisch auch *Bendlinger*, SWI 2004, 277 (280).
3 Ebenso *Jesse*, IStR 2005, 151 (155); *Englisch/Schütze*, ET 2005, 488 (491).
4 *Kofler/Kofler* in FS Nolz, S. 53 (63); womöglich anders *Dettmeier/Dörr*, BB 2004, 2382 (2383).
5 Wie hier auch *Maisto*, EC Tax Rev. 2004, 164 (170); *Englisch/Schütze*, ET 2005, 488 (491); *Kofler/Kofler* in FS Nolz, S. 53 (63); wohl auch Begründungserwägung 19 des Vorschlags KOM (2003) 462 endg. („zugeordnet sind"); a.A. *Jesse*, IStR 2005, 151 (156).
6 Zuletzt *OECD*, Attribution of Profits to Permanent Establishments (2010); s. zum AOA auch *Ditz*, ISR 2012, 48 ff.; *Ditz*, ISR 2013, 261 ff.
7 Siehe auch *Englisch/Schütze*, ET 2005, 488 (492).
8 Zur Kritik an diesem konzentrationsfördernden Mindestbeteiligungsausmaß s. z.B. *Knobbe-Keuk*, EuZW 1992, 336 (338); *Knobbe-Keuk*, Intertax 1992, 485 (486); *Vanistendael*, 5 Tax Notes Int'l 599 (606) (Sept. 21, 1992); *Harris*, 9 Fla. J. Int'l L. 1994, 111 (135); zu den Zweifeln, ob eine 25%ige Mindestbeteiligung die von der Kommission zur Stammfassung angenommene Einflussnahmemöglichkeit gewährt, s. z.B. *de Hosson*, Intertax 1990, 414 (430), *Tumpel*, Harmonisierung der direkten Unternehmensbesteue-

(ab 1.1.2007) auf **10 %** (ab 1.1.2009) abgesenkt.[1] Das alleinige Abstellen auf ein Beteiligungskriterium wurde zwar als übermäßig simplifizierend angesehen, zumal es etwa unterschiedliche Anteilskategorien nicht berücksichtige,[2] hat sich aber in der Praxis bewährt. Den Mitgliedstaaten steht es nach Art. 3 Abs. 2 Buchst. b MTR jedoch frei, eine maximal zweijährige **Mindestbehaltedauer** vorzusehen.

Die Mitgliedstaaten dürfen jedoch nicht **einseitig restriktive Maßnahmen** einführen und damit die Möglichkeit, in den Genuss der mit der MTR vorgesehenen Vorteile zu kommen, von Bedingungen abhängig machen.[3] Für **weitere Voraussetzungen** besteht daher kein Spielraum.[4] Es wäre daher z.B. unzulässig, die Richtlinienvorteile davon abhängig zu machen, dass die Beteiligung als Finanzanlage anzusehen ist,[5] eine wirtschaftliche Verbindung zwischen den Gesellschaften existiert, ein DBA zwischen den beteiligten Staaten besteht,[6] die Tochtergesellschaft einer gewissen Mindestbesteuerung unterliegt[7] oder kumulativ das Kriterium der Kapitalbeteiligung und jenes der Stimmrechte erfüllt sein müsse.[8] Diese Auslegung entspricht auch der Rechtsentwicklung, zumal im Rahmen der Ratsverhandlungen auf die **Aufnahme wirtschaftlicher Kriterien** für die Definition des Mutter-Tochter-Verhältnisses explizit verzichtet wurde.[9] Art. 3 MTR statuiert umgekehrt nur eine „Mindestharmonisierung" bzw. Maximalvoraussetzungen, was auch im Wortlaut (arg „*wenigstens*") zum Ausdruck kommt. Die Mitgliedstaaten können daher einseitig **bei einem geringeren Beteiligungsausmaß** – auch differenzierend für ihre Mutter- und Tochtergesellschaften[10] – die Richtlinienvorteile gewähren.[11]

14.27

Um die **Einbeziehung von „Sandwichstrukturen"**, also von Situationen, bei denen eine extraterritoriale Betriebsstätte zwischen in demselben Mitgliedstaat ansässige Mutter- und Tochtergesellschaften geschaltet ist,[12] in den Anwendungsbereich der Richtlinie zu erreichen, bedurfte es im Rahmen der ÄnderungsRL 2003[13] auch einer **Neudefinition des Mutter-Tochter-Verhältnisses**: Dementsprechend sieht

14.28

---

rung in der EU, S. 260; ebenso EuGH, Schlussanträge der Generalanwältin *Sharpston* v. 3.7.2008 – C-48/07 – Les Vergers du Vieux Tauves, ECLI:EU:C:2008:758, Rz. 50.

1 Dazu *Kofler*, MTR, Art. 3 Rz. 14 ff.
2 Siehe *de Hosson*, Intertax 1990, 414 (430); *Harris*, 9 Fla. J. Int'l L. 1994, 111 (135).
3 EuGH v. 12.2.2009 – C-138/07 – Cobelfret, ECLI:EU:C:2009:82, Rz. 36; v. 4.6.2009 – C-439/07, C-499/07 – KBC Bank, ECLI:EU:C:2009:339, Rz. 38; v. 7.9.2017 – C-6/16 – Eqiom und Enka, ECLI:EU:C:2017:641, Rz. 24; v. 20.12.2017 – C-504/16 und 613/16 – Deister Holding und Juhler Holding, ECLI:EU:C:2017:1009, Rz. 52; s. auch EuGH, Schlussanträge der Generalanwältin *Sharpston* v. 8.5.2008 – C-138/07 – Cobelfret, ECLI:EU:C:2009:82, Rz. 23.
4 *Boon/Lambooij*, 18 Tax Planning Int'l Rev. 6 (8) (Apr. 1991); *Vanistendael*, 5 Tax Notes Int'l 599 (606) (Sept. 21, 1992); ebenso die Kommission in der Pressemitteilung IP/09/1770 (20.11.2009).
5 So die Kommission in der Pressemitteilung IP/09/1770 (20.11.2009), zum belgischen Recht; s. auch *Boon/Lambooij*, 18 Tax Planning Int'l Rev. 6 (8) (Apr. 1991); *van der Geld/Kleemans*, EC Tax Rev. 2001, 72 (77 f.).
6 *Boon/Lambooij*, 18 Tax Planning Int'l Rev. 6 (8) (Apr. 1991).
7 Dazu bereits *Kofler*, MTR, Art. 2 Rz. 35; ebenso *Boon/Lambooij*, 18 Tax Planning Int'l Rev. 6 (8) (Apr. 1991).
8 KOM (2009) 179 endg., 8.
9 Siehe *Kofler*, MTR, Einl. Rz. 46, Art. 1 Rz. 77 und Art. 3 Rz. 8.
10 *Vanistendael*, 5 Tax Notes Int'l 599 (606) (Sept. 21, 1992); *Tumpel*, Harmonisierung der direkten Unternehmensbesteuerung in der EU, S. 280.
11 Siehe *Thömmes*, WPg 1990, 473 (474); *de Hosson*, Intertax 1990, 414 (429); *Saß*, DB 1990, 2340 (2345); *Sass*, 18 Tax Planning Int'l Rev. 3 (6) (May 1991); *Knobbe-Keuk*, EuZW 1992, 336 (338); *Knobbe-Keuk*, Intertax 1992, 485 (486); *Vanistendael*, 5 Tax Notes Int'l 599 (606) (Sept. 21, 1992); *Raby*, EC Tax Rev. 1992, 216 (218); *Farmer/Lyal*, EC Tax Law, 267; *Harris*, 9 Fla. J. Int'l L. 1994, 111 (134); *Tumpel*, Harmonisierung der direkten Unternehmensbesteuerung in der EU, S. 260; *Meerpohl*, Mutter-/Tochter-Richtlinie, S. 60; *Kofler/Toifl*, ET 2005, 232 (235 ff.); *Hausner* in Aigner/Loukota, Source Versus Residence in International Tax Law, S. 487 (498 f.).
12 Dazu ausführlich *Kofler*, MTR, Art. 1 Rz. 52 ff.
13 Basierend auf den Erwägungen des Ausschusses wurde schließlich eine modifizierte Fassung erarbeitet (Dok. 15621/03 FISC 204 OC 811 [17.12.2003]) und dem Rat zur Annahme übermittelt (s. Dok. 15637/

Art. 3 Abs. 1 Buchst. a Ziff. ii MTR vor, dass als Muttergesellschaft „ebenfalls" eine Gesellschaft eines Mitgliedstaates gilt, wenn die Beteiligung an einer Tochtergesellschaft *„desselben Mitgliedstaats"* *„ganz oder teilweise von einer in einem anderen Mitgliedstaat gelegenen Betriebstätte der erstgenannten Gesellschaft gehalten wird"*. Die Richtlinie **fingiert demnach das grenzüberschreitende Element** der Ansässigkeit der beiden Gesellschaften in unterschiedlichen Mitgliedstaaten über die Belegenheit der „beteiligungshaltenden" Betriebsstätte in einem anderen Mitgliedstaat.[1]

14.29 Nach Art. 3 Abs. 1 Buchst. b MTR ist „Tochtergesellschaft" *„die Gesellschaft, an deren Kapital eine andere Gesellschaft den unter Buchstabe a genannten Anteil hält"*. Aus dieser **korrespondierenden Definition** folgt, dass der Begriff des „Anteils am Kapital" i.S.v. Art. 3 MTR auf das **zwischen Mutter- und Tochtergesellschaft bestehende Rechtsverhältnis** verweist;[2] durch diese Verknüpfung wird nach Ansicht des EuGH[3] auch ausgeschlossen, das auch andere als gesellschaftsrechtliche Rechtsverhältnisse geeignet sein könnten, das Mutter-Tochter-Verhältnis zu begründen, ist doch die Tochtergesellschaft dadurch charakterisiert, dass „an deren Kapital dieser Anteil"[4], d.h. derjenige der Muttergesellschaft, besteht.[5]

bb) Beteiligung am „Kapital"

14.30 Die MTR stellt in Art. 3 Abs. 1 Buchst. a MTR für die Definition der Muttergesellschaft auf einen „**Anteil**" am „**Kapital**" der Tochtergesellschaft ab und legt in Art. 4 MTR eine Entlastungsverpflichtung dann auf, wenn die Muttergesellschaft Gewinne *„aufgrund ihrer Beteiligung"* an der **Tochtergesellschaft** (früher: *„als Teilhaberin ihrer Tochtergesellschaft"*) bezieht.[6] Art. 3 MTR erfasst nur die **gesellschaftsrechtliche Verbindung zweier Gesellschaften**[7], worunter auch die Rechtsbeziehung des **Wertpapierentleihers** mit der ausschüttenden Gesellschaft fallen kann.[8] Nicht erfasst sind jedoch etwa **Beziehungen auf schuldrechtlicher Grundlage**,[9] wie etwa beim **Dividenden Stripping**,[10] bei Ausgleichszahlungen aufgrund von **Eigenkapitalderivaten**[11] oder bei **Nießbrauchsrechten (Fruchtgenüssen)**.[12]

---

03 FISC 205 OC 872 [16.12.2003]); sie wurde schließlich vom Rat am 22.12.2003 formell als Richtlinie 2003/123/EG angenommen (s. PRES/03/376 [22.12.2003]).
1 Siehe auch *Maisto*, EC Tax Rev. 2004, 164 (170).
2 EuGH v. 22.12.2008 – C-48/07 – Les Vergers du Vieux Tauves, ECLI:EU:C:2008:758, Rz. 38; s. auch *Hahn*, EWS 2010, 22 (23 f.).
3 EuGH v. 22.12.2008 – C-48/07 – Les Vergers du Vieux Tauves, ECLI:EU:C:2008:758.
4 EuGH v. 22.12.2008 – C-48/07 – Les Vergers du Vieux Tauves, ECLI:EU:C:2008:758, Rz. 38.
5 *Hahn*, EWS 2010, 22 (24).
6 Durch die ÄnderungsRL 2003 wurde der Wortlaut des Art. 3 Abs. 1 Buchst. a insofern nicht verändert; Art. 4 Abs. 1 stellt in der deutschen Fassung aber nunmehr auf einen Dividendenbezug der Muttergesellschaft *„aufgrund ihrer Beteiligung"* an der Tochtergesellschaft ab (anstatt: *„als Teilhaberin ihrer Tochtergesellschaft"*). Dies verwundert, wurde doch z.B. die englischsprachige Fassung (*„by virtue of its association with its subsidiary"*) nicht verändert; auch im Kommissionsvorschlag (KOM [2003] 462 endg.) oder den Ratsdokumenten findet sich kein Hinweis, dass eine Änderung des Wortlautes oder gar des Inhaltes dieser Bestimmung intendiert war. Es dürfte sich daher insofern um eine bloße Übersetzungsdivergenz handeln.
7 EuGH v. 22.12.2008 – C-48/07 – Les Vergers du Vieux Tauves, ECLI:EU:C:2008:758 – konkret zu einem reinen *usus fructus* mit bloßem Anspruch auf die beschlossenen Dividenden mit begrenzten Stimmrechten und ohne Übertragung von Rechten am Kapital.
8 *Helminen*, The International Tax Law Concept of Dividend, S. 109 f. – auch mit Überlegungen zu den Substitutionszahlungen zwischen Ent- und Verleiher.
9 Siehe auch *Kofler*, MTR, Art. 1 Rz. 17 ff.; weiter z.B. *Tumpel*, Harmonisierung der direkten Unternehmensbesteuerung in der EU, S. 262; *Tumpel*, IStR 1995, 113 (114).
10 *Helminen*, The International Tax Law Concept of Dividend, S. 100 f.
11 *Helminen*, The International Tax Law Concept of Dividend, S. 123.
12 EuGH v. 22.12.2008 – C-48/07 – Les Vergers du Vieux Tauves, ECLI:EU:C:2008:758; ebenso bereits *Tumpel*, IStR 1995, 113 (114); ausführlich *Peeters/Van de Vijver*, EC Tax Rev. 2009, 146 (148 ff.); *Hahn*,

Nach der Systematik kann eine „Beteiligung" freilich auch an den von der Richtlinie erfassten Genossenschaften, Vereinen auf Gegenseitigkeit, Nichtkapitalgesellschaften, Sparkassen etc. bestehen, obwohl hier *„keine Beteiligung am Kapital der Tochtergesellschaft im konventionellen Sinne"* vorliegt.[1]

Im Rahmen der Vorarbeiten hat die Kommission zum Kapitalbegriff darauf verwiesen, „dass die **Definition des Musterabkommens** verbindlich sein" sollte[2], die – nach dem seit 1977 unverändert gebliebenen – OECD-MK[3] grundsätzlich auf das **Kapital im gesellschaftsrechtlichen Sinn** abstellt.[4] Diese Sichtweise ergibt sich zudem aus dem systematischen Aufbau der Richtlinie[5] und wird auch von der h.A. im Schrifttum vertreten.[6] Maßgeblich ist somit das – von Gewinn, Verlust und Ausschüttungen unabhängige – **Nominalkapital**[7] bzw. – bei Körperschaften ohne Kapital im gesellschaftsrechtlichen Sinne – die für die Gewinnausschüttung maßgebliche Summe der Einlagen.[8] Zum Kapital rechnen nach dem OECD-MK aber auch **Fremdmittel**, deren Erträge nach innerstaatlichem Recht (z.B. aufgrund von Unterkapitalisierungsvorschriften) wie Dividenden behandelt werden.[9] Auf die **Stimmberechtigung** der Anteile kommt es solcherart – außerhalb der Option nach Art. 3 Abs. 2 Buchst. a MTR und im Gegenschluss zu dieser – ebenso wenig an,[10] wie darauf, ob die **Anteile voll einbezahlt** sind oder um welche Gattung (z.B. **Stamm- oder Vorzugsaktien**) es sich handelt.[11] Aufgrund der formalen Betrachtungsweise kommt jedoch eine Verminderung des Nennkapitals um **eigene Anteile der Tochtergesellschaft** wohl nicht in Betracht.[12]

14.31

Nach Art. 3 Abs. 2 Buchst. a MTR haben die Mitgliedstaaten die Möglichkeit *„durch bilaterale Vereinbarung als Kriterium die Stimmrechte statt des Kapitalanteils vorzusehen"*. Diese Klausel wurde vor dem Hintergrund der britischen und irischen Rechtsordnung in die Richtlinie eingefügt[13] und war von einer **Erklärung für das Ratsprotokoll** begleitet, wonach entsprechende Klauseln in DBA als „bilaterale Vereinbarung" gelten.[14] Art. 3 Abs. 2 Buchst. a MTR gestattet somit, anstatt der – nunmehrigen – 10%igen Kapitalbeteiligung einen Mindestanteil von **10 % der Stimmrechte** vorzusehen.[15] Ein **kumulatives Abstellen** auf das Kriterium der Kapitalbeteiligung und jenes der Stimmrechte ist hingegen unzulässig (arg

14.32

EWS 2010, 22 (22 ff.); s. auch *Helminen*, The International Tax Law Concept of Dividend, S. 94; kritisch *Maisto* in Weber, EU Income Tax Law: Issues for the Years Ahead, Kapitel 1.3.1.

1 Siehe dazu auch EuGH, Schlussanträge der Generalanwältin *Sharpston* v. 3.7.2008 – C-48/07 – Les Vergers du Vieux Tauves, ECLI:EU:C:2008:758, Rz. 59.
2 Siehe Dok. 5493/89 FISC 36 (14.3.1989). In diesem Sinne wohl bereits Art. 3 des Vorschlags KOM (69) 6 endg., ABl. EG 1969 Nr. C 39, 7 (13 f.) – wo noch auf einen Anteil am Gesellschaftskapital abgestellt wurde.
3 Art. 10 Tz. 15 OECD-MK.
4 *Tischbirek/Specker* in V/L[6], Art. 10 OECD-MA Rz. 57.
5 Siehe *Kofler*, MTR, Art. 1 Rz. 22.
6 *Tumpel*, Harmonisierung der direkten Unternehmensbesteuerung in der EU, S. 261; *Meerpohl*, Mutter-/Tochter-Richtlinie, S. 59.
7 Art. 10 Tz. 15 Buchst. a bis c OECD-MK.
8 Art. 10 Tz. 15 Buchst. e OECD-MK.
9 Art. 10 Tz. 15 Buchst. d OECD-MK; s. auch *Tischbirek/Specker* in V/L[6], Art. 10 OECD-MA Rz. 58; ebenso speziell zur MTR bzw. zum ZBstA *Tumpel*, Harmonisierung der direkten Unternehmensbesteuerung in der EU, S. 262; *Bell*, DFI 2005, 18 (21); *Danon/Glauser*, Intertax 2005, 503 (512 f.); *Helminen*, The International Tax Law Concept of Dividend, S. 171 und 212; a.A. *Tenore*, Intertax 2010, 222 (226).
10 So auch *de Hosson*, Intertax 1990, 414 (430); *Farmer/Lyal*, EC Tax Law, 267; *Tumpel*, Harmonisierung der direkten Unternehmensbesteuerung in der EU, S. 261.
11 *Tumpel* in Gassner/Lechner, Österreichisches Steuerrecht und europäische Integration, S. 163 (171); *Tumpel*, Harmonisierung der direkten Unternehmensbesteuerung in der EU, S. 261.
12 Dazu mN zur Gegenansicht *Tischbirek/Specker* in V/L[6], Art. 10 OECD-MA Rz. 57.
13 Siehe zur Rechtsentwicklung *Kofler*, MTR, Art. 3 Rz. 7.
14 Dok. 7384/90 FISC 61 (9.7.1990), 6; s. vorgehend bereits Dok. 6771/89 FISC 78 (25.5.1989), 7, sowie Dok. 7322/89 FISC 92 (12.6.1989), 7.
15 Zum an Art. 3 Abs. 1 orientierten prozentuellen Mindestausmaß s. auch *Farmer/Lyal*, EC Tax Law, 267; *Tumpel*, Harmonisierung der direkten Unternehmensbesteuerung in der EU, S. 262.

„*statt*" bzw. „*replacing*").[1] Für die Auslegung des Stimmrechtskriteriums wird – wie von Art. 3 Abs. 2 Buchst. a MTR angedeutet – auf die jeweilige **Begriffsbestimmung in der bilateralen Vereinbarung** zurückgegriffen werden können und müssen,[2] gibt doch die Richtlinie keinerlei Anhaltspunkt für die Gewichtung qualitativ unterschiedlicher Arten von Stimmrechten.

14.33 Art. 3 MTR erfordert, dass ein gewisser **Mindestanteil „am Kapital einer Gesellschaft eines anderen Mitgliedstaats"** gehalten wird. Der Wortlaut der Richtlinie gibt allerdings keinen expliziten Aufschluss im Hinblick auf die Frage, ob dieser Anteil unmittelbar (direkt) gehalten werden muss oder ob auch eine **mittelbare (indirekte) Beteiligung** ausreicht. Diese Frage stellt sich sowohl im Hinblick auf **zwischengeschaltete juristische Personen** als auch **zwischengeschaltete (steuerlich transparente) Personengesellschaften**. „Mittelbare" Beteiligungen über Betriebsstätten wurden hingegen im Rahmen der ÄnderungsRL 2003 ausdrücklich geregelt. Relativ unstrittig ist zunächst, dass die **„indirekte" Beteiligung über andere juristische Personen** nicht nur aufgrund der ausdrücklichen Anordnung im Rahmen der ZiLiRL[3] und des ZBstA bzw. des Informationsaustauschabkommens[4], sondern auch bei der MTR nicht genügt, was aufgrund der international vorherrschenden **Abschirmwirkung von Kapitalgesellschaften** bisher sowohl von der Kommission[5] als auch von der h.A. im Schrifttum[6] vertreten wurde. Diese Problematik ist auch von jener der Anrechnung im mehrstufigen Konzern nach Art. 4 Abs. 1 Buchst. b MTR zu unterscheiden.[7] Inwieweit aber das **Halten einer Tochtergesellschaft über eine transparente Personengesellschaft** privilegiert ist, ist nicht nur – bei explizitem Abstellen auf eine „direkte" bzw. „unmittelbare" Beteiligung – für die ZiLiRL und das ZBstA bzw. das Informationsaustauschabkommen unklar,[8] sondern auch für die MTR offen. Im Anwendungsbereich der MTR geht die h.A.[9] allerdings zu Recht davon aus, dass auch das **Halten der Beteiligung über eine transparente EU-Personengesellschaft** ausreichend ist und zu einer **quotalen Beteiligungszurechnung** führt;[10] die-

---

1 Siehe auch den Bericht der Kommission in KOM (2009) 179 endg., 8; ebenso zur MTR bereits *Tumpel* in Gassner/Lechner, Österreichisches Steuerrecht und europäische Integration, S. 163 (171); *Tumpel*, Harmonisierung der direkten Unternehmensbesteuerung in der EU, S. 262.
2 *Schonewille*, Intertax 1992, 13 (16); *Tumpel*, Harmonisierung der direkten Unternehmensbesteuerung in der EU, S. 262.
3 *Distaso/Russo*, ET 2004, 143 (145).
4 Dazu Z 4 der Wegleitung zum ZBstA und *Kofler*, MTR, ZBstA Rz. 8.
5 „Unternehmensbesteuerung im Binnenmarkt", SEC(2001)1681, 356 f.; womöglich gegenteilig jedoch der Bericht der Kommission in KOM (2009) 179, 11.
6 Siehe *de Hosson*, Intertax 1990, 414 (430 f.); *Boon/Lambooij*, 18 Tax Planning Int'l Rev. 6 (8) (Apr. 1991); *Knobbe-Keuk*, EuZW 1992, 336 (340); *Vanistendael*, 5 Tax Notes Int'l 599 (607) (Sept. 21, 1992); *Farmer/Lyal*, EC Tax Law, 267; *Tumpel*, Harmonisierung der direkten Unternehmensbesteuerung in der EU, S. 264; *Meerpohl*, Mutter-/Tochter-Richtlinie, S. 60; *Maisto*, EC Tax Rev. 2004, 164 (176); *Bullinger*, IStR 2004, 406 (409); *Englisch/Schütze*, ET 2005, 488 (494); *Helminen*, The International Tax Law Concept of Dividend, S. 94; *Kokott*, Das Steuerrecht der Europäischen Union, S. 294; **a.A.** *Harris*, 9 Fla. J. Int'l L. 1994, 111 (135); *Tenore*, Intertax 2010, 222 (228 f.).
7 Dazu *Kofler*, MTR, Art. 4 Rz. 28 ff.
8 Zum gewollten Ausschluss nur von indirekten Beteiligungen über andere Körperschaften s. *Kofler*, MTR, Art. 3 Rz. 24; anders aber z.B. *Distaso/Russo*, ET 2004, 143 (146).
9 So z.B. *Tumpel*, Harmonisierung der direkten Unternehmensbesteuerung in der EU, S. 264; *Blasina*, SWI 2002, 171 (171 ff.); *Bendlinger*, SWI 2004, 277 (281 f.); *Bullinger*, IStR 2004, 406 (409); *Jesse*, IStR 2005, 151 (158); *Bendlinger/Kofler*, ÖStZ 2005, 332 (332 ff.); *Tischbirek/Specker* in V/L[6], Art. 10 OECD-MA Rz. 74; *Świtała*, ET 2009, 386 (387 f.); *Kokott*, Das Steuerrecht der Europäischen Union, S. 294; **a.A.** *Tenore*, Intertax 2010, 222 (228 f.); zweifelnd *Englisch/Schütze*, ET 2005, 488 (494); *Arginelli*, ET 2017, 334 (337). In die Richtung der h.A. geht z.B. auch die österreichische Verwaltungspraxis in richtlinienkonformer Interpretation der auf Unmittelbarkeit abstellenden nationalen Vorschrift; s. EAS 2630 = SWI 2005, 458 = ÖStZ 2006, 173; dazu ausführlich *Bendlinger/Kofler*, ÖStZ 2005, 332 (332 ff.); *Bendlinger/Kofler*, ÖStZ 2005, 412 (412 f.).
10 Insofern ist es auch nicht erforderlich, dass sämtliche an der Personengesellschaft beteiligten Gesellschaften in EU-Ländern ansässig sind; so nunmehr auch das öBMF in EAS 3110 = SWI 2010, 51 (anteilige Anwendbarkeit der Quellenentlastung).

se Auslegung ist auch für die in **Art. 9 Informationsaustauschabkommen** übernommene Vorgängerbestimmung des Art. 15 ZBstA herrschend[1] und wird überdies auch für die – auf Unmittelbarkeit abstellende – Schachteldividendenregelung des **Art. 10 Abs. 2 Buchst. a OECD-MA** zunehmend vertreten.[2] Aus systematischen Gründen nicht erfasst sind jedoch Situationen, in denen die Beteiligung an einer inländischen Tochtergesellschaft über eine **inländische Personengesellschaftsbetriebsstätte** gehalten wird;[3] auch **Drittstaats-Personengesellschaften** sind nach verbreiteter Ansicht ausgeschlossen.[4]

cc) Mindestbeteiligungshöhe

Der ursprüngliche Kommissionsvorschlag sah eine Mindestbeteiligungsschwelle von 20 % vor[5], die auch vom Europäischen Parlament ausdrücklich begrüßt worden war.[6] Allerdings wurde bereits 1984 im Zuge der Ratsverhandlungen **Einigkeit über eine 25%ige Mindestbeteiligungsschwelle** erzielt,[7] die auch Eingang in die Stammfassung fand.[8] Im Zuge der Beratungen über die ÄnderungsRL 2003[9] wurde sodann eine **Absenkung in drei Schritten** – auf 20 % ab 1.1.2005, auf 15 % ab 1.1.2007 und auf 10 % ab 1.1.2009 – akkordiert. Das Erfordernis der Beteiligungshöhe greift auch dann, wenn die **Gewinnbezugsquote** (z.B. bei alinearen Gewinnausschüttungen) davon abweicht. Es kann aber auch (anteilig) über eine **Betriebsstätte** oder eine **Personengesellschaft** erfüllt werden.[10] Entscheidender Zeitpunkt für das Bestehen der Mindestbeteiligung ist grundsätzlich der **Ausschüttungszeitpunkt**, d.h. die Beteiligung muss zum Zeitpunkt der Gewinnausschüttung gehalten werden,[11] was prinzipiell gegen die Begünstigung von **Erträgen aus vergangenen oder künftigen Beteiligungen** (z.B. Vorbehaltsdividende, Vordividende) spricht. Nicht relevant ist hingegen das zeitliche Entstehen der ausgeschütteten Gewinne bei der Tochtergesellschaft.[12] Offen ist jedoch, ob für die zeitliche Zuordnung der Ausschüttung (nachteilige) **nationale Zuflussfiktionen** maßgeblich sein können, oder ob ein vom nationalen Recht unabhängiger, **eigenständiger Zuflussbegriff** zugrunde zu legen ist.[13] Diese Frage ist nach nationalem Recht oftmals beim **Verkauf der Anteile zwischen Beschluss und Auszahlung der Gewinnausschüttung** relevant.[14] Der Wortlaut der Richtlinie spricht jedenfalls für eine einfache Auslegung, die auf den **effektiven Zahlungs- bzw. Gutschriftsvorgang** abstellt, wobei das nationale Recht natürlich auch günstigere Regelungen vorsehen kann.

14.34

---

1 Siehe Z 4 der Wegeleitung zum ZBstA und dazu *Kofler*, MTR, ZBstA Rz. 8.
2 Dazu *Tischbirek/Specker* in V/L[6], Art. 10 OECD-MA Rz. 74 m.w.N.
3 EAS 2807 = SWI 2007, 102; EAS 3028 = SWI 2009, 54.
4 Kritisch dazu *Wimpissinger*, SWI 2009, 226 (226 ff.); s. zu Drittstaats-Betriebsstättensituationen auch *Kofler*, MTR, Art. 1 Rz. 50 f.
5 KOM (69) 6 endg., ABl. EG 1969 Nr. C 39, 7 ff.
6 Siehe den Rossi-Bericht, Dok. 195/69, 15.
7 Siehe *Kofler*, MTR, Art. 3 Rz. 6; Dok. 6446/84 FISC 42 (18.4.1984), 2.
8 Zur Kritik s. *Kofler*, MTR, Art. 3 Rz. 1.
9 Richtlinie 2003/123/EG, ABl. EU 2004 Nr. L 7, 41 ff.
10 *Kofler*, MTR, Art. 1 Rz. 42 und Art. 3 Rz. 27 f.
11 *Jesse*, IStR 2005, 151 (153 f.); *Englisch/Schütze*, ET 2005, 488 (495); ebenso das öBMF in EAS 2667; weiter z.B. FG Köln v. 13.2.1997 – 2 K 5919/94, IStR 1997, 308.
12 Siehe dazu *Kofler*, MTR, Art. 1 Rz. 32f, Art. 4 Rz. 8 und Art. 5 Rz. 8.
13 Dies im Hinblick auf die deutsche, bis Mitte 1996 geltende Übergangsregel (s. *Kofler*, MTR, Art. 5 Rz. 54 ff.) offen gelassen sowohl in FG München v. 3.1.2006 – 7 K 1396/03, EFG 2006, 1432; als auch nachfolgend in BFH v. 20.12.2006 – I R 13/06, BFHE 216, 259 = BStBl. II 2007 616; s. auch bereits die Diskussion bei *Breuninger/Bruse*, EWS 1990, 124 (131 f.); die Relevanz einer nationalen Zuflussfiktion bejahend *Meerpohl*, Mutter-/Tochter-Richtlinie, S. 96; *Bullinger*, IStR 2004, 406 (409); s. zum Zinsbesteuerungsabkommen mit der Schweiz *Kofler*, MTR, ZBstA Rz. 3.
14 *Bullinger*, IStR 2004, 406 (409).

dd) Mindestbeteiligungsdauer

14.35 Art. 3 Abs. 2 Buchst. b MTR sieht eine – bereits im Kommissionsvorschlag aus 1969[1] – angelegte **optionale Mindestbehaltedauer von bis zu zwei Jahren** vor, der dabei der **Charakter einer speziellen Missbrauchsvorschrift** zur Verhinderung der Gesamtplangestaltung des kurzfristigen An- und Verkaufs zukommt.[2] Die Richtlinie räumt dieses Wahlrecht sowohl dem Staat der **Muttergesellschaft** als auch jenem der **Tochtergesellschaft** ein,[3] wobei trotz des unklaren Wortlautes („*mindestens zwei Jahren*") sowohl eine **kürzere Mindestbehaltedauer** festgelegt werden kann[4] als auch **unterschiedliche Behaltedauern** aus der jeweiligen Perspektive als Staat der Mutter- bzw. der Tochtergesellschaft vorgesehen werden können. Hat ein Mitgliedstaat von dem durch Art. 3 Abs. 2 Buchst. b MTR eingeräumten Wahlrecht hingegen **keinen Gebrauch** gemacht, kann er sich auch nicht zu Lasten des Steuerpflichtigen auf diese Richtlinienbestimmung stützen.[5]

14.36 Der Fristenlauf beginnt mit dem **Erwerb** bzw. dem **Entstehen** (z.B. Sitzverlegung, Umstrukturierung) der mindestens 10%igen Beteiligung oder mit der **Aufstockung auf die Mindestbeteiligung**[6], auch wenn dieser Zeitpunkt vor dem Inkrafttreten der Richtlinie,[7] der Herabsetzung des Beteiligungsausmaßes durch die ÄnderungsRL 2003 oder dem EU-Beitritt des Ansässigkeitsstaates der Mutter- bzw. Tochtergesellschaft[8] liegt. Beim Erwerb der Beteiligung durch **Neugründung** beginnt der Fristenlauf wohl bereits mit Abschluss des Gesellschaftsvertrages.[9] Die Fristberechnung erfolgt i.S. eines **stichtagsbezogenen Zeitjahres von „Tag zu Tag"**; die erforderliche Beteiligung muss nach dem Wortlaut des Art. 3 Abs. 2 Buchst. b MTR **ununterbrochen** bestehen (wobei Übertragungen unter Gesamtrechtsnachfolge wohl unschädlich sind). Nach Systematik und Wortlaut der Richtlinie stellt die Mindestbehaltedauer überdies lediglich auf das **qualifizierte Mutter-Tochter-Verhältnis** und nicht auf die individuellen Anteile ab;[10] schwankt daher das Beteiligungsausmaß z.B. durch den Zukauf weiterer Anteile in einem qualifizierten Mutter-Tochter-Verhältnis, treten die Wirkungen der MTR für die hinzuerworbenen Anteile sofort ein.[11] Umstritten war, ob die Begünstigungen der MTR auch dann zustehen, wenn die Behaltefrist **erst nach der Gewinnausschüttung fertigerfüllt** wird, oder ob erst Ausschüttungen **nach Ablauf der Behaltefrist** begünstigt sind. Während erstgenannte Ansicht von der h.A. im Schrifttum vertreten wurde,[12] hatten die meisten Mitgliedstaaten ursprünglich der zweiten, restriktiven Auslegung den Vorzug gegeben.[13] Der EuGH hat sich in der Rechtssache **Denkavit, VITIC, Voormeer**[14] auf der Basis des Wortlauts und der Teleologie der Richtlinie überzeugend dem Ergebnis der h.A. im

---

1 KOM (69) 6 endg., 5 f.
2 *Kofler*, MTR, Art. 1 Rz. 76 und Rz. 84.
3 Siehe zur Rechtsentwicklung *Kofler*, MTR, Art. 3 Rz. 9; weiter auch *Tumpel*, Harmonisierung der direkten Unternehmensbesteuerung in der EU, S. 280.
4 *Raby*, EC Tax Rev. 1992, 216 (218 f.); *van der Geld/Kleemans*, EC Tax Rev. 2001, 72 (77).
5 Siehe *Kofler*, MTR, Art. 5 Rz. 6 f.
6 *Hirschler/Sulz*, SWI 1997, 216 (217 f.).
7 Ebenso zum ZBstA *Danon/Glauser*, Intertax 2005, 503 (513); *Hinny*, ecolex 2006, 353 (356).
8 Siehe zur Miteinbeziehung der Besitzzeit vor dem Beitritt des Ansässigkeitsstaates der Tochtergesellschaft zur EU die Erledigung des öBMF, EAS 2649 = SWI 2005, 507 = ÖStZ 2006, 272.
9 Sofern der Beteiligung Wirtschaftsgutcharakter zukommt; s. öBMF, FJ 2001, 121 = ÖStZ-BMF 2001/199, 98 = RdW 2001, 189 = SWK 2001, 429.
10 Siehe auch *Knobbe-Keuk*, Intertax 1992, 485 (487); *Vanistendael*, 5 Tax Notes Int'l 599 (608) (Sept. 21, 1992); *Tumpel*, Harmonisierung der direkten Unternehmensbesteuerung in der EU, S. 266; *Vanistendael*, EC Tax Rev. 2001, 154 (158).
11 *Tumpel*, Harmonisierung der direkten Unternehmensbesteuerung in der EU, S. 266; *Hirschler/Sulz*, SWI 1997, 216 (217 f.).
12 *Knobbe-Keuk*, EuZW 1992, 336 (339); *Knobbe-Keuk*, Intertax 1992, 485 (487); *van der Geld*, EC Tax Rev. 1992, 224 (226); *Gonnella*, DB 1993, 1693 (1693 f.); *Harris*, 9 Fla. J. Int'l L. 1994, 111 (135 f.); *Tumpel*, Harmonisierung der direkten Unternehmensbesteuerung in der EU, S. 265 f. und 300.
13 Dazu *Esser*, RIW 1992, 293 (295 ff.).
14 EuGH v. 17.10.1996 – C-283/94, C-291/94 und C-292/94 – Denkavit, VITIC, Voormeer, ECLI:EU:C:1996:387.

Schrifttum angeschlossen. Bei der **Umsetzung dieser Vorgabe** lässt der EuGH den Mitgliedstaaten einen weiten Spielraum, zumal es nicht erforderlich sei, die Richtlinienvorteile vor Ablauf einer im nationalen Recht vorgesehenen Mindestbehaltedauer zu gewähren. Zulässig ist es daher aus dem Blickwinkel des Staates der Tochtergesellschaft etwa, eine **vorläufige Quellenbesteuerung mit nachfolgendem Rückerstattungsverfahren**[1] oder eine **vorläufige Befreiung unter der Voraussetzung der Sicherheitsleistung** vorzusehen.[2] Eine Rückerstattung wird dabei **diskriminierungsfrei verzinst** zu erfolgen haben.[3]

e) Betriebsstättensituationen

In der Stammfassung der MTR blieben jene Situationen, in denen die **Beteiligung an der Tochtergesellschaft einer Betriebsstätte der Muttergesellschaft** zugeordnet ist, völlig unerwähnt.[4] Basierend auf einem Kommissionsvorschlag[5] beseitigte jedoch die **ÄnderungsRL 2003** diese Lücke: In Art. 1 MTR wurde der Anwendungsbereich erweitert, eine Definition der Betriebsstätte wurde in Art. 2 Abs. 2 MTR eingefügt, die Betriebsstätte in Art. 3 Abs. 1 Buchst. a Ziff. ii MTR für gewisse Situationen als Muttergesellschaft fingiert und die Entlastungsverpflichtung des Art. 4 MTR auf den Betriebsstättenstaat ausgedehnt.[6]

14.37

Stets ist jedoch Voraussetzung, dass die Mutter- und die Tochtergesellschaft die **Kriterien des Art. 2 MTR** erfüllen, so dass z.B. Situationen nicht erfasst sind, in denen zwar die beteiligungshaltende Betriebsstätte in der Union belegen ist, aber **entweder die Mutter- oder die Tochtergesellschaft in einem Drittstaat ansässig** ist.[7] Umstritten ist jedoch die Anwendung der Richtlinie, wenn die beteiligungshaltende **Betriebsstätte in einem Drittstaat** belegen ist, Mutter- und Tochtergesellschaft aber in der EU ansässig sind.[8] Für die Prüfung der nach Art. 3 MTR notwendigen **Mindestbeteiligung** sind Anteile, die über eine nicht im Inland gelegene Betriebsstätte gehalten werden, mit den Anteilen der Muttergesellschaft zusammenzurechnen (arg *„ganz oder teilweise"* in Art. 3 Abs. 1 Buchst. a MTR.[9] Hält daher die Muttergesellschaft gemeinsam mit ihrer Betriebsstätte die entsprechende Mindestbeteiligung, so

14.38

---

1 Dazu kritisch aufgrund der damit verbundenen wirtschaftlichen Nachteile *Maisto* in Weber (Hrsg), EU Income Tax Law: Issues for the Years Ahead, Kapitel 1.6.
2 Siehe auch *Kokott*, Das Steuerrecht der Europäischen Union, S. 295 f.
3 *Englisch/Schütze*, ET 2005, 488 (495).
4 Die Anwendbarkeit in Betriebsstättensituationen war daher umstritten (s. auch das Arbeitspapier „Unternehmensbesteuerung im Binnenmarkt", SEK[2001]1681 endg., 259; weiter *Kofler*, MTR, Art. 1 Rz. 35 ff.). Weitgehende Einigkeit bestand aber dahin gehend, dass eine in der Union belegene Betriebsstätte auf der Basis der Niederlassungsfreiheit, wie sie der EuGH in Avoir Fiscal (EuGH v. 28.1.1986 – Rs. 270/83 – Kommission/Frankreich, ECLI:EU:C:1986:37) und Saint-Gobain (EuGH v. 21.9.1999 – C-307/97 – Saint-Gobain, ECLI:EU:C:1999:438) operationalisiert hat, nicht gegenüber ansässigen Gesellschaften benachteiligt werden dürfe und es solcherart zu einer indirekten Anwendung der MTR auch im Betriebsstättenstaat komme.
5 KOM (2003) 462 endg.
6 Zu den Änderungen im Betriebsstättenbereich s. insbesondere *Maisto*, EC Tax Rev. 2004, 164 ff.; *Zanotti*, ET 2004, 493 ff.; *Zanotti*, ET 2004, 535 ff.; weiter auch *Tissot*, GeS 2004, 244 ff.; *Englisch/Schütze*, ET 2005, 488 ff.; ausführlich *Kofler/Kofler* in FS Nolz, S. 53 (53 ff.); *Kofler*, MTR, Art. 1 Rz. 35 ff.
7 EuGH v. 4.6.2009 – C-439/07, C-499/07 – KBC Bank, ECLI:EU:C:2009:339, Rz. 63 (zur Drittstaatstochtergesellschaft); s. auch die Beispiele im von der Kommission verfassten Annex II zu Dok. 12552/03 FISC 126 (16.9.2003), 16 f.
8 Siehe dazu *Kofler*, MTR, Art. 1 Rz. 50 f. m.w.N.; *Kokott*, Das Steuerrecht der Europäischen Union, S. 300.
9 BT-Drucks. 15/3677, 33; *Häuselmann/Ludemann*, RIW 2005, 123 (126); *Jesse*, IStR 2005, 151 (154 und 157). Auch die Delegationen und die Kommission sind von dieser Sichtweise ausgegangen, wie auch die Beispiele in Dok. 12740/03 FISC 130 (22.9.2003), 11 ff., sowie Dok. 13187/03 FISC 137 (2.10.2003), 11f, und die Beispiele im von der Kommission verfassten Annex II zu Dok. 12552/03 FISC 126 (16.9.2003), 12 ff., belegen; s. auch *Kofler*, MTR, Art. 1 Rz. 55 (zu „Sandwichsituationen").

sind z.B. Ausschüttungen sowohl an die Muttergesellschaft als auch an die Betriebsstätte von der Quellensteuer zu befreien.[1]

14.39 Erfasst sind folgende **Betriebsstättensituationen**:[2]

– **Mutter- und Tochtergesellschaft und Betriebsstätte in drei verschiedenen Mitgliedstaaten** – Die **klassische Dreieckssituation** im Rahmen der MTR resultiert aus der „Zwischenschaltung" einer Betriebsstätte in einem Mitgliedstaat zwischen die Mutter- und Tochtergesellschaft, die ihrerseits in zwei verschiedenen Mitgliedstaaten ansässig sind. Die h.A.[3] ging bereits zur Stammfassung der Richtlinie davon aus, dass die Verpflichtungen nach Art. 4 und 5 MTR auch in einer solchen Situation bestehen, zumal die Betriebsstätte als unselbständiger Bestandteil der Muttergesellschaft nicht die von der Richtlinie geforderte Ausschüttungsbeziehung zwischen Tochter- und Muttergesellschaft unterbreche; auch eine beliebige Kombination der von der Betriebsstätte und der Muttergesellschaft direkt gehaltenen Anteile sei möglich, sofern nur insgesamt die von Art. 3 MTR geforderte Mindestbeteiligung erreicht werde.[4] Diese seit jeher auch von der Kommission[5] vertretene Ansicht ergibt sich bereits aus den ersten beiden Buchstaben des Art. 1 Abs. 1 MTR, woran weder die Einfügung des Buchst. d in Art. 1 Abs. 1 MTR[6] noch des Art. 3 Abs. 1 Buchst. a Ziff. *ii* durch die ÄnderungsRL 2003 etwas geändert hat.[7] Seit der ÄnderungsRL 2003 ist aber auch der Betriebsstättenmitgliedstaat ausdrücklich durch den Buchst. c des Art. 1 Abs. 1 i.V.m. Art. 4 MTR zur Entlastung von der wirtschaftlichen Doppelbesteuerung im Wege der Befreiung oder der indirekten Anrechnung verpflichtet, sofern eine Betriebsstätte i.S.d. Art. 2 Buchst. b MTR gegeben und ihr die Beteiligung zuzurechnen ist.[8]

– **Mutter- und Tochtergesellschaft in demselben Mitgliedstaat mit zwischengeschalteter extraterritorialer Betriebsstätte („Sandwichsituation")** – Bereits der Name der MTR impliziert, dass sie auf ein gemeinsames *„Steuersystem der Mutter- und Tochtergesellschaften verschiedener Mitgliedstaaten"* abzielt; dieses grenzüberschreitende Element der Ansässigkeit der beiden Gesellschaften in unterschiedlichen Mitgliedstaaten kommt auch in Art. 3 MTR zum Ausdruck. Die ÄnderungsRL 2003 hat dieses System allerdings insoweit modifiziert, als das grenzüberschreitende Element auch durch die Existenz einer Betriebsstätte in einem anderen Mitgliedstaat hergestellt werden kann, selbst wenn Mutter- und Tochtergesellschaft in demselben Mitgliedstaat ansässig sind[9] (sog **„Sandwichstrukturen"**[10] bzw. **„Mäander-Strukturen"**[11]). Um dieses Ergebnis auf einer steuertechnischen Ebene zu erreichen, bedurfte es zunächst einer Neudefinition des Mutter-Tochter-Verhältnisses: Dementsprechend fingiert Art. 3 Abs. 1 Buchst. a Ziff. ii MTR, dass als Muttergesellschaft *„ebenfalls"* eine Gesellschaft eines Mitgliedstaates gilt, wenn die Beteiligung an einer Tochtergesellschaft *„desselben Mitgliedstaats" „ganz oder teilweise von einer in einem anderen Mitgliedstaat gelegenen Betriebstätte der erstgenannten Gesellschaft gehalten wird"*. Diesem Grundgedanken folgend eröffnet auch Buchst. d des Art. 1 Abs. 1 MTR den Anwendungsbereich der Quellensteuerfreiheit des Art. 5 MTR *„auf Gewinnausschüttungen von Gesellschaften dieses Staates an in einem anderen Mitgliedstaat gele-*

---

1 *Häuselmann/Ludemann*, RIW 2005, 123 (126).
2 Siehe *Kofler*, MTR, Art. 1 Rz. 35 ff.
3 Siehe m.w.N. *Kofler/Kofler* in FS Nolz, S. 52 (65 ff. m.w.N.); ebenso auch Pkt 3.1.5. der Stellungnahme des Europäischen Wirtschafts- und Sozialausschusses, ABl. EU 2004 Nr. C 32, 118 ff.
4 Siehe auch *Jesse*, IStR 2005, 151 (153 und 158).
5 ZB Dok. 14237/03 FISC 169 (31.10.2003), 2.
6 *Englisch/Schütze*, ET 2005, 488 (492 f.); *Zanotti*, ET 2004, 493 (503); *Kofler/Kofler* in FS Nolz, S. 53 (66).
7 *Kofler/Kofler* in FS Nolz, S. 53 (66); anders *Bullinger*, IStR 2004, 406 (408); *Jesse*, IStR 2005, 151 (154 und 156).
8 Dazu *Kofler*, MTR, Art. 2 Rz. 39 ff.
9 Siehe Pkt 8 der Präambel der Richtlinie 2003/123/EG, ABl. EU 2004 Nr. L 7, 41 ff.; Erläuterungen zu Art. 1 Abs. 1 des Vorschlages KOM (2003) 462 endg.
10 *Kofler/Kofler* in FS Nolz, S. 53 (74 ff.).
11 *Jesse*, IStR 2005, 151 (154).

gene *Betriebstätten von Gesellschaften dieses Mitgliedstaates [Anm: des Staates der Tochtergesellschaft], deren Tochtergesellschaften sie sind*"[1]. Vice versa trifft den Ansässigkeitsstaat der Muttergesellschaft die Entlastungsverpflichtung nach Art. 4 MTR, zumal Buchst. a des Art. 1 Abs. 1 MTR *„Gewinnausschüttungen, die Gesellschaften dieses Staates von Tochtergesellschaften eines anderen Mitgliedstaats zufließen"* erfasst und diese Situation durch Art. 3 Abs. 1 Buchst. a Ziff. ii MTR fingiert wird.[2] Zur vollständigen Entlastung von der wirtschaftlichen Doppelbelastung bedurfte es auch einer Entlastungsverpflichtung im Betriebsstättenstaat. Dies wird durch Buchst. c des Art. 1 Abs. 1 MTR erreicht, der dem Betriebsstättenstaat die Verpflichtung zur Anwendung der Richtlinie *„auf Gewinnausschüttungen, die in diesem Staat gelegenen Betriebstätten von Gesellschaften anderer Mitgliedstaaten von ihren Tochtergesellschaften eines anderen Mitgliedstaates"* zufließen, auferlegt; materiell folgt die Entlastungsverpflichtung sodann aus Art. 4 MTR.[3]

Nicht explizit angesprochen sind **Fälle der „vorgelagerten Betriebsstätte"**, wenn also die Mutter- und die Tochtergesellschaft zwar in verschiedenen Mitgliedstaaten ansässig sind, die dividendenempfangende Betriebsstätte aber im Staat der Tochtergesellschaft belegen ist.[4] Eine solche Situation würde technisch zweifelsfrei in den Anwendungsbereich der Richtlinie fallen, wenn die Ausschüttung von der Gesellschaft eines Mitgliedstaates an eine qualifizierte Muttergesellschaft in einem anderen Mitgliedstaat fließt. Diese Sichtweise wurde auch von Teilen des Schrifttums[5] und von der Kommission[6] vertreten. Bereits das ältere Schrifttum[7] hat aber auch darauf aufmerksam gemacht, dass es in einer solchen Situation aus einer international-steuerrechtlichen Perspektive des Staates der Tochtergesellschaft am internationalen Kapitalfluss fehle und dieser daher durch Art. 5 MTR weder an einer Quellenbesteuerung noch an der Besteuerung der Betriebsstätte gehindert sei und diese Besteuerungsrechte auch abkommensrechtlich regelmäßig wegen Art. 7 und Art. 10 Abs. 4 OECD-MA wahrgenommen werden könnten. Entgegen dem Vorschlag der Kommission wurde daher die Erfassung dieser Situationen sowohl von den Mitgliedstaaten als auch vom Europäischen Parlament abgelehnt.[8] Es sollten „lediglich grenzübergreifende Dividendenausschüttungen von der Richtlinie erfasst werden"[9], weshalb der Fall der Belegenheit der Betriebsstätte im Staat der Tochtergesellschaft der nationalen Gesetzgebung vorzubehalten sei.[10] Dementsprechend wurde der Anwendungsbereich der Entlastungsverpflichtung des Betriebsstättenstaates ausdrücklich auf jene Fälle eingeschränkt, in denen die Betriebsstätte nicht im Staat der Tochtergesellschaft belegen ist. Diese Einschränkung kommt in Buchst. c des Art. 1 Abs. 1 MTR zum Ausdruck, der insofern jenen Mitgliedstaat, in dem sich sowohl die Tochtergesellschaft als auch die Betriebsstätte befinden, aus der Pflicht entlässt (arg *„Tochtergesellschaften eines anderen Mitgliedstaates als dem der Betriebsstätte"*). Eine allfällige Quellenbesteuerung auf der Ebene der Tochtergesellschaft fällt

---

1 *Maisto*, EC Tax Rev. 2004, 164 (169); *Bullinger*, IStR 2004, 406 (408); *Zanotti*, ET 2004, 493 (503); *Englisch/Schütze*, ET 2005, 488 (490).
2 Siehe auch *Maisto*, EC Tax Rev. 2004, 164 (170); *Bullinger*, IStR 2004, 406 (408).
3 *Maisto*, EC Tax Rev. 2004, 164 (167); *Bullinger*, IStR 2004, 406 (408); s. auch Erläuterungen zu Art. 1 Abs. 1 des Vorschlages KOM (2003) 462 endg.
4 Siehe auch *Kokott*, Das Steuerrecht der Europäischen Union, S. 299 f. Jene Situation, bei der die Betriebsstätte im Staat der Muttergesellschaft belegen ist, ist zweifelsfrei von der Richtlinie erfasst, zumal steuerrechtlich betrachtet ohnehin ein unmittelbarer Bezug der Dividenden durch die Muttergesellschaft gegeben ist; vgl. auch *Jesse*, IStR 2005, 151 (157).
5 *Saß*, DB 1990, 2340 (2346); *Sass*, 18 Tax Planning Int'l Rev. 3 (7) (May 1991).
6 Siehe Dok. 12740/03 FISC 130 (22.9.2003), 13.
7 Siehe z.B. *García Prats*, ET 1995, 179 (181 f.); weiter auch *Maisto*, EC Tax Rev. 2004, 164 (167); *Zanotti*, ET 2004, 535 (542).
8 Dazu *Kofler*, MTR, Art. 1 Rz. 36 f. m.w.N.; auch Pkt 3.1.4.1. der Stellungnahme des Europäischen Wirtschafts- und Sozialausschusses, ABl. EU 2004 Nr. C 32, 118 ff.
9 Dok. 12740/03 FISC 130 (22.9.2003), 13.
10 So ausdrücklich Dok. 13510/03 FISC 143 (13.10.2003), 2 f., der Bericht des Ausschusses für Wirtschaft und Währung, A5–0472/2003 (5.12.2003), und die Legislative Entschließung P5-TA(2003)0567 (16.12.2003).

daher nicht unter Art. 5 MTR;[1] vielmehr wird diese Situation als ein rein innerstaatlicher Vorgang betrachtet.[2] Dieses Ergebnis erscheint zumindest insofern konsequent, als auch die Niederlassung in Form einer Tochtergesellschaft zur Anwendung des innerstaatlichen Rechts dieses Staates führen würde.[3] Weder aus dem Text der Richtlinie noch aus der Präambel[4] geht aber hervor, ob und inwieweit der Staat der Muttergesellschaft an die Richtlinie gebunden ist und daher eine Entlastung nach Art. 4 MTR für die Körperschaftsteuer der Tochtergesellschaft zu gewähren hat. Vieles spricht hier dafür, eine Entlastungsverpflichtung auf der Basis des Buchst. a des Art. 1 Abs. 1 i.V.m. Art. 4 MTR anzunehmen, liegt doch aus der Perspektive des Staates der Muttergesellschaft ganz klar ein grenzüberschreitender Vorgang vor.[5]

3. Sachlicher Anwendungsbereich

a) Gewinnausschüttungen

14.41 Art. 1 MTR bezieht sich auf grenzüberschreitende „**Gewinnausschüttungen**", „die Gesellschaften dieses Staates von Tochtergesellschaften eines anderen Mitgliedstaats zufließen" sowie auf jene „von Tochtergesellschaften dieses Staates an Gesellschaften anderer Mitgliedstaaten", wobei seit der ÄnderungsRL 2003 auch Gewinnausschüttungen in gewissen Betriebsstättensituationen erfasst sind. Stets ist jedoch eine **grenzüberschreitende Ausschüttung** erforderlich,[6] die teilweise auch von der Richtlinie selbst fingiert wird. Die MTR vermeidet freilich den Begriff der „Dividenden" und spricht stattdessen in Art. 1 MTR von „*Gewinnausschüttungen*" („*distributions of profits*"), in Art. 4 MTR vom Zufließen von Gewinnen („*receives distributed profits*") und in Art. 5 MTR von „*ausgeschütteten Gewinne[n]*" („*[p]rofits which a subsidiary distributes*"), ohne jedoch diese Begriffe zu definieren.[7] Unstrittig nicht von der MTR erfasst sind aber **Veräußerungsgewinne** aus der Übertragung von Anteilen an Dritte. Für Gewinne, die „*anlässlich der* **Liquidation der Tochtergesellschaft** *ausgeschüttet werden*", besteht aufgrund der ausdrücklichen Ausnahme in Art. 4 MTR keine Entlastungsverpflichtung im Staat der Muttergesellschaft; eine vergleichbare Ausnahme für die Quellensteuerbefreiung nach Art. 5 MTR findet sich hingegen nicht.[8]

14.42 Der Begriff der „Gewinnausschüttung" ist ein **unionsrechtlicher Begriff**, der in der Auslegungskompetenz des EuGH liegt.[9] Allgemein spricht der EuGH etwa im Zusammenhang mit Art. 5 MTR von der Zahlung „*von Dividenden oder anderen Erträgen von Wertpapieren*"[10]. Der weite Begriff der „Gewinnausschüttung" erfasst solcherart im Grunde **Vermögensverschiebungen von der Tochter- zur Muttergesellschaft**, die das **Kapital der Tochtergesellschaft mindern** und auf der **Eigenkapitalinves-**

---

1 So im Ergebnis z.B. auch *Maisto*, EC Tax Rev. 2004, 164 (167); *Jesse*, IStR 2005, 151 (154 und 157).
2 Siehe bereits *García Prats*, ET 1995, 179 (181 f.).
3 Siehe auch *Englisch/Schütze*, ET 2005, 488 (493).
4 Diese reflektiert auf den „*betreffenden Mitgliedstaat*" und spricht damit offenbar nur den Staat der Tochtergesellschaft an, in dem auch die Betriebsstätte belegen ist; s. auch *Kofler/Kofler* in FS Nolz, S. 53 (80).
5 *Zanotti*, ET 2004, 535 (542); *Kofler/Kofler* in FS Nolz, S. 53 (80 f.); siehe auch *Kokott*, Das Steuerrecht der Europäischen Union, S. 299 f.; ebenso bereits *García Prats*, ET 1995, 179 (181 f.); ablehnend hingegen *Maisto*, EC Tax Rev. 2004, 164 (167).
6 EuGH v. 4.6.2009 – C-439/07, C-499/07 – KBC Bank, ECLI:EU:C:2009:339, Rz. 63.
7 Kritisch zu dieser Regelungstechnik *Harris*, 9 Fla. J. Int'l L. 111 (130) (1994).
8 Dazu *Kofler*, MTR, Art. 1 Rz. 29 ff.
9 *Farmer/Lyal*, EC Tax Law, S. 272 f.; *Helminen*, EC Tax Rev. 2000, S. 161 (162); *Helminen*, The International Tax Law Concept of Dividend, S. 61; wohl auch EuGH v. 24.6.2010 – C-338/08 und C-339/08 – Ferrero, ECLI:EU:C:2010:364, Rz. 38 f.
10 EuGH v. 8.6.2000 – C-375/98 – Epson Europe, ECLI:EU:C:2000:302, Rz. 23; v. 4.10.2001 – C-294/99 – Athinaïki Zythopiia, ECLI:EU:C:2001:505, Rz. 28; v. 12.12.2006 – C-446/04 – FII Group Litigation, ECLI:EU:C:2006:774, Rz. 108; v. 26.6.2008 – C-284/06 – Burda, ECLI:EU:C:2008:365, Rz. 52; v. 24.6.2010 – C-338/08 und C-339/08 – Ferrero, ECLI:EU:C:2010:364, Rz. 26.

B. Anwendungsfragen bei der Umsetzung in innerstaatliches Recht | Rz. 14.42 **Kap. 14**

tition der Muttergesellschaft beruhen.[1] Erfasst sind solcherart **alle Arten von Gewinnausschüttungen**, gleichgültig in welcher Form – als Geld- oder Sachausschüttung[2] – und unter welchem Namen sie geleistet werden[3] und ob die Ausschüttung den **laufenden Gewinn** übersteigt.[4] Unter die MTR fallen damit zunächst idealtypisch jene **offenen Gewinnausschüttungen**, die aufgrund gesellschaftsrechtlicher Beschlüsse der Gesellschafterversammlung erfolgen,[5] und zwar unabhängig davon, ob die Ausschüttungen proportional zum Beteiligungsausmaß sind.[6] Erfasst sind auch **verdeckte Ausschüttungen**[7] und **fingierte Ausschüttungen**[8] (z.B. bei CFC-Regelungen nach dem Ausschüttungsmodell[9], Ausschüttungsfiktionen bei Wegzug oder Umgründungen)[10]. Nicht erfasst sind jedoch die **Auszahlung von Steuergutschriften**[11] oder **die Erstattung von Ausgleichssteuern**[12] oder – für Zwecke des Art. 4 MTR – **Liquidationsgewinne**.[13] Erfasst ist auch die aus früheren Gewinnen finanzierte Gewährung von **Boni** (Extradividenden)[14] sowie die **Zuteilung von Gratisaktien**.[15] Ausschüttungen auf **Vorzugsaktien** fallen ebenfalls in den Anwendungsbereich der Richtlinie.[16] Nicht erfasst sind hingegen **Veräußerungsgewinne** aus der Übertragung der Anteile an Dritte;[17] ebenso wenig wohl auch Zahlungen aufgrund von **Kapitalherabsetzungen**,[18] zumal es sich hier nicht um die Auskehrung von erwirtschafteten Gewinnen, sondern um die Rückzahlung von Kapital handelt, sowie Zahlungen aufgrund von (disproportionalen) **Aktienrückkäufen** durch die Tochtergesellschaft.[19]

---

1 Siehe mit unterschiedlichen Nuancen *Helminen*, EC Tax Rev. 2000, 161 (162); *Oliver*, EC Tax Rev. 2001, 211 (217); *Eberhartinger/Six*, Intertax 2009, 4 (14).
2 *Vanistendael*, 5 Tax Notes Int'l 599 (604) (Sept. 21, 1992).
3 *Boon/Lambooij*, 18 Tax Planning Int'l Rev. 6 (9) (Apr. 1991); *Tumpel*, Harmonisierung der direkten Unternehmensbesteuerung in der EU, S. 266.
4 So auch zum ZBstA *Oesterhelt/Winzap*, 8 ASA 449 (482) (2006).
5 *Saß*, DB 1990, 2340 (2346); *Sass*, 18 Tax Planning Int'l Rev. 3 (7) (May 1991); *Tumpel*, Harmonisierung der direkten Unternehmensbesteuerung in der EU, S. 267; *Meerpohl*, Mutter-/Tochter-Richtlinie, S. 49.
6 *Bell*, DFI 2005, 18 (23 m. Fn. 19).
7 *Kofler*, MTR, Art. 1 Rz. 24 m.w.N.; *Kokott*, Das Steuerrecht der Europäischen Union, S. 294; s. insbesondere auch EuGH, Schlussanträge des Generalanwalts *Mischo* 26.9.2002 – C-324/00 – Lankhorst-Hohorst, ECLI:EU:C:2002:545, Rz. 100 ff., insbesondere Rz. 109.
8 *Kofler*, MTR, Art. 1 Rz. 25 ff. m.w.N.; *Kokott*, Das Steuerrecht der Europäischen Union, S. 295.
9 Nicht aber Hinzurechnungssteuersysteme nach dem Gewinnzurechnungsmodell; s. dazu EuGH, Schlussanträge des Generalanwalts *Léger* v. 2.5.2006 – C-196/04 – Cadbury Schweppes, ECLI:EU:C:2006:278, Rz. 7; *Kofler*, MTR, Art. 1 Rz. 25 ff.
10 *Kokott*, Das Steuerrecht der Europäischen Union, S. 295. So auch zur Quellensteuerbefreiung von fiktiven Ausschüttungen bei Umwandlungen auf der Basis der österreichischen Umsetzung der MTR auch EAS 1568 = SWI 2000, 54 = ÖStZ 2000, 159, und EAS 3078 = SWI 2009, 441.
11 EuGH v. 25.9.2003 – C-58/01 – Océ van der Grinten, ECLI:EU:C:2003:495, Rz. 56.
12 EuGH v. 24.6.2010 – C-338/08 und C-339/08 – Ferrero, ECLI:EU:C:2010:364.
13 *Kofler*, MTR, Art. 1 Rz. 29 ff.
14 *Tumpel*, Harmonisierung der direkten Unternehmensbesteuerung in der EU, S. 269.
15 *Vanistendael*, 5 Tax Notes Int'l 599 (604) (Sept. 21, 1992); *Tumpel*, Harmonisierung der direkten Unternehmensbesteuerung in der EU, S. 269; *Helminen*, EC Tax Rev. 2000, 161 (165); *Helminen*, The International Tax Law Concept of Dividend, S. 142 ff.; zweifelnd *Bell*, DFI 2005, 18 (25).
16 Ausführlich *Helminen*, The Dividend Concept in International Tax Law, S. 316 f. – auch mit Überlegungen zur Anti-Missbrauchsklausel des Art. 1 Abs. 2.
17 Siehe nur *de Hosson*, Intertax 1990, 414 (431); *Helminen*, The Dividend Concept in International Tax Law, S. 354; *Helminen*, EC Tax Rev. 2000, 161 (169); s. aber aus rechtspolitischer Sicht den kommentierten Textvorschlag von *Maisto*, ET 2002, 28 (28 ff.).
18 *Vanistendael*, 5 Tax Notes Int'l 599 (606) (Sept. 21, 1992); *Tumpel*, Harmonisierung der direkten Unternehmensbesteuerung in der EU, S. 269; *Meerpohl*, Mutter-/Tochter-Richtlinie, S. 37; **a.A.** *Altheim*, IStR 1993, 353 (354).
19 *Vanistendael*, 5 Tax Notes Int'l 599 (606) (Sept. 21, 1992).

14.43 Eine spezielle Regelung besteht für **Liquidationsgewinne**.[1] In Abkehr zum ursprünglichen **Kommissionsvorschlag**, der eine explizite Entlastung von der wirtschaftlichen Doppelbesteuerung im Staat der Muttergesellschaft auch für den Fall der Liquidation der Tochtergesellschaft vorsah,[2] findet sich in **Art. 4 MTR** ein ausdrücklicher **Ausschluss von Gewinnen, die** *„anlässlich der Liquidation der Tochtergesellschaft ausgeschüttet werden"*[3]. Art. 4 MTR schweigt zur Frage des **Zeitpunktes**, ab dem – nicht zu entlastende – Liquidationsgewinnausschüttungen anfallen. Vor der **Einleitung des Liquidationsverfahrens** sind Gewinnausschüttungen jedenfalls in vollem Umfang von der MTR begünstigt.[4] Im Übrigen scheint der Richtlinie ein **formales Liquidationsverständnis** zugrunde zu liegen: Aus dem Wortlaut der Bestimmung – *„anlässlich der Liquidation der Tochtergesellschaft"* (*„except when the subsidiary is liquidated"*) – lässt sich schließen, dass nur jene Gewinne von der Entlastungsverpflichtung nach Art. 4 MTR ausgenommen sind, die **nach der formellen Beendigung des Liquidationsverfahrens** an die Muttergesellschaft ausgeschüttet werden;[5] solcherart sind auch Gewinnausschüttungen **im Zeitraum nach der Einleitung und vor der Beendigung des Liquidationsverfahrens** begünstigt.[6] Die Richtlinie sieht allerdings nach h.A. eine **Quellensteuerbefreiung nach Art. 5 MTR** auch für die **Ausschüttung von Liquidationsgewinnen** vor,[7] zumindest soweit es sich nicht um eine i.d.R. ohnehin steuerneutrale Kapitalrückzahlung handelt,[8] findet sich doch dort keine dem Art. 4 MTR entsprechende Ausschlussklausel.

14.44 Diese **Asymmetrie zwischen Art. 4 und 5 MTR** ist im Ergebnis insofern überzeugend, als einerseits aus der Sicht der Tochtergesellschaft die Ausschüttung von Liquidationsgewinnen durchaus als Ausschüttung zurückbehaltener Gewinne angesehen werden könnte und im Übrigen eine ansonsten bestehende einfache Umgehbarkeit durch eine vor der Liquidation erfolgende Ausschüttung bestünde, und anderseits aus der Sicht der Muttergesellschaft die Liquidation wie ein Verkauf der Anteile wirkt, dessen Nichtbegünstigung wiederum im Einklang mit der generellen Nichterfassung von Veräußerungsgewinnen durch die MTR steht.[9] Schließlich werden Liquidationsgewinne abkommensrechtlich oft als Veräußerungsgewinne qualifiziert, für die i.d.R. nach Art. 13 Abs. 5 OECD-MA das ausschließ-

---

1 Nicht als Liquidation zählt allerdings die Auflösung einer Gesellschaft im Rahmen einer Fusion; s. EuGH v. 18.10.2012 – C-371/11 – Punch Graphix, ECLI:EU:C:2012:647; vgl. hierzu auch *Benecke/Staats*, ISR 2013, 15 ff.
2 Siehe den Vorschlag KOM (69) 6 endg., ABl. EG 1969 Nr. C 39, 7 ff.
3 Siehe auch *Kokott*, Das Steuerrecht der Europäischen Union, S. 294. Daraus lässt sich im Gegenschluss durchaus folgern, dass es sich bei Liquidationsausschüttungen prinzipiell um Gewinnausschüttungen i.S.d. Richtlinie handeln würde (s. auch *Helminen*, EC Tax Rev. 2000, 161 [171]; *Bell*, DFI 2005, 18 [25]; *Helminen*, The International Tax Law Concept of Dividend, S. 226 f.), zumindest insoweit, als es sich nicht um Kapitalrückzahlungen handelt.
4 *Boon/Lambooij*, 18 Tax Planning Int'l Rev. 6 (9) (Apr. 1991); *Tumpel*, Harmonisierung der direkten Unternehmensbesteuerung in der EU, S. 268.
5 So *de Hosson*, Intertax 1990, 414 (432); *Farmer/Lyal*, EC Tax Law, 269; *Tumpel*, Harmonisierung der direkten Unternehmensbesteuerung in der EU, S. 268.
6 *Tumpel*, Harmonisierung der direkten Unternehmensbesteuerung in der EU, S. 268.
7 Siehe *de Hosson*, Intertax 1990, 414 (433); *Boon/Lambooij*, 18 Tax Planning Int'l Rev. 6 (9) (Apr. 1991); *Breuninger*, EWS 1992, 85 (92); *Knobbe-Keuk*, EuZW 1992, 336 (338); *Knobbe-Keuk*, Intertax 1992, 485 (488); *Vanistendael*, 5 Tax Notes Int'l 599 (605 f.) (Sept. 21, 1992); *Altheim*, IStR 1993, 353 (354); *Farmer/Lyal*, EC Tax Law, S. 273; *Tumpel*, Harmonisierung der direkten Unternehmensbesteuerung in der EU, S. 268 f.; *Deutsch*, ÖStZ 1995, 458 (459); *Meerpohl*, Mutter-/Tochter-Richtlinie, S. 50; *Helminen*, EC Tax Rev. 2000, 161 (170); *Bullinger*, IStR 2004, 406 (410); *Bell*, DFI 2005, 18 (25); *Englisch/Schütze*, ET 2005, 488 (499); *Mocka*, finanzreform 2005, 25 (23 f.); *Eberhartinger/Six* in *Andersson/Eberhartinger/Oxelheim*, National tax policy in Europe: to be or not to be?, S. 213 (221); *Helminen*, The International Tax Law Concept of Dividend, S. 229; *Kempf/Gelsdorf*, IStR 2011, 173 (174 f.); *Kokott*, Das Steuerrecht der Europäischen Union, S. 299; **a.A.** *Oliver*, EC Tax Rev. 2001, 211 (216 m. Fn. 23).
8 *Muray*, ET 1991, 74 (82); *Helminen*, The International Tax Law Concept of Dividend, S. 230.
9 *Vanistendael*, 5 Tax Notes Int'l 599 (605 f.) (Sept. 21, 1992); *Farmer/Lyal*, EC Tax Law, S. 273; in diese Richtung auch *Boon/Lambooij*, 18 Tax Planning Int'l Rev. 6 (9 m. Fn. 18) (Apr. 1991).

liche Besteuerungsrecht ohnehin dem Staat der Muttergesellschaft zukäme und solcherart der Quellenstaat schon abkommensrechtlich an der Besteuerung gehindert wäre.[1]

Der Ausschüttungsbegriff kann trotz seines unionsrechtlichen Charakters nicht völlig unabhängig vom **nationalen Recht der Mitgliedstaaten** verstanden werden.[2] So bindet sich etwa ein Mitgliedstaat, der im nationalen Recht eine Zahlung aufgrund eines qualifizierten Mutter-Tochter-Verhältnisses als Ausschüttung qualifiziert (z.B. aufgrund einer Umqualifikation von Zinsen in Dividenden), auf Richtlinienebene **an seine eigene nationale Qualifikation**,[3] wenngleich eine bloße nationale Qualifikation einer Zahlung als Dividende freilich dann keine Selbstbindung erzeugen kann, wenn es sich nicht um eine Gewinnausschüttung i.S.d. Richtlinie handelt.[4] Im Schrifttum wird eine solche „**Selbstbindung des Quellenstaates**"[5] – bei Erfüllung der übrigen Richtlinienvoraussetzungen, insbesondere des Mindestbeteiligungsausmaßes[6] – etwa bejaht bei der Annahme von Ausschüttungen

14.45

- im Rahmen von **sekundären Verrechnungspreiskorrekturen**;[7]
- infolge der **Umqualifikation von Zinszahlungen im Rahmen von Unterkapitalisierungsregeln**;[8]
- auf **verdecktes Eigenkapital**[9] bzw. bei als **Eigenkapital qualifizierten hybriden Finanzinstrumenten**.[10]

Insofern wird auch generell akzeptiert, dass Art. 4 und Art. 5 MTR aufgrund der unterschiedlichen Beurteilung nach nationalem Steuerrecht auch **nicht zwingend identische Anwendungsbreiten** haben müssen, weshalb z.B. die Qualifikation einer Steuer als Quellensteuer i.S.d. Art. 5 MTR nicht automatisch eine Entlastungsverpflichtung nach Art. 4 MTR nach sich zieht.[11] Insofern kommt der (selbstbindenden) Qualifikation durch den Quellenstaat grundsätzlich auch **keine unmittelbare Bindungs-**

14.46

---

1 *Helminen*, EC Tax Rev. 2000, 161 (171); *Helminen*, The International Tax Law Concept of Dividend, S. 229 f.
2 So z.B. *Helminen*, EC Tax Rev. 2000, 161 (162); *Brokelind*, ET 2005, 323 (327 f.); *Helminen*, The International Tax Law Concept of Dividend, S. 61.
3 Dazu auch *Kofler*, MTR, Einl. Rz. 97 f.; weiter z.B. *Boon/Lambooij*, 18 Tax Planning Int'l Rev. 6 (9) (Apr. 1991); *Kessler*, DB 2003, 2507 (2511); *Kessler*, IStR 2004, 810 (815); *Obser*, IStR 2005, 799 (803); *Brokelind*, ET 2005, 323 (327 f.); *Kofler*, Doppelbesteuerungsabkommen und Europäisches Gemeinschaftsrecht, S. 931 f.
4 Siehe deutlich zur Quellenbesteuerung einer abkommensrechtlich als Dividende qualifizierten Erstattung einer Ausgleichssteuer EuGH v. 24.6.2010 – C-338/08 und C-339/08 – Ferrero, ECLI:EU:C:2010:364, Rz. 27; dazu auch *Kofler*, MTR, Art. 1 Rz. 28 und Art. 5 Rz. 25 und Rz. 28 ff.
5 So *Kessler*, DB 2003, 2507 (2511); *Kessler*, IStR 2004, 810 (815).
6 Dazu und zur Frage der Einbeziehung von verdecktem Kapital und hybriden Finanzinstrumenten s. *Kofler*, MTR, Art. 3 Rz. 19; s. dazu etwa auch *Tumpel*, Harmonisierung der direkten Unternehmensbesteuerung in der EU, S. 262; *Helminen*, The Dividend Concept in International Tax Law, S. 267; *Eberhartinger/Six* in Andersson/Eberhartinger/Oxelheim, National tax policy in Europe: to be or not to be?, S. 213 (226 f.).
7 *Kofler*, MTR, Art. 1 Rz. 24; *Kokott*, Das Steuerrecht der Europäischen Union, S. 295; Pkt 12–13 des JTPF-Berichts, JTPF/017/FINAL/2012/EN (18.1.2013).
8 *Kofler*, MTR, Art. 1 Rz. 24; *Kokott*, Das Steuerrecht der Europäischen Union, S. 294.
9 *Tumpel*, Harmonisierung der direkten Unternehmensbesteuerung in der EU, S. 262; *Bell*, DFI 2005, 18 (24); *Kokott*, Das Steuerrecht der Europäischen Union, S. 295.
10 *Helminen*, EC Tax Rev. 2000, 161 (166 ff.); *Helminen*, BIFD 2004, 56 (60); *Bell*, DFI 2005, 18 (24); *Eberhartinger/Six*, Intertax 2009, 4 (14); *Helminen*, The International Tax Law Concept of Dividend, S. 170 ff., 182, 187, 192 f. und 196 f.; s. auch die ausführliche Diskussion bei *Bundgaard*, ET 2010, 442 (442 ff.).
11 Dazu *Kofler*, MTR, Einl. Rz. 99 f.; s. auch *Vanistendael*, 5 Tax Notes Int'l 599 (609) (Sept. 21, 1992); *Farmer/Lyal*, EC Tax Law, S. 273; ausführlich *Kessler*, DB 2003, 2507 (2511 m.w.N.); *Kessler*, IStR 2004, 810 (814 f.); *Kofler*, Doppelbesteuerungsabkommen und Europäisches Gemeinschaftsrecht, S. 932; *Eberhartinger/Six*, Intertax 2009, 4 (15); *Helminen*, The International Tax Law Concept of Dividend, S. 171 f.

wirkung für den Staat der Muttergesellschaft zu;[1] eine solche könnte allenfalls in gewissen Konstellationen zu bejahen sein.[2]

b) Beteiligungskausalität

14.47 Der Wortlaut des Art. 4 MTR zeigt, dass die Grundlage einer begünstigungsfähigen Ausschüttung in der **Beteiligung der Mutter- an der Tochtergesellschaft** liegen muss (arg *„aufgrund ihrer Beteiligung an der Tochtergesellschaft"*).[3] Die Entlastungsverpflichtung des Staates der Muttergesellschaft nach Art. 4 MTR bezieht sich somit auf die **gesellschaftsrechtliche Verflechtung von Mutter- und Tochtergesellschaft i.S.d. Art. 3 MTR**,[4] also auf die Beteiligung am gesellschaftsrechtlichen Nominalkapital bzw. – sofern der jeweilige Mitgliedstaat von dieser Option Gebrauch gemacht hat – an den Stimmrechten. Daraus folgt, dass jede Zahlung einer Tochter- an ihre Muttergesellschaft, die nicht aufgrund dieser Beteiligung erfolgt, nicht von Art. 4 MTR begünstigt ist.[5] Zumal eine dem Art. 4 MTR vergleichbare **Formulierung in Art. 5 MTR** fehlt, ist allerdings umstritten, ob dieses Erfordernis auch für die **Quellensteuerentlastung nach Art. 5 MTR** maßgeblich ist. Dies wird von der wohl h.A. aufgrund der Systematik deutlich bejaht,[6] von einer Mindermeinung aber auf der Basis des Wortlauts verneint.[7]

14.48 Die im Rahmen der MTR – zumindest für Art. 4 MTR – erforderliche **Beteiligungskausalität** hat **weitreichende Konsequenzen**. So sind – im Unterschied zu Art. 10 Abs. 3 OECD-MA – Einkünfte aus **Genussrechten, Gründeranteilen oder anderen Rechten mit Gewinnbeteiligung** mangels gesellschaftsrechtlicher Teilhaberschaft nicht von der MTR erfasst.[8] Auch in **„Dividend Stripping"-Situationen** fehlt es dem Dividendenbezieher an der Teilhaberschaft in der ausschüttenden Gesellschaft, weshalb die MTR auf die Ausschüttungen auf das gestrippte Dividendenrecht selbst dann keine Anwendung findet, wenn zwischen Zahler und Empfänger eine qualifizierte Mutter-Tochter-Beziehung bestünde;[9] ebenso wenig führt der Verkauf des Dividendenrechts zu einer begünstigten Gewinnausschüttung.[10] Gleiches

---

1 Siehe grundsätzlich auch *Farmer/Lyal*, EC Tax Law, S. 273; *Helminen*, EC Tax Rev. 2000, 161 (166 ff.); *Eberhartinger/Six*, National Tax Policy, the Directives and Hybrid Finance, SFB International Tax Coordination Discussion Paper Nr. 16, S. 22 f.; *Kofler*, Doppelbesteuerungsabkommen und Europäisches Gemeinschaftsrecht, S. 932 f.; *Helminen*, The International Tax Law Concept of Dividend, S. 171 f.; anders womöglich die Stellungnahme des Wirtschafts- und Sozialausschusses, ABl. EG 1998 Nr. C 284, 50 – Rz. 6.2, wonach der nicht dem *Arm's Length*-Grundsatz entsprechende Teil der Zinszahlungen „wie eine Gewinnausschüttung behandelt wird, die Anspruch auf die in der [Mutter-Tochter-Richtlinie] gewährten Vorteile hat".
2 Siehe dazu im Lichte des Verhältnisses zwischen MTR und ZiLiRL ausführlich *Kofler*, MTR, Einl. Rz. 95 ff. m.w.N.
3 Siehe auch *Tumpel*, Harmonisierung der direkten Unternehmensbesteuerung in der EU, S. 266.
4 EuGH v. 22.12.2008 – C-48/07 – Les Vergers du Vieux Tauves, ECLI:EU:C:2008:758, Rz. 35 und 38 i.V.m. Rz. 41; ebenso *Tumpel*, Harmonisierung der direkten Unternehmensbesteuerung in der EU, S. 261 f.; *Helminen*, The Dividend Concept in International Tax Law, S. 147 und 267; *Helminen*, EC Tax Rev. 2000, 161 (163); *Helminen*, BIFD 2004, 56 (60).
5 EuGH v. 22.12.2008 – C-48/07 – Les Vergers du Vieux Tauves, ECLI:EU:C:2008:758, Rz. 38 ff.
6 Siehe *de Hosson*, Intertax 1990, 414 (432); *Tumpel*, Harmonisierung der direkten Unternehmensbesteuerung in der EU, S. 266 f.; *Helminen*, EC Tax Rev. 2000, 161 (163); *Bundgaard*, ET 2010, 442 (450); *Helminen*, The International Tax Law Concept of Dividend, S. 94 f.
7 Siehe *Vanistendael*, 5 Tax Notes Int'l 599 (604 f.) (Sept. 21, 1992); *Farmer/Lyal*, EC Tax Law, S. 272 f.; *Maisto*, EC Tax Rev. 2004, 164 (177 f.); *Aramini*, DFI 2004, 127 (130 f.); *Bell*, DFI 2005, 18 (23 m. Fn. 10, 24).
8 *Tumpel*, Harmonisierung der direkten Unternehmensbesteuerung in der EU, S. 267; **a.A.** für sozietäre Genussrechte *Watrin/Lühn*, IWB 2006/21 Fach 3, 483 (488 f.).
9 *Helminen*, The International Tax Law Concept of Dividend, S. 91 ff.
10 *Helminen*, The International Tax Law Concept of Dividend, S. 100 f.

gilt im Fall von **Eigenkapitalderivaten**.[1] Im Fall des (keine Gesellschafterstellung vermittelnden) **Nießbrauchs (Fruchtgenuss)** an Anteilen hat es der EuGH[2] deutlich abgelehnt, auch Fruchtgenussberechtigte unabhängig von ihrer gesellschaftsrechtlichen Stellung als begünstigte Ausschüttungsempfänger i.S.d. MTR anzusehen.[3] Bei der **Wertpapierleihe** steht dem Entleiher bei Erfüllung der sonstigen Voraussetzungen – insb. auch im Hinblick auf eine allfällige Mindestbehaltedauer nach Art. 3 Abs. 2 MTR – zwar die Begünstigung zu, die MTR ist aber nicht auf die weitergeleiteten Beteiligungserträge an den Verleiher anwendbar, zumal diese nicht in der Mutter-Tochter-Beziehung, sondern vielmehr in einer vertraglichen Vereinbarung begründet sind.[4]

c) Zeitliche Aspekte

Die Richtlinie enthält weder in Art. 1 noch in Art. 5 MTR (Quellensteuerbefreiung) bzw. Art. 4 MTR (Befreiung oder Anrechnung) eine Spezifikation hinsichtlich des **Wirtschaftsjahres, aus dem die ausgeschütteten Gewinne** stammen müssen. Es ist daher auch weitgehend unstrittig, dass für die Anwendung der Richtlinie – ebenso wie i.d.R. im Abkommensrecht – auf den **Ausschüttungszeitpunkt** abzustellen ist, unabhängig davon, wann die **zugrunde liegenden Gewinne erwirtschaftet** wurden;[5] es kommt daher im Anwendungsbereich der Richtlinie zu **keiner temporalen Kompartimentierung**.[6] Generell kommen die Richtlinienbegünstigungen also – vorbehaltlich einer nationalen Umsetzung der optionalen Mindestbehaltedauer i.S.d. Art. 3 Abs. 2 Buchst. b MTR – für Ausschüttungen ab dem **Erfüllen der Richtlinienvoraussetzungen** zur Anwendung, also z.B. ab dem

14.49

---

1 *Helminen*, EC Tax Rev. 2000, 161 (164); *Helminen*, The International Tax Law Concept of Dividend, S. 123; ebenso für Art. 4, weiter jedoch für Art. 5 *Bell*, DFI 2005, 18 (25).
2 EuGH v. 22.12.2008 – C-48/07 – Les Vergers du Vieux Tauves, ECLI:EU:C:2008:758; **a.A.** noch EuGH, Schlussanträge der Generalanwältin *Sharpston* v. 3.7.2008 – C-48/07 – Les Vergers du Vieux Tauves, ECLI:EU:C:2008:758.
3 EuGH v. 22.12.2008 – C-48/07 – Les Vergers du Vieux Tauves, ECLI:EU:C:2008:758, konkret zu einem reinen *usus fructus* mit bloßem Anspruch auf die beschlossenen Dividenden mit begrenzten Stimmrechten und ohne Übertragung von Rechten am Kapital; dazu auch *Hahn*, EWS 2010, 22 (22 ff.). Ebenso zuvor z.B. *Tumpel*, Harmonisierung der direkten Unternehmensbesteuerung in der EU, S. 262; *Tumpel*, IStR 1995, 113 (114). Kritisch *Maisto* in Weber, EU Income Tax Law: Issues for the Years Ahead, Kapitel 1.3.1., zumal der EuGH die in den einzelnen Mitgliedstaaten bestehenden zivilrechtlichen Besonderheiten der Ausgestaltung von Fruchtgenussrechten nicht ausreichend berücksichtige.
4 *Helminen*, EC Tax Rev. 2000, 161 (164); *Helminen*, The International Tax Law Concept of Dividend, S. 109 f.; **a.A.** im Hinblick auf Art. 5 *Bell*, DFI 2005, 18 (24).
5 Ebenso *Breuninger/Bruse*, EWS 1990, 124 (131 f.); *Herzig/Dautzenberg*, DB 1992, 1 (5); *Schonewille*, Intertax 1992, 13 (17); *Farmer/Lyal*, EC Tax Law, S. 256; *Tumpel*, Harmonisierung der direkten Unternehmensbesteuerung in der EU, S. 267; *Merks*, Intertax 2003, 450 (458); *Shalhav*, ET 2005, 64 (70); s. ebenso für Deutschland z.B. BFH v. 20.12.2006 – I R 13/06, BFHE 216, 259 = BStBl. II 2007 616 (zur Übergangsregel des Art. 5 Abs. 3), und für Österreich z.B. EAS 433 = SWI 1994, 182; offen bei *van der Geld*, EC Tax Rev. 1992, 224 (227); ebenso zum ZBstA z.B. *Oesterhelt/Winzap*, 8 ASA 449 (481 f.) (2006). Ein von Spanien und Portugal im Laufe der Ratsverhandlungen eingebrachter Vorschlag, Art. 8 durch eine Bestimmung zu ergänzen, „*wonach die Richtlinie nur für Dividenden gilt, die auf nach ihrem Inkrafttreten erzielte Gewinne ausgeschüttet werden*", wurde letztlich nicht angenommen; s. Dok. 4769/89 FISC 24 (22.2.1989), 5, und Dok. 7322/89 FISC 92 (12.6.1989), 8.
6 Siehe z.B. *Schonewille*, Intertax 1992, 13 (17); *Farmer/Lyal*, EC Tax Law, S. 256; *Merks*, Intertax 2003, 450 (458); s. aber zur früheren niederländischen Diskussion rund um eine temporale „compartmentalization" im Anwendungsbereich der Richtlinie insbesondere *Shalhav*, ET 2005, 64 (69 f.); *Muller*, 7 Tax Planning Int'l EU Focus 9 (9) (Oct. 31, 2005). Zur Behandlung von sog. „Altreserven" nach Art. 15 ZBstA s. die Nachweise bei *Kofler*, MTR, ZBstA Rz. 3.

- **Erwerb einer zumindest 10%igen Beteiligung;**[1]
- **Aufstocken auf eine zumindest 10%ige Beteiligung;**
- **„Hineinwachsen"** in den Anwendungsbereich der Richtlinie aufgrund des **Absenkens der Beteiligungsschwelle** durch die ÄnderungsRL 2003;
- **Beitritt des Mitgliedstaates** der Mutter- bzw. der Tochtergesellschaft zur EU;
- **Auslaufen der früheren Ausnahmebestimmungen** in Art. 5 Abs. 2 bis 4 der Richtlinienstammfassung.[2]

14.50 Offen ist, ob für die zeitliche Zuordnung der Ausschüttung **nationale Zuflussfiktionen** maßgeblich sein können, oder ob bei Auslegung des Art. 5 MTR ein vom nationalen Recht unabhängiger, **eigenständiger Zuflussbegriff** zugrunde zu legen ist;[3] diese Frage ist nach nationalem Recht oftmals beim **Verkauf der Anteile zwischen Beschluss und Auszahlung der Gewinnausschüttung** relevant.[4] Der Wortlaut der Richtlinie spricht wohl für eine einfache Auslegung, die auf den **effektiven Zahlungsvorgang** abstellt.

4. Territorialer Anwendungsbereich

14.51 Die MTR enthält keine ausdrücklichen Bestimmungen über ihren **territorialen (räumlichen) Anwendungsbereich**. Grundsätzlich deckt sich jedoch der territoriale Geltungsbereich einer an alle Mitgliedstaaten gerichteten Richtlinie mit demjenigen des AEUV. Da sich die MTR nach Art. 9 an **„die Mitgliedstaaten"** richtet und zudem wiederholt den Begriff des „Mitgliedstaats" in ihren materiellen Bestimmungen enthält, erstreckt und beschränkt sich der territoriale Anwendungsbereich der MTR somit auf das in Art. **52 EUV i.V.m. Art. 355 AEUV** (ex-Art. 299 EG) definierte Gebiet der Europäischen Union.[5] Im **Verhältnis zur Schweiz** besteht mit Art. 9 des Informationsaustauschabkommens[6] allerdings eine vergleichbare, auf der Stammfassung der MTR basierende Regelung zur Entlastung von der Quellenbesteuerung.[7]

---

1 Dies dürfte auch weitgehend unstrittig sein, wurde doch in *Denkavit* weder vom vorlegenden Gericht (s. FG Köln v. 19.9.1994 – 6 K 1327/93, EFG 1995, 123; FG Köln v. 19.9.1994 – 6 K 763/93, juris STRE947104370; FG Köln v. 19.9.1994 – 6 K 1024/93, DB 1994, 2527) noch vom EuGH (EuGH v. 17.10.1996 – C-283/94, C-291/94 und C-292/94 – Denkavit, VITIC, Voormeer, ECLI:EU:C:1996:387) der Umstand hinterfragt, dass die fraglichen Ausschüttungen aus kurz zuvor akquirierten Beteiligungen stammten.

2 BFH v. 20.12.2006 – I R 13/06, BStBl. II 2007 616 (zur Übergangsregel des Art. 5 Abs. 3 MTR); s. zu den Übergangsvorschriften ausführlich *Kofler*, MTR, Art. 5 Rz. 45 ff.

3 Dies im Hinblick auf die deutsche, bis Mitte 1996 geltende Übergangsregel (s. *Kofler*, MTR, Art. 5 Rz. 54 ff.) offen gelassen sowohl in FG München v. 3.1.2006 – 7 K 1396/03, EFG 2006, 1432, als auch nachfolgend in BFH v. 20.12.2006 – I R 13/06, BFHE 216, 259 = BStBl. II 2007 616; s. auch bereits die Diskussion bei *Breuninger/Bruse*, EWS 1990, 124 (131 f.); die Relevanz einer nationalen Zuflussfiktion bejahend *Meerpohl*, Mutter-/Tochter-Richtlinie, S. 96; *Bullinger*, IStR 2004, 406 (409). Siehe zum ZBstA *Kofler*, MTR, ZBstA Rz. 3.

4 *Bullinger*, IStR 2004, 406 (409).

5 Ausführlich dazu *Kofler*, MTR, Art. 1 Rz. 8 ff.; speziell zu Gibraltar *Kessler/Philipp/Egelhof*, 68 Tax Notes Int'l 477 (477 ff.) (Oct. 29, 2012).

6 ABl. EU 2015 Nr. L 333, 12. Die Bestimmung fand sich bis zum Änderungsprotokoll des ZBstA inhaltlich gleichlautend in Art. 15 des ZBstA (ABl. EU 2004 Nr. L 385, 30).

7 Dazu ausführlich *Kofler*, MTR, ZBstA Rz. 1 ff.

II. Gewährleistungsgehalt

1. Überblick

Nach der **Präambel der MTR** dürfen qualifizierte Zusammenschlüsse von Gesellschaften verschiedener Mitgliedstaaten nicht durch besondere Beschränkungen, Benachteiligungen oder Verfälschungen aufgrund von steuerlichen Vorschriften der Mitgliedstaaten behindert werden.[1] Die MTR soll somit durch **Schaffung eines gemeinsamen Steuersystems** jede Benachteiligung der grenzüberschreitenden gegenüber der innerstaatlichen Zusammenarbeit zwischen Gesellschaften beseitigen und so die Zusammenschlüsse von Gesellschaften auf Unionsebene erleichtern.[2] Um dieses Ziel zu erreichen, sieht die MTR zwei Maßnahmen vor:

14.52

– Einerseits muss der Ansässigkeitsstaat der Muttergesellschaft (und allenfalls der Betriebsstättenstaat) die zur **Vermeidung der wirtschaftlichen Doppelbesteuerung** erhaltene grenzüberschreitende Gewinnausschüttung der Tochtergesellschaft entweder von der Besteuerung freistellen (Art. 4 Abs. 1 Buchst. a MTR) oder eine indirekte Anrechnung gewähren (Art. 4. Abs. 1 Buchst. b MTR).

– Andererseits sieht Art. 5 MTR zur **Vermeidung der juristischen Doppelbesteuerung** vor, dass im Staat der Tochtergesellschaft bei der Gewinnausschüttung eine **Befreiung vom Steuerabzug an der Quelle** gewährt wird.

Art. 4 MTR enthält darüber hinaus Regelungen für die Entlastung von der Doppelbesteuerung im Fall **hybrider Tochtergesellschaften** (Abs. 2), zum **Ausschluss des Kostenabzugs** (Abs. 3) und im Hinblick auf ein (noch zu schaffendes) **gemeinsames Körperschaftsteuersystem** (Abs. 4 f.).

14.53

2. Entlastung im Staat der Muttergesellschaft bzw. Betriebsstätte

a) Überblick

Die Entlastungsverpflichtung des Art. 4 MTR bezieht sich auf die einer Muttergesellschaft oder ihrer Betriebsstätte *„aufgrund ihrer Beteiligung an der Tochtergesellschaft"* zufließenden *„Gewinne", „die nicht anlässlich der Liquidation der Tochtergesellschaft ausgeschüttet werden"*. Art. 4 fordert solcherart eine **Beteiligungskausalität der Ausschüttung** (s. ausführlich Rz. 14.47 f.)[3] und nimmt – anders als der Kommissionsvorschlag aus 1969[4] – ausgeschüttete **Liquidationsgewinne** ausdrücklich von der Entlastungsverpflichtung aus;[5] nicht als Liquidation gilt allerdings die Auflösung einer Gesellschaft im Rahmen einer Fusion.[6] Im Übrigen steht die Entlastungsverpflichtung nur unter dem **Vorbehalt des Art. 4 Abs. 3 und 4 sowie des Art. 1 Abs. 2 MTR**,[7] darf aber ansonsten nicht von **weiteren Voraussetzungen** (etwa dem Vorliegen steuerpflichtiger Gewinne bei der Muttergesellschaft) abhängig gemacht werden.[8]

14.54

Die MTR stellt den Mitgliedstaaten die Steuerfreistellung (Art. 4 Abs. 1 Buchst. a MTR) und die indirekte Anrechnung (Art. 4 Abs. 1 Buchst. b MTR) **als gleichwertige Alternativen** zur Vermeidung der

14.55

---

1 Pkt 1 der Präambel der Richtlinie 90/435/EWG, ABl. EG 1990 Nr. L 225, 6 ff.
2 EuGH v. 8.6.2000 – C-375/98 – Epson Europe, ECLI:EU:C:2000:302, Rz. 20; 4.10.2001 – C-294/99 – Athinaïki Zythopiia, ECLI:EU:C:2001:505, Rz. 25; v. 25.9.2003 – C-58/01 – Océ van der Grinten, ECLI:EU:C:2003:495, Rz. 45.
3 Dazu auch *Kofler*, MTR, Art. 1 Rz. 22 f.
4 Siehe zur Rechtsentwicklung *Kofler*, MTR, Art. 4 Rz. 11.
5 Dazu bereits ausführlich *Kofler*, MTR, Art. 1 Rz. 29 ff.
6 EuGH v. 18.10.2012 – C-371/11 – Punch Graphix, ECLI:EU:C:2012:647; vgl. hierzu auch *Benecke/Staats*, ISR 2013, 15 ff.
7 EuGH v. 12.2.2009 – C-138/07 – Cobelfret, ECLI:EU:C:2009:82, Rz. 33; v. 4.6.2009 – C-439/07, C-499/07 – KBC Bank, ECLI:EU:C:2009:339, Rz. 36.
8 EuGH v. 12.2.2009 – C-138/07 – Cobelfret, ECLI:EU:C:2009:82, Rz. 34 ff.; v. 4.6.2009 – C-439/07, C-499/07 – KBC Bank, ECLI:EU:C:2009:339, Rz. 36 ff.; s. auch EuGH, Schlussanträge der Generalanwältin *Sharpston* v. 8.5.2008 – C-138/07 – Cobelfret, ECLI:EU:C:2009:82, Rz. 23.

wirtschaftlichen Doppelbesteuerung von Ausschüttungen im Mutter-Tochter-Verhältnis zur Verfügung.[1] So hat der EuGH auch in den Rechtssachen **FII Group Litigation**[2], **Cobelfret**[3] und **KBC Bank**[4] entschieden, „*dass Art. 4 Abs. 1 der [MTR] den Mitgliedstaaten somit ausdrücklich **die Wahl zwischen dem Befreiungssystem und dem Anrechnungssystem** lässt, die beim Dividenden beziehenden Anteilseigner **nicht notwendig zum selben Ergebnis** führen*". Dem Rechtstypus der Richtlinie entsprechend steht es den Mitgliedstaaten frei, wie das in Art. 4 Abs. 1 MTR vorgeschriebene Ergebnis erreicht werden soll.[5]

14.56 Die **Reichweite dieser Wahlfreiheit** ist nicht gänzlich geklärt. Die Kommission steht offenbar auf dem Standpunkt, dass sich jeder Mitgliedstaat durchgehend entweder für die eine oder die andere Methode entscheiden müsse.[6] Die von der Kommission für diesen Standpunkt herangezogene Entscheidung in der Rechtssache **Cobelfret**[7] trägt diese Folgerung allerdings nicht. Es ist daher davon auszugehen, dass Art. 4 MTR es den Mitgliedstaaten sehr wohl ermöglicht, sowohl **gegenüber verschiedenen Mitgliedstaaten**[8] (etwa aufgrund unterschiedlicher DBA)[9] als auch **im Verhältnis zu ein und demselben Mitgliedstaat**[10] unterschiedliche Methoden anzuwenden, wobei auch eine ausländische **Niedrigbesteuerung**[11] oder die **mangelnde Aktivität der Tochtergesellschaft**[12] als Differenzierungskriterien herangezogen werden können. Hat sich ein Mitgliedstaat allerdings für eine der **alternativen Methoden** entschieden, diese jedoch nicht richtlinienkonform implementiert, kann er sich „*nicht auf die Wirkungen oder Beschränkungen berufen, die sich aus der Durchführung des anderen Systems hätten ergeben können*"[13]. Eine **unvollständig implementierte Befreiungsmethode** wird daher nicht deshalb richtlinienkonform, weil sie sich „*nicht ungünstiger als die Anrechnungsmethode auswirkt*"[14].

---

1 Siehe nur *Tumpel*, Harmonisierung der direkten Unternehmensbesteuerung in der EU, S. 270; aus rechtspolitischer Sicht kritisch z.B. *Vanistendael*, EC Tax Rev. 2001, 154 (164); vgl. zur Rechtsentwicklung *Kofler*, MTR, Art. 4 Rz. 10.
2 EuGH v. 12.12.2006 – C-446/04 – FII Group Litigation, ECLI:EU:C:2006:774, Rz. 43 f.
3 EuGH v. 12.2.2009 – C-138/07 – Cobelfret, ECLI:EU:C:2009:82, Rz. 31.
4 EuGH v. 4.6.2009 – C-439/07, C-499/07 – KBC Bank, ECLI:EU:C:2009:339, Rz. 43 und Rz. 47.
5 EuGH v. 4.6.2009 – C-439/07, C-499/07 – KBC Bank, ECLI:EU:C:2009:339, Rz. 49 f.
6 Siehe implizit die Begründung zum Vorschlag COM (2013) 814 endg. und explizit das dazu ergangene „Impact Assessment", SWD(2013)474 final, 6 m. Fn. 4.
7 EuGH v. 12.2.2009 – C-138/07 – Cobelfret, ECLI:EU:C:2009:82, Rz. 31.
8 Siehe *de Hosson*, Intertax 1990, 414 (432); *Tumpel*, Harmonisierung der direkten Unternehmensbesteuerung in der EU, S. 270; *Meerpohl*, Mutter-/Tochter-Richtlinie, S. 46 f.; *Rust*, Hinzurechnungsbesteuerung, S. 113 f.; **a.A.** *Hofbauer-Steffel*, taxlex 2008, 382 (386).
9 *Rust* in Lang/Aigner/Scheuerle/Stefaner, CFC Legislation, Tax Treaties and EC Law, S. 255 (271 m. Fn. 59); s. diesbezüglich zu hybriden Gesellschaften auch Rz. 14.66 ff.; *Kofler*, MTR, Art. 4 Rz. 33 ff., insbesondere Rz. 36.
10 Siehe etwa *de Hosson*, Intertax 1990, 414 (432); *Vanistendael*, 5 Tax Notes Int'l 599 (603) (Sept. 21, 1992); *Farmer/Lyal*, EC Tax Law, S. 261; *Tumpel*, Harmonisierung der direkten Unternehmensbesteuerung in der EU, S. 270; *Meerpohl*, Mutter-/Tochter-Richtlinie, S. 46; *Rust*, Hinzurechnungsbesteuerung, S. 113 f.; **a.A.** *Hofbauer-Steffel*, taxlex 2008, 382 (386).
11 *Farmer/Lyal*, EC Tax Law, S. 261; *Tumpel*, Harmonisierung der direkten Unternehmensbesteuerung in der EU, S. 270; s. auch *Vanistendael*, 5 Tax Notes Int'l 599 (603) (Sept. 21, 1992); *Boon/Lambooij*, 18 Tax Planning Int'l Rev. 6 (9) (Apr. 1991).
12 Dazu etwa *Knobbe-Keuk*, EuZW 1992, 336 (337 f.); *Tumpel*, Harmonisierung der direkten Unternehmensbesteuerung in der EU, S. 270 f.
13 EuGH v. 12.2.2009 – C-138/07 – Cobelfret, ECLI:EU:C:2009:82, Rz. 50; v. 4.6.2009 – C-439/07, C-499/07 – KBC Bank, ECLI:EU:C:2009:339, Rz. 44.
14 EuGH, Schlussanträge der Generalanwältin *Sharpston* v. 8.5.2008 – C-138/07 – Cobelfret, ECLI:EU:C:2009:82, Rz. 26.

B. Anwendungsfragen bei der Umsetzung in innerstaatliches Recht | Rz. 14.57 **Kap. 14**

Basierend auf einem Ende 2013 erstatteten **Vorschlag der Kommission**[1] wurde mit der ÄnderungsRL 2014[2] in Art. 4 Abs. 1 Buchstabe a eine **Sonderregelung für „hybride Finanzinstrumente"** eingeführt, die bis 31.12.2015 von den Mitgliedstaaten umzusetzen war. Danach „besteuern" bei Wahl der Befreiungsmethode „der Mitgliedstaat der Muttergesellschaft und der Mitgliedstaat der Betriebsstätte diese Gewinne insoweit nicht, als sie von der Tochtergesellschaft nicht abgezogen werden können, und besteuern sie diese Gewinne insoweit, als sie von der Tochtergesellschaft abgezogen werden können [...]." Diese Änderung bezieht sich ausschließlich auf Situationen, in denen die **Zahlung (teilweise) im Staat der Tochtergesellschaft abzugsfähig ist**.[3] Nur dieser Teil ist im Staat der Muttergesellschaft zu „besteuern".[4] Allgemeine, von einer Ausschüttung unabhängige Regelungen lösen daher das Besteuerungsgebot nicht aus (zB Vorschriften über eine fiktive Eigenkapitalverzinsung).[5] Während der Wortlaut des neuen Art. 4 Abs. 1 Buchst. a der Richtlinie keine weiteren Details spezifiziert, erläutert die Präambel, dass zur Vermeidung einer doppelten Nichtbesteuerung „der Mitgliedstaat der Muttergesellschaft und der Mitgliedstaat ihrer Betriebsstätte diesen Gesellschaften nicht gestatten [sollten], die Steuerbefreiung für empfangene Gewinnausschüttungen in Anspruch zu nehmen, insoweit diese Gewinne von der Tochtergesellschaft der Muttergesellschaft abgezogen werden können"[6]. Die Stoßrichtung der Änderung bezieht sich daher spezifisch auf die **zwingende Nichtbefreiung des abzugsfähigen Teils der Gewinnausschüttung**; der abzugsfähige Teil hat damit in die steuerliche Bemessungsgrundlage der Muttergesellschaft einzugehen. Nicht erforderlich ist hingegen eine effektive Besteuerung dieses Teils (zB in einer Verlustsituation der Muttergesellschaft); aber auch die Anwendung eines speziellen – grundfreiheits- und beihilfenrechtskonformen – Steuersatzes ist nicht ausgeschlossen. Die **Einschränkung der Regelung auf faktische Nichtbesteuerungen aufgrund von Inkongruenzen** wird auch in der Erklärung der Kommission zum Ratsprotokoll deutlich: Dort hebt die Kommission hervor, dass die vorgeschlagenen Änderungen „in Fällen einer doppelten Nichtbesteuerung aufgrund von Inkongruenzen zwischen den Mitgliedstaaten bei der steuerlichen Behandlung von Gewinnausschüttungen, die zu unbeabsichtigten steuerlichen Vorteilen führen, gelten", und bestätigt, dass diese „nicht gelten sollen, wenn keine doppelte Nichtbesteuerung vorliegt oder wenn die Anwendung zu einer Doppelbesteuerung der Gewinnausschüttungen zwischen Mutter- und Tochtergesellschaften führen würde".[7]

14.57

Bis zu dieser Neufassung war fraglich, ob der **Ansässigkeitsstaat** die Entlastung nach Art. 4 MTR von der **Einkünftewirkung der Gewinnausschüttung bei der Tochtergesellschaft** abhängig machen kann, also etwa die Entlastung verweigern darf, wenn die „Ausschüttung" im Quellenstaat als abzugsfähig angesehen wird, was etwa bei **hybriden Finanzinstrumenten** der Fall sein kann. Die steuerplanerische Nutzung divergierender Qualifikationen ist freilich nicht *per se* missbräuchlich i.S.d. Art. 1 Abs. 2 (nunmehr Art. 1 Abs. 4) MTR.[8] Auch der Wortlaut der Richtlinie enthält diesbezüglich keine Regelung, son-

---

1 COM (2013) 814 endg.
2 Richtlinie 2014/86/EU, ABl. EU 2014 Nr. L 219, 40.
3 Siehe auch die Begründung im Vorschlag COM (2013) 814 endg., 4.
4 Was den Staat der Tochtergesellschaft betrifft, hat die Kommission (COM [2013] 814 endg., 7) zudem die Position eingenommen, dass „[a]uf die von der Tochtergesellschaft ausgeschütteten Gewinne [...] keine Quellensteuer erhoben [würde], da die Zahlung im Mitgliedstaat der Tochtergesellschaft als Zinszahlung im Rahmen der Richtlinie über Zinsen und Lizenzgebühren gelten würde. Im Rat ist ein Vorschlag anhängig, die in der Richtlinie über Zinsen und Lizenzgebühren vorgesehene Mindestbeteiligung von 25 % an die 10 % in der MTR anzupassen [Anm: COM(2011)714, zum aktuellen Diskussionsstand im Rat siehe „BEPS: Presidency roadmap on future work", Dok 10998/17 FISC 157]. Darüber hinaus werden hybride Finanzgestaltungen in der Regel in Mitgliedstaaten konstruiert, in denen die Quellensteuer auf Zinszahlungen nach inländischen Bestimmungen oder Bestimmungen in Doppelbesteuerungsabkommen Null beträgt."
5 Siehe ausführlich zur ÄnderungsRL 2014 *Kofler*, ZFR 2014, 214 (214 ff.).
6 Punkt 3 der Präambel in Dok. 10419/14 FISC 92 ECOFIN 529 (20.6.2014).
7 Dok. 11291/14 ADD 1 FISC 104 ECOFIN 706 (27.6.2014).
8 Siehe etwa die Mitteilung der Kommission KOM (2007) 785 endg., 6; ausführlich *Bundgaard*, ET 2010, 490 (490 ff.).

dern schließt in Art. 2 Buchst. a Ziff. iii MTR lediglich (quasi) subjektiv befreite Gesellschaften aus.¹ Da allerdings nach hier vertretener Ansicht die Mitgliedstaaten nach verschiedenen Kriterien zwischen Anrechnungs- und Befreiungsmethode wählen können (Rz. 14.56) und die Nichtbefreiung von „hybriden" Ausschüttungen der Wahl der Anrechnungsmethode entspricht (weil die Abzugsfähigkeit zu keinem Anrechnungssubstrat führt), war eine Befreiungsverweigerung – zumindest im zweistufigen Konzern – bereits *de lege lata* durch die Richtlinie gedeckt.²

14.58 Die **unmittelbare Anwendbarkeit der Entlastungsverpflichtung nach Art. 4 Abs. 1 MTR** war lange umstritten. Sie wurde teilweise im Hinblick auf die nationalen Recht oder Abkommensrecht vorgesehene **übliche Entlastungsform** bejaht,³ teilweise aber aufgrund der **Wahlmöglichkeit der Mitgliedstaaten** abgelehnt.⁴ Diese Frage ist durch die Urteile in **Cobelfret**⁵ und **KBC Bank**⁶ weitgehend geklärt: Während aber GA *Sharpston* noch von einer unbedingten unmittelbaren Anwendbarkeit des Art. 4 Abs. 1 MTR ausgegangen war,⁷ hat der EuGH in Richtung der erstgenannten Ansicht tendiert, zumal es für den Gerichtshof aktenkundig war, dass sich der konkrete Mitgliedstaat (Belgien) grundsätzlich für das Befreiungssystem entschieden hatte und die diesbezüglich in Art. 4 Abs. 1 Buchst. a MTR vorgesehene Regelung jedenfalls **unbedingt und hinreichend** genau ist.⁸

14.59 Die **Entlastungsverpflichtung nach Art. 4 MTR** ist auf Ausschüttungen **seit dem 1.1.1992 bzw. dem späteren Beitrittsdatum** anwendbar.⁹ Von einer allfällig im nationalen Recht vorgesehenen Mindestbehaltedauer i.S.d. Art. 3 Abs. 2 MTR¹⁰ abgesehen war bzw. ist solcherart eine Entlastung für qualifizierte Ausschüttungen ab diesem Zeitpunkt geboten,¹¹ und zwar unabhängig davon, wann die ausgeschütteten Beträge **erwirtschaftet** wurden oder ob die Ausschüttung den **laufenden Gewinn** übersteigt.¹²

b) Befreiungs- und Anrechnungsmethode

14.60 Nach der in **Art. 4 Abs. 1 Buchst. a MTR** vorgesehenen **Befreiungsmethode** *„besteuern der Staat der Muttergesellschaft und der Staat der Betriebstätte diese Gewinne [...] nicht"*¹³, wobei die Freistellung auch an keine über die Kriterien der Richtlinie hinausgehenden Voraussetzungen gebunden sein darf.¹⁴ Eine Ausnahme von der Befreiungsmethode ist aber aufgrund der **ÄnderungsRL 2014**¹⁵ für **„hybride Fi-**

---

1 Dazu *Kofler*, MTR, Art. 2 Rz. 32 ff.
2 Siehe je m.w.N. *Kirchmayr/Kofler*, GES 2011, 449 (452 f.); *Kofler*, ZFR 2014/137, 214 (215); a.A. wohl implizit die Begründung zum Vorschlag COM (2013) 814 endg. und explizit das dazu ergangene „Impact Assessment", SWD(2013)474 final, 6 m Fn. 4.
3 *Förster*, DStR 1992, 101 (102); *Knobbe-Keuk*, EuZW 1992, 336 (341); *Knobbe-Keuk*, Intertax 1992, 485 (491); *Harris*, 9 Fla. J. Int'l L. 1994, 111 (145); *Tumpel*, Harmonisierung der direkten Unternehmensbesteuerung in der EU, S. 292.
4 *Boon/Lambooij*, 18 Tax Planning Int'l Rev. 6 (11) (Apr. 1991); *Vanistendael*, 5 Tax Notes Int'l 599 (610) (Sept. 21, 1992); *Voss*, StuW 1993, 155 (163); *Meerpohl*, Mutter-/Tochter-Richtlinie, S. 72.
5 EuGH v. 12.2.2009 – C-138/07 – Cobelfret, ECLI:EU:C:2009:82, Rz. 58 ff.
6 EuGH v. 4.6.2009 – C-439/07, C-499/07 – KBC Bank, ECLI:EU:C:2009:339, Rz. 48.
7 EuGH, Schlussanträge der Generalanwältin *Sharpston* v. 8.5.2008 – C-138/07 – Cobelfret, ECLI:EU:C:2009:82, Rz. 12 ff.
8 EuGH v. 12.2.2009 – C-138/07 – Cobelfret, ECLI:EU:C:2009:82, Rz. 58 ff.; s. auch EuGH v. 4.6.2009 – C-439/07, C-499/07 – KBC Bank, ECLI:EU:C:2009:339, Rz. 48.
9 Siehe auch *Kofler*, MTR, Art. 1 Rz. 32 f.
10 Dazu *Kofler*, MTR, Art. 3 Rz. 31 ff.
11 Offen ist, ob für die zeitliche Zuordnung der Ausschüttung nationale Zuflussfiktionen maßgeblich sein können, oder ob ein vom nationalen Recht unabhängiger, eigenständiger Zuflussbegriff zugrunde zu legen ist; s. dazu *Kofler*, MTR, Art. 1 Rz. 33.
12 Siehe dazu *Kofler*, MTR, Art. 5 Rz. 8.
13 Siehe zu Betriebsstättensituationen ausführlich *Kofler*, MTR, Art. 1 Rz. 35 ff.
14 Dazu *Kofler*, MTR, Art. 4 Rz. 2.
15 Richtlinie 2014/86/EU, ABl. EU 2014 Nr. L 219, 40.

nanzinstrumente" vorgesehen (Rz. 14.57), wonach Mitgliedstaaten bei Wahl der Befreiungsmethode die Gewinnausschüttungen nur insoweit nicht besteuern „als sie von der Tochtergesellschaft nicht abgezogen werden können" und sie umgekehrt „insoweit" besteuern, „als sie von der Tochtergesellschaft abgezogen werden können [...]". Diese Änderung bezieht sich dabei ausschließlich auf Situationen, in denen die Zahlung (teilweise) im Staat der Tochtergesellschaft abzugsfähig ist.[1]

Mit dem Ausdruck „*besteuern ... nicht*" meint die Richtlinie „*befreit*".[2] Dementsprechend hat der EuGH in **Cobelfret**[3] und **KBC Bank**[4] die im belgischen Befreiungssystem praktizierte **Einbeziehung der Ausschüttung in die Bemessungsgrundlage** unter nachfolgendem Abzug von – nach Art. 4 Abs. 3 MTR pauschalkostenreduzierten[5] – 95 % dieser Ausschüttung, soweit in dem entsprechenden Besteuerungszeitraum nach Abzug der anderen steuerfreien Einkünfte ein positiver Gewinnsaldo verblieb, als unzulässig beurteilt.[6] Der EuGH fokussierte den Effekt dieses Systems auf den – im belgischen nationalen Recht – vorgesehenen Verlustvortrag, zumal es im Rahmen der belgischen Befreiungsmethode aufgrund der Einbeziehung der Ausschüttungen in die Bemessungsgrundlage zu einer **Kürzung des Verlustvortrages** kam, und erachtete die Verminderung der vortragsfähigen Verluste der Muttergesellschaft als richtlinienwidrig. Der Wortlaut lässt es jedoch offen, ob im Falle eines progressiven Körperschaftsteuertarifs auch ein **Progressionsvorbehalt** zulässig wäre.[7] Art. 4 Abs. 1 Buchst. a MTR soll verhindern, dass die einzelnen Mitgliedstaaten steuerliche Bestimmungen vorsehen, die zu einer Doppelbesteuerung der von der Tochtergesellschaft ausgeschütteten Gewinne führen. Erfasst sind daher **jegliche Arten von Steuern**, die im Mitgliedstaat der Muttergesellschaft auf die von der Tochtergesellschaft erhaltenen Ausschüttungen erhoben werden. Nicht erheblich ist somit, „*ob die nationale steuerliche Maßnahme als Körperschaftsteuer einzustufen ist*".[8]

Nach der in **Art. 4 Abs. 1 Buchst. b MTR** verankerten **Anrechnungsmethode** werden die **ausgeschütteten Gewinne** – einschließlich der zugrunde liegenden Steuer (sog „gross up") – in die **Bemessungsgrundlage der Muttergesellschaft** einbezogen und besteuert und die von der Tochtergesellschaft und qualifizierten Untergesellschaften („Enkelgesellschaften")[9] entrichteten **„Steuerteilbeträge"** von dieser Steuerschuld abgezogen. Die Richtlinie macht aber keine spezifischen Vorgaben etwa zur **Berechnung des anrechenbaren Steuerteilbetrags**,[10] zum **Anrechnungszeitraum**,[11] zur **Wechselkursumrechnung**[12] oder zu den **Nachweispflichten**. Diese technischen Fragen hat das **nationale Recht** im Lichte der Zielsetzung der Richtlinie und der Grundfreiheiten zu lösen.[13] Die Anrechnung scheint jedoch nicht auf die Steuer des Staates der Tochtergesellschaft beschränkt, sondern hat auch **Steuern anderer Mitgliedstaaten** (etwa auf Betriebsstättengewinne) zu umfassen, und zwar

---

1 Siehe auch die Begründung im Vorschlag COM (2013) 814 endg., 4.
2 EuGH v. 12.2.2009 – C-138/07 – Cobelfret, ECLI:EU:C:2009:82, Rz. 42 f. m.w.N.; v. 4.6.2009 – C-439/07, C-499/07 – KBC Bank, ECLI:EU:C:2009:339, Rz. 41.
3 EuGH v. 12.2.2009 – C-138/07 – Cobelfret, ECLI:EU:C:2009:82.
4 EuGH v. 4.6.2009 – C-439/07, C-499/07 – KBC Bank, ECLI:EU:C:2009:339.
5 Dazu *Kofler*, MTR, Art. 4 Rz. 40 f.
6 EuGH v. 12.2.2009 – C-138/07 – Cobelfret, ECLI:EU:C:2009:82, Rz. 36; v. 4.6.2009 – C-439/07, C-499/07 – KBC Bank, ECLI:EU:C:2009:339, Rz. 35. Zuvor bereits kritisch zum belgischen System *CFE*, Intertax 1981, 395 (398 f.); *Raby*, EC Tax Rev. 1992, 216 (217).
7 Dagegen *Tumpel*, Harmonisierung der direkten Unternehmensbesteuerung in der EU, S. 271.
8 EuGH v. 17.5.2017 – C-365/16 – AFEP u.a, ECLI:EU:C:2017:378, Rz. 33.
9 Siehe zur Anrechnung im mehrstufigen Konzern *Kofler*, MTR, Art. 4 Rz. 28 ff.
10 Siehe auch *Schonewille*, Intertax 1992, 13 (17); *Meerpohl*, Mutter-/Tochter-Richtlinie, S. 41 ff.; *Oliver*, EC Tax Rev. 2001, 211 (216).
11 Dazu *Tumpel*, Harmonisierung der direkten Unternehmensbesteuerung in der EU, S. 275 f.; *Oliver*, EC Tax Rev. 2001, 211 (216).
12 Dazu *Meerpohl*, Mutter-/Tochter-Richtlinie, S. 42 f.
13 So *Oliver*, EC Tax Rev. 2001, 211 (216); *Maisto*, EC Tax Rev. 2004, 164 (174); s. zu den grundfreiheitsrechtlichen Anforderungen *Kofler*, MTR, Einl. Rz. 8 ff.

selbst dann, wenn diese Einkünfte im Staat der Tochtergesellschaft (abkommensrechtlich) befreit sind.[1] Art. 4 Abs. 1 Buchst. b MTR fordert lediglich eine Anrechnung „*bis zur Höhe der entsprechenden Steuerschuld*". Damit gibt die Richtlinie die „normale" Anrechnung mit Anrechnungshöchstbetrag als Mindeststandard vor.[2] Die Richtlinie gebietet somit auch keinen **Anrechnungsvortrag oder –rücktrag**,[3] obwohl dadurch eine **zeitverschobene Doppelbesteuerung** eintreten kann: Schmälern beispielsweise die Ausschüttungen zulässigerweise[4] den typischerweise vortragsfähigen **Verlust**, so ist eine Anrechnung der diesen Ausschüttungen zugrunde liegenden Steuer auf frühere oder spätere Gewinne nicht mehr möglich, was in einer zeitverschobenen Doppelbesteuerung resultiert. Allerdings ist ein Anrechnungsvortrag oftmals im nationalen Recht vorgesehen.[5]

14.62 Die **Stammfassung der MTR** sah in Art. 4 nur eine Anrechnung jenes Steuerbetrages vor, „*den die Tochtergesellschaft für die von ihr ausgeschütteten Gewinne entrichtet*", und ließ solcherart die Besteuerung von weiteren Untergesellschaften in tiefer strukturierten Konzernen unberücksichtigt.[6] Dies ist aufgrund der dadurch eintretenden Störungen und Mehrbelastungen bei mehrstufigen Konzernen bereits früh kritisiert worden.[7] Nach einem erfolglosen Anlauf im **Änderungsvorschlag der Kommission aus 1993**[8] wurde diese Problematik schließlich durch die **ÄnderungsRL 2003**[9] aufgegriffen und (der nunmehrige) Art. 4 Abs. 1 Buchst. b MTR neu gefasst.[10] Seither ist eine Anrechnung jenes Steuerteilbetrags vorgesehen, „*den die **Tochtergesellschaft und jegliche Enkelgesellschaft** für diesen Gewinn entrichtet*", „*vorausgesetzt, dass die Gesellschaft und die ihr nachgeordnete Gesellschaft auf jeder Stufe die Bedingungen gem. Art. 2 und Art. 3 [MTR] erfüllen*".

14.63 Die Weiterausschüttung von Gewinnen führte nach dem Konzept der Stammfassung innerhalb von mehrstufigen Konzernen vor allem dann zu einer **unentlasteten Doppelbesteuerung**, wenn der **Staat der Tochtergesellschaft** die von der qualifizierten Enkelgesellschaft empfangenen Gewinne nach Art. 4 Abs. 1 Buchst. a MTR **befreit**, der **Staat der Muttergesellschaft** aber bei der **Anwendung der Anrechnungsmethode** nach Art. 4 Abs. 1 Buchst. b MTR zulässigerweise lediglich die von der Tochtergesellschaft entrichteten Steuern (also allenfalls Null), nicht jedoch die von der Enkelgesellschaft entrichteten Steuern **anrechnete**.[11] Vergleichbare Probleme ergaben sich auch dann, wenn sowohl der Staat der Tochtergesellschaft als auch der Staat der Muttergesellschaft die **Anrechnungsmethode** nach Art. 4 Abs. 1 Buchst. b MTR anwenden; diesfalls wird die von der Tochtergesellschaft entrichtete Steuer aufgrund der Anrechnung der Besteuerung der qualifizierten Enkelgesellschaft reduziert, so dass bei der

---

1 *Tenore*, Intertax 2010, 222 (236).
2 *Tumpel*, Harmonisierung der direkten Unternehmensbesteuerung in der EU, S. 275; *Oliver*, EC Tax Rev. 2001, 211 (216).
3 *Boon/Lambooij*, 18 Tax Planning Int'l Rev. 6 (10) (Apr. 1991); *Meerpohl*, Mutter-/Tochter-Richtlinie, S. 42; s. z.B. Abkommensrecht ebenso z.B. *Ismer* in V/L⁶, Art. 23 OECD-MA Rz. 153.
4 So wohl EuGH v. 4.6.2009 – C-439/07, C-499/07 – KBC Bank, ECLI:EU:C:2009:339, Rz. 53 f.
5 Dazu *Peeters/Van de Vijver*, EC Tax Rev. 2009, 146 (153 f.).
6 Siehe nur Rz. 2 zu Art. 3 im Vorschlag KOM (2003) 462 endg., 6; s. aber auch *Schonewille*, Intertax 1992, 13 (17), der sich angesichts der Zielsetzung der Richtlinie für eine interpretative Einbeziehung von Enkelgesellschaften aussprach.
7 Siehe z.B. *de Hosson*, Intertax 1990, 414 (433); *Boon/Lambooij*, 18 Tax Planning Int'l Rev. 6 (9 f.) (Apr. 1991); *Schelpe*, EC Tax Rev. 1993, 200 (204 f.); *Tumpel*, SWI 1993, 329 (331 f.); *Farmer/Lyal*, EC Tax Law, S. 269; *Tumpel*, Harmonisierung der direkten Unternehmensbesteuerung in der EU, S. 276 ff.; *Meerpohl*, Mutter-/Tochter-Richtlinie, S. 43; weiter z.B. auch *Oliver*, EC Tax Rev. 2001, 211 (216); *Brokelind*, ET 2003, 451 (455); *Maisto*, EC Tax Rev. 2004, 164 (173 f.).
8 KOM (93) 293 endg., ABl. EG 1993 Nr. C 225, 5 ff.
9 Richtlinie 2003/123/EG, ABl. EU 2004 Nr. L 7, 41 ff.
10 Zur Rechtsentwicklung *Kofler*, MTR, Art. 4 Rz. 18.
11 Siehe *Boon/Lambooij*, 18 Tax Planning Int'l Rev. 6 (9 f.) (Apr. 1991); *Schonewille*, Intertax 1992, 13 (17); *Schelpe*, EC Tax Rev. 1993, 200 (204 f.); *Tumpel*, SWI 1993, 329 (331); *Tumpel*, Harmonisierung der direkten Unternehmensbesteuerung in der EU, S. 276; *Maisto*, EC Tax Rev. 2004, 164 (174).

Besteuerung der Muttergesellschaft nur mehr ein **reduziertes Anrechnungssubstrat** verbleibt, falls nicht die von der Enkelgesellschaft entrichtete Steuer ebenfalls berücksichtigt wird.[1]

Art. 4 Abs. 1 Buchst. b MTR enthält keinerlei Beschränkung der Zahl der erfassten Stufen und ist damit prinzipiell auf **unendliche Beteiligungsketten** anwendbar (arg *„jegliche Enkelgesellschaft"*).[2] Die Anrechnung von Steuern der Untergesellschaften (Enkel-, Urenkelgesellschaften etc.) nach Art. 4 Abs. 1 Buchst. b MTR steht lediglich unter der Bedingung, *„dass die Gesellschaft und die ihr nachgeordnete Gesellschaft auf jeder Stufe die Bedingungen gem. Art. 2 und Art. 3 erfüllen"*. Daraus folgt zunächst, dass jede beteiligte Gesellschaft eine *„Gesellschaft eines Mitgliedstaates"* i.S.d. Art. 2 MTR sein muss. Nicht anrechenbar sind solcherart Steuern von **Drittstaatsenkelgesellschaften**, aber auch Steuern von **EU-Enkelgesellschaften**, die von einer **Drittstaatstochtergesellschaft gehalten** werden, oder von **Enkelgesellschaften**, die im **Staat der Tochtergesellschaft** ansässig sind.[3]

14.64

Unklar ist, ob die Mindestbeteiligung am Kapital oder an den Stimmrechten von 10 % lediglich auf jeder Ebene hinsichtlich der **unmittelbaren Beziehung zwischen Tochter- und Enkelgesellschaft** erfüllt sein muss[4] oder ob die **Muttergesellschaft indirekt** eine zumindest 10%ige Beteiligung an der Enkelgesellschaft halten muss; nach letzterem Ansatz wäre zudem fraglich, wie das Ausmaß dieser „indirekten" Beteiligung zu ermitteln wäre.[5] Der Wortlaut (*„auf jeder Stufe"*) spricht allerdings deutlich dafür, ausschließlich auf das **unmittelbare Verhältnis zwischen den nachgelagerten Gesellschaften**, also z.B. jenes zwischen Tochter- und Enkelgesellschaft, abzustellen, so dass lediglich in diesem Verhältnis eine zumindest 10%ige Beteiligung bestehen muss; dies wird auch darin deutlich, dass Art. 4 Abs. 1 Buchst. b MTR von der Gesellschaft und der **„ihr"** nachgeordneten Gesellschaft spricht, die *„die Bedingungen gem. Art. 2 und Art. 3 erfüllen"* müssen. Folgt man diesem Verständnis, müssten freilich auch Steuern einer Enkelgesellschaft, die im Staat der Muttergesellschaft ansässig ist, jedoch über eine in einem anderen Mitgliedstaat ansässige Tochtergesellschaft gehalten wird, anrechenbar sein,[6] zumal diesfalls sowohl im Verhältnis zwischen Mutter- und Tochtergesellschaft als auch zwischen Tochter- und Enkelgesellschaft ein grenzüberschreitender Vorgang i.S.d. Art. 2 und 3 MTR vorliegt.[7]

14.65

c) Hybride Gesellschaften

Die Mitgliedstaaten verfolgen unterschiedliche Ansätze zur steuerlichen Qualifikation von Personengesellschaften im Hinblick auf eine transparente oder intransparente Besteuerung.[8] Die nationale Wertung wird sodann – etwa über einen Typenvergleich[9] – auf grenzüberschreitende Vorgänge übertragen, wodurch es zu **Qualifikations- bzw. Zurechnungskonflikten** kommen kann, wenn die beteiligten Mit-

14.66

---

1 Siehe *Schonewille*, Intertax 1992, 13 (17); *Schelpe*, EC Tax Rev. 1993, 200 (204 f.); *Tumpel*, SWI 1993, 329 (331); *Tumpel*, Harmonisierung der direkten Unternehmensbesteuerung in der EU, S. 276 f.; *Maisto*, EC Tax Rev. 2004, 164 (174).
2 Siehe auch *Maisto*, EC Tax Rev. 2004, 164 (174); *Dautzenberg*, StuB. 2005, 254 (257); zweifelnd *Tissot*, GeS 2004 244 (247), der erwägt, vom Ausdruck „Enkelgesellschaft" nur die erste der Tochtergesellschaft nachgelagerte Ebene als erfasst anzusehen.
3 *Bell*, DFI 2005, 18 (21).
4 So *Maisto*, EC Tax Rev. 2004, 164 (174); ebenso zum früheren britischen Recht *Oliver*, EC Tax Rev. 2001, 211 (216).
5 Würde man etwa von einer Ermittlung durch multiplikative Durchrechnung ausgehen, würde beispielsweise in einer Kette von 10%igen Beteiligungen schon die durchgerechnete Beteiligung der Mutter- an der ersten Enkelgesellschaft lediglich 1 % betragen und solcherart keine Verpflichtung zur indirekten Anrechnung bestehen.
6 *Maisto*, EC Tax Rev. 2004, 164 (174).
7 *Maisto*, EC Tax Rev. 2004, 164 (174).
8 Siehe dazu z.B. den Überblick bei *Lühn*, IWB 2004, Fach 11 Gruppe 2, 635 (636).
9 Grundlegend für Deutschland und Österreich die *Venezuela*-Entscheidung RFH v. 12.2.1930 – VI A 899/27, RStBl. 1930, 444 = RFHE 27, 73; s. z.B. auch die deutsche Analyse amerikanischer LLCs in BStBl. I 2004, 411.

gliedstaaten ein und dasselbe Rechtsgebilde unterschiedlich qualifizieren („**hybride**" **Gesellschaften**). Diese Problematik ist durch die **ÄnderungsRL 2003** insofern in das Richtlinienrecht übertragen worden, als es durch die **Ergänzungen des Anhanges** möglich wurde, dass eine von Art. 2 MTR erfasste Tochtergesellschaft im Sitzstaat der Muttergesellschaft aufgrund ihrer handelsrechtlichen Struktur **für ertragsteuerliche Zwecke als transparent** angesehen wird.[1]

14.67 Diesem Umstand trägt allerdings der ebenfalls durch die ÄnderungsRL 2003 eingefügte **Art. 4 Abs. 2 MTR** Rechnung:[2] Nach dieser Bestimmung hindert die Richtlinie den Staat der Muttergesellschaft nicht daran, eine qualifizierte Tochtergesellschaft „*aufgrund seiner Bewertung der rechtlichen Merkmale dieser Tochtergesellschaft*" als transparent zu betrachten und „*daher die Muttergesellschaft im Zeitpunkt der Entstehung in Höhe des auf die Muttergesellschaft entfallenden Anteils am Gewinn der Tochtergesellschaft zu besteuern*". Umgekehrt verpflichtet Art. 4 Abs. 2 MTR den Staat der Muttergesellschaft aber einerseits dazu, „*die von der Tochtergesellschaft ausgeschütteten Gewinne nicht*" zu besteuern, andererseits zur Freistellung des entsprechend zugerechneten Gewinnanteils oder zur indirekten Steueranrechnung. Art. 4 Abs. 2 MTR hindert die Mitgliedstaaten freilich nicht daran, alle von der Richtlinie erfassten Gesellschaften – abweichend von der allgemeinen Beurteilung nach nationalem Steuerrecht – als **intransparent** anzusehen und die Entlastung bereits nach Art. 4 Abs. 1 MTR zu gewähren.[3]

14.68 Art. 4 Abs. 2 MTR rekurriert nur auf Qualifikationskonflikte aufgrund der Bewertung der rechtlichen Merkmale dieser Tochtergesellschaft, „*die sich aus dem Recht, nach dem sie gegründet wurde*", also auf eine **unterschiedliche rechtliche Kategorisierung einer Gesellschaft auf Grund der nationalen Rechtsordnungen** der beteiligten Mitgliedstaaten.[4] Diese Bestimmung spricht somit **unterschiedliche Zurechnungskonzepte** aufgrund einer steuerrechtlichen Norm des Staates der Muttergesellschaft (etwa eine Hinzurechnungsbesteuerung) bei grundsätzlich intransparenten Gebilden nicht an.[5] Diese Wortfolge war auch ausdrücklich eingefügt worden, um den irischen Bedenken im Hinblick auf eine mögliche Anwendung des Art. 4 Abs. 1 MTR auf Hinzurechnungsbestimmungen zu begegnen.[6]

14.69 Der Ansatz des Art. 4 Abs. 2 MTR entspricht im Grunde auch der von der OECD präferierten **abkommensrechtlichen Lösung**:[7] Der Ansässigkeitsstaat der Muttergesellschaft ist nicht an der steuerlichen Erfassung der (anteiligen) Einkünfte der aus seiner Sicht transparenten Gesellschaft gehindert,[8] muss jedoch eine Entlastung für die Steuer im Staat der hybriden Gesellschaft gewähren.[9] Im bilateralen Verhältnis kann daher bei **Unternehmensgewinnen im Staat der hybriden Tochtergesellschaft** bereits das Abkommensrecht zu einer **richtlinienkonformen Umsetzung des Art. 4 Abs. 2 MTR führen**.[10] Das Abkommensrecht vermag freilich selbst bei dieser Auslegung nicht alle Implementationsprobleme

---

1 Siehe auch Pkt 15 der Begründungserwägungen zum Vorschlag KOM (2003) 462 endg.
2 Zur Rechtsentwicklung *Kofler*, MTR, Art. 4 Rz. 19.
3 Siehe zu diesem von Luxemburg gewählten Ansatz *Brekelmans*, 44 Tax Notes Int'l 509 (509 f.) (Nov. 13, 2006); *Brekelmans*, 44 Tax Notes Int'l 1072 (1072) (Dec. 25, 2006).
4 Siehe auch Pkt 15 der Begründungserwägungen zum Vorschlag KOM (2003) 462 endg.
5 Siehe auch bereits *Kofler*, MTR, Art. 1 Rz. 26; ebenso *Maisto*, EC Tax Rev. 2004, 164 (175); *Russo*, ET 2006, 478 (479); *Helminen*, The International Tax Law Concept of Dividend, S. 133. Ebenso bereits die Ansicht der Kommission im Vorschlag KOM (2003) 462 endg., 8.
6 So hatte die irische Delegation im Rahmen der Ratsverhandlungen um eine Aufnahme einer Erklärung in das Ratsprotokoll ersucht, dass die Vorschrift nicht Hinzurechnungsbesteuerungssysteme erfasse; s. Dok. 13793/03 FISC 161 (21.10.2003), 2. Die Wortfolge „die sich aus dem Recht, nach dem sie gegründet wurde" („arising from the law under which it is constituted") wurde ausdrücklich in den Richtlinientext aufgenommen, um den irischen Bedenken Rechnung zu tragen; s. Dok. 13793/03 FISC 161 (21.10.2003), 8 m. Fn. 1.
7 Ebenso *Russo*, ET 2006, 478 (480).
8 s. auch Rz. 135 und 137 des „Partnership Reports", *OECD*, The Application of the OECD Model Tax Convention to Partnerships, Issues in International Taxation No. 6, 49.
9 Art. 23 Tz. 11.2 OECD-MK i.d.F. Update 2017.
10 *Kofler*, MTR, Art. 4 Rz. 36 f.

im Hinblick auf Art. 4 Abs. 2 MTR lösen; so kann es vor allem bei **tiefer strukturierten Konzernen** im Fall der Anrechnungsmethode zu einer hinter den unionsrechtlichen Verpflichtungen zurückbleibenden Entlastung kommen, zumal die Richtlinie – im Unterschied zum Abkommensrecht – eine mehrstufige Anrechnung erfordert.[1]

d) Kosten der Beteiligung und Minderwerte

Art. 4 Abs. 3 MTR räumt den Mitgliedstaaten die – diskriminierungsfrei auszuübende[2] – Möglichkeit ein, zu *"bestimmen, dass **Kosten der Beteiligung** an der Tochtergesellschaft und **Minderwerte**, die sich aufgrund der Ausschüttung ihrer Gewinne ergeben, nicht vom steuerpflichtigen Gewinn der Muttergesellschaft abgesetzt werden können"*. Das Kostenabzugsverbot für „Verwaltungskosten" kann nach Art. 4 Abs. 3 Satz 2 MTR auch **pauschaliert** werden. Das Wahlrecht besteht unabhängig davon, ob der Staat der Muttergesellschaft die wirtschaftliche Doppelbesteuerung durch die **Befreiungsmethode** oder durch die **Anrechnungsmethode** vermeidet.[3] Naturgemäß enthält die Richtlinie jedoch keine Vorgaben zur Behandlung dieser Positionen im Falle einer nachfolgenden – allenfalls steuerpflichtigen – **Veräußerung der Beteiligung** oder zur Behandlung von nicht durch die Ausschüttung bedingten **Teilwertabschreibungen**.[4] Zu den „**Kosten der Beteiligung**" rechnen alle Aufwendungen, die **beim Erwerb, der Verwaltung und zum Schutz der Beteiligung** entstehen,[5] insbesondere auch **Zinsen und Kosten für Fremdmittel** für den Erwerb der Beteiligung.[6] Art. 4 Abs. 3 MTR ist als Ausnahmeregel anzusehen und demnach eng auszulegen.[7] Als nichtabzugsfähig dürfen daher nur Aufwendungen behandelt werden, die einen Zusammenhang mit der Beteiligung aufweisen. In diesem Sinne hat der EuGH in der Rechtssache **Argenta Spaarbank** ein nationales Abzugsverbot als unzulässig erachtet, wonach Zinsaufwendungen generell bis zur Höhe der steuerfreien Dividenden vom Betriebsausgabenabzug ausgeschlossen waren, auch wenn die Zinsen nicht in Zusammenhang mit dem Beteiligungserwerb standen.[8] Art. 4 Abs. 3 MTR gestattet schließlich auch den Ausschluss der Abzugsfähigkeit der *"Minderwerte, die sich aufgrund der Ausschüttung ihrer Gewinne ergeben"*. Nach der diesbezüglichen **Erklärung zum Ratsprotokoll** richtet sich diese Vorschrift gegen die erfolgswirksame Berücksichtigung von **ausschüttungsbedingten Teilwertabschreibungen** und eine dadurch befürchtete doppelte Begünstigung.[9] Die **Höhe der nicht abzugsfähigen Aufwendungen** ist – anders als im Kommissionsvorschlag[10] – der Höhe nach

14.70

---

1 Zu diesem Problem z.B. auch *Bendlinger*, SWI 2004, 277 (279 f.); *Englisch/Schütze*, ET 2005 488 (496 f.).
2 Siehe EuGH v. 18.9.2003 – C-168/01 – Bosal, ECLI:EU:C:2003:479. Dazu z.B. *Kofler*, MTR, Einl. Rz. 90 und Art. 4 Rz. 43; *Kokott*, Das Steuerrecht der Europäischen Union, S. 297.
3 Siehe EuGH v. 3.4.2008 – C-27/07 – Banque Fédérative du Crédit Mutuel, ECLI:EU:C:2008:195, Rz. 45; EuGH v. 4.6.2009 – C-439/07, C-499/07 – KBC Bank, ECLI:EU:C:2009:339, Rz. 52 (jeweils zum Pauschalbetrag); ebenso wohl auch EuGH v. 23.2.2006 – C-471/04 – Keller Holding, ECLI:EU:C:2006:143, Rz. 45; auf die Befreiungsmethode einschränkend z.B. noch *de Hosson*, Intertax 1990, 414 (432); wohl auch *Boon/Lambooij*, 18 Tax Planning Int'l Rev. 6 (9) (Apr. 1991); *Tumpel* in Gassner/Lechner, Österreichisches Steuerrecht und europäische Integration, S. 163 (179), *Meerpohl*, Mutter-/Tochter-Richtlinie, S. 39 f.; *Brokelind*, ET 2003, 451 (455).
4 Siehe zu ausschüttungsbedingten „Minderwerten" *Kofler*, MTR, Art. 4 Rz. 42; zur Nichterfassung anderer Abschreibungen des Beteiligungsansatzes durch die Richtlinie auch *Tumpel*, Harmonisierung der direkten Unternehmensbesteuerung in der EU, S. 274.
5 Siehe *Tumpel*, Harmonisierung der direkten Unternehmensbesteuerung in der EU, S. 273.
6 EuGH v. 18.9.2003 – C-168/01 – Bosal, ECLI:EU:C:2003:479, Rz. 25 i.V.m. Rz. 8; s. auch EuGH v. 23.2.2006 – C-471/04 – Keller Holding, ECLI:EU:C:2006:143; ebenso bereits z.B. *Farmer/Lyal*, EC Tax Law, S. 269; *Tumpel*, Harmonisierung der direkten Unternehmensbesteuerung in der EU, S. 273; *Meerpohl*, Mutter-/Tochter-Richtlinie, S. 39.
7 EuGH v. 26.10.2017 – C-39/16 – Argenta Spaarbank, ECLI:EU:C:2017:813, Rz. 51.
8 EuGH v. 26.10.2017 – C-39/16 – Argenta Spaarbank, ECLI:EU:C:2017:813.
9 EuGH v. 22.12.2008 – C-48/07 – Les Vergers du Vieux Tauves, ECLI:EU:C:2008:758, Rz. 42; weiterhin Dok. 7384/90 FISC 61 (9.7.1990), 6; s. auch *de Hosson*, Intertax 1990, 414 (432); *Tumpel*, Harmonisierung der direkten Unternehmensbesteuerung in der EU, S. 274; *Meerpohl*, Mutter-/Tochter-Richtlinie, S. 39.
10 Siehe Art. 4 Abs. 2 des Vorschlags KOM (69) 6 endg., ABl. EG 1969 Nr. C 39, 7 ff.

nicht begrenzt[1]; das Abzugsverbot kann nach dem Wortlaut selbst dann zum Tragen kommen, wenn **keine Ausschüttungen** der Tochter- an die Muttergesellschaft erfolgen.[2] Durch Art. 4 Abs. 3 MTR soll es solcherart den Mitgliedstaaten ermöglicht werden, eine **doppelte Begünstigung** – insb. Steuerfreiheit der Ausschüttungen einerseits, voller Kostenabzug andererseits – zu verhindern.[3] Die Ausübung dieser Option führt allerdings i.d.R. zu einer **Doppelbesteuerung**, da diese Kosten auch im Staat der Tochtergesellschaft nicht berücksichtigt werden können.[4]

14.71 Art. 4 Abs. 3 Satz 2 MTR normiert, dass, „[w]enn in diesem Fall die mit der Beteiligung zusammenhängenden *Verwaltungskosten pauschal festgesetzt werden"*, „*der **Pauschalbetrag 5 % der von der Tochtergesellschaft ausgeschütteten Gewinne** nicht übersteigen"* darf. Art. 4 Abs. 3 Satz 2 MTR erlaubt damit den Mitgliedstaaten, unwiderlegbar[5] einen Betrag i.H.v. **höchstens 5 % der Beteiligungsbezüge** vom Betriebsausgabenabzug auszuschließen,[6] also – umgekehrt – nur für **zumindest 95 % der Ausschüttung** eine Entlastung vorzusehen.[7] Der **Pauschalbetrag nach Art. 4 Abs. 3 Satz 2 MTR** knüpft solcherart auch nicht an den tatsächlichen gewinnmindernden Beteiligungsaufwand an, sondern an die **bezogenen Ausschüttungen**. Dadurch kommt es immer dann zu für die Muttergesellschaft nachteiligen Ergebnissen, wenn keine oder nur unwesentliche Beteiligungsaufwendungen den Gewinn gemindert haben.[8] Jedenfalls ist der Pauschalausschluss alternativ zum Abzugsverbot für die tatsächlichen Kosten der Beteiligung, so dass bei pauschalem Ausschluss die **tatsächlichen Kosten** nach den allgemeinen Regelungen abzugsfähig sind.[9] Zu beachten ist freilich, dass sich die Pauschalierung nicht auf „**Minderwerte**" nach Art. 4 Abs. 3 MTR bezieht, deren Versagung also zusätzlich zu einer allfälligen Pauschale vorgesehen werden kann.

Im Fall der Wahl der Befreiungsmethode dürfen – unter Ausnutzung des Wahlrechts nach Art. 4 Abs. 3 MTR – auf Ebene der Muttergesellschaft nicht mehr als 5 % der von der Tochtergesellschaft ausgeschütteten Gewinne der Besteuerung unterworfen werden. Dabei ist es nach der Rechtsprechung des EuGH in den Rechtssachen **X**[10] und **AFEP**[11] unmaßgeblich, ob die Besteuerung auf Ebene der dividendenempfangenden Muttergesellschaft an den Zufluss der Ausschüttung anknüpft oder ob der steuerauslösende Tatbestand in der **Weiterausschüttung der Dividenden** besteht.[12] Dies gilt auch dann, wenn die von der Tochtergesellschaft erhaltenen Ausschüttungen nicht periodengleich weitergeleitet werden,

---

1 *Tumpel*, Harmonisierung der direkten Unternehmensbesteuerung in der EU, S. 273.
2 Dazu kritisch *Tumpel*, Harmonisierung der direkten Unternehmensbesteuerung in der EU, S. 273 f.
3 *Tumpel*, Harmonisierung der direkten Unternehmensbesteuerung in der EU, S. 272 f.; *Meerpohl*, Mutter-/Tochter-Richtlinie, S. 39; kritisch zu dieser dem Art. 4 Abs. 3 zugrunde liegenden Begründung z.B. *Oldiges*, DStR 2008, 533 (533 ff.).
4 Dazu z.B. auch *de Hosson*, Intertax 1990, 414 (432); *Tumpel*, Harmonisierung der direkten Unternehmensbesteuerung in der EU, S. 273; s. auch *Hey*, StuW 2004, 193 (200).
5 Siehe nur *Englisch/Schütze*, ET 2005, 488 (495 f.); *Kofler*, MTR, Art. 4 Rz. 41.
6 Siehe zu dieser Höchstbetragsgrenze z.B. EuGH v. 3.4.2008 – C-27/07 – Banque Fédérative du Crédit Mutuel, ECLI:EU:C:2008:195, Rz. 28; v. 4.6.2009 – C-439/07, C-499/07 – KBC Bank, ECLI:EU:C:2009:339, Rz. 51.
7 *Boon/Lambooij*, 18 Tax Planning Int'l Rev. 6 (9) (Apr. 1991); *Meerpohl*, Mutter-/Tochter-Richtlinie, S. 40; *Kokott*, Das Steuerrecht der Europäischen Union, S. 297. Zur Einbeziehung der den Nettobetrag der Dividende erhöhenden Steuergutschrift für eine – aufgrund der früheren Ausnahmevorschriften der Art. 5 Abs. 2 bis 4 der Richtlinie erhobene – Quellensteuer s. EuGH v. 3.4.2008 – C-27/07 – Banque Fédérative du Crédit Mutuel, ECLI:EU:C:2008:195, Rz. 41 ff.
8 Kritisch bereits *CFE*, Intertax 1981, 395 (398).
9 Siehe auch *Tumpel*, Harmonisierung der direkten Unternehmensbesteuerung in der EU, S. 274; *Tissot*, GeS 2004, 244 (249).
10 EuGH v. 17.5.2017 – C-68/15 – X, ECLI:EU:C:2017:379, Rz. 77 ff.
11 EuGH v. 17.5.2017 – C-68/15 – X, ECLI:EU:C:2017:379, Rz. 29 ff.
12 EuGH v. 17.5.2017 – C-68/15 – X, ECLI:EU:C:2017:379; v. 17.5.2017 – C-365/16 – AFEP u.a, ECLI:EU:C:2017:378.

sondern erst in darauffolgenden Veranlagungsjahren an die Gesellschafter der Muttergesellschaft ausgekehrt werden.[1]

3. Quellenentlastung im Staat der Tochtergesellschaft
a) Überblick

Art. 1 Abs. 1 Buchst. b MTR verpflichtet die Mitgliedstaaten, die Richtlinie „*auf Gewinnausschüttungen von Tochtergesellschaften dieses Staates an Gesellschaften anderer Mitgliedstaaten*" anzuwenden. Diese Verpflichtung ist im Zusammenhang mit Art. 5 MTR zu lesen, der die „**ausgeschütteten Gewinne**" in **qualifizierten Mutter-Tochter-Verhältnissen** anspricht und einen davon erfolgenden „**Steuerabzug an der Quelle**" verbietet. Art. 5 MTR könnte – nach der Neuformulierung durch die ÄnderungsRL 2003[2] – kaum einfacher gefasst sein: „Die von einer Tochtergesellschaft an ihre Muttergesellschaft ausgeschütteten Gewinne sind vom Steuerabzug an der Quelle befreit." Das – etwa in Art. 1 Abs. 1 und 2 ZiLiRL enthaltene – Konzept des „Nutzungsberechtigten" ist der MTR hingegen fremd.[3]

14.72

Vor der ÄnderungsRL 2003 enthielt **Art. 5 Abs. 2 bis 4 MTR** Ausnahmevorschriften für **Griechenland**, **Deutschland**, und **Portugal**, die Ausnahmen vom Quellenbesteuerungsverbot vorsahen.[4] Diese Ausnahmebestimmungen sind mittlerweile entfallen.

14.73

Im Unterschied zur beispielhaften Aufzählung nationaler Quellensteuern im ursprünglichen Kommissionsvorschlag[5] enthält die Richtlinie **keine Definition** des Terminus „**Steuerabzug an der Quelle**", sondern grenzt diesen lediglich in **Art. 7 Abs. 1 MTR** negativ dadurch ab, dass die **Vorauszahlung der Körperschaftsteuer** an den Sitzmitgliedstaat der Tochtergesellschaft, die in Verbindung mit der Ausschüttung von Gewinnen an die Muttergesellschaft vorgenommen wird, nicht erfasst ist.[6] Damit kann der Begriff des „Steuerabzugs an der Quelle" **autonom und ohne Bindung an Begriffe der nationalen Rechtsordnungen** ausgelegt[7] und theoretisch von einer unbeschränkten Anzahl nationaler Steuern erfüllt werden.[8] Wenngleich es eine **Zielsetzung der Richtlinie** ist, die „*Zusammenarbeit von Gesellschaften verschiedener Mitgliedstaaten*" nicht „*gegenüber der Zusammenarbeit zwischen Gesellschaften desselben Mitgliedstaats*" zu benachteiligen,[9] ist dennoch zu betonen, dass das **Quellenbesteuerungsverbot** selbst dann gilt, **wenn eine Quellensteuer bei rein nationalen Vorgängen erhoben** wird; es ist daher das Entlastungsgebot der Richtlinie unabhängig davon bindend, ob eine **Ungleichbehandlung mit rein innerstaatlichen Situationen** besteht.[10]

14.74

Durch die **ÄnderungsRL 2003** wurde der Kreis der durch die MTR erfassten Gesellschaftsformen nicht nur um die Europäische Gesellschaft (SE) und die Europäische Genossenschaft (SCE), sondern auch um zahlreiche nationale Gesellschaftsformen der Mitgliedstaaten erweitert.[11] Während **Art. 4 Abs. 2**

14.75

---

1 EuGH v. 17.5.2017 – C-68/15 – X, ECLI:EU:C:2017:379; s. auch *De Wolf*, IWB 2017, 814 (819 f.).
2 Richtlinie 2003/123/EG, ABl. EU 2004 Nr. L 7, 41 ff. Zuvor lautete die Bestimmung ohne inhaltlichen Unterschied folgendermaßen: „Die von einer Tochtergesellschaft an ihre Muttergesellschaft ausgeschütteten Gewinne sind, zumindest wenn diese einen Anteil am Gesellschaftskapital der Tochtergesellschaft von wenigstens 25 % besitzt, vom Steuerabzug an der Quelle befreit."
3 Siehe z.B. EuGH, Schlussanträge der Generalanwältin *Kokott* v. 1.3.2018 – C-117/16 – Y Denmark – ECLI:EU:C:2018:145, Rz. 31 ff.
4 Zu diesen ausführlich *Kofler*, MTR, Art. 5 Rz. 45 ff.
5 Dazu *Kofler*, MTR, Art. 5 Rz. 10.
6 Siehe dazu *Kofler*, MTR, Art. 7 Rz. 4 ff.
7 *Hahn*, IStR 2002, 248 (248).
8 *Stavropoulos*, ET 2009, 150 (150).
9 Pkt. 3 der Präambel der Richtlinie 90/435/EWG, ABl. EG 1990 Nr. L 225, 6 ff.
10 So deutlich im Hinblick auf Art. 4 auch EuGH v. 12.2.2009 – C-138/07 – Cobelfret, ECLI:EU:C:2009:82, Rz. 44 ff.; v. 4.6.2009 – C-439/07, C-499/07 – KBC Bank – ECLI:EU:C:2009:339, Rz. 42; ausführlich *Kofler*, MTR, Art. 4 Rz. 2.
11 Dazu *Kofler*, MTR, Art. 2 Rz. 12 und Rz. 17 ff.

MTR eine ausdrückliche Regelung für die **unterschiedliche Qualifikation nationaler Gesellschaftsformen** durch die beteiligten Mitgliedstaaten („hybride" Gesellschaften) im Hinblick auf die Entlastungsverpflichtung des Staates der Muttergesellschaft enthält,[1] findet sich eine vergleichbare Regelung in Art. 5 MTR nicht. Vom **Quellenbesteuerungsverbot des Art. 5 MTR** erfasst sind daher alle Ausschüttungen an Muttergesellschaften, die eine der im Anhang der Richtlinie genannten Rechtsformen haben und die übrigen Voraussetzungen des Art. 2 MTR erfüllen. Dies bedeutet, dass – anders als im Rahmen des Art. 4 Abs. 2 MTR – **kein Typenvergleich** zulässig ist, also der Quellenstaat auf Basis seiner Qualifikation der ausländischen Rechtsform keine über die MTR hinausgehende Einschränkung der qualifizierten Mutterkörperschaften vornehmen darf.[2]

14.76 Art. 5 MTR entfaltet **unmittelbare Wirkung**.[3] Die MTR ist hinsichtlich der in Art. 5 MTR angeordneten Steuerbefreiung **inhaltlich unbedingt und hinreichend genau**, da sie insoweit die Bestimmung von Mindestrechten ermöglicht. Durch den in **Art. 3 Abs. 2 MTR** enthaltenen **Umsetzungsspielraum** hinsichtlich der optionalen zweijährigen Mindestbehaltedauer wird – wie der EuGH in der Rechtssache **Denkavit, VITIC, Voormeer**[4] verdeutlicht hat – die Bestimmung von Mindestrechten nicht ausgeschlossen. Nach ständiger Rechtsprechung des EuGH kann ein Mitgliedstaat, der die Bestimmungen einer Richtlinie nicht in seine innerstaatliche Rechtsordnung umgesetzt hat, den Unionsbürgern die **Beschränkungen, die er nach diesen Bestimmungen hätte vorsehen können, nicht entgegenhalten**.[5] Die unmittelbare Wirkung des Art. 5 MTR wird daher durch die **Ausnahmeregelung des Art. 3 Abs. 2 MTR** auch dann nicht ausgeschlossen, wenn der Quellenstaat die Bestimmungen der Richtlinie – einschließlich der Ausnahmeregelung – nicht in seine innerstaatliche Rechtsordnung umgesetzt hat. Ein Mitgliedstaat kann sich ferner bei **unvollständiger Umsetzung einer Richtlinie** nicht auf einen Umsetzungsspielraum berufen, wenn er hiervon im Hinblick auf die in seine innerstaatliche Rechtsordnung umgesetzten Bestimmungen keinen Gebrauch gemacht hat.[6]

14.77 Das **Quellensteuerverbot des Art. 5 MTR** war auf Ausschüttungen **ab dem 1.1.1992 bzw. dem späteren Beitrittsdatum** anwendbar. Von den Ausnahmen in Art. 5 Abs. 2 bis 4 der Stammfassung,[7] der estnischen Sondersituation[8] und einer allfällig im nationalen Recht vorgesehenen Mindestbehaltedauer i.S.d. Art. 3 Abs. 2 MTR[9] abgesehen war somit eine Quellenbesteuerung für qualifizierte Ausschüttun-

---

1 Siehe *Kofler*, MTR, Art. 4 Rz. 33 ff.
2 Ausführlich *Aigner/Kofler/Kofler/Tumpel* in GedS Bruckner, 355 (355 ff.); s. auch EuGH, Schlussanträge der Generalanwältin Kokott v. 1.3.2018 – C-118/16 – X Denmark, ECLI:EU:C:2018:146, Rz. 98 ff. in Bezug auf die vergleichbare Rechtslage nach der ZiLiRL.
3 Siehe EuGH v. 17.10.1996 – C-283/94, C-291/94 und C-292/94 – Denkavit, VITIC, Voormeer, ECLI:EU:C:1996:387, Rz. 37 ff.; ebenso zuvor bereits EuGH, Schlussanträge des Generalanwalts Jacobs v. 2.5.1996 – C-283/94, C-291/94 und C-292/94 – Denkavit, VITIC, Voormeer, ECLI:EU:C:1996:186, Rz. 48 ff.; s. aus dem Schrifttum speziell zu Art. 5 z.B. *de Hosson*, Intertax 1990, 414 (437); *Muray*, ET 1991, 74 (82); *Knobbe-Keuk*, EuZW 1992, 336 (339); *Knobbe-Keuk*, Intertax 1992, 485 (487); *Förster*, DStR 1992, 101 (102); *Raby*, EC Tax Rev. 1992, 216 (223); *Vanistendael*, 5 Tax Notes Int'l 599 (610) (Sept. 21, 1992); *Voss*, StuW 1993, 155 (163); *Harris*, 9 Fla. J. Int'l L. 1994, 111 (145 f.); *Tumpel*, Harmonisierung der direkten Unternehmensbesteuerung in der EU, S. 292; *Meerpohl*, Mutter-/Tochter-Richtlinie, S. 72; *Peeters/Van de Vijver*, EC Tax Rev. 2009, 146 (154 f.); dies nur nach Ablauf der optionalen zweijährigen Behaltefrist des Art. 3 Abs. 2 bejahend noch *Boon/Lambooij*, 18 Tax Planning Int'l Rev. 6 (11) (Apr. 1991); *Breuninger*, EWS 1992, 85 (86).
4 EuGH v. 17.10.1996 – C-283/94, C-291/94 und C-292/94 – Denkavit, VITIC, Voormeer, ECLI:EU:C:1996:387, Rz. 39; ebenso zur ZiLiRL BFH v. 27.5.2009 – I R 30/08, BFHE 226, 357 (Vorlage in der C-397/09 – Scheuten Solar Technology).
5 EuGH v. 12.2.2009 – C-138/07 – Cobelfret, ECLI:EU:C:2009:82, Rz. 49.
6 Siehe z.B. EuGH v. 17.2.2005 – C-453/02, C-462/02 – Linneweber und Akritidis, ECLI:EU:C:2005:92, Rz. 35; weiter auch BFH v. 27.5.2009 – I R 30/08, BFHE 226, 357.
7 Dazu *Kofler*, MTR, Art. 5 Rz. 45 ff.
8 Dazu *Kofler*, MTR, Art. 5 Rz. 43.
9 Dazu *Kofler*, MTR, Art. 3 Rz. 31 ff.

gen ab diesem Zeitpunkt unzulässig, und zwar unabhängig davon, wann die ausgeschütteten Beträge **erwirtschaftet** wurden[1] oder ob die Ausschüttung den **laufenden Gewinn** übersteigt.[2] Generell kommt das Quellensteuerverbot somit unabhängig vom Zeitraum der Erwirtschaftung der ausgeschütteten Gewinne ab dem **Erfüllen der Richtlinienvoraussetzungen** zur Anwendung.[3] Umgekehrt steht die Quellensteuerfreiheit nach dem **Wegfall der Richtlinienvoraussetzungen** aber konsequenterweise dann nicht mehr zu, wenn die ausgeschütteten Gewinne während des Bestehens eines qualifizierten Mutter-Tochter-Verhältnisses erwirtschaftet wurden.[4]

b) Verbot des Steuerabzugs an der Quelle

Der Begriff „*Steuerabzug an der Quelle*" ist in Art. 5 MTR nicht definiert, lediglich Art. 7 Abs. 1 MTR impliziert eine Negativabgrenzung. Offenbar ist der Unionsrechtssetzer vor dem Hintergrund der Zielsetzung der Richtlinie, eine zusätzliche Steuer auf ausgeschüttete Gewinne zu unterbinden, von der typischen Erscheinungsform einer solchen Belastung in Form einer Quellensteuer ausgegangen und spricht daher in Art. 5 MTR – vereinfachend – vom „**Steuerabzug an der Quelle**". Die Rechtsprechung des EuGH bietet allerdings mittlerweile deutliche Leitlinien zur Auslegung dieses Begriffes:[5] Der Gerichtshof hat zunächst klargestellt, dass der Begriff des Quellensteuerabzugs „*nicht auf bestimmte einzelstaatliche Steuerarten beschränkt*" ist. Überdies ist „*die Qualifizierung einer Steuer, Abgabe oder Gebühr nach Gemeinschaftsrecht vom Gerichtshof nach den objektiven Merkmalen der Steuer unabhängig von ihrer Qualifizierung im nationalen Recht vorzunehmen*". In der vom Gerichtshof geforderten **weiten, unionsautonomen Auslegung** erfasst der Begriff des Steuerabzugs an der Quelle folglich jede Steuerregelung, die eine Besteuerung der Gewinnausschüttungen von einer inländischen Tochtergesellschaft an die ausländische Muttergesellschaft bewirkt. Auf die **konkrete Bezeichnung**, die **Ausgestaltung** oder die **Rechtsnatur** der Steuer kommt es damit nicht an.[6] Unerheblich ist schließlich auch, welche **Gebietskörperschaft** die Steuer erhebt, so dass **Bundes-, Landes- und Gemeindesteuern** erfasst sind.[7]

14.78

Der **Quellenabzugsbegriff** ist solcherart nicht auf die in **Art. 2 MTR ausdrücklich genannten Steuern** beschränkt, sondern umfasst auch entsprechende Regelungen in anderen nationalen Steuergesetzen.[8] Für die Ausfüllung des Begriffes „Steuerabzug an der Quelle" entspricht es ständiger Rechtsprechung, dass es auf diesbezügliche Qualifikationen oder Ausschlüsse in **Erklärungen des Rates oder der Kommission** nicht ankommt, sofern diese im **Richtlinientext** keinen Niederschlag gefunden haben.[9]

14.79

---

1 Siehe *Kofler*, MTR, Art. 1 Rz. 32 f.
2 So auch zum Zinsbesteuerungsabkommen mit der Schweiz *Oesterhelt/Winzap*, 8 ASA 449 (482) (2006).
3 Siehe für Beispiele *Kofler*, MTR, Art. 1 Rz. 32.
4 Ebenso zu Art. 15 ZBstA *Danon/Glauser*, Intertax 2005, 503 (509).
5 Siehe insbesondere EuGH v. 8.6.2000 – C-375/98 – Epson Europe, ECLI:EU:C:2000:302 (pauschale portugiesische Steuer von 5 % auf die Erträge aus dem Besitz bestimmter Wertpapiere); v. 4.10.2001 – C-294/99 – Athinaïki Zythopiia, ECLI:EU:C:2001:505 (grenzüberschreitende Ausschüttung erhöhte wegen Entfalls von Freibeträgen die Steuerlast des ausschüttenden Unternehmens); v. 25.9.2003 – C-58/01 – Océ van der Grinten, ECLI:EU:C:2003:495 („Abschlag" von 5 % bei der grenzüberschreitenden Zahlung einer Steuergutschrift); v. 26.6.2008 – C-284/06 – Burda, ECLI:EU:C:2008:365 (deutsche Ausschüttungsbelastung); v. 24.6.2010 – C-338/08 und C-339/08 – Ferrero, ECLI:EU:C:2010:364 (Steuergutschrift).
6 EuGH, Schlussanträge des Generalanwalts *Alber* v. 10.5.2001 – C-294/99 – Athinaïki Zythopiia, ECLI:EU:C:2001:505, Rz. 26.
7 Siehe zu einer Gemeindesteuer EuGH v. 8.6.2000 – C-375/98 – Epson Europe, ECLI:EU:C:2000:302; vgl. auch *Frotscher*, BB 2006, 861 (863).
8 Zur Quellenbesteuerung im Rahmen der portugiesischen Erbschafts- und Schenkungsteuer s. EuGH v. 8.6.2000 – C-375/98 – Epson Europe, ECLI:EU:C:2000:302.
9 Siehe speziell zur MTR EuGH v. 17.10.1996 – C-283/94, C-291/94 und C-292/94 – Denkavit, VITIC, Voormeer, ECLI:EU:C:1996:387, Rz. 29; v. 8.6.2000 – C-375/98 – Epson Europe, ECLI:EU:C:2000:302, Rz. 26.

14.80 Nach dem Wortlaut des Art. 5 MTR sind Gewinnausschüttungen der Tochtergesellschaft vom Steuerabzug an der Quelle „befreit". Diese klare Anordnung eines umfassenden **Ausschlusses der Quellenbesteuerung** zwingt zu zwei Folgerungen:[1]

– *Erstens* wird deutlich, dass – anders als etwa im Abkommensrecht – bereits die Erhebung der Quellensteuer untersagt und damit ein **allgemeines Rückerstattungsverfahren** unzulässig ist,[2] zielt doch die MTR insofern auf die steuerliche Neutralität und einen Vereinfachungseffekt ab;[3] dieses Verständnis liegt auch der Rechtsprechung des EuGH in der Rechtssache **Denkavit, VITIC, Voormeer**[4] zugrunde. Ein Refundierungsmechanismus kommt daher allenfalls bei nicht abgelaufener Mindestbehaltedauer nach Art. 3 Abs. 2 Buchst. b MTR[5] oder zur Verhinderung von Steuerhinterziehungen, Steuerbetrug und Missbräuchen nach Art. 1 Abs. 2 bis 4 MTR[6] in Betracht. Der EuGH hat sich allerdings noch nicht zu der Frage geäußert, ob bzw. inwieweit die Mitgliedstaaten den Steuerpflichtigen die Erfüllung gewisser Formalpflichten als Voraussetzung für die Gewährung der Richtlinienbegünstigungen auferlegen dürfen.[7]

– *Zweitens* stellt Art. 5 MTR klar, dass der Quellensteuerabzug **unabhängig von der Existenz oder Ausgestaltung eines DBA** zu unterbleiben hat.[8] Anders als im Bereich der grundfreiheitlichen Diskriminierungsanalyse[9] ist es solcherart im Anwendungsbereich der MTR nicht maßgeblich, ob bzw. inwieweit der Sitzstaat der Muttergesellschaft nach einem bestehenden DBA eine **Quellensteuer anrechnen** würde. Denn die von der Richtlinie geforderte Neutralität wäre schon wegen der Zeitdifferenz zwischen Quellensteuerabzug und abkommensrechtlicher Anrechnung grundsätzlich nicht gegeben.[10] An diesem Ergebnis vermögen weder die – auf die wirtschaftliche Doppelbesteuerung abstellende – **Bestimmung des Art. 7 Abs. 2 MTR**[11] noch die missverständlichen Aussagen des EuGH in der Rechtssache **Océ van der Grinten**[12] etwas zu ändern.

---

1 Zu einem umfassenden Verständnis der Befreiung im Kontext von Art. 4 s. vor allem EuGH v. 12.2.2009 – C-138/07 – Cobelfret, ECLI:EU:C:2009:82, Rz. 42 f.
2 Ebenso z.B. *Boon/Lambooij*, 18 Tax Planning Int'l Rev. 6 (10) (Apr. 1991); *Vanistendael*, 5 Tax Notes Int'l 599 (609) (Sept. 21, 1992); *Tumpel*, Harmonisierung der direkten Unternehmensbesteuerung in der EU, S. 279 f.; *Tumpel*, IStR 1995, 113 (113); *Helminen*, The Dividend Concept in International Tax Law, S. 23 m. Fn. 13; s. auch EuGH v. 17.10.1996 – C-283/94, C-291/94 und C-292/94 – Denkavit, VITIC, Voormeer, ECLI:EU:C:1996:387, Rz. 35, wo der EuGH implizit auf die Möglichkeit eines Rückerstattungsverfahrens im Anwendungsbereich des Art. 3 Abs. 2 verweist.
3 Siehe auch *Tumpel*, Harmonisierung der direkten Unternehmensbesteuerung in der EU, S. 279; *Wiedow*, ET 1994, 293 (294), im Hinblick auf administrativen Aufwand und Liquiditätsnachteile; ebenso *Vanistendael*, 5 Tax Notes Int'l 599 (600) (Sept. 21, 1992), im Hinblick auf die Schwierigkeiten bei Alternativsystemen; s. aber auch EuGH, Schlussanträge des Generalanwalts *Tizzano* v. 23.1.2003 – C-58/01 – Océ van der Grinten, ECLI:EU:C:2003:495, Rz. 24, der offenbar davon ausgeht, dass eine Neutralität auch dann gegeben wäre, wenn es lediglich zu einer Zeitdifferenz zwischen Quellensteuerabzug und abkommensrechtlicher Anrechnung käme.
4 Siehe insbesondere EuGH v. 17.10.1996 – C-283/94, C-291/94 und C-292/94 – Denkavit, VITIC, Voormeer, ECLI:EU:C:1996:387, Rz. 33.
5 Dazu *Kofler*, MTR, Art. 3 Rz. 31 ff.
6 Dazu *Kofler*, MTR, Art. 1 Rz. 61 ff.; s. auch *de Hosson*, Intertax 1990, 414 (427); *Tumpel*, Harmonisierung der direkten Unternehmensbesteuerung in der EU, S. 280.
7 Zu Nachweispflichten s. *Kofler*, MTR, Art. 1 Rz. 34.
8 *Kofler/Tumpel* in Lang/Schuch/Staringer, Tax Treaty Law and EC Law, S. 191 (223 ff.).
9 Dazu *Kofler*, MTR, Einl. Rz. 19 f.
10 Siehe allgemein *Tumpel*, Harmonisierung der direkten Unternehmensbesteuerung in der EU, S. 279; s. auch *Kofler/Tumpel* in Lang/Schuch/Staringer, Tax Treaty Law and EC Law, S. 191 (225); weiter *Comis/van der Stok*, 11 Int'l Tax Rev. 35 (36) (July 2000); *Englisch*, IStR 2003, 777 (783).
11 Dazu *Kofler*, MTR, Art. 7 Rz. 8 ff.
12 EuGH v. 25.9.2003 – C-58/01 – Océ van der Grinten, ECLI:EU:C:2003:495, Rz. 58.

Quellensteuern treffen zwar den **ausländischen Empfänger** im Rahmen seiner beschränkten Steuerpflicht, werden aber typischerweise *„von der ausschüttenden Gesellschaft einbehalten und unmittelbar abgeführt"*[1]. Wenn Art. 5 MTR von einem *„Steuerabzug an der Quelle"* spricht, so scheint dies zunächst zu implizieren, dass dem **Erhebungsmodus** entscheidende Bedeutung zukommen soll. Dem Geist der Richtlinie entsprechend hat sich aber auch die Rechtsprechung des EuGH in den Rechtssachen **Athinaïki Zythopiia**[2] und **Burda**[3] (zumindest implizit) dazu bekannt, jede zusätzliche Steuer im Staat der Tochtergesellschaft, die *„durch die Zahlung der Dividenden ausgelöst"* wird, als potentielle Quellensteuer zu betrachten, unabhängig davon, ob diese Steuer im **Abzugs- oder Veranlagungswege** erhoben wird.[4] Vor diesem Hintergrund war es sodann auch nicht notwendig, eine dem Art. 1 Abs. 1 ZiLiRL entsprechende Klausel in die MTR aufzunehmen.

14.81

Von der Quellenbesteuerung i.S.d. Art. 5 MTR ist die **Besteuerung der Tochtergesellschaft** abzugrenzen, die von der Richtlinie – ebenso wie regelmäßig vom Abkommensrecht[5] – **nicht berührt wird**.[6] Das in Art. 5 MTR enthaltene Verbot der Erhebung einer Quellensteuer auf die an eine in einem anderen Mitgliedstaat ansässige Muttergesellschaft ausgeschütteten Dividenden erstreckt sich somit „nicht auf die Entrichtung der Körperschaftsteuer durch die Tochtergesellschaft für das durch ihre wirtschaftliche Tätigkeit erzielte Einkommen, selbst wenn diese Steuer an der Quelle erhoben und im Zusammenhang mit der Ausschüttung der Dividenden entrichtet wird"[7]. Die MTR beschränkt somit *„nicht die erste Besteuerung der Einkünfte der Tochtergesellschaft"*[8]. Dies kommt nicht nur im **System der Richtlinie** und insb. in Art. 4 MTR zum Ausdruck, sondern findet auch **Bestätigung in Art. 7 Abs. 1 MTR**; wenn nämlich **Vorauszahlungen auf die Körperschaftsteuerschuld** der ausschüttenden Tochtergesellschaft ausdrücklich und klarstellend[9] vom Begriff der Quellensteuer ausgenommen sind, so muss dies selbstverständlich gleichermaßen für die „normale" Körperschaftsbesteuerung gelten.[10]

14.82

c) Begriff der Quellensteuer

Im international-steuerrechtlichen Verständnis ist eine Quellensteuer eine Steuer, die vom Zahlenden typischerweise auf einen Bruttobetrag für Rechnung des Empfängers zur Begleichung von dessen beschränkter Einkommen- oder Körperschaftsteuerschuld im Quellenstaat einbehalten und abgeführt wird. Offenbar in Anlehnung an dieses Konturen ist für die **Qualifikation als Quellensteuer i.S.d. Art. 5 MTR** – kumulativ[11] – erforderlich, dass

14.83

---

1 EuGH, Schlussanträge des Generalanwalts *Alber* v. 10.5.2001 – C-294/99 – Athinaïki Zythopiia, ECLI:EU:C:2001:505, Rz. 32.
2 EuGH 4.10.2001 – C-294/99 – Athinaïki Zythopiia, ECLI:EU:C:2001:505.
3 EuGH v. 26.6.2008 – C-284/06 – Burda, ECLI:EU:C:2008:365.
4 Siehe auch *Staringer/Tüchler* in Lang/Schuch/Staringer, Quellensteuern – Der Steuerabzug bei Zahlungen an ausländische Empfänger, S. 281 (292).
5 Siehe den letzten Satz in Art. 10 Abs. 2 OECD-MA, wonach dieser Absatz „*nicht die Besteuerung der Gesellschaft in Bezug auf Gewinne [berührt], aus denen die Dividenden gezahlt werden*".
6 So deutlich EuGH, Schlussanträge des Generalanwalts *Mengozzi* v. 31.1.2008 – C-284/06 – Burda, ECLI:EU:C:2008:60, Rz. 55; s. auch EuGH, Schlussanträge des Generalanwalts *Alber* v. 10.5.2001 – C-294/99 – Athinaïki Zythopiia, ECLI:EU:C:2001:263, Rz. 27; s. z.B. auch *Saß*, DB 1994, 1589 (1590); *Hahn*, IStR 2002, 248 (249 f.); *Rolle*, EC Tax Rev. 2003, 36 (36 ff., insbesondere 39); *Obser*, IStR 2005, 799 (804).
7 EuGH, Schlussanträge des Generalanwalts *Mengozzi* v. 31.1.2008 – C-284/06 – Burda, ECLI:EU:C:2008:60, Rz. 55.
8 EuGH v. 18.7.2007 – C-231/05 – Oy AA, ECLI:EU:C:2007:439, Rz. 25 ff., insbesondere Rz. 27.
9 Zum klarstellenden Charakter des Art. 7 Abs. 1 MTR s. *Kofler*, MTR, Art. 7 Rz. 2 m.w.N.
10 EuGH v. 12.12.2006 – C-374/04 – ACT Group Litigation, ECLI:EU:C:2006:773, Rz. 60; ausführlich *Kofler*, Doppelbesteuerungsabkommen und Europäisches Gemeinschaftsrecht, S. 915 ff.; s. auch *Kofler*, MTR, Art. 5 Rz. 32 ff. und Art. 7 Rz. 4 ff.
11 ZB EuGH v. 26.6.2008 – C-284/06 – Burda, ECLI:EU:C:2008:365, Rz. 53.

- erstens **die fragliche Besteuerung durch die** „*Zahlung von Dividenden oder anderen Erträgen von Wertpapieren*" **ausgelöst** wird.[1] Diese Sichtweise entspricht dem typischen Quellensteuerverständnis im internationalen Steuerrecht, knüpft doch die Quellenbesteuerung regelmäßig an den Zahlungsvorgang an. Unerheblich ist es dabei nach der Rechtsprechung in den Rechtssachen **Athinaïki Zythopiia**[2] und **Burda**,[3] ob diese Steuer im **Abzugs- oder im Veranlagungswege** erhoben wird.[4]
- zweitens sich, *die Besteuerung unmittelbar nach dem Umfang der vorgenommenen Ausschüttung" richtet*.[5] Dieses Kriterium stellt somit darauf ab, dass die Besteuerung der Dividende „*in einem Verhältnis zu deren Wert oder deren Betrag"* steht.[6] Insofern hat der EuGH in **Océ van der Grinten**[7] im Lichte von Art. 5 und Art. 7 Abs. 2 MTR zu einem Abschlag auf eine grenzüberschreitende Steuergutschrift judiziert, dass jede Steuer, die die **Ausschüttung als Bemessungsgrundlage** heranzieht, eine Quellensteuer sein kann, unabhängig davon, ob es dadurch zu einer **Schmälerung der Ausschüttung** selbst kommt.[8]
- und drittens *„der Steuerpflichtige der Inhaber dieser Wertpapiere ist"*[9]. Vor allem vor dem Hintergrund, dass die **Besteuerung der Tochtergesellschaft** durch die Richtlinie nicht angetastet wird, erfüllt dieses Kriterium eine wertvolle Abgrenzungsfunktion,[10] indem für das Vorliegen einer Quellensteuer die **Steuerschuldnerschaft des Ausschüttungsempfängers** zur Voraussetzung gemacht wird. Insofern kann auch der in **Art. 7 Abs. 1 MTR** geregelte Ausnahmetatbestand für die Körperschaftsbesteuerung der Tochtergesellschaft nur anhand der Steuerschuldnerschaft trennscharf von der Erhebung einer Quellensteuer abgegrenzt werden.[11] Das Kriterium, dass *„der Steuerpflichtige der Inhaber dieser Wertpapiere ist"*, wurde vom EuGH in der Rechtssache Epson[12] eingeführt, in der Rechtssache Athinaïki Zythopiia[13] nicht erwähnt, nachfolgend in den Rechtssachen Océ van der Grinten,[14] FII Group Litigation,[15] Burda[16] und jüngst in der Rechtssache X[17] aber wieder aufgegriffen.

14.84 Vor allem die Rechtssache **Athinaïki Zythopiia** hat zu erheblichen Unsicherheiten im Hinblick auf das wirtschaftliche Verständnis des dritten Kriteriums geführt, zumal der EuGH in dieser Rechtssache

---

1 EuGH v. 8.6.2000 – C-375/98 – Epson Europe, ECLI:EU:C:2000:302, Rz. 23; v. 4.10.2001 – C-294/99 – Athinaïki Zythopiia, ECLI:EU:C:2001:505, Rz. 28; v. 12.12.2006 – C-446/04 – FII Group Litigation, ECLI:EU:C:2006:774, Rz. 108; v. 26.6.2008 – C-284/06 – Burda, ECLI:EU:C:2008:365, Rz. 52; v. 24.6.2010 – C-338/08 und C-339/08 – Ferrero, ECLI:EU:C:2010:364, Rz. 26.
2 EuGH v. 4.10.2001 – C-294/99 – Athinaïki Zythopiia, ECLI:EU:C:2001:505, I-6797.
3 EuGH v. 26.6.2008 – C-284/06 – Burda, ECLI:EU:C:2008:365.
4 Dazu auch *Kofler*, MTR, Art. 5 Rz. 22.
5 EuGH v. 8.6.2000 – C-375/98 – Epson Europe, ECLI:EU:C:2000:302, Rz. 23; v. 4.10.2001 – C-294/99 – Athinaïki Zythopiia, ECLI:EU:C:2001:505, Rz. 28; v. 12.12.2006 – C-446/04 – FII Group Litigation, ECLI:EU:C:2006:774, Rz. 108; v. 26.6.2008 – C-284/06 – Burda, ECLI:EU:C:2008:365, Rz. 52; v. 24.6.2010 – C-338/08 und C-339/08 – Ferrero, ECLI:EU:C:2010:364, Rz. 26.
6 EuGH v. 25.9.2003 – C-58/01 – Océ van der Grinten, ECLI:EU:C:2003:495, Rz. 51.
7 EuGH v. 25.9.2003 – C-58/01 – Océ van der Grinten, ECLI:EU:C:2003:495.
8 Ausführlich *Kofler*, MTR, Art. 5 Rz. 27 ff.
9 EuGH v. 8.6.2000 – C-375/98 – Epson Europe, ECLI:EU:C:2000:302, Rz. 23; v. 25.9.2003 – C-58/01 – Océ van der Grinten, ECLI:EU:C:2003:495, Rz. 47; v. 12.12.2006 – C-446/04 – FII Group Litigation, ECLI:EU:C:2006:774, Rz. 108; v. 26.6.2008 – C-284/06 – Burda, ECLI:EU:C:2008:365, Rz. 52; v. 24.6.2010 – C-338/08 und C-339/08 – Ferrero, ECLI:EU:C:2010:364, Rz. 26.
10 *Kofler*, MTR, Art. 5 Rz. 23.
11 *Hahn*, IStR 2002, 248 (250); *Schnitger*, GmbHR 2003, 1240 (1241).
12 EuGH v. 8.6.2000 – C-375/98 – Epson Europe, ECLI:EU:C:2000:302, Rz. 23.
13 EuGH v. 4.10.2001 – C-294/99 – Athinaïki Zythopiia, ECLI:EU:C:2001:505.
14 EuGH v. 25.9.2003 – C-58/01 – Océ van der Grinten, ECLI:EU:C:2003:495, Rz. 47.
15 EuGH v. 12.12.2006 – C-446/04 – FII Group Litigation, ECLI:EU:C:2006:774, Rz. 108.
16 EuGH v. 26.6.2008 – C-284/06 – Burda, ECLI:EU:C:2008:365, Rz. 52 ff.
17 EuGH v 17.5.2017 – C-68/15 – X, ECLI:EU:C:2017:379, Rz. 65 ff.

eine Besteuerung der Tochtergesellschaft als Quellensteuer aufgefasst hat.[1] Von dieser Sichtweise scheint der EuGH in der Rechtssache **Burda** insofern wieder abgerückt zu sein, als dort klargestellt wurde, dass für das Vorliegen einer Quellensteuer die **Steuerschuldnerschaft des Empfängers** einer Ausschüttung zwingend erforderlich und keiner wirtschaftlichen Betrachtung zugänglich ist.[2] Dementsprechend sind **Belastungen der Tochtergesellschaft**, etwa in Form einer Ausgleichssteuer im Rahmen früherer Anrechnungssysteme, bloß als eine von der Richtlinie nicht verbotene Besteuerung der ausschüttenden Körperschaft anzusehen und mangels *zusätzlicher* Belastung der grenzüberschreitenden Ausschüttung schon aus diesem Grund nicht von Art. 5 MTR angesprochen.[3] Auch auf die in der Rechtssache **Athinaïki Zythopiia** fokussierte Frage der **Verrechenbarkeit von Verlusten** auf Ebene der Tochtergesellschaft und der daraus abgeleiteten Folgerung, dass die Verlustverrechnungsmöglichkeit eine zulässige Besteuerung der Einkommenserzielung indiziere,[4] scheint es nach der Rechtssache **Burda** nicht mehr anzukommen. In seiner jüngeren Rechtsprechung hat der EuGH in der Rechtssache **X**[5] nochmals deutlich bestätigt, dass für die Feststellung des Steuerschuldners auf eine formelle Betrachtungsweise abzustellen ist.[6]

III. Missbrauchsklausel

Ebenso wie die anderen Unternehmenssteuerrichtlinien[7] enthält auch die gegenwärtige Fassung der MTR eine „**Anti-Missbrauchsklausel**" in Art. 1 Abs. 2 bis 4. Die geltende Rechtslage wurde durch die ÄnderungsRL 2015[8] geschaffen, die den bisherigen Missbrauchsvorbehalt des Art. 1 Abs. 2[9] in einen neuen Abs. 4 überführte und in den Abs. 2 und 3 eine generelle – an den Art. 6 der nachfolgend erlassenen ATAD erinnernde -Anti-Missbrauchsklausel in Form eines Mindeststandards vorsieht („De-minimis-Missbrauchsbekämpfungsvorschrift"), der alle Mitgliedstaaten dazu verpflichtet, ein einheitliches

14.85

---

1 Siehe auch die Analyse – auch im Lichte der Sonderreglung für Estland – bei *Kofler*, MTR, Art. 5 Rz. 35 ff.
2 EuGH v. 26.6.2008 – C-284/06 – Burda, ECLI:EU:C:2008:365, Rz. 62; s. auch *Staringer/Tüchler* in Lang/Schuch/Staringer, Quellensteuern – Der Steuerabzug bei Zahlungen an ausländische Empfänger, S. 281 (296).
3 In diese Richtung auch EuGH, Schlussanträge des Generalanwalts *Mengozzi* v. 31.1.2008 – C-284/06 – Burda, ECLI:EU:C:2008:60, Rz. 63 ff.; so z.B. auch für das estnische System *Żukowski*, ET 2006, 128 (130).
4 EuGH v. 4.10.2001 – C-294/99 – Athinaïki Zythopiia, ECLI:EU:C:2001:505, Rz. 29; s. auch *Kofler*, MTR, Art. 5 Rz. 35. Auch das Schrifttum hat einen starken Fokus auf dieses Indiz gelegt; s. z.B. *Tardivy/Schiessl/Haelterman/Sunderman/Berner*, 13 Int'l Tax Rev. 11 (14 und 16) (Mar. 2002); *Schnitger*, GmbHR 2003, 1240 (1244); *Frotscher*, BB 2006, 861 (864 f.); *Thömmes/Nakhai*, DB 2006, 1536 (1540); *Schnitger*, FR 2006, 776 (779 f.).
5 EuGH v. 17.5.2017 – C-68/15 – X, ECLI:EU:C:2017:379, Rz. 66 f., betreffend die belgische Fairness Tax, die der EuGH im Ergebnis jedoch als unzulässige Doppelbesteuerung i.S.d. Art. 4 Abs. 1 Buchst. a MTR eingestuft hat; s. auch EuGH, Schlussanträge der Generalanwältin *Kokott* v. 17.11.2016 – C-68/15 – X, ECLI:EU:C:2016:886, wonach die Beurteilung der Besteuerung der Tochtergesellschaft als Quellensteuer i.S.d. Art. 5 MTR in der Entscheidung Athinaïki Zythopiia als eine einmalige Ausnahme anzusehen sei; im Parallelverfahren zur Entscheidung X zu dem vergleichbaren französischen „Zusatzbeitrag zur Körperschaftsteuer" (EuGH v. 17.5.2017 – C-365/16 – AFEP u.a, ECLI:EU:C:2017:378) hatte der EuGH die Frage, ob eine Quellensteuer i.S.d. Art. 5 MTR vorliegt, aufgrund der Formulierung der Vorlagefragen durch das nationale Gericht nicht mehr zu beantworten, weil er bereits einen Verstoß gegen Art. 4 Abs. 1 Buchst. a MTR verortete.
6 So auch *Lampert*, ISR 2017, 297 (300).
7 Siehe Art. 15 Abs. 1 der kodifizierten FRL (früher: 11 Abs. 1 FRL) und Art. 5 ZiLiRL; vgl. auch Art. 8 Abs. 1 der Schiedskonvention.
8 Richtlinie (EU) 2015/121, ABl. EU 2015 Nr. L 21, 1.
9 Ausführlich dazu und m.w.N. *Kofler*, MTR, Art. 1 Rz. 61–88.

Mindestschutzniveau gegen die missbräuchliche Inanspruchnahme der Richtlinie vorzusehen;[1] während eine Reihe von Mitgliedstaaten dafür spezielle nationale Umsetzungsmaßnahmen erlassen haben, wurden z.B. von Deutschland und Österreich offenbar die schon bestehenden Vorschriften (insb. § 50d Abs. 3 EStG bzw. § 94 Z 2 öEStG) als ausreichende Umsetzung angesehen. **Art. 1 Abs. 2 bis 4 lauten:**

„(2) Liegt – unter Berücksichtigung aller relevanten Fakten und Umstände – eine unangemessene Gestaltung oder eine unangemessene Abfolge von Gestaltungen vor, bei der der wesentliche Zweck oder einer der wesentlichen Zwecke darin besteht, einen steuerlichen Vorteil zu erlangen, der dem Ziel oder Zweck dieser Richtlinie zuwiderläuft, so gewähren die Mitgliedstaaten Vorteile dieser Richtlinie nicht.

Eine Gestaltung kann mehr als einen Schritt oder Teil umfassen.

(3) Für die Zwecke von Absatz 2 gilt eine Gestaltung oder eine Abfolge von Gestaltungen in dem Umfang als unangemessen, wie sie nicht aus triftigen wirtschaftlichen Gründen vorgenommen wurde, die die wirtschaftliche Realität widerspiegeln.

(4) Die vorliegende Richtlinie steht der Anwendung einzelstaatlicher oder vertraglicher Bestimmungen zur Verhinderung von Steuerhinterziehung, Steuerbetrug oder Missbrauch nicht entgegen."

14.86 Der nunmehrige Art. 1 Abs. 4 MTR entspricht im Wesentlichen dem schon seit der **Stammfassung in Art. 1 Abs. 2 MTR** enthaltenen Vorbehalt und sieht vor, dass die MTR *„der Anwendung einzelstaatlicher oder vertraglicher Bestimmungen zur Verhinderung von Steuerhinterziehung, Steuerbetrug oder Missbrauch nicht entgegen[steht]"*. Art. 1 Abs. 4 MTR spricht damit sowohl den Staat der Muttergesellschaft als auch jenen der Tochtergesellschaft an und bezieht sich unmittelbar auf nationale und in bi- und multilateralen DBA enthaltene Bestimmungen, und zwar unabhängig davon, ob diese bereits zum Zeitpunkt des Inkrafttretens der Richtlinie existiert haben oder erst danach eingeführt oder vereinbart wurden. Der Begriff der **„Bestimmungen"** erfasst dabei nicht nur spezifische Normen,[2] sondern auch allgemeine Anti-Missbrauchsvorschriften (wie z.B. § 42 AO oder § 22 öBAO)[3] und sogar ungeschriebene, richterrechtliche Doktrinen (z.B. *fraus legis* oder *„substance-over-form"*).[4] Zur Anti-Missbrauchsklausel des **Art. 11 FRL** (nunmehr Art. 15 der kodifizierten Fassung)[5] vertritt der EuGH in ständiger Rechtsprechung, dass auf deren Basis die Mitgliedstaaten *„nur ausnahmsweise in besonderen Fällen die Anwendung der Bestimmungen der Richtlinie ganz oder teilweise versagen oder rückgängig machen"* können[6] und sie daher als **„Ausnahmevorschrift"** unter Berücksichtigung ihres Wortlauts, Zwecks und Kontextes *„eng auszulegen"* ist.[7] Diese Auslegungsgrundsätze sind auch auf Art. 1 Abs. 4 MTR zu

---

1 Dazu insb. *Debelva/Luts*, ET 2015, 223 (223 ff.); *Tavares/Bogenschneider*, Intertax 2015, 484 (484 ff.); *Weber*, Intertax 2016, 98 (98 ff.); *Brokelind*, Intertax 2017, 816 (816 ff.); *Marres/De Groot* in Weber (Hrsg.), EU Law and the Building of Global Supranational Law: EU BEPS and State Aid (2017), S. 225 (225 ff.).
2 Für einen Überblick zur Implementierung in Deutschland und Österreich s. z.B. *Kofler* in Hüttemann, Gestaltungsfreiheit und Gestaltungsmissbrauch im Steuerrecht, DStJG 33, S. 213 (226 ff.).
3 Siehe z.B. *de Hosson*, Intertax 1990, 414 (427); *Harris*, 9 Fla. J. Int'l L. 111 (131) (1994); *Tumpel*, Harmonisierung der direkten Unternehmensbesteuerung in der EU, S. 287 f.; *Thömmes* in Haarmann, Grenzen der Gestaltung im Internationalen Steuerrecht, Forum der Internationalen Besteuerung Bd. 4, S. 27 (37).
4 EuGH v. 5.7.2007 – C-321/05 – Kofoed, ECLI:EU:C:2007:408, Rz. 44 ff. (zur FRL); ebenso bereits *de Hosson*, Intertax 1990, 414 (427); *Harris*, 9 Fla. J. Int'l L. 111 (131) (1994); zuvor im Hinblick auf die Relevanz richterrechtlicher Doktrinen für Art. 1 Abs. 2 z.B. *Raby*, EC Tax Rev. 1992, 216 (220); *Maisto*, ET 2002, 287 (291), zumal der Wortlaut explizit von „Bestimmungen" spreche.
5 Richtlinie 2009/133/EG, ABl. EU 2009 Nr. L 310, 34 ff.
6 EuGH v. 5.7.2007 – C-321/05 – Kofoed, ECLI:EU:C:2007:408, Rz. 37; v. 11.12.2008 – C-285/07 – A. T., ECLI:EU:C:2008:705, Rz. 31; v. 20.5.2010 – C-352/08 – Zwijnenburg, ECLI:EU:C:2010:282, Rz. 45.
7 EuGH v. 20.5.2010 – C-352/08 – Zwijnenburg, ECLI:EU:C:2010:282, Rz. 46. Ferner z.B. EuGH v. 20.5.2010 – C-352/08 – Zwijnenburg, ECLI:EU:C:2010:282, Rz. 46; v. 8.3.2017 – C-14/16 – Euro Park Service, ECLI:EU:C:2017:177, Rz. 49.

übertragen.¹ Darüber hinaus hat der EuGH zuletzt in den Rechtssachen **Eqiom**² und **Deister Holding und Juhler Holding**³ (dazu Rz. 14.98 ff.) eine Reihe von Anwendungsgrundsätzen herausgearbeitet, u.a. dass generelle Missbrauchsvermutungen unverhältnismäßig sind und vielmehr der Vorgang als Ganzes individuell zu prüfen ist⁴ (und dies der gerichtlichen Nachprüfbarkeit unterliegen muss)⁵ und dass eine *„generelle Steuervorschrift, mit der bestimmte Gruppen von Steuerpflichtigen automatisch vom Steuervorteil ausgenommen werden, ohne dass die Steuerbehörde auch nur einen Anfangsbeweis oder ein Indiz für die Steuerhinterziehung oder den Missbrauch beizubringen hätte, [...] über das zur Verhinderung von Steuerhinterziehungen und Missbräuchen Erforderliche hinaus[ginge]"*.⁶ In inhaltlicher Sicht hat der EuGH in der Rechtssache **Deister Holding und Juhler Holding** zudem klargestellt, dass die MTR keine Vorgaben dazu mache, *„welche wirtschaftliche Tätigkeit die von ihr erfassten Gesellschaften ausüben müssen oder wie hoch die Einkünfte aus ihrer eigenen wirtschaftlichen Tätigkeit zu sein haben"*⁷ und zudem der *„Umstand, dass die wirtschaftliche Tätigkeit der gebietsfremden Muttergesellschaft in der Verwaltung von Wirtschaftsgütern ihrer Tochtergesellschaften besteht oder ihre Einkünfte nur aus dieser Verwaltung stammen, [...] für sich allein noch nicht [bedeute], dass eine rein künstliche, jeder wirtschaftlichen Realität bare Konstruktion vorliegt. Hierbei ist es ohne Belang, dass die Verwaltung von Wirtschaftsgütern in Bezug auf die Mehrwertsteuer nicht als eine wirtschaftliche Tätigkeit angesehen wird, da für die im Ausgangsverfahren streitige Steuer und die Mehrwertsteuer unterschiedliche Rechtsrahmen gelten, mit denen jeweils unterschiedliche Ziele verfolgt werden"*.⁸ Dabei ist in jedem Einzelfall eine umfassende Prüfung der betreffenden Situation vorzunehmen, *„die sich auf Gesichtspunkte wie die organisatorischen, wirtschaftlichen oder sonst beachtlichen Merkmale des Konzerns, zu dem die betreffende Muttergesellschaft gehört, und die Strukturen und Strategien dieses Konzerns erstreckt"*.⁹

Der Mindeststandard zur Missbrauchsvermeidung in Art. 1 Abs. 2 und 3 MTR geht auf den **Aktionsplan zur Verstärkung der Bekämpfung von Steuerbetrug und Steuerhinterziehung**¹⁰ und die **Kommissionsempfehlung betreffend aggressive Steuerplanung**¹¹ zurück, die auch den Hintergrund für

---

1 EuGH v. 7.9.2017 – C-6/16 – Eqiom SAS, ECLI:EU:C:2017:641, Rz. 26; v. 26.10.2017 – C-39/16 – Argenta Spaarbank NV, ECLI:EU:C:2017:813, Rz. 51; v. 20.12.2017 – C-504/16 und C-613/16 – Deister Holding and Juhler Holding, ECLI:EU:C:2017:1009, Rz. 59.
2 EuGH v. 7.9.2017 – C-6/16 – Eqiom und Enka, ECLI:EU:C:2017/641. Siehe dazu auch die Analysen von *Brokelind*, ET 2016, 394 (394 ff.); *Romanelli*, ET 2018, 38 (38 ff.).
3 EuGH v. 20.12.2017 – C-504/16 und 613/16 – Deister Holding und Juhler Holding, ECLI:EU: C:2017:1009. Siehe dazu auch die Analysen von *Bozza-Bodden*, IStR 2016, 905 (905 ff.); *Cordewener*, H&I 2017, 31 (31 ff.); *Cordewener*, H&I 2017, 35 (35 ff.); *Biebinger/Hiller*, IStR 2017, 299 (299 ff.); *Blum/Spies*, SWI 2017, 574 (574 ff.); *Linn/Pignot*, IWB 2017/21, 826 (826 ff.); *Kahlenberg*, IWB 2018, 145 (145 ff.); *Kraft*, NWB 2018, 473 (473 ff.); *Schnitger*, IStR 2018, 169 (169 ff.); *Polatzky/Goldschmidt/ Schuhmann*, DStR 2018, 641 (641 ff.).
4 EuGH v. 17.7.1997 – C-28/95 – Leur-Bloem, ECLI:EU:C:1997:369, Rz. 41; v. 11.12.2008 – C-285/07 – A.T., ECLI:EU:C:2008:705, Rz. 31; v. 20.5.2010 – C-352/08 – Zwijnenburg, ECLI:EU:C:2010:282, Rz. 44; v. 10.11.2011 – C-126/10 – Foggia, ECLI:EU:C:2011:718, Rz. 37; v. 8.3.2017 – C-14/16 – Euro Park Service, ECLI:EU:C:2017:17, Rz. 55; v. 20.12.2017 – C-504/16 und C-613/16 – Deister Holding und Juhler Holding, ECLI:EU:C:2017:1009, Rz. 61.
5 Siehe z.B. EuGH v. 17.7.1997 – C-28/95 – Leur-Bloem, ECLI:EU:C:1997:369, Rz. 41.
6 Siehe auch EuGH 8.3.2017 – C-14/16 – Euro Park Service, ECLI:EU:C:2017:177, Rz. 55 f.; v. 7.9.2017 – C-6/16 – Eqiom SAS, ECLI:EU:C:2017:641, Rz. 32; v. 20.12.2017 – C-504/16 und 613/16 – Deister Holding und Juhler Holding, ECLI:EU:C:2017:1009, Rz. 62 u. 69–70.
7 EuGH v. 20.12.2017 – C-504/16 und 613/16 – Deister Holding und Juhler Holding, ECLI:EU:C:2017:1009, Rz. 72.
8 EuGH v. 20.12.2017 – C-504/16 und 613/16 – Deister Holding und Juhler Holding, ECLI:EU:C:2017:1009, Rz. 73.
9 EuGH v. 20.12.2017 – C-504/16 und 613/16 – Deister Holding und Juhler Holding, ECLI:EU:C:2017:1009, Rz. 74.
10 COM (2012) 711.
11 COM (2012)8806.

den von der Kommission Ende 2013 erstatteten **Vorschlag zur Änderung der MTR**[1] im Hinblick auf die Anti-Missbrauchsklausel bilden. Dieser Vorschlag wurde zwar nicht Bestandteil der ÄnderungsRL 2014,[2] sondern ging nachfolgend – erheblich modifiziert – in die ÄnderungsRL 2015[3] ein und war von den Mitgliedstaaten bis zum 31.12.2015 umzusetzen;[4] diese Regelungen gehen sodann nach h.A. auch allenfalls günstigeren Regelungen in einem DBA vor.[5] Liegt ein so definierter Missbrauch vor, *„gewähren die Mitgliedstaaten Vorteile dieser Richtlinie nicht"*; dies entspricht der bisher vom EuGH in den Rechtssachen **Leur-Bloem**,[6] **Kofoed**[7] und **Zwijnenburg**[8] judizierten Auswirkung im Rechtsfolgenbereich.

Art. 1 Abs. 2 und 3 MTR zielen auf eine **unionseinheitliche Anwendung eines Missbrauchsbekämpfungsstandards** ab. Die Zielsetzung liegt in der Schaffung von Vorschriften, die verhältnismäßig sein und dem besonderen Zweck dienen sollten, Gestaltungen oder eine Abfolge von Gestaltungen, die unangemessen sind, d.h. nicht der wirtschaftlichen Realität entsprechen, zu verhindern.[9] Im Lichte divergierender Standards seien *„die Mitgliedstaaten zu verpflichten, die gemeinsame Missbrauchsbekämpfungsregel zu übernehmen"*, zumal *„[e]ine für alle Mitgliedstaaten einheitliche Missbrauchsbekämpfungsregel [...] allen Steuerpflichtigen und Steuerverwaltungen Klarheit und Rechtssicherheit"* verschaffe. Art. 1 Abs. 2 und 3 MTR regle nämlich ausdrücklich, *„welche Missbrauchsbekämpfungsregel die Mitgliedstaaten für die Zwecke der Mutter-Tochter-Richtlinie vorsehen. Damit ist gewährleistet, dass die von den Mitgliedstaaten angenommenen und umgesetzten Bestimmungen mit dem EU-Recht übereinstimmen. Darüber hinaus wird die EU-Richtlinie einheitlich angewendet, so dass ein 'Richtlinienshopping' (bei dem sich Gesellschaften für ihre Investitionen zwischengeschalteter Unternehmen in Mitgliedstaaten bedienen, in denen die Bestimmungen zur Missbrauchsbekämpfung weniger streng sind oder in denen es überhaupt keine Regeln gibt) verhindert wird."*[10] Die verschiedenen **Tatbestandsmerkmale des Art. 1 Abs. 2 und 3 MTR** (z.B. *„wesentlicher Zweck"*; *„Ziel oder Zweck dieser Richtlinie"*; *„triftigen wirtschaftlichen Grün-*

---

1 COM (2013) 814 endg.
2 Richtlinie 2014/86/EU, ABl. EU 2014 Nr. L 219, 40.
3 Richtlinie (EU) 2015/121, ABl. EU 2015 Nr. L 21, 1.
4 Traditionell wird davon ausgegangen, dass eine nicht umgesetzte Richtlinienbestimmung den Steuerpflichtigen nicht entgegengehalten werden kann (EuGH v. 26.2.1986 – 152/84 – M. H. Marshall, ECLI: EU:C:1986:84; v. 11.6.1987 – 14/86 – Pretore di Salò, ECLI:EU:C:1987:275, Rz. 19), was vom EuGH auch im Hinblick auf Art. 15 FRL bestätigt wurde (EuGH v. 5.7.2007 – C-321/05 – Kofoed, ECLI:EU: C:2007:408, Rz. 42). Die gegenteilige, auf einem allgemeinen unionsrechtlichen Anti-Missbrauchskonzept basierende Rechtsprechung zum Mehrwertsteuerrecht (EuGH v. 22.11.2017 – C-251/16 – Cussens, ECLI:EU:C:2017:881, Rz. 25–44) dürfte wohl im direkten Steuerrecht nicht einschlägig sein (ebenso EuGH, Schlussanträge der Generalanwältin *Kokott* v. 1.3.2018 – C-115/16 – N Luxembourg 1 – ECLI: EU:C:2018:143, Rz. 98–13; v. 1.3.2018 – C-116/16 – T Danmark, ECLI:EU:C:2018:144, Rz. 94–109; v. 1.3.2018 – C-117/16 – Y Denmark, ECLI:EU:C:2018:145, Rz. 94–109; v. 1.3.2018 – C-118/16 – X Denmark, ECLI:EU:C:2018:146, Rz. 108–123; v. 1.3.2018 – C-119/16 – C Danmark I, ECLI:EU:C:2018:147, Rz. 96–111; v. 1.3.2018 – C-299/16 – Z Denmark, ECLI:EU:C:2018:148, Rz. 98–113). Natürlich besteht stets die Verpflichtung zur richtlinienkonformen Auslegung des nationalen Steuerrechts, selbst wenn diese nachteilig für den Steuerpflichtigen ist (s. z.B. EuGH v. 5.7.2007 – C-321/05 – Kofoed, ECLI:EU:C:2007:408, Rz. 45).
5 Siehe z.B. *Weber*, Intertax 2016, 98 (104 f.); *Marres/de Groot* in Weber, EU Law and the Building of Global Supranational Tax Law: EU BEPS and State Aid (2017), S. 225 (243 ff.); **a.A.** *Debelva/Luts*, ET 2015, 223 (231 f.), u.a. mit dem Hinweis, dass sich Art. 1 Abs. 2 MTR nur auf Vorteile „dieser" Richtlinie beziehe.
6 EuGH v. 17.7.1997 – C-28/95 – Leur-Bloem, ECLI:EU:C:1997:369, Rz. 36 = FR 1997, 685 m. Anm. *Dautzenberg*.
7 EuGH v. 5.7.2007 – C-321/05 – Kofoed, ECLI:EU:C:2007:408, Rz. 30.
8 EuGH v. 20.5.2010 – C-352/08 – Zwijnenburg, ECLI:EU:C:2010:282, Rz. 41.
9 Begründungserwägung Nr. 6 zur Richtlinie (EU) 2015/121, ABl. EU 2015 Nr. L 21, 1.
10 Siehe die Erläuterungen im Vorschlag für eine Richtlinie des Rates zur Änderung der Richtlinie 2011/96/EU über das gemeinsame Steuersystem der Mutter- und Tochtergesellschaften verschiedener Mitgliedstaaten, COM(2013)814 (25.11.2013).

den"; „*wirtschaftliche Realität*") unterliegen einer intensiven Diskussion,[1] auch im Hinblick auf die Vereinbarkeit nationaler Umsetzungsmaßnahmen mit den Grundfreiheiten.[2] Der Wortlaut ist sichtlich geprägt durch die Judikatur des EuGH und die Kommissionsempfehlung zur aggressiven Steuerplanung,[3] weicht aber auch davon ab[4] und belässt erhebliche Interpretationsspielräume; aufgrund der nahezu identischen Klausel des Art. 6 ATAD und mancher Ähnlichkeiten zum „Principal Purposes Test" (PPT) in Art. 29 OECD-MA 2017 lassen sich aber womöglich Anhaltspunkte aus der Auslegung und Anwendung dieser Bestimmungen gewinnen. Allerdings dürfte ein „steuerlicher Vorteil" i.S.d. Art. 1 Abs. 2 MTR und damit die Anwendbarkeit der Anti-Missbrauchsklausel unionsrechtlich schon dann ausgeschlossen sein, wenn z.b. das direkte Halten einer Beteiligung dieselbe (niedrige) Quellenbesteuerung wie das Halten über eine Zwischengesellschaft zur Folge gehabt hätte.

Aus der Sicht des **Staats der Tochtergesellschaft** dürfte das Hauptaugenmerk dieser Bestimmungen das Phänomen des **„Directive Shopping"**[5] sein, das u.a. Gestaltungen betrifft, bei denen sich ein durch die Richtlinie nicht Berechtigter (z.b. eine natürliche Person, eine nicht-qualifizierte Muttergesellschaft oder eine Drittstaatsgesellschaft) der Zwischenschaltung einer Gesellschaft in einem EU-Mitgliedstaat bedient, um beispielsweise in den Genuss der Quellensteuerbefreiung nach der MTR zu gelangen.[6] Ein pauschaler Ausschluss von Muttergesellschaften, die beispielsweise von EU-Bürgern, nicht-qualifizierten EU-Gesellschaften, EWR-Gesellschaften oder Gesellschaften im eigenen Land „kontrolliert" werden, würde freilich vor dem Hintergrund der durch die Beteiligung einer solchen Muttergesellschaft ausgeübten Grundfreiheiten des AEUV bzw. des EWR-Abkommens[7] auf erhebliche Bedenken stoßen.[8] Die Systematik der MTR bietet solcherart selbst zumindest schematische Umrisse zulässiger Steuerplanung. So besteht einerseits zu Art. 1 Abs. 4 MTR Einigkeit, dass die **Ansässigkeit des letztlich Berechtigten** („ultimate shareholder") für sich genommen kein Grund ist, Richtlinienvorteile zu versagen.[9] Wäre hingegen die zwischengeschaltete EU-Gesellschaft lediglich ein **„Briefkasten"**, könnte andererseits einer Versagung der Richtlinienvorteile wohl nicht entgegengetreten werden.[10] Unklar bleibt jedoch, wo die Grenze zwischen diesen beiden Extremen zu ziehen ist.[11] Gerade bei den für das **„Directi-**

14.88

---

1 Dazu insb. *Debelva/Luts*, ET 2015, 223 (223 ff.); *Tavares/Bogenschneider*, Intertax 2015, 484 (484 ff.); *Weber*, Intertax 2016, 98 (98 ff.); *Brokelind*, Intertax 2017, 816 (816 ff.); *Marres/De Groot* in Weber (Hrsg.), EU Law and the Building of Global Supranational Law: EU BEPS and State Aid (2017), S. 225 (225 ff.).
2 Siehe zu dieser Diskussion etwa *Debelva/Luts*, ET 2015, 223 (228 ff.).
3 COM (2012)8806.
4 Siehe im Detail *De Broe/Beckers*, EC Tax Review 2017, 133 (133 ff.).
5 Siehe zum Terminus erstmals *Knobbe-Keuk*, Intertax 1992, 485 (490); *Knobbe-Keuk*, EuZW 1992, 336 (340) („Richtlinien-shopping"); s. auch *De Broe*, International Tax Planning and Prevention of Abuse, S. 20.
6 *Thömmes* in Haarmann, Grenzen der Gestaltung im Internationalen Steuerrecht, Forum der Internationalen Besteuerung Bd. 4, 27 (35); *Thömmes* in FS Wassermeyer, S. 207 (226 f.); *De Broe*, International Tax Planning and Prevention of Abuse, S. 23 f.
7 Schon am Beispiel der „Briefkastenfirma" oder „Strohfirma" zeigt sich beispielsweise, dass diese ihrerseits sehr wohl Berechtigte der (sekundären) Niederlassungsfreiheit sein können, während hingegen den Gründern solcher Gesellschaften die Berufung auf die Niederlassungsfreiheit versagt wird; dazu m.w.N. *De Broe*, International Tax Planning and Prevention of Abuse, S. 856 ff.
8 Relativierend im Hinblick auf abkommensrechtliche Limitation-of-Benefits-Klauseln jedoch EuGH v. 12.12.2006 – C-374/04 – ACT Group Litigation, ECLI:EU:C:2006:773; zum Problem s. z.B. *Kofler*, Doppelbesteuerungsabkommen und Europäisches Gemeinschaftsrecht, S. 500 ff., insbesondere S. 516 ff.
9 EuGH v. 7.9.2017 – C-6/16 – Eqiom und Enka, ECLI:EU:C:2017:641, Rz. 34 ff.; v. 20.12.2017 – C-504/16 u. 613/16 – Deister Holding und Juhler Holding, ECLI:EU:C:2017:1009. Rz. 64 ff.; EuGH v. 14.6.2018 – C-440/17 – GS, ECLI:EU:C:2018:437. So z.B. bereits *Knobbe-Keuk*, EuZW 1992, 336 (340); *Farmer/Lyal*, EC Tax Law, S. 259; *De Broe*, International Tax Planning and Prevention of Abuse, S. 1013 f.
10 *Farmer/Lyal*, EC Tax Law, S. 259 f. („brass-plate intermediary holding company").
11 Siehe zur Missbrauchsvorschrift des Art. 5 ZiLiRL den Bericht der Kommission KOM (2009) 179 endg., 10. Siehe auch die ausführliche Diskussion EuGH, Schlussanträge der Generalanwältin Kokott v.

ve Shopping" in der MTR interessierenden **Zwischenholdinggesellschaften** besteht hinsichtlich der konkreten Anwendung des Künstlichkeitskriteriums erheblicher Klärungsbedarf. Zu den **Grundfreiheiten** stellt der EuGH auf eine *„tatsächliche Ansiedelung"* mit dem Zweck, *„wirklichen wirtschaftlichen Tätigkeiten"* nachzugehen ab,[1] wobei dies aus Anhaltspunkten wie dem **Vorhandensein von „Geschäftsräumen, Personal und Ausrüstungsgegenständen"** deduziert werden könne;[2] eine „**Briefkastenfirma**" oder eine „**Strohfirma**" zähle – wohl soweit sie überhaupt Einkünftezurechnungssubjekt ist[3] – solcherart jedenfalls zur *familia suspecta*.[4] Gerade die Diskussion über die Anforderungen an eine solche **Marktintegration**[5] zeigt deren Schwächen, zumal das Abstellen auf die physische Existenz von Räumlichkeiten, Personal und Ausrüstungsgegenständen natürlich insofern unbefriedigend ist, als dadurch der Verlagerungsproblematik in – notgedrungen substanzschwachen – **Vermögensverwaltungssituationen** nur unzureichend Rechnung getragen wird.[6]

C. Überblick zur Umsetzung im deutschen Recht

I. Entlastung von der wirtschaftlichen Doppelbesteuerung

14.89 Die Umsetzung der **Entlastungsverpflichtung von der wirtschaftlichen Doppelbesteuerung** im deutschen Steuerrecht findet sich für empfangende Muttergesellschaften in Form einer allgemeinen **Beteiligungsertragsbefreiung in § 8b KStG**. Nach § 8b Abs. 1 KStG werden Bezüge i.S.v. § 20 Abs. 1 Nr. 1, 2, 9 und 10 Buchst. a EStG, also im Wesentlichen Dividenden und verdeckte Ausschüttungen,[7] freigestellt, d.h. sie bleiben bei der „Ermittlung des Einkommens außer Ansatz". Diese sachliche Steuerbefreiung gilt für In- und Auslandsdividenden gleichermaßen und kann sowohl von unbeschränkt als auch von

---

1.3.2018 – C-116/16 – T Danmark, ECLI:EU:C:2018:144, Rz. 48 ff.; v. 1.3.2018 – C-117/16 – Y Denmark, ECLI:EU:C:2018:145, Rz. 47 ff.

1 EuGH v. 12.9.2006 – C-196/04 – Cadbury Schweppes, ECLI:EU:C:2006:544, Rz. 65 f. = FR 2006, 987 m. Anm. *Lieber*.
2 EuGH v. 12.9.2006 – C-196/04 – Cadbury Schweppes, ECLI:EU:C:2006:544, Rz. 67 = FR 2006, 987 m. Anm. *Lieber*.
3 Siehe auch *Leclercq*, BIFD 2007, 235 (243); *Schön* in FS Reiß, S. 571 (589 m. Fn. 76).
4 EuGH v. 12.9.2006 – C-196/04 – Cadbury Schweppes, ECLI:EU:C:2006:544, Rz. 68; ebenso *Kokott*, FR 2008, 1041 (1042); *De Broe*, International Tax Planning and Prevention of Abuse, S. 1014 ff.
5 Siehe zur Diskussion über die erforderliche Ausstattung mit Faxmaschinen und Mitarbeitern *Rödder/Schönfeld*, IStR 2006, 49 (51). Mit *Schön* in FS Reiß, S. 571 (587 ff.) könnte man überhaupt fragen, ob nicht bereits das Kriterium des Ortes der Geschäftsleitung als Demonstration einer Verbundenheit mit der Volkswirtschaft eines Mitgliedstaats genügt, um zu beweisen, dass keine künstliche Gestaltung vorliegt; diesem folgend *Bergmann*, StuW 2010, 246 (257 f.).
6 Siehe zu Überlegungen speziell im Hinblick auf Kapitalanlage- und Finanzierungsfunktionen BFH v. 29.1.2008 – I R 26/06, BStBl. II 2008 978 = FR 2008, 672 m. Anm. *Wagner/Fischer* (SOPARFI). Für den Vorschlag eines Proportionalitätstests im Hinblick auf die eingesetzten Ressourcen im Vergleich zu den Funktionen s. *Leclercq*, BIFD 2007, 235 (243). In diese Richtung wohl auch die Entschließung des Rates zur Koordinierung der Vorschriften für beherrschte ausländische Unternehmen (CFC – Controlled Foreign Corporations) und für Unterkapitalisierung in der Europäischen Union, Dok. 10597/10 FISC 58 (2.6.2010), abgedruckt in ABl. EU 2010 Nr. C 156, 1, wo u.a. auf den Mangel eines *„angemessene[n] Verhältnis[ses] zwischen der angeblich von der CFC ausgeübten Tätigkeit und dem Umfang, in dem diese CFC tatsächlich körperlich in Form von Geschäftsräumen, Personal und Ausrüstungsgegenständen"* besteht, abgestellt wird.
7 Erfasst sind z.B. auch Sachdividenden; *Schaumburg* in Schaumburg, Internationales Steuerrecht[4], Rz. 18.152. Siehe ausführlich zum – teilweise über die Richtlinienvorgaben hinausgehenden – Anwendungsbereich *Gosch* in Gosch[3], § 8b KStG Rz. 100 ff.; *Gröbl/Adrian* in Erle/Sauter[3], § 8b KStG Rz. 46 ff.; *Schnitger* in Schnitger/Fehrenbacher[2], § 8b KStG Rz. 126 ff.

beschränkt steuerpflichtigen Körperschaftsteuersubjekten (einschließlich doppelt ansässiger Körperschaften) in Anspruch genommen werden.[1] Aufgrund der Sondervorschrift des § 8b Abs. 6 KStG wird die Steuerbefreiung auch auf Fälle der bloß mittelbaren Beteiligung über eine – in- oder ausländische, auch mehrstöckige – Mitunternehmerschaft ausgedehnt.[2] Über die Vorgaben der MTR hinaus gilt die Befreiung nach § 8b Abs. 2 KStG auch für Veräußerungsgewinne.[3]

Entlastet werden somit – entsprechend Art. 1 Abs. 1 MTR – auch **Betriebsstättensituationen**: So werden Ausschüttungen, die von deutschen Betriebsstätten in- oder ausländischer Gesellschaften empfangen werden, befreit, und zwar unabhängig davon, ob es sich um eine EU-, EWR- oder Drittstaatsstammhausgesellschaft handelt.[4] § 8b Abs. 1 KStG definiert die erfassten EU-Auslandsgesellschaften allerdings nicht durch eine Inkorporation des Anhanges zur MTR, sondern rekurriert zur Feststellung der Körperschaftsteuersubjektivität auf einen **Typenvergleich**;[5] eine richtlinienkonforme Besteuerung der Ausschüttungen hybrider Auslandsgesellschaften kann allerdings zum Teil durch die Anwendung von DBA erreicht werden (s. Rz. 14.66 ff.), widrigenfalls eine unmittelbare Berufung auf die Richtlinie erforderlich ist.[6] Das deutsche Recht bleibt zudem durch die Anwendung der **„Bruttomethode" bei Organschaften** (§ 15 Satz 1 Nr. 2 KStG) hinter den unionsrechtlichen Vorgaben zurück (s. Rz. 14.22).[7]

14.90

Die Steuerbefreiung des § 8b Abs. 1 KStG wird auf den ersten Blick vorbehaltlos gewährt; insbesondere besteht – richtlinienkonform – kein Aktivitätsvorbehalt.[8] Allerdings statuiert § 8b Abs. 4 KStG[9] eine **Mindestbeteiligungshöhe**: So kommt die Befreiung nach § 8b Abs. 1 KStG nicht zur Anwendung, „wenn die Beteiligung zu Beginn des Kalenderjahres unmittelbar weniger als 10 Prozent des Grund- oder Stammkapitals betragen hat", wobei im Falle des Nichtvorhandenseins eines Grund- oder Stammkapital die Beteiligung an dem Vermögen, bei Genossenschaften die Beteiligung an der Summe der Geschäftsguthaben, maßgebend ist. Beteiligungen über Mitunternehmerschaften werden den Mitunternehmern anteilig zugerechnet und gelten – richtlinienkonform – als unmittelbare Beteiligungen. Zudem wurde auf die **Beteiligungshöhe „zu Beginn des Kalenderjahres"** abgestellt. Allerdings gilt nach § 8b Abs. 4 Satz 6 KStG der Erwerb einer „Beteiligung von mindestens 10 Prozent als zu Beginn des Kalenderjahres erfolgt.[10]

14.91

Das deutsche Recht hat in § 8b Abs. 5 KStG von der in Art. 4 Abs. 3 MTR eingeräumten Möglichkeit des **pauschalen Kostenabzugsverbots** Gebrauch gemacht. So gelten – nichtdiskriminierend[11] – bei nach § 8b Abs. 1 KStG befreiten Bezügen unwiderleglich „**5 Prozent** als Ausgaben, die nicht als Betriebsausgaben abgezogen werden dürfen"[12]; diese Pauschalierung ohne Nachweismöglichkeit geringe-

14.92

---

1 *Gosch* in Gosch³, § 8b KStG Rz. 10; *Schaumburg* in Schaumburg, Internationales Steuerrecht⁴, Rz. 18.144; *Schnitger* in Schnitger/Fehrenbacher², § 8b KStG Rz. 30.
2 *Gosch* in Gosch³, § 8b KStG Rz. 10; *Schaumburg* in Schaumburg, Internationales Steuerrecht⁴, Rz. 18.148.
3 *Schaumburg* in Schaumburg, Internationales Steuerrecht⁴, Rz. 18.173 ff.
4 *Häuselmann/Ludemann*, RIW 2005, 123 (127); *Englisch/Schütze*, ET 2005, 488 (489).
5 *Schaumburg* in Schaumburg, Internationales Steuerrecht⁴, Rz. 18.146.
6 Ebenso *Englisch/Schütze*, ET 2005, 488 (496 f.).
7 Siehe auch *Kempf/Gelsdorf*, IStR 2011, 173 (177 ff.).
8 *Schaumburg* in Schaumburg, Internationales Steuerrecht⁴, Rz. 18.145.
9 Für Zuflüsse nach dem 28.2.2013, eingeführt durch BGBl. I 2013, 561.
10 Siehe zur Auslegung dieser Klausel für Falle des unterjährigen Hinzuerwerbs von Beteiligungen die Verfügung der OFD Frankfurt v. 2.12.2013 – S 2750aA – 19 – St 52, DStR 2014, 427; dazu z.B. kritisch *Bolik/Zöller*, DStR 2014, 782 ff.; *Schnitger* in Schnitger/Fehrenbacher², § 8b KStG Rz. 115. Zu den Anforderungen der MTR im Zusammenhang mit der Mindestbehaltedauer s. Rz. 14.35 f.
11 Siehe zur Ausdehnung des Abzugsverbots des § 8b Abs. 5 KStG auf Inlandssachverhalte in Reaktion auf das Bosal-Urteil des EuGH z.B. *Englisch/Schütze*, ET 2005, 488 (490); *Schnitger* in Schnitger/Fehrenbacher², § 8b KStG Rz. 118.
12 Zur Kritik s. z.B. *Schaumburg* in Schaumburg, Internationales Steuerrecht⁴, Rz. 18.165 ff.

rer tatsächlicher Betriebsausgaben ist verfassungskonform[1] und entspricht wohl auch dem Unionsrecht (s. Rz. 14.70 f.).[2]

Die Beteiligungsertragsbefreiung nach § 8b Abs. 1 Satz 2 KStG steht schließlich unter dem Vorbehalt, dass „*die Bezüge das Einkommen der leistenden Körperschaft **nicht gemindert haben*"[3]; dadurch sollen i.S. eines **materiellen Korrespondenzprinzips** insbesondere hybride Finanzierungsstrukturen getroffen werden.[4] Diese „Nichtbefreiung" entspricht wohl (zumindest) den durch die ÄnderungsRL 2014 modifizierten unionsrechtlichen Vorgaben (Rz. 14.57 und 14.60).[5]

14.93 Ausnahmen von der Beteiligungsertragsbefreiung finden sich in § 8b Abs. 7 und 8 KStG für **Kreditinstitute, Finanzdienstleistungsinstitute und Finanzunternehmen** sowie für **Lebens- und Krankenversicherungsunternehmen und Pensionsfonds.** Allerdings normiert § 8b Abs. 9 KStG seit dem EURLUmsG[6] eine „**Rückausnahme**" für von Art. 4 MTR erfasste Bezüge, so dass es diesfalls bei der Steuerbefreiung verbleibt.[7]

II. Quellensteuerbefreiung

14.94 Ausschüttungen deutscher Tochtergesellschaften unterliegen im In- und im Auslandskontext einer – allenfalls abkommensrechtlich reduzierten – **25%igen Kapitalertragsteuer** (§§ 43, 43a EStG), die allerdings – anders als im Inlandsfall[8] – im grenzüberschreitenden Fall grundsätzlich nicht anrechenbar bzw. erstattbar ist und damit zur finalen Belastung der ausländischen Muttergesellschaft wird (§ 32 Abs. 1 KStG). Allerdings sieht seit dem StÄndG 1992[9] **§ 43b i.V.m. § 50d EStG** in Umsetzung der MTR eine **antragsgebundene Entlastung** vor: So wird auf Antrag die Kapitalertragsteuer für Kapitalerträge i.S.d. § 20 Abs. 1 Nr. 1 EStG, also insbesondere **offene und verdeckte Ausschüttungen**, die einer EU-Muttergesellschaft, die weder ihren Sitz noch ihre Geschäftsleitung im Inland hat, aus Ausschüttungen einer Tochtergesellschaft zufließen, nicht erhoben. § 43b Abs. 1 Satz 4 EStG schließt hingegen seit dem SEStEG[10] ausdrücklich – und richtlinienwidrig (s. Rz. 14.43 f.)[11] – Ausschüttungen, die anlässlich der **Liquidation** oder **Umwandlung einer Tochtergesellschaft** zufließen (§ 20 Abs. 1 Nr. 2 EStG), von der Quellenentlastung aus.[12]

---

1 BVerfG v. 12.10.2010 – 1 BvL 12/07, BVerfGE 127, 224.
2 Weiter z.B. *Englisch/Schütze*, ET 2005, 488 (495 f.); s. auch *Bullinger*, IStR 2004, 406 (411).
3 Dieses allgemeine materielle Korrespondenzprinzip wurde mit dem Amtshilferichtlinie-Umsetzungsgesetz eingeführt (BGBl. I 2013, 1809), anwendbar ab dem Veranlagungszeitraum 2014 (§ 34 Abs. 7 Sätze 13 und 14 KStG). Zuvor war schon mit dem JStG 2007 (BGBl. 2006 I 2878) das Entstehen „weißer Einkünfte" bei verdeckten Ausschüttungen durch eine Versagung des Schachtelprivilegs durch § 8b Abs. 1 Satz 2 und 3 KStG in Abhängigkeit von der Einkünftewirkung bei der leistenden Körperschaft verhindert worden; s. dazu z.B. *Dallwitz/Mattern/Schnitger*, DStR 2007, 1697 (1701 f.).
4 Siehe nur *Lüdicke* in FS Frotscher, S. 403 (413 f.); zu den unionsrechtlichen Vorgaben Rz. 14.57 und 14.60.
5 Zur Fassung der MTR vor der ÄnderungsRL 2014 kritisch bzw. a.A. aber *Gosch* in Gosch³, § 8b KStG Rz. 146; *Schnitger* in Schnitger/Fehrenbacher², § 8b KStG Rz. 117 m.w.N.
6 BGBl. I 2004, 3310.
7 Ausführlich *Dötsch/Pung*, DB 2005, 10 (11); *Englisch/Schütze*, ET 2005, 488 (496); *Schnitger* in Schnitger/Fehrenbacher², § 8b KStG Rz. 775 ff.; kritisch zum früheren Recht *Bullinger*, IStR 2004, 406 (411 f.).
8 Dazu *Schnitger* in Schnitger/Fehrenbacher², § 8b KStG Rz. 52.
9 Ursprünglich eingefügt als § 44d EStG durch das StÄndG 1992 (BGBl. I 1992, 297) und durch das StSenkG 2001 (BGBl. I 2000, 1433) in § 43b EStG überführt. Die Umsetzung der ÄnderungsRL 2003 erfolgte durch das EURLUmsG (BGBl. I 2004, 3310). Anpassungen aufgrund der Beitritte neuer Mitgliedstaaten erfolgten durch das JStG 1996 (BGBl. I 1995, 1250), das EU-BeitrittsvertragsG (BGBl. II 2003, 1408), das JStG 2008 (BGBl. I 2007, 3150) und das StÄnd-AnpG-Kroatien (BGBl. I 2014, 1266).
10 BGBl. I 2006, 2782.
11 S. ausführlich auch *Kempf/Gelsdorf*, IStR 2011, 173 (174 f.).
12 Kritisch auch *Bullinger*, IStR 2004, 406 (410); *Englisch/Schütze*, ET 2005, 488 (499).

§ 43b Abs. 1 EStG erfasst – richtlinienkonform (Rz. 14.37 ff.) – auch **unionsinterne Betriebsstättensituationen**,[1] nämlich einerseits den Fall, dass die Ausschüttungen einer in einem anderen EU-Mitgliedstaat gelegenen Betriebsstätte dieser Muttergesellschaft zufließen, andererseits den Fall, dass die Ausschüttungen einer unbeschränkt steuerpflichtigen Tochtergesellschaft einer in einem anderen EU-Mitgliedstaat gelegenen Betriebsstätte einer unbeschränkt steuerpflichtigen Muttergesellschaft zufließen („Sandwichsituationen"). Voraussetzung ist, dass die Beteiligung an der Tochtergesellschaft tatsächlich zu dem Betriebsvermögen der Betriebsstätte gehört,[2] wobei § 43b Abs. 2a EStG eine an Art. 2 Abs. 2 MTR orientierte Betriebsstättendefinition enthält.[3]

14.95

Im Schrifttum wurde es bisweilen als richtlinienwidrig angesehen, dass für die Quellensteuerbefreiung entweder ein – vom Grundsatz der Entlastung an der Quelle nach Art. 5 MTR abweichendes[4] – **Rückerstattungsverfahren** angestrengt wird oder für eine Quellenentlastung eine förmliche **Freistellungsbescheinigung** des Bundeszentralamts für Steuern vorliegen muss (§ 50d Abs. 1 Satz 2 und Abs. 2 EStG);[5] ein solches Verfahren könne auch nicht auf Basis der Missbrauchsvermeidung nach Art. 1 Abs. 2 (nunmehr Art. 1 Abs. 4) MTR gerechtfertigt werden.[6] Die deutsche Rechtsprechung hat diese Bedenken jedoch nicht geteilt; im Lichte der Rechtssache **Scorpio**[7] sei auch im Rahmen der MTR die „Zweistufigkeit des Steuerabzugs- und Haftungsverfahrens mit der Möglichkeit einer anschließenden Steuererstattung [...] aus gemeinschaftsrechtlicher Sicht nicht zu beanstanden"[8].

14.96

Die weiteren **Anwendungsvoraussetzungen** sind in § 43b Abs. 2 EStG normiert: **Mutter- und Tochtergesellschaften** werden unter Bezugnahme auf die Anlage 2 zum EStG, die Art. 2 MTR widerspiegelt, definiert[9]; damit sind auch Ausschüttungen an „hybride" Muttergesellschaften erfasst (Qualifikationsverkettung).[10] Die Muttergesellschaft muss zum Zeitpunkt der Entstehung der Kapitalertragsteuer nach § 44 Abs. 1 Satz 2 EStG oder zum Zeitpunkt des Gewinnverteilungsbeschlusses[11] nachweislich **mindestens zu 10 % unmittelbar am Kapital der Tochtergesellschaft** beteiligt sein, wobei über EU-Betriebsstätten gehaltene Beteiligungen mitzurechnen sind (s. Rz. 14.39).[12] Aufgrund des **Unmittelbarkeitskriteriums** wird – richtlinienwidrig (s. ausführlich Rz. 14.33) – die Beteiligung über Mitunternehmerschaften nicht begünstigt;[13] demgegenüber werden Beteiligungen über vermögensverwaltende Personengesellschaften – richtlinienkonform – als unmittelbar und damit begünstigt angesehen.[14] Voraussetzung ist weiter, dass die Beteiligung nachweislich ununterbrochen **zwölf Monate** besteht (§ 43b Abs. 2 Satz 4

14.97

---

1 Zur Frage der Vereinbarkeit des Ausschlusses von Betriebsstätten in Drittstaaten mit der MTR s. Rz. 14.38.
2 Siehe auch BT-Drucks. 15/3677, 33, wonach diese Regelung „*der Vermeidung von Umgehungsmöglichkeiten entsprechend Erwägungsgrund 9 der Richtlinie 2003/123/EG*" diene.
3 Ausführlich *Häuselmann/Ludemann*, RIW 2005, 123 (125 f.); *Jesse*, IStR 2005, 151 (154 ff.); *Englisch/Schütze*, ET 2005, 488 (491 f.); s. auch BT-Drucks. 15/3677, 33.
4 *Kofler*, MTR, Art. 5 Rz. 21.
5 Siehe *Esser*, RIW 1992, 293 (294 und 297); *Altheim*, IStR 1993, 353 (354); *Meerpohl*, Mutter-/Tochter-Richtlinie, S. 101 f.; *Bullinger*, IStR 2004, 406 (410); dies hingegen als gerechtfertigt ansehend *Englisch/Schütze*, ET 2005, 488 (490).
6 *Meerpohl*, Mutter-/Tochter-Richtlinie, S. 101 f. m.w.N.
7 EuGH v. 3.10.2006 – C-290/04 – Scorpio, ECLI:EU:C:2006:630.
8 BFH v. 20.12.2006 – I R 13/06, BFHE 216, 259 = BStBl. II 2007 616.
9 Siehe z.B. *Jesse*, IStR 2005, 151 (153); *Englisch/Schütze*, ET 2005, 488 (490 f.); zu den Vorgaben der Richtlinie s.Rz. 14.12 ff. und zur Einbeziehung Kroatiens siehe Art I des StÄnd-AnpG-Kroatien, BGBl. I 2014, 1266.
10 BT-Drucks. 15/3677, 35; s. auch *Häuselmann/Ludemann*, RIW 2005, 123 (125).
11 Siehe zu diesen alternativen Zeitpunkten *Häuselmann/Ludemann*, RIW 2005, 123 (126); *Jesse*, IStR 2005, 151 (153 f.); *Englisch/Schütze*, ET 2005, 488 (495); s. zur Problematik der früheren, lediglich auf den Zeitpunkt der Entstehung der Kapitalertragsteuer (Auszahlung oder Verrechnung) abstellenden Rechtslage *Bullinger*, IStR 2004, 406 (409).
12 S. z.B. auch BT-Drucks. 15/3677, 33; *Häuselmann/Ludemann*, RIW 2005, 123 (126).
13 Kritisch auch *Bullinger*, IStR 2004, 406 (409); *Jesse*, IStR 2005, 151 (158).
14 FG Köln v. 13.9.2017 – 2 K 2933/15, EFG 2018, 383 (Rev. BFH I R 77/17).

EStG). Wird diese **Mindestbesitzzeit** erst nach dem Zeitpunkt der Entstehung der Kapitalertragsteuer erreicht, gewährt § 50d Abs. 1 EStG der Muttergesellschaft einen Erstattungsanspruch (§ 43b Abs. 2 Satz 5 EStG).[1]

14.98 Unter Rückgriff auf die in der MTR vorgesehene Missbrauchsbekämpfungsklausel steht die Entlastung nach § 43b EStG allerdings unter dem Vorbehalt der ausdrücklichen und spezifisch gegen „Directive Shopping" gerichteten **Anti-Missbrauchsvorschrift des § 50d Abs. 3 EStG** i.d.F. BeitrRLUmsG.[2] Positiv formuliert schränkt § 50d Abs. 3 EStG den Anspruch einer ausländischen Gesellschaft auf Befreiung von Kapitalertragsteuern nach § 43b EStG nicht ein,

- soweit Personen an der ausländischen Gesellschaft beteiligt sind, denen die Steuerentlastung zustände, wenn sie die Einkünfte unmittelbar erzielten (**persönliche Entlastungsberechtigung**), oder
- soweit die Funktionsvoraussetzungen des § 50d Abs. 3 Satz 1 EStG (sachliche Entlastungsberechtigung) vorliegen (**unschädliche Erträge**), oder
- wenn § 50d Abs. 3 Satz 5 EStG Anwendung findet, weil mit der **Hauptgattung der Aktien** der ausländischen Gesellschaft ein wesentlicher und regelmäßiger Handel an einer anerkannten Börse stattfindet oder für die ausländische Gesellschaft die Vorschriften des **Investmentsteuergesetzes** gelten.

14.99 Eine **sachliche Entlastungsberechtigung** liegt vor, soweit

- die von der ausländischen Gesellschaft im betreffenden Wirtschaftsjahr erzielten **Bruttoerträge aus eigener Wirtschaftstätigkeit** stammen oder
- in Bezug auf die nicht eigenwirtschaftlichen Erträge für die Einschaltung der ausländischen Gesellschaft **wirtschaftliche oder sonst beachtliche Gründe** vorhanden sind und die ausländische Gesellschaft mit einem für ihren Geschäftszweck angemessen eingerichteten Geschäftsbetrieb am allgemeinen wirtschaftlichen Verkehr teilnimmt.

14.100 Die **ursprüngliche Fassung des § 50d Abs. 3 EStG**[3] war mit Wirkung ab 1994 – vor dem Hintergrund des Monaco-Urteils[4] – eingeführt worden und sollte konkretisieren, „dass bilaterale Abkommen und Maßnahmen supranationaler Organisationen unter einem Umgehungsvorbehalt stehen"[5]. Der Quellensteuervorteil wurde einer ausländischen Gesellschaft verweigert, soweit Personen an ihr beteiligt sind, denen die Steuerentlastung bei direkter Einkünfteerzielung nicht zustände, und für die Einschaltung der ausländischen Gesellschaft wirtschaftliche oder sonst beachtliche Gründe fehlen und sie keine eigene Wirtschaftstätigkeit entfaltet. Die deutsche Finanzgerichtsbarkeit[6] und der BFH[7] haben – in

---

1 Diese Umsetzung der Denkavit-Entscheidung erfolgte durch BGBl. I 1998, 1496.
2 BGBl. I 2011, 2592; s. dazu BMF v. 24.1.2012 – IV B 3 – S 2411/07/10016 – DOK 2011/1032913, BStBl. I 2012, 171 = FR 2012, 233; zu diesem z.B. *Lüdicke*, IStR 2012, 148 (148 ff.); Hinweis in IStR 2012, 234 f.; zum zeitlichen Anwendungsbereich der Neufassung siehe FG Köln v. 8.7.2016 – 2 K 2995/12, EFG 2016, 1801, Rz. 92 f. und v. 31.8.2016 – 2 K 721/13, EFG 2017, 51, Rz. 67 f. Ausführlich und m.w.N. zu § 50d Abs. 3 EStG insb. *Schaumburg* in Schaumburg, Internationales Steuerrecht[4], Rz. 19.160 ff.
3 Als § 50d Abs. 1a EStG eingefügt durch das StMBG, BGBl. I 1993, 2310; inhaltlich unverändert in § 50 Abs. 3 EStG überführt durch das StÄG 2001, BGBl. I 2001, 3794.
4 So der ausdrückliche Hinweis der BT-Drucks. 12/5764, 26, auf BFH v. 29.10.1981 – I R 89/80, BStBl. II 1982, 150; ausdrücklich aufgegeben durch BFH v. 29.10.1997 – I R 35/96, BStBl. II 1998, 235; s. zu diesem Hintergrund auch BFH v. 31.5.2005 – I R 74/04, I R 88/04, BStBl. II 2006, 118 (Hilversum II).
5 BT-Drucks. 12/5764, 26. Siehe zur damaligen Regelung z.B. *Rädler*, ET 1994, 311 (313); *Rädler* in Lindencrona/Lodin/Wiman, Liber Amicorum Leif Mutén, 297 (297 ff.); *Haug*, 29 Vanderbilt J. of Transn. Law 1996, 191 (270 ff.); *Stoschek/Peter*, IStR 2002, 656 (657 ff.).
6 FG Köln v. 22.6.2001 – 2 K 5087/95, EFG 2001, 1378; v. 8.8.2001 – 2 K 6630/99, EFG 2002, 541 m. Anm. *Herlinghaus*.
7 BFH v. 20.3.2002 – I R 38/00, BStBl. II 2002 819 (Hilversum I); kritisch zur Nichtvorlage z.B. *Thömmes* in Gocke/Gosch/Lang, FS Wassermeyer, 207 (229).

Übereinstimmung mit Teilen des Schrifttums[1] – einen **Verstoß des früheren § 50d Abs. 3 EStG gegen die MTR** verneint. Implizite Nebenbedingung dieser Sichtweise war jedoch, dass die Tatbestandsmerkmale der wirtschaftlichen oder sonst beachtlichen Gründe in europarechtskonformer Weise ausgelegt werden können.[2] Trotz der erheblichen Auslegungsunsicherheiten[3] ließ sich hier durchaus ein mittelbarer Effekt der unionsrechtlichen Vorgaben in der zunehmend **einschränkenden Auslegung des früheren § 50d Abs. 3 EStG** ausmachen.[4] Denn einerseits wurde das kumulative Vorliegen der Kriterien gefordert[5], andererseits wurde die Ausübung einer Holdingfunktion als wesentlicher Grund für die Einschaltung einer ausländischen Gesellschaft anerkannt,[6] was in einer Konzerngesamtbetrachtung auch dahingehend konkretisiert wurde, dass es einen wirtschaftlichen oder sonst beachtlichen Grund i.S.d. § 50d Abs. 3 EStG für die Zwischenschaltung darstellt, wenn der Unternehmenszweck des Haltens der Beteiligungen an ausländischen Kapitalgesellschaften auf eigene Rechnung, dauerhaft und eigenwirtschaftlich betrieben wird.[7] Der deutsche Gesetzgeber hat auf diese unionsrechtsfreundliche Judikaturentwicklung mit einer **Verschärfung des § 50d Abs. 3 EStG im JStG 2007**[8] reagiert, indem eine alternative Relevanz der einzelnen Ausschlussgründe, das Erfordernis einer substantiellen Geschäftsausstattung und ein Ausschluss der Betrachtung des Gesamtkonzerns („Merkmalsübertragung") normiert wurde.[9] Die Gesetzesmaterialen verwiesen zur Begründung der Neuregelung des § 50d Abs. 3 EStG im JStG 2007 zwar auf die nach nationalem Verfassungsrecht eingeräumte, weitgehende „Befugnis zur Typisierung der Vielzahl der Einzelfälle"[10], enthalten jedoch keinen Hinweis zu den unionsrechtlichen Anforderungen. Hier scheint von der deutschen Finanzverwaltung die Sichtweise vertreten zu werden, dass aufgrund des Missbrauchsvorbehalts der MTR „die Vorteile nur für eine tatsächliche wirtschaftliche Tätigkeit, d.h. für die aktive Teilnahme am Markt eines Mitgliedstaates, zu gewähren sind"[11]. Allerdings bestanden gegen § 50d Abs. 3 EStG wegen unzulässiger Typisierung ohne Möglichkeit zur Widerlegung durch den Steuerpflichtigen unionsrechtliche Bedenken.[12] Aufgrund eines von der Kommission

---

1 Siehe tendenziell *Schön*, IStR 1996, Beihefter zu Heft 2, 13; *Thömmes/Eicker*, ET 1999, 9 (13); *Thömmes* in Gocke/Gosch/Lang, FS Wassermeyer, 207 (227); **a.A.** *Rädler* in Lindencrona/Lodin/Wiman, Liber Amicorum Leif Mutén, 297 (305 f.); *Stoschek/Peter*, IStR 2002, 656 (661 ff.).
2 Siehe nur *Thömmes* in Gocke/Gosch/Lang, FS Wassermeyer, S. 207 (227).
3 Siehe einerseits BFH v. 20.3.2002 – I R 38/00, BStBl. II 2002, 819 (Hilversum I) (ein Missbrauch ist „*offensichtlich und nach jedem denkbaren Verständnis gegeben*"); andererseits diese Ansicht für eine vergleichbare Konstellation revidierend BFH v. 31.5.2005 – I R 74/04, I R 88/04, BStBl. II 2006, 118 (Hilversum II).
4 Deutlich auch – wenngleich ohne Bezugnahme auf die MTR – der Hinweis des BFH v. 29.1.2008 – I R 26/06, BStBl. II 2008, 978 = FR 2008, 672 m. Anm. *Wagner/Fischer* (SOPARFI) auf EuGH v. 12.9.2006 – C-196/04 – Cadbury Schweppes, ECLI:EU:C:2006:544, Rz. 55 = FR 2006, 987 m. Anm. *Lieber*.
5 BFH v. 31.5.2005 – I R 74/04, I R 88/04, BStBl. II 2006, 118 (Hilversum II); v. 29.1.2008 – I R 26/06, BStBl. II 2008, 978 = FR 2008, 672 m. Anm. *Wagner/Fischer* (SOPARFI); FG Köln v. 16.3.2006 – 2 K 1139/02, EFG 2006, 896 m. Anm. *Herlinghaus* = IStR 2006, 425 m. Anm. *Korts*; FG Köln v. 16.3.2006 – 2 K 2916/02, EFG 2006, 980; FG Köln v. 27.4.2006 – 2 K 7004/01, EFG 2007, 594; **a.A.** das BMF z.B. im Nichtanwendungserlass, BMF v.30.1.2006 – IV B 1 - S 2411 - 4/06, BStBl. I 2006, 166.
6 FG Köln v. 16.3.2006 – 2 K 1139/02, EFG 2006, 896 m. Anm. *Herlinghaus* = IStR 2006, 425 m. Anm. *Korts*; nachfolgend BFH v. 29.1.2008 – I R 26/06, BStBl. II 2008, 978 = FR 2008, 672 m. Anm. *Wagner/Fischer* (SOPARFI); weiter z.B. FG Köln v. 27.4.2006 – 2 K 7004/01, EFG 2007, 594.
7 Siehe wiederum BFH v. 31.5.2005 – I R 74/04, I R 88/04, BStBl. II 2006, 118 (Hilversum II); s. aber auch den Nichtanwendungserlass, BMF v. 30.1.2006 – IV B 1 - S 2411 - 4/06, BStBl. I 2006, 166.
8 BGBl. I 2006, 2878.
9 Dazu ausführlich *Schaumburg* in Schaumburg, Internationales Steuerrecht[4], Rz. 19.160 ff.
10 BT-Drucks. 16/2712, 60.
11 Siehe den Diskussionsbeitrag von *Wichmann*, wiedergegeben bei *Günther/Simander/Tüchler*, IStR 2009, 490 (491); ähnlich auch BMF v. 3.4.2007 – IV B 1 - S 2411/07/0002 – DOK 2007/0115524, BStBl. I 2006, 446, Tz. 6.1.
12 *Gosch*, IStR 2008, 413 (415).

angestrengten Vertragsverletzungsverfahrens[1] ist sodann mit dem **BeitrRLUmsG**[2] die heute geltende Fassung des § 50d Abs. 3 EStG geschaffen worden, gegen die freilich weiterhin unionsrechtliche Bedenken bestehen.[3]

In den verbundenen **Rechtssachen Deister Holding und Juhler Holding**[4] stand § 50d Abs. 3 EStG bereits auf dem Prüfstand des EuGH:[5] Der EuGH hat dabei festgestellt, dass § 50d Abs. 3 EStG i.d.F. des JStG 2007 nicht im Einklang mit Art. 1 Abs. 2 (nunmehr Abs. 4) i.V.m. Art. 5 Abs. 1 der MTR sowie Art. 49 AEUV steht. Indem die Regelung eine Gruppe von Steuerpflichtigen automatisch von einem Steuervorteil ausschließt, ohne dass die Behörden einen Anfangsbeweis oder ein Indiz für das Vorliegen von Steuerhinterziehung oder Missbrauch beizubringen hätten, gehe diese über das zur Verhinderung von Steuerhinterziehung und Missbrauch Erforderliche hinaus.[6] Der EuGH hielt zudem fest, dass im Rahmen einer Gesamtbetrachtung eine Einschränkung auf die Prüfung der Verhältnisse auf Ebene der dividendenempfangenden Muttergesellschaft nicht zulässig ist. Die Beurteilung müsse sich vielmehr auch auf sonstige Gesichtspunkte wie die *„organisatorischen, wirtschaftlichen oder sonst beachtlichen Merkmale des Konzerns, zu dem die betreffende Muttergesellschaft gehört, und die Strukturen und Strategien dieses Konzerns"* erstrecken.[7] Das BMF hat auf die Entscheidung des EuGH in den Rechtssachen **Deister Holding und Juhler Holding** mit dem **Schreiben vom 4.4.2018**[8] reagiert. Demnach soll aufgrund der Bindungswirkung des EuGH-Urteils § 50d Abs. 3 EStG i.d.F. des JStG 2007 in Fällen, in denen der Gläubiger der Kapitalerträge einen Anspruch auf Entlastung nach § 43b EStG geltend macht, nicht mehr angewandt werden. Diese Auslegung überträgt das BMF auch auf die aktuelle, seit 2012 geltende Regelung des § 50d Abs. 3 EStG, soweit diese mit der alten Fassung übereinstimmt. Insbesondere wird nunmehr infolge der ausdrücklichen Feststellungen des EuGH auch eine subjektübergreifende Betrachtung der Konzernverhältnisse („Merkmalsübertragung") zugelassen. Zudem passt das BMF auch seine Auffassung zu den Voraussetzungen des § 50d Abs. 3 Satz 1 Nr. 2 EStG im Schr. vom 24.1.2012[9] an: So könne erstens eine Teilnahme am allgemeinen wirtschaftlichen Verkehr auch bei Verwaltung von Wirtschaftsgütern vorliegen und zweitens setze ein angemessen eingerichteter Geschäftsbetrieb nicht zwingend die ständige Beschäftigung geschäftsleitenden und anderen Personals voraus. Fraglich ist, ob mit dem BMF-Schr. vom 4.4.2018 die unionsrechtlichen Bedenken gegen die seit dem BeitrRL-UmsG geltende Fassung des § 50d Abs. 3 EStG beseitigt werden konnten. Die Literatur geht von einem umfassenden Änderungsbedarf der Bestimmung aus,[10] zumal der EuGH in der Rechtssache **GS** auch die Unionsrechtswidrigkeit der geltenden Rechtslage festgestellt hat.[11]

---

1 Siehe die Mitteilung IP/10/298 (18.3.2010).
2 BGBl. I 2011, 2592.
3 Siehe nur *Lüdicke*, IStR 2012, 81 (84).
4 EuGH v. 20.12.2017 – C-504/16 und C-613,/16 – Deister Holding und Juhler Holding, ECLI:EU: C:2017:1009.
5 Dazu ausführlich z.B. *Bozza-Bodden*, IStR 2016, 905 (905 ff.); *Cordewener*, H&I 2017, 31 (31 ff.); *Cordewener*, H&I 2017, 35 (35 ff.); *Biebinger/Hiller*, IStR 2017, 299 (299 ff.); *Blum/Spies*, SWI 2017, 574 (574 ff.); *Linn/Pignot*, IWB 2017/21, 826 (826 ff.); *Kahlenberg*, IWB 2018, 145 (145 ff.); *Kraft*, NWB 2018, 473 (473 ff.); *Schnitger*, IStR 2018, 169 (169 ff.); *Polatzky/Goldschmidt/Schuhmann*, DStR 2018, 641 (641 ff.).
6 EuGH v. 20.12.2017 – C-504/16 u. C-613,/16 – Deister Holding und Juhler Holding, ECLI:EU: C:2017:1009.
7 EuGH v. 20.12.2017 – C-504/16 und C-613,/16 – Deister Holding und Juhler Holding, ECLI:EU: C:2017:1009, Rz. 74.
8 BMF v. 4.4.2018 – IV B 3-S 2411/07/10016-14 – DOK 2018/0148776, BStBl. I 2018, 589.
9 BMF v. 24.1.2012 – IV B 3-S 2411/07/100016 – DOK 2011/1032913, BStBl. I 2012, 171.
10 Z.B. *Kahlenberg*, IWB 2018, 145 (151 f.); *Kraft*, NWB 2018, 473 (476 f.); s. auch *Schnitger*, IStR 2018, 169 (171 f.), der im Hinblick auf die kumulativ erforderliche Voraussetzung der persönlichen Entlastungsverpflichtung von einer Nichtanwendbarkeit des § 50d Abs. 3 EStG i.d.F. des BeitRLUmsG für das Unionsgebiet betreffende Fälle ausgeht.
11 EuGH v. 14.6.2018 – C-440/17 – GS, ECLI:EU:C:2018:437. Siehe zuvor den Vorlagebeschluss des FG Köln v. 17.5.2017 – 2 K 773/16.

Kapitel 15
Zinsen-Lizenzgebühren-Richtlinie

A. Entwicklung, Zielsetzung und Regelungskonzept 15.1	3. Sachlicher Anwendungsbereich 15.20
B. Anwendungsfragen bei der Umsetzung in nationales Recht 15.8	4. Territorialer Anwendungsbereich 15.21
I. Anwendungsbereich 15.8	II. Gewährleistungsgehalt 15.22
1. Überblick 15.8	III. Missbrauchsvorbehalte 15.27
2. Persönlicher Anwendungsbereich 15.11	C. Überblick zur Umsetzung im deutschen Recht 15.31

Literatur: *Anzinger*, Das Protokoll zur Änderung des Zinsbesteuerungsabkommens zwischen der Schweiz und der EU – CH-FATCA vs CH-Rubik mit Stand 30:2, ISR 2015, 320; *Aramini*, Thin Capitalization: Issues of Compatibility with EC Law and the OECD Model Treaty, DFI 2004, 127; *Bayer*, Die Nutzungsberechtigung nach § 99a EStG, SWI 2011, 4; *Boon/Lambooij*, Heading Towards the End of Withholding Taxes in the EC, 18 Tax Planning Int'l Rev. 11 (June 1991); *Brokelind*, Royalty Payments: Unresolved Issues in the Interest and Royalties Directive, ET 2004, 252; *Bundgaard*, Classification and Treatment of Hybrid Financial Instruments and Income Derived Therefrom under EU Corporate Tax Directives, ET 2010, 442 (Part 1); *Bundgaard*, ET 2010, 490 (Part 2); *Carl*, Neue Vorschläge der Kommission zur Unternehmensbesteuerung, EuZW 1991, 369; *Carl*, Vorschläge der EG-Kommission zur Unternehmensbesteuerung – Bedenken aus deutscher Sicht, IWB 12/1991, Fach 2, 553; *Cattoir*, A history of the „tax package": The principles and issues underlying the community approach, Taxation Paper No 10 (2007); *Cerioni*, Intra-EC Interest and Royalties Tax Treatment, ET 2004, 47; *Cordewener/Dörr*, Die ertragsteuerliche Behandlung von Lizenzgebühren an ausländische Lizenzgeber: Aktuelle Einflüsse des europäischen Gemeinschaftsrechts, GRUR-Int. 2006, 447; *Couty*, European Council Increases its Influence on Tax Policy Matters, 5 Tax Planning Int'l EU Focus 7 (Aug. 15, 2003); *Da Silva*, Interest and Royalties Directive. Proposal for a Council Directive. European Commission, H&I 2012/4, 26; *Dautzenberg*, Die Besteuerung von Zinsen und Lizenzgebühren in einem europäischen Konzern, StuB 2005, 524; *Dautzenberg*, Europäische „Agenda" für das Ertragsteuerrecht im Jahr 2004: Die Richtlinien vom Juni 2003, BB 2004, 17; *de Wit/Tilanus*, Dutch Thin Capitalization Rules ‚EU Proof'?, Intertax 2004, 187; *Distaso/Russo*, The EC Interest and Royalties Directive – A Comment, ET 2004, 143; *Dörr*, Praxisfragen zur Umsetzung der Zins- und Lizenzrichtlinie in § 50g EStG, IStR 2005, 109; *Dörr/Krauß/Schreiber*, Quellensteuerbefreiung auf Lizenzgebühren auf Grund EG-Richtlinie: Wann handelt der Gesetzgeber?, IStR 2004, 469; *Dötsch/Pung*, Richtlinien-Umsetzungsgesetz: Die Änderungen des EStG, des KStG und des GewStG, DB 2005, 10; *Dussert*, France: Interest and Royalty Directive Implemented into Law, DFI 2004, 211; *Easson*, Harmonization of Direct Taxation in the European Community: From Neumark to Ruding, 40 Canadian Tax J. (1992); *Eberhartinger/Six*, National Tax Policy, the Directives and Hybrid Finance, SFB International Tax Coordination Discussion Paper Nr. 16 (2006); *Eberhartinger/Six*, National Tax Policy, the Directives and Hybrid Finance, in Andersson/Eberhartinger/Oxelheim (Hrsg.), National tax policy in Europe: to be or not to be? (2007) 213; *Eberhartinger/Six*, Taxation of Cross-Border Hybrid Finance: A Legal Analysis, Intertax 2009, 4; *Eicker/Aramini*, Overview on the recent developments of the EC Directive on Withholding Taxes on Royalty and Interest Payments, EC Tax Rev. 2004, 134; *Eicker/Obser*, The impact of the Swiss-EC Agreement on intra-group dividend, interest and royalty payments, EC Tax Rev. 2006, 134; *Esser*, Beseitigung der Doppelbesteuerung von Kapitalgesellschaften, EWS 1991, 17; *Farmer/Lyal*, EC Tax Law, Oxford 1994, 254 ff.; *Fernandes/Bernales/Goeydeniz/Michel/Popa/Santoro*, A Comprehensive Analysis of Proposals To Amend the Interest and Royalties Directive, ET 2011, 396; *Fernandes/Bernales/Goeydeniz/Michel/Popa/Santoro*, ET 2011, 445; *Flora*, Italy: Implementation of the Interest and Royalties Directive, DFI 2006, 158; *Furherr/Nowotny*, Umsetzung der Zinsen-/Lizenzen-Richtlinie in § 99a EStG durch das AbgÄG 2003, GeS 2004, 190; *Goebel/Jacobs*, Unmittelbare Anwendbarkeit der ZLRL trotz Umsetzung in § 50g EStG?, IStR 2009, 87; *Greggi*, Taxation of Royalties in an EU Framework, 46 Tax Notes Int'l 1149 (June 11, 2007); *Gusmeroli*, Triangular Cases and the Interest and Royalties Directive: Untying the Gordian Knot?, ET 2005, 2 (Part 1); *Gusmeroli*, ET 2005, 39 (Part 2); *Gusmeroli*, ET 2005, 86 (Part 3); *Gusmeroli/Russo*, Italian Thin Capitalization Rules, Tax Treaties and EC Law: Much Ado About Something, Intertax 2004, 493;

Hahn, Auslegungs- und Praxisprobleme der Zins-/Linzen-Richtlinie: Bezugnahme auf das OECD-Musterabkommen und die Autonomie des Gemeinschaftsrechts, EWS 2008, 273; *Hahn*, Zur Gemeinschaftsrechtskonformität der Missbrauchsklausel in § 50g Abs. 4 EStG, IStR 2010, 638; *Halla-Villa Jiménez*, Spain – Tax Changes: Thin Capitalization, Inward Expatriates and Royalty Payments to Non-Residents, ET 2004, 128; *Häuselmann/Ludemann*, Besteuerung von verbundenen Unternehmen: Richtlinien-Umsetzungsgesetz und EG-Amtshilfe-Anpassungsgesetz, RIW 2005, 123; *Hinnekens*, European Commission introduces beneficial ownership in latest tax directives proposals adding to the confusion with regard to its meaning, EC Tax Rev. 2000, 43; *Hristov*, The Interest and Royalty Directive, in Lang/Pistone/Schuch/Staringer (Hrsg.), Introduction to European Tax Law on Direct Taxation⁵, Wien 2018, 195; *Hull*, Tax Treatment of Intra-Group Cross-Border Interest Payments involving Switzerland, BIFD 2007, 353; *IBFD*, Survey on the Implementation of the EC Interest and Royalty Directive, Amsterdam 2006; *Jann/Petutschnigg/Six*, Praxisprobleme der Abzugsteuer bei Lizenzgebühren, SWI 2007, 159; *Jung*, Art. 15 of the Switzerland-EC Savings Tax Agreement: Measures Equivalent to Those in the EC Parent-Subsidiary and the Interest and Royalties Directives – A Swiss Perspective, ET 2006, 112; *Kergall*, Double taxation: an assessment of the last EC proposals in the light of exisiting regimes as implemented by national laws and bilateral treaties, Intertax 1990, 447; *Kessler*, Die Gesellschafter-Fremdfinanzierung im Spannungsfeld zum Recht der Doppelbesteuerungsabkommen und Europarecht, DB 2003, 2507; *Kessler*, Weiterentwicklung des Deutschen und Internationalen Steuerrechts, IStR 2004, 810 (Teil I); *Kessler*, IStR 2004, 841 (Teil II); *Kessler/Eicker/Obser*, Die Schweiz und das Europäische Steuerrecht – Der Einfluss des Europäischen Gemeinschaftsrechts auf das Recht der direkten Steuern im Verhältnis zu Drittstaaten am Beispiel der Schweiz, IStR 2005, 658; *Kessler/Eicker/Schindler*, Hinzurechnung von Dauerschuldzinsen nach § 8 Nr. 1 GewStG verstößt gegen die Zins-/Lizenzgebühren-Richtlinie, IStR 2004, 678; *Kischel*, EU-Richtlinienvorschlag zur Beseitigung der Quellensteuern auf Zinszahlungen zwischen verbundenen Unternehmen, IWB 1998/16 Fach 11, Gruppe 2, 353; *Kofler*, The Relationship Between the Arm's-Length Principle in the OECD Model Treaty and EC Tax Law, JOIT 2005/1, 32; *Kofler*, JOIT 2005/2, 34; *Kofler/Lopez Rodriguez*, Beneficial Ownership and EU Law, in Lang/Pistone/Schuch/Staringer/Storck (Hrsg.), Beneficial Ownership: Recent Trends, Amsterdam 2013, 215; *Kokott*, Das Steuerrecht der Europäischen Union, München 2018; *Körner*, § 8a KStG n.F. – Darstellung, Gestaltungsmöglichkeiten, Europarechtsinkonformität, IStR 2004, 217 (Teil I); *Körner*, IStR 2004, 253 (Teil II); *Körner*, Übergangsregelungen zur Zins-/Lizenzrichtlinie, IStR 2004, 751; *Lausterer*, Zur „vorläufigen Umsetzung" von EG-Richtlinien durch BMF-Schreiben – Beispiel Zins- und Lizenzrichtlinie, IStR 2004, 642; *Liebman*, European Community: Proposed Directive on Interest and Royalty Withholding Taxes, 19 Tax Planning Int'l Rev. 28 (Jan. 1992); *Liebman*, European Community: Recent Developments, 19 Tax Planning Int'l Rev. 35 (Apr. 1992); *Lopez Rodriguez*, Commentary on the Interest and Royalties Directive: Chapter 8, in Thömmes/Fuks (Hrsg.), EC Corporate Tax Law (Amsterdam, Loseblatt); *Loschelder*, Der neue Begriff der Betriebsstätte in § 43b und § 50g EStG, AO-StB 2005, 211; *Manke*, Unternehmensbesteuerung in der EG – 1. Teil, ZGR 1992, 333; *Muller*, The Interest & Royalty Directive, 7 Tax Planning Int'l EU Focus 6 (June 30, 2005); *Muszynska*, Zinsen-/Lizenzen-Richtlinie beschlossen, SWI 2003, 397; *Nakhai/Thömmes*, Implementation of EC Interest and Royalties Directive in Germany, Intertax 2004, 532; *Narraina*, European Tax Directives: Impact on Belgian Coordination Centers, 18 Tax Planning Int'l Rev. 13 (July 1991); *Noordermeer*, Proposed Interest and Royalty Directive – Non-Discrimination and Abuse, 19 Tax Planning Int'l Rev. 14 (Aug. 1992); *Oberson*, Agreement between Switzerland and the European Union on the Taxation of Savings – A Balanced „Compromis Helvétique", BIFD 2005, 108; *Obser*, § 8a KStG im Inbound-Sachverhalt – eine EG-rechtliche Beurteilung, IStR 2005, 799; *Obser*, BFH an EuGH: Hinzurechnung von Dauerschuldzinsen gemeinschaftsrechtswidrig?, IStR 2009, 780; *Oesterhelt/Winzap*, Quellensteuerbefreiung von Dividenden, Zinsen und Lizenzen durch Art. 15 Zinsbesteuerungsabkommen, 8 ASA 449 (2006); *Oliver*, The Proposed EU Interest and Royalties Directive, Intertax 1999, 204; *Petutschnig/Six*, § 99a EStG – Quellensteuerfreiheit auch bei Veranlagung?, ÖStZ 2007, 349; *Rainer*, Gewerbesteuerliche hälftige Hinzurechnung von Dauerschuldzinsen und EG Zins- und Lizenzgebühren-Richtlinie, IStR 2008, 372; *Raventós*, On the Interest and Royalties Directive, or How an Espresso Measure May Become a Decaf One, ET 2000, 286; *Riis*, Danish tax authorities prevail in recent beneficial ownership decision, ET 2011, 184; *Russo*, Partnerships and Other Hybrid Entities and the EC Corporate Direct Tax Directives, ET 2006, 478; *Schneider*, Austria: Implementation of the Interest and Royalty Directive, DFI 2005, 30; *Schuiling*, European Union Interest and Royalty Directive, 6 Tax Planning Int'l EU Focus 6 (June 1, 2004); *Schwarz*, European Corporate Group Structures and Financing: The Impact of European Court Decisions and European Legislative Developments, BIFD 2003, 514; *Secova*, Taxation under the EU Interest and Royalties Directive, in Aigner, H.-J./Loukota, W. (Hrsg.), Source Versus Residence in International Tax Law, Wien 2005, 593; *Six*, Hybrid Finance and Double Taxation Treaties, BIT 2009, 22; *Smit*, The Position of the EU Member States' Associated and Dependent Territories under the Freedom of Establishment, the Free Movement of Capital and Secondary EU Law in the Field of Company Taxation, Intertax 2011, 40; *Springael*, Belgium: Implementation of the Interest and Royalties Directive, DFI 2004, 279; *Staringer/Tüchler*, Die Quellensteuerfreiheit nach der Mutter-Tochter-Richtlinie und nach der Zinsen/Lizenzgebühren-Richtlinie und ihre Umsetzung in Österreich, in Lang/Schuch/Staringer (Hrsg.), Quellensteuern – Der Steuerabzug bei Zahlungen an ausländische Empfänger, Wien 2010, 281; *Suhrbier-Hahn*, Umsetzung von EU-Richtlinien in Deutschland sowie die Änderung weiterer Steuervorschriften, SWI 2005, 182; *Thömmes*, Steuerrecht, in Lenz (Hrsg.), EG Handbuch Recht im Binnenmarkt[2], Herne/Berlin, 561; *Thömmes*, The new EC Commission's proposals for directives on cross-border investments, Intertax 1991, 158; *Thömmes/Barre*, Latest withholding tax proposal struggles with Member States tax avoidance concerns, Intertax 1991, 424; *Troiano*, The EU Interest and Royalty Directive: The Italian Perspective, Intertax 2004, 325; *Tumpel*, Beseitigung der Doppelbesteuerung von Dividenden, Zinsen und Lizenzgebühren innerhalb der EG, in Gassner/Lechner (Hrsg.), Österreichisches Steuerrecht und europäische Integration, Wien 1992, 163; *Tumpel*, Harmonisierung der direkten Unternehmensbesteuerung in der EU, Wien 1994, 358 ff.; *Tumpel*, Neuer Vorschlag der Kommission für eine Richtlinie über die Besteuerung von Zahlungen für Zinsen und Lizenzgebühren, SWI 1998, 211; *Tumpel/Prechtl*, Die Grenzen steuerlicher Gestaltung in der Rechtsprechung des EuGH zum Sekundärrecht, in Lang/Schuch/Staringer (Hrsg.), Die Grenzen der Gestaltungsmöglichkeiten im Internationalen Steuerrecht, Wien 2009, 67; *UNICE*, UNICE Comments on the Proposal for a Council Directive on a Common System of Taxation Applicable to Interest and Royalty Payments Between Associated Companies of Different Member States (COM [98] 67 Final), Intertax 1999, 7; *van Dongen*, Thin capitalization legislation and the EU Corporate Tax Directives, ET 2012, 20; *van Thiel/Verpoest*, Commission Proposal for the Exemption of Intra-Community Interest and Royalty Payments, ET 1991, 153; *Vanistendael*, The ECJ at the Crossroads: Balancing Tax Sovereignty against the Imperatives of the Single Market, ET 2006, 413; *Weber*, The proposed EC Interest and Royalty Directive, EC Tax Rev. 2000, 15.

A. Entwicklung, Zielsetzung und Regelungskonzept

Die **Quellenbesteuerung von Zinsen und Lizenzgebühren** im grenzüberschreitenden Konzern wird unter gewissen Voraussetzungen durch die ZiLiRL[1] untersagt. Diese Richtlinie zielt darauf ab, eine etwaige Doppelbesteuerung von Zinsen und Lizenzgebühren dadurch zu verhindern, dass der **Quellenstaat zu einer Befreiung** verpflichtet wird und die **Besteuerung ausschließlich im Empfängerstaat** erfolgt, wenn diese Zahlungen zwischen qualifizierten verbundenen Gesellschaften bzw. Betriebsstätten erfolgen, die in verschiedenen Mitgliedstaaten ansässig sind. Sie soll sicherstellen, dass der Nutzungsberechtigte von Zinsen und Lizenzgebühren, die in einem anderen Mitgliedstaat als seinem Sitzstaat angefallen sind, im Quellenstaat der Zinsen und Lizenzgebühren **von allen Steuern befreit** ist; aufgrund dieses Fokus auf die juristische Doppelbesteuerung des Nutzungsberechtigten sind aber auch allfällige **Abzugsverbote im Quellenstaat** nicht von der Richtlinie angesprochen.[2] Die Richtlinie geht aber insofern über die typische abkommensrechtliche Quellensteuerreduktion hinaus, als sie jegliche Besteuerung im Quellenstaat unterdrückt, Dreieckssituationen erfasst, eine Entlastung an der Quelle anstatt eines Rückerstattungsverfahrens vorsieht und solcherart Probleme im Hinblick auf die Anrechnung einer allfälligen Quellensteuer im Empfängerstaat vermeidet. **Günstigere Regelungen des nationalen Rechts oder Abkommensrechts** bleiben von der Richtlinie allerdings unberührt (Art. 9 ZiLiRL).[3]

15.1

Im **Verhältnis zur Schweiz** bestand mit **Art. 15 Abs. 2 des Zinsbesteuerungsabkommens (ZBstA)**[4] für grenzüberschreitende Zins- und Lizenzgebührenzahlungen eine vergleichbare, auf der Stammfas-

15.2

---

1 Richtlinie 2003/49/EG, ABl. EU 2003 Nr. L 157, 49, i.d.F. Richtlinie 2013/13/EU, ABl. EU 2013 Nr. L 141, 30.
2 EuGH v. 21.7.2011 – C-397/09 – Scheuten Solar Technology, ECLI:EU:C:2011:499, Rz. 26 (zur GewSt); s. auch *Staringer/Tüchler* in Lang/Schuch/Staringer, Quellensteuern – Der Steuerabzug bei Zahlungen an ausländische Empfänger, S. 281 (303 f.); *Kokott*, Das Steuerrecht der Europäischen Union, S. 320 f.
3 Dazu *Kofler*, Doppelbesteuerungsabkommen und Europäisches Gemeinschaftsrecht, S. 826 ff. m.w.N.
4 ABl. EU 2004 Nr. L 385, 30.

sung der ZiLiRL basierende Regelung zur Entlastung von der Quellenbesteuerung.[1] Das ZBstA wurde mit dem Protokoll zur Änderung des Abkommens vom 27.5.2015[2] inhaltlich vollständig aufgehoben und durch ein Abkommen über den automatischen Informationsaustausch (Informationsaustauschabkommen) ersetzt. Im Zuge dessen wurde die Bestimmung des Art. 15 Abs. 2 ZBstA inhaltlich unverändert in Art. 9 Abs. 2 des Informationsaustauschabkommens übernommen.[3]

15.3 Eine ZiLiRL wurde bereits **1990** von der Kommission vorgeschlagen.[4] Mangels Zustimmung des Rates sowohl aufgrund prinzipieller als auch aufgrund technischer Erwägungen wurde dieser Vorschlag allerdings bereits 1994 zurückgezogen[5] und – auf Aufforderung des Rates[6] – bereits **1998 ein neuer Vorschlag** unterbreitet;[7] dieser neue Vorschlag ging einerseits über die ursprünglich vorgesehene bloße Erfassung von Mutter-Tochter-Verhältnissen hinaus und erfasste generell „verbundene Unternehmen", andererseits waren nunmehr zahlreiche Missbrauchsvermeidungsvorschriften vorgesehen. Nach den Modifikationen im Rat wurde **2003** schließlich die Richtlinie 2003/49/EG des Rates vom 3.6.2003 über eine gemeinsame Steuerregelung für Zahlungen von Zinsen und Lizenzgebühren zwischen verbundenen Unternehmen verschiedener Mitgliedstaaten erlassen[8] und den Mitgliedstaaten lediglich ein halbes Jahr für die Implementation der Richtlinienvorschriften gewährt, zumal sie nach ihrem Art. 7 bis **1.1.2004** von den Mitgliedstaaten umzusetzen war; drei Staaten (Griechenland, Spanien und Portugal) wurde aus budgetären Gründen eine befristete Beibehaltung einer Quellensteuer gestattet.[9] Aufgrund des **Beitrittes neuer Mitgliedstaaten** erfolgte sowohl eine Anpassung der Liste der qualifizierten Rechtsformen und der erfassten Körperschaftsteuern[10] als auch eine Gewährung befristeter Ausnahmen für mehrere Mitgliedstaaten.[11]

15.4 Ein im **Jahr 2003 erstatteter Kommissionsvorschlag**,[12] der u.a. eine Ausweitung des Anwendungsbereichs der ZiLiRL auf bisher nicht erfasste Rechtsformen der Mitgliedstaaten sowie die nicht aus-

---

1 Siehe z.B. *Oberson*, BIFD 2005, 108 (108 ff.); *Eicker/Obser*, EC Tax Rev. 2006, 134 (134 ff.); *Oesterhelt/Winzap*, 8 ASA 449 (449 ff.) (2006); *Jung*, ET 2006, 112 (112 ff.).
2 ABl. EU 2015 Nr. L 333, 12; das Änderungsprotokoll sieht neben den inhaltlichen Anpassungen u.a. auch die Änderung der Abkommensbezeichnung zu „Abkommen zwischen der Europäischen Union und der Schweizerischen Eidgenossenschaft über den automatischen Informationsaustausch über Finanzkonten zur Förderung der Steuerehrlichkeit bei internationalen Sachverhalten" vor.
3 Vgl *Anzinger*, ISR 2015, 320 (322).
4 Vorschlag KOM (90) 571 endg., abgedruckt in ABl. EG 1991 Nr. C 53, 26 = Bulletin Supplement 4/1991, 47 = Intertax 1991, 34 ff.; geändert durch KOM (93) 196 endg., abgedruckt in ABl. EG 1993 Nr. C 178, 18; dazu z.B. *Kergall*, Intertax 1990, 447 (447 ff.); *van Thiel/Verpoest*, ET 1991, 153 (153 ff.); *Thömmes*, Intertax 1991, 158 (158 ff.); *Boon/Lambooij*, 18 Tax Planning Int'l Rev. 11 (11 ff.) (June 1991); *Carl*, EuZW 1991, 369 (369 ff.); *Thömmes/Barre*, Intertax 1991, 424 (424 ff.); *Liebman*, 19 Tax Planning Int'l Rev. 28 (28 ff.) (Jan. 1992); *Noordermeer*, 19 Tax Planning Int'l Rev. 14 (14 ff.) (Aug. 1992).
5 Siehe die Mitteilung IP/94/1023 (8.11.1994).
6 Siehe die Schlussfolgerungen des Rates Wirtschafts- und Finanzfragen vom 1.12.1997 zur Steuerpolitik, ABl. EG 1998 Nr. C 2, 1.
7 Vorschlag KOM (1998) 67 endg., abgedruckt in ABl. EG 1998 Nr. C 123, 9; s. dazu z.B. *Tumpel*, SWI 1998, 211 (211 ff.); *Kischel*, IWB 1998/16 Fach 11, Gruppe 2, 353 (353 ff.); *UNICE*, Intertax 1999, 7 (7 ff.); *Oliver*, Intertax 1999, 204 (204 ff.); *Weber*, EC Tax Rev. 2000, 15 (15 ff.); *Raventós*, ET 2000, 286 (286 f.).
8 ABl. EU 2003 Nr. L 157, 49.
9 Richtlinie 2003/49/EG, ABl. EU 2003 Nr. L 157, 49.
10 Siehe die Richtlinie 2004/66/EG, ABl. EU 2004 Nr. L 168, 35; Richtlinie 2006/98/EG, ABl. EU 2006 Nr. L 363, 129; Richtlinie 2013/13/EU, ABl. EU 2013 Nr. L 141, 30.
11 Siehe für die Tschechische Republik, Lettland, Litauen, Polen und Slowakei die Richtlinie 2004/76/EG, ABl. EU 2004 Nr. L 157, 106; für Bulgarien und Rumänien die Anhänge VI und VII zur Beitrittsakte, ABl. EU 2005 Nr. L 157, 116, 156.
12 KOM (2003) 841 endg., abgedruckt in DFI 2004, 56 ff.

drücklich genannten europäischen Rechtsformen (SE und SCE) vorsieht,[1] wurde im **Jahr 2011 durch einen neuen Vorschlag** ersetzt,[2] der freilich noch vom Rat verabschiedet werden muss.[3] Dieser neue Vorschlag, der jenen aus dem Jahr 2003 inkorporiert und die Ergebnisse des **Berichts über das Funktionieren der Richtlinie**[4] berücksichtigt, sieht folgende Änderungen vor:

– Die Ausdehnung des Anwendungsbereiches der Richtlinie durch eine Erweiterung der Liste der qualifizierten Rechtsformen, auf die sie Anwendung findet, einschließlich der – klarstellenden[5] – Aufnahme der Europäischen Gesellschaft (SE) und der Europäischen Genossenschaft (SCE).

– Das Herabsetzen der Anforderungen an die Anteilseignerschaft einerseits durch Absenken des erforderlichen Beteiligungsausmaßes von 25 % auf 10 % und andererseits durch Entfall des Unmittelbarkeitskriteriums.

– Die Einführung einer „Subject-to-Tax"-Klausel, wonach die Mitgliedstaaten die Richtlinienvorteile den Unternehmen eines Mitgliedstaats nur dann gewähren müssen, wenn die Einkünfte aus der Zahlung von Zinsen oder Lizenzgebühren nicht von der Körperschaftsteuer befreit sind (z.B. auf Grund besonderer inländischer Steuerregelungen).

In den Erläuterungen zum **Vorschlag für eine Verordnung des Rates über das Statut der Europäischen Privatgesellschaft**[6], die **Societas Privata Europaea (SPE)**, hat die Kommission ihre Absicht angekündigt, den Anwendungsbereich der ZiLiRL auf die SPE ausdehnen zu wollen;[7] der Vorschlag einer SPE ist aber 2011 im Rat gescheitert[8] und wurde daraufhin von der Kommission zurückgezogen.[9] Im nachfolgend vorgelegten[10] und inzwischen wieder zurückgezogenen[11] alternativen Vorschlag für eine Richtlinie über Gesellschaften mit beschränkter Haftung mit einem einzigen Gesellschafter, der **Societas Unius Personae (SUP)**, fand sich hingegen kein ausdrücklicher Hinweis auf die steuerliche Behandlung.

15.5

Die ZiLiRL ist an *alle* Mitgliedstaaten adressiert (Art. 11 ZiLiRL). Nach Art. 288 Abs. 3 AEUV (ex-Art. 249 Abs. 3 EG) ist eine Richtlinie *„für jeden Mitgliedstaat, an den sie gerichtet wird, hinsichtlich des zu erreichenden Ziels verbindlich, überlässt jedoch den innerstaatlichen Stellen die Wahl der Form und der Mittel"*. In zeitlicher Hinsicht wurden zuletzt Bulgarien und Rumänien mit 1.1.2007[12] und Kroatien mit 1.7.2013[13] in den Anwendungsbereich der Richtlinie einbezogen. Befreiungsfähig sind Zinsen und

15.6

---

1 Zur impliziten Erfassung schon nach geltendem Recht s. z.B. die Erläuterungen zum Vorschlag KOM (2011) 714 endg., 8 f.; ebenso *Eicker/Aramini*, EC Tax Rev. 2004, 134 (144 m. Fn. 53); *Kofler*, MTR, Art. 2 Rz. 20.
2 KOM (2011) 714 endg.; dazu z.B. *Fernandes/Bernales/Goeydeniz/Michel/Popa/Santoro*, ET 2011, 396 (396 ff.); *Fernandes/Bernales/Goeydeniz/Michel/Popa/Santoro*, ET 2011, 445 (445 ff.); *Da Silva*, H&I 2012/4, 26 (26 ff.); *Kokott*, Das Steuerrecht der Europäischen Union, S. 315 f.
3 Der Vorschlag war auf der Tagesordnung der Ratssitzung v. 19.6.2015, in der jedoch keine Einigung erzielt werden konnte; s. Dok. 10173/15 ADD 1 ECOFIN 531 (20.7.2015). Zum aktuellen Stand der Verhandlungen siehe die „Tax Policy Roadmap of the Bulgarian Presidency of the Council", Dok. 5868 FISC 37 (30.1.2018).
4 KOM (2009) 179.
5 Siehe dazu die Erläuterungen zum Vorschlag KOM (2011) 714 endg., 8 f.; zur impliziten Erfassung von SE und SCE schon nach geltendem Richtlinienrecht s. z.B. *Eicker/Aramini*, EC Tax Rev. 2004, 134 (144 m. Fn. 53); *Dörr*, IStR 2005, 109 (114); *Kofler*, MTR, Art. 2 Rz. 20.
6 KOM (2008) 396 endg.
7 Siehe KOM (2008) 396 endg., 3.
8 Siehe Doc. 10547/11 PRESSE 146 (30. und 31.5.2011).
9 Siehe ABl. EU 2014 Nr. C 153, 6.
10 Siehe COM(2014) 212 final.
11 ABl. EU 2018 Nr. C 233, 6 f.
12 Richtlinie 2006/98/EG, ABl. EU 2005 Nr. L 157, 203.
13 Richtlinie 2013/13/EU, ABl. EU 2013 Nr. L 141, 30.

Lizenzgebühren, die **nach dem Inkrafttreten gezahlt** werden, unabhängig davon, wann die entsprechenden Ansprüche entstanden sind (s. zur MTR auch Rz. 14.1 ff.).

15.7 Die **Umsetzung der ZiLiRL** im deutschen Steuerrecht erfolgte – verspätet,[1] aber mit Rückwirkung[2] – durch das EGAmtAnpG[3] insbesondere in § **50g EStG**, jene des Art. 15 Abs. 2 ZBstA (nunmehr Art. 9 Abs. 2 des Informationsaustauschabkommens)[4] durch das StÄndG 2007[5] in § 50g Abs. 6 EStG.[6] Die erforderlichen Verfahrensregelungen enthalten der zeitgleich durch das EGAmtAnpG[7] eingefügte § **50h EStG** und der geänderte § **50d EStG**. Die Anrechnung ausländischer Quellensteuern während der Übergangszeit (s. Rz. 15.26) ist in § 26 Abs. 6 KStG geregelt.[8]

B. Anwendungsfragen bei der Umsetzung in nationales Recht

I. Anwendungsbereich

1. Überblick

15.8 Nach **Art. 1 Abs. 1 ZiLiRL** sind in „einem Mitgliedstaat angefallene Einkünfte in Form von Zinsen oder Lizenzgebühren von allen in diesem Staat darauf erhebbaren Steuern – unabhängig davon, ob sie an der Quelle abgezogen oder durch Veranlagung erhoben werden – **befreit**". Sachlich erfasst sind **Zahlungen von Zinsen und Lizenzgebühren zwischen** – durch eine zumindest 25%ige vertikale oder horizontale **Kapitalbeteiligung** – **verbundenen Unternehmen bzw. deren Betriebsstätten**, sofern der Empfänger **Nutzungsberechtigter** ist (Art. 1 Abs. 1, 7 und 8 ZiLiRL). Nach dem System der ZiLiRL kommen daher auch **Betriebsstätten** verbundener Unternehmen als Zahler oder Nutzungsberechtigte in Betracht (Art. 1 Abs. 3 und 5 ZiLiRL). Die Quellenbefreiung nach Art. 1 ZiLiRL ist auch hinreichend konkret und unbedingt, um **unmittelbare Wirkung** zu entfalten.[9]

15.9 Die Steuerbefreiung nach der ZiLiRL steht unter dem **Vorbehalt einer Reihe von Anti-Missbrauchsvorschriften und weiteren Einschränkungen des Anwendungsbereiches**.[10] Dazu rechnen das Erfordernis der Nutzungsberechtigung (Art. 1 Abs. 1, 4 und 5 ZiLiRL), der „Subject-to-Tax"-Klauseln für

---

1 Dazu insbesondere *Dörr/Krauß/Schreiber*, IStR 2004, 469 (469 ff.); zur „vorläufigen Umsetzung" s. BMF v. 26.4.2004 – IV B 4 – S 1316 – 8/04, BStBl. I 2004, 479 (zur Stammfassung der Richtlinie); BMF v. 16.8.2004 – IV B 8 - S 1316 – 39/04, BStBl. 2004, 851 (zu den im Jahr 2004 beigetretenen Mitgliedstaaten); dazu *Lausterer*, IStR 2004, 642 (642 ff.).
2 Siehe zur Anwendbarkeit ab 31.12.2003 § 52 Abs. 59a Satz 5 EStG.
3 BGBl. I 2004, 3112; durch dieses wurden die Stammfassung der Richtlinie (2003/49/EG), die Richtlinie aufgrund der Erweiterung (2004/66/EG) und die Anpassung der Übergangsregelungen (2004/76/EG) umgesetzt. Die nachfolgende Ausdehnung des Anwendungsbereiches aufgrund der Richtlinie 2006/98/EG, ABl. EU 2006 Nr. L 363, 129 (Beitritt Bulgariens und Rumäniens), erfolgte durch das JStG 2008, BGBl. I 2007, 3150; jene aufgrund des Beitritts Kroatiens durch BGBl. I 2014, 1260.
4 ABl. EU 2015 Nr. L 333, 12.
5 BGBl. I 2006, 1652. Siehe zur übergangsweisen Anwendung vor dieser gesetzlichen Regelung BMF v. 28.6.2005 – IV B 1 - S 1316 – 42/05, BStBl. I 2005, 858.
6 Für einen Überblick zur Umsetzung in das deutsche Recht s. insbesondere *IBFD*, Survey on the Implementation of the EC Interest and Royalty Directive, S. 259 ff.; weiter z.B. *Dörr*, IStR 2005, 109 (109 ff.); *Dautzenberg*, StuB 2005, 524 (524 ff.); *Häuselmann/Ludemann*, RIW 2005, 123 (127 ff.); *Suhrbier-Hahn*, SWI 2005, 182 (186).
7 BGBl. I 2004, 3112.
8 Siehe auch BT-Drucks. 15/3679, 17.
9 EuGH, Schlussanträge der Generalanwältin *Sharpston* v. 12.5.2011 – C-397/09 – Scheuten Solar Technology, ECLI:EU:C:2011:292, Rz. 92 ff.
10 Ausführlich *Kofler/Lopez Rodriguez* in Lang/Pistone/Schuch/Staringer/*Storck*, Beneficial Ownership: Recent Trends, S. 215 (215 ff.).

Unternehmen (Art. 3 Buchst. a ZiLiRL) und Betriebsstätten (Art. 1 Abs. 5 Buchst. b ZiLiRL), die optionale, höchstens zweijährige Mindestbehaltedauer (Art. 1 Abs. 10 ZiLiRL), der optionale Ausschluss gewisser Zahlungen (Art. 4 Abs. 1 ZiLiRL), die Nichtanwendbarkeit auf den fremdunüblich hohen Teil von Zins- und Lizenzgebührenzahlungen (Art. 4 Abs. 2 ZiLiRL) und der Vorbehalt für die Anwendung einzelstaatlicher oder vertraglicher Bestimmungen zur Verhinderung von Betrug und Missbrauch (Art. 5 ZiLiRL).

Art. 1 Abs. 11 ff. ZiLiRL sieht zudem eine **Reihe formaler Verpflichtungen** vor: So bestehen als Befreiungsbedingung umfassende **Nachweisverpflichtungen** in Form von Bestätigungen der geforderten Voraussetzungen durch die ausländischen Abgabenbehörden und das nutzungsberechtigte Unternehmen bzw. die nutzungsberechtigte Betriebsstätte (Art. 1 Abs. 11 ZiLiRL). Derartige Bestätigungen gelten für einen Zeitraum von mindestens einem Jahr und höchstens für drei Jahre ab der Ausstellung (Art. 1 Abs. 13 ZiLiRL). Der Quellenstaat kann die Quellenentlastung auch von einer **ausdrücklichen Entscheidung über die Gewährung der Befreiung** abhängig machen (Art. 1 Abs. 12 ZiLiRL). Hat das zahlende Unternehmen bzw. die Betriebsstätte eine nach diesem Artikel zu befreiende Quellensteuer einbehalten, so besteht ein **Anspruch auf Erstattung dieser Quellensteuer** (Art. 1 Abs. 15 ZiLiRL). Dieser Antrag ist während einer – zumindest zweijährigen – Antragsfrist zu stellen; eine Erstattung hat innerhalb eines Jahres zu erfolgen, danach besteht ein Anspruch auf Verzinsung (Art. 1 Abs. 16 ZiLiRL). Sollten entlastungsfähige Zahlungen im Veranlagungsweg der Besteuerung unterzogen worden sein, muss die richtlinienkonforme Entlastung wohl im Wege eine Korrektur des Veranlagungsbescheides erfolgen.

15.10

2. Persönlicher Anwendungsbereich

Das empfangende Unternehmen gilt nur dann als „**Unternehmen eines Mitgliedstaates**", wenn es – kumulativ[1] – eine der im Anhang gelisteten **Rechtsformen** aufweist, im Falle der Doppelansässigkeit auch auf der Basis eines allfälligen DBA **in der Union** ansässig ist[2] und einer der gelisteten nationalen **Körperschaftsteuern** unterliegt, ohne von ihr befreit zu sein (Art. 3 Buchst. a ZiLiRL). Damit wurden im Wesentlichen die auch im Rahmen der MTR statuierten Kriterien übernommen (s. ausführlich Rz. 14.12 ff.), wenngleich im Anhang noch nicht dieselbe Erweiterung (z.B. auch um die SE und die SCE)[3] vorgenommen wurde.[4] Ebenso wenig wie die MTR stellt aber auch Art. 3 Buchst. a ZiLiRL auf die **Ansässigkeit der Anteilseigner** des Mutterunternehmens ab.[5] Die Richtlinie gestattet es überdies nicht, durch eine die Kriterien erfüllende Gesellschaft z.B. auf der Basis eines **Typenvergleichs** „hindurchzusehen" und auf dieser Basis die Quellenentlastung zu versagen.[6]

15.11

---

1 Siehe zur MTR z.B. EuGH v. 1.10.2009 – C-247/08 – Gaz de France, ECLI:EU:C:2009:600, Rz. 29; EuGH, Schlussanträge des Generalanwalts *Mazák* v. 25.6.2008 – C-247/08 – Gaz de France, ECLI:EU:C:2009:399, Rz. 27.
2 Zur Erfassung auch doppelt ansässiger Gesellschaften s. ausdrücklich Pkt. 3.3.5.3 des Berichts KOM (2009) 179.
3 Siehe auch *Kokott*, Das Steuerrecht der Europäischen Union, S. 317. Zur impliziten Erfassung von SE und SCE schon nach geltendem Richtlinienrecht s. z.B. die Erläuterungen zum Vorschlag KOM (2011) 714 endg., 8 f.; *Eicker/Aramini*, EC Tax Rev. 2004, 134 (144 m. Fn. 53); *Dörr*, IStR 2005, 109 (114); *Kofler*, MTR, Art. 2 Rz. 20.
4 Siehe zur geplanten Erweiterung des Anhanges aber den Vorschlag KOM (2011) 714 endg.; dazu z.B. *Fernandes/Bernales/Goeydeniz/Michel/Popa/Santoro*, ET 2011, 396 (396 ff.); *Fernandes/Bernales/Goeydeniz/Michel/Popa/Santoro*, ET 2011, 445 (445 ff.); *Da Silva*, H&I 2012/4, 26 (26 ff.).
5 Siehe Pkt. 3.3.9 des Berichts KOM (2009) 179 und – für die MTR – EuGH v. 7.9.2017 – C-6/16 – Eqiom und Enka, ECLI:EU:C:2017:641, Rz. 34.
6 Siehe Pkt. 3.3.5.2 des Berichts KOM (2009) 179; EuGH, Schlussanträge der Generalanwältin *Kokott* v. 1.3.2018 – C-118/16 – X Denmarkl A/S, ECLI:EU:C:2018:146, Rz. 98 ff.

15.12 Im Unterschied z.B. zur MTR kommt es aber nicht darauf an, ob eine **Optionsmöglichkeit zum Ausscheiden aus der Körperschaftsbesteuerung** besteht.[1] Zum Erfordernis der Nichtbefreiung ist strittig, ob diese Definition – wie bei der Mutter-Tochter-RL – nur **subjektiv befreite, empfangende Körperschaften** vom Anwendungsbereich ausschließen möchte[2] oder ob objektiv eine **tatsächliche Besteuerung der Zinsen oder Lizenzgebühren** erfolgen muss.[3] Für erstgenannte Auslegung spricht wohl auch der – bisher nicht angenommene – Vorschlag für eine Änderung der Richtlinie[4], in dem die Kommission eine Anpassung des Art. 1 Abs. 1 ZiLiRL dahin gehend vorschlägt, dass der Nutzungsberechtigte *„effektiv einer Besteuerung auf diese Einkünfte in diesem anderen Mitgliedstaat"* unterliegen muss; der Wirtschafts- und Sozialausschuss hat zu diesem Vorschlag deutlich gemacht, dass dadurch *„eine Bedingung aufgenommen [würde], die zuvor nicht bestand"*[5]. Selbst wenn man aber der zweitgenannten Auffassung folgt, wird man auf eine explizite Befreiung der Zinsen oder Lizenzgebühren als Ausschlussgrund abstellen müssen,[6] nicht jedoch die Quellenbefreiung davon abhängig machen dürfen, ob es beispielsweise aufgrund von Verlusten zu einer – bei Kürzung des Verlustvortrages allenfalls bloß temporären – Nichtbesteuerung positiver Einkommensbestandteile kommt.

15.13 Die ZiLiRL erfasst auch **Zahlungen einer** *„Betriebsstätte eines Unternehmens eines anderen Mitgliedstaates"*. Als „Betriebsstätte" gilt *„eine feste Geschäftseinrichtung in einem Mitgliedstaat, in der die Tätigkeit eines Unternehmens eines anderen Mitgliedstaates ganz oder teilweise ausgeführt wird"* (Art. 3 Buchst. c ZiLiRL).[7] Zahlungen einer Betriebsstätte sind aber nur dann befreit, *„wenn diese Zinsen und Lizenzgebühren bei ihr eine steuerlich abzugsfähige Betriebsausgabe darstellen"* (Art. 1 Abs. 3 ZiLiRL). Aus dem Kontext wird deutlich, dass die in Art. 1 Abs. 3 ZiLiRL statuierte **Voraussetzung der steuerlichen Abzugsfähigkeit** gewährleisten soll, dass die in der Richtlinie vorgesehenen Vergünstigungen nur auf Zahlungen angewendet werden, die der Betriebsstätte zuzuordnende Ausgaben darstellen; da der Wortlaut dieser Bestimmung jedoch auch auf Fälle anwendbar scheint, in denen die Abzugsfähigkeit aus anderen Gründen nicht gegeben ist (z.B. spezifische Zinsabzugsverbote), wurde von der Kommission bereits eine klarstellende Änderung vorgeschlagen.[8]

15.14 Zumal Betriebsstätten nur Teile des gesamten Unternehmens sind, führt die Zahler- oder Nutzungsberechtigteneigenschaft der Betriebsstätte nach klassischem internationalen Steuerrecht nicht dazu, dass das Stammhaus nicht gleichermaßen als Zahler oder Nutzungsberechtigter anzusehen wäre. Art. 1 Abs. 6 ZiLiRL statuiert dementsprechend eine **„Vorrangklausel"**: Wenn eine Betriebsstätte als Zahler oder Nutzungsberechtigter behandelt wird, wird *„kein anderer Teil des Unternehmens als Zahler oder Nutzungsberechtigter dieser Zinsen oder Lizenzgebühren"* behandelt.[9]

---

1 Pkt. 3.3.5.4 des Berichts KOM (2009) 179; *Weber*, EC Tax Rev. 2000, 15 (21).
2 So insbesondere Pkt. 3.3.5.4 des Berichts KOM (2009) 179 (unklar aber KOM [2011] 714 endg., 6, wo von einem klarstellenden Änderungsvorschlag gesprochen wird); ebenso z.B. *Tumpel*, SWI 1998, 211 (213); *Muszynska*, SWI 2003, 397 (398); *Distaso/Russo*, ET 2004, 143 (144 f.); *Kofler/Lopez Rodriguez* in Lang/Pistone/Schuch/Staringer/Storck, Beneficial Ownership: Recent Trends, S. 215 (222 ff.); *Kokott*, Das Steuerrecht der Europäischen Union, S. 317.
3 So *Weber*, EC Tax Rev. 2000, 21; s. auch das öBMF in EAS 2731 = SWI 2006, 261.
4 KOM (2011) 714 endg.; zuvor bereits KOM (2003) 841 endg., abgedruckt in DFI 2004, 56 ff.; dazu auch *Kofler/Lopez Rodriguez* in Lang/Pistone/Schuch/Staringer/Storck, Beneficial Ownership: Recent Trends, S. 215 (222 ff.).
5 Pkt 2.1. der Stellungnahme in ABl. EU 2004 Nr. C 112, 113.
6 In diese Richtung auch das öBMF in EAS 2731 = SWI 2006, 261.
7 Dazu ausführlich *Distaso/Russo*, ET 2004, 143 (146 ff.); *Furherr/Nowotny*, GeS 2004, 190 (194 f.); *Gusmeroli*, ET 2005, 39 (41 f.).
8 Siehe zur vorgeschlagenen Änderung des Art. 1 Abs. 3 den Kommissionsvorschlag KOM (2011) 714 endg.
9 Zu den damit verbundenen Interpretationsproblemen s. *Gusmeroli*, ET 2005, 39 (46 f.); zu primärrechtlichen Bedenken s. *Distaso/Russo*, ET 2004, 143 (151); *van Dongen*, ET 2012, 20 (23).

B. Anwendungsfragen bei der Umsetzung in nationales Recht | Rz. 15.15 **Kap. 15**

Die Richtlinie setzt überdies voraus, dass das empfangende Unternehmen oder die Betriebsstätte „Nutzungsberechtigte" der Zinsen oder Lizenzgebühren ist (Art. 1 Abs. 4 bzw. 5 ZiLiRL), wodurch sichergestellt werden soll, dass Steuerpflichtige die Quellensteuerbefreiung nicht auf unrechtmäßige Weise durch die künstliche Zwischenschaltung eines „Zwischenträgers" erhalten:[1] 15.15

– Das **empfangende Unternehmen** ist dann **Nutzungsberechtigter**, „wenn es die Zahlungen zu eigenen Gunsten und nicht nur als Zwischenträger, etwa als Vertreter, Treuhänder oder Bevollmächtigter für eine andere Person erhält" (Art. 1 Abs. 4 ZiLiRL).[2] Dieses – offenbar an den entsprechenden Formulierungen der Art. 10, 11 und 12 OECD-MA orientierte – Kriterium des Nutzungsberechtigten soll offenbar ein „Directive Shopping" durch die künstliche Zwischenschaltung von EU-Gesellschaften durch Drittstaatsunternehmen verhindern.[3]

– Eine **empfangende Betriebsstätte** gilt hingegen nur dann als **Nutzungsberechtigter** der Zinsen oder Lizenzgebühren, wenn einerseits „*die Forderung, das Recht oder der Gebrauch von Informationen, die Grundlage für Zahlungen von Zinsen oder Lizenzgebühren sind, mit der Betriebsstätte in einem konkreten Zusammenhang stehen*" und andererseits die Zinsen oder Lizenzgebühren Einkünfte darstellen, aufgrund deren die Betriebsstätten (konkreter: das Stammhaus mit dem Betriebsstättengewinn) in ihrem Belegenheitsstaat der Körperschaftsteuer unterliegen (Art. 1 Abs. 5 ZiLiRL). Der „konkrete Zusammenhang" verlangt nach einem funktionellen Zusammenhang der Schulden oder des (immateriellen) Vermögens mit der Betriebsstätte.[4] Die „Subject-to-Tax"-Klausel des Art. 1 Abs. 5 ZiLiRL erfordert jedoch nicht, dass die Zinsen oder Lizenzgebühren tatsächlich besteuert werden, sondern, dass sie auf der Basis eines DBA steuerlich erfasst werden können und nicht befreit sind;[5] unterbleibt daher eine Besteuerung z.B. wegen laufender Betriebsstättenverluste, ist die Eigenschaft der Betriebsstätte als Nutzungsberechtigte nicht ausgeschlossen.

In den derzeit vor dem EuGH anhängigen „**Dänemark-Fällen**"[6] wird der EuGH u.a. über die Auslegung des **Begriffs des „Nutzungsberechtigten"** i.S.d. Art. 1 Abs. 4 ZiLiRL zu entscheiden haben. Nach Auffassung der Generalanwältin *Kokott* ist der in der ZiLiRL verwendete Begriff unionsrechtsautonom auszulegen und somit ein Rückgriff auf die Erläuterungen zu den OECD-MA nicht zulässig. Demzufolge sei grundsätzlich der zivilrechtliche Inhaber der zinsbringenden Forderung als Nutzungsberechtigter anzusehen. Anderes soll nur dann gelten, wenn die Zinsen nicht im eigenen Namen oder nicht auf eigene Rechnung vereinnahmt werden. Auf fremde Rechnung handle demnach jemand, der aufgrund einer treuhänderischen Bindung an einen Dritten selbst nicht das Risiko des Verlusts (d.h. der Zinsen) trägt. Eine zu ähnlichen Bedingungen vereinbarte Refinanzierung durch den Empfänger der Zinsen reicht dabei nach Auffassung der Generalanwältin *Kokott* für sich gesehen selbst bei Vorliegen

---

[1] Pkt. 3.3.1 des Berichts KOM (2009) 179; ausführlich *Kofler/Lopez Rodriguez* in Lang/Pistone/Schuch/Staringer/Storck, Beneficial Ownership: Recent Trends, S. 215 (215 ff.).
[2] Dazu *Furherr/Nowotny*, GeS 2004, 190 (192 f.).
[3] *Kofler/Lopez Rodriguez* in Lang/Pistone/Schuch/Staringer/Storck, Beneficial Ownership: Recent Trends, S. 215 (218 ff. und 234 ff.); unklar ist, inwieweit sich das Konzept des Nutzungsberechtigten im OECD-MA auf die Auslegung des gleichlautenden unionsrechtlichen Konzepts auswirken wird; s. *Distaso/Russo*, ET 2004, 143 (148 ff.); *Eicker/Aramini*, EC Tax Rev. 2004, 134 (141 f.); *Furherr/Nowotny*, GeS 2004, 190 (192 f.); *Gusmeroli*, ET 2005, 39 (42). Siehe allgemein auch *Kokott*, Das Steuerrecht der Europäischen Union, S. 321 m.w.N.
[4] *Kofler/Lopez Rodriguez* in Lang/Pistone/Schuch/Staringer/Storck, Beneficial Ownership: Recent Trends, S. 215 (246).
[5] *Kofler/Lopez Rodriguez* in Lang/Pistone/Schuch/Staringer/Storck, Beneficial Ownership: Recent Trends, S. 215 (246 f.).
[6] C-115/16 – N Luxembourg 1, ECLI:EU:C:2018:143; C-118/16 – X Denmark A/S, ECLI:EU:C:2018:146 (verbunden mit C-115/16 u. 119/16); C-119/16 – C Danmark I, ECLI:EU:C:2018:147 (verbunden mit C-115/16 u. C-118/16); C-299/16 – Z Denmark, ECLI:EU:C:2018:148; C-682/16 – BEI Aps (Vorlagefragen in ABl. EU 2017 Nr. C 70, 12). Siehe auch *Kokott*, Das Steuerrecht der Europäischen Union, S. 321.

eines zeitlichen Zusammenhangs der Darlehensabschlüsse nicht aus, um eine treuhänderische Bindung anzunehmen.[1]

15.16 Der Begriff der **„verbundenen Unternehmen"** umfasst **sowohl vertikale als auch horizontale Strukturen**: So gelten als „verbundene Unternehmen" im Unionsgebiet niedergelassene Unternehmen, zwischen denen eine **unmittelbare, mindestens 25%ige Kapitalbeteiligung** besteht, sowie **„Schwestergesellschaften"**, an denen ein drittes Unternehmen jeweils eine unmittelbare, mindestens 25%ige Kapitalbeteiligung hält (Art. 3 Buchst. b ZiLiRL). Trotz des möglicherweise unklaren Richtlinienwortlautes muss auch im Falle von „Schwestergesellschaften" die gemeinsame Muttergesellschaft in einem Mitgliedstaat ansässig sein,[2] wenngleich nicht erforderlich scheint, dass sie zusätzlich in einem anderen Mitgliedstaat als ihre Töchter ansässig ist.[3] Den Mitgliedstaaten steht es jedoch frei, das Kriterium einer Mindestkapitalbeteiligung durch das Kriterium eines **Mindestanteils an den Stimmrechten** zu ersetzen (Art. 3 Buchst. b ZiLiRL). Ein kumulatives Abstellen auf eine Kapital- und Stimmrechtsbeteiligung wäre demgegenüber unzulässig.[4]

15.17 Die Anforderungen sind damit in mehrerer Hinsicht höher als in der MTR, zumal einerseits die Beteiligungsschwelle bei 25 % liegt, andererseits „Unmittelbarkeit" gefordert ist. Wenn **Art. 3 Buchst. b ZiLiRL aber** eine **unmittelbare Beteiligung** (*„direct [...] holding"*) fordert, so zeigt die Rechtsentwicklung doch, dass damit **lediglich Beteiligungen über andere Gesellschaften (Körperschaften)** ausgeschlossen werden sollten, nicht jedoch solche über **transparente Personengesellschaften**.[5] Rechts-

---

1 EuGH, Schlussanträge der Generalanwältin *Kokott* v. 1.3.2018 – C-115/16 – N Luxembourg 1, ECLI:EU:C:2018:143, Rz. 36 ff.; v. 1.3.2018 – C-118/16 – X Denmark A/S, ECLI:EU:C:2018:146, Rz. 34 ff.; v. 1.3.2018 – C-119/16 – C Danmark I, ECLI:EU:C:2018:147, Rz. 35 ff.; v. 1.3.2018 – C-299/16 – Z Denmark, ECLI:EU:C:2018:148, Rz. 36 ff.
2 Pkt. 3.3.6.2 des Berichts KOM (2009) 179; s. auch *Distaso/Russo*, ET 2004, 143 (146).
3 *Dörr*, IStR 2005, 109 (115).
4 Pkt. 3.3.6.1 des Berichts KOM (2009) 179.
5 So wurde im Rat hinsichtlich der Zinsen-Lizenzgebühren-RL zunächst diskutiert, ob und in welcher Form – direkt (Mutter-, Tochter-, Enkelgesellschaften) oder seitlich (Schwestergesellschaften) – auch mittelbare Beteiligungen über andere Gesellschaften für die Berechnung der 25%igen Mindestbeteiligung herangezogen werden sollten (s. Dok. 10895/98 FISC 132 [4.9.1998], 3 f.). Die Mehrzahl der Delegationen konnte mittelbare Beteiligungen akzeptieren, wobei die Niederlande, Schweden, Frankreich und das Vereinigte Königreich auch „eine mittelbare Beteiligung durch eine Gesellschaft in einem Drittland akzeptieren können" (Dok. 11124/98 FISC 139 [30.9.1998], 3); drei Delegationen (Griechenland, Portugal, Italien) waren jedoch gegen die Einbeziehung mittelbarer Beteiligungen (Dok. 11124/98 FISC 139 [30.9.1998], 3). Die sodann der Verhandlung unterzogenen Textvorschläge enthielten auch – in unterschiedlichen Varianten – Regelungen zur Einbeziehung mittelbarer Beteiligungen (s. z.B. Dok. 11519/98 FISC 146 [6.10.1998] 6 ff.; Dok. 12531/98 FISC 165 [6.11.1998], 5; Dok. 14043/98 FISC 209 [14.1.1999], 6), wobei sich die griechische, portugiesische und italienische Delegation weiterhin gegen deren Einbeziehung aussprachen (Dok. 12531/98 FISC 165 [6.11.1998], 5 f. m. Fn. 8; Dok. 14043/98 FISC 209 [14.1.1999], 6 m. Fn. 21). In einem Kompromissvorschlag des Vorsitzes wurde letztlich auf die Einbeziehung mittelbarer Beteiligungen verzichtet und nur das Kriterium der Unmittelbarkeit im Wortlaut belassen (Dok. 7302/99 FISC 86 [14.4.1999], 11), was letztlich auch Eingang in den Richtlinientext gefunden hat. Zu diesem Schluss gelangt man auch im Hinblick auf Art. 15 des Zinsbesteuerungsabkommens mit der Schweiz, das eine „direkte Beteiligung" erfordert. So spricht auch die Wegleitung der Eidgenössischen Steuerverwaltung davon, dass „[e]ine direkte Beteiligung [vorliegt], wenn die Beteiligungsrechte direkt ohne die Zwischenschaltung einer juristischen Person oder einer als selbständiges Steuersubjekt behandelten Personengesellschaft gehalten werden", während bei Zwischenschaltung einer Personengesellschaft, „die in ihrem Sitzstaat steuerlich nicht als selbständiges Steuersubjekt behandelt wird", „die über diese Personengesellschaft gehaltenen Beteiligungsrechte anteilsmäßig als direkte Beteiligung" gelten. Ebenso im Ergebnis z.B. *Dörr*, IStR 2005, 109 (116). Siehe schließlich auch Z 4 der Wegleitung zum ZBstA und dazu z.B. auch *Danon/Storckmeijer* in Lang/Pistone (Hrsg), The EU and Third Countries: Direct Taxation, S. 943 (970). Siehe aber auch *Kokott*, Das Steuerrecht der Europäischen Union, S. 318, wonach „eine mittelbare Beteiligung, z.B. durch zwischengeschaltete Fonds," nicht ausreiche.

poltisch unbefriedigend schließt die Definition „verbundener Unternehmen" somit z.B. Zahlungen zwischen Enkel- und Großmuttergesellschaften ebenso aus, wie Zahlungen zwischen Enkelgesellschaften.[1] Nach dem derzeit anhängigen Kommissionsvorschlag[2] zur Änderung der Richtlinie soll sowohl die Beteiligungsschwelle auf 10 % abgesenkt werden als auch das Unmittelbarkeitskriterium entfallen (Rz. 15.4).

Art. 1 Abs. 10 ZiLiRL eröffnet als spezifische Anti-Missbrauchsklausel zur Verhinderung bloß kurzfristiger Gestaltungen den Mitgliedstaaten die Möglichkeit, im Rahmen der nationalen Umsetzung eine **bis zu zweijährige Mindestbehaltedauer** vorzusehen.[3] Danach steht es den Mitgliedstaaten *„frei, diese Richtlinie nicht auf ein Unternehmen eines anderen Mitgliedstaats oder die Betriebsstätte eines Unternehmens eines anderen Mitgliedstaats anzuwenden"*, wenn die Voraussetzungen für das Vorliegen „verbundener Unternehmen" nach Art. 3 Buchst. b ZiLiRL *„während eines ununterbrochenen Zeitraums von mindestens zwei Jahren nicht erfüllt waren"*. 15.18

Diese – wenngleich nicht in allen Sprachfassungen einheitliche – Formulierung im juristischen Perfekt (*„erfüllt waren"*) wurde in offenkundigem Kontrast zur parallelen, im juristischen Präsens formulierten Vorschrift des Art. 3 Abs. 2 MTR (*„im Besitz einer Beteiligung bleiben"*) gewählt, zumal der EuGH auf der Basis dieser Formulierung eine Anwendung der MTR auch für den Fall bejaht hat, dass die Behaltefrist erst nach der Gewinnausschüttung „fertigerfüllt" wird.[4] Es ist daher nicht auszuschließen, dass durch Art. 1 Abs. 10 ZiLiRL den Mitgliedstaaten die Möglichkeit eröffnet wurde, die Befreiung nur für **Zahlungen *nach* Ablauf der Mindestbehaltedauer** zu gewähren, ohne dass es eines Rückerstattungsverfahrens für Zahlungen *vor* Ablauf der Mindestbehaltedauer bedürfte.[5] Die Kommission,[6] Generalanwältin *Sharpston*[7] und das Schrifttum[8] vertreten diesbezüglich vor dem Hintergrund der **Zielsetzung der Mindestbehaltedauer** (Verhinderung rein steuerlich motivierter kurzfristiger Gestaltungen) jedoch die Ansicht, dass es der Richtlinie widersprechen würde, wenn ein Mitgliedstaat keine Möglichkeit vorsieht, die Erfüllung der Mindestbehaltedauer zu einem späteren Zeitpunkt rückwirkend zu berücksichtigen, also die Steuer nach Art. 1 Abs. 15 ZiLiRL zu erstatten. 15.19

3. Sachlicher Anwendungsbereich

Die Definitionen des **Zinsen- und Lizenzgebührenbegriffes** in Art. 2 ZiLiRL sind zwar unionautonom auszulegen (s. hierzu auch Rz. 13.2),[9] orientieren sich aber – weitgehend wortident – an Art. 11 und Art. 12 OECD-MA.[10] Eine **Abweichung vom (geltenden) OECD-MA** besteht lediglich darin, dass auch 15.20

---

1 Siehe auch *Distaso/Russo*, ET 2004, 143 (145); *Eicker/Aramini*, EC Tax Rev. 2004, 134 (141); *Gusmeroli*, ET 2005, 39 (41); *Dörr*, IStR 2005, 109 (116 f.).
2 KOM (2011) 714 endg.
3 Siehe z.B. *Oliver*, Intertax 1999, 204 (205 f.); *Weber*, EC Tax Rev. 2000, 15 (24); *Eicker/Aramini*, EC Tax Rev. 2004, 134 (142 f.); *Distaso/Russo*, ET 2004, 143 (151).
4 EuGH v. 17.10.1996 – C-283/94, C-291/94 u. C-292/94 – Denkavit, VITIC, Voormeer, ECLI:EU:C:1996:387.
5 Siehe zu dieser Frage auch die abwägenden Überlegungen in Vorlage des BFH v. 27.5.2009 – I R 30/08, IStR 2009, 780 m. Anm. *Obser*, in der Rechtssache: EuGH v. 21.7.2011 – C-397/09 – Scheuten Solar Technology, ECLI:EU:C:2011:499; vorgehende Entscheidung des FG Münster v. 22.2.2008 – 9 K 5143/06 G, EFG 2008, 968 = IStR 2008, 372 m. Anm. *Rainer*.
6 Siehe Pkt. 3.3.2 des Berichts KOM (2009) 179, auch mit Überlegungen zur Auswirkung einer grenzüberschreitenden Vollstreckungsmöglichkeit.
7 EuGH, Schlussanträge der Generalanwältin *Sharpston* v. 12.5.2011 – C-397/09 – Scheuten Solar Technology, ECLI:EU:C:2011:292, Rz. 86 ff.
8 Siehe *Kokott*, Das Steuerrecht der Europäischen Union, S. 319 m.w.N.
9 *Van Dongen*, ET 2012, 20 (22); *Kokott*, Das Steuerrecht der Europäischen Union, S. 319.
10 Dazu *Schaumburg/Häck* in Schaumburg, Internationales Steuerrecht[4], Rz. 19.361 ff. u. Rz. 19.372 ff.

Mietentgelte für bewegliche Ausrüstungen und Software vom Lizenzgebührenbegriff der Richtlinie erfasst sind.[1]

4. Territorialer Anwendungsbereich

15.21 Die ZiLiRL enthält keine ausdrücklichen Bestimmungen über ihren **territorialen (räumlichen) Anwendungsbereich**. Grundsätzlich deckt sich jedoch der territoriale Geltungsbereich einer an alle Mitgliedstaaten gerichteten Richtlinie mit demjenigen des AEUV. Da sich die ZiLiRL nach Art. 11 ZiLiRL an „**die Mitgliedstaaten**" richtet und zudem wiederholt den Begriff des „Mitgliedstaats" in ihren materiellen Bestimmungen enthält, erstreckt und beschränkt sich der territoriale Anwendungsbereich der ZiLiRL somit auf das in Art. **52 EUV i.V.m. Art. 355 AEUV** (ex-Art. 299 EG) definierte Gebiet der Europäischen Union.[2] Im **Verhältnis zur Schweiz** besteht mit **Art. 9 Abs. 2 des Informationsaustauschabkommens**[3] (vormals Art. 15 Abs. 2 des Zinsbesteuerungsabkommens)[4] für grenzüberschreitende Zins- und Lizenzgebührenzahlungen eine vergleichbare, auf der Stammfassung der ZiLiRL basierende, Regelung zur Entlastung von der Quellenbesteuerung.[5]

II. Gewährleistungsgehalt

15.22 Nach Art. 1 Abs. 1 ZiLiRL werden in „einem Mitgliedstaat angefallene Einkünfte in Form von Zinsen oder Lizenzgebühren von allen in diesem Staat darauf erhebbaren Steuern – unabhängig davon, ob sie an der Quelle abgezogen oder durch Veranlagung erhoben werden – **befreit**". Die Steuerbefreiung ist damit nicht auf den Steuerabzug an der Quelle beschränkt; sie erfasst vielmehr ausdrücklich auch die im Wege der Veranlagung erhobenen Steuern. Sachlich erfasst sind **Zahlungen von Zinsen und Lizenzgebühren zwischen – durch eine zumindest 25%ige vertikale oder horizontale Kapitalbeteiligung – verbundenen Unternehmen bzw. deren Betriebsstätten**, sofern der Empfänger **Nutzungsberechtigter** ist (Art. 1 Abs. 1, 7 und 8 ZiLiRL). Nach dem System der ZiLiRL kommen daher auch **Betriebsstätten** verbundener Unternehmen als Zahler oder Nutzungsberechtigte in Betracht (Art. 1 Abs. 3 und 5 ZiLiRL).

15.23 Die ZiLiRL erfasst damit insbesondere folgende **Vorgänge**:

– Zahlungen eines Unternehmens eines Mitgliedstaates an ein verbundenes, nutzungsberechtigtes Unternehmen eines anderen Mitgliedstaates (Zahlungen der Mutter- an die Tochtergesellschaft und *vice versa* bzw. zwischen „Schwestergesellschaften"; Art. 1 Abs. 1, 2, 4 und 7 ZiLiRL).

– Zahlungen eines Unternehmens eines Mitgliedstaates an eine in einem anderen Mitgliedstaat belegene, nutzungsberechtigte Betriebsstätte eines verbundenen Unternehmens eines Mitgliedstaates (Art. 1 Abs. 1, 2, 4, 5, 6 und 7 ZiLiRL).

– Zahlungen einer in einem Mitgliedstaat belegenen Betriebsstätte eines Unternehmens eines Mitgliedstaates an ein verbundenes Unternehmen eines anderen Mitgliedstaates (Art. 1 Abs. 1, 2, 3, 4, 6, 7 und 8 ZiLiRL).

– Zahlungen einer in einem Mitgliedstaat belegenen Betriebsstätte eines Unternehmens eines Mitgliedstaates an eine in einem anderen Mitgliedstaat belegene, nutzungsberechtigte Betriebsstätte eines verbundenen Unternehmens eines Mitgliedstaates (Art. 1 Abs. 1, 2, 3, 5, 6, 7 und 8 ZiLiRL).

---

1 Siehe z.B. *Muszynska*, SWI 2003, 397 (399 f.); *Brokelind*, ET 2004, 252 (252 ff.); *Gusmeroli*, ET 2005, 39 (45); *Dörr*, IStR 2005, 109 (113 f.); weiter z.B. BT-Drucks. 15/3679, 21.
2 Ausführlich dazu *Kofler*, MTR, Art. 1 MTR Rz. 8 ff.
3 ABl. EU 2015 Nr. L 333, 12.
4 ABl. EU 2004 Nr. L 385, 30.
5 Siehe z.B. *Oberson*, BIFD 2005, 108 (108 ff.); *Eicker/Obser*, EC Tax Rev. 2006, 134 (134 ff.); *Oesterhelt/Winzap*, 8 ASA 449 (449 ff.) (2006); *Jung*, ET 2006, 112 (112 ff.).

Nach dem Wortlaut der Richtlinie ist es nicht erforderlich, dass in einer **Betriebsstättensituation** die **verbundenen Unternehmen in unterschiedlichen Mitgliedstaaten** ansässig sind; erfasst sind damit auch bilaterale Situationen, in denen zwar die verbundenen Unternehmen in bloß einem Mitgliedstaat ansässig sind, die zahlende oder empfangende Betriebsstätte aber in einem anderen Mitgliedstaat belegen ist.[1] Ist hingegen die **zahlende bzw. empfangende Betriebsstätte im Mitgliedstaat des empfangenden bzw. zahlenden verbundenen Unternehmens** belegen, ist die Richtlinie nicht anwendbar, zumal Art. 1 Abs. 1 ZiLiRL erfordert, dass „*der Nutzungsberechtigte der Zinsen oder Lizenzgebühren ein Unternehmen eines anderen Mitgliedstaats oder eine in einem anderen Mitgliedstaat belegene Betriebsstätte eines Unternehmens eines Mitgliedstaats ist*", somit der Quellenstaat und der Empfängerstaat verschiedene Mitgliedstaaten sein müssen;[2] gleichermaßen sind **Zahlungen zwischen Betriebsstätten verbundener Unternehmen unterschiedlicher Mitgliedstaaten** dann nicht erfasst, wenn die Betriebsstätten in **demselben Mitgliedstaat** belegen sind.[3]

15.24

Die Richtlinie setzt in **Betriebsstättensituationen** voraus, dass sich sowohl die **zahlende Betriebsstätte** als auch das **Stammhaus der Empfängerbetriebsstätte** und die **Empfängerbetriebsstätte** selbst in der Union befinden.[4] Dies ergibt sich aus Art. 1 Abs. 1 ZiLiRL, wonach der Nutzungsberechtigte ein „*Unternehmen eines anderen Mitgliedstaats*" oder „*eine in einem anderen Mitgliedstaat belegene Betriebsstätte eines Unternehmens eines Mitgliedstaats*" sein muss. Im Hinblick auf die empfangende Betriebsstätte lässt sich das Unionserfordernis überdies aus der Besteuerungsanforderung des Art. 1 Abs. 5 Buchst. b ZiLiRL, im Hinblick auf die zahlende Betriebsstätte aus der Abzugsfähigkeitsbedingung des Art. 1 Abs. 3 ZiLiRL ableiten; für beide Situationen ergibt sich dies zudem aus Art. 1 Abs. 8 ZiLiRL, wonach die Befreiung nicht zur Anwendung kommen soll, „*wenn Zinsen oder Lizenzgebühren durch eine oder an eine in einem Drittstaat belegene Betriebsstätte eines Unternehmens eines Mitgliedstaats gezahlt werden und die Tätigkeit des Unternehmens ganz oder teilweise in dieser Betriebsstätte ausgeführt wird*". Fraglich ist jedoch, ob es die Richtlinie erfordert, dass auch das **Stammhaus der zahlenden Betriebsstätte** ein Unternehmen eines Mitgliedstaates sein muss.[5] Während nämlich die deutsche Sprachfassung des Art. 1 Abs. 2 ZiLiRL erfordert, dass es sich bei der zahlenden Betriebsstätte um eine „*in einem Mitgliedstaat [belegene] Betriebsstätte eines Unternehmens eines anderen Mitgliedstaats*" handelt, findet sich eine solche Bedingung beispielsweise in der englischen Sprachfassung dieser Bestimmung nicht.

15.25

Art. 6 ZiLiRL enthält für eine Reihe von Mitgliedstaaten aus budgetären Erwägungen **befristete Übergangsregelungen für die Anwendung des Quellensteuerverzichts**. Diese waren schon in der Stammfassung für Griechenland, Spanien und Portugal enthalten[6] und wurden nachfolgend auch einigen der „neuen" Mitgliedstaaten gewährt.[7] Diesen Mitgliedstaaten war bzw. ist es für einen **Übergangszeitraum** gestattet, eine i.d.R. **der Höhe nach begrenzte Quellensteuer auf Zinsen bzw. Lizenzgebühren** weiterhin zu erheben. Umgekehrt ist den Empfängermitgliedstaaten die Verpflichtung auferlegt, eine höchstbetragsbegrenzte Anrechnung dieser Quellensteuern vorzunehmen.[8] Folgende Tabelle gibt einen Über-

15.26

---

1 *Eicker/Aramini*, EC Tax Rev. 2004, 134 (140); *Gusmeroli*, ET 2005, 86 (87 f.); *Dörr*, IStR 2005, 109 (111 f.).
2 Siehe *Gusmeroli*, ET 2005, 86 (87 f.); auch Art. 1 Abs. 2 der Richtlinie.
3 *Gusmeroli*, ET 2005, 86 (89 f.); *Dörr*, IStR 2005, 109 (112 f.).
4 *Gusmeroli*, ET 2005, 86 (92 f.).
5 Dagegen *Gusmeroli*, ET 2005, 86 (92 ff.).
6 Richtlinie 2003/49/EG, ABl. EU 2003 Nr. L 157, 49.
7 Siehe für die Tschechische Republik, Lettland, Litauen, Polen und Slowakei die Richtlinie 2004/76/EG, ABl. EU 2004 Nr. L 157, 106; für Bulgarien und Rumänien die Anhänge VI und VII zur Beitrittsakte, ABl. EU 2005 Nr. L 157, 116 und 156.
8 Siehe für die Tschechischen Republik, Griechenland, Spanien, Lettland, Litauen, Portugal und die Slowakei Art. 6 Abs. 2 und 3 Richtlinie 2004/76/EG, ABl. EU 2004 Nr. L 157, 106. In der Beitrittsakte für Bulgarien und Rumänien ist eine analoge Anrechnungsverpflichtung hingegen nicht ausdrücklich normiert; diese gestattet Bulgarien und Rumänien lediglich die befristete Quellenbesteuerung, äußert sich aber nicht zur Verpflichtung der übrigen Mitgliedstaaten, diese Steuer im Anrechnungswege zu berücksichtigen; s. die Anhänge VI und VII zur Beitrittsakte, ABl. EU 2005 Nr. L 157, 116 und 156.

blick über die einzelnen, im Übrigen bereits für alle Mitgliedstaaten abgelaufenen **Übergangsvorschriften:**[1]

Mitgliedstaat	Zinsen	Lizenz-gebühren	Steuersatz
Bulgarien	31.12.2014	31.12.2014	10 % bis 31.12.2010, 5 % bis 31.12.2014
Griechenland	1.7.2013	1.7.2013	Unbeschränkt bis 1.7.2005, 10 % bis 1.7.2009, 5 % bis 1.7.2013
Lettland	1.7.2013	1.7.2013	Unbeschränkt bis 1.7.2005, 10 % bis 1.7.2009, 5 % bis 1.7.2013
Litauen	1.7.2011	1.7.2011	Unbeschränkt bis 1.7.2005, danach für Lizenzgebühren 10 % bis 1.7.2011, für Zinsen 10 % bis 1.7.2009 und 5 % bis 1.7.2011
Polen	1.7.2013	1.7.2013	Unbeschränkt bis 1.7.2005, 10 % bis 1.7.2009, 5 % bis 1.7.2013
Portugal	1.7.2013	1.7.2013	Unbeschränkt bis 1.7.2005, 10 % bis 1.7.2009, 5 % bis 1.7.2013
Rumänien	31.12.2010	31.12.2010	10 % bis 31.12.2010
Slowakei	-	1.5.2006	Unbeschränkt bis 1.5.2006
Spanien	-	1.7.2011	10 % bis 1.7.2011
Tschechische Republik	-	1.7.2011	10 % bis 1.7.2011

III. Missbrauchsvorbehalte

15.27 Ebenso wie andere Richtlinien im direkten Steuerrecht[2] enthält auch die ZiLiRL eine allgemeine „Anti-Missbrauchsklausel":[3] So steht sie nach **Art. 5 Abs. 1 ZiLiRL** „der Anwendung **einzelstaatlicher oder vertraglicher Bestimmungen zur Verhinderung von Betrug und Missbrauch** nicht entgegen". Dies wird in Art. 5 Abs. 2 ZiLiRL dahingehend konkretisiert, dass die Mitgliedstaaten „im Fall von Transaktionen, bei denen der **hauptsächliche Beweggrund oder einer der hauptsächlichen Beweggründe die Steuerhinterziehung, die Steuerumgehung oder der Missbrauch ist**, den Rechtsvorteil dieser Richtlinie entziehen bzw. die Anwendung dieser Richtlinie verweigern" können.[4] Art. 5 ZiLiRL bezieht sich unmittelbar auf nationale und in bi- und multilateralen DBA enthaltene Bestimmungen, und zwar unabhängig davon, ob diese bereits zum Zeitpunkt des Inkrafttretens der Richtlinie existiert haben oder erst danach eingeführt oder vereinbart wurden. Der Begriff der **„Bestimmungen"** erfasst dabei nicht nur spezifische Normen, sondern auch allgemeine Anti-Missbrauchsvorschriften (wie z.B. § 42 AO

---

1 Siehe auch den älteren Überblick bei *Körner*, IStR 2004, 751 (751 f.).
2 Siehe Art. 15 Abs. 1 der kodifizierten FRL (früher: 11 Abs. 1 FRL) (hierzu Rz. 17.81 ff.) und Art. 1 Abs. 2 der MTR (hierzu Rz. 14.85 ff.); vgl. auch Art. 8 Abs. 1 der Schiedskonvention (hierzu Rz. 16.45) und Art. 4 AhiRL.
3 Ausführlich dazu und m.w.N. *Staringer/Tüchler* in Lang/Schuch/Staringer, Quellensteuern – Der Steuerabzug bei Zahlungen an ausländische Empfänger, S. 281 (305 ff.); *Kofler/Lopez Rodriguez* in Lang/Pistone/Schuch/Staringer/*Storck*, Beneficial Ownership: Recent Trends, S. 215 (226 ff.); weiter *Kofler*, MTR, Art. 1 MTR Rz. 61–88.
4 Siehe zur vergleichbaren Problemlage in der MTR Rz. 14.85 ff.; konkret zu Art. 5 der ZiLiRL Pkt. 3.3.9 des Berichts KOM (2009) 179.

oder § 22 öBAO)[1] und sogar ungeschriebene, richterrechtliche Doktrinen (z.B. *fraus legis* oder „*substance-over-form*")*.*[2] Gerade bei den für das „**Directive Shopping**" in der ZiLiRL interessierenden „**Durchlaufgesellschaften**" besteht hinsichtlich der konkreten **Anwendung des vom EuGH entwickelten Künstlichkeitskriteriums** allerdings erheblicher Klärungsbedarf. Zu den **Grundfreiheiten** stellt der EuGH auf eine „*tatsächliche Ansiedelung*" mit dem Zweck, „*wirklichen wirtschaftlichen Tätigkeiten*" nachzugehen ab,[3] wobei dies aus Anhaltspunkten wie dem **Vorhandensein von** „*Geschäftsräumen, Personal und Ausrüstungsgegenständen*" deduziert werden könne;[4] eine „**Briefkastenfirma**" oder eine „**Strohfirma**" zähle – wohl soweit sie überhaupt Einkünftezurechnungssubjekt ist[5] – solcherart jedenfalls zur *familia suspecta*.[6] Nach Ansicht der Kommission ist es zudem zweifelhaft, ob ein Unternehmen, das als **Nutzungsberechtigter** i.S.d. Art. 1 ZiLiRL gilt, im Rahmen der Anwendung des Art. 5 ZiLiRL als künstliche Konstruktion angesehen werden könnte.[7]

Zur Anti-Missbrauchsklausel des Art. **11 FRL** (nunmehr Art. 15 der kodifizierten Fassung)[8] vertritt der EuGH in ständiger Rechtsprechung, dass auf deren Basis die Mitgliedstaaten „*nur ausnahmsweise in besonderen Fällen* die Anwendung der Bestimmungen der Richtlinie ganz oder teilweise versagen oder rückgängig machen" können[9] und sie daher **als „Ausnahmevorschrift"** unter Berücksichtigung ihres Wortlauts, Zwecks und Kontextes „*eng auszulegen*" ist.[10] Es ist kein Grund ersichtlich, diese Auslegungsgrundsätze nicht auch auf die ZiLiRL zu übertragen. Eine Reihe von vor dem EuGH anhängigen Fällen zur Auslegung der Missbrauchsvorbehalte des Art. 5 ZiLiRL wird wohl weitere Klarheit in diesem Bereich bringen.[11] Aus derzeitiger Sicht bleiben die Entscheidungen des EuGH abzuwarten.

Art. 4 ZiLiRL befasst sich einerseits mit dem **optionalen Ausschluss gewisser Zahlungen** (Art. 4 Abs. 1 ZiLiRL), andererseits mit der **Nichtanwendbarkeit auf den fremdunüblich hohen Teil von Zins- und Lizenzgebührenzahlungen** (Art. 4 Abs. 2 ZiLiRL), so dass – analog Art. 11 Abs. 6 und Art. 12 Abs. 4 OECD-MA – im Falle einer besonderen Beziehung die Befreiung nur für die **fremdverhaltenskonforme Zins- oder Lizenzgebührenkomponente** gewährt werden muss.[12] Was den optionalen Ausschluss

---

1 Siehe zur MTR z.B. *de Hosson*, Intertax 1990, 414 (427); *Harris*, 9 Fla. J. Int'l L. 111 (131) (1994); *Tumpel*, Harmonisierung der direkten Unternehmensbesteuerung in der EU, S. 287 f.; *Thömmes* in Haarmann, Grenzen der Gestaltung im Internationalen Steuerrecht, Forum der Internationalen Besteuerung Bd. 4, S. 27 (37).
2 EuGH v. 5.7.2007 – C-321/05 – Kofoed, ECLI:EU:C:2007:408, Rz. 44 ff. (zur FRL); ebenso zur MTR bereits *de Hosson*, Intertax 1990, 414 (427); *Harris*, 9 Fla. J. Int'l L. 111 (131) (1994); **a.A.** zuvor im Hinblick auf die Relevanz richterrechtliche Doktrinen für Art. 1 Abs. 2 MTR z.B. *Raby*, EC Tax Rev. 1992, 216 (220); *Maisto*, ET 2002, 287 (291), zumal der Wortlaut explizit von „Bestimmungen" spreche.
3 EuGH v. 12.9.2006 – C-196/04 – Cadbury Schweppes, ECLI:EU:C:2006:544, Rz. 65 f. = FR 2006, 987 m. Anm. *Lieber*.
4 EuGH v. 12.9.2006 – C-196/04 – Cadbury Schweppes, ECLI:EU:C:2006:544, Rz. 67 = FR 2006, 987 m. Anm. *Lieber*.
5 Siehe auch *Leclercq*, BIFD 2007, 235 (243); *Schön* in FS Reiß (2008) 571 (589 m. Fn. 76).
6 EuGH v. 12.9.2006 – C-196/04 – Cadbury Schweppes, ECLI:EU:C:2006:544, Rz. 68; ebenso *Kokott*, FR 2008, 1041 (1042); *de Broe*, International Tax Planning and Prevention of Abuse, S. 1014 ff.
7 Siehe Pkt. 3.3.9 des Berichts KOM (2009) 179; dazu *Kofler/Lopez Rodriguez* in Lang/Pistone/Schuch/Staringer/Storck, Beneficial Ownership: Recent Trends, S. 215 (229 f.).
8 Richtlinie 2009/133/EG, ABl. EU 2009 Nr. L 310, 34 ff.
9 EuGH v. 5.7.2007 – C-321/05 – Kofoed, ECLI:EU:C:2007:408, Rz. 37; v. 11.12.2008 – C-285/07 – A.T., ECLI:EU:C:2008:705, Rz. 31; v. 20.5.2010 – C-352/08 – Zwijnenburg, ECLI:EU:C:2010:282, Rz. 45.
10 EuGH v. 20.5.2010 – C-352/08 – Zwijnenburg, ECLI:EU:C:2010:282, Rz. 46; v. 8.3.2017 – C-14/16 – Euro Park Services, ECLI:EU:C:2017:177, Rz. 48 f.
11 Verfahren anhängig unter EuGH -C-115/16 – N Luxembourg 1, ECLI:EU:C:2018:143; C-118/16 – X Denmark A/S, ECLI:EU:C:2018:146 (verbunden mit C-115/16 u. C-119/16); C-119/16 – C Danmark I, ECLI:EU:C:2018:147 (verbunden mit C-115/16 u. 118/16); C-299/16 – Z Denmark, ECLI:EU:C:2018:148; C-682/16 – BEI Aps (Vorlagefragen in ABl. EU 2017 Nr. C 70, 12).
12 Zu den primärrechtlichen Grenzen für nationale Unterkapitalisierungsvorschriften s. Pkt. 3.3.8 des Berichts KOM (2009) 179.

gewisser Zahlungen nach – dem eng auszulegenden[1] – Art. 4 Abs. 1 ZiLiRL betrifft, nimmt die Richtlinie offenbar auf die **Abgrenzungsprobleme zwischen Eigen- und Fremdkapitalinstrumenten** bedacht. So muss der **Quellenstaat** die Vorteile der Richtlinie nämlich nicht gewähren bei

- Zahlungen, die nach dem Recht des Quellenstaats als **Gewinnausschüttung oder als Zurückzahlung von Kapital** behandelt werden;
- Zahlungen aus Forderungen, die einen **Anspruch auf Beteiligung am Gewinn** des Schuldners begründen;
- Zahlungen aus Forderungen, die den Gläubiger berechtigen, seinen Anspruch auf Zinszahlungen gegen einen **Anspruch auf Beteiligung am Gewinn** des Schuldners einzutauschen; oder
- Zahlungen aus Forderungen, die nicht mit Bestimmungen über die Rückzahlung der Hauptschuld verbunden sind oder wenn die **Rückzahlung mehr als 50 Jahre** nach der Begebung fällig ist.

15.30 Dieser Ausnahmenkatalog gewährt dem Quellenstaat eine **weitgehende Definitionsbefugnis** über die zu erfassenden Zahlungsströme, etwa allgemein bei **verdeckten Ausschüttungen, hybriden Finanzinstrumenten** oder im Hinblick auf **Unterkapitalisierungsbestimmungen**.[2] Der optionale Ausschluss von Forderungen mit Gewinnbeteiligung kann vor allem **partiarische Darlehen, Gewinnschuldverschreibungen, Genussrechte** und typische **stille Gesellschaften** betreffen,[3] jener der umwandelbaren Forderungen z.B. **Wandelanleihen**[4] und jener für Forderungen ohne Rückzahlungstermin innerhalb von 50 Jahren z.B. sog. „ewige Anleihen"[5]. Im Falle der Umqualifikation von Zahlungen in (verdeckte) Ausschüttungen muss der Quellenstaat aber wohl die **Vorteile der MTR** gewähren.[6]

C. Überblick zur Umsetzung im deutschen Recht

15.31 Die **Umsetzung der ZiLiRL** im deutschen Steuerrecht erfolgte – verspätet,[7] aber mit Rückwirkung[8] – durch das EGAmtAnpG[9] insbesondere in § **50g EStG**, jene des Art. 15 Abs. 2 ZBstA (heute: Art. 9 Abs. 2

---

1 Siehe zu diesem Interpretationsansatz bei Ausnahmeregeln z.B. EuGH v. 20.5.2010 – C-352/08 – Zwijnenburg, ECLI:EU:C:2010:282, Rz. 46.
2 Siehe z.B. *Bundgaard*, ET 2010, 442 (444); *van Dongen*, ET 2012, 20 (20 ff.).
3 *Dörr*, IStR 2005, 109 (113); *Eberhartinger/Six* in Andersson/Eberhartinger/Oxelheim, National tax policy in Europe: to be or not to be?, S. 213 (225 ff.); *Bundgaard*, ET 2010, 442 (445).
4 *Distaso/Russo*, ET 2004, 143 (150); *Dörr*, IStR 2005, 109 (113); *Eberhartinger/Six* in Andersson/Eberhartinger/Oxelheim, National tax policy in Europe: to be or not to be?, S. 213 (228); *Bundgaard*, ET 2010, 442 (445).
5 *Bundgaard*, ET 2010, 442 (445).
6 So die Kommission in Pkt. 3.3.8 des Berichts KOM (2009) 179; ausführlich zum Zusammenspiel der Richtlinien *Kofler*, Doppelbesteuerungsabkommen und Europäisches Gemeinschaftsrecht, S. 927 ff.
7 Dazu insbesondere *Dörr/Krauß/Schreiber*, IStR 2004, 469 (469 ff.); zur „vorläufigen Umsetzung" s. BMF v. 26.4.2004 – IV B 4 - S 1316 – 8/04, BStBl. I 2004, 479 (zur Stammfassung der Richtlinie); BMF v. 16.8.2004 – IV B 8 - S 1316 – 39/04, BStBl. 2004, 851 (zu den im Jahr 2004 beigetretenen Mitgliedstaaten); dazu *Lausterer*, IStR 2004, 642 (642 ff.).
8 Siehe zur Anwendbarkeit ab 31.12.2003 § 52 Abs. 59a Satz 5 EStG.
9 BGBl. I 2004, 3112; durch dieses wurden die Stammfassung der Richtlinie (2003/49/EG), die Richtlinie aufgrund der Erweiterung (2004/66/EG) und die Anpassung der Übergangsregelungen (2004/76/EG) umgesetzt. Die nachfolgende Ausdehnung des Anwendungsbereiches aufgrund der Richtlinie 2006/98/EG, ABl. EU 2006 Nr. L 363, 129 (Beitritt Bulgariens und Rumäniens), erfolgte durch das JStG 2008, BGBl. I 2007, 3150; jene aufgrund des Beitritts Kroatiens durch BGBl. I 2014, 1260.

des Informationsaustauschabkommens) durch das StÄndG 2007[1] in § 50g Abs. 6 EStG[2]. Die erforderlichen Verfahrensregelungen enthalten der zeitgleich durch das EGAmtAnpG[3] eingefügte § 50h EStG und der geänderte § **50d** EStG. Der nachfolgend durch das StÄndG 2007[4] gestraffte § **50h EStG** sieht diesbezüglich vor, dass auf Antrag die Ansässigkeit bzw. Belegenheit in Deutschland für Zwecke der Quellensteuerentlastung in einem anderen EU-Mitgliedstaat oder der Schweiz bescheinigt wird. Die Anrechnung ausländischer Quellensteuern während der Übergangszeit (s. Rz. 15.26) ist in § 26 Abs. 6 KStG geregelt.[5]

Im Lichte der nationalen und abkommensrechtlichen Ausgangslage haben die ZiLiRL und § 50g EStG im deutschen Steuerrecht jedoch **nur begrenzte Wirkung**, zumal – entsprechend Art. 9 ZiLiRL bzw. § 50g Abs. 5 EStG – günstigere Regelungen des nationalen Rechts oder Abkommensrechts von der Richtlinie unberührt bleiben:[6]   15.32

- Soweit **Zinsen** betroffen sind, unterliegen diese schon nach § 49 Abs. 1 Nr. 5 Buchst. c EStG im Wesentlichen nur im Falle der dinglichen Sicherung der beschränkten Körperschaftsteuerpflicht. § 50g EStG dient darüber hinaus daher vor allem der Herausnahme von Zinszahlungen für hypothekarisch sichergestellte, nicht verbriefte Konzernforderungen (§ 43 Abs. 1 Satz 1 Nr. 7 EStG) aus der Steuerpflicht, und zwar – entsprechend Art. 1 ZiLiRL – auch dann, wenn die Steuer nicht durch Abzug, sondern im Veranlagungswege erhoben würde (§ 50g Abs. 1 Satz 2 EStG).[7] Überdies sehen zahlreiche deutsche DBA einen Verzicht auf die Quellenbesteuerung von Zinsen vor.

- **Lizenzgebühren** unterliegen hingegen der beschränkten Steuerpflicht (§ 49 Abs. 1 Nr. 2, 3, 6 oder 9 EStG), für die ein 15%iger Quellensteuerabzug vorgesehen ist (§ 50a Abs. 1 Nr. 3 i.V.m. Abs. 2 EStG), so dass die ZiLiRL und § 50g EStG vorwiegend in diesem Bereich zu sachlichen Änderungen führten.[8] Allerdings ist Deutschland in vielen Fällen – entsprechend Art. 12 OECD-MA – abkommensrechtlich die Besteuerungsbefugnis genommen.

§ 50g EStG enthält die **materiellen Bestimmungen zur Umsetzung der ZiLiRL**, wobei sich der Gesetzestext eng am Wortlaut der Richtlinie orientiert. § 50g Abs. 1 Satz 1 EStG definiert zunächst den **Anwendungsbereich**: So werden auf Antrag die Kapitalertragsteuer für Zinsen und die Steuer auf Grund des § 50a EStG für Lizenzgebühren, die von einem deutschen Unternehmen oder einer dort gelegenen Betriebsstätte eines Unternehmens eines anderen EU-Mitgliedstaates als Schuldner an ein Unternehmen eines anderen EU-Mitgliedstaates oder an eine in einem anderen EU-Mitgliedstaat gelegene Betriebsstätte eines Unternehmens eines EU-Mitgliedstaates als Gläubiger gezahlt werden, nicht erhoben.[9] Erfolgt die **Besteuerung durch Veranlagung**, werden die Zinsen und Lizenzgebühren bei der Ermittlung der Einkünfte nicht erfasst (§ 50g Abs. 2 Satz 2 EStG), wie z.B. für hypothekarisch sichergestellte, nicht   15.33

---

1 BGBl. I 2006, 1652. Siehe zur übergangsweisen Anwendung vor dieser gesetzlichen Regelung BMF v. 28.6.2005 – IV B 1 – S 1316 – 42/05, BStBl. I 2005, 858.
2 Für einen Überblick zur Umsetzung in das deutsche Recht s. insbesondere *IBFD*, Survey on the Implementation of the EC Interest and Royalty Directive (2006), S. 259 ff.; weiter z.B. *Dörr*, IStR 2005, 109 (109 ff.); *Dautzenberg*, StuB 2005, 524 (524 ff.); *Häuselmann/Ludemann*, RIW 2005, 123 (127 ff.); *Suhrbier-Hahn*, SWI 2005, 182 (186).
3 BGBl. I 2004, 3112.
4 BGBl. I 2006, 1652.
5 Siehe auch BT-Drucks. 15/3679, 17.
6 Siehe auch BT-Drucks. 15/3679, 20; *Dörr*, IStR 2005, 109 (109); *Schaumburg*, Internationales Steuerrecht[3], Rz. 3.69. Keine Auswirkung hat die Zinsen-Lizenzgebühren-RL auf die Hinzurechnung nach § 8 Nr. 1 GewSt; s. EuGH v. 21.7.2011 – C-397/09 – Scheuten Solar Technology, ECLI:EU:C:2011:499, Rz. 26; zu dieser Diskussion die Vorlage BFH v. 27.5.2009 – I R 30/08, IStR 2009, 780 m. Anm. *Obser*; vorgehend die Entscheidung des FG Münster v. 22.2.2008 – 9 K 5143/06 G, EFG 2008, 968 = IStR 2008, 372 m. Anm. *Rainer*; weiter z.B. *Goebel/Jacobs*, IStR 2009, 87 (87 ff.).
7 BT-Drucks. 15/3679, 20.
8 Siehe auch BT-Drucks. 15/3679, 20; *Dörr*, IStR 2005, 109 (109).
9 Ausführlich zu den erfassten Fallgruppen *Dörr*, IStR 2005, 109 (111 ff.).

verbriefte Konzernforderungen (§ 43 Abs. 1 Satz 1 Nr. 7 EStG). Voraussetzung für die Entlastung ist, dass der **Gläubiger der Zinsen oder Lizenzgebühren ein mit dem Schuldner verbundenes Unternehmen oder dessen Betriebsstätte** ist (§ 50g Abs. 1 Satz 3 EStG). Nicht von § 50g EStG erfasst sind die **außerhalb der EU (in Drittstaaten) ansässigen beschränkt Steuerpflichtigen**.[1] Die Entlastung ist aber auch für den Fall ausdrücklich ausgeschlossen, dass die **empfangende Betriebsstätte in einem Staat außerhalb der EU oder im Inland** gelegen ist (§ 50g Abs. 1 Satz 4 EStG).[2]

15.34 Entsprechend dem Aufbau der Richtlinie enthält § 50g Abs. 3 EStG eine **Reihe von Definitionen**. Zumal der Richtlinienbegriff des **Nutzungsberechtigten** („beneficial owner") dem deutschen innerstaatlichen Steuerrecht fremd ist, wird er in § 50g Abs. 3 Nr. 1 Buchst. a EStG eigenständig als ein Unternehmen definiert, „wenn es die Einkünfte i.S.v. § 2 Abs. 1 erzielt", also **Einkünftezurechnungssubjekt ist**,[3] wohingegen für Betriebsstätten in § 50g Abs. 3 Nr. 1 Buchst. b EStG die Fiktionen des Art. 1 Abs. 5 ZiLiRL übernommen werden, also die Annahme der Nutzungsberichtigung bei tatsächlichem „**Gehören**" zur Betriebsstätte[4] und dem „**Heranziehen**" der Zahlungen zu einer Körperschaftsbesteuerung. Umgekehrt definiert § 50g Abs. 3 Nr. 2 EStG – entsprechend Art. 1 Abs. 3 ZiLiRL – die Betriebsstätte „dann als **Schuldner der Zinsen oder Lizenzgebühren**, wenn die Zahlung bei der Ermittlung des Gewinns der Betriebsstätte eine steuerlich abzugsfähige Betriebsausgabe ist". § 50g Abs. 3 Nr. 3 EStG übernimmt schließlich die „**Vorrangklausel**" des Art. 1 Abs. 6 ZiLiRL: Gilt eine Betriebsstätte eines Unternehmens eines EU-Mitgliedstaates als Schuldner oder Gläubiger von Zinsen oder Lizenzgebühren, so wird kein anderer Teil des Unternehmens als Schuldner oder Gläubiger der Zinsen oder Lizenzgebühren angesehen; es kann also nicht zu einer Anspruchskonkurrenz kommen, die Betriebsstätte als Zahler oder Empfänger bzw. Nutzungsberechtigter genießt Vorrang.

15.35 Der **Begriff der Zinsen und Lizenzgebühren** wird in § 50g Abs. 3 Nr. 4 EStG definiert, der im Wesentlichen Art. 2 ZiLiRL folgt.[5] Ausdrücklich von der Entlastung ausgenommen sind – entsprechend Art. 4 Abs. 1 Buchst. a und b ZiLiRL – nach § 50g Abs. 2 Nr. 1 EStG zunächst Zinsen, die nach deutschem Recht als **verdeckte Gewinnausschüttung** behandelt werden oder die auf Forderungen beruhen, **die einen Anspruch auf Beteiligung am Gewinn** des Schuldners begründen (z.B. Zinsen aus partiarischen Darlehen, Gewinnobligationen, stillen Gesellschaften, Genussrechten und Wandelanleihen).[6] Auch der unangemessen hohe Teil von **nicht fremdverhaltenskonformen Zahlungen** von Zinsen und Lizenzgebühren ist – entsprechend Art. 4 Abs. 2 ZiLiRL – nach § 50g Abs. 2 Nr. 2 EStG von der Entlastung ausgenommen.

15.36 Im Einklang mit Art. 3 ZiLiRL definiert § 50g Abs. 3 Nr. 5 EStG sodann die Ausdrücke „**Unternehmen eines Mitgliedstaates der Europäischen Union**", „**verbundenes Unternehmen**" und „**Betriebsstätte**":

– Um als „**Unternehmen eines Mitgliedstaates der Europäischen Union**" zu gelten, muss nach § 50g Abs. 3 Nr. 5 Buchst. a EStG ein Unternehmen – kumulativ – erstens eine der in Anlage 3 zu § 50g EStG angeführten **Rechtsformen** aufweisen, zweitens nach dem Steuerrecht eines Mitgliedstaates in

---

1 *Dörr*, IStR 2005, 109 (111).
2 Der Ausschluss des Inlandsfalles ergibt sich auch daraus, dass es an einer von der Richtlinie geforderten grenzüberschreitenden Zahlung fehlt; s. *Dörr*, IStR 2005, 109 (112).
3 *Häuselmann/Ludemann*, RIW 2005, 123 (129).
4 Siehe dazu z.B. Tz. 2.4 des Betriebsstättenerlasses des BMF v. 24.12.1999 – IV B 4 - S 1300 – 111/99, BStBl. I 1999, 1076.
5 BT-Drucks. 15/3679, 21.
6 Siehe auch die Auflistung in BT-Drucks. 15/3679, 20 f. – mit dem Hinweis, dass jedoch umsatzabhängig bemessene Zinsen nicht als „gewinnabhängig" i.S.d. § 50g EStG gelten; s. auch *Dörr*, IStR 2005, 109 (113). Zur beschränkten Steuerpflicht dieser Zahlungen s. § 49 Abs. 1 Nr. 5 EStG; dazu z.B. *Schaumburg* in Schaumburg, Internationales Steuerrecht[4], Rz. 6.244 ff. Zur möglichen Anwendbarkeit der MTR auf diese Zahlungen s. Rz. 15.30.

diesem Mitgliedstaat auch **abkommensrechtlich ansässig** sein[1] und schließlich einer der in Anlage 3 zu § 50g EStG genannten **Steuern** unterliegen.[2] Damit sind auch innerhalb der EU doppelt ansässige Gesellschaften erfasst.[3]

- Als „verbundenes Unternehmen" gilt – unabhängig von einer nach Art. 1 Abs. 10 ZiLiRL möglichen Mindesthaltefrist[4] – nach § 50g Abs. 3 Nr. 5 Buchst. b EStG jedes Unternehmen, das dadurch mit einem zweiten Unternehmen verbunden ist, dass das erste Unternehmen unmittelbar mindestens zu 25 % an dem Kapital des zweiten Unternehmens beteiligt ist (**Upstream-Beteiligung**) oder das zweite Unternehmen unmittelbar mindestens zu 25 % an dem Kapital des ersten Unternehmens beteiligt ist (**Downstream-Beteiligung**) oder ein drittes Unternehmen unmittelbar mindestens zu 25 % an dem Kapital des ersten Unternehmens und dem Kapital des zweiten Unternehmens beteiligt ist (**Schwestergesellschaftssituation**).[5] Die **25%ige Mindestbeteiligung** muss jedenfalls im Zeitpunkt der Zahlung vorliegen.[6] Durch das StÄndG 2007[7] wurde zudem – richtlinienkonform (s. Rz. 15.16) – „klargestellt"[8], dass die Beteiligungen nur zwischen Unternehmen bestehen dürfen, die in einem EU-Mitgliedstaat ansässig sind, so dass auch das beherrschende Unternehmen in der „Schwestergesellschaftssituation" **ein Unternehmen eines EU-Mitgliedstaates** sein muss. Unklar ist jedoch, ob das **Unmittelbarkeitskriterium** des § 50g Abs. 3 Nr. 5 Buchst. b EStG – richtlinienkonform (s. Rz. 15.17) – auch Beteiligungen über transparente Personengesellschaften erfasst[9] und damit lediglich mehrstufige Körperschaftsstrukturen ausschließt.§ 50g Abs. 3 Nr. 5 Buchst. c EStG definiert schließlich – abweichend von § 43b EStG, § 12 AO und Art. 5 OECD-MA – als „**Betriebsstätte**" eine feste Geschäftseinrichtung in einem EU-Mitgliedstaat, in der die Tätigkeit eines Unternehmens eines anderen EU-Mitgliedstaates ganz oder teilweise ausgeübt wird.[10]

Die Anwendbarkeit des § 50g EStG wird – entsprechend Art. 5 ZiLiRL – dann ausgeschlossen, „wenn der hauptsächliche Beweggrund oder einer der hauptsächlichen Beweggründe für Geschäftsvorfälle die **Steuervermeidung oder der Missbrauch** sind" (§ 50g Abs. 4 Satz 1 EStG).[11] Darüber hinaus bleibt § **50d Abs. 3 EStG** (s. Rz. 14.100) wegen seiner abweichenden Tatbestandsvoraussetzungen „unberührt" (§ 50g Abs. 4 Satz 2 EStG), so dass § 50g Abs. 4 und § 50d Abs. 3 EStG unabhängig voneinander anzuwenden sind.[12]

15.37

Die **erforderlichen Verfahrensregelungen** enthält der durch das EGAmtAnpG[13] geänderte § 50d EStG:[14] Die Entlastung vom deutschen Steuerabzug wird entweder durch **Erstattung** der bereits abgeführten Steuerbeträge (§ 50d Abs. 1 EStG) oder – vor Zahlung der Vergütung – durch **Freistellung vom Steuerabzug auf Basis einer Freistellungsbescheinigung** des BZSt (§ 50d Abs. 2 EStG) herbeigeführt; dies entspricht auch Art. 1 Abs. 12 bzw. Abs. 15 ZiLiRL. Über den Freistellungsantrag ist innerhalb von

15.38

---

1 Die Ansässigkeit nimmt auf den abkommensrechtlichen Begriff (Art. 4 OECD-MA) Bezug (BT-Drucks. 15/3679, 21); die Ansässigkeit eines Unternehmens in einem EU-Mitgliedstaat wird in § 50g Abs. 3 Nr. 5 Buchst. a EStG dann angenommen, „wenn es der unbeschränkten Steuerpflicht im Inland oder einer vergleichbaren Besteuerung in einem anderen Mitgliedstaat der Europäischen Union nach dessen Rechtsvorschriften unterliegt".
2 Zur Einbeziehung Kroatiens siehe Art. I StÄnd-AnpG-Kroatien, BGBl. I 2014, 1266.
3 BT-Drucks. 15/3679, 21.
4 *Dörr*, IStR 2005, 109 (111 und 115); *Häuselmann/Ludemann*, RIW 2005, 123 (129).
5 Siehe zu diesen Varianten *Dörr*, IStR 2005, 109 (115 ff.).
6 *Dörr*, IStR 2005, 109 (111).
7 BGBl. I 2006, 1652.
8 Zum klarstellenden Charakter s. BT-Drucks. 16/1545, 16.
9 Bejahend z.B. *Dörr*, IStR 2005, 109 (116).
10 Dazu *Loschelder*, AO-StB 2005, 211 (211 ff.).
11 Dazu ausführlich *Hahn*, IStR 2010, 638 (638 ff.).
12 So BT-Drucks. 15/3679, 21.
13 BGBl. I 2004, 3112.
14 Dazu BT-Drucks. 15/3679, 19; *Dörr*, IStR 2005, 109 (110).

drei Monaten zu entscheiden (§ 50d Abs. 2 Satz 6 EStG), wobei die Frist mit der Vorlage aller für die Entscheidung erforderlichen Nachweise zu laufen beginnt (§ 50d Abs. 2 Satz 7 EStG). Im Einklang mit Art. 1 Abs. 13 ZiLiRL bestimmt § 50d Abs. 2 Satz 4 EStG, dass die **Geltungsdauer der Freistellungsbescheinigung** frühestens an dem Tag beginnt, an dem der Antrag beim BZSt eingeht, und mindestens ein Jahr beträgt und drei Jahre nicht überschreiten darf. Für Erstattungen besteht – entsprechend Art. 1 Abs. 16 ZiLiRL – eine **Verzinsungspflicht**, die zwölf Monate nach Ablauf des Monats beginnt, in dem der Antrag auf Erstattung und alle für die Entscheidung erforderlichen Nachweise vorliegen, frühestens jedoch am Tag der Entrichtung der Steuer durch den Schuldner der Kapitalerträge oder Vergütungen (§ 50d Abs. 1a EStG i.V.m. § 238 f. AO); der Zinslauf endet mit Ablauf des Tages, an dem der Freistellungsbescheid wirksam wird. Hat der Steuerabzug keine abgeltende Wirkung, weil die abzugspflichtigen Einkünfte Bestandteil einer Veranlagung sind, ist nicht § 50d Abs. 1a EStG anwendbar (§ 50d Abs. 1a Satz 8 EStG), sondern richtet sich die Verzinsung nach § 233a AO.[1] Von besonderer Bedeutung sind die **beizubringenden Nachweise für die Entlastungsberechtigung**, wofür z.B. Lizenzverträge, Oberlizenzverträge, Ansässigkeitsbestätigung, Handelsregisterauszug, Bilanzen, Gewinn- und Verlustrechnungen etc in Betracht kommen.[2] Nach § 50d Abs. 4 EStG ist die **Ansässigkeit** des die Steuerentlastung begehrenden Unternehmens bzw. das Erfüllen der Voraussetzungen durch eine Betriebsstätte – entsprechend Art. 1 Abs. 11 ZiLiRL – von der **Steuerbehörde des anderen Mitgliedstaates zu bescheinigen**; umgekehrt sieht der durch das EGAmtAnpG[3] geschaffene und nachfolgend durch das StÄndG 2007[4] gestraffte **§ 50h EStG** vor, dass auf Antrag die Bescheinigung der Ansässigkeit bzw. Betriebsstättenbelegenheit in Deutschland für Zwecke der Quellensteuerentlastung in einem anderen EU-Mitgliedstaat oder der Schweiz erfolgt.

---

1 Dazu BT-Drucks. 15/3679, 19.
2 BT-Drucks. 15/3679, 19.
3 BGBl. I 2004, 3112.
4 BGBl. I 2006, 1652.

Kapitel 16
Fusionsrichtlinie

Hinweis: Die folgenden Ausführungen sind nicht in dienstlicher Eigenschaft verfasst.

A. Entwicklung, Zielsetzung und Regelungskonzept	16.1
I. Einführung	16.1
II. Entwicklung der Fusionsrichtlinie	16.4
III. Zielsetzung der Fusionsrichtlinie	16.11
IV. Regelungskonzept	16.20
B. Regelungskonzept	16.25
I. Anwendungsbereich	16.25
1. Erfasste Rechtsformen	16.25
2. Erfasste Vorgänge	16.30
II. Gewährleistungsgehalt	16.40
1. Besteuerungsaufschub für stille Reserven	16.40
2. Übertragung von Rückstellungen und Rücklagen	16.52
3. Diskriminierungsverbot bei Verlustübergang	16.53
4. Besonderheiten beim up-stream merger	16.55
5. Besteuerungsaufschub auf Anteilseignerebene	16.57
6. Einbringung von Unternehmensteilen	16.64
7. Einbringung von Betriebsstätten	16.65
8. Hybride Gesellschaften	16.67
9. Steuerliche Vergünstigungen für SE und SCE	16.72
III. Missbrauchsvorbehalt	16.81
IV. Mitbestimmungsvorbehalt	16.86
C. Diskussionspunkte zur Umsetzung in deutsches Recht	16.89
I. Umsetzung der FRL in deutsches Recht	16.89
II. Sachlicher Anwendungsbereich	16.91
III. Persönlicher Anwendungsbereich	16.92
IV. Entstrickungstatbestände	16.93
V. Korrektur der Beteiligungswerte bei Verschmelzungen	16.97
VI. Freistellung des Übernahmegewinns bei der Verschmelzung?	16.98
VII. Kein Verlustübergang	16.99
VIII. Übertragung eines Teilbetriebs bei der Aufspaltung	16.100
IX. Teilbetriebsbegriff	16.101
X. Übertragung eines Teilbetriebs	16.104
XI. Spezielle Missbrauchsregelungen gem. § 15 Abs. 2 UmwStG	16.105
XII. Erfordernis der Gewährung neuer Anteile bei § 20 und § 21 UmwStG	16.107
XIII. Doppelte Buchwertverknüpfung bei § 20 UmwStG	16.108
XIV. Einbringungsgewinn I und Einbringungsgewinn II	16.110
D. Fazit	16.113

Literatur: *Altheim*, Beratung der mittelständischen Wirtschaft bei Beteiligungen, Fusionen und Spaltungen im Binnenmarkt, IStR 1993, 406; *Aurelio*, An Analysis of the 2005 Amendments to the Merger Directive, Intertax 2006, 333; *Bärwaldt/Hoefling*, Grenzüberschreitender Formwechsel: Das Urteil des EuGH in der Rs. „Polbud" in der praktischen Anwendung, DB 2017, 3051; *Becker-Pennrich*, Die Sofortversteuerung nach § 21 Abs. 2 Satz 2 UmwStG beim grenzüberschreitenden Anteilstausch, IStR 2007, 684; *Benecke*, Anwendungsbereich des UmwStG und Rückwirkung nach dem UmwSt-Erlass 2011, GmbHR 2012, 113; *Benecke/Schnitger*, Änderungsrichtlinie zur Fusionsrichtlinie: Vermeidung der wirtschaftlichen Doppelbesteuerung und Aufnahme transparenter Gesellschaften – zwei unvereinbare Ziele?, IStR 2005, 606; *Benecke/Schnitger*, IStR 2005, 641; *Benecke/Schnitger*, Final Amendments to the Merger Directive: Avoidance of Economic Double Taxation and Application to Hybrid Entities, Two Conflicting Goals, Intertax 2005, 170; *Benecke/Schnitger*, Letzte Änderungen der Neuregelungen des UmwStG und der Entstrickungsnormen durch das SEStEG, IStR 2007, 22; *Benecke/Staats*, Zum Konkurrenzverhältnis der Mutter-Tochter-Richtlinie zur Fusions-Richtlinie – Klärung durch das EuGH-Urteil „Punch Graphix"?, ISR 2013, 15; *Berner*, Zur Unionsrechtswidrigkeit der Entstrickungsbesteuerung gemäß § 4 Abs. 1 S. 3 f. EStG, IStR 2015, 274; *Bezzina*, The Treatment of Losses under the EC Merger Directive 1990, BIFD 2002, 57; *Blumers/Kinzl*, Änderungen der Fusionsrichtlinie: Warten auf den EuGH, BB 2005, 971; *Bösing/Sejdija*, Grenzüberschreitende Entstrickung:

Ein probates Mittel zur Wahrung des deutschen Besteuerungsrechts, Ubg 2013, 636; *Boulogne*, A Proposal to Expand and Improve Article 6 of the EU Merger Directive, Intertax 2014, 70; *Boulogne*, Shortcomings in the European Union Merger Directive: Lessons for Future Harmonization, Intertax 2016, 810; *Brähler/ Heerdt*, Steuerneutralität bei grenzüberschreitenden Verschmelzungen unter Beteiligung hybrider Gesellschaften, StuW 2007, 260; *van den Brande*, The Merger Directive amended: the final version, EC Tax Review 2005, 119; *Breuninger*, Die „Zentralfunktion des Stammhauses" bei grenzüberschreitenden Verschmelzungen, in Spindler/Tipke/Rödder (Hrsg.), Steuerzentrierte Rechtsberatung, FS für Schaumburg, Köln 2009, 587; *van den Broek/den Toom*, Transfer of a PE under the Merger Directive (2009/133): Capital Gains Taxation and the Freedom of Establishment, ET 2018, 335; *Caspar*, Das Europäische Tabakwerbeverbot und das Gemeinschaftsrecht, EuZW 2000, 237; *Class/Weggenmann*, Ein neues Teilbetriebsverständnis im Umwandlungssteuerrecht – entscheidet zukünftig der EuGH?!, BB 2012, 552; *Daiber*, The ECJ's Decision in A.T. v. Finanzamt Stuttgart-Körperschaften, ET 2009, 364; *Debatin*, Unternehmensorganisationsstrukturen im Gemeinsamen Markt aus steuerlicher Sicht, BB 1991, 947; *Dobratz*, Grundfreiheiten und „Exit"-Besteuerung, ISR 2014, 198; *Dörfler/Rautenstrauch/Adrian*, Einbringungen in eine Kapitalgesellschaft nach dem SEStEG-Entwurf, BB 2006, 1711; *Dötsch/Pung*, SEStEG: Die Änderungen des UmwStG, DB 2006, 2704; *Dötsch/Pung*, DB 2006, 2763; *Drüen/Schmitz*, Zur Unionsrechtskonformität des Verlustuntergangs bei Körperschaften, GmbHR 2012, 485; *Ehret/Lausterer*, Einleitende Erläuterungen des Umwandlungssteuererlasses und Anwendungsbereich, DB 2012, Beilage 1 zu Heft 2, 5; *Ernst & Young*, Survey of the Implementation of Council Directive 90/434/EEC (The Merger Directive, as amended), 2009; *Everling*, Einlagensicherung der Banken im Europäischen Binnenmarkt, ZHR 162 (1998), 403; *Fibbe*, The different translations of the term ‚company' in the Merger Directive and the Parent-Subsidiary Directive: a Babylonian confusion of tongues?, EC Tax Review 2006, 95; *Förster*, Der finale Umwandlungssteuererlass 2011 – wichtige Abweichungen gegenüber der Entwurfsfassung, GmbHR 2012, 237; *Förster/Wendland*, Einbringung von Unternehmensteilen in Kapitalgesellschaften, BB 2007, 631; *Frotscher*, Zur Vereinbarkeit der „Betriebsstättenbedingung" bei Sitzverlegung und grenzüberschreitender Umwandlung mit den Grundfreiheiten, IStR 2006, 65; *van Gelder*, The Polbud-Case and New EU Company Law Proposal: Expanding the Possibilities for Cross-Border Conversions in Europe, EC Tax Review, 2018, 260; *Geyrhalter/Weber*, Transnationale Verschmelzungen – im Spannungsfeld zwischen SEVIC Systems und der Verschmelzungsrichtlinie, DStR 2006, 146; *Gille*, Missbrauchstypisierungen im neuen Umwandlungssteuerrecht: Verstoß gegen die Fusionsrichtlinie?, IStR 2007, 194; *Gosch*, Über das Treaty Overriding, IStR 2008, 413; *Gosch*, Über Entstrickungen, IWB 2012, 779; *Gosch*, Rechtmäßigkeit der Entstrickungsbesteuerung nach § 20 UmwStG 1995, IWB 2014, 183; *Graw*, Zur Europarechtswidrigkeit des § 22 UmwStG 2006, FR 2009, 837; *Graw*, Der Teilbetriebsbegriff im UmwSt-Recht nach dem UmwStE 2011, DB 2013, 1011; *Greil*, Ein neues Teilbetriebsverständnis im Steuerrecht, StuW 2011, 84; *Hahn*, Die Veräußerung spaltungsgeborener Anteile, GmbHR 2006, 462; *Helminen*, Must EU Merger Directive Benefits Be Made Available where EEA States Are Involved?, ET 2011, 179; *Henze*, EuGH-Rechtsprechung: Aktuelle Entwicklungen zu den direkten Steuern im Jahr 2014, ISR 2014, 384; *Henze*, EuGH-Rechtsprechung: Aktuelle Entwicklungen zu den direkten Steuern im Jahr 2015, ISR 2015, 398; *Henze*, EuGH-Rechtsprechung: Aktuelle Entwicklungen zu den direkten Steuern im Jahr 2017, ISR 2017, 401; *Herbort*, Die Auswirkung des Authorized OECD Approach auf die Entstrickungsbesteuerung, FR 2013, 781; *Herzig/Förster*, Steueränderungsgesetz 1992: Die Umsetzung der Fusionsrichtlinie in deutsches Steuerrecht (Teil I), DB 1992, 911; *Herzig/Griemla*, Steuerliche Aspekte der Europäischen Aktiengesellschaft/Societas Europaea (SE), StuW 2002, 55; *Heurung/ Engel/Schröder*, Ausgewählte Zweifels- und Praxisfragen zur Spaltung nach dem UmwSt-Erlass 2011, GmbHR 2012, 273; *Hey*, Europäische Steuergesetzgebung zwischen Binnenmarkt und Fiskalinteressen, in Lang (Hrsg.), Europäisches Steuerrecht, DStJG 42 (2018), 9; *Hörtnagl*, Europäisierung des Umwandlungssteuerrechts – SEStEG, Stbg 2006, 471; *Jiménez-Valladolid de L'Hotellerie-Fallois*, The Permanent Establishment: Still a (Permament) Requirement?, EC Tax Review, 2014,4; *Kahle/Beinert*, Zur Diskussion um die Europarechtswidrigkeit der Entstrickungstatbestände nach *Verder LabTec*, FR 2015, 585; *Kallmeyer/Kappes*, Verschmelzungen und Spaltungen nach SEVIC und EU-Verschmelzungsrichtlinie, AG 2006, 224; *Kessler/Huck*, Der (zwangsweise) Weg in den Betriebsstättenkonzern am Beispiel der Hinausverschmelzung von Holdinggesellschaften, IStR 2006, 433; *Kessler/Philipp/Egelhof*, Anwendbarkeit der Mutter-Tochter-Richtlinie und der Fusionsrichtlinie auf Gibraltar-Gesellschaften, IWB 2012, 641; *Klingberg/van Lishaut*, Die Internationalisierung des Umwandlungssteuerrechts, DK 2005, 698; *Knobbe-Keuk*, Wegzug und Einbringung von Unternehmen zwischen Niederlassungsfreiheit, Fusionsrichtlinie und nationalem Steuerrecht, DB 1991, 298; *Knobbe-Keuk*, Die beiden Unternehmenssteuerrichtlinien, EuZW 1992, 336; *Köhler*, Der Wegzug von Unternehmen und Unternehmensteilen in die EU, in Spindler/Tipke/Rödder (Hrsg.), Steuerzentrierte Rechtsberatung, FS für Schaumburg, Köln 2009, 813; *Kollruss*, Does the Merger Directive Violate EU Primary Law by Excluding EU Companies Having Their Place of Effective Management in a Third Country?, Intertax 2015, 501; *Kollruss*,

Umwandlungssteuerrecht beim Anteilstausch europarechtswidrig?, FR 2018, 583; *Körner*, Anmerkungen zum SEStEG-Entwurf vom 21.4.2006, IStR 2006, 469; *Körner*, Sofortige Entstrickungsbesteuerung bei Sitzverlegung?, IStR 2011, 527; *Kraft/Bron*, Defizite bei der grenzüberschreitenden Verschmelzung – eine sekundärrechtliche Bestandsaufnahme, RIW 2005, 641; *Krebs*, Die Harmonisierung der direkten Steuern für Unternehmen in der EG, BB 1990, 1945; *Lang/Pistone/Schuch/Staringer/Storck* (Hrsg.), Corporate Income Taxation in Europe, Cheltenham 2012; *Ley/Bodden*, Verschmelzung und Spaltung von inländischen Kapitalgesellschaften nach dem SEStEG (§§ 11–15 UmwStG n.F.), FR 2007, 265; *Lieber*, Anmerkung zu: EuGH 1. Kammer, Urt. v. 19.12.2012 – Rs. C-207/11 – 3D I, EU:C:2012:818 = jurisPR-SteuerR 19/2013 Anm. 7; *Liebman/Rousselle*, Cross-Border Merger and the Societas Europaea: Light at the End of the Tunnel, Intertax 2005, 164; *Linn*, Das EuGH-Urteil in der Rs. DMC und der Vorlagebeschluss des FG Düsseldorf – Ende der Diskussionen um die Wegzugssteuer?, IStR 2014, 136; *Linn*, Vermeintliche oder tatsächliche Rechtskontinuität in der Rechtsprechung des EuGH, IStR 2016, 103; *Lozev*, Survey of Implementation of the EC Merger Directive – A Summary with Comments, ET 2010, 84; *Jürgen Lüdicke*, Die Bedeutung des § 8b Abs. 2 KStG in der Rechtssache DMC, IStR 2014, 537; *Maisto*, Shaping EU Company Tax Policy: Amending the Tax Directives, ET 2002, 287; *Martens*, Steuereffiziente Planung mit Gibraltar, IWB 2008, 717; *Meilicke/Scholz*, Diskriminierungsfreie Besteuerung von Dividenden und Abspaltungen, DB 2017, 871; *Mitschke*, Kein steuerfreier Exit stiller Reserven bei Sitzverlegung einer SE von Deutschland nach Österreich, IStR 2011, 294; *Mitschke*, Finale Verluste in der „Zwickmühle" des Europäischen Steuerrechts, IStR 2013, 209; *Mitschke*, Nochmals: Das EuGH-Urteil in der Rs. DMC – Ende der Diskussionen um die Wegzugsteuer?, IStR 2014, 214; *Mitschke*, Anmerkung, IStR 2017, 716; *Mitschke*, Das EuGH-Urteil in der Rechtssache C-202/16 (A) v. 23.11.2017 – ein „Staatsstreich" gegen den Unionsgesetzgeber?, IStR 2018, 65; *Müller*, Kommentar zu EuGH v. 23.1.2014 – C-164/12 – DMC, ECLI: EU:C:2014:20 = ISR 2014, 136; *Müller*, Steuerrecht Kompakt, DB 2017, 814; *Müller*, Rechtsprechung kompakt, ISR 2018, 58; *Müller-Gatermann*, Das SEStEG im Überblick, in Spindler/Tipke/Rödder (Hrsg.), Steuerzentrierte Rechtsberatung, FS für Schaumburg, Köln 2009, 939; *Musil*, Anm. zu EuGH v. 23.1.2014 – DMC, EU: C:2014:20 = FR 2014, 470; *Mutscher*, Die tatbestandlichen Voraussetzungen eines Ausschlusses bzw. einer Beschränkung des deutschen Besteuerungsrechts am Beispiel des § 1 Abs. 4 Satz 1 Nr. 2 Buchst. b UmwStG, IStR 2007, 799; *Neumann*, Spaltung von Kapitalgesellschaften nach dem UmwSt-Erlass 2011, GmbHR 2012, 141; *Oppel*, Einbringung einer Anrechnungsbetriebsstätte in ausländische Kapitalgesellschaften, IWB 2018, 324; *Oppen/Polatzky*, Ausgewählte Zweifels- und Praxisfragen zur Verschmelzung nach dem UmwSt-Erlass 2011, GmbHR 2012, 263; *Patt*, Die steuerliche Behandlung der Einbringung von Unternehmensteilen in eine Kapitalgesellschaft oder Europäische Genossenschaft und des Anteilstauschs nach dem SEStEG, DK 2006, 730; *Patzner/Nagler*, Anmerkung zum Urteil des EuGH vom 23.1.2014 – C-164/12 – DMC, GmbHR 2014, 216; *Petrosovitch*, Abuse under the Merger Directive, ET 2010, 558; *Prusko*, Steuerliche Missbrauchsvermeidung im Europäischen Binnenmarkt, 2018; *Pung*, Besteuerung von Einbringungsgewinnen bei Sperrfristverstößen nach dem UmwSt-Erlass 2011, GmbHR 2012, 158; *Rasche*, Einbringung von Unternehmensteilen in Kapitalgesellschaften, GmbHR 2012, 149; *Rauch/Schanz*, Die Umsetzung der Fusionsrichtlinie in deutsches Recht und einhergehende Verstöße gegen das Gemeinschaftsrecht, SteuerStud 2009, 4; *Riedel*, Steuerentstrickung bei der Hinausverschmelzung von Kapitalgesellschaften, Ubg 2013, 30; *Rödder/Rogall*, Fortschreibung des Entwurfs des neuen Umwandlungssteuererlasses – Anmerkungen zur Version vom 9.9.2011, Ubg 2011, 753; *Rödder/Schumacher*, Das kommende SEStEG, DStR 2006, 1481; *Rödder/Schumacher*, DStR 2006, 1525; *Rödder/Schumacher*, Das SEStEG – Überblick über die endgültige Fassung und die Änderungen gegenüber dem Regierungsentwurf, DStR 2007, 369; *Rossi-Maccanico*, The 3D I Case: Useful Clarification from the Court on the Boundaries of the EU Merger Directive, EC Tax Review 2013, 197; *Russo*, Partnerships and other hybrid entities and the EC corporate direct tax directives, ET 2006, 478; *Russo/Offermanns*, The 2005 Amendments to the EC Merger Directive, ET 2006, 250; *Saß*, Die Fusionsrichtlinie und die Mutter/Tochterrichtlinie, DB 1990, 2340; *Saß*, Die geänderte steuerliche EU-Fusionsrichtlinie vom 17.2.2005, DB 2005, 1238; *Schaflitzl/Götz*, Verschmelzungen zwischen Kapitalgesellschaften, Spaltungen von Kapitalgesellschaften und damit verbundene gewerbesteuerliche Regelungen, DB 2012, Beilage 1 zu Heft 2, 25; *Schell/Krohn*, Ausgewählte praxisrelevante „Fallstricke" des UmwStE, DB 2012, 1057; *Schell/Krohn*, DB 2012, 1119; *Schiefer/Quinten*, Berücksichtigung „finaler Verluste" durch grenzüberschreitende Verschmelzung – Auswirkungen des Urteils in der Rs. A Oy, IStR 2013, 261; *Schindler*, Generalthema II: Die Änderungen der Fusionsbesteuerungsrichtlinie, IStR 2006, 551; *Schneider/Ruoff/Sistermann*, Brennpunkte des Umwandlungssteuer-Erlasses 2011, FR 2012, 1; *Schön*, Tax Issues and Constraints on Reorganisations and Reincorporations in the European Union, TNI 2004, 197; *Schön/Schindler*, Seminar D: Zur Besteuerung der grenzüberschreitenden Sitzverlegung einer Europäischen Aktiengesellschaft, IStR 2004, 571; *Schulz/Geismar*, Die Europäische Aktiengesellschaft, DStR 2001, 1078; *Schumacher/Neitz-Hackstein*, Verschmelzung und Spaltung zwischen inländischen Kapitalgesellschaften, Ubg 2011, 409; *Schumacher/Neumann*, Ausgewählte Zweifelsfragen zur Auf- und Abspaltung von

Kapitalgesellschaften und Einbringung von Unternehmensteilen in Kapitalgesellschaften, DStR 2008, 325; *Schwenke*, Europarechtliche Vorgaben und deren Umsetzung durch das SEStEG, DStZ 2007, 235; *Sedemund/ Fischenich*, Die neuen Mantelkaufregelungen und Grunderwerbsteuer als verfassungs- und europarechtlich bedenkliche Bremse von internationalen Umstrukturierungen, BB 2008, 535; *Stadler/Elser/Bindl*, Vermögensübergang bei Verschmelzungen auf eine Personengesellschaft oder auf eine natürliche Person und Formwechsel einer Kapitalgesellschaft in eine Personengesellschaft, DB 2012, Beilage 1 Heft 2, 14; *Sydow*, Neues bei der Exit-Tax: EuGH erklärt Fünftelungsregelung zur Besteuerung stiller Reserven und Bankgarantien für unionsrechtskonform, DB 2014, 265; *Syrpis*, The relationship between primary and secondary law in the EU, CMLR 2015, 461; *Thiel*, Europäisierung des Umwandlungssteuerrechts: Grundprobleme der Verschmelzung, DB 2005, 2316; *den Toom/van den Broek*, The Freedom of Establishment and Recapture of PE Losses under the Merger Directive, ET 2018, 63; *Velde*, How Does the CJEU's Case Law on Cross-Border Loss Relief Apply to Cross-Border Mergers and Divisions?, EC Tax Review 2016, 132; *Vinther/Werlauff*, Community Law and the Independent Business as Interpreted by the ECJ in *Andersen & Jensen ApS*, ET 2002, 441; *Wacker*, Zur praktischen Konkordanz von Grundfreiheiten und EU-Richtlinienrecht auf dem Gebiet der direkten Steuern, in *Drüen/Hey/Mellinghoff* (Hrsg.), 100 Jahre Steuerrechtsprechung in Deutschland 1918-2018, FS BFH, Köln 2018, 781; *Werra/Teiche*, Das SEStBeglG aus der Sicht international tätiger Unternehmen, DB 2006, 1455; *Widmann*, The influence of the Merger Directive on German tax law, Intertax 1990, 412; *Zwirner*, Rechtsprechungkompakt zu dem EuGH-Urteil DMC, ISR 2014, 96.

A. Entwicklung, Zielsetzung und Regelungskonzept

I. Einführung

16.1 Unternehmensumwandlungen lösen nach der allgemeinen Systematik des Ertragssteuerrechts regelmäßig eine Besteuerung aus. Wer Anteile an einem Unternehmen (*share deal*) oder sämtliche Wirtschaftsgüter eines Unternehmens (*asset deal*) veräußert, muss grundsätzlich den dabei entstehenden Gewinn versteuern. Die Veräußerung führt zur **steuerpflichtigen Aufdeckung der stillen Reserven.**

16.2 Allerdings gibt es Gründe dafür, in Umwandlungssituationen von einer solchen (sofortigen) Gewinnbesteuerung abzusehen. Aus ökonomischer Sicht können Umwandlungen sinnvoll sein, um effizientere Strukturen zu schaffen und eine Anpassung an Markterfordernisse zu ermöglichen. Das Auslösen einer Besteuerung könnte für solche Umwandlungen ein Hindernis darstellen. Dies gilt insbesondere dann, wenn als Gegenleistung ausschließlich oder überwiegend Anteile gewährt werden. Denn dann stünden ggf. nicht ausreichend Barmittel zur Begleichung der Steuerschuld zur Verfügung.[1] Daher sehen viele Staaten **steuerliche Privilegien für Umwandlungen**, namentlich die Gewährung eines Steueraufschubs für die stillen Reserven, vor.

16.3 Die beschriebenen ökonomischen Vorteile von Umwandlungen machen an der Grenze nicht halt, sondern können auch bei **grenzüberschreitenden Umwandlungen** eintreten.[2] Hier sind die Staaten aber bei der Gewährung steuerlicher Privilegierungen seit jeher weitaus zurückhaltender. Hauptgrund ist die Furcht vor dem Verlust von Steuersubstrat. Wenn ein Staat nach der grenzüberschreitenden Umwandlung kein steuerliches Zugriffsrecht auf die stillen Reserven mehr hat, würde sich der gewährte Steueraufschub in einen unerwünschten endgültigen Steuerverzicht wandeln.

---

1 *Altheim*, IStR 2003, 406 (406); *Terra/Wattel*, European Tax Law[6], S. 657.
2 Um es mit dem EuGH zu sagen: „Grenzüberschreitende Verschmelzungen wie andere Gesellschaftsumwandlungen entsprechen den Zusammenarbeits- und Umgestaltungsbedürfnissen von Gesellschaften mit Sitz in verschiedenen Mitgliedstaaten. Sie gelten somit als besondere, für das reibungslose Funktionieren des Binnenmarkts wichtige Modalitäten der Ausübung der Niederlassungsfreiheit." S. EuGH v. 21.2.2013 – C-123/11 – A Oy, EU:C:2013:84 – Rz. 24 = IStR 2013, 239 = ISR 2013, 103 m. Anm. *Müller* = FR 2013, 370 m. Anm. *Musil*.

II. Entwicklung der Fusionsrichtlinie

Der Umstand, dass die EU-Mitgliedstaaten steuerliche Privilegien in der Regel nur für innerstaatliche Umwandlungen gewährten, rief schließlich die Kommission auf den Plan. Sie erblickte in der unterschiedlichen steuerlichen Behandlung grenzüberschreitender und innerstaatlicher Umwandlungen ein **Hindernis für die Schaffung des europäischen Binnenmarkts**. Bereits im Jahr 1969 legte die Kommission daher einen Richtlinienentwurf vor, um Abhilfe zu schaffen.[1] Dieser Richtlinienentwurf sah die Gewährung weitreichender steuerlicher Vergünstigungen für grenzüberschreitende Umwandlungen vor.[2] Er fand aber nicht die Zustimmung der Mitgliedstaaten. Gut 20 Jahre lang gab es daher keine Fortschritte.[3]

16.4

Erst im Jahr 1990 gelang der Durchbruch. Die Mitgliedstaaten einigten sich auf ein Paket aus FRL, MTRL und Schiedskonvention.[4] Am 23.7.1990 kam es zur **Annahme der FRL** durch den Rat.[5] Damit wurden erstmals konkrete Vorgaben für die ertragsteuerliche Behandlung grenzüberschreitender Umwandlungen in der EU geschaffen. Die damit verbundenen Privilegierungen wirken auf drei Ebenen: bei der einbringenden/erworbenen Gesellschaft, bei der übernehmenden/erwerbenden Gesellschaft und bei den Gesellschaftern der einbringenden/erworbenen Gesellschaft.[6]

16.5

Nach der Verabschiedung der FRL im Jahr 1990 ergaben sich Änderungen am Richtlinientext durch die **Beitritte neuer Mitgliedstaaten**. Dadurch wurde der Anwendungsbereich der FRL auf Gesellschaftsformen dieser neuen Mitgliedstaaten ausgeweitet. Im Einzelnen betraf dies die folgenden Erweiterungen der EU:

16.6

– Beitritte Österreichs, Schwedens und Finnlands zum 1.1.1995;[7]

– Beitritte Polens, Ungarns, Sloweniens, der Slowakei, Estlands, Lettlands, Litauens, Tschechiens, Maltas und Zyperns zum 1.5.2004;[8]

– Beitritte Rumäniens und Bulgariens zum 1.1.2007;[9]

– Beitritt Kroatiens zum 1.7.2013.[10]

Eine wesentliche **inhaltliche Ausweitung** erfuhr die FRL **im Jahr 2005**. Bereits am 26.7.1993, also nur drei Jahre nach der Annahme durch den Rat, hatte die Kommission einen Vorschlag zur Änderung der

16.7

---

1 Vorschlag v. 15.1.1969 einer Richtlinie des Rates über das gemeinsame Steuersystem für Fusionen, Spaltungen und die Einbringung von Unternehmensteilen, die Gesellschaften verschiedener Mitgliedstaaten betreffen, KOM (69) 5 endg.
2 Der Richtlinienentwurf regelte nicht nur die steuerliche Verschonung der stillen Reserven in grenzüberschreitenden Konstellationen, sondern ließ auch eine grundsätzliche Übertragung von Verlusten zu und verbot die Erhebung von „Besitzwechselsteuern", wozu etwa die Grunderwerbsteuer zu zählen wäre. Zudem sollte eine (komplexe) Option zur Besteuerung nach dem Welteinkommensprinzip eingeführt werden, um ausländische Betriebsstättenverluste im Inland nutzen zu können.
3 In ihrer Mitteilung KOM (80) 203 endg. v. 29.4.1980 benannte die Kommission Gründe für den mangelnden Fortschritt.
4 Dazu *Debatin*, BB 1991, 947 (947); *Knobbe-Keuk*, DB 1991, 298 (298): „geradezu historischer Durchbruch"; *Saß*, DB 1990, 2340 (2340): „Endlich!".
5 Richtlinie 90/434/EWG des Rates v. 23.7.1990 über das gemeinsame Steuersystem für Fusionen, Spaltungen, die Einbringung von Unternehmensteilen und den Austausch von Anteilen, die Gesellschaften verschiedener Mitgliedstaaten betreffen, ABl. EG 1990 Nr. L 225, 1.
6 *Ismer* in HHR, Einf. ESt, Oktober 2017, Rz. 544.
7 Beitrittsakte von 1994 Anhang I Nr. XI.B.I.2, ABl. EG 1994 Nr. C 241, 196.
8 Beitrittsakte von 2003 Anhang II Nr. 9.7, ABl. EU 2003 Nr. L 236, 559.
9 Richtlinie 2006/98/EG des Rates, ABl. EU 2006 Nr. L 363, 129.
10 Richtlinie 2013/13/EU des Rates, ABl. EU 2013 Nr. L 141, 30.

FRL vorgelegt.¹ Mit diesem sollte u.a. der Anwendungsbereich auf sämtliche körperschaftsteuerpflichtige Gesellschaften der Mitgliedstaaten erweitert werden, unabhängig von deren Rechtsform. Dieser Vorschlag wurde vom Rat nicht angenommen. Die Kommission zog am 17.10.2003 ihren Vorschlag zurück und legte einen weiteren, noch umfassenderen Änderungsvorschlag vor.² Dessen erklärtes Ziel war es, steuerliche Vergünstigungen für grenzüberschreitende Umwandlungen noch stärker auszuweiten. Zudem sollten steuerliche Hindernisse für Gründung und Wegzug einer SE oder SCE beseitigt werden. Hintergrund dafür war, dass die europäischen Rechtsformen SE und SCE kurz zuvor geschaffen worden waren.³

16.8 Konkret schlug die Kommission in diesem Änderungsvorschlag u.a. die Einbeziehung von Abspaltungen, die Ausweitung der begünstigten Rechtsformen⁴ – darunter eine Einbeziehung hybrider Rechtsformen⁵ –, eine bessere Abstimmung mit der MTRL, Regelungen zur Umwandlung von Betriebsstätten in Tochtergesellschaften, Regelungen zur Vermeidung von Doppelbesteuerung bei Einbringung und Anteilstausch, steuerliche Bestimmungen zur Sitzverlegung von SE oder SCE sowie einige Klarstellungen und Präzisierungen vor. Die anschließenden Diskussionen im Rat zeigten, dass die Mitgliedstaaten nicht alle Vorschläge der Kommission mitzutragen bereit waren.⁶ Am Ende des Jahres 2004 erzielten die Mitgliedstaaten auf Fachebene eine Einigung über eine Änderung der FRL,⁷ in der **die wichtigsten, aber nicht alle Vorschläge der Kommission berücksichtigt** wurden.⁸ Insgesamt ergab sich durch die Einbeziehung von Abspaltungen und durch die Aufnahme von SE und SCE (einschließlich deren Sitzverlegung) eine bedeutende Ausweitung der Richtlinie. Die Änderung der FRL wurde am 17.2.2005 vom Rat beschlossen.⁹

16.9 Schließlich beschloss der Rat am 19.10.2009 eine **konsolidierte Neufassung („Kodifizierung")** der FRL.¹⁰ Mit ihr waren keine inhaltlichen Änderungen verbunden; es ging lediglich darum, die mehr-

---

1 Vorschlag für eine Richtlinie des Rates zur Änderung der Richtlinie 90/434/EWG vom 23.7.1990 über das gemeinsame Steuersystem für Fusionen, Spaltungen, die Einbringung von Unternehmensteilen und den Austausch von Anteilen, die Gesellschaften verschiedener Mitgliedstaaten betreffen, KOM (93) 293 endg. Damit wollte die Kommission den Empfehlungen des sog. Ruding-Komitees nachkommen, vgl. Mitteilung der Kommission an den Rat und das Europäische Parlament v. 26.6.1992, SEK(92) 1118 endg.
2 Vorschlag für eine Richtlinie des Rates zur Änderung der Richtlinie 90/434/EWG des Rates v. 23.7.1990 über das gemeinsame Steuersystem für Fusionen, Spaltungen, die Einbringung von Unternehmensteilen und den Austausch von Anteilen, die Gesellschaften verschiedener Mitgliedstaaten betreffen, KOM (2003) 613 endg.
3 Die SE wurde ins Leben gerufen durch die Verordnung (EG) Nr. 2157/2001 v. 8.10.2001, ABl. EG 2001 Nr. L 294, 1; ergänzende Regelungen zur Beteiligung der Arbeitnehmer wurden durch die Richtlinie 2001/86/EG vom gleichen Tage normiert (ABl. EG 2001 Nr. L 294, 22). Für die SCE sind die entsprechenden Rechtsakte die Verordnung (EG) Nr. 1435/2003 v. 22.7.2003, ABl. EU 2003 Nr. L 207, 1 sowie die Richtlinie 2003/72/EG v. 22.7.2003, ABl. EU 2003 Nr. L 207, 22.
4 Teilweise sollte hier auch eine Einschränkung erfolgen. So sollte etwa die deutsche bergrechtliche Gewerkschaft von der Liste privilegierter Gesellschaften gestrichen werden.
5 Ein Beispiel für eine hybride Rechtsform in diesem Sinne ist die französische société civile, die von Frankreich als intransparent, von Deutschland aber als transparent angesehen wird, s. *Menner* in Haritz/Menner/Bilitewski⁵, § 20 UmwStG Rz. 703.
6 S. zum Verlauf der Diskussion etwa die Darstellung in den Ratsdokumenten 16353/03 FISC 236, 8292/04 FISC 82 und 11873/04 FISC 151.
7 S. Dok.-Nr. 15341/04 FISC 251 sowie 15341/04 COR1 FISC 251 (Korrigendum).
8 *Blumers/Kinzl*, BB 2005, 971 (972 ff.); *Russo/Offermanns*, ET 2006, 250 (251 ff.); *Saß*, DB 2005, 1238 (1238).
9 Richtlinie 2005/19/EG des Rates v. 17.2.2005 zur Änderung der Richtlinie 90/434/EWG über das gemeinsame Steuersystem für Fusionen, Spaltungen, die Einbringung von Unternehmensteilen und den Austausch von Anteilen, die Gesellschaften verschiedener Mitgliedstaaten betreffen, ABl. EU 2005 Nr. L 58, 19.
10 Richtlinie 2009/133/EG des Rates v. 19.10.2009 über das gemeinsame Steuersystem für Fusionen, Spaltungen, Abspaltungen, die Einbringung von Unternehmensteilen und den Austausch von Anteilen, die

fachen Änderungen der FRL in einem einzigen Dokument zusammenzuführen, um die Lesbarkeit und Anwendbarkeit der Richtlinie zu erhöhen.[1]

In ihrem Aktionsplan zur Verstärkung der Bekämpfung von Steuerbetrug und Steuerhinterziehung vom 6.12.2012[2] teilte die Kommission mit, eine **Überarbeitung der Anti-Missbrauchsbestimmung** der FRL im Hinblick auf die Grundsätze der Empfehlung betreffend aggressive Steuerplanung zu prüfen. In jener Empfehlung schlug die Kommission die Einführung einer – konkret formulierten – allgemeinen Missbrauchsregelung vor.[3] Ein offizielles Ergebnis ihrer Prüfung hat die Kommission bislang nicht mitgeteilt. Zwischenzeitlich wurde die Anti-Missbrauchsregelung der MTRL verschärft (Rz. 14.85 ff.), und die ATAD mit ihrer eigenständigen allgemeinen Anti-Missbrauchsregelung – welche der verschärften Regelung in der MTRL nachgebildet ist – wurde verabschiedet (Rz. 17.1 ff.). Angesichts dessen spricht viel dafür, dass die Kommission sich bei einer Überarbeitung der Anti-Missbrauchsbestimmung der FRL ebenfalls an diesem Standard (und weniger an dem konkreten Vorschlag des Jahres 2012) orientieren würde.

16.10

III. Zielsetzung der Fusionsrichtlinie

Was sind die **Ziele der FRL**? Wichtige Hinweise hierzu finden sich in den Erwägungsgründen, die am Anfang der FRL wiedergegeben werden. Sie geben Aufschluss darüber, welche Überlegungen zur Schaffung der konkreten Regelungen geführt haben.[4]

16.11

Gleich im zweiten Erwägungsgrund der FRL wird darauf verwiesen, dass grenzüberschreitende Umwandlungen für die **Schaffung und das Funktionieren des Binnenmarktes** notwendig sein können. Sie sollen nicht durch steuerliche Vorschriften behindert werden. Diese Erwägungen sind folgerichtig, denn die ökonomischen Vorteile von Umwandlungen treten nicht nur bei innerstaatlichen, sondern auch bei grenzüberschreitenden Umwandlungen ein (s. Rz. 16.3).

16.12

Es geht der FRL dabei nur um **ertragsteuerliche Vergünstigungen**. Aus wirtschaftlicher Sicht können zwar auch indirekte Steuern ein Umwandlungshindernis darstellen, etwa wenn bei einer Umwandlung Grundvermögen übertragen wird und darauf Grunderwerbsteuer zu zahlen ist. Hierzu enthält die FRL aber keine Bestimmungen.[5]

16.13

Die FRL will dieses Ziel durch die Schaffung eines **einheitlichen Standards** erreichen. Die Erwägungsgründe der FRL gehen dabei kurz auf ein alternatives Modell zur Erreichung dieses Ziels ein, nämlich auf die Ausdehnung der in einzelnen Mitgliedstaaten geltenden nationalen Privilegien auf Unionsebe-

16.14

Gesellschaften verschiedener Mitgliedstaaten betreffen, sowie für die Verlegung des Sitzes einer Europäischen Gesellschaft oder einer Europäischen Genossenschaft von einem Mitgliedstaat in einen anderen Mitgliedstaat, ABl. EU 2009 Nr. L 310, 34.

1 Dabei handelt es sich freilich nur um eine Momentaufnahme, wie der nach Kodifizierung erfolgte Beitritt Kroatiens zeigt, der zu einer erneuten Änderung der FRL in einem separaten Rechtstext führte. Zu den Hintergründen von Kodifizierungen s. *Sedemund* in Prinz, Umwandlungen im Internationalen Steuerrecht, Rz. 3.40.

2 Mitteilung der Kommission an das Europäische Parlament und den Rat, KOM (722) 2012, dort Maßnahme Nr. 15.

3 Ziff. 4 der Empfehlung der Kommission v. 6.12.2012 betreffend aggressive Steuerplanung, C(2012) 8806 endg.

4 Die Begründungsdichte deutscher Gesetzesbegründungen wird durch solche Erwägungsgründe freilich nicht erreicht, *Sedemund* in Prinz, Umwandlungen im Internationalen Steuerrecht, Rz. 3.44. Für die Auslegung von Richtlinienbestimmungen sind die Erwägungsgründe gleichwohl bedeutsam, insb. da sie Teil des Rechtsaktes selbst sind.

5 Der EuGH hat in seiner Entscheidung (EuGH v. 20.5.2010 – C-352/08 – Modehuis A. Zwijnenburg, Slg. 2010, I-4303) festgestellt, dass nur die in der Richtlinie ausdrücklich genannten (und keine weiteren) Steuern in den Anwendungsbereich der FRL fallen.

ne. Eine solche Lösung wurde jedoch als ungeeignet angesehen, weil die Unterschiede zwischen den jeweiligen nationalen Systemen Wettbewerbsverzerrungen verursachen könnten (Erwägungsgrund (4)). Diese Überlegung ist sachgerecht, denn neben der technischen Komplexität einer solchen Vorgehensweise (etwa in Dreieckssachverhalten) ergäbe sich ein großes Steuergestaltungspotenzial, bei dem die Regelungen des jeweils „großzügigsten" Mitgliedstaates ausgenutzt werden könnten.[1]

16.15 Die Erwägungsgründe benennen noch ein weiteres Ziel der FRL: die Wahrung der **finanziellen Interessen der Mitgliedstaaten**. Dieser Aspekt findet sich etwas versteckt in Erwägungsgrund (5), war aber für die Mitgliedstaaten sowohl bei der Schaffung der FRL als auch bei deren Umsetzung in nationales Recht von großer Bedeutung. Die Interessen der Mitgliedstaaten sind gesichert, wenn es nicht zu einem endgültigen Besteuerungsverzicht, sondern nur zu einem Besteuerungsaufschub kommt. Dadurch wird ein Ausgleich zwischen den Interessen des Steuerpflichtigen und des Fiskus erreicht.

16.16 Eine weitere Zielsetzung, die in den Erwägungsgründen der FRL genannt wird, ist die Ermöglichung der **steuerlich neutralen Sitzverlegung einer SE oder SCE**. Die Aufnahme dieser Regelungen in die FRL im Jahr 2005 stellte eine Ausweitung der Regelungssystematik dar.[2] Denn die FRL regelte bis dato nur Umwandlungen, zu denen die Sitzverlegung nicht zählt. Hintergrund für die Schaffung dieser Regelungen war sicherlich, dass die erst vor kurzem geschaffenen Rechtsformen SE und SCE möglichst schnell auch steuerlich privilegiert werden sollten. Es gibt zudem eine sachliche Nähe zur FRL, denn auch beim Wegzug einer SE oder SCE stellt sich die Frage, ob dieser die (sofortige) Besteuerung der stillen Reserven auslösen darf.[3]

16.17 Im Hinblick auf die Zielsetzung der FRL ist zudem zu beachten, dass die Richtlinie einen gewichtigen Aspekt nicht behandelt, nämlich die Frage, ob bzw. unter welchen Bedingungen die zugrunde liegenden Transaktionen überhaupt zivilrechtlich zulässig sind. Letzteres ist in der Praxis aber eine entscheidende Vorfrage: Wenn eine bestimmte grenzüberschreitende Umwandlung mangels **zivilrechtlicher Zulässigkeit** gar nicht durchgeführt werden kann, stellt sich die Frage ihrer steuerlichen Privilegierung nicht.

16.18 Gegenwärtig ist es so, dass die Mitgliedstaaten in ihren jeweiligen Gesellschaftsrechtsordnungen nicht alle von der FRL erfassten grenzüberschreitenden Umwandlungen zulassen. Für die grenzüberschreitende Verschmelzung bestimmter Kapitalgesellschaften hat zwar die **Verschmelzungsrichtlinie** eine sichere Rechtsgrundlage gebracht.[4] Nach dieser Richtlinie sind grenzüberschreitende Verschmelzungen einiger Kapitalgesellschaften rechtlich möglich. Auch für die Sitzverlegung von SE und SCE existieren europaweit die erforderlichen gesellschaftsrechtlichen Regelungen.[5] Für andere von der FRL erfasste Umwandlungsvorgänge wie etwa die grenzüberschreitende Spaltung oder Abspaltung fehlt es hingegen an expliziten unionsrechtlichen Vorgaben.[6]

---

1 Dieser Gesichtspunkt findet sich bereits in der Begründung des ersten Richtlinienentwurfs v. 15.1.1969, KOM (69) 5 endg.; s. *Terra/Wattel*, European Tax Law⁶, S. 654.
2 *Terra/Wattel*, European Tax Law⁶, S. 661: „This is the odd one out".
3 *Terra/Wattel*, European Tax Law⁶, S. 670.
4 Richtlinie 2005/56/EG des Europäischen Parlaments und des Rates v. 26.10.2005 über die Verschmelzung von Kapitalgesellschaften aus verschiedenen Mitgliedstaaten, ABl. EU 2005 Nr. L 310, 1. Diese Richtlinie wurde später – gemeinsam mit weiteren Richtlinien – durch die EU-Gesellschaftsrechtrichtlinie ersetzt, Richtlinie (EU) 2017/1132 des Europäischen Parlaments und des Rates v. 14.6.2017 über bestimmte Aspekte des Gesellschaftsrechts, ABl. EU 2017 Nr. L 169, 46.
5 S. SE-Verordnung (EG) Nr. 2157/2001 v. 8.10.2001, ABl. EG 2001 Nr. L 294, 1; SCE-Verordnung (EG) Nr. 1435/2003 v. 22.7.2003, ABl. EU 2003 Nr. L 207, 1.
6 Vgl. auch *Boulogne*, Intertax 2016, 810 (813). Den Versuch einer umfassenden Harmonisierung grenzüberschreitender Umwandlungsfälle hat die Kommission im April 2018 unternommen. Der Richtlinienentwurf COM(2018) 241 final v. 25.4.2018 sieht einen rechtlichen Rahmen für grenzüberschreitende Formwechsel, Verschmelzungen und Spaltungen vor; dabei sollen die Mitgliedstaaten vor ungerechtfertigten steuerlichen Effekten geschützt werden (vgl. z.B. Art. 86c Abs. 3 des Richtlinienentwurfs).

Teilweise hat der **EuGH** in Anwendung der Grundfreiheiten diese Lücke gefüllt. Nach seiner Rechtsprechung ist der identitätswahrende Zuzug von Kapitalgesellschaften eines anderen Mitgliedstaats durch Verlegung des Verwaltungssitzes in das Inland zuzulassen.[1] Dies betrifft den Zuzugsstaat. Die Vorgaben des EuGH für den jeweiligen Wegzugsstaat sind aber weniger weitgehend. Hier hängt es in stärkerem Maße von der nationalen Rechtsordnung ab, ob ein identitätswahrender Wegzug möglich ist oder nicht.[2] Die grenzüberschreitende Hineinverschmelzung einer Kapitalgesellschaft hat der EuGH explizit zugelassen, sofern eine entsprechende inländische Verschmelzung möglich gewesen wäre.[3] In der Literatur wird diskutiert, inwieweit diese Entscheidung auch auf Herausverschmelzungen oder andere Umwandlungsvorgänge wie Spaltungen anzuwenden ist.[4] Für die Unternehmenspraxis sind diese Vorgaben des EuGH jedoch kaum eine ausreichende Basis, so dass zu Hilfskonstruktionen gegriffen wird, die teilweise aber nicht steuerneutral durchgeführt werden können.[5] Solange nicht der europäische oder nationale Gesetzgeber[6] eindeutige zivilrechtliche Grundlagen schafft, ist zu konstatieren, dass bestimmte Steuerprivilegien der FRL im Ergebnis leerlaufen.[7] Insoweit hat der europäische Rechtsetzer teilweise den zweiten (steuerlichen) Schritt vor dem (gesellschaftsrechtlichen) ersten gemacht.

16.19

IV. Regelungskonzept

Die FRL ist eine **Richtlinie** i.S.v. Art. 288 AEUV. Sie wurde auf der Basis von Art. 100 EGV (diese Rechtsgrundlage befindet sich nunmehr in Art. 115 AEUV) erlassen. Diese Vorschrift ermächtigt allgemein zum Erlass von „Richtlinien für die Angleichung derjenigen Rechts- und Verwaltungsvorschriften der Mitgliedstaaten, die sich unmittelbar auf die Errichtung oder das Funktionieren des Binnenmarkts auswirken." Dieser Tatbestand wird von der FRL erfüllt. Denn die steuerliche Erleichterung grenzüberschreitender Unternehmensumwandlungen durch alle Mitgliedstaaten befördert den Binnenmarkt.

16.20

Als Richtlinie ist die FRL von den Mitgliedstaaten in nationales Recht umzusetzen.[8] Wie sich aus Art. 288 AEUV ergibt, ist die Richtlinie hinsichtlich des zu erreichenden Ziels verbindlich, den Mitgliedstaaten wird aber die Wahl der Form und der Mittel überlassen. Die FRL schafft insoweit einen **Mindeststandard**. Es ist den Mitgliedstaaten untersagt, bei der Umsetzung der Richtlinie hinter dem Gewährleistungsgehalt der Richtlinie zurückzubleiben, etwa indem die steuerlichen Privilegien einge-

16.21

---

1 EuGH v. 9.3.1999 – C-212/97 – Centros, Slg. 1999, I-1459 = FR 1999, 449 m. Anm. *Dautzenberg*; v. 5.11.2002 – C-208/00 – Überseering, Slg. 2002, I-9919; v. 30.9.2003 – C-167/01 – Inspire Art, Slg. 2003, I-10155 = GmbHR 2003, 1260 m. Anm. *Meilicke*. Dazu *Möhlenbrock* in D/P/M, UmwStG, Einf. Rz. 14; *Hörtnagl*, Stbg 2006, 471 (472).
2 EuGH v. 27.9.1987 – 81/87 – Daily Mail, Slg. 1988, 5483; v. 16.12.2008 – C-210/06 – Cartesio, Slg. 2008, I-9641; s. zu einem Formwechselfall jüngst die EuGH-Entscheidung v. 25.10.2017 – C-106/16 – Polbud, ECLI:EU:C:2017:804, dazu s. *Bärwaldt/Hoefling*, DB 2017, 3051; *van Gelder*, EC Tax Review 2018, 260.
3 EuGH v. 13.12.2005 – C-411/03 – Sevic, Slg. 2005, I-10805 = GmbHR 2006, 140 m. Anm. *Haritz*.
4 S. *Asmus* in Haritz/Menner/Bilitewski[5], § 15 UmwStG Rz. 29 f.; *Rödder/Schumacher*, DStR 2006, 1525 (1534); *Hörtnagl* in Schmitt/Hörtnagl/Stratz[8], § 15 UmwStG Rz. 28 f.; *Schumacher* in R/H/vL[3], § 15 UmwStG Rz. 51 f.; *Kallmeyer/Kappes*, AG 2006, 224 (234); *Geyrhalter/Weber*, DStR 2006, 146 (150); *Möhlenbrock* in D/P/M, UmwStG, Einf. Rz. 14 m.w.N.
5 Vgl. *Schaumburg/Häck* in Schaumburg, Internationales Steuerrecht[4], Rz. 20.80 m.w.N.
6 Eine Verbesserung der deutschen gesellschaftsrechtlichen Rahmenbedingungen für grenzüberschreitende Umwandlungen sollte ein Gesetz zum Internationalen Privatrecht der Gesellschaften, Vereine und juristischen Personen bringen. Ein Entwurf dazu wurde vom BMJ am 7.1.2008 vorgelegt. Dieses Gesetzgebungsvorhaben wurde aber nicht weiter betrieben. S. dazu *Möhlenbrock* in D/P/M, UmwStG, Einf. Rz. 5.
7 Dazu *Blumers/Kinzl*, BB 2005, 971 (971 f.); *Liebman/Rousselle*, Intertax 2005, 164 (164); *Maisto*, ET 2002, 287 (297).
8 Griechenland und Belgien hatten die fristgerechte Umsetzung der FRL bzw. der Änderungen im Jahr 2005 versäumt, EuGH v. 19.2.1998 – C-8/97 – Kommission/Griechenland, Slg. 1998, I-823; v. 8.5.2008 – C-392/07 – Kommission/Belgien, Slg. 2008, I-72.

schränkt oder an mit der FRL nicht vereinbare Bedingungen geknüpft werden.[1] Die Mitgliedstaaten dürfen aber über den Gewährleistungsgehalt der FRL hinausgehen, etwa indem sie die Privilegien auf weitere – nicht von der FRL erfasste – Gesellschaftsformen anwenden.

16.22 Zur letztverbindlichen **Auslegung** der FRL ist der EuGH berufen (Art. 19 EUV). Er wendet dabei die von ihm entwickelten Auslegungsprinzipien an, die – vergleichbar der Auslegung durch deutsche Gerichte – auf den Wortlaut, den Telos, die Systematik und die Historie der Norm abstellen und dabei insbesondere das Sekundärrecht in Übereinstimmung mit dem Primärrecht auslegen (s. Rz. 13.1 ff.).[2]

16.23 Als Akt des Sekundärrechts ist die FRL am höherrangigen Primärrecht zu messen. Da es kein spezifisches Primärrecht zu umwandlungssteuerrechtlichen Fragen gibt, bilden die **Grundfreiheiten** den vorrangigen **Prüfungsmaßstab** für die FRL. Es ist allerdings strittig, wie eng dieser Prüfungsmaßstab ist. Die wohl herrschende Lehre vertritt einen strengen Prüfungsmaßstab.[3] In der Tat genießen die Grundfreiheiten gegenüber Richtlinien den höheren Rang und verpflichten neben den Mitgliedstaaten auch den Unionsgesetzgeber (vgl. Art. 12 Abs. 2 EUV). Wenn hingegen eine abgeschlossene Harmonisierung vorliegt, ist der Anwendungsbereich der Grundfreiheiten nach der Rechtsprechung des EuGH insoweit ausgeschlossen; es kommt dann bei der Prüfung der nationalen Umsetzungsakte nur auf das jeweilige Sekundärrecht an.[4] Aber auch außerhalb solcher abgeschlossenen Harmonisierungsfelder ist es dem Unionsgesetzgeber erlaubt, Harmonisierungsmaßnahmen nur schrittweise vorzunehmen.[5] Nur dies wird der Rechtswirklichkeit des sekundären Unionsrechts, welches häufig auf einer schwierigen Kompromissfindung zwischen den Mitgliedstaaten basiert, gerecht. Akte des Sekundärrechts, die die Grundfreiheiten nicht in Reinform umsetzen, sind daher nicht per se primärrechtswidrig.

---

1 Vgl. EuGH v. 11.12.2008 – C-285/07 – A.T., Slg. 2008, I-9329.
2 *Sedemund* in Prinz, Umwandlungen im Internationalen Steuerrecht, Rz. 3.42 ff.; *Schaumburg* in Schaumburg, Internationales Steuerrecht[4], Rz. 3.56 ff. m.w.N.
3 *Frotscher*, IStR 2006, 65 (68); *Dautzenberg* in Haritz/Menner/Bilitewski[5], Einf. C Rz. 142; *Müller-Graff* in Streinz[3], Art. 56 AEUV Rz. 63.; *Oppel*, IWB 2018, 324 (327 f.); *Everling*, ZHR 162 (1998), 403 (421) unter Berufung auf die Rechtsprechung des EuGH: EuGH v. 29.2.1984 – 37/83 – REWE-Zentrale, Slg. 1984, 1229 Rz. 18; v. 17.5.1984 – 15/83 – Denkavit Nederland, Slg. 1984, 2171 Rz. 15; v. 9.8.1994 – C-51/93 – Meyhui, Slg. 1994, I-3879 Rz. 11; v. 25.6.1997 – C-114/96 – Kieffer und Thill, Slg. 1997, I-3629 Rz. 27.
4 S. z.B. EuGH v. 8.3.2017 – C-14/16 – Euro Park Service, ECLI:EU:C:2017:177 – Rz. 19 ff. In der einschlägigen Literatur gibt es bislang noch keine einheitliche Auffassung zu der Frage, inwieweit die bisher erlassenen Richtlinien zu den direkten Steuern innerhalb ihres Regelungsbereichs eine abgeschlossene Harmonisierung darstellen. S. eingehend zur jüngeren EuGH-Rechtsprechung *Wacker* in FS BFH, S. 781 (784 ff.), dort mit dem Ansatz einer „praktischen Konkordanz" zwischen Primärrecht und Sekundärrecht, die den primärrechtlichen Prüfungsmaßstab auf eine Willkürkontrolle zurücknimmt. Vgl. im Übrigen auch *Prusko*, Steuerliche Missbrauchsvermeidung im Europäischen Binnenmarkt, S. 38 f. m.w.N. sowie *Müller*, ISR 2018, 58 (60); *Desens* in Musil/Weber-Grellet, Europäisches Steuerrecht, § 11 UmwStG Rz. 36; *Martini* in Hagemann/Kahlenberg, ATAD-Kommentar, Verhältnis zum Primärrecht, Auslegung und Anwendung Rz. 6; *Mitschke*, IStR 2011, 294 (296); *Mitschke*, IStR 2017, 716 (717 f.): FRL als abschließende Harmonisierung; *Oppel*, IWB 2018, 324 (327 f.). Wenn man im Ergebnis eine umfassende Sperrwirkung annimmt, dürfte sie einer Prüfung der Richtlinienbestimmungen selbst sowie der nationalen Umsetzungsmaßnahmen (soweit diese sich im Rahmen der Richtlinienregelungen bewegen) am Maßstab der Grundfreiheiten entgegenstehen. Eine Ausnahme könnte bestehen, wenn ein offensichtlicher und erheblicher Grundfreiheitenverstoß vorliegt (was der von *Wacker* a.a.O. angesprochenen Willkürprüfung nahekommen dürfte). Zudem sollte es auch bei Zuerkennung der Sperrwirkung möglich sein, die „formelle Rechtmäßigkeit" (Wahl richtigen Rechtsgrundlage, Zuständigkeit, Formfragen) der Richtlinie zu prüfen. S. zum Ganzen auch Rz. 3.1 ff. (Verhältnis Primärrecht zu Sekundärrecht).
5 So auch *Jochum* in Habersack/Drinhausen, SE-Recht, E) Steuerrecht der SE Rz. 35; *Forsthoff* in G/H/N, Art. 45 AEUV Rz. 133 ff. m.w.N. Dies ist auch vom EuGH explizit anerkannt worden, EuGH v. 13.5.1997 – C-233/94 – Deutschland/Parlament und Rat, Slg. 1997, I-2405 Rz. 43; v. 17.6.1999 – C-166/98 – Socridis, Slg. 1999, I-3791 Rz. 26; v. 1.10.2009 – C-247/08 – Gaz de France, Slg. 2009, I-9225 Rz. 52.

Vielmehr sollte bei der Bestimmung des primärrechtlichen Prüfungsmaßstabs danach unterschieden werden, ob es sich um sekundäres Unionsrecht oder um nationales Recht im nichtharmonisierten Bereich handelt. Bei ersterem ist ein großzügigerer Maßstab anzulegen als bei letzterem, weil es selbst Teil des Unionsrechts ist.[1] Dies gilt auch für die FRL.

Im Verhältnis zu anderen Richtlinien besitzt die FRL **denselben sekundärrechtlichen Rang**. Für mögliche Kollisionsfragen sind grundsätzlich die allgemeinen Grundsätze von *lex specialis* und *lex posterior* heranzuziehen.[2] Relevant ist insoweit Art. 7 FRL, welcher eigens auf die Regelungen der MTRL abgestimmt ist (dazu s. Rz. 16.55 f.). Im Verhältnis der FRL zur MTRL ist im Übrigen darauf hinzuweisen, dass der EuGH von einer Art „Kooperationsverhältnis" auszugehen scheint, in dem sich beide Richtlinien wechselseitig ergänzen.[3] Welche konkreten Folgerungen aus diesem Ansatz für das Konkurrenzverhältnis beider Richtlinien abzuleiten sind, ist allerdings nicht ganz klar.[4] Zudem ist auf Art. 5 ATAD hinzuweisen, der eine allgemeine Entstrickungsregelung für die Übertragung von Wirtschaftsgütern und für Wegzugsfälle enthält. Für die Bestimmung des Verhältnisses dieser Regelung zu den Bestimmungen der FRL ist zunächst zu klären, ob Art. 5 ATAD auch Umwandlungsfälle erfasst. Wenn man den Begriff der Übertragung von Vermögenswerten im Sinne von Art. 5 ATAD weit fasst, könnte dies zu bejahen sein, denn auch bei Umwandlungen kann es im Ergebnis zu einer geänderten Zuordnung von Wirtschaftsgütern kommen. Insoweit könnte eine Anwendbarkeit von Art. 5 ATAD auf die von der FRL geregelten Umwandlungsfälle zu bejahen sein. Dies gilt erst recht für die von Art. 5 ATAD ebenfalls erfassten Wegzugsfälle, soweit es um den Wegzug einer SE oder SCE geht. Dagegen könnte sprechen, dass die FRL das speziellere Regelwerk ist und deshalb der allgemeineren ATAD vorgeht, auch wenn diese neueren Datums ist. In der Sache muss dies aber nicht entschieden werden, denn in der Zusammenschau von Art. 5 ATAD und der FRL ergeben sich keine Friktionen, sondern beide Regelungen stehen grundsätzlich in einem komplementären Verhältnis zueinander: Während die FRL Regelungen für diejenigen Wirtschaftsgüter enthält, für die das Besteuerungsrecht im Wegzugsstaat verbleibt (dann Verbot einer Besteuerung), regelt Art. 5 ATAD die Besteuerung derjenigen Wirtschaftsgüter, für die das Besteuerungsrecht auf einen anderen Staat übergeht (dann Gebot der Besteuerung, aber ggf. Abmilderung durch Stundung).[5] Schließlich ist auf das Verhältnis der Anti-Missbrauchsregelung in Art. 15 Abs. 1 Buchst. a FRL zur allgemeinen Anti-Missbrauchsregelung in Art. 6 ATAD hinzuweisen. Während Art. 15 Abs. 1 Buchst. a FRL den EU-Mitgliedstaaten lediglich das Recht gewährt, eine nationale Anti-Missbrauchsbestimmung einzuführen (bzw. beizubehalten), verpflichtet Art. 6 ATAD die Mitgliedstaten zur Einführung (bzw. Beibehaltung) einer allgemeinen Anti-Missbrauchsregelung- aus dem „kann" wird also ein „muss". Daraus folgt, dass Art. 6 ATAD den Vorrang genießt.

16.24

---

1 So auch *Jochum* in Habersack/Drinhausen, SE-Recht, E) Steuerrecht der SE Rz. 34 ff.; *Caspar*, EuZW 2000, 237 (240 f.); *Forsthoff* in G/H/N, Art. 45 AEUV Rz. 133 ff. m.w.N. Vgl. auch *Wacker* in FS BFH, S. 781 (791 ff., 797 ff.: Beschränkung auf Willkürprüfung); *Schön/Schindler*, IStR 2004, 571 (576): „Es macht eben einen Unterschied, ob ein ‚Allgemeininteresse' flächendeckend und diskriminierungsfrei durch den europäischen Gesetzgeber verwirklicht wird, oder ob die einzelnen Mitgliedstaaten ihre jeweiligen Anliegen ‚im Alleingang' durchzusetzen versuchen" – nachfolgend aber einschränkend dahingehend, dass sekundäres Unionsrecht seine Grenze in der Ausübung der Grundfreiheiten findet und die Grundfreiheiten daher nur unterstützend nicht einschränken darf. S. auch *Hey* in Europäisches Steuerrecht, DStJG 42 (2018), S. 9 (30): „Entscheidungen, in denen der Gerichtshof Sekundärrecht wegen eines Verstoßes gegen das Primärrecht verwirft, sind rar." S. zum Ganzen auch *Syrpis*, CMLR 2015, 461 (482 ff.).
2 *Nettesheim* in G/H/N, Art. 288 AEUV Rz. 228.
3 EuGH v. 18.10.2012 – C-371/11 – Punch Graphix, EU:C:2012:647 = IStR 2012, 886 Rz. 35.
4 Vgl. *Benecke/Staats*, ISR 2013, 15 (18).
5 Es gibt allerdings gewisse Unschärfen dadurch, dass die Formulierungen in beiden Richtlinien nicht identisch gewählt sind.

B. Regelungskonzept

I. Anwendungsbereich

1. Erfasste Rechtsformen

16.25 Gemäß Art. 1 Buchst. a FRL fallen Umwandlungsvorgänge unter die FRL, „wenn daran Gesellschaften aus zwei oder mehr Mitgliedstaaten beteiligt sind". Was eine **Gesellschaft eines Mitgliedstaats** ist, ergibt sich wiederum aus Art. 3 FRL. Dort werden drei Bedingungen formuliert, die kumulativ erfüllt sein müssen.

16.26 Die erste Voraussetzung stellt auf die **Rechtsform** der betreffenden Gesellschaft ab. Dazu enthält Anhang I Teil A eine Liste.[1] Auf ihr finden sich zunächst die SE und die SCE, welche Gesellschaftsformen des europäischen Rechts sind und damit in allen Mitgliedstaaten vorkommen können. Der übrige Teil der Liste benennt für jeden Mitgliedstaat die erfassten Gesellschaftsformen.[2] Dabei kann wie folgt unterschieden werden: Für einige Staaten werden die erfassten Gesellschaftsformen konkret und abschließend aufgezählt (beispielsweise für Tschechien oder Estland). In anderen Fällen werden pauschal alle nach der Rechtsordnung des jeweiligen Staats gegründeten Gesellschaften erfasst, ohne Nennung einzelner Gesellschaftsformen (beispielsweise für Litauen oder das Vereinigte Königreich). Eine dritte Gruppe verbindet die beiden Regelungsansätze dergestalt, dass konkrete Gesellschaftsformen aufgezählt werden und gleichzeitig eine allgemeine Umschreibung aufgeführt wird, unter die auch weitere Gesellschaftsformen fallen können (beispielsweise für Deutschland). Die Liste in Anhang I Teil A ist abschließend; dort nicht erfasste Gesellschaftsformen fallen nicht in den Anwendungsbereich der FRL.[3] Seit der Änderung der FRL im Jahr 2005 umfasst die Liste auch einige hybride Gesellschaftsformen.

16.27 Zusätzlich kommt es auf die **Ansässigkeit** der Gesellschaft an. Hierzu verweist Art. 3 Buchst. b FRL auf das jeweilige Recht des Mitgliedstaats. Wenn eine Gesellschaft in einem Staat nach dessen nationalem Recht ansässig ist, gilt dies auch für Zwecke der Richtlinie. Zudem enthält Art. 3 Buchst. b FRL eine Regelung für den Fall doppelt ansässiger Gesellschaften, in der auf die Ansässigkeitsbestimmung des einschlägigen Doppelbesteuerungsabkommens (sofern vorhanden) abgestellt wird.[4]

16.28 Schließlich setzt Art. 3 Buchst. c FRL voraus, dass die Gesellschaft ohne Wahlmöglichkeit (irgend-)einer der in Anhang I Teil B aufgeführten **Steuern** unterliegt, ohne davon befreit zu sein.[5] Anhang I Teil B

---

1 Diese Regelungstechnik entspricht dem Vorgehen bei den anderen körperschaftsteuerlichen Richtlinien (MTRL, ZiLiRL, Entwürfe von GKB-RL und GKKB-RL), welche ebenfalls Listen mit den erfassten Gesellschaftsformen enthalten. Die Listen in den unterschiedlichen Richtlinien sind aber nicht identisch; s. dazu *Russo/Offermanns*, ET 2006, 250 (252); *Fibbe*, EC Tax Review 2006, 95 (96). Für eine Gegenüberstellung s. *Maisto* in Lang/Pistone/Schuch/Staringer/Storck, Corporate Income Taxation in Europe, S. 149 ff. In der ATAD wird ein gänzlich anderer Ansatz gewählt; deren Regelungen gelten pauschal für alle Steuerpflichtigen, die in einem oder mehreren Mitgliedstaaten körperschaftsteuerpflichtig sind, ohne dass die konkreten Rechtsformen (oder Steuern) für jeden Mitgliedstaat in Katalogen aufgeführt werden.
2 Vgl. *Helminen*, ET 2011, 179 (179 ff.) zu der Frage, inwieweit sich aus den Grundfreiheiten eine Anwendung der Richtlinienvergünstigungen auch für Konstellationen mit EWR-Gesellschaften ergibt.
3 Nach einer im Schrifttum vertretenen Auffassung können aufgrund der Grundfreiheiten auch weitere Gesellschaftsformen in den Schutzbereich der FRL fallen; s. *Sedemund* in Prinz, Umwandlungen im Internationalen Steuerrecht, Rz. 3.51; *Fibbe*, EC Tax Review 2006, 95 (98 f.). Dagegen spricht die Entscheidung des EuGH v. 1.10.2009 – C-247/08 – Gaz de France, Slg. 2009, I-9225, in der der EuGH eine Ausdehnung des Anwendungsbereichs über den Text der Richtlinie hinaus abgelehnt hat (dort für die MTRL).
4 Vgl. die Abgrenzungsregelung in Art. 4 OECD-MA; hierzu s. *Saß*, DB 1990, 2340 (2341). Kritisch zu dem Umstand, dass Gesellschaften mit effektiver Geschäftsleitung in einem Drittstaat ausgeschlossen werden, *Kollruss*, Intertax 2015, 501 (503 ff.).
5 Für bestimmte Gesellschaftsformen ist diese Voraussetzung strenger: Für einige der nicht ausdrücklich aufgeführten Gesellschaftsformen verlangt Anhang I Teil A, dass die Gesellschaft der Steuer „ihres" Staates unterliegt (z.B. Deutschland). Es ist dann nicht ausreichend, wenn die Gesellschaft der Steuer eines

enthält – in ähnlicher Weise wie Anhang I Teil A – eine Liste, in der für jeden Mitgliedstaat die einschlägige Steuer genannt wird. Die Liste ist abschließend.[1]

Es wird diskutiert, ob auch nach gibraltarischem Recht gegründete und dort ansässige Gesellschaften (sog. **Gibraltar-Gesellschaften**) in den Anwendungsbereich der FRL fallen. Solche Gesellschaften sind wegen des vorteilhaften Steuerregimes in Gibraltar für internationale Steuerplanungen interessant.[2] Die Kommission hat hierzu festgestellt, dass die FRL als Teil des Unionsrechts grundsätzlich auch für Gibraltar gilt.[3] Damit ist die Frage, ob eine nach gibraltarischem Recht gegründete und dort ansässige Gesellschaft die Tatbestandsvoraussetzungen von Art. 3 FRL erfüllt, aber noch nicht beantwortet. Gibraltar besitzt ein eigenes Gesellschaftsrecht und ein eigenes Körperschaftsteuerrecht. Gibraltarische Gesellschaftsformen und Steuern finden sich aber nicht in den – abschließenden – Listen von Anhang Teil I A und B.[4] Die Tatbestandsvoraussetzungen von Art. 3 FRL sind daher nicht erfüllt.[5] Diese Einschätzung ist offenbar unter den Mitgliedstaaten verbreitet.[6]

16.29

2. Erfasste Vorgänge

In Art. 1 Buchst. a FRL werden die vom Schutzbereich der FRL erfassten Umwandlungsvorgänge aufgezählt:

16.30

- Fusion;

- Spaltung;

- Abspaltung;

- Einbringung von Unternehmensanteilen;

- Austausch von Anteilen.

Zudem gilt die FRL für Verlegungen des Satzungssitzes – allerdings beschränkt auf SE und SCE. Was unter den genannten Umwandlungsvorgängen und unter Sitzverlegungen zu verstehen ist, wird in Art. 2 FRL näher definiert. Dabei ergibt sich aus Art. 1 FRL, dass – im Einklang mit der Zielsetzung der FRL, steuerliche Hemmnisse für grenzüberschreitende Transaktionen abzubauen – nur grenzüberschreitende Umwandlungen und Sitzverlegungen erfasst werden.

Eine **Fusion** liegt nach Art. 2 Buchst. a FRL vor bei einer Übertragung des gesamten Aktiv- und Passivvermögens auf eine andere Gesellschaft. Erfasst werden Fusionen zur Aufnahme (auf eine bestehende Gesellschaft) oder zur Neugründung (auf eine neu gegründete Gesellschaft; Übertragung erfolgt durch

16.31

---

anderen Staates unterliegt. S. *Aurelio*, Intertax 2006, 333 (346); vgl. *Fibbe*, EC Tax Review 2006, 95 (99 f.).

1 Dies hat der EuGH in der Entscheidung Modehuis Zwijnenburg (EuGH v. 20.5.2010 – C-352/08 – Modehuis A. Zwijnenburg, IStR 2010, 455) entschieden (dort im Hinblick auf die Grunderwerbsteuer). Kritisch dazu *Sedemund* in Prinz, Umwandlungen im Internationalen Steuerrecht, Rz. 3.53.
2 *Martens*, IWB 2008, 717 (717 ff.).
3 Antwort des damaligen Kommissars *Monti* stellvertretend für die Kommission auf die schriftliche Anfrage von Françoise Grossetête E-0522/99 v. 27.4.1999, ABl. EG 1999 Nr. C 348, 93.
4 Genannt werden dort nur Gesellschaftsformen und die Körperschaftsteuer des Vereinigten Königreiches; darunter fallen Gibraltar-Gesellschaften wegen der Eigenständigkeit der gibraltarischen Regelungen aber gerade nicht.
5 Auf die Frage, ob die Steuerbefreiungen des gibraltarischen Rechts überdies dazu führen würden, dass eine Steuerbefreiung i.S.v. Art. 3 Buchst. c FRL vorliegt, kommt es daher nicht an.
6 *Kessler/Philipp/Egelhof*, IWB 2012, 641 (641), berichten, dass Frankreich, Spanien und die Niederlande sowie „jüngere Mitgliedstaaten" keinen Richtlinienschutz für Gibraltar-Gesellschaften gewähren. Im Schrifttum werden – unter Berufung auf die primärrechtlichen Grundfreiheiten – andere Auffassungen zu dieser Frage vertreten, *Sedemund* in Prinz, Umwandlungen im Internationalen Steuerrecht, Rz. 3.49; *Kessler/Philipp/Egelhof*, IWB 2012, 641 (643 ff.).

mindestens zwei Gesellschaften). Voraussetzung ist in beiden Fällen, dass die einbringenden Gesellschaften aufgelöst, aber nicht abgewickelt werden, und dass als Gegenleistung Anteile am Gesellschaftskapital der übernehmenden Gesellschaft an die Gesellschafter der einbringenden Gesellschaften gewährt werden. Zusätzlich darf eine bare Zuzahlung erfolgen, die aber 10 % des Nennwerts oder – bei dessen Fehlen – des rechnerischen Werts dieser Anteile nicht überschreiten darf. In Art. 2 Buchst. a Ziff. iii FRL wird klargestellt, dass bei Übertragungen auf die 100%ige Muttergesellschaft (*up-stream merger*) keine Gewährung von Anteilen an die Gesellschafter erfolgen muss. Dies erklärt sich daraus, dass in solchen Fällen die übernehmende Gesellschaft bereits alleiniger Gesellschafter der einbringenden Gesellschaft ist und die Anteile sich selbst gewähren müsste.

16.32 Die Funktion der **baren Zuzahlung** besteht darin, die Anteilseigner für einen geringeren Wert der erhaltenen Anteile gegenüber den hingegebenen Anteilen zu entschädigen.[1] Zum Charakter der baren Zuzahlung hat der EuGH entschieden, dass es sich um eine Geldleistung handeln muss, die den Charakter einer echten Gegenleistung im Erwerbsvorgang hat.[2] Sie muss demnach eine Leistung sein, die verbindlich zusätzlich zur Zuteilung von Anteilen am Gesellschaftskapital der erwerbenden Gesellschaft vereinbart worden ist, und zwar unabhängig von den etwaigen dem Vorgang zugrunde liegenden Motiven. Maßgeblich sollen die Umstände des Einzelfalls sein.

16.33 Nach Art. 2 Buchst. b FRL setzt eine **Spaltung** voraus, dass eine Gesellschaft zum Zeitpunkt ihrer Auflösung ohne Abwicklung ihr gesamtes Aktiv- und Passivvermögen auf mindestens zwei bestehende oder neu gegründete Gesellschaften überträgt. Voraussetzung ist auch hier, dass Anteile am Gesellschaftskapital der übernehmenden Gesellschaften an die Gesellschafter der einbringenden Gesellschaft gewährt werden und dass eine etwaige bare Zuzahlung höchstens 10 % des Nennwerts bzw. des rechnerischen Werts dieser Anteile beträgt.

16.34 Die im Jahr 2005 in die FRL aufgenommene **Abspaltung** wird in Art. 2 Buchst. c FRL definiert. Bei der Abspaltung wird lediglich ein Teil des Unternehmens auf eine oder mehrere bestehende oder neu gegründete Gesellschaften übertragen. Die einbringende Gesellschaft wird nicht aufgelöst, sondern besteht fort. Hier ist ebenfalls Voraussetzung, dass Anteile am Gesellschaftskapital der übernehmenden Gesellschaft an die Gesellschafter der einbringenden Gesellschaft gewährt werden und dass eine bare Zuzahlung maximal 10 % des Nennwerts bzw. des rechnerischen Werts der Anteile ausmachen darf. Weitere Voraussetzung ist, dass die einbringende Gesellschaft einen oder mehrere Teilbetriebe überträgt und zugleich mindestens einen Teilbetrieb zurückbehält (doppeltes Teilbetriebserfordernis).[3]

16.35 Was ein **Teilbetrieb** ist, ergibt sich aus der Definition in Art. 2 Buchst. j FRL. Es handelt sich demnach um die Gesamtheit der in einem Unternehmensteil einer Gesellschaft vorhandenen aktiven und passiven Wirtschaftsgüter, die in organisatorischer Hinsicht einen selbständigen Betrieb, d.h. eine aus eigenen Mitteln funktionsfähige Einheit, darstellen. Bei der Beurteilung, ob ein Unternehmensteil einen Teilbetrieb in diesem Sinne darstellt, ist nach der Rechtsprechung des EuGH eine funktionale Betrachtungsweise maßgeblich.[4] Entscheidend ist, ob der übertragene Unternehmensteil als selbständiges Un-

---

1 *Terra/Wattel*, European Tax Law[6], S. 667.
2 EuGH v. 5.7.2007 – C-321/05 – Kofoed, Slg. 2007, I-795 Rz. 28 = GmbHR 2007, 880 m. Anm. *Rehm/Nagler*. Der vom EuGH entschiedene Fall betraf einen Anteilstausch, aber die Aussagen zur baren Zuzahlung dürften sich auch auf andere Umwandlungsformen übertragen lassen.
3 Das Erfordernis, dass mindestens ein Teilbetrieb zurückbleiben muss, war im Änderungsvorschlag der Kommission vom 17.10.2003 noch nicht enthalten. Nach Auffassung von *Hahn*, GmbHR 2006, 462 (465) soll mit der Aufnahme dieser Bedingung ein Erschleichen des Richtlinienschutzes ausgeschlossen werden, wenn „nur ein einzelnes wertvolles Wirtschaftsgut in der im Übrigen entleerten Gesellschaft verbleibt, welches dann im Kleide der Anteilsveräußerung unter Beibehaltung der Buchwerte veräußert werden kann". S. auch *Aurelio*, Intertax 2006, 333 (334 f.); *Benecke/Schnitger*, IStR 2005, 641 (641).
4 EuGH v. 15.1.2002 – C-43/00 – Andersen og Jensen, Slg. 2002, I-394 Rz. 35; s. dazu *Vinther/Werlauff*, BIFD 2002, 441 (441 ff.).

ternehmen funktionsfähig ist, ohne hierfür zusätzlicher Investitionen oder Einbringungen zu bedürfen.[1] Eine finanzielle Betrachtungsweise soll demgegenüber zweitrangig sein. Daher soll es für das Vorliegen eines Teilbetriebs unschädlich sein, wenn der Unternehmensanteil seine Geschäftstätigkeit mit einem Betriebskredit finanziert, selbst wenn die Anteilseigner der übernehmenden Gesellschaft für diesen Kredit Sicherheiten stellen. Die eigenständige Funktionsfähigkeit soll aber dann abzulehnen sein, wenn die übernehmende Gesellschaft finanziell sehr wahrscheinlich nicht aus eigenen Mitteln überleben kann, etwa wenn die Verbindlichkeiten so hoch sind, dass die Einnahmen der Gesellschaft nicht für Zins- und Tilgungsdienst ausreichen.[2]

Der EuGH hat sich auch dazu geäußert, unter welchen Umständen eine **Übertragung eines Teilbetriebs** vorliegt bzw. nicht vorliegt. Konkret hat er entschieden, dass die Voraussetzungen für die Übertragung eines Teilbetriebs nicht erfüllt sind, wenn eine dem Teilbetrieb zuzuordnende Darlehensverbindlichkeit übertragen wird, nicht aber der ausgezahlte Darlehensbetrag.[3] Eine Trennung von Wirtschaftsgütern kann also schädlich sein. Andererseits hat der EuGH klargestellt, dass Wirtschaftsgüter ohne funktionalen Bezug zu einem Unternehmensteil auch nicht mit diesem zusammenübertragen werden müssen. So ist es unschädlich, wenn eine Beteiligung, die keinen Bezug zum übertragenen Teilbetrieb aufweist, zurückbehalten wird.[4] 16.36

Eine **Einbringung von Unternehmensteilen** liegt gem. Art. 2 Buchst. d FRL vor, wenn eine Gesellschaft ohne Auflösung ihren Betrieb insgesamt oder mindestens einen Teilbetrieb auf eine andere Gesellschaft überträgt. Weitere Voraussetzung ist, dass sie als Gegenleistung Anteile am Gesellschaftskapital der übernehmenden Gesellschaft erhält. Hierin unterscheidet sich die Einbringung von der Abspaltung, bei der die Gesellschafter der einbringenden Gesellschaft (und nicht die Gesellschaft selbst) die Anteile erhalten. Die Möglichkeit einer baren Zuzahlung ist nicht vorgesehen. Das ist folgerichtig, denn mangels Auflösung der einbringenden Gesellschaft und mangels Anteilsgewährung an die Anteilseigner entfällt die Funktion der baren Zuzahlung, die Anteilseigner für den geringeren Wert der erhaltenen Anteile gegenüber den hingegebenen Anteilen zu entschädigen (s. Rz. 16.32).[5] 16.37

Ein **Austausch von Anteilen** ist gem. Art. 2 Buchst. e FRL gegeben, wenn Gesellschafter ihre Beteiligung an einer Gesellschaft – ganz oder teilweise – auf eine andere Gesellschaft übertragen und im Gegenzug dafür Anteile am Gesellschaftskapital der erwerbenden Gesellschaft und ggf. eine bare Zuzahlung i.H. v. maximal 10 % des Nennwerts bzw. des rechnerischen Werts dieser Anteile erhalten. Weitere Voraussetzung ist, dass die erwerbende Gesellschaft im Ergebnis die Mehrheit der Stimmrechte besitzt. Wie Art. 2 Buchst. e FRL seit der Änderung im Jahr 2005 ausdrücklich besagt, ist diese Voraussetzung auch dann erfüllt, wenn die erwerbende Gesellschaft bereits vor dem Anteilstausch die Mehrheit der Stimmrechte besaß und sich diese Beteiligung durch den Anteilstausch lediglich erhöht.[6] Nicht ausdrücklich geregelt ist, ob auch die Fälle erfasst sind, in denen die erwerbende Gesellschaft vor dem Anteilstausch bereits eine Minderheitsbeteiligung besaß, welche durch den Anteilstausch zu einer Mehrheitsbeteiligung erstarkt ist.[7] Dies dürfte zu bejahen sein.[8] Denn die erwähnte Klarstellung zum Fall der Erhöhung einer bereits bestehenden Mehrheitsbeteiligung zeigt, dass es im Rahmen von Art. 2 Buchst. e FRL nur darauf ankommt, dass im Ergebnis eine Mehrheitsbeteiligung vorliegt, unabhängig davon, ob und in welcher Höhe bereits vorher eine Beteiligung bestand. 16.38

---

1 EuGH v. 15.1.2002 – C-43/00 – Andersen og Jensen, Slg. 2002, I-394 Rz. 35.
2 EuGH v. 15.1.2002 – C-43/00 – Andersen og Jensen, Slg. 2002, I-394 Rz. 36.
3 EuGH v. 15.1.2002 – C-43/00 – Andersen og Jensen, Slg. 2002, I-394 Rz. 25.
4 EuGH v. 15.1.2002 – C-43/00 – Andersen og Jensen, Slg. 2002, I-394 Rz. 28.
5 *Terra/Wattel*, European Tax Law[6], S. 667.
6 Im Änderungsvorschlag der Kommisson v. 17.10.2003 war diese Änderung nicht vorgesehen. Zur Frage, ob es sich um eine bloße Klarstellung oder eine Änderung handelt, s. *Aurelio*, Intertax 2006, 333 (337 f.).
7 *Schindler*, IStR 2005, 551 (555); *Saß*, DB 1990, 2340 (2343).
8 *Saß*, DB 1990, 2340 (2343).

16.39 Eine **Sitzverlegung** wird in Art. 2 Buchst. k FRL als Vorgang definiert, durch den eine SE oder SCE ihren Sitz von einem Mitgliedstaat in einen anderen Mitgliedstaat verlegt, ohne dass dies zu ihrer Auflösung oder zur Gründung einer neuen juristischen Person führt.[1] Eine solche identitätswahrende Sitzverlegung ist in Art. 8 SE-VO und Art. 7 SCE-VO ausdrücklich vorgesehen.

II. Gewährleistungsgehalt

1. Besteuerungsaufschub für stille Reserven

16.40 Die FRL sieht vor, dass die stillen Reserven bei einer Umwandlung nicht sofort, sondern erst bei einer späteren Realisierung versteuert werden müssen. Angeordnet wird nicht ein endgültiger Besteuerungsverzicht, sondern ein **Besteuerungsaufschub**. Die FRL enthält dazu Regelungen für die Ebenen der Gesellschaften und der Gesellschafter.

16.41 Die Regelung zum **Besteuerungsaufschub auf Ebene der einbringenden Gesellschaft** befindet sich in Art. 4 Abs. 1 FRL. Sie gilt für Fusion, Spaltung und Abspaltung und ist gem. Art. 9 FRL auch auf die Einbringung von Unternehmensanteilen anwendbar. Für den Austausch von Anteilen gilt sie hingegen nicht, weil dieser Vorgang keine steuerlichen Folgen für die erworbene Gesellschaft, sondern nur für deren Gesellschafter hat.[2]

16.42 Aus Art. 4 Abs. 1 FRL ergibt sich, dass die stillen Reserven (als Unterschiedsbetrag zwischen steuerlichem Buchwert[3] und tatsächlichem Wert) nicht anlässlich der Umwandlung besteuert werden dürfen. Die FRL enthält keine ausdrückliche Regelung zur Besteuerung dieser stillen Reserven bei einer späteren Realisierung. Aus Erwägungsgrund (7) zur FRL ergibt sich aber, dass die von der FRL gewährte Verschonung in einem Aufschub der Besteuerung des Wertzuwachses übertragener Vermögenswerte bis zur tatsächlichen Realisierung besteht. Daraus folgt, dass es den Mitgliedstaaten gestattet ist, die gebildeten stillen Reserven bei einer späteren Realisierung zu besteuern.[4] Voraussetzung ist, dass die Mitgliedstaaten entsprechende Besteuerungsregeln in ihrem nationalen Recht vorsehen.

16.43 Die Gewährung des Besteuerungsaufschubs wird in Art. 4 Abs. 2 Buchst. b FRL auf solche Vermögenswerte beschränkt, die nach dem Umwandlungsvorgang tatsächlich einer Betriebsstätte der übernehmenden Gesellschaft im Mitgliedstaat der einbringenden Gesellschaft zugerechnet werden und zur Erzielung des steuerlich zu berücksichtigenden Ergebnisses dieser Betriebsstätte beitragen.[5] Dieser **Betriebsstättenvorbehalt** sichert die fiskalischen Interessen des Mitgliedstaats, in dem die einbringende Gesellschaft ansässig ist.

16.44 Bei der Anwendung des Betriebsstättenvorbehalts ist zunächst fraglich, was unter einer **Betriebsstätte** zu verstehen ist. Die FRL enthält für diesen Begriff keine Definition. Gute Gründe sprechen dafür, den Gehalt des jeweiligen Abkommensrechts und des innerstaatlichen Rechts heranzuziehen, um recht-

---

1 Kritik am Abstellen auf den Satzungssitz äußert *Dautzenberg* in Haritz/MennerBilitewski[5], Einf. C Rz. 176.
2 *Terra/Wattel*, European Tax Law[6], S. 671.
3 Der steuerliche Buchwert wird in Art. 4 Abs. 2 Buchst. a FRL als derjenige Wert definiert, auf dessen Grundlage ein etwaiger Gewinn oder Verlust für die Zwecke der Besteuerung des Veräußerungsgewinns der einbringenden Gesellschaft ermittelt worden wäre, wenn das Aktiv- und Passivvermögen gleichzeitig mit der Fusion, Spaltung oder Abspaltung, aber unabhängig davon, veräußert worden wäre.
4 In Art. 8 Abs. 6 FRL ist dies für die Anteilseignerebene ausdrücklich festgelegt, s. Rz. 16.62.
5 Die FRL enthält keine Regelung dazu, wie lange die Zurechnung der Wirtschaftsgüter zur inländischen Betriebsstätte andauern muss. Denn für die Sicherung des Besteuerungsanspruchs reicht eine nur vorübergehende Zuordnung zu einer inländischen Betriebsstätte aus. Dann kann der Mitgliedstaat bei einer Realisierung (z.B. Veräußerung der Wirtschaftsgüter) die aufgeschobene Besteuerung nachholen. S. *Terra/Wattel*, European Tax Law[6], S. 676.

liche Friktionen bei der Anwendung des Betriebsstättenvorbehalts zu vermeiden.[1] Weiterhin ist erforderlich, dass die Wirtschaftsgüter zur Erzielung des steuerlich zu berücksichtigenden Ergebnisses der Betriebsstätte beitragen. Dies ist jedenfalls dann der Fall, wenn die Wirtschaftsgüter der Betriebsstätte oder die Betriebsstätte selbst der Besteuerung nicht völlig entzogen sind.[2] Schließlich setzt der Betriebsstättenvorbehalt voraus, dass die Wirtschaftsgüter weiterhin einer inländischen Betriebsstätte zuzuordnen sind. Zwar ändert eine Fusion grundsätzlich nur das zivilrechtliche Eigentum an Wirtschaftsgütern und nicht die tatsächliche Zuordnung der Wirtschaftsgüter zu einer Betriebsstätte. Etwas anderes gilt aber für solche Wirtschaftsgüter, die als Ergebnis einer Fusion einer anderen Betriebsstätte zuzuordnen sind, weil sich die in den einzelnen Betriebsstätten wahrgenommenen Funktionen geändert haben.[3]

Angesichts der jüngeren Rechtsprechung des EuGH zur Wegzugs- bzw. Entstrickungsbesteuerung („*Exit Tax*") wird diskutiert, ob der **Betriebsstättenvorbehalt** der FRL in EU-Sachverhalten **mit den Grundfreiheiten vereinbar** ist.[4] In dieser Rechtsprechung hat der EuGH festgestellt, dass die Mitgliedstaaten dem Grunde nach das Recht zur Besteuerung derjenigen stillen Reserven haben, die in ihrem Hoheitsgebiet gebildet wurden. Die sofortige Erhebung dieser Steuer soll aber unverhältnismäßig sein und deswegen gegen die Grundfreiheiten verstoßen; stattdessen sei dem Steuerpflichtigen ein Wahlrecht einzuräumen zwischen sofortiger Erhebung und Stundung (ggf. mit Zinsen und Sicherheitsleistung) bis zur späteren Realisierung (s. dazu Rz. 8.76 ff. zur Wegzugsbesteuerung).[5] Im Schrifttum wird bzw. wurde daher die Auffassung vertreten, dass diese Grundsätze auf Art. 4 FRL übertragbar sind, mit der Folge, dass eine sofortige Steuererhebung auch bei Wirtschaftsgütern, die nicht einer inländischen Betriebsstätte zugeordnet bleiben, unzulässig ist. Denn der Übergang von Wirtschaftsgütern auf eine ausländische Betriebsstätte im Rahmen einer Umwandlung unterscheide sich nicht von der Verlagerung von Wirtschaftsgütern in Wegzugsfällen.[6] Im Ergebnis solle es dann in EU-Sachverhalten stets zu einem Aufschub der Besteuerung kommen, unabhängig davon, ob das Besteuerungsrecht für das Wirtschaftsgut im betreffenden Staat verbleibt oder auf einen anderen EU-Mitgliedstaat übergeht.

16.45

Bei der Würdigung dieser Argumentation ist zunächst zu prüfen, ob der behauptete Primärrechtsverstoß tatsächlich durch Regelungen der FRL ausgelöst wird. Es ist nämlich zu berücksichtigen, dass der Betriebsstättenvorbehalt in Art. 4 Abs. 2 FRL lediglich die nach Art. 4 Abs. 1 FRL zu gewährende **Begünstigung einschränkt**. Die FRL als solche trifft aber keine Aussage darüber, wie mit den nichtprivilegierten Wirtschaftsgütern zu verfahren ist;[7] wenn die Mitgliedstaaten für diese Wirtschaftsgüter eine sofortige Steuererhebung vorsehen, handeln sie aus eigenem Recht und nicht etwa, weil sie durch die

16.46

---

1 *Kessler/Huck*, IStR 2006, 433 (434 f.); *Herzig/Griemla*, StuW 2002, 55 (62); vgl. auch *Frotscher*, IStR 2006, 65 (66) und eingehend *Jiménez-Valladolid de L'Hotellerie-Fallois*, EC Tax Review 2014, 4 (7 ff.). Dies kann allerdings zu einem in der EU uneinheitlichen Begriffsverständnis führen, *Maisto*, ET 2002, 287 (293). Nach Auffassung von *Terra/Wattel*, European Tax Law[6], S. 676, sind auch die einschlägigen Definitionen in der ZiLiRL und der MTRL heranzuziehen.
2 *Kessler/Huck*, IStR 2006, 433 (440); *Herzig/Griemla*, StuW 2002, 55 (64).
3 S. *Maisto*, ET 2002, 287 (299 f.). Vgl. Auch *Ernst & Young*, Survey of the Implementation of Council Directive 90/434/EEC, 67; *Breuninger* in FS Schaumburg, S. 587 (590 ff.); *Kessler/Huck*, IStR 2006, 433 (436 f.); *Ditz* in Wassermeyer/Andresen/Ditz[2], Betriebsstätten-Handbuch, Rz. 6.281.
4 S. etwa *Klingberg/van Lishaut*, DK 2005, 698 (714); s. auch *Sedemund* in Prinz, Umwandlungen im Internationalen Steuerrecht, Rz. 3.164; *Russo/Offermanns*, ET 2006, 250 (253); *Jiménez-Valladolid de L'Hotellerie-Fallois*, EC Tax Review 2014, 4 (12 ff.).
5 EuGH v. 12.7.2012 – C-371/10 – National Grid Indus, EU:C:2011:785 = Slg. 2011, I-12273; v. 6.9.2012 – C-38/10 – Kommission/Portugal, EU:C:2012:521 = EWS 2012, 445 = ISR 2012, 60 m. Anm. *Müller*; v. 31.1.2013 – C-301/11 – Kommission/Niederlande, EU:C:2013:177 = ISR 2013, 60 m. Anm. *Müller*; v. 25.4.2013 – C-64/11 – Kommission/Spanien, EU:C:2013:264 = ISR 2013, 225 m. Anm. *Müller*; v. 18.7.2013 – C-261/11 – Kommission/Dänemark, EU:C:2013:480 = BeckRS 2013, 81546.
6 *Schneider/Ruoff/Sistermann*, FR 2012, 1 (4); s. auch *Sedemund* in Prinz, Umwandlungen im Internationalen Steuerrecht, Rz. 3.96; skeptisch hingegen *Thiel*, DB 2005, 2316 (2318).
7 S. *Köhler* in FS Schaumburg, S. 813 (825); *Ernst & Young*, Survey of the Implementation of Council Directive 90/434/EEC, S. 24; vgl. *Schön*, TNI 2004, 197 (203); *Jiménez-Valladolid de L'Hotellerie-Fallois*, EC

FRL zu einer solchen Besteuerung verpflichtet würden. Aus diesem Grund dürfte ein Verstoß von Art. 4 Abs. 2 FRL selbst gegen Primärrecht ausscheiden (zumal sich dann ohnehin die Frage stellen würde, inwieweit eine Richtlinienbestimmung überhaupt am Maßstab der Grundfreiheiten zu messen ist).

16.47 Das heißt aber nicht automatisch, dass die FRL für die primärrechtliche Würdigung der mitgliedstaatlichen Regelungen zur sofortigen Steuererhebung in Umwandlungsfällen ohne Belang ist. Denn die FRL basiert – wie geschildert (Rz. 16.15) – auf einem **Ausgleich der Interessen** der Steuerpflichtigen und der Mitgliedstaaten. Dieser Kompromiss besteht darin, dass die Mitgliedstaaten die Steuerstundung nur für bestimmte Wirtschaftsgüter gewähren müssen. Daraus könnte abzuleiten sein, dass es den Mitgliedstaaten im Gegenzug gestattet ist, bei den anderen Wirtschaftsgütern die Steuer sofort zu erheben. Mit anderen Worten: Die FRL schreibt die sofortige Steuererhebung nicht (explizit) vor, erlaubt sie aber.[1]

16.48 Wenn man diese Auffassung vertritt, wäre es konsequent, die Wertungen des Sekundärrechts auch bei der Prüfung des nationalen Rechts am Maßstab der Grundfreiheiten zu beachten.[2] Anderenfalls würde die Entscheidung des Richtliniensetzers für einen **ersten, ausgewogenen Harmonisierungsschritt** unterlaufen. Die vom nationalen Recht angeordnete sofortige Steuererhebung in Umwandlungsfällen könnte aufgrund der Ausstrahlung der Wertungen der FRL als verhältnismäßig und primärrechtskonform angesehen werden.[3] Dies gilt erst recht, wenn die betroffenen Wirtschaftsgüter im anderen Mitgliedstaat mit einem höheren Wert (unter Berücksichtigung der aufgedeckten stillen Reserven) angesetzt werden können, so dass dort ein entsprechend größeres Abschreibungspotenzial entsteht.

16.49 Für dieses Ergebnis kann auch angeführt werden, dass bei Umwandlungen **im Grundsatz ein steuerpflichtiger Veräußerungstatbestand** vorliegt, der in inländischen wie in grenzüberschreitenden Konstellationen zu einer Besteuerung der stillen Reserven berechtigt. Darin liegt ein wichtiger Unterschied der Umwandlungskonstellationen gegenüber den reinen Wegzugsfällen, der ebenfalls gegen eine Übertragbarkeit der Exit-Tax-Rechtsprechung spricht.[4]

16.50 Allerdings hat der **EuGH** insofern eine restriktivere Haltung eingenommen. Die oben dargestellte Rechtsprechungslinie zu *Exit-Tax*-Fällen dürfte mittlerweile als gefestigt anzusehen sein und wurde sogar durch die Einführung entsprechender Regelungen in Art. 5 ATAD für Wegzugsfälle sekundärrechtlich abgesichert. Außerdem hat der EuGH die Grundsätze dieser Rechtsprechung inzwischen auch auf umwandlungssteuerrechtliche Sachverhalte erstreckt.[5] Der EuGH stellte fest, dass auch hier dem Steuerpflichtigen ein Wahlrecht zwischen sofortiger Erhebung und Stundung mit Bezahlung erst bei späterer

---

Tax Review 2014, 4 (14); *Schön/Schindler*, IStR 2004, 571 (576) halten insoweit eine Klarstellung durch den Unionsgesetzgeber für wünschenswert.
1 S. auch *Mitschke*, IStR 2011, 294 (295 f.); noch deutlicher *Mitschke*, IStR 2018, 65 (66), dem zufolge Art. 10 Abs. 2 FRL nach seinem Wortlaut ein solches Besteuerungsrecht ausdrücklich einräumt.
2 In diesem Sinne wohl auch *Musil* in Musil/Weber-Grellet, Europäisches Steuerrecht, Art. 4 FRL Rz. 14.
3 S. i.E. auch *Frotscher*, IStR 2006, 65 (70), dem zufolge sich die Europarechtskonformität daraus ergibt, dass der Mitgliedstaat der einbringenden Gesellschaft berechtigt ist, bei grenzüberschreitenden Umwandlungen eine Auflösung und Liquidationsbesteuerung vorzusehen. Dann sei eine eingeschränkte Steuerneutralität erst recht zulässig. Nach Auffassung von *Schwenke*, DStZ 2007, 235 (246 f.), ergibt sich die Primärrechtskonformität daraus, dass die Sicherstellung der Besteuerung der inländischen stillen Reserven einen Rechtfertigungsgrund darstellt. Vgl. auch *Terra/Wattel*, European Tax Law[6], S. 677, die bereits die Anwendbarkeit der Grundfreiheiten bezweifeln, weil es an einer Schlechterstellung grenzüberschreitender Sachverhalte gegenüber innerstaatlichen Sachverhalten fehle. S. zudem *Mitschke*, IStR 2018, 65 (66).
4 S. *Mitschke*, IStR 2017, 717 (719); *Möhlenbrock/Pung* in D/P/M, § 3 UmwStG Rz. 90 m.w.N.
5 EuGH v. 23.1.2014 – C-164/12 – DMC, EU:C:2014:20 = IStR 2014, 106 = ISR 2014, 136 m. Anm. *Müller* = ISR 2014, 96 m. Anm. *Zwirner* = GmbHR 2014, 210 m. Anm. *Patzner/Nagler*; kritisch dazu *Linn*, IStR 2014, 136 (136 ff.); *Linn*, IStR 2016, 103 (105 ff.), dort auch mit grundsätzlicher Kritik an der Rechtsprechungspraxis des EuGH; **a.A.** *Mitschke*, IStR 2014, 214 (214 ff.). S. auch EuGH v. 23.11.2017 – C-292/16 – A Oy, ECLI:EU:C:2017:888.

Realisierung einzuräumen sei.[1] Dabei hat der EuGH für den Fall der Stundung den Mitgliedstaaten die – aus anderen Wegzugs- und Entstrickungsfällen bekannte – Möglichkeit gewährt, Zinsen zu erheben und Sicherheiten zu verlangen und er hat die Streckung der Steuerzahlung in gleichen Jahresbeträgen als verhältnismäßig angesehen.[2]

Gegenwärtig ist noch nicht absehbar, welche Schlüsse die Mitgliedstaaten und die Kommission daraus ziehen werden. Um hier Klarheit zu schaffen, könnte die Aufnahme einer ausdrücklichen Regelung in die FRL zum Umgang mit Wirtschaftsgütern, die nicht unter den Betriebsstättenvorbehalt fallen, sinnvoll sein.

In Art. 4 Abs. 4 FRL wird eine weitere Voraussetzung für die Steuerstundung gem. Art. 4 Abs. 1 FRL statuiert. Demnach ist erforderlich, dass die übernehmende Gesellschaft neue Abschreibungen und spätere Wertsteigerungen oder Wertminderungen für die übertragenen Wirtschaftsgüter so berechnet, wie die einbringende Gesellschaft sie ohne Umwandlung berechnet hätte. Gefordert wird also die **Fortführung der Buchwertansätze**. Damit soll vermieden werden, dass die bereits bei der einbringenden Gesellschaft abgeschriebenen Wirtschaftsgüter von der übernehmenden Gesellschaft erneut abgeschrieben werden können.[3] Dieser Regelungsgedanke findet seine Fortsetzung in Art. 4 Abs. 5 FRL, der den Fall anspricht, dass die übernehmende Gesellschaft nach dem Recht des Mitgliedstaats der einbringenden Gesellschaft höhere Wertansätze für die übertragenen Wirtschaftsgüter ansetzen darf. Nach Art. 4 Abs. 5 FRL entfällt der Besteuerungsaufschub des Art. 4 Abs. 1 FRL für diejenigen Wirtschaftsgüter, bei denen die übernehmende Gesellschaft von diesem Recht Gebrauch macht.

16.51

2. Übertragung von Rückstellungen und Rücklagen

In Art. 5 FRL wird geregelt, dass **Rückstellungen und Rücklagen** auch nach der Umwandlung[4] von den Betriebsstätten ausgewiesen werden dürfen, die im Mitgliedstaat der einbringenden Gesellschaft belegen sind. Die übernehmende Gesellschaft tritt insoweit in die Rechte und Pflichten der einbringenden Gesellschaft ein. Der Mitgliedstaat der einbringenden Gesellschaft darf also keine Auflösung der Rückstellungen und Rücklagen aus Anlass der Umwandlung vorschreiben. Auf Rückstellungen und Rücklagen, die Betriebsstätten im Ausland zuzuordnen sind, ist Art. 5 FRL nicht anwendbar. Hintergrund dieser Ausnahme ist, dass der Mitgliedstaat der einbringenden Gesellschaft nach der Umwandlung seinen steuerlichen Zugriff auf solche Betriebsstätten verliert. Daher soll er anlässlich der Umwandlung – zum letztmöglichen Zeitpunkt – eine Auflösung dieser Rückstellungen und Rücklagen verlangen dürfen.[5]

16.52

---

1 EuGH v. 23.1.2014 – C-164/12 – DMC, EU:C:2014:20 – Rz. 61 = IStR 2014, 106 = ISR 2014, 136 m. Anm. *Müller* = ISR 2014, 96 m. Anm. *Zwirner* = GmbHR 2014, 210 m. Anm. *Patzner/Nagler*; v. 23.11.2017 – C-292/16 – A Oy, ECLI:EU:C:2017:888 – Rz. 35 ff.
2 EuGH v. 23.1.2014 – C-164/12 – DMC, EU:C:2014:20 – Rz. 62 ff. = IStR 2014, 106 = ISR 2014, 136 m. Anm. *Müller* = ISR 2014, 96 m. Anm. *Zwirner* = GmbHR 2014, 210 m. Anm. *Patzner/Nagler*. Diese Linie wurde bestätigt in der Entscheidung des EuGH v. 21.5.2015 – C-657/13 – Verder LabTec, ECLI:EU:C:2015:331. S. zur Bedeutung solcher Zahlungsstreckungsmethoden auch *Sydow*, DB 2014, 265 (268 ff.); *Rödder* in R/H/vL³, § 11 UmwStG Rz. 284 ff. S. zum Ganzen auch *Bösing/Sejdija*, Ubg 2013, 636 (641); *Mitschke*, IStR 2014, 214 (216); *Gosch*, IWB 2014, 183 (188); *Musil*, FR 2014, 470 (470 f.); *Linn*, IStR 2014, 136 (139); *Müller*, ISR 2014, 136 (138 f.); *Berner*, IStR 2015, 274; *Henze*, ISR 2015, 398 (401 f.); *Kahle/Beinert*, FR 2015, 585.
3 Zur Frage, welcher Staat Adressat von Art. 4 Abs. 4 FRL ist, s. *Aurelio*, Intertax 2006, 333 (335); *Maisto*, ET 2002, 287 (297 ff.).
4 Erfasst sind Fusion, Spaltung, Abspaltung, Einbringung von Unternehmensteilen und Anteilstausch.
5 *Terra/Wattel*, European Tax Law⁶, S. 675; kritisch zur Reichweite aber *Schollmeier* in Birk, Handbuch des Europäischen Steuer- und Abgabenrechts, § 30 Rz. 48: teilweise überschießende Tendenz.

3. Diskriminierungsverbot bei Verlustübergang

16.53 Aus Art. 6 FRL ergibt sich, dass grenzüberschreitende Umwandlungen bei der Frage eines **Verlustübergangs** nicht schlechter gestellt werden dürfen als inländische Umwandlungen: Wenn Mitgliedstaaten in ihrem nationalen Recht für innerstaatliche Umwandlungen einen Verlustübergang von der einbringenden auf die übernehmende Gesellschaft vorsehen, müssen sie dies auch bei grenzüberschreitenden Umwandlungen zulassen. Diese Verpflichtung unterliegt aber gewissen Einschränkungen. Sie richtet sich nur an den Mitgliedstaat der einbringenden Gesellschaft. Dieser muss die Übernahme der Verluste[1] der einbringenden Gesellschaft durch in seinem Hoheitsgebiet belegene Betriebsstätten der übernehmenden Gesellschaft zulassen. Nicht angesprochen ist der Mitgliedstaat der übernehmenden Gesellschaft.[2] Zudem muss der Mitgliedstaat der einbringenden Gesellschaft eine Verlustübernahme für grenzüberschreitende Umwandlungen nur dann zulassen, wenn er dies auch für innerstaatliche Umwandlungen tut. Im ursprünglichen Richtlinienentwurf von 1969 hatte die Kommission noch ein absolut wirkendes Verlustübernahmegebot vorgeschlagen (s.o. Rz. 16.4), aber die Mitgliedstaaten beschränkten dies auf ein Diskriminierungsverbot.[3] Damit wollten die Mitgliedstaaten verhindern, dass die Regelungen für grenzüberschreitende Verlustübertragungen großzügiger sind als die (rein nationalen) Regelungen für innerstaatliche Verlustübertragungen.[4] Zudem wollten sie Verlustimporte aus Niedrigsteuerländern in Hochsteuerländer vermeiden.[5]

16.54 Die Frage der grenzübergreifenden Nutzung von Verlusten im europäischen Kontext wird seit einiger Zeit unter dem Stichwort „**finale Verluste**" diskutiert. Hintergrund sind Entscheidungen des EuGH, denen zufolge in Ausnahmefällen die grenzüberschreitende Nutzung von Verlusten in einem anderen Mitgliedstaat geboten ist, wenn die Nutzung im Mitgliedstaat ihrer Entstehung nicht möglich ist (dazu umfassend Rz. 8.103 ff.).[6] Dies kann auch in Umwandlungskonstellationen der Fall sein. In diesen Fällen bestehen primärrechtlich begründete Verlustübertragungsmöglichkeiten, die über den Gewährleistungsgehalt der FRL hinausgehen. Diese Rechtsprechungslinie hatte der EuGH auch auf einen Verschmelzungsfall angewendet.[7] Mittlerweile – ausgelöst durch die Entscheidungen „Timac Agro"[8] einerseits und „Bevola"[9] andererseits – sind aber gewisse Unsicherheiten entstanden, inwieweit der EuGH an seiner Rechtsprechung zu den „finalen Verlusten" festhalten will (s. Rz. 8.109 ff.). Es wird weiterer Entscheidungen des EuGH bedürfen, um weitergehende Rechtssicherheit zu diesem Komplex zu schaffen.

---

1 Zur Frage, wann ein Verlust im Sinne der FRL vorliegt, s. eingehend *Bezzina*, BIFD 2002, 57 (64 ff.).
2 Die deutsche Sprachfassung von Art. 6 FRL ist hier etwas vage; die englische Sprachfassung ist beispielsweise präziser. Zweifelnd etwa *Helminen*, EU Tax Law, S. 199. Im hier beschriebenen Sinne hat sich eindeutig GA *Kokott* in ihren Schlussanträgen in der Rechtssache A Oy geäußert, EuGH, Schlussanträge der Generalanwältin *Kokott* v. 19.7.2012 – C-123/11 – A Oy, EU:C:2013:84 – Rz. 28 = IStR 2012, 618 = ISR 2012, 25 m. Anm. *Müller*. Der EuGH ist darauf in seiner Entscheidung nur knapp eingegangen, EuGH v. 21.2.2013 – C-123/11 – A Oy, EU:C:2013:84 – Rz. 22 = IStR 2013, 239 = ISR 2013, 103 m. Anm. *Müller* = FR 2013, 370 m. Anm. *Musil*. Zum Ganzen s. *Mitschke*, IStR 2013, 209 (211 f.); s. auch *Dötsch/Pung*, DB 2006, 2704 (2714).
3 Nach Auffassung von *Dautzenberg* in Haritz/Menner/Bilitewski[5], Einf. C Rz. 147, hat Art. 6 FRL wegen des ohnehin geltenden primärrechtlichen Diskriminierungsverbots nur deklaratorischen Charakter.
4 *Saß*, DB 1990, 2340 (2341); *Bezzina*, BIFD 2002, 57 (60).
5 Dabei ist angesichts der anderweitigen tatbestandlichen Beschränkungen von Art. 6 FRL fraglich, ob die Gefahr eines Verlustimports wirklich groß gewesen wäre, vgl. *Dötsch/Pung*, DB 2006, 1704 (1714); *Röder/Schumacher*, DStR 2006, 1525 (1533); *Ley/Bodden*, FR 2007, 265 (276); *Schiefer/Quinten*, IStR 2013, 261 (265); *Wisniewski* in Haritz/Menner/Bilitewski[5], § 12 UmwStG Rz. 101. Zur Kritik an Art. 6 FRL insgesamt s. *Boulogne*, Intertax 2014, 70 (79 ff.).
6 Grundlegend EuGH v. 13.12.2005 – C-446/03 – Marks & Spencer, Slg. 2005, I-10837.
7 EuGH v. 21.2.2013 – C-123/11 – A Oy, EU:C:2013:84 = IStR 2013, 239 = ISR 2013, 103 m. Anm. *Müller* = FR 2013, 370 m. Anm. *Musil*. Kritisch dazu *Mitschke*, IStR 2013, 209 (211), der die grundsätzliche Anwendung der EuGH-Rechtsprechung auf Verschmelzungsfälle in Frage stellt. *Boulogne*, Intertax 2014, 70 (88 f.), befürwortet eine entsprechende Ausweitung von Art. 6 FRL.
8 EuGH v. 17.12.2015 – C-388/14 – Timac Agro, ECLI:EU:C:2015:829.
9 EuGH v. 21.6.2018 – C-650/16 – Bevola, IStR 2018, 502.

4. Besonderheiten beim *up-stream merger*

In Art. 7 FRL ist eine Sonderregelung für *up-stream merger* enthalten. Auf Ebene der übernehmenden Gesellschaft könnte es infolge des *up-stream merger* zur Besteuerung eines Übernahmegewinns kommen, wenn die Buchwerte der Wirtschaftsgüter der einbringenden Gesellschaft höher sind als die Buchwerte der untergehenden Beteiligung an der einbringenden Gesellschaft. Dies verhindert Art. 7 FRL, indem er eine Besteuerung dieser Differenz untersagt. Die Regelung von Art. 7 FRL ist auch anwendbar, wenn keine 100%ige Beteiligung an der einbringenden Gesellschaft bestanden hat.[1]

16.55

Durch Art. 7 Abs. 2 FRL wird eine **Verbindung zur MTRL** hergestellt. Demnach können Mitgliedstaaten von der Anwendung von Art. 7 Abs. 1 FRL absehen, wenn der Anteil der übernehmenden Gesellschaft am Kapital der einbringenden Gesellschaft weniger als 10 % betragen hat. Dies ist dieselbe Schwelle, die auch für die steuerliche Privilegierung von Dividenden gem. Art. 4 MTRL besteht (s. Rz. 14.34). Hintergrund ist, dass ein *up-stream merger* in ähnlicher Weise wie eine Dividendenausschüttung dazu genutzt werden kann, um eine Muttergesellschaft an den Gewinnen der Tochtergesellschaft partizipieren zu lassen.[2] Hier wie dort soll die steuerliche Privilegierung erst ab einer gewissen Mindestbeteiligung gewährt werden. Durch die Änderung der FRL im Jahr 2005 wurden die Schwellenwerte beider Richtlinien vereinheitlicht.[3]

16.56

5. Besteuerungsaufschub auf Anteilseignerebene

Die von der FRL erfassten Umwandlungsvorgänge – mit Ausnahme der Einbringung von Unternehmensteilen – berühren (auch) die **Anteilseignerebene**: Die Anteilseigner der einbringenden bzw. erworbenen Gesellschaft erhalten bei einer Fusion, Spaltung, Abspaltung oder beim Anteilstausch Anteile an der übernehmenden bzw. erwerbenden Gesellschaft. Hier würde es infolge der Umwandlung zu einer steuerpflichtigen Aufdeckung stiller Reserven, die sich in den hingegebenen Anteilen oder dem übertragenen Teilbetrieb gebildet haben, kommen. Weil auch diese Steuerbelastung als Hindernis für Umwandlungen angesehen wird, enthält Art. 8 FRL steuerliche Privilegierungen für die Anteilseigner. Diese werden unabhängig davon gewährt, ob die Anteileigner natürliche Personen oder ihrerseits Gesellschaften sind.[4]

16.57

Gemäß Art. 8 Abs. 1 FRL kommt es für Fusion, Spaltung und Anteilstausch – insofern vergleichbar mit den Regelungen in Art. 4 FRL für die Gesellschaftsebene – zu einem **Besteuerungsaufschub** für die stillen Reserven bis zur späteren Realisierung. Der Wertunterschied zwischen hingegebenen und zugeteilten Anteilen darf nicht besteuert werden.[5] Für Abspaltungen enthält Art. 8 Abs. 2 FRL eine ähnliche Regelung.[6]

16.58

---

1 *Sedemund* in Prinz, Umwandlungen im Internationalen Steuerrecht, Rz. 3.74.
2 *Terra/Wattel*, European Tax Law[6], S. 681; *Rossi-Maccanico*, EC Tax Review 2013, 197 (199).
3 S. Erwägungsgrund (16) zur Richtlinie 2005/19/EG des Rates v. 17.2.2005 zur Änderung der Richtlinie 90/434/EWG über das gemeinsame Steuersystem für Fusionen, Spaltungen, die Einbringung von Unternehmensteilen und den Austausch von Anteilen, die Gesellschaften verschiedener Mitgliedstaaten betreffen, ABl. EU 2005 Nr. L 58, 19. Die Schwellenwerte wurden, wie in der Änderungsrichtlinie vorgesehen, schrittweise abgesenkt. Die Grenze von 10 % gilt seit dem 1.1.2009.
4 Die FRL enthält keine Definition des Begriffs Gesellschafter. Die von der Kommission mit dem Änderungsvorschlag v. 17.10.2003 vorgeschlagene Einfügung eines klarstellenden Art. 8 Abs. 12 FRL, dem zufolge der Anteilstausch auch auf in Drittstaaten ansässige Gesellschafter anwendbar ist, wurde von den Mitgliedstaaten nicht aufgegriffen, *Benecke/Schnitger*, IStR 2005, 606 (609); *Schindler*, IStR 2005, 551 (556); *Terra/Wattel*, European Tax Law[6], S. 672 (Hinweis auf entsprechende Niederschrift des Rats).
5 Nach Auffassung von *Meilicke/Scholz*, DB 2017, 871 (876) soll das Privileg nicht nur für Anteilsveräußerungen gelten, sondern auch für die Besteuerung als Sachdividende.
6 Eingehend hierzu *Aurelio*, Intertax 2006, 333 (335 ff.).

16.59 Die Steuerbefreiung wird bei Art. 8 Abs. 1 FRL nicht unter einen dem Betriebsstättenvorbehalt des Art. 4 Abs. 2 Buchst. b FRL vergleichbaren Vorbehalt gestellt. Für eine derartige Absicherung besteht kein Bedarf, weil die **DBA** das Besteuerungsrecht für Gewinne aus der Veräußerung von Gesellschaftsanteilen ohnehin regelmäßig dem Ansässigkeitsstaat des Gesellschafters zuweisen (Art. 13 Abs. 5 OECD-MA).[1]

16.60 In Art. 8 Abs. 4 FRL wird die Vergünstigung des Art. 8 Abs. 1 FRL von einer **Wertverknüpfung** abhängig gemacht: Der Anteilseigner darf den zugeteilten Anteilen keinen höheren steuerlichen Wert[2] beimessen als den hingegebenen Anteilen. Durch die Beibehaltung der steuerlichen Werte ist sichergestellt, dass es bei einer späteren Realisierung noch zu einer Besteuerung der stillen Reserven in voller Höhe kommt und die Besteuerung nur aufgeschoben und nicht endgültig vereitelt wird.[3] In Art. 8 Abs. 5 FRL ist eine entsprechende Voraussetzung für den Besteuerungsaufschub bei der Abspaltung gem. Art. 8 Abs. 2 FRL normiert.[4] In Art. 8 Abs. 5 FRL wiederum wird – ähnlich wie in Art. 4 Abs. 5 FRL – geregelt, dass der Steuerpflichtige, der nach nationalem Recht die Möglichkeit zu einer solchen Aufstockung der Beteiligungswerte wahrnimmt, insofern anteilig die Privilegien von Art. 8 Abs. 1 und 2 FRL verliert.

16.61 Der EuGH hat für den Fall eines Anteilstauschs entschieden, dass Art. 8 Abs. 4 FRL es den Mitgliedstaaten nicht erlaubt, die Vergünstigung des Art. 8 Abs. 1 FRL auch von der Übernahme der Buchwerte durch die erwerbende Gesellschaft abhängig zu machen (**doppelte Buchwertverknüpfung**).[5] Nach der Entscheidung des EuGH ist ein solches Erfordernis – über die in Art. 8 Abs. 4 FRL explizit geregelte Wertverknüpfung hinaus – nicht mit dem Ziel der FRL vereinbar und von dem Spielraum der Mitgliedstaaten bei der Umsetzung der Richtlinie nicht mehr gedeckt.[6] Die Kommission wollte bei der Fassung des Änderungsentwurfs noch weiter gehen und schlug eine Ergänzung von Art. 8 FRL vor, aufgrund derer die erwerbende Gesellschaft die erworbenen Anteile mit dem tatsächlichen Wert hätte ansetzen müssen.[7] Dieser Vorschlag fand aber nicht die Billigung der Mitgliedstaaten.[8]

16.62 Als Ausgleich zu der in Art. 8 Abs. 1 FRL angeordneten Steuerstundung wird den Mitgliedstaaten in Art. 8 Abs. 6 FRL gestattet, den **Gewinn aus einer späteren Veräußerung der erworbenen Anteile in gleicher Weise zu besteuern** wie den Gewinn aus einer Veräußerung der vor dem Erwerb vorhandenen Anteile. Dem stehen auch anderweitige Regelungen in DBA zwischen den Mitgliedstaaten[9] bzw. ein späterer Wegzug des Steuerpflichtigen in einen anderen Staat[10] nicht entgegen. Die Einzelheiten dieser späteren Besteuerung regelt die FRL nicht.[11] Aus Art. 8 Abs. 6 FRL ergibt sich aber, dass die stillen Reserven jedenfalls in der Höhe, in der sie zum Zeitpunkt der Umwandlung vorhanden waren, später versteuert werden dürfen. Sind dabei spätere Wertminderungen beachtlich? In der Rechtssache National Grid Indus hat der EuGH entschieden, dass spätere Wertminderungen für die gestundete Steuerer-

---

1 Vgl. *Brähler/Heerdt*, StuW 2007, 260 (263).
2 Der steuerliche Wert wird in Art. 8 Abs. 7 FRL eigens definiert, in Anlehnung an die in Art. 4 Abs. 2 Buchst. b FRL enthaltene Begriffsbestimmung.
3 *Brähler/Heerdt*, StuW 2007, 260 (263).
4 Hierzu s. *Aurelio*, Intertax 2006, 333 (335 ff.).
5 EuGH v. 11.12.2008 – C-285/07 – A.T., Slg. 2008, I-9329; s. dazu *Daiber*, ET 2009, 364 (364 ff.).
6 EuGH v. 11.12.2008 – C-285/07 – A.T., Slg. 2008, I-9329 Rz. 25 ff.
7 Vorschlag der Kommission v. 17.10.2003 für eine Richtlinie des Rates zur Änderung der Richtlinie 90/434/EWG des Rates v. 23.7.1990 über das gemeinsame Steuersystem für Fusionen, Spaltungen, die Einbringung von Unternehmensteilen und den Austausch von Anteilen, die Gesellschaften verschiedener Mitgliedstaaten betreffen, KOM (2003) 613.
8 Dazu *Benecke/Schnitger*, IStR 2005, 641 (642 f.).
9 Zu der Frage, ob entsprechende Umsetzungen in nationales Recht als treaty override aufzufassen sind, vgl. einerseits *Jochum* in Habersack/Drinhausen, SE-Recht, E) Steuerrecht der SE Rz. 57; andererseits *Gosch*, IStR 2008, 413 (417).
10 Vgl. EuGH v. 22.3.2018 – verb. Rs. C-327/16 und C-421/16 – Jacob/Lassus, ECLI:EU:C:2018:210, Rz. 57 ff.
11 S. EuGH v. 22.3.2018 – verb. Rs. C-327/16 und C-421/16 – Jacob/Lassus, ECLI:EU:C:2018:210, Rz. 51 f.

hebung unbeachtlich sind.¹ Dies dürfte auch hier gelten. Was gilt umgekehrt für spätere Wertsteigerungen, die unter der Steuerhoheit des anderen Staates entstanden sind? In der Literatur wird davon ausgegangen, dass Art. 8 Abs. 6 FRL hierfür kein Besteuerungsrecht einräumt.²

Gemäß Art. 8 Abs. 9 FRL schließlich sind die Mitgliedstaaten nicht gehindert, eine **bare Zuzahlung** zu besteuern. Die FRL gewährt die steuerliche Privilegierung also nur für die erhaltenen Anteile, nicht für die bare Zuzahlung. 16.63

6. Einbringung von Unternehmensteilen

Auf eine **Einbringung von Unternehmensteilen** sind die in Art. 4 bis 6 FRL enthaltenen Privilegien entsprechend anwendbar, Art. 9 FRL. Nicht entsprechend anwendbar ist Art. 7 FRL, da die dortige Regelung auf *up-stream merger* zugeschnitten ist. Die Regelungen von Art. 8 FRL sind ebenfalls nicht entsprechend anwendbar, da sie die Anteilseignerebene betreffen, die bei der Einbringung von Unternehmensteilen nicht berührt ist.³ 16.64

7. Einbringung von Betriebsstätten

In Art. 10 FRL findet sich eine Sonderregelung für den Fall, dass die Fusion, Spaltung, Abspaltung oder Einbringung von Unternehmensteilen die **Übertragung einer Betriebsstätte**, die in einem anderen Mitgliedstaat als dem der einbringenden Gesellschaft belegen ist, umfasst. In Art. 10 Abs. 1 FRL wird klargestellt, dass der Staat der einbringenden Gesellschaft sein Besteuerungsrecht an dieser Betriebsstätte verliert. Dies ergibt sich für viele Mitgliedstaaten ohnehin aus der (unilateral oder in DBA vorgesehenen) Freistellungsmethode. Diese steht einem steuerlichen Zugriff auf die in anderen Mitgliedstaaten belegenen Betriebsstätten entgegen. Andererseits erlaubt Art. 10 Abs. 1 FRL es in solchen Fällen, die in der Vergangenheit abgezogenen Betriebsstättenverluste wieder hinzuzurechnen. Hintergrund ist, dass der betreffende Mitgliedstaat nach der Umwandlung bei dieser Betriebsstätte keine Gewinne mehr besteuern darf, die eine Kompensation für zuvor abgezogene Verluste darstellen könnten.⁴ Weiter regelt Art. 10 Abs. 1 FRL, dass der Betriebsstättenstaat für die Betriebsstätte dieselben Vergünstigungen vorsehen muss, die sonst der Mitgliedstaat der einbringenden Gesellschaft gewähren müsste. Er darf also die stillen Reserven nicht besteuern (Art. 4 FRL) und muss die Fortführung von Rückstellungen und Rücklagen (Art. 5 FRL) ermöglichen.⁵ Seit der Änderung der FRL im Jahr 2005 gilt Art. 10 Abs. 1 FRL ausdrücklich auch für im Mitgliedstaat der übernehmenden Gesellschaft belegene Betriebsstätten.⁶ 16.65

Was gilt, wenn der Mitgliedstaat der einbringenden Gesellschaft im betreffenden DBA die Betriebsstätteneinkünfte nicht freistellt, sondern (unter Anrechnung der im Ausland gezahlten Steuer) in seine Besteuerung einbezieht? Dann hat er ein steuerliches Zugriffsrecht auf die anlässlich der Umwandlung 16.66

---

1 EuGH v. 29.11.2011 – C-371/10 – National Grid Indus, Slg. 2011, I-12273 Rz. 52 ff. (insb. 58 f.).
2 *Sedemund* in Prinz, Umwandlungen im Internationalen Steuerrecht, Rz. 3.78; *Schroer* in Haritz/Menner/Bilitewski⁵, § 13 UmwStG Rz. 48.
3 EuGH v. 19.12.2012 – C-207/11 – 3D I, EU:C:2012:818 = DStRE 2013, 474 Rz. 23.
4 *Terra/Wattel*, European Tax Law⁶, S. 683. Zweifel an der Vereinbarkeit der Regelung mit den Grundfreiheiten (zumindest für bestimmte Konstellationen) äußern *den Toom/van den Broek*, ET 2018, 63 (63 ff.), allerdings ohne vertiefte Auseinandersetzung mit dem Verhältnis von sekundärem zu primärem Unionsrecht. Kritisch zur Vereinbarkeit von Art. 10 FRL mit dem EU-Primärrecht auch *Velde*, EC Tax Review 2016, 132 (139 ff.).
5 *Terra/Wattel*, European Tax Law⁶, S. 683 f. S. zu den primärrechtlichen Vorgaben für die Einziehung der Steuer EuGH v. 23.11.2017 – C-292/16 – A Oy, ECLI:EU:C:2017:888; s. dazu auch *van den Broek/den Toom*, ET 2018, 335 (340 ff.).
6 Zuvor war unklar gewesen, ob diese Konstellation vom Wortlaut der Richtlinie erfasst war. Zu dieser „Umwandlung von Niederlassungen in Tochtergesellschaften" s. *Blumers/Kinzl*, BB 2005, 971 (972); *Aurelio*, Intertax 2006, 333 (343); *Schindler*, IStR 2005, 551 (554); *Bezzina*, BIFD 2002, 57 (63); *Maisto*, ET 2002, 287 (300); *Schollmeier* in Birk, Handbuch des Europäischen Steuer- und Abgabenrechts, § 30 Rz. 24.

eintretenden Betriebsstättengewinne. Dementsprechend regelt Art. 10 Abs. 2 FRL, dass der Mitgliedstaat der einbringenden Gesellschaft in solchen Fällen die anlässlich der Umwandlung realisierten Betriebsstättengewinne besteuern darf, allerdings nur unter **Anrechnung einer fiktiven Steuer** des Betriebsstättenstaats auf diese Gewinne.[1]

8. Hybride Gesellschaften

16.67 Im Zuge der Ausweitung des Anwendungsbereichs der FRL im Jahre 2005 wurden auch einige **hybride Rechtsformen** in den Anhang I Teil A mit aufgenommen.[2] Dies erforderte die Aufnahme von Sonderregelungen, um sicherzustellen, dass die Mitgliedstaaten diesen Gesellschaften ebenfalls Richtlinienschutz gewähren, auch wenn sie diese aus der Perspektive ihres nationalen Rechts als transparent ansehen würden. Solche Regelungen wurden in Art. 4 Abs. 3 FRL und 8 Abs. 3 FRL eingeführt.[3]

16.68 Die Erstreckung der Richtlinienvergünstigungen auf hybride Gesellschaften wird durch den gleichzeitig eingeführten **Art. 11 FRL** allerdings eingeschränkt. Dieser erlaubt es den Mitgliedstaaten in gewissen Grenzen, von den Vergünstigungen für hybride Gesellschaften Abstand zu nehmen.[4]

16.69 Gemäß Art. 11 Abs. 1 FRL können die Mitgliedstaaten von den Vergünstigungen der FRL abweichen, wenn sie die **gebietsfremde einbringende oder erworbene Gesellschaft** als transparent ansehen.[5] Der Mitgliedstaat, in dem der an der hybriden Gesellschaft beteiligte Gesellschafter ansässig ist, soll damit den Verlust seines steuerlichen Zugriffs, der sich aus dem umwandlungsbedingten Wechsel des Besteuerungsregimes ergibt, verhindern können.[6] Folge des Art. 11 Abs. 1 FRL ist, dass die Mitgliedstaaten sämtliche Vergünstigungen der FRL verweigern können.[7] Aus Art. 11 Abs. 2 FRL ergibt sich, dass diese Mitgliedstaaten im Gegenzug eine Steuer des Ansässigkeitsstaats der hybriden Gesellschaft auf den Veräußerungsgewinn anzurechnen haben. Da eine solche Steuer aufgrund der FRL gerade nicht erhoben werden darf, handelt es sich um eine fiktive Steueranrechnung, vergleichbar der des Art. 10 Abs. 2 FRL.[8]

16.70 Gemäß Art. 11 Abs. 3 FRL können die Mitgliedstaaten von Art. 8 Abs. 1 bis 3 FRL abweichen, wenn sie die **gebietsfremde übernehmende oder erwerbende Gesellschaft** als transparent ansehen. Damit soll ebenfalls verhindert werden, dass durch die Einschaltung hybrider Gesellschaften Besteuerungs-

---

1 *Terra/Wattel*, European Tax Law[6], S. 684.
2 Nach dem Wortlaut der einschlägigen Bestimmungen muss sich die Einordnung als transparente Gesellschaft aus dem jeweiligen Gesellschaftsrecht ergeben. Damit sollen Fälle einer transparenten Betrachtung aufgrund der Anwendung steuerlicher Regelungen (insb. Hinzurechnungsbesteuerung) ausgeschlossen werden, *Aurelio*, Intertax 2006, 333 (339); *Terra/Wattel*, European Tax Law[6], S. 680 f.
3 *Aurelio*, Intertax 2006, 333 (341), weist darauf hin, dass die Einfügung von Art. 8 Abs. 3 FRL – anders als die von Art. 4 Abs. 3 FRL – nicht aufgrund der Aufnahme hybrider Gesellschaften in den Katalog von Anhang I Teil A notwendig war, weil Art. 8 Abs. 3 FRL die Rechtsform des Gesellschafters betrifft. Auf die Rechtsnatur des Gesellschafters kommt es für die Anwendung der Richtlinienvorteile aber nicht an.
4 Hierzu im Einzelnen *Russo/Offermanns*, ET 2006, 250 (255 f.); *Benecke/Schnitger*, Intertax 2005, 170 (177 f.); *Aurelio*, Intertax 2006, 333 (339 ff.); *van den Brande*, EC Tax Review 2005, 119 (122 ff.).
5 Nach Auffassung von *Russo/Offermanns*, ET 2006, 250 (256) und *Russo*, ET 2006, 478 (483) gibt dies den Mitgliedstaaten auch das Recht, in den Vorjahren abgezogene Verluste wieder hinzuzurechnen, ähnlich wie bei Art. 10 Abs. 1 FRL.
6 *Aurelio*, Intertax 2006, 333 (339); *Benecke/Schnitger*, IStR 2005, 606 (610).
7 *Benecke/Schnitger*, IStR 2005, 641 (644 f.): „vollständiger optionaler Anwendungsausschluss".
8 *Sedemund* in Prinz, Umwandlungen im Internationalen Steuerrecht, Rz. 3.86; einschränkend (für den Fall beschränkter Steuerpflicht) *Benecke/Schnitger*, IStR 2005 641 (645). Nach Auffassung von *Russo*, ET 2006, 478 (483), und *Aurelio*, Intertax 2006, 333 (340), ist Art. 11 Abs. 2 FRL auf den Anteilstausch nicht anwendbar, weil diese Regelung nur auf eine fiktive Steuer der transparenten Gesellschaft und nicht des Gesellschafters abstellt.

ansprüche des Ansässigkeitsstaats des Gesellschafters unterlaufen werden.[1] Nach Art. 11 Abs. 4 FRL können die Mitgliedstaaten, die eine **gebietsfremde übernehmende Gesellschaft** als transparent ansehen, auch deren unmittelbare und mittelbare Gesellschafter steuerlich so behandeln, als wäre die hybride übernehmende Gesellschaft in ihrem Gebiet ansässig. Diese Regelung weist Überschneidungen mit dem Anwendungsbereich von Art. 11 Abs. 3 FRL auf, gibt den Mitgliedstaaten aber die weitergehende Möglichkeit, in bestimmten Grenzen auch von Art. 7 FRL abzuweichen.[2]

Insgesamt ist Art. 11 FRL im Zusammenwirken mit Art. 4 Abs. 3 FRL und Art. 8 Abs. 3 FRL als typische **Kompromisslösung** zwischen der Kommission und den Mitgliedstaaten anzusehen. Der Klarheit der Regelungen war dies allerdings nicht förderlich.[3]

16.71

9. Steuerliche Vergünstigungen für SE und SCE

Seit 2005 enthält die FRL auch steuerliche Vergünstigungen für die SE und die SCE. Die diesen Rechtsformen zugrunde liegenden Statuten enthalten keine steuerlichen Bestimmungen.[4] Damit der Einsatz der neuen Rechtsformen aber **nicht aus steuerlichen Gründen unattraktiv** wird, einigten sich die Mitgliedstaaten im Rat darauf, in die FRL steuerliche Vergünstigungen einzufügen.

16.72

Zum einen wurden SE und SCE in den Katalog der **begünstigten Gesellschaftsformen** gem. Art. 3 Buchst. a i.V.m. Anhang I Teil A FRL aufgenommen. Damit ist sichergestellt, dass die Vergünstigungen der FRL (insb. Art. 4 bis 10 FRL) auch auf SE und SCE anwendbar sind.[5]

16.73

Die Anwendbarkeit der umwandlungsbezogenen Vergünstigungen der FRL ist für die SE und SCE von besonderer Bedeutung. Denn in den jeweiligen Verordnungen ist die **Gründung einer SE oder SCE** durch grenzübergreifende Verschmelzung vorgesehen. Bereits dieser Gründungsakt könnte ohne die Privilegien der FRL erschwert sein.

16.74

Zudem gibt es seit 2005 eigenständige steuerliche Vergünstigungen für die **Sitzverlegung von SE und SCE**. Die dazu eingefügten Regelungen ähneln den Privilegien, die die FRL für Umwandlungen vorsieht.

16.75

Im Einzelnen sieht Art. 12 Abs. 1 FRL vor, dass bei einer Sitzverlegung einer SE oder SCE bzw. einem Ansässigkeitswechsel infolge einer Sitzverlegung von einem Mitgliedstaat in einen anderen Mitgliedstaat[6] der nach Art. 4 Abs. 1 FRL berechnete **Veräußerungsgewinn nicht besteuert** werden darf. Die Privilegierung des Art. 12 Abs. 1 FRL betrifft aber nur den Veräußerungsgewinn für solche Wirtschaftsgüter, die auch nach der Sitzverlegung einer inländischen Betriebsstätte zugeordnet bleiben und zur Er-

16.76

---

1 Zu möglichen Gestaltungen s. *Aurelio*, Intertax 2006, 333 (340 f.); *Benecke/Schnitger*, IStR 2005, 641 (646).
2 *Benecke/Schnitger*, IStR 2005, 641 (647).
3 Für *Terra/Wattel*, European Tax Law[6], S. 683, sind Art. 11 Abs. 3 und 4 FRL „rätselhaft"; ähnlich *Russo/Offermanns*, ET 2006, 250 (257); *Blumers/Kinzl*, BB 2005, 791 (792) sprechen von „europarechtlicher Halbherzigkeit" und vermuten einen Verstoß gegen die Grundfreiheiten.
4 Dies kommt in den Erwägungsgründen (20) zur SE-VO und (16) zur SCE-VO eigens zum Ausdruck. S. dazu *Jochum* in Habersack/Drinhausen, SE-Recht, E) Steuerrecht SE Rz. 2.
5 Aus Art. 10 SE-VO, der eine Gleichbehandlung der SE mit Aktiengesellschaften des nationalen Rechts vorschreibt, wurde gefolgert, dass die SE auch schon vorher in den Anwendungsbereich der FRL fiel, s. *Herzig/Griemla*, StuW 2002, 55 (59); *Aurelio*, Intertax 2006, 333 (346 f.); *Schön*, TNI 2004, 197 (203); *Schön/Schindler*, IStR 2004, 571 (573 f.); *Kraft/Bron*, RIW 2005, 641 (643); *Schindler*, IStR 2005, 551 (552).
6 Die in Art. 12 Abs. 1 Buchst. a und b FRL getroffene Unterscheidung zwischen Sitzverlegung und Ansässigkeitswechsel infolge einer Sitzverlegung resultiert daraus, dass die Bestimmung der Ansässigkeit einer SE bzw. SCE weiterhin Sache der nationalen Steuerrechtsordnungen ist (vgl. Erwägungsgrund (6) zur Änderungsrichtlinie v. 17.10.2005). Eine Sitzverlegung muss daher nicht zwingend zu einem Ansässigkeitswechsel führen, s. *Aurelio*, Intertax 2006, 333 (347); *Terra/Wattel*, European Tax Law[6], S. 655 f.

zielung des steuerlich zu berücksichtigenden Ergebnisses beitragen. Dieser Betriebsstättenvorbehalt wahrt – wie bei Art. 4 FRL – die finanziellen Interessen der Mitgliedstaaten, indem er den steuerlichen Zugriff auf die stillen Reserven bei einer späteren Realisierung sicherstellt. Für den Fall des Wegzugs von SE oder SCE ist zu beachten, dass nach den einschlägigen gesellschaftsrechtlichen Maßgaben die Sitzverlagerung einer solchen Gesellschaft zwingend dazu führen muss, dass auch die Geschäftsleitung verlegt wird.[1] Das bedeutet, dass jedenfalls solche Wirtschaftsgüter, die steuerlich der Geschäftsleitungsbetriebsstätte zuzuordnen sind, als Folge einer Sitzverlegung nicht länger einer inländischen Betriebsstätte zugeordnet werden können und daher vom Privileg des Art. 12 Abs. 1 FRL nicht profitieren.[2]

16.77 Gemäß Art. 12 Abs. 2 FRL wird die Privilegierung zudem davon abhängig gemacht, dass die SE bzw. die SCE neue Abschreibungen und spätere Wertsteigerungen oder Wertminderungen so berechnet, als habe keine Sitzverlegung stattgefunden oder als sei der steuerliche Sitz nicht aufgegeben worden. Dieses Gebot der **Fortführung der Buchwertansätze** soll – wie bei Art. 4 Abs. 4 FRL – vermeiden, dass die bereits abgeschriebenen Wirtschaftsgüter nach der Sitzverlegung erneut abgeschrieben werden können.

16.78 Erneut stellt sich die Frage der Vereinbarkeit dieses Regelungskonzepts mit den **Grundfreiheiten des Primärrechts**, wie sie der EuGH in seiner Rechtsprechung zu den *Exit Tax*-Fällen ausgelegt hat (dazu bereits Rz. 16.45 ff.). Darf die Gewährung der Steuerstundung auf diejenigen Wirtschaftsgüter beschränkt bleiben, die in einer inländischen Betriebsstätte verbleiben? Diese Frage war lange Zeit strittig.[3] Durch die Einführung einer allgemeinen Entstrickungsregelung in Art. 5 ATAD dürfte jetzt aber Klarheit herrschen. Demnach sind die EU-Mitgliedstaaten im Grundsatz zur Besteuerung der stillen Reserven berechtigt; der Steuerpflichtige kann jedoch eine Streckung dieser Zahlung auf fünf Jahre (ggf. mit Zinszahlung bzw. der Stellung von Sicherheiten) verlangen. Dies entspricht auch der mittlerweile gefestigten *Exit-Tax-Rechtsprechung* des EuGH (Rz. 8.76 ff.). Demnach müssen die Mitgliedstaaten dem Steuerpflichtigen ein Wahlrecht einräumen, ob die Steuer sofort erhoben werden soll oder nicht. Falls der Steuerpflichtige eine sofortige Steuererhebung ablehnt, dürfen die Mitgliedstaaten die Steuer aber gestreckt über einen Zeitraum von mehreren (vom EuGH gebilligt: fünf) Jahren erheben und ggf. zusätzlich Zinsen sowie die Stellung von Sicherheiten verlangen. Dies ist in Art. 5 ATAD nun auch sekundärrechtlich abgesichert. Nichtsdestotrotz wäre auch hier zu erwägen, ob durch die Aufnahme entsprechender Regelungen in die FRL selbst mehr Rechtssicherheit erzielt werden könnte.

16.79 In Art. 13 Abs. 1 FRL wird – in vergleichbarer Weise wie bei Art. 5 FRL – festgelegt, dass die SE oder SCE auch nach der Sitzverlegung steuerbefreite **Rückstellungen und Rücklagen**, die ordnungsgemäß gebildet wurden und nicht aus Betriebsstätten im Ausland stammen, weiterführen kann. Aus Art. 13 Abs. 2 FRL folgt ein **Diskriminierungsverbot** für Verlustübertragungen: Wenn das nationale Recht für Gesellschaften bei innerstaatlichen Sitzverlagerungen eine Verlustübernahme zulässt, muss es diese auch bei der grenzüberschreitenden Sitzverlagerung einer SE oder SCE erlauben. Insofern ist die Ausgangslage eine andere als bei Art. 6 FRL, denn nach nationalem Recht steht ein rein innerstaatlicher Umzug einer fortgesetzten Verlustnutzung in der Regel nicht entgegen.[4]

16.80 Die **Gesellschafterebene** wird in Art. 14 FRL berücksichtigt. Gemäß Art. 14 Abs. 1 FRL darf die Sitzverlagerung als solche keine Besteuerung des Veräußerungsgewinns der Gesellschafter auslösen. Wie sich

---

1 Nach Art. 7 SE-VO muss der Sitz der SE in dem Mitgliedstaat liegen, in dem sich die Hauptverwaltung der SE befindet. In Art. 6 SCE-VO ist eine entsprechende Regelung für die SCE enthalten.
2 Zur Zuordnung von Beteiligungen in grenzüberschreitenden Fällen s. BMF v. 22.12.2016 – IV B 5 - S 1341/12/10001-03, BStBl. I 2017, 182, Rz. 2.7 ff.
3 S. zur Diskussion *Fischer* in MünchKomm/AktG[4], SteuerR Rz. 92; *Jochum* in Habersack/Drinhausen, SE-Recht, E) Steuerrecht der SE Rz. 132; *Schön* in Lutter/Hommelhoff/Teichmann, SE Kommentar[2], D. Die SE im Steuerrecht Rz. 54 ff. m.w.N.; *Jochum* in Habersack/Drinhausen, SE-Recht, E) Steuerrecht der SE Rz. 132.
4 *Aurelio*, Intertax 2006, 333 (349).

aus Art. 14 Abs. 2 FRL ergibt, sind die Mitgliedstaaten aber bei einer späteren Veräußerung der Anteile nicht an der Besteuerung des Gewinns gehindert.¹

III. Missbrauchsvorbehalt

In Art. 15 Abs. 1 Buchst. a FRL ist eine **allgemeine Missbrauchsregelung** enthalten.² Demnach können die Mitgliedstaaten die Anwendung von Art. 4 bis 14 FRL ganz oder teilweise versagen oder rückgängig machen, wenn ein Vorgang i.S.v. Art. 1 FRL als hauptsächlichen oder einen der hauptsächlichen Beweggründe die Steuerhinterziehung oder -umgehung hat.

16.81

Dazu bestimmt Art. 15 Abs. 1 Buchst. a FRL näher, dass bei Abwesenheit **vernünftiger wirtschaftlicher Gründe** für die Transaktion – insbesondere der Umstrukturierung oder Rationalisierung der betroffenen Gesellschaften – davon ausgegangen werden kann, dass Steuervermeidung oder -hinterziehung der Beweggrund für den Vorgang war. Der EuGH hat hierzu entschieden, dass das Streben nach einem rein steuerlichen Vorteil keinen vernünftigen wirtschaftlichen Grund in diesem Sinne darstellt.³

16.82

Die negative Formulierung in Art. 15 Abs. 1 Buchst. a Halbs. 2 FRL könnte darauf hindeuten, dass der Steuerpflichtige die **Beweislast** für das (Nicht-)Vorliegen des Missbrauchs trägt. Dafür sprechen jedenfalls praktische Gründe. Denn dem Steuerpflichtigen sind die wirtschaftlichen Hintergründe für den gewählten Vorgang naturgemäß besser bekannt als der Finanzverwaltung.⁴ Zudem wäre es der Finanzverwaltung praktisch nicht möglich, das Nichtvorliegen vernünftiger wirtschaftlicher Gründe zu beweisen.⁵ Gelingt dem Steuerpflichtigen die Benennung vernünftiger wirtschaftlicher Gründe, hat die Finanzverwaltung gleichwohl die Möglichkeit, den Nachweis zu führen, dass das Ziel der Steuervermeidung bzw. -hinterziehung der Hauptgrund für den Vorgang war.⁶

16.83

Der Spielraum der Mitgliedstaaten bei der Umsetzung der Missbrauchsklausel unterliegt aufgrund der Rechtsprechung des EuGH gewissen Einschränkungen. So hat der **EuGH** zwar festgestellt, dass die Mitgliedstaaten die zur Anwendung dieser Bestimmung erforderlichen Modalitäten festzulegen haben.⁷ Generelle nationale Missbrauchsbestimmungen, die anhand bestimmter Kriterien Vorgänge automatisch als missbräuchlich einstufen, können aber unverhältnismäßig sein.⁸ Folglich müssen die nationalen Behörden eine umfassende Untersuchung jedes Einzelfalls vornehmen.⁹

16.84

---

1 *Terra/Wattel*, European Tax Law⁶, S. 682.
2 Eingehend dazu *Petrosovitch*, ET 2010, 558 (559 ff.); *Kokott*, Das Steuerrecht der Europäischen Union, S. 311 ff. sowie *Musil* in Musil/Weber-Grellet, Europäisches Steuerrecht, Art. 15 FRL Rz. 5 ff.
3 EuGH v. 17.7.1997 – C-28/95 – Leur-Bloem, Slg. 1997, I-4161 Rz. 47 = FR 1997, 685 m. Anm. *Dautzenberg*; v. 10.11.2011 – C-126/10 – Foggia, Slg. 2011, I-10923 Rz. 34; kritisch hierzu *Ernst & Young*, Survey of the Implementation of Council Directive 90/434/EEC, S. 20 (mit Blick auf die EuGH-Rechtsprechung zu „rein künstlichen Gestaltungen").
4 EuGH v. 12.9.2006 – C-196/04 – Cadbury Schweppes, Slg. 2006, I-7995 Rz. 70 = GmbHR 2006, 1049 m. Anm. *Kleinert* = FR 2006, 987 m. Anm. *Lieber*.
5 *Terra/Wattel*, European Tax Law⁶, S. 693.
6 *Terra/Wattel*, European Tax Law⁶, S. 693 f. Ein Beispiel bildet der Sachverhalt, der der EuGH-Entscheidung „Foggia" zugrunde lag, EuGH v. 10.11.2011 – C-126/10 – Foggia, Slg. 2011, I-10923. Dort trug der Steuerpflichtige zwar vor, dass eine Umwandlung auch zur Verringerung von Verwaltungs- und Geschäftsführungskosten beigetragen habe. Dies stellte für sich genommen einen vernünftigen wirtschaftlichen Grund dar. Der EuGH hielt diesen Vorteil jedoch angesichts der durch die Umwandlung erlangten steuerlichen Vorteile für „völlig nebensächlich".
7 EuGH v. 17.7.1997 – C-28/95 – Leur-Bloem, Slg. 1997, I-4161 Rz. 43 = FR 1997, 685 m. Anm. *Dautzenberg*; v. 8.3.2017 – C-14/16 – Euro Park Service, ECLI:EU:C:2017:177.
8 EuGH v. 17.7.1997 – C-28/95 – Leur-Bloem, Slg. 1997, I-4161 Rz. 44 = FR 1997, 685 m. Anm. *Dautzenberg*; v. 8.3.2017 – C-14/16 – Euro Park Service, ECLI:EU:C:2017:177.
9 EuGH v. 20.5.2010 – C-352/08 – Modehuis A. Zwijnenburg, Slg. 2010, I-4303 Rz. 44; v. 10.11.2011 – C-126/10 – Foggia, Slg. 2011, I-10923 Rz. 37.

16.85 Die im Jahr 2016 verabschiedete ATAD enthält in Art. 6 ebenfalls eine allgemeine Anti-Missbrauchsregelung (s. Rz. 17.57 ff.). Diese unterscheidet sich von der älteren Regelung in Art. 15 FRL nicht nur in ihrer tatbestandlichen Fassung, die „moderner" ist und die jüngeren Diskussionen zwischen Europäischer Kommission und Mitgliedstaaten hierzu nachzeichnet. Sie hat auch im Vergleich zur FRL eine andere Rechtsfolge, weil sie den Mitgliedstaaten bei der Erfüllung ihres Tatbestands nicht nur die Möglichkeit einräumt, einer missbräuchlichen Transaktion die begehrte (günstigere) Rechtsfolge abzusprechen, sondern sie dazu sogar verpflichtet.[1]

IV. Mitbestimmungsvorbehalt

16.86 In Art. 15 Abs. 1 Buchst. b FRL ist ein **Mitbestimmungsvorbehalt** enthalten. Demnach können die Mitgliedstaaten die Vergünstigungen von Art. 4 bis 14 FRL vorenthalten, wenn ein Vorgang dazu führt, dass die Voraussetzungen der Vertretung von Arbeitnehmern in den Organen einer – an dem Vorgang beteiligten oder unbeteiligten – Gesellschaft nicht mehr erfüllt sind. Der Tatbestand von Art. 15 Abs. 1 Buchst. b FRL setzt nicht voraus, dass die Reduzierung des Mitbestimmungsniveaus eigentliches Ziel des Vorgangs war. Es kommt nur darauf an, ob das Mitbestimmungsniveau im Ergebnis beeinträchtigt ist.

16.87 Diese Regelung dient dem **Schutz der Mitbestimmungsrechte** von Arbeitnehmern im Unternehmen.[2] Ihre Einführung ging mutmaßlich auf deutsches Betreiben zurück.[3]

16.88 Die **Verbindung von Mitbestimmungsrecht und steuerrechtlichen Wertungen** wirft allerdings Fragen auf. Es ist nicht ersichtlich, warum Veränderungen des Mitbestimmungsniveaus die Gewährung steuerlicher Vergünstigungen beeinträchtigen sollten. Deutschland hat übrigens von einer Umsetzung des Mitbestimmungsvorbehalts im Umwandlungssteuerrecht abgesehen[4] und stattdessen ein Wahlrecht im Mitbestimmungs-Beibehaltungsgesetz eingeführt.[5]

C. Diskussionspunkte zur Umsetzung in deutsches Recht

I. Umsetzung der FRL in deutsches Recht

16.89 Die Regelungen der FRL waren bis zum Ende des Jahres 1991 in nationales Recht umzusetzen. Dazu kam es zunächst aber nicht, weil es zu diesem Zeitpunkt an den erforderlichen gesellschaftsrechtlichen Regelungen für grenzüberschreitende Umwandlungen fehlte. Die entsprechenden steuerlichen Vergünstigungen der FRL waren insofern obsolet.[6] Lediglich für die Einbringung von Unternehmensteilen und den Anteilstausch wurden Regelungen geschaffen.[7]

---

1 S. zum Verhältnis der beiden Regelungen schon Rz. 17.60.
2 *Debatin*, BB 1991, 947 (949).
3 *Knobbe-Keuk*, EuZW 1992, 336 (342): „Extrawurst, die sich die deutsche Seite hat braten lassen"; *Widmann*, Intertax 1990, 412 (413); *Krebs*, BB 1990, 1945 (1948).
4 Pointiert dazu *Knobbe-Keuk*, EuZW 1992, 336 (342).
5 Mitbestimmungs-Beibehaltungsgesetz v. 2.9.1994, BGBl. I 1994, 2228; dazu s. *Schollmeier* in Birk, Handbuch des Europäischen Steuer- und Abgabenrechts, § 30 Rz. 67.
6 S. Gesetzesbegründung zum StÄndG 1992, BT-Drucks. 12/1108, 80; *Schulz/Geismar*, DStR 2001, 1078 (1083).
7 Eingefügt durch das StÄndG 1992, BGBl. I 1992, 297. Dazu *Herzig/Förster*, DB 1992, 911 (912 ff.). Zudem sah § 12 Abs. 2 Satz 2 KStG eine Regelung für die Übertragung einer Betriebsstätte zu Buchwerten durch eine Verschmelzung im Ausland vor, *Rödder/Schumacher*, DStR 2006, 1525 (1525).

Die umfassende Umsetzung der FRL in deutsches Recht erfolgte erst im Jahr 2006 durch das **SEStEG**.[1] 16.90
Ausweislich der Gesetzesbegründung zum SEStEG sah sich der Gesetzgeber durch mehrere Faktoren veranlasst, den Anwendungsbereich des Umwandlungssteuerrechts auf grenzüberschreitende Konstellationen zu erweitern:[2] die Verabschiedungen von SE-Statut und SCE-Statut in den Jahren 2001 und 2003, die Änderung der FRL im Jahr 2005, die Annahme der Verschmelzungsrichtlinie im Jahr 2005 und die EuGH-Rechtsprechung zu grenzüberschreitenden Umwandlungen.[3] Durch diese Entwicklungen waren die erforderlichen gesellschaftsrechtlichen Grundlagen für viele der in der FRL genannten grenzüberschreitenden Umwandlungen geschaffen – lediglich für grenzüberschreitende Spaltungen und Abspaltungen fehlt es weiterhin an den erforderlichen gesellschaftsrechtlichen Grundlagen.[4]

II. Sachlicher Anwendungsbereich

Durch das SEStEG wurde das UmwStG für grenzüberschreitende Umwandlungen im Sinne der FRL 16.91 geöffnet. Für Verschmelzung, Aufspaltung und Abspaltung ergibt sich aus § 1 Abs. 1 UmwStG, dass neben inländischen auch vergleichbare ausländische Umwandlungen erfasst sind. Eine Vergleichbarkeit in diesem Sinne ist gegeben, wenn der ausländische Umwandlungsvorgang seinem Wesen nach einer Verschmelzung, Aufspaltung oder Abspaltung im Sinne des deutschen Umwandlungsrechts entspricht, wobei insbesondere auf die beteiligten Rechtsträger und die Strukturmerkmale des Umwandlungsvorgangs abzustellen ist.[5] Für Einbringung und Anteilstausch ist § 1 Abs. 3 Nr. 4 und 5 UmwStG einschlägig. Hier können auch ohne ausdrückliche gesetzliche Anordnung vergleichbare ausländische Vorgänge erfasst sein.[6]

III. Persönlicher Anwendungsbereich

Das SEStEG hat den Anwendungsbereich des UmwStG für EU- und EWR-ausländische Gesellschaften geöffnet. Folge ist eine **Europäisierung des Anwendungsbereichs** des Umwandlungssteuerrechts.[7] 16.92
Im frühen Entwurfsstadium des SEStEG war sogar erwogen worden, das Umwandlungssteuerrecht zu internationalisieren und die Regelungen auf außereuropäische Umwandlungen auszuweiten.[8] Von einer derart weitgehenden Öffnung des Umwandlungssteuerrechts hat der Gesetzgeber aber, bis auf wenige Ausnahmen,[9] abgesehen.[10] Jedenfalls hat der Gesetzgeber das Umwandlungssteuerrecht – über die Maßgaben der FRL hinaus – auch auf Gesellschaften ausgeweitet, die nach den Vorschriften eines EWR-Mitgliedstaats gegründet und in einem EWR-Mitgliedstaat ansässig sind.[11] Ausgehend von der

---

1 Gesetz über steuerliche Begleitmaßnahmen zur Einführung der Europäischen Gesellschaft und zur Änderung weiterer steuerlicher Vorschriften v. 7.12.2006, BGBl. I 2006, 2782.
2 BT-Drucks. 16/2710, 25.
3 Die Gesetzesbegründung benennt hier konkret die Entscheidung des EuGH in der Rechtssache „Sevic", EuGH v. 13.12.2005 – C-411/03 – Sevic, Slg. 2005, I-10805 = GmbHR 2006, 140 m. Anm. *Haritz*.
4 Vgl. aber *Asmus* in Haritz/Menner/Bilitewski[5], § 15 UmwStG Rz. 27 zu den Implikationen des MoMiG.
5 BMF v. 11.11.2011 – IV C 2 - S 1978 - b/08/10001, BStBl. I 2011, 1314 Rz. 01.24 (sowie insgesamt Rz. 01.20 ff.). Dazu *Oppen/Polatzky*, GmbHR 2012, 263 (264); *Benecke*, GmbHR 2012, 113 (116 ff.); *Ehret/Lausterer*, DB 2012, Beilage 1 zu Heft 2, 5 (9).
6 BMF v. 11.11.2011 – IV C 2 - S 1978 - b/08/10001, BStBl. I 2011, 1314 Rz. 01.45 (für die Einbringung); *Benecke*, GmbHR 2012, 113 (121 f.); *Möhlenbrock* in D/P/M, § 1 UmwStG Rz. 70.
7 Dazu *Rödder/Schumacher*, DStR 2007, 369 (369 ff.).
8 *Frotscher*, IStR 2006, 65 (67).
9 Auflistung der erfassten Drittstaatsvorgänge bei *Müller-Gatermann* in FS Schaumburg, S. 939 (941).
10 Gegen die zunächst intendierte Internationalisierung sprachen wohl Bedenken der Bundesländer bzw. erwartete Schwierigkeiten im Umgang mit nichteuropäischem Recht, *Benecke/Schnitger*, IStR 2007, 22 (22); *Müller-Gatermann* in FS Schaumburg, 939 (941); kritisch dazu *Werra/Teiche*, DB 2006, 1455 (1458).
11 *Sedemund* in Prinz, Umwandlungen im Internationalen Steuerrecht, Rz. 3.161.

Entscheidung des EuGH in Sachen „DMC Beteiligungsgesellschaft"[1] wird nunmehr diskutiert, ob die Kapitalverkehrsfreiheit gem. Art. 63 AEUV eine weitergehende Öffnung für Drittstaatssachverhalte verlangt.[2]

IV. Entstrickungstatbestände

16.93 Das UmwStG enthält für die einzelnen von der FRL erfassten Umwandlungsvorgänge eigene **Entstrickungsregelungen**. Diese sehen im Ausgangspunkt vor, dass eine Umwandlung zur Aufdeckung der stillen Reserven führt (Ansatz der übergehenden Wirtschaftsgüter bzw. der hingegebenen Anteile mit dem gemeinen Wert). Wenn bestimmte Voraussetzungen erfüllt sind, ist auf Antrag aber auch ein Ansatz zum Buchwert oder mit einem Zwischenwert möglich. Dabei kommt es entscheidend darauf an, ob das deutsche Besteuerungsrecht infolge des Umwandlungsvorgangs ausgeschlossen oder beschränkt wird.[3] Dadurch stellen die Entstrickungstatbestände – wie der Betriebsstättenvorbehalt in Art. 4 Abs. 2 FRL – im Ergebnis sicher, dass der Besteuerungsaufschub auf die Fälle beschränkt wird, in denen bei einer späteren Realisierung eine ungeschmälerte steuerliche Zugriffsmöglichkeit besteht.

16.94 Diskutiert wird, ob die Entstrickungsregelungen des UmwStG mit europäischem **Primärrecht vereinbar** sind. Aus der *Exit-Tax*-Rechtsprechung des EuGH folgern weite Teile des Schrifttums, dass eine sofortige Erhebung der Steuer im Anwendungsbereich des UmwStG einen unverhältnismäßigen Eingriff in die Grundfreiheiten darstellt.[4] Es wurde bereits dargestellt, dass eine solche sofortige Erhebung durchaus den Wertungen der FRL entspricht, so dass gute Gründe für die Primärrechtskonformität sprechen (Rz. 16.47 ff.). Es ist freilich anzunehmen, dass der EuGH die Grundsätze seiner *Exit-Tax*-Rechtsprechung auch hier unverändert anwenden will, zumal er diese bereits auf einzelne Umwandlungsfälle übertragen hat.[5] Vor diesem Hintergrund könnte es sich anbieten, die Entstrickungsregelungen des UmwStG mit einer Zahlungsstreckung ähnlich den Regelungen in § 4g EStG oder in § 36 Abs. 5 EStG zu verbinden. Hinzuweisen ist noch darauf, dass unabhängig von den Vorgaben der FRL die Diskussion zu den Tatbestandsvoraussetzungen der Entstrickungsnormen im nationalen Recht im Fluss ist, seit der BFH von seiner früheren Theorie zur „finalen Entnahme" abgerückt ist.[6] Seither wird diskutiert, ob die durch das SEStEG eingefügten Entstrickungstatbestände – namentlich diejenigen des

---

[1] EuGH v. 23.1.2014 – C-164/12 – DMC, EU:C:2014:20 = IStR 2014, 106 = ISR 2014, 136 m. Anm. *Müller* = ISR 2014, 96 m. Anm. *Zwirner* = GmbHR 2014, 210 m. Anm. *Patzner/Nagler*. Dort hatte der EuGH die Kapitalverkehrsfreiheit als einschlägige Grundfreiheit herangezogen.

[2] In diesem Sinne *Gosch*, IWB 2014, 183 (187); *Patzner/Nagler*, GmbHR 2014, 216 (218); *Jürgen Lüdicke*, IStR 2014, 537 (540); kritisch *Zwirner*, ISR 2014, 96 (99); *Musil*, FR 2014, 470 (471); s. auch *Henze*, ISR 2014, 384 (386).

[3] S. zum Ganzen etwa *Mutscher*, IStR 2007, 799 (800 ff.); *Riedel*, Ubg 2013, 30 (30 ff.); *Becker-Pennrich*, IStR 2007, 684 (690 ff.); *Schmitt* in Schmitt/Hörtnagl/Stratz[8], § 11 UmwStG Rz. 106 ff.; *Rödder* in R/H/vL[3], § 11 UmwStG Rz. 263 ff.; *Bärwaldt* in Haritz/Menner/Bilitewski[4], § 11 UmwStG Rz. 47 ff.

[4] *Körner*, IStR 2006, 469 (469); *Kessler/Huck*, IStR 2006, 433 (433 f.); *Schell/Krohn*, DB 2012, 1057 (1064 f.); *Hörtnagl*, Stbg 2006, 471 (474); *Rödder/Schumacher*, DStR 2006, 1525 (1528); *Schaumburg/Häck* in Schaumburg, Internationales Steuerrecht[4], Tz. 20.24 f.; *Oppel*, IWB 2018, 324 (328); *Kollruss*, FR 2018, 583 (583 ff.) zu Anteilstauschkonstellationen, die nicht der FRL unterfallen; vgl. aber auch *Staats* in Lademann, § 3 UmwStG Rz. 141 f.; s. Rz. 8.76 ff. zur Wegzugsbesteuerung.

[5] EuGH v. 23.1.2014 – C-164/12 – DMC, EU:C:2014:20 = IStR 2014, 106 = ISR 2014, 136 m. Anm. *Müller* = ISR 2014, 96 m. Anm. *Zwirner* = GmbHR 2014, 210 m. Anm. *Patzner/Nagler*; *Dobratz*, ISR 2014, 198 (198 ff.). S. auch die Entscheidungen EuGH v. 8.3.2017 – C-14/16 – Euro Park Service, ECLI:EU:C:2017:177 und v. 23.11.2017 – C-292/16 – A Oy, ECLI:EU:C:2017:888. Zur Möglichkeit einer Neuordnung der deutschen Entstrickungsnormen anlässlich der Umsetzung von Art. 5 ATAD s. Rz. 17.47.

[6] BFH v. 17.7.2008 – I R 77/06, BStBl. II 2009, 464 = GmbHR 2009, 48 m. Anm. *Meilicke*; s. dazu Nichtanwendungserlass des BMF v. 20.5.2009 – IV C 6 – S 2134/07/10005, BStBl. I 2009, 671. S. auch BFH v. 28.10.2009 – I R 99/08, BStBl. II 2011, 1019 = FR 2010, 183 m. Anm. *Mitschke*; s. dazu wiederum Nichtanwendungserlass des BMF v. 18.11.2011 – IV C 6 – S 2134/10/10004, BStBl. I 2011, 1278.

UmwStG – die vom Gesetzgeber verfolgte Zielsetzung tatbestandlich hinreichend deutlich zum Ausdruck bringen.[1] Hier ist das letzte Wort noch nicht gesprochen.[2]

Der Umstand, dass die Entstrickungstatbestände des UmwStG für die Verschonung der stillen Reserven einen **Antrag** voraussetzen, dürfte jedenfalls keinen Verstoß gegen die FRL darstellen, auch wenn in dieser ein Antragserfordernis nicht vorgesehen ist. Zwar hat der EuGH den Mitgliedstaaten untersagt, die Inanspruchnahme der Vergünstigungen der FRL durch besondere Beschränkungen, Benachteiligungen oder Verfälschungen zu behindern.[3] Mit Blick auf verfahrensrechtliche Regelungen hat der EuGH jedoch festgestellt, dass diese mangels einer einschlägigen Unionsregelung und nach dem Grundsatz der Verfahrensautonomie der Mitgliedstaaten Sache der Rechtsordnung eines jeden Mitgliedstaats sind, solange bestimmte Voraussetzungen eingehalten sind.[4] Konkret hat der EuGH zu einem fristgebundenen Antragserfordernis entschieden, dass dieses den genannten Anforderungen entspricht, vorausgesetzt, die Modalitäten zur Anwendung dieser Frist, insb. die Bestimmung des Fristbeginns, sind hinreichend genau, klar und vorhersehbar.[5] Diesen Anforderungen wird das deutsche Antragserfordernis gerecht.[6]

16.95

Die **Entstrickungsbesteuerung beim Wegzug einer SE oder SCE** ist im deutschen Recht so ähnlich konzipiert wie in Umwandlungsfällen. Wenn eine SE oder SCE identitätswahrend ihren Sitz vom Inland in einen anderen Mitgliedstaat verlegt, kommt es gem. § 12 KStG zu einer steuerpflichtigen Aufdeckung stiller Reserven, wenn das deutsche Besteuerungsrecht hinsichtlich der Veräußerung oder Nutzung von Wirtschaftsgütern infolge des Wegzugs ausgeschlossen oder beschränkt ist.[7] Nach § 12 Abs. 1 Satz 1 KStG ist eine Ratenzahlung gem. § 4g EStG möglich. Auch hier ist die Vereinbarkeit mit Primärrecht strittig.[8] Diese Frage dürfte durch die mittlerweile gefestigte Rechtsprechung des EuGH zur „Exit Tax" geklärt sein. Demnach ist dem Steuerpflichtigen ein Wahlrecht zwischen sofortiger Besteuerung und Stundung einzuräumen; im Falle einer Stundung darf der EU-Mitgliedstaat die Steuer aber gestreckt

16.96

---

1 *Gosch*, IWB 2012, 779 (784 f.); *Köhler* in FS Schaumburg, S. 813 (828 ff.); *Herbort*, FR 2013, 781 (782); *Schmitt* in Schmitt/Hörtnagl/Stratz[8], § 20 UmwStG Rz. 343 m.w.N.
2 Nach hier vertretener Ansicht weisen die Entstrickungstatbestände kein Regelungsdefizit auf. Spätestens mit der Einfügung von § 4 Abs. 1 Satz 4 EStG (bzw. § 12 Abs. 1 Satz 2 KStG) durch das Jahressteuergesetz 2010 (BGBl. I 2010, 1768) ist der gesetzgeberische Wille unzweideutig zum Ausdruck gekommen, dass in solchen Fällen eine Besteuerung ausgelöst werden soll. Angesichts dessen ist die Annahme, dass der Tatbestand der gesetzlichen Regelung weiterhin ungeeignet sei, dieses Ziel zu erreichen, wenig überzeugend; so aber *Gosch*, IWB 2012, 779 (785). Dies gilt auch für die Entstrickungstatbestände des UmwStG. Dass bei diesen keine dem § 4 Abs. 1 Satz 4 EStG entsprechende Ergänzung vorgenommen wurde, ist insoweit unerheblich, weil es sich nur um eine weitere Klarstellung des bereits in der Gesetzesbegründung zum SEStEG zum Ausdruck gekommenen gesetzgeberischen Willens handelt. A.A. *Schmitt* in Schmitt/Hörtnagl/Stratz[8], § 3 UmwStG Rz. 86 und § 11 UmwStG Rz. 108; *Stadler/Elser/Bindl*, DB 2012 Beilage 1 zu Heft 2, 14 (18); vgl. aber auch *Fuhrmann* in Widmann/Mayer, § 24 UmwStG Rz. 748.
3 EuGH v. 11.12.2008 – C-285/07 – A.T., Slg. 2008, I-3923.
4 EuGH v. 8.3.2017 – C-14/16 – Euro Park Service, ECLI:EU:C:2017:177 – Rz. 36 ff. Demnach muss insbesondere ausreichende Rechtssicherheit gewährleistet sein. Vgl. auch *Henze*, ISR 2017, 401 (405).
5 EuGH v. 18.10.2012 – C-603/10 – Pelati, EU:C:2012:639 = DStRE 2013, 349 Rz. 36.
6 Aus diesem Grunde dürfte auch nicht zu beanstanden sein, dass der Antrag spätestens bis zur erstmaligen Abgabe der steuerlichen Schlussbilanz zu stellen ist; kritisch hierzu aber *Sedemund* in Prinz, Umwandlungen im Internationalen Steuerrecht, Rz. 3.167; *Schroer* in Haritz/Menner/Bilitewski[5], § 13 UmwStG Rz. 34. Auch die Entscheidung des EuGH in der Rechtssache Euro Park Service führt insoweit zu keinen anderen Ergebnissen, weil der EuGH dort im Ergebnis weniger das Antragserfordernis, sondern vielmehr die pauschale Missbrauchsannahme kritisiert hat, s. EuGH v. 8.3.2017 – C-14/16 – Euro Park Service, ECLI:EU:C:2017:177.
7 Zur Frage der sog. Nutzungsentstrickung s. *Müller-Gatermann* in FS Schaumburg, S. 939 (944 f.); *Rödder/Schumacher*, DStR 2006, 1481 (1484).
8 So hat das FG Rheinland-Pfalz beim Wegzug einer SE eine AdV gewährt, FG Rh.-Pf. v. 7.1.2011 – 1 V 1217/10, DStRE 2011, 1065 (rkr.); s. dazu *Mitschke*, IStR 2011, 294 (296 ff.); *Körner*, IStR 2011, 527 (528 ff.).

über einen Zeitraum mehrerer Jahre erheben und ggf. Zinsen und die Stellung von Sicherheiten verlangen. Diesen Anforderungen, die in Art. 5 ATAD inzwischen auch sekundärrechtlich abgesichert wurden, wird § 12 KStG i.V. m. § 4g EStG grundsätzlich gerecht (zur Frage der Primärrechtskonformität von § 4g EStG wegen dessen Ausgestaltung im Einzelnen s. aber auch Rz. 8.98 f.).

V. Korrektur der Beteiligungswerte bei Verschmelzungen

16.97 Für den Fall eines *down-stream mergers* sieht § 11 Abs. 2 Satz 2 UmwStG eine Korrektur des Beteiligungswerts vor. Demnach sind die Anteile an der übernehmenden Körperschaft mindestens mit dem Buchwert, erhöht um Abschreibungen sowie um Abzüge gem. § 6b EStG und ähnliche, in früheren Jahren steuerwirksam vorgenommene Abzüge, höchstens mit dem gemeinen Wert anzusetzen. Gemäß § 11 Abs. 2 Satz 3 UmwStG ist § 8b Abs. 2 Satz 4 und 5 KStG anwendbar, so dass die Steuerbefreiung des § 8b Abs. 2 Satz 1 KStG nicht zur Anwendung kommt. Folglich ist ein hierbei entstehender Beteiligungskorrekturgewinn in voller Höhe steuerpflichtig. Für den Fall eines *up-stream mergers* bildet § 12 Abs. 1 Satz 2 i.V.m. § 4 Abs. 1 Satz 2 und 3 UmwStG das Gegenstück dazu und sieht entsprechende Zuschreibungen vor. Die Vereinbarkeit dieser Regelungen mit der FRL wird im Schrifttum bezweifelt.[1]

VI. Freistellung des Übernahmegewinns bei der Verschmelzung?

16.98 Aus § 12 Abs. 2 Satz 1 UmwStG ergibt sich, dass ein bei Verschmelzungen entstehender **Übernahmegewinn oder -verlust** der übernehmenden Körperschaft außer Ansatz bleibt.[2] Allerdings folgt aus § 12 Abs. 2 Satz 2 UmwStG, dass § 8b KStG anzuwenden ist, soweit der Übernahmegewinn abzgl. der anteilig darauf entfallenden Kosten für den Vermögensübergang dem Anteil der übernehmenden Körperschaft an der übertragenden Körperschaft entspricht. Somit kommt es – wegen des in § 8b Abs. 3 KStG vorgesehenen pauschalen Betriebsausgabenabzugsverbots i.H.v. 5 % – im Ergebnis nur zu einer 95%igen Steuerfreistellung.[3] Die Vereinbarkeit dieser Regelung mit Art. 7 FRL wird im Schrifttum vielfach in Zweifel gezogen, weil dort die Besteuerung der Wertsteigerungen verboten wird, ohne dass die Möglichkeit eines pauschalen Betriebsausgabenabzugsverbots eingeräumt würde.[4] Dagegen lässt sich einwenden, dass ein angeordnetes pauschales Betriebsausgabenabzugsverbot systematisch etwas anderes ist als die von Art. 7 FRL verbotene Besteuerung des Übernahmegewinns.[5]

VII. Kein Verlustübergang

16.99 Aus § 12 Abs. 3 i.V.m. § 4 Abs. 2 Satz 2 UmwStG ergibt sich, dass verrechenbare Verluste, verbleibende Verlustvorträge, nicht ausgeglichene negative Einkünfte, Zinsvorträge und EBITDA-Vorträge im Sinne der Zinsschranke nicht übergehen. Im Schrifttum wird diskutiert, ob ein Verlustuntergang ge-

---

[1] *Sedemund* in Prinz, Umwandlungen im Internationalen Steuerrecht, Rz. 3.166 und 3. 168; *Jochum* in Habersack/Drinhausen, SE-Recht, E) Steuerrecht der SE Rz. 44.
[2] Strittig ist, ob ein Übernahmegewinn bzw. -verlust nur dann und insoweit entsteht, wie der übernehmende Rechtsträger an der übertragenden Körperschaft beteiligt ist (*up-stream merger*). S. dazu *Schmitt* in Schmitt/Hörtnagl/Stratz[8], § 12 UmwStG Rz. 43 f. m.w.N.
[3] Zur Behandlung von Kreditinstituten und Lebens- oder Krankenversicherungsunternehmen, auf die § 8b Abs. 3 KStG gem. § 8b Abs. 7 oder 8 KStG nicht anwendbar ist, s. *Schmitt* in Schmitt/Hörtnagl/Stratz[8], § 12 UmwStG Rz. 52 ff.
[4] *Wisniewski* in Haritz/Menner/Bilitewski[5], § 12 UmwStG Rz. 58; *Schmitt* in Schmitt/Hörtnagl/Stratz[8], § 12 UmwStG Rz. 51; *Körner*, IStR 2006, 469 (470); *Rödder/Schumacher*, DStR 2006, 1525 (1533); *Werra/Teiche*, DB 2006, 1455 (1459 f.); *Ley/Bodden*, FR 2007, 265 (274); *Jochum* in Habersack/Drinhausen, SE-Recht, E) Steuerrecht der SE Rz. 106; *Desens* in Musil/Weber-Grellet, Europäisches Steuerrecht, § 12 UmwStG Rz. 25 m.w.N. Diese Auffassung kann freilich nur in den Fällen zum Tragen kommen, in denen die bei Art. 7 FRL bestehende Beteiligungsschwelle überschritten und der Anwendungsbereich von Art. 7 FRL eröffnet ist.
[5] *Dötsch/Stimpel* in D/P/M, § 12 UmwStG Rz. 60.

nerell mit der FRL vereinbar ist.[1] Hierzu ist festzustellen, dass Art. 6 FRL für Verluste lediglich ein **Diskriminierungsverbot** statuiert (s. Rz. 16.53). Weil § 12 Abs. 3 i.V.m. § 4 Abs. 2 Satz 2 UmwStG nicht zwischen inländischen und grenzüberschreitenden Sachverhalten differenziert, entspricht die Vorschrift den Maßgaben der FRL.[2]

VIII. Übertragung eines Teilbetriebs bei der Aufspaltung

Für die Aufspaltung setzt § 15 Abs. 1 Satz 2 UmwStG voraus, dass ein **Teilbetrieb auf die übernehmenden Gesellschaften übertragen** werden muss, damit die in § 11 Abs. 2 und § 13 Abs. 2 UmwStG genannten Bewertungswahlrechte eröffnet werden. Es ist strittig, inwieweit dies mit Art. 2 Buchst. b FRL vereinbar ist.[3] Nach dieser Bestimmung kommt es darauf an, ob das gesamte Aktiv- und Passivvermögen auf die übernehmenden Gesellschaften übertragen wird. Auf die Übertragung eines Teilbetriebs wird nicht explizit abgestellt.[4] Allerdings kann aus der Definition der übernehmenden Gesellschaft in Art. 2 Buchst. g FRL gefolgert werden, dass auch bei der Aufspaltung im Sinne der FRL ein Teilbetrieb übertragen werden muss.[5] Es wäre auch kaum begründbar, warum bei der Abspaltung die Übertragung eines Teilbetriebs erforderlich ist und nicht bei der Aufspaltung.[6] Insofern dürfte kein Verstoß von § 15 Abs. 1 Satz 2 UmwStG gegen die FRL vorliegen.

16.100

IX. Teilbetriebsbegriff

Weiterhin stellt sich die Frage, was unter einem **Teilbetrieb** i.S.v. § 15 bzw. § 20 UmwStG zu verstehen ist. Eine gesetzliche Definition dafür enthält das UmwStG nicht. Nach Auffassung der Finanzverwaltung deckt sich der Begriff mit dem in Art. 2 Buchst. j FRL verwendeten europarechtlichen Teilbetriebsbegriff (s. dazu Rz. 16.35).[7]

16.101

Die Übernahme dieses europarechtlichen Teilbetriebsbegriffs für das Umwandlungssteuerrecht stellt eine Abweichung von der früheren Auffassung der Finanzverwaltung dar, der zufolge der zu § 16 EStG entwickelte **nationale Teilbetriebsbegriff** auch für Zwecke des UmwStG Geltung besitzen sollte.[8] Nach diesem herkömmlichen nationalen Begriff ist ein Teilbetrieb ein organisch geschlossener, mit einer gewissen Selbständigkeit ausgestatteter Teil des Gesamtbetriebs, der für sich allein funktions- bzw. lebensfähig ist.[9] Welche Unterschiede sich daraus zum Teilbetriebsbegriff der FRL ergeben, ist Gegenstand einer lebhaften Diskussion im Schrifttum.[10]

16.102

---

1 *Drüen/Schmitz*, GmbHR 2012, 485 (490 f.); *Sedemund/Fischenich*, BB 2008, 535 (538). Primärrechtliche Zweifel bei *Körner*, IStR 2006, 469 (470); kritisch auch *Rödder/Schumacher*, DStR 2006, 1525 (1533).
2 So wohl auch *Sedemund* in Prinz, Umwandlungen im Internationalen Steuerrecht, Rz. 3.170.
3 Kritisch *Körner*, IStR 2006, 469 (471); *Gille*, IStR 2007, 194 (196). Bei der Abspaltung stellt sich diese Frage nicht, weil dort auch nach der Richtlinie (Art. 2 Buchst. c FRL) die Übertragung eines Teilbetriebs erforderlich ist.
4 *Sedemund* in Prinz, Umwandlungen im Internationalen Steuerrecht, Rz. 3.172.
5 Denn dort wird die Übernahme eines oder mehrerer Teilbetriebe angesprochen, s. *Hörtnagl* in Schmitt/Hörtnagl/Stratz[8], § 15 UmwStG Rz. 57; *Schumacher* in R/H/vL[3], § 15 UmwStG Rz. 137; a.A. *Körner*, IStR 2006, 469 (471); *Gille*, IStR 2007, 194 (196).
6 *Asmus* in Haritz/Menner/Bilitewski[5], § 15 UmwStG Rz. 70; *Desens* in Musil/Weber-Grellet, Europäisches Steuerrecht, § 15 UmwStG Rz. 32 m.w.N.
7 BMF v. 11.11.2011 – IV C 2 - S 1978 – b/08/10001, BStBl. I 2011, 1314 Tz. 15.02.
8 BMF v. 25.3.1998 – IV B 7 - S 1978 – 21/98, BStBl. I 1998, 268 Tz. 15.02.
9 BFH v. 7.4.2010 – I R 96/08, BStBl. II 2011, 467 Rz. 22 = FR 2010, 890 m. Anm. *Benecke/Staats*.
10 S. dazu *Greil*, StuW 2011, 84 (89 f.); *Graw*, DB 2013, 1011 (1012); *Neumann*, GmbHR 2012, 141 (143); *Menner* in Haritz/Menner/Bilitewski[5], § 20 UmwStG Rz. 93; *Schumacher/Neitz-Hackstein*, Ubg 2011, 409 (414); *Schneider/Ruoff/Sistermann*, FR 2012, 1 (5); *Class/Weggenmann*, BB 2012, 552 (553); *Dötsch/Stimpel* in D/P/M, § 15 UmwStG Rz. 96 ff.; *Schmitt* in Schmitt/Hörtnagl/Stratz[8], § 20 UmwStG Rz. 87 m.w.N.

16.103 Die Auffassung der Finanzverwaltung wird in der Literatur kritisiert, gerade für die Konstellationen, in denen die Anwendung des herkömmlichen nationalen Teilbetriebsbegriffs für den Steuerpflichtigen günstiger wäre.[1] Der Auffassung der Finanzverwaltung ist aber jedenfalls im **Anwendungsbereich der FRL** zuzustimmen. Ein Rückgriff auf den herkömmlichen nationalen Teilbetriebsbegriff für die Fälle, in denen dies für den Steuerpflichtigen günstiger wäre, wäre mit der FRL zwar vereinbar (weil es sich um eine Abweichung zugunsten des Steuerpflichtigen handelt); aus Gründen der Einheitlichkeit ist er aber abzulehnen.[2] Eine andere – hier nicht zu erörternde – Frage ist, ob der Teilbetriebsbegriff der FRL in den Fällen zur Anwendung kommen sollte, die von der FRL gar nicht erfasst werden.[3]

X. Übertragung eines Teilbetriebs

16.104 Weiterhin wird diskutiert, unter welchen Voraussetzungen eine **Übertragung** eines Teilbetriebs anzunehmen ist. Nach Auffassung der Finanzverwaltung müssen sämtliche funktional wesentlichen Betriebsgrundlagen sowie die nach wirtschaftlichen Zusammenhängen zuordenbaren Wirtschaftsgüter übertragen werden.[4] Welche Wirtschaftsgüter dies konkret betrifft, ist noch nicht abschließend geklärt.[5] Strittig ist zudem, ob eine bloße Nutzungsüberlassung für eine Übertragung ausreicht.[6] Auch weitere Aspekte der Verwaltungsauffassung (etwa zu sog. Spaltungshindernissen[7] oder zum sog. doppelten Ausschließlichkeitsgebot[8]) werden in der Literatur kritisiert.[9] Dem Wortlaut der FRL lässt sich für diese Fragen keine eindeutige Antwort entnehmen. Letztlich wird es weiteren Entscheidungen des EuGH vorbehalten sein, die Vorgaben der FRL für diesen Bereich näher zu konkretisieren.

XI. Spezielle Missbrauchsregelungen gem. § 15 Abs. 2 UmwStG

16.105 In § 15 Abs. 2 UmwStG sind bestimmte **spezielle Missbrauchsregeln** normiert, die einen Ausschluss des Wahlrechts, gem. § 11 Abs. 2 UmwStG den Buchwert oder einen Zwischenwert ansetzen zu können, zur Folge haben. Weil diese Regelungen an starre Fristen anknüpfen, stellt sich die Frage der Vereinbarkeit mit Art. 15 FRL. Dabei muss differenziert werden. Die Missbrauchsregelung des § 15 Abs. 2 Satz 1 UmwStG bezieht sich nur auf Fälle, in denen Mitunternehmeranteile und Beteiligungen gem. § 15 Abs. 1 Satz 3 UmwStG als fiktiver Teilbetrieb anzusehen sind und vom Wahlrecht des § 15 Abs. 1 i.V.m. § 11

---

[1] Umfassend zum Meinungsspektrum *Dötsch/Stimpel* in D/P/M, § 15 UmwStG Rz. 96 ff.
[2] Wie hier *Rasche*, GmbHR 2012, 149 (153); *Desens* in Musil/Weber-Grellet, Europäisches Steuerrecht, § 15 UmwStG Rz. 43; i.E. auch *Class/Weggenmann*, BB 2012, 553 (554); **a.A.** *Herlinghaus* in R/H/vL³, § 20 UmwStG Rz. 133; *Schumacher* in R/H/vL³ § 15 UmwStG Rz. 142.
[3] S. dazu *Schießl* in Widmann/Mayer, § 15 UmwStG Rz. 25; *Graw*, DB 2013, 1011 (1012 ff.); *Schumacher/Neumann*, DStR 2008, 325 (327); *Patt*, DK 2006, 730 (735); *Schmitt* in Schmitt/Hörtnagl/Stratz⁸, § 20 UmwStG Rz. 80 ff. m.w.N.
[4] BMF v. 11.11.2011 – IV C 2 - S 1978 – b/08/10001, BStBl. I 2011, 1314 Tz. 15.07.
[5] *Hörtnagl* in Schmitt/Hörtnagl/Stratz⁸, § 15 UmwStG Rz. 69 ff.; *Rödder/Rogall*, Ubg 2011, 753 (756); *Schell/Krohn*, DB 2012, 1119 (1120 ff.).
[6] Dagegen BMF v. 11.11.2011 – IV C 2 - S 1978 – b/08/10001, BStBl. I 2011, 1314 Tz. 15.07; *Neumann*, GmbHR 2012, 141 (143); **a.A.** *Graw*, DB 2013, 1011 (1014); *Schaflitzl/Götz*, DB 2012, Beilage 1 zu Heft 2, 25 (34).
[7] BMF v. 11.11.2011 – IV C 2 - S 1978 – b/08/10001, BStBl. I 2011, 1314 Tz. 15.08.
[8] BMF v. 11.11.2011 – IV C 2 - S 1978 – b/08/10001, BStBl. I 2011, 1314 Tz. 15.01; **gl.A.** *Neumann*, GmbHR 2012, 141 (142); *Schumacher/Neumann*, DStR 2008, 325 (326); *Dötsch/Stimpel* in D/P/M, § 15 UmwStG Rz. 93.
[9] *Förster*, GmbHR 2012, 237 (241 f.); *Schumacher/Neumann*, DStR 2008, 325 (326); *Heurung/Engel/Schröder*, GmbHR 2012, 273 (273 f.); *Schumacher/Neitz-Hackstein*, Ubg 2011, 409 (414); *Hörtnagl* in Schmitt/Hörtnagl/Stratz⁸, § 15 UmwStG Rz. 76; *Schießl* in Widmann/Mayer, § 15 UmwStG Rz. 62.1 ff. *Sedemund* in Prinz, Umwandlungen im Internationalen Steuerrecht, Rz. 3.173, ist der Auffassung, dass die Auffassung des BMF nicht mit der Rechtsprechung des EuGH zu „neutralen Wirtschaftsgütern" vereinbar sei. Die maßgebliche Passage in der einschlägigen Entscheidung des EuGH ist insoweit allerdings nicht eindeutig, EuGH v. 15.1.2002 – C-43/00 – Andersen og Jensen, Slg. 2002, I-394 Rz. 28.

Abs. 2 UmwStG profitieren sollen. Die angesprochene Möglichkeit, Mitunternehmeranteile und Beteiligungen als einen fiktiven Teilbetrieb zu behandeln (§ 15 Abs. 1 Satz 3 UmwStG), beruht aber nicht auf den Maßgaben der FRL. Vielmehr stellt sie eine Ausweitung des Teilbetriebsbegriffs durch den deutschen Gesetzgeber zugunsten des Steuerpflichtigen dar. Wenn der deutsche Gesetzgeber solche zusätzlichen Vergünstigungen – über die FRL hinaus – schafft, steht es ihm frei, diese durch spezielle Missbrauchsregelungen wie § 15 Abs. 2 Satz 1 UmwStG einzuschränken, ohne dass dies gegen die FRL verstößt.[1]

Etwas anderes gilt für die Missbrauchsregelungen in § 15 Abs. 2 Satz 4 und 5 UmwStG, weil diese den Gewährleistungsgehalt der FRL betreffen. Hier wird die Vereinbarkeit mit der FRL im Schrifttum bezweifelt, weil die Missbrauchstatbestände an starre Fristen geknüpft sind, **ohne dem Steuerpflichtigen die Möglichkeit eines Gegenbeweises** einzuräumen.[2]

XII. Erfordernis der Gewährung neuer Anteile bei § 20 und § 21 UmwStG

Gemäß § 20 Abs. 1 UmwStG liegt eine Einbringung nur vor, wenn der Einbringende dafür **neue Anteile** an der Gesellschaft erhält. Diese können nur bei der Gesellschaftsgründung oder bei einer Kapitalerhöhung entstehen.[3] Die Definition der Einbringung in Art. 2 Buchst. d FRL enthält keine derartige Beschränkung auf neue Anteile.[4] In der Literatur wird daher § 20 Abs. 1 UmwStG überwiegend dahingehend einschränkend ausgelegt, dass bei Einbringungen, die unter den Schutzbereich der FRL fallen, auch alte Anteile gewährt werden können.[5] Eine vergleichbare Situation liegt beim Anteilstausch gem. § 21 Abs. 1 Satz 1 UmwStG vor, wo ähnliche Bedenken erhoben werden.[6]

XIII. Doppelte Buchwertverknüpfung bei § 20 UmwStG

Aus § 20 Abs. 3 UmwStG ergibt sich, dass bei einer Einbringung der Wertansatz der übernehmenden Gesellschaft für den Einbringenden als Veräußerungspreis und als Anschaffungskosten der Gesellschaftsanteile gilt (**doppelte Buchwertverknüpfung**). Hierzu wird diskutiert, ob die in einem solchen Fall fingierte Maßgeblichkeit der Buchwerte für die Höhe der Anschaffungskosten der erhaltenen Gesellschaftsanteile (mit der Folge der Verdopplung der stillen Reserven) mit der FRL vereinbar ist.[7] Hierzu ist festzustellen, dass die FRL zur Frage des Wertansatzes der erhaltenen Gesellschaftsanteile bei der Einbringung gerade keine Regelung trifft. In ihrem Änderungsvorschlag vom 17.10.2003 hatte die

---

1 So auch *Asmus* in Haritz/Menner/Bilitewski[5], § 15 UmwStG Rz. 125; *Desens* in Musil/Weber-Grellet, Europäisches Steuerrecht, § 15 UmwStG Rz. 62.
2 *Sedemund* in Prinz, Umwandlungen im Internationalen Steuerrecht, Rz. 3.174; *Schumacher/Neumann*, DStR 2008, 325 (329); *Körner*, IStR 2006, 469 (471); *Rauch/Schanz*, SteuerStud 2009, 4 (7); *Gille*, IStR 2007, 194 (196 f.); *Schumacher* in R/H/vL[3], § 15 UmwStG Rz. 227; *Hahn*, GmbHR 2006, 462 (464 f.); *Asmus* in Haritz/Menner/Bilitewski[5], § 15 UmwStG Rz. 127 f.; *Müller*, DB 2017, 814; *Hörtnagl* in Schmitt/Hörtnagl/Stratz[8], § 15 UmwStG Rz. 243; *Desens* in Musil/Weber-Grellet, Europäisches Steuerrecht, § 15 UmwStG Rz. 63 f. m.w.N.
3 BMF v. 11.11.2011 – IV C 2 - S 1978 – b/08/10001, BStBl. I 2011, 1314 Tz. E 20.10.
4 Vgl. *Lozev*, ET 2010, 84 (92).
5 *Schmitt* in Schmitt/Hörtnagl/Stratz[8], § 20 UmwStG Rz. 204; *Widmann* in Widmann/Mayer, § 20 UmwStG Rz. R134; vgl. *Rauch/Schanz*, SteuerStud 2009, 4 (7 f.); *Desens* in Musil/Weber-Grellet, Europäisches Steuerrecht, § 20 UmwStG Rz. 43 f. Vgl. aber auch *Klingberg/van Lishaut*, DK 2005, 698 (722), wonach es für die Beschränkung auf neue Anteile praktische Gründe gibt.
6 *Schmitt* in Schmitt/Hörtnagl/Stratz[8], § 21 UmwStG Rz. 30; *Desens* in Musil/Weber-Grellet, Europäisches Steuerrecht, § 21 UmwStG Rz. 27 f. m.w.N.
7 Kritisch *Sedemund* in Prinz, Umwandlungen im Internationalen Steuerrecht, Rz. 3.177; *Maisto*, ET 2002, 287 (298 f.); **a.A.** *Lieber*, jurisPR-SteuerR 19/2013 Anm. 7. Kritisch zur Vereinbarkeit mit den Grundfreiheiten *Dautzenberg* in Haritz/Menner/Bilitewski[5], Einf. C Rz. 242.

Kommission zwar die Aufnahme einer entsprechenden Aussage vorgesehen.[1] Diese Ergänzung ist aber letztlich nicht in den verabschiedeten Richtlinientext aufgenommen worden.[2] Daher sind die Mitgliedstaaten frei, den Ansatz der Anschaffungskosten der erhaltenen Gesellschaftsanteile an die Buchwerte des eingebrachten Betriebsvermögens zu knüpfen.

16.109 Gestützt wird diese Position durch die *3D-I*-Entscheidung des EuGH.[3] Der EuGH stellte in dieser Entscheidung klar, dass die FRL nicht regelt, wie die einbringende Gesellschaft diese Anteile zu bewerten hat.[4] Folglich verstößt die in § 20 Abs. 3 UmwStG geregelte doppelte Buchwertverknüpfung nicht gegen die FRL.

XIV. Einbringungsgewinn I und Einbringungsgewinn II

16.110 In § 22 Abs. 1 UmwStG sind die Regelungen zum sog. **Einbringungsgewinn I** enthalten. Diese sollen verhindern, dass eine steuerpflichtige Veräußerung von Wirtschaftsgütern dadurch ersetzt wird, dass die Wirtschaftsgüter ohne Aufdeckung der stillen Reserven eingebracht und die dafür gewährten Anteile anschließend steuerprivilegiert veräußert werden.

16.111 Es handelt sich um eine typisierende **Missbrauchsvorschrift**, die an die Stelle des früheren Konzepts der einbringungsgeborenen Anteile und der in § 26 Abs. 2 UmwStG a.F. enthaltenen Missbrauchsklausel getreten ist.[5] Die Verringerung des Einbringungsgewinns I um ein Siebtel für jedes seit der Einbringung abgelaufene Zeitjahr zeigt, dass es nach der gesetzlichen Wertung bei zunehmendem Abstand zwischen Einbringung und Anteilsveräußerung zunehmend unwahrscheinlicher ist, dass der Steuerpflichtige zum Zwecke der Steuerumgehung gehandelt hat.[6] Auch hier wird im Schrifttum bezweifelt, ob die starren Fristen des § 22 Abs. 1 UmwStG und die fehlende Gegenbeweismöglichkeit für den Steuerpflichtigen mit den Anforderungen der FRL vereinbar sind.[7] Hier wird es letztlich dem EuGH vorbehalten sein, über die Unionsrechtmäßigkeit der Regelung zu entscheiden. Der Umstand, dass bei § 22 Abs. 1 UmwStG die Höhe der nachträglichen Besteuerung mit jedem Jahr abnimmt (wegen des abnehmenden Missbrauchsverdachts), spricht nach hier vertretener Auffassung aber für die Verhältnismäßigkeit der Regelung.

16.112 Ähnlichen Charakter haben die in § 22 Abs. 2 UmwStG enthaltenen Regelungen zum sog. **Einbringungsgewinn II**. Diese sollen vermeiden, dass anstelle einer beabsichtigten Anteilsveräußerung die Anteile erst in eine Körperschaft eingebracht werden und dann von dieser – unter Ausnutzung der Privilegierung gem. § 8b Abs. 2 KStG – veräußert werden. Die Gefahr einer missbräuchlichen Einbringung besteht dabei nicht, soweit eine solche Anteilsveräußerung bereits beim Einbringenden gem. § 8b Abs. 2

---

1 Vorschlag v. 17.10.2003 für eine Richtlinie des Rates zur Änderung der Richtlinie 90/434/EWG des Rates v. 23.7.1990 über das gemeinsame Steuersystem für Fusionen, Spaltungen, die Einbringung von Unternehmensteilen und den Austausch von Anteilen, die Gesellschaften verschiedener Mitgliedstaaten betreffen, KOM (2003) 613.
2 Grund dafür war, dass die Mitgliedstaaten zu große Missbrauchsgefahren befürchteten, *Benecke/Schnitger*, IStR 2005, 606 (608 f.); eingehend *van den Brande*, EC Tax Review 2005, 119 (126 f.).
3 EuGH v. 19.12.2012 – C-207/11 – 3D I, EU:C:2012:818 = DStRE 2013, 474 Rz. 29.
4 Vgl. *Rossi-Maccanico*, EC Tax Review 2013, 197 (199 ff.).
5 S. Gesetzesbegründung zum SEStEG, BT-Drucks. 16/2710, 42.
6 S. Gesetzesbegründung zum SEStEG, BT-Drucks. 16/2710, 46.
7 Ganz überwiegend wird davon ausgegangen, dass § 22 Abs. 1 UmwStG insoweit gegen die FRL verstößt, *Sedemund* in Prinz, Umwandlungen im Internationalen Steuerrecht, Rz. 3.183; *Stangl* in R/H/vL³, § 22 UmwStG Rz. 37; *Rauch/Schanz*, SteuerStud 2009, 4 (6 f.); *Förster/Wendland*, BB 2007, 631 (635); *Gille*, IStR 2007, 194 (197); *Rödder/Schumacher*, DStR 2006, 1525 (1537 f.); *Körner*, IStR 2006, 469 (471); *Graw*, FR 2009, 837 (840 ff.); Bilitewski in Haritz/Menner/Bilitewski⁵, § 22 UmwStG Rz. 83; *Schmitt* in Schmitt/Hörtnagl/Stratz⁸, § 22 UmwStG Rz. 11; *Desens* in Musil/Weber-Grellet, Europäisches Steuerrecht, § 22 UmwStG Rz. 19 ff. m.w.N.; skeptisch *Dötsch/Pung*, DB 2006, 2704 (2707); **a.A.** *Widmann* in Widmann/Mayer, § 22 Rz. 192.

KStG privilegiert gewesen wäre. Daher setzt § 22 Abs. 2 UmwStG voraus, dass beim Einbringenden der Gewinn aus der Veräußerung der Anteile nicht gem. § 8b Abs. 2 KStG steuerfrei gewesen wäre. Auch bei dieser typisierenden Missbrauchsregelung ist die Vereinbarkeit mit der FRL strittig.[1] Hier ist aber zu berücksichtigen, dass die Regelung auf Körperschaften, für die § 8b Abs. 2 KStG gilt, explizit nicht anwendbar ist. Damit kommt sie in der Mehrzahl der von der FRL geschützten Fälle nicht zur Anwendung.[2] Etwas anderes gilt nur für die Körperschaften, auf die § 8b Abs. 2 KStG nicht anwendbar ist. In diesen Fällen spricht die Abschmelzung der Besteuerung mit steigendem Zeitablauf – wie bei § 22 Abs. 1 UmwStG – für die Verhältnismäßigkeit der Regelung.

D. Fazit

Mit der FRL wurden wichtige steuerliche Erleichterungen für grenzüberschreitende Umwandlungen und für die Sitzverlagerung von SE und SCE geschaffen. Die Regelungen stellen einen angemessenen Kompromiss zwischen den Interessen der Unternehmen und der Mitgliedstaaten dar. Gleichwohl sollten die Kommission und die Mitgliedstaaten darüber nachdenken, in der FRL **ausdrückliche Regelungen** zur steuerlichen Behandlung von Wirtschaftsgütern, die nicht unter den Betriebsstättenvorbehalt fallen, zu treffen. Dies könnte die neuen Entwicklungen, die sich durch die *Exit-Tax*-Rechtsprechung des EuGH und durch die Verabschiedung der ATAD ergeben haben, auch für Umwandlungsvorgänge nachvollziehen.

16.113

Die weitere Entwicklung der FRL wird freilich auch vom weiteren Fortgang der Diskussionen zum **GKB/GKKB-Projekt** abhängen (vgl. hierzu ausführlich Rz. 18.1 ff.). Käme es mit der Verabschiedung der GKKB-Richtlinie zu einer „großen Lösung" bei der Unternehmensbesteuerung in der Europäischen Union, würden die Rahmenbedingungen für die steuerliche Würdigung von Umwandlungen und Sitzverlagerungen auf eine vollkommen neue Basis gestellt werden. Bis dahin bewirkt die FRL wenigstens für bestimmte Teilbereiche des Unternehmenssteuerrechts konkrete Erleichterungen.

16.114

---

1 S. dazu *Graw*, FR 2009, 837 (840 ff.); *Desens* in Musil/Weber-Grellet, Europäisches Steuerrecht, § 22 UmwStG Rz. 19 ff. m.w.N.
2 *Sedemund* in Prinz, Umwandlungen im Internationalen Steuerrecht, Rz. 3.184.

Kapitel 17
ATAD

Hinweis: Die folgenden Ausführungen sind nicht in dienstlicher Eigenschaft verfasst.

A. Entwicklung und Zielsetzung	17.1	VII. Hinzurechnungsbesteuerung	17.68
I. Einführung	17.1	VIII. Hybride Gestaltungen	17.83
II. Entwicklung der ATAD	17.10	IX. Anwendungsregelungen	17.103
III. Rechtsnatur der ATAD	17.13	C. Diskussionspunkte zur Umsetzung in nationales Recht	17.105
IV. Zielsetzung der ATAD	17.22		
B. Regelungskonzept	17.27	I. Vorbemerkung	17.105
I. Grundkonzept	17.27	II. Zinsschranke	17.106
II. Anwendungsbereich	17.29	III. Entstrickungsbesteuerung	17.108
III. Mindestschutzniveau	17.31	IV. Allgemeine Anti-Missbrauchsregelung	17.112
IV. Begrenzung der Abzugsfähigkeit von Zinsaufwendungen	17.35	V. Hinzurechnungsbesteuerung	17.114
V. Übertragung von Vermögenswerten und Wegzugsbesteuerung	17.47	VI. Hybride Gestaltungen	17.120
		D. Fazit	17.123
VI. Allgemeine Anti-Missbrauchsregel	17.57		

Literatur: *Alimandi/Gutmann*, What is Europe Doing About Tax Avoidance?, TPIR 2017, 20; *Andersson*, The Business Views on Base Erosion and Profit Shifting and Its Implementation in the Group of Twenty and European Union, Intertax 2016, 735; *Athanasiou*, EU Perspectives on BEPS, TNI 2014, 995; *Aujean*, Plea for a New Tax Package, EC Tax Review 2015, 60; *Balco*, ATAD 2: Anti-Tax Avoidance Directive, ET 2017, 127; *Bannes/Cloer/Holle*, Hinzurechnungsbesteuerung und Stillstandsklausel, FR 2017, 620; *Becker/Loose*, EU-Kommission präsentiert Vorschlag für eine Anti-BEPS-Richtlinie, IStR 2016, 153; *Becker/Loose*, Hinzurechnungsbesteuerung nach Umsetzung der ATAD – ein Ausblick aus Sicht der Unternehmenspraxis, BB 2018, 215; *Benéitez Régil*, BEPS Actions 2, 3 and 4 and the Fundamental Freedoms: Is There a Way Out?, ET 2016, 238; *Benz*, Der Vorschlag eines Anti-Tax Avoidance Package zur Umsetzung der BEPS-Maßnahmen in der Europäischen Union, EuZW 2016, 161; *Benz/Böhmer*, Das Anti Tax Avoidance Package (ATA-Paket) der EU-Kommission zur Umsetzung der BEPS-Maßnahmen in der EU, DB 2016, 307; *Benz/Böhmer*, Die BEPS-Arbeiten der OECD/G20 und der EU: Ein Zwischenbericht, DB 2016, 2501; *Bhogal*, The EU Anti-Tax-Avoidance Directive, TNI 2016, 881; *Bizioli*, Taking EU Fundamental Freedoms Seriously: Does the Anti-Tax Avoidance Directive Take Precedence over the Single Market?, EC Tax Review 2017, 167; *Böhmer/Gebhardt/Krüger*, Hinzurechnungsbesteuerung nach der Anti-Tax-Avoidance Directive, IWB 2018, 849; *Boulogne*, Debt Push-Downs in Times of BEPS Action 4 and the ATAD, Intertax 2019, 444; *de Broe/Beckers*, The General Anti-Abuse Rules of the Anti-Tax Avoidance Directive: An Analysis Against the Wider Perspective of the European Court of Justice's Case Law on Abuse of EU Law, EC Tax Review 2017, 133; *Braun Binder*, Rechtsangleichung in der EU im Bereich der direkten Steuern, Tübingen 2017; *Brokelind*, Legal Issues in Respect of the Changes to the Parent-Subsidiary Directive as a Follow-Up of the BEPS Project, Intertax 2015, 816; *Bundgaard/Koerver Schmidt/Tell/Nørgaard Laursen/Bo Aarup*, When Are Domestic Anti-Avoidance Rules in Breach of Primary and Secondary EU Law? – Comments Based on Recent ECJ Decisions, ET 2018, 130; *Carmona Lobita*, The ATAD's Interest Limitation Rule – A Step Backwards?, ET 2019, 60; *Caspar*, Das Europäische Tabakwerbeverbot und das Gemeinschaftsrecht, EuZW 2000, 237; *Cerioni*, The Quest for a New Corporate Taxation Model and for an Effective Fight against International Tax Avoidance within the EU, Intertax 2016, 463; *Cloer/Niemeyer*, Die rückwirkende Umsetzung der ATAD – eine nationale und unionale Folgenabschätzung, FR 2018, 1017; *Cordewener*, Anti-Abuse Measures in the Area of Direct Taxation: Towards Converging Standards under Treaty Freedoms and EU Directives?, EC Tax Review 2017, 60; *Debelva/Luts*, The General Anti-Abuse Rule of the Parent-Subsidiary Directive, ET 2015, 223; *Dehne*, Hinzurechnungsbesteuerung – Bestandsaufnahme und Reformbedarf, ISR 2018, 132; *Dettmeier/Dörr/Neu-*

kam/Prodan, Die Anti-Tax-Avoidance-Richtlinie zur Bekämpfung von Steuervermeidungspraktiken, NWB 2016, 3082; *Docclo*, The European Union's Ambition to Harmonize Rules to Counter the Abuse of Member States' Disparate Tax Legislations, BIFD 2017, 367; *Dorenkamp*, Konzernbeliebigkeit beim internationalen Zinsabzug?, StuW 2015, 345; *Douma/Kardachaki*, The Impact of European Union Law on the Possibilities of European Union Member States to Adapt International Tax Rules to the Business Models of Multinational Enterprises, Intertax 2016, 746; *Dourado*, Aggressive Tax Planning in EU Law and in the Light of BEPS: The EC Recommendation on Aggressive Tax Planning and BEPS Actions 2 and 6, Intertax 2015, 1; *Dourado*, The EU Anti Tax Avoidance Package: Moving Ahead of BEPS?, Intertax 2016, 440; *Dourado*, The Interest Limitation Rule in the Anti-Tax Avoidance Directive (ATAD) and the Net Taxation Principle, EC Tax Review 2017, 112; *Dourado*, The EU Black List of Third-Country Jurisdictions, Intertax 2018, 178; *Eilers/Hennig*, Hinzurechnungsbesteuerung – BEPS und neue Rechtsentwicklungen, ISR 2015, 422; *Eilers/Oppel*, BEPS erreicht die EU: Das Anti Tax Avoidance Package der EU-Kommission, IStR 2016, 312; *Englisch*, Verbot des Rechtsmissbrauchs – ein allgemeiner Rechtsgrundsatz des Gemeinschaftsrechts?, StuW 2009, 3; *Everling*, Einlagensicherung der Banken im Europäischen Binnenmarkt, ZHR 162 (1998), 403; *Fehling*, Das Global Forum on Transparency and Exchange of Information for Tax Purposes und die weltweite Akzeptanz des steuerlichen Informationsaustauschs – eine Zwischenbilanz, IStR 2012, 353; *Fehling*, Post-BEPS: Wie geht es nach den BEPS-Empfehlungen weiter?, IWB 2016, 160; *Fehling*, Was ist das Mindestschutzniveau in der „Anti-BEPS-Richtlinie"?, DB 2016, 2862; *Fehling/Schmid*, BEPS und die EU: Was ist die „europäische Dimension" von BEPS? – Das Beispiel grenzüberschreitender Lizenzzahlungen, IStR 2015, 493; *Fibbe/Stevens*, Hybrid Mismatches Under the ATAD I and II, EC Tax Review 2017, 154; *Franz*, The General Anti-Abuse Rule Proposed by the European Commission, Intertax 2015, 660; *Franz*, Die Bedeutung der ATAD-GAAR für § 42 AO, DStR 2018, 2240; *Frotscher*, Zur Vereinbarkeit der „Betriebsstättenbedingung" bei Sitzverlegung und grenzüberschreitender Umwandlung mit den Grundfreiheiten, IStR 2006, 65; *Garbarino*, Harmonization and Coordination of Corporate Taxes in the European Union, EC Tax Review 2016, 277; *Garcia Prats/Haslehner/Heydt/Kemmeren/Kofler/Lang/Jürgen Lüdicke/Noguiera/Pistone/Raventos-Calvo/Reingeard de la Blétière/Richelle/Rust/Shiers/Valente*, EU Report Subject 1, Cahiers de Droit Fiscal International Volume 103a, 2018; *Ginevra*, The EU Anti-Tax Avoidance Directive and the Base Erosion and Profit Shifting (BEPS) Action Plan: Necessity and Adequacy of the Measures at EU Level, Intertax 2017, 120; *Glahe*, Zinsschranke und Verfassungsrecht, Ubg 2015, 464; *Glahe*, Zur zeitlichen und inhaltlichen Begrenzung einer möglichen Vorwirkung der Anti-BEPS-Richtlinie, FR 2016, 829; *Glahe*, Verfassungsmäßigkeit der sog. Zinsschranke, ISR 2016, 86; *Gosch*, Zum Verhältnis zwischen § 42 AO und §§ 7 ff. AStG, IWB 2017, 876; *de Graaf/Visser*, ATA Directive: Some Observations Regarding Formal Aspects, EC Tax Review 2016, 199; *de Groot*, The Switch-Over Provision in the Proposal for an Anti-tax Avoidance Directive and Its Compatibility with the EU Treaty Freedoms, EC Tax Review 2016, 162; *Grotherr*, Erweiterungen der Anti-BEPS-Richtlinie – ATAD 2, IWB 2017, 289; *Grotherr*, Neutralisierung der Effekte von hybriden Gestaltungen im Abkommensrecht durch das Multilaterale Instrument (Teil 2), ISR 2017, 221; *Gutmann/Perdelwitz/Raingeard de la Blétière/Offermanns/Schellekens/Gallo/Grant Hap/Olejnicka*, The Impact of the ATAD on Domestic Systems: A Comparative Survey, ET 2017, 2; *Haarmann*, Die Missbrauchsverwirrung, IStR 2018, 561; *Haase*, Überlegungen zur Reform der Hinzurechnungsbesteuerung, ifst-Schrift 521 (2017); *Haase*, Zukunft des IStR: Hinzurechnungsbesteuerung und Multilaterales Instrument im Fokus, ISR 2017, 349; *Haase*, Die neue Hinzurechnungsbesteuerung, DStR 2019, 827; *Haase/Hofacker*, Der Gesetzesentwurf zur Neuregelung der Hinzurechnungsbesteuerung, Ubg 2019, 260; *Haug*, Das „Anti Tax Avoidance Package" der EU: Der Richtlinienvorschlag zur Bekämpfung von Steuervermeidungspraktiken und die Auswirkungen auf das inländische Steuerrecht, DStZ 2016, 446; *Heinsen/Erb*, Reformaspekte der Hinzurechnungsbesteuerung nach §§ 7-14 AStG im Lichte aktueller EU-Rechtsentwicklungen, DB 2018, 975; *Helleputte/Bouvy*, Hybrid Mismatches: Game Over?, TNI 2017, 505; *Hey*, Harmonisierung der Unternehmensbesteuerung in Europa – Eine Standortbestimmung in Zeiten von BEPS, FR 2016, 554; *Hey*, Harmonisierung der Missbrauchsabwehr durch die Anti-Tax-Avoidance Directive (ATAD), StuW 2017, 248; *Hey*, Europäische Steuergesetzgebung zwischen Binnenmarkt und Fiskalinteressen, in Lang (Hrsg.), Europäisches Steuerrecht, DStJG 41 (2018), 9; *Hillmann/Hoehl*, Interest Limitation Rules: At a Crossroads between National Sovereignty and Harmonization, ET 2018, 140; *Hoeck/Schmid*, Das OECD-Forum gegen schädlichen Steuerwettbewerb, IWB 2017, 734; *Hoeck/Schmid*, Die EU-Gruppe Verhaltenskodex (Unternehmensbesteuerung), IWB 2017, 758; *Hörhammer/Fehling*, Der neue Standard für den weltweiten automatischen Informationsaustausch, NWB 2014, 3402; *Hüttemann*, Steuerrechtsprechung und Steuerumgehung, DStR 2015, 1146; *van Hulle*, Current Challenges for EU Controlled Foreign Company Rules, BIFD 2017, 719; *Jabrayil*, Die Vorwirkung der ATAD-Richtlinie, IStR 2019, 321; *Jochimsen/Zinowsky*, BEPS: BEPS und der Weg der Europäischen Union – Anmerkungen zum ersten Entwurf einer europäischen Richtlinie gegen Steuervermeidungsansätze, ISR 2016, 106; *Jochimsen/Zinowsky*, Konkretisierung der europäischen Richtlinie zur

Bekämpfung von Steuervermeidungspraktiken, ISR 2016, 318; *Kahle/Braun*, Zur Beschränkung des Abzugs von Sonderbetriebsausgaben nach § 4i EStG, DStZ 2018, 381; *Kahle/Braun/Burger*, Ausgewählte Entwicklungen der Ertragsbesteuerung von Betriebsstätten, FR 2018, 717; *Kahlenberg*, Hybride Betriebsstätten im Fokus der OECD – Folgerungen aus dem OECD-Bericht zu den sog. Branch Mismatches, IStR 2018, 93; *Kahlenberg/Kopec*, Unterkapitalisierungsvorschriften in der EU – eine Analyse im Vorfeld des OECD-Berichts zur Maßnahme 4 des BEPS-Aktionsplans, IStR 2015, 84; *Kahlenberg/Oppel*, ATAD: Erweiterung um Regeln gegen Hybrid Mismatches mit Drittstaaten, NWB 2017, 1732; *Kahlenberg/Oppel*, Anti-BEPS-Richtlinie: Erweiterung um Regelungen zur Neutralisierung von hybriden Gestaltungen mit Drittstaaten, IStR 2017, 205; *Kahlenberg/Prusko*, Die Weiterentwicklung der deutschen Hinzurechnungsbesteuerung durch die BEPS-RL, IStR 2017, 304; *Kahlenberg/Schiefer*, Hinzurechnungsbesteuerung: Zwingende Ausweitung des Substanznachweises auf Drittstaaten?, IStR 2017, 889; *Kahlenberg/Vogel*, Unionsrechtsvereinbarkeit der durch Korrespondenzregeln ausgelösten Ungleichbehandlung? Eine Untersuchung des BEPS-Aktionspunkts 2, StuW 2016, 288; *Kalloe*, EU Code of Conduct – From Reviewing Individual Tax Regimes to Developing Horizontal Policy: Cracking the Code in the BEPS Era, ET 2016, 183; *Kalloe*, EU Tax Haven Blacklist – Is the European Union Policing the Whole World?, ET 2018, 47; *Karaianov*, The ATAD 2 Anti-Hybrid Rules versus EU Member State Tax Treaties with Third States: Is Override Possible?, ET 2019, 52; *Kemmeren*, Where is EU Law in the OECD BEPS Discussion?, EC Tax Review 2014, 190; *Kirchmayr/Mayr/Hirschler/Kofler* (Hrsg.), Anti-BEPS-Richtlinie: Konzernsteuerrecht im Umbruch?, 2017; *Kofler/Schnitger* (Hrsg.), BEPS-Handbuch, München 2019; *Köhler*, Hybrids: Alle Schotten dicht?, ISR 2018, 250; *Körner*, § 4 Abs. 5a EStG-E – treffgenaue Spezialregelung oder überschießendes Korrespondenzprinzip?, IStR 2015, 449; *Körner*, Anstehende Umsetzung von ATAD I und II: Gebotene Ausnahmen für Kapitalmarktemissionen, RdF 2018, 125; *Kokolia/Chatziioakeimidou*, BEPS Impact on EU Law: Hybrid Payments and Abusive Tax Behaviour, ET 2015, 149; *Kokott*, Der EuGH als Garant fairen Steuerwettbewerbs, ISR 2017, 395; *Kollruss*, Qualifikationskonflikte innerhalb der Hinzurechnungsbesteuerung: Deutsche und europäische Perspektive, FR 2017, 912; *Kraft*, Legislatorische Handlungsnotwendigkeiten im Kontext der Hinzurechnungsbesteuerung, IWB 2019, 104; *Krauß*, EU-BEPS – Aktionsplan für eine faire und effiziente Unternehmensbesteuerung in der EU, IStR 2016, 59; *Kreienbaum*, Seminar J: Impact of EU-law on the BEPS-Initiative, IStR 2014, 721; *Kreienbaum/Fehling*, Das Inclusive Framework on BEPS – ein neuer Akteur in der internationalen Steuerpolitik, IStR 2017, 917; *Kreienbaum*, Hinzurechnungsbesteuerung, in Lang (Hrsg.), Europäisches Steuerrecht, DStJG 41 (2018), 475; *Kreienbaum*, Fortschritte bei der Digitalbesteuerung – Zweisäulenstrategie in der Diskussion, IStR 2019, 121; *Larking*, Getting Ready for the EU's Anti-Tax-Avoidance Directive, TNI 2018, 785; *Lehner*, Neue Regelungsebenen und Kompetenzen im Internationalen Steuerrecht, IStR 2019, 277; *Lindermann*, Normbehauptung im Steuerrecht durch das europäische Missbrauchsverbot, 2019; *Linn*, Die Anti-Tax-Avoidance-Richtlinie der EU – Anpassungsbedarf in der Hinzurechnungsbesteuerung?, IStR 2016, 645; *Jochen Lüdicke/Oppel*, Der Vorschlag der EU-Kommission einer Anti-BEPS-Richtlinie, BB 2016, 351; *Jochen Lüdicke/Oppel*, Kommissions-Entwurf einer Anti-BEPS-Richtlinie: Grundlegende Änderungen und Verschärfungen des deutschen Rechts, DB 2016, 549; *Jürgen Lüdicke*, DBA-Politik der Bundesregierung, FR 2011, 1077; *Max*, Luxemburg Leaks, StuW 2017, 266; *Mc Lure*, Will the OECD Initiative on Harmful Tax Competition Help Developing and Transition Countries?, BIFD 2005, 90; *Mitschke*, Zinsschranke wirklich verfassungswidrig?, FR 2016, 412; *Mitschke*, Zur zeitlichen und inhaltlichen Begrenzung einer möglichen Vorwirkung der Anti-BEPS-Richtlinie, FR 2016, 834; *Moscovici*, Tough Measures Needed to Reform Tax on Corporate Profits, EC Tax Review 2016, 2; *Moser/Hentschel*, The Provisions of the EU Anti-Tax Avoidance Directive Regarding Controlled Foreign Company Rules: A Critical Review Based on the Experience with the German CFC Legislation, Intertax 2017, 606; *Mosquera Valderrama*, The EU Standard of Good Governance in Tax Matters for Third (Non-EU) Countries, Intertax 2019, 454; *Müller/Wohlhöfler*, Die EU-Richtlinie zur Bekämpfung von Steuervermeidungspraktiken, IWB 2016, 665; *Musil*, Die ATAD-Richtlinien – Ein Paradigmenwechsel in der Steuerpolitik der EU?, FR 2018, 933; *Navarro/Parada/Schwarz*, The Proposal for an EU Anti-avoidance Directive: Some Preliminary Thoughts, EC Tax Review 2016, 117; *Niemann*, Neue Vorgaben zu Besteuerungsinkongruenzen im Zusammenhang mit Betriebsstätten („Branch Mismatch Arrangements"), IStR 2018, 52; *Niedling/Rautenstrauch*, Auswirkungen des „ATAD II"-Vorschlags zu hybriden Gestaltungen mit Drittländern auf Finanzierungstransaktionen, BB 2017, 1500; *Nielsen/Westermann*, Passive Drittstaatenausschüttungen im Hinzurechnungsbesteuerungssystem und ein Worst-Case-Szenario post ATAD, Ubg 2018, 156; *Nielsen/Westermann*, Das Sonderbetriebsausgabenabzugsverbot des § 4i EStG im Lichte einer unionsrechtlichen Auslegung, FR 2018, 1035; *Nørgard Petersen/Schultz*, Action 6: Are the Anti-Abuse Rules EU Compatible?, ET 2017, 323; *Nouwen*, The European Code of Conduct Group Becomes Increasingly Important in the Fight Against Tax Avoidance: More Openness and Transparency is Necessary, Intertax 2017, 138; *Oertel*, Bekämpfung internationaler Steuerschlupflöcher durch abgestimmte Korrespondenzvorschriften, BB 2018, 351; *Offermanns/Huibregtse/Verdoner/Soor*, BEPS

Action 4: Policy Considerations and Implementation Status, ET 2017, 47; *Öner*, Is Tax Avoidance the Theory of Everything in Tax Law? A Terminological Analysis of EU Legislation and Case Law, EC Tax Review 2018, 96; *Oppel*, Der Aktionsplan für eine faire und effiziente Unternehmensbesteuerung in der EU – alter Wein in neuen Schläuchen?, IStR 2015, 813; *Oppel*, BEPS in Europa: (Schein-)Harmonisierung der Missbrauchsabwehr durch neue Richtlinie 2016/1164 mit Nebenwirkungen, IStR 2016, 797; *van Os*, Interest Limitation under the Adopted Anti-Tax Avoidance Directive and Proportionality, EC Tax Review 2016, 184; *Panayi*, Are the BEPS Proposals Compatible with EU Law?, TPIR 2016, 20; *Panayi*, The Compatability of the OECD/G20 Base Erosion and Profit Shifting Proposals with EU Law, BIFD 2016, 95; *Parada*, Hybrid Entity Mismatches: Exploring Three Alternatives for Coordination, Intertax 2019, 24; *Peeters*, Exit Taxation: From an Internal Market Barrier to a Tax Avoidance Prevention Tool, EC Tax Review 2017, 122; *Pinkernell*, Ein Musterfall zur internationalen Steuerminimierung durch US-Konzerne, StuW 2012, 369; *Prinz*, Verfehlte finanzierungsbezogene Abwehrgesetzgebung zu grenzüberschreitenden Mitunternehmerschaften, DB 2018, 1615; *Prusko*, Steuerliche Missbrauchsvermeidung im Europäischen Binnenmarkt, Berlin 2018; *Radmanesh/Gebhardt*, Korrespondenzregelungen, IWB 2018, 580; *Rautenstrauch*, Richtlinienentwürfe zur Umsetzung des BEPS-Projekts – Die EU-Kommission legt vor, DB 2016 (Heft 6), M5; *Rautenstrauch*, ATAD – Die Zweite, EWS 2017, Die erste Seite; *Rautenstrauch/Suttner*, Die EU Anti-BEPS-Richtlinie: Überblick und künftige Anpassungsnotwendigkeiten im deutschen Recht, BB 2016, 2391; *Richardson*, Fighting Tax Fraud and Tax Evasion in the EU: The 2012 Action Plan, EC Tax Review 2015, 220; *Rieck*, Anrechnung ausländischer Steuern und ATAD – Verpflichtet das EU-Recht zur Anrechnung ausländischer Steuern auf die Gewerbesteuer?, IStR 2017, 399; *Rigaut*, Anti-Tax Avoidance Directive (2016/1164): New EU Policy Horizons, ET 2016, 497; *Roderburg*, Wesentliche steuerliche Entwicklungen auf EU-Ebene seit Ende 2013, EuZW 2015, 940; *Rolim*, The General Anti-Avoidance Rule: Its Expanding Role in International Taxation, Intertax 2016, 815; *Rüsch*, Zum korrespondierenden Besteuerungstatbestand des § 4i EStG aus materieller und verfahrensrechtlicher Sicht, FR 2018, 299; *Rüsch*, Der Anwendungsbereich von Art. 1 Abs. 1 der Anti-Tax-Avoidance Directive, IWB 2018, 809; *dos Santos*, What is Substantial Economic Activity for Tax Purposes in the Context of the European Union and the OECD Initiatives against Harmful Tax Competition?, EC Tax Review 2015, 166; *Scott*, Two Tax Havens Suspend Commitment Letters to OECD, TNI 2003, 203; *Schnitger*, Die Entstrickung im Steuerrecht, ifst-Schrift 487 (2013); *Schnitger/Nitzschke/Gebhard*, Anmerkungen zu den Vorgaben für die Hinzurechnungsbesteuerung nach der sog „Anti-BEPS-Richtlinie", IStR 2016, 960; *Schnitger/Oskamp*, Empfehlungen der OECD zu „Hybrid Mismatches" auf Abkommensebene, IStR 2014, 385; *Schnitger/Weiss*, Empfehlungen der OECD zu „Hybrid Mismatches" für die nationale Steuergesetzgebung, IStR 2014, 508; *Schön/Schindler*, Seminar D: Zur Besteuerung der grenzüberschreitenden Sitzverlegung einer Europäischen Aktiengesellschaft, IStR 2004, 571; *Schönfeld*, CFC Rules and Anti-Tax Avoidance Directive, EC Tax Review 2017, 145; *Schönfeld*, Hinzurechnungsbesteuerung und Anti-Tax-Avoidance-Directive, IStR 2017, 721; *Schönfeld*, Aktuelle Entwicklungen zum „Cadbury-Test" im Rahmen der Hinzurechnungsbesteuerung, IStR 2017, 949; *Spengel/Stutzenberger*, Widersprüche zwischen Anti-Tax Avoidance Directive (ATAD), länderbezogenen Berichtswesen (CbCR) und Wiederauflage einer Gemeinsamen (Konsolidierten) Körperschaftsteuer-Bemessungsgrundlage (GK(K)B), IStR 2018, 37; *Staats*, Zur Neutralisierung hybrider Gestaltungen – Der OECD-Bericht zu Maßnahme 2 des BEPS-Aktionsplans, IStR 2014, 749; *Staats*, Zur „Begrenzung der Gewinnverkürzung durch Abzug von Zins- oder sonstigen finanziellen Aufwendungen" – der OECD-Bericht zu Maßnahme 4 des BEPS-Aktionsplans, IStR 2016, 135; *Staats*, Die unionsrechtliche Rechtfertigung der Bekämpfung von Gewinnverlagerungen, IWB 2018, 838; *Tavares/Bogenschneider*, The New De Minimis Anti-abuse Rule in the Parent-Subsidiary Directive: Validating EU Tax Competition and Corporate Tax Avoidance, Intertax 2015, 484; *Tell*, Interest Limitation Rules in the Post-BEPS-Era, Intertax 2017, 750; *Tomazela Santos*, The Anti-Tax Avoidance Directive 2 and Hybrid Financial Instruments: Countering Deduction and Non-Inclusion Schemes in Third-Country Situations, BIFD 2018, 506; *Trinks*, Zur doppelten Nichtbesteuerung in der EU – Spannungsverhältnis von DBA- und EU-Recht am Beispiel grenzüberschreitenden konzerninternen Leasings, EWS 2013, 218; *Veldhuizen/Adorjan*, EU Introduces Plans Regarding a Fair and Efficient Corporate Tax System, ET 2015, 523; *Wacker*, Hat der EuGH seine Rechtsprechung zu den unionsrechtlichen Grenzen der Wegzugsbesteuerung geändert?, IStR 2017, 926; *Wacker*, Zur praktischen Konkordanz von Grundfreiheiten und EU-Richtlinienrecht auf dem Gebiet der direkten Steuern, in *Drüen/Hey/Mellinghoff* (Hrsg.), 100 Jahre Steuerrechtsprechung in Deutschland 1918-2018, FS BFH, Köln 2018, 781; *Wacker*, Wegzug und Entstrickung, in Lang (Hrsg.), Europäisches Steuerrecht, DStJG 41 (2018), 423; *Watrin/Leukefeld*, Substanzanforderungen gegen missbräuchliche Gewinnverlagerungen und EU-Recht, DStR 2018, 2284; *Weber*, The New Common Minimum Anti-Abuse Rule in the EU Parent-Subsidiary Directive: Background, Impact, Applicability, Purpose and Effect, Intertax 2016, 98; *Wichmann/Schmidt-Heß*, Die Verhinderung von Abkommensmissbrauch, IStR 2014, 883; *Wittock*, ‚The influence of the Principle of Union Loyalty in Tax Matters', EC Tax Review 2014, 171; *Zalaziński*, EU Report Subject A, Cahiers de Droit Fiscal International Volume 104, 2019; *Zinowsky/Jochimsen*, ATAD II – Ausweitung der Abwehrmaßnahmen gegen steuerlich hybride Gestaltungen auf Drittlandsfälle, ISR 2017, 325.

A. Entwicklung und Zielsetzung

I. Einführung

Die ATAD dient der Bekämpfung von **unfairem Steuerwettbewerb und aggressiver Steuerplanung** in der EU. Sie wurde recht bald nach Vorlage der Abschlussberichte zum sog. BEPS-Projekt von OECD und G20[1] verabschiedet, geht aber letztlich auf Vorarbeiten zurück, die schon vor gut 30 Jahren begonnen haben.   17.1

Bereits im Jahr 1988 veröffentlichte die OECD einen umfassenden Bericht mit dem Titel „**Unfair Tax Competition – an Emerging Global Issue**".[2] Darin wurde beschrieben, in welcher Weise ein unzureichender zwischenstaatlicher steuerlicher Informationsaustausch der internationalen Steuerhinterziehung Vorschub leistet, und wie sich schädliche Präferenzregimes einiger Staaten nachteilig auf das Steueraufkommen anderer Staaten auswirken können. Die Schlussfolgerungen dieses Berichts wurden damals aber nicht von allen OECD-Staaten geteilt,[3] und wichtige Offshore-Jurisdiktionen außerhalb der OECD, denen es darum ging, durch laxe Steuerstandards gezielt ausländische Investitionen anzulocken, lehnten eine Befolgung der Empfehlungen der OECD erst recht ab.[4] Trotz dieser Widerstände wurden in der Folgezeit einige Instrumente entwickelt und Prozesse installiert, um die von der OECD beschriebenen Probleme anzugehen: Zur Verbesserung des Informationsaustauschs wurden insb. das TIEA-Musterabkommen erarbeitet und das Global Forum on Taxation[5] gegründet, mit dem die Umsetzung internationaler Transparenzregelungen überwacht werden sollte;[6] zur Bekämpfung des schädlichen Steuerwettbewerbs wurde das Forum on Harmful Tax Practices[7] gegründet.   17.2

Die schädlichen Wirkungen, die von fehlender Transparenz und dadurch ermöglichter Steuerhinterziehung ausgehen, rückten ab dem Jahr 2007 verstärkt ins allgemeine Bewusstsein, als **prominente Steuerstraftaten** öffentlichkeitswirksam aufgedeckt wurden.[8] Der Druck auf diejenigen Staaten und Jurisdiktionen, die sich einem effektiven zwischenstaatlichen Informationsaustausch bislang verweigert hatten, wuchs in der Folge erheblich, und schon im Frühjahr 2008 setzte die G20 (gemeinsam mit der OECD) den Informationsaustausch auf Ersuchen – auch über Bankinformationen – als neuen internationalen   17.3

---

1 BEPS steht für Base Erosion and Profit Shifting (zu deutsch: Gewinnkürzungen und Gewinnverlagerungen). Für Einzelheiten zu diesem Projekt s. die Informationen der OECD unter http://www.oecd.org/tax/beps/ (der letzte Abruf sämtlicher in diesem Beitrag genannten Internetquellen erfolgte am 5.8.2019).
2 Im Internet abrufbar unter: https://www.oecd-ilibrary.org/docserver/9789264162945-en.pdf?expires=1524472557&id=id&accname=oid018224&checksum=7E736B8F9408F5E2DD0198C5C2D7068E.
3 So enthielt der Abschlussbericht Stellungnahmen von Luxemburg und der Schweiz, in denen diese zentralen Aussagen des Berichts widersprachen.
4 S. zu den Widerständen, auch zur wechselhaften Rolle der US-Regierung, *Mc Lure*, BIFD 2005, 90 (94 ff.); *Scott*, TNI 2003, 203; *dos Santos*, EC Tax Review 2015, 166 (168). Diese Staaten und Jurisdiktionen wollten insb. das steuerliche Bankgeheimnis beim Informationsaustausch auf Ersuchen verteidigen und grundsätzlich keine Bankinformationen an andere Staaten weitergeben. Dadurch wurde die Aufdeckung von Hinterziehungsfällen erheblich erschwert. S. zur Entwicklung auch ausführlich *Becker/Hoeck* in Kofler/Schnitger, BEPS-Handbuch, Rz. F 11 ff.
5 Dabei handelt es sich um einen Vorläufer zum heutigen Global Forum on Transparency and Exchange of Information for Tax Purposes.
6 S. zu den Entwicklungen bei diesem Gremium *Fehling*, IStR 2012, 353 (353 ff.).
7 Dazu s. *Hoeck/Schmid*, IWB 2017, 734.
8 Ein großes mediales Echo in Deutschland fand die sog. LGT-Affäre, in die der damalige Vorstandsvorsitzende der Deutschen Post, *Klaus Zumwinkel*, verstrickt war.

Standard durch.¹ Mit gut zwanzigjähriger Verspätung wurden die OECD-Empfehlungen des Jahres 1998 also doch noch implementiert – ein gutes Beispiel dafür, dass man in der internationalen Steuerpolitik einen langen Atem braucht.

17.4 Neben diese Entwicklung trat ab Mitte des Jahres 2012 eine internationale Diskussion über unfairen Steuerwettbewerb und aggressive Steuergestaltungen. Begleitet wurde auch diese von einer breiten Medienberichterstattung über ausgefeilte Steuerplanungstechniken, mit denen bestimmte international tätige Unternehmen ihre effektive Steuerlast signifikant reduzieren oder sogar auf knapp über 0 % drücken konnten. Die G20, die Steuerfragen mittlerweile zu einem festen Bestandteil ihrer Agenda gemacht hatte, beauftragte die OECD mit weiteren Arbeiten.² Dies war die Geburtsstunde des **BEPS-Projekts**. Nach einer ersten Bestandsaufnahme vom Februar 2013³ präsentierte die OECD im Juni 2013 den BEPS-Aktionsplan⁴. In diesem wurden 15 verschiedene Problemfelder identifiziert, für die bis zum Herbst 2015 international abgestimmte Lösungen entwickelt werden sollten. Dies war angesichts der Breite des Aufgabenspektrums ein sehr ambitionierter Zeitplan, und die OECD begann alsbald mit sehr intensiven Arbeiten.⁵ Hier kam ihr ebenfalls zugute, dass zu einigen Bereichen bereits Vorarbeiten geleistet worden waren, wiederum fußend auf der grundlegenden Problembeschreibung aus dem Jahr 1988. Nachdem im Herbst 2014 (Zwischen-)Ergebnisse zu sieben Aktionspunkten vorgelegt worden waren, präsentierte die OECD im Herbst 2015 Abschlussberichte zu allen 15 Aktionspunkten. Diese wurden anschließend von der G20 gebilligt.⁶ Die ausgesprochenen Empfehlungen sind als solche nicht rechtsverbindlich, es gibt aber eine (gestufte) politische Verbindlichkeit: Bei einigen der darin enthaltenen Handlungsempfehlungen wird erwartet, dass die am BEPS-Projekt beteiligten Staaten sie umsetzen (*„minimum standard"*); am anderen Ende der Skala stehen die *„best practices"*, bei denen die Staaten völlig frei in ihrer Entscheidung sind, ob sie die Empfehlungen umsetzen oder nicht.⁷

17.5 Nach der Vorlage der BEPS-Empfehlungen wurde beschlossen, dass das BEPS-Projekt in einer dauerhaften Struktur weitergeführt werden soll.⁸ Dazu wurde das **„Inclusive Framework on BEPS"** gegründet, das bei der OECD angesiedelt ist, aber weltweit allen Staaten und Jurisdiktionen offensteht; mittlerweile gehören ihm mehr als 130 Mitglieder an. Das Inclusive Framework on BEPS hat die Aufgabe, die BEPS-Empfehlungen weiterzuentwickeln und die Umsetzung der Empfehlungen in den einzelnen Staaten zu überwachen.⁹

---

1 In den folgenden Jahren wurden weitere bedeutende Hinterziehungsfälle publik. Dies und die zwischenzeitlich ergangene US-amerikanische FATCA-Gesetzgebung führten dazu, dass ab dem Jahr 2013 der automatische Informationsaustausch über Finanzkonten als weiterer internationaler Standard etabliert wurde. S. zur Entwicklung *Hörhammer/Fehling*, NWB 2014, 3402 (3403 ff.).
2 Vgl. das Kommuniqué zum Treffen der G20-Staats- und Regierungschefs in Los Cabos v. 18./19.6.2012, Rz. 48.
3 OECD, Addressing Base Erosion and Profit Shifting, im Internet abrufbar unter: https://www.oecd-ilibrary.org/docserver/9789264192744-en.pdf?expires=1524734197&id=id&accname=oid018224&checksum=0577828F7147871B7061B40822DF5ED9.
4 OECD, Action Plan on Base Erosion and Profit Shifting, im Internet abrufbar unter: https://www.oecd.org/ctp/BEPSActionPlan.pdf.
5 Dabei waren auch diejenigen G20-Staaten einbezogen, die nicht der OECD angehören; in wachsendem Ausmaß wurden zudem Schwellen- und Entwicklungsländer eingebunden.
6 Vgl. das Kommuniqué zum Treffen der G20-Staats- und Regierungschefs in Antalya v. 15./16.11.2015, Rz. 15.
7 Im Einzelnen ist dieser gestufte Verbindlichkeitsgrad festgelegt im „Explanatory Statement" (dort. Rz. 11 ff.), welches die OECD zeitglich mit den BEPS-Abschlussberichten vorgelegt hat, im Internet abrufbar unter: https://www.oecd.org/ctp/beps-explanatory-statement-2015.pdf. S. dazu auch *Fehling*, DB 2016, 2682 (2684 f.).
8 S. *Fehling*, IWB 2016, 160 (161 f.).
9 Umfassend hierzu s. *Kreienbaum/Fehling*, IStR 2017, 929. In jüngerer Zeit ist dazu die Entwicklung von Maßnahmen zur Lösung der steuerlichen Herausforderungen der Digitalisierung, einschließlich der Einführung einer effektiven globalen Mindestbesteuerung getreten, vgl. *Kreienbaum*, IStR 2019, 121.

A. Entwicklung und Zielsetzung | Rz. 17.7 **Kap. 17**

Die BEPS-Diskussion erreichte sehr schnell auch die **europäische Ebene**. Für die EU waren diese Themen nicht neu, denn bereits im Jahr 1998 war – als europäischer „Ableger" der damaligen OECD-Arbeiten – die Gruppe Verhaltenskodex (Unternehmensbesteuerung) zur Bekämpfung des schädlichen Steuerwettbewerbs in der EU gegründet worden (Rz. 10.27).[1] Auch bei den Erörterungen über eine Neuregelung der ZiLiRL stand das Vorgehen gegen eine doppelte Nichtbesteuerung im Binnenmarkt im Mittelpunkt (s. dazu Rz. 10.38 ff.). Die EU erkannte jedenfalls früh die Bedeutung der aufkommenden Diskussion, und so befasste sich der Europäische Rat bereits im März 2012 mit der Thematik. Er räumte ihr eine hohe Priorität ein und beauftragte die Kommission mit weiteren Arbeiten.[2] Am 27.6.2012 veröffentlichte die Kommission daraufhin eine Mitteilung zum Kampf gegen Steuerbetrug und Steuervermeidung, in der sie allerdings verschiedene Handlungsfelder (Steuervermeidung, Steuerhinterziehung, direkte Steuern, indirekte Steuern) und eine große Zahl möglicher konkreter Maßnahmen nebeneinanderstellte, so dass eine klare Linie nur schwer erkennbar war.[3] Auch das nachfolgende Maßnahmenpapier der Kommission, der am 6.12.2012 vorgelegte Aktionsplan zur Verstärkung der Bekämpfung von Steuerbetrug und Steuerhinterziehung, enthielt eine Sammlung von 34 Einzelmaßnahmen aus unterschiedlichen Bereichen.[4] In ihrer Zielrichtung fokussierter waren die zeitgleich veröffentlichten Empfehlungen zu aggressiver Steuerplanung[5] und zu Mindeststandards für Drittstaaten[6]. Ein konkretes Ergebnis war jedenfalls die Gründung eines neuen europäischen Dialogforums, der Plattform für verantwortungsvolles Handeln im Steuerwesen, der Vertreter von Kommission, Mitgliedstaaten, Unternehmen, Zivilgesellschaft und Wissenschaft angehören und die über Fragen des fairen Steuerwettbewerbs diskutiert.[7]

17.6

Bei den fachlichen Arbeiten im BEPS-Projekt von OECD und G20 war die Kommission von Anfang an eng involviert. Dabei repräsentierte sie diejenigen EU-Mitgliedstaaten, die weder der OECD noch der G20 angehörten, und sie konnte auf die EU-Rechtskompatibilität der BEPS-Empfehlungen hinwirken. Auch ECOFIN und Europäischer Rat begleiteten den Fortgang des BEPS-Projekts eng und brachten mehrfach ihre Unterstützung für diese Initiative zum Ausdruck.[8] Dabei wurde zunehmend deutlich, dass es bei der „**europäischen Dimension von BEPS**" nicht nur um die Vereinbarkeit der BEPS-Empfehlungen mit europäischem Recht geht,[9] sondern auch um die Bekämpfung der spezifischen BEPS-Ursachen, die sich aus dem Recht der EU bzw. europäischer Mitgliedstaaten ergeben. So waren es gerade

17.7

---

1 Dazu s. *Hoeck/Schmid*, IWB 2017, 758; *Becker/Hoeck* in Kofler/Schnitger, BEPS-Handbuch, Rz. F 65 ff.
2 S. Schlussfolgerungen zur Tagung des Europäischen Rates v. 1./2.3.2012, Dok.-Nr. EUCO 4/2/12 REV 2.
3 Kritisch zu fehlender Unterscheidung zwischen „*tax avoidance*" und „*tax fraud*" (auch bei anderen EU-Maßnahmen) *Öner*, EC Tax Review 2018, 96 (101 f.).
4 Mitteilung der Europäischen Kommission v. 6.12.2012 an das Europäische Parlament und den Rat: Aktionsplan zur Verstärkung der Bekämpfung von Steuerbetrug und Steuerhinterziehung, COM(2012) 722 final, s. dazu *Richardson*, EC Tax Review 2015, 220.
5 Empfehlung der Europäischen Kommission v. 6.12.2012 betreffend aggressive Steuerplanung, C(2012) 8806 final. Diese Empfehlung enthielt auch eine nähere Bestimmung des Begriffs „aggressive Steuerplanung", vgl. dazu *Dourado*, Intertax 2015, 42 (43 ff.).
6 Empfehlung der Europäischen Kommission v. 6.12.2012 für Maßnahmen, durch die Drittländer zur Anwendung von Mindeststandards für verantwortungsvolles Handeln im Steuerbereich veranlasst werden sollen, C(2012) 8805 final.
7 Dieses Gremium wurde eingerichtet durch den Beschluss der Kommission v. 17.6.2015, C(2015) 4095 final. Nähere Informationen zu diesem Gremium sind im Internet abrufbar unter: https://ec.europa.eu/taxation_customs/business/company-tax/tax-good-governance/platform-tax-good-governance_de.
8 S. z. B. Ratsschlussfolgerungen v. 14./15.3.2013, im Internet abrufbar unter: https://www.consilium.europa.eu/uedocs/cms_data/docs/pressdata/de/ec/136173.pdf sowie Ratsschlussfolgerungen v. 8.12.2015, im Internet abrufbar unter: http://www.consilium.europa.eu/de/press/press-releases/2015/12/08/ecofin-conclusions-corporate-taxation/.
9 S. zu diesem Aspekt *Kemmeren* EC Tax Review 2014, 190; *Athanasiou*, TNI 2014, 995; *Panayi*, TPIR 2016, 20 (20 ff.); *Panayi*, BIFD 2016, 95 (96 ff.); *Nørgard Petersen/Schultz*, ET 2017, 323 (323 ff.); *Benéitez Régil*, ET 2016, 230 (230 ff.); s auch *Kreienbaum*, IStR 2014, 721 (722 ff.), dort schon mit dem Gedanken einer Überprüfung der bisherigen europarechtlichen Argumentationslinien als Folge des BEPS-Projekts.

die früheren Patentboxregelungen einiger Staaten oder deren pauschaler Verzicht auf Quellensteuern bei grenzüberschreitenden Lizenzzahlungen, die im Zusammenwirken mit dem generellen innereuropäischen Quellensteuerverbot der ZiLiRL weitgehende Steuergestaltungen ermöglichten (und dies teilweise immer noch tun).[1] Auch die im November 2014 bekannt gewordenen *Luxemburg-Leaks* machten deutlich, dass einige EU-Mitgliedstaaten rechtliche Spielräume für BEPS-Strukturen boten und zudem in ihrer administrativen Praxis bereit waren, diese Gestaltungen abzusichern.[2]

17.8 Damit wuchs die Bereitschaft zu einem europäischen Vorgehen gegen BEPS. Die Kommission begann mit umfassenden Untersuchungen, ob die Besteuerung international tätiger Konzerne in bestimmten EU-Mitgliedstaaten gegen europäisches Beihilfenrecht verstößt. Zudem rückten Maßnahmen zur Änderung bzw. Erweiterung des steuerlichen *acquis communautaire* in den Fokus. Gegen Ende des Jahres 2014 wurde (ausgehend von einer deutschen Initiative) unter italienischer Ratspräsidentschaft die sog. *BEPS-Roadmap* erarbeitet, die die geplanten Handlungen gegen europäische BEPS-Probleme beschreibt; diese *Roadmap* wird seither von den jeweiligen EU-Ratspräsidentschaften fortgeführt und aktualisiert.[3] Zudem wurden – zur Erarbeitung legislativer Maßnahmen – die seit 2011 laufenden Diskussionen zum GKKB-RL-E auf dessen „internationale Aspekte" konzentriert, welche (teilweise in inhaltlicher Überschneidung mit dem BEPS-Aktionsplan) auf die Missbrauchsbekämpfung in internationalen Sachverhalten abzielten.[4] Zur Vorbereitung der BEPS-Umsetzung in der EU beschlossen die EU-Mitgliedstaaten im Rat, den GKKB-RL-E insoweit „aufzuspalten" und die weiteren Erörterungen des GKKB-RL-E auf die Anti-Missbrauchsregelungen zu konzentrieren.[5] Dieser Ansatz erhielt zusätzliches Gewicht durch einen gemeinsamen Brief der Finanzminister Deutschlands, Frankreichs und Italiens, in dem sie die Kommission aufforderten, konkrete (legislative) Maßnahmen zu prüfen.[6] Die Kommission reagierte im Frühjahr 2015 mit einem Maßnahmenpaket zur Steuertransparenz, in dem sie u.a. die Einführung eines automatischen Informationsaustauschs über Tax Rulings vorschlug.[7] Wenige Monate später präsentierte die Kommission den **Aktionsplan für eine faire und effiziente Unternehmensbesteuerung**, in dem sie erstmals eine umfassende Untersuchung der Thematik aus europäischer Perspektive vornahm und feststellte, dass der Binnenmarkt durch unfairen Steuerwettbewerb und aggressi-

---

1 S. *Fehling/Schmid*, IStR 2015, 493; *Trinks*, EWS 2013, 218 (225 f.); s. zur Diskussion über die Besteuerung der sog. *Outbound Payments* in der Gruppe Verhaltenskodex (Unternehmensbesteuerung) s. *Nouwen*, Intertax 2017, 138 (143 f.).
2 S. dazu nur *Max*, StuW 2017, 266 (266 ff.). Auch das Europäische Parlament nahm diesen Skandal zum Anlass, um eigene Ermittlungen (durch die verschiedenen TAXE-Ausschüsse) anzustellen. Nach dem Bekanntwerden der sog. *Panama Papers* schlossen sich weitere Untersuchungen durch den PANA-Untersuchungsausschuss an. Anzumerken ist, dass die Stellungnahmen des Europäischen Parlaments steuerpolitisches Gewicht besitzen, dass dem Europäischen Parlament eine rechtlich verbindliche Einflussnahme bei den direkten Steuern aber nicht möglich ist, wie sich aus Art. 115 AEUV ergibt. Eine aktuelle Beschreibung der Standpunkte des EU-Parlaments ergibt sich aus der Entschließung des Europäischen Parlaments vom 26.3.2019 zu Finanzkriminalität, Steuerhinterziehung und Steuervermeidung (2018/2121(INI)).
3 Erstmals wurde die *Roadmap* von der lettischen Ratspräsidentschaft im Jahr 2015 veröffentlicht (Dok.-Nr. 5968/15 FISC 15). Die Weiterentwicklung kann beispielsweise anhand der *Roadmap* der bulgarischen Ratspräsidentschaft vom Januar 2018 nachvollzogen werden (Dok.-Nr. 5668/18 FISC 37).
4 S. dazu Dok.-Nr. 14509/15 FISC 169.
5 S. den Bericht des ECOFIN an den Europäischen Rat zu Steuerfragen v. 9.12.2015, 15187/15 FISC187, den „reduzierten" Richtlinienentwurf v. 2.12.2015 in Dok.-Nr. 14544/15 FISC 171 sowie dazu das erläuternde Dokument v. 2.12.2015, Dok.-Nr. 14544/15 FISC 171. Vgl. auch *Rigaut*, ET 2016, 497 (499 f.).
6 S. dazu *Kokolia/Chatziioakeimidou*, ET 2015, 149 (156).
7 S. Mitteilung der Kommission an das Europäische Parlament und den Rat v. 18.3.2015 über Steuertransparenz als Mittel gegen Steuerhinterziehung und Steuervermeidung, COM(2015) 136 final sowie Vorschlag der Europäischen Kommission v. 18.3.2015 für eine Richtlinie des Rates zur Änderung der Richtlinie 2011/16/EU bezüglich der Verpflichtung zum automatischen Austausch von Informationen im Bereich der Besteuerung, COM(2015) 135 final.

ve Steuergestaltungen geschädigt wird.¹ Als Lösung benannte die Kommission fünf Schwerpunkte für weitere Maßnahmen:

- Neuauflage des GKKB-Projekts, mit zweistufigem Vorgehen (erst GKB, dann GKKB)

- Besteuerung am Ort der Wertschöpfung, namentlich durch Bekämpfung missbräuchlicher Betriebsstättenvermeidung, durch effektive Hinzurechnungsbesteuerungssysteme, durch Stärkung der Gruppe Verhaltenskodex (Unternehmensbesteuerung), durch Änderung der ZiLiRL (damit diese nicht mehr zum Erreichen einer doppelten Nichtbesteuerung genutzt werden kann), durch verbesserte Verrechnungspreisvorschriften und durch Beschränkung von Patentboxregelungen im Einklang mit den Maßgaben des sog. modifizierten Nexus-Ansatzes im Sinne von BEPS-Aktionspunkt 5²

- Bessere steuerliche Rahmenbedingungen für Unternehmen, insb. durch Einführung eines temporären grenzüberschreitenden Verlustausgleichs bei der GKB, und durch Verbesserung der Streitbeilegungsmechanismen in der EU

- Vergrößerung der steuerlichen Transparenz, einschließlich einer gemeinsamen Strategie ggü. nichtkooperativen Drittstaaten

- Verbesserung der Koordinierung in der EU, insb. durch bessere grenzüberschreitende Kooperation bei Betriebsprüfungen und durch Stärkung der bereits existierenden EU-Steuergremien, also der Gruppe Verhaltenskodex (Unternehmenssteuern) sowie der Plattform für verantwortungsvolles Handeln im Steuerwesen

Im Dezember 2015 beschlossen die EU-Mitgliedstaaten die Änderung der Amtshilferichtlinie zur Einführung eines **automatischen Informationsaustauschs über Tax Rulings** (DAC 3).³ Dies war die erste legislative Maßnahme zur EU-weit einheitlichen Umsetzung von BEPS-Empfehlungen (konkret zu BEPS-Aktionspunkt 5). Zudem vereinbarten die EU-Mitgliedstaaten, die BEPS-Umsetzung in der EU durch „gemeinsame, aber flexible Lösungen" anzustreben.⁴ Dies war die Richtschnur für die weiteren Arbeiten der Kommission, die letztlich in die ATAD mündeten.

17.9

II. Entwicklung der ATAD

Nach weiteren Arbeiten präsentierte die Kommission am 28.1.2016 ein umfassendes Paket zur Umsetzung von BEPS-Empfehlungen in der EU.⁵ Das *Anti Tax Avoidance Package* enthielt folgende Elemente:

17.10

---

1 Mitteilung der Kommission v. 17.6.2015 an das Europäische Parlament und den Rat: Eine faire und effiziente Unternehmensbesteuerung in der Europäischen Union – Fünf Aktionsschwerpunkte, COM(2015) 302 final. S. dazu *Veldhuizen/Adorjan*, ET 2015, 523; *Krauß*, IStR 2015, 59; *Oppel*, IStR 2015, 813; *Roderburg*, EuZW 2015, 940 (941); *Moscovici*, EC Tax Review, 2016, 2.
2 Hier sprach die Kommission auch die Möglichkeit an, einen Richtlinienentwurf zur Anpassung bestehender Patentboxsysteme an den sog. modifizierten Nexus-Ansatz vorzulegen, falls die betreffenden EU-Mitgliedstaaten nicht ihrerseits entsprechende Änderungen innerhalb von zwölf Monaten vornehmen.
3 Richtlinie (EU) 2015/2376 des Rates v. 8.12.2015 zur Änderung der Richtlinie 2011/16/EU bezüglich der Verpflichtung zum automatischen Austausch von Informationen im Bereich der Besteuerung, ABl. EU 2015 Nr. L 332, 1.
4 Ratsschlussfolgerungen v. 8.12.2015, Dok.-Nr. 15150/15 FISC 185.
5 Vgl. dazu (und mit weitergehenden Überlegungen) *Cerioni*, Intertax 2016, 463 (463 ff.); *Benz*, EuZW 2016, 161 (161 f.); *Eilers/Oppel*, IStR 2016, 312 (313 ff.).

– Zusammenfassende Mitteilung, in der die Kommission die Notwendigkeit ihres Handelns begründete und die einzelnen Schritte näher erläuterte[1]
– Richtlinienentwurf für die ATAD als „Anti-BEPS-Richtlinie"[2]
– Vorschlag zur erneuten Änderung der Amtshilferichtlinie, um einen automatischen Informationsaustausch über *Country-by-Country-Reports* einzuführen[3]
– Empfehlung zur Umsetzung der DBA-bezogenen BEPS-Aktionspunkte 6 und 7[4]
– Mitteilung für eine externe Strategie zum Umgang mit Drittstaaten in Steuerangelegenheiten[5]
– Studie zu Strukturen und Indikatoren aggressiver Steuerplanung[6]

17.11 Zentraler Bestandteil dieses Pakets war der ATAD-Entwurf,[7] und in den zuständigen Ratsgremien begannen alsbald die Verhandlungen dazu.[8] Die damalige **niederländische Ratspräsidentschaft** ging dabei mit großem Engagement vor und unterbreitete eine Vielzahl von Kompromissvorschlägen, um eine Einigung noch während ihrer Präsidentschaft zu ermöglichen.[9] Es gab zwar Widerstände einiger

---

1 Mitteilung der Europäischen Kommission v. 28.1.2016 an das Europäische Parlament und den Rat – Maßnahmenpaket zur Bekämpfung von Steuervermeidung: nächste Schritte auf dem Weg zu einer effektiven Besteuerung und einer größeren Steuertransparenz in der EU, COM(2016) 23 final.
2 Vorschlag der Europäischen Kommission v. 28.1.2016 für eine Richtlinie des Rates mit Vorschriften zur Bekämpfung von Steuervermeidungspraktiken mit unmittelbaren Auswirkungen auf das Funktionieren des Binnenmarkts, COM(2016) 26 final.
3 Vorschlag der Europäischen Kommission v. 28.1.2016 für eine Richtlinie des Rates zur Änderung der Richtlinie 2011/16/EU bezüglich der Verpflichtung zum automatischen Austausch von Informationen im Bereich der Besteuerung, COM(2016) 25 final („DAC 4").
4 Empfehlung der Europäischen Kommission v. 28.1.2016 zur Umsetzung von Maßnahmen zur Bekämpfung des Missbrauchs von Steuerabkommen, C(2016) 271 final. Zu BEPS-Aktionspunkt 7 verwies die Kommission lediglich auf die einschlägigen BEPS-Empfehlungen und empfahl deren Umsetzung. Bei BEPS-Aktionspunkt 6 hingegen traf die Kommission eine Auswahlentscheidung und empfahl, die PPT-Variante (*Principal Purpose Test*) zu verwenden. Dahinter standen vermutlich EU-rechtliche Bedenken gegen die alternativ mögliche Vereinbarung von LoB-Klauseln (*Limitation of Benefits*). S dazu auch *Benz/Böhmer*, DB 2016, 307 (312).
5 Mitteilung der Europäischen Kommission v. 28.1.2016 an das Europäische Parlament und an den Rat über eine externe Strategie für effektive Besteuerung, COM(2016) 24 final. Diese Mitteilung war eine Fortentwicklung der Empfehlung v. 6.12.2012 und enthielt eine Mischung aus Fördern und Fordern (Unterstützung und Sanktionen). Insbesondere wurde das weitere Verfahren für die Erstellung einer EU-weiten „Schwarzen Liste" vorgeschlagen. Bereits im Juni 2015 hatte die Kommission eine Zusammenstellung der existierenden schwarzen Listen der EU-Mitgliedstaaten präsentiert. Die Erstellung einer eigenen EU-Liste sollte noch einige Zeit dauern; deren erste Fassung wurde dann schließlich im Dezember 2017 vom Rat beschlossen, s. Ratsschlussfolgerungen v. 5.12.2017, DOK-Nr. 15429/17 FISC 345. S. dazu *Dourado*, Intertax 2018, 178 (178 ff.); *Kalloe*, ET 2018, 47; *Mosquera Valderrama*, Intertax 2019, 454 (455 ff.).
6 Study on Structures of Aggressive Tax Planning and Indicators, Taxation Papers, Working Paper N. 61 – 2015. Diese Studie war mit 176 Seiten zwar recht umfangreich, enthielt gegenüber den Erkenntnissen aus dem BEPS-Projekt aber wenig Neues.
7 Auf die Erstellung einer eigenen Folgenabschätzung zur ATAD verzichtete die Kommission mit der Begründung, die ökonomischen Folgen von BEPS bzw. der Bekämpfung von BEPS seien bei BEPS-Aktionspunkt 11 von OECD und G20 bereits hinreichend untersucht worden.
8 Parallel dazu wurde der Entwurf zur DAC 4 verhandelt. Die Beratungen wurden zügig abgeschlossen, und bereits am 25.5.2016 wurde die DAC 4 verabschiedet, s. Richtlinie EU 2016/881 des Rates v. 25.5.2016 zur Änderung der Richtlinie 2011/16/EU bezüglich der Verpflichtung zum automatischen Austausch von Informationen im Bereich der Besteuerung, ABl. EU 2016 Nr. L 146, 8.
9 Vermutlich war dies für die niederländische Regierung eine willkommene Gelegenheit, um die Kritik abzumildern, die durch die Einbeziehung Hollands bei bekannt gewordenen Steuergestaltungsmodellen wie dem „*Double Irish/Dutch Sandwich*" aufgekommen war, s. zu diesen Strukturen nur *Pinkernell*, StuW 2012, 369.

EU-Mitgliedstaaten, die an strengeren Steuerregeln wenig Interesse hatten oder generelle Skepsis gegenüber einer Harmonisierung der direkten Steuern hegten.[1] Gleichwohl kamen die Verhandlungen gut und zügig voran. Dabei half sicherlich der Umstand, dass es starken politischen Rückhalt für das BEPS-Projekt gab und EU-Mitgliedstaaten eine ablehnende Haltung zur ATAD nur schwerlich hätten rechtfertigen und gegenüber der Öffentlichkeit erklären können.[2] Bei der ECOFIN-Tagung vom 17.6.2016 gelang schließlich der Durchbruch, und es wurde eine Einigung über die allgemeine Ausrichtung der ATAD erzielt, wobei diese – entsprechend der verabredeten „Flexibilität" – eine Reihe von Wahlrechten für die EU-Mitgliedstaaten enthielt.[3] Der Kompromiss wurde zudem durch die Vereinbarung verlängerter Übergangsfristen für einige Regelungen und durch die Aufnahme einer Protokollerklärung ermöglicht.[4] Die rechtsförmliche Annahme durch den ECOFIN erfolgte bald danach, am 12.7.2016.[5]

Zu diesem Zeitpunkt waren sich die Kommission und die EU-Mitgliedstaaten einig, dass die ATAD in einem Punkt noch nicht die nötige fachliche Reife hatte, nämlich bei den Regelungen zur Bekämpfung hybrider Gestaltungen, insb. mit Blick auf die gewünschte Einbeziehung von Drittstaatskonstellationen.[6] Weil die Verabschiedung der ATAD insgesamt aber nicht weiter aufgeschoben werden sollte, wurde verabredet, weitere Arbeiten zu diesen Regelungen durchzuführen und alsbald eine Änderungsrichtlinie zu verabschieden.[7] Dies wurde zügig angegangen, und nach Vorlage eines entsprechenden Richtlinienentwurfs der Kommission von Oktober 2016[8] wurde am 29.5.2017 die sog. **ATAD2** als Änderungsrichtlinie zur ATAD angenommen.[9]

17.12

---

1 Generell zu möglichen Motiven *Larking*, TNI 2018, 785 (786).
2 Neben der Berichterstattung in den allgemeinen Medien war das Thema zunehmend in den Fokus von Nichtregierungsorganisationen geraten, die seitdem ihre eigene Perspektive in die Diskussion einbrachten und weitere Studien und Argumentationspapiere zu BEPS-Fragestellungen verbreiteten. Hier ist beispielhaft auf die Arbeiten der BEPS Monitoring Group hinzuweisen, vgl. die Informationen unter: https://bepsmonitoringgroup.wordpress.com/.
3 Dabei wurde noch eine Bedenkzeit bis zum 20.6.2016 eingeräumt. Diese „Schweigefrist" (*silence procedure*) wurde aber nicht gebrochen, so dass es bei der erzielten Einigung blieb.
4 Diese Protokollerklärung hebt hervor, dass die EU durch die ATAD bei der BEPS-Umsetzung über die internationalen Verabredungen hinausgeht. Um den von einigen EU-Mitgliedstaaten geltend gemachten Bedenken über die Wettbewerbsfähigkeit gegenüber anderen Wirtschaftsstandorten Rechnung zu tragen, soll die EU die Entwicklungen in anderen Staaten beobachten und auf eine schnelle und effektive Umsetzung der BEPS-Empfehlungen auf internationaler Ebene hinwirken, vgl. das vorbereitende Dokument v. 5.7.2016 (Dok.-Nr. 10672/16 FISC 113). Zudem erklärte sich die Kommission zu mehr Flexibilität bei der Anwendung von *Reverse-Charge*-Regelungen bei der Umsatzsteuer bereit – offensichtlich eine Verknüpfung der ATAD mit einer fachfremden Thematik, die aber die Bereitschaft zur Zustimmung zur ATAD erhöhte, vgl. dazu *Benz/Böhmer*, DB 2016, 2501 (2505).
5 Richtlinie (EU) 2016/1164 des Rates v. 12.7.2016 mit Vorschriften zur Bekämpfung von Steuervermeidungspraktiken mit unmittelbaren Auswirkungen auf das Funktionieren des Binnenmarktes, ABl. EU 2016 Nr. L 193, 1. Zuvor (am 8.6.2016) hatte auch das Europäische Parlament seine Stellungnahme abgegeben, (COM(2016)0026 – C8-0031/2016 – 2016/0011(CNS)).
6 Vgl. *Balco*, ET 2017, 127 (127 f.).
7 Auch dazu erging eine entsprechende Protokollerklärung, s. das vorbereitende Dokument v. 5.7.2016 (Dok.-Nr. 10672/16 FISC 113). Demnach sollte die Kommission bis zum Oktober 2016 den Entwurf einer Änderungsrichtlinie vorlegen, über den die Mitgliedstaaten bis zum Ende des Jahres 2016 Einigung erzielen wollten.
8 Vorschlag der Europäischen Kommission v. 25.10.2016 für eine Richtlinie des Rates zur Änderung der Richtlinie (EU) 2016/1164 bezüglich hybrider Gestaltungen mit Drittländern, COM(2016) 687 final.
9 Richtlinie (EU) 2017/952 des Rates v. 29.5.2017 zur Änderung der Richtlinie (EU) 2016/1164 bezüglich hybrider Gestaltungen mit Drittländern, ABl. EU 2017 Nr. L 144, 1. Die damalige slowakische Ratspräsidentschaft hatte sogar ursprünglich eine Verabschiedung noch im Jahr 2016 angestrebt (entsprechend der ursprünglich verabredeten Zeitplanung). In den verbliebenen zwei Monaten der slowakischen Ratspräsidentschaft hatten deswegen bereits intensive fachliche Arbeiten zur Richtlinie stattgefunden. Hinzuweisen ist darauf, dass mit der Änderungsrichtlinie auch geringfügige Änderungen an der bereits in der

III. Rechtsnatur der ATAD

17.13 Die ATAD ist eine **Richtlinie** i.S.v. Art. 288 AEUV. Ihre Rechtsgrundlage ist Art. 115 AEUV. Diese Vorschrift ermächtigt allgemein zum Erlass von „Richtlinien für die Angleichung derjenigen Rechts- und Verwaltungsvorschriften der Mitgliedstaaten, die sich unmittelbar auf die Errichtung oder das Funktionieren des Binnenmarkts auswirken." Diesen Tatbestand erfüllt die ATAD. Denn die wirtschaftlichen Verzerrungen und Wettbewerbsstörungen, die durch unfairen Steuerwettbewerb und aggressive Steuergestaltungen hervorgerufen werden, können durch (unabgestimmte) Einzelmaßnahmen der EU-Mitgliedstaaten nicht wirksam abgestellt werden; letztere könnten sogar neue Diskrepanzen hervorrufen und die Störungen des Binnenmarktes noch vergrößern.[1] Auch die Vorarbeiten von OECD und G20 im Rahmen des BEPS-Projekts bieten keinen gleichwertigen Ersatz für eine Richtlinie,[2] da sie als *soft law* keinen rechtlichen Befolgungszwang der beteiligten Staaten auslösen; ihre einheitliche Umsetzung in der gesamten EU ist damit nicht garantiert. Aus diesem Grund sind die Voraussetzungen für ein EU-weit einheitliches Vorgehen erfüllt.[3] Der Umstand, dass die ATAD nur ein Mindestschutzniveau etabliert (vgl. Art. 3 ATAD), steht dem nicht entgegen (s. Rz. 17.31 ff.), ebenso wenig der Umstand, dass die Regelungen der ATAD teilweise auch rein innerstaatliche Sachverhalte erfassen (s. Rz. 17.39).

17.14 Als Richtlinie ist die ATAD von den Mitgliedstaaten in nationales Recht **umzusetzen**. Wie sich aus Art. 288 AEUV ergibt, ist die Richtlinie hinsichtlich des zu erreichenden Ziels verbindlich, den Mitgliedstaaten wird aber die Wahl der Form und der Mittel überlassen. Die Mitgliedstaaten haben also einen gewissen Spielraum bei der Umsetzung der ATAD in ihr nationales Recht; sie müssen dabei allerdings sicherstellen, dass die Zielsetzungen der ATAD erreicht werden.[4] Hier ist auch Art. 3 ATAD von Bedeutung, der den Mitgliedstaaten die Einführung bzw. Beibehaltung strengerer Anti-BEPS-Vorschriften erlaubt (s. Rz. 17.31).

17.15 Die ATAD genießt als sekundäres Unionsrecht einen **Anwendungsvorrang** gegenüber dem nationalen Recht der Mitgliedstaaten. Zu ihrer letztverbindlichen Auslegung ist der EuGH berufen (Art. 19 EUV). Er wendet dabei die von ihm entwickelten Auslegungsprinzipien an, die – vergleichbar der Auslegung durch deutsche Gerichte – auf den Wortlaut, den Telos, die Systematik und die Historie der Norm abstellen und dabei insbesondere das Sekundärrecht in Übereinstimmung mit dem Primärrecht auslegen (s. Rz. 27.43 ff.). Die Auslegungsbefugnis des EuGH besteht unabhängig davon, ob die Mitgliedstaaten zur Umsetzung von ATAD neue Bestimmungen schaffen müssen oder auf bereits vorhandene Vorschriften zurückgreifen können;[5] die richterliche Kontrolle des EuGH erstreckt sich auch auf diese Altregelungen (ein konkretes Beispiel wäre die deutsche Zinsschranke gem. § 4h EStG i.V.m. § 8a KStG,

---

ATAD1 enthaltenen Zinsschranke vorgenommen wurden, s. dazu *Schiefer* in Hagemann/Kahlenberg, ATAD-Kommentar, Art. 4 Rz. 23.

1 Vgl. auch *Hey* in Europäisches Steuerrecht, DStJG 41 (2018), S. 9 (21), die darauf hinweist, dass auch der EuGH Qualifikationskonflikte, die sich aus dem Auseinandertreffen der nicht harmonisierten Rechtsordnungen der Mitgliedstaaten ergeben, nicht alleine durch Auslegung der Grundfreiheiten lösen kann.
2 So aber wohl *Haase*, ISR 2017, 349 (353).
3 S. auch Erwägungsgrund (16) zur ATAD. Insofern sind die im Schrifttum teilweise geltend gemachten Zweifel an der Tatbestandserfüllung von Art. 115 AEUV nicht durchschlagend, s. insoweit aber *Dehne*, ISR 2018, 132 (134); *Linn*, IStR 2016, 645; *Schnitger/Nitzschke/Gebhard*, IStR 2016, 960 (961); *Schönfeld*, EC Tax Review 2017, 145 (146); *Schönfeld*, IStR 2017, 721 (722). Ähnlich wie hier *Prusko*, Steuerliche Missbrauchsvermeidung im Europäischen Binnenmarkt, S. 66 f., *Braun Binder*, S. 92 f.; *Musil*, FR 2018, 933 (938 f.); *Musil* in Musil/Weber-Grellet, Europäisches Steuerrecht, Einf. BEPS-RL, Rz. 15 ff. Vgl. auch *de Graaf/Visser*, EC Tax Review 2016, 199 (201 ff.) mit der – etwas fernliegenden – Überlegung, dass alternativ eine auf Art. 352 AEUV gestützte Verordnung hätte erlassen werden können.
4 Nach Auffassung von *Douma/Kardachaki*, Intertax 2016, 746 (753), kann die Kommission künftig eine unzureichende Anwendung der ATAD (konkret: von Art. 6 ATAD) durch die EU-Mitgliedstaaten als (möglichen) Verstoß gegen europäisches Beihilfenrecht verfolgen.
5 Vgl. zu diesen Fragen allgemein *Ruffert* in Calliess/Ruffert[5], Art. 288 AEUV Rz. 77 und vertiefend zur ATAD (auch zum Umfang der Vorlagepflicht nationaler Gerichte) *Hey*, StuW 2017, 248 (256 ff.).

die als – vorweggenommene – Umsetzung der ATAD-Zinsschrankenregelung angesehen werden kann).[1] Soweit die nationalen Regelungen über die Bestimmungen der ATAD hinausgehen (also strenger sind), sind sie aber nicht an der ATAD zu messen, da diese insoweit keinen Bewertungsmaßstab bereithält. Eine Prüfung durch den EuGH kann daher nur die allgemeinen Regelungen des Unionsrechts, insb. die Grundfreiheiten, heranziehen.[2]

Als Akt des Sekundärrechts ist die ATAD am höherrangigen Primärrecht zu messen. Weil es kein spezifisches Primärrecht zur Bekämpfung unfairen Steuerwettbewerbs und aggressiver Steuerplanung gibt, bilden die Grundfreiheiten den vorrangigen **Prüfungsmaßstab für die ATAD**. Es ist allerdings strittig, wie eng dieser Prüfungsmaßstab bei Richtlinien ist. Die wohl herrschende Lehre vertritt einen strengen Prüfungsmaßstab.[3] In der Tat genießen die Grundfreiheiten gegenüber Richtlinien den höheren Rang und verpflichten neben den Mitgliedstaaten auch den Unionsgesetzgeber (vgl. Art. 12 Abs. 2 EUV). Wenn hingegen eine abgeschlossene Harmonisierung vorliegt, ist der Anwendungsbereich der Grundfreiheiten insoweit ausgeschlossen; es kommt dann bei der Prüfung der nationalen Umsetzungsakte nur auf das jeweilige Sekundärrecht an.[4] In der Literatur wird diskutiert, ob die ATAD – die ausweislich ihres Art. 3 nur ein Mindestschutzniveau etablieren soll – einen abgeschlossenen Harmonisierungsschritt in diesem Sinne darstellt.[5] Aber selbst wenn man dies verneinen wollte, ist darauf hinzuweisen, 17.16

---

1 Vgl. *Haarmann*, IStR 2018, 561 (574).
2 Diese Konstellation ist abzugrenzen von Situationen, in denen Mitgliedstaaten bei einer Richtlinienumsetzung „freiwillig" die Richtlinienbestimmungen auch auf solche Regelungen ihres nationalen Rechts anwendbar machen (z.B. durch einen Verweis auf die Richtlinie), die von der Richtlinie eigentlich nicht erfasst sind, s. dazu nur *Nettesheim* in G/H/N Art. 288 AEUV Rz. 131. Hier nimmt der EuGH in ständiger Rechtsprechung eine Prüfung am Maßstab des betreffenden Richtlinienrechts vor, um eine einheitliche Auslegung des Unionsrechts in allen Fällen sicherzustellen, s. EuGH v. 18.10.1990 – C-329/88 – Dzodzi, Slg. 1990, I3763, Rz. 36 f.; v. 8.11.1990 – C-231/89 – Gmurznyska-Bscher, Slg. 1990 I-4003, Rz. 26. S. zum Ganzen auch *Hey*, StuW 2017, 248 (253, 257), auch zu der Frage einer „gespaltenen" Auslegung von Richtlinien.
3 *Frotscher*, IStR 2006, 65 (68); *Dautzenberg* in Haritz/Menner/Bilitewski[5], Einf. C Rz. 142; *Müller-Graff* in Streinz[3], Art. 56 AEUV Rz. 63; *Linn*, IStR 2016, 645 (646); *Dettmeier/Dörr/Neukam/Prodan*, NWB 2016, 3082 (3090); *Cordewener*, EC Tax Review 2017, 60 (61 ff.); *Oppel*, IWB 2018, 324 (327 f.); *Everling*, ZHR 162 (1998), 403 (421) unter Berufung auf die Rechtsprechung des EuGH; EuGH v. 29.2.1984 – 37/83 – REWE-Zentrale, Slg. 1984, 1229 Rz. 18; v. 17.5.1984 – 15/83 – Denkavit Nederland, Slg. 1984, 2171 Rz. 15; v. 9.8.1994 – C-51/93 – Meyhui, Slg. 1994, I-3879 Rz. 11; v. 25.6.1997 – C-114/96 – Kieffer und Thill, Slg. 1997, I-3629 Rz. 27. A.A. *Mitschke*, IStR 2011, 294 (296): Verdrängung der Grundfreiheiten im durch Richtlinien geregelten Bereich. Eingehend dazu Rz. 27.43 ff. (Verhältnis Primärrecht zu Sekundärrecht).
4 S. z.B. EuGH v. 8.3.2017 – C-14/16 – Euro Park Service, ECLI:EU:C:2017:177 – Rz. 19 ff. Es ist allerdings dann jeweils zu klären, ob die jeweilige Richtlinie eine abgeschlossene Harmonisierung in diesem Sinne darstellt. S. eingehend zur jüngeren EuGH-Rechtsprechung *Wacker* in FS BFH, S. 781 (784 ff.), dort mit dem Ansatz einer „praktischen Konkordanz" zwischen Primärrecht und Sekundärrecht, die den primärrechtlichen Prüfungsmaßstab auf eine Willkürkontrolle zurücknimmt.
5 Vgl. *Martini* in Hagemann/Kahlenberg, ATAD-Kommentar, Verhältnis zum Primärrecht, Auslegung und Anwendung Rz. 6; *Prusko*, Steuerliche Missbrauchsvermeidung im Europäischen Binnenmarkt, S. 38 f. m.w.N. S. auch *Müller*, ISR 2018, 58 (60); *Oppel*, IWB 2018, 324 (327 f.);*Hey* in Europäisches Steuerrecht, DStJG 41 (2018), S. 9 (30). Die besseren Argumente dürften dafür sprechen, der ATAD eine abschließende Harmonisierungswirkung beizumessen. Die Regelungen der ATAD sind so präzise gefasst, dass sie für die EU-Mitgliedstaaten hinreichend eindeutig vorgeben, wie die nationale Umsetzung zu erfolgen hat. Daran ändern die in der ATAD eingeräumten Wahlrechte nichts, weil auch diese ihrerseits präzise gefasst sind und abschließende Optionsmöglichkeiten darstellen. Die dadurch ausgelöste Sperrwirkung dürfte einer Prüfung der Richtlinienbestimmungen selbst sowie der nationalen Umsetzungsmaßnahmen (soweit diese sich im Rahmen der ATAD-Regelungen bewegen) am Maßstab der Grundfreiheiten entgegenstehen. Eine Ausnahme könnte bestehen, wenn ein offensichtlicher und erheblicher Grundfreiheitenverstoß vorliegt. Zudem sollte es auch bei Zuerkennung der Sperrwirkung möglich sein, die „formelle Rechtmäßigkeit" (Wahl der richtigen Rechtsgrundlage, Zuständigkeit und Formfragen) der ATAD zu prüfen. Vgl. zum Ganzen auch *Wacker* in FS BFH, S. 781 (797 ff.).

dass es dem Unionsgesetzgeber erlaubt ist, Harmonisierungsmaßnahmen nur schrittweise vorzunehmen.[1] Nur dies wird der Rechtswirklichkeit des sekundären Unionsrechts, welches häufig auf einer schwierigen Kompromissfindung zwischen den Mitgliedstaaten basiert, gerecht. Akte des Sekundärrechts, die die Grundfreiheiten nicht in Reinform umsetzen, sind daher nicht per se primärrechtswidrig. Vielmehr sollte bei der Bestimmung des primärrechtlichen Prüfungsmaßstabs danach unterschieden werden, ob es sich um sekundäres Unionsrecht oder um nationales Recht im nichtharmonisierten Bereich handelt. Bei ersterem ist ein großzügigerer Maßstab – etwa auf der Rechtfertigungsebene – anzulegen als bei letzterem, weil es selbst Teil des Unionsrechts ist.[2] Dies gilt auch für die ATAD.[3]

17.17 Dieses Ergebnis wird noch bekräftigt, wenn man weitere primärrechtliche Wertungen – namentlich die Grundfreiheiten – in den Blick nimmt. Neben diesen allgemeinen Erwägungen kommt speziell für die ATAD noch hinzu, dass das Ziel der Grundfreiheiten dieses Ergebnis bekräftigt. Denn nach ihrer **Zielrichtung** dienen die Grundfreiheiten dem Binnenmarkt; sie können daher keine Handlungen schützen, die zu ökonomischen Verzerrungen führen und den Markt letztlich beeinträchtigten.[4] Anders gewendet: Marktschädliche Steuergestaltungen genießen von vornherein nicht den Schutz der Grundfreiheiten.[5] Auch dies spricht für die (erhöhte) Primärrechtsfestigkeit der ATAD.

17.18 Die ATAD nimmt im Vergleich zu den anderen steuerlichen Richtlinien eine gewisse Sonderstellung ein, weil sie die Mitgliedstaaten zur Einführung **belastender Regelungen** verpflichtet. Die anderen steuerlichen Richtlinien mit materiellem Gehalt[6] wie MTRL, FRL und ZiLiRL enthalten demgegenüber re-

---

1 So auch *Jochum* in Habersack/Drinhausen, SE-Recht, E) Steuerrecht der SE Rz. 35; *Forsthoff* in G/H/N, Art. 45 AEUV Rz. 133 ff. m.w.N. Dies ist auch vom EuGH explizit anerkannt worden, EuGH v. 13.5.1997 – C-233/94 – Deutschland/Parlament und Rat, Slg. 1997, I-2405 Rz. 43; v. 17.6.1999 – C-166/98 – Socridis, Slg. 1999, I-3791 Rz. 26; v. 1.10.2009 – C-247/08 – Gaz de France, Slg. 2009, I-9225 Rz. 52. S. zum Ganzen auch *Hey*, StuW 2017, 248 (254).
2 So auch *Jochum* in Habersack/Drinhausen, SE-Recht, E) Steuerrecht der SE Rz. 34 ff.; *Caspar*, EuZW 2000, 237 (240 f.); *Forsthoff* in G/H/N, Art. 45 AEUV Rz. 133 ff. m.w.N. Vgl. auch *Wacker* in FS BFH, S. 781 (791 ff.; 797 ff.): Beschränkung auf Willkürprüfung; *Schön/Schindler*, IStR 2004, 571 (576): „Es macht eben einen Unterschied, ob ein ‚Allgemeininteresse' flächendeckend und diskriminierungsfrei durch den europäischen Gesetzgeber verwirklicht wird, oder ob die einzelnen Mitgliedstaaten ihre jeweiligen Anliegen ‚im Alleingang' durchzusetzen versuchen" – nachfolgend aber einschränkend dahingehend, dass sekundäres Unionsrecht seine Grenze in der Ausübung der Grundfreiheiten findet und die Grundfreiheiten daher nur unterstützen und nicht einschränken darf. S. auch *Hey* in Europäisches Steuerrecht, DStJG 41 (2018), S. 9 (30): „Entscheidungen, in denen der Gerichtshof Sekundärrecht wegen eines Verstoßes gegen das Primärrecht verwirft, sind rar."
3 Vgl. dazu auch *Dobratz* in Tagungsband zur ifst-Jahrestagung 2017, ifst-Schrift 520 (2017), S. 29; *van Os*, EC Tax Review 2016, 184 (195 ff.); *Martini* in Hagemann/Kahlenberg, ATAD-Kommentar, Verhältnis zum Primärrecht, Auslegung und Anwendung Rz. 3 ff.; *Wacker*, FS BFH, S. 781 (797 ff.).
4 Vgl. *Kreienbaum* in Europäisches Steuerrecht, DStJG 41 (2018), S. 475 (480) sowie schon *Casper*, EuZW 2000, 237 (241): kein Recht der Unionsbürger „auf Schaffung von Wirtschaftsfreiheit schlechthin".
5 Zweifelnd aber *Bizioli*, EC Tax Review 2017, 167 (169 ff.), dem zufolge die Förderung des Binnenmarkts nicht durch steuerliche Abwehrregelungen, sondern durch eine weitergehende Angleichung der nationalen Rechtsvorschriften erreicht werden sollte, sowie *Hey*, StuW 2017, 248 (249 f.): Es sei noch nicht hinreichend verstanden, wie sich das Anliegen der Substratsicherung in die Binnenmarktidee einfügt; s. aber auch *Hey*, FR 2016, 554 (555) unter Berufung auf *Axel Cordewener*: Die Grundfreiheiten schützen den „*free mover*, nicht den *free rider*". Vgl. auch zur unionsrechtlichen Zulässigkeit von Maßnahmen gegen hybride Gestaltungen *Kahlenberg/Vogel*, StuW 2016, 288 (289 ff.) m.w.N. S. zum Ganzen auch *Kreienbaum* in Europäisches Steuerrecht, DStJG 41 (2018), S. 475 (478 ff.), der eine primärrechtliche Pflicht zum Erlass entsprechender Abwehrregelungen diskutiert.
6 Auch die bestehenden Richtlinien zum steuerlichen Verfahrensrecht erlauben schon jetzt Maßnahmen, die *prima facie* als Eingriff in die Rechtsstellung des Steuerpflichtigen zu verstehen sind. So berührt beispielsweise der steuerliche Informationsaustausch auf Basis der Amtshilferichtlinie die informationelle Selbstbestimmung des Steuerpflichtigen.

gelmäßig Vergünstigungen für die Steuerpflichtigen.¹ Dieser Unterschied hat aber nur steuerpolitische Bedeutung; in rechtlicher Hinsicht ergeben sich daraus keine Besonderheiten. Auch am Vorliegen einer geeigneten Rechtsgrundlage ergeben sich daraus keine Zweifel, denn Art. 115 AEUV ist tatbestandlich weit gefasst und flexibel genug, um für solche belastenden Regelungen eine ausreichende Rechtsbasis darzustellen, solange die Regelungen – wie hier – dem Funktionieren des Binnenmarktes dienen (s. dazu schon Rz. 17.13).

Im Verhältnis zu anderen Richtlinien besitzt die ATAD **denselben sekundärrechtlichen Rang**. Für mögliche Kollisionsfragen sind die allgemeinen Grundsätze von *lex specialis* und *lex posterior* heranzuziehen.² Konkret stellt sich diese Frage beim Verhältnis der in Art. 5 ATAD enthaltenen Entstrickungsregelungen zu den entsprechenden Vorschriften der FRL. Für die Bestimmung des Verhältnisses von Art. 5 ATAD zu den Bestimmungen der FRL ist zunächst zu klären, ob Art. 5 ATAD auch Umwandlungsfälle erfasst. Wenn man den Begriff der Übertragung von Vermögenswerten im Sinne von Art. 5 ATAD weit fasst, könnte dies zu bejahen sein, denn auch bei Umwandlungen im Sinne der FRL kann es im Ergebnis zu einer geänderten Zuordnung von Wirtschaftsgütern kommen.³ Insoweit könnte eine Anwendbarkeit von Art. 5 ATAD auf die von der FRL geregelten Umwandlungsfälle zu bejahen sein. Dies gilt erst recht für die von Art. 5 ATAD ebenfalls erfassten Wegzugsfälle, soweit es um den Wegzug einer SE oder SCE geht. Dagegen könnte sprechen, dass die FRL das speziellere Regelwerk ist und deshalb der allgemeineren ATAD vorgeht, auch wenn diese neueren Datums ist. In der Sache muss dies aber nicht entschieden werden, denn in der Zusammenschau von Art. 5 ATAD und der FRL ergeben sich keine Friktionen, sondern beide Regelungen stehen grundsätzlich in einem komplementären Verhältnis⁴ zueinander: Während die FRL Regelungen für diejenigen Wirtschaftsgüter enthält, für die das Besteuerungsrecht im Wegzugsstaat verbleibt (dann Verbot einer Besteuerung), regelt Art. 5 ATAD die Besteuerung derjenigen Wirtschaftsgüter, für die das Besteuerungsrecht auf einen anderen Staat übergeht (dann Gebot der Besteuerung, aber ggf. Abmilderung durch Stundung).⁵

17.19

Weiter ist auf das Verhältnis der allgemeinen Anti-Missbrauchsregelung in Art. 6 ATAD zu den **Anti-Missbrauchsregelungen** in FRL, MTRL und ZiLiRL hinzuweisen. Im Verhältnis zu den Regelungen in Art. 15 Abs. 1 Buchst. a FRL und Art. 5 ZiLiRL dürfte im Ergebnis Klarheit bestehen, denn diese Bestimmungen gewähren den EU-Mitgliedstaaten lediglich das Recht, nationale Anti-Missbrauchsbestimmungen einzuführen (bzw. beizubehalten), wohingegen Art. 6 ATAD die Mitgliedstaten zur Einführung (bzw. Beibehaltung) einer allgemeinen Anti-Missbrauchsregelung verpflichtet – aus dem „kann" wird also ein „muss". Im Verhältnis zur Anti-Missbrauchsregelung von Art. 1 Abs. 2 MTRL, deren Einführung für die Mitgliedstaaten mittlerweile ebenfalls verpflichtend ist, besteht im Ergebnis ebenfalls kein Klärungsbedarf, da beide Bestimmungen im Wesentlichen identisch sind.⁶

17.20

Schließlich ist das Verhältnis zu den Regelungen zur **Bekämpfung hybrider Gestaltungen** in Art. 9 ff. ATAD zu den Regelungen der MTRL zu klären. Gemäß Art. 4 Abs. 1 Buchst. a MTRL ist eine Freistellung von Dividenden ausgeschlossen, wenn die betreffende Zahlung im anderen Staat abzugsfähig war. Hierzu trifft Erwägungsgrund (30) zur ATAD2 eine ausdrückliche Anordnung. Diesem zufolge genießen die Regelungen der MTRL, die ebenfalls der Verhinderung einer doppelten Nichtbesteuerung (bei

17.21

---

1 Eine Ausnahme bildete insofern die Zinsrichtlinie, die als Alternative zum automatischen Informationsaustausch die Erhebung von Quellensteuern vorsah, s. dazu *Fehling* in Schaumburg/Englisch¹, Rz. 19.61 ff. Kritisch zur Belastungswirkung der ATAD z.B. *Köhler*, ISR 2018, 250 (250): EU entwickelt sich zum „Steuerkartell".
2 Vgl. *Nettesheim* in G/H/N, Art. 288 AEUV Rz. 228.
3 Vgl. aber *Hagemann* in Hagemann/Kahlenberg, ATAD-Kommentar, Art. 5 Rz. 66, demzufolge Umwandlungsvorgänge von Art. 5 ATAD nicht erfasst sein sollen.
4 Vgl. *Hagemann* in Hagemann/Kahlenberg, ATAD-Kommentar, Art. 5 Rz. 67: „Rechtsfolgenseitig besteht [...] Gleichlauf" (für die Fälle der Sitzverlegung von SE und SCE).
5 Es gibt allerdings gewisse Unschärfen dadurch, dass die Formulierungen in beiden Richtlinien nicht identisch gewählt sind.
6 So auch *Prusko* in Hagemann/Kahlenberg, ATAD-Kommentar, Art. 6 Rz. 20.

Dividenden) dienen, den Vorrang.[1] Auch dies entspricht dem Gedanken, dass die ATAD gegenüber den spezielleren Abwehrregelungen in anderen Richtlinien zurücktritt. Im Ergebnis ist die in Art. 4 Abs. 1 Buchst. a MTRL getroffene Regelung auch mit den Empfehlungen von OECD und G20 zu BEPS-Aktionspunkt 2 (konkret mit der dort formulierten Hybrid-Empfehlung 2) vereinbar.[2]

IV. Zielsetzung der ATAD

17.22 Die Erwägungsgründe zur ATAD sowie die allgemeine Begründung zum ursprünglichen Richtlinienentwurf geben Aufschluss über die **Ziele**, die mit dieser Richtlinie verfolgt werden. Gleich zu Beginn, in den Erwägungsgründen (1) bis (3), wird auf das BEPS-Projekt von OECD und G20 verwiesen und der politische Rückhalt der EU für diese Initiative betont. Übergeordnetes Ziel des BEPS-Projekts sei es, eine Besteuerung am Ort der Gewinnerwirtschaftung und Wertschöpfung zu gewährleisten und dadurch das Vertrauen in die Fairness der Steuersysteme wiederherzustellen.[3] Zur Umsetzung der BEPS-Empfehlungen in der EU sei ein abgestimmtes, einheitliches Vorgehen sinnvoll, um Marktverzerrungen effektiv zu beseitigen. Dies verhindert gleichzeitig Wettbewerbsvorteile, die sich einzelne EU-Mitgliedstaaten durch eine verzögerte Umsetzung von BEPS-Empfehlungen gegenüber anderen EU-Mitgliedstaaten, die die BEPS-Empfehlungen bereits implementiert haben, verschaffen könnten.[4] Denn Richtlinienrecht ist – im Gegensatz zu den nur politisch bindenden BEPS-Empfehlungen von OECD und G20 – zwingendes Recht, dessen Nichtumsetzung durch die Kommission geahndet werden kann.[5]

17.23 Da sich die Anti-BEPS-Maßnahmen in die jeweiligen Steuerrechtsordnungen der Mitgliedstaaten einfügen müssten, ist eine Richtlinie – die den Staaten einen gewissen **Umsetzungsspielraum** belässt – nach Auffassung der Kommission das Mittel der Wahl. Zudem solle durch die ATAD ein Mindestschutzniveau etabliert werden, das den Mitgliedstaaten weitere Spielräume (für strengere Vorschriften) gewährt, s. Erwägungsgrund (3).[6]

17.24 Das Ziel einer flexiblen Umsetzung wird in den folgenden Erwägungsgründen bekräftigt, die für die fünf konkreten Maßnahmen der ATAD jeweils darstellen, inwieweit die Mitgliedstaaten die Wahl zwischen mehreren **Umsetzungsvarianten** haben und Optionen für Ausnahmeregelungen oder weitere Verschärfungen nutzen können. Dies zeigt sich beispielhaft an Erwägungsgrund (8), der eine ganze Reihe von Umsetzungsvarianten bei der Zinsschranke gem. Art. 4 ATAD darstellt.

17.25 Nicht weiter erläutert wird, nach welchen Kriterien die Kommission und die EU-Mitgliedstaaten vorgegangen sind, als sie darüber entschieden haben, welche Anti-BEPS-Maßnahmen in die ATAD aufgenommen werden sollen und welche nicht. BEPS-Empfehlungen mit DBA-Bezug wurden vermutlich von vornherein ausgeklammert, weil eine Richtlinie nur bedingt geeignet ist, DBA-bezogene Sachver-

---

1 Eingehend dazu *Kahlenberg/Radmanesh* in Hagemann/Kahlenberg, ATAD-Kommentar, Art. 9 Rz. 39 ff. (demnach verbleibt ein Anwendungsbereich von Art. 9 ATAD, wenn nur der Zahlungsempfänger in einem Drittstaat ansässig ist). S. zum Ganzen auch *Helleputte/Bouvy*, TNI 2017, 505 (509); *Schnitger/Oskamp* in Kofler/Schnitger, BEPS-Handbuch, Rz. C 82.
2 Vgl. OECD, OECD/G20 Base Erosion and Profit Shifting Project, Neutralising the Effects of Hybrid Mismatch Arrangements, Action 2: 2015 Final Report, Rz. 103 ff.
3 Eine allgemeine Definition von „Fairness" enthält die ATAD nicht, sie ist auch im sonstigen Unionsrecht nicht ersichtlich, *Kokott*, ISR 2017, 395 (396 f.). Angesichts der vielschichtigen Dimensionen dieses Begriffs ist dies aber auch nicht überraschend. Rechtsunsicherheiten ergeben sich daraus nicht, weil „Fairness" kein Tatbestandsmerkmal der einzelnen Bestimmungen der ATAD ist.
4 Vgl. auch *Hey* in Europäisches Steuerrecht, DStJG 41 (2018), S. 9 (27).
5 S. dazu auch *Becker/Loose*, IStR 2016, 153 (154); *Fehling*, IWB 2016, 160 (164); *Hey* in Europäisches Steuerrecht, DStJG 41 (2018), S. 9 (25 f.): ATAD ist „aus Sicht der OECD ein geradezu traumhaftes Ergebnis". *Andersson*, Intertax 2016, 735 (737), fordert die EU deswegen auf, sich für die effektive Umsetzung der BEPS-Empfehlungen auch in den anderen Staaten einzusetzen, um gleiche Wettbewerbsbedingungen sicherzustellen.
6 S. dazu Rz. 17.22.

halte zu regeln. Denn eine solche Richtlinie könnte nur für DBA zwischen EU-Mitgliedstaaten, nicht aber für Drittstaats-DBA Geltung beanspruchen.[1] Es kommt hinzu, dass es in der EU traditionell starke Widerstände gegen eine Harmonisierung der DBA-Politik gibt. Dies erklärt, warum sich die ATAD auf **unilateral umzusetzende BEPS-Empfehlungen beschränkt**.[2]

Die Erwägungsgründe zur ATAD erläutern ebenfalls nicht, warum **nicht alle der unilateralen BEPS-Empfehlungen** aufgenommen wurden: Es „fehlen" nämlich die Beschränkungen für Patentboxen, die bei BEPS-Aktionspunkt 5 vereinbart wurden (Anpassung an den sog. modifizierten Nexus-Ansatz), sowie die Anzeigepflicht für Steuergestaltungen im Sinne von BEPS-Aktionspunkt 12. Zum modifizierten Nexus-Ansatz hatte die Europäische Kommission allerdings schon in ihrer Mitteilung vom Juni 2015 angekündigt, zunächst die Anpassungsmaßnahmen der Mitgliedstaaten abzuwarten und erst nach Ablauf eines Jahres ggf. weitere Maßnahmen vorzuschlagen.[3] Bei BEPS-Aktionspunkt 12 könnte die Nichtaufnahme in die ATAD daran gelegen haben, dass die Kommission zunächst weitere Untersuchungen dazu vornehmen wollte.[4] Die letztlich in die ATAD aufgenommenen BEPS-Empfehlungen – wie auch die beiden weiteren dort enthaltenen Maßnahmen, also die Regelungen zur Exit Tax und die allgemeine Anti-Missbrauchsregelung – waren hingegen im Rahmen der GKKB-Verhandlungen und teilweise auch in der Gruppe Unternehmensbesteuerung (Verhaltenskodex) schon intensiv erörtert worden, so dass die Kommission hier auf Vorarbeiten zurückgreifen konnte.[5]

17.26

B. Regelungskonzept

I. Grundkonzept

Die ATAD enthält **fünf Regelungen**, die weitgehend unabhängig nebeneinander stehen, aber jeweils das Ziel verfolgen, unfairen Steuerwettbewerb und aggressive Steuergestaltungen zu verhindern.[6]

17.27

---

1 Zum (unterschiedlichen) Vorrang von EU-Recht gegenüber DBA mit anderen EU-Mitgliedstaaten einerseits und mit Drittstaaten andererseits s. Rz. 8.182 ff. Für die Umsetzung der Empfehlungen zu den DBA-bezogenen BEPS-Aktionspunkten 6 und 7 hatte die Kommission gleichzeitig mit dem ATAD-Entwurf eine (unverbindliche) Empfehlung vorgelegt, s. Rz. 17.10.
2 Gänzlich ausgeklammert wurden auch die verrechnungspreisbezogenen Empfehlungen zu den BEPS-Aktionspunkten 8-10. Bei den Verrechnungspreisen beschränkt sich die EU traditionell auf die Entwicklung von *soft law* durch das Gemeinsame EU-Verrechnungspreisforum; für die Schaffung von Richtlinienrecht wurde auch diesmal kein Anlass gesehen. Die Kommission wurde aber vom Rat aufgefordert, die bisherigen Leitlinien des EU-Verrechnungspreisforums auf Grundlage der Empfehlungen zu den BEPS-Aktionspunkten 8-10 zu überprüfen, s. Schlussfolgerungen des Rates v. 5.12.2017, Dok-Nr. 15446/17 FISC 347. Für eine umfassende Gegenüberstellung der 15 BEPS-Aktionspunkte und der entsprechenden Aktivitäten auf EU-Ebene s. *Kofler* in Kirchmayr/Mayr/Hirschler/Kofler, Anti-BEPS-Richtlinie, S. 17 ff.
3 Mitteilung der Kommission v. 17.6.2015 an das Europäische Parlament und den Rat: Eine faire und effiziente Unternehmensbesteuerung in der Europäischen Union – Fünf Aktionsschwerpunkte, COM(2015) 302 final. S. dazu schon Rz. 10.38 ff. Die Gruppe Verhaltenskodex (Unternehmensbesteuerung) übernahm in der Folge die Beobachtung der in der EU existierenden Patentboxen und der Maßnahmen der EU-Mitgliedstaaten zur Anpassung an den modifizierten Nexus-Ansatz, s. dazu die Schlussfolgerungen des Europäischen Rates v. 9.12.2014, s. dazu Dok-Nr. 16603/14, PRESSE 68, S. 16.
4 Mittlerweile wurde eine Änderung der Amtshilferichtlinie („DAC 6") verabschiedet, die eine Anzeigepflicht für grenzüberschreitende Steuergestaltungsmodelle und einen zwischenstaatlichen Informationsaustausch über diese Meldungen vorsieht (s. dazu Rz. 25.39).
5 S. zur Einbeziehung der Gruppe Verhaltenskodex (Unternehmensbesteuerung) in BEPS-relevante Aktivitäten auch *Kalloe*, ET 2016, 183 (185 ff.).
6 Der ursprüngliche Richtlinienentwurf hatte noch eine weitere Regelung, einen Wechsel von der Freistellungs- zur Anrechnungsmethode (*switch-over*) bei niedriger Besteuerung in einem Drittstaat, vorgesehen. Diese Vorschrift wurde (gerade in ihrem Zusammenwirken mit der ebenfalls vorgesehenen Hinzurechnungsbesteuerung) kritisiert und bei der Kompromissfindung zur ATAD schließlich aus dem Richtlinien-

Im Einzelnen sind dies:

- Begrenzung der Abzugsfähigkeit von Zinsaufwendungen (Umsetzung von BEPS-Aktionspunkt 4)
- Wegzugsbesteuerung (*Exit Tax*)
- Allgemeine Anti-Missbrauchsregelung
- Hinzurechnungsbesteuerung (Umsetzung von BEPS-Aktionspunkt 3)
- Bekämpfung hybrider Gestaltungen (Umsetzung von BEPS-Aktionspunkt 2)

17.28 Diesen Einzelmaßnahmen vorangestellt ist – neben den für Richtlinien üblichen Regelungen zu persönlichem Anwendungsbereich und Definitionen – eine Regelung, der zufolge die ATAD ein **Mindestschutzniveau** etabliert, das den Mitgliedstaaten erlaubt, strengere Vorschriften beizubehalten oder einzuführen. Diese Regelung ist für die Umsetzung der einzelnen ATAD-Maßnahmen in das nationale Recht relevant.

II. Anwendungsbereich

17.29 Wie sich aus Art. 1 Abs. 1 ATAD ergibt, gilt die Richtlinie für alle Steuerpflichtigen, die in einem oder in mehreren Mitgliedstaaten körperschaftsteuerpflichtig sind.[1] Ebenfalls erfasst sind in einem Mitgliedstaat belegene Betriebsstätten von Körperschaften, die in Drittstaaten ansässig sind. Nicht näher erläutert wird, welche Körperschaftsformen konkret erfasst sind und was unter „**körperschaftsteuerpflichtig**" zu verstehen ist. Hierzu enthält Art. 2 ATAD keine Definitionen, und im Gegensatz zu anderen körperschaftsteuerlichen EU-Richtlinien gibt es keinen Anhang, in dem die erfassten Gesellschaftsformen und Steuern für jeden Mitgliedstaat explizit aufgeführt sind.[2] Die Begriffe sind also aus sich heraus auszulegen; Zweifelsfragen wird der EuGH klären müssen.

17.30 Grundsätzlich nicht genannt werden **transparente Gesellschaften**.[3] Hierzu heißt es in Erwägungsgrund (4), dass diese nicht in den Geltungsbereich der Richtlinie einbezogen werden sollen, weil sonst noch ein breiteres Spektrum an nationalen Steuern erfasst werden müsste.[4] Zur umfassenden Abwehr aggressiver Steuergestaltungen wäre eine Einbeziehung auch von Personengesellschaften und der von ihnen zu entrichtenden Steuern durchaus wünschenswert; das gilt namentlich aus der Perspektive eines Staats wie Deutschland, in dem viele große Unternehmen als Personenhandelsgesellschaft organisiert sind. Andererseits statuiert die ATAD nur einen Mindeststandard. Die Mitgliedstaaten sind also frei, die in der ATAD enthaltenen Abwehrregelungen auch auf Personengesellschaften (ebenso wie auf Einzelunternehmen) anzuwenden.

III. Mindestschutzniveau

17.31 Gemäß Art. 3 ATAD verhindert die Richtlinie nicht die Anwendung nationaler oder vertraglicher Bestimmungen zur Wahrung eines **höheren Schutzes** der inländischen Körperschaftsteuerbemessungsgrundlagen.[5] Die Mitgliedstaaten sind frei, strengere Abwehrregelungen beizubehalten oder einzufüh-

---

text herausgenommen. Zur Kritik an der ursprünglich vorgeschlagenen Regelung s. *de Groot*, EC Tax Review 2016, 162 (163 ff.).
1 S. hierzu *Rüsch*, IWB 2018, 809.
2 Erwägungsgrund (4) stellt lediglich klar, dass auch in einem Mitgliedstaat belegene Betriebsstätten von Unternehmen aus einem anderen EU-Mitgliedstaat ebenfalls in den Anwendungsbereich der Richtlinie fallen.
3 Lediglich für Zwecke der Anwendung der Anti-Hybrid-Regel in Art. 9a wurde diese Definition durch die ATAD2 erweitert, so dass insoweit auch transparente Unternehmen erfasst sind. S. dazu Rz. 17.100.
4 Zur Kritik s. auch *Dettmeier/Dörr/Neukam/Prodan*, NWB 2016, 3082 (3083 f.).
5 Zum Umstand, dass die Richtlinie hier explizit vom „Schutz" des nationalen Steueraufkommens spricht, s. *Fehling*, DB 2016, 2862 (2863).

ren. Gleichzeitig ist es den Mitgliedstaaten untersagt, dieses Schutzniveau zu unterschreiten und mildere Vorschriften beizubehalten oder einzuführen, wenn dies nicht in der ATAD ausdrücklich als Option vorgesehen ist, wie beispielsweise bei Art. 7 Abs. 3 ATAD für die Hinzurechnungsbesteuerung (s. dazu Rz. 17.78). Diese „Grenze nach unten" ergibt sich nicht aus dem Text von Art. 3 ATAD, aber aus der Überschrift; sie folgt auch aus dem Ziel der ATAD, die durch BEPS-Probleme verursachten Störungen des Binnenmarkts durch ein einheitliches Mindestniveau an Abwehrregelungen zu beseitigen.

Die Existenz dieser Vorschrift erklärt sich nicht zuletzt aus den praktischen Erfordernissen europäischer Steuerpolitik. Als die Kommission den Entwurf der ATAD konzipierte, besaßen einige Mitgliedstaaten bereits entsprechende Abwehrregelungen. Auch wenn sich das Grundkonzept dabei häufig ähnelte, gab es in den Details doch signifikante Abweichungen. Die Aussicht auf eine rasche Verabschiedung der ATAD wäre geringer gewesen, wenn die Kommission mit der Richtlinie eine punktgenaue Harmonisierung angestrebt hätte, bei der Mitgliedstaaten mit strengeren Abwehrregelungen anschließend zur Änderung und ggf. Abmilderung dieser Vorschriften gezwungen gewesen wären. Aus Art. 3 ATAD ergibt sich, dass diese strengeren Regelungen beibehalten werden können – dies dürfte die Bereitschaft der Mitgliedstaaten zur raschen Einigung auf die ATAD entscheidend befördert haben.[1]

17.32

Die Flexibilität, die sich aus Art. 3 ATAD ergibt, ist jedoch nicht unbegrenzt. Sie findet ihre Grenze vor allem im europäischen Primärrecht, wie es vom EuGH ausgelegt wird.[2] So hat der EuGH zur Hinzurechnungsbesteuerung entschieden, dass Regelungen mit einem pauschalen Missbrauchsverdacht gegen die Grundfreiheiten verstoßen können und dass dem Steuerpflichtigen in EU-Sachverhalten die Möglichkeit zum Gegenbeweis im Einzelfall gewährt werden muss.[3] Auch die abgestuften Rechtsfolgen in Entstrickungsfällen (Besteuerung ist zulässig, aber dem Steuerpflichtigen muss die Möglichkeit einer gestreckten Erhebung eingeräumt werden) entsprechen mittlerweile gefestigter EuGH-Rechtsprechung (vgl. Rz. 8.76 ff.), so dass die EU-Mitgliedstaaten insoweit keine strengere Rechtsfolge (Sofortbesteuerung ohne Wahlrecht) festsetzen dürfen.[4] In anderen Punkten sind die primärrechtlichen Grenzen aber weniger streng. Beispielsweise dürfte es keinen primärrechtlichen Bedenken begegnen, wenn die Mitgliedstaaten die Zinsschranke nicht bei 30 % des EBITDA ansetzen, sondern die maßgebliche Grenze schon bei 20 % des EBITDA festlegen.[5] In anderen Fällen ergeben sich die Grenzen aus der Systematik der Regelungen selbst: So basieren die Vorschriften gegen hybride Gestaltungen auf einem sorgfältig konzipierten System, in dem die Handlungen der betroffenen Staaten aufeinander abgestimmt sind; bei weitergehenden Maßnahmen einzelner Staaten (insb. wenn diese die festgelegte Rangfolge von primärer und sekundärer Abwehrmaßnahme berühren) droht eine unerwünschte doppelte Besteuerung. Das zeigt, dass für jede einzelne Maßnahme der ATAD im Einzelnen geprüft werden muss, inwieweit es primärrechtliche Spielräume für weitergehende Regelungen gibt.[6] Zudem erstreckt sich Art. 3 ATAD nur auf strengere Implementierungen der Richtlinienbestimmungen, nicht

17.33

---

1 Vgl. auch *Gutmann/Perdelwitz/Raingeard de la Blétière/Offermanns/Schellekens/Gallo/Grant Hap/Olejnicka*, ET 2017, 2 (19): „certainly a condition for reaching unanimity amongst the Member States".
2 *Navarro/Parada/Schwarz*, EC Tax Review 2016, 117 (121) sprechen insoweit vom „Maximalstandard", s. dazu auch *Braun Binder*, S. 97 f.; *Oppel* in Hagemann/Kahlenberg, ATAD-Kommentar, Art. 3 Rz. 64: „Umsetzungskorridor".
3 EuGH v. 12.9.2006 – C-196/04 – Cadbury Schweppes, ECLI:EU:C:2006:544.
4 So auch *Dettmeier/Dörr/Neukam/Prodan*, NWB 2016, 3082 (3086, 3090 f.); *Andersson*, Intertax 2016, 735 (738); *Wacker* in Europäisches Steuerrecht, DStJG 41 (2018), S. 423 (458).
5 Eine solche Senkung wird übrigens in Erwägungsgrund (6) zur ATAD explizit angesprochen.
6 Insoweit besteht eine gewisse Parallele zu den BEPS-Empfehlungen von OECD und G20. Auch diese sind teilweise flexibel ausgestaltet, so dass die Staaten bei der Implementierung die Möglichkeit zu einem strengeren Vorgehen haben (dies gilt z.B. für die bei BEPS-Aktionspunkt 4 entwickelte Zinsschranke). Andere BEPS-Empfehlungen hingegen verlangen eine punktgenaue Umsetzung, weil sie auf einem mühsam ausgehandelten Kompromiss beruhen; dies gilt etwa für die Empfehlungen zum Country-by-Country-Reporting (BEPS-Aktionspunkt 13), bei dem die Staaten sich an die Umsatzschwelle von 750 Mio. Euro halten müssen und von den Unternehmen (über die explizit festgelegten Informationen hinaus) keine zusätzlichen Angaben erfragen dürfen. Zum Ganzen s. *Fehling*, DB 2016, 2862.

aber auf nationale Regelungen, die zwar Ähnlichkeiten zur ATAD aufweisen, aber andere Ziele als diese verfolgen.[1] Solche Vorschriften haben in der ATAD keinen (sekundärrechtlichen) Rückhalt und sind allein am Maßstab des europäischen Primärrechts zu messen.

17.34 Die von Art. 3 ATAD eingeräumte Flexibilität wird teilweise kritisiert, weil sie im Ergebnis **unterschiedliche Regelungen** in den einzelnen EU-Mitgliedstaaten zulässt und damit gleiche Wettbewerbsbedingungen im Binnenmarkt verhindert; teilweise werden deswegen sogar Zweifel an der Tatbestandserfüllung von Art. 115 AEUV geäußert.[2] Bei näherer Betrachtung ist Art. 3 ATAD aber durchaus mit den Zielsetzungen des Binnenmarkts vereinbar, weil dadurch in jedem Mitgliedstaat die Einführung bzw. Beibehaltung von Regelungen ermöglicht wird, die BEPS-Gestaltungen (die dem Binnenmarkt schaden) bestmöglich bekämpfen. Dem entspricht es, dass die ATAD den EU-Mitgliedstaaten an einigen Stellen Optionsrechte einräumt, mit denen sie für die Steuerpflichtigen günstigere Regelungen einführen können. Die EU-Mitgliedstaaten erhalten dadurch hinreichende Flexibilität, um – richtlinienkonform – von den Grundregelungen der ATAD zugunsten der Steuerpflichtigen abzuweichen;[3] auch dies ermöglicht in der Gesamtschau Regelungen, die sich passgenau in das jeweilige nationale Besteuerungssystem einfügen und den Binnenmarkt schützen.[4] In diesem Zusammenhang sollte auch berücksichtigt werden, dass die realistische Alternative zu einer ATAD mit Mindeststandard nicht eine ATAD ohne Mindeststandard (also ohne Art. 3 ATAD) gewesen wäre, sondern (mangels politischer Einigung auf eine Richtlinie) eine weitaus weniger koordinierte Umsetzung von BEPS-Empfehlungen durch die EU-Mitgliedstaaten, die sich lediglich an den steuerpolitisch relevanten Maßgaben der betreffenden BEPS-Empfehlungen von OECD und G20 orientiert hätten;[5] dann hätten sich ungleich größere Unterschiede der jeweiligen nationalen Regelungen ergeben, mit entsprechend nachteiligen Auswirkungen auf den Binnenmarkt. Schließlich ist die Festlegung von Mindeststandards bei körperschaftsteuerlichen EU-Richtlinien alles andere als ungewöhnlich; auch die begünstigenden EU-Richtlinien wie die MTRL, FRL oder ZiLiRL geben nur ein Mindestniveau an steuerlicher Privilegierung vor, über das die Mitgliedstaaten bei der nationalen Umsetzung (zugunsten der Steuerpflichtigen) hinausgehen dürfen[6] – Kritik an dieser „unvollständigen Harmonisierung" bei begünstigenden Richtlinien wurde im Schrifttum soweit ersichtlich nicht geäußert. In letzter Konsequenz könnte man sogar erwägen, ob die Regelung in Art. 3 ATAD entbehrlich ist, weil die Erlaubnis weitergehender mitgliedstaatlicher Maßnahmen sich schon aus der übergeordneten Zielsetzung – Schutz des Binnenmarktes vor aggressiven Steuergestaltungen – ergibt, genauso wie bei begünstigenden Richtlinien weitergehende Begünstigungen auch ohne ausdrückliche Anordnung zulässig sind. Auch wenn man dies im Grundsatz bejaht, sprechen die Erhöhung von Klarheit und Rechtssicherheit letztlich doch für eine ausdrückliche Regelung, wie sie Art. 3 ATAD beinhaltet.

---

1 Zu sog. *aliud*-Regelungen s. *Haase*, ifst-Schrift 521, S. 80; *Hey*, StuW 2017, 248 (250 ff.).
2 *Jochen Lüdicke/Oppel*, DB 2016, 549 (550); *Eilers/Oppel*, IStR 2016, 312 (313); *Linn*, IStR 2016, 645 (645 bei Fn. 9); *Schnitger/Neitzschke/Gebhardt*, IStR 2016, 960 (961); *Oppel*, IStR 2016, 797 (798); *Jochimsen/Zinowsky*, ISR 2016, 106 (109); *Hey*, StuW 2017, 248 (250 ff.); *Spengel/Stutzenberger*, IStR 2018, 37 (40 f.); *Oppel* in Hagemann/Kahlenberg, ATAD-Kommentar, Art. 3 Rz. 26; vgl. auch *Dourado*, Intertax 2016, 440 (442 f.): „coordination of measures in the internal market will not be achieved"; differenzierend *Haug*, DStZ 2016, 446 (448): „als Minimallösung zu akzeptieren".
3 Generell kritisch zu diesem „*multiple-solution*"-Ansatz *Dourado*, Intertax 2016, 440 (442); *Ginevra*, Intertax 2017, 120 (122); *Carmona Lobita*, ET 2019, 60 (60 ff.), dem zufolge die EU-Mitgliedstaaten bei Art. 4 ATAD aufgrund der eingeräumten Optionsmöglichkeiten 288 verschiedene mögliche Zinsschrankenmodelle schaffen könnten.
4 Ähnlich *Oertel* in Hagemann/Kahlenberg, ATAD-Kommentar, Einführung und Hintergrund Rz. 47.
5 Vgl. auch *Oertel* in Hagemann/Kahlenberg, ATAD-Kommentar, Einführung und Hintergrund, Rz. 43.
6 S. dazu auch *Hey*, StuW 2017, 248 (251). Der Vollständigkeit halber sei darauf hingewiesen, dass die MTRL durch ihre jüngsten beiden Änderungen (Einführung einer Anti-Hybrid-Regelung sowie einer Anti-Missbrauchsregelung) eine partielle Abweichung von diesem Konzept erfahren hat, s. zu diesem Aspekt *Debelva/Luts*, ET 2015, 223 (229): „*a break with the past*" (in Fn. 55).

IV. Begrenzung der Abzugsfähigkeit von Zinsaufwendungen

In Art. 4 ATAD sind die Regelungen zur **Zinsschranke** enthalten. Diese orientieren sich an den Empfehlungen zu BEPS-Aktionspunkt 4, welche wiederum stark von der deutschen Zinsschranke beeinflusst worden sind;[1] auch in einer Reihe anderer EU-Mitgliedstaaten gibt es (teilweise anders konzipierte) Einschränkungen bei der steuerlichen Abzugsfähigkeit von Finanzierungsaufwand.[2] Die Regelung zielt darauf ab, die Abzugsfähigkeit von Zinsaufwand in Abhängigkeit von der Ertragssituation des Steuerpflichtigen einzuschränken. Der Grundtatbestand und die Rechtsfolge sind in Art. 4 Abs. 1 ATAD in knapper Form enthalten: Demnach sind überschüssige Fremdkapitalkosten in dem betreffenden Steuerzeitraum nur bis zu 30 % des EBITDA abzugsfähig.

17.35

Der Begriff der **Fremdkapitalkosten** ist in Art. 2 Abs. 1 ATAD definiert.[3] Diese Definition beginnt mit drei Grundtatbeständen und zählt dann – nicht abschließend – bestimmte Einzelfälle auf. Die Grundtatbestände sind:

17.36

- Zinsaufwendungen für alle Arten von Forderungen
- Sonstige Kosten, die nach nationalem Recht wirtschaftlich gleichwertig mit Zinsen sind
- Sonstige Kosten, die nach nationalem Recht gleichwertig mit Aufwendungen im Zusammenhang mit der Beschaffung von Kapital sind

Dieser Ansatz, der über den reinen Zinsaufwand hinausgeht, entspricht den Empfehlungen von OECD und G20 im Rahmen des BEPS-Projekts. Im Abschlussbericht zu BEPS-Aktionspunkt 4 wird ausgeführt, dass eine Beschränkung des Fremdkapitalbegriffs auf die Kosten der Kreditaufnahme zu eng wäre, um alle BEPS-relevanten Konstellationen zu erfassen, zumal die damit verbundene Ungleichbehandlung unterschiedlicher Finanzierungsinstrumente auch Gerechtigkeitsfragen aufwerfen würde.[4] Auch die in Art. 2 Abs. 1 ATAD anschließend aufgeführten einzelnen Finanzierungsformen lehnen sich eng an die entsprechende Aufzählung im Abschlussbericht zu BEPS-Aktionspunkt 4 an.[5] Insgesamt wurde die Definition von Art. 2 Abs. 1 ATAD gegenüber dem ursprünglichen Richtlinienentwurf, der noch einen engeren Zinsbegriff vorgesehen hatte, auf Betreiben der EU-Mitgliedstaaten deutlich weiterentwickelt.[6] Dies ist zu begrüßen, denn die bei BEPS-Aktionspunkt 4 entwickelten Kriterien sind geeignet, mehrere für BEPS-Gestaltungen nutzbare Finanzierungsformen zu erfassen; außerdem lässt die weitergehende Aufzählung konkreter Finanzierungsformen weniger Raum für Unklarheiten bei der Anwendung der Richtlinie.[7]

---

1 S. nur *Staats*, IStR 2016, 135 (140).
2 Vgl. für Übersichten *Kahlenberg/Kopec*, IStR 2015, 84 (85 ff.); *Dorenkamp*, StuW 2015, 345 (346): Zinsschranke als „Exportschlager"; *Tell*, Intertax 2017, 750 (756 ff.); *Offermanns/Huibregtse/Verdoner/Sood*, ET 2017, 47 (52 ff.); *Hillmann/Hoehl*, ET 2018, 140 (142 f.).
3 Ausführlich dazu *Schürkötter* in Hagemann/Kahlenberg, ATAD-Kommentar, Art. 2 Rz. 7 ff.
4 OECD, OECD/G20 Base Erosion and Profit Shifting Project, Limiting Base Erosion Involving Interest Deductions and Other Financial Payments, Action 4: 2015 Final Report, Rz. 34 ff.
5 OECD, OECD/G20 Base Erosion and Profit Shifting Project, Limiting Base Erosion Involving Interest Deductions and Other Financial Payments, Action 4: 2015 Final Report, Rz. 36.
6 Hinzuweisen ist darauf, dass auch die Bezugnahme auf das nationale Recht in Art. 2 Abs. 1 ATAD nicht im ursprünglichen Richtlinienentwurf enthalten war. Dieser Bezug begrenzt den Harmonisierungsanspruch der ATAD und erweitert gleichzeitig die Spielräume der EU-Mitgliedstaaten.
7 Ergänzend sei noch darauf hingewiesen, dass Lizenzzahlungen nicht als relevante Finanzierungsformen im Sinne von Art. 4 ATAD anzusehen sind. Dies entspricht den Empfehlungen von OECD und G20 zu BEPS-Aktionspunkt 4, die ebenfalls Lizenzzahlungen ausklammern, obwohl dies nach der ursprünglichen Anlage von BEPS-Aktionspunkt 4, der in seinem Titel ausdrücklich von „Interest Deductions *and Other Financial Payments*" spricht (Kursivierung nur hier), durchaus möglich gewesen wäre. Der deutsche Gesetzgeber hat mittlerweile durch die Einführung der sog. Lizenzschranke in § 4j EStG eine eigene Abzugsgrenze für Lizenzzahlungen eingeführt.

17.37 **Überschüssige Fremdkapitalkosten** sind nach der Definition in Art. 2 Abs. 2 ATAD der Betrag, um den die abzugsfähigen Fremdkapitalkosten die steuerbaren Zinserträge und wirtschaftlich gleichwertigen steuerbaren Erträge übersteigen. Es wird also der jeweilige Nettobetrag ermittelt; nur ein negativer Finanzierungssaldo löst die Zinsschranke aus.[1] Das bedeutet, dass auch sehr hohe Finanzierungsaufwendungen von Art. 4 ATAD nicht erfasst werden, solange ihnen mindestens gleich hohe Finanzierungserträge gegenüberstehen.

17.38 Die Definition des **EBITDA** ist in Art. 4 Abs. 1 ATAD selbst enthalten (Ergebnis vor Zinsen, Steuern und Abschreibungen – *Earnings Before Interest, Taxes, Depreciation and Amortisation*). Gemäß Art. 4 Abs. 2 ATAD wird das EBITDA berechnet, indem die Beträge für überschüssige Fremdkapitalkosten und für Abschreibungen wieder hinzugerechnet werden; steuerfreie Erträge werden nicht berücksichtigt.[2] Das Abstellen auf das EBITDA steht im Einklang mit den bestehenden Zinsschrankenregelungen der meisten Staaten; im BEPS-Projekt war auch erwogen worden, stattdessen auf die Summe der vorhandenen Wirtschaftsgüter abzustellen, dies war aber im Ergebnis nur als nachrangige Alternative für Ausnahmefälle empfohlen worden.[3] Auch die Bezugnahme auf das EBITDA – und nicht nur auf das bloße EBIT – ist zu begrüßen, weil dadurch die Investitionstätigkeit von Unternehmen tendenziell befördert wird.[4] Die Fixierung auf 30 % des EBITDA liegt am oberen Rand der von OECD und G20 empfohlenen Bandbreite, überschreitet diese aber nicht.[5]

17.39 Die Begrenzung der Abzugsfähigkeit von Zinsaufwendungen in Abhängigkeit vom Gewinn soll nach der **konzeptionellen Grundidee der Zinsschranke** nicht nur der gezielten Ansammlung von (steuerlich abzugsfähigem) Zinsaufwand in Staaten mit vergleichsweise hohen Steuersätzen (bei gleichzeitiger Verortung der korrespondierenden Zinserträge in Niedrigsteuerstaaten) entgegenwirken, sondern ebenso einen Anreiz für die Stärkung der Eigenkapitalbasis der Unternehmen bieten, um die Krisenfestigkeit der Unternehmen zu erhöhen. Das Abstellen auf eine gewinnbezogene Größe wird wegen seiner ökonomischen Wirkungen freilich auch kritisiert, weil Unternehmen in Verlustsituationen durch eine verringerte Abzugsfähigkeit ihrer Zinsaufwendungen „bestraft" werden und dadurch ggf. eine zusätzliche Verschlechterung ihrer wirtschaftlichen Lage erfahren (dies verstärkt sich noch, wenn sie zur zusätzlichen Aufnahme von Fremdkapital genötigt sind und den entstehenden Zinsaufwand wiederum wegen der Zinsschranke nicht steuerlich geltend machen können).[6] Im Kontext der BEPS-Diskussion wurde dem ersteren Effekt, also der Verhinderung der Erosion der Steuerbasis durch Zinszahlungen, die größere Bedeutung beigemessen. Diese Wirkung tritt naturgemäß nur in grenzüberschreitenden Fällen mit Steuersatzgefälle auf, so dass die Regelung theoretisch auf grenzüberschreitende Konstellationen hätte beschränkt werden können. Die damit verbundene Schlechterstellung grenzüberschreitender Sachverhalte würde aber grundsätzlich eine Diskriminierung darstellen, die angesichts der Wertungen des europäischen Primärrechts problematisch gewesen wäre. Im Ergebnis stellen sich diese Fragen aber

---

1 Anderenfalls (beim Abstellen auf den Bruttozinsaufwand) würden übermäßige steuerliche Belastungen drohen, vgl. OECD, OECD/G20 Base Erosion and Profit Shifting Project, Limiting Base Erosion Involving Interest Deductions and Other Financial Payments, Action 4: 2015 Final Report, Rz. 61.
2 Auch dies entspricht den Empfehlungen von OECD und G20, s. OECD, OECD/G20 Base Erosion and Profit Shifting Project, Limiting Base Erosion Involving Interest Deductions and Other Financial Payments, Action 4: 2015 Final Report, Rz. 89.
3 S. OECD, OECD/G20 Base Erosion and Profit Shifting Project, Limiting Base Erosion Involving Interest Deductions and Other Financial Payments, Action 4: 2015 Final Report, Rz. 83.
4 Denn indem die durch Investitionen hervorgerufenen Abschreibungen der maßgeblichen Gewinngröße hinzugerechnet werden, erhöhen sie den Betrag, der im Rahmen der Zinsschranke abgezogen werden kann. Auch nach den Empfehlungen von OECD und G20 ist die Bezugnahme auf das EBITDA der favorisierte Ansatz, s. S. OECD, OECD/G20 Base Erosion and Profit Shifting Project, Limiting Base Erosion Involving Interest Deductions and Other Financial Payments, Action 4: 2015 Final Report, Rz. 82.
5 OECD, OECD/G20 Base Erosion and Profit Shifting Project, Limiting Base Erosion Involving Interest Deductions and Other Financial Payments, Action 4: 2015 Final Report, Rz. 97. In Rz. 99 ff. sind Faktoren benannt, die die Staaten bei der Festlegung des Prozentsatzes berücksichtigen sollten.
6 Vgl. nur *Glahe*, Ubg 2015, 454 (456).

nicht, weil die Empfehlungen zu BEPS-Aktionspunkt 4 und die Regelung in Art. 4 ATAD ebenso wie die gängigen nationalen Zinsschrankenmodelle eine unterschiedslose Anwendung auf innerstaatliche wie auf grenzüberschreitende Sachverhalte vorsehen (s. auch Erwägungsgrund (7) zur ATAD).

In Art. 4 Abs. 1 Unterabs. 2 ATAD wird den EU-Mitgliedstaaten die Option eingeräumt, eine **gruppenbezogene Sichtweise** zu wählen, bei der es für die Bestimmung von überschüssigen Fremdkapitalkosten und EBITDA auf die Mitglieder der ganzen Gruppe[1] ankommt. Auch diese Regelungsalternative wurde im BEPS-Projekt eingehend diskutiert, weil einige Staaten generell für eine gruppenbezogene Anwendung der Zinsschranke eintraten. Im Abschlussbericht zu BEPS-Aktionspunkt 4 wird das Abstellen auf Konzernquoten als möglich (aber nicht als zwingend notwendig) eingestuft.[2] Dem entspricht es, dass auch in der ATAD nur eine Option eingeräumt wird, die die Staaten nutzen können, aber nicht müssen. Im ursprünglichen Richtlinienentwurf war diese Möglichkeit noch gar nicht enthalten gewesen. Die Formulierung in der Richtlinie bezieht sich auf die Berechnung der überschüssigen Fremdkapitalkosten und das EBITDA; im Schrifttum wird diskutiert, ob diese gruppenbezogene Betrachtung dann auch auf andere Faktoren der Zinsschranke zu beziehen ist.[3]

17.40

Gemäß Art. 4 Abs. 3 Buchst. a ATAD dürfen die EU-Mitgliedstaaten eine *de minimis*-Grenze von bis zu 3 Mio. Euro als Freibetrag vorsehen. Wenn die überschüssigen Fremdkapitalkosten diesen Betrag nicht überschreiten, sind sie – unabhängig von ihrem Verhältnis zum EBITDA – vollständig abzugsfähig. Hinter dieser Option steht die Überlegung, dass unterhalb einer bestimmten Wesentlichkeitsschwelle nicht von schwerwiegenden Gefahren für das Steuersubstrat auszugehen ist.[4] Zudem gewährt Art. 4 Abs. 3 Buchst. b ATAD die Möglichkeit, einen *stand-alone*-**Ausnahmetatbestand** einzuführen. Er befreit Unternehmen von der Zinsschranke, die nicht Teil einer zu Rechnungslegungszwecken konsolidierten Gruppe sind und weder über verbundene Unternehmen[5] noch über Betriebsstätten verfügen. Auch hinter dieser Option steht die Überlegung, dass in diesen Konstellationen – mangels nahestehender Konzerngesellschaften, die gezielt für Gewinnverlagerungsstrategien eingesetzt werden können – das Risiko einer Aushöhlung des Steuersubstrats als niedriger angesehen wird.[6] Im ursprünglichen ATAD-Richtlinienentwurf war für die *de minimis*-Grenze noch ein niedrigerer Wert festgelegt (1 Mio. Euro)[7] und die Möglichkeit einer *stand alone*-Befreiung war gar nicht vorgesehen.

17.41

Für Alt-Darlehen wird den Mitgliedstaaten in Art. 4 Abs. 4 Buchst. a ATAD die Möglichkeit einer **Bestandsschutzregelung** eingeräumt. Demnach können Darlehen, die vor dem 17.6.2016 – also dem Tag der politischen Einigung über die ATAD – aufgenommen wurden, von der Anwendung der Zinsschranke ausgenommen werden. Eine solche Befreiung endet jedoch, wenn die Bedingungen des betreffenden Darlehens (zu einem späteren Zeitraum) geändert werden; dies dürfte auch bei Laufzeitverlängerungen gelten.[8] Die Bestandsschutzregelung, die im ursprünglichen Richtlinienentwurf noch nicht

17.42

---

1 Die Gruppendefinition findet sich in Art. 4 Abs. 8 ATAD.
2 S. OECD, OECD/G20 Base Erosion and Profit Shifting Project, Limiting Base Erosion Involving Interest Deductions and Other Financial Payments, Action 4: 2015 Final Report, Rz. 115 ff.
3 S. dazu *Zöchling* in Kirchmayr/Mayr/Hirschler/Kofler, Anti-BEPS-Richtlinie, S. 51.
4 OECD, OECD/G20 Base Erosion and Profit Shifting Project, Limiting Base Erosion Involving Interest Deductions and Other Financial Payments, Action 4: 2015 Final Report, Rz. 54 ff.
5 Verbundene Unternehmen sind in Art. 2 Abs. 4 ATAD definiert. Zu der Frage, inwieweit es auch auf das Verhältnis des Unternehmens zu seinen eigenen Anteilseigner ankommt, s. *Zöchling* in Kirchmayr/Mayr/Hirschler/Kofler, Anti-BEPS-Richtlinie, S. 46 f.; *Haase*, ifst-Schrift 521 S. 107 f.; umfassend zum Ganzen *Böhmer/Gebhardt/Krüger* in Hagemann/Kahlenberg, ATAD-Kommentar, Art. 2 Rz. 69 ff.
6 OECD, OECD/G20 Base Erosion and Profit Shifting Project, Limiting Base Erosion Involving Interest Deductions and Other Financial Payments, Action 4: 2015 Final Report, Rz. 52 f.
7 S. dazu *Jochen Lüdicke/Oppel*, DB 2016, 549 (550 f.). Wäre es bei diesem Wert geblieben, hätte Deutschland seine entsprechende Grenze, die erst im Jahr 2010 von 1 Mio. Euro auf 3 Mio. Euro angehoben worden war, wieder auf 1 Mio. Euro herabsetzen müssen.
8 Die Rechtsfolge unterscheidet dann zwischen den Fremdkapitalkosten, die dem Darlehen in seiner ursprünglichen Fassung zuzuordnen sind (für diese bleibt es beim Bestandsschutz) und den Fremdkapital-

enthalten war, war während der Beratungen lange Zeit umstritten; ihre Aufnahme dürfte die Bereitschaft zur Zustimmung zu Art. 4 ATAD bei denjenigen Staaten erhöht haben, die der Zinsschranke zunächst skeptisch gegenüberstanden und zumindest deren Anwendung auf bestehende Darlehen (bei denen die Vertragsparteien die Wirkungen der Zinsschranke noch nicht hatten einkalkulieren können) verhindern wollten.[1] Eine weitere Ausnahme enthält Art. 4 Abs. 4 Buchst. b ATAD für Darlehen zur Finanzierung **langfristiger öffentlicher Infrastrukturprojekte** in der EU.[2] Dahinter steht der Gedanke, dass bei solchen Projekten die Gefahr von BEPS-Gestaltungen gering sein dürfte.[3] Die Mitgliedstaaten, die eine solche Ausnahme vorsehen wollen, sollen nach Erwägungsgrund (8) zur ATAD aber hinreichend belegen, dass die betreffenden Finanzierungsvereinbarungen besondere Merkmale aufweisen, die eine großzügigere steuerliche Behandlung rechtfertigen.

17.43 Für gruppenangehörige Unternehmen können die Mitgliedstaaten weitere Ausnahmetatbestände einführen. Entweder können sie einen sog. **Eigenkapital-Escape** vorsehen, dem zufolge überschüssige Fremdkapitalkosten auch unabhängig von der 30 %-EBITDA-Grenze abgezogen werden dürfen, wenn die Eigenkapitalquote des betreffenden Unternehmens genauso hoch ist wie die Eigenkapitalquote der Gruppe oder nur bis zu zwei Prozentpunkte darunter liegt, Art. 4 Abs. 5 Buchst. a ATAD; weitere Voraussetzung ist, dass einheitliche Regelungen für die Bewertung der Vermögenswerte und der Verbindlichkeiten gelten. Alternativ[4] kann dem Unternehmen die Möglichkeit gewährt werden, die maßgebliche EBITDA-Grenze nach dem Verhältnis von überschüssigem Fremdkapitalaufwand der Gruppe zum EBITDA der Gruppe zu ermitteln, Art. 4 Abs. 5 Buchst. b ATAD. In beiden Fällen gilt die Überlegung, dass die Zinsschranke nicht (oder nur eingeschränkt) auf solche Unternehmen zur Anwendung kommen soll, die sich in puncto Fremdfinanzierung nicht wesentlich von den anderen Unternehmen desselben Konzerns unterscheiden.[5] Denn dann ist nicht anzunehmen, dass es sich um die gezielte Ansammlung von Fremdkapitalaufwand in einer bestimmten Konzerngesellschaft zum Zwecke der Gewinnabsaugung handelt. Insgesamt ist festzustellen, dass die Regelungen recht knapp gefasst sind (etwa im Vergleich zur deutschen Regelung in § 4h Abs. 2 Buchst. c Satz 3 ff. EStG); dementsprechend haben die EU-Mitgliedstaaten größere Freiheiten bei der Umsetzung.[6]

17.44 In Art. 4 Abs. 6 ATAD sind **periodenübergreifende Ausgleichsregelungen** enthalten. Die Mitgliedstaaten können einen zeitlich unbegrenzten Vortrag der nicht verbrauchten überschüssigen Fremdkapitalkosten einführen. Alternativ kann der Mitgliedstaat vorsehen, dass der Steuerpflichtige zwischen die-

---

kosten, die dem Darlehen in seiner geänderten Fassung zuzuordnen sind (für diese gilt kein Bestandsschutz), s. Erwägungsgrund (8) zur ATAD sowie *Zöchling* in Kirchmayr/Mayr/Hirschler/Kofler, Anti-BEPS-Richtlinie, S. 47.

1 S. zum Ablauf der Verhandlungen unter den EU-Mitgliedstaaten *Docclo*, BIFD 2017, 367 (371 f.).
2 Dabei wird vorausgesetzt, dass der Projektbetreiber, die Fremdkapitalkosten, die Vermögenswerte und die Einkünfte in der EU belegen sein müssen.
3 Auch im Abschlussbericht zu BEPS-Aktionspunkt 4 wird eine entsprechende Ausnahmeklausel beschrieben, s. OECD, OECD/G20 Base Erosion and Profit Shifting Project, Limiting Base Erosion Involving Interest Deductions and Other Financial Payments, Action 4: 2015 Final Report, Rz. 64 ff. Nach Vorlage dieses Abschlussberichts fanden zu diesem Themenfeld weitere Arbeiten statt, die im Dezember 2016 zu einer Ergänzung der entsprechenden Empfehlungen führten, s. OECD, OECD/G20 Base Erosion and Profit Shifting Project, Limiting Base Erosion Involving Intererst Deductions and Other Financial Payments, Action 4 – 2016 Update, Rz. 303 ff.
4 Nach Auffassung von *Schiefer* in Hagemann/Kahlenberg, ATAD-Kommentar, Art. 4 Rz. 162, können die EU-Mitgliedstaaten beide Varianten kumulativ umsetzen.
5 S. auch OECD, OECD/G20 Base Erosion and Profit Shifting Project, Limiting Base Erosion Involving Interest Deductions and Other Financial Payments, Action 4: 2015 Final Report, Rz. 115 f., 216 ff. Im ursprünglichen ATAD-Richtlinienentwurf war der Eigenkapital-Escape noch in einer anderen Form enthalten; die alternative gruppenbezogene Bestimmung von überschüssigem Fremdkapitalaufwand und EBITDA war gar nicht vorgesehen.
6 So auch *Zöchling* in Kirchmayr/Mayr/Hirschler/Kofler, Anti-BEPS-Richtlinie, S. 49.

sem Zinsvortrag und einem auf drei Jahre begrenzten Zinsrücktrag wählen kann, oder der Mitgliedstaat kann ein Wahlrecht zwischen dem unbegrenzten Zinsvortrag und einem auf fünf Jahre begrenzten Vortrag des ungenutzten Zinsabzugspotenzials[1] (vergleichbar dem EBITDA-Vortrag im Sinne von § 4h EStG) einführen. Solche Regelungen waren im Grundsatz bereits im ursprünglichen Richtlinienentwurf enthalten, sie wurden im Laufe der Kompromissfindung aber noch modifiziert. Auch in den Empfehlungen von OECD und G20 werden solche intertemporalen Ausgleichsregelungen vorgeschlagen, um Härten der Zinsschranke bei längerfristig hohen Fremdkapitalüberschüssen oder volatilem EBITDA abzumildern.[2]

In Art. 4 Abs. 7 ATAD wird den EU-Mitgliedstaaten schließlich die Option eingeräumt, **Finanzunternehmen** aus dem Anwendungsbereich der Zinsschranke auszunehmen.[3] Dabei ist ohnehin fraglich, welche tatsächliche Bedeutung die Zinsschranke für diese Branche hat. Banken beispielsweise werden nach ihrem Geschäftsmodell regelmäßig positive Zinssalden aufweisen, so dass die Abzugsgrenze nicht zum Tragen kommt. Um die mit der Zinsschranke verfolgten Ziele auch bei diesen Unternehmen erreichen zu können, müssten anders konzipierte Regelungen eingeführt werden. Die in Art. 4 Abs. 7 ATAD vorgesehene Option dürfte denn auch weniger auf eine Steuerbegünstigung abzielen, sondern eher dem Umstand geschuldet sein, dass zur Relevanz der Zinsschranke für die Finanzbranche bzw. zur Notwendigkeit der Entwicklung von Sonderregelungen noch Klärungsbedarf gesehen wurde, vgl. auch Erwägungsgrund (9) zur ATAD. Im ursprünglichen Richtlinienentwurf war diese Befreiung noch strikter ausgestaltet worden; demnach waren Finanzunternehmen zwingend von der Zinsschranke zu befreien, ohne Wahlrecht für die Mitgliedstaaten. OECD und G20 haben zum Ende des Jahres 2016 (also nach der Beschlussfassung über die ATAD) eine Erweiterung ihrer Empfehlungen zu BEPS-Aktionspunkt 4 vorgelegt, in der sie sich – unter anderem – ausführlich der Bedeutung der Zinsschranke für Finanzunternehmen und der Einführung möglicher Sonderregelungen widmen.[4]

17.45

Auf den ersten Blick stellt die Aufnahme einer Zinsabzugsgrenze im Sinne einer „Zinsschranke" in die ATAD keine große Überraschung dar, weil die Gewinnverlagerung mittels Finanzierungsströmen zu den „klassischen" BEPS-Strategien zählt und eine Reihe von EU-Mitgliedstaaten hiergegen bereits Regelungen eingeführt hatten. Es kommt hinzu, dass es im Rahmen der GKKB-Diskussionen bereits intensive Erörterungen über derartige Abzugsbeschränkungen gegeben hatte, und dass die Erarbeitung detaillierter Empfehlungen durch OECD und G20 im BEPS-Projekt den Boden für eine EU-weite Regelung weiter bereitet hatte. Andererseits gab es in einigen EU-Mitgliedstaaten **erheblichen Widerstand** gegen die zwangsweise Einführung einer solchen Regelung; dies betraf Staaten, die die ökonomischen Wirkungen solcher Zinsabzugsgrenzen ganz generell als zweifelhaft betrachteten, oder die sich weiterhin als „Finanzierungsstandort mit günstigem steuerlichen Umfeld" vermarkten wollten.[5] Dies führte dann auch dazu, dass zu Art. 4 ATAD eine spezifische Übergangsregelung in Art. 11 Abs. 6 ATAD vereinbart wurde, die ein Aufschieben der Zinsschranke bis spätestens zum 1.1.2024 zulässt (s. Rz. 17.104).

17.46

---

1 Zu den möglichen Interpretationen dieses Begriffs s. *Schiefer* in Hagemann/Kahlenberg, ATAD-Kommentar, Art. 4 Rz. 191.
2 OECD, OECD/G20 Base Erosion and Profit Shifting Project, Limiting Base Erosion Involving Interest Deductions and Other Financial Payments, Action 4: 2015 Final Report, Rz. 159 ff.
3 Der Begriff des „Finanzunternehmens" wird in Art. 2 Abs. 5 ATAD definiert.
4 OECD, OECD/G20 Base Erosion and Profit Shifting Project, Limiting Base Erosion Involving Interest Deductions and Other Financial Payments, Action 4 – 2016 Update, Rz. 478 ff. Nach Auffassung *von Förster* in Kofler/Schnitger, BEPS-Handbuch, Rz. E 152 folgt daraus, dass bereits die regulatorischen Vorgaben für Banken und Versicherungen die Staaten vor BEPS-Risiken schützen; verbleibende Risiken unterschieden sich zwischen den Staaten und nach Sektoren.
5 S. zur Kritik an der Zinsschranke *Zöchling* in Kirchmayr/Mayr/Hirschler/Kofler, Anti-BEPS-Richtlinie, S. 52 f. sowie mit Blick auf die Grundfreiheiten *Dourado*, EC Tax Review 2017, 112 (115 ff.).

V. Übertragung von Vermögenswerten und Wegzugsbesteuerung

17.47 In Art. 5 ATAD finden sich Bestimmungen zur Besteuerung der Übertragung von Vermögenswerten und des Wegzugs von Steuerpflichtigen. Ziel dieser *Exit-Tax*-Regelungen ist es, dem Herkunftsstaat die **Besteuerung stiller Reserven** zu ermöglichen, ohne den Steuerpflichtigen wirtschaftlich übermäßig zu belasten.

17.48 Die Steuerrechtsordnungen vieler Staaten sehen Entstrickungsregelungen vor. Hintergrund sind die Bestimmungen des internationalen Steuerrechts (namentlich der abgeschlossenen Doppelbesteuerungsabkommen), denen zufolge ein Staat üblicherweise den steuerlichen Zugriff auf Vermögenswerte verliert, die in einen anderen Staat verlagert werden;[1] gleiches gilt beim Wegzug von Personen mit Blick auf diejenigen Vermögenswerte, die infolge des Wegzugs nunmehr dem Zuzugsstaat zuzuordnen sind.[2] Wenn es später zu einer Veräußerung der betreffenden Vermögenswerte kommt, steht das Besteuerungsrecht für den realisierten Gewinn in erster Linie dem Zuzugsstaat und nicht dem Herkunftsstaat zu; falls der Herkunftsstaat doch besteuern darf, muss er in der Regel die im anderen Staat erhobene Steuer anrechnen. Die **Entstrickungsregelungen** sollen dem Herkunftsstaat für diese Beschränkung seines Besteuerungsrechts einen Ausgleich verschaffen, indem sie zum Zeitpunkt des Wegzugs/der Übertragung eine Besteuerung der stillen Reserven auslösen – wie bei einer tatsächlichen Veräußerung der betreffenden Wirtschaftsgüter.

17.49 Im **BEPS-Projekt** von OECD und G20 waren Entstrickungsregelungen kein eigenständiger Untersuchungsgegenstand.[3] Das dürfte darauf zurückzuführen sein, dass es sich in den betroffenen Fällen häufig nicht um gezielte Steuergestaltungen handelt, denn für einen Wegzug oder eine Verlagerung von Wirtschaftsgütern gibt es oftmals außersteuerliche Gründe, beispielsweise die Erschließung neuer Märkte oder die bestmögliche Ressourcenallokation im Unternehmen. Die sich für den Herkunftsstaat gleichwohl ergebende Beschränkung seines Besteuerungsrechts (der die Entstrickungsregelungen entgegenwirken sollen) wird daher vorrangig im Kontext der fairen Aufteilung von Besteuerungsrechten zwischen den beteiligten Staaten diskutiert. Es soll aber nicht verkannt werden, dass solche Verlagerungen auch zur Senkung der Steuerlast genutzt werden können, etwa wenn der geplante Verkauf von Wirtschaftsgütern, die in einem Hochsteuerland ohne effektive Entstrickungsregelungen belegen sind, so abgewickelt wird, dass die Wirtschaftsgüter erst (steuerfrei) in einen Staat mit niedrigerem Steuersatz gebracht und anschließend von dort aus veräußert werden.

17.50 Im EU-Kontext hatte der EuGH bereits mehrfach Gelegenheit, sich mit den Entstrickungsregelungen von EU-Mitgliedstaaten zu befassen und deren Vereinbarkeit mit den europäischen Grundfreiheiten zu überprüfen. Grundsätzlich führt eine Entstrickungsbesteuerung zu einer Schlechterstellung grenzüberschreitender Sachverhalte gegenüber rein innerstaatlichen Verlagerungen von Wirtschaftsgütern,

---

1 Der BFH geht jedoch davon aus, dass die Doppelbesteuerungsabkommen dem Herkunftsstaat weiterhin das Besteuerungsrecht für die auf seinem Territorium gebildeten stillen Reserven zuweisen, vgl. BFH v. 17.7.2008 – I R 77/06, BStBl. II 2009, 464 = GmbHR 2009, 48 m. Anm. *Meilicke*; s. dazu Nichtanwendungserlass des BMF v. 20.5.2009 – IV C 6 – S 2134/07/10005, BStBl. I 2009, 671.
2 Zur Zuordnung von Beteiligungen, Finanzanlagen und ähnlichen Vermögenswerten in grenzüberschreitenden Fällen s. BMF v. 22.12.2016 – IV B 5 – S 1341/12/10001-03, BStBl. I 2017,182. Rz. 2.7 ff.
3 Es gibt aber gewisse Parallelen zu den verrechnungspreisbezogenen Arbeiten bei den BEPS-Aktionspunkten 8-10. Denn seit der Einigung auf den sog. *Authorised OECD Approach* zur Gewinnabgrenzung zwischen Betriebsstätten gilt der Grundsatz, dass auch die Überführung von Wirtschaftsgütern zwischen verschiedenen Betriebsstätten desselben Unternehmens mit fremdvergleichskonformen Preisen abgerechnet werden muss. Eine besondere Herausforderung stellt dies für immaterielle Werte dar, bei denen fremdübliche Preise oft schwer zu ermitteln sind. S. zur Anwendung des Fremdvergleichsgrundsatzes bei immateriellen Werten OECD, OECD/G20 Base Erosion and Profit Shifting Project, Aligning Transfer Pricing Outcomes with Value Creation, Actions 8-10: 2015 Final Reports, 2015, Rz. 6.1 ff. Vgl. auch *Hagemann* in Hagemann/Kahlenberg, ATAD-Kommentar, Art. 5 Rz. 31.

weil bei letzteren keine Besteuerung erfolgt.[1] Die **Rechtsprechung des EuGH** hat sich im Laufe der Zeit fortentwickelt und dürfte – zumindest für die hier interessierende Besteuerung von Körperschaften – mittlerweile gefestigt sein, s. Rz. 8.76 ff. Zusammengefasst sind Entstrickungsregelungen nach der Rechtsprechung des EuGH grundfreiheitskonform, wenn sie dem Steuerpflichtigen ein Wahlrecht zwischen der sofortigen Besteuerung der stillen Reserven und einem Besteuerungsaufschub – bis zur tatsächlichen Realisierung – lassen; der Staat muss diesen Besteuerungsaufschub aber nicht potenziell endlos gewähren, sondern darf eine zeitlich gestreckte Besteuerung vornehmen und ggf. Zinsen sowie die Stellung von Sicherheiten verlangen. Durch die Aufnahme in die ATAD erfährt diese Rechtsprechung, die ursprünglich eine Begrenzung der mitgliedstaatlichen Handlungsmöglichkeiten darstellte, eine neue Bedeutung: Nunmehr bildet die vom EuGH entwickelte Linie den von allen EU-Mitgliedstaaten verpflichtend einzuführenden Standard.[2]

Die in Art. 5 ATAD enthaltene Entstrickungsregelung unterscheidet zwischen **vier Konstellationen**: 17.51

– Übertragung von Vermögenswerten vom Hauptsitz des Steuerpflichtigen an eine Betriebsstätte in einem anderen EU-Mitgliedstaat oder Drittstaat, mit korrespondierendem Ausschluss des Besteuerungsrechts des Herkunftsstaats an diesen Vermögenswerten

– Übertragung von Vermögenswerten von einer EU-Betriebsstätte an den Hauptsitz des Steuerpflichtigen oder an eine in einem anderen Staat (EU-Mitgliedstaat oder Drittstaat) belegene Betriebsstätte, mit korrespondierendem Ausschluss des Besteuerungsrechts des Herkunftsstaats an diesen Vermögenswerten

– Verlegung des Steuersitzes des Steuerpflichtigen in einen anderen Mitgliedstaat oder in einen Drittstaat, ohne Einschluss derjenigen Vermögenswerte, die weiterhin einer Betriebsstätte im Herkunftsstaat zuzuordnen sind

– Übertragung der in einer Betriebsstätte ausgeübten Geschäftstätigkeit von einem EU-Mitgliedstaat in einen anderen EU-Mitgliedstaat oder Drittstaat, sofern der Herkunftsstaat dadurch das Besteuerungsrecht für die übertragenen Vermögenswerte verliert.[3]

In Art. 2 Abs. 6 und 7 ATAD wird näher definiert, was unter einer Übertragung von Vermögenswerten und einer Verlegung des Steuersitzes zu verstehen ist.[4] Für alle vier Konstellationen ordnet Art. 5 Abs. 1 ATAD an, dass eine Besteuerung zum Marktwert (zum Zeitpunkt der Übertragung) abzüglich des steuerlichen Werts zu erfolgen hat;[5] es geht also nur um die Besteuerung der stillen Reserven.[6]

---

[1] Dazu besteht aus staatlicher Sicht auch kein Bedarf, weil der bloße Transfer von Wirtschaftsgütern innerhalb desselben Staates dessen steuerlichen Zugriff bei einer späteren Außentransaktion unberührt lässt.
[2] Vgl. dazu *Peeters*, EC Tax Review 2017, 122 (123).
[3] Im ursprünglichen Richtlinienentwurf war noch – weniger präzise – auf die „Verlegung der Betriebsstätte" abgestellt worden.
[4] Zum Verhältnis der verschiedenen Varianten zueinander s. *Mayr* in Kirchmayr/Mayr/Hirschler/Kofler, Anti-BEPS-Richtlinie, S. 71; s. auch umfassend *Staccioli* in Hagemann/Kahlenberg, ATAD-Kommentar, Art. 2 Rz. 122 ff. Im Übrigen wird in Erwägungsgrund (10) zur ATAD eigens klargestellt, dass eine Übertragung zwischen Mutter- und Tochtergesellschaft nicht unter Art. 5 ATAD fallen soll. Einer solchen Klarstellung bedarf es streng genommen nicht, denn in solchen Konstellationen kommt es ohnehin zu einer (steuerpflichtigen) Veräußerung des Wirtschaftsguts. Für die Entstrickungsbesteuerung relevant sind nur die Fälle, in denen ein Wirtschaftsgut ohne Rechtsträgerwechsel aus der steuerlichen Sphäre des Ursprungsstaats ausscheidet. S. dazu auch *Mayr* in Kirchmayr/Mayr/Hirschler/Kofler, Anti-BEPS-Richtlinie, S. 66.
[5] Eine Definition des Begriffs Marktwert befindet sich in Art. 5 Abs. 6 ATAD. *Hagemann* in Hagemann/Kahlenberg, ATAD-Kommentar, Art. 5 Rz. 179 weist darauf hin, dass sich auch ein negativer Betrag („Entstrickungsverlust") ergeben kann.
[6] Zum maßgeblichen Begriff der stillen Reserven s. *Hagemann* in Hagemann/Kahlenberg, ATAD-Kommentar, Art. 5 Rz. 107 m.w.N.

17.52 Soweit es auf den Verlust des Besteuerungsrechts des Ursprungsstaats ankommt, findet sich in der ATAD keine Definition, wann dies der Fall sein soll; hierfür kommt es also auf die Regelungen des jeweiligen Staats an (einschließlich der von ihm abgeschlossenen Doppelbesteuerungsabkommen), vgl. auch Erwägungsgrund (10) zur ATAD.[1] Fälle der sog. **passiven Entstrickung**, die ohne Zutun des Steuerpflichtigen und durch eine Änderung der Rechtslage (z.B. bei Änderung eines einschlägigen Doppelbesteuerungsabkommens) ausgelöst werden, sind von Art. 5 ATAD nicht erfasst. Dies liegt an der tatbestandlichen Fassung der in Art. 5 Abs. 1 ATAD geregelten Konstellationen, die allesamt ein aktives Tun des Steuerpflichtigen voraussetzen und eben nicht ausschließlich an Einschränkung oder Verlust des Besteuerungsrechts anknüpfen; auch die allgemeiner gehaltene Definition in Art. 2 Abs. 6 ATAD ändert daran nichts.[2] An anderer Stelle ergeben sich aus der ATAD vergleichsweise weitgehende Folgen: Wenn der Steuerpflichtige wegzieht und ein Grundstück im Ursprungsstaat behält, das keiner Betriebsstätte im Zuzugsstaat zuzuordnen ist, könnte eine Entstrickungsbesteuerung gem. Art. 5 Abs. 1 Buchst. c ATAD ausgelöst werden, obwohl der Ursprungsstaat nach den abkommensrechtlichen Grundsätzen (Art. 13 Abs. 1 OECD-MA) sein Besteuerungsrecht gar nicht verliert.[3]

17.53 Wie sich aus Art. 5 Abs. 2 ATAD ergibt, hat der Steuerpflichtige die Möglichkeit, die Zahlung der nach Art. 5 Abs. 1 ATAD entstehenden Steuer **aufzuschieben**, wenn der Zuzugsstaat der EU oder dem EWR angehört; in diesen Fällen kann der Steuerpflichtige Teilzahlungen über einen Zeitraum von fünf Jahren leisten. Diese Regelung gilt nur für solche EWR-Staaten, die mit dem betreffenden Herkunftsstaat oder der EU einen grenzüberschreitenden Informationsaustausch vereinbart haben, der der Amtshilferichtlinie gleichwertig ist, Art. 5 Abs. 2 Unterabs. 2 ATAD. In allen anderen Drittstaatskonstellationen hat der Steuerpflichtige kein entsprechendes Wahlrecht; dann erfolgt die Entstrickungsbesteuerung sofort und ohne zeitliche Streckung.

17.54 Gemäß Art. 5 Abs. 3 ATAD können EU-Mitgliedstaaten im Fall einer Zahlungsstreckung im Sinne von Art 5 Abs. 2 ATAD **Zinsen** verlangen; wenn es ein nachweisliches und tatsächliches Risiko gibt, dass die Steuer nicht eingezogen werden kann, kann die Zahlungsstreckung von der Stellung einer Sicherheit abhängig gemacht werden.[4] Nähere Maßgaben zur Höhe von Zinssatz oder Sicherheitsleistung enthält die ATAD nicht; diese Festlegung befindet sich im Ermessensspielraum der Mitgliedstaaten. Ebenfalls dem Schutz der fiskalischen Interessen der Mitgliedstaaten dient Art. 5 Abs. 4 ATAD, dem zufolge der Besteuerungsaufschub in bestimmten Konstellationen endet. Dies ist etwa der Fall, wenn das verlagerte Wirtschaftsgut veräußert oder in einen Drittstaat ohne zwischenstaatliche Beitreibungsvereinbarungen verlagert wird oder wenn der Steuerpflichtige Insolvenz anmeldet oder die fällige Ratenzahlung über einen längeren Zeitraum unterlässt. In all diesen Fällen wird es dem Herkunftsstaat aus tatsächlichen oder rechtlichen Gründen erschwert, seinen steuerlichen Zugriff auf das betreffende Wirtschaftsgut auszuüben. Ein längeres Zuwarten bis zum Ablauf der fünfjährigen Zahlungsstreckung soll ihm dann nicht mehr zugemutet werden.

17.55 In Art. 5 Abs. 5 ATAD ist geregelt, dass der Zuzugsstaat die verlagerten Wirtschaftsgüter korrespondierend mit dem vom Ursprungsstaat ermittelten Wert ansetzen muss, es sei denn, dass dieser nicht

---

[1] S. *Mayr* in Kirchmayr/Mayr/Hirschler/Kofler, Anti-BEPS-Richtlinie, S. 67. Vgl. *Wacker* in Europäisches Steuerrecht, DStJG 41 (2018), S. 423 (457 f.) zu der Frage, ob auch eine „Beschränkung" des Besteuerungsrechts (in Anrechnungsfällen) unter Art. 5 ATAD fällt.

[2] So auch *Staccioli* in Hagemann/Kahlenberg, ATAD-Kommentar, Art. 2 Rz. 126; *Hagemann* in Hagemann/Kahlenberg, ATAD-Kommentar, Art. 5 Rz. 106. Wie sich aus Art. 3 ATAD ergibt, sind die Mitgliedstaaten aber berechtigt, Regelungen zur passiven Entstrickung beizubehalten oder neu einzuführen.

[3] Vgl. auch *Hagemann* in Hagemann/Kahlenberg, ATAD-Kommentar, Art. 5 Rz. 148 (für Fälle fortbestehender Betriebsstättenzugehörigkeit).

[4] Die Maßgabe, dass Sicherheiten nicht generell, sondern nur bei einem bestehenden Risiko verlangt werden können, entspricht der EuGH-Entscheidung in der Rechtssache DMC Beteiligungsgesellschaft, s. EuGH v. 23.1.2014 – C-164/12 – DMC Beteiligungsgesellschaft, ECLI:EU:C:2014:20, Rz. 65 ff. In früheren Entscheidungen war noch nicht eindeutig gewesen, unter welchen Voraussetzungen die Stellung solcher Sicherheiten möglich ist, s. EuGH v. 29.11.2011 – C-371/10 – National Grid Indus, ECLI:EU:C:2011:785, Rz. 74.

dem Marktwert entspricht.¹ Dieser **step-up** dient den Interessen des Steuerpflichtigen, weil dadurch innerhalb der EU sichergestellt wird, dass er für das entstrickte Wirtschaftsgut im Zuzugsstaat ein höheres Abschreibungsvolumen nutzen kann. Dies wiederum vermeidet, dass es bei späterer Veräußerung des Wirtschaftsguts zu einer erneuten steuerlichen Erfassung derselben stillen Reserven kommt. Es handelt sich also nicht um eine Regelung zur Bekämpfung von Steuervermeidungsstrategien, sondern zur Sicherstellung einer sachgerechten (Nur-) Einmalbesteuerung.² In Art. 5 Abs. 7 ATAD schließlich sind bestimmte Ausnahmeregelungen für die (nur) temporäre Übertragung von Wirtschaftsgütern enthalten.³

Insgesamt ist festzuhalten, dass die Entstrickungsregelungen in Art. 5 ATAD weniger durch Arbeiten von OECD und G20, sondern vielmehr durch die Rechtsprechung des EuGH geprägt sind.⁴ Die Aufnahme von Entstrickungsregelungen in die ATAD war nicht zwingend, zumal der Verzicht eines Staates auf solche Vorschriften nicht notwendigerweise das Steueraufkommen anderer Staaten schädigt. Andererseits ist nicht zu verkennen, dass das Vorhandensein wirksamer Entstrickungsregelungen nicht nur im fiskalischen Eigeninteresse der jeweiligen Staaten liegt, sondern generell geeignet ist, aggressiven Steuergestaltungen mit grenzüberschreitenden Verlagerungen entgegenzuwirken, womit dann letztlich doch das **Steueraufkommen der EU insgesamt geschützt** und ungerechtfertigte Wettbewerbsvorteile für einige Unternehmen verhindert werden.

17.56

VI. Allgemeine Anti-Missbrauchsregel

In Art. 6 ATAD befindet sich eine **allgemeine Anti-Missbrauchsregelung**. Es handelt sich um eine Auffangregelung zur Bekämpfung unangemessener Steuergestaltungen, die dann zum Tragen kommt, wenn keine spezielleren Anti-Missbrauchsregelungen eingreifen.⁵ Allgemeine Anti-Missbrauchsregelungen gibt es in vielen Rechtsordnungen, entweder als geschriebene Norm (wie § 42 AO in Deutschland) oder als ungeschriebenen, durch die Rechtsprechung entwickelten Grundsatz.⁶

17.57

Obwohl allgemeine Anti-Missbrauchsregelungen also ein verbreitetes Instrument zur Abwehr unerwünschter Steuergestaltungen sind, waren sie nicht Bestandteil des **BEPS-Projekts von OECD und G20** zur Bekämpfung von Gewinnkürzungen und Gewinnverlagerungen. Offenbar waren OECD und G20 der Auffassung, dass speziellere Abwehrregelungen zur Bekämpfung von BEPS-Problemen besser geeignet sind. Freilich enthalten einige der im BEPS-Projekt entwickelten Empfehlungen auch Anti-

17.58

---

1 Falls der vom Herkunftsstaat ermittelte Wert nicht dem Marktwert entspricht, soll der Zuzugsstaat diese Festsetzung anfechten können, ggf. durch Nutzung der bestehenden Streitbeilegungsvorschriften, s. Erwägungsgrund (10) zur ATAD. Der Zuzugsstaat darf also nicht eigenmächtig abweichende Werte ansetzen. S. dazu *Mayr* in Kirchmayr/Mayr/Hirschler/Kofler, Anti-BEPS-Richtlinie, S. 72 f.; *Hagemann* in Hagemann/Kahlenberg, ATAD-Kommentar, Art. 5 Rz. 228 ff.
2 Dementsprechend wird argumentiert, dass es sich hierbei nicht um einen Mindeststandard im Sinne von Art. 3 ATAD handelt, von dem die EU-Mitgliedstaaten zu Lasten des Steuerpflichtigen abweichen dürften, sondern um eine (partielle) punktgenaue Harmonisierungsmaßnahme, vgl. *Peeters*, EC Tax Review 2017, 122 (132).
3 Dabei sind nicht jedwede temporäre Transaktionen erfasst, sondern nur solche im Zusammenhang mit den genannten Finanzierungsgeschäften. Die deutsche Sprachfassung in Art. 5 Abs. 7 ATAD und insb. in Erwägungsgrund (10) zur ATAD ist insoweit nicht ganz eindeutig, wohl aber die englische Sprachfassung von Art. 5 Abs. 7 ATAD („Provided that...").
4 Vgl. *Garbarino*, EC Tax Review 2016, 277 (286): „an interesting transplant (from the judicial to the legislative format) that does not add much to the status quo".
5 Vgl. *Jochen Lüdicke/Oppel*, BB 2016, 351 (353): „Lückenfüller".
6 Nach *Rolim*, Intertax 2016, 815 (820) besitzen fast alle OECD- und G20-Staaten eine allgemeine Anti-Missbrauchsregelung. Einen aktuellen Überblick über den jeweiligen Rechtsstand vermitteln die Länderberichte zum IFA-Kongress 2018 in Seoul zum Generalthema „Anti-avoidance measures of general nature and scope – GAAR and other rules", Cahiers De Droit Fiscal International Volume 103a. S. auch *Fischer* in Hübschmann/Hepp/Spitaler, § 42 AO Rz. 41 ff.

Missbrauchselemente, beispielsweise den bei BEPS-Aktionspunkt 6 entwickelten *principal purpose test* zur Verhinderung einer unberechtigten Inanspruchnahme von Doppelbesteuerungsabkommen.[1]

17.59 Der EuGH hatte bereits mehrmals die Gelegenheit, sich zur **EU-Rechtskonformität** steuerlicher Missbrauchsregelungen zu äußern, und zwar solcher des nationalen Rechts wie auch des europäischen Sekundärrechts.[2] Dabei entspricht es ständiger Rechtsprechung des EuGH, dass die Bekämpfung der Steuerumgehung grundsätzlich geeignet ist, einen Eingriff in den Schutzbereich von Grundfreiheiten zu rechtfertigen (s. Rz. 7.248 ff.). Im Rahmen der Verhältnismäßigkeitsprüfung schränkt der EuGH die Handlungsspielräume der Mitgliedstaaten aber ein; insb. wendet er sich gegen pauschale Missbrauchsvermutungen, die der Steuerpflichtige nicht widerlegen kann. Die Rechtsprechung des EuGH hat zu einer lebhaften Diskussion im wissenschaftlichen Schrifttum über Dogmatik und Konturen des europäischen Missbrauchsbegriffs geführt – bis heute wird diskutiert, ob der EuGH überhaupt eine einheitliche Linie verfolgt.[3]

17.60 Auch sekundärrechtlich gibt es Vorläufer für Art. 6 ATAD. Die EU hatte in ihre bisherigen körperschaftsteuerlichen Richtlinien ebenfalls allgemeine Anti-Missbrauchsregelungen aufgenommen: MTRL, FRL und ZiLiRL erlauben den Mitgliedstaaten, bei der Umsetzung des Gewährleistungsgehalts der jeweiligen Richtlinie in ihrem nationalen Recht allgemeine Missbrauchsbestimmungen anzuwenden bzw. enthalten selbst solche Regelungen.[4] Insgesamt gab es bei der sekundärrechtlichen Ausgestaltung solcher Regelungen in den letzten Jahren eine Fortentwicklung: So enthielt der ursprüngliche GKKB-RL-E noch einen Regelungsvorschlag für eine allgemeine Anti-Missbrauchsregelung, der tatbestandlich recht eng gefasst war und auf Gestaltungen beschränkt bleiben sollte, deren einziger Zweck in der Steuervermeidung besteht. Auch die vorgesehene Rechtsfolge warf Fragen auf.[5] In der Empfehlung der Kommission betreffend aggressive Steuerplanung vom Dezember 2012 war dann eine überarbeitete Version der allgemeinen Anti-Missbrauchsregelung enthalten.[6] Dieser Vorschlag war aber ebenfalls aus Sicht vieler Mitgliedstaaten zu eng formuliert (Beschränkung auf künstliche Gestaltungen). Die Verschärfung der allgemeinen **Anti-Missbrauchsregelung der MTRL** im Jahr 2015 war dementsprechend von dem Wunsch nach einer möglichst effektiven Abwehrregelung beeinflusst.[7] Auch die Diskussionen über die vorgezogene Umsetzung einzelner GKKB-Regelungen zur Implementierung der BEPS-Empfehlungen beinhalteten eine allgemeine Anti-Missbrauchsregelung. Eine vergleichbare Fassung ist nunmehr im

---

1 S. dazu nur *Wichmann/Schmidt-Heß*, IStR 2014, 883 (885 f.). Eingehend zum Verhältnis von Art. 6 ATAD zu verschiedenen BEPS-Aktionspunkten s. *Prusko* in Hagemann/Kahlenberg, ATAD-Kommentar, Art. 6 Rz. 46 ff.
2 Vgl. zur FRL: EuGH v. 17.7.1997 – C-28/95 – Leur-Bloem, Slg. 1997, I-4161; v. 20.5.2010 – 352/08 – Modehuis A. Zwijnenburg, Slg. 2010, I-4303; v. 10.11.2011 – C-126/10 – Foggia, Slg. 2011, I-10923; v.8.3.2017 – C-14/16 – Euro Park Service, ECLI:EU:C:2017:177; zur MTRL s. etwa EuGH v.7.9.2017 – C-6/16 – Equiom und Enka, ECLI:EU:C:2017:641 und jüngst v. 20.12.2017 – verb. Rs. C-504/16 und C-613/16 – Deister Holding/Juhler Holding, ECLI:EU:C:2017:1009; zu nationalen Regelungen s. etwa EuGH v. 12.9.2006 – C-196/04 – Cadbury Schweppes, Slg. 2006, I-8031; v. 13.3.2007 – C-524/04 – Test Claimants in the Thin Cap Group Litigation, Slg. 2007, I-2157; v. 5.7.2012 – C-318/10 – SIAT, ECLI:EU:C:2012:415.
3 S. umfassend *Prusko*, Steuerliche Missbrauchsvermeidung im Europäischen Binnenmarkt, S. 109 ff.; s. auch *de Broe/Beckers*, EC Tax Review 2017, 133 (133 ff.); für eine stärkere Differenzierung plädierend *Englisch*, StuW 2009, 3 (5 ff.).
4 Mit der Neufassung der MTRL im Jahr 2015 wurde dort eine verbindliche Allgemeine Anti-Missbrauchsregelung eingeführt, vgl. *de Broe/Beckers*, EC Tax Review 2017, 133 (139 f.): „from GAAR authorization to GAAR codification". S. auch Rz. 14.85 ff.
5 Vgl. *Fehling* in Schaumburg/Englisch, Europäisches Steuerrecht[1], Rz. 18.70.
6 Empfehlung der Kommission v. 6.12.2012 betreffend aggressive Steuerplanung, C(2012) 8806 final; s. dazu *Franz*, Intertax 2015, 660 (661 f.); *Lindermann*, Normbehauptung im Steuerrecht durch das europäische Missbrauchsverbot, S. 256 f.
7 Richtlinie (EU) 2015/121 des Rates v. 27.1.2015 zur Änderung der Richtlinie 2011/96/EU über das gemeinsame Steuersystem der Mutter- und Tochtergesellschaften verschiedener Mitgliedstaaten, ABl. EU 2015 Nr. L 21, 1; umfassend dazu *Weber*, Intertax 2016, 98.

überarbeiteten Richtlinienentwurf für eine GKB enthalten (s. Rz. 18.66). Insofern ist es nicht überraschend, dass die Kommission in den Entwurf zur ATAD eine allgemeine Anti-Missbrauchsregelung aufnahm, und dass die endgültige Fassung von Art. 6 ATAD weitestgehend der Version entspricht, die im Jahr 2015 in die MTRL aufgenommen worden war.

Der **Tatbestand** von Art. 6 Abs. 1 ATAD enthält das Wort „Missbrauch" selbst nicht. Stattdessen werden andere Begriffe verwendet, um missbräuchliches Handeln näher zu umschreiben. Dabei stellt Art. 6 ATAD sowohl auf die Gründe für die Vornahme einer bestimmten Transaktion ab als auch auf den damit verfolgten Zweck: Steuerliche Gestaltungen können demnach unter Art. 6 ATAD fallen, wenn sie „unangemessen" sind, also nicht aus triftigen wirtschaftlichen Gründen, die die wirtschaftliche Realität widerspiegeln, vorgenommen wurden (Art. 6 Abs. 1 und 2 ATAD).[1] Die Bestimmung, wann etwas angemessen ist, muss anhand der Wertungen der jeweiligen betroffenen steuerlichen Regelungen, um deren Umgehung es geht, vorgenommen werden.[2] Weiterhin setzt der Tatbestand voraus, dass der wesentliche Zweck oder einer der wesentlichen Zwecke darin besteht, einen steuerlichen Vorteil zu erlangen, der dem Ziel oder Zweck des geltenden Steuerrechts zuwiderläuft.[3] Wie sich aus Erwägungsgrund (11) zur ATAD ergibt, soll das Recht des Steuerpflichtigen, die „steuereffizienteste Struktur" für seine geschäftlichen Angelegenheiten zu wählen, aber unberührt bleiben. Eine Regelung zur Beweislastverteilung enthält Art. 6 ATAD nicht.[4]

17.61

Die von Art. 6 ATAD statuierten Tatbestandsmerkmale weichen von der **Terminologie** ab, die der EuGH in seiner einschlägigen Rechtsprechung entwickelt hat – der EuGH hält Anti-Missbrauchsregelungen grundsätzlich nur dann für gerechtfertigt, wenn diese das spezifische Ziel verfolgen, „*rein künstliche, jeder wirtschaftlichen Realität bare Gestaltungen zu dem Zweck [...], der Steuer zu entgehen*" zu verhindern.[5] Demgegenüber scheint der Anwendungsbereich von Art. 6 ATAD etwas weiter gefasst zu sein.[6] Dies betrifft zunächst das Tatbestandsmerkmal „unangemessen", das der Finanzverwaltung einen größeren Bewertungsspielraum belassen dürfte als die Beschränkung auf „rein künstliche" Gestaltungen. Allerdings liegt die in Art. 6 Abs. 2 ATAD verwendete Definition von „unangemessen" wieder näher bei der Rechtsprechung des EuGH, da sie – wie jene – auf den Widerspruch der vorliegenden Gestaltung zur wirtschaftlichen Realität abstellt.[7] Eine bedeutendere Abweichung dürfte daher darin beste-

17.62

---

1 Zur „wirtschaftlichen Realität" s. bereits *Tavares/Bogenschneider*, Intertax 2015, 484 (491), dort zur Allgemeinen Anti-Missbrauchsregelung in der MTRL.
2 S. dazu eingehend *Drüen* in Kirchmayr/Mayr/Hirschler/Kofler, Anti-BEPS-Richtlinie, S. 80 ff.; *Drüen* in T/K, Vorbemerkungen zu § 42 AO Rz. 41d (und Rz. 18 zum nationalen Recht).
3 Was Ziel und Zweck des geltenden Steuerrechts sind und wann das Handeln des Steuerpflichtigen diesen zuwiderläuft, kann naturgemäß nicht allgemein bestimmt werden, sondern ergibt sich nur unter Rückgriff auf das jeweilige (nationale) Recht, s. zur Auslegung dieses Tatbestandsmerkmals auch *Garcia Prats/Haslehner/Heydt/Kemmeren/Kofler/Lang/Jürgen Lüdicke/Noguiera/Pistone/Raventos-Calvo/Reingeard de la Blétière/Richelle/Rust/Shiers/Valente*, EU Report Subject 1, Cahiers de Droit Fiscal International Volume 103a, S. 76.
4 S. dazu *Drüen* in Kirchmayr/Mayr/Hirschler/Kofler, Anti-BEPS-Richtlinie, S. 82 f.; *Drüen* in T/K, Vorbemerkungen zu § 42 AO Rz. 41 f.; s. aber auch *Haarmann*, IStR 2018, 561 (564) und *Prusko* in Hagemann/Kahlenberg, ATAD-Kommentar, Art. 6 Rz. 151 ff., die aus Erwägungsgrund (11) zur ATAD eine Beweislastverteilung zugunsten der Finanzverwaltung ableiten – dafür dürfte der in Bezug genommene Wortlaut aber keinen ausreichenden Anhaltspunkt geben.
5 EuGH v. 12.9.2006 – C-196/04 – Cadbury Schweppes, Slg. 2006, I-8031 Rz. 55; v. 13.3.2007 – C-524/04 – Test Claimants in the Thin Cap Group Litigation, Slg. 2007, I-2157 Rz. 72; v. 5.7.2012 – C-318/10 – SIAT, ECLI:EU:C:2012:415 Rz. 40.
6 So auch *Musil* in Musil/Weber-Grellet, Europäisches Steuerrecht, Art. 6 BEPS-RL Rz. 15.
7 S. hierzu auch *Garcia Prats/Haslehner/Heydt/Kemmeren/Kofler/Lang/Jürgen Lüdicke/Noguiera/Pistone/Raventos-Calvo/Reingeard de la Blétière/Richelle/Rust/Shiers/Valente*, EU Report Subject 1, Cahiers de Droit Fiscal International Volume 103a, S. 76 f.; *Lindermann*, Normbehauptung im Steuerrecht durch das europäische Missbrauchsverbot, S. 301 f.; *Musil*, FR 2018, 933 (939 f.); auch *Prusko* in Hagemann/Kahlenberg, ATAD-Kommentar, Art. 6 Rz. 193 ff. erwartet hieraus keine wesentliche Änderung der EuGH-Rechtspre-

hen, dass es nach dem Tatbestand von Art. 6 ATAD darauf ankommt, ob „der wesentliche Zweck oder einer der wesentlichen Zwecke" in der Erlangung eines steuerlichen Vorteils besteht. Dies ist weiter zu verstehen als das bloße Abstellen auf „den Zweck" im Sinne der EuGH-Rechtsprechung und stellt klar, dass auch solchen Gestaltungen die steuerliche Akzeptanz versagt werden kann, die nicht ausschließlich dem Ziel der Steuervermeidung dienen, sondern daneben auch aus anderen (ggf. untergeordneten) wirtschaftlichen Gründen vorgenommen werden.[1]

17.63 Im Vergleich zu den genannten Urteilen des EuGH zum Missbrauchsbegriff scheint Art. 6 ATAD eine tendenziell „härtere Gangart" einzuschlagen. Im Sinne einer effektiven Missbrauchsvermeidung ist dies zu begrüßen.[2] Eine wirksame Missbrauchsbekämpfung würde vereitelt, wenn aggressive Steuergestaltungen alleine dadurch dem Missbrauchsvorwurf entgehen könnten, dass sie (auch) ein wirtschaftlich genuines Element aufweisen, selbst wenn dieses ökonomisch von völlig untergeordneter Bedeutung ist (etwa wenn es bei einer wertenden Betrachtung nur 10 % ausmacht). Aber ist die tatbestandliche Fassung von Art. 6 ATAD mit der EuGH-Rechtsprechung zu den **Grundfreiheiten** vereinbar? Dies dürfte im Ergebnis zu bejahen sein. Denn der EuGH verwendet die oben genannten, engeren Kriterien vorrangig bei der Prüfung nationaler Rechtsvorschriften. Bei Anti-Missbrauchsregelungen des europäischen Sekundärrechts hingegen orientiert sich der EuGH stärker an den dort verwendeten Tatbestandsmerkmalen und dem Regelungszusammenhang des jeweiligen Rechtsakts. Dies zeigen beispielsweise die Entscheidungen zur Anti-Missbrauchsregelung der FRL, welche ebenfalls nicht auf rein künstliche Gestaltungen beschränkt ist und ähnlich wie Art. 6 ATAD auf den „hauptsächlichen Beweggrund oder einen der hauptsächlichen Beweggründe" abstellt; diesen Ansatz hat der EuGH bei mehreren Entscheidungen zu dieser Norm übernommen.[3] Dieser differenzierende Ansatz ist auch konsequent vor dem Hintergrund, dass der grundfreiheitliche Prüfungsmaßstab des EuGH bei Akten des Sekundärrechts insgesamt weniger streng ist als bei Normen des nationalen Rechts (denen kein EU-Sekundärrechtsakt zugrunde liegt).[4] Entscheidend dürfte aus Sicht des EuGH sein, dass die betreffende Regelung keine

---

chung; s. aber auch *Watrin/Leukefeld*, DStR 2018, 2284 (2285): „weitaus mehr Fälle zu erfassen als nach dem bisher geltenden Grundsatz".

1 Das Abstellen auf mehrere wesentliche Zwecke wird teilweise kritisiert. Diese Kritik bezieht sich insbesondere auf die englische Sprachfassung von Art. 6 ATAD, die von *„main purpose"* spricht, was in der deutschen Sprache wohl treffender mit „Hauptzweck" übersetzt wäre. Ausgehend von der Überlegung, dass ein „Hauptzweck" erst oberhalb einer Schwelle von 50 % anzunehmen ist, stellt sich die Frage, wie es mehrere „Hauptzwecke" geben kann. Für die deutsche Sprache verfängt diese Überlegung nicht, denn „wesentlich" kann auch unterhalb einer Schwelle von 50 % vorliegen. In dem Zusammenhang ist darauf hinzuweisen, dass die Kommission in ihrem ursprünglichen ATAD-Entwurf ebenfalls nur von einem wesentlichen Zweck (*„main purpose"*, ohne Plural) sprach. S. zum Ganzen auch *Kokolia/Chatziioakeimidou*, ET 2015, 149 (155); *Brokelind*, Intertax 2015, 816 (819); *Prusko*, Steuerliche Missbrauchsvermeidung im Europäischen Binnenmarkt, S. 152 f.; *de Broe/Beckers*, EC Tax Review 2017, 133 (140 ff.); *Bizioli*, EC Tax Review 2017, 167 (172 f.); *Hey*, StuW 2017, 248 (259 ff.): „verbaler Wildwuchs".
2 Nach Auffassung von *Garcia Prats/Haslehner/Heydt/Kemmeren/Kofler/Lang/Jürgen Lüdicke/Noguiera/Pistone/Raventos-Calvo/Reingeard de la Blétière/Richelle/Rust/Shiers/Valente*, EU Report Subject 1, Cahiers de Droit Fiscal International Volume 103a, S. 78 f., sprechen gute Gründe freilich dafür, dass Art. 6 ATAD im Ergebnis keine größere Abweichung von der Rechtsprechung des EuGH zur Folge hat; s. dazu auch *Weber*, Intertax 2016, 98 (109 f.).
3 EuGH v. 20.5.2010 – 352/08 – Modehuis A. Zwijnenburg, Slg. 2010, I-4303; Rz. 43 ff.; v. 10.11.2011 – C-126/10 – Foggia, Slg. 2011, I-10923, Rz. 33 ff.
4 Bei Art. 6 ATAD dürfte der EuGH tendenziell sogar noch eine „fiskalischere" Linie verfolgen als bei den Anti-Missbrauchsregelungen der anderen ertragsteuerlichen Richtlinien. Denn das primäre Ziel dieser anderen Richtlinien besteht darin, steuerliche Vergünstigungen zu gewähren, so dass der EuGH die dort enthaltenen Anti-Missbrauchsregelungen als Ausnahmetatbestände eng auslegt, s. EuGH v. 8.3.2017 – C-14/16 – Euro Park Service, ECLI:EU:C:2017:177, Rz. 49; v. 7.9.2017 – C-6/16 – Equiom und Enka, ECLI:EU:C:2017:641; Rz. 26; v. 20.12.2017 – verb. Rs. C-504/16 und C-613/16 – Deister Holding/Juhler Holding, ECLI:EU:C:2017:1009 Rz. 59 m.w. N. Die ATAD hingegen ist insgesamt auf die Abwehr unerwünschter Steuergestaltungen angelegt, so dass sich aus dem Richtlinienkontext kein Anlass für eine derartige restriktivere Auslegung ergibt.

pauschale Missbrauchsvermutung aufstellt, so dass im Einzelfall geprüft werden kann, ob der jeweiligen Gestaltung stichhaltige wirtschaftliche Gründe zugrunde liegen.[1] Dies dürfte bei Art. 6 ATAD gewährleistet sein, da die in ihm enthaltenen unbestimmten Rechtsbegriffe nicht auf pauschale Normanwendung ausgerichtet sind, sondern stets eine Prüfung der Umstände des konkreten Einzelfalls erfordern.[2]

Als **Rechtsfolge** sieht Art. 6 Abs. 1 ATAD vor, dass die Mitgliedstaaten die missbräuchliche Gestaltung bei der Berechnung der Körperschaftsteuerschuld nicht berücksichtigen sollen. Stattdessen sollen sie die Steuerschuld im Einklang mit nationalem Recht berechnen, Art. 6 Abs. 3 ATAD.[3] Dies lässt den Mitgliedstaaten eine gewisse Flexibilität und dürfte ihnen erlauben, steuerliche Folgen an diejenigen Teile der betroffenen Transaktion, die nicht als missbräuchlich zu qualifizieren sind, zu knüpfen. Damit können wirtschaftlich genuine Elemente der Transaktion sachgerecht besteuert werden.

17.64

Wie sich aus Art. 6 Abs. 1 Satz 2 ATAD ergibt, kann eine Gestaltung mehr als einen Schritt oder Teil umfassen. Dies ermöglicht die Berücksichtigung von Transaktionen, die mehrstufig angelegt sind und bei denen sich die Unangemessenheit erst aus einer **Gesamtwürdigung aller Teilschritte** ergibt. Die Regelung von Art. 6 Abs. 1 Satz 2 ATAD ermöglicht es, die Rechtsfolgen von Art. 6 ATAD auch auf diejenigen Teilschritte anzuwenden, die für sich genommen den Tatbestand der Norm nicht erfüllen würden.

17.65

Das **Verhältnis von Art. 6 ATAD zu den anderen Bestimmungen der ATAD**, die teilweise auch den Charakter von Missbrauchsabwehrnormen besitzen, ist in der ATAD nicht explizit geregelt. Aus Erwägungsgrund (11) zur ATAD ergibt sich, dass allgemeine Anti-Missbrauchsregelungen nach der Einschätzung des Richtliniengebers Lücken schließen sollen (wenn insoweit keine speziellen Regelungen bestehen), ohne sich auf bestehende spezielle Regelungen auszuwirken. Dies spricht dafür, dass Art. 6 ATAD nicht anzuwenden ist, wenn für die konkrete Gestaltung eine speziellere Vorschrift der ATAD einschlägig ist – und zwar auch dann nicht, wenn der Tatbestand dieser spezielleren Norm nicht erfüllt ist.[4] Selbst wenn man Art. 6 ATAD in solchen Fällen subsidiär anwenden wollte, ist fraglich, ob dies zu einem anderen Ergebnis führen würde.[5] Denn es ist gut möglich, dass der EuGH – wie der BFH bei der Anwendung von § 42 AO – in einem solchen Fall die Wertungen der spezifischen Regelung bei der Anwendung von Art. 6 ATAD mitberücksichtigen und deshalb zu keinen abweichenden Ergebnissen kommen würde.[6]

17.66

Insgesamt wird sich zeigen müssen, ob Art. 6 ATAD gegenüber den anderen, konkreteren Bestimmungen der ATAD in der Praxis große Bedeutung erlangen wird. Zur effektiven Bekämpfung von BEPS-Problemen dürften die spezielleren Vorschriften wichtiger sein. Gleichwohl kann man Art. 6 ATAD

17.67

---

1 S. EuGH v.7.9.2017 – C-6/16 – Equiom und Enka, ECLI:EU:C:2017:641; Rz. 32; v. 20.12.2017 – verb. Rs. C-504/16 und C-613/16 – Deister Holding/Juhler Holding, ECLI:EU:C:2017:1009 Rz. 62.
2 So wohl auch *Bundgaard/Koerver Schmidt/Tell/Nørgaard Laursen/Bo Aarup*, ET 2018, 130 (136 f.).
3 Bei genauem Blick auf die Formulierungen ist das Verhältnis von Art. 6 Abs. 1 und 3 ATAD nicht eindeutig. Denn wenn eine Gestaltung „nicht berücksichtigt" (also vollständig ignoriert) werden soll, ist unklar, auf welcher Basis dann die Steuerschuld berechnet werden soll. Man wird daher wohl davon ausgehen müssen, dass Art. 6 Abs. 1 ATAD eine vollständige Ausblendung der Transaktion nicht erfordert. S. dazu auch *Garcia Prats/Haslehner/Heydt/Kemmeren/Kofler/Lang/Jürgen Lüdicke/Noguiera/Pistone/Raventos-Calvo/Reingeard de la Blétière/Richelle/Rust/Shiers/Valente*, EU Report Subject 1, Cahiers de Droit Fiscal International Volume 103a, S. 79.
4 Vgl. (für das Verhältnis von Art. 6 ATAD zu Art. 7 f. ATAD) *Böhmer/Gebhardt/Krüger* in Hagemann/Kahlenberg, ATAD-Kommentar, vor Art. 7 und 8 Rz. 49.
5 S. dazu auch *Garcia Prats/Haslehner/Heydt/Kemmeren/Kofler/Lang/Jürgen Lüdicke/Noguiera/Pistone/Raventos-Calvo/Reingeard de la Blétière/Richelle/Rust/Shiers/Valente*, EU Report Subject 1, Cahiers de Droit Fiscal International Volume 103a S. 73.
6 S. dazu *Drüen* in Kirchmayr/Mayr/Hirschler/Kofler, Anti-BEPS-Richtlinie, S. 83 ff: „Die Wertungen der Spezialvorschrift schlagen auf die Generalklausel zurück."; vgl. auch *Kahlenberg/Prusko*, IStR 2017, 304 (308); *Gosch*, IWB 2017, 876 (876 ff.); s. generell auch *Hüttemann*, DStR 2015, 1146 (1149 m.w.N.).

wegen seiner **Auffangfunktion** als sinnvolle Ergänzung zu diesen Spezialvorschriften ansehen, um einen ausreichenden Schutz gegen BEPS-Gestaltungen zu bewirken – dies gilt gerade für diejenigen EU-Mitgliedstaaten, die in ihrem nationalen Recht über die ATAD-Maßnahmen hinaus keine weitergehenden spezifischen Anti-Missbrauchsregelungen besitzen. In dem Zusammenhang ist darauf hinzuweisen, dass allgemeine Anti-Missbrauchsregelungen auch eine präventive Wirkung entfalten.[1] Die Wirksamkeit einer allgemeinen Anti-Missbrauchsregelung ergibt sich also nicht zwangsläufig aus der Häufigkeit ihrer Anwendung.

VII. Hinzurechnungsbesteuerung

17.68 Gemäß Art. 7 f. ATAD sind die EU-Mitgliedstaaten verpflichtet, Regelungen zur **Hinzurechnungsbesteuerung** einzuführen. Damit soll die gezielte Verlagerung von Einkunftsquellen in andere Staaten mit niedrigem Besteuerungsniveau unterbunden werden.

17.69 Hinzurechnungsbesteuerungssysteme gehören zu den etablierten Abwehrregelungen gegen missbräuchliche Steuergestaltungen. In der EU waren sie vor der ATAD aber nicht flächendeckend verbreitet, und diejenigen Regelungen, die es gab, unterschieden sich in Systematik und Schärfe teilweise erheblich.[2] Wenn ein Staat auf solche Regelungen verzichtet, schadet er zwar unmittelbar nur seinem eigenen Steueraufkommen, da mit der Hinzurechnungsbesteuerung grundsätzlich das Steuersubstrat des Ansässigkeitsstaats der jeweiligen (Ober-)Gesellschaft geschützt werden soll. Gleichwohl entschied sich die Kommission, solche Regelungen auch in die ATAD aufzunehmen, um in der EU ein **einheitliches Mindestschutzniveau** zu etablieren. Dies begründete sie recht allgemein damit, dass anderenfalls das Funktionieren des Binnenmarktes leide, insbesondere wenn die Einkünfte in Drittstaaten mit Niedrigbesteuerung verlagert werden.[3] Es dürfte der Kommission vermutlich darum gegangen sein, die Nutzbarmachung von EU-Mitgliedstaaten für Steuergestaltungen und die daraus resultierenden Wettbewerbsverzerrungen ganz generell einzuschränken.

17.70 Bei ihrer Konzeption der Art. 7 f. ATAD konnte die Kommission auf die Diskussionen zum ursprünglichen GKKB-Richtlinienentwurf zurückgreifen, welcher ebenfalls eine Hinzurechnungsbesteuerung vorgesehen hatte. Der dortige Regelungsvorschlag war aber in seinem Anwendungsbereich stark eingeschränkt und sollte nur in Fällen eingreifen, in denen die Einkunftsquellen in Drittstaaten verlagert werden. Die Diskussionen zu diesem Vorschlag hatten gezeigt, dass viele Mitgliedstaaten eine effektivere Regelung mit höherem Schutzniveau befürworteten; andere Mitgliedstaaten hatten hingegen eine grundsätzliche Zurückhaltung gegenüber solchen Vorschriften zum Ausdruck gebracht. Der Umstand, dass auch im **BEPS-Projekt von OECD und G20** Empfehlungen für die Einführung einer Hinzurechnungsbesteuerung erarbeitet worden waren (BEPS-Aktionspunkt 3), stärkte die Position der Befürworter einer EU-weiten Hinzurechnungsbesteuerung.

17.71 Auch der **EuGH** hatte bereits mehrfach Gelegenheit, sich mit der EU-Rechtskonformität von (nationalen) Hinzurechnungsbesteuerungssystemen zu befassen. Besondere Bekanntheit hat dabei die *Cadbury Schweppes*-Entscheidung erlangt, in der der EuGH pauschale Anti-Missbrauchsregelungen kritisch betrachtete und aus den Grundfreiheiten das Erfordernis ableitete, dass der Steuerpflichtige im Einzelfall die Möglichkeit haben muss, genuine wirtschaftliche Gründe für seine Transaktion vorzubringen.[4]

---

1 S. dazu *Drüen* in Kirchmayr/Mayr/Hirschler/Kofler, Anti-BEPS-Richtlinie, S. 89.
2 Überblick bei *Heinsen/Erb*, DB 2018, 975 (975); vgl. zu neueren Entwicklungen auch *Eilers/Hennig*, ISR 2016, 422 (422 f.). Zu den möglichen Gründen, warum Staaten auf eine Hinzurechnungsbesteuerung verzichten, s. *van Hulle*, BIFD 2017, 719 (722).
3 S. Vorschlag der Europäischen Kommission für eine Richtlinie des Rates mit Vorschriften zur Bekämpfung von Steuervermeidungspraktiken mit unmittelbaren Auswirkungen auf das Funktionieren des Binnenmarkts, COM(2016) 26 final, S. 10 (Begründung).
4 EuGH v. 12.9.2006 – C-196/04 – Cadbury Schweppes, Slg. 2006, I-8031 Rz. 55; s. auch v. 6.12.2007 – C-298/05 – Columbus Container Services, Slg. 2008, I-10451.

Der **Tatbestand** von Art. 7 ATAD setzt zunächst voraus, dass ein Steuerpflichtiger[1] in einem anderen Staat ein Unternehmen[2] beherrscht, das im Ansässigkeitsstaat des Steuerpflichtigen nicht besteuert wird.[3] Die Beherrschung wird in Art. 7 Abs. 1 Buchst. a ATAD näher definiert und liegt demnach vor, wenn der Steuerpflichtige selbst oder zusammen mit seinen verbundenen Unternehmen unmittelbar oder mittelbar mehr als 50 % der Stimmrechte oder des Kapitals hält oder Anspruch auf mehr als 50 % der Gewinne hat.[4] Diese Kombination aus rechtlichen und wirtschaftlichen Kriterien soll sicherstellen, dass nur solche Gesellschaften in die Hinzurechnungsbesteuerung einbezogen werden, bei denen der Steuerpflichtige einen bestimmten Einfluss besitzt (und dadurch den gezielten Einsatz dieses Unternehmens für Zwecke der Steuerminimierung steuern kann).[5] Für den Fall, dass die jeweiligen Faktoren in unterschiedlichen Beteiligungsverhältnissen (in Bezug auf dasselbe beherrschte Unternehmen) überschritten werden, stellt sich die Frage einer Hierarchisierung, wenn mehrfache Beherrschungsfälle – mit drohender Mehrfachbesteuerung – vermieden werden sollen.[6] Eine rein faktische Beherrschung unterhalb dieser Schwellenwerte wird jedenfalls nicht erfasst.[7]

17.72

Zudem ist erforderlich, dass in dem anderen Staat eine **niedrige Besteuerung** erfolgt. Dahinter steht die Überlegung, dass der Verlagerung von Einkunftsquellen in andere Staaten nur dann entgegengewirkt werden soll, wenn ein Steuersatzgefälle existiert, das beim Steuerpflichtigen eine nicht unerhebliche Senkung seiner Steuerlast bewirkt – bei ungefähr gleich hoher Steuerlast tritt dieser Effekt nicht ein.[8] Eine niedrige Besteuerung liegt nach Art. 7 Abs. 1 Buchst. b ATAD vor, wenn die tatsächlich im anderen Staat entrichtete Steuer[9] niedriger ist als die Differenz zwischen der Körperschaftsteuer, die im Mitglied-

17.73

---

1 Die ATAD enthält keine ausdrückliche Regelung darüber, ob hier (wie bei § 7 Abs. 1 AStG) nur unbeschränkt Steuerpflichtige erfasst sein sollen oder ob auch Fälle beschränkter Steuerpflicht einzubeziehen sind. Systematische Gründe sprechen dafür, Art. 7 f. ATAD nur auf unbeschränkt Steuerpflichtige anzuwenden, s. dazu auch *Schnitger/Neitzschke/Gebhardt*, IStR 2016, 960 (961); *Haase*, ifst-Schrift 521 S. 102 f.
2 Hierbei ist anzumerken, dass Art. 7 ATAD keine Sonderregelungen für hybride Gesellschaften enthält. Kritisch dazu *Kollruss*, FR 2017, 912 (912 ff.), der eine fehlende Abstimmung der Hinzurechnungsbesteuerung mit den ATAD-Regelungen zu hybriden Gestaltungen bemängelt und ergänzende Richtlinienregelungen („ATAD3") fordert.
3 Eine solche fehlende Besteuerung dürfte auch bei doppelt ansässigen Unternehmen vorliegen, wenn ein bestehendes Doppelbesteuerungsabkommen das primäre Besteuerungsrecht dem anderen Staat zuweist, s. *Kirchmayr* in Kirchmayr/Mayr/Hirschler/Kofler, Anti-BEPS-Richtlinie, S. 94; s. auch *van Hulle*, BIFD 2017, 719 (721); zweifelnd an der Effektivität der Vermeidung der doppelten Besteuerung *Haase*, ifst-Schrift 521 S. 105. Umfassend zum Merkmal der fehlenden Besteuerung *Böhmer/Gebhardt/Krüger* in Hagemann/Kahlenberg, ATAD-Kommentar, Art. 7 Rz. 14 ff.
4 Eine Mindestdauer der Überschreitung der genannten Schwellenwerte legt Art. 7 ATAD nicht fest. Die im Schrifttum teilweise verlangte Beschränkung auf bestimmte Zeiträume kann zwar Mehrfachbesteuerungen vermeiden (wenn festgelegt wird, dass die Schwellenwerte mindestens für die Hälfte des jeweiligen Besteuerungszeitraumes überschritten sein müssen). Im Wortlaut der ATAD findet sich dafür aber kein Ansatz, s. dazu *Kirchmayr* in Kirchmayr/Mayr/Hirschler/Kofler, Anti-BEPS-Richtlinie, S. 102; *Böhmer/Gebhardt/Krüger* in Hagemann/Kahlenberg, ATAD-Kommentar, Art. 7 Rz. 33 f.
5 Zur Bestimmung der Schwellenwerte von Art. 7 Abs. 1 Buchst. a ATAD bei indirekten Beteiligungen s. *Kirchmayr* in Kirchmayr/Mayr/Hirschler/Kofler, Anti-BEPS-Richtlinie, S. 104; *Böhmer/Gebhardt/Krüger* in Hagemann/Kahlenberg, ATAD-Kommentar, Art. 7 Rz. 28 ff.
6 S. dazu (mit Beispielsfällen) *Böhmer/Gebhardt/Krüger* in Hagemann/Kahlenberg, ATAD-Kommentar, Art. 7 Rz. 24 ff.
7 Zu verschiedenen Varianten von Beherrschungsformen s. OECD, OECD/G20 Base Erosion and Profit Shifting Project, Designing Effective Controlled Foreign Company Rules, Action 3: 2015 Final Report, Rz. 34 ff.
8 Vgl. OECD, OECD/G20 Base Erosion and Profit Shifting Project, Designing Effective Controlled Foreign Company Rules, Action 3: 2015 Final Report, Rz. 61.
9 Es kommt daher nicht nur auf den gesetzlichen Steuertarif, sondern auf die effektive Steuerlast an, s. auch *Dehne*, ISR 2018, 132 (134); *Kirchmayr* in Kirchmayr/Mayr/Hirschler/Kofler, Anti-BEPS-Richtlinie, S. 97.

staat des Steuerpflichtigen auf diese Gewinne erhoben worden wäre, und der tatsächlich entrichteten Steuer. Einfacher ausgedrückt werden Fälle erfasst, in denen die tatsächliche Steuer im anderen Staat niedriger ist als die Hälfte der Steuer, die im Ansässigkeitsstaat des beherrschenden Steuerpflichtigen zu zahlen gewesen wäre.[1] Es war Teil der politischen Einigungsfindung im ECOFIN, dass diese 50 %-Grenze in der Norm nicht explizit genannt wurde.[2] Der ursprüngliche ATAD-Entwurf der Kommission hatte in Art. 8 Abs. 1 Buchst. b noch (explizit) eine 40 %-Grenze vorgesehen. Im Schrifttum wird die Vorschrift als übermäßig streng kritisiert, da sie Fälle einer niedrigen Effektivbesteuerung aufgrund von Verlustverrechnungen ebenfalls einbezieht und mehrfache Einbeziehungen in die Hinzurechnungsbesteuerungssysteme mehrerer Staaten ignoriert;[3] außerdem führt die relative Größe dazu, dass das Vorliegen einer Niedrigbesteuerung nicht EU-weit einheitlich beurteilt wird, sondern von dem Steuerniveau des jeweiligen EU-Mitgliedstaats, der die Hinzurechnungsbesteuerung anwenden will, abhängt.[4] Ebenso wird gefordert, dass es bei der Prüfung einer Niedrigbesteuerung auf das Gesamtergebnis der beherrschten Tochtergesellschaft bzw. Betriebsstätte ankommen sollte und nicht auf die von Art. 7 Abs. 2 ATAD umfassten Einkünfte.[5]

17.74 Neben beherrschten Tochter- oder Enkelgesellschaften erfasst Art. 7 ATAD – im Gegensatz zum ursprünglichen Richtlinienentwurf der Kommission – auch **Betriebsstätten** des Steuerpflichtigen in einem anderen Staat mit niedriger Besteuerung. Die in Art. 7 Abs. 1 Buchst. a ATAD geregelten Beteiligungsschwellen sind hierfür naturgemäß irrelevant. Die Einbeziehung von Betriebsstätten ist für eine effektive Hinzurechnungsbesteuerung sinnvoll, weil die Verlagerung von Einkunftsquellen auf ausländische Betriebsstätten bei Vorhandensein eines Doppelbesteuerungsabkommens mit Freistellungsmethode ebenfalls regelmäßig den steuerlichen Zugriff des Ansässigkeitsstaats des Steuerpflichtigen ausschließt.[6] Eine auf Tochter- und Enkelgesellschaften beschränkte Hinzurechnungsbesteuerung könnte durch den Einsatz von Betriebsstätten daher leicht ausgehebelt werden. Gleichzeitig wird im Schrifttum kritisiert, dass die ATAD hier einige Fragen offenlässt, etwa zur Einbeziehung von Betriebsstätten von Personengesellschaften.[7]

17.75 In Art. 7 Abs. 2 ATAD wird ausgeführt, welche Einkünfte der beherrschten Gesellschaft bzw. Betriebsstätte der Hinzurechnungsbesteuerung unterworfen werden. Dabei offeriert die ATAD zwei verschiede-

---

1 Hinzuweisen ist auf Art. 7 Abs. 1 Unterabs. 2 ATAD, dem zufolge Betriebsstätten, die im Steuergebiet des beherrschten Unternehmens nicht der Steuer unterliegen oder steuerbefreit sind, für die Ermittlung der Niedrigbesteuerung nicht zu berücksichtigen sind. Nach Einschätzung von *Kirchmayr* in Kirchmayr/Mayr/Hirschler/Kofler, Anti-BEPS-Richtlinie, S. 98 f., sollen mit dieser Regelung Verfälschungen ausgeschlossen werden; im Schrifttum gibt es zu dieser Vorschrift viele Verständnisfragen: *Haase*, ifst-Schrift 521 S. 142; *Schnitger/Neitzschke/Gebhardt*, IStR 2016, 960 (965 f.); *Moser/Hentschel*, Intertax 2017, 606 (612 f.).
2 Hintergrund ist, dass einige EU-Mitgliedstaaten eine Diskussion über Unternehmenssteuersätze auf EU-Ebene partout vermeiden wollten, weil sie Einschränkungen ihrer Steuersouveränität befürchteten. Die Nennung einer konkreten Zahl oder Größe (und sei es als „*Hälfte des Steuersatzes*") hätte daher weitaus größere Widerstände ausgelöst als die im Rahmen der ATAD-Einigung gefundene (und etwas verschwurbelte) Formulierung. Vgl. dazu *Rigaut*, ET 2016, 497 (504).
3 *Schnitger/Nitzschke/Gebhardt*, IStR 2016, 960 (964 ff.); *Haase*, ifst-Schrift 521 S. 142; s. zu letzterem Gesichtspunkt auch *van Hulle*, BIFD 2017, 719 (721); *Ginevra*, Intertax 2017, 122 (130 f.); *Kahlenberg/Prusko*, IStR 2017, 304 (308 f.).
4 Vgl. *Ginevra*, Intertax 2017, 122 (126); *Kirchmayr* in Kirchmayr/Mayr/Hirschler/Kofler, Anti-BEPS-Richtlinie, S. 98.
5 *Haase*, ifst-Schrift 521 S. 142; *van Hulle*, BIFD 2017, 719 (721); vgl. dazu auch *Kirchmayr* in Kirchmayr/Mayr/Hirschler/Kofler, Anti-BEPS-Richtlinie, S. 98.
6 Vgl. OECD, OECD/G20 Base Erosion and Profit Shifting Project, Designing Effective Controlled Foreign Company Rules, Action 3: 2015 Final Report, Rz. 28.
7 *Haase*, ifst-Schrift 521 S. 105 ff., 167 ff.

ne Regelungskonzepte, zwischen denen die Mitgliedstaaten wählen können.[1] Die erste Möglichkeit besteht gem. Art. 7 Abs. 2 Buchst. a ATAD darin, dass die Mitgliedstaaten einen **Katalog passiver Einkünfte** (Zinsen, Lizenzgebühren, Dividenden etc.) festlegen (sog. kategorischer Ansatz).[2] Um eine doppelte Besteuerung zu vermeiden, gilt bei beherrschten Gesellschaften die Einschränkung, dass die betreffenden Einkünfte nicht an den Steuerpflichtigen ausgeschüttet worden sein dürfen.[3] Die Hinzurechnungsbesteuerung unterbleibt zudem gem. Art. 7 Abs. 2 Buchst. a Unterabs. 2 ATAD, wenn das beherrschte Unternehmen, gestützt auf Personal, Ausstattung, Vermögenswerte und Räumlichkeiten, eine wesentliche wirtschaftliche Aktivität ausübt. Diese Ausnahme dürfte der Rechtsprechung des EuGH geschuldet sein, derzufolge eine Hinzurechnungsbesteuerung nur dann mit den Grundfreiheiten vereinbar ist, wenn sie eine Ausnahme für Fälle echter wirtschaftlicher Aktivität im Einzelfall ermöglicht (Rz. 8.170 ff.). Bei der Formulierung dieser Ausnahme ergeben sich teilweise Abweichungen zu der einschlägigen Rechtsprechung des EuGH (insb. durch die Aufnahme des Tatbestandsmerkmal „wesentlich"), zudem wurde der in der Rechtsprechung des EuGH ebenfalls entwickelte „Motivtest" (was ist der Zweck der Gestaltung?) nicht aufgenommen.[4] Weiter lässt die Formulierung nicht eindeutig erkennen, bei wem die Beweislast für diese Umstände liegt; dies war in den Beratungen der Mitgliedstaaten lange Zeit ein strittiger Punkt.[5] Richtigerweise dürfte die Beweislast den Steuerpflichtigen treffen, da es sich um eine für ihn günstige Ausnahme von der Regel (Eingreifen der Hinzurechnungsbesteuerung) handelt und da es sich um Umstände handelt, die aus seiner Sphäre stammen.[6] Die Staaten können diese Gegenbeweismöglichkeit gem. Art. 7 Abs. 2 Buchst. a Unterabs. 3 ATAD für Konstellationen mit Drittstaaten (die nicht dem EWR angehören) auch ausschließen. Denn dann gelten die vom EuGH entwickelten Maßgaben der Grundfreiheiten nicht.[7]

Alternativ können die Mitgliedstaaten gem. Art. 7 Abs. 2 Buchst. b ATAD die Einkünfte unter Verwendung einer **spezifischen Missbrauchsregel** definieren (sog. transaktionsbezogener Ansatz). Nach dieser Regel – deren Aufnahme in die Richtlinie lange Zeit strittig war –[8] werden Einkünfte aus unangemessenen Gestaltungen erfasst, deren wesentlicher Zweck darin besteht, einen steuerlichen Vorteil zu erlangen. Der Begriff der Unangemessenheit wird in Art. 7 Abs. 2 Buchst. b ATAD näher definiert und umfasst Gestaltungen (oder eine Abfolge von Gestaltungen), bei denen die beherrschte Gesellschaft bzw.

17.76

---

1 Zu den verschiedenen Möglichkeiten der Einkünfteermittlung bei Hinzurechnungsbesteuerungssystemen s. OECD, OECD/G20 Base Erosion and Profit Shifting Project, Designing Effective Controlled Foreign Company Rules, Action 3: 2015 Final Report, Rz. 72 ff.
2 Eingehend zu den einzelnen Katalogeinkünften s. *Böhmer/Gebhardt/Krüger* in Hagemann/Kahlenberg, ATAD-Kommentar, Art. 7 Rz. 63 ff.
3 S. zu diesem Tatbestandsmerkmal und den sich ergebenden Konsequenzen *Böhmer/Gebhardt/Krüger* in Hagemann/Kahlenberg, ATAD-Kommentar, Art. 7 Rz. 54 ff.
4 *Kirchmayr* in Kirchmayr/Mayr/Hirschler/Kofler, Anti-BEPS-Richtlinie, S.100; *Schönfeld*, IStR 2017, 721 (727); *Haase*, ISR 2017, 349 (355); *Schönfeld*, IStR 2017, 949 (950 f.).
5 Vgl. *Kirchmayr* in Kirchmayr/Mayr/Hirschler/Kofler, Anti-BEPS-Richtlinie, S. 100.
6 S. dazu auch *Prusko*, Steuerliche Missbrauchsvermeidung im Europäischen Binnenmarkt, S. 242 f.
7 Die auch in Drittstaatssachverhalten einschlägige Kapitalverkehrsfreiheit dürfte wegen der in Art. 7 Abs. 1 ATAD geregelten Beteiligungsschwellen regelmäßig hinter die Niederlassungsfreiheit (welche für Drittstaaten nicht gilt) zurücktreten, s. zum Verhältnis der Grundfreiheiten Rz. 7.26 ff. S. aber auch *Böhmer/Gebhardt/Krüger* in Hagemann/Kahlenberg, ATAD-Kommentar, Art. 7 Rz. 183 ff. denen zufolge es primärrechtlich geboten sein soll, den Substanztest auch gegenüber Drittstaaten zu gewähren.
8 Einige EU-Mitgliedstaaten erachteten diese Regelung als zu schwach und damit als unzureichend für die Herstellung eines effektiven Mindestschutzes in der EU, s. dazu den Bericht des Generalsekretariats des Rates v. 17.5.2016, Dok-Nr. 8899/16 FISC 75, Rz. 15; vgl. auch *Rigaut*, ET 2016, 497 (504); *Kreienbaum* in Europäisches Steuerrecht, DStJG 41 (2018), S. 475 (489): „äußerst komplex, schwierig in der Anwendung und damit auch streitanfällig". Für eine positive Sichtweise s. *Moser/Hentschel*, Intertax 2017, 606 (617); s. auch *Linn*, IStR 2016, 645 (647), dem zufolge die Alternative dazu genutzt werden kann, „möglichst großzügige Hinzurechnungsbesteuerungsregeln einzuführen, um als Holding-Standort attraktiv zu bleiben"; ähnlich *Schnitger/Neitzschke/Gebhardt*, IStR 2016, 960 (970); *Böhmer/Gebhardt/Krüger* in Hagemann/Kahlenberg, ATAD-Kommentar, Art. 7 Rz. 218: „entschärfte Hinzurechnungsbesteuerung".

Betriebsstätte nur aufgrund der Beherrschung (als deren Folge Personal der beherrschenden Gesellschaft die relevanten Aufgaben für die Vermögenswerte und Risiken ausführt) Eigentümerin der betreffenden Vermögenswerte geworden ist oder die Risiken eingegangen ist, aus denen die Einkünfte hervorgehen.[1] Im Kern sollen also Konstellationen erfasst werden, die auf eine Steuerminimierung abzielen und in denen die für die Einkünfteverlagerung relevanten Entscheidungen nicht vom Personal der beherrschten Gesellschaft bzw. Betriebsstätte, sondern von den beherrschenden Steuerpflichtigen getroffen werden – hier bestehen eindeutige Anleihen zum Konzept der *significant people functions* zur Gewinnzuordnung bei Betriebsstätten auf Basis des *AOA*.[2] Im ursprünglichen Richtlinienentwurf war die Missbrauchskomponente noch anders angelegt: Dort war der Katalog passiver Einkünfte als Grundregel vorgesehen, mit einer Beschränkung auf rein künstliche oder unangemessene Gestaltungen mit dem wesentlichen Ziel eines Steuervorteils für Sacherhalte mit EU-Bezug (Art. 8 Abs. 2).

17.77 Die in Art. 7 Abs. 2 Buchst. a und b ATAD letztlich getroffenen Regelungen geben den Mitgliedstaaten gewisse **Spielräume**, gerade im Hinblick auf die einschlägige Rechtsprechung des EuGH. Dies ermöglicht es ihnen, den Katalog passiver Einkünfte auch in EU-internen Sachverhalten anzuwenden, ohne dass dafür die Unangemessenheit oder Künstlichkeit der Gestaltung explizite Voraussetzung ist. Die Nichtübernahme der vom EuGH gewählten Formulierungen bzw. Faktoren („rein künstlich", Motivtest) dürfte bewusst erfolgt sein, um eine Festschreibung dieser von vielen Mitgliedstaaten als zu eng empfundenen Rechtsprechung im Sekundärrecht zu verhindern.

17.78 In Art. 7 Abs. 3 und 4 ATAD sind **Optionsrechte** geregelt, mit denen die Mitgliedstaaten die vorstehend beschriebenen Regelungen abmildern können. Gemäß Art. 7 Abs. 3 ATAD können die Mitgliedstaaten, die die Einkünfteermittlung auf der Basis von Art. 7 Abs. 2 Buchst. a ATAD vorschreiben, von der Anwendung der Hinzurechnungsbesteuerung absehen, wenn die Einkünfte aus den dort genannten Einkunftsarten höchstens ein Drittel der gesamten Einkünfte des beherrschten Unternehmens oder der Betriebsstätte ausmachen.[3] Für Finanzunternehmen erlaubt Art. 7 Abs. 3 Unterabs. 2 ATAD eine weitere Ausnahme, wenn höchstens ein Drittel der Einkünfte im Sinne von Art. 7 Abs. 2 Buchst. a ATAD aus Transaktionen mit dem Steuerpflichtigen selbst oder seinen verbundenen Unternehmen stammt.[4] Falls ein Mitgliedstaat die Einkünfteermittlung hingegen nach Maßgabe von Art. 7 Abs. 2 Buchst. b ATAD vornimmt, kann er gem. Art. 7 Abs. 4 ATAD von der Hinzurechnungsbesteuerung absehen, wenn das beherrschte Unternehmen bzw. die Betriebsstätte Buchgewinne von höchstens 750.000 Euro und nichtkommerzielle Einkünfte von höchstens 75.000 Euro erzielt oder wenn die Buchgewinne des beherrschten Unternehmens bzw. der Betriebsstätte nicht mehr als 10 % ihrer betrieblichen Aufwendungen für

---

1 Kritisch hierzu *Schnitger/Neitzschke/Gebhardt*, IStR 2016, 960 (969 f.); *Haase*, ifst-Schrift 521 S. 131 f.
2 S. dazu auch *Haase*, ifst-Schrift 521 S. 132.
3 Dieser Gedanke war schon im ursprünglichen Richtlinienentwurf der Kommission enthalten, allerdings in anderer Form: Nach Art. 8 Abs. 1 Buchst. c dieses Entwurfs stand die Hinzurechnung der im Katalog genannten passiven Einkünfte generell unter dem Vorbehalt, dass diese Einkünfte mehr als 50 % der Einkünfte des Unternehmens hätten ausmachen müssen. Die nun gefundene Regelung ist demgegenüber enger, da sie nur als Option für die Mitgliedstaaten ausgestaltet ist und eine geringere Grenze (ein Drittel statt 50 %) vorsieht. S. zu dieser Ausnahmeregel auch *Moser/Hentschel*, Intertax 2017, 606 (619 f.). Im Übrigen dürfte es für die Ermittlung des hinzuzurechnenden Anteils immer auf die jeweilige Höhe der Beteiligung am Kapital ankommen, auch wenn das beherrschende Unternehmen die in Art. 7 Abs. 1 Buchst. a ATAD genannte Grenze nur bei den Stimmrechten oder der Gewinnbeteiligung überschreitet. Denn sonst wäre bei mehreren beherrschenden Unternehmen eine mehrfache Hinzurechnung derselben Einkünfte möglich. Zu dieser „horizontalen Mehrfachzurechnung" s. eingehend *Kirchmayr* in Kirchmayr/Mayr/Hirschler/Kofler, Anti-BEPS-Richtlinie, S. 101 f.; s. aber auch *Schnitger/Neitzschke/Gebhardt*, IStR 2016, 960 (971); *Moser/Hentschel*, Intertax 2017, 606 (611).
4 Auch diese Regelung war im ursprünglichen Richtlinienentwurf noch als zwingender Ausnahmetatbestand und nicht als Option für die Mitgliedstaaten vorgesehen. Zudem war eine großzügigere Grenze (50 % statt ein Drittel) geplant, Art. 8 Abs. 1 Unterabs. 2.

den Steuerzeitraum ausmachen.[1] Hintergrund dieser Ausnahmeregelungen dürfte sein, dass in den angesprochenen Konstellationen von einer verringerten Missbrauchsgefahr ausgegangen wird (etwa weil die wirtschaftlichen Aktivitäten ein gewisses Ausmaß nicht überschreiten).

In Art. 8 ATAD sind Regelungen zur **Berechnung der Einkünfte** des beherrschten Unternehmens bzw. der Betriebsstätte enthalten.[2] Wenn die Mitgliedstaaten die Einkünfteermittlung nach Art. 7 Abs. 2 Buchst. a ATAD gewählt haben, werden die Einkünfte nach Maßgabe der nationalen Vorschriften des Ansässigkeitsstaats des Steuerpflichtigen berechnet.[3] Etwaige Verluste werden nicht in die Bemessungsgrundlage des Steuerpflichtigen einbezogen, sondern lösen einen Verlustvortrag in künftige Steuerjahre aus.[4] Bei einer Einkünfteermittlung gem. Art. 7 Abs. 2 Buchst. b ATAD unterliegen diejenigen Einkünfte einer Hinzurechnung, die auf Vermögenswerten und Risiken basieren, zu denen die Entscheidungsträger[5] der beherrschenden Gesellschaft die maßgeblichen Entscheidungen treffen. Die konkret zuzurechnenden Einkünfte sollen auf Basis des Fremdvergleichsgrundsatzes berechnet werden.

17.79

Wie sich aus Art. 8 Abs. 3 ATAD ergibt, erfolgt die Hinzurechnung nicht per se in voller Höhe, sondern anteilig entsprechend der tatsächlichen Höhe der Beteiligung im Sinne von Art. 7 Abs. 1 Buchst. a ATAD.[6] Gewinne, die auf Einkünften beruhen, die zuvor bereits einer Hinzurechnung unterlegen haben, dürfen bei einer späteren Ausschüttung nicht in die steuerliche Bemessungsgrundlage des Steuerpflichtigen einbezogen werden. Damit soll eine **Doppelbesteuerung** desselben wirtschaftlichen Substrats verhindert werden, Art. 8 Abs. 5 ATAD.[7] Eine vergleichbare Regelung enthält Art. 8 Abs. 6 ATAD für Veräußerungen von Anteilen an beherrschten Gesellschaften bzw. von Geschäftstätigkeiten von Betriebsstätten: Der Veräußerungserlös darf beim Steuerpflichtigen nicht in die steuerliche Bemessungsgrundlage einbezogen werden, wenn es insoweit zuvor bereits zu einer Hinzurechnung gekommen ist.[8] Schließlich regelt Art. 8 Abs. 7 ATAD, dass die vom beherrschten Unternehmen bzw. der Betriebsstätte tatsächlich gezahlte Steuer auf die Steuer des Steuerpflichtigen in seinem Ansässigkeitsstaat anzurech-

17.80

---

1 Wie sich aus Art. 7 Abs. 4 Unterabs. 2 ATAD ergibt, dürfen die betrieblichen Aufwendungen in diesem Fall weder die Kosten der Waren, die außerhalb des Staates des beherrschten Unternehmens bzw. der Betriebsstätte verkauft wurden, noch Zahlungen an verbundene Unternehmen einschließen; kritisch dazu *Haase*, ifst-Schrift 521 S. 133.
2 Dabei ist nach dem Wortlaut von Art. 7 Abs. 2 ATAD davon auszugehen, dass die Einkünfte als solche in die Bemessungsgrundlage des beherrschenden Steuerpflichtigen eingehen, es kommt also nicht etwa zu einer Umqualifizierung in fiktive Dividenden, s. auch *Böhmer/Gebhardt/Krüger* in Hagemann/Kahlenberg, ATAD-Kommentar, Art. 7 Rz. 248 ff.
3 Dies entspricht auch der einschlägigen BEPS-Empfehlung, s. OECD, OECD/G20 Base Erosion and Profit Shifting Project, Designing Effective Controlled Foreign Company Rules, Action 3: 2015 Final Report, Rz.101. Aus dem Wortlaut von Art. 8 ATAD kann gefolgert werden, dass es sich nicht um eine „fiktive Ausschüttung" der Einkünfte an das beherrschende Unternehmen handelt, sondern dass diese Einkünfte unmittelbar beim beherrschenden Unternehmen anfallen, s. *Kirchmayr* in Kirchmayr/Mayr/Hirschler/Kofler, Anti-BEPS-Richtlinie, S. 106.
4 Zur Frage, ob sich die „Verluste" nur auf die von Art. 7 Abs. 2 ATAD umfassten Einkünfte beziehen, s. *Hirschler/Stückler* in Kirchmayr/Mayr/Hirschler/Kofler, Anti-BEPS-Richtlinie, S. 109.
5 Damit sind offenbar die *„significant people functions"* im Sinne des *Authorised OECD Approach* gemeint, vgl. *Benz/Böhmer*, DB 2016, 2501 (2506) unter Hinweis auf die englische Sprachfassung sowie *Kreienbaum* in Europäisches Steuerrecht, DStJG 41 (2018), S. 475 (488).
6 Dies gilt naturgemäß nur für beherrschte Unternehmen und nicht für Betriebsstätten.
7 Zu der entsprechenden BEPS-Empfehlung s. OECD, OECD/G20 Base Erosion and Profit Shifting Project, Designing Effective Controlled Foreign Company Rules, Action 3: 2015 Final Report, Rz.131 ff.
8 Vgl. zu dieser Konstellation ebenfalls OECD, OECD/G20 Base Erosion and Profit Shifting Project, Designing Effective Controlled Foreign Company Rules, Action 3: 2015 Final Report, Rz. 131 ff.; s. auch *Schnitger/Neitzschke/Gebhardt*, IStR 2016, 960 (973), denen zufolge die Einbeziehung der Veräußerung von Betriebsstätten „grundsätzlich ins Leere" läuft.

nen ist. Die Einzelheiten der Anrechnung sollen sich nach den jeweiligen nationalen Bestimmungen des Ansässigkeitsstaats richten.[1]

17.81 In einer zusammenfassenden Betrachtung fällt auf, dass die Bestimmungen den Mitgliedstaaten einige **Wahlrechte** lassen, mit denen die Hinzurechnung mehr oder weniger streng ausgestaltet werden kann. Insoweit sind die Abweichungen gegenüber dem ursprünglichen Richtlinienentwurf vergleichsweise groß. Hieran zeigt sich, dass diese Regelungen Gegenstand besonders intensiver Diskussionen zwischen den Mitgliedstaaten waren; das Einräumen der Optionen dürfte erheblich zur Konsensfindung beigetragen haben. Die Kehrseite besteht darin, dass die Einheitlichkeit der Hinzurechnungsbesteuerungssysteme im Binnenmarkt eingeschränkt ist.

17.82 Im Einklang mit der Rechtsprechung des EuGH wird dem Steuerpflichtigen in jedem Fall die Möglichkeit eingeräumt, das Eingreifen der Hinzurechnungsbesteuerung durch den Nachweis einer wesentlichen wirtschaftlichen Tätigkeit abzuwenden. Auch wenn die ATAD gem. Art. 3 ATAD nur einen Mindeststandard statuiert, der strengere Regelungen der Mitgliedstaaten zulässt, dürfte dieser Punkt unabdingbar sein. Denn entsprechende nationale Vorschriften würden nicht mehr den „Schutz" der Richtlinie genießen und wären uneingeschränkt am europäischen Primärrecht zu messen; aus den Grundfreiheiten hat der EuGH aber abgeleitet, dass dem Steuerpflichtigen eine entsprechende **Gegenbeweismöglichkeit** eingeräumt werden muss (s. Rz. 8.175 ff.). Insoweit dürfte der Rahmen für eine primärrechtlich zulässige Abweichung hier enger sein als bei anderen Tatbestandsmerkmalen.

VIII. Hybride Gestaltungen

17.83 Die Regelungen zur Bekämpfung hybrider Gestaltungen sind in Art. 9 bis 9b ATAD enthalten. Sie sollen eine **doppelte Nichtbesteuerung** unterbinden, die entsteht, wenn bestimmte Ausgaben mehrmals steuermindernd berücksichtigt werden können (*double deduction*) oder wenn für steuerlich abzugsfähige Aufwendungen keine korrespondierende Besteuerung beim Empfänger erfolgt (*deduction/non-inclusion*). Ausgelöst werden diese unerwünschten Steuerfolgen durch hybride Effekte, also durch unterschiedliche Qualifikationsentscheidungen der beiden betroffenen Staaten. Ein typisches Beispiel ist der Einsatz eines hybriden Finanzinstruments, das von dem Ansässigkeitsstaat des zahlenden Steuerpflichtigen als Darlehen angesehen wird (so dass die Zahlung dort als steuerlich abzugsfähiger Zinsaufwand behandelt wird) und vom Ansässigkeitsstaat des empfangenden Steuerpflichtigen als Eigenkapital (so dass der Dividendenempfang dort vorbehaltlich des Überschreitens einer Beteiligungsschwelle oder der Erfüllung anderer Bedingungen nicht besteuert wird). Ein weiteres Beispiel betrifft eine hybride Gesellschaft, die ein Staat als intransparent ansieht (so dass er ihre Ergebnisse der Besteuerung unterwirft) und ein anderer Staat als transparent (so dass er die steuerlichen Ergebnisse der hybriden Gesellschaft deren Gesellschaftern zuordnet). Das hybride Element ist stets erforderlich, um diese Abwehrregelungen zur Anwendung zu bringen; der bloße Umstand, dass der Empfang einer steuerlich abzugsfähiggen Zahlung in einem anderen Staat nicht besteuert wird (etwa aufgrund einer gezielten steuerlichen Privilegierung), reicht nicht aus.[2]

17.84 Die **Entstehung dieser Vorschriften** verlief in mehreren Etappen. Die negativen steuerlichen Effekte, die sich aus hybriden Gestaltungen ergeben können, waren schon seit Längerem Gegenstand der internationalen Diskussion. Bereits seit dem Jahr 2009 befasste sich in der EU die Gruppe Verhaltenskodex (Unternehmensbesteuerung) mit der Thematik.[3] Parallel dazu untersuchte auch die OECD besondere

---

[1] S. dazu auch *Kirchmayr* in Kirchmayr/Mayr/Hirschler/Kofler, Anti-BEPS-Richtlinie, S. 106; umfassend *Böhmer/Gebhardt/Krüger* in Hagemann/Kahlenberg, ATAD-Kommentar, Art. 8 Rz. 52 ff.
[2] Vgl. dazu Erwägungsgrund (16) zur ATAD2: Eine hybride Gestaltung liegt nicht vor, wenn die Steuerermäßigung lediglich auf den Steuerstatus des Zahlungsempfängers oder auf ein vorhandenes Präferenzregime zurückzuführen ist.
[3] S. zur Entwicklung das gleichzeitig mit der ATAD2 vorgelegte Arbeitspapier der Kommission v. 25.10.2016, Commission Staff Working Document Accompanying the document Proposal for a Council Directive

Aspekte hybrider Gestaltungen; in der Folge veröffentlichte sie einige Berichte, insb. den umfassenden Bericht aus dem Jahr 2012, der bereits wichtige Erkenntnisse für die späteren BEPS-Arbeiten zu diesem Punkt enthielt.[1] Dadurch erhielt die Thematik weitere Aufmerksamkeit, und in der EU kam es im Jahr 2014 zu einer Änderung der MTRL, um *deduction/non-inclusion*-Ergebnisse bei konzerninternen Dividendenzahlungen zu beseitigen.[2] Im BEPS-Projekt von OECD und G20 wurden Empfehlungen zur Bekämpfung hybrider Gestaltungen bei Aktionspunkt 2 entwickelt. Der dazu im September 2014 vorgelegte Bericht enthielt grundlegende Empfehlungen zur Unterbindung hybrider Gestaltungen, die für einzelne Fallgestaltungen regeln, welcher Staat einen Abzug versagen bzw. eine Einbeziehung von Einkünften in die steuerliche Bemessungsgrundlage vornehmen muss, um eine Einmalbesteuerung sicherzustellen.[3] Der ein Jahr später präsentierte Abschlussbericht zu BEPS-Aktionspunkt 2 sah nur noch kleinere Änderungen und Ergänzungen vor und stellte darüber hinaus weitergehende Erläuterungen und eine große Anzahl von Beispielsfällen zur Verfügung, um die praktische Handhabung der Empfehlungen für Finanzverwaltung und Steuerpflichtige zu erleichtern.[4]

Auch wenn der Kern der BEPS-Empfehlungen zur Bekämpfung hybrider Gestaltungen also bereits im September 2014 feststand, wählte die Gruppe Verhaltenskodex (Unternehmensbesteuerung) bei ihren weiteren Arbeiten einen methodisch anderen Weg. Der von ihr entwickelte *fixed alignment*-Ansatz regelte nicht die Versagung von Abzugsmöglichkeiten bzw. die Einbeziehung von Einkünften in die Bemessungsgrundlage, sondern sah vor, dass die betroffenen Staaten die beteiligten Gesellschaften als transparent bzw. intransparent ansehen sollten, um auf diese Weise eine doppelte Nichtbesteuerung zu vermeiden.[5] Es liegt auf der Hand, dass mit einem solchen Ansatz potenziell sehr weitgehende Rechtsfolgen – auch zu ganz anderen steuerlichen Aspekten – verbunden sein können; daher beschränkte der *fixed alignment*-Ansatz diese (Um-)Qualifikation auf die Bekämpfung hybrider Effekte. Die Gruppe Verhaltenskodex (Unternehmensbesteuerung), die sich in diesen Fragen mit dem OECD-Sekretariat abstimmte, ging davon aus, dass die Rechtsfolgen dieser beschränkten (Um-)Qualifikationen denen der BEPS-Empfehlungen zu Aktionspunkt 2 entsprechen würden.

17.85

Bei der Konzeption des ATAD-Entwurfs wählte die Kommission einen anderen Weg als die Gruppe Verhaltenskodex (Unternehmensbesteuerung).[6] Dieser entsprach methodisch aber wiederum nicht den Empfehlungen zu BEPS-Aktionspunkt 2, sondern verfolgte einen nochmals anderen Ansatz. Nach Art. 10 des ATAD-Entwurfs sollte die Qualifikationsentscheidung (bezogen auf ein hybrides Unternehmen oder ein hybrides Instrument) des Staates, aus dem die Zahlung stammt oder in dem die Aufwendungen oder Verluste angefallen sind, für die entsprechende Qualifikation im anderen Staat maßgeblich sein. Auch dieser Ansatz einer „**Qualifikationsverkettung**" nahm für sich in Anspruch, im Ergebnis

17.86

---

amending Directive (EU) 2016/1164 as regards hybrid mismatches with third countries, SWD(2016) 345 final, S. 3.
1 OECD, Report on Habrid Mismatch Arangements: Tax Policy and Compliance Issues, 2012.
2 Richtlinie 2014/86/EU des Rates v. 8.7.2014 zur Änderung der Richtlinie 2011/96/EU über das gemeinsame Steuersystem der Mutter- und Tochtergesellschaften verschiedener Mitgliedstaaten, ABl. EU 2014 Nr. L 219, 40.
3 OECD, OECD/G20 Base Erosion and Profit Shifting Project, Neutralising the Effects of Hybrid Mismatch Arrangements, Action 2: 2014 Deliverable; s. dazu *Staats*, IStR 2014, 749; s. zuvor schon *Schnitger/Weiss*, IStR 2014, 385 sowie *Schnitger/Oskamp*, IStR 2014, 508.
4 OECD, OECD/G20 Base Erosion and Profit Shifting Project, Neutralising the Effects of Hybrid Mismatch Arrangements, Action 2: 2015 Final Report. S. zur Umsetzung der abkommensbezogenen Hybrid-Empfehlungen durch das Multilaterale Instrument (BEPS-Aktionspunkt 15) *Grotherr*, ISR 2017, 221.
5 S. – für hybride Betriebsstätten – den Bericht der Gruppe Verhaltenskodex (Unternehmensbesteuerung) an den ECOFIN v. 11.6.2015, Dok-Nr. 9620/1 5 FISC 60.
6 Offenbar hatte die Kommission rechtliche Bedenken gegen den *fixed alignment*-Ansatz, vgl. *Rigaut*, ET 2016, 497 (500). Zudem hielt sie augenscheinlich den Erlass einer Richtlinie für zielführender als die *soft-law*-Empfehlungen der Gruppe Verhaltenskodex (Unternehmensbesteuerung), vgl. *Fibbe/Stevens*, EC Tax Review 2017, 153 (154).

mit den zu BEPS-Aktionspunkt 2 erarbeiteten Empfehlungen kompatibel zu sein.[1] Letztlich ließen sich die Mitgliedstaaten davon aber nicht überzeugen. Es kam hinzu, dass die OECD bei Vorlage des Abschlussberichts zu BEPS-Aktionspunkt 2 selbst festgestellt hatte, dass weitere Arbeiten zur Behandlung hybrider Betriebsstätten erforderlich seien; ein ergänzender Bericht hierzu wurde im Juli 2017 vorgelegt.[2] Die Behandlung hybrider Betriebsstätten war im ATAD-Richtlinienentwurf noch nicht geklärt, so dass ein Abwarten der weiteren OECD-Arbeiten sinnvoll erschien. Da die ATAD in allen anderen Punkten aber entscheidungsreif war, entschieden sich die EU-Mitgliedstaaten im Juni 2016, nicht die Verabschiedung der gesamten ATAD aufzuschieben, sondern die ATAD als solche anzunehmen und bei Art. 2 Abs. 9 und Art. 9 ATAD rudimentäre Vorschriften zu hybriden Gestaltungen in reinen EU-Sachverhalten aufzunehmen (sozusagen als „Platzhalter"), die bis zum Ende des Jahres 2016 im Sinne einer umfassenden Lösung ergänzt werden sollten.[3]

17.87 Diese weiteren Arbeiten wurden unter slowakischer Ratspräsidentschaft zügig aufgenommen. Am 26.10.2016 legte die Kommission den Entwurf einer **Änderungsrichtlinie zur ATAD** (ATAD2) vor.[4] Unmittelbar im Anschluss begannen intensive fachliche Diskussionen, bei denen das OECD-Sekretariat eng einbezogen wurde.[5] Als sich abzeichnete, welchen Weg OECD und G20 bei ihren weiteren Empfehlungen zu hybriden Betriebsstätten gehen würden, konnten die Arbeiten zur ATAD2 unter maltesischer Ratspräsidentschaft abgeschlossen werden. Am 21.2.2017 wurde eine grundsätzliche Einigung über die ATAD2 erzielt, die im Vergleich zum Richtlinienentwurf weitaus detailliertere Regelungen enthält; die rechtsförmliche Beschlussfassung erfolgte am 29.5.2017.[6] Die Änderung von Art. 9 ATAD in seiner ursprünglichen Form erfolgte damit noch vor seiner erstmaligen Anwendung.

17.88 Wie sich aus Erwägungsgrund (5) zur ATAD2 ergibt, verfolgt die Änderungsrichtlinie das Ziel, Regelungen zur Bekämpfung hybrider Gestaltungen einzuführen, die **im Einklang mit den Empfehlungen zu BEPS-Aktionspunkt 2** stehen und nicht weniger wirksam sind als diese. Übergeordnetes Anliegen der Hybrid-Regelungen ist es, eine Einmalbesteuerung sicherzustellen und das Entstehen einer doppelten Nichtbesteuerung zu vermeiden. Der Aufbau der Regelungen in der ATAD2 unterscheidet sich allerdings von den BEPS-Empfehlungen: OECD und G20 haben zwölf Empfehlungen zur Bekämpfung unterschiedlicher Erscheinungsformen hybrider Gestaltungen (Hybrid-Empfehlungen) und weitere fünf Empfehlungen zur Bekämpfung betriebsstättenbezogener Gestaltungen (Betriebsstätten-Empfehlungen) vorgelegt. Die ATAD2 enthält demgegenüber in Art. 9, 9a und 9b insgesamt sieben Abwehrregelungen, die tatbestandlich teilweise breiter angelegt sind und dadurch mitunter mehrere der von OECD und G20 behandelten Konstellationen bzw. der dazu ergangenen Empfehlungen erfassen. Dies erschwert eine direkte Gegenüberstellung beider Regelungswerke; eine genaue Betrachtung zeigt je-

---

1 Kritisch dazu *Jochen Lüdicke/Oppel*, DB 2016, 549 (555); *Becker/Loose*, IStR 2016, 153 (154); *Benz/Böhmer*, DB 2016, 307 (311 f.); *Rautenstrauch*, DB 2016 (Heft 6), M5.
2 OECD, OECD/G20 Base Erosion and Profit Shifting Project, Neutralising the Effects of Branch Mismatch Arrangements, Action 2: Inclusive Framework on BEPS, 2017. Hintergrund war, dass durch Einsatz von Betriebsstätten vergleichbare hybride Effekte wie bei Gesellschaften herbeigeführt werden können; ohne die Erarbeitung entsprechender Abwehrregelungen für Betriebsstättenkonstellationen hätten die Empfehlungen zu BEPS-Aktionspunkt 2 umgangen werden können. Vgl. auch *Kahlenberg*, IStR 2018, 93 (94 f.): hybride Betriebsstätten als „Substitut".
3 Vgl. dazu die Allgemeine Begründung zum ATAD2-Richtlinienentwurf, Vorschlag der Kommission v. 25.10.2016 für eine Richtlinie des Rates zur Änderung der Richtlinie (EU) 2016/1164 bezüglich hybrider Gestaltungen mit Drittländern, COM(2016) 687 final, S. 2; vgl. auch *Balco*, ET 2017, 127 (127 f.).
4 Vorschlag der Europäischen Kommission v. 25.10.2016 für eine Richtlinie des Rates zur Änderung der Richtlinie (EU) 2016/1164 bezüglich hybrider Gestaltungen mit Drittländern, COM(2016) 687 final.
5 S. hierzu die Darstellung bei *Balco*, ET 2017, 127 (129 ff.). Demnach konnte über den Großteil der ATAD2 bereits beim ECOFIN vom 6.12.2016 eine Einigung erzielt werden, aber wegen des Widerstands von Österreich und Frankreich zu zwei einzelnen Regelungen gelang eine Gesamteinigung noch nicht.
6 Richtlinie (EU) 2017/952 des Rates v. 29.5.2017 zur Änderung der Richtlinie (EU) 2016/1164 bezüglich hybrider Gestaltungen mit Drittländern, ABl. EU 2017 Nr. L 144, 1.

doch, dass die ATAD2 in weiten Teilen – wenn auch nicht vollständig – mit den Empfehlungen zu BEPS-Aktionspunkt 2 übereinstimmt.

Durch die ATAD2 wurden weitere **Definitionen** in Art. 2 ATAD eingefügt. Dies betrifft zunächst die Voraussetzungen für das Vorliegen eines verbundenen Unternehmens im Sinne von Art. 2 Abs. 4 ATAD. Nach dieser Regelung liegt die maßgebliche Beteiligungsgrenze für Zwecke der ATAD grundsätzlich bei 25 %. In seiner ursprünglichen Fassung hatte Art. 2 Abs. 4 letzter Unterabs. ATAD vorgesehen, dass diese Grenze für die Anwendung von Art. 9 ATAD bei hybriden Rechtsträgern auf 50 % erhöht wird. Dies entsprach im Grundsatz den Hybrid-Empfehlungen des BEPS-Projekts, die ebenfalls häufig eine 50%ige Beteiligungsschwelle statuieren.[1] Die Hybrid-Empfehlungen des BEPS-Projekts sehen teilweise aber auch andere Grenzen vor.[2] Durch die ATAD2 wurde die maßgebliche Beteiligungsschwelle in der Richtlinie nun ebenfalls stärker ausdifferenziert.[3] Der neugefasste Art. 2 Abs. 4 letzter Unterabs. Buchst. a ATAD legt explizit fest, für welche Konstellationen die höhere Beteiligungsgrenze gelten soll (und im Umkehrschluss, für welche nicht – für diese bleibt es dann bei der 25%igen Beteiligungsschwelle, wie sich aus Art. 2 Abs. 9 Unterabs. 2 Buchst. c ATAD ergibt). Auch nach den Änderungen durch die ATAD2 weisen die Regelungen zur Beteiligungsgrenze zwischen ATAD einerseits und den BEPS-Empfehlungen andererseits aber noch gewisse Unterschiede auf.[4]

17.89

Weiterhin ergeben sich aus Art. 2 Abs. 4 letzter Unterabs. Buchst. b und c ATAD für die Anwendung von Art. 9 und 9a ATAD nun gewisse Erweiterungen des Begriffs des verbundenen Unternehmens, die beispielsweise auch Fälle faktischer Kontrolle – unabhängig von der tatsächlichen Beteiligungshöhe – erfassen.[5] Auch die in Art. 2 Abs. 9 ATAD aufgeführten Definitionen wurden durch die ATAD2 maßgeblich erweitert. Die Definition „hybride Gestaltung" gibt nun einen Überblick über die von Art. 9 ATAD erfassten **Konstellationen**.[6] Dies betrifft

17.90

– *Deduction/Non-inclusion* bei Finanzinstrumenten, wenn die Inkongruenz auf einer unterschiedlichen Einordnung des Instruments oder der betreffenden Zahlung beruht und die abzugsfähige Zahlung beim Empfänger nicht innerhalb eines angemessenen Zeitraums[7] berücksichtigt wird, Art. 2 Abs. 9 Unterabs. 1 Buchst. a ATAD – angelehnt an die OECD/G20-Hybrid-Empfehlung 1. Ein Beispiel ist die „klassische" Verwendung eines hybriden Finanzinstruments, das beim Zahlenden als ab-

---

1 Die maßgebliche Definition befindet sich in der Hybrid-Empfehlung 11 von OECD und G20. *Köhler*, ISR 2018, 250 (252) kritisiert, dass nur das Erreichen und nicht das Überschreiten der 50 %-Grenze gefordert wird; nur in letzterem Fall liege eine Beherrschung vor. Vgl. auch *Tomazela Santos*, BIFD 2018, 506 (510) zu Gestaltungen, bei denen die 50 %-Grenze gezielt unterschritten wird.
2 So kommt es bei der Hybrid-Empfehlung 1 lediglich auf eine 25%ige Beteiligungsgrenze an, und bei der Hybrid-Empfehlung 6 gilt die 50%ige Beteiligungsschwelle nur teilweise.
3 Vgl. dazu auch *Fibbe/Stevens*, EC Tax Review 2017, 153 (158).
4 So soll die Hochsetzung auf 50 % für die Bekämpfung doppelter Abzüge gemäß Art. 2 Abs. 4 letzter Unterabs. Buchst. a i.V. m. Art. 2 Abs. 9 Buchst. g ATAD generell gelten, wohingegen die Hybrid-Empfehlung 6 von OECD und G20 hier differenziert und nur für die „Abwehrmaßnahme" eine 50%ige Grenze festsetzt, nicht aber für die „Primärmaßnahme", für die keinerlei Beteiligungsschwelle gelten soll.
5 Vergleichbare Regelungen befinden sich in der Hybrid-Empfehlung 11 von OECD und G20. Vgl. *Tomazela Santos*, BIFD 2018, 506 (507).
6 Ausführlich dazu *Kahlenberg/Radmanesh* in Hagemann/Kahlenberg, ATAD-Kommentar, Art. 2 Rz. 202 ff.; s. auch die Übersicht bei *Kahlenberg/Radmanesh* in Hagemann/Kahlenberg, ATAD-Kommentar, Art. 9 Rz. 19.
7 Eine Angemessenheit in diesem Sinne soll nach Art. 2 Abs. 9 Buchst. a Unterabs. 2 ATAD vorliegen, wenn die Einbeziehung in einem Steuerzeitraum erfolgt, der innerhalb von zwölf Monaten nach Ende des Steuerjahres des Zahlenden beginnt oder wenn vernünftigerweise davon auszugehen ist, dass die Zahlung in einem künftigen Steuerjahr berücksichtigt wird (vorausgesetzt, die Zahlungsbedingungen entsprechen dem Fremdüblichen). Vgl. zu dieser zeitlichen Komponente auch die OECD/G20-Hybrid-Empfehlung 1 (Ziff. 1 Buchst. c).

zugsfähiger Zins behandelt wird und beim Empfänger als steuerfreie Dividende.[1] Ebenfalls erfasst sind Fälle der hybriden Übertragung von Finanzinstrumenten.[2]

- *Deduction/Non-inclusion* bei Zahlungen an hybride Unternehmen, wenn die Inkongruenz auf einer unterschiedlichen Zuordnung der Zahlungen beruht, Art. 2 Abs. 9 Unterabs. 1 Buchst. b ATAD. Diese Regelung dürfte insbesondere sog. *reverse hybrids* im Sinne der OECD/G20-Hybrid-Empfehlung 4 erfassen. Ein Beispiel ist die Leistung einer abzugsfähigen Zahlung an ein Unternehmen, das in dessen Ansässigkeitsstaat als transparent angesehen wird (so dass es dort zu keiner Besteuerung kommt) und das vom Ansässigkeitsstaat seiner Muttergesellschaft hingegen als intransparent betrachtet wird (so dass dort eine Besteuerung ebenfalls unterbleibt).[3]

- *Deduction/Non-Inclusion* bei Betriebsstättenkonstellationen, wenn die Inkongruenz auf der unterschiedlichen Zuordnung der Zahlungen beruht; Gleiches gilt bei einer inkongruenten Zuordnung bei mehreren Betriebsstätten, Art. 2 Abs. 9 Unterabs. 1 Buchst. c ATAD – angelehnt an die OECD/G20-Betriebsstätten-Empfehlung 2. Ein Beispiel ist die Leistung einer abzugsfähigen Zahlung, deren Empfang sowohl vom Ansässigkeitsstaat des Unternehmens als auch vom Betriebsstättenstaat jeweils der im anderen Staat belegenen Einheit zugeordnet wird, so dass im Ergebnis eine Besteuerung in beiden Staaten unterbleibt; Gleiches gilt bei einer inkongruenten Zuordnung bei mehreren Betriebsstätten.[4]

- *Deduction/Non-Inclusion* bei Betriebsstättenkonstellationen, wenn die Inkongruenz auf der unterschiedlichen Auffassung über die Existenz einer Betriebsstätte beruht, Art. 2 Abs. 9 Unterabs. 1 Buchst. d i.V.m. Art. 2 Abs. 9 Unterabs. 3 Buchst. n ATAD – ebenfalls angelehnt an die OECD/G20-Betriebsstätten-Empfehlung 2. Ein Beispiel ist auch hier die Leistung einer abzugsfähigen Zahlung, die sowohl vom Ansässigkeitsstaat des Unternehmens als auch vom Betriebsstättenstaat jeweils der Einheit im anderen Staat zugeordnet wird (wobei der Betriebsstättenstaat im Gegensatz zum Ansässigkeitsstaat des Unternehmens davon ausgeht, dass gar keine Betriebsstätte vorliegt).[5]

- *Deduction/Non-Inclusion* bei abzugsfähigen Zahlungen, die der Ansässigkeitsstaat des Empfängers unberücksichtigt lässt und daher nicht besteuert, Art. 2 Abs. 9 Unterabs. 1 Buchst. e ATAD – angelehnt an die OECD/G20-Hybrid-Empfehlung 3. Ein Beispiel ist die Zahlung einer hybriden Gesellschaft an ihre Muttergesellschaft: In ihrem Ansässigkeitsstaat wird die hybride Gesellschaft als intransparent angesehen, so dass die Zahlung abzugsfähig ist, wohingegen der Ansässigkeitsstaat der

---

1 Vgl. OECD, OECD/G20 Base Erosion and Profit Shifting Project, Neutralising the Effects of Hybrid Mismatch Arrangements, Action 2: 2015 Final Report, Example 1.1.
2 Hierzu s. OECD, OECD/G20 Base Erosion and Profit Shifting Project, Neutralising the Effects of Hybrid Mismatch Arrangements, Action 2: 2015 Final Report, Rz. 72 ff. *Köhler*, ISR 2018, 250 (253) weist darauf hin, dass die Formulierung in Art. 2 Abs. 9 Unterabs. 3 Buchst. j ATAD dafür spricht, dass Finanzinstrumente im Sinne der Richtlinie stets eine hybride Übertragung aufweisen müssten, was den Anwendungsbereich erheblich einschränken würde. Es ist aber nicht davon auszugehen, dass eine derartige Beschränkung gewollt war; vielmehr dürfte die betreffende Vorschrift dahingehend zu verstehen sein, dass Fälle einer hybriden Übertragung ebenfalls erfasst sein sollen, so auch *Kahlenberg/Radmanesh* in Hagemann/Kahlenberg, ATAD-Kommentar, Art. 2 Rz. 205. Selbst wenn man von einem insoweit engen Richtlinienbegriff ausginge, wären die EU-Mitgliedstaaten bei der nationalen Umsetzung frei, einen entsprechend weiteren Anwendungsbereich vorzusehen, wie sich aus Art. 3 ATAD ergibt.
3 Vgl. OECD, OECD/G20 Base Erosion and Profit Shifting Project, Neutralising the Effects of Hybrid Mismatch Arrangements, Action 2: 2015 Final Report, Example 4.1.
4 Vgl. OECD, OECD/G20 Base Erosion and Profit Shifting Project, Neutralising the Effects of Branch Mismatch Arrangements, Action 2: Inclusive Framework on BEPS, 2017, Example 1. S. auch *Zinowsky/Jochimsen*, ISR 2017, 325 (332).
5 Vgl. OECD, OECD/G20 Base Erosion and Profit Shifting Project, Neutralising the Effects of Branch Mismatch Arrangements, Action 2: Inclusive Framework on BEPS, 2017, Example 1. Vgl. auch *Niedling/Rautenstrauch*, BB 2017, 1500 (1503) sowie *Kahlenberg*, IStR 2018, 93 (96 f.) mit dem Beispiel der Dienstleistungsbetriebsstätte, die von manchen Staaten als Betriebsstätte angesehen wird, von anderen (u.a. Deutschland) hingegen nicht.

Muttergesellschaft die hybride Gesellschaft als transparent betrachtet und deswegen die fragliche Zahlung nicht anerkennt und nicht besteuert.[1]

– *Deduction/Non-Inclusion* bei fiktiven Zahlungen in Betriebsstättenkonstellationen, die vom Ansässigkeitsstaat des Unternehmens nicht besteuert werden, Art. 2 Abs. 9 Unterabs. 1 Buchst. f ATAD – angelehnt an die OECD/G20-Betriebsstätten-Empfehlung 3. Eine solche Konstellation liegt beispielsweise vor, wenn eine Betriebsstätte die immateriellen Werte des Unternehmens nutzt und im Betriebsstättenstaat dafür eine fiktive Lizenzzahlung an das Unternehmen angesetzt wird, die steuerlich abzugsfähig ist, wohingegen der Ansässigkeitsstaat des Unternehmens keine solche fiktive Zahlung anerkennt und deswegen keine Besteuerung vornimmt.[2]

– *Double Deduction*, wobei eine nähere Eingrenzung unterbleibt, Art. 2 Abs. 9 Unterabs. 1 Buchst. g ATAD. Damit dürften jedenfalls die OECD/G20-Hybrid-Empfehlung 6 sowie die OECD/G20-Betriebsstätten-Empfehlung 4 angesprochen sein. Ein Beispiel ist die Zahlung (an einen konzernfremden Dritten) eines hybriden Unternehmens, das in seinem Ansässigkeitsstaat als intransparent und vom Ansässigkeitsstaat seiner Muttergesellschaft als transparent angesehen wird, so dass die Zahlung von beiden Staaten zum Abzug zugelassen wird.[3] Entsprechendes gilt bei Betriebsstättenkonstellationen, wenn der Betriebsstättenstaat die Existenz der Betriebsstätte bejaht, nicht aber der Ansässigkeitsstaat des Unternehmens;[4] auch in diesen Fällen kann es zu einem doppelten Abzug der nämlichen Aufwendungen kommen. Nach dem Wortlaut sind auch Fälle doppelt ansässiger Unternehmen im Sinne der OECD/G20-Hybrid-Empfehlung 7 erfasst.[5]

In Art. 2 Abs. 9 Unterabs. 2 ATAD sind **nähere Regelungen** zu diesen Konstellationen enthalten. So soll der hybride Transfer von Finanzinstrumenten gem. Art. 2 Abs. 9 Unterabs. 2 Buchst. a ATAD nicht erfasst werden, wenn der Wertpapierhändler die ihm daraus zufließenden Erträge versteuern muss. Hintergrund dafür ist, dass bei derartigen hybriden Transfers die doppelte Nichtbesteuerung in der Regel darauf beruht, dass der Wertpapierhändler als Ergebnis der Transaktion eine Dividende erhält, die er aufgrund von Befreiungstatbeständen nicht versteuern muss[6] – wenn es an einer solchen Steuerfreiheit fehlt, ist die Einmalbesteuerung sichergestellt und es besteht keine Notwendigkeit für das Eingreifen der Anti-Hybridvorschriften.[7] Weiter sollen gem. Art. 2 Abs. 9 Unterabs. 2 Buchst. b ATAD bestimmte Konstellationen unberücksichtigt bleiben, in denen der Zahlende seine Einkünfte in mehreren Staaten versteuern muss („*dual inclusion income*").[8] Denn dann löst die Hybridität nicht nur eine Steuermin-

---

1 Vgl. OECD, OECD/G20 Base Erosion and Profit Shifting Project, Neutralising the Effects of Hybrid Mismatch Arrangements, Action 2: 2015 Final Report, Example 3.1. S. dazu *Zinowsky/Jochimsen*, ISR 2017, 325 (331 f.); *Niedling/Rautenstrauch*, BB 2017, 1500 (1502 f.).
2 Vgl. OECD, OECD/G20 Base Erosion and Profit Shifting Project, Neutralising the Effects of Branch Mismatch Arrangements, Action 2: Inclusive Framework on BEPS, 2017, Example 2. S. dazu *Zinowsky/Jochimsen*, ISR 2017, 325 (332 f.); *Kahlberg*, IStR 2018, 93 (98 f.) mit Hinweis auf unterschiedliche Auffassungen zum Authorised OECD Approach sowie eingehend *Niemann*, IStR 2018, 52 (57 ff.).
3 Vgl. OECD, OECD/G20 Base Erosion and Profit Shifting Project, Neutralising the Effects of Hybrid Mismatch Arrangements, Action 2: 2015 Final Report, Example 6.1.
4 Vgl. OECD, OECD/G20 Base Erosion and Profit Shifting Project, Neutralising the Effects of Branch Mismatch Arrangements, Action 2: Inclusive Framework on BEPS, 2017, Example 1.
5 Vgl. OECD, OECD/G20 Base Erosion and Profit Shifting Project, Neutralising the Effects of Hybrid Mismatch Arrangements, Action 2: 2015 Final Report, Example 7.1. S. auch *Zinowsky/Jochimsen*, ISR 2017, 325 (333).
6 Vgl. OECD, OECD/G20 Base Erosion and Profit Shifting Project, Neutralising the Effects of Hybrid Mismatch Arrangements, Action 2: 2015 Final Report, Example 1.31.
7 Zweifel am Regelungszweck aber bei *Kahlberg/Radmanesh* in Hagemann/Kahlberg, ATAD-Kommentar, Art. 2 Rz. 218.
8 Bei der Aufzählung der erfassten Gestaltungen orientiert sich Art. 2 Abs. 9 Unterabs. 2 Buchst. b ATAD eng an den einschlägigen BEPS-Empfehlungen von OECD und G20: Die angesprochenen Konstellationen entsprechen denjenigen Hybrid-Empfehlungen (3, 6 und 7) und Betriebsstätten-Empfehlungen (3 und 4) von OECD und G20, die ebenfalls eine solche Ausnahmeregelung vorsehen.

derung aus, sondern es ergeben sich gegenläufig auch steuererhöhende Effekte. Aus Art. 2 Abs. 9 Unterabs. 2 Buchst. c ATAD schließlich ergibt sich, dass nur Gestaltungen zwischen verbundenen Unternehmen (zu den Beteiligungsschwellen s. Rz. 17.89) bzw. unter Beteiligung von Betriebsstätten oder im Rahmen einer strukturierten Gestaltung aufgegriffen werden sollen (zu strukturierten Gestaltungen s. Rz. 17.92). Diese Maßgabe engt die Anwendung der Anti-Hybrid-Vorschriften der ATAD teilweise stärker ein als dies nach den BEPS-Empfehlungen von OECD und G20 der Fall ist, da letztere nicht durchgängig das Überschreiten von Beteiligungsschwellen oder das Vorliegen strukturierter Gestaltungen verlangen.[1] In Art. 2 Abs. 9 Unterabs. 3 ATAD schließlich sind weitere Definitionen enthalten, die aber weniger umfassend sind als die Definitionen in der einschlägigen OECD/G20-Hybrid-Empfehlung 12[2].

17.92 Was unter einer **strukturierten Gestaltung** zu verstehen ist, wird im neu eingefügten Art. 2 Abs. 11 ATAD definiert.[3] Demnach wird vorausgesetzt, dass die Inkongruenz in die Bedingungen der Gestaltungen eingerechnet ist oder absichtlich herbeigeführt wurde, es sei denn, dass vernünftigerweise nicht davon ausgegangen werden kann, dass dem Steuerpflichtigen oder einem verbundenen Unternehmen die hybride Gestaltung bewusst war, und dass der Steuerpflichtige auch nicht an dem sich ergebenden Steuervorteil beteiligt wurde.[4] Dies entspricht den wesentlichen Aussagen der einschlägigen OECD/G20-Hybrid-Empfehlung 10.[5] Diese Definition ist für alle Hybrid-Konstellationen der ATAD bedeutsam, bei denen die jeweiligen Beteiligungsschwellen im Sinne von Art. 2 Abs. 4 ATAD nicht erreicht werden, denn dann kommen die Abwehrregelungen in Art. 9 ATAD nur zur Anwendung, wenn eine strukturierte Gestaltung vorliegt (s. Art. 4 Abs. 9 Unterabs. 2 Buchst. c ATAD).

17.93 In Art. 9 ff. ATAD sind die eigentlichen **Abwehrregelungen** enthalten. Diese sind in ihrer Abfassung gegenüber den Empfehlungen von OECD und G20 zu BEPS-Aktionspunkt 2 deutlich verdichtet,[6] inhaltlich diesen aber gleichwohl nachgebildet. So stehen die Maßnahmen beiden an der jeweiligen Transaktion beteiligten Staaten zur Verfügung. Nach der Logik von BEPS-Aktionspunkt 2 war dies notwendig, denn nur durch diesen zweiseitigen Ansatz wird sichergestellt, dass jeder beteiligte Staat die doppelte Nichtbesteuerung effektiv beseitigen kann, auch wenn der andere Staat untätig bleibt.[7] Um ein gleichzeitiges Handeln beider Staaten und eine damit einhergehende Doppelbesteuerung zu vermeiden, sehen die Empfehlungen zu BEPS-Aktionspunkt 2 Vorfahrtsregelungen („*linking rules*") vor, mit denen festgelegt wird, welcher der beteiligten Staaten in der konkreten Situation vorrangig handeln soll und welcher Staat nur ein subsidiäres Handlungsrecht besitzt.[8] In reinen EU-Fällen bedarf es solcher beidseitiger Handlungsrechte und Vorfahrtsregelungen streng genommen nicht, weil durch EU-Recht eindeuti-

---

1 So setzt die OECD/G20-Hybrid-Empfehlung 6 für die „Primärmaßnahme" weder das Überschreiten einer Beteiligungsschwelle noch das Vorliegen einer strukturierten Gestaltung voraus, vgl. OECD, OECD/G20 Base Erosion and Profit Shifting Project, Neutralising the Effects of Hybrid Mismatch Arrangements, Action 2: 2015 Final Report, Chapter 6 No. 4 („Scope of the Rule").
2 OECD, OECD/G20 Base Erosion and Profit Shifting Project, Neutralising the Effects of Hybrid Mismatch Arrangements, Action 2: 2015 Final Report, Rz. 379 ff.
3 S. ausführlich *Löprick/Meger* in Hagemann/Kahlenberg, ATAD-Kommentar, Art. 2 Rz. 306 ff.
4 Vgl. dazu auch *Kahlenberg/Oppel*, IStR 2017, 205 (207).
5 OECD, OECD/G20 Base Erosion and Profit Shifting Project, Neutralising the Effects of Hybrid Mismatch Arrangements, Action 2: 2015 Final Report, Rz. 318 ff.
6 Dies zeigt sich namentlich bei der Regelung des Art. 9 Abs. 2 ATAD, die gleich mehrere Hybrid-Empfehlungen und Betriebsstätten-Empfehlungen von OECD und G20 abdeckt, vgl. *Kahlenberg/Radmanesh* in Hagemann/Kahlenberg, ATAD-Kommentar, Art. 9 Rz. 106.
7 Dies gilt umso mehr, als BEPS-Aktionspunkt 2 nicht zum „Mindeststandard" zählt. Das bedeutet, dass hier keine politische Pflicht der am BEPS-Projekt beteiligten Staaten zur Umsetzung der erarbeiteten Empfehlungen besteht; es ist also nicht sicher davon auszugehen, dass der jeweils andere Staat entsprechende Regelungen einführt. OECD und G20 erwarten bei BEPS-Aktionspunkt 2 aber, dass mit der Zeit eine Konvergenz eintreten wird. S. dazu *Fehling*, IWB 2016, 160 (164).
8 Im Übrigen ist mit diesen Vorfahrtsregelungen gleichzeitig eine Entscheidung über die Zuweisung von Besteuerungsrechten und damit über die Verteilung von Steuersubstrat zwischen den Staaten verbunden.

ge Handlungspflichten des jeweils primär „zuständigen" Mitgliedstaates begründet werden können (so dass es keiner subsidiären Handlungsbefugnis des anderen Mitgliedstaates bedarf). Etwas anderes gilt aber in Konstellationen, in denen auf der einen Seite ein EU-Mitgliedstaat steht und auf der anderen Seite ein Drittstaat. Die ATAD kann hier nur für den beteiligten EU-Mitgliedstaat Handlungspflichten begründen, so dass es eindeutiger Vorfahrtsregelungen bedarf, die die Handlungspflichten des jeweiligen Mitgliedstaats auf mögliche Handlungen des betreffenden Drittstaates abstimmen. Bei der Abfassung der Anti-Hybrid-Regelungen der ATAD haben Kommission und Rat darauf geachtet, dieser Drittstaatsdimension durchgängig gerecht zu werden, was den Regelungen notwendigerweise eine gewisse Komplexität gibt.

Die Abwehrregelungen gegen hybride Gestaltungen im Sinne von Art. 2 Abs. 9 ATAD sind in Art. 9 ATAD enthalten. Zunächst widmet sich Art. 9 Abs. 1 ATAD den Fällen, in denen eine hybride Gestaltung zu einem **doppelten Abzug** führt (vgl. Art. 2 Abs. 9 Buchst. g ATAD). Nach Art. 9 Abs. 1 Buchst. a ATAD soll dann vorrangig der Abzug in dem Mitgliedstaat, der der Ansässigkeitsstaat des Investors ist, verweigert werden. Dies entspricht der OECD/G20-Hybrid-Empfehlung 6 sowie der OECD/G20-Betriebsstätten-Empfehlung 4, die jeweils ebenfalls dem Staat des Investors das primäre Abzugsverbot zuweisen.[1] Wenn der Investor in einem Drittstaat ansässig ist, kann die ATAD diesem kein Abzugsverbot vorschreiben, da die ATAD kein verbindliches Recht für Drittstaaten setzen kann. Für derartige Konstellationen enthält Art. 9 Abs. 1 Buchst. b ATAD eine Sekundärmaßnahme. Wenn der (eigentlich primär handlungsbefugte) Drittstaat untätig bleibt, soll der Mitgliedstaat, in dem der Zahlende ansässig ist, den Abzug verweigern. Auch diese Sekundärmaßnahme ist im Einklang mit den Empfehlungen zu BEPS-Aktionspunkt 2. Wie sich aus Art. 9 Abs. 1 Unterabs. 2 ATAD ergibt, ist ein Abzug in allen vorgenannten Konstellationen aber zulässig, soweit er mit *dual inclusion income* verrechnet werden kann.[2] Denn in solchen Fällen werden die Effekte der hybriden Gestaltung kompensiert. Dabei soll es ausreichen, wenn die jeweilige Verrechnung erst zu einem späteren Zeitpunkt erfolgt. 17.94

In Art. 9 Abs. 2 ATAD sind Abwehrregelungen gegen hybride Gestaltungen mit *Deduction/Non-Inclusion*-Folge geregelt. Demnach soll primär der Abzug in dem EU-Mitgliedstaat, in dem der Zahlende ansässig ist, verweigert werden, Art. 9 Abs. 2 Buchst. a ATAD. Auch hier fehlt eine Regelung für die Fälle, in denen der Zahlende in einem Drittstaat ansässig ist, weil die ATAD als EU-Rechtsakt keine verbindlichen Regelungen für Drittstaaten aufstellen kann. Falls der Drittstaat sein primäres Handlungsrecht nicht ausübt, soll als Sekundärmaßnahme der EU-Mitgliedstaat, in dem der Zahlungsempfänger ansässig ist, den betreffenden Betrag in seine Steuerbemessungsgrundlage einbeziehen, Art. 9 Abs. 2 Buchst. b ATAD.[3] Dies entspricht weitgehend den einschlägigen Empfehlungen von OECD und G20 zu BEPS-Aktionspunkt 2.[4] 17.95

---

[1] Hinzuweisen ist darauf, dass Fälle doppelter Ansässigkeit von Art. 9 Abs. 1 ATAD wohl nicht erfasst werden, denn dort ergibt das (vorrangige) Abstellen auf den Ansässigkeitsstaat eines Investors keinen Sinn. Es ist daher davon auszugehen, dass solche Fälle (nur) von Art. 9b ATAD erfasst werden, s. dazu Rz. 17.101.

[2] Auch dies entspricht den Ergebnissen zu BEPS-Aktionspunkt 2, konkret den Regelungen bei OECD/G20-Hybrid-Empfehlung 6 (und 7) sowie bei OECD/G20-Betriebsstätten-Empfehlung 4. Hier stellt sich aber die Frage, welchen zusätzlichen Wert diese Regelung gegenüber der ohnehin bestehenden *dual inclusion income*-Regelung in Art. 2 Abs. 9 Unterabs. 2 Buchst. b ATAD bringt; vgl. auch *Kahlenberg/Radmanesh* in Hagemann/Kahlenberg, ATAD-Kommentar, Art. 9 Rz. 98: „rein deklaratorisch".

[3] Dabei regelt Art. 2 Abs. 9 Unterabs. 3 Buchst. e ATAD, dass bei hybriden Finanzinstrumenten auch die Anwendung eines ermäßigten Steuersatzes als (teilweise) Nichtberücksichtigung anzusehen ist, wenn diese Ermäßigung auf die Einordnung des Finanzinstruments zurückzuführen ist (und nicht auf den Steuerstatus des Zahlungsempfängers), s. dazu auch *Grotherr*, IWB 2017, 289 (293).

[4] Bei den OECD/G20-Hybrid-Empfehlungen 1 und 3 wird dieselbe Abfolge von Primär- und Sekundärmaßnahme ausgesprochen. Die OECD/G20-Hybrid-Empfehlung 4 sieht nur die Primärmaßnahme vor; die Maßnahmen des anderen Staates, die zu einer steuerlichen Erfassung führen, werden in der OECD/G20-Hybrid-Empfehlung 5 ausgesprochen (wobei hierfür wohl Art. 9a ATAD vorrangig gegenüber Art. 9 Abs. ATAD sein dürfte). Bei den OECD/G20-Betriebsstätten-Empfehlungen 2 und 3 wird jeweils nur die Primärmaßnahme formuliert, aber aus der OECD/G20-Betriebsstätten-Empfehlung 1 folgt, dass der jewei-

17.96 In Art. 9 Abs. 3 ATAD sind Regelungen zur Bekämpfung von „*imported mismatches*" enthalten. Dies sind Gestaltungen, bei denen ein hybrides Element mit einem anderen, nicht-hybriden Zahlungsfluss in einem weiteren Staat kombiniert wird und sich daraus eine *Deduction/Non-Inclusion* ergibt.[1] Die Besonderheit besteht darin, dass der – für die doppelte Nichtbesteuerung (mit-)kausale – Abzug sich auf eine Zahlung bezieht, die für sich genommen „unverdächtig" (da nicht-hybrid) ist. Der von diesem Abzug wirtschaftlich betroffene Staat kommt mit dem hybriden Element nicht unmittelbar in Berührung, so dass man auch von *indirect Deduction/Non-Inclusion* spricht.[2] Die in Art. 9 Abs. 3 ATAD enthaltene Abwehrregelung besteht darin, dass die Mitgliedstaaten in solchen Situationen die Abzugsfähigkeit für die betreffende Zahlung verweigern sollen.[3] Auch dies entspricht dem Ansatz der BEPS-Empfehlungen von OECD und G20, wobei diese allerdings insgesamt weitaus komplexere Regelungen vorsehen, etwa zum anteiligen und aufeinander abgestimmten Vorgehen mehrerer betroffener Jurisdiktionen in Höhe der jeweiligen Betroffenheit.[4]

17.97 Aus Art. 9 Abs. 4 ATAD ergeben sich **Optionen** für die EU-Mitgliedstaaten zur Abschwächung der vorstehenden Abwehrregelungen. Gemäß Art. 9 Abs. 4 Buchst. a ATAD können die Mitgliedstaaten davon absehen, die in Art. 9 Abs. 2 Buchst. b ATAD verankerte Sekundärmaßnahme bei einigen, konkret genannten *Deduction/Non-Inclusion*-Konstellationen anzuwenden. Ein überzeugender Grund für diese Befreiungsmöglichkeit, die die effektive Verhinderung einer doppelten Nichtbesteuerung erschwert, ist nicht erkennbar und wird auch in den Erwägungsgründen zur Richtlinie nicht genannt.[5] Zudem erlaubt

---

lige Ansässigkeitsstaat des Unternehmens eine steuerliche Erfassung der betreffenden Zahlungen erwägen sollte. Vgl. auch *Niemann*, IStR 2018, 52 (57).

1 Zur Behandlung von *Double Deduction*-Fällen s. *Kahlenberg/Oppel*, IStR 2017, 205 (211 f.); *Grotherr*, IWB 2017, 289 (295) unter Hinweis auf den ursprünglichen Richtlinienentwurf.

2 Eingehend zum Ganzen OECD, OECD/G20 Base Erosion and Profit Shifting Project, Neutralising the Effects of Hybrid Mismatch Arrangements, Action 2: 2015 Final Report, Rz. 234 ff. sowie OECD, OECD/G20 Base Erosion and Profit Shifting Project, Neutralising the Effects of Branch Mismatch Arrangements, Action 2: Inclusive Framework on BEPS, 2017, Rz. 103 ff. Einschlägig sind die OECD/G20-Hybrid-Empfehlung 8 sowie die OECD/G20-Betriebsstättenempfehlung 5 s. auch *Kahlenberg/Oppel*, NWB 2017, 1732 (1738); *Niedling/Rautenstrauch*, DB 2017, 1500 (1503 f.).

3 Im Ergebnis betrifft dies Drittstaatskonstellationen, da für EU-Mitgliedstaaten bereits die Abwehrregelungen in Art. 9 Abs. 1 und 2 ATAD eingreifen, vgl. Erwägungsgrund (25) zur ATAD2; s. auch *Grotherr*, IWB 2017, 289 (295); *Kahlenberg/Radmanesh* in Hagemann/Kahlenberg, ATAD-Kommentar, Art. 9 Rz. 130 f., 149.

4 S. insb. OECD, OECD/G20 Base Erosion and Profit Shifting Project, Neutralising the Effects of Hybrid Mismatch Arrangements, Action 2: 2015 Final Report, Rz. 246 f. sowie OECD, OECD/G20 Base Erosion and Profit Shifting Project, Neutralising the Effects of Branch Mismatch Arrangements, Action 2: Inclusive Framework on BEPS, 2017, Rz. 111 ff. S. auch *Niemann*, IStR 2018, 52 (61) sowie die Kritik bei *Körner*, RdF 2018, 125 (127 f.); *Schnitger/Oskamp* in Kofler/Schnitger, BEPS-Handbuch, Rz. C 227 und *Köhler*, ISR 2018, 250 (261) zum Fehlen einer „Vorfahrtsregelung": Welcher EU-Mitgliedstaat soll (vorrangig) handeln, wenn mehrere EU-Mitgliedstaaten in die Transaktion eingebunden sind? S. aber auch *Kahlenberg/ Radmanesh* in Hagemann/Kahlenberg, ATAD-Kommentar, Art. 9 Rz. 156 ff., die unter Verweis auf Erwägungsgrund (28) zur ATAD2 die (komplexen) Proportionalitätsregelungen von OECD und G20 auch im Rahmen von Art. 9 Abs. 3 ATAD anwenden wollen.

5 Auch im ursprünglichen Richtlinienentwurf war sie nicht enthalten. Es dürfte sich daher um einen typischen Kompromiss handeln, mit dem die erforderliche einstimmige Beschlussfassung über die ATAD2 ermöglicht wurde. Mögliche steuerpolitische und praktische Gründe nennen *Kahlenberg/Radmanesh* in Hagemann/Kahlenberg, ATAD-Kommentar, Art. 9 Rz. 173; s. zu den möglichen DBA-rechtlichen Implikationen auch *Karaianov*, ET 2019, 52 (55). Wenig überzeugend ist das Argument von *Zinowsky/Jochimsen*, ISR 2017, 325 (335 f.), denen zufolge die EU-Mitgliedstaaten diesen Spielraum dann nutzen sollten, wenn es sich um „Durchlaufsituationen" handelt, bei denen die hybride Gestaltung im Ergebnis zu Lasten eines Drittstaats geht. Denn selbst wenn dann die finanziellen Belange der EU nicht tangiert sind, sollte doch ein übergeordnetes Interesse daran bestehen, unerwünschten Steuergestaltungen entgegenzuwirken, auch wenn diese (nur) das Steueraufkommen von Drittstaaten mindern. Kritisch zu dieser Option auch *Fibbe/Stevens*, EC Tax Review 2017, 153 (160 f.).

Art. 9 Abs. 4 Buchst. b ATAD, die in Art. 9 Abs. 2 ATAD geregelten Maßnahmen gegen *Deduction/Non-Inclusion*-Fälle bei bestimmten Finanzinstrumenten bis zum 31.12.2022 unangewendet zu lassen. Bereits bei den Verhandlungen zu BEPS-Aktionspunkt 2 gab es intensive Verhandlungen über solche Finanzinstrumente. Die Befürworter einer Befreiung argumentierten, dass solche Finanzierungsformen zur Erreichung des regulatorisch vorgegebenen Eigenkapitals (*„Additional Tier One Capital"*) nicht unüblich bzw. teilweise notwendig seien und steuerliche Abwehrregelungen zu wirtschaftlichen Verzerrungen führen würden; nach der entgegenstehenden Auffassung würde eine solche Bereichsausnahme die Effektivität der Abwehrregelungen zu stark beschränken.[1] Die ATAD wählt hier einen Mittelweg, indem sie zwar eine Ausnahme zulässt, diese aber zeitlich beschränkt.[2]

Die in Art. 9 Abs. 5 ATAD enthaltene Abwehrregelung betrifft *Deduction/Non-Inclusion*-Situationen, bei denen eine Zahlung an eine **hybride Betriebsstätte** geleistet wird, die von ihrem Belegenheitsstaat nicht anerkannt wird, wohl aber vom Ansässigkeitsstaat des Steuerpflichtigen (vgl. Art. 2 Abs. 9 Buchst. d i.V.m. Art. 2 Abs. 9 Unterabs. 3 Buchst. n ATAD). In solchen Fällen soll der EU-Mitgliedstaat, in dem der Steuerpflichtige ansässig ist, von der Freistellung der Betriebsstätteneinkünfte absehen und diese in die steuerliche Bemessungsgrundlage des Steuerpflichtigen einbeziehen.[3] Diese Regelung[4] ist in gewisser Weise das Gegenstück zu Art. 9 Abs. 2 Buchst. a ATAD, der für solche Konstellationen eine Versagung des Abzugs vorsieht, wenn die Zahlung aus einem EU-Mitgliedstaat erfolgt. Nach Erwägungsgrund (29) zur ATAD2 soll Art. 9 Abs. 5 ATAD Vorrang vor Art. 9 Abs. 2 Buchst. b ATAD haben.[5] Ist hingegen der Steuerpflichtige in einem Drittstaat ansässig, ist der Tatbestand von Art. 9 Abs. 5 ATAD nicht erfüllt, so dass es bei der Anwendung von Art. 9 Abs. 2 Buchst. b ATAD bleibt.

17.98

In Art. 9 Abs. 6 ATAD schließlich werden Gestaltungen mit hybriden Transfers (im Sinne von Art. 2 Abs. 9 Unterabs. 3 Buchst. l ATAD) behandelt, in denen sich die Steuerersparnis aus einer mehrfachen **Quellensteuerreduzierung** ergibt.[6] Die Abwehrregelung besteht darin, dass der EU-Mitgliedstaat, in dem der Steuerpflichtige ansässig ist, den sich aus der Quellensteuerreduzierung ergebenden Vorteil im Verhältnis zu den steuerpflichtigen Nettoeinkünften im Zusammenhang mit der Zahlung begrenzen soll.[7] Damit wird dem Umstand Rechnung getragen, dass ein Steuervorteil sich nicht nur aus der Nichteinbeziehung in die Bemessungsgrundlage, sondern auch aus der Gewährung von Steuersatzermäßigungen ergeben kann.[8] Auch hier bleibt die Regelung der ATAD freilich hinter der Komplexität der einschlägigen BEPS-Empfehlung zurück.

17.99

---

1 Vgl. dazu *Balco*, ET 2017, 127 (134 f.); *Niedling/Rautenstrauch*, BB 2017, 1500 (1506).
2 Umfassend zum Ganzen *Kahlenberg/Radmanesh* in Hagemann/Kahlenberg, ATAD-Kommentar, Art. 9 Rz. 175 ff.
3 Dies soll gemäß Art. 9 Abs. 5 Satz 2 ATAD aber nur gelten, wenn dem kein Doppelbesteuerungsabkommen mit einem Drittstaat (für das der Anwendungsvorrang des EU-Rechts nicht gilt) entgegensteht, vgl. dazu *Köhler*, ISR 2018, 250 (259 f.).
4 Seine Parallele dürfte Art. 9 Abs. 5 ATAD in der OECD/G20-Betriebsstätten-Empfehlung 1 haben. S. zu möglichen Abweichungen aber *Schnitger/Oskamp* in Kofler/Schnitger, BEPS-Handbuch, Rz. C 247 f.
5 S. dazu auch *Fibbe/Stevens*, EC Tax Review 2017, 153 (164); *Niemann*, IStR 2018, 52 (54); *Kahlenberg*, IStR 2018, 93 (98); *Kahlenberg/Radmanesh* in Hagemann/Kahlenberg, ATAD-Kommentar, Art. 9 Rz. 59 f., 192 f. Nach Auffassung von *Zinowsky/Jochimsen*, ISR 2017, 325 (334 f.) ist Art. 9 Abs. 5 ATAD eine „Rückfallklausel", deren Wortlaut nicht geglückt sei.
6 Vgl. *Grotherr*, IWB 2017, 293 (297): „*tax credit generator*"; vgl. auch *Niedling/Rautenstrauch*, BB 2017, 1500 (1504 ff.), dort auch weiterführend zu sog. Repo-Geschäften.
7 *Kahlenberg/Radmanesh* in Hagemann/Kahlenberg, ATAD-Kommentar, Art. 9 Rz. 215 ff., weisen darauf hin, dass das Tatbestandsmerkmal der „absichtlichen" Entwicklung des hybriden Transfers in Art. 9 Abs. 6 ATAD nicht so verstanden werden sollte, dass zusätzliche subjektive Merkmale vorliegen müssten, da dies mit den zugrunde liegenden Empfehlungen zu BEPS-Aktionspunkt 2 nicht vereinbar wäre. Dem ist zuzustimmen.
8 Vgl. OECD, OECD/G20 Base Erosion and Profit Shifting Project, Neutralising the Effects of Hybrid Mismatch Arrangements, Action 2: 2015 Final Report, Rz. 41 ff. Vgl. dazu *Grotherr*, IWB 2017, 293 (297 f.).

17.100 In Art. 9a ATAD ist eine Abwehrregelung gegen **umgekehrt hybride Gestaltungen** (*reverse hybrids*) enthalten. Dies betrifft hybride Unternehmen, die in ihrem Ansässigkeitsstaat als transparent, im Ansässigkeitsstaat ihrer Anteilseigner aber als intransparent angesehen werden. Die Folge ist, dass Zahlungen an diese Unternehmen von keinem dieser Staaten steuerlich berücksichtigt werden. Der Umstand, dass diese Zahlungen im Staat des Zahlenden steuerlich abzugsfähig sind, führt zu einem *Deduction/Non-Inclusion*-Ergebnis.[1] Die OECD/G20-Hybrid-Empfehlung 4 sieht für solche Fälle als primäre Maßnahme ein Abzugsverbot für die entsprechende Zahlung vor (was für Fälle, in denen der Zahlende in der EU ansässig ist, durch Art. 9 Abs. 2 Buchst. a ATAD geregelt sein dürfte). Für den Staat, in dem die hybride Gesellschaft ansässig ist, schlägt die OECD/G20-Hybrid-Empfehlung 5 unter anderem die Verbesserung der Hinzurechnungsbesteuerung und die Aberkennung der Transparenz vor.[2] Letzteren Weg beschreitet Art. 9a ATAD für die Konstellationen, in denen das Unternehmen in einem EU-Mitgliedstaat ansässig ist. Demnach soll dieser Mitgliedstaat das Unternehmen als in seinem Gebiet ansässig betrachten (es also als intransparente Einheit behandeln)[3] und seine Einkünfte besteuern, soweit diese Besteuerung nicht bereits in einem anderen Staat erfolgt.[4] Eigens für diese Regelung wurde der persönliche Anwendungsbereich der ATAD in Art. 1 Abs. 2 ATAD ausgeweitet.[5] Falls der Zahlende ebenfalls in einem EU-Mitgliedstaat ansässig ist, stellt sich die Frage nach dem Verhältnis von Art. 9a ATAD zu Art. 9 ATAD, der eine Versagung der Abzugsfähigkeit der Aufwendungen vorsieht. Auch hierzu enthält Erwägungsgrund (29) zur ATAD2 eine Rangfolge, der zufolge Art. 9a ATAD gegenüber Art. 9 ATAD vorrangig anwendbar sein soll.[6] Für Art. 9 ATAD bleibt daher nur dann ein Anwendungsbereich, wenn das hybride Unternehmen in einem Drittstaat ansässig ist (so dass Art. 9a ATAD nicht eingreift) und der Zahlende in einem EU-Mitgliedstaat ansässig ist.

17.101 Für **doppelt ansässige Steuerpflichtige** enthält Art. 9b ATAD eine Abwehrregelung, um den doppelten Abzug von Zahlungen (*double deduction*) zu verhindern.[7] Demnach soll der beteiligte EU-Mitgliedstaat den Abzug verweigern, soweit der andere Staat die Verrechnung des abgezogenen Betrags mit Einkünften erlaubt, die nicht in beiden Staaten berücksichtigt werden (die also kein *double inclusion income* darstellen). Dies entspricht der OECD/G20-Hybrid-Empfehlung 7.[8] Für den Fall, dass der andere Staat ebenfalls ein EU-Mitgliedstaat ist, enthält Art. 9b Satz 2 ATAD eine Vorfahrtsregelung: Demnach soll die Abzugsfähigkeit von demjenigen EU-Mitgliedstaat verweigert werden, in dem der Steuerpflichtige

---

1 S. *Kahlenberg/Oppel*, NWB 2017, 1732 (1737).

2 Vgl. dazu OECD, OECD/G20 Base Erosion and Profit Shifting Project, Neutralising the Effects of Hybrid Mismatch Arrangements, Action 2: 2015 Final Report, Rz. 169 ff.

3 *Allram* in Hagemann/Kahlenberg, ATAD-Kommentar, Art. 9a Rz. 123 ff. weist darauf hin, dass diese Rechtsfolge auf die Beseitigung der hybriden Gestaltung begrenzt ist und keine allgemeine steuerliche Ansässigkeit bewirkt.

4 Vorausgesetzt wird zudem, dass eine 50%ige Beteiligung besteht. Zudem gewährt Art. 9a Abs. 2 ATAD eine Ausnahmeregelung für bestimmte Investmentvehikel. S. vertiefend auch *Zinowsky/Jochimsen*, ISR 2017, 325 (327 f.).

5 Vgl. *Zinowsky/Jochimsen*, ISR 2017, 325 (328).

6 Vgl. dazu auch *Fibbe/Stevens*, EC Tax Review 2017, 153 (164); *Kahlenberg/Radmanesh* in Hagemann/Kahlenberg, ATAD-Kommentar, Art. 9 Rz. 56; *Schnitger/Oskamp* in Kofler/Schnitger, BEPS-Handbuch, Rz. C 145; s. auch *Niedling/Rautenstrauch*, BB 2017, 1500 (1506 f.), die offenbar einen Vorrang von Art. 9 Abs. 2 ATAD befürworten.

7 Nach Auffassung von *Köhler*, ISR 2018, 250 (256 f.) könnte ein Grund für die Schaffung einer eigenständigen Regelung darin bestehen, dass es sich nicht um eine Zahlung zwischen verbundenen Unternehmen oder aufgrund einer strukturierten Gestaltung handelt, sondern um eine Zahlung, die bei der gleichen Person zweimal steuerlich abzugsfähig ist. Festzuhalten ist, dass diese Konstellationen wohl von Art. 2 Abs. 9 Unterabs. 1 Buchst. g, nicht aber von Art. 9 Abs. 1 ATAD erfasst sein dürften.

8 Vgl. dazu OECD, OECD/G20 Base Erosion and Profit Shifting Project, Neutralising the Effects of Hybrid Mismatch Arrangements, Action 2: 2015 Final Report, Rz. 216 ff.

nach dem zwischen den beiden Staaten bestehenden Doppelbesteuerungsabkommen nicht als ansässig gilt.[1]

In der Gesamtschau zeigt sich bei der ATAD2 das Bestreben der EU, die einschlägigen BEPS-Empfehlungen von OECD und G20möglichst vollständig und wirkungsgleich zu übernehmen. Dass dies größtenteils gelungen ist, verdient Anerkennung, sind diese Empfehlungen doch technisch sehr anspruchsvoll und in ihrer Gänze bislang noch von keinem Staat national eingeführt worden. Gleichzeitig handelt es sich bei den betreffenden Regelungen sicherlich um die **komplexesten Vorschriften der ATAD**, auch wenn die EU an einigen Stellen bewusst auf die Regelungstiefe der BEPS-Empfehlungen verzichtet hat.[2] Konzeptionelle Alternativen zu einer ebenso effektiven Bekämpfung hybrider Gestaltungen sind allerdings nicht ersichtlich, da rein unilaterale Vorschriften nicht zu einer zielgenauen Beseitigung der doppelten Nichtbesteuerung führen könnten (und gleichzeitig eine doppelte Besteuerung auslösen würden, was mit den Anforderungen des Binnenmarkts nicht vereinbar wäre)[3] und da eine vollständige Harmonisierung der zugrunde liegenden Rechtsvorschriften (welche die Divergenzen in der rechtlichen Beurteilung der Gestaltungen beenden würde und deswegen noch binnenmarktfreundlicher wäre)[4] nicht kurzfristig realistisch erreichbar ist, wie das Beispiel der GKB zeigt.[5] Insgesamt sind die Hybrid-Regelungen der ATAD daher als sachgerecht und ausgewogen zu bezeichnen.

17.102

IX. Anwendungsregelungen

Die ATAD enthält für ihre einzelnen Regelungsbereiche unterschiedliche **Umsetzungsfristen**. Als generelle Maßgabe bestimmt Art. 11 Abs. 1 ATAD, dass die Regelungen der ATAD bis zum 31.12.2018 in nationales Recht umzusetzen sind, so dass sie ab dem 1.1.2019 angewendet werden können. Für die Regelungen zur Wegzugsbesteuerung in Art. 5 ATAD gilt aber gem. Art. 11 Abs. 5 ATAD, dass die Umsetzungsfrist erst am 31.12.2019 endet.[6] Für die Bekämpfung hybrider Gestaltungen wurde die Umsetzungsfrist durch die ATAD2 ebenfalls um ein Jahr (bis zum 31.12.2019) bzw. für Art. 9a ATAD um drei Jahre (bis zum 31.12.2021) verlängert, wie sich aus dem neu eingefügten Art. 11 Abs. 5a ATAD bzw. aus Art. 2 Abs. 3 ATAD2 ergibt.[7]

17.103

Für die **Zinsschranke** schließlich enthält Art. 11 Abs. 6 ATAD eine besondere Regelung: Demnach können Mitgliedstaaten, die zum 8.8.2016 bereits über eine gezielte nationale Vorschrift zur Bekämp-

17.104

---

1 Art. 4 OECD-MA enthält entsprechende *Tie-Breaker*-Regelungen für doppelt ansässige Steuerpflichtige. S. auch die DBA-bezogenen Empfehlungen von BEPS-Aktionspunkt 2, OECD, OECD/G20 Base Erosion and Profit Shifting Project, Neutralising the Effects of Hybrid Mismatch Arrangements, Action 2: 2015 Final Report, Rz. 430 ff. Vor diesem Hintergrund Kritik an Art. 9b ATAD bei *Zinowsky/Jochimsen*, ISR 2017, 325 (329); s. auch *Schnitger/Oskamp* in Kofler/Schnitger, BEPS-Handbuch Rz. C 192, wonach Art. 9b ATAD insoweit von den BEPS-Empfehlungen abweicht, weil jenen zufolge beide beteiligten Staaten den Betriebsausgabenabzug ausschließen müssen.
2 In Erwägungsgrund (28) zur ATAD2 werden die Empfehlungen zu BEPS-Aktionspunkt 2 aber als „Referenz" bezeichnet, die zur Auslegung der Richtlinienbestimmungen herangezogen werden können.
3 Auch aus deutschem Verfassungsrecht lässt sich kein allgemeines (ungeschriebenes) Korrespondenzprinzip ableiten, vgl. *Oertel*, BB 2018, 349 (352 f.).
4 Vgl. zur primärrechtlichen Kritik an den Hybrid-Regelungen *Tomazela Santos*, BIFD 2018, 506 (513 f.).
5 Die ATAD verzichtet daher – wie auch die Empfehlungen von OECD und G20 zu BEPS-Aktionspunkt 2 – darauf, allgemeine Eigenschaften der Steuersysteme der EU-Mitgliedstaaten – wie z.B. eine allgemeine Niedrigbesteuerung oder personenbezogene Steuerbefreiungen – aufzugreifen, s. Erwägungsgrund (24) zur ATAD2, s. auch *Köhler*, ISR 2018, 250 (250) sowie (zur Anwendung auf Besteuerungssysteme mit sog. *notional interest deduction*)*Tomazela Santos*, BIFD 2018, 506 (514 f.); s. zu möglichen konzeptionellen Alternativen wie der Rechtsfolgenverkettung auch *Parada*, Intertax 2019, 24 (26 ff.).
6 Zudem gilt für Estland gemäß Art. 11 Abs. 4 ATAD eine Sonderregelung, die den Besonderheiten des estnischen Steuerrechts Rechnung tragen soll, vgl. *Peeters*, EC Tax Review 2017, 122 (131).
7 Offenbar hatte es Bestrebungen der niederländischen Regierung gegeben, die Anwendbarkeit dieser Regelungen noch weiter hinauszuschieben, s. *Balco*, ET 2017, 127 (132 ff.).

fung von BEPS verfügen, welche ebenso wirksam ist, von der Einführung der Zinsschranke zunächst absehen.[1] Diese Übergangsfrist endet aber, wenn die Empfehlungen zu BEPS-Aktionspunkt 4 von der OECD als Mindeststandard eingestuft werden;[2] spätestens (also unabhängig von einer solchen Einstufung) soll die Übergangsfrist am 1.1.2024 ablaufen.[3] Diese ausgefeilte Übergangsregelung ist darauf zurückzuführen, dass es bis zuletzt Widerstände einiger Mitgliedstaaten gegen die verpflichtende Einführung einer Zinsschranke in der ganzen EU gab.[4] Angeführt wurde dabei häufig der *level-playing-field*-Gedanke: Die Wettbewerbsfähigkeit der EU sei gefährdet, wenn im Zuge der ATAD auch solche BEPS-Empfehlungen EU-weit verbindlich werden, die ansonsten auf internationaler Ebene nur als *best practice* oder *common approach* eingestuft wurden, mit der Folge, dass ihre flächendeckende internationale Einführung nicht gewährleistet ist.[5] Dies entbehrt nicht einer gewissen Ironie, denn es waren gerade EU-Staaten, die sich im Rahmen des BEPS-Projekts gegen eine größere Verbindlichkeit dieser Maßnahmen (die dann die *level-playing-field*-Bedenken aus EU-Perspektive hätte obsolet werden lassen) ausgesprochen hatten. Die im Ergebnis bei Art. 11 Abs. 6 ATAD gefundene Lösung stellt vor diesem Hintergrund einen pragmatischen Kompromiss dar. Das fixe Enddatum verhindert dabei, dass die Einführung der Zinsschranke in den betreffenden Mitgliedstaaten bis ins Unendliche verschoben wird.[6]

C. Diskussionspunkte zur Umsetzung in nationales Recht

I. Vorbemerkung

17.105 Deutschland besaß bereits vor der Verabschiedung der ATAD (und schon vor dem BEPS-Projekt) vergleichsweise **robuste steuerliche Abwehrregelungen**. Aus deutscher Sicht ging es daher bei den Beratungen zur ATAD nicht darum, Leitlinien für strengere, nationale Vorschriften zu schaffen, sondern vielmehr um eine gleichmäßige Umsetzung von BEPS-Empfehlungen in der EU, zur Schaffung eines in allen EU-Mitgliedstaaten vergleichbar effektiven Regelwerks gegen aggressive Steuergestaltungen und unfairen Steuerwettbewerb.[7] Berücksichtigt man, dass eine Umsetzung von EU-Richtlinien durch ge-

---

1 Gemäß Art. 10 Abs. 3 ATAD müssen diese Mitgliedstaaten der Kommission umfassende Informationen übermitteln, damit diese eine Bewertung zu der Wirksamkeit dieser Regelungen vornehmen kann. Im Dezember 2018 hat die Kommission mitgeteilt, dass bestimmte steuerliche Regelungen von Griechenland, Frankreich, der Slowakei, Slowenien und Spanien die Voraussetzungen von Art. 11 Abs. 6 ATAD erfüllen, s. Mitteilung der Kommission: Maßnahmen, die als gleichermaßen wirksam wie Artikel 4 der Richtlinie zur Bekämpfung von Steuervermeidungspraktiken angesehen werden, 2018/C 441/01, ABl. EU 2018 Nr. C 441, 1. Wie die Kommission in einer Presseerklärung vom 25.7.2019 mitgeteilt hat, sei Österreich und Irland hingegen zur Einführung einer Zinsschranke aufgefordert. Vgl. zu Art. 11 Abs. 6 ATAD *Müller/Wöhlhöfler*, IWB 2016, 665 (666); *Gutmann/Perdelwitz/Raingeard de la Blétière/Offermanns/Schellekens/Gallo/Grant Hap/Olejnicka*, ET 2017, 2 (19); *Boulogne*, Intertax 2019, 444 (451 f.); s. dazu eingehend auch *Zalasiński*, EU Report Subject A, Cahiers de Droit Fiscal International Volume 104, S. 47 (62 ff.).
2 Konkret soll die Übergangsfrist am Ende des ersten abgeschlossenen Steuerjahres enden, das auf den Tag folgt, an dem die OECD-Vereinbarung über den Mindeststandard auf der amtlichen Webseite veröffentlicht wird.
3 *Wargowske* in Hagemann/Kahlenberg, ATAD-Kommentar, Art. 11 Rz. 31 weist darauf hin, dass sich auch Deutschland auf Art. 11 Abs. 6 ATAD berufen könnte und für etwaige Detailanpassungen bei seiner Zinsschranke entsprechend Zeit hätte.
4 Vgl. *Rigaut*, ET 2016, 497 (502).
5 Zu diesen Kategorien s. *Fehling*, DB 2016, 2862 (2864 f.).
6 Insofern hat die EU aus den Erfahrungen bei der ZiRL gelernt, wo es für die Einführung des automatischen Informationsaustauschs eine Übergangsregel ohne festen zeitlichen Endpunkt gab, s. dazu *Fehling* in Schaumburg/Englisch[1], Rz. 19.61 ff.
7 Aus ähnlichen Erwägungen wartete Deutschland mit der nationalen Umsetzung der BEPS-Empfehlungen 5 und 13 bis zur Schaffung der entsprechenden EU-rechtlichen Maßgaben in den Änderungen der Amtshilferichtlinie („DAC3" und „DAC4") ab, s. Richtlinie (EU) 2015/2376 des Rates vom 8.12.2015 zur Änderung der Richtlinie 2011/16/EU bezüglich der Verpflichtung zum automatischen Austausch von Informa-

sonderten Rechtsakt nicht erforderlich ist, wenn das nationale Recht des betreffenden Staats bereits entsprechende Regelungen vorsieht,[1] fällt der sich aus der ATAD ergebende Handlungsbedarf in Deutschland – gerade im Vergleich zu anderen EU-Mitgliedstaaten – eher moderat aus.[2] Die Überwölbung des bestehenden nationalen Rechts durch die Richtlinie bewirkt aber, dass das nationale Recht nur noch eingeschränkt – nämlich in den Grenzen der Richtlinie – änderbar ist und dass für Auslegungsfragen, die sich auf Vorgaben in der ATAD beziehen, die Zuständigkeit des EuGH eröffnet ist. Letzteres dürfte für die Rechtsanwender insbesondere dann eine Umstellung bedeuten, wenn die nationale Vorschrift schon seit längerer Zeit Bestand hat und wesentliche Auslegungsfragen bereits durch die nationale Rechtsprechung geklärt waren.

II. Zinsschranke

17.106 Deutschland hat bereits mit Wirkung zum 1.1.2008 in seinem nationalen Recht (§ 4h EStG i.V.m. § 8a KStG) eine **Zinsschranke** eingeführt, die als Vorbild für die Empfehlungen zu BEPS-Aktionspunkt 4 und damit zugleich für Art. 4 ATAD anzusehen ist. Auch nach ihren zwischenzeitlichen Änderungen dürfte die Zinsschranke die Anforderungen von Art. 4 ATAD weitestgehend erfüllen. Insoweit ist es etwas überraschend, dass der Koalitionsvertrag zwischen CDU, CSU und SPD für die 19. Legislaturperiode pauschal von geplanten „Anpassungen" bei der Zinsschranke spricht.[3] Die Kompatibilität der deutschen Regelungen mit der ATAD umfasst namentlich die Freigrenze von drei Mio. Euro sowie den Abzugsrahmen von 30 % des EBITDA; auch nach ihren Ausweitungen in den letzten Jahren liegen beide Elemente noch im Rahmen des nach Art. 4 ATAD Zulässigen.[4] Dies gilt auch für die in § 8a KStG enthaltenen Verschärfungen gegenüber dem Grundtatbestand des § 4h EStG, welche zwar nicht in Art. 4 ATAD angelegt sind,[5] aber als strengere Regelungen im Sinne von Art. 3 ATAD nicht gegen die ATAD verstoßen dürften. Allenfalls bei dem Eigenkapitalquotenvergleich könnte sich punktueller Änderungsbedarf ergeben, weil dieser nach nationalem Recht (§ 4h Abs. 3 Satz 6 EStG) auch Angehörigen eines sog. Gleichordnungskonzerns[6] offensteht, wohingegen Art. 4 Abs. 8 ATAD nur die zu Rechnungslegungszwecken konsolidierte Gruppe erfasst; die derzeitige nationale Regelung ist für den Steuerpflichtigen also günstiger. Zudem wird im Schrifttum diskutiert, ob § 15 Satz 1 Nr. 3 KStG, demzufolge die Zinsschranke bei Organgesellschaften nicht anwendbar ist, weil Organgesellschaft und Organträger als

---

tionen im Bereich der Besteuerung, ABl. EU 2015 Nr. L 332, 1, sowie Richtlinie (EU) 2016/881 des Rates v. 25.5.2016 zur Änderung der Richtlinie 2011/16/EU bezüglich der Verpflichtung zum automatischen Austausch von Informationen im Bereich der Besteuerung, ABl. EU 2016 Nr. L 146, 8. Auch hier war es für die Bundesregierung ein wichtiges Anliegen, dass diese Vorschriften in allen EU-Mitgliedstaaten gleichermaßen gelten und die Umsetzung in Deutschland gleichsam im „europäischen Geleitzug" erfolgt. Die Implementierung in Deutschland erfolgte dann durch das Gesetz zur Umsetzung der Änderungen der EU-Amtshilferichtlinie und von weiteren Maßnahmen gegen Gewinnkürzungen und -verlagerungen v. 22.12.2016, BGBl. I 3000.

1 S. nur *Nettesheim* in G/H/N, EU-Recht, Art. 288 AEUV Rz. 119.
2 Vgl. *Cloer/Niemeyer*, FR 2019, 1017 (1021 ff.) zu Rückwirkungsfragen, die sich ergeben würden, wenn eine Umsetzung in Deutschland mit Rückwirkung für das Jahr 2018 erfolgen sollte.
3 Vgl. Ein neuer Aufbruch für Europa – Eine neue Dynamik für Deutschland – Ein neuer Zusammenhalt für unser Land, Koalitionsvertrag zwischen CDU, CSU und SPD, 19. Legislaturperiode, S. 69.
4 Im ursprünglichen ATAD-Richtlinienentwurf hatte die Freigrenze noch bei 1 Mio. Euro gelegen (wie früher auch bei § 4h EStG). Mutmaßlich haben die in Deutschland gewonnen Erfahrungen mit der höheren Freigrenze zu der Änderung bei der ATAD geführt. Hinzuweisen ist noch darauf, dass Art. 4 Abs. 3 Buchst. a ATAD insoweit großzügiger ist als das deutsche Recht, als die Richtlinie einen Freibetrag und keine Freigrenze vorsieht, s. *Dettmeier/Dörr/Neukam/Prodan*, NWB 2016, 3082 (3085); *Gutmann/Perdelwitz/Raingeard de la Blétière/Offermanns/Schellekens/Gallo/Grant Hap/Olejnicka*, ET 2017, 2 (4). Wegen Art. 3 ATAD ergibt sich daraus für Deutschland aber kein zwingender Handlungsbedarf.
5 Der ursprüngliche ATAD-Richtlinienentwurf hatte in Art. 4 Abs. 3 Unterabs. 2 Buchst. e noch eine dahingehende Beschränkung des Eigenkapitalquotenvergleichs enthalten.
6 Dies sind Konzerne, bei denen die Betriebe nicht nach Rechnungslegungsstandards konsolidiert werden oder werden könnten, aber bei denen die Finanz- und Geschäftspolitik einheitlich bestimmt werden kann.

ein Betrieb gelten, ggf. gegen die ATAD verstößt, da es sich um eine Erleichterung gegenüber dem Richtlinienrecht handelt.[1] Dagegen kann aber eingewendet werden, dass sich die ATAD zu Organschafts- und Gruppenbesteuerungssystemen in den einzelnen Mitgliedstaaten gar nicht äußert und es bei § 15 Satz 1 Nr. 3 KStG um die konsequente Betrachtung von Organträger und Organgesellschaft als Unternehmenseinheit geht. Auch etwaige Änderungen des Begriffs der erfassten Aufwendungen[2] und der Stand-Alone-Klausel des § 4h Abs. 2 Buchst. b EStG[3] werden diskutiert. Schließlich wird diskutiert, ob der deutsche Gesetzgeber die ATAD zum Anlass nimmt, die Freigrenze dahingehend zu ändern, dass sie mit Blick auf die ganze Gruppe zu berechnen ist. Eine EU-rechtliche Pflicht dazu dürfte aus der ATAD nicht folgen, aber damit könnte Atomisierungsgestaltungen entgegengewirkt werden, bei denen eine Gesamtfinanzierung auf mehrere Einheiten verteilt wird, für die dann jeweils die Freigrenze in voller Höhe gilt.[4]

17.107 Die Regelung in Art. 4 ATAD ist im deutschsprachigen Schrifttum insbesondere mit Blick auf den Vorlagebeschluss des BFH v. 14.10.2015[5], in dem Zweifel an der **Verfassungskonformität der Zinsschranke** geäußert werden,[6] diskutiert worden. Erörtert wird, ob die Erfolgsaussichten dieser Vorlage an das BVerfG dadurch geschmälert worden sind, dass aufgrund der ATAD spätestens zum 1.1.2019 ohnehin eine EU-rechtliche (und damit gegenüber dem Grundgesetz höherrangige) Pflicht besteht, die Zinsschranke anzuwenden (und notfalls: wiedereinzuführen). Konkret wird erwogen, ob sich aus der ATAD eine „Vorwirkung" ergibt, der zufolge Art. 4 ATAD auch vor dem Zeitpunkt seiner erstmaligen Anwendbarkeit in der Lage ist, bestehende Zinsschrankenregelungen der EU-Mitgliedstaaten mit einem EU-rechtlichen Schutz zu versehen.[7] Auch wenn man den Gedanken einer solchen vorgelagerten Wirkung der ATAD für vor dem 1.1.2019 liegende Zeiträume verneint, bleibt festzuhalten, dass die Zinsschranke aufgrund der ATAD spätestens ab dem 1.1.2019 in Deutschland fester Bestandteil des nationalen Steuerrechts sein wird und selbst eine etwaige Verwerfung der bestehenden Regelungen durch das BVerfG als verfassungswidrig nur temporäre Wirkung haben könnte.[8]

III. Entstrickungsbesteuerung

17.108 Auch zur **Entstrickungsbesteuerung** enthielt das deutsche Recht schon vor Schaffung des Art. 5 ATAD entsprechende Regelungen. Die durch das SEStEG[9] eingeführten Entstrickungstatbestände (die an die Stelle früherer entsprechender Regelungen bzw. der früheren Rechtsprechung getreten sind) sehen den

---

1 *Jochen Lüdicke/Oppel*, DB 2016, 549 (551); s. auch *Benz/Böhmer*, DB 2016, 307 (308).
2 *Dettmeier/Dörr/Neukam/Prodan*, NWB 2016, 3082 (3084); *Rautenstrauch/Suttner*, BB 2016, 2391 (2395); *Rödder* in Tagungsband zur ifst-Jahrestagung 2017, ifst-Schrift 520 (2017), S. 18; *Schürkötter* in Hagemann/Kahlenberg, ATAD-Kommentar Art. 2 Rz. 46 ff.; *Förster* in Kofler/Schnitger, BEPS-Handbuch, Rz. E 119.
3 Vgl. *Jochimsen/Zinowsky*, ISR 2016, 318 (320): Nach § 4h Abs. 2 Buchst. b EStG ist die anteilmäßige Konzernzugehörigkeit unschädlich, wohingegen Art. 4 Abs. 3 Buchst. b ATAD eine vollständige Konzernfreiheit verlangt; s. auch ausführlich *Schiefer* in Hagemann/Kahlenberg, ATAD-Kommentar, Art. 4 Rz. 256 ff.
4 S. dazu auch *Möhlenbrock* in Kirchmayr/Mayr/Hirschler/Kofler, Anti-BEPS-Richtlinie, S. 36; vgl. auch *Förster* in *Kofler/Schnitger*, BEPS-Handbuch, Rz. E 140.
5 BFH v. 14.10.2015 – I R 20/15, BStBl II 2017, 1240.
6 *Eilers/Oppel*, IStR 2016, 312 (314) und *Jochen Lüdicke/Oppel*, DB 2016, 549 (550), weisen freilich darauf hin, dass es in dem Sachverhalt, der dem BFH-Vorlagebeschluss zugrunde lag, um einen reinen Inlandssachverhalt ging, so dass sich der BFH nicht mit der Rechtfertigung im grenzüberschreitenden Kontext befassen musste.
7 In diesem Sinne *Mitschke*, FR 2016, 412 (414 ff.); *Mitschke*, FR 2016, 834 (835 ff.); a.A. *Glahe*, ISR 2016, 86 (88 f.); *Glahe*, FR 2016, 829 (830 ff.). *Jabrayil*, IStR 2019, 321 (326 ff.) differenziert in diesem Zusammenhang zwischen § 4h EStG und § 8a KStG.
8 Vgl. auch *Jochimsen/Zinowsky*, ISR 2016, 106 (110 f.).
9 Gesetz über steuerliche Begleitmaßnahmen zur Einführung der Europäischen Gesellschaft und zur Änderung weiterer steuerlicher Vorschriften (SEStEG) v. 7.12.2006, BGBl. I, 2782.

(letztmaligen) steuerlichen Zugriff des deutschen Fiskus vor, wenn das Besteuerungsrecht an Wirtschaftsgütern eingeschränkt oder ausgeschlossen wird.

Konzeptionell besteht insofern ein Unterschied, als die Entstrickungsregelungen des deutschen Rechts weniger an konkrete Handlungen des Steuerpflichtigen anknüpfen als vielmehr an die bestehende **Rechtsfolge** (Ausschluss oder Beschränkung des deutschen Besteuerungsrechts). Dies führt dazu, dass nach deutschem Recht eine steuerliche Entstrickung grundsätzlich auch ohne Zutun des Steuerpflichtigen ausgelöst werden kann (z.B. wenn ein neues Doppelbesteuerungsabkommen abgeschlossen wird und Deutschland aufgrund dessen ein bislang bestehendes Besteuerungsrecht verliert, sog. passive Entstrickung[1]). Aus Art. 5 ATAD, der die Entstrickungsbesteuerung nur an bestimmte, eigens definierte Handlungen des Steuerpflichtigen knüpft, würde sich eine solche steuerliche Konsequenz nicht ergeben. Einen Verstoß gegen die Richtlinie stellt das deutsche Recht insoweit aber nicht dar, da die ATAD strengere nationale Regelungen unberührt lässt, vgl. Art. 3 ATAD. Dies gilt auch mit Blick auf den Umstand, dass die Varianten des Art. 5 Abs. 1 ATAD (nur) an den Ausschluss des Besteuerungsrechts des Herkunftsstaats anknüpfen und nicht auch an dessen Einschränkung[2] (so aber das deutsche Recht, wenn nach der Verlagerung eines Wirtschaftsguts die ausländische Steuer anzurechnen ist) – auch hier besteht wegen Art. 3 ATAD keine rechtliche Notwendigkeit, das strengere deutsche Recht abzumildern. Umgekehrt ist die ATAD insoweit strenger, als ein Wegzug des Steuerpflichtigen gem. Art. 5 Abs. 1 Buchst. c ATAD eine Entstrickungsbesteuerung für alle Wirtschaftsgüter auslösen könnte, die nicht einer inländischen Betriebsstätte zugeordnet bleiben. Dies betrifft auch inländische Grundstücke des Steuerpflichtigen, die einer solchen Betriebsstätte nicht zuzuordnen sind, obwohl Deutschland das Besteuerungsrecht an diesen Grundstücken nach den Regelungen der bestehenden Doppelbesteuerungsabkommen (vgl. Art. 13 Abs. 1 OECD-MA) gar nicht verlieren würde. Auch für die in Art. 5 Abs. 5 ATAD enthaltene Wertverknüpfung gibt es im deutschen Steuerrecht derzeit keine vollständige Entsprechung; für die betroffenen Wirtschaftsgüter gelten die Regelungen zur Einlage gem. § 4 Abs. 1 Satz 8 i.V.m. § 6 Abs. 1 Nr. 5a EStG, so dass sie zum gemeinen Wert anzusetzen sind, unabhängig von der Bewertung im anderen Staat.[3]

17.109

Auch eine dem Art. 5 Abs. 2 ATAD entsprechende **Stundungsregelung** ist im deutschen Recht grundsätzlich implementiert. Hier kann insbesondere auf § 4g EStG hingewiesen werden. Die gewählte Technik unterscheidet sich insofern, als nach der ATAD die Steuer zum Zeitpunkt der Entstrickung in voller Höhe entsteht und dann über fünf Jahre durch Teilzahlungen zu entrichten ist, wohingegen nach § 4g EStG die anteilige Steuer in jedem Jahr neu entsteht. Dieser Unterschied dürfte in der Sache freilich keine größeren Auswirkungen haben, da sich aufgrund des linearen Körperschaftsteuertarifs von 15 % keine Progressionseffekte ergeben können.[4] Es ist aber aus anderen Gründen fraglich, ob § 4g EStG vollständig den Vorgaben der ATAD entspricht. So fehlt beispielsweise eine Pflicht zur Auflösung des Ausgleichspostens im Falle der Insolvenz des Steuerpflichtigen (vgl. Art. 5 Abs. 4 Buchst. d ATAD).[5] Zudem ist § 4g EStG nur auf EU-interne Sachverhalte anwendbar und regelt nicht die von Art. 5 Abs. 2 ATAD ebenfalls erfassten EWG-Konstellationen.[6] Ausdrücklich hinzuweisen ist darauf, dass Deutschland

17.110

---

1 S. dazu statt vieler *Jürgen Lüdicke*, FR 2011, 1077 (1081 f.) sowie BMF v. 26.8.2018, IV B 5 - S 1348/07/10002-01, BStBl. I 2018, 1104.
2 A.A. *Hagemann* in Hagemann/Kahlenberg, ATAD-Kommentar, Art. 5 Rz. 100 ff.
3 *Wied* in Blümich, § 4 EStG Rz. 514; *Rautenstrauch/Suttner*, BB 2016, 2391 (2396).
4 Anders wäre dies, wenn die Regelung von Art. 5 Abs. 2 ATAD im deutschen Recht auch mit Wirkung für Einzelunternehmer und Personengesellschaften eingeführt würde; aufgrund des im Einkommensteuerrecht geltenden progressiven Tarifverlaufs könnte die geballte Entstehung der gesamten Steuer im Entstrickungsjahr zu einer insgesamt höheren Steuer führen (die dann in Ratenzahlungen zu entrichten ist) als nach der bisherigen Regelung des § 4g EStG. S. zu möglichen Unterschieden auch *Kahle/Braun/Burger*, FR 2018, 717 (726).
5 Vgl. auch *Hagemann* in Hagemann/Kahlenberg, ATAD-Kommentar, Art. 5 Rz. 312.
6 S. dazu *Jochen Lüdicke/Oppel*, DB 2016, 549 (552); *Rautenstrauch/Suttner*, BB 2016, 2391 (2396); *Gutmann/Perdelwitz/Raingeard de la Blétière/Offermanns/Schellekens/Gallo/Grant Hap/Olejnicka*, ET 2017, 2 (8); weitere Kritikpunkte bei *Hagemann* in Hagemann/Kahlenberg, ATAD-Kommentar, Art. 5 Rz. 302.

nicht dazu verpflichtet wäre, Vorschriften zur Verzinsung und Gestellung von Sicherheiten einzuführen, da die ATAD hierfür lediglich Optionen vorsieht – EU-rechtlich gedeckt wären solche Regelungen aber.

17.111 Generell ist festzustellen, dass die einzelnen Entstrickungstatbestände im deutschen Steuerrecht auf viele Einzelnormen verteilt und nicht einheitlich geregelt sind[1] – § 12 Abs. 3 KStG sieht beispielsweise für den Wegzug in einen Drittstaat eine Liquidationsbesteuerung vor, und die Regelungstechnik der Ausgleichspostenmethode in § 4g EStG weicht von der Stundungsregelung des § 36 Abs. 5 (i.V.m. § 16 Abs. 3a) EStG ab.[2] Dies erschwert teilweise die Handhabung der einzelnen Regelungen. Es wäre daher wünschenswert, wenn der Gesetzgeber die ATAD zum Anlass nehmen würde, die bestehenden Regelungen soweit möglich zu **vereinheitlichen**, unter Beachtung der sich aus primärem und sekundärem EU-Recht ergebenden Vorgaben.[3]

IV. Allgemeine Anti-Missbrauchsregelung

17.112 Es gibt im deutschen Steuerrecht bereits in **§ 42 AO** eine allgemeine Anti-Missbrauchsregelung. Diese blickt auf eine lange Tradition zurück und wurde zuletzt durch das JStG 2008 grundlegend umgestaltet.[4] Darin wurden einige Tatbestandsmerkmale aufgenommen, die sich jetzt auch in Art. 6 ATAD finden, namentlich das Abstellen auf die „Unangemessenheit" der Gestaltung. Insofern dürfte das deutsche Recht wiederum Vorbild für die ATAD gewesen sein. Auch im Übrigen dürfte § 42 AO mit den Vorgaben der Richtlinie vereinbar sein.[5] Insbesondere ist auf § 42 Abs. 2 Satz 2 AO hinzuweisen, der dem Steuerpflichtigen die Gelegenheit gibt, beachtliche außersteuerliche Gründe für die gewählte Gestaltung vorzubringen, so dass es sich nicht um einen pauschalen und unwiderlegbaren Missbrauchsverdacht handelt.[6] Gesetzgeberischer Anpassungsbedarf an Art. 6 ATAD dürfte daher nicht bestehen.[7]

17.113 Zu beachten ist, dass die deutsche allgemeine Anti-Missbrauchsregelung aufgrund ihrer Verortung in der AO nicht nur für das Körperschaftsteuerrecht, sondern ebenso für **andere Steuergesetze** gilt. Die Maßgaben von Art. 6 ATAD beziehen sich aber nur auf die Anwendung im Rahmen des KStG; hierauf beschränkt sich auch die Rechtsprechungsbefugnis des EuGH.[8] Es bleibt daher abzuwarten, ob künftige

---

1 Zu nennen sind: § 4 Abs. 1 Satz 3 f. EStG, § 16 Abs. 3a EStG, § 17 Abs. 5 EStG, § 36 Abs. 5 EStG, § 6 AStG, § 12 KStG sowie die Normen des UmwStG. In § 6 Abs. 5 AStG wird beispielsweise eine zinslose und unbegrenzte Stundung bis zur tatsächlichen Realisierung eingeräumt, die deutlich großzügiger als § 4g EStG ist. Für eine Übersicht über die einzelnen Vorschriften s. *Schnitger*, Die Entstrickung im Steuerrecht, ifst-Schrift Nr. 487 (2013), S. 25 ff.
2 S. dazu nur *Wacker*, IStR 2017, 926 (926, Fn. 5).
3 Dabei könnte auch die zunehmende Konvergenz der Rechtsprechung des EuGH zur *Exit Tax* bei der gegenständlichen Entstrickung und bei der persönlichen Entstrickung Berücksichtigung finden. S. dazu *Wacker*, IStR 2017, 926 (926 ff.); *Wacker* in Europäisches Steuerrecht, DStJG 41 (2018), S. 423 (459); vgl. allgemein auch *Möhlenbrock* in Kirchmayr/Mayr/Hirschler/Kofler, Anti-BEPS-Richtlinie, S. 37.
4 Jahressteuergesetz 2008 (JStG 2008) v. 20.12.2007, BGBl. I, 3150.
5 So auch *Drüen* in Kirchmayr/Mayr/Hirschler/Kofler, Anti-BEPS-Richtlinie, S. 88; *Rautenstrauch/Suttner*, BB 2016, 2391 (2396); a.A. *Gutmann/Perdelwitz/Raingeard de la Blétière/Offermanns/Schellekens/Gallo/Grant Hap/Olejnicka*, ET 2017, 2 (11), da nach deren Auffassung Art. 6 ATAD einen breiteren Anwendungsbereich als § 42 AO habe; ähnlich auch *Jochimsen/Zinowsky*, ISR 2016, 318 (322).
6 Hierbei handelt es sich im Übrigen nicht um die Frage eines Verstoßes gegen die ATAD, weil selbst eine solche strengere Regelung gem. Art. 3 ATAD von der Richtlinie unberührt bliebe. Es wäre dann aber die Vereinbarkeit mit der Rechtsprechung des EuGH zu den Grundfreiheiten zweifelhaft.
7 Vgl. auch *Prusko* in Hagemann/Kahlenberg, ATAD-Kommentar Art. 6 Rz. 301 ff. demzufolge kleineren Abweichungen durch eine entsprechende Auslegung von § 42 AO begegnet werden kann; s. dazu auch eingehend *Franz*, DStR 2018, 2240 (2242 f.).
8 Die vom EuGH entwickelte Argumentation, dass eine überschießende nationale Umsetzung von Richtlinienrecht eine Rechtsprechungsbefugnis des EuGH auch für diesen überschießenden Bereich begründet, dürfte insoweit nicht einschlägig sein. Denn es handelt sich bei § 42 AO um eine Norm, die schon vor

Entscheidungen des EuGH zur Auslegung von § 42 AO am Maßstab von Art. 6 ATAD gleichwohl eine Ausstrahlungswirkung auf die Anwendung von § 42 AO in anderen deutschen Steuergesetzen entfalten werden – schließlich ist bei der Anwendung von § 42 AO (insb. bei der Prüfung der Unangemessenheit einer Gestaltung) das jeweilige Regelungsumfeld zu beachten.[1]

V. Hinzurechnungsbesteuerung

Auch eine **Hinzurechnungsbesteuerung** gab es in Deutschland schon lange vor Geltung der ATAD. Die in § 7 ff. AStG enthaltenen Regelungen wurden bereits im Jahr 1972 eingeführt.[2] Gleichwohl widmen sich zahlreiche Beiträge im Schrifttum der Frage einer Anpassung dieser Bestimmungen an die ATAD. Der Grund dafür dürfte zu einem gewissen Grad auch darin liegen, dass es schon seit längerem Forderungen nach einer Änderung der deutschen Hinzurechnungsbesteuerung gibt, die durch die ATAD nun weitere Nahrung erhalten haben.[3]

17.114

Einer der Hauptkritikpunkte am geltenden deutschen Recht ist, dass § 7 AStG nur darauf abstellt, ob im Inland ansässige Gesellschafter die **Beteiligungsvoraussetzungen** insgesamt erfüllen. Nicht erforderlich ist, dass diese Gesellschafter miteinander verbunden sind.[4] Damit gehe die Norm weit über ihren eigentlichen Zweck hinaus, denn von missbräuchlichen Verlagerungen ins Ausland könne bei der Beteiligung mehrerer unverbundener Gesellschafter nicht die Rede sein, insbesondere bei Inhabern von Kleinstbeteiligungen, die nur aufgrund der hohen Beteiligungsanteile anderer inländischer Gesellschafter in die Hinzurechnungsbesteuerung einbezogen würden.[5] In Art. 7 Abs. 1 Buchst. a ATAD ist demgegenüber eine Zusammenrechnung von Beteiligungen nur bei verbundenen Steuerpflichtigen vorgesehen. Vor diesem Hintergrund wird im Schrifttum eine Anpassung der deutschen Regelungen an die – insoweit weniger strengen – Regelungen der ATAD gefordert.[6] Dabei ist zu beachten, dass der deutsche Gesetzgeber zu einer solchen Anpassung durch die ATAD nicht rechtlich verpflichtet ist, denn Art. 3

17.115

Geltung des Art. 6 ATAD Bestand hatte; von einer bewussten Ausweitung der Richtlinienregelung durch den deutschen Gesetzgeber kann also keine Rede sein. Zudem ist fraglich, ob diese Rechtsprechungslinie auch Fälle erfassen würde, in denen die steuerartenübergreifende Anwendung von Richtlinienrecht in Rede steht. Vgl. generell EuGH v. 17.7.1997 – C-28/95 – Leur-Bloem, ECLI:EU:C:1997:369, Rz. 16 ff., v. 22.12.2008 – C-48/07 – Les Vergers du Vieux Tauves, ECLI:EU:C:2008:758, Rz. 21 ff.; v. 4.6.2009 – C-439/07 und C-499/07 – KBC Bank NV, ECLI:EU:C:2009:339, Rz. 55 ff. Zum Umfang der Rechtsprechungsgewalt des EuGH im Bereich von Art. 6 ATAD s. auch *Drüen* in Kirchmayr/Mayr/Hirschler/Kofler, Anti-BEPS-Richtlinie, S. 86 f. dem zufolge (allein) vom nationalen Gericht zu entscheiden ist, ob das jeweilige nationale Recht dem Mindeststandard von Art. 6 ATAD unterfällt oder darüber hinausgeht. Vgl. auch *Prusko* in Hagemann/Kahlenberg, ATAD-Kommentar, Art. 6 Rz. 121 f. zu der Frage, ob sich Auswirkungen auf die deutsche Gewerbesteuer ergeben.

1 S. zum Ganzen auch *Hey*, StuW 2017, 248 (261 f.).
2 Eingeführt durch Gesetz zur Wahrung der steuerlichen Gleichmäßigkeit bei Auslandsbeziehungen und zur Verbesserung der steuerlichen Wettbewerbslage bei Auslandsinvestitionen v. 8.9.1972, BGBl. I 1972, 1713.
3 Für eine Auflistung der häufigsten Kritikpunkte in jüngerer Zeit s. BDI/VCI, Die Steuerbelastung der Unternehmen in Deutschland – Vorschläge für ein wettbewerbsfähiges Steuerrecht 2017/2018, S. 35 ff.; BDI, Vorschläge für eine Reform der Hinzurechnungsbesteuerung, 2017; *Kraft*, IWB 2019, 104 (105, 109 ff.); eingehend *Haase*, DStR 2019, 827 (827 ff.) sowie *Haase*, ifst-Schrift 521, S. 25 ff. m.w.N.
4 Wenn eine ausländische Zwischengesellschaft Zwischeneinkünfte mit Kapitalanlagecharakter erzielt, ist gem. § 7 Abs. 6 Satz 1 AStG sogar eine 1%ige Beteiligung ausreichend.
5 *Haase*, ifst-Schrift 521 S. 86; *Moser/Hentschel*, Intertax 2017, 606 (610); *Haase*, ISR 2017, 349 (350); *Heinsen/Erb*, DB 2018, 975 (976).
6 *Schnitger/Neitzschke/Gebhardt*, IStR 2016, 960 (963); *Jochen Lüdicke/Oppel*, DB 2016, 549 (554); *Moser/Hentschel*, Intertax 2017, 606 (610); *Dehne*, ISR 2018, 132 (135); vgl. aber auch *Linn*, IStR 2016, 645 (646), demzufolge eine entsprechende Anpassung „den tatsächlichen Anwendungsbereich der Hinzurechnungsbesteuerung [...]nicht spürbar verändern" würde.

ATAD erlaubt die Beibehaltung strengerer nationaler Regelungen.[1] Aus diesem Grunde besteht auch keine EU-rechtliche Pflicht des deutschen Gesetzgebers, den für Zwischeneinkünfte mit Kapitalanlagecharakter in § 7 Abs. 6 AStG enthaltenen Schwellenwert von 1 % anzuheben.[2] Umgekehrt wird diskutiert, ob aus der ATAD die Pflicht erwächst, die deutsche Hinzurechnungsbesteuerung künftig auch auf beschränkt Steuerpflichtige anzuwenden, die Anteile von Mutter- und Schwestergesellschaften einzubeziehen[3] sowie das Überschreiten der Beherrschungsschwelle auch auf reine Gewinnansprüche zu beziehen.[4]

17.116 Ein weiterer Kritikpunkt betrifft den in § 8 Abs. 1 AStG enthaltenen **Katalog aktiver Einkünfte**, welche nicht der Hinzurechnungsbesteuerung unterliegen. Diese Regelungen, die aufgrund der Einleitung in § 8 Abs. 1 AStG als Negativabgrenzung ausgestaltet sind, sind durch weitere (und für die jeweiligen Einkünfte unterschiedliche) Rückausnahmen in der Tat recht komplex geraten. Die ATAD benutzt demgegenüber einen vergleichsweise übersichtlich gestalteten Passivkatalog, der zudem (anders als das deutsche Recht) auf nicht ausgeschüttete Einkünfte beschränkt ist.[5] Vor diesem Hintergrund wird dafür plädiert, die Regelungen des AStG ebenfalls auf einen (abschließenden) Passivkatalog umzustellen.[6] Die ATAD (die als Richtlinie nur hinsichtlich ihrer Zielvorgaben verbindlich ist) gibt eine solche Umstellung aber nicht zwingend vor, solange das nationale Recht das Regelungsziel der ATAD auf anderem Wege ebenso erreicht.[7] Zudem würde aus einer solchen Umstellung nicht notwendigerweise eine Abmilderung der Regelungen folgen, weil die nationalen Bestimmungen auch dann strenger ausgestaltet sein dürfen als in Art. 7 Abs. 2 Buchst. a ATAD; dies ergibt sich aus Art. 3 ATAD, der weitergehende nationale Regelungen zulässt. Weiter ist festzustellen, dass die von keinen weiteren Voraussetzungen abhängige Einstufung bestimmter Einkünfte als passiv in Art. 7 Abs. 2 Buchst. a ATAD mitunter zu strengeren Ergebnissen führt als die bisherige Regelung in § 8 AStG, wo die Abgrenzung zwischen aktiv und passiv auf Basis weiterer Kriterien vorzunehmen ist; es ist daher – unabhängig von der Frage einer systematischen Umstellung des Katalogs – für jeden Tatbestand gesondert zu ermitteln, ob die ATAD-Regelungen strenger (und daher zwingend umzusetzen) sind.[8] Dass bei dieser Prüfung anspruchsvolle Fragen geklärt werden müssen, zeigt sich beispielsweise bei Art. 7 Abs. 2 Buchst. a lit. iii ATAD, der Dividenden und Einkünfte aus der Veräußerung von Anteilen generell als passiv deklariert. Im Schrift-

---

1 A.A. hierzu wohl *Schönfeld*, IStR 2017, 721 (722 f.).
2 So auch *Rautenstrauch/Suttner*, BB 2016, 2391 (2392); für eine Anpassung plädiert *Haase*, ifst-Schrift 521 S. 107. Hinzuweisen ist darauf, dass der BFH nunmehr den EuGH zur Vereinbarkeit dieser Regelung mit der Kapitalverkehrsfreiheit angerufen hat, s. BFH v. 12.10.2016 – I R 80/14, BStBl II 2017, 615; s. dazu *Kraft*, IStR 2017, 327 (327 ff.); *Bannes/Cloer/Holle*, FR 2017, 620 (620 ff.); *Kahlenberg/Schiefer*, IStR 2017, 889 (889 ff.).
3 Kritisch zu beiden Aspekten *Haase*, ifst-Schrift 521 S. 107 f.; vgl. auch *Schnitger/Neitzschke/Gebhardt*, IStR 2016, 960 (963 f.); *Böhmer/Gebhardt/Krüger* in Hagemann/Kahlenberg, ATAD-Kommentar, Art. 7 Rz. 262.
4 *Böhmer/Gebhardt/Krüger* in Hagemann/Kahlenberg, ATAD-Kommentar, Art. 7 Rz. 262; *Kreienbaum* in Europäisches Steuerrecht, DStJG 41 (2018), S. 475 (484).
5 *Heinsen/Erb*, DB 2018, 975 (978); wohl auch *Moser/Hentschel*, Intertax 2017, 606 (614).
6 So *Schnitger/Neitzschke/Gebhardt*, IStR 2016, 960 (967); *Rautenstrauch/Suttner*, BB 2016, 2391 (2393); *Haase*, ifst-Schrift 521 S. 183.
7 S. zu diesem Gesichtspunkt *Schnitger/Nitzschke/Gebhard*, IStR 2016, 960 (966 f.); kritisch auch zum bisherigen Regelungsgefüge im AStG *Linn*, IStR 2016, 645 (649 f.); *Möhlenbrock* in Kirchmayr/Mayr/Hirschler/Kofler, Anti-BEPS-Richtlinie, S. 34 f.; *Haase*, ifst-Schrift 521 S. 134; *Haase*, ISR 2017, 349 (350 f.); *Dehne*, ISR 2018, 132 (135).
8 Einzelnachweise hierzu bei *Haase*, ifst-Schrift 521 S. 134 ff.; s. auch *Linn*, IStR 2016, 645 (651); *Schnitger/Neitzschke/Gebhardt*, IStR 2016, 960 (967 ff.); *Schönfeld*, EC Tax Review 2017, 145 (148 ff.); *Schönfeld*, IStR 2017, 721 (724 f.); *Böhmer/Gebhardt/Krüger*, IWB 2018, 849 (850 ff.); *Becker/Loose*, BB 2018, 215 (216 ff.); *Böhmer/Gebhardt/Krüger* in Hagemann/Kahlenberg, ATAD-Kommentar, Art. 7 Rz. 268 ff.; *Lampert* in Musil/Weber-Grellet, Europäisches Steuerrecht, §§ 7-14 AStG, Rz. 108 ff.

tum wird bezweifelt, dass sich diese Vorschrift bruchlos in das deutsche Steuersystem integrieren lässt.[1] In diesem Zusammenhang wird auch eine Änderung von § 3 Nr. 41 EStG erwogen, weil die dort geregelte Frist von der ATAD nicht gedeckt wird[2] – andererseits dürfte eine solche Änderung wegen Art. 3 ATAD nicht zwingend vorgegeben sein.

Zudem wird kritisiert, dass § 8 Abs. 3 AStG die Grenze für eine **Niedrigbesteuerung** bei 25 % festsetzt. Dies wird als überhöht angesehen, insbesondere seit der deutsche Körperschaftsteuersatz mit Wirkung zum Jahr 2008 auf ein Niveau (15 %) abgesenkt worden ist,[3] das nach diesem Maßstab selbst als niedrig zu bezeichnen wäre.[4] Wenn man die Definition der Niedrigbesteuerung von Art. 7 Abs. 1 Buchst. b ATAD zugrunde legen würde, wäre die maßgebliche Grenze bei der Hälfte von 15 %, also 7,5 % zu ziehen.[5] Dies würde die deutsche Hinzurechnungsbesteuerung deutlich entschärfen. Insofern ist aber wiederum festzustellen, dass gem. Art. 3 ATAD strengere nationale Vorschriften gegenüber der Richtlinie erlaubt sind. Unabhängig von den steuerpolitischen Argumenten für oder gegen eine Änderung der Grenze des § 8 Abs. 3 AStG ergibt sich aus der ATAD jedenfalls kein rechtlicher Änderungszwang.[6] Dies dürfte auch für die ebenfalls kritisierte Nichtanrechnung auf die deutsche Gewerbesteuer gelten, da sich die Anrechnungsregelung des Art. 8 Abs. 7 ATAD von vornherein nur auf die Körperschaftsteuer (die allein vom Regelungsumfang der ATAD umfasst ist) beschränken dürfte.[7] Es kommt hinzu, dass Art. 8 Abs. 7 Satz 2 ATAD allgemein auf die Bestimmungen des jeweiligen nationalen Rechts verweist.[8] Änderungsbedarf dürfte sich aber daraus ergeben, dass die ATAD – im Gegensatz zum deutschen Recht – für die Bestimmung der effektiven Steuerlast nicht nur auf die hinzuzurechnenden passiven Einkünfte, sondern auf das Gesamtergebnis abstellt.[9]

17.117

Es werden auch noch **weitere Bestimmungen** mit Blick auf die ATAD diskutiert. So dürfte die in § 9 AStG enthaltene Freigrenze mit der ATAD vereinbar sein. Denn Art. 7 Abs. 3 ATAD räumt den Mitgliedstaaten eine Option ein, mit deren prozentualer Grenze (30 % oder weniger) § 9 AStG (10 %)

17.118

---

1 S. hierzu *Moser/Hentschel*, Intertax 2017, 606 (615); *Haase*, ISR 2017, 349 (354); *Dehne*, ISR 2018, 132 (137); *Nielsen/Westermann*, Ubg 2018, 156 (163 f.); *Becker/Loose*, BB 2018, 215 (218 f.); *Kraft* in Kofler/Schnitger, BEPS-Handbuch, Rz. D 75.
2 *Moser/Hentschel*, Intertax 2017, 606 (622); *Schönfeld*, IStR 2017, 721 (728); *Böhmer/Gebhart/Krüger* in Hagemann/Kahlenberg, ATAD-Kommentar, Art. 8 Rz. 86.
3 Unternehmensteuerreformgesetz 2008 v. 14.8.2007, BGBl. I 2007, 1912.
4 Dabei darf aber nicht übersehen werden, dass deutsche Körperschaften daneben noch der Belastung durch Solidaritätszuschlag und Gewerbesteuer unterliegen. Die kumulierte Steuerlast liegt daher im Durchschnitt bei knapp unter 30 % (29,83 %), s. BMF, Die wichtigsten Steuern im internationalen Vergleich 2016, S. 18. Zur Kritik vor dem Hintergrund der ATAD s. *Jochen Lüdicke/Oppel*, DB 2016, 549 (554); *Linn*, IStR 2016, 645 (648 f.); *Schnitger/Neitzschke/Gebhardt*, IStR 2016, 960 (964); *Moser/Hentschel*, Intertax 2017, 606 (612); *Haase*, ISR 2017, 349 (351); *Kraft* in Kofler/Schnitger, BEPS-Handbuch, Rz. D 44 ff.
5 Solidaritätszuschlag und Gewerbesteuer sind bei dieser Berechnung nicht einzubeziehen, vgl. *Dehne*, ISR 2018, 132 (134).
6 A.A. *Schönfeld*, IStR 2017, 721 (723), demzufolge die EU-Mitgliedstaaten ungeachtet von Art. 3 ATAD aus Art. 7 Abs. 1 Buchst. b ATAD verpflichtet sein sollen, die Niedrigsteuergrenze unterhalb ihres eigenen Steuerniveaus anzusiedeln. Wie hier etwa *Böhmer/Gebhardt/Krüger* in Hagemann/Kahlenberg, ATAD-Kommentar, Art. 7 Rz. 265.
7 So auch *Kreienbaum* in Europäisches Steuerrecht, DStJG 41 (2018), S. 475 (490). Insoweit dürfte dem Umstand, dass Art. 8 Abs. 7 ATAD nur von der Anrechnung auf die „Steuerschuld" spricht und – anders als andere Stellen der ATAD – keine ausdrückliche Beschränkung auf die Körperschaftsteuer enthält, keine entscheidende Bedeutung zukommen. A.A. *Linn*, IStR 2016, 645 (647); *Kahlenberg/Prusko*, IStR 2017, 304 (309); *Rieck*, IStR 2017, 399 (400); *Schönfeld*, IStR 2017, 721 (727 f.); *Dehne*, ISR 2018, 132 (136); *Böhmer/Gebhardt/Krüger* in Hagemann/Kahlenberg, ATAD-Kommentar, Art. 8 Rz. 88; s. auch *Rüsch* in Hagemann/Kahlenberg, ATAD-Kommentar, Art. 1 Rz. 4.
8 Überdies dürfte auch hier wieder Art. 3 ATAD einschlägig sein, dem zufolge die Mitgliedstaaten strengere Regelungen beibehalten oder einführen dürfen – dies würde auch für Anrechnungsvorschriften gelten.
9 Kritisch zu dieser fehlenden Segmentierung *Haase*, ifst-Schrift 521 S. 143: „konterkariert [...] die Grundidee jeder Hinzurechnungsbesteuerung"; vgl. auch *Schnitger/Neitzschke/Gebhardt*, IStR 2016, 960 (964).

vereinbar ist;[1] teilweise wird auch gefordert, die Nichtaufgriffsgrenze von 30 % in Deutschland ebenfalls einzuführen.[2] Bei der Berechnung der hinzuzurechnenden Einkünfte sieht § 10 Abs. 3 Satz 4 AStG bislang vor, dass bestimmte steuerliche Vergünstigungen auszuklammern sind; eine solche Einschränkung enthält die ATAD nicht, aber wegen Art. 3 ATAD gibt es insoweit keinen zwingenden rechtlichen Handlungsbedarf.[3] Anders dürfte dies bei § 10 Abs. 3 Satz 5 AStG sein, der bislang einen Verlustrücktrag und -vortrag nach § 10d EStG erlaubt; die Regelung in Art. 8 Abs. 1 Satz 2 ATAD räumt demgegenüber lediglich einen Verlustvortrag ein, ist insoweit also strenger.[4] Auch die Bestimmungen zur zeitlichen Zuordnung in § 10 Abs. 2 Satz 1 AStG weichen augenscheinlich von Art. 8 Abs. 4 ATAD ab.[5]

17.119 Derzeit ist noch nicht abzusehen, inwieweit (und zu welchem Zeitpunkt) der deutsche Gesetzgeber die seit längerem geforderte (Gesamt-)Reform der Hinzurechnungsbesteuerung vornehmen wird.[6] Bei gesetzgeberischen Maßnahmen wäre jedenfalls wünschenswert, wenn eine Anpassung an die Regelungen der ATAD nicht nur im Hinblick auf die rechtlich zwingenden Maßgaben vorgenommen würde, sondern wenn auch in konzeptioneller Hinsicht eine Aktualisierung der deutschen Hinzurechnungsbesteuerung eingehend geprüft werden würde. Eine größere **Einheitlichkeit der Hinzurechnungsbesteuerungssysteme** in der EU – basierend auf dem Konzept der ATAD – würde die Rechtsanwendung für alle Beteiligten jedenfalls erleichtern.[7]

VI. Hybride Gestaltungen

17.120 Die Maßgaben der ATAD2 zur Bekämpfung **hybrider Gestaltungen** stellen vermutlich den Bereich dar, in dem in Deutschland der größte Neuregelungsbedarf besteht. Das deutsche Recht hat zwar bereits vor der Verabschiedung der ATAD einige Abwehrregelungen gegen hybride Gestaltungen besessen; vorrangig zu nennen sind der neugefasste § 8b Abs. 1 Satz 2 KStG[8], der eine Dividendenfreistellung versagt, soweit die Bezüge das Einkommen der leistenden Körperschaft gemindert haben, sowie § 14 Abs. 1 Satz 1 Nr. 5 KStG, eine sog. *dual consolidated loss rule*, die in Organschaftsfällen gegen eine mehrfache Berücksichtigung derselben negativen Einkünfte in mehreren Staaten wirkt.[9] Gleichwohl fehlt bislang ein umfassendes Regelungssystem, das den ausdifferenzierten Empfehlungen zu BEPS-Aktionspunkt 2 und der ATAD2 entsprechen würde.

17.121 Noch während der Erarbeitung der Empfehlungen zu BEPS-Aktionspunkt 2 erhoben die Bundesländer über den **Bundesrat** die Forderung, zeitnah eine nationale Abwehrvorschrift zu schaffen. Konkret schlug der Bundesrat im Jahr 2014 vor, einen neuen § 4 Abs. 5a EStG zur Bekämpfung hybrider Gestaltungen zu schaffen.[10] Hintergrund dieser Länderinitiative war, dass Gestaltungen aufgefallen waren, bei denen ausländische Investoren unter Ausnutzung des deutschen Konzeptes der Mitunterneh-

---

1 Dass § 9 AStG daneben eine weitere Höchstgrenze bei 80.000 Euro einzieht, wirft ebenfalls keine Bedenken auf, da den EU- Mitgliedstaaten gem. Art. 3 ATAD strengere Regelungen erlaubt sind.
2 *Linn*, IStR 2016, 645 (649).
3 Vgl. *Haase*, ifst-Schrift 521 S. 161; vgl. auch *Moser/Hentschel*, Intertax 2017, 606 (616).
4 *Haase*, ifst-Schrift 521 S. 161 f.
5 S. dazu *Schnitger/Neitzschke/Gebhardt*, IStR 2016, 960 (973); *Gutmann/Perdelwitz/Raingeard de la Blétière/Offermanns/Schellekens/Gallo/Grant Hap/Olejnicka*, ET 2017, 2 (14); *Haase*, ifst-Schrift 521 S. 162 f.; *Böhmer/Gebhardt/Krüger* in Hagemann/Kahlenberg, ATAD-Kommentar, Art. 8 Rz. 84; *Kreienbaum* in Europäisches Steuerrecht DStJG 41 (2018), S. 475 (491).
6 Vgl. zu möglichen Änderungen *Haase/Hofacker*, Ubg 2019, 260.
7 Zweifelnd daran aber *Linn*, IStR 2016, 645 (652), dem zufolge die Richtlinie nicht die notwendige Komplexität für alle Mitgliedstaaten abbilden kann.
8 Eingeführt durch das Gesetz zur Umsetzung der Amtshilferichtlinie sowie zur Änderung steuerlicher Vorschriften (Amtshilferichtlinienumsetzungsgesetz – AmtshilfeRLUmsG v. 26.6.2013, BGBl. I 2013, 1809.
9 Bei einem weiten Verständnis könnte man auch noch weitere Normen wie § 50d Abs. 9 EStG hinzunehmen. Für eine Übersicht s. *Radmanesh/Gebhardt*, IWB 2018, 580 (581 f.).
10 S. BR-Drs. 432/14 (Beschluss), S. 12 ff.

merschaft (§ 15 Abs. 1 Satz 1 Nr. 2 EStG) einen mehrfachen Abzug von Aufwendungen, in Deutschland wie im Ausland, erreichen konnten.[1] Die konkret vorgeschlagene Neuregelung wurde von der Bundesregierung im Ergebnis nicht aufgegriffen.[2] Aber die Bundesregierung sagte die zeitnahe Einsetzung einer Arbeitsgruppe zu, um ein Konzept gegen hybride Gestaltungen zu erarbeiten.[3] Diese hochrangige Arbeitsgruppe (bestehend aus den Steuerabteilungsleitern von Bund und Ländern) konstituierte sich im Januar 2015 und begann mit der Erarbeitung eines umfassenden Regelungskonzeptes zur Umsetzung der Empfehlungen zu BEPS-Aktionspunkt 2. Die Entwicklungen seither (Vorlage der finalen Empfehlungen zu BEPS-Aktionspunkt 2 im Herbst 2015, Veröffentlichung weiterer Empfehlungen zu Betriebsstättenkonstellationen im Juli 2017 sowie Verabschiedung von ATAD und ATAD2) wurden dabei berücksichtigt.

Wann und in welcher Form der deutsche Gesetzgeber diese Vorarbeiten zur Implementierung umfassender Anti-Hybrid-Regelungen in das nationale Recht aufgreifen wird, bleibt abzuwarten – die Frist zur Umsetzung der ATAD2 läuft bis Ende des Jahres 2019. Auf (erneutes) Betreiben des Bundesrats wurde aber bereits mit Wirkung zum Jahr 2017 in § 4i EStG eine spezifische Sonderregelung zur Verhinderung des doppelten Betriebsausgabenabzugs bei Vorgängen im Sonderbetriebsvermögen mit Auslandsbezug eingeführt.[4] Diese Vorschrift mit ihrem beschränkten Anwendungsbereich erfasst naturgemäß nur einen geringen Teil der Gesamtproblematik und ändert nichts an der Notwendigkeit weiterer Neuregelungen.[5] Zu hoffen bleibt, dass der Gesetzgeber hierbei die notwendige Sorgfalt an den Tag legt, um gut handhabbare und aufeinander abgestimmte Regelungen zur Bekämpfung hybrider Gestaltungen zu schaffen.[6]

17.122

D. Fazit

Die ATAD sticht in mehrfacher Hinsicht aus den bisherigen EU-Richtlinien zu den direkten Steuern heraus. Dies betrifft nicht nur ihren (vergleichsweise) breiten Regelungsumfang, sondern auch den Umstand, dass sie – im Gegensatz zu den meisten bisherigen Richtlinien – keine steuerlichen Vergünstigungen, sondern Vorschriften zur Sicherung des Steueraufkommens enthält.[7] Dies bedeutet aus EU-rechtlicher Sicht teilweise einen Perspektivwechsel um 180 Grad: Während derartige Maßnahmen

17.123

---

1 Konkret ging es um Aufwendungen des ausländischen Gesellschafters an einer inländischen Personengesellschaft, die nach deutschem Verständnis dessen Sonderbetriebsvermögen im Inland zuzuordnen waren. Folge war, dass diese Aufwendungen nicht nur im anderen Staat, dem das Konzept des Sonderbetriebsvermögens unbekannt ist, sondern auch in Deutschland zum Abzug zugelassen wurden.
2 Zur Kritik an dem Vorschlag s. *Körner*, IStR 2015, 449.
3 Protokollerklärung der Bundesregierung zur 929. Sitzung des Bundesrats zu TOP 7 (Gesetz zur Anpassung der Abgabenordnung an den Zollkodex und zur Änderung weiterer steuerlicher Vorschriften) v. 19.12.2014.
4 Eingeführt durch das Gesetz zur Umsetzung der Änderungen der EU-Amtshilferichtlinie und von weiteren Maßnahmen gegen Gewinnkürzungen und -verlagerungen v. 22.12.2016, BGBl. I 3000; geändert durch das Gesetz zur Bekämpfung der Steuerumgehung und zur Änderung weiterer steuerliche Vorschriften (Steuerumgehungsbekämpfungsgesetz – StUmgBG) v. 23.6.2017, BGBl. I, 1682. S. zu dieser Vorschrift etwa *Rautenstrauch*, EWS 2017, Die erste Seite; *Kahle/Braun*, DStZ 2018, 381; *Prinz*, DB 2018, 1615; *Rüsch*, FR 2018, 299.
5 Kritisch zur Vereinbarkeit von § 4i EStG mit der Systematik der ATAD *Kahlenberg/Oppel*, NWB 2017, 1732 (1736); Kritik auch bei *Nielsen/Westermann*, FR 2018, 1035 (1037 ff.).
6 *Körner*, RdF 2018, 125 (128 ff.), fordert in diesem Zusammenhang Ausnahmeregelungen für Kapitalmarktinstrumente.
7 Vgl. *Gutmann/Perdelwitz/Raingeard de la Blétière/Offermanns/Schellekens/Gallo/Grant Hap/Olejnicka*, ET 2017, 2 (2); *Lehner*, IStR 2019, 277 (281) spricht vom „Wandel der EU-Steuerpolitik"; *Musil*, FR 2018, 933 (938) weist darauf hin, dass belastende Maßnahmen in anderen Regelungsbereichen wie dem Umweltrecht nichts Ungewöhnliches sind.

(insb. wenn sie als Anti-Missbrauchsregelungen ausgestaltet waren) bislang als Ausnahmevorschriften eng ausgelegt wurden und einer ausgefeilten Rechtfertigungsprüfung am Maßstab des europäischen Primärrechts zu unterziehen waren, sind sie nunmehr expliziter Bestandteil des EU-Rechts und als solche von den EU-Mitgliedstaaten zwingend anzuwenden.[1]

17.124 Eine weitere Besonderheit der ATAD besteht darin, dass ihre Regelungen teilweise nicht (ausschließlich) an grenzüberschreitende Aktivitäten anknüpfen, sondern auch **rein nationale Sachverhalte** erfassen (dies gilt für die Zinsschranke und die allgemeine Anti-Missbrauchsregelung).[2] Dies ist für steuerliche EU-Richtlinien ungewohnt, unter dem (für die ATAD maßgeblichen) Aspekt des Schutzes des Binnenmarkts aber konsequent.[3] Denn die wirtschaftlichen Verzerrungen, die den Binnenmarkt beeinträchtigen und denen die ATAD entgegenwirken soll, treten auch dann ein, wenn Unternehmen ihre Steuerlast durch rein nationale Gestaltungen übermäßig verringern. An der EU-rechtlichen Regelungskompetenz und der Einhaltung des Subsidiaritätsprinzips (Art. 5 EUV) dürften daher auch für diese Regelungsteile keine Bedenken bestehen.[4] Die Folge ist, dass auch für diese Regelungen künftig die Zuständigkeit des EuGH gegeben ist und deutsche Gerichte ggf. zur Vorlage berechtigt oder sogar verpflichtet sind (s. Rz. 5.15 ff.).

17.125 Weiter ist festzustellen, dass nicht alle materiellen Regelungen der ATAD Anti-Missbrauchsregelungen im eigentlichen Sinne darstellen. Nur die Allgemeine Anti-Missbrauchsregelung in Art. 6 ATAD sowie die Hinzurechnungsbesteuerung in Art. 7 f. ATAD sind als (allgemeine bzw. spezielle) Anti-Missbrauchsregelungen einzustufen, wohingegen die anderen Vorschriften der ATAD (Zinsschranke, Entstrickungsbesteuerung und Anti-Hybrid-Regelungen) als **generelle Regelungen** zur Sicherung des inländischen Besteuerungssubstrats bzw. zur Verhinderung von Divergenzen und Besteuerungslücken beim Zusammenspiel mehrerer Rechtsordnungen anzusehen sind.[5] Dies ist im Einklang mit dem Ansatz des BEPS-Projekts von OECD und G20, welches ebenfalls nicht auf die Entwicklung reiner Missbrauchsregelungen gerichtet war. Dies ist auch sachgerecht, denn BEPS-Probleme entstehen nicht nur durch missbräuchliches Verhalten von Steuerpflichtigen. Vor diesem Hintergrund erklärt sich, warum nur in Art. 6 und 7 f. ATAD die vom EuGH zu Missbrauchsregelungen entwickelten Maßgaben (Möglichkeit des Steuerpflichtigen, im Einzelfall darzulegen, dass es sich um genuine wirtschaftliche Aktivitäten handelt) enthalten sind. Es wird daher abzuwarten sein, welche Kriterien der EuGH heranziehen wird, wenn er Entscheidungen zum Regelungskreis der Art. 4 und 9 ff. ATAD[6] treffen wird.[7]

17.126 Die explizite Regelung in Art. 3 ATAD, dass die EU-Mitgliedstaaten an **strengeren Regelungen** gegenüber der Richtlinie nicht gehindert sind, ist hingegen nur auf den ersten Blick ungewöhnlich. Denn auch in den bisherigen begünstigenden Richtlinien war dieses Prinzip – wenn auch mit umgekehrten Vorzeichen – bereits als ungeschriebene Regel enthalten: Auch dort war es den Mitgliedstaaten ohne weiteres erlaubt, über die (begünstigenden) Vorschriften der Richtlinien hinauszugehen und den Steuerpflichtigen noch weitergehende Vorteile zu gewähren. Die ausdrückliche Regelung in Art. 3 ATAD ist gleichwohl zu begrüßen, da sie die notwendige Klarheit schafft, dass dieses Prinzip auch bei belastenden

---

1 S. zu diesem Gedanken auch *Kokott*, Das Steuerrecht der Europäischen Union, § 2 Rz. 89 (für die Hinzurechnungsbesteuerung).
2 S. dazu auch *Alimandi/Gutmann*, TPIR 2017, 20 (21); *Kokott*, Das Steuerrecht der Europäischen Union, § 2 Rz. 82; *Lindermann*, Normbehauptung im Steuerrecht und europäisches Missbrauchsverbot, S. 305 ff.
3 Kritisch aber *Hey* in Europäisches Steuerrecht DStJG 41 (2018), S. 9 (40).
4 A.A. für die Zinsschranke aber *Prusko*, Steuerliche Missbrauchsvermeidung im Europäischen Binnenmarkt, S. 273 ff.
5 Insofern kritisch zum Titel der ATAD *Hey* in Europäisches Steuerrecht, DStJG 41 (2018), S. 9 (28).
6 Zu Art. 5 ATAD gibt es bereits umfassende EuGH-Rechtsprechung, s. Rz. 17.50.
7 S. dazu (zu Art. 4 ATAD) auch *van Os*, EC Tax Review 2016, 184 (188); *Staats*, IWB 2018, 838 (840 ff.): Rechtfertigungsgrund der Sicherung einer ausgewogenen Aufteilung der Besteuerungsbefugnis ist einschlägig.

Steuerregelungen gilt, die wie die ATAD aggressiven Steuergestaltungen und unfairem Steuerwettbewerb entgegenwirken sollen.

Aus steuerpolitischer Perspektive ist die Kommission mit dem Vorschlag der ATAD ein **gewisses Risiko** eingegangen. Es wäre durchaus möglich gewesen, dass EU-Mitgliedstaaten, deren Interesse an einer umfassenden und effektiven Einführung von BEPS-Maßnahmen weniger stark ausgeprägt war, versucht hätten, die Diskussionen zur Richtlinie in die Länge zu ziehen um eine EU-weite Einführung möglichst lange zu vereiteln- dabei hätten sie gleichzeitig den vorliegenden Richtlinienentwurf als Vorwand nutzen können, eigene nationale Maßnahmen zur Implementierung der BEPS-Empfehlungen von OECD und G20 aufzuschieben. Dies hätte die BEPS-Implementierung in der EU insgesamt gebremst. Dass es dazu nicht kam, dürfte der öffentlichen Erwartungshaltung und der fortgesetzten Relevanz der Thematik in der internationalen Steuerpolitik zu verdanken sein. In vielen EU-Staaten dürfte sich mittlerweile auch die Einsicht durchgesetzt haben, dass unfairer Steuerwettbewerb der EU als Solidaritätsgemeinschaft schadet und deshalb – wie andere Wettbewerbskonstellationen auch – der Regulierung bedarf.[1] Insofern stellt sich sogar die Frage, ob das ungestörte Funktionieren des Binnenmarkts den Erlass von Sekundärrecht wie der ATAD sogar erfordert, so dass man konstatieren könnte, dass die ATAD in Erfüllung einer (primärrechtlichen) Handlungspflicht geschaffen wurde.[2]

17.127

Insgesamt fügt sich die ATAD ein in einen größeren Rahmen der europäischen BEPS-Gesetzgebung, die im Dezember 2015 mit der DAC3 (Rz. 25.31) ihren Anfang nahm und mit der DAC4 (Rz. 25.34), der Schiedsrichtlinie Rz. 24.1 ff.) und der DAC6 (Rz. 25.39) mittlerweile wichtige weitere Regelungswerke umfasst. Mit Blick auf die 15 finalen BEPS-Empfehlungen von OECD und G20 dürften damit die wichtigsten Umsetzungsarbeiten in der EU abgeschlossen sein.[3] Es wird sich zeigen, ob das erreichte Momentum europäischer Steuergesetzgebung auch andere steuerpolitische Großprojekte wie die GKB-/GKKB-Vorschläge beflügeln kann.[4] Ebenso stellt sich die Frage, wie erfolgreich der vom BEPS-Projekt und der ATAD gewählte Ansatz technisch anspruchsvoller Einzelregelungen (hier seien nur die

17.128

---

1 Die Kommission spricht selbst von einer „Spaltung des Binnenmarkts", s. Mitteilung der Kommission v. 17.6.2015 an das Europäische Parlament und den Rat: Eine faire und effiziente Unternehmensbesteuerung in der Europäischen Union – Fünf Aktionsschwerpunkte, COM(2015) 302 final. S. auch Süddeutsche Zeitung v. 8./9.11.2014: „Bruch der europäischen Solidarität" (zu den „*Luxemburg-Leaks*"). S. auch *Aujean*, EC Tax Review 2015, 60 (61), der eine Einigung auf ein „Solidaritätsprinzip" fordert. Ggf. könnte hier auch das in Art. 4 Abs. 3 EUV kodifizierte (aber für die hier betreffende Frage noch wenig konturierte) Prinzip der Unionstreue fruchtbar gemacht werden; s. zu dessen steuerlicher Bedeutung *Wittock*, EC Tax Review 2014, 171. Vgl. auch *Kreienbaum* in Europäisches Steuerrecht, DStJG 41 (2018), S. 475 (478 f.), der insoweit von „Garantenpflichten der EU-Mitgliedstaaten untereinander" spricht.
2 In diesem Sinne *Kreienbaum* in Europäisches Steuerrecht, DStJG 41 (2018), S. 477 ff., mit dem Argument, dass der Binnenmarkt ohne leistungsfähige (d.h. ein ausreichendes Steueraufkommen erzielende) Mitgliedstaaten nicht funktionieren würde. Hierzu ist anzumerken, dass – wenn man diesen Ansatz konsequent verfolgen will – eine einschränkende Auslegung von Grundfreiheiten in der Tat das Ziel, gegen Binnenmarktstörungen infolge von unfairem Steuerwettbewerb und aggressiver Steuerplanung vorzugehen, nicht vollständig erreichen könnte. Denn die bloße Einschränkung von Vergünstigungen (die sich bei der Prüfung nationaler Abwehrmaßnahmen stellt) ersetzt nicht diese Abwehrmaßnahmen selbst, die zur zielgenauen Beseitigung der Binnenmarktstörungen notwendig sind; anders gewendet bedarf es (sekundärrechtlicher) Maßnahmen, die die nationale Einführung solcher Abwehrmaßnahmen überhaupt erst vorgeben. Eine Ableitung derartiger unionsrechtlicher steuerlicher Handlungspflichten der EU zum Schutz des Binnenmarkts ist aber (soweit ersichtlich) bislang noch nicht vertieft erörtert worden. Zu klären wäre unter anderem, ob solche Handlungspflichten – vergleichbar der Leistungsdimension, die den deutschen Grundrechten grundsätzlich zuerkannt wird – an bestimmte Bedingungen geknüpft sein müssten, um die Einschätzungs- und Handlungsspielräume des Sekundärrechtsgebers nicht übermäßig einzuschränken.
3 Die BEPS-Empfehlungen zu Doppelbesteuerungsabkommen und Verrechnungspreisen bleiben ausgeklammert, weil hier die EU traditionell nicht durch Richtlinien tätig wird. Hier ist eher ein *soft-law*-Ansatz gebräuchlich, s. bspw. die Empfehlung der Europäischen Kommission v. 28.1.2016 zur Umsetzung von Maßnahmen zur Bekämpfung des Missbrauchs von Steuerabkommen, C(2016) 271 final.
4 Vgl. auch *Bhogal*, TNI 2016, 881 (884).

Regelungen zu hybriden Gestaltungen genannt) ist. Stellt man sich auf den Standpunkt, dass es letztlich das Phänomen der Nicht- oder Niedrigbesteuerung ist, das die Schädlichkeit der meisten unerwünschten Gestaltungen ausmacht (unabhängig davon, welche Instrumente dafür eingesetzt werden), könnte sich als nächster Schritt die Einführung von weitergehenden Abwehrregelungen, die einzig auf die Höhe der (effektiven) Besteuerung im anderen Staat abstellen, lohnen. In diesem Sinne erarbeitet die OECD derzeit im Auftrag der G20 das Konzept einer globalen effektiven Mindestbesteuerung.[1] Unabhängig von solchen Erwägungen hat die EU jedenfalls nur wenige Monate nach der Vorlage der finalen BEPS-Empfehlungen eindrucksvoll gezeigt, dass sie trotz des bei Art. 115 AEUV geltenden Einstimmigkeitsprinzips und gewisser Tendenzen gegen weitere Harmonisierungsschritte (wie sie sich im Brexit manifestierten) zu **bedeutenden Schritten zu mehr Konvergenz in der Unternehmensbesteuerung** in der Lage ist. Auf internationaler Ebene und namentlich bei den weiteren Diskussionen im Inclusive Framework on BEPS kann die EU darauf verweisen, bei der Implementierung der BEPS-Empfehlungen ihre Hausaufgaben gemacht zu haben.

---

[1] Der nähere Fahrplan für diese Arbeiten ergibt sich aus dem Programme of Work, das die OECD Ende Mai 2019 veröffentlicht hat und das von den Finanzministern und Notenbankgouverneuren der G20 bei ihrem Treffen in Fukuoka im Juni 2019 gebilligt wurde (im Internet abrufbar unter: https://www.oecd.org/tax/beps/programme-of-work-to-develop-a-consensus-solution-to-the-tax-challenges-arising-from-the-digitalisation-of-the-economy.pdf).

# Kapitel 18
Vorschlag einer Gemeinsamen (Konsolidierten) Körperschaftsteuer-Bemessungsgrundlage (GKB/GKKB)

Hinweis: Die folgenden Ausführungen sind nicht in dienstlicher Eigenschaft verfasst.

A. Hintergrund und Vorarbeiten	18.1	I. Überblick		18.75
B. Der GKB-Richtlinienentwurf vom 25.10.2016	18.23	II. Zielsetzung des Richtlinienentwurfs		18.78
I. Überblick	18.23	III. Regeln zu Konsolidierung und Aufteilung		18.79
II. Zielsetzung des Richtlinienentwurfs	18.26	IV. Verwaltungs- und Verfahrensvorschriften		18.95
III. Einzelne Regelungen zur Gewinnermittlung	18.27	V. Weitere Vorschriften		18.99
IV. Persönlicher Anwendungsbereich, Verluste und weitere Regelungen	18.56	D. Zusammenfassende Würdigung und Ausblick		18.104
C. Der GKKB-Richtlinienentwurf vom 25.10.2016	18.75			

Literatur: *Altvater/Haug*, Die Besteuerung von Kreditinstituten nach der GK(K)B, DB 2011, 2870; *Andrus/Bennett/Silberztein*, The Arm's-Length-Principle and Developing Economies, 20 Transfer Pricing Report, 495; *Aumayr/Mayr*, CCTB – Is There a Chance of a Breakthrough?, ET 2019, 153; *Bardens/Scheffler*, Auswirkungen einer GKB auf die Vorteilhaftigkeit von FuE-Projekten, Ubg 2017, 155; *Benz/Böhmer*, Die Richtlinienvorschläge der EU-Kommission vom 25.10.2016 zur weiteren Harmonisierung der Unternehmensbesteuerung, DB 2016, 2800; *Bhogal/Swanson*, A Review of the EU's Proposals for a Common (Consolidated) Corporate Tax Base, TNI 2016, 1093; *Borg*, The Tax Treatment of Losses under the Proposed Common Consolidated Corporate Tax Base Directive, Intertax 2013, 581; *Braun Binder*, Rechtsangleichung in der EU im Bereich der direkten Steuern, Tübingen 2017; *von Brocke*, France and Germany Publish Common Position Paper on Common Corporate Tax Base, EC Tax Review 2019, 60; *Bünning/Möser*, Gemeinsame konsolidierte Körperschaftsteuer-Bemessungsgrundlage (GKKB), BB 2011, 2647; *Carmona Lobita*, The ATAD's Interest Limitation Rule – A Step Backwards?, ET 2019, 60; *Celebi*, The CCCTB as a Proposed Solution to the Corporate Income Taxation Dilemma within the EU, EC Tax Review 2013, 289; *Cerioni*, The European Commission Proposal for a 3% ‚Call Rate' as a New Suggestion for a EUCIT: An Assessment Against the Criteria for a Fair Taxation, EC Tax Review 2018, 237; *Cloer/Gerlach*, Entwicklungen im Europäischen Steuerrecht im zweiten Halbjahr 2018, IWB 2019, 284; *Cobham/Janský/Jones/Temouri*, Assessing the impact of the CCCTB, 2018; *Cottani*, Formulary Apportionment: A Revamp in the Post-Base Erosion and Profit Shifting Era?, Intertax 2016, 755; *Czakert*, Ansatz der CCCTB working group zur Harmonisierung der Steuerbemessungsgrundlage in Europa, BFuP 2008, 433; *Dölker*, Konvergenz in der Unternehmensbesteuerung – ein deutsch-französisches Déjà-vu?, BB 2018, 666; *Dwarkasing*, The Concept of Associated Enterprises, Intertax 2013, 412; *Eggert*, Behandlung von Anteilen an transparenten Unternehmen im Rahmen der GKKB, ISR 2013, 304; *Eggert*, Die Gewinnermittlung nach dem Richtlinienvorschlag über eine Gemeinsame Konsolidierte Körperschaftsteuer-Bemessungsgrundlage, Köln 2015; *Eggert*, Die Gemeinsame Körperschaftsteuer-Bemessungsgrundlage als Mittel gegen Steuerumgehung, IWB 2015, 520; *Ehlermann/Nakhai*, Zinsabzugsbeschränkungen – Nationale und internationale Entwicklungen, ISR 2012, 29; *Eiling*, Das GK(K)B-Projekt bekommt neuen Wind – Neue Richtlinienentwürfe zur Umsetzung des GKKB-Projekts, IWB 2017, 49; *Fehling*, Was ist das Mindestschutzniveau in der „Anti-BEPS-Richtlinie"?, DB 2016, 2862; *Fehling*, Steuerliche Schwerpunkte der deutschen G20-Präsidentschaft, IStR 2017, 339; *Fernández*, Corporate Tax Harmonization: Key Issues for Ensuring an Efficient Implementation of the CCCTB, Intertax 2012, 598; *Field*, Brexit: Paving the Way for Greater European Tax Harmonization?, TPIR 2017, 4; *Finley*, U.K., Netherlands and Ireland Balk at CCCTB Apportionment Formula, TNI 2017, 157; *Finley*, Loss offsetting under CCTB would hurt EU Tax Base, group says, TNI 2017, 918; *Florstedt*, Die allgemeine Missbrauchsregel in der Richtlinie über eine Gemeinsame konsolidierte Körperschaftsteuer-Bemessungsgrundlage, FR 2016, 1; *Garbarino*, Tax Design Issues in Respect to Foreign Branches and Controlled Companies and the Feasibility of a Consolidation Area in the EU, EC Tax Review 2014, 16; *Glahe*, Zinsschranke und Verfassungsrecht, Ubg 2015, 454; *Greil*, The Dealing at Arm's Length Fallacy: A Way Forward to a Formula-Based Transactional Profit Split?, Intertax 2017, 624; *de Groot*, Interest Deduction and the CCCTB: A Walk in the Park for Tax Advisors?, Intertax 2013, 571; *de Groot*, Group Provisions in the Common (Consolidated) Corporate Tax Base, Intertax 2017, 742; *Hamannt/Halverscheid*, Allgemeine Anforderungen an eine einheitliche körperschaftsteuerliche Bemessungsgrundlage in Europa, in Blumenberg/Crezelius/Gosch/Schüppen (Hrsg.), FS für *Haarmann*, Düsseldorf 2015; *Herzig*, CCCTB-Projekt und Zukunft der Konzernbesteuerung (III), FR 2009, 1037; *Herzig/Kuhr*, Grundlagen der steuerlichen Gewinnermittlung nach dem GKKB-Richtlinienentwurf, DB 2011, 2053; *Herzig*, Perspektiven der Ermittlung, Abgrenzung und Übermittlung des steuerlichen Gewinns, DB 2012, 1; *Herzig*, Prinzipienorientierung und schrittweise Umsetzung des GKKB-Projekts, FR 2012, 761; *Hey*, Harmonisierung der Unternehmensbesteuerung in Europa – Eine Standortbestimmung in Zeiten von BEPS, FR 2016, 554; *Hey*, Europäische Steuergesetzgebung zwischen Binnenmarkt und Fiskalinteressen in Lang (Hrsg.), Europäisches Steuerrecht, DStJG 41 (2018), 9; *Hufeld*, Grenzüberschreitende Verlustverrechnung als subjektives Recht – Normative Grundlagen, aktuelle Rechtsprechung und GKKB, Ubg 2011, 504; *Hüttemann*, Die Zukunft der Steuerbilanz, DStZ 2011, 507; *Jaatinen*, IAS/IFRS: A Starting Point for the CCCTB?, Intertax 2012, 260; *Jakob/Fehling*, Harmonisierung 2.0 – Überblick über die wesentlichen Neuerungen im GKB-Richtlinienentwurf, ISR 2017, 290; *Jochum*, Faires Steuerrecht für Europa, ZRP 2015, 115; *Johnston*, EU Revives CCCTB Proposal, TNI 2015, 1078; *Johnston*, 7 National Parliaments Oppose CCCTB Proposals, Lawmaker Says, TNI 2017, 256; *Kahle*, Modernisierung und Vereinfachung des Unternehmensteuerrechts, DStZ 2012, 691; *Kahle/Dahlke*, Richtlinienentwurf für eine Gemeinsame konsolidierte Körperschaftsteuer-Bemessungsgrundlage in der Europäischen Union, StuB 2011, 296; *Kahle/Dahlke*, StuB 2011, 453; *Kahle/Lipp*, Die Komplexität einer G(K)KB: Ein vergleichender Blick auf den Prozess der Umsatzsteuerharmonisierung in Europa, DStR 2013, 1205; *Kahle/Dahlke/Schulz*, Der EU-Richtlinienvorschlag zur CCCTB – Anmerkungen aus Theorie und Praxis, Ubg 2011, 491; *Kahle/Schulz*, Sachstand und Lösungsansätze zur Entwicklung einer G(K)KB, FR 2013, 49; *Kahle/Wildermuth*, BEPS und aggressive Steuerplanung: Ein Diskussionsbeitrag, Ubg 2013, 405; *Kahlenberg/Kopec*, Unterkapitalisierung in der EU – eine Analyse im Vorfeld des OECD-Berichts zu Maßnahme 4 des BEPS-Aktionsplans, IStR 2015, 84; *Krauß*, Richtlinienvorschlag zur Gemeinsamen Körperschaftsteuer-Bemessungsgrundlage vom 25.10.2016, IStR 2017, 479; *Lamer*, CCCTB Best Tool Against Tax Uncertainty, EU Commission Says, TNI 2017, 210; *Lamer*, European Countries Push Back on CCCTB Proposal, TNI 2017, 791; *Lamer*, EU to Isolate Controversial Elements of CCTB Proposal, TNI 2018, 402; *Lamotte*, New EU Tax Challenges and Opportunities in a (C)CCTB World: Overview of the EU Commission Proposal for a Draft Directive for a Common Consolidated Corporate Tax Base, ET 2012, 271; *Lang*, The General Anti-Abuse Rule of Article 80 of the Draft Proposal for a Council Directive on a Common Consolidated Corporate Tax Base, ET 2011, 223; *Lang*, Das Territorialitätsprinzip und seine Umsetzung im Entwurf der Richtlinie über eine Common Consolidated Corporate Tax Base (CCCTB), StuW 2012, 297; *Lang/Pistone/Schuch/Staringer*, Common Consolidated Corporate Tax Base, Wien 2008; *Lang/Pistone/Schuch/Staringer/Storck*, Corporate Income Taxation in Europe, Cheltenham 2013; *Lenz/Rautenstrauch*, Der Richtlinienentwurf zur Gemeinsamen konsolidierten KSt-Bemessungsgrundlage (GKKB), DB 2011, 726; *López Llopis*, Formulary Apportionment in the European Union, Intertax 2017, 631; *Marx*, Die Gewinnermittlungskonzeption der GKKB nach dem Richtlinienentwurf der EU-Kommission, DStZ 2011, 547; *Mock*, Proposal for a Common Corporate Tax Base (CCTB): The Case for Foundational Principles, ET 2019, 209; *Möhlenbrock/Rochow*, Angleichung der Unternehmensbesteuerung zwischen Deutschland und Frankreich – neuer Anstoß für eine Harmonisierung in Europa?, FR 2012, 755; *Müller-Gatermann*, Entwicklungen und Akteure in der Steuerpolitik, Ubg 2013, 510; *Müller-Gatermann*, Notwendige strukturelle Steuergesetzänderungen in dieser Legislaturperiode bei den direkten Steuern, FR 2018, 389; *Müller-Gatermann/Möhlenbrock/Fehling*, Wege zu mehr Konvergenz in der Unternehmensbesteuerung in der EU, ISR 2012, 17; *Nieminen*, Destination-with-Credit Formula: A Simple Add-On that Would Make the CCCTB More Resilient in the Face of Tax Competition and Tax Planning, Intertax 2019, 490; *Offermanns/Huibregtse/Verdoner/Michalak*, Bridging the CCCTB and the Arm's Length Principle – A Value Chain Analysis Approach, ET 2017, 466; *Pagels/Wittenstein*, An EU-Wide Minimum Corporate Tax Rate as an Integral Part of the CC(C)TB: The Analogy of Germany's Minimum Local Business Taxation, ET 2019, 219; *Panayi*, The Anti-Abuse Rules of the CCCTB, BIFD 2012, 258; *Peeters*, Current Highlights Concerning CCCTB: A Report about the Fifth Frans Vanistendael Lecture Held in Leuven on 2 March 2012, EC Tax Review 2012, 225; *Pérez Bernabeu*, Shaping Input Tax Incentives for Companies Spending on R&D under the 2016 CCTB Directive Proposal, ET 2018, 463; *Petutschnig*, Common Consolidated Corporate Tax Base – Analyse der vorgeschlagenen Aufteilungsfaktoren, StuW 2012, 192; *Prinz*, Das europäische GKKB-Projekt – eine Einschätzung aus Beratersicht, StuB 2011, 461; *Rautenstrauch*, Gruppenbesteuerung nach dem Richtlinienentwurf einer Gemeinsamen konsolidierten Körperschaftsteuer-Bemessungsgrundlage (GKKB), EWS 2011, 161; *Richter/Bachmann*, Der Freibetrag für Wachstum und Investition als Bestandteil der gemeinsamen (konsolidierten) Körperschaftsteuer-Bemessungsgrundlage GK(K)B, DB 2018, 649; *Robillard*, BEPS: Is the OECD Now at the Gates of Global Formulary Apportionment?, Intertax 2015, 447; *Rödder*, Einführung einer neuen Gruppenbesteuerung an Stelle der Organschaft, Ubg 2011, 473; *Röder*, Proposal for an Enhanced CCTB as Alternative to a CCCTB with Formulary Apportionment, World Tax Journal 2012, 125; *Rose*, Zinsbereinigte EU-Körperschaftsteuer, StuW 2017, 217; *Sánchez Sánchez*, The Apportionment Formula under the European Proposal for a Common Consolidated Corporate Tax Base, ET 2018, 230; *Scheffler/Krebs*, Richtlinienvorschlag zur CCCTB: Bestimmung der Steuerbemessungsgrundlage im Vergleich mit der Steuerbilanz nach EStG, DStR-Beihefter 2011, 13; *Scheffler/Schöpfel/Köstler/Binder*, Konsequenzen der GKKB für die Gewerbesteuer, StuW 2013, 28; *Scheffler/Krebs*, Harmonisierung der steuerlichen Gewinnermittlung: Kompromissvorschlag zur G(K)KB führt zur Annäherung an das deutsche Steuerrecht, DStR 2013, 2190 und 2235; *Scheffler/Köstler*, Kompromissvorschlag zur GK(K)B – Die Arbeiten am Richtlinienentwurf zur GK(K)B gehen weiter, DStR 2014, 664; *Scheffler/Köstler*, Richtlinie über eine Gemeinsame Körperschaftsteuer-Bemessungsgrundlage – mehr als eine Harmonisierung der steuerlichen Gewinnermittlung, ifst-Schrift 518 (2017); *Schön*, The European Commission's Report on Company Taxation: A Magic Formula for European Taxation?, ET 2002, 276; *Schön*, Zur Zukunft des Internationalen Steuerrechts, StuW 2012, 213; *Schön/Schreiber/Spengel*, A Common Consolidated Corporate Tax Base for Europe, Berlin 2008; *Schreiber/Diefenbacher*, Schweiz: Unternehmenssteuerreform III – Nach dem ablehnenden Volksentscheid wird eine neue Vorlage ausgearbeitet, IStR-LB 2017, 35; *Schreiber/Diefenbacher*, Schweiz: Steuervorlage 2017 – das Nachfolgepaket zur USR III, IStR-LB 2017, 71; *Spengel/Ortmann-Babel/Zinn/Matenaer*, Gemeinsame Konsolidierte Körperschaftsteuer-Bemessungsgrundlage (GK(K)B) und steuerliche Gewinnermittlung in den EU-Mitgliedstaaten, Schweiz und der USA, DB-Beilage 2013 Nr. 2, 1; *Spengel/Zöllkau*, Common Corporate Tax Base (CC(C)TB) and Determination of Taxable Income, Berlin 2012; *Spengel/Stutzenberger*, Widersprüche zwischen Anti-Tax Avoidance Directive (ATAD), länderbezogenem Berichtswesen (CbCR) und Wiederauflage einer Gemeinsamen (Konsolidierten) Körperschaftsteuer-Bemessungsgrundlage (GK(K)B), IStR 2018, 37; *Staats*, Zur „Begrenzung der Gewinnverkürzung durch Abzug von Zins- oder sonstigen finanziellen Aufwendungen" – Der OECD-Bericht zu Maßnahme 4 des BEPS-Aktionsplans, IStR 2016, 135; *van de Streek*, The CCCTB Concept of Consolidation and the Rules on Entering a Group, Intertax 2012, 24; *Sullivan*, Looking Under the Hood of Formulary Apportionment, TNI 2015, 908; *Traversa*, Ongoing Tax Reforms at the EU Level: Why Trust Matters, Intertax 2019, 244; *Vascega/van Thiel*, The CCCTB Proposal: The Next Step towards Corporate Tax Harmonization in the European Union?, ET 2011, 374; *Velarde Aramayo*, A Common GAAR to Protect the Harmonized Corporate Tax Base: More Chaos in the Labyrinth, EC Tax Review 2016, 4; *Velte/Mock*, EU-Richtlinienvorschlag über eine Gemeinsame Körperschaftsteuer-Bemessungsgrundlage (GKB) vom 25.10.2016, StuW 2017, 126; *Vermeulen/Blaauw*, The Tax Treatment of Directly Held Real Estate under the Proposed CCCTB Directive, ET 2011, 533; *Weber/van de Streek*, The EU Common Consolidated Corporate Tax Base, 2018; *Zourek*, Die GKKB und die Angleichung der Unternehmensbesteuerung in Deutschland und Frankreich, FR 2012, 763.

A. Hintergrund und Vorarbeiten

Die aktuellen Richtlinienentwürfe der Kommission über eine GKB bzw. GKKB stammen vom 25.10.2016 und sind somit relativ neuen Datums.[1] Ihnen vorausgegangen ist allerdings ein jahrzehntelanger Prozess, in dem um eine Angleichung der Unternehmensbesteuerung in der Europäischen Union gerungen wurde.

18.1

---

1 Vorschlag v. 25.10.2016 für eine Richtlinie des Rates über eine Gemeinsame Körperschaftsteuer-Bemessungsgrundlage, COM (2016) 685 final; Vorschlag v. 25.10.2016 für eine Richtlinie des Rates über eine Gemeinsame konsolidierte Körperschaftsteuer-Bemessungsgrundlage (GKKB), COM(2016) 683 final.

18.2 Schon im Jahr 1962 wurden die Auswirkungen der unterschiedlichen Steuersysteme der Mitgliedstaaten im sog. **Neumark-Bericht** untersucht.[1] Bereits dieser zielte auf eine umfassende Angleichung der Unternehmensbesteuerung in Europa ab. Daran anknüpfend legte die Kommission im Jahr 1967 ihr „**Programm für die Harmonisierung der direkten Steuern**" vor, in dem sie weitreichende Harmonisierungsziele formulierte.[2]

18.3 In der Folge erarbeitete die Kommission einen **Richtlinienentwurf zur Schaffung eines einheitlichen Körperschaftsteuersystems,** den sie am 1.8.1975 präsentierte.[3] Dieser Richtlinienentwurf fand im Rat keine Mehrheit und wurde auch vom Europäischen Parlament kritisiert. Dafür ursächlich war vor allem, dass er keine Harmonisierung der Bemessungsgrundlage vorgesehen hatte.[4] Die Kommission kündigte daher weitere Harmonisierungsschritte im Bereich der Bemessungsgrundlage an.[5] Es folgten im Jahr 1984 ein Richtlinienentwurf zur Angleichung der Verlustabzugsmöglichkeiten[6] – als Harmonisierung eines Teilbereichs der Bemessungsgrundlage – sowie im Jahr 1988 Vorüberlegungen für einen Richtlinienentwurf zur Harmonisierung der Gewinnermittlungsvorschriften.[7] Beiden Vorhaben blieb jedoch wiederum die Unterstützung des Rates versagt.[8]

18.4 Angesichts dessen nahm die Kommission einen **Strategiewechsel** vor. In ihren Leitlinien zur Unternehmensbesteuerung von 1990 teilte sie mit, sich künftig auf Maßnahmen beschränken zu wollen, die für die Vollendung des Binnenmarktes essenziell seien, und daher stärker auf eine Koordinierung der nationalen Regeln zu setzen.[9] Den Richtlinienentwurf vom 1.8.1975 zog sie zurück. Stattdessen gab sie eine Studie zur Untersuchung weiterer Handlungsoptionen in Auftrag.

18.5 Der dazu am 18.3.1992 vorgelegte **Bericht des sog. Ruding-Komitees** zeigte mögliche weitere Schritte für eine Angleichung der Unternehmensbesteuerung auf.[10] Neben kurzfristig zu ergreifenden Maßnahmen im Bereich einzelner verabschiedeter oder vorgeschlagener Richtlinien befürwortete der Bericht langfristig eine umfassendere Angleichung der Unternehmensbesteuerung. In ihrer Stellungnahme zu diesem Bericht äußerte sich die Kommission zurückhaltend zu diesen langfristigen Vorschlägen, die sie teilweise für zu weitgehend hielt.[11] Offenkundig rechnete die Kommission zu diesem Zeitpunkt nicht mit der Möglichkeit bedeutender Fortschritte.

---

1 Vgl. dazu *Aujean* in Lang/Pistone/Schuch/Staringer, Common Consolidated Corporate Tax Base, S. 15 f.; *Vascega/van Thiel*, ET 2011, 374 (374).
2 Programm für die Harmonisierung der direkten Steuern, Mitteilung der Kommission an den Rat v. 26.6.1967.
3 Vorschlag einer Richtlinie des Rates zur Harmonisierung der Körperschaftsteuersysteme und der Regelungen der Quellensteuer auf Dividenden, KOM (75) 392 endg.
4 *Zipfel*, Harmonisierung der Körperschaftsteuer in der Europäischen Union, S. 86.
5 Bericht der Kommission der Europäischen Gemeinschaften über die Aussichten für eine Angleichung der Steuersysteme in der Gemeinschaft 1980, S. 13, 15 f.
6 Vorschlag der Kommission der Europäischen Gemeinschaften v. 11.9.1984 für eine Richtlinie des Rates zur Harmonisierung der steuerlichen Rechtsvorschriften der Mitgliedstaaten zur Übertragung von Unternehmensverlusten, KOM (84) 404 endg.
7 Ein hierzu erstellter Vorentwurf wurde zwar im Schrifttum diskutiert, aber nie offiziell veröffentlicht, s. dazu *Zipfel*, Harmonisierung der Körperschaftsteuer in der Europäischen Union, S. 88 f.
8 *Aujean* in Lang/Pistone/Schuch/Staringer, Common Consolidated Corporate Tax Base, S. 16 f.
9 Mitteilung der Kommission v. 20.4.1990 an das Parlament und den Rat: Richtlinien zur Unternehmensbesteuerung, SEK(90) 601 endg.; dazu s. *Förster* in Birk, Handbuch des Europäischen Steuer- und Abgabenrechts, § 29 Rz. 18 ff.
10 Commission of the European Communities, Report of the Committee of Independent Experts on Company Taxation, 1992; dazu s. *Förster* in Birk, Handbuch des Europäischen Steuer- und Abgabenrechts, § 29 Rz. 23 ff.
11 Mitteilung der Kommission v. 26.6.1992 an den Rat und das Europäische Parlament im Anschluss an die Schlussfolgerungen des Unabhängigen Sachverständigenausschusses unter dem Vorsitz von Herrn Ruding über die Leitlinien für die Unternehmensbesteuerung im Rahmen der Vertiefung des Binnenmarktes, SEK(92) 1118 endg.

A. Hintergrund und Vorarbeiten | Rz. 18.8 **Kap. 18**

Neue Impulse ergaben sich dann aber aus dem Diskussionspapier der Kommission vom 20.3.1996 für den informellen ECOFIN in Verona (sog. Verona-Papier).[1] Zur Erarbeitung geeigneter Lösungen wurde eine Hochrangige Arbeitsgruppe eingesetzt. Das Ergebnis dieser Untersuchungen präsentierte die Kommission im sog. **Monti-Bericht** vom 22.10.1996.[2] Fragen der Angleichung der Unternehmensbesteuerung wurden in diesem Bericht allerdings nur allgemein und ohne weitere Zielsetzungen angesprochen.

18.6

Um auch die Diskussion zur Unternehmensbesteuerung wieder zu beleben, legte die Kommission am 23.10.2001 den sog. **Bolkestein-Bericht** vor.[3] Dieser umfassende Bericht (451 Seiten zzgl. Anhänge) identifizierte folgende steuerliche Probleme für Unternehmen in der Union:

18.7

– Das Bestehen unterschiedlicher Regelungen in den einzelnen Mitgliedstaaten und die Zuständigkeit unterschiedlicher Steuerverwaltungen;

– die Komplexität und Streitanfälligkeit von Verrechnungspreisfragen;

– die Beschränkungen beim grenzüberschreitenden Verlustausgleich;

– die steuerlichen Belastungen, die sich bei grenzüberschreitenden Umstrukturierungen ergeben.

Als Ansätze zur Lösung dieser Probleme unterschied der Bericht – ähnlich wie der Ruding-Bericht – zwischen gezielten Lösungen zur Beseitigung einzelner Hindernisse und umfassenderen Schritten zur Beseitigung der tieferliegenden Ursachen für die aufgezeigten Probleme. Mit Blick auf diese umfassenderen Lösungen untersuchte der Bericht **vier unterschiedliche Konzepte**[4], allerdings ohne eine konkrete Empfehlung abzugeben:

18.8

– *Gegenseitige Anerkennung des Prinzips der Besteuerung im Sitzland der Gesellschaft (Home State Taxation)*: Die Steuerbemessungsgrundlage aller Konzernbestandteile, auch der in anderen Staaten belegenen Tochtergesellschaften oder Betriebsstätten, würde nach den Vorschriften des Sitzlandes der (obersten) Gesellschaft ermittelt. Die anderen Mitgliedstaaten würden diese Regelungen jeweils anerkennen.

– *Erarbeitung einer fakultativen EU-weit einheitlichen Bemessungsgrundlage*: Es würden neue Regelungen für eine EU-weit einheitliche Bemessungsgrundlage konzipiert, die von den Unternehmen wahlweise, anstelle der (weiter bestehenden) nationalen Regelungen angewendet werden könnten.

– *Einführung einer Europäischen Körperschaftsteuer*: Hierdurch würde eine neue Steuer (einschließlich Steuersatz) geschaffen, die fakultativ oder obligatorisch gelten könnte und bei der das Aufkommen den Mitgliedstaaten oder der EU zufließen würde – der Bolkestein-Bericht beschrieb eine Vielzahl von Varianten dieser Option.

– *Harmonisierung der Regelungen zur Körperschaftsteuer-Bemessungsgrundlage*: Auch hier würden neue Regelungen für eine EU-weit einheitliche Bemessungsgrundlage erarbeitet, die aber obligatorisch gelten und damit die entsprechenden einzelstaatlichen Regelungen ersetzen würde.

---

1 Diskussionspapier der Kommission der Europäischen Gemeinschaften v. 20.3.1996: Steuern in der Europäischen Union, SEK(96) 487 endg., s. dazu *Aujean* in Lang/Pistone/Schuch/Staringer, Common Consolidated Corporate Tax Base, S. 19 f.
2 Kommission v. 22.10.1996: Die Steuern in der Europäischen Union – Bericht über die Entwicklung der Steuersysteme, KOM (96) 546 endg.
3 Kommission v. 23.10.2001: Unternehmensbesteuerung im Binnenmarkt, KOM (2001) 582 endg. Eingehend zu dem Bericht s. *Zipfel*, Harmonisierung der Körperschaftsteuer in der Europäischen Union, S. 107 ff.; s. auch *Aujean* in Lang/Pistone/Schuch/Staringer, Common Consolidated Corporate Tax Base, S. 23 ff.
4 Zu den Konzepten s. umfassend *Ban*, Harmonisierung der Unternehmensbesteuerung in der EU, S. 216 ff.; *Zipfel*, Harmonisierung der Körperschaftsteuer in der Europäischen Union, S. 150 ff.

Alle vier Modelle könnten bzw. sollten mit einer europaweiten Konsolidierung der ermittelten Bemessungsgrundlage einhergehen. Zudem wurde auch die Festlegung eines Mechanismus für die Aufteilung der Bemessungsgrundlage auf die einzelnen Mitgliedstaaten für erforderlich gehalten.

18.9 Zeitgleich mit dem Bolkestein-Bericht veröffentlichte die Kommission ein Strategiepapier, in dem sie ihre weiteren Pläne zur Unternehmensbesteuerung in Europa bekannt gab.[1] Sie äußerte die Auffassung, dass Fortschritte bei der Unternehmensbesteuerung in Europa erforderlich seien.[2] Dazu kündigte sie unter Bezugnahme auf den Bolkestein-Bericht ein zweigleisiges Vorgehen an: Kurz- und mittelfristig sollten gezielte Maßnahmen zur Lösung der dringendsten Probleme ergriffen werden, langfristig sollte aber eine einheitliche konsolidierte Körperschaftsteuer-Bemessungsgrundlage erarbeitet werden. Eine Festlegung auf die nähere Form dieses Vorhabens erfolgte noch nicht, aber das **Ziel einer GKKB** war damit klar formuliert.

18.10 Als Ergebnis weiterer Untersuchungen kündigte die Kommission an, das Konzept der **Sitzlandbesteuerung nur für kleine und mittlere Unternehmen** verfolgen zu wollen. Für größere Unternehmen sei dieses Konzept weniger geeignet, weil Diskriminierungseffekte und Wettbewerbsprobleme zu befürchten seien.[3] Die Kommission schlug – eine Anregung des Bolkestein-Berichts aufgreifend – vor, das Modell zunächst im Rahmen einer Pilotregelung anzuwenden.[4]

18.11 Die Arbeiten an diesem Konzept sind seither allerdings zum Erliegen gekommen. Die Kommission nahm hierzu zwar noch weitere Untersuchungen vor und veröffentlichte im Jahr 2005 eine ausführliche Beschreibung eines **solchen Pilotprojekts**.[5] Die Mitgliedstaaten konnten sich für dieses Projekt aber letztlich nicht erwärmen, so dass eine Umsetzung bislang unterblieb.

18.12 Bei der Suche nach einer umfassenderen Lösung legte sich die Kommission schließlich auf die Schaffung einer **fakultativen Gemeinsamen Konsolidierten Körperschaftsteuer-Bemessungsgrundlage** fest. Sie erhielt gegenüber einer obligatorischen GKKB den Vorzug, weil die Kommission bei letzterer größere Widerstände der harmonisierungsunwilligen Mitgliedstaaten fürchtete und größere fiskalische Risiken vermutete.[6] Auch das Modell einer Europäischen Körperschaftsteuer wurde nicht weiter verfolgt. Für die weiteren Arbeiten an einer fakultativen Gemeinsamen Körperschaftsteuer-Bemessungsgrundlage setzte die Kommission eine Arbeitsgruppe unter Beteiligung von Mitgliedstaaten und (teilweise) externen Sachverständigen ein (AG GKKB).[7]

---

1 Mitteilung der Kommission an den Rat, das Europäische Parlament und den Wirtschafts- und Sozialausschuss v. 23.10.2001: Ein Binnenmarkt ohne steuerliche Hindernisse, KOM (2001) 582 endg.; dazu umfassend *Schön*, ET 2002, 276 (277 ff.).
2 Vgl. dazu schon die Mitteilung der Kommission an den Rat, das Europäische Parlament und den Wirtschafts- und Sozialausschuss v. 23.5.2001: Steuerpolitik in der Europäischen Union – Prioritäten für die nächsten Jahre, KOM (2001) 260 endg.
3 Mitteilung der Kommission an den Rat, das Europäische Parlament und den Europäischen Wirtschafts- und Sozialausschuss v. 24.11.2003: Ein Binnenmarkt ohne unternehmenssteuerliche Hindernisse – Ergebnisse, Initiativen, Herausforderungen, KOM (2003) 726 endg.
4 S. dazu *Ban*, Harmonisierung der Unternehmensbesteuerung in der EU, S. 268 ff.; *Zipfel*, Harmonisierung der Körperschaftsteuer in der Europäischen Union, S. 284 ff.
5 Mitteilung der Kommission an den Rat, das Europäische Parlament und den Europäischen Wirtschafts- und Sozialausschuss v. 23.12.2005: Sitzlandbesteuerung – Skizzierung eines möglichen Pilotprojekts zur Beseitigung unternehmenssteuerlicher Hindernisse für kleine und mittlere Unternehmen im Binnenmarkt, KOM (2005) 702 endg.
6 S. Commission Non-Paper to Informal Ecofin Council, 10 and 11 September 2004: A Common Consolidated EU Corporate Tax Base, 7.7.2004.
7 Mitteilung der Kommission an den Rat und das Europäische Parlament v. 25.10.2005: Umsetzung des Lissabon-Programms der Gemeinschaft – Der Beitrag der Steuer- und Zollpolitik zur Lissabon-Strategie, KOM (2005) 532 endg.

Die **AG GKKB** kam insgesamt dreizehn Mal zusammen; die letzte Sitzung fand am 14./15.4.2008 statt.[1] 18.13
Die Kommission hatte in der AG GKKB den Vorsitz inne, und die Mitgliedstaaten nahmen lediglich eine beratende Rolle ein.[2] Die AG GKKB erarbeitete die grundlegenden Konzepte einer GKKB. Diese sind: Regeln für eine einheitliche steuerliche Gewinnermittlung (GKB), Bestimmungen zu Konsolidierung und Aufteilung sowie Verwaltungs- und Verfahrensregelungen.

Nach Abschluss der Arbeiten der AG GKKB ging die Kommission an die **Formulierung konkreter Re-** 18.14
gelungsvorschläge. Dabei orientierte sie sich ersichtlich an den jeweiligen Bestimmungen der Mitgliedstaaten, insb. wenn mehrere Mitgliedstaaten ähnliche Ansätze verfolgten.[3] Nach der Fertigstellung des Richtlinienentwurfs dauerte es aber noch einige Zeit bis zu dessen Veröffentlichung. Die Mitgliedstaaten hatten im Laufe der Zeit unterschiedliche Positionen zur GKKB eingenommen,[4] so dass die Kommission einen politisch günstigen Zeitpunkt für die Veröffentlichung des Richtlinienentwurfs abwarten wollte.

Zu Beginn des Jahres 2011 hielt der damals für Steuerfragen zuständige Kommissar Šemeta den richtigen Zeitpunkt für gekommen. Nach Durchführung eines Workshops mit Mitgliedstaaten und externen 18.15
Experten[5] wurde am 16.3.2011 die erste Fassung eines Richtlinienentwurfs über eine GKKB veröffentlicht.[6] Zeitgleich legte die Kommission eine umfassende Folgenabschätzung (sog. *„Impact Assessment"*) vor, in der sie darlegte, warum sie sich für eine fakultative GKKB aussprach.[7]

Im Anschluss an die Vorlage dieses Richtlinienentwurfs begann alsbald seine fachliche Beratung. 18.16
Nach Abschluss der ersten Durchsicht des gesamten Richtlinienentwurfs gegen Ende des Jahres 2012 verständigten sich die Mitgliedstaaten über das weitere Vorgehen. Im Ergebnis sprach sich eine große Mehrheit der Mitgliedstaaten dafür aus, sich bei den weiteren Diskussionen zunächst **auf die Regelungen zur GKB zu konzentrieren**.[8] Wichtigster Grund war, dass die GKB die Grundlage für die übrigen Teile der Richtlinie bildete – hierüber sollte zunächst Klarheit hergestellt werden.[9] Dabei dürfte auch eine Rolle gespielt haben, dass die Fragen zu Konsolidierung und Aufteilung im Rat besonders konfliktträchtig erschienen. Die spätere Behandlung dieser Vorschriften sollte dadurch aber nicht ausge-

---

1 Die Sitzungsprotokolle sowie eine Vielzahl weiterer Dokumente zu den Arbeiten der AG GKKB sind im Internet abrufbar unter: http://ec.europa.eu/taxation_customs/taxation/company_tax/common_tax_ba se/index_de.htm (letzter Abruf sämtlicher Internetverweise in diesem Kapitel erfolgte am 5.8.2019).
2 Zur Arbeitsweise der AG GKKB s. *Aujean* in Lang/Pistone/Schuch/Staringer, Common Consolidated Corporate Tax Base, S. 32 ff.
3 S. *Peeters*, EC Tax Review 2012, 225 (225 f.); *Marx*, DStZ 2011, 547 (549). Insofern kann man sagen, dass die Regelungsvorschläge aufgrund einer *„best-practice"*-Auswahl zustande gekommen sind, s. *Herzig*, DB 2012, 1 (2). Für einen umfassenden Vergleich mit den jeweiligen Regelungen der Mitgliedstaaten s. *Ban*, Harmonisierung der Unternehmensbesteuerung in der EU, S. 79 ff.; *Spengel/Zöllkau*, Common Corporate Tax Base (CC(C)TB) and Determination of Taxable Income, S. 17 ff.
4 Vgl. *Müller-Gatermann*, Ubg 2013, 510 (517).
5 Der Workshop fand am 20.10.2010 in Brüssel statt; Informationen und Unterlagen dazu sind im Internet abrufbar unter: http://ec.europa.eu/taxation_customs/taxation/company_tax/common_tax_base/cctb_ de.htm.
6 Vorschlag v. 16.3.2011 für eine Richtlinie des Rates über eine Gemeinsame konsolidierte Körperschaftsteuer-Bemessungsgrundlage (GKKB), COM(2011) 121 final.
7 Impact Assessment der Kommission v. 16.3.2011, SEK(2011) 315 endg.
8 Für ein schrittweises Vorgehen hatte sich zuvor schon die Bundesregierung ausgesprochen, s. Antwort der Bundesregierung auf die Kleine Anfrage der Abgeordneten Dr. Barbara Höll, Dr. Axel Troost, Harald Koch, weiterer Abgeordneter und der Fraktion DIE LINKE, BT-Drucks. 17/7158, 4; Antwort der Bundesregierung auf die Kleine Anfrage der Abgeordneten Dr. Barbara Höll, Dr. Axel Troost, Harald Koch, weiterer Abgeordneter und der Fraktion DIE LINKE, BT-Drucks. 17/9216, 9.
9 Für eine Konzentration zunächst auf die GKB auch *Kahle/Schulz*, FR 2013, 49 (50) m.w.N.

schlossen sein.[1] Dem immer wieder artikulierten Vorschlag, den Richtlinienentwurf aufzuspalten und die GKB formal von den anderen Teilen getrennt umzusetzen,[2] wurde also (zunächst) nicht gefolgt.

18.17 Anschließend wurden in den zuständigen Ratsarbeitsgruppen die einzelnen Regelungen der GKB gründlich diskutiert. Im Zuge dessen unterbreiteten mehrere Ratspräsidentschaften jeweils umfassende **Änderungsvorschläge**, um die Regelungsvorschläge der Kommission fortzuentwickeln.[3] Solche Kompromissvorschläge besitzen wohlgemerkt keine rechtliche Verbindlichkeit, weil nur die Kommission das Initiativrecht für die Vorlage eines geänderten Richtlinienentwurfs hat.[4] Zudem geben sie nicht unbedingt die Meinung der Mehrheit der Mitgliedstaaten wieder. Gleichwohl sind sie vom Stand der Diskussionen im Rat beeinflusst. Zwischenzeitlich nahmen auch das Europäische Parlament[5] und der Europäische Wirtschafts- und Sozialausschuss[6] zu dem Richtlinienentwurf Stellung, wobei sie teilweise Änderungen vorschlugen.

18.18 Es zeichnete sich schon bald ab, dass ein zügiger Abschluss des Richtlinienprojekts nicht erreichbar sein würde.[7] Dies lag nicht nur an dem großen Umfang des Richtlinienentwurfs, sondern auch an den mitunter konträren Positionen der einzelnen Mitgliedstaaten.[8] Ab Sommer 2012 und insbesondere ab dem Jahr 2013 kam dann eine internationale Diskussion über **Gewinnkürzungen und Gewinnverlagerungen** multinationaler Unternehmen auf, die namentlich in dem viel beachteten BEPS-Projekt von OECD und G20[9] ihren Ausdruck fand. Dies beeinflusste auch die Erörterungen des GKKB-Richtlinienentwurfs. Sowohl die Mitgliedstaaten als auch die Kommission legten ihr Augenmerk auf die im Richtlinienentwurf enthaltenen Regelungsvorschläge zur Verhinderung von Steuergestaltungen und Missbräuchen. Die weiteren Beratungen konzentrierten sich namentlich unter der italienischen Ratspräsidentschaft in der zweiten Jahreshälfte 2014 auf diese „*international aspects*", um – durch eine „Aufspaltung"

---

1 Vgl. den zusammenfassenden Bericht der irischen Ratspräsidentschaft v. 27.3.2013, Dok.-Nr. 7830/13 FISC 60.
2 *Spengel/Ortmann-Babel/Zinn/Matenaer*, DB-Beilage 2013 Nr. 2, 1 (2); *Röder*, World Tax Journal 2012, 125 (137 ff.); *Herzig*, FR 2012, 761 (762); *Herzig*, DB 2012, 1 (3). **A.A.** *Andersson* in Schön/Schreiber/Spengel, A Common Consolidated Corporate Tax Base for Europe, S. 97; *Keijzer* in Schön/Schreiber/Spengel, A Common Consolidated Corporate Tax Base for Europe, S. 169. Gegen eine solche Aufspaltung hatte sich auch der Bundesrat ausgesprochen, s. Beschluss v. 17.6.2011, BR-Drucks. 155/11 (Beschluss) (2) S. 2 f. Kritisch dazu *Kahle/Schulz*, FR 2013, 49 (50); *Herzig/Kuhr*, DB 2011, 2053 (2053).
3 S. z.B. Kompromissvorschlag der dänischen Ratspräsidentschaft v. 4.4.2012 (Dok.-Nr. 8387/12 FISC 49) sowie Berichte des ECOFIN an den Europäischen Rat zu Steuerfragen v. 25.6.2013, Dok.-Nr. 11507/13 FISC 138, v. 12.12.2013, Dok.-Nr. 17674/13 FISC 259 und v. 23.6.2014, Dok.-Nr. 11227/14 FISC 102. Für einen (Zwischen-)Überblick s. *Scheffler/Köstler*, DStR 2014, 664 (664 ff.).
4 Auf dieser Basis legte die Kommission bereits am 3.10.2011 eine Neufassung des Richtlinienentwurfs vor (Vorschlag für eine Richtlinie des Rates über eine GKKB v. 3.10.2011, KOM(2011) 121 endg./2.); diese berichtigte allerdings lediglich ein sprachliches (und diplomatisch heikles) Versehen bei der Schreibweise Zyperns in den Anhängen II und III.
5 Legislative Entschließung des Europäischen Parlaments v. 19.4.2012 zu dem Vorschlag für eine Richtlinie des Rates über eine Gemeinsame konsolidierte Körperschaftsteuer-Bemessungsgrundlage (GKKB) (COM [2011] 0121 – C7-009 2/2011 – 2011/0058 [CNS]).
6 Stellungnahme des Europäischen Wirtschafts- und Sozialausschusses v. 26.10.2011 zu dem „Vorschlag für eine Richtlinie des Rates über eine Gemeinsame konsolidierte Körperschaftsteuer-Bemessungsgrundlage (GKKB)" KOM (2011) 121 endg. – 2011/0058 (CNS).
7 Im Schrifttum wurde dies teilweise pointiert kommentiert, vgl. *Rödder*, Ubg 2011, 473 (489): „das EU-Projekt der (...) CCCTB scheint politisch ziemlich tot".
8 *Herzig*, DB 2012, 1 (3); *Prinz*, StuB 2011, 461 (461). Zur zeitlichen Dimension s. auch *Kahle/Schulz*, FR 2013, 49 (50).
9 Für umfassende Hinweise zum BEPS-Projekt s. nur die Darstellung der OECD unter: http://www.oecd.org/tax/beps/beps-about.htm.

der GKKB-Richtlinie – einen konkreten Vorschlag für die Umsetzung von BEPS-Maßnahmen in der EU zu erarbeiten.¹

Im Januar 2016 legte dann die Kommission den **ATAD-Entwurf** vor, um Gewinnkürzungen und Gewinnverlagerungen in der EU zu bekämpfen. Dieser Entwurf war erkennbar von den Diskussionen zur GKKB und den Arbeiten an den *„international aspects"* geprägt. So enthielt er eine allgemeine Anti-Missbrauchsklausel, eine Umschaltklausel (von der Freistellungs- zur Anrechnungsmethode) und Regelungen zur *Exit Tax*; diese Bestimmungen waren (in anderer Ausgestaltung) ebenfalls bereits im GKKB-Richtlinienentwurf enthalten, nicht aber Bestandteil des BEPS-Projekts. Außerdem enthielt er Regelungen zu den BEPS-Aktionspunkten 2 (hybride Gestaltungen), 3 (Hinzurechnungsbesteuerung) und 4 (Zinsschranke), die – wenn auch mit anderer Ausgestaltung – ebenfalls im ursprünglichen GKKB-Richtlinienentwurf enthalten oder Bestandteil späterer Kompromissvorschläge waren. Die ATAD wurde in modifizierter Fassung (und insbesondere ohne die Umschaltklausel) am 12.7.2016 vom Rat verabschiedet.² 18.19

Bereits zuvor, im März 2015, hatte die Kommission einen **„relaunch"** des **GKKB-Projekts** angekündigt.³ Dabei führte sie aus, dass es ihr nicht nur um die Verbesserung der steuerlichen Standortbedingungen für Unternehmen in der EU ging (dies entsprach der traditionellen Begründung für die GKKB), sondern auch darum, die Möglichkeiten für schädlichen Steuerwettbewerb und aggressive Steuergestaltungen in der EU einzuschränken.⁴ Für die Neuauflage kündigte die Kommission folgende Veränderungen an: 18.20

– Aufspaltung in zwei Teile: Um die Zustimmungsfähigkeit im Rat zu erhöhen, sollten GKB und GKKB in zwei getrennten Richtlinien geregelt und nacheinander verhandelt werden.

– Verbindlichkeit: Die Bestimmungen zur GKB sollten zumindest für multinationale Unternehmen nicht länger optional gelten, sondern verbindlich eingeführt werden.

– FuE-Förderung: Die Kommission wollte prüfen, ob größere steuerliche Anreize für FuE gewährt werden sollten.

– Eigenkapitalverzinsung: Ebenso wollte die Kommission ein Vorgehen gegen steuerliche Anreize für eine überhöhte Fremdkapitalausstattung prüfen.

– Grenzüberschreitender Verlustausgleich: Der GKB-Richtlinienentwurf sollte Regelungen zum grenzüberschreitenden Verlustausgleich enthalten, um einen Ausgleich für die zeitliche Aufschiebung der GKKB (die einen solchen Ausgleich automatisch bewirken würde) zu schaffen.

---

1 S. dazu den Bericht des ECOFIN an den Europäischen Rat zu Steuerfragen v. 9.12.2015, Dok.-Nr. 15187/15 FISC187, den „reduzierten" Richtlinienentwurf in Dok.-Nr. 14544/15 FISC 171 sowie dazu das erläuternde Dokument v. 2.12.2015, Dok.-Nr. 14544/15 FISC 171; s. zudem auch Dok.-Nr. 14509/15 FISC 169.
2 Richtlinie (EU) 2016/1164 des Rates v. 12.7.2016 mit Vorschriften zur Bekämpfung von Steuervermeidungspraktiken mit unmittelbaren Auswirkungen auf das Funktionieren des Binnenmarkts, ABl. EU 2016 Nr. L 193, 1; modifiziert durch die Richtlinie (EU) 2017/952 des Rates v. 29.5.2017 zur Änderung der Richtlinie (EU) 2016/1164 bezüglich hybrider Gestaltungen mit Drittländern („ATAD2"), ABl. EU 2017 Nr. L 144, 1.
3 Erstmals angesprochen wurde der „relaunch" in der Mitteilung der Kommission v. 18.3.2015 an das Europäische Parlament und den Rat über Steuertransparenz als Mittel gegen Steuerhinterziehung und Steuervermeidung, COM(2015) 136 final. In der Mitteilung der Kommission v. 17.6.2015 an das Europäische Parlament und den Rat: Eine faire und effiziente Unternehmensbesteuerung in der Europäischen Union – Fünf Aktionsschwerpunkte, COM(2015) 302 final, wurde die beabsichtigte Neuauflage des GKKB-Projekts näher beschrieben. S. dazu *Eggert*, IWB 2015, 520; *Johnston*, TNI 2015, 1078.
4 S. zu dieser Erweiterung der Argumentationslinie auch *van de Streek* in Weber/van de Streek, The EU Common Consolidated Corporate Tax Base, S. 1 (3 ff.).

18.21 Am 25.10.2016 legte die Kommission die beiden **Richtlinienentwürfe zu GKB und GKKB** vor, verbunden mit einem neuen *Impact Assessment* zu den erwarteten Auswirkungen unterschiedlicher Regelungsoptionen.[1] Die von der Kommission erwogenen Neuerungen wurden mit aufgenommen, zudem wurden viele Regelungen der GKB an die Diskussionen der letzten Jahre (und insb. an die ATAD) angepasst.

18.22 Die anschließenden **Beratungen in den zuständigen Ratsgremien** konzentrierten sich zunächst auf die wichtigsten Neuerungen (Verlustausgleich, FuE-Förderung, Eigenkapitalverzinsung) und zeigten, dass hier unterschiedliche Auffassungen der EU-Mitgliedstaaten bestehen.[2] Anschließend wurden die übrigen Regelungsvorschläge der Reihe nach erörtert; hier konnte der erste „Durchgang" unter der bulgarischen Ratspräsidentschaft zu Beginn des Jahres 2018 abgeschlossen werden. Zudem wurde unter bulgarischer Ratspräsidentschaft an Parametern für eine EU-weit einheitliche (freiwillige) Abschätzung der fiskalischen Auswirkungen der GKB gearbeitet.[3] Die estnische Ratspräsidentschaft hatte zuvor in der zweiten Jahreshälfte 2017 ein neues Thema in die Diskussion eingeführt und vorgeschlagen, die Betriebsstättendefinition im GKB-Richtlinienentwurf um das Konzept einer „digitalen Betriebsstätte" zu erweitern. Damit sollte die internationale Diskussion zur Besteuerung der digitalisierten Wirtschaft beeinflusst werden.[4] Auch das Europäische Parlament nahm am 15.3.2018 zu beiden Richtlinienentwürfen Stellung und forderte dabei die Einführung einer „digitalen Betriebsstätte" sowie die Berücksichtigung der Datengewinnung bei der Aufteilung der konsolidierten Bemessungsgrundlage.[5] Unter rumänischer Ratspräsidentschaft in der ersten Jahreshälfte 2019 wurde zuletzt über die Anti-Missbrauchsbestimmungen sowie über den personellen Anwendungsbereich der GKB diskutiert.[6]

B. Der GKB-Richtlinienentwurf vom 25.10.2016

I. Überblick

18.23 Rechtsgrundlage für den Richtlinienentwurf ist Art. 115 AEUV. Die Tatbestandsvoraussetzungen dieser Vorschrift sind erfüllt; insbesondere entspricht der Richtlinienentwurf dem **Subsidiaritätsprinzip** gem. Art. 5 EUV, weil die mit ihm angestrebten Ziele auf Unionsebene besser erreicht werden können als auf nationaler Ebene:[7] Es ist nicht ersichtlich, wie eine dauerhafte Angleichung der steuerlichen Gewinnermittlungsvorschriften (auch in ihren Details) in allen EU-Mitgliedstaaten ohne EU-rechtliche Regelung vorgenommen werden könnte.

---

1 Commission Staff Working Document: Impact Assessment.Accompanying the document Proposals for a Council Directive on a Common Corporate Tax Base and a Common Consolidated Corporate Tax Base (CCCTB), SWD(2016) 341 final.
2 Vgl. Bericht des ECOFIN an den Europäischen Rat in Steuerfragen v. 7.12.2017, Dok-Nr. 15405/17 FISC 340.
3 S. dazu Dok-Nr. 8155/18 FISC 175. Zu den Vorschlägen der bulgarischen Ratspräsidentschaft zum weiteren Vorgehen s. *Lamer*, TNI 2018, 402.
4 Am 5.12.2017 wurden entsprechende Ratsschlussfolgerungen angenommen, s. Dok-Nr. 15175/17 FISC 320. Eine Reihe von Mitgliedstaaten sprach sich darüber hinaus dafür aus, als vorübergehende Handlungsoption auch die kurzfristige Einführung einer *„Equalization Tax"* zu erwägen. Dies wurde durch einen gemeinsamen Brief der Finanzminister von Deutschland, Frankreich, Italien und Spanien initiiert, s. Die Zeit v. 12.10.2017, S. 25 („Braucht Europa die Steuerrevolution?").
5 Europäisches Parlament v. 15.3.2018, P8_TA-PROV(2018)0088 sowie P8_TA-PROV(2018)0087.
6 S. Bericht des ECOFIN an den Europäischen Rat, Dok-Nr. 9773/19 FISC 281.
7 Hinzuweisen ist darauf, dass sieben nationale Parlamente die in Art. 7 des Protokolls Nr. 2 zum AEUV („Subsidiaritätsprotokoll") vorgesehene Subsidiaritätsrüge erhoben haben. Das dort vorgesehene Quorum wurde aber (wie auch bei entsprechenden Subsidiaritätsrügen gegen den ursprünglichen GKKB-RL-E) nicht erreicht, vgl. *Rautenstrauch*, DB 2017 (Heft 49), M5; *Johnston*, TNI 2017, 256; *van de Streek* in Weber/van de Streek, The EU Common Consolidated Corporate Tax Base, S. 1 (7 f.); zur Kritik von EU-Mitgliedstaaten s. auch *Finley*, TNI 2017, 157.

Der Richtlinienentwurf (GKB-RL-E) kann in mehrere Teile untergliedert werden. Den Schwerpunkt bilden die „klassischen" Vorschriften zur **steuerlichen Gewinnermittlung**. Daneben enthält der Richtlinienentwurf u.a. Vorschriften zur (eingeschränkten) Optionalität, zu Ein- und Austritt in die GKB, zu Umstrukturierungen, zu Verrechnungspreisen, zur Verhinderung von Missbrauch und zu transparenten Unternehmen. Ausgeklammert bleibt eine Angleichung der Steuersätze.[1]

18.24

Von besonderem Interesse ist das **Verhältnis der GKB zur ATAD**, weil es einige inhaltliche Überschneidungen zwischen beiden Regelungswerken gibt. Eine ausdrückliche Regelung zu Vorrang oder Nachrang ist im GKB-RL-E nicht enthalten. Einzig sachgerecht dürfte es aber sein, der GKB als *lex posterior* grundsätzlich den Vorrang einzuräumen, sobald eine Konkurrenzsituation[2] eintritt. Denn die Regelungen der ATAD sind als Mindeststandard konzipiert (vgl. Art. 3 ATAD) und lassen den Mitgliedstaaten in Teilbereichen verschiedene Umsetzungsmöglichkeiten (Rz. 17.31 ff.). In den entsprechenden Vorschriften der GKB werden diese Wahlrechte durch konkrete Vorgaben ersetzt;[3] dies entspricht dem generellen Regelungsziel der GKB, die auf eine punktgenaue Harmonisierung hin angelegt ist.[4] Mit diesem Ziel wäre es nicht vereinbar, wenn die Mitgliedstaaten weiterhin die von der ATAD eingeräumten Spielräume ausnutzen und damit von der GKB abweichen dürften.

18.25

II. Zielsetzung des Richtlinienentwurfs

Dem Richtlinienentwurf ist eine Begründung vorangestellt, die zusammen mit den Erwägungsgründen Auskunft über die **Zielsetzung** des Richtlinienentwurfs gibt.[5] Dabei zeigt sich, dass es der Kommission vorrangig um zwei Ziele geht: Die Vereinheitlichung der steuerlichen Gewinnermittlung in den Mitgliedstaaten soll wirtschaftliche Hemmnisse abbauen und die Attraktivität der EU als Unternehmensstandort stärken. Dies deckt sich im Wesentlichen mit der Begründung, die schon für den GKKB-Richtlinienentwurf v. 16.3.2011 gegeben wurde. Das zweite Ziel der GKB besteht darin, unerwünschte Gestaltungsspielräume der Unternehmen zur Steuerminimierung abzubauen. Diese Argumentation ist Ausfluss der Diskussionen rund um das BEPS-Projekt; im ursprünglichen GKKB-Richtlinienentwurf spielten diese Gesichtspunkte noch eine untergeordnete Rolle.[6] Zudem betont die Kommission den engen Zusammenhang mit dem neuen GKKB-Richtlinienentwurf: GKB und GKKB bilden demnach weiterhin ein Gesamtprojekt, und die Konsolidierung sei die wirksamste Methode, um steuerliche Hindernisse für Unternehmen in der EU zu verringern. Die Aufspaltung auf zwei Richtlinienentwürfe erfolge nur, damit Fortschritte bei der GKB nicht durch die kontroversen Diskussionen zu Konsolidierung und

18.26

---

1 Kritisch dazu Bundesrat, Beschluss v. 16.12.2016, BR-Drs. 641/16 (Beschluss), Rz. 3: „Die Harmonisierung der Bemessungsgrundlage sollte [...] zwingend von einer Harmonisierung der Steuersätze – zumindest durch Schaffung eines Steuersatzkorridors mit einer substanziellen Begrenzung nach unten – begleitet werden." Vgl. auch *Hey* in Europäisches Steuerrecht, DStJG 41 (2018), S. 9 (47 ff.); *Pagels/Wittenstein*, ET 2019, 219.
2 Es ist darauf hinzuweisen, dass der persönliche Anwendungsbereich beider Richtlinien nicht deckungsgleich ist: Während die ATAD für alle dort genannten Unternehmen verpflichtend anzuwenden ist, gilt dies beim GKB-RL-E nur auf freiwilliger Basis; lediglich oberhalb einer bestimmten Größenordnung (Rz. 18.57) soll die GKB ebenfalls verpflichtend anzuwenden sein. Es wäre also durchaus möglich, dass eine Körperschaft der ATAD unterliegt, nicht aber der GKB.
3 Der GKB-RL-E gibt also gewissermaßen Aufschluss darüber, wie die von der ATAD eingeräumten Wahlrechte aus Sicht der Kommission durch alle EU-Mitgliedstaaten ausgeübt werden sollten.
4 S. dazu *Fehling*, DB 2016, 2862 (2864); *van de Streek* in Weber/van de Streek, The EU Common Consolidated Corporate Tax Base, S. 1 (5).
5 Zu den Zielen s. auch schon ausführlich *Eggert*, Gewinnermittlung, S. 69 ff.
6 S. auch *Hey* in Europäisches Steuerrecht, DStJG 41 (2018), S. 9 (32). Als dritter Gesichtspunkt wies der zuständige Kommissar, Pierre Moscovici, zudem auf die Förderung von *Tax Certainty* hin, vgl. *Lamer*, TNI 2017, 210 (210). Die Stärkung von *Tax Certainty* wurde von der G20 (unter deutscher Präsidentschaft) als wichtiges steuerpolitisches Ziel identifiziert, s. dazu *Fehling*, IStR 2017, 339 (342).

Aufteilung gebremst werden. Die GKB soll insoweit nur der erste Schritt bei der Verwirklichung des Gesamtvorhabens sein.[1]

III. Einzelne Regelungen zur Gewinnermittlung

18.27 Zur Ermittlung des steuerlichen Gewinns oder Verlusts ist ein **GuV-orientierter Ansatz** vorgesehen.[2] Gemäß Art. 7 GKB-RL-E berechnet sich die Steuerbemessungsgrundlage aus den Erträgen abzgl. steuerfreier Erträge, abziehbarer Aufwendungen und sonstiger abziehbarer Posten. Eine Steuerbilanz soll nicht erstellt werden.[3] Aus der Sicht des deutschen Körperschaftsteuerrechts, welches bislang die Erstellung einer Steuerbilanz vorsieht, wäre damit eine Systemumstellung verbunden. Fiskalische Auswirkungen würde dies aber nicht haben, weil sich grundsätzlich ein der Höhe nach identischer steuerpflichtiger Gewinn ergibt.[4]

18.28 Den Regelungen zur GKB sind **allgemeine Prinzipien** vorangestellt. In Art. 6 GKB-RL-E sind das Realisationsprinzip, der Grundsatz der Einzelerfassung und Einzelbewertung, das Stetigkeitsgebot und das Periodizitätsprinzip enthalten.[5] Nicht alle Fragen zur Anwendung der GKB-Regelungen werden sich durch Rückgriff auf diese Prinzipien lösen lassen, zumal deren Bedeutung nicht immer eindeutig ist.[6] Dies könnte dafür sprechen, weitere Prinzipien explizit im Richtlinientext niederzulegen.[7]

18.29 Dies gilt umso mehr, als die GKB aus sich heraus auszulegen ist: Es gibt **keine Bezugnahme auf Rechnungslegungsstandards**, so dass diese bei Auslegungsfragen nicht unmittelbar herangezogen werden können.[8] Dem liegt eine bewusste Entscheidung der Kommission zugrunde.[9] Eine Abhängigkeit des Regelungsgehalts der GKB von „externen" Standards, die möglicherweise nicht der vollständigen Kontrolle durch die Mitgliedstaaten unterstehen, sollte vermieden werden. Dies verdient Zustimmung. Für den autonomen Ansatz spricht zudem, dass Rechnungslegungsstandards eine andere Funktion erfüllen als steuerliche Vorschriften und daher nicht ohne Modifikationen für Besteuerungszwecke übernommen werden können.[10] Das schließt freilich nicht aus, dass sich der Gehalt einzelner Bestimmungen der

---

1 Skeptisch hierzu *Bhogal/Swanson*, TNI 2016, 1093 (1095).
2 S. schon *Kahle/Dahlke*, StuB 2011, 453 (454); *Vermeulen/Blaauw*, ET 2012, 533 (533); *Scheffler/Krebs*, DStR-Beihefter 2011, 13 (14 f.); *Herzig*, DB 2012, 1 (2); *Altvater/Haug*, DB 2011, 2870 (2871); *Hüttemann*, DStZ 2011, 507 (511).
3 Aufgrund der im Rahmen der GKB nötigen Neben- und Bestandsrechnungen sprechen *Herzig/Kuhr*, DB 2011, 2053 (2054 f.), jedoch von der Notwendigkeit einer „Schattenbilanz". Kritisch auch *Velte/Mock*, StuW 2017, 126 (138 f.).
4 *Spengel/Ortmann-Babel/Zinn/Matenaer*, DB-Beilage 2013 Nr. 2, 1 (3); *Herzig/Kuhr*, DB 2011, 2053 (2054).
5 S. bereits *Kahle/Schulz*, FR 2013, 49 (51).
6 Unsicherheiten bestehen beispielsweise zur Frage des Verhältnisses der Regelungen zur Erfassung von Erträgen, Aufwendungen und abziehbaren Posten gem. Art. 15 ff. GKB-RL-E zum Realisationsprinzip gem. Art. 6 Abs. 1 GKB-RL-E, vgl. *Spengel/Zöllkau*, Common Corporate Tax Base (CC(C)TB) and Determination of Taxable Income, S. 93.
7 In dem Sinne bereits *Marx*, DStZ 2011, 547 (550 f.); *Kahle/Schulz*, FR 2013, 49 (50 ff.); ähnlich *Herzig*, DB 2012, 1 (3). S. aber auch *Scheffler/Krebs*, DStR-Beihefter 2011, 13 (16). Zur Bedeutung von Prinzipien für die GKB/GKKB s. auch *Freedman/Madconald* in Lang/Pistone/Schuch/Staringer, Common Consolidated Corporate Tax Base, S. 222 ff.; *Russo* in Weber/van de Streek, The EU Common Consolidated Corporate Tax Base, S. 11 (12 f.); *Mock*, ET 2019, 209 (210 ff.); sowie umfassend *Eggert*, Gewinnermittlung, S. 95 ff. *Hamannt/Halverscheid* in FS Haarmann, S. 591 (601 ff.) plädieren für die Einführung von „Grundsätzen einer ordnungsmäßigen gemeinsamen körperschaftlichen Bemessungsgrundlage".
8 S. schon *Kahle/Schulz*, FR 2013, 49 (51).
9 Zur Kritik daran s. bereits *Altvater/Haug*, DB 2011, 2870 (2870 f.); *Essers* in Schön/Schreiber/Spengel, A Common Consolidated Corporate Tax Base for Europe, S. 107 f.
10 S. *Jaatinen*, Intertax 2012, 260 (261 ff.); *Herzig/Kuhr*, DB 2011, 2053 (2053); *Terra/Wattel*, European Tax Law[6], S. 798; eingehend *Eggert*, Gewinnermittlung, S. 117 ff.

GKB an internationalen Rechnungslegungsstandards orientieren kann und jene nachbildet, wo dies sachgerecht ist.[1]

Weiterhin fällt auf, dass die Vorschriften zur GKB durchgehend recht knapp gefasst sind und (mit Ausnahme der Bestimmungen des Art. 4 Art. GKB-RL-E) **nur wenige Definitionen** aufweisen. Man spürt darin das Bemühen der Kommission, die Vorschriften so prägnant und einfach wie möglich zu halten.[2] Dem ist im Grundsatz zuzustimmen. Jedoch sollten ergänzend solche Begriffe definiert werden, deren Bedeutung so groß ist, dass Unsicherheiten über ihren Aussagegehalt ausgeschlossen werden müssen (z.B. die in Art. 33 GKB-RL-E genannten Wirtschaftsgüter). 18.30

Der Begriff der „**Erträge**" wird in Art. 4 Abs. 5 GKB-RL-E definiert. Es handelt sich um einen umfassenden Begriff. Auch der Begriff der abziehbaren Aufwendungen ist gem. Art. 9 GKB-RL-E umfassend zu verstehen, wobei gegenüber dem ursprünglichen GKKB-Richtlinienentwurf aber klargestellt wurde, dass nur solche Positionen abzugsfähig sind, die unmittelbar im geschäftlichen Interesse des Steuerpflichtigen angefallen sind. In Art. 12 GKB-RL-E werden einige nichtabziehbare Aufwendungen aufgeführt (Rz. 18.41). 18.31

In Art. 18 GKB-RL-E wird – abschließend – bestimmt, was unter **steuerfreien Erträgen** zu verstehen ist. Hierbei handelt es sich insbesondere um Erlöse aus der Veräußerung von Beteiligungen (Art. 8 Buchst. c GKB-RL-E) und um vereinnahmte Gewinnausschüttungen (Art. 8 Buchst. d GKB-RL-E).[3] Diese Steuerfreistellung ist – im Gegensatz zum ursprünglichen GKKB-Richtlinienentwurf – an Mindesthaltefristen und eine Mindestbeteiligungshöhe geknüpft.[4] Dies greift Missbrauchsbedenken einiger EU-Mitgliedstaaten auf und ähnelt auch der Konzeption von Art. 3 Abs. 2 MTRL.[5] 18.32

Für die in Art. 8 Buchst. c und d GKB-RL-E vorgesehene Freistellung bestimmt Art. 53 GKB-RL-E in Auslandssachverhalten einen **Wechsel zur Anrechnung** (*Switch-Over*), wenn die ausschüttende oder veräußerte Gesellschaft in einem niedrig besteuernden Drittstaat ansässig ist und ein etwaig bestehendes Doppelbesteuerungsabkommen diesem Wechsel nicht entgegensteht.[6] Eine niedrige Besteuerung 18.33

---

1 So bildeten die IFRS-Regelungen für die Kommission den „Ausgangspunkt" für die Erörterung steuertechnischer Arbeiten in der AG GKKB, s. Mitteilung der Kommission an den Rat, das Europäische Parlament und den Europäischen Wirtschafts- und Sozialausschuss v. 24.11.2003: Ein Binnenmarkt ohne unternehmenssteuerliche Hindernisse – Ergebnisse, Initiativen, Herausforderungen, KOM (2003) 726 endg., S. 18 ff. Vgl. dazu auch *Czakert*, BFuP 2008, 433 (436); *Herzig/Kuhr*, DB 2011, 2053 (2054); *Herzig*, DB 2012, 1 (2); *Neale* in Lang/Pistone/Schuch/Staringer, Common Consolidated Corporate Tax Base, S. 40 f. Vgl. auch *Velte/Mock*, StuW 2017, 126 (140), die für einen Rückgriff auf die EU-Rechnungslegungsrichtlinie plädieren.
2 S. dazu schon *Czakert*, BFuP 2008, 433 (437 f.); *Neale* in Lang/Pistone/Schuch/Staringer, Common Consolidated Corporate Tax Base, S. 44.
3 Im ursprünglichen GKKB-Richtlinienentwurf war die Freistellung noch mit einem Progressionsvorbehalt versehen worden. Dieser hätte sich bei Staaten mit einem linearen Körperschaftsteuersatz (wie Deutschland) aber nicht ausgewirkt.
4 Ausnahmen gelten bei Anteilen, die zu Handelszwecken im Sinne von Art. 21 GKB-RL-E gehalten werden, und bei Lebensversicherungsunternehmen im Sinne von Art. 28 GKB-RL-E. S. *de Groot*, Intertax 2017, 742 (743 ff.).
5 Vgl. Kompromissvorschlag der dänischen Ratspräsidentschaft v. 4.4.2012 (Dok-Nr. 8387/12 FISC 49); s. *Scheffler/Köstler*, DStR 2013, 2235 (2236 f.). Auch Deutschland hat vor einigen Jahren für Dividenden eine Mindestbeteiligungshöhe eingeführt, s. Gesetz zur Umsetzung des EuGH-Urteils v. 20.10.2011 in der Rechtssache C-284/09 v. 21.3.2013, BGBl. I 2013, 561. Zur Kritik an einer solchen Änderung der GKB s. *Lang*, StuW 2012, 297 (302): Einschränkung der Gleichbehandlung ausländischer Tochtergesellschaften und ausländischer Betriebsstätten. Für einen Vergleich der vorgeschlagenen GKB-Regelungen mit der MTRL s. *Helminen* in Weber/van de Streek, The EU Common Consolidated Corporate Tax Base, S. 65 (69 ff.).
6 S. dazu auch *de Groot*, Intertax 2017, 742 (745 ff.).

soll vorliegen, wenn in dem Drittstaat der anzuwendende Steuersatz für die betreffenden Einkünfte weniger als 50 % des Steuersatzes im jeweiligen Ansässigkeitsstaat des Steuerpflichtigen beträgt.[1] Genauere Vorschriften zur Anrechnung der ausländischen Steuer sind in Art. 53 Abs. 2 GKB-RL-E geregelt. Verluste aus Anteilsveräußerungen in Drittstaaten sind gem. Art. 53 Abs. 3 GKB-RL-E (dessen deutsche Sprachfassung nicht fehlerfrei ist) stets bei der Berechnung der Bemessungsgrundlage auszuklammern.

18.34 Zudem sind Einkünfte aus **Betriebsstätten** gem. Art. 8 Buchst. e GKB-RL-E von der Steuer befreit. Im ursprünglichen GKKB-RL-E war diese Freistellung auf Drittstaatsbetriebsstätten zugeschnitten: Regelungen von Drittstaaten sollten nicht durch die Betriebsstättenbesteuerung in die GKB importiert werden (sog. *Water's-Edge-Approach*).[2] Diese Freistellung wurde für den GKB-RL-E nun (und konsequent) auf Betriebsstätten in anderen EU-Mitgliedstaaten erweitert.[3] Die Kehrseite dieses Ansatzes ist es, dass er für alle Mitgliedstaaten, die dem Welteinkommensprinzip folgen, einen Systemwechsel bedeutet und abkommensrechtlichen Vereinbarungen über die Anrechnungsmethode widerspricht.[4] In Art. 54 GKB-RL-E ist zudem eine Regelung zur Bestimmung von Betriebsstätteneinkünften aus Drittstaaten enthalten, wenn es zu einem *Switch-Over* gem. Art. 53 GKB-RL-E kommt.[5]

18.35 Die Bestimmungen über abzugsfähige Aufwendungen sehen einen **erweiterten Abzug für FuE-Ausgaben** vor, Art. 9 Abs. 3 GKB-RL-E.[6] Demnach sind FuE-Aufwendungen[7], die sich nicht auf bewegliche Wirtschaftsgüter beziehen, in Höhe von 150 % abzugsfähig; für diejenigen Ausgaben, die den Betrag von 20 Millionen Euro überschreiten, reduziert sich dies auf 125 %. Für die als besonders innovativ angesehenen *Start-up*-Unternehmen im Sinne von Art. 9 Abs. 4 GKB-RL-E erhöht sich die Abzugshöhe für FuE-Kosten bis 20 Millionen Euro sogar auf 200 %. Voraussetzung hierbei ist, dass das Unternehmen nicht börsennotiert ist, weniger als 50 Beschäftigte hat, einen Jahresumsatz/eine Jahresbilanz von

---

1 Die 50 %-Grenze ist das Ergebnis eines politischen Kompromisses, der bei Art. 7 ATAD gefunden wurde (wenn auch mit komplizierterer Formulierung), s. dazu Rz. 17.68 ff. Im ursprünglichen GKKB-Richtlinienentwurf wurde noch darauf abgestellt, ob der Steuersatz im Drittstaat weniger als 40 % des durchschnittlichen anwendbaren gesetzlichen Körperschaftsteuersatzes aller EU-Mitgliedstaaten beträgt. Das alleinige Abstellen auf den gesetzlichen Steuersatz kann kritisiert werden, weil dadurch die (begünstigenden) Regelungen zur Bestimmung der Bemessungsgrundlage des Drittstaats ausgeblendet werden. Andererseits erleichtert dies die Handhabbarkeit in der Praxis. Zum Verhältnis von Bemessungsgrundlage und Steuersatz s. insoweit auch *Lang*, StuW 2012, 297 (307 f.).
2 Dazu s. *Schreiber* in Schön/Schreiber/Spengel, A Common Consolidated Corporate Tax Base for Europe, S. 118 ff.; *Baker/Mitroyanni* in Lang/Pistone/Schuch/Staringer, Common Consolidated Corporate Tax Base, S. 631 ff.; insgesamt zur gemischten Umsetzung von Welteinkommensprinzip und Territorialitätsprinzip im ursprünglichen GKKB-Richtlinienentwurf s. *Traversa/Helleputte* in Lang/Pistone/Schuch/Staringer/Storck, Corporate Income Taxation in Europe, S. 13.
3 Der Wortlaut von Art. 8 Buchst. e GKB-RL-E ist dazu allerdings etwas holprig.
4 Für Deutschland würde dieser Systemwechsel vor allem im Verhältnis zu denjenigen (Dritt-)Staaten zum Tragen kommen, mit denen Deutschland kein DBA abgeschlossen hat. Denn Deutschland vereinbart in seinen DBA für Betriebsstätteneinkünfte regelmäßig die Freistellungsmethode (allerdings geknüpft an bestimmte Bedingungen).
5 Der Umfang dieser Regelung ist nicht leicht zu verstehen, denn der *Switch-Over* in Art. 53 GKB-RL-E bezieht sich lediglich auf Art. 8 Buchst. c und d GKB-RL-E, also nicht auf die Betriebsstätteneinkünfte im Sinne von Art. 8 Buchst. e GKB-RL-E.
6 S. dazu auch *Bardens/Scheffler*, Ubg 2017, 155 (159 ff.); *Jakob/Fehling*, ISR 2017, 290 (292 ff.); *Pérez Bernabeu*, ET 2018, 463 (464 ff.).
7 Gemäß der Definition in Art. 4 Abs. 11 GKB-RL-E umfasst dies Aufwendungen für Grundlagenforschung, angewandte Forschung und experimentelle Forschung. Marketingkosten fallen beispielsweise nicht darunter. Kritisch zur Begriffsbestimmung *Arginelli* in Weber/van de Streek, The EU Common Consolidated Corporate Tax Base, S. 49 (58 f.).

weniger als 10 Millionen Euro aufweist, nicht länger als fünf Jahre im Handelsregister eingetragen ist,[1] nicht durch Zusammenschluss entstanden ist und keine verbundenen Unternehmen besitzt.

Mit dieser Neuregelung will die Kommission – wie angekündigt – die steuerliche **Attraktivität der EU** als Standort für Unternehmen erhöhen. Aus deutscher Sicht greift sie damit eine von der Wirtschaft schon länger erhobene Forderung auf.[2] Auch in Deutschland hat die Bundesregierung unlängst die Einführung einer steuerlichen Forschungsförderung beschlossen.[3] Die Vorschrift ist nicht das einzige vorgesehene Instrument des GKB-RL-E zur FuE-Förderung; auch die in Art. 12 Buchst. i GKB-RL-E enthaltene sofortige Abzugsfähigkeit der Anschaffungskosten von Wirtschaftsgütern mit FuE-Bezug ist dazu zu zählen (s. Rz. 18.41).

18.36

Die Idee der steuerlichen FuE-Förderung an sich dürfte in der EU durchaus Unterstützung finden, da die meisten EU-Mitgliedstaaten schon jetzt entsprechende Regelungen besitzen.[4] Allerdings unterscheiden sich diese Instrumente zum Teil deutlich voneinander: Einige Staaten erlauben ebenfalls den erhöhten Abzug von Aufwendungen, andere Staaten sehen Privilegierungen für die aus FuE-Aktivität generierten Einkünfte vor (sog. Patentboxen), entweder durch deren Nichteinbeziehung in die Bemessungsgrundlage oder durch Gewährung verringerter Steuersätze.[5] Wenn die GKB in der vorgesehenen Fassung in Kraft träte, müssten zumindest diejenigen Patentboxen, die eine Befreiung bei der Bemessungsgrundlage vorsehen, abgeschafft werden (da Art. 8 GKB-RL-E keine derartige Privilegierung vorsieht). Patentboxen mit einer Privilegierung beim Steuersatz wären formal zwar weiterhin möglich (weil die GKB keine Aussage zu Steuersätzen trifft). Es ist aber davon auszugehen, dass die FuE-Förderung in Art. 9 GKB-RL-E nach den Vorstellungen der Kommission die einzige steuerliche FuE-Privilegierung darstellen soll und eine steuerliche Doppelförderung (durch erhöhten Abzug von Aufwendungen und niedrigere Steuersätze für die entsprechenden Einkünfte) vermieden werden soll; hierfür wäre ggf. eine Klarstellung im Richtlinientext sinnvoll.[6] Im Übrigen dürfte die Kompromissfindung dadurch erschwert werden, dass FuE-Förderung von vielen Staaten als **Mittel zur Steigerung der Standortattraktivität** eingesetzt wird; die Festlegung auf einen einheitlichen Rechtsrahmen in der GKB würde diese Spielräume der nationalen Steuerpolitik erheblich beschränken. Ganz generell sollte bei der Entscheidung über Art. 9 Abs. 3 GKB-RL-E auch abgewogen werden, inwieweit eine steuerliche Förderung gegenüber einem außersteuerlichen System direkter staatlicher Investitionszuschüsse für FuE-Vorhaben vorzugswürdig ist; letzteres ist zwar administrativ aufwändiger, vermeidet aber Mitnahmeeffekte bei oh-

18.37

---

1 Wenn keine Eintragungspflicht besteht, kommt es für den Beginn der Fünf-Jahres-Frist darauf an, wann das Unternehmen seine Wirtschaftstätigkeit aufgenommen hat oder für seine Tätigkeit steuerpflichtig geworden ist.
2 S. nur BDI/VCI, Die Steuerbelastung der Unternehmen in Deutschland, Vorschläge für ein wettbewerbsfähiges Steuerrecht 2017/18, S. 33 f.
3 Regierungsentwurf eines Gesetzes zur steuerlichen Förderung von Forschung und Entwicklung vom Mai 2019, im Internet abrufbar unter: https://www.bundesfinanzministerium.de/Content/DE/Gesetzestexte/Gesetze_Gesetzesvorhaben/Abteilungen/Abteilung_IV/19_Legislaturperiode/Gesetze_Verordnungen/Forschungszulagengesetz-FZulG/2-Regierungsentwurf.pdf;jsessionid=96591A08ADAE7FA582058DB1F0E1B691?__blob=publicationFile&v=2.
4 Nach einer Studie der Kommission aus dem Jahr 2014 gewähren alle Mitgliedstaaten außer Deutschland und Estland eine steuerliche Forschungsförderung, European Commission: A Study on R&D Tax Incentives, Final Report, Taxation Papers, Working Paper N. 52/2014, 51 ff.
5 Zu den unterschiedlichen Möglichkeiten s. auch *Arginelli* in Weber/van de Streek, The EU Common Consolidated Corporate Tax Base, S. 49 (52 ff.).
6 Vgl. dazu auch *Pérez Bernabeu*, ET 2018, 463 (468 f.); *Arginelli* in Weber/van de Streek, The EU Common Consolidated Corporate Tax Base, S. 49 (62 f.), nach dortiger Auffassung sollten die in der EU existierenden Patentboxregelungen nicht eingeschränkt werden.

nehin geplanten Investitionen.[1] Auch die fiskalischen Auswirkungen müssten sorgfältig abgeschätzt werden.[2]

18.38 Die Abzugsfähigkeit von **Zuwendungen und Spenden an gemeinnützige Einrichtungen** können die Mitgliedstaaten gem. Art. 9 Abs. 4 GKB-RL-E nach eigenem Ermessen regeln. Anders als im ursprünglichen GKKB-Richtlinienentwurf[3] verzichtet die Kommission also auf eine EU-weit einheitliche Regelung. Hintergrund sind sicherlich die starken Harmonisierungswiderstände der Mitgliedstaaten, die ihren Spielraum für eigene politische Wertungsentscheidungen in diesem Bereich behalten wollen.[4]

18.39 In Art. 11 GKB-RL-E sind Bestimmungen zu einem „Freibetrag für Wachstum und Investitionen" enthalten. Dabei handelt es sich um einen besonderen Abzugstatbestand (bzw. auch Hinzurechnungstatbestand), der eine **fiktive Eigenkapitalverzinsung** bewirken soll.[5] Die Grundlage bildet die „FWI-Eigenkapitalbasis" gem. Art. 11 Abs. 1 und 2 GKB-RL-E, also das dort definierte Eigenkapital eines Steuerpflichtigen abzüglich des Steuerwerts seiner Beteiligungen am Kapital verbundener Unternehmen.[6] Erhöhungen der Eigenkapitalbasis führen gem. Art. 11 Abs. 3 GKB-RL-E dazu, dass ein fiktiver Eigenkapitalzins abzugsfähig ist; bei einer Verringerung der Eigenkapitalbasis kommt es hingegen zu einer entsprechenden Hinzurechnung.[7] Der maßgebliche Zinssatz, der auf den Unterschiedsbetrag angewendet wird, entspricht gem. Art. 11 Abs. 5 GKB-RL-E der von der EZB bekannt gegebenen Benchmark-Rendite für zehnjährige Staatsanleihen des Euro-Währungsgebiets im Dezember des dem relevanten Steuerjahr vorausgegangenen Jahres, erhöht um einen zweiprozentigen Risikozuschlag.[8] Bei einer negativen Benchmark-Rendite gilt ein Zinssatz von 2 %. Die Erhöhung bzw. die Minderung des Eigenkapitals wird in den ersten zehn Jahren der Anwendung der GKB durch Vergleich der Eigenkapitalbasis am Ende eines jeden Jahres zur Eigenkapitalbasis am ersten Tag des ersten GKB-Steuerjahres berechnet; dies wird als Ausgangsbetrag bezeichnet.[9] In den folgenden Jahren wird die Eigenkapitalbasis des Ausgangsbetrags fortlaufend um ein Jahr fortgeschrieben, so dass für den Vergleich immer um volle zehn Jahre zurückgeschaut wird.[10] Der (fiktive) Zinsabzug unterliegt den Grenzen der Zinsschranke gem. Art. 13 GKB-RL-E.[11] In Art. 11 Abs. 6 GKB-RL-E wird die Kommission zum Erlass detaillierterer Vorschriften gegen Steuervermeidung im Wege des Komitologieverfahrens[12] ermächtigt.

---

1 S. auch die Kritik bei *Müller-Gatermann*, FR 2018, 389 (402).
2 Eine Einschätzung der Kommission findet sich in ihrem Impact Assessment zum GKB-RL-E, SWD (2016) 341 final.
3 Vgl. Art. 16 des ursprünglichen GKKB-Richtlinienentwurfs, s. dazu *Seer* in Lang/Pistone/Schuch/Staringer/Storck, Corporate Income Taxation in Europe, S. 227 ff.
4 Bereits in früheren Kompromissvorschlägen zur GKKB war die Streichung der entsprechenden Regelung vorgeschlagen worden, s. *Scheffler/Köstler*, DStR 2013, 2235 (2235 f.).
5 Umfassend dazu *Richter/Bachmann*, DB 2018, 649; *Grilli* in Weber/van de Streek, The EU Common Consolidated Corporate Tax Base, S. 31.
6 Durch diesen Abzug sollen Kaskadeneffekte vermieden werden.
7 Maßgebend ist also nur die Entwicklung des Eigenkapitals und nicht dessen absolute Höhe; bei unveränderter Eigenkapitalbasis kommt es weder zum Abzug noch zur Hinzurechnung. Hierin besteht ein wesentlicher Unterschied zu Fremdkapitalfinanzierungen, bei denen auch ohne Wertänderungen regelmäßig laufende (und steuerlich abzugsfähige) Zinszahlungen zu leisten sind, vgl. *Eiling*, IWB 2017, 49 (53).
8 Zu diesem Punkt enthält die deutschsprachige Fassung einen Übersetzungsfehler, denn dort fehlt der Hinweis auf den zweiprozentigen Risikozuschlag.
9 Das bedeutet beispielsweise, dass der Unterschiedsbetrag auch zum Ende des neunten Jahres der GKB-Anwendung mit Bezug auf die Höhe der Eigenkapitalbasis im ersten Jahr der GKB-Anwendung zu ermitteln ist, s. *Jakob/Fehling*, ISR 2017, 290 (294).
10 Vgl. *Krauß*, IStR 2017, 479 (481).
11 Dies ergibt sich aus Art. 4 Abs. 12 GKB-RL-E: Die Definition der – für die Zinsschranke maßgeblichen – Fremdkapitalkosten umfasst auch den fiktiven Ertrag im Sinne von Art. 11 GKB-RL-E. S. auch *Scheffler/Köstler*, ifst-Schrift 518 (2017), S. 100. Kritisch zum Verhältnis von Art. 11 und Art. 13 *Martini* in Weber/van de Streek, The EU Common Consolidated Corporate Tax Base, S. 139 (149).
12 S. zur Diskussion über die Anwendung des Komitologieverfahrens im Bereich der GKKB auch *Braun Binder*, S. 108 f.

Auch der Vorschlag eines fiktiven Eigenkapitalabzugs bedeutet eine Neuerung gegenüber dem ursprünglichen GKKB-Richtlinienentwurf und wurde von der Kommission bereits im Jahr 2015 in Aussicht gestellt.[1] Die Einführung eines solchen Mechanismus würde in der EU einen **bemerkenswerten Schritt** darstellen, da bislang erst wenige Staaten vergleichbare Regelungen besitzen.[2] Dies gilt namentlich aus der Perspektive Deutschlands, wo der Gesetzgeber die steuerliche Stärkung der Eigenkapitalbasis primär über die Beschränkung der Abzugsfähigkeit von Zinsaufwendungen erreichen will.[3] In jedem Fall besteht die Gefahr von Verwerfungen im Verhältnis zu Drittstaaten, die an der „traditionellen" steuerlichen Behandlung von Finanzierungskosten (Zinsaufwand ist steuerlich abzugsfähig und korrespondierend beim Empfänger zu versteuern; Dividenden sind beim Ausschüttenden nicht abzugsfähig und unterliegen beim Empfänger einer korrespondierenden Privilegierung) festhalten, denn hier droht die Gewährung eines unerwünschten „*double dips*": Steuerlicher Abzug beim EU-Mitgliedstaat in Kombination mit privilegierter Besteuerung beim Drittstaat.[4] Es kommt hinzu, dass die Regelungen in Art. 13 GKB-RL-E auch für Unternehmen nicht durchweg positive Wirkungen hätten. Denn die vorgesehene steuererhöhende Hinzurechnung bei abnehmender Eigenkapitalbasis dürfte Unternehmen gerade in wirtschaftlichen Problemlagen, die zur Abschmelzung des Eigenkapitalpuffers führen, treffen. Wenn Art. 13 GKB-RL-E dann eine steuerliche Mehrbelastung auslöst, könnte dies krisenverschärfende Wirkung haben.[5] Vor diesem Hintergrund dürfte es zu diesem Regelungsvorschlag noch intensive Beratungen in den zuständigen Ratsgremien geben.

18.40

In Art. 12 GKB-RL-E werden **nicht abziehbare Aufwendungen** abschließend aufgezählt. Hervorzuheben ist die pauschale Begrenzung von Bewirtungs- und Repräsentationskosten gem. Art. 12 Buchst. b GKB-RL-E. Demnach sind diese Kosten nur zu 50 % und auch dann nur bis zu einem (noch nicht festgelegten) Maximalbetrag abzugsfähig. Gemäß Art. 12 Buchst. d GKB-RL-E unterfallen dem Abzugsverbot neben der Körperschaftsteuer auch ähnliche Steuern auf Gewinne; dies dürfte auch für die deutsche Gewerbesteuer gelten.[6] Weiter ist darauf hinzuweisen, dass gem. Art. 12 Buchst. g GKB-RL-E Kosten,

18.41

---

1 S. Mitteilung der Kommission v. 17.6.2015 an das Europäische Parlament und den Rat: Eine faire und effiziente Unternehmensbesteuerung in der Europäischen Union – Fünf Aktionsschwerpunkte, COM (2015) 302 final.
2 Neben den EU-Mitgliedstaaten Belgien und Italien sind vornehmlich Brasilien und Liechtenstein zu nennen Die Einführung einer derartigen Regelung in der Schweiz im Rahmen der sog. Unternehmenssteuerreform III ist zuletzt gescheitert, s. *Schreiber/Diefenbacher*, IStR-LB 2017, 35 (36) sowie *Schreiber/Diefenbacher*, IStR-LB 2017, 71 (72). Auch in Belgien wurde der Steuerminderungseffekt anschließend wieder eingeschränkt (durch Einführung der „*Fairness Tax*", s. *Pacquet* in Mennel/Förster, Belgien Rz. 253 ff. und 266/1). Diese Regelungen unterscheiden sich zum Teil beträchtlich voneinander; teilweise setzt die Abzugsfähigkeit eine tatsächliche Dividendenausschüttung voraus, teilweise wird die Steuervergünstigung auch ohne jedwede Dividendenausschüttung und rein fiktiv mit Bezug zum jeweiligen Eigenkapital gewährt, vgl. BFH v. 6.6.2012 – I R 6/11, I R 8/11, BStBl. II 2013, 111. S. auch *Richter/Bachmann*, DB 2018, 649 (651 f.).
3 Vgl. die Begründung zur Einführung der Zinsschranke im Unternehmensteuerreformgesetz 2008, BT-Drucks. 16/4841, 31; kritisch dazu *Glahe*, Ubg 2015, 454 (459 f.). Kritisch zum Nebeneinander beider Konzepte im GKB-RL-E *Russo* in Weber/van de Streek, The EU Common Consolidated Corporate Tax Base, S. 11 (15): „The proposal proposes both simultaneously without proper motivation".
4 S. *Jakob/Fehling*, ISR 2017, 290 (295); s. zu sich ergebenden Gestaltungsmöglichkeiten auch Wissenschaftlicher Beirat beim BMF, BMF-Monatsbericht 2/2018, S. 8 (13 f.), dort auch mit Zweifeln an der Regelungskompetenz der EU für diesen Bereich; kritisch zudem *Müller-Gatermann*, FR 2018, 389 (402); *Rose*, StuW 2017, 217 (223 ff.), dort auch mit konkreten Änderungsvorschlägen; positiv hingegen *Carmona Lobita*, ET 2019, 60 (63).
5 S. auch *Lamer*, TNI 2017, 791 (792). Zu den ökonomischen Aspekten s. vertiefend *Richter/Bachmann*, DB 2018, 649 (652 ff.).
6 Im ursprünglichen GKKB-Richtlinienentwurf hatte die Kommission vorgesehen, dass verschiedene sog. lokale Steuern nicht von der allgemeinen Bemessungsgrundlage abgezogen werden dürfen; dabei ging es vorrangig um die Frage, ob diese Kosten in die EU-weite Konsolidierung und Aufteilung eingehen oder nur für das Steueraufkommen des jeweiligen Staates relevant sein sollten, s. *Scheffler/Schöpfel/Köstler/Binder*, StuW 2013, 28 (30) sowie *Scheffler/Köstler*, DStR 2013, 2235 (2235).

die bei der Erzielung steuerfreier Einkünfte im Sinne von Art. 8 Buchst. c, d und e GKB-RL-E erzielt wurden, nicht abzugsfähig sein sollen. Zudem ist Art. 12 Buchst. i GKB-RL-E hervorzuheben. Aus dieser – etwas verwinkelten – Regelung ergibt sich, dass Kosten für Forschung und Entwicklung in voller Höhe sofort abzugsfähig sein sollen, auch wenn sie auf Wirtschaftsgüter des Anlagevermögens entfallen, die eigentlich der Abschreibung unterliegen würden (z.B. Laboreinrichtungen).[1]

18.42 Eine gesonderte Abzugsbeschränkung enthält Art. 13 GKB-RL-E in Form einer „**Zinsschranke**". Dies stellt eine Fortentwicklung gegenüber dem ursprünglichen GKKB-Richtlinienentwurf dar, in dem die Zinsabzugsgrenze noch als Anti-Missbrauchsregelung konzipiert und an engere Voraussetzungen geknüpft war.[2] Die Mehrzahl der EU-Mitgliedstaaten favorisierte demgegenüber eine Regelung, die sich stärker an der deutschen Zinsschranke gem. § 4h EStG i.V.m. § 8a KStG orientiert und dadurch einen breiteren Anwendungsbereich hat;[3] dies auch vor dem Hintergrund, dass einige EU-Mitgliedstaaten selbst ähnliche Regelungen eingeführt hatten.[4] Weiteres Gewicht erhielt diese Forderung durch das BEPS-Projekt, denn bei BEPS-Aktionspunkt 4 wurde den Staaten die Einführung von Zinsabzugsgrenzen ähnlich der deutschen Zinsschranke empfohlen.[5] Infolge der Verabschiedung der ATAD sind die EU-Mitgliedstaaten jetzt sogar zur Einführung von Zinsschrankenregelungen rechtlich verpflichtet (s. Rz. 17.35 ff.). Insofern ist die Entscheidung der Kommission, im neuen GKB-RL-E eine „echte" Zinsschrankenregelung aufzunehmen, nicht überraschend.

18.43 Die **konkrete Ausgestaltung der Zinsschrankenregelung** in Art. 13 GKB-RL-E orientiert sich eng an den Empfehlungen zu BEPS-Aktionspunkt 4 (und damit wiederum an der deutschen Zinsschranke). Der Abzugsbeschränkung unterliegt gem. Art. 13 Abs. 1 GKB-RL-E nur der negative Saldo, also der Betrag der Fremdkapitalkosten, der die vereinnahmten Zinsen und anderen steuerbaren Erträge aus Finanzanlagevermögen übersteigt. Diese überschießenden Fremdkapitalkosten sind gem. Art. 13 Abs. 2 GKB-RL-E nur in Höhe von 30 % des EBITDA[6] abzugsfähig, wobei es gleichzeitig einen Freibetrag von 3.000.000 Euro gibt. Gehört der Steuerpflichtige zu einer Gruppe, werden der Finanzierungssaldo und das EBITDA für die ganze Gruppe berechnet; es kommt dann also nicht darauf an, ob ein einzelner gruppenangehöriger Steuerpflichtiger die Voraussetzungen der Zinsschranke erfüllt, sondern ob dies bei gruppenweiter Betrachtung der Fall ist.[7] In diesen Fällen gilt der Freibetrag in Höhe von 3.000.000 Euro für die gesamte Gruppe. In Art. 13 Abs. 4 GKB-RL-E ist eine *stand-alone*-Escaperegelung enthalten: Steuerpflichtige, die nicht Teil einer zu Rechnungslegungszwecken konsolidierten Gruppe sind und weder über verbundene Unternehmen noch über Betriebsstätten verfügen, dürfen den negativen Finanzierungssaldo stets in voller Höhe abziehen. Zudem sind gem. Art. 13 Abs. 5 GKB-RL-E Finanzierungsaufwendungen auf Alt-Darlehen (vor der politischen Einigung über die Richtlinie) durch eine Bestandsschutzregelung ausgenommen; das Gleiche gilt bei Darlehen zur Finanzierung langfristiger öffentlicher Infrastrukturprojekte, wenn Projektbetreiber, Fremdkapitalkosten, Vermögenswerte und Einkünfte in der EU belegen sind. Überschüssige Fremdkapitalkosten, die

---

1 Die Sofortabschreibung soll aber nicht für die in Art. 33 Abs. 1 Buchst. a und Abs. 2 Buchst. a und b GKB-RL-E genannten Wirtschaftsgüter gelten. S. zur Vorgängerregelung im ursprünglichen GKKB-RL-E *Scheffler/Krebs*, DStR-Beihefter 2011, 13 (23); *Lenz/Rautenstrauch*, DB 2011, 726 (728).
2 Zu diesem Vorschlag (Art. 81 des ursprünglichen GKKB-RL-E) s. *Pistone* in Lang/Pistone/Schuch/Staringer/Storck, Corporate Income Taxation in Europe, S. 276 ff.; *Spengel* in Lang/Pistone/Schuch/Staringer/Storck, Corporate Income Taxation in Europe, S. 309 ff.; *Panayi*, ET 2012, 256 (264 ff.); *de Groot*, Intertax 2013, 571 (574 f.) m.w.N.
3 So sah bereits der Kompromissvorschlag der dänischen Ratspräsidentschaft v. 4.4.2012 (Dok.-Nr. 8387/12 FISC 49) eine strengere Regelung vor.
4 Übersicht bei *Ehlermann/Nakhai*, ISR 2012, 29 (30 ff.) sowie bei *Kahlenberg/Kopec*, IStR 2015, 84 (85 ff.).
5 S. dazu nur *Staats*, IStR 2016, 135.
6 Das EBITDA wird in Art. 13 Abs. 3 GKB-RL-E definiert.
7 Dies ist steuerlich vorteilhaft, wenn der negative Finanzierungssaldo des Steuerpflichtigen über 30 % seines EBITDA liegt, der Finanzierungssaldo der Gruppe aber weniger als 30 % des Gruppen-EBITDA beträgt. Im umgekehrten Fall ist die Regelung für den Steuerpflichtigen nachteilig.

wegen der Zinsschranke nicht abgezogen werden können, können zeitlich unbefristet vorgetragen werden, Art. 13 Abs. 6 GKB-RL-E. Finanzunternehmen sind gem. Art. 13 Abs. 7 GKB-RL-E vom Anwendungsbereich der Zinsschranke ausgenommen.

Von besonderem Interesse ist das Verhältnis des Art. 13 GKB-RL-E zu der **spiegelbildlichen Regelung in Art. 4 ATAD** (Rz. 17.35 ff.). Hier zeigt sich, wie die Kommission die in Art. 4 ATAD enthaltenen Optionen ausüben will. Dies betrifft namentlich die Gruppenbetrachtung in Art. 13 Abs. 2, die Gewährung des Freibetrags in Höhe von 3.000.000 Euro in Art. 13 Abs. 2 GKB-RL-E, die *stand-alone*-Escaperegelung in Art. 13 Abs. 4 und die in Art. 13 Abs. 5 und 7 enthaltenen Ausnahmeregelungen für Alt-Darlehen, für öffentliche Infrastrukturprojekte und für Finanzunternehmen: Alle diese Regelungen sind nach Art. 4 ATAD optional, d.h. ihre Einführung (durch die Mitgliedstaaten) ist nicht verpflichtend vorgegeben; durch die GKB sollen sie nach den Vorstellungen der Kommission jetzt für alle Mitgliedstaaten verbindlich werden. Andere in Art. 4 ATAD eingeräumte Regelungsmöglichkeiten (z.B. die Eigenkapitalquoten-Escaperegelung gem. Art. 4 Abs. 5 oder der EBITDA-Vortrag gem. Art. 4 Abs. 6 Buchst. c ATAD) hat die Kommission in Art. 13 GKB-RL-E hingegen nicht aufgegriffen. Da die GKB gegenüber der ATAD grundsätzlich den Vorrang genießt (s.o. Rz. 18.25), könnten die EU-Mitgliedstaaten derartige Regelungen mit dem Inkrafttreten der GKB also nicht anwenden, sobald eine Konkurrenzsituation eintritt.

18.44

Für **Verträge mit langer Laufzeit** sieht Art. 22 Abs. 2 GKB-RL-E vor, dass die Beträge angesetzt werden, die dem im jeweiligen Steuerjahr erfüllten Vertragsanteil entsprechen. Der Fertigstellungsgrad soll anhand des Anteils der im Jahr angefallenen Kosten an den veranschlagten Gesamtkosten festgestellt werden. Diese sog. *Percentage-of-completion*-Methode würde dazu führen, dass Einkünfte erfasst würden, bevor der gesamte Vertrag erfüllt worden ist.[1]

18.45

In Art. 23 GKB-RL-E sind Regelungen zur Bildung von **Rückstellungen** enthalten. Mit dieser Regelung versucht die Kommission, das Konzept der Rückstellung in die GKB – die ohne Steuerbilanz auskommt – einzupassen. Bei Rückstellungen mit einer Laufzeit von mindestens zwölf Monaten soll die Abzinsung nicht zu einem festen Satz, sondern zum jeweiligen durchschnittlichen jährlichen EURIBOR-Zinssatz, also volatil, erfolgen.[2] Der Abzug von Drohverlustrückstellungen ist ausdrücklich untersagt, ebenso wie die Berücksichtigung künftiger Kostensteigerungen.[3] Für Pensionsrückstellungen sollen diese Regelungen nicht automatisch gelten. Vielmehr soll es gem. Art. 24 GKB-RL-E den Mitgliedstaaten überlassen bleiben, ob sie Pensionsrückstellungen steuerlich berücksichtigen oder nicht.[4] Dies kann allerdings bei späterer Einführung einer GKKB fiskalische Risiken für diejenigen Mitgliedstaaten zur Folge haben, die einen steuerlichen Abzug zulassen.[5]

18.46

---

1 Im geltenden deutschen Steuerrecht hingegen muss erst der gesamte Vertrag erfüllt sein, bevor die Einkünfte berücksichtigt werden (*Completed-Contract*-Methode), s. *Spengel/Ortmann-Babel/Zinn/Matenaer*, DB-Beilage 2013 Nr. 2, 1 (4); kritisch zum Ansatz der GK(K)B *Eggert*, Gewinnermittlung, S. 312 ff.
2 Dieser betrug etwa am 1.7.2019 – 0,217 %; zur Kritik (im Rahmen des ursprünglichen GKKB-RL-E) s. *Lenz/Rautenstrauch*, DB 2011, 726 (728); *Spengel/Zöllkau*, Common Corporate Tax Base (CC(C)TB) and Determination of Taxable Income, S. 97.
3 Der ursprüngliche GKKB-RL-E hatte diese Einschränkungen noch nicht enthalten. S. zur Thematik *Scheffler/Krebs*, DStR-Beihefter 2011, 13 (22); *Kahle/Dahlke/Schulz*, Ubg 2011, 491 (496); *Altvater/Haug*, DB 2011, 2870 (2872); *Spengel/Zöllkau*, Common Corporate Tax Base (CC(C)TB) and Determination of Taxable Income, S. 95. Vgl. zu den Diskussionen auf europäischer Ebene auch *Scheffler/Köstler*, DStR 2013, 2190 (2194).
4 Im ursprünglichen GKKB-RL-E war die Einführung von Pensionsrückstellungen noch als verbindlicher Bestandteil der steuerlichen Gewinnermittlung vorgesehen. Die Diskussionen hierzu waren aber kontrovers, weil viele Mitgliedstaaten das Institut der Pensionsrückstellung in ihrem Recht bislang nicht vorgesehen haben, vgl. *Spengel/Zöllkau*, Common Corporate Tax Base (CC(C)TB) and Determination of Taxable Income, S. 53 f. Dies dürfte dazu geführt haben, dass die Kommission nun bereit war, für diesen Aspekt mehr Flexibilität einzuräumen.
5 Vgl. dazu schon *Spengel/Ortmann-Babel/Zinn/Matenaer*, DB-Beilage 2013 Nr. 2, 1 (6).

18.47 Für die Bewertung von **Vorräten und unfertigen Erzeugnissen** erlaubt Art. 19 GKB-RL-E unterschiedliche Verfahren: FIFO (First-In-First-Out), LIFO (Last-In-Last-Out) oder die gewichtete Durchschnittsmethode.[1] Bei der Bewertung sollen gem. Art. 27 GKB-RL-E direkte Kosten einbezogen werden; indirekte Kosten sollen nur dann einbezogen werden dürfen, wenn der Steuerpflichtige dies schon vor seinem Beitritt zur GKB getan hat. Unklar ist, welche einzelnen Positionen unter die Begriffe der direkten und indirekten Kosten fallen.[2]

18.48 In Art. 29 GKB-RL-E findet sich eine allgemeine **Entstrickungsregel** für Fälle, in denen Wirtschaftsgüter in andere EU-Mitgliedstaaten oder Drittstaaten überführt werden. Solche Überführungen sollen als steuerpflichtige Vorgänge gelten, so dass es zur sofortigen Aufdeckung und Besteuerung der stillen Reserven kommt. Spiegelbildlich soll der Empfängerstaat diesen höheren Wert als Ausgangswert für seine eigene Besteuerung berücksichtigen;[3] dieser *step-up* ist insbesondere für die Höhe des Abschreibungsvolumens im betreffenden Staat relevant. Die Entstrickungsbesteuerung gilt für die in Art. 29 Abs. 3 GKB-RL-E genannten Wirtschaftsgüter nicht, wenn von Anfang an feststeht, dass diese innerhalb von 12 Monaten zurückübertragen werden sollen. Bemerkenswert ist, dass Art. 29 GKB-RL-E dem Steuerpflichtigen bei EU-internen Sachverhalten keine Möglichkeit einräumt, die Zahlung über mehrere Jahre zu strecken. Dass EU-Mitgliedstaaten in solchen Konstellationen europarechtlich verpflichtet sind, eine solche Alternative anzubieten, hat der EuGH in seiner mittlerweile gefestigten *Exit-Tax*-Rechtsprechung (Rz. 8.76 ff.) deutlich zum Ausdruck gebracht; so sieht auch die Entstrickungsregelung in Art. 5 ATAD eine Zahlungsstreckung über fünf Jahre, ggf. verbunden mit Zinsen und einer Sicherheitsleistung, vor. Eine Erklärung für diese „Lücke" in Art. 29 GKB-RL-E liegt wohl darin, dass derartige prozedurale Fragen (Zahlungsmodalitäten) nach Auffassung der Kommission nicht Gegenstand des (auf das materielle Recht bezogenen) GKB-Systems sind und daher im GKB-RL-E keiner Regelung bedürfen.[4] Im Ergebnis dürfte dies keine größeren Auswirkungen haben, da die EU-Mitgliedstaaten aufgrund der besagten Regelung in Art. 5 ATAD ohnehin verpflichtet sind, für EU-Sachverhalte eine Zahlungsstreckung vorzusehen; eine verdrängende Wirkung kommt Art. 29 GKB-RL-E insoweit (mangels eigener Regelung) nicht zu.

18.49 Bei den Abschreibungen sieht der Richtlinienentwurf eine **Kombination von Einzelabschreibung und Poolabschreibung** vor.[5] Die Einzelabschreibung soll gem. Art. 33 GKB-RL-E für Gebäude, langlebige Sachanlagen (d.h. Sachanlagen mit einer Nutzungsdauer von mindestens 15 Jahren)[6], mittellebige Sachanlagen (d.h. Sachanlagen mit einer Nutzungsdauer von mindestens acht und weniger als 15 Jahren)[7] und immaterielle Werte gelten. Gebäude sollen über 40 Jahre, langlebige Sachanlagen über 15 Jahre, mittellebige Sachanlagen über acht Jahre und immaterielle Werte über die Dauer des Rechtsschutzes bzw. der Rechtegewährung, hilfsweise über 15 Jahre abgeschrieben werden. Bei gebrauchten Wirtschaftsgütern ist der Nachweis einer kürzeren verbleibenden Nutzungsdauer möglich.

18.50 Alle anderen Wirtschaftsgüter sollen gem. Art. 37 GKB-RL-E der **Poolabschreibung** unterfallen und mit einem Satz von 25 % degressiv abgeschrieben werden. Die Poolabschreibung hat zur Folge, dass der Wert der einzelnen Wirtschaftsgüter nicht mehr bestimmt werden kann; die Wirtschaftsgüter „verschwinden" in der Gesamtrechengröße Pool. Bei neu erworbenen Wirtschaftsgütern erhöht sich

---

1 Im ursprünglichen GKKB-RL-E war dies noch auf FIFO und die gewichtete Durchschnittsmethode beschränkt.
2 Vgl. bereits *Kahle/Schulz*, StuB 2011, 296 (301).
3 Die deutsche Sprachfassung bringt dies nicht richtig zum Ausdruck; aus der englischen Sprachfassung geht der Sinn klarer hervor.
4 In dem Sinne auch *Szudoczky* in Weber/van de Streek, The EU Common Consolidated Corporate Tax Base, S. 111 (121).
5 Für eine ausführliche Darstellung s. *Vermeulen* in Weber/van de Streek, The EU Common Consolidated CorporateTax Base, S. 17.
6 S. Art. 4 Abs. 22 GKB-RL-E. Gebäude, Flugzeuge und Schiffe sind nach dieser Vorschrift unabhängig von ihrer Nutzungsdauer stets als langlebige Sachanlagen anzusehen.
7 S. Art. 4 Abs. 23 GKB-RL-E.

der Wert des Pools, bei abgehenden Wirtschaftsgütern verringert er sich – er darf aber nicht negativ werden. Um eine doppelte steuerliche Erfassung zu vermeiden, ordnet Art. 8 Buchst. b GKB-RL-E an, dass Erlöse aus der Veräußerung von Wirtschaftsgütern aus dem Pool steuerfrei sind. Es erfolgt also keine sofortige Besteuerung von Veräußerungserlösen, sondern eine zeitlich gestreckte Berücksichtigung im Rahmen der Abschreibung (durch eine Verringerung des Poolvolumens).

Eine Ausnahme gilt für **geringwertige Wirtschaftsgüter**. Wenn die Kosten des Erwerbs oder der Errichtung eines Wirtschaftsguts weniger als 1 000 Euro betragen, dürfen sie sofort in voller Höhe abgezogen werden. Dies ergibt sich – etwas versteckt – aus Art. 4 Abs. 19 GKB-RL-E. 18.51

Die von der Kommission vorgesehene Poolabschreibung hätte also einen **weitgehenden Anwendungsbereich**. Der Übergang zu einem solchen System wäre für diejenigen Mitgliedstaaten weniger problematisch, die schon jetzt die Poolabschreibung anwenden.[1] Andere Mitgliedstaaten hingegen orientieren sich bislang am Prinzip der Einzelabschreibung und wollen ggf. daran festhalten.[2] Für diese Mitgliedstaaten wäre ein Systemwechsel mit erheblichen fiskalischen Wirkungen verbunden. Diese würden sich zwar über einen längeren Zeitraum wieder ausgleichen, wären für die kurz- und mittelfristige Finanzplanung aber relevant. 18.52

Die Befürworter einer umfassenden Poolabschreibung weisen auf die damit einhergehenden **Vereinfachungseffekte** hin.[3] Diese wären allerdings dadurch begrenzt, dass für Zwecke der handelsrechtlichen Rechnungslegung weiterhin entsprechende Berechnungen vorzunehmen wären.[4] Letztlich wird eine Einigung wohl nur als Mischlösung zwischen Pool- und Einzelabschreibung gefunden werden können. In diesem Zusammenhang ist darauf hinzuweisen, dass die Kommission die Kategorie der mittelebigen Wirtschaftsgüter im Rahmen von Art. 37 GKB-RL-E neu eingeführt hat; nach der Konzeption des ursprünglichen GKKB-RL-E wären diese Wirtschaftsgüter ebenfalls der Poolabschreibung unterfallen (welche damit einen noch weitergehenden Anwendungsbereich gehabt hätte). Dies zeigt das Bestreben der Kommission, eine mögliche Kompromisslösung zu entwickeln.[5] 18.53

Gemäß Art. 38 GKB-RL-E sollen Sachanlagen, die nicht dem Wertverlust durch Verschleiß oder Alterung unterliegen, sowie Finanzanlagevermögen **nicht abschreibungsfähig** sein. Für solche Wirtschaftsgüter soll gem. Art. 39 GKB-RL-E in Ausnahmefällen aber eine Sonderabschreibung möglich sein, wenn am Ende des Steuerjahres ein dauerhafter Wertverlust entstanden ist. Wenig überzeugend ist, dass die Möglichkeit einer solchen Sonderabschreibung für abschreibungsfähige Wirtschaftsgüter nicht bestehen soll.[6] 18.54

---

1 *Spengel/Ortmann-Babel/Zinn/Matenaer*, DB-Beilage 2013 Nr. 2, 1 (7): Dänemark, Finnland, Lettland und Großbritannien. In Deutschland existiert eine Poolabschreibung nur für geringwertige Wirtschaftsgüter.
2 So haben Deutschland und Frankreich bereits im Grünbuch der Deutsch-Französischen Zusammenarbeit – Konvergenzpunkte bei der Unternehmensbesteuerung v. 6.2.2012, S. 42, die Erwartung zum Ausdruck gebracht, dass der Grundsatz der Einzelbewertung auch bei der GKKB-Richtlinie zur Anwendung kommen sollte. Diese Position haben sie in dem gemeinsamen Positionspapier v. 19.6.2018 bekräftigt, im Internet abrufbar unter: https://www.bundesfinanzministerium.de/Content/DE/Standardartikel/Themen/Europa/2018-06-20-Meseberg-Anl2.pdf?__blob=publicationFile&v=1. Kritisch dazu schon *Zourek*, FR 2012, 763 (764 f.).
3 Zu diesem Effekt s. *Andersson* in Schön/Schreiber/Spengel, A Common Consolidated Corporate Tax Base for Europe, S. 99 f.; *Litwińczuk/Supera-Markowska* in Lang/Pistone/Schuch/Staringer, Common Consolidated Corporate Tax Base, S. 313 f.; *Scheffler/Krebs*, DStR-Beihefter 2011, 13 (19); **a.A.** *Kahle/Dahlke/Schulz*, Ubg 2011, 491 (495).
4 *Mayr* in Schön/Schreiber/Spengel, A Common Consolidated Corporate Tax Base for Europe, S. 90.
5 S. zu entsprechenden Kompromissüberlegungen im Rahmen des ursprünglichen GKKB-RL-E *Scheffler/Köstler*, DStR 2013, 2190 (2193).
6 Teilweise wurde sogar erwogen, diese Regelung vollständig zu streichen, s. Kompromissvorschlag der dänischen Ratspräsidentschaft v. 4.4.2012 (Dok-Nr. 8387/12 FISC 49).

18.55 Hinzuweisen ist auch auf Art. 35 GKB-RL-E, der eine **steuerliche Privilegierung für Ersatzwirtschaftsgüter** vorsieht. Demnach können die stillen Reserven des veräußerten Wirtschaftsguts unter bestimmten Umständen auf ein Ersatzwirtschaftsgut übertragen werden, um einen Besteuerungsaufschub zu erreichen.

IV. Persönlicher Anwendungsbereich, Verluste und weitere Regelungen

18.56 In den **persönlichen Anwendungsbereich** der Richtlinie fallen gem. Art. 2 GKB-RL-E alle nach dem Recht eines Mitgliedstaates gegründeten Gesellschaften, die eine der in Anhang I genannten Rechtsformen haben und einer in Anhang II genannten Körperschaftsteuer (oder einer ähnlichen, später eingeführten Steuer) unterliegen.[1] In den Anhängen werden die betreffenden Rechtsformen und Steuern für jeden Mitgliedstaat aufgeführt. In den Anwendungsbereich können auch Gesellschaften, die nach dem Recht eines Drittstaats gegründet wurden, fallen, wenn sie eine ähnliche Rechtsform wie die in Anhang I genannten Gesellschaften haben und einer in Anhang II genannten Körperschaftsteuer unterliegen.

18.57 Die Anwendung der Richtlinienbestimmungen soll für diejenigen Unternehmen **zwingend** sein, die Teil einer zu Rechnungslegungszwecken konsolidierten Gruppe mit einem Gesamtumsatz von mehr als 750 Mio. Euro und Teil eines qualifizierten Beteiligungsverhältnisses im Sinne von Art. 3 GKB-RL-E (Rz. 18.59) sind bzw. die über Betriebsstätten in anderen EU-Mitgliedstaaten verfügen. Für die übrigen Unternehmen, die nicht Bestandteil einer Gruppe in diesem Sinne sind, ist die Anwendung der GKB optional.

18.58 Die zwingende Anwendung der GKB für große, multinationale Gruppen ist eine Neuerung ggü. dem ursprünglichen GKKB-RL-E, in dem noch eine grundsätzliche Optionalität für alle Unternehmen vorgesehen war. Dieses frühere Konzept war vielfach kritisiert worden.[2] In der Tat führt eine Optionalität dazu, dass die Mitgliedstaaten parallel zu den Richtlinienregelungen das bisherige nationale Recht für diejenigen Unternehmen, die die Option nicht ausüben, administrieren müssen. Diese Doppelstrukturen würden **übermäßige Verwaltungskosten** zur Folge haben und überdies zu unerwünschten Gestaltungen einladen. Auch für die Steuerpflichtigen ergäbe sich zusätzlicher Aufwand, denn sie müssten immer wieder neu durch Schattenrechnungen ermitteln, ob die Besteuerung nach Richtlinienrecht günstiger für sie ist als die Besteuerung nach dem nationalen Regime. Insoweit ist die nun vorgeschlagene teilweise Abkehr von der Optionalität zu begrüßen.[3] Gleichwohl können die oben genannten Beden-

---

1 Dazu eingehend bereits *Lang*, StuW 2012, 297 (299 ff.); *Maisto* in Lang/Pistone/Schuch/Staringer/Storck, Corporate Income Taxation in Europe, S. 121 ff.
2 *Czakert*, BFuP 2008, 433 (437); *Spengel* in Schön/Schreiber/Spengel, A Common Consolidated Corporate Tax Base for Europe, S. 43; *Mayr* in Schön/Schreiber/Spengel, A Common Consolidated Corporate Tax Base for Europe, S. 92 f.; *Herzig*, FR 2012, 761 (762); *Müller-Gatermann/Möhlenbrock/Fehling*, ISR 2012, 17 (22); *Gammie* in Schön/Schreiber/Spengel, A Common Consolidated Corporate Tax Base for Europe, S. 110; Antwort der Bundesregierung auf die Kleine Anfrage der Abgeordneten Dr. Thomas Gambke, Britta Haßelmann, Lisa Paus, weiterer Abgeordneter und der Fraktion BÜNDNIS 90/DIE GRÜNEN, BT-Drucks. 17/5748, 2; Beschluss des Bundesrats v. 17.6.2011, BR-Drucks. 155/11 (Beschluss) (2), S. 2. Für die Optionalität sprachen sich insbesondere Vertreter der Wirtschaft aus, s. etwa *Andersson* in Schön/Schreiber/Spengel, A Common Consolidated Corporate Tax Base for Europe, S. 96 f. Umfassend zu Vor- und Nachteilen der Optionalität *Hey* in Lang/Pistone/Schuch/Staringer, Common Consolidated Corporate Tax Base, S. 102 ff.
3 Schon frühzeitig hatte sich die Kommission unter dem Eindruck der Kritik für eine obligatorische Anwendung der Richtlinie auf große, multinationale Unternehmen ausgesprochen, s. Handelsblatt v. 8.5.2013, S. 6 f. Eine konkretere Ankündigung erfolgte dann in der Mitteilung der Kommission v. 17.6.2015 an das Europäische Parlament und den Rat: Eine faire und effiziente Unternehmensbesteuerung in der Europäischen Union – Fünf Aktionsschwerpunkte, COM(2015) 302 final.

ken nur dann vollständig entkräftet werden, wenn die GKB insgesamt für alle Unternehmen zwingend anzuwenden ist.[1]

In Art. 3 GKB-RL-E ist geregelt, wann ein **qualifiziertes Beteiligungsverhältnis** vorliegt. Dies erfasst die Beziehung einer Gesellschaft zu ihren Tochter- und Enkelgesellschaften, an denen sie

– mehr als 50 % der Stimmrechte und

– mehr als 75 % des Gesellschaftskapitals oder mehr als 75 % der Ansprüche auf Gewinnbeteiligung hält.

Mit dem doppelten Kriterium will die Kommission offenbar sicherstellen, dass Gruppen ein hohes Maß an wirtschaftlicher Integration aufweisen.[2] Für die Bestimmung der genannten Schwellenwerte bei Enkelgesellschaften enthält Art. 3 Abs. 2 GKB-RL-E die relevanten Maßgaben, wobei die Einzelheiten der Berechnung freilich noch klarer gefasst sein könnten. Zudem fehlt eine ausdrückliche Regelung zu der Frage, wie Beteiligungen, die über Personengesellschaften gehalten werden, berücksichtigt werden. Die in Art. 62 GKB-RL-E enthaltene Systematik spricht für deren Einbeziehung (s. zu Art. 62 GKB-RL-E Rz. 18.74).

Für **Verluste** erlaubt Art. 41 GKB-RL-E einen zeitlich wie betragsmäßig uneingeschränkten Vortrag.[3] Die Bemessungsgrundlage darf durch den Verlustvortrag allerdings nicht negativ werden. Es ist zweifelhaft, ob die Mitgliedstaaten diesem Konzept eines uneingeschränkten Verlustvortrags wegen der damit verbundenen fiskalischen Wirkungen zustimmen werden. Bereits der Kompromissvorschlag der dänischen Ratspräsidentschaft sah dementsprechend eine Mindestgewinnbesteuerung in Anlehnung an die deutschen Vorschriften vor.[4] Es ist bemerkenswert, dass die Kommission diesem Petitum vieler Mitgliedstaaten bei der Neufassung des GKB-RL-E nicht gefolgt ist. Gleichzeitig ist in Art. 41 Abs. 3 GKB-RL-E jetzt aber eine Mantelkaufregelung eingefügt worden. Demnach unterbleibt der Verlustabzug, wenn Anteile an der Verlustgesellschaft veräußert worden sind (und im Ergebnis die in Art. 3 Abs. 1 GKB-RL-E genannten Schwellenwerte überschritten werden) und eine wesentliche Änderung der Tätigkeit der Verlustgesellschaft eingetreten ist.[5]

Darüber hinaus sieht Art. 42 GKB-RL-E einen neuartigen **Verlustausgleich über die Grenze** vor. Demnach sollen Verluste der unmittelbar qualifizierten Tochtergesellschaften (relativ zur Höhe des Beteiligungsverhältnisses) sowie Verluste der Betriebsstätten (in voller Höhe) innerhalb der EU abzugsfähig sein; es darf sich dadurch aber keine negative Bemessungsgrundlage ergeben. Der Verlustausgleich soll nur temporär gewährt werden. Bei späteren Gewinnen, spätestens aber nach fünf Jahren, soll der Verlustabzug durch eine Hinzurechnung neutralisiert werden (*recapture*).[6] Außerdem soll eine Hinzurech-

---

1 So fordert auch das Europäische Parlament in seiner Stellungnahme zum GKB-RL-E, dass die 750-Millionen-Euro-Grenze über einen Zeitraum von sieben Jahren auf Null gesenkt werden soll, s. Europäisches Parlament v. 15.3.2018, P8_TA-PROV(2018)0088. Unabhängig davon dürfte es den EU-Mitgliedstaaten bei der Umsetzung einer GKB möglich sein, eine solche verpflichtende Anwendung auf Körperschaften aller Größenklassen sowie auf andere Rechtsformen (Personengesellschaften, Einzelunternehmer) vorzusehen, so dass dann kein abweichendes nationales Recht mehr fortbesteht: Deutschland könnte bspw. die maßgeblichen Regelungen zur Gewinnermittlung in §§ 4 ff. EStG ändern und damit einheitliche neue Regelungen für sämtliche Unternehmen schaffen. S. dazu auch *Müller-Gatermann*, FR 2018, 389 (402) sowie *Cloer/Gerlach*, IWB 2019, 284 (286 f.) zu Diskussionen in den zuständigen Ratsgremien.
2 Vgl. Erwägungsgrund (16) zum ursprünglichen GKKB-Richtlinienentwurf.
3 Ein Verlustrücktrag ist hingegen nicht vorgesehen.
4 Kompromissvorschlag der dänischen Ratspräsidentschaft v. 4.4.2012 (Dok-Nr. 8387/12 FISC 49); vgl. auch *Scheffler/Köstler*, DStR 2013, 2235 (2238).
5 Aus deutscher Perspektive sind diese Fragen aus den Diskussionen zu § 8 Abs. 4 KStG a.F. sowie den jetzigen Regelungen in § 8c und § 8d KStG bekannt.
6 Zur Vereinbarkeit solcher *recapture*-Regelungen mit europäischem Primärrecht s. *da Silva* in Weber/van de Streek, The EU Common Consolidated Corporate Tax Base, S. 77 (90 ff.).

nung erfolgen, wenn die qualifizierte Tochtergesellschaft oder Betriebsstätte veräußert, liquidiert oder umgewandelt wird oder wenn die Muttergesellschaft nicht mehr die Beherrschungsvoraussetzungen im Sinne von Art. 3 Abs. 1 GKB-RL-E erfüllt.

18.62 Diese Regelung soll nach Auffassung der Kommission einen Ausgleich dafür schaffen, dass die GKKB mit den Elementen Konsolidierung und Aufteilung erst in einem zweiten Schritt nach der GKB eingeführt werden soll.[1] Eine der wesentlichen Wirkungen der GKKB, nämlich der grenzüberschreitende Verlustausgleich, soll somit bereits im Rahmen der GKB (wenigstens temporär) gewährt werden. In der Tat dürfte diese Regelung die **Attraktivität des GKB-Systems** für die Unternehmen deutlich erhöhen. Es dürfte aber zweifelhaft sein, ob die EU-Mitgliedstaaten diesem Vorschlag zustimmen werden.[2] Die fiskalischen Auswirkungen könnten beträchtlich sein, weil die Unternehmen angesichts des fortbestehenden Steuersatzgefälles in der EU einen Anreiz hätten, Verluste von niedrigbesteuerten Tochtergesellschaften und Betriebsstätten auf höher besteuerte Muttergesellschaften zu transferieren.[3] Es ist fraglich, ob die *Recapture*-Regelung hiergegen einen wirksamen Schutz bieten kann, zumal die Erfahrungen mit vergleichbaren Regelungen im nationalen Recht[4] gezeigt haben, dass das jahrelange Nachverfolgen zuvor abgezogener Verluste mitunter sehr aufwändig ist.[5] Schließlich ist darauf hinzuweisen, dass die Rechtsprechung des EuGH zur grenzüberschreitenden Übertragung von „finalen Verlusten" in jüngerer Zeit zu unterschiedlichen Ergebnissen gekommen ist (Rz. 8.103 ff.). Auch vor diesem Hintergrund ist fraglich, ob EU-Mitgliedstaaten, die eine grenzüberschreitende Verlustverrechnung kritisch sehen, vor einer endgültigen Klärung der noch offenen primärrechtlichen Fragen durch den EuGH daran interessiert sind, eine Pflicht zur grenzüberschreitenden Verlustberücksichtigung durch Sekundärrecht einzuführen.

18.63 Der Richtlinienentwurf enthält in Art. 43 ff. GKB-RL-E umfangreiche **Übergangsbestimmungen** für den Wechsel vom nationalen Recht zur GKB. Im Wesentlichen spiegelbildliche Regelungen sind für den umgekehrten Wechsel von der GKB zum nationalen Recht vorgesehen. Diese Regelungen zielen insbesondere darauf ab, Doppel- bzw. Keinmalerfassungen infolge des Systemwechsels zu vermeiden.[6]

18.64 Für den Fall, dass grenzüberschreitend erzielte Einkünfte bereits in einem anderen Mitgliedstaat oder in einem Drittstaat mit einer **Quellensteuer** belegt wurden, sieht Art. 55 GKB-RL-E eine Anrechnung im Mitgliedstaat der Ansässigkeit vor. Die Anrechnung darf die endgültige Körperschaftsteuerschuld des Unternehmens nicht übersteigen, es sei denn, das betreffende DBA erlaubt dies. Von der Anrechnung ausgenommen sind die in Art. 8 Buchst. c, d und e GKB-RL-E genannten steuerfreien Erträge.

18.65 In Art. 56 f. GKB-RL-E sind Regelungen zu **Verrechnungspreisen** enthalten. Gemäß Art. 57 GKB-RL-E sind für die Beziehungen zwischen verbundenen Unternehmen (auch im Verhältnis zu Betriebsstätten) Verrechnungspreise auf Basis des Fremdvergleichsgrundsatzes zu bilden. Die dabei gewählten Beteiligungsschwellen liegen unter denen von Art. 3 GKB-RL-E. Dass der GKB-RL-E als bloße Vereinheitlichung der Gewinnermittlungsregelungen weiterhin auf das bewährte und international akzeptierte Instrumentarium der Verrechnungspreise zur Gewinnabgrenzung zwischen verbundenen Unternehmen (und Betriebsstätten) zurückgreift, ist folgerichtig. Von größerem Interesse ist die Frage, inwieweit es

---

1 S. Erwägungsgrund (13).
2 Vgl. *Jakob/Fehling*, ISR 2017, 290 (295 f.).
3 Kritisch zu den ökonomischen Auswirkungen s. *Cobham/Janský/Jones/Temouri*, Assessing the impact of the CCCTB, S. 22; s. auch *Finley*, TNI 2017, 918.
4 Vgl. die älteren Regelungen in § 2 Auslandsinvestitionsgesetz sowie § 2a Abs. 3 EStG.
5 Auch das Europäische Parlament hat sich in seiner Stellungnahme zum GKB-RL-E gegen den temporären grenzüberschreitenden Verlustausgleich ausgesprochen, s. Europäisches Parlament v. 15.3.2018, P8_TA-PROV(2018)0088.
6 Vgl. dazu schon *Rautenstrauch*, EWS 2011, 161 (164); *Kahle/Dahlke/Schulz*, Ubg 2011, 491 (499); *Kahle/Dahlke*, StuB 2011, 453 (455); *Borg*, Intertax 2013, 581 (582). Insgesamt skeptisch *Spengel/Zöllkau*, Common Corporate Tax Base (CC[C]TB) and Determination of Taxable Income, S. 14 f.

auch bei Einführung einer GKKB weiterhin zur Bildung von Verrechnungspreisen kommen müsste (s. Rz. 18.85 ff.).

Der Richtlinienentwurf enthält ein eigenes Kapitel mit Missbrauchsbekämpfungsvorschriften. An erster Stelle steht eine **allgemeine Missbrauchsklausel**, Art. 58 GKB-RL-E. Sie besagt, dass unangemessene Gestaltungen, bei denen der wesentliche Zweck oder einer der wesentlichen Zwecke in der Erlangung eines steuerlichen Vorteils besteht, welcher dem Ziel oder Zweck des geltenden Steuerrechts zuwiderläuft, bei der Berechnung der Steuerbemessungsgrundlage nicht berücksichtigt werden sollen. Stattdessen sollen diese Gestaltungen entsprechend ihrer (tatsächlichen) wirtschaftlichen Substanz behandelt werden. Eine Gestaltung soll als unangemessen gelten, soweit sie nicht aus triftigen wirtschaftlichen Gründen, die die wirtschaftliche Realität widerspiegeln, vorgenommen wurde. Bei der Fassung dieser Vorschrift hat sich die Kommission eng an der allgemeinen Anti-Missbrauchsregelung in Art. 6 ATAD orientiert (dazu s. Rz. 17.57 ff.). Hier zeigt sich eine deutliche Entwicklung ggü. dem ursprünglichen GKKB-RL-E, der eine weitaus enger gefasste Anti-Missbrauchsregelung enthalten hatte.[1] Auch die im Jahr 2012 vorgelegte Empfehlung betreffend aggressive Steuerplanung enthielt einen Vorschlag für eine allgemeine Missbrauchsklausel, die einen engeren Anwendungsbereich gehabt hätte.[2] Hier dürfte die generelle Diskussion zu unerwünschten Steuergestaltungen im Zuge des BEPS-Prozesses zu einem Umdenken bei der Kommission geführt haben. Der nun vorgeschlagene Begriff der „unangemessenen" Gestaltung ist dem deutschen Rechtsanwender wegen § 42 AO jedenfalls vertraut.

18.66

In Art. 59 f. GKB-RL-E sind Regelungen zur **Hinzurechnungsbesteuerung** bei Tochtergesellschaften bzw. Betriebsstätten in anderen EU-Mitgliedstaaten oder Drittstaaten vorgesehen. Diese sind in weiten Teilen den Bestimmungen in Art. 7 f. ATAD (s. Rz. 17.68 ff.) nachgebildet. Die Hinzurechnung setzt voraus, dass bestimmte Beteiligungsschwellen überschritten werden (wobei auch mittelbare Beteiligungen erfasst werden) und dass die tatsächlich entrichtete Körperschaftsteuer im anderen Staat geringer ist als die Hälfte derjenigen Körperschaftsteuer, die bei Anwendung der GKB zu bezahlen gewesen wäre. Konkret erfasst werden nur die im Katalog des Art. 59 Abs. 2 GKB-RL-E aufgeführten passiven Einkünfte. Diese passiven Einkünfte von Tochtergesellschaften werden bei der Muttergesellschaft im Verhältnis zur Höhe der Gewinnbeteiligung zugerechnet; bei Betriebsstätten erfolgt die Hinzurechnung in voller Höhe. Wenn der andere Staat ein EU- oder EWR-Mitglied ist, unterbleibt die Hinzurechnung, wenn im konkreten Fall die Tätigkeit im anderen Staat mit hinreichender wirtschaftlicher Substanz (bezogen auf Personal, Ausstattung, Vermögenswerte und Räumlichkeiten) unterlegt ist. Zudem setzt die Hinzurechnung voraus, dass die passiven Einkünfte mehr als ein Drittel der gesamten Einkünfte der Tochtergesellschaft oder Betriebsstätte ausmachen; bei Finanzunternehmen ist zudem Voraussetzung, dass mehr als ein Drittel der gesamten Einkünfte aus Transaktionen mit dem Steuerpflichtigen oder dessen verbundenen Unternehmen stammt. Wenn die betreffende Tochtergesellschaft später Gewinne an die Muttergesellschaft ausschüttet, bleiben diese bei der Muttergesellschaft steuerfrei, soweit sie bereits zuvor Gegenstand einer Hinzurechnung waren; gleiches gilt, wenn die Anteile vor einer Ausschüttung veräußert werden. Durch diese Regelungen soll eine doppelte Besteuerung desselben Gewinns vermieden werden.

18.67

---

1 Denn nach dem ursprünglichen Vorschlag sollten nur solche Transaktionen aufgegriffen werden, deren *einziger* Zweck in der Steuervermeidung besteht. Das hätte bedeutet, dass der Tatbestand der Anti-Missbrauchsregelung immer dann nicht erfüllt gewesen wäre, wenn die Transaktion neben der Steuervermeidung *irgendeinen* anderen Zweck verfolgt, selbst wenn dieser von völlig untergeordneter Bedeutung ist, vgl. *Lang*, ET 2011, 223 (225); *Terra/Wattel*, European Tax Law[6], S. 808 f.; s. auch *Florstedt*, FR 2016, 1. Bereits die dänische Ratspräsidentschaft hatte daher eine alternative Fassung der allgemeinen Missbrauchsklausel vorgeschlagen, welche nur auf den „Hauptzweck" abstellt, s. Kompromissvorschlag der dänischen Ratspräsidentschaft v. 4.4.2012 (Dok.-Nr. 8387/12 FISC 49). Für einen ausführlichen Vergleich der verschiedenen Formulierungsansätze s. *Vanistendael* in Weber/van de Streek, The EU Common Consolidated Corporate Tax Base, S. 123 (128 ff.); s. auch *Velarde Aramayo*, EC Tax Review 2016, 4 (13 ff.).
2 Empfehlung der Europäischen Kommission v. 6.12.2012 betreffend aggressive Steuerplanung, C(2012) 8806 final; die dortige Regelung ist auf „künstliche" Gestaltungen beschränkt. S. zur Diskussion auch *Scheffler/Köstler*, DStR 2013, 2235 (2238).

18.68 Auch hier ist zu konstatieren, dass die Tatbestandsvoraussetzungen gegenüber dem ursprünglichen GKKB-RL-E[1] **deutlich verschärft** worden sind. Wie auch bei anderen Anti-Missbrauchsregelungen dürften die Diskussionen im Zuge des BEPS-Projekts (dort waren Arbeiten zur Hinzurechnungsbesteuerung Bestandteil von Aktionspunkt 3) den Standpunkt der Kommission beeinflusst haben. Mit Art. 7 f. ATAD, die die einschlägigen BEPS-Empfehlungen umsetzen, gab es bereits eine Blaupause für die konkrete Regelung einer Hinzurechnungsbesteuerung in der EU.[2] Insoweit ist es nicht überraschend, dass sich der GKB-RL-E auch in diesem Punkt eng an der ATAD orientiert. Dabei zeigt ein Vergleich von Art. 59 f. GKB-RL-E mit Art. 7 f. ATAD, inwieweit die Kommission in der GKB von den Wahlrechten der ATAD Gebrauch machen will. So hat sich die Kommission bei der Definition der hinzuzurechnenden Einkünfte für die Aufstellung eines konkreten Passivkatalogs entschieden und gegen die nach Art. 7 ATAD ebenfalls mögliche Anknüpfung an einen allgemeinen Missbrauchsvorwurf. Die Möglichkeit für den Steuerpflichtigen, das Eingreifen der Hinzurechnungsbesteuerung durch einen Nachweis hinreichender Substanz[3] abzuwenden, ist nach der GKB auf Konstellationen mit EU- und EWR-Staaten beschränkt; gem. Art. 7 ATAD können EU-Mitgliedstaaten diese Erleichterung auch in Drittstaatskonstellationen gewähren. Ebenfalls nicht in Art. 59 f. GKB-RL-E übernommen wurde die in Art. 7 Abs. 4 ATAD eingeräumte Möglichkeit, Unternehmen unterhalb bestimmter Gewinn- oder Einkunftsschwellen von der Hinzurechnungsbesteuerung auszunehmen. Andererseits übernimmt die Kommission in Art. 59 Abs. 3 Unterabs. 1 GKB-RL-E die – nach Art. 7 ATAD optionale – Regelung, der zufolge eine Hinzurechnung unterbleibt, wenn der Anteil der passiven Einkünfte an den Gesamteinkünften nicht mehr als ein Drittel beträgt (gleiches gilt für die in Art. 59 Abs. 3 Unterabs. 2 GKB-RL-E geregelte Schwelle bei Finanzunternehmen, deren Einführung nach Art. 7 ATAD ebenfalls optional ist). Insofern ergibt sich im Verhältnis zu Art. 7 f. ATAD ein gemischtes Bild.

18.69 In Art. 61 f. GKB-RL-E sind Vorschriften zur Bekämpfung **hybrider Gestaltungen** enthalten. Bei hybriden Gestaltungen handelt es sich gem. Art. 4 Abs. 31 GKB-RL-E um grenzüberschreitende Sachverhalte, bei denen aufgrund einer unterschiedlichen rechtlichen Einordnung

– dieselben Zahlungen, Aufwendungen oder Verluste in beiden Staaten steuerlich abzugsfähig sind („doppelter Abzug") oder

– dem Abzug auf der einen Seite eine fehlende Besteuerung der nämlichen Zahlung im anderen Staat gegenübersteht („Abzug bei gleichzeitiger steuerlicher Nichtberücksichtigung") oder

– Einkünfte in Betriebsstättenkonstellationen weder in dem Staat, aus dem sie stammen, noch im anderen Staat besteuert werden („Nichtbesteuerung bei gleichzeitiger steuerlicher Nichtberücksichtigung").

Auch die Übertragung von Finanzinstrumenten zur Herbeiführung eines steuerlichen Abzugs bei gleichzeitiger steuerlicher Nichtberücksichtigung des zugrundeliegenden Ertrags oder zur Schaffung einer mehrfachen Anrechnung von Quellensteuer fällt unter die Definition einer hybriden Gestaltung. Das Vorliegen doppelt abzugsfähiger Beträge ist aber insoweit unschädlich, als es spiegelbildlich auch zu doppelt steuerpflichtigen Einkünften kommt: Dann werden besagte Ausgaben und Einkünfte saldiert, und nur auf den überschießenden Anteil der Zahlungen sind Art. 61 f. GKB-RL-E anwendbar.

---

1 Dazu umfassend *Panayi* in Lang/Pistone/Schuch/Staringer/Storck, Corporate Income Taxation in Europe, S. 328 ff. sowie *Panayi*, ET 2012, 256 (259 ff.). Bereits der Kompromissvorschlag der dänischen Ratspräsidentschaft hatte hier Verschärfungen vorgesehen, s. Kompromissvorschlag der dänischen Ratspräsidentschaft v. 4.4.2012 (Dok.-Nr. 8387/12 FISC 49). Kritisch zu den Tatbestandsvoraussetzungen des ursprünglichen GKKB-RL-E auch *Lang*, StuW 2012, 297 (311 f.).
2 Eingehend zu den Bezügen zu BEPS-Aktionspunkt 3 s. *Haslehner* in Weber/van de Streek, The EU Common Consolidated Corporate Tax Base, S. 163 (174 ff.).
3 Die Definition der wirtschaftlichen Substanz erfolgt in Art. 59 GKB-RL-E etwas anders als in Art. 7 ATAD, s. dazu *de Groot*, Intertax 2017, 742 (748).

Zudem sind nur Gestaltungen erfasst, die zwischen verbundenen Unternehmen oder auf der Grundlage einer strukturierten Vereinbarung im Sinne von Art. 4 Abs. 32 GKB-RL-E zustande kommen.[1]

Für die unterschiedlichen Arten hybrider Gestaltungen sehen Art. 61 f. GKB-RL-E unterschiedliche Rechtsfolgen vor. Diese enthalten die bei Regelungen zur Bekämpfung hybrider Gestaltungen üblichen sog. Vorfahrtsregelungen: Damit regeln sie, welcher an einer hybriden Gestaltung beteiligte Staat vorrangig Gegenmaßnahmen ergreifen soll (indem er z.B. die Abzugsfähigkeit einer Zahlung versagt) und welcher Staat nur an zweiter Stelle handeln soll (wenn der erste Staat untätig bleibt). Dies bedarf insbesondere in Drittstaatskonstellationen ausdifferenzierter Bestimmungen, weil das EU-Recht naturgemäß nur für EU-Mitgliedstaaten verbindliche Regelungen setzen kann.

18.70

Bei einem doppelten Abzug soll gem. Art. 61 Abs. 1 GKB-RL-E nur derjenige Mitgliedstaat einen Abzug zulassen, aus dem die Zahlung (tatsächlich) stammt bzw. in dem die Aufwendungen oder Verluste entstanden sind. Im anderen Mitgliedstaat soll die Zahlung nicht abzugsfähig sein. Für Drittstaatskonstellationen regelt Art. 61 Abs. 1 Unterabs. 2 GKB-RL-E, dass primär der Drittstaat die Abzugsfähigkeit der Zahlung verweigern soll; der ebenfalls von der hybriden Gestaltung betroffene EU-Mitgliedstaat soll die Abzugsfähigkeit nur dann verweigern, falls der Drittstaat untätig bleibt. Vergleichbare Regelungen enthält Art. 61 Abs. 2 GKB-RL-E für Fälle eines Abzugs bei gleichzeitiger steuerlicher Nichtberücksichtigung. Hier soll der Mitgliedstaat, aus dem die Zahlung stammt, die Abzugsfähigkeit der Zahlung verweigern und es bleibt bei der fehlenden Einbeziehung in die steuerliche Bemessungsgrundlage im anderen Mitgliedstaat. In Drittstaatenkonstellationen wird danach differenziert, auf welcher Seite der hybriden Gestaltung sich der Mitgliedstaat befindet: Wenn die Zahlung aus dem EU-Mitgliedstaat stammt, soll dieser die Abzugsfähigkeit versagen.[2] Stammt die Zahlung hingegen aus dem Drittstaat, billigt Art. 61 GKB-RL-E diesem zu, seinerseits den Abzug auszuschließen; der ebenfalls beteiligte EU-Mitgliedstaat soll nur handeln (durch Einbeziehung in die steuerliche Bemessungsgrundlage), wenn der Drittstaat untätig bleibt. In Art. 61 Abs. 3 GKB-RL-E sind Regelungen für Betriebsstättensachverhalte enthalten: Hier soll primär derjenige Mitgliedstaat eine Einbeziehung der Betriebsstätteneinkünfte in die Bemessungsgrundlage vornehmen, in dem der Steuerpflichtige ansässig ist. Wenn die Betriebsstätte in einem Drittstaat belegen ist, soll eine Einbeziehung in die Bemessungsgrundlage beim betreffenden EU-Mitgliedstaat erfolgen.[3]

18.71

Die weiteren Regelungen in Art. 60 f. GKB-RL-E befassen sich mit **weiteren Konstellationen**. So finden sich Bestimmungen zur Bekämpfung von hybriden Gestaltungen, bei denen drei Staaten einbezogen sind, und von mehrfachen Quellensteuerermäßigungen bei der Übertragung von Finanzinstrumenten. In Art. 61a GKB-RL-E wiederum geht es um Sachverhalte, in denen der Steuerpflichtige in einem EU-Mitgliedstaat und in einem Drittstaat doppelt ansässig ist und es infolgedessen zu einem doppelten Abzug von Zahlungen, Aufwendungen oder Verlusten kommt. Dann soll der beteiligte EU-Mitgliedstaat die Abzugsfähigkeit versagen, wenn nicht der Drittstaat bereits ein solches Verbot verhängt hat.

18.72

Auch diese Regelungen sind von den Arbeiten zum **BEPS-Projekt** (die Bekämpfung hybrider Gestaltungen war Gegenstand von BEPS-Aktionspunkt 2) beeinflusst. Der ursprüngliche GKKB-RL-E hatte

18.73

---

1 Bei Übertragungen von Finanzinstrumenten wird stets vorausgesetzt, dass eine strukturierte Gestaltung zugrunde liegt.
2 Das gilt unabhängig von Maßnahmen des anderen Staats. Wenn der Drittstaat also gleichzeitig eine Einbeziehung in die steuerliche Bemessungsgrundlage anordnet, kommt es zur doppelten Besteuerung. Dieses Risiko dürfte allerdings gering sein, weil die international anerkannten BEPS-Empfehlungen von OECD und G20 zur Bekämpfung hybrider Gestaltungen in diesen Konstellationen ebenfalls vorrangig die Versagung der Abzugsfähigkeit durch den Staat des Zahlenden vorsehen.
3 Das gilt unabhängig von Maßnahmen des anderen Staats. Wenn der Drittstaat also gleichzeitig eine Einbeziehung in die steuerliche Bemessungsgrundlage anordnet, kommt es zur doppelten Besteuerung. Dieses Risiko dürfte allerdings auch hier gering sein, weil die international anerkannten BEPS-Empfehlungen von OECD und G20 zur Bekämpfung hybrider Gestaltungen in diesen Konstellationen ebenfalls vorrangig die Einbeziehung in die Bemessungsgrundlage durch den Staat des Steuerpflichtigen vorsehen.

noch gar keine Regelung zu der Thematik enthalten.[1] Zur Umsetzung der Empfehlungen zu BEPS-Aktionspunkt 2 in der EU enthält die ATAD2 spezifische Regelungen.[2] Da die ATAD2 erst einige Monate nach Vorlage des überarbeiteten GKB-RL-E verabschiedet wurde, können die Regelungen im GKB-RL-E naturgemäß nicht den letzten Stand, wie er zwischen den EU-Mitgliedstaaten vereinbart wurde, widerspiegeln. Es ist zu erwarten, dass in den weiteren Beratungen zum GKB-RL-E ein stärkerer Gleichlauf zu den Vereinbarungen in der ATAD2 herbeigeführt werden wird. Da der GKB-RL-E (anders als die ATAD) auf eine punktgenaue Harmonisierung abzielt, muss dabei entschieden werden, welche der von der ATAD2 eingeräumten Optionsrechte übernommen werden sollen und welche nicht. Wegen des grundsätzlichen Vorrangs der GKB ggü. der ATAD (Rz. 18.25) würden dann die abweichenden Regelungen der ATAD in den Fällen unanwendbar bleiben, in denen die GKB zur Anwendung kommt.

18.74 In Art. 62 f. GKB-RL-E finden sich (wenige) Bestimmungen zur steuerlichen Behandlung von **Personengesellschaften**. Zentrale Aussage ist, dass Einkünfte eines transparenten Unternehmens demjenigen Steuerpflichtigen zuzurechnen sind, der daran beteiligt ist.[3] Insgesamt sind die Regelungen zu transparenten Unternehmen – die als solche nicht Regelungsgegenstand des Richtlinienentwurfs sind[4] – zu knapp und zu oberflächlich. Dies gilt gerade aus der Perspektive Deutschlands, wo Personenunternehmen eine besonders wichtige Rolle im Wirtschaftsleben spielen.

C. Der GKKB-Richtlinienentwurf vom 25.10.2016

I. Überblick

18.75 Rechtsgrundlage für den Richtlinienentwurf ist Art. 115 AEUV. Die Tatbestandsvoraussetzungen dieser Vorschrift sind erfüllt; insbesondere entspricht der Richtlinienentwurf auch dem **Subsidiaritätsprinzip** gem. Art. 5 EUV, weil die mit ihm angestrebten Ziele auf Unionsebene besser erreicht werden können als auf nationaler Ebene: Es ist nicht erkennbar, wie ein System von Konsolidierung und Aufteilung ohne eine EU-rechtliche Regelung in allen EU-Mitgliedstaaten einheitlich eingeführt werden könnte.

18.76 Der Richtlinienentwurf (GKKB-RL-E) hat zwei **Hauptteile**; einer befasst sich mit Konsolidierung und Aufteilung, der andere enthält Verwaltungs- und Verfahrensvorschriften. Zudem enthält der Richtlinienentwurf Vorschriften u.a. zur (eingeschränkten) Optionalität, zu Ein- und Austritt in die GKKB, zu Umstrukturierungen, und zur Wechselwirkung mit dem GKB-RL-E. Eine Angleichung der Steuersätze bleibt wie beim GKB-RL-E ausgeklammert.

18.77 Ein Vergleich mit dem ursprünglichen GKKB-RL-E zeigt, dass die Kommission bei der Neuauflage der GKKB nur geringfügige Änderungen vorgenommen hat – die Regelungen zur GKB wurden demgegenüber in größerem Ausmaß überarbeitet. Dies dürfte vor allem darauf zurückzuführen sein, dass sich die Diskussionen zum ursprünglichen GKKB-RL-E schon bald auf die Vorschriften zur GKB konzentriert hatten; die ursprünglichen Vorschläge zur GKKB waren hingegen nur kursorisch behandelt worden. Angesichts dessen sah die Kommission offensichtlich keine Notwendigkeit, schon jetzt größere Änderungen an den vorgeschlagenen GKKB-Vorschriften vorzunehmen.

---

1 Der Kompromissvorschlag der dänischen Ratspräsidentschaft enthielt hierzu einen ersten rudimentären Vorschlag, s. Kompromissvorschlag der dänischen Ratspräsidentschaft v. 4.4.2012 (Dok.-Nr. 8387/12 FISC 49).
2 In der ursprünglichen ATAD waren die Regelungen zur Bekämpfung hybrider Gestaltungen noch recht kursorisch ausgestaltet. Erst die ATAD2 hat hier ein differenziertes Regelungswerk geschaffen, s. Rz. 17.87 ff.
3 Zu Einzelheiten s. bereits *Eggert*, ISR 2013, 304 (304 ff.).
4 S. schon *Lenz/Rautenstrauch*, DB 2011, 726 (726); *Bünning/Möser*, BB 2011, 2647 (2648).

II. Zielsetzung des Richtlinienentwurfs

Dem Richtlinienentwurf ist eine Allgemeine Begründung vorangestellt, die zusammen mit den Erwägungsgründen Auskunft über die **Ziele des Richtlinienentwurfs** gibt. Daraus ergibt sich, dass die Zielsetzung des ursprünglichen GKKB-RL-E, nämlich die Vereinfachung der grenzüberschreitenden Geschäftstätigkeit im Binnenmarkt und die Steigerung der Attraktivität der EU als Investitionsstandort, um das Ziel der Bekämpfung von Steuervermeidungsstrategien ergänzt wurde (s. Erwägungsgründe (2) und (3)). Im Ergebnis sollen sowohl Doppelbesteuerung als auch doppelte Nichtbesteuerung von Unternehmen vermieden werden. Auch der enge Bezug zum GKB-RL-E wird betont: Die Aufteilung in zwei separate Richtlinienentwürfe soll eine schnellere Beschlussfassung der EU-Mitgliedstaaten ermöglichen. Die GKB soll den ersten Schritt bilden, und dann soll die GKKB als zweiter Schritt in Angriff genommen werden (Erwägungsgrund (4)).

18.78

III. Regeln zu Konsolidierung und Aufteilung

Aufbauend auf die Vorschriften der GKB zur Ermittlung des Gewinns einzelner Körperschaften sollen die im GKKB-RL-E enthaltenen Bestimmungen zur **Konsolidierung** regeln, welche Körperschaften mit ihrem Gewinn zusammenzufassen sind. Der GKKB-RL-E verwendet für diesen Konsolidierungskreis den Begriff der „Gruppe". In Art. 5 GKKB-RL-E sind die Schwellenwerte genannt, die ein Unternehmen überschreiten muss, um einer Gruppe anzugehören. Demnach bildet eine Muttergesellschaft eine Gruppe mit allen Tochter- und Enkelgesellschaften, an denen sie

18.79

– mehr als 50 % der Stimmrechte und

– mehr als 75 % des Gesellschaftskapitals oder mehr als 75 % der Ansprüche auf Gewinnbeteiligung hält.

Mit dem doppelten Kriterium will die Kommission sicherstellen, dass Gruppen ein hohes Maß an wirtschaftlicher Integration aufweisen (s. Erwägungsgrund (6)).[1] Für die Bestimmung der genannten Schwellenwerte bei mittelbaren Beteiligungen enthält Art. 5 Abs. 2 GKKB-RL-E die relevanten Maßgaben, wobei die Einzelheiten der Berechnung freilich noch klarer gefasst sein könnten.[2]

Wie sich aus Art. 6 GKKB-RL-E ergibt, umfasst eine **Gruppe** alle Tochtergesellschaften, bei denen die genannten Schwellenwerte überschritten werden, sowie alle Betriebsstätten des Steuerpflichtigen oder seiner Tochter- und Enkelgesellschaften. Es werden aber nur Gesellschaften und Betriebsstätten einbezogen, die im selben Mitgliedstaat[3] oder einem anderen Mitgliedstaat der EU ansässig bzw. belegen sind. Ausgeschlossen sind Gesellschaften und Betriebsstätten in Drittstaaten, was Ausfluss des sog. *Water's-Edge-Approach* ist (dazu s. schon Rz. 18.34). Drittstaatsgesellschaften können aber für ihre in der EU belegenen Tochtergesellschaften und Betriebsstätten untereinander eine Gruppe vermitteln, Art. 6 Abs. 2 GKKB-RL-E. Ebenso kann eine in der EU ansässige Gesellschaft unter Umständen eine Gruppe mit einer ebenfalls in der EU ansässigen Enkelgesellschaft/belegenen Betriebsstätte auch dann bilden, wenn die die Beteiligung vermittelnde/die Betriebsstätte besitzende Tochtergesellschaft in einem Drittstaat ansässig ist. Stets von der Mitgliedschaft in einer Gruppe ausgeschlossen sind Unternehmen, die insolvent sind oder sich in Abwicklung befinden, Art. 6 Abs. 3 GKKB-RL-E.

18.80

In vergleichbarer Weise wie bei der GKB erstreckt sich der **persönliche Anwendungsbereich** der GKKB auf diejenigen Körperschaften, die nach dem Recht eines Mitgliedstaates gegründet wurden und die der Körperschaftsteuer oder einer ähnlichen, später eingeführten Steuer unterliegen, Art. 2

18.81

---

1 Aufgrund dieses Abstellens auf feste Grenzwerte sind Fälle einer faktischen Kontrolle unterhalb dieser Werte irrelevant, s. bereits *Dwarkasing*, Intertax 2012, 412 (427). Kritisch dazu *Braunagel*, Gemeinsame Körperschaftsteuer-Bemessungsgrundlage in der EU, S. 193 f.
2 S. dazu schon *Rautenstrauch*, EWS 2011, 161 (162).
3 Eine Gruppe muss also nicht notwendigerweise ein grenzüberschreitendes Element aufweisen.

GKKB-RL-E.[1] In den Anhängen I und II werden die betreffenden Rechtsformen und Steuern für jeden Mitgliedstaat aufgeführt. In den Anwendungsbereich können auch Gesellschaften, die nach dem Recht eines Drittstaats gegründet wurden, fallen, wenn sie eine ähnliche Rechtsform wie die in Anhang I genannten Gesellschaften haben und einer in Anhang II genannten Körperschaftsteuer unterliegen.

18.82 Die Anwendung der Richtlinienbestimmungen soll, wie bei der GKB, für diejenigen Unternehmen **zwingend** sein, die Teil einer zu Rechnungslegungszwecken konsolidierten Gruppe mit einem Gesamtumsatz von mehr als 750 Mio. Euro und Teil eines qualifizierten Beteiligungsverhältnisses im Sinne von Art. 5 GKKB-RL-E (Rz. 18.57) sind bzw. die über Betriebsstätten in anderen EU-Mitgliedstaaten verfügen. Für die übrigen Unternehmen, deren Gruppe die Umsatzschwelle nicht überschreitet, ist die Anwendung der GKKB optional, s. Art. 2 Abs. 3 GKKB-RL-E. Die Option kann gem. Art. 46 Abs. 2 GKKB-RL-E nur einheitlich für die gesamte Gruppe ausgeübt werden (*all-in-all-out*); die Unternehmen können also nicht entscheiden, dass nur bestimmte Mitglieder einer Gruppe unter das Regime fallen und andere nicht. Die zwingende Anwendung der GKKB für große, multinationale Gruppen ist eine Neuerung ggü. dem ursprünglichen GKKB-RL-E, in dem noch eine grundsätzliche Optionalität für alle Unternehmen vorgesehen war.[2]

18.83 Rechtsfolge der Konsolidierung ist gem. Art. 7 GKKB-RL-E, dass die **Steuerbemessungsgrundlagen aller Gruppenangehörigen zusammengefasst** und anschließend nach Maßgabe der Aufteilungsformel aufgeteilt werden. Dabei kommt es zur Vollkonsolidierung, also der Zusammenfassung der Bemessungsgrundlagen in voller Höhe, selbst wenn die Beteiligungshöhe weniger als 100 % beträgt.[3] Durch die Zusammenfassung der Steuerbemessungsgrundlagen wird ein laufender Ausgleich von Verlusten und Gewinnen innerhalb der Gruppe (und über die Grenzen von Mitgliedstaaten hinweg) erreicht.[4] Sofern sich aus der Konsolidierung ein negativer Betrag ergibt, ist der entsprechende Verlust vorzutragen und mit der konsolidierten Bemessungsgrundlage der Gruppe des nächsten Jahres zu verrechnen.

18.84 Eine weitere Folge der Konsolidierung ist, dass **Binnentransaktionen** innerhalb der Gruppe steuerlich ignoriert werden, Art. 9 Abs. 1 GKKB-RL-E. Dementsprechend dürfen gem. Art. 10 GKKB-RL-E keine Quellensteuern auf Binnentransaktionen erhoben werden.[5] Die Binnentransaktionen müssen aber gem. Art. 9 Abs. 2 GKKB-RL-E aufgezeichnet werden („*ignore but report*"), um eine Kontrolle durch die Finanzverwaltung zu ermöglichen.[6] Mit der steuerlichen Negierung von Binnentransaktionen sollen die praktischen Probleme bei der Verrechnungspreisbildung gelöst werden: Innerhalb einer Gruppe sollen für steuerliche Zwecke keine Verrechnungspreise mehr gebildet werden müssen. Dies soll einen erheblichen Vereinfachungseffekt für Unternehmen und Finanzverwaltungen mit sich bringen.

18.85 In diesem Zusammenhang ist aber daran zu erinnern, dass Art. 56 f. GKB-RL-E weiterhin Regelungen zu **Verrechnungspreisen** enthalten (Rz. 18.65). Dies hat zur Konsequenz, dass auch bei Geltung der GKKB weiterhin Verrechnungspreise zu bilden sein werden. Dies betrifft sämtliche Leistungsbeziehungen zwischen unterschiedlichen Gruppen, bei denen die Schwellenwerte von Art. 56 f. GKB-RL-E, nicht aber die von Art. 5 GKKB-RL-E überschritten werden.

18.86 Auch bei **gruppeninternen Transaktionen** ist fraglich, in welchem Umfang eine Verrechnungspreisbildung künftig entbehrlich würde. Wenn etwa Wirtschaftsgüter im Anschluss an mehrere gruppeninterne Transaktionen an gruppenfremde verbundene Unternehmen veräußert werden, müssen für diese letzten Transaktionen gem. Art. 56 f. GKB-RL-E Verrechnungspreise auf der Basis des Fremdver-

---

1 Dazu eingehend bereits *Lang*, StuW 2012, 297 (299 ff.); *Maisto* in Lang/Pistone/Schuch/Staringer/Storck, Corporate Income Taxation in Europe, S. 121 ff.
2 Zu Für und Wider dieser eingeschränkten Optionalität s. bereits (zur GKB) Rz. 18.58.
3 S. bereits *Van de Streek*, Intertax 2012, 24 (24); *Rautenstrauch*, EWS 2011, 161 (163).
4 Dazu schon *Hufeld*, Ubg 2011, 504 (505 ff.).
5 Dazu umfassend bereits *Englisch* in Lang/Pistone/Schuch/Staringer/Storck, Corporate Income Taxation in Europe, S. 161 ff.
6 S. schon *Van de Streek*, Intertax 2012, 24 (25).

gleichsgrundsatzes gebildet werden. Um dafür den zutreffenden Preis bestimmen zu können, wird es ggf. erforderlich sein, auch die Wertschöpfungsbeiträge auf den vorangegangenen Stufen zu ermitteln und für die zugrunde liegenden gruppeninternen Leistungsbeziehungen hilfsweise die entsprechenden Verrechnungspreise zu bilden.[1] Dies würde den Vereinfachungseffekt einschränken.

Zudem würde die GKKB Probleme im **Verhältnis zu Drittstaaten** erzeugen, wenn hier aufgrund bestehender DBA der Fremdvergleichsgrundsatz anzuwenden ist. Denn die GKKB-Formelaufteilung würde unweigerlich zu anderen Ergebnissen führen als der Fremdvergleichsgrundsatz.[2] Es käme folglich zu einer Zunahme von Verständigungsverfahren mit ungewissem Ausgang. Zudem böten sich weiterhin Möglichkeiten zur Verlagerung von Einkünften in (niedrig besteuernde) Drittstaaten.[3]   18.87

Es zeigt sich, dass die GKKB-Richtlinie ihr Ziel, die Bildung von Verrechnungspreisen entbehrlich zu machen, nicht vollständig erreichen kann.[4] Die dargestellten Probleme haben ihre Ursache auch darin, dass mit der GKKB ein vollends neues Regelungskonzept für gruppeninterne Transaktionen geschaffen wird, das **keine weltweite Geltung** beanspruchen kann und sich von dem bisherigen internationalen Standard des Fremdvergleichsgrundsatzes löst.[5] Solange nicht die Grundsätze einer GKKB anstelle des Fremdvergleichsgrundsatzes zum weltweiten Standard erhoben werden, werden derartige Regelungskonflikte an den Außengrenzen der EU unvermeidbar sein.   18.88

Für die Aufteilung der konsolidierten Steuerbemessungsgrundlage sieht Art. 28 GKKB-RL-E eine **Formel** vor (sog. *formulary apportionment*). Die Formel enthält drei Faktoren – Arbeit, Vermögenswerte und Umsatz –, die gleichermaßen gewichtet sind (je ein Drittel) und jeweils auf das Verhältnis des einzelnen Gruppenmitglieds zur gesamten Gruppe abstellen.[6] Nach dieser Formel bemisst sich, welcher Teil der konsolidierten Bemessungsgrundlage dem einzelnen Gruppenmitglied (und damit dem jeweiligen Mitgliedstaat) zugeordnet wird: Je stärker die Faktoren bei einem bestimmten Gruppenmitglied ausgeprägt sind, desto mehr Gewinne sind ihm zuzuweisen. Mit Blick auf das Steueraufkommen entscheiden diese Bestimmungen also über „Gewinner" und „Verlierer" der GKKB unter den Mitgliedstaa-   18.89

---

1 S. bereits *Becker* in Lang/Pistone/Schuch/Staringer/Storck, Corporate Income Taxation in Europe, S. 46 f.
2 S. schon *Baker/Mitroyanni* in Lang/Pistone/Schuch/Staringer, Common Consolidated Corporate Tax Base, S. 647 f.; *Becker* in Lang/Pistone/Schuch/Staringer/Storck, Corporate Income Taxation in Europe, S. 47 ff.
3 *Kahle/Dahlke*, StuB 2011, 453 (459) m.w.N.
4 Insoweit ist auffällig, dass auch die Kommission im überarbeiteten GKKB-RL-E die Erleichterung von Verrechnungspreisfragen nicht mehr so deutlich zur Begründung des GKKB-Vorhabens anführt wie noch im ursprünglichen GKKB-RL-E (vgl. dort Erwägungsgrund (6)).
5 Dazu schon *Bennett* in Schön/Schreiber/Spengel, A Common Consolidated Corporate Tax Base for Europe, S. 139; *Schön* in Schön/Schreiber/Spengel, A Common Consolidated Corporate Tax Base for Europe, S. 75 ff.; s. zur internationalen Diskussion über Vor- und Nachteile des Fremdvergleichsgrundsatzes ggü. einer Formelaufteilung auch *Röder*, World Tax Journal 2012, 125 (127 f.); *Andrus/Bennett/Silberztein*, 20 Transfer Pricing Report, 495; *Sullivan*, TNI 2015, 908; s. auch *Robillard*, Intertax 2015, 447 (448 ff.); *Cottani*, Intertax 2016, 755 (758 ff.); *Offermanns/Huibregtse/Verdoner/Michalak*, ET 2017, 466 (477 f.); *Greil*, Intertax 2017, 624 (627 ff.). Hinzuweisen ist darauf, dass auch in der aktuellen Diskussion über die Lösung der steuerlichen Herausforderungen der Digitalisierung die OECD neben einer Weiterentwicklung der Verrechnungspreisgrundsätze die Möglichkeit formelhafter Gewinnzuordnungen prüfen will, wie sich aus dem im Mai 2019 verabschiedeten Programme of Work ergibt (im Internet abrufbar unter: https://www.oecd.org/tax/beps/programme-of-work-to-develop-a-consensus-solution-to-the-tax-challenges-arising-from-the-digitalisation-of-the-economy.pdf).
6 Insofern orientiert sich die Formel an der in den Bundesstaaten der USA verbreiteten sog. Massachusetts-Formel, vgl. *Zipfel*, Harmonisierung der Körperschaftsteuer in der Europäischen Union, S. 229 f. In Art. 41 ff. GKKB-RL-E sind Sonderregelungen für bestimmte Branchen vorgesehen. Das Europäische Parlament befürwortet in seiner Stellungnahme zum GKKB-RL-E zudem die Aufnahme eines weiteren Faktors „Daten", s. Europäisches Parlament v. 15.3.2018, P8_TA-PROV(2018)0087. In der Wissenschaft werden auch noch weitere alternative Formeln diskutiert, s. z.B. *Nieminen*, Intertax 2019, 490 (492 ff.).

ten.¹ Daher dürfte eine Einigung der Mitgliedstaaten über diese Regelungen besonders schwierig zu erreichen sein.

18.90 In Art. 32 f. GKKB-RL-E sind nähere Angaben zum **Faktor Arbeit** enthalten. Dieser Faktor setzt sich hälftig aus den Unterfaktoren Lohnsumme und Beschäftigtenzahl zusammen. Damit soll dem Umstand Rechnung getragen werden, dass die Produktivität innerhalb einer Gruppe (und in der EU) unterschiedlich hoch sein kann: Es soll – vereinfacht ausgedrückt – berücksichtigt werden, dass manche Unternehmen wenige, hoch bezahlte Beschäftigte haben und andere Unternehmen viele, niedrig bezahlte Beschäftigte.²

18.91 Die Zusammensetzung des **Faktors Vermögenswerte** ist in Art. 34 ff. GKKB-RL-E geregelt. Gemäß Art. 34 Abs. 1 GKKB-RL-E sind materielle Vermögenswerte einzubeziehen, unabhängig davon, ob das Gruppenmitglied sie besitzt oder gemietet bzw. geleast hat.³ Immaterielle Werte bleiben aus dem Faktor ausgeklammert. Hintergrund dafür ist die Befürchtung der Kommission, dass originär erworbene immaterielle Werte gezielt zwischen Mitgliedstaaten zur Beeinflussung der Formelaufteilung übertragen werden (Erwägungsgrund (10)) und zudem nur schwer bewertet werden könnten.⁴ Trotz dieser praktischen Gründe ist die Ausklammerung immaterieller Werte zu kritisieren.⁵ Denn diese sind häufig der wesentliche Werttreiber von Unternehmen. Ihre Nichtberücksichtigung dürfte gerade jene Staaten benachteiligen, in denen besonders innovative Unternehmen ansässig sind.⁶

18.92 Um einen Ausgleich für die fehlende Berücksichtigung immaterieller Werte zu schaffen, ordnet Art. 34 Abs. 2 GKKB-RL-E an, dass in den ersten fünf Jahren nach dem Eintritt eines Steuerpflichtigen in eine Gruppe dessen Faktor Vermögenswerte um die **Aufwendungen für Forschung, Entwicklung, Vermarktung und Werbung** der letzten sechs Jahre vor dem Eintritt in die Gruppe erhöht wird. Diese pauschale Regelung ist freilich nicht geeignet, die fehlende Einbeziehung immaterieller Werte in Art. 34 Abs. 1 GKKB-RL-E auszugleichen.⁷ Denn es gibt keine hinreichende empirische Basis für den Schluss, dass Aufwendungen in bestimmter Höhe zu immateriellen Werten mit einem entsprechenden Wert führen.

18.93 Nähere Regelungen zum **Faktor Umsatz** sind in Art. 37 f. GKKB-RL-E enthalten. Von vornherein ausgeklammert bleiben Umsätze zwischen Mitgliedern der Gruppe, Art. 37 Abs. 2 GKKB-RL-E. Sonst wäre der Vereinfachungseffekt, der sich aus der Nichtbeachtung gruppeninterner Transaktionen gem. Art. 9 Abs. 1 GKKB-RL-E ergibt, wieder zunichte gemacht.⁸ Gemäß Art. 38 GKKB-RL-E ist für die Zuweisung von Umsätzen der jeweilige Bestimmungsort maßgeblich, sofern es sich um Verkäufe von Gegenstän-

---

1 Vgl. bereits *Czakert*, BFuP 2008, 433 (447); *Garbarino*, EC Tax Review 2014, 16 (29).
2 Vgl. schon *Rautenstrauch*, EWS 2011, 161 (165). Zur Kritik am Abstellen auf die Zahl der Beschäftigten s. *Kahle/Dahlke*, StuB 2011, 453 (458); eingehend zu diesem Faktor *Petutschnig*, StuW 2012, 192 (197 ff.); s. auch *Sánchez Sánchez*, ET 2018, 230 (231 f.).
3 S. dazu *Sánchez Sánchez*, ET 2018, 230 (232 f.), dort auch zum Risiko möglicher Steuergestaltungen.
4 Bei derivativ erworbenen immateriellen Werten bestünde dieses Bewertungsproblem nicht. Sie sind gleichwohl ausgeklammert, offenbar, um Ungleichbehandlungen zwischen originär und derivativ erworbenen immateriellen Werten zu vermeiden, s. schon *Petutschnig*, StuW 2012, 192 (201).
5 Vgl. bereits *Röder*, World Tax Journal 2012, 125 (133); *Petutschnig*, StuW 2012, 192 (201 f.); *Lamotte*, ET 2012, 271 (276); *Spengel/Zöllkau*, Common Corporate Tax Base (CC(C)TB) and Determination of Taxable Income, S. 11 f. S. auch die Antwort der Bundesregierung auf die Kleine Anfrage der Abgeordneten Dr. Thomas Gambke, Britta Haßelmann, Lisa Paus, weiterer Abgeordneter und der Fraktion BÜNDNIS 90/DIE GRÜNEN, BT-Drucks. 17/5748, 2; Beschluss des Bundesrats v. 17.6.2011, BR-Drucks. 155/11 (Beschluss) (2), S. 3.
6 S. zur Kritik auch *Offermanns/Huibregtse//Verdoner/Michalak*, ET 2017, 466 (469); *Finley*, TNI 2017, 157 (157).
7 Ebenso schon *Röder*, World Tax Journal 2012, 125 (133); kritisch auch *van de Streek*, Intertax 2012, 24 (31).
8 S. schon *Rautenstrauch*, EWS 2011, 161 (166).

den handelt. Bei Dienstleistungen kommt es auf den Ort der Erbringung an.¹ Wenn also ein Gruppenmitglied Waren an Verbraucher in einem anderen Mitgliedstaat liefert, werden die dabei erzielten Umsätze dem in dem anderen Mitgliedstaat ansässigen Gruppenmitglied zugerechnet, selbst wenn dieses mit der Umsatzerbringung gar nichts zu tun hat. Das ausschließliche Abstellen auf den Bestimmungsort ist kritisch zu sehen, weil es geeignet ist, Staaten mit exportorientierter Wirtschaft einseitig zu benachteiligen.²

Schließlich enthält Art. 29 GKKB-RL-E eine **allgemeine Schutzklausel**. Diese soll zur Anwendung kommen, wenn der Steuerpflichtige oder die Finanzverwaltung eines betroffenen Mitgliedstaats der Meinung sind, dass die Anwendung der Formel zu unangemessenen Ergebnissen führt. Dann kann um die Anwendung einer anderen Methode zur Aufteilung der konsolidierten Bemessungsgrundlage ersucht werden. Allerdings setzt Art. 29 GKKB-RL-E voraus, dass alle betroffenen Mitgliedstaaten der alternativen Aufteilungsmethode zustimmen. Dies dürfte in der Praxis ein entscheidendes Hindernis darstellen, denn die Anwendung einer alternativen Methode würde stets bedeuten, dass einige Mitgliedstaaten einen geringeren Anteil an der Bemessungsgrundlage erhalten als bei Anwendung der Formel – es dürfte schwierig sein, deren Zustimmung zu erreichen.³

IV. Verwaltungs- und Verfahrensvorschriften

Der Richtlinienentwurf enthält ein eigenes Kapitel mit **Verwaltungs- und Verfahrensvorschriften**. Diese sollen die Besonderheiten von Konsolidierung und Formelaufteilung im nationalen Verwaltungs- und Verfahrensrecht umsetzen.

Aus Art. 51 GKKB-RL-E ergibt sich für Gruppen, dass der jeweilige Hauptsteuerpflichtige die konsolidierte Steuererklärung der ganzen Gruppe bei der Hauptsteuerbehörde einreicht. Diese Regelung etabliert den sog. **One-Stop-Shop**, bei dem für die steuerlichen Angelegenheiten der ganzen Gruppe nur ein Gruppenmitglied und nur ein Mitgliedstaat zuständig sind. Damit wird eine erhebliche Vereinfachung des administrativen Verfahrens bezweckt.⁴ Zu kritisieren ist aber, dass es der Unternehmensgruppe in Art. 3 Abs. 11 GKKB-RL-E teilweise ermöglicht wird, den Hauptsteuerpflichtigen gezielt in einem bestimmten Staat zu verorten, selbst wenn die wirtschaftlichen Hauptaktivitäten der Gruppe in ganz anderen Mitgliedstaaten stattfinden. Die Kapazitäten der Finanzverwaltungen mancher Mitgliedstaaten könnten zudem durch die steuerliche Administration einer Vielzahl großer Gruppen an ihre Grenzen geführt werden.⁵

Für das Festsetzungsverfahren sieht Art. 52 GKKB-RL-E eine **Selbsterklärung** der Steuerpflichtigen vor (sog. *self-assessment*). Damit werden den Hauptsteuerpflichtigen umfassende Erklärungs- und Berechnungspflichten für die ganze Gruppe auferlegt.⁶

---

1 Zudem sind Regelungen für die Fälle vorgesehen, in denen im Bestimmungs- oder Erbringungsort kein Gruppenmitglied oder mehrere Gruppenmitglieder ansässig sind. Dazu s. *Sánchez Sánchez*, ET 2018, 230 (233 f.): „*spread throwback rule*"; s. auch bereits bereits *Petutschnig*, StuW 2012, 192 (197).
2 Vgl. *López Llopis*, Intertax 2017, 631 (636).
3 S. schon *Terra/Wattel*, European Tax Law⁶, S. 811. Kritisch zu diesem Konzept auch *Kahle/Dahlke*, StuB 2011, 453 (457).
4 Vgl. bereits *Andersson* in Schön/Schreiber/Spengel, A Common Consolidated Corporate Tax Base for Europe, S. 98. Zweifelnd jedoch *Kahle/Dahlke/Schulz*, Ubg 2011, 491 (502 f.). Umfassend zu administrativen Aspekten s. *Czakert* in Schön/Schreiber/Spengel, A Common Consolidated Corporate Tax Base for Europe, S. 155 ff.
5 Vgl. bereits *Spengel/Zöllkau*, Common Corporate Tax Base (CC(C)TB) and Determination of Taxable Income, S. 12. Teilweise wird befürchtet, dass Steuerpflichtige gezielt solche Staaten für den *One-Stop-Shop* auswählen, in denen sie das „größte Entgegenkommen" erwarten, *Herzig*, FR 2009, 1037 (1038); vgl. auch *Terra/Wattel*, European Tax Law⁶, S. 802.
6 Vgl. schon *Fernández*, Intertax 2012, 598 (601).

18.98 Die Hauptsteuerbehörde kann gem. Art. 56 GKKB-RL-E innerhalb bestimmter Fristen eine **geänderte Steuerveranlagung** ausstellen. Für Fälle, in denen die Hauptsteuerbehörde einen Fehler nicht bemerkt oder an der Korrektur eines Fehlers kein Interesse hat (weil sie infolge des Fehlers einen größeren Anteil an der Bemessungsgrundlage erhält, als ihr zustünde), können die Behörden anderer Mitgliedstaaten eine solche Korrektur durch die Hauptsteuerbehörde anregen. Falls sich die Finanzverwaltungen der betroffenen Mitgliedstaaten nicht über eine von der Hauptsteuerbehörde vorgenommene oder unterlassene Korrektur einigen können, kann die Finanzverwaltung jedes betroffenen Mitgliedstaats die Hauptsteuerbehörde vor deren nationalem Gericht verklagen, Art. 65 GKKB-RL-E. Angesichts der drohenden Reputationsrisiken bei solchen gegenseitigen Klagen der Finanzverwaltungen ist ungewiss, ob sich die Mitgliedstaaten auf ein solches Instrument, welches zudem steuerverfahrensrechtlich völliges Neuland darstellen würde, verständigen könnten. Alternativ könnte sich die Einführung eines Schiedsverfahrens anbieten.[1]

V. Weitere Vorschriften

18.99 Der Richtlinienentwurf enthält in Art. 11 ff. GKB-RL-E umfangreiche **Übergangsbestimmungen** für den Eintritt in das GKKB-System. Im Wesentlichen spiegelbildliche Regelungen sind für einen späteren Austritt aus dem GKKB-System vorgesehen. Diese Regelungen zielen insbesondere darauf ab, die Berücksichtigung von Verlusten sowie stillen Reserven in denjenigen Staaten zu verorten, in denen sie (größtenteils) entstanden sind.[2]

18.100 In Art. 22 f. GKKB-RL-E sind **Regelungen zur Umstrukturierung von Unternehmen** vorgesehen. Sie sollen verhindern, dass die Umstrukturierung innerhalb einer Gruppe[3] zu einer Verlagerung von Wirtschaftsgütern genutzt wird, die die Formelaufteilung gezielt beeinflusst. Zudem soll bei einer Umstrukturierung zwischen mehreren Gruppen ein Verlusttransfer ausgeschlossen werden; stattdessen sollen die Gruppenverluste in einem solchen Fall grundsätzlich in entsprechender Anwendung der Aufteilungsformel auf sämtliche Gruppenmitglieder aufgeteilt werden.[4] Diese vergleichsweise rudimentären Bestimmungen sollten durch weitere Regelungen ergänzt werden, um der mitunter hohen Komplexität von Umstrukturierungen Rechnung zu tragen.

18.101 Für den Fall, dass grenzüberschreitend erzielte Einkünfte bereits in einem anderen Mitgliedstaat oder in einem Drittstaat mit einer **Quellensteuer** belegt wurden und im Mitgliedstaat der Ansässigkeit dafür eine Anrechnung erfolgt, ordnet Art. 25 GKKB-RL-E i.V.m. Art. 55 GKB-RL-E an, dass der Anrechnungsbetrag in entsprechender Anwendung der Aufteilungsformel auf alle Gruppenmitglieder (und damit auf die betreffenden Mitgliedstaaten) aufgeteilt wird. Diese Regelung soll sicherstellen, dass die Mitgliedstaaten infolge von Konsolidierung und Aufteilung nicht nur an den Gewinnen der ganzen Gruppe teilhaben, sondern auch die mit diesen Gewinnen in Verbindung stehenden Anrechnungsbeträge gemeinsam tragen müssen.

18.102 In Art. 26 GKKB-RL-E ist zudem eine Regelung für den **umgekehrten Fall** enthalten, dass es der Mitgliedstaat eines Gruppenmitglieds ist, der eine Quellensteuer auf bestimmte grenzüberschreitende Einkünfte erhebt. Gemäß Art. 26 GKKB-RL-E ist für Zinsen und Lizenzgebühren vorgesehen, dass die darauf erhobenen Quellensteuern nach den Aufteilungsregeln von Art. 28 ff. GKKB-RL-E allen Mitglied-

---

1 Vgl. dazu umfassend bereits *Seer* in Lang/Pistone/Schuch/Staringer, Common Consolidated Corporate Tax Base, S. 925 ff.
2 Vgl. dazu schon *Rautenstrauch*, EWS 2011, 161 (164); *Kahle/Dahlke/Schulz*, Ubg 2011, 491 (499); *Kahle/Dahlke*, StuB 2011, 453 (455); *Borg*, Intertax 2013, 581 (581 ff.). Insgesamt skeptisch *Spengel/Zöllkau*, Common Corporate Tax Base (CC[C]TB) and Determination of Taxable Income, S. 14 f.
3 Oder die Verlegung des eingetragenen Sitzes eines Steuerpflichtigen, der zu einer Gruppe gehört.
4 Falls der gemeinsame Wert der Faktoren Anlagevermögen und Arbeit der ausscheidenden Gruppenmitglieder weniger als 20 % des Werts dieser beiden Faktoren für die gesamte Gruppe beträgt, werden nicht ausgeglichene Verluste der ganzen Gruppe zugewiesen.

staaten der Gruppe anteilig zustehen sollen. Grund für diese Regelung ist die Annahme, dass diese Zahlungsflüsse gleichzeitig zu (Betriebs-)Ausgaben bei den Gruppenmitgliedern führen, die von der konsolidierten Bemessungsgrundlage abziehbar sind und damit das allen Mitgliedstaaten zustehende Besteuerungsvolumen schmälern (s. Erwägungsgrund (8)) – dann sollen auch die darauf entfallenden Quellensteuern allen Mitgliedstaaten im entsprechenden Verhältnis zugute kommen.[1]

In Art. 69 ff. GKKB-RL-E befinden sich Vorschriften zu **Wechselwirkungen mit dem GKB-RL-E**. Vorgesehen sind Anpassungen u.a. bei der Zinsschranke, beim Switch-Over, bei der Hinzurechnungsbesteuerung und bei der Bekämpfung hybrider Gestaltungen. Hervorzuheben ist Art. 71 GKKB-RL-E, dem zufolge der in Art. 41 GKB-RL-E geregelte temporäre grenzüberschreitende Verlustausgleich mit Nachversteuerung entfällt. Dies ist konsequent, denn infolge der Konsolidierung kommt es ohnehin zu einem automatischen Verlustausgleich über die Grenze (ohne Nachversteuerung); für den temporären Verlustausgleich gem. Art. 41 GKB-RL-E, der aus Sicht der Kommission ohnehin nur eine Übergangslösung bis zur Einführung einer GKKB darstellen soll, besteht dann kein Bedarf mehr.

18.103

D. Zusammenfassende Würdigung und Ausblick

Bei den GKB- und GKKB-Richtlinienentwürfen handelt es sich zweifellos um eine beeindruckende Arbeit der Kommission, sowohl hinsichtlich der fachlichen Aufbereitung als auch mit Blick auf den umfassenden Regelungsanspruch. Das GKB-/GKKB-Projekt ist das **ambitionierteste Vorhaben**, das bislang auf dem Gebiet der direkten Steuern in der EU verfolgt worden ist. Die Kommission hat sich von den früheren Rückschlägen bei ihren Bemühungen um eine Angleichung der Unternehmensbesteuerung in Europa nicht abschrecken lassen und mit dem Ansatz einer umfassenden Harmonisierung den „großen Wurf" gewagt.[2] Dies verdient Anerkennung, zumal ein engeres Zusammenwirken der Mitgliedstaaten in Fragen der direkten Steuern den europäischen Wirtschaftsraum insgesamt stärken würde.[3]

18.104

Gleichwohl sollten die Richtlinienentwürfe in verschiedener Hinsicht noch verbessert werden. Aus der Perspektive des geltenden deutschen Rechts sind hier insbesondere die GKB-Bestimmungen für eine relativ weitgehende Poolabschreibung, die vergleichsweise niedrige Abzinsung von Rückstellungen und der uneingeschränkte Verlustvortrag zu nennen.[4] Gleiches gilt für die neuen Vorschläge zu steuerlicher FuE-Förderung, zur fiktiven Eigenkapitalverzinsung und zum temporären grenzüberschreitenden Verlustausgleich. Es ist davon auszugehen, dass der Übergang zu den Regelungsvorschlägen der Kommission in diesen Bereichen **erhebliche Steuerausfälle** mit sich bringen würde. Zwar dürften diese Ausfälle teilweise auf einer temporären Verschiebung beruhen und im Zeitablauf kompensiert werden, aber angesichts der hohen betroffenen Volumina wären auch diese politisch bedeutsam.

18.105

Hinsichtlich der vorgeschlagenen Regelungen zu Konsolidierung und Aufteilung ist **grundsätzlichere Skepsis** angebracht. Schon die technische Ausgestaltung der einzelnen Regelungen, namentlich der Faktoren für die Aufteilungsformel, wirft einige Fragen auf. Zudem bestehen große Bedenken wegen der damit verbundenen fiskalischen Unwägbarkeiten.[5] Die vorhandenen Regelungen zur Vermeidung

18.106

---

1 Zur Kritik an diesem Konzept s. schon *Englisch* in Lang/Pistone/Schuch/Staringer/Storck, Corporate Income Taxation in Europe, S. 174 ff.
2 Zu der Frage, ob sich aus diesem Vorhaben auch einmal zusätzliche EU-Eigenmittel ergeben könnten, s. *Cerioni*, EC Tax Review 2018, 237.
3 Vgl. bereits *Müller-Gatermann/Möhlenbrock/Fehling*, ISR 2012, 17 (20).
4 Für eine umfassende Gegenüberstellung der vorgeschlagenen Regelungen zur GKB mit dem geltenden deutschen Recht s. schon *Scheffler/Krebs*, DStR-Beihefter 2011, 13 (14 ff.).
5 Aus deutscher Perspektive ergeben sich diese vor allem deshalb, da Verluste laufend grenzüberschreitend übertragbar wären, da in der Aufteilungsformel immaterielle Werte nicht unmittelbar berücksichtigt werden und da für Umsätze das Bestimmungslandprinzip gelten soll. Die Kommission geht in ihrer Folgen-

von Steuergestaltungen, bei denen gezielt Steuersubstrat in Mitgliedstaaten mit einem niedrigeren Steuersatz geschleust wird, sind insoweit nicht ausreichend.[1] Hier dürften noch eingehendere Arbeiten im Rat erforderlich sein. Nicht zuletzt deshalb ist es zu begrüßen, dass die Kommission eine Aufspaltung des GKKB-Projekts in zwei Richtlinienentwürfe – mit getrennter Beratung im Rat – beschlossen hat. Bereits die Verabschiedung der GKB wäre ein großer Schritt, der eine erhebliche Senkung der Befolgungs- und Administrationskosten für Unternehmen und Finanzverwaltungen zur Folge hätte.[2]

18.107 Bei der politischen Bewertung wird insgesamt auch eine Rolle spielen, dass die Mitgliedstaaten nach einer Angleichung der Bemessungsgrundlagen nicht länger nationale Sondertatbestände schaffen könnten, um wirtschaftspolitische und sonstige Ziele zu verfolgen.[3] Damit verbunden wäre eine bedeutende **Einschränkung der nationalen Steuersouveränität**.[4] Andererseits wäre dann auch sichergestellt, dass die Mitgliedstaaten keine Sondertatbestände mehr schaffen können, die zu BEPS-Problemen führen, indem sie gezielt auf die Absaugung des Steuersubstrats anderer Mitgliedstaaten ausgerichtet sind oder aus anderen Gründen als unfairer Steuerwettbewerb anzusehen sind. Zwar könnten die auf die EU beschränkten Richtlinienentwürfe zu GKB und GKKB keine umfassende Lösung der BEPS-Problematik bewirken, da letztere globale Ursachen hat und weltweit angegangen werden muss.[5] Wenn man aber berücksichtigt, dass die bekannt gewordenen BEPS-Strategien häufig eben auch auf der Ausnutzung bestimmter Regelungen von EU-Mitgliedstaaten basierten, könnte eine Angleichung der Bemessungsgrundlagen in der EU einen wichtigen Beitrag zur Reduzierung von verbliebenen BEPS-Problemen leisten.[6]

18.108 Ungeachtet der Vor- und Nachteile im Einzelnen kann jedenfalls konstatiert werden, dass das GKKB-Projekt schon jetzt eine Angleichung der Körperschaftsteuersysteme der Mitgliedstaaten befördert hat. Es hat eine intensive fachliche Diskussion unter den Mitgliedstaaten zu Fragen der Unternehmensbesteuerung ausgelöst. Die zügige Verabschiedung der ATAD wurde auch dadurch ermöglicht, dass

---

abschätzung v. 25.10.2016 davon aus, dass Deutschland bei der Anwendung der GKKB insgesamt steuerliche Mindereinnahmen zu erwarten hätte, s. Folgenabschätzung v. 25.10.2016, SWD(2016) 341 final, S. 149 f.

1 Vgl. *Peeters*, ECTR 2012, 225 (227); *Röder*, World Tax Journal 2012, 125 (135 ff.); *Spengel/Zöllkau*, Common Corporate Tax Base (CC[C]TB) and Determination of Taxable Income, S. 13 f.; *López Llopis*, Intertax 2017, 631 (637 ff.), dort auch mit alternativen Formelvorschlägen, die allerdings ähnliche Bedenken hervorrufen. Zu Möglichkeiten der gezielten Beeinflussung der Aufteilungsfaktoren („*factor manipulation*") s. *de Wilde* in Weber/van de Streek, The EU Common Consolidated Corporate Tax Base, S. 205 (226 ff.); *Offermanns/Huibregtse/Verdoner/Michalak*, ET 2017, 466 (472 f.); *Sánchez Sánchez*, ET 2018, 230 (234 ff.).

2 Nach Berechnungen der Kommission in ihrem *Impact Assessment* würde die GKB langfristig zu einem durchschnittlichen Rückgang der Befolgungskosten von 2,5 % führen, s. SWD(2016) 341 final, S. 136. Vgl. für eine Übersicht zu den Vorteilen der einzelnen „Projektstufen" *Spengel/Stutzenberger*, IStR 2018, 37 (39).

3 Möglich wären dann nur noch Vergünstigungen beim Steuersatz (sog. *tax credits*), s. *Kahle/Lipp*, DStR 2013, 1205 (1206).

4 S. bereits *Peeters*, EC Tax Review 2012, 225 (226); *Kahle/Schulz*, FR 2013, 49 (50); *Herzig*, DB 2012, 1 (2); *Benz/Böhmer*, DB 2016, 2800 (2805); *Field*, TPIR 2017, 4 (6 f.); *Traversa*, Intertax 2019, 244 (244). *Schön*, StuW 2012, 213 (217) empfiehlt den EU-Mitgliedstaaten, eine solch weitgehende Harmonisierung nur unter Vorbehalt eines Kündigungsrechts zu beschließen, um sich von der Richtlinie wieder lösen zu können, wenn sich später herausstellt, dass „die Anwendung nicht funktioniert oder die Ergebnisse den wirtschaftlichen Interessen der betroffenen Staaten deutlich entgegenlaufen"; s. zur „Versteinerungstendenz" des harmonisierten Steuerrechts auch *Hey*, FR 2016, 554 (560).

5 Vgl. *Kahle/Wildermuth*, Ubg 2013, 405 (415 f.); *Field*, TPIR 2017, 4 (7): „a regional solution to a global problem".

6 Nach Auffassung von *Kahle/Lipp*, DStR 2013, 1205 (1212), würden die Möglichkeiten zu Steuergestaltungen in noch größerem Maße beschränkt werden, wenn auch die Konsolidierung eingeführt wird. Das gegenwärtig vorliegende Regelungskonzept zu Konsolidierung und Aufteilung würde allerdings ganz neue Möglichkeiten für Steuergestaltungen eröffnen.

die EU-Mitgliedstaaten bereits intensiv über entsprechende Regelungsvorschläge im ursprünglichen GKKB-RL-E beraten hatten.[1] Daneben konnten die Mitgliedstaaten bei ihren eigenen Reformüberlegungen die Erfahrungen anderer Mitgliedstaaten als „**best practice**" berücksichtigen.[2] Infolge dieser „stillen Harmonisierung"[3] gibt es schon jetzt konkrete Ergebnisse auf dem Weg zu einer größeren Einheitlichkeit bei der Unternehmensbesteuerung in der Europäischen Union.

Wann eine **endgültige Einigung** über die GKB (und anschließend über die GKKB) erzielt werden kann, lässt sich nicht vorhersagen.[4] Der Umstand, dass die Kommission im Vergleich zum ursprünglichen GKKB-Richtlinienentwurf einige Anpassungen an der GKB vorgenommen hat, die auf den Beratungen in den zuständigen Ratsarbeitsgruppen beruhen, dürfte die Einigungschancen tendenziell erhöhen – die Aufnahme der neuen Vorschläge zu FuE-Förderung, fiktiver Eigenkapitalverzinsung und temporärem grenzüberschreitenden Verlustausgleich hingegen dürfte den Diskussionsbedarf noch vergrößert haben. Angesichts des großen Umfangs der vorgeschlagenen Regelungen und der mitunter konträren Ausgangspositionen der einzelnen Mitgliedstaaten dürfte die Kompromissfindung noch längere Zeit in Anspruch nehmen – darauf deuten auch die bisherigen Reaktionen der EU-Mitgliedstaaten hin.[5] Möglicherweise ergibt sich zusätzlicher Rückenwind durch die bilaterale Abstimmung zwischen Deutschland und Frankreich, die auf eine stärkere Konvergenz der Unternehmensbesteuerung gerichtet ist und das GKB-Projekt voranbringen soll.[6] Vermutlich wird es – neben den fachlichen Erörterungen – solcher politischen Impulse bedürfen, um das Mammutprojekt der Angleichung der Unternehmensbesteuerung in der EU deutlich zu befördern und schließlich zum Abschluss zu bringen.

18.109

---

1 Vgl. auch *Hey* in Europäisches Steuerrecht, DStJG 41 (2018), S. 9 (50).
2 S. dazu *Herzig*, DB 2012, 1 (3); *Marx*, DStZ 2011, 547 (548). Als Beispiel können die Regelungen zur Abzugsfähigkeit von Zinsaufwendungen genannt werden, die bereits vor der ATAD von einigen Mitgliedstaaten eingeführt oder modifiziert wurden und teilweise auf identischen oder ähnlichen Prinzipien beruhen, s. *Ehlermann/Nakhai*, ISR 2012, 29 (30 ff.); *Kahlenberg/Kopec*, IStR 2015, 84 (85 ff.).
3 Zum Begriff s. *Mick* in Birk, Handbuch des Europäischen Steuer- und Abgabenrechts, § 24 Rz. 25 ff.
4 Aus Sicht von *Jochum*, ZRP 2015, 115 (118) dürfte die zunehmende Transparenz zwischen den Steuerverwaltungen (konkret: der Informationsaustausch über *Tax Rulings*) die Einigungschancen erhöhen.
5 Vgl. Börsen-Zeitung v. 24.5.2017, S. 6 („Unternehmenssteuerreform stößt in EU noch auf Skepsis").
6 So haben beide Länder am 19.6.2018 ein gemeinsames Positionspapier zum GKB-RL-E vorgelegt, im Internet abrufbar unter: https://www.bundesfinanzministerium.de/Content/DE/Standardartikel/Themen/Europa/2018-06-20-Meseberg-Anl2.pdf?__blob=publicationFile&v=1. Nach Vorlage des ursprünglichen GKKB-RL-E hatte es schon einmal eine deutsch-französische Initiative für eine stärkere Konvergenz der Unternehmensbesteuerung gegeben. Die Ergebnisse dieser Arbeiten finden sich im Grünbuch der Deutsch-Französischen Zusammenarbeit – Konvergenzpunkte bei der Unternehmensbesteuerung v. 6.2.2012. Schon diese Initiative zielte darauf ab, „Schwungrad" für die Diskussionen zum GKKB-Projekt zu sein, s. Grünbuch S. 3. Dazu s. *Möhlenbrock/Rochow*, FR 2012, 755 (756); *Kahle*, DStZ 2012, 691 (694). Für einen Überblick über die jüngere Initiative s. *Dölker*, BB 2018, 666 (668 ff.); *von Brocke*, EC Tax Review 2019, 60; *Aumayr/Mayr*, ET 2019, 153 (153 ff.).

Kapitel 19
Mehrwertsteuer

Hinweis: Die folgenden Ausführungen sind nicht in dienstlicher Eigenschaft verfasst.

A. Grundlagen	19.1
I. Zielsetzung und Entwicklung der Umsatzsteuerharmonisierung	19.1
II. Rechtsquellen	19.8
III. Konkurrenz mit nationalen Steuern auf den Umsatz	19.13
IV. Allgemeine Grundsätze der EU-Mehrwertsteuer	19.15
1. Steuerdestinatar	19.15
2. Der Grundsatz der steuerlichen Neutralität	19.16
a) Überblick	19.16
b) Gleichbehandlung und Wettbewerbsneutralität	19.17
c) Belastungsneutralität	19.19
d) Vermeidung der Doppelbesteuerung	19.20
3. Die Berücksichtigung der wirtschaftlichen Realität	19.21
4. Versagung steuerlicher Vorteile bei Rechtsmissbrauch	19.22
B. Unionsrechtliche Vorgaben	19.26
I. Steuerpflichtiger	19.26
1. Überblick	19.26
2. Allgemeine Definition	19.27
a) Überblick	19.27
b) Wirtschaftliche Tätigkeit	19.28
c) Selbständigkeit	19.33
d) Nachhaltigkeit	19.34
3. Mehrwertsteuergruppe	19.38
a) Ziel der Sonderregelung	19.38
b) Option für die Mitgliedstaaten	19.40
c) Mitglieder einer Mehrwertsteuergruppe	19.42
d) Enge Verbindung	19.45
4. Einrichtungen des öffentlichen Rechts	19.46
II. Steuertatbestände	19.50
1. Überblick	19.50
2. Die entgeltliche Leistung	19.53
a) Überblick	19.53
b) Leistung	19.54
aa) Lieferung eines Gegenstands	19.54
bb) Dienstleistung	19.56
cc) Zahlungsmittel	19.59
dd) Vermögensnachfolge	19.61
ee) Umfang der steuerbaren Leistung	19.63
c) Entgelt	19.67
aa) Erfordernis eines „unmittelbaren Zusammenhangs"	19.67
bb) Gutscheine	19.70
(1) Problemstellung	19.70
(2) Verkörperung bestimmter Leistungen	19.71
(3) Echte Gutscheine	19.72
d) Leistung durch einen Steuerpflichtigen	19.76
e) Ort der Leistung im Unionsgebiet	19.77
aa) Funktion des Leistungsortes	19.77
bb) Ort der Lieferung eines Gegenstands	19.79
cc) Ort einer Dienstleistung	19.82
f) Zeitpunkt der Erfüllung des Steuertatbestands	19.86
3. Die Steuertatbestände des grenzüberschreitenden Warenhandels	19.88
a) Überblick	19.88
b) Einfuhr eines Gegenstands	19.90
c) Innergemeinschaftlicher Erwerb eines Gegenstands gegen Entgelt	19.92
aa) Überblick	19.92
bb) Besteuerte Erwerbssituationen	19.94
cc) Ergänzungstatbestände der Verbringung und der Verwendung eines Gegenstands	19.97
4. Private Nutzungen	19.100
a) Sinn der Besteuerung privater Nutzungen	19.100
b) Entnahmen	19.102
c) Sonstige private Nutzungen	19.105
III. Steuerbefreiungen	19.108
1. Allgemeines	19.108
2. Gemeinwohlorientierte Steuerbefreiungen	19.112
a) Allgemeines	19.112
b) Gesundheit	19.115
c) Soziales	19.120
d) Bildung	19.125
e) Kultur	19.128
f) Sport	19.130
g) Öffentliche Aufgaben	19.132
h) Gemeinschaftliches Outsourcing	19.134
3. Finanzsektor	19.137
a) Allgemeines	19.137

b) Zahlungsverkehr 19.142
c) Darlehen und Sicherungsrechte .. 19.146
d) Versicherungen 19.148
e) Kapitalanlage 19.150
  aa) Wertpapiere 19.150
  bb) Verwaltung von Investmentfonds 19.151
  cc) Anlagegold 19.154
4. Grundstücke 19.155
5. Glücksspiel 19.158
6. Kleinunternehmen 19.159
7. Steuerbefreiungen zur Abgrenzung der Steuerhoheit 19.161
  a) Überblick 19.161
  b) Umsätze mit Drittstaaten 19.163
  c) Innergemeinschaftliche Umsätze . 19.166
IV. **Bemessungsgrundlage** 19.170
1. Überblick 19.170
2. Wert der Gegenleistung 19.171
  a) Überblick 19.171
  b) Bestimmung und Bewertung der Gegenleistung 19.172
  c) Berichtigung der Bemessungsgrundlage 19.178
  d) Gutscheine 19.181
3. Ersatzwerte 19.183
4. Gesamtmarge 19.186
V. **Tarif** 19.189
1. Überblick 19.189
2. Normalsatz 19.190
3. Ermäßigte Steuersätze 19.191
VI. **Steuerschuldner** 19.195
1. Grundsatz 19.195
2. Steuerschuld des Leistungsempfängers 19.196
  a) Überblick 19.196

b) Betrugsbekämpfung 19.198
c) Bestimmungslandprinzip 19.201
3. Steuerschuld kraft Rechnungsausweis 19.202
VII. **Vorsteuerabzug** 19.205
1. Überblick 19.205
2. Materielle Voraussetzungen des Vorsteuerabzugs 19.208
  a) Überblick 19.208
  b) Abziehbare Vorsteuer 19.209
  c) Erwerb für Zwecke der wirtschaftlichen Tätigkeit (Zuordnung) ... 19.213
  d) Verwendung für berechtigende Ausgangsumsätze 19.217
    aa) Überblick 19.217
    bb) Berechtigende Ausgangsumsätze 19.218
    cc) Verwendung 19.221
    dd) Aufteilung von Vorsteuerbeträgen 19.224
  e) Fälligkeit des Vorsteuerabzugs ... 19.226
3. Formelle Voraussetzungen des Vorsteuerabzugs 19.227
4. Berichtigung des Vorsteuerabzugs .. 19.230
VIII. **Sonderregelungen** 19.232
1. Kleinunternehmen 19.232
2. Land- und Forstwirtschaft 19.236
3. Reiseleistungen 19.240
4. Gebrauchtwarenhändler 19.245
C. **Umsetzung in deutsches Recht** 19.250
I. **Allgemeines** 19.250
II. **Beispiele für Umsetzungsprobleme** 19.253
1. Steuerpflichtiger 19.253
2. Steuerbefreiungen 19.254
3. Tarif 19.255
4. Sonderregelungen 19.256

A. Grundlagen

Literatur (Auswahl): *Becker*, Europäische Kommission läutet die nächste Runde ihres MwSt-Aktionsplans ein, MwStR 2017, 902; *Beiser*, Allgemeine Konsumsteuer, UR 2016, 253; *Dobratz*, EU-Grundrechte und Umsatzsteuerrecht, UR 2014, 425; *Egholm Elgaard*, The impact of the Charter of Fundamental Rights of the European Union on VAT law, World Journal of VAT/GST Law 2016, 63; *Englisch*, Gemeinschaftsgrundrechte im harmonisierten Steuerrecht, in Schön/Beck, Zukunftsfragen des deutschen Steuerrechts, München 2009, 39 ff.; *Henze*, Der Grundsatz der steuerlichen Neutralität im gemeinsamen Mehrwertsteuersystem, in Englisch/Nieskens, Umsatzsteuer-Kongress-Bericht 2010, 7; *Ismer*, Der Stellenwert der Umsatzsteuer in der Steuerpolitik, MwStR 2017, 687; *Ismer/Gradl*, Mehrwertsteuer und BEPS: Der Bericht der OECD zu Aktionspunkt 1 (Digitale Wirtschaft), MwStR 2016, 324; *Kemper*, Der „Missbrauch" und die Steuerhinterziehung bei der Umsatzsteuer, UR 2017, 449; *Kokott/Dobratz*, Der unionsrechtlich allgemeine Gleichheitssatz im Europäischen Steuerrecht, in Schön/Heber, Grundfragen des Europäischen Steuerrechts, München 2015, 25 ff.; *McCarthy*, The good faith requirement in VAT, World Journal of VAT/GST Law 2017, 63; *Reiß*, Unionsrechtlich gebotene Bestrafung und Besteuerung sine lege und contra legem, UR 2016, 342; *Reiß*, Nationale Strafgesetze, Vorrang des Unionsrechts und der Grundsatz nulla poena sine lege, UR 2017, 693; *Schenk/Thuronyi/Wei*, Value Added Tax, Cambridge 2015; *Schrömbges*, Zur Betrugsbekämpfungsklausel des EuGH bei der innergemeinschaftlichen Anschlusslieferung, MwStR 2018, 157; *Zimmermann*, Modelle zur Eindämmung des grenzüberschreitenden MwSt-Betrugs: Besteuerung auch grenzüberschreitender Leistungen, UR 2017, 580.

I. Zielsetzung und Entwicklung der Umsatzsteuerharmonisierung

Die indirekten Steuern bilden naturgemäß den **Kernbereich des Steuerrechts** einer Union, die sich aus einer Wirtschaftsgemeinschaft entwickelt hat. Die unkoordinierte Erhebung nationaler Steuern auf den grenzüberschreitenden Austausch von Waren und Dienstleistungen bildete hier zunächst das augenfälligste Hindernis im Steuerrecht, das es zu beseitigen galt. Grundlage der Harmonisierung war und ist die Regelung des jetzigen Art. 113 AEUV.[1] Danach besteht eine Gesetzgebungskompetenz der Union für die indirekten Steuern, „soweit [die] Harmonisierung für die Errichtung und das Funktionieren des Binnenmarktes und die Vermeidung von Wettbewerbsverzerrungen notwendig ist" (Rz. 10.10 f.). Die bedeutendste der indirekten Steuern ist die Umsatzsteuer (zu den Verbrauchsteuern Rz. 20.1 ff., zu den sonstigen indirekten Steuern Rz. 21.1 ff.). Für „notwendig" hielt der Unionsgesetzgeber hier eine nahezu umfassende **Harmonisierung von Steuertatbeständen, Steuerbefreiungen und der Bemessungsgrundlage** der nationalen Umsatzsteuern, nicht aber ihres Tarifs oder des Verfahrensrechts, bei denen jeweils nur in Ansätzen unionsrechtliche Regelungen bestehen.

19.1

Die Harmonisierung der Umsatzsteuern in der Gemeinschaft und später in der Union hat eine lange Geschichte. Sie beginnt bereits im Jahr **1967** mit der **Ersten Richtlinie** 67/227/EWG zur Harmonisierung der Rechtsvorschriften der Mitgliedstaaten über die Umsatzsteuer.[2] Mit ihr wurden alle bis dahin in den Mitgliedstaaten erhobenen Umsatzsteuern durch ein einheitliches Steuersystem ersetzt, das **Wettbewerbsneutralität** gewährleisten soll. Die damit geschaffene Steuer wird Mehrwertsteuer genannt, weil sie nach dem **sog. Bruttoallphasensystem mit Vorsteuerabzug** funktioniert. Danach hat jeder Steuerpflichtige in einer Leistungskette seine Ausgangsumsätze zu versteuern, erhält aber gleichzeitig vom Fiskus eine Erstattung der Mehrwertsteuer, die ihm auf seiner Eingangsseite von einem anderen Steuerpflichtigen in Rechnung gestellt wurde. Im Ergebnis wird so bei jedem Steuerpflichtigen nur der Mehrwert besteuert, den er im Rahmen seines Unternehmens erwirtschaftet. Bereits 1967 beließ es der Unionsgesetzgeber aber nicht dabei, den Mitgliedstaaten allein das System der allgemeinen Umsatzbesteuerung in Form der Mehrwertsteuer vorzuschreiben, sondern machte mit der Zweiten Richtlinie zur Harmonisierung der Rechtsvorschriften der Mitgliedstaaten über die Umsatzsteuer (**Zweite MwSt-Richtlinie**)[3] darüber hinaus Vorgaben zu sämtlichen Aspekten der Steuererhebung, wenngleich diese auch teilweise nur rudimentär waren.[4]

19.2

Der bislang bedeutendste Harmonisierungsschritt folgte 1977 mit der Sechsten Richtlinie 77/388/EWG zur Harmonisierung der Rechtsvorschriften der Mitgliedstaaten über die Umsatzsteuer (**Sechste MwSt-Richtlinie**)[5]. Die Sechste MwSt-Richtlinie vertiefte die Zweite MwSt-Richtlinie in nahezu jeder Hinsicht. Das war auch Folge ihrer nun erweiterten Zielsetzung. So soll die Harmonisierung der mitgliedstaatlichen Umsatzsteuern seitdem nicht mehr nur der Wettbewerbsneutralität, sondern auch dazu die-

19.3

---

1 Zuvor galten Art. 93 EG, Art. 99 EGV und Art. 99 EWG-Vertrag.
2 Erste Richtlinie 67/227/EWG des Rates vom 11.4.1967 zur Harmonisierung der Rechtsvorschriften der Mitgliedstaaten über die Umsatzsteuer (ABl. EU 1967 Nr. 71, 1301).
3 Zweite Richtlinie 67/228/EWG des Rates vom 11.4.1967 zur Harmonisierung der Rechtsvorschriften der Mitgliedstaaten über die Umsatzsteuern – Struktur und Anwendungsmodalitäten des gemeinsamen Mehrwertsteuersystems (ABl. EU 1967 Nr. 71, 1303).
4 So war die Zweite MwSt-Richtlinie z. B. nach ihrem Art. 6 Abs. 2 i.V.m. Anhang B – neben der Lieferung von Gegenständen – nur für ganz bestimmte Dienstleistungen verbindlich.
5 Sechste Richtlinie 77/388/EWG vom 17.5.1977 zur Harmonisierung der Rechtsvorschriften der Mitgliedstaaten über die Umsatzsteuer – Gemeinsames Mehrwertsteuersystem: einheitliche steuerpflichtige Bemessungsgrundlage (ABl. EU 1977 Nr. L 145, 1), zuletzt geändert durch die Richtlinie 2006/69/EG des Rates vom 24.7.2006 (ABl. EU 2006 Nr. L 221, 9).

nen, eine einheitliche Bemessungsgrundlage für die **Eigenmittel** der damaligen Gemeinschaft zu bilden.[1] Insbesondere diese Zielsetzung führte zwangsläufig zu einer Regelungsdichte, die sich schließlich bei ihrer erforderlichen[2] **Neufassung durch die Richtlinie 2006/112/EG** über das gemeinsame Mehrwertsteuersystem[3] in insgesamt 414 Artikeln ausdrückte. Diese Neufassung nach fast 40 Jahren Geltungsdauer der Sechsten MwSt-Richtlinie bildet die aktuelle Grundlage des gemeinsamen Mehrwertsteuersystems (Rz. 19.8).

19.4 Unter den vielen Änderungen des EU-Mehrwertsteuerrechts, die dem Erlass der Sechsten MwSt-Richtlinie im Jahr 1977 folgten, ist als bislang größte Reform jene hervorzuheben, die mit der **Schaffung des Binnenmarkts** in der Europäischen Gemeinschaft im Jahr 1993 verbunden ist. Mit dem Binnenmarkt wurde das Ziel einer weitgehenden Abschaffung der Binnengrenzen in der damaligen Gemeinschaft angestrebt. In Folge dessen war es für den innergemeinschaftlichen Handel nicht mehr möglich, die Wettbewerbsneutralität der Mehrwertbesteuerung und die Zuordnung des Steueraufkommens zum Verbrauchsort nach dem System der Einfuhr-Besteuerung und der Ausfuhr-Befreiung (Rz. 19.88 ff.) zu gewährleisten. Denn hierfür hätte es weiterhin Kontrollen der zwischen den Mitgliedstaaten bestehenden Grenzen bedurft. Gleichzeitig waren die Mitgliedstaaten aber weder zur Gleichschaltung ihrer Steuersätze noch zur gänzlichen Zuordnung des Steueraufkommens zum Exportstaat mit anschließender Umverteilung des Steueraufkommens nach dem Verbrauchsort bereit. Man entschied sich vor diesem Hintergrund für ein **Mischsystem**, das zunächst nur übergangsweise gelten sollte.[4] Zwar wurde das System der Einfuhr-Besteuerung und der Ausfuhr-Befreiung im Handel zwischen den Mitgliedstaaten formal abgeschafft und damit ein Ziel erfüllt, das sich bereits in der Ersten Richtlinie 67/227/EWG findet.[5] Der Sache nach wurde es jedoch insoweit aufrechterhalten, als dem steuerpflichtigen Erwerber und dem Lieferanten eines Gegenstands nunmehr zugemutet wird, die Funktion der Grenzbeamten durch verschiedene Erklärungs- und Meldepflichten zu übernehmen (Rz. 19.93 und 19.211). Die allgemeine Unzufriedenheit mit diesem System ist seit jeher groß, weshalb es seinerseits ständigem Reformdruck unterliegt.[6]

19.5 Den Weg in eine **gemeinsame Verwaltung der Mehrwertsteuer in der EU** könnte die Union mit der Reform der Mehrwertsteuererhebung im Bereich des E-Commerce beschritten haben. Nach langen Verhandlungen vereinbarten die Mitgliedstaaten mit Art. 5 der Richtlinie 2008/8/EG[7], ab dem Jahr 2015 für grenzüberschreitende **elektronische Dienstleistungen**, Telekommunikationsleistungen etc. zum einen dem Wohnsitzstaat des Verbrauchers das Besteuerungsrecht zuzuweisen und zum anderen

---

1 Siehe Erwägungsgrund 2 Sechste MwSt-Richtlinie und Erwägungsgrund 8 MwStSystRL (Rz. 20.8).
2 Die Sechste MwSt-Richtlinie war insbesondere durch die Reform zur Schaffung des Binnenmarktes zu unübersichtlich geworden. Siehe allein die ungewöhnliche Regelungstechnik, mit der in den Art. 28a bis 28l die sog. Übergangsregelung für die Besteuerung des Handels zwischen den Mitgliedstaaten eingeführt wurde. Die einzelnen Artikel enthalten sowohl unmittelbar anzuwendende Normen als auch Änderungen anderer Bestimmungen der Sechsten MwSt-Richtlinie, vereinen also Elemente einer Stamm- und einer Änderungsvorschrift. Im Ergebnis enthielt die konsolidierte Fassung der Sechsten MwSt-Richtlinie für mehrere zentrale Bestimmungen zwei unterschiedliche Versionen, wie zum Beispiel bei Art. 17, für den Art. 28f Nr. 1 eine weitere Fassung bereit hielt.
3 Richtlinie 2006/112/EG des Rates vom 28.11.2006 über das gemeinsame Mehrwertsteuersystem (ABl. EU 2006 Nr. L 347, 1).
4 Vgl. die Erwägungsgrunde der Richtlinie 91/680/EWG des Rates vom 16.12.1991 zur Ergänzung des gemeinsamen Mehrwertsteuersystems und zur Änderung der Richtlinie 77/388/EWG im Hinblick auf die Beseitigung der Steuergrenzen (ABl. EU 1991 Nr. L 376, 1).
5 Siehe deren dritten Erwägungsgrund.
6 Vgl. zuletzt die Reformen durch die Richtlinie (EU) 2018/1910 des Rates vom 4.12.2018 zur Änderung der Richtlinie 2006/112/EG in Bezug auf die Harmonisierung und Vereinfachung bestimmter Regelungen des Mehrwertsteuersystems zur Besteuerung des Handels zwischen Mitgliedstaaten (ABl. EU 2018 Nr. L 311, 3), die ab dem Jahr 2020 Anwendung finden werden.
7 Richtlinie 2008/8/EG des Rates vom 12.2.2008 zur Änderung der Richtlinie 2006/112/EG bezüglich des Ortes der Dienstleistung (ABl. EU 2008 Nr. L 44, 11).

den Unternehmen die Möglichkeit zu bieten, die diesbzgl. Erklärungs- und Zahlungspflichten bei der Verwaltung eines Mitgliedstaats für die gesamte Union zu erfüllen (sog. Mini-One-Stop-Shop). Bei Anbietern von elektronischen Dienstleistungen, Telekommunikationsleistungen etc., die innerhalb der Union ansässig sind, erhebt dann der Ansässigkeitsstaat insoweit zentral die Mehrwertsteuer auch für alle anderen Mitgliedstaaten; bei außerhalb der Union ansässigen Anbietern war dieses Erhebungssystem bereits zuvor erprobt worden.[1] Ziel der Kommission ist es, dieses System im Laufe der Zeit auf weitere Leistungsinhalte zu erstrecken.[2] Dies ist ihr insbesondere für den **Versandhandel** bereits geglückt, der ab dem Jahr 2021 ebenfalls in das EU-Verwaltungssystem einbezogen wird.[3]

Im Ergebnis ist im Europäischen Steuerrecht aktuell die **Harmonisierung** bei den Umsatzsteuern der Mitgliedstaaten **am weitesten fortgeschritten**, sieht man einmal vom Verbot der Erhebung von Kapitalverkehrsteuern ab (Rz. 21.3 ff.). Dies führt zu einer weitreichenden Determinierung des nationalen Umsatzsteuerrechts durch das EU-Steuerrecht. So ökonomisch bedeutsam dabei die noch weitgehend bestehende Freiheit der Mitgliedstaaten bei der Bestimmung der Höhe des Steuersatzes ist, so unbedeutend ist diese letzte große materiell-rechtliche Regelungslücke des EU-Mehrwertsteuerrechts aus rechtswissenschaftlicher Sicht, da die Höhe des Steuersatzes aufgrund ihrer numerischen Eindeutigkeit keine rechtlichen Zweifelsfragen aufwirft. Die rechtliche Harmonisierung der Umsatzsteuer im Rahmen der EU geht hingegen so weit, dass – aufgrund des Grundsatzes vorrangig richtlinienkonformer Auslegung[4] – nicht nur das **deutsche Umsatzsteuergesetz** in weiten Teilen nur noch als **Rechtsanwendungsbefehl** für den Inhalt der EU-Richtlinien und der dazugehörigen EuGH-Rechtsprechung zu sehen ist.[5] Für die Auslegung des nationalen Umsatzsteuerrechts ist dementsprechend in erster Linie die Rechtsprechung des EuGH entscheidend. Der BFH ist vor diesem Hintergrund vor allem dazu berufen, die Entscheidungen des EuGH zu interpretieren und dem EuGH – wo nötig – weitere Fragen zur Auslegung des EU-Mehrwertsteuerrechts vorzulegen.

19.6

Der hohe Harmonisierungsgrad bei der Umsatzsteuer wird zum Teil jedoch wieder durchbrochen durch eine Vielzahl von **Ausnahmeregelungen** – in der Regel in Form eines Bestandsschutzes – für abweichende Mehrwertsteuerregeln einzelner oder aller Mitgliedstaaten. Derartige Ausnahmeregelungen finden sich sowohl in der MwStSystRL[6] selbst als auch in Form von Ermächtigungen des Rates für einzelne Mitgliedstaaten auf der Grundlage von Art. 395 MwStSystRL (Rz. 19.10). Aber auch die Inanspruchnahme dieser Optionen durch die Mitgliedstaaten hat sich in den unionsrechtlichen Rahmen einzufügen und daher insbesondere das **Primärrecht der Union zu beachten**. In primärrechtlicher Hinsicht noch weitergehend hat *Englisch* zu Recht früh darauf hingewiesen, dass die Gültigkeit der Ausnahmeregelungen des EU-Mehrwertsteuerrechts im Hinblick auf den unionsrechtlichen Gleichheitssatz nicht unproblematisch ist.[7] Zwar ist eine etappenweise Harmonisierung unionsrechtlich grundsätzlich

19.7

---

1 Siehe Art. 26c Sechste MwSt-RL, eingeführt durch die Richtlinie 2002/38/EG des Rates vom 7.5.2002 zur Änderung und vorübergehenden Änderung der Richtlinie 77/388/EWG bezüglich der mehrwertsteuerlichen Behandlung der Rundfunk- und Fernsehdienstleistungen sowie bestimmter elektronisch erbrachter Dienstleistungen; nunmehr Art. 358a bis 369 MwStSystRL.
2 Vgl. auch Erwägungsgrund 8 der Richtlinie 2008/8/EG.
3 Richtlinie (EU) 2017/2455 des Rates vom 5.12.2017 zur Änderung der Richtlinie 2006/112/EG und der Richtlinie 2009/132/EG in Bezug auf bestimmte mehrwertsteuerliche Pflichten für die Erbringung von Dienstleistungen und für Fernverkäufe von Gegenständen (ABl. EU 2017 Nr. L 348, 7).
4 Siehe hierzu zuletzt EuGH v. 8.5.2019 – C-566/17 – Związek Gmin Zagłębia Miedziowego, ECLI:EU:C:2019:390, Rz. 48 f. und die dort angeführte Rechtsprechung.
5 Siehe im Einzelnen *Dobratz*, Leistung und Entgelt im Europäischen Umsatzsteuerrecht, S. 11 bis 13.
6 Siehe z. B. zu den Steuerbefreiungen Art. 370 und 371 i.V.m. Anhang X Teil A und B; zur Bemessungsgrundlage Art. 81 und 89; zu den Steuersätzen Art. 104, 104a, 105, 110 sowie 112 bis 122; zum Vorsteuerabzug Art. 111, 176 oder 372; zur Sonderregelung für den Gebrauchtwarenhandel (Rz. 19.245 ff.) Art. 326 bis 332 MwStSystRL.
7 *Englisch* in Schön/Beck, Zukunftsfragen des deutschen Steuerrechts, S. 39 und 68.

zulässig.[1] Dies gilt aber nicht ohne Weiteres für Ausnahmeregelungen, die seit Beginn der Harmonisierung nur einzelnen Mitgliedstaaten überhaupt zur Verfügung standen, keine Übergangsfrist vorsehen und seit 40 Jahren zu erheblichen Wettbewerbsverzerrungen führen.[2]

II. Rechtsquellen

19.8 Obwohl sie bei weitem nicht der einzige Rechtsakt ist, der sich mit dem Umsatzsteuerrecht beschäftigt, ist die wichtigste Rechtsquelle des Umsatzsteuerrechts der Union die Richtlinie 2006/112/EG über das gemeinsame Mehrwertsteuersystem[3]. Sie wird in Deutschland etwas missverständlich als **Mehrwertsteuer-Systemrichtlinie** bezeichnet, kurz **MwStSystRL**.[4] Missverständlich ist die Bezeichnung insofern, als sie sich an der sog. Verbrauchsteuer-Systemrichtlinie anlehnt, die jedoch in ihrer Regelungstiefe nicht vergleichbar ist. So regelt die Verbrauchsteuer-Systemrichtlinie *nur* das System der Verbrauchsbesteuerung (Rz. 20.6 ff.), die Mehrwertsteuer-Systemrichtlinie hingegen die Mehrwertbesteuerung detailliert nahezu zur Gänze. Es ist bei der MwStSystRL zu betonen, dass es sich bei ihr nur um eine Richtlinie handelt, die gemäß Art. 288 Abs. 3 AEUV den Mitgliedstaaten grundsätzlich Freiraum bei der Art und Weise der Umsetzung ihres Ziels belassen soll. Denn mit ihren inzwischen weit mehr als 400 Artikeln und 11 Anhängen lässt die MwStSystRL entgegen dem Idealbild einer Richtlinie kaum eine Frage unbehandelt, auch wenn sie den Mitgliedstaaten in Einzelfragen immer wieder gewisse Spielräume und Optionsrechte ausdrücklich eröffnet. Die umfassende Bedeutung der MwStSystRL zeigt sich auch an ihrer Änderungsfrequenz: Seit ihrem Erlass im Jahr 2006 wurde sie bislang insgesamt 21 Mal geändert, so dass die MwStSystRL auch insoweit den Eindruck eines „richtigen" Steuergesetzes vermittelt.

19.9 Auch die bis zum Ablauf des Jahres 2006 geltende[5] **Sechste MwSt-Richtlinie** (Rz. 19.3) hat als Rechtsquelle immer noch einige Bedeutung. Zum einen betrifft ein Großteil der EuGH-Rechtsprechung zum Mehrwertsteuerrecht eben diese Richtlinie. Dabei geht der EuGH bei Entscheidungen zur geltenden MwStSystRL zu Recht wie selbstverständlich davon aus, dass seine Rechtsprechung zu den entsprechenden Bestimmungen der Sechsten MwSt-Richtlinie auf die MwStSystRL zu übertragen ist. Um ein vollständiges Bild der EuGH-Rechtsprechung zum Mehrwertsteuerrecht zu erhalten, ist daher immer noch auch die Kenntnis der Bestimmungen der Sechsten MwSt-Richtlinie erforderlich. Zum anderen erreichen den EuGH aufgrund der langen Geltungsdauer der Sechsten MwSt-Richtlinie und der teilweise ebenfalls langen Dauer streitiger Steuerverfahren auch gegenwärtig immer noch vereinzelt Vorlagen mit Fragen zur Auslegung der Sechsten MwSt-Richtlinie[6], zuweilen sogar noch zur Auslegung der Zweiten MwSt-Richtlinie[7] (Rz. 19.2).

19.10 Neben der MwStSystRL als Hauptrechtsquelle des EU-Mehrwertsteuerrechts existieren **ergänzende Rechtsakte** der Union, die den Regelungsgehalt der MwStSystRL materiell oder verfahrensrechtlich ausbauen bzw. modifizieren. In materieller Hinsicht bestehen ergänzende Rechtsakte, die bestimmte Steuerbefreiungen bei der Einfuhr von Waren regeln (Richtlinie 2009/132/EG)[8], die teilweise auch für

---

1 Vgl. in diesem Sinne nur EuGH v. 9.11.1995 – C-479/93 – Francovich, ECLI:EU:C:1995:372, Rz. 25.
2 Vgl. in diesem Sinne EuGH, Schlussanträge der Generalanwältin *Kokott* v. 4.9.2014 – C-144/13, C-154/13 und C-160/13 – VDP Dental Laboratory u.a., ECLI:EU:C:2014:2163, Rz. 84 zu Art. 370 i.V.m. Anhang X Teil A Nr. 1 MwStSystRL (Rz. 19.169).
3 Richtlinie 2006/112/EG des Rates vom 28.11.2006 über das gemeinsame Mehrwertsteuersystem (ABl. EU 2006 Nr. L 347, S. 1), zuletzt geändert durch die Richtlinie (EU) 2018/2057 des Rates vom 20.12.2018 (ABl. EU 2018 Nr. L 329, 3).
4 Dies entspricht nicht dem deutschen Sprachgebrauch auf Unionsebene, der mit der Bezeichnung „Mehrwertsteuerrichtlinie" arbeitet, siehe z. B. EuGH v. 15.9.2011 – C-180/10 und C-181/10 – Słaby u.a., ECLI:EU:2011:589, Rz. 1; v. 8.5.2019 – C-712/17 – EN.SA., ECLI:EU:C:2019:374, Rz. 1.
5 Gemäß Art. 413 MwStSystRL.
6 Siehe zuletzt nur die Rechtssachen C-42/19 (Sonaecom) und C-94/19 (San Domenico Vetraria).
7 Siehe zuletzt EuGH v. 19.12.2012 – C-310/11 – Grattan, ECLI:EU:C:2012:822.
8 Richtlinie 2009/132/EG des Rates vom 19.10.2009 zur Festlegung des Anwendungsbereichs von Artikel 143 Buchstabe b und c der Richtlinie 2006/112/EG hinsichtlich der Mehrwertsteuerbefreiung be-

andere Steuerarten als die Mehrwertsteuer gelten (Richtlinien 2006/79/EG[1], 2007/74/EG[2] und 83/182/EWG[3]; Rz. 20.14). Zum Verfahren existieren ergänzende Rechtsakte für die grenzüberschreitende Erstattung von Vorsteuer innerhalb der Union (Richtlinie 2008/9/EG)[4] und für Steuerpflichtige aus Drittstaaten (Richtlinie 86/560/EWG)[5] sowie für die Zusammenarbeit der nationalen Steuerverwaltungen (Verordnung (EU) Nr. 904/2010[6] – ZusammenarbeitsVO MwSt – mit Durchführungsverordnungen

stimmter endgültiger Einfuhren von Gegenständen (kodifizierte Fassung) (ABl. EU 2009 Nr. L 292, 5); zuvor galt die Richtlinie 83/181/EWG des Rates vom 28.3.1983 zur Festlegung des Anwendungsbereichs von Artikel 14 Absatz 1 Buchstabe d) der Richtlinie 77/388/EWG hinsichtlich der Mehrwertsteuerbefreiung bestimmter endgültiger Einfuhren von Gegenständen (ABl. EU 1983 Nr. L 105, 38), die zuletzt durch die Akte über die Bedingungen des Beitritts des Königreichs Norwegen, der Republik Österreich, der Republik Finnland und des Königreichs Schweden und die Anpassungen der die Europäische Union begründenden Verträge (ABl. EU 1994 Nr. C 241, 21) geändert wurde.

1 Richtlinie 2006/79/EG des Rates vom 5.10.2006 über die Steuerbefreiungen bei der Einfuhr von Waren in Kleinsendungen nichtkommerzieller Art mit Herkunft aus Drittländern (kodifizierte Fassung) (ABl. EU 2006 Nr. L 286, 15); zuvor galt die Richtlinie 78/1035/EWG des Rates vom 19.12.1978 über die Steuerbefreiungen bei der Einfuhr von Waren in Kleinsendungen nichtkommerzieller Art mit Herkunft aus Drittländern (ABl. EU 1978 Nr. L 366, 34), die zuletzt durch die Akte über die Bedingungen des Beitritts des Königreichs Norwegen, der Republik Österreich, der Republik Finnland und des Königreichs Schweden und die Anpassungen der die Europäische Union begründenden Verträge (ABl. EU 1994 Nr. C 241, 21) geändert wurde.

2 Richtlinie 2007/74/EG des Rates vom 20.12.2007 über die Befreiung der von aus Drittländern kommenden Reisenden eingeführten Waren von der Mehrwertsteuer und den Verbrauchsteuern (ABl. EU 2007 Nr. L 346, 6); zuvor galt bis zum 31.12.2007 die Richtlinie 69/169/EWG des Rates vom 23.5.1969 zur Harmonisierung der Rechts- und Verwaltungsvorschriften über die Befreiung von den Umsatzsteuern und Sonderverbrauchsteuern bei der Einfuhr im grenzüberschreitenden Reiseverkehr (ABl. EU 1969 Nr. L 133, 6), die zuletzt durch die Richtlinie 2007/74/EG des Rates vom 20.12.2007 (ABl. EU 2007 Nr. L 346, 6) geändert wurde.

3 Richtlinie 83/182/EWG des Rates vom 28.3.1983 über Steuerbefreiungen innerhalb der Gemeinschaft bei vorübergehender Einfuhr bestimmter Verkehrsmittel (ABl. EU 1983 Nr. L 105, 59), zuletzt geändert durch die Richtlinie 2013/13/EU des Rates vom 13.5.2013 (ABl. EU 2013 Nr. L 141, 30).

4 Richtlinie 2008/9/EG des Rates vom 12.2.2008 zur Regelung der Erstattung der Mehrwertsteuer gemäß der Richtlinie 2006/112/EG an nicht im Mitgliedstaat der Erstattung, sondern in einem anderen Mitgliedstaat ansässige Steuerpflichtige (ABl. EU 2008 Nr. L 44, 23), die durch die Richtlinie 2010/66/EU des Rates vom 14.10.2010 (ABl. EU 2010 Nr. L 275, 1) geändert wurde; zuvor galt bis zum 31.12.2009 die Achte Richtlinie 79/1072/EWG des Rates vom 6.12.1979 zur Harmonisierung der Rechtsvorschriften der Mitgliedstaaten über die Umsatzsteuern – Verfahren zur Erstattung der Mehrwertsteuer an nicht im Inland ansässige Steuerpflichtige (ABl. EU 1979 Nr. L 331, 11), die zuletzt durch die Richtlinie 2006/98/EG des Rates vom 20.11.2006 (ABl. EU 2006 Nr. L 363, 129) geändert wurde.

5 Dreizehnte Richtlinie 86/560/EWG des Rates vom 17.11.1986 zur Harmonisierung der Rechtsvorschriften der Mitgliedstaaten über die Umsatzsteuern – Verfahren der Erstattung der Mehrwertsteuer an nicht im Gebiet der Gemeinschaft ansässige Steuerpflichtige (ABl. EU 1986 Nr. L 326, 40).

6 Verordnung (EU) Nr. 904/2010 des Rates vom 7.10.2010 über die Zusammenarbeit der Verwaltungsbehörden und die Betrugsbekämpfung auf dem Gebiet der Mehrwertsteuer (Neufassung) (ABl. EU 2010 Nr. L 268, 1), zuletzt geändert durch die Verordnung (EU) 2018/1909 des Rates vom 4.12.2018 (ABl. EU 2018 Nr. L 311, 1); zuvor galt vom 1.1.2004 zum 31.12.2011 die Verordnung (EG) Nr. 1798/2003 des Rates vom 7.10.2003 über die Zusammenarbeit der Verwaltungsbehörden auf dem Gebiet der Mehrwertsteuer und zur Aufhebung der Verordnung (EWG) Nr. 218/92 (ABl. EU 2003 Nr. L 264, 1), die zuletzt durch die Verordnung (EG) Nr. 37/2009 des Rates vom 16.12.2008 (ABl. EU 2009 Nr. L 14, 1) geändert wurde; noch davor galt bis zum 31.12.2003 die Verordnung (EG) Nr. 218/92 des Rates vom 27.1.1992 über die Zusammenarbeit der Verwaltungsbehörden auf dem Gebiet der indirekten Besteuerung (MWSt.) (ABl. EU 1992 Nr. L 24, 1), die zuletzt durch die Verordnung (EG) Nr. 792/2002 des Rates vom 7.5.2002 (ABl. EU 2002 Nr. L 128, 1) geändert wurde.

der Kommission[1]) und ansatzweise auch für das Steuerstrafrecht (Richtlinie (EU) 2017/1371)[2]. Darüber hinaus wird die MwStSystRL durch eine **allgemeine Durchführungsverordnung (MwSt-DVO)**[3] des Rates unterstützt, die Zweifelsfragen der Anwendung der MwStSystRL klären soll, sowie durch eine gesetzgebungstechnische Durchführungsverordnung der Kommission[4]. Hinzu kommt schließlich eine Vielzahl von Durchführungsbeschlüssen (früher: „Entscheidungen") des Rates, die auf der Grundlage von Art. 395 MwStSystRL einzelne Mitgliedstaaten zu Sonderregelungen ermächtigen, um von bestimmten Vorschriften der MwStSystRL abweichen zu können.[5]

19.11 Die zahlreichen **Leitlinien des Mehrwertsteuerausschusses**[6], der gemäß Art. 398 MwStSystRL Vertreter der Kommission und der Mitgliedstaaten vereint und sich u. a. mit der Auslegung der MwStSystRL befasst, sind gegenwärtig nicht als Rechtsquelle des EU-Mehrwertsteuerrechts einzuordnen. Zwar wird den Leitlinien teilweise der Charakter eines „Hilfsmittels" für die Auslegung der MwStSystRL zugestanden.[7] Trotzdem steht die Feststellung im Vordergrund, dass die Leitlinien des Mehrwertsteuerausschusses weder die Verwaltungen noch die Gerichte rechtlich binden.

19.12 Dieser Befund gilt in noch stärkerem Maße für die **Erläuterungen der Generaldirektion Steuern und Zollunion** der Europäischen Kommission zu einzelnen Regelungsgebieten der MwStSystRL. Erstmalig anlässlich der Reform der mehrwertsteuerlichen Rechnungsstellung[8] versuchte die Generaldirektion dem Bedürfnis der europäischen Rechtsanwender nach mehr Rechtssicherheit auch durch einseitige Maßnahmen zu entsprechen und gab – nach Anhörung der Mitgliedstaaten und interessierter Steuer-

---

1 Durchführungsverordnung (EU) Nr. 79/2012 der Kommission vom 31.1.2012 zur Regelung der Durchführung bestimmter Vorschriften der Verordnung (EU) Nr. 904/2010 des Rates über die Zusammenarbeit der Verwaltungsbehörden und die Betrugsbekämpfung auf dem Gebiet der Mehrwertsteuer (Neufassung) (ABl. EU 2012 Nr. L 29, 13), zuletzt geändert durch die Durchführungsverordnung (EU) 2015/524 der Kommission vom 27.3.2015 (ABl. EU 2015 Nr. L 84, 22); Durchführungsverordnung (EU) Nr. 815/2012 der Kommission vom 13.9.2012 mit Durchführungsbestimmungen zu der Verordnung (EU) Nr. 904/2010 des Rates hinsichtlich der Sonderregelungen für gebietsfremde Steuerpflichtige, die Telekommunikationsdienstleistungen, Rundfunk- und Fernsehdienstleistungen oder elektronische Dienstleistungen an Nichtsteuerpflichtige erbringen (ABl. EU 2012 Nr. L 249, 3), die zuletzt durch die Durchführungsverordnung (EU) 2018/980 der Kommission vom 11.7.2018 (ABl. EU 2018 Nr. L 176, 9) geändert wurde.
2 Richtlinie (EU) 2017/1371 des Europäischen Parlaments und des Rates vom 5.7.2017 über die strafrechtliche Bekämpfung von gegen die finanziellen Interessen der Union gerichtetem Betrug (ABl. EU 2017 Nr. L 198, 29; berichtigt ABl. EU 2017 Nr. L 350, 50).
3 Durchführungsverordnung (EU) Nr. 282/2011 des Rates vom 15.3.2011 zur Festlegung von Durchführungsvorschriften zur Richtlinie 2006/112/EG über das gemeinsame Mehrwertsteuersystem (Neufassung) (ABl. EU 2011 Nr. L 77, 1), zuletzt geändert durch die Durchführungsverordnung (EU) 2018/1912 des Rates vom 4.12.2018 (ABl. EU 2018 Nr. L 311, 10); zuvor galt bis zum 30.6.2011 die Verordnung (EG) Nr. 1777/2005 vom 17.10.2005 zur Festlegung von Durchführungsvorschriften zur Richtlinie 77/388/EWG über das gemeinsame Mehrwertsteuersystem (ABl. EU 2005 Nr. L 288, 1).
4 Durchführungsverordnung (EU) Nr. 17/2014 der Kommission vom 10.1.2014 zur Festlegung des Standardformblatts für die Meldung einer Sondermaßnahme im Rahmen des Schnellreaktionsmechanismus gegen Mehrwertsteuerbetrug (ABl. EU 2014 Nr. L 8, 13).
5 Siehe als Beispiel den Durchführungsbeschluss 2014/797/EU des Rates vom 7.11.2014 zur Ermächtigung der Republik Estland, eine von Artikel 26 Absatz 1 Buchstabe a, Artikel 168 und Artikel 168a der Richtlinie 2006/112/EG über das gemeinsame Mehrwertsteuersystem abweichende Regelung anzuwenden (ABl. EU 2014 Nr. L 330, 48); vgl. zur Möglichkeit der Mitgliedstaaten, derartige Ermächtigungen auch nur teilweise in Anspruch zu nehmen: EuGH v. 13.12.2011 – C-395/11 – BLV Wohn- und Gewerbebau, ECLI:EU:C:2012:799, Rz. 40 bis 42.
6 Abrufbar über die Webseite der Europäischen Kommission, unter http://ec.europa.eu/taxation_customs/taxation/vat/key_documents/vat_committee/index_de.htm.
7 EuGH, Schlussanträge der Generalanwältin Kokott v. 27.6.2013 – C-155/12 – RR Donnelley Global Turnkey Solutions Poland, ECLI:EU:C:2013:57, Rz. 46 bis 51.
8 Richtlinie 2010/45/EU vom 13.7.2010 zur Änderung der Richtlinie 2006/112/EG über das gemeinsame Mehrwertsteuersystem hinsichtlich der Rechnungsstellungsvorschriften (ABl. EU 2010 Nr. L 189, 1).

pflichtiger – kommentarartige Anmerkungen zu einzelnen Bestimmungen der MwStSystRL bzw. der MwSt-DVO heraus.[1] Solche rechtlich irrelevanten Erläuterungen sind eher als politische Stellungnahme der Kommission einzuordnen, die sich offenbar mehr in Richtung eines „BMF" der Union entwickeln möchte, ohne hierfür jedoch bislang über die entsprechenden rechtlichen Instrumente zu verfügen.

III. Konkurrenz mit nationalen Steuern auf den Umsatz

Die MwStSystRL ist auch insofern eine umfassende Regelung des *Umsatz*steuerrechts, als sie nicht nur fast sämtliche Aspekte der Erhebung der Mehrwertsteuer regelt, sondern darüber hinaus aufgrund ihres Art. 401 die Mehrwertsteuer als **einzig zulässige „Umsatzsteuer"** in der Union bestimmt. Die Erhebung von (allgemeinen) Umsatzsteuern ist somit insgesamt unionsrechtlich geregelt, indem eine bestimmte ihrer möglichen Formen – nämlich die Mehrwertsteuer, wie sie die MwStSystRL regelt – den Mitgliedstaaten als verbindlich vorgeschrieben wird. In welchem Umfang im Einzelnen dadurch das Steuerfindungsrecht der Mitgliedstaaten im Bereich umsatzbezogener Steuern begrenzt wird, ist allerdings umstritten. Klar ist, dass den Mitgliedstaaten nicht jede andere nationale Steuer, die auf den Umsatz abstellt, verboten ist. Art. 401 MwStSystRL erlaubt nämlich ausdrücklich Steuern auf Versicherungsverträge, Spiele und Wetten sowie auf den Grunderwerb ebenso wie die nur teilweise unionsrechtlich geregelten speziellen Verbrauchsteuern (Rz. 20.27). Derartige Steuern können sogar zusätzlich zur Mehrwertsteuer erhoben werden, da Art. 401 MwStSystRL einer Doppelbesteuerung insoweit nicht entgegensteht.[2]

19.13

Der EuGH sieht die Steuerhoheit der Mitgliedstaaten durch Art. 401 MwStSystRL aber insoweit beschränkt, als sie danach keine Steuer erheben dürfen, welche die **wesentlichen Merkmale einer Mehrwertsteuer** aufweist.[3] Er setzt damit den in Art. 401 MwStSystRL verwendeten Begriff „Umsatzsteuer" mit einer Mehrwertsteuer gleich. Zu den wesentlichen Merkmalen der Mehrwertsteuer zählt der EuGH ihre allgemeine Erhebung, ihre Bemessung nach dem Preis, ihre Erhebung auf jeder Produktions- und Vertriebsstufe sowie die Gewährung des Vorsteuerabzugs, so dass sich die Steuer auf jeder Stufe nur auf den Mehrwert bezieht und – nach Auffassung des EuGH – letztlich der Endverbraucher belastet wird.[4] Aufgrund dieser engen Sichtweise hat der Gerichtshof trotz zahlreicher Verfahren bislang nur in einem einzigen Fall den Verstoß einer nationalen Umsatzsteuer gegen Art. 401 MwStSystRL festgestellt.[5] Will man sich aber nicht damit abfinden, dass die Position des EuGH den Mitgliedstaaten paradoxerweise weiterhin erlaubt, Umsatzsteuern nach dem kumulativen Mehrphasensystem zu erheben,[6] obwohl das gemeinsame Mehrwertsteuersystem der Union gerade der Abschaffung solcher Steuern dient,[7] ist ein weitergehendes Verständnis des Art. 401 MwStSystRL unumgänglich. Dieses Verständnis muss sich am Sinn und Zweck der Umsatzsteuer-Harmonisierung in der Union orientieren (Rz. 19.1 f.). Die Vor-

19.14

---

1 Erläuterungen der Generaldirektion Steuern und Zollunion der Europäischen Kommission vom 5.10.2011 zu den Mehrwertsteuervorschriften für die Rechnungsstellung; siehe zu dieser und weiteren „Leitlinien" der Kommission: https://ec.europa.eu/taxation_customs/business/vat/commission-guidelines_de.
2 Vgl. EuGH v. 8.7.1986 – 73/85 – Kerrut, ECLI:EU:C:1986:295, Rz. 22; v. 12.6.2019 – C-185/18 – Oro Efectivo, ECLI:EU:C:2019:485, Rz. 20.
3 Vgl. u. a. EuGH v. 9.3.2000 – C-437/97 – EKW und Wein & Co, ECLI:EU:C:2000:110, Rz. 23; v. 3.10.2006 – C-475/03 – Banca popolare di Cremona, ECLI:EU:C:2006:629, Rz. 27 f.; v. 7.8.2018 – C-475/17 – Viking Motors u.a., ECLI:EU:C:2018:636, Rz. 37 f.; vgl. ähnlich bereits EuGH v. 7.5.1992 – C-347/90 – Bozzi, ECLI:EU:C:1992:200, Rz. 10.
4 Siehe u. a. EuGH v. 8.6.1999 – C-338/97, C-344/97 und C-390/97 – Pelzl u.a., ECLI:EU:C:1999:285, Rz. 21; v. 11.10.2007 – C-283/06 – C-312/06 – KÖGÁZ u.a., ECLI:EU:C:2007:598, Rz. 37; v. 7.8.2018 – C-475/17 – Viking Motors u.a., ECLI:EU:C:2018:636, Rz. 39.
5 Siehe EuGH v. 31.3.1992 – C-200/90 – Dansk Denkavit und Poulsen Trading, ECLI:EU:C:1992:152.
6 Insoweit kritisch bereits EuGH, Schlussanträge des Generalanwalts *Léger* v. 13.3.1997 – C-130/96 – Solisnor-Estaleiros Navais, ECLI:EU:C:1997:152, Rz. 42.
7 Siehe den 4. und 8. Erwägungsgrund der Ersten Richtlinie 67/227/EWG.

schrift verbietet deshalb nationale Steuern, deren Bemessungsgrundlage erstens umsatzbezogen ist, die zweitens allgemein – also nicht nur hinsichtlich spezieller Leistungsgegenstände – erhoben werden und die drittens das gemeinsame Mehrwertsteuersystem der Union beeinträchtigen, indem sie die Wettbewerbsbedingungen auf Unions- oder nationaler Ebene verfälschen.[1]

IV. Allgemeine Grundsätze der EU-Mehrwertsteuer

1. Steuerdestinatar

19.15 Der EuGH hat sich klar der Lehre angeschlossen, die im Endverbraucher und nicht im steuerpflichtigen Unternehmer den Steuerträger erkennt.[2] Diese Sicht wurde nie wirklich begründet, bildet aber trotz ihrer Angreifbarkeit – so ist ökonomisch betrachtet die Frage der Steuerträgerschaft nicht einfach zu beantworten, zudem müsste nach der Logik des EuGH bei den unechten Steuerbefreiungen (Rz. 19.109) auch der Unternehmer gewollter Steuerträger sein – den teleologischen Hintergrund einer nicht geringen Anzahl von Entscheidungen. Auf der Grundlage dieser Annahme zum Steuerträger hat der EuGH den **Endverbraucher** und nicht den Steuerpflichtigen als Steuerdestinatar der Mehrwertsteuer ausgemacht. So sieht er im Steuerpflichtigen nur den verlängerten Arm der Staatskasse, der „als Steuereinnehmer für Rechnung des Staates" die Steuer vom Endverbraucher erhebt.[3] Belasten soll die Mehrwertsteuer hingegen nur den Endverbraucher.[4]

2. Der Grundsatz der steuerlichen Neutralität

a) Überblick

19.16 Von zentraler Bedeutung für die Auslegung des Mehrwertsteuerrechts der Union ist der sog. Grundsatz der steuerlichen Neutralität. Dieser Grundsatz wurde vom EuGH eigenständig in seiner Rechtsprechung entwickelt und bildet mittlerweile einen allgemeinen Auslegungsgrundsatz,[5] auf den sich zahlreiche Entscheidungen stützen oder zumindest Bezug nehmen. Der Umgang mit dem Grundsatz der steuerlichen Neutralität wird allerdings durch den Umstand erschwert, dass er in der Rechtsprechung sehr **unterschiedliche Bedeutungen** haben kann.[6] Deshalb ist jeweils die Klärung unumgänglich, von welchem Aspekt des Grundsatzes der steuerlichen Neutralität gerade die Rede ist. Im Wesentlichen sind hier drei verschiedene Bedeutungen zu unterscheiden.[7]

b) Gleichbehandlung und Wettbewerbsneutralität

19.17 Wohl in erster Linie verstehen der EuGH und mit ihm die Fachkreise den Grundsatz der steuerlichen Neutralität im Sinne eines Gleichbehandlungsgebots. Danach dürfen vergleichbare Situationen nur

---

1 So EuGH, Schlussanträge der Generalanwältin *Kokott* v. 5.9.2013 – C-385/12 – Hervis Sport- és Divatkereskedelmi, ECLI:EU:C:2013:531, Rz. 93 ff.; nur formal ähnlich auch EuGH v. 7.8.2018 – C-475/17 – Viking Motors u.a., ECLI:EU:C:2018:636, Rz. 41.
2 Siehe nur EuGH v. 21.2.2008 – C-271/06 – Netto Supermarkt, ECLI:EU:C:2008:105, Rz. 21; v. 7.8.2018 – C-475/17 – Viking Motors u.a., ECLI:EU:C:2018:636, Rz. 48.
3 EuGH v. 21.2.2008 – C-271/06 – Netto Supermarkt, ECLI:EU:C:2008:105, Rz. 21 und die dort angeführte Rechtsprechung.
4 Siehe nur EuGH v. 6.10.2005 – C-291/03 – MyTravel, ECLI:EU:C:2005:591, Rz. 30; v. 3.5.2012 – C-520/10 – Lebara, ECLI:EU:C:2012:264, Rz. 25; v. 22.11.2018 – C-295/17 – MEO – Serviços de Comunicações e Multimédia, ECLI:EU:C:2018:942, Rz. 55.
5 Vgl. EuGH v. 19.7.2012 – C-44/11 – Deutsche Bank, ECLI:EU:C:2012:484, Rz. 45.
6 Vgl. insbesondere EuGH v. 15.11.2012 – C-174/11 – Zimmermann, ECLI:EU:C:2012:716, Rz. 46 ff.
7 Siehe zu einer weiteren Bedeutungsvariante (Aufteilung der Besteuerungsbefugnis zwischen den Mitgliedstaaten): EuGH, Schlussanträge des Generalanwalts *Cruz Villalón* v. 27.9.2012 – C-587/10 – VSTR, ECLI:EU:C:2012:369, Rz. 56 bis 58.

dann unterschiedlich behandelt werden, wenn eine Differenzierung objektiv gerechtfertigt ist.[1] Dieser Bedeutungsgehalt kann sich auf gleicher Basis auch etwas verengen, wenn der Neutralitätsgrundsatz vom EuGH nur im Sinne einer **Wettbewerbsneutralität** verwendet wird: Gleiche Umsätze sind danach gleich zu besteuern und Steuerpflichtige, die gleiche Umsätze tätigen, ebenfalls.[2] Neutralität bedeutet hier, dass sich die Mehrwertsteuer nicht auf den Wettbewerb auswirkt,[3] was naturgemäß aus der Sicht des Verbrauchers zu beurteilen ist.[4] Dieser Grundsatz der Wettbewerbsneutralität beinhaltet die **Rechtsformneutralität** der Mehrwertsteuer.[5] Darüber hinaus verwendet der EuGH den Begriff der steuerlichen Neutralität auch, wenn er betonen will, dass die Mehrwertsteuer **moralisch blind** ist. Der Grundsatz der Neutralität verbietet es nämlich auch, zwischen erlaubten und unerlaubten Geschäften zu differenzieren.[6] Damit wird im Grunde gesagt, dass gleiche Umsätze nicht deshalb ungleich sind, weil einer von ihnen verboten ist.

Insgesamt beruht diese Bedeutungsvariante des Grundsatzes der steuerlichen Neutralität auf dem Grundsatz der Gleichbehandlung,[7] wie ihn die Unionsrechtsordnung in allgemeiner Form durch **Art. 20 der EU-Grundrechte-Charta** gewährleistet (Rz. 12.18). Allerdings besteht keine Identität. Denn der Grundsatz der steuerlichen Neutralität kann als Auslegungsprinzip des Mehrwertsteuerrechts der Union strenger sein als der Grundsatz der Gleichbehandlung. Dies ist zum Beispiel der Fall bei der im Mehrwertsteuersystem verbotenen Differenzierung zwischen erlaubten und unerlaubten Umsätzen (Rz. 20.17): Der Gleichheitssatz des Art. 20 der Charta würde die gegenteilige Sicht des Unionsgesetzgebers nicht verbieten. Soweit allerdings der Grundsatz der steuerlichen Neutralität mit dem Grundsatz der Gleichbehandlung identisch ist, hat er materiell betrachtet sogar primärrechtliche Qualität. Dem steht auch nicht die zutreffende Aussage des EuGH entgegen, wonach der Grundsatz der steuerlichen Neutralität als solcher keine Regel des Primärrechts ist.[8]

19.18

c) Belastungsneutralität

Darüber hinaus versteht der EuGH unter dem Grundsatz der steuerlichen Neutralität aber auch die Gewährleistung einer *Belastungs*neutralität für den Steuerpflichtigen. Aus den Regelungen zum Vorsteuerabzug (Rz. 19.205 ff.) ergebe sich nämlich, dass der Steuerpflichtige vollständig von der Mehrwertsteuer, die sich Rahmen seiner wirtschaftlichen Tätigkeit ergibt, entlastet werden soll. Die Mehrwertsteuer soll deshalb für den Steuerpflichtigen hinsichtlich der steuerlichen Belastung neutral sein.[9]

19.19

---

1 Siehe nur EuGH v. 10.4.2008 – C-309/06 – Marks & Spencer, ECLI:EU:C:2008:211, Rz. 49 und 51; v. 31.1.2013 – C-643/11 – LVK-56, ECLI:EU:C:2013:55, Rz. 55; v. 19.12.2018 – C-51/18 – Kommission/Österreich, ECLI:EU:C:2018:1035, Rz. 55.
2 Vgl. insbesondere EuGH v. 25.4.2013 – C-480/10 – Kommission/Schweden, ECLI:EU:C:2013:263, Rz. 17; v. 13.3.2014 – C-366/12 – Klinikum Dortmund, ECLI:EU:C:2014:143, Rz. 28.
3 Vgl. EuGH v. 17.10.1989 – 231/87 und 129/88 – Comune di Carpaneto Piacentino u.a., ECLI:EU:C: 1989:381, Rz. 22; v. 28.6.2007 – C-363/05 – JP Morgan Fleming Claverhouse Investment Trust und The Association of Investment Trust Companies, ECLI:EU:C:2007:391, Rz. 46 f.; v. 19.12.2012 – C-549/11 – Orfey Balgaria, ECLI:EU:C:2012:832, Rz. 34.
4 EuGH v. 10.11.2011 – C-259/10 und C-260/10 – Rank Group, ECLI:EU:C:2011:719, Rz. 31 bis 36.
5 Vgl. u. a. EuGH v. 7.9.1999 – C-216/97 – Gregg, ECLI:EU:C:1999:390, Rz. 20; v. 10.9.2002 – C-141/00 – Kügler, ECLI:EU:C:2002:473, Rz. 30; v. 26.6.2007 – C-284/04 – T-Mobile Austria u.a., ECLI:EU:C:2007:381, Rz. 38.
6 Siehe u. a. EuGH 11.6.1998 – C-283/95 – Fischer, ECLI:EU:C:1998:276, Rz. 28; v. 25.2.1999 – C-349/96 – CPP, ECLI:EU:C:1999:93, Rz. 33; v. 7.3.2013 – C-275/11 – GfBk, ECLI:EU:C:2013:141, Rz. 32.
7 Insoweit explizit EuGH v. 19.12.2012 – C-549/11 – Orfey Balgaria, ECLI:EU:C:2012:832, Rz. 34 und 36; v. 19.12.2018 – C-51/18 – Kommission/Österreich, ECLI:EU:C:2018:1035, Rz. 55.
8 Vgl. EuGH v. 19.7.2012 – C-44/11 – Deutsche Bank, ECLI:EU:C:2012:484, Rz. 45; v. 2.7.2015 – C-334/14 – De Fruytier, ECLI:EU:C:2015:437, Rz. 37.
9 Siehe u. a. EuGH v. 14.2.1985 – 268/83 – Rompelman, ECLI:EU:C:1985:74, Rz. 19; v. 15.11.2012 – C-174/11 – Zimmermann, ECLI:EU:C:2012:716, Rz. 47; v. 28.7.2016 – C-332/15 – Astone, ECLI:EU:C:2016:614, Rz. 29.

Mit anderen Worten soll der Steuerpflichtige durch die Mehrwertsteuer gar nicht belastet werden. Dieser Grundsatz erklärt sich aus dem Telos, das der EuGH dem Mehrwertsteuersystem im Hinblick auf den Steuerträger unterstellt (Rz. 19.15). Er spielt naturgemäß vor allem im Rahmen der Auslegung des Rechts auf Vorsteuerabzug eine wichtige Rolle, hat darüber hinaus aber auch dazu geführt, dass der EuGH weitere Rechte des Steuerpflichtigen, wie z. B. das in der MwStSystRL nicht vorgesehene Recht zur Rechnungsberichtigung bei einer Steuerschuld kraft Ausweises der Mehrwertsteuer in einer Rechnung (Rz. 19.204), richterrechtlich entwickelt hat.[1]

d) Vermeidung der Doppelbesteuerung

19.20 Schließlich soll der Grundsatz der steuerlichen Neutralität nach der Rechtsprechung des EuGH auch eine Doppelbesteuerung der unternehmerischen Tätigkeiten verhindern.[2] Dies stellt eine dritte Bedeutungsvariante des Grundsatzes der steuerlichen Neutralität dar. Denn Fälle von Doppelbesteuerung verletzen nicht in jedem Fall gleichzeitig den Grundsatz der Wettbewerbsneutralität (Rz. 19.17) oder den Grundsatz der Belastungsneutralität (Rz. 19.19), weil die Doppelbesteuerung gleichmäßig vorhanden sein und die doppelte Besteuerung auch mittels einer doppelten Abwälzung der Steuer auf den Leistungsempfänger die Belastung des Steuerpflichtigen verhindern kann. Diese dritte Bedeutungsvariante des Grundsatzes der steuerlichen Neutralität verfügt sicherlich von allen dreien über das geringste Gewicht. Denn es entsteht nicht oft ein Bedürfnis, einem Grundsatz der Vermeidung der Doppelbesteuerung zur Geltung zu verhelfen, da das Unionsrecht in der MwStSystRL ein umfassendes Besteuerungssystem normiert und insbesondere normativ eindeutige Leistungsorte festlegt (Rz. 19.77 ff.). Dadurch wird zumindest die rechtliche Doppelbesteuerung im Rahmen der Haupttatbestände der Mehrwertsteuer bereits im Keim erstickt.[3]

3. Die Berücksichtigung der wirtschaftlichen Realität

19.21 In verschiedenen Zusammenhängen enthält die Rechtsprechung des EuGH eine Bezugnahme auf die „Berücksichtigung der wirtschaftlichen Realität" als einem „grundlegenden Kriterium" für die Anwendung des Mehrwertsteuerrechts der Union.[4] Zum Teil verwandte der EuGH dieses Prinzip bislang nur als Schlagwort, hinter dem sich das Bestimmungslandprinzip und die Wettbewerbsneutralität[5] oder die Notwendigkeit tatsächlicher Feststellungen[6] verbargen. Zum Teil wird das Prinzip der Berücksichtigung der wirtschaftlichen Realität in der Rechtsprechung aber auch als eine Form des Gebots wirtschaftlicher Betrachtungsweise verwendet, mit der eine eingehende Analyse der mehrwertsteuerlichen Leistungsbeziehungen eines Sachverhalts verbunden ist. In dieser Funktion scheint es dem EuGH darum zu gehen, die formellen Vertragsbeziehungen einer Überprüfung durch ihren wirtschaftlichen Gehalt oder Hintergrund zu unterziehen, insbesondere um Steuerumgehungen zu verhindern.[7] Insoweit handelt es sich um eine dem deutschen Steuerrecht wohlbekannte Herangehensweise.[8]

---

1 Vgl. EuGH v. 19.9.2000 – C-454/98 – Schmeink & Cofreth und Strobel, ECLI:EU:C:2000:469.
2 Vgl. EuGH v. 17.5.2001 – C-322/99 und C-323/99 – Fischer und Brandenstein, ECLI:EU:C:2001:280, Rz. 76; v. 2.7.2015 – C-209/14 – NLB Leasing, ECLI:EU:C:2015:440, Rz. 40.
3 Vgl. zu verbleibenden Wirkungsbereichen eines Grundsatzes der Vermeidung der Doppelbesteuerung: EuGH, Schlussanträge der Generalanwältin *Kokott* v. 16.6.2016 – C-229/15 – Mateusiak, ECLI:EU:C:2016:138, Rz. 31 ff.
4 Siehe zuletzt EuGH v. 22.11.2018 – C-295/17 – MEO – Serviços de Comunicações e Multimédia, ECLI:EU:C:2018:942, Rz. 43; v. 2.5.2019 – C-224/18 – Budimex, ECLI:EU:C:2019:347, Rz. 27.
5 Vgl. EuGH v. 20.2.1997 – C-260/95 – DFDS, ECLI:EU:C:1997:77, Rz. 23; Schlussanträge des Generalanwalts *La Pergola* v. 16.1.1997 – C-260/95 – DFDS, ECLI:EU:C:1997:20, Rz. 32 und 33.
6 Vgl. EuGH v. 28.6.2007 – C-73/06 – Planzer Luxembourg, ECLI:EU:C:2007:397, Rz. 42 und 43.
7 Siehe z. B. EuGH v. 20.6.2013 – C-653/11 – Newey, ECLI:EU:C:2013:409, Rz. 45.
8 Vgl. *Englisch* in Tipke/Lang, Steuerrecht[23], § 5 Rz. 70 ff.

4. Versagung steuerlicher Vorteile bei Rechtsmissbrauch

Ebenfalls zu den allgemeinen Grundsätzen des EU-Mehrwertsteuerrechts gehört die Rechtsprechung des EuGH zur Versagung mehrwertsteuerlicher Rechte bei Rechtsmissbrauch. Sie geht zurück auf den allgemeinen Rechtsgrundsatz, wonach eine Berufung auf Unionsrecht in **betrügerischer oder missbräuchlicher Absicht** nicht möglich ist.[1] Auf das Mehrwertsteuerrecht übertragen bedeutet dies, dass dem Steuerpflichtigen mehrwertsteuerliche Rechte, wie insbesondere das Recht auf Vorsteuerabzug (Rz. 19.205 ff.)[2] und das Recht auf Befreiung sog. innergemeinschaftlicher Lieferungen (Rz. 19.166 ff.)[3], aber auch andere Rechte,[4] verwehrt werden können, wenn eine solche Absicht festzustellen ist. Da grundsätzlich ein Verstoß gegen das Gesetz nach dem Grundsatz der steuerlichen Neutralität unerheblich ist (Rz. 19.17), geht es hier speziell um eine steuerbetrügerische Absicht. Damit hat die EuGH-Rechtsprechung einen **allgemein geltenden Vorbehalt** etabliert, der den Eintritt der Rechtsfolgen mehrwertsteuerlicher Bestimmungen verhindern kann, obwohl die gesetzlichen Voraussetzungen erfüllt sind. In diesen Fällen wird nicht getrennt zwischen dem steuerrechtlich richtigen Ergebnis und der Sanktion für ein Fehlverhalten des Steuerpflichtigen, sondern das Verhalten des Steuerpflichtigen wird (auch) durch die Verweigerung des steuerrechtlich vorgesehenen Ergebnisses sanktioniert.[5] Dieser Vorbehalt ist so stark, dass er nach der Rechtsprechung des EuGH – aufgrund des hier vorliegenden Richtlinienrechts in dogmatisch unhaltbarer Weise (Rz. 3.11) – sogar zuungunsten des Steuerpflichtigen unmittelbare Wirkungen entfaltet.[6]

Die Versagung einer mehrwertsteuerlich vorteilhaften Rechtsfolge, wie etwa des Rechts auf Vorsteuerabzug, trotz Erfüllung der gesetzlichen Voraussetzungen kann nach der Rechtsprechung des EuGH in **drei Fällen** erfolgen: Der Steuerpflichtige war erstens (Mit)Täter einer Steuerhinterziehung oder wusste zweitens von der beabsichtigten Steuerhinterziehung oder hätte drittens davon wissen müssen.[7] Diese Fälle wurden in der Rechtsprechung vor dem Hintergrund entwickelt, dass im geltenden Mehrwertsteuersystem **besondere Möglichkeiten betrügerischer Geschäftsmodelle** bestehen, die üblicherweise unter dem Begriff „Karussellbetrug" firmieren. Diese Möglichkeiten hängen mit dem Umstand zusammen, dass einem Steuerpflichtigen auch dann das Recht zum Abzug der Vorsteuer zusteht, die ihm sein Vertragspartner in Rechnung gestellt hat, wenn jener die Steuer gar nicht abführt (Rz. 19.212). Die EuGH-Rechtsprechung ermöglicht im Ergebnis in solchen Konstellationen auch dann beispielsweise die Versagung des Vorsteuerabzugs, wenn ein kollusives Verhalten mit einem in einer Lieferkette vorhandenen Steuerhinterzieher nicht nachzuweisen ist. Der Steuerpflichtige entgeht in diesem Fall der strafrechtlichen Sanktionierung, nicht aber der mehrwertsteuerlichen, denn er macht sich in der Diktion des EuGH gleichwohl „mitschuldig".[8]

---

1 EuGH v. 6.12.2012 – C-285/11 – BONIK, ECLI:EU:C:2012:774, Rz. 36; v. 18.12.2014 – C-131/13, C-163/13 und C-164/13 – Schoenimport „Italmoda" Mariano Previti u.a., ECLI:EU:C:2014:2455, Rz. 43.
2 Vgl. EuGH v. 6.7.2006 – C-439/04 und C-440/04 – Kittel und Ricolta Recycling, ECLI:EU:C:2006:446; v. 6.12.2012 – C-285/11 – BONIK, ECLI:EU:C:2012:774, Rz. 37; v. 31.1.2013 – C-642/11 – Stroy trans, ECLI:EUv.:C:2013:54, Rz. 47.
3 Vgl. EuGH v. 7.12.2010 – C-285/09 – R., ECLI:EU:C:2010:742; v. 6.9.2012 – C-273/11 – Mecsek-Gabona, ECLI:EU:C:2012:547, Rz. 54.
4 Vgl. EuGH v. 18.12.2014 – C-131/13, C-163/13 und C-164/13 – Schoenimport „Italmoda" Mariano Previti u.a., ECLI:EU:C:2014:2455, Rz. 46.
5 **Anders** aber die EuGH-Rechtsprechung bei den formellen Anforderungen an Rechnungen im Rahmen des Rechts auf Vorsteuerabzug (Rz. 19.228).
6 Vgl. EuGH v. 18.12.2014 – C-131/13, C-163/13 und C-164/13 – Schoenimport „Italmoda" Mariano Previti u.a., ECLI:EU:C:2014:2455, Rz. 54 bis 59; v. 22.11.2017 – C-251/16 – Cussens u.a., ECLI:EU:C:2017:881, Rz. 33.
7 Siehe nur EuGH v. 6.12.2012 – C-285/11 – BONIK, ECLI:EU:C:2012:774, Rz. 38 f.; v. 13.2.2014 – C-18/13 – Maks Pen, ECLI:EU:C:2014:69, Rz. 27; v. 18.12.2014 – C-131/13, C-163/13 und C-164/13 – Schoenimport „Italmoda" Mariano Previti u.a., ECLI:EU:C:2014:2455, Rz. 50.
8 EuGH v. 6.7.2006 – C-439/04 und C-440/04 – Kittel und Ricolta Recycling, ECLI:EU:C:2006:446, Rz. 57.

19.24 Bei den ersten beiden Fallkonstellationen der Versagung missbräuchlich in Anspruch genommener mehrwertsteuerlicher Rechte, die **(Mit)Täterschaft** oder bloße **Kenntnis des Steuerpflichtigen von der Steuerhinterziehung** voraussetzen, sind tatsächliche Fragen des konkreten Einzelfalls zu klären. Dies obliegt den nationalen Behörden und Gerichten. Dabei sind auch die Beweisregeln des jeweiligen nationalen Rechts anzuwenden.[1] Der EuGH will insoweit aber offenbar das letzte Wort behalten und hat in einem Einzelfall schon einmal selbst beurteilt, welche tatsächlichen Umstände jedenfalls nicht ausreichen, um von einer Kenntnis des Steuerpflichtigen auszugehen.[2] Bei der im dritten Fall zu klärenden Frage, ob ein Steuerpflichtiger **von seiner Einbeziehung in eine Steuerhinterziehung hätte wissen müssen**, geht es hingegen letztlich darum, welche Sorgfaltspflichten ihn im Hinblick auf die Überprüfung der Redlichkeit seines Vertragspartners treffen. Der Gerichtshof hat hierzu in einigem Umfang bereits festgestellt, was insoweit vom Steuerpflichtigen *nicht* verlangt werden kann. Insbesondere muss der Steuerpflichtige grundsätzlich nicht prüfen, ob sein Vertragspartner nur ein Strohmann ist und ob er seinen steuerlichen Erklärungs- und Zahlungspflichten nachkommt.[3]

19.25 Die Kehrseite der EuGH-Rechtsprechung zur Versagung mehrwertsteuerlicher Rechte bei Missbrauch ist, dass ein Steuerpflichtiger abseits dessen für das Fehlverhalten seines Vertragspartners mehrwertsteuerlich nicht haftbar gemacht werden kann. Zwar hat er sich einen mehrwertsteuerbetrügerischen Vertragspartner selbst ausgesucht. Gleichwohl ist er grundsätzlich nicht dafür verantwortlich, dass der Vertragspartner seine mehrwertsteuerlichen Pflichten erfüllt, er also beispielsweise die Mehrwertsteuer abführt, die der Steuerpflichtige als Vorsteuerabzug gegenüber dem Fiskus geltend macht. Der Fiskus selbst hat nämlich mit den geltenden Bestimmungen zur Mehrwertsteuer ein **gefahrgeneigtes System geschaffen**. Dies gilt sowohl für das fiskalisch riskante Zusammenspiel von Steuerpflicht und Vorsteuerabzug (Rz. 19.207) als auch für die Beibehaltung des Bestimmungslandprinzips im innergemeinschaftlichen Warenverkehr unter gleichzeitiger Aufhebung der Grenzkontrollen (Rz. 19.92 f.). Einem Steuerpflichtigen sowie dem Wirtschaftssystem insgesamt ist es deshalb grundsätzlich nicht zumutbar, die Betrugsanfälligkeit des geltenden Mehrwertsteuersystems durch eigene Haftung zu kompensieren.

B. Unionsrechtliche Vorgaben

I. Steuerpflichtiger

Literatur (Auswahl): *Borg*, Introduction of VAT Grouping in Malta, MwStR 2018, 605; *Englisch*, Umsatzsteuerpflicht bei interkommunaler Kooperation, UR 2013, 570; *Englisch*, Darlehensvergabe im Konzern, MwStR 2016, 401; *Ismer*, Die wirtschaftliche Tätigkeit der öffentlichen Hand im Lichte aktueller Rechtsprechung, MwStR 2016, 654; *Ismer/Baur-Rückert*, Die Besteuerung der öffentlichen Hand im Spannungsfeld zwischen unionaler Rationalität und mitgliedstaatlicher Freiheit, MwStR 2016, 740; *Mantovani*, When does the carrying out of transactions for consideration give rise to an economic activity relevant for VAT purposes?, World Journal of VAT/GST Law 2017, 1; *Schwarz*, Werden Privatpersonen durch das Dulden einer Datenverwertung im digitalen Sektor wirtschaftlich tätig?, UR 2017, 782.

1. Überblick

19.26 Der Blick auf die Einzelheiten des Mehrwertsteuerrechts der Union beginnt mit der Person des Steuerpflichtigen. Obwohl Steuerobjekt der Mehrwertsteuer bestimmte Leistungstransaktionen sind, setzen ihre Steuertatbestände regelmäßig voraus, dass an einem steuerbaren Vorgang ein Steuerpflichtiger beteiligt ist (Rz. 19.76 und 19.95). Die Definition des Steuerpflichtigen, dessen Teilnahme an einer

---

1 EuGH v. 13.2.2014 – C-18/13 – Maks Pen, ECLI:EU:C:2014:69, Rz. 30.
2 Vgl. EuGH v. 13.2.2014 – C-18/13 – Maks Pen, ECLI:EU:C:2014:69, Rz. 31.
3 Vgl. EuGH v. 21.6.2012 – C-80/11 und C-142/11 – Mahagében und Dávid, ECLI:EU:C:2012:373, Rz. 61; zu weiteren Sorgfaltspflichten vgl. EuGH v. 6.9.2012 – C-324/11 – Tóth, ECLI:EU:C:2012:549, insbesondere Rz. 45; v. 18.7.2013 – C-78/12 – Evita-K, ECLI:EU:C:2013:486, Rz. 42.

Leistungstransaktion nicht nur regelmäßige Voraussetzung der Steuerbarkeit ist, sondern der darüber hinaus auch zahlreichen mehrwertsteuerlichen Pflichten unterliegt, übernimmt Art. 9 Abs. 1 MwStSystRL. Danach ist Steuerpflichtiger **jeder, der eine wirtschaftliche Tätigkeit selbständig ausübt**. Diese Definition macht die Mehrwertsteuer zu einer Unternehmenssteuer. Daneben finden sich in weiteren Vorschriften Sonderfälle, die sowohl in die eine als auch in die andere Richtung von der allgemeinen Definition des Steuerpflichtigen in Art. 9 Abs. 1 MwStSystRL abweichen. So legt auf der einen Seite Art. 13 MwStSystRL fest, unter welchen Umständen die öffentliche Hand *nicht* als Steuerpflichtiger gilt, obwohl die Tätigkeit einer ihrer sog. Einrichtungen unter die allgemeine Definition fällt (Rz. 19.46 ff.). Auf der anderen Seite erweitern die Art. 9 Abs. 2, Art. 11 und Art. 12 MwStSystRL den Kreis der Steuerpflichtigen in bestimmten Einzelfällen über die allgemeine Definition hinaus (Rz. 19.35 f. und 19.38 ff.).

2. Allgemeine Definition

a) Überblick

19.27 Nach der allgemeinen Definition des Art. 9 Abs. 1 MwStSystRL setzt die Eigenschaft eines Steuerpflichtigen zweierlei voraus: erstens die Ausübung einer wirtschaftlichen Tätigkeit, die Unterabs. 2 der Vorschrift näher beschreibt (Rz. 19.28 ff.), und zweitens die Selbständigkeit, für die Art. 10 eine Definition bereithält (Rz. 19.33). Wie u. a. Art. 9 Abs. 2 und Art. 12 MwStSystRL zeigen, gibt es noch eine dritte Voraussetzung, die in der Definition des Art. 9 Abs. 1 MwStSystRL unmittelbar nicht enthalten ist: Die wirtschaftliche Tätigkeit muss nachhaltig bzw. nicht nur gelegentlich ausgeübt werden (Rz. 19.34).[1]

b) Wirtschaftliche Tätigkeit

19.28 Die MwStSystRL nähert sich dem Begriff der wirtschaftlichen Tätigkeit zunächst personenbezogen. Art. 9 Abs. 1 Unterabs. 2 Satz 1 MwStSystRL beschreibt eine Reihe von Berufsgruppen (wie Händler, Landwirte oder die freien Berufe), bezieht sich allerdings auch ganz allgemein auf alle „Dienstleistenden". Satz 2 ergänzt – nunmehr tätigkeitsbezogen – die Nutzung von Gegenständen zur nachhaltigen Erzielung von Einnahmen als mögliche wirtschaftliche Tätigkeit. Wie diese Bestimmung zeigt, ist zunächst die **Absicht, Einnahmen zu erzielen**, notwendig für die Annahme einer wirtschaftlichen Tätigkeit. Diese Absicht ist insoweit ausreichend, als Gewinne nicht angestrebt werden müssen.[2] Die Voraussetzung einer Einnahmeerzielungsabsicht scheint der EuGH auch im Blick zu haben, wenn er in seiner Rechtsprechung fordert, dass die Tätigkeit gegen Entgelt ausgeübt werden muss[3] oder dies gar für die Annahme einer wirtschaftlichen Tätigkeit bereits ausreichen soll.[4] Im Übrigen ist der Zweck der Tätigkeit irrelevant, wie es Art. 9 Abs. 1 Unterabs. 1 MwStSystRL explizit bestimmt.[5]

19.29 Nicht jede Tätigkeit mit Einnahmeerzielungsabsicht ist aber nach der EuGH-Rechtsprechung als wirtschaftliche Tätigkeit einzuordnen. Die somit zusätzlich erforderliche Beschreibung der charakterisierenden Merkmale wirtschaftlicher Tätigkeit lässt sich in der EuGH-Rechtsprechung allerdings bislang nicht in eigenständiger Form finden. In zeitlicher Hinsicht ist nur klar, dass die wirtschaftliche Tätigkeit **auch ihre Vorbereitung** umfasst, so dass sie bereits beginnt, noch bevor der Steuerpflichtige über-

---

1 Vgl. auch EuGH v. 13.6.2013 – C-62/12 – Kostov, ECLI:EU:C:2013:391, Rz. 28.
2 Vgl. EuGH v. 20.6.2013 – C-219/12 – Finanzamt Freistadt Rohrbach Urfahr, ECLI:EU:C:2013:413, Rz. 25; a.A. EuGH, Schlussanträge des Generalanwalts *Wathelet* v. 28.2.2013 – C-62/12 – Kostov, ECLI:EU:C:2013:129, Rz. 29.
3 Siehe nur EuGH v. 13.12.2007 – C-408/06 – Götz, ECLI:EU:C:2007:789, Rz. 18; v. 29.10.2009 – C-246/08 – Kommission/Finnland, ECLI:EU:C:2009:671, Rz. 37; v. 5.7.2018 – C-320/17 – Marle Participations, ECLI:EU:C:2018:537, Rz. 22; v. 13.6.2019 – C-420/18 – IO, ECLI:EU:C:2019:490, Rz. 24; vgl. bereits EuGH v. 1.4.1982 – 89/81 – Hong-Kong Trade Development Council, ECLI:EU:C:1982:121 zu Art. 4 der Zweiten MwSt-Richtlinie (Rz. 20.2).
4 Vgl. EuGH v. 22.2.2018 – C-182/17 – Nagyszénás Településszolgáltatási Nonprofit, ECLI:EU:C:2018:91, Rz. 34.
5 Vgl. auch EuGH v. 19.7.2012 – C-263/11 – Rēdlihs, ECLI:EU:C:2012:497, Rz. 28 f.

haupt steuerpflichtige Umsätze erbringt.[1] Diese Feststellung ist insbesondere wichtig für das schon im Stadium des Geschäftsaufbaus bestehende Recht auf Vorsteuerabzug (Rz. 19.221). Im Übrigen enthält die Rechtsprechung derzeit nur Definitionsansätze für eine wirtschaftliche Tätigkeit, die aus einer negativen Abgrenzung zu Tätigkeitsbereichen bestehen, die vom Begriff der wirtschaftlichen Tätigkeit *nicht* umfasst sind.

19.30 Insbesondere die wirtschaftliche Tätigkeit, die sich gemäß Art. 9 Abs. 1 Unterabs. 2 Satz 2 MwStSystRL aus der bloßen Nutzung eines Gegenstands ergeben kann, war Anknüpfungspunkt mehrerer Entscheidungen des EuGH, in denen es um die **Abgrenzung zur privaten Tätigkeit** ging.[2] Eine trennscharfe Definition der wirtschaftlichen Tätigkeit anhand ihres Inhalts erscheint danach nicht möglich. Letztlich kann jede beliebige Tätigkeit eine wirtschaftliche darstellen. Ob sie nur als privat einzustufen ist und damit den mehrwertsteuerlichen Pflichten entgeht, ist letztlich eine Wertungsfrage.[3] Der EuGH versucht sich hier zum Teil an einer Typenbetrachtung, die aber im Ergebnis offen lässt, wie eine typische wirtschaftliche oder private Tätigkeit ihrerseits zu definieren ist.[4]

19.31 Außerdem ist die wirtschaftliche Tätigkeit **von der rein staatlichen Tätigkeit abzugrenzen**. Die Kreise wirtschaftlicher und staatlicher Tätigkeit überschneiden sich, wie vor allem die Ausnahmeregelung des Art. 13 MwStSystRL zeigt, der die staatliche wirtschaftliche Tätigkeit betrifft (Rz. 19.46 ff.). Dass staatliche Tätigkeit nicht ohnehin völlig von der Mehrwertsteuer ausgenommen ist – warum besteuert sich der Staat selbst?[5] – ist mit der Gewährleistung der steuerlichen Neutralität in Form der Wettbewerbsneutralität zu erklären (Rz. 19.17).[6] In Wettbewerbssituationen muss der Staat mit seiner Tätigkeit ebenso wie Private der Mehrwertsteuer unterliegen, um die private wirtschaftliche Tätigkeit nicht durch eine steuerliche Wettbewerbsverzerrung zugunsten des Staates zu ersticken.[7] Es existiert aber auch ein Bereich *rein* staatlicher Tätigkeit, dessen Abgrenzung von der wirtschaftlichen Tätigkeit des Staates nach der EuGH-Rechtsprechung anderen Regeln folgt als die Abgrenzung der wirtschaftlichen zur privaten Tätigkeit (Rz. 19.30). Bei staatlicher Tätigkeit ist nämlich zusätzlich zu prüfen, ob staatliche Einrichtungen mit ihrer Tätigkeit überhaupt an einem Markt teilnehmen.[8]

19.32 Zusätzlich zu privaten und rein staatlichen Tätigkeiten, die von der wirtschaftlichen zu unterscheiden sind, hat der EuGH noch einen weiteren Tätigkeitsbereich ausgegrenzt. Unabhängig davon, ob es sich *prima facie* um eine wirtschaftliche Tätigkeit handeln könnte, ist die „**bloße Ausübung des Eigentums**"

---

1 Vgl. EuGH v. 14.2.1985 – 268/83 – Rompelman, ECLI:EU:C:1985:74, Rz. 22 f.; v. 8.6.2000 – C-400/98 – Breitsohl, ECLI:EU:2000:304, Rz. 34.
2 Vgl. EuGH v. 15.9.2011 – C-180/10 und C-181/10 – Słaby u.a., ECLI:EU:C:2011:589 – Parzellierung eines Grundstücks mit anschließendem Verkauf; v. 19.7.2012 – C-263/11 – Rēdlihs, ECLI:EU:C:2012:497 – Holzverkauf nach Sturmschaden; v. 20.6.2013 – C-219/12 – Finanzamt Freistadt Rohrbach Urfahr, ECLI:EU: C:2013:413 – Fotovoltaikanlage an einem Wohnhaus.
3 Vgl. insbesondere EuGH v. 6.10.2009 – C-267/08 – SPÖ Landesorganisation Kärnten, ECLI:EU:C:2009:619, Rz. 24.
4 Vgl. EuGH v. 26.9.1996 – C-230/94 – Enkler, ECLI:EU:C:1996:352, Rz. 27 f.; v. 15.9.2011 – C-180/10 und C-181/10 – Słaby u.a., ECLI:EU:C:2011:589, Rz. 41; v. 20.6.2013 – C-219/12 – Finanzamt Freistadt Rohrbach Urfahr, ECLI:EU:C:2013:413, Rz. 21.
5 Vgl. zu dieser Sinnfrage bei der spiegelbildlichen Situation einer Besteuerung von Leistungen, die mit staatlichen Subventionen verbunden sind: EuGH, Schlussanträge des Generalanwalts *Jacobs* v. 25.9.1997 – C-384/95 – Landboden-Agrardienste, ECLI:EU:C:1997:433, Rz. 12.
6 Vgl. EuGH v. 17.10.1989 – 231/87 und 129/88 – Comune di Carpaneto Piacentino u.a., ECLI:EU:C: 1989:381, Rz. 22; v. 8.6.2006 – C-430/04 – Feuerbestattungsverein Halle, ECLI:EU:C:2006:374, Rz. 24; v. 16.9.2008 – C-288/07 – Isle of Wight Council u.a., ECLI:EU:C:2008:505, Rz. 43.
7 Vgl. in diesem Sinne EuGH v. 16.7.2009 – C-554/07 – Kommission/Irland, ECLI:EU:C:2009:464, Rz. 58.
8 Siehe im Einzelnen EuGH, Schlussanträge der Generalanwältin *Kokott* v. 23.12.2015 – C-520/14 – Gemeente Borsele, ECLI:EU:C:2015:855, Rz. 62 f. und die dort angeführte Rechtsprechung.

nicht als wirtschaftliche Tätigkeit im Sinne des Art. 9 Abs. 1 Unterabs. 2 MwStSystRL zu qualifizieren.[1] Zurückzuführen ist diese Rechtsprechung auf die Fragestellung, ob eine **Holdinggesellschaft** eine wirtschaftliche Tätigkeit ausübt und damit zum Vorsteuerabzug berechtigt ist (Rz. 20.225). In einer Vielzahl von Entscheidungen hat der EuGH hierzu über einen Zeitraum von mehreren Jahrzehnten eine differenzierte Sonderdogmatik entwickelt, deren grundsätzliche Aussage darin besteht, dass der bloße Erwerb und das bloße Halten von Beteiligungen keine wirtschaftliche Tätigkeit darstellen[2] (in Deutschland umsatzsteuerrechtlich als Finanzholding bezeichnet). Der EuGH kann in einem solchen Fall nämlich insbesondere keine Nutzung eines Gegenstands zur nachhaltigen Erzielung von Einnahmen im Sinne des Art. 9 Abs. 1 Unterabs. 2 Satz 2 MwStSystRL erkennen, da die Dividenden, die eine Holding von ihren Beteiligungen bezieht, „Ausfluss der bloßen Innehabung des Gegenstands" seien.[3] Nach dieser Rechtsprechung entwickelt eine Holding deshalb nur dann eine wirtschaftliche Tätigkeit, **wenn sie unmittelbar oder mittelbar in die Verwaltung der Gesellschaften eingreift**, an denen sie Beteiligungen hält[4] (in Deutschland umsatzsteuerrechtlich als Führungsholding bezeichnet). Ein solches Eingreifen ist nach der Rechtsprechung aber bereits dann festzustellen, wenn die Holding den Gesellschaften, an denen sie beteiligt ist, irgendwelche entgeltlichen Leistungen erbringt,[5] wobei diese nicht von der Mehrwertsteuer befreit sein dürfen.[6] So technisch einsichtig diese Differenzierung auch sein mag, da sie gewissermaßen zwischen Tätigkeit und Untätigkeit differenziert, führt sie im Ergebnis doch – zumindest für schlecht beratene Konzerne –, entgegen dem Grundsatz der Belastungsneutralität der Mehrwertsteuer (Rz. 20.19), zu einem teilweisen Ausschluss des Vorsteuerabzugs. Im Bereich des Ertragsteuerrechts vermochte den EuGH seine eigene Differenzierung auch nicht zu überzeugen.[7]

c) **Selbständigkeit**

Eine wirtschaftliche Tätigkeit muss gemäß Art. 9 Abs. 1 MwStSystRL „selbständig" ausgeübt werden, damit die betreffende Person Steuerpflichtiger der Mehrwertsteuer ist. Art. 10 MwStSystRL erläutert, dass aus diesem Grund Personen, die sich gegenüber einem Arbeitgeber in einem **Verhältnis der Unterordnung** befinden, keine mehrwertsteuerpflichtige Tätigkeit ausüben können. Ein solches Verhältnis der Unterordnung besteht nach der Rechtsprechung nicht, wenn die Person sich selbständig organisiert[8] und das wirtschaftliche Risiko ihrer Tätigkeit selbst trägt.[9] Bei Gesellschaftern kommt es im

19.33

---

1 EuGH v. 20.6.1996 – C-155/94 – Wellcome Trust, ECLI:EU:C:1996:243, Rz. 32; v. 15.9.2011 – C-180/10 und C-181/10 – Słaby u.a., ECLI:EU:C:2011:589, Rz. 36.
2 Siehe nur EuGH v. 20.6.1991 – C-60/90 – Polysar Investments Netherlands, ECLI:EU:C:1991:268, Rz. 13; v. 14.11.2000 – C-142/99 – Floridienne und Berginvest, ECLI:EU:C:2000:623, Rz. 17; v. 29.10.2009 – C-29/08 – SKF, ECLI:EU:C:2009:665, Rz. 28; v. 8.11.2018 – C-502/17 – C&D Food Acquisition, ECLI:EU:C:2018:888, Rz. 30.
3 Siehe u.a. EuGH v. 20.6.1991 – C-60/90 – Polysar Investments Netherlands, ECLI:EU:C:1991:268, Rz. 13; v. 27.9.2001 – C-16/00 – Cibo Participations, ECLI:EU:C:2001:495, Rz. 19; v. 5.7.2018 – C-320/17 – Marle Participations, ECLI:EU:C:2018:537, Rz. 28.
4 Siehe u.a. EuGH v. 20.6.1991 – C-60/90 – Polysar Investments Netherlands, ECLI:EU:C:1991:268, Rz. 14; v. 14.11.2000 – C-142/99 – Floridienne und Berginvest, ECLI:EU:C:2000:623, Rz. 18; v. 6.9.2012 – C-496/11 – Portugal Telecom, ECLI:EU:C:2012:557, Rz. 33; v. 16.7.2015 – C-108/14 und C-109/14 – Larentia + Minerva u.a., ECLI:EU:C:2015:496, Rz. 20; v. 5.7.2018 – C-320/17 – Marle Participations, ECLI:EU:C:2018:537, Rz. 27.
5 Vgl. in diesem Sinne EuGH v. 14.11.2000 – C-142/99 – Floridienne und Berginvest, ECLI:EU:C:2000:623, Rz. 19; v. 16.7.2015 – C-108/14 und C-109/14 – Larentia + Minerva u.a., ECLI:EU:C:2015:496, Rz. 21; v. 12.1.2017 – C-28/16 – MVM, ECLI:EU:C:2017:7, Rz. 33 f.; v. 5.7.2018 – C-320/17 – Marle Participations, ECLI:EU:C:2018:537, Rz. 30 bis 32.
6 EuGH v. 5.7.2018 – C-320/17 – Marle Participations, ECLI:EU:C:2018:537, Rz. 35.
7 Vgl. EuGH v. 20.12.2017 – C-504/16 und C-613/16 – Deister Holding u.a., ECLI:EU:C:2017:1009, Rz. 73.
8 Siehe hierzu insbesondere EuGH v. 12.11.2009 – C-154/08 – Kommission/Spanien, ECLI:EU:C:2009:695, Rz. 103 bis 106.
9 Vgl. EuGH v. 25.7.1991 – C-202/90 – Ayuntamiento de Sevilla, ECLI:EU:C:1991:332, Rz. 11 und 13; v. 23.3.2006 – C-210/04 – FCE Bank, ECLI:EU:C:2006:196, Rz. 36 und 37; v. 17.9.2014 – C-7/13 – Skandia

Verhältnis zur Gesellschaft auf die jeweilige konkrete Ausgestaltung an.[1] Die Zweigniederlassung einer Gesellschaft kann kein eigenständiger Steuerpflichtiger sein,[2] ebenso wenig wie die Organisationseinheit einer Gemeinde.[3]

d) Nachhaltigkeit

19.34 Schließlich muss – dies bildet die dritte Voraussetzung der Steuerpflichtigkeit einer Person – die wirtschaftliche Tätigkeit nachhaltig, d. h. nicht nur gelegentlich, ausgeübt werden. Für die besondere wirtschaftliche Tätigkeit der Nutzung von Gegenständen enthält Art. 9 Abs. 1 Unterabs. 2 Satz 2 MwStSystRL bereits explizit das Erfordernis, Einnahmen „nachhaltig" erzielen zu wollen. Dieses Erfordernis besteht nach der Rechtsprechung aber darüber hinaus für sämtliche wirtschaftliche Tätigkeiten.[4] Dies ist auch einem Umkehrschluss aus Art. 12 MwStSystRL zu entnehmen.[5] Die Nachhaltigkeit einer Tätigkeit lässt sich nach der EuGH-Rechtsprechung – ebenso wenig wie ihr wirtschaftlicher Charakter (Rz. 19.28 ff.) – eindeutig definieren. Denn danach kann auch eine einmalige Verkaufsaktion das Erfordernis der Nachhaltigkeit erfüllen. Im Rahmen einer **wertenden Gesamtbetrachtung** sind für die Feststellung der Nachhaltigkeit einer Tätigkeit u. a. ihre Dauer, die Zahl der Kunden und die Höhe der Einnahmen zu berücksichtigen.[6] Von dem Grundsatz, dass eine nur gelegentlich, also nicht nachhaltig, ausgeübte Tätigkeit die Eigenschaft eines Steuerpflichtigen nicht begründet, existieren drei Ausnahmen.

19.35 Gemäß Art. 9 Abs. 2 MwStSystRL führt auch die nur gelegentliche **innergemeinschaftliche Lieferung neuer Fahrzeuge** zur Steuerpflichtigkeit des Lieferanten. Diese Ausnahme dient der Verwirklichung des Bestimmungslandprinzips beim Handel mit Fahrzeugen in der Union (Rz. 19.96). Wer auch immer ein neues Fahrzeug innerhalb der Union grenzüberschreitend liefert, hat aufgrund des Art. 9 Abs. 2 MwStSystRL den Behörden diesen Umsatz zu erklären. Im Ergebnis zahlt der Steuerpflichtige aufgrund der Steuerbefreiung des Art. 138 Abs. 2 Buchst. a MwStSystRL zwar keine Steuer. Dies bleibt gemäß Art. 2 Abs. 1 Buchst. b Ziff. ii MwStSystRL dem Erwerber des neuen Fahrzeugs vorbehalten. Aufgrund der Erklärungspflicht eines jeden Lieferanten, die Folge des Art. 9 Abs. 2 MwStSystRL ist, wird den Behörden jedoch ermöglicht, die Besteuerung des Erwerbs bei jedem Empfänger eines Fahrzeugs zu überwachen.

19.36 Zusätzlich gibt Art. 12 MwStSystRL den Mitgliedstaaten die Option, die nur gelegentliche **Lieferung von Baugrundstücken und Gebäuden** vor dem Erstbezug als steuerpflichtige Tätigkeit einzustufen. Hierauf nehmen auch die Steuerbefreiungen des Art. 135 Abs. 1 Buchst. j und k MwStSystRL Bezug, die allein für Immobiliengeschäfte gelten, die in Art. 12 MwStSystRL *nicht* genannt werden (Rz. 19.156). Im Ergebnis werden damit in Abs. 2 („Gebäude") und Abs. 3 („Baugrundstücke") des Art. 12 MwStSystRL diejenigen Immobilienumsätze definiert,[7] die nach dem Willen des Unionsgesetzgebers besteuerungs-

---

America (USA), ECLI:EU:C:2014:2225, Rz. 25; v. 29.9.2015 – C-276/14 – Gmina Wrocław, ECLI:EU:C:2015:635, Rz. 34; v. 13.6.2019 – C-420/18 – IO, ECLI:EU:C:2019:490, Rz. 42 f.

1 Vgl. EuGH v. 27.1.2000 – C-23/98 – Heerma, ECLI:EU:C:2000:46 einerseits und EuGH v. 18.10.2007 – C-355/06 – van der Stehen, ECLI:EU:C:2007:615 andererseits.

2 EuGH v. 23.3.2006 – C-210/04 – FCE Bank, ECLI:EU:C:2006:196; v. 17.9.2014 – C-7/13 – Skandia America (USA), ECLI:EU:C:2014:2225, Rz. 26; missverständlich EuGH v. 7.8.2018 – C-16/17 – TGE Gas Engineering, ECLI:EU:C:2018:647, Rz. 41.

3 Vgl. EuGH v. 29.9.2015 – C-276/14 – Gmina Wrocław, ECLI:EU:C:2015:635, dessen Aussagen verallgemeinerungsfähig sein dürften.

4 EuGH v. 13.12.2007 – C-408/06 – Götz, ECLI:EU:C:2007:789, Rz. 18.

5 Vgl. EuGH v. 26.9.1996 – C-230/94 – Enkler, ECLI:EU:C:1996:352, Rz. 20.

6 EuGH v. 19.7.2012 – C-263/11 – Rēdlihs, ECLI:EU:C:2012:497, Rz. 38; nur auf die Dauer stellt hingegen ab: EuGH v. 13.6.2019 – C-420/18 – IO, ECLI:EU:C:2019:490, Rz. 27; diese Umstände sollen hingegen irrelevant sein für die Abgrenzung einer wirtschaftlichen von einer nur privaten Tätigkeit (Rz. 19.30): EuGH v. 15.9.2011 – C-180/10 und C-181/10 – Słaby u.a., ECLI:EU:C:2011:589, Rz. 38.

7 Zur Definition eines „Gebäudes" (Art. 12 Abs. 2 Unterabs. 1 MwStSystRL): EuGH v. 8.6.2000 – C-400/98 – Breitsohl, ECLI:EU:2000:304; v. 16.1.2002 – C-315/00 – Maierhofer, ECLI:EU:C:2002:23; v. 19.11.2009 –

bedürftig sind, und die Regelung des Art. 12 Abs. 1 MwStSystRL gibt den Mitgliedstaaten die Möglichkeit, solche in der Regel recht kostspieligen Umsätze ausnahmslos zu besteuern. Der deutsche Wortlaut des Art. 12 Abs. 1 MwStSystRL scheint darüber hinaus darauf hinzudeuten, dass die Mitgliedstaaten auch in anderen Fällen eine nur gelegentliche Tätigkeit als steuerpflichtig einordnen dürfen. Eine solche Interpretation würde jedoch den Definitionen des Abs. 1 Buchst. a und b sowie der Abs. 2 und 3 des Art. 12 MwStSystRL weitgehend ihren Sinn nehmen und ist deshalb abzulehnen.

Schließlich existiert noch eine dritte, allgemeine Einschränkung des Erfordernisses der Nachhaltigkeit, die unabhängig von der Art der ausgeübten wirtschaftlichen Tätigkeit gilt. Ist eine Person nämlich im Hinblick auf eine bestimmte wirtschaftliche Tätigkeit bereits als Steuerpflichtiger einzustufen, weil sie die Tätigkeit u. a. nachhaltig ausübt, so agiert sie nach der EuGH-Rechtsprechung auch **bei anderen wirtschaftlichen Tätigkeiten** als Steuerpflichtiger, selbst wenn sie diese **nur gelegentlich** ausübt.[1] Diese Einschränkung des Privatlebens eines Steuerpflichtigen ist bedenklich. Ist aufgrund dessen in Einzelfällen eine nicht gerechtfertigte Ungleichbehandlung zu befürchten von Tätigkeiten, die durch Nichtsteuerpflichtige ausgeführt werden, gegenüber Tätigkeiten, denen Steuerpflichtige außerhalb ihrer eigentlichen Geschäftstätigkeit nachgehen, so kann und sollte Abhilfe zugunsten der Steuerpflichtigen in einer engen Auslegung des Begriffs der wirtschaftlichen Tätigkeit (Rz. 19.28 ff.) gefunden werden.

3. Mehrwertsteuergruppe

a) Ziel der Sonderregelung

Art. 11 MwStSystRL bietet den Mitgliedstaaten die Möglichkeit, „**eng miteinander verbundene**" **Personen** zusammen als nur einen einzigen Steuerpflichtigen zu behandeln. Die solchermaßen, weitgehend nach mitgliedstaatlicher Definition zusammengefassten Personen (Rz. 19.45) sind für mehrwertsteuerliche Zwecke nicht mehr als selbständig anzusehen und deshalb selbst keine Steuerpflichtigen. Steuersubjekt ist nur noch die sog. Mehrwertsteuergruppe[2] als solche.[3] Hauptanwendungsgebiet dieser Regelung sind Konzerne.

Nach seiner Entstehungsgeschichte dient Art. 11 MwStSystRL sowohl dem Ziel der **Verwaltungsvereinfachung** als auch der **Verhinderung von Missbräuchen** durch Aufspaltung eines Unternehmens.[4] Dessen ungeachtet hat die Regelung in jedem Fall **Auswirkungen auf die mehrwertsteuerliche Gesamtbelastung** der verbundenen Unternehmen. Für die steuerpflichtigen Mitglieder einer Gruppe hat die Regelung den Vorteil, dass Transaktionen innerhalb der Gruppe zu keiner steuerlichen Belastung führen, weder vorläufiger noch endgültiger. Würden die Mitglieder einer Gruppe nämlich weiterhin als eigenständige Steuerpflichtige behandelt, erfolgte für sie eine Neutralisierung steuerlicher Belastung erst durch den Vorsteuerabzug, aber auch nur dann, wenn der jeweilige Leistungsempfänger innerhalb der Gruppe keine Tätigkeit ausübt, die ganz oder teilweise den Vorsteuerabzug ausschließt (Rz. 19.217). Hinzu kommt, dass für den Vorsteuerabzug bei Leistungen Externer an die Mehrwertsteuergruppe nicht mehr die Berechtigung zum Vorsteuerabzug des einzelnen Gruppenmitglieds, das die Leistungen empfängt, sondern der Gruppe insgesamt entscheidend ist. Dies kann im Einzelfall positive wie negative

---

C-461/08 – Don Bosco Onroerend Goed, ECLI:EU:C:2009:722; zur Definition des „Erstbezugs" (Art. 12 Abs. 2 Unterabs. 2 MwStSystRL): EuGH v. 12.7.2012 – C-326/11 – J.J. Komen en Zonen Beheer Heerhugowaard, ECLI:EU:C:2012:461; zur Definition eines „Baugrundstücks" (Art. 12 Abs. 3 MwStSystRL): EuGH v. 28.3.1996 – C-468/93 – Gemeente Emmen, ECLI:EU:C:1996:139.

1 EuGH v. 13.6.2013 – C-62/12 – Kostov, ECLI:EU:C:2013:391.
2 Vgl. zu dieser Begrifflichkeit nur EuGH v. 17.9.2014 – C-7/13 – Skandia America (USA), ECLI:EU:C:2014:2225.
3 EuGH v. 22.5.2008 – C-162/07 – Ampliscientifica und Amplifin, ECLI:EU:C:2008:301, Rz. 19.
4 Vgl. EuGH v. 9.4.2013 – C-85/11 – Kommission/Irland, ECLI:EU:C:2013:217, Rz. 47; v. 25.4.2013 – C-480/10 – Kommission/Schweden, ECLI:EU:C:2013:263, Rz. 37; vgl. bereits EuGH, Schlussanträge des Generalanwalts *van Gerven* v. 24.4.1991 – C-60/90 – Polysar Investments Netherlands, ECLI:EU:C:1991:171, Rz. 9.

Auswirkungen auf die steuerliche Gesamtbelastung der Gruppe haben.[1] In jedem Fall verringert sich innerhalb der Mehrwertsteuergruppe der Verwaltungsaufwand, insbesondere im Hinblick auf Steuererklärungen.

b) Option für die Mitgliedstaaten

19.40 Die Regelung zur Mehrwertsteuergruppe ist nicht verbindlich, sondern nur eine Option für den mitgliedstaatlichen Gesetzgeber. Ihre Ausübung ist mit zwei Restriktionen verbunden, einer materiellen und einer verfahrensrechtlichen. In verfahrensrechtlicher Hinsicht dürfen die Mitgliedstaaten nur nach **Konsultation des Mehrwertsteuerausschusses** (Rz. 19.11) von der Möglichkeit des Art. 11 MwStSystRL Gebrauch machen.[2] Dies gilt ebenso für substantielle Änderungen der nationalen Regelung nach einer bereits erfolgten Konsultation.[3] Die Konsultation soll der Kommission und den anderen Mitgliedstaaten ermöglichen, die Art und Weise der Umsetzung der Option durch den Mitgliedstaat zu kontrollieren.[4] In materieller Hinsicht darf eine Mehrwertsteuergruppe nach der Rechtsprechung des EuGH grundsätzlich **nur in genau der Weise** national geregelt werden, wie sie in Art. 11 Abs. 1 MwStSystRL beschrieben ist. Zusätzliche Bedingungen oder Einschränkungen des Anwendungsbereichs sind im Prinzip nicht gestattet.[5] Allerdings liegt gerade die Definition der erforderlichen engen Verbindung der Personen zum großen Teil in der Hand der Mitgliedstaaten (Rz. 19.45). Darüber hinaus eröffnet Abs. 2 der Vorschrift den Mitgliedstaaten einen zusätzlichen Spielraum, falls die Verhinderung von Steuerhinterziehungen oder -umgehungen weitere Bedingungen für die Anerkennung einer Mehrwertsteuergruppe erfordern sollte.[6] Inwieweit die Regelung des Art. 11 Abs. 1 MwStSystRL somit die Mitgliedstaaten wirklich bindet, ist nicht leicht auszumachen.

19.41 Durch die Rechtsprechung ungeklärt ist bislang, ob eine Regelung zur Mehrwertsteuergruppe – falls sie ein Mitgliedstaat in seinem nationalen Recht vorsieht – für die Personen, die ihre Voraussetzungen erfüllen, **verpflichtend oder fakultativ** sein muss. Sowohl der EuGH[7] als auch die Kommission[8] können so verstanden werden, dass Art. 11 MwStSystRL den Personen nur die *Möglichkeit* bieten soll, als ein Steuerpflichtiger behandelt zu werden. Ein solches bloßes Antragsrecht hätte für alle Beteiligten den Vorteil größerer Vorhersehbarkeit. Mit dem Regelungsziel der Verhinderung von Missbräuchen (Rz. 19.39) stimmt eine solche Sichtweise allerdings nicht überein, und auch der Wortlaut bietet hierfür keine Stütze.[9] § 2 Abs. 2 Nr. 2 Satz 1 des deutschen UStG lässt den steuerpflichtigen Unternehmern deshalb zu Recht keine Wahl.

---

[1] Die Auswirkungen auf den Vorsteuerabzug bei Leistungen innerhalb und außerhalb der Mehrwertsteuergruppe verkennt EuGH, Schlussanträge des Generalanwalts *Jääskinen* v. 27.11.2012 – C-85/11 – Kommission/Irland, ECLI:EU:C:2012:753, Rz. 43, wonach infolge der Mehrwertsteuergruppe der Vorsteuerabzug ihrer Mitglieder nicht erweitert werde.
[2] EuGH v. 22.5.2008 – C-162/07 – Ampliscientifica und Amplifin, ECLI:EU:C:2008:301, Rz. 18.
[3] Vgl. EuGH v. 25.4.2013 – C-65/11 – Kommission/Niederlande, ECLI:EU:C:2013:265, Rz. 56.
[4] EuGH v. 25.4.2013 – C-65/11 – Kommission/Niederlande, ECLI:EU:C:2013:265, Rz. 55.
[5] Vgl. EuGH v. 25.4.2013 – C-480/10 – Kommission/Schweden, ECLI:EU:C:2013:263, Rz. 34 f.
[6] Vgl. hierzu EuGH v. 25.4.2013 – C-480/10 – Kommission/Schweden, ECLI:EU:C:2013:263, Rz. 39 zur Beschränkung des Anwendungsbereichs auf die Finanzbranche und EuGH v.16.7.2015 – C-108/14 und C-109/14 – Larentia + Minerva u.a., ECLI:EU:C:2015:496, Rz. 44 und 45 zur Beschränkung des Anwendungsbereichs auf juristische Personen bzw. Unterordnungsverhältnisse.
[7] EuGH v. 22.5.2008 – C-162/07 – Ampliscientifica und Amplifin, ECLI:EU:C:2008:301, Rz. 19 und 23: Die Umsetzung von Art. 4 Abs. 4 Unterabs. 2 Sechste MwSt-Richtlinie verlange, dass die nationale Regelung den Personen eine Behandlung als ein Steuerpflichtiger „gestattet"; auch die französische Fassung, in der das Urteil abgefasst wurde, spricht von „autoriser".
[8] Mitteilung der Kommission an das Europäische Parlament und den Rat über die Option der MwSt-Gruppe gemäß Artikel 11 der Richtlinie 2006/112/EG des Rates über das gemeinsame Mehrwertsteuersystem vom 2.7.2009, KOM(2009) 325 endgültig, unter 3.2.
[9] Vgl. demgegenüber z. B. den abweichenden Wortlaut von Art. 137 Abs. 1 MwStSystRL: „Die Mitgliedstaaten können ihren Steuerpflichtigen das Recht einräumen [...]".

c) Mitglieder einer Mehrwertsteuergruppe

Zum Begriff der „**Personen**", die gemäß Art. 11 Abs. 1 MwStSystRL Mitglieder einer Mehrwertsteuergruppe sein können, vertritt der EuGH ein **sehr weites Verständnis**. Nicht nur kann dies jede beliebige juristische Person, Personengesellschaft oder natürliche Person sein,[1] und zwar ganz unabhängig davon, ob diese Person selbst Steuerpflichtiger im Sinne des Art. 9 Abs. 1 MwStSystRL ist.[2] Darüber hinaus haben nach der Rechtsprechung des EuGH sogar rechtlich unselbständige Zweigniederlassungen ausländischer Gesellschaften Zugang zu einer Mehrwertsteuergruppe,[3] obwohl Art. 11 Abs. 1 MwStSystRL die Gruppe nur für „rechtlich unabhängig[e]" Personen öffnet. Dieses weite Verständnis kann auch weitreichende Folgen haben. Im Rahmen einer Mehrwertsteuergruppe kann zum Beispiel das Problem des fehlenden Vorsteuerabzugs einer Finanzholding (Rz. 19.32) beseitigt werden. Obwohl selbst nicht Steuerpflichtiger, könnte eine Finanzholding Mitglied einer Mehrwertsteuergruppe sein, die insgesamt zum Vorsteuerabzug berechtigt ist. Falls auch Einrichtungen des öffentlichen Rechts – soweit sie nach Art. 13 Abs. 1 MwStSystRL keine Steuerpflichtigen sind (Rz. 19.46 ff.) – Mitglieder einer Mehrwertsteuergruppe sein können, stellt sich zudem im Fall der Existenz einer nationalen Regelung zur Mehrwertsteuergruppe die Frage, ob beispielsweise die Bundesrepublik Deutschland nicht nur mit all ihren Behörden und Ämtern,[4] sondern auch mit allen verbundenen Unternehmen einen einzigen Steuerpflichtigen bildet.

19.42

In anderer Hinsicht ist der Kreis der Personen, die der Regelung des Art. 11 MwStSystRL unterliegen können, aber auch eng gezogen. So sieht die Bestimmung ausdrücklich vor, dass Mitglieder einer Mehrwertsteuergruppe **im Gebiet des jeweiligen Mitgliedstaats ansässig** sein müssen. Der EuGH hat sich an dieser Einschränkung bislang nicht gestört,[5] obwohl durchaus zweifelhaft ist, ob ein Ausschluss grenzüberschreitender Konzernbesteuerung im Umsatzsteuerrecht in gleicher Weise wie im Ertragsteuerrecht[6] mit den Grundfreiheiten vereinbar ist. Insbesondere ist hier zu beachten, dass die Aufteilung der Besteuerungsbefugnisse zwischen den Mitgliedstaaten im Mehrwertsteuerrecht nur noch teilweise vom Ort des Sitzes eines Unternehmens abhängig ist (Rz. 19.77 ff.).

19.43

Die Frage schließlich, welche Person die Mehrwertsteuergruppe **repräsentiert**, wer also insbesondere die Steuer für die Gruppe zu erklären und zu begleichen hat, beantwortet Art. 11 MwStSystRL nicht. Die unionsrechtliche Vorschrift unterscheidet, anders als § 2 Abs. 2 Nr. 2 UStG, nicht zwischen dem Organträger und den eingegliederten Personen, sondern spricht nur von verbundenen Personen. Damit ist die Vertretung der Mehrwertsteuergruppe einer Bestimmung durch das nationale Recht überlassen.

19.44

d) Enge Verbindung

Der Konsolidierungskreis einer Mehrwertsteuergruppe reicht nach Art. 11 Abs. 1 MwStSystRL nur so weit, wie inländische Personen „durch **gegenseitige finanzielle, wirtschaftliche und organisatorische Beziehungen** eng miteinander verbunden sind". Das Unionsrecht enthält insoweit nach Auffassung des EuGH noch keine abschließende Regelung. Die Mitgliedstaaten müssten vielmehr im nationalen Recht den Umfang der Beziehungen erst noch konkretisieren, die für eine enge Verbindung einer Mehrwertsteuergruppe erforderlich sind. Aus diesem Grund könne Art. 11 Abs. 1 MwStSystRL insoweit auch

19.45

---

1 Vgl. v. 16.7.2015 – C-108/14 und C-109/14 – Larentia + Minerva u.a., ECLI:EU:C:2015:496, Tenor Nr. 2.
2 EuGH v. 9.4.2013 – C-85/11 – Kommission/Irland, ECLI:EU:C:2013:217, Rz. 50; **a.A.** noch im Hinblick auf Art. 4 Abs. 4 Unterabs. 2 Sechste MwSt-Richtlinie: EuGH, Schlussanträge des Generalanwalts *van Gerven* v. 24.4.1991 – C-60/90 – Polysar Investments Netherlands, ECLI:EU:C:1991:171, Rz. 9 sowie implizit EuGH v. 18.10.2007 – C-355/06 – van der Stehen, ECLI:EU:C:2007:615, Tenor.
3 EuGH v. 17.9.2014 – C-7/13 – Skandia America (USA), ECLI:EU:C:2014:2225.
4 Vgl. insoweit *Küffner*, UR 2015, 834 (835).
5 Vgl. EuGH v. 20.6.1991 – C-60/90 – Polysar Investments Netherlands, ECLI:EU:C:1991:268, Rz. 15.
6 Vgl. EuGH v. 25.2.2010 – C337/08 – X Holding, ECLI:EU:C:2010:89.

keine unmittelbare Wirkung für einen Steuerpflichtigen entfalten.[1] Eine gewisse Definitionsmacht entfaltet die Voraussetzung einer engen Verbindung, die in Art. 11 Abs. 1 MwStSystRL enthalten ist, jedoch schon. So kann in jedem Fall nicht nur eine klassische Konzernstruktur diese Voraussetzungen erfüllen. Auch andere Abhängigkeiten, die nicht in einem Unterordnungsverhältnis bestehen, können nach der Rechtsprechung für eine Mehrwertsteuergruppe qualifizieren.[2]

4. Einrichtungen des öffentlichen Rechts

19.46 Der Begriff des Steuerpflichtigen wird **für staatliche Tätigkeit** durch Art. 13 MwStSystRL **begrenzt**. Geht der Staat einer wirtschaftlichen Tätigkeit im Sinne des Art. 9 Abs. 1 MwStSystRL nach,[3] wird er gemäß Art. 13 Abs. 1 Unterabs. 1 MwStSystRL grundsätzlich nicht als Steuerpflichtiger behandelt, soweit ihm die Tätigkeit „im Rahmen der öffentlichen Gewalt oblieg[t]". Allerdings schränken die Unterabs. 2 und 3 der Vorschrift diese Begrenzung wieder ein, indem sie auf die jeweilige **Wettbewerbssituation** abstellen. Damit sollen nicht nur private Konkurrenten geschützt werden, die einer wirtschaftlichen Tätigkeit nachgehen, sondern auch der Staat selbst: Art. 13 MwStSystRL soll auch verhindern, dass sich der Status eines Nichtsteuerpflichtigen *zu Lasten* der staatlichen Tätigkeit auswirkt, insbesondere wenn einer Einrichtung des öffentlichen Rechts dadurch das Recht auf Vorsteuerabzug versagt wird.[4]

19.47 Art. 13 MwStSystRL gilt für alle sog. **Einrichtungen des öffentlichen Rechts**, insbesondere „Staaten, Länder [und] Gemeinden". Auch Private können unter Umständen darunter subsumiert werden. Sie müssen dafür allerdings nicht nur eine hoheitliche Tätigkeit ausüben, sondern zusätzlich de facto in die öffentliche Verwaltung integriert sein.[5] Von vornherein können gemäß Art. 13 Abs. 1 Unterabs. 1 MwStSystRL nur staatliche wirtschaftliche Tätigkeiten der Mehrwertsteuer entkommen, die „im Rahmen der öffentlichen Gewalt" erfolgen[6]. Dies ist nach der EuGH-Rechtsprechung nicht nach dem Inhalt der Tätigkeit zu beurteilen, sondern nach ihrer Form. Handelt die Einrichtung im Rahmen einer öffentlich-rechtlichen Sonderregelung, so übt sie öffentliche Gewalt aus; handelt sie hingegen unter den gleichen rechtlichen Bedingungen wie Private, so findet die Ausnahme des Art. 13 MwStSystRL keine Anwendung.[7] Im Ergebnis muss also öffentliches Recht die konkrete staatliche Betätigung regeln, damit diese Tätigkeit von der Mehrwertsteuer grundsätzlich nicht erfasst wird.

---

1 Vgl. EuGH v.16.7.2015 – C-108/14 und C-109/14 – Larentia + Minerva u.a., ECLI:EU:C:2015:496, Rz. 50.
2 Vgl. EuGH v.16.7.2015 – C-108/14 und C-109/14 – Larentia + Minerva u.a., ECLI:EU:C:2015:496, Tenor Nr. 2.
3 Vgl. zu dieser impliziten Anwendungsvoraussetzung des Art. 13 MwStSystRL u. a.: EuGH v. 26.6.2007 – C-284/04 – T-Mobile Austria u.a., ECLI:EU:C:2007:381, Rz. 48; v. 26.6.2007 – C-369/04 – Hutchison 3G u.a., ECLI:EU:C:2007:382, Rz. 42; v. 12.11.2009 – C-154/08 – Kommission/Spanien, ECLI:EU:C:2009:695, Rz. 99; jeweils zu Art. 4 Abs. 5 Sechste MwSt-Richtlinie.
4 Vgl. EuGH v. 4.6.2009 – C-102/08 – SALIX Grundstücks-Vermietungsgesellschaft, ECLI:EU:C:2009:345, Rz. 62 bis 76.
5 Vgl. EuGH v. 26.3.1987 – 235/85 – Kommission/Niederlande, ECLI:EU:C:1987:161, Rz. 21; v. 25.7.1991 – C-202/90 – Ayuntamiento de Sevilla, ECLI:EU:C:1991:332, Rz. 19; v. 12.9.2000 – C-276/97 – Kommission/Frankreich, ECLI:EU:C:2000:424, Rz. 45; v. 12.6.2008 – C-462/05 – Kommission/Portugal, ECLI:EU: C:2008:337, Rz. 38; v. 29.10.2015 – C-174/14 – Saudaçor, ECLI:EU:C:2015:733, Rz. 56 bis 68; v. 22.2.2018 – C-182/17 – Nagyszénás Településszolgáltatási Nonprofit, ECLI:EU:C:2018:91, Rz. 45 bis 47.
6 Darüber hinaus können die Mitgliedstaaten gemäß Art. 13 Abs. 2 MwStSystRL auch Tätigkeiten, auf die bestimmte Steuerbefreiungen anwendbar sind, als Tätigkeiten „im Rahmen der öffentlichen Gewalt" fingieren; siehe dazu EuGH v. 6.2.1997 – C-247/95 – Marktgemeinde Welden, ECLI:EU:C:1997:57, Rz. 19 bis 22; v. 14.12.2000 – C-446/98 – Fazenda Pública, ECLI:EU:C:2000:691, Rz. 40 bis 46; v. 4.6.2009 – C-102/08 – SALIX Grundstücks-Vermietungsgesellschaft, ECLI:EU:C:2009:345, Rz. 37 bis 58.
7 Vgl. u. a. EuGH v. 17.10.1989 – 231/87 und 129/88 – Comune di Carpaneto Piacentino u.a., ECLI:EU: C:1989:381, Rz. 16; v. 6.2.1997 – C-247/95 – Marktgemeinde Welden, ECLI:EU:C:1997:57, Rz. 17; v. 16.9.2008 – C-288/07 – Isle of Wight Council u.a., ECLI:EU:C:2008:505, Rz. 21; v. 22.2.2018 – C-182/17 – Nagyszénás Településszolgáltatási Nonprofit, ECLI:EU:C:2018:91, Rz. 56.

Hinzukommen muss gemäß den Rückausnahmen des Art. 13 Abs. 1 Unterabs. 2 und 3 MwStSystRL, dass die Freistellung der öffentlich-rechtlichen Tätigkeit von der Mehrwertsteuer zu keinen „größeren **Wettbewerbsverzerrungen**" führt. Unter „größeren" Wettbewerbsverzerrungen versteht der EuGH in Anlehnung an die Terminologie des Unterabs. 3 der Vorschrift solche, die „mehr als unbedeutend" sind,[1] wodurch allerdings noch nicht viel gesagt ist. Insoweit handhabbar ist Unterabs. 3 der Vorschrift, der eine **unwiderlegbare Vermutung** dafür enthält, dass bei den in Anhang I der MwStSystRL aufgeführten Tätigkeiten „größere Wettbewerbsverzerrungen" entstehen würden, sofern ihr Umfang im Einzelfall nicht unbedeutend ist.[2] Zu diesen Tätigkeiten gehören beispielsweise die Güter- und Personenbeförderung sowie die Wasser-,[3] Gas- und Stromversorgung.[4] Bei diesen staatlichen Tätigkeiten ist es somit im Ergebnis irrelevant, ob sie sich im Rahmen des öffentlichen oder des Privatrechts bewegen, sie unterliegen stets der Mehrwertsteuer.

19.48

Jenseits der Tätigkeiten des Anhangs I der MwStSystRL ist die Entstehung „größerer Wettbewerbsverzerrungen", die der Behandlung einer öffentlich-rechtlichen Einrichtung als Nichtsteuerpflichtige entgegenstünde, gemäß Art. 13 Abs. 1 Unterabs. 2 MwStSystRL **im Einzelfall zu prüfen**. Der Wettbewerb wird dabei nach der EuGH-Rechtsprechung sehr weitgehend geschützt. Zunächst soll sich die Einzelfallprüfung nämlich nicht auf die konkrete Wettbewerbssituation einer bestimmten Einrichtung des öffentlichen Rechts beziehen, sondern stets abstrakt auf die Art der ausgeübten Tätigkeit und die Wettbewerbssituation hinsichtlich dieser Tätigkeit im betreffenden Mitgliedstaat insgesamt. Wenn also die Nichtbesteuerung einer bestimmten Tätigkeit öffentlich-rechtlicher Einrichtungen insgesamt betrachtet in einem Mitgliedstaat zu größeren Wettbewerbsverzerrungen führen würde, dann muss sich deshalb eine Einrichtung des öffentlichen Rechts auch dann als Steuerpflichtige behandeln lassen, wenn in ihrem konkreten Fall gar keine Wettbewerbssituation mit Privaten besteht.[5] Diese **branchenbezogene Wettbewerbsprüfung**[6] hat sich außerdem nicht nur an der aktuellen, sondern auch an der potentiellen Wettbewerbssituation zu orientieren, da auch der Markt*eintritt* Privater ermöglicht werden muss.[7] Die Feststellung, ob größere Wettbewerbsverzerrungen im Sinne des Art. 13 Abs. 1 Unterabs. 2 MwStSystRL zu befürchten sind, ist im Übrigen eine Tatsachenfrage, die allein von den nationalen Gerichten zu beurteilen ist.[8]

19.49

II. Steuertatbestände

Literatur (Auswahl): *Bahn*, Die Einheitlichkeit der Leistung, UR 2017, 139; *Burghardt*, Umsatzsteuerrechtliche Einordnung von Sale-and-Lease-back-Geschäften, MwStR 2017, 978; *Dietsch*, Umsatzsteuerpflicht von kostenlosen sozialen Netzwerken, MwStR 2017, 868; *Dobratz*, Leistung und Entgelt im Europäischen Umsatzsteuerrecht, Diss., Köln 2005; *Englisch*, „Kostenlose" Online-Dienstleistungen: tauschähnlicher Umsatz?, UR 2017, 875; *Haller*, Feste Niederlassung – alle Klarheiten beseitigt?, MwStR 2017, 650; *Ismer/Artinger*, Internationale Doppelbesteuerung im Mehrwertsteuerrecht: Ursachen und mögliche Lösungen, MwStR 2018,

---

1 Vgl. EuGH v. 16.9.2008 – C-288/07 – Isle of Wight Council u.a., ECLI:EU:C:2008:505, Rz. 75 bis 79.
2 Vgl. EuGH v. 16.9.2008 – C-288/07 – Isle of Wight Council u.a., ECLI:EU:C:2008:505, Rz. 35.
3 Siehe hierzu EuGH v. 3.4.2008 – C-442/05 – Zweckverband zur Trinkwasserversorgung und Abwasserbeseitigung Torgau-Westelbien, ECLI:EU:C:2008:184, Rz. 29 bis 37.
4 Siehe darüber hinaus zu den „landwirtschaftlichen Interventionsstellen" in Nr. 7 und den „Verkaufsstellen" in Nr. 12 des Anhang I der MwStSystRL: EuGH v. 13.12.2007 – C-408/06 – Götz, ECLI:EU:C:2007:789, Rz. 24 ff.
5 Vgl. EuGH v. 16.9.2008 – C-288/07 – Isle of Wight Council u.a., ECLI:EU:C:2008:505, Rz. 40 bis 53; **a.A.** noch (zumindest formal): EuGH v. 13.12.2007 – C-408/06 – Götz, ECLI:EU:C:2007:789, Tenor Nr. 2 Satz 2.
6 Siehe zur Untersuchung einer solchen Wettbewerbssituation mit Anleihen beim EU-Vergaberecht: *Englisch*, UR 2013, 570 ff.
7 Vgl. EuGH v. 16.9.2008 – C-288/07 – Isle of Wight Council u.a., ECLI:EU:C:2008:505, Rz. 60 bis 65; v. 25.3.2010 – C-79/09 – Kommission/Niederlande, ECLI:EU:C:2010:171, Rz. 91.
8 Vgl. EuGH v. 8.6.2006 – C-430/04 – Feuerbestattungsverein Halle, ECLI:EU:C:2006:374, Rz. 24; v. 16.9.2008 – C-288/07 – Isle of Wight Council u.a., ECLI:EU:C:2008:505, Rz. 21.

12; *Jansen,* Umsatzsteuerrechtliche Rechtsnachfolge bei der Geschäftsveräußerung, UR 2017, 409; *Looks/Bergau,* Tauschähnlicher Umsatz mit Nutzerdaten – Kein Stück vom Kuchen, MwStR 2016, 864; *Luther/Sailer,* Was sind eigentlich elektronische Dienstleistungen?, UR 2016, 86; *Montag,* Zur Vorsteuerabzugsberechtigung und Entstehung der Einfuhrumsatzsteuer aufgrund von zollrechtlichen Pflichtverletzungen von Logistikdienstleistern, MwStR 2016, 902; *Möser,* Das Verhältnis des Grundsatzes der Einheitlichkeit der Leistung zu gesetzlichen Aufteilungsgeboten am Bespiel des § 12 Abs. 2 Nr. 11 UStG, MwStR 2018, 505; *Pflaum,* Die Privatnutzung von Kraftfahrzeugen im Umsatzsteuerrecht, UR 2018, 105; *Reiß,* Innergemeinschaftlich befreite Lieferung und innergemeinschaftlicher Erwerb beim Reihengeschäft, MwStR 2017, 767; *Scholz/Claßen,* Grundstücksbezogene Leistungen im Fokus, UR 2016, 704; *Slapio/Polok,* Ausgewählte umsatzsteuerrechtliche Aspekte der grenzüberschreitenden Geschäftsveräußerung im Ganzen, UR 2018, 703; *Terra/Terra,* The value of the voucher directive on the EU VAT treatment of vouchers, World Journal of VAT/GST Law 2017, 27.

1. Überblick

19.50 Die Mehrwertsteuererhebung ist durch eine Vielzahl unterschiedlicher Steuertatbestände geprägt. Zunächst regelt Art. 2 MwStSystRL **vier hauptsächliche Steuertatbestände**: die Erbringung einer Leistung gegen Entgelt, unterteilt in die zwei Steuertatbestände der Lieferung eines Gegenstands (Abs. 1 Buchst. a) und der Erbringung einer Dienstleistung (Buchst. c), sowie zwei weitere Tatbestände, die den grenzüberschreitenden Warenhandel betreffen: den sog. innergemeinschaftlichen Erwerb eines Gegenstands gegen Entgelt (Buchst. b) und die (außergemeinschaftliche) Einfuhr eines Gegenstands (Buchst. d). Damit existieren für tangible Güter (Waren) drei verschiedene Steuertatbestände, für intangible (Dienstleistungen) hingegen nur einer. Für diese vier Steuertatbestände bildet, wie die Überschrift des Titels IV der MwStSystRL zeigt, der „Umsatz" den Überbegriff.

19.51 Der **Charakter der Mehrwertsteuer** wird nur durch einen einzigen – allerdings zweigeteilten – Steuertatbestand geprägt: die **Erbringung einer entgeltlichen Leistung**, sei es als Lieferung eines Gegenstands gemäß Art. 2 Abs. 1 Buchst. a oder als Dienstleistung gemäß Art. 2 Abs. 1 Buchst. c MwStSystRL (Rz. 19.53 ff.). Die hervorgehobene Rolle dieser Tatbestände der Mehrwertsteuer zeigt sich auch daran, dass niemand Steuerpflichtiger sein kann, ohne dass er entgeltliche Leistungen ausführt (Rz. 19.28). Die ebenfalls in Art. 2 MwStSystRL enthaltenen grenzüberschreitenden Tatbestände des innergemeinschaftlichen Erwerbs und der Einfuhr sind gegenüber dem Tatbestand der entgeltlichen Leistung von sekundärer Bedeutung, da ihre Funktion in der Aufteilung der mehrwertsteuerlichen Besteuerungsrechte der Staaten im Hinblick auf Waren besteht (Rz. 19.88).

19.52 Über die genannten Umsätze hinaus bietet die MwStSystRL noch eine Reihe weiterer, teilweise fakultativer **Ergänzungstatbestände**, die den vier Haupttatbeständen des Art. 2 MwStSystRL an verschiedenen Stellen der MwStSystRL bestimmte Vorgänge gleichstellen.[1] Die Gründe für die jeweilige Gleichstellung sind unterschiedlich und in den Kontext des jeweiligen Bezugstatbestandes zu stellen. Die privaten Nutzungen, die als fiktive entgeltliche Leistungen ausgestaltet sind, bilden hier jedoch einen eigenständigen Komplex, der auch einer gesonderten Darstellung bedarf (Rz. 19.100 ff.). Nicht zu den Ergänzungstatbeständen der Mehrwertsteuer zu zählen ist das Entstehen einer Steuerschuld durch den bloßen Ausweis der Mehrwertsteuer in einer Rechnung; hierbei handelt es sich vielmehr um eine Gefährdungshaftung (Rz. 19.202 ff.).

---

1 Gleichstellungen mit der Lieferung eines Gegenstands gegen Entgelt enthalten die Art. 16, 17 und 18 MwStSystRL (Rz. 19.97 f. und 19.102 ff.), mit einer Dienstleistung gegen Entgelt die Art. 26 und 27 MwStSystRL (Rz. 19.105 ff.), mit dem innergemeinschaftlichen Erwerb eines Gegenstands gegen Entgelt die Art. 21 und 22 MwStSystRL (Rz. 19.97) und mit der Einfuhr eines Gegenstands der Art. 408 MwStSystRL (Rz. 19.90).

2. Die entgeltliche Leistung
a) Überblick

Eine Leistung in Form der Lieferung eines Gegenstands oder in Form einer Dienstleistung (Rz. 19.54 ff.), die gegen Entgelt erbracht wird (Rz. 19.67 ff.), ist gemäß Art. 2 Abs. 1 Buchst. a und c MwStSystRL unter zwei Bedingungen steuerbar. Sie muss durch einen Steuerpflichtigen als solchen (Rz. 19.76) und im Gebiet eines Mitgliedstaats (Rz. 19.77 ff.) erfolgen. Zusätzlich enthält die MwStSystRL differenzierte Vorschriften zur genauen Bestimmung des Zeitpunkts, zu dem der Steuertatbestand der entgeltlichen Leistung erfüllt und damit die Steuer fällig ist (Rz. 19.86). Obwohl beide Formen der Leistung – die Lieferung eines Gegenstands und die Dienstleistung – der Sache nach einen einzigen Steuertatbestand bilden, ist die Unterscheidung zwischen ihnen bedeutsam. Denn zahlreiche Bestimmungen der MwStSystRL – insbesondere die Vorschriften zum Ort einer Leistung (Rz. 19.77 ff.) – differenzieren zwischen der Lieferung eines Gegenstands und einer Dienstleistung.

19.53

b) Leistung
aa) Lieferung eines Gegenstands

Die erste der beiden Formen einer Leistung, die nach Art. 2 Abs. 1 Buchst. a MwStSystRL besteuert wird, ist die Lieferung eines Gegenstands. Sie wird in Art. 14 Abs. 1 MwStSystRL definiert als „die Übertragung der Befähigung, **wie ein Eigentümer** über einen **körperlichen Gegenstand** zu verfügen". Die Frage, was ein körperlicher Gegenstand ist, kann noch relativ leicht beantwortet werden. Tiere gehören dazu.[1] Darüber hinaus zählt Art. 15 MwStSystRL eine Reihe von Gegenständen auf, die entweder zwingend oder für die Mitgliedstaaten optional als körperlich zu behandeln sind, wie z. B. Elektrizität oder bestimmte Rechte im Zusammenhang mit Grundstücken.[2]

19.54

Schwieriger als die Bestimmung, was einen körperlichen Gegenstand ausmacht, ist die Beurteilung, unter welchen Voraussetzungen der Empfänger einer Leistung die **Stellung eines Eigentümers** im Sinne von Art. 14 Abs. 1 MwStSystRL erwirbt. Denn dies ist nach ständiger Rechtsprechung – um der unionsweit einheitlichen Anwendung willen – **unionsrechtlich autonom** und nicht durch Rückgriff auf das jeweilige Zivilrecht der Mitgliedstaaten zu bestimmen.[3] Das geschriebene Unionsrecht enthält zur Definition einer unionsrechtlichen Eigentümerstellung allerdings nur wenige Anhaltspunkte, etwa wenn Art. 14 Abs. 2 Buchst. b und c MwStSystRL die Übertragung von Gegenständen im Rahmen bestimmter Leasingverträge[4] oder einer Einkaufs- bzw. Verkaufskommission[5] als Lieferung eines Gegenstands festlegt. Konsequenterweise müsste deshalb durch die Rechtsprechung des EuGH ein unionsrechtlicher Ei-

19.55

---

1 EuGH v. 1.4.2004 – C-320/02 – Stenholmen, ECLI:EU:C:2004:213, Rz. 23.
2 Siehe zu Art. 5 Abs. 3 Buchst. b Sechste MwSt-Richtlinie (jetzt: Art. 15 Abs. 2 Buchst. b MwStSystRL), der dingliche Nutzungsrechte an Grundstücken betrifft: EuGH v. 4.12.1990 – C-186/89 – Van Tiem, ECLI:EU:C:1990:429, Rz. 21 bis 24; v. 4.10.2001 – C-326/99 – „Goed Wonen", ECLI:EU:2001:506, Rz. 26 bis 38; siehe zu Art. 5 Abs. 3 Buchst. c Sechste MwSt-Richtlinie (jetzt: Art. 15 Abs. 2 Buchst. c MwStSystRL) der Gesellschaftsanteile betrifft, mit denen für den Anteilseigner de facto ein Eigentumsrecht an einem Grundstück verbunden ist: EuGH v. 5.7.2012 – C-259/11 – DTZ Zadelhoff, ECLI:EU:C:2012:423, Rz. 31 bis 35.
3 Vgl. u. a. EuGH v. 8.2.1990 – C-320/88 – Shipping and Forwarding Enterprise Safe, ECLI:EU:C:1990:61, Rz. 7; v. 6.2.2003 – C-185/01 – Auto Lease Holland, ECLI:EU:C:2003:73, Rz. 32; v. 16.2.2012 – C-118/11 – Eon Aset Menidjmunt, ECLI:EU:C:2012:97, Rz. 39; v. 3.9.2015 – C-526/13 – Fast Bunkering Klaipėda, ECLI:EU:C:2015:536, Rz. 51.
4 Siehe zur Abgrenzung von Leasingformen, die eine Lieferung von Gegenständen, und solchen, die eine Dienstleistung darstellen: EuGH v. 16.2.2012 – C-118/11 – Eon Aset Menidjmunt, ECLI:EU:C:2012:97, Rz. 32 bis 40; v. 2.7.2015 – C-209/14 – NLB Leasing, ECLI:EU:C:2015:440, Rz. 27 bis 30; v. 27.3.2019 – C-201/18 – Mydibel, ECLI:EU:C:2019:254, Rz. 35 bis 41.
5 Siehe zu einer Auktion: EuGH v. 9.2.2006 – C-305/03 – Kommission/Vereinigtes Königreich, ECLI:EU:C:2006:90.

gentumsbegriff entwickelt werden. Davor schreckt der EuGH aber in vielen Entscheidungen zurück, indem er den nationalen Gerichten aufgibt, diese Frage selbst zu klären,[1] was Letztere wiederum in kontraproduktiver Weise zur Heranziehung ihres nationalen Zivilrechts veranlassen dürfte. Nur vereinzelt finden sich in der EuGH-Rechtsprechung Ansätze einer Konturierung des unionsrechtlichen Eigentumsbegriffs im Mehrwertsteuerrecht. So soll die faktische Verfügungsgewalt entscheidend,[2] die Übertragung des unmittelbaren Besitzes eines Gegenstands allerdings keine Voraussetzung für den Eigentumserwerb[3] und Miteigentum möglich[4] sein, während Diebstahl nicht zur Übertragung des Eigentums führe.[5] Bleibt der EuGH auf diesem Weg einer schrittweisen Definition dessen, was eine unionsrechtliche Eigentumsposition im Rahmen der Mehrwertsteuer ausmacht, könnte sich auf der recht abseitigen Grundlage des Art. 14 Abs. 1 MwStSystRL sogar die Keimzelle eines künftigen EU-Sachenrechts entwickeln.

bb) Dienstleistung

19.56 Nach Art. 24 Abs. 1 MwStSystRL ist jede Leistung, die keine Lieferung eines Gegenstands darstellt, eine Dienstleistung. Im Rahmen der Auslegung dieser Vorschrift ist daher die Frage zu behandeln, was überhaupt Gegenstand einer steuerbaren Leistung sein kann. Grundsätzlich kann dies **jedes Verhalten** sein, das im Rahmen eines Rechtsverhältnisses erfolgt (Rz. 19.68), einschließlich – wie Art. 25 Buchst. b MwStSystRL klarstellt – eines Unterlassens oder Duldens.

19.57 In der Regel stellt sich die Frage, ob eine Leistung im Sinne des Steuertatbestands vorhanden ist, nur dann, wenn eine Zahlung existiert, von der die Finanzverwaltung einen Teil als Mehrwertsteuer beansprucht. Die Zahlung als solche wird jedoch nicht besteuert (Rz. 20.59), sondern nur eine Leistung, für die eine Zahlung ein Entgelt darstellt (Rz. 19.67).[6] Wo keine Leistung zu finden ist, bleibt die Zahlung unbelastet von der Mehrwertsteuer. In manchen Fällen kann der EuGH – trotz der Zahlung eines Vertragspartners des Steuerpflichtigen – keine Leistung identifizieren, so im Fall von Verzugszinsen[7] oder dem Einbehalt einer Anzahlung im Fall der Stornierung der Leistung.[8] Hinter solchen Entscheidungen steht der Gedanke, dass **Schadenersatz** mit keiner Leistung verbunden sein kann. Denn ähnlich wie beim Diebstahl eines Gegenstands (Rz. 19.55) „leistet" der Steuerpflichtige beim Schadenersatz nicht freiwillig. Ihm in einer solchen Situation eine Steuerlast aufzuerlegen, wäre ungerecht. Mitunter schwer abzugrenzen ist eine solche Situation aber von Fällen, in denen der Steuerpflichtige zumindest teilweise ein Entgelt erhält, obwohl die von ihm angebotene Leistung gar nicht in Anspruch genommen wurde. Hier wird der Steuerpflichtige regelmäßig einen bloßen Schadenersatz für seine entstandenen Auslagen vortragen, während die Finanzverwaltung von einem Entgelt für die **Möglichkeit der Inanspruchnahme einer Leistung** ausgehen wird.[9] In diesen Fällen sollte man sich an der Frage der **Freiwilligkeit** einer Leistung orientieren. Sehen die Vertragsbestimmungen bereits vor, wie hoch ein Entgelt

---

1 Vgl. nur EuGH v. 8.2.1990 – C-320/88 – Shipping and Forwarding Enterprise Safe, ECLI:EU:C:1990:61, Rz. 10 bis 13; v. 15.12.2005 – C-63/04 – Centralan Property, ECLI:EU:C:2005:773, Rz. 34.
2 EuGH v. 21.4.2005 – C-25/03 – HE, ECLI:EU:C:2005:241, Rz. 65 f.
3 EuGH v. 15.7.2015 – C-123/14 – Itales, ECLI:EU:C:2015:511, Rz. 36; v. 15.7.2015 – C-159/14 – Koela-N, ECLI:EU:C:2015:513, Rz. 38.
4 EuGH v. 15.12.2005 – C-63/04 – Centralan Property, ECLI:EU:C:2005:773, Rz. 66.
5 EuGH v. 14.7.2005 – C-435/03 – British American Tobacco International und Newman Shipping, ECLI:EU:C:2005:464, Rz. 36; v. 21.11.2013 – C-494/12 – Dixons Retail, ECLI:EU:C:2013:758, Rz. 29; demgegenüber bestätigt Art. 14 Abs. 2 Buchst. a MwStSystRL ausdrücklich, dass die Übertragung eines Gegenstands unter behördlichem Zwang als Lieferung eines Gegenstandes anzusehen ist.
6 Vgl. EuGH v. 3.5.2012 – C-520/10 – Lebara, ECLI:EU:C:2012:264, Rz. 26.
7 EuGH v. 1.7.1982 – 222/81 – BAZ Bausystem, ECLI:EU:C:1982:256, Rz. 8 bis 10.
8 EuGH v. 18.7.2007 – C-277/05 – Société thermale d'Eugénie-les-Bains, ECLI:EU:C:2007:440.
9 Vgl. zu dieser anerkannten Form einer Leistung u. a.: EuGH v. 21.3.2002 – C-174/00 – Kennemer Golf, ECLI:EU:C:2002:200, Rz. 36 bis 42; v. 3.9.2009 – C-37/08 – RCI Europe, ECLI:EU:C:2009:507, Rz. 31 bis 34; v. 23.12.2015 – C-250/14 und C-289/14 – Air France-KLM und Hop!-Brit Air, ECLI:EU:C:2015:841; v. 22.11.2018 – C-295/17 – MEO – Serviços de Comunicações e Multimédia, ECLI:EU:C:2018:942, Rz. 45.

bei der Nichtinanspruchnahme einer Leistung sein wird, wie dies z. B. bei „Stornogebühren" der Fall ist, so muss von einer freiwilligen Leistungsbereitschaft ausgegangen werden, die der Mehrwertsteuer unterliegt.

Mitunter negiert der EuGH die Existenz einer Leistung allein deshalb, um eine als untunlich empfundene Besteuerung zu verhindern. Anders ist es nicht zu erklären, dass in zwei Urteilen zu Agrarsubventionen für die **Aufgabe landwirtschaftlicher Tätigkeit** das Vorliegen einer Dienstleistung durch den Landwirt im Wesentlichen mit der Begründung verneint wurde, dass die Einstellung der Tätigkeit für den Staat gar keinen Vorteil beinhalte.[1] Was sich wie eine richterliche Ohrfeige für die Agrarpolitik der Gemeinschaft in diesen Jahren anhört, dürfte nicht auf dogmatischen Erwägungen beruhen, die hier weiter zu verfolgen wären, sondern auf der pragmatischen Sicht des damaligen britischen Generalanwalts, für den die Besteuerung in diesen Fällen einfach „keinen Sinn macht".[2]

19.58

cc) Zahlungsmittel

Obwohl alle Voraussetzungen für die Lieferung eines Gegenstands bzw. für eine Dienstleistung erfüllt sind, ist die **bare oder unbare Übertragung von Geld** weder als Lieferung eines Gegenstands noch als Dienstleistung einzustufen. Die Übertragung von Geld unterliegt damit als solche – abgesehen von Sammlerstücken, wie sich aus Art. 135 Abs. 1 Buchst. e MwStSystRL ergibt (Rz. 19.143) – nicht der Mehrwertsteuer. Zwar verliert die MwStSystRL hierüber kein Wort. Die Praxis, die Übertragung von Geld nicht als mehrwertsteuerliche Leistung anzusehen, ist jedoch so allgemein anerkannt, dass sie zumindest gewohnheitsrechtlich fundiert ist. Eine Besteuerung von Geldtransfers würde das Mehrwertsteuersystem auch nur unnötig komplizierter machen.[3]

19.59

Auch der EuGH hat die Nichtbesteuerung von Geld implizit für alle reinen Zahlungsmittel anerkannt.[4] Reine Zahlungsmittel sind solche, deren ausschließlicher Zweck in der Verwendung als Zahlungsmittel besteht. Es handelt sich also um Gegenstände oder Rechte, die – anders als etwa Gold, das auch als Zahlungsmittel verwendet werden kann – keinen verbrauchsfähigen Gehalt besitzen.[5] Dies können nach der Rechtsprechung sowohl gesetzliche Zahlungsmittel als auch private sein, wie etwa die **Kryptowährung „Bitcoin"**.[6]

19.60

dd) Vermögensnachfolge

Gemäß Art. 19 und Art. 29 MwStSystRL stellt die Übertragung eines Gesamt- oder Teilvermögens keine Leistung dar, sofern die Mitgliedstaaten Entsprechendes im nationalen Recht regeln. Der Empfänger des Vermögens wird in diesem Fall mit der Übertragung bloßer **mehrwertsteuerlicher Rechtsnachfolger** des Übertragenden. Die Regelung dient der Vereinfachung der Unternehmensnachfolge, indem zugunsten der Liquidität des Nachfolgers auf die Besteuerung mit anschließendem Vorsteuerabzug verzichtet wird.[7] Sie unterstützt damit auch die Steuerneutralität von Umwandlungsvorgängen.

19.61

---

1 EuGH v. 29.2.1996 – C-215/94 – Mohr, ECLI:EU:C:1996:72, Rz. 22; v. 18.12.1997 – C-384/95 – Landboden-Agrardienste, ECLI:EU:C:1997:627, Rz. 24.
2 EuGH, Schlussanträge des Generalanwalts *Jacobs* v. 25.9.1997 – C-384/95 – Landboden-Agrardienste, ECLI:EU:C:1997:433, Rz. 12.
3 Siehe im Einzelnen *Dobratz*, Leistung und Entgelt im Europäischen Umsatzsteuerrecht, S. 156 f.
4 Vgl. EuGH v. 22.10.2015 – C-264/14 – Hedqvist, ECLI:EU:C:2015:718, Rz. 24 bis 26 und die dort angeführte Rechtsprechung.
5 Vgl. EuGH, Schlussanträge der Generalanwältin *Kokott* v. 16.7.2015 – C-264/14 – Hedqvist, ECLI:EU: C:2015:498, Rz. 14.
6 Vgl. in diesem Sinne EuGH v. 22.10.2015 – C-264/14 – Hedqvist, ECLI:EU:C:2015:718, Rz. 24.
7 Vgl. in diesem Sinne EuGH v. 30.5.2013 – C-651/11 – X, ECLI:EU:C:2013:346, Rz. 41 f. und die dort angeführte Rechtsprechung.

19.62 Ob der Gegenstand einer Übertragung als Gesamt- oder Teilvermögen im Sinne von Art. 19 und Art. 29 MwStSystRL einzuordnen ist, hängt maßgeblich davon ab, ob mit dem Vermögen eine **selbständige wirtschaftliche Tätigkeit** fortgeführt werden kann und dies vom Rechtsnachfolger auch beabsichtigt ist.[1] Allein Anteile an einer Gesellschaft reichen insofern nicht aus, weil nach der EuGH-Rechtsprechung das bloße Halten solcher Anteile keine wirtschaftliche Tätigkeit im Sinne des Art. 9 MwStSystRL darstellt (Rz. 19.32).[2] Führt aber beispielsweise eine Gesellschaft, auf die eine Holdinggesellschaft verschmolzen wurde, deren Tätigkeit als Führungsholding (Rz. 19.32) fort, so finden die Art. 19 und 29 MwStSystRL Anwendung.

ee) Umfang der steuerbaren Leistung

19.63 Für die Besteuerung einer Leistung ist schließlich noch ihr Umfang von Bedeutung. Zwar ist grundsätzlich jede einzelne Leistung selbständig der Mehrwertsteuer zu unterwerfen.[3] Nach ständiger EuGH-Rechtsprechung können aber unter bestimmten Voraussetzungen auch mehrere Leistungen gemeinsam eine sog. **einheitliche Leistung** bilden, die dann als solche einem einzigen Besteuerungsvorgang unterliegt. Dies ist immer dann von Bedeutung, wenn sich nach den Bestimmungen des Mehrwertsteuerrechts andere Rechtsfolgen ergeben, je nachdem, ob die entsprechenden Leistungen einzeln oder als einheitliche Leistung gemeinsam zu versteuern sind. So kann beispielsweise im Zusammenhang mit Steuerbefreiungen, die regelmäßig nur ganz bestimmte Leistungsinhalte von der Steuer befreien (Rz. 19.108 ff.), die Annahme einer einheitlichen Leistung die Steuerpflicht des gesamten Vorgangs zur Folge haben, obwohl eine ihrer Teilleistungen als solche den Tatbestand einer Steuerbefreiung erfüllen würde.[4] Die Rechtsprechung des EuGH unterscheidet bei der Annahme einer einheitlichen Leistung zwei Fallgruppen. So gibt es erstens einheitliche Leistungen, die sich aus mehreren (gleichrangigen)[5] Einzelleistungen zusammensetzen, und zweitens solche, die aus einer Haupt- und einer oder mehreren Nebenleistungen bestehen.[6]

19.64 Eine einheitliche Leistung, die sich aus **mehreren gleichrangigen Teilleistungen** zusammensetzt, liegt nach der entsprechenden Formel des EuGH vor, wenn diese so eng miteinander verbunden sind, dass sie „objektiv eine einzige untrennbare wirtschaftliche Leistung bilden, deren Aufspaltung wirklichkeitsfremd wäre".[7] Nach der sehr weitgehenden Rechtsprechung des EuGH ist eine einheitliche Leistung in diesem Sinne offenbar auch dann möglich, wenn Empfänger der Einzelleistungen verschiedene Personen sind.[8] Umgekehrt scheint der Umstand, dass zwei Leistungen von unterschiedlichen Steuerpflichtigen erbracht wurden, zwar grundsätzlich gegen die Annahme einer einheitlichen Leistung zu sprechen, schließt diese Möglichkeit jedoch offenbar nicht aus.[9] Ist danach eine einheitliche Leistung festzustellen, so stellt sich als nächstes die Frage, welche ihrer Teilleistungen der **dominierende Bestandteil** ist. Denn davon hängt die weitere mehrwertsteuerliche Behandlung der einheitlichen Leistung

---

1 Vgl. insoweit nur EuGH v. 30.5.2013 – C-651/11 – X, ECLI:EU:C:2013:346, Rz. 32; v. 19.12.2018 – C-17/18 – Mailat, ECLI:EU:C:2018:1038, Rz. 25.
2 EuGH v. 30.5.2013 – C-651/11 – X, ECLI:EU:C:2013:346, Rz. 35 f.
3 Vgl. nur EuGH v. 17.1.2013 – C-224/11 – BGŻ Leasing, ECLI:EU:C:2013:15, Rz. 29; v. 2.7.2015 – C-209/14 – NLB Leasing, ECLI:EU:C:2015:440, Rz. 41; v. 16.7.2015 – C-584/13 – Mapfre asistencia und Mapfre warranty, ECLI:EU:C:2015:488, Rz. 49.
4 Siehe zum Beispiel EuGH v. 2.12.2010 – C-276/09 – Everything Everywhere (ehemals T-Mobile UK), ECLI:EU:C:2010:730 im Hinblick auf ein Zusatzentgelt für bestimmte Zahlungsarten.
5 Vgl. EuGH v. 19.7.2012 – C-44/11 – Deutsche Bank, ECLI:EU:C:2012:484, Rz. 41.
6 Vgl. u. a. EuGH v. 19.7.2012 – C-44/11 – Deutsche Bank, ECLI:EU:C:2012:484, Rz. 19 bis 21; v. 16.7.2015 – C-584/13 – Mapfre asistencia und Mapfre warranty, ECLI:EU:C:2015:488, Rz. 50; v. 18.10.2018 – C-153/17 – Volkswagen Financial Services (UK), ECLI:EU:C:2018:845, Rz. 30 f.
7 EuGH v. 27.9.2012 – C-392/11 – Field Fisher Waterhouse, ECLI:EU:C:2012:597, Rz. 16; v. 2.7.2015 – C-209/14 – NLB Leasing, ECLI:EU:C:2015:440, Rz. 42.
8 Vgl. EuGH v. 2.7.2015 – C-209/14 – NLB Leasing, ECLI:EU:C:2015:440, Rz. 42.
9 Vgl. EuGH v. 16.7.2015 – C-584/13 – Mapfre asistencia und Mapfre warranty, ECLI:EU:C:2015:488, Rz. 57.

ab, beispielsweise im Hinblick auf die Anwendung einer Steuerbefreiung,[1] der Bestimmung des Steuersatzes[2] oder für die Feststellung, ob es sich bei ihr insgesamt um die Lieferung eines Gegenstands oder eine Dienstleistung handelt,[3] woraus sich unterschiedliche Rechtsfolgen ergeben können. Der dominierende Bestandteil einer einheitlichen Leistung ist dabei selbstverständlich abstrakt aus der Sicht eines Durchschnittsverbrauchers zu identifizieren und kann nicht für jeden einzelnen Verbraucher individuell festgestellt werden.[4]

Bei der zweiten Fallgruppe einer einheitlichen Leistung, welche die Rechtsprechung des EuGH vorsieht, handelt es sich im Grunde nur um eine abgekürzte Variante der ersten. Bei dieser Fallgruppe steht nämlich von vornherein fest, welche der gemeinsam betrachteten Leistungen dominiert. Es stellt sich allein die Frage, ob dieser **Hauptleistung** noch eine weitere Leistung als **Nebenleistung** zugeordnet werden kann, wodurch sie das steuerliche Schicksal der Hauptleistung teilt.[5] Die Annahme einer Nebenleistung als Teil einer einheitlichen Leistung setzt nach der entsprechenden Formel der EuGH-Rechtsprechung voraus, dass sie „für den Kunden keinen eigenen Zweck hat, sondern das Mittel darstellt, um die Hauptleistung unter optimalen Bedingungen in Anspruch zu nehmen"[6].

19.65

Bereits die Existenz zweier unterschiedlicher Formeln in der EuGH-Rechtsprechung zeigt, dass die Feststellung einer einheitlichen Leistung auf einer **Wertung** beruht, bei der keine eindeutigen objektiven Maßstäbe für eine Differenzierung zwischen unabhängigen und einheitlichen Leistungen bestehen.[7] Soweit sich der EuGH im Rahmen von Vorabentscheidungsersuchen nationaler Gerichte lösungsorientiert äußert, sind die Vorgaben sehr kasuistisch.[8] Letztlich überlässt er aber die entsprechenden Feststellungen vorwiegend den **nationalen Gerichten**,[9] obwohl es sich – bei ausreichender Darstellung des Sachverhalts durch das vorlegende nationale Gericht – um Rechtsfragen handelt, zu deren Beantwortung der EuGH nach Art. 267 AEUV verpflichtet wäre. Angesichts der resultierenden Unschärfen ist es im Hinblick auf die unionsweit einheitliche Anwendung des Mehrwertsteuerrechts umso bedenklicher, dass die Rechtsprechung den Begriff der einheitlichen Leistung sehr weit versteht, indem sie ihn nicht auf Leistungen beschränkt, die zwischen denselben Personen erbracht werden (Rz. 19.64).

19.66

---

1 Vgl. EuGH v. 21.2.2013 – C-18/12 – Město Žamberk, ECLI:EU:C:2013:95, Rz. 33.
2 EuGH v. 18.1.2018 – C-463/16 – Stadion Amsterdam, ECLI:EU:C:2018:22.
3 Vgl. EuGH v. 10.3.2011 – C-497/09, C-499/09, C-501/09 und C-502/09 – Bog u.a., ECLI:EU:C:2011:135, Rz. 61.
4 Vgl. EuGH v. 10.3.2011 – C-497/09, C-499/09, C-501/09 und C-502/09 – Bog u.a., ECLI:EU:C:2011:135, Rz. 62; v. 21.2.2013 – C-18/12 – Město Žamberk, ECLI:EU:C:2013:95, Rz. 33 und 35 f.
5 EuGH v. 19.7.2012 – C-44/11 – Deutsche Bank, ECLI:EU:C:2012:484, Rz. 19.
6 Siehe nur EuGH v. 27.9.2012 – C-392/11 – Field Fisher Waterhouse, ECLI:EU:C:2012:597, Rz. 17; v. 17.1.2013 – C-224/11 – BGŻ Leasing, ECLI:EU:C:2013:15, Rz. 41; v. 16.7.2015 – C-584/13 – Mapfre asistencia und Mapfre warranty, ECLI:EU:C:2015:488, Rz. 54.
7 Der EuGH spricht insoweit davon, dass es „keine Regel mit absoluter Geltung" für die Bestimmung des Umfangs einer Leistung gebe: EuGH v. 27.9.2012 – C-392/11 – Field Fisher Waterhouse, ECLI:EU:C:2012:597, Rz. 19; v. 17.1.2013 – C-224/11 – BGŻ Leasing, ECLI:EU:C:2013:15, Rz. 32; vgl. auch EuGH v. 18.10.2018 – C-153/17 – Volkswagen Financial Services (UK), ECLI:EU:C:2018:845, Rz. 33, wonach der „wirtschaftliche Zweck des Umsatzes", das „Interesse des Leistungsempfängers" und die „typischen Merkmale" des Umsatzes zu berücksichtigen seien.
8 Siehe als Beispiel die Erörterungen des EuGH zu Mietnebenleistungen in: EuGH v. 27.9.2012 – C-392/11 – Field Fisher Waterhouse, ECLI:EU:C:2012:597; v. 16.4.2015 – C-42/14 – Wojskowa Agencja Mieszkaniowa w Warszawie, ECLI:EU:C:2015:229.
9 Vgl. u. a. EuGH v. 27.9.2012 – C-392/11 – Field Fisher Waterhouse, ECLI:EU:C:2012:597, Rz. 20; v. 16.4.2015 – C-42/14 – Wojskowa Agencja Mieszkaniowa w Warszawie, ECLI:EU:C:2015:229, Rz. 46; v. 18.10.2018 – C-153/17 – Volkswagen Financial Services (UK), ECLI:EU:C:2018:845, Rz. 32.

c) Entgelt

aa) Erfordernis eines „unmittelbaren Zusammenhangs"

19.67 Nach der zweiten Voraussetzung des Hauptsteuertatbestands der Mehrwertsteuer ist eine Leistung gemäß Art. 2 Abs. 1 Buchst. a und c MwStSystRL nur dann steuerbar, wenn sie „gegen Entgelt" erfolgt. Nach ständiger Rechtsprechung wird eine Leistung dann gegen Entgelt erbracht, wenn ein **„unmittelbarer Zusammenhang"** zwischen der Leistung und einer erhaltenen Gegenleistung besteht.[1] Gewöhnlich besteht die Gegenleistung in Geld, sie kann aber auch ihrerseits in der Lieferung eines Gegenstands oder einer Dienstleistung bestehen (Tausch).[2]

19.68 Zum Teil übersetzt der EuGH das Erfordernis eines unmittelbaren Zusammenhangs mit der Anforderung, dass zwischen dem Leistenden und dem Leistungsempfänger ein **Rechtsverhältnis** bestehen muss, in dessen Rahmen gegenseitige Leistungen ausgetauscht werden,[3] also insbesondere eine Preisvereinbarung existiert.[4] Andere Entscheidungen sehen im Bestehen einer rechtlichen Beziehung jedoch eine eigenständige Voraussetzung.[5] In jedem Fall ist eine rechtliche Einbettung von Leistung und Gegenleistung nach der EuGH-Rechtsprechung erforderlich. Der Entgeltcharakter einer Leistung folgt somit stets aus seiner rechtlichen und nicht aus einer rein faktischen Beziehung zur Leistung.

19.69 Damit ist aber noch nichts darüber gesagt, welcher Art von Verbindung innerhalb eines Rechtsverhältnisses es bedarf, um einer Leistung eine Gegenleistung als ihr Entgelt zuordnen zu können. Der „unmittelbare Zusammenhang" innerhalb des Rechtsverhältnisses bleibt damit festzustellen. Die meisten Entscheidungen des EuGH stellen insoweit letztlich darauf ab, ob sich die **Erbringung der Leistung und der Gegenleistung gegenseitig bedingen**.[6] Es existieren aber auch Einzelentscheidungen des EuGH, die dogmatisch weniger nachvollziehbar sind. So sind Dividenden kein Entgelt[7] für die Kapitalüberlassung, Zinsen aber schon.[8] Oder es überrascht die Feststellung, dass der Kauf von Forderungen zu ihrem tatsächlichen wirtschaftlichen Wert keine Leistung gegen Entgelt sein soll.[9] Die Rechtsprechung ist hier teilweise nicht vorhersehbar und scheint ab und an wiederum vom Wunsch nach einem sinnvollen Endergebnis beeinflusst (Rz. 19.58).

---

1 Siehe nur EuGH v. 8.3.1988 – 102/86 – Apple and Pear Development Council, ECLI:EU:C:1988:120, Rz. 12; v. 16.10.1997 – C-258/95 – Fillibeck, ECLI:EU:C:1997:491, Rz. 12; v. 20.1.2005 – C-412/03 – Hotel Scandic Gåsabäck, ECLI:EU:C:2005:47, Rz. 22; v. 3.5.2012 – C-520/10 – Lebara, ECLI:EU:C:2012:264, Rz. 27; v. 5.7.2018 – C-320/17 – Marle Participations, ECLI:EU:C:2018:537, Rz. 23; vgl. auch EuGH v. 3.3.1994 – C-16/93 – Tolsma, ECLI:EU:C:1994:80, Rz. 13.
2 Siehe zu einer Dienstleistung als Gegenleistung: EuGH v. 3.7.2001 – C-380/99 – Bertelsmann, ECLI:EU:C:2001:372, Rz. 17; v. 26.9.2013 – C-283/12 – Serebryannay vek, ECLI:EU:C:2013:599, Rz. 38.
3 Vgl. u. a. EuGH v. 3.3.1994 – C-16/93 – Tolsma, ECLI:EU:C:1994:80, Rz. 13 f.; v. 21.3.2002 – C-174/00 – Kennemer Golf, ECLI:EU:C:2002:200, Rz. 39; v. 26.9.2013 – C-283/12 – Serebryannay vek, ECLI:EU:C:2013:599, Rz. 37; v. 10.1.2019 – C-410/17 – A, ECLI:EU:C:2019:12, Rz. 31.
4 Vgl. u. a. EuGH v. 29.10.2009 – C-246/08 – Kommission/Finnland, ECLI:EU:C:2009:671, Rz. 43 f.; v. 21.11.2013 – C-494/12 – Dixons Retail, ECLI:EU:C:2013:758, Rz. 31 f.; v. 5.7.2018 – C-320/17 – Marle Participations, ECLI:EU:C:2018:537, Rz. 23; ähnlich auch EuGH v. 22.6.2016 – C-11/15 – Český rozhlas, ECLI:EU:C:2016:470, Rz. 20 f.
5 Vgl. EuGH v. 3.9.2009 – C-37/08 – RCI Europe, ECLI:EU:C:2009:507, Rz. 24; v. 27.10.2011 – C-93/10 – GFKL Financial Services, ECLI:EU:C:2011:700, Rz. 18 f.; v. 17.9.2014 – C-7/13 – Skandia America (USA), ECLI:EU:C:2014:2225, Rz. 24; v. 19.12.2018 – C-51/18 – Kommission/Österreich, ECLI:EU:C:2018:1035, Rz. 44 ff.
6 Vgl. nur EuGH v. 22.6.2016 – C-11/15 – Český rozhlas, ECLI:EU:C:2016:470, Rz. 27; siehe hierzu im Einzelnen *Dobratz*, Leistung und Entgelt im Europäischen Umsatzsteuerrecht, S. 64 f.
7 EuGH v. 14.11.2000 – C-142/99 – Floridienne und Berginvest, ECLI:EU:C:2000:623, Rz. 23.
8 EuGH v. 11.7.1996 – C-306/94 – Régie dauphinoise, ECLI:EU:C:1996:290, Rz. 17.
9 Vgl. EuGH v. 27.10.2011 – C-93/10 – GFKL Financial Services, ECLI:EU:C:2011:700.

bb) Gutscheine

(1) Problemstellung

Einen der kompliziertesten Bereiche des Mehrwertsteuerrechts stellt die Behandlung von Gutscheinen dar, die als Gegenleistung verwendet werden. Was die mehrwertsteuerliche Behandlung einer solchen Situation so schwer macht, ist der Umstand, dass **dem eigentlichen Umsatz ein weiterer Umsatz vorangeht**, der in der Ausgabe des Gutscheins besteht. Beide Umsätze müssen in ihrer mehrwertsteuerlichen Einordnung koordiniert werden, u. a. um Doppelbesteuerungen zu vermeiden und die Anwendung von leistungsbezogenen Steuerbefreiungen bzw. Steuerermäßigungen zu ermöglichen. Nachdem sich der EuGH über viele Jahre an dem Thema abgearbeitet hat,[1] sah der Unionsgesetzgeber endlich Handlungsbedarf und hat mit der Richtlinie (EU) 2016/1065 (GutscheinRL)[2] die mehrwertsteuerliche Behandlung von Gutscheinen zumindest teilweise einer gesetzlichen Regelung unterworfen, die von den Mitgliedstaaten seit Beginn des Jahres 2019 anzuwenden ist. Dabei muss im Hinblick auf ihre mehrwertsteuerliche Behandlung zwischen verschiedenen Formen von Gutscheinen unterschieden werden.

19.70

(2) Verkörperung bestimmter Leistungen

Die am leichtesten zu erfassende Form stellen „Gutscheine" dar, die einen Anspruch auf eine ganz bestimmte Leistung verkörpern, wie etwa die Eintrittskarte zu einer Veranstaltung oder der Fahrschein für ein Verkehrsmittel. Den Steuertatbestand erfüllt bereits der Verkauf dieser Verkörperung, wie z. B. einer Eintrittskarte, wodurch der Käufer die Möglichkeit zur Inanspruchnahme der jeweiligen Leistung erwirbt (Rz. 19.57).[3] Die spätere Übergabe dieser Verkörperung zum Zweck der Inanspruchnahme der Leistung ist keine Gegenleistung für eine Leistung, sondern allein eine vereinbarte Formalität im Rahmen der Leistungserbringung. Derartige Verkörperungen sind somit keine Gutscheine im eigentlichen Sinne und werden deshalb durch die GutscheinRL auch nicht geregelt.[4]

19.71

(3) Echte Gutscheine

Besondere Regelungen für „echte" Gutscheine enthält die MwStSystRL aufgrund der Änderungen durch die GutscheinRL nur für solche, die gemäß ihrem Art. 30a Nr. 1 zumindest teilweise als Gegenleistung für eine Leistung angenommen werden müssen und bei denen der Gutschein oder „damit zusammenhängende Unterlagen" entweder den Leistungsinhalt oder den künftigen Leistungserbringer ausweisen. Entscheidender Unterschied im Vergleich zur Verkörperung bestimmter Leistungen (Rz. 19.71) oder zu Preisnachlassgutscheinen (Rz. 19.182) ist offenbar die Verpflichtung zur Annahme „als Gegenleistung". Diese schwierige Abgrenzung dürfte, soweit sie aufgrund unterschiedlicher Rechtsfolgen überhaupt erforderlich ist, letztlich nur durch ein Abstellen auf das Empfinden des Leistungsempfängers zu lösen sein. Bei diesen echten Gutscheinen wird sodann bei der mehrwertsteuerlichen Behandlung zwischen Einzweck- und Mehrzweckgutscheinen unterschieden.

19.72

Einzweck-Gutscheine sind definiert als alle Gutscheine, **bei denen schon zum Zeitpunkt ihrer Ausgabe feststeht**, in welcher Höhe und wo die Leistung zu besteuern wäre, auf die sich der Gutschein bezieht (Art. 30a Nr. 2 MwStSystRL). Dies setzt voraus, dass aufgrund der Konditionen des Gutscheins zum einen feststeht, in welchem Mitgliedstaat die spätere Leistung – würde sie denn selbst besteuert – erbracht würde, zum anderen muss der Gegenstand der möglichen Leistung auch derart begrenzt sein, dass – würde sie denn selbst besteuert – weder eine Steuerbefreiung noch ein ermäßigter Steuersatz zur Anwendung kommen könnte. Im Ergebnis wird die Einlösung eines solchen Einzweck-Gutscheins nach Art. 30b Abs. 1 Unterabs. 1 MwStSystRL ebenso behandelt wie der Erwerb einer Eintrittskarte

19.73

---

1 Siehe erstmalig bereits EuGH v. 27.3.1990 – C-126/88 – Boots Company, ECLI:EU:C:1990:136.
2 Richtlinie (EU) 2016/1065 des Rates vom 27.6.2016 zur Änderung der Richtlinie 2006/112/EG hinsichtlich der Behandlung von Gutscheinen (ABl. EU 2016 Nr. L 177, 9).
3 Vgl. EuGH v. 3.5.2012 – C-520/10 – Lebara, ECLI:EU:C:2012:264 zu Telefonkarten.
4 Siehe Erwägungsgrund 5 der GutscheinRL.

(Rz. 19.71): **Allein die Ausgabe des Gutscheins** ist zu besteuern; seine Einlösung stellt hingegen keine Gegenleistung für eine Leistung dar. Darüber hinaus regelt der Unterabs. 3 der Vorschrift auch die Situation, dass Ausgabe und Einlösung des Gutscheins von verschiedenen Personen vorgenommen werden, indem er eine Leistungskette vom tatsächlichen Leistungserbringer über den Steuerpflichtigen, der den Gutschein ausgegeben hat, bis zum Leistungsempfänger annimmt.

19.74 Alle anderen „echten" Gutscheine sind als sog. **Mehrzweck-Gutscheine** einzuordnen (Art. 30a Nr. 3 MwStSystRL), bei denen gemäß Art. 30b Abs. 2 MwStSystRL **nicht ihre Ausgabe**, auch nicht ihre Weiterveräußerung, sondern **nur ihre Einlösung** eine Besteuerung auslösen kann. Dieses Vorgehen dient zum einen der Verhinderung einer künstlichen Verlagerung des Leistungsorts mithilfe eines Gutscheins vom einen in einen anderen Mitgliedstaat. Zum anderen wird dadurch auch gewährleistet, dass trotz des Verkaufs eines leistungsoffenen Gutscheins die Wirksamkeit spezifischer Steuerbefreiungen oder ermäßigter Steuersätze im Hinblick auf eine später erbrachte Leistung nicht ausgeschlossen wird. Allerdings bereitet diese mehrwertsteuerliche Einordung Schwierigkeiten bei der Bestimmung der Bemessungsgrundlage (Rz. 19.181 f.).

19.75 Ein bestimmter Anteil von Gutscheinen wird vorhersehbar **nicht eingelöst** werden, was ein wesentlicher Grund dafür sein dürfte, derartige Gutscheine überhaupt anzubieten. Nach den Bestimmungen des Art. 30b MwStSystRL **unterscheiden** sich die mehrwertsteuerlichen Rechtsfolgen hier diametral, je nach dem, ob es sich um einen **Einzweck-** oder einen **Mehrzweck-Gutschein** handelt:[1] Bei einem Einzweck-Gutschein ist seine Einlösung irrelevant, da nur die Ausgabe besteuert wird (Rz. 19.73); bei einem Mehrzweck-Gutschein fällt hingegen keine Mehrwertsteuer an, wenn er nicht eingelöst wird, da seine Ausgabe mehrwertsteuerlich nicht zu berücksichtigen ist (Rz. 19.74). Wenn damit von den Zahlungen eines Endverbrauchers für Mehrzweck-Gutscheine keine Mehrwertsteuer abzuführen ist, wird auch seine insoweit vorhandene Leistungsfähigkeit nicht steuerlich erfasst. Auf der anderen Seite erfolgt im Fall der Nichteinlösung regelmäßig auch kein Leistungsverbrauch, der aber den Steuergegenstand der Mehrwertsteuer darstellen soll (Rz. 19.15).

d) Leistung durch einen Steuerpflichtigen

19.76 Eine weitere Voraussetzung des Steuertatbestands der Leistung besteht darin, dass nur die entgeltliche Leistung eines Steuerpflichtigen, der „als solcher" handelt, nach Art. 2 Abs. 1 Buchst. a bzw. c MwStSystRL steuerbar ist. Danach kann ein Steuerpflichtiger auch als „Privater" handeln, verbunden mit der Folge, dass ein solcher Umsatz nicht der Mehrwertsteuer unterliegt.[2] Dies leuchtet unmittelbar ein bei natürlichen Personen, die einen geschäftlichen und einen privaten Lebensbereich haben. Aber auch Gesellschaften können nach der EuGH-Rechtsprechung einen Tätigkeitsbereich haben, der nicht als wirtschaftlich im Sinne des Art. 9 MwStSystRL (Rz. 19.32) eingeordnet werden kann.[3] Erbringt eine Gesellschaft in diesem Tätigkeitsbereich eine Leistung, so erfolgt diese ebenfalls nicht durch einen Steuerpflichtigen als solchen im Sinne der Steuertatbestände des Art. 2 Abs. 1 Buchst. a und c MwStSystRL.

e) Ort der Leistung im Unionsgebiet

aa) Funktion des Leistungsortes

19.77 Eine entgeltliche Leistung muss gemäß Art. 2 Abs. 1 Buchst. a bzw. c MwStSystRL „im Gebiet eines Mitgliedstaats" ausgeführt werden, um der mitgliedstaatlichen Umsatzsteuer nach der MwStSystRL zu

---

1 Ob diese Rechtsfolgen durch Erwägungsgrund 12 GutscheinRL ausgeschlossen werden können, demzufolge die Richtlinie nicht auf solche Situationen abziele, ohne dass dies im Wortlaut des Art. 30b MwStSystRL zum Ausdruck kommt, ist fraglich.
2 EuGH v. 9.7.2015 – C-331/14 – Trgovina Prizma, ECLI:EU:C:2015:456, Rz. 18.
3 Vgl. EuGH v. 12.2.2009 – C-515/07 – Vereniging Noordelijke Land- en Tuinbouw Organisatie, ECLI:EU:C:2009:88.

unterliegen. Die Art. 5 bis 8 MwStSystRL regeln hier im Einzelnen, was für die Zwecke der Mehrwertsteuer unter dem „Gebiet eines Mitgliedstaats" zu verstehen ist.[1] Insbesondere Art. 6 MwStSystRL nimmt davon einige Hoheitsgebiete der Mitgliedstaaten aus, wie z. B. die spanischen Kanarischen Inseln oder die deutsche Insel Helgoland. Liegt der Ort einer Leistung außerhalb der **mehrwertsteuerlich definierten Gebiete der Mitgliedstaaten**, erfolgt keine Besteuerung innerhalb der Union, selbst wenn der Steuerpflichtige innerhalb der Union ansässig ist.

Diese Voraussetzung des Steuertatbestands der entgeltlichen Leistung weist zugleich innerhalb der Union die Besteuerungsbefugnis demjenigen Mitgliedstaat zu, auf dessen Gebiet die jeweilige Leistung als erbracht gilt.[2] Auch deshalb ist die Bestimmung des Ortes einer Leistung in der MwStSystRL komplex geregelt. Die entsprechenden Bestimmungen sind nämlich insoweit Ausdruck eines Kompromisses zur **Verteilung des Mehrwertsteueraufkommens innerhalb der Union**. Bei der Bestimmung des Ortes einer Leistung spielt ihre Form eine bedeutende Rolle. Wo eine Leistung als erbracht gilt, hängt maßgeblich davon ab, ob es sich um die Lieferung eines Gegenstands (Rz. 19.54) oder um eine Dienstleistung (Rz. 19.56) handelt.

19.78

bb) Ort der Lieferung eines Gegenstands

Bei der Lieferung von Gegenständen gilt gemäß Art. 31 MwStSystRL die Grundregel, dass der Ort der Lieferung dort ist, wo sich der Gegenstand zum Zeitpunkt der Lieferung – also der **Eigentumsübertragung** (Rz. 19.54 f.) – befindet. Sind Lieferant und Erwerber jedoch nicht an einem Ort, muss der Gegenstand also in irgendeiner Weise vom einen zum anderen befördert werden, kommt es für den Ort der Lieferung eines Gegenstands nicht mehr auf den Zeitpunkt der Eigentumsübertragung an, sondern entscheidend ist nun der Beförderungsakt. Dabei gilt nach Art. 32 Abs. 1 MwStSystRL die Regel, dass die Lieferung des Gegenstands dort stattfindet, wo diese **Beförderung beginnt**. Bei Beförderungen innerhalb eines Mitgliedstaats führt diese gesonderte Ortsbestimmung nicht zu einem anderen Ergebnis.

19.79

Entscheidend ist die Ortsregel des Art. 32 Abs. 1 MwStSystRL jedoch für den **zwischenstaatlichen Handel**. Dies gilt zum einen für Lieferungen nach Drittstaaten, die dabei regelmäßig von der Mehrwertsteuer befreit sind (Rz. 19.163). Zum anderen führt die Ortsregel dazu, dass die Lieferung eines Gegenstands vom einen in den anderen Mitgliedstaat in demjenigen Mitgliedstaat besteuert wird, in dem sich der Gegenstand bei Beginn der Beförderung befindet. Von dieser Regel macht jedoch Art. 33 MwStSystRL eine wesentliche Ausnahme: Ort der Lieferung eines Gegenstands an einen Verbraucher ist in umgekehrter Weise gerade der Mitgliedstaat, in dem der Verbraucher die Ware in Empfang nimmt. Dieses **Bestimmungslandprinzip** wird im Ergebnis jedoch auch bei Lieferungen an Steuerpflichtige verwirklicht. In diesen Fällen unterliegt zwar gemäß Art. 32 Abs. 1 MwStSystRL die Lieferung des Gegenstands im Ursprungsland der Ware der Besteuerung, sie wird aber als „innergemeinschaftliche Lieferung" von der Steuer befreit (Rz. 19.166) und über den Steuertatbestand des innergemeinschaftlichen Erwerbs (Rz. 19.92) letztlich doch im Bestimmungsland besteuert. Positive Folge dieser Regelungen ist, dass damit sämtliche Waren – seien sie nun in- oder ausländischen Ursprungs – denselben mehrwertsteuerlichen Rahmenbedingungen des Bestimmungslands unterliegen.

19.80

Eine **Abweichung vom Bestimmungslandprinzip** für grenzüberschreitende Lieferungen von Gegenständen enthält der Art. 34 MwStSystRL. Liefert ein Steuerpflichtiger grenzüberschreitend innerhalb der Union an Verbraucher und bleibt er dabei insbesondere **unterhalb bestimmter Schwellenwerte**

19.81

---

1 Siehe darüber hinaus zum Hoheitsgebiet der Mitgliedstaaten jenseits der Küsten: EuGH v. 29.3.2007 – C-111/05 – Aktiebolaget NN, ECLI:EU:C:2007:195, Rz. 51 bis 61; zu Zolllagern, in deren Verwahrung ein Gegenstand noch nicht der Besteuerung der Einfuhr unterliegt: EuGH v. 8.11.2012 – C-165/11 – Profitube, ECLI:EU:C:2012:692, Rz. 59.
2 In besonderen Fällen können auch mehrere Mitgliedstaaten für denselben Umsatz anteilige Besteuerungsrechte besitzen, vgl. insoweit EuGH v. 29.3.2007 – C-111/05 – Aktiebolaget NN, ECLI:EU:C:2007:195, Rz. 42 bis 50 zur Verlegung eines Überseekabels.

hinsichtlich des Gesamtumsatzes seiner Tätigkeit, so wird der Ort der Lieferung nicht nach der Sonderbestimmung des Art. 33 sondern gemäß der Regel des Art. 32 Abs. 1 MwStSystRL bestimmt und befindet sich damit am Ort des Beginns des Beförderung. Da bei Lieferungen an Verbraucher die Steuerbefreiung für innergemeinschaftliche Lieferungen grundsätzlich nicht greift (Rz. 19.166), erhält hier im Ergebnis der Mitgliedstaat des Lieferanten die Steuer und nicht derjenige des Erwerbers. Diese ausnahmsweise Verwirklichung des **Ursprungslandprinzips** dient vorwiegend der Entlastung von Steuerpflichtigen, die nur kleinere Umsätze im grenzüberschreitenden Handel an Endverbraucher erzielen. Durch die Ortsregelung des Art. 34 MwStSystRL können sie weiterhin ihre steuerlichen Pflichten ausschließlich in ihrem Heimatstaat erfüllen. Gleichzeitig führt diese Sonderregelung jedoch zum Verlust von Steueraufkommen im Mitgliedstaat des Verbrauchs sowie zu Wettbewerbsverzerrungen, da grenzüberschreitend gelieferte Waren je nach Erreichen der Schwellenwerte des Art. 34 MwStSystRL unterschiedlichen Steuersätzen unterliegen. Deshalb sehen die verschiedenen Absätze des Art. 34 MwStSystRL Abweichungsbefugnisse sowohl der Mitgliedstaaten als auch der Steuerpflichtigen sowie Berichtspflichten der Kommission vor.

cc) Ort einer Dienstleistung

19.82 Die Bestimmung des Ortes einer Dienstleistung ist noch komplizierter als die des Ortes der Lieferung eines Gegenstandes. Ein Großteil des Regelungsbereichs der MwSt-DVO (Rz. 19.10) beschäftigt sich mit Zweifelsfragen zur Bestimmung dieses Ortes.[1] Dies ist nicht überraschend, denn bei einem intangiblen Gut fehlt es an einer unmittelbaren körperlichen Verknüpfung der Leistung mit einem bestimmten Ort. Deshalb ist auf andere Umstände des Umsatzes abzustellen, die über einen festen Ort verfügen. Als **Grundregel** richtet man sich nach dem **Sitz des Steuerpflichtigen**.[2] Ist der Empfänger einer Dienstleistung selbst Steuerpflichtiger, so ist sein Sitz entscheidend (Art. 44 MwStSystRL). Ist der Empfänger kein Steuerpflichtiger, so ist umgekehrt der Sitz des Steuerpflichtigen entscheidend, der die Dienstleistung *erbringt* (Art. 45 MwStSystRL). Im Bereich der Dienstleistungen herrscht somit unter Steuerpflichtigen das **Bestimmungslandprinzip**, während bei Dienstleistungen an Endverbraucher grundsätzlich das **Ursprungslandprinzip** zur Anwendung kommt.

19.83 Diese örtliche Zuordnung von Dienstleistungen ist derjenigen für die Lieferungen von Gegenständen in einer Hinsicht recht ähnlich. Denn **unter Steuerpflichtigen** wird die Dienstleistung ebenso am Ort ihres Empfängers besteuert, wie dies bei der Lieferung eines Gegenstands – trotz des entgegengesetzten Leistungsorts – aufgrund der Steuerbefreiung der innergemeinschaftlichen Lieferung und der Besteuerung des innergemeinschaftlichen Erwerbs geschieht (Rz. 19.80). In beiden Fällen ist es letztlich auch der Empfänger der Leistung der den Umsatz zu versteuern hat: bei einem Gegenstand aufgrund des Steuertatbestands des innergemeinschaftlichen Erwerbs gemäß Art. 2 Abs. 1 Buchst. b Ziff. i MwStSystRL (Rz. 19.94), bei einer Dienstleistung aufgrund der regelmäßigen Umkehrung der Steuerschuldnerschaft in diesen Fällen (Rz. 19.201).

19.84 Unterschiede zwischen den beiden Leistungsformen bestehen vor allem bei **Leistungen an Verbraucher**. Hier sieht Art. 45 MwStSystRL für Dienstleistungen als Regel vor, was bei der Lieferung von Gegenständen gemäß Art. 34 MwStSystRL (Rz. 19.81) nur die Ausnahme bilden soll: die Besteuerung nach dem Ursprungslandprinzip. Nach der Grundregel wird also den Steuerpflichtigen auch bei umfangreichen grenzüberschreitenden Dienstleistungen nicht zugemutet, ihre Umsätze in einem anderen Mitgliedstaat zu erklären und zu versteuern.

19.85 Allerdings bestehen in den Art. 46 bis 59a MwStSystRL **zahlreiche Ausnahmen** von der Grundregel. Die Ausnahmen rücken den Ort einer Dienstleistung in Abhängigkeit vom jeweiligen Leistungsgegen-

---

1 Siehe Art. 17 bis 41 MwSt-DVO.
2 Art. 43 Nr. 2 MwStSystRL zählt für die Bestimmung des Ortes einer Dienstleistung zu den Steuerpflichtigen auch die nicht steuerpflichtigen juristischen Personen, sofern sie eine Mehrwertsteuer-Identifikationsnummer haben.

stand näher an den **Ort des Verbrauchs**. Dies gilt insbesondere für grundstücksbezogene Leistungen (Art. 47 MwStSystRL), Beförderungsleistungen (Art. 48 bis 52 MwStSystRL), Veranstaltungen (Art. 53 f. MwStSystRL) sowie Telekommunikationsleistungen und den sog. E-commerce (Art. 58 MwStSystRL)[1]. In allen diesen Fällen wird der Ort der Dienstleistung vom Sitz des Steuerpflichtigen entkoppelt und entweder dem *tatsächlichen* Leistungsort bzw. -objekt oder dem Wohnsitz des Endverbrauchers zugeordnet. Da die entsprechenden Vorschriften in der MwStSystRL jedoch **viele Fragen offen** lassen,[2] mussten zur Klärung zahlreiche erläuternde Bestimmungen in die MwStDVO aufgenommen werden (siehe insbesondere Art. 24a bis 41 MwStDVO). Diese mitunter sehr kasuistischen Vorschriften werden noch ergänzt durch eine Anzahl von Leitlinien des Mehrwertsteuerausschusses (Rz. 19.11). Alle diese Bestimmungen versuchen zu verhindern, dass es aufgrund von Unterschieden in der Auslegung des Unionsrechts durch die Finanzverwaltungen der verschiedenen Mitgliedstaaten zu Doppel- oder Nichtbesteuerungen im grenzüberschreitenden Leistungsverkehr kommt.

f) Zeitpunkt der Erfüllung des Steuertatbestands

Gemäß Art. 63 MwStSystRL wird der Steuertatbestand bereits mit der **Bewirkung der Leistung**[3] erfüllt und dadurch auch die Mehrwertsteuer fällig. Eine Ausnahme bilden **Anzahlungen**, die Art. 65 MwStSystRL gesondert regelt. Fließt bereits Geld – oder auch eine Sachleistung[4] – als Gegenleistung im Hinblick auf eine genau bestimmte[5] zukünftige Leistung, wird die Mehrwertsteuer schon früher fällig. Hieran zeigt sich, dass der Staat letztlich einen Anteil am Preis einer Leistung für sich beansprucht. Ausnahmen, die zu einer zeitlichen Verzögerung gegenüber der Regel führen, enthalten Art. 64 MwStSystRL für **wiederkehrende Leistungen**[6] und Art. 66 MwStSystRL, der den Mitgliedstaaten für bestimmte Umsätze oder Gruppen von Steuerpflichtigen u. a. erlaubt, die Fälligkeit von der **Vereinnahmung der Gegenleistung** abhängig zu machen (in Deutschland sog. Ist-Besteuerung).

19.86

Gleichzeitig mit der Fälligkeit des Steueranspruchs entsteht nach Art. 167 MwStSystRL auch ein etwaiges Recht auf **Vorsteuerabzug** (Rz. 19.226). Hier zeigt sich eine der Facetten der vom EuGH vielbeschworenen steuerlichen **Neutralität** der Mehrwertsteuer für die Steuerpflichtigen (Rz. 19.19): Steueranspruch (in der Regel gegenüber dem Leistenden) und Steuererstattungsanspruch (in der Regel des Leistungsempfängers) heben sich in diesem Moment für den Fiskus gegenseitig auf.

19.87

3. Die Steuertatbestände des grenzüberschreitenden Warenhandels

a) Überblick

Neben dem wesensgebenden Steuertatbestand der entgeltlichen Leistung (Rz. 19.53 ff.) enthält der Art. 2 Abs. 1 MwStSystRL noch zwei weitere Haupttatbestände des Mehrwertsteuerrechts: die Einfuhr eines Gegenstands (Buchst. d) und den innergemeinschaftlichen Erwerb eines Gegenstands gegen Entgelt (Buchst. b). Beiden Tatbeständen ist gemein, dass sie der **Abgrenzung der Besteuerungsrechte der Staaten im grenzüberschreitenden Warenhandel** dienen. Während der Tatbestand der Einfuhr das

19.88

---

1 Hierzu sieht Art. 58 Abs. 2 MwStSystRL allerdings seit dem Jahr 2019 eine Rückausnahme vor, wenn insbesondere – ähnlich wie nach Art. 34 MwStSystRL bei Gegenständen (Rz. 20.81) – der Umsatz eines Jahres unter 10 000 Euro bleibt.
2 Vgl. beispielhaft zu Art. 47 MwStSystRL: EuGH v. 7.9.2006 – C-166/05 – Heger, ECLI:EU:C:2006:533; v. 3.9.2009 – C-37/08 – RCI Europe, ECLI:EU:C:2009:507; v. 27.10.2011 – C-530/09 – Inter-Mark Group, ECLI:EU:C:2011:697; v. 27.6.2013 – C-155/12 – RR Donnelley Global Turnkey Solutions Poland, ECLI: EU:C:2013:434.
3 Bei einer Bauleistung wird die Leistung u. U. erst mit der Abnahme des Bauwerks bewirkt, vgl. EuGH v. 2.5.2019 – C-224/18 – Budimex, ECLI:EU:C:2019:347.
4 EuGH v. 19.12.2012 – C-549/11 – Orfey Balgaria, ECLI:EU:C:2012:832, Rz. 36.
5 EuGH v. 21.2.2006 – C-419/02 – BUPA Hospitals und Goldsborough Developments, ECLI:EU:C:2006:122, Rz. 48.
6 Siehe hierzu u. a. EuGH v. 29.11.2018 – C-548/17 – baumgarten sports & more, ECLI:EU:C:2018:970.

Verhältnis zu Drittstaaten betrifft, erfüllt der Tatbestand des innergemeinschaftlichen Erwerbs dieselbe Funktion im Verhältnis der EU-Mitgliedstaaten untereinander. Beide Tatbestände sind Ausdruck des **Bestimmungslandprinzips**, dem zufolge der Staat, in den die Ware gelangt, das Recht zur Erhebung der Mehrwertsteuer haben soll.[1] Beide Tatbestände werden deshalb flankiert von Befreiungen für die jeweils korrespondierende Ausfuhr (Art. 146 MwStSystRL) bzw. die innergemeinschaftliche Lieferung eines Gegenstands (Art. 138 MwStSystRL). Diese Befreiungen sind mit einem Recht auf Vorsteuerabzug verbunden (Rz. 19.220) und führen somit dazu, dass die Ware das Herkunftsland bar jeder steuerlichen Belastung verlassen kann. Dieses Zusammenwirken von Entlastung im Herkunftsland und Belastung im Bestimmungsland verhindert im Prinzip jegliche **Doppelbesteuerungen** im grenzüberschreitenden Warenhandel, ohne dass es entsprechender Abkommen der Staaten bedürfte. Zudem wahrt es die **Wettbewerbsneutralität** der Umsatzsteuer, indem für alle im Bestimmungsland gehandelten Waren dieselben umsatzsteuerlichen Rahmenbedingungen gelten.

19.89 Trotz der vergleichbaren Ergebnisse sind die **Unterschiede** der mehrwertsteuerlichen Behandlung des grenzüberschreitenden Handels **innerhalb und außerhalb der Union** gravierend. Während das Besteuerungssystem im Verhältnis der Union zu Drittstaaten von wohltuender regulatorischer Schlichtheit geprägt ist, allerdings im Vollzug beträchtlichen Aufwands in Form der Zollverwaltung bedarf (Rz. 19.90 f.), konnte das unionsinterne Bedürfnis nach Abschaffung derartiger Verwaltungsstrukturen im Rahmen des Binnenmarkts[2] nur mit Hilfe recht komplizierter rechtlicher Bestimmungen befriedigt werden (Rz. 19.92 ff.).

b) Einfuhr eines Gegenstands

19.90 Die zunächst einfacher darzustellende Regelung ist der Steuertatbestand der Einfuhr eines Gegenstands (Art. 2 Abs. 1 Buchst. d MwStSystRL). Eine solche Einfuhr wird nach Art. 30 MwStSystRL definiert als die **Verbringung eines Gegenstands in die Union**. Wer den Gegenstand in die Union einführt, ist unerheblich. Am Steuertatbestand der Einfuhr muss kein Steuerpflichtiger beteiligt sein. Gemäß Art. 60 und 70 MwStSystRL erfolgt die Besteuerung in dem Mitgliedstaat, in den die Ware erstmalig verbracht wird, es sei denn, es kommt ein besonderes Zollverfahren zur Anwendung (vgl. Art. 61 und 71 MwStSystRL).[3] **Ergänzende Tatbestände** enthält Art. 408 MwStSystRL. Sie sind Teil der Übergangsbestimmungen der Art. 405 bis 410 MwStSystRL, die das mehrwertsteuerliche Schicksal derjenigen Waren regeln, die zum Zeitpunkt des Beitritts eines Mitgliedstaats einem besonderen Zollverfahren unterlagen.

19.91 „Zoll" ist auch das entscheidende Stichwort, das in Deutschland traditionell den Umgang mit der Mehrwertbesteuerung der Einfuhr von Gegenständen bestimmt. So ist die Erhebung der Steuer regelmäßig Aufgabe der Zollbehörden und nicht des Finanzamtes, das für die Mehrwertsteuerpflichtigen im Übrigen zuständig ist. Diese verwaltungstechnische Sonderbehandlung der Mehrwertsteuer, die auf die Einfuhr von Gegenständen erhoben wird, geht so weit, dass zum Beispiel das Grundgesetz von der „**Einfuhrumsatzsteuer**" spricht (Art. 108 Abs. 1 Satz 1 GG), als handele es sich um eine eigenständige Steuerart. Entsprechend wird die Mehrwertsteuer auf die Einfuhr von Gegenständen auch in der Praxis behandelt und hat dabei rechtlich wie tatsächlich größere Bezüge zu den Zöllen[4] und Verbrauchsteuern (Rz. 20.8) als zu den übrigen Steuertatbeständen der Mehrwertsteuer.

---

1 Vgl. EuGH v. 6.4.2006 – C-245/04 – EMAG Handel Eder, ECLI:EU:C:2006:232, Rz. 40.
2 Vgl. die Erwägungsgründe der Richtlinie 91/680/EWG des Rates vom 16.12.1991 zur Ergänzung des gemeinsamen Mehrwertsteuersystems und zur Änderung der Richtlinie 77/388/EWG im Hinblick auf die Beseitigung der Steuergrenzen (ABl. EU 1991 Nr. L 376, 1).
3 Siehe zu Zweifelsfragen der Entstehung der Mehrwertsteuer im letzteren Fall: EuGH v. 29.4.2010 – C-230/08 – Dansk Transport og Logistik, ECLI:EU:C:2010:231, Rz. 87 ff.; v. 11.7.2013 – C-273/12 – Harry Winston, ECLI:EU:C:2013:466, Rz. 37 ff.
4 Vgl. insoweit zum starken zollrechtlichen Konnex: EuGH v. 29.4.2010 – C-230/08 – Dansk Transport og Logistik, ECLI:EU:C:2010:231, Rz. 91; v. 15.5.2014 – C-480/12 – X, ECLI:EU:C:2014:329, Rz. 46 bis 55.

c) Innergemeinschaftlicher Erwerb eines Gegenstands gegen Entgelt

aa) Überblick

19.92 Der Steuertatbestand des innergemeinschaftlichen Erwerbs eines Gegenstands gegen Entgelt (Art. 2 Abs. 1 Buchst. b MwStSystRL) grenzt die Steuerhoheiten der Mitgliedstaaten der Union voneinander ab. Er geht zurück auf die Schaffung des Binnenmarkts in der Europäischen Gemeinschaft im Jahr 1993 (Rz. 19.4). Damit soll grundsätzlich – ebenso wie bei der Einfuhr-Besteuerung und Ausfuhr-Befreiung gegenüber Drittstaaten – das Bestimmungslandprinzip verwirklicht werden (Rz. 19.88). An die Stelle der Ausfuhr-Befreiung tritt hier die Steuerbefreiung für innergemeinschaftliche Lieferungen gemäß Art. 138 MwStSystRL (Rz. 19.166 ff.). Die Rolle der Einfuhr-Besteuerung übernimmt der Steuertatbestand des innergemeinschaftlichen Erwerbs gemäß Art. 2 Abs. 1 Buchst. b MwStSystRL (Rz. 19.94 ff.), der in **drei Untertatbestände** gegliedert ist, sowie die **zwei Ergänzungstatbestände** der innergemeinschaftlichen Verbringung und Verwendung in Art. 17 bzw. Art. 21 MwStSystRL (Rz. 19.97 ff.). Der bedeutendste Unterschied zum Besteuerungssystem, das im Verhältnis zu Drittstaaten existiert, besteht darin, dass die zwischen den Mitgliedstaaten wirkenden Steuertatbestände in erster Linie nur Erwerber betreffen, die selbst Steuerpflichtige sind (vgl. anders Rz. 19.90).

19.93 Das Gesamtsystem der Besteuerung des innergemeinschaftlichen Handels ist ein **regulatorischer Albtraum**,[1] da es nicht nur aus fünf verschiedenen Steuertatbeständen besteht, sondern sowohl in materieller als auch in verwaltungstechnischer Hinsicht eine Vielzahl von Sonderregelungen benötigt, deren wichtigste hier noch angesprochen seien. Um den Steuerbetrug, den die verlockende Steuerbefreiung mit Vorsteuerabzug für innergemeinschaftliche Lieferungen (Rz. 19.220) fast zwangsläufig mit sich bringt, einigermaßen in den Griff zu bekommen, wurde zum einen ein innergemeinschaftliches Überwachungssystem geschaffen, das gestützt ist auf eine unionsweit eindeutige **Umsatzsteuer-Identifikationsnummer** (Art. 214 bis 216 MwStSystRL), die Abgabe ergänzender spezieller Steuererklärungen zu den Empfängern innergemeinschaftlicher Lieferungen (sog. **Zusammenfassende Meldung**, Art. 262 bis 271 MwStSystRL) sowie dazugehörige Datenbanken (sog. Mehrwertsteuer-Informationsaustauschsystem – MIAS, Art. 17 bis 24 ZusammenarbeitsVO MwSt [Rz. 19.10]). Darüber hinaus haben die Mitgliedstaaten teilweise versucht, den liefernden Steuerpflichtigen für den Betrug seines Erwerbers haftbar zu machen, wenn jener die Ware abredewidrig nicht in einen anderen Mitgliedstaat transportiert und dort als innergemeinschaftlichen Erwerb versteuert hat. Der EuGH ist dem Versuch jedoch zu Recht entgegen getreten, in diesen Fällen auch den gutgläubigen Lieferanten haftbar zu machen für die Folgen eines mangelhaften Besteuerungssystems, das allein der Unionsgesetzgeber zu verantworten hat (Rz. 19.25).

bb) Besteuerte Erwerbssituationen

19.94 Der unabhängig von der Art des Gegenstands geltende Grundtatbestand des Art. 2 Abs. 1 Buchst. b Ziff. i MwStSystRL wird durch zwei weitere Tatbestände ergänzt, die spezielle Regelungen für Fahrzeuge (Ziff. ii) bzw. für verbrauchsteuerpflichtige Waren (Ziff. iii) vorsehen. Für alle drei Untertatbestände definiert Art. 20 MwStSystRL den innergemeinschaftlichen Erwerb eines Gegenstands als die **Verschaffung der Eigentümerstellung** – wie sie auch den Tatbestand der Lieferung eines Gegenstands ausmacht (Rz. 19.54 f.) – mit einhergehender **grenzüberschreitender Beförderung innerhalb der Union**. Auch der Tatbestand des innergemeinschaftlichen Erwerbs setzt zudem **Entgeltlichkeit** voraus. Insofern sind dieselben Maßstäbe anzulegen wie bei einer entgeltlichen Leistung (Rz. 19.67 ff.). Anders als beim Steuertatbestand der Einfuhr (Rz. 19.90) ist also das bloße innergemeinschaftliche Verbringen eines Gegenstands nicht ausreichend für die Erfüllung des Tatbestands, sondern muss grundsätzlich zusätzlich im

---

1 Siehe hierzu auch den Vorschlag vom 25.5.2018 für eine Richtlinie des Rates zur Änderung der Richtlinie 2006/112/EG in Bezug auf die Einführung der detaillierten technischen Maßnahmen für die Anwendung des endgültigen Mehrwertsteuersystems für die Besteuerung des Handels zwischen den Mitgliedstaaten (COM[2018] 329 final), der vorsieht, den Steuertatbestand des innergemeinschaftlichen Erwerbs eines Gegenstands abzuschaffen.

Rahmen eines Verkaufs erfolgen. Für unentgeltliche Warenbewegungen innerhalb der Union existieren aber teilweise Ergänzungstatbestände mit speziellen Voraussetzungen (Rz. 19.97 ff.).

19.95 Im Rahmen des warenunabhängigen **Grundtatbestands** des Art. 2 Abs. 1 Buchst. b Ziff. i MwStSystRL erfolgt eine Besteuerung des innergemeinschaftlichen entgeltlichen Erwerbs nur dann, wenn der Erwerber des Gegenstands **Steuerpflichtiger oder eine juristische Person** ist. Der steuerpflichtige Erwerber kommt dabei gemäß Art. 168 Buchst. c MwStSystRL regelmäßig in den Genuss des sofortigen Vorsteuerabzugs (Rz. 19.209). Deshalb beschränkt sich die Besteuerung des innergemeinschaftlichen Erwerbs hier der Sache nach in den meisten Fällen auf eine bloße Anzeige des grenzüberschreitenden Erwerbs gegenüber der Finanzverwaltung des Bestimmungslands.

19.96 Ist der grenzüberschreitende Erwerber eines Gegenstands hingegen ein **Verbraucher**, wird die grenzüberschreitende Lieferung – in Abholfällen sowie bei Versandfällen unterhalb bestimmter Umsatzgrenzen (Rz. 19.81) – grundsätzlich wie eine inländische behandelt. Die Lieferung wird in diesen Fällen mit dem Steuersatz des Exportstaats besteuert, dem auch das Aufkommen zusteht. Die Wettbewerbsverzerrungen, die daraus aufgrund der unterschiedlichen Steuersätze der Mitgliedstaaten resultieren, sowie die Ertragsausfälle im Importstaat wollte man bei **Fahrzeugen** jedoch nicht akzeptieren. Der innergemeinschaftliche Erwerb von neuen[1] Fahrzeugen – ob zu Land, zu Wasser oder in der Luft[2] – wird deshalb gemäß dem Spezialtatbestand des Art. 2 Abs. 1 Buchst. b Ziff. ii MwStSystRL[3] auch dann im Bestimmungsland besteuert, wenn der Erwerber weder Steuerpflichtiger noch juristische Person ist.

cc) Ergänzungstatbestände der Verbringung und der Verwendung eines Gegenstands

19.97 Das innerhalb der Union bestehende Besteuerungssystem für den grenzüberschreitenden Warenhandel erfordert über den allgemeinen Tatbestand des Art. 2 Abs. 1 Buchst. b MwStSystRL hinaus eine weitergehende Überwachung des Warenverkehrs durch die steuertatbestandliche Erfassung grenzüberschreitender Warenbewegungen, die nicht im Rahmen eines Warenverkaufs erfolgen. Dem dienen die Ergänzungstatbestände der **innergemeinschaftlichen „Verbringung"** (Art. 17 MwStSystRL) und der **innergemeinschaftlichen „Verwendung"** (Art. 21 MwStSystRL) eines Gegenstands. Sie gelten allerdings nur für Waren mit unternehmerischer Nutzung, so dass zwischen den Mitgliedstaaten im Ergebnis – anders als beim Einfuhrtatbestand (Rz. 19.90) – nicht sämtliche Warenbewegungen mehrwertsteuerlich erfasst werden. Die bloße Lektüre der Ergänzungstatbestände führt wohl am Besten vor Augen, welcher gesetzgeberischen Verrenkungen es bedarf, um ein Besteuerungssystem aufrecht zu erhalten, dessen tatsächliche Voraussetzungen (in Form der Grenzüberwachung) im Binnenmarkt nicht mehr vorhanden sind.[4]

19.98 Wenn ein Steuerpflichtiger einen **Gegenstand seines Unternehmens in einen anderen Mitgliedstaat verlegt**, stellt dies Art. 17 Abs. 1 MwStSystRL rechtstechnisch der entgeltlichen Lieferung eines Gegenstands gemäß Art. 2 Abs. 1 Buchst. a MwStSystRL (Rz. 19.54) gleich. Wenn der Gegenstand nicht verkauft wird, handelt es sich nämlich weder um eine Lieferung noch um den innergemeinschaftlichen Erwerb eines Gegenstands durch einen anderen Erwerber. Auch der Nebensteuertatbestand der Entnahme (Rz. 19.102 ff.) ist in diesem Fall nicht einschlägig, weil der Gegenstand im Unternehmensver-

---

1 Art. 2 Abs. 2 Buchst. b MwStSystRL definiert, was „neu" bedeutet; entscheidend ist hierfür der Zeitpunkt der Lieferung: EuGH v. 18.11.2010 – C-84/09 – X, ECLI:EU:C:2010:693, Tenor Nr. 2.
2 Art. 2 Abs. 2 Buchst. a Ziff. i bis iii MwStSystRL enthält eine genaue Definition der betroffenen Fahrzeuge.
3 Siehe hierzu auch Art. 2 MwSt-DVO.
4 Vgl. zur schwierigen Anwendung dieser Steuertatbestände im Hinblick auf die Vorschriften der Sechsten MwSt-Richtlinie: EuGH, Schlussanträge der Generalanwältin *Kokott* v. 2.10.2014 – C-446/13 – Fonderie 2A, ECLI:EU:C:2014:2047, Rz. 49 bis 55.

mögen verbleibt. Durch den Transport in einen anderen Mitgliedstaat wird der betreffende Gegenstand aber der Steuerhoheit des Herkunftsstaats entzogen. Jeder Umsatz mit dem Gegenstand von dem neuen Mitgliedstaat aus, führt nämlich gemäß Art. 31 und 32 MwStSystRL grundsätzlich zur dortigen Besteuerung (Rz. 19.79 f.). Der Steuertatbestand der innergemeinschaftlichen Verbringung nach Art. 17 MwStSystRL, der hier einsetzt, soweit die MwStSystRL nicht bereits anderweitig eine Besteuerung vorsieht,[1] führt jedoch im Endeffekt nicht zu einer steuerlichen Belastung. Denn die Verbringung erfolgt gemäß Art. 138 Abs. 2 Buchst. c MwStSystRL regelmäßig steuerfrei. Im Ergebnis handelt es sich deshalb um eine **bloße Anzeigepflicht des Steuerpflichtigen**, dass er einen Gegenstand innerhalb seines Unternehmens aus dem Zuständigkeitsbereich einer Steuerverwaltung entfernt. Die Anzeige kann gemäß Art. 17 Abs. 2 Buchst. f bis h MwStSystRL in zahlreichen Fällen unterbleiben, in denen die Verbringung in einen anderen Mitgliedstaat nur vorübergehender Natur ist.

Die „**Meldung**" **des Vorgangs bei der Steuerverwaltung des Bestimmungslandes** erfolgt dann durch das Pendant der Verbringung, nämlich den Steuertatbestand der innergemeinschaftlichen **Verwendung des Gegenstands**, den vor allem Art. 21 MwStSystRL regelt. Rechtstechnisch wird dieser Ergänzungstatbestand einem innergemeinschaftlichen Erwerb gleichgestellt. Wiederum ist Gegenstand der steuerlichen Erfassung die Verschiebung eines Gegenstands innerhalb des Unternehmens eines Steuerpflichtigen von einem Mitgliedstaat in den anderen, dieses Mal nur aus der Perspektive des Bestimmungslands. Soweit der Steuerpflichtige den innergemeinschaftlich verlegten Gegenstand im Bestimmungsland für Zwecke besteuerter Umsätze verwendet, entsteht aufgrund des sofortigen Vorsteuerabzugs gemäß Art. 168 Buchst. d MwStSystRL (Rz. 19.209) auch dort im Ergebnis keine steuerliche Belastung.

19.99

4. Private Nutzungen

a) Sinn der Besteuerung privater Nutzungen

Einen dritten Komplex der Steuertatbestände des Mehrwertsteuerrechts der Union bilden die privaten Nutzungen oder – wie sie § 15a Abs. 3 Satz 3 UStG bezeichnet – die „unentgeltlichen Wertabgaben" eines Steuerpflichtigen. Eine ganze Reihe von Ergänzungstatbeständen widmet sich der Aufgabe, einen unversteuerten Endverbrauch von Leistungen zu verhindern. Die Tatbestände erfassen deshalb **Verschiebungen von der Unternehmens- in die Privatsphäre** eines Steuerpflichtigen. Während die Unternehmenssphäre nach dem Neutralitätsgrundsatz von steuerlichen Belastungen freizuhalten ist (Rz. 19.19), gilt gerade das Gegenteil für die Privatsphäre eines Steuerpflichtigen. Technisch erfolgt die Besteuerung privater Nutzungen des Steuerpflichtigen durch die **Gleichstellung mit entgeltlichen Leistungen**, woraus dann ihre Besteuerung gemäß Art. 2 Abs. 1 Buchst. a oder c MwStSystRL folgt (Rz. 19.53 ff.). Als solchermaßen *fiktive* entgeltliche Leistungen können dadurch Vorgänge erfasst werden, die eben nicht entgeltlich erfolgen oder die noch nicht einmal eine Leistung des Steuerpflichtigen gegenüber einer anderen Person darstellen. Dabei geht es sowohl um die Übertragung von Gegenständen aus dem Unternehmensvermögen in das Privatvermögen (Rz. 19.102 ff.) als auch um die sonstige private Nutzung von Unternehmensressourcen (Rz. 19.105 ff.).

19.100

Die Besteuerung der privaten Nutzungen ist **keine bloße Korrektur des Vorsteuerabzugs**, der für den Leistungsbezug ursprünglich gewährt wurde, obwohl diejenigen Ergänzungstatbestände, die Gegenstände betreffen, die vorherige Gewährung des Vorsteuerabzugs voraussetzen. Für die reine Berichtigung des Vorsteuerabzugs enthält die MwStSystRL in ihren Art. 184 bis 192 eigene Bestimmungen (Rz. 19.230), deren Rechtsfolgen nicht notwendiger Weise mit denen der Besteuerung der privaten Nutzungen übereinstimmen. So erfasst beispielsweise der Steuertatbestand des Art. 26 Abs. 1 Buchst. b MwStSystRL auch Eigenleistungen des Steuerpflichtigen, die unter Umständen gar keiner steuerlichen Vorbelastung unterliegen (Rz. 19.107). Aufgabe der Besteuerung der privaten Nutzungen ist es damit

19.101

---

[1] Vgl. insoweit die Ausnahmen, die in Art. 17 Abs. 2 Buchst. a bis e MwStSystRL geregelt sind.

vielmehr, den privaten Leistungsbezug eines Steuerpflichtigen aus seinem eigenen Unternehmen annähernd so zu behandeln wie einen privaten Leistungsbezug von einem anderen Steuerpflichtigen.[1]

b) Entnahmen

19.102 Die Entnahme von Gegenständen aus dem Unternehmensvermögen erfassen die Steuertatbestände des Art. 16 und des Art. 18 Buchst. c MwStSystRL. Der allgemeinere der beiden Tatbestände ist Art. 16 MwStSystRL. Danach werden **Entnahmen eines Gegenstands aus dem Unternehmensvermögen für unternehmensfremde Zwecke** einer entgeltlichen Lieferung dieses Gegenstands gleichstellt und damit gemäß Art. 2 Abs. 1 Buchst. a MwStSystRL besteuert. Da die Gegenstände, die dem Unternehmen eines Steuerpflichtigen zugeordnet sind, im Regelfall aufgrund des Vorsteuerabzugs keiner steuerlichen Belastung unterlagen (Rz. 19.213 ff.), muss in diesem Fall die mehrwertsteuerliche Belastung aus Gründen der Gleichbehandlung mit einem Endverbraucher, der nicht gleichzeitig Steuerpflichtiger ist,[2] für jegliche Entnahme für unternehmensfremde Zwecke hergestellt werden. Art. 16 MwStSystRL erfasst damit letztlich jede unentgeltliche Verschiebung eines mit Mehrwertsteuer nicht belasteten Gegenstands vom Unternehmens- in das Privatvermögen – ob nun mit anschließender Eigennutzung oder sofortiger Weitergabe an Dritte – und ist somit als Entstrickungstatbestand einzuordnen.

19.103 Ob der Steuertatbestand des Art. 16 MwStSystRL noch über diesen Zweck hinaus reicht, ist umstritten. Der Wortlaut des Art. 16 Abs. 1 MwStSystRL sieht nämlich vier Alternativen einer Entnahme vor, zu denen – neben Entnahmen für den privaten Bedarf des Steuerpflichtigen oder seines Personals – auch die bloße „unentgeltliche Zuwendung" gehört. Daraus sowie aus der Ausnahme des Art. 16 Abs. 2 MwStSystRL für Warenmuster und geringfügige Geschenke, die im Interesse des Unternehmens erfolgen, hat der EuGH in einer relativ frühen Entscheidung geschlossen, dass auch **Entnahmen für unternehmerische Zwecke** den Tatbestand des Art. 16 MwStSystRL erfüllen können.[3] Diese Interpretation steht jedoch im Widerspruch zum Grundsatz der steuerlichen Neutralität in Form der Belastungsneutralität (Rz. 19.19),[4] mit dem sich der EuGH in der damaligen Entscheidung nicht auseinandergesetzt hat. Der Grundsatz der steuerlichen Neutralität verlangt – nach mittlerweile gefestigter Rechtsprechung –, dass alles, was im Rahmen der wirtschaftlichen Tätigkeit Eingang in den Produktionsprozess eines Unternehmens findet, von steuerlicher Belastung freizuhalten ist. Eine neutralitätskonforme Auslegung des Art. 16 MwStSystRL erfordert deshalb, die „Ausnahme" des Art. 16 Abs. 2 MwStSystRL als exemplarisch und klarstellend anzusehen. Ein solches gesetzgeberisches Exempel erfüllt seine Funktion im Hinblick auf die mitunter schwierige Einordnung, ob eine unentgeltliche Zuwendung in erster Linie dem privaten Bedarf ihres Empfängers oder dem Unternehmenszweck des Steuerpflichtigen dient. Die Tatbestands-Alternative der „unentgeltlichen Zuwendung" des Art. 16 Abs. 1 MwStSystRL erfasst deshalb allein Entnahmen für den privaten Bedarf eines Dritten, jedoch keine unentgeltlichen Zuwendungen die zuvörderst der geschäftlichen Beziehung dienen. Ganz abgesehen von diesen Zweifelsfragen der Interpretation des Entnahmetatbestands sollten sich viele Fragestellungen bereits dadurch erledigen, dass vermeintlich unentgeltliche Zuwendungen in Wahrheit Teil eines entgeltlichen Leistungspakets sind.[5]

---

1 Siehe im Einzelnen EuGH, Schlussanträge der Generalanwältin *Kokott* v. 3.3.2016 – C-229/15 – Mateusiak, ECLI:EU:C:2016:138, Rz. 22 bis 29.
2 Vgl. nur EuGH v. 20.1.2005 – C-412/03 – Hotel Scandic Gåsabäck, ECLI:EU:C:2005:47, Rz. 23; v. 30.9.2010 – C-581/08 – EMI Group, ECLI:EU:C:2010:559, Rz. 17; v. 17.7.2014 – C-438/13 – BCR Leasing IFN, ECLI:EU:C:2014:2093, Rz. 23.
3 EuGH v. 27.4.1999 – C-48/97 – Kuwait Petroleum, ECLI:EU:C:1999:203, Rz. 22.
4 Ebenso *Nieskens* in Rau/Dürrwächter, § 3 UStG Rz. 1567.
5 **Dagegen** allerdings EuGH v. 27.4.1999 – C-48/97 – Kuwait Petroleum, ECLI:EU:C:1999:203, Rz. 27 bis 31.

Ergänzt wird der Entnahmetatbestand des Art. 16 durch Art. 18 Buchst. c MwStSystRL. Dieser – für die Mitgliedstaaten nur optionale[1] – Steuertatbestand behandelt den Spezialfall einer Entnahme im Fall der **Aufgabe der wirtschaftlichen Tätigkeit**. Mit dem Einstellen der wirtschaftlichen Aktivität und dem damit einhergehenden Verlust der Eigenschaft eines Steuerpflichtigen werden schlagartig alle Gegenstände des Unternehmensvermögens steuerlich entstrickt. Dies würde – ebenso wie bei der Entnahme im laufenden Betrieb – zu einem unversteuerten Endverbrauch von Gütern führen, sofern der Steuerpflichtige zuvor bei der Anschaffung der Gegenstände Vorsteuerabzug geltend machen konnte, und ist deshalb gemäß Art. 18 Buchst. c MwStSystRL der Mehrwertsteuer zu unterwerfen.

19.104

c) Sonstige private Nutzungen

Der Steuertatbestand des Art. 26 MwStSystRL erfasst private Nutzungen in Form von Dienstleistungen des Steuerpflichtigen. Er unterscheidet dabei zwischen der privaten **Nutzung eines Gegenstands**, der zum Unternehmensvermögen gehört (Abs. 1 Buchst. a), und **unentgeltlichen Dienstleistungen**, die der Steuerpflichtige im Rahmen seiner wirtschaftlichen Tätigkeit erbringt (Abs. 1 Buchst. b). Anders als beim Ergänzungstatbestand der Entnahme (Rz. 19.102 ff.) stellt schon der Wortlaut des Art. 26 Abs. 1 unmissverständlich klar, dass nur solche unentgeltlichen Dienstleistungen der Besteuerung unterliegen, die **zu unternehmens*fremden* Zwecken** erfolgen.

19.105

Bei der erforderlichen **Definition unternehmensfremder Zwecke** ist auf eine in Deutschland besonders umstrittene Entscheidung des EuGH hinzuweisen, das Urteil *Vereniging Noordelijke Land- en Tuinbouw Organisatie*[2], gewöhnlich kurz *VNLTO* genannt. Die Entscheidung beschäftigt sich im Rahmen der Regelung des jetzigen Art. 26 Abs. 1 Buchst. a MwStSystRL mit der Frage, inwieweit steuerpflichtige juristische Personen Gegenstände für ihren „privaten Bedarf" nutzen können. Obwohl die Entscheidung von der deutschen Dogmatik vor allem im Bereich des Vorsteuerabzugs (Rz. 19.205 ff.) im Rahmen einer „Drei-Sphären-Theorie" rezipiert worden ist,[3] beschäftigt sie sich doch zuvörderst mit der Frage, was bei einer juristischen Person als „unternehmensfremder Zweck" im Sinne des jetzigen Steuertatbestands des Art. 26 Abs. 1 MwStSystRL einzuordnen ist. Nach jenem Urteil *VNLTO* ist der satzungsmäßige Hauptzweck einer juristischen Person kein solcher unternehmensfremder Zweck, auch wenn er keine wirtschaftliche Tätigkeit im Sinne des Art. 9 Abs. 1 Unterabs. 2 MwStSystRL beinhaltet.[4] Daraus dürfte aber auch folgen, dass bei juristischen Personen außerhalb ihres Satzungszwecks ein „privater Bedarf" im Sinne des Art. 26 Abs. 1 MwStSystRL festgestellt werden kann.

19.106

Bei der Besteuerung **unentgeltlicher Dienstleistungen** nach Art. 26 Abs. 1 Buchst. b MwStSystRL, die nicht in der Nutzung eines Gegenstands bestehen, fällt auf, dass der Steuertatbestand **keine Bedingung** vorsieht, nach der die Eingangsleistungen zur Ausführung der Dienstleistung **zum Vorsteuerabzug** haben berechtigen müssen. Der insoweit eindeutige Wortlaut der Bestimmung kann deshalb – entgegen dem Grundsatz der steuerlichen Neutralität (Rz. 19.19) – eine Doppelbelastung des Steuerpflichtigen mit Mehrwertsteuer zur Folge haben. Die Regelung mag aus Vereinfachungsgründen gerechtfertigt sein. Denn Art. 26 Abs. 1 Buchst. b MwStSystRL wird im Wesentlichen Fälle erfassen, in denen die Leistungselemente der Dienstleistung durch die Tätigkeit des Steuerpflichtigen selbst oder die seines Personals bestimmt werden, für die eine Vorbelastung mit Mehrwertsteuer generell nicht besteht. Insoweit ist eine mehrwertsteuerliche Doppelbelastung ohnehin von vornherein ausgeschlossen.

19.107

---

1 An der Wahlmöglichkeit zweifeln lässt allerdings EuGH v. 17.5.2001 – C-322/99 und C-323/99 – Fischer und Brandenstein, ECLI:EU:C:2001:280, Rz. 83, wonach die Fälle der Entnahme bei Aufgabe der wirtschaftlichen Tätigkeit wohl bereits vom zwingend umzusetzenden Art. 16 MwStSystRL erfasst sind.
2 EuGH v. 12.2.2009 – C-515/07 – Vereniging Noordelijke Land- en Tuinbouw Organisatie, ECLI:EU: C:2009:88.
3 Siehe nur *Lipross*, DStZ 2012, 320; *Pull*, MwStR 2013, 611; *Radeisen*, BB 2013, 151.
4 EuGH v. 12.2.2009 – C-515/07 – Vereniging Noordelijke Land- en Tuinbouw Organisatie, ECLI:EU: C:2009:88, Rz. 38 f.

III. Steuerbefreiungen

Literatur (Auswahl): *Dodos*, Die Bestimmung des Kernbereichs von Mehrwertsteuerbefreiungen, MwStR 2017, 9; *Hassa*, Unionsrechtliche Vorgaben für die Zuordnung der Warenbewegung bei Reihengeschäften, UR 2016, 493; *Müller*, Die Steuerbefreiung für gewerbliche Bildungsleistungen nach der neuen Unterrichtsdefinition des EuGH, MwStR 2019, 615; *Reiß*, Innergemeinschaftlich befreite Lieferung und innergemeinschaftlicher Erwerb beim Reihengeschäft, MwStR 2017, 767; *Reiß*, Das Kreuz mit dem Reihengeschäft und dem Glauben und den Absichten der Beteiligten, MwStR 2018, 296; *Reiß*, Innergemeinschaftliche Reihengeschäfte und Vereinfachungsmaßnahmen bei innergemeinschaftlichen Dreiecksgeschäften, MwStR 2018, 594; *Sterzinger*, Besteuerung von Kostenteilungszusammenschlüssen, UR 2017, 773.

1. Allgemeines

19.108 Die Erfüllung eines Steuertatbestandes der Mehrwertsteuer (Rz. 19.50 ff.) hat nur dann eine Steuerschuld zur Folge, wenn die Leistung nicht von der Steuer befreit ist. Im EU-Mehrwertsteuerrecht existiert eine ganze Reihe von Steuerbefreiungen, die in der Hauptsache in den zehn Kapiteln des Titels IX der MwStSystRL (Art. 131 ff.) geregelt sind. Die Tatbestände dieser Befreiungen lassen sich in **sechs Gruppen** zusammenfassen, die jeweils einen sachlichen Zusammenhang aufweisen (Rz. 19.112 ff.).

19.109 Für einen Steuerpflichtigen ist es **nicht zwangsläufig vorteilhaft**, wenn seine Umsätze von der Mehrwertsteuer befreit sind. Folge ist nämlich regelmäßig der Verlust des Rechts auf Vorsteuerabzug im Hinblick auf seine Eingangsumsätze. So setzt das Recht auf Vorsteuerabzug grundsätzlich voraus, dass auch die Ausgangsumsätze des Steuerpflichtigen besteuert werden (Rz. 19.218 ff., auch zu den Ausnahmen). Deshalb spricht man insoweit zuweilen auch von **„unechten" Steuerbefreiungen**. Denn der Steuerpflichtige bleibt wirtschaftlich mit der Mehrwertsteuer auf seine Eingangsleistungen belastet; allein der im Rahmen seines Unternehmens geschaffene Mehrwert bleibt von der Steuer verschont. In bestimmten Konstellationen kann es für den Steuerpflichtigen deshalb vorteilhaft sein, dass seine Umsätze nicht von der Mehrwertsteuer befreit sind. Sind die Kunden eines Steuerpflichtigen etwa selbst zum Vorsteuerabzug berechtigt, spielt die Besteuerung der Ausgangsumsätze für die Preisgestaltung keine Rolle, da sich die Kunden die in Rechnung gestellte Steuer vom Fiskus erstatten lassen können. Gleichzeitig erhält der Steuerpflichtige aufgrund der Besteuerung seiner Ausgangsumsätze selbst den Vorteil des Vorsteuerabzugs. Neben anderen möglichen Konstellationen erklärt dies, warum nicht selten Steuerpflichtige gegenüber Verwaltung und Gerichten begehren, dass ihre Umsätze *nicht* steuerbefreit sind.

19.110 Die Steuerbefreiungen des Unionsrechts sind für die Mitgliedstaaten grundsätzlich in allen Einzelheiten verbindlich. Art. 131 MwStSystRL gibt den Mitgliedstaaten für sämtliche Steuerbefreiungen allein die Befugnis, verfahrensmäßige Bedingungen für die Inanspruchnahme der jeweiligen Steuerbefreiung festzulegen.[1] Steuerpflichtige können sich deshalb in aller Regel **unmittelbar auf die Steuerbefreiungen des Unionsrechts berufen**, sofern das nationale Recht insoweit eine unionsrechtswidrige Umsetzungslücke aufweist. Gleichzeitig sind nationale Steuerbefreiungen, die über das unionsrechtlich Zulässige hinausreichen, für die Steuerpflichtigen weiterhin nutzbar. Ihnen ist es lediglich verwehrt, eine unionsrechtswidrige Steuerbefreiung in Anspruch zu nehmen und sich gleichzeitig nur für die Zwecke ihres Vorsteuerabzugs auf die Steuerpflicht zu berufen, die sich aus dem Unionsrecht ergibt.[2]

19.111 Der EuGH hat sich relativ häufig mit den zahlreichen Tatbeständen der Steuerbefreiungen des Unionsrechts auseinander gesetzt. Dabei hatte er zunächst für einen Großteil der Befreiungen den Grund-

---

1 Vgl. EuGH v. 7.5.1998 – C-124/96 – Kommission/Spanien, ECLI:EU:C:1998:204, Rz. 11 und die dort angeführte Rechtsprechung.
2 EuGH v. 28.11.2013 – C-319/12 – MDDP, ECLI:EU:C:2013:778, Rz. 45; v. 26.2.2015 – C-144/13, C-154/13 und C-160/13 – VDP Dental Laboratory u.a., ECLI:EU:C:2015:116, Rz. 37 bis 40.

satz aufgestellt, dass ihre Tatbestände **eng auszulegen** sind.[1] Später hat er dieses Prinzip allerdings dahingehend eingeschränkt, dass den Steuerbefreiungen auch nicht ihre Wirkung genommen werden dürfe und die Auslegung deshalb mit den Zielen der Steuerbefreiung in Einklang stehen müsse.[2] Ebenso wenig darf nach der Rechtsprechung eine enge Auslegung dazu führen, den eindeutigen Wortlaut einer Steuerbefreiung zu beschränken.[3] Im Ergebnis darf man deshalb schlicht konstatieren: Die Steuerbefreiungen des Unionsrechts sind nach den herkömmlichen Auslegungsmethoden zu beurteilen.

2. Gemeinwohlorientierte Steuerbefreiungen

a) Allgemeines

Die Darstellung des Kosmos mehrwertsteuerlicher Befreiungen beginnt mit den Befreiungen von Tätigkeiten, die nach Auffassung der MwStSystRL dem Gemeinwohl dienen. Diesen in Art. 132 MwStSystRL definierten Steuerbefreiungen ist gemeinsam, dass sie nicht aus technischen Gründen bestehen (anders Rz. 19.161), sondern die Kosten der befreiten Leistungen für den Verbraucher senken sollen.[4] Bei den unter dem Banner des Gemeinwohls befreiten Leistungen geht es ganz überwiegend um klassische wohlfahrtsorientierte Themen wie **Gesundheit, Soziales, Bildung und Kultur**.

19.112

In diesen Bereichen befreit Art. 132 MwStSystRL überwiegend nur die Leistungen, die von bestimmten öffentlichen oder privaten „**Einrichtungen**" erbracht werden (Art. 132 Abs. 1 Buchst. b, g, h, i, l, m und n MwStSystRL). Nach dem Wortsinn handelt es sich dabei um Steuerpflichtige, die eine gewisse institutionelle Beständigkeit aufweisen. Gleichwohl können nach der Rechtsprechung unter diesen Begriff auch natürliche Personen fallen. Die entsprechende richterliche Feststellung bildet eines der raren Beispiele einer ausdrücklichen Aufgabe vorangegangener Rechtsprechung durch den EuGH.[5] Diese „Einrichtungs-Tatbestände" bilden innerhalb der gemeinwohlorientierten Befreiungen eine gesonderte Gruppe. Denn sie unterliegen vielfältigen, komplizierten Einschränkungen. So enthält jeder einzelne dieser Steuertatbestände spezifische Bedingungen für alle oder nur für die privaten leistenden Einrichtungen, wonach sie z. B. keinen Gewinn anstreben dürfen (Art. 132 Abs. 1 Buchst. m MwStSystRL) oder einen „sozialen Charakter" aufweisen müssen (Art. 132 Abs. 1 Buchst. g MwStSystRL).

19.113

Teilweise sehen die Steuerbefreiungen für **private Einrichtungen** auch zusätzlich ein Anerkennungsverfahren vor, bei dem die Mitgliedstaaten ein gebundenes Ermessen besitzen. Darüber hinaus dürfen die Mitgliedstaaten – dieses Mal nach freiem Ermessen[6] – bei privaten Einrichtungen gemäß Art. 133 MwStSystRL noch weitere Voraussetzungen für die Steuerbefreiung in puncto Gewinnerzielung und

19.114

---

1 Erstmals EuGH v. 26.6.1990 – C-185/89 – Velker International Oil Company, ECLI:EU:C:1990:262, Rz. 19; siehe in letzter Zeit nur EuGH v. 13.3.2014 – C-366/12 – Klinikum Dortmund, ECLI:EU:C:2014:143, Rz. 26 zu den jetzigen Art. 132 und 135 MwStSystRL sowie EuGH v. 29.6.2017 – C-288/16 – L.Č., ECLI:EU:C:2017:502, Rz. 22 zu Art. 146 MwStSystRL.
2 EuGH v. 6.11.2003 – C-45/01 – Dornier, ECLI:EU:C:2003:595, Rz. 42, ständige Rechtsprechung, siehe zuletzt EuGH v. 4.10.2017 – C-273/16 – Federal Express Europe, ECLI:EU:C:2017:733, Rz. 42; vgl. auch EuGH v. 28.10.2010 -C-175/09 – Axa UK, ECLI:EU:C:2010:646, Rz. 25, wo die entscheidende Kammer in dieser Rechtsprechung allein eine Ausprägung des Prinzips der praktischen Wirksamkeit (*effet utile*) sieht.
3 Vgl. EuGH v. 5.7.2012 – C-259/11 – DTZ Zadelhoff, ECLI:EU:C:2012:423, Rz. 40.
4 EuGH v. 5.10.2016 – C-412/15 – TMD, ECLI:EU:C:2016:738, Rz. 30; vgl. zudem speziell zu Buchst. b und c des Art. 132 MwStSystRL: EuGH v. 13.3.2014 – C-366/12 – Klinikum Dortmund, ECLI:EU:C:2014:143, Rz. 28; zu Buchst. d: EuGH v. 5.10.2016 – C-412/15 – TMD, ECLI:EU:C:2016:738, Rz. 32; zu Buchst. g: EuGH v. 21.1.2016 – C-335/14 – Les Jardins de Jouvence, ECLI:EU:C:2016:36, Rz. 41; zu Buchst. h: EuGH v. 26.5.2005 – C-498/03 – Kingscrest Associates und Montecello, ECLI:EU:C:2005:322, Rz. 30; zu Buchst. i: EuGH v. 28.11.2013 – C-319/12 – MDDP, ECLI:EU:C:2013:778, Rz. 26.
5 Siehe EuGH v. 7.9.1999 – C-216/97 – Gregg, ECLI:EU:C:1999:390, Rz. 15 unter Aufgabe von EuGH v. 11.8.1995 – C-453/93 – Bulthuis-Griffioen, ECLI:EU:C:1995:265.
6 EuGH v. 15.11.2012 – C-174/11 – Zimmermann, ECLI:EU:C:2012:716, Rz. 27.

-verwendung[1], Führungspersonal,[2] Preisgestaltung[3] und der Verhinderung von Wettbewerbsverzerrungen[4] aufstellen. Schließlich ist bei den „Einrichtungs-Tatbeständen" gemäß Art. 134 Buchst. b MwStSystRL eine Steuerbefreiung generell ausgeschlossen, wenn die Einrichtung mit der an sich befreiten Leistung im Wesentlichen nur einen Einnahmezweck verfolgt, die Befreiung aber zu Wettbewerbsverzerrungen im Verhältnis zu „gewerblichen" Steuerpflichtigen führen würde.[5] Dies alles zusammengenommen macht es unter Beachtung der Rechtsprechung des EuGH im Einzelfall nicht leicht, die Unionsrechtskonformität einer mitgliedstaatlichen Steuerbefreiung im „eingerichteten" Gemeinwohlbereich zu beurteilen.

b) Gesundheit

19.115   Einen ersten wichtigen Teilbereich der gemeinwohlorientierten Steuerbefreiungen bildet die Gesundheit. Die Mehrwertsteuerbefreiung für die Gesundheitsbranche ist auf **sieben verschiedene Tatbestände** verteilt. Die Haupttatbestände für die Steuerbefreiung medizinischer Leistungen sind in Buchst. b und c des Art. 132 Abs. 1 MwStSystRL enthalten, während die Buchst. d, e, k, o und p unterschiedliche ergänzende Tatbestände zur Förderung des Gesundheitsbereichs beisteuern.

19.116   Gemäß den beiden Haupttatbeständen der Buchst. b und c sind **„Heilbehandlungen"** von der Mehrwertsteuer befreit. Bei der Befreiung von Heilbehandlungen wird tatbestandlich zwischen medizinischen Leistungen **innerhalb** (Buchst. b) und **außerhalb eines Krankenhauses** (Buchst. c) unterschieden. Welcher der beiden im Detail in mehrfacher Hinsicht unterschiedlichen Tatbestände Anwendung findet, richtet sich also nach dem Ort, an dem die Heilbehandlung durchgeführt wird.[6] Den Begriff der Heilbehandlung definiert der EuGH weit. Hierunter fallen sämtliche Leistungen, die „unmittelbar tatsächlich"[7] der Diagnose und Behandlung von Krankheiten eines Menschen sowie der Gesundheitsprävention dienen.[8] Der Zweck einer Leistung steht somit für die Beurteilung ihrer Steuerfreiheit als Heilbehandlung im Vordergrund.[9] Im Übrigen sind Krankheiten nach der Rechtsprechung des EuGH ein weites Feld, denn auch die Behebung „körperlicher Mängel" durch eine Schönheitsoperation kann eine Heilbehandlung darstellen.[10]

---

1 Siehe im Einzelnen EuGH v. 21.3.2002 – C-174/00 – Kennemer Golf, ECLI:EU:C:2002:200, Rz. 24 ff.
2 Siehe im Einzelnen EuGH v. 21.3.2002 – C-267/00 – Zoological Society, ECLI:EU:C:2002:202, Rz. 13 ff.
3 Siehe dazu ansatzweise EuGH, Schlussanträge des Generalanwalts *Poiares Maduro* v. 7.3.2006 – C-106/05 – L. u. P., ECLI:EU:C:2006:155, Rz. 43.
4 Siehe im Einzelnen EuGH v. 19.12.2013 – C-495/12 – Bridport and West Dorset Golf Club, ECLI:EU:C:2013:861, Rz. 33 ff.; v. 13.7.2017 – C-633/15 – London Borough of Ealing, ECLI:EU:C:2017:544.
5 EuGH v. 14.6.2007 – C-434/05 – Horizon College, ECLI:EU:C:2007:343, Rz. 43 sieht diese Anforderung als besondere Ausprägung des Grundsatzes der steuerlichen Neutralität (Rz. 19.16 ff.); siehe im Einzelnen zur Verfolgung eines bloßen Einnahmezwecks: EuGH v. 19.12.2013 – C-495/12 – Bridport and West Dorset Golf Club, ECLI:EU:C:2013:861, Rz. 25 ff.
6 Vgl. EuGH v. 10.9.2002 – C-141/00 – Kügler, ECLI:EU:C:2002:473, Rz. 35; v. 8.6.2006 – C-106/05 – L. u. P., ECLI:EU:C:2006:380, Rz. 22; v. 2.7.2015 – C-334/14 – De Fruytier, ECLI:EU:C:2015:437, Rz. 19.
7 EuGH v. 2.7.2015 – C-334/14 – De Fruytier, ECLI:EU:C:2015:437, Rz. 23; vgl. aber auch EuGH v. 18.11.2010 – C-156/09 – Verigen Transplantation Service International, ECLI:EU:C:2010:695, Rz. 25 f., wonach es ausreicht, wenn die Leistung nur „unerlässlicher, fester und untrennbarer Bestandteil des Verfahrens" ist.
8 Vgl. u. a. EuGH v. 10.9.2002 – C-141/00 – Kügler, ECLI:EU:C:2002:473, Rz. 40; v. 21.3.2013 – C-91/12 – PFC Clinic, ECLI:EU:C:2013:198, Rz. 28; v. 2.7.2015 – C-334/14 – De Fruytier, ECLI:EU:C:2015:437, Rz. 20 bis 22; nicht von der Gesundheitsprävention umfasst ist allerdings die vorsorgliche Entnahme von Nabelschnurstammzellen: EuGH v. 10.6.2010 – C-262/08 – CopyGene, ECLI:EU:C:2010:328, Rz. 36; v. 10.6.2010 – C-86/09 – Future Health Technologies, ECLI:EU:C:2010:334, Rz. 43 f.
9 Vgl. insbesondere EuGH v. 11.1.2001 – C-76/99 – Kommission/Frankreich, ECLI:EU:C:2001:12, Rz. 24; v. 20.11.2003 – C-212/01 – Unterpertinger, ECLI:EU:C:2003:625, Rz. 42 ff.; v. 20.11.2003 – C-307/01 – d'Ambrumenil and Dispute Resolution Services, ECLI:EU:C:2003:627, Rz. 60 ff.
10 EuGH v. 21.3.2013 – C-91/12 – PFC Clinic, ECLI:EU:C:2013:198, Rz. 29.

Die weite Definition des Begriffs der Heilbehandlung wird in ihrer steuerbefreienden Wirkung dadurch 19.117
begrenzt, dass beide Tatbestände nur dann Anwendung finden, wenn die Heilbehandlung **von bestimmten Steuerpflichtigen** erbracht wird. **Innerhalb eines Krankenhauses** sind gemäß dem Buchst. b grundsätzlich nur Heilbehandlungen staatlicher Einrichtungen befreit. Private Einrichtungen können befreit sein, wenn sie „in sozialer Hinsicht"[1] mit den Bedingungen öffentlicher Krankenhäuser und sonstiger öffentlicher medizinischer Einrichtungen vergleichbar und darüber hinaus als „Krankenanstalt", „Zentrum für ärztliche Heilbehandlung und Diagnostik" oder gleichartige Einrichtung[2] im Sinne des Tatbestands des Buchst. b einzuordnen sind. Welche privaten Einrichtungen im Einzelnen von der Steuerbefreiung profitieren, ist im Übrigen in einem mitgliedstaatlichen Anerkennungsverfahren zu klären. Die Mitgliedstaaten können hier nach der EuGH-Rechtsprechung nicht nur das Verfahren, sondern in gewissem Umfang auch sein Ergebnis bestimmen.[3] Der typenbezogene Ansatz zur Begrenzung der Steuerbefreiung anhand der Person des leistenden Steuerpflichtigen setzt sich im Tatbestand des Buchst. c fort: **Außerhalb von Krankenhäusern**, wie sie Buchst. b definiert, sind Heilbehandlungen nur dann befreit, wenn sie von Ärzten oder arztähnlichen Berufsträgern erbracht werden, wobei auch mit Berufsträgern besetzte juristische Personen eingeschlossen sind.[4] Wiederum besitzen die Mitgliedstaaten hier ein gewisses Definitionsermessen hinsichtlich der Anerkennung ärztlicher und arztähnlicher Berufe sowie ihrer befreiten Tätigkeitsbereiche.[5] Insgesamt besteht im Hinblick auf die Anerkennung leider viel Raum für Rechtsunsicherheit[6] und Wettbewerbsverzerrungen zwischen den Mitgliedstaaten.

Die gemäß Buchst. b befreiten „**Krankenhausbehandlungen**" sind in mehrfacher Hinsicht gegenüber 19.118
den rein ärztlichen Heilbehandlungen des Buchst. c privilegiert. So befreit nur der Buchst. b über die eigentlichen Heilbehandlungen hinaus auch die „damit eng verbundenen Umsätze".[7] Damit sind nach der Rechtsprechung Leistungen gemeint, die „naturgemäß" im Rahmen der Heilbehandlung erbracht werden und für die Erreichung des therapeutischen Ziels der Behandlung „unentbehrlich" sind.[8] Sofern dem befreiten Krankenhaus Personal durch kirchliche oder vergleichbare Einrichtungen zur Verfügung gestellt wird, verhindert darüber hinaus der Buchst. k des Art. 132 Abs. 1 MwStSystRL insoweit eine Belastung mit Mehrwertsteuer. Schließlich haben Krankenhäuser im Sinne des Buchst. b auch das Privileg, gemäß dem Buchst. o mehrwertsteuerfreie Veranstaltungen (Feste, Tombolas o. ä.) durchzuführen, um ihre Tätigkeit zu finanzieren.

Beide Formen steuerbefreiter Heilbehandlung – innerhalb und außerhalb eines Krankenhauses im 19.119
Sinne des Buchst. b – werden noch durch die **Befreiung einiger Hilfstätigkeiten Dritter** ergänzt,

---

1 Hier spielt insbesondere die Kostenübernahme durch die staatliche Sozialversicherung eine Rolle: EuGH v. 10.6.2010 – C-262/08 – CopyGene, ECLI:EU:C:2010:328, Rz. 69 f.
2 Als gleichartig hat der EuGH bislang ein Analyselabor anerkannt: vgl. EuGH v. 8.6.2006 – C-106/05 – L. u. P., ECLI:EU:C:2006:380, Rz. 18 und 35.
3 Vgl. EuGH v. 6.11.2003 – C-45/01 – Dornier, ECLI:EU:C:2003:595, Rz. 64 ff.
4 Vgl. EuGH v. 10.9.2002 – C-141/00 – Kügler, ECLI:EU:C:2002:473, Rz. 27 ff.; v. 6.11.2003 – C-45/01 – Dornier, ECLI:EU:C:2003:595, Rz. 18 bis 21.
5 Siehe im Einzelnen EuGH v. 27.4.2006 – C-443/04 und C-444/04 – Solleveld und van den Hout-van Eijnsbergen, ECLI:EU:C:2006:257, Rz. 28 ff.
6 Vgl. nur die komplexen Betrachtungen bei EuGH v. 8.6.2006 – C-106/05 – L. u. P., ECLI:EU:C:2006:380, Rz. 41 bis 54; v. 10.6.2010 – C-262/08 – CopyGene, ECLI:EU:C:2010:328, Rz. 61 bis 79.
7 Dies musste der EuGH mehrfach klarstellen: vgl. EuGH v. 23.2.1988 – 353/85 – Kommission/Vereinigtes Königreich, ECLI:EU:C:1988:82, Rz. 30 bis 34; v. 13.3.2014 – C-366/12 – Klinikum Dortmund, ECLI:EU:C:2014:143, Rz. 32.
8 EuGH v. 2.7.2015 – C-334/14 – De Fruytier, ECLI:EU:C:2015:437, Rz. 29; statt dessen stellten EuGH v. 11.1.2001 – C-76/99 – Kommission/Frankreich, ECLI:EU:C:2001:12, Rz. 27; v. 1.12.2005 – C-394/04 und C-395/04 – Ygeia, ECLI:EU:C:2005:734, Rz. 18 f.; v. 25.3.2010 – C-79/09 – Kommission/Niederlande, ECLI:EU:C:2010:171, Rz. 50 f.; v. 10.6.2010 – C-262/08 – CopyGene, ECLI:EU:C:2010:328, Rz. 39 f. noch verfehlt auf das Konzept von Haupt- und Nebenleistung ab, wie es im Rahmen des Grundsatzes der einheitlichen Leistung ohnehin allgemein gilt (Rz. 19.63 ff.).

nämlich zahntechnische Leistungen (Buchst. e), Krankentransport (Buchst. p) sowie die Lieferung von menschlichen Organen, Blut und Muttermilch (Buchst. d). Diese Steuerbefreiungen haben ihrerseits eng begrenzte Anwendungsbereiche, so dass im Ergebnis nicht sämtliche Umsätze des Gesundheitsbereichs befreit sind. Mehrwertsteuerpflichtig ist etwa der Organtransport[1] oder der Handel mit Zahnersatz durch Personen, die weder Zahntechniker noch Zahnärzte sind.[2] Darüber hinaus existiert kein Befreiungstatbestand für die Lieferung von Medikamenten; selbst die Lieferung von Blut, die zur Herstellung von Medikamenten erfolgt, fällt nicht unter die Befreiung des Buchst. d.[3] Die Verabreichung von Medikamenten kann als Nebenleistung nur dann von der Mehrwertsteuer befreit sein, wenn sie unmittelbar mit der Heilbehandlung selbst einhergeht.[4] Allerdings können die Mitgliedstaaten für Medikamente gemäß Art. 98 in Verbindung mit Anhang III Nr. 3 MwStSystRL einen ermäßigten Steuersatz (Rz. 19.191 ff.) vorsehen, um auf diese Weise die Kosten für den Patienten bzw. seine Krankenversicherung zu senken.

c) Soziales

19.120 Einen weiteren befreiten Bereich gemeinwohlorientierter Leistungen bilden die sozialen Hilfsleistungen, die in den Buchst. g und h des Art. 132 Abs. 1 MwStSystRL sowie ergänzend in Buchst. k und o geregelt sind. **Grundtatbestand** dieser „sozialen" Steuerbefreiungen ist der Art. 132 Abs. 1 Buchst. g MwStSystRL. Danach sind **„eng mit der Sozialfürsorge und der sozialen Sicherheit verbundene" Leistungen** von der Steuer befreit. Diesen Tatbestand kennzeichnet eine außergewöhnliche Unbestimmtheit. Die einzige tatbestandliche Konkretisierung der befreiten Leistungen erfolgt dadurch, dass insbesondere die Leistungen der „Altenheime" von der Steuerbefreiung erfasst sein sollen.[5] In seiner Rechtsprechung hat der EuGH bislang darauf verzichtet, eine allgemeine abstrakte Definition der befreiten sozialen Leistungen aufzustellen. Was bleibt, ist daher nur Kasuistik: Die Kinderbetreuung[6] sowie die häusliche Pflege und Versorgung[7] fallen nach der Rechtsprechung unter den Tatbestand des Buchst. g. Dies gilt offenbar auch für die Vermittlung sozialer Leistungen,[8] nicht aber für die Personalgestellung für Zwecke solcher Leistungen.[9]

19.121 Der erste Schritt zu einer **abstrakten Definition** derjenigen Leistungen, die von der Steuerbefreiung des Art. 132 Abs. 1 Buchst. g MwStSystRL erfasst sind, ist die Orientierung an der im Tatbestand bestehenden Differenzierung zwischen den Leistungen der „Sozialfürsorge" einerseits und denjenigen der „sozialen Sicherheit" andererseits. Als Leistungen der **Sozialfürsorge** sollten – im Einklang mit der bisherigen kasuistischen Rechtsprechung des EuGH – nur solche Leistungen angesehen werden, die im Hinblick auf die alters- oder krankheitsbedingte Hilfsbedürftigkeit ihrer Leistungsempfänger erbracht werden. Der Begriff der **„sozialen Sicherheit"** ist hingegen mit der Sozialversicherung gleichzusetzen.[10] Leistungen der sozialen Sicherheit sind deshalb häufig auch solche der Sozialfürsorge. Da die Steuerbefreiung für Leistungen der sozialen Sicherheit aber offenbar dem Schutz der Sozialversiche-

---

1 EuGH v. 3.6.2010 – C-237/09 – De Fruytier, ECLI:EU:C:2010:316.
2 EuGH v. 14.12.2006 – C-401/05 – VDP Dental Laboratory, ECLI:EU:C:2006:792.
3 EuGH v. 5.10.2016 – C-412/15 – TMD, ECLI:EU:C:2016:738.
4 Vgl. EuGH v. 13.3.2014 – C-366/12 – Klinikum Dortmund, ECLI:EU:C:2014:143, Rz. 33 f.
5 Siehe zu den befreiten Leistungen der Altenheime im Einzelnen: EuGH v. 21.1.2016 – C-335/14 – Les Jardins de Jouvence, ECLI:EU:C:2016:36, Rz. 42 ff.
6 EuGH v. 9.2.2006 – C-415/04 – Kinderopvang Enschede, ECLI:EU:C:2006:95, Rz. 17.
7 EuGH v. 10.9.2002 – C-141/00 – Kügler, ECLI:EU:C:2002:473, Rz. 44; v. 15.11.2012 – C-174/11 – Zimmermann, ECLI:EU:C:2012:716, Rz. 23.
8 Vgl. EuGH v. 9.2.2006 – C-415/04 – Kinderopvang Enschede, ECLI:EU:C:2006:95.
9 Vgl. EuGH v. 12.3.2015 – C-594/13 – „go fair" Zeitarbeit, ECLI:EU:C:2015:164, Rz. 28, bezogen allerdings auf die Auslegung des Begriffs der Einrichtung „mit sozialem Charakter" (Rz. 19.122); offener hingegen noch EuGH v. 25.3.2010 – C-79/09 – Kommission/Niederlande, ECLI:EU:C:2010:171, Rz. 50.
10 Ebenso EuGH, Schlussanträge des Generalanwalts Bot v. 9.7.2015 – C-335/14 – Les Jardins de Jouvence, ECLI:EU:C:2015:464, Rz. 32.

rungssysteme vor einer Belastung mit Mehrwertsteuer dient, ist ihr Anwendungsbereich nicht notwendig deckungsgleich mit demjenigen der Sozialfürsorge. Beschränkt wird ihr Anwendungsbereich zudem durch Nr. 15 des Anhangs III MwStSystRL, die für Leistungen „gemeinnützige[r] Einrichtungen ... im Bereich der sozialen Sicherheit" einen ermäßigten Steuersatz (Rz. 19.191 ff.) erlaubt. Der Begriff der „sozialen Sicherheit" in der Steuerbefreiung des Art. 132 Abs. 1 Buchst. g MwStSystRL muss deshalb in einem engeren Sinne verstanden werden. Zur Begrenzung liegt es nahe, auf den in der Steuerbefreiung genannten Bereich der Sozialfürsorge zu rekurrieren. Im Ergebnis wird die Steuerbefreiung des Buchst. g insgesamt **ausschließlich durch den Begriff der Sozialfürsorge geprägt**, seien die Leistungen nun von der Sozialversicherung oder vom Hilfebedürftigen selbst finanziert.

Auch im Bereich der sozialen Leistungen gilt, dass die recht weitgehende Definition der befreiten Leistungen in ihrer Wirkung durch einen *numerus clausus* **der Leistungserbringer** begrenzt wird (Rz. 19.113 f.). Obwohl zumindest der deutsche Wortlaut dies nicht unbedingt nahelegt, ist die Steuerbefreiung nach der Rechtsprechung in persönlicher Hinsicht auf bestimmte Steuerpflichtige beschränkt. Es werden nur soziale Leistungen befreit, die entweder von staatlichen Einrichtungen erbracht werden oder von privaten Einrichtungen „mit sozialem Charakter", die einem mitgliedstaatlichen Anerkennungsverfahren unterliegen.[1] Wiederum besitzen die Mitgliedstaaten hier ein gewisses Ermessen, was die Voraussetzungen und das Verfahren der Anerkennung privater Steuerpflichtiger betrifft. Dieses Ermessen wird noch durch die Möglichkeiten des Art. 133 MwStSystRL ergänzt (Rz. 19.114).[2] Da nach der Rechtsprechung des EuGH auch nationale Vorschriften außerhalb des Steuerrechts eine Rolle bei der Begrenzung mitgliedstaatlichen Ermessens spielen können,[3] besteht auch im Sozialbereich die Gefahr von Wettbewerbsverzerrungen zwischen den Mitgliedstaaten aufgrund national unterschiedlich anzuwendender Steuerbefreiungen.

19.122

Die Restriktionen im Hinblick auf den persönlichen Anwendungsbereich der Steuerbefreiung gelten ebenso für die weitere Steuerbefreiung im Sozialbereich, die **Kinder- und Jugendbetreuung** im Sinne des Buchst. h des Art. 132 Abs. 1 MwStSystRL.[4] Alle Leistungen, die mit dieser Betreuung „eng verbunden" sind, fallen unter die Steuerbefreiung. Buchst. h ist dabei *lex specialis* im Verhältnis zu Buchst. g (Rz. 19.120), weil der EuGH die Kinderbetreuung von beiden Tatbeständen erfasst sieht.[5] Die Betreuung von Kindern und Jugendlichen im Sinne des Buchst. h erstreckt sich nicht auf ihre Erziehung und Ausbildung. Denn dafür existiert mit dem Buchst. i eine gesonderte Bestimmung (Rz. 19.125 ff.). Vielmehr geht es im Tatbestand des Buchst. h ausschließlich um Leistungen zum Schutz von Kindern und Jugendlichen.[6]

19.123

Für sämtliche Leistungen im Sozialbereich gelten im Übrigen wiederum die **ergänzenden Steuerbefreiungen** der Buchst. k und o des Art. 132 Abs. 1 MwStSystRL (Rz. 19.118). Danach unterliegt zum einen die Personalgestellung durch kirchliche oder vergleichbare Einrichtungen nicht der Mehrwertsteuer (Buchst. k). Zum anderen können die staatlichen oder privaten Einrichtungen mit sozialem Charakter gemäß Buchst. o steuerfrei Veranstaltungen zur Finanzierung ihrer sozialen Tätigkeit durchführen.

19.124

---

1 Vgl. EuGH v. 26.5.2005 – C-498/03 – Kingscrest Associates und Montecello, ECLI:EU:C:2005:322, Rz. 34; v. 21.1.2016 – C-335/14 – Les Jardins de Jouvence, ECLI:EU:C:2016:36, Rz. 29.
2 Vgl. EuGH v. 26.5.2005 – C-498/03 – Kingscrest Associates und Montecello, ECLI:EU:C:2005:322, Rz. 49 bis 51; v. 15.11.2012 – C-174/11 – Zimmermann, ECLI:EU:C:2012:716, Rz. 26 f.; v. 21.1.2016 – C-335/14 – Les Jardins de Jouvence, ECLI:EU:C:2016:36, Rz. 32 bis 35.
3 Vgl. EuGH v. 26.5.2005 – C-498/03 – Kingscrest Associates und Montecello, ECLI:EU:C:2005:322, Rz. 53; v. 15.11.2012 – C-174/11 – Zimmermann, ECLI:EU:C:2012:716, Rz. 31; v. 21.1.2016 – C-335/14 – Les Jardins de Jouvence, ECLI:EU:C:2016:36, Rz. 36 f.
4 Vgl. EuGH v. 26.5.2005 – C-498/03 – Kingscrest Associates und Montecello, ECLI:EU:C:2005:322, Rz. 49 bis 51; v. 9.2.2006 – C-415/04 – Kinderopvang Enschede, ECLI:EU:C:2006:95, Rz. 23.
5 EuGH v. 9.2.2006 – C-415/04 – Kinderopvang Enschede, ECLI:EU:C:2006:95, Rz. 17.
6 Vgl. EuGH v. 26.5.2005 – C-498/03 – Kingscrest Associates und Montecello, ECLI:EU:C:2005:322, Rz. 34.

d) Bildung

19.125 Mit den Buchst. i und j des Art. 132 Abs. 1 MwStSystRL wird der Bildungsbereich von der Mehrwertsteuer ausgenommen. Chronologisch zählt der Buchst. i die unterschiedlichen befreiten **Unterrichtstätigkeiten**[1] auf: Vorschule, Schule, Hochschule, Aus- und Fortbildung sowie Umschulung. Derartige Unterrichtstätigkeiten setzen nach der Rechtsprechung des EuGH nicht nur die **Vermittlung von Kenntnissen und Fähigkeiten** voraus,[2] sondern auch die Gewährleistung eines organisatorischen Rahmens.[3] Damit scheint die Anforderung verbunden, dass der Steuerpflichtige eine gewisse Bandbreite an Bildungsinhalten anbieten muss.[4] Die Erlangung eines prüfungsgebundenen Abschlusses ist allerdings keine Voraussetzung einer befreiten Unterrichtstätigkeit, solange der Unterricht nicht allein der Freizeitgestaltung dient.[5] Der **Spezialtatbestand für Privatlehrer** des Buchst. j spricht zwar verengend nur vom Schul- und Hochschulunterricht. Die Rechtsprechung des EuGH fasst hierunter jedoch im Wesentlichen dieselben Leistungsinhalte wie bei der Steuerbefreiung des Buchst. i.[6] Beide Tatbestände bilden insoweit eine Einheit.

19.126 Allerdings erfasst über die genannten Unterrichtstätigkeiten hinaus nur die Steuerbefreiung des Buchst. i auch die „**damit eng verbundenen**" **Leistungen**. In einer älteren Entscheidung hat der EuGH diesen Begriff gleichgesetzt mit den Nebenleistungen, die zusammen mit einer Hauptleistung eine einheitlich zu behandelnde Leistung bilden.[7] Da der Grundsatz der einheitlichen Leistung jedoch ohnehin allgemein gilt (Rz. 19.63 ff.), so dass Nebenleistungen zur Unterrichtstätigkeit stets von der Steuer zu befreien sind, führt diese Definition dazu, der Befreiung der „eng verbundenen" Leistungen jeden eigenständigen Inhalt zu nehmen. Damit dies nicht geschieht, sind „eng verbundene" Leistungen vielmehr als solche Leistungen zu definieren, die eine enge Verbindung mit der Unterrichtstätigkeit aufweisen, obwohl sie gerade keine Nebenleistungen einer einheitlichen steuerbefreiten Leistung sind. Aus Art. 134 Buchst. a MwStSystRL, der nach der Rechtsprechung allein für die mit der Kerntätigkeit der Steuerbefreiung „eng verbundenen" Leistungen gilt,[8] folgt darüber hinaus, dass solche Leistungen für die Unterrichtstätigkeit „unerlässlich" sein müssen.[9] Einen vergleichbaren Ansatz hat der EuGH zuletzt auch im Rahmen der Steuerbefreiung medizinischer Krankenhausleistungen des Buchst. b verfolgt (Rz. 19.118).[10] Auf welche Irrwege der alte Ansatz hingegen führen kann, hat die Entscheidung

---

1 Vgl. EuGH v. 14.6.2007 – C-434/05 – Horizon College, ECLI:EU:C:2007:343, Rz. 17 f. zu diesem Oberbegriff der befreiten Leistungen im Bildungsbereich.
2 EuGH v. 14.6.2007 – C-434/05 – Horizon College, ECLI:EU:C:2007:343, Rz. 18; v. 14.3.2019 – C-449/17 – A & G Fahrschul-Akademie, ECLI:EU:C:2019:202, Rz. 21.
3 Vgl. EuGH v. 14.6.2007 – C-434/05 – Horizon College, ECLI:EU:C:2007:343, Rz. 18 bis 20; v. 28.1.2010 – C-473/08 – Eulitz, ECLI:EU:C:2010:47, Rz. 30; siehe ergänzend Art. 44 MwSt-DVO.
4 Vgl. EuGH v. 14.3.2019 – C-449/17 – A & G Fahrschul-Akademie, ECLI:EU:C:2019:202, Rz. 26 und 29, wonach deshalb eine Fahrschule keinen Unterricht im Sinne der Steuerbefreiung erbringt.
5 EuGH v. 28.1.2010 – C-473/08 – Eulitz, ECLI:EU:C:2010:47, Rz. 29; v. 14.3.2019 – C-449/17 – A & G Fahrschul-Akademie, ECLI:EU:C:2019:202, Rz. 22.
6 Vgl. EuGH v. 14.6.2007 – C-445/05 – Haderer, ECLI:EU:C:2007:344, Rz. 21 bis 26; v. 28.1.2010 – C-473/08 – Eulitz, ECLI:EU:C:2010:47, Rz. 20 bis 38.
7 Vgl. EuGH v. 14.6.2007 – C-434/05 – Horizon College, ECLI:EU:C:2007:343, Rz. 28 f.; siehe zuvor **anders**: EuGH v. 20.6.2002 – C-287/00 – Kommission/Deutschland, ECLI:EU:C:2002:388, Rz. 47; siehe zuletzt noch missverständlich EuGH v. 4.5.2017 – C-699/15 – Brockenhurst College, ECLI:EU:C:2017:344, Rz. 24 f.
8 EuGH v. 1.12.2005 – C-394/04 und C-395/04 – Ygeia, ECLI:EU:C:2005:734, Rz. 26; v. 28.11.2013 – C-319/12 – MDDP, ECLI:EU:C:2013:778, Rz. 32; v. 21.1.2016 – C-335/14 – Les Jardins de Jouvence, ECLI:EU:C:2016:36, Rz. 52; **a.A.** wohl EuGH v. 19.12.2013 – C-495/12 – Bridport and West Dorset Golf Club, ECLI:EU:C:2013:861, Rz. 24, wonach Art. 134 Buchst. a auch auf die Steuerbefreiung des Art. 132 Abs. 1 Buchst. m MwStSystRL Anwendung finden soll, die nicht zwischen einem Kernbereich der befreiten Tätigkeit und den damit „eng verbundenen" Leistungen differenziert.
9 Insoweit zutreffend EuGH v. 4.5.2017 – C-699/15 – Brockenhurst College, ECLI:EU:C:2017:344, Rz. 26.
10 Vgl. EuGH v. 2.7.2015 – C-334/14 – De Fruytier, ECLI:EU:C:2015:437, Rz. 29 und 30, allerdings ohne direkte Bezugnahme auf Art. 134 Buchst. a MwStSystRL.

des EuGH gezeigt, unter bestimmten Umständen die **Personalgestellung** als einen Umsatz anzusehen, der eng mit einer Unterrichtstätigkeit verbunden ist, weil sie eine Nebenleistung zur Hauptleistung des Unterrichts darstelle.[1] Dabei geriet völlig aus dem Blick, dass die Steuerbefreiung des Art. 132 Abs. 1 Buchst. i MwStSystRL als solche keine Personalgestellung erfassen kann, weil dies die Entscheidung des Unionsgesetzgebers konterkarieren würde, gemäß der Steuerbefreiung des Buchst. k – der ebenso wie der Buchst. o auch im Bereich der Bildungsleistungen anzuwenden ist – allein die Personalgestellung durch kirchliche und vergleichbare Organisationen von der Steuer zu befreien.

Auch im Bildungsbereich gilt wieder, dass nur solche Leistungen befreit sind, die **von bestimmten Steuerpflichtigen erbracht** werden. Insoweit beinhaltet nach der Rechtsprechung des EuGH bereits die Definition der befreiten Unterrichtstätigkeit gewisse Anforderungen an die Person des leistenden Steuerpflichtigen (Rz. 19.125). Diesen dürften die im Befreiungstatbestand genannten „Einrichtungen des öffentlichen Rechts", insbesondere das staatliche Schul- und Hochschulsystem, regelmäßig genügen. Den staatlichen Bildungseinrichtungen können private in einem mitgliedstaatlichen Anerkennungsverfahren gleichgestellt werden, sofern sie eine „vergleichbare Zielsetzung" verfolgen.[2] Bei den Voraussetzungen und dem Verfahren dieser Anerkennung verfügen die Mitgliedstaaten wie bei den anderen Steuerbefreiungen über ein gewisses Ermessen (Rz. 19.114).[3] Darüber hinaus können nach dem Spezialtatbestand des Buchst. j auch „Privatlehrer" befreite Unterrichtsleistungen erbringen.

19.127

e) Kultur

Der kulturelle Bereich wird insbesondere von den Befreiungstatbeständen der Buchst. l und n des Art. 132 Abs. 1 MwStSystRL abgedeckt. Während die Steuerbefreiung des Buchst. l die **Leistungen kultureller Institutionen** im weiteren Sinne – Kirchen, Gewerkschaften[4], politische Parteien etc. – an ihre Mitglieder unter bestimmten Bedingungen befreit, gewährt der Buchst. n ganz allgemein eine Befreiung für **„bestimmte kulturelle Dienstleistungen"**. Die letztere Befreiung besitzt insofern eine Ausnahmestellung als der EuGH hier den Mitgliedstaaten einen Spielraum lässt, welche kulturellen Dienstleistungen sie von der Steuer befreien wollen. Folge ist, dass diese Steuerbefreiung auch keine unmittelbaren Wirkungen zugunsten eines Steuerpflichtigen entfaltet.[5]

19.128

Die Befreiung kultureller Dienstleistungen durch die Mitgliedstaaten aufgrund des Buchst. n hängt wiederum davon ab, dass die Dienstleistungen **von bestimmten Steuerpflichtigen erbracht** werden. Es muss sich um öffentliche Einrichtungen handeln oder private „kulturelle" Einrichtungen[6], die einem Anerkennungsverfahren seitens der Mitgliedstaaten unterliegen. Sowohl diese kulturell befugten Einrichtungen als auch die kulturellen Institutionen, deren mitgliederbezogenen Leistungen aufgrund des Buchst. l befreit sind, besitzen gemäß Art. 132 Abs. 1 Buchst. o MwStSystRL zudem das Recht zur mehrwertsteuerfreien Durchführung von Veranstaltungen zur Finanzierung ihrer Tätigkeit.

19.129

---

1 Vgl. EuGH v. 14.6.2007 – C-434/05 – Horizon College, ECLI:EU:C:2007:343, Rz. 25 ff.
2 Dies gilt nach EuGH v. 13.10.2005 – C-200/04 – iSt, ECLI:EU:C:2005:608, Rz. 45 bis 47, zum Beispiel nicht für bloße „Handelsgesellschaften".
3 Vgl. EuGH v. 28.11.2013 – C-319/12 – MDDP, ECLI:EU:C:2013:778, Rz. 37 f.
4 Siehe hierzu EuGH v.12.11.1998 – C-149/97 – Institute of the Motor Industry, ECLI:EU:C:1998:536.
5 EuGH v. 15.2.2017 – C-592/15 – British Film Institute, ECLI:EU:C:2017:117; vgl. ebenso bereits BFH v. 4.5.2011 – XI R 44/08, Rz. 23 bis 25; sowohl das Urteil als auch die Schlussanträge des EuGH ignorieren allerdings EuGH v. 16.10.2008 – C-253/07 – Canterbury Hockey Club und Canterbury Ladies Hockey Club, ECLI:EU:C:2008:571, Rz. 36 bis 40, wonach die vergleichbar formulierte Steuerbefreiung des Art. 132 Abs. 1 Buchst. m MwStSystRL den Mitgliedstaaten keinen Umsetzungsspielraum lässt.
6 Zu denen auch Einzelkünstler zählen können: EuGH v. 3.4.2003 – C-144/00 – Hoffmann, ECLI:EU:C: 2003:192.

f) Sport

19.130 Auch der Sport wurde mit einer Steuerbefreiung bedacht. Der Buchst. m des Art. 132 Abs. 1 MwStSyst-RL befreit Dienstleistungen im Zusammenhang mit Sport und „Körperertüchtigung", wie es im Text der Richtlinie noch heißt. Sport im Sinne der Befreiung sind nur Tätigkeiten, die durch eine **bedeutende körperliche Komponente** gekennzeichnet sind.[1] Als befreite Leistungen kommen alle Umsätze in Betracht, die **für die Ausübung des jeweiligen Sports notwendig** sind.[2] Die Befreiung dient der Förderung des Breitensports,[3] der aber nicht zwingend vereinsmäßig organisiert sein muss.[4] Eine Konzession an das Vereinswesen stellt es allerdings dar, wenn nach der Rechtsprechung des EuGH der Leistungsempfänger nicht zwingend selbst Sport treiben muss, obwohl der deutsche Wortlaut des Buchst. m eben dies verlangt. Deshalb können auch Leistungen, die an Sportvereine erbracht werden, von der Steuerbefreiung profitieren.[5]

19.131 In personeller Hinsicht ist die Befreiung auf Steuerpflichtige beschränkt, die mit ihrer gesamten Tätigkeit **nicht auf Gewinne aus** sind.[6] Ergänzt wird auch die Steuerbefreiung für den Sport durch das Veranstaltungsprivileg des Art. 132 Abs. 1 Buchst. o MwStSystRL (Rz. 19.118).

g) Öffentliche Aufgaben

19.132 Den redaktionellen Rahmen des Art. 132 Abs. 1 MwStSystRL bilden zwei Steuerbefreiungen, die klassischer Weise öffentlich-rechtliche Tätigkeiten betreffen, nämlich den **Postdienst** (Buchst. a) und den **Rundfunk** (Buchst. q). Da derartige Tätigkeiten des Staates aufgrund der Regelung des Art. 13 MwStSystRL in die Gefahr einer Mehrwertbesteuerung geraten (Rz. 19.46 ff.) oder auch von Privaten im Auftrag des Staates ausgeführt werden können,[7] hat der Gesetzgeber mit den Buchst. a und q des Art. 132 Abs. 1 MwStSystRL für ihre Befreiung von der Mehrwertsteuer gesorgt. Auffällig ist dabei im Vergleich der beiden Tatbestände, dass im Bereich des Rundfunks eine **gewerbliche Tätigkeit** von der Befreiung ausgeschlossen ist, im Bereich des Postdienstes hingegen nicht.

19.133 Der fehlende Ausschluss gewerblicher Tätigkeit aus dem Tatbestand der **Steuerbefreiung für Postdienste** des Buchst. a ermöglichte dem EuGH auch nach der Privatisierung der Postdienste in der Union diese Steuerbefreiung, die nur für „öffentliche Posteinrichtungen" gilt, auf private Unternehmen unter bestimmten Bedingungen zu übertragen.[8] Voraussetzung ist danach, dass der Steuerpflichtige verpflichtet ist, den sog. **Universalpostdienst** nach Maßgabe der Postbinnenmarkt-Richtlinie[9] zu

---

1 Vgl. EuGH v. 26.10.2017 – C-90/16 – The English Bridge Union, ECLI:EU:C:2017:814, Rz. 27, wonach deshalb Kartenspiele nicht als Sport im Sinne der Befreiung anzusehen sind.
2 Vgl. EuGH v. 19.12.2013 – C-495/12 – Bridport and West Dorset Golf Club, ECLI:EU:C:2013:861, Rz. 24.
3 EuGH v. 21.2.2013 – C-18/12 – Město Žamberk, ECLI:EU:C:2013:95, Rz. 23; v. 19.12.2013 – C-495/12 – Bridport and West Dorset Golf Club, ECLI:EU:C:2013:861, Rz. 20.
4 Vgl. EuGH v. 21.2.2013 – C-18/12 – Město Žamberk, ECLI:EU:C:2013:95, Rz. 22 und 24.
5 Vgl. EuGH v. 16.10.2008 – C-253/07 – Canterbury Hockey Club und Canterbury Ladies Hockey Club, ECLI:EU:C:2008:571, Rz. 24 bis 35.
6 Siehe hierzu im Einzelnen EuGH v. 21.3.2002 – C-174/00 – Kennemer Golf, ECLI:EU:C:2002:200, Rz. 16 bis 35.
7 Vgl. hierzu EuGH v. 11.7.1985 – 107/84 – Kommission/Deutschland, ECLI:EU:C:1985:332, Rz. 16.
8 EuGH v. 23.4.2009 – C-357/07 – TNT Post UK, ECLI:EU:C:2009:248; grundlegend bereits EuGH, Schlussanträge des Generalanwalts *Geelhoed* v. 10.4.2003 – C-169/02 – Dansk Postordreforening, ECLI:EU:C:2003:238, Rz. 66; siehe auch den vergeblichen Widerstand des Königreichs Schweden im Hinblick auf die aus dem Urteil TNT Post UK resultierenden Wettbewerbsverzerrungen: EuGH v. 21.4.2015 – C-114/14 – Kommission/Schweden, ECLI:EU:C:2015:249, Rz. 32.
9 Richtlinie 97/67/EG der Europäischen Parlaments und des Rates vom 15.12.1997 über gemeinsame Vorschriften für die Entwicklung des Binnenmarktes der Postdienste der Gemeinschaft und die Verbesserung der Dienstequalität (ABl. EU 1998 Nr. L 15, 14).

gewährleisten, also die Grundversorgung der Bevölkerung mit Postleistungen. Da jene Richtlinie eine derartige Verpflichtung eines Unternehmens gar nicht notwendiger Weise vorsieht, war der deutsche Gesetzgeber kurioserweise gezwungen, eine solche Verpflichtungserklärung in das UStG einzubauen (§ 4 Nr. 11b Satz 2 UStG). Was im Einzelnen zur Grundversorgung mit Postdiensten gehört, welche Leistungsinhalte also von der Steuerbefreiung profitieren, ist nach dieser außergewöhnlichen Rechtsprechung im Detail allerdings noch reichlich unklar.[1] Die Steuerbefreiung für den Postdienst im Buchst. a des Art. 132 Abs. 1 MwStSystRL ist noch in einer weiteren Hinsicht bemerkenswert. Anders als bei anderen Steuerbefreiungen, insbesondere des Finanzsektors (Rz. 19.140), hat der EuGH hier die **Möglichkeit des steuerneutralen Outsourcings ausgeschlossen.** Die entsprechende Entscheidung erging bereits in den 80er Jahren und zeugt von einem damals noch rigideren Verständnis der Reichweite der Steuerbefreiungen.[2]

h) Gemeinschaftliches Outsourcing

Eine bestimmte Form des Outsourcing betrifft die letzte noch zu behandelnde Steuerbefreiung, die der Unionsgesetzgeber im Art. 132 Abs. 1 MwStSystRL unter den Tätigkeiten, die dem Gemeinwohl dienen sollen, zusammengefasst hat. Nach dessen Buchst. f sind – unter weiteren Bedingungen – jegliche Dienstleistungen steuerfrei, die selbständige Zusammenschlüsse von Personen, die eine steuerfreie Tätigkeit ausüben, ihren Mitgliedern gegenüber erbringen. Der **Grund** für diese Steuerbefreiung liegt im Recht auf **Vorsteuerabzug.** Wenn steuerbefreite Unternehmen eine gemeinsame Unternehmung gründen, die ihnen bestimmte Dienstleistungen aufgrund von Größenvorteilen kostengünstiger erbringen kann als sie selbst, entsteht das Problem, dass solche Dienstleistungen grundsätzlich steuerpflichtig wären. Denn die gemeinsame Unternehmung wird aufgrund ihres Hilfscharakters regelmäßig nicht selbst unter den Tatbestand der Steuerbefreiung fallen, die für die Tätigkeit ihrer Gründer gilt. Die bei der gemeinsamen Unternehmung entstehende Steuerbelastung wird auch nicht durch einen Vorsteuerabzug auf der Ebene der Mitglieder kompensiert, da deren Tätigkeit steuerfrei ist und damit gemäß Art. 168 MwStSystRL regelmäßig nicht zum Vorsteuerabzug berechtigt (Rz. 19.218). Die Folge ist, dass die **Größenvorteile einer gemeinsamen Auslagerung durch die entstehende steuerliche Belastung konterkariert** werden. Hier soll die Steuerbefreiung des Art. 132 Abs. 1 Buchst. f MwStSystRL Abhilfe schaffen.

19.134

Im Einzelnen müssen die befreiten Dienstleistungen zunächst von einem „**selbständigen Zusammenschluss** von Personen" erbracht werden. Bei dem Zusammenschluss muss es sich um einen eigenständigen Steuerpflichtigen handeln,[3] so dass Fälle von Leistungen der Mitglieder untereinander im Rahmen einer nicht selbständigen Personengemeinschaft nicht von dieser Steuerbefreiung erfasst werden. Die **Mitglieder** dieses Zusammenschlusses müssen zudem eine Tätigkeit ausüben, die entweder schon **nicht steuerbar oder von der Steuer befreit** ist. Als Steuerbefreiungen kommen hier nach der EuGH-Rechtsprechung nur solche aus dem Bereich gemeinwohlorientierter, d. h. nach Art. 132 MwStSystRL befreiter Tätigkeiten in Frage.[4] Deshalb können beispielsweise Unternehmen der Finanzbranche (Rz. 19.137 ff.) die Steuerbefreiung des Buchst. f nicht für gemeinschaftliches Outsourcing nutzen. Die Dienstleistungen des Zusammenschlusses müssen zudem „**für unmittelbare Zwecke" dieser Tätigkeit** ihrer Mitglieder erbracht werden. Falls die Mitglieder neben einer befreiten oder nicht steuerbaren Tätigkeit auch eine steuerpflichtige Tätigkeit ausüben, müssen die Dienstleistungen des Zusam-

19.135

---

1 So z. B. die Frage, ob Massensendungen von der Steuerbefreiung umfasst sind, vgl. EuGH, Schlussanträge der Generalanwältin *Kokott* v. 15.1.2009 – C-357/07 – TNT Post UK, ECLI:EU:C:2009:7, Rz. 82 ff., zu deren Ausführungen der EuGH im Urteil schweigt. Siehe zudem zur förmlichen Zustellung die noch anhängigen EuGH-Rechtssachen C-4/18 (Winterhoff) und C-5/18 (Eisenbeis).
2 Siehe EuGH v. 11.7.1985 – 107/84 – Kommission/Deutschland, ECLI:EU:C:1985:332.
3 Vgl. EuGH v. 4.5.2017 – C-274/15 – Kommission/Luxemburg, ECLI:EU:C:2017:333, Rz. 61.
4 EuGH v. 21.9.2017 – C-605/15 – Aviva, ECLI:EU:C:2017:718, Rz. 31 f.; v. 21.9.2017 – C-326/15 – DNB Banka, ECLI:EU:C:2017:719, Rz. 34 bis 37; v. 21.9.2017 – C-616/15 – Kommission/Deutschland, ECLI:EU:C:2017:721, Rz. 48 bis 51.

menschlusses der erstgenannten Tätigkeit des Mitgliedes zuzuordnen sein.¹ Dabei müssen die Dienstleistungen nicht zwingend sämtlichen, sondern können auch nur einigen Mitgliedern des Zusammenschlusses zugute kommen.²

19.136 Darüber hinaus steht die Befreiung des Buchst. f unter zwei Bedingungen. Erstens muss die Finanzierung des Zusammenschlusses durch seine Mitglieder in der Weise ausgestaltet sein, dass nur die „genaue **Erstattung** des jeweiligen Anteils an den gemeinsamen **Kosten**" als Leistungsentgelt vorgesehen ist. Zweitens darf die Steuerbefreiung nicht zu **Wettbewerbsverzerrungen** führen. Der EuGH lässt diese Wettbewerbsklausel nur dann eingreifen, wenn Wettbewerber trotz ihrer Gewinnorientierung eine Chance gegenüber dem *per definitionem* gerade nicht gewinnorientierten Zusammenschluss hätten.³ Dabei sind nach der Rechtsprechung keine branchenbezogenen Beurteilungen möglich (anders Rz. 19.49), sondern es ist eine Prüfung des jeweiligen Einzelfalls erforderlich.⁴

3. Finanzsektor

a) Allgemeines

19.137 Einen der bedeutendsten und zugleich streitanfälligsten Bereiche der Steuerbefreiungen bilden die Finanzgeschäfte. Art. 135 Abs. 1 MwStSystRL enthält mit den Buchst. a bis h eine ganze Palette von Befreiungstatbeständen, die weite Bereiche des Finanzsektors von der Mehrwertbesteuerung ausnehmen. Die Mitgliedstaaten können gemäß Art. 137 Abs. 1 Buchst. a MwStSystRL allerdings für die meisten dieser Befreiungen auch ein **Optionsrecht** der Steuerpflichtigen für eine Besteuerung vorsehen, woraus sich dann auch ein Recht auf Vorsteuerabzug für ihre Tätigkeit im Bereich der Finanzgeschäfte ergibt (Rz. 19.218 f.).

19.138 Die meisten der Befreiungstatbestände des Finanzsektors befreien auch die **Vermittlung** der jeweiligen Finanzdienstleistung von der Mehrwertsteuer.⁵ Solche befreiten Vermittlungstätigkeiten reichen vom bloßen Nachweis bis zur Verhandlungsführung.⁶ Dabei ist es nicht einmal erforderlich, dass die Vermittlungsleistung unmittelbar den Parteien des vermittelten Vertrags erbracht wird.⁷

19.139 Warum der Finanzsektor so umfassend von der Mehrwertsteuer befreit wird, ist nicht einfach zu beantworten. Anders als bei den im vorangegangenen Abschnitt behandelten Steuerbefreiungen für Tätigkeiten, die dem Gemeinwohl dienen (Rz. 19.112 ff.), dürfte der Grund jedenfalls nicht die steuerliche Förderung des Finanzsektors oder der Empfänger von Finanzdienstleistungen sein. Die bisherige Erklärung des EuGH, wonach die Steuerbefreiungen für den Finanzbereich insgesamt der Vermeidung sowohl der Erhöhung der Kosten eines Verbraucherkredits als auch der **Schwierigkeiten bei der Bestimmung der Bemessungsgrundlage** dienten,⁸ überzeugt ebenso wenig. Die Existenz einer Reihe von Befreiungstat-

---

1 Vgl. EuGH v. 4.5.2017 – C-274/15 – Kommission/Luxemburg, ECLI:EU:C:2017:333, Rz. 53.
2 EuGH v. 11.12.2008 – C-407/07 – Stichting Centraal Begeleidingsorgaan voor de Intercollegiale Toetsing, ECLI:EU:C:2008:713.
3 EuGH v. 20.11.2003 – C-8/01 – Taksatorringen, ECLI:EU:C:2003:621, Rz. 58 f.; Schlussanträge des Generalanwalts *Mischo* v. 3.10.2002 – C-8/01 – Taksatorringen, ECLI:EU:C:2002:562, Rz. 125 ff.
4 Vgl. EuGH v. 21.9.2017 – C-616/15 – Kommission/Deutschland, ECLI:EU:C:2017:721, Rz. 63 bis 69.
5 Nur die Steuerbefreiungen für die Verwaltung von Investmentfonds (Buchst. g) und die Lieferung von Wertzeichen (Buchst. h) umfassen nicht auch die Vermittlung solcher Umsätze.
6 Siehe im Einzelnen EuGH v. 13.12.2001 – C-235/00 – CSC Financial Services, ECLI:EU:C:2001:696, Rz. 39; v. 21.6.2007 – C-453/05 – Ludwig, ECLI:EU:C:2007:369, Rz. 28; v. 5.7.2012 – C-259/11 – DTZ Zadelhoff, ECLI:EU:C:2012:423, Rz. 27.
7 Vgl. EuGH v. 21.6.2007 – C-453/05 – Ludwig, ECLI:EU:C:2007:369, Rz. 40 zum jetzigen Art. 135 Abs. 1 Buchst. b MwStSystRL; v. 3.4.2008 – C-124/07 – Beheer, ECLI:EU:C:2008:196 zum jetzigen Art. 135 Abs. 1 Buchst. a MwStSystRL.
8 EuGH v. 19.4.2007 – C-455/05 – Velvet & Steel Immobilien, ECLI:EU:C:2007:232, Rz. 24; v. 22.10.2009 – C-242/08 – Swiss Re Germany Holding, ECLI:EU:C:2009:647, Rz. 49; v. 10.3.2011 – C-540/09 – Skandinaviska Enskilda Banken, ECLI:EU:C:2011:137, Rz. 21; siehe auch EuGH v. 14.5.2008 – C-231/07 und

beständen des Finanzbereichs lässt sich damit nicht sinnvoll begründen. Statt einer globalen Sichtweise auf die Befreiungen des Finanzsektors ist es deshalb angezeigt, im Rahmen der einzelnen Befreiungstatbestände individuelle Antworten zu Ihrem jeweiligen Sinn und Zweck zu finden.[1]

Neben dem bisweilen ungeklärten Telos der einzelnen Befreiungen gibt es noch andere Unsicherheitsfaktoren für die Auslegung der Steuerbefreiungen des Finanzsektors. Nach ständiger Rechtsprechung des EuGH setzen diese Steuerbefreiungen – mit Ausnahme derjenigen für Versicherungsumsätze gemäß Buchst. a[2] (Rz. 19.148 f.) – voraus, dass die betreffende Dienstleistung ein „**im Großen und Ganzen eigenständiges Ganzes**" darstellt, das die „**spezifischen und wesentlichen Funktionen**" der im Befreiungstatbestand jeweils beschriebenen Dienstleistung erfüllt.[3] Der EuGH hat mit dieser Formel versucht, dem Problem der Anwendung einer Steuerbefreiung auf einen zerlegten Produktionsprozess zu begegnen, etwa wenn Banken[4] oder Investmentfonds[5] bestimmte ihrer Tätigkeiten externen Dienstleistern übertragen. Derartige **Ausgliederungen** haben prinzipiell eine Belastung des Finanzdienstleisters mit Mehrwertsteuer zur Folge, da er aufgrund der Befreiung seiner eigenen Tätigkeit kein Recht auf Vorsteuerabzug hat hinsichtlich der Mehrwertsteuer, die ihm sein Dienstleister in Rechnung stellt (Rz. 19.218). Diese steuerliche Beeinflussung des Produktionsprozesses lässt sich dadurch vermeiden, dass der externe Dienstleister ebenfalls von der Steuerbefreiung profitiert. Die mangelnde Bestimmtheit der vom EuGH hierfür geprägten Formel macht die Anwendung der Steuerbefreiungen aber nur schwer vorhersehbar.[6] Unter welchen Umständen der Tatbestand der Steuerbefreiung erfüllt ist, sollte deshalb in erster Linie im Rahmen der jeweiligen Befreiungstatbestände untersucht werden, die aufgrund ihrer eher engen oder eher weiten Formulierung durchaus Anlass zu Differenzierungen geben.[7] Dabei ist zu beachten, dass aus dem Umstand allein, dass eine Leistung für die Bewirkung eines befreiten Umsatzes unerlässlich ist, noch keine Befreiung folgen kann.[8]

19.140

C-232/07 – Tiercé Ladbroke, ECLI:EU:C:2008:275, Rz. 24 und v. 26.5.2016 – C-607/14 – Bookit, ECLI:EU:C:2016:355, Rz. 55, wonach diese Zielsetzung sogar speziell der Steuerbefreiung des Art. 135 Abs. 1 Buchst. d MwStSystRL zugewiesen wird, die gar keine Kredite betrifft; einschränkend zuletzt EuGH v. 22.10.2015 – C-264/14 – Hedqvist, ECLI:EU:C:2015:718, Rz. 36 und v. 25.7.2018 – C-5/17 – DPAS, ECLI:EU:C:2018:592, Rz. 46, wonach nur noch die Schwierigkeiten bei der Bestimmung der Bemessungsgrundlage entscheidend sein sollen.

1 Vgl. ebenso EuGH, Schlussanträge der Generalanwältin *Sharpston* v. 8.5.2012 – C-44/11 – Deutsche Bank, ECLI:EU:C:2012:276, Rz. 54 und die Stellungnahme des Europäischen Wirtschafts- und Sozialausschusses vom 29.5.2008 zu dem „Vorschlag für eine Richtlinie des Rates zur Änderung der Richtlinie 2006/112/EG über das gemeinsame Mehrwertsteuersystem hinsichtlich der Behandlung von Versicherungs- und Finanzdienstleistungen", unter 4.4 (ABl. EU 2008 Nr. C 224, 124).
2 Vgl. EuGH v. 17.3.2016 – C-40/15 – Aspiro, ECLI:EU:C:2016:172, Rz. 28 f.
3 EuGH v. 22.10.2009 – C-242/08 – Swiss Re Germany Holding, ECLI:EU:C:2009:647, Rz. 45; siehe in Bezug auf einzelne Befreiungen auch: EuGH v. 28.10.2010 – C-175/09 – Axa UK, ECLI:EU:C:2010:646, Rz. 27; v. 28.7.2011 – C-350/10 – Nordea Pankki Suomi, ECLI:EU:C:2011:532, Rz. 24 und 27; v. 26.5.2016 – C-607/14 – Bookit, ECLI:EU:C:2016:355, Rz. 40; v. 25.7.2018 – C-5/17 – DPAS, ECLI:EU:C:2018:592, Rz. 34; vgl. generell für Vermittlungen: EuGH v. 21.6.2007 – C-453/05 – Ludwig, ECLI:EU:C:2007:369, Rz. 27; vgl. zum Ursprung dieser Formel: EuGH v. 5.6.1997 – C-2/95 – SDC, ECLI:EU:C:1997:278, Rz. 66.
4 Vgl. EuGH v. 5.6.1997 – C-2/95 – SDC, ECLI:EU:C:1997:278.
5 Vgl. EuGH v. 7.3.2013 – C-275/11 – GfBk, ECLI:EU:C:2013:141.
6 Vgl. EuGH, Schlussanträge des Generalanwalts *Cruz Villalón* v. 8.11.2012 – C-275/11 – GfBk, ECLI:EU:C:2012:697, Rz. 2.
7 Vgl. bspw. EuGH, Schlussanträge des Generalanwalts *Saggio* v. 26.9.2000 – C-240/99 – Skandia, ECLI:EU:C:2000:507, Rz. 26.
8 EuGH v. 13.12.2001 – C-235/00 – CSC Financial Services, ECLI:EU:C:2001:696, Rz. 32; v. 28.7.2011 – C-350/10 – Nordea Pankki Suomi, ECLI:EU:C:2011:532, Rz. 31; v. 25.7.2018 – C-5/17 – DPAS, ECLI:EU:C:2018:592, Rz. 43.

19.141 Weitere Unsicherheit entsteht durch die zusätzliche Forderung des EuGH, nur **„Finanzgeschäfte"** dürften von den Befreiungen profitieren,[1] ohne jedoch den Inhalt dieses Begriffs in irgendeiner Form näher zu erläutern. Andererseits sollen aber keineswegs die Befreiungen für Finanzdienstleistungen nur Banken oder anderen Finanzinstituten zu Gute kommen.[2] Dem widerspricht wiederum der bislang einzige Definitionsversuch des EuGH durch einen Generalanwalt, nach dem zu befreiende „Finanzgeschäfte" Geschäftsvorgänge von Finanzinstituten in Bezug auf die Unternehmensfinanzierung sein sollen.[3]

b) Zahlungsverkehr

19.142 Der Reigen befreiter Finanzdienstleistungen beginnt mit einer Reihe von Befreiungen, die den Zahlungsverkehr betreffen. Dieser wird in weitem Umfang von der Mehrwertsteuer entlastet durch die Steuerbefreiungen in Bezug auf Zahlungsmittel (Buchst. e), sonstige Wertzeichen wie Postwert- und Steuerzeichen (Buchst. h), Forderungen und Handelspapiere sowie bankenmäßige Einlage- und Zahlungsdienstleistungen (Buchst. d).

19.143 Soweit zunächst der Buchst. e des Art. 135 Abs. 1 MwStSystRL Umsätze mit Bezug auf **Zahlungsmittel** von der Steuer befreit, geht es hier regelmäßig allein um damit zusammenhängende Dienstleistungen wie etwa das Geldwechseln oder den Geldumtausch, nicht aber um die Übertragung von Zahlungsmitteln als solche. Denn die Übereignung von Geld selbst ist gewohnheitsrechtlich grundsätzlich keine Leistung, die der Mehrwertsteuer überhaupt unterliegen könnte (Rz. 19.59). Allerdings sieht der Befreiungstatbestand explizit eine Ausnahme für Geld vor, das nur von „numismatischem Interesse" ist.[4] Daran zeigt sich, dass entscheidend sowohl für den fehlenden Leistungscharakter als auch für die Befreiung darauf bezogener Dienstleistungen die Zahlungsmittel-Funktion von Geld ist. Sobald der übertragene Gegenstand als solcher von Interesse ist, unterliegt der Vorgang auch der Mehrwertsteuer. Diese Ratio der Steuerbefreiung betreffend Zahlungsmittel zeigt sich auch deutlich daran, dass der EuGH – entgegen der deutschen, aber nicht entgegen anderen Sprachfassungen der Bestimmung – die Steuerbefreiung nicht nur auf gesetzliche, sondern auch auf sonstige *reine* Zahlungsmittel anwendet.[5]

19.144 Bei **sonstigen Wertzeichen** ordnet Buchst. h ausdrücklich die Befreiung ihrer Lieferung an, obwohl man auch Postwert- und Steuerzeichen zum Zeitpunkt des Richtlinienerlasses als besondere Zahlungsmittel hätte ansehen können, deren Übertragung bereits keine steuerbare Leistung darstellt (Rz. 19.60). Der hoheitliche Charakter der Wertzeichen ist für diese Steuerbefreiung jedenfalls prägend, so dass sie auf private Wertgutscheine (Rz. 19.70 ff.) nicht anwendbar ist.

19.145 Die Steuerbefreiung des Buchst. d des Art. 135 Abs. 1 MwStSystRL richtet sich auf **weitere Geldtransferleistungen**[6] und besteht aus zwei Teilen. Im ersten Teil geht es um „Einlagengeschäft und Kontokorrentverkehr, [...] Zahlungs- und Überweisungsverkehr", also um das Führen von Konten und die damit

---

1 EuGH v. 22.10.2009 – C-242/08 – Swiss Re Germany Holding, ECLI:EU:C:2009:647, Rz. 46 f.; vgl. auch EuGH v. 19.4.2007 – C-455/05 – Velvet & Steel Immobilien, ECLI:EU:C:2007:232, Rz. 23; v. 22.10.2015 – C-264/14 – Hedqvist, ECLI:EU:C:2015:718, Rz. 37; v. 15.5.2019 – C-235/18 – Vega International Car Transport and Logistic, ECLI:EU:C:2019:412, Rz. 49.
2 Siehe nur EuGH v. 5.6.1997 – C-2/95 – SDC, ECLI:EU:C:1997:278, Rz. 34 zum jetzigen Art. 135 Abs. 1 Buchst. d bis f MwStSystRL; v. 25.7.2018 – C-5/17 – DPAS, ECLI:EU:C:2018:592, Rz. 31 zum jetzigen Art. 135 Abs. 1 Buchst. d MwStSystRL; v. 15.5.2019 – C-235/18 – Vega International Car Transport and Logistic, ECLI:EU:C:2019:412, Rz. 44 zu Art. 135 Abs. 1 Buchst. b MwStSystRL.
3 EuGH, Schlussanträge des Generalanwalts *Jääskinen* v. 16.12.2010 – C-540/09 – Skandinaviska Enskilda Banken, ECLI:EU:C:2010:788, Rz. 46.
4 Siehe hierzu auch Art. 45 MwSt-DVO; Feingoldmünzen im Sinne des Art. 344 Abs. 1 Nr. 2 MwStSystRL sind gemäß Abs. 3 der Vorschrift von der Steuerbefreiung ausgenommen.
5 Vgl. EuGH v. 22.10.2015 – C-264/14 – Hedqvist, ECLI:EU:C:2015:718, Rz. 51 f. im Hinblick auf die Kryptowährung „Bitcoin".
6 Vgl. EuGH v. 22.10.2015 – C-264/14 – Hedqvist, ECLI:EU:C:2015:718, Rz. 40.

verbundenen **Zahlungsdienstleistungen**. Den „Zahlungs- und Überweisungsverkehr" definiert der EuGH dabei als Dienstleistungen, die unmittelbar zu rechtlichen und finanziellen Änderungen bei der Übertragung einer Geldsumme führen.[1] Der zweite Teil der Steuerbefreiung des Buchst. d betrifft schließlich das **Geschäft mit Forderungen und Handelspapieren**. Vom Geschäft mit Forderungen nimmt der Tatbestand ausdrücklich das Inkassogeschäft aus, so dass im Wesentlichen nur die Übertragung von Forderungen befreit ist. Unter Handelspapieren, deren Übertragung ebenfalls nach Buchst. d von der Steuer befreit ist, sind jegliche Rechte zu verstehen, die – wie das im Tatbestand genannten Beispiel der Schecks – im Verkehr ähnlich wie Zahlungsmittel behandelt werden.[2]

c) Darlehen und Sicherungsrechte

In Art. 135 Abs. 1 Buchst. b MwStSystRL ist die Befreiung der **Darlehensvergabe** enthalten. Befreit ist nach dem Wortlaut des Buchst. b die Gewährung des Darlehens selbst. Die Steuerbefreiung kann also nur in Anspruch nehmen, wer das Geld zur Verfügung stellt. Dabei fallen nach der Rechtsprechung des EuGH nicht nur klassische Kreditverträge unter die Befreiung.[3] Darüber hinaus befreit die Vorschrift auch die **Verwaltung des Darlehens**. Damit ist grundsätzlich sichergestellt, dass ein Darlehensverhältnis über seine gesamte Laufzeit keiner Mehrwertsteuerbelastung unterliegt. Die Verwaltung des Darlehens ist allerdings nach der Vorschrift ausdrücklich nur dann befreit, wenn sie durch den Darlehensgeber selbst erfolgt. Gliedert der Darlehensgeber also Tätigkeiten aus, so findet hierauf die Steuerbefreiung des Art. 135 Abs. 1 Buchst. b MwStSystRL keine Anwendung.

19.146

Eng mit dem Darlehensgeschäft verknüpft ist die Befreiung der **Gewährung von Sicherungsrechten** („Sicherheiten und Garantien") durch den Buchst. c des Art. 135 Abs. 1 MwStSystRL. Als Beispiele nennt die Vorschrift die Übernahme von Verbindlichkeiten und Bürgschaften. Allerdings ist ihre Anwendung nicht auf Kreditsicherheiten beschränkt, wie ihre englische Sprachfassung nahelegen könnte.[4] Die befreite Gewährung eines Sicherungsrechts kann definiert werden als die Verpflichtung des Sicherungsgebers, die säumige Leistung eines Dritten zu erbringen.[5]

19.147

d) Versicherungen

Versicherungen im Allgemeinen werden durch Art. 135 Abs. 1 Buchst. a MwStSystRL von der Mehrwertsteuer befreit. Die Befreiung der Versicherungsumsätze dient zumindest auch der Verhinderung einer steuerlichen Mehrfachbelastung dieser Umsätze, da Art. 401 MwStSystRL den Mitgliedstaaten ausdrücklich die Erhebung von Abgaben auf Versicherungsverträge gestattet.[6] Ein befreiter Versiche-

19.148

---

1 Vgl. EuGH v. 25.7.2018 – C-5/17 – DPAS, ECLI:EU:C:2018:592, Rz. 38 und 41; siehe speziell zum Überweisungsverkehr EuGH v. 13.12.2001 – C-235/00 – CSC Financial Services, ECLI:EU:C:2001:696, Rz. 26; v. 28.7.2011 – C-350/10 – Nordea Pankki Suomi, ECLI:EU:C:2011:532, Rz. 24 f.; v. 26.5.2016 – C-607/14 – Bookit, ECLI:EU:C:2016:355, Rz. 38; vgl. zum Ursprung der Definition: EuGH v. 5.6.1997 – C-2/95 – SDC, ECLI:EU:C:1997:278, Rz. 53.
2 EuGH, Schlussanträge der Generalanwältin *Kokott* v. 24.10.2013 – C-461/12 – Granton Advertising, ECLI:EU:C:2013:700, Rz. 41; nicht aber die Zahlungsmittel selbst: EuGH v. 22.10.2015 – C-264/14 – Hedqvist, ECLI:EU:C:2015:718, Rz. 41.
3 Siehe zur Vorfinanzierung der Betankung von Fahrzeugen mit Kraftstoff: EuGH v. 15.5.2019 – C-235/18 – Vega International Car Transport and Logistic, ECLI:EU:C:2019:412.
4 EuGH, Schlussanträge des Generalanwalts *Jääskinen* v. 16.12.2010 – C-540/09 – Skandinaviska Enskilda Banken, ECLI:EU:C:2010:788, Rz. 40 ff.
5 Vgl. EuGH, Schlussanträge des Generalanwalts *Jääskinen* v. 16.12.2010 – C-540/09 – Skandinaviska Enskilda Banken, ECLI:EU:C:2010:788, Rz. 48 f.; vgl. allerdings auch EuGH v. 19.4.2007 – C-455/05 – Velvet & Steel Immobilien, ECLI:EU:C:2007:232, wo der Sicherungscharakter der „Übernahme von Verbindlichkeiten" ignoriert wurde.
6 Vgl. EuGH v. 25.2.1999 – C-349/96 – CPP, ECLI:EU:C:1999:93, Rz. 23; v. 17.1.2013 – C-224/11 – BGŻ Leasing, ECLI:EU:C:2013:15, Rz. 67; auch das Versicherungsaufsichtsrecht der Union geht von der Er-

rungsumsatz setzt nach der EuGH-Rechtsprechung eine Vertragsbeziehung voraus, in der sich der Versicherer verpflichtet, dem Versicherten gegen Zahlung einer Prämie im Fall der Verwirklichung des abgedeckten Risikos eine vertraglich vereinbarte Leistung zu erbringen.[1] Die Leistung des Versicherers kann auch in einer Sachleistung bestehen.[2] Einen Spezialfall stellen die ebenfalls ausdrücklich befreiten **Rückversicherungsumsätze** dar; abgedecktes Risiko sind in diesem Fall die Verbindlichkeiten, die sich für einen anderen Versicherer aus den Verpflichtungen ergeben, die er aufgrund von Versicherungsverträgen gegenüber den bei ihm Versicherten eingegangen ist.[3] Der Begriff des Versicherungsumsatzes soll im Übrigen im Einklang mit Art. 59 Buchst. e MwStSystRL auszulegen sein, der den Ort einer Versicherungsleistung an Endverbraucher außerhalb der Union festlegt (Rz. 19.82 ff.).[4]

19.149 **Inhalt der befreiten Versicherungsleistung** kann nur die Übernahme der Versicherung selbst sein und nicht die bloße Verwaltung des Versicherungsvertrags.[5] Allerdings muss der befreite Steuerpflichtige nicht selbst (Letzt-)Versicherer sein, es reicht aus, wenn er die Leistung eines Versicherers an seine Kunden weiterreicht.[6] Vor diesem Hintergrund ist es grundsätzlich nicht möglich, dass vom Versicherer an externe Dienstleister ausgegliederte Arbeitsschritte ebenfalls von der Steuerbefreiung profitieren.[7] Eine Ausnahme besteht nach dem Befreiungstatbestand des Buchst. a nur für „dazugehörige Dienstleistungen" – wie z. B. die Schadensbearbeitung –, sofern sie an **Versicherungsmakler oder Versicherungsvertreter** ausgelagert werden.[8]

e) Kapitalanlage

aa) Wertpapiere

19.150 Der Buchst. f des Art. 135 Abs. 1 MwStSystRL schreibt den Mitgliedstaaten die Befreiung des **Wertpapierhandels** von der Mehrwertsteuer vor, einschließlich der Maklertätigkeit. Unter den Begriff des Wertpapiers fallen sämtliche Rechte an Gesellschaften, Rechte auf Geld und Derivate dieser Rechte.[9] Darüber hinaus zählt die Vorschrift formal auch die Warenpapiere zu den Wertpapieren, nimmt sie jedoch vom Anwendungsbereich der Steuerbefreiung aus. Nach der Rechtsprechung des EuGH müssen **zwei Voraussetzungen** erfüllt sein, damit ein Umsatz nach Art. 135 Abs. 1 Buchst. f MwStSystRL von der Mehrwertsteuer befreit ist. Zum einen muss er „auf dem Wertpapiermarkt" bewirkt werden, zum anderen muss durch den Umsatz die rechtliche und finanzielle Lage der Vertragsparteien geändert wer-

---

hebung von Versicherungsteuern durch die Mitgliedstaaten aus, siehe Art. 157 Richtlinie 2009/138/EG (Rz. 21.23).
1 EuGH v. 25.2.1999 – C-349/96 – CPP, ECLI:EU:C:1999:93, Rz. 17; v. 17.1.2013 – C-224/11 – BGŻ Leasing, ECLI:EU:C:2013:15, Rz. 58; v. 16.7.2015 – C-584/13 – Mapfre asistencia und Mapfre warranty, ECLI:EU:C:2015:488, Rz. 28; zu einer Aktienübernahmegarantie siehe EuGH, Schlussanträge des Generalanwalts *Jääskinen* v. 16.12.2010 – C-540/09 – Skandinaviska Enskilda Banken, ECLI:EU:C:2010:788, Rz. 23 ff.
2 EuGH v. 7.12.2006 – C-13/06 – Kommission/Griechenland, ECLI:EU:C:2006:765, Rz. 11 f.
3 Vgl. EuGH v. 22.10.2009 – C-242/08 – Swiss Re Germany Holding, ECLI:EU:C:2009:647, Rz. 38.
4 Vgl. EuGH v. 22.10.2009 – C-242/08 – Swiss Re Germany Holding, ECLI:EU:C:2009:647, Rz. 31.
5 Siehe hierzu insbesondere EuGH v. 8.3.2001 – C-240/99 – Skandia, ECLI:EU:C:2001:140.
6 Vgl. in diesem Sinne EuGH v. 25.2.1999 – C-349/96 – CPP, ECLI:EU:C:1999:93, Rz. 22; v. 17.1.2013 – C-224/11 – BGŻ Leasing, ECLI:EU:C:2013:15, Rz. 59 und 67; v. 16.7.2015 – C-584/13 – Mapfre asistencia und Mapfre warranty, ECLI:EU:C:2015:488, Rz. 30; die Übertragung ganzer Versicherungsverträge von einem auf den anderen Versicherer stellt hingegen keinen befreiten Versicherungsumsatz dar: EuGH v. 22.10.2009 – C-242/08 – Swiss Re Germany Holding, ECLI:EU:C:2009:647.
7 Siehe EuGH v. 20.11.2003 – C-8/01 – Taksatorringen, ECLI:EU:C:2003:621; v. 3.3.2005 – C-472/03 – Arthur Andersen, ECLI:EU:C:2005:135; v. 17.3.2016 – C-40/15 – Aspiro, ECLI:EU:C:2016:172, Rz. 25.
8 Siehe im Einzelnen EuGH v. 17.3.2016 – C-40/15 – Aspiro, ECLI:EU:C:2016:172, Rz. 32 ff.
9 EuGH, Schlussanträge der Generalanwältin *Kokott* v. 24.10.2013 – C-461/12 – Granton Advertising, ECLI:EU:C:2013:700, Rz. 28; vgl. auch EuGH v. 12.6.2014 – C-461/12 – Granton Advertising, ECLI:EU:C:2014:1745, Rz. 31.

den.¹ Es reicht allerdings aus, dass der Umsatz nur geeignet ist, Rechte und Pflichten der Vertragsparteien in Bezug auf Wertpapiere zu begründen, zu ändern oder zum Erlöschen zu bringen.² Dies ist zum Beispiel der Fall beim Verkauf von Aktien³ und auch bei einer Aktienübernahmegarantie,⁴ nicht aber bei der Verwahrung und Verwaltung von Wertpapieren, die Art. 135 Abs. 1 Buchst. f MwStSystRL ausdrücklich ausnimmt,⁵ oder bei reinen Informationstätigkeiten.⁶

bb) Verwaltung von Investmentfonds

Ergänzt wird die Befreiung der Wertpapierumsätze durch die Steuerbefreiung des Art. 135 Abs. 1 Buchst. g MwStSystRL für die Verwaltung von Investmentfonds. Die Vorschrift befreit „die Verwaltung von durch die Mitgliedstaaten als solche definierten Sondervermögen" von der Mehrwertsteuer. Die Befreiung soll mehrwertsteuerliche Nachteile der Anlage in Investmentfonds gegenüber der direkten Anlage in Wertpapiere verhindern.⁷ Denn während die Direktanlage nach Art. 135 Abs. 1 Buchst. f MwStSystRL von der Steuer befreit ist, würde die Mehrwertsteuer auf die Verwaltungsgebühren eines Investmentfonds ohne die Befreiung des Buchst. g diese indirekte Form der Wertpapieranlage im Vergleich noch weiter verteuern.

19.151

Das Tatbestandsmerkmal des „**Sondervermögens**" legt dabei fest, welche Investmentfonds von der Befreiung des Buchst. g profitieren. Obwohl nach dessen Wortlaut die Mitgliedstaaten selbständig zu definieren haben, was ein solches Sondervermögen ist,⁸ besteht nach der Rechtsprechung des EuGH insoweit in steuerlicher Hinsicht kein Spielraum. Als „Sondervermögen" in diesem Sinne sind zwingend alle Vermögen anzusehen, die einer besonderen staatlichen Aufsicht unterliegen.⁹ Dies gilt insbesondere für die sog. Organismen für gemeinsame Anlagen in Wertpapiere, die nach der sog. OGAW-Richtlinie¹⁰ einer unionsweit harmonisierten Aufsicht unterliegen.¹¹ Soweit die Aufsicht über Anlagevermögen noch nicht auf Unionsebene harmonisiert ist, besitzen die Mitgliedstaaten daher über die Gestaltung ihres nationalen Aufsichtsrechts einen gewissen Einfluss auf den Anwendungsbereich der Steuerbefreiung des Buchst. g. Unter der Voraussetzung besonderer staatlicher Aufsicht können nicht nur offene

19.152

---

1 Siehe nur EuGH v. 29.10.2009 – C-29/08 – SKF, ECLI:EU:C:2009:665, Rz. 48; v. 10.3.2011 – C-540/09 – Skandinaviska Enskilda Banken, ECLI:EU:C:2011:137, Rz. 30; v. 19.7.2012 – C-44/11 – Deutsche Bank, ECLI:EU:C:2012:484, Rz. 36.
2 Vgl. EuGH v. 10.3.2011 – C-540/09 – Skandinaviska Enskilda Banken, ECLI:EU:C:2011:137, Rz. 31 ff.; v. 5.7.2012 – C-259/11 – DTZ Zadelhoff, ECLI:EU:C:2012:423, Rz. 23; v. 19.7.2012 – C-44/11 – Deutsche Bank, ECLI:EU:C:2012:484, Rz. 37; vgl. auch EuGH v. 13.12.2001 – C-235/00 – CSC Financial Services, ECLI:EU:C:2001:696, Rz. 33.
3 EuGH v. 29.10.2009 – C-29/08 – SKF, ECLI:EU:C:2009:665, Rz. 50.
4 EuGH v. 10.3.2011 – C-540/09 – Skandinaviska Enskilda Banken, ECLI:EU:C:2011:137, Rz. 32.
5 Vgl. EuGH v. 13.12.2001 – C-235/00 – CSC Financial Services, ECLI:EU:C:2001:696, Rz. 29.
6 Vgl. EuGH v. 5.6.1997 – C-2/95 – SDC, ECLI:EU:C:1997:278, Rz. 70.
7 Vgl. EuGH v. 4.5.2006 – C-169/04 – Abbey National, ECLI:EU:C:2006:289, Rz. 62; v. 7.3.2013 – C-424/11 – Wheels Common Investment Fund Trustees u.a., ECLI:EU:C:2013:144, Rz. 19.
8 So auch EuGH v. 7.3.2013 – C-424/11 – Wheels Common Investment Fund Trustees u.a., ECLI:EU:C:2013:144, Rz. 17.
9 EuGH v. 9.12.2015 – C-595/13 – Fiscale Eenheid X, ECLI:EU:C:2015:801, Rz. 40.
10 Richtlinie 2009/65/EG des Europäischen Parlaments und des Rates vom 13.7.2009 zur Koordinierung der Rechts- und Verwaltungsvorschriften betreffend bestimmte Organismen für gemeinsame Anlagen in Wertpapieren (OGAW) (Neufassung) (ABl. EU 2009 Nr. L 302, 32), zuletzt geändert durch Verordnung (EU) 2017/2402 des Europäischen Parlaments und des Rates vom 12.12.2017 (ABl. EU 2017 Nr. L 347, 35).
11 EuGH v. 7.3.2013 – C-424/11 – Wheels Common Investment Fund Trustees u.a., ECLI:EU:C:2013:144, Rz. 23; v. 13.3.2014 – C-464/12 – ATP PensionService, ECLI:EU:C:2014:139, Rz. 46; v. 9.12.2015 – C-595/13 – Fiscale Eenheid X, ECLI:EU:C:2015:801, Rz. 36.

Wertpapierfonds, sondern auch Immobilienfonds,[1] geschlossene Fonds[2] und betriebliche Altersversorgungssysteme[3] ein Sondervermögen im Sinne des Befreiungstatbestandes darstellen.

19.153 Die im Einzelnen **befreiten Verwaltungstätigkeiten** definiert der EuGH bei Wertpapierfonds in erster Linie durch Rückgriff auf die OGAW-Richtlinie,[4] wobei er betont hat, dass die Beschreibung der Verwaltungstätigkeiten eines solchen Fonds in Anhang II der OGAW-Richtlinie nicht abschließend für die Zwecke der Mehrwertsteuerbefreiung ist.[5] Restriktiver ist der EuGH im Hinblick auf Immobilienfonds.[6] Bei der Verwaltung eines Sondervermögens ist auch eine steuerbefreite Arbeitsteilung durch verschiedene Steuerpflichtige möglich. Insbesondere hier findet die Formel des EuGH Anwendung, wonach ausgelagerte Verwaltungsleistungen „ein im Großen und Ganzen eigenständiges Ganzes" bilden und für die Verwaltung von Sondervermögen „spezifisch und wesentlich" sein müssen (Rz. 19.140).[7] Diese Formel hat der EuGH in Bezug auf Art. 135 Abs. 1 Buchst. g MwStSystRL insoweit formal etwas konkretisiert, als die ausgelagerte Tätigkeit gerade für einen Investmentfonds typisch sein müsse.[8]

cc) Anlagegold

19.154 Im Bereich der Geldanlage existiert schließlich noch eine Befreiung für Umsätze mit Anlagegold im Sinne des Art. 344 MwStSystRL. Im Rahmen der Sonderregelung für Anlagegold befreien die Art. 346 und 347 MwStSystRL die **Lieferung von Anlagegold und seiner Derivate sowie die Vermittlung solcher Umsätze**. Bestimmten Steuerpflichtigen wird durch die Art. 348 bis 351 MwStSystRL unmittelbar das Recht eingeräumt, für die Besteuerung der Umsätze mit Anlagegold zu optieren, um für ihre Tätigkeit den Vorsteuerabzug in Anspruch nehmen zu können (Rz. 19.218 f.). Anders als im Rahmen des Art. 137 Abs. 1 Buchst. a MwStSystRL (Rz. 19.137) haben die Mitgliedstaaten insoweit keine Wahl, ein solches Recht einzuräumen. Zusätzlich besteht allerdings auch für die Mitgliedstaaten eine Besteuerungsoption im Zusammenhang mit geregelten Goldmärkten (Art. 352 f. MwStSystRL).

4. Grundstücke

19.155 Einen weiteren von der Mehrwertsteuer befreiten Bereich bilden die Umsätze im Zusammenhang mit Grundstücken. Art. 135 Abs. 1 MwStSystRL befreit insoweit die Lieferung gebrauchter Gebäude (Buchst. j), unbebauter Grundstücke mit Ausnahme von Bauland (Buchst. k) sowie die Vermietung und Verpachtung von Grundstücken (Buchst. l). Diese Steuerbefreiungen haben jedoch nur eine vergleichsweise **schwache Bindungswirkung** für die Mitgliedstaaten.

19.156 Dies gilt zum einen für die **Gebäude- und Grundstückslieferungen** nach den Buchst. j und k (Rz. 19.36). Denn aufgrund der Übergangsbestimmungen des Art. 371 i.V.m. Anhang X Teil B Nr. 9 MwStSystRL können einige Mitgliedstaaten – unter ihnen die Bundesrepublik Deutschland – abweichend von Buchst. j und k des Art. 135 Abs. 1 MwStSystRL sämtliche Gebäude- und Grundstückslieferfe-

---

1 EuGH v. 9.12.2015 – C-595/13 – Fiscale Eenheid X, ECLI:EU:C:2015:801, Rz. 49.
2 EuGH v. 28.6.2007 – C-363/05 – JP Morgan Fleming Claverhouse Investment Trust und The Association of Investment Trust Companies, ECLI:EU:C:2007:391.
3 Vgl. EuGH v. 13.3.2014 – C-464/12 – ATP PensionService, ECLI:EU:C:2014:139, Rz. 48 bis 59 einerseits und EuGH v. 7.3.2013 – C-424/11 – Wheels Common Investment Fund Trustees u.a., ECLI:EU:C:2013:144, Rz. 26 bis 28 andererseits.
4 Vgl. EuGH v. 4.5.2006 – C-169/04 – Abbey National, ECLI:EU:C:2006:289, Rz. 64; v. 19.7.2012 – C-44/11 – Deutsche Bank, ECLI:EU:C:2012:484, Rz. 31 f.; v. 7.3.2013 – C-275/11 – GfBk, ECLI:EU:C:2013:141, Rz. 22.
5 EuGH v. 7.3.2013 – C-275/11 – GfBk, ECLI:EU:C:2013:141, Rz. 22.
6 Vgl. im Einzelnen EuGH v. 9.12.2015 – C-595/13 – Fiscale Eenheid X, ECLI:EU:C:2015:801, Rz. 75 ff.
7 EuGH v. 7.3.2013 – C-275/11 – GfBk, ECLI:EU:C:2013:141, Rz. 21.
8 Vgl. EuGH v. 7.3.2013 – C-275/11 – GfBk, ECLI:EU:C:2013:141, Rz. 23; Schlussanträge des Generalanwalts *Cruz Villalón* v. 8.11.2012 – C-275/11 – GfBk, ECLI:EU:C:2012:697, Rz. 31.

rungen von der Steuer befreien. Angesichts der entsprechend weiten Steuerbefreiung des § 4 Nr. 9 Buchst. a UStG ist deshalb die genaue Definition der unionsrechtlichen Befreiungstatbestände für die Rechtsanwendung in Deutschland nur von geringem Interesse.

Zum anderen wird im Hinblick auf die **Vermietung von Grundstücken** in Buchst. l i.V.m. den Einschränkungen des Abs. 2 Unterabs. 1 des Art. 135 MwStSystRL lediglich ein Maximalmaß an Steuerbefreiung für die Mitgliedstaaten festgelegt. Denn nach Abs. 2 Unterabs. 2 der Vorschrift können sämtliche Mitgliedstaaten den Anwendungsbereich der Steuerbefreiung nach ihrem Belieben reduzieren. Darüber hinaus können die Mitgliedstaaten ihren Steuerpflichtigen für eine bestehende Steuerbefreiung gemäß Art. 137 Abs. 1 Buchst. d ein Optionsrecht zur Besteuerung einräumen, wodurch der Vorsteuerabzug eröffnet wird (Rz. 19.218 f.). Im Rahmen des unionsrechtlichen Maximalmaßes der Steuerbefreiung definiert der EuGH eine steuerfreie Vermietung dadurch, dass „der Vermieter eines Grundstücks dem Mieter gegen Zahlung eines Mietzinses für eine vereinbarte Dauer das Recht überträgt, das Grundstück in Besitz zu nehmen und andere von ihm auszuschließen".[1] Die Definition der Steuerbefreiung umfasst somit – anders als die meisten anderen Steuerbefreiungen – die Erbringung einer Gegenleistung und ist deshalb im Rahmen der Steuertatbestände der privaten Nutzungen, bei denen gerade kein Entgelt vorhanden ist (Rz. 19.100 ff.), nicht anwendbar.[2] Gemäß Art. 135 Abs. 2 Unterabs. 1 Buchst. a bis d MwStSystRL sind von der Steuerbefreiung für die Vermietung von Grundstücken ausgenommen die Vermietung von Hotelzimmern und Ähnlichem,[3] Stellplätzen für Fahrzeuge,[4] Maschinen als festen Bestandteilen eines Grundstücks sowie von Schließfächern. Die Verwirrung, die infolge der Ausnahmen, möglichen Optionsrechte der Steuerpflichtigen und Abweichungsbefugnisse der Mitgliedstaaten entstehen kann, wird noch dadurch gesteigert, dass der EuGH die Steuerbefreiung mit dem Fehlen einer „signifikanten Wertschöpfung" durch die Vermietungstätigkeit erklärt.[5]

19.157

5. Glücksspiel

Der Buchst. i des Art. 135 Abs. 1 MwStSystRL enthält eine Steuerbefreiung für Glücksspiele, insbesondere für Wetten und Lotterien. Diese Befreiung dient nicht der Förderung des Glücksspiels, sondern ist „durch **praktische Erwägungen** veranlasst, da sich Glücksspielumsätze schlecht für die Anwendung der Mehrwertsteuer eignen".[6] Eine Wette beschreibt der EuGH dabei als Einräumung einer Gewinnchance an die Wettteilnehmer sowie die Hinnahme des Risikos, Gewinne auszahlen zu müssen.[7] Im Rahmen dieser Steuerbefreiung besitzen die Mitgliedstaaten allerdings über einen weiten Spielraum bei der Anwendung der Steuerbefreiung, da ihr Tatbestand ausnahmsweise allgemein gestattet, „Bedingungen und Beschränkungen" festzulegen.[8]

19.158

6. Kleinunternehmen

Etwas abseits des allgemeinen Systems der Steuerbefreiungen steht die Steuerbefreiung für Kleinunternehmen, die in den Art. 284 bis 287 MwStSystRL normiert ist. Sie ist Teil der Sonderregelung

19.159

---

1 EuGH v. 22.1.2015 – C-55/14 – Régie communale autonome du stade Luc Varenne, ECLI:EU:C:2015:29, Rz. 22; vgl. zudem EuGH v. 18.7.2013 – C-210/11 und C-211/11 – Medicom und Maison Patrice Alard, ECLI:EU:C:2013:479, Rz. 26 und die dort angeführte Rechtsprechung.
2 Vgl. EuGH v. 8.5.2003 – C-269/00 – Seeling, ECLI:EU:C:2003:254.
3 Bei der Festlegung dieser Ausnahme verfügen die Mitgliedstaaten aber über Gestaltungsspielraum: vgl. EuGH v. 16.12.2010 – C-270/09 – MacDonald Resorts, ECLI:EU:C:2010:780, Rz. 50.
4 Nur das isolierte Vermieten von Stellplätzen ist von der Steuerbefreiung ausgenommen: EuGH v. 13.7.1989 – 173/88 – Henriksen, ECLI:EU:C:1989:329.
5 EuGH v. 28.2.2019 – C-278/18 – Sequeira Mesquita, ECLI:EU:C:2019:160, Rz. 19.
6 EuGH v. 14.7.2011 – C-464/10 – Henfling u.a., ECLI:EU:C:2011:489, Rz. 29 und die dort angeführte Rechtsprechung.
7 EuGH v. 14.7.2011 – C-464/10 – Henfling u.a., ECLI:EU:C:2011:489, Rz. 30.
8 Vgl. EuGH v. 10.11.2011 – C-259/10 und C-260/10 – Rank Group, ECLI:EU:C:2011:719, Rz. 40.

für Kleinunternehmen der Art. 281 ff. MwStSystRL, die für die Mitgliedstaaten nur optional ist (Rz. 19.232 ff.). Als einzige Steuerbefreiung gilt sie völlig **unabhängig vom Gegenstand der Leistung**. Entscheidend ist allein, *wer* die Leistung erbringt.

19.160 Berechtigt, die Steuerbefreiung in Anspruch zu nehmen – sie muss gemäß Art. 290 MwStSystRL für die Steuerpflichtigen fakultativ sein[1] – sind nur Steuerpflichtige, die im Sinne der MwStSystRL und der Umsetzungsbestimmungen des nationalen Rechts Kleinunternehmen sind. Dies entscheidet sich in erster Linie anhand des **Jahresumsatzes des Steuerpflichtigen**. Um in die Kategorie der Kleinunternehmen zu fallen, darf dieser Umsatz eine bestimmte Grenze nicht überschreiten,[2] deren Höhe von Mitgliedstaat zu Mitgliedstaat unterschiedlich ist.[3] Sie reicht von nur 5 000 Euro für einige ältere Mitgliedstaaten der Union bis zu 82 000 britischen Pfund für das Vereinigte Königreich.[4] Die Steuerbefreiung gilt dabei gemäß Art. 283 Abs. 1 Buchst. c MwStSystRL **nur für inländische Steuerpflichtige**. Dass somit Kleinunternehmen, die in einem anderen Mitgliedstaat ansässig sind, gegenüber inländischen Kleinunternehmen einen massiven Wettbewerbsnachteil haben, beurteilte der EuGH nicht als einen Verstoß gegen die Grundfreiheiten.[5]

7. Steuerbefreiungen zur Abgrenzung der Steuerhoheit

a) Überblick

19.161 Ausnahmsweise ist mit einzelnen Steuerbefreiungen auch das Recht auf Vorsteuerabzug verbunden (Rz. 19.205 ff.). Der Steuerpflichtige befindet sich dann mehrwertsteuerlich betrachtet in der besten aller Welten: Weder seine Eingangs- noch seine Ausgangsumsätze werden mit Mehrwertsteuer belastet. Der Hauptanwendungsfall solcher „echten" Steuerbefreiungen (vgl. zu den „unechten" Rz. 19.109) ist die **Abgrenzung der Steuerhoheiten der Staaten beim Export von Waren**. Die grundsätzliche Funktionsweise des Besteuerungssystems der Mehrwertsteuer im grenzüberschreitenden Verhältnis zu Mitgliedstaaten der Union und zu Drittstaaten wurde bereits im Rahmen der Steuertatbestände der Einfuhr bzw. des innergemeinschaftlichen Erwerbs eines Gegenstands beschrieben (Rz. 19.88 ff.). Damit soll eine Besteuerung von Waren ausschließlich im Bestimmungsland bewirkt werden.[6] Vor diesem Hintergrund dienen die Steuerbefreiungen für die **Ausfuhr** nach Drittstaaten sowie für die **sog. innergemeinschaftliche Lieferung** in einen anderen Mitgliedstaat in Verbindung mit dem Recht auf Vorsteuerabzug, das in diesen Fällen Art. 169 Buchst. b MwStSystRL gewährt (Rz. 19.220), der vollständigen Entlastung der exportierten Waren von der Mehrwertsteuer des Herkunftslandes.

19.162 Darüber hinaus existieren in umgekehrter Richtung der **Einfuhr** bzw. des **innergemeinschaftlichen Erwerbs von Gegenständen** ebenfalls Steuerbefreiungen, welche das beschriebene System der exakten

---

1 Siehe zu den verfahrensrechtlichen Bedingungen der Wahl der Kleinunternehmerregelung EuGH v. 17.5.2018 – C-566/16 – Vámos, ECLI:EU:C:2018:321.
2 Ob es sich dabei im Ergebnis um eine Freigrenze für den Steuerpflichtigen handelt, wird offengelassen bei EuGH v. 2.5.2019 – C-265/18 – Jarmuškienė, ECLI:EU:C:2019:348, Rz. 29.
3 Siehe dazu die differenzierten Bestimmungen in den Art. 284 bis 287 MwStSystRL, die für einige Mitgliedstaaten noch Bestandsschutz-Regelungen vorsehen, sowie die Vorschriften zur Berechnung des Umsatzes in Art. 288 MwStSystRL.
4 Darüber hinaus existieren für einzelne Mitgliedstaaten Sonderregelungen auf der Grundlage von Art. 395 MwStSystRL (Rz. 19.10); vgl. z. B. den Durchführungsbeschluss 2011/335/EU des Rates vom 30.5.2011 zur Ermächtigung der Republik Litauen, eine von Artikel 287 der Richtlinie 2006/112/EG über das gemeinsame Mehrwertsteuersystem abweichende Regelung anzuwenden (ABl. EU 2011 Nr. L 150, 6), der die Umsatzgrenze von 29 000 Euro, die für Litauen in Art. 287 Nr. 11 MwStSystRL vorgesehen sind, auf 45 000 Euro erhöht.
5 EuGH v. 26.10.2010 – C-97/09 – Schmelz, ECLI:EU:C:2010:632.
6 Siehe insoweit zur Befreiung der Ausfuhr nach Drittstaaten: EuGH v. 29.6.2017 – C-288/16 – L.Č., ECLI:EU:C:2017:502, Rz. 18; v. 28.3.2019 – C-275/17 – Vinš, ECLI:EU:C:2019:265, Rz. 23.

Aufteilung der Steuerhoheiten zwischen den Staaten zu spezifischen Zwecken durchbrechen (Rz. 19.165 und 19.169).

b) Umsätze mit Drittstaaten

Im Warenhandel mit Drittstaaten bilden die Buchst. a und b des Art. 146 Abs. 1 MwStSystRL die Haupttatbestände für eine Steuerbefreiung der **Ausfuhr von Gegenständen**. Sie befreien grundsätzlich sämtliche Lieferungen von Gegenständen, die durch den Verkäufer (Buchst. a) oder den Erwerber (Buchst. b) nach Orten außerhalb der Union transportiert werden. Befreiter Steuertatbestand ist die Lieferung eines Gegenstands nach Art. 2 Abs. 1 Buchst. a MwStSystRL, die gemäß Art. 31 und 32 MwStSystRL trotz des Transports in einen Drittstaat am Ausgangspunkt der Lieferung der Mehrwertsteuer unterliegt (Rz. 19.79 f.). Wesentlich für die Steuerbefreiung der Ausfuhr gemäß Art. 146 Abs. 1 Buchst. a und b MwStSystRL ist, dass der Gegenstand das Hoheitsgebiet der Union verlässt.[1] In den Fällen des Buchst. b aber, in denen der Steuerpflichtige die Ware einem Erwerber übergibt, damit dieser sie selbständig in einen Drittstaat verbringt, genießt der gutgläubige und pflichttreue Lieferant nach der Rechtsprechung des EuGH Vertrauensschutz, falls der Erwerber den Gegenstand in betrügerischer Absicht im Hoheitsgebiet der Union belässt.[2]

19.163

Neben den genannten Haupttatbeständen enthalten die Buchst. c bis e des Art. 146 sowie der Art. 148 MwStSystRL weitere Steuerbefreiungen, die verschiedene Lieferungen von Gegenständen und Dienstleistungen befreien, die **im Zusammenhang mit Ausfuhren oder einer Tätigkeit außerhalb des Unionsgebiets** stehen, insbesondere die Beförderung von Waren. Durch Art. 151 MwStSystRL werden darüber hinaus Leistungen von der Mehrwertsteuer befreit, die im diplomatischen Verkehr oder an internationale Organisationen bewirkt werden,[3] in gewissem Sinne also ebenfalls Ausfuhren aus dem Hoheitsgebiet eines Mitgliedstaats darstellen.

19.164

In umgekehrter Blickrichtung sieht das Mehrwertsteuerrecht der Union auch eine ganze Reihe von Steuerbefreiungen vor, die bei einer gemäß Art. 2 Abs. 1 Buchst. d MwStSystRL besteuerten **Einfuhr von Gegenständen** in die Union (Rz. 19.90) anzuwenden sind. Art. 143 Abs. 1 und Art. 144 MwStSystRL regeln hier zunächst insgesamt 13 Befreiungstatbestände aus unterschiedlichen Motiven. Darüber hinaus verweist Art. 143 Abs. 1 Buchst. b der MwStSystRL auf drei Richtlinien, die viele weitere Steuerbefreiungen bei der Einfuhr vorsehen (Rz. 19.10): Die Richtlinie 2009/132/EG regelt in nahezu 100 Artikeln ein Sammelsurium an Befreiungen, wie etwa die Einfuhren von geringem Wert, Einfuhren bei privaten oder unternehmerischen Umzügen in das Unionsgebiet, Erbschaften, Arzneimitteln und weiteren Sachverhalten, um einen gewissen Gleichlauf mit den im Zollbereich vorhandenen Befreiungen herzustellen,[4] die Richtlinie 2007/74/EG beschäftigt sich speziell mit Befreiungen für das persönliche Gepäck von Reisenden und die Richtlinie 2006/79/EG enthält eine Befreiung für private Kleinsendungen.

19.165

c) Innergemeinschaftliche Umsätze

Die Steuerbefreiungen für **innergemeinschaftliche Lieferungen von Gegenständen** gemäß Art. 138 MwStSystRL folgen prinzipiell demselben Muster wie die Steuerbefreiungen für Ausfuhren aus dem Unionsgebiet (Rz. 19.163 ff.). Nur ist im innergemeinschaftlichen Handel alles etwas komplizierter (Rz. 19.93). Voraussetzung für den Grundtatbestand der Befreiung innergemeinschaftlicher Lieferun-

19.166

---

1 Vgl. EuGH v. 19.12.2013 – C-563/12 – BDV Hungary Trading, ECLI:EU:C:2013:854, Rz. 24; v. 28.2.2018 – C-307/16 – Pieńkowski, ECLI:EU:C:2018:124, Rz. 25; v. 28.3.2019 – C-275/17 – Vinš, ECLI:EU:C:2019:265, Rz. 24.
2 EuGH v. 21.2.2008 – C-271/06 – Netto Supermarkt, ECLI:EU:C:2008:105.
3 Siehe hierzu ergänzend Art. 49 bis 51 MwSt-DVO sowie EuGH v. 26.4.2012 – C-225/11 – Able UK, ECLI:EU:C:2012:252.
4 Vgl. den 4. Erwägungsgrund der Richtlinie 2009/132/EG.

gen, den der Abs. 1 des Art. 138 MwStSystRL regelt, ist wie schon bei der Ausfuhr in Drittstaaten (Rz. 19.163), dass der betreffende Gegenstand den Ausgangsmitgliedstaat – wie es der EuGH nennt – „physisch" verlassen hat.[1] Auch hier schützt die Rechtsprechung des EuGH den gutgläubigen Lieferanten, der alle von den Mitgliedstaaten auf der Grundlage von Art. 131 MwStSystRL vorgesehenen Anzeige-, Aufzeichnungs- und Prüfungspflichten erfüllt hat, falls der Erwerber den Gegenstand zum Zwecke der Steuerhinterziehung gar nicht in einen anderen Mitgliedstaat befördert.[2] Zusätzliche Voraussetzung der Steuerbefreiung bei den grenzüberschreitenden Lieferungen innerhalb der Union ist jedoch, dass der **Erwerber ein Steuerpflichtiger oder wenigstens eine juristische Person** sein muss. Außerdem muss der Erwerber des Gegenstands gemäß Art. 2 Abs. 1 Buchst. b Ziff. i MwStSystRL auch im Hinblick auf den Erwerb der Steuer unterliegen (vgl. Art. 139 Abs. 1 MwStSystRL). Eine Ausnahme gilt insoweit nur bei neuen Fahrzeugen, deren Erwerb nach Art. 2 Abs. 1 Buchst. b Ziff. i MwStSystRL stets steuerpflichtig ist (Rz. 19.96), und deren Lieferung deshalb gemäß Art. 138 Abs. 2 Buchst. a MwStSystRL unabhängig von der Person des Empfängers steuerbefreit ist.[3]

19.167 Die genannten speziellen Voraussetzungen der Steuerbefreiung des Handels innerhalb der Union bergen Missbrauchspotential. Dem versucht die MwStSystRL mit der Schaffung einer eindeutigen unionsweiten Kennzeichnung von Steuerpflichtigen zu begegnen, der sog. **Mehrwertsteuer-Identifikationsnummer** (siehe Art. 214 bis 216 MwStSystRL). Mit der Vergabe dieser Nummer durch die nationalen Finanzverwaltungen soll u. a. dem Lieferanten eine Überprüfung ermöglicht werden, ob es sich bei seinem grenzüberschreitenden Erwerber um einen Steuerpflichtigen handelt.[4] Außerdem hat der Lieferant die Identifikationsnummern seiner Erwerber zu Kontrollzwecken gemäß Art. 262 Buchst. a MwStSystRL periodisch in sog. **Zusammenfassenden Meldungen** zu erklären. Gleichwohl hat der EuGH befunden, dass die Kenntnis der Mehrwertsteuer-Identifikationsnummer des Erwerbers und ihre Angabe gegenüber den Finanzbehörden keine zwingende Voraussetzung für die Gewährung der Steuerbefreiung für innergemeinschaftliche Lieferungen ist. Entscheidend ist nach der Rechtsprechung allein das Vorliegen der materiellen Voraussetzungen der Steuerbefreiung,[5] ob also der Abnehmer der Ware tatsächlich den Tatbestand der Art. 138 Abs. 1 und Art. 139 Abs. 1 MwStSystRL erfüllt. Mittlerweile hat der Unionsgesetzgeber mit einem „Nichtanwendungsgesetz" auf die EuGH-Rechtsprechung reagiert, das vom Jahr 2020 an die Voraussetzungen der Steuerbefreiung einer innergemeinschaftlichen Lieferung verschärfen wird.[6]

19.168 Auf der anderen Seite entwickelt die **Mehrwertsteuer-Identifikationsnummer** zugunsten des liefernden Steuerpflichtigen auch eine **Schutzfunktion**. So bleibt einem Steuerpflichtigen, der auf die Identifikationsnummer des Erwerbers vertraut und sie ordnungsgemäß gemeldet hat, die Steuerbefreiung auch dann erhalten, wenn sich später herausstellen sollte, dass dem Erwerber die Identifikationsnummer zu Unrecht erteilt wurde,[7] die materiellen Voraussetzungen der Steuerbefreiung also gar nicht erfüllt waren. Angesichts dessen und des bereits erwähnten Gutglaubensschutzes des Lieferanten im Hinblick auf die grenzüberschreitende Beförderung des Gegenstands wird die Steuerbefreiung im Ergebnis in gleich zwei Fällen gewährt, nämlich entweder wenn die materiellen Voraussetzungen des Art. 138 Abs. 1 MwStSystRL erfüllt sind oder wenn der gutgläubige Lieferant allen seinen formellen Pflichten

---

1 EuGH v. 27.9.2007 – C-409/04 – Teleos u.a., ECLI:EU:C:2007:548, Rz. 42; v. 27.9.2007 – C-184/05 – Twoh International, ECLI:EU:C:2007:550, Rz. 23; v. 9.10.2014 – C-492/13 – Traum, ECLI:EU:C:2014:2267, Rz. 24.
2 Vgl. EuGH v. 27.9.2007 – C-184/05 – Twoh International, ECLI:EU:C:2007:550, Rz. 27.
3 Siehe zur Auslegung dieses speziellen Befreiungstatbestands EuGH v. 14.6.2017 – C-26/17 – Santogal M-Comércio e Reparação de Automóveis, ECLI:EU:C:2017:453.
4 Vgl. EuGH v. 27.9.2012 – C-587/10 – VSTR, ECLI:EU:C:2012:592, Rz. 51.
5 Vgl. EuGH v. 27.9.2012 – C-587/10 – VSTR, ECLI:EU:C:2012:592; vgl. ebenso zur Steuerbefreiung für eine sog. innergemeinschaftliche Verbringung (Rz. 20.97 f.) des jetzigen Art. 138 Abs. 2 Buchst. c MwStSystRL: EuGH v. 20.10.2016 – C-24/15 – Plöckl, ECLI:EU:C:2016:791, Rz. 40 bis 42.
6 Siehe insbesondere Art. 138 Abs. 1 Buchst. b MwStSystRL in der Fassung von Art. 1 Nr. 3 der Richtlinie (EU) 2018/1910 des Rates vom 4.12.2018 (ABl. EU 2018 Nr. L 311, 3).
7 Vgl. EuGH v. 9.10.2014 – C-492/13 – Traum, ECLI:EU:C:2014:2267, Rz. 36.

nachgekommen ist. Mit der Neufassung der Steuerbefreiung ab dem Jahr 2020 wird diese Zweigleisigkeit allerdings durch die Integration der formellen Pflichten in den Tatbestand der Befreiung aufgehoben werden.[1]

Im Bestimmungsland der innergemeinschaftlichen Lieferung kann es in Ausnahmefällen auch zu einer Steuerbefreiung des **innergemeinschaftlichen Erwerbs des Gegenstands** kommen, der dort gemäß Art. 2 Abs. 1 Buchst. b MwStSystRL der Mehrwertsteuer unterliegt (Rz. 19.94 ff.). Art. 140 MwStSystRL sieht hier insbesondere den Fall vor, dass eine inländische statt einer grenzüberschreitenden Lieferung ebenfalls von der Steuer befreit wäre (Buchst. a). Diese im Prinzip der Wettbewerbsneutralität dienende Befreiung kann in Verbindung mit Steuerbefreiungen, die nicht hinreichend in der Union harmonisiert sind, jedoch selbst Wettbewerbsverzerrungen zur Folge haben.[2]

19.169

IV. Bemessungsgrundlage

Literatur (Auswahl): *Dobratz*, Leistung und Entgelt im Europäischen Umsatzsteuerrecht, Diss., Köln 2005; *Ismer*, Die mehrwertsteuerliche Bemessungsgrundlage bei Glücksspielen, MwStR 2016, 99; *Lippross*, Bemessungsgrundlage beim Tausch, UR 2017, 821; *Prätzler*, Rabatte in mehrstufigen grenzüberschreitenden Lieferketten bzw. Lieferketten mit (teilweiser) Steuerschuldnerschaft des Leistungsempfängers, MwStR 2017, 355.

1. Überblick

Die Bemessungsgrundlage der Mehrwertsteuer ist abhängig vom jeweils erfüllten Steuertatbestand. Grundsätzlich ist für die Haupttatbestände der Mehrwertsteuer, wie insbesondere die entgeltliche Leistung (Rz. 19.53 ff.), die Bemessungsgrundlage auf der Grundlage des Werts der Gegenleistung zu bestimmen (Rz. 19.171 ff.). Fehlt jedoch eine Gegenleistung, was insbesondere bei den Ergänzungstatbeständen wie zum Beispiel der Entnahme eines Gegenstands (Rz. 19.102 ff.) regelmäßig der Fall ist, muss stattdessen auf den Wert der Leistung als Bemessungsgrundlage zurückgegriffen werden (Rz. 19.183 ff.). Darüber hinaus hat der EuGH in Ausnahmefällen – wohl aus praktischen Gründen – richterrechtlich ein besonderes Verfahren in Form der Bestimmung einer Gesamtmarge von Umsätzen vorgeschrieben (Rz. 19.186 ff.).

19.170

2. Wert der Gegenleistung
a) Überblick

Die wichtigste Form der Bemessungsgrundlage der Mehrwertsteuer ist der Wert der Gegenleistung. Nach diesem Wert wird im Prinzip für sämtliche **Hauptsteuertatbestände** der Mehrwertsteuer die Bemessungsgrundlage gebildet. Für die entgeltliche Leistung (Art. 2 Abs. 1 Buchst. a und c MwStSystRL; Rz. 19.53 ff.) ergibt sich dies aus Art. 73 MwStSystRL. Gleiches gilt beim Steuertatbestand des entgeltlichen innergemeinschaftlichen Erwerbs (Art. 2 Abs. 1 Buchst. b MwStSystRL; Rz. 19.92 ff.) durch den Verweis in Art. 83 Satz 1 MwStSystRL. Selbst bei der Einfuhr eines Gegenstands, deren Steuertatbestand die Existenz einer Gegenleistung gar nicht voraussetzt (Art. 2 Abs. 1 Buchst. d MwStSystRL; Rz. 19.90 f.), ist gemäß Art. 85 MwStSystRL i.V.m. Art. 70 Zollkodex[3] regelmäßig der Verkaufspreis maßgebend. Die Bestimmung der Gegenleistung als Bemessungsgrundlage in diesen Fällen wird **anhand des Beispiels**

19.171

---

[1] Siehe Art. 138 Abs. 1 Buchst. b und Abs. 1a MwStSystRL in der Fassung von Art. 1 Nr. 3 der Richtlinie (EU) 2018/1910 des Rates vom 4.12.2018 (ABl. EU 2018 Nr. L 311, 3).
[2] Siehe hierzu im Einzelnen EuGH, Schlussanträge der Generalanwältin *Kokott* v. 4.9.2014 – C-144/13, C-154/13 und C-160/13 – VDP Dental Laboratory u.a., ECLI:EU:C:2014:2163, Rz. 77 ff.
[3] Verordnung (EU) Nr. 952/2013 des Europäischen Parlaments und des Rates vom 9.10.2013 zur Festlegung des Zollkodex der Union (Neufassung) (ABl. EU 2013 Nr. L 269, 1), zuletzt geändert durch Verordnung (EU) 2016/2339 des Europäischen Parlaments und des Rates vom 14.12.2016 (ABl. EU 2016 Nr. L 354, 32).

der entgeltlichen Leistung dargestellt (Rz. 19.172 ff.), das – *cum grano salis* – auch auf den Erwerb und die Einfuhr übertragbar ist. Da sich bei einer Gegenleistung auch schon einmal nachträgliche Änderungen ergeben können, enthält die MwStSystRL zudem Bestimmungen zur Berichtigung der Bemessungsgrundlage (Rz. 19.178 ff.). Besonderheiten gelten schließlich für Leistungsverhältnisse, in denen Gutscheine verwendet werden (Rz. 19.181 f.).

b) Bestimmung und Bewertung der Gegenleistung

19.172 Zur Bemessungsgrundlage gemäß Art. 73 MwStSystRL gehört „alles, was den Wert der Gegenleistung bildet". Der EuGH definiert die Gegenleistung im Sinne der Bemessungsgrundlage grundsätzlich in gleicher Weise wie das Entgelt im Sinne des Steuertatbestands (Rz. 19.67 ff.). Deshalb gehört zur Gegenleistung im Sinne des Art. 73 MwStSystRL wiederum alles, was in **unmittelbarem Zusammenhang** mit der Leistung steht.[1] Dieser Zusammenhang kann nur auf der Basis des Rechtsverhältnisses festgestellt werden, das die Rechtsprechung für die Erfüllung des Steuertatbestandes fordert (Rz. 19.68). Daraus allein kann sich ergeben, was der leistende Steuerpflichtige im Sinne des Art. 73 MwStSystRL als Gegenleistung „erhalten soll", und nur durch Rückgriff auf die Bestimmungen des Rechtsverhältnisses kann zum Zeitpunkt der Erfüllung des Steuertatbestandes – dies ist gemäß Art. 63 MwStSystRL regelmäßig der Zeitpunkt der Leistung und nicht derjenige der Gegenleistung (Rz. 19.86) – die für die Besteuerung unerlässliche Bemessungsgrundlage festgestellt werden.

19.173 Insofern ist es etwas missverständlich, wenn der EuGH in ständiger Rechtsprechung die **„tatsächlich erhaltene"** Gegenleistung als maßgebend für die Bemessungsgrundlage hält.[2] Der Ausspruch besitzt seine Berechtigung vor allem dort, wo es um die nachträgliche Berichtigung der Bemessungsgrundlage in den Fällen geht, in denen die Parteien des Rechtsverhältnisses der ursprünglichen Vereinbarung nicht folgen (Rz. 19.178 ff.). Im Übrigen ist dieser Rechtsprechungsgrundsatz aufgrund seiner Entstehungsgeschichte schlicht dahingehend zu verstehen, dass die Bemessungsgrundlage auf der Basis des Wertes der Gegenleistung, nicht aber des Wertes der Leistung zu bestimmen ist.[3]

19.174 Die Gegenleistung wird zwar regelmäßig, sie muss aber nicht vom Empfänger der Leistung stammen. Auch ein **Dritter** kann die Gegenleistung ganz[4] oder teilweise[5] erbringen. Sogar staatliche Subventionen, die dem leistenden Steuerpflichtigen gewährt werden, bestimmen gemäß Art. 73 MwStSystRL den Wert der Gegenleistung mit, sofern sie unmittelbar mit dem Preis einer Leistung zusammenhängen. Es existieren jedoch in der Rechtsprechung des EuGH durchaus Beispiele, in denen die Möglichkeit, dass ein anderer als der Leistungsempfänger die Gegenleistung ganz oder teilweise erbracht haben könnte, im Rahmen der rechtlichen Erörterungen außer Betracht gelassen wurde.[6]

19.175 Die Art. 78 und 79 MwStSystRL zählen zur Bestimmung des **Umfangs der Gegenleistung** ergänzend eine Reihe von Tatbeständen auf, bei denen bestimmte Beträge jeweils zur Gegenleistung zu zählen sind oder nicht. Zum Teil sind sie nur deklaratorischer Natur, wenn etwa Art. 78 Buchst. b MwStSystRL die vom leistenden Steuerpflichtigen geforderten Transportkosten zur Bemessungsgrundlage zählt. Zum Teil enthalten sie jedoch echte Abweichungen von der Grundregel und modifizieren so die im

---

1 Vgl. nur EuGH v. 23.11.1988 – 230/87 – Naturally Yours Cosmetics, ECLI:EU:C:1988:508, Rz. 11 f.; v. 2.6.1994 – C-33/93 – Empire Stores, ECLI:EU:C:1994:225, Rz. 12; v. 19.6.2003 – C-149/01 – First Choice Holidays, ECLI:EU:C:2003:358, Rz. 30.
2 Siehe nur EuGH v. 9.6.2011 – C-285/10 – Campsa Estaciones de Servicio, ECLI:EU:C:2011:381, Rz. 28 und die dort angeführte Rechtsprechung.
3 Vgl. EuGH v. 5.2.1981 – 154/80 – Coöperatieve Aardappelenbewaarplaats, ECLI:EU:C:1981:38, Rz. 13 f. zur Zweiten MwSt-Richtlinie (Rz. 19.2).
4 EuGH v. 7.10.2010 – C-53/09 und C-55/09 – Loyalty Management UK und Baxi Group, ECLI:EU:C:2010:590, Rz. 56; v. 27.3.2014 – C-151/13 – Le Rayon d'Or, ECLI:EU:C:2014:185, Rz. 34.
5 Vgl. in diesem Sinne EuGH v. 24.10.2013 – C-440/12 – Metropol Spielstätten, ECLI:EU:C:2013:687, Rz. 38.
6 Vgl. etwa EuGH v. 8.3.1988 – 102/86 – Apple and Pear Development Council, ECLI:EU:C:1988:120.

Rechtsverhältnis vereinbarte Gegenleistung. Ein Beispiel hierfür ist Art. 78 Buchst. a MwStSystRL. Danach gehören zur Bemessungsgrundlage alle **Abgaben mit Ausnahme der Mehrwertsteuer** selbst. Zum einen folgt hieraus, dass die Bemessungsgrundlage die in Rechnung gestellte Mehrwertsteuer außer Acht lässt, obwohl sie Teil der Gegenleistung ist. Die Regelung des Art. 78 Buchst. a MwStSystRL reduziert insoweit die Bemessungsgrundlage, die gemäß Art. 73 MwStSystRL festzustellen ist. Zum anderen sieht der EuGH den Art. 78 Buchst. a MwStSystRL aber auch als Erweiterung der Bemessungsgrundlage, die sich aus Art. 73 MwStSystRL ergibt. So wird danach die Bemessungsgrundlage durch Abgaben erhöht, die nicht im Rahmen des Leistungspreises weiterbelastet werden, aber in „unmittelbarem Zusammenhang" mit der Leistung stehen. Dies soll insbesondere dann gelten, wenn der Steuertatbestand der Mehrwertsteuer mit demjenigen der anderen Abgabe identisch ist.[1]

Im Anschluss an die Bestimmung des Umfangs der Gegenleistung muss diese noch in einen **Zahlenwert in der Währung des besteuernden Mitgliedstaats** übersetzt werden. Dies ist bei einer monetären Gegenleistung in aller Regel unproblematisch. Die Gegenleistung muss jedoch nicht zwingend aus Geld, sondern kann auch in einer Sachleistung bestehen;[2] beide Formen der Gegenleistung sind auch gleich zu behandeln.[3] Besteht die **Gegenleistung aus einer Sachleistung**, so ergibt sich im Rahmen der Bemessungsgrundlage folglich ein Bewertungsproblem. Nach der Rechtsprechung des EuGH kann sich dabei der Wertansatz für die Sachleistung aus einem Vergleich mit der üblicherweise vom Steuerpflichtigen verlangten monetären Gegenleistung ergeben.[4]

19.176

Die genannten Bestimmungen und Grundsätze sind beim **innergemeinschaftlichen Erwerb** eines Gegenstands gemäß Art. 83 Satz 1 MwStSystRL ebenfalls anzuwenden. Für die **Einfuhr** eines Gegenstands bildet gemäß Art. 85 MwStSystRL zwar der Zollwert – und nicht die Gegenleistung – die Bemessungsgrundlage. Der Zollwert wird gemäß Art. 70 Abs. 1 Zollkodex (Rz. 19.171) aber regelmäßig durch den Transaktionswert bestimmt. Die Definition des Transaktionswertes in Art. 70 Abs. 2 Zollkodex entspricht wiederum im Prinzip der „tatsächlich erhaltenen" Gegenleistung im Sinne des Art. 73 MwStSystRL (Rz. 19.172 f.). Gleichwohl können sich aus den übrigen Bestimmungen zur Bildung des Transaktionswerts (Art. 70 bis 73 Zollkodex) im Einzelfall Unterschiede ergeben.

19.177

c) Berichtigung der Bemessungsgrundlage

Da die Steuertatbestände des Art. 2 Abs. 1 MwStSystRL gemäß den Art. 63, 68 und 70 MwStSystRL regelmäßig mit Bewirkung der Leistung, des Erwerbs bzw. der Einfuhr verwirklicht werden (Rz. 19.86), ist bereits zu diesem Zeitpunkt die Bemessungsgrundlage zu bestimmen. Nicht selten wird zu dieser Zeit die Gegenleistung zwar im Vertrag festgelegt, aber noch nicht erbracht worden sein. Art. 90 MwStSystRL sieht deshalb für sämtliche Steuertatbestände eine nachträgliche Berichtigung der Bemessungsgrundlage vor, wenn der zugrundeliegende **Vertrag nicht wie ursprünglich vorgesehen durchgeführt** wird. Dies gilt nicht nur für die einvernehmliche Preisreduzierung oder Rückabwicklung eines Vertrags, sondern auch für die bloß einseitige Verweigerung der Gegenleistung. Die Berichtigung der Bemessungsgrundlage führt dann spiegelbildlich auch zu einer Berichtigung des Vorsteuerabzugs (Rz. 19.230 f.).[5]

19.178

Für den Fall der bloß **einseitigen Nichtzahlung** lässt der Abs. 2 des Art. 90 MwStSystRL den Mitgliedstaaten zwar die Wahl, ob sie eine nachträgliche Minderung der Bemessungsgrundlage zulassen. Der EuGH verlangt von den Mitgliedstaaten jedoch – über den Wortlaut der Vorschrift hinaus – berech-

19.179

---

1 EuGH v. 11.6.2015 – C-256/14 – Lisboagás GDL, ECLI:EU:C:2015:387, Rz. 29 und die dort angeführte Rechtsprechung.
2 EuGH v. 19.12.2012 – C-549/11 – Orfey Balgaria, ECLI:EU:C:2012:832, Rz. 35 f.; v. 10.1.2019 – C-410/17 – A, ECLI:EU:C:2019:12, Rz. 35.
3 EuGH v. 3.7.1997 – C-330/95 – Goldsmiths, ECLI:EU:C:1997:339, Rz. 23.
4 Vgl. EuGH v. 10.1.2019 – C-410/17 – A, ECLI:EU:C:2019:12, Rz. 42.
5 Vgl. in diesem Sinne EuGH v. 22.2.2018 – C-396/16 – T-2, ECLI:EU:C:2018:109, Rz. 35.

tigte Gründe, um von diesem Wahlrecht Gebrauch zu machen.[1] Sofern im Einzelfall wahrscheinlich ist, dass ein Steuerpflichtiger mit seiner Forderung ausfällt, muss die Bemessungsgrundlage zumindest vorläufig berichtigt werden.[2] In den **übrigen Konstellationen** ist die Bestimmung für die Mitgliedstaaten zweifelsfrei zwingend. Denn soweit ihnen der Abs. 1 des Art. 90 MwStSystRL gestattet, Bedingungen für die Minderung der Bemessungsgrundlage festzulegen, dürfen diese nach der EuGH-Rechtsprechung nur den Nachweis der Voraussetzungen dieser Vorschrift betreffen.[3]

19.180 Darüber hinaus ist Art. 90 MwStSystRL auch dann zu bemühen, **wenn der Vertrag von vornherein vorsieht**, dass zunächst eine Gegenleistung gezahlt werden muss, diese aber später unter bestimmten Umständen teilweise zurückerstattet wird.[4] In diesem Fall hat also der leistende Steuerpflichtige auf den vollen von ihm zunächst empfangenen Betrag Mehrwertsteuer zu entrichten. Erst wenn er die erhaltene Gegenleistung tatsächlich zurückzahlt, ist über Art. 90 MwStSystRL die Bemessungsgrundlage entsprechend zu korrigieren.

d) Gutscheine

19.181 Besonders problematisch ist die mehrwertsteuerliche Behandlung von Gutscheinen. Auch Gutscheine können die Gegenleistung ganz oder teilweise ausmachen. Dies ist ausgeschlossen, sofern ihre Ausgabe und das damit verbundene Recht zum Leistungsbezug selbst eine steuerbare Leistung darstellen; die Hingabe des Gutscheins ist dann nur eine Form der Leistungsabwicklung (Rz. 19.71). Ist anderen Fällen kommt es zunächst entsprechend der Formulierung des Art. 73 MwStSystRL darauf an, ob der Gutschein für den leistenden Steuerpflichtigen, der ihn entgegennimmt, einen „Wert" hat. Dies ist zum einen anzunehmen, wenn der Steuerpflichtige den Gutschein **bei einem Dritten gegen Geld eintauschen** kann.[5] Zum anderen können sog. **Mehrzweck-Gutscheine** gemäß Art. 73a MwStSystRL Teil der Bemessungsgrundlage sein (Rz. 19.74). Die Bemessungsgrundlage besteht hier – sofern bekannt – in der Gegenleistung, die für die nicht steuerbare Ausgabe des Gutscheins geleistet wurde,[6] in sonstigen Fällen im Nennwert des Gutscheins. Wie die Bemessungsgrundlage zu bestimmen ist, wenn es sich weder um einen Nennwertgutschein handelt, noch die Gegenleistung für den Gutschein bekannt ist, darüber schweigt die Bestimmung allerdings.

19.182 Ein Sonderproblem im Rahmen der Bestimmung des Wertes der Gegenleistung stellen die sog. **Preisnachlass- und Preiserstattungs-Gutscheine** dar, die der Hersteller eines Produkts zur Verwendung im Einzelhandel ausgibt. Der EuGH hat hier noch relativ zu Beginn seiner Rechtsprechung im Urteil *Elida Gibbs* eine Entscheidung getroffen, die das herkömmliche Leistungsverhältnis im Mehrwertsteuersystem aufbricht. Danach hat nämlich die Verwendung dieser vom Hersteller eines Produkts ausgegebenen Gutscheine, mit denen ein Käufer entweder beim Einzelhändler einen Rabatt erhält (Preisnachlassgutschein) oder beim Hersteller einen Teil des Kaufpreises zurückerhalten kann (Preiserstattungsgutschein), zur Folge, dass die Bemessungsgrundlage des Verkaufs der Produkte *durch den Her-*

---

1 EuGH v. 3.7.1997 – C-330/95 – Goldsmiths, ECLI:EU:C:1997:339, Rz. 18; v. 23.11.2017 – C-246/16 – Di Maura, ECLI:EU:C:2017:887, Rz. 18; v. 8.5.2019 – C-127/18 – A-PACK CZ, ECLI:EU:C:2019:, Rz. 18 bis 22; **a.A.** noch EuGH v. 15.5.2014 – C-337/13 – Almos Agrárkülkereskedelmi, ECLI:EU:C:2014:328, Rz. 25 und 28.
2 Vgl. in diesem Sinne EuGH v. 23.11.2017 – C-246/16 – Di Maura, ECLI:EU:C:2017:887, Rz. 27.
3 EuGH v. 26.1.2012 – C-588/10 – Kraft Foods Polska, ECLI:EU:C:2012:40, Rz. 32 ff.; v. 15.5.2014 – C-337/13 – Almos Agrárkülkereskedelmi, ECLI:EU:C:2014:328, Rz. 39; **a.A.** aber wohl EuGH v. 6.12.2018 – C-672/17 – Tratave, ECLI:EU:C:2018:989.
4 Siehe hierzu EuGH v. 29.5.2001 – C-86/99 – Freemans, ECLI:EU:C:2001:291.
5 Vgl. EuGH v. 27.3.1990 – C-126/88 – Boots Company, ECLI:EU:C:1990:136, Rz. 13; v. 15.10.2002 – C-427/98 – Kommission/Deutschland, ECLI:EU:C:2002:581, Rz. 58.
6 So bereits auf der Basis des jetzigen Art. 73 MwStSystRL: EuGH v. 24.10.1996 – C-288/94 – Argos Distributors, ECLI:EU:C1996:398, Rz. 18 bis 20.

steller gemäß Art. 90 Abs. 1 MwStSystRL nachträglich verringert wird.[1] Diese Rechtsprechung wurde trotz starker Kritik mehrfach bestätigt[2] und zum Teil sogar über diese spezielle Konstellation hinausgeführt.[3]

3. Ersatzwerte

Sofern ein Steuertatbestand keine Gegenleistung voraussetzt – wie es bei den fiktiven entgeltlichen Leistungen (Rz. 19.100 ff.) und zum Teil auch bei der Einfuhr eines Gegenstands (Rz. 19.90) der Fall ist –, muss die Bemessungsgrundlage zwangsläufig auf einen anderen Wert zurückgreifen. Dies ist der **Wert der Leistung**. Die bestmögliche Bewertungsmethode für den Wert einer Leistung – der erzielte Preis – steht allerdings gerade nicht zur Verfügung. Je nach betroffenem Steuertatbestand enthält das EU-Mehrwertsteuerrecht unterschiedliche Lösungen für die Bestimmung des Wertes der Leistung.

19.183

Bei den **fiktiven entgeltlichen Leistungen** orientiert sich der Wert der Leistung und damit ihre Bemessungsgrundlage nach den Art. 74 und 75 MwStSystRL an den **Kosten**, die dem Steuerpflichtigen für die Erbringung der Leistung entstanden sind. Eine Besonderheit gilt allerdings in Bezug auf Gegenstände. Gemäß Art. 74 MwStSystRL sind die Leistungskosten – entweder in Form des „Einkaufspreises" (Anschaffungskosten) oder des „Selbstkostenpreises" (Herstellungskosten) – nicht zum Zeitpunkt der Anschaffung oder Herstellung des Gegenstands zu bestimmen, sondern zu dem Zeitpunkt, zu dem der Gegenstand das Unternehmensvermögen verlassen hat.[4] Daraus folgt, dass Wertänderungen während der Zeit der Zugehörigkeit eines Gegenstands zum Unternehmensvermögen ebenfalls zu berücksichtigen sind. Dies erklärt sich durch den Zweck der Entnahmebesteuerung, den Steuerpflichtigen mit einem Endverbraucher gleichzustellen (Rz. 19.100 f.).[5]

19.184

Anders wird bei der **Einfuhr eines Gegenstands** verfahren. Liegt der Einfuhr kein Kauf zugrunde, so dass es an einem Verkaufspreis fehlt, wird die Bemessungsgrundlage gemäß Art. 85 MwStSystRL i. V. m. Art. 74 Abs. 2 Buchst. a bis c Zollkodex (Rz. 19.171) grundsätzlich durch einen Drittvergleich bestimmt. Entscheidend ist dann der Verkaufspreis gleicher oder ähnlicher Waren. Dass damit bei der Einfuhr regelmäßig auf den **Verkehrswert des Gegenstands** statt auf seine Anschaffungs- oder Herstellungskosten zurückgegriffen wird, hat in erster Linie verwaltungstechnische Gründe: Bei der Einfuhr in die Union können regelmäßig keine Ermittlungen angestellt werden, die für die Bildung der Bemessungsgrundlage auf der Grundlage der individuellen Anschaffungs- oder Herstellungskosten erforderlich wären.

19.185

4. Gesamtmarge

Bei ausgewählten Umsätzen hat der EuGH **richterrechtlich** das besondere Verfahren der Ermittlung einer Gesamtmarge entwickelt, um die Bemessungsgrundlage zu bestimmen. Dieses Verfahren findet in den Bestimmungen der MwStSystRL zwar keine Grundlage, mag aber in der praktischen Anwendung durchaus vorzugswürdig sein.

19.186

---

1 EuGH v. 24.10.1996 – C-317/94 – Elida Gibbs, ECLI:EU:C:1996:400.
2 EuGH v. 15.10.2002 – C-427/98 – Kommission/Deutschland, ECLI:EU:C:2002:581; v. 16.1.2003 – C-398/99 – Yorkshire Co-operatives, ECLI:EU:C:2003:20.
3 Vgl. EuGH v. 20.12.2017 – C-462/16 – Boehringer Ingelheim Pharma, ECLI:EU:C:2017:1006; vgl. **andererseits** aber EuGH v. 16.1.2014 – C-300/12 – Ibero Tours, ECLI:EU:C:2014:8.
4 EuGH v. 17.5.2001 – C-322/99 und C-323/99 – Fischer und Brandenstein, ECLI:EU:C:2001:280, Rz. 80 zur Entnahme gemäß Art. 16 MwStSystRL (Rz. 20.102 f.); v. 8.3.2013 – C-142/12 – Marinov, ECLI:EU:C:2013:292, Rz. 33 zur Aufgabe der Tätigkeit gemäß Art. 18 Buchst. c MwStSystRL (Rz. 20.104).
5 Vgl. EuGH, Schlussanträge der Generalanwältin *Kokott* v. 3.3.2016 – C-229/15 – Mateusiak, ECLI:EU:C:2016:138, Rz. 28 f.

19.187 Das Gesamtmargenverfahren gilt zum einen für **Glücksspielumsätze**, bei denen die staatliche Aufsicht den auszuschüttenden Gewinn gesetzlich festlegt. Die Gegenleistung soll in diesem Fall nach der Rechtsprechung des EuGH aus den Einnahmen des Steuerpflichtigen abzüglich des gesetzlich zwingend auszuschüttenden Gewinns bestehen.[1] Da sich derartige Gewinnvorgaben natürlicher Weise nicht auf einen einzelnen sondern auf eine Gesamtheit mehrerer Umsätze innerhalb eines bestimmten Zeitraums beziehen, ist die Bemessungsgrundlage auch nur für eine Gesamtheit von Umsätzen bestimmbar. Die individuelle Betrachtung der Bemessungsgrundlage eines einzelnen Glücksspielumsatzes ist somit abseits von Durchschnittswerten nicht möglich. Da Glücksspielumsätze jedoch generell nicht zum Vorsteuerabzug berechtigen dürften, ist dies hinzunehmen.[2]

19.188 Ein vergleichbares Verfahren hat der EuGH für eine **bestimmte Form des Devisengeschäfts** angeordnet, soweit der Steuerpflichtige auf die entsprechende Steuerbefreiung verzichtet hat (Rz. 19.143 und 19.137). Die Bemessungsgrundlage ergibt sich danach für Devisenumsätze, bei denen der Steuerpflichtige seine Gegenleistung wirtschaftlich aus dem Unterschied von An- und Verkaufspreis der von ihm ständig gehandelten Devisen erhält, ebenfalls nach seinem entsprechenden Ertrag innerhalb eines bestimmten Zeitraums.[3]

V. Tarif

Literatur (Auswahl): *Möser*, Das Verhältnis des Grundsatzes der Einheitlichkeit der Leistung zu gesetzlichen Aufteilungsgeboten am Bespiel des § 12 Abs. 2 Nr. 11 UStG, MwStR 2018, 505.

1. Überblick

19.189 Obwohl die Höhe des Steuersatzes eine der großen regulatorischen Lücken des Mehrwertsteuerrechts der Union darstellt, finden sich gleichwohl in den Art. 96 bis 105 MwStSystRL eine Reihe von Bestimmungen, die sich mit dem Tarif der Mehrwertsteuer befassen. Dort ist die Existenz eines Normalsatzes (Rz. 19.190) und ermäßigter Steuersätze (Rz. 19.191 ff.) vorgesehen. Luxus-Steuersätze, also Tarife oberhalb des Normalsatzes, sind hingegen nicht vorgesehen und folglich den Mitgliedstaaten grundsätzlich untersagt.

2. Normalsatz

19.190 Für den regulären Steuersatz der Mehrwertsteuer legt das Unionsrecht im Wesentlichen nur eine Untergrenze bei 15 % fest (Art. 97 MwStSystRL). Darüber hinaus existierte eine rein politisch bindende Übereinkunft der Mitgliedstaaten über eine Obergrenze dieses Steuersatzes bei 25 %. Diese Übereinkunft wurde jedoch im Rahmen der Steuererhöhungen, die im Zuge der globalen Finanzkrise ab 2007 und der Eurokrise ab 2010 bei einigen Mitgliedstaaten erforderlich wurden, über Bord geworfen. Derzeit bewegen sich die Normalsätze der Mitgliedstaaten zwischen 17 % im Großherzogtum Luxemburg und 27 % in Ungarn.[4]

---

1 EuGH v. 5.5.1994 – C-38/93 – Glawe, ECLI:EU:C:1994:188; v. 19.7.2012 – C-377/11 – International Bingo Technology, ECLI:EU:C:2012:503, Tenor Nr. 1.
2 Vgl. auch EuGH v. 24.10.2013 – C-440/12 – Metropol Spielstätten, ECLI:EU:C:2013:687, Rz. 39 f. zur fehlenden Proportionalität der Mehrwertsteuer zu einzelnen Spieleinsätzen.
3 EuGH v. 14.7.1998 – C-172/96 – First National Bank of Chicago, ECLI:EU:C:1998:354, Rz. 36 ff.
4 Stand 1.1.2019.

3. Ermäßigte Steuersätze

Ein viel weiteres unionsrechtlich determiniertes Feld bilden die ermäßigten Steuersätze.[1] **Maximal zwei verschiedene Steuersätze**, die unterhalb des Normalsatzes liegen, sind den Mitgliedstaaten gemäß Art. 98 Abs. 1 MwStSystRL gestattet, allerdings in keiner Weise vorgeschrieben. Allein das Königreich Dänemark verzichtet aber aktuell[2] auf die Subventionierung bestimmter Güter, indem es sich auf die Festlegung nur eines einzigen Mehrwertsteuersatzes beschränkt. Auch für die **Höhe der ermäßigten Steuersätze** gilt – ebenso wie für den Normalsatz (Rz. 19.190) – eine unionsrechtliche Untergrenze. Sie liegt gemäß Art. 99 Abs. 1 MwStSystRL bei 5 %.[3]

19.191

Die Kombination aus Vorsteuerabzug in Höhe von regelmäßig mindestens 15 % der Eingangsumsätze (Rz. 19.205 und 19.190) und einem ggf. für sämtliche Ausgangsumsätze des Steuerpflichtigen geltenden Steuersatz von nur 5 % kann – je nach Höhe der Wertschöpfung in seinem Unternehmen – zu beständigen **Vorsteuerüberhängen** führen. Art. 99 Abs. 2 MwStSystRL stellt in dieser Hinsicht ausdrücklich klar, dass die Mitgliedstaaten den Umfang des Vorsteuerabzugs in solchen Fällen nicht auf die Steuerlast begrenzen dürfen, die sich für den Steuerpflichtigen aus seinen ermäßigt besteuerten Ausgangsumsätzen ergibt. In subventionierten Branchen existieren deshalb Steuerpflichtige, die stets nur Ansprüche gegenüber dem Fiskus anmelden, nie aber selbst eine Steuer zu entrichten haben.

19.192

Welche Güter die Mitgliedsstaaten mit Hilfe eines oder zweier ermäßigter Tarife subventionieren dürfen, ist ihnen **unionsrechtlich vorgegeben**. Die hierfür in Frage kommenden Leistungen sind vor allem im Anhang III sowie in den Art. 102, 103 Abs. 2 und 122 MwStSystRL aufgeführt. Ganz ausnahmsweise kann gemäß Art. 103 Abs. 1 MwStSystRL auch für die Einfuhr bestimmter Gegenstände ein ermäßigter Tarif festgelegt werden. Darüber hinaus sind in den Art. 104a, 105, 110, 112 bis 120, 123, 128 und 129 MwStSystRL eine Vielzahl von Ermächtigungen und Bestandsschutzregelungen für einzelne Mitgliedstaaten zu finden, die für weitere Leistungsgegenstände ermäßigte Steuersätze erlauben. Ihrer Natur nach sind diese Regelungen darauf angelegt, nur vorübergehend Anwendung zu finden. Wie viele Übergangsregelungen des Mehrwertsteuerrechts behaupten sie sich aber hartnäckig.

19.193

Insbesondere die Tatbestände für ermäßigte Steuersätze in Anhang III MwStSystRL bilden recht häufig Anlass für Streit. Vor allem die Kommission hat in der Vergangenheit immer wieder Mitgliedstaaten verklagt, die ermäßigte Tarife über den unionrechtlich erlaubten Rahmen hinaus gewährt hatten.[4] Deshalb existiert eine recht umfangreiche Rechtsprechung des EuGH zu den insgesamt **24 Tatbeständen des Anhangs III MwStSystRL**, wenn auch längst nicht zu allen.[5] In den Ermäßigungstatbeständen sind so unterschiedliche Dinge geregelt wie Lebensmittel, Bücher, Fensterreinigung und Bestattungen. Erst 2009 wurden sechs Tatbestände hinzugefügt, um den Mitgliedstaaten eine noch weiter-

19.194

---

1 Siehe zu aktuellen Reformbestrebungen der Kommission, die im Zuge einer ebenfalls vorgeschlagenen Reform der Besteuerung grenzüberschreitender Warenbewegungen (Rz. 19.4) eine Disharmonisierung der ermäßigten Steuersätze der Mitgliedstaaten anstrebt: Vorschlag vom 18.1.2018 für eine Richtlinie des Rates zur Änderung der Richtlinie 2006/112/EG in Bezug auf die Mehrsteuersätze (COM[2018] 20 final).
2 Stand 1.1.2019.
3 Bei einigen Mitgliedstaaten, die vor der Einführung des Binnenmarktes einen besonders niedrigen Steuersatz hatten, erlaubt Art. 114 Abs. 1 Unterabs. 1 MwStSystRL noch niedrigere Steuersätze.
4 Siehe zuletzt z. B. EuGH v. 14.3.2013 – C-108/11 – Kommission/Irland, ECLI:EU:C:2013:161 zu Pferden und Windhunden; v. 18.12.2014 – C-639/13 – Kommission/Polen, ECLI:EU:C:2014:2468 zu Brandbekämpfungsmaßnahmen; v. 5.3.2015 – C-479/13 – Kommission/Frankreich, ECLI:EU:C:2015:141 und v. 5.3.2015 – C-502/13 – Kommission/Luxemburg, ECLI:EU:C:2015:143 zu elektronischen Büchern; v. 4.6.2015 – C-161/14 – Kommission/Vereinigtes Königreich, ECLI:EU:C:2015:355 zur Renovierung von Wohnungen.
5 Siehe zuletzt nur: EuGH v. 10.11.2016 – C-432/15 – Baštová, ECLI:EU:C:2016:855 zur Nr. 14 (Sportanlagen); v. 9.3.2017 – C-573/15 – Oxycure Belgium, ECLI:EU:C:2017:189 zu Nrn. 3 und 4 (Arzneimittel und medizinische Hilfsmittel); v. 9.11.2017 – C-499/16 – AZ, ECLI:EU:C:2018:846 zur Nr. 1 (Lebensmittel).

gehende Wirtschaftssteuerung mittels ermäßigter Mehrwertsteuersätze zu ermöglichen.¹ Die Komplexität wird noch dadurch erhöht, dass die Mitgliedstaaten grundsätzlich auch berechtigt sind, einen ermäßigten Steuersatz nur für einen **Teilbereich eines Ermäßigungstatbestandes** vorzusehen. So können sie beispielsweise im Rahmen der gemäß Anhang III Nr. 2 MwStSystRL bestehenden Befugnis, die „Lieferung von Wasser" ermäßigt zu besteuern, im nationalen Recht einen ermäßigten Steuersatz auch nur für das Legen des Wasseranschlusses vorsehen.² Solche Differenzierungen stehen jedoch nach der EuGH-Rechtsprechung unter dem Vorbehalt ihrer Vereinbarkeit mit dem Gebot der Wettbewerbsneutralität (Rz. 19.17).³

VI. Steuerschuldner

1. Grundsatz

19.195 Eine der Besonderheiten des Mehrwertsteuerrechts der Union besteht darin, dass die Person des leistenden „Steuerpflichtigen" und die Person, welche die Steuer gegenüber dem Fiskus schuldet, teilweise auseinanderfallen. **Grundsätzlich** ist zwar gemäß Art. 193 MwStSystRL **der Steuerpflichtige**, der die besteuerten Leistungen erbringt, auch der Steuerschuldner. Es gibt jedoch Konstellationen, in denen statt des leistenden Steuerpflichtigen sein Leistungsempfänger die Mehrwertsteuer für den Umsatz schuldet (Rz. 19.196 ff.). Abseits der Steuerschuld von Steuerpflichtigem und Leistungsempfänger ist schließlich noch auf eine dritte Art der Steuerschuld einzugehen: die Steuerschuld des Rechnungsausstellers (Rz. 19.202 ff.). Die Steuerschuld, die den jeweiligen Steuerschuldner in allen diesen Fällen trifft, ist im Übrigen nicht zu verwechseln mit der Zahllast, die er letztendlich gegenüber dem Fiskus zu tragen hat. Diese ergibt sich erst aus einer Saldierung seiner Steuerschuld mit seinen Erstattungsansprüchen aus dem Recht auf Vorsteuerabzug (Rz. 19.205 ff.) für den jeweiligen Steuerzeitraum (vgl. Art. 183 MwStSystRL).

2. Steuerschuld des Leistungsempfängers

a) Überblick

19.196 In zunehmendem Maß ist der Gesetzgeber dazu übergegangen, insbesondere bei bestimmten Leistungsgegenständen, statt des leistenden Steuerpflichtigen seinen ebenfalls steuerpflichtigen Leistungsempfänger zum Steuerschuldner zu bestimmen (sog. Umkehrung der Steuerschuldnerschaft oder „reverse-charge"). Wer Empfänger einer Leistung ist, ergibt sich aus wirtschaftlicher Betrachtung; normalerweise ist aber davon auszugehen, dass die vertraglichen Bestimmungen die wirtschaftliche Situation zutreffend wiedergeben.⁴ Diese Entwicklung hat im Wesentlichen zwei Gründe: die **Betrugsbekämpfung** (Rz. 19.198 ff.) und die verfahrensmäßigen Folgen der zunehmenden Betonung des **Bestimmungslandprinzips** (Rz. 19.201). Entsprechend teilen sich auch die Tatbestände in zwei Gruppen.

19.197 Der große Nachteil der gegenwärtigen Konstruktion der Steuerschuld des Leistungsempfängers besteht darin, dass der leistende **Steuerpflichtige wissen muss, ob sein Leistungsempfänger ebenfalls Steuerpflichtiger ist**. Nimmt er dies zu Unrecht an, schuldet er selbst die Mehrwertsteuer für seine Leistung, hat gegenüber seinem Leistungsempfänger jedoch nur den Nettopreis verlangt. Dieses Risiko ist beherrschbar, solange die Leistungsgegenstände, für die das Unionsrecht das „reverse-charge"-Verfahren vorsieht, in der Praxis ohnehin nur an Steuerpflichtige erbracht werden. Je weiter sich das geltende Mehrwertsteuersystem jedoch der Umkehrung der Steuerschuldnerschaft bedient, desto mehr stellt sich die grundsätzliche Frage, welchen „Mehrwert" das geltende komplizierte Allphasensystem

---

1 Richtlinie 2009/47/EG des Rates vom 5.5.2009 zur Änderung der Richtlinie 2006/112/EG in Bezug auf ermäßigte Mehrwertsteuersätze (ABl. EU 2009 Nr. L 116, 18).
2 Vgl. in diesem Sinne EuGH v. 3.4.2008 – C-442/05 – Zweckverband zur Trinkwasserversorgung und Abwasserbeseitigung Torgau-Westelbien, ECLI:EU:C:2008:184, Rz. 43.
3 Vgl. nur EuGH v. 9.11.2017 – C-499/16 – AZ, ECLI:EU:C:2018:846, Rz. 23.
4 Vgl. EuGH v. 20.6.2013 – C-653/11 – Newey, ECLI:EU:C:2013:409, Rz. 42 f.

mit Vorsteuerabzug (Rz. 19.2) gegenüber einer simplen „sales tax" nach US-amerikanischem Vorbild noch produziert.

b) Betrugsbekämpfung

Eine Reihe von Tatbeständen, die zu einer Umkehrung der Steuerschuldnerschaft führen, ist Ausdruck der Betrugsanfälligkeit des geltenden Mehrwertsteuersystems. Durch die Verlagerung der Steuerschuld auf den Leistungsempfänger soll im Ergebnis verhindert werden, dass Schuldner der Steuer und Berechtigter des Vorsteuerabzugs – wie üblicherweise im geltenden Mehrwertsteuersystem (Rz. 19.207) – auseinanderfallen. Da der Leistungsempfänger unabhängig davon Anspruch auf Erstattung der Steuer hat, ob der leistende Steuerpflichtige die Steuer überhaupt abgeführt hat, ergeben sich Betrugsmöglichkeiten zu Lasten des Fiskus. Diese werden im Keim erstickt, wenn aufgrund der Umkehrung der Steuerschuldnerschaft die **Person, die zum Vorsteuerabzug berechtigt ist, gleichzeitig Steuerschuldner** ist. So kommt es im Ergebnis nur zu einer Erklärung des Umsatzes, nicht aber zu einem Zahlungsfluss, weil sich Steuerschuld und Vorsteuerabzug in der Person des Leistungsempfängers gegenseitig aufheben. Der Betrugsbekämpfung dient ergänzend auch die Bestimmung des Art. 205 MwStSystRL, wonach die Mitgliedstaaten die gesamtschuldnerische Haftung weiterer Personen vorsehen können.[1]

19.198

Um entsprechenden Betrugssystemen in einzelnen Branchen entgegen zu treten hat der Unionsgesetzgeber in den Art. 199 und 199a MwStSystRL mittlerweile eine **Vielzahl von Tatbeständen** vorgesehen, in denen jeder Mitgliedstaat bei **einzelnen Leistungsgegenständen** eine Umkehrung der Steuerschuld für sein Hoheitsgebiet festlegen kann. Die Liste der Tatbestände reicht von Bauleistungen (Art. 199 Abs. 1 Buchst. a) über Lieferungen von Grundstücken im Zwangsversteigerungsverfahren (Art. 199 Abs. 1 Buchst. g) bis zum Handel mit Treibhausgasemissionszertifikaten (Art. 199a Abs. 1 Buchst. a) und der Lieferung von Spielkonsolen (Art. 199a Abs. 1 Buchst. h). Vorbild für diese Optionsrechte der Mitgliedstaaten sind vielfach sog. „Sondermaßnahmen" gemäß Art. 395 MwStSystRL (Rz. 19.10), mit denen der Rat einzelnen Mitgliedstaaten in der Vergangenheit erlaubt hatte, bei bestimmten Leistungsgegenständen zur Betrugsbekämpfung „reverse-charge" vorzusehen.

19.199

Da sich das bisherige System aus Sondermaßnahmen und ggf. Erweiterung der Tatbestände der Art. 199 und 199a MwStSystRL aus Sicht der Mitgliedstaaten als zu schwerfällig erwies, wird es nunmehr ergänzt durch den sog. „**Schnellreaktionsmechanismus**" gemäß Art. 199b MwStSystRL. Danach können die Mitgliedstaaten in Fällen „äußerster Dringlichkeit" – parallel zu einem Antrag nach Art. 395 MwStSystRL – für einen Zeitraum von höchstens neun Monaten für ihr Hoheitsgebiet einen abweichenden Steuerschuldner bestimmen, sofern die Kommission innerhalb eines Monats nach Eingang der Mitteilung des Mitgliedstaats keine Einwände erhebt (Art. 199b Abs. 3 Satz 4 MwStSystRL). Darüber hinaus ist mit dem Art. 199c MwStSystRL eine **Experimentierklausel für einen kompletten Systemwechsel** geschaffen worden. Danach können einzelne Mitgliedstaaten, zunächst auf einen maximalen Zeitraum von dreieinhalb Jahren begrenzt, die Vorteile eines generellen „reverse-charge"-Systems erproben, das allerdings auf inländische Leistungen sowie auf Steuerpflichtige beschränkt ist, die eine bestimmte Umsatzgrenze überschreiten.

19.200

c) Bestimmungslandprinzip

Ein weiterer bedeutender Grund für die Umkehrung der Steuerschuldnerschaft besteht bei grenzüberschreitenden Leistungen. Soweit beispielsweise die Regelungen zum Ort einer Dienstleistung vorsehen, dass die Dienstleistung am Ort des Leistungsempfängers zu versteuern ist (Rz. 19.82 ff.), soll dem leistenden Steuerpflichtigen bei grenzüberschreitenden Dienstleistungen gemäß Art. 196 MwStSystRL

19.201

---

1 Siehe hierzu im Einzelnen EuGH v. 11.5.2006 – C-384/04 – Federation of Technological Industries u.a., ECLI:EU:C:2006:309, Rz. 28 bis 35.

durch die Bestimmung des Leistungsempfängers zum Steuerschuldner erspart werden, sich in einem anderen Mitgliedstaat steuerlichen Erklärungspflichten zu unterwerfen.

3. Steuerschuld kraft Rechnungsausweis

19.202 Wer eine Rechnung ausstellt und darin Mehrwertsteuer ausweist, schuldet gemäß Art. 203 MwStSystRL die darin aufgeführte Mehrwertsteuer allein aus diesem Grund. Es ist unerheblich, ob der Rechnung tatsächlich ein steuerpflichtiger Umsatz zugrunde liegt.[1] So kann Art. 203 MwStSystRL in unterschiedlichen Situationen zum Tragen kommen: wenn gar keine Leistung erbracht wurde oder wenn zwar eine Leistung erbracht wurde, aber in der Rechnung eine zu hohe Steuer oder der falsche Steuerschuldner angegeben wurde.

19.203 Die Steuerschuld kraft Rechnungsausweis ist nicht als zusätzlicher Steuertatbestand der Mehrwertsteuer einzuordnen (Rz. 19.52). Sie dient lediglich der **Absicherung des Fiskus**, falls der Rechnungsempfänger mithilfe der Rechnung einen **Vorsteuerabzug** geltend macht, ohne hierzu materiell berechtigt zu sein.[2] Denn die bloße Steuerschuld kraft Rechnungsausweis berechtigt den Rechnungsempfänger nicht zum Vorsteuerabzug. Hierfür muss tatsächlich ein steuerpflichtiger Umsatz an ihn bewirkt werden (Rz. 19.209).[3]

19.204 Bei der Steuerschuld kraft Rechnungsausweis kann die Entstehung der Steuer wieder **rückgängig** gemacht werden. Die Mitgliedstaaten müssen dem Aussteller der Rechnung ermöglichen, die Rechnung zu berichtigen,[4] mit der Folge, dass die Steuerschuld nach Art. 203 MwStSystRL wieder entfällt. Voraussetzung für eine solche Berichtigungsmöglichkeit ist entweder der gute Glauben des Ausstellers oder die Beseitigung der Gefährdung des Steueraufkommens durch die von ihm ausgestellte Rechnung.[5] In bestimmten Konstellationen gesteht der EuGH sogar dem Rechnungsempfänger zu, eine gemäß Art. 203 MwStSystRL entrichtete Mehrwertsteuer vom Fiskus zurückzuverlangen, wenn er seinerseits die Mehrwertsteuer an den Rechnungsaussteller gezahlt hat.[6]

VII. Vorsteuerabzug

Literatur (Auswahl): *Becker,* Die Rechnungsberichtigung fehlerhafter Rechnungen und ihre Folgen, MwStR 2016, 447; *Burghardt,* Vorsteuerabzug aus Einfuhrumsatzsteuer, MwStR 2017, 308; *Datzer,* Akquisitionsgesellschaft im Mehrwertsteuerrecht, UR 2016, 653; *Friedrich-Vache/Endres-Reich,* Der Vorsteuerabzug der Funktions-/Führungsholding, UR 2017, 649; *Eggers,* Vorsteuerabzug bei Kapitalbeschaffungsmaßnahmen zur Beteiligungsfinanzierung, MwStR 2017, 562; *Heuermann,* Probleme des Vorsteuerabzugsrechts, MwStR 2017, 729; *Kemper,* Rechnungsinhalt und Berichtigung von Rechnungen, UR 2018, 542; *L'habitant/ Janott,* Vorsteuerabzugsberechtigung beim Anteilstausch, MwStR 2018, 115; *Meurer,* Vorsteuerabzug bei Zusammenhang mit unentgeltlichen (Haupt)Leistungen?, MwStR 2016, 192; *Pull/Streit,* Vorsteuerabzug bei unentgeltlichen Tätigkeiten und Vorgängen, MwStR 2018, 108; *Reiß,* Vorsteuer(abzug) ohne Erhalt einer tatsächlich ausgeführten Lieferung oder Dienstleistung eines anderen Unternehmers, MwStR 2018, 372; *Reiß,* Vorsteuerabzug und Vorsteuerberichtigung bei Anzahlungen für nicht erbrachte Lieferungen, MwStR 2018, 643; *Reiß,* Vorsteuerabzugsrecht und Festsetzungsverjährung bei nachträglichen Rechnungskorrekturen, UR 2018, 457; *Slapio,* Rechnung und Vorsteuerabzug, UR 2017, 456; *Wäger,* Das Zeitalter der Absichts-

---

1 EuGH v. 31.1.2013 – C-642/11 – Stroy trans, ECLI:EU:C:2013:54, Rz. 29.
2 Vgl. in diesem Sinne EuGH v. 31.1.2013 – C-642/11 – Stroy trans, ECLI:EU:C:2013:54, Rz. 31 f.; v. 8.5.2019 – C-712/17 – EN.SA., ECLI:EU:C:2019:374, Rz. 31 f.
3 EuGH v. 13.12.1989 – C-342/87 – Genius Holding, ECLI:EU:C:1989:635.
4 Vgl. EuGH v. 19.9.2000 – C-454/98 – Schmeink & Cofreth und Strobel, ECLI:EU:C:2000:469; v. 11.4.2013 – C-138/12 – Rusedespred, ECLI:EU:C:2013:233, Rz. 28 und 34.
5 EuGH v. 31.1.2013 – C-642/11 – Stroy trans, ECLI:EU:C:2013:54, Rz. 33; v. 11.4.2013 – C-138/12 – Rusedespred, ECLI:EU:C:2013:233, Rz. 26 f.; v. 8.5.2019 – C-712/17 – EN.SA., ECLI:EU:C:2019:374, Rz. 33.
6 Vgl. EuGH v. 11.4.2019 – C-691/17 – PORR Építési, ECLI:EU:C:2019:327, allerdings zu Unrecht ohne Bezugnahme auf Art. 203 MwStSystRL.

besteuerung beim Vorsteuerabzug, UR 2017, 41; *Widmann*, Über Rechnungen nach den EuGH-Urteilen in den Rs. Senatex und Barlis, UR 2017, 18; *Widmann*, Vom Handeln eines Steuerpflichtigem als solchem, UR 2018, 666.

1. Überblick

Der Vorsteuerabzug macht die Besonderheit des für die nationalen Umsatzsteuern der Mitgliedstaaten geltenden Mehrwertsteuersystems aus. Nach Diktion des EuGH ist er sein „integraler Bestandteil".[1] Der Vorsteuerabzug vermittelt dem Steuerpflichtigen gegenüber dem Fiskus einen **Anspruch auf Rückzahlung** derjenigen Mehrwertsteuer, die er für seine Eingangsumsätze als Leistungsempfänger gezahlt hat. Dabei ist es unerheblich, ob er diese Steuer an seinen Vertragspartner gezahlt hat, weil dieser ihm die Mehrwertsteuer zur Überwälzung seiner eigenen Steuerschuld in Rechnung gestellt hat, oder ob er als Leistungsempfänger ausnahmsweise selbst Steuerschuldner ist (Rz. 19.196 ff.): Jeweils bekommt der Leistungsempfänger die Steuer erstattet, die auf seine Eingangsumsätze erhoben wird.

19.205

Aus der Saldierung von Steuerschuld, die regelmäßig aus den Ausgangsumsätzen eines Steuerpflichtigen resultiert (Rz. 19.195), und dem Recht auf Vorsteuerabzug, das sich aus seinen Eingangsumsätzen ergibt, entsteht in der Regel eine Zahllast gegenüber dem Fiskus, die der Mehrwertsteuer ihren Namen gibt. Im Ergebnis zahlt ein Steuerpflichtiger nämlich grundsätzlich eine **Steuer auf die Wertschöpfung seines Unternehmens**, also auf den wirtschaftlichen Mehrwert seiner Tätigkeit. Dies gilt allerdings nicht uneingeschränkt. Denn bei bestimmten Ausgangsumsätzen besteht keine Berechtigung zum Vorsteuerabzug (Rz. 19.218 ff.). In diesem Fall erfasst die Mehrwertsteuer allein die Wertschöpfung der Vorstufen. In dieser Differenzierung des Rechts auf Vorsteuerabzug zwischen „guten" und „bösen" Ausgangsumsätzen liegt sein **grundlegendes Anwendungsproblem**: Da ein Zusammenhang zwischen besteuerten Eingangs- und zum Vorsteuerabzug berechtigenden Ausgangsumsätzen eines Unternehmens herzustellen ist, stellt sich die mitunter nur schwer zu beantwortende Frage, welche Eingangsumsätze in welche Ausgangsumsätze wirtschaftlichen Eingang gefunden haben (Rz. 19.221 ff.).

19.206

Eine Einleitung in die komplexe Rechtsmaterie Vorsteuerabzug wäre unvollständig ohne das Wort **Betrug**. Das regelmäßige Auseinanderfallen von Steuerschuldner und Vorsteuerabzugsberechtigtem sowie die Unabhängigkeit der daraus resultierenden Ansprüche des Fiskus und gegenüber dem Fiskus sind die Quelle von Modellen, deren außergewöhnliche Verlockung darin besteht, dem Staat nicht bloß Steuern im Rahmen einer tatsächlich ausgeübtem Wirtschaftstätigkeit vorzuenthalten, sondern sogar – quasi aus dem Nichts – vom Staat Geld zu erhalten. Dass im Recht auf Vorsteuerabzug die Ursache des Betrugsübels besteht, erklärt zusätzlich, warum in der Praxis und auch vor dem EuGH immer wieder um die Einzelfragen des Vorsteuerabzugs – seine **materiellen** (Rz. 19.208 ff.) und **formellen Voraussetzungen** (Rz. 19.227 ff.) sowie seine nachträgliche **Berichtigung** (Rz. 19.230 f.) – so erbittert gekämpft wird.

19.207

2. Materielle Voraussetzungen des Vorsteuerabzugs

a) Überblick

Gegenstand des Rechts auf Vorsteuerabzug ist gemäß Art. 168 MwStSystRL immer Mehrwertsteuer, die für den Leistungsbezug, also die Eingangsumsätze des Steuerpflichtigen, zu zahlen ist (Rz. 19.209 ff.). Ein solches Recht besteht aber nur dann, wenn die betreffenden Eingangsumsätze, für deren Erbringung Mehrwertsteuer anfällt, für die wirtschaftliche Tätigkeit des Steuerpflichtigen (Rz. 19.213 ff.) und zudem

19.208

---

1 Siehe nur EuGH v. 21.2.2006 – C-255/02 – Halifax u.a., ECLI:EU:C:2006:121, Rz. 83; v. 7.8.2018 – C-16/17 – TGE Gas Engineering, ECLI:EU:C:2018:647, Rz. 44; das in der französischen Beratungsfassung der Entscheidungen verwendete „fait partie intégrante" wird immer wieder auch missverständlich mit „integrierender Bestandteil" übersetzt: vgl. u. a. EuGH v. 6.7.1995 – C-62/93 – BP Soupergaz, ECLI:EU:C:1995:223, Rz. 18; v. 8.2.2018 – C-380/16 – Kommission/Deutschland, ECLI:EU:C:2018:76, Rz. 52.

in deren Rahmen für Ausgangsumsätze verwendet werden, die zum Vorsteuerabzug berechtigen (Rz. 19.217 ff.).

b) Abziehbare Vorsteuer

19.209 Welche Mehrwertsteuer, die an den Fiskus für die **Eingangsumsätze** des Steuerpflichtigen abzuführen ist, Gegenstand eines Rechts auf Vorsteuerabzug sein kann, ist in den Buchst. a bis e des Art. 168 MwStSystRL geregelt. Diese spiegeln die Hauptsteuertatbestände des Art. 2 MwStSystRL wider, so im Buchst. a die **entgeltliche Leistung** (Rz. 19.53 ff.), im Buchst. c den **innergemeinschaftlichen Erwerb** von Gegenständen (Rz. 19.92 ff.) und im Buchst. e die **Einfuhr** von Gegenständen (Rz. 19.90 f.). Daneben sind in den Buchst. b und d noch verschiedene Ergänzungstatbestände (Rz. 19.100 ff. und 19.97 ff.) taugliche Eingangsumsätze für den Vorsteuerabzug. Hingegen ist die Steuer, die gemäß Art. 203 MwStSystRL aufgrund eines bloßen Ausweises von Mehrwertsteuer in einer Rechnung ohne tatsächliche Erbringung einer Leistung geschuldet wird (Rz. 19.202 ff.), nicht abziehbar.[1]

19.210 Welchen **Inhalt der Eingangsumsatz** hat, für den die Vorsteuerschuld entsteht, ist grundsätzlich unerheblich, solange der Leistungsbezug für berechtigende Ausgangsumsätze verwendet wird (Rz. 19.218 ff.). Die Vorsteuer hinsichtlich jeglicher Gegenstände und Dienstleistungen, die ein Steuerpflichtiger bezieht, kann daher abzugsfähig sein. Allerdings enthält Art. 176 Abs. 1 MwStSystRL einen **Auftrag an den Unionsgesetzgeber**, den Vorsteuerabzug im Hinblick auf Eingangsumsätze auszuschließen, die „keinen streng geschäftlichen Charakter" haben; als Beispiel werden u. a. Repräsentationsaufwendungen genannt. Zu diesem Ausschluss – der dem Grundsatz der Belastungsneutralität (Rz. 19.19) widersprechen würde – ist es jedoch nie gekommen. Nach Abs. 2 der Vorschrift besteht aber immer noch **Bestandsschutz für Abzugsverbote der Mitgliedstaaten**, die vor dem Inkrafttreten der Sechsten MwSt-Richtlinie (Rz. 19.3) im Jahr 1979 oder einem späteren Beitrittsdatum des Mitgliedstaates bestanden. Obwohl diese Regelung klar erscheint, hat sie den EuGH immer wieder beschäftigt.[2]

19.211 Wer **Steuerschuldner für den jeweiligen Eingangsumsatz** ist, spielt für den Vorsteuerabzug keine Rolle. Beim Vorsteuerabzug für eine entgeltliche Leistung gemäß Art. 168 Buchst. a MwStSystRL kann dies sowohl der leistende Vertragspartner des Vorsteuerabzugsberechtigten als auch dieser selbst sein (Rz. 19.195 ff.).[3] Letzteres gilt auch für Eingangsumsätze in Form des innergemeinschaftlichen Erwerbs (vgl. Art. 200 MwStSystRL) und unter Umständen auch bei der Einfuhr von Gegenständen (vgl. Art. 201 MwStSystRL): Der empfangende Steuerpflichtige ist dann **zugleich Schuldner und Erstattungsberechtigter** der Mehrwertsteuer. Da sich beide Ansprüche gegenseitig aufheben, läuft dies im Ergebnis auf eine bloße Mitteilungspflicht im Hinblick auf den Eingangsumsatz im Wege der Mehrwertsteuererklärung hinaus.

19.212 In der am häufigsten auftretenden Konstellation einer entgeltlichen Leistung, die der leistende Vertragspartner gegenüber dem Fiskus schuldet, sind **Steuerschuldner und Abzugsberechtigter zwei verschiedene Steuerpflichtige**. In diesem Fall ist es für den Vorsteuerabzug unerheblich, ob die Mehrwertsteuer für die Eingangsumsätze, die im Rahmen des Vorsteuerabzugs geltend gemacht wird, vom leistenden Steuerpflichtigen bereits abgeführt wurde oder jemals abgeführt wird.[4] Insoweit spricht Art. 168

---

1 Vgl. nur EuGH v. 13.12.1989 – C-342/87 – Genius Holding, ECLI:EU:C:1989:635; v. 31.1.2013 – C-642/11 – Stroy trans, ECLI:EU:C:2013:54, Rz. 30; v. 8.5.2019 – C-712/17 – EN.SA., ECLI:EU:C:2019:374, Rz. 25 bis 27; dann hilft auch kein guter Glaube an eine empfangene Leistung: EuGH v. 27.6.2018 – C-459/17 und C-460/17 – SGI und Valériane, ECLI:EU:C:2018:501.
2 Siehe nur EuGH v. 18.6.1998 – C-43/96 – Kommission/Frankreich, ECLI:EU:C:1998:304 (zu Art. 17 Abs. 6 Unterabs. 2 der Sechsten MwSt-Richtlinie); v. 2.5.2019 – C-225/18 – Grupa Lotos, ECLI:EU: C:2019:349.
3 Vgl. EuGH v. 1.4.2004 – C-90/02 – Bockemühl, ECLI:EU:C:2004:206, Rz. 37.
4 Vgl. nur EuGH v. 21.6.2012 – C-80/11 und C-142/11 – Mahagében und Dávid, ECLI:EU:C:2012:373, Rz. 40; v. 6.12.2012 – C-285/11 – BONIK, ECLI:EU:C:2012:774, Rz. 28.

Buchst. a MwStSystRL nämlich davon, dass die „geschuldete oder entrichtete" Mehrwertsteuer abziehbar ist.

c) Erwerb für Zwecke der wirtschaftlichen Tätigkeit (Zuordnung)

Als erste Voraussetzung zum Abzug der verschiedenen Arten von Vorsteuer (Rz. 19.209 ff.) ist nach der Rechtsprechung zu prüfen, ob der Bezug der mit Mehrwertsteuer belasteten Eingangsumsätze – zumindest teilweise[1] – für die Zwecke der wirtschaftlichen Tätigkeit des Steuerpflichtigen erfolgt. Denn der Steuerpflichtige muss beim Leistungsbezug auch „als" Steuerpflichtiger handeln.[2] Bei dieser Voraussetzung geht es um die **Zuordnung eines Gegenstands oder einer Dienstleistung im Zeitpunkt des Leistungsbezugs** zum Bereich der wirtschaftlichen Tätigkeit des Steuerpflichtigen.[3] Eine spätere Zuordnung zur wirtschaftlichen Tätigkeit ist nicht mehr möglich.[4] Dies hat zur Folge, dass zwar die Entnahme eines Gegenstands aus dem Unternehmen des Steuerpflichtigen für unternehmensfremde Zwecke mit Mehrwertsteuer zu belasten ist (Rz. 19.102 ff.), bei der spiegelbildlichen Einlage eines Gegenstands jedoch kein Abzug derjenigen Mehrwertsteuer möglich ist, die auf dem außerhalb der wirtschaftlichen Tätigkeit bezogenen Gegenstand noch lastet. Insoweit wird der Grundsatz der steuerlichen Neutralität in Form der Belastungsneutralität (Rz. 19.19) verletzt.

19.213

Der Leistungsbezug für den **Bereich der wirtschaftlichen Tätigkeit** eines Steuerpflichtigen ist abzugrenzen vom Leistungsbezug für den nichtwirtschaftlichen Bereich. Dies richtet sich nach den Vorgaben des Art. 9 Abs. 1 Unterabs. 2 MwStSystRL (Rz. 19.28 ff.). Deshalb erfolgt bei Steuerpflichtigen, die natürliche Personen sind, ein Leistungsbezug für den nichtwirtschaftlichen Bereich, wenn sie Leistungen für private Zwecke beziehen. Bei steuerpflichtigen juristischen Personen hingegen ist eine Abgrenzung zum privaten Bereich nicht möglich. Allerdings können auch juristische Personen einen nichtwirtschaftlichen Tätigkeitsbereich haben, wie beispielsweise Gemeinden im Hinblick auf ihre hoheitliche Tätigkeit (Rz. 19.31).[5]

19.214

Welchem Tätigkeitsbereich eines Steuerpflichtigen ein bestimmter Leistungsbezug zuzuordnen ist, muss sich nahezu zwangsläufig nach der **Verwendungsabsicht des Steuerpflichtigen** richten, da das Recht auf Vorsteuerabzug regelmäßig bereits mit dem Bezug der Leistung entsteht (Rz. 19.226) und zu diesem Zeitpunkt die tatsächliche Verwendung eines Leistungsbezugs mitunter noch nicht festzustellen ist. Die Absicht des Steuerpflichtigen, die bezogene Leistung für seine wirtschaftliche Tätigkeit zu verwenden, muss aber nach der EuGH-Rechtsprechung durch objektive Umstände belegt werden können.[6] Dabei schließt selbst die anfängliche ausschließliche Verwendung eines Gegenstands außerhalb des Bereichs der wirtschaftlichen Tätigkeit nicht von vornherein aus, dass bei Leistungsbezug die Absicht zur (späteren) Verwendung im Bereich der wirtschaftlichen Tätigkeit bestand.[7]

19.215

Soll ein Gegenstand **zum Teil für die wirtschaftliche und zum Teil für die nichtwirtschaftliche Tätigkeit** eines Steuerpflichtigen verwendet werden, erfolgt auch nur eine teilweise Zuordnung des Gegenstands zum Bereich der wirtschaftlichen Tätigkeit. Ein Vorsteuerabzug kann dann von vornherein

19.216

---

1 Vgl. nur EuGH v. 11.7.1991 – C-97/90 – Lennartz, ECLI:EU:C:1991:315, Rz. 29.
2 Siehe zuletzt nur EuGH v. 25.7.2018 – C-140/17 – Gmina Ryjewo, ECLI:EU:C:2015:712, Rz. 34; v. 2.5.2019 – C-225/18 – Grupa Lotos, ECLI:EU:C:2019:349, Rz. 27; v. 8.5.2019 – C-566/17 – Związek Gmin Zagłębia Miedziowego, ECLI:EU:C:2019:390, Rz. 27.
3 EuGH, Schlussanträge der Generalanwältin *Kokott* v. 22.4.2015 – C-126/14 – Sveda, ECLI:EU:C:2015:254, Rz. 22.
4 Vgl. in diesem Sinne nur EuGH v. 11.7.1991 – C-97/90 – Lennartz, ECLI:EU:C:1991:315, Rz. 9 bis 11; v. 25.7.2018 – C-140/17 – Gmina Ryjewo, ECLI:EU:C:2015:712, Rz. 37.
5 Siehe hierzu z. B. EuGH v. 8.5.2019 – C-566/17 – Związek Gmin Zagłębia Miedziowego, ECLI:EU:C:2019:390.
6 EuGH v. 25.7.2018 – C-140/17 – Gmina Ryjewo, ECLI:EU:C:2015:712, Rz. 38 f. und die dort angeführte Rechtsprechung.
7 Vgl. EuGH v. 25.7.2018 – C-140/17 – Gmina Ryjewo, ECLI:EU:C:2015:712, Rz. 52 f.

nur teilweise geltend gemacht werden. Handelt es sich aber bei der nichtwirtschaftlichen Tätigkeit um die private Nutzung durch eine natürliche Person, so gibt die EuGH-Rechtsprechung dem Steuerpflichtigen ein Wahlrecht: Er kann den Gegenstand entweder ebenfalls nur teilweise oder aber zur Gänze seinem Unternehmen zuordnen, verbunden mit der Folge, das der private Nutzungsanteil gemäß Art. 26 Abs. 1 Buchst. a MwStSystRL zu versteuern ist (Rz. 19.105).[1] Das aus dieser Rechtsprechung resultierende Steuersparmodell bei der Herstellung von Gebäuden schließt Art. 168a Abs. 1 Unterabs. 1 MwStSystRL inzwischen aus, indem er den Vorsteuerabzug bei Ausgaben im Zusammenhang mit einem Grundstück auf den Anteil der Verwendung des Grundstücks für die wirtschaftliche Tätigkeit reduziert.[2]

d) Verwendung für berechtigende Ausgangsumsätze
aa) Überblick

19.217 Über die Zuordnung zur wirtschaftlichen Tätigkeit hinaus muss ein Eingangsumsatz nach Art. 168 oder 169 MwStSystRL für die Zwecke von Ausgangsumsätzen „verwendet werden", die zum Vorsteuerabzug berechtigen. Die Eingangsumsätze müssen also nicht nur der wirtschaftlichen Tätigkeit im Allgemeinen zugeordnet werden können (Rz. 19.213 ff.), sondern das Recht auf Vorsteuerabzug setzt des Weiteren voraus, dass ihre Verwendung im Rahmen der wirtschaftlichen Tätigkeit der Erbringung bestimmter Ausgangsumsätze dient. Regelmäßig müssen die Ausgangsumsätze dabei ihrerseits der Mehrwertsteuer unterliegen (Rz. 19.218 ff.). Werden Eingangsumsätze nur teilweise für besteuerte Ausgangsumsätze verwendet, so wird auch nur teilweiser Vorsteuerabzug gewährt (Rz. 19.224 f.).

bb) Berechtigende Ausgangsumsätze

19.218 Die zum Vorsteuerabzug berechtigenden Ausgangsumsätze werden gemäß Art. 168 und 169 MwStSystRL in zwei Gruppen eingeteilt. Der Einleitungssatz des Art. 168 MwStSystRL stellt dabei die **Grundregel** auf, dass nur die Verwendung für „besteuerte Umsätze" zum Vorsteuerabzug im Hinblick auf die Eingangsumsätze berechtigt. Aus Art. 169 Buchst. a MwStSystRL ergibt sich dabei, dass es grundsätzlich unerheblich ist, ob der Ausgangsumsatz auch in dem Mitgliedstaat bewirkt wird, in dem der jeweilige Eingangsumsatz besteuert wurde.[3] Hier verwirklicht sich das **Funktionsprinzip des Mehrphasensystems mit Vorsteuerabzug**, wonach die Steuer grundsätzlich innerhalb der Leistungskette der Steuerpflichtigen belastungsneutral ist und erst bei einem Umsatz an einen Nichtsteuerpflichtigen zu einer endgültigen Belastung führt (Rz. 19.2 und 19.15). Daher wird Vorsteuerabzug grundsätzlich nur dort gewährt, wo die Eingangsumsätze wiederum besteuerte Ausgangsumsätze zur Folge haben.

19.219 „Besteuerte Umsätze" im Sinne des Einleitungssatzes des Art. 168 MwStSystRL sind solche, die aufgrund eines Haupttatbestands der Mehrwertsteuer oder eines Ergänzungstatbestands besteuert werden, der ein bestimmtes Verhalten einem Haupttatbestand gleichstellt (Rz. 19.50 ff.). Grundsätzlich berechtigen deshalb Umsätze, die von der Steuer befreit sind, nicht zum Vorsteuerabzug.[4] Da aber die Besteuerung nach einem Ergänzungstatbestand ausreicht, kann grundsätzlich auch für die private Verwendung eines Gegenstands, der nach Art. 26 Abs. 1 Buchst. a MwStSystRL besteuert wird, Vorsteuerabzug geltend gemacht werden, sofern der Gegenstand der wirtschaftlichen Tätigkeit des Steuerpflichtigen zugeordnet wurde (Rz. 19.216).

---

1 Siehe nur EuGH v. 8.5.2003 – C-269/00 – Seeling, ECLI:EU:C:2003:254, Rz. 40 bis 43.
2 Daneben haben die Mitgliedstaaten nach Art. 168a Abs. 2 MwStSystRL die Möglichkeit, diese Begrenzung des Vorsteuerabzugs auch im Hinblick auf Ausgaben im Zusammenhang mit anderen Gegenständen vorzusehen.
3 Siehe zu insoweit ergänzend bestehenden Voraussetzungen, die sich aufgrund noch bestehender Harmonisierungsunterschiede der beteiligten Mitgliedstaaten ergeben können: EuGH v. 24.1.2019 – C-165/17 – Morgan Stanley & Co International, ECLI:EU:C:2019:58, Rz. 31 f.
4 Siehe zur Steuerbefreiung für Kleinunternehmen (Rz. 19.159 f.) insoweit explizit Art. 289 MwStSystRL.

Von dem Grundsatz, dass für das Recht auf Vorsteuerabzug die Ausgangsumsätze ihrerseits der Mehrwertsteuer unterliegen müssen, existieren allerdings auch Ausnahmen. Diese sind in erster Linie in Art. 169 MwStSystRL geregelt und erweitern das Recht auf Vorsteuerabzug um zwei Arten **nicht besteuerter Ausgangsumsätze**. Vor allem betrifft dies nach Buchst. b den grenzüberschreitenden Handel, der sich in Umsätzen wie der nach Art. 138 Abs. 1 MwStSystRL befreiten innergemeinschaftlichen Lieferung oder der gemäß Art. 146 MwStSystRL befreiten Ausfuhr eines Gegenstandes manifestiert. Die Gewährung des Vorsteuerabzugs in diesen Fällen dient der Verwirklichung des **Bestimmungslandprinzips**, indem die Ware den Herkunftsmitgliedstaat ohne mehrwertsteuerliche Belastung verlassen kann (Rz. 19.161). Der Buchst. c des Art. 169 MwStSystRL enthält zudem eine Sonderregelung für die **Finanzindustrie**, deren Umsätze regelmäßig gemäß Art. 135 Abs. 1 Buchst. a bis f MwStSystRL von der Mehrwertsteuer befreit sind (Rz. 19.137 ff.). Danach erhalten Finanzdienstleister trotz steuerbefreiter Ausgangsumsätze das Recht auf Vorsteuerabzug, soweit sie ihre Dienstleistungen an Kunden außerhalb der Union erbringen. Darüber hinaus geben die Art. 354 und 355 MwStSystRL ein Recht auf Vorsteuerabzug im Hinblick auf bestimmte Eingangsleistungen, die mit der steuerfreien Lieferung von **Anlagegold** (Rz. 19.154) zusammenhängen.

19.220

cc) Verwendung

Das Recht auf Vorsteuerabzug hängt gemäß Art. 168 und 169 MwStSystRL davon ab, dass Eingangsumsätze für einen oder mehrere Ausgangsumsätze „verwendet werden", die zum Vorsteuerabzug berechtigen (Rz. 19.218 ff.). Trotz dieser Formulierung kommt es letztlich für das Recht auf Vorsteuerabzug nicht darauf an, dass ein Gegenstand oder eine Dienstleistung tatsächlich für Ausgangsumsätze verwendet wurde, sondern entscheidend ist – wie schon bei der Zuordnung des Eingangsumsatzes zur wirtschaftlichen Tätigkeit (Rz. 19.213 ff.) – die **Verwendungsabsicht** zum Zeitpunkt des Bezugs der Eingangsleistungen.[1] Sollten die Eingangsleistungen wider Erwarten tatsächlich nicht in Ausgangsleistungen münden, bleibt das Recht auf Vorsteuerabzug erhalten.[2]

19.221

Zur Feststellung der Verwendungsabsicht ist ein vom Steuerpflichtigen beabsichtigter Bezug bestimmter Eingangsumsätze zu bestimmten Ausgangsumsätzen herzustellen. Hier verlangt die EuGH-Rechtsprechung regelmäßig einen „**direkten und unmittelbaren Zusammenhang**" zwischen dem jeweiligen Eingangsumsatz und Ausgangsumsätzen, die zum Vorsteuerabzug berechtigen. Ein solcher soll vorliegen, wenn die untersuchten Eingangsumsätze zu den **Kostenelementen der Ausgangsumsätze** gehören.[3] Dabei kann es sich sowohl um Gemeinkosten[4] als auch um Einzelkosten handeln. Nach welchen Maßstäben dieser geforderte Kostenzusammenhang im Einzelnen zu prüfen ist, bleibt in der Rechtsprechung noch im Wesentlichen unbeantwortet. Klar ist nur, dass es insoweit nicht auf den Willen des Steuerpflichtigen zur Kostenzuordnung ankommt.[5] Das Abstellen des EuGH auf die Kosten einer Leistungserbringung ist allerdings nur dann geeignet, die Verwendungsabsicht zutreffend zu beschreiben,

19.222

---

1 Vgl. nur EuGH v. 29.12.2012 – C-257/11 – Gran Via Moinești, ECLI:EU:C:2012:759, Rz. 27; v. 22.10.2015 – C-126/14 – Sveda, ECLI:EU:C:2015:712, Rz. 20.
2 EuGH v. 29.12.2012 – C-257/11 – Gran Via Moinești, ECLI:EU:C:2012:759, Rz. 29 und die dort angeführte Rechtsprechung.
3 Vgl. nur EuGH v. 18.7.2013 – C-26/12 – PPG Holdings, ECLI:EU:C:2013:526, Rz. 22; v. 22.10.2015 – C-126/14 – Sveda, ECLI:EU:C:2015:712, Rz. 27; v. 8.5.2019 – C-566/17 – Związek Gmin Zagłębia Miedziowego, ECLI:EU:C:2019:390, Rz. 27; vgl. auch EuGH v. 8.5.2019 – C-712/17 – EN.SA., ECLI:EU:C:2019:374, Rz. 23 ohne Bezugnahme mehr auf das Erfordernis eines „direkten und unmittelbaren Zusammenhangs".
4 Vgl. EuGH v. 22.10.2015 – C-126/14 – Sveda, ECLI:EU:C:2015:712, Rz. 28; v. 18.10.2018 – C-153/17 – Volkswagen Financial Services (UK), ECLI:EU:C:2018:845, Rz. 42.
5 Vgl. EuGH v. 22.10.2015 – C-126/14 – Sveda, ECLI:EU:C:2015:712, Rz. 29 und Schlussanträge der Generalanwältin *Kokott* v. 22.4.2015 – C-126/14 – Sveda, ECLI:EU:C:2015:254, Rz. 42 f.; v. 18.10.2018 – C-153/17 – Volkswagen Financial Services (UK), ECLI:EU:C:2018:845, Rz. 43.

wenn es im Sinne eines wirtschaftlichen Veranlassungszusammenhangs verstanden, nicht hingegen wenn ein konkreter Einfluss auf die Preisbildung verlangt wird.[1]

19.223 Von einer **Unterbrechung des direkten und unmittelbaren Zusammenhangs** mit Ausgangsumsätzen, die zum Vorsteuerabzug berechtigen, spricht der EuGH dann, wenn ein unmittelbarer Verwendungszusammenhang mit steuerfreien Umsätzen oder der nichtwirtschaftlichen Tätigkeit eines Steuerpflichtigen festzustellen ist. Sofern dies nicht der Fall ist, können auch Eingangsumsätze, die unmittelbar der Ausführung unentgeltlicher und somit nicht besteuerter Umsätze – wie z. B. der kostenlosen Bereitstellung von Kundenparkplätzen – dienen, einen Verwendungszusammenhang mit der besteuerten Gesamttätigkeit eines Steuerpflichtigen aufweisen.[2] Eine abweichende Dogmatik hat der EuGH allerdings für die **Veräußerung einer Beteiligung** entwickelt. Obwohl die Veräußerung nach Art. 135 Abs. 1 Buchst. f MwStSystRL steuerfrei ist (Rz. 19.150), soll das Recht auf Vorsteuerabzug im Hinblick auf Eingangsleistungen, die dieser Veräußerung dienen, gleichwohl bestehen, sofern der Erlös aus der Veräußerung für die wirtschaftliche Tätigkeit des Steuerpflichtigen verwendet wird.[3]

dd) Aufteilung von Vorsteuerbeträgen

19.224 Der Vorsteuerabzug hinsichtlich der **Gemeinkosten** eines Steuerpflichtigen bedarf besonderer Betrachtung. Solche Kosten können nämlich nicht nur einem einzelnen Ausgangsumsatz zugeordnet werden. Leistungen, die ein Steuerpflichtiger für die Ausführung mehrerer oder gar aller seiner Umsätze bezieht – wie zum Beispiel die allgemeinen Verwaltungskosten seines Unternehmens –, können deshalb unter Umständen sowohl Umsätzen zugeordnet werden, die zum Vorsteuerabzug berechtigen, als auch solchen, bei denen dies nicht der Fall ist. In welchem Umfang derartige Leistungsbezüge zum Vorsteuerabzug berechtigen, bedarf deshalb einer Regelung, welche die Art. 173 bis 175 MwStSystRL bereitstellen. Die dortigen Regelungen zum sog. **Pro-rata-Satz des Vorsteuerabzugs** sind komplex,[4] werden aber durch umfangreiche Abweichungsbefugnisse der Mitgliedstaaten[5] in ihrer Bedeutung relativiert (Art. 173 Abs. 2 MwStSystRL).

19.225 Einen Sonderfall der erforderlichen Aufteilung von Vorsteuerbeträgen stellt die teilweise **Verwendung von Eingangsumsätzen für die nichtwirtschaftliche Tätigkeit** eines Steuerpflichtigen dar. Dies betrifft vor allem juristische Personen des öffentlichen Rechts, deren hoheitliche „Umsätze" diesem Bereich zuzuordnen sind (Rz. 19.31), sowie Holdinggesellschaften (Rz. 19.32), denen nur im Hinblick auf Beteiligungen, die sie „aktiv" verwalten, ein Recht auf Vorsteuerabzug zusteht.[6] Der EuGH hält diese besondere Konstellation eines nur teilweisen Rechts zum Vorsteuerabzug für nicht durch die MwStSystRL geregelt. Die Mitgliedstaaten seien in diesem Bereich deshalb prinzipiell frei, eine sinnvolle Methode der Aufteilung der Vorsteuerbeträge vorzusehen.[7] Auch eine explizite Nachfrage des BFH hat an dieser überraschenden Auffassung des EuGH nichts geändert.[8]

---

1 Ähnlich EuGH v. 18.10.2018 – C-153/17 – Volkswagen Financial Services (UK), ECLI:EU:C:2018:845, Rz. 44 f.; **a.A.** EuGH v. 25.6.2015 – C-187/14 – DSV Road, ECLI:EU:C:2015:421, Rz. 50.
2 Vgl. EuGH v. 22.10.2015 – C-126/14 – Sveda, ECLI:EU:C:2015:712, Rz. 31 bis 35.
3 Vgl. EuGH v. 8.11.2018 – C-502/17 – C&D Food Acquisition, ECLI:EU:C:2018:888, Rz. 38; grundlegend EuGH v. 29.10.2009 – C-29/08 – SKF, ECLI:EU:C:2009:665, Rz. 54 ff.
4 Siehe aus der recht umfangreichen EuGH-Rechtsprechung zuletzt EuGH v. 14.12.2016 – C-378/15 – Mercedes Benz Italia, ECLI:EU:C:2016:950, Rz. 45 ff.
5 Vgl. zu den Anforderungen der EuGH-Rechtsprechung an die abweichenden Regelungen der Mitgliedstaaten EuGH v. 18.10.2018 – C-153/17 – Volkswagen Financial Services (UK), ECLI:EU:C:2018:845, Rz. 51 ff. (zu Art. 173 Abs. 2 Buchst. c MwStSystRL).
6 Vgl. EuGH v. 5.7.2018 – C-320/17 – Marle Participations, ECLI:EU:C:2018:537, Rz. 36 f.
7 Vgl. EuGH v. 13.3.2008 – C-437/06 – Securenta, ECLI:EU:C:2008:166, Rz. 38; v. 8.5.2019 – C-566/17 – Związek Gmin Zagłębia Miedziowego, ECLI:EU:C:2019:390, Rz. 29.
8 Vgl. EuGH v. 16.7.2015 – C-108/14 und C-109/14 – Larentia + Minerva u.a., ECLI:EU:C:2015:496, Rz. 32.

e) Fälligkeit des Vorsteuerabzugs

Gemäß Art. 167 MwStSystRL wird das Recht auf Vorsteuerabzug fällig, „wenn der Anspruch auf die abziehbare Steuer entsteht". Daraus folgt ein grundsätzlicher **zeitlicher Gleichklang** von Steuerschuld des Leistenden und Vorsteuerabzug des Leistungsempfängers. Die Fälligkeit des Rechts auf Vorsteuerabzug richtet sich damit nach den Fälligkeitsregelungen für die korrespondierende Steuerschuld (Rz. 19.195 ff.). Bei Leistungen entsteht deshalb gemäß Art. 167 i.V.m. Art. 63 MwStSystRL das Recht auf Vorsteuerabzug grundsätzlich bereits zu dem Zeitpunkt, an dem die Leistung erbracht wird.[1] Die Zahlung der Mehrwertsteuer, die vom Leistenden in Rechnung gestellt wird, an den Fiskus, ist für den Vorsteuerabzug unerheblich. Aus diesem Umstand erwachsen Betrugsmöglichkeiten (Rz. 19.207).

19.226

3. Formelle Voraussetzungen des Vorsteuerabzugs

Die Geltendmachung des Rechts auf Vorsteuerabzug erfolgt nach **unterschiedlichen Verfahren in Abhängigkeit von der Ansässigkeit** des Steuerpflichtigen. Sitzt der Steuerpflichtige im Hoheitsgebiet des Fiskus, von dem er die Erstattung der Vorsteuer begehrt, so ist gemäß Art. 206 MwStSystRL die Vorsteuer im Rahmen einer Steuererklärung von der Steuerschuld abzuziehen, die aufgrund der Ausgangsumsätze des Steuerpflichtigen entstanden ist. Ein Überschuss der Vorsteuer über die Steuerschuld ist nach Art. 183 MwStSystRL grundsätzlich zu erstatten.[2] Ist der Steuerpflichtige hingegen außerhalb des Hoheitsgebiets jenes Fiskus ansässig und muss dort auch keine Ausgangsumsätze versteuern, wird ihm die Vorsteuer separat in einem gesonderten Verfahren erstattet.[3] Dieses richtet sich **innerhalb der EU** nach der Richtlinie 2008/9/EG und für **Drittstaaten** nach der sog. Dreizehnten Richtlinie (Rz. 19.10).

19.227

Unabhängig von dem durchzuführenden Verfahren müssen die Steuerpflichtigen zur Geltendmachung des Vorsteuerabzugs bestimmte formelle Voraussetzungen sowohl des Unionsrechts gemäß Art. 178 MwStSystRL als auch ggf. des nationalen Rechts beachten. So erfordert insbesondere Art. 178 Buchst. a MwStSystRL bei einer Eingangsleistung, die aufgrund einer **entgeltlichen Leistung** bezogen wurde, den Besitz einer **Rechnung** entsprechend den Anforderungen der MwStSystRL. Bei steuerlichen Prüfungen sind insoweit ein häufiger Streitpunkt die Angaben, die eine Rechnung gemäß Art. 226 MwStSystRL enthalten muss. Insgesamt 18 verschiedene solcher Angaben sind vorgeschrieben, von denen einige allerdings nur in bestimmten Sonderfällen erforderlich sind. Diese Vorschriften sind vergleichsweise jung, da sie für die Mitgliedstaaten erst seit 2004 verbindlich sind.[4] Nur vereinzelt existiert bislang Rechtsprechung des EuGH zu den einzelnen Rechnungsangaben.[5] Die Bedeutung dieser Vorschriften wird jedoch dadurch relativiert, dass der Besitz einer formell ordnungsgemäßen Rechnung nach Auffassung des EuGH keine Voraussetzung für die Gewährung des Vorsteuerabzugs ist.[6] Dies ist Ausdruck eines allgemeinen Prinzips der EuGH-Rechtsprechung im Mehrwertsteuerrecht, wonach die Verlet-

19.228

---

1 Vgl. nur zur Lieferung eines Gegenstands: EuGH v. 25.7.2018 – C-140/17 – Gmina Ryjewo, ECLI:EU:C:2015:712, Rz. 35.
2 Vgl. EuGH v. 28.2.2018 – C-387/16 – Nidera, ECLI:EU:C:2018:121, Rz. 24 und die dort angeführte Rechtsprechung.
3 Das Recht auf Vorsteuerabzug ordnet Art. 170 MwStSystRL in diesen Fällen noch einmal explizit an.
4 Siehe die Richtlinie 2001/115/EG des Rates vom 20.12.2001 zur Änderung der Richtlinie 77/388/EWG mit dem Ziel der Vereinfachung, Modernisierung und Harmonisierung der mehrwertsteuerlichen Anforderungen an die Rechnungstellung (ABl. EU 2001 Nr. L 15, 24).
5 Siehe EuGH v. 15.7.2010 – C-368/09 – Pannon Gép Centrum, ECLI:EU:C:2010:441 zu Nrn. 2 und 7; v. 22.12.2010 – C-438/09 – Dankowski, ECLI:EU:C:2010:818 zur Nr. 3; v. 1.3.2012 – C-280/10 – Polski Trawertyn, ECLI:EU:C:2012:107 zur Nr. 5; v. 18.7.2013 – C-78/12 – Evita-K, ECLI:EU:C:2013:486 zur Nr. 6; v. 26.9.2013 – C-189/11 – Kommission/Spanien, ECLI:EU:C:2013:587 zur Nr. 10 des Art. 226 MwStSystRL.
6 Vgl. in diesem Sinne EuGH v. 15.9.2016 – C-516/14 – Barlis 06 – Investimentos Imobiliários e Turísticos, ECLI:EU:C:2016/690, Rz. 43; v. 21.11.2018 – C-664/16 – Vădan, ECLI:EU:C:2018:933, Rz. 41; missverständlich EuGH v. 21.3.2018 – C-533/16 – Volkswagen, ECLI:EU:C:2018:204, Rn. 49 f.; **anders noch** EuGH v. 29.4.2004 – C-152/02 – Terra Baubedarf-Handel, ECLI:EU:C:2004:268.

zung formeller Pflichten nicht zum Rechtsverlust führt.[1] Im Fall der **Umkehrung der Steuerschuld** (Rz. 19.196 ff.) legen die Mitgliedstaaten gemäß Art. 178 Buchst. f MwStSystRL die Voraussetzungen für die Ausübung des Vorsteuerabzugs selbst fest. Auch hier darf der Besitz einer Rechnung nicht als Voraussetzung für die Geltendmachung des Vorsteuerabzugs verlangt werden.[2]

19.229 Weitere formelle Voraussetzungen des Vorsteuerabzugs können die Mitgliedstaaten im nationalen Recht nach Maßgabe des Art. 273 MwStSystRL festlegen. Danach ist insbesondere die Festlegung einer angemessenen **Ausschlussfrist** für die Geltendmachung des Vorsteuerabzugs möglich.[3]

4. Berichtigung des Vorsteuerabzugs

19.230 Wenn das Recht auf Vorsteuerabzug davon abhängt, wie der Steuerpflichtige die bezogenen Leistungen zu verwenden *beabsichtigt* (Rz. 19.221), dann entsteht zwangsläufig ein Korrekturbedürfnis, falls die **tatsächliche Verwendung davon abweicht und nicht zum Vorsteuerabzug berechtigen würde**. Gleiches gilt bei langlebigen Gütern, wenn sich die tatsächliche Verwendung **im Laufe der Zeit ändert** und die neue Verwendung nicht oder nicht mehr im gleichen Umfang ein Recht auf Vorsteuerabzug geben würde. Die Grundregel zur Korrektur des Vorsteuerabzugs in Art. 184 MwStSystRL ist jedoch verwirrend. Sie ist so formuliert, als ginge es um die Korrektur eines *unrechtmäßig* gewährten Vorsteuerabzugs. Zumindest ansatzweise bringt nur Art. 185 Abs. 1 MwStSystRL zum Ausdruck – der als einen Sonderfall der Berichtigung des Vorsteuerabzugs regeln soll, dass sich die „Faktoren, die bei der Bestimmung des Vorsteuerabzugs berücksichtigt werden, nach Abgabe der Mehrwertsteuererklärung geändert haben" –, dass es allein um spätere Veränderungen bei der tatsächlichen Verwendung eines Leistungsbezugs geht. Nicht leicht ist hierbei die Abgrenzung zu den Ergänzungstatbeständen der unternehmenszweckfremden Entnahme oder Verwendung eines Gegenstands (Rz. 19.100 ff.).[4]

19.231 Die Vorschriften zur Berichtigung des Vorsteuerabzugs unterscheiden zwischen sog. Investitionsgütern und sonstigem Leistungsbezug. Bei **Investitionsgütern**, die sich durch die lange Dauer ihrer Nutzung auszeichnen,[5] beschränkt Art. 187 Abs. 1 MwStSystRL die Berichtigung des Vorsteuerabzugs auf einen Korrekturzeitraum, der regelmäßig fünf Jahre, bei Grundstücken bis zu 20 Jahre beträgt. Wird ein bezogener Gegenstand **vernichtet**, löst dies keine Korrektur des Vorsteuerabzugs aus (Art. 185 Abs. 2 Unterabs. 1 MwStSystRL).[6]

VIII. Sonderregelungen

Literatur (Auswahl): *Grambeck*, Umsatzsteuer bei Reiseleistungen – ein Mehr an Unklarheiten geht kaum, MwStR 2017, 945; *Reiß*, Differenzbesteuerung bei Gebrauchtwagenlieferungen und Steuerbefreiung bei Neuwagenlieferungen in grenzüberschreitenden Fällen, UR 2017, 565; *Wolf*, Mehrstufige Margenbesteuerung im Reise- und MICE-Geschäft: Die Erweiterung des Begriffs der Reisevorleistung, MwStR 2016, 610.

---

1 Vgl. allgemein zum Vorsteuerabzug: EuGH v. 7.3.2018 – C-159/17 – Dobre, ECLI:EU:C:2018:161, Rz. 31; v. 12.9.2018 – C-69/17 – Gamesa Wind România, ECLI:EU:C:2018:703, Rz. 34; v. 21.11.2018 – C-664/16 – Vădan, ECLI:EU:C:2018:933, Rz. 41; vgl. zur Steuerbefreiung für innergemeinschaftliche Lieferungen: Rz. 20.167.
2 EuGH v. 1.4.2004 – C-90/02 – Bockemühl, ECLI:EU:C:2004:206 zur Sechsten MwSt-Richtlinie.
3 Vgl. in diesem Sinne EuGH v. 8.5.2008 – C-95/07 und C-96/07 – Ecotrade, ECLI:EU:C:2008:267, Tenor Nr. 1; v. 21.10.2010 – C-385/09 – Nidera Handelscompagnie, ECLI:EU:C:2010:627, Rz. 52.
4 Siehe hierzu im Einzelnen EuGH, Schlussanträge der Generalanwältin *Kokott* v. 8.12.2011 – C-594/10 – Van Laarhoven, ECLI:EU:C:2011:820, Rz. 24 ff.
5 Vgl. nur EuGH v. 15.12.2005 – C-63/04 – Centralan Property, ECLI:EU:C:2005:773, Rz. 55; v. 27.3.2019 – C-201/18 – Mydibel, ECLI:EU:C:2019:254, Rz. 23.
6 Vgl. EuGH v. 18.10.2012 – C-234/11 – TETS Haskovo, ECLI:EU:C:2012:644.

1. Kleinunternehmen

Die praktisch bedeutendste Sonderregelung des Mehrwertsteuerrechts stellt diejenige für sog. Kleinunternehmen dar. Kleinunternehmen im Sinne der Art. 281 ff. MwStSystRL – siehe zu den Einzelheiten ihrer Definition bereits Rz. 19.160 – können von den Mitgliedstaaten im Mehrwertsteuersystem auf verschiedene Arten entlastet werden. Die Möglichkeiten sind unübersichtlich, werden **innerhalb der Union uneinheitlich** ausgeschöpft und sollen gemäß Art. 292 bis 294 MwStSystRL eines Tages einmal harmonisiert werden. Um die Wettbewerbsverzerrungen zwischen den Mitgliedstaaten – die zum Teil gar keine, zum Teil sehr weitgehende Regelungen für Kleinunternehmen vorsehen – zu beseitigen, hat die Kommission aktuell eine umfassende Reform der Sonderregelung für Kleinunternehmen vorgeschlagen.[1]

19.232

Materielle Entlastung für Kleinunternehmen kann zunächst die bereits dargestellte **Steuerbefreiung** bieten, welche die Mitgliedstaaten vorsehen können (Rz. 19.159 f.) und die auch in Deutschland genutzt wird (§ 19 UStG). Ist ein Steuerpflichtiger danach von der Steuer befreit, so findet auch das **Besteuerungssystem für den innergemeinschaftlichen Warenhandel keine Anwendung** auf ihn. Weder hat er gemäß Art. 2 Abs. 1 Buchst. b Nr. i) MwStSystRL innergemeinschaftliche Erwerbe zu versteuern (Rz. 19.92 ff.) noch kann er wegen Art. 139 Abs. 1 Unterabs. 1 MwStSystRL innergemeinschaftlich steuerfrei liefern (Rz. 19.166 ff.). Paradoxerweise gilt Gleiches aber nicht für den innergemeinschaftlichen Verkehr mit Dienstleistungen. Erbringt ein Steuerpflichtiger grenzüberschreitend Dienstleistungen an ein Kleinunternehmen, wird der Kleinunternehmer insoweit zum Steuerschuldner (Rz. 19.201). Denn für solche Umsätze gilt gemäß Art. 283 Abs. 1 Buchst. c MwStSystRL die Steuerbefreiung für Kleinunternehmen nicht. Sicherlich können diese verbliebenen Pflichten im innergemeinschaftlichen Dienstleistungsverkehr Kleinunternehmen individuell überraschen. Ein Verstoß gegen den Grundsatz der Verhältnismäßigkeit ist darin jedoch noch nicht zu erkennen.[2]

19.233

Art. 281 MwStSystRL sieht für die Mitgliedstaaten zudem die abgestufte Alternative vor, Kleinunternehmen zwar zu besteuern, dies aber nur nach „**vereinfachten Modalitäten**", insbesondere im Rahmen einer Pauschalregelung. Sollte diese Möglichkeit neben der Steuerbefreiung der Art. 282 ff. MwStSystRL bestehen, haben die kleinunternehmerischen Steuerpflichtigen nach Art. 290 MwStSystRL insoweit die Wahl. Die Bedingung allerdings, dass sich aus den vereinfachten Modalitäten keine Steuerermäßigung für die Kleinunternehmen ergeben darf, schränkt den Anwendungsbereich des Art. 281 MwStSystRL stark ein. Zwar ist dies sicherlich nicht so zu verstehen, dass es in keinem Einzelfall zu einer geringeren Besteuerung von Kleinunternehmen als nach der normalen Mehrwertsteuerregelung kommen darf. Eine Vereinfachungsregelung aber, die nicht mit strukturellen Besteuerungsvorteilen für Kleinunternehmen verbunden ist, dürfte in den einzelnen Mitgliedstaaten politisch nicht auf große Gegenliebe stoßen.

19.234

Als dritte Möglichkeit materieller Erleichterungen für Steuerpflichtige mit vergleichsweise geringen Umsätzen halten die Art. 282 ff. MwStSystRL eine **degressive Steuerermäßigung** bereit. Sehen die Mitgliedstaaten für Kleinunternehmen statt einer Befreiung eine solche Ermäßigung der Mehrwertsteuer in Abhängigkeit von der Höhe des Jahresumsatzes vor, werden die Kleinunternehmen im Übrigen gemäß Art. 291 MwStSystRL als normale Steuerpflichtige behandelt.

19.235

2. Land- und Forstwirtschaft

Neben den Kleinunternehmen ist ein anderer klassischer Kandidat für vermeintlich notwendige Erleichterungen im Rahmen der Besteuerung die Landwirtschaft im weiteren Sinne. Die MwStSystRL bietet deshalb für die Land-, Fisch- und Forstwirtschaft ein weiteres Sonderregime mit der „**Gemein-**

19.236

---

1 Vorschlag vom 18.1.2018 für eine Richtlinie des Rates zur Änderung der Richtlinie 2006/112/EG über das gemeinsame Mehrwertsteuersystem in Bezug auf die Sonderregelung für Kleinunternehmen (COM [2018] 21 final).
2 **So aber** *Stadie* in Rau/Dürrwächter, § 13b UStG Rz. 479 (Stand: Januar 2018).

samen Pauschalregelung für landwirtschaftliche Erzeuger" (Art. 295 bis 305 MwStSystRL). Den gemäß Art. 295 Abs. 1 Nr. 3 MwStSystRL sog. Pauschallandwirten soll durch diese Regelung die Mehrwertsteuerbelastung auf der Eingangsseite im Hinblick auf ihre klassischen Ausgangsumsätze ausgeglichen werden, ohne sie dafür den belastenden Pflichten des normalen Mehrwertsteuersystems zu unterwerfen.[1] Dieser Ausgleich hat gegenüber der Kleinunternehmerregelung (Rz. 19.232) den Vorteil, dass der Produktionsprozess nicht durch versteckte Mehrwertsteuer belastet wird. Über den Pauschalausgleich hinaus ist mit der Gemeinsamen Pauschalregelung für landwirtschaftliche Erzeuger implizit eine Steuerbefreiung der Ausgangsumsätze der Pauschallandwirte verbunden (Rz. 19.239).

19.237 Etwas unübersichtlich sind die Voraussetzungen für die **Anwendbarkeit der Sonderregelung** für landwirtschaftliche Erzeuger. Gemäß Art. 296 Abs. 1 MwStSystRL ist ihre Anwendung für die Mitgliedstaaten optional. Dies gilt nach Art. 296 Abs. 3 MwStSystRL auch für die Landwirte: Sie können sich stets für das normale Besteuerungssystem entscheiden. Das Sonderregime darf nach Art. 296 Abs. 1 MwStSystRL aber von vornherein nur solchen Landwirten offenstehen, denen die Anwendung des für alle geltenden Rechts „Schwierigkeiten" bereiten würde. Nach Auffassung des EuGH sind damit steuerpflichtige Landwirte gemeint, welche die Verwaltungskosten der Anwendung der normalen Steuerregelung oder der Sonderregelung für Kleinunternehmen nicht tragen können.[2] Darüber hinaus können die Mitgliedstaaten gemäß Art. 296 Abs. 2 MwStSystRL noch weitere Gruppen vom Sonderregime ausschließen, müssen dabei aber den Grundsatz der steuerlichen Neutralität beachten (Rz. 19.17 f.).[3]

19.238 Die Anwendung der Sonderregelung ist nicht nur auf bestimmte Land-, Fisch- und Forstwirte beschränkt, sondern auch auf **bestimmte Umsätze** des Pauschallandwirts. Sie gilt nach der Rechtsprechung nämlich nur für die Lieferung landwirtschaftlicher Erzeugnisse und die Erbringung landwirtschaftlicher Dienstleistungen, die Art. 295 Abs. 1 Nr. 4 bzw. 5 MwStSystRL näher definieren. Auf alle anderen Umsätze von Pauschallandwirten ist hingegen die normale Mehrwertsteuerregelung anzuwenden.[4] **Landwirtschaftliche Erzeugnisse** sind dabei solche, die im Rahmen von Tätigkeiten produziert werden, die im Anhang VII MwStSystRL aufgeführt sind. **Landwirtschaftliche Dienstleistungen** müssen zur landwirtschaftlichen Erzeugung beitragen.[5] Außerdem müssen sie mit Hilfe der gewöhnlichen landwirtschaftlichen Betriebsmittel des Pauschallandwirts erbracht werden.[6] Beispiele für derartige Dienstleistungen enthält der Anhang VIII MwStSystRL.

19.239 Die Zahlung des **Pauschalausgleichs** zur Entlastung der Pauschallandwirte von der mehrwertsteuerlichen Belastung auf ihrer Eingangsseite, die gemäß Art. 302 MwStSystRL den normalen Vorsteuerabzug (Rz. 19.205 ff.) natürlich ausschließt, ist recht komplex geregelt. Grundsätzlich fingiert Art. 301 Abs. 2 MwStSystRL, dass der Pauschalausgleich durch den Leistungsempfänger des Pauschallandwirts gezahlt wird. Dahinter steckt die Vorstellung, dass der Preis der Produkte eines Pauschallandwirts regelmäßig die mehrwertsteuerliche Vorbelastung des Produzenten beinhalten wird.[7] Insofern ist die Ge-

---

1 Vgl. in diesem Sinne nur EuGH v. 26.5.2005 – C-43/04 – Stadt Sundern, ECLI:EU:C:2005:324, Rz. 28; v. 8.3.2012 – C-524/10 – Kommission/Portugal, ECLI:EU:C:2012:129, Rz. 48; v. 12.10.2017 – C-262/16 – Shields & Sons Partnership, ECLI:EU:C:2017:756, Rz. 34.
2 Vgl. EuGH v. 12.10.2016 – C-340/15 – Nigl u.a., ECLI:EU:C:2016:764, Rz. 44.
3 Die EuGH-Rechtsprechung verhindert jedoch den individuellen Ausschluss einzelner Pauschallandwirte auf der Grundlage der steuerlichen Neutralität: vgl. EuGH v. 12.10.2017 – C-262/16 – Shields & Sons Partnership, ECLI:EU:C:2017:756, Rz. 43.
4 EuGH v. 15.7.2004 – C-321/02 – Harbs, ECLI:EU:C:2004:447, Rz. 31 und 36; v. 26.5.2005 – C-43/04 – Stadt Sundern, ECLI:EU:C:2005:324, Rz. 20; v. 15.9.2011 – C-180/10 und C-181/10 – Słaby, ECLI:EU:C:2011:589, Rz. 48.
5 Hierzu gehört z. B. nicht die Verpachtung eines Jagdbezirks: EuGH v. 26.5.2005 – C-43/04 – Stadt Sundern, ECLI:EU:C:2005:324 (zu Art. 25 der Sechsten MwSt-Richtlinie).
6 Deshalb sollen die Verpachtung des landwirtschaftlichen Betriebs und die langfristige Vermietung von Betriebsmitteln nicht zu den landwirtschaftlichen Dienstleistungen zählen: EuGH v. 15.7.2004 – C-321/02 – Harbs, ECLI:EU:C:2004:447, Rz. 34 f. (zu Art. 25 der Sechsten MwSt-Richtlinie).
7 Vgl. in diesem Sinne EuGH v. 28.6.1988 – 3/86 – Kommission/Italien, ECLI:EU:C:1988:338, Rz. 21.

meinsame Pauschalregelung für landwirtschaftliche Erzeuger gleichbedeutend mit der Behandlung der Pauschallandwirte als Nichtsteuerpflichtige. Anders sieht es aber aus, wenn der Empfänger der landwirtschaftlichen Erzeugnisse oder Dienstleistungen ein Steuerpflichtiger ist, der seinerseits kein Pauschallandwirt ist. In diesem Fall ist der Pauschalausgleich durch Anwendung eines sog. **Pauschalausgleich-Prozentsatzes** auf den Ausgangsumsatz des Pauschallandwirtes zu berechnen (Art. 301 Abs. 1 i.V.m. Art. 300 MwStSystRL). Dieser Prozentsatz wird anhand makroökonomischer Daten berechnet, indem die Mehrwertsteuer auf die Eingangsleistungen aller Pauschallandwirte eines Mitgliedstaats ins Verhältnis zu ihren Ausgangsleistungen, einschließlich des Eigenverbrauchs, innerhalb eines Dreijahreszeitraums gesetzt wird.[1] Über die Einzelheiten dieser Ermittlung, die in den Art. 297 und 298 MwStSystRL nur rudimentär geregelt ist, gab es wiederholt Streit zwischen den Mitgliedstaaten und der Kommission,[2] der die Berechnungen der Pauschalausgleich-Prozentsätze vor ihrer Anwendung gemäß Art. 297 Abs. 2 MwStSystRL mitzuteilen sind. Zahlen muss den Pauschalausgleich gemäß Art. 301 Abs. 1 MwStSystRL der jeweilige Fiskus, entweder direkt oder indirekt. Wird nämlich der steuerpflichtige Leistungsempfänger zur Zahlung des Pauschalausgleichs verpflichtet, kann er sich diesen nach Maßgabe des Art. 303 Abs. 1 MwStSystRL als Vorsteuer erstatten lassen.

3. Reiseleistungen

Auch das Geschäft mit **Pauschalreisen** hält der Unionsgesetzgeber nicht für handhabbar im Rahmen des normalen Mehrwertsteuerregimes. Die Art. 306 bis 310 MwStSystRL sehen deshalb eine „Sonderregelung für Reisebüros" vor. Mit ihr soll verhindert werden, dass sich Reiseunternehmer, die bei Pauschalreisen unter Umständen ihre Eingangsleistungen aus unterschiedlichen Staaten beziehen und auch ihre Ausgangsleistungen in unterschiedlichen Staaten erbringen, den mehrwertsteuerlichen Pflichten einer Vielzahl von Staaten unterwerfen müssen.[3] Dies wurde selbst innerhalb der Union als untragbar angesehen, da dort zwar das materielle Mehrwertsteuerrecht weitgehend harmonisiert ist, nicht aber das Verfahrensrecht und – selbstredend – auch nicht die sprachlichen Anforderungen der verschiedenen Verfahren. Dem soll mit einer **Steuerbefreiung außerhalb der Union** (Art. 309 i.V.m. Art. 153 MwStSystRL) und innerhalb der Union mit einer **Margenbesteuerung** am Sitz des Reiseunternehmers (Art. 307 f. MwStSystRL) begegnet werden; damit entfallen im Prinzip jegliche mehrwertsteuerlichen Verpflichtungen außerhalb des Ansässigkeitsstaates des Reiseveranstalters. Allerdings ist die Sonderregelung in den Einzelheiten ihrer Anwendung – nicht zuletzt infolge der Rechtsprechung des EuGH – derartig **komplex**, dass der Vereinfachungsgedanke teilweise *ad absurdum* geführt wird. Eine Lösung sollte daher künftig nicht – wie bislang – auf materiell-rechtlicher Ebene, sondern durch die Weiterentwicklung eines EU-weit einheitlichen Verfahrens gefunden werden (Rz. 19.5).

19.240

Die Probleme beginnen bereits beim **Anwendungsbereich** der Sonderregelung für „Reisebüros", den Art. 306 MwStSystRL definiert. Mag man noch – aus Gründen der Wettbewerbsgleichheit – hinnehmen, dass die Sonderregelung für die ihr unterliegenden Steuerpflichtigen trotz ihres bloßen Vereinfachungsziels verpflichtend und nicht nur optional ist, so hat die EuGH-Rechtsprechung den Begriff der „Durchführung einer Reise" in Art. 306 Abs. 1 Unterabs. 1 MwStSystRL zusätzlich derart weit de-

19.241

---

[1] Vgl. EuGH v. 28.6.1988 – 3/86 – Kommission/Italien, ECLI:EU:C:1988:338, Rz. 8; v. 8.3.2012 – C-524/10 – Kommission/Portugal, ECLI:EU:C:2012:129, Rz. 59.

[2] Siehe EuGH v. 28.6.1988 – 3/86 – Kommission/Italien, ECLI:EU:C:1988:338; v. 8.3.2012 – C-524/10 – Kommission/Portugal, ECLI:EU:C:2012:129.

[3] Vgl. in diesem Sinne nur EuGH v. 12.11.1992 – C-163/91 – Van Ginkel, ECLI:EU:C:1992:435, Rz. 13 f.; v. 19.6.2003 – C-149/01 – First Choice Holidays, ECLI:EU:C:2003:358, Rz. 23 f.; v. 9.12.2010 – C-31/10 – Minerva Kulturreisen, ECLI:EU:C:2010:762, Rz. 17 f.; v. 19.12.2018 – C-422/17 – Skarpa Travel, ECLI:EU:C:2018:1029, Rz. 28. Vereinzelt nennt die EuGH-Rechtsprechung als weiteren Zweck der Regelung auch die Aufteilung des Steueraufkommens zwischen dem Sitzstaat des Reiseunternehmers und dem Mitgliedstaat, in dem die Reiseleistungen verbraucht werden, vgl. EuGH v. 26.9.2013 – C-189/11 – Kommission/Spanien, ECLI:EU:C:2013:587, Rz. 59; v. 8.2.2018 – C-380/16 – Kommission/Deutschland, ECLI:EU:C:2018:76, Rz. 69.

finiert, dass nicht nur eine von Reiseunternehmen angebotene Pauschalreise, sondern bereits die bloße Vermietung einer Wohnung durch einen – auch völlig branchenfremden[1] – Steuerpflichtigen unter die zwingenden Bestimmungen der Sonderregelung fallen kann.[2]

19.242 Des Weiteren werden von der Sonderregelung nur solche Reiseleistungen erfasst, die der Steuerpflichtige mithilfe von Vorleistungen anderer Steuerpflichtiger erbringt. Die **Eigenleistungen** des Reiseunternehmers, also beispielsweise eine von ihm selbst erbrachte Transportleistung, unterliegen hingegen **nicht** der Sonderregelung.[3] Die Sonderregelung soll gar gänzlich unanwendbar sein, sofern die bei anderen Steuerpflichtigen bezogenen Eingangsleistungen nur „reine Nebenleistungen" sind.[4] Ist die Sonderregelung hingegen grundsätzlich anwendbar, so ist der Reiseunternehmer gezwungen, seinen Eigenleistungsanteil aus der Gesamtleistung herauszurechnen.[5]

19.243 Ein vergleichbares Aufteilungsproblem hat der Steuerpflichtige zu bewältigen, wenn die von ihm angebotene **Reise** teilweise innerhalb und **teilweise außerhalb der Union durchgeführt** wird. Die Reiseleistung ist nämlich gemäß Art. 309 Abs. 2 MwStSystRL nur insoweit steuerfrei, wie sie außerhalb der Union erbracht wird.[6] Insofern besteht sogar ein Recht auf Vorsteuerabzug für den Reiseunternehmer,[7] das er dann doch ggf. in verschiedenen Staaten geltend machen muss, in denen er Eingangsleistungen für die Durchführung der Reise bezogen hat.

19.244 Die mehrwertsteuerliche Erleichterung für **Reisen innerhalb der Union** soll durch eine veränderte **Bemessungsgrundlage** bewirkt werden. Nach Art. 308 MwStSystRL ist bei Reisen nicht die Gegenleistung im Sinne des Art. 73 MwStSystRL, sondern nur die **Marge** des Reiseunternehmers anzusetzen. Die Marge ist bezogen auf jede einzelne Ausgangsreiseleistung zu bestimmen, was zu weiteren Aufteilungsproblemen im Hinblick auf die Zuordnung und Bewertung der Reiseeingangsleistungen führt.[8] Auf diese Weise wird der Wert der eingekauften Reisevorleistungen nicht besteuert. Durch den gleichzeitigen Ausschluss des Vorsteuerabzugs gemäß Art. 310 MwStSystRL unterliegt somit im Ergebnis nur der vom Reiseunternehmer selbst geschaffene Mehrwert der Mehrwertsteuer. Den Gipfel dieser insgesamt missglückten Sonderregelung bildet der Umstand, dass der Reiseunternehmer dadurch gegenüber steuerpflichtigen Leistungsempfängern – aufgrund der verpflichtenden Rechnungsangaben[9] (Rz. 19.228) – zur **Offenlegung seiner Marge** gezwungen ist.[10]

---

1 Vgl. EuGH v. 22.10.1998 – C-308/96 und C-94/97 – Madgett und Baldwin, ECLI:EU:C:1998:496, Rz. 23; v. 13.10.2005 – C-200/04 – iSt, ECLI:EU:C:2005:608, Rz. 22 f.; v. 1.3.2012 – C-220/11 – Star Coaches, ECLI:EU:C:2012:120, Rz. 21.
2 Vgl. EuGH v. 12.11.1992 – C-163/91 – Van Ginkel, ECLI:EU:C:1992:435, Rz. 24; v. 19.12.2018 – C-552/17 – Alpenchalets Resorts, ECLI:EU:C:2018:1032, Rz. 25 bis 33; siehe zu den Einzelheiten *Dobratz*, UR 2017, 896 f.
3 EuGH v. 22.10.1998 – C-308/96 und C-94/97 – Madgett und Baldwin, ECLI:EU:C:1998:496, Rz. 35; v. 25.10.2012 – C-557/11 – Kozak, ECLI:EU:C:2012:672, Rz. 24 bis 27; v. 19.12.2018 – C-552/17 – Alpenchalets Resorts, ECLI:EU:C:2018:1032, Rz. 23.
4 Vgl. EuGH v. 22.10.1998 – C-308/96 und C-94/97 – Madgett und Baldwin, ECLI:EU:C:1998:496, Rz. 24 f.; v. 13.10.2005 – C-200/04 – iSt, ECLI:EU:C:2005:608, Rz. 27 f.
5 Vgl. zu den dafür bestehenden Berechnungsmöglichkeiten: EuGH v. 6.10.2005 – C-291/03 – MyTravel, ECLI:EU:C:2005: 591, Rz. 35 f.
6 Vgl. hierzu EuGH v. 27.10.1992 – C-74/91 – Kommission/Deutschland, ECLI:EU:C:1992:409; in jenem Verfahren hatte die Bundesregierung noch vorgetragen, die Aufteilung sei insbesondere bei Flugreisen nahezu unmöglich (siehe Rz. 8 der Entscheidungsgründe).
7 Gemäß Art. 169 Buchst. b i.V.m. Art. 153 und 309 Abs. 1 MwStSystRL.
8 Vgl. EuGH v. 26.9.2013 – C-189/11 – Kommission/Spanien, ECLI:EU:C:2013:587; v. 8.2.2018 – C-380/16 – Kommission/Deutschland, ECLI:EU:C:2018:76.
9 Siehe Art. 220 Abs. 1 und 226 Nr. 8 i.V.m. Art. 308 MwStSystRL.
10 Vgl. EuGH v. 8.2.2018 – C-380/16 – Kommission/Deutschland, ECLI:EU:C:2018:76, Rz. 62 ff.

4. Gebrauchtwarenhändler

Eine weitere komplexe Sonderregelung stellt die MwStSystRL in ihren Art. 311 bis 343 für den Handel mit Gebrauchtgegenständen bereit.[1] Sog. steuerpflichtige Wiederverkäufer[2] können sich nämlich dem Problem ausgesetzt sehen, dass sie – insbesondere von Privatpersonen – Waren einkaufen, die mangels Vorsteuerabzugsberechtigung des Verkäufers wirtschaftlich mit Mehrwertsteuer vorbelastet sind, ohne dass die Wiederverkäufer diese Steuerbelastung im Rahmen der Regeln des Vorsteuerabzugs (Rz. 19.205 ff.) selbst zum Abzug bringen können. Die infolge dessen entstehenden **Doppelbesteuerungen und Wettbewerbsverzerrungen** sollen durch die Sonderregelung für Gebrauchtwarenhändler verhindert werden.[3] Wie bei den Reisebüros (Rz. 19.240 ff.) unterliegt deshalb auch bei den Gebrauchtwarenhändlern lediglich die Marge – hier als Handelsspanne bezeichnet (Art. 315 MwStSystRL) – der Mehrwertsteuer. Die Sonderregelung unterscheidet dabei in gewissen Einzelheiten zwischen Kunstgegenständen, Sammlungsstücken, Antiquitäten und sonstigen Gebrauchtgegenständen, deren Begriffe Art. 311 Abs. 1 Nr. 1 bis 4 MwStSystRL näher definiert.[4]

19.245

Kernstück der Sonderregelung ist die sog. **Differenzbesteuerung**. Nach Art. 315 MwStSystRL ist die Bemessungsgrundlage der Mehrwertsteuer nicht – wie dies Art. 73 MwStSystRL grundsätzlich vorsieht – der Verkaufspreis, sondern lediglich die Differenz zwischen Verkaufs- und Einkaufspreis eines Gegenstands. Anders als die Sonderregelung für Reisebüros (Rz. 19.244)[5] sieht die Sonderregelung für Gebrauchtwarenhändler außerdem in ihrem Art. 318 MwStSystRL die Möglichkeit vor, die Differenzbesteuerung auf der Basis der Gesamtmarge („Gesamtdifferenz") des ganzen Unternehmens oder bestimmter seiner Umsätze durchzuführen. Besteuert wird damit nur der vom Gebrauchtwarenhändler geschaffene „Mehrwert".

19.246

Das Verfahren der Differenzbesteuerung findet gemäß Art. 314 MwStSystRL grundsätzlich nur in Fällen **Anwendung**, in denen der Wiederverkäufer die Gebrauchtgegenstände von einer Person bezieht, die beim Erwerb der jeweiligen Ware die gezahlte Mehrwertsteuer nicht als Vorsteuer zum Abzug bringen konnte.[6] Bei Kunstgegenständen, Sammlungsstücken und Antiquitäten können die steuerpflichtigen Wiederverkäufer den Anwendungsbereich der Differenzbesteuerung noch auf weitere Sachverhalte ausdehnen (Art. 316 MwStSystRL). Darüber hinaus haben sie – wiederum anders als die Reisebüros (Rz. 19.241) – nach Art. 319 MwStSystRL die Möglichkeit, zwischen der Anwendung der Sonderregelung und der normalen Mehrwertsteuerregelung zu wählen, und das sogar bei jedem einzelnen Umsatz.

19.247

---

1 Die „Sonderregelungen für Gebrauchtgegenstände, Kunstgegenstände, Sammlungsstücke und Antiquitäten" wurden erst 1994 auf der Grundlage eines Harmonisierungsauftrages der Sechsten MwSt-Richtlinie (Art. 32 alt) durch die Richtlinie 94/5/EG des Rates vom 14.2.1994 zur Ergänzung des gemeinsamen Mehrwertsteuersystems und zur Änderung der Richtlinie 77/388/EWG – Sonderregelung für Gebrauchtgegenstände, Kunstgegenstände, Sammlungsstücke oder Antiquitäten (ABl. EU 1994 Nr. L 60, 16) eingeführt.
2 Zur genauen Definition siehe Art. 311 Abs. 1 Nr. 5 MwStSystRL und EuGH v. 8.12.2005 – C-280/04 – Jyske Finans, ECLI:EU:C:2005:753, Rz. 27 ff. (zu Art. 26a Teil A Buchst. e Sechste MwSt-Richtlinie).
3 Vgl. nur EuGH v. 1.4.2004 – C-320/02 – Stenholmen, ECLI:EU:C:2004:213, Rz. 25; v. 3.3.2011 – C-203/10 – Auto Nikolovi, ECLI:EU:C:2011:118, Rz. 47; v. 11.7.2018 – C-154/17 – E LATS, ECLI:EU:C:2018:560, Rz. 27.
4 Siehe im Einzelnen zur Definition von „Gebrauchtgegenständen" im Sinne der Nr. 1: EuGH v. 18.1.2017 – C-471/15 – Sjelle Autogenbrug, ECLI:EU:C:2017:20; v. 11.7.2018 – C-154/17 – E LATS, ECLI:EU: C:2018:560.
5 Vgl. EuGH v. 26.9.2013 – C-189/11 – Kommission/Spanien, ECLI:EU:C:2013:587, Rz. 97 bis 105.
6 Vgl. EuGH v. 18.5.2017 – C-624/15 – Litdana, ECLI:EU:C:2017:389, Rz. 27; ein nur teilweiser Ausschluss des Vorsteuerabzugs aufgrund nationaler Bestimmungen reicht nicht aus: EuGH v. 19.7.2012 – C-160/11 – Bawaria Motors, ECLI:EU:C:2012:492, Rz. 37 f.; überdies ist die Anwendung der Differenzbesteuerung bei Gebrauchtgegenständen im Sinne des Art. 311 Nr. 1 MwStSystRL generell ausgeschlossen, wenn der Gegenstand aus einem Drittstaat eingeführt wurde: EuGH v. 3.3.2011 – C-203/10 – Auto Nikolovi, ECLI:EU:C:2011:118, Rz. 53.

19.248 Die Sonderregelung enthält auch Besonderheiten für den **Vorsteuerabzug**. Das gilt zunächst für ein ausnahmsweise bestehendes Recht auf Vorsteuerabzug des steuerpflichtigen Wiederverkäufers selbst. So wird für den Fall, dass der steuerpflichtige Wiederverkäufer in einem Einzelfall die Anwendung der normalen Regelung wählen sollte, gemäß Art. 320 MwStSystRL unter gewissen Umständen die Fälligkeit des Rechts auf Vorsteuerabzug verzögert, um Steuerhinterziehungen in Folge der Wahlmöglichkeit des Gebrauchtwarenhändlers zu verhindern.[1] Soweit bei Kunstgegenständen, Sammlungsstücken und Antiquitäten der Anwendungsbereich der Differenzbesteuerung auf Sachverhalte ausgedehnt wird, bei denen ein Vorsteuerabzug möglich wäre, wird dieser Abzug gemäß Art. 322 MwStSystRL ausgeschlossen. Darüber hinaus wird auch der Vorsteuerabzug des Abnehmers des steuerpflichtigen Wiederverkäufers geregelt. So ist der Abzug der im Rahmen der Differenzbesteuerung entrichteten Mehrwertsteuer durch den Abnehmer gemäß Art. 323 und 325 MwStSystRL ausgeschlossen.

19.249 Darüber hinaus sehen die Art. 333 bis 341 MwStSystRL für **öffentliche Versteigerungen** eine Sonderregelung innerhalb der Sonderregelung vor. Sie orientiert sich zunächst an denselben Grundsätzen wie die Sonderregelung für den Handel mit Gebrauchtgegenständen durch steuerpflichtige Wiederverkäufer. Besondere mehrwertsteuerliche Berücksichtigung findet hier aber der Umstand, dass derartige Versteigerungen häufig in Form eines Kommissionsgeschäfts erfolgen, in dessen Rahmen der Versteigerer eine Provision vom Kommittenten erhält (vgl. Art. 336 Buchst. a und Art. 337 MwStSystRL).

C. Umsetzung in deutsches Recht

Literatur (Auswahl): *Dziadkowski*, § 2b UStG und die „größeren Wettbewerbsverzerrungen", UR 2017, 416; *Englisch*, Umsatzsteuer, in Tipke/Lang, Steuerrecht, 23. Auflage, Köln 2018, 889 ff.; *Englisch*, Unionsrecht und Organschaft, UR 2016, 822; *Feil/Polok*, Umsatzsteuerrechtliche Aspekte bei Anteilsübertragungen aus Sicht des Veräußerers, UR 2016, 954; *Gohlke/Schmitz*, § 2b UStG unter dem Blickwinkel von Steuer- und Vergaberecht, MwStR 2016, 780; *Hammerl/Fietz*, Anwendungsfragen zu § 2b UStG, MwStR 2017, 56; *Heck/Heffinger*, Die Einlagenentsteuerung im Umsatzsteuerrecht, MwStR 2017, 812; *Heidner*, Umsatzbesteuerung der öffentlichen Hand, UR 2016, 45; *Klenk*, Können einzelne Betriebe von Personen des öffentlichen Rechts Unternehmer sein?, UR 2016, 180; *Lange*, Umsatzsteuerliche Organschaft und das Unionsrecht, UR 2016, 297; *Heuermann*, Das Umsatzsteuerrecht, das Unionsrecht und die Vorherigkeit nationalen öffentlichen Rechts, UR 2016, 905; *Jacobs/Stabenow*, Umsatzsteuerbefreiung der Verwaltung von Investmentvermögen, UR 2018, 75; *Kußmaul/Naumann*, Grenzüberschreitende elektronische Dienstleistungen in der Umsatzsteuer – Kritische Betrachtung der geltenden B2C-Regelungen, MwStR 2016, 565; *Mühlenkamp/Schott/Strauß*, Die EuGH-Rechtsprechung zur Umsatzsteuerbefreiung regulierter Fonds und ihre nationalen Folgen, MwStR 2016, 408; *Noack*, Umsatzsteuerrechtliche Beurteilung der dauerdefizitären Einrichtungen von juristischen Personen öffentlichen Rechts, insbesondere von Städten und Gemeinden, UR 2016, 217; *Rau/Dürrwächter*, Kommentar zum Umsatzsteuergesetz, Köln 1967, Stand: Lieferung 182 (Juli 2019); *Reiß*, Umsatzsteuerrechtliche Organschaft und Mehrwertsteuergruppe, UR 2016, 739; *Ringwald*, Umsatzbesteuerung von Bauleistungen nach § 13b UStG, UR 2016, 461; *Schöngart*, Umsatzsteuerbefreiung für Bildungsleistungen an privaten Schulen, UR 2016, 540; *Sölch/Ringleb*, Umsatzsteuer, 83. Auflage, München 2018; *Tauser*, Umsatzsteuerrechtliche Strukturierung der Verwaltung von Investmentvermögen, UR 2016, 617; *Wäger*, Organschaft, UR 2016, 173; *Weber*, Nichtunternehmerisches Handeln der Kirchen im Lichte des § 2b UStG, MwStR 2016, 818; *Winter*, „Teleologische Extension" versus „unionsrechtskonforme Auslegung"?, MwStR 2016, 331.

---

[1] Vgl. EuGH v. 3.3.2011 – C-203/10 – Auto Nikolovi, ECLI:EU:C:2011:118, Rz. 55 bis 59; siehe hierzu auch die spezielle Ermächtigung zur Betrugsbekämpfung in Art. 343 MwStSystRL.

I. Allgemeines

Das EU-Mehrwertsteuerrecht und insbesondere seine hauptsächliche Rechtsquelle, die MwStSystRL (Rz. 20.8), werden im deutschen Recht durch das **Umsatzsteuergesetz (UStG)**[1] umgesetzt. Ergänzt wird dieses formelle Gesetz durch die Umsatzsteuer-Durchführungsverordnung (UStDV)[2] sowie den Umsatzsteuer-Anwendungserlass (UStAE)[3] der Finanzverwaltung. Das UStG wurde allerdings weder als Umsetzung der MwStSystRL noch ihrer Vorgängerin, der Sechsten MwSt-Richtlinie (Rz. 19.3), konzipiert und weist deshalb – wenn auch über den Zeitlauf mit abnehmendem Umfang – **strukturelle Unterschiede zur MwStSystRL** auf, die nicht nur eine Überprüfung der zutreffenden Umsetzung erschweren, sondern im Einzelfall auch zu Umsetzungslücken führen können. Beispielhaft gilt dies für die gemeinwohlorientierten Steuerbefreiungen des Art. 132 MwStSystRL (Rz. 19.112 ff.) in § 4 Nr. 14 ff. UStG, bei denen die Zuordnung der einzelnen Befreiungstatbestände mitunter nicht einfach ist. Auf der anderen Seite wäre eine schlichte Übernahme des Wortlauts der MwStSystRL an einigen Stellen nicht im Sinne klarer Rechtsetzung. Dies gilt insbesondere vor dem Hintergrund der EuGH-Rechtsprechung. Zu welchen erstaunlichen Reaktionen diese Rechtsprechung den deutschen Gesetzgeber mitunter zwingt, dafür sei erneut als Beispiel eine Steuerbefreiung herangezogen: In Umsetzung der Steuerbefreiung für „öffentliche Posteinrichtungen" des Art. 135 Abs. 1 Buchst. a MwStSystRL (Rz. 19.133) sieht § 4 Nr. 11b Satz 2 UStG allein für umsatzsteuerliche Zwecke eine Verpflichtung des Unternehmers gegenüber dem BZSt vor, in der Bundesrepublik Deutschland Universaldienstleistungen im Sinne des Postaufsichtsrechts zu erbringen, weil diese Pflicht aufsichtsrechtlich nicht besteht.

19.250

Weitere Probleme bei der Synchronisierung von MwStSystRL und UStG bestehen in **unterschiedlichen Begrifflichkeiten**. Das beginnt bereits bei der unterschiedlichen Bezeichnung der Steuer als Mehrwertsteuer einerseits, als Umsatzsteuer andererseits. Gravierender sind die bestehenden rechtsterminologischen Unterschiede. Während beispielsweise die MwStSystRL vom „Steuerpflichtigen" und dem Bereich seiner „wirtschaftlichen Tätigkeit" spricht (Rz. 19.26 ff.), verwendet das UStG insoweit die Bezeichnungen „Unternehmer" und „Unternehmen" (§ 2). Auch die MwStSystRL kennt aber insbesondere im Rahmen der Ergänzungstatbestände den Begriff des Unternehmens, der aber dort nach der Rechtsprechung des EuGH gerade nicht mit wirtschaftlicher Tätigkeit gleichzusetzen ist (Rz. 19.106). Auf diese Weise kann sprachliche Verwirrung entstehen, die der Rechtserkenntnis nicht zuträglich ist.

19.251

Der zum Teil fehlende strukturelle und begriffliche Gleichlauf von MwStSystRL und UStG wird in gewissem Umfang dadurch kompensiert, dass der EuGH den meisten Vorschriften der MwStSystRL **unmittelbare Wirkung** beimisst. Vor dem Hintergrund der Regelungsintensität des EU-Mehrwertsteuerrechts (Rz. 19.6) reicht es deshalb regelmäßig aus, allein die Vorgaben der MwStSystRL in ihrer Interpretation durch den EuGH zu kennen, weil jeder Einwand der Finanzverwaltung auf der Basis des deutschen Rechts letztlich nicht verfangen wird. Die Kenntnis der deutschen Umsetzung ist jedoch zum einen dafür erforderlich, weitergehende Rechte des Steuerpflichtigen zu identifizieren, die **entgegen den unionsrechtlichen Vorgaben gewährt** werden; hierauf hat der Steuerpflichtige trotz des damit verbundenen Unionsrechtsverstoßes allein aufgrund des nationalen Rechts Anspruch. Zum anderen ist die deutsche Umsetzung dort von Interesse, wo der deutsche Gesetzgeber **Spielräume oder Wahlrechte ausübt**, die ihm die MwStSystRL in gewissem Umfang belassen hat. Diese Sichtweise des Verhältnisses von MwStSystRL und UStG setzt allerdings voraus, dass die bestimmenden Vorgaben des Unionsrechts auch eindeutig zu erkennen sind. Wo dies – insbesondere aufgrund **unklarer Rechtsprechung des EuGH** – nicht der Fall ist, bewegt sich die deutsche Umsetzung de facto in einem Spielraum, der das Problem mangelnder Rechtssicherheit auf Unionsebene widerspiegelt.

19.252

---

1 Umsatzsteuergesetz (UStG) vom 26.11.1979, in der Fassung der Bekanntmachung vom 21.2.2005 (BGBl. I S. 386), zuletzt geändert durch Art. 9 des Gesetzes vom 11.12.2018 (BGBl. I 2338).

2 Umsatzsteuer-Durchführungsverordnung (UStDV) vom 21.12.1979, in der Fassung der Bekanntmachung vom 21.2.2005 (BGBl. I S. 434), zuletzt geändert durch Art. 9 der Verordnung vom 12.7.2017 (BGBl. I S. 2360).

3 Umsatzsteuer-Anwendungserlass vom 1.10.2010 (BStBl. I S. 846), zuletzt geändert durch BMF-Schreiben vom 27.5.2019 – III C 2 – S 7100/19/10001:005 (2019/0396931).

II. Beispiele für Umsetzungsprobleme

1. Steuerpflichtiger

19.253 Zu einer Ausübung vorhandener **Wahlrechte** des EU-Mehrwertsteuerrechts gehört die umsatzsteuerliche **Organschaft**, die in § 2 Abs. 2 Nr. 2 UStG geregelt ist. Sie setzt voraus, dass eine juristische Person nach dem Gesamtbild der tatsächlichen Verhältnisse finanziell, wirtschaftlich und organisatorisch in das Unternehmen eines Organträgers eingegliedert ist. Die Regelung basiert auf Art. 11 MwStSystRL, der den Mitgliedstaaten gestattet, im Inland ansässige Personen gemeinsam als einen Steuerpflichtigen zu behandeln, wenn sie durch gegenseitige finanzielle, wirtschaftliche und organisatorische Beziehungen eng miteinander verbunden sind. Schwierigkeiten in der Umsetzung bestehen vor allem deshalb, weil die EuGH-Rechtsprechung – für den Fall der Ausübung des Wahlrechts durch einen Mitgliedstaat – gewisse Inhalte des Art. 11 MwStSystRL für zwingend, andere hingegen als für die Mitgliedstaaten in gewissem Umfang gestaltbar betrachtet (Rz. 19.38 ff.). Zu den grundsätzlich zwingenden Inhalten gehört danach, dass eine Beschränkung auf eingegliederte *juristische* Personen, wie es § 2 Abs. 2 Nr. 2 UStG vorsieht, nur dann mit Art. 11 MwStSystRL vereinbar ist, wenn dies zur Verhinderung von Steuerumgehung und -hinterziehung erforderlich ist.[1] Der BFH hält vor diesem Hintergrund entgegen dem Wortlaut des § 2 Abs. 2 Nr. 2 UStG auch eine Organschaft mit eingegliederten Personengesellschaften – unter je nach Senat unterschiedlichen Voraussetzungen – für möglich.[2] Die resultierende Rechtsunsicherheit, die bei den weitreichenden Folgen der für die Steuerpflichtigen zwingenden Organschaft besonders misslich ist, hat das BMF versucht, im Erlasswege zu beseitigen.[3]

2. Steuerbefreiungen

19.254 Bei der Steuerbefreiung für die **Verwaltung von Investmentfonds**, die Art. 135 Abs. 1 Buchst. g MwStSystRL vorgibt (Rz. 19.151 ff.), lässt sich ein Beispiel für eine gewisse Ratlosigkeit der Finanzverwaltung angesichts der Vorgaben der EuGH-Rechtsprechung finden. Der deutsche Gesetzgeber hat die Befreiung in § 4 Nr. 8 Buchst. h UStG tatbestandlich zutreffend umgesetzt, jedoch – ebenso wie der Tatbestand des Art. 135 Abs. 1 Buchst. g MwStSystRL – offen gelassen, welche einzelnen Tätigkeiten im Sinne der Steuerbefreiung unter die Verwaltung des Investmentfonds fallen und in Folge dessen auch steuerneutral ausgelagert werden können. Die Rechtsprechung des EuGH hat für diese Frage bislang nur die inhaltsleere Formel geliefert, dass die jeweilige Tätigkeit ein „im Großen und Ganzen eigenständiges Ganzes" darstellen müsse, das die „spezifischen und wesentlichen Funktionen" der befreiten Leistung erfüllt (Rz. 19.140). Entsprechend schwer tut sich auch die Finanzverwaltung mit der Anwendung dieser Rechtsprechung in der Praxis. Der diesbzgl. Abschn. 4.8.13 Abs. 16 UStAE differenziert in Satz 3 und 4 u. a. zwischen „rein materiellen und technischen" sowie „administrativen und buchhalterischen" Leistungen. Selbst wenn eine Abgrenzung insoweit gelingen sollte, behandelt die Verwaltungsvorschrift insoweit nur die Frage, wann eine administrative oder buchhalterische Verwaltungsleistung ein im Großen und Ganzen eigenständiges Ganzes im Sinne der EuGH-Rechtsprechung darstellen kann, nicht aber unter welchen Voraussetzungen sie die spezifischen und wesentlichen Funktionen einer Verwaltung von Investmentfonds erfüllt. Obwohl der Definitionsversuch des UStAE insgesamt sieben Sätze enthält, zwingt er doch den Steuerpflichtigen letztlich dazu, im Vorfeld einer Auslagerung eine gebührenpflichtige verbindliche Auskunft gemäß § 89 Abs. 2 AO zu beantragen. Das Zusammenwirken von **unklaren Vorgaben der EuGH-Rechtsprechung** und fehlender deutscher Rechtsetzungskompetenz – oder mangelndem Willen zur faktischen Rechtsetzung – wirken sich hier stark zuungunsten der Rechtssicherheit aus.

---

1 EuGH v. 16.7.2015 – C-108/14 und C-109/14 – Larentia + Minerva u.a., ECLI:EU:C:2015:496.
2 BFH v. 2.12.2015 – V R 25/13 in „teleologischer Extension" der Bestimmung; v. 19.1.2016 – XI R 38/12 in deren „richtlinienkonformer Auslegung".
3 Siehe Abschn. 2.8 Abs. 5a UStAE.

3. Tarif

Den weiten mitgliedstaatlichen Spielraum beim Steuertarif der Mehrwertsteuer hat der deutsche Gesetzgeber in § 12 und Anlage 2 UStG zum einen durch die Festlegung eines Normalsatzes (Rz. 19.190) von 19 %, zum anderen durch die Festlegung einer Vielzahl von Tatbeständen für einen **ermäßigten Steuersatz** in Höhe von 7 % genutzt. Auch hier sind die Tatbestände des ermäßigten Satzes nicht leicht mit den unionsrechtlichen Vorgaben des Anhangs III MwStSystRL in Einklang zu bringen. Mit ein Grund hierfür ist, dass die Mitgliedstaaten befugt sind, die in der Richtlinie niedergelegten Tatbestände nur teilweise in ihr nationales Recht zu übernehmen oder auch auf bloße tatbestandliche Teilleistungen den ermäßigten Steuersatz anzuwenden (Rz. 19.194). So hatte der EuGH beispielsweise auf ein Vorabentscheidungsersuchen des BFH hin entschieden, dass die Mitgliedstaaten den nunmehr nach Art. 98 i.V.m. Anhang III Nr. 2 MwStSystRL erlaubten ermäßigten Steuersatz für die „**Lieferung von Wasser**" grundsätzlich auch auf den davon umfassten Teilaspekte des **Legen des Hausanschlusses für Wasser** anwenden dürfen.[1] Erst zehn Jahre später scheinen jedoch die in diesem Zusammenhang bestehenden Zweifelsfragen im Wesentlichen geklärt, nachdem der BFH – im Ergebnis doch überraschend – entschieden hat, dass vor dem Hintergrund der EuGH-Rechtsprechung auch ein Tiefbauunternehmen beim Legen eines Wasseranschlusses eine „Lieferung" von „Wasser" aus Unterposition 2201 9000 des Zolltarifs gemäß § 12 Abs. 2 Nr. 1 i.V.m. Anlage 2 Nr. 34 UStG durchführt.[2] Auch hier tragen **begriffliche Unterschiede** zwischen der MwStSystRL und dem UStG zur Verwirrung bei, da nur das UStG in seinem § 3 Abs. 1 das bloße Wort „Lieferung" bereits als Verschaffung der Verfügungsmacht über einen Gegenstand definiert (vgl. hingegen zum Unionsrecht Rz. 19.54 f.).

19.255

4. Sonderregelungen

Bei der Umsetzung der Sonderregelungen findet sich aus jüngerer Zeit ein Beispiel für einen Verstoß des UStG gegen die Vorgaben der MwStSystRL, der sich zugunsten der Steuerpflichtigen auswirkt. Das deutsche Gesetz sieht derzeit in § 25 Abs. 1 Satz 1 noch vor, dass die **Sonderregelung für Reiseleistungen** nicht anwendbar ist, wenn die Leistung für das Unternehmen des Leistungsempfängers bestimmt ist. Die Reiseleistung muss also nach dem UStG zwingend privat oder in sonstiger Weise nichtunternehmerisch verwendet werden, um unter die Sonderregelung zu fallen. Insoweit verstößt das deutsche Recht klar – wie auch der EuGH feststellen musste[3] – gegen Art. 306 MwStSystRL, dem keine derartige Beschränkung zu entnehmen ist (Rz. 19.240 ff.). Aufgrund dieser rechtswidrigen Umsetzung des Unionsrechts lebt der Steuerpflichtige bis zur Anpassung des deutschen Rechts in der besten aller Welten: Er hat die **Wahl**, ob er sich bei der Erbringung von Reiseleistungen an Unternehmer **an das deutsche Recht hält** und die Leistung normal versteuert oder bei solchen Reiseleistungen unter Berufung auf die **unmittelbare Wirkung des Unionsrechts** die Sonderregelung in Anspruch nimmt.[4] Die Anwendung des deutschen Rechts wird regelmäßig dann vorteilhaft sein, wenn der Leistungsempfänger zum Vorsteuerabzug berechtigt ist. Die fehlerhafte Umsetzung der unionsrechtlichen Vorgaben durch den deutschen Gesetzgeber eröffnet somit steuerliche Gestaltungsmöglichkeiten.

19.256

---

1 EuGH v. 3.4.2008 – C-442/05 – Zweckverband zur Trinkwasserversorgung und Abwasserbeseitigung Torgau-Westelbien, ECLI:EU:C:2008:184, Rz. 43.
2 BFH v. 7.2.2018 – XI R 17/17 – ECLI:DE:BFH:2018:U.070218.XIR17.17.0.
3 EuGH v. 8.2.2018 – C-380/16 – Kommission/Deutschland, ECLI:EU:C:2018:76.
4 Vgl. in diesem Sinne auch BFH v. 13.12.2017 – XI R 4/16 – ECLI:DE:BFH:2017:U.131217.XIR4.16.0.

Kapitel 20
Verbrauchsteuern

Hinweis: Die folgenden Ausführungen sind nicht in dienstlicher Eigenschaft verfasst.

A. Grundlagen	19.1
I. Zielsetzung und Entwicklung der Verbrauchsteuerharmonisierung	19.1
II. Konkurrenz mit anderen nationalen indirekten Steuern	19.4
B. Unionsrechtliche Vorgaben	19.6
I. Allgemeiner Teil	19.6
1. Rechtsquellen	19.6
2. Entstehung der Steuer	19.8
3. Steuerbefreiungen	19.14
4. Bemessungsgrundlage und Steuersätze	19.18
5. Steuerschuldner	19.20
6. Verfahren	19.23
II. Besonderer Teil	19.27
1. Energiesteuern	19.27
a) Zielsetzung und Entwicklung der Energiesteuerharmonisierung	19.27
b) Steuerbare Energiewaren	19.30
c) Steuerbefreiungen für Energiewaren	19.33
d) Bemessungsgrundlage und Steuersätze für Energiewaren	19.39
e) Verfahren der Besteuerung von Energiewaren	19.41
2. Alkoholsteuern	19.43
a) Zielsetzung und Entwicklung der Alkoholsteuerharmonisierung	19.43
b) Steuerbare Alkoholwaren	19.45
c) Steuerbefreiungen für Alkoholwaren	19.47
d) Bemessungsgrundlage und Steuersätze für Alkoholwaren	19.50
e) Verfahren der Besteuerung von Alkoholwaren	19.54
3. Tabaksteuern	19.55
a) Zielsetzung und Entwicklung der Tabaksteuerharmonisierung	19.55
b) Steuerbare Tabakwaren	19.58
c) Steuerbefreiungen für Tabakwaren	19.60
d) Bemessungsgrundlage und Steuersätze für Tabakwaren	19.61
e) Verfahren der Besteuerung von Tabakwaren	19.64
C. Umsetzung in deutsches Recht	19.65
I. Allgemeines	19.65
II. Energiesteuergesetz und Stromsteuergesetz	19.66
III. Alkoholsteuergesetze	19.69
IV. Tabaksteuergesetz	19.73

Literatur (Auswahl): *Englisch*, Spezielle Verbrauch- und Aufwandsteuern, in Tipke/Lang, Steuerrecht, 23. Auflage, Köln 2018, 1108 ff.; *Gröpl* in Dauses/Ludwigs, Handbuch des EU-Wirtschaftsrechts, Rn. 572 bis 634 (Stand: April 2015); *Jatzke*, Das neue Verbrauchsteuerrecht im EG-Binnenmarkt, BB 1993, 41; *Jatzke*, Europäisches Verbrauchsteuerrecht, München 2016; *Jatzke* in Musil/Weber-Grellet, Europäisches Steuerrecht, München 2019, 295 ff. (Sekundäres Verbrauchsteuerrecht); *Lux/Scheller/Zaczek*, Lagerverfahren im Zoll-, Mehrwert- und Verbrauchsteuerrecht, RIW 2016, 654; *Rendels*, Schwerpunkte des Verbrauchsteuer-Binnenmarktgesetzes, DStR 1993, 113.

A. Grundlagen

I. Zielsetzung und Entwicklung der Verbrauchsteuerharmonisierung

Entsprechend dem Auftrag des Art. 113 AEUV dient die teilweise Harmonisierung der „Verbrauchsabgaben" – ebenso wie die Harmonisierung der Umsatzsteuern (Rz. 19.1 ff.) – der Errichtung und dem Funktionieren des **Binnenmarktes**. Mit dem Wegfall der Binnengrenzen im Jahr 1993 und damit auch

20.1

der Möglichkeit, den Warenverkehr zwischen den Mitgliedstaaten an den Binnengrenzen zu kontrollieren, bedurfte es auch eines gemeinsamen Systems für die Verbrauchsteuern im Binnenmarkt.[1] Dieses EU-System beinhaltet einzelne allgemein geltende Verbrauchsteuerbefreiungen beim Grenzübertritt, schreibt aber darüber hinaus den Mitgliedstaaten vor, auf bestimmte Waren Verbrauchsteuern zu erheben, weist die zugehörigen Besteuerungsrechte innerhalb des Binnenmarktes zu und formuliert gemeinsame Regeln für das Verfahren der Erhebung dieser Verbrauchsteuern. Danach sind Verbrauchsteuern unionsweit zwingend auf drei Warengruppen zu erheben: Energieträger, Alkohol und Tabak. Die Aufteilung des Steuersubstrats folgt dabei grundsätzlich dem Bestimmungslandprinzip: Die jeweilige Verbrauchsteuer steht demjenigen Mitgliedstaat zu, in dem die Ware (mutmaßlich) verbraucht wird. Neben dieser fiskalischen Zielrichtung sind mit der Vereinheitlichung dieser Steuern auf Unionsebene zum Teil auch Sozialzwecke in Form des **Umwelt- und Gesundheitsschutzes** verbunden (Rz. 20.29 und 20.57).

20.2 In **Abgrenzung zur Mehrwertsteuer** hat Generalanwalt *Mischo* die **Verbrauchsteuern im Sinne des Unionsrechts** – vor dem Hintergrund des jetzigen Art. 401 MwStSystRL (Rz. 19.13 f.) – definiert als Steuern, „mit denen bestimmte nicht dauerhafte Verbrauchsgüter auf einer einheitlichen Stufe belegt werden, und die ganz oder teilweise aus einer spezifischen, d. h. nach der Menge, dem Gewicht oder dem Alkoholgehalt einer Ware berechneten Abgabe bestehen".[2] Diese Definition weist auf drei Besonderheiten der Verbrauchsteuern gegenüber der Mehrwertsteuer hin: Verbrauchsteuern richten sich erstens nur auf ganz bestimmte Waren; sie besteuern zweitens die jeweilige Ware vor dem Verbrauch nur ein einziges Mal; drittens orientiert sich ihre Bemessungsgrundlage regelmäßig nicht am Preis der Ware sondern an ihren Eigenschaften, insbesondere an ihrem Gewicht oder Volumen. In Deutschland ist es gleichwohl verbreitet, die Verbrauchsteuern und die Mehrwertsteuer – aufgrund ihrer gemeinsamen Funktion bei der steuerlichen Erfassung des Konsums – unter dem Begriff der Verbrauchsteuern zusammenzufassen. Der Mehrwertsteuer wird dabei die Rolle der *allgemeinen* Verbrauchsteuer zugeschrieben, während die eigentlichen Verbrauchsteuern als *besondere* oder *spezielle* Verbrauchsteuern firmieren.[3] Dem entspricht es, wenn einzelne EU-Richtlinien zwischen Umsatzsteuern und „Sonderverbrauchsteuern" unterscheiden.[4]

20.3 Das Recht der Verbrauchsteuern ist die einzige Materie des Unionssteuerrechts, die mit der Richtlinie 2008/118/EG[5] (Verbrauchsteuer-Systemrichtlinie, kurz: VerbrStSystRL) über einen **allgemeinen Teil** verfügt, der für mehrere harmonisierte Steuern gilt (Rz. 20.6 ff.). Ebenfalls zum allgemeinen Teil des EU-Verbrauchsteuerrechts zu zählen sind die Richtlinien zur Befreiung von Verbrauchsteuern bei der Einfuhr von Gegenständen, die nicht nur für die nach Unionsrecht zu besteuernden Warengruppen sowie die Mehrwertsteuer, sondern auch für sonstige nationale Verbrauchsteuern gelten (Rz. 20.17). Für die nach Unionsrecht besteuerten Warengruppen (Energieträger, Alkohol und Tabak) bestehen sodann jeweils separate Rechtsakte, die zusammen den **besonderen Teil** des Verbrauchsteuerrechts der Union bilden (Rz. 20.27 ff.). In einigen Bereichen verfügt hier die Kommission über Kompetenzen zum

---

1 Siehe zu den noch älteren Wurzeln der Tabaksteuer Rz. 21.55.
2 EuGH, Schlussanträge des Generalanwalts *Mischo* v. 27.4.1989 – 93/88 und 94/88 – Wisselink u.a., ECLI:EU:C:1989:180, Rz. 44.
3 Siehe nur *Englisch* in Tipke/Lang, Steuerrecht[23], § 7 Rz. 101.
4 Siehe Art. 1 Abs. 1 Richtlinie 2006/79/EG; siehe hingegen Art. 1 Abs. 1 und Abs. 2 Buchst. b 2009/55/EG sowie Art. 1 Abs. 1 tir. 1 der Richtlinie 83/182/EWG, die zwischen dem weiteren Begriff der „Verbrauchsabgaben" und dem engeren Begriff der „Sonderverbrauchsteuern" zu differenzieren scheinen.
5 Richtlinie 2008/118/EG des Rates vom 16.12.2008 über das allgemeine Verbrauchsteuersystem und zur Aufhebung der Richtlinie 92/12/EWG (ABl. EU 2009 Nr. L 9, 12), zuletzt geändert durch die Richtlinie 2013/61/EU des Rates vom 17.12.2013 zur Änderung der Richtlinien 2006/112/EG und 2008/118/EG hinsichtlich der französischen Regionen in äußerster Randlage, insbesondere Mayotte (ABl. EU 2013 Nr. L 353, 5).

Erlass von Durchführungsverordnungen,¹ um in der Union einheitliche Verfahrensstandards festlegen zu können.

II. Konkurrenz mit anderen nationalen indirekten Steuern

Die EU-Verbrauchsteuern erfassen nur bestimmte Waren (Energieträger, Alkohol und Tabak), die Art. 1 Abs. 1 VerbrStSystRL als „verbrauchsteuerpflichtige Waren" definiert. Darüber hinaus steht es den Mitgliedstaaten gemäß Art. 1 Abs. 3 VerbrStSystRL ausdrücklich frei, auf **andere Waren, deren Besteuerung nicht harmonisiert ist**, ebenfalls Verbrauchsteuern zu erheben. Verboten sind insoweit nach Unterabs. 2 der Vorschrift lediglich mit dem Grenzübertritt beim Handel innerhalb der Union verbundene „Formalitäten".² Die VerbrStSystRL harmonisiert damit nicht – anders als die MwStSystRL (Rz. 19.13) – das gesamte Verbrauchsteuerrecht innerhalb der Union, sondern enthält nur gemeinsame Regeln für das auf Unionsebene harmonisierte Verbrauchsteuerrecht. Nationale Verbrauchsteuern auf andere Waren können deshalb ihren eigenen Regeln folgen.

20.4

Selbst im Bereich der auf Unionsebene verbrauchsteuerpflichtigen Waren wird das Steuerfindungsrecht der Mitgliedstaaten nicht gänzlich ausgeschlossen. Auch auf **Energieträger, Alkohol und Tabak** im Sinne der Definition des Art. 1 Abs. 1 VerbrStSystRL dürfen die Mitgliedstaaten gemäß Abs. 2 der Vorschrift **zusätzliche indirekte Steuern „für besondere Zwecke"** erheben. Ob eine nationale Steuer die EU-verbrauchsteuerpflichtigen Waren erfasst, wird danach beurteilt, ob deren Steuerobjekt in „unmittelbarem und untrennbarem" Zusammenhang mit dem Verbrauch der genannten Waren steht.³ Das deutsche KernbrStG⁴ tat dies beispielsweise nicht, da nach Feststellung des EuGH der besteuerte Verbrauch von Kernbrennstoffen nicht hinreichend mit dem damit produzierten Strom korreliert, bei dem allein es sich gemäß Art. 1 Abs. 1 Buchst. a VerbrStSystRL um eine auf Unionsebene verbrauchsteuerpflichtige Ware handelt.⁵ Ist aber die Belastung einer solchen Ware durch eine nationale Steuer festzustellen, dann muss sie einem „besonderen Zweck" dienen. Dies tut die Steuer nach der Rechtsprechung des EuGH, wenn sie nicht nur fiskalisch motiviert ist,⁶ also insbesondere einen Lenkungszweck verfolgt⁷ oder das Steueraufkommen rechtlich zweckgebunden ist⁸. Allerdings darf es sich nach der Rechtsprechung des EuGH bei dem mit der indirekten Steuer verfolgten „besonderen Zweck" nicht um eine Aufgabe handeln, die üblicherweise ohnehin aus dem Staatshaushalt finanziert wird.⁹ Nationale Steuern auf verbrauchsteuerpflichtige Waren zu besonderen Zwecken müssen überdies gemäß Art. 1 Abs. 2 VerbrStSystRL regulatorisch entweder dem Verbrauchsteuer- oder dem Mehrwertsteuer-

20.5

---

1 Siehe Art. 13 Abs. 2 (Freistellungsbescheinigungen), Art. 29 Abs. 1 (Beförderung im Verfahren der Steueraussetzung) und Art. 34 Abs. 1 Unterabs. 2 VerbrStSystRL (Begleitdokumente) sowie Art. 27 Abs. 4 Satz 2 AlkoholsteuerstrukturRL (Denaturierungsverfahren).
2 Siehe hierzu näher EuGH v. 12.2.2015 – C-349/13 – Oil Trading Poland, ECLI:EU:C:2015:84, Rz. 36 bis 43; v. 17.12.2015 – C-402/14 – Viamar, ECLI:EU:C:2015:830, Rz. 40 ff.
3 Vgl. in diesem Sinne EuGH v. 4.6.2015 – C-5/14 – Kernkraftwerke Lippe-Ems, ECLI:EU:C:2015:354, Rz. 65; v. 1.10.2015 – C-606/13 – OKG, ECLI:EU:C:2015:636, Rz. 32 und 35.
4 Kernbrennstoffsteuergesetz vom 8.12.2010 (BGBl. I S. 1804), das durch Artikel 240 der Verordnung vom 31.8.2015 (BGBl. I S. 1474) geändert worden sowie gemäß BVerfG v. 13.4.2017 – 2 BvL 6/13 – mit Art. 105 Abs. 2 i.V.m. Art. 106 Abs. 1 Nr. 2 GG unvereinbar und nichtig ist.
5 Vgl. EuGH v. 4.6.2015 – C-5/14 – Kernkraftwerke Lippe-Ems, ECLI:EU:C:2015:354, Rz. 63.
6 Vgl. EuGH v. 5.3.2015 – C-553/13 – Statoil Fuel & Retail, ECLI:EU:C:2015:149, Rz. 37 f.; v. 25.7.2018 – C-103/17 – Messer France, ECLI:EU:C:2018:587, Rz. 37 (zu Art. 3 Abs. 2 Richtlinie 92/12/EWG).
7 Vgl. EuGH v. 5.3.2015 – C-553/13 – Statoil Fuel & Retail, ECLI:EU:C:2015:149, Rz. 42.
8 Vgl. in diesem Sinne EuGH v. 5.3.2015 – C-553/13 – Statoil Fuel & Retail, ECLI:EU:C:2015:149, Rz. 41 und 45; v. 25.7.2018 – C-103/17 – Messer France, ECLI:EU:C:2018:587, Rz. 38 f. (zu Art. 3 Abs. 2 Richtlinie 92/12/EWG).
9 Vgl. in diesem Sinne EuGH v. 5.3.2015 – C-553/13 – Statoil Fuel & Retail, ECLI:EU:C:2015:149, Rz. 44; v. 25.7.2018 – C-103/17 – Messer France, ECLI:EU:C:2018:587, Rz. 43 (zu Art. 3 Abs. 2 Richtlinie 92/12/EWG).

system der Union hinsichtlich Bemessungsgrundlage, Berechnung und Entstehung der Steuer sowie der steuerlichen Überwachung im Grundsatz entsprechen,[1] um im Binnenmarkt nicht zusätzlichen Verwaltungs- und Befolgungsaufwand zu produzieren. Erhebt ein Mitgliedstaat eine Steuer auf die EU-verbrauchsteuerpflichtigen Waren, ohne dabei den Anforderungen des Art. 1 Abs. 2 VerbrStSystRL gerecht zu werden, ist die Steuer ganz oder teilweise unwirksam.[2]

B. Unionsrechtliche Vorgaben

I. Allgemeiner Teil

1. Rechtsquellen

20.6 Der allgemeine Teil des Verbrauchsteuerrechts der Union wird in erster Linie durch die **VerbrStSystRL** 2008/118/EG geregelt. Räumlicher Anwendungsbereich des gemeinsamen Verbrauchsteuersystems ist dabei grundsätzlich das gesamte Unionsgebiet.[3] Die VerbrStSystRL enthält insbesondere gemeinsame Bestimmungen zu den Steuertatbeständen, dem für die Steuererhebung zuständigen Mitgliedstaat, den allgemein geltenden Steuerbefreiungen sowie dem Verfahren, das bei Herstellung, Lagerung und Beförderung verbrauchsteuerpflichtiger Waren zu beachten ist. Die Verfahrensbestimmungen werden ergänzt durch Durchführungsverordnungen der Kommission[4], die hierdurch insbesondere in Teilbereichen unionsweit einheitliche Verwaltungsstandards setzt. Auch die **Vorgängerin** der VerbrStSystRL, die Richtlinie 92/12/EWG[5], ist noch von einiger Bedeutung, da ein Großteil der Rechtsprechung des EuGH zu dieser Richtlinie ergangen ist. Die Kommission hat mittlerweile erneut eine Neufassung der VerbrStSystRL **vorgeschlagen**, die insbesondere das Verfahren bei der kommerziellen Beförderung bereits besteuerter Waren innerhalb der Union und die Koordinierung des Verbrauchsteuerverfahrens mit dem Zollverfahren verbessern soll.[6]

20.7 Die Kooperation der mitgliedstaatlichen Steuerverwaltungen untereinander sowie mit der Kommission bei der Exekution der EU-Verbrauchsteuerregeln wird durch die separate Verordnung (EU) Nr. 389/2012[7] (**ZusammenarbeitsVO VerbrSt**) geregelt, die durch eine Durchführungsverordnung der Kom-

---

1 Vgl. EuGH v. 24.2.2000 – C-434/97 – Kommission/Frankreich, ECLI:EU:C:2000:98, Rz. 27; v. 25.7.2018 – C-103/17 – Messer France, ECLI:EU:C:2018:587, Rz. 48; beide zu Art. 3 Abs. 2 Richtlinie 92/12/EWG.
2 Vgl. in diesem Sinne EuGH v. 25.7.2018 – C-103/17 – Messer France, ECLI:EU:C:2018:587, Rz. 58 zu Art. 3 Abs. 2 Richtlinie 92/12/EWG.
3 Zu den Ausnahmen siehe Art. 5 Abs. 2 bis 6 und Art. 6 VerbrStSystRL.
4 Verordnung (EWG) Nr. 3649/92 (Rz. 21.25), Verordnung (EG) Nr. 31/96 (Rz. 21.15) und Verordnung (EG) Nr. 684/2009 (Rz. 21.24).
5 Sie galt bis zum 31.3.2010: Richtlinie 92/12/EWG des Rates vom 25.2.1992 über das allgemeine System, den Besitz, die Beförderung und die Kontrolle verbrauchsteuerpflichtiger Waren (ABl. EG 1992 Nr. L 76, 1), zuletzt geändert durch die Richtlinie 2004/106/EG des Rates vom 16.11.2004 zur Änderung der Richtlinie 77/799/EWG über die gegenseitige Amtshilfe zwischen den zuständigen Behörden der Mitgliedstaaten im Bereich der direkten Steuern, bestimmter Verbrauchsteuern und der Steuern auf Versicherungsprämien sowie der Richtlinie 92/12/EWG über das allgemeine System, den Besitz, die Beförderung und die Kontrolle verbrauchsteuerpflichtiger Waren (ABl. EU 2004 Nr. L 359, 30).
6 Vorschlag vom 25.5.2018 für eine Richtlinie des Rates zur Festlegung des allgemeinen Verbrauchsteuersystems (Neufassung) (COM[2018] 346 final), insbesondere S. 8 f.; der Vorschlag wird ergänzt durch den Vorschlag vom 25.5.2018 für eine Verordnung des Rates zur Änderung der Verordnung (EU) Nr. 389/2012 des Rates über die Zusammenarbeit der Verwaltungsbehörden auf dem Gebiet der Verbrauchsteuern in Bezug auf den Inhalt elektronischer Verzeichnisse (COM[2018] 349 final).
7 Verordnung (EU) Nr. 389/2012 des Rates vom 2.5.2012 über die Zusammenarbeit der Verwaltungsbehörden auf dem Gebiet der Verbrauchsteuern und zur Aufhebung von Verordnung (EG) Nr. 2073/2004 (ABl. EU 2012 Nr. L 121, 1), geändert durch Verordnung (EU) Nr. 517/2013 des Rates vom 13.5.2013 (ABl. EU 2013 Nr. L 158, 1).

mission[1] ergänzt wird. Die ZusammenarbeitsVO VerbrSt enthält u. a. Bestimmungen zur gegenseitigen Amtshilfe[2] sowie zu einer gemeinsamen Datenbank für registrierte Wirtschaftsbeteiligte und zugelassene Inhaber eines sog. Steuerlagers[3] (Rz. 20.23). Ein zusätzliches Forum der Verwaltungskooperation bildet der sog. **Verbrauchsteuerausschuss**, der sich aus Vertretern der Mitgliedstaaten und der Kommission zusammensetzt (Art. 43 VerbrStSystRL). Gemäß Art. 44 VerbrStSystRL wirkt dieser Ausschuss zum einen bei den Durchführungsbefugnissen der Kommission mit und soll darüber hinaus Anwendungsfragen des EU-Verbrauchsteuerrechts behandeln, wenn auch nur rechtlich unverbindlich. Diese Institutionen der EU-Steuerverwaltung finden sich in ähnlicher Form auch im Mehrwertsteuerbereich (Rz. 19.10 f.).

2. Entstehung der Steuer

Bereits mit Beginn ihrer physischen Existenz im Unionsgebiet – durch Herstellung oder Einfuhr (Art. 2 VerbrStSystRL) – unterliegen verbrauchsteuerpflichtige Waren auch verbrauchsteuerlichen Pflichten. Dabei gilt eine Einfuhr in die Union – trotz physischer Präsenz – gemäß Art. 4 Nr. 8 VerbrStSystRL als so lange nicht erfolgt, wie die Ware einem sog. zollrechtlichen Nichterhebungsverfahren unterliegt; insoweit besteht eine verwaltungsmäßige Verbindung des Verbrauchsteuerrechts mit dem Zollrecht (vgl. ebenso zur Einfuhrumsatzsteuer Rz. 19.90 f.). Trotz der frühzeitigen Entstehung verbrauchsteuerlicher Pflichten entsteht eine Steuerschuld jedoch gemäß Art. 7 Abs. 1 VerbrStSystRL erst mit **Überführung der Ware in den sog. steuerrechtlich freien Verkehr**. Für diese Überführung sieht Art. 7 Abs. 2 VerbrStSystRL vier Möglichkeiten vor, aus denen sich vier Steuertatbestände der Verbrauchsteuer ergeben, die durch zwei konkurrierende Steuertatbestände in Art. 33 und 36 VerbrStSystRL ergänzt werden (Rz. 20.10 bis 20.13). Den jeweiligen Steuerschuldner bestimmt – in Abhängigkeit vom erfüllten Tatbestand – Art. 8 VerbrStSystRL (Rz. 20.20 bis 20.22).

20.8

Im Ergebnis entsteht eine Verbrauchsteuer gemäß Art. 7 Abs. 1 und 2 VerbrStSystRL solange nicht, wie sich die Ware noch in einem sog. **Verfahren der Steueraussetzung** und damit noch nicht im steuerrechtlich freien Verkehr befindet.[4] Bei den Verfahren der Steueraussetzung handelt es sich um Pflichtenkomplexe, denen die Herstellung, Verarbeitung und Lagerung in einem sog. Steuerlager sowie die Beförderung verbrauchsteuerpflichtiger Waren unterliegt (Art. 4 Nr. 7 VerbrStSystRL); ihre Regelung in den Art. 15 f. bzw. Art. 17 bis 31 VerbrStSystRL bildet einen Schwerpunkt der VerbrStSystRL (Rz. 20.23 f.). Der Ort, an dem die Ware das Verfahren der Steueraussetzung verlässt, bestimmt zudem gemäß Art. 9 VerbrStSystRL grundsätzlich, **in welchem Mitgliedstaat** die Verbrauchsteuer zu erheben ist. Eine Ausnahme hiervon sehen Art. 33 und 36 VerbrStSystRL vor, die das Besteuerungsrecht in bestimmten Fällen dem Bestimmungsmitgliedstaat der Ware zuweisen.

20.9

Aus dem Verfahren der Steueraussetzung wird die Ware regelmäßig – insbesondere zu Verkaufszwecken – irgendwann entnommen, was gemäß Buchst. a des Art. 7 Abs. 2 VerbrStSystRL den ersten und praktisch bedeutendsten[5] Tatbestand der EU-Verbrauchsteuer darstellt. Eine **Entnahme** der Ware liegt vor, wenn sie ein Steuerlager (Rz. 20.23) physisch verlässt, sich also nicht mehr im unmittelbaren Besitz des Lagerinhabers befindet.[6] Eine Entnahme kann aber auch am Ende oder während der Beförderung

20.10

---

1 Durchführungsverordnung (EU) Nr. 612/2013 der Kommission vom 25.6.2013 betreffend die Verwaltung des Verzeichnisses der Wirtschaftsbeteiligten und Steuerlager, zugehörige Statistiken und Berichterstattung nach der Verordnung (EU) Nr. 389/2012 des Rates über die Zusammenarbeit der Verwaltungsbehörden auf dem Gebiet der Verbrauchsteuern (ABl. EU 2013 Nr. L 173, 9), zuletzt geändert durch Durchführungsverordnung (EU) 2018/504 der Kommission vom 7.3.2018 (ABl. EU 2018 Nr. L 86, 32).
2 Art. 8 ff. ZusammenarbeitsVO VerbrSt.
3 Art. 19 ff. ZusammenarbeitsVO VerbrSt.
4 **Hiervon abweichend** spricht *Jatzke* in Musil/Weber-Grellet, Europäisches Steuerrecht, S. 299 Rz. 8 insoweit von einem „unbefristeten Zahlungsaufschub".
5 So *Jatzke* in Musil/Weber-Grellet, Europäisches Steuerrecht, S. 298 Rz. 7.
6 Vgl. EuGH v. 2.6.2016 – C-355/14 – Polihim-SS, ECLI:EU:C:2016:403, Rz. 53 bis 55.

einer Ware innerhalb eines Steueraussetzungsverfahrens erfolgen. Soweit verbrauchsteuerpflichtige Waren bei einem Transport unter Steueraussetzung nicht beim Empfänger ankommen, sind sie gemäß Art. 10 Abs. 2 und 6 VerbrStSystRL in dem Moment zu versteuern, in dem das Fehlen festgestellt wird, es sei denn, es wird gemäß Art. 7 Abs. 4 VerbrStSystRL nachgewiesen, dass die Ware aufgrund Zerstörung oder sonstigen Verlusts nicht mehr verbraucht werden kann.[1]

20.11 Findet bereits die **Herstellung** der Ware außerhalb eines Steueraussetzungsverfahrens statt oder wird die Ware nicht unmittelbar nach ihrer **Einfuhr** in das Unionsgebiet in ein solches Verfahren überführt, so kommt auch in diesen Fällen die Steuer zur Entstehung (Art. 7 Abs. 2 Buchst. c und d VerbrStSystRL). Deshalb unterliegen auch Waren der Verbrauchsteuer, die der verbrauchsteuerlichen Überwachung von vornherein entzogen werden (Schmuggel).[2]

20.12 Darüber hinaus führt außerhalb eines Verfahrens der Steueraussetzung auch der bloße **Besitz** der Ware zur Entstehung der jeweiligen Verbrauchsteuer, sofern diese bislang noch nicht erhoben wurde (Art. 7 Abs. 2 Buchst. b VerbrStSystRL). Dadurch wird gewährleistet, dass dem Fiskus zumindest der Besitzer als Steuerschuldner zur Verfügung steht (Art. 8 Abs. 1 Buchst. b VerbrStSystRL), sofern die Herkunft der Ware nicht mehr aufgeklärt werden kann.

20.13 Ergänzend zu den genannten Steuertatbeständen des Art. 7 VerbrStSystRL kann eine **zusätzliche Steuerpflicht** für Waren entstehen, die bereits in einem Mitgliedstaat in den steuerrechtlich freien Verkehr überführt und deshalb zu versteuern waren, aber gewerblich in einem anderen Mitgliedstaat verwertet werden. Zum einen existiert hierfür ein weiterer Besitz-Tatbestand in Art. 33 VerbrStSystRL. Danach entsteht die Verbrauchsteuer erneut, wenn ein Händler eine Ware nach ihrer Überführung in den steuerrechtlich freien Verkehr in einem anderen Mitgliedstaat vermarktet oder in anderer Weise gewerblich verwendet. Eine vergleichbare Vorschrift enthält Art. 36 VerbrStSystRL für sog. Fernverkäufe. Zur Vermeidung der Doppelbesteuerung besteht dann die Möglichkeit der Erstattung der bereits entrichteten Steuer,[3] so dass die Verbrauchsteuer im Ergebnis nur noch **im Bestimmungsland der Ware** erhoben wird. Dadurch wird grundsätzlich sichergestellt, dass auf dem jeweiligen Markt gleiche steuerliche Wettbewerbsbedingungen herrschen und der Marktstaat das Steueraufkommen erhält. Eine Ausnahme besteht insoweit bei Verbrauchern, die Waren für ihren Eigenbedarf vom einen in den anderen Mitgliedstaat verbringen; hierdurch wird kein weiterer Steuertatbestand ausgelöst, so dass die Besteuerung in diesem Fall nur im Ursprungsmitgliedstaat erfolgt.[4]

3. Steuerbefreiungen

20.14 Bei den Steuerbefreiungen sind **allgemeine Befreiungen, die für alle Verbrauchsteuern gelten**, von den besonderen Befreiungen zu unterscheiden, die speziell für einzelne Verbrauchsteuern vorgesehen sind (Rz. 20.33 ff., Rz. 20.47 ff. und Rz. 20.60). Die allgemein geltenden Steuerbefreiungen sind in den Art. 12 bis 14 VerbrStSystRL sowie in den separaten Richtlinien 83/182/EWG, 2006/79/EG, 2007/74/EG und 2009/55/EG enthalten. Die Steuerbefreiungen jener Richtlinien weisen dabei über den Anwendungsbereich der VerbrStSystRL hinaus, indem sie zum einen weitere Gegenstände von rein nationalen Verbrauchsteuern befreien (Rz. 20.17), zum anderen größtenteils auch für die Mehrwertsteuer gelten (Rz. 19.10).

20.15 Der Art. 12 VerbrStSystRL enthält für alle EU-Verbrauchsteuern die üblichen Steuerbefreiungen für Leistungen an **diplomatische Vertretungen und internationale Einrichtungen**, wie sie ebenfalls in

---

1 Vgl. in diesem Sinne EuGH v. 28.1.2016 – C-64/15 – BP Europa, ECLI:EU:C:2016:62, Rz. 43 bis 46 sowie Rz. 48 bis 54 zur verbleibenden Bedeutung der Fiktion des Art. 10 Abs. 4 VerbrStSystRL.
2 Vgl. in diesem Sinne EuGH v. 29.6.2000 – C-455/98 – Salumets u.a., ECLI:EU:C:2000:352, Rz. 19 zur AlkoholsteuerstrukturRL.
3 Siehe Art. 33 Abs. 6 und Art. 36 Abs. 5 VerbrStSystRL.
4 Siehe Erwägungsgrund 27 und Art. 32 VerbrStSystRL.

der MwStSystRL existieren (Rz. 19.164). Im Gegensatz zur Mehrwertsteuer haben die Mitgliedstaaten bei den Verbrauchsteuern aber einen Spielraum bei der Ausgestaltung dieser Steuerbefreiungen im Einzelnen (Art. 12 Abs. 2 VerbrStSystRL). Zur Freistellungsbescheinigung, die im Anwendungsbereich dieser Steuerbefreiung bei der Beförderung verbrauchsteuerpflichtiger Waren zu verwenden ist (Art. 13 VerbrStSystRL), enthält die Verordnung (EG) Nr. 31/96[1] Einzelheiten zu Inhalt und Verwendung.

Im Belieben der Mitgliedstaaten steht die Steuerbefreiung von Waren im Rahmen des **Verkaufs an Bord von Flugzeugen oder Schiffen** mit Reisezielen, die außerhalb des Unionsgebietes liegen (Art. 14 VerbrStSystRL). Nach der Übergangsregelung des Art. 41 VerbStSystRL dürfen die Mitgliedstaaten zudem ihre Steuerbefreiungen für die **Versorgung** von Flugzeugen und Schiffen beibehalten. 20.16

Weitere für mehrere Verbrauchsteuern geltende Befreiungen enthalten vier Richtlinien, die alle die **Einfuhr von Gegenständen in das Unionsgebiet bzw. in das Gebiet eines Mitgliedstaats** unter bestimmten Umständen betreffen. Den **Reiseverkehr** betreffen dabei zwei Richtlinien. Nach der Richtlinie 2007/74/EG[2] werden die Gegenstände im Gepäck von Privatreisenden, die in das Unionsgebiet eingeführt werden, von jeglichen Verbrauchsteuern befreit. Dabei gilt grundsätzlich ein allgemeiner Schwellenwert von 300 Euro (Art. 7) sowie für Alkohol (Art. 9) und Tabakwaren (Art. 8) spezielle Höchstmengen. Zudem ist der Kraftstoff im Hauptbehälter von Motorfahrzeugen in vollem Umfang gemäß Art. 10 Richtlinie 2007/74/EG von Verbrauchsteuern befreit. Ebenfalls den Reiseverkehr betrifft die Richtlinie 83/182/EWG[3]. Sie befreit die vorübergehende Einfuhr bestimmter Verkehrsmittel von einem in einen anderen Mitgliedstaat u. a. von sämtlichen Verbrauchsabgaben. Dabei dürfte es in erster Linie um die Erhebung von Verbrauchsabgaben auf die Einfuhr von Kraftfahrzeugen gehen, deren Ingebrauchnahme bzw. Zulassung in einigen Mitgliedstaaten einer hohen steuerlichen Belastung unterliegt.[4] Um die Befreiung des Erhalts von **Privatsendungen**, die in die Union eingeführt werden, kümmert sich die Richtlinie 2006/79/EG[5]. Auch hier gelten für Alkohol und Tabakwaren mengenmäßige Begrenzungen gemäß Art. 2 der Richtlinie. Die Richtlinie 2009/55/EG[6] schließlich betrifft die Steuerbefreiung von Ver- 20.17

---

1 Verordnung (EG) Nr. 31/96 der Kommission vom 10.1.1996 über die Verbrauchsteuerfreistellungsbescheinigung (ABl. EG 1996 Nr. L 8, 11).
2 Richtlinie 2007/74/EG des Rates vom 20.12.2007 über die Befreiung der von aus Drittländern kommenden Reisenden eingeführten Waren von der Mehrwertsteuer und den Verbrauchsteuern (ABl. EU 2007 Nr. L 346, 6); zuvor galt bis zum 31.12.2007 die Richtlinie 69/169/EWG des Rates vom 23.5.1969 zur Harmonisierung der Rechts- und Verwaltungsvorschriften über die Befreiung von den Umsatzsteuern und Sonderverbrauchsteuern bei der Einfuhr im grenzüberschreitenden Reiseverkehr (ABl. EG 1969 Nr. L 133, 6), die zuletzt durch die Richtlinie 2007/74/EG geändert wurde.
3 Richtlinie 83/182/EWG des Rates vom 28.3.1983 über Steuerbefreiungen innerhalb der Gemeinschaft bei vorübergehender Einfuhr bestimmter Verkehrsmittel (ABl. EG 1983 Nr. L 105, 59), zuletzt geändert durch die Richtlinie 2013/13/EU des Rates vom 13.5.2013 zur Anpassung bestimmter Richtlinien im Bereich Steuern anlässlich des Beitritts der Republik Kroatien (ABl. EU 2013 Nr. L 141, 30).
4 Siehe zu solchen Fällen insbesondere EuGH v. 12.7.2001 – C-262/99 – Louloudakis, ECLI:EU:C:2001:407; Schlussanträge der Generalanwältin *Kokott* v. 5.9.2013 – C-302/12 – X, ECLI:EU:C:2013:536.
5 Richtlinie 2006/79/EG des Rates vom 5.10.2006 über die Steuerbefreiungen bei der Einfuhr von Waren in Kleinsendungen nichtkommerzieller Art mit Herkunft aus Drittländern (kodifizierte Fassung) (ABl. EU 2006 Nr. L 286, 15); zuvor galt die Richtlinie 78/1035/EWG des Rates vom 19.12.1978 über die Steuerbefreiungen bei der Einfuhr von Waren in Kleinsendungen nichtkommerzieller Art mit Herkunft aus Drittländern (ABl. EG 1978 Nr. L 366, 34), die zuletzt durch die Akte über die Bedingungen des Beitritts des Königreichs Norwegen, der Republik Österreich, der Republik Finnland und des Königreichs Schweden und die Anpassungen der die Europäische Union begründenden Verträge (ABl. C 241, S. 21) geändert wurde.
6 Richtlinie 2009/55/EG des Rates vom 25.5.2009 über Steuerbefreiungen bei der endgültigen Verbringung persönlicher Gegenstände durch Privatpersonen aus einem Mitgliedstaat (kodifizierte Fassung) (ABl. EU 2009 Nr. L 145, 36); zuvor galt die Richtlinie 83/183/EWG des Rates vom 28.3.1983 über Steuerbefreiungen bei der endgültigen Einfuhr persönlicher Gegenstände durch Privatpersonen aus einem Mitgliedstaat (ABl. EG 1983 Nr. L 105, 64), zuletzt geändert durch die Richtlinie 92/12/EWG des Rates vom

brauchsabgaben, soweit es sich nicht um sog. Sonderverbrauchsteuern handelt,[1] die auf die endgültige Verbringung von Gegenständen durch Privatpersonen in einen Mitgliedstaat im Zuge einer **Verlegung oder Begründung eines Wohnsitzes** oder bei einem **Erbfall** erhoben werden. Auch hier dürfte die Befreiung von Verbrauchsabgaben auf Kraftfahrzeuge die größte Bedeutung besitzen.

4. Bemessungsgrundlage und Steuersätze

20.18 Es ist keine Überraschung, dass die VerbrStSystRL **keine allgemeinen Bestimmungen zur Bemessungsgrundlage** der EU-Verbrauchsteuern enthält. Da Verbrauchsteuern regelmäßig anhand der Eigenschaften der jeweils besteuerten Ware erhoben werden (Rz. 20.2), ist auch die Bemessungsgrundlage spezifisch auf die jeweils besteuerte Ware abgestimmt (Rz. 20.39 f., 20.50 ff. und 20.61 ff.). Als Grundsatz entnimmt der EuGH allerdings dem neunten Erwägungsgrund der VerbrStSystRL, dass sich die EU-Verbrauchsteuern nach der Menge der zum Verbrauch angebotenen Waren bemessen.[2] Der Verkaufspreis einer Ware ist hingegen für die Bestimmung der Bemessungsgrundlage regelmäßig irrelevant (siehe aber Rz. 20.61).

20.19 Die Festlegung der **Verbrauchsteuersätze** ist gemäß Art. 9 Abs. 1 VerbrStSystRL im Prinzip Sache der Mitgliedstaaten. Gemäß dieser Vorschrift sowie Art. 33 Abs. 2 VerbrStSystRL ist der Steuersatz desjenigen Mitgliedstaates anzuwenden, in dessen Hoheitsgebiet der Steuertatbestand für die jeweilige Ware erfüllt wird (Rz. 20.9). Allerdings enthalten die besonderen Richtlinien zu den einzelnen nach Unionsrecht verbrauchsteuerpflichtigen Waren jeweils Bestimmungen zu einer Mindesthöhe der Besteuerung (Rz. 20.39 f., 20.50 ff. und 20.62 f.).

5. Steuerschuldner

20.20 In abschließender Weise wird von der VerbrStSystRL der jeweilige Schuldner einer EU-Verbrauchsteuer bestimmt. Die Person des Steuerschuldners ist **abhängig von dem verwirklichten Steuertatbestand**. Mitunter gibt es aufgrund der Bestimmungen zum Steuerschuldner oder in Folge der sich teilweise überschneidenden Steuertatbestände mehrere Steuerschuldner im Hinblick auf eine verbrauchsteuerpflichtige Ware; diese sind dann gemäß Art. 8 Abs. 2 VerbrStSystRL Gesamtschuldner der Steuer.

20.21 Gemäß Art. 8 Abs. 1 VerbrStSystRL ist Steuerschuldner grundsätzlich **diejenige Person, die den jeweiligen Steuertatbestand** des Art. 7 Abs. 2 verwirklicht (Rz. 20.10 ff.). Beim Tatbestand der Entnahme aus einem Verfahren der Steueraussetzung ist dies, wer die Ware entnimmt, also regelmäßig der Lagerinhaber bzw. der Empfänger einer Beförderung. Entsteht die Steuer durch Herstellung oder Einfuhr außerhalb eines Steueraussetzungsverfahrens, so ist Steuerschuldner die Person, welche die Waren herstellt oder sie im Rahmen der Einfuhr in das Unionsgebiet anmeldet. Bei den ergänzenden Steuertatbeständen der Vermarktung der Ware in einem anderen Mitgliedstaat (Rz. 20.13) hat nach dem jeweiligen Abs. 3 des Art. 33 bzw. 36 VerbrStSystRL grundsätzlich der (künftige) Verkäufer der Ware die Steuer zu entrichten.

20.22 Im Falle des Besitzes ohne vorherige Entrichtung der Steuer (Rz. 20.12) trifft die Steuerschuld nicht nur den Besitzer sondern jede Person, die am Besitz der Waren „beteiligt" ist. Hierbei handelt es sich um eine Spielart der weit ausgreifenden Bestimmung des Steuerschuldners in den Fällen **unrechtmäßigen Verhaltens**. Denn der Besitz verbrauchsteuerpflichtiger Waren außerhalb eines Steueraussetzungsverfahrens ohne vorherige Entrichtung der Steuer ist rechtmäßig nicht möglich. Dementsprechend sehen die Buchst. a, c und d des Art. 8 Abs. 1 sowie Art. 38 Abs. 3 VerbrStSystRL – in Fällen der unrechtmäßigen Entnahme, Herstellung oder Einfuhr einer verbrauchsteuerpflichtigen Ware oder bei Unregel-

---

25.2.1992 über das allgemeine System, den Besitz, die Beförderung und die Kontrolle verbrauchsteuerpflichtiger Waren (ABl. EG 1992 Nr. L 76, 1).
1 Siehe Art. 1 Abs. 1 i.V.m. Abs. 2 Buchst. b und Erwägungsgrund 5 Richtlinie 2009/55/EG.
2 Vgl. EuGH v. 28.1.2016 – C-64/15 – BP Europa, ECLI:EU:C:2016:62, Rz. 32.

mäßigkeiten nach ihrer Überführung in den steuerrechtlich freien Verkehr – als Steuerschuldner ebenfalls sämtliche Personen an, die an dem jeweiligen Fehlverhalten beteiligt waren.

6. Verfahren

Verbrauchsteuerpflichtige Waren unterliegen ab dem Zeitpunkt ihrer Herstellung der **steuerlichen Überwachung**. Jeder Hersteller, Verarbeiter oder Lagerhalter bedarf hierfür einer staatlichen Zulassung und muss verschiedene Pflichten erfüllen, die teilweise durch die VerbrStSystRL selbst (Art. 16 Abs. 2) und ergänzend durch die Mitgliedstaaten festgelegt werden (Art. 15 Abs. 1 und Art. 16 Abs. 1 Unterabs. 2 VerbrStSystRL). Der Ort, an dem dieser Pflichtenkreis einzuhalten ist, wird „**Steuerlager**" genannt. Solange sich eine Ware innerhalb eines Steuerlagers befindet, wird keine Verbrauchsteuer erhoben, weil sich die Ware noch im Verfahren der Steueraussetzung befindet (Rz. 20.9). Gemäß Art. 19 ZusammenarbeitsVO VerbrSt, ergänzt durch die Durchführungsverordnung (EU) Nr. 612/2013 (Rz. 20.7), wird ein unionsweites Verzeichnis zugelassener Lagerinhaber geführt. Zudem enthält die nicht rechtsverbindliche Empfehlung 2000/789/EG[1] Leitlinien der Kommission für die Zulassung von Personen als Betreiber eines Steuerlagers.

20.23

Deutlich komplexer ist das Verfahren der Steueraussetzung, wenn die **Ware transportiert** wird (Art. 17 bis 31 VerbrStSystRL). Es setzt gemäß Art. 17 Abs. 1 VerbrStSystRL voraus, dass die verbrauchsteuerpflichtige Ware von einem Steuerlager aus oder unmittelbar im Anschluss an die Einfuhr **an bestimmte Personen befördert** wird, die besonderen Pflichten der steuerlichen Überwachung unterliegen (Art. 16 sowie Art. 18 f. VerbrStSystRL). Dabei handelt es sich um Inhaber eines Steuerlagers oder sog. registrierte Empfänger, die ebenfalls nach der Durchführungsverordnung (EU) Nr. 612/2013 in einem unionsweiten Verzeichnis geführt werden. Gemäß Art. 21 Abs. 1 VerbrStSystRL muss die Beförderung der Ware grundsätzlich zusammen mit einem sog. **elektronischen Verwaltungsdokument** erfolgen. Dieses wird für Überwachungszwecke zwischen dem Versender, den Behörden des Abgangs- und des Bestimmungsmitgliedstaats sowie dem Empfänger der Ware nach Maßgabe der Abs. 2 bis 5 des Art. 21 VerbrStSystRL ausgetauscht. Darüber hinaus hat die Person, welche die Waren tatsächlich befördert, ein schriftliches Exemplar des Dokuments bei sich zu führen (Art. 21 Abs. 6 VerbrStSystRL). Einzelheiten zu den Anforderungen u. a. an den Inhalt dieses „Begleitpapiers" enthält die Verordnung (EG) Nr. 684/2009[2]. Nach dem Ende der Beförderung hat der Empfänger gemäß Art. 24 Abs. 1 VerbrStSystRL grundsätzlich eine sog. Eingangsmeldung an die Behörden des Bestimmungsmitgliedstaats abzugeben. Die Überwachung der Bewegungen verbrauchsteuerpflichtiger Waren innerhalb der Union wird mit einem elektronischen System unterstützt, das auf der Grundlage der Entscheidung Nr. 1152/2003/EG[3] von der Kommission und den Mitgliedstaaten gemeinsam betrieben wird (sog. **EMCS**, Excise Monitoring and Control System).

20.24

Auch **nach der Überführung einer Ware in den steuerrechtlich freien Verkehr** unterliegt sie der steuerlichen Überwachung, sofern sie zwischen Mitgliedstaaten befördert wird. Diese Überwachung dient der Durchsetzung der ergänzenden Steuertatbestände der Art. 33 und 35 VerbrStSystRL (Vermarktung in einem anderen Mitgliedstaat sowie Fernverkäufe; Rz. 20.13). Die Pflichten sind gegenüber dem Verfahren der Beförderung verbrauchsteuerpflichtiger Waren unter Steueraussetzung (Rz. 20.24) verein-

20.25

---

1 Empfehlung 2000/789/EG der Kommission vom 29.11.2000 über Leitlinien für die Zulassung von Lagerinhabern gemäß Richtlinie 92/12/EWG des Rates in Bezug auf verbrauchsteuerpflichtige Waren (ABl. EG 2000 Nr. L 314, 29).
2 Verordnung (EG) Nr. 684/2009 der Kommission vom 24.7.2009 zur Durchführung der Richtlinie 2008/118/EG des Rates in Bezug auf die EDV-gestützten Verfahren für die Beförderung verbrauchsteuerpflichtiger Waren unter Steueraussetzung (ABl. EU 2009 Nr. L 197, 24), zuletzt geändert durch Durchführungsverordnung (EU) 2018/550 der Kommission vom 6.4.2018 (ABl. EU 2018 Nr. L 91, 13).
3 Entscheidung Nr. 1152/2003/EG des Europäischen Parlaments und des Rates vom 16.6.2003 über die Einführung eines EDV-gestützten Systems zur Beförderung und Kontrolle der Beförderung verbrauchsteuerpflichtiger Waren (ABl. EU 2003 Nr. L 162, 5).

facht und in den Art. 33 bis 35 VerbrStSystRL geregelt. Für die Anforderungen an das auch hier erforderliche Begleitdokument existiert eine eigene Durchführungsverordnung der Kommission (Verordnung (EWG) Nr. 3649/92)[1]. Besondere Vorschriften zur steuerlichen Überwachung bei Fernverkäufen enthält Art. 36 VerbrStSystRL.

20.26 Darüber hinaus können die Mitgliedstaaten nach Art. 39 Abs. 1 VerbrStSystRL die Anbringung eines **Steuerzeichens** an die Ware verlangen, sobald sie in den steuerrechtlich freien Verkehr überführt wird. Wenn die Mitgliedstaaten derartige Steuerzeichen gegen Zahlung der jeweiligen Verbrauchsteuer ausgeben, ist im geschäftlichen Verkehr durch die Anbringungspflicht leicht erkennbar, dass die Verbrauchsteuer für die jeweilige Ware bezahlt wurde.

II. Besonderer Teil

1. Energiesteuern

Literatur (Auswahl): *Bieber*, Energiesteuerbegünstigungen als staatliche Beihilfen, EuZW 2012, 257; *Danner/Theobald (Hrsg.)*, Energierecht, München (Stand: Dezember 2018); *Jatzke*, Neue gemeinschaftsrechtliche Rahmenbedingungen für die Energiebesteuerung, BB 2004, 21; *Jatzke* in Musil/Weber-Grellet, Europäisches Steuerrecht, München 2019, 302-306; *Möhlenkamp/Milewski*, Energiesteuergesetz Stromsteuergesetz, München 2012.

a) Zielsetzung und Entwicklung der Energiesteuerharmonisierung

20.27 Grundlage der Energiesteuerharmonisierung ist die Richtlinie 2003/96/EG zur Besteuerung von **Energieerzeugnissen und elektrischem Strom**[2] (EnergiesteuerRL). Sie harmonisiert in Teilen die mitgliedstaatlichen Vorschriften für Verbrauchsteuern im Rahmen der Gewinnung und des Verbrauchs von Energieprodukten. Die Regelungen der EnergiesteuerRL wurden aufgrund einer Vielzahl von Übergangsbestimmungen für einzelne Mitgliedstaaten,[3] die ihnen die Anpassung ihrer Steuersysteme an die Vorgaben der Richtlinie ermöglichen sollten,[4] stufenweise und uneinheitlich in der Union eingeführt. Auch heute noch kann der Rat auf Vorschlag der Kommission nach dem Verfahren des Art. 19 EnergiesteuerRL einzelnen Mitgliedstaaten **zeitlich begrenzte Ermächtigungen** gewähren, um entgegen den Bestimmungen der EnergiesteuerRL „auf Grund besonderer politischer Erwägungen" Steuerbefreiungen oder Steuerermäßigungen zu gewähren.[5] Weitere Rechtsquellen im Bereich der Energiebesteuerung sind die Richtlinie 2009/28/EG[6], die steuerliche Förderungen im Bereich der sog. erneuerbaren

---

1 Verordnung (EWG) Nr. 3649/92 der Kommission vom 17.12.1992 über ein vereinfachtes Begleitdokument für die Beförderung von verbrauchsteuerpflichtigen Waren, die sich bereits im steuerrechtlich freien Verkehr des Abgangsmitgliedstaats befinden (ABl. EG 1992 Nr. L 369, 17).
2 Richtlinie 2003/96/EG des Rates vom 27.10.2003 zur Restrukturierung der gemeinschaftlichen Rahmenvorschriften zur Besteuerung von Energieerzeugnissen und elektrischem Strom (ABl. EU 2003 Nr. L 283, 51), zuletzt geändert durch die Richtlinie 2004/75/EG des Rates vom 29.4.2004 zur Änderung der Richtlinie 2003/96/EG im Hinblick auf die Möglichkeit der Anwendung vorübergehender Steuerermäßigungen und Steuerbefreiungen auf Energieerzeugnisse und elektrischen Strom durch Zypern (ABl. EU 2004 Nr. L 157, 100).
3 Art. 18 und Art. 18a i.V.m. Anhang II bzw. III sowie Art. 18b EnergiesteuerRL.
4 Vgl. EuGH v. 25.7.2018 – C-103/17 – Messer France, ECLI:EU:C:2018:587, Rz. 22 zu Art. 18 Abs. 10 Unterabs. 2 EnergiesteuerRL.
5 Siehe z. B. den Durchführungsbeschluss 2014/921/EU vom 16.12.2014 zur Ermächtigung Kroatiens, Gasöl, das zum Antreiben von Maschinen für die humanitäre Minenräumung verwendet wird, im Einklang mit Artikel 19 der Richtlinie 2003/96/EG von der Steuer zu befreien (ABl. EU 2014 Nr. L 363, 150).
6 Richtlinie 2009/28/EG des Europäischen Parlaments und des Rates vom 23.4.2009 zur Förderung der Nutzung von Energie aus erneuerbaren Quellen und zur Änderung und anschließenden Aufhebung der Richtlinien 2001/77/EG und 2003/30/EG (ABl. EU 2009 Nr. L 140, 16), zuletzt geändert durch die Richt-

Energien erlaubt,[1] und die Richtlinie 95/60/EG[2], die steuerliche Kennzeichnungspflichten für bestimmte Energieträger vorschreibt.

Bis zum Ablauf der allgemeinen Umsetzungsfrist für die EnergiesteuerRL am 1.1.2004[3] waren die unionsrechtlichen Vorgaben im Energiesteuerbereich auf die Besteuerung von **Mineralölerzeugnissen beschränkt**. Hierzu existierten eine Struktur-[4] und eine Steuersatz-Richtlinie[5]. Hinsichtlich einzelner Waren hat die Ablösung dieser Richtlinien durch die EnergiesteuerRL sogar zu einer Verringerung des Harmonisierungsgrades geführt.[6] Obwohl durch die EnergiesteuerRL eine Neugestaltung der Energieverbrauchsbesteuerung innerhalb der Union und nicht eine bloße Neufassung der bestehenden Richtlinien erfolgte, hält der EuGH die Erkenntnisse seiner Rechtsprechung zu den alten Richtlinien zumindest teilweise für übertragbar auf die entsprechenden Bestimmungen der EnergiesteuerRL.[7] Ein zwischenzeitlicher **Reformvorschlag** der Kommission zur vorrangigen Orientierung der Verbrauchsbesteuerung eines Energieerzeugnisses an seinem Energiegehalt sowie an dem damit verbundenen CO_2-Ausstoß[8] fand im Rat keine Zustimmung und wurde deshalb inzwischen zurückgezogen.

20.28

Auch die EnergiesteuerRL soll dem reibungslosen **Funktionieren des Binnenmarktes** – hier im Energiesektor – dienen (Rz. 20.1), insbesondere durch die Reduzierung von Wettbewerbsverzerrungen.[9] Besonders ist aber, dass diese Harmonisierung im Energiesektor auch Ziele außerhalb des Binnenmarktes verfolgt, nämlich insbesondere die Umsetzung **umweltpolitischer Ziele** (Erwägungsgründe 6 und 7 der EnergiesteuerRL). Gleichwohl wird insbesondere die gewerbliche Verwendung der Energiewaren steuerlich privilegiert (Erwägungsgründe 18 und 21 der EnergiesteuerRL). Soweit die EnergiesteuerRL den Mitgliedstaaten Möglichkeiten zur Befreiung oder Privilegierung bestimmter Energiewaren oder ihrer Verwendungen belässt, stellen Erwägungsgrund 32 und Art. 26 Abs. 3 Energiesteu-

20.29

---

linie (EU) 2015/1513 des Europäischen Parlaments und des Rates vom 9.9.2015 (ABl. EU 2015 Nr. L 239, 1).
1 Vgl. EuGH v. 20.9.2017 – C-215/16, C-216/16, C-220/16 und C-221/16 – Elecdey Carcelen u.a., ECLI: EU:C:2017:705, insb. Rz. 29.
2 Richtlinie 95/60/EG des Rates vom 27.11.1995 über die steuerliche Kennzeichnung von Gasöl und Kerosin (ABl. EG 1995 Nr. L 291, 46).
3 Siehe Art. 28 Abs. 2 EnergiesteuerRL.
4 Richtlinie 92/81/EWG des Rates vom 19.10.1992 zur Harmonisierung der Struktur der Verbrauchsteuern auf Mineralöle (ABl. EG 1992 Nr. L 316, 12), zuletzt geändert durch die Richtlinie 94/74/EG des Rates vom 22.12.1994 zur Änderung der Richtlinie 92/12/EWG über das allgemeine System, den Besitz, die Beförderung und die Kontrolle verbrauchsteuerpflichtiger Waren, der Richtlinie 92/81/EWG zur Harmonisierung der Struktur der Verbrauchsteuern auf Mineralöle und der Richtlinie 92/82/EWG zur Annäherung der Verbrauchsteuersätze für Mineralöle (ABl. EG 1994 Nr. L 365, 46).
5 Richtlinie 92/82/EWG des Rates vom 19.10.1992 zur Annäherung der Verbrauchsteuersätze für Mineralöle (ABl. EG 1992 Nr. L 316, 19), zuletzt geändert durch die Richtlinie 94/74/EG des Rates vom 22.12.1994 zur Änderung der Richtlinie 92/12/EWG über das allgemeine System, den Besitz, die Beförderung und die Kontrolle verbrauchsteuerpflichtiger Waren, der Richtlinie 92/81/EWG zur Harmonisierung der Struktur der Verbrauchsteuern auf Mineralöle und der Richtlinie 92/82/EWG zur Annäherung der Verbrauchsteuersätze für Mineralöle (ABl. EG 1994 Nr. L 365, 46).
6 Vgl. insoweit EuGH v. 5.7.2007 – C-145/06 und C-146/06 – Fendt Italiana, ECLI:EU:C:2007:411 im Hinblick auf Schmieröle, die nicht als Heiz- oder Kraftstoff verwendet werden.
7 Siehe EuGH v. 1.12.2011 – C-79/10 – Systeme Helmholz, ECLI:EU:C:2011:797, Rz. 30 im Hinblick auf die Steuerbefreiungen des Art. 8 Richtlinie 92/81/EWG.
8 Vorschlag vom 13.4.2011 für eine Richtlinie des Rates zur Änderung der Richtlinie 2003/96/EG zur Restrukturierung der gemeinschaftlichen Rahmenvorschriften zur Besteuerung von Energieerzeugnissen und elektrischem Strom (KOM[2011] 169 endgültig).
9 Vgl. EuGH v. 3.4.2014 – C-43/13 und C-44/13 – Kronos Titan und Rhein-Ruhr Beschichtungs-Service, ECLI:EU:C:2014:216, Rz. 31; v. 13.7.2017 – C-151/16 – Vakarų Baltijos laivų statykla, ECLI:EU:C:2017:537, Rz. 23; v. 7.3.2018 – C-31/17 – Cristal Union, ECLI:EU:C:2018:168, Rz. 29; v. 6.6.2018 – C-49/17 – Koppers Denmark, ECLI:EU:C:2018:395, Rz. 28; v. 27.6.2018 – C-90/17 – Turbogás, ECLI:EU:C:2018:498, Rz. 34.

erRL jedoch klar, dass die Geltung des Beihilfeverbots des Art. 107 AEUV (Rz. 9.1 ff.) hiervon unberührt bleibt.

b) Steuerbare Energiewaren

20.30 Die EnergiesteuerRL unterscheidet grundsätzlich zwischen sog. Energieerzeugnissen und elektrischem Strom. Zur näheren Definition nimmt die Richtlinie Bezug auf die „KN-Codes" der sog. Kombinierten Nomenklatur[1]. Die Bedeutung der KN-Codes ergibt sich nach dem statischen Verweis des Art. 2 Abs. 5 EnergiesteuerRL aus dem bei Ausarbeitung der Richtlinie geltenden Verzeichnis der Kombinierten Nomenklatur[2]. Mit deren Hilfe definiert Art. 2 Abs. 1 EnergiesteuerRL als **Energieerzeugnisse** im Wesentlichen: pflanzliche und tierische Fette und Öle, sofern sie als Heiz- oder Kraftstoff verwendet werden (Buchst. a)[3], Produkte aus Stein- und Braunkohle sowie aus Erdöl und Erdgas (Buchst. b, e und g), bestimmte organische chemische Erzeugnisse wie z. B. Ethylen, Propen, Benzol (Buchst. c) oder Methanol (Buchst. d), bestimmte Zusatzstoffe für Kraftstoffe (Buchst. f) sowie bestimmte weitere chemische Erzeugnisse (Buchst. h). Der von der Richtlinie verwendete Begriff „Energieerzeugnisse" ist damit missverständlich, da hierunter keine Produktionserzeugnisse einer (menschlichen) Energieverwendung, sondern vielmehr Energieträger fallen. Im Einzelfall können durch die erfassten Energieträger auch Konkurrenzen zur Alkoholsteuerharmonisierung entstehen.[4]

20.31 Aus Art. 2 Abs. 4 Buchst. b tir. 1 EnergiesteuerRL folgt, dass Energieerzeugnisse generell nur dann unter die Richtlinie fallen können, wenn sie **als Heiz-**[5] **oder Kraftstoff verwendet** werden.[6] Da eine umfassende Kontrolle ihrer tatsächlichen Verwendung vom Unionsgesetzgeber nicht beabsichtigt sein kann,[7] schließt die Richtlinie lediglich Energieerzeugnisse von ihrem Anwendungsbereich aus, die aufgrund ihrer jeweiligen Eigenschaften nicht zur Verwendung als Heiz- oder Kraftstoff bestimmt sind.[8] Selbst bei einer solchen Bestimmung als Heizstoff, erfolgt jedoch nach tir. 2 des Art. 2 Abs. 4 Buchst. b EnergiesteuerRL keine EU-Verbrauchsbesteuerung, wenn der Heizstoff zusätzlich zu einem anderen Zweck – beispielsweise im Rahmen eines industriellen Produktionsprozesses – verwendet werden soll

---

1 Siehe hierzu Art. 1 Abs. 1 Verordnung (EWG) Nr. 2658/87 des Rates vom 23.7.1987 über die zolltarifliche und statistische Nomenklatur sowie den Gemeinsamen Zolltarif (ABl. EG 1987 Nr. L 256, 1), zuletzt geändert durch die Durchführungsverordnung (EU) 2019/13 der Kommission vom 4.1.2019 (ABl. EU 2019 Nr. L 3, 1).
2 Dieses ergibt sich aus der Verordnung (EG) Nr. 2031/2001 der Kommission vom 6.8.2001 zur Änderung des Anhangs I der Verordnung (EWG) Nr. 2658/87 des Rates über die zolltarifliche und statistische Nomenklatur sowie den Gemeinsamen Zolltarif (ABl. EG 2001 Nr. L 279, 1); die Kommission aktualisiert dieses Verzeichnis regelmäßig durch Rechtsakt, die aktuelle Fassung enthält die Durchführungsverordnung (EU) 2018/1602 der Kommission vom 11.10.2018 zur Änderung des Anhangs I der Verordnung (EWG) Nr. 2658/87 des Rates über die zolltarifliche und statistische Nomenklatur sowie den Gemeinsamen Zolltarif (ABl. EU 2017 Nr. L 273, 1).
3 Dazu gehört beispielsweise das Rapsöl.
4 So hat im Hinblick auf Ethylalkohol die AlkoholsteuerstrukturRL (Rz. 21.46) Vorrang vor der EnergiesteuerRL, vgl. EuGH v. 21.12.2011 – C-503/10 – Evroetil, ECLI:EU:C:2011:872, Rz. 53.
5 Siehe zur Definition der Verwendung als Heizstoff EuGH v. 29.4.2004 – C-240/01 – Kommission/Deutschland, ECLI:EU:C:2004:251, Rz. 56 im Hinblick auf Art. 2 Abs. 2 Satz 1 Richtlinie 92/81/EWG.
6 **A.A.** wohl EuGH v. 18.12.2008 – C-517/07 – Afton Chemical, ECLI:EU:C:2008:751, insb. Rz. 28 f. und 43, dessen Auslegung der Richtlinie im Hinblick auf Zusatzstoffe für Kraftstoffe (Art. 2 Abs. 1 Buchst. f) jedoch von der zweifelhaften Annahme ausgeht, dass derartige Energieerzeugnisse nicht als Kraftstoffe im Sinne der Richtlinie verwendet werden.
7 Missverständlich insoweit EuGH v. 2.6.2016 – C-418/14 – ROZ-ŚWIT, ECLI:EU:C:2016:400, Rz. 33; v. 13.7.2017 – C-151/16 – Vakarų Baltijos laivų statykla, ECLI:EU:C:2017:537, Rz. 42.
8 Vgl. in diesem Sinne EuGH v. 6.6.2018 – C-49/17 – Koppers Denmark, ECLI:EU:C:2018:395, Rz. 27; **a.A.** wohl *Kokott*, Das Steuerrecht der Europäischen Union, § 8 Rz. 677.

(sog. Energieerzeugnisse mit **zweierlei Verwendungszweck**).[1] Bestimmte Energieerzeugnisse, die aus diesem oder anderen Gründen grundsätzlich nicht in den Anwendungsbereich der Richtlinie fallen, unterliegen allerdings gemäß Art. 2 Abs. 4 Buchst. b letzter Satz i.V.m. Art. 20 EnergiesteuerRL gleichwohl besonderen Überwachungsregeln. Über die definierten Energieerzeugnisse hinaus müssen die Mitgliedstaaten nach den **Generalklauseln** des Art. 2 Abs. 3 Unterabs. 2 und 3 EnergiesteuerRL auch andere Erzeugnisse besteuern, wenn sie als Kraft- bzw. Heizstoff verwendet werden (sollen). Dadurch bleibt die Richtlinie offen für neue Praktiken und Technologien im Energiebereich.

Als zweite Kategorie besteuerter Energiewaren erfasst die EnergiesteuerRL gemäß ihrem Art. 2 Abs. 2 auch den **elektrischen Strom**. Eine Besteuerung von Strom im Sinne der Richtlinie stellt nur die Besteuerung in Abhängigkeit von tatsächlicher Stromerzeugung oder Stromverbrauch dar; andere nationale Steuern, die Stromerzeuger zu entrichten haben, fallen hingegen nicht in den Anwendungsbereich der Richtlinie.[2] Ebenso wie bei Energieerzeugnissen (Rz. 20.31) werden auch bestimmte Verwendungen von Strom gemäß Art. 2 Abs. 4 Buchst. b EnergiesteuerRL vom Anwendungsbereich der Richtlinie ausgenommen, so z. B. in tir. 4 der Vorschrift der Verbrauch von Strom bei extrem energieintensiver Produktion.[3]

20.32

c) Steuerbefreiungen für Energiewaren

Die EnergiesteuerRL sieht sowohl **verpflichtende** als auch **optionale Steuerbefreiungen** vor, die zusätzlich zu den allgemeinen Steuerbefreiungen für EU-Verbrauchsteuern (Rz. 20.14 ff.) gelten. Auf Befreiungen, die den Mitgliedstaaten vorgeschrieben sind, können sich die Steuerpflichtigen unmittelbar berufen; dies gilt sogar für die Steuerbefreiung des Art. 14 Abs. 1 Buchst. a EnergiesteuerRL (Rz. 20.34), obwohl hier die Mitgliedstaaten als Rückausnahme die Option zur Besteuerung haben.[4] Auch die Verletzung formeller Anforderungen durch den Steuerpflichtigen, deren Anordnung insbesondere der Einleitungssatz des Art. 14 EnergiesteuerRL den Mitgliedstaaten zugesteht, ändert nichts an der unmittelbaren Wirksamkeit der Steuerbefreiung, sondern erlaubt dem Mitgliedstaat nur die Verhängung von Sanktionen.[5]

20.33

Die wichtigste obligatorische Steuerbefreiung dürfte diejenige für Energieerzeugnisse und Strom sein, die ihrerseits zur **Stromerzeugung** verwendet werden (Art. 14 Abs. 1 Buchst. a EnergiesteuerRL). Dadurch soll grundsätzlich eine wirtschaftliche Doppelbesteuerung des Stroms verhindert werden.[6] Soweit ein Produktionsprozess sowohl Strom als auch andere Waren hervorbringt, erfasst die Steuerbefreiung die Eingangsleistungen insoweit, als sie für die Stromerzeugung verwendet werden.[7] Eine nationale Besteuerung ist hier allerdings mit „umweltpolitischer" Zielsetzung möglich; dementsprechend muss eine nationale Verbrauchsteuer die Stromproduzenten je nach dem Energieerzeugnis, das bei der Stromerzeugung verwendet wird, unterschiedlich belasten. In ähnlicher Weise unterbleibt gemäß Art. 21 Abs. 3 Satz 1 EnergiesteuerRL auch die Besteuerung des Verbrauchs von **selbst her-**

20.34

---

1 Siehe hierzu EuGH v. 2.10.2014 – C-426/12 – X, ECLI:EU:C:2014; v. 17.12.2015 – C-529/14 – YARA Brunsbüttel, ECLI:EU:C:2015:836.
2 Vgl. EuGH v. 20.9.2017 – C-215/16, C-216/16, C-220/16 und C-221/16 – Elecdey Carcelen u.a., ECLI:EU:C:2017:705, Rz. 51 f.
3 Siehe überdies zu tir. 3 (Strom für chemische Reduktion): EuGH v. 7.9.2017 – C-465/15 – Hüttenwerke Krupp Mannesmann, ECLI:EU:C:2017:640.
4 EuGH v. 17.7.2008 – C-226/07 – Flughafen Köln/Bonn, ECLI:EU:C:2008:429; v. 7.3.2018 – C-31/17 – Cristal Union, ECLI:EU:C:2018:168, Rz. 26.
5 Vgl. EuGH v. 13.7.2017 – C-151/16 – Vakarų Baltijos laivų statykla, ECLI:EU:C:2017:537, Rz. 33 zu Art. 14 Abs. 1 Buchst. c EnergiesteuerRL; v. 27.6.2018 – C-90/17 – Turbogás, ECLI:EU:C:2018:498, Rz. 44 zu Art. 14 Abs. 1 Buchst. a EnergiesteuerRL.
6 Vgl. in diesem Sinne EuGH v. 7.3.2018 – C-31/17 – Cristal Union, ECLI:EU:C:2018:168, Rz. 30.
7 Vgl. in diesem Sinne EuGH v. 7.3.2018 – C-31/17 – Cristal Union, ECLI:EU:C:2018:168, Rz. 45.

gestellten **Energieerzeugnissen**, allerdings hier mit dem Ziel der Förderung energieeffizienter Produktion.[1]

20.35 Darüber hinaus enthält Art. 14 EnergiesteuerRL zusätzliche verpflichtende Steuerbefreiungen im Zusammenhang mit Flugzeugen und Schiffen. Zum einen gibt es dort das „Flugbenzin"-Privileg in Form einer Steuerbefreiung für sämtliche Kraftstoffe, die im Rahmen der **gewerblichen Luftfahrt**[2] verwendet werden (Abs. 1 Buchst. b). Zum anderen wird ebenso die **gewerbliche**[3] **Schifffahrt**, allerdings nur innerhalb der Union[4], steuerlich privilegiert (Abs. 1 Buchst. c). Diese Steuerbefreiungen können seitens der Mitgliedstaaten gemäß Art. 14 Abs. 2 Satz 1 EnergiesteuerRL auf den grenzüberschreitenden Verkehr limitiert werden. In der Förderung dieses Verkehrs liegt nach Auffassung des EuGH auch der eigentliche Sinn dieser Steuerbefreiungen.[5] Diese Steuerbefreiungen werden ergänzt durch die optionale Befreiung des Art. 15 Abs. 1 Buchst. j EnergiesteuerRL für Kraftstoffe, die im Rahmen der **Herstellung und Instandhaltung von Luftfahrzeugen und Schiffen** verwendet werden.[6]

20.36 Ebenfalls zu den obligatorischen Steuerbefreiungen zählt Art. 24 EnergiesteuerRL. Danach ist insbesondere der **Kraftstoff in den Hauptbehältern von Nutzfahrzeugen**, der bereits in den steuerrechtlich freien Verkehr überführt wurde, von der Energieverbrauchsteuer befreit. Diese Befreiung dient der Gewährleistung des freien Personen- und Warenverkehrs (Erwägungsgrund 19 der EnergiesteuerRL), da ohne sie beispielsweise der im Tank eines Lastkraftwagens enthaltene Kraftstoff im grenzüberschreitenden Gütertransport gemäß Art. 33 VerbrStSystRL im Bestimmungsmitgliedstaat erneut zu versteuern wäre (Rz. 20.13).[7]

20.37 Außerdem haben die Mitgliedstaaten in bestimmten Bereichen die **Möglichkeit**, weitere Energiesteuerbefreiungen oder auch lediglich eine Ermäßigung der Steuer vorzusehen. Dazu enthält Art. 15 EnergiesteuerRL einen **Katalog**, der vor allem auf bestimmte **Verwendungen von Energieerzeugnissen und Strom** abstellt. Hierzu gehört etwa die Nutzung für Forschungszwecke, die Kraft-Wärme-Kopplung, der Bahnverkehr, die Binnenschifffahrt, gasbetriebene Fahrzeuge sowie die Erzeugung von Strom aus der Nutzung von Wind- und Sonnenenergie (Abs. 1). Auch eine Privilegierung für die Verwendung in der Land- und Forstwirtschaft fehlt nicht (Abs. 3). Der Katalog wird ergänzt durch Art. 17 Abs. 2 EnergiesteuerRL, der den Mitgliedstaaten im Ergebnis die Befreiung der Verwendung von Energiewaren durch sog. **energieintensive Betriebe** ermöglicht.[8] Art. 16 Abs. 1 EnergiesteuerRL erlaubt den Mitgliedstaaten schließlich Steuerbefreiungen für Energiewaren, die **bestimmte Energieerzeugnisse enthalten**. Dies betrifft vor allem pflanzliche und tierische Fette und Öle sowie Biomasse.

---

1 Vgl. EuGH v. 6.6.2018 – C-49/17 – Koppers Denmark, ECLI:EU:C:2018:395, Rz. 36.
2 Die Eigennutzung innerhalb eines Unternehmens zählt nicht dazu: EuGH v. 1.12.2011 – C-79/10 – Systeme Helmholz, ECLI:EU:C:2011:797, Rz. 27; v. 21.12.2011 – C-250/10 – Haltergemeinschaft LBL, ECLI:EU:C:2011:862.
3 Entscheidend für die Gewerblichkeit ist allein die Entgeltlichkeit der erbrachten Schifffahrtsdienstleistung, vgl. EuGH v. 13.7.2017 – C-151/16 – Vakarų Baltijos laivų statykla, ECLI:EU:C:2017:537, Rz. 26 bis 28.
4 Siehe zur Auslegung des im Tatbestand der Steuerbefreiung verwendeten Begriffs „in Meeresgewässern der Gemeinschaft": EuGH v. 13.7.2017 – C-151/16 – Vakarų Baltijos laivų statykla, ECLI:EU:C:2017:537, Rz. 38 bis 40.
5 Vgl. EuGH v. 13.7.2017 – C-151/16 – Vakarų Baltijos laivų statykla, ECLI:EU:C:2017:537, Rz. 33 zu Art. 14 Abs. 1 Buchst. c EnergiesteuerRL; siehe zu weiteren Zwecken Erwägungsgrund 23 der EnergiesteuerRL und EuGH v. 1.12.2011 – C-79/10 – Systeme Helmholz, ECLI:EU:C:2011:797, Rz. 24 bis 26.
6 Siehe hierzu näher: EuGH v. 1.12.2011 – C-79/10 – Systeme Helmholz, ECLI:EU:C:2011:797, Rz. 34 bis 39.
7 Siehe EuGH v. 10.9.2014 – C-152/13 – Holger Forstmann Transporte, ECLI:EU:C:2014:2184, Rz. 27 f. (zu Art. 7 Richtlinie 92/12/EWG).
8 Siehe EuGH v. 18.1.2017 – C-189/15 – IRCCS – Fondazione Santa Lucia, ECLI:EU:C:2017:17, Rz. 45 ff. zur Möglichkeit der Beschränkung auf einzelne Industriesektoren.

Im Rahmen des Katalogs der optionalen Steuerbefreiungen sind auch **Konkurrenzverhältnisse** zu anderen Steuerbefreiungen zu beachten: So bezieht sich die durch Art. 15 Abs. 1 Buchst. c EnergiesteuerRL bestehende Möglichkeit zur steuerlichen Privilegierung der Kraft-Wärme-Kopplung nach der Rechtsprechung des EuGH nur auf den Anteil der Eingangsleistungen, der Wärme produziert; soweit damit Strom produziert wird, gilt die grundsätzlich obligatorische Steuerbefreiung des Art. 14 Abs. 1 Buchst. a EnergiesteuerRL (Rz. 20.34).[1]

20.38

d) Bemessungsgrundlage und Steuersätze für Energiewaren

Hinsichtlich Bemessungsgrundlagen und Steuersätzen der Energieverbrauchsbesteuerung schreibt die EnergiesteuerRL den Mitgliedstaaten nur bestimmte **Mindeststeuerbeträge in Euro pro Maßeinheit** vor. Den Mitgliedstaaten steht es infolge von Art. 4 Abs. 2 EnergiesteuerRL auch frei, mehrere Abgaben zu erheben, solange nur im Endergebnis die vorgeschriebene Mindeststeuerbelastung für die jeweilige Ware erreicht wird. Art. 5 EnergiesteuerRL erlaubt dabei Steuersatzdifferenzierungen nach bestimmten Merkmalen wie z. B. der Qualität oder bei Heizstoffen der Verbrauchshöhe. Art. 2 Abs. 3 Unterabs. 1 EnergiesteuerRL ordnet an, dass sich die Steuerbeträge bei Energieerzeugnissen, für die in der Richtlinie keine Festlegung erfolgt ist, nach einem „gleichwertigen" Heiz- oder Kraftstoff richten. Entscheidend für den Vergleich ist – auf der Grundlage ihres konkreten Verwendungszwecks – die Substituierbarkeit der jeweiligen Stoffe.[2]

20.39

Die in der Richtlinie festgelegten Mindeststeuerbeträge sind in **vier Kategorien** unterteilt. Die ersten beiden Kategorien betreffen die Mindestbesteuerung von Energiewaren, die als **Kraftstoff** verwendet werden, erstens in speziellen privilegierten Bereichen wie z. B. der Land- und Forstwirtschaft (Art. 8 i.V.m. Anhang I Tabelle B EnergiesteuerRL), zweitens für alle sonstigen Verwendungen (Art. 7 i.V.m. Anhang I Tabelle A). Die Mindeststeuerbeträge richten sich hier nach dem Volumen oder dem Gewicht des Kraftstoffs und nur bei Erdgas nach dem Energiegehalt. Die dritte Kategorie betrifft die Verwendung von Energieerzeugnissen als **Heizstoff** (Art. 9 i.V.m. Anhang I Tabelle C), die bei einigen Heizstoffen im Fall ihrer betrieblichen Verwendung verminderte Mindeststeuerbeträge vorsieht. Hier soll sich die Besteuerung grundsätzlich am Energiegehalt der besteuerten Energiewaren orientieren (Erwägungsgrund 14 der EnergiesteuerRL). Da sich die steuerliche Belastung einzelner Energieerzeugnisse je nach ihrer Verwendung stark unterscheiden kann, ist in der Richtlinie 95/60/EG für Gasöl und Kerosin eine Kennzeichnungspflicht vorgesehen, sofern diese Waren mit reduzierter Steuerlast in den steuerrechtlich freien Verkehr überführt wurden.[3] Die vierte Kategorie schließlich beinhaltet ausschließlich den Mindeststeuerbetrag für **Strom** (Art. 10 i.V.m. Anhang I Tabelle C letzte Zeile). Dieser beträgt 1 Euro pro Megawattstunde und für die betriebliche Verwendung nur die Hälfte.

20.40

e) Verfahren der Besteuerung von Energiewaren

Das Verfahren der Verbrauchsbesteuerung von Energiewaren weicht in einigen Punkten vom allgemeinen Verfahren ab. Dies gilt insbesondere für die Bestimmungen über die **verbrauchsteuerliche Überwachung** (Rz. 20.23). Eine derartige steuerliche Überwachung erfolgt gemäß Art. 20 Abs. 1 EnergiesteuerRL nur bei bestimmten Energieerzeugnissen, was dem großen Anwendungsbereich der Richtlinie geschuldet ist. Allerdings sieht Abs. 2 der Vorschrift für Kommission und Mitgliedstaaten die Möglichkeit vor, relativ kurzfristig auf tatsächliche Entwicklungen bei der Vermarktung von Heiz- und Kraftstoffen zu reagieren und weitere Energieerzeugnisse der steuerlichen Überwachung zu unterwerfen.

20.41

---

1 Vgl. EuGH v. 7.3.2018 – C-31/17 – Cristal Union, ECLI:EU:C:2018:168.
2 Vgl. EuGH v. 3.4.2014 – C-43/13 und C-44/13 – Kronos Titan und Rhein-Ruhr Beschichtungs-Service, ECLI:EU:C:2014:216, Rz. 34 f.
3 Siehe hierzu EuGH v. 17.10.2018 – C-503/17 – Kommission/Vereinigtes Königreich, ECLI:EU:C:2018:831; v. 17.10.2018 – C-504/17 – Kommission/Irland, ECLI:EU:C:2018:832.

20.42 Eine weitere verfahrensmäßige Besonderheit besteht für die Besteuerung von **Strom und Erdgas**. Diese werden üblicherweise über entsprechende Netze vertrieben und nicht aus klassischen Steuerlagern (Rz. 20.23) heraus. Art. 21 Abs. 5 Unterabs. 1 EnergiesteuerRL sieht deshalb vor, dass diese Energiewaren bei Lieferung durch einen sog. Verteiler besteuert werden. Als Verteiler gilt nach Unterabs. 3 Satz 1 der Vorschrift darüber hinaus jede „Einheit", die Strom zur Selbstversorgung erzeugt.[1]

2. Alkoholsteuern

Literatur (Auswahl): *Jatzke* in Musil/Weber-Grellet, Europäisches Steuerrecht, München 2019, 306-309; *Kokott*, Das Steuerrecht der Europäischen Union, München 2018, § 8 Rz. 650-664; *Weinzierl*, Die Ouzo-Entscheidung des EuGH (C-475/01) – Eine ungenutzte Möglichkeit zur Bereinigung der Gemeinschaftsrechtsordnung von Widersprüchen, EuR 2005, 759.

a) Zielsetzung und Entwicklung der Alkoholsteuerharmonisierung

20.43 Anders als die anderen EU-Verbrauchsteuern (Rz. 20.27 f. und 20.55) werden die Alkoholsteuern immer noch durch zwei verschiedene Richtlinien geregelt: die Richtlinie 92/83/EWG zur Harmonisierung der Struktur der Verbrauchsteuern auf Alkohol und alkoholische Getränke[2] (**AlkoholsteuerstrukturRL**) und die Richtlinie 92/84/EWG[3] zu den Steuersätzen (**AlkoholsteuersatzRL**). Eine Neufassung dieser Richtlinien ist bislang noch nicht erfolgt und auch nach einem aktuellen **Änderungsvorschlag** der Kommission nicht vorgesehen.[4] Sowohl AlkoholsteuerstrukturRL als auch AlkoholsteuersatzRL differenzieren in ihrer Regelungsstruktur stark nach den verschiedenen besteuerten Alkoholwaren. Im Übrigen existiert auch in diesem Bereich eine Durchführungsverordnung der Kommission.[5]

20.44 Auch die Verbrauchsteuerharmonisierung im Bereich der Alkoholsteuern soll dem **Funktionieren des Binnenmarktes** dienen (Rz. 20.1).[6] Sie erfasst dabei – wie sich aus der Steuerbefreiung für denaturierten Alkohol (Rz. 20.47) ablesen lässt – Alkohol nur in seiner Funktion als Lebensmittel. Eine gesundheitspolitische Motivation der Besteuerung des Alkohols ist – anders als bei den Tabakwaren (Rz. 20.57) – weder den Rechtsquellen noch der Rechtsprechung auf Unionsebene zu entnehmen.

b) Steuerbare Alkoholwaren

20.45 Die AlkoholsteuerstrukturRL legt als steuerbare Alkoholwaren **Bier, Wein, andere gegorene Getränke, Zwischenerzeugnisse und Ethylalkohol** fest, die jeweils gesonderten Bestimmungen unterliegen. Zur Definition der im Einzelnen erfassten Waren nimmt auch die AlkoholsteuerstrukturRL Bezug auf die KN-Codes der Kombinierten Nomenklatur (Rz. 20.30 zu Energiewaren). Gemäß Art. 26 der Richt-

---

1 Vgl. EuGH v. 27.6.2018 – C-90/17 – Turbogás, ECLI:EU:C:2018:498, Rz. 38.
2 Richtlinie 92/83/EWG des Rates vom 19.10.1992 zur Harmonisierung der Struktur der Verbrauchsteuern auf Alkohol und alkoholische Getränke (ABl. EG Nr. L 316, 21), zuletzt geändert durch das Protokoll über die Bedingungen und Einzelheiten der Aufnahme der Republik Bulgarien und Rumäniens in die Europäische Union (ABl. EU 2005 Nr. L 157, 29).
3 Richtlinie 92/84/EWG des Rates vom 19.10.1992 über die Annäherung der Verbrauchsteuersätze auf Alkohol und alkoholische Getränke (ABl. EG 1992 Nr. L 316, 29).
4 Vorschlag vom 25.5.2018 für eine Richtlinie des Rates zur Änderung der Richtlinie 92/83/EWG zur Harmonisierung der Struktur der Verbrauchsteuern auf Alkohol und alkoholische Getränke (COM[2018] 334 final).
5 Verordnung (EG) Nr. 3199/93 der Kommission vom 22.11.1993 über die gegenseitige Anerkennung der Verfahren zur vollständigen Denaturierung von Alkohol für Zwecke der Verbrauchsteuerbefreiung (ABl. EG 1993 Nr. L 288, 12), die zuletzt durch die Durchführungsverordnung (EU) 2018/1880 der Kommission vom 30.11.2018 (ABl. EU 2018 Nr. L 307, 24) geändert worden ist.
6 EuGH v. 2.4.2009 – C-83/08 – Glückauf Brauerei, ECLI:EU:C:2009:228, Rz. 21.

linie ist hierfür immer noch die historische Kombinierte Nomenklatur in der Fassung der Verordnung (EWG) Nr. 2587/91[1] maßgeblich.[2]

Die Kategorie „**Bier**" umfasst nach Art. 2 AlkoholsteuerstrukturRL sowohl Bier selbst als auch Mischgetränke mit Bieranteil, sofern der Alkoholgehalt über 0,5 % vol. liegt.[3] Bei der Alkoholware **Wein** differenziert die AlkoholsteuerstrukturRL zwischen Schaumwein und nicht schäumendem Wein, die insbesondere unterschiedlichen Steuersätzen unterliegen dürfen (Rz. 20.52). Die Warenkategorie des nicht schäumenden Weines muss eine Reihe besonderer Anforderungen erfüllen, u. a. darf der im Wein enthaltene Alkohol nicht zugesetzt, sondern muss ausschließlich durch den Gärungsprozess entstanden sein (Art. 8 Nr. 1 AlkoholsteuerstrukturRL). Die **anderen gegorenen Getränke** umfassen gemäß Art. 12 AlkoholsteuerstrukturRL z. B. Apfelwein sowie alle Weinprodukte, die aufgrund ihrer besonderen Anforderungen nicht unter die Kategorie „Wein" des Art. 8 fallen. Auch die Kategorie „**Zwischenerzeugnisse**" bildet ein Auffangbecken für alle gegorenen Getränke außer Bier, die einen Alkoholgehalt zwischen 1,2 % vol. und 22 % vol. aufweisen, aber nicht den anderen Kategorien zuzuordnen sind (Art. 17 AlkoholsteuerstrukturRL). Gegenüber diesen vier Kategorien alkoholischer Getränke werden unter der Kategorie „**Ethylalkohol**" alle sonstigen alkoholischen Getränke sowie der „reine" Alkohol zusammengefasst (Art. 20 AlkoholsteuerstrukturRL). Ethylalkohol im engeren Sinne bleibt danach auch dann steuerbar, wenn er Teil einer anderen Ware ist.[4] Bei Ethylalkohol ist es sogar unerheblich, ob er selbst oder das Produkt, in dem er enthalten ist, zum menschlichen Verzehr geeignet ist oder anderen Zwecken dient.[5]

20.46

c) Steuerbefreiungen für Alkoholwaren

Die **zwingenden**[6] Steuerbefreiungen des Art. 27 Abs. 1 AlkoholsteuerstrukturRL betreffen zunächst sog. **denaturierten Alkohol**. Dabei handelt es sich um Alkohol, der durch die Zugabe von Stoffen toxisch gemacht wurde und damit nicht mehr als Lebensmittel verwendbar ist.[7] Die Bedingungen dieser Steuerbefreiung hängen vom verwendeten Denaturierungsverfahren ab. Wurde die Denaturierung nach einem auf Unionsebene anerkannten Verfahren vollständig durchgeführt, so ist der Alkohol ohne Weiteres von der Verbrauchsbesteuerung ausgenommen (Buchst. a). Die insoweit zulässigen Verfahren legt die Verordnung (EG) Nr. 3199/93 (Rz. 20.43) fest, die auf der Grundlage von Art. 27 Abs. 4 Satz 2 AlkoholsteuerstrukturRL ergangen ist. Wurde hingegen lediglich den Vorschriften eines mitgliedstaatlich vorgesehenen Denaturierungsverfahren entsprochen, das auf Unionsebene nicht als vollständiges Denaturierungsverfahren anerkannt ist, so wird der denaturierte Alkohol nur von der Verbrauchsteuer befreit, soweit er zur Herstellung eines Produktes verwendet wird, das nicht für den menschlichen Verzehr bestimmt ist (Buchst. b).[8] Zur Bekämpfung von Steuerhinterziehungen und Missbrauch in diesem

20.47

---

1 Verordnung (EWG) Nr. 2587/91 der Kommission vom 26.7.1991 zur Änderung des Anhangs I der Verordnung (EWG) Nr. 2658/87 des Rates über die zolltarifliche und statistische Nomenklatur sowie den Gemeinsamen Zolltarif (ABl. EG 1991 Nr. L 259, 1).
2 EuGH v. 14.7.2011 – C-196/10 – Paderborner Brauerei Haus Cramer, ECLI:EU:C:2011:487, Rz. 28; v. 13.3.2019 – C-195/18 – B. S., ECLI:EU:2019:197, Rz. 30.
3 Siehe zur insoweit fraglichen Einstufung eines Malzbieres: EuGH v. 13.3.2019 – C-195/18 – B. S., ECLI: EU:2019:197.
4 Vgl. EuGH v. 12.6.2008 – C-458/06 – Gourmet Classic, ECLI:EU:C:2008:338, Rz. 36 bis 38; v. 9.12.2010 – C-163/09 – Repertoire Culinaire, ECLI:EU:C:2010:752, Rz. 24 bis 26; beide zu sog. Kochwein.
5 Vgl. EuGH v. 9.12.2010 – C-163/09 – Repertoire Culinaire, ECLI:EU:C:2010:752, Rz. 27 bis 29; v. 21.12.2011 – C-503/10 – Evroetil, ECLI:EU:C:2011:872, Rz. 57.
6 Der einschränkende Einleitungssatz zu den Bedingungen, welche die Mitgliedstaaten für die Anwendung der Steuerbefreiungen vorsehen dürfen, ist wie gewohnt (Rz. 20.110 zur Mehrwertsteuer und 21.33 zu den Energiesteuern) restriktiv zu verstehen, vgl. nur EuGH v. 9.12.2010 – C-163/09 – Repertoire Culinaire, ECLI:EU:C:2010:752, Rz. 46 bis 56; v. 3.12.2014 – C-313/14 – ASPROD, ECLI:EU:C:2014:2426, Rz. 20.
7 EuGH v. 21.12.2011 – C-503/10 – Evroetil, ECLI:EU:C:2011:872, Rz. 60 und 63.
8 Dabei ist es unschädlich, wenn das Produkt von einigen Marktteilnehmern gleichwohl getrunken wird: EuGH v. 28.2.2019 – C-567/17 – Bene Factum, ECLI:EU:C:2019:158.

Zusammenhang können die Mitgliedstaaten gemäß Art. 27 Abs. 5 AlkoholsteuerstrukturRL Abwehrmaßnahmen bei der Kommission beantragen.[1] Nach Auffassung der Mitgliedstaaten und der Kommission ist die praktische Anwendung dieser Steuerbefreiungen mit erheblichen Rechtsunsicherheiten verbunden und bedarf daher der Reform.[2]

20.48 Darüber hinaus sind die steuerbaren Alkoholwaren gemäß Art. 27 Abs. 1 AlkoholsteuerstrukturRL dann von der Verbrauchsteuer zu befreien, wenn sie zur **Herstellung bestimmter Güter** verwendet werden. Dies gilt für Essig (Buchst. c) und Arzneimittel (Buchst. d) sowie für Lebensmittelaromen (Buchst. e) und Lebensmittel, insbesondere Pralinen (Buchst. f),[3] unter jeweils eigenen Bedingungen. Diese Bestimmungen legt der EuGH weit aus. Befreit ist danach nicht nur steuerbarer Alkohol, der unmittelbar in das jeweilige Produkt eingeht, sondern auch solcher, der nur im Rahmen des Produktionsprozesses erforderlich ist, so z. B. auch Ethylalkohol, der zur Desinfektion von Produktionsgeräten eingesetzt wird.[4] Verfahrensmäßig werden diese Steuerbefreiungen durch Art. 27 Abs. 6 AlkoholsteuerstrukturRL unterstützt. Danach ist die Steuerbefreiung auch im Wege eines nachträglichen Erstattungsverfahrens zulässig, wodurch über sie im Angesicht der tatsächlichen Verwendung des Alkohols entschieden werden kann.

20.49 Hinzu kommen Steuerbefreiungen, die für die Mitgliedstaaten nur **fakultativ** sind. Auch hier geht es wieder um **bestimmte Verwendungen** von Alkoholwaren. Allgemein privilegiert sind gemäß Art. 27 Abs. 2 AlkoholsteuerstrukturRL insoweit insbesondere Produktionstests (Buchst. a), Forschungszwecke (Buchst. b), medizinische Zwecke (Buchst. c) sowie die Verwendung im Rahmen von Produktionsverfahren, die zur Herstellung von Waren führen, die keine steuerbaren Alkoholwaren im Sinne der Richtlinie sind (Buchst. d und e). Daneben können die Mitgliedstaaten nach Art. 6, 10 und 14 AlkoholsteuerstrukturRL auch Bier, Wein sowie sonstige gegorene Getränke, die **für den Hausgebrauch** erzeugt werden, von der Steuer befreien.

d) Bemessungsgrundlage und Steuersätze für Alkoholwaren

20.50 Die steuerliche Belastung **unterscheidet sich erheblich nach der jeweiligen Kategorie**, der eine Alkoholware zuzuordnen ist (Rz. 20.46), und wird nach der AlkoholsteuersatzRL jeweils als **Mindestbesteuerung** in ECU pro Hektoliter festgelegt. Die daraus resultierenden Wettbewerbsverzerrungen sind aus Sicht des EuGH primärrechtlich nicht zu beanstanden.[5] Nach Auffassung der Kommission bieten die in den einzelnen Mitgliedstaaten immer noch weit auseinander liegenden Steuersätze einen starken Anreiz zur Steuerhinterziehung.[6] So setzen die Mitgliedstaaten in sehr unterschiedlicher Weise auf die Besteuerung von Alkohol. Während das Vereinigte Königreich im Jahr 2017 umgerechnet rd. 13 Mrd. Euro aus der Alkoholbesteuerung einnahm, begnügt sich das vergleichbar große Italien mit rund einem Zehntel dieses Betrags.[7]

---

1 Siehe zu einem solchen Antrag und dessen Versagung: EuGH v. 7.12.2000 – C-482/98 – Italien/Kommission, ECLI:EU:C:2000:672.
2 Vgl. Vorschlag vom 25.5.2018 für eine Richtlinie des Rates zur Änderung der Richtlinie 92/83/EWG zur Harmonisierung der Struktur der Verbrauchsteuern auf Alkohol und alkoholische Getränke (COM[2018] 334 final), S. 2.
3 Siehe zu Buchst. e und f: EuGH v. 9.12.2010 – C-163/09 – Repertoire Culinaire, ECLI:EU:C:2010:752, Rz. 31 bis 36 zu sog. Kochwein, Kochportwein und Kochcognac; siehe zu Buchst. f: EuGH v. 19.4.2007 – C-63/06 – Profisa, ECLI:EU:C:2007:233.
4 Vgl. EuGH v. 15.10.2015 – C-306/14 – Biovet, ECLI:EU:C:2015:689.
5 Vgl. in diesem Sinne EuGH v. 17.6.1999 – C-166/98 – Socridis, ECLI:EU:C:1999:316 zur unterschiedlichen Besteuerung von Bier und Wein.
6 Vorschlag vom 25.5.2018 für eine Richtlinie des Rates zur Änderung der Richtlinie 92/83/EWG zur Harmonisierung der Struktur der Verbrauchsteuern auf Alkohol und alkoholische Getränke (COM[2018] 334 final), S. 1.
7 Vgl. Europäische Kommission, Excise Duty Tables (Tax receipts – Alcoholic beverages), Juli 2018.

Bei **Bier** haben die Mitgliedstaaten gemäß Art. 3 Abs. 1 AlkoholsteuerstrukturRL die Wahl, die Bemessungsgrundlage entweder am Alkoholgehalt des fertigen Bieres oder anhand der sog. Plato-Skala zu orientieren; dementsprechend enthält auch Art. 6 AlkoholsteuersatzRL zwei verschiedene Steuerbeträge je nach verwendeter Bemessungsgrundlage. Die Plato-Skala beschreibt dabei den Anteil des Trockenextrakts an der Stammwürze eines Bieres, also ohne ihren Wasseranteil; je höher dieser Anteil ist, desto alkoholhaltiger ist grundsätzlich auch das nach dem Gärungsprozess aus der Stammwürze resultierende Bier.[1] Gemäß Art. 4 AlkoholsteuerstrukturRL können die Mitgliedstaaten die Steuersätze für Bier, das von „**kleinen unabhängigen Brauereien**"[2] hergestellt wird, um bis zu 50 % ermäßigen, sofern die Brauerei nicht mehr als 200.000 Hektoliter Bier pro Jahr produziert. Darüber hinaus erlaubt Art. 5 AlkoholsteuerstrukturRL den Mitgliedstaaten ermäßigte Steuersätze für Bier, sofern dessen Alkoholgehalt 2,8 % vol. nicht überschreitet. Dieser Schwellenwert wird von den Mitgliedstaaten und der Kommission aber mittlerweile als zu gering angesehen.[3]

20.51

Die Verbrauchsbesteuerung von **Wein** und **anderen gegorenen Getränken als Wein und Bier** ist insofern besonders, als die Mitgliedstaaten gemäß Art. 5 AlkoholsteuersatzRL insoweit gar keine Besteuerung vorsehen müssen.[4] Wenn sie jedoch eine Verbrauchsteuer auf Wein und andere gegorene Getränke im Sinne der AlkoholsteuerstrukturRL erheben,[5] unterliegen sie dabei den Bindungen von deren Art. 9 bzw. Art. 13. Danach ist zum einen die Bemessungsgrundlage auf Hektoliter des Fertigerzeugnisses festgelegt (jeweils Abs. 1). Zum anderen dürfen die Mitgliedstaaten bei der Höhe des Steuersatzes grundsätzlich nur zwischen schäumenden und nicht schäumenden Getränken differenzieren (jeweils Abs. 2) und im Übrigen ermäßigte Steuersätze nur für Getränke mit geringem Alkoholgehalt vorsehen (jeweils Abs. 3).

20.52

Auf **Zwischenerzeugnisse** haben die Mitgliedstaaten eine Mindeststeuer gemäß Art. 4 AlkoholsteuersatzRL zu erheben. Sie berechnet sich auf der Grundlage der Flüssigkeitsmenge des Fertigerzeugnisses. Auch hier bestehen unionsrechtliche Bindungen im Hinblick auf Steuersatzdifferenzierungen (Art. 18 Abs. 2 bis 5 AlkoholsteuerstrukturRL). Bei **Ethylalkohol** im Sinne der AlkoholsteuerstrukturRL – und damit auch bei allen Spirituosen (Rz. 20.46) – ist Bemessungsgrundlage der EU-Alkoholverbrauchsteuer nicht die Menge des Fertigerzeugnisses sondern die Menge reinen Alkohols bei einer Temperatur von 20 Grad Celsius (Art. 21 AlkoholsteuerstrukturRL). Den Mindeststeuersatz legt Art. 3 Abs. 1 AlkoholsteuersatzRL im Ergebnis noch mit 1.000 ECU pro Hektoliter fest, wobei einigen Mitgliedstaaten Bestandsschutz für niedrigere Steuersätze eingeräumt wurde. Vergleichbar mit den „kleinen unabhängigen Brauereien" (Rz. 20.51) existiert auch hier eine Sonderregelung in Art. 22 AlkoholsteuerstrukturRL für den Steuersatz bei „**kleinen Brennereien**".

20.53

e) Verfahren der Besteuerung von Alkoholwaren

Auch die Besteuerung von Alkoholwaren weist im Vergleich zu den allgemeinen Bestimmungen der VerbrStSystRL gewisse verfahrensrechtliche **Besonderheiten** auf. So erleichtert Art. 24 Abs. 1 AlkoholsteuerstrukturRL die Herstellung von Alkoholwaren, wenn diese aus anderen Alkoholwaren erzeugt werden und diese Ausgangsprodukte bereits in ausreichendem Maße besteuert wurden; in diesem Fall müssen die Vorschriften über die steuerliche Überwachung in Steuerlagern (Rz. 20.23) nicht mehr ein-

20.54

---

1 Vgl. EuGH v. 17.5.2018 – C-30/17 – Kompania Piwowarska, ECLI:EU:C:2018:325, Rz. 26, 28 und 41.
2 Siehe zur Definition dieses Begriffs in Art. 4 Abs. 2 AlkoholsteuerstrukturRL: EuGH v. 2.4.2009 – C-83/08 – Glückauf Brauerei, ECLI:EU:C:2009:228; v. 4.6.2015 – C-285/14 – Brasserie Bouquet, ECLI:EU:C:2015:353.
3 Vgl. Vorschlag vom 25.5.2018 für eine Richtlinie des Rates zur Änderung der Richtlinie 92/83/EWG zur Harmonisierung der Struktur der Verbrauchsteuern auf Alkohol und alkoholische Getränke (COM[2018] 334 final), S. 2.
4 Bei anderen gegorenen Getränken im Sinne des Art. 11 f. folgt dies aus Art. 15 AlkoholsteuerstrukturRL.
5 Dies ist laut *Jatzke* in Musil/Weber-Grellet, Europäisches Steuerrecht, S. 309 Rz. 7 derzeit nur bei zwölf Mitgliedstaaten der Fall.

gehalten werden. Außerdem enthält Art. 25 AlkoholsteuerstrukturRL eine Erstattungsmöglichkeit bei verdorbenen alkoholischen Getränken, die allerdings für die Mitgliedstaaten nur fakultativ ist.

3. Tabaksteuern

Literatur (Auswahl): *Jatzke* in Musil/Weber-Grellet, Europäisches Steuerrecht, München 2019, 309-312; *Kokott*, Das Steuerrecht der Europäischen Union, München 2018, § 8 Rz. 665-673.

a) Zielsetzung und Entwicklung der Tabaksteuerharmonisierung

20.55 Die Verbrauchsteuern auf Tabakwaren werden durch die Richtlinie 2011/64/EU[1] (**TabaksteuerRL**) geregelt. Diese Richtlinie fasste rückwirkend zum 1.1.2011 die zuvor für die Tabaksteuern der Mitgliedstaaten geltenden Richtlinien 92/79/EWG[2], 92/80/EWG[3] und 95/59/EG[4] in einem einheitlichen Rechtstext zusammen. Die EU-Rechtsgeschichte der Tabaksteuer geht aber noch in die Zeit vor der Etablierung des Binnenmarktes (Rz. 20.1) zurück und begann bereits in den 1970er Jahren mit der Richtlinie 72/464/EWG[5].

20.56 Die **Struktur der geltenden TabaksteuerRL** führt den regulatorischen Ansatz ihrer Vorgängerrechtsakte fort und ist deshalb geprägt von einer grundsätzlichen Unterscheidung zwischen Zigaretten einerseits und sonstigen Tabakwaren andererseits. Da die neue, „kodifizierte" TabaksteuerRL ihre Kontinuität zu den vorangegangenen Richtlinien in ihrem Anhang II durch eine Entsprechungstabelle zum Ausdruck bringt, liegt eine Übertragung der EuGH-Rechtsprechung zu den genannten alten Richtlinien auf die TabaksteuerRL nahe.[6]

20.57 Neben der **Förderung des Binnenmarktes** soll die Tabaksteuerharmonisierung auch dem **Gesundheitsschutz** dienen,[7] dem gemäß Art. 168 Abs. 1 AEUV sämtliche Tätigkeiten der Union verpflichtet sind. Die Tabakverbrauchsteuer ist damit auch auf Unionsebene eine Lenkungssteuer, die der Nikotinsucht entgegen wirken will, indem sie den Konsum von Tabakwaren erschwert.[8]

b) Steuerbare Tabakwaren

20.58 Der TabaksteuerRL unterliegen gemäß ihrem Art. 1 i.V.m. Art. 2 Abs. 1 grundsätzlich drei Arten von Tabakwaren: **Zigaretten, Zigarren/Zigarillos** und **Rauchtabak**. Gemäß Art. 2 Abs. 2 und Art. 4 Abs. 3 TabaksteuerRL müssen Waren aber nicht zwingend aus Tabak bestehen, um der Richtlinie zu unter-

---

1 Richtlinie 2011/64/EU des Rates vom 21.6.2011 über die Struktur und die Sätze der Verbrauchsteuern auf Tabakwaren (ABl. EU 2011 Nr. L 176, 24).
2 Richtlinie 92/79/EWG des Rates vom 19.10.1992 zur Annäherung der Verbrauchsteuern auf Zigaretten (ABl. EG 1992 Nr. L 316, 8), die zuletzt durch die Richtlinie 2010/12/EU des Rates vom 16.2.2010 (ABl. EU 2010 Nr. L 50, 1) geändert wurde.
3 Richtlinie 92/80/EWG des Rates vom 19.10.1992 zur Annäherung der Verbrauchsteuern auf andere Tabakwaren als Zigaretten (ABl. EG 1992 Nr. L 316, 10), die zuletzt durch die Richtlinie 2010/12/EU des Rates vom 16.2.2010 (ABl. EU 2010 Nr. L 50, 1) geändert wurde.
4 Richtlinie 95/59/EG des Rates vom 27.11.1995 über die anderen Verbrauchsteuern auf Tabakwaren als die Umsatzsteuern (ABl. EG 1995 Nr. L 291, 40), die zuletzt durch die Richtlinie 2010/12/EU des Rates vom 16.2.2010, (ABl. EU 2010 Nr. L 50, 1) geändert wurde.
5 Richtlinie 72/464/EWG des Rates vom 19.12.1972 über die anderen Verbrauchsteuern auf Tabakwaren als die Umsatzsteuer (ABl. EG 1972 Nr. L 303, 1), zuletzt geändert durch die Richtlinie 92/78/EWG des Rates vom 19.10.1992 (ABl. EG 1992 Nr. L 316, 5).
6 Vgl. insoweit auch EuGH v. 11.4.2019 – C-638/17 – Skonis ir kvapas, ECLI:EU:C:2019:316, Rz. 25.
7 Siehe Erwägungsgrund 2 der TabaksteuerRL.
8 Vgl. in diesem Sinne EuGH v. 9.10.2014 – C-428/13 – Yesmoke Tobacco, ECLI:EU:C:2014:2263, Rz. 35 f.

fallen; es reicht letztlich aus, dass sich ein Stoff „zum Rauchen eignet". Damit ist auch die TabaksteuerRL offen für neue Technologien und Vermarktungen (Rz. 20.31 zur EnergiesteuerRL).

Im Einzelnen definiert Art. 3 TabaksteuerRL „**Zigaretten**" als Tabakstränge, die sich unmittelbar zum Rauchen eignen oder durch einen einfachen nichtindustriellen Vorgang mit Zigarettenpapier umhüllt werden können[1]. Eine Spezialform dieser Tabakstränge sind nach Art. 4 Abs. 1 TabaksteuerRL die **Zigarren und Zigarillos**, die sich dadurch auszeichnen, dass ihr äußeres Deckblatt aus natürlichem oder wiederhergestelltem („rekonstituiertem") Tabak besteht.[2] Auffangtatbestand für die Besteuerung von Tabakwaren ist der **Rauchtabak**. Dabei handelt es sich gemäß Art. 5 Abs. 1 TabaksteuerRL entweder um Tabak, der in bestimmter Form vorliegt (geschnitten[3], anders zerkleinert,[4] gesponnen oder in Platten gepresst) und ohne weitere industrielle Bearbeitung zum Rauchen geeignet[5] ist (Buchst. a) oder, sofern es sich nur um Tabakabfälle handelt, im Einzelhandel zum Rauchen vermarktet wird (Buchst. b). Zu dieser Kategorie gehört auch Feinschnitttabak für selbstgedrehte Zigaretten sowie Pfeifentabak. 20.59

c) Steuerbefreiungen für Tabakwaren

Die TabaksteuerRL sieht keine für die Mitgliedstaaten verpflichtenden Steuerbefreiungen vor. Gemäß Art. 17 TabaksteuerRL können die Mitgliedstaaten aber Steuerbefreiungen regeln, die von **bestimmten Verwendungen der Tabakwaren** abhängen. Dies gilt für denaturierte – also für den menschlichen Genuss ungeeignete (Rz. 20.47 zu denaturiertem Alkohol) – Tabakwaren, wenn sie im Gartenbau oder für industrielle Zwecke verwendet werden (Buchst. a) sowie für normale Tabakwaren, die für wissenschaftliche Zwecke und Produktionstests verwendet (Buchst. c) oder vom Hersteller erneut verarbeitet werden (Buchst. d). Auch für Tabakwaren, die unter staatlicher Aufsicht wieder vernichtet werden (Buchst. b), können die Mitgliedstaaten eine Steuerbefreiung oder eine nachträgliche Erstattung der Steuer gewähren. 20.60

d) Bemessungsgrundlage und Steuersätze für Tabakwaren

Die Vorschriften der TabaksteuerRL zur Regelung der Bemessungsgrundlage und des Steuersatzes bei Tabakwaren sind ungewöhnlich komplex.[6] Ihre Bestimmungen greifen zurück auf eine sog. **Ad-Valorem-Besteuerung**, die in Abweichung vom verbrauchsteuerlichen Prinzip (Rz. 20.2) als Bemessungsgrundlage den gemäß Art. 15 TabaksteuerRL von Herstellern und Importeuren festgelegten Kleinverkaufshöchstpreis einer Tabakware bestimmt, aber ergänzt wird durch eine sog. **spezifische Verbrauchsbesteuerung**, die sich wie gewohnt nach Erzeugniseinheiten berechnet. Die unionsrechtlich vorgeschriebene steuerliche Belastung von Tabakwaren differenziert dabei zwischen Zigaretten und anderen Tabakwaren. 20.61

Bei **Zigaretten** müssen die Mitgliedstaaten eine Verbrauchsbesteuerung vorsehen, die Elemente sowohl der Ad-Valorem- als auch der spezifischen Verbrauchsbesteuerung enthält (Art. 7 f. TabaksteuerRL). Zudem sind gemäß Art. 7 Abs. 2 TabaksteuerRL alle Zigaretten gleich zu behandeln.[7] Die Ge- 20.62

---

1 Die zweite Alternative soll laut *Jatzke* in Musil/Weber-Grellet, Europäisches Steuerrecht, S. 310 auch selbstgedrehte Zigaretten erfassen; dies dürfte jedoch nur insoweit gelten, wie nicht Feinschnitttabak verwendet wird, der gemäß Art. 2 Abs. 1 Buchst. c Ziff. i) i.V.m. Art. 5 Abs. 2 TabaksteuerRL als Rauchtabak zu versteuern ist.
2 Zur Abgrenzung der Zigarren und Zigarillos von den Zigaretten siehe im Einzelnen: EuGH v. 11.4.2019 – C-638/17 – Skonis ir kvapas, ECLI:EU:C:2019:316.
3 Siehe hierzu EuGH v. 6.4.2017 – C-638/15 – Eko-Tabak, ECLI:EU:C:2017:277, Rz. 28.
4 Siehe auch hierzu EuGH v. 6.4.2017 – C-638/15 – Eko-Tabak, ECLI:EU:C:2017:277, Rz. 28.
5 Siehe hierzu EuGH v. 6.4.2017 – C-638/15 – Eko-Tabak, ECLI:EU:C:2017:277, Rz. 30 bis 32.
6 Dies geht laut *Jatzke* in Musil/Weber-Grellet, Europäisches Steuerrecht, S. 310, Rz. 5 auf einen Kompromiss zwischen unterschiedlichen nationalen Steuersystemen zurück.
7 Vgl. EuGH v. 9.10.2014 – C-428/13 – Yesmoke Tobacco, ECLI:EU:C:2014:2263.

samtbelastung mit Verbrauchsteuern der Mitgliedstaaten, die Art. 10 Abs. 1 Satz 1 TabaksteuerRL als „globale Verbrauchsteuer" bezeichnet, muss bei Zigaretten zwei Kriterien erfüllen. Aktuell muss sie zum einen mindestens 60 % des gewichteten durchschnittlichen Einzelhandelspreises („Kleinverkaufspreises") erreichen, zum anderen darf sie den absoluten Betrag von 90 Euro pro 1 000 Zigaretten nicht unterschreiten (Art. 10 Abs. 2 TabaksteuerRL).

20.63 Bei **anderen Tabakwaren** als Zigaretten haben die Mitgliedstaaten bei der Festlegung der Bemessungsgrundlage gemäß Art. 14 Abs. 1 TabaksteuerRL die Wahl zwischen dem Kleinverkaufshöchstpreis (ad valorem), dem Gewicht oder der Stückzahl und einer Mischung aus beiden Elementen. Im Ergebnis müssen bestimmte Mindeststeuerbeträge erreicht werden, die in Art. 14 Abs. 2 TabaksteuerRL festgelegt sind und zwischen Feinschnitttabak für selbstgedrehte Zigaretten, anderem Rauchtabak sowie Zigarren/Zigarillos in absteigender Höhe differenzieren.

e) Verfahren der Besteuerung von Tabakwaren

20.64 Als verfahrensrechtliche Besonderheit der Erhebung von Verbrauchsteuern auf Tabakwaren sieht Art. 16 Abs. 1 Satz 2 TabaksteuerRL vor, dass die Steuererhebung grundsätzlich – und damit in Abweichung von Art. 39 VerbrStSystRL (Rz. 20.26) – durch Kennzeichnung mit Steuerzeichen erfolgt. Diese Steuerzeichen sind jedoch regelmäßig nur in einem Mitgliedstaat gültig.[1]

C. Umsetzung in deutsches Recht

Literatur (Auswahl): *Danner/Theobald* (Hrsg.), Energierecht, München (Stand: Dezember 2018); *Jatzke* in Musil/Weber-Grellet, Europäisches Steuerrecht, München 2019, 1883 ff. (Weitere Verbrauch- und Verkehrsteuergesetze); *Köthe/Knoll*, Die Besteuerung von Tabakwaren in Deutschland, BB 2015, 1174; *Möhlenkamp/Milewski*, Energiesteuergesetz Stromsteuergesetz, München 2012.

I. Allgemeines

20.65 Anders als das Verbrauchsteuerrecht der Union (Rz. 20.6 ff.) verfügt das deutsche Verbrauchsteuerrecht im Wesentlichen über **keinen allgemeinen Teil**. Zwar enthält die AO allgemeine verfahrensrechtliche Bestimmungen zur Verbrauchsteuer, u. a. in ihren §§ 209 bis 217 zur Steueraufsicht. Insbesondere die Bestimmungen zur Entstehung der Steuer und zum Verfahren der Steueraussetzung, die einen Schwerpunkt der VerbrStSystRL bilden (Rz. 20.9), sind im deutschen Recht jedoch in den einzelnen Verbrauchsteuergesetzen selbständig geregelt und zum Teil spezifisch auf die jeweils besteuerten Waren zugeschnitten. Die Verwaltung der EU-Verbrauchsteuern obliegt gemäß Art. 108 Abs. 1 GG der **Bundeszollverwaltung**.

II. Energiesteuergesetz und Stromsteuergesetz

20.66 Die EnergiesteuerRL (Rz. 20.27) wird im deutschen Recht durch zwei Gesetze umgesetzt. Für die Verbrauchsbesteuerung von Energieerzeugnissen wurde das Energiesteuergesetz (EnergieStG)[2] geschaffen. Der Verbrauchsbesteuerung von elektrischem Strom dient das Stromsteuergesetz (StromStG)[3].

---

[1] *Jatzke* in Musil/Weber-Grellet, Europäisches Steuerrecht, S. 312, Rz. 7.
[2] Energiesteuergesetz vom 15.7.2006 (BGBl. I S. 1534; 2008 I S. 660, 1007), zuletzt geändert durch Artikel 1 der Verordnung vom 26.6.2018 (BGBl. I S. 888).
[3] Stromsteuergesetz vom 24.3.1999 (BGBl. I S. 378; 2000 I S. 147), zuletzt geändert durch Artikel 4 des Gesetzes vom 27.8.2017 (BGBl. I S. 3299; 2018 I S. 126).

Das **EnergieStG** untergliedert sich hauptsächlich in drei Teile, die jeweils eigene Bestimmungen für die Verbrauchsbesteuerung von Kohle, Erdgas und sonstigen Energieerzeugnissen vorsehen. Darüber hinaus enthalten die §§ 45 bis 60 EnergieStG umfangreiche Bestimmungen zu steuerlichen Entlastungen bei bestimmten Verwendungen von Energieerzeugnissen, so z. B. für den Eigenverbrauch, die Schiff- und Luftfahrt sowie die Land- und Forstwirtschaft. Das Gros der Energieerzeugnisse unterliegt hinsichtlich Steuerentstehung, Steuerbefreiungen und Verfahren den Vorschriften der §§ 4 bis 30 EnergieStG. Für **Kohle** sehen die §§ 31 bis 37 EnergieStG jeweils spezielle Bestimmungen vor; u. a. regeln diese statt eines herkömmlichen Steueraussetzungsverfahrens (Rz. 20.23 f. zur VerbrStSystRL) ein selbständiges Zulassungsverfahren für Inhaber eines Kohlebetriebs oder Kohlelieferer, die Kohle unversteuert beziehen wollen (§ 31 Abs. 4 EnergieStG). Auch im Hinblick auf das Energieerzeugnis **Erdgas** enthält das EnergieStG besondere Vorschriften. Diese rechtfertigen sich aus dem Umstand, dass Erdgas normalerweise aus einem bestehenden Leitungsnetz zum Verbrauch entnommen wird. Deshalb gelten für die Beförderung von Erdgas außerhalb eines Leitungsnetzes gemäß §§ 40 f. EnergieStG auch zum Teil die allgemeinen Vorschriften für sonstige Energieerzeugnisse. Ergänzt werden die Regelungen des EnergieStG durch eine Vielzahl von Bestimmungen der Energiesteuer-Durchführungsverordnung des BMF[1].

20.67

Für die Besteuerung von elektrischem Strom existiert mit dem **StromStG** ein eigenes Gesetz, das ebenfalls durch eine Durchführungsverordnung des BMF[2] ergänzt wird. Es unterscheidet zwischen Versorgern und Eigenerzeugern, die gemäß § 5 Abs. 1 und Abs. 2 StromStG grundsätzlich für die Entstehung der Stromsteuer sowie ihre Entrichtung verantwortlich sind und deshalb auch gemäß § 4 StromStG einer staatlichen Erlaubnis für ihre Tätigkeit bedürfen. Der Steuersatz ist mit 20,50 Euro pro Megawattstunde (§ 3 StromStG) mehr als 20 Mal so hoch wie der Mindeststeuerbetrag, den die EnergiesteuerRL vorschreibt (Rz. 20.40). Allerdings enthalten die §§ 9 bis 9c StromStG eine Vielzahl steuerlicher Privilegierungen in Form von Befreiungen, Ermäßigungen oder nachträglichen Erstattungen.

20.68

III. Alkoholsteuergesetze

Die Umsetzung der beiden Alkoholsteuer-Richtlinien (Rz. 20.43) in das deutsche Recht erfolgt durch eine **Vielzahl unterschiedlicher Steuergesetze**. Für bestimmte alkoholische Getränke existieren mit dem Biersteuergesetz (BierStG)[3], dem Schaumwein- und Zwischenerzeugnissteuergesetz (SchaumwZwStG)[4] sowie dem Alkopopsteuergesetz (AlkopopStG)[5] spezielle gesetzliche Regelungen. Im Übrigen soll den unionsrechtlichen Vorgaben durch das Alkoholsteuergesetz (AlkStG)[6] genügt werden. Auf Wein, der kein Schaumwein ist, wird in Deutschland im Einklang mit der AlkoholsteuersatzRL (Rz. 20.52) keine Verbrauchsteuer erhoben.

20.69

Das **BierStG** regelt die Umsetzung der EU-Alkoholsteuer-Richtlinien, soweit sie die Besteuerung der Alkoholware Bier betreffen. Die Biersteuer beträgt gemäß § 2 Abs. 1 Satz 3 BierStG 78,7 Cent pro

20.70

---

1 Verordnung zur Durchführung des Energiesteuergesetzes (Energiesteuer-Durchführungsverordnung – EnergieStV) vom 31.7.2006 (BGBl. I S. 1753), zuletzt geändert durch Artikel 2 der Verordnung vom 26.6.2018 (BGBl. I S. 888).
2 Verordnung zur Durchführung des Stromsteuergesetzes (Stromsteuer-Durchführungsverordnung – StromStV) vom 31.5.2000 (BGBl. I S. 794), zuletzt geändert durch Artikel 4 der Verordnung vom 2.1.2018 (BGBl. I S. 84).
3 Biersteuergesetz vom 15.7.2009 (BGBl. I S. 1870, 1908), zuletzt geändert durch Artikel 1 des Gesetzes vom 16.6.2011 (BGBl. I S. 1090).
4 Schaumwein- und Zwischenerzeugnissteuergesetz vom 15.7.2009 (BGBl. I S. 1870, 1896), zuletzt geändert durch Artikel 6 des Gesetzes vom 27.8.2017 (BGBl. I S. 3299).
5 Gesetz über die Erhebung einer Sondersteuer auf alkoholartige Süßgetränke (Alkopops) zum Schutz junger Menschen vom 23.7.2004 (BGBl. I S. 1857), zuletzt geändert durch Artikel 7 des Gesetzes vom 10.3.2017 (BGBl. I S. 420).
6 Alkoholsteuergesetz vom 21.6.2013 (BGBl. I S. 1650, 1651), zuletzt geändert durch Artikel 8 des Gesetzes vom 27.8.2017 (BGBl. I S. 3299).

Hektoliter Grad Plato (Rz. 20.51). Von der Option zur steuerlichen Begünstigung „kleiner unabhängiger Brauereien" (Rz. 20.51) wurde mittels § 2 Abs. 2 BierStG Gebrauch gemacht. Auch das BierStG enthält umfangreiche verfahrensrechtliche Bestimmungen, u. a. zum Verfahren der Steueraussetzung in Bezug auf Bier (§§ 4 bis 22 BierStG). Die optionalen Steuerbefreiungen der AlkoholsteuerstrukturRL wurden in § 23 BierStG umgesetzt. Eine Besonderheit der Biersteuer ist, dass ihr Ertrag gemäß Art. 106 Abs. 2 Nr. 4 GG vollständig den Ländern zusteht. Das Aufkommen ist jedoch relativ gering. Im Jahr 2017 hatte Deutschland mit rd. 665 Mio. Euro innerhalb der EU – nach dem Vereinigten Königreich, Frankreich, Polen und Italien – nur das fünfthöchste Aufkommen bei der Besteuerung von Bier.[1]

20.71 Schaumwein und höherprozentige alkoholische Getränke werden durch das **SchaumwZwStG** steuerlich erfasst. Es entspricht in seiner Struktur weitgehend dem BierStG, unterscheidet aber in zwei getrennten Teilen zwischen der Besteuerung von Schaumwein (§§ 1 bis 28) und den Besonderheiten der Besteuerung von Zwischenerzeugnissen (§§ 29 bis 31 SchaumwZwStG). Obwohl die Bundesrepublik Deutschland auf nicht schäumenden Wein keine Verbrauchsteuer erhebt, enthält das SchaumwZwStG insoweit in seinem dritten Teil – zur Umsetzung der unionsrechtlichen Vorgaben zum Verbrauchsteuer-Binnenmarkt – zwei Vorschriften zur Steueraufsicht bei grenzüberschreitenden Beförderungen von schlichtem Wein.

20.72 Auch das **AlkStG** enthält eine dem BierStG und dem SchaumwZwStG entsprechende Regelungsstruktur, die insbesondere umfangreiche Bestimmungen zur Steuerentstehung und zum Verfahren der Steueraussetzung enthält (§§ 4 bis 19 AlkStG). Mit dem AlkStG kommt die Bundesrepublik Deutschland den unionsrechtlichen Vorgaben zur Besteuerung von „Ethylalkohol" (Rz. 20.46) nach. Zu diesem Zweck erfasst das Gesetz gemäß § 1 Abs. 2 sowohl Ethylalkohol selbst als auch Weine mit über 22 Volumenprozent sowie sonstige alkoholhaltige Waren. § 27 AlkStG setzt die Möglichkeiten zur Steuerbefreiung der AlkoholsteuerstrukturRL (Rz. 20.49) um.

IV. Tabaksteuergesetz

20.73 Die Vorgaben der TabaksteuerRL (Rz. 20.55) sollen in Deutschland durch das Tabaksteuergesetz (TabStG)[2] erfüllt werden. Dabei sieht § 30 TabStG umfangreiche Steuerbefreiungen vor, deren Übereinstimmung mit den Vorgaben der TabaksteuerRL (Rz. 20.60) sich nicht auf Anhieb erschließt. Bei der Ermittlung der Steuer bei anderen Tabakwaren als Zigaretten (Rz. 20.59) wurde gemäß § 2 Abs. 1 Nrn. 2 bis 4 TabStG eine Kombination aus Ad-valorem- und spezifischer Verbrauchsbesteuerung gewählt. Auch das TabStG enthält spezielle Verfahrensvorschriften, die Bestimmungen zu Steuerlagern, registrierten Empfängern etc. enthalten (§§ 5 bis 18). Als Besonderheit sehen §§ 16 und 24 TabStG einen Verpackungszwang und ein Beipackverbot für Tabakwaren vor, die in den steuerrechtlich freien Verkehr (Rz. 20.8) überführt werden.

---

1 Vgl. Europäische Kommission, Excise Duty Tables (Tax receipts – Alcoholic beverages), Juli 2018.
2 Tabaksteuergesetz vom 15.7.2009 (BGBl. I S. 1870), zuletzt geändert durch Artikel 5 des Gesetzes vom 27.8.2017 (BGBl. I S. 3299).

Kapitel 21
Sonstige indirekte Steuern

Hinweis: Die folgenden Ausführungen sind nicht in dienstlicher Eigenschaft verfasst.

A. Kapitalverkehrsteuern 21.1
I. Zielsetzung und Entwicklung der Kapitalverkehrsteuerharmonisierung ... 21.1
II. Unionsrechtliche Vorgaben 21.3
  1. Überblick 21.3
  2. Besteuerungsverbote in Bezug auf Kapitalgesellschaften 21.5
    a) Allgemeines 21.5
    b) Gesellschaftsteuern 21.7
    c) Gesellschaftsteuerähnliche Abgaben 21.10
    d) Indirekte Steuern auf Umstrukturierungen 21.12
  3. Besteuerungsverbote in Bezug auf Wertpapiere 21.14
  4. Sonstige Abgaben 21.18
    a) Verbot sonstiger Abgaben 21.18
    b) Sonstige erlaubte Abgaben 21.19
  III. Umsetzung in deutsches Recht 21.21
B. Harmonisierungsansätze bei weiteren indirekten Steuern 21.23
  I. Versicherungsteuern 21.23
  II. Telekommunikationssteuern 21.24
  III. Finanztransaktionssteuer (Entwurf einer Richtlinie) 21.25
  IV. Digitalsteuer (Entwurf einer Richtlinie) 21.27

A. Kapitalverkehrsteuern

Literatur (Auswahl): *Gröpl* in Dauses/Ludwigs, Handbuch des EU-Wirtschaftsrechts, Rz. 637 bis 643 (Stand: April 2015).

I. Zielsetzung und Entwicklung der Kapitalverkehrsteuerharmonisierung

Das Recht der Kapitalverkehrsteuern gehört zu den alteingesessenen Materien des Unionssteuerrechts. 21.1 Bereits im Jahr 1972 trat die Richtlinie 69/335/EWG betreffend die „**indirekten Steuern auf die Ansammlung von Kapital**"[1] in Kraft.[2] Damit werden Abgaben erfasst, die auf Einlagen in Kapitalgesellschaften (sog. **Gesellschaftsteuern**[3]) oder im Zusammenhang damit (sog. **gesellschaftsteuerähnliche Abgaben**)[4] erhoben werden, sowie die Besteuerung des Wertpapierverkehrs (sog. **Wertpapiersteuern**)[5]. Die Harmonisierung dieser Abgaben auf das Kapital von Gesellschaften dient dem freien Kapitalverkehr innerhalb des Binnenmarktes, der in diesem Bereich u. a. durch Doppelbesteuerungen gestört war.[6] Im Ergebnis wurden durch die Richtlinie zunächst die Gesellschaftsteuern innerhalb der Gemeinschaft vereinheitlicht und gesellschaftsteuerähnliche Abgaben und Wertpapiersteuern in gewissem Um-

---

1 Richtlinie 69/335/EWG des Rates vom 17.7.1969 betreffend die indirekten Steuern auf die Ansammlung von Kapital (ABl. EG 1969 Nr. L 249, 25), die zuletzt durch die Richtlinie 2006/98/EG des Rates vom 20.11.2006 zur Anpassung bestimmter Richtlinien im Bereich Steuerwesen anlässlich des Beitritts Bulgariens und Rumäniens (ABl. EU 2006 Nr. L 363, 129) geändert wurde.
2 Siehe Art. 13 Richtlinie 69/335/EWG.
3 Vgl. Art. 1 Richtlinie 69/335/EWG.
4 Vgl. zu diesem Begriff EuGH v. 30.3.2006 – C-46/04 – Aro Tubi Trafilerie, ECLI:EU:C:2006:210, Rz. 25.
5 Vgl. Erwägungsgründe 2 und 4 der Richtlinie 69/335/EWG.
6 Siehe Erwägungsgründe 1 f. der Richtlinie 69/335/EWG; vgl. auch EuGH v. 20.4.1993 – C-71/91 und C-178/91 – Ponente Carni und Cispadana Costruzioni, ECLI:EU:C:1993:140, Rz. 19 f.

fang verboten. Später wurde den Mitgliedstaaten im Dienste des freien Kapitalverkehrs auch die Erhebung einer Gesellschaftsteuer – unter Gewährung von Bestandsschutz – in großem Umfang untersagt.[1]

21.2 Fast vier Jahrzehnte später wurde die Richtlinie 69/335/EWG durch die **aktuell** geltende Richtlinie 2008/7/EG[2] ersetzt (**KapitalverkehrsteuerRL**). Diese stellt nicht nur eine redaktionelle Neufassung der alten Richtlinie dar, sondern enthält auch einige inhaltliche Änderungen.[3] Die Erhebung von Gesellschaftsteuern ist nunmehr gänzlich verboten, soweit den Mitgliedstaaten kein Bestandsschutz gewährt wird. Darüber hinaus führt die Richtlinie die neue Kategorie verbotener „indirekter Steuern auf Umstrukturierungen von Kapitalgesellschaften" ein, die den Anwendungsbereich der Richtlinie teilweise erweitert.[4] Sieht man von den Bedingungen für den Bestandsschutz bei der Gesellschaftsteuer ab, regelt die neue Richtlinie im Wesentlichen nur noch ein weit gefasstes Verbot der Erhebung von Abgaben auf das Gesellschaftskapital.[5] Dabei erkennt der EuGH für die zentralen Verbote und Erlaubnistatbestände eine weitgehende Kontinuität der neuen mit der alten Richtlinie und hält deshalb seine Rechtsprechung zur Vorgänger-Richtlinie 69/335/EWG für übertragbar.[6]

II. Unionsrechtliche Vorgaben

1. Überblick

21.3 Die KapitalverkehrsteuerRL enthält zwei wesentliche Teile: die Verbots- und Erlaubnistatbestände ihres Art. 5 bzw. Art. 6 („allgemeine Bestimmungen") sowie die Regelungen zum Besitzstand bei Gesellschaftsteuern in Art. 7 bis 14 („Sonderbestimmungen"). Die Vorschriften der Richtlinie **harmonisieren** laut EuGH den Bereich der indirekten Steuern der Mitgliedstaaten auf die „Ansammlung von Kapital" **abschließend**. Diese Feststellung ist mit der Folge verbunden, dass nationale Steuern in diesem Bereich nur noch an der KapitalverkehrsteuerRL, nicht aber mehr am Primärrecht, insbesondere an den Grundfreiheiten, zu messen sind.[7] Dies ändert jedoch nichts daran, dass die Bestimmungen der KapitalverkehrsteuerRL weiterhin sowohl im Lichte des Primärrechts auszulegen sind (Rz. 13.4) als auch ihrerseits den Vorgaben des vorrangigen Primärrechts entsprechen müssen. Darüber hinaus haben die Mitgliedstaaten auch bei der Ausübung der Wahlrechte der KapitalverkehrsteuerRL das Primärrecht zu beachten.[8]

21.4 Sowohl der Titel der Richtlinie als auch die einzelnen Verbotstatbestände des Art. 5 reduzieren ihren Anwendungsbereich auf die **indirekten Steuern**. Obwohl der EuGH es vereinzelt als unerheblich angesehen hat, ob eine nationale Steuer, die einen Verbotstatbestand der Richtlinie erfüllt, tatsächlich eine *indirekte Steuer* darstellt,[9] ist diese Zielrichtung der Richtlinie bei der Auslegung der Verbotstatbestände

---

[1] Siehe die Richtlinie 85/303/EWG des Rates vom 10.6.1985 zur Änderung der Richtlinie 69/335/EWG betreffend die indirekten Steuern auf die Ansammlung von Kapital (ABl. EG 1985 Nr. L 156, 23).
[2] Richtlinie 2008/7/EG des Rates vom 12.2.2008 betreffend die indirekten Steuern auf die Ansammlung von Kapital (ABl. EU 2008 Nr. L 46, 11), zuletzt geändert durch die Richtlinie 2013/13/EU des Rates vom 13.5.2013 zur Anpassung bestimmter Richtlinien im Bereich Steuern anlässlich des Beitritts der Republik Kroatien (ABl. EU 2013 Nr. L 141, 30).
[3] Siehe hierzu im Einzelnen das Umsetzungsgebot in Art. 15 KapitalverkehrsteuerRL.
[4] Vgl. den Vorschlag vom 4.12.2006 für eine Richtlinie des Rates betreffend die indirekten Steuern auf die Ansammlung von Kapital, KOM(2006) 760 endgültig, S. 5.
[5] **A.A.** wohl *Kokott*, Das Steuerrecht der Europäischen Union, § 8 Rz. 701.
[6] Vgl. EuGH v. 19.4.2012 – C-443/09 – Grillo Star Fallimento, ECLI:EU:C:2012:213, Rz. 28; v. 9.10.2014 – C-299/13 – Gielen, ECLI:EU:C:2014:2266, Rz. 22 bis 24 und 28.
[7] EuGH v. 19.10.2017 – C-573/16 – Air Berlin, ECLI:EU:C:2017:772, Rz. 27 bis 29; ebenso bereits zur Richtlinie 69/335/EWG: EuGH v. 1.10.2009 – C-569/07 – HSBC Holdings und Vidacos Nominees, ECLI:EU:C:2009:594, Rz. 25 bis 27.
[8] Dagegen mit nicht überzeugender Begründung: *Dahm/Hamacher*, IStR 2013, 123 (128–130) und *Hamacher*, IStR 2015, 63 f.
[9] Vgl. EuGH v. 19.3.2002 – C-426/98 – Kommission/Griechenland, ECLI:EU:C:2002:180, Rz. 25; vgl. in diesem Sinne ebenso EuGH v. 11.11.1999 – C-350/98 – Henkel Hellas, ECLI:EU:C:1999:552; **a.A.** noch

zu beachten. So ist beispielsweise die Besteuerung von Wertzuwächsen im Rahmen der nationalen Ertragsbesteuerung durch die Richtlinie nicht untersagt, obwohl diese durch Vorgänge wie eine Einlage ausgelöst werden kann, die als solche unter die Verbotstatbestände der Richtlinie fallen.[1] Deshalb ist zu betonen, dass die nach der Richtlinie grundsätzlich verbotene „Gesellschaftsteuer" keine nationalen Steuern auf den Ertrag von Gesellschaften untersagt.

2. Besteuerungsverbote in Bezug auf Kapitalgesellschaften

a) Allgemeines

Die Verbote für sog. Gesellschaftsteuern, gesellschaftsteuerähnliche Abgaben und indirekte Steuern auf Umstrukturierungen, die Art. 5 Abs. 1 KapitalverkehrsteuerRL enthält, gelten nur in Bezug auf **Kapitalgesellschaften**. Diese definiert Art. 2 der Richtlinie. Darunter fallen nicht nur bestimmte Kapitalgesellschaftsformen, die der Anhang der Richtlinie aufführt,[2] sondern auch alle anderen Gesellschaftsformen, sofern ihre Anteile in einem Mitgliedstaat börsenfähig (Abs. 1 Buchst. b) oder frei handelbar sind und die Anteilsinhaber nicht über ihre Einlage hinaus haften (Abs. 1 Buchst. c). Bei den indirekten Steuern auf Umstrukturierungen sind noch darüber hinaus alle anderen Gesellschaften mit gesondertem Vermögen[3], die einen Erwerbszweck verfolgen, ebenfalls als „Kapitalgesellschaften" anzusehen (Art. 2 Abs. 2 i.V.m. Art. 9 KapitalverkehrsteuerRL).[4]

21.5

Nach der Rechtsprechung des EuGH haben sämtliche Verbote des Art. 5 Abs. 1 KapitalverkehrsteuerRL **unmittelbare Wirkung**.[5] Ein Steuerpflichtiger kann sich somit gegenüber den Behörden jedes Mitgliedstaats unmittelbar auf diese Verbote der Richtlinie berufen, um einer steuerlichen Belastung zu entgehen.

21.6

b) Gesellschaftsteuern

Zu den in Bezug auf Kapitalgesellschaften verbotenen indirekten Steuern gehören zunächst die Gesellschaftsteuern[6] (Art. 5 Abs. 1 Buchst. a KapitalverkehrsteuerRL). Umfasst sind davon **indirekte Steuern auf „Kapitalzuführungen"**, die Art. 3 in einer Reihe von Tatbeständen näher definiert. Hierzu gehören die Gründung einer Kapitalgesellschaft (Buchst. a und b), verschiedene Formen der späteren Kapitalerhöhung oder sonstigen Vermögenszuführung (Buchst. c, d, g, h, i und j) sowie die Verlegung des Sitzes oder des Orts der Geschäftsleitung einer Kapitalgesellschaft in die Union (Buchst. e und f). Insoweit enthalten die Art. 7 bis 14 KapitalverkehrsteuerRL jedoch Bestandsschutzregelungen (Rz. 21.8 f.). Ergänzend verbietet Art. 5 Abs. 1 Buchst. b KapitalverkehrsteuerRL die Besteuerung der **Gewährung von**

21.7

EuGH v. 26.9.1996 – C-287/94 – Frederiksen, ECLI:EU:C:1996:354, Rz. 20 f.; alle im Hinblick auf die Richtlinie 69/335/EWG.
1 Vgl. hierzu insbesondere EuGH v. 11.12.1997 – C-42/96 – Immobiliare SIF, ECLI:EU:C:1997:602, Rz. 19 bis 24 im Hinblick auf die Richtlinie 69/335/EWG.
2 Bei den Gesellschaftsformen nach deutschem Recht zählen hierzu AG, KGaA und GmbH.
3 Siehe zum Erfordernis eines gesonderten Vermögens insbesondere EuGH v. 22.4.2015 – C-357/13 – Drukarnia Multipress, ECLI:EU:C:2015:253, Rz. 26; die Gesellschaft muss jedoch nicht rechtsfähig sein, vgl. EuGH v. 12.11.1987 – 112/86 – Amro Aandelen Fonds, ECLI:EU:C:1987:488 im Hinblick auf Art. 3 Abs. 2 Richtlinie 69/335/EWG.
4 Die Beschränkung der Geltung des Art. 2 Abs. 2 KapitalverkehrsteuerRL auf indirekte Steuern auf Umstrukturierungen folgt aus ihrem Art. 9, der den Mitgliedstaaten im Ergebnis gestattet, Gesellschaftsteuern auf bestimmte oder alle Gesellschaftsformen (vgl. EuGH v. 7.6.2007 – C-178/05 – Kommission/Griechenland, ECLI:EU:C:2007:317, Rz. 44 f.) des ergänzenden Personenkreises des Art. 2 Abs. 2 zu erheben, vgl. in diesem Sinne EuGH v. 22.4.2015 – C-357/13 – Drukarnia Multipress, ECLI:EU:C:2015:253, Rz. 27.
5 Vgl. EuGH v. 2.12.1997 – C-188/95 – Fantask u.a., ECLI:EU:C:1997:580, Rz. 54; v. 29.9.1999 – C-56/98 – Modelo, ECLI:EU:C:1999:460, Rz. 34; v. 21.9.2000 – C-19/99 – Modelo, ECLI:EU:C:2000:481, Rz. 37; v. 26.9.2000 – C-134/99 – IGI, ECLI:EU:C:2000:503, Rz. 37; alle zu Art. 10 Richtlinie 69/335/EWG.
6 Siehe zur Definition dieses Begriffes Art. 7 Abs. 1 KapitalverkehrsteuerRL.

Darlehen oder sonstigen Leistungen, die im Zuge einer Kapitalzuführung im Sinne der genannten Tatbestände einer Gesellschaftsteuer erfolgt.

21.8 Nur Mitgliedstaaten, die zum Stichtag 1.1.2006 eine Gesellschaftsteuer erhoben haben, dürfen diese gemäß Art. 7 Abs. 1 KapitalverkehrsteuerRL beibehalten. Demzufolge darf beispielsweise die Bundesrepublik Deutschland keine Gesellschaftsteuer mehr erheben (Rz. 21.21). Der nur noch für einige Mitgliedstaaten bestehende **Bestandsschutz** erlischt, sobald die Gesellschaftsteuer oder bestimmte ihrer Steuertatbestände nach diesem Zeitpunkt aufgegeben werden (Art. 7 Abs. 2 bis 5 KapitalverkehrsteuerRL). Soweit einzelne Mitgliedstaaten noch Bestandsschutz für ihre Gesellschaftsteuern genießen, sind sie in puncto Steuerbefreiungen (Art. 13 und 14), Bemessungsgrundlage (Art. 11 und 12) und Steuersatz (Art. 8 und 14) an die Vorgaben der Richtlinie gebunden. Darüber hinaus enthält Art. 10 KapitalverkehrsteuerRL Bestimmungen zur Aufteilung der Besteuerungsrechte zwischen den Mitgliedstaaten, um Doppelbesteuerungen zu verhindern.[1] Das Besteuerungsrecht steht danach grundsätzlich demjenigen Mitgliedstaat zu, auf dessen Gebiet sich die tatsächliche Geschäftsleitung der betreffenden Kapitalgesellschaft befindet.

21.9 Im Rahmen der etwaigen Erhebung der Gesellschaftsteuer dürfen die Mitgliedstaaten nach der Rechtsprechung des EuGH **Maßnahmen zur Bekämpfung von Missbrauch** im Ergebnis in dem Maße erlassen, wie dies auch bei Beschränkungen von Grundfreiheiten gerechtfertigt wäre (Rz. 7.248 ff.).[2] Da die KapitalverkehrsteuerRL – anders als etwa die Mutter-Tochter-RL 2011/96/EU in ihrem Art. 1 Abs. 2 bis 4 (Rz. 14.85) – eine Ermächtigung oder Verpflichtung der Mitgliedstaaten zur Missbrauchsbekämpfung gar nicht enthält, hat der EuGH diese Befugnis der Mitgliedstaaten aus dem allgemeinen unionsrechtlichen Grundsatz des Verbots rechtsmissbräuchlichen Verhaltens (Rz. 13.17 ff.) hergeleitet.[3]

c) Gesellschaftsteuerähnliche Abgaben

21.10 Zur Sicherung des grundsätzlichen Verbots von Gesellschaftsteuern (Rz. 21.7) erweitern die Buchst. c und d des Art. 5 Abs. 1 KapitalverkehrsteuerRL den Anwendungsbereich des Verbots auf die Besteuerung der **Erfüllung formaler Voraussetzungen**, die im Zivilrecht des jeweiligen Mitgliedstaates für die jeweilige Rechtsform einer Kapitalgesellschaft vorgesehen sind.[4] Buchst. c nennt hier beispielhaft die erstmalige Eintragung in ein Handelsregister. Unter die dort ebenfalls genannten „sonstigen Formalitäten" fallen nach ständiger Rechtsprechung des EuGH alle Formalitäten, die für die Ausübung und Fortführung der Tätigkeit einer Gesellschaft erforderlich sind.[5] Vom Verbot umfasst sieht der EuGH deshalb grundsätzlich alle Abgaben auf die Eintragung gesellschaftsrechtlicher Handlungen,[6]

---

1 Vgl. Erwägungsgrund 7 der KapitalverkehrsteuerRL; EuGH v. 12.6.2006 – C-494/03 – Senior Engineering Investments, ECLI:EU:C:2006:17, Rz. 26 im Hinblick auf die Richtlinie 69/335/EWG.
2 Vgl. in diesem Sinne EuGH v. 9.7.2009 – C-397/07 – Kommission/Spanien, ECLI:EU:C:2009:436, Rz. 29 f.: nur bei „rein künstlichen Gestaltungen"; etwas großzügiger noch EuGH v. 8.11.2007 – C-251/06 – ING. AUER, ECLI:EU:C:2007:658, Rz. 41 im Sinne eines „Principal Purpose Test"; beide im Hinblick auf die Richtlinie 69/335/EWG.
3 Vgl. EuGH v. 8.11.2007 – C-251/06 – ING. AUER, ECLI:EU:C:2007:658, Rz. 41 und die dort angeführte Rechtsprechung.
4 Vgl. in diesem Sinne insbesondere EuGH v. 11.6.1996 – C-2/94 – Denkavit Internationaal u.a.,ECLI:EU:C:1996:229, Rz. 23; v. 19.3.2002 – C-426/98 – Kommission/Griechenland, ECLI:EU:C:2002:180, Rz. 24; v. 10.9.2002 – C-216/99 und C-222/99 – Prisco und CASER, ECLI:EU:C:2002:472, Rz. 48; alle zu Artikel 10 Buchst. a und c Richtlinie 69/335/EWG.
5 Vgl. EuGH v. 19.4.2012 – C-443/09 – Grillo Star Fallimento, ECLI:EU:C:2012:213, Rz. 32; vgl. u. a. ebenso im Hinblick auf die Richtlinie 69/335/EWG: EuGH v. 5.3.1998 – C-347/96 – Solred, ECLI:EU:C:1998:87, Rz. 24; v. 15.6.2006 – C-264/04 – Badischer Winzerkeller, ECLI:EU:C:2006:402, Rz. 25; v. 3.7.2014 – C-524/13 – Braun, ECLI:EU:C:2014:2045, Rz. 28.
6 EuGH v. 10.9.2002 – C-216/99 und C-222/99 – Prisco und CASER, ECLI:EU:C:2002:472, Rz. 49 zu Artikel 10 Buchst. c Richtlinie 69/335/EWG.

insbesondere solche im Zusammenhang mit Satzungsänderungen, Kapitalerhöhungen[1] oder Umwandlungen[2]. Soweit es sich dabei um Änderungen des Gesellschaftsvertrags handelt, enthält Buchst. d des Art. 5 Abs. 1 KapitalverkehrsteuerRL nunmehr einen speziellen Verbotstatbestand, der auch eine beispielhafte Aufzählung geschützter Änderungen des Gesellschaftsvertrages enthält. In Deutschland hat das Verbot der Erhebung von Abgaben auf die Erfüllung gesellschaftsrechtlicher Formerfordernisse insbesondere im Hinblick auf die baden-württembergischen Notare eine Rolle gespielt. Soweit das Land Baden-Württemberg nämlich einen Teil der Notargebühren, die auf die Beurkundung derartiger Vorgänge entfallen, selbst beanspruchte, handelt es sich nach ständiger Rechtsprechung des EuGH grundsätzlich um eine unzulässige Steuer im Sinne der Richtlinie.[3]

Erlaubt sind Abgaben auf die Erfüllung gesellschaftsrechtlicher Formerfordernisse gemäß Art. 6 Abs. 1 Buchst. e KapitalverkehrsteuerRL allerdings dann, wenn sie „**Gebührencharakter**" im Sinne des Unionsrechts haben. Abgaben mit Gebührencharakter in diesem Sinne sind nur solche, die das Entgelt für eine staatliche Leistung darstellen. Dazu muss sich die Abgabe an den Kosten der Leistungserbringung orientieren,[4] wobei gewisse Pauschalierungen möglich sind[5]. Gebühren, die sich am wirtschaftlichen Wert des Vorgangs orientieren, erfüllen diese Anforderungen regelmäßig nicht.[6] Der Gebührenbegriff der KapitalverkehrsteuerRL stimmt damit nicht mit demjenigen des deutschen Rechts[7] überein.

21.11

d) Indirekte Steuern auf Umstrukturierungen

Als drittes verbietet Buchst. e des Art. 5 KapitalverkehrsteuerRL mitgliedstaatliche „indirekte Steuern auf Umstrukturierungen". Art. 4 der Richtlinie definiert insoweit **drei Tatbestände**. Zum einen geht es um die Übertragung des (Teil-)Vermögens einer Gesellschaft auf eine andere Kapitalgesellschaft, entweder gegen (teilweise) Gewährung von Anteilen an der anderen Gesellschaft (Art. 4 Abs. 1 Buchst. a) oder wenn die andere Kapitalgesellschaft eine 100%ige Tochtergesellschaft ist (Art. 4 Abs. 2). Zum anderen zählt Art. 4 Abs. 1 Buchst. b der Richtlinie den Anteilstausch unter bestimmten Voraussetzungen zu den Umstrukturierungen bei Kapitalgesellschaften, auf die keine Steuer erhoben werden darf. Keine Umstrukturierung in diesem Sinne stellt der Formwechsel einer Kapitalgesellschaft dar, dessen Besteue-

21.12

---

1 Insoweit grundlegend EuGH v. 2.12.1997 – C-188/95 – Fantask u.a., ECLI:EU:C:1997:580, Rz. 22 im Hinblick auf Art. 10 Buchst. c Richtlinie 69/335/EWG.
2 Vgl. EuGH v. 3.7.2014 – C-524/13 – Braun, ECLI:EU:C:2014:2045, Rz. 29 f. im Hinblick auf die Richtlinie 69/335/EWG.
3 Vgl. in diesem Sinne EuGH v. 21.3.2002 – C-264/00 – Gründerzentrum, ECLI:EU:C:2002:201; v. 30.6.2005 – C-165/03 – Längst, ECLI:EU:C:2005:412; v. 28.6.2007 – C-466/03 – Albert Reiss Beteiligungsgesellschaft, ECLI:EU:C:2007:385; v. 3.7.2014 – C-524/13 – Braun, ECLI:EU:C:2014:2045; alle im Hinblick auf die Richtlinie 69/335/EWG; siehe insoweit auch zu anderen Mitgliedstaaten die Übersicht bei EuGH v. 28.6.2007 – C-466/03 – Albert Reiss Beteiligungsgesellschaft, ECLI:EU:C:2007:385, Rz. 53.
4 Vgl. EuGH v. 20.4.1993 – C-71/91 und C-178/91 – Ponente Carni und Cispadana Costruzioni, ECLI:EU:C:1993:140, Rz. 41; v. 29.9.1999 – C-56/98 – Modelo, ECLI:EU:C:1999:460, Rz. 29; v. 19.3.2002 – C-426/98 – Kommission/Griechenland, ECLI:EU:C:2002:180, Rz. 35; v. 10.9.2002 – C-216/99 und C-222/99 – Prisco und CASER, ECLI:EU:C:2002:472, Rz. 51; v. 28.6.2007 – C-466/03 – Albert Reiss Beteiligungsgesellschaft, ECLI:EU:C:2007:385, Rz. 61 f.; alle im Hinblick auf Art. 12 Abs. 1 Buchst. e Richtlinie 69/335/EWG.
5 Vgl. EuGH v. 2.12.1997 – C-188/95 – Fantask u.a., ECLI:EU:C:1997:580, Rz. 31; v. 21.9.2000 – C-19/99 – Modelo, ECLI:EU:C:2000:481, Rz. 30 bis 32; v. 26.9.2000 – C-134/99 – IGI, ECLI:EU:C:2000:503, Rz. 30; v. 21.6.2001 – C-206/99 – SONAE, ECLI:EU:C:2001:347, Rz. 33 und 37; alle im Hinblick auf Art. 12 Abs. 1 Buchst. e Richtlinie 69/335/EWG und Eintragungen im Handelsregister. Pauschalierungen können auch in der Weise erfolgen, dass im Rahmen einer Mischkalkulation nur die Gebühren für bestimmte Eintragungen die Kosten aller Eintragungen finanzieren, vgl. EuGH v. 2.12.1997 – C-188/95 – Fantask u.a., ECLI:EU:C:1997:580, Rz. 27 im Hinblick auf Art. 12 Abs. 1 Buchst. e Richtlinie 69/335/EWG.
6 Vgl. EuGH v. 21.6.2001 – C-206/99 – SONAE, ECLI:EU:C:2001:347, Rz. 34 und 39; v. 28.6.2007 – C-466/03 – Albert Reiss Beteiligungsgesellschaft, ECLI:EU:C:2007:385, Rz. 63 im Hinblick auf Art. 12 Abs. 1 Buchst. e Richtlinie 69/335/EWG.
7 Vgl. dazu *Seer* in Tipke/Lang, Steuerrecht[23], § 2 Rz. 20 m.w.N.

rung aber bereits durch Art. 5 Abs. 1 Buchst. a i.V.m. Art. 3 Abs. 1 Buchst. b sowie durch Art. 5 Abs. 1 Buchst. d Ziffer i KapitalverkehrsteuerRL grundsätzlich verboten ist.

21.13 Das für die Mitgliedstaaten bestehende Verbot, indirekte Steuern auf Umstrukturierungen im Sinne der KapitalverkehrsteuerRL zu erheben, bezieht sich von vornherein nur auf Abgaben, deren **Steuerobjekt die Umstrukturierung als solche** ist, nicht aber auf die ertragsteuerliche Erfassung der in diesem Zusammenhang entstehenden Veräußerungsgewinne (Rz. 21.20).[1] Darüber hinaus kann die Besteuerung von Umstrukturierungen als solche gemäß den Tatbeständen des Art. 6 KapitalverkehrsteuerRL **erlaubt** sein, insbesondere im Rahmen einer Wertpapierverkehrsteuer (Rz. 21.16) oder der Mehrwertsteuer (Rz. 21.19).

3. Besteuerungsverbote in Bezug auf Wertpapiere

21.14 Gemäß Art. 5 Abs. 2 KapitalverkehrsteuerRL sind grundsätzlich indirekte Steuern verboten, die sich auf den **Prozess der Ausgabe oder den Handel mit Wertpapieren** richten, die **Eigenkapital** – direkt („Aktien" etc.) oder indirekt („Zertifikate") – oder **Fremdkapital** („Anleihen") **verbriefen**.[2] Allerdings wird das Verbot der Besteuerung des Handels mit Wertpapieren in großem Umfang wieder durch die **Erlaubnis für Wertpapierverkehrsteuern** in Art. 6 Abs. 1 Buchst. a der Richtlinie eingeschränkt (Rz. 21.16). Im Wesentlichen betrifft das Besteuerungsverbot damit lediglich die Ausgabe von Wertpapieren.[3] Dies korrespondiert damit, dass auch Art. 1 Buchst. c KapitalverkehrsteuerRL als Regelungsgegenstand der Richtlinie allein Steuern auf die „Ausgabe" bestimmter Wertpapiere angibt. Wie sich aus Erwägungsgrund 4 der Vorgänger-Richtlinie 69/335/EWG ergibt, sollte mit dem Verbot von „Wertpapiersteuern" in erster Linie verhindert werden, dass die Einfuhr oder Ausgabe *ausländischer* Wertpapiere besteuert und dadurch der Binnenmarkt gestört wird. Eine diskriminierungsfrei geltende[4] Wertpapierverkehrsteuer beeinträchtigt dieses Ziel jedoch nicht.

21.15 Bei verbrieften Anleihen („Obligationen") ist die **Reichweite des Verbotstatbestands** in Art. 5 Abs. 2 Buchst. b KapitalverkehrsteuerRL weiter als bei Anteilsscheinen und erfasst – neben der Aufzählung der Vorgänge, die auch bei Anteilsscheinen gemäß Buchst. a nicht besteuert werden dürfen, nämlich Ausfertigung, Ausgabe, Börsenzulassung, Inverkehrbringen und Handel – zusätzlich die Besteuerung von „Formalitäten" im Rahmen der Ausgabe von Anleihepapieren. Insofern wird für Fremdkapital in gewissem Umfang der Tatbestand des Art. 5 Abs. 1 Buchst. c KapitalverkehrsteuerRL nachgezeichnet, der die Besteuerung von „Formalitäten" im Hinblick auf die Eigenkapital einer Kapitalgesellschaft verbietet (Rz. 21.10). Auf dieser Grundlage konnte der EuGH beispielsweise eine allgemeine Steuer auf die notarielle Beurkundung insoweit für unzulässig erklären, als sie Urkunden über die Bescheinigung der Rückzahlung einer Anleihe betraf.[5]

---

[1] Vgl. in diesem Sinne EuGH v. 11.12.1997 – C-42/96 – Immobiliare SIF, ECLI:EU:C:1997:602, Rz. 22 im Hinblick auf die Richtlinie 69/335/EWG.

[2] Darüber hinaus soll das Verbot nach Auffassung des EuGH offenbar auch die Übertragung nicht verbriefter Gesellschaftsanteile erfassen, für die dann aber ebenfalls die Ausnahme des Art. 6 Abs. 1 Buchst. a KapitalverkehrsteuerRL für Wertpapierverkehrsteuern gelten soll, vgl. EuGH v. 7.9.2006 – C-193/04 – Organon Portuguesa, ECLI:EU:C:2006:519, Rz. 18 f. im Hinblick auf Art. 11 Buchst. a und Art. 12 Abs. 1 Buchst. a Richtlinie 69/335/EWG.

[3] **Dagegen** mit nicht überzeugender Begründung *Dahm/Hamacher*, IStR 2013, 123 (128-130) und *Hamacher*, IStR 2015, 63 f.

[4] Zwar scheint Art. 6 Abs. 2 KapitalverkehrsteuerRL Diskriminierungen zwischen inländischen und grenzüberschreitenden Sachverhalten im Rahmen einer Wertpapierverkehrsteuer zuzulassen, doch dürften diese durch die vorrangigen Grundfreiheiten weitgehend untersagt sein, die seitens der Mitgliedstaaten auch bei der Ausübung sekundärrechtlicher Wahlrechte zu beachten sind (vgl. insoweit zur Mutter-Tochter-RL 90/435/EWG: EuGH v. 2.9.2015 – C-386/14 – Groupe Steria, ECLI:EU:C:2015:524, Rz. 39 und die dort angeführte Rechtsprechung).

[5] Vgl. EuGH v. 27.10.1998 – C-31/97 und C-32/97 – FECSA und ACESA, ECLI:EU:C:1998:508 im Hinblick auf die Richtlinie 69/335/EWG.

21.16 Das Verbot von Wertpapiersteuern kann nicht ohne die **Ausnahme für Steuern auf die „Übertragung von Wertpapieren"** (Wertpapierverkehrsteuern) in Art. 6 Abs. 1 Buchst. a KapitalverkehrsteuerRL gelesen werden. Die Ausnahme galt in gleichem Umfang bereits unter der alten Richtlinie 69/335/EWG, deren Art. 12 Abs. 1 Buchst. a zwar im deutschen Wortlaut noch einschränkend von erlaubten „Börsenumsatzsteuern" sprach[1], nach Interpretation des EuGH aber unabhängig von Börsenverkehr und -zulassung galt[2]. Besteuert werden darf nur der Wertpapierverkehr, der mit einem Rechtsträgerwechsel verbunden ist.[3] Dies ermöglicht grundsätzlich auch die Besteuerung eines Umwandlungsvorgangs in Form des Aktientauschs,[4] dessen Besteuerung jedoch ungeachtet dessen im Rahmen der Sonderregelung des Art. 5 Abs. 1 Buchst. e i.V.m. Art. 4 Abs. 1 Buchst. b KapitalverkehrsteuerRL unter bestimmten Umständen untersagt ist (Rz. 21.12). Die Befugnis der Mitgliedstaaten zur Besteuerung der „Übertragung von Wertpapieren" umfasst allerdings nicht den Ersterwerb eines ausgegebenen Wertpapiers;[5] andernfalls würde das in Art. 5 Abs. 2 Buchst. a enthaltene und durch Art. 1 Buchst. c KapitalverkehrsteuerRL bekräftigte Verbot der Besteuerung der Ausgabe von Wertpapieren gegenstandslos. Dass die Mitgliedstaaten Steuern auf die Übertragung von Wertpapieren nach Art. 6 Abs. 1 Buchst. a KapitalverkehrsteuerRL „pauschal oder nicht pauschal" erheben dürfen, gibt ihnen im Übrigen freie Hand bei der Gestaltung von deren Bemessungsgrundlage und Steuersätzen.[6]

21.17 Die Befugnis der Mitgliedstaaten zur Erhebung von Wertpapierverkehrsteuern gemäß Art. 6 Abs. 1 Buchst. a KapitalverkehrsteuerRL sollte nach dem ursprünglichen Richtlinien-Vorschlag der Kommission zur **Finanztransaktionssteuer** (Rz. 21.25) durch eine harmonisierte Wertpapierverkehrsteuer ersetzt werden.[7] Nachdem dieses Vorhaben nur noch von einigen Mitgliedstaaten im Rahmen einer sog. verstärkten Zusammenarbeit gemäß Art. 20 EUV verfolgt wird,[8] lässt der aktuelle Vorschlag der Kommission die Bestimmungen der KapitalverkehrsteuerRL unberührt.[9]

4. Sonstige Abgaben

a) Verbot sonstiger Abgaben

21.18 Das durch Art. 5 Abs. 2 KapitalverkehrsteuerRL geregelte Verbot von Wertpapiersteuern (Rz. 21.14) wird nach der Rechtsprechung des EuGH analog auf Vorgänge angewendet, die in **engem Zusammenhang** mit einem Umsatz stehen, der nicht besteuert werden darf.[10] Deshalb soll beispielsweise Art. 5

---

1 Siehe zu den abweichenden Sprachfassungen EuGH v. 17.12.1998 – C-236/97 – Codan, ECLI:EU:C:1998:617, Rz. 23.
2 EuGH v. 7.9.2006 – C-193/04 – Organon Portuguesa, ECLI:EU:C:2006:519, Rz. 21; v. 6.10.2010 – C-487/09 – Immogolf, ECLI:EU:C:2010:586, Rz. 18; siehe zudem bereits EuGH v. 17.12.1998 – C-236/97 – Codan, ECLI:EU:C:1998:617, Rz. 30.
3 Vgl. in diesem Sinne EuGH v. 9.10.2014 – C-299/13 – Gielen, ECLI:EU:C:2014:2266, Rz. 30.
4 EuGH v. 25.10.2007 – C-240/06 – Fortum Project Finance, ECLI:EU:C:2007:636 im Hinblick auf Art. 12 Richtlinie 69/335/EWG.
5 Vgl. EuGH v. 19.10.2017 – C-573/16 – Air Berlin, ECLI:EU:C:2017:772, Rz. 40 f.; ebenso zur Richtlinie 69/335/EWG: EuGH v. 15.7.2004 – C-415/02 – Kommission/Belgien, ECLI:EU:C:2004:450, Rz. 33 und 39; v. 1.10.2009 – C-569/07 – HSBC Holdings und Vidacos Nominees, ECLI:EU:C:2009:594, Rz. 32 bis 37; a.A. mit wenig überzeugender Argumentation: *Hamacher*, IStR 2015, 63 f.
6 Vgl. in diesem Sinne EuGH v. 7.9.2006 – C-193/04 – Organon Portuguesa, ECLI:EU:C:2006:519, Rz. 24 im Hinblick auf Art. 12 Abs. 1 Buchst. a Richtlinie 69/335/EWG.
7 Vorschlag vom 28.9.2011 für eine Richtlinie des Rates über das gemeinsame Finanztransaktionssteuersystem und zur Änderung der Richtlinie 2008/7/EG (KOM[2011] 594 endgültig), S. 24.
8 Siehe zur Historie *Gröpl* in Dauses/Ludwigs, Handbuch des EU-Wirtschaftsrechts, Rn. 643 (Stand: April 2015).
9 Vorschlag vom 14.2.2013 für eine Richtlinie des Rates über die Umsetzung einer Verstärkten Zusammenarbeit im Bereich der Finanztransaktionssteuer (COM[2013] 71 final), Erwägungsgrund 9 des Richtlinienentwurfs.
10 Vgl. in diesem Sinne EuGH v. 9.10.2014 – C-299/13 – Gielen, ECLI:EU:C:2014:2266, Rz. 24; v. 19.10.2017 – C-573/16 – Air Berlin, ECLI:EU:C:2017:772, Rz. 32 und 36 f.: Das Verbot gilt auch für Vorgänge, „deren

Abs. 2 Buchst. a KapitalverkehrsteuerRL auch die Besteuerung der Umwandlung bereits emittierter Inhaberaktien in Namensaktien verbieten, weil diese Besteuerung auf eine explizit verbotene Besteuerung der Ausgabe von Aktien hinausliefe.[1] Diese Rechtsprechung zur Ausdehnung des Anwendungsbereichs der Verbotstatbestände des Art. 5 Abs. 2 KapitalverkehrsteuerRL dürfte auf die Verbote des Abs. 1 der Vorschrift (Rz. 21.7, 21.10 und 21.12) zu übertragen sein.

b) Sonstige erlaubte Abgaben

21.19 Neben den bereits beschriebenen Erlaubnistatbeständen für Abgaben mit Gebührencharakter (Rz. 21.11) und Wertpapierverkehrsteuern (Rz. 21.16) enthält der Art. 6 Abs. 1 KapitalverkehrsteuerRL eine Aufzählung weiterer Abgaben, denen die verschiedenen Verbotstatbestände der Richtlinie nicht entgegenstehen. Hierzu gehören die sog. **Besitzwechselsteuern** (Buchst. b und c). Unter den Tatbestand des Buchst. b, der im Wesentlichen Einlagen von Grundstücken in eine Kapitalgesellschaft betrifft, hat der EuGH Abgaben für Eintragungen in staatliche Register subsumiert.[2] Ebenfalls hierunter fallen Grundstücksverkehrsteuern wie die deutsche Grunderwerbsteuer, soweit sie bei solchen Einlagen entstehen.[3] Zusätzlich erlaubt Buchst. c Besitzwechselsteuern auf jegliche Formen der Einlage in eine Kapitalgesellschaft, sofern die Gegenleistung nicht in (erhöhten) Gesellschaftsanteilen besteht. Des Weiteren werden durch Art. 6 Abs. 1 KapitalverkehrsteuerRL Abgaben im Zusammenhang mit **Grundpfandrechten** von den Verboten der Richtlinie ausgenommen (Buchst. d) sowie sämtliche Belastungen mit der – ohnehin unionsweit harmonisierten – **Mehrwertsteuer** (Buchst. f). Letztere verfügt selbst über weitreichende Sonderregelungen im Bereich der Tatbestände der KapitalverkehrsteuerRL (Rz. 19.146 f. und Rz. 19.150).

21.20 Abgaben, die im Zusammenhang mit Gesellschaften oder Wertpapieren stehen, können den Mitgliedstaaten nicht nur nach Art. 6 KapitalverkehrsteuerRL gestattet, sondern natürlich auch dann erlaubt sein, wenn sie **schon nicht unter die Verbotstatbestände ihres Art. 5 fallen**.[4] In dieser Weise hat der EuGH bereits eine Reihe von Abgaben für zulässig erklärt. Hierzu gehören allgemein erhobene Handelskammerbeiträge[5] und allgemein geltende Kraftfahrzeug-Zulassungssteuern[6]. Obwohl sie allgemein gelten, fallen jedoch Abgaben für die Beurkundung von Rechtsakten teilweise unter das Verbot gesellschaftsteuerähnlicher Abgaben (Rz. 21.10).[7] Als unbedenklich im Hinblick auf die KapitalverkehrsteuerRL beurteilte der EuGH zudem eine Abgabe beaufsichtigter Wertpapierdienstleister zur Finanzierung der staatlichen Aufsichtsbehörde[8], eine Mindestkörperschaftsteuer[9], eine Vermögensteuer auf das Rein-

---

Besteuerung nicht ausdrücklich verboten ist, sofern dies darauf hinausliefe, dass ein Umsatz als Bestandteil eines Gesamtumsatzes im Hinblick auf die Ansammlung von Kapital besteuert würde".
1 Vgl. EuGH v. 9.10.2014 – C-299/13 – Gielen, ECLI:EU:C:2014:2266, Rz. 25 f.
2 Vgl. EuGH v. 11.12.1997 – C-42/96 – Immobiliare SIF, ECLI:EU:C:1997:602 zu verschiedenen italienischen Abgaben; v. 15.6.2006 – C-264/04 – Badischer Winzerkeller, ECLI:EU:C:2006:402 zur Grundbuchberichtigung; beide im Hinblick auf Art. 12 Abs. 1 Buchst. b Richtlinie 69/335/EWG.
3 Vgl. FG München v. 20.9.2006 – 4 K 3288/03.
4 Vgl. in diesem Sinne nur EuGH v. 10.3.2005 – C-22/03 – Optiver u.a., ECLI:EU:C:2005:143, Rz. 32 im Hinblick auf Art. 4, 10 und 11 Richtlinie 69/335/EWG.
5 Vgl. EuGH v. 19.4.2012 – C-443/09 – Grillo Star Fallimento, ECLI:EU:C:2012:213; siehe ebenso EuGH v. 11.6.1996 – C-2/94 – Denkavit Internationaal u.a.,ECLI:EU:C:1996:229 im Hinblick auf die Richtlinie 69/335/EWG.
6 EuGH v. 11.12.1997 – C-8/96 – Locamion, ECLI:EU:C:1997:601, Rz. 25 ff. im Hinblick auf die Richtlinie 69/335/EWG.
7 Vgl. insbesondere EuGH v. 5.3.1998 – C-347/96 – Solred, ECLI:EU:C:1998:87, Rz. 23 im Hinblick auf die Richtlinie 69/335/EWG.
8 EuGH v. 10.3.2005 – C-22/03 – Optiver u.a., ECLI:EU:C:2005:143 im Hinblick auf die Richtlinie 69/335/EWG.
9 EuGH v. 18.1.2001 – C-113/99 – P.P. Handelsgesellschaft, ECLI:EU:C:2001:32 im Hinblick auf die Richtlinie 69/335/EWG.

vermögen von Gesellschaften¹, eine Steuer auf den Wertzuwachs eines Grundstücks anlässlich der Einbringung in eine Gesellschaft² sowie eine Steuer auf die inländischen Anlagen von Investmentfonds³.

III. Umsetzung in deutsches Recht

In Deutschland wurde die **Gesellschaftsteuer** (Rz. 21.7), die auf der Grundlage des KapVStG⁴ gemäß Art. 106 Abs. 1 Nr. 4 Alt. 1 GG als Bundessteuer erhoben wurde, zum 1.1.1992 abgeschafft. Der EuGH hatte sich einige Male mit der Auslegung der alten KapitalverkehrsteuerRL im Hinblick auf die deutsche Gesellschaftsteuer befassen müssen.⁵ Nunmehr sind die Bestandsschutzregeln für diese Steuer in den Art. 7 bis 14 KapitalverkehrsteuerRL (Rz. 21.8) für Deutschland nicht mehr von Bedeutung. Sie können aber für deutsche Unternehmen im Rahmen von Gesellschaftskapitaltransaktionen in anderen Mitgliedstaaten der Union noch von Relevanz sein.   21.21

Eine **Wertpapierverkehrsteuer**, wie sie Art. 6 Abs. 1 Buchst. a KapitalverkehrsteuerRL erlaubt (Rz. 21.16), wird in Deutschland derzeit nicht erhoben. Die in § 12 bzw. §§ 17 bis 25 KapVStG geregelte Wertpapier- bzw. Börsenumsatzsteuer wurde bereits zum 1.1.1991 abgeschafft.   21.22

B. Harmonisierungsansätze bei weiteren indirekten Steuern

I. Versicherungsteuern

Wie sich aus Art. 401 MwStSystRL ergibt, steht es den Mitgliedstaaten trotz der umfassenden Umsatzsteuerharmonisierung weiterhin frei, „Abgaben auf Versicherungsverträge" zu erheben (Rz. 19.13). Diese Freiheit wird auch nicht durch einen eigenen Rechtsakt der Union zur Harmonisierung der Versicherungsteuern der Mitgliedstaaten eingeschränkt. Allerdings enthält das **Versicherungsaufsichtsrecht** der Union in Art. 157 der Richtlinie 2009/138/EG⁶ auch eine Bestimmung zur **Zuweisung des Besteuerungsrechts** für „indirekte Steuern und steuerähnliche Abgaben" auf Versicherungsverträge.⁷ Danach wird das Besteuerungsrecht innerhalb der Union jeweils ausschließlich einem Mitgliedstaat zugestanden.⁸ Dies ist zum Beispiel bei Gebäudeversicherungen der Belegenheitsstaat⁹ oder bei Fahrzeugver-   21.23

---

1 EuGH v. 27.10.1998 – C-4/97 – Nonwoven, ECLI:EU:C:1998:507 im Hinblick auf die Richtlinie 69/335/EWG.
2 EuGH v. 11.12.1997 – C-42/96 – Immobiliare SIF, ECLI:EU:C:1997:602, Rz. 19 bis 24 im Hinblick auf die Richtlinie 69/335/EWG.
3 EuGH v. 26.5.2016 – C-48/15 – NN (L), ECLI:EU:C:2016:356, Rz. 24 bis 27 im Hinblick auf die Richtlinie 69/335/EWG.
4 Kapitalverkehrsteuergesetz vom 16.10.1934 (RGBl. I 1058).
5 Siehe EuGH 15.7.1982 – 270/81 – Felicitas Rickmers-Linie, ECLI:EU:C:1982:281; v. 28.3.1990 – C-38/88 – Siegen, ECLI:EU:C:1990:144; v. 5.2.1991 – C-249/89 – Trave Schiffahrts-Gesellschaft, ECLI:EU:C:1991:39; v. 13.10.1992 – C-49/91 – Weber Haus, ECLI:EU:C:1992:385; v. 13.10.1992 – C-50/91 – Commerz-Credit-Bank, ECLI:EU:C:1992:386; v. 18.3.1993 – C-280/91 – Viessmann, ECLI:EU:C:1993:103; v. 17.9.2002 – C-392/00 – Norddeutsche Gesellschaft zur Beratung und Durchführung von Entsorgungsaufgaben bei Kernkraftwerken, ECLI:EU:C:2002:500.
6 Richtlinie 2009/138/EG des Europäischen Parlaments und des Rates vom 25.11.2009 betreffend die Aufnahme und Ausübung der Versicherungs- und der Rückversicherungstätigkeit (Solvabilität II) (Neufassung) (ABl. EU 2009 Nr. L 335, 1), zuletzt geändert durch die Richtlinie (EU) 2018/843 des Europäischen Parlaments und des Rates vom 30.5.2018 (ABl. EU 2018 Nr. L 156, 43).
7 Zuvor bestanden für die unterschiedlichen Versicherungszweige jeweils separate Regelungen in Art. 25 Richtlinie 88/357/EWG, Art. 46 Abs. 2 Richtlinie 92/49/EWG und Art. 50 Richtlinie 2002/83/EG.
8 Vgl. in diesem Sinne EuGH v. 21.2.2013 – C-243/11 – RVS Levensverzekeringen, ECLI:EU:C:2013:85, Rz. 48 (zu Art. 50 Richtlinie 2002/83/EG).
9 Art. 157 Abs. 1 Unterabs. 1 und 2 i.V.m. Art. 13 Nr. 13 Buchst. a Richtlinie 2009/138/EG.

sicherungen der Mitgliedstaat der Zulassung[1], grundsätzlich aber der gewöhnliche Aufenthaltsort des Versicherungsnehmers bzw. bei Gesellschaften die Niederlassung des Versicherungsnehmers, an der die versicherte Tätigkeit ausgeübt wird[2]. In letzteren Fällen wechselt daher mit einer Verlegung des Aufenthaltsortes bzw. der Niederlassung des Versicherungsnehmers auch das Besteuerungsrecht hinsichtlich der Versicherungsteuer zum aufnehmenden Mitgliedstaat.[3]

II. Telekommunikationssteuern

21.24 Auch besondere indirekte Steuern der Mitgliedstaaten im Telekommunikationsbereich sind auf Unionsebene nicht harmonisiert worden, unterliegen aber bestimmten Bindungen, die sich aus dem hierzu ergangenen **EU-Aufsichtsrecht** ergeben. Der Richtlinie 2002/20/EG[4], welche die **Genehmigung elektronischer Kommunikationsnetze und -dienste** durch die Mitgliedstaaten vereinheitlicht, entnimmt der EuGH nämlich in ständiger Rechtsprechung für die Mitgliedstaaten das Verbot, andere Abgaben für die Bereitstellung solcher Netze und Dienste zu erheben als solche, die in der Richtlinie vorgesehen sind.[5] Die Art. 12 und 13 Richtlinie 2002/20/EG erlauben insoweit unter bestimmten Bedingungen Gebühren, die von den Mitgliedstaaten insbesondere im Zusammenhang mit der Nutzung von Frequenzen und der Installation von Telekommunikationsanlagen erhoben werden können. Sofern eine indirekte Steuer in diesem Zusammenhang jedoch nicht allein die Inhaber einer Genehmigung nach der Richtlinie trifft, dürfte das von der EuGH-Rechtsprechung entwickelte Verbot von vornherein keine Wirkung entfalten können.[6]

III. Finanztransaktionssteuer (Entwurf einer Richtlinie)

21.25 Der aktuelle Vorschlag der Kommission zur Einführung einer Finanztransaktionssteuer[7] ist das erste steuerpolitische Projekt der Union, das im Rahmen einer sog. **verstärkten Zusammenarbeit** gemäß Art. 20 EUV verfolgt wird. Diese Zusammenarbeit umfasst nur **elf Mitgliedstaaten**, darunter aber die Bundesrepublik Deutschland, die Französische Republik sowie die Königreiche Italien und Spanien.[8] Dieser Weg wurde beschritten, da der ursprüngliche Vorschlag der Kommission[9] im Kreis aller Mitgliedstaaten keine Aussicht auf Erfolg hatte.[10] Nachdem der Richtlinien-Vorschlag seit Mitte des Jahres 2016 im Gesetzgebungsverfahren ruhte, war er im Juni 2019 erneut Gegenstand von Beratungen des Rates.

21.26 Der derzeit verhandelte Richtlinien-Vorschlag sieht ursprünglich vor, dass die elf Mitgliedstaaten der verstärkten Zusammenarbeit eine Finanztransaktionssteuer auf eine **Vielzahl von Finanzinstrumen-**

---

1 Art. 157 Abs. 1 Unterabs. 1 i.V.m. Art. 13 Nr. 13 Buchst. b Richtlinie 2009/138/EG.
2 Vgl. Art. 157 Abs. 1 Unterabs. 1 i.V.m. Art. 13 Nr. 13 Buchst. d und Nr. 14 Richtlinie 2009/138/EG; EuGH v. 17.1.2019 – C-74/18 – A, ECLI:EU:C:2019:33, Rz. 30 f.
3 Vgl. EuGH v. 21.2.2013 – C-243/11 – RVS Levensverzekeringen, ECLI:EU:C:2013:85 (zu Art. 50 Richtlinie 2002/83/EG).
4 Richtlinie 2002/20/EG des Europäischen Parlaments und des Rates vom 7.3.2002 über die Genehmigung elektronischer Kommunikationsnetze und -dienste (Genehmigungsrichtlinie) (ABl. EG 2002 Nr. L 108, 21).
5 Vgl. nur EuGH v. 30.1.2018 – C-360/15 und C-31/16 – X und Visser Vastgoed Beleggingen, ECLI:EU:C:2018:44, Rz. 79 und die dort angeführte Rechtsprechung.
6 Vgl. EuGH v. 6.10.2015 – C-346/13 – Base Company, ECLI:EU:C:2015:649, Rz. 17 und 23.
7 Vorschlag vom 14.2.2013 für eine Richtlinie des Rates über die Umsetzung einer Verstärkten Zusammenarbeit im Bereich der Finanztransaktionssteuer (COM[2013] 71 final).
8 Siehe im Einzelnen den Beschluss 2013/52/EU des Rates vom 22.1.2013 über die Ermächtigung zu einer Verstärkten Zusammenarbeit im Bereich der Finanztransaktionssteuer (ABl. EU 2013 Nr. L 22, 11).
9 Vorschlag vom 28.9.2011 für eine Richtlinie des Rates über das gemeinsame Finanztransaktionssteuersystem und zur Änderung der Richtlinie 2008/7/EG (KOM[2011] 594 endgültig).
10 Erwägungsgrund 5 des Beschlusses 2013/52/EU.

ten erheben.[1] Mit der Richtlinie sollen zum einen – entsprechend der Gesetzgebungskompetenz des Art. 113 AEUV – gleiche Wettbewerbsbedingungen innerhalb des (Teil-)Binnenmarktes bewirkt werden, in dem einzelne Mitgliedstaaten bereits eine solche Steuer erheben. Zum anderen aber verfolgt die Kommission mit ihrem Richtlinien-Entwurf **klassische steuerpolitische Ziele**: als Fiskalziel die Beteiligung der Finanzwirtschaft an den Kosten der letzten Finanzkrise und als Lenkungsziel die Verbesserung der Funktion der Finanzmärkte.[2] Auch um Ausweichreaktionen der Finanzwirtschaft möglichst zu vermeiden, fasst der Richtlinien-Vorschlag das Steuerobjekt und den räumlichen Anwendungsbereich so weit, dass ihm vom Vereinigten Königreich rechtswidrige „**extraterritoriale Wirkungen**" vorgeworfen wurden.[3] Im Rahmen des bisherigen Gesetzgebungsverfahrens war aber nicht nur die Reichweite der Finanztransaktionssteuer umstritten, sondern auch die Frage, ob die Ertragshoheit für diese Steuer – auch dies wäre eine Premiere – der Union zugewiesen werden soll.

IV. Digitalsteuer (Entwurf einer Richtlinie)

Ebenfalls noch im Gesetzgebungsverfahren befindet sich die von der Kommission vorgeschlagene Digitalsteuer-Richtlinie[4]. Sie ist **Teil eines umfassenden Konzepts** der Kommission zur Besteuerung der digitalen Wirtschaft,[5] das über die Digitalsteuer-Richtlinie hinaus einen weiteren – längerfristig orientierten – Richtlinien-Vorschlag zur Ausweitung des Betriebsstätten-Begriffs[6] sowie eine Empfehlung zur Anpassung der Doppelbesteuerungsabkommen der Mitgliedstaaten[7] beinhaltet. Stoßrichtung ist damit zwar das **Ertragsteuerrecht**, doch sollen die Ziele des Konzepts vorläufig durch die – zum kurzfristigen Erlass bestimmte – Digitalsteuer-Richtlinie erreicht werden, die eine Steuer auf die „Gesamtbruttoerträge" bestimmter digitaler Geschäftsvorfälle[8] regeln würde. Folgerichtig stützt die Kommission ihren Vorschlag für eine Digitalsteuer-Richtlinie auch auf die Gesetzgebungskompetenz der Union für die indirekten Steuern (Art. 113 AEUV). Da die allermeisten Mitgliedstaaten zum Zeitpunkt des Vorschlags der Richtlinie über keine vergleichbare Steuer verfügten, würde es sich im klassischen Sinne gar nicht um eine Harmonisierung mitgliedstaatlicher steuerlicher Vorschriften handeln. Die Harmonisierungsleistung bestünde aber darin, den Mitgliedstaaten eine unionsweit einheitliche Digitalsteuer abschließend vorzuschreiben und insoweit von vornherein gleiche Wettbewerbsbedingungen sicherzustellen. Dabei beträte eine verabschiedete Digitalsteuer-Richtlinie auch inhaltlich in mehrfacher Hinsicht Neuland.[9]

21.27

---

1 Art. 3 Nr. 1 i.V.m. Art. 2 Nr. 1 Abs. 2 des Vorschlags COM[2013] 71 final; siehe zu einer Darstellung im Einzelnen beispielsweise *Kempf/Walter-Yadegardjam*, MwStR 2013, 150 (151 ff.).
2 Vgl. den Vorschlag COM[2013] 71 final, S. 2.
3 Vgl. EuGH v. 30.4.2014 – C209/13 – Vereinigtes Königreich/Rat, ECLI:EU:C:2014:283, Rz. 18 bis 21; siehe insoweit auch zur französischen Finanztransaktionssteuer: *Englisch/Krüger*, IStR 2013, 513.
4 Vorschlag vom 21.3.2018 für eine Richtlinie des Rates zum gemeinsamen System einer Digitalsteuer auf Erträge aus der Erbringung digitaler Dienstleistungen (COM[2018] 148 final).
5 Siehe hierzu Communication from the Commission to the European Parliament and the Council (21.3.2018), Time to establish a modern, fair and efficient taxation standard for the digital economy, COM(2018) 146 final.
6 Vorschlag vom 21.3.2018 für eine Richtlinie des Rates zur Festlegung von Vorschriften für die Unternehmensbesteuerung einer signifikanten digitalen Präsenz (COM[2018] 147 final).
7 Empfehlung der Kommission vom 21.3.2018 bezüglich der Unternehmensbesteuerung einer signifikanten digitalen Präsenz (C[2018] 1650 final).
8 Siehe Art. 3 Nr. 1 und 2 des Vorschlags vom 21.3.2018 für eine Richtlinie des Rates zum gemeinsamen System einer Digitalsteuer auf Erträge aus der Erbringung digitaler Dienstleistungen (COM[2018] 148 final).
9 Siehe zu einer Darstellung und Bewertung des Vorschlags im Einzelnen *Rüscher*, MwStR 2018, 419 (422 ff.).

Kapitel 22
Das Steuerregime für Bedienstete der EU

A. Übersicht 22.1
  I. Protokoll über die Vorrechte und Befreiungen 22.1
  II. Abgrenzung der Besteuerungsbefugnisse 22.2
  III. Erfasster Personenkreis 22.4
B. **Gehälter, Löhne und andere Bezüge** . 22.6
  I. Unionsautonome Besteuerung (Art. 12 Abs. 1 ProtVB) 22.6
    1. Übersicht 22.6
    2. Gehälter, Löhne und andere Bezüge . . 22.7
    3. Bemessungsgrundlage und Tarif nach der EU-SteuererhebungsVO 22.8
    4. Exkurs: „Sonderabgabe" bzw. „Solidaritätsabgabe" 22.10
  II. Sachliche Befreiung von der nationalen Besteuerung (Art. 12 Abs. 2 ProtVB) . . 22.11
    1. Abgrenzung der befreiten Einkünfte . . . 22.11
    2. Abgrenzung der befreiten Einkunftsarten 22.14
    3. Territoriale Abgrenzung 22.15
C. **Wohnsitzfiktion für Nebeneinkünfte, Erbschafts- und Vermögensteuern (Art. 13 ProtVB)** 22.16

Literatur: *Endfellner/Dornhofer*, Die Einkommensbesteuerung von EU-Beamten und sonstigen Bediensteten, SWI 2005, 32; *Heinrichs*, Die Vorrechte und Befreiungen der Beamten der Europäischen Gemeinschaften, EuR 1987, 75; *Heydt*, Einfluss des Gemeinschaftsrechts auf die Doppelbesteuerung, in Haarmann (Hrsg.), Auslegung und Anwendung von DBA (2004) 32; *Keppert*, Die Besteuerung der Beamten und sonstigen Bediensteten der EU, SWI 1995, 230; *Kilb*, Die Reform des EU-Beamtenstatuts, NVwZ 2003, 682; *Klinke*, Diener, Dienen und Verdienen: Der EG-Beamte und die direkten Steuern, IStR 1995, 217; *Kofler*, Besteuerung der Bediensteten der Europäischen Gemeinschaften, ecolex 2002, 530; *Kofler*, Österreichische Einkommensteuerpflicht eines örtlichen Kommissionsbediensteten: EuGH und UFS vs. VwGH, UFS 2005, 348; *Kofler, Schilling*: Sonderausgabenabzug in Deutschland für die Beschäftigung einer Haushaltshilfe eines EG-Beamten in Luxemburg, ÖStZ 2004, 103; *Koschyk*, Die Besteuerung der EG-Beamten, IWB, Fach 11, Gruppe 2, 319; *Neyer*, Einkommensteuerliche Behandlung der Mitarbeiter der Europäischen Zentralbank, BB 2013, 1244; *Obermann/Scholler*, Neue Besteuerungsregeln für österreichische EU-Parlamentarier, SWI 2009, 595; *Rogalla*, Dienstrecht der Europäischen Gemeinschaften, 2. Aufl., Köln 1992.

A. Übersicht

I. Protokoll über die Vorrechte und Befreiungen

Zur Erfüllung der Aufgaben der über fünfzig Organe und Einrichtungen der Union wurde ein **europäischer öffentlicher Dienst** geschaffen, in dem mehr als 50 000 Beamte und sonstige Bedienstete tätig sind.[1] Wie bei internationalen Organisationen und zwischenstaatlichen Einrichtungen üblich,[2] werden auch den Beamten und sonstigen Bediensteten der Europäischen Union zur Erleichterung ihrer Aufgaben und dienstlichen Stellung bestimmte Vorrechte und Befreiungen eingeräumt. Die diesbezüglichen steuerlichen Grundlagen finden sich in Art. 12 und 13 (früher Art. 13 und 14)[3] des **Protokolls** 22.1

---

1 Siehe z.B. KOM (2011) 890 endg., 2.
2 Siehe nur die Zusammenstellung des BMF v. 18.3.2013 – IV B 4 - S 1311/07/10039 – DOK 2013/0234331, BStBl. I 2013, 404.
3 Die Artikelnummerierung wurde zuletzt durch den Vertrag von Lissabon (ABl. EU 2007 Nr. C 306, 180) geändert.

(Nr. 7) über die Vorrechte und Befreiungen der Europäischen Union (ProtVB).[1] Das Protokoll geht dabei als Bestandteil der Verträge und somit als **primäres Unionsrecht** (Art. 51 EUV, Art. 343 AEUV) dem einzelstaatlichen Recht[2] und auch den DBA zwischen den Mitgliedstaaten vor.[3]

II. Abgrenzung der Besteuerungsbefugnisse

22.2 Nach Art. 12 Abs. 2 ProtVB sind zunächst die Beamten und sonstigen Bediensteten „von **innerstaatlichen Steuern auf die von der Union gezahlten Gehälter, Löhne und Bezüge befreit**". Korrespondierend zu dieser Befreiung des Art. 12 Abs. 2 ProtVB wird mit Art. 12 Abs. 1 ProtVB eine sachlich auf die Bezüge von Beamten und sonstigen Bediensteten beschränkte Unionssteuerhoheit geschaffen. Anwendungsbereich, Bemessungsgrundlage, Tarif und (Quellen-)Abzugsverfahren dieser unionsautonomen Lohnsteuer sind in der **Verordnung Nr. 260/68** zur Festlegung der Bestimmungen und des Verfahrens für die Erhebung der Steuer zugunsten der Europäischen Gemeinschaften (**EU-SteuererhebungsVO**)[4] geregelt. Aus dem Verhältnis der beiden Absätze des Art. 12 ProtVB folgt, dass diese Bestimmung im Interesse der Unabhängigkeit der Union sowie der Gleichbehandlung ihres Personals die Dienstbezüge der Steuerhoheit der Mitgliedstaaten entziehen und – korrespondierend[5] – durch eine gleichmäßig auf das Personal der Union anwendbare Unionssteuer ersetzen soll.[6] Obwohl diese Sonderregeln ausschließlich im Interesse der Union geschaffen wurden,[7] gewähren sie auch den Einzelnen **subjektive Rechte**,[8] auf die sie sich auch unmittelbar vor den nationalen Gerichten berufen können.[9] Art. 12 ProtVB verhindert somit einerseits, dass aufgrund der Erhebung unterschiedlich hoher innerstaatlicher Steuern das Effektiveinkommen der Bediensteten schwankt, und andererseits, dass dieses Einkommen

---

1 ABl. EU 2016 Nr. C 202, 266. Das ProtVB war ursprünglich ein Annex zum Fusionsvertrag; s. das Protokoll über die Vorrechte und Befreiungen der Europäischen Gemeinschaften (67/444/EWG), ABl. EG 1967 Nr. 152, 13. Dieses Protokoll war seinerseits an die Stelle des Protokolls über die Vorrechte und Befreiungen der Europäischen Wirtschaftsgemeinschaft und der Europäischen Atomgemeinschaft vom 17.4.1957, BGBl. II 1957, 1182, und des Protokolls über die Vorrechte und Immunitäten der Europäischen Gemeinschaft für Kohle und Stahl v. 29.4.1995, BGBl. II 1952, 479, getreten. Allerdings können auch andere Bestimmungen ProtVB mittelbare steuerliche Wirkungen entfalten; so hat der EuGH beispielsweise eine Gemeindesteuer auf Nebenwohnsitze als mittelbaren Zwang für Unionsbedienstete zur Eintragung in die Einwohnermelderegister und damit als Verstoß gegen die Befreiung von der Meldepflicht nach dem nunmehrigen Art. 11 Buchst. b ProtVB angesehen; s. EuGH v. 18.3.1986 – 85/85 – Kommission/Belgien, ECLI:EU:C:1986:129.
2 Siehe aus der deutschen Rechtsprechung z.B. FG Nürnberg v. 20.9.1995 – V 364/92, juris; FG Hess. v. 1.9.2010 – 10 K 989/10, EFG 2011, 647.
3 *Klinke*, IStR 1995, 217 (218).
4 Verordnung des Rates Nr. 260/68, ABl. EG 1968 Nr. L 56, 8; zuletzt geändert durch Verordnung (EU) Nr. 1239/2010, ABl. EU 2010 Nr. L 338, 1.
5 Siehe nur EuGH v. 8.2.1968 – 32/67 – van Leeuwen, ECLI:EU:C:1968:8, Rz. 75 (Befreiung „als Folge" der Unionsbesteuerung); v. 3.7.1974 – 7/74 – van Nidek, ECLI:EU:C:1974:73, Rz. 10 f. (wonach die Befreiung die „Folge dieser Besteuerung" sei); v. 13.7.1983 – 152/82 – Forcheri, ECLI:EU:C:1983:205, Rz. 19; v. 3.3.1988 – 85/86 – Kommission/Rat der Gouverneure der Europäischen Investitionsbank, ECLI:EU:C:1988:110, Rz. 23 (Unionsbesteuerung „im Gegenzug" zur Befreiung); EuG v. 16.7.1998 – T-202/96 und T-204/96 – von Löwis, ECLI:EU:T:1998:177, Rz. 54 (wonach die logische Folge der Unionssteuerpflicht „zwangsläufig die Befreiung [...] von den innerstaatlichen Steuern" sei); s. zu dieser Verknüpfung auch *Koschyk*, IWB 1997 Fach 11 Gr. 2, 319 (327).
6 EuGH v. 3.3.1988 – 85/86 – Kommission/Rat der Gouverneure der Europäischen Investitionsbank, ECLI:EU:C:1988:110, Rz. 23; v. 5.7.2012 – C-558/10 – Bourges-Maunoury und *Heintz*, ECLI:EU:C:2012:418 – Rz. 21 f.
7 Ausdrücklich Art. 17 ProtVB; s. weiter z.B. die Präambel zur Verordnung Nr. 549/69, ABl. EG 1969 Nr. L 74, 1; EuGH v. 17.6.1993 – C-88/92 – X (van Rosendaal), ECLI:EU:C:1993:246, Rz. 10.
8 EuGH v. 16.12.1960 – 6/60 – Humblet, ECLI:EU:C:1960:48.
9 *Steinle* in Streinz[2], Art. 343 AEUV Rz. 8.

aufgrund einer Doppelbesteuerung stärker als gewöhnlich belastet wird.[1] Außerdem wird dadurch verhindert, dass den Budgets der Mitgliedstaaten der EU-Dienstorte Einnahmen aus den EU-Gehältern zufließen. Die Steuerbefreiung des Art. 12 Abs. 2 ProtVB gilt freilich nur für **direkte Steuern auf Gehälter, Löhne und Bezüge** selbst[2] und erfasst beispielsweise nicht Nebeneinkünfte oder aus dem Gehalt getätigte Investitionen und Kapitalanlagen.[3]

Die Regelungen des Art. 12 ProtVB stehen in engem Zusammenhang mit dem für die Einkommensbesteuerung anderer Einkünfte sowie für die Erbschafts- und Vermögenbesteuerung geltenden Art. 13 ProtVB. Gemeinsam nehmen sie eine **Verteilung der steuerrechtlichen Zuständigkeiten** zwischen der Union, dem Herkunftsmitgliedstaat und dem tatsächlichen Wohnsitzstaat (z.B. Belgien, Luxemburg) vor.[4] Art. 13 ProtVB fingiert nämlich für Beamte und sonstige Bedienstete im aktiven Dienst, die sich lediglich zur Ausübung einer Amtstätigkeit im Dienst der Union im Hoheitsgebiet eines anderen Mitgliedstaates niederlassen, für die Erhebung der Einkommen-, Vermögen- und Erbschaftsteuer ihren die unbeschränkte Steuerpflicht begründenden **steuerlichen Wohnsitz im Herkunftsmitgliedstaat** und die dortige **abkommensrechtliche Ansässigkeit**.[5] Als europäisches Primärrecht geht Art. 13 ProtVB damit auch den Wohnsitzdefinitionen der DBA zwischen den Mitgliedstaaten als europäisches Primärrecht vor. Insbesondere für die Nebeneinkünfte bleibt somit der Bedienstete nach Art. 13 ProtVB in seinem Herkunftsmitgliedstaat unbeschränkt steuerpflichtig und wird dort entsprechend den Zuteilungsregeln der anwendbaren DBA des Herkunftsmitgliedstaates steuerlich erfasst.[6] Durch Art. 12 und 13 ProtVB wird somit sichergestellt, dass EU-Beamte und sonstige Bedienstete einerseits unabhängig von der Nationalität mit der Unionssteuer belastet werden und andererseits die Herkunftsmitgliedstaaten zu Lasten des neuen tatsächlichen Wohnsitzstaates (z.B. Belgien, Luxemburg) kein Besteuerungsrecht an anderen Einkünften verlieren.[7]

22.3

III. Erfasster Personenkreis

Der von der Steuerbefreiung des Art. 12 Abs. 2 ProtVB und der Wohnsitzfiktion des Art. 13 ProtVB **erfasste Personenkreis** wird – entsprechend Art. 15 ProtVB – im Wesentlichen durch die allgemeine **Verordnung Nr. 549/69**[8] umschrieben. Nach Art. 2 und 3 dieser VO sind demnach Art. 12 Abs. 2 sowie Art. 13 des Protokolls im Wesentlichen auf Personen anzuwenden, die unter das Beamtenstatut (EuBSt) oder die Beschäftigungsbedingungen für die sonstigen Bediensteten (BSB) fallen, wobei die Verordnung ausdrücklich die örtlichen Bediensteten ausnimmt. Dieser Personenkreis unterliegt korrespondierend auch der **Unionssteuer nach der EU-SteuererhebungsVO**.[9] Damit ist das ProtVB auch mit den Be-

22.4

---

1 EuGH v. 3.7.1974 – Rs. 7/74 – van Nidek, ECLI:EU:C:1974:73, Rz. 10 f.; v. 8.2.1968 – 32/67 – van Leeuwen, ECLI:EU:C:1968:8; v. 21.5.2015 – C-349/14 – Pazdziej, ECLI:EU:C:2015:338, Rz. 14.
2 *Heinrichs*, EuR 1987, 75 (85).
3 Siehe z.B. EuGH v. 25.5.1993 – C-263/91 – Kristoffersen, ECLI:EU:C:1993:207, Rz. 14 ff. (zur Besteuerung des Mietwerts einer Wohnung); weiter *Heinrichs*, EuR 1987, 75 (85); *Klinke*, IStR 1995, 217 (218 ff.).
4 EuGH v. 25.5.1993 – C-263/91 – Kristoffersen, ECLI:EU:C:1993:207, Rz. 9; v. 17.6.1993 – C-88/92 – X – van Rosendaal, ECLI:EU:C:1993:246, Rz. 11; v. 28.7.2011 – C-270/10 – Gistö, ECLI:EU:C:2011:529, Rz. 14.
5 EuGH v. 25.5.1993 – C-263/91 – Kristoffersen, ECLI:EU:C:1993:207, Rz. 12; v. 28.7.2011 – C-270/10 – Gistö, ECLI:EU:C:2011:529, Rz. 16; weiter etwa *Keppert*, SWI 1995, 230 (230); *Klinke*, IStR 1995, 217 (217); öBMF v. 13.7.2000, EAS 1692 = SWI 2000, 390.
6 Dazu ausführlich *Klinke*, IStR 1995, 217 (219 ff.).
7 *Endfellner/Dornhofer*, SWI 2005, 32 (32 f.).
8 Verordnung des Rates Nr. 549/69, ABl. EG 1969 Nr. L 74, 1; zuletzt geändert durch Verordnung (EG) Nr. 371/2009, ABl. EU 2009 Nr. L 121, 1. Angemerkt sei, dass diese Verordnung noch die Artikelnummerierung des ProtVB vor den Änderungen durch den Vertrag von Lissabon (s. ABl. EU 2007 Nr. C 306, 180) verwendet, durch den Art. 13 zu Art. 12 und Art. 14 zu Art. 13 ProtVB wurden.
9 Siehe die korrespondierende Liste in Art. 2 der Verordnung des Rates Nr. 260/68, ABl. EG 1968 Nr. L 56, 8; zuletzt geändert durch Verordnung (EU) Nr. 1239/2010, ABl. EU 2010 Nr. L 338, 1.

stimmungen des auf Art. 336 AEUV basierenden **Dienstrechts nach der Verordnung Nr. 259/68**[1] verknüpft: Dieses umfasst nämlich das **Beamtenstatut (EuBSt)** für die – auf Lebenszeit angestellten – Beamten und die **Beschäftigungsbedingungen für die sonstigen Bediensteten (BSB)**.[2] Die BSB gelten für verschiedene Gruppen der sonstigen Bediensteten: Bedienstete auf Zeit, Vertragsbedienstete, örtliche Bedienstete, Sonderberater und akkreditierte parlamentarische Assistenten.[3] Aus dieser Gruppe sind nur die örtlichen Bediensteten ausdrücklich vom Anwendungsbereich des ProtVB und der EU-SteuererhebungsVO ausgenommen,[4] wohingegen insbesondere auch Sonderberater der Unionssteuer unterliegen.[5] Auch die freiberuflichen Konferenzdolmetscher sind mit ihren Honoraren in die BSB und die Unionssteuer einbezogen worden.[6] Für die Beurteilung des Status eines Bediensteten und die für ihn geltende Beschäftigungsregelung ist dabei die **Einstufung des jeweiligen Unionsorgans** maßgeblich; diese Statusentscheidung ist für die Anwendung des Art. 12 ProtVB bindend, so dass eine nationale Verwaltungs- oder Justizbehörde keine eigenständige Einstufung des fraglichen Dienstverhältnisses vornehmen kann.[7] Eine privatrechtliche Erweiterung des vom ProtVB oder der Unionssteuer umfassten Personenkreises ist nicht zulässig.[8]

22.5 Über die allgemeine Verordnung Nr. 549/69 hinaus werden durch verschiedene Unionsrechtsakte **weitere Personen und Gruppen** in das ProtVB und die Unionsbesteuerung[9] einbezogen. Dies betrifft z.B.

---

1 Verordnung des Rates Nr. 259/68, ABl. EG 1968 Nr. L 56, 1; zuletzt geändert durch Verordnung des Rates Nr. 1023/2013, ABl. EU 2013 Nr. L 287, 15; angepasst durch die Verordnung des Rates Nr. 423/2014, ABl. EU 2014 Nr. L 129, 12. Zur im Jahr 2004 erfolgten Neugestaltung des Dienstrechtes s. die Verordnung des Rates Nr. 723/2004, ABl. EU 2004 Nr. L 124, 1; dazu z.B. *Kilb*, NVwZ 2003, 682 (682 ff.).
2 Weiter regeln diese beiden Normen direkt oder per Verweis auch die Beschäftigungsbedingungen von Mitarbeitern der Agenturen und sonstigen Einrichtungen. Siehe zur dienstlichen Stellung des Personals von Agenturen insbesondere Art. 1a EuBSt bzw. Art. 3a BSB; weiter z.B. Art. 56 der Verordnung des Rates Nr. 1860/76, ABl. EG 1976 Nr. L 214, 24 i.d.g.F. (Europäischen Stiftung zur Verbesserung der Lebens- und Arbeitsbedingungen); Art. 17 f. der Verordnung des Europäischen Parlaments und des Rates Nr. 1920/2006, ABl. EU 2006 Nr. L 376, 1 i.d.g.F. (Europäische Beobachtungsstelle für Drogen und Drogensucht).
3 Der Status der Letztgenannten ist durch die Verordnung des Rates Nr. 160/2009, ABl. EU 2009 Nr. L 55, 1, präzisiert worden.
4 Örtliche Bedienstete („Ortskräfte") sind in Art. 4 BSB näher definiert und werden „– entsprechend den örtlichen Gepflogenheiten – zur Verrichtung von manuellen Tätigkeiten oder Hilfstätigkeiten eingestellt". Sie unterliegen jedoch gem. Art. 2 EU-SteuererhebungsVO nicht der Unionssteuer nach Art. 13 Abs. 1 ProtVB, sondern der jeweiligen nationalen Steuer (s. z.B. Rz. 128 öLStR 2002); diese ist durch Veranlagung wahrzunehmen, da eine Verpflichtung der Union zum Lohnsteuerabzug und die Heranziehung zur Lohnsteuerhaftung aufgrund deren privilegienrechtlichen Status ausscheidet (ebenso Rz. 128 öLStR 2002; weiter *Kofler*, ecolex 2002, 530 (532); *Kofler*, UFS 2005, 348 [351]). Aufgrund der EU-Dienstrechtsreform 2004 bestand die Möglichkeit der Überführung von Ortskräften in ein Vertragsbedienstetenverhältnis; s. dazu und zum Übergangsrecht Anh. Art. 2 BSB.
5 Siehe auch Art. 4 des Vertragsmusters der Kommission für Sonderberater, wonach die Vorschriften über die Unionssteuer anwendbar sind. **A.A.** *Koschyk*, IWB 1997 Fach 11 Gr. 2, 319 (323 f.).
6 Siehe die Verordnung des Rates Nr. 628/2000, ABl. EG 2000 Nr. L 76, 1.
7 EuGH v. 8.9.2005 – C-288/04 – AB, ECLI:EU:C:2005:526, Rz. 39; ebenso zuvor EuGH, Schlussanträge des Generalanwalts *Geelhoed* v. 28.4.2005 – C-288/04 – AB, ECLI:EU:C:2005:262; s. z.B. auch UFS Wien v. 28.6.2004 – RV/0933-W/04; FG Hess. v. 1.9.2010 – 10 K 989/10, EFG 2011, 647; Rz. 127 öLStR 2002; **a.A.** noch VwGH v. 18.12.2001 – 2000/15/0162, SWI 2002, 203 m. Anm. *Urtz*; dazu auch *Kofler*, ecolex 2002, 530 (530 ff.); *Kofler*, UFS 2005, 348 (348 ff.).
8 Siehe z.B. EuG v. 16.7.1998 – T-202/96 und T-204/96 – von Löwis, ECLI:EU:T:1998:177 (zu Rahmenvereinbarungen zwischen der Kommission und dem Internationalen Verband der Konferenzdolmetscher).
9 Zur Einbeziehung in die Unionsbesteuerung s. z.B. auch Art. 11–12c EU-SteuererhebungsVO; z.B. für hohe Amtsträger der Union siehe Art. 3 VO (EU) 2016/300, ABl. EU 2016 L 58, 1. Zum Umfang des Amtsträgerbegriffs siehe Art. 1. Abs. 1 der Verordnung. Durch diese Verordnung wurden unter Berücksichtigung der Übergangsbestimmungen des Art. 24 der Verordnung auch die zuvor gültigen Sonderrege-

den Präsidenten des Europäischen Rates;[1] den Hohen Vertreter der Union für Außen- und Sicherheitspolitik;[2] den Generalsekretär des Rates der Europäischen Union;[3] die Mitglieder der Kommission;[4] den Präsidenten, die Mitglieder und den Kanzler des Gerichtshofs und des Gerichts (siehe zur Unterscheidung der Gerichte weiterführend Rz. 5.2 ff.)[5] sowie die Generalanwälte und Hilfsberichterstatter des Gerichtshofs;[6] den Präsidenten und die Mitglieder des Rechnungshofs;[7] die Mitglieder der Organe der Europäischen Investitionsbank (EIB) und ihr Personal;[8] die Mitglieder der Beschlussorgane der Europäischen Zentralbank (EZB) und ihre Bediensteten;[9] die Mitglieder der Organe des Europäischen Investitionsfonds und dessen Personal;[10] den Bürgerbeauftragten („Ombudsmann") und die Beamten und Bediensteten seines Sekretariats.[11] Das ProtVB und die Unionsbesteuerung finden auch auf das Personal einer Reihe **weiterer Unionseinrichtungen** Anwendung, etwa generell für das Personal der Gemeinschaftsprogramme durchführenden **Exekutivagenturen**;[12] aber auch für das Personal der rechtlich, finanziell und operativ autonomen **Regulierungsagenturen**.[13] Nicht erfasst sind hingegen z.B. **Lehrer an den Europaschulen**[14] und **national entsandte Beamte**.[15] Für **Abgeordnete des Europaparlaments** ist seit Mitte 2009 vorgesehen, dass deren Entschädigungen mit einigen Modifikationen ebenfalls der Unionssteuer i.S.d. Art. 13 ProtVB unterliegen;[16] allerdings können die Mitgliedstaaten – ab-

---

lungen für die Mitglieder der Kommission und des Gerichtshofes aufgehoben (zu den aufgehobenen Rechtsakten im Detail siehe Art. 25 der Verordnung).
1 Art. 19 ProtVB und Art. 3 der VO des Rates Nr. 300/2016, ABl. EU 2016 L 58, 1.
2 Art. 3 VO (EU) 2016/300, ABl. EU 2016 L 58, 1 bzw. nach Maßgabe der Übergangsbestimmungen des Art. 25 der Verordnung die Vorgängerbestimmung des Art. 1 Abs. 1 des Beschlusses Nr. 2009/910/EU des Rates, ABl. EU 2009 Nr. L 322, 36.
3 Art. 3 VO (EU) 2016/300, ABl. EU 2016 L 58, 1 bzw. nach Maßgabe der Übergangsbestimmungen des Art. 25 der Verordnung die Vorgängerregelung des Art. 4 f. des Beschlusses Nr. 2009/912/EU des Rates, ABl. EU 2009 Nr. L 322, 38.
4 Art. 19 ProtVB und Art. 3 VO (EU) 2016/300, ABl. EU 2016 L 58, 1; s. auch *Koschyk*, IWB 1997, Fach 11, Gr. 2, 322.
5 Art. 20 ProtVB sowie Art. 3 des Protokolls (Nr. 3) über die Satzung des Gerichtshofs der Europäischen Union, ABl. EU 2016 Nr. C 202, 210.
6 Art. 20 ProtVB sowie Art. 3 u. 8 des Protokolls (Nr. 3) über die Satzung des Gerichtshofs der Europäischen Union, ABl. EU 2016 Nr. C 202, 210.
7 Siehe Art. 286 Abs. 8 AEUV und Art. 3 der Verordnung des Rates Nr. 300/2016, ABl. EU 2016 L 58, 1.
8 Art. 21 ProtVB; s. zur Erfassung des Personals auch Art. 4 der Verordnung Nr. 549/69, ABl. EG 1969 Nr. L 74, 1, i.d.g.F.; zur Unionsbesteuerung auch EuGH v. 3.3.1988 – 85/86 – Kommission/Rat der Gouverneure der Europäischen Investitionsbank, ECLI:EU:C:1988:110, Rz. 19. Erfasst sind auch die Mitglieder von Organen der durch den Rat der Gouverneure der Europäischen Investitionsbank eingerichteten Rechtsträger; s. Art. 28 Abs. 4 des Protokolls (Nr. 5) über die Satzung der Europäischen Investitionsbank, ABl. EU 2016 Nr. C 202, 251.
9 Art. 22 ProtVB; zur Erfassung des Personals s. auch Art. 4c der Verordnung Nr. 549/69, ABl. EG 1969 Nr. L 74, 1, i.d.g.F.; weiter EuGH v. 19.7.2012 – C-62/11 – Feyerbacher, ECLI:EU:C:2012:486; s. schließlich auch das Sitzstaatsabkommen zwischen Deutschland und der EZB, BGBl. II 1998, 2744.
10 Art. 36 der Satzung des Europäischen Investitionsfonds, ABl. EU 2015 Nr. C 95, 22; Art. 4b der Verordnung Nr. 549/69, ABl. EG 1969 Nr. L 74, 1, i.d.g.F.
11 Art. 10 des Beschlusses des Europäischen Parlaments 94/262/EGKS, EG, Euratom, ABl. EG 1994 Nr. L 113, 15.
12 Siehe Art. 19 der – den Rechtsrahmen für alle Exekutivagenturen vorgebenden – Verordnung des Rates Nr. 58/2003, ABl. EG 2003 Nr. L 11, 1.
13 Siehe z.B. Art. 55 f. der Verordnung des Rates Nr. 1860/76, ABl. EG 1976 Nr. L 214, 24, i.d.g.F. (zum Direktor, stellvertretenden Direktor und den Bediensteten der Europäischen Stiftung zur Verbesserung der Lebens- und Arbeitsbedingungen); vgl. weiter die Liste bei *Schmidt* in von der Groeben/Schwarze/Hatje[7], ProtVB Rz. 52; *Steinle* in Streinz[2], Art. 343 AEUV Rz. 30.
14 EuGH v. 15.1.1986 – 44/84 – Hurd, ECLI:EU:C:1986:2.
15 Siehe auch BMF v. 12.4.2006 – IV B 3 - S 1311 – 75/06, BStBl. I 2006, 340 (zur Besteuerung von Taggeldern).
16 Art. 12 Abs. 1 und 2 des Abgeordnetenstatuts (2005/684/EG), ABl. EU 2005 Nr. L 262, 1.

weichend von Art. 13 Abs. 2 ProtVB – die Entschädigung unter Anrechnung der Unionssteuer in das nationale Steuerrecht einbeziehen (so § 22 Nr. 4 Buchst. d EStG)[1] oder sie im Falle der Befreiung für den Progressionsvorbehalt heranziehen (so § 3 Abs. 1 Z 32 i.V.m. Abs. 3 öEStG[2]).[3] Auf einer völkervertraglichen Rechtsgrundlage beruht demgegenüber z.b. die Befreiung der Gehälter und sonstigen Bezüge der Bediensteten des **Europäischen Stabilitätsmechanismus (ESM)** von nationalen Einkommensteuern, die allerdings damit bedingt ist, dass diese Bezüge einer internen Steuer zugunsten des ESM unterliegen.[4]

B. Gehälter, Löhne und andere Bezüge

I. Unionsautonome Besteuerung (Art. 12 Abs. 1 ProtVB)

1. Übersicht

22.6 Das Unionsrecht enthält für den europäischen öffentlichen Dienst naturgemäß eine Reihe von Regelungen, zu denen auch die **Festlegung der Entgelte** der Bediensteten gehört. Die Regelungen über die von der Union gezahlten „**Gehälter, Löhne und andere Bezüge**" finden sich im Wesentlichen im EuBSt und in den BSB.[5] An diese knüpft sodann das in der EU-SteuererhebungsVO geregelte **unionsautonome Besteuerungssystem** an. Dieses wiederum basiert auf Art. 12 Abs. 1 ProtVB:

„Von den Gehältern, Löhnen und anderen Bezügen, welche die Union ihren Beamten und sonstigen Bediensteten zahlt, wird zugunsten der Union eine Steuer gemäß den Bestimmungen und dem Verfahren erhoben, die vom Europäischen Parlament und vom Rat durch Verordnungen gemäß dem ordentlichen Gesetzgebungsverfahren und nach Anhörung der betroffenen Organe festgelegt werden."

Das **Gesamtaufkommen dieser Unionssteuer** soll im Haushaltsjahr 2018 insgesamt rund 811,73 Mio. € (also weniger als 0,6 % des Gesamthaushalts der EU) betragen, wovon mehr als zwei Drittel (rund 544,11 Mio. €) auf die Kommission (samt Agenturen etc.) entfallen.[6]

2. Gehälter, Löhne und andere Bezüge

22.7 Die **Dienstbezüge der EU-Beamten und sonstigen Bediensteten** setzen sich aus mehreren Komponenten zusammen und sind in Art. 62 ff. i.V.m. Anh. VII EuBSt und in den verschiedenen Abschnitten des BSB[7] geregelt: Sie bestehen zunächst aus einem – nach Dienstalter, Besoldungsgruppe und Funktionsgruppe gestaffelten – zwölfmal jährlich ausbezahlten **Grundgehalt**.[8] Hinzu treten die

---

1 Eingefügt durch das JStG 2009, BGBl. I 2008, 2794.
2 Eingefügt durch die EStG-Novelle öBGBl. I 2009/61; dazu Rz. 112c und Rz. 131 öLStR 2002; ausführlich *Obermann/Scholler*, SWI 2009, 595 (595 ff.).
3 Siehe Art. 12 Abs. 3 und 4 des Abgeordnetenstatuts (2005/684/EG), ABl. EU 2005 Nr. L 262, 1. Abgeordnete, die bereits vor dem Inkrafttreten des Abgeordnetenstatuts dem Europäischen Parlament angehört haben, können die bisherige nationale Besteuerung wählen (Art. 25 des Abgeordnetenstatuts).
4 Siehe Art. 36 Abs. 5 des ESM-Vertrages, BGBl. II 2012, 982.
5 Besondere Regelungen der Amtsbezüge, die z.T. auf das EuBSt Bezug nehmen, bestehen darüber hinaus z.B. für bestimmte hochrangige Amtsträger, wie z.B. die Kommissionsmitglieder sowie die Mitglieder des Gerichtshofs und des Rechnungshofs; s. die VO (EU) 2016/300, ABl. EU 2016 Nr. L 58, 1.
6 Siehe die Aufstellung in Titel 4 Kapitel 40 Art. 400 des veranschlagten Gesamthaushaltsplans 2018, ABl. EU 2018 Nr. L 57, 65 ff.
7 Art. 20 f. (für Bedienstete auf Zeit), Art. 92 f. (für Vertragsbedienstete) und Art. 132 f. (parlamentarische Assistenten).
8 Z.B. für Beamte in der Funktionsgruppe Administration („AD", z.B. Generaldirektor, Direktor, Berater, Referatsleiter) oder Assistenz („AST", d.h. Hauptassistent oder Assistent) monatlich 2 872,47 € bis 19 881,81 € (Art. 66 EuBSt i.V.m. der Veröffentlichung der Kommission über die für das Jahr 2017 vorgenommene jährliche Aktualisierung der Dienst- und Versorgungsbezüge der Beamten und sonstigen Be-

Familienzulagen: Diese umfassen – bei Erfüllung der entsprechenden Voraussetzungen – die Haushaltszulage[1], die Zulage für unterhaltsberechtigte Kinder[2] und die Erziehungszulage.[3] Dazu kommt insbesondere die **Auslandszulage** für Bedienstete, die außerhalb ihres Heimatlandes tätig sind.[4] Von den aktiven Dienstbezügen werden sodann anlässlich der Auszahlung **Sozialabgaben**[5] sowie eine **Solidaritätsabgabe** (s. hierzu Rz. 22.10) abgezogen. Gemäß Art. 64 EuBSt werden die aktiven Dienstbezüge je nach Dienstort zudem mit einem gewissen Faktor (**Berichtigungskoeffizient**) an die Kaufkraft angepasst (automatisch 100 % für Brüssel und Luxemburg, aber z.B. 53,4 % für Bulgarien und 133,9 % für Dänemark).[6] Das EuBSt regelt in Art. 77 ff. und Anh. VIII auch die – auf Antrag grundsätzlich ab Vollendung des 66. Lebensjahres zustehenden[7] – **Ruhegehälter:** Diese werden als Prozentsatz des letzten Grundgehaltes gezahlt, wobei die Beamten für jedes abgeleistete Dienstjahr Ruhegehaltsansprüche[8] erwerben, aber eine Deckelung mit höchstens 70 % des letzten Grundgehalts besteht; dabei darf ein gewisses „Existenzminimum" monatlich nicht unterschritten werden.[9]

3. Bemessungsgrundlage und Tarif nach der EU-SteuererhebungsVO

Die „zugunsten der Union" erhobene „Steuer" i.S.d. Art. 12 Abs. 1 ProtVB ist in der EU-SteuererhebungsVO geregelt. Ihr unterliegen im Wesentlichen jene Personen, auf das **EuBSt oder die BSB** Anwendung findet, jedoch mit **Ausnahme der örtlichen Bediensteten** (Art. 2 EU-SteuererhebungsVO); der Anwendungsbereich wird über den Kreis der Beamten und sonstigen Bediensteten der Insti- 22.8

---

diensteten der Europäischen Union sowie der Berichtigungskoeffizienten, die auf diese Bezüge anwendbar sind in ABl. EU 2017 Nr. C 429, 9; es sei dabei angemerkt, dass mit Verordnung des Rates Nr. 1023/2013, ABl. EU 2013 Nr. L 287, 15, ein automatischer Mechanismus zur Anpassung der Vergütungen sowie der Berichtigungskoeffizienten geschaffen wurde, wobei die vorgenommenen Anpassungen am Ende eines jeden Jahres von der Kommission in der Reihe C des Amtsblatts der EU veröffentlicht werden, s. auch COM (2017) 699 final, 1); für Sekretariatskräfte und Büroangestellte („AST/SC") und sonstige Bedienstete z.T. deutlich niedriger; s. z.B. Art. 66 EuBSt (für Sekretariatskräfte und Büroangestellte) und Art. 92 f. BSB (für Vertragsbedienstete).

1 Monatlich 184,55 € zzgl. 2 % des Grundgehalts (Art. 67 i.V.m. Anh. VII Art. 1 EuBSt unter Berücksichtigung der jährlichen Aktualisierung für das Jahr 2017, veröffentlicht in ABl. EU 2017 Nr. C 429, 9).
2 Monatlich 403,25 € je Kind (Art. 67 i.V.m. Anh. VII Art. 2 EuBSt unter Berücksichtigung der jährlichen Aktualisierung für das Jahr 2017, veröffentlicht in ABl. EU 2017 Nr. C 429, 9).
3 Monatlich 98,51 € für Vorschulkinder bzw. Schulgeld i.H.v. monatlich höchstens 273,60 € (Art. 67 i.V.m. Anh. VII Art. 3 EuBSt unter Berücksichtigung der jährlichen Aktualisierung für das Jahr 2017, veröffentlicht in ABl. EU 2017 Nr. C 429, 9).
4 16 % der Summe von Grundgehalt, Haushaltszulage und Kinderzulage, mindestens jedoch 546,95 € monatlich (Art. 69 i.V.m. Anh. VII Art. 4 EuBSt unter Berücksichtigung der jährlichen Aktualisierung für das Jahr 2017, veröffentlicht in ABl. EU 2017 Nr. C 429, 9).
5 Die Sozialabgaben setzen sich aus den auf das Grundgehalt bezogenen Beiträgen zur Krankenversicherung (bis zu 2 %; Art. 72 Abs. 1 EuBSt), zum Pensionssystem (10,6 %; Art. 83 Abs. 2 EuBSt i.V.m. der Verordnung Nr. 1331/2013, ABl. EU 2013 Nr. L 335, 1) und zur Unfallversicherung (bis zu 0,1 %; Art. 73 Abs. 1 EuBSt) zusammen.
6 Siehe die Tabelle in Punkt 3 der Veröffentlichung der für das Jahr 2017 vorgenommenen jährlichen Aktualisierung der Dienst- und Versorgungsbezüge der Beamten und sonstigen Bediensteten der Europäischen Union sowie der Berichtigungskoeffizienten, die auf diese Bezüge anwendbar sind, ABl. EU 2017 Nr. C 429, 9.
7 Für nach dem 1.1.2014 eingestellte Bedienstete (s. Art. 52 EuBSt), wobei für davor eingestellte Bedienstete das Pensionsalter niedriger liegt und eine Reihe von Übergangsregeln besteht.
8 In Höhe von 1,8 % für nach dem 1.1.2014 eingestellte Bedienstete (s. Art. 77 EuBSt), wobei für davor liegende Einstellungszeiten je nach Einstellungsdatum Werte von 1,9 % bzw. 2 % gelten.
9 Nach Art. 77 Abs. 4 EuBSt darf das Ruhegehalt 4 % des Existenzminimums je Dienstjahr nicht unterschreiten, wobei nach Anh. VIII Art. 6 EuBSt als Existenzminimum das Grundgehalt eines Beamten in der ersten Dienstaltersstufe der ersten Besoldungsgruppe definiert wird (derzeit 2 872,47 € gem. Art. 66 EuBSt unter Berücksichtigung der jährlichen Aktualisierung für das Jahr 2017, veröffentlicht in ABl. EU 2017 Nr. C 429, 9).

tutionen hinaus sowohl durch Art. 11–12c EU-SteuererhebungsVO als auch durch weitere Regelungen ausgedehnt (s. Rz. 22.5). Die Anwendbarkeit der Unionsbesteuerung erstreckt sich nicht nur auf die laufenden Gehälter, Löhne und Bezüge, sondern auch auf Ruhegehälter wegen Dienstunfähigkeit, Ruhegehälter nach Dienstzeit oder Hinterbliebenenbezüge, die von der Union gezahlt werden.[1]

22.9 Die **Funktionsweise des autonomen Steuersystems** nach der **EU-SteuererhebungsVO** lässt sich wie folgt skizzieren:

– Bemessungsgrundlage sind zunächst die von der Union gezahlten **Gehälter, Löhne und andere Bezüge jeder Art** (Art. 3 Abs. 1), wobei zahlreiche Positionen in mehreren Stufen wieder abgezogen werden: Zunächst sind insbesondere die **Familienzulagen** steuerfrei (Art. 3 Abs. 3). Sodann wird ein **Pauschale für Werbungskosten und persönliche Aufwendungen** i.H.v. 10 % des verbleibenden Betrages abgezogen, weiter ein Betrag, der der **doppelten Höhe der Zulage für unterhaltsberechtigte Kinder** entspricht (Art. 3 Abs. 4). Schließlich mindern die **Sozialabgaben** die Bemessungsgrundlage (Art. 3 Abs. 5).[2] Weitere Abzüge (z.B. tatsächliche Werbungskosten, Beiträge zur privaten Vorsorge) können hingegen nicht steuermindernd geltend gemacht werden.[3]

– Auf die so ermittelte Bemessungsgrundlage kommt sodann ein **progressiver Staffeltarif** von 8 % bis 45 % zur Anwendung (Art. 4). Während die prozentuellen Tarifsätze statisch verbleiben, werden die betraglichen Steuerstufen periodisch durch Multiplikation mit einem **Berichtigungskoeffizienten** valorisiert (Art. 5). Derzeit beträgt der Koeffizient 5,9705,[4] so dass z.B. der höchste Steuersatz für den Einkommensteil ab 7 509,10 Euro monatlich zur Anwendung kommt. Sonderregelungen bestehen für Überstundenvergütungen etc. (Art. 6). Für die höheren Laufbahngruppen ergibt sich damit eine effektive Steuerbelastung des Bruttoeinkommens von etwa 20 % bis 30 %, je nach individuellen Abzügen und Freibeträgen.[5]

– Die Steuer wird **monatlich fällig** und **vom Gehalt abgezogen** (Art. 3 Abs. 1 und Art. 8); der Steuerertrag wird in die Haushaltspläne der Union als Einnahme eingesetzt (Art. 9).[6] Es existiert kein Veranlagungsverfahren; bei unterjähriger Beschäftigung findet kein Jahresausgleich statt, da die Steuer als Monatssteuer konzipiert ist.

4. Exkurs: „Sonderabgabe" bzw. „Solidaritätsabgabe"

22.10 Zur Steuer nach der **EU-SteuererhebungsVO** trat von 1982 bis 2012 die in Art. 66a EuBSt und – per Verweisen – in den BSB[7] geregelte **„Sonderabgabe"** („Krisenabgabe") auf Dienstbezüge im aktiven Dienst hinzu.[8] Die Sonderabgabe war ursprünglich aufgrund der Folgen der Ölkrise eingeführt worden

---

1 Genannt sind zudem verschiedene Vergütungen (Entgeltfortzahlungen) für den Fall des endgültigen Ausscheidens aus dem Dienst; s. Art. 2 EU-Steuererhebungs-VO.
2 Das Verbleiben in der Krankenversicherung nach Beendigung des aktiven Dienstes ist optional und beitragspflichtig (Art. 72 Abs. 1a EuBSt).
3 *Koschyk*, IWB 1997 Fach 11 Gr. 2, 319 (328).
4 Punkt 15 der Veröffentlichung der für das Jahr 2017 vorgenommenen jährlichen Aktualisierung der Dienst- und Versorgungsbezüge der Beamten und sonstigen Bediensteten der Europäischen Union sowie der Berichtigungskoeffizienten, die auf diese Bezüge anwendbar sind, ABl. EU 2017 Nr. C 429, 9.
5 *Koschyk*, IWB 1997 Fach 11 Gr. 2, 319 (329).
6 Siehe speziell zur Unionssteuer auf die Bezüge des Personals der Europäischen Investitionsbank EuGH v. 3.3.1988 – 85/86 – Kommission/Rat der Gouverneure der Europäischen Investitionsbank, ECLI:EU:C:1988:110.
7 Art. 20 Abs. 3 (für Bedienstete auf Zeit), Art. 63a (für Hilfskräfte), Art. 92 (für Vertragsbedienstete) und Art. 132 (für parlamentarische Assistenten) der Beschäftigungsbedingungen.
8 Zur Rechtskonformität siehe EuGH v. 3.7.1985 – 3/83 – Abrias, ECLI:EU:C:1985:283. Der persönliche Anwendungsbereich dieser Sonderabgabe wurde durch besondere Vorschriften auch über den Kreis der Beamten und sonstigen Bediensteten hinaus ausgedehnt, z.B. auf bestimmte hochrangige Amtsträger,

und bestand zeitlich befristet und in unterschiedlichen Höhen zunächst von 1.1.1982 bis 1.7.1991[1], dann von 1.1.1992 bis 1.7.2003[2] und schließlich ab 1.1.2004[3] bis 31.12.2012[4], und zwar i.H.v. zuletzt 5,5 %. Sie ist allerdings mit Ende 2012 ausgelaufen. Auf Vorschlag der Kommission[5] wurde jedoch in Art. 66a EuBSt erneut eine von 1.1.2014 bis 31.12.2023 befristete **„Solidaritätsabgabe" i.H.v. 6 % bzw. 7 %** (in den höchsten Besoldungsgruppen) eingeführt,[6] um „den außerordentlich schwierigen wirtschaftlichen und sozialen Rahmenbedingungen in der Union und ihren Auswirkungen auf die öffentlichen Haushalte in der gesamten Union Rechnung" zu tragen.[7] Die Solidaritätsabgabe bezieht sich auf eine **eigenständig definierte Bemessungsgrundlage**: Diese besteht aus den Dienstbezügen, vermindert einerseits um Sozialabgaben und die Steuer nach der EU-SteuererhebungsVO, andererseits um den Betrag des Grundgehalts eines Beamten in der ersten Dienstaltersstufe der Besoldungsgruppe AST 1[8]; durch den Abzug des letztgenannten Betrages sollten „die Gehälter der Beamten in den untersten Besoldungsstufen ganz oder teilweise von der Abgabe freigestellt werden"[9]. Die Sonderabgabe wird monatlich im Wege des Abzugs an der Quelle erhoben und der Ertrag auf der Einnahmenseite des Gesamthaushaltsplans der Europäischen Union ausgewiesen. Das **Gesamtaufkommen der früheren „Sonderabgabe"** betrug im Jahr 2012 insgesamt rund 64,28 Mio. Euro, wovon mehr als zwei Drittel auf die Kommission (samt Agenturen etc.) entfielen;[10] das **Aufkommen aus der „Solidaritätsabgabe"** soll im Haushaltsjahr 2018 rund 91,68 Mio. Euro ausmachen.[11]

II. Sachliche Befreiung von der nationalen Besteuerung (Art. 12 Abs. 2 ProtVB)

1. Abgrenzung der befreiten Einkünfte

Mit der unionsautonomen Besteuerung nach der EU-SteuererhebungsVO korrespondiert **Art. 12 Abs. 2 ProtVB**:

22.11

„Die Beamten und sonstigen Bediensteten sind von innerstaatlichen Steuern auf die von der Union gezahlten Gehälter, Löhne und Bezüge befreit."

Art. 12 Abs. 2 ProtVB bezweckt nach der Rechtsprechung des EuGH die sachliche **Befreiung von jeder innerstaatlichen Besteuerung**, „die unmittelbar oder mittelbar auf den von den Gemeinschaften ihren Beamten oder sonstigen Bediensteten gezahlten Gehältern, Löhnen und Bezügen beruht"[12]. Die Anwendbarkeit der Befreiung von nationalen Steuern nach Art. 12 Abs. 2 ProtVB erstreckt sich nicht nur

---

wie z.B. Richter, Generalanwälte und Kanzler des Gerichtshofs und des Gerichts, s Art. 3 VO (EU) 2016/300, ABl. EU 2016 Nr. L 58, 1.
1 Verordnung des Rates Nr. 3821/81, ABl. EG 1981 Nr. L 386, 1.
2 Zunächst bis 1.7.2001 nach der Verordnung des Rates Nr. 3831/91, ABl. EG 1991 Nr. L 361, 7; sodann verlängert bis 1.7.2003 durch die Verordnung des Rates Nr. 2805/2000, ABl. EG 2000 Nr. L 326, 7.
3 Verordnung des Rates Nr. 2181/2003, ABl. EU 2003 Nr. L 327, 1.
4 Verordnung des Rates Nr. 723/2004, ABl. EU 2004 Nr. L 124, 1.
5 KOM (2011) 890 endg.
6 Siehe Art. 66a EuBSt i.d.F. der Verordnung des Rates Nr. 1023/2013, ABl. EU 2013 Nr. L 287, 15. Ein Nichtigkeitsantrag gegen die Solidaritätsabgabe ist zuletzt aus Fristgründen als unzulässig beurteilt worden; siehe EuG v. 16.11.2017 – T-75/14 – USFSPEI, ECLI:EU:T:2017:813.
7 Siehe Pkt. 10 der Erwägungsgründe der Verordnung des Rates Nr. 1023/2013, ABl. EU 2013 Nr. L 287, 15.
8 Derzeit 2 872,47 Euro gem. Art. 66 EuBSt unter Berücksichtigung der jährlichen Aktualisierung für das Jahr 2017, veröffentlicht in ABl. EU 2017 Nr. C 429, 9.
9 EuGH v. 3.7.1985 – Rs. 3/83 – Abrias, ECLI:EU:C:1985:283, Rz. 7.
10 Siehe die Aufstellung in Titel 4 Kapitel 40 Art. 404 des Entwurfs des EU-Haushaltsplans 2014 (zur Veranschlagung im Haushaltsplan 2012 s. ABl. EU 2012 Nr. L 56, 1).
11 Siehe die Aufstellung in Titel 4 Kapitel 40 Art. 404 des veranschlagten Gesamthaushaltsplans 2018, ABl. EU 2018 Nr. L 57, 65 ff.
12 Z.B. EuGH v. 24.2.1988 – 260/86 – Kommission/Belgien, ECLI:EU:C:1988:91, Rz. 10 (zu einer aufgrund des Wegfalls einer Steuerermäßigung mittelbar belastenden Immobiliensteuer); s. z.B. auch EuGH v.

auf die laufenden **Gehälter, Löhne und Bezüge einschließlich der Zulagen und finanziellen Leistungen im Krankheits- oder Unfallfall** aus dem Versorgungssystem der EU[1], sondern – ebenso wie die Unionsbesteuerung – auch auf **Ruhegehälter wegen Dienstunfähigkeit, Ruhegehälter nach Dienstzeit oder Hinterbliebenenbezüge**[2], die von der Union gezahlt werden;[3] nicht erfasst sind hingegen **Ausgleichszahlungen** (z.B. Kostenerstattungen für Dienstreisen) für dienstliche Aufwendungen der EU-Bediensteten.[4]

22.12 Diese Bezüge dürfen daher **weder vom Herkunftsmitgliedstaat noch vom neuen Wohnsitzstaat** (z.B. Belgien, Luxemburg) besteuert werden.[5] Das ProtVB steht dabei jeder innerstaatlichen Regelung entgegen, die die Beamten oder sonstigen Bediensteten der Union deshalb **unmittelbar oder mittelbar belastet**, weil sie Bezüge von der Union erhalten, unabhängig von ihrer Natur und ihren Erhebungsvoraussetzungen und selbst dann, wenn die fragliche Steuer nicht nach der Höhe dieser Bezüge berechnet wird.[6] Die Befreiung umfasst auch **subnationale (z.B. kommunale) Steuern** oder Steuerzuschläge auf Gehälter, Löhne und Bezüge.[7]

22.13 So widerspricht es Art. 12 Abs. 2 ProtVB, wenn die von der Union stammenden Bezüge für den **Progressionsvorbehalt** herangezogen werden[8] oder sonst mittelbar die **Erhöhung einer anderen Steuer** bewirken.[9] Nach der Judikatur ist es z.B. wegen der wirtschaftlichen Überwälzung der Steuerlast auch unzulässig, einem Vermieter deshalb einen **höheren Immobiliensteuersatz** aufzuerlegen, weil der Mieter ein befreiter Unionsbediensteter ist.[10] Art. 12 Abs. 2 ProtVB steht auch der **Versagung eines nationalen Steuervorteils** entgegen, wenn dies ausschließlich auf der Steuerbefreiung eines Unionsbediensteten basiert.[11] Umgekehrt schreibt diese Bestimmung aber **keine bevorzugte Behandlung** vor.[12] So können z.B. die Unionsbezüge für die Ermittlung einer objektiven Einkommensgrenze für die Gewährung einer Begünstigung herangezogen werden.[13] Es ist auch zulässig, **Ausgaben im Zusammenhang mit den befreiten Bezügen** (z.B. Kosten der doppelten Haushaltsführung, Beiträge zum EU-Pensions-

---

14.10.1999 – C-229/98 – Vander Zwalmen, ECLI:EU:C:1999:501, Rz. 21; v. 5.7.2012 – C-558/10 – Bourges-Maunoury, ECLI:EU:C:2012:418, Rz. 23.

1 *Koschyk*, IWB 1997 Fach 11 Gr. 2, 319 (325).
2 Siehe zu Hinterbliebenenbezügen insb. EuGH v. 3.7.1974 – 7/74 – van Nidek, ECLI:EU:C:1974:73.
3 Genannt sind zudem verschiedene Vergütungen (Entgeltfortzahlungen) für den Fall des endgültigen Ausscheidens aus dem Dienst; s. Art. 2 EU-Steuererhebungs-VO.
4 Art. 3 Abs. 2 EU-Steuererhebungs-VO; weiter z.B. *Koschyk*, IWB 1997 Fach 11 Gr. 2, 319 (327).
5 EuGH v. 13.11.2003 – C-209/01 – Schilling, ECLI:EU:C:2003:610, Rz. 30.
6 EuGH v. 24.2.1988 – 260/86 – Kommission/Belgien, ECLI:EU:C:1988:91, Rz. 10; v. 22.3.1990 – C-333/88 – Tither, ECLI:EU:C:1990:131, Rz. 12; v. 25.5.1993 – C-263/91 – Kristoffersen, ECLI:EU:C:1993:207, Rz. 14; v. 14.10.1999 – C-229/98 – Vander Zwalmen, ECLI:EU:C:1999:501, Rz. 24.
7 Siehe die Anfragebeantwortung zur Schriftlichen Anfrage E-0581/96 von Jaak Vandemeulebroucke (ARE) an die Kommission, ABl. EG 1996 Nr. C 217, 74.
8 EuGH v. 16.12.1960 – 6/60 – Humblet, ECLI:EU:C:1960:48; v. 14.10.1999 – C-229/98 – Vander Zwalmen, ECLI:EU:C:1999:501, Rz. 13; v. 21.5.2015 – C-349/14 – Pazdziej, ECLI:EU:C:2015:338, Rz. 18; FG Hess. v. 1.9.2010 – 10 K 989/10, EFG 2011, 647; Rz. 127 öLStR 2002; öBMF v. 13.7.2000, EAS 1692 = SWI 2000, 390; kritisch zum mangelnden Progressionsvorbehalt *Heydt* in Haarmann, Auslegung und Anwendung von DBA, 2004, S. 32 (38 f.).
9 EuGH v. 5.7.2012 – C-558/10 – Bourges-Maunoury, ECLI:EU:C:2012:418 (zur Einbeziehung der von der Union gezahlten Bezüge in die Berechnung der Plafonierung der französischen Solidaritätssteuer auf das Vermögen).
10 EuGH v. 24.2.1988 – 260/86 – Kommission/Belgien, ECLI:EU:C:1988:91.
11 EuGH v. 22.3.1990 – C-333/88 – Tither, ECLI:EU:C:1990:131, Rz. 15; v. 14.10.1999 – C-229/98 – Vander Zwalmen, ECLI:EU:C:1999:501, Rz. 26.
12 EuGH v. 14.10.1999 – C-229/98 – Vander Zwalmen, ECLI:EU:C:1999:501, Rz. 25.
13 EuGH v. 22.3.1990 – C-333/88 – Tither, ECLI:EU:C:1990:131, Rz. 14 f. (zum Ausschluss von einer nationalen Subvention für die Zahlung von Hypothekenzinsen bei niedrigem Einkommen); v. 14.10.1999 – C-229/98 – Vander Zwalmen, ECLI:EU:C:1999:501, Rz. 27 (zur Höchstbetragsgrenze als Voraussetzung für eine begünstigte Ehegattenzusammenveranlagung); v. 21.5.2015 – C-349/14 – Pazdziej, ECLI:

system) vom Abzug von den übrigen, nach nationalem Steuerrecht zu erfassenden Einkünften auszuschließen;[1] nach derzeitiger Praxis wird aber der in den deutschen Einkommensteuertarif eingearbeitete **Grundfreibetrag** gewährt, obwohl im Rahmen der Unionsbesteuerung ein vergleichbarer Freibetrag vorgesehen ist. Die Befreiung geht auch nicht so weit, dass Einkommen, das **mittelbar unter Einsatz des Dienstbezuges** erzielt wird, erfasst wäre;[2] es bedarf also eines rechtlichen Zusammenhanges zwischen den Unionsbezügen und der – wenn auch mittelbaren – Besteuerung.[3]

2. Abgrenzung der befreiten Einkunftsarten

Die Befreiung des Art. 12 Abs. 2 ProtVB betrifft zudem nur jene **innerstaatlichen Steuern**, die den von der Union auf diese Einkommensarten erhobenen Steuern auf Gehälter, Löhne und sonstige Bezüge vergleichbar sind.[4] Solcherart verstößt z.b. eine nichtdiskriminierende nationale **Erbschaftsteuer** auf Hinterbliebenenbezüge als einmalige Belastung nicht gegen Art. 12 Abs. 2 ProtVB,[5] ebenso wenig z.b. **Konsumsteuern, Vermögenssteuern, Pkw-Registrierungsabgaben, Grundsteuern, Kraftfahrzeugsteuern etc.**[6] Art. 12 ProtVB beschränkt sich zudem auf die innerstaatlichen „Steuern", so dass nicht untersagt wird, im Hinblick auf sich von den Einkünften bemessenden „**Beiträgen**" **zur Sozialversicherung** die von der Union gezahlten Gehälter, Löhne und Bezüge zu berücksichtigen.[7] Auch bei „**Gebühren**" **für eine bestimmte staatliche Leistung** können die befreiten Bezüge – unter Beachtung des allgemeinen Diskriminierungsverbotes[8] – i.S. einer sozialen Staffelung nach der Steuerkraft gebührenerhöhend berücksichtigt werden,[9] es sei denn, „dass die Gebühr infolge einer derartigen Festsetzung als eine unangemessen hohe Vergütung für die erbrachte Leistung erscheint".[10]

3. Territoriale Abgrenzung

Der territoriale Geltungsbereich des ProtVB, das einen Bestandteil der Verträge darstellt (Art. 51 EUV), ist auf die Hoheitsgebiete der Mitgliedstaaten beschränkt (Art. 52 EUV i.V.m. Art. 355 AEUV)[11] und **bindet nur die Mitgliedstaaten, nicht aber Drittstaaten**.[12] Hat also der Beamte oder sonstige Bedienstete seinen steuerlichen Wohnsitz in einem Drittstaat, so kann es zu einer **Doppelbesteuerung** der aktiven Dienstbezüge bzw. der Ruhegehälter sowohl mit Einkommensteuer des jeweiligen Drittstaates als auch mit der autonomen Unionsteuer kommen. Auch die EU-SteuererhebungsVO sieht keinerlei Entlastungsmechanismus für diese Fälle vor.[13] Mit der **Schweiz** ist aber abkommensrechtlich die Freistel-

---

EU:C:2015:338, Rz. 26 ff. (zur Berücksichtigung bei der Beurteilung des Vorliegens der Voraussetzungen für eine teilweise Ermäßigung der französischen Wohnungssteuer).
1 FG Hess. v. 1.9.2010 – 10 K 989/10, EFG 2011, 647; *Endfellner/Dornhofer*, SWI 2005, 34; wohl ebenso EuGH v. 13.11.2003 – C-209/01 – Schilling, ECLI:EU:C:2003:610, Rz. 31 f.
2 Siehe z.B. EuGH v. 25.5.1993 – C-263/91 – Kristoffersen, ECLI:EU:C:1993:207, Rz. 14 ff. (zur Besteuerung des Mietwerts einer Wohnung); ausführlich *Klinke*, IStR 1995, 218 ff.
3 EuGH v. 25.5.1993 – C-263/91 – Kristoffersen, ECLI:EU:C:1993:207, Rz. 15.
4 EuGH v. 3.7.1974 – 7/74 – van Nidek, ECLI:EU:C:1974:73, 757, Rz. 12.
5 EuGH v. 3.7.1974 – 7/74 – van Nidek, ECLI:EU:C:1974:73, Rz. 12.
6 Siehe auch die Anfragebeantwortung zur Schriftlichen Anfrage E-0581/96 von Jaak Vandemeulebroucke (ARE) an die Kommission, ABl. EG 1996 Nr. C 217, 74; weiter z.B. *Koschyk*, IWB 1997 Fach 11 Gr. 2, 319 (324).
7 EuGH v. 25.2.1969 – 23/68 – Klomp, ECLI:EU:C:1969:6.
8 EuGH v. 13.7.1983 – 152/82 – Forcheri, ECLI:EU:C:1983:205, Rz. 18 f. (zum Vergleich befreiter Beamter mit sonstigen Wanderarbeitnehmern).
9 EuGH v. 8.2.1968 – 32/67 – van Leeuwen, ECLI:EU:C:1968:8. (zu einem Schulgeld).
10 EuGH v. 8.2.1968 – 32/67 – van Leeuwen, ECLI:EU:C:1968:8.
11 Siehe auch die Präambel ProtVB, wonach die Union „im Hoheitsgebiet der Mitgliedstaaten die zur Erfüllung ihrer Aufgabe erforderlichen Vorrechte und Befreiungen" genießt.
12 *Steinle* in Streinz², Art. 343 AEUV Rz. 3.
13 Das EuBSt enthält zwar in Anh. X Sondervorschriften für die Beamten, die in einem Drittland Dienst tun, befasst sich aber nicht mit steuerlichen Fragestellungen.

lung unter Progressionsvorbehalt[1] von Ruhegehältern an in der Schweiz ansässige, ehemalige Kommissionsbedienstete und Mitarbeiter der Europäischen Investitionsbank, der Europäischen Zentralbank und des Europäischen Investitionsfonds vorgesehen, die der autonomen Unionssteuer unterliegen.[2]

C. Wohnsitzfiktion für Nebeneinkünfte, Erbschafts- und Vermögensteuern (Art. 13 ProtVB)

22.16 Die Steuerbefreiung des Art. 12 Abs. 2 ProtVB gilt freilich **nur für Steuern auf Gehälter, Löhne und Bezüge selbst** und erfasst beispielsweise nicht die Erträge aus Immobilieninvestitionen[3] oder Wertpapieren[4], und zwar ungeachtet dessen, ob diese Investitionen aus dem Unionsbezug getätigt wurden, oder in welchem Staat diese Veranlagung stattgefunden hat.[5] Für sämtliche **nicht von Art. 12 ProtVB erfassten Einkünfte**[6] sowie für **Vermögens- und Erbschaftsteuern** besteht allerdings mit **Art. 13 ProtVB** eine autonom international-steuerrechtliche **Anknüpfungsregelung**, durch die das Verhältnis zwischen Ansässigkeits- und Quellenstaat hinsichtlich der persönlichen Steuerpflicht des EU-Bediensteten geklärt wird.[7] Diese Bestimmung lautet:

„Die Beamten und sonstigen Bediensteten der Union, die sich lediglich zur Ausübung einer Amtstätigkeit im Dienst der Union im Hoheitsgebiet eines anderen Mitgliedstaats als des Staates niederlassen, in dem sie zur Zeit des Dienstantritts bei der Union ihren steuerlichen Wohnsitz haben, werden in den beiden genannten Staaten für die Erhebung der Einkommen-, Vermögen- und Erbschaftsteuer sowie für die Anwendung der zur Vermeidung der Doppelbesteuerung zwischen den Mitgliedstaaten der Union geschlossenen Abkommen so behandelt, als hätten sie ihren früheren Wohnsitz beibehalten, sofern sich dieser in einem Mitgliedstaat der Union befindet. Dies gilt auch für den Ehegatten, soweit dieser keine eigene Berufstätigkeit ausübt, sowie für die Kinder, die unter der Aufsicht der in diesem Artikel bezeichneten Personen stehen und von ihnen unterhalten werden.

Das im Hoheitsgebiet des Aufenthaltsstaats befindliche bewegliche Vermögen der in Abs. 1 bezeichneten Personen ist in diesem Staat von der Erbschaftsteuer befreit; für die Veranlagung dieser Steuer wird es vorbehaltlich der Rechte dritter Länder und der etwaigen Anwendung internationaler Abkommen über die Doppelbesteuerung als in dem Staat des steuerlichen Wohnsitzes befindlich betrachtet.

Ein lediglich zur Ausübung einer Amtstätigkeit im Dienste anderer internationaler Organisationen begründeter Wohnsitz bleibt bei der Anwendung dieses Artikels unberücksichtigt."

---

1 Siehe Art. 2 des Abkommens i.V.m. Art. 7 Abs. 1 des Bundesgesetzes über die direkte Bundessteuer (DBG).
2 Abkommen zwischen dem Schweizerischen Bundesrat und der Kommission der Europäischen Gemeinschaften zur Vermeidung der Doppelbesteuerung von in der Schweiz ansässigen ehemaligen Beamten der Organe und Agenturen der Europäischen Gemeinschaften, SR 0 672 926.81, AS 2005, 2187 (nicht im ABl. veröffentlicht).
3 Siehe z.B. EuGH v. 25.5.1993 – C-263/91 – Kristoffersen, ECLI:EU:C:1993:207, Rz. 14 ff. (zur Besteuerung des Mietwerts einer Wohnung); v. 28.7.2011 – C-270/10 – Gistö, ECLI:EU:C:2011:529, Rz. 8; öBMF v. 13.7.2000, EAS 1692 = SWI 2000, 390; ausführlich *Klinke*, IStR 1995, 217 (218 ff.).
4 EuGH v. 28.7.2011 – C-270/10 – Gistö, ECLI:EU:C:2011:529, Rz. 8.
5 EuGH v. 25.5.1993 – C-263/91 – Kristoffersen, ECLI:EU:C:1993:207.
6 Siehe z.B. zu Einkünften aus Lehraufträgen öBMF v. 13.7.2000, EAS 1692 = SWI 2000, 390; weiter z.B. *Klinke*, IStR 1995, 217 (219).
7 Zur Kritik an dieser Vorschrift, die in unzulässiger Weise Wertungen und Erfahrungen aus dem klassischen diplomatischen Dienst („Diener ihres Herkunftsstaates") auf die Bediensteten der EU übertrage, s. *Klinke*, IStR 1995, 217 (220).

Art. 13 ProtVB fingiert somit in seinem Abs. 1 für Beamte und sonstige Bedienstete im aktiven Dienst,[1] die sich lediglich zur Ausübung einer Amtstätigkeit im Dienst der Union im Hoheitsgebiet eines anderen Mitgliedstaates niederlassen, für die Erhebung der Einkommen-, Vermögen- und Erbschaftsteuer[2] ihren **Wohnsitz im ursprünglichen Wohnsitzmitgliedstaat („Herkunftsmitgliedstaat")** und die dortige **abkommensrechtliche Ansässigkeit** (Art. 4 OECD-MA). Art. 13 Abs. 1 Satz 2 ProtVB dehnt die Wohnsitzfiktion auf **Ehegatten**[3], die keiner eigenen Berufstätigkeit nachgehen, und **Kinder** aus.[4] Nach Art. 13 Abs. 3 ProtVB bleibt hierbei ein lediglich zur Ausübung einer Amtstätigkeit im Dienste anderer internationaler Organisationen begründeter Wohnsitz unberücksichtigt. Als Herkunftsmitgliedstaat gilt jener Staat, in dem der EU-Bedienstete **vor seinem amtsbedingten Wechsel seinen letzten Wohnsitz** innehatte, was nach objektiven Kriterien zu beurteilen ist; Entsprechendes gilt auch für den mitbetroffenen Ehegatten. Der Herkunftsmitgliedstaat ist somit **durch den Betroffenen weder frei wählbar, noch die Anwendbarkeit der Wohnsitzfiktion verzichtbar**; dies gilt sowohl für den EU-Bediensteten selbst[5] wie auch für Ehegatten.[6] So ist insbesondere die bloße Absicht der Wohnsitzverlegung vor Dienstantritt nicht für die Beantwortung der Frage maßgeblich, ob der Beamte oder sonstige Bedienstete seinen Wohnsitz lediglich wegen seiner Amtstätigkeit begründet hat;[7] allerdings kann der Betroffene den Beweis dafür erbringen, dass er unabhängig von seinem Dienstantritt bei der Union schon Maßnahmen zur Verlegung seines Wohnsitzes getroffen hatte.[8]

Insbesondere für die Nebeneinkünfte behält somit der Beamte oder sonstige Bedienstete nach Art. 13 ProtVB seinen **steuerlichen Wohnsitz im Herkunftsmitgliedstaat**. Daran knüpft sich i.d.R. die unbeschränkte Steuerpflicht und die örtliche Zuständigkeit im Besteuerungsverfahren.[9] Demgegenüber ist der Beamte oder sonstige Bedienstete im Staat des tatsächlichen Wohnsitzes (z.B. Belgien, Luxemburg) **bloß beschränkt steuerpflichtig**, da er dort wegen Art. 13 ProtVB keinen Steuerwohnsitz hat.[10] Selbst wenn also der Beamte oder sonstige Bedienstete nach seinem Dienstantritt z.B. in Brüssel oder Luxemburg seinen früheren Wohnsitz aufgibt und damit i.d.R. nach rein nationalem Steuerrecht aus der unbeschränkten Steuerpflicht ausscheiden würde, muss[11] ihn dennoch der bisherige Wohnsitzstaat nach

---

1 Die Anwendung dieser Bestimmung auch auf vorübergehend beurlaubte Beamte (z.B. bei unbezahltem Urlaub aus persönlichen Gründen) wurde bisher – soweit ersichtlich – nicht problematisiert.
2 Diese Begriffe sind nach den Kriterien des nationalen Rechts zu bestimmen; s. EuGH v. 25.5.1993 – C-263/91 – Kristoffersen, ECLI:EU:C:1993:207, Rz. 12; v. 13.11.2003 – C-209/01 – Schilling, ECLI:EU:C:2003:610, Rz. 17 – jeweils zur Einkommensteuer.
3 Unklar ist, ob im Lichte der grundrechtlichen Entwicklungen mit dem Begriff des „Ehegatten" nur eine Beziehung auf der Grundlage einer standesamtlichen Eheschließung im herkömmlichen Sinn angesprochen ist, nicht aber z.B. gleichgeschlechtliche eingetragene Partnerschaften oder außereheliche Lebensgemeinschaften etc.; s. zu einer ähnlichen Fragestellung zu gleichgeschlechtlichen Partnerschaften in der früheren Fassung des EUBSt eine weite Auslegung noch ablehnend EuGH v. 31.5.2001 – C-122/99 P und C-125/99 P – D, ECLI:EU:C:2001:304; zur durch die Verordnung des Rates Nr. 723/2004, ABl. EU 2004 Nr. L 124, 1, hergestellten Gleichbehandlung von nichtehelichen Partnerschaften mit Ehen z.B. für Zwecke der Haushaltszulage sodann Art. 1d Abs. 1 i.V.m. Anh. VII Art. 1 EuBSt.
4 Siehe dazu EuGH v. 28.7.2011 – C-270/10 – Gistö, ECLI:EU:C:2011:529.
5 EuGH v. 17.6.1993 – C-88/92 – X (van Rosendaal), ECLI:EU:C:1993:246, Rz. 12 f.
6 EuGH v. 28.7.2011 – C-270/10 – Gistö, ECLI:EU:C:2011:529, Rz. 18 f.
7 EuGH v. 17.6.1993 – C-88/92 – X (van Rosendaal), ECLI:EU:C:1993:246, Rz. 13 f.
8 EuGH v. 17.6.1993 – C-88/92 – X (van Rosendaal), ECLI:EU:C:1993:246, Rz. 15.
9 Siehe z.B. FG Nürnberg v. 20.9.1995 – V 364/92, juris; ausführlich dazu *Klinke*, IStR 1995, 217 (219 ff.); *Koschyk*, IWB 1997 Fach 11 Gr. 2, 319 (320 ff.).
10 *Keppert*, SWI 1995, 230 (230); *Koschyk*, IWB 1997 Fach 11 Gr. 2, 319 (321); *Neyer*, BB 2013, 1244 (1245).
11 Siehe EuGH v. 28.7.2011 – C-270/10 – Gistö, ECLI:EU:C:2011:529, Rz. 19 ff., wonach die Bestimmung des steuerlichen Wohnsitzes weder vom Willen des Betroffen abhängig kann, noch einer Günstigkeitsbetrachtung unterliegt.

wie vor **als unbeschränkt Steuerpflichtigen und abkommensrechtlich Ansässigen** behandeln[1] (wobei freilich die Unionsbezüge gem. Art. 12 Abs. 2 ProtVB ohne Progressionsvorbehalt steuerfrei zu belassen sind). Solcherart wird durch einen tatsächlichen Wohnsitzwechsel auch weder eine **Wegzugsbesteuerung** ausgelöst[2] noch verliert der Beamte oder sonstige Bedienstete den **Status eines unbeschränkt Steuerpflichtigen** für Zwecke anderer einkommensteuerrechtlicher Normen (z.b. für den Kapitalertragsteuerabzug).[3] Doppelbesteuerungen zwischen dem Herkunftsmitgliedstaat und dem jeweiligen EU-Quellenstaat können i.d.R. durch **DBA** vermieden werden.[4]

22.19 Die Rechtsfolge der Wohnsitzfiktion des Art. 13 Abs. 1 ProtVB beschränkt sich darauf, die **unbeschränkte Steuerpflicht und die abkommensrechtliche Ansässigkeit** zu begründen, erstreckt sich aber – trotz des unklaren Wortlautes („werden so behandelt, als ..."), aber indiziert durch die Belegenheitsfiktion des Art. 13 Abs. 2 des Protokolls[5] – **nicht auf die sich aus dem Wohnsitz zwangsläufig ergebenden tatsächlichen Verhältnisse** i.S. einer Behandlung, als wäre der Wohnsitz nicht ins Ausland verlegt worden.[6] Es wird damit auf Grundlage des Art. 13 Abs. 1 nicht jeder tatsächliche Vorgang am Dienstort des EU-Bediensteten derart umgedeutet, als wäre der Wohnsitz nicht vom Herkunftsmitgliedstaat ins Ausland verlegt worden; anders gewendet besteht kein Recht auf eine steuerliche Behandlung, bei der der ins Ausland verzogene EU-Bedienstete in seinem Herkunftsmitgliedstaat unter keinen Umständen einer höheren Besteuerung ausgesetzt wäre als ein Gebietsansässiger.[7] Allerdings folgt aus Art. 13 Abs. 1 des Protokolls, dass die Beamten oder sonstigen Bediensteten in ihrem Herkunftsmitgliedstaat Anspruch auf jene **einkommensteuerlichen Begünstigungen** (z.B. Sonderausgabenabzug) haben, die nicht an die befreiten Unionsbezüge anknüpfen.[8] Sollte eine solche Begünstigung bloß inländische Sachverhalte im Herkunftsmitgliedstaat erfassen, kann dies freilich zu einer **grundfreiheitswidrigen Diskriminierung** führen.[9]

22.20 Art. 13 Abs. 2 ProtVB normiert eine **Belegenheitsfiktion** hinsichtlich der Erbschaftsteuer für das im Hoheitsgebiet des Aufenthaltsstaats befindliche bewegliche Vermögen: Dieses ist im Aufenthaltsstaat „von der Erbschaftsteuer" befreit und wird – vorbehaltlich der Rechte dritter Länder und der Anwendung internationaler Abkommen – „als in dem Staat des steuerlichen Wohnsitzes befindlich betrachtet". Diese Einschränkung auf bewegliches Vermögen folgt aus dem international-steuerrechtlichen Prinzip der „lex rei sitae", wonach Liegenschaften nach dem Recht des Belegenheitsortes besteuert werden.[10]

22.21 Art. 13 ProtVB bindet **alle EU-Mitgliedstaaten in ihren internationalen Beziehungen untereinander**.[11] Daraus folgt:

---

1 EuGH v. 13.11.2003 – C-209/01 – Schilling, ECLI:EU:C:2003:610, Rz. 31; v. 28.7.2011 – C-270/10 – Gistö, ECLI:EU:C:2011:529, Rz. 17; öBMF v. 6.5.2005, EAS 2609 = SWI 2005, 464.
2 *Endfellner/Dornhofer*, SWI 2005, 34.
3 Ausführlich *Obermann/Scholler*, SWI 2009, 599 ff.
4 Siehe auch *Klinke*, IStR 1995, 220.
5 Dazu BFH v. 21.2.2001 – XI R 29/00, BFHE 195, 181 = BStBl. II 2001, 582.
6 EuGH, Schlussanträge des Generalanwalts *Tizzano* v. 6.3.2003 – C-209/01 – Schilling, ECLI:EU: C:2003:610, Rz. 71 ff.; BFH v. 21.2.2001 – XI R 29/00, BStBl. II 2001, 582; wohl auch EuGH v. 13.11.2003 – C-209/01 – Schilling, ECLI:EU:C:2003:610.
7 EuGH, Schlussanträge des Generalanwalts *Tizzano* v. 6.3.2003 – C-209/01 – Schilling, ECLI:EU: C:2003:610, Rz. 72.
8 EuGH v. 13.11.2003 – C-209/01 – Schilling, ECLI:EU:C:2003:610, Rz. 31.
9 EuGH v. 13.11.2003 – C-209/01 – Schilling, ECLI:EU:C:2003:610 (zur Unzulässigkeit einer deutschen Sonderausgabenregelung, die den Abzug von Kosten für eine luxemburgische Haushaltshilfe von nach Luxemburg verzogenen und dort als Unionsbeamten tätigen Deutschen verwehrte); dazu z.B. *Kofler*, ÖStZ 2004/267, 103 ff.
10 Siehe allgemein auch *Schmidt* in von der Groeben/Schwarze/Hatje[7], ProtVB Rz. 49.
11 *Klinke*, IStR 1995, 217 (219 f.).

- Schon der Wortlaut (arg. „in den beiden genannten Staaten") zeigt, dass trotz eines zur Dienstausübung begründeten **tatsächlichen Wohnsitzes im Staat des Dienstortes** (z.B. Belgien, Luxemburg) dort keine unbeschränkte Steuerpflicht begründet wird, sondern lediglich beschränkte Steuerpflicht besteht.[1]

- Zwischen den Mitgliedstaaten gilt die Wohnsitzdefinition des Art. 13 ProtVB auch **auf Abkommensebene**, so dass für Nebeneinkünfte das Abkommen des Herkunftsmitgliedstaates mit dem jeweiligen Quellenmitgliedstaat – etwa jenes mit dem neuen Wohnsitzstaat oder auch mit irgendeinem anderen Mitgliedstaat – anwendbar ist.[2] Dementsprechend liegt es z.B. auch ausschließlich am Herkunftsmitgliedstaat, in den Beziehungen mit anderen Mitgliedstaaten abkommensrechtliche Ansässigkeitsbescheinigungen auszustellen.[3]

- Schließlich geht das unbeschränkte Besteuerungsrecht des Herkunftsmitgliedstaates auch nicht deshalb auf einen anderen, vom Dienstort verschiedenen und damit in Art. 13 Abs. 1 ProtVB nicht „genannten" EU-Mitgliedstaat über, weil in diesem anderen EU-Staat ein **Zweitwohnsitz** begründet oder aufrechterhalten wird, im Herkunftsmitgliedstaat aber nach rein nationalem Steuerrecht keine unbeschränkte Steuerpflicht mehr besteht.[4]

Schwierigkeiten bereitet jedoch das Verhältnis zu **Drittstaaten**: So ist ungeklärt, ob die Wohnsitzfiktion des Art. 13 ProtVB auch auf **Abkommen mit Drittstaaten** durchschlägt, ob also z.B. das jeweilige Abkommen des Drittstaates mit dem Herkunftsmitgliedstaat oder aber jenes mit dem tatsächlichen Wohnsitzmitgliedstaat anwendbar ist.[5] Überdies ist die Wohnsitzfiktion an die Bedingungen geknüpft, dass sich der frühere Wohnsitz „in einem Mitgliedstaat der Union befindet" und die Niederlassung zur Ausübung einer Amtstätigkeit „im Hoheitsgebiet eines anderen Mitgliedstaats" erfolgt. Lässt sich daher ein Beamter oder sonstiger Bediensteter zur Amtsausübung durch Begründung eines Wohnsitzes **in einem Drittstaat nieder**, sind zwar seine Dienstbezüge von Art. 12 ProtVB im Herkunftsmitgliedstaat befreit, er ist aber hinsichtlich seiner Nebeneinkünfte nicht so zu behandeln, als wäre sein steuerlicher Wohnsitz im Herkunftsmitgliedstaat verblieben.[6]

---

[1] *Keppert*, SWI 1995, 230 (230); *Koschyk*, IWB 1997, Fach 11, Gr. 2, 319 (321); *Neyer*, BB 2013, 1244 (1245).
[2] *Klinke*, IStR 1995, 217 (218 und 220); *Neyer*, BB 2013, 1244 (1245).
[3] öBMF v. 13.7.2000, EAS 1692 = SWI 2000, 390; *Endfellner/Dornhofer*, SWI 2005, 32 (33).
[4] öBMF v. 6.5.2005, EAS 2609 = SWI 2005, 464.
[5] Die Anwendbarkeit des Abkommens zwischen dem Herkunftsmitgliedstaat und dem Drittstaat bejahend *Endfellner/Dornhofer*, SWI 2005, 32 (33); ebenso *Neyer*, BB 2013, 1244 (1245); offen bei *Klinke*, IStR 1995, 217 (220).
[6] So UFS Innsbruck v. 18.6.2013 – RV/0559-I/11 (zur Behandlung eines Vertragsbediensteten mit Amtsausübungsort und Wohnsitz in Südafrika als beschränkt steuerpflichtig im Herkunftsmitgliedstaat Österreich).

4. Teil
Steuerverfahren und Steuerprozess

Kapitel 23
Schiedsverfahrenskonvention zu Verrechnungspreiskorrekturen

A. Grundlagen	23.1	IV. Schlichtungsverfahren	23.22
B. Anwendungsbereich	23.7	V. Einigungsverfahren	23.33
C. Verfahren	23.10	VI. Innerstaatliche Umsetzung	23.35
I. Verfahrensabschnitte	23.10	D. Konkretisierung durch das Joint-Transfer-Pricing-Forum	23.41
II. Vorverfahren	23.11		
III. Verständigungsverfahren	23.13		

Literatur: *Albert*, Schiedsverfahren im Internationalen Steuerrecht, IFSt-Schrift Nr. 462, Bonn 2010; *Baßler*, Steuerliche Gewinnabgrenzung im Europäischen Binnenmarkt, Baden-Baden 2011; *Baumhoff/Puls*, Mediation bei Verrechnungspreiskonflikten als alternativer Streitbeilegungsansatz?, IStR 2010, 802; *Becker*, Seminar J: Verfahren zur Lösung von DBA-Konflikten, IStR 2007, 592; *Bödefeld/Kuntschik*, Verständigungs- und Schiedsverfahren nach dem EU-Schiedsabkommen – Theorie und Praxis, IStR 2009, 268; *Bödefeld/Kuntschik*, Der überarbeitete Verhaltenskodex zur Anwendung des EU-Schiedsübereinkommens, IStR 2010, 474; *Borstell* in Vögele/Borstell/Engler, Verrechnungspreise, 4. Aufl. München 2015, Rz. 301 ff.; *Damsma*, Proposed Changes to the Code of Conduct for the Arbitration Convention, ITPJ 2010, 34; *Decker*, Das internationale Verständigungs- und Schiedsverfahren in Steuersachen, PIStB 2002, 193; *Eigelshoven/Wolff*, Verständigungsverfahren – Praktische Erfahrungen und ungelöste Probleme, in Lüdicke (Hrsg.), Praxis und Zukunft des deutschen Internationalen Steuerrechts, Köln 2012, 129; *Engler/Elbert* in Vögele/Borstell/Engler, Verrechnungspreise, 4. Aufl. München 2015, Rz. 298 ff.; *Flüchter*, Seminar C: Verständigungsverfahren und die Beilegung grenzüberschreitender Streitigkeiten, IStR 2012, 694; *Graf*, Neuerungen beim EU-Schiedsübereinkommen, SteuerStud. 2005, 98; *Hendricks* in Wassermeyer/Baumhoff (Hrsg.), Verrechnungspreise international verbundener Unternehmen, Köln 2014, Rz. 10.30 ff.; *Hendricks* in Schaumburg/Hendricks, Steuerrechtsschutz, 4. Aufl. Köln 2018, Rz. 859 ff.; *Herksen*, How the Arbitration Convention lost its Lustre: the Threat of Triangular Cases, Intertax 2008, 332; *Herksen/Fraser*, Comparative Analysis: Arbitration Procedures for handling Tax Controversy, ITPJ 2009, 143; *Hinnekens*, Different interpretations of the European Tax Arbitration Convention, EC Tax Review 1998, 247; *Hinnekens*, European Arbitration Convention: thoughts on its principles, procedures and first experience, EC Tax Review 2010, 109; *Kempf/Gelsdorf*, Die EU-Schiedsverfahrenskonvention im Konkurrenzverhältnis zu Doppelbesteuerungsabkommen, IStR 2012, 329; *Kofler*, Doppelbesteuerung und EU-Recht, IStR 2011, 668; *Kokott*, Das Steuerrecht der Europäischen Union, München 2018, § 7 Rz. 137 ff.; *Krabbe*, Beurteilung der EU-Schiedsverfahrenskonvention als Instrument zur Vermeidung der Doppelbesteuerung, in Fischer (Hrsg.), Grenzüberschreitende Aktivitäten deutscher Unternehmen und EU-Recht, Köln 1997, 77; *Krabbe*, Das Schiedsübereinkommen zwischen den Mitgliedstaaten der Europäischen Union, IStR 1996, 5; *Martiny/Sassmann/Wehnert*, Brexit und Schiedsverfahren über Verrechnungspreise - Konsequenzen und Praktikerhinweise, ISR 2017, 140; *Menck*, Die Prüfung internationaler Gewinnabgrenzung nach der „Schiedsstellenkonvention" der EU, StBp. 1995, 169; *Merz/Sajogo*, Das Verfahren nach Art. 6 EU-Schiedskonvention, PIStB 2010, 239; *Peters/Haverkamp*, Verbesserte Möglichkeiten zur Beseitigung von Doppelbesteuerungen – Vergleich des Schiedsverfahrens nach Art. 25 Abs. 2 OECD-MA und des EU-Schiedsverfahrens, BB 2011, 1303; *Puls/Bickenbach*, Empfehlungen des EU Joint Transfer Pricing Forums (EUJTPF) zur Optimierung von Verständigungs- und Schiedsverfahren nach der EU-Schiedskonvention, ISR 2015, 356; *Saß*, Zum EG-Abkommen über die Beseitigung der Doppelbesteuerung (Schlichtungsverfahren) im Falle einer Gewinnberichtigung bei Geschäftsbeziehungen zwischen verbundenen Unternehmen, DB 1991, 984; *Schelpe*, The Arbitration Convention, EC-Tax Review 1995, 98; *Schmidt*, Die gesetzlichen Grundlagen von Verständigungsverfahren und Schiedssprüchen sowie deren Umsetzung nach § 175a AO, SteuerStud. 2010, 60; *Striewe*, Die verfahrensrechtliche Umsetzung nationaler Verständigungsvereinbarungen (§ 175a AO), Frankfurt/M. 2011; *Vögele/Forster*, Das EU-Schiedsübereinkommen, IStR 2006, 537.

A. Grundlagen

23.1 Auf der Grundlage des Art. 293 EG[1] haben die EU-Staaten das Übereinkommen über die Beseitigung der Doppelbesteuerung im Fall von Gewinnberichtigungen zwischen verbundenen Unternehmen[2] abgeschlossen. Diese sog. Schiedsverfahrenskonvention (EU-SchÜ)[3] ist ein multilateraler völkerrechtlicher Vertrag[4], der nach Hinterlegung aller Ratifikationsurkunden[5] zum 1.1.1995 in Kraft getreten ist.[6] Die Schiedsverfahrenskonvention ist **nicht Bestandteil des Unionsrechts**,[7] so dass ihr auch kein Vorrang gegenüber dem nationalen Recht zukommt.[8]

23.2 Die Schiedsverfahrenskonvention räumt einen partiellen **Rechtsanspruch auf Vermeidung von Doppelbesteuerung** ein, wobei allerdings die Effektivität des Rechtsschutzes in einigen Bereichen eingeschränkt ist. So wurde sie aus Rücksicht auf die Steuersouveränität der Mitgliedstaaten[9] entgegen der ursprünglichen Absicht nicht als EU-Richtlinie verabschiedet, sondern in die Form eines multilateralen Abkommens (Art. 293 EG) gekleidet.[10] Damit unterliegt das Abkommen nicht der Jurisdiktion des EuGH, so dass weder eine direkte Klage – Vertragsverletzungsklage (Art. 258 ff. AEUV), Nichtigkeitsklage (Art. 263 AEUV) – eines Mitgliedstaates oder eines Unternehmens noch eine Vorlage eines nationalen Gerichts nach Art. 267 AEUV in Betracht kommt.[11] Damit fehlt eine internationale Gerichtsbarkeit, die eine einheitliche Entscheidung für die Betroffenen fällen könnte.

23.3 Die zunächst auf fünf Jahre befristete und inzwischen ohne Zeitbegrenzung verlängerte Schiedsverfahrenskonvention ist auf die Beseitigung wirtschaftlicher Doppelbesteuerung[12] gerichtet, die dadurch entstehen kann, dass die Finanzverwaltungen der Mitgliedstaaten nicht abgestimmte Einkünfteberichtigungen vornehmen, die sich als Folge von Verrechnungspreiskorrekturen zwischen verbundenen Kapitalgesellschaften und veränderter Einkünfteabgrenzung zwischen Stammhaus und Betriebsstätten in verschiedenen Mitgliedstaaten ergeben. Dadurch wird sichergestellt, dass mit der auf Gewinnerhöhung gerichteten Erstberichtigung in dem einen Mitgliedstaat eine auf Gewinnminderung gerichtete Gegenberichtigung in dem oder den anderen Vertragsstaaten korrespondiert. Da die Mitgliedstaaten verpflichtet sind, die auf dieser nicht abgestimmten Einkünfteberichtigung beruhende **wirtschaftliche**

---

1 Aufgehoben im AEUV.
2 Schiedsverfahrenskonvention (90/436/EWG) v. 23.7.1990, ABl. EG 1990 Nr. L 225, 10; Änderungsprotokoll v. 25.5.1999, ABl. EG 1999 Nr. C 202, 1; vgl. zum Folgenden auch *Schaumburg/Häck* in Schaumburg, Internationales Steuerrecht[4], Rz. 19.114.
3 Auch Schiedskonvention, Schiedsabkommen oder Schiedsübereinkommen genannt.
4 *Lehner* in V/L[6], Art. 250 OECD-MA Rz. 300; *J. Förster* in Birk, Handbuch des Europäischen Steuer- und Abgabenrechts, § 30 Rz. 162; *Schaumburg* in Schaumburg, Internationales Steuerrecht[4], Rz. 3.79.
5 Art. 18 EU-SchÜ.
6 BStBl. I 1995, 166.
7 Wohl aber dem Europäischen Steuerrecht zugehörig; vgl. Rz. 1.3.
8 *Lehner* in V/L[6], Art. 25 OECD-MA Rz. 300; ferner *Krabbe* in Wassermeyer, Vor Art. 1 EU-SchÜ Rz. 1; *Liebchen* in Schönfeld/Ditz, Art. 25 OECD-MA Rz. 315; *Schaumburg* in Schaumburg, Internationales Steuerrecht[4], Rz. 3.79.
9 *Saß*, DB 1991, 984 (984).
10 Zur historischen Entwicklung *Baßler*, Steuerliche Gewinnabgrenzung im Europäischen Binnenmarkt, S. 291 ff.
11 *Lehner* in V/L[6], Art. 25 OECD-MA Rz. 301; *Thömmes* in Lenz, EG-Handbuch, 561 (586); *Saß*, DB 1991, 984 ff.
12 Zu diesem Begriff *Schaumburg* in Schaumburg, Internationales Steuerrecht[4], Rz. 15.1 ff.

Doppelbesteuerung zu vermeiden (Art. 12 Abs. 1 EU-SchÜ), entfaltet die Schiedsverfahrenskonvention eine Schutzwirkung zugunsten der in verschiedenen Mitgliedstaaten ansässigen verbundenen Unternehmen gegenüber einseitigen Gewinnkorrekturen durch den einen oder anderen Mitgliedstaat. Demgegenüber vermögen insbesondere die von Deutschland mit den übrigen EU-Mitgliedstaaten abgeschlossenen DBA eine derartige korrespondierende Einkünfteberichtigung durchweg nicht zu gewährleisten. Dies beruht zum einen darauf, dass nicht alle der vorgenannten DBA eine dem Art. 9 Abs. 2 OECD-MA nachgebildete Gegenberichtigungsklausel enthalten,[1] und zum anderen darauf, dass die wegen nicht abgestimmter Einkünfteberichtigungen an sich möglichen Verständigungsverfahren (Art. 25 OECD-MA) deshalb keinen vollständigen Rechtsschutz vermitteln, weil ein Rechtsanspruch weder darauf besteht, dass ein derartiges Verständigungsverfahren überhaupt durchgeführt wird, noch darauf, dass die Vertragsstaaten sich einigen.[2] Darüber hinaus ist der Anwendungsbereich der Schiedsverfahrenskonvention auch weiter als Art. 9 OECD-MA: Sie gilt nicht nur bilateral und nicht nur für die Einkünfteberichtigung zwischen (selbständigen) verbundenen Unternehmen, sondern auch für die Einkünfteabgrenzung zwischen Stammhaus und Betriebsstätte.

Die auf eine **Verständigungsregelung** ausgerichteten Normen der Schiedsverfahrenskonvention sind neben den abkommensrechtlichen Regelungen über das Verständigungsverfahren (Art. 25 OECD-MA) anwendbar,[3] wobei allerdings immer nur das eine oder andere Verfahren betrieben werden kann.[4] Ein Vorrangverhältnis besteht nicht, weil die Schiedsverfahrenskonvention weder zum primären noch zum sekundären Unionsrecht gehört.[5] Im Hinblick darauf besteht für den betreffenden Steuerpflichtigen ein **Wahlrecht**, das unter dem Gesichtspunkt der Meistbegünstigung ausgeübt werden kann.[6] Hiernach gilt Folgendes: Sehen die abkommensrechtlichen Regelungen über Verständigungsverfahren (Art. 25 OECD-MA) nicht zugleich auch Schiedsverfahren vor (Art. 25 Abs. 5 OECD-MA), ist das Verfahren nach der Schiedsverfahrenskonvention vorzugswürdig, weil dieses stets zu einer (endgültigen) Konfliktlösung führt,[7] wobei allerdings nur die Vermeidung der effektiven, nicht aber der virtuellen Doppelbesteuerung ermöglicht wird[8] und zudem eine Lösung von Qualifikationskonflikten[9] nicht vorgesehen ist.[10] Soweit Verständigungsverfahren und Schiedsverfahren verknüpft sind (Art. 25 Abs. 5 OECD-MA),[11] muss sich der jeweilige Antragsteller für das Verständigungs- und Schiedsverfahren oder für das

23.4

---

1 Vgl. die Abkommensübersicht bei *Ditz* in Schönfeld/Ditz, Art. 9 OECD-MA Rz. 135 ff.
2 Hierzu *Schaumburg* in Schaumburg, Internationales Steuerrecht⁴ Rz. 19.90 ff.
3 Art. 15 EU-SchÜ; das europäische Übereinkommen zur friedlichen Beilegung von Streitigkeiten v. 29.4.1957 (BGBl. II 1961, 81) wird indessen verdrängt, weil dieses nur Anwendung findet, soweit anderweitig keine auf Streitbeilegung gerichtete Verfahren vorgesehen sind; hierzu *Krabbe* in Wassermeyer, Vor Art. 1 EU-SchÜ Rz. 9; *Krabbe*, IStR, 1996, 5 (5 f.).
4 *Krabbe* in Wassermeyer, Vor Art. 1 EU-SchÜ Rz. 10; *Lehner* in V/L⁶, Art. 25 OECD-MA Rz. 306; *Becker* in Haase³, Art. 25 OECD-MA Rz. 80; Entsprechendes gilt im Verhältnis zum Schiedsverfahren nach dem MLI *Kölbe* in Haase, MLI, Art. 18 – Art. 26 zur EU-Streitbeilegungsrichtlinie (Richtlinie 2017/1852/EU des Rates v. 10.10.2017 über Verfahren zur Beilegung von Besteuerungsstreitigkeiten in der Europäischen Union, ABl. EU 2017 Nr. L 265, 1); vgl. hierzu Rz. 24.1 ff.
5 *Krabbe* in Wassermeyer, Vor Art. 1 EU-SchÜ Rz. 8; *Lehner* in V/L⁶, Art. 25 OECD-MA Rz. 300.
6 *Lehner* in V/L⁶, Art. 25 OECD-MA Rz. 306; *Krabbe* in Wassermeyer, Art. 6 EU-SchÜ Rz. 6; *Flüchter* in Schönfeld/Ditz, Art. 25 OECD-MA Rz. 21; *Hendricks* in Wassermeyer/Baumhoff, Verrechnungspreise international verbundener Unternehmen, Rz. 10.69; *Schaumburg/Häck* in Schaumburg, Internationales Steuerrecht⁴, Rz. 19.117; *Bödefeld/Kuntschick*, IStR 2009, 452 f.; *Peters/Haverkamp*, BB 2011, 1305; a.A. *Kempf/Gelsdorf*, IStR 2012, 329 (334 f.), wonach die jeweils spätere Regelung Vorrang haben soll.
7 Im Zweifel gilt daher ein Antrag auf Einleitung eines Verständigungsverfahrens als Antrag nach der Schiedsverfahrenskonvention; vgl. *Krabbe* in Wassermeyer, Art. 6 EU-SchÜ Rz. 6.
8 Art. 14 EU-SchÜ; vgl. hierzu *Menck*, StBp. 1995, 169 (171).
9 Zu Qualifikationskonflikten *Schaumburg/Häck* in Schaumburg, Internationales Steuerrecht⁴, Rz. 19.79 ff.
10 Vgl. hierzu den Änderungsvorschlag des EU-JTPF (2015) Rz. 7 f. (Rz. 23.54).
11 Hierzu *Liebchen* in Schönfeld/Ditz, Art. 25 OECD-MA Rz. 239.

Verfahren nach der Schiedsverfahrenskonvention entscheiden, denn beide Verfahren sind nicht parallel anwendbar.[1]

23.5 Die Schiedsverfahrenskonvention beansprucht als multilateraler völkerrechtlicher Vertrag eine einheitliche Anwendung durch alle Vertragsstaaten. Diese **einheitliche Rechtsanwendung** erfährt ihre Absicherung dadurch, dass die Schiedsverfahrenskonvention wegen ihres lex-specialis-Charakters aus deutscher Sicht dem innerstaatlichen Steuerrecht vorgeht (§ 2 Abs. 1 AO).[2] Die Normen der Schiedsverfahrenskonvention stellen einen in sich geschlossenen Regelungskreis[3] dar, der von dem jeweiligen innerstaatlichen Recht der Vertragsstaaten grundsätzlich unabhängig ist. Diese Regelungssouveränität[4] allein vermag eine Doppelbesteuerung durch unabgestimmte Verrechnungspreiskorrekturen zu vermeiden.

23.6 Da die Normen der Schiedsverfahrenskonvention und die des innerstaatlichen Rechts auf getrennten Ebenen angesiedelt sind[5] und auf Grund ihres unterschiedlichen Funktionsgehaltes die Begriffswelt beider Rechtskreise unterschiedlich ist, verbietet es sich grundsätzlich, die Normen der Schiedsverfahrenskonvention allein im Lichte des innerstaatlichen Steuerrechts auszulegen (Art. 3 Abs. 2 EU-SchÜ).[6] Da die Schiedsverfahrenskonvention auf eine zwischenstaatliche Einigung über Verrechnungspreiskorrekturen gerichtet ist (vgl. zum Einigungsverfahren Rz. 23.33 ff.), steht notwendigerweise eine einheitliche Anwendung der Normen der Schiedsverfahrenskonvention im Vordergrund. Hierfür bietet der **Verhaltenskodex** zur Anwendung des EU-Schiedsübereinkommens[7] als Auslegungshilfe eine wichtige Orientierung.[8] Es handelt sich hierbei um eine Empfehlung des gemeinsamen EU-Verrechnungspreisforums,[9] die als Verhaltenskodex keine rechtliche Verpflichtung der Mitgliedstaaten begründet (soft law; vgl. Rz. 3.24 ff.).[10] Trotz fehlender Verbindlichkeit werden die einzelnen im Verhaltenskodex getroffenen Regelungen von der deutschen Finanzverwaltung angewendet.[11]

B. Anwendungsbereich

23.7 Unter den persönlichen Anwendungsbereich des EU-SchÜ fallen alle Unternehmen der Mitgliedstaaten mit der Besonderheit, dass nicht nur Kapitalgesellschaften und Personengesellschaften (Art. 1 Abs. 1 EU-SchÜ), sondern darüber hinaus auch Betriebsstätten eines der vorgenannten Unternehmen erfasst werden (Art. 1 Abs. 2 EU-SchÜ). Das bedeutet, dass etwa auch in Drittstaaten ansässige **internationale Konzerne** hierzu zählen, soweit sie in Mitgliedstaaten nachgeschaltete Gesellschaften unterhalten, für

---

1 *Krabbe* in Wassermeyer, Vor Art. 1 EU-SchÜ Rz. 10; *Lehner* in V/L[6], Art. 25 OECD-MA Rz. 306; *Becker* in Haase[3], Art. 25 OECD-MA Rz. 80.
2 *Drüen* in T/K, § 2 AO Rz. 1 f.; *Weber-Grellet* in Musil/Weber-Grellet, Europäisches Steuerrecht, Art. 2 SchiedsÜ Rz. 9; *Schaumburg* in Schaumburg, Internationales Steuerrecht[4], Rz. 3.24.
3 Wie bei den DBA; vgl. hierzu *Lüdicke*, Überlegungen zur deutschen DBA-Politik, S. 45 ff.
4 Hierzu *Schaumburg/Häck* in Schaumburg, Internationales Steuerrecht[4], Rz. 19.49.
5 Vgl. zu den DBA BFH v. 15.6.1973 – III R 118/80, BStBl. II 1973, 810.
6 Vgl. zur völkerrechtlichen Theorie vs. landesrechtliche Theorie den Überblick bei *Wassermeyer* in Wassermeyer, Art. 1 OECD-MA Rz. 48, Art. 3 OECD-MA Rz. 82.
7 Vom 27.6.2006, ABl. EU 2006 Nr. C 176, 8; (überarbeitet) v. 22.12.2009, ABl. EU 2009 Nr. C 322, 1.
8 Vgl. hierzu *Bödefeld/Kuntschik*, IStR 2010, 474.
9 Joint Transfer Forum – JTPF; es handelt sich hierbei um eine 2002 von der KOM eingesetzte Sachverständigenkommission.
10 *Lehner* in V/L[6], Art. 25 OECD-MA Rz. 301; *Liebchen* in Schönfeld/Ditz, Art. 25 OECD-MA Rz. 276; *Hendricks* in Wassermeyer/Baumhoff, Verrechnungspreise international verbundener Unternehmen, Rz. 10.32.
11 Vgl. BMF v. 9.10.2018, BStBl. I 2018, 1122 (Merkblatt), wodurch der Verhaltenskodex umgesetzt worden ist; vgl. die Hinweise bei *Krabbe* in Wassermeyer, Art. 3 EU-SchÜ Rz. 4; *Liebchen* in Schönfeld/Ditz, Art. 25 OECD-MA Rz. 276.

die grenzüberschreitenden Verrechnungspreiskorrekturen in Betracht kommen.[1] Da die Schiedsverfahrenskonvention keine eigenständigen Ansässigkeitsregelungen enthält, gelten die maßgeblichen Regelungen der zur Anwendung kommenden DBA (Art. 3 Abs. 2 EU-SchÜ).

Vom sachlichen Geltungsbereich werden Doppelbesteuerungsabkommen erfasst, die sich durch Verrechnungspreiskorrekturen ergeben haben oder sich voraussichtlich ergeben werden (Art. 1 Abs. 1 EU-SchÜ). Betroffen sind hierbei nur **Unternehmensgewinne** (Art. 7 OECD-MA), wie sie in den konkret zur Anwendung kommenden DBA geregelt sind (Art. 3 Abs. 2 EU-SchÜ). Die zur Doppelbesteuerung führenden Verrechnungspreiskorrekturen fallen nur dann unter den Anwendungsbereich der Schiedsverfahrenskonvention, wenn sie auf den allgemein verbindlichen Fremdvergleichsgrundsätzen (Art. 1 Abs. 1 i.V.m. Art. 4 EU-SchÜ)[2] beruhen, wozu nach Maßgabe des deutschen Steuerrechts Gewinnberichtigungen auf Grund verdeckter Gewinnausschüttungen (§ 8 Abs. 3 Satz 1 KStG), verdeckter Einlagen (§ 8 Abs. 3 Satz 3 KStG) und von § 1 AStG gehören. Die EU-SchÜ betrifft schließlich nur die Steuern vom Einkommen, in Deutschland also die Einkommen-, Körperschaft- und Gewerbesteuer (Art. 2 EU-SchÜ). Auch insoweit ist damit ein Gleichlauf mit den zur Anwendung kommenden DBA gegeben.

23.8

Der räumliche Anwendungsbereich der Schiedsverfahrenskonvention erstreckt sich auf alle Mitgliedstaaten, und zwar auch auf solche, die nach ihrem Inkrafttreten (1.1.1995) der EU beigetreten sind und den Beitritt zur Schiedsverfahrenskonvention erklärt haben.[3] Im Falle des Austritts aus der EU (Brexit) enden nicht automatisch die sich aus der Schiedsverfahrenskonvention ergebenden Verpflichtungen. Hierzu bedarf es einer Kündigung seitens des austretenden Mitgliedstaates oder der anderen Mitgliedstaaten.[4]

23.9

C. Verfahren

I. Verfahrensabschnitte

Die Schiedsverfahrenskonvention sieht folgende vier Verfahrensabschnitte vor:[5]

23.10

– Vorverfahren,

– Verständigungsverfahren,

– Schlichtungsverfahren[6] und

– Einigungsverfahren.

II. Vorverfahren

Das dem eigentlichen Verständigungsverfahren vorgeschaltete Vorverfahren ist auf eine einvernehmliche Regelung zwischen dem betroffenen Unternehmen und den beteiligten Finanzbehörden aus-

23.11

---

1 *Krabbe* in Wassermeyer, Art. 1 EU-SchÜ Rz. 2.
2 Dealing at arm's length-Grundsatz.
3 Art. 18 EU-SchÜ sowie die einzelnen Beitrittsabkommen mit der EU, die Ermächtigungen für den Rat enthalten, das EU-SchÜ auf die Beitrittsländer auszudehnen; hierzu *Krabbe* in Wassermeyer, Art. 18 EU-SchÜ Rz. 4 ff.
4 Zu weiteren Einzelheiten *Martiny/Sassmann/Wehnert*, ISR 2017, 140.
5 Gebräuchlich ist auch die Unterteilung in drei Verfahrensstufen (Phasen): Vorverfahren (Phase I), Verständigungsverfahren (Phase II) und Schiedsverfahren (Phase III), wobei nach den Vorgaben der Schiedsverfahrenskonvention es sich eigentlich um sieben Verfahrensabschnitte handelt; hierzu *Hendricks* in Wassermeyer/Baumhoff, Verrechnungspreise international verbundener Unternehmen, Rz. 10.33 ff.
6 Auch Schiedsverfahren (im engeren Sinne) genannt.

gerichtet. Im Hinblick darauf hat die Finanzverwaltung, die eine Gewinnerhöhung vornehmen will, das betroffene Unternehmen frühzeitig hierüber zu unterrichten, damit dieses das andere Unternehmen davon in Kenntnis setzen kann. Das andere Unternehmen kann hierdurch Maßnahmen einleiten, um in dem anderen Vertragsstaat eine **Gegenberichtigung** zu erwirken (Art. 5 Satz 1 EU-SchÜ).[1] Zwar wird durch diese Unterrichtung das Finanzamt nicht daran gehindert, eine Gewinnberichtigung vorzunehmen (Art. 5 Satz 2 EU-SchÜ), der Sinn und Zweck des hiermit eingeleiteten Vorverfahrens erfordert es aber, mit der Gewinnberichtigung zu warten, bis die Finanzverwaltung des anderen Mitgliedstaates über eine etwaige Gegenberichtigung entschieden hat.[2] Entscheidet sich der andere Vertragsstaat für eine Gegenberichtigung und stimmen er und die beteiligten Unternehmen der **Erstberichtigung** zu (Art. 5 Satz 3 EU-SchÜ), ist das Vorverfahren beendet. Stimmt der andere Vertragsstaat der Erstberichtigung zu, ohne selbst zu erklären, eine Gegenberichtigung vorzunehmen, wird das Vorverfahren nur dann erledigt, wenn auch die beteiligten Unternehmen der Erstberichtigung zustimmen, womit der Verrechnungspreiskonflikt im Ergebnis aber nicht geklärt ist, weil die Zustimmung des anderen Vertragsstaates zur Erstberichtigung nicht zugleich ohne weiteres die Verpflichtung zur Gegenberichtigung beinhaltet[3] und zudem auch eine Zwischenlösung im Sinne eines beiderseitigen Nachgebens der betroffenen Finanzverwaltungen denkbar ist.[4] Erst eine derartige Verwaltungsvereinbarung zwischen den beteiligten Finanzverwaltungen erzeugt eine völkerrechtliche Verpflichtung zur Gegenberichtigung.[5] Aus diesem Grund geben die beteiligten Unternehmen in der Praxis ihre Zustimmungserklärungen erst nach Durchführung der Gegenberichtigung ab.[6]

23.12 Wird somit zwischen allen Beteiligten über Erstberichtigung und Gegenberichtigung Einvernehmen erzielt, ist die Angelegenheit bereits im Vorverfahren erledigt; Verständigungs- und Schlichtungsverfahren werden in diesem Fall erst gar nicht eingeleitet.[7]

III. Verständigungsverfahren

23.13 Findet die Angelegenheit nicht bereits im Vorverfahren ihre Erledigung, so wird auf **Antrag** des betroffenen Unternehmens das Verständigungsverfahren eingeleitet.[8] Dieser Antrag ist auch zulässig, wenn zeitgleich wegen der Verrechnungspreiskorrektur ein Rechtsbehelfsverfahren (Einspruch, Klage, Revision) anhängig ist (Art. 6 Abs. 1 Satz 1 EU-SchÜ).[9] Der Antrag auf Einleitung eines Verständigungsverfahrens ist von dem betroffenen Unternehmen bei der zuständigen Behörde des Vertragsstaates zu stellen, dem es angehört oder in dem seine Betriebsstätte belegen ist (Art. 6 Abs. 1 EU-SchÜ). Das ist in Deutschland das BZSt.[10]

---

1 BMF v. 13.7.2006, BStBl. I 2006, 461 Rz. 10.1; *Krabbe* in Wassermeyer, Art. 5 EU-SchÜ Rz. 1; *Liebchen* in Schönfeld/Ditz, Art. 25 OECD-MA Rz. 278; *Hendricks* in Wassermeyer/Baumhoff, Verrechnungspreise international verbundener Unternehmen, Rz. 10.35.
2 Vgl. *Krabbe* in Wassermeyer, Art. 5 EU-SchÜ Rz. 6.
3 Anders dagegen *Engler/Elbert* in Vögele/Borstell/Engler, Verrechnungspreise[4], Rz. F 306; *Käferböck* in Schuch/Zehtner, Verrechnungspreisgestaltung im Internationalen Steuerrecht, S. 365 (375); *Baßler*, Steuerliche Gewinnabgrenzung im Europäischen Binnenmarkt, S. 315; *Hinnekens*, EC Tax Rev 1998, 247.
4 Vgl. hierzu *Krabbe* in Wassermeyer, Art. 5 EU-SchÜ Rz. 8; *Liebchen* in Schönfeld/Ditz, Art. 25 OECD-MA Rz. 279.
5 Vgl. zur völkerrechtlichen Verbindlichkeit von zwischenstaatlichen Verwaltungsvereinbarungen BFH v. 2.9.2009 – I R 111/08, BStBl. II 2010, 387 m.w.N.
6 *Hendricks* in Wassermeyer/Baumhoff, Verrechnungspreise international verbundener Unternehmen, Rz. 10.35.
7 *Krabbe* in Wassermeyer, Art. 5 EU-SchÜ Rz. 8.
8 Art. 6 EU-SchÜ.
9 BMF v. 9.10.2018, BStBl. I 2018, 1122 Rz. 11.1.4 i.V.m. Rz. 2.1.5.
10 Vgl. BMF v. 9.10.2018, BStBl. I 2018, 1122 Rz. 1.4; die Zuständigkeit des BZSt beruht auf § 5 Abs. 1 Nr. 5 FVG.

23.14 Der Antrag gilt erst dann als gestellt, wenn das Unternehmen bestimmte Angaben macht und hierzu einschlägige Unterlagen übermittelt.[1] Der Antrag ist innerhalb von drei Jahren nach der ersten Mitteilung der Maßnahme, die eine Doppelbesteuerung herbeiführt oder herbeiführen könnte, zu stellen (Art. 6 Abs. 1 Satz 2 EU-SchÜ). Der früheste Zeitpunkt ist damit die Bekanntgabe des ersten Bescheids, der zu einer Doppelbesteuerung führt, etwa der Änderungsbescheid aufgrund einer durchgeführten Außenprüfung.[2] Es handelt sich hierbei um eine **Ausschlussfrist**, mit deren Ablauf der Antrag grundsätzlich unzulässig wird, eine Wiedereinsetzung in den vorigen Stand aber möglich ist (§ 110 AO).

23.15 Der Antrag verpflichtet zur Einleitung des Verständigungsverfahrens,[3] es sei denn, es liegen rechtskräftig festgestellte Handlungen vor, die einen „empfindlich zu bestrafenden Verstoß gegen steuerliche Vorschriften" darstellen (Art. 8 EU-SchÜ).[4] Erfasst wird damit jeder Verstoß gegen die Steuergesetze, der mit Freiheitsstrafe, Geldstrafe oder Bußgeld geahndet wird.[5] Im Hinblick darauf sind die im § 162 Abs. 4 AO vorgesehenen Zuschläge bei Verstößen gegen die Aufzeichnungspflichten nach § 90 Abs. 3 AO und der GAufzV unschädlich.[6] Der vorbezeichnete **Strafrechtsvorbehalt** hat sich aus deutscher Sicht indessen gegenüber dem verfassungsrechtlich verankerten Rechtsprinzip der Besteuerung nach der Leistungsfähigkeit[7] zu legitimieren. Hieraus folgt eine grundsätzliche Verpflichtung zur Vermeidung der Doppelbesteuerung,[8] die, weil verfassungsrechtlich verankert, auch nicht in den Fällen von Steuerhinterziehung (§ 370 AO), leichtfertiger Steuerverkürzung (§ 378 AO) und Steuergefährdung (§ 379 AO) suspendiert wird.[9]

23.16 Das Verständigungsverfahren selbst gliedert sich in drei **Verfahrensabschnitte**:

– Abhilfeverfahren,

– Verständigungsverfahren und

– innerstaatliches Umsetzungsverfahren.[10]

---

1 Diese Mindestanforderungen ergeben sich aus dem Verhaltenskodex sowie ihm folgend Tz. 11.3.2 des BMF v. 9.10.2018, BStBl. I 2018, 1122 (Merkblatt); vgl. ferner die einschlägigen Fragebögen des BZSt, abrufbar unter http://www.bzst.de; vgl. hierzu auch den Abdruck bei *Liebchen* in Schönfeld/Ditz, Art. 25 OECD-MA Rz. 284.
2 So der Verhaltenskodex und ihm folgend das BMF v. 9.10.2018, BStBl. I 2018, 1122 Rz. 11.2.1; für die Zulässigkeit bereits bei Vorlage des Außenprüfungsberichts *Krabbe* in Wassermeyer, Art. 6 EU-SchÜ Rz. 9.
3 Sie kann durch allgemeine Leistungsklage (§ 40 Abs. 1 Alt. 3 FGO) erzwungen werden; vgl. FG Köln v. 18.1.2017 – 2 K 930/13, IStR 2017, 834.
4 Einstellung nach § 153a StPO reicht nicht aus; *Krabbe* in Wassermeyer, Art. 8 EU-SchÜ Rz. 4; offen gelassen v. FG Köln v. 18.1.2017 – 2 K 930/13, IStR 2017, 834.
5 Vgl. hierzu die Erklärung der Bundesrepublik Deutschland zu Art. 8 EU-SchÜ; die durch Umsetzung Gesetzeswirkung hat (BGBl. II 1993, 1308, 1312); das bedeutet, dass leichtfertige Steuerverkürzung (§ 378 AO) und Steuergefährdung (§ 379 AO) für die Sperrwirkung ausreichen.
6 *Liebchen* in Schönfeld/Ditz, Art. 25 OECD-MA Rz. 285; *Hendricks* in Wassermeyer/Baumhoff, Verrechnungspreise international verbundener Unternehmen, Rz. 10.43; *Peters/Haverkamp*, BB 2011, 1303 (1308).
7 BVerfG v. 3.11.1982 – 1 BvR 620/78 u.a., BVerfGE 61, 319 (343 f.); v. 29.5.1990 – 1 BvL 20/86 u.a., BVerfGE 82, 60 (86); v. 26.1.1994 – 1 BvL 12/86, BVerfGE 89, 346 (352); v. 5.2.2002 – 2 BvR 305, 348/93, BVerfGE 105, 17 (46); zur Herleitung im Einzelnen *Tipke*, Steuerrechtsordnung I, 469 ff.; *Hey* in T/L, Steuerrecht[23], § 3 Rz. 40 ff.
8 Hierzu im Einzelnen *Schaumburg* in Schaumburg, Internationales Steuerrecht[4], Rz. 14.8 ff.; *Schaumburg* in FS Tipke, S. 125 (143 ff.).
9 Davon abgesehen sind strafrechtliche Implikationen in Verrechnungspreisfällen ohnehin zumeist nicht gegeben; vgl. hierzu *Peters* in Schaumburg/*Peters*, Internationales Steuerstrafrecht, Rz. 15.156 ff.
10 Vgl. BMF v. 13.7.2006, BStBl. I 2006, 461 Rz. 11.4, 12; *Krabbe* in Wassermeyer, Art. 6 EU-SchÜ Rz. 12; *Liebchen* in Schönfeld/Ditz, Art. 25 OECD-MA Rz. 289.

23.17 Dem **Abhilfeverfahren** ist zunächst eine Zulässigkeitsprüfung vorgeschaltet. Der Antrag des Unternehmens ist hiernach u.a. nur dann zulässig, wenn geltend gemacht wird, dass die in Art. 4 EU-SchÜ festgelegten Grundsätze nicht beachtet worden sind (Art. 6 Abs. 1 Satz 1 EU-SchÜ). Das bedeutet, es muss vorgetragen werden, dass es sich um eine Doppelbesteuerung handelt, die dadurch entsteht, dass Unternehmensgewinne zugerechnet werden, die ebenfalls in die Gewinne eines Unternehmens[1] in einem anderen Mitgliedstaat einbezogen sind, und die betreffenden Gewinnberichtigungen unter Berufung auf den Grundsatz des Fremdverhaltens erfolgen.[2]

23.18 Voraussetzung ist ferner, dass der Antrag innerhalb der **Ausschlussfrist** von drei Jahren nach der ersten Mitteilung der Maßnahme gestellt wird, die eine Doppelbesteuerung herbeigeführt hat oder noch herbeiführen könnte (Art. 6 Abs. 1 Satz 2 EU-SchÜ).[3] Soweit sich auf Grund dieser Vorprüfung die Zulässigkeit des Antrages ergibt, wird das Abhilfeverfahren eröffnet, in dessen Rahmen derjenige Vertragsstaat, bei dessen zuständiger Behörde der Antrag eingereicht worden ist, prüft, ob die gerügte Doppelbesteuerung durch eine einseitige Maßnahme behoben werden kann (Art. 6 Abs. 2 Satz 1 EU-SchÜ). Dies kann in Abhängigkeit davon, in welchem Staat der Antrag gestellt wird, durch ganze oder teilweise Rücknahme der Erstberichtigung oder durch Vornahme einer entsprechenden Gegenberichtigung erfolgen.[4] Hierbei ist die jeweils zuständige Behörde des anderen Vertragsstaates unverzüglich zu unterrichten.[5]

23.19 Kommt es im Rahmen des Abhilfeverfahrens zu keiner Lösung, ist auf Grund des zulässigen Antrags das **Verständigungsverfahren**[6] einzuleiten (Art. 6 Abs. 2 EU-SchÜ). Die Einleitung des Verständigungsverfahrens ist zwingend und kann von dem antragstellenden Unternehmen etwa gegenüber dem BZSt durch allgemeine Leistungsklage (§ 40 Abs. 1 FGO) bei dem für das BZSt zuständigen FG[7] durchgesetzt werden.[8] Im Hinblick darauf ist das Verständigungsverfahren vom BZSt spätestens vier Monate nach dem späteren der nachfolgenden Zeitpunkte einzuleiten:

– Datum des Steuerbescheids, mit dem die (endgültige)[9] Entscheidung über die Einkommenserhöhung festgesetzt oder festgestellt worden ist, oder

– Datum, an dem der Antrag des Unternehmens sowie alle erforderlichen Angaben und Unterlagen[10] und alle weiteren Informationen, die vom antragstellenden Unternehmen innerhalb von zwei Monaten nach Antragseingang angefordert worden sind, beim BZSt vorliegen.[11]

23.20 In Orientierung am Grundsatz des **rechtlichen Gehörs** (§ 91 AO) ist das antragstellende Unternehmen über die Einleitung des Verfahrens zu unterrichten.[12]

---

1 Als Unternehmen gilt auch eine Betriebsstätte (Art. 1 Abs. 2 EU-SchÜ).
2 *Krabbe* in Wassermeyer, Art. 6 EU-SchÜ Rz. 8, Art. 1 EU-SchÜ Rz. 9.
3 Vgl. BMF v. 9.10.2018, BStBl. I 2018, 1122 Rz. 11.2.1.
4 *Liebchen* in Schönfeld/Ditz, Art. 25 OECD-MA Rz. 291; *Hendricks* in Wassermeyer/Baumhoff, Verrechnungspreise international verbundener Unternehmen, Rz. 10.41.
5 BMF v. 13.7.2006, BStBl. I 2006, 461 Rz. 11.4.3.
6 Abzugrenzen von den Verständigungsverfahren gem. Art.25 OECD-MA; vgl. hierzu *Schaumburg/Häck* in Schaumburg, Internationales Steuerrecht[4], Rz. 19.88.
7 Zuständig ist für das BZSt (Bonn) das FG Köln (§ 38 Abs. 1 FGO).
8 *Krabbe* in Wassermeyer, Art. 6 EU-SchÜ Rz. 15; *Lehner* in V/L[6], Art. 25 OECD-MA Rz. 303; *Bödefeld/Kuntschik*, IStR 2009, 268 (268 f.).
9 So der überarbeitete Verhaltenskodex, ABl. EU 2009 Nr. C 322, 1 Rz. 6.4 Buchst. ci.
10 Vgl. die Aufstellung bei *Liebchen* in Schönfeld/Ditz, Art. 25 OECD-MA Rz. 291.
11 Vgl. BMF v. 9.10.2018, BStBl. I 2018, 1122 Rz. 11.4.4.
12 BMF v. 9.10.2018, BStBl. I 2018, 1122 Rz. 11.4.5.

Einigen sich die zuständigen Behörden beider Mitgliedstaaten,[1] wird die entsprechende Verständigung unter den Vorbehalt gestellt, dass der Antragsteller zustimmt,[2] hierdurch anhängige Rechtsbehelfsverfahren erledigt werden bzw. ein Rechtsbehelfsverzicht erklärt wird.[3] Im Rahmen des **innerstaatlichen Umsetzungsverfahrens** sind die betreffenden Steuerbescheide entsprechend zu ändern, wobei die Bestandskraft einer Steuerfestsetzung einer Änderung nicht entgegensteht (Art. 13 EU-SchÜ). Die hierfür maßgebliche innerstaatliche Rechtsgrundlage ist § 175a AO, wonach Steuerbescheide[4] erlassen, aufgehoben oder geändert werden können, soweit dies zur Umsetzung einer Verständigungsvereinbarung erforderlich ist. Diese Änderung wird zudem dadurch ermöglicht, dass die Festsetzungsfrist nicht vor Ablauf eines Jahres nach Wirksamwerden der Verständigungsregelung endet (§ 175a Satz 2 AO). Daneben greift auch die Ablaufhemmung nach § 171 Abs. 3 AO ein, soweit der Antrag auf Einleitung des Verständigungsverfahrens im Inland gestellt und mit einem Antrag auf Änderung des Steuerbescheids verbunden worden ist.[5]

23.21

IV. Schlichtungsverfahren

Kommt es im Rahmen des Verständigungsverfahrens nicht innerhalb einer Frist von zwei Jahren zu einer einvernehmlichen Beseitigung der Doppelbesteuerung, so wird das Schlichtungsverfahren[6] dadurch eingeleitet, dass die zuständigen Behörden einen **Beratenden Ausschuss** (advisory commission) mit dem Auftrag einsetzen, eine Stellungnahme abzugeben, wie diese Doppelbesteuerung beseitigt werden soll (Art. 7 Abs. 1 EU-SchÜ). Die Einleitung des Schlichtungsverfahrens ist zwingend und obliegt im Grundsatz[7] dem Mitgliedstaat, der als Erster den auf Grund der Verrechnungspreiskorrektur (geänderten) Steuerbescheid erlassen hat.[8] Die vorgenannte Zwei-Jahres-Frist beginnt an dem Tag, an dem der Fall erstmals einer der zuständigen Behörden[9] unterbreitet worden ist (Art. 7 Abs. 1 EU-SchÜ). Dabei gilt der Fall zu dem späteren der nachfolgenden Zeitpunkte als unterbreitet:

23.22

– Datum des Steuerbescheids, mit dem die (endgültige)[10] Entscheidung über die Einkommenserhöhung festgesetzt oder festgestellt worden ist;

– Tag des Eingangs sämtlicher erforderlicher Angaben und Unterlagen bei der zuständigen Behörde[11] sowie jeder weiteren Information, die innerhalb von zwei Monaten nach Eingang des Antrags des Unternehmens von diesem angefordert wurde.[12]

Der Beratende Ausschuss soll spätestens sechs Monate nach Ablauf der Zwei-Jahres-Frist eingesetzt werden,[13] wobei allerdings in der Praxis diese ohnehin nicht bindende Frist nicht immer eingehalten wird.[14]

23.23

---

1 Zum Verfahrensablauf im Einzelnen bei Antragstellung im Inland und im Ausland BMF v. 9.10.2018, BStBl. I 2018, 1122 Rz. 12.1 und 12.2.
2 BMF v. 9.10.2018, BStBl. I 2018, 1122 Rz. 12.1.2 i.V.m. Rz. 3.4.
3 BMF v. 9.10.2018, BStBl. I 2018, 1122 Rz. 12.1.2 i.V.m. Rz. 4.2.
4 Entsprechendes gilt für Feststellungsbescheide (§ 181 Abs. 1 Satz 1 AO).
5 Vgl. hierzu *Liebchen* in Schönfeld/Ditz, Art. 25 OECD-MA Rz. 295.
6 Auch als Schiedsverfahren bezeichnet.
7 Vorbehaltlich anderweitiger zwischenstaatlicher Vereinbarungen.
8 BMF v. 9.10.2018, BStBl. I 2018, 1122 Rz. 13.2.1; vgl. auch den überarbeiteten Verhaltenskodex, ABl. EU 2009 Nr. C 322, 1 Rz. 7.2 Buchst. a.
9 Im Inland BZSt.
10 Hierauf abstellend der überarbeitete Verhaltenskodex, ABl. EU 2009 Nr. C 322, 1 Rz. 5 Buchst. b i.
11 Im Inland BZSt.
12 BMF v. 9.10.2018, BStBl. I 2018, 1122 Rz. 13.1.2; vgl. auch überarbeiteter Verhaltenskodex, ABl. EU 2009 Nr. C 322, 1 Rz. 5 Buchst. b.
13 Vgl. den überarbeiteten Verhaltenskodex, ABl. EU 2009 Nr. C 322, 1 Rz. 7.2 Buchst. b.
14 Vgl. *Bödefeld/Kuntschik*, IStR 2009, 271.

23.24 Die Einleitung des Schlichtungsverfahrens ist auch in den Fällen möglich, in denen zeitgleich wegen der Verrechnungspreiskorrekturen in dem einen oder anderen Vertragsstaat ein **Rechtsbehelfsverfahren** anhängig ist (Art. 7 Abs. 1 Satz 2 EU-SchÜ). Das gilt uneingeschränkt bei außergerichtlichen Rechtsbehelfsverfahren. Sind Rechtsbehelfe bei Gericht anhängig, ist die Rechtslage wie folgt: Zunächst erfolgt hinsichtlich der Zwei-Jahres-Frist eine Anlaufhemmung bis zum Zeitpunkt der Rechtskraft der gerichtlichen Entscheidung ein (Art. 7 Abs. 1 Satz 2 Abs. 2 EU-SchÜ). Hierbei spielt es keine Rolle, ob die Rechtshängigkeit bereits vor dem Antrag auf Einleitung des Verständigungsverfahrens (Art. 6 Abs. 1 EU-SchÜ) oder erst während des Verständigungsverfahrens eintritt.[1] Damit kommt einerseits zum Ausdruck, dass gerichtliche Rechtsbehelfsverfahren Vorrang haben, und andererseits, dass auch nach rechtskräftiger gerichtlicher Entscheidung ein Schlichtungsverfahren mit dem Ziel einer in innerstaatliches Recht umzusetzenden Einigung möglich ist. Sollte das nicht der Fall sein (zum Recht in Deutschland vgl. Rz. 23.35 ff.),[2] scheidet ein Schlichtungsverfahren aus (Art. 7 Abs. 3 EU-SchÜ). Um eine derartige Rechtskraftsperre zu verhindern, ist es ggf. geboten, gerichtliche Rechtsbehelfe zurückzunehmen, soweit sie Sachverhalte betreffen, die Gegenstand des Schlichtungsverfahrens sind. Diese Notwendigkeit besteht auch nach Maßgabe des deutschen Rechts für den Fall entgegenstehender rechtskräftiger Entscheidungen des FG oder des BFH (vgl. Rz. 23.39).[3]

23.25 Im Schlichtungsverfahren kommt dem **Beratenden Ausschuss** eine wesentliche Bedeutung zu. Er ist kein Schiedsgericht, weil er keine verbindliche Entscheidung trifft, sondern lediglich eine **Stellungnahme** abgibt (Art. 12 Abs. 1 EU-SchÜ). Im Hinblick darauf bleiben die beteiligten Behörden Herren des Verfahrens, so dass sie eine von der Stellungnahme des Beratenden Ausschusses abweichende Entscheidung treffen können (Art. 12 Abs. 1 Satz 2 EU-SchÜ). Wenn die beteiligten Behörden allerdings nicht nach Ablauf von sechs Monaten nach Abgabe der Stellungnahme eine Entscheidung treffen, wird die Stellungnahme nach Art eines Schiedsspruchs verbindlich (Art. 12 Abs. 1 Satz 3 EU-SchÜ) mit der Folge, dass sie in innerstaatliches Recht umzusetzen ist (zu Einzelheiten der Umsetzung Rz. 23.35 ff.).[4]

23.26 Der **Beratende Ausschuss** besteht aus einem unabhängigen Vorsitzenden, jeweils zwei Vertretern der beteiligten Behörden[5] und mindestens zwei unabhängigen Vertretern (Art. 9 Abs. 1 EU-SchÜ). Diese unabhängigen Mitglieder werden von den zuständigen Behörden aus einer entsprechenden Personalliste ausgewählt (Art. 9 Abs. 4 EU-SchÜ).[6] Die Vertreter der zuständigen Behörden und die von ihnen ausgewählten unabhängigen Personen wählen sodann aus der von den beteiligten Behörden erstellten Liste einen Vorsitzenden, der die Voraussetzungen für die Ausübung höchstrichterlicher Aufgaben in seinem Herkunftsland erfüllt oder Jurist von allgemein bekannter Kompetenz ist (Art. 9 Abs. 5 EU-SchÜ). Die ausgewählten unabhängigen Personen müssen die Staatsangehörigkeit eines Vertragsstaates besitzen und zugleich ihren Wohnsitz innerhalb der Union haben (Art. 9 Abs. 4 Satz 3 EU-SchÜ). Sie müssen nicht Juristen, aber doch sachlich kompetent und unabhängig sein (Art. 9 Abs. 4 Satz 4 EU-SchÜ). In den Fällen, in denen unabhängige Vertreter durch Losentscheid bestimmt worden sind, ist unter bestimmten Voraussetzungen eine Ablehnung wegen Befangenheit möglich (Art. 9 Abs. 3 EU-SchÜ).

23.27 Für das Schlichtungsverfahren existiert keine bestimmte Verfahrensordnung. Die Schiedsverfahrenskonvention und der Verhaltenskodex enthalten allerdings einzelne Regelungen, aus denen (verbindliche) Verfahrensgrundsätze abgeleitet werden können. Zu diesen Grundsätzen gehört insbesondere

---

1 *Krabbe* in Wassermeyer, Art. 7 EU-SchÜ Rz. 6.
2 So nach dem Recht der Vertragsstaaten, die eine entsprechende Erklärung zu Art. 7 EU-SchÜ abgegeben haben (Belgien, Frankreich, Italien, Lettland, Litauen, Malta, Polen, Portugal, Slowakei, Slowenien, Tschechische Republik und Vereinigtes Königreich).
3 Im Hinblick darauf verlangt die Finanzverwaltung die Erledigung anhängiger (gerichtlicher) Rechtsbehelfsverfahren; vgl. BMF v. 9.10.2018, BStBl. I 2018, 1122 Rz. 4.2; *Liebchen* in Schönfeld/Ditz, Art. 25 OECD-MA Rz. 299; *Schaumburg/Häck* in Schaumburg, Internationales Steuerrecht[4], Rz. 19.123.
4 *Krabbe* in Wassermeyer, Art. 12 EU-SchÜ Rz. 5.
5 Bei Einvernehmen nur jeweils ein Vertreter.
6 Die Auswahl kann auch durch Losentscheid erfolgen.

der **Amtsermittlungsgrundsatz**, auf Grund dessen der Beratende Ausschuss zur Sachverhaltsaufklärung verpflichtet ist.[1] Dies ergibt sich aus Art. 10 Abs. 1 Satz 2 EU-SchÜ, wonach Unternehmen und die zuständigen Behörden der beteiligten Vertragsstaaten auf Aufforderung des Beratenden Ausschusses Angaben, Beweismittel oder Schriftstücke zu übermitteln haben. Damit wird zugleich eine entsprechende Mitwirkungspflicht begründet, die allerdings für die zuständigen Behörden begrenzt ist: Von ihnen kann nicht verlangt werden, dass sie gegen das für sie maßgebliche nationale Recht verstoßen und Informationen erteilen müssen, die hiernach nicht beschafft werden können und auf Grund der Informationen ein Geheimnis preisgeben oder gegen die öffentliche Ordnung verstoßen würden (Art. 10 Abs. 1 Satz 3 EU-SchÜ).[2] Obwohl die Unternehmen im Schlichtungsverfahren nicht Partei sind,[3] sind sie ebenfalls zur Mitwirkung verpflichtet, wobei allerdings die Besonderheit besteht, dass diese **Mitwirkungsverpflichtung** nicht mit Zwangsmitteln durchgesetzt werden kann.[4] Zwangsmittel können allerdings über einen Umweg dahingehend festgesetzt werden, dass der Beratende Ausschuss die beteiligten Behörden auffordert, ihrerseits nach Maßgabe des für sie geltenden nationalen Rechts die entsprechenden Informationen bei den Unternehmen zu beschaffen und vorzulegen.[5] Die Schiedsverfahrenskonvention enthält keine Regelungen über etwaige Mitwirkungsverweigerungsrechte. Hier gilt im Ergebnis nationales Recht, weil gegenüber dem Beratenden Ausschuss keine weiter gehenden Pflichten bestehen als gegenüber den Finanzbehörden des Vertragsstaates, dem das Unternehmen angehört.[6] Vertreter der beteiligten Unternehmen sind ebenso wie die Vertreter der zuständigen Behörden nach Aufforderung verpflichtet, vor dem Beratenden Ausschuss zu erscheinen (Art. 10 Abs. 2 Satz 2 EU-SchÜ)[7]. Gegen einzelne Maßnahmen des Beratenden Ausschusses sind keine Rechtsbehelfe vorgesehen. Das gilt für die beteiligten Mitgliedstaaten ebenso wie für die betreffenden Unternehmen.[8]

Obwohl die „beteiligten verbundenen Unternehmen" keine Partei sind,[9] haben sie **Mitwirkungsrechte**, so dass sie ohne weiteres Angaben, Beweismittel und Schriftstücke übermitteln können, die nach ihrer Ansicht für die Entscheidungsfindung nützlich sein können (Art. 10 Abs. 1 Satz 1 EU-SchÜ). Darüber hinaus haben sie auch das Recht, auf Antrag vom Beratenden Ausschuss angehört zu werden oder sich dort vertreten zu lassen (Art. 10 Abs. 2 Satz 1 EU-SchÜ). Ein grundsätzliches Anwesenheitsrecht besteht allerdings nicht.[10] Das Schlichtungsverfahren vor dem Beratenden Ausschuss ist auch kein öffentliches Verfahren mit der Folge, dass kein Anspruch darauf besteht, dass seine Stellungnahmen veröffentlicht werden.[11] 23.28

Auf Grund des maßgeblichen Amtsermittlungsgrundsatzes und der vorangegangenen Sachverhaltsermittlungen seitens der beteiligten Finanzbehörden soll gewährleistet werden, dass die Stellungnahme 23.29

---

1 *Liebchen* in Schönfeld/Ditz, Art. 25 OECD-MA Rz. 305; *Hendricks* in Wassermeyer/Baumhoff, Verrechnungspreise international verbundener Unternehmen, Rz. 10.53.
2 Diese Klausel entspricht weitgehend dem Art. 26 Abs. 3 OECD-MA.
3 Vgl. hierzu *Hendricks* in Schaumburg/Hendricks, Steuerrechtsschutz[4], Rz. 8.90.
4 *Liebchen* in Schönfeld/Ditz, Art. 25 OECD-MA Rz. 307.
5 Aus deutscher Sicht können hierbei die deutschen Finanzbehörden die Zwangsmittel gem. §§ 328 ff. AO einsetzen; vgl. hierzu *Krabbe* in Wassermeyer, Art. 10 EU-SchÜ Rz. 4; *Liebchen* in Schönfeld/Ditz, Art. 25 OECD-MA Rz. 307.
6 Ableitung aus Art. 10 Abs. 1 Satz 3 Buchst. b EU-SchÜ, wonach die zuständigen Behörden eines Vertragsstaates nicht verpflichtet sind, Informationen zu erteilen, die sie nach dem für sie maßgeblichen nationalen Recht nicht beschaffen können; vgl. *Krabbe* in Wassermeyer, Art. 10 EU-SchÜ Rz. 4.
7 Dort nur für die Unternehmen bzw. deren Vertreter selbst geregelt; für die beteiligten zuständigen Behörden ergibt sich diese Verpflichtung aus ihrer Parteistellung.
8 *Krabbe* in Wassermeyer, Art. 12 EU-SchÜ Rz. 5; *Liebchen* in Schönfeld/Ditz, Art. 25 OECD-MA Rz. 315; *Hendricks* in Wassermeyer/Baumhoff, Verrechnungspreise international verbundener Unternehmen, Rz. 10.60.
9 *Hendricks* in Schaumburg/Hendricks, Steuerrechtsschutz[4], Rz. 8.90.
10 *Liebchen* in Schönfeld/Ditz, Art. 25 OECD-MA Rz. 309; *Menck* in G/K/G, Art. 25 OECD-MA Rz. 5.
11 Vgl. überarbeiteter Verhaltenskodex, ABl. EU 2009 Nr. C 322, 1 Rz. 7.4 Buchst. i ii; zur Kritik hieran *Hinnekens*, EC Tax Review 2010, 113.

des Beratenden Ausschusses auf einem ausermittelten Sachverhalt beruht. Sollte dies (ausnahmsweise) nicht der Fall sein, ergeht die Stellungnahme auf Grund von allgemein gültigen **Beweislastverteilungsregeln**.[1] Da die verbundenen Unternehmen im Schlichtungsverfahren keine Partei sind, trifft die Beweislast (Feststellungslast) denjenigen Mitgliedstaat, der die Erstberichtigung vorgenommen hat.[2] In diesem Rahmen hat der betreffende Vertragsstaat als beweisbelastete Partei insbesondere darzulegen, dass die von ihm angewandte Verrechnungspreismethode sachgerecht ist und dem Fremdvergleichsgrundsatz entspricht.[3]

23.30 Der Beratende Ausschuss hat seine Stellungnahme binnen sechs Monaten nach seiner Befassung abzugeben (Art. 11 Abs. 1 Satz 1 EU-SchÜ). Die **Frist** läuft damit erst zu dem Zeitpunkt an, zu dem dem Beratenden Ausschuss der Fall unterbreitet worden ist.[4] Abzustellen ist hierbei auf den Tag, an dem der Ausschussvorsitzende bestätigt, dass die sachdienlichen Unterlagen und Informationen von den zuständigen Behörden eingegangen sind.[5] Ist allerdings das Schlichtungsverfahren wegen eines anhängigen Straf- oder Bußgeldverfahrens ausgesetzt worden (Art. 8 Abs. 2 EU-SchÜ)[6], erfolgt eine Ablaufhemmung.[7] Entsprechendes gilt nach allgemeinen Grundsätzen,[8] wenn das Schlichtungsverfahren wegen höherer Gewalt nicht (zu Ende) geführt werden kann.[9]

23.31 In materiell-rechtlicher Hinsicht hat sich die Stellungnahme des Beratenden Ausschusses an Art. 4 EU-SchÜ zu orientieren (Art. 11 Abs. 1 Satz 2 EU-SchÜ). Bei der Entscheidung ist daher auf den maßgeblichen **Fremdvergleichsgrundsatz** abzustellen, allerdings nur insoweit, als dieser tatsächlich in dem konkret zur Anwendung kommenden Doppelbesteuerungsabkommen verankert ist.[10] Entsprechend der Zielsetzung des Schlichtungsverfahrens – beiderseitig abgestimmte Verrechnungspreiskorrektur – ist ein Rückgriff auf divergierendes nationales Recht des einen oder anderen Vertragsstaates ausgeschlossen.[11] Im Rahmen der Auslegung sind danach primär die Begriffsdefinitionen und der Sinnzusammenhang des maßgeblichen Doppelbesteuerungsabkommens[12] heranzuziehen. Hilfsmittel hierbei sind der Kommentar zum OECD-Musterabkommen sowie die OECD-Leitlinien, wobei allerdings nicht die jeweils aktuellen Fassungen, sondern diejenigen zugrunde zu legen sind, die zum Zeitpunkt des Abschlusses des Doppelbesteuerungsabkommens Geltung hatten.[13]

---

1 *Liebchen* in Schönfeld/Ditz, Art. 25 OECD-MA Rz. 306; *Menck* in G/K/G, Art. 25 OECD-MA Rz. 9 zu Art. 10 EU-SchÜ; *Hendricks* in Wassermeyer/Baumhoff, Verrechnungspreise international verbundener Unternehmen, Rz. 10.54; *Bödefeld/Kuntschik*, IStR 2009, 272; zum Teil abweichend *Peters/Haverkamp*, BB 2011, 1310.
2 Vgl. Rz. 49 des Kurzberichts über die 4. Sitzung des JTPF, Dok: JTPF/012/2003/DE; *Hendricks* in Wassermeyer/Baumhoff, Verrechnungspreise international verbundener Unternehmen, Rz. 10.54; *Bödefeld/Kuntschik*, IStR 2009, 268 (272).
3 Vgl. Rz. 4.1.7 OECD-Leitlinien 2010.
4 Vgl. BMF v. 9.10.2018, BStBl. I 2018, 1122 Rz. 13.5.2.
5 Vgl. BMF v. 9.10.2018, BStBl. I 2018, 1122 Rz. 13.5.2; überarbeiteter Verhaltenskodex, ABl. EU 2009 Nr. C 322, 1 Rz. 7 Buchst. f.
6 Eine derartige Aussetzung kommt allerdings in aller Regel nicht in Betracht, weil gerade der objektive Tatbestand der Steuerhinterziehung vom Ergebnis des Verständigungsverfahrens abhängt; vgl. hierzu *Schaumburg* in Schaumburg/Peters, Internationales Steuerstrafrecht, Rz. 15.291 f.
7 *Krabbe* in Wassermeyer, Art. 11 EU-SchÜ Rz. 2.
8 Vgl. § 171 Abs. 1 AO.
9 *Krabbe* in Wassermeyer, Art. 11 EU-SchÜ Rz. 2; *Liebchen* in Schönfeld/Ditz, Art. 25 OECD-MA Rz. 310.
10 *Liebchen* in Schönfeld/Ditz, Art. 25 OECD-MA Rz. 311.
11 *Krabbe* in Wassermeyer, Art. 11 EU-SchÜ Rz. 3.
12 Hierzu *Schaumburg/Häck* in Schaumburg, Internationales Steuerrecht[4], Rz. 19.54 ff.
13 Zu diesem Problembereich *Wassermeyer* in Wassermeyer, Vor Art. 1 OECD-MA Rz. 60, 63; *Schaumburg/Häck* in Schaumburg, Internationales Steuerrecht[4], Rz. 19.77; *Schönfeld/Häck* in Schönfeld/Ditz, DBA, Systematik, Rz. 98; dagegen auf die jeweils aktuelle Fassung des OECD-MK und der OECD-Leitlinien abstellend überarbeiteter Verhaltenskodex, ABl. EU 2009 Nr. C 322, 1 Rz. 6.1 Buchst. a zu den OECD-Leitlinien 2010.

Die **Beschlussfassung** über die Stellungnahme erfolgt mit der einfachen Mehrheit der Mitglieder des Beratenden Ausschusses (Art. 11 Abs. 2 Satz 1 EU-SchÜ). Der für die Stellungnahme maßgebliche Inhalt ergibt sich nicht unmittelbar aus der Schiedsverfahrenskonvention.[1] Die Verfahrenskosten des Beratenden Ausschusses tragen die Parteien, also die beteiligten Vertragsstaaten, zu gleichen Teilen (Art. 11 Abs. 3 EU-SchÜ).[2]

23.32

V. Einigungsverfahren

Die Stellungnahme des Beratenden Ausschusses (Art. 11 Abs. 2 Satz 1 EU-SchÜ) ist weder für die beteiligten Vertragsstaaten noch für die betroffenen Unternehmen bindend. Eine **Bindung** für die Vertragsstaaten tritt erst nach Ablauf von sechs Monaten nach Abgabe der Stellungnahme des Beratenden Ausschusses ein (Art. 12 Abs. 1 Satz 3 EU-SchÜ). In diesem Fall wirkt die Stellungnahme des Beratenden Ausschusses als **Schiedsspruch**,[3] gegen den keine Rechtsbehelfe gegeben sind.[4] Eine Bindungswirkung für die betroffenen Unternehmen entsteht erst mit der Umsetzung, etwa durch Änderung der entsprechenden Verwaltungsakte (vgl. hierzu Rz. 23.35 ff.).[5] Innerhalb der vorgenannten Sechs-Monats-Frist, also während der Zeit, zu der eine Bindung noch nicht eingetreten ist, können sich die zuständigen Behörden der beteiligten Vertragsstaaten einigen, und zwar dahingehend, dass sie sich die Stellungnahme des Beratenden Ausschusses zu eigen machen oder aber hiervon abweichen.[6] Eine von der Stellungnahme des Beratenden Ausschusses abweichende Einigung entfaltet aber nur dann Wirksamkeit, wenn hierdurch tatsächlich die Doppelbesteuerung vermieden wird. Ist das nicht der Fall, wird die Stellungnahme des Beratenden Ausschusses mit Ablauf der Sechs-Monats-Frist bindend.[7]

23.33

Das Einigungsverfahren mündet stets in eine Entscheidung der zuständigen Behörden der beteiligten Vertragsstaaten (Art. 12 Abs. 1 EU-SchÜ). Das gilt auch mit fruchtlosem Ablauf der mit Abgabe der Stellungnahme des Beratenden Ausschusses beginnenden Sechs-Monats-Frist. In diesem Fall gilt die bindend gewordene Stellungnahme des Beratenden Ausschusses als eigene Entscheidung der zuständigen Behörden der beteiligten Vertragsstaaten.[8]

23.34

VI. Innerstaatliche Umsetzung

Die Entscheidung der am Einigungsverfahren beteiligten Behörden hat den Charakter eines **Verwaltungsabkommens**, das eine konkrete Regelung zur Vermeidung der Doppelbesteuerung von bestimmten betroffenen Unternehmen beinhaltet.[9] Die Umsetzung dieser Regelung bedarf keiner innerstaatlichen Rechtsetzung.[10] Im Hinblick darauf reicht es aus, wenn die Entscheidung der zuständigen Behör-

23.35

---

1 Zum Inhalt allerdings BMF v. 9.10.2018, BStBl. I 2018, 1122 Rz. 13.5.3; überarbeiteter Verhaltenskodex, ABl. EU 2009 Nr. C 322, 1 Rz. 7.4.
2 Vgl. zu Einzelheiten BMF v. 9.10.2018, BStBl. I 2018, 1122 Rz. 14.1, 14.2; überarbeiteter Verhaltenskodex, ABl. EU 2009 Nr. C 322, 1 Rz. 7.3 Buchst. e, f; für das Verfahren im Übrigen, das keine staatlichen Gebühren auslöst, trägt jeder Mitgliedstaat und jedes betroffene Unternehmen seine Kosten selbst; zu Einzelheiten vgl. *Hendricks* in Wassermeyer/Baumhoff, Verrechnungspreise international verbundener Unternehmen, Rz. 10.63 f.
3 *Krabbe* in Wassermeyer, Art. 12 EU-SchÜ Rz. 5.
4 *Krabbe* in Wassermeyer, Art. 12 EU-SchÜ Rz. 5; *Liebchen* in Schönfeld/Ditz, DBA, Art. 25 Rz. 715; *Hendricks* in Wassermeyer/Baumhoff, Verrechnungspreise international verbundener Unternehmen, Rz. 10.60.
5 In Deutschland auf der Grundlage von § 175a AO.
6 *Krabbe* in Wassermeyer, Art. 12 EU-SchÜ Rz. 4.
7 *Krabbe* in Wassermeyer, Art. 12 EU-SchÜ Rz. 4; *Liebchen* in Schönfeld/Ditz, Art. 25 OECD-MA Rz. 316.
8 *Krabbe* in Wassermeyer, Art. 12 EU-SchÜ Rz. 5; *Liebchen* in Schönfeld/Ditz, Art. 25 OECD-MA Rz. 314.
9 Vgl. zu Verwaltungsabkommen *Nettesheim* in Maunz/Dürig, Art. 59 GG Rz. 160; *Drüen* in T/K, § 2 AO Rz. 6.
10 Hierin besteht der Unterschied zu den Konsultationsvereinbarungen (Art. 25 Abs. 3 OECD-MA), die als (normative) abstrakte Regelungen nach Art von Verwaltungsvorschriften treffen und daher der nor-

den (Art. 13 Abs. 1 EU-SchÜ) durch Verwaltungsakt umgesetzt wird. Nach deutschem Recht erfolgt dies auf Grundlage von **§ 175a Satz 1 AO**, wonach ein Steuerbescheid zu erlassen, aufzuheben oder zu ändern ist, soweit dies zur Umsetzung einer Verständigungsvereinbarung[1] geboten ist.[2] Um die Umsetzung durch Erlass oder Änderung von Steuerbescheiden zu ermöglichen, enthält § 175a Satz 2 AO eine Ablaufhemmung, wonach die Festsetzungsfrist nicht vor Ablauf eines Jahres nach Wirksamwerden der Verständigungsvereinbarung (Einigung) oder des Schiedsspruchs eintritt. Darüber hinaus bewirkt der Antrag auf Einleitung eines Verständigungsverfahrens bei einer inländischen Finanzbehörde eine Ablaufhemmung (§ 171 Abs. 3 AO), wenn damit gleichzeitig die Änderung eines Steuerbescheids beantragt wird.[3] Hieraus folgt, dass eine Umsetzung der Einigung der zuständigen Behörden der Vertragsstaaten (Art. 12 Abs. 1 EU-SchÜ) scheitert, wenn bereits zum Zeitpunkt der Beantragung die Festsetzungsfrist (§ 169 AO) abgelaufen ist.[4] Angesprochen sind hiermit insbesondere Fälle, in denen die Einleitung eines Verständigungsverfahrens von einem verbundenen Unternehmen im anderen Vertragsstaat beantragt worden ist.[5]

23.36 Gegen den gem. § 175a Satz 1 AO erstmals erlassenen oder – so die Regel – geänderten Steuerbescheid[6] ist im Grundsatz der **Einspruch** (§ 347 AO) gegeben. Das gilt allerdings dann nicht, wenn zuvor, etwa nach Bekanntgabe der Entscheidung der zuständigen Behörden (§ 12 EU-SchÜ), auf den Einspruch ganz oder nur insoweit verzichtet wurde, als die Entscheidung zutreffend im Steuerbescheid umgesetzt wird (§ 362 Abs. 1a, § 354 Abs. 1a AO). Der Einspruch ist zudem dann unzulässig, wenn das antragstellende Unternehmen sich mit der Umsetzung der Entscheidung der zuständigen Behörden (Art. 13 EU-SchÜ) einverstanden erklärt hat.[7] Ergeht gem. § 175a Satz 1 AO der geänderte Steuerbescheid während des Einspruchsverfahrens und wird hierdurch dem Einspruchsantrag im vollen Umfang entsprochen, ist keine Einspruchsentscheidung mehr erforderlich (§ 367 Abs. 2 Satz 3 AO). Wird durch Erlass des auf Grund von § 175a Satz 1 AO geänderten Steuerbescheids dem Einspruch nur teilweise abgeholfen, muss für den streitig gebliebenen Teil eine Einspruchsentscheidung erlassen werden. Innerhalb der dann laufenden Klagefrist (§ 47 FGO) besteht die Möglichkeit, die von den zuständigen Behörden erzielte und im Steuerbescheid (§ 175a AO) umgesetzte Einigung dadurch streitfrei zu stellen, dass auf die Erhebung der Klage insoweit verzichtet wird (§ 50 Abs. 1a FGO).[8]

23.37 Ein während des **Klageverfahrens** geänderter Steuerbescheid (§ 175a AO) wird Gegenstand des Verfahrens (§ 68 Satz 1 FGO). Wird hierdurch in vollem Umfang dem Klageantrag entsprochen, tritt Erledigung der Hauptsache ein (§ 138 FGO), so dass das finanzgerichtliche Verfahren in aller Regel ent-

---

mativen Umsetzung in innerstaatliches Recht bedürfen, soweit sie dem Wortlaut des DBA zuwiderlaufen; vgl. zuletzt BFH v. 2.9.2009 – I R 111/08, BStBl. II 2010, 387; nunmehr § 2 Abs. 2 AO; zu verfassungsrechtlichen Zweifeln und zur fraglichen Bindungswirkung für die Gerichte *Drüen* in T/K, § 2 AO Rz. 43e ff.
1 Hierzu zählen auch die Entscheidungen gem. Art. 13 Abs. 1 EU-SchÜ.
2 Zu § 175a AO als Rechtsgrundlage für die innerstaatliche Umsetzung von Entscheidungen nach Schiedsverfahrenskonvention *Liebchen* in Schönfeld/Ditz, Art. 25 OECD-MA Rz. 268; *Schaumburg/Häck* in Schaumburg, Internationales Steuerrecht[4], Rz. 19.123; BMF v. 9.10.2018, BStBl. I 2018, 1122 Rz. 13.6.4 i.V.m. Rz. 4.
3 *Liebchen* in Schönfeld/Ditz, Art. 25 OECD-MA Rz. 268; BMF v. 9.10.2018, BStBl. I 2018, 1122 Rz. 13.6.4 i.V.m. Rz. 4.1.
4 *Loose* in T/K, § 175a AO Rz. 8; *von Groll* in H/H/Sp, § 175a AO Rz. 102; *Liebchen* in Schönfeld/Ditz, Art. 25 OECD-MA Rz. 268; *Schaumburg/Häck* in Schaumburg, Internationales Steuerrecht[4], Rz. 19.102; **a.A.** unter Hinweis auf den Sinn und Zweck der Regelung *Rüsken* in Klein[14], § 175a AO Rz. 2.
5 Hieraus ergibt sich die Notwendigkeit, den Antrag zeitgleich auch seitens des inländischen verbundenen Unternehmens zu stellen; vgl. *Liebchen* in Schönfeld/Ditz, Art. 25 OECD-MA Rz. 268.
6 Entsprechendes gilt für Feststellungsbescheide (§ 181 Abs. 1 Satz 1 AO).
7 In diesen Fällen fehlt die Beschwer (§ 350 AO).
8 Vgl. den Hinweis in BMF v. 13.7.2006, BStBl. I 2006, 461 Rz. 4.2; die praktische Bedeutung ist allerdings gering; vgl. *Brandis* in T/K, § 50 FGO Rz. 2.

weder durch Klagerücknahme (§ 72 Abs. 1 FGO) oder durch Erledigung der Hauptsache (vgl. § 138 FGO) beendet wird. Ist das nicht der Fall, weil etwa noch andere Besteuerungsgrundlagen im Streit sind, ist z.B. eine entsprechende Teilrücknahme (§ 72 Abs. 1a FGO) möglich. Hierdurch wird der von § 175a AO erfasste Regelungsbereich einer nachfolgenden Entscheidung durch das FG entzogen.[1] Die vorgenannten Prozesserklärungen kommen aus der Sicht der klagenden Unternehmen überhaupt nur dann in Betracht, soweit die Verrechnungspreisangelegenheit durch den gem. § 175a AO geänderten Steuerbescheid streitfrei gestellt ist. Ist das nicht der Fall, kann ohne weiteres eine von der Einigung der zuständigen Behörden abweichende Entscheidung des FG ergehen. Hiergegen wäre ggf. sodann das Rechtsmittel der Revision (§ 115 FGO) gegeben.

Im **Revisionsverfahren** gelten die vorgenannten für das Klageverfahren maßgeblichen Grundsätze durchweg entsprechend (§ 121 Satz 1 FGO). Nicht anwendbar ist dagegen § 50 Abs. 1a FGO, der sich nur auf das Klageverfahren beschränkt. Hieraus folgt, dass ein Teilverzicht auf das Rechtsmittel der Revision nach Ergehen des finanzgerichtlichen Urteils ausgeschlossen ist.[2] Ein dennoch ausgesprochener Revisionsverzicht wird als (teilweise) Klagerücknahme (§ 72 Abs. 1a FGO), die auch noch während des Revisionsverfahrens zulässig ist,[3] auszulegen sein.[4]

23.38

Da eine **Durchbrechung der Rechtskraft** von Urteilen des FG oder des BFH grundsätzlich nur unter den Voraussetzungen des § 110 Abs. 2 FGO[5] möglich ist, ist bei Rechtskraft eines Urteils eine Einigung im Rahmen der Schiedsverfahrenskonvention nicht zulässig. Eine derartige Einigung ist keine Rechtsgrundlage für die Durchbrechung der Rechtskraft.[6] Eine Änderung gem. § 175a AO trotz entgegenstehender Rechtskraft von Urteilen (§ 110 Abs. 1 FGO) ist allerdings aus Billigkeitsgründen (§§ 163, 227 AO) zulässig und in aller Regel geboten.[7] Um die ggf. nachteilige Rechtskraftwirkung von Urteilen zu verhindern, ist es sachgerecht, während des Verständigungsverfahrens Klage- und Revisionsverfahren auszusetzen (§ 74 FGO)[8] oder ruhen zu lassen (§ 155 FGO i.V.m. § 251 ZPO)[9].

23.39

Eine Änderung des Steuerbescheids gem. § 175a AO ist allerdings rechtswidrig, wenn die hiermit einhergehende Steuerfestsetzung von einer **verbindlichen Auskunft**, einem **APA** oder einer **tatsächlichen Verständigung** zum Nachteil des betreffenden Unternehmens abweicht. Alle drei Rechtsinstitute entfalten nämlich zugunsten des Steuerpflichtigen eine **Bindungswirkung** für nachfolgende Verwaltungs-

23.40

---

1 Die gleiche Wirkung hat eine ebenfalls in Betracht kommende Teilerledigungserklärung; vgl. hierzu *Brandis* in T/K, § 138 FGO Rz. 12.
2 *Seer* in T/K, § 121 FGO Rz. 7.
3 Vgl. BFH v. 30.8.2007 – V R 37/07, BFH/NV 2007, 2323.
4 *Seer* in T/K, § 121 FGO Rz. 7; *Rüsken* in Gosch, § 121 FGO Rz. 5.
5 Diese Vorschrift gilt gem. § 121 Satz 1 FGO auch für Urteile des BFH; vgl. *Ruban* in Gräber[8], § 121 FGO Rz. 1.
6 *Seer* in T/K, § 110 FGO Rz. 35; *Lehner* in V/L[6], Art. 25 OECD-MA Rz. 132 f.; *Liebchen* in Schönfeld/Ditz, Art. 25 OECD-MA Rz. 299; *Schaumburg/Häck* in Schaumburg, Internationales Steuerrecht[4], Rz. 19.123; *Mühlhausen*, Das Verständigungsverfahren im deutschen internationalen Steuerrecht, S. 134; eine Durchbrechung der Rechtskraft von Urteilen bejahend *Krabbe* in Wassermeyer, Art. 7 EU-SchÜ Rz. 15; *Bödefeld/Kuntschik*, IStR 2010, 474 (477); BMF v. 13.7.2006, BStBl. I 2006, 461 Rz. 13.1.4; differenzierend *Rüsken* in Klein[14], § 175a AO Rz. 1; *von Wedelstädt* in Gosch, § 175a AO Rz. 16, wonach eine Durchbrechung der Rechtskraft nur für den Fall bejaht wird, dass die Verrechnungspreisproblematik nicht Gegenstand des Verfahrens war.
7 Vgl. BFH v. 1.2.1967 – I 220/64, BStBl. III 1967, 495; *J. Förster* in Birk, Handbuch des Europäischen Steuer- und Abgabenrechts, § 30 Rz. 189.
8 Über § 121 Satz 1 FGO gilt § 74 FGO auch im Revisionsverfahren (vgl. z.B. BFH v. 24.4.2007 – I R 39/04, BStBl. II 2008, 95), wobei im Sinne der Prozessökonomie der Begriff des Rechtsverhältnisses weit zu fassen ist; vgl. *Koch* in Gräber[8], § 74 FGO Rz. 3.
9 Vgl. *Brandis* in T/K, § 74 FGO Rz. 22.

akte,[1] ohne dass es auf irgendwelche Dispositionen des Steuerpflichtigen ankommt.[2] Die Bindungswirkungen gelten stets nur zugunsten des Steuerpflichtigen, so dass die Finanzbehörden gegen dessen Willen hiervon nicht abweichen dürfen.[3] Im Hinblick darauf verlangt das örtlich zuständige Finanzamt in aller Regel vor Erteilung des Änderungsbescheids, dass sich der Steuerpflichtige mit der Umsetzung der Einigung der zuständigen Behörden einverstanden erklärt und zudem auf einen Rechtsbehelf gegen den Änderungsbescheid verzichtet (Teilverzicht).[4]

D. Konkretisierung durch das Joint-Transfer-Pricing-Forum

23.41 Der Beratende Ausschuss ist bei der Rechtsfindung, die er seiner Stellungnahme zugrunde legt (Art. 11 Abs. 1 EU-SchÜ), an Gesetz und Recht gebunden. Hierzu gehören nicht nur die in Art. 4 EU-SchÜ verankerten Grundsätze für die Gewinnberichtigung zwischen verbundenen Unternehmen und für die einer Betriebsstätte zuzurechnenden Gewinne, sondern neben den zur Anwendung kommenden DBA (Art. 3 Abs. 2 EU-SchÜ) auch das Unionsrecht, obwohl die Schiedsverfahrenskonvention selbst nicht Bestandteil des Unionsrechts ist. Darüber hinaus sind EU-Verhaltenskodizes und Mitteilungen der Kommission zu Verrechnungspreisfragen von besonderer Bedeutung. Es handelt sich hierbei um Regelungen, die als Soft Law zu qualifizieren sind (hierzu Rz. 3.24 ff.). Diese Regelungen dienen im Wesentlichen der Vermeidung der Doppelbesteuerung oder/und Minderbesteuerung durch nicht abgestimmte Verrechnungspreiskorrekturen seitens der Steuerverwaltungen der Mitgliedstaaten. Um hier weitergehende Abhilfe zu schaffen, setzte die KOM im Oktober 2002 eine Sachverständigen-Gruppe – das gemeinsame EU-Verrechnungspreisforum (EU Joint-Transfer-Pricing-Forum – JTPF) – ein[5] mit dem Auftrag, pragmatische Lösungen im Zusammenhang mit Verrechnungspreisproblemen zu entwickeln.[6] Auf dieser Grundlage sind vor allem **Empfehlungen** erarbeitet worden, die mangels Rechtsnormcharakter zwar nicht bindend sind, aber bei der Rechtsfindung des Beratenden Ausschusses (Art. 11 Abs. 1 EU-SchÜ) im Rahmen der Auslegung der maßgeblichen Bestimmungen Berücksichtigung finden. Es handelt sich hierbei um folgende Regelungen:[7]

– Überarbeiteter Verhaltenskodex zur wirksamen Durchführung des Übereinkommens über die Beseitigung der Doppelbesteuerung im Falle von Gewinnberichtigungen zwischen verbundenen Unternehmen;[8]

– EU-Verhaltenskodex zur Verrechnungspreisdokumentation;[9]

---

1 Die Bindungswirkung ergibt sich für die verbindliche Auskunft aus § 89 Abs. 2 Satz 4 AO i.V.m. § 2 Abs. 1 StAuskV (vgl. *Seer* in T/K, § 89 AO Rz. 50 ff.); für das APA entsprechend seinem Charakter als verbindliche Auskunft (*Schaumburg/Häck* in Schaumburg, Internationales Steuerrecht[4], Rz. 19.107) oder als öffentlich-rechtlicher Vertrag (*Seer* in T/K, § 178a AO Rz. 3) und für die tatsächliche Verständigung als öffentlich-rechtlicher Vertrag (*Seer* in T/K, Vor § 118 AO Rz. 28, 32).
2 Vgl. *Seer* in T/K, § 89 AO Rz. 50.
3 *Seer* in T/K, § 89 AO Rz. 52.
4 BMF v. 9.10.2018, BStBl. I 2018, 1122 Rz. 13.6.4 i.V.m. Rz. 4.2.
5 Mitteilung der KOM an den Rat, das EP und den Wirtschafts- und Sozialausschuss „Ein Binnenmarkt ohne steuerliche Hindernisse – Strategie zur Schaffung einer konsolidierten Körperschaftsteuer-Bemessungsgrundlage für die grenzüberschreitende Unternehmenstätigkeit in der EU", KOM (2001), 582 endg. vom 23.10.2001, 21.
6 Die Aufgaben gliedern sich in zwei Hauptbereiche und zwar das SchÜ und andere Probleme im Zusammenhang mit Verrechnungspreisen.
7 Vgl. hierzu den Überblick bei *Borstell* in Vögele/Borstell/Engler, Verrechnungspreise[4], Rz. 303 ff.; *Bödefeld/Kuntschik*, IStR 2010, 474 ff.
8 ABl. EU 2009 Nr. C 322, 1.
9 ABl. EU 2006 Nr. C 176, 1.

– Leitlinien zu Streitvermeidungs- und Streitbeilegungsverfahren und über Verrechnungspreiszusagen in der EU;[1]

– EU-JTPF zu konzerninternen Dienstleistungen mit geringer Wertschöpfung und EU-externe Dreieckskonstellationen;[2]

– EU-JTPF zu Verrechnungspreisen bei kleinen und mittleren Unternehmen und Kostenumlagevereinbarungen für Dienstleistungen.[3]

Der **überarbeitete Verhaltenskodex** zur wirksamen Durchführung des Übereinkommens über die Beseitigung der Doppelbesteuerung im Falle von Gewinnberichtigungen zwischen verbundenen Unternehmen[4] betrifft die Durchführung der Schiedsverfahrenskonvention und bestimmte damit verbundene Aspekte der Verständigungsverfahren nach den DBA zwischen den Mitgliedstaaten. Die in ihm enthaltenen Empfehlungen sind weitgehend von den EU-Finanzbehörden umgesetzt worden.[5]

23.42

Nach dem überarbeiteten Verhaltenskodex erstreckt sich der Anwendungsbereich der Schiedsverfahrenskonvention auch auf sämtliche EU-Geschäftsvorfälle im Rahmen von **Dreieckskonstellationen** zwischen Mitgliedstaaten.[6] Hierzu wird empfohlen, derartige Doppelbesteuerungsfälle nicht in bilateralen, sondern in multilateralen Verfahren zu lösen.[7] Dies kann entweder dadurch erfolgen, dass alle betroffenen zuständigen Behörden an dem Verständigungsverfahren teilnehmen, oder aber dadurch, dass bei zwei oder mehr parallel laufenden bilateralen Verfahren sich die zuständigen Behörden verfahrensübergreifend abstimmen.[8] Die vorstehende Regelung bezieht sich zwar nur auf Dreiecksverhältnisse zwischen Mitgliedstaaten, die Schiedsverfahrenskonvention schließt die Einbeziehung von Drittstaaten, soweit sich diese hierzu bereit erklären, aber nicht aus. Andernfalls sind parallele bilaterale Verfahren nach der Schiedsverfahrenskonvention und auf Grundlage von Art. 25 OECD-MA erforderlich.

23.43

In den Anwendungsbereich der Schiedsverfahrenskonvention fallen auch Gewinnberichtigungen, die sich aus finanziellen Beziehungen einschließlich Darlehen und Darlehenskonditionen ergeben und nach dem Fremdvergleichsgrundsatz erfolgen.[9] Hieraus folgt, dass Gewinnberichtigungen wegen **Unterkapitalisierung** ohne Orientierung an den Fremdvergleichsgrundsatz nicht erfasst werden.[10]

23.44

Nach Art. 8 Abs. 1 EU-SchÜ sind die zuständigen Behörden nicht verpflichtet, ein Verständigungsverfahren einzuleiten oder die Einsetzung des Beratenden Ausschusses (Art. 7 EU-SchÜ) einzusetzen, „wenn durch ein Gerichts- oder Verwaltungsverfahren endgültig festgestellt ist, dass eines der beteiligten Unternehmen durch Handlungen, die eine Gewinnberichtigung gem. Art. 4 zur Folge haben, einen empfindlich zu bestrafenden Verstoß gegen steuerliche Vorschriften begangen hat". Deutschland hat zu diesem **Strafrechtsvorbehalt** erklärt, dass hierunter jeder Verstoß gegen Steuergesetze zu

23.45

---

1 KOM (2007) 71 endg. v. 26.2.2007.
2 KOM (2011) 16 endg. v. 25.1.2011.
3 KOM (2012) 516 endg. v. 19.9.2012.
4 ABl. EU 2009 Nr. C 322, 1.
5 In Deutschland: BMF v. 13.7.2006, BStBl. I 2006, 461.
6 Überarbeiteter Verhaltenskodex zur wirksamen Durchführung des Übereinkommens über die Beseitigung der Doppelbesteuerung im Falle von Gewinnberichtigungen zwischen verbundenen Unternehmen, ABl. EU 2009 Nr. C 322, 1 Rz. 1.1 Buchst. b.
7 EU-Verhaltenskodex Rz. 6.2 Buchst. b Satz 2.
8 EU-Verhaltenskodex Rz. 6.2 Buchst. b Sätze 2–4; zu weiteren Einzelheiten *Hendricks* in Wassermeyer/Baumhoff, Verrechnungspreise international verbundener Unternehmen, Rz. 10.65 f.
9 EU-Verhaltenskodex Rz. 1.2 Satz 2; vgl. aber auch die zahlreichen Vorbehalte verschiedener Mitgliedstaaten.
10 So die auf Grundlage des § 8a KStG a.F. angenommene verdeckte Gewinnausschüttung; *Krabbe* in Wassermeyer, Art. 1 EU-SchÜ Rz. 11.

verstehen ist, der mit Freiheitsstrafe oder Geldstrafe oder Bußgeld geahndet wird.[1] Angesprochen sind damit Steuerhinterziehung (§ 370 AO) und leichtfertige Steuerverkürzung (§ 378 AO), nicht aber in den Fällen, in denen eine Selbstanzeige (§§ 371, 378 Abs. 3 AO) erfolgt oder das Verfahren eingestellt worden ist.[2] Darüber hinaus wird im EU-Verhaltenskodex empfohlen, die einseitigen Erklärungen zu Art. 8 EU-SchÜ zu präzisieren oder zu überarbeiten, „um besser zum Ausdruck zu bringen, dass ein empfindlich zu bestrafender Verstoß nur in Ausnahmefällen, etwa bei Betrug, vorliegt"[3]. Deutschland hat zwar seine diesbezügliche Erklärung nicht geändert, im Rahmen des durch Art. 8 Abs. 1 EU-SchÜ eingeräumten Ermessens wird deutscherseits von der Einleitung des Verständigungsverfahrens oder der Einsetzung des Beratenden Ausschusses in aller Regel aber nicht abzusehen sein (vgl. hierzu Rz. 23.15).

23.46 Um in zeitlicher Hinsicht einen Gleichlauf zwischen den Verständigungsverfahren der DBA (Art. 25 OECD-MA) und der Schiedsverfahrenskonvention (Art. 6 Abs. 1 EU-SchÜ) herbeizuführen, wird empfohlen, die **Antragsfrist** für die Einleitung von Verständigungsverfahren nach den DBA (Art. 25 OECD-MA) entsprechend Art. 6 Abs. 1 EU-SchÜ mit dem Datum der „ersten Mitteilung der Maßnahme", die zu einer Doppelbesteuerung wegen Verrechnungspreiskorrekturen führt oder führen könnte,[4] beginnen zu lassen. Das bedeutet, dass im Grundsatz auf den ersten (geänderten) Steuerbescheid abzustellen ist, der zu einer Doppelbesteuerung führt. Die deutsche Finanzverwaltung verfährt nach dieser Empfehlung.[5] Entsprechendes gilt auch für die Empfehlung, für den Beginn der Zwei-Jahres-Frist, nach deren fruchtlosem Ablauf der Beratende Ausschuss einzusetzen ist (Art. 7 Abs. 1 EU-SchÜ), auf die Vorlage bestimmter Unterlagen durch den Steuerpflichtigen abzustellen.[6]

23.47 Der überarbeitete EU-Verhaltenskodex enthält einen umfassenden Katalog von im Rahmen des Verständigungsverfahrens zu beachtenden Verfahrensgrundsätzen,[7] die von der deutschen Finanzverwaltung weitgehend umgesetzt worden sind[8] oder tatsächlich so gehandhabt werden. Zu den tragenden Grundsätzen des Verfahrens zählt nach dem EU-Verhaltenskodex der Grundsatz der **Transparenz**.[9] Hierzu gehört, dass jedenfalls das Unternehmen, das das Verständigungsverfahren beantragt, während des Verfahrens über alle das Unternehmen betreffenden wesentlichen Entwicklungen unterrichtet wird.[10] Die deutsche Finanzverwaltung hat zwar diese Regelung übernommen[11], aber mit dem einschränkenden Hinweis, dass Informationen über geäußerte oder erhaltene Rechtsauffassungen (z.B. aus Positionspapieren) grundsätzlich nicht erteilt werden. Eine derartige Einschränkung sieht der EU-Verhaltenskodex nicht vor.[12] Auch wenn das beantragende Unternehmen im Verständigungsverfahren nicht Partei ist, ist ihm nach dem Grundsatz des rechtlichen Gehörs (§ 91 AO) gleichwohl jederzeit Gelegenheit zur schriftlichen und ggf. auch zur mündlichen Stellungnahme zu geben,[13] was allerdings dann auch Informationen über die von den zuständigen Behörden geäußerten Rechtsauffassungen voraussetzt.[14]

---

1 Erklärung zu Art. 8 EU-SchÜ.
2 *Krabbe* in Wassermeyer, Art. 8 EU-SchÜ Rz. 4.
3 EU-Verhaltenskodex Rz. 3.
4 EU-Verhaltenskodex Rz. 4.
5 BMF v. 9.10.2018, BStBl. I 2018, 1122 Rz. 2.2.1 (DBA) und Rz. 11.2.1 (EU-SchÜ).
6 EU-Verhaltenskodex Rz. 5; BMF v. 9.10.2018, BStBl. I 2018, 1122 Rz. 11.3.2.
7 EU-Verhaltenskodex Rz. 6.
8 BMF v. 9.10.2018, BStBl. I 2018, 1122 Rz. 12.
9 EU-Verhaltenskodex Rz. 6.3.
10 EU-Verhaltenskodex Rz. 6.3 Buchst. b.
11 BMF v. 9.10.2018, BStBl. I 2018, 1122 Rz. 12.1.1.
12 EU-Verhaltenskodex Rz. 6.4.
13 BMF v. 9.10.2018, BStBl. I 2018, 1122 Rz. 12.1.2 i.V.m. Rz. 3.3.
14 Vgl. *Krabbe* in Wassermeyer, Art. 6 EU-SchÜ Rz. 19.

23.48 Aus Gründen der Gleichbehandlung wird den Mitgliedstaaten empfohlen, während des Verständigungs- und Schiedsverfahrens (Art. 6 ff. EU-SchÜ) alle notwendigen Maßnahmen zu ergreifen, damit den beteiligten Unternehmen „während dieser Verfahren unter denselben Bedingungen Zahlungsaufschub gewährt werden kann wie in innerstaatlichen außergerichtlichen und gerichtlichen Rechtsbehelfsverfahren, auch wenn dies in manchen Mitgliedstaaten eine Änderung der Rechtsvorschriften erforderlich machen kann". Dies bedeutet aus deutscher Sicht, während der Verfahren **Aussetzung der Vollziehung** (§ 361 AO, § 69 FGO) zu gewähren, was allerdings ein anhängiges Rechtsbehelfsverfahren voraussetzt. Im Hinblick darauf ist aus der Sicht der beantragenden Unternehmen stets der Einspruch gegen den (geänderten) Steuerbescheid geboten, mit dem die (einseitige) Verrechnungspreiskorrektur umgesetzt wird.[1]

23.49 Der **EU-Verhaltenskodex zur Verrechnungspreisdokumentation**[2], enthält zahlreiche in Empfehlungen gekleidete Regelungen, die darauf gerichtet sind, standardisierte und teilweise zentralisierte Verrechnungspreisdokumentationen für verbundene Unternehmen in der EU zu schaffen. Entsprechende Regelungen im deutschen Recht sind in § 90 Abs. 3 AO, der Gewinnabgrenzungsaufzeichnungs-Verordnung (GAufzV)[3], der Betriebsstättengewinnaufteilungs-Verordnung (BsGaV)[4] und auf Verwaltungsebene in den Verwaltungsgrundsätzen-Verfahren[5] verankert.[6] Die im EU-Verhaltenskodex zur Verrechnungspreisdokumentation enthaltenen Regelungen sind im Anwendungsbereich des EU-SchÜ insofern von Bedeutung, als hiernach die am Schiedsverfahren beteiligten Unternehmen sowie die zuständigen Behörden in den vertragsschließenden Mitgliedstaaten auf Aufforderung des Beratenden Ausschusses u.a. Beweismittel oder Schriftstücke zu übermitteln haben (Art. 10 Abs. 1 Satz 2 EU-SchÜ). Hierzu gehören insbesondere die Verrechnungspreisdokumentationen der beteiligten Unternehmen, die nach Maßgabe des jeweiligen nationalen Rechts zu erstellen und vorzulegen sind.[7] Der Inhalt der nach nationalem Recht zu erstellenden Verrechnungspreisdokumentation orientiert sich hierbei im Zweifel an dem EU-Verhaltenskodex zur Verrechnungspreisdokumentation.[8] Erst in Kenntnis der entsprechenden Verrechnungspreisdokumentationen der beteiligten Unternehmen wird eine Empfehlung des Beratenden Ausschusses möglich sein.

23.50 Die **Leitlinien zu Streitvermeidungs- und Streitbeilegungsverfahren und über Verrechnungspreiszusagen** in der EU[9] zielen u.a. darauf ab, durch Verrechnungspreiszusagen, insbesondere Vorabvereinbarungen über Verrechnungspreisgestaltungen (Advance Pricing Agreements – APA) zu verhindern, dass es in der EU in diesem Zusammenhang zu Streitfällen und Doppelbesteuerungen kommt. Derartige APA sind Vereinbarungen zwischen Steuerverwaltungen der betreffenden EU-Mitgliedstaaten, mit denen im Vorhinein festgelegt wird, wie Transaktionen zwischen verbundenen Unternehmen innerhalb

---

1 Vgl. *Krabbe* in Wassermeyer, Art. 6 EU-SchÜ Rz. 12.
2 Entschließung des Rates und der im Rat vereinigten Vertreter der Regierungen der Mitgliedstaaten v. 27.6.2006 zu einem Verhaltenskodex zur Verrechnungspreisdokumentation für verbundene Unternehmen in der Europäischen Union (EUTPB), ABl. EU 2006 Nr. C 176, 1.
3 I.d.F. des AmtshilfeRLUmsG v. 26.6.2013, BGBl. I 2013, 1809.
4 Gilt erstmals für Geschäftsjahre, die nach dem 31.12.2014 beginnen; vgl. hierzu den Überblick von *Höreth/Zimmermann*, DStZ 2014, 743.
5 BMF v. 12.4.2005, BStBl. I 2005, 570.
6 Zur Verrechnungspreisdokumentation im Überblick *Cordes* in Wassermeyer/Baumhoff, Verrechnungspreise international verbundener Unternehmen, Rz. 1032 ff.
7 Vgl. § 90 Abs. 3 AO.
8 ABl. EU 2006 Nr. C 176, 1; die Einzelheiten ergeben sich aus dem Anhang hierzu.
9 Mitteilung der KOM an den Rat, das EP und den Europäischen Wirtschafts- und Sozialausschuss über die Tätigkeit des gemeinsamen EU-Verrechnungspreisforums im Bereich der Streitvermeidungs- und Streitbeilegungsverfahren und über Leitlinien für Verrechnungspreiszusagen in der EU, KOM (2007), 71 endg. v. 26.2.2007.

der EU besteuert werden sollen.¹ Hierzu wird in den Leitlinien darauf hingewiesen, dass der Einsatz von APA eine exemplarische Methode zur Streitvermeidung insbesondere zwischen den beteiligten Steuerverwaltungen ist.²

23.51 Dies gilt allerdings nur für bilaterale und multilaterale APA,³ soweit an ihnen alle durch Verrechnungspreiskorrekturen betroffenen Staaten beteiligt sind.⁴ Im Hinblick darauf sind solche **APA** geeignet, die von vornherein aufwendigen Verständigungs- und Schiedsverfahren nach Maßgabe der Schiedsverfahrenskonvention und auch der DBA zu vermeiden. Das gilt allerdings nicht für bloß unilaterale APA, die den betreffenden Steuerpflichtigen im Voraus zwar Sicherheit hinsichtlich der anzuwendenden Verrechnungspreismethode bieten, sie aber nicht vor unabgestimmten Verrechnungspreiskorrekturen in anderen Staaten schützen.⁵ In einem solchen Fall ergibt sich daher durchaus die Notwendigkeit, nach einem unilateralen APA ein Verständigungs- und Schiedsverfahren etwa nach der Schiedsverfahrenskonvention einzuleiten, um eine verrechnungspreisbedingte Doppelbesteuerung bei verbundenen Unternehmen und ausländischen Betriebsstätten zu vermeiden. Der Umsetzung gem. § 175a AO durch (geänderten) Steuerbescheid kann hierbei das vorangegangene unilaterale APA entgegenstehen. Ein derartiges APA entfaltet nämlich Bindungswirkung zugunsten des betreffenden Steuerpflichtigen, so dass es auch nur, soweit die Bindungswirkung reicht, zugunsten des hierdurch betroffenen Steuerpflichtigen geändert werden darf (vgl. Rz. 23.40). Im Hinblick darauf verlangt die Finanzverwaltung, dass sich der Antragsteller mit der Umsetzung schriftlich einverstanden erklärt und je nach Verfahrensstadium einen (teilweisen) Einspruchsverzicht (§ 354 Abs. 1a AO) bzw. (teilweisen) Klageverzicht (§ 50 Abs. 1a FGO) ausspricht oder einen bereits eingelegten Einspruch oder eine Klage (teilweise) zurücknimmt (§ 362 Abs. 1a AO, § 72 Abs. 1a FGO).⁶

23.52 Das EU-JTPF zu konzerninternen Dienstleistungen mit geringer Wertschöpfung und EU-externen Dreieckskonstellationen⁷ enthält für die Praxis wichtige Empfehlungen im Zusammenhang mit der Anwendung der Schiedsverfahrenskonvention. Es geht hierbei um die Ausweitung der Schiedsverfahrenskonvention auf **EU-externe Dreieckskonstellationen**.⁸ Der überarbeitete Verhaltenskodex hat für EU-Dreieckskonstellationen festgestellt, dass die Schiedsverfahrenskonvention anwendbar ist, so dass zwecks Vermeidung verrechnungspreisbedingter Doppelbesteuerungen multilaterale Verfahren durchzuführen sind (vgl. hierzu Rz. 23.43).⁹ Diese multilateralen Verfahren sollen nach den Empfehlungen der EU-JTPF auch auf EU-externe Dreieckskonstellationen ausgeweitet werden, wobei nach Maßgabe der Art. 35, 36 WÜRV¹⁰ so zu verfahren ist, dass die Drittstaaten gleichermaßen berechtigt und verpflichtet werden.¹¹ In diesem Zusammenhang ist von besonderer Bedeutung, dass die beteiligten Unternehmen zur erhöhten Mitwirkung aufzufordern sind.¹² Dies entspricht der Praxis im Verständigungs-

---

1 Zu Einzelheiten *Liebchen* in Schönfeld/Ditz, Art. 25 OECD-MA Rz. 322 ff.; *Becker* in Haase³, Art. 25 OECD-MA Rz. 66 ff.
2 Leitlinien für Verrechnungspreiszusagen in der EU, Rz. 13.
3 Unilaterale APA werden in Deutschland nur dann abgeschlossen, wenn hierfür ein berechtigtes Interesse besteht; vgl. BMF v. 5.10.2006, BStBl. I 2006, 594 Rz. 1.2.
4 Vgl. Leitlinien für Verrechnungspreiszusagen in der EU, Rz. 17.
5 *Hendricks* in Wassermeyer/Baumhoff, Verrechnungspreise international verbundener Unternehmen, Rz. 10.74.
6 BMF v. 9.10.2018, BStBl. I 2018, 1122 Rz. 13.6.4 i.V.m. Rz. 4.2.
7 Mitteilung der KOM an den Rat, das EP und den Europäischen Wirtschafts- und Sozialausschuss, KOM (2011) 16 endg. v. 25.1.2011.
8 EU-JTPF Rz. 149 ff.
9 EU-Verhaltenskodex Rz. 6.2 Buchst. b Satz 2.
10 V. 23.5.1969, BGBl. II 1985, 927; das WÜRV ist seit dem Inkrafttreten des Zustimmungsgesetzes v. 3.8.1985 (BGBl. II 1985, 926) am 20.8.1987 (BGBl. II 1987, 757) auch innerstaatlich unmittelbar anwendbar.
11 Vgl. hierzu im Überblick *Stein/von Buttlar/Kotzur*, Völkerrecht¹⁴, Rz. 113 ff.
12 EU-JTPF Rz. 152.

und Schiedsverfahren, wonach die beteiligten Unternehmen u.a. die nach innerstaatlichem Recht[1] zu erstellende Verrechnungspreisdokumentation auf Anforderung vorzulegen haben (hierzu Rz. 23.28, 23.49).

Das EU-JTPF-Konzernumlagen und kleine Unternehmen[2] befasst sich mit den Besonderheiten von Verrechnungspreisen bei kleinen und mittleren Unternehmen (KMU) in der EU. In dem für die Schiedsverfahrenskonvention bedeutsamen Zusammenhang wird den EU-Steuerbehörden nahe gelegt, vermehrt von ihrer Befugnis Gebrauch zu machen, eine Doppelbesteuerung im Rahmen des Abhilfeverfahrens (Art. 6 Abs. 2 EU-SchÜ; vgl. Rz. 23.17) zu vermeiden.[3] Überhaupt werden zur Entlastung von KMU zwecks Vermeidung der Doppelbesteuerung **beschleunigte Verfahren** empfohlen, die auch auf einer „De-minimis"-Regel basieren können.[4] Diesen Empfehlungen entspricht durchweg die deutsche Verwaltungspraxis, die zumeist vor Einleitung von Verständigungsverfahren nach der Schiedsverfahrenskonvention oder nach DBA im Rahmen von Außenprüfungen eine einvernehmliche Lösung mit den betroffenen Unternehmen anstrebt, wodurch freilich eine verrechnungspreisbedingte Doppelbesteuerung nicht rechtssicher vermieden werden kann.

23.53

Über die vorgenannten Empfehlungen hinaus hat sich das EU-JTPF im März 2015 auf einen Bericht über die Verbesserung der Funktionsfähigkeit der Schiedsverfahrenskonvention verständigt. Es handelt sich hierbei vor allem um folgende Empfehlungen:[5]

23.54

– Ausstattung der für die Durchführung von Verständigungsverfahren zuständigen Behörden der Mitgliedstaaten[6] mit ausreichendem Personal und entsprechenden Finanzmitteln;[7]

– Einbeziehung von in DBA-Verständigungsverfahren (Art. 25 OECD-MA) ungelösten Qualifikationskonflikten in den Anwendungsbereich der EU-SchÜ;[8]

– Anpassung von Art. 4 Nr. 2 WEU-SchÜ betreffend Betriebsstättengewinnabgrenzung/-zuordnung an die AOA-Regeln[9] (Art. 7 Abs. 2 OECD-MA);[10]

– Stärkung der Rechte von Steuerpflichtigen bei einvernehmlichen Gewinnanpassungen aufgrund von Außenprüfungen dahingehend, dass auf Rechtsbehelfe und Anwendung des EU-SchÜ nicht verzichtet werden muss;[11]

– Vereinfachung des Ablaufs des Verständigungsverfahrens;[12]

– Umsetzung einer Verständigungsvereinbarung nur mit Zustimmung des Steuerpflichtigen;[13]

---

1 In Deutschland: § 90 Abs. 3 AO, GAufzV, BsGaV.
2 EU-JTPF- zu Verrechnungspreisen bei kleinen und mittleren Unternehmen und Kostenumlagevereinbarungen für Dienstleistungen, KOM (2012) 516, endg. v. 19.9.2012.
3 EU-JTPF-Konzernumlagen und kleine Unternehmen, Rz. 37; Empfehlung Nr. 14.
4 EU-JTPF-Konzernumlagen und kleine Unternehmen, Rz. 38; Empfehlungen Nr. 15 u. 16.
5 Vgl. hierzu im Einzelnen ISR 2015, 356 ff.
6 In Deutschland das BZSt.
7 EU-JTPF (2015) Rz. 3.
8 EU-JTPF (2015) Rz. 7 f.
9 Hierzu *Schaumburg* in Schaumburg, Internationales Steuerrecht[4], Rz. 21.66 ff.
10 EU-JTPF (2015) Rz. 15 ff.
11 EU-JTPF (2015) Rz. 14.
12 EU-JTPF (2015) Rz. 20 ff.
13 EU-JTPF (2015) Rz. 29; entspricht Rz. 4.2 des BMF-Schreibens v. 9.10.2018, BStBl. I 2018, 1122 (Merkblatt).

– Keine Verpflichtung zur Einleitung eines Verständigungsverfahrens nur in Ausnahmefällen bei Steuerhinterziehung und leichtfertiger Steuerverkürzung;[1]
– Anhörung des Steuerpflichtigen und der mit der Betriebsprüfung betrauten Behörden durch den Beratenden Ausschuss;[2]
– Möglichkeit, auch Zinsforderung zum Gegenstand von Verständigungsverfahren zu machen.[3]

---

[1] EU-JTPF (2015) Rz. 32.
[2] EU-JTPF (2015) Rz. 38.
[3] EU-JTPF (2015) Rz. 44.

Kapitel 24
Streitbeilegungs-Richtlinie

Hinweis: Die folgenden Ausführungen sind nicht in dienstlicher Eigenschaft verfasst.

A. Entwicklung, Zielsetzung und Regelungskonzept 24.1	3. Verständigungsverfahren 24.55
B. Anwendungsfragen bei der Umsetzung in innerstaatliches Recht 24.19	4. Schiedsverfahren (Streitbeilegung durch „Beratenden Ausschuss" oder „Ausschuss für alternative Streitbeilegung") 24.60
I. Anwendungsbereich 24.19	a) Streitbeilegung durch „Beratenden Ausschuss" als Standardfall 24.60
1. Überblick 24.19	
2. Persönlicher Anwendungsbereich 24.20	b) Streitbeilegung durch „Ausschuss für alternative Streitbeilegung" als Alternative 24.73
3. Sachlicher Anwendungsbereich („Streitfrage") 24.28	
4. Territorialer Anwendungsbereich 24.33	c) Gemeinsame Regeln zu Vertraulichkeit, Kosten und Publizität 24.78
5. Zeitlicher Anwendungsbereich 24.34	
6. Abgrenzung zu Verständigungs- und Schiedsverfahren nach DBA und EU-Schiedskonvention und zur Anwendung nationaler Rechtsbehelfe 24.36	d) Vereinbarkeit des Streitbeilegungsverfahrens nach SBRL mit höherrangigem Unionsrecht 24.81
	C. Überblick zur Umsetzung im deutschen Recht 24.86
II. Gewährleistungsgehalt 24.42	
1. Überblick 24.42	
2. Beschwerde- bzw. Zulassungsverfahren 24.48	

Literatur: *Boulogne*, Implications of the CJEU's Achmea Decision (C-284/16) on Tax Treaty Arbitration, Kluwer International Tax Blog (March 26, 2018); *Cerioni*, The Commission's Proposal for a Directive on Double Taxation Dispute Resolution Mechanisms: Overcoming the Final Hurdle of Juridical Double Taxation within the European Union?, European Taxation 2017, 182; *Cloer/Niemeyer*, EuGH mit Entscheidungsbefugnis durch DBA-Schiedsklausel – Vorbildcharakter für die Streitbeilegung innerhalb der EU, FR 2018, 674; *Corciulo*, Arbitration under the Dispute Resolution Directive, in Majdanska/Turcan, OECD Arbitration in Tax Treaty Law, 2018, 447; *De Carolis*, The EU Dispute Resolution Directive (2017/1852) and Fair Trial Protection under Article 47 of the EU Charter of Fundamental Rights, European Taxation 2018, 495; *Debelva/Luts*, The European Commission's Proposal for Double Taxation Dispute Resolution: Turning the Tide?, Bulletin for International Taxation 2017, No. 5, online; *Gibert/Pasquier*, Strengthening the EU Arbitration Procedure, 86 Tax Notes Int'l 61 (2017); *Govind*, The New Face of International Tax Dispute Resolution: Comparing the OECD Multilateral Instrument with the EU Dispute Resolution Directive, EC Tax Review 2018, 309; *Groen*, The Scope of the Proposed EU Arbitration Directive, 86 Tax Notes Int'l 243 (2017); *Groen*, Why the Revised EU Arbitration Directive Is a Big Step in the Right Direction, 87 Tax Notes Int'l 475 (2017); *Hafner/Stiastny*, Die EU-Streitbeilegungsrichtlinie – eine Vorstellung, SWI 2018, 12; *Kircher/Pfeiffer/Boch*, Das EU-Doppelbesteuerungsabkommen-Streitbeilegungsgesetz, IWB 2019, 526; *Lehner*, Neue Regelungsebenen und Kompetenzen im Internationalen Steuerrecht, IStR 2019, 277; *Luchena Mozo*, A Collaborative Relationship in the Resolution of International Tax Disputes and Alternative Measures for Dispute Resolution in a Post-BEPS Era, European Taxation 2018, 22; *Monsenego*, Does the Achmea Case Prevent the Resolution of Tax Treaty Disputes through Arbitration?, Intertax 2019, 725; *Perrou*, Taxpayer Rights and Taxpayer Participation in Procedures Under the Dispute Resolution Directive, Intertax 2019, 715; *Piotrowski/Ismer/Baker/Monsenego/Perrou/Petruzzi/Reimer/Serrano Antón/Stankiewicz/Traversa/Voje*, Towards a Standing Committee Pursuant to Article 10 of the EU Tax Dispute Resolution Directive: A Proposal for Implementation, Intertax 2019, 678; *Pistone*, The Settlement of Cross-Border Tax Disputes in the European Union, in *Terra/Wattel*, European Tax Law, 7th ed 2019, 331; *Pit*, Dispute Resolution in the EU, Diss. 2018 (Part II: The Dispute Resolution Directive); *Pit*, The Changed Landscape of Tax Dispute Resolution Within the EU: Consideration of the Directive on Tax Dispute Resolution Mechanisms, Intertax 2019, 745; *Rasch*,

EU-Richtlinienvorschlag über Verfahren zur Beilegung von Doppelbesteuerungsstreitigkeiten in der EU – Überblick und erste Anmerkungen, ISR 2017, 43; *Spanblöchl/Turcan*, Das neue EU-Besteuerungsstreitbeilegungsgesetz (EU-BStbG), SWI 2019, 187; *Strotkemper*, Reformiertes Streitbeilegungsverfahren für Doppelbesteuerungskonflikte in der EU, IWB 2017, 55; *Villar Ezcurra*, Implicaciones del caso „Achmea" en asuntos fiscales: límites al arbitraje, jurisdicción exclusiva del TJUE y Convenios de Doble Imposición internacional, Quincena Fiscal 2019, 147; *Voje*, EU Dispute Resolution Directive (2017/1852): Paving the Path Towards a European Tax Court?, European Taxation 2018, 309; *Wiertsema*, Council Directive on Double Taxation Dispute Resolution Mechanisms: Resolving Companies' Areas of Convern?, Derivatives & Financial Instruments 2017, No. 5, online; *Zinowsky/Schönfeld*, Verfahren zur Beilegung von Streitigkeiten in Doppelbesteuerungssituationen – Überblick über die neue EU-Richtlinie, ISR 2018, 7.

A. Entwicklung, Zielsetzung und Regelungskonzept

24.1 Am 10.10.2017 hat der Rat der Europäischen Union die Richtlinie (EU) 2017/1852 „über Verfahren zur Beilegung von Besteuerungsstreitigkeiten in der Europäischen Union" beschlossen (im Weiteren kurz:"EU-Streitbeilegungsrichtlinie" oder „SBRL"), vier Tage später wurde die Richtlinie im Amtsblatt der EU verkündet.[1] Die Richtlinie legt ein **Verfahren zur Beilegung von Streitigkeiten zwischen den Mitgliedstaaten** fest, **wenn** diese Streitigkeiten „durch die Auslegung und Anwendung von Abkommen und Übereinkommen entstehen, welche die Beseitigung von Doppelbesteuerung von Einkommen und ggf. Vermögen vorsehen" (Art. 1 SBRL). Das komplexe Verfahren[2] gemäß der SBRL dient also der Beilegung von zwischenstaatlichen Streitigkeiten, die nicht EU-Recht, sondern in der Regel bilaterales Abkommensrecht (DBA) betreffen. Das **Verfahren nach SBRL tritt damit neben die traditionellen, in den DBA selbst geregelten Verständigungsverfahren (und ggf. Schiedsverfahren) und die Verfahren nach EU-Schiedskonvention** (siehe zur EU-Schiedskonvention Rz. 23.1 ff.). In vielen Punkten orientiert sich das Verfahren nach SBRL an diesen älteren Rechtsgrundlagen,[3] enthält aber u.a. ein gegenüber den anderen Instrumenten stärker formalisiertes „Beschwerde-" bzw. „Zulassungsverfahren". Zur Konkurrenz der Verfahren siehe unten Rz. 24.36 ff.

24.2 Die EU-Streitbeilegungsrichtlinie muss von den Mitgliedstaaten bis zum 30.6.2019 umgesetzt werden (Art. 22 der Richtlinie). Sie ist dann mindestens auf alle „Beschwerden" anzuwenden, die ab 1.7.2019 zu Streitfragen eingereicht werden, die ein am oder nach dem 1.1.2018 beginnendes Steuerjahr betreffen (Art. 23 SBRL). Die zuständigen Behörden können aber vereinbaren, die Richtlinie auch auf Beschwerden anzuwenden, die vorher oder in Bezug auf frühere Steuerjahre eingereicht werden (Art. 23 Abs. 2 Satz 2 SBRL).

24.3 **Entwicklungsgeschichtlich** geht die EU-Streitbeilegungsrichtlinie – wie andere Richtlinien – auf schon alte Bestrebungen zurück, Doppelbesteuerung innerhalb der EU (bzw. der seinerzeitigen EWG) möglichst umfassend zu vermeiden.[4] Ein **erster Richtlinienvorschlag** zum Verfahrensrecht der zwischenstaatlichen Streitbeilegung in Fragen der Doppelbesteuerung wurde von der Kommission **schon 1976**

---

1 Richtlinie (EU) 2017/1852 v. 10.10.2017, ABl. EU 2017 Nr. L 265, 1.
2 So auch *Lehner*, IStR 2019, 277 (282); *Kircher/Pfeiffer/Boch*, IWB 2019, 526 (531); *Piotrowski/Ismer/Baker/Monsenego/Perrou/Petruzzi/Reimer/Serrano Antón/Stankiewicz/Traversa/Voje*, Intertax 2019, 678 (680).
3 Zu Schiedsverfahren im Kontext von bilateralen Doppelbesteuerungssachen allgemeiner z.B. ausführlich *Züger*, Schiedsverfahren für Doppelbesteuerungsabkommen, Diss. 2001; *Altman*, Dispute Resolution Under Tax Treaties, Diss. 2005; *Strotkemper*, Das Spannungsverhältnis zwischen Schiedsverfahren in Steuersachen und einem Internationalen Steuergerichtshof, Diss. 2017; Argumente für und Vorbehalte gegen solche Schiedsverfahren kurz zusammenfassend z.B. *Flüchter* in Schönfeld/Ditz[2], Art. 25 OECD-MA Rz. 264 f.
4 Vgl. *Pit*, Dispute Resolution in the EU, Diss. 2018, Tz. 1.2.1.1 mit Hinweis auf den sog. Neumark-Bericht 1962, der u.a. ein multilaterales DBA der damaligen EWG-Staaten vorgeschlagen hat.

vorgelegt.¹ Der Richtlinienvorschlag zielte auf Doppelbesteuerung, die dadurch zustande kommt, dass im Bereich der Verrechnungspreise zwischen verbundenen Unternehmen zwei Steuerverwaltungen trotz Anwendung der eigentlich gleichen Prinzipien im Einzelfall unterschiedliche Auffassungen über die Zuordnung von Gewinnen nach dem Fremdvergleichsgrundsatz haben können. Diese Doppelbesteuerung führte aus Sicht der Kommission zu Verwerfungen bei Wettbewerbsbedingungen und Kapitalflüssen und beeinträchtigte das Funktionieren des gemeinsamen Marktes.² Bereits der Richtlinienvorschlag von 1976 knüpfte an das damals schon tradierte Verständigungsverfahren auf der Grundlage der DBA an (vgl. Art. 25 OECD-MA, wobei darauf hinzuweisen ist, dass seinerzeit in DBA noch keine Schiedsklauseln existierten, wie sich sich heute z.B. – aber erst seit 2008 – in Art. 25 Abs. 5 OECD-MA finden). Das herkömmliche Verständigungsverfahren sollte um ein bei Ausbleiben einer Einigung anschließendes Verfahren vor einer Schiedsstelle ergänzt werden, deren Spruch die zuständigen Behörden im Vorhinein annehmen, wie wenn sie selbst sich darauf geeinigt hätten. Als Schiedsstelle sollte eine Kommission aus Vertretern der zuständigen Behörden und einer ungeraden Zahl unabhängiger Personen gebildet werden, die es ermöglichen sollte, aus einer „Patt-Situation" herauszukommen und die Doppelbesteuerung zu beseitigen.³ Als Rechtsgrundlage für die vorgeschlagene Richtlinie nannte die Kommission den damaligen Art. 100 EWG-Vertrag.⁴ Der Richtlinienvorschlag stand im zeitlichen Zusammenhang mit dem Richtlinienvorschlag zur Amtshilfe im Bereich der direkten Steuern,⁵ Erwägungsgrund 10 des Entwurfs der Amtshilfe-Richtlinie stellt auch einen inhaltlichen Zusammenhang her: Verstärkter Auskunftsaustausch könne auch vermehrt Fälle von Doppelbesteuerung mit sich bringen, insbesondere im Bereich Verrechnungspreise zwischen verbundenen Unternehmen.

Zum Richtlinienvorschlag von 1976 bestanden erhebliche Meinungsverschiedenheiten zwischen den Mitgliedstaaten. Bei einer Reihe von Mitgliedstaaten war schon im Grundsatz keine Bereitschaft vorhanden, sich im Vorhinein einem bindenden Schiedsverfahren zu unterwerfen.⁶ Umstritten war auch die Frage, wie stark ein ggf. einzuführendes Schiedsverfahren „verrechtlicht" werden sollte (insbesondere, ob nur Richter als unabhängige Personen in Frage kommen sollten und ob Schiedsentscheidungen ihrerseits gerichtlicher Kontrolle, etwa durch den EuGH, unterworfen werden sollten).⁷ Zudem wurde auf das Problem fehlender Konkretisierung des Fremdvergleichsgrundsatzes hingewiesen.⁸ Hinsichtlich der Rechtsgrundlage für die vorgeschlagene Richtlinie war problematisch, dass der damalige EWG-Vertrag mit Art. 220 eine besondere Vorschrift enthielt, wonach die Mitgliedstaaten untereinander Verhandlungen einleiten würden, um zugunsten ihrer Staatsangehörigen die Beseitigung der Dop-

24.4

---

1 Vorschlag einer Richtlinie des Rates über Bestimmungen zur Vermeidung der Doppelbesteuerung für den Fall der Gewinnberichtigung zwischen verbundenen Unternehmen (Schiedsverfahren) v. 29.11.1976, ABl. EG 1976 Nr. C 301, 4; BT-Drucks. 8/740; dazu *van Waardenburg*, ET 1978, 144; *Saß*, DB 1979, 2196; *Krabbe*, RIW 1982, 269; *Lehner*, Möglichkeiten zur Verbesserung des Verständigungsverfahrens, Diss. 1982; *Saß*, DB 1983, 306, *Pit*, Dispute Resolution in the EU, Diss. 2018, Tz. 1.2.1.2.
2 Erwägungsgrund 2 des Richtlinien-Vorschlags v. 29.11.1976, ABl. EG 1976 Nr. C 301, 4; BT-Drucks. 8/740.
3 *Saß*, DB 1979, 2196 (2196).
4 Art. 100 Abs. 1 EWG-Vertrag: „Der Rat erläßt einstimmig auf Vorschlag der Kommission Richtlinien für die Angleichung derjenigen Rechts- und Verwaltungsvorschriften der Mitgliedstaaten, die sich unmittelbar auf die Errichtung oder das Funktionieren des Gemeinsamen Marktes auswirken." Vgl. heute Art. 115 AEUV.
5 Vgl. auch *Waardenburg*, ET 1978, 144 (146); *Saß*, DB 1979, 2196 (2196); *Pit*, Dispute Resolution in the EU, Diss. 2018, Tz. 1.2.1.2.
6 *Pit*, Dispute Resolution in the EU, Diss. 2018, Tz. 1.2.2.3; vgl. auch *Krabbe*, RIW 1982, 269 (271); *Saß*, DB 1983, 306 (306).
7 *Pit*, Dispute Resolution in the EU, Diss. 2018, Tz. 1.2.2.3; vgl. Beschlussempfehlung des Bundestags in BT-Drucks. 8/1228 v. 23.11.1977 sowie *Lehner*, Möglichkeiten zur Verbesserung des Verständigungsverfahrens, Diss. 1982, S. 205; *Krabbe*, RIW 1982, 269 (271 f.); kritisch dazu *Saß*, DB 1983, 306 (307).
8 *Lehner*, Möglichkeiten zur Verbesserung des Verständigungsverfahrens, Diss. 1982, S. 206, 213 ff. m.w.N.

pelbesteuerung innerhalb der Gemeinschaft sicherzustellen.[1] Zwar wurde in der Literatur überwiegend vertreten, Art. 220 schließe nicht aus, zur Beseitigung der Doppelbesteuerung auch Richtlinien nach Art. 100 EWG-Vertrag zu erlassen.[2] Ungeachtet dessen kam auf den Vorschlag von 1976 hin die für eine Richtlinie nach Art. 100 EWG-Vertrag erforderliche Einstimmigkeit im Rat nicht zustande.[3]

24.5 1984 ergriff die Kommission eine erneute Initiative, verbindliche zwischenstaatliche Streitbeilegung in Fragen der Doppelbesteuerung einzuführen. Der noch immer auf dem Tisch liegende Richtlinienvorschlag von 1976 wurde **verknüpft mit** den ebenfalls schon länger vorliegenden **Vorschlägen zu einer Mutter-Tochter-Richtlinie und zu einer Fusionsrichtlinie**.[4] Gleichzeitig öffnete sich die Kommission dafür, das angestrebte Streitbeilegungsverfahren in **Form eines mutlilateralen Übereinkommens im Sinne von Art. 220 EWG-Vertrag** einzuführen. In den Beratungen im Rat wurden außerdem die Regeln des Streitbeilegungsverfahrens in der Weise geändert, dass Schiedsentscheidungen nur dann verbindlich werden sollten, wenn sich die zuständigen Behörden der Mitgliedsstaaten nicht innerhalb von sechs Monaten nach der Entscheidung auf eine andere die Doppelbesteuerung vermeidende Lösung einigen, und dass in Fällen von Steuerbetrug der Ausschluss vom Streitbeilegungsverfahren möglich sein sollte. Als Teil des außerdem aus Mutter-Tochter-Richlinie und Fusionsrichtlinie bestehenden Pakets **wurde am 23.7.1990 schließlich die EU-Schiedskonvention unterzeichnet**,[5] die – mit den eben angesprochenen Änderungen – im Wesentlichen die Inhalte des Richtlinienvorschlags von 1976 umsetzte. Allerdings zog sich die Ratifizierung der EU-Schiedskonvention in den seinerzeit 12 Mitgliedstaaten noch bis 1994 hin, so dass das Übereinkommen erst zum 1.1.1995 in Kraft trat.[6] Ursprünglich nur für einen Zeitraum von fünf Jahren abgeschlossen, wurde das Übereinkommen mit Änderungsprotokoll vom 25.5.1999 um zunächst weitere fünf Jahre verlängert und zudem geregelt, dass weitere Verlängerungen um jeweils fünf Jahre automatisch erfolgen, wenn nicht ein Vertragsstaat sechs Monate vor Ablauf des jeweiligen Fünfjahreszeitraums Einspruch erhebt.[7] Außerdem wurde die Aufnahme neuer Mitgliedstaaten jeweils auch für die EU-Schiedskonvention nachvollzogen (siehe zur EU-Schiedskonvention insgesamt Rz. 23.1 ff.).[8]

24.6 Schon 2001 vertrat die Kommission die **Sicht, dass die bisherigen Maßnahmen, also u.a. die EU-Schiedskonvention, nicht ausreichten**. Es gebe in einer signifikanten Zahl von Fällen Doppelbesteue-

---

1 Art. 220 EWG-Vertrag: „Soweit erforderlich, leiten die Mitgliedstaaten untereinander Verhandlungen ein, um zugunsten ihrer Staatsangehörigen folgendes sicherzustellen: [...] die Beseitigung der Doppelbesteuerung innerhalb der Gemeinschaft [...]". Vgl. später Art. 293 EGV. Im AEUV ist eine entsprechende Vorschrift nicht mehr enthalten.
2 Ausführlich z.B. *Lehner*, Möglichkeiten zur Verbesserung des Verständigungsverfahrens, Diss. 1982, S. 160 ff., 191 f., 199 f.; *Scholsem*, Intertax 1982, 424 (425 ff.); *Schelpe*, EC Tax Review 1995, 68 (70 f.); auf ein entsprechendes Gutachten des Juristischen Dienstes der Kommission von 1978 hinweisend *Pit*, Dispute Resolution in the EU, Diss. 2018, Tz. 1.2.2.4.2.
3 Vgl. z.B. Antwort des Rates v. 11.5.1981 auf eine schriftliche Anfrage eines MdEP, Schriftliche Anfrage Nr. 2241/80, ABl. EG 1981 Nr. C 147, 23; *Baßler*, Steuerliche Gewinnabgrenzung im Europäischen Binnenmarkt, Diss. 2011, S. 291; *Pit*, Dispute Resolution in the EU, Diss. 2018, Tz. 1.2.2.4.2, Tz. 1.3.1.
4 Vgl. KOM(85)360 endg sowie *Pit*, Dispute Resolution in the EU, Diss. 2018, Tz. 1.3.1.
5 Übereinkommen über die Beseitigung der Doppelbesteuerung im Falle von Gewinnberichtigungen zwischen verbundenen Unternehmen (90/436/EWG) v. 23.7.1990, ABl. EG 1990 Nr. L 225, 10, BGBl. II 1993, 1308 u. BGBl. II 1995, 84.
6 Näher *Pit*, Dispute Resolution in the EU, Diss. 2018, Tz. 3.2.1.4.
7 Art. 20 EU-Schiedskonvention in der Fassung des Änderungsprotokoll v. 25.5.1999, ABl. EG 1999 Nr. C 202, 1, BGBl. II 1999, 1082 u. BGBl. II 2005, 635.
8 Übereinkommen v. 21.12.1995 (Beitritt Österreich, Finnland und Schweden), ABl. EG 1996 Nr. C 26, 1, BGBl. II 1999, 1010 u. BGBl. II 2006, 575; Übereinkommen v. 8.12.2004 (Beitritt Estland, Lettland, Litauen, Malta, Polen, Slowakische Republik, Slowenien, Tschechische Republik, Ungarn, Zypern), ABl. EU 2005 Nr. C 160, 1, BGBl. II 2006, 554, BGBl. II 2007, 754, BGBl. II 2011, 952; Beschl. des Rats v. 23.6.2008 (Beitritt Bulgarien und Rumänien), ABl. EU 2008 Nr. L 174, 1; Beschl. des Rats v. 19.12.2014 (Beitritt Kroatien), ABl. EU 2014 Nr. L 358, 19.

rung im Zusammenhang mit Verrechnungspreiskorrekturen, die EU-Schiedskonvention werde nur selten genutzt und manche ihrer Regelungen würden von ihrem Gebrauch abschrecken.[1] Zu den Empfehlungen gehörte: den Ausschluss von Schiedsverfahren in Fällen schwerer Verstöße gegen Steuervorschriften aufzugeben, den Beginn der Zweijahresfrist, die den Staaten vor Schiedsverfahren für den Versuch einer Verständigung zur Verfügung stehen sollte, klarer zu definieren, die Schiedsphase an sich genauer zu regeln sowie Schiedsentscheidungen verpflichtend zu veröffentlichen. Im Übrigen sollten die Inhalte der Schiedskonvention in Form einer Richtlinie verabschiedet werden, um eine Zuständigkeit des EuGH für die Auslegung herbeizuführen.[2] Ein entsprechender förmlicher Richtlinienvorschlag wurde für 2003 in Aussicht gestellt.[3] Dazu ist es nicht gekommen. Eine Mitteilung der Kommission von 2006 enthielt jedoch den Vorschlag, „gemeinsam mit den Mitgliedstaaten die Möglichkeiten für ein effizientes und allgemein verbindliches Streitbeilegungsverfahren zu prüfen, um auch allgemeinere Fragen der internationalen Doppelbesteuerung innerhalb der EU zu lösen".[4] 2007 bekräftigte die Kommission im Zusammenhang mit einer ersten statistischen Auswertung zu Verfahren nach der EU-Schiedskonvention, dass aus ihrer Sicht das Übereinkommen Doppelbesteuerung nicht so gut beseitige, wie es das tun solle, das reibungslose Funktionieren des Binnenmarktes sei mithin beeinträchtigt. Mit Blick auf die inzwischen erfolgte Einführung einer Schiedsklausel in Art. 25 OECD-MA stellte die Kommission außerdem fest, dass diese Schiedsklausel, die sich auf alle Fälle abkommenswidriger Besteuerung bezieht, weiter gehe als die auf Verrechnungspreis- und Betriebsstättengewinnabgrenzungskorrekturen beschränkte EU-Schiedskonvention.[5]

In einer Mitteilung zur „Doppelbesteuerung im Binnenmarkt" machte die Kommission im November 2011 erneut deutlich, dass aus ihrer Sicht die trotz DBA und anderer Maßnahmen verbleibende Doppelbesteuerung in der EU als Hemmnis für grenzübergreifende Niederlassung, Tätigkeit und Investitionen wirke und im Interesse der Unternehmen und der Bürger beseitigt werden müsse; aktuelle öffentliche Konsultationen der Kommission würden zeigen, dass die Steuerzahler in der EU von Doppelbesteuerungsfragen „in erheblichem Maße" betroffen seien.[6] Die vorhandenen Instrumente zur Beseitigung von Doppelbesteuerung reichten nicht aus, außerdem **dauere es bei der EU-Schiedskonvention zu lang, bis im Falle von Streitigkeiten Einvernehmen erzielt werde; die Hälfte aller offenen Verfahren sei länger als zwei Jahre anhängig.** Es solle deshalb geprüft werden, wie sich die Verfahren zur Streitbeilegung bei Doppelbesteuerungssachverhalten in der EU verbessern ließen, damit Streitfälle in allen Bereichen der direkten Besteuerung wirksam und zügig gelöst werden könnten.[7]

24.7

Auch im **Aktionsplan 2015 zur Unternehmensbesteuerung** verwies die Kommission wieder darauf, dass sich Doppelbesteuerung im Binnenmarkt negativ auf Investitionstätigkeiten auswirke und wirtschaftliche Verzerrungen und ineffiziente Ressourcenallokation zur Folge habe. Die bisherigen Streitbeilegungsverfahren seien langwierig, kostspielig und führten nicht immer zur Einigung. Die EU-Schiedskonvention biete zwar eine gewisse Erleichterung, sei aber auf Verrechnungspreisstreitigkeiten beschränkt, und gegen die Auslegung der Bestimmungen sei kein Rechtsbehelf möglich. Um die Rechtssicherheit für Unternehmen zu erhöhen, werde die Kommission bis Sommer 2016 Vorschläge zur Verbesserung der derzeitigen Streitbeilegungsverfahren in Doppelbesteuerungsangelegenheiten in der EU unterbreiten. Ziel sei ein EU-weit abgestimmtes Vorgehen bei der Streitbeilegung mit klareren Regeln

24.8

---

1 Rz. 46 der Executive Summary im Commission Staff Working Paper SEC(2001) 1681 v. 23.10.2001; zu den wahrgenommenen Schwächen der EU-Schiedskonvention im Einzelnen dort Tz. 5.5.3.
2 Tz. 8.3.2. Commission Staff Working Paper SEC(2001) 1681 v. 23.10.2001.
3 KOM(2001) 582 endg v. 23.10.2001, S. 16.
4 KOM(2006) 823 endg v. 9.12.2006, S. 9.
5 KOM(2007) 71 endg v. 26.2.2007, Rz. 28.
6 KOM(2011) 712 endg v. 11.11.2011, Tz. 3. Die 185 Teilnehmer der Konsultation berichteten nach Angaben der Kommission von Doppelbesteuerung in insgesamt 388 Fällen, vgl. Summary Report of the Responses Received, verfügbar unter https://ec.europa.eu/taxation_customs/consultations-get-involved/tax-consultations/consultation-double-tax-conventions-internal-market-factual-examples-double-taxation-cases_en.
7 KOM(2011) 712 endg v. 11.11.2011, Tz. 4 u. Tz. 5.4. Vgl. auch *Pit*, Dispute Resolution in the EU, Diss. 2018, Tz. 22.2.1.2.

und strengeren Fristen auf der Grundlage der bereits vorhandenen Verfahren. Dabei stelle sich die Frage, ob der Anwendungsbereich des Schiedsübereinkommens innerhalb der Union ausgeweitet werden sollte und ob es im Interesse einer besseren Funktionsweise des Binnenmarkts effizienter wäre, das Übereinkommen in eine EU-Regelung umzuwandeln.[1]

24.9 Vorbereitend wurde abermals eine **Öffentliche Konsultation** unternommen. Gefragt wurde danach, wie die derzeitigen Mechanismen zur Streitbeilegung bei Doppelbesteuerung wirken und wie sie gegebenenfalls verbessert werden könnten. Von den 87 Teilnehmern (überwiegend Wirtschaftsverbände, Unternehmen und Berater) gaben nur 3 oder weniger an, die bisherigen Doppelbesteuerungs-Streitbeilegungsmechanismen seien hinsichtlich Effizienz, Durchsetzbarkeit und Anwendungsbereich völlig ausreichend, 33 oder mehr dagegen meinten, sie seien unzureichend. Die Sicherung des Zugangs zu Streitbeilegungsmechanismen und eine zeitgerechte Lösung wurden von fast allen Teilnehmern für wichtige Ziele gehalten, Transparenz und die Sicherung der Haushaltsinteressen der Mitgliedstaaten dagegen deutlich weniger. Fast alle Teilnehmer der Konsultation sahen Handlungsbedarf.[2]

24.10 Im **Oktober 2016** legte die Kommission dann tatsächlich einen „**Vorschlag für eine Richtlinie des Rates über Verfahren zur Beilegung von Doppelbesteuerungsstreitigkeiten in der Europäischen Union**" vor,[3] begleitet von einem umfangreichen Arbeitspapier.[4] Zu den größten Problemen, mit denen grenzübergreifend tätige Unternehmen heute konfrontiert seien, zähle die Doppelbesteuerung.[5] Die Kommission beobachte die Zahl der jedes Jahr in den Mitgliedstaaten durchgeführten Verfahren nach den Verständigungsklauseln der DBA und nach der EU-Schiedskonvention und deren Ausgang. Obgleich die bestehenden Verfahren in vielen Fällen gut funktionierten, müssten sie in Bezug auf den Zugang der Steuerpflichtigen zu diesen Verfahren, ihren Anwendungsbereich, ihre Dauer und ihre Eignung zur Herbeiführung einer abschließenden Lösung noch verbessert werden. Die Verbesserung der vorhandenen Verfahren sei ein wichtiger Beitrag zur Schaffung eines fairen Steuersystems sowie zur Erhaltung der Attraktivität des EU-Binnenmarkts für Investitionen.[6] Der **Vorschlag stützte sich in weiten Teilen auf das aus der EU-Schiedskonvention bekannte Verfahren**, dehnte den Anwendungsbereich aber auf **jede Doppelbesteuerung von Unternehmensgewinnen** (also nicht bloß Verrechnungspreis- und Betriebsstättengewinnabgrenzungskorrekturen) aus. Neu gegenüber der EU-Schiedskonvention waren auch vorgeschlagene **umfangreiche Formvorschriften** zur Klärung der Voraussetzungen für die Zulässigkeit eines Verständigungsverfahrens. Außerdem sollte ein Schiedsverfahren anders als bisher auch schon zur Entscheidung über die Zulässigkeit des Verfahrens möglich sein, zudem sollten nationale Gerichte angerufen werden können, um ggf. von den Behörden nicht vorgenommene Schritte zur Bestellung eines Schiedsgremiums ersatzweise vorzunehmen.[7] Ferner sollte alternativ zum aus der EU-Schiedskonvention bekannten „beratenden Ausschuss" ein „**Ausschuss für alternative Streitbeilegung**" eingesetzt werden können, dessen Zusammensetzung und Verfahren

---

1 COM(2015) 302 final v. 17.6.2015, Tz. 3.2.
2 Summary Report Responses received on The Commission's consultation on improving double taxation dispute resolution mechanisms, May 2016, verfügbar unter https://ec.europa.eu/taxation_customs/consultations-get-involved/tax-consultations/public-consultation-improving-double-taxation-dispute-resolution-mechanisms_de; siehe auch SWD(2016) 343 final v. 25.10.2016, Annex B (Stakeholder Consultation), S. 76 ff. sowie die Zusammenfassung bei *Gibert/Pasquier*, 86 Tax Notes Int'l 61 (63 f.) (2017).
3 COM(2016) 686 final v. 25.10.2016. Vgl. dazu z.B. *Rasch*, ISR 2017, 43; *Strotkemper*, IWB 2017, 55; *Cerioni*, ET 2017, 182; *Debelva/Luts*, BIT 2017, No. 5, online; *Gibert/Pasquier*, 86 Tax Notes Int'l 61 (64 ff.) (2017). Siehe auch die Empfehlung des Finanzausschusses des Bundesrats in BR-Drucks. 658/1/16 v. 5.12.2016.
4 Commission Staff Working Document, Impact Assessment, SWD(2016) 343 final v. 25.10.2016.
5 Zu Schätzungen der Kommission zur Anzahl der Doppelbesteuerungsfälle u. zu den in Verständigungsverfahren streitigen Beträgen siehe Commission Staff Working Document, Impact Assessment, SWD (2016) 343 final v. 25.10.2016, Annex D (Estimation of Double Taxation Disputes for Corporate Taxpayers), S. 93 ff., u. Annex E (Estimation of Amounts of Tax Involved in DTDRM), S. 97 ff.
6 COM(2016) 686 final v. 25.10.2016, Gründe und Ziele, S. 2-3.
7 COM(2016) 686 final v. 25.10.2016, Ausführliche Erläuterung einzelner Bestimmungen, S. 8-10.

sich von dem aus der Schiedskonvention bekannten unterscheiden dürfte. Als ein Ziel der vorgeschlagenen Richtlinie wird auch **mehr Transparenz** genannt. Anders als nach der EU-Schiedskonvention, die die Veröffentlichung von Entscheidungen nur nach Vereinbarung der zuständigen Behörden vorsieht, sollte die Richtlinie die Behörden zur Veröffentlichung grundsätzlich verpflichten, vorbehaltlich des Einverständnisses der betroffenen Steuerpflichtigen; selbst ohne ein solches Einverständis sollte eine Zusammenfassung veröffentlicht werden.[1] Rechtsgrundlage für die Richtlinie sollte Art. 115 AEUV sein – die Nachfolgevorschrift des bereits beim ursprünglichen Vorschlag 1976 herangezogen Art. 100 EWG-Vertrag. Zum Subsidiaritätsprinzip (Art. 5 EUV) heißt es, Rechtssicherheit und Vorhersehbarkeit im Interesse der Steuerpflichtigen ließen sich nur durch Einführung einer gemeinsamen Regelung gewährleisten. Im Vergleich zu den bestehenden nationalen Regelungen oder bilateralen Verträgen „wäre außerdem mit einer EU-Initiative zur Einführung eines koordinierten und flexiblen Rechtsrahmens ein Mehrwert verbunden".[2]

Schon knapp sieben Monate nach Vorlage dieses Richtlinienvorschlags wurde nach einer Sitzung des ECOFIN-Rates am 23.5.2017 über eine **Einigung** über die neue EU-Streitbeilegungsrichtlinie informiert.[3] Erst danach erfolgte die für Gesetzgebungsverfahren nach Art. 115 AEUV vorgesehene Anhörung des Europäischen Parlaments.[4] Der ECON-Ausschuss des Parlaments unterstützte den Richtlinienvorschlag der Kommission fast einstimmig grundsätzlich, sprach sich aber für eine Reihe von Änderungen im Detail aus (so z.B. für die Verkürzung der Frist zur Entscheidung über die Zulässigkeit des Verfahrens von sechs Monaten auf drei Monate; Verkürzung der Frist, die den Behörden vor einem Schiedsverfahren für das Verständigungsverfahren zur Verfügung stehen sollte, von zwei Jahren auf ein Jahr; Beschränkung der Möglichkeit der Einsetzung eines „Ausschusses für alternative Streitbeilegung" auf Ausnahmefälle; ausnahmslose Veröffentlichung von Entscheidungen, ggf. unter Tilgung sensibler Geschäftsinformationen).[5] Drei Wochen später schloss sich das Europäische Parlament mit großer Mehrheit der Empfehlung des Ausschusses an.[6] Die Kommission lehnte mit Stellungnahme vom 6.9.2017 die Änderungsvorschläge des Parlaments ganz überwiegend ab.[7] Ohne erkennbare Auseinandersetzung mit den Vorschlägen des Parlaments wurde die Richtlinie auf Basis der schon im Mai erfolgten Einigung im Rat mit nur redaktioneller Bearbeitung **am 10.10.2017 formal vom Rat einstimmig beschlossen** und kurz darauf im Amtsblatt verkündet.[8] Die letztlich beschlossene **Richtlinie weicht in einer Reihe von Einzelheiten vom Kommissionsvorschlag ab**, am auffälligsten schon in ihrem Anwendungsbereich: Anders als der Kommissionsvorschlag ist die Richtlinie **nicht auf Fragen der Doppelbesteuerung von Unternehmensgewinnen beschränkt**, sondern sie bezieht sich auf alle Streitigkeiten, die durch die Auslegung und Anwendung von Abkommen und Übereinkommen zur Beseitigung der Doppelbesteuerung von Einkommen und ggf. Vermögen entstehen (Art. 1 SBRL).

Zielsetzung der SBRL ist ausweislich der Erwägungsgründe das Schaffen eines **Verfahrens für eine wirksame und effiziente Beilegung von Streitigkeiten bezüglich der Auslegung und Anwendung**

---

1 COM(2016) 686 final v. 25.10.2016, Ausführliche Erläuterung einzelner Bestimmungen, S. 12 i.V.m. Art. 16 des Richtlinienvorschlags.
2 COM(2016) 686 final v. 25.10.2016, Subsidiarität, S. 4 f.; siehe auch Commission Staff Working Document, Impact Assessment, SWD(2016) 343 final v. 25.10.2016, dort S. 33 f.
3 Press Release 287/17 des Rats der EU v. 23.5.2017; zu Äußerungen zwischen Veröffentlichung des Richtlinienvorschlags und Mai 2017 vgl. *Pit*, Dispute Resolution in the EU, Diss. 2018, Tz. 22.3.3. Insbesondere begrüßte der Europäische Wirtschafts- und Sozialausschuss mit Stellungnahme v. 22.2.2017 den Richtlinienvorschlag und forderte unverzügliche Umsetzung, vgl. ABl. 2017 Nr. C 173, 29.
4 Zu den Anforderungen an eine ordnungsgemäße Anhörung des Europäischen Parlaments im Gesetzgebungsverfahren vgl. EuGH v. 10.5.1995 – C-417/93 – Parlament/Rat, ECLI:EU:C:1995:127.
5 Bericht des Ausschusses für Wirtschaft und Währung v. 14.6.2017, 2016/0338(CNS), A8-0225/2017.
6 Legislative Entschließung des Europäischen Parlaments v. 6.7.2017, 2016/0338(CNS), P8_TA(2017)0314.
7 Follow-up to the European Parliament legislative resolution of 6 July 2017 on the proposal for a Council Directive on Double Taxation Dispute Resolution Mechanisms in the European Union, SP(2017)538-0, https://oeil.secure.europarl.europa.eu/oeil/spdoc.do?i=29952&j=0&l=en.
8 ABl. EU 2017 Nr. L 265, 1.

solcher bilateraler DBA und der Schiedskonvention, insbesondere der Streitigkeiten, die zu einer Doppelbesteuerung führen. Denn die unterschiedliche Auslegung oder Anwendung dieser Abkommen oder Übereinkommen durch verschiedene Mitgliedstaaten könnten für grenzüberschreitend tätige Unternehmen **schwerwiegende Hindernisse** schaffen, **die wirtschaftliche Verzerrungen und Ineffizienzen sowie nachteilige Auswirkugnen auf Investitionen und Wachstum zur Folge haben könnten.**[1] Die SBRL soll wahrgenommene Unzulänglichkeiten der bisherigen Streitbeilegungsmechanismen, also insbesondere der EU-Schiedskonvention, addressieren, insbesondere in Bezug auf den Zugang zum Verfahren sowie in Bezug auf dessen Dauer und den wirksamen Abschluss.[2] Der Einführung eines wirksamen und effizienten Rechtsrahmens für die Beilegung von Besteuerungsstreitigkeiten wird entscheidende Bedeutung für die Schaffung fairer und effizienter Steuersysteme in der EU zugeschrieben.[3] Die SBRL wahre auch die **Grundrechte**, sie ziele insbesondere darauf ab, die vollständige Wahrung des **Rechts auf ein faires Verfahren und der unternehmerischen Freiheit** sicherzustellen.[4] In Art. 1 Satz 2 SBRL heißt es, die Richtlinie lege Rechte und Pflichten der betroffenen Personen fest.[5] Zur Frage der Bedeutung von Art. 47 EU-Grundrechtecharta für die SBRL vgl. Rz. 24.81 f.

24.13 Konzept der SBRL ist dabei, **auf den schon vorher vorhanden Streitbeilegungssystemen (Verständigungsverfahren nach DBA sowie Verständigungs- und Schiedsverfahren nach EU-Schiedskonvention) aufzubauen.** In einem **ersten Schritt** sollen (wie nach den bisherigen Regelungen) die Steuerbehörden der betroffenen Mitgliedstaaten mit dem Fall befasst werden, damit sie die Streitigkeit in einem **Verständigungsverfahren** beilegen können. Kommt es innerhalb einer bestimmten Frist zu **keiner Einigung**, soll ein **Streitbeilegungsverfahren im engeren Sinne** eingeleitet werden, wobei den Mitgliedstaaten **bei der Wahl der Methode der Streitbeilegung (z.B. ad-hoc-Strukturen oder dauerhaftere Strukturen) Flexibilität** eingeräumt wird. Es kann entweder auf die als Standard vorgegebene Form eines Beratenden Ausschusses zurückgegriffen werden, dem sowohl Vertreter der zuständigen Behörden als auch unabhängige Personen angehören (wie schon nach EU-Schiedskonvention), oder es kann ein „Ausschuss für alternative Streitbeilegung" eingesetzt werden, ggf. auch mit dauerhafter Struktur, für den die SBRL wenig weitere Vorgaben macht. Die **Stellungnahme des eingesetzten Ausschusses wird** (wie schon nach EU-Schiedskonvention) **für die Staaten bindend**, wenn sie sich nicht auf eine abweichende Lösung einigen.[6] Im Unterschied zur EU-Schiedskonvention wird aber der **Anwendungsbereich erweitert** (nicht bloß Streitigkeiten über Verrechnungspreise und über die Zuweisung von Gewinnen an Betriebsstätten) und die **Streitbeilegung wird näher ausgestaltet**, insbesondere was einzuhaltende Fristen angeht,[7] das gilt auch schon für den Zugang zum Verständigungsverfahren. Zudem wird auch die Streitbeilegung bei Streit über den Zugang zu diesem Verfahren ausführlich geregelt.

24.14 Der Rat als EU-Gesetzgeber ist, im Anschluss an die Kommission, davon ausgegangen, dass das Ziel der SBRL (Einführung eines wirksamen und effizienten Verfahrens zur Beilegung von Streitigkeiten im Rahmen des ordnungsgemäßen Funktionierens des Binnenmarktes) von den Mitgliedstaaten nicht ausreichend verwirklicht werden kann, sondern aufgrund des Umfangs und der Wirkungen der Maßnahme auf Unionsebene besser zu verwirklichen ist. Die Richtlinie gehe auch nicht über das zur Verwirklichung des Ziels erforderliche Maß hinaus. **Subsidiaritätsprinzip und Verhältnismäßigkeit (Art. 5 EUV)** seien deshalb gewahrt.[8]

---

1 Erwägungsgründe 1, 2 u. 10 der SBRL.
2 Erwägungsgrund 3 der SBRL.
3 Erwägungsgrund 5 der SBRL.
4 Erwägungsgrund 9 der SBRL.
5 Dies hervorhebend *Perrou*, Intertax 2019, 715 (715).
6 Erwägungsgründe 6 u. 7 der SBRL.
7 Erwägungsgrund 7 der SBRL. Skeptisch zur zukünftigen Einhaltung der Fristen *Rasch*, ISR 2017, 43 (47). Zuvor vor zu ambitionierten Fristen warnend, die die Rechte der deutschen Landesfinanzverwaltungen beeinträchtigen könnten, BR-Drucks. 658/1/16 v. 5.12.2016.
8 Erwägungsgrund 10 der SBRL. Kritisch zur Frage der Subsidiarität dagegen *Lehner*, IStR 2019, 277 (283). Vgl. auch *Debelva/Luts*, BIT 2017, No. 5, online, Tz. 3.1.1, mit Hinweis auf Stellungnahmen des niederländischen und des schwedischen Parlaments.

Über Gültigkeit und Auslegung der SBRL – also des von der Richtlinie geschaffenen Verfahrensrechts – kann der EuGH im Rahmen von Vorabentscheidungsverfahren gem. Art. 267 AEUV entscheiden. Dazu könnte es kommen, wenn ein nationales Gericht im Rahmen der z.B. in Art. 5 Abs. 3 u. Art. 7 SBRL vorgesehenen Rechtsbehelfe die Richtlinie auszulegen hat.[1] Darüber hinaus werden Vertragsverletzungsverfahren nach Art. 258 AEUV möglich, wenn nach Auffassung der Kommission ein Mitgliedstaat die Richtlinie nicht rechtzeitig oder nicht korrekt umsetzt. Die Regelung eines Streitbeilegungsverfahrens für Streitigkeiten über Auslegung und Anwendung von DBA verlagert aber im Übrigen *nicht die Kontrollkompetenz über die Auslegung von DBA auf den EuGH*.[2]

24.15

Es erscheint derzeit nicht ausgeschlossen, dass zentrale Elemente der SBRL mit höherrangigem Unionsrecht aus Gründen, die im Gesetzgebungsverfahren nicht adressiert wurden, unvereinbar sein könnten. In der Rechtssache Achmea hat der EuGH im März 2018 entschieden, dass die in einem bilateralen Investitionsabkommen zwischen den Niederlanden und der Slowakei enthaltene Schiedsklausel mit Art. 267 und Art. 344 AEUV unvereinbar sei.[3] Seit der Achmea-Entscheidung wird diskutiert, ob auch die internationalen Schiedsmechanismen zu Steuerabkommen, einschließlich der Streitbeilegung nach SBRL, insoweit problematisch sind. Siehe dazu näher Rz. 24.83 ff.

24.16

Nach Art. 21 SBRL soll die Kommission bis zum 30.6.2024 die Umsetzung der Richtlinie bewerten und dazu dem Rat berichten, ggf. verbunden mit einem Gesetzgebungsvorschlag. Angesichts der in der SBRL selbst vorgegebenen Verfahrensdauern liegt dieser Stichtag sehr früh.[4]

24.17

Trotz der nach Art. 22 Abs. 1 SBRL bestehenden Verpflichtung, die Vorschriften in Kraft zu setzen, die erforderlich sind, um der Richtlinie bis zum 30.6.2019 nachzukommen,[5] lag bei Drucklegung dieses Handbuchs (August 2019) noch kein deutsches Umsetzungsgesetz vor, sondern nur Entwürfe vor, zuletzt der dem Bundesrat und dem Bundestag vorgelegte Gesetzesentwurf der Bundesregierung vom 17.5.2019 eines „EU-Doppelbesteuerungsabkommen-Streitbeilegungsgesetzes – EU-DBA-SBG"[6] (ausführlicher dazu Rz. 24.86 ff.). Nach einem BMF-Schreiben v. 25.6.2019 soll bis zum Inkrafttreten des EU-DBA-SBG auf (Streitbeilegungs-)Beschwerden, die unter Berufung auf die SBRL eingereicht werden, der Regelungsgehalt der SBRL Anwendung finden; für Entgegennahme und Bearbeitung soll das BZSt zuständig sein.[7] In Österreich wurde mit Gesetz v. 22.7.2019 bereits umgesetzt.[8]

24.18

B. Anwendungsfragen bei der Umsetzung in innerstaatliches Recht

I. Anwendungsbereich

1. Überblick

Die SBRL begründet ein **Verfahren zur Beilegung von Streit zwischen Mitgliedstaaten über Auslegung und Anwendung von „Abkommen und Übereinkommen, welche die Beseitigung der Dop-**

24.19

---

1 Beispiel bei *Voje*, ET 2018, 309 (311): Auslegung der Begriffe Steuerbetrug, vorsätzliche Nichterfüllung und grobe Fahrlässigkeit in Art 16 Abs. 6 SBRL; a.A. (in diesem Fall schon keine Prüfung durch nationale Gerichte sehend) allerdings *Groen*, 87 Tax Notes Int'l 475 (479) (2017).
2 Vgl. *Strotkemper*, IWB 2017, 55 (62); *Cerioni*, ET 2017, 182 (184).
3 EuGH v. 6.3.2018 – C-284/16 – Achmea, ECLI:EU:C:2018:158.
4 So auch *Pit*, Intertax 2019, 745 (759).
5 Zur Frage, ob die SBRL auch ohne Umsetzung ab dem 1.7.2019 unmittelbar angewendet werden könnte, siehe *Corciulo* in Majdanska/Turcan, OECD Arbitration in Tax Treaty Law, 2018, S. 447 (450 f.).
6 BR-Drucks. 227/19, dem Bundestag zugeleitet am 31.7.2019, BT-Drucks. 19/12112.
7 BMF v. 25.6.2019 – IV B 3 - S 1317/16/10058-010 – DOK 2019/0541626, BStBl. I 2019, 647.
8 EU-Finanz-Anpassungsgesetz 2019 v. 22.7.2019, darin als Art. 1 das Bundesgesetz über Verfahren zur Beilegung von Besteuerungsstreitigkeiten in der Europäischen Union (EU-Besteuerungsstreitbeilegungsgesetz, kurz EU-BStbG), siehe dazu *Spanblöchl/Turcan*, SWI 2019, 187.

pelbesteuerung von Einkommen und ggf. Vermögen vorsehen" (Art. 1 SBRL). Eine Angelegenheit, die zu derartigen Streitigkeiten zwischen Mitgliedstaaten führt, wird als „Streitfrage" bezeichnet (Art. 1 Satz 3 SBRL). Die bezeichneten Abkommen sind in erster Linie DBA, bei den genannten Übereinkommen ist auch an die EU-Schiedskonvention gedacht. Aus der weiten Definition des Anwendungsbereichs ergibt sich, dass das Verfahren nach SBRL (anders als die EU-Schiedskonvention) nicht auf Verrechnungspreissachen, **nicht auf Unternehmensbesteuerung, nicht auf Fälle von Doppelbesteuerung beschränkt** ist, sondern zu jeder DBA-Frage in Betracht kommt.[1] Allerdings wird in Art. 16 Abs. 6 u. 7 SBRL die Ablehnung von Schiedsverfahren im Zusammenhang mit „Steuerbetrug, vorsätzlicher Nichterfüllung und grober Fahrlässigkeit" oder bei fehlender tatsächlicher Doppelbesteuerung ermöglicht. Die SBRL ermöglicht auch multilaterale Verfahren.[2]

2. Persönlicher Anwendungsbereich

24.20 Die SBRL regelt ein **Streitbeilegungsverfahren zwischen Mitgliedstaaten**. Die Mitgliedstaaten werden durch ihre jeweilige „zuständige Behörde" tätig, den Staaten steht es nach Art. 2 Abs. 1 Buchst. a SBRL frei, zu entscheiden, welche Behörde sie jeweils als „zuständige Behörde" benennen.

24.21 **In Gang gesetzt** wird das Streitbeilegungsverfahren aber **durch eine „betroffene Person"**. Das ist nach Art. 2 Abs. 1 Buchst. d SBRL eine **„Person, einschließlich einer natürlichen Person, die in einem Mitgliedstaat steuerlich ansässig ist und deren Besteuerung von einer Streitfrage unmittelbar betroffen ist"**. Die „betroffene Person" ist nach Art. 3 Abs. 1 SBRL berechtigt, eine „Beschwerde" über eine Streitfrage bei jeder der zuständigen Behörden jedes der betroffenen Mitgliedstaaten einzureichen und um deren Lösung zu ersuchen. Eine solche Beschwerde ist Ausgangspunkt und Voraussetzung aller weiteren Verfahrensschritte. In diesen weiteren Verfahrensschritten stehen der betroffenen Person in der SBRL geregelte Rechte zu; außerdem wird die „Lösung" des Verfahrens (Verständigung, Art. 4 Abs. 2 SBRL, oder abschließende Entscheidung, Art. 15 Abs. 4 SBRL) der betroffenen Person zur Zustimmung vorgelegt, nur mit entsprechender Zustimmung wird die Lösung für die Staaten verbindlich.

24.22 Die in der Definition von „betroffene Person" (Art. 2 Abs. 1 Buchst. d SBRL) verwendeten Begriffe sind in der SBRL nicht weiter definiert. Das betrifft insbesondere den Begriff der „Person" (von dem die Definition nur klarstellt, dass er eine natürliche Person „einschließt", ohne darauf einzugehen, wer oder was außerdem „Person" ist) und den Begriff „steuerlich ansässig" („resident fortaxpurposes"). Für nicht in der Richtlinie definierte Begriffe verweist Art. 2 Abs. 2 SBRL auf die **Definitionen im jeweiligen Abkommen** oder Übereinkommen, über dessen Auslegung oder Anwendung gestritten wird (wobei Art. 3 Abs. 2 EU-Schiedskonvention seinerseits auf die Begriffsbedeutung in den DBA verweist). Damit ist der Begriff der Person zwar i.d.R. weit (vgl. Art. 3 Abs. 1 Buchst. a OECD-MA), wird durch die geforderte Ansässigkeit aber eingeschränkt: nach Art. 4 Abs. 1 OECD-MA ist eine **in einem Vertragsstaat ansässige Person** eine Person, die nach dem Recht dieses Staates dort aufgrund ihres Wohnsitzes, ihres ständigen Aufenthalts, des Ortes ihrer Geschäftsleitung oder eines anderen ähnlichen Merkmals steuerpflichtig ist. Es kann insoweit auf die Literatur zu Art. 4 OECD-MA sowie Art. 25 Abs. 1 OECD-MA zurückgegriffen werden.[3]

---

[1] Hervorgehoben z.B. bei *Groen*, 87 Tax Notes Int'l 475 (477) (2017); *Govind*, EC Tax Review 2018, 309 (310); *Pit*, Intertax 2019, 745 (752 f.). Irreführend insoweit *Wiertsema*, Derivatives & Financial Instruments 2017, No. 5, online, Tz. 4.2.1.1, *Zinowsky/Schönfeld*, ISR 2018, 7 (8), *Hafner/Stiastny*, SWI 2018, 12 (12) und *Kircher/Pfeiffer/Boch*, IWB 2019, 526 (527 f.), die alle auf Doppelbesteuerung abstellen.

[2] Dazu *Strotkemper*, IWB 2017, 55 (58) (noch auf der Grundlage des RL-Vorschlags); *Govind*, EC Tax Review 2018, 309 (313).

[3] Z.B. *Lehner* in Vogel/Lehner[6], Art. 4 OECD-MA Rz. 71 ff. u. Art. 25 OECD-MA Rz. 25; *Wassermeyer/Kaeser* in Wassermeyer, Art. 4 Rz. 20 ff. (124. EL,Stand: Oktober 2013); *Flüchter* in Schönfeld/Ditz[2], Art. 25 OECD-MA Rz. 39 ff.

In der Konsequenz sind juristische Personen i.d.R. „steuerlich ansässig". **Personengesellschaften** beispielsweise sind aber **häufig nicht „steuerlich ansässig"**, es sei denn, sie werden (anders als in Deutschland) in einem Mitgliedstaat aufgrund des Ortes ihrer Geschäftsleitung oder eines anderen ähnlichen Merkmals selbst besteuert oder sie gelten aufgrund einer vom OECD-MA abweichenden Regelung im relevanten DBA als ansässig.[1] Soweit eine Personengesellschaft nicht selbst „in einem Mitgliedstaat steuerlich ansässig" ist und damit nicht selbst als „betroffene Person" in Betracht kommt, können ggf. ihre Gesellschafter, soweit sie ihrerseits in einem Mitgliedstaat steuerlich ansässig sind, Rechte nach der SBRL geltend machen.

24.23

Auch **Betriebsstätten** sind **selbst nicht „in einem Mitgliedstaat steuerlich ansässig"**. Betriebsstätten einer in einem Drittstaat ansässigen Person (z.B. Betriebsstätte eines US-Unternehmens) bzw. Drittstaatenunternehmen mit Betriebsstätte in der EU haben deshalb keine Rechte nach SBRL. Insoweit liegt auch offenkundig eine bewusste Entscheidung des EU-Gesetzgebers vor: Während der Vorschlag der Kommission noch eine Geltung auch für Steuerpflichtige mit Betriebsstätte in der EU, aber Hauptsitz in einem Drittstaat vorsah,[2] wurde die letztlich in die SBRL eingefügte Definition der „betroffenen Person" in Kenntnis dieses Vorschlags enger gefasst.[3]

24.24

Die Person muss außerdem **von einer Streitfrage „unmittelbar betroffen"** („directly affected") sein. Dieser Begriff ist ebenfalls dem Vokabular des Art. 25 OECD-MA entnommen,[4] dort aber auch nur rudimentär erläutert, jedenfalls muss die Besteuerung der Person unmittelbar von der Streitfrage betroffen sein.

24.25

Dazu, wann das der Fall ist, stellen sich zum einen dieselben Zweifelsfragen wie beim Tatbestandsmerkmal „für sie" in Art. 25 Abs. 1 OECD-MA (ist eine Person der Auffassung, dass Maßnahmen eines Vertragsstaats *für sie* zu einer Besteuerung führen oder führen werden, die dem Abkommen nicht entspricht): Die Rechte nach SBRL können im Grundsatz nur hinsichtlich einer **die eigene Besteuerung betreffenden Streitfrage** ausgeübt werden. Die SBRL geht aber offenbar davon aus, dass es jedenfalls Verfahren mit mehr als *einer* betroffenen Person geben kann (siehe insbesondere Art. 7 Abs. 1 Unterabs. 4, Art. 15 Abs. 4 SBRL). Die Weiterentwicklung der SBRL aus der EU-Schiedskonvention lässt vermuten, dass hier an die Verrechnungspreisfälle gedacht wurde, in denen von einem nicht dem Fremdvergleichsgrundsatz entsprechenden Verrechnungspreis in der Regel die Besteuerung von zwei Personen (zwei verbundenen Unternehmen) betroffen ist. Es dürfte deshalb anzunehmen sein, dass in einem **Verrechnungspreisfall** im Grundsatz beide verbundenen Unternehmen als „betroffene Person" in Betracht kommen, deren Beschwerde das Verfahren in Gang setzen kann, auch mit potenzieller Wirkung auf die Besteuerung des anderen verbundenen Unternehmens. Zu weiteren Zweifelsfragen, wann eine persönliche unmittelbare Betroffenheit vorliegt (Haftungsschuldner, Organschaften), kann bis auf weiteres auf die Literatur zu Art. 25 OECD-MA verwiesen werden.

24.26

Von einer Streitfrage „unmittelbar betroffen" („directly affected") zu sein, beinhaltet auch, dass die **Relevanz der Streitfrage für die Besteuerung der Person hinreichend konkret** sein muss. Eine **nur mögliche zukünftige Relevanz genügt nicht**.[5] Aus der Entwicklungsgeschichte der SBRL ergibt sich nichts dahingehend, dass die Richtlinie auch eine Grundlage für zukunftsgerichtete Vorabverständigungen oder Vorabentscheide schaffen sollte. Vielmehr sollten nur bestimmte, bezeichnete Schwächen der bisherigen Verfahren (Verständigungs- und Schiedsverfahren nach DBA und nach EU-Schiedskonventi-

24.27

---

1 Siehe auch *Groen*, 87 Tax Notes Int'l 475 (476) (2017). Zu Schwierigkeiten bei hybriden Gesellschaften vgl. *Debelva/Luts*, BIT 2017, No. 5, online, Tz. 3.2.2.
2 COM(2016) 686 final v. 25.10.2016, Art. 1 Satz 2 sowie Art. 2 Nr. 4.
3 Vgl. dazu auch *Groen*, 87 Tax Notes Int'l 475 (476) (2017); *Pit*, Dispute Resolution in the EU, Diss. 2018, Tz. 25.5.2.2.4 u. 25.5.2.3.4. Offener dagegen wohl *Corciulo* in Majdanska/*Turcan*, OECD Arbitration in Tax Treaty Law, 2018, S. 447 (452).
4 Siehe Art. 25 Abs. 5 OECD-MA sowie mit einer Definition dazu Ziff. 15 des OECD-Kommentars zum „Sample Mutual Agreement on Arbitration".
5 So auch *Govind*, EC Tax Review 2018, 309 (313).

on) adressiert werden. Eine Änderung gegenüber den bisherigen Verfahren hinsichtlich der Frage, wann frühestens ein Verfahren in Gang gesetzt werden kann oder umgekehrt für wie weit in der Zukunft liegende Besteuerung ein Verfahren in Gang gesetzt werden kann, war nicht beabsichtigt. Es sollte deshalb insoweit auf die Grundsätze zurückgegriffen werden, die zur Auslegung des Art. 25 Abs. 1 OECD-MA entwickelt wurden.[1]

3. Sachlicher Anwendungsbereich („Streitfrage")

24.28 Gegenstand eines Verfahrens nach SBRL und damit auch Gegenstand der Beschwerde nach Art. 4 Abs. 1 SBRL, die das Verfahren in Gang setzt, ist eine **„Streitfrage"** („question in dispute"). Definiert ist „Streitfrage" in Art. 1 Satz 3 i.V.m. Satz 1 SBRL als **„Angelegenheit"** („matter"), **die zu Streitigkeiten zwischen Mitgliedstaaten führt** („giving rise to"), **die durch die Auslegung und Anwendung von Abkommen und Übereinkommen entstehen**, welche die Beseitigung der Doppelbesteuerung von Einkommen und ggf. Vermögen vorsehen. Die im letzten Teil des Satzes genannten Abkommen sind die bilateralen Abkommen, die landläufig vereinfachend Doppelbesteuerungsabkommen (DBA) genannt werden.[2] Unter die genannten „Abkommen und Übereinkommen" fällt auch die EU-Schiedskonvention.[3] Nach Sinn und Zweck sollte darunter auch das DBA teilweise überschreibende Multilaterale Instrument (MLI)[4] fallen.[5]

24.29 Davon ausgehend, dass die SBRL ein Verfahren zur Beilegung von Streitigkeiten zwischen Mitgliedstaaten schaffen will (Art. 1 Satz 1), sollte die Definition von „Streitfrage" so verstanden werden, dass **konkrete Anhaltspunkte für eine Streitigkeit zwischen Mitgliedstaaten**, also eine unterschiedliche Auslegung oder Anwendung des relevanten Abkommens oder Übereinkommens, in der von der betroffenen Person vorgetragenen Angelegenheit vorliegen müssen. Mit anderen Worten, ein bloßer Streit zwischen einem Steuerpflichtigen und der Steuerverwaltung eines Mitgliedsstaats erfüllt noch nicht die Voraussetzungen einer „Streitfrage". Erst wenn von der beschwerdeführenden Person konkrete Anhaltspunkte für eine für deren Besteuerung unmittelbar relevante unterschiedliche Auslegung und Anwendung eines Abkommens oder Übereinkommens durch die Steuerverwaltungen zweier Mitgliedsstaaten vorgetragen werden, ist mit Bezug auf diese betroffene Person eine „Streitfrage" im Sinne des Art. 1 SBRL gegeben.[6] Soweit in der Literatur erwogen wird, der Anwendungsbereich der SBRL sei auch bei unterschiedlicher Auslegung oder Anwendung z.B. der Auskunftsaustauschregeln eines DBA eröffnet,[7] wird übersehen, dass die Besteuerung der beschwerdeführenden Person von der Streitfrage *unmittelbar* betroffen sein muss (siehe Rz. 24.21, 24.27), an einer solchen Unmittelbarkeit hinsichtlich der Be-

---

1 Z.B. *Becker* in Haase³, Art. 25 OECD-MA Rz. 16; *Lüthi* in G/K/G/K, Art. 25 OECD-MA Rz. 30 (20. EL, Stand: 2008); *Lehner* in Vogel/Lehner⁶, Art. 25 OECD-MA Rz. 29; *Flüchter* in Schönfeld/Ditz², Art. 25 OECD-MA Rz. 60 ff.
2 Auf der Basis des Wortlauts der englischsprachigen Fassung der SBRL („agreements and conventions") über andere mögliche Bedeutungen spekulierend, aber nicht überzeugend, *Pistone* in Terra/Wattel, European Tax Law, 7th ed 2019, S. 331 (349 f.).
3 Dass es auch um Streitigkeiten über Auslegung und Anwendung der EU-Schiedskonvention gehen soll, ergibt sich u.a. deutlich z.B. aus Erwägungsgrund 1 u. Erwägungsgrund 6 der SBRL. Die EU-Schiedskonvention enthält auch materielle Regelungen zum Fremdvergleichsgrundsatz und ist in dieser Hinsicht besonders relevant, soweit es zwischen EU-Mitgliedstaaten keine DBA gibt (z.B. Dänemark-Frankreich, Dänemark-Spanien, vgl. Commission Staff Working Document, Impact Assessment, SWD(2016) 343 final v. 25.10.2016, dort S. 23 Fn. 48).
4 Multilateral Convention to Implement Tax Treaty Related Measures to Prevent BEPS (deutsch: Mehrseitiges Übereinkommen zur Umsetzung steuerabkommensbezogener Maßnahmen zur Verhinderung der Gewinnverkürzung und Gewinnverlagerung), v. 24.11.2016, siehe https://www.oecd.org/tax/treaties/multilateral-convention-to-implement-tax-treaty-related-measures-to-prevent-beps.htm.
5 *Pistone* in Terra/Wattel, European Tax Law, 7th ed 2019, S. 331 (349 f.). Zweifelnd dagegen *Govind*, EC Tax Review 2018, 309 (311).
6 Vgl. dazu auch *Pit*, Intertax 2019, 745 (753).
7 So *Govind*, EC Tax Review 2018, 309 (310).

steuerung dürfte es bei Streit etwa um Auskunftsaustausch fehlen. **Tatsächliche Doppelbesteuerung wird** dagegen **im Grundsatz** – anders als noch im Richtlinienvorschlag der Kommission[1] – **nicht vorausgesetzt**[2] (bei fehlender Doppelbesteuerung kann die Anwendung der SBRL aber eingeschränkt werden, siehe dazu im folgenden Absatz). Unklar ist, ob Streit, der „durch die Auslegung und Anwendung von Abkommen und Übereinkommen" entsteht, auch Streit umfasst, der seine Ursache in der Annahme unterschiedlicher Tatsachen (etwa bei unklarer Beweislage oder wegen unterschiedlicher, ggf. teilweise unvollständiger Tatsachenvorträge des Steuerpflichtigen) hat.[3] Anküpfend an die h.M. zum Anwendungsbereich der bisherigen Rechtsgrundlagen ist letztere Frage wohl eher zu bejahen (a.A. aber möglicherweise der RegE des deutschen Umsetzungsgesetzes, siehe Rz. 24.91). Diskutiert wird auch, ob die Frage einer vorrangigen Anwendung einer innerstaatlichen treaty-override-Regel eine Frage der Auslegung und Anwendung von Abkommen oder eher eine des innerstaatlichen Verfassungsrechts ist.[4] Es darf vermutet werden, dass der EuGH schon aus effet utile-Gesichtspunkten dazu neigen wird, auch hier eine Streitfrage i.S.d. SBRL zu sehen.

Der **Anwendungsbereich** des Streitbeilegungsverfahrens im engeren Sinne (also nicht des Verständigungsverfahrens, sondern nur der Streitbeilegung durch den „Beratenden Ausschuss") **kann nach Art. 16 Abs. 6 u. 7 SBRL in Fällen, in den Strafen verhängt wurden, und in Fällen ohne Doppelbesteuerung eingeschränkt werden.** Während Art. 16 Abs. 7 SBRL den Mitgliedstaaten den Ausschluss in Fällen ohne Doppelbesteuerung nur als Einzelfallentscheidung erlaubt („im Einzelfall"/„on a case-by-case basis"), ein kategorischer Ausschluss im Rahmen der nationalen Umsetzung also nicht zulässig wäre, spricht die andere Formulierung in Art. 16 Abs. 6 SBRL dafür, dass in den dort genannten Fällen bei der nationalen Umsetzung auch eine kategorische Zugangsbeschränkung möglich ist. 24.30

Nach Art. 16 Abs. 6 SBRL kann ein Mitgliedstaat den Zugang zur Streitbeilegung (im engeren Sinne, d.h. Streitbeilegung durch den Beratenden Ausschuss) verweigern, wenn in diesem Mitgliedstaat **wegen „Steuerbetrug, vorsätzlicher Nichterfüllung und grober Fahrlässigkeit" Strafen „im Zusammenhang mit dem berichtigten Einkommen oder Vermögen"** verhängt wurden.[5] Außerdem kann bei offenen Gerichts- oder Verwaltungsverfahren, die möglicherweise zu entsprechenden Strafen führen können, ein Verfahren nach SBRL bis zum Abschluss der erstgenannten Verfahren ausgesetzt werden. Die Aufzählung „Steuerbetrug, vorsätzliche Nichterfüllung und grobe Fahrlässigkeit" („tax fraud, wilful default and gross negligence") wurde offenkundig aus der Überarbeitung 2015 des Verhaltenskodex zur EU-Schiedskonvention übernommen.[6] Der Ausschluss vom Zugang zum Verfahren nach SBRL ist nur möglich, wenn wegen eines/einer der drei aufgezählten Delikte/Verhaltensweisen (eine/s genügt, das Wort „und" in der Aufzählung, statt eines „oder" ist insoweit missverständlich) eine Strafe („penalty") verhängt wurde, und zwar im Zusammenhang mit dem Einkommen oder Vermögen, um das es bei der streitigen Abkommensauslegung/-anwendung geht. Bei der Auslegung der Begriffe Strafen, Steuerbetrug usw. kann nicht auf Bezeichnungen der nationalen Strafrechtssysteme abgestellt werden. Deutschland z.B. kennt im engeren Sinne keinen „Steuerbetrug", es kann vom EU-Gesetzgeber aber 24.31

---

1 COM(2016) 686 final v. 25.10.2016, Art. 1 S. 1 sowie Art. 3 Abs. 1.
2 Siehe bereits oben Rz. 19 – irreführend insoweit *Zinowsky/Schönfeld*, ISR 2018, 7 (8), *Hafner/Stiastny*, SWI 2018, 12 (12), und *Kircher/Pfeiffer/Boch*, IWB 2019, 526 (527 f.), die alle auf Doppelbesteuerung abstellen.
3 Vgl. auch *Groen*, 87 Tax Notes Int'l 475 (2017) (einerseits 475 – „non-legal cases not covered", anderseits 477 – „process in the directive can address disputes regarding the applicable facts").
4 Vgl. *Groen*, 87 Tax Notes Int'l 475 (477) (2017); *Corciulo* in Majdanska/*Turcan*, OECD Arbitration in Tax Treaty Law, 2018, S. 447 (454).
5 Dazu z.B. *Wiertsema*, Derivatives & Financial Instruments 2017, No. 5, online, Tz. 4.2.1.5; *Groen*, 87 Tax Notes Int'l 475 (477) (2017); *Voje*, ET 2018, 309 (311); *Pit*, Intertax 2019, 745 (755).
6 EU Joint Transfer Pricing Forum, Final Report on Improving the Functioning of the Arbitration Convention, Annex I, DOC: JTPF/002/2015/EN, March 2015, Tz. 2.15 Buchst. b, gleichzeitig geänderte Nr. 8 in der vom JTPF vorgelegten Überarbeitung 2015 des Verhaltenskodex, abrufbar unter https://ec.europa.eu/taxation_customs/sites/taxation/files/resources/documents/taxation/company_tax/transfer_pricing/forum/final_report_ac_jtpf_002_2015_en_final_clean.pdf.

nicht gewollt gewesen sein, nur wegen der anders lautenden Bezeichnung z.B. die „Steuerhinterziehung" deutschen Rechts aus dem Anwendungsbereich des Art. 16 Abs. 6 SBRL herausfallen zu lassen. Unter Strafe (penalty) können z.b. auch Bußgelder oder Strafzuschläge fallen. Im Unterschied zur Formulierung in Art. 8 EU-Schiedskonvention setzt der Wortlaut hier nicht voraus, dass der Beschwerdeführer selbst bestraft wurde oder dass dieselbe Handlung zu Strafe und Einkommensberichtigung führt, die Strafe muss lediglich „im Zusammenhang mit dem berichtigten Einkommen oder Vermögen" verhängt worden sein. Bei laufenden Straf- und ähnlichen Verfahren kann das Verfahren nach SBRL bis zu deren Abschluss ausgesetzt werden (Art. 16 Abs. 6 Satz 2 SBRL).

24.32 Im Einzelfall kann der Zugang zur Streitbeilegung im engeren Sinne außerdem verweigert werden, wenn es bei einer Streitfrage **nicht um Doppelbesteuerung** geht (Art. 16 Abs. 7 SBRL).[1] „Doppelbesteuerung" ist ein in Art. 2 Abs. 1 Buchst. c SBRL definierter Begriff: die Erhebung von Steuern durch zwei oder mehr Mitgliedstaaten in Bezug auf dasselbe steuerpflichtige Einkommen oder Vermögen, wenn sie entweder zu i) einer zusätzlichen Steuerbelastung, ii) einer Erhöhung der Steuerverbindlichkeit oder iii) der Streichung oder Verringerung von verrechenbaren Verlusten führt. Die genaue Abgrenzung von i) und ii) ist nicht ganz klar (besonders merkwürdig ist hier die französische Sprachfassung), aber wohl irrelevant, jedenfalls ist für das Vorliegen einer Doppelbesteuerung nicht erforderlich, dass Steuern tatsächlich schon gezahlt wurden. Eine bereits erfolgte Festsetzung oder anderweitige Inrechnungstellung der Steuern bzw. Feststellung der Verringerung verrechenbarer Verluste dürfte aber schon vorausgesetzt sein. Liegt in der vom Beschwerdeführer vorgebrachten Streitfrage keine Doppelbesteuerung vor, kann eine zuständige Behörde den Zugang zum Streitbeilegungsverfahren im engeren Sinne als Einzelfallentscheidung verweigern.

4. Territorialer Anwendungsbereich

24.33 Die SBRL enthält keine ausdrücklichen Bestimmungen über ihren räumlichen Anwendungsbereich. Es gelten deshalb die allgemeinen Regeln der Art. 52 EUV (Anwendung in allen und für alle Mitgliedstaaten der EU) und Art. 355 AEUV.

5. Zeitlicher Anwendungsbereich

24.34 Gemäß Art. 23 SBRL findet die Richtlinie auf alle **Beschwerden** Anwendung, die **am oder nach dem 1.7.2019** zu Streitfragen eingereicht werden, die mit Einkommen oder Vermögen zusammenhängen, die **in einem am oder nach dem 1.1.2018 beginnenden Steuerjahr** erwirtschaftet werden.

24.35 Die zuständigen Behörden der betroffenen Mitgliedstaaten können nach Art. 23 Abs. 2 SBRL aber vereinbaren, die Richtlinie auch auf Beschwerden anzuwenden, die vor dem genannten Datum oder in Bezug auf frühere Steuerjahre eingereicht wurden. Die Richtlinie bleibt undeutlich hinsichtlich der Frage, ob die nationalen Umsetzungsgesetze zwingend den zuständigen Behörden die Möglichkeit solcher Vereinbarungen einräumen müssen oder ob schon ein nationales Umsetzungsgesetz eine Festlegung in der einen oder anderen Richtung treffen dürfte. Undeutlich bleibt auch, ob solche Vereinbarungen einzelfallbezogen oder grundsätzlich getroffen werden sollten. Die Richtlinie jedenfalls scheint Vereinbarungen für Einzelfälle nicht auszuschließen, aber umgekehrt auch nicht auszuschließen, dass sich nationale Umsetzungsgesetze kategorischer festlegen. Klar ist hingegen, dass eine uneingeschränkte Anwendung auf vor dem 1.7.2019 oder vor einer Vereinbarung über die Anwendung der SBRL eingereichte Beschwerden kaum möglich ist, weil die nach SBRL fristgebunden vorzunehmenden Verfahrensschritte und die in der SBRL vorgesehenen Konsequenzen bei Fristversäumnissen nicht rückwirkend in der Vergangenheit vorgenommen werden können.[2]

---

1 Siehe dazu auch (auf der Grundlage des RL-Vorschlags) *Debelva/Luts*, BIT 2017, No. 5, online, Tz. 3.2.4.
2 Vgl. zu diesen Schwierigkeiten auch *Pistone* in Terra/Wattel, European Tax Law, 7th ed 2019, S. 331 (342 f.).

6. Abgrenzung zu Verständigungs- und Schiedsverfahren nach DBA und EU-Schiedskonvention und zur Anwendung nationaler Rechtsbehelfe

Die SBRL ersetzt nicht die Verständigungs- und Schiedsverfahren nach DBA und nach EU-Schiedskonvention. Die Rechtsgrundlagen für die bisher möglichen Verfahren bleiben im Grundsatz unberührt.[1] Insbesondere wird die EU-Schiedskonvention weder aufgehoben noch verdrängt. Es wird vielmehr eine **zusätzliche Möglichkeit für Steuerpflichtige** geschaffen, die annehmen, dass sie nicht abkommensgemäß oder nicht gemäß der EU-Schiedskonvention besteuert werden. Die betroffene Person kann zwischen den ihr zur Verfügung stehenden Verfahrensmöglichkeiten wählen (jedenfalls solange im jeweiligen DBA keine besondere Klausel vorhanden ist, die das Verhältnis anderweitig regeln würde).[2]

24.36

Art. 16 Abs. 5 SBRL enthält allerdings eine harte **Konkurrenzregelung zu Verständigungs- und Schiedsverfahren nach DBA und EU-Schiedskonvention**: Schon durch das Einreichen einer Beschwerde gem. Art. 3 SBRL (also schon durch den Antrag der betroffenen Person auf Ingangsetzten des SBRL-Verfahrens) wird **jedes andere laufende Verständigungs- oder Schiedsverfahren** (geführt auf der Basis der Regelungen zu Verständigungs- und Schiedsverfahren in DBA oder in der EU-Schiedskonvention) **sofort beendet**. Der Wortlaut erscheint insoweit hart, ist aber unmissverständlich (es wird in Art. 16 Abs. 5 Satz 2 SBRL noch einmal ausdrücklich auf den *Eingang* der Beschwerde abgestellt). Dass es sich um eine bewusste gesetzgeberische Entscheidung handelt und immer bereits die Beschwerde selbst und nicht etwa z.B. erst deren spätere Zulassung die Wirkung der Beendigung anderer Verfahren hat, zeigt auch der Vergleich zum ursprünglichen Kommissionsvorschlag, in dem erst ein deutlich späterer SBRL-Verfahrensschritt, nämlich die Einsetzung des Beratenden Ausschusses, die Wirkung der Beendigung anderer Verfahren haben sollte.[3] Läuft also bereits ein Verständigungs- oder Schiedsverfahren nach DBA oder EU-Schiedskonvention, ist vor Einreichen einer Beschwerde nach SBRL **allerhöchste Vorsicht** geboten. Schlimmstenfalls wird eine – z.B. wegen des zeitlichen Anwendungsbereichs der SBRL – unzulässige Beschwerde nach SBRL eingelegt, die aber dennoch die Wirkung hat, ein aussichtsreiches Verständigungs- oder sogar Schiedsverfahren nach DBA oder EU-Schiedskonvention zu beenden.

24.37

Nicht ausdrücklich geregelt ist, ob *nach* der Einreichung der Beschwerde nach SBRL noch danach *neu beantragte* Verständigungs- und ggf. später Schiedsverfahren nach DBA oder EU-Schiedskonvention möglich sind. Weil **Sinn und Zweck der Regelung** in Art. 16 Abs. 5 SBRL offenbar ist, **keine parallelen Verfahren nach SBRL einerseits und DBA oder Schiedskonvention andererseits** zuzulassen,[4] muss die Regelung so verstanden werden, dass ein laufendes Verfahren nach SBRL auch neue Verständigungsanträge nach DBA oder EU-Schiedskonvention ausschließt.[5] Es dürfte aber nichts dagegen sprechen, noch ein neues Verfahren nach DBA oder EU-Schiedskonvention zuzulassen, wenn eine Be-

24.38

---

1 Siehe z.B. *Debelva/Luts*, BIT 2017, No. 5, online, Tz. 3.1.2. Die in der Literatur anzutreffende Auffassung, die Richtlinie ersetze die EU-Schiedskonvention, siehe z.B. *Luchena Mozo*, ET 2018, 22 (24), und Aussagen wie die bei *Lehner*, IStR 2019, 277 (283), die Richtlinie zwinge die Mitgliedstaaten, die Verständigungsverfahren in ihren innerunionalen DBA richtlinienkonform zu ändern, sind deshalb nicht zutreffend.
2 So auch *Corciulo* in Majdanska/Turcan, OECD Arbitration in Tax Treaty Law, 2018, S. 447 (456 f.); *Govind*, EC Tax Review 2018, 309 (311, 322); *Pistone* in Terra/Wattel, European Tax Law, 7th ed 2019, S. 331 (338, 341). Cherry picking im Sinne einer Auswahl der bevorzugten Einzelelemente verschiedener Verfahren ist aber nicht möglich, *Debelva/Luts*, BIT 2017, No. 5, online, Tz. 3.3.4. Die Gedanken bei *Cerioni*, ET 2017, 182 (186) (noch auf der Grundlage des RL-Vorschlags) zu einem Wahlrecht *der Mitgliedstaaten* gehen am Wortlaut sowohl des RL-Vorschlags als auch der später tatsächlich erlassenen SBRL vorbei.
3 COM(2016) 686 final v. 25.10.2016, Art. 15 Abs. 5.
4 Vgl. *Pit*, BIT 2017, 568 (586) (Tz. 8.2 a.E.); *Piotrowski*, IStR 2018, 257 (264); *Cloer/Niemeyer*, FR 2018, 674 (680 f.); *Nürnberg*, IWB 2018, 688 (690); *Pistone* in Terra/Wattel, European Tax Law, 7th ed 2019, S. 331 (354).
5 Insoweit noch zweifelnd *Govind*, EC Tax Review 2018, 309 (322).

schwerde nach SBRL endgültig abgelehnt wurde (insbesondere dann, wenn die Ablehnung wegen fehlender zeitlicher Anwendbarkeit erfolgt). Allerdings könnte dann die Antragsfrist nach DBA oder EU-Schiedskonvention problematisch werden.

24.39 **Zu innerstaatlichen Rechtsbehelfsverfahren**, die die Streitfrage betreffen, besteht ein **Nebeneinander mit verschiedenen Wechselwirkungen**, die vor allem in Art. 16 Abs. 1 bis Abs. 4 SBRL geregelt sind. Weder schließt die Nichteinlegung innerstaatlicher Rechtsbehelfe die Anwendung der Richtlinie aus (Art. 16 Abs. 1 SBRL), noch steht ein Verfahren nach der SBRL der Einleitung oder Weiterführung innerstaatlicher Rechtsbehelfe entgegen (Art. 16 Abs. 2 SBRL). Insoweit entspricht die Herangehensweise der Richtlinie derjenigen der Regelung des Art. 25 Abs. 1 OECD-MA (Verständigungsverfahren „unbeschadet der nach dem innerstaatlichen Recht vorgesehenen Rechtsmittel").

24.40 Ein laufendes innerstaatliches Rechtsbehelfsverfahren führt aber dazu, dass die **Fristen** für die Entscheidung über eine Beschwerde **nach SBRL** und die für Verständigungsversuche nach SBRL zur Verfügung stehende Zeit bis zur Verpflichtung zur Vorlage an einen Beratenden Ausschuss **erst später zu laufen beginnen**, und zwar entweder mit der Rechtskraft des innerstaatlichen Urteils, mit dem anderweitigen endgültigen Abschluss des innerstaatlichen Rechtsbehelfsverfahrens oder mit der Aussetzung des innerstaatlichen Rechtsbehelfsverfahrens (Art. 16 Abs. 3 SBRL). Ein Aufschub des Beginns der Frist bis zur Verpflichtung der Vorlage an einen Beratenden Ausschuss während des Laufs innerstaatlicher Rechtsbehelfe findet sich auch schon in Art. 7 Abs. 1 Unterabs. 2 EU-Schiedskonvention. Neu in der SBRL (sowohl im Vergleich zur Schiedskonvention als auch zum Richtlinienvorschlag der Kommission) ist, dass **bereits eine Aussetzung des innerstaatlichen Rechtsbehelfsverfahrens** (d.h. nicht bloß dessen endgültige Beendigung) die **Blockade des SBRL-Fristlaufs auflöst**. Die Neuregelung wirft die Frage auf, was ist, wenn ein innerstaatliches Rechtsbehelfsverfahren erst ausgesetzt, dann aber doch weitergeführt wird. Um den Sinn der Regelung des Art. 16 Abs. 3 SBRL nicht zu unterlaufen, sollte ein solches Vorgehen den Effekt haben, den SBRL-Fristlauf erneut zu blockieren und erst bei Beendigung oder erneuter Aussetzung des innerstaatlichen Rechtsbehelfs wieder beginnen zu lassen.

24.41 Darüber hinaus können die Mitgliedstaaten die SBRL so umsetzen, dass eine **innerstaatliche Gerichtsentscheidung** (bzw. die Entscheidung einer innerstaatlichen „Justizbehörde"/"judicial body") über die Streitfrage die **Wirkung** haben **kann**, **ein laufendes SBRL-Verfahren zu beenden** (Art. 16 Abs. 4 SBRL).[1] Die Regelung knüpft an Art. 7 Abs. 3 EU-Schiedskonvention an. Die Richtlinie erlaubt eine solche Umsetzung nur dann, wenn das nationale Recht des Mitgliedstaates nicht zulässt, dass der Mitgliedstaat von einer solchen innerstaatlichen Entscheidung abweicht (Art. 16 Abs. 4 Satz 1 SBRL). Weil die Richtlinie hier nicht auf nationales Verfassungsrecht, sondern einfach nur nationales Recht abstellt, könnte allerdings bereits eine ein Abweichen von der Gerichtsentscheidung verbietende Regelung im Gesetz zur Umsetzung der SBRL genügen, um dem Mitgliedstaat zu erlauben, dann der Gerichtsentscheidung auch die Wirkung zu geben, SBRL-Verfahren zu beenden. Eine klare Aussage, wie festzustellen ist, ob nach dem nationalen Recht eines Staates von einer Gerichtsentscheidung nicht abgewichen werden kann (etwa, ob eine entsprechende Stellungnahme der zuständigen Behörde dieses Staates ausreicht oder eine solche Stellungnahme in irgendeiner Weise überprüfbar sein sollte), enthält die SBRL nicht. Ebenso wird nicht völlig klar, ob es sich um Gerichtsentscheidungen im Fall des Beschwerdeführers und zu den Veranlagungszeiträumen, die Gegenstand der Beschwerde sind, handeln muss, oder ob auch schon Gerichtsentscheidungen im Fall eines anderen Steuerpflichtigen, die aber die gleiche DBA-Auslegungsfrage betreffen, für die Anwendung des Art. 16 Abs. 4 SBRL genügen.[2] Der systematische Zusammenhang mit Art. 16 Abs. 3 SBRL spricht allerdings für eine Beschränkung auf Gerichtsentschei-

---

1 Dies bedauernd z.B. *Corciulo* in Majdanska/Turcan, OECD Arbitration in Tax Treaty Law, 2018, 447 (464). Gelassener aus der Sicht der Beraterpraxis *Wiertsema*, Derivatives & Financial Instruments 2017, No. 5, online, Tz. 4.2.1.4.
2 Vgl. zur ähnlichen, ebenfalls ungeklärten Frage bei Art. 25 Abs. 5 Satz 2 OECD-MA *Flüchter* in Schönfeld/Ditz[2], Art. 25 OECD-MA Rz. 310 ff.

dungen nur im Fall des Beschwerdeführers und zu den Veranlagungszeiträumen, die Gegenstand der Beschwerde sind.

II. Gewährleistungsgehalt

1. Überblick

Die Richtlinie schafft für ihren sachlichen Anwendungsbereich („Streitfragen" im oben beschriebenen Sinn, siehe Rz. 24.28) ein Verfahren zur Beilegung zwischenstaatlicher Streitigkeiten in der EU. Die Kommission unterscheidet **drei wesentliche Verfahrensstadien** des neuen Verfahrens:[1] das „**Beschwerdestadium**" („complaint stage", Art. 3 u. 5 SBRL), das **Stadium des Verständigungsverfahrens** („mutual agreement procedure stage", Art. 4 SBRL) und das „**Stadium der Streitbeilegung**" („dispute resolution stage", Art. 5-16 SBRL). Für letzteres wäre eigentlich eine Bezeichnung wie „Stadium des Schiedsverfahrens" oder zumindest „Stadium der Streitbeilegung im engeren Sinne" angemessener, denn natürlich dient auch das Verständigungsverfahren bereits der Streitbeilegung.

24.42

Art. 3 u. 5 SBRL bestimmen, unter welchen Voraussetzungen die weiteren Stadien des Verfahrens zulässig sind (man kann insoweit statt von „Beschwerdestadium" auch von **Zulassungs- oder Beschwerdeverfahren** sprechen). Sie **regeln, wie das Verfahren in Gang gesetzt werden kann** (anstelle der bei den tradierten Rechtsgrundlagen für Verständigungs- und Schiedsverfahren üblichen Bezeichnung „Antrag" wird die Bezeichnung „Beschwerde" verwendet). Sowohl für die Beschwerde selbst als auch für das seitens der zuständigen Behörden bei der Entscheidung über die Zulassung der Beschwerde zu beachtenden Verfahrens werden deutlich mehr formale Vorgaben als in den bisherigen Rechtsgrundlagen gemacht (Beschwerde i.d.R. in zwei Staaten, der Beschwerde beizufügende Informationen, Fristen für Nachfordern und Nachreichen zunächst fehlender Informationen, Fristen zur Entscheidung über die Zulassung, fingierte Zulassung bei Ausbleiben einer Entscheidung innerhalb der vorgesehenen Frist). Darüber hinaus wird geregelt, welche Möglichkeiten dem Beschwerdeführer zur Verfügung stehen, wenn eine der zuständigen Behörden die Beschwerde ablehnt (insbesondere ggf. bilaterales Schiedsverfahren über die Zulassung). Die Regeln werden für natürliche Personen und kleinere Unternehmen durch Sonderbestimmungen in Art. 17 SBRL relevant modifiziert.

24.43

Kommt es zur Zulassung des weiteren Verfahrens, schließt sich das in **Art. 4 SBRL** geregelte **Verständigungsverfahren** an. Den zuständigen Behörden stehen als Grundregel zwei Jahre (allerdings mit Verlängerungsmöglichkeit) dafür zur Verfügung, die Streitfrage durch Verständigung zu lösen. Näheres zu den Abläufen innerhalb dieses Verständigungsverfahrens ist nicht geregelt. Kommt es in diesem Stadium zur Verständigung der zuständigen Behörden (und das wird für den überwiegenden Teil der Fälle erwartet)[2], dann kommt das in der SBRL vorgesehene dritte Stadium (Streitbeilegung im engeren Sinne, d.h. Schiedsverfahren, durch einen Beratenden Ausschuss oder einen „Aussschuss für alternative Streitbeilegung"), nicht mehr zur Anwendung. Wie schon im Rahmen der bisherigen Rechtsgrundlagen (DBA-Verständigungsartikel und EU-Schiedskonvention) üblich, wird die Verständigungslösung dem Beschwerdeführer zur Zustimmung vorgelegt – neu gegenüber den bisherigen Rechtsgrundlagen ist, dass dem Beschwerdeführer dafür auch eine Frist vorgegeben wird. Entscheidet sich der Beschwerdeführer nicht für die Verständigungslösung, kann er ggf. noch offene nationale Rechtsbehelfe gegen die Besteuerung weiterverfolgen.

24.44

Art. 6 bis 15 SBRL und damit der überwiegende Teil der Detailregelungen betreffen die **Streitbeilegung im engeren Sinne, d.h.** die Streitbeilegung **durch den „Beratenden Ausschuss"** oder alternativ einen **„Ausschuss für alternative Streitbeilegung"** für den Fall, dass eine Verständigung im vorherigen Verfahrensstadium nicht gelingt und der Beschwerdeführer innerhalb einer dafür vorgegebenen Frist die weitere Streitbeilegung beantragt (Art. 6 Abs. 1 SBRL). Ein Teil der dortigen Regeln gilt gleichzeitig

24.45

---

1 COM(2016) 686 final v. 25.10.2016, S. 8 der deutschsprachigen Fassung.
2 So z.B. *Pit*, Intertax 2019, 745 (755, 757 f.).

auch für die im Beschwerdestadium vorgesehen Schiedsverfahren über die Zulassung (für den Fall, dass die Beschwerde von einer, aber nicht von allen zuständigen Behörden abgelehnt wurde). Die SBRL enthält detaillierte Vorgaben zu Abläufen und Fristen für die Einsetzung und Zusammensetzung (Art. 8 u. 9 SBRL) eines solchen „Beratenden Ausschuss" (oder alternativen einen „Ausschuss für alternative Streitbeilegung", Art. 10 SBRL), einschließlich Ersatzbenennungsverfahren für den Fall, dass die zuständigen Behörden ihren Pflichten zur Einsetzung nicht fristgerecht nachkommen (Art. 7 SBRL); außerdem einige Vorgaben für das Verfahren im Beratenden Ausschuss (Art. 11 u. 13 SBRL). Der Beratende Ausschuss (oder alternativ der „Ausschuss für alternative Streitbeilegung") muss innerhalb einer wiederum ihm gesetzten Frist eine Stellungnahme abgeben, wie die Streitfrage gelöst werden soll (Art. 6 Abs. 3, Art. 14 SBRL). Nach Vorliegen dieser Stellungnahme haben die zuständigen Behörden noch einmal innerhalb einer Frist Gelegenheit, sich (ggf. abweichend von der Stellungnahme) zu verständigen (Art. 15 SBRL, „abschließende Entscheidung"/"final decision"). Bleibt eine solche Verständigung aus, wird die Stellungnahme für die zuständigen Behörden bindend. Der Beschwerdeführer kann sich auch hier – wie bei einer Verständigung im Verständigungsverfahren – entscheiden, ob er der „abschließenden Entscheidung" zustimmt oder stattdessen ggf. noch offene nationale Rechtsbehelfe gegen die Besteuerung weiterverfolgen will.

24.46 Die Richtlinie enthält außerdem noch Regeln zu Publizitätspflichten im Zusammenhang mit den o.g. „abschließenden Entscheidungen" (Art. 18 SBRL), zu Kosten (Art. 12 SBRL) sowie zur Rolle der Kommission und zu einem einzurichtenden „Ausschuss für Streitbeilegung" (Art. 19 u. 20 SBRL). Die Kommission wird ermächtigt, im Ausschussverfahren nach Art. 20 SBRL als Durchführungsrechtsakt eine Standardgeschäftsordnung für Beratende Ausschüsse festzulegen (Art. 11 Abs. 3 SBRL).

24.47 Die Erwägung, dass gerade eine einheitliche Regelung auf Unionsebene am besten geeignet ist, ein effizientes Verfahren zu schaffen (vgl. Rz. 24.10, 24.14 zum Subsidiaritätsprinzip), spricht dafür, den Mitgliedstaaten bei der nationalen Umsetzung Freiheiten nur einzuräumen, soweit die Richtlinie klar Alternativen zulässt. So dürfte es z.B. problematisch sein, in der nationalen Umsetzung – auch zugunsten von Steuerpflichtigen – mit großzügigeren Fristen zu arbeiten, weil dies immer auch zwischenstaatliche Abläufe sowie die Rechte und Pflichten anderer Mitgliedstaaten berühren würde.[1]

2. Beschwerde- bzw. Zulassungsverfahren

24.48 Nach Art. 3 Abs. 1 SBRL kann jede betroffene Person (siehe oben Rz. 24.21 ff.) innerhalb von 3 Jahren nach Mitteilung einer Maßnahme, die im Ergebnis zu einer „Streitfrage" (siehe oben Rz. 24.28 ff.) führt oder führen wird, **„Beschwerde"** („complaint") bei der zuständigen Behörde jedes betroffenen Staates einlegen und um die Lösung der Streitfrage ersuchen. Erst im Zusammenhang mit weiteren Vorschriften der Richtlinie wird klar, dass im Regelfall eine solche Beschwerde **bei den zuständigen Behörden *aller* betroffenen Mitgliedsstaaten** (im Grundfall einer bilateralen Streitfrage also in zwei Staaten) eingereicht werden muss.[2] Denn nur dadurch wird eine Entscheidung aller betroffenen zuständigen Behörden über die Zulassung herbeigeführt, diese ist aber für das Erreichen der weiteren Verfahrensstadien (Verständigungs- und ggf. anschließend Schiedsverfahren) erforderlich (Art. 4 Abs. 1 SBRL: „Wenn die zuständigen Behörden der betroffenen Mitgliedstaaten eine Beschwerde zulassen ..."). Eine Ausnahme gilt nur für Beschwerden natürlicher Personen und kleinerer Unternehmen (siehe unten Rz. 24.54).

24.49 Das Grundkonzept dieser „Beschwerde" einschließlich der dafür vorgesehenen Frist ist offenkundig an die bestehenden Verfahren nach Art. 25 Abs. 1 OECD-MA sowie Art. 6 Abs. 1 EU-Schiedskonvention angelehnt. Hinsichtlich der Frage, ab wann eine relevante Maßnahme vorliegen kann, und zum Fristbeginn sollte deshalb den Überlegungen zum Fristbeginn bei Anträgen nach Art. 25 Abs. 1

---

1 Siehe *Debelva/Luts*, BIT 2017, No. 5, online, Tz. 3.1.2.
2 Vgl. z.B. auch *Govind*, EC Tax Review 2018, 309 (312). Dies kritisierend *Pit*, Dispute Resolution in the EU, Diss. 2018, Tz. 27.3.4.2.

OECD-MA gefolgt werden.[1] Auch die **Liste der im Zusammenhang mit der Beschwerde erforderlichen Angaben und Unterlagen in Art. 3 Abs. 3 SBRL** baut auf Arbeiten zu den bisherigen Rechtsgrundlagen auf.[2] Auf ein Abschreiben der ausführlichen Liste in Art. 3 Abs. 3 Buchst. a bis Buchst. f SBRL soll hier verzichtet werden. Wichtigster Einzelpunkt dürfte Art. 3 Abs. 3 Buchst. c sein: genaue Angaben zu den maßgeblichen Tatsachen und Umständen des Falls und im Einzelnen zur Art und zum Zeitpunkt der zur Streitfrage führenden Maßnahmen, mit Kopien aller Belege. Werden aus Sicht der die Beschwerde erhaltenden zuständigen Behörde nicht alle zur Entscheidung über die Beschwerde erforlichen Informationen und Unterlagen gleichzeitig mit der Beschwerde vorgelegt, hat die zuständige Behörde drei Monate Gelegenheit, zusätzliche Informationen anzufordern, hierauf soll die betroffene Person wiederum innerhalb von drei Monaten antworten (Art. 3 Abs. 4 SBRL). Art. 3 Abs. 1 Satz 4 SBRL räumt den Mitgliedstaaten ein, Beschwerden nur in einer ihrer jeweiligen Amtssprachen zu akzeptieren oder weitere Sprachen zuzulassen.

Neu gegenüber den tradierten Rechtsgrundlagen für Verständigungs- und Schiedsverfahren ist, dass **innerhalb von 6 Monaten** ab Antragseingang (oder, wenn innerhalb von 3 Monaten Zusatzinformationen angefordert wurden, innerhalb von 6 Monaten nach Eingang dieser Zusatzinformationen) **über die „Zulassung" zu entscheiden oder abzuhelfen** ist (Art. 3 Abs. 5 SBRL). **Nichtentscheidung** über den Antrag innerhalb dieser Fristen **gilt als Zulassung** (Art. 5 Abs. 2 SBRL).[3]

24.50

Die SBRL erlaubt die Ablehnung (oder **„Zurückweisung") einer Beschwerde** nur aus drei Gründen: a) es fehlen nach Art. 3 Abs. 3 erforderliche Informationen, b) es liegt keine „Streitfrage" vor (vgl. dazu oben Rz. 24.28 ff.), oder c) die Beschwerde wurde nicht innerhalb des in Art. 3 Abs. 1 festgelegten Dreijahreszeitraums eingereicht (Art. 5 Abs. 1 SBRL). Eine eventuelle Ablehnung ist dem Beschwerdeführer unter Mitteilung der „allgemeinen Gründe" für die Ablehnung mitzuteilen (Art. 3 Abs. 5, Art. 5 Abs. 1 Unterabs. 2 SBRL).

24.51

Im Verfahrensstadium des Beschwerde- bzw. Zulassungsverfahrens kommt neben einer positiven oder negativen Entscheidung über die Zulassung auch noch eine Beendigung des Verfahrens nach Abhilfe oder wegen Rücknahme der Beschwerde in Frage. Art. 3 Abs. 5 Unterabs. 2 SBRL eröffnet die Möglichkeit der Verfahrensbeendigung durch unilaterale **Abhilfe**. Diese kann innerhalb derselben Frist erfolgen wie sonst die Entscheidung über die Zulassung, sie ist auch entsprechend mitzuteilen. Die Möglichkeit der Verfahrensbeendigung durch **Zurückziehen der Beschwerde** wird in Art. 3 Abs. 6 Unterabs. 1 SBRL anerkannt. Art. 3 Abs. 6 Unterabs. 2 SBRL sieht außerdem ein Ende des Verfahrens vor, wenn die Streitfrage „aus irgendeinem Grunde gegenstandslos" wird. Hierunter könnten insbesondere Konstellationen fallen, in denen sich die Beschwer der betroffenen Person durch ein endgültiges nationales Gerichtsurteil zu ihren Gunsten erledigt.

24.52

Sollten (im Grundfall mit zwei beteiligten Staaten) **beide** zuständigen Behörden die Beschwerde **ablehnen**, gibt die Richtlinie den **Rechtsweg zu nationalen Gerichten** (Art. 5 Abs. 3 SBRL).[4] **Lehnt nur eine der zuständigen Behörden ab**, kommt es auf Antrag des Steuerpflichtigen (der innerhalb einer

24.53

---

1 Z.B. *Becker* in Haase[3], Art. 25 OECD-MA Rz. 20; *Lehner* in Vogel/Lehner[6], Art. 25 OECD-MA Rz. 38 f.; *Flüchter* in Schönfeld/Ditz[2], Art. 25 OECD-MA Rz. 93 ff. Nicht überzeugend deshalb die von der Praxis zu Art. 25 Abs.1 OECD-MA völlig losgelösten Überlegungen bei *Zinowsky/Schönfeld*, ISR 2018, 7 (9) sowie *Cloer/Niemeyer*, FR 2018, 674 (676).
2 Vgl. Überarbeiteter Verhaltenskodex zur wirksamen Durchführung des Übereinkommens über die Beseitigung der Doppelbesteuerung im Falle von Gewinnberichtigungen zwischen verbundenen Unternehmen (2009/C 322/01) v. 30.12.2009, ABl. EU 2009 Nr. C 322, 1, Nr. 5 Buchst. a; zuvor bereits im Verhaltenskodex 2006 (2006/C 176/02) v. 28.7.2006, ABl. EU 2006 Nr. C 176, 8, Nr. 2.
3 Im RL-Vorschlag noch umgekehrt bei Nichtentscheidung fingierte Ablehnung, COM(2016) 686 final v. 25.10.2016, Art. 15 Abs. 5; vgl. dazu *Strotkemper*, IWB 2017, 55 (58).
4 Kritisch dazu, weil lange Verfahrensdauern vor nationalen Gerichten befürchtend, *Wiertsema*, Derivatives & Financial Instruments 2017, No. 5, online, Tz. 4.2.2; *Gibert/Pasquier*, 86 Tax Notes Int'l 61 (66) (2017); *Pit*, Intertax 2019, 745 (756).

Frist von nur 50 Tagen zu stellen ist) zu einem **Schiedsverfahren über die Zulassung** (Art. 6 Abs. 1 Buchst. a SBRL). In diesem Fall muss der Beschwerdeführer aber auf nationale Rechtsbehelfe gegen die Ablehnung verzichten (Art. 6 Abs. 1 Unterabs. 2 SBRL). Unklar bleibt, was gilt, wenn die erste dem Beschwerdeführer mitgeteilte Entscheidung eine Ablehnung ist, eine Entscheidung der anderen zuständigen Behörde aber noch nicht vorliegt und die Frist von 50 Tagen ab der Mitteilung der ersten Entscheidung zu verstreichen droht. Sinn und Zweck der Regelung wird am ehesten gerecht, als Beginn der 50-Tage-Frist (Art. 6 Abs. 1 Unterabs. 3 SBRL) das Datum des Erhalts der Mitteilung der *letzten* ausstehenden Entscheidung über die Zulassung anzusehen. Ein bilaterales Schiedsverfahren über die Zulassung ist von der SBRL offenkundig nur dann gewollt, wenn die Staaten nicht über die Zulässigkeit der Beschwerde einig sind,[1] ob das der Fall ist, ist erst nach Vorliegen der Zulassungsentscheidungen *aller* betroffenen Staaten klar. Für das ggf. nach Art. 6 Abs. 1 Buchst. a SBRL beantragte Schiedsverfahren über die Zulassung gelten im Übrigen grundsätzlich dieselben Regeln wie für das bei Nichteinigung der Staaten über die eigentliche Streitfrage vorgesehene Verfahren (Art. 6 Abs. 1 Buchst. b SBRL), es sei deshalb auf die dazu unten gegebenen Erläuterungen verwiesen (vgl. unten Rz. 24.62 ff.). Allerdings kann für ein Schiedsverfahren über die Zulassung kein „Ausschuss für alternative Streitbeilegung" eingesetzt werden (ergibt sich aus Art. 10 Abs. 1 Satz 1 a.E. SBRL).

24.54 Im Grundsatz verlangt die SBRL, anders als die bisherigen Rechtsgrundlagen, die Einreichung der Beschwerde bei beiden Staaten (im Grundfall mit zwei beteiligten Staaten), und zwar jeweils in einer der Amtssprachen des jeweiligen Mitgliedstaats oder „einer anderen Sprache, die der Mitgliedstaat zu diesem Zweck akzeptiert" (Art. 3 Abs. 1 Satz 4 SBRL). Jedoch ist in Art. 17 SBRL eine **Erleichterung für natürliche Personen und kleine und mittlere Unternehmen** vorgesehen. Diese brauchen eine Beschwerde, ggf. die Antwort auf Ersuchen um zusätzliche Information und ggf. einen späteren Antrag auf Schiedsverfahren nur im Ansässigkeitsstaat und damit auch nur in dessen Sprache einreichen. Für Unternehmen gilt das, wenn es sich nicht um ein großes Unternehmen handelt und es nicht Teil einer großen Gruppe ist, jeweils nach der Definition der Richtlinie 2013/34/EU. Nach Art. 3 der Richtlinie 2013/34/EU ist ein großes Unternehmen bzw. eine große Gruppe dann gegeben, wenn die Grenzen von mindestens zwei der drei folgenden Größenmerkmale überschritten werden: Bilanzsumme 20 Mio. €, Nettoumsatzerlöse 40 Mio. €, durchschnittliche Zahl der während des Geschäftsjahrs Beschäftigten 250.

3. Verständigungsverfahren

24.55 Ist die Beschwerde (d.h. der Antrag) von allen betroffenen zuständigen Behörden zugelassen (oder gilt sie wegen Zeitablaufs ohne Ablehnung als zugelassen, Art. 5 Abs. 2 SBRL; oder wird sie im Schiedsverfahren zugelassen, vgl. oben Rz. 24.53, und eine der zuständigen Behörden will zur Streitfrage zunächst das Verständigungsverfahren führen, Art. 6 Abs. 2 Unterabs. 2 SBRL), kommt es **zunächst zum Verständigungsverfahren zwischen den zuständigen Behörden** (Art. 4 Abs. 1 SBRL). Die zuständigen Behörden **bemühen sich um die Lösung** der Streitfrage. Das Verständigungsverfahren der Richtlinie entspricht den Verständigungsverfahren der bisherigen Rechtsgrundlagen (Art. 25 Abs. 2 OECD-MA und Art. 6 Abs. 2 EU-Schiedskonvention).

24.56 Auch die den zuständigen Behörden für eine Einigung im Verständigungsverfahren zur Verfügung stehende Zeit, bevor es zu einem Schiedsverfahren über die Streitfrage kommen kann, ist den bisherigen Rechtsgrundlagen entlehnt: **2 Jahre**. Die Frist beginnt hier ab der letzten Zulassung (Art. 4 Abs. 1 Unterabs. 1 SBRL). Offene nationale Rechtsbehelfe führen zu einem Aufschub des Fristbeginns, bis sie beendet sind oder ausgesetzt werden (Art. 16 Abs. 3 SBRL). Die Frist ist „auf Ersuchen einer zuständigen Behörde an alle anderen betroffenen zuständigen Behörden" **verlängerbar um bis zu 1 Jahr**, „wenn die antragstellende zuständige Behörde eine schriftliche Begründung vorlegt" (Art. 4 Abs. 1 Unterabs. 2 SBRL). Anders als nach der EU-Schiedskonvention ist eine Zustimmung der anderen Behörde(n) oder

---

[1] COM(2016) 686 final v. 25.10.2016, S. 10 der deutschsprachigen Fassung.

des oder der Steuerpflichtigen dafür nicht erforderlich.[1] Der Wortlaut dürfte auch mehrere zunächst kürzere Verlängerungen erlauben, wenn insgesamt ein Verlängerungszeitraum von einem Jahr nicht überschritten wird. Im Richtlinienvorschlag war noch vorgesehen, dass eine Verlängerung nur um maximal sechs Monate und nur mit Zustimmung der betroffenen Steuerpflichtigen und der anderen zuständigen Behörden möglich sein sollte.

Wird im Verständigungsverfahren eine **Einigung** zwischen den zuständigen Behörden gefunden, ist das Verfahren beendet und ein Schiedsverfahren ausgeschlossen. Das gilt auch dann, wenn die Einigung eine ggf. bestehende Doppelbesteuerung nicht beseitigen sollte.[2] Zur Umsetzung der Verständigungslösung ist aber hier ausdrücklich die **Zustimmung des Antragstellers** und die Rücknahme ggf. begonnener innerstaatlicher Rechtsbehelfe gefordert (für die bisherigen Rechtsgrundlagen wird auch ohne ausdrückliche Regelung i.d.R. entsprechend vorgegangen)[3]. Für den Nachweis der Rücknahme ggf. begonnener innerstaatlicher Rechtsbehelfe gibt die Richtlinie eine Frist von 60 Tagen vor (Art. 4 Abs. 2 SBRL). Art. 4 Abs. 2 SBRL spricht merkwürdigerweise nur die Zustimmung *einer* betroffenen Person an (und nicht ggf. mehrerer). Die Parallelregelung in Art. 15 Abs. 4 SBRL zur Zustimmung zur ggf. abschließenden Entscheidung nach einem eventuellen Schiedsverfahren zieht dagegen die Möglichkeit in Betracht, dass auch die Zustimmung mehrerer betroffener Personen erforderlich sein könnte („[...] sofern die betroffene(n) Person(en) [....] zustimmt (zustimmen) [...]"). Ein guter Grund, warum in der Situation des Art. 4 Abs. 2 SBRL nur die Zustimmung einer einzigen betroffenen Person in Betracht kommen sollte, in der Situation des Art. 15 Abs. 4 SBRL aber die Zustimmung mehrerer betroffener Personen, ist nicht ersichtlich. Art. 15 Abs. 4 SBRL orientiert sich hinsichtlich der Erforderlichkeit der Zustimmung betroffener Personen erkennbar an Art. 25 Abs. 5 OECD-MA, wo ebenfalls davon ausgegangen wird, dass neben dem ursprünglichen Antragsteller noch weitere betroffene Personen in Betracht kommen.[4] Auch Art. 7 Abs. 1 Unterabs. 4 SBRL belegt, dass die SBRL von der Möglichkeit von Verfahren mit mehreren betroffenen Personen ausgeht. Die Formulierung mit mehreren möglichen betroffenen Personen in Art. 15 Abs. 4 SBRL dürfte deshalb gewollt und die mit nur einer betroffenen Person in Art. 4 Abs. 2 SBRL ein Redaktionsversehen sein. Relevant ist das insbesondere in Verrechnungspreisfällen. Nach dem hier vertretenen Verständnis setzt die Umsetzung einer Verständigungslösung nach Art. 4 Abs. 2 SBRL dann die Zustimmung beider verbundener Unternehmen (im Grundfall eines Verrechnungspreisfalls) voraus.

24.57

Bleibt innerhalb der Zweijahresfrist, ggf. auch nach Fristverlängerung, im Verständigungsverfahren **eine Einigung** zwischen den zuständigen Behörden **aus**, so wird der Steuerpflichtige, der die Beschwerde eingereicht hatte, von allen betroffenen zuständigen Behörden darüber informiert, und zwar jeweils unter Mitteilung der „allgemeinen Gründe", aus denen keine Einigung erzielt wurde (Art. 4 Abs. 3 SBRL).[5] Im Anschluss hat der Beschwerdeführer die Möglichkeit, ein Schiedsverfahren (Streitbeilegung durch den „Beratenden Ausschuss") zu beantragen.

24.58

---

1 Überzeugend *Pit*, Dispute Resolution in the EU, Diss. 2018, Tz. 29.3 mit Hinweis auf den Wortlaut und dem Vergleich zu sowohl Richtlinienvorschlag als auch Art. 7 Abs. 4 EU-Schiedskonvention. Aus Sicht von *Zinowsky/Schönfeld*, ISR 2018, 7 (9 f.) sowie *Pistone* in Terra/Wattel, European Tax Law, 7th ed 2019, S. 331 (358) dagegen nicht eindeutig.
2 *Govind*, EC Tax Review 2018, 309 (311). Den insoweit bestehenden Unterschied zur EU-Schiedskonvention hervorhebend *Pistone* in Terra/Wattel, European Tax Law, 7th ed 2019, S. 331 (345, 361).
3 Siehe z.B. *Flüchter* in Schönfeld/Ditz[2], Art. 25 OECD-MA Rz. 189 ff.; *Lehner* in Vogel/Lehner[6], Art. 25 OECD-MA Rz. 101; *Schmitz* in S/K/K, Art. 25 OECD-MA Rz. 51, 56 (19. EL Oktober 2009).
4 Vgl. Art. 25 Abs. 5 OECD-MA u. Ziff. 15 des OECD-Kommentars zum „Sample Mutual Agreement on Arbitration".
5 Für diese Mitteilung sieht die Richtlinie überraschenderweise keine Frist vor. Vgl. auch *Wiertsema*, Derivatives & Financial Instruments 2017, No. 5, online, Tz. 4.2.1.3; *Voje*, ET 2018, 309 (312); *Govind*, EC Tax Review 2018, 309 (314). Zur Mitteilung der „allgemeinen Gründe" vgl. *Pit*, Dispute Resolution in the EU, Diss. 2018, Tz. 29.7.2.3 u. *Pit*, Intertax 2019, 745 (758) (danach würde die Erklärung, man habe sich nicht verständigen können, genügen).

24.59 Außer durch Verständigung kann das Verfahren vor Ablauf der Frist auch in diesem Stadium durch Rücknahme der Beschwerde (Art. 3 Abs. 6 Unterabs. 1 SBRL) oder Gegenstandsloswerden (Art. 3 Abs. 6 Unterabs. 2 SBRL, wohl insbesondere durch ein nationales Gerichtsurteil zugunsten des Steuerpflichtigen, mit dem sich die Beschwer erledigt) enden. Zudem kann, wenn das nationale Recht eines der betroffenen Staaten ein Abweichen von der Entscheidung eines dortigen Gerichts nicht zulässt, von diesem Staat bei der Umsetzung der SBRL auch bereits die Beendigung des Verständigungsverfahrens (und damit auch des Verfahrens nach SBRL insgesamt) durch die Gerichtsentscheidung vorgesehen werden (Art. 16 Abs. 4 Buchst. a SBRL).

4. Schiedsverfahren (Streitbeilegung durch „Beratenden Ausschuss" oder „Ausschuss für alternative Streitbeilegung")

a) Streitbeilegung durch „Beratenden Ausschuss" als Standardfall

24.60 Die betroffene Person, die die Beschwerde eingelegt hatte (siehe oben Rz. 24.48), kann innerhalb von 50 Tagen ab Erhalt der Mitteilungen, dass eine Einigung im Verständigungsverfahren innerhalb der dafür vorgesehenen Frist (ggf. einschließlich Verlängerung) nicht zustande gekommen ist (siehe oben Rz. 24.58), **Streitbeilegung durch einen „Beratenden Ausschus" („Advisory Commission")** beantragen (Art. 6 Abs. 1 Buchst. b u. Unterabs. 3 SBRL). Ein Antrag vor Erhalt dieser Mitteilung ist nicht möglich oder jedenfalls nicht wirksam (das ist aus Art. 6 Abs. 1 Unterabs. 3 Satz 2 SBRL zu folgern, der den nächsten Verfahrensschritt an den Erhalt des Antrags anknüpft). Die SBRL selbst benutzt den Begriff „Schiedsverfahren" nicht, der Sache nach handelt es sich aber wie beim Verfahren des Beratenden Ausschusses nach EU-Schiedskonvention um ein Schiedsverfahren.

24.61 Sollte es allerdings zuvor zu einer **innerstaatlichen Gerichtsentscheidung** in der Streitfrage gekommen sein und kann nach nationalem Recht des Staats der Gerichtsentscheidung nicht von dieser abgewichen werden, kann dieser Staat bei der Umsetzung der SBRL vorsehen, dass das Verfahren nach SBRL mit der Gerichtsentscheidung endet und ein Schiedsverfahren dann ausgeschlossen ist (Art. 16 Abs. 4 Buchst. b SBRL). Sollte zwischen dem Antrag auf Streitbeilegung durch den Beratenden Ausschuss und der von diesem (oder alternativ von einem Ausschuss für alternative Streitbeilegung) abgegebenen Stellungnahme noch eine solche Gerichtsentscheidung fallen, kann außerdem auch dann noch die Beendigung des Verfahrens nach SBRL durch die Gerichtsentscheidung im nationalen Recht vorgesehen werden (Art. 16 Abs. 4 Buchst. c SBRL) (siehe zu Art. 16 Abs. 4 auch oben Rz. 24.41).

24.62 Ein **Beratender Ausschuss** ist **innerhalb von 120 Tagen ab Antrag einzusetzen** (Art. 6 Abs. 1 Unterabs. 3 a.E. SBRL),[1] wenn nicht die zuständigen Behörden zuvor alternativ die Einsetzung eines „Ausschusses für alternative Streitbeilegung" vereinbaren (siehe unten Rz. 24.73 ff.). Zwar ist nicht ganz klar definiert, was in diesem Zusammenhang unter „Einsetzen" zu verstehen ist, was genau also nach Art. 6 Abs. 1 SBRL innerhalb von 120 Tagen geschehen soll. Vermutlich ist aber gemeint, dass dieses „Einsetzen" die in Art. 11 Abs. 1 SBRL genannten Schritte umfasst, also insbesondere die Übermittlung einer „Geschäftsordnung des Beratenden Ausschusses" („Rules of Functioning for the Advisory Commission").[2] In dieser wiederum muss u.a. die Zusammensetzung des Beratenden Ausschusses genannt werden (u.a. Namen der Mitglieder) (zu den Regeln für die Zusammensetzung siehe unten Rz. 24.64). Das wiederum bedeutet, dass innerhalb der 120 Tage bereits alle Mitglieder des Beratenden Ausschusses feststehen müssen, einschließlich des Vorsitzenden, der gem. Art. 8 Abs. 6 SBRL erst von allen übrigen Mitgliedern gewählt werden kann, nachdem diese ausgewählt wurden.

24.63 Erfolgt die Einsetzung eines Beratenden Ausschusses durch die zuständigen Behörden nicht fristgerecht, sieht die Richtlinie eine **Benennung durch innerstaatliche Gerichte oder eine andere „ein-**

---

1 Siehe zum Verfahren zur Einberufung eines Beratenden Ausschusses z.B. *Zinowsky/Schönfeld*, ISR 2018, 7 (11 ff.); *Hafner/Stiastny*, SWI 2018, 12 (16, 18); *Voje*, ET 2018, 309 (311 f.).
2 Vgl auch *Pit*, Dispute Resolution in the EU, Diss. 2018, Tz. 30.3.2.1 (eher nur auf die Bestellung aller Mitglieder des Beratenden Ausschusses und nicht die Geschäftsordnung abstellend, aber unsicher).

zelstaatliche benennende Stelle" vor (Art. 7 SBRL).[1] Dabei räumt Art. 7 Abs. 2 SBRL den betroffenen Personen nur eine außerordentlich kurze Frist für Anträge auf Benennung durch innerstaatliche Gerichte oder eine andere benennende Stellen ein: nur 30 Tage ab Ablauf der 120-Tage-Frist, wobei gleichzeitig klarstellt wird, dass Anträge vor Ablauf der 120-Tage-Frist nicht zulässig sind. Wieso die SBRL hier nur 30 Tage gibt, ist nicht nachvollziehbar. Zur Umsetzung der Richtlinie gehört, dass die Mitgliedstaaten ein für diese Aufgabe zuständiges Gericht oder eine andere einzelstaatliche benennende Stelle festlegen müssen (Art. 7 Abs. 1 Unterabs. 1 SBRL). Die betroffene Person (d.h. die Person, die die Beschwerde nach Art. 3 Abs. 1 SBRL eingelegt hatte) kann das entsprechende Gericht oder die entsprechende Stelle desjenigen Mitgliedstaates anrufen, der seinen Benennungspflichten bei der Einsetzung des Beratenden Ausschusses nicht nachgekommen ist (Art. 7 Abs. 1 Unterabs. 2 SBRL); ist mehr als ein Mitgliedstaat seinen Benennungspflichten nicht nachgekommen, dann auch die Gerichte bzw. Stellen beider oder mehrerer Mitgliedstaaten (Art. 7 Abs. 1 Unterabs. 3 SBRL); in letzterem Fall wird der Vorsitzende auch nicht mehr gewählt, sondern per Losentscheid bestimmt. Das Verfahren des Gerichts soll dabei dem nach nationalen Vorschriften anwendbaren Verfahren für Schiedsverfahren in Zivil- und Handelssachen zur Benennung von Schiedsrichtern durch Gerichte in Fällen, in denen sich die Parteien nicht einigen können, entsprechen (Art. 7 Abs. 3 SBRL). Gegen die entsprechenden Entscheidungen der Gerichte oder anderer einzelstaatlicher benennender Stellen können zudem sowohl die zuständigen Behörden als auch die Antragsteller Rechtsbehelfe gemäß den nationalen Verfahrensvorschriften einlegen.

Art. 8 SBRL enthält die Regeln zur Zusammensetzung des Beratenden Ausschusses und zu Auswahl und Bestellung unabhängiger Personen. Ein Beratender Ausschuss besteht nach Art. 8 Abs. 1 SBRL aus a) einem Vorsitzenden, b) einem Vertreter jeder betroffenen zuständigen Behörde (im Einvernehmen der zuständigen Behörden kann die Zahl auf zwei Vertreter jeder zuständigen Behörden erhöht werden, und c) je einer unabhängigen Person, die von jeder der zuständigen Behörden aus der in Art. 9 SBRL vorgesehenen Liste ausgewählt wird. Der Vorsitzende, der grundsätzlich Richter sein soll, wird von den übrigen Mitgliedern (aber nicht aus den Reihen der übrigen Mitglieder, sondern als zusätzliches Mitglied erneut aus der in Art. 9 SBRL vorgesehenen Liste) gewählt (Art. 8 Abs. 6 SBRL). Im Grundfall besteht ein Beratender Ausschuss also aus fünf Personen (je ein Vertreter der beiden zuständigen Behörden, je eine von jeder Behörde benannte unabhängige Person und ein von den übrigen gewählter unabhängiger Vorsitzender) und wird für jeden Fall ad hoc neu zusammengesetzt.[2] Genauere Vorschriften für die Benennung der unabhängigen Personen (gedacht ist wohl an Ablauf, Zwischenfristen) sollen von den zuständigen Behörden einvernehmlich festgelegt werden (Art. 8 Abs. 2 SBRL), bei Ausbleiben einer solchen genaueren Vorschrift soll die Benennung durch Losentscheid erfolgen (Art. 8 Abs. 3 SBRL). Art. 8 Abs. 2 SBRL fordert darüber hinaus auch die Benennung von Ersatzpersonen (Stellvertretern).

Die **Liste, aus der die unabhängigen Personen ausgewählt werden sollen**, ist in Art. 9 SBRL geregelt. Sie enthält alle von allen Mitgliedstaaten benannten unabhängigen Personen. Hierfür soll jeder Mitgliedstaat mindestens drei „kompetente und unabhängige Personen, die unparteiisch und integer handeln können", benennen (Art. 9 Abs. 1 SBRL). Zusätzlich zu den Namen dieser Personen sollen auch Informationen zu Werdegang, Fähigkeiten, Fachkenntnissen und eventuellen Interessenkonflikten der Kommission mitgeteilt werden (Art. 9 Abs. 2). Andere Mitgliedstaaten können Einwände gegen das Führen einzelner Personen auf der Liste vorbringen, hierfür sieht Art. 9 Abs. 3 SBRL ein Prüfverfahren vor.

---

1 Näher dazu auch *Voje*, ET 2018, 309 (311 f.).
2 Für einen Vergleich mit Zusammensetzung der Schiedsgremien und Auswahl und Benennung der Schiedsrichter nach DBA-Schiedsklauseln und nach EU-Schiedskonvention siehe z.B. *Pistone* in *Terra/ Wattel*, European Tax Law, 7th ed 2019, S. 331 (363 f.); *Flüchter* in Schönfeld/Ditz[2], Art. 25 OECD-MA Rz. 361 ff.

24.66 Zur **Sicherung von Unparteilichkeit und Unabhängigkeit** von als unabhängigen Personen in Betracht gezogenen Kandidaten kann jede der betroffenen zuständigen Behörden als unabhängige Personen Benannte aus den in Art. 8 Abs. 4 SBRL genannten Gründen ablehnen. Abgelehnt werden kann u.a., wer für eine der beteiligten Steuerverwaltungen tätig ist oder in den letzten drei Jahren tätig war (Art. 8 Abs. 4 Buchst. a SBRL) und wer an einer im Fall betroffenen Person wesentlich beteiligt oder für sie tätig ist oder in den letzten fünf Jahren war (Art. 8 Abs. 4 Buchst. b SBRL). Die Liste der Ausschlussgründe ist noch weitergehend als die der EU-Schiedskonvention, insbesondere kann nach Art. 8 Abs. 4 Buchst. d SBRL jede berufsmäßig in der Steuerberatung tätige oder in den letzten drei Jahren tätig gewesene Person abgelehnt werden, losgelöst von einer Tätigkeit für die im konkreten Fall betroffenen Steuerpflichtigen.[1] Zusätzlich bringt Art. 8 Abs. 4 Buchst. c SBRL noch eine Generalklausel, nach der abgelehnt werden kann, wer (aus nicht näher benannten Gründen) „keine hinreichende Gewähr für Unbefangenheit in dem zu schlichtenden Streitfall" bietet. Zudem ist auch in den zwölf Monaten nach dem Schiedsspruch jede einen Ablehnungsgrund darstellende Tätigkeit ausgeschlossen (Art. 8 Abs. 5 Unterabs. 2 SBRL).[2]

24.67 Der so eingesetzte Beratende Ausschuss ist aufgerufen, **mit einfacher Mehrheit innerhalb von sechs Monaten** nach seiner Einsetzung eine **Stellungnahme** abzugeben, wie die Streitfrage gelöst werden soll, Art. 6 Abs. 3 i.V.m. Art. 14 Abs. 1 u. Abs. 3 SBRL (oder ausnahmsweise, wenn er schon zur Entscheidung über die Zulassung der Beschwerde eingesetzt wurde, eine solche Entscheidung, Art. 6 Abs. 2 SBRL). Er kann sich im Bedarfsfall selbst eine Fristverlängerung von drei Monaten gewähren (Art. 6 Abs. 1 Satz 2 SBRL). Bei der Stellungnahme soll er sich auf das anwendbare Abkommen oder Übereinkommen sowie auf etwaige anwendbare nationale Vorschriften stützen (Art. 6 Abs. 2 SBRL). Der Beratende Ausschuss wendet dabei das sog. „independent opinion"-Verfahren an (im Deutschen auch „Verfahren der unabhängigen Stellungnahme", ergibt sich u.a. im Umkehrschluss aus Art. 10 Abs. 2 Unterabs. 2 Satz 2 sowie aus Art. 11 Abs. 2 Buchst. c SBRL), d.h. er ist nicht an Vorschläge einer der Parteien gebunden, sondern kann auf Basis des vorgetragenen Sachverhalts und des anzuwendenden Rechts unter Würdigung der vorgetragenen Argumente eigenständig entscheiden.[3]

24.68 Die **Beteiligung der Steuerpflichtigen** ist ähnlich wie in der EU-Schiedskonvention gestaltet, allerdings mit dem relevanten Unterschied, dass sowohl schriftlicher Vortrag (einschließlich Vorlage von Unterlagen) als auch Erscheinen vor dem Beratenden Ausschuss nur mit Zustimmung der zuständigen Behörden zugelassen sind (Art. 13 Abs. 1 u. 2 SBRL).[4] Die Beteiligung der Steuerpflichtigen und sonstige Verfahrensfragen sollen in der für den Einzelfall vereinbarten Geschäftsordnung („Rules of Functioning") näher geregelt werden (Art. 11 Abs. 2 Buchst. d, f, g SBRL). Bei Ausbleiben einer Einigung auf eine Geschäftsordnung soll eine (von der Kommission noch als Durchführungsrechtsakt zu erlassende) Standardgeschäftsordnung greifen (Art. 11 Abs. 3 SBRL).

---

1 Aus der pessimistischen Sicht von *Cloer/Niemeyer*, FR 2018, 674 (676) kann damit die Mitwirkung eines Großteils fachkundiger Personen ausgeschlossen werden; kritisch auch *Pit*, Dispute Resolution in the EU, Diss. 2018, Tz. 30.7.2.3.2.1 u. Tz. 30.7.2.3.2.3; *Govind*, EC Tax Review 2018, 309 (318).

2 Letzteres als zu weitgehend ansehend *Zinowsky/Schönfeld*, ISR 2018, 7 (13). Zum dort erhobenen Einwand, es gebe auch keine Rechtsfolge bei Nichteinhaltung, ist auf Art. 15 Abs. 4 Unterabs. 2 SBRL hinzuweisen.

3 Zur Unterscheidung von „independent opinion"-Verfahren einerseits und „final offer"-Verfahren andererseits und den Argumenten für die eine oder andere Verfahrensart siehe z.B. *Lehner* in V/L[6], Art. 25 OECD-MA Rz. 231; *Ismer* in Reimer/Rust, Art. 25 OECD-MA Rz. 124; *Flüchter* in Schönfeld/Ditz[2], Art. 25 OECD-MA Rz. 372, 373, 386 sowie ausführlicher *Petruzzi/Koch/Turcan* in Lang/Owens, International Arbitration in TaxMatters, 2015, S. 139.

4 Vgl. dazu einerseits *Govind*, EC Tax Review 2018, 309 (322) („Directive provides adequate importance to the role and rights of the taxpayer in the procedure") und andererseits *Pistone* in Terra/Wattel, European Tax Law, 7th ed 2019, S. 331 (368, 371) sowie *Perrou*, Intertax 2019, 715 (718), dafür plädierend, Vortrag und Erscheinen des Steuerpflichtigen in der Regel zuzulassen.

24.69 Ob ein Beratender Ausschuss (oder auch ein Ausschuss für alternative Streitbeilegung) bei insofern gegebenem Einvernehmen der Staaten an ggf. bestehende allgemeine Verständigungsvereinbarungen nach Art. 25 Abs. 3 OECD-MA oder z.B. an den OECD-MK **gebunden werden kann**, ist nicht eindeutig: Einerseits kann mit Art. 14 Abs. 2 SBRL argumentiert werden, wonach sich das Gremium für seine Stellungnahme auf das Abkommen stützen soll (ohne dass z.B. allgemeine Verständigungsvereinbarungen erwähnt würden). Andererseits sieht Art. 10 Abs. 2 SBRL vor, dass in der von den zuständigen Behörden für jeden Einzelfall zu vereinbarenden „Geschäftsordnung" u.a. die „Beschreibung der Streitfrage" und die „Beschreibung der rechtlichen und faktischen Fragestellungen, auf die sich die zuständigen Behörden geeinigt haben" geregelt wird.[1] Auch ist das Gesamtkonzept der Richtlinie nicht darauf ausgelegt, Fragen, über die sich die zuständigen Behörden der betroffenen Staaten einig sind, trotzdem einem Schiedsgremium vorzulegen. Das spricht dafür, dass mit der Geschäftsordnung die vom Beratenden Ausschuss oder Ausschuss für alternative Streitbeilegung zu entscheidende Streitfrage z.B. darauf reduziert werden kann, was sich für den Einzelfall aus dem OECD-MK, den OECD-Verrechnungspreisleitlinien oder einer bestehenden allgemeinen Verständigungsvereinbarung ergibt.

24.70 Zur Frage der Begründungspflicht für Stellungnahmen eines Beratenden Ausschusses (oder auch eines Ausschusses für alternative Streitbeilegung) gibt es keine klare Aussage. Die Erforderlichkeit einer **Mindestbegründung** ergibt sich aber indirekt aus der Veröffentlichungspflicht nach Art. 18 Abs. 3 SBRL: Die abschließende Entscheidung (Art. 15 SBRL, kann bei Einigung der zuständigen Behörden auch von der Stellungnahme des Ausschusses abweichen) muss mindestens in Zusammenfassung veröffentlicht werden und zwar mit dem Mindestinhalt des Art. 18 Abs. 3 Unterabs. 1 Satz 2 (noch zu klären sind die Erwartungen an die geforderte „Beschreibung des Sachverhalts und des Streitgegenstands" und die „Kurzbeschreibung des Endergebnisses").[2]

24.71 Art. 15 Abs. 1 u. 2 SBRL (**„abschließende Entscheidung"**) ermöglichen den zuständigen Behörden – anders als die Schiedsklausel des OECD-MA, aber wie Art. 12 Abs. 1 Satz 2 EU-Schiedskonvention – eine vom Schiedsspruch (d.h. der Stellungnahme des Beratenden Ausschusses) abweichende **Verständigung** innerhalb von sechs Monaten nach Vorliegen des Schiedsspruchs. Kommt es innerhalb dieser Frist zu keiner Verständigung, wird die **Stellungnahme des Beratenden Ausschusses für die zuständigen Behörden verbindlich** (Art. 15 Abs. 2 Satz 2 SBRL).[3] Umgesetzt wird sie aber nur, wenn auch die betroffene(n) Person(en) zustimmt (zustimmen) und ggf. auf noch mögliche innerstaatliche Rechtsbehelfe verzichtet (verzichten) (Art. 15 Abs. 3 SBRL, vgl. insoweit auch die Parallelregelung zur Zustimmung zu Verständigungen im Verständigungsverfahren, dazu oben Rz. 24.57). Präzedenzwirkung soll die abschließende Entscheidung nicht haben (Art. 15 Abs. 4 Satz 1 SBRL).

24.72 Die SBRL geht davon aus, dass die Umsetzung der abschließenden Entscheidung vor nationalen Gerichten in Frage gestellt werden kann, wenn Verfahrensmängel bei ihrem Zustandekommen (insbesondere Verfahrensmängel im Schiedsverfahren) vorgetragen werden. Die Nichtumsetzung soll das nach Art. 15 Abs. 4 Unterabs. 2 SBRL aber nur dann zur Folge haben, wenn das maßgebliche nationale Gericht (oder eine „andere Justizbehörde"/"judicial body") gemäß den anwendbaren nationalen Rechtsvorschriften und unter Anwendung der Kriterien des Art. 8 SBRL eine mangelnde Unabhängigkeit erkennt.[4] Andere Verfahrensfehler wie Fristüberschreitungen oder dergleichen sollen also offenbar nicht zur Unwirksamkeit des Schiedsspruchs oder der abschließenden Entscheidung führen. Die Umsetzung der abschließenden Entscheidung soll vor nationalen Gerichten durchgesetzt werden können (Art. 15 Abs. 4 Unterabs. 2 Satz 2 SBRL).

---

1 Zur nicht ganz klaren Bedeutung dieser Punkte in Art. 10 Abs. 2 vgl. auch *Pit*, Dispute Resolution in the EU, Diss. 2018, Tz. 30.8.2.2.3.1.
2 Vgl. dazu auch *Pit*, Dispute Resolution in the EU, Diss. 2018, Tz. 30.11.2.2.2.
3 Angesichts dessen ist die Darstellung bei *Cloer/Niemeyer*, FR 2018, 674 (677), die Stellungnahme des Beratenden Ausschusses stelle nur eine unverbindliche Meinungsäußerung dar, grob irreführend.
4 Siehe dazu auch *Voje*, ET 2018, 309 (313).

b) Streitbeilegung durch „Ausschuss für alternative Streitbeilegung" als Alternative

24.73 Abweichend vom Regelfall des Beratenden Ausschusses kann durch die zuständigen Behörden in der innerhalb von 120 Tagen ab Schiedsantrag zu vereinbarenden Geschäftsordnung (Art. 11 SBRL, siehe insbes. Art. 11 Abs. 2 Buchst. c, e SBRL) ein **„Ausschuss für alternative Streitbeilegung"** („Alternative Dispute Resolution Commission") vereinbart werden, der sich in der Zusammensetzung vom Beratenden Ausschuss unterscheiden und auch den Charakter eines ständigen Gremiums („Ständiger Ausschuss"/"Standing Committee") haben kann (Art. 10 Abs. 1 u. Abs. 2 Unterabs. 1 SBRL).[1] Ob der Steuerpflichtige einen Beratenden Ausschuss statt der Alternative vorziehen würde, spielt jedenfalls nach dem Wortlaut keine Rolle. Die Bestimmungen zur Unabhängigkeit (Art. 8 Abs. 4 u. 5 SBRL) gelten nach Art. 10 Abs. 2 SBRL aber auch für einen „Ausschuss für alternative Streitbeilegung".

24.74 Ein solcher „Ausschuss für alternative Streitbeilegung" soll **„jegliche Verfahren oder Techniken zur verbindlichen Streitbeilegung"** anwenden können. Insbesondere kann einem „Ausschuss für alternative Streitbeilegung" nach Wahl der zuständigen Behörden **sowohl** ein **„final offer"-** als auch ein **„independent opinion"-Verfahren** vorgegeben werden (Art. 10, Art. 11 Abs. 2 Buchst. c SBRL, auch andere Entscheidungsverfahren kommen in Betracht). In einem „final offer"-Verfahren (auch als „last best offer"-Verfahren oder im Deutschen als „Verfahren des endgültigen Angebots" bzw. „Verfahren des letzten besten Angebots" bezeichnet) legen die Parteien (d.h. die zuständigen Behörden) dem Schiedsgericht jeweils einen Entscheidungsvorschlag vor und das Schiedsgericht darf nur zwischen diesen Entscheidungsvorschlägen wählen.[2] Weil im Rahmen von Art. 10 Abs. 4 SBRL die Anwendung von Art. 13 SBRL vollständig ausgeschlossen werden kann, kann dann auch jede Anhörung der betroffenen Person und jede Nachforderung von Informationen ausgeschlossen werden.

24.75 Für einen Ausschuss für alternative Streitbeilegung gelten dieselben zeitlichen Vorgaben wie für einen Beratenden Ausschuss: er gibt seine Stellungnahme innerhalb von sechs Monaten nach seiner Einsetzung ab, er kann sich allerdings selbst eine Fristverlängerung von drei Monaten gewähren (Art. 14 Abs. 1 SBRL). Das Datum der Einsetzung dürfte dasjenige der Vereinbarung und Mitteilung der Geschäftsordnung sein, in der die Zusammensetzung des Ausschusses festgelegt wurde (Art. 11 Abs. 2 Buchst. e SBRL, ganz klar ist das nicht).[3] Für die Entscheidung bleibt Abkommensrecht maßgeblich (Art. 14 Abs. 2 SBRL gilt ausdrücklich auch für einen Ausschuss für alternative Streitbeilegung). Damit sind Würfeln, Losen oder ähnliche Zufallsverfahren als Verfahren der Entscheidungsfindung ausgeschlossen. Wie nach Stellungnahmen eines Beratenden Ausschusses haben die zuständigen Behörden auch nach Stellungnahmen eines Ausschusses für alternative Streitbeilegung noch die Gelegenheit zu einer ggf. abweichenden abschließenden Entscheidung; auch hinsichtlich der Umsetzung nur bei Zustimmung gilt dasselbe wie nach einem Schiedsspruch eines Beratenden Ausschuss (siehe oben Rz. 24.71 f.).

24.76 Es gibt keine klare Aussage zur Frage der Begründungspflicht für Stellungnahmen eines Ausschusses für alternative Streitbeilegung. Jedenfalls aber muss die abschließende Entscheidung (Art. 15 SBRL, kann bei Einigung der zuständigen Behörden auch von der Stellungnahme des Ausschusses abweichen) wohl – mangels expliziter Ausnahme selbst bei „final offer"-Verfahren – nach den Regeln des Art. 18 Abs. 3 SBRL in Zusammenfassung veröffentlicht werden, und zwar mit dem Mindestinhalt des Art. 18 Abs. 3 Unterabs. 1 Satz 2 SBRL (wobei abzuwarten bleibt, wie „Beschreibung des Sachverhalts und des

---

[1] Kritisch dazu, diese Entscheidung der Verwaltung und nicht dem Gesetzgeber zu überlassen: *Pit*, Dispute Resolution in the EU, Diss. 2018, Tz. 30.2.3.1; kritisch (noch auf der Basis des RL-Vorschlags, in dem noch nicht von einem möglichen Ständigen Ausschuss die Rede war) auch *Strotkemper*, IWB 2017, 55 (60).

[2] Zum Vergleich „final offer"-Verfahren vs. „independent opinion"-Verfahren und Argumenten für die eine oder andere Verfahrensart siehe z.B. *Lehner* in V/L[6], Art. 25 OECD-MA Rz. 231; *Ismer* in Reimer/Rust, Art. 25 OECD-MA Rz. 124; *Flüchter* in Schönfeld/Ditz[2], Art. 25 OECD-MA Rz. 372, 373, 386 sowie ausführlicher *Petruzzi/Koch/Turcan*, in Lang/Owens, International Arbitration in TaxMatters, 2015, S. 139.

[3] Vgl. auch *Pit*, Dispute Resolution in the EU, Diss. 2018, Tz. 30.3.2.1.

Streitgegenstands" usw. in der Praxis verstanden werden wird).¹ Das ist ein signifikanter Unterschied gegenüber den „final offer"-Verfahren nach anderen Rechtsgrundlagen.

Die SBRL macht **ansonsten** mit Blick auf mögliche „Ausschüsse für alternative Streitbeilegung" **wenige Vorgaben**.² Es bleibt abzuwarten, wie stark die Möglichkeit in der Staatenpraxis überhaupt angenommen wird und welche Modelle, möglicherweise auch mit „Charakter eines ständigen Gremiums", entwickelt und tatsächlich genutzt werden.³ Bemerkenswert ist, dass der Satz hinsichtlich der Möglichkeit eines Ständigen Ausschusses noch nicht im Richtlinienvorschlag der Kommission enthalten war, sondern erst vom Rat eingefügt wurde. Das spricht für ein relevantes Interesse jedenfalls einiger Mitgliedstaaten.⁴   24.77

c) Gemeinsame Regeln zu Vertraulichkeit, Kosten und Publizität

Nach Art. 13 Abs. 3 SBRL unterliegen die Mitglieder eines Beratenden Ausschusses oder eines Ausschusses für alternative Streitbeilegung in Bezug auf Informationen, die sie in dieser Eigenschaft erhalten, dem „Berufsgeheimnis gemäß den nationalen Rechtsvorschriften jedes der betroffenen Mitgliedstaaten". Die Mitgliedstaaten sollen geeignete Sanktionen für die Verletzung der Geheimhaltungspflicht einführen.⁵ Einer **Geheimhaltungspflicht** sollen nach Art. 13 Abs. 3 Satz 2 SBRL auch die betroffenen Personen und deren Vertreter unterliegen (mit Bezug auf Informationen, von denen sie während des Verfahrens Kenntnis erhalten). Zielrichtung ist wohl, eventuell befürchtete Manipulationsversuche durch öffentliche Kommentare zu einem laufenden Schiedsverfahren zu vermeiden.⁶ Die Vorschrift scheint von Art. 23 Abs. 5 MLI inspiriert,⁷ ohne aber dessen Rechtsfolge mit abzuschreiben. Wie die Verpflichtung („verpflichten sich") ablaufen soll, welche Folge ihr Fehlen oder ihre Verletzung haben sollen, bleibt unklar.   24.78

Art. 12 Abs. 1 SBRL, zu den **Kosten des Verfahrens**, ist offenkundig dem Verhaltenskodex zur EU-Schiedskonvention nachgebildet. Er regelt, wenn die zuständigen Behörden nichts anderes vereinbart haben (ggf. im Rahmen der Geschäftsordnung zum jeweiligen Fall, Art. 11 Abs. 2 Buchst. f SBRL), Kostenteilung der Staaten zu gleichen Teilen hinsichtlich der Kosten der unabhängigen Personen. Bezüglich der Vergütung der unabhängigen Personen soll dem Wortlaut nach auf ein Honorar von höchstens 1 000 € pro Person und Sitzungstag beschränkt sein.⁸ Den Steuerpflichtigen werden keine Kosten erstattet.⁹ Art. 12 Abs. 2 der Richtlinie bestimmt für zwei Sonderfälle (Rücknahme der Beschwerde, Bestätigung der Zurückweisung einer Beschwerde) eine Kostentragungspflicht des Antragstellers, aber nur, wenn die zuständigen Behörden der betroffenen Staaten zustimmen.   24.79

---

1 Vgl. *Pit*, Dispute Resolution in the EU, Diss. 2018, Tz. 30.11.2.2.2.
2 Nach *Pit*, Intertax 2019, 745 (757) könnte sogar der EuGH als „Ausschuss für alternative Streitbeilegung" eingesetzt werden, er stellt aber in Frage, ob das die effizienteste Option wäre, u.a. wegen der Verfahrensdauern beim EuGH.
3 Ausführliche Überlegungen zur Ausgestaltung bei *Piotrowski/Ismer/Baker/Monsenego/Perrou/Petruzzi/Reimer/Serrano Antón/Stankiewicz/Traversa/Voje*, Intertax 2019, 678 (687 ff.) (wobei ein Teil der dort angenommenen Ziele vermutlich nicht für jeden erstrebenswert erscheint, z.B. eine de facto-Präzedenz als Beitrag zur Weiterentwicklung des internationalen Steuerrechts, die mit einem weiteren Bedeutungsverlust nationaler Gesetzgeber einhergehen würde).
4 Zu weitergehenden Überlegungen zu einer Entwicklung in Richtung eines Europäischen Steuergerichts *Voje*, European Taxation 2018, S. 309 (313 ff.).
5 Dazu *Pit*, Dispute Resolution in the EU, Diss. 2018, Tz. 30.9.2.2.1. Zur Bedeutung der Vertraulichkeitsregeln für den Schutz der Grundrechte der betroffenen Steuerpflichtigen *Pistone* in Terra/Wattel, European Tax Law, 7th ed 2019, S. 331 (371).
6 Siehe Abs. 49 des Public DiscussionDraft der OECD zu BEPS Action 14 v. 18.12.2014.
7 Zu Art. 23 Abs. 5 MLI z.B. *Nürnberg* in Haase, Multilaterales Instrument, Art. 23 Rz. 3, 41 ff.; *Flüchter* in Schönfeld/Ditz², Art. 25 OECD-MA Rz. 401.
8 Zustimmend zu dieser Begrenzung der Honorare z.B. *Govind*, EC Tax Review 2018, 309 (317).
9 Kritisch insoweit *Zinowsky/Schönfeld*, ISR 2018, 7 (15); *Cloer/Niemeyer*, FR 2018, 674 (677).

24.80 Besondere Aufmerksamkeit verdienen die **Regeln zur Veröffentlichung**, die sich von Regeln bei bisherigen Rechtsgrundlagen für Verständigungs- und Schiedsverfahren deutlich unterscheiden. Im Rahmen des bisher Üblichen hält sich zunächst, dass nach Art. 15 Abs. 4 Satz 1 SBRL die Entscheidung keinen Präzedenzfall darstellt[1] und nach Art. 18 Abs. 2 SBRL die zuständigen Behörden mit dem Einvernehmen aller betroffenen Personen die Veröffentlichung des gesamten Wortlauts „der abschließenden Entscheidung gem. Art. 15" vereinbaren können (wobei nicht vollständig klar ist, inwieweit damit auch die Stellungnahme nach Art. 14 SBRL gemeint ist). Insofern bleibt die Richtlinie hinter dem Vorschlag der Kommission zurück, der die Veröffentlichung nicht von einer Vereinbarung der zuständigen Behörden abhängig gemacht hätte.[2] Neu gegenüber bisherigen Rechtsgrundlagen – und dem Vorschlag der Kommission folgend – ist dagegen die nach Art. 18 Abs. 3 SBRL **zwingende Veröffentlichung jedenfalls von Zusammenfassungen („abstracts") der Entscheidungen**.[3] Darin sollen jedenfalls eine Beschreibung des Sachverhalts und des Streitgegenstands, das Datum, die betroffenen Steuerzeiträume, die Rechtsgrundlage, der Wirtschaftsbereich sowie eine Kurzbeschreibung des Endergebnisses enthalten sein. Wie „Beschreibung des Sachverhalts und des Streitgegenstands" sowie „Kurzbeschreibung des Endergebnisses" in der Praxis verstanden werden wird, ist noch nicht abzusehen.[4] Die Kommission soll für die Veröffentlichung Musterformulare („standard forms") erstellen (Art. 18 Abs. 4 SBRL).

d) Vereinbarkeit des Streitbeilegungsverfahrens nach SBRL mit höherrangigem Unionsrecht

24.81 In Teilen der Literatur wird bemängelt, die SBRL berücksichtige nicht hinreichend **Art. 47 der EU-Grundrechtecharta** (EU-GrCh) (Recht auf einen wirksamen Rechtsbehelf und ein unparteiisches Gericht).[5] Gemäß Art. 47 Satz 1 EU-GrCh hat jede Person, deren durch das Recht der Union garantierte Rechte oder Freiheiten verletzt worden sind, das Recht, nach Maßgabe der in diesem Artikel vorgesehenen Bedingungen bei einem Gericht einen wirksamen Rechtsbehelf einzulegen. Dazu gehört das Recht, dass ihre Sache von einem unabhängigen, unparteiischen und zuvor durch Gesetz errichteten Gericht in einem fairen Verfahren, öffentlich und innerhalb angemessener Frist verhandelt wird, und dass sich jede Person beraten, verteidigen und vertreten lassen kann (Art. 47 Sätze 2 u. 3 EU-GrCh).[6] Dieses Grundrecht ist nach Art. 51 Abs. 1 EU-GrCh sowohl von den Organen der EU als auch von den Mitgliedstaaten zu beachten, aber ausschließlich bei der Durchführung des Rechts der Union. Art. 51 Abs. 2 EU-GrCh betont, dass durch die Charta keine neuen Zuständigkeiten der Union begründet werden.

24.82 Was Art. 47 EU-GrCh für die SBRL bedeutet, ist nicht unmittelbar klar. Zunächst ist festzuhalten: Die SBRL ändert nichts daran, dass Steuerpflichtigen gegen Maßnahmen der Steuerverwaltung, die aus Sicht eines Steuerpflichtigen seine Rechte aus einem Doppelbesteuerungsabkommen verletzen, der Weg zu

---

1 Wobei de facto-Präzedenzwirkungen durch eine solche Regelung nicht ausgeschlossen werden können; vgl. z.B. *Pistone* in Terra/Wattel, European Tax Law, 7th ed 2019, S. 331 (374); *Piotrowski/Ismer/Baker/Monsenego/Perrou/Petruzzi/Reimer/Serrano Antón/Stankiewicz/Traversa/Voje*, Intertax 2019, 678 (680).
2 COM(2016) 686 final v. 25.10.2016, Art. 16 Abs. 2.
3 Gegen die Publizitätspflicht z.B. die Stellungnahme des Verbands der Die Familienunternehmer e.V, a.A. z.B. die Stellungnahme des Verbands der Auslandsbanken in Deutschland e.V., beide abgerufen unter https://www.bundesfinanzministerium.de/Content/DE/Gesetzestexte/Gesetze_Gesetzesvorhaben/Abteilungen/Abteilung_IV/19_Legislaturperiode/Gesetze_Verordnungen/EU-DBA-SBG/0-Gesetz.html. *Strotkemper*, IWB 2017, 55 (62) hält die Publizität für unerlässlich. Zur bisherigen Nichtpublizität als „major concern" siehe auch *Pistone* in Terra/Wattel, European Tax Law, 7th ed 2019, S. 331 (336). Vgl. zur Veröffentlichung von Entscheidungen in DBA-Schiedsverfahren und zum Für und Wider der Veröffentlichung z.B. auch *Flüchter* in Schönfeld/Ditz², Art. 25 OECD-MA Rz. 378 f., 386, 391 f.
4 Vgl. dazu auch *Pit*, Dispute Resolution in the EU, Diss. 2018, Tz. 30.11.2.2.2.
5 *De Carolis*, European Taxation 2018, S. 495 (498 f.); *Perrou*, Intertax 2019, 715 (719, 723). Vorsichtig *Debelva/Luts*, BIT 2017, No. 5, online, Tz. 3.1.4.
6 Zur Auslegung von Art. 47 EU-GrCh vgl. Art. 6 Abs. 3 EUV i.V.m. den Erläuterungen zur Charta der Grundrechte (2007/C 303/02), ABl. EU Nr. C 303, 17 (29 f.).

nationalen Gerichten offensteht.¹ Die SBRL schafft eine zusätzliche Option, d.h. ein Verfahren, für das sich ein Steuerpflichtiger alternativ oder zusätzlich zu einem Verfahren vor nationalen Gerichten entscheiden kann. Die im Rahmen eines Verfahrens nach SBRL herbeigeführte Verständigung zwischen den beteiligten Staaten, oder die bei Ausbleiben einer Verständigung für die Staaten verbindlich werdende Stellungnahme des Beratenden Ausschusses oder Ausschusses für alternative Streitbeilegung, ist zudem ebenfalls nur ein Angebot an den Steuerpflichtigen, das er zugunsten einer Weiterverfolgung von Verfahren vor nationalen Gerichten ohne weiteres ablehnen kann.² Das Recht der DBA (und auch der EU-Schiedskonvention) ist überdies kein Unionsrecht und deshalb an sich kein durch das Recht der Union garantiertes Recht i.S.v. Art. 47 EU-GrCh.³ Art. 47 EU-GrCh gilt dagegen hinsichtlich der aus Sicht von Betroffenen erfahrenen Verletzungen von Rechten *aus der SBRL selbst*, aber nur soweit die SBRL Rechte einräumt. Die SBRL legt Rechte der betroffenen Personen fest (Art. 1 Satz 2 SBRL). Zum Schutz vor Verletzungen dieser Rechte gibt die SBRL an diversen Stellen den Rechtsweg zu nationalen Gerichten (Art. 5 Abs. 3, Art. 7, Art. 11 Abs. 4, Art. 15 Abs. 3, Art. 15 Abs. 4 Unterabs. 2 Satz 2 SBRL).⁴ Das Gesamtkonzept der SBRL legt nahe, dass sie nur insoweit auch subjektive Rechte schaffen will, die dann der Garantie des Art. 47 EU-GrCh unterliegen. Ein subjektives Recht auf z.B. inhaltliche Überprüfung einer zwischenstaatlichen Verständigung oder einer Stellungnahme eines Beratenden Ausschusses oder Ausschusses für alternative Streitbeilegung wird dagegen nicht geschaffen, statt dessen kann der Steuerpflichtige die Verständigung oder Stellungnahme einfach ablehnen. Überlegungen, Art. 47 EU-GrCh fordere entweder eine Ausgestaltung des Beratenden Ausschuss oder des Ausschusses für alternative Streitbeilegung mit stärkeren Beteiligungs- oder sogar Parteirechten des Steuerpflichtigen oder eine Überprüfbarkeit der Entscheidungen des Beratenden Ausschusses oder des Ausschusses für alternative Streitbeilegung durch Gerichte,⁵ ist deshalb mit Skepsis zu begegnen.

In der **Rechtssache Achmea** hat der EuGH im März 2018 entschieden, dass die Schiedsklausel eines bilateralen Investitionsabkommens zwischen den Niederlanden und der Slowakei mit Art. 267 und Art. 344 AEUV unvereinbar sei.⁶ Denn das dort vorgesehene Schiedsgericht könne einerseits nicht als „Gericht eines Mitgliedstaates" im Sinne des Art. 267 AEUV angesehen werden (deshalb keine Möglichkeit zur Vorlage an den EuGH zur Vorabentscheidung),⁷ könne jedoch andererseits über Streitigkeiten zu entscheiden haben, die sich auch auf die Auslegung und Anwendung von Unionsrecht beziehen,⁸ und unterliege nur eingeschränkter Kontrolle durch Gerichte eines Mitgliedstaats.⁹ Das beeinträchtige den Grundsatz der Autonomie des Rechtssystems der EU, denn nach Art. 344 AEUV sei-

---

1 So auch Commission Staff Working Document, Impact Assessment, SWD(2016) 343 final v. 25.10.2016, Annex K (Impact on Fundamental Rights).
2 Aus diesen Erwägungen heraus wirft auch aus Sicht von *De Carolis*, European Taxation 2018, S. 495 (500 f.), jedenfalls das Verständigungsverfahren keine Probleme in Sachen Art. 47 EU-GrCh auf; bei der Würdigung der ggf. anschließenden Streitbeilegung durch den Beratenden Ausschuss beachtet *De Carolis* diese Aspekte dann nicht mehr. Diese Besonderheiten einräumend auch *Perrou*, Intertax 2019, 715 (723).
3 Der Umstand, dass DBA-Recht einen „objektiv feststellbaren Bezug" zum Gegenstand von EUV und AEUV hat, wie der EuGH im DBA-Schiedsverfahren zwischen Österreich und Deutschland festgestellt hat (EuGH v. 12.9.2017 – C-648/15 – Österreich/Deutschland, ECLI:EU:C:2017:664, Rz. 25-26), worauf *Perrou*, Intertax 2019, 715 (720, 722) hinweist, macht DBA-Recht noch nicht zu Unionsrecht.
4 Dazu ausführlich *Voje*, ET 2018, 309 (309 ff.).
5 So wohl *De Carolis*, European Taxation 2018, S. 495 (498 f.); *Perrou*, Intertax 2019, 715 (719, 722 f.).
6 EuGH v. 6.3.2018 – C-284/16 – Achmea, ECLI:EU:C:2018:158, allgemein dazu (ohne Diskussion potenzieller Auswirkungen auf Schiedsverfahren im Internationalen Steuerrecht) z.B. *Nacimiento/Bauer*, BB 2018, 1347. Die Kommission hat kurz darauf erklärt, dass damit aus ihrer Sicht alle Schiedsklauseln zur Beilegung von Investor-Staat-Streitigkeiten in EU-internen Investitionsschutzabkommen rechtswidrig und auf der Grundlage solcher Klauseln ergangene Schiedssprüche nichtig und nicht vollstreckbar sind, vgl. COM(2018) 547 final v. 19.7.2018. Siehe auch den inzwischen vorliegenden Folgebeschluss des BGH, BGH v. 31.10.2018 – I ZB 2/15, RIW 2019, 81.
7 EuGH v. 6.3.2018 – C-284/16 – Achmea, ECLI:EU:C:2018:158, Rz. 43-49.
8 EuGH v. 6.3.2018 – C-284/16 – Achmea, ECLI:EU:C:2018:158, Rz. 40-42.
9 EuGH v. 6.3.2018 – C-284/16 – Achmea, ECLI:EU:C:2018:158, Rz. 50-55.

en die Mitgliedstaaten verpflichtet, Streitigkeiten über die Auslegung oder Anwendung der Verträge (EUV und AEUV) nicht anders als in den Verträgen vorgesehen zu regeln. Die Konsequenzen der in der Achmea-Entscheidung entwickelten Grundsätze für die Streitbeilegung nach SBRL sind bisher nicht klar.

24.84 Als „Gericht eines Mitgliedstaates" dürfte ein „Beratender Ausschuss" oder ein „Ausschuss für alternative Streitbeilegung" nach SBRL nach den Grundsätzen der Achmea-Entscheidung eher nicht anzusehen sein.[1] Ob ein Ausschuss nach SBRL auch über Auslegung und Anwendung von Unionsrecht entscheidet, ist diskutabel: Art. 14 Abs. 2 SBRL bestimmt, dass sich der Ausschuss bei der Abfassung seiner Stellungnahme auf das anwendbare Abkommen oder Übereinkommen gem. Art. 1 sowie auf etwaige anwendbare nationale Vorschriften stützt. Vieles spricht dafür, den Wortlaut des Art. 14 Abs. 2 SBRL in erster Linie so zu verstehen, dass auf nationale Vorschriften nur insoweit abzustellen ist, wie ein Abkommen oder Übereinkommen auf sie verweist, d.h. im Zusammenhang mit der Bedeutung von im Abkommen nicht definierten Begriffen (vgl. Art. 3 Abs. 2 OECD-MA).[2] Allerdings ist darauf hingewiesen worden, dass zumindest mit Blick auf die erforderliche Auslegung *der SBRL selbst* ein Beratender Ausschuss Unionsrecht auslegen muss,[3] unzweifelhaft trifft das jedenfalls bei Verfahren nach Art. 6 Abs. 1 Buchst. a, Abs. 2 SBRL über die Zulassung von Beschwerden zu. Die dritte sich mit Blick auf die Achmea-Entscheidung stellende Frage ist, ob die Entscheidungen oder Stellungnahmen eines Beratenden Ausschusses nach SBRL, vergleichbar der Entscheidung des Schiedsgerichts im Achmea-Fall, nur eingeschränkter Kontrolle durch Gerichte der Mitgliedstaaten unterliegen. Hierzu ist in der Literatur vertreten worden, bei SBRL-Stellungnahmen bzw. -Entscheidungen bestünden mehr Möglichkeiten gerichtlicher Kontrolle: Nichts in der SBRL hindere nationale Gerichte daran, die Entscheidung für nicht vollstreckbar zu befinden, weil sie gegen EU-Recht verstoße.[4] Das allerdings erscheint zweifelhaft, weil Art. 15 Abs. 4 Unterabs. 2 SBRL die Verwerfungskompetenz nationaler Gerichte wohl eigentlich auf Fälle mangelnder Unabhängigkeit der Schiedsrichter beschränken will.

24.85 Im seit April 2019 vorliegenden Gutachten zu CETA (Comprehensive Economic and Trade Agreement zwischen EU und Kanada) hat der EuGH nunmehr den im CETA vorgesehenen Schiedsmechanismus als mit dem AEUV vereinbar angesehen.[5] Zwar wurde auch der CETA-Schiedsmechanismus als außerhalb des Gerichtssystems der Union stehend gewertet (also kein „Gericht eines Mitgliedstaates" i.S.d. Art. 267 AEUV).[6] Als relevanter Unterschied zum Schiedsgericht im Achmea-Fall wird aber herausgestellt, dass sich die Zuständigkeit des CETA-Gerichts auf die Auslegung und Anwendung der Vorschriften des CETA beschränke.[7] Zumindest für die Zuständigkeit des Beratenden Ausschusses nach Art. 6 Abs. 1 Buchst. b, Art. 14 Abs. 2 SBRL scheint eine entsprechende Wertung denkbar (Ausschuss als beschränkt auf Auslegung und Anwendung der Abkommen und Übereinkommen, Verweis des

---

1 So auch *Boulogne*, Kluwer International Tax Blog March 26, 2018; *Monsenego*, Intertax 2019, 725 (733 f.); *Perrou*, Intertax 2019, 715 (723, Fn. 51); offener *De Carolis*, European Taxation 2018, S. 495 (502); *Piotrowski/Ismer/Baker/Monsenego/Perrou/Petruzzi/Reimer/Serrano Antón/Stankiewicz/Traversa/Voje*, Intertax 2019, 678 (683 f.).
2 In diese Richtung tendierend wohl auch *Villar Ezcurra*, Quincena Fiscal 2019, 147 (170); zögernd *Boulogne*, Kluwer International Tax Blog March 26, 2018.
3 *Piotrowski/Ismer/Baker/Monsenego/Perrou/Petruzzi/Reimer/Serrano Antón/Stankiewicz/Traversa/Voje*, Intertax 2019, 678 (683).
4 *Monsenego*, Intertax 2019, 725 (735); ähnlich *Villar Ezcurra*, Quincena Fiscal 2019, 147 (170); vgl. auch (für Verständigungs- und Schiedsverfahren nach DBA und EU-Schiedskonvention, auf die Umsetzung nach § 175a AO und deren mögliche Überprüfung durch Gerichte abstellend) *Schaumburg*, ISR 2018, 206 (207) (wobei es in der Praxis zu einer solchen Überprüfung nicht kommen wird, weil Umsetzung i.d.R. nur erfolgt, wenn vorher nach BMF v. 9.10.2018 – IV B 2 – S 1304/17/10001 – DOK 2018/0785293, BStBl. I 2018, 1122, Tz. 4.2, früher BMF v. 13.7.2006 – IV B 6 - S 1300 – 340/06, BStBl. I 2006, 461, Tz. 4.2 die Zustimmung des Steuerpflichtigen zum Egebnis des Verfahrens eingeholt wurde).
5 EuGH v. 30.4.2019 – Gutachten 1/17 – CETA, ECLI:EU:C:2019:341.
6 EuGH v. 30.4.2019 – Gutachten 1/17 – CETA, ECLI:EU:C:2019:341, Rz. 113-114.
7 EuGH v. 30.4.2019 – Gutachten 1/17 – CETA, ECLI:EU:C:2019:341, Rz. 119, 122, 126, 132, 133.

Art. 14 Abs. 2 SBRL auf nationales Recht nur relevant hinsichtlich der Bedeutung im Abkommen nicht definierter Begriffe, deshalb keine relevante Auslegung und Anwendung von Unionsrecht). Hinsichtlich der Verfahren nach Art. 6 Abs. 1 Buchst. a, Abs. 2 SBRL über die Zulassung von Beschwerden besteht aber mit Blick auf Achmea-Entscheidung und CETA-Gutachten eine höhere Gefahr der Unionsrechtswidrigkeit, weil hier ohne Möglichkeit der Vorlage an den EuGH Unionsrecht (nämlich die Vorschriften der SBRL über die Zulassung von Beschwerden) anzuwenden wäre und parallel dazu auch nationale Gerichte (vgl. Art. 5 Abs. 3 SBRL) dieselben Vorschriften des Unionsrecht anzuwenden haben, sich also Divergenzen entwickeln könnten, die die Einheitlichkeit der Auslegung des Unionsrechts gefährden.[1]

C. Überblick zur Umsetzung im deutschen Recht

Bei Drucklegung dieses Handbuchs (August 2019) lag zur Umsetzung in Deutschland ein am 16.4.2019 vom BMF veröffentlichter **Referentenentwurf**[2] und ein vier Wochen später dem Bundesrat, mittlerweile auch dem Bundestag vorgelegter **Gesetzesentwurf der Bundesregierung vom 17.5.2019** eines „EU-Doppelbesteuerungsabkommen-Streitbeilegungsgesetz – EU-DBA-SBG" vor (Letzteres im Folgenden als RegE EU-DBA-SBG bezeichnet).[3] In beiden Entwürfen wird bereits darauf hingewiesen, dass, sollte die Umsetzungsfrist nicht eingehalten werden können, eine rückwirkende Anwendbarkeit des Umsetzungsgesetzes ab dem 1.7.2019 geplant sei; eine solche Rückwirkung sei wegen ausschließlicher Wirkung zu Gunsten des Steuerpflichtigen als unproblematisch einzustufen. Bis zum Inkrafttreten des EU-DBA-SBG soll gem. BMF-Schreiben v. 25.6.2019 auf (Streitbeilegungs-)Beschwerden, die unter Berufung auf die SBRL eingereicht werden, der Regelungsgehalt der SBRL Anwendung finden; für Entgegennahme und Bearbeitung soll das BZSt zuständig sein.[4]

24.86

Das geplante EU-DBA-SBG (wobei sich der Regierungsentwurf nur in einigen Details vom Referentenentwurf unterscheidet) ändert nicht bestehende Gesetze (oder gar Abkommen), fügt auch keine neue Paragraphen in bestehende Gesetze ein, sondern schafft ein neues, durchaus **umfangreiches Spezialgesetz mit im Regierungsentwurf 34 teilweise ausführlichen Paragraphen** (im Referentenentwurf noch 33 Paragraphen), in denen die Vorgaben der Richtlinie in weiten Teilen wortgenau, teilweise aber auch mit sprachlichen Anpassungen und Konkretisierungen, übernommen werden. Es ähnelt insoweit der deutschen Vorgehensweise bei der Umsetzung der Amtshilferichtlinie (EU-AHiRL) im EU-AHiG. Das geplante EU-DBA-SBG weicht in seiner Gliederung stark von der Richtlinie ab und orientiert sich, so der Begleittext des BMF zur Veröffentlichung des Referentenentwurfs, am chronologischen Ablauf des neuen Verfahrens. Hierdurch soll eine bessere Verständlichkeit für den deutschen Rechtsanwender und eine der deutschen Rechtstechnik angepasste Systematik erreicht werden.

24.87

Ungünstigerweise wurde im Regierungsentwurf nach § 8 ein zusätzlicher Paragraph eingefügt, so dass sich die Paragraphennumerierung von Referentenentwurf und Regierungsentwurf ab § 9 unterscheiden, was beim Lesen der zum Referentenentwurf vorliegenden Stellungnahmen zu beachten ist. Beide

24.88

---

1 Vgl. EuGH v. 6.3.2018 – C-284/16 – Achmea, ECLI:EU:C:2018:158, Rz. 35.
2 Entwurf eines Gesetzes zur Beilegung von Besteuerungsstreitigkeiten aufgrund von Abkommen zur Vermeidung der Doppelbesteuerung und zur Verhinderung der Steuerverkürzung auf dem Gebiet der Steuern vom Einkommen und vom Vermögen zwischen Mitgliedstaaten der Europäischen Union(EU-Doppelbesteuerungsabkommen-Streitbeilegungsgesetz – EU-DBA-SBG), abgerufen unter https://www.bundesfinanzministerium.de/Content/DE/Gesetzestexte/Gesetze_Gesetzesvorhaben/Abteilungen/Abteilung_IV/19_Legislaturperiode/Gesetze_Verordnungen/EU-DBA-SBG/0-Gesetz.html.
3 BR-Drucks. 227/19, dem Bundestag zugeleitet am 31.7.2019, BT-Drucks. 19/12112. Der Bunderat hat in seiner Stellungnahme v. 28.6.2019 den Regierungsentwurf begrüßt, aber gebeten, im weiteren Gesetzgebungsverfahren gesetzlich klarzustellen, dass Beteiligungsrechte der Länder auch in den neu eingeführten Verfahren nach SBRL gewährleistet würden; die Bundesregierung hat dem zugestimmt. Vgl. BT-Drucks. 19/12112, Anlagen 2 u. 3.
4 BMF v. 25.6.2019 – IV B 3 - S 1317/16/10058-010 – DOK 2019/0541626, BStBl. I 2019, 647.

Entwürfe enthalten eine **tabellarische Gegenüberstellung der Regelungen des Entwurfs (EU-DBA-SBG)** zu den Artikeln der SBRL.[1] Da angesichts dessen durchaus damit gerechnet werden kann, dass bis Beschluss des Gesetzes auch die Paragraphennumerierung noch einmal verändert wird, soll an dieser Stelle auf eine detaillierte Erläuterung, welcher SBRL-Artikel Eingang in welchen EU-DBA-SBG-Paragraphen gefunden hat, verzichtet werden. Im Weiteren wird hier nur auf solche Punkte der EU-DBA-SBG-Entwürfe eingegangen, die wegen Konkretisierung der Vorgaben der Richtlinie besonders erwähnenswert erscheinen.

24.89 Bei dem Verfahren nach RegE EU-DBA-SBG soll es sich nach dessen § 1 Abs. 2 um ein **Verwaltungsverfahren in Steuersachen** handeln, damit soll die grundsätzliche Anwendbarkeit der AO und insbesondere auch des Steuergeheimnisses, § 30 AO, auf das Verfahren sichergestellt werden.[2] § 1 Abs. 3 regelt die Berechnung von Fristen, wenn Mitteilungen aus dem Ausland für die Berechnung maßgeblich sind.

24.90 In § 2 Abs. 1 Nr. 5 RegE EU-DBA-SBG wird das **Bundeszentralamt für Steuern** (BZSt) mit der Wahrnehmung der Aufgaben der deutschen **zuständigen Behörde** i.S.d. SBRL beauftragt. Das BZSt nimmt auch bereits die Aufgaben der für Verständigungs- und Schiedsverfahren zuständigen Behörde nach den bisherigen Rechtsgrundlagen wahr.[3] Der Bundesrat hat in seiner Stellungnahme v. 28.6.2019 gebeten, im weiteren Gesetzgebungsverfahren gesetzlich klarzustellen, dass Beteiligungsrechte der Länder auch in den neu eingeführten Verfahren nach SBRL gewährleistet würden. Die im jeweiligen Einzelfall zuständigen Landesfinanzbehörden müssten in allen Phasen des Verfahrens zumindest in gleichem Umfang wie der beschwerdeführende Steuerpflichtige über die Verfahrensschritte und die Entscheidungen informiert werden, im Gesetzentwurf fehlten Aussagen zu einer Informationspflicht des BZSt gegenüber den Landesfinanzbehörden als auch zu den Mitwirkungsrechten der Länder. Die Bundesregierung hat dem Vorschlag, im weiteren Gesetzgebungsverfahren entsprechende Klarstellungen aufzunehmen, bereits zugestimmt.[4] Als zuständiges Gericht (für die Ersatzvornahme der Benennung unabhängiger Personen bei der Einsetzung eines Beratenden Ausschusses, § 24 RegE EU-DBA-SBG) wird in § 2 Abs. 1 Nr. 6 RegE EU-DBA-SBG das Finanzgericht definiert, das nach FGO für Klagen gegen das BZSt zuständig ist (derzeit das FG Köln).

24.91 Die **Definition der „Streitfrage"** als zentralem Gegenstand des gesamten Verfahrens, in § 2 Abs. 1 Nr. 3 RegE EU-DBA-SBG, ist nicht vollständig identisch mit der Definition in der Richtlinie. Nach Reg EU-DBA-SBG ist „Streitfrage" ein Gegenstand *rechtlicher* Meinungsunterschiede, die durch die Auslegung und Anwendung von Abkommen und Übereinkommen entstehen. Art. 1 Satz 3 i.V.m. Satz 1 SBRL definiert „Streitfrage" dagegen als „Angelegenheit" („matter"), die zu Streitigkeiten *zwischen Mitgliedstaaten* führt („giving rise to"), die durch die Auslegung und Anwendung von Abkommen und Übereinkommen entstehen. Während das Element, dass es um Streitigkeiten *zwischen Mitgliedstaaten* (und nicht bloß zwischen einer Verwaltung und einem Steuerpflichtigen) gehen soll, in der Definition des RegE nicht wiederzufinden ist, wird stattdessen ein in der Richtlinie nicht genanntes Element, nämlich das der *rechtlichen* Meinungsunterschiede, eingeführt. In der Begründung des Regierungsentwurfs ist zu diesen Abweichungen nichts zu finden, so dass unklar bleibt, ob und ggf. welche Absicht dahinter steckt (vgl. dazu Rz. 24.29).

24.92 Hinsichtlich der **Sprache**, in der in Deutschland Beschwerden nach SBRL eingelegt werden können, entscheidet sich § 3 RegE EU-DBA-SBG allein für Deutsch.[5] Der Referentenentwurf war insoweit noch großzügiger und sah deutsche oder englische Sprache vor. Es ist damit zu rechnen, dass die Diskussion

---

1 Im Regierungsentwurf ab S. 41 der BR-Drucks. 227/19.
2 BR-Drucks. 227/19 S. 30.
3 BMF v. 20.6.2011 – IV B 5 – O 1000/09/10507-04 – DOK 2011/0048553, BStBl. I 2011, 674.
4 Vgl. BT-Drucks. 19/12112, Anlagen 2 u. 3.
5 Kritisch dazu z.B. *Kircher/Pfeiffer/Boch*, IWB 2019, 526 (532).

zur Verfahrenssprache im Verlauf des Gesetzgebungsverfahrens weitergehen wird, die Entscheidung des Gesetzgebers bleibt abzuwarten.

In § 4 Abs. 1 RegE EU-DBA-SBG wird für Beschwerden im Sinne des SBRL der Begriff „Streitbeilegungsbeschwerde" eingeführt und im Weiteren durchgehend verwendet. § 4 Abs. 4 RegE EU-DBA-SBG setzt richtlinientreu die Vorgabe des Art. 16 Abs. 5 SBRL um, **dass das Einreichen einer Streitbeilegungsbeschwerde jedes andere laufende Verständigungs- oder Schiedsverfahren beendet.** § 4 Abs. 4 Satz 3 RegE EU-DBA-SBG regelt auch ausdrücklich, dass danach ein (neuer) Antrag auf Verständigungs- oder andere abkommensrechtliche Streitbeilegungsverfahren zur selben Streitfrage unzulässig ist. Das soll nach der Begründung des RegE auch noch nach Beendigung des Verfahrens nach SBRL gelten (vgl. dazu Rz. 24.37 f.).[1] 24.93

Zu den Informationsersuchen bei aus Sicht der zuständigen Behörde noch fehlenden Informationen im Zusammenhang mit einer Streitbeilegungsbeschwerde (vgl. Rz. 24.49) erläutert die Begründung des Regierungsentwurfs, es handle sich um einen **Verwaltungsakt**. 24.94

§ 8 Abs. 3 RegE EU-DBA-SBG zählt vier statt in Art. 5 Abs. 1 SBRL drei mögliche **Gründe für eine Zurückweisung der Streitbeilegungsbeschwerde** auf. Ob damit ein bestimmtes Verständnis von Art. 5 Abs. 1 Buchst. a SBRL verbunden ist (nämlich, dass das Fehlen von in Art. 3 Abs. 3 Buchst. a bis e aufgezählten Angaben oder Unterlagen auch dann zur Ablehnung führen könnte, wenn sie nicht nach Art. 3 Abs. 4 SBRL nachgefordert wurden), bleibt unklar. 24.95

Das Problem, im bestehenden Rechtsbehelfssystem der AO die Möglichkeit eines nationalen **Rechtsbehelfs gegen eine deutsche Ablehnung** sicherzustellen, wenn (vgl. Art. 5 Abs. 3 SBRL) alle zuständigen Behörden zurückgewiesen haben (wobei die letzte ausländische Zurückweisung zeitlich erst dann erfolgen könnte, wenn die deutsche Ablehnung nach allgemeinen Regeln der AO schon bestandskräftig ist), löst § 9 Abs. 1 RegE EU-DBA-SBG durch Wiedereinsetzung in den vorigen Stand nach § 110 AO. Dass überhaupt eine deutsche Ablehnung mit Einspruch nach den Regeln der AO angefochten werden kann, ist aus Sicht der Begründung des Regierungsentwurfs selbstverständlich und deshalb im Gesetz selbst nicht erwähnt.[2] 24.96

§ 12 Abs. 2 RegE EU-DBA-SBG gibt der zuständigen Behörde Deutschlands, also dem BZSt, in der Phase des Beschwerde- bzw. Zulassungsverfahrens eine **unilaterale Abhilfemöglichkeit**. Das BZSt wäre insoweit also nicht auf Abhilfe durch das örtlich zuständige deutsche Finanzamt angewiesen, sondern könnte selbst über Abhilfe entscheiden. Zur Forderung des Bundesrats, Beteiligungsrechte der Landesfinanzbehörden im weiteren Verlauf des Gesetzgebungsverfahrens zu adressieren, vgl. Rz. 24.90). 24.97

Im Zusammenhang mit der Zweijahresfrist für eine Einigung im Verständigungsverfahren, deren Beginn durch ein laufendes innerstaatliches Rechtsbehelfsverfahren aufgehalten werden kann, es sei denn, Letzteres ist ausgesetzt, erläutert die Begründung § 13 RegE EU-DBA-SBG, es sei grundsätzlich davon auszugehen, dass die Durchführung eines Verfahrens nach SBRL einen **Grund für eine Aussetzung** (des deutschen innerstaatlichen Rechtsbehelfsverfahrens) **nach § 74 FGO** darstelle. 24.98

Hinsichtlich der möglichen **Verlängerung der Zweijahresfrist** (Art. 4 Abs. 1 Unterabs. 2 SBRL, um „bis zu ein Jahr", vgl. oben Rz. 24.56) legt sich § 13 Abs. 4 RegE EU-DBA-SBG jedenfalls bei engem Verständnis des Wortlauts darauf fest, dass ggf. um Verlängerung **„um ein Jahr"** (nicht „bis zu ein Jahr") ersucht wird und dass Verlängerungsersuchen anderer Behörden nicht widersprochen wird. 24.99

Für die **Beendigung des Verfahrens im Zusammenhang mit einer Gerichtsentscheidung** soll nach § 16 Abs. 3 RegE EU-DBA-SBG (gleichlautend auch § 20 Abs. 4 RegE EU-DBA-SBG) ausreichen, wenn eine zuständige Behörde den zuständigen Behörden der anderen betroffenen Mitgliedstaaten *mitteilt*, 24.100

---

1 BR-Drucks. 227/19 S. 31.
2 BR-Drucks. 227/19 S. 32.

dass im Staat der erstgenannten Behörde ein Gericht eine rechtskräftige Entscheidung über die Streitfrage erlassen hat, von der nach nationalem Recht dieses Mitgliedstaats nicht abgewichen werden kann. Ob das Nichtabweichenkönnen sachlich zutrifft, wäre danach von der die Mitteilung empfangenden Behörde wohl nicht zu prüfen (vgl. dazu oben Rz. 24.41). Zur Frage, ob auch in Deutschland Gerichtsentscheidungen denkbar sind, von denen nach deutschem nationalem Recht nicht abgewichen werden kann, äußert sich der Regierungsentwurf nicht.[1]

24.101 Zumindest in der Begründung des Regierungsentwurfs wird im Zusammenhang mit der Streitbeilegung durch den Beratenden Ausschuss auch der Begriff **„Schiedsverfahrensphase"** genutzt.[2]

24.102 Die nach Art. 16 Abs. 6 SBRL **möglichen Gründe für die Verweigerung des Zugangs** zur Streitbeilegung im engeren Sinne (wenn wegen „Steuerbetrug, vorsätzlicher Nichterfüllung und grober Fahrlässigkeit" Strafen „im Zusammenhang mit dem berichtigten Einkommen oder Vermögen" verhängt worden sind), übersetzt § 20 Abs. 1 RegE EU-DBA-SBG so, dass ein Beratender Ausschuss abgelehnt werden kann, wenn eine betroffene Person gegen die Steuergesetze verstoßen hat, dieser **Verstoß mit Freiheitsstrafe, Geldstrafe oder Geldbuße geahndet** worden ist und der Verstoß im Zusammenhang mit der Streitfrage steht. Diese Formulierung ist angelehnt an die deutsche Einseitige Erklärung zum Verständnis des Art. 8 EU-Schiedskonvention.[3] Das umfasst noch leichtfertige Steuerverkürzung (§ 378 AO, Bußgeld), aber nicht z.B. Zuschläge nach § 162 Abs. 4 AO bei Verstößen gegen Dokumentationspflichten (Nebenleistung nach § 3 Abs. 4 AO, nicht Bußgeld). § 20 Abs. 1 RegE EU-DBA-SBG überlässt die Entscheidung, ob in solchen Fällen ein Schiedsverfahren durchgeführt wird, als Einzelfallentscheidung der zuständigen Behörde.

24.103 § 23 Abs. 2 Satz 3 RegE EU-DBA-SBG regelt, dass einem Beratenden Ausschuss keine Informationen zum Risikomanagement nach § 88 Abs. 3 Satz 2 u. Abs. 5 Satz 4 AO sowie § 156 Abs. 2 Satz 3 übermittelt werden.

24.104 Zur Umsetzung des Art. 13 Abs. 3 SBRL (vgl. dazu oben Rz. 24.78), wonach die Mitglieder eines Beratenden Ausschusses oder eines Ausschusses für alternative Streitbeilegung in Bezug auf Informationen, die sie in dieser Eigenschaft erhalten, dem „Berufsgeheimnis gemäß den nationalen Rechtsvorschriften jedes der betroffenen Mitgliedstaaten" unterliegen sollen, stellt § 23 Abs. 4 RegE EU-DBA-SBG fest, dass Mitglieder des Beratenden Ausschusses, die keine Amtsträger i.S.d. § 30 Abs. 1 i.V.m. § 7 AO sind, als **„amtlich zugezogene Sachverständige"** das Steuergeheimnis zu wahren haben. Im Referentenentwurf wurden noch – allgemeiner und ohne Abstellen auf amtlich zugezogene Sachverständige - § 30 Abs. 3 AO und § 355 Abs. 2 StGB für entsprechend anwendbar erklärt.

24.105 Der RegE EU-DBA-SBG übernimmt in §§ 29, 30 alle Regeln der SBRL zur optionalen Einsetzung von „Ausschüssen zur alternativen Streitbelegung" anstelle von Beratenden Ausschüssen, ohne konkreter zu werden. Tatsächlicher Einsatz und Ausgestaltung sind damit den Vereinbarungen der im jeweiligen Fall betroffenen zuständigen Behörden überlassen.

24.106 Nach § 33 Abs. 2 RegE EU-DBA-SBG soll die zuständige Behörde der Bundesrepublik Deutschland mit der zuständigen Behörde der anderen betroffenen Mitgliedstaaten vereinbaren können, Verfahren nach diesem Gesetz auch auf Streitbeilegungsbeschwerden anzuwenden, die vor dem 1.7.2019 oder in Bezug auf frühere Steuerjahre als 2018 eingereicht werden. Es ist zum Zeitpunkt der Drucklegung dieses Handbuchs **nicht bekannt, ob** von deutscher Seite eine **Anwendung auf vor dem 1.7.2019 oder mit Bezug auf vor 2018 liegende Steuerjahre eingereichte Beschwerden konkret beabsichtigt** ist.

---

1 Siehe dazu, im Zusammenhang mit Verständigungs- und Schiedsverfahren nach DBA, z.B. *Flüchter* in Schönfeld/Ditz², Art. 25 OECD-MA Rz. 182, 308 f.
2 BR-Drucks. 227/19 S. 34.
3 Einseitige Erklärung der Bundesrepublik Deutschland im Anhang zum Übereinkommen über die Beseitigung der Doppelbesteuerung im Falle von Gewinnberichtigungen zwischen verbundenen Unternehmen (90/436/EWG) v. 23.7.1990, ABl. EG 1990 Nr. L 225, 22.

Kapitel 25
Grenzüberschreitende Amts- und Rechtshilfe

A. Grundsätze	25.1	3. Zustellungsersuchen	25.58
I. Völkerrechtliche Schranken grenzüberschreitender Sachaufklärung	25.1	4. Rechtsschutz	25.60
		D. Beitreibungsrichtlinie	25.61
II. Mitwirkungs- und Dokumentationspflichten	25.4	I. Anwendungsbereich	25.61
B. Überblick	25.6	II. Ausgehende Ersuchen	25.67
I. Rechtsgrundlagen	25.6	1. Beitreibungsersuchen	25.67
II. Fiscalis-Programm	25.9	2. Ersuchen um Sicherungsmaßnahmen	25.72
III. Entwicklungstendenzen	25.12	3. Auskunftsersuchen	25.75
C. Amtshilfe-Richtlinie	25.15	4. Zustellungsersuchen	25.77
I. Anwendungsbereich	25.15	III. Eingehende Ersuchen	25.78
II. Ersuchensauskünfte	25.19	1. Beitreibungsersuchen	25.78
1. Auskunftsersuchen	25.19	2. Ersuchen um Sicherungsmaßnahmen	25.84
2. Auskunftserteilung	25.22	3. Auskunftsersuchen	25.86
III. Automatische Auskünfte	25.26	4. Zustellungsersuchen	25.89
1. Überblick	25.26	IV. Anwesenheits- und Teilnahmerecht	25.91
2. Finanzkonten	25.28	V. Rechtsschutz	25.93
3. Verbindliche Auskünfte und Zusagen	25.31	E. Zusammenarbeitsverordnungen	25.97
4. Länderbezogene Berichte	25.34	I. Überblick	25.97
5. Erweiterter Kontenabruf	25.37	II. Mehrwertsteuer-Zusammenarbeitsverordnung	25.99
6. Grenzüberschreitende Steuergestaltungen	25.39	1. Anwendungsbereich	25.99
a) Zielsetzung und Funktion	25.39	2. Ersuchensauskünfte	25.102
b) Meldepflichtige Gestaltungen	25.41	3. Automatische Auskünfte	25.109
aa) Grenzüberschreitende Gestaltungen	25.41	4. Spontanauskünfte	25.112
		5. Zustellungsersuchen	25.113
bb) Konkretisierende Kennzeichen	25.42	6. Sonstige Formen der Verwaltungszusammenarbeit	25.114
c) Meldepflichtige Personen	25.45	III. Verbrauchsteuer-Zusammenarbeits-Verordnung (VerbrSt-ZVO)	25.119
d) Verfahren	25.48	1. Anwendungsbereich	25.119
e) Zeitliche Anwendung	25.51	2. Ersuchensauskünfte	25.120
IV. Spontanauskünfte	25.52	3. Automatische und Spontanauskünfte	25.123
V. Sonstige Form der Verwaltungszusammenarbeit	25.55	4. Sonstige Formen der Zusammenarbeit	25.126
1. Anwesenheitsrechte	25.55		
2. International koordinierte Außenprüfungen	25.56		

A. Grundsätze

Literatur: *Baumhoff/Ditz/Greinert*, Grundsätze der Dokumentation internationaler Verrechnungspreise nach der Gewinnabgrenzungsaufzeichnungsverordnung (GAufzV), DStR 2004, 157; *Beuchert*, Anzeigepflichten bei Steuergestaltungen, Köln 2012; *Bilsdorfer*, Die Informationsquellen und -wege der Finanzverwaltung, Bielefeld 1988; *Bilsdorfer*, Informationsquellen der Finanzverwaltung bei Auslandssachverhalten, in Schaumburg/Piltz, Betriebsprüfung internationaler Sachverhalte, Köln 1998, 1 ff.; *Cordes*, Steuerliche Aufzeichnungspflichten bei internationalen Verrechnungspreisen, Düsseldorf 2009; *Crezelius*, Steuerrechtliche Verfahrensfragen bei grenzüberschreitenden Sachverhalten, IStR 2002, 433; *Czakert,* Aktuelle Entwicklungen im Bereich des automatischen Informationsaustauschs, ISR 2013, 409; *Czakert,* Die Regelungen zur Amtshilfe in der deutschen Verhandlungsgrundlage für Doppelbesteuerungsabkommen, ISR 2013, 177; *Czakert,* Competent Authority Agreement – Common Reporting Standard, ISR 2014, 331; *Czakert,* Neue Entwicklungen bei der steuerlichen Amtshilfe, ifst-Schrift 5145 (2017); *Czakert,* Seminar B: Automatic Exchange of Information: a New Standard?, IStR 2017, 663; *Ditz/Bärsch/Engelen,* Das neue Country-by-Country Reporting nach dem Regierungsentwurf des Anti-BEPS-Umsetzungsgesetzes v. 13.7.2016, IStR 2017, 840; *Eich,* Grenzüberschreitende Amtshilfe in Steuersachen, kösdi 2010, 17041; *Englisch,* Europarechtliche Einflüsse auf den Untersuchungsgrundsatz im Steuerverfahren, IStR 2009, 39; *Fischer/Looks/im Schlaa,* Dokumentationspflichten für Verrechnungspreise – Bisherige Erfahrungen mit der Betriebsprüfung und aktuelle Entwicklungen, BB 2007, 918; *Frotscher,* Verfassungsrechtliche Fragen zu den Dokumentationspflichten bei Verrechnungspreisen und den Rechtsfolgen ihrer Verletzung, in Gocke/Gosch/Lang (Hrsg.), Körperschaftsteuer, Internationales Steuerrecht, Doppelbesteuerung, FS für *Wassermeyer,* München 2005; *Frotscher,* Mitwirkungs-, Nachweis- und Dokumentationspflichten im internationalen Steuerrecht, in Lüdicke, Fortentwicklung der Internationalen Unternehmensbesteuerung, Köln 2002, 168; *Grotherr,* Anwendungsfragen bei der länderbezogenen Berichterstattung - Country-by-Country Reporting, IStR 2016, 991; *Grotherr,* Länderbezogene Berichterstattung: Ziele, Zielerreichung, Potenzial für Fehlinterpretationen und dessen Minimierung, Ubg 2016, 637 ff., 709 ff.; *Grotherr,* Automatischer Informationsaustausch im Steuerrecht über länderbezogene Berichte von Konzernunternehmen, RIW 2017, 1; *Grotherr,* Implementierung der länderbezogenen Berichterstattung in die Berichtsysteme und –prozesse einer multinationalen Unternehmensgruppe, DB 2017, 263 ff.; 330 ff.; *Hahn/Surbier-Hahn,* Mitwirkungspflichten bei Auslandssachverhalten europarechtswidrig?, IStR 2003, 84; *Häuselmann,* Unerwünschte Nebenwirkungen der Steuerhinterziehungsbekämpfungsverordnung für ausländische Investoren, Ubg 2009, 704; *Hendricks,* Internationale Informationshilfe im Steuerverfahren, Köln 2004; *Kessler/Eicke,* Gedanken zur Verfassungs- und Europarechtskonformität des Steuerhinterziehungsbekämpfungsgesetzes, DB 2009, 1314; *Korts/Korts,* Ermittlungsmöglichkeiten deutscher Finanzbehörden bei Auslandssachverhalten, IStR 2006, 869; *Kraft/Ditz/Heider,* Internationaler Informationsaustausch, DB 2017, 2243; *Kudert/Kopec,* Verschärfung der EU-Zinsrichtlinie: Automatischer Informationsaustausch ab 2017, PIStB 2014, 218; *Kußmaul/Müller,* Mitwirkungs- und Dokumentationspflichten bei Verrechnungspreissachverhalten, StB 2013, 432; *Lampert/Meickmann,* Informationsaustausch mit Drittstaaten – von der Auskunfts- zur Verweigerungspflicht?, ISR 2014, 305; *Lindenthal,* Mitwirkungspflichten des Steuerpflichtigen und Folgen ihrer Verletzung, Frankfurt 2006; *Meinhardt,* Automatischer Informationsaustausch – AEOI, RdF 2014, 285; *Moebus,* Neue Dokumentationspflichten bei Transferpreisen – Irrweg und/oder Irrglaube?, DB 2003, 1413; *Obenhaus,* Die Novelle der gegenwärtigen Amtshilfe in Steuersachen zwischen den EU-Mitgliedstaaten durch das JStG 2013, Stbg 2012, 104; *Oppel,* Internationaler Informationsaustausch in Steuersachen, IWB 2017, 359, 410; *Oppel,* Steuerlicher Informationsaustausch in der EU - Anforderungen und Rechtsschutz, IWB 2018, 35; *Oppel/Salewski,* Internationaler Informationsaustausch in Steuersachen, SteuerStud 2017, 361; *Oppel/Sendke,* Unionsrechtlicher Grundrechtsschutz beim internationalen Informationsaustausch, IStB 2013, 110; *Rasch/Rettinger,* Aktuelle Fragen der Verrechnungspreisdokumentation: Unternehmenscharakterisierung und Methodenwahl in den Verwaltungsgrundsätze-Verfahren, BB 2007, 353; *Reuß,* Grenzen steuerlicher Mitwirkungspflichten – dargestellt am Beispiel der erhöhten Mitwirkungspflicht des Steuerpflichtigen bei Auslandsbeziehungen, Diss. Hamburg 1979; *Schaumburg/Schaumburg,* Grenzüberschreitende Sachaufklärung – Mitwirkungs- und Dokumentationspflichten, in Binnewies/Spatschek (Hrsg.), FS für Streck, Köln 2011, 369; *Schaumburg/Schaumburg,* Der Zeuge im Ausland, in Klein/Stihl/Wassermeyer/Piltz/Schaumburg (Hrsg.), Unternehmen/Steuern, FS für Flick, Köln 1997, 989; *Schlagheck,* Sachverhaltsermittlung bei internationalen Besteuerungssachverhalten, Diss. Passau 1993; *Schmehl,* Tendenzen und Probleme der internationalen Zusammenarbeit im Steuerverfahren, in Lüdicke, Brennpunkte im deutschen internationalen Steuerrecht, Köln 2010, 45 ff.; *Seer,* Steuerverfahrensrechtliche Bewältigung grenzüberschreitender Sachverhalte, in Spindler/Tipke/Rödder (Hrsg.), Steuerzentrierte Rechtsberatung, FS für Schaumburg, Köln 2009, 151; *Seer,* Neue Dokumentations- und Nachweispflichten, in Piltz/Schaumburg, Internationale Einkünfteabgrenzung, Köln 2003, 35; *Seer/Gabert,* Der internationale Auskunftsverkehr in Steuersachen, StuW 2010, 3; *Sommer/Retzer,* Entwurf eines Gesetzes zur Umsetzung der Änderungen der EU-Amtshilferichtlinie und von weiteren Maßnahmen gegen Gewinnkürzungen und –verlagerungen: Stellungnahme des Bundesrates vom 23.9.2016, ISR 2016, 377; *Stahl,* Internationale Rechts- und Amtshilfe im Steuer- und Steuerstrafrecht, kösdi 2014, 18687; *Stahlschmidt/Laws,* Handbuch des Auskunftsverkehrs in Steuersachen, Berlin 2009; *Steinegger,* Country-by-Country-Reporting: Spannungsfeld zwischen Transparenz und Steuerplanung, Der Konzern 2016, 454; *Strub,* Automatischer Informationsaustausch in der EU: Was bringt die neue Zinssteuerrichtlinie?, IStR 2014, 313; *Talaska/Gomes,* Exklusiver Überblick zum internationalen Informationsaustausch in Steuersachen, Stbg.

2017, 167; *Tomson/Chwalek*, Informationsaustausch: Internationaler Informationsaustausch in Steuersachen – Status quo & Ausblick, ISR 2016, 26; *von der Ham/Tomson/Chwalek*, Grenzüberschreitender Informationsaustausch in Steuersachen – ein Überblick, ISR 2018, 26; *Vögele*, Die Verwaltungsgrundsätze zur Dokumentation von Verrechnungspreisen – der Fremdvergleich und die Angemessenheit der Verrechnungspreise, DB 2005, 1079; *Vögele/Brem*, Die neue Rechtsverordnung zu § 90 Abs. 3 AO: Systematik zu Aufbau und Struktur der Verrechnungspreisdokumentation, IStR 2004, 48; *Wassermeyer*, Dokumentationspflicht bei internationalen Verrechnungspreisen, DB 2003, 1535; *Werra*, Zweifelsfragen bei der Dokumentation von Verrechnungspreisen, IStR 2005, 19.

I. Völkerrechtliche Schranken grenzüberschreitender Sachaufklärung

Nach § 88 Abs. 1 AO hat die Finanzbehörde den Sachverhalt von Amts wegen zu ermitteln. Dies gilt für inländische und ausländische Sachverhalte gleichermaßen. Durch Sachaufklärung ist zu ermitteln, ob eine Steuerschuld entstanden ist, Steuern verkürzt oder zu Unrecht erhoben oder Steuererstattungen oder Steuervergütungen zu Unrecht gewährt oder versagt worden sind (§ 85 AO). Abstrakte Anhaltspunkte hierfür genügen. Mit dieser Sachaufklärungspflicht von Amts wegen, als **Amtsermittlungsgrundsatz** oder **Untersuchungsgrundsatz** bezeichnet, korrespondieren **Mitwirkungspflichten** der Beteiligten, ohne dass diese die Sachaufklärungspflicht der Finanzbehörden suspendieren.[1] Die Sachaufklärungspflicht ermächtigt die Finanzbehörden zu Sachaufklärungsmaßnahmen innerhalb der gesetzlichen Schrankenwirkungen. Derartige Schrankenwirkungen setzt auch das Völkerrecht.   25.1

Zu den völkerrechtlich garantierten Rechtspositionen eines Staates[2] gehört dessen Anspruch darauf, dass jeder andere Staat seine **Gebietshoheit** respektiert[3] mit der Folge, dass ein Staat auf dem Gebiet eines anderen Staates ohne dessen Zustimmung keine Hoheitsakte setzen darf.[4] Hieraus folgt das grundsätzliche Verbot, auf fremden Hoheitsgebieten Außenprüfungen, Fahndungsmaßnahmen oder sonstige steuerliche oder strafrechtliche Ermittlungen oder Sachaufklärungsmaßnahmen durchzuführen.[5] Hierbei spielt es keine Rolle, ob zu entsprechenden Ermittlungen beauftragte Personen tatsächlich (physisch) auf fremdem Hoheitsgebiet tätig werden. Entscheidend ist allein, ob fremdes Hoheitsgebiet betroffen ist, so dass z.B. Online-Durchsuchungen auf ausländischen Servern[6] unzulässig sind. Damit ergibt sich eine Divergenz zwischen den völkerrechtlichen Schrankenwirkungen einerseits (formelle Territorialität) und dem insbesondere für das ESt- und KSt-Recht maßgeblichen Welteinkommensprinzip[7] (materielle Universalität) andererseits.[8]   25.2

Von den vorgenannten völkerrechtlichen Schranken sind nur **Hoheitsakte** betroffen. Hieraus folgt: Die formlose Benachrichtigung über bestimmte Vorgänge ohne Verknüpfung von Rechtsfolgen ist als Tätigwerden unterhalb der Schranken hoheitlichen Handelns[9] ohne weiteres zulässig.[10] Die formlose Übermittlung von Verwaltungsakten, etwa von Steuerbescheiden, ist dagegen auf unmittelbare Rechts-   25.3

---

1 *Seer* in T/K, § 88 AO Rz. 1 ff.; § 90 AO Rz. 1 mit Hinweis auf die sog. Kooperationsmaxime; vgl. zum Folgenden auch *Schaumburg* in Schaumburg, Internationales Steuerrecht[4], Rz. 22.1 ff.
2 Hierzu *Stein/von Buttlar/Kotzur*, Völkerrecht[14], S. 534 ff.
3 Hierzu *Stein/von Buttlar/Kotzur*, Völkerrecht[14], S. 537.
4 BVerfG v. 22.3.1983 – 2 BvR 475/78, BVerfGE 63, 343 (373); BFH v. 11.2.1959 – II 15/58 U, BStBl. III 1959, 181; *Verdross/Simma*, Universelles Völkerrecht[3], S. 277; *Stein/von Buttlar/Kotzur*, Völkerrecht[14], S. 537 ff.; *Epping* in Ipsen, Völkerrecht[6], § 5 Rz. 60 f.; *Seer* in T/K, § 117 AO Rz. 2.
5 Hierzu *Herrmann/Soiné*, NJW 2011, 2922 (2925); *Spatschek/Alvermann*, IStR 2001, 33 ff.
6 *Beyer*, AO-StB 2013, 29 ff.; zulässig ist dagegen ein Sammelauskunftsverfahren gegen einen inländischen Betreiber einer Internethandelsplattform, wenn die geforderten Daten auf einem ausländischen Server gespeichert sind und der inländische Betreiber hierauf einen tatsächlichen Zugriff hat; BFH v. 16.5.2013 – II R 15/12, IStR 2013, 794.
7 *Schaumburg* in Schaumburg, Internationales Steuerrecht[4], Rz. 6.53 ff.
8 *Seer* in FS Schaumburg, S. 151 f.
9 Informales Verwaltungshandeln; hierzu *Seer*, Verständigungen im Steuerverfahren, S. 51 ff.
10 *Verdross/Simma*, Universelles Völkerrecht[3], S. 277; *Epping* in Ipsen, Völkerrecht[6], § 5 Rz. 60.

folgen gerichtet und daher ohne Zustimmung des in seinen Souveränitätsrechten betroffenen Staates unzulässig.[1] Einige Staaten haben sich mit der Bekanntgabe von Steuerverwaltungsakten durch einfachen Brief – auch an Bevollmächtigte[2] – allerdings ausdrücklich einverstanden erklärt.[3] Die förmliche Postzustellung ist dagegen als hoheitliche Maßnahme grundsätzlich unzulässig:[4] Hier ist eine Zustellung nur mittels Ersuchens der zuständigen Behörden des anderen Staates oder über die dortigen konsularischen oder diplomatischen Vertretungen Deutschlands möglich (§ 9 VwZG).[5] Die vorstehenden Grundsätze gelten im Ausgangspunkt auch für die FG,[6] so dass etwa die förmliche Ladung eines im Ausland ansässigen Zeugen zum Beweistermin unzulässig ist.[7]

II. Mitwirkungs- und Dokumentationspflichten

25.4 Im Hinblick auf die an völkerrechtliche Grenzen stoßende Sachaufklärung der Finanzbehörden sind die für den Steuerpflichtigen und für übrige Beteiligte[8] statuierten Mitwirkungspflichten von besonderer Bedeutung.[9] Hierzu zählen

– **allgemeine Mitwirkungspflichten**, die ihre Konkretisierung und Erweiterung in speziellen Mitwirkungstatbeständen der AO finden[10] und die Verpflichtung beinhalten, die für die Besteuerung erheblichen Tatsachen vollständig offenzulegen und die bekannten Beweismittel anzugeben (§ 90 Abs. 1 Satz 2 AO),[11]

– **erweiterte Mitwirkungspflichten**, wonach die Beteiligten grenzüberschreitende und ausländische Sachverhalte aufzuklären und die dafür erforderlichen Beweismittel zu beschaffen haben (§ 90 Abs. 2 AO),[12]

– **gesteigerte Mitwirkungspflichten**, wonach bei Geschäftsbeziehungen zu Finanzinstituten in nicht kooperativen Staaten und Gebieten (Jurisdiktionen) vom Steuerpflichtigen eidesstattliche Versicherungen und Vollmachten verlangt werden können (§ 90 Abs. 2 Satz 3 AO),[13]

---

1 BVerfG v. 22.3.1983 – 2 BvR 475/78, BVerfGE 63, 343 (372 f.); *Verdross/Simma*, Universelles Völkerrecht[3], S. 277; *Lehner* in V/L[6], Grundlagen Rz. 16; *Müller-Franken* in H/H/Sp, § 122 AO Rz. 403; *Carl/Klos*, Leitfaden zur internationalen Amts- und Rechtshilfe in Steuersachen, S. 43; dagegen halten die Bekanntgabe von Steuerverwaltungsakten durch einfachen Brief im Ausland ohne weiteres für zulässig *Seer* in T/K, § 122 AO Rz. 62; *Söhn* in H/H/Sp, § 117 AO Rz. 3; *Klaproth* in Schwarz/Pahlke, § 117 AO Rz. 9.
2 BFH v. 1.2.2000 – VII R 49/99, BStBl. II 2000, 334.
3 Das BMF hält eine grenzüberschreitende Bekanntgabe nur dann für unzulässig, wenn der andere Staat einer solchen ausdrücklich widersprochen hat; vgl. Anwendungserlass zur Abgabenordnung (AEAO) Nr. 1.8.4., 3.1.4.1. zu § 122 AO (Widerspruchslösung).
4 BFH v. 11.2.1959 – II 15/58 U, BStBl. III 1959, 181; *Seer* in T/K, § 117 AO Rz. 2; *Lehner* in V/L[6], Grundlagen Rz. 16.
5 Vgl. hierzu die Länderübersicht in der Vfg. der OFD Hannover v. 28.12.2008, AO-Kartei ND § 9 VwZG Karte 1; BayLfSt v. 3.8.2009, AO-Kartei BY § 122 AO Karte 2.
6 Zu weiteren Einzelheiten *Schaumburg/Schaumburg* in FS Flick, S. 989 (992 f.).
7 Anders dagegen die formlose Mitteilung über den Beweistermin in Form eines informalen gerichtlichen Handelns; hierzu *Schaumburg/Schaumburg* in FS Flick, S. 989 (993 f.).
8 Zum Begriff des Beteiligten vgl. § 78 AO.
9 Zu Einzelheiten *Schaumburg* in Schaumburg, Internationales Steuerrecht[4], Rz. 22.7 ff.; *Schaumburg/Schaumburg* in FS Streck, S. 369 ff.
10 Konkretisierung: §§ 93, 95, 97, 99, 100, 135, 137 bis 139, 140 ff., 149, 153, 154, 200, 208 Abs. 1 Sätze 1 und 3, § 210 AO; Erweiterung auf beweissichernde Aufzeichnungspflichten: § 90 Abs. 3 Sätze 1 und 2, §§ 140 ff. AO; § 4 Abs. 3 Satz 5, Abs. 7; § 6 Abs. 2 Satz 4, § 5 EStG; § 22 UStG; gesteigerte Mitwirkungspflichten nach dem SteuerHBekG: § 90 Abs. 2 Satz 3 AO.
11 Zur Wahrheitspflicht *Seer* in T/K, § 90 AO Rz. 9.
12 Zu dieser Beweismittelbeschaffungspflicht *Schaumburg* in Schaumburg, Internationales Steuerrecht[4], Rz. 22.10 f.; dort auch zu der Sondervorschrift im § 17 AStG im Überblick.
13 Zu Einzelheiten *Schaumburg* in Schaumburg, Internationales Steuerrecht[4], Rz. 22.19 ff.

- **Dokumentationspflichten**, die grenzüberschreitende Geschäftsbeziehungen zwischen nahestehenden Personen (§ 1 Abs. 2 AStG) sowie einem Unternehmen eines Steuerpflichtigen und seiner im Ausland gelegenen Betriebsstätte (§ 1 Abs. 4 Satz 1 Nr. 2 AStG) betreffen,[1] um die Angemessenheitsprüfung von Verrechnungspreisen zu ermöglichen (§ 90 Abs. 3 AO i.V.m. GAufzV),[2]
- **besondere Mitwirkungspflichten**, zu denen z.B. gehören: Benennung von inländischen Empfangsbevollmächtigten (§ 123 AO) und von Fiskalvertretern (§§ 22a-22e UStG), Mitteilung über bestimmte ausländische Investitionen (§ 138 Abs. 2 AO), Vorlage länderbezogener Berichte (Country-by-Country Report) multinationaler Konzerne über Geschäftstätigkeiten in einzelnen Steuerhoheitsgebieten einschließlich der Angabe bestimmter unternehmensbezogener Daten (§ 138a AO), Mitteilung über Beziehungen inländischer Steuerpflichtiger zu Drittstaaten-Gesellschaften (§ 138b AO), Anzeige von Steuergestaltungen (§ 138d AO-E), die Empfängerbenennung betreffend Betriebsausgaben (§ 160 AO, § 16 AStG).[3]

Werden die Mitwirkungspflichten verletzt, wird hierdurch die Sachaufklärungspflicht der Finanzbehörde nicht suspendiert.[4] Die Verletzung der Mitwirkungspflichten durch den Beteiligten führt vor allem dann, wenn er der einzige Wissensträger ist, allerdings zu einer Reduzierung des für die Sachverhaltsaufklärung erforderlichen Gewissheitsgrades (Beweismaßreduzierung)[5], so dass verbleibende Unsicherheiten zu einer Schätzung dem Grunde nach berechtigen.[6] Eine **Verletzung der Mitwirkungspflichten** durch den Beteiligten auf der einen Seite führt somit zu einer Einschränkung der Ermittlungspflichten der Finanzbehörde auf der anderen Seite.[7] Die Finanzbehörde braucht im Grundsatz also keine unverhältnismäßigen Anstrengungen zu unternehmen, um die Beweisschwierigkeiten auszuräumen, die sich aus der Verletzung der Mitwirkungspflichten der Beteiligten ergeben.[8] Können daher auf Grund der Verletzung der Mitwirkungspflichten Besteuerungsgrundlagen nicht ermittelt werden, so dürfen diese gem. § 162 Abs. 2 Satz 1 AO geschätzt werden.[9] Die einer jeden Schätzung anhaftenden Unsicherheiten können hierbei zu Lasten des Steuerpflichtigen gehen.[10] Darüber hinaus können aus der Verletzung der Mitwirkungspflichten im Wege der Beweiswürdigung negative Schlüsse gezogen werden, so dass die Fälle der Unerwiesenheit des Sachverhaltes und damit die Anwendung der Regeln der objektiven Beweislast (Feststellungslast) nur selten in Betracht kommen werden.[11]

---

1 Sachverhaltsdokumentation, Angemessenheitsdokumentation, Stammdokumentation.
2 Hierzu der Überblick bei *Schaumburg* in Schaumburg, Internationales Steuerrecht[4], Rz. 22.24 ff.
3 Zu den besonderen Mitwirkungspflichten im Überblick *Schaumburg* in Schaumburg, Internationales Steuerrecht[4], Rz. 22.39 ff.
4 BFH v. 18.11.2008 – VIII R 24/07, BStBl. II 2009, 518; v. 18.11.2008 – VIII R 2/06, BFH/NV 2009, 731.
5 BFH v. 26.10.1994 – X R 114/92, BFH/NV 1995, 373; *Seer* in T/K, § 90 AO Rz. 15 f.; *Oellerich* in Gosch, § 162 AO Rz. 216.
6 *Seer* in T/K, § 90 AO Rz. 15, § 162 AO Rz. 32 ff.
7 BFH v. 15.2.1989 – X R 16/86, BStBl. II 1989, 462; v. 9.6.2005 – IX R 75/03, BFH/NV 2005, 1765; v. 3.11.2005 – VIII B 12/05, BFH/NV 2006, 250; v. 28.12.2006 – VIII B 48/06, BFH/NV 2007, 646; v. 14.5.2008 – V B 227/07, BFH/NV 2008, 1371; *Seer* in T/K, § 90 AO Rz. 14.
8 BFH v. 13.3.1985 – I R 7/81, BStBl. II 1986, 318.
9 BFH v. 13.3.1985 – I R 7/81, BStBl. II 1986, 318; *Seer* in T/K, § 90 AO Rz. 15.
10 BFH v. 23.10.1958 – V 5/57 U, BStBl. III 1959, 16; v. 26.4.1983 – VIII R 38/82, BStBl. II 1983, 618; v. 20.12.2000 – I R 50/00, BStBl. II 2001, 381; v. 29.3.2001 – IV R 67/99, BStBl. II 2001, 484 = FR 2001, 905 m. Anm. *Kanzler*; *Seer* in T/K, § 162 AO Rz. 44; *Oellerich* in Gosch, § 162 AO Rz. 121.
11 Zu Einzelheiten *Seer* in T/K, § 90 AO Rz. 15; *Martin*, BB 1986, 1021 (1025, 1028).

B. Überblick

I. Rechtsgrundlagen

25.6 Inanspruchnahme und Gewährung von Amts- und Rechtshilfe ist nur auf gesetzlicher Grundlage zulässig. In beiden Fällen werden nämlich Informationen weitergegeben, die einen Grundrechtseingriff insbesondere in das Recht auf informationelle Selbstbestimmung (Art. 2 Abs. 1 i.V.m. Art. 1 Abs. 1 GG)[1] zur Folge haben.[2] Die Befugnis zur Amts- und Rechtshilfe, d.h. also das rechtliche Dürfen, ergibt sich nach den Vorgaben des deutschen Rechts, ohne dass hieraus ein Anspruch gegenüber dritten Staaten erwächst. Ein derartiger **Anspruch auf Auskunftserteilung** ergibt sich allerdings auf Grund supranationalen Rechts sowie aus völkerrechtlichen Verträgen.[3] Im Steuerrecht[4] erfolgt die Amts- und Rechtshilfe[5] nach Maßgabe folgender

Rechtsakte der Union:

- EU-Amtshilferichtlinie (EU-AHiRL) vom 15.2.2011,[6] umgesetzt durch das EUAHiG vom 26.6.2013[7] (Rz. 25.15 ff.), das FK-AustG vom 21.12.2015[8] und durch § 138d AO-E (Rz. 25.28 ff. und 25.39 ff.),[9]

- EU-Beitreibungs-RL vom 16.3.2010,[10] umgesetzt durch EU-BeitrG v. 7.12.2011,[11]

- MwSt-ZVO vom 7.10.2010 (Rz. 25.99 ff.),[12]

- VerbrauchSt-ZVO vom 2.5.2012[13] als jeweils unmittelbar geltendes Recht (Rz. 25.119 ff.) und

- Vereinbarungen mit Drittstaaten.[14]

---

1 BVerfG v. 8.2.1983 – 1 BvL 20/81, BVerfGE 63, 131 (142 f.); v. 15.12.1983 – 1 BvR 209/83 u.a., BVerfGE 65, 1 (41 ff.).
2 BFH v. 8.2.1995 – I B 92/94, BStBl. II 1995, 358 (360); *Söhn* in H/H/Sp, § 117 AO Rz. 31a ff.
3 Vgl. hierzu auch den Überblick im BMF-Schreiben v. 29.5.2019, BStBl. I 2019, 480 (Merkblatt).
4 Zum Steuerstrafrecht vgl. *Peters* in Schaumburg/Peters, Internationales Steuerstrafrecht, Rz. 9.1 ff.
5 In der gesetzlichen Terminologie (z.B. § 117 AO) sind zumeist die Begriffe Rechts- und Amtshilfe gebräuchlich. *Amtshilfe* ist die Hilfe, die eine Behörde einer anderen Behörde zur Erfüllung von Aufgaben der öffentlichen Verwaltung gewährt. *Rechtshilfe* ist dagegen die Unterstützung von Gerichten bei Rechtspflegeaufgaben. Diese Begriffe werden durchweg unterschiedlich abgegrenzt; hierzu *Seer* in T/K, § 117 AO Rz. 5.
6 Richtlinie 2011/16/EU, ABl. EU 2011 Nr. L 64, 1; zuletzt geändert durch die Richtlinie 2018/822/EU des Rates v. 25.5.2018, ABl. EU 2018 Nr. L 139,1.
7 BGBl. I 2013, 1809; zuletzt geändert durch Gesetz zur Umsetzung der Änderungen der EU-AHiRL und von weiteren Maßnahmen gegen Gewinnkürzungen und -verlagerungen v. 20.12.2016, BGBl. I 2016, 3000 (sog. Anti-BEPS-Umsetzungsgesetz).
8 BGBl. I 2015, 2531; zuletzt geändert durch Gesetz v. 20.12.2016, BGBl. I 2016, 3000.
9 In der Fassung des Referentenentwurfs (Bearbeitungsstand 30.1.2019).
10 ABl. EU 2010 Nr. L 84, 1.
11 BGBl I 2011, 2592; zuletzt geändert durch EUAHiG v. 26.6.2013, BGBl. I 2013, 1809.
12 ABl. EU 2010 Nr. L 268; zuletzt geändert durch VO (EU) 2018/1541, ABl. EU 2018 Nr. L 259, 1.
13 ABl. EU 2012 Nr. L 121.
14 Z.B. sog. Steuertransparenzabkommen mit der Schweiz und Liechtenstein, Änderungsprotokoll v. 28.10.2015 zu dem Abkommen zwischen der Europäischen Gemeinschaft und dem Fürstentum Liechtenstein, ABl. EU 2015 Nr. L 338.2; Änderungsprotokoll v. 27.5.2015 zu dem Abkommen zwischen der Europäischen Gemeinschaft und der Schweizerischen Eidgenossenschaft, ABl. EU 2015 Nr. L 333, 12.

Bilaterale Abkommen:

- Doppelbesteuerungsabkommen (Art. 26 OECD-MA),[1]
- besondere Verträge über Amts- und Rechtshilfe in Steuersachen,[2]
- Informationsaustauschabkommen (TIEA),[3]
- FATCA[4] – Abkommen mit den USA.[5]

Multilaterale Abkommen:

- Übereinkommen über die gegenseitige Amtshilfe in Steuersachen (Amtshilfeübereinkommen),[6]
- Mehrseitige Vereinbarung vom 29.10.2014 zwischen den zuständigen Behörden über den automatischen Austausch von Informationen über Finanzkonten (CRS-MCAA),[7]
- Mehrseitige Vereinbarung v. 27.1.2016 über den Austausch länderbezogener Berichte für bestimmte Unternehmen (CbC-MCAA).[8]

Unilaterale Regelungen:

- § 117 AO,
- § 117c Abs. 1 AO i.V.m. FATCA-USA-UmsV,
- Gesetz zum Austausch von Informationen über Finanzkonten in Steuersachen und zur Änderung weiterer Gesetze (FKAuStG).[9]

Von Bedeutung ist insbesondere **§ 117 AO**, der die maßgebliche Rechtsgrundlage für die **Inanspruchnahme internationaler Amts- und Rechtshilfe** ist.[10] In den vorgenannten Fällen ist der internationale Informationsaustausch im Grundsatz nur für steuerliche Zwecke zulässig, was allerdings nicht ausschließt, dass die Auskünfte auch für steuerstrafrechtliche Zwecke Verwendung finden können.[11] Soweit Auskünfte (nur) für Zwecke der Verfolgung von Steuerstraftaten erteilt werden sollen, ist Rechtsgrundlage hierfür das IRG.[12] Geht es um die Auskunftserteilung an andere Mitgliedstaaten zwecks Ver-

25.7

---

1 BMF v. 17.1.2019, BStBl. I 2019, 31, Länderübersicht I. Nr. 1 mit Stand 1.1.2019.
2 BMF v. 17.1.2019, BStBl. I 2019, 31, Länderübersicht I. Nr. 4 mit Stand 1.1.2019.
3 BMF v. 17.1.2019, BStBl. I 2019, 31, Länderübersicht I. Nr. 4 mit Stand 1.1.2019.
4 Foreign Tax Account Compliance Act.
5 „Abkommen zwischen der Bundesrepublik Deutschland und den Vereinigten Staaten von Amerika zur Förderung der Steuerehrlichkeit bei internationalen Sachverhalten und hinsichtlich der als Gesetz über die Steuerehrlichkeit bezüglich Auslandskonen bekannten US-amerikanischen Informations- und Meldebestimmungen", BGBl. II 2013, 1362; in Kraft getreten am 1.12.2013, BGBl. II 2014, Nr. 3; hierzu BMF-Schreiben v. 3.11.2015, BStBl. I 2015, 897; v. 1.2.2017, BStBl. I 2017, 305; v. 21.9.2018, BStBl. I 2018, 1026.
6 Des Europarats/der OECD v. 25.1.1988, SEV Nr. 127; geändert durch Protokoll v. 27.5.2010, SEV Nr. 208; Gesetz v. 16.7.2015, BGBl. II 2015, 966, 986.
7 BGBl. II 2015, 1630, 1632; Umsetzung durch das Finanzkonten-Informationsaustauschgesetz (FKAustG) v. 21.12.2015; BGBl. I 2015, 2531; geändert durch Gesetz v. 20.12.2016, 3000; hierzu BMF-Schreiben v. 1.2.2017, BStBl. I 2017, 305; v. 6.4.2018, BStBl. I 2017, 708; v. 22.6.2017, BStBl. I 2017, 878; 1.2.2018, BStBl. I 2018, 286 (FKAustG-Staatenaustauschliste 2018).
8 Gesetz v. 25.10.2016, BGBl. II 2016, 1178; vgl. auch § 138a AO; BMF-Schreiben v. 11.7.2017, BStBl. I 2017, 974.
9 V. 21.12.2015, BGBl. II 2015, 2531; geändert durch Gesetz v. 20.12.2016, 3000.
10 *Söhn* in H/H/Sp, § 117 AO Rz. 66.
11 Vgl. hierzu *Schaumburg* in Schaumburg/Peters, Internationales Steuerstrafrecht, Rz. 8.19, 8.58 ff. (Überblick).
12 Vgl. hierzu *Peters* in Schaumburg/Peters, Internationales Steuerstrafrecht, Rz. 9.59 ff.

hütung von Steuerstraftaten, ergibt sich die entsprechende Rechtsgrundlage aus § 117a AO, wonach die mit der Steuerfahndung betrauten Dienststellen der Landesfinanzbehörden sowie die Fahndungsämter entsprechende Daten übermitteln dürfen.[1] Erhalten die vorgenannten Dienststellen entsprechende Daten von anderen Mitgliedstaaten,[2] dürfen die übermittelten Daten nur für den Übermittlungszweck oder zur Abwehr bestimmter Gefahren verwendet werden (§ 117b Abs. 1 Satz 1 AO). Eine weitergehende Verwendung bedarf der Zustimmung des übermittelnden Mitgliedstaates (§ 117b Abs. 1 Satz 2 AO).[3] Für die Auskunftserteilung enthält § 117c AO schließlich eine Ermächtigungsgrundlage zum Erlass von Rechtsverordnungen, mit denen die Prüfungs-, Erhebungs- und Übermittlungspflichten unter Berücksichtigung der Besonderheiten der jeweiligen völkerrechtlichen Vereinbarungen im Einzelnen ausgestaltet werden können.[4]

25.8 Die maßgeblichen Rechtsgrundlagen sind nicht aufeinander abgestimmt und überschneiden sich in vielfältiger Weise, ohne dass sie sich gegenseitig ausschließen. Hieraus folgt, dass sich etwa die Finanzbehörden bei der Inanspruchnahme von Amts- und Rechtshilfe grundsätzlich auf diejenige mit der größten Reichweite stützen können.[5] Soweit sich dagegen die für die Gewährung zwischenstaatlicher Amts- und Rechtshilfe maßgeblichen Rechtsgrundlagen überlagern, gelten generell jeweils diejenigen **Schrankenwirkungen** – etwa Geheimnisschutz[6] –, die die größte Reichweite zugunsten der Betroffenen entfalten.[7]

II. Fiscalis-Programm

25.9 Das reibungslose Funktionieren der Steuersysteme im Binnenmarkt hängt im Wesentlichen von der Fähigkeit der beteiligten Steuerverwaltungen ab, grenzüberschreitende Sachverhalte mit steuerlicher Relevanz zu erfassen und entsprechend zu besteuern. Dies setzt u.a. einen wirksamen Informationsaustausch zwischen den beteiligten Steuerverwaltungen voraus. Den rechtlichen Rahmen hierfür bieten vor allem die AmtshilfeRL (vgl. Rz. 25.15 ff.), die BeitreibungsRL (vgl. Rz. 25.61 ff.) und die ZusammenarbeitsVO (vgl. Rz. 25.97 ff.). Der grenzüberschreitende Informationsaustausch sowie die Zusammenarbeit der Steuerbehörden der EU hängt aber auch von den hierfür maßgeblichen **organisatorischen Rahmenbedingungen** ab. Dieser organisatorische Rahmen ist in der Vergangenheit durch verschiedene Aktionsprogramme, z.B. durch Fiscalis 2013[8] geschaffen worden. Derzeit gilt das Programm Fiscalis 2020[9] für den Zeitraum 2014 bis 2020.

---

1 Vgl. hierzu *Seer* in T/K, § 117a AO Rz. 5 ff.; *Hoyer* in Gosch, § 117a AO Rz. 9 ff.; ferner im Überblick *Beyer*, AO-StB 2013, S. 351.
2 Rechtsgrundlage Rahmenbeschluss 2006/960/JI des Rates der EU v. 18.12.2006 über die Vereinfachung des Austauschs von Informationen und Erkenntnissen zwischen den Strafverfolgungsbehörden der Mitgliedstaaten der EU, ABl. EU 2006 Nr. L 386, 89; ABl. EU 2007 Nr. L 75, 26 (sog. „Schwedische Initiative"); vgl. hierzu gleichlautender Ländererlass v. 28.1.2014, BStBl. I 2014, 538.
3 Hierzu *Seer* in T/K, § 117b AO Rz. 4; *Hoyer* in Gosch, § 117b AO Rz. 2 f.
4 Anlass der Regelung ist das FATCA-Abkommen mit den USA; vgl. hierzu *Seer* in T/K, § 117c AO Rz. 1 ff.; umgesetzt durch die FATCA-USA-Umsetzungsverordnung v. 23.7.2014. BGBl. I 2014, 1222.
5 Vgl. auch BMF-Schreiben v. 29.5.2019, BStBl. I 2019, 480 Rz. 8 (Merkblatt).
6 Vgl. im Steuerrecht etwa die Sonderregelung in den deutschen Abkommen bei *Engelschalk* in V/L[6], Art. 26 OECD-MA Rz. 113, 117.
7 *Schaumburg* in Schaumburg, Internationales Steuerrecht[4], Rz. 22.69, 22.74; *Seer* in FS Schaumburg, S. 151 (156).
8 Entscheidung Nr. 1482/2007/EG des EP und des Rates v. 11.12.2007 über ein Gemeinschaftsprogramm zur Verbesserung der Funktionsweise der Steuersysteme im Binnenmarkt (Fiscalis 2013) und zur Aufhebung der Entscheidung Nr. 2235/2002/EG, ABl. EU 2007 Nr. L 330, 1.
9 VO (EU) Nr. 1286/2013 des EP und des Rates v. 11.12.2013 zur Festlegung eines Aktionsprogramms zur Verbesserung der Funktionsweise der Steuersysteme in der EU für den Zeitraum 2014 bis 2020 (Fiscalis 2020) und zur Aufhebung der Entscheidung Nr. 1482/2007/EG, ABl. EU 2013 Nr. L 347, 25.

25.10 Das allgemeine Ziel des Programms Fiscalis 2020 besteht darin, das reibungslose Funktionieren der Steuersysteme im Binnenmarkt durch eine verstärkte Zusammenarbeit zwischen den Teilnehmerländern, ihren Steuerbehörden und ihren Beamten zu verbessern (Art. 5 Abs. 1 VO Fiscalis 2020).[1] Im Einzelnen (spezifisches Ziel) geht es darum, „die Bekämpfung von Steuerbetrug, Steuerhinterziehung und aggressiver Steuerplanung sowie die Anwendung des Unionsrechts im Steuerbereich durch die Sicherstellung des Austauschs von Informationen, die Unterstützung der **Zusammenarbeit der Verwaltungsbehörden** und – sofern erforderlich und angemessen – die Verbesserung der Verwaltungskapazität in den Teilnehmerländern zu unterstützen" (Art. 5 Abs. 2 VO Fiscalis 2020). Diese Ziele sollen insbesondere erreicht werden durch den Ausbau der europäischen Informationssysteme für das Steuerwesen, durch Unterstützung von Maßnahmen zur Zusammenarbeit der Verwaltungsbehörden, durch Verbesserung der Fähigkeiten und Kompetenzen der Steuerbeamten und des Verständnisses und der Anwendung des Unionsrechts im Steuerbereich sowie der Verwaltungsverfahren verbunden mit dem Austausch bewährter Verwaltungspraktiken (Art. 6 Abs. 1 VO Fiscalis 2020). Diese operativen Ziele sollen in besonderer Weise ausgerichtet werden „auf die Unterstützung der Bekämpfung von Steuerbetrug, Steuerhinterziehung und aggressiver Steuerplanung" (Art. 6 Abs. 2 VO Fiscalis 2020).

25.11 Von besonderer Bedeutung ist der Ausbau der **europäischen Informationssysteme**, die eine entscheidende Rolle bei der Vernetzung der Steuerbehörden hat. Ziel ist es hier, eine einheitliche europäische IT-Architektur zu schaffen, auf Grund deren der Austausch großer Informationsmengen zwischen den Steuerverwaltungen gewährleistet werden kann. Angesprochen sind hiermit u.a. das gemeinsame Kommunikationsnetz und die gemeinsame Systemschnittstelle (CCN/CSI)[2], das MwSt-Informationsaustausch-System (MIAS)[3] sowie das System zum Austausch von Verbrauchsteuerdaten (SEED)[4] und das System zur Kontrolle der Beförderung (EMCS).[5] Die entsprechenden Maßnahmen werden hierbei in Zusammenarbeit mit den Teilnehmerländern von der KOM koordiniert (Art. 9 Abs. 2 VO Fiscalis 2020). Schwerpunkt der gemeinsamen Maßnahmen sind international koordinierte Außenprüfungen (Art. 7 Abs. 1 Buchst. a Ziff. iii VO Fiscalis 2020), der Erfahrungsaustausch etwa durch Seminare und Workshops und die spezifische Zusammenarbeit von Expertenteams der beteiligten Steuerverwaltungen (Art. 7 Abs. 1 Buchst. a VO Fiscalis 2020). Darüber hinaus ist das Programm auf die Durchführung gemeinsamer Fortbildungsmaßnahmen zur Unterstützung der erforderlichen beruflichen Fähigkeiten und Kenntnisse der Beamten der beteiligten Steuerverwaltungen gerichtet (Art. 7 Abs. 1 Buchst. c i.V.m. Art. 10 VO Fiscalis 2020). Teilnehmerländer des Programms Fiscalis 2020 sind nicht nur die Mitgliedstaaten, sondern darüber hinaus auch Länder, die für den Beitritt kandidieren, sowie Partnerländer der europäischen Nachbarschaftspolitik (ENP)[6], wobei deren Teilnahme nur auf Aktivitäten im Rahmen des Programms zur Bekämpfung von Steuerbetrug und Steuerhinterziehung sowie auf das Vorgehen gegen aggressive Steuerplanung beschränkt ist (Art. 3 Abs. 2 VO Fiscalis 2020).

III. Entwicklungstendenzen

25.12 Die **Rahmenbedingungen** für die grenzüberschreitende Amts- und Rechtshilfe sind **starken Veränderungen unterworfen**. Diese beruhen vor allem darauf, dass die Mitgliedstaaten der EU und darüber hinaus die OECD-Mitgliedstaaten und G-20-Staaten insbesondere den automatischen Auskunftsaus-

---

1 Vgl. hierzu auch *Weber-Grellet* in Musil/Weber-Grellet, Europäisches Steuerrecht, Amtshilfe-RL, Einf. Rz. 30.
2 CCN (Common Communication Network) und CSI (Common System Interface); vgl. Art. 2 Abs. 1 Buchst. q MwSt-ZVO.
3 Hierzu *Lohse* in R/D, VO 904/2010, Einführung, S. 3 f.; *Hendricks*, Internationale Informationshilfe in Steuerverfahren, S. 260 ff.
4 System for the Exchange of Excise Data; die Datenbank wird beim HZA Stuttgart geführt; hierzu im Überblick *Jatzke*, Europäisches Verbrauchsteuerrecht, Rz. C 59 ff.; ferner Rz. 25.124.
5 Excise Movement and Control System, vgl. hierzu *Jatzke*, Europäisches Verbrauchsteuerrecht, Rz. C 78 ff.; *Schröer-Schallenberg/Bongartz*, ZfZ 2009, 161; ferner Rz. 25.120.
6 Vgl. hierzu *Nettesheim* in O/C/N, Europarecht[8], § 41.

tausch ausgedehnt haben.¹ Rechtsgrundlage hierfür ist neben der EU-AHiRL Rz. 25.15 ff.) auf bilateraler Ebene derzeit Art. 26 OECD-MA, der neben Ersuchens- und Spontanauskünften auch die Möglichkeit automatischer Auskünfte vorsieht.² Ein derartiger automatischer Informationsaustausch ist auch auf der Grundlage des zwischen Deutschland und den USA abgeschlossenen FATCA-Abkommens³ vorgesehen.⁴

25.13 Auf multilateraler Ebene beruht der automatische Auskunftsverkehr vor allem auf dem CRS-MCAA⁵ sowie dem CbC-MCAA⁶. Während das CRS-MCAA den jährlichen Austausch steuerlich relevanter Informationen über Steuerpflichtige vorsieht, die im Ausland Finanzkonten unterhalten,⁷ geht es beim CRS-MCAA um den Austausch von Informationen über bestimmten Gruppenunternehmen und um eine länderbezogene Berichterstattung, den sog. Country-by-Country Report (CbCR).⁸

25.14 Der automatische Informationsaustausch betrifft nicht nur die einzelnen Staaten, die sich hierzu auf bilateraler oder multilateraler Ebene verpflichtet haben, sondern auch die dort ansässigen **Finanzinstitute, Investmentunternehmen** und **Versicherungsunternehmen**. Für Finanzinstitute besteht insbesondere die Verpflichtung, für Einlage- und Depotkonten die Vermögensstände zum Ende eines Jahres sowie die erzielten Brutto-Zinserträge, Brutto-Dividenden und sonstige Bruttoerlöse etwa aus der Veräußerung oder Rückgabe von Wertpapieren zu melden.⁹ Investmentunternehmen haben Eigen- und Fremdkapitalbeteiligungen und Versicherungsunternehmen kapitalbildende und rückkauffähige Lebens- oder Rentenversicherungsverträge zu melden. Diese Meldepflicht setzt voraus, dass die betreffenden Kontoinhaber bekannt sind. Zu entsprechenden Feststellungen werden die meldepflichtigen Finanzinstitute usw. ausdrücklich legitimiert, wobei zwischen sogenannten Neu- und Altkonten natürlicher Personen und von sonstigen Rechtsträgern zu unterscheiden ist.¹⁰

C. Amtshilfe-Richtlinie

Literatur: *Adonino,* Der Informationsaustausch zwischen den Finanzverwaltungen, in FS für Beusch, Berlin 1993, 25 ff.; *Benecke/Schnitger,* Internationale Amtshilfe nach der Änderung des OECD-Musterabkommens 2000, IWB F. 10 (International) Gr. 2, 1517; *Beuchert,* Anzeigepflichten bei Steuergestaltungen, Köln 2012; *Beuchert/Osterloh-Konrad,* Anzeigepflichten bei Steuergestaltungen in Deutschland, IStR 2014, 643; *Bozza-Bodden,* Internationale Zusammenarbeit – Informationsaustausch, in Achatz (Hrsg.), Internationales Steuerrecht, DStJG 36 (2013), 133; *Brock,* Der zwischenstaatliche Auskunftsverkehr innerhalb der Europäischen

---

1 Vgl. hierzu den Überblick im BMF-Schreiben v. 29.5.2019, BStBl. I 2019, 480 Rz. 6.3 (Merkblatt).
2 *Czakert* in Schönfeld/Ditz, Art. 26 OECD-MA Rz. 47.
3 Abkommen v. 31.5.2013 zwischen der Bundesrepublik Deutschland und den Vereinigten Staaten von Amerika zur Förderung der Steuerehrlichkeit bei internationalen Sachverhalten, BGBl. I 2013, 1362; um den innerstaatlichen Vollzug zu gewährleisten, ist auf Grundlage von § 117c AO die FACTA-USA-UmsV v. 23.7.2014, BGBl. I 2014, 1222 (zuletzt geändert durch Gesetz v. 20.12.2016, BGBl. I 2016, 3000, 3016) erlassen worden; vgl. hierzu BMF-Schreiben v. 1.2.2017, BStBl. I 2017, 305; v. 21.9.2018, BStBl. I 2018, 1026; *Dölker,* BB 2017, 279 (283).
4 Zu Einzelheiten *Lappers/Ruckes,* IStR 2013, 929; *Eckl/Sambur,* ET 2012, 37; *Czakert,* ISR 2014, 331 (332 f.); *Horhammer/Fehling,* NWB 2014, 3402 (3404 ff.).
5 Mehrseitige Vereinbarung vom 29.10.2014 zwischen den zuständigen Behörden über den automatischen Austausch von Informationen über Finanzkonten (BGBl. II 2015, 1630, 1632); Umsetzung durch das Finanzkonten-Informationsaustauschgesetz (FKAustG) v. 21.12.2015 (BGBl. I 2015, 2531); zuletzt geändert durch Gesetz v. 20.12.2016, BGBl. I 2016, 3000.
6 Mehrseitige Vereinbarung v. 27.1.2016 über den Austausch länderbezogener Bericht für bestimmte Unternehmen (BGBl. II 2016, 1178).
7 Vgl. zu Einzelheiten *Tomson/Chrawlek,* ISR 2016, 26 ff.
8 Vgl zu Einzelheiten *Grotherr,* RIW 2017, 1; *Kraft/Heider,* DStR 2017, 1353; ferner Rz. 25.34 ff.
9 Vgl. hierzu *Meinhardt,* RdF 2014, 285.
10 Zu Einzelheiten *Meinhardt,* RdF 2014, 285 (288 f.).

Union auf der Grundlage des EG-Amtshilfe-Gesetzes bei den direkten und indirekten Steuern, Frankfurt 1999; *Carl/Klos*, Die EG-Amtshilfe in Steuersachen (Teil I), INF 1994, 193; *Carl/Klos*, (Teil II), INF 1994, 238; *Carl/Klos*, Leitfaden zur internationalen Amts- und Rechtshilfe in Steuersachen, Herne/Berlin 1995; *Cloer/Niemeyer*, Anzeigepflicht für potenziell aggressive Steuergestaltungen, DStR 2019, 426; *Czakert*, Generalthema 2 und Seminar D: Der internationale Informationsaustausch und die grenzüberschreitende Kooperation der Steuerverwaltungen, IStR 2013, 596; *Czakert*, Der Informationsaustausch zu Tax Rulings, IStR 2016, 985; *Czakert*, Die gesetzliche Umsetzung des Common Reporting Standards in Deutschland, DStR 2015, 2697; *Daurer*, Die Amtshilfe in Steuersachen auf unionsrechtlicher Grundlage, in Lang/Schuch/Staringer (Hrsg.), Internationale Amtshilfe in Steuersachen, Wien 2011, 13; *Debus*, Anzeigepflicht für Steuergestaltungen – Die (verfassungs-)rechtlichen Rahmenbedingungen in Deutschland, DStR 2017, 2520; *Ditz/Engelen*, Neue Anzeigepflichten für Steuergestaltungen – Überblick und erste Handlungsempfehlungen, DStR 2019, 352; *Dodenhoff*, Die 5. EU-Geldwäscherichtlinie – Schärfere Aufsicht über virtuelle Währungen und elektronisches Geld, IWB 2018, 730; *Ditz/Bärsch/Engelen*, Gesetzesentwurf zur Mitteilungspflicht von Steuergestaltungen – Ein erster Überblick, DStR 2018, 815; *Drüen*, Internationale Amtshilfe in Steuersachen im Lichte des deutschen Steuerhinterziehungsbekämpfungsgesetzes, in Lang/Schuch/Staringer (Hrsg.), Internationale Amtshilfe in Steuersachen, Wien 2011, 369; *Duttiné/Partin*, EU-Richtlinienvorschlag zur Transparenz (Steuergestaltungen) mit für Deutschland untypischer Gesetzestechnik und mit Unklarheiten, BB 2017, 3031; *Eigelshoven/Tomson*, Country-by-Country Reporting – Zweifelsfragen und erste Praxiserfahrungen, IStR 2019, 242; *Eilers*, Das Steuergeheimnis als Grenze des internationalen Auskunftsverkehrs, Köln 1987; *Eilers*, Der Streit um den internationalen Auskunftsverkehr in Steuersachen, CR 1988, 901; *Eilers/Sommer*, Anzeigepflichten für Steuergestaltungen – Sinnvoller Wettlauf der Gesetzgeber?, ISR 2019, 75; *Elster*, Anzeigepflicht für Steuergestaltungen – Überforderung aller Beteiligten verhindern, FR 2018, 639; *Eisgruber*, Zur Anzeigepflicht für Steuergestaltungen aus Verwaltungssicht, FR 2018, 625; *Engelen/Heider*, Der länderbezogene Bericht nach § 138a AO, DStR 2018, 1737; *Engelen/Heider*, Der länderbezogene Bericht nach § 138a AO – Erste Praxiserfahren und Zweifelsfragen, DStR 2018, 1042; *Fischer*, Neuere Entwicklungen auf dem Gebiet des zwischenstaatlichen Auskunftsverkehrs in Steuersachen, DB 1984, 738; *Fischer-Riedlinger*, Anzeigepflicht für grenzüberschreitende Steuergestaltungen, IWB 2018, 461; *Franz*, Zum Rechtsschutz beim Informationsaustausch auf Ersuchen und zur Prüfung der steuerlichen Erheblichkeit verlangter Informationen, IStR 2017, 273; *Gabert*, Deutsche Amtshilfe nach dem EU-Amtshilfegesetz (EUAHiG) und ihr Einfluss auf das Ertragsteuerrecht, FR 2013, 986; *Gabert*, Die neue EU-Amtshilferichtlinie, IWB 2011, 250; *Gaßmann*, Meldepflicht für grenzüberschreitende Steuerplanungsmodelle, PIStB 2018, 92; *Gehm*, Koordinierte steuerliche Außenprüfungen, IWB 2017, 229; *Grotherr*, Automatischer Informationsaustausch (EU) und spontaner Informationsaustausch (OECD/G 20) über verbindliche Steuerauskünfte in der vergleichenden Perspektive, in Lüdicke/Mellinghoff/Rödder (Hrsg.), Nationale und internationale Unternehmensbesteuerung in der Rechtsordnung, FS für Gosch, München 2016, 11; *Grotherr*, Rechtsschutz beim zwischenstaatlichen Informationsaustausch, ISR 2015, 193, 297; *Günther*, Doppelbesteuerungsabkommen und unionsrechtliche Grundlagen der Ermittlungsamtshilfe in Steuersachen, in Holoubek/Lang (Hrsg.), Verfahren der Zusammenarbeit von Verwaltungsbehörden in Europa, Wien 2012, 127; *Heber*, Anzeigepflicht für Steuergestaltungen – Möglichkeiten für ihre Implementierung in Deutschland, IStR 2017, 559; *Hendricks*, Internationale Informationshilfe im Steuerverfahren, Köln 2004; *Hendricks*, Durchsetzung deutscher Steueransprüche im Ausland, IStR 2009, 846; *Herlinghaus*, Möglichkeiten und Grenzen des Rechtsschutzes gegen Maßnahmen des Informationsaustausches, in Kessler/Förster/Watrin (Hrsg.), Unternehmensbesteuerung, FS für Herzig, München 2010, 933; *Hey*, Zur Verfassungsmäßigkeit von Anzeigepflichten für Steuergestaltungen, FR 2018, 633; *Herold*, Die geplante Anzeigepflicht für Steuergestaltungen, GmbH-Stb 2019, 163; *Höppner*, Internationale steuerliche Amtshilfe, in Klein/Stihl/Wassermeyer/Piltz/Schaumburg (Hrsg.), Unternehmen/Steuern, FS für Flick, Köln 1997, 817; *Kepp/Schober*, Anzeigepflicht grenzüberschreitender Steuergestaltungsmodelle – Praxisfragen und Ausblick, BB 2018, 2455; *Kepp/Schober*, Anzeigepflicht grenzüberschreitender Steuergestaltungsmodelle – aktuelle Umsetzungsfragen, BB 2019, 791; *Kokott*, Das Steuerrecht der Europäischen Union, München 2018, § 10 Rz. 61 ff.; *Kowallik*, Praktische Umsetzung der DAC-6-Vorgaben und Automationsmöglichkeiten, DB 2019, 812; *Krabbe*, Das EG-Amtshilfe-Gesetz, RIW 1986, 126; *Krewat*, Das EG-Amtshilfe-Gesetz und der Europäische Binnenmarkt, DStZ 1992, 729; *Koppensteiner*, Internationale Amtshilfe in Steuersachen: Rechtsschutz des Steuerpflichtigen im ersuchten und ersuchenden Staat, in Lang/Schuch/Staringer (Hrsg.), Internationale Amtshilfe in Steuersachen, Wien 2011, 237; *M. Lang/Paterno*, Rechtsschutz und steuerlicher Informationsaustausch in Europa, in Holoubek/Lang (Hrsg.), Verfahren der Zusammenarbeit von Verwaltungsbehörden in Europa, Wien 2012, 221; *Leist*, Verfassungsrechtliche Schranken des steuerlichen Auskunfts- und Informationsverkehrs, Frankfurt/M. 2000; *Lohr*, Der internationale Auskunftsverkehr im Steuerverfahren, Wien 1993; *Mank/Salihu*, Praktische Fragen des Country-by-Country Reportings,

IWB 2017, 902; *Middendorf/Eberhardt*, Anzeigepflicht für grenzüberschreitende Gestaltungen, StuB 2018, 549; *Mückl/München*, Automatischer Informationsaustausch über grenzüberschreitende Steuervorbescheide und Vorabverständigungsvereinbarungen in der EU, BB 2015, 2775; *Lüdicke/Oppel*, Überblick über die europäischen Anzeigepflichten für grenzüberschreitende Gestaltungen, IWB 2019, 58; *Möllenbeck*, Das Verhältnis der EG-Amtshilfe zu den erweiterten Mitwirkungspflichten bei internationalen Steuerfällen, Frankfurt 2010; *Oberson*, Exchange of information and cross-boarder cooperation between tax authorities (General Report), CDFI 98b (2013), 17; *Oppel*, Internationaler Informationsaustausch in Steuersachen, IWB 2017, 359, 410; *Oppel*, Steuerlicher Informationsaustausch in der EU-Anforderungen und Rechtsschutz, IWB 2018, 35; *Oppel/Sendke*, Unionsrechtlicher Grundrechtschutz beim internationalen Informationsaustausch, IStR 2018, 110; *Osterloh-Konrad*, Anzeigepflichten bei Steuergestaltungen in Lüdicke, Internationale Geschäftsbeziehungen Nach-BEPS-Welt, Köln 2016, 127; *Osterloh-Konrad*, Anzeigepflichten für Steuergestaltungen, FR 2018, 621; *Osterloh-Konrad/Heber/Beuchert*, Anzeigepflichten für Steuergestaltungen in Deutschland, Berlin 2017; *Peters/Kircher/Moll*, Grenzüberschreitende gemeinsame Betriebsprüfung – ein effizienter Weg zur Vermeidung der Doppelbesteuerung und zu mehr Rechts- und Planungssicherheit? IStR 2016, 2; *Patzner/Nagler*, Die Anzeigepflicht für Steuergestaltungen als Herausforderung für Steuerpflichtige, IStR 2019, 402 ff.; *Pistone/Gruber*, Die Möglichkeiten zur Verweigerung des Informationsaustausches nach Art. 26 OECD-MA, in Lang/Schuch/Staringer (Hrsg.), Internationale Amtshilfe in Steuersachen, Wien 2011; *Richter/Welling*, Diskussionsbericht zum 67. Berliner Steuergespräch „Anzeigepflicht für Steuergestaltungen", FR 2018, 628; *Podeyn/Tschatsch/Fischler*, Anzeiggepflicht für Steuergestaltungen: Ausgewählte Überlegungen zum aktuellen Stand des Referentenentwurfs vom 30.01.2019, DB 2019, 633; *Ritter*, Internationale Steuerauskunft in rechtsstaatlicher Sicht, DStZ/A 1974, 267; *Ritter*, Schutzbedürftige Interessen der Steuerpflichtigen beim Internationalen Auskunftsverkehr, in K. Vogel (Hrsg.), Internationale Steuerauskunft und Verfassungsrecht, München 1987, 1; *Runge*, Der Informationsaustausch als zwischenstaatliche Rechts- und Amtshilfe in Steuersachen, RIW/AWD 1979, 73; *Schäffkes/Fechner/Schreiber*, Simultane Betriebsprüfung mit dem EU-Ausland, DB 2017, 1668; *Schaumburg*, Anmerkung zum EuGH-Urteil (Sabou), ISR 2013, 423; *Schick*, EU-Richtlinie über Anzeigepflichten von „Steuerintermediären" in Kraft, DStR 2018, 1583; *Schreiber/Schäffkes/Fechner*, Neue Urteile zur koordinierten Betriebsprüfung mit dem Ausland, DB 2018, 1624; *Schurowski*, Neuer Regelungsvorschlag der OECD zur Offenlegung von CRS-Umgehungsmodellen und offshore Strukturen, FR 2018, 245; *Seer*, Steuerverfahrensrechtliche Bewältigung grenzüberschreitender Sachverhalte, in Tipke/Spindler/Rödder (Hrsg.), Steuerzentrierte Rechtsberatung, FS für Schaumburg, Köln 2009, 151 ff.; *Seer*, Ausbau des grenzüberschreitenden Informationsaustauschs, IWB F. 10 Gr. 2, 2067; *Seer*, Intensivierung des grenzüberschreitenden Informationsaustauschs durch das EU-Amtshilfegesetz, IWB 2014, 87; *Seer/Gabert*, Der internationale Auskunftsverkehr in Steuersachen, StuW 2010, 2; *Stahlschmidt/Laws*, Handbuch des Auskunftsverkehrs in Steuersachen, Berlin 2009; *Staringer*, Steuervollzug bei grenzüberschreitenden Sachverhalten, in Widmann (Hrsg.), Steuervollzug im Rechtsstaat, DStJG Bd. 31, 135; *Staringer*, Geheimnisschutz und steuerlicher Informationsaustausch, in Holoubek/Lang (Hrsg.), Verfahren der Zusammenarbeit von Verwaltungsbehörden in Europa, Wien 2012, 241; *Staringer/Günther*, Bankgeheimnis und internationale Amtshilfe in Steuersachen, in Lang/Schuch/Staringer (Hrsg.), Internationale Amtshilfe in Steuersachen, Wien 2011, 203; *Stöber*, Anzeigepflichten in Bezug auf Steuergestaltungen im deutschen und europäischen Recht, BB 2018, 1559; *Stöber*, Zur verfassungs- und unionsrechtlichen (Un-)Zulässigkeit von Anzeigepflichten in Bezug auf Steuergestaltungen, BB 2018, 2464; *Strunk*, Praktische Auswirkungen der Umsetzung der EU-Amtshilferichtlinie in Lüdicke, Neue Grenzen für die internationale Steuerplanung?, Köln 2014, 85; *Urtz*, Das Steuergeheimnis als Schranke des grenzüberschreitenden Informationsaustausches zwischen Finanzbehörden, Wien 2001; *Wassermeyer*, Das neue EU-Amtshilfegesetz in Steuersachen, EuZW 2013, 921; *Welzer/Dombrowski*, Anzeigepflicht für Steuergestaltungen – Einordnung des Referentenentwurfs, FR 2019, 360; *Werra*, Die Grenze der zwischenstaatlichen Amtshilfe in Steuersachen, BB 1998, 1160; *Wettner*, Die Amtshilfe im Europäischen Verwaltungsrecht, Tübingen 2005; *Wisselink*, International exchange of tax information between European and other countries, EC Tax Review 1997, 108.

I. Anwendungsbereich

25.15 Die Amtshilfe-Richtlinie[1] ist im Wesentlichen darauf gerichtet, den **grenzüberschreitenden Informationsaustausch** zwischen den Verwaltungsbehörden durch einheitlich geltende Regeln zu erleichtern,

---

1 Richtlinie 2011/16/EU des Rates v. 15.2.2011 über die Zusammenarbeit der Verwaltungsbehörden im Bereich der Besteuerung und zur Aufhebung der Richtlinie 77/799/EWG, ABl. EU 2011 Nr. L 64, 1; zuletzt

um hierdurch das Funktionieren der nationalen Steuersysteme sicherzustellen.[1] Darüber hinaus geht es aber auch um die Bekämpfung von „Steuerbetrug, Steuerhinterziehung und aggressiver Steuerplanung",[2] um die Eindämmung von auf „Gewinnverkürzung und Gewinnverlagerung" gerichteten „schädlichen Steuerpraktiken", die insbesondere bei multinationalen Unternehmensgruppen vermutet werden,[3] sowie schließlich um die frühzeitige Erfassung „potentiell aggressiver grenzüberschreitender Steuerplanungsgestaltungen".[4] Der diesem Ziel dienende grenzüberschreitende Informationsaustausch erfolgt auf der Grundlage von Ersuchensauskünften, automatischen und Spontanauskünften.[5] Hinsichtlich der Rechtsgrundlagen ist zwischen Inanspruchnahme und Gewährung zwischenstaatlicher Amtshilfe zu unterscheiden. Die Befugnis zur Inanspruchnahme zwischenstaatlicher Amtshilfe nach der EU-AHiRL ergibt sich allein aus nationalem Recht (§ 117 Abs. 1 AO i.V.m. § 6 EU-AHiG). Ob hiernach zwischenstaatliche Amtshilfe nach den Regeln der EU-AHiRL in Anspruch genommen werden soll, ist in Deutschland eine Ermessensentscheidung der betroffenen Finanzbehörden.[6] Insoweit besteht also keine Verpflichtung für die nationalen Steuerbehörden. Demgegenüber begründet die EU-AHiRL eine uneingeschränkte Verpflichtung zur Informationserteilung, wenn die Tatbestandsvoraussetzungen hierfür gegeben sind. Dies gilt für Ersuchensauskünfte, automatische und Spontanauskünfte gleichermaßen. Für den Bereich der Ersuchensauskünfte korrespondiert mit der Verpflichtung zur Erteilung von Informationen seitens der ersuchten Behörde zugleich der entsprechende Anspruch der ersuchenden Behörde (Art. 5 EU-AHiRL).

Der persönliche Anwendungsbereich der EU-AHiRL ist sehr weit gefasst. Es geht nicht nur um die steuerlichen Angelegenheiten von Unionsbürgern, sondern um alle Informationen, die für die Anwendung und **Durchsetzung des innerstaatlichen Steuerrechts** der Mitgliedstaaten „voraussichtlich erheblich" sind (Art. 1 Abs. 1 EU-AHiRL). Angesprochen sind vor allem Sachverhalte im Zusammenhang mit unbeschränkter und beschränkter Steuerpflicht natürlicher und juristischer Personen. Erfasst sind hiermit zugleich auch Fragen etwa der Einkünfteermittlung, der Verrechnungspreise, der Zuordnung von materiellen und immateriellen Wirtschaftsgütern zu Mitunternehmerschaften und Betriebsstätten sowie ganz allgemein solche der Gewinnverlagerungen in Staaten mit vorteilhaften Steuersystemen. 25.16

In sachlicher Hinsicht erfasst die EU-AHiRL alle Steuern unabhängig davon, ob sie von einem oder für einen Mitgliedstaat bzw. von oder für Gebiets- oder verwaltungsmäßige Gliederungseinheiten eines Mitgliedstaates einschließlich lokaler Behörden erhoben werden (Art. 2 Abs. 1 EU-AHiRL). Dem Anwendungsbereich der EU-AHiRL unterliegt nicht der Informationsaustausch betreffend die Umsatzsteuern, einschließlich der Einfuhrumsatzsteuer, Zölle und die harmonisierten Verbrauchsteuern (Art. 2 Abs. 2 EU-AHiRL). Darüber hinaus betrifft die EU-AHiRL auch nicht Beiträge und Umlagen sowie damit verbundene Abgaben und Gebühren nach dem SGB, dem AufwendungsausgleichsG und (sonstige) Gebühren (Art. 2 Abs. 2, Satz 2 Abs. 3 EU-AHiRL i.V.m. § 1 Abs. 2 Nr. 4, 5 EU-AHiG). Rechtsgrundlage für den innergemeinschaftlichen Informationsaustausch ist für Zwecke der MwSt die MwSt-ZVO (hierzu Rz. 25.99 ff.)[7] und für Zwecke der harmonisierten Verbrauchsteuern[8] die Ver- 25.17

---

geändert durch Richtlinie (EU) 2018/822 des Rates v. 25.5.2018, ABl. EU 2018 Nr. L 139, 1; in Deutschland umgesetzt durch das EUAHiG v. 26.6.2013, BGBl. I 2013, 1809, v. 20.12.2016, BGBl. I 2016, 3000 und durch § 138d AO-E.

1 Vgl. Rz. 1 der Erwägungsgründe der EU-AHiRL v. 15.2.2011.
2 Vgl. Rz. 1 der Erwägungsgründe der ÄnderungsRL 2016/881 v. 25.5.2016 zur EU-AHiRL.
3 Vgl. Rz. 3 u. 4 der Erwägungsgründe der ÄnderungsRL 2016/881 v. 25.5.2016 zur EU-AHiRL.
4 Vgl. Rz. 6 der Erwägungsgründe der ÄnderungsRL 2018/822 v. 25.5.2018.
5 Art. 5, 8, 8a, 8aa, 8ab, 9 EU-AHiRL.
6 Finanzämter und Bundeszentralamt für Steuern.
7 VO (EU) Nr. 904/2010 des Rates v. 7.10.2010 über die Zusammenarbeit der Verwaltungsbehörden und die Betrugsbekämpfung auf dem Gebiet der MwSt, ABl. EU 2010 Nr. L 268; zuletzt geändert durch VO (EU) 2018/1541, ABl. EU 2018 Nr. L 259, 1.
8 Hierzu zählen die Steuern auf Energieerzeugnisse und elektrischen Strom, Alkohol und alkoholische Getränke und Tabakwaren (Art. 2 Nr. 16 VerbrauchSt-ZVO i.V.m. Art. 1 VerbrauchSt-SystRL).

brauchSt-ZVO (hierzu Rz. 25.119 ff.).[1] Im Ergebnis ist damit aus deutscher Sicht ein grenzüberschreitender Informationsaustausch als Grundlage der EU-AHiRL insbesondere für die **ESt, KSt, GewSt** und **ErbSt** möglich. Schließlich darf es sich nur um Steuern handeln, die im Unionsgebiet erhoben werden (Art. 2 Abs. 4 EU-AHiRL). Der zwischenstaatliche Informationsaustausch ist zwar auf das Unionsgebiet und auf im Unionsgebiet erhobene Steuern begrenzt, hiervon sind aber zwei bedeutsame Ausnahmen vorgesehen. Die erste Ausnahme betrifft die Weitergabe von Informationen aus Drittstaaten, die zulässig ist, wenn sie für Unionssteuern „voraussichtlich erheblich" sind und die Weitergabe auf Grund einer mit dem betreffenden Drittstaat geschlossenen Vereinbarung zugelassen ist (Art. 24 Abs. 1 EU-AHiRL). Der zweite Ausnahmefall betrifft die Weitergabe von Informationen an Drittstaaten, die u.a. zulässig ist, wenn die zuständige Behörde des Mitgliedstaats, von dem die Informationen stammen, mit der Weitergabe einverstanden ist und seitens des Drittstaates die Gegenseitigkeit gewährleistet ist (Art. 24 Abs. 2 EU-AHiRL).

25.18   Die EU-AHiRL hat als Sekundärrecht (hierzu Rz. 3.6 ff.) gegenüber dem nationalen Recht Vorrang mit der Folge, dass sie etwa im Falle nicht vollständiger Umsetzung in nationales Recht zugunsten des betreffenden Steuerpflichtigen unmittelbar anwendbar ist (vgl. hierzu Rz. 3.11). Die EU-AHiRL ist zwar durch das EU-AHiG in nationales (deutsches) Recht umgesetzt worden, das gilt aber nicht z.B. für die mit den übrigen Unionsstaaten abgeschlossenen DBA. Dies ist allerdings ohne Bedeutung, so lange die DBA im Vergleich zur EU-AHiRL eine „umfassendere Zusammenarbeit" ermöglichen (Art. 1 Abs. 3 Satz 2 EU-AHiRL).[2] Ist das nicht der Fall, sind die DBA insoweit nicht anwendbar.[3] Entsprechendes gilt in den Fällen, in denen die EU-AHiRL dem Steuerpflichtigen im Vergleich zu den DBA weitergehende Rechte – Anhörung, Steuergeheimnis – einräumen.[4]

II. Ersuchensauskünfte

1. Auskunftsersuchen

25.19   Ob auf Grundlage der EU-AHiRL ein Auskunftsersuchen gestellt wird, liegt im **Ermessen** der ersuchenden Behörde (§ 117 Abs. 1 AO i.V.m. § 6 Abs. 1, 2 EU-AHiG). Das entsprechende Ermessen ist in aller Regel vom FA als zuständige Finanzbehörde auszuüben, wobei das BZSt als zentrales Verbindungsbüro (§ 3 Abs. 1, Abs. 2 Satz 2 EU-AHiG) das Auskunftsersuchen lediglich dem betreffenden anderen Mitgliedstaat weiterleitet (§ 6 Abs. 1 Satz 1 EU-AHiG). Die der zuständigen Finanzbehörde obliegende Ermessensausübung (§ 5 AO) hat sich an den allgemein verbindlichen Ermessensgrenzen der Verhältnismäßigkeit und der Zumutbarkeit zu orientieren.[5] Das bedeutet, dass die zwischenstaatliche Amtshilfe grundsätzlich erst in Anspruch genommen werden darf, wenn die Sachverhaltsaufklärung durch den inländischen Beteiligten im Rahmen seiner Mitwirkungspflicht (§ 90 Abs. 2 Satz 3 AO) nicht zum Ziel führt oder keinen Erfolg verspricht (§ 93 Abs. 1 Satz 3 AO).[6] Dies entspricht den Vorgaben der EU-AHiRL, wonach die ersuchende Behörde zunächst die üblichen Informationsquellen auszuschöpfen hat (Art. 17 Abs. 1 EU-AHiRL) und ohnehin die Erteilung nur solcher Informationen beansprucht werden kann, die für steuerliche Zwecke „voraussichtlich erheblich" sind (Art. 1 Abs. 1 EU-AHiRL).[7] Diese Richtlinienvorgaben sind in nationales Recht allerdings mit der Maßgabe umgesetzt worden, dass die in der AO vorgesehenen Ermittlungsmöglichkeiten nicht ausgeschöpft werden müssen, wenn die Durchführung der Ermittlungen mit unverhältnismäßig großen Schwierigkeiten verbunden oder nicht erfolg-

---

1 VO EU Nr. 389/2012 über die Zusammenarbeit der Verwaltungsbehörden auf dem Gebiet der VerbrauchSt v. 2.5.2012, ABl. EU 2012 Nr. L 121, 1.
2 *Seer* in T/K, § 117 AO Rz. 21; *Engelschalk* in V/L[6], Art. 26 OECD-MA Rz. 16.
3 *Czakert* in Schönfeld/Ditz, Art. 26 OECD-MA Rz. 36.
4 Zum Geheimnisschutz vgl. *Hendricks*, Internationale Informationshilfe im Steuerverfahren, S. 375; *Schaumburg* in Schaumburg, Internationales Steuerrecht[4], Rz. 22.69; *Seer/Gabert*, StuW 2010, 3 (11 f.).
5 *Seer* in T/K, § 117 AO Rz. 25.
6 BFH v. 20.2.1979 – VII R 16/78, BStBl. II 1979, 268; BMF v. 29.5.2019, BStBl. I 2019, 480 (Merkblatt) Rz. 4.1.2; *Seer* in T/K, § 117 AO Rz. 25; *Schaumburg* in Schaumburg, Internationales Steuerrecht[4], Rz. 22.67.
7 *Seer* in T/K, § 117 AO Rz. 35; *Seer/Gabert*, StuW 2010, 3 ff. (18).

versprechend wäre (§ 6 Abs. 3 EU-AHiG).¹ Hieraus folgt, dass ein Auskunftsersuchen ohne Ausschöpfung der nach der AO vorgesehenen Ermittlungsmöglichkeiten gestellt werden darf, wenn der betreffende Beteiligte seine Mitwirkungspflichten verletzt² oder das Erreichen des Ermittlungszieles durch vorherige Ermittlungen gefährdet erscheint.³ Obwohl Auskunftsersuchen die Steuerangelegenheiten eines bestimmten Steuerpflichtigen zum Gegenstand haben,⁴ sind bei hinreichendem Anlass für Ermittlungen gem. § 93 Abs. 1a AO⁵ ebenso wie auf Grund der DBA-Auskunftsklauseln⁶ Gruppenanfragen (Sammelauskunftsersuchen) zulässig, soweit die betreffende Gruppe durch bestimmte Verhaltensmuster so konkretisiert ist, dass eine Individualisierung der einzelnen Gruppenmitglieder möglich ist.⁷ In derartigen Fällen ist eine vorherige Sachverhaltsaufklärung durch Beteiligte ebenfalls nicht erforderlich, wenn anderweitige zumutbare Maßnahmen zur Sachverhaltsaufklärung keinen Erfolg versprechen (§ 93 Abs. 1a Satz 3 AO). Im Hinblick darauf sind sog. Fishing-Expeditions unzulässig.⁸

25.20 Im Rahmen der an den Grundsätzen der Verhältnismäßigkeit und Zumutbarkeit orientierten Ermessensausübung ist der betreffende Steuerpflichtige vor Stellung des Auskunftsersuchens hierüber zu informieren und anzuhören.⁹ Die vorherige **Anhörung** ergibt sich zwar nicht unmittelbar aus der EU-AHiRL,¹⁰ ist aber entsprechend dem Grundsatz des rechtlichen Gehörs zu beachten, wenn das Auskunftsersuchen Informationen enthält, die für den Betroffenen in dem anderen Staat zu einem Eingriff in seine rechtlich geschützte Sphäre führen könnten. Rechtsgrundlage hierfür ist unionsrechtlich Art. 41 Abs. 2a GrCh, der als Primärrecht (Art. 6 Abs. 1 Unterabs. 1 EUV) rechtlich verbindlich ist.¹¹ Die Pflicht zur vorherigen Anhörung ist zudem verfassungsrechtlich begründet. Sie ergibt sich zum einen aus dem Postulat des effektiven Rechtsschutzes nach Art. 19 Abs. 4 GG und zum anderen aus dem grundrechtlichen Schutz informationeller Selbstbestimmung.¹² Trotz seiner Herkunft aus dem allgemeinen Persönlichkeitsrecht¹³ gilt das Recht auf informationelle Selbstbestimmung¹⁴ auch für inländische juristische Personen (Art. 19 Abs. 3 GG).¹⁵ In der Praxis der Finanzverwaltung wird von dem Anhörungsrecht insbesondere im Zuge von Außenprüfungen oder bei sonstigen Überprüfungen, die sich auf Auslands-

---

1 Diese Einschränkung ist durch Art. 17 Abs. 1 EU-AHiRL gedeckt, wonach nur auf übliche Informationsquellen abgestellt wird.
2 *Seer* in T/K, § 117 AO Rz. 25; *Czakert* in Schönfeld/Ditz, Anh. 1 Rz. 35.
3 So z.B. bei Ermittlungen durch die Steuerfahndung (§ 208 Abs. 1 Satz 3 AO); vgl. BMF v. 29.5.2019, BStBl. I 2019, 480 (Merkblatt) Rz. 4.1.2.
4 Rz. 9 Satz 2 der Erwägungsgründe der EU-AHiRL.
5 Zu Einzelheiten *Seer* in T/K, § 93 AO Rz. 34 ff.
6 OECD-MK Nr. 5.2 zu Art. 26 OECD-MA.
7 Vgl. Nr. 5.2 OECD-MK; vgl. BMF v. 29.5.2019, BStBl. I 2019, 480 (Merkblatt) Rz. 4.1.3.
8 Rz. 9 der Erwägungsgründe der EU-AHiRL; *Seer* in T/K, § 93 AO Rz. 34 ff.
9 *Schaumburg* in Schaumburg, Internationales Steuerrecht⁴, Rz. 22.68; *Seer* in FS Schaumburg, S. 151 (159); vgl. auch BMF v. 29.5.2019, BStBl. I 2019, 480 (Merkblatt) Rz. 3; § 117 Abs. 4 Satz 3 Halbs. 2 AO, der in bestimmten Fällen eine Anhörungspflicht suspendiert, gilt nur bei Auskunftserteilung; vgl. hierzu Rz. 25.24.
10 Vgl. EuGH v. 22.10.2013 – C-276/12 – Sabou, ECLI:EU:C:2013:678 = ISR 2013, 423 mit Anm. *Schaumburg*.
11 *Streinz* in Streinz³, Vor GrCh Rz. 7, Art. 41 GrCh Rz. 10.
12 Zur Herleitung im Einzelnen *Hendricks*, Internationale Informationshilfe im Steuerverfahren, S. 342 ff.; vgl. im Übrigen *Duhnkrack*, Grenzüberschreitender Steuerdatenschutz, S. 58 ff., 98 ff.; *Eilers*, Das Steuergeheimnis als Grenze des internationalen Auskunftsverkehrs, S. 89 ff.; *Oldiges* in Menck/Ritter u.a., Internationale Steuerauskunft und deutsches Verfassungsrecht, München 1987, S. 86 (104); für den Fall der Spontanauskunft einen Schutz informationeller Selbstbestimmung verneinend BFH v. 8.2.1995 – I B 92/94, BStBl. II 1995, 358; v. 17.5.1995 – I B 118/94, BStBl. II 1995, 497.
13 Art. 2 Abs. 1 i.V.m. Art. 1 Abs. 1 GG, näher zum allgemeinen Persönlichkeitsrecht *di Fabio* in Maunz/Dürig, Art. 2 GG Rz. 127 ff.
14 Grundlegend BVerfG v. 15.12.1983 – 1 BvR 209/83, 1 BvR 269/83, 1 BvR 362/83, 1 BvR 420/83, 1 BvR 440/83, 1 BvR 484/83, BVerfGE 65, 1 ff.; v. 17.7.1984 – 2 BvE 11/83, 2 BvE 15/83, BVerfGE 67, 100 ff.
15 BVerfG v. 17.7.1984 – 2 BvE 11/83, 2 BvE 15/83, BVerfGE 67, 100 (142); *Oldiges* in Menck/Ritter u.a., Internationale Steuerauskunft und deutsches Verfassungsrecht, S. 86 (94).

beziehungen erstrecken, jedenfalls dann Gebrauch gemacht, wenn die Gefahr besteht, dass dem Steuerpflichtigen ein mit dem Zweck der Amtshilfe nicht zu vereinbarender Schaden droht.[1]

25.21 Im Rahmen des Auskunftsersuchens ist auch die Wahrung des **Steuergeheimnisses** zu beachten. Soweit hierbei die Verhältnisse des betroffenen Steuerpflichtigen oder anderer Personen zwangsläufig mitgeteilt werden müssen, bedeutet diese Offenbarung nach der Generalklausel des § 30 Abs. 4 Nr. 1 AO zwar keine unzulässige Verletzung des Steuergeheimnisses,[2] etwas anderes ergibt sich aber in Orientierung an Art. 17 Abs. 4 EU-AHiRL, § 4 Abs. 3 Nr. 3 EU-AHiG und § 117 Abs. 3 Nr. 4 AO. Der dort verankerte Geheimnisschutz geht nämlich über das Steuergeheimnis gem. § 30 AO hinaus und wirkt somit auch als Schranke gegen Auskunftsersuchen, obwohl die vorgenannten Geheimnisschutzvorschriften unmittelbar nur die Auskunftserteilung betreffen. Daraus folgt: Was bei Gewährung zwischenstaatlicher Amtshilfe nicht mitgeteilt werden darf, darf auch bei ihrer Inanspruchnahme nicht offenbart werden. Daher ist es der deutschen Finanzverwaltung untersagt, im Rahmen des Ersuchens ein Handels-, Industrie-, Gewerbe- oder Berufsgeheimnis oder ein Geschäftsverfahren preiszugeben, wenn die Gefahr besteht, dass hierdurch ein mit dem Zweck des Auskunftsersuchens nicht zu vereinbarender Schaden entsteht.[3]

2. Auskunftserteilung

25.22 **Eingehenden Auskunftsersuchen** anderer Mitgliedstaaten muss im Grundsatz entsprochen werden. Rechtsgrundlage ist die EU-AHiRL[4] i.V.m. den nationalen Umsetzungsgesetzen.[5] Die Verpflichtung zur Auskunftserteilung richtet sich an das jeweilige zentrale Verbindungsbüro, in Deutschland also an das BZSt (Art. 3 Abs. 2 Satz 1 EU-AHiG). Diese Verpflichtung ist allerdings unvollkommen in dem Sinne, dass sie nicht einklagbar ist.[6] Bei Verletzung der Auskunftspflichten besteht daher lediglich die Möglichkeit eines Vertragsverletzungsverfahrens (Art. 258, 259 AEUV), in deren Rahmen die Verletzung der EU-AHiRL geltend gemacht werden kann.[7]

25.23 Die **Verpflichtung zur Auskunftserteilung** besteht nur dann, wenn die tatbestandlichen Voraussetzungen hierfür gegeben sind und der Auskunftserteilung zudem keine Hinderungsgründe entgegenstehen.[8] Hierbei ist auf folgende Gesichtspunkte abzustellen:

– Die begehrten Auskünfte müssen für Zwecke der Besteuerung in dem anderen Mitgliedstaat „voraussichtlich erheblich" sein (Art. 1 Abs. 1 EU-AHiRL, § 1 Abs. 1 EU-AHiG). Hierbei ist auf die Rechtslage in dem anderen Mitgliedstaat abzustellen,[9] so dass ein Ersuchen nicht deshalb abgelehnt werden darf, weil die zu übermittelnden Informationen im ersuchten Staat nicht für steuerliche Zwecke benötigt werden (§ 4 Abs. 6 EU-AHiG). Das bedeutet zugleich, dass in aller Regel im ersuchten Staat lediglich eine Schlüssigkeitsprüfung zu erfolgen hat, wobei sich die Prüfung nicht auf die formelle Ordnungsmäßigkeit des Ersuchens beschränkt, sondern auch darauf erstreckt, ob den erbetenen Informationen unter Berücksichtigung der Identität der Betroffenen „nicht völlig die voraussichtliche Erheblichkeit fehlt".[10] Mit anderen Worten: Zum Zeitpunkt des Ersuchens und der Informationsweitergabe muss aus Sicht des ersuchenden Staates eine „vernünftige Möglichkeit" be-

---

1 Vgl. BMF v. 29.5.2019, BStBl. I 2019, 480 (Merkblatt) Rz. 3.1.2.
2 *Hendricks*, Internationale Informationshilfe im Steuerverfahren, S. 372.
3 *Schaumburg* in Schaumburg, Internationales Steuerrecht[4], Rz. 22.69.
4 Art. 1, 5, 7 EUAHiRL.
5 In Deutschland § 4 Abs. 1 EUAHiG.
6 Vgl. *Seer/Gabert*, StuW 2010, 3 (5).
7 *Seer* in T/K, § 117 AO Rz. 59; *Hendricks*, Internationale Informationshilfe im Steuerverfahren, S. 239 ff.
8 Zur Zulässigkeitsprüfung eingehender Auskunftsersuchen insbesondere durch das BZSt BMF v. 29.5.2019, BStBl. I 2019, 480 Rz. 5.1.
9 Ex-ante-Betrachtung; *Söhn* in H/H/Sp, § 117 AO Rz. 225.
10 EuGH v. 16.5.2017 – C-682/15 – Berlioz, IStR 2017, 785; vgl. hierzu auch *Oppel*, IWB 2018, 35.

stehen, dass die begehrte Information für steuerliche Zwecke relevant sein wird.¹ Hat die ersuchte Behörde, etwa das BZSt, eine liquide Kenntnis darüber, dass der ersuchende Staat die begehrten Auskünfte nicht für seine eigene Steuerfestsetzung, sondern nur für die Steuerfestsetzung eines Drittstaates begehrt, ist dem Auskunftsersuchen nicht zu entsprechen.² Entsprechendes gilt, falls der ersuchende Staat die Auskünfte nur für Zwecke des Steuerstrafrechts oder des Steuerordnungswidrigkeitenrechts begehrt.³ Erforderlich ist stets, dass die Auskünfte auch für die Festsetzung der unter die EU-AHiRL fallenden Steuern benötigt werden (§ 4 Abs. 1 Satz 1 EU-AHiG), wobei die Verwendung auch für Zwecke des Steuerstrafrechts und ggf. des Steuerordnungswidrigkeitenrechts (Nebenzweck) unschädlich ist.⁴

– Die Übermittlung von Informationen kann seitens der zuständigen Behörde⁵ abgelehnt werden, „wenn der ersuchende Mitgliedstaat seinerseits aus rechtlichen Gründen nicht zur Übermittlung entsprechender Informationen in der Lage ist" (Art. 17 Abs. 3 EU-AHiRL, § 4 Abs. 4 EU-AHiG). Durch dieses Prinzip der **Gegenseitigkeit**⁶ soll innerhalb der EU insbesondere eine informationelle Einbahnstraße vermieden werden.

– Der ersuchte Mitgliedstaat ist nicht zu Ermittlungen oder zur Übermittlung von Informationen verpflichtet, wenn die entsprechenden für eigene Zwecke durchzuführenden Maßnahmen mit dem jeweiligen internen Recht unvereinbar wären (Art. 17 Abs. 2 EU-AHiRL, § 4 Abs. 3 Nr. 1 EU-AHiG). Mit anderen Worten: Was die ersuchte (deutsche) Finanzbehörde nach dem für sie geltenden deutschen Recht nicht darf, das darf sie auch nicht für Zwecke der Erledigung eines ausländischen Auskunftsersuchens. Der **Grundsatz der Gesetzmäßigkeit** gilt daher auch für Zwecke der zwischenstaatlichen Amtshilfe, so dass etwa Auskunfts- und Vorlageverweigerungsrechte nach den §§ 101 ff. AO ebenso zu beachten sind wie das Verbot der Auferlegung von Zwangsmitteln, wenn der Betroffene dadurch gezwungen würde, sich wegen einer von ihm begangenen Straftat oder Ordnungswidrigkeit zu belasten (§ 339 Abs. 1 Satz 2, § 410 Abs. 1 Nr. 4 AO).⁷ Diese von dem Prinzip der rechtlichen Unmöglichkeit der Informationsbeschaffung ausgehenden Schutzwirkungen für den Betroffenen versagen freilich dann, wenn die ersuchten (deutschen) Finanzbehörden bereits über die für die Gewährung der Amtshilfe erforderlichen Informationen verfügen mit der Folge, dass es irgendwelcher Amtshandlungen insoweit von vornherein nicht bedarf.⁸

– Die ersuchte Behörde erteilt ferner dann keine Informationen, wenn der ersuchende andere Mitgliedstaat die üblichen Informationsquellen nicht ausgeschöpft hat, die ihm zur Erlangung der erbetenen Informationen zur Verfügung stehen, ohne dabei die Erreichung des Ziels zu gefährden (Art. 17 Abs. 1 EU-AHiRL, § 4 Abs. 3 Nr. 2 EU-AHiG). Es handelt sich hierbei um das für die EU-AHiRL insgesamt geltende **Subsidiaritätsprinzip**, das den ersuchten Mitgliedstaat vor Überforderung schützen soll.⁹

– Die Übermittlung von Informationen kann abgelehnt werden, wenn hierdurch ein Handels-, Gewerbe- oder Berufsgeheimnis oder ein Geschäftsverfahren preisgegeben würde (Art. 17 Abs. 4 EU-AHiRL, § 4 Abs. 3 Nr. 3 EU-AHiG). Die derart geschützten **Geschäftsgeheimnisse** liegen vor, wenn es sich um Tatsachen und Umstände handelt, die von erheblicher wirtschaftlicher Bedeutung

---

1 FG Köln v. 23.5.2017 – 2 V 2498/16, EFG 2017, 1322; v. 30.6.2017 – 2 V 687/17, EFG 2017, 1568.
2 Hierzu *Hendricks*, Internationale Informationshilfe im Steuerverfahren, S. 191; *Schaumburg* in Schaumburg, Internationales Steuerrecht⁴, Rz. 22.80; *Kerwat*, DStZ 1992, 729 (730).
3 *Schaumburg* in Schaumburg/*Peters*, Internationales Steuerstrafrecht, Rz. 8.19.
4 Die Auskunftserteilung nur für Zwecke der Verfolgung von Steuerstrafsachen erfolgt auf der Grundlage des IRG, vgl. *Schaumburg* in Schaumburg/Peters, Internationales Steuerstrafrecht, Rz. 8.19.
5 In Deutschland das BZSt.
6 Hierzu *Hendricks*, Internationale Informationshilfe im Steuerverfahren, S. 94 ff., 223 ff.
7 *Söhn* in H/H/Sp, § 117 AO Rz. 249; BMF v. 29.5.2019, BStBl. I 2019, 480 (Merkblatt) Rz. 5.3.1.1.
8 BFH v. 17.5.1995 – I B 118/94, BStBl. II 1995, 497; v. 4.9.2000 – I B 17/00, BStBl. II 2000, 648; *Seer* in T/K, § 117 AO Rz. 97; *Söhn* in H/H/Sp, § 117 AO Rz. 250.
9 *Seer/Gabert*, StuW 2010, 3 (13); *Gabert*, FR 2013, 986 (988).

und praktisch nutzbar sind und deren unbefugte Nutzung zu beträchtlichen Schäden führen kann.[1] Diese Geschäftsgeheimnisse gelten nur Dritten gegenüber mit der Folge, dass es zwar zwischen Stammhaus und Betriebsstätte solche Geheimnisse nicht geben kann,[2] wohl aber zwischen verbundenen oder sonst nahestehenden Unternehmen.[3]

– **Nicht geschützt** ist das **Bankgeheimnis**, so dass Informationen, die sich bei einer Bank, einem sonstigen Finanzinstitut, einem Bevollmächtigten, Vertreter oder Treuhänder befinden oder sich auf Eigentumsanteile an einer Person beziehen, ohne weiteres übermittelt werden dürfen (Art. 18 Abs. 2 EU-AHiRL, § 4 Abs. 5 EU-AHiG). Diese Regelung entspricht dem OECD-Standard und ist auch in Art. 26 Abs. 5 OECD-MA und Art. 5 Abs. 4 TIEA-MA[4] verankert.

– Die Auskunftserteilung bleibt schließlich dann versagt, wenn hierdurch die **öffentliche Ordnung** (ordre public) verletzt würde (Art. 17 Abs. 4 Halbs. 2 EU-AHiRL, § 4 Abs. 3 Nr. 4 EU-AHiG). Gemeint sind damit die fundamentalen Ordnungsvorstellungen und Grundwertungen des ersuchten Mitgliedstaates, so dass insbesondere die Grundrechte, ferner die Souveränität des Staates, seine Sicherheit oder andere wesentliche Interessen, etwa die Geheimhaltung der empfangenen Auskünfte im ersuchenden Staat, gehören. Im Hinblick darauf, dass alle Mitgliedstaaten der EU einen vergleichbaren Grundrechtsschutz gewähren, der zudem durch die GrCh verbindlich ist,[5] und im Übrigen der unionale Datenschutz[6] maßgeblich ist (Art. 25 EU-AHiRL),[7] hat der ordre-public-Vorbehalt kaum praktische Bedeutung.[8]

25.24 Der ersuchte Mitgliedstaat ist für Zwecke der Auskunftserteilung verpflichtet, diejenigen behördlichen Ermittlungen anzustellen, die er für eigene Steuerzwecke anstellen würde (Art. 6 Abs. 3 EU-AHiRL, § 4 Abs. 1 Satz 3 EU-AHiG). Aus deutscher Sicht führt dies zur Anwendung von § 117 Abs. 4 AO, wonach u.a. bei der Übermittlung von Auskünften und Unterlagen inländischer Beteiligter (§ 78 AO) bei von Landesbehörden verwalteten Steuern im Grundsatz ein **Anhörungsrecht** (§ 91 AO) zu beachten ist (§ 117 Abs. 4 Satz 3 Halbs. 1 AO). Die entsprechende Anhörungspflicht gilt aber ausdrücklich nicht im Anwendungsbereich des EU-AHIG (§ 117 Abs. 4 Satz 3 Halbs. 2 AO).[9] In Orientierung an das grundrechtlich geschützte Recht auf Gehör[10] ist im Ergebnis der durch die Übermittlung der Informationen betroffene (inländische) Beteiligte[11] dennoch stets vorher zu hören (vgl. Rz. 25.20).[12]

---

1 BFH v. 20.2.1979 – VII R 16/78, BStBl. II 1979, 268; BMF v. 29.5.2019, BStBl. I 2019, 480 (Merkblatt) Rz. 5.3.1.3; diese restriktive Interpretation des Geschäfts- oder Betriebsgeheimnisses wird gebilligt von *Seer* in T/K, § 117 AO Rz. 78; *Söhn* in H/H/Sp, § 117 AO Rz. 120 ff.; *Carl/Klos*, Leitfaden zur internationalen Amts- und Rechtshilfe in Steuersachen, S. 195; *Herlinghaus* in FS Herzig, S. 933 (950); a.A. z.B. *Klaproth* in Schwarz/Pahlke, § 117 AO Rz. 49; *Ritter* in Menck/Ritter u.a., Internationale Steuerauskunft und deutsches Verfassungsrecht, S. 17 (23 ff.).
2 *Söhn* in H/H/Sp, § 117 AO Rz. 125a; *Engelschalk* in V/L[6], Art. 26 OECD-MA Rz. 111.
3 *Seer* in T/K, § 117 AO Rz. 56; *Söhn* in H/H/Sp, § 117 AO Rz. 125 f.; *Engelschalk* in V/L[6], Art. 26 OECD-MA Rz. 111; *Schaumburg* in Schaumburg, Internationales Steuerrecht[4], Rz. 22.80; a.A. *Runge*, RIW/AWD 1979, 73 (86); *Baranowski*, DStZ/A 1975, 296 (299).
4 Vgl. zu Einzelheiten *Hendricks* in Wassermeyer, Art. 26 OECD-MA Rz. 88 ff.; Art. 5 MA-InfAust Rz. 20 ff.
5 Vgl. *Jarass*, GrCh[3], Einl. Rz. 6.
6 Datenschutz-Grundverordnung (DSGVO), ABl. EU 2016 Nr. L 119, 1; ABl. EU 2016 Nr. L 314, 72; hierzu *Baum*, NWB 2017, 3143; *Erkis*, DStR 2018, 161.
7 Vgl. auch § 19 EU-AHiG.
8 Vgl. *Hendricks*, Internationale Informationshilfe im Steuerverfahren, S. 219.
9 Diese verschärfende Regelung wurde mit Wirkung zum 1.1.2013 durch das AmtshilfeRLUmsG eingefügt.
10 Art. 2 Abs. 1, Art. 12 Abs. 1, Art. 14 Abs. 1 GG, Art. 41 Abs. 2 Buchst. a GrCh; vgl. im Einzelnen *Seer* in T/K, § 91 AO Rz. 1.
11 Beteiligter i.S.v. Betroffener; vgl. BFH v. 16.11.1999 – VII R 95, 96/98, BFH/NV 2000, 531 (535); *Seer* in T/K, § 117 AO Rz. 138.
12 BMF v. 29.5.2019, BStBl. I 2019, 480 Rz. 5.2.1; *Seer* in T/K, § 117 AO Rz. 138; § 91 AO Rz. 2; *Schaumburg*, ISR 2013, 423.

25.25 Um Vollzugsdefizite gering zu halten, sind die erbetenen Informationen „möglichst rasch" (unverzüglich), spätestens jedoch sechs Monate nach Erhalt des Auskunftsersuchens zu übermitteln (Art. 7 Abs. 1 Satz 1 EU-AHiRL, § 5 Abs. 1 Satz 1 EU-AHiG).[1] Liegen die entsprechenden Informationen bereits vor, verkürzt sich die **Frist** auf zwei Monate (Art. 7 Abs. 1 Satz 2 EU-AHiRL, § 5 Abs. 1 Satz 2 EU-AHiG).[2] Der Eingang des Auskunftsersuchens ist spätestens sieben Arbeitstage nach Erhalt seitens der ersuchten Behörde auf elektronischem Wege zu bestätigen (Art. 7 Abs. 3 EU-AHiRL, § 5 Abs. 4 EU-AHiG), wobei die ersuchte Behörde zwecks zeitnaher Prüfung angehalten wird, innerhalb eines Monats nach Erhalt des Auskunftsersuchens über etwaige bestehende Mängel Mitteilung zu machen (Art. 7 Abs. 4 EU-AHiRL, § 5 Abs. 5 EU-AHiG). Ist die ersuchte Behörde nicht in der Lage, dem Auskunftsersuchen fristgerecht nachzukommen, besteht eine Mitteilungspflicht[3] unter Nennung von Gründen für die Zeitverzögerung und über das voraussichtliche Erledigungsdatum (Art. 7 Abs. 5 EU-AHiRL, § 5 Abs. 6 EU-AHiG). Entsprechendes gilt, falls die ersuchte Behörde von vornherein dem Auskunftsersuchen nicht entsprechen kann oder will. In diesem Fall besteht eine Mitteilungspflicht über die Hinderungs- bzw. Verweigerungsgründe innerhalb eines Monats nach Erhalt des Auskunftsersuchens (Art. 7 Abs. 6 EU-AHiRL, § 5 Abs. 7 EU-AHiG). Hierdurch entsteht Rechtssicherheit,[4] so dass der ersuchende Mitgliedstaat ggf. ein Vertragsverletzungsverfahren initiieren kann.

III. Automatische Auskünfte

1. Überblick

25.26 Für Zeiträume ab 2014 sind automatische Auskünfte für in der Praxis wichtige Sachverhaltsgruppen vorgesehen (Art. 29 Abs. 1 Satz 2 i.V.m. Art. 8 Abs. 1 Satz 1 EU-AHiRL, § 21 i.V.m. § 7 EU-AHiG). Die automatischen Auskünfte, die zwischen den Mitgliedstaaten ohne Auskunftsersuchen erteilt werden, zielen vor allem darauf ab, „die korrekte Festsetzung der Steuern bei grenzüberschreitenden Sachverhalten zu verbessern und Steuerbetrug zu bekämpfen" (Rz. 10 der Erwägungsgründe zur EU-AHiRL). Es handelt sich hierbei um die elektronische Übermittlung von Kontrollmaterial (Daten), um somit einen Abgleich mit den Angaben in den Steuererklärungen zu ermöglichen.[5] Neben diesen nur einzelne Steuerpflichtige betreffenden Auskünften (subjektbezogene Auskünfte), sind Gegenstand automatischer Auskünfte auch Steuergestaltungsmodelle (objektbezogene Auskünfte). Um die Effizienz dieses **automatischen Datenaustauschs** nicht zu beeinträchtigen, ist aus deutscher Sicht ausnahmsweise (vgl. zum Grundsatz Rz. 25.24) eine vorherige Anhörung nicht erforderlich (§ 7 Abs. 8 EU-AHiG).[6] Für Besteuerungszeiträume ab 2014 beurteilt sich die Zulässigkeit automatischer Auskünfte allein auf der Grundlage von Art. 8, 8a, 8aa, 8ab EU-AHiRL (§ 7 EU-AHiG), es sei denn, die bislang mit verschiedenen Mitgliedstaaten abgeschlossenen Vereinbarungen sehen einen weitergehenden Informationsaustausch vor (Art. 8 Abs. 8 EU-AHiRL).[7]

25.27 Der automatische Informationsaustausch bezieht sich nach Maßgabe der ursprünglichen Regelung auf die folgenden fünf Sachverhaltsgruppen (Art. 8 Abs. 1 EU-AHiRL, § 7 Abs. 1 EU-AHiG):[8]

---

1 Die Übermittlung erfolgt auf elektronischem Wege, vgl. Art. 20 EU-AHiRL, § 17 EU-AHiG.
2 Zwischen ersuchter und ersuchender Behörde können noch abweichende Fristen vereinbart werden; Art. 7 Abs. 2 EU-AHiRL, § 5 Abs. 1 Satz 3 EU-AHiG.
3 Innerhalb von drei Monaten nach Erhalt des Ersuchens.
4 *Gabert*, FR 2013, 986 (991).
5 *Seer* in T/K, § 117 AO Rz. 102; *Gabert*, FR 2013, 986 (989).
6 Kein Verstoß gegen die informationelle Selbstbestimmung; vgl. *Seer* in T/K, § 117 AO Rz. 102; *Hendricks*, Internationale Informationshilfe in Steuerverfahren, S. 204 f.; *Schaumburg* in Schaumburg, Internationales Steuerrecht⁴, Rz. 22.122; a.A. *Hamacher*, IStR 2016, 171 (176 f.); automatische Auskünfte hält dagegen generell für verfassungswidrig *Friauf*, StbJb. 1984/1985, 317 (339); *Friauf*, JbFSt 1984/85, 95 (110).
7 Vgl. im Überblick über die entsprechenden Vereinbarungen im BMF v. 23.11.2015, BStBl. I 2015, 928 (Merkblatt) Rz. 6.1.2.
8 Zu Einzelheiten *Söhn* in H/H/Sp, § 117 AO Rz. 276 ff.

– Vergütungen aus unselbständiger Arbeit,

– Aufsichtsrats- oder Verwaltungsratsvergütungen,

– bestimmte Lebensversicherungsprodukte,

– Ruhegehälter, Renten und ähnliche Zahlungen,

– Eigentum an unbeweglichem Vermögen und Einkünfte daraus.

Über die vorstehenden in der EU-AHiRL 2011[1] geregelten Sachverhaltsgruppen hinaus, ist der automatische Informationsaustausch durch Änderungsrichtlinien erweitert worden auf

– Finanzkonten (Art. 8 Abs. 3a, 7a EU-AHiRL 2014;[2] § 7 Abs. 2 EU-AHiRL; § 2 FKAustG),

– verbindliche Auskünfte und Zusagen mit grenzüberschreitendem Inhalt[3] sowie Verrechnungspreisvorabzusagen[4] (Art. 8a EU-AHiRL 2015;[5] § 7 Abs. 3-6 EU-AHiG),[6]

– länderbezogene Berichte multinationaler Unternehmen (Art. 8aa EU-AHiRL 2016;[7] § 7 Abs. 10, 11 EU-AHiG; § 138a AO),[8]

– den Zugang von Steuerbehörden zu Informationen zur Bekämpfung der Geldwäsche[9] und auf

bestimmte grenzüberschreitende Steuergestaltungen (Art. 8ab EU-AHiRL 2018; § 138d-f AO-E).[10]

Nachfolgend einige Hinweise:

2. Finanzkonten

25.28 Innerhalb der EU sowie gegenüber Drittstaaten[11] betrifft der automatische Informationsaustausch ganz überwiegend **Finanzkonten**. Rechtsgrundlage hierfür ist auf Unionsebene Art. 8 Abs. 3a, 7a EU-AHiRL 2014.[12] Der hierauf gestützte automatische Informationsaustausch ist darauf gerichtet, grenzüberschreitenden Steuerbetrug und grenzüberschreitende Steuerhinterziehung bei Einkünften und Vermögen finanzieller Art einzudämmen.[13]

---

1 Richtlinie 2011/16/EU des Rates v. 15.2.2011, ABl. EU 2011 Nr. L 64, 1 (Directive Administration Cooperation = DAC 1).
2 Richtlinie 2011/16/EU des Rates v. 9.12.2014, ABl. EU 2014 Nr. L 359, 1 (DAC 2).
3 Advance tax rulings (ATR); vgl. zum Meldestandard (Common Reporting Standard – CRS) und zur Datensatzbeschreibung BMF-Schreiben v. 6.6.2017, BStBl. I 2017, 847; BMF Schreiben v. 1.2.2017, BStBl. I 2017, 305.
4 Advance pricing arrangements (APA).
5 Richtlinie 2015/2376/EU des Rates v. 8.12.2015, ABl. EU 2015 Nr. L 332, 1 (DAC 3).
6 Vgl. BMF-Schreiben v. 17.8.2017, BStBl. I 2017, 1228 (Merkblatt).
7 Richtlinie 2016/881/EU des Rates v. 25.5.2016, ABl. EU 2016 Nr. L 146, 8 (DAC 4).
8 Vgl. BMF-Schreiben v. 11.7.2017, BStRl I 2017, 974, v. 5.2.2018, BStBl. I 2018, 289.
9 Richtlinie 2016/2258/EU des Rates v. 6.12.2016, ABl. EU 2016 Nr. L 342, 1 (DAC 5).
10 (DAC 6), Richtlinie (EU) 2018/822 des Rates zur Änderung der Richtlinie 2011/16/EU v. 25.5.2018, ABl. EU 2018 Nr. L 139, 1; § 138d AO.
11 Rechtsgrundlage für den Informationsaustausch gegenüber Drittstaaten: Mehrseitige Vereinbarung über den automatischen Austausch von Informationen über Finanzkonten (Multilateral Competent Authority Agreement – MCAA) v. 29.10.2014, (BGB. II 2015, 1630, 1632); entsprechende Verträge der EU mit Drittstaaten; entsprechende Verträge Deutschlands mit Drittstaaten; vgl. hierzu BMF-Schreiben v. 28.6.2018, BStBl. I 2018, 716; v. 29.1.2019, BStBl. I 2019, 92; die vorläufige Staatenaustauschliste 2019 ist unter www.bzst.bund.de abrufbar.
12 RL 2014/107/EU des Rates v. 9.12.2014, ABl. EU 2014 Nr. L 359, 1 (DAC 2); § 7 Abs. 2 EU-AHiG, § 2 FKAustG.
13 Erwägungsgründe Nr. 1 und 5 der EU-AHiRL 2014.

Ausgetauscht werden vor allem Bestände und Erträge (z.B. Zinsen und Dividenden) auf Verwahr- und Einlagekonten sowie die Barwerte oder Rückkaufwerte bei rückkaufsfähigen Versicherungs- und Rentenversicherungsverträgen[1] von natürlichen Personen oder von Rechtsträgern, zu denen neben juristischen Personen auch Personengesellschaften zählen.[2] Der automatische Informationsaustausch wird über das BZSt als zentrales Verbindungsbüro abgewickelt.[3] Die Verpflichtung zur Meldung an das BZSt ergibt sich aus §§ 3, 7 ff. FKAustG. Verpflichtet sind hiernach Finanzinstitute, also Verwahrinstitute, Einlageninstitute, Investmentunternehmen sowie spezifizierte Versicherungsgesellschaften.[4]

25.29

Die automatische Übermittlung der Informationen erfolgt seitens des BZSt jeweils zum 30.9. eines Jahres (§ 27 Abs. 1 FKAustG). Im Hinblick darauf haben die betroffenen Finanzinstitute die Finanzkontendaten zu den meldepflichtigen Konten im Wege der Datenfernübertragung zum 31.7. eines Jahres zu übermitteln (§ 27 Abs.2 FKAustG).

25.30

3. Verbindliche Auskünfte und Zusagen

Die Ausdehnung des automatischen Informationsaustauschs auf **verbindliche Auskünfte** und **Zusagen** mit grenzüberschreitendem Inhalt sowie **Verrechnungspreisvorabzusagen** (Tax rulings) durch die ÄnderungsRL 2015/2376/EU (DAC 3) beruht im Wesentlichen auf dem Abschlussbericht zu Maßnahme 5 des OECD/G20 BEPS-Projekts,[5] der auf mehr Transparenz abzielt. Es geht hierbei insbesondere um Tax rulings, die steuermotivierte Gestaltungen betreffen und dazu führen können, dass es zu Einkünfteverschiebungen von hoch zu niedrig besteuernden Ländern kommt.[6] Erfasst werden „grenzüberschreitende Vorbescheide" und „Vorabverständigungen über Verrechnungspreisgestaltungen" im Verhältnis zu EU-Mitgliedstaaten[7] (Art. 3 Nr. 14, 15; 8a Abs. 1, 2 AHiRL; §§ 2 Abs. 3, 4; 7 Abs. 3, 4 EU-AHiG), aus deutscher Sicht also insbesondere verbindliche Auskünfte/Zusagen und APA (§§ 89 Abs. 2, 204 AO, Art. 25 Abs. 1, 2 OECD-MA).[8]

25.31

Im Vordergrund stehen hierbei neben grenzüberschreitenden unilateralen Vorabverständigungen (APA) sonstige unilaterale Vorabzusagen zu Verrechnungspreisfragen, auf Gewinnverkürzung abzielende Vorabzusagen und solche, die sich auf Betriebsstätten und Finanzierungsgesellschaften beziehen.[9] In zeitlicher Hinsicht sind bereits zwischen dem 1.1.2012 und dem 31.12.2013 erteilte, geänderte oder erneuerte und noch am 1.1.2014 gültige Tax Rulings sowie solche auszutauschen, die zwischen dem 1.1.2014 und dem 31.12.2016 erteilt, geändert oder erneuert wurden, unabhängig von ihrer Gültigkeit.[10] Auf Grundlage der in Art. 8a Abs. 2 EU-AHiRL verankerten Ermächtigungsgrundlage enthält § 7 Abs. 4 Satz 3 EU-AHiG eine Ausnahme vom automatischen Informationsaustausch für an Unternehmen[11] er-

25.32

---

1 Art. 8 Abs. 3a Buchstabe d-f EU-AHiRL 2014.
2 Art. 8 Abs. 3a Buchstabe a EU-AHiRL 2014.
3 Art. 7 Abs. 2 EU-AHiG.
4 Vgl. zu den Begrifflichkeiten § 19 FKAustG, BMF-Schreiben v. 1.2.2017, BStBl. I 2017, 305 Rz.16 ff.
5 Vgl. OECD 2015, BEPS Aktionspunkt 5; im Überblick *Becker/Hoeck* in Kofler/Schnitger, BEPS-Handbuch, Aktionspunkt 5, Rz. 1 ff.; *Böhmer* in W/A/D, Betriebsstätten-Handbuch², Rz. 14.56 ff.
6 Erwägungsgrund 1 der ÄnderungsRL 2015/2376/EU.
7 Im Verhältnis zu OECD- und G20-Staaten, die nicht zugleich EU-Mitgliedstaaten sind, erfolgt der Informationsaustausch auf Grundlage bilateraler und multilateraler Abkommen (vgl. Rz. 20.6); gegenüber EU-Mitgliedstaaten ist die AHiRL/EU-AHiG vorrangig (vgl. BMF-Schreiben v. 27.8.2017, BStBl. I 2017 Rz. 9).
8 Vgl. BMF-Schreiben v. 17.8.2017, BStBl. I 2017, 1228 Rz. 14.
9 Vgl. Vgl. BMF-Schreiben v. 17.8.2017, BStBl. I 2017, 1228 Rz. 14 ff.; *Kraft/Ditz/Heider*, DB 2017, 2243 (2248 f.); Czakert, IStR 2016, 985 (987).
10 Art. 8a Abs. 2 AHiRL, § 7 Abs. 3, 4 EU-AHiG; vgl. BMF-Schreiben v. 17.8.2017, BStBl. I 2017, 1228 Rz. 43 ff.
11 Ausgenommen Unternehmen, die hauptsächlich Finanz- und Investitionstätigkeiten ausüben (§ 7 Abs. 4 Satz 4 EU-AHiG).

teilte Tax Rulings, die im vorangegangenen Wirtschaftsjahr einen Jahresnettoumsatz von weniger als 40 Mio. Euro erwirtschaftet haben.

25.33 Auszutauschen sind Tax rulings in Bezug auf juristische Personen und Personengesellschaften, nicht aber solche, die ausschließlich natürliche Personen betreffen (Art. 8a Abs. AHiRL, § 7 Abs. 6 EU-AHiG). In dieser Fallkonstellation ist allerdings eine Spontanauskunft möglich.[1]

4. Länderbezogene Berichte

25.34 Der internationale Austausch **länderbezogener Berichte** multinationaler Unternehmen – Country-by-Country-Reporting (CbCR) – findet seine Rechtsgrundlage in Art. 8aa EU-AHiRL,[2] § 7 Abs. 10, 11 EU-AHiG und § 138a AO, die wiederum ihren Ursprung in Aktionspunkt 13 des BEPS-Projektes haben.[3] Das CbCR zielt darauf ab, den beteiligten Finanzverwaltungen Einblick in insbesondere für die grenzüberschreitende Verrechnungspreisprüfung maßgeblichen Beurteilungskriterien zu verschaffen.[4] Die Finanzverwaltungen sollen somit frühzeitig Informationen über mögliche Gewinnverlagerungen und -verkürzungen erhalten.[5]

25.35 Die Pflicht, das CbCR zu erstellen, trifft multinational tätige Unternehmen, deren Konzernabschluss mindestens ein ausländisches Unternehmen oder eine ausländische Betriebsstätte umfasst und deren im Konzernabschluss ausgewiesenen, konsolidierten Umsatzerlöse im abgelaufenen Wirtschaftsjahr mindestens 750 Mio. € betragen (§ 138a Abs. 1 Satz 1 KO). Dementsprechend haben inländische Konzernobergesellschaften das CbCR dem BZSt zu übermitteln (§ 138a Abs. 1 Satz 1 AO). Ausländische Konzernobergesellschaften, für die eine solche Pflicht nicht besteht,[6] können allerdings inländische Konzerngesellschaften mit der Übermittlung des CbCR an das BZSt beauftragen mit der Folge, dass diese sodann zur Übermittlung an das BZSt verpflichtet[7] sind (§ 138a Abs. 3 AO). Erhält das BZSt auf diesem Weg das CbCR nicht, ist jede inländische Konzerngesellschaft (sekundär) zur fristgerechten Übermittlung an das BZSt verpflichtet (§ 138a Abs. 4 AO), wobei die Pflichterfüllung durch eine verpflichtete inländische Konzerngesellschaft ausreicht (§ 138a Abs. 4 Satz 2 AO).[8]

25.36 Das CbCR muss folgende länderbezogene[9] Angaben enthalten:[10]

– Umsatzerlöse und sonstige Erträge aus Geschäftsvorfällen mit nahestehenden und fremden Unternehmen einzeln und in der Summe, im Wirtschaftsjahr gezahlte und hierfür zurückgestellte Ertragsteuern, das Jahresergebnis vor Ertragsteuern, das Eigenkapital, der einbehaltene Gewinn, die Zahl der Beschäftigten und die materiellen Vermögenswerte (§ 138a Abs. 2 Nr. 1 AO);

– Unternehmen und Betriebsstätten des Konzerns und deren wichtigsten Geschäftsfähigkeiten (§ 138a Abs. 2 Nr. 2 AO);

---

1 Vgl. BMF-Schreiben v. 17.8.2017, BStBl. I 2017 Rz. 38 ff.
2 In der Fassung der Änderungsrichtlinie RL 2016/881/EU (DAC 4).
3 OECD 2015, BEPS Aktionspunkt 13, Rz. 24 ff.; im Überblick *van der Ham/Sommer* in Kofler/Schnitger, BEPS-Handbuch, Aktionspunkt 13, Rz. 1 ff.; *Böhmer* in W/A/D, Betriebsstätten-Handbuch², Rz. 14.121 ff.
4 Der länderbezogene Bericht ist nicht Teil der gem. § 90 Abs. 3 AO gebotenen Verrechnungspreisdokumentation.
5 Es handelt sich um ein bloß administratives CbCR, das nicht der Öffentlichkeit zugänglich gemacht wird; vgl. allerdings den Vorschlag der Kommission für eine public CbCR; hierzu Rz. 10.34.
6 *Drüen* in T/K, § 138a AO Rz. 7; *Schallmoser* in H/H/Sp, § 138a AO Rz. 15, 51.
7 Die Verpflichtung bezieht sich auch auf die Erstellung des CbCR; *Drüen* in T/K, § 138a AO Rz. 33; *Grotherr* in Gosch, § 138a AO Rz: 60.
8 Vgl zu Einzelheiten *Drüen* in T/K, § 138a AO Rz. 34 ff.; *Schallmoser* in H/H/Sp, § 138a AO Rz. 34 ff.
9 Nach Steuerhoheitsgebieten gegliederte Übersicht.
10 Vgl auch BMF-Schreiben v. 11.7.2017, BStBl. I 2017, 974; zu Einzelheiten *Drüen* in T/K, § 138a AO Rz. 12 ff.; zu ersten Praxiserfahrungen *Engelen/Heider*, DStR 2018, 1042; *Eigelshofen/Tomson*, IStR 2019, 242.

– zusätzliche Informationen, die zum Verständnis der vorgenannten Angaben erforderlich sind (§ 138a Abs. 2 Nr. 3 AO).

5. Erweiterter Kontenabruf

– Rechtsgrundlage für den automatischen Auskunftsaustausch über Finanzkonten ist auf Unionsebene Art. 8 Abs. 3a, 7a EU-AHiRL 2014 (Rz. 25.28).[1] Hierdurch wird sichergestellt, dass Informationen über Inhaber von Finanzkonten dem Mitgliedstaat mitgeteilt werden, in dem der Kontoinhaber seinen Wohnsitz hat. Sofern der Kontoinhaber eine „zwischengeschaltete Struktur"[2] ist, haben die in die Pflicht genommenen Finanzinstitute die hinter dieser Struktur stehenden wirtschaftlichen Eigentümer zu ermitteln und zu melden.[3] Um die Einhaltung dieser Sorgfaltspflichten überwachen zu können, ist die AHiRL in Art. 22 Abs. 1a dahingehend ergänzt worden, dass die Steuerbehörden der Mitgliedstaaten Zugang zu den Mechanismen, Verfahren, Dokumenten und Informationen" nach Maßgabe der GeldwäscheRL[4] erhalten.[5]

25.37

Im Hinblick darauf ermöglicht § 93 Abs. 7 Nr. 4a AO den Kontenabruf[6] mit dem Ziel festzustellen, ob ein inländischer Steuerpflichtiger (§ 138 Abs. 2 Satz 1 AO) i.S. des GWG Verfügungsberechtigter oder wirtschaftlich Berechtigter eines Kontos oder Depots einer natürlichen Person, Personengesellschaft, Körperschaft, Personenvereinigung oder Vermögensmasse mit Wohnsitz, gewöhnlichem Aufenthalt, Sitz, Hauptniederlassung oder Geschäftsleitung im Ausland ist.[7] Dieser ab 1.1.2018 zulässige Kontenabruf wird mit Wirkung ab 1.1.2020 auf Steueridentifikationsnummer (§ 139b AO) und Wirtschaftsidentifikationsnummer (§ 139c AO) oder ersatzweise die Steuernummer erweitert (§ 93 Abs. 1a AO).[8] Mit den vorgenannten Regelungen korrespondiert im Übrigen auch § 138b AO, der eine Mitteilungspflicht Dritter (z.B. Banken) über bestimmte Geschäftsbeziehungen inländischer Steuerpflichtiger zu Drittstaaten-Gesellschaften statuiert, soweit diese die Beziehungen hergestellt oder vermittelt haben.[9]

25.38

6. Grenzüberschreitende Steuergestaltungen

a) Zielsetzung und Funktion

Die auf Grundlage von Art. 115 AEUV ergangene ÄnderungsRL (EU)2018/822 v. 25.5.2018[10] (DAC6) zielt darauf ab, die Mitgliedstaaten in die Lage zu versetzen, „zeitnah gegen schädliche Steuerpraktiken vorzugehen und Schlupflöcher durch den Erlass von Rechtsvorschriften oder durch die Durchführung geeigneter Risikoabschätzungen sowie durch Steuerprüfungen zu schließen."[11] Es geht um die Beseitigung von Informationsasymmetrien im Zusammenhang mit „potentiell aggressiven grenzüberschreitenden Steuerplanungsmodellen".[12] Im Hinblick darauf regelt die ÄnderungsRL 2018/822 eine Mel-

25.39

---

1 ABl. EU 2014 Nr. L 359, 1 (DAC 2).
2 Erwägungsgrund Nr. 2 der Richtlinie (EU) 2016/2258.
3 §§ 2 Nr. 1; 8 Abs. 1 Satz 1 Nr. 1; 14, 16 FK AuStG, § 7 Abs. 2 EU-AHiG.
4 Richtlinie (EU) 2015/849 des Europäischen Parlaments und des Rates v. 20.5.2015, ABl. EU 2015 Nr. L 141, 73 (4. GeldwäscheRL); Richtlinie (EU) 2018/843 v. 30.5.2018, ABl. EU 2018 Nr. L 156, 43 (5. GeldwäscheRL) hierzu *Dodenhoff*, IWB 2018, 730.
5 Richtlinie (EU) 2016/2258 des Rates v. 6.12.2016, ABl. EU 2016 Nr. L 342, 1 (DAC 5).
6 Kontenstammdaten, nicht aber Kontenstände und -bewegungen.
7 Kontenabzüge dürfen nur dann vorgenommen werden, wenn ein Auskunftsersuchen an den Steuerpflichtigen nicht zum Ziel geführt hat oder keinen Erfolg verspricht (§ 93 Abs. 7 Satz 2 Hs. 2 AO).
8 Vgl. hierzu *Seer* in T/K, § 93b AO Rz. 5.
9 Hierzu *Grotherr* in Gosch, § 138b AO Rz. 1.9; *Brandis* in T/K, § 138b AO Rz. 1.
10 Richtlinie (EU) 2018/822 des Rates v. 25.5.2018 zur Änderung der Richtlinie 2011/16/EU bezüglich des verpflichtenden automatischen Informationsaustauschs im Bereich der Besteuerung über meldepflichtige grenzüberschreitende Gestaltungen, ABl. EU Nr. L 139,1 v. 5.6.2018.
11 Vgl. Rz. 2 der Erwägungsgründe der ÄnderungsRL (EU) 2018/822.
12 Vgl. Rz. 6 der Erwägungsgründe der ÄnderungsRL (EU) 2018/22.

depflicht für derartige Modelle. Diese Meldepflicht trifft sog. Intermediäre, zu denen im Grundsatz Angehörige der rechts- und steuerberatenden Berufe und entsprechende Beratungs- und Finanzunternehmen und subsidiär die Steuerpflichtigen selbst zählen. Die betreffenden grenzüberschreitenden Gestaltungen sind gegenüber den inländischen Steuerbehörden anzuzeigen und von dort im Rahmen des automatischen Informationsaustausches an die beteiligten ausländischen Steuerbehörden weiterzuleiten. Da dieser Informationsaustausch sehr kurzfristig angelegt ist, haben die Finanzbehörden der beteiligten Mitgliedstaaten die Möglichkeit, Abwehrmaßnahmen zu ergreifen, bevor die meldepflichtigen Steuergestaltungen umgesetzt werden.[1] Hierdurch soll zugleich eine abschreckende Wirkung erzeugt werden.[2]

Der grenzüberschreitende Informationsaustausch ist somit geprägt durch eine

– veranlagungsunterstützende Funktion wegen frühzeitiger Aufdeckung der Steuergestaltungsmodelle,

– rechtspolitische Funktion mit dem Ziel einer Gesetzesänderung und eine

– Abschreckungsfunktion[3] mit dem Ziel, Steuerpflichtige von der Implementierung von Steuergestaltungsmodellen abzuhalten.[4]

25.40 Die ÄnderungsRL 2018/822 folgt weitgehend den Empfehlungen von Aktionspunkt 12 des BEPS-Aktionsplans der OECD.[5] Die ÄnderungsRL 2018/822 ist bis zum 31.12.2019 in nationales Recht umzusetzen, so dass die entsprechenden Vorschriften ab dem 1.7.2020 anzuwenden sind (Art: 2 Abs. 1 ÄnderungsRL 2018/822). Die Umsetzung in deutsches Recht soll durch die §§ 138d – 138i AO erfolgen.[6] Die Vorschriften sollen ab 1.7.2020 gelten und sind „in allen Fällen anzuwenden, in denen der erste Schritt einer mitteilungspflichtigen grenzüberschreitenden Steuergestaltung nach dem 24. Juni 2018 umgesetzt wurde". Wurde der erste Schritt danach aber vor dem 1.7.2020 umgesetzt, ist die Mitteilung innerhalb von zwei Monaten nach dem Ablauf des 30.6.2020 zu erstatten (§ 33 EGAO-E).

b) Meldepflichtige Gestaltungen

aa) Grenzüberschreitende Gestaltungen

25.41 Die Meldepflicht betrifft in dem hier interessierenden Zusammenhang nur grenzüberschreitende Gestaltungen,[7] also solche, die entweder mehr als einen Mitgliedstaat oder einen Mitgliedstaat und ein Drittland und Steuern betreffen, auf die die AHiRL bzw. das AHiG Anwendung finden: ESt, KSt, GewSt, ErbSt, LuftverkehrSt, KfzSt und die nicht harmonisierten VerbrauchSt wie die KaffeeSt (Art. 3 Nr. 18 EU-AHiRL; § 138d Abs. 2 AO). Zusätzlich muss mindestens eine der nachfolgenden Bedingungen erfüllt sein (Art. 3 Nr. 18 Satz 1 Buchst. a) – e) EU-AHiRL; § 138d Abs. 2 Satz 1 Nr. 2 Buchst. a) – e) AO-E):

---

1 Vgl. Rz. 7 der ÄnderungsRL (EU) 2018/822.
2 Vgl. Rz. 7 u. 11 der Erwägungsgründe der ÄnderungsRL (EU) 2018/822.
3 Zur Legitimität der Abschreckungsfunktion *Hey*, FR 2018, 633 (633 f.).
4 So die Differenzierung von *Beuchert*, Anzeigepflichten bei Steuergestaltungen, 2012, S. 171 ff.; *Osterloh-Konrad/Heber/Beuchert*, Anzeigepflichten für Steuergestaltungen in Deutschland, 2017, S. 14 ff., vgl. ferner *Hey*, FR 2018, 633 (633 f.).
5 OECD, Mandatory disclosure rules, Action 12:2015 final report; vgl. hierzu den Überblick bei *Osterloh-Konrad* in Kofler/Schnitger, BEPS-Handbuch, Aktionspunkt 12, Rz. 1 ff.; *Böhmer* in W/A/D, Betriebsstätten-Handbuch², 2018 Rz. 14.111 ff.
6 Entwurf eines Gesetzes zur Einführung einer Pflicht zur Mitteilung von Steuergestaltungen (Referentenentwurf v. 30.1.2019); kritisch zu diesem Referentenentwurf *Patzner/Nagler*, IStR 2019, 402; *Herold*, GmbH-StB 2019, 163; *Cloer/Niemeyer*, DStZ 2019, 426; *Podeyn/Tschatsch/Fischler*, DB 2019, 633.
7 Geplant ist auch eine Meldepflicht für innerstaatliche Steuergestaltungen (§ 138j AO-E).

– nicht alle an der Gestaltung Beteiligten sind im selben Steuerhoheitsgebiet ansässig;[1]
– einer oder mehrere der an der Gestaltung Beteiligten sind gleichzeitig in mehreren Steuerhoheitsgebieten ansässig;
– einer oder mehrere der an der Gestaltung Beteiligten gehen in einem anderen Steuerhoheitsgebiet über eine dort belegene Betriebsstätte Geschäftstätigkeiten nach und die Gestaltung ist Teil der Geschäftstätigkeiten der Betriebsstätte oder macht deren gesamte Geschäftstätigkeiten aus;
– einer oder mehrere der an der Gestaltung Beteiligten gehen in einem anderen Steuerhoheitsgebiet einer Tätigkeit nach, ohne dort ansässig zu sein oder eine Betriebsstätte zu begründen;
– die Gestaltung ist geeignet, Auswirkungen auf den automatischen Informationsaustausch oder die Identifizierung des wirtschaftlichen Eigentümers zu haben.

Meldepflichtig sind somit nicht grenzüberschreitende Gestaltungen nur mit Drittstaaten und rein nationale Gestaltungen.[2] Diese Beschränkung entspricht der Zielsetzung der Änderungsrichtlinie, durch die Meldung von Steuergestaltungen das „reibungslose Funktionieren des Binnenmarktes" sicherzustellen.[3] Die Mitgliedstaaten sind freilich nicht gehindert, auf Grundlage ihres nationalen Rechts die Meldepflicht etwa auf rein nationale Gestaltungen zu erstrecken[4] und die entsprechend erlangten Informationen auszutauschen, wobei auf unionsrechtlicher Ebene freilich nur Ersuchensauskünfte (Rz. 25.28 f.) und Spontanauskünfte (Rz. 25.52 ff.) in Betracht kommen.

bb) Konkretisierende Kennzeichen

Bloß grenzüberschreitende Gestaltungen an sich rechtfertigen noch keine Meldepflicht; anderenfalls wäre ein Verstoß gegen die unionsrechtlich verbürgten Grundfreiheiten (Rz. 7.1 ff.) gegeben,[5] weil insoweit grenzüberschreitende gegenüber rein nationalen Gestaltungen benachteiligt wären. Das allgemeine Ziel der Verhinderung von Steuervermeidung, Steuerumgehung und Steuerhinterziehung sind keine ausreichenden Rechtfertigungsgründe. Im Hinblick darauf enthält die ÄnderungsRL 2018/822 konkretisierende Kennzeichen, die auf ein potentielles Risiko der Steuervermeidung hindeuten (Art. 3 Nr. 19,20 i.V.m. Anhang IV; §§ 138d Abs. 2 Satz 1 Nr. 3; 138e AO-E). Erst das Vorliegen dieser Kennzeichen bewirkt, dass die grenzüberschreitende Gestaltung meldepflichtig ist (Art. 8ab Abs. 14 Buchst. b) AHiRL; §§ 138d Abs. 1, 2 Satz 1 Nr. 3, 138e AO-E) und sich somit die Gesamtregelung gegenüber den Grundfreiheiten zu legitimieren vermag.[6]

25.42

Die in Anhang IV der ÄnderungsRL 2018/822 aufgeführten allgemeinen und spezifischen Kennzeichen (sog. hallmarks) weisen eine duale Struktur auf: Allgemeine und einige spezifische Kennzeichen sind nur dann zu berücksichtigen, wenn sie den sog. **Main benefit-Test** erfüllen. In diesen Fällen muss zusätzlich nachgewiesen werden, dass der Hauptvorteil oder einer der Hauptvorteile, auf die die Steuergestaltung abzielt, die Erlangung eines Steuervorteils ist (Anhang IV, Teil I Abs. 2 der ÄnderungsRL 2018/822). Im Hinblick darauf ergibt sich folgende Unterscheidung (Anhang IV, Teil II Buchst. A-E; § 138e AO-E):

25.43

---

1 Im Sinne der unbeschränkten Steuerpflicht, soweit diese am Wohnsitz (§ 8 AO) oder gewöhnlichen Aufenthalt (§ 90 AO bzw. an den Ort der Geschäftsleitung (§ 10 AO) oder Sitz (§ 11 AO) anknüpft.
2 Vgl. allerdings § 138j AO-E, wonach auch innerstaatliche Steuergestaltungen meldepflichtig sein sollen.
3 Vgl. Rz. 10 der Erwägungsgründe der ÄnderungsRL 2018/822.
4 Vgl. Rz. 10 der Erwägungsgründe der ÄnderungsRL 2018/822; vgl. § 138j AO-E.
5 Hierzu *Beuchert/Osterloh-Konrad*, IStR 2014, 643 (649); *Hey*, FR 2018, 633 (635); *Fischer/Riedlinger*, IWB 2018, 416 (420).
6 Hierzu *Beuchert/Osterloh-Konrad*, IStR 2014, 643 (649); *Hey*, FR 2018, 633 (635); *Fischer/Riedlinger*, IWB 2018, 416 (420).

A. Allgemeine Kennzeichen in Verbindung mit dem Main benefit-Test,

B. spezifische Kennzeichen in Verbindung mit dem Main benefit-Test,

C. spezifische Kennzeichen im Zusammenhang mit grenzüberscheitenden Transaktionen,

D. spezifische Kennzeichen hinsichtlich des automatischen Informationsaustausches und der wirtschaftlichen Eigentümer,

E. spezifische Kennzeichen hinsichtlich der Verrechnungspreisgestaltung.

25.44 Die in Kategorie A aufgeführten allgemeinen Kennzeichen betreffen Steuergestaltungen, die mit einer **Vertraulichkeitsklausel** belegt sind, für die eine **Erfolgsgebühr** vereinbart ist oder die eine **standardisierte Dokumentation** und/oder Struktur aufweisen (Anhang IV, Teil II, Buchst. A Nrn. 1-32 der ÄnderungsRL 2018/822; § 138e Abs. 1 Nrn 1 u.2 AO).[1] In Kategorie B geht es um auf **Verlustnutzung** gerichtete „künstliche" Gestaltungen,[2] die **Umwandlung von Einkünften** in niedrig besteuerte/steuerbefreite Einnahmen[3] oder um **zirkuläre Transaktionen**.[4] Kategorie C betrifft vor allem den (steuerwirksamen) **Zahlungstransfer** in sog. Steueroasen.[5] In Kategorie D werden Gestaltungen erfasst, die darauf gerichtet sind, die Meldepflicht zu umgehen oder mit intransparenten Eigentumsketten die Identität wirtschaftlicher Eigentümer zu verschleiern.[6] Kategorie E schließlich betrifft **Verrechnungspreisgestaltungen**, und zwar solche, die unilaterale **Safe-Harbor-Regeln** nutzen, im Zusammenhang mit der **Übertragung von „schwer zu bewertenden immateriellen Werten"**[7] stehen oder mit denen nach gruppeninterner grenzüberschreitender Übertragung von Funktionen, Risiken oder Wirtschaftsgütern und sonstigen Vorteilen beim Übertragenden eine Verminderung des EBIT um 50 % zu erwarten ist.

c) Meldepflichtige Personen

25.45 Meldepflichtige Personen sind grundsätzlich **Intermediäre** (Art. 8ab Abs. 1 EU-AHiRL; § 138d Abs. 1 AO-E), also solche Personen, die meldepflichtige grenzüberschreitende Gestaltungen konzipieren, vermarkten, organisieren oder zur Umsetzung bereitstellen oder die die Umsetzung einer solchen Gestaltung verwalten (Art. 3 Nr. 21 EU-AHiRL; § 138d Abs. 1 AO-E). Erfasst werden damit insbesondere auch Angehörige der steuerberatenden Berufe (Art. 3 Nr. 21 EU-AHiRL). Für diese Personengruppe ist allerdings eine Befreiung von der Meldepflicht vorgesehen, falls eine Verschwiegenheitspflicht besteht (Art. 8ab Abs. 5 EU-AHiRL).

25.46 Die Mitteilungspflicht trifft nur in der EU ansässige Intermediäre (Art. 138d Abs. 4 Nr. 1 AO-E); darüber hinaus auch solche, die in Drittstaaten ansässig sind und einen besonderen Inlandsbezug (z.B. Betriebsstätte) aufweisen (§ 138d Abs. 4 Nr. 2 AO-E). In anderen Mitgliedstaaten ansässige Intermediäre haben ihre Mitteilungspflichten gegenüber ihrem jeweiligen Ansässigkeitsstaat zu erfüllen. Soweit die Mitteilungspflicht hiernach in mehreren Mitgliedstaaten besteht, wird der betreffende Intermediär von seiner Mitteilungspflicht befreit, sofern er nachweisen kann, dass er dieselben Informationen im Hinblick auf dieselbe Steuergestaltung bereits in einem anderen Mitgliedstaat ordnungsgemäß übermittelt hat (Art. 8ab Abs. 3 u. 4 EU-AHiRL; § 138d Abs. 5 AO-E).

---

1 Vgl. die Beispielfälle in der RefBegr zu § 138e Abs. 1 Nrn 1 u. 2 AO-E.
2 Vgl. zur Parallele mit § 42 AO *Kokott*, Steuerrecht der EU, § 2 Rz. 111 ff.
3 Vgl. die Beispielsfälle in der RefBegr zu § 138e Abs. 1 NR. 3 AO-E.
4 Vgl. die Beispielsfälle in der RefBegr zu § 138e Abs. 1 NR. 3 AO-E.
5 Z.B. Zahlung von Lizenzgebühren in das Ausland unter Nutzung dort geltender sog. Patent-, Lizenz- oder IP-Boxen; vgl. zu weiteren Einzelheiten *Adrian/Heinsen*, WPg. 2018, 1181 (1186 f.).
6 So die RefBegr zu § 138e Abs. 2 Nr. 3 AO-E.
7 Das sind solche Werte, für die im Zeitpunkt der Übertragung zwischen verbundenen Unternehmen keine ausreichend verlässlichen Vergleichswerte vorliegen und insbesondere deren hieraus abzuleitende Einkünfte zum Zeitpunkt der Übertragung nur sehr schwer absehbar sind (Anlage IV, Teil II, Buchst. D Nr. 2).

In den Fällen, in denen der Intermediär z.B. als Rechtsanwalt oder Steuerberater im Hinblick auf § 102 AO zur Verschwiegenheit verpflichtet ist (Art. 8ab Abs. 5 EU-AHiRL), trifft die Mitteilungspflicht andere nicht zur Verschwiegenheit verpflichtete Intermediäre oder den „relevanten Steuerpflichtigen"[1] bzw. Nutzer (Art. 8ab Abs. 5 u. 6 EU-AHiRL; § 138f Abs. 6 Satz 3, Abs. 7 u. 8 AO-E).

Die Mitteilung hat innerhalb von 30 Tagen zu erfolgen, wobei die Frist an dem Tag beginnt, an dem die grenzüberschreitende Gestaltung einem „relevanten Steuerpflichtigen" (Nutzer) zur Umsetzung bereitgestellt wird, umsetzungsbereit ist oder der erste Umsetzungsschritt begonnen wurde (Art. 8ab Abs. 1 EU-AHiRL; § 138f Abs. 2 AO-E). Entsprechendes gilt, wenn der „relevante Steuerpflichtige" (Nutzer) selbst zur Mitteilung verpflichtet ist (Art. 8ab Abs. 7 EU-AHiRL; § 138f Abs. 7 AO-E).

25.47

d) Verfahren

Die Meldepflicht ist gegenüber den zuständigen Steuerbehörden zu erfüllen (Art. 8ab Abs. 1 EU-AHiRL), in Deutschland gegenüber dem für den Meldepflichtigen zuständigen FA (§ 138f Abs. 1 AO-E). Die Mitteilung muss folgende Angaben enthalten (Art. 8ab Abs. 14 EU-AHiRL; § 138f Abs. 3 AO-E):

25.48

– Person des Intermediärs und des Steuerpflichtigen (Nutzer);
– mitteilungspflichtige Kennzeichen;
– Zusammenfassung des Inhalts, Datum des ersten Schritts zur Umsetzung, Rechtsgrundlagen und Wert der mitteilungspflichtigen grenzüberschreitenden Gestaltung;
– betroffene Mitgliedstaaten und betroffene in Mitgliedstaaten ansässige Personen.

In den Fällen, in denen Intermediäre marktfähige grenzüberschreitende Steuergestaltungen (Art. 3 Nr. 24 EU-AHiRL) zur Verfügung stellen, besteht zudem die Pflicht, vierteljährlich einen Bericht mit einer Aktualisierung zu übermitteln (Art. 8ab Abs. 2 EU-AHiRL; § 138f Abs. 9 AO-E)

Wird gegen die Mitteilungspflichten verstoßen, sind die Mitgliedstaaten verpflichtet, nach Maßgabe ihres nationalen Rechts „Sanktionen" zu verhängen, die „wirksam, verhältnismäßig und abschreckend" sein müssen (Art. 25a EU-AHiRL). Nach deutschem Recht bedeutet die Verletzung der Mitteilungspflichten[2] eine Ordnungswidrigkeit (§ 383a Abs. 1 AO-E), die mit einer Geldbuße bis zu 25.000 Euro geahndet werden kann (§ 383a Abs. 2 AO-E).[3]

25.49

Die beim BZSt eingegangenen elektronischen Mitteilungen (§ 138f Abs. 1 AO-E i.V.m §§ 87a, 87b AO) werden von dort im Rahmen des automatischen Informationsaustauschs an die betreffenden anderen Mitgliedstaaten übermittelt (Art. 21 Abs. 5 Unterabs. 4 EU-AHiRL) und ab dessen Implementierung in das von der KOM eingerichtete Zentralverzeichnis eingestellt (Art. 8ab Abs. 13 EUAHiRL; § 7 Abs. 13 EUAHiG).[4] Seitens des BZSt erfolgt hierbei eine Prüfung und Auswertung der eingegangenen Daten (§ 138h AO-E).[5]

25.50

Soweit Mitteilungen von anderen Mitgliedstaaten eingehen oder der Zugriff auf das sichere Zentralverzeichnis möglich ist,[6] ist das BZSt als zentrales Verbindungsbüro zuständig (§ 7 Abs. 14 EuAHiG).

---

1 Nach Art. 3 Nr. 22 EU-AHiRL ist das jede Person, der eine meldepflichtige grenzüberschreitende Gestaltung zur Umsetzung bereitgestellt wird oder die bereit ist, eine meldepflichtige grenzüberschreitende Gestaltung umzusetzen, oder die den ersten Schritt einer solchen Gestaltung umgesetzt hat.
2 Betroffen sind Intermediäre und Nutzer einer mitteilungspflichtigen grenzüberschreitenden Steuergestaltung.
3 Gegebenenfalls kann auch der Tatbestand einer Steuerhinterziehung erfüllt sein (§ 370 AO).
4 Die Zuständigkeit des BZSt ergibt sich aus § 5 Abs. 1 Satz Nr. 5f FVG-E).
5 Vgl. auch § 5 Abs. 1 Satz 1 Nr. 5g FVG-E.
6 Vgl. Art. 21 Abs. 5 Eu-AHiRL.

Von dort werden die Informationen nach Auswertung letztlich an die zuständigen Finanzämter weitergeleitet.

e) Zeitliche Anwendung

25.51 Die ÄnderungsRL 2018/822 ist von den Mitgliedstaaten bis zum 31.12.2019 in nationales Recht umzusetzen und sodann ab 1.7.2020 anzuwenden (Art. 2 Abs. 1 der ÄnderungsRL). Die Mitteilungspflicht betrifft hierbei bereits grenzüberschreitende Gestaltungen, deren erster Schritt nach dem 24.6.2018 umgesetzt wurde (Art. 8ab Abs. 12 EU-AHiRL; § 33 Abs. 1 EGAO-E). In diesem Fall ist die Mitteilung an das zuständige Finanzamt bis zum 31.8.2020 zu erstatten. (§ 33 Abs. 2 EGAO-E).

IV. Spontanauskünfte

25.52 Während automatische Auskünfte ohne jeden Anlass erfolgen, dürfen im Rahmen des spontanen Informationsaustauschs im Grundsatz nur solche Informationen erteilt werden, die verfügbar sind und für die zuständigen Behörden der anderen Mitgliedstaaten von Nutzen sein können.[1] Insoweit ist in Deutschland dem BZSt als zentralem Verbindungsbüro ein **Ermessen** eingeräumt, in dessen Rahmen stets eine Einzelfallprüfung zu erfolgen hat.[2] Hierbei ist der betroffene (inländischer Beteiligter) vorher zu hören (vgl. hierzu Rz. 25.24).[3]

25.53 Eine **Verpflichtung** zur Spontanauskunft besteht allerdings, wenn

– Gründe für die Vermutung einer Steuerverkürzung in dem anderen Mitgliedstaat vorliegen,

– ein Sachverhalt vorliegt, auf Grund dessen eine Steuerermäßigung oder Steuerbefreiung gewährt worden ist und die betreffenden Informationen für den Steuerpflichtigen zu einer Besteuerung oder Steuererhöhung im anderen Mitgliedstaaten führen könnten,

– Geschäftsbeziehungen zwischen einem in Deutschland Steuerpflichtigen und einem in einem anderen Mitgliedstaat Steuerpflichtigen über ein oder mehrere weitere Staaten in einer Weise geleitet werden, die in einem oder beiden Mitgliedstaaten zu Steuerersparnissen führen können,

– Gründe für die Vermutung vorliegen, dass durch künstliche Gewinnverlagerungen zwischen verbundenen Unternehmen eine Steuerersparnis eintritt, oder

– ein Sachverhalt, der im Zusammenhang mit der Informationserteilung eines anderen Mitgliedstaates ermittelt wurde, auch für die zutreffende Steuerfestsetzung in einem weiteren Mitgliedstaat erheblich sein könnte.[4]

25.54 Die vorgenannten Informationen sind so schnell wie möglich an die zuständige Behörde jedes anderen betroffenen Mitgliedstaats zu übermitteln, spätestens jedoch einen Monat, nachdem die Informationen verfügbar geworden sind (Art. 10 Abs. 1 EU-AHiRL, § 8 Abs. 3 EU-AHiG). Der Eingang dieser Informationen ist sodann unverzüglich, spätestens jedoch sieben Arbeitstage nach Eingang der Informationen zu bestätigen (Art. 10 Abs. 2 EU-AHiRL, § 9 EU-AHiG).

---

1 Art. 9 Abs. 2 EU-AHiRL, § 8 Abs. 1 EU-AHiG.
2 *Seer* in T/K, § 117 AO Rz. 107; *Seer/Gabert*, StuW 2010, 3 (13).
3 *Seer* in T/K, § 117 AO Rz. 109; *Hendricks*, Internationale Informationshilfe in Steuerverfahren, S. 343 f.; *Herlinghaus* in FS Herzig, S. 933 (937); Rechtsgrundlage: § 117 Abs. 4 Satz 3 i.V.m. § 91 AO.
4 So der Wortlaut von § 8 Abs. 2 EU-AHiG, der inhaltlich mit Art. 9 Abs. 1 EU-AHiRL übereinstimmt.

V. Sonstige Form der Verwaltungszusammenarbeit

1. Anwesenheitsrechte

Die AHiRL geht insoweit über den bloßen Informationsaustausch hinaus, als Bedienstete der ersuchenden Behörde zum Zwecke des Informationsaustauschs in den Amtsräumen zugegen sein dürfen, in denen die Verwaltungsbehörden des ersuchten Mitgliedstaats ihre Tätigkeit ausüben (Art. 11 Abs. 1 Satz 1 Buchst. a EU-AHiRL, § 10 Abs. 1 Nr. 1 EU-AHiG). Noch weitergehend ist die dem Bediensteten der ersuchenden Behörde eingeräumte Befugnis, bei den behördlichen Ermittlungen im Hoheitsgebiet des ersuchten Mitgliedstaats anwesend sein zu dürfen (Art. 11 Abs. 1 Satz 1 Buchst. b EU-AHiRL, § 10 Abs. 1 Nr. 2 EU-AHiG). Voraussetzung ist allerdings von vornherein, dass die ersuchende und ersuchte Behörde eine entsprechende Vereinbarung treffen. Denn jedenfalls ohne Einverständnis des betroffenen Staates dürften Bedienstete (Steuerbeamte) in dienstlicher Eigenschaft dort nicht tätig werden (vgl. auch Rz. 25.2).[1] Das **einvernehmliche Anwesenheitsrecht** in den Amtsräumen der Verwaltungsbehörden des ersuchten Staates und bei den dortigen Ermittlungen[2] tangiert somit nicht das allgemeine völkerrechtliche Verbot, auf fremdem Hoheitsgebiet Hoheitsakte zu setzen.[3] Im Hinblick darauf gehen die der ersuchenden Behörde eingeräumten Befugnisse grundsätzlich nicht über ein **passives Teilnahmerecht** hinaus.[4] Eine Erweiterung erfährt diese Befugnis allerdings dadurch, dass Bedienstete der ersuchenden Behörde, die bei behördlichen Ermittlungen zugegen sind, Einzelpersonen befragen und Aufzeichnungen prüfen dürfen (Art. 11 Abs. 2 EU-AHiRL). Dieses **aktive Teilnahmerecht** ist aber nur zugelassen, wenn dies zwischen den beteiligten Behörden ausdrücklich vereinbart wurde und dies nach den Rechtsvorschriften des ersuchten Mitgliedstaates überhaupt zulässig ist (Art. 11 Abs. 2 Satz 1 EU-AHiRL). Aus deutscher Sicht ist zusätzlich Voraussetzung, dass die betroffenen Personen der Befragung und Prüfung zustimmen (Art. 10 Abs. 3 Satz 2 EU-AHiG). Wird die Zustimmung verweigert, so gilt sie als gegenüber den Bediensteten der Behörde des eigenen Mitgliedstaats als verweigert (Art. 11 Abs. 2 Satz 2 EU-AHiRL, § 10 Abs. 3 Satz 3 EU-AHiG). Das bedeutet aus deutscher Sicht zugleich eine Verletzung der in der AO statuierten Mitwirkungspflichten (§§ 90, 200 AO). Die Anwesenheitsrechte von Bediensteten der ersuchenden Behörde im anderen Mitgliedstaat darf nur in den Grenzen erfolgen, in denen überhaupt ein Informationsaustausch zugelassen ist. Das bedeutet, dass es stets nur um die Anwendung und Durchsetzung des innerstaatlichen Rechts gehen darf, soweit dies für Zwecke der Besteuerung[5] voraussichtlich erheblich ist (Art. 11 Abs. 1 Satz 1 i.V.m. Art. 1 Abs. 1 EU-AHiRL). Damit geht das Recht etwa auf Einsicht in Unterlagen nicht über das hinaus, was im Rahmen des Informationsaustausches offenbart werden darf (§ 10 Abs. 2 EU-AHiG).[6] Nur unter diesen Voraussetzungen ist überhaupt eine befugte Offenbarung von den ansonsten dem Steuergeheimnis unterliegenden Kenntnissen gegeben (§ 30 Abs. 4 Nr. 2 AO).

25.55

2. International koordinierte Außenprüfungen

Die Befugnis, bei behördlichen Ermittlungen im anderen Vertragsstaat anwesend sein zu dürfen (Art. 11 Abs. 1 Satz 1 Buchst. b EU-AHiRL), erfährt eine Konkretisierung dahingehend, dass zwischen zwei oder mehreren Mitgliedstaaten auf Grundlage einer Vereinbarung[7] gleichzeitige Außenprüfungen durchgeführt werden können, wobei die hierbei erlangten Informationen ausgetauscht werden dürfen (Art. 12

25.56

---

1 *Schaumburg* in Schaumburg, Internationales Steuerrecht[4], Rz. 22.3; *Spatscheck/Alvermann*, IStR 2001, 33 ff.
2 Hierzu BMF-Schreiben v. 29.5.2019, BStBl. I 2019, 480 (Merkblatt) Rz. 4.2.3.
3 BVerfG v. 22.3.1983 – 2 BvR 475/78, BVerfGE 63, 343 (373); BFH v. 11.2.1959 – II 15/58 U, BStBl. III 1959, 181; *Verdross/Simma*, Universelles Völkerrecht[3], S. 277; *Stein/von Buttlar/Kotzur*, Völkerrecht[14]; Rz. 511 ff.; *Epping* in Ipsen, Völkerrecht[6], § 5 Rz. 60 f.; *Seer* in T/K, § 117 AO Rz. 2.
4 Vgl. *Seer* in T/K, § 117 AO Rz. 111; *Söhn* in H/H/Sp, § 117 AO Rz. 283a; *Schaumburg*, DStR 2002, 829 (837).
5 Angesprochen sind nur die in Art. 2 EU-AHiRL genannten Steuern (vgl. Rz. 25.17).
6 *Söhn* in H/H/Sp, § 117 AO Rz. 283.
7 Vgl. den Überblick über die bislang getroffenen Vereinbarungen bei *Seer* in T/K, vor § 193 AO Rz. 43.

Abs. 1 EU-AHiRL, § 12 Abs. 1 EU-AHiG). Auch hierfür gelten die allgemeinen **Schrankenwirkungen**, so dass eine derart international koordinierte Außenprüfung als **Simultanprüfung** (gleichzeitige Prüfung) nur dann zulässig ist, wenn sie darauf gerichtet ist, Informationen zu erlangen, die für Zwecke der Besteuerung voraussichtlich erheblich[1] sind.[2] Darüber hinaus gilt auch hier: Es dürfen im Rahmen von international koordinierten Außenprüfungen nur solche Informationen offenbart werden, die im Rahmen eines Auskunftsersuchens übermittelt werden dürfen (Art. 10 Abs. 2 Satz 1 EU-AHiG).[3] Andernfalls liegt eine Verletzung des Steuergeheimnisses vor (§ 30 Abs. 4 Nr. 2 AO). Darüber hinaus ist auch im Rahmen einer international koordinierten Außenprüfung im Grundsatz der betroffene Steuerpflichtige zuvor anzuhören (vgl. im Übrigen Rz. 25.24).[4] Von der Anhörung kann allerdings bis zur Bekanntgabe der Prüfungsanordnung abgesehen werden, wenn sonst der Prüfungserfolg gefährdet werden würde (§ 12 Abs. 5 EU-AHiG). Soweit im Verlauf der Außenprüfung Informationen den an der Prüfung teilnehmenden ausländischen Bediensteten zugänglich gemacht werden, ist der betroffene Steuerpflichtige ebenfalls vorher zu hören. Es reicht nicht aus, dass er vor Beginn der Außenprüfung lediglich darüber unterrichtet wird, dass im Rahmen einer international koordinierten Außenprüfung Prüfungsfeststellungen an den anderen Mitgliedstaat übermittelt werden können.[5]

25.57 Über Simultanprüfungen hinaus sind auch **gemeinsame Außenprüfungen** (Joint Audits) zulässig (§ 10 Abs. 3 EU-AHiG).[6] Hierbei geht es nicht um miteinander abgestimmte Außenprüfungen, sondern um eine Außenprüfung, bei der ausländische Prüfer aktive Prüfungsrechte haben.[7] Voraussetzung ist allerdings, dass der betroffene Steuerpflichtige, bei dem die Prüfung durchgeführt werden soll, zustimmt (§ 10 Abs. 3 Satz 2 EU-AHiG).[8] Simultanprüfungen und gemeinsame Außenprüfungen haben insbesondere Bedeutung für die Prüfung von Großunternehmen in Zusammenhang mit der **internationalen Einkünfteabgrenzung**, also bei Problemen der Verrechnungspreise bei verbundenen Unternehmen und im Verhältnis zu ausländischen Betriebsstätten (§ 1 AStG),[9] Funktionsverlagerungen (§ 1 Abs. 3 AStG) und Entstrickung (§ 4 Abs. 1 Satz 3 und 4 EStG, § 12 Abs. 1 KStG).[10] Darüber hinaus eignen sich gemeinsame steuerliche Außenprüfungen auch für die „Ermittlung grenzüberschreitender Steuergestaltungs- und Steuervermeidungsmodelle und zur Ermittlung komplexer Unternehmensumstrukturierungen."[11]

---

1 Hierzu EuGH v. 16.5.2017 – C-682/15 – Berlioz, ECLI:EU:C:2017:373; FG Köln v. 20.10.2017 – 2 V 1055/17, EFG 2018, 351; v. 23.2.2018 – 2 V 814/17, EFG 2018, 852; v. 12.9.2019 – 2 K 814/18, ISR 2019, 229.
2 *Söhn* in H/H/Sp, § 117 AO Rz. 287; *Czakert* in Schönfeld/Ditz, DBA, Anh. 1 Rz. 54.
3 Vgl. FG Köln v. 23.2.2018 – 2 V 814/17, EFG 2018, 852: Ob in dem anderen Mitgliedstaat verfahrensrechtlich überhaupt noch Möglichkeiten zur Änderung bereits erlassener Steuerbescheide bestehen, muss die deutsche Finanzverwaltung nicht überprüfen.
4 BMF v. 9.1.2017, BStBl. I 2017, 89 Rz. 3.2 (Merkblatt); eine Zustimmung seitens des Stpfl. ist nicht erforderlich, FG Köln v. 23.5.2017 – 2 V 2498/16, EFG 2017, 1322.
5 *Hendricks*, Internationale Informationshilfe im Steuerverfahren, S. 390; vgl. FG Köln v. 23.5.2017 – 2 V 2498/16, rkr., EFG 2017, 1322: Mitteilung über die Absicht, eine gleichzeitige Prüfung durchzuführen, ist ausreichend.
6 Zu Joint Audits auf Grundlage von Abkommensrecht *Hendricks* in FG Wassermeyer, Doppelbesteuerung, München 2015, S. 565.
7 *Seer* in T/K, Vor § 193 AO Rz. 44.
8 Vgl. BMF-Schreiben v. 9.1.2017, BStBl. I 2017, 89 Rz. 2.2.1, 2.2.6 (Merkblatt); unter dieser Voraussetzung können auch entsprechende bilaterale Vereinbarungen mit Drittstaaten getroffen werden; vgl. *Schaumburg* in Schaumburg, Internationales Steuerrecht[4], Rz. 22.3; *Roth* in Schaumburg/Piltz, Betriebsprüfung internationaler Sachverhalte, S. 51 ff.
9 Vgl. den Verrechnungspreisfall des FG Köln v. 23.5.2017 – 2 V 2498/16, EFG 2017, 1322.
10 Vgl. den Entstrickungsfall des FG Köln v. 20.10.2017 – 2 V 1055/17, EFG 2018, 351.
11 BMF-Schreiben v. 9.1.2017, BStBl. I 2017, 89 Rz. 3.5 (Merkblatt).

3. Zustellungsersuchen

Aus Gründen des Völkerrechts ist es im Grundsatz jedem Staat untersagt, außerhalb seiner Grenzen Hoheitsakte zu setzen. Zu diesen Hoheitsakten zählt die (einfache) **Bekanntgabe von Verwaltungsakten** (§ 122 AO) sowie die förmliche Bekanntgabe (Zustellung) nach den VwZG.[1] Im Hinblick darauf hängt die Wirksamkeit der Zustellung etwa mittels Einschreiben mit Rückschein (§ 4 Abs. 1 VwZG) von der völkerrechtlichen Zulässigkeit ab (§ 9 Abs. 1 Nr. 1 VwZG). Diese ergibt sich entweder ausdrücklich aus völkerrechtlichen Verträgen, etwa aus DBA oder Amts- und Rechtshilfeabkommen,[2] oder aber auf Grund von Völkergewohnheitsrecht, ausdrücklichem nichtvertraglichen Einverständnis oder aber auch durch bloße Tolerierung.[3]

25.58

Eine unionsrechtliche Grundlage für **grenzüberschreitende Zustellungen** enthält die EU-AHiRL (Art. 13 EU-AHiRL, §§ 13, 14 EU-AHiG). Hiernach wird auf Ersuchen die Zustellung von Dokumenten und Entscheidungen an Adressaten im ersuchten Mitgliedstaat ermöglicht, soweit diese mit den unter die EU-AHiRL fallenden Steuern (vgl. Rz. 25.17) zusammenhängen (Art. 13 Abs. 1 EU-AHiRL, § 13 Abs. 1, § 14 Abs. 1 EU-AHiG). Voraussetzung ist allerdings, dass die ersuchende Behörde selbst nicht in der Lage ist, die Zustellung nach Maßgabe der einschlägigen innerstaatlichen Rechtsvorschriften – in Deutschland: VwZG – im ersuchenden Mitgliedstaat vorzunehmen, oder die Zustellung unverhältnismäßige Schwierigkeiten aufwerfen würde (Art. 13 Abs. 4 Satz 1 EU-AHiRL, § 13 Abs. 2 EU-AHiG). Aufgrund einer weitergehenden Generalklausel ist es allerdings zulässig, im anderen Mitgliedstaat ansässigen Personen jedes Dokument per Einschreiben oder auf elektronischem Wege direkt zuzustellen (Art. 13 Abs. 4 Satz 2 EU-AHiRL, § 13 Abs. 4 EU-AHiG). In diesem Fall ist also die grenzüberschreitende Zustellung genauso ohne weiteres möglich wie die Zustellung im Inland. Diese Erleichterung spielt insbesondere in den Fällen eine Rolle, in denen etwa ein Steuerpflichtiger vom Inland in einen anderen Mitgliedstaat verzieht.[4]

25.59

4. Rechtsschutz

Die EU-AHiRL und das EU-AHiG enthalten im Zusammenhang mit dem grenzüberschreitenden Informationsaustausch keine Regelungen über den Rechtsschutz der Betroffenen. Dies ist allein Sache des jeweiligen nationalen Rechts, wobei Art. 47 Abs. 1 GrC einen effektiven gerichtlichen Rechtsschutz gewährleistet.[5] Ein effektiver Rechtsschutz ist hierbei aber nur dann gegeben, wenn vor Stellung des Auskunftsersuchens oder vor Erteilung der ersuchten Auskünfte der betroffene Steuerpflichtige gehört wird (vgl. auch Rz. 25.20).[6] Unterbleibt die vorherige Anhörung, ergibt sich als einzige Rechtsschutzmöglichkeit nur noch die **Feststellungsklage** zum FG (§ 41 FGO). Im Rahmen dieser Klage kann die Feststellung der Rechtswidrigkeit des Auskunftsersuchens oder der erteilten Auskunft begehrt werden.[7] Das hierfür erforderliche Feststellungsinteresse ist in aller Regel schon deshalb gegeben, weil die im Falle eines Auskunftsersuchens und erst recht bei der Auskunftserteilung offenbarten Tatsachen vom Schutzbereich des Steuergeheimnisses (§ 30 AO) erfasst werden.[8] Wird der Betroffene vorher

25.60

---

1 *Drüen* in T/K, § 9 VwZG Rz. 2; *Schwarz* in H/H/Sp, § 9 VwZG Rz. 5.
2 Vgl. hierzu die Übersicht bei *Drüen* in T/K, § 9 VwZG Rz. 4; *Schwarz* in H/H/Sp, § 9 VwZG Rz. 24.
3 AEAO v. 31.1.2014, BStBl. I 2014, 290 Rz. 3.1.4.1 zu § 122 AO.
4 *Söhn* in H/H/Sp, § 117 AO Rz. 291; *Gabert*, FR 2013, 986 (991).
5 EuGH v. 16.5.2017 – C – 682/15 – Berlioz, IStR 2017, 785 Rz. 51; vgl. hierzu auch *Oppel/Sendke*, IStR 2018, 110 (114).
6 *Seer/Gabert*, StuW 2010, 3 (20); *Bozza-Bodden* in Internationales Steuerrecht, DStJG 36 (2013), S. 133 (162).
7 Vgl. BFH v. 29.4.2008 – I R 79/07, BFH/NV 2008, 1807.
8 BFH v. 29.4.2008 – I R 79/07, BFH/NV 2008, 1807; FG Köln v. 20.9.2007 – 2 K 938/07, EFG 2008, 1094.

gehört, besteht die Möglichkeit der **vorbeugenden Unterlassungsklage** (§ 40 FGO)[1] und im Rahmen des vorläufigen Rechtschutzes der Antrag auf Erlass einer **einstweiligen Anordnung** (§ 114 FGO).[2]

D. Beitreibungsrichtlinie

Literatur: *Blaesing*, Grenzen der Vollstreckungshilfe für andere Mitgliedstaaten, ZfZ 2011, 117; *Czakert*, Seminar I: Der internationale Informationsaustausch bei der Festsetzung und Beitreibung von Steuern, IStR 2010, 567; *Gabert*, Deutsche Beitreibungsamtshilfe nach dem EU-Beitreibungsgesetz (EU-BeitrG): Überblick und Bezüge zum Ertragsteuerrecht, FR 2012, 707; *Hendricks*, Durchsetzung deutscher Steueransprüche im Ausland – Zugleich Anmerkung zum BFH, Urt. v. 21.7.2009 – VII R 52/08, IStR 2009, 846; *Kokott*, Das Steuerrecht der Europäischen Union, München 2018, § 10; *Seer*, Die Vollstreckungsamtshilfe in Steuersachen nach der neu gefassten Beitreibungsrichtlinie 2010/24/EU, IWB 2011, 144; *Seer*, Vollstreckungsamtshilfe in Steuersachen in Europa, in Holoubek/Lang (Hrsg.), Verfahren der Zusammenarbeit von Verwaltungsbehörden in Europa, Wien 2012, 85; *Seer*, Internationale Beitreibungshilfe, IWB 2017, 595; *Vascega/van Thiel*, Council adopts New Directive on Mutual Assistance in Recovery of Tax and Semilar Claims, ET 2010, 231.

I. Anwendungsbereich

25.61 Die Beitreibungsrichtlinie (EU-BeitrRL)[3] regelt die zwischenstaatliche Amtshilfe bei der Steuererhebung (**Vollstreckungshilfe**). Sie ist eine Ergänzung zur EU-AHiRL, die die zwischenstaatliche Amtshilfe im Rahmen des steuerlichen Festsetzungsverfahrens einschließlich des Ermittlungsverfahrens ermöglicht. Es geht also im Wesentlichen um die Vollstreckung, also die Geltendmachung des Steueranspruchs seitens der Steuerbehörden der Mitgliedstaaten und damit die finanziellen Interessen der Mitgliedstaaten (Rz. 4 der Erwägungsgründe zur EU-BeitrRL). Zugleich dient die gegenseitige Unterstützung insbesondere bei der Vollstreckung dem reibungslosen Funktionieren des Binnenmarktes (Rz. 1 der Erwägungsgründe zur EU-BeitrRL): Die Steuerbehörden bzw. Vollstreckungsbehörden der Mitgliedstaaten sind nicht imstande, ihre Steueransprüche außerhalb des Hoheitsbereichs durchzusetzen oder im Auftrage ausländischer Behörden im Inland Vollstreckungsmaßnahmen durchzuführen. Bei der Vollstreckung (§§ 249 ff. AO) handelt es sich nämlich um Maßnahmen des Verwaltungszwangs und somit um die Ausübung staatlicher Hoheitsgewalt, die auf fremden Staatsgebieten grundsätzlich nicht ausgeübt werden darf (vgl. Rz. 25.2).[4] Darüber hinaus ist auch eine Vollstreckung auf Grund des Ersuchens eines ausländischen Staates durch § 250 AO nicht gedeckt, weil hiernach Vollstreckungsmaßnahmen nur auf Ersuchen anderer nationaler Vollstreckungsbehörden zulässig sind.[5]

25.62 Rechtsgrundlagen für die **Inanspruchnahme von Vollstreckungshilfe** im EU-Ausland sind § 117 AO[6] und § 10 EU-BeitrG und für die Gewährung von Vollstreckungshilfe Art. 10 Abs. 1, Art. 13 Abs. 1 Satz 1 EU-BeitrRL und § 9 Abs. 1 EU-BeitrG. Die **Verpflichtung zur Gewährung von Vollstreckungshilfe** in

---

1 Die Entscheidung des BZSt, ein Auskunftsersuchen zu stellen oder eine Auskunft zu erteilen, ist kein (anfechtbarer) Verwaltungsakt; BFH v. 21.7.2009 – VII R 52/08, BStBl. II 2010, 51; *Seer* in T/K, § 117 AO Rz. 139; *Söhn* in H/H/Sp, § 117 Rz. 214 f.; *Hendricks*, IStR 2009, 846 (852); *Seer*, IWB 2011, 144 (151); a.A. *Ismer/Sailer*, IStR 2003, 622 (629); *Lammers*, EWS 2010, 121 (122 f.).
2 *Seer* in T/K, § 117 AO Rz. 140; *Bozza-Bodden* in Internationales Steuerrecht, DStJG 36 (2013), S. 133 (164 ff. m.w.N.); FG Köln v. 23.5.2017 – 2 V 2498/16, EFG 2017, 1322; FG Köln v. 20.10.2017 – 2 V 1055/17, EFG 2018, 351.
3 Richtlinie 2010/24/EU des Rates v. 16.3.2010 über die Amtshilfe bei der Beitreibung von Forderungen in Bezug auf bestimmte Steuern, Abgaben und sonstigen Maßnahmen, ABl. EU 2010 Nr. L 84, 1; umgesetzt durch das EU-BeitrG v. 7.12.2011, BGBl. I 2011, 2592.
4 *Drüen* in T/K, Vor § 249 AO Rz. 6; *Seer*, IWB 2017, 595.
5 *Seer* in T/K, § 250 AO Rz. 5; *Beermann* in H/H/Sp, § 250 AO Rz. 10 f., 60.
6 *Czakert* in Schönfeld/Ditz, Art. 27 OECD-MA Rz. 20.

der EU enthalten die EU-BeitrRL, die EU-BeitrDVO[1] sowie der an die Mitgliedstaaten gerichtete EU-BeitrDbeschl.[2] Die EU-BeitrRL ist durch das EU-BeitrG[3] in deutsches Recht umgesetzt worden. Die hiernach mögliche Vollstreckungshilfe umfasst im Wesentlichen die folgenden vier Maßnahmen:

– Beitreibung von in dem ersuchenden Mitgliedstaat entstandenen Forderungen,

– Sicherungsmaßnahmen, um die Beitreibung der in dem ersuchenden Mitgliedstaat entstandenen Forderungen zu gewährleisten,

– Erteilung von Auskünften, die für die Beitreibung benötigt werden, und

– Zustellung aller mit den beizutreibenden Forderungen zusammenhängenden Dokumente des ersuchenden Mitgliedstaats an den Schuldner.

Im Hinblick darauf, dass die EU-BeitrRL vor allem den finanziellen Interessen der Mitgliedstaaten gerecht werden soll, ist der **persönliche Anwendungsbereich** weit gefasst. Das bedeutet, dass insbesondere Beitreibungsersuchen auch für Forderungen gegen Schuldner möglich sind, die nicht in einem anderen Mitgliedstaat ansässig und nicht Unionsbürger sind. Eine Besonderheit ergibt sich lediglich für die Auskunftserteilung ohne vorheriges Ersuchen an einen anderen Mitgliedstaat in den Fällen, in denen Steuern oder Abgaben mit Ausnahme der Mehrwertsteuer erstattet werden sollen. Hier ist die Auskunftserteilung nur vorgesehen, wenn die Erstattung an eine Person erfolgen soll, „die in einem anderen Mitgliedstaat niedergelassen oder wohnhaft ist" (Art. 6 EU-BeitrRL, § 6 EU-BeitrG). Zu den betroffenen Personen zählen alle natürlichen und juristischen Personen sowie alle anderen Rechtsträger, wie z.B. Trusts und Stiftungen, denen nach dem jeweiligen nationalen Recht eine Schuldnereigenschaft zukommen kann (Art. 3 Buchst. a-c Ziff. i-iii EU-BeitrRL, § 2 Abs. 1 Nr. 1–3 EU-BeitrG). Darüber hinaus werden überhaupt alle Rechtsträger erfasst, die Vermögensgegenstände besitzen oder verwalten, deren Erträge einer Steuer oder Abgabe im Sinne der EU-BeitrRL unterliegen (Art. 3 Buchst. c Ziff. iv EU-BeitrRL, § 2 Abs. 1 Nr. 4 EU-BeitrG).[4]

25.63

In **sachlicher Hinsicht** erfasst die EU-BeitrRL Forderungen, die in den Mitgliedstaaten entstanden sind (Art. 2 Abs. 1 EU-BeitrRL, § 1 Abs. 1 Satz 1 EU-BeitrG). Damit ist etwa ein Vollstreckungsersuchen wegen in Drittstaaten entstandener Forderungen ausgeschlossen. Zu den unter die EU-BeitrRL fallenden Forderungen gehören

25.64

– Steuern und Abgaben[5] aller Art, die von einem oder für einen Mitgliedstaat oder für die EU erhoben werden (Art. 2 Abs. 1 Nr. 1 Buchst. a EU-BeitrRL, § 1 Abs. 1 Satz 2 Nr. 1 Buchst. a und b EU-BeitrG),

– Erstattungen, Interventionen und andere Maßnahmen, die Bestandteil des Systems der vollständigen Finanzierung oder Teilfinanzierung des Europäischen Garantiefonds für die Landwirtschaft oder des Europäischen Landwirtschaftsfonds für die Entwicklung des ländlichen Raums sind,[6] einschließlich der im Rahmen dieser Aktionen zu erhebenden Beiträge,

– Abschöpfungen[7] und andere Abgaben im Rahmen der gemeinsamen Organisation der Agrarmärkte für den Sektor Zucker,

---

1 Durchführungsverordnung (EU) Nr. 1189/2011 v. 18.11.2011, ABl. EU 2011 Nr. L 302, 16.
2 Durchführungsbeschluss der Kommission v. 18.11.2011, KOM (2011) 8193.
3 EU-BeitrG v. 7.12.2011, BGBl. I 2011, 2592; zuletzt geändert durch EUAHiG v. 26.6.2013, BGBl. I 2013, 1809.
4 *Czakert* in Schönfeld/Ditz, DBA, Anh. 2 Rz. 15.
5 Im Wesentlichen Einfuhr- und Ausfuhrabgaben nach Art. 5 Nr. 20 und 21 UZK.
6 Die Finanzierung des Europäischen Garantiefonds für die Landwirtschaft (EGFL) und des Europäischen Landwirtschaftsfonds für die Entwicklung des ländlichen Raums (ELER) beruht auf Art. 40 Abs. 3 AEUV; hierzu *Kopp* in Streinz[2], Art. 40 AEUV Rz. 109 ff.
7 Nunmehr Einfuhr- bzw. Ausfuhrabgaben; Art. 5 Nr. 20 und 21 UZK.

– Geldstrafen, Geldbußen, Gebühren und Zuschläge, soweit es sich um steuerliche Nebenforderungen handelt.[1]

25.65 Neben diesem **Positivkatalog** (Art. 2 Abs. 1, 2 EU-BeitrRL, § 1 Abs. 1, 2 EU-BeitrG) enthält die EU-BeitrRL auch einen **Negativkatalog**, wonach insbesondere Pflichtbeiträge zur Sozialversicherung und Geldstrafen und Geldbußen nicht erfasst werden (Art. 2 Abs. 3 EU-BeitrRL, § 1 Abs. 3 EU-BeitrG).

25.66 Die Regelungen der EU-BeitrRL und des EU-BeitrG stehen neben anderen bilateralen oder multilateralen Amtshilfeabkommen, soweit diese „Amtshilfe in größerem Umfang" gewähren (Art. 24 Abs. 1 EU-BeitrRL, § 22 Abs. 1 EU-BeitrG).[2] Zu den Regelungen, die ebenfalls eine Beitreibungsamtshilfe vermitteln, zählen die Vollstreckungsklauseln der DBA (Art. 27 OECD-MA), die Amts- und Rechtshilfeabkommen mit Finnland[3], Italien[4], Österreich[5] und den Niederlanden[6] sowie das multilaterale Amtshilfeübereinkommen des Europarates und der OECD,[7] das allerdings wegen der vielfältigen Vorbehalte vieler Staaten derzeit hinsichtlich der Beitreibungshilfe noch nicht aktiviert ist.[8] Die Finanzbehörden sind allerdings gehalten, die Amtshilfe in der Regel auf der Grundlage der EU-BeitrRL in Anspruch zu nehmen oder zu leisten.[9]

II. Ausgehende Ersuchen

1. Beitreibungsersuchen

25.67 Die Beitreibung von Forderungen, also insbesondere die **Vollstreckung wegen rückständiger Steuern**[10] im Wege der Amtshilfe, bildet den Kern der in der EU-BeitrRL verankerten Regelungsbereiche.[11] Die Beitreibung wird hierbei nur auf Ersuchen der ersuchenden Behörde des anderen Mitgliedstaates durchgeführt (Art. 10 EU-BeitrRL, § 10 EU-BeitrG). Ob auf Grundlage der EU-BeitrRL ein Beitreibungsersuchen gestellt wird, beurteilt sich nach dem jeweils maßgeblichen nationalen Recht. Nach deutschem Recht entscheiden im Grundsatz die FA und die HZA als Vollstreckungsbehörden nach pflichtgemäßem **Ermessen** (§ 5 AO), ob und auf welchem Wege die Beitreibung erfolgen soll (§ 249 Abs. 1, § 250 Abs. 1 AO, § 10 Abs. 1 EU-BeitrG).[12] Das entsprechende Ermessen hat sich hierbei vor allem an den Grundsätzen der Verhältnismäßigkeit im Sinne des geringstmöglichen Eingriffs zu orien-

---

1 Aus deutscher Sicht: Verzögerungsgelder (§ 146 Abs. 2b AO), Verspätungszuschläge (§ 152 AO), Steuerzuschläge bei Verletzung von Dokumentationspflichten (§ 162 Abs. 4 AO), Zinsen (§§ 233 ff. AO), Säumniszuschläge (§ 240 AO), Zwangsgelder (§ 329 AO), Gebühren für die Erteilung verbindlicher Auskünfte (§ 89 Abs. 3 AO), Gebühren für kostenpflichtige Amtshandlungen der Zollbehörden (§ 178 Abs. 1 AO), Gebühren für Vorabverständigungsverfahren – APA (§ 178a AO), Gebühren und Auslagen im Vollstreckungsverfahren (§§ 373 ff. AO); vgl. im Übrigen die Aufzählung bei *Czakert* in Schönfeld/Ditz, DBA, Anh. 2 Rz. 11.
2 Aus der Sicht der FinVerw. besteht insoweit ein Wahlrecht i.S.d. Meistbegünstigung; vgl. *Czakert* in Schönfeld/Ditz, DBA, Anh. 2 Rz. 99; *Seer* in Holoubek/Lang, Verfahren der Zusammenarbeit von Verwaltungsbehörden in Europa, S. 93 f.; *Ismer/Sailer*, IStR 2003, 622 (626).
3 Abkommen v. 25.9.1935, BStBl. I 1954, 404.
4 Abkommen v. 9.6.1938, BStBl. I 1957, 149.
5 Vertrag v. 4.10.1954, BStBl. I 1955, 434.
6 Abkommen v. 21.5.1999, BStBl. I 2001, 66; vgl. auch den Überblick im BMF-Schreiben v. 23.1.2014, BStBl. I 2014, 188 Rz. 5.
7 Gesetz zu dem Übereinkommen vom 25.1.1988 über die gegenseitige Amtshilfe in Steuersachen und zu dem Protokoll vom 27.5.2010 zur Änderung des Abkommens über die gegenseitige Amtshilfe in Steuersachen v. 16.7.2015, BGBl. II 2015, 966.
8 Vgl. *Seer*, IWB 20127, 595 (599).
9 BMF v. 23.1.2014, BStBl. I 2014, 188 Rz. 1.2.4.
10 Beitreibung und Vollstreckung sind synonyme Begriffe, vgl. *Beermann* in H/H/Sp, § 250 AO Rz. 152.
11 Beitreibung (Art. 10 BeitrRL), Sicherungsmaßnahmen (Art. 16 BeitrRL), Auskünfte (Art. 5 BeitrRL) und Zustellung (Art. 8 BeitrRL).
12 *Weber-Grellet* in Musil/Weber-Grellet, Europäisches Steuerrecht, Art. 10 Beitreibungs-RL 7.

tieren.¹ Die FA und die HZA sind zwar befugt, als Vollstreckungsbehörden Amtshilfe in Anspruch zu nehmen (§ 4 Abs. 1 EU-BeitrRL),² die entsprechenden Ersuchen selbst werden in den Mitgliedstaaten aber von den zentralen Verbindungsbüros gestellt (Art. 4 EU-BeitrRL). In Deutschland ist hierfür zuständig das BZSt³ und für den Bereich der Zollverwaltung die Bundesstelle Vollstreckung Zoll beim HZA Hannover.⁴

25.68 Das Beitreibungsersuchen ist nur dann zulässig, wenn die **Voraussetzungen für die Vollstreckung** nach inländischem (deutschen) Recht gegeben sind (Art. 10 Abs. 1 EU-BeitrRL, § 10 Abs. 1 Nr. 1 EU-BeitrG). Das bedeutet vor allem, dass ein Verwaltungsakt, insbesondere ein Steuerbescheid, oder eine Steueranmeldung vorliegt (§ 249 Abs. 1, 2 AO) und dass dessen Vollziehung nicht ausgesetzt und nicht durch Einlegung eines Rechtsbehelfs gehemmt ist (§ 251 Abs. 1 AO). Voraussetzung ist zudem, dass die Leistung fällig und ein Leistungsgebot ergangen und seitdem mindestens eine Woche verstrichen ist (§ 254 Abs. 1 Satz 1 AO).⁵

25.69 Über die nach nationalem Recht gegebenen Zulässigkeitsvoraussetzungen hinaus verlangt die EU-BeitrRL, dass „die Forderung und/oder der Titel für ihre Vollstreckung im ersuchenden Mitgliedstaat" nicht angefochten worden ist (Art. 11 Abs. 1 EU-BeitrRL, § 10 Abs. 1 Satz 1 Nr. 2 EU-BeitrG). Hierbei handelt es sich allerdings nur um einen Grundsatz. Das bedeutet: Wenn nach den Rechts- und Verwaltungsvorschriften sowohl des ersuchenden als auch des ersuchten Mitgliedstaats die Beitreibung einer angefochtenen Forderung oder eines Teilbetrags hiervon zulässig ist, dann darf auch ein entsprechendes Beitreibungsersuchen gestellt werden (Art. 14 Abs. 4 Unterabs. 3 EU-BeitrRL, § 10 Abs. 1 Satz 2 EU-BeitrG). Die entsprechende Regelung im EU-BeitrG stellt in diesem Zusammenhang darauf ab, dass der gegen den Verwaltungsakt eingelegte Einspruch offensichtlich keine Aussicht auf Erfolg hat oder nicht in angemessener Zeit begründet wird und lediglich der Verzögerung der Vollstreckung dient (§ 10 Abs. 1 Satz 2 EU-BeitrG). Es handelt sich hierbei um den Ausnahmefall der **missbräuchlichen Rechtsausübung**, die allein darauf abzielt, Vollstreckungsmaßnahmen hinauszuzögern oder gar zu vereiteln.⁶

25.70 Das Beitreibungsersuchen setzt ferner voraus, dass die **Vollstreckungsmöglichkeiten** nach dem jeweiligen nationalen Recht **ausgeschöpft sind** (Art. 11 Abs. 2 EU-BeitrRL, § 10 Abs. 2 EU-BeitrG).⁷ Dies gilt jedoch dann nicht, wenn im ersuchenden Mitgliedstaat (Deutschland) keine Vermögensgegenstände für die Vollstreckung vorhanden sind oder dort ein Vollstreckungsverfahren nicht zur vollständigen Befriedigung der Forderung führen würde und konkrete Informationen vorliegen, wonach Vermögensgegenstände der betreffenden Person im ersuchten Mitgliedstaat vorhanden sind (Art. 11 Abs. 2 Buchst. a EU-BeitrRL, § 10 Abs. 2 Nr. 1 EU-BeitrG). Im Übrigen ist ein **Beitreibungsersuchen** auch ohne vorangegangenen Vollstreckungsversuch **zulässig**, wenn die diesbezüglichen Vollstreckungsmaßnahmen im ersuchenden Mitgliedstaat mit unverhältnismäßigen Schwierigkeiten verbunden wären (Art. 11 Abs. 2 Buchst. b EU-BeitrRL, § 10 Abs. 2 Nr. 2 EU-BeitrG). Ein Beitreibungsersuchen ist allerdings **unzulässig**, wenn von vorneherein klar ist, dass der ersuchte Staat dem Beitreibungsersuchen nicht nachkommt, also dann, wenn etwa die Bagatellgrenze (1 500 €) nicht erreicht wird (Art. 18 Abs. 3 EU-BeitrRL, § 14 Abs. 1 EU-BeitrG), die Forderungen bereits verfristet sind (Art. 18 Abs. 2 EU-BeitrRL, § 14 Abs. 2 EU-BeitrG) oder die Beitreibung der Forderung unbillig wäre (Art. 18 Abs. 1 EU-BeitrRL, § 14 Abs. 1 EU-BeitrG). Es handelt sich zwar um eine Ermessensvorschrift, der Ermessensspielraum ist

---

1 Vgl. BVerfG v. 19.10.1982 – 1 BvL 34, 55/80, BVerfGE 61, 126 (134); v. 31.5.1998 – 1 BvL 22/85, BVerfGE 78, 232 (245); BFH v. 22.2.2000 – VII R 73/98, BStBl. II 2000, 366 (369); *Kruse* in T/K, § 249 AO Rz. 13.
2 Entsprechendes gilt für Gemeinde und Gemeindeverbände (§ 4 Abs. 2 EU-BeitrG).
3 § 3 Abs. 1 Satz 2 Nr. 1 EU-BeitrG.
4 § 3 Abs. 1 Satz 2 Nr. 2 EU-BeitrG.
5 BMF v. 23.1.2014, BStBl. I 2014, 188 Rz. 3.1.1 Buchst. b.
6 Zum Verbot des Rechtsmissbrauchs als allgemeiner Rechtsgrundsatz vgl. *Herbert* in Gräber⁸, Vor § 76 FGO Rz. 9 m.w.N.
7 Zu diesem Subsidiaritätsprinzip *Seer* in Holoubek/Lang, Verfahren der Zusammenarbeit von Verwaltungsbehörden in Europa, S. 85 (97 f.).

regelmäßig aber stark eingeschränkt.¹ Das gilt insbesondere in den Fällen, in denen dem Steuerpflichtigen durch die Vollstreckung ein unangemessener Nachteil droht, der durch kurzfristiges Zuwarten oder anderweitig vermieden werden kann.² Im Hinblick darauf ist der betroffene Steuerpflichtige (Schuldner) noch vor Stellung des Beitreibungsersuchens in der Regel zu hören.³

25.71 Dem Beitreibungsersuchen, das in elektronischer Form übermittelt wird, muss ein einheitlicher **Vollstreckungstitel** beigefügt sein (Art. 12 Abs. 1 EU-BeitrRL, Art. 16 BeitrDVO, § 10 Abs. 3 EU-BeitrG).⁴ Es handelt sich hierbei im Kern um eine Rückstandsanzeige, in der die einzelnen Forderungen aufgeführt sind.⁵

2. Ersuchen um Sicherungsmaßnahmen

25.72 Die **Sicherung künftiger Vollstreckung** kommt in Betracht, wenn der Schuldner durch Maßnahmen die Vollstreckung vereitelt oder wesentlich erschwert. Bedeutung erlangt somit das Ersuchen um Sicherungsmaßnahmen (Art. 16, 17 EU-BeitrRL, § 12 Abs. 2 EU-BeitrG) in den Fällen, in denen die Forderung oder der Vollstreckungstitel angefochten oder ein Beitreibungsersuchen aus anderen Gründen noch nicht gestellt werden kann. Voraussetzung hierfür ist, dass Sicherungsmaßnahmen sowohl im ersuchenden als auch im ersuchten Mitgliedstaat überhaupt zulässig sind (Art. 16 Abs. 1 EU-BeitrRL, § 12 Abs. 1 Satz 2 EU-BeitrG). Anspruch und Verpflichtung des ersuchenden und des ersuchten Mitgliedstaats gehen damit nicht über die Befugnisse nach dem jeweils nationalen Recht hinaus.⁶

25.73 Im deutschen Steuerrecht sind als Sicherungsmaßnahmen der dingliche und persönliche Arrest (§§ 324, 326 AO) verankert. Der **dingliche Arrest** ist nur zulässig, wenn es um die Sicherung einer Geldforderung geht (Arrestanspruch) und zugleich ein Arrestgrund vorliegt (§ 324 Abs. 1 Satz 1 AO). Sind beide Voraussetzungen gegeben,⁷ kann (Ermessen) ein derartiger Arrest angeordnet werden. Zuständig ist hierfür die Vollstreckungsbehörde (FA, HZA). Es bedarf der schriftlichen, mit einer Begründung versehenen und unterschriebenen Arrestanordnung (§ 324 Abs. 2 AO). Das BZSt als maßgebliches Verbindungsbüro hat sodann die Arrestanordnung dem Ersuchen um Sicherungsmaßnahmen beizufügen (Art. 16 Abs. 1 Unterabs. 2 EU-BeitrRL, § 12 Abs. 3 EU-BeitrG). Zu ihrer Wirksamkeit bedarf die Arrestanordnung vor ihrer Vollziehung zwar grundsätzlich der Zustellung (§ 324 Abs. 2 Satz 1 AO),⁸ eine Vollziehung ist aber auch schon vor der Zustellung zulässig, wenn sie innerhalb einer Woche nach der Vollziehung und innerhalb eines Monats seit der Unterzeichnung der Arrestanordnung nachgeholt wird (§ 324 Abs. 3 Satz 2 AO). Die Einhaltung dieser Fristen ist bei einem Ersuchen um Sicherungsmaßnahmen nur schwer möglich. Das gilt insbesondere für die Vollziehungsfrist, wonach die Vollziehung der Arrestanordnung innerhalb eines Monats nach deren Unterzeichnung zu erfolgen hat (§ 324 Abs. 3 Satz 1 AO). Zur Wahrung dieser Monatsfrist muss daher mit der Vollstreckung innerhalb dieser Frist begonnen werden.⁹ Im Hinblick darauf, dass alle nach außen gerichteten Maßnahmen der Vollstreckungsbehörde nach Unterzeichnung der Arrestanordnung als Beginn der Vollstreckung anzusehen

---

1 *Loose* in T/K, § 258 AO Rz. 4.
2 Vgl. § 258 AO; zu Umständen, die zu einer unbilligen Härte führen können, *Schaumburg* in Schaumburg/Hendricks, Der Steuerrechtsschutz⁴, Rz. 9.13 ff.
3 Ausnahme zu § 91 Abs. 2 Nr. 5 AO, soweit hierdurch die Vollstreckung nicht gefährdet wird; vgl. *Seer* in T/K, § 91 AO Rz. 19.
4 Zur Rechtsverbindlichkeit eines elektronisch übermittelten Vollstreckungstitels nach dem EG-BeitrG BFH v. 11.12.2012 – VII R 70/11, BFH/NV 2013, 796; *Lindwurm*, AO-StB 2013, S. 102.
5 BMF v. 23.1.2014, BStBl. I 2014, 188 Rz. 3.1.2.1.2; dort auch zu weiteren Einzelheiten zu Form und Inhalt eines Beitreibungsersuchens.
6 Anl. 1 des BMF v. 23.1.2014, BStBl. I 2014, 188 enthält eine Aufzählung derjenigen Mitgliedstaaten, in denen Sicherungsmaßnahmen möglich sind.
7 Hierzu *Loose* in T/K, § 324 AO Rz. 7 ff.
8 Auslandszustellung gem. § 3 VwZG.
9 BFH v. 27.11.1973 – VII R 100/71, BStBl. II 1974, 119; *Loose* in T/K, § 324 AO Rz. 66.

sind,¹ genügt es demzufolge, wenn innerhalb dieser Monatsfrist das Ersuchen um Sicherungsmaßnahmen dem BZSt als Verbindungsbüro vorgelegt wird.² In den vorgenannten Fällen ist eine vorherige Anhörung der Betroffenen in aller Regel nicht geboten (§ 91 Abs. 2 Nr. 5 AO).

Neben dem dinglichen Arrest dient auch der **persönliche Arrest** der Sicherung künftiger Geldvollstreckung (§ 326 Abs. 1 Satz 1 AO). Der persönliche Arrest muss allerdings „erforderlich" sein, so dass er im Verhältnis zum dinglichen Arrest lediglich subsidiär ist.³ Der persönliche Arrest, der auch gegenüber ausländischen Staatsbürgern zulässig ist,⁴ bedarf der Anordnung durch das AG, das entweder durch Urteil oder Beschluss hierüber entscheidet (§ 326 Abs. 3 AO i.V.m. § 329 Abs. 1 ZPO). Auch dann, wenn die Voraussetzungen eines persönlichen Arrestes vorliegen, wird bei einer am Verhältnismäßigkeitsgrundsatz orientierten Ermessensbetätigung eine Anordnung nur in seltenen Ausnahmefällen in Betracht kommen. Das gilt in besonderem Maße, wenn ein persönlicher Arrest in einem anderen Mitgliedstaat vollzogen werden soll.⁵

25.74

3. Auskunftsersuchen

Bereits im **Vorfeld von Beitreibungsersuchen** wird dem ersuchenden Mitgliedstaat die Möglichkeit eröffnet, vom anderen Staat Auskünfte über Umstände einzuholen, die bei der Beitreibung einer Forderung voraussichtlich erheblich sein werden (Art. 5 Abs. 1 EU-BeitrRL).⁶ Es geht hierbei im Wesentlichen darum, ob und ggf. welches Vermögen der Schuldner im anderen Mitgliedstaat hat. Darüber hinaus kann das Auskunftsersuchen aber auch Haftungsschuldner oder sonstige Personen betreffen, die im Besitz von Vermögenswerten des Schuldners oder Haftungsschuldners sind.⁷ Voraussetzung für das Auskunftsersuchen ist, dass die betreffenden Auskünfte in dem ersuchten Mitgliedstaat für Zwecke der Beitreibung überhaupt beschafft werden können, mit der Auskunftserteilung ein Handels-, Gewerbe- oder Berufsgeheimnis nicht preisgegeben und nicht die Sicherheit oder die öffentliche Ordnung (ordre public) des ersuchten Mitgliedstaats verletzt werden würde (Art. 5 Abs. 2 EU-BeitrRL).⁸

25.75

Eine Besonderheit besteht insoweit, als das Auskunftsersuchen nicht davon abhängig ist, dass zuvor das inländische Beitreibungsverfahren ausgeschöpft worden ist.⁹ Schließlich ist auch nicht Voraussetzung, dass die begehrten Auskünfte für ein Beitreibungsverfahren im ersuchenden Mitgliedstaat Verwendung finden sollen. Erforderlich ist nur, dass sie für die Beitreibung der unter die BeitrRL fallenden Steuern (Art. 2 EU-BeitrRL) benötigt werden¹⁰ mit der Folge, dass sie auch für Beitreibungsmaßnahmen in Drittstaaten herangezogen werden können.

25.76

4. Zustellungsersuchen

Die EU-BeitrRL ermöglicht das Ersuchen um Zustellung aller mit einer Forderung oder deren Beitreibung zusammenhängenden Verfügungen und Entscheidungen (Art. 8 Abs. 1 EU-BeitrRL, § 8 Abs. 1 EU-BeitrG). Es geht hierbei im Wesentlichen um die wirksame Bekanntgabe des zu vollstreckenden Verwaltungsaktes im anderen Mitgliedstaat, wodurch überhaupt erst die formal-rechtlichen Vorausset-

25.77

---

1 So die großzügige Sicht der Rechtsprechung; vgl. Nachweise bei *Loose* in T/K, § 324 AO Rz. 66.
2 BMF v. 23.1.2014, BStBl. I 2014, 188 Rz. 3.2.
3 *Loose* in T/K, § 326 AO Rz. 1.
4 Vgl. die Nachweise bei *Loose* in T/K, § 326 AO Rz. 4.
5 Das BMF v. 23.1.2014, BStBl. I 2014, 188 Rz. 3.2. sieht daher ein Ersuchen um Sicherungsmaßnahmen im Zusammenhang mit einem persönlichen Arrest nicht vor.
6 Vgl. auch § 5 Abs. 1 EU-BeitrG.
7 BMF v. 23.1.2014, BStBl. I 2014, 188 Rz. 3.4.1.
8 Vgl. § 5 Abs. 2 EU-BeitrG.
9 Vgl. Erwägungsgründe Rz. 10 zur EU-BeitrRL.
10 *Beermann* in H/H/Sp, § 250 AO Rz. 116.

zungen eines wirksamen Vollstreckungstitels geschaffen werden.¹ Angesprochen sind damit nicht nur Steuerbescheide (§ 157 AO) mit dem hiermit verbundenen Leistungsgebot (§ 254 Abs. 1 Satz 2 AO), sondern auch Verwaltungsakte betreffend den Widerruf von Stundung (§ 222 AO), Zahlungsaufschub (§ 223 AO) und Aussetzung der Vollziehung (§ 361 AO).² Darüber hinaus kommt auch eine Arrestanordnung (§ 324 AO) in Betracht (vgl. Rz. 25.73). Entsprechende Zustellungsersuchen sind allerdings nur dann zulässig, wenn die Zustellung durch die ersuchende Behörde nicht oder nur unverhältnismäßig schwierig möglich ist (Art. 8 Abs. 2 EU-BeitrRL, § 8 Abs. 2 EU-BeitrG).³ Aus deutscher Sicht ist zwar nach nationalem Recht eine Auslandszustellung möglich (§ 9 Abs. 1 Nr. 1, 4 VwZG), aber nicht in jedem Fall im anderen Mitgliedstaat zugelassen oder erfolgversprechend (vgl. Rz. 25.3).

III. Eingehende Ersuchen

1. Beitreibungsersuchen

25.78 Für eingehende Beitreibungsersuchen anderer Mitgliedstaaten besteht die Verpflichtung, eine Vollstreckung im Rahmen der Beitreibungshilfe durchzuführen (Art. 10 Abs. 1, Art. 13 Abs. 1 Satz 1 EU-BeitrRL, § 9 Abs. 1 EU-BeitrG). Diese **Vollstreckungspflicht**[4] setzt einen Vollstreckungstitel eines anderen Mitgliedstaates voraus (Art. 12 Abs. 1 EU-BeitrRL, § 9 Abs. 1 Satz 1 EU-BeitrG). Es muss sich hierbei um einen sog. einheitlichen Vollstreckungstitel handeln, der bestimmte Angaben enthalten muss, damit er im ersuchten Mitgliedstaat ohne weiteres als Grundlage für Vollstreckungsmaßnahmen dienen kann (Art. 12 Abs. 1 Unterabs. 3 EU-BeitrRL).[5] Eines besonderen innerstaatlichen Anerkennungsverfahrens bedarf es insoweit also nicht.[6] Dieser **einheitliche Vollstreckungstitel**, der sich stets nur auf Forderungen bezieht, die in dem betreffenden anderen Mitgliedstaat entstanden sind (Art. 1 EU-BeitrRL), wird aber nur dann Grundlage der Vollstreckung im ersuchten Mitgliedstaat, wenn die zugrunde liegende Forderung und/oder der Vollstreckungstitel im ersuchenden Mitgliedstaat nicht angefochten worden sind (Art. 11 Abs. 1 EU-BeitrRL), wobei es sich hier bereits um eine Zulässigkeitsvoraussetzung für das Beitreibungsersuchen durch den ersuchenden Mitgliedstaat handelt (Art. 11 Abs. 1 EU-BeitrRL, § 10 Abs. 1 EU-BeitrG). Darüber hinaus ist grundsätzlich Voraussetzung für die Vollstreckungspflicht im ersuchten Mitgliedstaat, dass der ersuchende Mitgliedstaat seinerseits zuvor alle zumutbaren Maßnahmen ergriffen hat, um die Vollstreckung dort selbst zum Erfolg zu führen (Art. 11 Abs. 2 EU-BeitrRL, § 10 Abs. 2 EU-BeitrG).[7] Eine eingehende Überprüfung durch die ersuchte Behörde ist hierbei nicht erforderlich,[8] weil ein etwaiger Verstoß gegen diesen Subsidiaritätsgrundsatz nicht so gravierend ist, dass der ordre-public-Vorbehalt aktiviert wird.[9] Obwohl die EU-BeitrRL und das EU-BeitrG hierzu keine ausdrückliche Regelung enthalten, steht die Vollstreckungspflicht im ersuchten Mitgliedstaat unter dem Vorbehalt des allgemein gültigen **Gegenseitigkeitsprinzips**, wobei darauf abzustellen ist, dass der ersuchende Mitgliedstaat seinerseits eine entsprechende Vollstreckungshil-

---

1 Seer in T/K, § 250 AO Rz. 26; Gabert, FR 2012, 707 (710).
2 Ein neues Leistungsgebot ist in diesen Fällen nicht erforderlich; vgl. Loose in T/K, § 254 AO Rz. 25.
3 Weber-Grellet in Musil/Weber-Grellet, Europäisches Steuerrecht, Art. 9 Beitreibungs-RL Rz. 2.
4 Beitreibung im Sinne der EU-BeitrRL und des EU-BeitrG sind als Vollstreckung i.S.v. § 249 Abs. 1 AO zu verstehen; vgl. Beermann in H/H/Sp, § 250 AO Rz. 152.
5 Hierzu Czakert, IStR 2010, 567 (569); Gabert, FR 2012, 707 (711).
6 Czakert in Schönfeld/Ditz, DBA, Anh. 2 Rz. 52; Weber-Grellet in Musil/Weber-Grellet, Europäisches Steuerrecht, Art. 10 Beitreibungs-RL Rz. 8.
7 Zu diesem Subsidiaritätsgrundsatz Seer in Holoubek/Lang, Verfahren der Zusammenarbeit der Verwaltungsbehörden in Europa, S. 85 (97); Gabert, FR 2012, 707 (711).
8 Eine materiell-rechtliche Überprüfung ist aber ohne weiteres zulässig und ggf. unter dem Gesichtspunkt des ordre public-Vorbehaltes geboten; vgl. EuGH v. 16.5.2017 – C- 682/15 – Berlioz, IStR 2017, 785 zur AHiRL; Seer, IWB 2017, 595 (605).
9 BFH v. 11.12.2012 – VII R 70/11, BFH/NV 2013, 796 Rz. 26; vgl. auch EuGH v. 11.5.2000 – C-38/98 – Renault, ECLI:EU:C:2000:225; v. 14.1.2010 – C-223/08 – Kyrian, ECLI:EU:C:2010:11; BFH v. 3.11.2010 – VII R 21/20, BStBl. II 2011, 401.

fe auch tatsächlich leistet.¹ Die eingehenden Beitreibungsersuchen müssen zudem bestimmten Formvorschriften entsprechen, wobei die Ersuchen selbst mittels eines Standardformblatts auf elektronischem Wege zu übermitteln sind (Art. 120 Abs. 1 EU-BeitrRL). In Deutschland eingehende Beitreibungsersuchen müssen zudem in deutscher Sprache gefasst sein (Art. 22 EU-BeitrRL).

Ist das eingehende Beitreibungsersuchen zulässig, hat der ersuchte Mitgliedstaat die dem einheitlichen Vollstreckungstitel zugrunde liegende Forderung für Zwecke der Vollstreckung wie eine eigene Forderung zu behandeln (Art. 13 Abs. 1 EU-BeitrRL, § 9 Abs. 1 Satz 2 EU-BeitrG).² Das bedeutet, dass der ersuchte Mitgliedstaat bei der **Erledigung des eingehenden Beitreibungsersuchens** an die innerstaatlichen Vorschriften, die für die Vollstreckung eigener Forderungen gelten, gebunden ist. Aus deutscher Sicht gehören hierzu die Rechtsnormen der AO sowie die Vorschriften der Vollstreckungsanweisungen (VollStrA)³ und der Vollziehungsanweisung (VollZA).⁴

25.79

Die **Bindung an das nationale Recht** führt dazu, dass im Grundsatz die Vollstreckungspflicht nur für gleiche oder vergleichbare Steuern oder Abgaben des anderen Mitgliedstaates besteht (Art. 13 Abs. 1 EU-BeitrRL, § 9 Abs. 2 Satz 1 EU-BeitrG). Hinsichtlich der Vergleichbarkeit ist in erster Linie auf die Funktion und den wirtschaftlichen Gehalt, insbesondere auf die Belastungswirkung der ausländischen Steuer bzw. Abgabe abzustellen. Ohne Bedeutung ist hierbei die Gleichartigkeit hinsichtlich des Steuersatzes, der Bemessungsgrundlage und der Erhebungsform.⁵ Soweit (ausnahmsweise) eine Vergleichbarkeit nicht feststellbar ist, gelten für die Vollstreckung diejenigen innerstaatlichen Regelungen, die für Einkommensteuern maßgeblich sind (Art. 13 Abs. 1 Unterabs. 2 EU-BeitrRL, § 9 Abs. 2 Satz 2 EU-BeitrG). Damit wird sichergestellt, dass ein eingehendes Beitreibungsersuchen nicht an der mangelnden Harmonisierung insbesondere der direkten Steuern scheitert.

25.80

Eine Vollstreckungspflicht ist allerdings dann nicht gegeben, „falls die Beitreibung der Forderung aus Gründen, die auf die Verhältnisse des Schuldners zurückzuführen sind, erhebliche wirtschaftliche oder soziale Schwierigkeiten in dem ersuchten Mitgliedstaat bewirken könnte" (Art. 18 Abs. 1 EU-BeitrRL, § 14 Abs. 1 EU-BeitrG). Damit wird auf den Gesichtspunkt der Unbilligkeit abgestellt, der aus der Sicht des deutschen Rechts regelmäßig zu einer **Schonungspflicht** dahingehend führt, dass Vollstreckungsmaßnahmen eingestellt, beschränkt oder aufgehoben werden müssen (§ 258 AO).⁶ Im Ergebnis wird damit gewährleistet, dass die vom Beitreibungsersuchen erfassten Forderungen nicht anders behandelt werden als inländische Forderungen.⁷ Diesem **Äquivalenzprinzip**⁸ entspricht es, dass der ersuchte Mitgliedstaat nach Maßgabe seines innerstaatlichen Rechts dem Schuldner Zahlungsfristen einräumen oder Ratenzahlung gewähren kann, wobei allerdings der ersuchende Mitgliedstaat hierüber zu unterrichten ist (Art. 13 Abs. 4 EU-BeitrRL, § 9 Abs. 4 Satz 2 EU-BeitrG). Eine Vollstreckungspflicht besteht ferner dann nicht, wenn es sich um betagte Forderungen handelt, die älter als zehn Jahre sind oder wo

25.81

---

1 *Seer* in Holoubek/Lang, Verfahren der Zusammenarbeit von Verwaltungsbehörden in Europa, S. 85 (96 f.).
2 Zu diesem Äquivalenzprinzip *Seer* in Holoubek/Lang, Verfahren der Zusammenarbeit von Verwaltungsbehörden in Europa, S. 85 (98).
3 BMF v. 13.3.1980, BStBl. I 1980, 112; zuletzt geändert am 30.6.2015, BStBl. I 2015, 497.
4 BMF v. 29.4.1980, BStBl. I 1980, 194; zuletzt geändert am 30.6.2015, BStBl. I 2015, 497.
5 Vgl. hierzu die Rechtsprechung zu § 34c Abs. 1 Satz 1 EStG: BFH v. 5.2.1992 – I R 9/90, BStBl. II 1992, 607; v. 27.3.1996 – I R 49/95, BStBl. II 1997, 91; zu weiteren Einzelheiten *Schaumburg* in Schaumburg, Internationales Steuerrecht⁴, Rz. 18.95.
6 Im Unterschied zu § 258 AO sieht § 14 Abs. 1 EU-BeitrG kein Ermessen vor; die Unterschiede sind in der Praxis aber unbedeutend, weil auch bei Anwendung des § 258 AO regelmäßig eine Ermessensreduzierung erfolgt; vgl. *Loose* in T/K, § 258 AO Rz. 4; zu Umständen, die zu einer unbilligen Härte führen können, *Schaumburg* in Schaumburg/Hendricks, Der Steuerrechtsschutz⁴, Rz. 9.13 ff.
7 *Beermann* in H/H/Sp, § 250 AO Rz. 196; *Seer* in Holoubek/Lang, Verfahren der Zusammenarbeit von Verwaltungsbehörden in Europa, S. 85 (98).
8 Hierzu *Seer* in Holoubek/Lang, Verfahren der Zusammenarbeit von Verwaltungsbehörden in Europa, S. 85 (98).

das ursprüngliche Beitreibungsersuchen mehr als fünf Jahre zurückliegt (Art. 18 Abs. 2 EU-BeitrRL, § 14 Abs. 2 EU-BeitrG). Das gilt auch dann, wenn nach dem jeweiligen nationalen Recht Vollstreckungsmaßnahmen noch möglich wären. Insoweit wird auch dem für die EU-BeitrRL geltenden Subsidiaritätsprinzip entsprochen.[1] Dem Wirtschaftlichkeitsprinzip[2] entspricht es schließlich, dass Beitreibungsersuchen abgelehnt werden dürfen, wenn die Bagatellgrenze von 1 500 Euro nicht erreicht wird (Art. 18 Abs. 3 EU-BeitrRL, § 14 Abs. 1 EU-BeitrG).

25.82 Sind bereits Vollstreckungsmaßnahmen ergriffen worden, so sind diese im Falle der Einleitung von Verständigungsverfahren bis zu deren Beendigung zu unterbrechen, soweit sich hieraus Auswirkungen auf die Höhe der beizutreibenden Forderungen ergeben (Art. 14 Abs. 4 Unterabs. 4 EU-BeitrRL, § 13 Abs. 4 EU-BeitrG). Angesprochen sind hier gleichermaßen **Verständigungsverfahren** nach Abkommensrecht (Art. 25 OECD-MA) und nach der Schiedsverfahrenskonvention (Art. 6 Abs. 2 EU-SchÜ; vgl. hierzu Rz. 23.1 ff.). Die Unterbrechung dient dem Rechtsschutz des Schuldners. Sie greift allerdings in den Fällen von „Betrug oder Insolvenz" bei unmittelbarer Dringlichkeit von Vollstreckungsmaßnahmen nicht ein.

25.83 Eingehende Beitreibungsersuchen sind direkt oder über die vorgesetzte Landesbehörde an die Vollstreckungsbehörde (FA, HZA) zwecks Erledigung zu übermitteln.[3] Nach entsprechender **Mahnung** (§ 259 AO) – verbunden mit einer 14-tägigen Frist zur Zahlung[4] – werden sodann die Vollstreckungsmaßnahmen durchgeführt. Nach Erledigung sind die eingezogenen Beträge nach Verrechnung der entstandenen Kosten auf das im Beitreibungsersuchen angegebene Konto zu überweisen (Art. 13 Abs. 5, Art. 20 Abs. 1 EU-BeitrRL, § 9 Abs. 5 EU-BeitrG).[5]

2. Ersuchen um Sicherungsmaßnahmen

25.84 Eingehenden Ersuchen um Sicherungsmaßnahmen ist stets zu entsprechen, wenn die hierfür maßgeblichen Voraussetzungen erfüllt sind, also ein Beitreibungsersuchen selbst noch nicht gestellt werden kann (Art. 16 Abs. 1 EU-BeitrRL, § 12 Abs. 1 EU-BeitrG). Zu diesen Voraussetzungen gehört, dass die Forderung oder der Vollstreckungstitel im ersuchenden Mitgliedstaat zum Zeitpunkt der Stellung des Ersuchens angefochten wird oder für die Forderung dort noch kein Vollstreckungstitel erlassen wurde (Art. 16 Abs. 1 EU-BeitrRL). Voraussetzung ist ferner, dass die Sicherungsmaßnahmen nach dem nationalen Recht und der Verwaltungspraxis sowohl des ersuchenden als auch des ersuchten Mitgliedstaats möglich sind (Art. 16 Abs. 1 EU-BeitrRL, § 12 Abs. 1 Satz 2 EU-BeitrG). Im Hinblick darauf werden etwa deutsche Vollstreckungsbehörden auf Grund eines eingehenden Ersuchens nur tätig, wenn die AO, die VollStrA und VollZA dies ermöglichen.[6] Aus deutscher Sicht kommt als Sicherungsmaßnahme insbesondere der **dingliche Arrest** (§ 324 AO) in Betracht. Hierfür ist eine Arrestanordnung erforderlich, für die etwa das Finanzamt zuständig ist, in dessen Bezirk der Vollstreckungsschuldner seinen Wohnsitz/gewöhnlichen Aufenthalt hat oder Vermögen besitzt, in das vollstreckt werden soll (§ 19 AO). Der Vollstreckungsschuldner ist sodann unter Hinweis auf das Ersuchen mit einer 14-tägigen Frist zur Zahlung aufzufordern.[7] Der Vollstreckungsschuldner hat so die Möglichkeit, die Vollziehung der Arrestanordnung z.B. durch Hinterlegung von Geld (§ 324 Abs. 1 Satz 3 AO)

---

1 *Seer* in T/K, § 250 AO Rz. 35.
2 Hierzu *Seer* in Holoubek/Lang, Verfahren der Zusammenarbeit von Verwaltungsbehörden in Europa, S. 85 (97).
3 BMF v. 23.1.2014, BStBl. I 2014, 188 Rz. 4.2.2.
4 BMF-Schreiben v. 23.1.2014, BStBl. I 2014, 188 Rz. 4.2.4 (Merkblatt); es handelt sich hierbei um ein Leistungsgebot (§ 254 Abs. 1 AO); vgl. hierzu *Seer*, IWB 2017, 597 (601).
5 Die Frist hierfür beträgt zwei Monate ab dem Datum, an dem die Vollstreckung durchgeführt wurde (Art. 23 Abs. 1 Unterabs. 2 DVO); vgl. BMF v. 23.1.2014, BStBl. I 2014, 188 Rz. 4.2.10.
6 BMF v. 23.1.2014, BStBl. I 2014, 188 Rz. 4.3.
7 BMF v. 23.1.2014, BStBl. I 2014, 188 Rz. 4.3.

abzuwenden. Darüber hinaus kommt auch eine anderweitige Sicherheitsleistung (§§ 241 ff. AO) in Betracht.[1]

Im Übrigen kann das Ersuchen um Sicherungsmaßnahmen zurückgewiesen werden, wenn deren Anordnung unbillig wäre oder die Forderungen insgesamt weniger als 1 500 Euro betragen (§ 14 Abs. 1 EU-BeitrG). Entsprechendes gilt, wenn die betreffenden Forderungen bereits verfristet sind (§ 14 Abs. 2 EU-BeitrG).

25.85

3. Auskunftsersuchen

Im Vorfeld von Beitreibungsersuchen sind für den ersuchenden Mitgliedstaat nicht selten Informationen über den im ersuchten Mitgliedstaat ansässigen Schuldner und sein dort belegenes Vermögen erforderlich. Es entspricht dem im Unionsrecht verankerten Effektivitätsgrundsatz,[2] entsprechende Informationen unbürokratisch auszutauschen. Im Hinblick darauf hat die ersuchte Behörde, in Deutschland also das BZSt, auf Ersuchen der ersuchenden Behörde des anderen Mitgliedstaats alle Informationen zu übermitteln, die für die beabsichtigte Vollstreckungsmaßnahme „voraussichtlich erheblich" sind (Art. 5 Abs. 1 EU-BeitrRL, § 5 Abs. 1 Satz 1 EU-BeitrG). Dafür reicht es aus, dass aus der Sicht des ersuchenden Mitgliedstaats die begehrten Auskünfte bei einer beabsichtigten Vollstreckungsmaßnahme Verwendung finden könnten.[3] Die **Pflicht zur Auskunftserteilung** findet allerdings ihre Grenze im jeweiligen nationalen Recht, so dass insbesondere die in der AO verankerten Auskunftsverweigerungsrechte (§§ 101 ff. AO) auch grenzüberschreitend wirksam werden (Art. 5 Abs. 2 Buchst. a EU-BeitrRL, § 5 Abs. 1 Satz 2, Abs. 2 Nr. 1 EU-BeitrG). Darüber hinaus ist die Auskunft auch dann zu verweigern, wenn hierdurch ein Handels-, Gewerbe- oder Berufsgeheimnis preisgegeben würde, wodurch allerdings ein Bankgeheimnis nicht geschützt wird (Art. 5 Abs. 2 Buchst. b Abs. 3 EU-BeitrRL, § 5 Abs. 2 Nr. 2, Abs. 3 EU-BeitrG). Schließlich verbietet sich eine Auskunft auch in den Fällen, in denen die Sicherheit oder öffentliche Ordnung des ersuchten Mitgliedstaats (ordre public) verletzt würde (Art. 5 Abs. 2 Buchst. c EU-BeitrRL, § 5 Abs. 2 Nr. 3 EU-BeitrG).[4]

25.86

Ausnahmsweise kommt auch eine Erteilung von Auskünften ohne Ersuchen (**Spontanauskünfte**) in Betracht, wenn es um die Erstattung von Steuern oder Abgaben an eine in einem anderen Mitgliedstaat ansässige Person geht (Art. 6 EU-BeitrRL, § 6 Abs. 1 EU-BeitrG). Hierdurch soll in dem anderen Mitgliedstaat die Möglichkeit eingeräumt werden, etwaige Forderungen gegen den Erstattungsgläubiger geltend zu machen und sodann durch ein Vollstreckungsersuchen durchzusetzen.[5] Eine derartige Spontanauskunft ist allerdings nicht für die USt mit Ausnahme der EinfuhrUSt vorgesehen (Art. 6 EU-BeitrRL, § 6 Abs. 1 Satz 2 EU-BeitrG). Die Entscheidung über die Erteilung der vorgenannten Auskünfte steht im Ermessen der betreffenden Vollstreckungsbehörde (FA, HZA), die die Erstattung vornehmen soll. Eine Verpflichtung zur Auskunftserteilung ergibt sich allerdings bei Steuern und Abgaben, die zu den Eigenmitteln der EU gerechnet werden (§ 6 Abs. 2 EU-BeitrG).[6] Für diese die HZA treffende Informationspflicht[7] gibt es keine entsprechende Rechtsgrundlage in der EU-BeitrRL.[8]

25.87

---

1 BMF v. 23.1.2014, BStBl. I 2014, 188 Rz. 4.3.
2 Vgl. *Streinz* in Streinz³, Art. 4 EUV Rz. 34; *Kahl* in Calliess/Ruffert⁵, Art. 4 EUV Rz. 65.
3 *Czakert* in Schönfeld/Ditz, DBA, Anh. 2 Rz. 27; zur Überprüfung durch den ersuchten Staat vgl. EuGH v. 16.5.2017-C-682/15-Berlioz, IStR 2017, 785; hierzu auch *Oppel*, IWB 2017, 35.
4 Zu einem Anwendungsfall vgl. BFH v. 3.11.2010 – VII R 21/10, BStBl. II 2011, 401; anders bei einem Verstoß gegen den Subsidiaritätsgrundsatz, BFH v. 11.12.2012 – VII R 70/11, BFH/NV 2013, 796 Rz. 26.
5 *Czakert* in Schönfeld/Ditz, DBA, Anh. 2 Rz. 35; *Seer*, IWB 2011, 144 (150).
6 Zum gesetzgeberischen Hintergrund *Czakert* in Schönfeld/Ditz, DBA, Anh. 2 Rz. 37.
7 *Beermann* in H/H/Sp, § 250 AO Rz. 132.
8 Insoweit handelt es sich also nicht nur um eine bloße Umsetzung.

25.88 Die Auskunftserteilung mit und ohne Ersuchen erfordert keine vorherige **Anhörung** des Betroffenen, wenn hierdurch die Effizienz der Vollstreckung gefährdet würde (§ 117 Abs. 4, § 91 Abs. 2 Nr. 5 AO).¹ Das bedeutet, dass in den Fällen, in denen die Vollstreckung nicht gefährdet erscheint, zuvor rechtliches Gehör zu gewähren ist.²

4. Zustellungsersuchen

25.89 Ebenso wie Auskunftsersuchen erlangen eingehende Zustellungsersuchen besondere Bedeutung im Vorfeld der angestrebten Vollstreckung im ersuchten Mitgliedstaat. Es geht hierbei insbesondere darum, den **vollstreckbaren Verwaltungsakt** im anderen Mitgliedstaat wirksam bekannt zu geben, um hierdurch die formal-rechtlichen Voraussetzungen eines wirksamen Vollstreckungstitels zu erlangen.³ Voraussetzung für das Zustellungsersuchen ist daher, dass die Dokumente, die zugestellt werden sollen, mit einer Steuer- oder Abgabenforderung oder mit deren Beitreibung zusammenhängen (Art. 8 Abs. 1 EU-BeitrRL, § 7 Abs. 1 Satz 1 EU-BeitrG). Das entsprechende Ersuchen hat grundsätzlich mittels eines Standardformblatts auf elektronischem Wege zu erfolgen (Art. 21 Abs. 1 EU-BeitrRL). Das Standardformblatt hat hierbei bestimmte Mindestangaben zu enthalten, um somit die Zustellung im ersuchten Mitgliedstaat zu ermöglichen (Art. 8 Abs. 1 Unterabs. 2 EU-BeitrRL).

25.90 Voraussetzung für das Zustellungsersuchen ist, dass die ersuchende Behörde zuvor auf Grundlage des im ersuchenden Mitgliedstaat geltenden Rechts selbst die Zustellung versucht hat. Davon kann nur abgesehen werden, wenn eine solche Zustellung unverhältnismäßige Schwierigkeiten aufwerfen würde (Art. 8 Abs. 2 EU-BeitrRL). Die ersuchte Behörde kann hierbei davon ausgehen, dass die ersuchende Behörde dem **Subsidiaritätsgrundsatz** entsprochen hat, so dass eigene Nachprüfungen insoweit versagt bleiben.⁴ Mit Erledigung des Zustellungsersuchens hat die ersuchte Behörde der ersuchenden Behörde unverzüglich mitzuteilen, was im Einzelnen veranlasst worden ist (Art. 8 Abs. 2 EU-BeitrRL, § 7 Abs. 2 EU-BeitrG).

IV. Anwesenheits- und Teilnahmerecht

25.91 Die beteiligten Mitgliedstaaten können „zwecks Förderung der Amtshilfe" **gegenseitige Teilnahmerechte** vereinbaren (Art. 7 EU-BeitrRL, § 17 EU-BeitrG). Es geht hierbei darum, dass befugte Bedienstete des ersuchenden Mitgliedstaats

– in den Amtsräumen anwesend sein dürfen, in denen die Vollstreckungsbehörde des ersuchten Mitgliedstaats ihre Tätigkeit ausübt,

– an den behördlichen Ermittlungen teilnehmen dürfen, die auf dem Hoheitsgebiet des ersuchten Mitgliedstaats geführt werden, und

– Gerichtsverfahren, die auf dem Hoheitsgebiet des ersuchten Mitgliedstaats geführt werden, unterstützen dürfen (Art. 7 Abs. 1 EU-BeitrRL, § 17 Abs. 1, § 18 EU-BeitrG).

25.92 Die Bediensteten des ersuchenden Mitgliedstaats nehmen hierbei im Wesentlichen lediglich einen **Beobachterstatus** ein, so dass ihnen hoheitliche Maßnahmen, insbesondere eigenständige Ermittlungsbefugnisse verwehrt sind.⁵ Von der Sache her ist das Anwesenheits- und Teilnahmerecht zudem auf die

---

1 BMF v. 23.1.2014, BStBl. I 2014, 188 Rz. 4.4: „Von einer Anhörung des Vollstreckungsschuldners kann regelmäßig abgesehen werden."
2 *Seer* in T/K, § 91 AO Rz. 19.
3 *Seer*, IWB 2011, 144 (149); *Gabert*, FR 2012, 707 (710).
4 Die Nichtbeachtung des Subsidiaritätsgrundsatzes durch den anderen Mitgliedstaat verstößt nicht gegen den inländischen ordre public; BFH v. 11.12.2012 – VII R 70/11, BFH/NV 2013, 796.
5 *Czakert* in Schönfeld/Ditz, DBA, Anh. 2 Rz. 84; *Gabert*, FR 2012, 707 (713).

Durchführung von Vollstreckungs- und Sicherungsmaßnahmen beschränkt.¹ Hierbei ist sicherzustellen, dass den Bediensteten des ersuchenden Mitgliedstaats nur solche Informationen offenbart werden, die im Rahmen der Erteilung von Auskünften dem ersuchenden Mitgliedstaat zugänglich gemacht werden dürfen (§ 17 Abs. 1 Satz 2 EU-BeitrG).

V. Rechtschutz

Im Unterschied zur EU-AHiRL enthält die EU-BeitrRL eigenständige Regelungen über Rechtsbehelfe gegen Maßnahmen im Rahmen der Vollstreckung von Forderungen (Art. 14 EU-BeitrRL, § 13 EU-BeitrG). Diese Regelungen haben allerdings nur eine begrenzte Reichweite, weil sie allein die Frage betreffen, in welchem Mitgliedstaat gegen Vollstreckungsmaßnahmen vorgegangen werden kann. Ob und ggf. welche **Rechtsbehelfe** sodann gegeben sind, ergibt sich allein aus dem jeweiligen nationalen Recht.² 25.93

Für die **Zuständigkeit** gelten folgende Grundsätze: Einwendungen gegen die Forderung selbst oder gegen den ursprünglichen Vollstreckungstitel³ oder gegen den einheitlichen Vollstreckungstitel⁴ einschließlich der Streitigkeiten über die Wirksamkeit der Zustellung durch den ersuchenden Mitgliedstaat sind stets im ersuchenden Mitgliedstaat anzubringen (Art. 14 Abs. 1 Satz 1 EU-BeitrRL, § 13 Abs. 1 Satz 1 EU-BeitrG). Zuständig ist also der Mitgliedstaat, in dem die Forderung, der ursprüngliche Vollstreckungstitel oder der einheitliche Vollstreckungstitel entstanden ist.⁵ Einwendungen gegen Vollstreckungsmaßnahmen sind in dem Mitgliedstaat anzubringen, in dem die Vollstreckungsmaßnahmen durchgeführt werden (Art. 14 Abs. 2 EU-BeitrRL, § 13 Abs. 1 Satz 2 EU-BeitrG). Für Rechtsbehelfe gegen Zustellungsmaßnahmen ist derjenige Mitgliedstaat zuständig, der die betreffende Zustellung durchführt (Art. 14 Abs. 2 EU-BeitrRL, § 13 Abs. 1 Satz 2 EU-BeitrG). Das bedeutet, dass in den Fällen, in denen eine Zustellungshilfe nicht in Anspruch genommen wird, der Mitgliedstaat zuständig ist, der die Zustellung (grenzüberschreitend) vornimmt.⁶ Im Hinblick darauf ist die Zustellung also nicht ohne Differenzierung als einheitliche Vollstreckungsmaßnahme zu qualifizieren.⁷ 25.94

Soweit Deutschland ersuchender Mitgliedstaat ist, ist gegen das Ersuchen⁸ kein Einspruch (§ 347 Abs. 1 AO) gegeben, weil es kein Verwaltungsakt ist.⁹ Im Hinblick darauf ist unmittelbar **vorbeugende Unterlassungsklage** zum FG zu erheben (§ 40 Abs. 1 FGO).¹⁰ Vorbeugender Rechtsschutz erfolgt durch **einstweilige Anordnung** (§ 114 FGO).¹¹ Die vorbeugende Unterlassungsklage richtet sich gegen das BZSt, das insoweit passiv legitimiert ist.¹² Eine vorbeugende Unterlassungsklage ist freilich nur dann möglich, wenn der Schuldner bereits vorher erfährt, dass z.B. ein Beitreibungsersuchen an einen ande- 25.95

---

1 *Czakert* in Schönfeld/Ditz, DBA, Anh. 2 Rz. 84.
2 EuGH v. 14.1.2010 – C-233/08 – Kyrian, ECLI:EU:C:2010:11 Rz. 38; *Gabert*, FR 2012, 707 (713).
3 Vollstreckung im ersuchenden Mitgliedstaat.
4 Vollstreckung im ersuchten Mitgliedstaat.
5 *Czakert* in Schönfeld/Ditz, DBA, Anh. 2 Rz. 61.
6 Aus deutscher Sicht z.B. auf Grundlage von § 8 Abs. 2 VerwZG.
7 Insoweit überholt EuGH v. 14.1.2010 – C-233/08 – Kyrian, ECLI:EU:C:2010:11; so auch ausdrücklich *Czakert* in Schönfeld/Ditz, DBA, Anh. 2 Rz. 63.
8 Beitreibungsersuchen, Ersuchen um Sicherungsmaßnahmen, Auskunftsersuchen, Zustellungsersuchen.
9 BFH v. 21.7.2009 – VII R 52/08, BStBl. II 2010, 51; *Seer* in T/K, § 117 AO Rz. 139, 141; *Söhn* in H/H/Sp, § 117 Rz. 214 f.; *Hendricks*, IStR 2009, 846 (851); *Seer/Gabert*, StuW 2010, 3 (20); *Seer*, IWB 2011, 144 (151); *Bozza-Bodden* in Internationales Steuerrecht, DStJG 36 (2013), S. 133 (164); **a.A.** *Ismer/Sailer*, IStR 2003, 622 (629); *Lammers*, EWS 2010, 121 (122 f.).
10 *Seer* in T/K, § 117 AO Rz. 139; *Czakert* in Schönfeld/Ditz, DBA, Anh. 2 Rz. 63; *Seer*, IWB 2017, 595 (607).
11 *Seer* in T/K, § 117 AO Rz. 140; *Herlinghaus* in FS Herzig, S. 933 (938); *Bozza-Bodden* in Internationales Steuerrecht, DStJG 36 (2013), S. 133 (164 f.).
12 BFH v. 23.7.1986 – I R 306/82, BStBl. II 1987, 92; v. 21.7.2009 – VII R 52/08, BStBl. II 2010, 51; *Seer* in T/K, § 117 AO Rz. 139.

ren Mitgliedstaat geplant ist.[1] Im Hinblick darauf ist der Grundsatz des rechtlichen Gehörs von Bedeutung mit der Folge, dass soweit die Vollstreckung hierdurch nicht gefährdet wird, der betroffene Schuldner zuvor zu hören ist.[2] Ist eine **Anhörung** unterblieben, ist die **allgemeine Leistungsklage** (§ 40 Abs. 1 FGO) zulässig, womit die Rücknahme z.B. eines bereits ins Ausland übermittelten Vollstreckungsersuchens erwirkt werden kann.[3] Hat sich das Beitreibungsersuchen erledigt, verbleibt nur noch die Möglichkeit einer **Feststellungsklage** (§ 41 FGO).[4] Geht der betroffene Schuldner gegen das Beitreibungsersuchen usw. vor, hat die Vollstreckungsbehörde (FA, HZA) das Verbindungsbüro (BZSt) hierüber zu informieren, damit dann von dort aus das Verbindungsbüro des ersuchten Mitgliedstaats unterrichtet werden kann (Art. 14 Abs. 3 EU-BeitrRL, § 13 Abs. 1 Sätze 3 und 4 EU-BeitrG).

25.96 Ist Deutschland der ersuchte Mitgliedstaat, hat der betreffende Schuldner die Möglichkeit, sich mit dem **Einspruch** (§ 347 Abs. 1 AO) und der **Anfechtungsklage** (§ 40 Abs. 1 FGO) gegen die einzelnen Vollstreckungsmaßnahmen zu wenden.[5] Vorläufiger Rechtsschutz wird durch AdV gewährt (§ 361 AO, § 69 FGO). Falls entgegen der in der EU-BeitrRL verankerten Zuständigkeitsregelung im ersuchten Mitgliedstaat Rechtsbehelfe gegen die Forderung oder gegen den ursprünglichen oder einheitlichen Vollstreckungstitel eingelegt werden, hat das zuständige Verbindungsbüro den Schuldner darüber zu unterrichten, dass der andere, also der ersuchende Mitgliedstaat zuständig ist (Art. 14 Abs. 1 Satz 2 EU-BeitrRL, § 13 Abs. 2 Satz 2 EU-BeitrG). Eine entsprechende Mitteilung hat auch im umgekehrten Fall zu erfolgen, wenn also Rechtsbehelfe im ersuchenden Mitgliedstaat eingelegt worden sind (Art. 14 Abs. 4 EU-BeitrRL, § 13 Abs. 2 Satz 2 EU-BeitrG). Trotz Einlegung von Rechtsbehelfen ist der ersuchte Mitgliedstaat nicht gehindert, entweder auf Bitte der ersuchenden Behörde oder auf Grund eigener Entscheidung **Sicherungsmaßnahmen** durchzuführen, um die Beitreibung sicherzustellen (Art. 14 Abs. 4 Unterabs. 2 EU-BeitrRL, § 13 Abs. 2 Satz 4 EU-BeitrG). Obwohl ein Beitreibungsersuchen grundsätzlich nur möglich ist, wenn die zugrunde liegende Forderung nicht angefochten ist oder nicht mehr angefochten werden kann (Art. 11 Abs. 1 EU-BeitrRL, § 10 Abs. 1 Satz 1 Nr. 2 EU-BeitrG), ist eine Beitreibung auch angefochtener Forderungen oder angefochtener Teilbeträge einer Forderung ausnahmsweise zulässig, wenn das entsprechende Ersuchen gegenüber dem ersuchten Mitgliedstaat entsprechend begründet wird (Art. 14 Abs. 4 Unterabs. 3 EU-BeitrRL, § 13 Abs. 3 EU-BeitrG). Voraussetzung ist allerdings, dass eine Beitreibung nach dem Recht des ersuchten Mitgliedstaats überhaupt zulässig ist. Dies ist in Deutschland der Fall (§ 251 Abs. 1 Satz 1 AO). Sollten die eingelegten Rechtsbehelfe zu einem späteren Zeitpunkt erfolgreich sein, kann der ersuchte Mitgliedstaat den ersuchenden Mitgliedstaat in Haftung nehmen (Art. 14 Abs. 4 Unterabs. 3 Satz 3 EU-BeitrRL, § 13 Abs. 3 EU-BeitrG).

E. Zusammenarbeitsverordnungen

Literatur: *Brock*, Der zwischenstaatliche Auskunftsverkehr innerhalb der Europäischen Union auf der Grundlage des EG-Amtshilfegesetzes bei den direkten und indirekten Steuern, Frankfurt 1999; *Hendricks*, Internationale Informationshilfe im Steuerverfahren, Köln 2004.

---

1 *Seer*, IWB 2011, 144 (151); *Gabert*, FR 2012, 707 (713); *Hendricks*, IStR 2009, 848 (851).
2 Vgl. *Seer* in T/K, § 91 AO Rz. 19.
3 BFH v. 21.7.2009 – VII R 52/08, BStBl. II 2010, 51 unter II.1b; *Hendricks*, IStR 2009, 846 ff. (851).
4 *Seer* in T/K, § 117 AO Rz. 111; *Gabert*, FR 2012, 707 (713); *Bozza-Bodden* in Internationales Steuerrecht, DStJG 36 (2013), S. 133 ff. (164).
5 BFH v. 21.7.1975 – VII 11/75, BStBl. II 1976, 56; *Drüen* in T/K, § 249 AO Rz. 22; *Seer* in Holoubek/Lang, Verfahren der Zusammenarbeit von Verwaltungsbehörden in Europa, S. 85 (100); *Schaumburg* in Schaumburg/Hendricks, Der Steuerrechtsschutz[4], Rz. 9.3 ff.

I. Überblick

Der grenzüberschreitende Informationsaustausch auf Grund der EU-AHiRL (vgl. Rz. 25.15 ff.) erfasst nicht die Mehrwertsteuer und die harmonisierten Verbrauchsteuern (Art. 2 Abs. 2 EU-AHiRL). Spezifische Regelungen hierfür treffen daher die beiden zur Mehrwertsteuer und zu den harmonisierten Verbrauchsteuern ergangenen Zusammenarbeitsverordnungen. Es handelt sich hierbei zum einen um die **MwSt-ZVO**[1] einschließlich der in diesem Zusammenhang bedeutsamen VO-EU 79/2012[2] und VO-EU 815/2012[3] und zum anderen die **VerbrSt-ZVO**.[4] Die beiden ZVO haben unmittelbare Geltung (Art. 288 Abs. 2 AEUV),[5] so dass es im Gegensatz zu Richtlinien keiner Umsetzung in nationales Recht bedarf. Durch die unmittelbare Bindung der Mitgliedstaaten wird sichergestellt, dass der grenzüberschreitende Informationsaustausch für die Mehrwertsteuer und die harmonisierten Verbrauchsteuern ohne Effizienzverlust erfolgen kann.[6] Auf der gleichen Linie liegt die AmtshilfeVO, die auf dem Gebiet des Zoll- und Agrarrechts ergangen ist.[7]

25.97

Die MwSt-ZVO und die VerbrSt-ZVO wollen zwar ganz allgemein den grenzüberschreitenden Informationsaustausch sicherstellen, es geht aber in besonderer Weise um die Bekämpfung von **Mehrwertsteuer- und Verbrauchsteuerbetrug**.[8] Im Vordergrund steht im Bereich der MwSt die Steuerhinterziehung bei innergemeinschaftlichen Umsätzen, die insbesondere durch betrügerische Umsatzsteuerkarusselle begangen wird.[9] Im Bereich der VerbrSt geht es vor allem um die Steuerhinterziehung bei grenzüberschreitender Beförderung unter Steueraussetzung.[10]

25.98

---

1 VO (EU) Nr. 904/2010 des Rates v. 7.10.2010, ABl. EU 2010 Nr. L 268, 1 zuletzt geändert durch VO (EU) 2018/1541, ABl. EU 2018 Nr. L 259, 1.
2 DV (EU) Nr. 79/2012 der Kommission zur Regelung der Durchführung bestimmter Vorschriften der Verordnung (EU) Nr. 904/2010 des Rates über die Zusammenarbeit der Verwaltungsbehörden und die Betrugsbekämpfung auf dem Gebiet der Mehrwertsteuer v. 31.1.2012, ABl. EU 2012 Nr. L 29, 13.
3 DV (EU) Nr. 815/2012 der Kommission v. 13.9.2012 mit Durchführungsbestimmungen zur VO-EU Nr. 904/2010 des Rates hinsichtlich der Sonderregelungen für gebietsfremde Steuerpflichtige, die Telekommunikationsdienstleistungen, Rundfunk- und Fernsehdienstleistungen oder elektronische Dienstleistungen an Nichtsteuerpflichtige erbringen, ABl. EU 2012 Nr. L 249, 3.
4 VO (EU) Nr. 389/2012 des Rates über die Zusammenarbeit der Verwaltungsbehörden auf dem Gebiet der Verbrauchsteuern und zur Aufhebung der Verordnung (EG) Nr. 2073/2004 v. 2.5.2012, ABl. EU 2012 Nr. L 121, 1.
5 Vgl. *Söhn* in H/H/Sp, § 117 AO Rz. 324; *Hendricks*, Internationale Informationshilfe im Steuerverfahren, S. 245.
6 Die Einhaltung der Vorschriften der Zusammenarbeitsverordnungen unterliegt der Kontrolle durch den Europäischen Rechnungshof; vgl. EuGH v. 15.11.2011 – C-539/09 – Kommission/Deutschland, HFR 2012, 102 Rz. 71 ff., 91.
7 VO (EG) Nr. 515/97 des Rates über die gegenseitige Amtshilfe zwischen Verwaltungsbehörden der Mitgliedstaaten und die Zusammenarbeit dieser Behörden mit der Kommission im Hinblick auf die ordnungsgemäße Anwendung der Zoll- und der Agrarregelung v. 13.3.1997, ABl. EG 1997 Nr. L 82, 1; geändert durch VO (EG) Nr. 766/2008 v. 9.7.2008, ABl. EU 2008 Nr. L 218, 48; vgl. hierzu den Überblick bei *Kraus*, ZfZ 2014, 41.
8 Erwägungsgründe Nr. 2–4 MwSt-ZVO und Erwägungsgründe Nr. 1 und 9 VerbrSt-ZVO.
9 Erwägungsgründe Nr. 11, 18 MwSt-ZVO; zu Umsatzsteuerkarussellen vgl. *Schaumburg* in Schaumburg/Peters, Internationales Steuerstrafrecht, Rz. 17.41 ff.
10 Erwägungsgründe Nr. 7 VerbrSt-ZVO; hierzu auch *Schaumburg* in Schaumburg/Peters, Internationales Steuerstrafrecht, Rz. 19.21.

II. Mehrwertsteuer-Zusammenarbeitsverordnung

1. Anwendungsbereich

25.99 Die MwSt-ZVO[1] betrifft die Zusammenarbeit der Mitgliedstaaten und den grenzüberschreitenden Informationsaustausch im Unionsgebiet (Art. 1 Abs. 1 Unterabs. 2 MwSt-ZVO). Der Anwendungsbereich der MwSt-ZVO erstreckt sich auf das Unionsgebiet; das bedeutet, dass die Zusammenarbeit und der **Informationsaustausch** alle steuerbaren Umsätze betrifft unabhängig davon, ob die betreffenden Unternehmer[2] im Unionsgebiet ansässig sind oder nicht. Im Hinblick darauf tauschen die Mitgliedstaaten auch Informationen aus, die sie aus Drittstaaten erhalten (Art. 50 Abs. 1 MwSt-ZVO), und geben darüber hinaus auch Informationen an Drittstaaten weiter, die sie von anderen Mitgliedstaaten erhalten haben, sofern die andere Mitgliedstaat dieser Weitergabe zugestimmt hat und im Verhältnis zum Drittstaat die Gegenseitigkeit[3] gewährleistet ist (Art. 50 Abs. 2 MwSt-ZVO). Die zwischen den Mitgliedstaaten ausgetauschten Informationen unterliegen dem Steuergeheimnis nach Maßgabe des jeweiligen innerstaatlichen Rechts (Art. 55 Abs. 1 Unterabs. 1 MwSt-ZVO), sie dürfen aber auch für die Festsetzung anderer Steuern, Abgaben und Gebühren verwendet werden (Art. 55 Abs. 1 Unterabs. 3 MwSt-ZVO), was aus deutscher Sicht ohnehin zulässig ist (§ 30 Abs. 4 Nr. 1 AO). Entsprechendes gilt für die Verwendung der Informationen in einem Steuerstraf- oder Steuerordnungswidrigkeitsverfahren (Art. 55 Abs. 1 Unterabs. 4 MwSt-ZVO).[4] Demgemäß sind die Vorschriften über die Rechtshilfe in Strafsachen in den Mitgliedstaaten, insbesondere auf Grund besonderer Rechtshilfeabkommen, neben der MwSt-ZVO ohne weiteres anwendbar (Art. 1 Abs. 3 MwSt-ZVO).[5] Der in der MwSt-ZVO verankerte grenzüberschreitende Informationsaustausch ist nicht nur bilateral angelegt, so dass den Mitgliedstaaten die Möglichkeit eröffnet wird, erlangte Auskünfte anderen Mitgliedstaaten zu übermitteln. Soweit die Auskünfte auf Grund eines Auskunftsersuchens erlangt wurden, ist die ersuchte Behörde des anderen Mitgliedstaats allerdings davon vorab in Kenntnis zu setzen (Art. 55 Abs. 4 MwSt-ZVO).

25.100 Der MwSt-ZVO gebührt zwar im Vergleich zum jeweiligen nationalen Recht eine **Vorrangstellung** (hierzu Rz. 4.55), soweit sich aber auf Grund anderer Rechtsgrundlagen „umfassendere Amtshilfepflichten" ergeben, sind diese ebenfalls anwendbar (Art. 60 Abs. 1 MwSt-ZVO). Angesprochen sind hiermit nicht nur Auskunftspflichten etwa auf Grund der EU-BeitrRL (vgl. Rz. 25.75), sondern auch die Auskunftsklauseln der in Betracht kommenden DBA (Art. 26 OECD-MA).[6]

25.101 Die MwSt-ZVO regelt folgende Arten des Informationsaustauschs: Ersuchensauskünfte (Art. 7 ff. MwSt-ZVO), automatische Auskünfte (Art. 13 ff. MwSt-ZVO) und Spontanauskünfte (Art. 15 MwSt-ZVO).

2. Ersuchensauskünfte

25.102 Für **ausgehende Ersuchen** ergibt sich die Rechtsgrundlage aus Art. 5, 7 und 9 MwSt-ZVO, § 117 Abs. 1 AO. Voraussetzung hierfür ist, dass die begehrte Information für MwSt-Zwecke überhaupt erforderlich ist. Hieraus folgt, dass zunächst die üblichen eigenen Informationsquellen auszuschöpfen sind (Art. 54

---

[1] Rechtsgrundlage (Ermächtigung): Art. 113 AEUV; vgl. hierzu EuGH v. 26.1.2006 – C-533/03 – Kommission/Rat, ECLI:EU:C:2006:64 Rz. 43 ff., 62, 64.
[2] In der Terminologie der MwStSystRL „Steuerpflichtige".
[3] Zum Gegenseitigkeitsprinzip *Seer* in Holoubek/Lang, Verfahren der Zusammenarbeit von Verwaltungsbehörden in Europa, S. 85 (96 f.).
[4] *Toifl* in Holoubek/Lang, Verfahren der Zusammenarbeit von Verwaltungsbehörden in Europa, S. 101 (117); zu Einzelheiten *Schaumburg* in Schaumburg/Peters, Internationales Steuerstrafrecht, Rz. 8.28.
[5] Zu den Rechtshilfeabkommen in Strafsachen *Peters* in Schaumburg/Peters, Internationales Steuerstrafrecht, Rz. 9.4.
[6] Vgl. *Czakert* in Schönfeld/Ditz, Art. 26 OECD-MA Rz. 23.

Abs. 1 Buchst. b MwSt-ZVO, § 90 Abs. 2, § 93 Abs. 1 Satz 3 AO).[1] Zu den eigenen Informationsquellen gehört auch der automatisierte Zugang zum elektronischen MwSt-Informations-Austausch-System (MIAS)[2], wofür es eines Ersuchens nicht bedarf (Art. 21 Abs. 1 MwSt-ZVO).[3] Im Übrigen steht für Mehrwertsteuerzwecke ohnehin der automatische Auskunftsverkehr zur Verfügung (Art. 13 ff. MwSt-ZVO), so dass Ersuchensauskünfte nur in Einzelfällen – etwa in Fällen von Steuerhinterziehung – [4] relevant sind.

25.103 Zuständig für ausgehende Ersuchen ist das jeweilige zentrale Verbindungsbüro des betreffenden Mitgliedstaats (Art. 4 MwSt-ZVO), in Deutschland also das BZSt (§ 5 Abs. 1 Nr. 9 Buchst. c FVG). Ob ein Ersuchen an den anderen Mitgliedstaat gerichtet wird, ist zwar eine Frage des Ermessens (§§ 88, 92, 112 Abs. 1 AO), im Hinblick auf die Zielsetzung der MwSt-ZVO, bei der die Bekämpfung der MwSt-Hinterziehung im Vordergrund steht, ergibt sich in aller Regel eine Ermessensreduzierung auf null. Das ändert aber nichts an dem Umstand, dass vor der Stellung des Ersuchens der betreffende Steuerpflichtige grundsätzlich anzuhören ist (§§ 85, 88, 91 AO; vgl. hierzu auch Rz. 25.20).[5] Das ist zwar weder in der MwSt-ZVO noch sonst ausdrücklich vorgeschrieben, eine **Anhörungspflicht** ist aber entsprechend dem Grundsatz des rechtlichen Gehörs zu beachten, wenn das Auskunftsersuchen Informationen enthält, die für den Betroffenen in dem anderen Staat zu einem Eingriff in seine rechtlich geschützte Sphäre führen könnten.

25.104 Das Ersuchen ist in aller Regel nicht nur auf die **Erteilung von Auskünften** (Art. 7 Abs. 2 MwSt-ZVO) gerichtet, sondern auch auf die Übermittlung von einschlägigen Berichten, Bescheinigungen und sonstigen Schriftstücken (Art. 9 Abs. 1 MwSt-ZVO) und darüber hinaus auch auf die Vornahme (bestimmter) behördlicher Ermittlungen (Art. 7 Abs. 3, 4 MwSt-ZVO). Die Ersuchen sind unter Verwendung eines vorgeschriebenen Standardformulars (Art. 8 MwSt-ZVO) auf elektronischem Wege über das CCN/CSI-Netz zu übermitteln (Art. 51 Abs. 1 MwSt-ZVO).[6]

25.105 Für **eingehende Ersuchen** besteht im Grundsatz eine Auskunftspflicht (Art. 5, 9, 54 MwSt-ZVO, § 117 Abs. 2 AO). Voraussetzung ist allerdings, dass Anzahl und Art der Auskunftsersuchen keinen unverhältnismäßig großen Verwaltungsaufwand verursachen und darüber hinaus die üblichen Informationsquellen im ersuchenden Mitgliedstaat ausgeschöpft worden sind (Art. 54 Abs. 1 MwSt-ZVO).[7] Die Auskunftspflicht hat zudem eine begrenzte Reichweite, weil der ersuchte Mitgliedstaat nur im Rahmen des für ihn geltenden innerstaatlichen Rechts tätig werden muss (Art. 54 Abs. 2 MwSt-ZVO). Aus deutscher Sicht sind daher insbesondere die §§ 88 ff. AO zu beachten, so dass auch etwaige Auskunftsverweigerungsrechte (§ 103 AO) dazu führen können, dass einem Auskunftsersuchen im Ergebnis nicht entsprochen werden kann.

---

1 Hierzu *Kraeusel* in Reiß/Kraeusel/Langer, § 18 UStG Rz. 829; Begründung der KOM zum Vorschlag der VO Nr. 904/2010 v. 18.8.2009, KOM (2009), 427, abgedruckt bei *Lohse* in R/D, VO 904/2010, Einführung, 3; vgl. zum Subsidiaritätsprinzip im Übrigen *Seer* in Holoubek/Lang, Verfahren der Zusammenarbeit von Verwaltungsbehörden in Europa, S. 85 (97 f.).
2 Zum MIAS im Überblick *Lohse* in R/D, VO P04/2010, Einführung 3 f.; *Hendricks*, Internationale Informationshilfe im Steuerverfahren, S. 260 ff.
3 Zu Einzelheiten *Kraeusel* in Reiß/Kraeusel/Langer, § 18 UStG Rz. 845 ff.
4 *Langer* in Küffner/Stöcker/Zugmaier, Einführung Rz. 230.
5 *Kraeusel* in Reiß/Kraeusel/Langer, § 18 UStG Rz. 831.
6 CCN/CSI-Netz ist die auf das Common Communication Network (CCN) und das Common System Interface (CSI) gestützte gemeinsame Plattform, die von der Union entwickelt wurde, um die gesamte Elektronische Informationsübermittlung zwischen den zuständigen Behörden im Bereich Zoll und Steuern sicherzustellen (Art. 2 Abs. 1 Buchst. q MwSt-ZVO).
7 Zum Subsidiaritätsprinzip vgl. KOM zum Vorschlag der VO Nr. 904/2010 v. 18.8.2009, KOM (2009), 427, abgedruckt bei *Lohse* in R/D, VO 904/2010, Einleitung, 5; vgl. im Übrigen *Seer* in Holoubek/Lang, Verfahren der Zusammenarbeit von Verwaltungsbehörden in Europa, S. 85 (97 f.).

25.106 Soweit nach Maßgabe des innerstaatlichen Rechts die Auskunftserteilung möglich ist, kann sie dennoch abgelehnt werden, wenn der ersuchende Mitgliedstaat entsprechende Auskünfte aus rechtlichen Gründen seinerseits nicht übermitteln dürfte (Art. 54 Abs. 3 MwSt-ZVO).[1] Die Auskunftserteilung kann ferner dann abgelehnt werden, wenn sie zur Preisgabe eines Geschäfts-, Industrie- oder Berufsgeheimnisses oder eines Geschäftsverfahrens führen oder wenn die Verbreitung der betreffenden Auskünfte gegen die öffentliche Ordnung (ordre public) verstoßen würde (Art. 54 Abs. 4 MwSt-ZVO). Der hiermit angesprochene **Geheimnisschutz**[2] zielt darauf ab, (abstrakt) die nationale Volkswirtschaft und (konkret) den Betroffenen gleichermaßen vor den Folgen von Wirtschaftsspionage und einer im ersuchenden Mitgliedstaat gegebenen unzulänglichen Verschwiegenheitspraxis zu bewahren.[3] Im Hinblick darauf ist es geboten, den Betroffenen vor der Weitergabe der Informationen an den ersuchenden Mitgliedstaat zu hören, wenn dort das Steuergeheimnis tatsächlich nicht so gewahrt wird wie im ersuchten Mitgliedstaat.[4] Eine Auskunftsgrenze ist schließlich auch in den Fällen gegeben, in denen die Auskunftserteilung der **öffentlichen Ordnung** (ordre public) widersprechen würde (Art. 54 Abs. 4 MwSt-ZVO).[5] Ein Bankgeheimnis wird dagegen nicht geschützt (Art. 54 Abs. 5 MwSt-ZVO).

25.107 Die Erledigung des Auskunftsersuchens liegt aus deutscher Sicht in Händen der jeweils zuständigen Finanzämter (§§ 21, 24 AO). Soweit die Informationen nicht selbst verfügbar sind, haben die Finanzämter entsprechende behördliche **Ermittlungen** durchzuführen (Art. 7 Abs. 2–4 MwSt-ZVO), wobei der rechtliche Rahmen durch die AO gesteckt wird (Art. 7 Abs. 5 MwSt-ZVO i.V.m. §§ 88, 92–100, 194, 208 Abs. 1 Nr. 3 AO).[6] Hieraus folgt, dass die entsprechenden Ermittlungen für Zwecke der Auskunftserteilung auch im Rahmen der Außenprüfung (§§ 193 ff. AO), der Steuerfahndung (§ 208 AO) und der USt-Nachschau (§ 27b UStG) erfolgen dürfen. Außenprüfung, Steuerfahndung oder USt-Nachschau ausschließlich zur Erledigung eines Auskunftsersuchens sind dagegen nicht zulässig.[7]

25.108 Gemäß § 117 Abs. 4 Satz 3 Halbs. 2 AO ist zwar eine **Anhörung** des Betroffenen vor Auskunftserteilung nicht verpflichtend, in Orientierung an das grundrechtlich geschützte Recht auf Gehör aber geboten, wenn die Auskunftserteilung zu einem Eingriff in seine rechtlich geschützte Sphäre führen könnte (vgl. hierzu Rz. 25.20).

3. Automatische Auskünfte

25.109 Von besonderer Bedeutung ist der grenzüberschreitende Informationsaustausch ohne vorheriges Ersuchen. Es geht hierbei um die **systematische Übermittlung** von steuerlich relevanten Daten auf elektronischem Wege, die insbesondere für die Bekämpfung der Steuerhinterziehung bei innergemeinschaftlichen Umsätzen nützlich sein können (Erwägungsgründe Nr. 11 und 13 MwSt-ZVO). Dies setzt eine entsprechende Speicherpflicht für die zu übermittelnden Informationen voraus. Hierzu dient das elektronische MwSt-Informations-Austausch-System (**MIAS**)[8], wonach wichtige steuerlich relevante Daten in das elektronische System einzustellen und über fünf Jahre zu speichern sind (Art. 17–20

---

1 Zum Prinzip der Gegenseitigkeit vgl. *Hendricks*, Internationale Informationshilfe im Steuerverfahren, S. 94 ff., 223 ff., 250.
2 Vgl. hierzu die Einzelheiten bei *Seer* in T/K, § 117 AO Rz. 74 ff.
3 *Seer* in T/K, § 117 AO Rz. 74; *Hendricks*, Internationale Informationshilfe im Steuerverfahren, S. 149; *Seer/Gabert*, StuW 2010, 3, 18 f.
4 Art. 55 Abs. 1 Unterabs. 1 MwSt-ZVO gewährleistet demgegenüber nur, dass die erlangten Auskünfte dem Geheimnisschutzniveau nach Maßgabe des im ersuchenden Mitgliedstaat geltenden nationalen Recht unterliegen; vgl. zur Anhörung im Übrigen Rz. 25.105.
5 Zum ordre-public-Vorbehalt *Seer* in T/K, § 117 AO Rz. 81; *Hendricks*, Internationale Informationshilfe im Steuerverfahren, S. 251 f.
6 *Kraeusel* in Reiß/Kraeusel/Langer, § 18 UStG Rz. 835.
7 AEAO zu § 193 Nr. 3; *Seer* in T/K, § 194 AO Rz. 30, 36.
8 Hierzu im Überblick *Hendricks*, Informationshilfe im Steuerverfahren, S. 260 ff.

MwSt-ZVO).[1] Die Übermittlung der gespeicherten Daten erfolgt sodann ausschließlich auf elektronischem Wege über das **CCN/CSI-Netz** (Art. 6 VO-EU 79/2012).[2] Voraussetzung für die Übermittlungspflicht ist, dass die entsprechenden Informationen für die Kontrolle im anderen Mitgliedstaat (Bestimmungsmitgliedstaat) notwendig sind oder dort ein Verstoß gegen die MwSt-Vorschriften begangen oder vermutlich begangen wurde oder dort die Gefahr eines Steuerverlusts besteht (Art. 13 Abs. 1 MwSt-ZVO). Hiernach sind Informationen über die Erteilung von MwSt-Identifikationsnummern sowie über MwSt-Erstattungen an in einem anderen Mitgliedstaat ansässige Steuerpflichtige zu übermitteln (Art. 14 Abs. 1 Buchst. a MwSt-ZVO, Art. 2 Nr. 1, Art. 3 Abs. 1 VO-EU 79/2012). Darüber hinaus besteht unter den vorgenannten Voraussetzungen auch die Verpflichtung zum automatischen Auskunftsaustausch über neue Fahrzeuge (Art. 14 Abs. 1 Buchst. a MwSt-ZVO, Art. 2 Nr. 2, Art. 3 Abs. 2 VO-EU 79/2012).

Die Informationen sind unverzüglich, spätestens jedoch bis Ende des dritten Monats nach dem Kalenderquartal, in dem sie erlangt wurden, zu übermitteln (Art. 14 Abs. 1 Buchst. b MwSt-ZVO, Art. 5 VO-EU 79/2012). Dies setzt voraus, dass die entsprechenden Daten zuvor gespeichert worden sind, so dass die **Übermittlung auf elektronischem Wege** über das CCN/CSI-Netz[3] gewährleistet ist (Art. 6 VO-EU 79/2012), ohne dass es einer vorherigen Anhörung des Betroffenen bedarf.

25.110

Über die automatischen Auskünfte hinaus besteht auch für den jeweiligen Mitgliedstaat (Herkunftsmitgliedstaat) die Verpflichtung, den automatischen Zugang zu den gespeicherten Daten zu ermöglichen (Art. 21 Abs. 1 MwSt-ZVO). Dieser **automatisierte Zugang** umfasst alle Informationen, zu deren Speicherung der jeweilige Mitgliedstaat verpflichtet ist (Art. 21 Abs. 1, Art. 17 MwSt-ZVO). Der hiernach mögliche Datenzugriff, den der Herkunftsmitgliedstaat dulden muss, geht weit über die Informationen hinaus, die Gegenstand des automatischen Informationsaustauschs sind. Zu diesen Informationen gehören insbesondere solche über innergemeinschaftliche Umsätze (Art. 21 Abs. 2 Satz 1 MwSt-ZVO). Hierdurch wird insbesondere die Bekämpfung von betrügerischen USt-Karussellen ermöglicht.[4]

25.111

4. Spontanauskünfte

Spontanauskünfte sind auf unregelmäßige Übermittlung von Informationen gerichtet, die nicht bereits Gegenstand des automatischen Informationsaustauschs sind (Art. 15 MwSt-ZVO). Spontanauskünfte erfolgen also nur anlassbezogen und auch nur dann, wenn aus Sicht des Herkunftsmitgliedstaates die Informationen für den Bestimmungsmitgliedstaat „von Nutzen sein können" (Art. 15 MwSt-ZVO). Den hiernach zu übermittelnden Informationen müssen entsprechend liquide Kenntnisse über relevante Sachverhalte zugrunde liegen, so dass weitergehende Ermittlungsmaßnahmen mit dem Ziel, Spontanauskünfte zu erteilen, nicht zulässig sind. Liegen die Informationen vor, so sind sie, wenn die Voraussetzungen vorliegen, dem Bestimmungsmitgliedstaat zu übermitteln.[5] Soweit der Zweck der Informationsübermittlung nicht gefährdet wird, ist der betreffende Steuerpflichtige (Unternehmer) zu hören (vgl. Rz. 25.20, 25.108).

25.112

---

1 Vgl. auch *Kraeusel* in Reiß/Kraeusel/Langer, § 18 UStG Rz. 845 ff.; *Lohse* in R/D, VO 904/2010, Einführung, 3 f.
2 CCN = Common Communication Network; CSI = Common System Interface.
3 CCN (Common Communication Network) und CSI (Common System Interface) sind gemeinsame Plattformen für die elektronische Informationsübermittlung im Bereich Zoll und Steuern, vgl. Art. 2 Abs. 1 Buchst. g MwSt-ZVO.
4 Vgl. hierzu *Schaumburg* in Schaumburg/Peters, Internationales Steuerstrafrecht, Rz. 17.41 ff.
5 Kein Ermessen; **a.A.** *Kraeusel* in Reiß/Kraeusel/Langer, § 18 UStG Rz. 841.

5. Zustellungsersuchen

25.113 Auf Antrag der ersuchenden Behörde eines anderen Mitgliedstaats hat die ersuchte Behörde **Verwaltungsakte** und sonstige Entscheidungen, „die die Anwendung der MwSt-VO im Hoheitsgebiete des ersuchten Mitgliedstaats betreffen", zuzustellen (Art. 25 MwSt-ZVO). Aus deutscher Sicht haben derartige Zustellungsersuchen in der Praxis der Finanzverwaltung eine nur eingeschränkte Bedeutung, weil jedenfalls Steuerverwaltungsakte in anderen Mitgliedstaaten meistens durch einfachen Brief bekannt gegeben werden (vgl. zu den völkerrechtlichen Vorbehalten Rz. 25.3).[1]

6. Sonstige Formen der Verwaltungszusammenarbeit

25.114 Um den bi- und multilateralen Informationsaustausch sowie die **grenzüberschreitende Steuerkontrolle** und die Bekämpfung von Steuerhinterziehung auf dem Gebiet der MwSt effizient zu gestalten, sieht die MwSt-ZVO ergänzende Maßnahmen der Verwaltungszusammenarbeit vor. Es handelt sich hierbei um Anwesenheits- und Teilnahmerechte von Beamten im ersuchten Mitgliedstaat (Art. 28 MwSt-ZVO), internationale koordinierte Außenprüfungen (Art. 29 MwSt-ZVO) und um die Zusammenarbeit im Rahmen von Eurofisc (Art. 33 ff. MwSt-ZVO).

25.115 Im Zusammenhang mit Auskunftsersuchen (Art. 7 MwSt-ZVO) dürfen Beamte der ersuchenden Behörde[2] insbesondere in den Amtsräumen der Verwaltungsbehörden des ersuchten Mitgliedstaats zugegen sein (Art. 28 Abs. 1 Satz 1, Abs. 2a MwSt-ZVO). Voraussetzung hierfür ist ein „Einvernehmen" zwischen den beteiligten Behörden, an das keine besonderen formellen Anforderungen zu stellen sind. Dieses **Anwesenheitsrecht** beinhaltet auch die Befugnis, vor Ort einschlägige Unterlagen zu sichten und Kopien zu ziehen (Art. 28 Abs. 1 Satz 2 MwSt-ZVO). Das Anwesenheitsrecht ist insbesondere im Zusammenhang mit komplexen Auskunftsfällen und in Vorbereitung koordinierter Außenprüfungen von Bedeutung.[3]

25.116 Über das bloße Anwesenheitsrecht hinaus ist im Rahmen beiderseitigen Einvernehmens auch ein **Teilnahmerecht** an behördlichen Ermittlungen im ersuchten Mitgliedstaat zulässig (Art. 28 Abs. 2 Satz 1 MwSt-ZVO). Die zu diesem Zweck in den anderen Mitgliedstaat entsandten Beamten üben im Zusammenhang mit den dortigen Ermittlungen keinerlei Hoheitsbefugnisse aus, sie haben allerdings die Möglichkeit, zusammen mit den Beamten der ersuchten Behörde Räumlichkeiten und Unterlagen zu sichten (Art. 28 Abs. 2 Sätze 2–4 MwSt-ZVO) sowie Steuerpflichtige zu befragen (Art. 28 Abs. 2a Satz 3 MWSt-ZVO).

25.117 Zwecks weiterer Effizienzsteigerung der Zusammenarbeit können die Mitgliedstaaten vereinbaren, bilateral und multilateral Außenprüfungen durchzuführen (Art. 29 MwSt-ZVO). Diese international koordinierten Außenprüfungen dürfen allerdings nur im jeweiligen eigenen Hoheitsgebiet durchgeführt werden, wobei allerdings ein Teilnahmerecht von Amtsträgern des jeweils anderen Mitgliedstaates besteht. Wird von dem Teilnahmerecht Gebrauch gemacht, ist von der zuständigen Behörde des anderen Mitgliedstaates ein Prüfungsleiter zu bestimmen (Art. 30 MWSt-ZVO).[4]

25.118 Zwecks „Förderung und Erleichterung der multilateralen Zusammenarbeit bei der Bekämpfung des MwSt-Betrugs" besteht zwischen den Mitgliedstaaten ein Netzwerk (Eurofisc) für den raschen Ausbau gezielter Informationen, das u.a. auch ein multilaterales Frühwarnsystem vor Umsatzsteuerbetrug enthält (Art. 33 MwSt-ZVO).[5] Im Hinblick auf diesen weitreichenden Informationsaustausch ist die ganz

---

1 AEAO zu § 122 AO Nr. 1.8.4; *Kraeusel* in Reiß/Kraeusel/Langer, § 18 UStG Rz. 844.
2 Aus deutscher Sicht das BZSt.
3 *Kraeusel* in Reiß/Kraeusel/Langer, § 18 UStG Rz. 842.
4 *Kraeusel* in Reiß/Kraeusel/Langer, § 18 UStG Rz. 843.
5 Vgl. hierzu die Erklärung der im Rat vereinigten Vertreter der Regierungen der Mitgliedstaaten zu Eurofisc v. 7.10.2010 (2010/C275/06), ABl. EU 2010 Nr. C 275, 4; abgedruckt bei *Lohse* in R/D, VO 904/2010, Eurofisc, 1 ff.

allgemein für den Bereich der MwSt maßgebliche Geheimhaltungspflicht von besonderer Bedeutung (Art. 34 Abs. 3, Art. 55 MwSt-ZVO). Das bedeutet allerdings, dass die auf diesem Wege erlangten Informationen auch für die Festsetzung anderer Steuern, Abgaben und Gebühren und darüber hinaus auch für Zwecke des Steuerstrafrechts und ggf. des Steuerordnungswidrigkeitenrechts Verwendung finden dürfen (Art. 55 Abs. 1 Unterabs. 3, 4 MwSt-ZVO).[1]

III. Verbrauchsteuer-Zusammenarbeits-Verordnung (VerbrSt-ZVO)

1. Anwendungsbereich

Vom Regelungsbereich der VerbrSt-ZVO werden alle harmonisierten Verbrauchsteuern erfasst (Art. 1 Abs. 1, Art. 2 Nr. 16 VerbrSt-ZVO). Zu diesen Verbrauchsteuern gehören Steuern auf Energieerzeugnisse und elektrischen Strom, Alkohol und alkoholische Getränke sowie auf Tabakwaren (Art. 1 Abs. 1 VerbrStSystRL); aus deutscher Sicht sind das Energiesteuern, Stromsteuern, Bier- und Alkoholsteuer[2] sowie Sektsteuer und Tabaksteuer. Nicht erfasst sind dagegen die Alkopopsteuer und die Kaffeesteuer. Der in der VerbrSt-ZVO verankerte Informationsaustausch dient der ordnungsgemäßen Anwendung der (harmonisierten) VerbrSt-Vorschriften und der Bekämpfung der VerbrSt-Hinterziehung und der daraus resultierenden Wettbewerbsverzerrungen im Binnenmarkt (Erwägungsgrund Nr. 1 zu VerbrSt-ZVO). Der in der VerbrSt-ZVO verankerte Informationsaustausch schließt die Anwendung vergleichbarer uni-, bi- oder multilateraler Rechtsgrundlagen nicht aus. So kommen die für die Bekämpfung auch der VerbrSt-Hinterziehung bedeutsamen Vorschriften über die Rechtshilfe in Strafsachen in den Mitgliedstaaten ebenso zur Anwendung wie die weitergehenden Amtshilfevorschriften (Art. 1 Abs. 2, 3 VerbrSt-ZVO).[3] Der Informationsaustausch erfolgt zwar nur zwischen den Mitgliedstaaten, er erfasst aber auch Informationen aus Drittstaaten, soweit dies auf Grund besonderer Amtshilfevereinbarungen zugelassen ist (Art. 32 VerbrSt-ZVO).

25.119

2. Ersuchensauskünfte

Ausgehende Ersuchen können gestellt werden, soweit sie für die ordnungsgemäße Anwendung der VerbrSt-Vorschriften erforderlich sind (Art. 8 Abs. 1 VerbrSt-ZVO). Das gilt insbesondere in den Fällen der „Beförderung verbrauchsteuerpflichtiger Waren innerhalb der Union" (Art. 8 Abs. 1 VerbrSt-ZVO). Angesprochen ist damit die Beförderung unter Steueraussetzung,[4] die in der Praxis nicht selten Gegenstand von Steuerhinterziehung ist.[5] In diesem Zusammenhang kann das Auskunftsersuchen auch spezielle behördliche Ermittlungen in Einzelfällen zum Gegenstand haben (Art. 8 Abs. 3 VerbrSt-ZVO). Zuständig für das Auskunftsersuchen ist das jeweilige zentrale VerbrSt-Verbindungsbüro (Art. 6 Abs. 1 Buchst. a VerbrSt-ZVO), in Deutschland also das HZA Stuttgart. Ob das Ersuchen gestellt wird, steht im Ermessen der ersuchenden Behörde (§§ 88, 92, 112 Abs. 1 AO). Voraussetzung für das Auskunftsersuchen ist, dass die ersuchende Behörde die üblichen verfügbaren Informationsquellen ausgeschöpft hat (Art. 25 Abs. 1 Buchst. a VerbrSt-ZVO).[6] Das Auskunftsersuchen erfolgt im Rahmen eines EDV-gestützten Systems mittels eines Amtshilfedokuments (Art. 9 Abs. 1 VerbrSt-ZVO).[7] Dem

25.120

---

1 Dies entspricht § 30 Abs. 4 Nr. 1 AO; zur Verwendung für Zwecke des Steuerstrafrechts und des Steuerordnungswidrigkeitenrechts *Schaumburg* in Schaumburg/Peters, Internationales Steuerstrafrecht, Rz. 8.28.
2 Ab 1.1.2018 gilt das AlkoholStG; vgl. BranntwMonAbschG v. 21.6.2013, BGBl. I 2013, 1650; zu Einzelheiten *Esser*, ZfZ 2013, 225 ff. (230 ff.).
3 Zur Rechtshilfe in Strafsachen vgl. *Peters* in Schaumburg/Peters, Internationales Steuerstrafrecht, Rz. 9.1 ff.
4 Vgl. § 5 Abs. 1 Nr. 2 i.V.m. §§ 10–13 EnergieStG.
5 Vgl. hierzu *Schaumburg* in Schaumburg/Peters, Internationales Steuerstrafrecht, Rz. 19.21.
6 Zum Subsidiaritätsprinzip *Seer* in Holoubek/Lang, Verfahren der Zusammenarbeit von Verwaltungsbehörden in Europa, S. 85 (97 f.).
7 Zum EDV-gestützten EMCS (Exice Movement an Control System) Entscheidung Nr. 1152/2003/EG des EP und des Rats über die Einführung eines EDV-gestützten Systems zur Beförderung und Kontrolle der Beförderung verbrauchsteuerpflichtiger Waren v. 16.6.2003, ABl. EU 2003 Nr. L 162, 5; zum Amtshilfedo-

Amtshilfedokument sind ggf. auch die einschlägigen für die Erledigung des Auskunftsersuchens erforderlichen Unterlagen beizufügen (Art. 10 Abs. 1 VerbrSt-ZVO).

25.121 Für **eingehende Ersuchen** besteht eine Auskunftspflicht (Art. 8 Abs. 1, Art. 31 VerbrSt-ZVO), die auch die für die Beschaffung der Informationen notwendigen behördlichen Ermittlungen umfasst (Art. 8 Abs. 2 VerbrSt-ZVO). Die vorgenannte Auskunftspflicht setzt allerdings voraus, dass der ersuchende Mitgliedstaat die eigenen üblichen Informationsquellen, soweit geboten, ausgeschöpft hat (Art. 25 Abs. 1 Buchst. a VerbrSt-ZVO) und darüber hinaus die Erledigung der Auskunftsersuchen des ersuchenden Mitgliedstaats innerhalb eines bestimmten Zeitraums keinen unverhältnismäßig großen Verwaltungsaufwand verursacht (Art. 25 Abs. 1 Buchst. b VerbrSt-ZVO).[1] Der ersuchte Mitgliedstaat kann die Auskunftserteilung bei fehlender Gegenseitigkeit ablehnen (Art. 25 Abs. 3 VerbrSt-ZVO).[2] Schließlich besteht für den ersuchten Mitgliedstaat ohnehin nur die Verpflichtung, im Rahmen des für ihn geltenden innerstaatlichen Rechts tätig zu werden (Art. 8 Abs. 4, Art. 18, 25 Abs. 2 VerbrSt-ZVO). Hierzu gehört auch die Wahrung des Steuergeheimnisses, wobei allerdings die Offenbarung der Verhältnisse anderer Personen zugelassen ist (§ 30 Abs. 4 Nr. 2 AO). Indessen kann die Übermittlung von Informationen abgelehnt werden, wenn sie zur Preisgabe eines Geschäfts-, Industrie- oder Berufsgeheimnisses oder eines Geschäftsverfahrens führen oder wenn ihre Verbreitung gegen die öffentliche Ordnung (ordre public) verstoßen würde (§ 25 Abs. 4, § 28 VerbrSt-ZVO). Von diesem über das im deutschen Steuerrecht verankerte Steuergeheimnis (§ 30 AO) hinausgehenden unionalen Geheimnisschutz wird kraft besonderer Anordnung das Bankgeheimnis nicht erfasst (Art. 25 Abs. 6 VerbrSt-ZVO).

25.122 Die begehrten Informationen sind „möglichst rasch", spätestens jedoch drei Monate nach dem Zeitpunkt des Eingangs des Ersuchens zu erteilen (Art. 11 Abs. 1 VerbrSt-ZVO). Trotz dieser kurzen Fristen ist eine vorherige **Anhörung** des Betroffenen geboten, falls hierdurch der Zweck des Auskunftsersuchens des anderen Mitgliedstaates nicht gefährdet wird (zu Einzelheiten Rz. 25.20, 25.108).

3. Automatische und Spontanauskünfte

25.123 Bei den **automatischen Auskünften** handelt es sich um die systematische Übermittlung von Informationen ohne vorheriges Ersuchen (Art. 15 Abs. 1 i.V.m. Art. 2 Nr. 6 VerbrSt-ZVO). Darüber hinaus ist ausnahmsweise auch ein ereignisbezogener automatischer Auskunftsaustausch zulässig, der allerdings dann nicht eingreift, wenn bereits anderweitig ein Austausch elektronischer Verwaltungsdokumente im Zusammenhang mit der Beförderung verbrauchsteuerpflichtiger Waren unter Steueraussetzung vorgesehen ist (Art. 15 Abs. 1, 2 Nr. 5 VerbrSt-ZVO i.V.m. Art. 21 Abs. 4 VerbrStSystRL). Gegenstand des automatischen Auskunftsaustauschs sind nur solche Auskünfte, die zur „ordnungsgemäßen Anwendung der VerbrSt-Vorschriften erforderlich sind" (Art. 15 Abs. 1 VerbrSt-ZVO). Angesprochen sind damit insbesondere die Fälle, in denen eine VerbrSt-Hinterziehung (vermutlich) eingetreten oder zu befürchten ist (Art. 15 Abs. 1 Buchst. a-e, Abs. 5 VerbrSt-ZVO).

25.124 Um den EDV-gestützten Auskunftsaustausch zwischen den Mitgliedstaaten effizient zu gestalten, besteht die Verpflichtung, die relevanten Daten zu speichern (Art. 17, 19, 21, 31 Abs. 2 VerbrSt-ZVO). Soweit es sich um die Speicherung von VerbrSt-Nummern handelt, sind diese auf Abruf auch Personen zur Verfügung zu stellen, die an der Beförderung verbrauchsteuerpflichtiger Waren unter Steueraussetzung beteiligt sind (§ 20 Abs. 1 VerbrSt-ZVO).[3]

---

kument vgl. § 2 Nr. 17 VerbrSt-ZVO; vgl. auch *Jatzke*, Europäisches Verbrauchsteuerrecht, Rz. C 78; *Weber-Grellet* in Musil/Weber-Grellet, Europäisches Steuerrecht, Zusammenarbeitsverordnungen, Rz. III 1.

1 Zum Subsidiaritätsprinzip *Seer* in Holoubek/Lang, Verfahren der Zusammenarbeit von Verwaltungsbehörden in Europa, S. 85 (97 f.).
2 Zum Gegenseitigkeitsprinzip *Hendricks*, Internationale Informationshilfe im Steuerverfahren, S. 94 ff., 223 ff., 250.
3 Gültige Verbrauchsteuernummern werden in der SEED-Datei (System for Exchange of Excise Data) abgespeichert.

Spontanauskünfte können, soweit nicht bereits ein automatischer Auskunftsaustausch erfolgt, ausgetauscht werden, um die ordnungsgemäße Anwendung der VerbrSt-Vorschriften zu gewährleisten (Art. 16 Abs. 1 Unterabs. 1 VerbrSt-ZVO). Der Informationsaustausch erfolgt auch hier EDV-gestützt (Art. 16 Abs. 1 Unterabs. 2 VerbrSt-ZVO).

25.125

4. Sonstige Formen der Zusammenarbeit

Neben dem Zustellungsersuchen (Art. 14 VerbrSt-ZVO) enthält die VerbrSt-ZVO eine Befugniserweiterung dahingehend, dass im Einvernehmen zwischen der ersuchenden und der ersuchten Behörde Beamte in den Amtsräumen und bei den Ermittlungen des anderen Mitgliedstaats zugegen sein dürfen (Art. 12 Abs. 1, 2 VerbrSt-ZVO; zum Anwesenheits- und Teilnahmerecht vgl. Rz. 25.115 f.). Darüber hinaus besteht auch die Möglichkeit international koordinierter Außenprüfungen (Art. 13 VerbrSt-ZVO; hierzu Rz. 25.117).

25.126

Kapitel 26
Grundsatz und Grenzen mitgliedstaatlicher Verfahrensautonomie beim Vollzug harmonisierten Steuerrechts

A. Allgemeines 26.1	3. Bestandskraftdurchbrechung bei unionsrechtswidrigen Steuersubventionen 26.26
I. Indirekter Vollzug des harmonisierten Steuerrechts 26.1	
II. Verfahrensautonomie als weitere Komponente der Verwaltungshoheit .. 26.3	V. Rechtsfolgen von Vollzugsdefiziten 26.27
III. Einschränkungen des Grundsatzes der Verfahrensautonomie 26.4	1. Dem Unionsgesetzgeber zurechenbare Vollzugsdefizite 26.27
B. Ausstrahlungswirkung auf das Steuerverfahren 26.7	2. Dem deutschen Bundesgesetzgeber zurechenbare Vollzugsdefizite 26.28
I. Untersuchungsgrundsatz 26.7	3. Dem deutschen Landesgesetzgeber zurechenbare Vollzugsdefizite 26.29
II. Mitwirkungspflichten des Steuerpflichtigen 26.9	4. Der Finanzverwaltung zurechenbare Vollzugsdefizite 26.30
III. Grenzen der Ausübung von Ermittlungsbefugnissen 26.12	C. Ausstrahlung auf die Verwaltungsorganisation 26.31
IV. Regelungen über die Bestandskraft ... 26.14	D. Ausstrahlung auf den Steuerprozess .. 26.33
1. Verfahrensgewährleistungspflicht zur Reaktion auf EuGH-Urteile 26.14	I. Bedeutung der Grundsätze der Effektivität und der Gleichwertigkeit 26.33
2. Unionsrechtswidrigkeit des § 175 Abs. 2 Satz 2 AO („lex Manninen") ... 26.23	II. Vorläufiger Rechtsschutz bei Zweifeln an der Unionsrechtswidrigkeit der Richtlinie 26.34

Literatur: *Birkenfeld*, Der Einfluss des Gemeinschaftsrechts auf die Rechtsverwirklichung im Steuerrecht, Eine Bestandsaufnahme, StuW 1998, 55; *de Weerth*, Neues Ende von § 13d UStG – Zugleich: Weiteres zum Vorgehen gegen gemeinschaftswidrige Verwaltungsakte, DStR 2008, 1368; *de Weerth*, Rückwirkende EuGH-Urteile und Bestandskraft von Steuerbescheiden, DStR 2008, 1669; *Dörr*, Der europäisierte Rechtsschutzauftrag deutscher Gerichte, 2003; *Eicker/Ketteler*, Die verfahrensrechtliche Durchsetzung von Gemeinschaftsrecht im Steuerrecht am Beispiel der Rs. Manninen und die Frage der Durchbrechung der Bestandskraft, BB 2005, 131; *Englisch*, Anspruch auf Rücknahme gemeinschaftsrechtswidrig belastender Verwaltungsakte nach Eintritt der Bestandskraft, Die Verwaltung 2008, 99; *Englisch*, Europarechtliche Einflüsse auf den Untersuchungsgrundsatz im Steuerverfahren, IStR 2009, 37; *Friedrich/Nagler*, Bricht EU-Recht die Bestandskraft nach nationalem Verfahrensrecht?, DStR 2005, 403; *Gärditz*, Die Bestandskraft gemeinschaftsrechtswidriger Verwaltungsakte zwischen Kasuistik und Systembildung, NWVBl. 2006, 441; *Gosch*, Anrechnung ausländischer Steuern nach dem EuGH-Urteil in der Rechtssache „Manninen" trotz Bestandskraft?, DStR 2004, 1988; *Gosch*, Nochmals: Bricht EU-Recht die Bestandskraft nach nationalem Verfahrensrecht?, DStR 2005, 413; *Hahn*, § 175 Abs. 2 AO n.F. und das EuGH-Urteil in der Rechtssache Manninen – ein Lehrstück darüber, wie man es nicht macht, IStR 2005, 145; *Hofmann*, Der Abschied von der (ohnehin meist falsch verstandenen) Verfahrensautonomie der Mitgliedstaaten, Anmerkung zu EuGH v. 15.10.2015, Rs. C-137/14, EuR 2016, 188; *Jahndorf/Oellerich*, Bestandskraft von Steuerbescheiden und rückwirkende Durchsetzung von Europarecht, DB 2008, 2559; *Kadelbach*, Allgemeines Verwaltungsrecht unter europäischem Einfluß, Tübingen 1999; *Kahl*, Hat die EG die Kompetenz zur Regelung des Allgemeinen Verwaltungsrechts?, NVwZ 1996, 865; *Musil*, Aktuelle Fragen der Bestandskraft von Steuerbescheiden, DStZ 2005, 362; *Potacs*, Bestandskraft staatlicher Verwaltungsakte oder Effektivität des Gemeinschaftsrechts?, EuR 2004, 595; *Potacs*, Gemeinschaftsrecht und Bestandskraft staatlicher Verwaltungsakte, in Bröhmer/Bieber/Calliess/Langenfeld/Weber/Wolf (Hrsg.), Internationale Gemeinschaft und Menschenrechte, FS für Ress, Köln/Berlin/Bonn/München 2005; *Rennert*, Bestandskraft rechtswidriger Verwaltungsakte und Gemeinschaftsrecht, DVBl. 2007, 400; *Ritzer/Stangl*, Anrechnung ausländischer Körperschaftsteuer und die jüngste Änderung des § 175 AO, DStR 2004, 2176; *Saßenroth*,

Die Bestandskraft deutscher Steuerbescheide im Licht der Rechtsprechung des EuGH, Diss. jur. Münster 2008, Münster 2009; *Schacht/Steffens*, Möglichkeiten zur Durchbrechung der Bestandskraft von Steuerbescheiden, BB 2008, 1254; *v. Danwitz*, Verwaltungsrechtliches System und Europäische Integration, Tübingen 1996; *v. Danwitz*, Die Eigenverantwortung der Mitgliedstaaten für die Durchführung von Gemeinschaftsrecht – Zu den europarechtlichen Vorgaben für die nationalen Verwaltungs- und Gerichtsverfahren, DVBl. 1998, 421.

A. Allgemeines

I. Indirekter Vollzug des harmonisierten Steuerrechts

26.1 Die Europäische Union ist zuvörderst eine Rechtsetzungsgemeinschaft; den Vollzug des Unionsrechts überlässt sie in der Regel ihren Mitgliedstaaten, die den Vollzug durch ihre Verwaltung besorgen muss (indirekter Vollzug).[1] Der sog. direkte Vollzug, in dem der Vollzug des Unionsrechts unmittelbar durch die Organe der EU erfolgt,[2] ist demgegenüber die Ausnahme. Für den Vollzug des harmonisierten Steuerrechts hat der direkte Vollzug keinerlei Bedeutung.

26.2 Der **Grund** für den indirekten Vollzug liegt in der regelmäßig allein bestehenden materiellen Kompetenz auf unionsrechtlicher Ebene. Das Prinzip der begrenzten Einzelermächtigung verlangt für den unionsunmittelbaren Vollzug eine ausdrückliche Ermächtigung.[3] Alle in den Verträgen der Union nicht übertragenen Zuständigkeiten verbleiben nach Art. 4 Abs. 1 EUV bei den Mitgliedstaaten. Hierdurch soll die Einwirkung des Unionsrechts möglichst souveränitätsschützend ausgestaltet werden.[4] Das Prinzip gebietet zugleich, dass die Rechtsgrundlage in den Verträgen umso präziser geregelt sein muss, desto intensiver ein Akt der EU in die Souveränität der Mitgliedstaaten eingreift.[5] Auch für die Möglichkeit der Union, das Unionsrecht selbst zu vollziehen, bedarf es mithin einer hinreichend präzisen Ermächtigung in den Verträgen.[6] Daran fehlt es im Bereich des Steuerrechts. Die Union darf den Vollzug auch nicht im Wege der Annexkompetenz zugesprochen werden. Lediglich in seltenen Fällen kann nach dem völkerrechtlichen Grundsatz der implied powers, der auch im Unionsrecht gilt,[7] der Union die Gesetzgebungskompetenz zustehen. Dies ist der Fall, wenn die Wahrnehmung der ausdrücklich zugewiesenen Kompetenzen anderenfalls sinnlos wäre bzw. ohne sie nicht in vernünftiger Weise zur Anwendung gelangen könnte.[8] Im Rahmen des materiellen harmonisierten Steuerrechts ist das nicht der Fall, kann das materielle Steuerrecht doch in gleicher Weise effektiv durch die Mitgliedstaaten und deren Behörden vollzogen werden, zumal der Unionsgesetzgeber auch die effektive Umsetzung des materiellen Rechts durch den Erlass von Richtlinien den Mitgliedstaaten übertragen hat. Verbindlich sind diese für den Mitgliedstaat nur hinsichtlich des zu erreichenden Ziels, auch wenn dies – wie im

---

1 Hierzu *Huber*, Recht der Europäischen Integration[2], § 20 Rz. 1; *Kadelbach*, Allgemeines Verwaltungsrecht unter europäischem Einfluß, S. 17 ff.; *v. Danwitz*, Verwaltungsrechtliches System und Europäische Integration, S. 16; *v. Danwitz*, DVBl. 1998, 421 ff.; *Wernsmann* in S/Z/K, Europarecht[3], § 30 Rz. 123.
2 *Gundel* in S/Z/K, Europarecht[3], § 3 Rz. 4, 93 ff.; *Huber*, Recht der Europäischen Integration[2], § 20 Rz. 5 ff.
3 *Wernsmann* in S/Z/K, Europarecht[3], § 30 Rz. 123.
4 Zum Zweck des Prinzips der begrenzten Einzelermächtigung *Borchardt*, Die rechtlichen Grundlagen der Europäischen Union[2], Rz. 313.
5 *Bleckmann*, Europarecht[6], Rz. 384.
6 *Schütz/Bruha/Koenig*, Casebook Europarecht, S. 290; *v. Danwitz*, Verwaltungsrechtliches System und Europäische Integration, S. 484.
7 EuGH v. 31.3.1971 – 22/70 – AETR, Slg. 1971, 263; *Kahl*, NVwZ 1996, 825 ff.; *v. Danwitz*, Verwaltungsrechtliches System und Europäische Integration, S. 144.
8 *Oellerich*, Defizitärer Vollzug des Umsatzsteuerrechts, S. 86 f.; *Wernsmann* in S/Z/K, Europarecht[3], § 30 Rz. 121, 125.

Umsatzsteuerrecht – punktgenaue Richtlinien nicht ausschließt.[1] Den innerstaatlichen Stellen ist indessen die Wahl der Form und der Mittel überlassen (Art. 288 Abs. 3 AEUV). Dies verpflichtet die Mitgliedstaaten zunächst einmal zur legislativen Umsetzung des materiellen Richtlinienrechts, das möglichst souveränitätsschonend in das mitgliedstaatliche Rechtssystem eingepasst werden soll. Dies muss dann erst recht auch für den Vollzug des umgesetzten Steuerrechts gelten, zumal es kaum Sinn machen würde, einer einheitlichen Verwaltung den Vollzug einer Vielzahl von im Detail unterschiedlichen Umsetzungsgesetzen zu überantworten.

II. Verfahrensautonomie als weitere Komponente der Verwaltungshoheit

Die Verwaltungshoheit der Mitgliedstaaten besteht nicht nur im indirekten Vollzug durch die mitgliedstaatlichen Finanzbehörden. Zu berücksichtigen ist daneben, dass die EU grundsätzlich allein zur Regelung befugt ist, so dass das harmonisierte Steuerrecht in aller Regel durch die mitgliedstaatlichen Behörden unter Zuhilfenahme des nationalen Verfahrensrechts vollzogen wird.[2] Es gilt der **Grundsatz der Verfahrensautonomie**.[3] Nur ausnahmsweise besitzt die EU auch die Befugnis zur flankierenden Regelung des Verfahrensrechts. Nach dem völkerrechtlichen Grundsatz der implied powers (Rz. 26.2) ist dies insbesondere bei Regelungen über die Aufklärung grenzüberschreitender Sachverhalte denkbar.[4]

26.3

III. Einschränkungen des Grundsatzes der Verfahrensautonomie

Der Grundsatz der Verfahrensautonomie bedeutet gleichwohl nicht, dass die Mitgliedstaaten in der Ausgestaltung ihres Verfahrensrechts frei sind. In ständiger Rechtsprechung schränkt der EuGH die Verfahrensautonomie der Mitgliedstaaten dadurch ein, dass das nationale Verfahrensrecht den Grundsätzen der Gleichwertigkeit (Äquivalenz) und der Effektivität entsprechen muss.[5] Abgeleitet werden diese Grundsätze aus Art. 4 Abs. 3 Satz 2 EUV, nach dem die Mitgliedstaaten alle geeigneten Maßnahmen allgemeiner und besonderer Art zur Erfüllung der Verpflichtungen zu ergreifen haben, die sich aus den Verträgen oder Handlungen der Organe der Union ergeben. Darüber hinaus verpflichtet Art. 288 Abs. 3 AEUV die Mitgliedstaaten auf die Erreichung eines bestimmten Ziels, was voraussetzt, dass auch das mitgliedstaatliche Verfahrensrecht die hierfür erforderlichen Hebel bereithält.

26.4

Der **Grundsatz der Effektivität** gebietet, dass das Verfahrensrecht die Ausübung der durch die Unionsrechtsordnung verliehenen Rechte nicht praktisch unmöglich machen oder übermäßig erschweren darf.[6] Der Effektivitätsgrundsatz wirkt mit dieser Definition im Wege der negativen Harmonisierung

26.5

---

1 Grundlegend *H.P. Ipsen* in FS Ophüls, 1965, S. 67 (71); s. auch *Bleckmann*, Europarecht[6], Rz. 429; *Scherzberg*, Jura 1992, 572 (574); *Schütz/Bruha/König*, Casebook Europarecht, S. 127; *Streppel*, Die Rahmenkompetenz, S. 245.
2 EuGH v. 15.3.2007 – C-35/05 – Reemtsma, Slg. 2007, I-2425 Rz. 40 = UR 2007, 343 m. Anm. *Burgmaier*; Anm. *Stadie*, UR 2007, 430; *Birkenfeld*, StuW 1998, 55 (59); *Kellersmann/Treisch*, Europäische Unternehmensbesteuerung, S. 39; *Wernsmann* in S/Z/K, Europarecht[3], § 30 Rz. 121.
3 EuGH v. 15.3.2007 – C-35/05 – Reemtsma, Slg. 2007, I-2425 Rz. 40; BFH v. 30.4.2009 – V R 15/07, BStBl. II 2009, 744; *Wernsmann* in H/H/Sp, § 130 AO Rz. 50.
4 *Oellerich*, Defizitärer Vollzug des Umsatzsteuerrechts, S. 86 f.
5 EuGH v. 6.10.2005 – C-291/03 – MyTravel, Slg. 2005, I-8477 Rz. 17 = UR 2005, 685 m. Anm. *Henkel*; v. 15.3.2007 – C-35/05 – Reemtsma, Slg. 2007, I-2425 Rz. 40 = UR 2007, 343 m. Anm. *Burgmaier*; Anm. *Stadie*, UR 2007, 430; v. 12.2.2008 – C-2/06 – Kempter, Slg. 2008, I-411 Rz. 51 v. 20.10.2011 – C-94/10 – Danfoss und *Sauer*-Danfoss, HFR 2011, 1393 Rz. 24; v. 19.7.2012 – C-591/10 – Littlewoods Retail u.a., ECLI:EU:C:2012:478 = BFH/NV 2012, 1563; v. 18.4.2013 – C-565/11 – Irimie, ECLI:EU:C:2013:250 = HFR 2013, 659 Rz. 23; v. 28.3.2018 – C-387/16 – Nidera, HFR 2018, 343 Rz. 22.
6 EuGH v. 7.1.2004 – C-201/02 – Wells, Slg. 2004, I-723 Rz. 67; v. 19.9.2006 – C-392/04 und C-422/04 – i-24 Germany und Arcor, Slg. 2006, I-8559 Rz. 57; v. 30.6.2011 – C-262/09 – Meilicke, Slg. 2011, I-5669 Rz. 55 = BFH/NV 2011, 1467 = GmbHR 2011, 875 m. Anm. *Rehm/Nagler*; v. 7.3.2018 – C-494/16 – Santoro, NZA

auf das Verfahrensrecht ein, indem Vollzugshindernisse im konkreten Fall unangewendet bleiben müssen. Der Effektivitätsgrundsatz hat als Ausprägung des Grundsatzes der loyalen Zusammenarbeit aber zugleich eine – insbesondere aus Art. 288 Abs. 3 AEUV folgende – positive Komponente, durch die der Mitgliedstaat verpflichtet wird, eine effektive innerstaatliche Vollziehbarkeit des umgesetzten materiellen Sekundärrechts zu gewährleisten.[1] Diese Verpflichtung betrifft das Verwaltungsverfahrensrecht wie auch das Verwaltungsorganisationsrecht.[2]

26.6 Ebenso dürfen die Verfahrensmodalitäten nicht ungünstiger sein als die, die bei ähnlichen internen Sachverhalten gelten (**Grundsatz der Gleichwertigkeit, Grundsatz der Äquivalenz**).[3] Dieser Grundsatz stellt eine besondere verfahrensrechtliche Ausprägung des Grundsatzes der Nichtdiskriminierung dar.[4] In seiner praktischen Bedeutung tritt er hinter dem Grundsatz der Effektivität zurück. Beispielsweise in den Fällen gesteigerter Ermittlungsbefugnisse oder Mitwirkungspflichten bei der Verifikation grenzüberschreitender Sachverhalte kann er jedoch zu prüfen sein. Gerade in diesen Fällen dürfte eine Verletzung des Prinzips aber grundsätzlich nicht vorliegen, weil der innerstaatliche und der grenzüberschreitende Sachverhalt hinsichtlich des Verifikationsbedarfs nicht vergleichbar sind.

B. Ausstrahlungswirkung auf das Steuerverfahren

I. Untersuchungsgrundsatz

26.7 Zu den allgemeinen Rechtsgrundsätzen des Unionsrechts zählt der Untersuchungsgrundsatz. Hiernach ist das jeweils zuständige Organ beim **direkten Vollzug des Unionsrechts** (s. Rz. 26.1) verpflichtet, sorgfältig und unparteiisch alle relevanten Gesichtspunkte des Einzelfalls zu untersuchen.[5] So wurden die im europäischen Primär- und Sekundärrecht enthaltenen Ermittlungs- und Nachprüfungsbefugnisse der Kommission zu einem allgemeinen Grundsatz verstetigt, der nicht lediglich im Kartellrecht und im Antidumpingrecht gilt; vielmehr erfasst er das Verwaltungshandeln der Union insgesamt.[6] Im Bereich des Steuerrechts hat dieser Grundsatz mangels eigener Finanzverwaltung indes keine unmittelbare Bedeutung. Durch das Sekundärrecht nimmt der Unionsgesetzgeber zudem regelmäßig nur Einfluss auf das materielle Steuerrecht; im Verfahrensrecht gilt weitgehend der Grundsatz der Verfahrensautonomie.

26.8 Gleichwohl ergibt sich aus den Grundrechten und dem Grundsatz der loyalen Zusammenarbeit gem. Art. 4 Abs. 3 EUV in Verbindung mit den zugrunde liegenden sekundärrechtlichen Grundlagen eine

---

2018, 503 Rz. 30; v. 27.5.2018 – C-147/16 – Karel de Grote – Hogeschool Katholieke Hogeschool Antwerpen VZW, EWS 2018, 165 Rz. 33.

1 **A.A.** *Nettesheim* in G/H/N, Art. 288 AEUV Rz. 132, der die Einschränkung der Entscheidungsfreiheit des mitgliedstaatlichen Gesetzgebers als übermäßig empfindet. Woraus dies dogmatisch folgen soll, ist nicht erkennbar.
2 *Oellerich*, Defizitärer Vollzug des Umsatzsteuerrechts, S. 179 ff.
3 EuGH v. 7.9.2006 – C-470/04 – N, Slg. 2006, I-7409 Rz. 59; v. 15.3.2007 – C-35/05 – Reemtsma, Slg. 2007, 2425 Rz. 37 = UR 2007, 343 m. Anm. *Burgmaier*; Anm. *Stadie*, UR 2007, 430; v. 3.9.2009 – C-2/08 – Fallimento Olimpiclub, Slg. 2009, I-7501 Rz. 24; v. 15.12.2011 – C-427/10 – Banca Antoniana Popolare Veneta, UR 2012, 184 Rz. 22.
4 Unklar beispielsweise EuGH v. 15.3.2007 – C-35/05 – Reemtsma, Slg. 2007, I-2425 Rz. 43 = UR 2007, 343 m. Anm. *Burgmaier*; Anm. *Stadie*, UR 2007, 430; v. 19.10.2017 – C-425/16 – Baucherlwärmer, RIW 2018, 63 Rz. 41; v. 9.11.2017 – C-298/16 – Ispas, HFR 2018, 183 Rz. 29. In dieser Entscheidung differenziert der EuGH zwischen den Prinzipien der Gleichwertigkeit und der Nichtdiskriminierung, ohne indes darzulegen, worin der Unterschied liegen soll. Vielmehr subsumiert der EuGH anschließend in Rz. 44 allein unter das Diskriminierungsverbot.
5 *Englisch*, IStR 2009, 37.
6 *Von Danwitz*, Verwaltungsrechtliches System und Europäische Integration, S. 171 f.

Fundierung bzw. Modifikation des im nationalen Steuerverfahrensrecht vorgesehenen Untersuchungsgrundsatzes.[1] Art. 288 Abs. 3 AEUV verpflichtet die Mitgliedstaaten zur Erreichung des in der Richtlinie vorgesehenen Ziels; diese sind verpflichtet, alle geeigneten Maßnahmen allgemeiner oder besonderer Art zur Erfüllung der Verpflichtungen zu ergreifen, die sich aus den Verträgen oder den Handlungen der Organe der Union ergeben (Art. 4 Abs. 3 Unterabs. 2 EUV). Aufgrund der Umsetzungsverpflichtung ist der Mitgliedstaat verpflichtet, alle Rechts- und Verwaltungsvorschriften zu erlassen, die geeignet sind, die Erhebung der gesamten in seinem Hoheitsgebiet geschuldeten unionsrechtlich determinierten Steuern zu gewährleisten.[2] Aufgrund des allgemeinen Gleichheitssatzes muss der Mitgliedstaat zudem eine gleichmäßige Erhebung innerhalb des einzelnen Mitgliedstaats sicherzustellen. Flankierend verlangt die allgemeine Loyalitätspflicht der Mitgliedstaaten, durch das Verfahrensrecht eine genaue Erhebung der harmonisierten Steuern zu gewährleisten.[3] Dies alles gebietet die verfahrensrechtliche Verankerung des Untersuchungsgrundsatzes, soweit unionsrechtlich determiniertes Steuerrecht vollzogen werden soll. Aufgrund des Charakters des Steuerrechts als Eingriffsrecht kann sich der Mitgliedstaat nicht darauf verlassen, dass die Steuerpflichtigen ihren Erklärungspflichten ohne eine effektive Kontrolle ordnungsgemäß nachkommen.[4] Vielmehr müssen die Mitgliedstaaten von Amts wegen die Erklärungen der Steuerpflichtigen, deren Konten und die anderen steuerlich erheblichen Unterlagen prüfen.[5]

II. Mitwirkungspflichten des Steuerpflichtigen

Der Untersuchungsgrundsatz ist zur effektiven Verifikation der steuerlich erheblichen Umstände notwendig, aber nicht hinreichend. Häufig liegen die Informationen in der Sphäre des Steuerpflichtigen, auf dessen Mithilfe die Finanzverwaltung angewiesen ist. Die Verpflichtung zur effektiven Umsetzung der Richtlinie gem. Art. 288 Abs. 3 AEUV i.V.m. Art. 4 Abs. 3 Unterabs. 2 EUV kann es daher ggf. auch gebieten, die notwendigen Mitwirkungspflichten im Verfahrensrecht zu verankern. Auch bei dem Vollzug des harmonisierten Steuerrechts geht es um eine **sphärenorientierte Mitverantwortung** des Steuerpflichtigen.[6]

26.9

Besonderheiten bestehen hinsichtlich der **Verifikation grenzüberschreitender Sachverhalte**. Auch hier ist eine effektive Verifikation unionsrechtlich gefordert, begegnet aber wegen des völkerrechtlichen Prinzips der äußeren Souveränität[7], das Ermittlungshandlungen im anderen Staat verbietet, verstärkten Schwierigkeiten. Dies gebietet verschärfte Kontrollinstrumente bzw. gesteigerte Mitwirkungspflichten des Steuerpflichtigen. Hierdurch werden nicht zwingend die Grundfreiheiten verletzt. Denn es ist inzwischen bereits für den Vollzug des rein nationalen materiellen Steuerrechts anerkannt, dass das Erfordernis einer wirksamen Steueraufsicht Eingriffe in die Grundfreiheiten zu rechtfertigen vermag.[8] Hier-

26.10

---

1 Zutreffend *Englisch*, IStR 2009, 37 (39).
2 EuGH v. 17.7.2008 – C-132/06 – Kommission/Italien, Slg. 2008, I-5457.
3 EuGH v. 17.7.2008 – C-132/06 – Kommission/Italien, Slg. 2008, I-5457 Rz. 37, 44, 52; *Englisch*, IStR 2009, 37 (39).
4 Vgl. *Oellerich*, Defizitärer Vollzug des Umsatzsteuerrechts, S. 71. – Zu optimistisch ist die Vorstellung von *Weber-Grellet*, DB 2007, 1717 (1720), es bedürfe weniger Kontrollen und auch weniger Strafen, wenn das Steuerrecht den Grundbedingungen der horizontalen und vertikalen Gerechtigkeit entspräche.
5 EuGH v. 17.7.2008 – C-132/06 – Kommission/Italien, Slg. 2008, I-5457 Rz. 37 f.; v. 29.7.2010 – C-188/09 – Profaktor Kulesza, Frankowski, Jóźwiak, Orłowski (vormals Profaktor Kulesza, Frankowski, Trzaska), Slg. 2010, I-7639 Rz. 21; v. 21.6.2012 – C-80/11 und C-142/11 – Mahagében und Dávid, ECLI:EU:C:2012:373 Rz. 63 = BFH/NV 2012, 1404.
6 Vgl. hierzu *Roser* in Gosch, § 90 AO Rz. 4; *Seer* in T/L, Steuerrecht[23], § 21 Rz. 171.
7 *Epping* in Ipsen, Völkerrecht[6], § 5 Rz. 8; *Kerwat*, DStZ 1992, 729; *Randelzhofer* in Isensee/Kirchhof, Handbuch des Staatsrechts[3], Band II, § 17 Rz. 25; *Wernsmann* in S/Z/K, Europarecht[3], § 30 Rz. 125; *Wolffgang* in Birk, Handbuch des Europäischen Steuer- und Abgabenrechts, § 32 Rz. 12.
8 EuGH v. 15.5.1997 – C-250/95 – Futura Participations und *Singer*, Slg. 1997, I-2471 Rz. 26 = FR 1997, 567 m. Anm. *Dautzenberg*; v. 28.10.1999 – C-55/98 – Vestergaard, Slg. 1999, I-7641 Rz. 23; v. 4.3.2004 – C-334/02 – Kommission/Frankreich, Slg. 2004, I-2229 Rz. 27; v. 9.11.2006 – C-433/04 – Kommission/Belgien, Slg. 2006, I-10653 Rz. 35.

nach sind die Mitgliedstaaten berechtigt, die Maßnahmen anzuwenden, um die Besteuerungsgrundlagen klar und eindeutig feststellen zu können.[1] Dies erlaubt es insbesondere, für den Fall transnationaler Sachverhalte spezifische Verfahrensregelungen zu erlassen, um den Finanzbehörden die Verifikation der steuerlich erheblichen Sachverhalte zu ermöglichen.[2] Kann der Eingriff in die Grundfreiheiten bereits bei dem Vollzug des nationalen Rechts hiermit gerechtfertigt werden, gilt dies erst recht für das unionsrechtlich determinierte Steuerrecht, bei dem Art. 288 Abs. 3 AEUV i.V.m. Art. 4 Abs. 3 Unterabs. 2 EUV die größtmögliche praktische Wirksamkeit des materiellen Steuerrechts gebieten, das wegen des fehlenden self-executive-Charakters allein durch ein effektives Verfahrensrecht möglich wird. Soweit harmonisiertes Steuerrecht vollzogen wird, sind zudem die Unionsgrundrechte anwendbar,[3] so dass auch durch den allgemeinen Gleichheitssatz ein gleichmäßiger Steuervollzug und damit eine Belastungsgleichheit geboten werden.

26.11 Hiervon ausgehend ist es nach Auffassung des EuGH aus unionsrechtlichen Gründen insbesondere unbedenklich, wenn die Finanzverwaltung verlangt, dass die Steuerpflichtigen die Nachweise vorlegen sollen, die sie für die zutreffende Festsetzung der Steuer als erforderlich ansieht und ggf. bei Nichtvorlage der Nachweise dem Steuerpflichtigen die für ihn günstige Rechtsfolge verweigert.[4] Es ist nicht ausgeschlossen, dass der Steuerpflichtige zur Vorlage von Belegen verpflichtet wird, anhand derer die Finanzbehörde des Mitgliedstaates eindeutig und genau prüfen kann, dass er keine Steuerhinterziehung oder -umgehung zu begehen versucht.[5] Dies mag dem Steuerpflichtigen, der die Nachweise ggf. nicht vorlegen kann, jedoch zu viel zumuten. Ferner vermag die Vorlage allein von Nachweisen eine effektive Kontrolle, etwa durch Ermittlungshandlungen vor Ort, nicht stets zu ersetzen.[6] Der Unionsgesetzgeber wird bei dem Erlass des materiellen Rechts daher ggf. berücksichtigen müssen, dass er vollzugsgeeignete materielle Normen erlässt, die einen – insbesondere auch aus Sicht des Steuerpflichtigen – geringeren (verhältnismäßigen) Verifikationsaufwand entstehen lassen.[7] Insoweit besteht zwischen dem materiellen Recht und dem Verfahrensrecht eine Wechselwirkung, die stets in einen angemessenen Ausgleich zu bringen ist.

III. Grenzen der Ausübung von Ermittlungsbefugnissen

26.12 Rechtliche Grenzen der Ermittlungsbefugnisse bei den harmonisierten Steuern ergeben sich insbesondere aus den **Grundrechten** des Unionsrechts.[8] Zudem haben die Mitgliedstaaten bei der Ausübung ihrer Befugnisse auch die übrigen **allgemeinen Rechtsgrundsätze des Unionsrechts**, zu denen insbesondere die Grundsätze der Rechtssicherheit und der Verhältnismäßigkeit gehören, zu beachten (vgl. hierzu ausführlich Rz. 4.8 ff.).[9] Der EuGH hat insbesondere in Bezug auf den Grundsatz der Verhältnismäßigkeit bereits für Recht erkannt, dass nach diesem Grundsatz die Maßnahmen, die die Mitgliedstaaten demnach erlassen dürfen, nicht über das hinausgehen dürfen, was zur Erreichung der Ziele, eine

---

1 EuGH v. 8.7.1999 – C-354/97 – Baxter, Slg. 1999, I-4809 Rz. 18; v. 28.10.1999 – C-55/98 – Vestergaard, Slg. 1999, I-7641 Rz. 25; v. 14.9.2006 – C-386/04 – Centro di Musicologia Walter Stauffer, Slg. 2006, I-8203 Rz. 48; v. 28.10.2010 – C-72/09 – Établissements Rimbaud, Slg. 2010, I-10659 Rz. 35.
2 EuGH v. 26.10.1995 – C-151/94 – Kommission/Luxemburg, Slg. 1995, I-3685 Rz. 21; BFH v. 10.4.2013 – I R 45/11, BStBl. II 2013, 771 = GmbHR 2013, 1057 m. Anm. *Roser* = ISR 2013, 347 m. Anm. *Andresen*; *Englisch*, IStR 2009, 37 (41).
3 *Englisch*, IStR 2009, 37 (42).
4 EuGH v. 18.12.2007 – C-101/05 – Skatteverket/A, Slg. 2007, I-11531 Rz. 58.
5 EuGH v. 18.12.2007 – C-101/05 – Skatteverket/A, Slg. 2007, I-11531 Rz. 59; v. 19.7.2012 – C-48/11 – A Oy, ECLI:EU:C:2012:485 = DStR 2012, 9 Rz. 33.
6 *Englisch*, IStR 2009, 37 (40 f.).
7 *Oellerich*, Defizitärer Vollzug des Umsatzsteuerrechts, S. 124.
8 *Englisch*, IStR 2009, 37 (42).
9 EuGH v. 27.9.2007 – C-184/05 – Twoh, Slg. 2007, I-7897 Rz. 25; v. 7.12.2010 – C-285/09 – R, Slg. 2010, I-12605 Rz. 45 = UR 2011, 15 m. Anm. *Sterzinger*.

genaue Erhebung der Steuer sicherzustellen und Steuerhinterziehungen zu verhindern, erforderlich ist.[1] Diese unionsrechtlichen Begrenzungen treten neben verfassungsrechtliche Schranken, die ebenfalls belastende verfahrensrechtliche Eingriffe begrenzen können,[2] inhaltlich allerdings nicht über die unionsrechtlichen Schranken hinausgehen können. Im Gegenteil können die verfassungsrechtlich verbürgten Grundrechte ggf. zurücktreten, wenn das primärrechtlich unbedenkliche materielle Sekundärrecht bestimmte verfahrensrechtliche Ermittlungsbefugnisse gebietet.

Beachtet der mitgliedstaatliche Gesetzgeber die unionsrechtlichen Schranken nicht, kann sich der von der Maßnahme Betroffene unmittelbar hierauf berufen; eine unionsrechtswidrige Vollzugshandlung kann ggf. einen Amtshaftungsanspruch auslösen.[3] Demgegenüber will der EuGH aus rechtswidrig erlangten Informationen nicht grundsätzlich ein **Beweisverwertungsverbot** folgern. Insbesondere fordere der Untersuchungsgrundsatz eine unparteiische Würdigung auch von rechtswidrig erlangten Beweismitteln.[4] Überzeugen vermag diese Auffassung nicht. Wäre die Begründung des EuGH richtig, so könnte auch bei schweren Rechtsfehlern eine Würdigung der erlangten Informationen zulässig und sogar geboten sein. Der Grundrechtsschutz des Einzelnen liefe insoweit weitgehend leer.[5] In Wahrheit gewährleisten die Unionsgrundrechte einen Anspruch des Einzelnen auf Unterlassung rechtswidriger hoheitlicher Eingriffe und auf Beseitigung bereits vollzogener, aber noch rückgängig zu machender Eingriffe.[6] Hiervon ausgehend muss dem Betroffenen möglich sein, die Verwertung rechtswidrig erlangter Informationen grundsätzlich zu unterbinden.

26.13

IV. Regelungen über die Bestandskraft

1. Verfahrensgewährleistungspflicht zur Reaktion auf EuGH-Urteile

Da die verfahrensrechtlichen Bestimmungen die Durchsetzung unionsrechtlich gewährter Rechte nicht unmöglich machen oder übermäßig erschweren dürfen, stellt sich die Frage, inwieweit die Regelungen zur Bestandskraft mit dem **Effektivitätsgrundsatz** vereinbar sind. Durch den Eintritt der Bestandskraft kann nämlich die materiell-rechtliche Rechtslage nicht mehr durchgesetzt werden. Dies gilt erst recht, wenn Festsetzungsverjährung eingetreten ist, weil in diesem Fall eine Änderung – auch aufgrund von Korrekturvorschriften – nicht mehr zulässig ist (§ 169 Abs. 1 Satz 1 AO).

26.14

EuGH[7] und BFH[8] gehen davon aus, dass die Regelungen über den Eintritt der (formellen) Bestandskraft im Hinblick auf den Effektivitätsgrundsatz **nicht zu beanstanden** sind. Die Rechtssicherheit gehöre zu den im Unionsrecht anerkannten allgemeinen Rechtsgrundsätzen. Die Bestandskraft einer Verwaltungsentscheidung, die nach Ablauf angemessener Fristen oder Erschöpfung des Rechtsweges eintrete, trage zur Rechtssicherheit bei. Daher verlange das Unionsrecht nicht, dass eine mitgliedstaat-

26.15

---

1 EuGH v. 8.5.2008 – C-95/07, C-96/07 – Ecotrade, Slg. 2008, I-3457 Rz. 66; v. 29.7.2010 – C-188/09 – Profaktor Kulesza, Frankowski, Jóźwiak, Orłowski sp. J, Slg. 2010, I-7639 Rz. 26; v. 7.12.2010 – C-285/09 – R, Slg. 2010, I-12605 Rz. 45 = UR 2011, 15 m. Anm. *Sterzinger*.
2 *Englisch*, IStR 2009, 37 (43).
3 *Englisch*, IStR 2009, 37 (43).
4 EuGH v. 10.4.2003 – C-276/01 – Steffensen, Slg. 2003, I-3735 Rz. 66 f.
5 Vgl. auch *Englisch*, IStR 2009, 37 (43).
6 *Ehlers* in Ehlers, Europäische Grundrechte und Grundfreiheiten[3], § 14 Rz. 22.
7 EuGH v. 16.12.1976 – 33/76 – Rewe, Slg. 1976, 1989.
8 BFH v. 23.11.2006 – V R 67/05, BStBl. II 2007, 436; v. 16.9.2010 – V R 46/09, juris; v. 16.9.2010 – V R 48/09, juris; v. 16.9.2010 – V R 49/09, juris; v. 16.9.2010 – V R 51/09, BFH/NV 2011, 569; v. 16.9.2010 – V R 52/09, juris; v. 16.9.2010 – V R 57/09, BStBl. II 2011, 151 = UR 2011, 228; dem folgend FG Köln v. 26.2.2010 – 2 K 1226/07, EFG 2010, 1388.

liche Behörde grundsätzlich verpflichtet sei, eine bestandskräftige Verwaltungsentscheidung zurückzunehmen,[1] auch wenn hierdurch eine Unionsrechtswidrigkeit nicht mehr beseitigt werden könne.[2]

26.16 Diese Betonung der Bestandskraft ist grundsätzlich nicht zu beanstanden. Zunächst einmal ist der Steuerpflichtige selbst dafür verantwortlich, erkennbare unionsrechtswidrige Bescheide selbst im Einspruchs- oder Klagewege aufheben oder ändern zu lassen. Hat er es versäumt, rechtzeitig Rechtsbehelfe einzulegen, hat er die deshalb eingetretene Bestandskraft hinzunehmen. Die Bestandskraft ist Ausdruck der Rechtssicherheit, einem allgemeinen Rechtsgrundsatz des Unionsrechts.[3]

26.17 Bedenken wirft die Auffassung der Rechtsprechung jedoch auf, wenn die **Unionsrechtswidrigkeit erst nach Eintritt der Bestandskraft durch den EuGH erkannt** wird. Durch seine Entscheidung im Vorabentscheidungsverfahren verdeutlicht der EuGH, in welchem Sinn und mit welcher Tragweite unionsrechtliche Bestimmungen seit ihrem Inkrafttreten zu verstehen oder anzuwenden sind oder gewesen wären.[4] Die Mitgliedstaaten haben die rein deklaratorische Auslegung des Unionsrechts regelmäßig auch auf Zeiträume vor Erlass des Urteils anzuwenden.[5] Dies würde zunächst einmal auch eine Überprüfung bestandskräftig gewordener unionsrechtswidriger Steuerbescheide gebieten. §§ 172 ff. AO lassen dies in den Fällen einer nach Eintritt der Bestandskraft ergangenen EuGH-Entscheidung aber nicht zu. § 130 AO ist aufgrund des § 172 Abs. 1 Nr. 2 Buchst. d Halbs. 2 AO nicht anwendbar.

26.18 Unter Anknüpfung an die Rechtsprechung des EuGH[6] gehen ein Teil der Rechtsprechung und der Literatur davon aus, dass der Steuerpflichtige nach Eintritt der Bestandskraft nur unter folgenden kumulativ vorliegenden Voraussetzungen einen **Anspruch auf Wiederaufgreifen des Verfahrens** hat:[7]

1. Die Behörde ist nach nationalem Recht befugt, den belastenden Verwaltungsakt aufzuheben.

2. Der Verwaltungsakt ist infolge der letztinstanzlichen Entscheidung eines nationalen Gerichts bestandskräftig geworden.

3. Wie eine spätere Entscheidung des EuGH zeigt, ist diese Entscheidung unionsrechtswidrig.

4. Das letztinstanzlich entscheidende Gericht muss seine Vorlagepflicht verletzt haben.

5. Der Betroffene muss sich unmittelbar nach Kenntnis von der EuGH-Entscheidung an die Verwaltungsbehörde gewandt haben.

---

1 EuGH v. 13.1.2004 – C-453/00 – Kühne & Heitz, Slg. 2004, I-837 Rz. 24; v. 19.9.2006 – C-392/04 und C-422/04 – i 21 Germany GmbH und Arcor AG & Co. KG, Slg. 2006, I-8559 Rz. 51; BFH v. 23.11.2006 – V R 67/05, BStBl. II 2007, 436. Ebenso erkennt der EuGH unter dem Gesichtspunkt der Äquivalenz und Effektivität auch Verjährungsregeln des nationalen Rechts an. S. jüngst EuGH v. 20.12.2017 – C-500/16 – Caterpillar Financial Services, HFR 2018, 255 Rz. 44.
2 EuGH v. 16.3.2006 – C-234/04 – Kapferer, Slg. 2006, I-2585 Rz. 21; v. 3.9.2009 – C-2/08 – Fallimento Olimpiclub, Slg. 2009, I-7501 Rz. 23.
3 EuGH v. 21.2.2008 – C-271/06 – Netto Supermarkt, Slg. 2008, I-771 Rz. 18; v. 19.12.2013 – C-563/12 – BDV Hungary Trading, ECLI:EU:C:2013:854 = BFH/NV 2014, 287 Rz. 29.
4 EuGH v. 27.3.1980 – 61/79 – Amministratione delle Finanze dello Stato/Denkavit Italiana, Slg. 1980, 1205 Rz. 16; v. 4.2.1988 – 24/86 – Blaizot, Slg. 1988, 379 Rz. 27; v. 12.12.1997 – C-188/95 – Fantask, Slg. 1997, I-6783 Rz. 36; v. 4.5.1999 – C-262/96 – Sürül, Slg. 1999, I-2685 Rz. 107.
5 EuGH v. 3.10.2002 – C-347/00 – Barreira Pérez, Slg. 2002, I-8191 Rz. 44; v. 17.2.2005 – C-453/02 und C-462/02 – Linneweber und Akritidis, Slg. 2005, I-1131 Rz. 41; v. 6.3.2007 – C-292/04 – Meilicke, Slg. 2007, I-1835 Rz. 34; v. 12.2.2008 – C-2/06 – Kempter, Slg. 2008, I-411 Rz. 35.
6 EuGH v. 13.1.2004 – C-453/00 – Kühne & Heitz, Slg. 2004, I-837 Rz. 28; v. 16.3.2006 – C-234/04 – Kapferer, Slg. 2006, I-2585 Rz. 23; v. 12.2.2008 – C-2/06 – Kempter, Slg. 2008, I-411 Rz. 38 ff.
7 BFH v. 29.5.2008 – V R 45/06, BFH/NV 2008, 1889; v. 16.9.2010 – V R 46/09, juris; v. 16.9.2010 – V R 48/09, juris; v. 16.9.2010 – V R 49/09, juris; v. 16.9.2010 – V R 51/09, BFH/NV 2011, 569; v. 16.9.2010 – V R 52/09, juris; v. 16.9.2010 – V R 57/09, BStBl. II 2011, 151 = UR 2011, 228; FG Berlin-Bdb. v. 16.9.2009 – 7 K 7296/05 B, EFG 2010, 15; FG Köln v. 26.2.2010, – 2 K 1226/07, EFG 2010, 1388; *Levedag* in Gräber[8], Anhang Rz. 116; *Wernsmann* in S/Z/K, Europarecht[3], § 30 Rz. 137.

Weitere Durchbrechungen der Bestandskraft sollen nicht möglich sein. Insbesondere wird dadurch aber hingenommen, dass das deutsche Verfahrensrecht – anders als für allgemeine Steuerverwaltungsakte in § 130 AO – nach Eintritt der Bestandskraft keine Möglichkeit vorsieht, unter Geltendmachung einer nachträglich erkannten Unionsrechtswidrigkeit eine Änderung des Steuerbescheides zu erreichen.[1]

26.19

Dies vermag nicht zu überzeugen, da die Änderbarkeit aufgrund unionsrechtlicher Vorgaben dann allein von der deutschen Regelungstechnik und dem deutschen Dualismus der Korrekturbestimmungen abhängt. Schon der Ausgangspunkt der Literatur, dass der EuGH abschließende Voraussetzungen für eine Durchbrechung der Bestandskraft aufgestellt habe, ist unzutreffend. Der EuGH geht in seinen Entscheidungen stets von den Umständen des Einzelfalls aus; seine **Entscheidungsfindung erfolgt induktiv**, nicht wie die Entscheidung deutscher Gerichte deduktiv.[2] So befasste sich auch der EuGH in der Rs. Kühne & Heitz allein mit der Frage, „ob sich unter Umständen, wie denen des Ausgangsverfahrens aus dem Gemeinschaftsrecht eine Pflicht zur Rücknahme einer bestandskräftigen Verwaltungsentscheidung ergibt"[3]. In seinem Urteil in der Rechtsache i 21 Germany/Arcor[4] stellte der EuGH dementsprechend auch nicht auf die vorstehenden Voraussetzungen ab, sondern ging vielmehr – dogmatisch grundlegender – von den Grundsätzen der Effektivität und Gleichwertigkeit aus.[5]

26.20

Der Grundsatz der Effektivität, dessen spezielle Ausprägung für den konkreten Einzelfall auch die in der Rs. Kühne & Heitz aufgestellten Grundsätze darstellen, enthält grundsätzlich eine **Verfahrensgewährleistungspflicht des Mitgliedstaats**.[6] Es mag unter Berücksichtigung der Rechtssicherheit unbedenklich sein, dass nach Ablauf der Rechtsbehelfsfristen formelle Bestandskraft eintritt und daher durch den Steuerpflichtigen eine Änderung zu seinen Gunsten nicht mehr durch Rechtsbehelfe erzwungen werden kann. Eine andere und hiervon zu trennende Frage ist jedoch, ob *nach Eintritt der Bestandskraft* noch eine Änderungsmöglichkeit gegeben sein muss, um nachträglichen *Erkenntnisfortschritten* bei der Auslegung des Unionsrechts Rechnung zu tragen. Denn grundsätzlich sind es die Mitgliedstaaten, die zu einer effektiven Durchsetzung des Unionsrechts verpflichtet sind.[7] Insoweit erscheint es bedenklich, wenn die effektive Durchsetzung des Unionsrechts allein von der Einhaltung der Rechtsbehelfsfristen durch den Steuerpflichtigen abhängig gemacht wird[8] und der BFH der Auffassung ist, dass das deutsche Verfahrensrecht keine weitergehenden Korrekturmöglichkeiten zur Durchsetzung der sich aus dem Unionsrecht ergebenden Ansprüche vorsehen muss.[9] Dem Mitgliedstaat muss es auch aus eigener Macht möglich sein, dem Unionsrecht zur Durchsetzung zu verhelfen. Enthielte das Verfahrensrecht für Steuerbescheide eine § 48 VwVfG entsprechende Bestimmung, wäre dies auch ohne weiteres möglich; die Anwendung des § 130 AO, der § 48 VwVfG entspricht, ist indes durch § 172 Abs. 1 Satz 1 Nr. 2 Buchst. d Halbs. 2 AO für Steuerbescheide ausgeschlossen. Wäre das der Finanzverwaltung durch § 130 AO eingeräumte Ermessen im Falle seiner Anwendbarkeit im konkreten Einzelfall auf Null reduziert und müsste der Bescheid daher geändert werden, steht die Anwendungssperre des § 172 Abs. 1

26.21

---

1 BFH v. 15.6.2009 – I B 230/08, BFH/NV 2009, 1779; aus der Literatur etwa *de Weerth*, DStR 2008, 1368 (1369).
2 *Jahndorf/Oellerich*, DB 2008, 2559 (2561); insoweit auch BFH v. 15.6.2009 – I B 230/08, BFH/NV 2009, 1779.
3 EuGH v. 13.1.2004 – C-453/00 – Kühne & Heitz, Slg. 2004, I-837 Rz. 26.
4 EuGH v. 19.9.2006 – C-392/04 und C-422/04 – i 21 Germany/Arcor, Slg. 2006, I-8559.
5 EuGH v. 19.9.2006 – C-392/04 und C-422/04 – i 21 Germany/Arcor, Slg. 2006, I-8559 Rz. 62 ff.
6 *Jahndorf/Oellerich*, DB 2008, 2559 (2564). In diese Richtung gehend auch *Frenz*, DVBl. 2004, 375 (376); *Potacs* in FS Ress, 2005, S. 729 (735).
7 Insoweit zutreffend *Saßenroth*, Die Bestandskraft deutscher Steuerbescheide im Licht der Rechtsprechung des EuGH, S. 111.
8 *Jahndorf/Oellerich*, DB 2008, 2559 (2563).
9 BFH v. 16.9.2010 – V R 46/09, juris; v. 16.9.2010 – V R 48/09, juris; v. 16.9.2010 – V R 49/09, juris; v. 16.9.2010 – V R 51/09, BFH/NV 2011, 569; v. 16.9.2010 – V R 52/09, juris; v. 16.9.2010 – V R 57/09, BStBl. II 2011, 151 = UR 2011, 288.

Satz 1 Nr. 2 Buchst. d Halbs. 2 AO mit dem Effektivitätsprinzip m.e. nicht mehr in Einklang und ist im konkreten Fall unanwendbar, wodurch die Anwendung des § 130 AO ermöglicht wird.[1]

26.22 Soweit die h.M. in Rechtsprechung und Literatur demgegenüber die Bestandskraft der Steuerbescheide höher stellt als die effektive Umsetzung des unionsrechtlich determinierten Steuerrechts, bleibt m.E. ein jüngerer Aspekt der EuGH-Rechtsprechung unbeachtet. So hat die Bundesrepublik in einem jüngeren Fall die Frist zur Umsetzung umweltrechtlicher Richtlinien verstreichen lassen. Dort hatte sich der EuGH mit der Frage zu beschäftigen, inwieweit der Grundsatz der Rechtssicherheit der Geltendmachung von Rechten aus dem Sekundärrecht entgegen gehalten werden kann. Hier hat er aber mit bemerkenswerter Klarheit ausgeführt. „Allerdings ist in diesem Zusammenhang darauf hinzuweisen, dass die Bundesrepublik Deutschland die Wahrung des Grundsatzes der Rechtskraft nicht geltend machen kann, soweit sich die Fristen für die Anwendung des geänderten Umwelt-Rechtsbehelfsgesetzes auf Rechtsbehelfe im Bereich des Umweltschutzes auf bestandskräftig gewordene Verwaltungsentscheidungen beziehen. Im Übrigen würde der Umstand, dass die Bundesrepublik Deutschland, nachdem sie die Richtlinie 2003/35/EG des Europäischen Parlaments und des Rates vom 26. Mai 2003 (ABl. EU 2003 Nr. L 156, 17), mit der die ihrerseits durch die Richtlinie 2011/92 kodifizierte Richtlinie 85/337 in Bezug auf die Öffentlichkeitsbeteiligung und den Zugang zu Gerichten geändert wurde, verspätet in innerstaatliches Recht umgesetzt hatte, die zeitliche Anwendbarkeit der nationalen Vorschriften zur Umsetzung der letztgenannten Richtlinie begrenzt hat, darauf hinauslaufen, ihr zu gestatten, sich eine neue Umsetzungsfrist zu genehmigen (vgl. entsprechend Urteil Kommission/Portugal, C-277/13, EU: C:2014:2208, Rn. 45)."[2] Das letztgenannte Argument entspringt unmittelbar der Effektivität, der das mitgliedstaatliche Verfahrensrecht entsprechen muss. Es kann daher keineswegs davon gesprochen werden, die hier vertretene Auffassung betone in zu großem Maße das Effektivitätsprinzip;[3] es ist vielmehr der EuGH selbst, der die Effektivität – allerdings in einer wenig konsistenten Weise[4] – ggf. im Wege eines effet maximale versteht. Überträgt man dies auf die Geltendmachung der durch unmittelbar anwendbare Richtlinienbestimmungen gewährten Rechte, dürfte auch hier die Bestandskraft, jedenfalls nicht in dem bislang verstandenen apodiktischen Sinne, entgegenstehen. Weiterhin gilt m.E., dass die Frage zur Bestandskraftdurchbrechung nicht abschließend geklärt ist und daher von den Finanzgerichten oder dem BFH dem EuGH vorgelegt werden sollte.

2. Unionsrechtswidrigkeit des § 175 Abs. 2 Satz 2 AO („lex Manninen")

26.23 Einen recht klaren Verstoß gegen das Effektivitätsprinzip enthält § 175 Abs. 2 Satz 2 AO.[5] Die nachträgliche Erteilung oder Vorlage einer Bescheinigung oder Bestätigung gilt hiernach nicht als **rückwirkendes Ereignis**. Hierdurch wird eine Aufhebung oder Änderung von Steuerbescheiden nach § 175 Abs. 1 Satz 1 Nr. 2 AO ausgeschlossen, wonach ein Steuerbescheid zu erlassen, aufzuheben oder zu ändern ist, soweit ein Ereignis eintritt, das steuerliche Wirkung für die Vergangenheit hat (rückwir-

---

1 *Jahndorf/Oellerich*, DB 2008, 2559 (2563 ff.). – Dogmatisch unklar sind insoweit *Schacht/Steffens*, BB 2008, 1254 (1257), die § 130 Abs. 1 AO analog anwenden wollen. Dies vermag schon deshalb nicht zu überzeugen, weil § 172 Abs. 1 Satz 1 Nr. 2 Buchst. d AO, der nach dem hier vertretenen Ansatz durch den Anwendungsvorrang verdrängt wird, für eine Regelungslücke keinen Raum lässt. Die Anwendbarkeit des § 130 AO wird durch diese Norm ausdrücklich ausgeschlossen. Gegen eine analoge Anwendung zutreffend auch *de Weerth*, DStR 2008, 1669 (1671).
2 EuGH v. 15.10.2015 – C-137/14, NJW 2015, 3495 Rz. 97 f.; dazu *Hofmann*, EuR 2016, 188.
3 So aber *Englisch* in Tipke/Lang, Steuerrecht[23], § 4 Rz. 46 mit Fn. 983.
4 *Jacob*, jm 2016, 166 (167), den die Konsequenz überrascht, mit der die Bestandskraft beiseite gewischt wird, und der i.Ü. meint, es bleibe an der Rechtsprechung Vieles im Unklaren.
5 Vgl. *Friedrich/Nagler*, DStR 2005, 403 (411 f.); *Gosch*, DStR 2004, 1988 (1992); *Hahn*, IStR 2005, 145 (149); *Loose* in T/K, § 175 AO Rz. 49; *Ritzer/Nagler*, DStR 2005, 403 (412); *Ritzer/Stangl*, DStR 2004, 2176 (2180); *Saßenroth*, Die Bestandskraft deutscher Steuerbescheide im Lichte der Rechtsprechung des EuGH, S. 117 ff.; *von Wedelstädt* in Gosch, § 175 AO Rz. 51.2. Dies gilt allerdings nur, soweit ein grenzüberschreitender Sachverhalt betroffen ist, s. BFH v. 10.5.2016 – X R 34/13, BFH/NV 2017, 23 – **A.A.** zur Europarechtskonformität *von Groll* in H/H/Sp, § 175 AO Rz. 37.

kendes Ereignis). Offiziell begründete der Gesetzgeber[1] die Neuregelung mit der unterschiedlichen Festsetzungsfrist in Fällen von Bescheinigungen, die allein ein Beweismittel darstellen, so dass nur nach § 173 Abs. 1 AO geändert werden könnte, und Bescheinigungen, die Bestandteil des materiellen Steuertatbestandes sind und nach § 175 Abs. 1 Satz 1 Nr. 2 AO zu einer zeitlich unbeschränkten Änderbarkeit des Steuerbescheides führen können.[2] Diese recht harmlos klingende Begründung war jedoch nur die halbe Wahrheit für die Einführung der neuen Norm. Tatsächlich stellte die Einfügung des § 175 Abs. 2 Satz 2 AO die gesetzgeberische Reaktion auf die Rechtsprechung des EuGH in der Rechtssache Manninen[3] zum finnischen Anrechnungsverfahren dar; **verhindert** werden sollten **negative fiskalische Auswirkungen** für den deutschen Fiskus. Denn vor Einführung des § 175 Abs. 2 Satz 2 AO hätte die Vorlage einer Anrechnungsbescheinigung der ausschüttenden ausländischen Körperschaft als rückwirkendes Ereignis eine Änderung des unionsrechtswidrigen Steuerbescheides ermöglicht und so zu einer Anrechnung ausländischer Körperschaftsteuer beim inländischen Gesellschafter geführt (§ 36 Abs. 2 Satz 2 Nr. 3 EStG a.F.).[4] Da die Festsetzungsfrist in den Fällen des § 175 Abs. 1 Satz 1 Nr. 2 AO erst mit Ablauf des Kalenderjahrs zu laufen beginnt, in dem das Ereignis eintritt, hätte dies eine zeitlich unbeschränkte Änderungsmöglichkeit bedeutet, die der Gesetzgeber durch seine radikale Lösung vermeiden wollte.

Als **Nichtanwendungsgesetz** begegnet § 175 Abs. 2 Satz 2 AO durchgreifenden unionsrechtlichen Bedenken. Verschiedentlich hat der EuGH entschieden, dass der nationale Gesetzgeber nicht nach Verkündung eines EuGH-Urteils, dem zufolge bestimmte Rechtsvorschriften mit dem AEUV unvereinbar sind, eine Verfahrensregel erlassen darf, die speziell die Möglichkeiten einschränkt, auf Erstattung der Abgaben zu klagen, die aufgrund dieser Rechtsvorschriften zu Unrecht erhoben worden sind.[5] Das Effektivitätsprinzip untersagt es, materiell-rechtliche Vorgaben des Unionsrechts zielgerichtet zu unterlaufen.[6] Genau dies geschieht durch § 175 Abs. 2 Satz 2 AO, so dass die Vorschrift hiervon ausgehend als klar unionsrechtswidrig erscheint.[7] 26.24

Hinsichtlich des § 175 Abs. 2 Satz 2 AO sieht der EuGH dies etwas modifizierter. Er hat entschieden, dass der **Effektivitätsgrundsatz** einer nationalen Regelung – wie sie sich aus § 175 Abs. 2 Satz 2 AO ergibt – entgegensteht, die es rückwirkend und *ohne Einräumung einer Übergangsfrist* verwehrt, eine Anrechnung der ausländischen Körperschaftsteuer auf Dividenden, die von einer Kapitalgesellschaft mit Sitz in einem anderen Mitgliedstaat gezahlt wurden, dadurch zu erlangen, dass entweder eine den Anforderungen des Mitgliedstaats, in dem der Empfänger der Dividenden unbeschränkt steuerpflichtig ist, genügende Bescheinigung über diese Steuer oder Belege vorgelegt werden, anhand deren die Steuerbehörden dieses Mitgliedstaats eindeutig und genau überprüfen können, ob die Voraussetzungen für die Inanspruchnahme eines Steuervorteils vorliegen.[8] Der EuGH verlangt, dass der Steuerpflichtige durch die Übergangsfrist die Möglichkeit erhält, die nach altem Recht entstandenen Ansprüche geltend 26.25

---

1 Die Vorschrift wurde durch das EURLUmsG v. 9.12.2004 (BGBl. I 2004, 3310 = BStBl. I 2004, 1158) rückwirkend zum 28.10.2004 eingefügt (Art.97 § 9 Abs.3 Satz 2 EGAO).
2 BT-Drucks. 15/4050, 77. Zu Recht kritisch zu dieser Begründung *von Wedelstädt* in Gosch, § 175 AO Rz. 51.2.
3 EuGH v. 7.9.2004 – C-319/02 – Manninen, Slg. 2004, I-7477; Begriff „lex Manninen" nach *Gosch*, DStR 2004, 1988 (1992).
4 *Loose* in T/K, § 175 AO Rz. 49; *Saßenroth*, Die Bestandskraft deutscher Steuerbescheide im Licht der Rechtsprechung des EuGH, S. 113 f.
5 EuGH v. 9.2.2002 – C-343/96 – Dilexport, Slg. 1996, I-579 Rz. 39; v. 11.7.2002 – C-62/00 – Marks & Spencer, Slg. 2002, I-6325 Rz. 36; v. 2.10.2003 – C-147/01 – Weber's Wine World, Slg. 2003, I-11365 Rz. 86.
6 *Musil*, DStZ 2005, 362 (368); *Saßenroth*, Die Bestandskraft deutscher Steuerbescheide im Licht der Rechtsprechung des EuGH, S. 117.
7 Ausführlich *Saßenroth*, Die Bestandskraft deutscher Steuerbescheide im Licht der Rechtsprechung des EuGH, S. 115 ff.
8 EuGH v. 30.6.2011 – C-262/09 – Meilicke II, Slg. 2011, I-5669; hierzu *Gosch*, BFH/PR 2011, 338.

zu machen.¹ *Gosch*² und *Rehm/Nagler*³ haben insoweit eine Frist bis zum 31.12.2011 vorgeschlagen. Das FG Köln geht ähnlich von einer Frist von mindestens sechs Monaten nach Erlass der EuGH-Urteile Manninen I und II aus.⁴ Der EuGH bringt durch seine Entscheidung m.E. zutreffend zum Ausdruck, dass wegen der Effektivität des Unionsrechts bestehende Ansprüche verfahrensrechtlich nicht rückwirkend entwertet werden dürfen, der Mitgliedstaat den Steuerpflichtigen aber nicht unbefristet Zeit einräumen muss, diesen durch die EuGH-Rechtsprechung verdeutlichten Anspruch durchzusetzen. Da die Rechtssicherheit einen allgemeinen Rechtsgrundsatz des Unionsrechts darstellt, darf der Gesetzgeber vielmehr auch Fristen vorsehen, nach deren Verstreichen der Anspruch nicht mehr durchgesetzt werden kann. Dogmatisch fragwürdig erscheint es nur, dass der EuGH es den Gerichten überantwortet, die Frist festzusetzen, innerhalb der der Anspruch geltend gemacht werden muss.⁵ Gerichte können Gesetze nur auslegen und anwenden, nicht aber über den Wortlaut hinausgehend und jenseits der Grenzen einer ergänzenden Rechtsfortbildung Recht setzen. Dies erscheint insbesondere deshalb fragwürdig, weil es für die Bemessung der Frist einer klaren Orientierungshilfe durch den EuGH fehlt.⁶

3. Bestandskraftdurchbrechung bei unionsrechtswidrigen Steuersubventionen

26.26 Anders als in den Fällen der Bestandskraftdurchbrechung bei nachträglich durch den EuGH erkannter Unionsrechtswidrigkeit belastender Steuernormen ist hinsichtlich der Unionsrechtswidrigkeit von Subventionen anerkannt, dass ein **aufgrund der rechtswidrigen Norm erlassener begünstigender Bescheid zurückgenommen** werden *muss*. Bei Subventionen soll dies sogar dann gelten, wenn die verfahrensrechtlichen Bestimmungen der Korrektur entgegenstehen.⁷ Hat die Kommission an den Mitgliedstaat einen Beschluss nach Art. 288 Abs. 4 AEUV gerichtet, die ihn zur Rücknahme einer unionsrechtswidrigen Beihilfe verpflichtet, muss der Mitgliedstaat alle notwendigen Maßnahmen ergreifen, um die Durchführung des Beschlusses zu gewährleisten.⁸ Der Mitgliedstaat muss die rechtswidrig gewährte Beihilfe tatsächlich zurückerlangen.⁹ Im Gegensatz zu den belastenden Steuerbescheiden und zu Lasten des Steuerpflichtigen hat dies zur Folge, dass die Regelungen zur Bestandskraft zur Sicherung eines effektiven Vollzugs vollständig ausgehebelt werden.¹⁰ Diese Ungleichbehandlung mit den Fällen unionsrechtswidrig erhobener Steuern ist dogmatisch kaum zu begründen.

V. Rechtsfolgen von Vollzugsdefiziten

1. Dem Unionsgesetzgeber zurechenbare Vollzugsdefizite

26.27 Flankiert der Gesetzgeber das materielle Recht nicht durch ausreichende verfahrensrechtliche Bestimmungen und läuft daher das Verfahrensrecht dem materiellen Belastungsgrund zuwider, führt dies nach der Rechtsprechung des BVerfG zur Verfassungswidrigkeit des materiellen Steuertatbestandes.¹¹ Aufgrund der Aufgabenteilung zwischen der unionsrechtlichen und mitgliedstaatlichen Ebene gilt dies

---

1 EuGH v. 30.6.2011 – C-262/09 – Meilicke II, Slg. 2011, I-5669 Rz. 57.
2 *Gosch*, BFH/PR 2011, 338 (340).
3 *Rehm/Nagler*, GmbHR 2011, 881 (883).
4 FG Köln v. 11.12.2014 – 10 K 2414/12, EFG 2015, 566.
5 EuGH v. 30.6.2011 – C-262/09 – Meilicke II, Slg. 2011, I-5669 Rz. 58.
6 Vgl. *Ribbrock*, BB 2011, 2151 (2152).
7 Grundlegend EuGH v. 20.3.1997 – C-24/95 – Alcan, Slg. 1997, I-1591; s. auch EuGH v. 18.7.2007 – C-119/05 – Lucchini, Slg. 2007, I-6199 Rz. 61.
8 EuGH v. 12.12.2002 – C-209/00 – Kommission/Deutschland, Slg. 2002, I-11695 Rz. 31; v. 26.6.2003 – C-40/00 – Kommission/Spanien, Slg. 2003, I-6695 Rz. 21.
9 EuGH v. 12.5.2005 – C-415/03 – Kommission/Griechenland, Slg. 2005, I-3875 Rz. 44; v. 5.10.2006 – C-232/05 – Kommission/Frankreich, Slg. 2006, I-10071 Rz. 42.
10 *Jahndorf/Oellerich*, DB 2008, 2559 (2560); *Kremer*, EuR 2007, 470 (481).
11 BVerfG v. 27.6.1991 – 2 BvR 1493/89, BVerfGE 84, 239 = FR 1991, 375 m. Anm. *Felix*; v. 9.3.2004 – 2 BvL 17/02, BVerfGE 110, 94 = GmbHR 2004, 439 m. Anm. *Altrichter-Herzberg* = FR 2004, 470 m. Anm. *Jacob/Vieten*.

bei der Umsetzung unionsrechtlichen Sekundärrechts grundsätzlich nicht. Eine Verantwortung des Unionsgesetzgebers, die zu einer Verletzung des unionsrechtlichen allgemeinen Gleichheitssatzes führt, kann sich insoweit in der Regel nur ergeben, wenn das **materielle Recht nicht gleichmäßig vollziehbar** ist. Soweit ausnahmsweise aufgrund des Grundsatzes der implied powers der Unionsgesetzgeber auch zur Regelung des Verfahrensrechts berufen ist, kann ausnahmsweise aufgrund der Kompetenzkopplung der verfahrensrechtliche Mangel auf das materielle Steuerrecht durchschlagen.[1] Daneben ist denkbar, dass das materielle Steuerrecht aus tatsächlichen Gründen nicht gleichmäßig vollzogen werden kann oder es aus rechtlichen Gründen nicht möglich ist, das materielle Recht durch ein effektives Verfahrensrecht zu flankieren.[2] In den beiden letztgenannten Fällen hat der Unionsgesetzgeber die Unvollziehbarkeit – mit Bindungswirkung für den Mitgliedstaat – bereits durch den materiellen Steuertatbestand selbst angelegt und trägt daher hierfür die Verantwortung.

2. Dem deutschen Bundesgesetzgeber zurechenbare Vollzugsdefizite

Entstehen Vollzugsdefizite durch ein **mangelhaftes (nationales) Verwaltungsverfahrens- oder Verwaltungsorganisationsrecht**, verletzt der Bundesgesetzgeber nicht nur seine Verpflichtung aus Art. 4 Abs. 3 Unterabs. 2 EUV, sondern auch den allgemeinen Gleichheitssatz gem. Art. 3 Abs. 1 GG.[3] Die fehlende Möglichkeit eines effektiven Vollzugs des harmonisierten Steuerrechts führt zugleich zu einer strukturell ungleichmäßigen Vollziehbarkeit des Steuerrechts i.S. der Rechtsprechung des BVerfG.

3. Dem deutschen Landesgesetzgeber zurechenbare Vollzugsdefizite

Der Landesgesetzgeber kann seine Verpflichtung zum effektiven Vollzug des harmonisierten Steuerrechts insbesondere dadurch verletzen, dass er es unterlässt, seine Finanzbehörden nach Art, Umfang und Leistungsvermögen angemessen auszustatten.[4] In diesem Zusammenhang ist insbesondere der sog. **maßvolle Gesetzesvollzug** (oder auch Risikomanagement genannt) zu benennen, durch den die Finanzverwaltung u.a. auf ihre mangelhafte Ausstattung reagiert und der nur solange dem unionsrechtlichen Effektivitätsgrundsatz bzw. Art. 3 Abs. 1 GG entspricht, als die Finanzverwaltung noch in der Lage ist, den steuerlichen Sachverhalt zu verifizieren, wenn hierzu Anlass besteht. Ist dies gewährleistet, wird dem Gebot der praktischen Wirksamkeit ausreichend Rechnung getragen, da sich die Steuerpflichtigen nicht gefahrlos ihrer Abgabenbelastung entziehen können.[5]

4. Der Finanzverwaltung zurechenbare Vollzugsdefizite

Praktisch sind in der Mehrzahl der Fälle auftretende Vollzugsdefizite der Finanzverwaltung zuzurechnen. Ist dies der Fall, verletzt die Verwaltung ihrerseits ihre Verpflichtungen aus Art. 4 Abs. 3 Unterabs. 2 EUV sowie aus Art. 3 Abs. 1, Art. 20 Abs. 3 GG. Dies gilt freilich immer nur solange, wie die Finanzverwaltung angesichts des umzusetzenden Sekundärrechts und des Verwaltungsorganisations- und Verfahrensrechts in die Lage versetzt wird, einen **effektiven Vollzug zu gewährleisten**. Anderenfalls trifft die Verantwortung den Unions-, Bundes- oder Landesgesetzgeber mit den unter Rz. 26.27 ff. geschilderten Konsequenzen.

---

1 Ausführlich *Oellerich*, Defizitärer Vollzug des Umsatzsteuerrechts, S. 120 ff.
2 *Oellerich*, Defizitärer Vollzug des Umsatzsteuerrechts, S. 124 ff.
3 Ausführlich *Oellerich*, Defizitärer Vollzug des Umsatzsteuerrechts, S. 182 ff.
4 Ausführlich *Oellerich*, Defizitärer Vollzug des Umsatzsteuerrechts, S. 203 ff.
5 *Oellerich*, Defizitärer Vollzug des Umsatzsteuerrechts, S. 205.

C. Ausstrahlung auf die Verwaltungsorganisation

26.31 Der Ausdruck der Verfahrensautonomie ist misslich. Allein die Effektuierung des Verfahrensrechts im Hinblick auf die Umsetzung des harmonisierten Steuerrechts ist notwendig, aber nicht hinreichend. Das materielle Recht und das Verfahrensrecht müssen auf eine entsprechende Verwaltungsorganisation treffen, um eine größtmögliche praktische Wirksamkeit des Sekundärrechts zu erlangen. Auch diese ist an das Effektivitätsgebot gebunden und die **Verwaltungsorganisationsautonomie** insoweit eingeschränkt.[1] Der mitgliedstaatliche Gesetzgeber ist nicht nur zur Regelung von Kontrollmöglichkeiten verpflichtet, sondern auch diese Überwachung angemessen zu organisieren.[2] Die Mitgliedstaaten sind insoweit verpflichtet, leistungsfähige innerstaatliche Stellen zu benennen.[3]

26.32 Hiervon ausgehend erscheint der **Vollzug der Steuergesetze durch Landesfinanzbehörden** problematisch.[4] Zu Recht beklagt beispielsweise *Birk*, der Vollzug der Umsatzsteuer durch die Landesfinanzbehörden führe zu einer erheblichen Erschwerung des Vollzugs, zumal keine zentrale und bundesweite Informationssammlung und -auswertung erfolge.[5] Nur weil der Föderalismus ein Verfassungsprinzip darstellt, können Einschränkungen eines effektiven Vollzugs nicht gerechtfertigt werden.[6] Aus unionsrechtlicher Sicht kann eine Verwaltungsstruktur, die Vollzugsdefizite provoziert, keinesfalls gerechtfertigt werden.[7]

D. Ausstrahlung auf den Steuerprozess

I. Bedeutung der Grundsätze der Effektivität und der Gleichwertigkeit

26.33 Im Prozessrecht entspricht die Rechtslage weitgehend der im Verfahrensrecht. Auch hier besteht keine Kompetenz zur Rechtsangleichung. Von besonderer Bedeutung ist auch hier der Grundsatz der Gleichwertigkeit und der Effektivität.[8] Das **Finanzprozessrecht** darf für unionsrechtlich determinierte Sachverhalte nicht ungünstiger ausgestaltet sein als bei Verfahren, die rein nationales Recht betreffen, und es darf die Ausübung der durch das Unionsrecht verliehenen Rechte nicht praktisch unmöglich machen oder übermäßig erschweren.[9]

II. Vorläufiger Rechtsschutz bei Zweifeln an der Unionsrechtswidrigkeit der Richtlinie

26.34 Aus dem Effektivitätsprinzip ergibt sich für das Finanzprozessrecht auch, dass es gegen die **Gewährung einstweiligen Rechtsschutzes** nach §§ 69, 114 FGO spricht, wenn der Steuerpflichtige geltend macht, die der Besteuerung zugrunde liegende Richtlinie sei rechtswidrig. Gewährleistet werden soll die größt-

---

1 *Gundel* in S/Z/K, Europarecht[3], § 3 Rz. 112; *Oellerich*, Defizitärer Vollzug des Umsatzsteuerrechts, S. 181; *Streinz* in Isensee/Kirchhof, Handbuch des Staatsrechts[2], Band VII, § 182 Rz. 20.
2 *Scheuing*, NVwZ 1999, 475 (480); *Oellerich*, Defizitärer Vollzug des Umsatzsteuerrechts, S. 181.
3 EuGH v. 21.6.1979 – 240/78 – Atlanta/Produktschap voor Vee en Vlees, Slg. 1979, 2137 Rz. 5.
4 *Oellerich*, Defizitärer Vollzug des Umsatzsteuerrechts, S. 181.
5 *Birk* in Kirchhof/Neumann (Hrsg.), Freiheit, Gleichheit, Effizienz, S. 61, 69; ähnlich hält noch *Widmann*, UR 2002, 588 (592) die österreichische Finanzverwaltung für deutlich effektiver und effizienter, weil Österreich den Vollzug nicht den Bundesländern, sondern dem Bund zuweise. In UR 2005, 14 (16 f.) sieht *Widmann* demgegenüber keinen Grund mehr für eine zentrale Bundes-Umsatzsteuerverwaltung.
6 *Zuleeg* in von der Groeben/Schwarze[6], Art. 10 EUV Rz. 11.
7 *Oellerich*, Defizitärer Vollzug des Umsatzsteuerrechts, S. 181; *Stober* in Wolff/Bachof/Stober/Kluth, Verwaltungsrecht I[12], § 17 Rz. 39.
8 EuGH v. 25.7.1991 – C-208/90 – Emmott, Slg. 1991, I-4269 Rz. 16; v. 2.12.1997 – C-188/95 – Fantask, Slg. 1997, I-6783 Rz. 46.
9 EuGH v. 14.12.1995 – C-312/95 – Peterbroeck, Slg. 1995, I-4599 Rz. 12; v. 2.12.1997 – C-188/95 – Fantask, Slg. 1997, I-6783 Rz. 38.

mögliche praktische Wirksamkeit des Sekundärrechts; der Effektivitätsgrundsatz kann ihm nicht entgegenwirken. Die Umsetzungsverpflichtung aus Art. 288 Abs. 3 AEUV i.V.m. Art. 4 Abs. 3 Unterabs. 2 EUV beschränkt in diesen Fällen vielmehr die Möglichkeit eines effektiven Rechtsschutzes, durch den das harmonisierte Steuerrecht vorübergehend außer Vollzug gesetzt werden könnte und hierdurch in seiner praktischen Wirksamkeit Einbußen erleiden würde. Hinzu kommt, dass mitgliedstaatliche Gerichte nicht aus eigener Befugnis heraus die Primärrechtswidrigkeit eines Sekundärrechtsakts feststellen können, sondern dass dies allein dem EuGH vorbehalten ist;[1] das mitgliedstaatliche Gericht besitzt allein eine Prüfungs-, nicht aber eine Verwerfungskompetenz.[2] Aufgrund dieser Erwägungen verbietet es der EuGH, eine **Aussetzung der Vollziehung** allein bei ernstlichen Zweifeln an der Rechtmäßigkeit des angefochtenen Verwaltungsakts (§ 69 Abs. 2 Satz 2 Alt. 1 FGO) zu gewähren. Eine Aussetzung der Vollziehung darf nur unter folgenden einschränkenden Voraussetzungen gewährt werden:

1. Es bestehen erhebliche Zweifel an der Gültigkeit der Handlung der Union,
2. dem EuGH wird, soweit dies bislang noch nicht erfolgt ist, die Gültigkeitsfrage gem. Art. 267 Abs. 1 Buchst. b AEUV zur Vorabentscheidung vorgelegt,
3. die Entscheidung des mitgliedstaatlichen Gerichts wird als dringlich erachtet, um einen schweren und nicht wiedergutzumachenden Schaden abzuwenden,
4. das Interesse der Union wurde in ausreichendem Umfang berücksichtigt und
5. die Entscheidungen des EuGH und des EuG über einstweilige Anordnungen in vergleichbaren Fällen werden in ausreichendem Umfang berücksichtigt.[3]

Die Möglichkeit, vorläufigen Rechtsschutz bei unionsrechtlichen Zweifeln an dem der Besteuerung (mittelbar) zugrunde liegenden Sekundärrechtsakt zu erlangen, ist damit im Vergleich zu der entsprechenden Situation bei verfassungsrechtlichen Zweifeln am nationalen Recht nur unter **erschwerten Voraussetzungen** möglich.[4] Dieses Auseinanderfallen ist jedoch wegen der Verpflichtung des Mitgliedstaats zu einer Umsetzung im Sinne der größtmöglichen praktischen Wirksamkeit, die im nationalen Recht nicht gilt und ggf. das Verfassungsrecht überlagert, hinzunehmen.[5]

---

1 *Ehlers* in S/Z/K, Europarecht[3], § 11 Rz. 19; *Oellerich*, Defizitärer Vollzug des Umsatzsteuerrechts, S. 144.
2 Vgl. EuGH v. 18.7.2007 – C-119/05 – Lucchini, Slg. 2007, I-6199 Rz. 53.
3 Vgl. EuGH v. 21.2.1991 – C-143/88 und C-92/89 – Zuckerfabrik Süderdithmarschen, Slg. 1991, I-415 Rz. 22–33; v. 9.11.1995 – C-465/93 – Atlanta Fruchthandelsgesellschaft u.a., Slg. 1995, I-3761 Rz. 31–51; v. 26.11.1996 – C-68/95 – T. Port, Slg. 1996, I-6065 Rz. 46–51.
4 *Wernsmann* in S/Z/K, Europarecht[3], § 30 Rz. 147.
5 Kritisch jedoch FG Münster v. 29.4.2013 – 9 V 2400/12 K, EFG 2013, 1147; aufgehoben durch BFH v. 18.12.2013 – I B 85/13, GmbHR 2014, 542 m. Anm. *Wiese* = ISR 2014, 154 m. Anm. *Möhlenbrock* = FR 2014, 560 m. Anm. *Hick* = DStR 2014, 788.

Kapitel 27
Gerichtliche Durchsetzung des Unionsrechts

Hinweis: Die folgenden Ausführungen sind nicht in dienstlicher Eigenschaft verfasst.

A. Einleitung 27.1	1. Voraussetzungen und Ablauf 27.26
B. Unionsrechtswidrigkeit nationalen Steuerrechts 27.6	2. Entscheidung des EuGH 27.34
I. Vorabentscheidungsverfahren 27.6	3. Charakter und Bedeutung des Vertragsverletzungsverfahrens 27.39
1. Voraussetzungen 27.6	III. Individualrechtsschutz? 27.41
2. Umfang von Vorlagerecht und Vorlagepflicht 27.14	C. Primärrechtswidrigkeit sekundären Unionsrechts 27.43
3. Folgen der Verletzung einer Vorlagepflicht 27.19	I. Vorrang des Primärrechts 27.43
	II. Vorabentscheidungsverfahren 27.44
4. Entscheidung des EuGH 27.22	III. Nichtigkeitsklage 27.51
5. Charakter des Vorabentscheidungsverfahrens 27.23	D. Fazit 27.63
II. Vertragsverletzungsverfahren 27.26	

Literatur: *Ahmann*, Das Ertragsteuerrecht unter dem Diktat des Europäischen Gerichtshofs? Können wir uns wehren?, DStZ 2005, 75; *Bode/Ehle*, Die Ausweitung des Prüfungsumfangs im Vorabentscheidungsverfahren durch den EuGH, EWS 2001, 55; *Classen*, Strukturunterschiede zwischen deutschem und europäischem Verwaltungsrecht, NJW 1995, 2457; *Clausnitzer*, Die Vorlagepflicht an den EuGH – Zum (mangelnden) Rechtsschutz gegen Verstöße letztinstanzlicher Gerichte, NJW 1989, 641; *Cremer*, Nichtigkeitsklagen einzelner gegen Rechtsakte der Gemeinschaft: Klagegegenstand und Klagebefugnis nach Art. 173 EGV, EWS 1999, 48; *de Weerth*, Anmerkung, DStRE 2009, 61; *Dobratz*, Der EuGH als Teil der Finanzgerichtsbarkeit, IWB 2015, 634; *Englisch/Krüger*, Zur Völkerrechtswidrigkeit extraterritorialer Effekte der französischen Finanztransaktionsteuer, IStR 2013, 513; *Erichsen*, Die konkrete Normenkontrolle, Jura 1982, 88; *Erichsen/Weiß*, System des Europäischen Rechtsschutzes, Jura 1990, 528; *Fastenrath*, BVerfG verweigert willkürlich die Kooperation mit dem EuGH, NJW 2009, 272; *Frenz/Distelrath*, Klagegegenstand und Klagebefugnis von Individualnichtigkeitsklagen nach Art. 263 IV AEUV, NVwZ 2010, 162; *Frotscher*, Über das (steuerliche) Unbehagen an der Europäisierung und Internationalisierung, IStR 2007, 568; *Garcia Antón*, The Reformulation of the Questions Referred to the CJEU for a Preliminary Ruling in Direct Taxation: Towards a Construtive Cooperation Model, EC Tax Review 2015, 258; *Garcia Antón*, „Ceci n'est pas une Pipe": The Notion of Tax Court under Article 267 of the TFEU, ET 2015, 515; *Gersdorf*, Das Kooperationsverhältnis zwischen deutscher Gerichtsbarkeit und EuGH, DVBl. 1994, 674; *Hackemann/Fiedler*, Anmerkung, IStR 2016, 259; *Hackemann/Sydow*, Richtungsentscheidung des EuGH in der Rs. C-6/12, P Oy für die Voraussetzungen der Einstufung einer Sanierungsklausel als staatliche Beihilfe; Auswirkungen auf die suspendierte deutsche Sanierungsklausel des § 8c Abs. 1a KStG, IStR 2013, 786; *Haslehner*, ‚Avoir Fiscal' and Its Legacy after Thirty Years of Direct Tax Jurisprudence of the Court of Justice, Intertax 2016, 374; *Heinsen/Nagler*, Anmerkung zu BVerfG, Beschluss vom 11.4.2012 – 2 BvR 862/09, IStR 2012, 464; *Herrmann*, Die Reichweite der gemeinschaftsrechtlichen Vorlagepflicht in der neueren Rechtsprechung des EuGH, EuZW 2006, 231; *Heun*, Richtervorlagen in der Rechtsprechung des Bundesverfassungsgerichts, AöR 122 (1997), 610; *Kippenberg*, Klage gegen Sanierungsklausel abgewiesen, IStR 2013, 101; *Klemt*, Richtungsentscheidung für Kompetenzen in Europa – lässt das Beihilferecht die Sanierungsklausel in § 8c Abs. 1a KStG zu?, DStR 2013, 1057; *Knebelsberger/Loose*, EuGH rettet die deutsche Sanierungsklausel, IWB 2018, 2772; *Kokott/Henze/Sobotta*, Die Pflicht zur Vorlage an den Europäischen Gerichtshof und die Folgen ihrer Verletzung, JZ 2006, 633; *Kraft/Hohage*, Das (ertrag)steuerliche Vorabentscheidungsverfahren beim EuGH, Ubg 2018, 165; *Lang*, ISR-Kommentar zum Beschluss des EuG vom 18.12.2012 (Az. T-205/11), ISR 2013, 65; *Jochen Lüdicke/Roth*, Zum Konkurrenzverhältnis zwischen der Anrufung des EuGH und der konkreten Normenkontrolle bei der Anfechtung von Steuerbescheiden, DStR 2014, 504; *Lyal*, Compatibility of National Tax Measures with EU Law: The

Role of the European Commission in Tax Litigation before the European Court of Justice, EC Tax Review 2015, 5; *Malferrari*, Neues zur Kompetenzverteilung zwischen Kommission und nationaler Gerichtsbarkeit auf dem Gebiet des Wettbewerbs und zum Verhältnis zwischen der Nichtigkeitsklage und dem Vorabentscheidungsverfahren, EuR 2001, 605; *Mitschke*, Aufruf für eine europäische Finanzgerichtsbarkeit, IStR 2010, 466; *Pechstein/Kubicki*, Gültigkeitskontrolle und Bestandskraft von EG-Rechtsakten, NJW 2005, 1825; *Poelzig*, Die Aufhebung rechtskräftiger zivilgerichtlicher Urteile unter dem Einfluss des Europäischen Gemeinschaftsrechts, JZ 2007, 858; *Roth*, Verfassungsgerichtliche Kontrolle der Vorlagepflicht an den EuGH, NVwZ 2009, 345; *Schultze*, EU-Recht: Die Nichtvorlage einer Vorabentscheidung stellt eine Vertragsverletzung dar, IStR 2019, 233; *Sedemund/Heinemann*, Rechtsschutz im Gemeinschaftsrecht, DB 1995, 713; *Seidel*, A Europe-minded Action – a British one, EuZW 1999, 369; *v. Danwitz*, Die Garantie effektiven Rechtsschutzes im Recht der Europäischen Gemeinschaft, NJW 1993, 1108; *Wölker*, Wann verletzt eine Nichtvorlage an den EuGH die Garantie des gesetzlichen Richters?, EuGRZ 1988, 97; *Wunderlich*, Das Verhältnis von Union und Mitgliedstaaten am Beispiel des Vertragsverletzungsverfahrens, EUR 2012 Beiheft 1, 49.

A. Einleitung

27.1 Damit die EU ihre Funktion als „Raum des Rechts" erfüllen kann, muss es einen wirksamen europäischen Rechtsschutz geben.[1] Diese Aufgabe ist zunächst den nationalen Gerichten zugewiesen. Sie haben Unionsrecht anzuwenden und das nationale Recht unionsrechtskonform auszulegen. Nationale Gerichte dürfen nationales Recht bei eindeutiger Verletzung des Unionsrechts nicht anwenden.[2] Man spricht daher davon, dass die **nationalen Gerichte funktional als Unionsgerichte** tätig werden.[3]

27.2 Bei der Etablierung einer europäischen Gerichtsbarkeit belässt es das Unionsrecht aber nicht bei dieser Zuweisung, sondern stellt den nationalen Gerichten ein eigenes Gericht an die Seite, den **EuGH**. Der EuGH zählt nach Art. 13 Abs. 1 EUV zu den Organen der EU; die näheren Bestimmungen zu ihm befinden sich dementsprechend bei den Vorschriften des AEUV über die Organe der EU (Art. 251 bis 281 AEUV).

27.3 Der EuGH kommt ins Spiel, wenn die Vereinbarkeit des nationalen Rechts mit Unionsrecht oder die Gültigkeit von Unionsrecht fraglich ist.[4] Hierfür stellt das Unionsrecht unterschiedliche **Verfahrensarten** zur Verfügung. Die Wahl des richtigen Verfahrens richtet sich nach der Art der zu klärenden Rechtsfrage und nach den jeweiligen Akteuren. Dabei können grundsätzlich die folgenden Konstellationen unterschieden werden:

– Verstoß des nationalen Rechts gegen Unionsrecht;

– Verstoß des sekundären Unionsrechts gegen höherrangiges Unionsrecht.

27.4 Die einschlägigen **Verfahrensarten** zur Geltendmachung von Verstößen des nationalen Rechts gegen höherrangiges Unionsrecht sind das Vorabentscheidungsersuchen und das Vertragsverletzungsverfahren. Eine Individualklage natürlicher oder juristischer Personen steht hierfür nicht zur Verfügung. Die Geltendmachung von Verstößen des sekundären Unionsrechts gegen höherrangiges Unionsrecht kann

---

1 Nach Auffassung von *Reimer* in Jürgen Lüdicke, Wo steht das deutsche internationale Steuerrecht?, S. 31 (37) folgt aus deutscher Perspektive bereits aus Art. 23 Abs. 1 GG, dass die vom Unionsrecht Betroffenen Zugang zu einem Unionsgericht haben müssen.
2 *Seer* in T/K, AO/FGO, EuRS Rz. 6.
3 Vgl. *Wegener* in Calliess/Ruffert[5], Art. 267 AEUV Rz. 1; *Huber* in Streinz[3], Art. 19 EUV Rz. 12 ff. m.w.N.
4 Dabei ist der EuGH zugleich Fachgericht und Verfassungsgericht, s. *Dobratz*, IWB 2015, 634 (635), denn er entscheidet nicht nur über Einzelheiten bei der Auslegung von Tatbestandsmerkmalen steuerrechtlicher Sekundärrechtsakte, sondern prüft auch die Vereinbarkeit steuerlicher Regelungen am Maßstab der (im Primärrecht verankerten) Grundfreiheiten.

durch das Vorabentscheidungsersuchen und die Nichtigkeitsklage erfolgen; letztere gewährt in begrenztem Maße Individualrechtsschutz.[1]

Diese Grundsätze gelten uneingeschränkt auch für das **Steuerrecht**. Sonderregelungen zur gerichtlichen Durchsetzung des Unionsrechts im Bereich des Steuerrechts existieren nicht.[2] Nachfolgend werden die Konstellationen einer gerichtlichen Geltendmachung der Unionsrechtswidrigkeit des nationalen Steuerrechts und der Verletzung höherrangigen Unionsrechts durch sekundäres Unionsrecht näher dargestellt.

27.5

B. Unionsrechtswidrigkeit nationalen Steuerrechts

I. Vorabentscheidungsverfahren

1. Voraussetzungen

Das **Vorabentscheidungsverfahren** ist in Art. 267 AEUV geregelt.[3] In einem Vorabentscheidungsverfahren ersucht ein nationales Gericht den EuGH um die Klärung einer unionsrechtlichen Fragestellung, die es in einem konkreten Rechtsfall für entscheidungserheblich hält. Wenn der EuGH die Frage beantwortet hat, entscheidet das nationale Gericht nach dieser Maßgabe den anhängigen Rechtsstreit.

27.6

Zunächst stellt sich die Frage, wer überhaupt **vorlageberechtigtes Gericht** im Sinne von Art. 267 AEUV ist. In der Rechtsprechung des EuGH wurden hierzu folgende Kriterien entwickelt:[4] Es muss sich um eine ständige und unabhängige Einrichtung handeln, die aufgrund einer gesetzlichen Grundlage tätig wird.[5] Ferner muss die Einrichtung einen ständigen Charakter haben[6] und eine obligatorische Gerichtsbarkeit ausüben.[7] Diskutiert wird zudem die Erforderlichkeit eines streitigen Verfahrens.[8] In Anwendung dieser Grundsätze zeigt sich, dass jedenfalls die deutschen Finanzgerichte sowie der BFH vorlageberechtigte Gerichte im Sinne von Art. 267 AEUV sind.[9] Auch das BVerfG erfüllt die genannten Voraussetzungen.[10]

27.7

---

1 Daneben sieht das Unionsrecht noch weitere Verfahrensarten vor (s. Art. 265 und 268 bis 273 AEUV), die aber für das Steuerrecht (bislang) keine Bedeutung haben und daher hier nicht weiter dargestellt werden.
2 Es gibt auch keinen festen Geschäftsverteilungsplan beim EuGH, der spezifische Zuweisungen für Streitigkeiten mit steuerrechtlichem Hintergrund vorsähe, vgl. *Kraft/Hohage*, Ubg 2018, 165 (170). Teilweise wird daher die Einführung einer eigenen EU-Steuergerichtsbarkeit gefordert, zumal Art. 257 AEUV die Errichtung von Fachgerichten für bestimmte Rechtsgebiete ermöglicht. Vgl. etwa *Mitschke*, IStR 2010, 466 (469): Schaffung einer speziellen Kammer für Steuerfragen beim EuGH. Deutliches Unbehagen formuliert auch *Ahmann*, DStZ 2005, 75 (78): „‚Notwehr' gegen die EuGH-Rechtsprechung"; dagegen *Frotscher*, IStR 2007, 568 (568 ff.).
3 Ergänzende Bestimmungen finden sich in der Satzung des Gerichtshofs der Europäischen Union (insb. Art. 23) und in der Verfahrensordnung des Gerichtshofs (insb. Neuntes Kapitel).
4 Deren Vorliegen wird aber nicht schematisch geprüft; stattdessen können die Kriterien im Einzelfall gewichtet werden, *Ehricke* in Streinz[3], Art. 267 AEUV Rz. 29; *Pechstein*, EU-Prozessrecht[4], Rz. 805.
5 EuGH v. 30.3.1993 – C-24/92 – Corbiau, Slg. 1993, I-1227 Rz. 15; v. 21.3.2000 – C-110–147/98 – Gabalfrisa, Slg. 2000, I-1577 Rz. 33; v. 29.11.2001 – C-17/00 – De Coster, Slg. 2001, I-9445 Rz. 10; v. 19.9.2006 – C-506/04 – Wilson, Slg. 2006, I-8613 Rz. 48.
6 EuGH v. 17.9.1997 – C-54/96 – Dorsch Consult, Slg. 1997, I-4961 Rz. 23.
7 EuGH v. 14.6.2001 – C-178/99 – Salzmann, Slg. 2001, I-4421 Rz. 13.
8 Näher zu dieser Frage *Ehricke* in Streinz[3], Art. 267 AEUV Rz. 29; *Borchardt* in Lenz/Borchardt[6], Art. 267 AEUV Rz. 22, jeweils m.w.N.
9 S. allgemein zu den Anforderungen des Art. 267 AEUV bei Vorlagen von *„Tax Courts" Garcia Antón*, ET 2015, 515.
10 Mittlerweile hat das Bundesverfassungsgericht dem EuGH zweimal Rechtsfragen zur Entscheidung vorgelegt. In beiden Fällen ging es um die Reichweite des Handlungsspielraums der EZB, zunächst im sog.

27.8 Weiter ist zu klären, **welche unionsrechtlichen Fragestellungen** vorgelegt werden können. Aus Art. 267 Abs. 1 Buchst. a AEUV ergibt sich zunächst, dass Fragen zur Auslegung der Verträge erfasst sind. Damit ist das gesamte geschriebene und ungeschriebene Primärrecht gemeint. Im Bereich der direkten Steuern betreffen Streitigkeiten – in Ermangelung umfassender primärrechtlicher Steuerregelungen – häufig die Gewährleistungsgehalte der Grundfreiheiten. Aus Art. 267 Abs. 1 Buchst. b AEUV folgt zudem, dass auch die Auslegung der Handlungen der Organe, Einrichtungen oder sonstigen Stellen der Union Gegenstand eines Vorabentscheidungsersuchens sein kann.[1] Davon ist das gesamte Sekundärrecht umfasst, also insbesondere die in Art. 288 AEUV aufgezählten Verordnungen, Richtlinien und Beschlüsse.[2] Weil das europäische Steuerrecht meist in der Form von Verordnungen und Richtlinien kodifiziert ist, bilden diese regelmäßig den Maßstab für die Messung des nationalen Steuerrechts an sekundärem Unionsrecht. Im Ergebnis kann also durch das Vorabentscheidungsersuchen die Vereinbarkeit des nationalen Rechts mit primärem und sekundärem Unionsrecht untersucht werden.[3] Nicht erfasst sind Entscheidungen des EuGH selbst.[4] Denn könnten dem EuGH seine eigenen Entscheidungen zur Auslegung vorgelegt werden, bestünde die Gefahr eines endlosen Vorlagekreislaufs. Ruft eine Entscheidung des EuGH Auslegungsfragen hervor, können diese nur durch die Stellung eines Auslegungsantrags geklärt werden. Dieser kann (ausschließlich) von den Parteien des Ausgangsrechtsstreits gestellt werden, wie sich aus Art. 43 EuGH-Satzung ergibt.[5]

27.9 Weiter ist erforderlich, dass das Gericht **Zweifel hinsichtlich der Auslegung einer Unionsnorm** hat und dass es diese unionsrechtliche Fragestellung für **entscheidungserheblich** hält.[6] Diese Zweifel müssen nicht den Grad einer richterlichen Überzeugung erlangt haben; erforderlich ist aber, dass das Gericht ernsthaft und auf der Basis einer fundierten Abwägung zwischen zwei Auslegungsmöglichkeiten schwankt.[7]

27.10 Die Entscheidungserheblichkeit liegt vor, wenn die Beantwortung der unionsrechtlichen Frage sich auf den Ausgang des Ausgangsrechtsstreits auswirkt. Grundsätzlich ist die **Perspektive des vorlegenden Gerichts** maßgeblich.[8] Diesem wird die größte Sachkenntnis zugeschrieben, um die Entscheidungserheblichkeit der Fragestellung für den Ausgangsrechtsstreit einschätzen zu können.[9] Etwas anderes gilt aber, wenn bei Vorlagen offensichtlich ist, dass die Auslegung des Unionsrechts in keinem Zusammenhang mit der Realität oder dem Gegenstand des Ausgangsrechtsstreits steht und die Beantwor-

---

OMT-Verfahren (*Outright Monetary Transactions*), s. BVerfG v. 14.1.2014 – 2 BvR 2728/13 u.a., BVerfGE 134, 366 (Vorlagebeschluss), EuGH v. 16.6.2015 – C-62/14 – Gauweiler u.a., ECLI:EU:C:2015:400 (EuGH-Entscheidung), BVerfG v. 21.6.2016 (Urteil), BVerfGE 142, 123, und sodann im sog. PSPP-Verfahren (*Public Sector Purchase Programme*), BVerfG. v. 18.7.2017 – 2 BvR 859/15 u.a. – NJW 2017, 2894 (Vorlagebeschluss).

1 Zu der nach Art. 267 Abs. 1 Buchst. b AEUV ebenfalls zulässigen Fragestellung nach der Gültigkeit dieser Handlungen s. Rz. 27.44 ff.
2 Ebenfalls von Art. 288 AEUV umfasst sind Empfehlungen und Stellungnahmen; mangels Rechtsverbindlichkeit kann es bei diesen aber nicht zu einem Konflikt mit nationalem Recht kommen, so dass hierauf im Rahmen der vorliegenden Darstellung nicht weiter einzugehen ist.
3 Dabei ist nur das Sekundärrecht (und nicht das Primärrecht) als Richtschnur heranzuziehen, wenn in dem betreffenden Bereich eine derartige Regelungsdichte erreicht ist, dass von einer vollständigen Harmonisierung zu sprechen ist, s. nur EuGH v. 8.3.2017 – C-14/16 – Euro Park Service, ECLI:EU: C:2017:177, Rz. 19.
4 EuGH v. 5.3.1986 – 69/85 – Wünsche/Deutschland, Slg. 1986, 947 Rz. 10 ff.
5 *Schwarze* in Schwarze[3], Art. 267 AEUV Rz. 11.
6 *Ehricke* in Streinz[3], Art. 267 AEUV Rz. 37.
7 *Ehricke* in Streinz[3], Art. 267 AEUV Rz. 37.
8 *Schwarze* in Schwarze[3], Art. 267 AEUV Rz. 37; *Wegener* in Calliess/Ruffert[5], Art. 267 AEUV Rz. 22; *Karpenstein* in G/H/N, Art. 267 AEUV Rz. 25.
9 EuGH v. 29.11.1978 – 83/78 – Pigs Marketing Board, Slg. 1978, 2347 Rz. 25; v. 16.7.1992 – C-343/90 – Lourenço Dias/Director da Alfândega do Porto, Slg. 1992, I-4673 Rz. 15; v. 18.3.2010 – C-317–320/08 – Rosalba Alassini, Slg. 2010, I-2213 Rz. 25.

tung der Vorlagefrage auf die Abgabe von Gutachten zu allgemeinen oder hypothetischen Fragen hinauslaufen würde.[1]

Möglich ist, dass in einem Ausgangsrechtsstreit eine unionsrechtliche Fragestellung aufgeworfen wird, diese aber vom nationalen Gericht für **nicht entscheidungserheblich** gehalten wird, weil eine eindeutige Entscheidung bereits aus anderen Gründen zu treffen ist. So kam beispielsweise der BFH in seiner Entstrickungs-Entscheidung vom 28.10.2009 bereits durch ein gewandeltes Verständnis der einschlägigen Normen des DBA zur Rechtswidrigkeit der sofortigen Steuererhebung.[2] Die unionsrechtliche Fragestellung, ob die sofortige Versteuerung der stillen Reserven auch einen Unionsrechtsverstoß bedeuten würde, konnte er expressis verbis dahinstehen lassen.[3] Dementsprechend sah er von einer Vorlage an den EuGH ab.

27.11

Ein Vorabentscheidungsersuchen kann sogar auch dann zulässig sein, wenn die streitgegenständliche Norm des nationalen Rechts gar keine grenzüberschreitenden Fälle regelt. Dies betrifft etwa Konstellationen, in denen das Unionsrecht einen grenzüberschreitenden Sachverhalt regelt und das nationale Recht dieselben Regelungen für rein innerstaatliche Vorgänge eingeführt hat. In solchen Fällen beansprucht der EuGH eine Entscheidungskompetenz auch für die Beurteilung der Regelungen zu den rein innerstaatlichen Vorgängen, um eine **Einheitlichkeit der Rechtsanwendung** in allen Konstellationen sicherzustellen.[4]

27.12

Gegenstand von Vorabentscheidungsersuchen können nur konkrete unionsrechtliche Fragen sein. Das vorlegende Gericht muss also aus dem Ausgangsrechtsstreit den unionsrechtlichen Aspekt herausfiltern. Zudem muss das Gericht **die richtige Frage** stellen. Denn der EuGH darf sich nicht zum nationalen Recht äußern oder den Ausgangsrechtsstreit entscheiden.[5] Die zutreffende Formulierung von Vorlagefragen bereitet den vorlegenden Gerichten immer wieder Probleme; der EuGH ist hier in seiner Spruchpraxis aber zu Recht großzügig und legt Vorlagefragen regelmäßig so aus, dass sie sich allein auf die unionsrechtliche Fragestellung beziehen.[6] Ebenso zieht er in seiner Entscheidung auch unionsrechtliche Bestimmungen heran, die das vorlegende Gericht nicht ausdrücklich angesprochen hat.[7]

27.13

2. Umfang von Vorlagerecht und Vorlagepflicht

Ggf. ist das nationale Gericht zu einer Vorlage nicht nur berechtigt, sondern sogar verpflichtet. Das hängt von seiner instanziellen Zuständigkeit ab. Wenn das Gericht den Ausgangsrechtsstreit **letztinstanzlich** zu entscheiden hat, ist es gem. Art. 267 Abs. 3 AEUV zur Vorlage verpflichtet.[8] Damit soll verhindert werden, dass sich in den Mitgliedstaaten eine Rechtsordnung herausbildet, die mit den

27.14

---

1 EuGH v. 22.11.2005 – C-144/04 – Mangold, Slg. 2005, I-9981 Rz. 36 f.; v. 4.7.2006 – C-212/04 – Adeneler, Slg. 2006, I-6057 Rz. 42 f.
2 BFH v. 28.10.2009 – I R 99/08, BStBl. II 2011, 1019 = FR 2010, 183 m. Anm. *Mitschke*; dazu Nichtanwendungserlass des BMF v. 18.11.2011 – IV C 6 - S 2134/10/10004, BStBl. I 2011, 1278.
3 BFH v. 28.10.2009 – I R 99/08, BStBl. II 2011, 1019 Rz. 32 = FR 2010, 183 m. Anm. *Mitschke*.
4 EuGH v. 17.7.1997 – C-28/95 – Leur-Bloem, Slg. 1997, I-4161 Rz. 32 = FR 1997, 685 m. Anm. *Dautzenberg*; v. 15.1.2002 – C-43/00 – Andersen og Jensen, Slg. 2002, I-394 Rz. 18; v. 20.5.2010 – C-352/08 – Modehuis A. Zwijnenburg, Slg. 2010, I-4303 Rz. 33; v. 10.11.2011 – C-126/10 – Foggia, Slg. 2011, I-10923 Rz. 21.
5 *Pechstein*, EU-Prozessrecht[4], Rz. 767.
6 *Pechstein*, EU-Prozessrecht[4], Rz. 849 f.; *Karpenstein* in G/H/N, Art. 267 AEUV Rz. 33; *Mellinghoff/Schießl* in Jürgen Lüdicke, Praxis und Zukunft des deutschen internationalen Steuerrechts, S. 45 (52); *Ehricke* in Streinz[3], Art. 267 AEUV Rz. 15 m.w.N.; Bedenken bei *v. Danwitz*, NJW 1993, 1108 (1113); s. vertiefend *Garcia Antón*, EC Tax Review 2015, 258.
7 EuGH v. 18.3.1993 – C-280/91 – Viessmann, Slg. 1993, I-971 Rz. 17; *Bode/Ehle*, EWS 2001, 55 (57); *Ehricke* in Streinz[3], Art. 267 AEUV Rz. 15 m.w.N.
8 Wenn Fragen zur Gültigkeit von Unionsrecht im Sinne von Art. 267 Abs. 1 Buchst. b AEUV aufgeworfen werden, kann sich auch bei unterinstanzlichen Gerichten das Vorlagerecht in eine Vorlagepflicht wandeln, sog. Foto-Frost-Doktrin. Zu dieser Konstellation siehe Rz. 27.46.

Normen des Unionsrechts nicht in Einklang steht.[1] Wenn demnach eine Vorlagepflicht gegeben ist, muss das nationale Gericht selbst dann vorlegen, wenn es gar keine Zweifel mehr hat, sondern bereits eine richterliche Überzeugung von der Unionsrechtswidrigkeit des nationalen Rechts gewonnen hat.[2] Für Gerichte ohne letztinstanzliche Zuständigkeit bleibt es hingegen gem. Art. 267 Abs. 2 AEUV beim Vorlagerecht, ohne Vorlagepflicht. Nach dieser Vorschrift können nationale Gerichte, die entscheidungserhebliche Auslegungszweifel hinsichtlich des Unionsrechts haben, den Ausgangsrechtsstreit also in die eine oder andere Richtung entscheiden, ohne ein Vorabentscheidungsersuchen an den EuGH richten zu müssen.

27.15 Die Frage, wann ein Gericht in diesem Sinne letztinstanzlich zuständig ist, bestimmt sich anhand von Art. 267 AEUV und nicht aus nationaler Perspektive. Nach der Rechtsprechung des EuGH ist hierfür eine **konkrete Betrachtungsweise** maßgeblich, der zufolge es darauf ankommt, ob es in dem konkreten Rechtsstreit noch eine weitere Instanz gibt.[3] Für deutsche Finanzrechtsstreitigkeiten ist dies vergleichsweise einfach zu beantworten: Die Finanzgerichte sind vorlageberechtigt, wohingegen für den BFH eine Vorlagepflicht besteht.[4]

27.16 Die Vorlagepflicht letztinstanzlich zuständiger Gerichte unterliegt aber wiederum gewissen Einschränkungen. Sie entfällt nach der sog. *acte-clair*-**Doktrin**, wenn

– die zu entscheidende Rechtsfrage bereits in einem gleichgelagerten Vorlageverfahren vom EuGH beantwortet wurde,[5]

– zu der zu entscheidenden Rechtsfrage bereits eine gesicherte Rechtsprechung besteht, selbst wenn diese sich in anderen Verfahren herausgebildet hat und die strittigen Fragen nicht vollkommen identisch sind („*acte éclairé*"),[6] oder

– die richtige Auslegung des Unionsrechts so offenkundig ist, dass kein Raum für vernünftige Zweifel an der Entscheidung bleibt und weder die Gerichte der anderen Mitgliedstaaten noch der EuGH vernünftige Zweifel an der Auslegung haben würden („*acte clair*").[7]

---

1 EuGH v. 6.10.1982 – 283/81 – C.I.L.F.I.T., Slg. 1982, 3415 Rz. 7; v. 4.11.1997 – C-337/95 – Christian Dior, Slg. 1997, I-6013 Rz. 25.
2 Die Vorlagepflicht entfällt aber, wenn ein Fall der *acte-clair*-Doktrin vorliegt, s. dazu Rz. 27.16.
3 EuGH v. 4.6.2002 – C-99/00 – Lyckeskog, Slg. 2002, I-4839 Rz. 15. Zu dieser „konkreten" Betrachtungsweise s. *Pechstein*, EU-Prozessrecht[4], Rz. 826 f.
4 Der BFH nimmt diese Aufgabe ernst: Er ist unionsweit der Initiator der meisten Vorabentscheidungsersuchen, s. *Mellinghoff/Schießl* in Jürgen Lüdicke, Praxis und Zukunft des deutschen internationalen Steuerrechts, S. 45 (46); s. zur Rolle deutscher Finanzgerichte auch *Kraft/Hohage*, Ubg 2018, 165 (165 ff.), dort auch mit einer Auflistung bedeutender steuerlicher Vorlageverfahren. S. generell zum Umfang steuerlicher Verfahren beim EuGH *Dobratz*, IWB 2015, 634 (636).
5 EuGH v. 27.3.1963 – 28–30/62 – Da Costa u.a./Niederländische Finanzverwaltung, Slg. 1963, 63 (80 f.).
6 EuGH v. 6.10.1982 – 284/81 – C.I.L.F.I.T., Slg. 1982, 3415 Rz. 14; s. dazu *Herrmann*, EuZW 2006, 231 (232 ff.).
7 EuGH v. 6.10.1982 – 284/81 – C.I.L.F.I.T., Slg. 1982, 3415 Rz. 16. Die Frage, ob diese Bedingungen erfüllt sind, stellte sich beispielsweise bei der grenzüberschreitenden Übertragung „finaler" Verluste. Der BFH sah in seiner Entscheidung v. 9.6.2010 – I R 107/09, FR 2010, 896 m. Anm. *Buciek* = DStR 2010, 1611 Rz. 31 die einschlägige Rechtsprechung des EuGH als hinreichend genau an, so dass er über das konkrete Vorliegen „finaler" Verluste selbst entschied. Zweifelnd insoweit *Reimer* in Jürgen Lüdicke, Wo steht das deutsche internationale Steuerrecht?, S. 31 (43). Zweifel weckt auch die Pressemitteilung des BFH Nr. 69/10 v. 11.8.2010 zum Verfahren I R 107/09: „Unbeantwortet blieb bislang, wann von einer derartigen ‚Finalität' der Verluste gesprochen werden kann. Darüber hat der I. Senat des BFH nun abschließend entschieden." Mittlerweile ist der BFH – im Anschluss an die „Timac Agro"-Entscheidung des EuGH – von dieser Rechtsprechungslinie wieder abgerückt, s. BFH v. 22.2.2017 – I R 2/15 – BStBl. II 2017, 709. Offen ist derzeit, wie der BFH auf die jüngste Entwicklung der EuGH-Rechtsprechung und insb. dessen Bevola-Entscheidung reagieren wird (s. dazu Rz. 8.103 ff.).

Wegen der Gefahr des Missbrauchs dieser Ausnahme hat der Gerichtshof jedoch **strenge Anforderungen** entwickelt. Es reichen nicht nur die persönlichen Zweifel des nationalen Gerichts, sondern eine Abstandnahme von einer Vorlage setzt die Überzeugung des nationalen Gerichts voraus, dass für die Gerichte der übrigen Mitgliedstaaten und den Gerichtshof selbst der gleiche Grad an Gewissheit besteht. Wegen der hohen damit verbundenen Hürden dürfte die Vorlagepflicht die Regel sein.[1] 27.17

In **summarischen Verfahren** besteht auch für letztinstanzlich zuständige Gerichte keine Vorlagepflicht.[2] Dies setzt freilich voraus, dass im Hauptsacheverfahren noch eine erneute Prüfung der unionsrechtlichen Fragestellung möglich ist.[3] Auch hier lässt der Fortfall der Vorlagepflicht das Vorlagerecht unberührt.[4] 27.18

3. Folgen der Verletzung einer Vorlagepflicht

Ist die **Verletzung einer Vorlagepflicht justiziabel?** Hier ist zwischen den Perspektiven von Unionsrecht und nationalem Recht zu unterscheiden. 27.19

Aus unionsrechtlicher Sicht handelt es sich um eine Verletzung der in Art. 4 Abs. 3 EUV niedergelegten Pflicht zur loyalen Zusammenarbeit. Diese kann in einem **Vertragsverletzungsverfahren** gerügt werden.[5] Allerdings dürfte der Mitgliedstaat in der Regel aus Gründen der Gewaltenteilung daran gehindert sein, die fehlerhafte Entscheidung „seines" nationalen Gerichts zu korrigieren.[6] Weiter könnte der Verstoß gegen eine Vorlagepflicht unter bestimmten Umständen einen unionsrechtlichen Staatshaftungsanspruch begründen.[7] Auch dies würde aber nicht zur Korrektur der Entscheidung des Gerichts führen, sondern nur einen finanziellen Schadensausgleich bewirken.[8] Zu der hiermit angesprochenen Frage der Rechtskraft unionsrechtswidriger Entscheidungen von Gerichten der Mitgliedstaaten hat der EuGH entschieden, dass es grundsätzlich **keine Durchbrechung der Rechtskraft** geben soll und dass die Entscheidung des nationalen Gerichts trotz Verletzung der unionsrechtlichen Vorlagepflicht bestehen bleibt.[9] 27.20

Aus der Perspektive des deutschen Rechts kann ein **Entzug des gesetzlichen Richters** im Sinne von Art. 101 Abs. 1 Satz 2 GG vorliegen, gegen den mit der Verfassungsbeschwerde vorgegangen werden 27.21

---

1 Vgl. *Pechstein*, EU-Prozessrecht[4], Rz. 835.
2 *Birkenfeld* in H/H/Sp, § 69 FGO Rz. 77.
3 EuGH v. 24.5.1977 – 107/76 – Hoffmann-La Roche/Centrafarm, Slg. 1977, 957 Rz. 5.
4 Vgl. *Birkenfeld* in H/H/Sp, § 69 FGO Rz. 78.
5 *Borchardt* in Lenz/Borchardt[6], Art. 267 AEUV Rz. 48; *Herrmann*, EuZW 2006, 231 (231); *Kokott/Henze/Sobotta*, JZ 2006, 633 (640 f.); *Ehricke* in Streinz[3], Art. 267 AEUV Rz. 49; *Huber* in Streinz[3], Art. 19 EUV Rz. 58; *Pechstein*, EU-Prozessrecht[4], Rz. 837; *Schultze*, IStR 2019, 233 mit Verweis auf die Entscheidung des EuGH v. 4.10.2018 – C-416/17 – Kommission/Frankreich, ECLI:EU:C:2018:811.
6 *Ehricke* in Streinz[3], Art. 267 AEUV Rz. 49. In der Literatur werden Vertragsverletzungsverfahren in solchen Konstellationen nur bei grundlegenden und schwerwiegenden Verletzungen der Vorlagepflicht erwartet, s. *Pechstein*, EU-Prozessrecht[4], Rz. 837; *Borchardt* in Lenz/Borchardt[6], Art. 267 AEUV Rz. 48; *Wegener* in Calliess/Ruffert[5], Art. 267 AEUV Rz. 35. Einen konkreten Fall stellt die EuGH-Entscheidung v. 4.10.2018 in der Rechtssache Kommission/Frankreich dar, in der EuGH die Nichtvorlage durch den französischen Conseil d'Etat in einem steuerlichen Verfahren gerügt hat, EuGH v. 4.10.2018 – C-416/17 – Kommission/Frankreich, ECLI:EU:C:2018:811, s. dazu *Schultze*, IStR 2019, 233.
7 Näher zu den Voraussetzungen hierfür s. *Ehricke* in Streinz[3], Art. 267 AEUV Rz. 50; *Borchardt* in Lenz/Borchardt[6], 267 AEUV Rz. 49; *Pechstein*, EU-Prozessrecht[4], Rz. 838.
8 *Ehricke* in Streinz[3], Art. 267 AEUV Rz. 50.
9 EuGH v. 16.3.2006 – C-234/04 – Kapferer, Slg. 2006, I-2585 Rz. 20 f. Es gibt zu diesem Grundsatz auch Ausnahmen, s. insb. *Poelzig*, JZ 2007, 858 (860 ff.). Im Übrigen s. *Kokott/Henze/Sobotta*, JZ 2006, 633 (639 f.); *Ehricke* in Streinz[3], Art. 267 AEUV Rz. 51; *Wegener* in Calliess/Ruffert[5], Art. 267 AEUV Rz. 41.

kann. Das BVerfG hat entschieden, dass der EuGH gesetzlicher Richter in diesem Sinne ist.[1] Allerdings geht das BVerfG hier restriktiv vor, um die Kontrolldichte bei gerichtlichen Entscheidungen nicht zu stark auszuweiten.[2] Das BVerfG beschränkt sich auf eine Willkürprüfung und bejaht einen Entzug des gesetzlichen Richters nur in eng umgrenzten Ausnahmefällen.[3] Diese Hürden können in der Praxis nur schwer übersprungen werden.[4] So wurde die Verfassungsbeschwerde des Finanzamts Arnsberg gegen die Nichtvorlage an den EuGH im BFH-Verfahren I R 7/08 vom BVerfG nicht zur Entscheidung angenommen.[5]

4. Entscheidung des EuGH

27.22 Der EuGH entscheidet durch **Urteil**, welches gem. Art. 64 Verfahrensordnung EuGH in öffentlicher Sitzung verkündet wird.[6] Das Urteil entfaltet Bindungswirkung für das vorlegende Gericht (*inter partes*).[7] Es ist strittig, inwieweit einem solchen Urteil darüber hinaus eine Bindungswirkung *erga omnes* zukommt, insb. im Hinblick auf unterinstanzliche Gerichte.[8] Da der EuGH die Grundfreiheiten des AEUV allgemein auslegt, haben seine Entscheidungen faktisch auch Präjudizwirkung für andere noch offene Verfahren zu der betreffenden Frage. Dies gilt auch grenzüberschreitend, so dass es für die Steuerpflichtigen und Mitgliedstaaten wichtig ist, ausländische Verfahren ebenfalls zu beachten.

5. Charakter des Vorabentscheidungsverfahrens

27.23 Beim Vorabentscheidungsverfahren kommt es zu einem **„Dialog" zwischen der nationalen Gerichtsbarkeit und dem EuGH**.[9] Durch dieses Kooperationsverhältnis soll die jeweilige Expertise fruchtbar gemacht werden: Das nationale Gericht kennt den Ausgangsrechtsstreit und die maßgeblichen nationalen Rechtsnormen am besten. Es kann daher am ehesten entscheiden, ob die unionsrechtliche Fragestellung im konkreten Fall entscheidungserheblich ist. Der EuGH wiederum beantwortet nur die unionsrechtliche Fragestellung, wozu er die größte Sachkompetenz hat, und sichert damit die einheitliche Anwendung und Auslegung des Unionsrechts in den Mitgliedstaaten.

27.24 Das Vorabentscheidungsverfahren gewährt **keinen unmittelbaren Individualrechtsschutz**. Denn der Steuerpflichtige kann nicht von sich aus den EuGH anrufen, sondern lediglich darauf hinzuwirken versuchen, dass das nationale Gericht dies tut. Gleichwohl hat das Vorabentscheidungsverfahren mit-

---

1 BVerfG v. 22.10.1986 – 2 BvR 197/83 – Solange II, BVerfGE 73, 339 (366 ff.); v. 31.5.1990 – 2 BvL 12/88, 2 BvL 13/88, 2 BvL 1436/87, BVerfGE 82, 159 (192 ff.); *Kokott/Henze/Sobotta*, JZ 2006, 633 (636); *Wölker*, EuGRZ 1988, 97 (97); *Roth*, NVwZ 2009, 345 (347).
2 Kritisch *Fastenrath*, NJW 2009, 272 (274 ff.); *Clausnitzer*, NJW 1989, 641 (643); *Wölker*, EuGRZ 1988, 97 (99 ff.); *Reimer* in Jürgen Lüdicke, Wo steht das deutsche internationale Steuerrecht?, S. 31 (44 ff.); *Roth*, NVwZ 2009, 345 (349 ff.); **a.A.** *Kokott/Henze/Sobotta*, JZ 2006, 633 (636 f.).
3 BVerfG v. 31.5.1990 – 2 BvL 12/88, 2 BvL 13/88, 2 BvL 1436/87, BVerfGE 82, 159 (192 ff.); v. 19.12.2017 – 2 BvR 424/17: bei willkürlicher Annahme einer „*acte-clair*"-Konstellation oder einer „*acte-éclairé*"-Konstellation; s. *Wölker*, EuGRZ 1988, 97 (99); *Seer* in T/K, AO/FGO, EuRS Rz. 18, s. z.B. auch BFH v. 7.2.2018 – XI K 1/17, BFH/NV 2018, 690.
4 *Clausnitzer*, NJW 1989, 641 (643). Allerdings sind die Maßstäbe des BVerfG hier nicht immer einheitlich, s. *de Weerth*, DStRE 2009, 61 f.; *Seer* in T/K, AO/FGO, EuRS Rz. 18 m.w.N.
5 BVerfG v. 11.4.2012 – 2 BvR 862/09, IStR 2012, 464. Dazu s. *Heinsen/Nagler*, IStR 2012, 464 (464 ff.).
6 Praktische Hinweise zum Verfahrensablauf bei *Dobratz*, IWB 2015, 634 (638 ff.) und *Kraft/Hohage*, Ubg 2018, 165 (168 ff.).
7 EuGH v. 3.2.1977 – 52/76 – Benedetti/Munari, Slg. 1977, 163 Rz. 26/27; *Schwarze* in Schwarze³, Art. 267 AEUV Rz. 68.
8 S. *Ehricke* in Streinz³, Art. 267 AEUV Rz. 69 ff.; *Pechstein*, EU-Prozessrecht⁴, Rz. 866; *Borchardt* in Lenz/Borchardt⁶, Art. 267 AEUV Rz. 57 ff.; *Schwarze* in Schwarze³, Art. 267 AEUV Rz. 69 ff.; *Karpenstein* in G/H/N, Art. 267 AEUV Rz. 104 ff.; s. auch Rz. 28.8.
9 Dazu *Huber* in Streinz³, Art. 19 EUV Rz. 49 ff.; *Herrmann*, EuZW 2006, 231 (231); *Pechstein*, EU-Prozessrecht⁴, Rz. 748 ff.; relativierend *Gersdorf*, DVBl. 1994, 674 (674 f.).

telbar eine individualschützende Wirkung.¹ Infolge der Vorlage durch das nationale Gericht wird die für den Steuerpflichtigen relevante europarechtliche Frage letztlich doch dem EuGH zur Klärung vorgelegt. Zudem hat er die Gelegenheit, eine schriftliche Stellungnahme abzugeben und sich in der mündlichen Verhandlung zu äußern.²

Aus nationaler Sicht zeigen sich Gemeinsamkeiten des Vorabentscheidungsersuchens gem. Art. 267 AEUV und der **konkreten Normenkontrolle gem. Art. 100 Abs. 1 GG** (i.V.m. §§ 80 ff. BVerfGG). Auch im konkreten Normenkontrollverfahren setzt ein nationales Gericht den Ausgangsrechtsstreit aus, um eine entscheidungserhebliche Frage zu höherrangigem Recht von einem übergeordneten Gericht (dem BVerfG) beantworten zu lassen. Wie der EuGH entscheidet auch das BVerfG dann nicht über den konkreten Fall, sondern über die Auslegung des höherrangigen Rechts.³ Wichtige Unterschiede bestehen darin, dass Art. 100 Abs. 1 GG zum einen eine Vorlagepflicht auch unterinstanzlicher Gerichte statuiert, zum anderen aber diese Vorlagepflicht nur bei richterlicher Überzeugung von der Verfassungswidrigkeit (und nicht bei bloßen Zweifeln) vorsieht.⁴ Zudem unterscheiden sich die Rechtsfolgen: Der EuGH nimmt lediglich eine Auslegung des Unionsrechts vor, wohingegen das BVerfG ggf. die Verfassungswidrigkeit der nationalen Rechtsnorm feststellt.⁵ Gemeinsam ist beiden Verfahren das Anliegen, die Auslegung des höherrangigen Rechts (Unionsrecht wie Verfassungsrecht) bei speziell dafür zuständigen Gerichten zu konzentrieren und damit eine einheitliche Rechtsprechung sicherzustellen. Die beiden Verfahren schließen sich nicht wechselseitig aus: Eine Vorlage an das BVerfG ist auch dann zulässig, wenn gleichzeitig ein Vorabentscheidungsersuchen an den EuGH möglich wäre, weil beide Gerichte unterschiedliche Rechtsmaterien prüfen.⁶

27.25

II. Vertragsverletzungsverfahren

1. Voraussetzungen und Ablauf

Das zweite Verfahren zur Überprüfung der Unionsrechtskonformität des nationalen Rechts ist das **Vertragsverletzungsverfahren** gem. Art. 258 bis 260 AEUV. Es wird entweder durch die Kommission (Art. 258 AEUV) oder einen anderen Mitgliedstaat (Art. 259 AEUV) eingeleitet.⁷ In Art. 260 AEUV wird die Rechtsfolge statuiert.

27.26

Voraussetzung für die Einleitung eines Vertragsverletzungsverfahrens gem. Art. 258 AEUV ist zunächst, dass nach Auffassung der Kommission ein Verstoß gegen eine Verpflichtung aus den Verträgen vorliegt.⁸ **Prüfungsmaßstab** ist wiederum nicht nur das primäre Vertragsrecht, sondern das gesamte geschriebene und ungeschriebene Unionsrecht.⁹ Der Verstoß kann in einem Tun oder Unterlassen bestehen, wobei letzteres nur dann möglich ist, wenn eine unionsrechtliche Pflicht zum Tätig-

27.27

---

1 Vgl. *Pechstein*, EU-Prozessrecht⁴, Rz. 751; *Seer* in T/K, AO/FGO, EuRS Rz. 9 m.w.N.
2 Dazu s. *Seer* in T/K, AO/FGO, EuRS Rz. 34, 41.
3 Vgl. *Wieland* in Dreier³, Art. 100 GG Rz. 5: „Auslegung der Maßstabsnormen".
4 BVerfG v. 20.3.1952 – 1 BvL 12/51, 1 BvL 15/51, 1 BvL 16/51, 1 BvL 24/51, 1 BvL 28/51, BVerfGE 1, 184 (188 f.), st. Rspr.; *Wieland*, in Dreier³, Art. 100 GG Rz. 18; *Erichsen*, Jura 1982, 88 (91); *Heun*, AöR 122 (1997), 610 (618).
5 *Jochen Lüdicke/Horn*, DStR 2014, 504 (505).
6 BVerfG v. 26.2.1985 – 2 BvL 18/84, BVerfGE 69, 174 (183); *Sieckmann* in v. Mangoldt/Klein/Starck⁶, Art. 100 GG Rz. 8; *Jochen Lüdicke/Horn*, DStR 2014, 504 (505 ff.): Fall sog. „doppelter" Zweifel.
7 Die Einleitung eines Vertragsverletzungsverfahrens durch einen anderen Mitgliedstaat wird hier wegen der geringen praktischen Relevanz im Steuerrecht nicht weiter erläutert; siehe dazu vertiefend *Pechstein*, EU-Prozessrecht⁴, Rz. 325 ff.
8 S. zu typischen Beweggründen der Kommission *Lyal*, EC Tax Review 2015, 5 (11 ff.).
9 *Ehricke* in Streinz³, Art. 258 AEUV Rz. 6; *Pechstein*, EU-Prozessrecht⁴, Rz. 286 f.; *Karpenstein* in G/H/N, Art. 258 AEUV Rz. 25.

werden bestanden hat.¹ Eine typische Konstellation im Steuerrecht besteht darin, dass ein Mitgliedstaat eine Richtlinie nicht in sein nationales Recht umsetzt.²

27.28 Der Verstoß muss **durch einen Mitgliedstaat begangen** worden sein. Dabei muss sich der Mitgliedstaat die Handlungen seiner Organe zurechnen lassen. Dem Mitgliedstaat werden auch Handlungen seiner regionalen Untergliederungen zugerechnet, so dass die Bundesrepublik Deutschland für ein unionswidriges Handeln von Bundesländern einstehen müsste.³ Problematisch ist die Zurechnung bei unionswidrigem Handeln der nationalen Gerichte. Eine uneingeschränkte Zulässigkeit von Vertragsverletzungsverfahren in solchen Konstellationen könnte die richterliche Unabhängigkeit und den Schutz der Rechtskraft gerichtlicher Entscheidungen gefährden.⁴ Richtigerweise sollten solche Verfahren daher nur im Ausnahmefall eingeleitet werden.⁵

27.29 Der eigentlichen Klageerhebung durch die Kommission ist ein **Vorverfahren** vorgeschaltet, dessen ordnungsgemäße Durchführung vom EuGH als Zulässigkeitsvoraussetzung zu prüfen ist.⁶ Zweck des Vorverfahrens ist es, den Mitgliedstaat ggf. noch außergerichtlich zu einer Korrektur zu bewegen. Zugleich kann auch die Kommission ihren Standpunkt noch korrigieren, bevor sie eine gerichtliche Entscheidung herbeiführt.⁷ Das Vorverfahren besteht aus drei Stufen: dem Mahnschreiben der Kommission, der Gegendarstellung des Mitgliedstaats und der begründeten Stellungnahme der Kommission.⁸ Unter Umständen wird noch ein informelles Vorverfahren vorgeschaltet, in dem die Kommission zunächst formlos an den Mitgliedstaat herantritt und ihre Bedenken mitteilt.⁹ Auch dies hat den Zweck, Streitigkeiten möglichst frühzeitig beizulegen und gerichtliche Auseinandersetzungen zu vermeiden.

27.30 Mit dem Mahnschreiben wird das **formelle Vorverfahren** eingeleitet. Hierin weist die Kommission den Mitgliedstaat auf den von ihr angenommenen Verstoß gegen Unionsrecht hin und gibt ihm Gelegenheit zur Stellungnahme (rechtliches Gehör).¹⁰ Zugleich grenzt das Mahnschreiben den Gegenstand

---

1 EuGH v. 17.2.1970 – 31/69 – Kommission/Italien, Slg. 1970, 25 Rz. 9.
2 So hatten Griechenland und Belgien die fristgerechte Umsetzung der FRL bzw. der Änderungen der FRL im Jahr 2005 versäumt. Daraufhin strengte die Kommission Vertragsverletzungsverfahren an, EuGH v. 19.2.1998 – C-8/97 – Kommission/Griechenland, Slg. 1998, I-823; v. 8.5.2008 – C-392/07 – Kommission/Belgien, Slg. 2008, I-72.
3 Vgl. EuGH v. 12.6.1990 – C-8/88 – Deutschland/Kommission, Slg. 1990, I-2321 Rz. 13; v. 9.12.2003 – C-129/00 – Kommission/Italien, Slg. 2003, I-14637 Rz. 29; *Ehricke* in Streinz³, Art. 258 AEUV Rz. 8; *Pechstein*, EU-Prozessrecht⁴, Rz. 299.
4 *Burgi* in Rengeling/Middeke/Gellermann, Handbuch des Rechtsschutzes in der Europäischen Union³, § 6 Rz. 40; *Ehricke* in Streinz³, Art. 258 AEUV Rz. 9; *Pechstein*, EU-Prozessrecht⁴, Rz. 300 f. – siehe zur Frage des Schutzes der Rechtskraft auch schon Rz. 27.20.
5 *Pechstein*, EU-Prozessrecht⁴, Rz. 299; *Cremer* in Calliess/Ruffert⁵, Art. 258 AEUV Rz. 28; *Burgi* in Rengeling/Middeke/Gellermann, Handbuch des Rechtsschutzes in der Europäischen Union³, § 6 Rz. 40; *Ehricke* in Streinz³, Art. 258 AEUV Rz. 9; *Pechstein*, EU-Prozessrecht⁴, Rz. 300 f.
6 *Burgi* in Rengeling/Middeke/Gellermann, Handbuch des Rechtsschutzes in der Europäischen Union³, § 6 Rz. 10; *Ehricke* in Streinz³, Art. 258 AEUV Rz. 13.
7 *Ehricke* in Streinz³, Art. 258 AEUV Rz. 13.
8 *Pechstein*, EU-Prozessrecht⁴, Rz. 268 ff.; *Ehricke* in Streinz³, Art. 258 AEUV Rz. 14; *Borchardt* in Lenz/Borchardt⁶, Art. 258 AEUV Rz. 16 f.; *Schwarze* in Schwarze³, Art. 258 AEUV Rz. 15 ff.
9 *Ehricke* in Streinz³, Art. 258 AEUV Rz. 16; *Schwarze* in Schwarze³, Art. 258 AEUV Rz. 14; *Borchardt* in Lenz/Borchardt⁶, Art. 258 AEUV Rz. 15. Seit dem Jahr 2008 steht für die informelle Abklärung der tatsächlichen und rechtlichen Hintergründe bei einer behaupteten EU-Rechtswidrigkeit von nationalem Recht zudem das *EU-Pilotverfahren* zur Verfügung; dazu s. *Wunderlich*, EUR 2012 Beiheft 1, 49 (52 f.); *Schwarze* in Schwarze³, Art. 258 AEUV Rz. 3; *Karpenstein* in G/H/N, Art. 258 AEUV Rz. 16; Bericht der Kommission v. 3.3.2010: Evaluierungsbericht zum Projekt „EU-Pilot", KOM (2010) 70 endg.; Bericht der Kommission v. 21.12.2011: Zweiter Evaluierungsbericht zum Projekt „EU-Pilot", SEC(2011) 1629/2.
10 *Pechstein*, EU-Prozessrecht⁴, Rz. 267.

eines künftigen Rechtsstreites ein.¹ Wenn die Kommission im weiteren Verlauf weitere Tatbestände rügen will, muss sie ein neues Mahnschreiben fertigen.² In seiner Gegendarstellung kann der Mitgliedstaat zu seinen Gunsten sprechende Umstände vortragen, um die Auffassung der Kommission zu widerlegen. Der Mitgliedstaat ist nicht zur Abgabe einer solchen Gegendarstellung verpflichtet, wohl aber zur Mitwirkung bei der Aufklärung des Sachverhalts.³ In der mit Gründen versehenen Stellungnahme muss die Kommission dann die Gründe, die nach ihrer Auffassung einen Unionsrechtsverstoß begründen, umfassend und detailliert darlegen.⁴ Erforderlich ist, dass die Kommission von einem Unionsrechtsverstoß überzeugt ist, bloße Zweifel reichen in diesem Verfahrensstadium nicht mehr aus.⁵ Dabei muss sie sich mit den möglichen Gegenargumenten aus der Gegendarstellung des Mitgliedstaats auseinandersetzen.⁶ Zugleich muss die Kommission in der begründeten Stellungnahme dem Mitgliedstaat eine angemessene Frist zur Abstellung des Unionsrechtsverstoßes setzen.⁷

Das weitere Vorgehen bestimmt sich nach dem Verhalten des betroffenen Mitgliedstaats. Wenn er innerhalb der gesetzten Frist den gerügten Mangel zur Zufriedenheit der Kommission beseitigt, wird die Kommission das Verfahren einstellen. Falls ihm dies in der gesetzten Frist nicht möglich ist (etwa weil ein zeitaufwändiges Gesetzgebungsverfahren nötig ist), wird sich die Kommission ggf. mit konkreten Ankündigungen bzw. ersten Schritten (z.B. Einleitung eines Gesetzgebungsverfahrens) zufrieden geben, bevor sie das Verfahren weiter verfolgt. Lässt der Mitgliedstaat hingegen die ursprünglich gesetzte Frist ereignislos verstreichen oder bleibt die von ihm angekündigte Abstellung des Mangels letztlich aus, kann die Kommission **Klage beim EuGH erheben**. Der EuGH prüft dann, ob der von der Kommission geltend gemachte Verstoß gegen Unionsrecht tatsächlich vorliegt. Die Beweislast dafür liegt grundsätzlich bei der Kommission.⁸ Die Verteidigung des Mitgliedstaats wird meistens darin bestehen, Argumente für die Unionsrechtskonformität seines Handelns/Unterlassens vorzutragen. Nicht gehört wird ein Mitgliedstaat mit Rechtfertigungsgründen, die sich aus seiner eigenen Rechtsordnung herleiten.⁹ Für den EuGH ist es in gleicher Weise irrelevant, ob sich andere Mitgliedstaaten ebenfalls vertragsbrüchig verhalten haben.¹⁰ Wenn der Mitgliedstaat keine Rechtfertigungsgründe vor-

27.31

---

1 EuGH v. 15.12.1982 – 211/81 – Kommission/Dänemark, Slg. 1982, 4547 Rz. 8; v. 7.6.2007 – C-156/04 – Kommission/Griechenland, Slg. 2007, I-4129 Rz. 65.
2 *Pechstein*, EU-Prozessrecht⁴, Rz. 274; *Ehricke* in Streinz³, Art. 258 AEUV Rz. 20; *Karpenstein* in G/H/N, Art. 258 AEUV Rz. 40.
3 EuGH v. 11.12.1985 – 192/84 – Kommission/Griechenland, Slg. 1985, 3967 Rz. 19; *Ehricke* in Streinz³, Art. 258 AEUV Rz. 18; *Cremer* in Calliess/Ruffert⁵, Art. 258 AEUV Rz. 14.
4 EuGH v. 28.3.1985 – 274/83 – Kommission/Italien, Slg. 1985, 1077 Rz. 21; v. 11.7.1991 – C-247/89 – Kommission/Portugal, Slg. 1991, I-3659 Rz. 22; *Borchardt* in Lenz/Borchardt⁶, Art. 258 AEUV Rz. 18; *Pechstein*, EU-Prozessrecht⁴, Rz. 280; *Cremer* in Calliess/Ruffert⁵, Art. 258 AEUV Rz. 17.
5 *Schwarze* in Schwarze³, Art. 258 AEUV Rz. 19; *Ehricke* in Streinz³, Art. 258 AEUV Rz. 22.
6 EuGH v. 10.12.2002 – C-362/01 – Kommission/Irland, Slg. 2002, I-11433 Rz. 19; *Ehricke* in Streinz³, Art. 258 AEUV Rz. 23; einschränkend *Karpenstein* in G/H/N, Art. 258 AEUV Rz. 38.
7 Für die Frage der Angemessenheit kommt es auf die Umstände des Einzelfalles an, EuGH v. 2.2.1985 – 293/85 – Kommission/Belgien, Slg. 1988, 305 Rz. 14; *Ehricke* in Streinz³, Art. 258 AEUV Rz. 24; *Burgi* in Rengeling/Middeke/Gellermann, Handbuch des Rechtsschutzes in der Europäischen Union³, § 6 Rz. 22; *Karpenstein* in G/H/N, Art. 258 AEUV Rz. 45 f.
8 EuGH v. 19.3.1991 – C-249/88 – Kommission/Belgien, Slg. 1991, I-1275 Rz. 6; v. 9.2.1994 – C-119/92 – Kommission/Italien, Slg. 1994, I-393 Rz. 37; v. 23.10.1997 – C-160/94 – Kommission/Spanien, Slg. 1997, I-5851 Rz. 17; *Schwarze* in Schwarze³, Art. 258 AEUV Rz. 28; *Karpenstein* in G/H/N, Art. 258 AEUV Rz. 76; *Pieper* in Birk, Handbuch des Europäischen Steuer- und Abgabenrechts, § 9 Rz. 3.
9 EuGH v. 18.3.1980 – 91/79 – Kommission/Italien, Slg. 1980, 1099 Rz. 9; v. 12.12.1996 – C-297/95 – Kommission/Deutschland, Slg. 1996, I-6739 Rz. 9; *Pechstein*, EU-Prozessrecht⁴, Rz. 307; *Schwarze* in Schwarze³, Art. 258 AEUV Rz. 29; *Cremer* in Calliess/Ruffert⁵, Art. 258 AEUV Rz. 34.
10 EuGH v. 26.2.1976 – 52/75 – Kommission/Italien, Slg. 1976, 277 Rz. 11, 13; *Ehricke* in Streinz³, Art. 258 AEUV Rz. 35; *Pechstein*, EU-Prozessrecht⁴, Rz. 307.

bringt, kann die Kommission gegen ihn ein Versäumnisurteil beantragen, in dem nur die Schlüssigkeit des Kommissionsvorbringens geprüft wird.[1]

27.32 Eine Sonderfrage ist, ob die Klage unzulässig wird, wenn der Mitgliedstaat noch vor der Entscheidung des EuGH den Unionsrechtsverstoß beseitigt. Dann könnte **das objektive Rechtsschutzbedürfnis** entfallen.[2] Nach der Rechtsprechung des EuGH kommt es darauf an, zu welchem Zeitpunkt der Mitgliedstaat tätig wird. Wenn dies erst nach Ablauf der in der Stellungnahme gesetzten Frist erfolgt, bleibt die Klage in der Regel zulässig. Der EuGH stellt dabei darauf ab, ob möglicherweise Wiederholungsgefahr besteht, es sich um eine Rechtsfrage von besonderer Bedeutung für das Funktionieren der Union handelt oder das Vertragsverletzungsverfahren Grundlage eines Staatshaftungsprozesses sein kann.[3]

27.33 Beim Vertragsverletzungsverfahren handelt die Kommission im Unionsinteresse, ohne die Verletzung eigener Rechte geltend machen zu müssen.[4] Dem entspricht es, dass die Kommission einen **Ermessensspielraum** besitzt, ob und mit welchem Inhalt sie ein Vertragsverletzungsverfahren einleitet. Sie ist weder verpflichtet, ein Vorverfahren einzuleiten,[5] noch, eine Klage zu erheben.[6]

2. Entscheidung des EuGH

27.34 Das Vertragsverletzungsverfahren ist ein **Feststellungsverfahren**.[7] Es zielt nicht in Form einer Verpflichtungsklage darauf ab, dem Mitgliedstaat ein bestimmtes Handeln oder Unterlassen aufzugeben.[8] Wenn die Kommission obsiegt, wird der EuGH lediglich den Verstoß des Mitgliedsstaats gegen die unionsrechtliche Pflicht feststellen. Der durch das Urteil ausgesprochene Appell an die Unionstreue (Art. 4 Abs. 3 EUV) sollte für sich genommen genügen, um den Mitgliedstaat zur Beseitigung des Verstoßes zu veranlassen. Eine konkrete Frist zur Befolgung des Urteils wird nicht genannt. Nach der Rechtsprechung des EuGH sind die notwendigen Maßnahmen jedoch unverzüglich zu ergreifen und rasch abzuschließen.[9] Wenn es dazu eines zeitaufwändigen Gesetzgebungsverfahrens bedarf, hat der

---

1 Vgl. EuGH v. 21.9.1989 – 68/88 – Kommission/Griechenland, Slg. 1989, 2965 Rz. 7; *Karpenstein* in G/H/N, Art. 258 AEUV Rz. 59.
2 *Ehricke* in Streinz³, Art. 258 AEUV Rz. 29; *Pechstein*, EU-Prozessrecht⁴, Rz. 292 ff.
3 EuGH v. 7.2.1973 – 39/72 – Kommission/Italien, Slg. 1973, 101 Rz. 11; v. 25.7.1991 – C-353/89 – Kommission/Niederlande, Slg. 1991, I-4069 Rz. 28; *Ehricke* in Streinz³, Art. 258 AEUV Rz. 29; *Pechstein*, EU-Prozessrecht⁴, Rz. 294 f.; *Cremer* in Calliess/Ruffert⁵, Art. 258 AEUV Rz. 31. Diese Aspekte ähneln den Kriterien, die für die Ermittlung des Fortsetzungsfeststellungsinteresses bei Fortsetzungsfeststellungsklagen nach deutschem Verwaltungsprozessrecht gelten.
4 EuGH v. 11.8.1995 – C-431/92 – Kommission/Deutschland, Slg. 1995, I-2189 Rz. 21; *Ehricke* in Streinz³, Art. 258 AEUV Rz. 1; *Burgi* in Rengeling/Middeke/Gellermann, Handbuch des Rechtsschutzes in der Europäischen Union³, § 6 Rz. 2.
5 EuGH v. 14.2.1989 – 247/87 – Star Fruit/Kommission, Slg. 1989, 291 Rz. 11. Dies gilt ungeachtet des Wortlauts von Art. 258 Abs. 1 AEUV, der ein automatisches Tätigwerden der Kommission nahezulegen scheint. Nach Auffassung von *Cremer* in Calliess/Ruffert⁵, Art. 258 AEUV Rz. 42 kann sich das Ermessen aber in Ausnahmefällen zu einer Rechtspflicht verdichten; s. auch *Karpenstein* in G/H/N, Art. 258 AEUV Rz. 36 m.w.N.
6 EuGH v. 21.6.1988 – 416/85 – Kommission/Vereinigtes Königreich, Slg. 1988, 3127 Rz. 9. Dies ergibt sich bereits aus dem eindeutigen Wortlaut von Art. 258 Abs. 2 AEUV. Auch hier kann die Kommission nach Auffassung von *Cremer* in Calliess/Ruffert⁵, Art. 258 AEUV Rz. 43 in bestimmten Konstellationen zum Handeln verpflichtet sein. Vgl. auch *Karpenstein* in G/H/N, Art. 258 AEUV Rz. 49: politische Verpflichtungsklage möglich.
7 *Wunderlich*, EUR 2012 Beiheft 1, 49 (53); *Pechstein*, EU-Prozessrecht⁴, Rz. 309.
8 EuGH v. 14.4.2005 – C-104/02 – Kommission/Deutschland, Slg. 2005, I-2689 Rz. 49; *Pechstein*, EU-Prozessrecht⁴, Rz. 309. *Alber* in Jürgen Lüdicke, Deutsches Steuerrecht im europäischen Rahmen, S. 1 (8) erkennt darin ein Erbe des völkerrechtlichen Ansatzes des europäischen Rechts, dem zufolge Verpflichtungsklagen gegen Staaten nicht möglich sind.
9 EuGH v. 6.11.1985 – 131/84 – Kommission/Italien, Slg. 1985, 3531 Rz. 7; v. 4.7.2000 – C-387/97 – Kommission/Griechenland, Slg. 2000, I-5047 Rz. 82; v. 25.11.2003 – C-278/01 – Kommission/Spanien, Slg. 2003, I-

Mitgliedstaat zwischenzeitlich durch entsprechende Verwaltungsanweisungen eine Änderung der Praxis vorzunehmen.[1]

Da sich das Urteil auf die Feststellung der Pflichtverletzung beschränkt, verbleibt es im Einschätzungsspielraum des Mitgliedstaats, **auf welche Weise** er den unionsrechtswidrigen Zustand beendet.[2] So kann der Mitgliedstaat bei einer festgestellten steuerlichen Diskriminierung von EU-Ausländern den steuerlichen Nachteil der EU-Ausländer auf alle Inländer erstrecken oder den steuerlichen Vorteil der Inländer auf die EU-Ausländer ausweiten. Aus fiskalischen Gründen tendieren die Mitgliedstaaten freilich eher zur ersten Alternative. Unabhängig von diesem Einschätzungsspielraum des Mitgliedstaats können die Kommission und der EuGH aufzeigen, welche möglichen Handlungen den unionsrechtskonformen Zustand herzustellen geeignet sind.[3]

27.35

Wenn der Mitgliedstaat hingegen untätig bleibt und den durch Urteil festgestellten Verstoß gegen Unionsrecht nicht beseitigt, kann die Kommission gem. Art. 260 Abs. 2 AEUV den EuGH erneut anrufen. Dieses Verfahren ist auf **Feststellung der Nichtbefolgung** des Urteils durch den Mitgliedstaat gerichtet; zugleich kann die Kommission die Verhängung eines angemessenen Pauschalbetrags oder Zwangsgelds beantragen.[4] Vorher hat sie dem betroffenen Mitgliedstaat noch einmal Gelegenheit zur Stellungnahme zu geben (rechtliches Gehör). Der erneuten Abgabe einer begründeten Stellungnahme wie bei Art. 258 AEUV bedarf es hingegen nicht.[5]

27.36

Stimmt der EuGH der Auffassung der Kommission zu, stellt er durch Urteil die Nichtbefolgung des ersten Urteils durch den Mitgliedstaat fest. Er kann gleichzeitig einen Pauschalbetrag oder ein Zwangsgeld verhängen, wobei er an den dahingehenden Vorschlag der Kommission nicht gebunden ist.[6] Weitergehende Vollstreckungsmöglichkeiten gegen einen dauerhaft renitenten Mitgliedstaat sind nicht vorgesehen.[7] Dies wäre mit dem auch im EU-Verbund fortbestehenden Souveränitätsanspruch der Mitgliedstaaten nicht vereinbar.[8] In der Praxis führt dies aber nicht zu Vollzugsdefiziten, denn die (wiederholte) Feststellung unionsrechtswidrigen Handelns durch den EuGH begründet in der Regel den nötigen **öffentlichen Druck**, um den Mitgliedstaat zur Abstellung des unionsrechtswidrigen Zustands zu veranlassen.[9]

27.37

Einen Sonderfall stellt insoweit Art. 260 Abs. 3 AEUV dar. Nach dieser Vorschrift kann die Kommission bereits im ursprünglichen Vertragsverletzungsverfahren die Verhängung eines angemessenen Pauschalbetrags oder Zwangsgelds beantragen, wenn sie dem Mitgliedstaat die **fehlende Umsetzung**

27.38

14141 Rz. 27; *Ehricke* in Streinz³, Art. 260 AEUV Rz. 7; *Borchardt* in Lenz/Borchardt⁶, Art. 260 AEUV Rz. 6.
1 *Ehricke* in Streinz³, Art. 260 AEUV Rz. 7; *Karpenstein* in G/H/N, Art. 260 AEUV Rz. 10.
2 EuGH v. 14.4.2005 – C-104/02 – Kommission/Deutschland, Slg. 2005, I-2689 Rz. 49; *Pechstein*, EU-Prozessrecht⁴, Rz. 309; *Karpenstein* in G/H/N, Art. 258 AEUV Rz. 12.
3 *Pechstein*, EU-Prozessrecht⁴, Rz. 309.
4 Die Kommission hat eine Mitteilung veröffentlicht, in welcher sie darlegt, welche Kriterien sie zur Bemessung von Pauschalbetrag und Zwangsgeld anlegt, Mitteilung der Kommission: Anwendung von Artikel 228 EG-Vertrag, SEK(2005) 1658.
5 *Ehricke* in Streinz³, Art. 260 AEUV Rz. 11. Dies war in früheren Fassungen des Art. 258 AEUV noch als Zulässigkeitsvoraussetzung vorgesehen. Vor dem Hintergrund, dass die Rechtspositionen der Beteiligten bereits im zugrunde liegenden Vertragsverletzungsverfahren ausführlich ausgetauscht wurden, ist der Verzicht auf dieses formale Erfordernis sachgerecht.
6 EuGH v. 4.7.2000 – C-387/97 – Kommission/Griechenland, Slg. 2000, I-5047 Rz. 89; *Karpenstein* in G/H/N, Art. 260 AEUV Rz. 52. Die Kommission hat mittlerweile angekündigt, grundsätzlich zum Zwangsgeld auch einen Pauschbetrag zu beantragen, s. *Ehricke* in Streinz³, Art. 260 AEUV Rz. 18 f.
7 *Ehricke* in Streinz³, Art. 260 AEUV Rz. 20; *Pechstein*, EU-Prozessrecht⁴, Rz. 318.
8 *Ehricke* in Streinz³, Art. 260 AEUV Rz. 20; *Pechstein*, EU-Prozessrecht⁴, Rz. 318.
9 *Ehricke* in Streinz³, Art. 260 AEUV Rz. 20.

einer Richtlinie vorwirft.¹ Dies führt zu einer erheblichen Beschleunigung des Verfahrens, weil die erneute Anrufung des EuGH zur Verhängung solcher Sanktionen entbehrlich wird.

3. Charakter und Bedeutung des Vertragsverletzungsverfahrens

27.39 Das Vertragsverletzungsverfahren ist ein wichtiges Mittel für die Kommission in ihrer Rolle als **Hüterin der Verträge** im Sinne von Art. 17 Abs. 1 EUV.² Durch die Einleitung eines Vertragsverletzungsverfahrens kann sie in einem objektiven Verfahren Verstöße von Mitgliedstaaten gegen Unionsrecht feststellen lassen.

27.40 Die Bedeutung von Vertragsverletzungsverfahren in der Praxis hat stetig zugenommen.³ Gerade im Steuerrecht hat das Vertragsverletzungsverfahren **erhebliche Bedeutung**, was sich daran zeigt, dass wichtige Grundsatzentscheidungen des EuGH auf Vertragsverletzungsverfahren zurückgehen. So erging das erste Urteil, in dem der EuGH die Anwendung der Grundfreiheiten im Bereich der direkten Steuer bejahte, in einem Vertragsverletzungsverfahren.⁴

III. Individualrechtsschutz?

27.41 Dass die Unionsrechtswidrigkeit nationalen Steuerrechts nur durch die beiden vorgenannten Verfahrensarten vor dem EuGH gerügt werden kann, bedeutet zugleich eine **Absage an einen umfassenden Individualrechtsschutz**.⁵ Der Steuerpflichtige, der durch eine unionsrechtswidrige Steuernorm beschwert ist, hat keine Möglichkeit, die Angelegenheit selbst vor den EuGH zu bringen. Denn das Vertragsverletzungsverfahren kann nur durch die Kommission (oder einen anderen Mitgliedstaat) eingeleitet werden, und zwar nach deren Ermessen (Rz. 27.33). Dieses objektive Verfahren wirkt für den Steuerpflichtigen daher nur mittelbar (reflexiv).⁶ Auch beim Vorabentscheidungsverfahren obliegt es (in Ermangelung einer Vorlagepflicht) allein der Beurteilung des nationalen Gerichts, ob es vorlegt oder nicht. Wenn allerdings eine Vorlage erfolgt, ist der Steuerpflichtige auch im EuGH-Verfahren Beteiligter, mit der Möglichkeit, Stellungnahmen abzugeben (s. Rz. 27.24).

27.42 In der Praxis versuchen Steuerpflichtige dieses Manko dadurch zu beheben, dass sie bei der Kommission die Einleitung eines Vertragsverletzungsverfahrens bzw. beim nationalen Gericht die Vorlage an den EuGH **anregen**.⁷ Auch wenn ein solcher Vorschlag keine bindende Wirkung hat, kann er zum Ziel führen; dies gilt insbesondere, wenn Kommission oder nationales Gericht erst durch diesen Hinweis umfassend über die unionsrechtliche Problematik informiert werden. Die Kommission hat sich politisch verpflichtet, schriftlichen Individualbeschwerden nachzugehen und dabei bestimmte Formalia (Registrierung, Eingangsbestätigung etc.) einzuhalten.⁸ Zudem führt die Kommission von Zeit zu Zeit

---

1 S. dazu *Wunderlich*, EUR 2012 Beiheft 1, 49 (57 ff.).
2 EuGH v. 11.8.1995 – C-431/92 – Kommission/Deutschland, Slg. 1995, I-2189 Rz. 21 f.
3 Nachweise bei *Borchardt* in Lenz/Borchardt⁶, Art. 258 AEUV Rz. 3; *Ehricke* in Streinz³, Art. 258 AEUV Rz. 4; *Cremer* in Calliess/Ruffert⁵, Art. 258 AEUV Rz. 3; relativierend zur Tendenz der letzten Jahre *Karpenstein* in G/H/N, Art. 258 AEUV Rz. 8.
4 EuGH v. 28.1.1986 – 270/83 – Kommission/Frankreich („*Avoir Fiscal*"), Slg. 1986, 273. S. zum „30. Geburtstag" dieser Entscheidung *Haslehner*, Intertax 2016, 374.
5 *Pieper* in Birk, Handbuch des Europäischen Steuer- und Abgabenrechts, § 8 Rz. 12, spricht von „Rechtsschutzlücke".
6 *Seer* in T/K, AO/FGO, EuRS Rz. 52.
7 Vgl. *Ehricke* in Streinz³, Art. 258 AEUV Rz. 2; *v. Danwitz*, NJW 1993, 1108 (1112); *Pieper* in Birk, Handbuch des Europäischen Steuer- und Abgabenrechts, § 8 Rz. 13.
8 Mitteilung der Kommission v. 20.3.2002 an das Europäische Parlament und den Europäischen Bürgerbeauftragten über die Beziehungen zum Beschwerdeführer bei Verstößen gegen das Gemeinschaftsrecht, KOM (2002) 141 endg.; *Karpenstein* in G/H/N, Art. 258 AEUV Rz. 15.

öffentliche Anhörungen zu bestimmten Themenkomplexen durch, bei denen Steuerpflichtige mögliche Unionsrechtsverstöße benennen können.[1]

C. Primärrechtswidrigkeit sekundären Unionsrechts

I. Vorrang des Primärrechts

In der Normenhierarchie des Unionsrechts besitzt das Primärrecht den obersten Rang (s. Rz. 4.6 ff.). Sekundärrecht ist daher primärrechtskonform auszulegen, und Sekundärrecht, das gegen Primärrecht verstößt, ist rechtswidrig.[2] Dieser **Vorrang des Primärrechts gegenüber dem Sekundärrecht** ist gerichtlich durchsetzbar. Hierfür steht zum einen das Vorabentscheidungsverfahren gem. Art. 267 AEUV bereit, wobei sich wegen des anderen Prüfungsgegenstands wichtige Abweichungen gegenüber der in Rz. 27.6 ff. dargestellten Lage bei der Geltendmachung der Unionsrechtswidrigkeit des nationalen Rechts ergeben. Zum anderen steht für bestimmte Konstellationen die Nichtigkeitsklage gem. Art. 263 AEUV zur Verfügung.

27.43

II. Vorabentscheidungsverfahren

Der Vorrang des Primärrechts gegenüber dem Sekundärrecht kann mit dem **Vorabentscheidungsverfahren** gem. Art. 267 AEUV durchgesetzt werden. Die unionsrechtliche Fragestellung, die hierbei geklärt werden soll, muss die Vereinbarkeit von Sekundärrecht mit Primärrecht betreffen. Dies kann für das europäische Steuerrecht durchaus relevant sein, weil es weit überwiegend sekundärrechtlich, in Gestalt von Verordnungen und Richtlinien, kodifiziert ist.

27.44

Bei der Formulierung der Vorlagefrage muss die unionsrechtliche **Fragestellung** präzise hinausgearbeitet werden, weil der EuGH sich weder zum nationalen Recht äußern noch den Ausgangsrechtsstreit entscheiden darf. Wenn sich das nationale Gericht in seiner Vorlage nur auf bestimmte Ungültigkeitsgründe bezieht, ist der EuGH allerdings nicht gehindert, weitere Ungültigkeitsgründe zu prüfen.[3] Erforderlich ist, dass das vorlegende Gericht entscheidungserhebliche Zweifel an der Gültigkeit von Unionsrecht hat, Art. 267 Abs. 1 Buchst. b AEUV.

27.45

Ein bedeutender Unterschied zu Vorlageersuchen, die die bloße Auslegung von Unionsrecht zur Prüfung der Rechtmäßigkeit nationalen Rechts betreffen, besteht darin, dass nicht nur letztinstanzlich zuständige Gerichte, sondern auch unterinstanzlich zuständige Gerichte unter bestimmten Umständen zur **Vorlage verpflichtet** sind. Dies ist im Wortlaut des Art. 267 AEUV zwar nicht angelegt, folgt aber aus der Rechtsprechung des EuGH. Demnach besteht eine Vorlagepflicht, wenn das nationale Gericht nicht nur Zweifel an der Gültigkeit der sekundärrechtlichen Vorschrift hat, sondern die Vorschrift für ungültig hält und deshalb unangewendet lassen will.[4] Erforderlich ist hierfür nicht die feste Überzeugung des Gerichts von der Rechtswidrigkeit; erhebliche Bedenken reichen aus.[5] Grundlage dieser Rechtsprechung ist die vom EuGH entwickelte Foto-Frost-Doktrin, der zufolge nationale Gerichte Fragen zur Gültigkeit von Unionsrechtsakten nur positiv beantworten dürfen. Mit dem Verwerfungsmonopol

27.46

---

1 Beispielsweise hat die Kommission im Jahr 2010 eine öffentliche Anhörung zum Thema „Doppelbesteuerung und Binnenmarkt: konkrete Beispiele für Doppelbesteuerung" durchgeführt.
2 Die Frage, wann ein Verstoß von Sekundärrecht gegen Primärrecht vorliegt, ist freilich strittig, s. Rz. 4.6.
3 *Pechstein*, EU-Prozessrecht[4], Rz. 848; *Bode/Ehle*, EWS 2001, 55 (57); enger *Ehricke* in Streinz[3], Art. 267 AEUV Rz. 24.
4 *Ehricke* in Streinz[3], Art. 267 AEUV Rz. 45; *Pechstein*, EU-Prozessrecht[4], Rz. 825, 831.
5 *Ehricke* in Streinz[3], Art. 267 AEUV Rz. 45.

des EuGH wäre es nicht vereinbar, wenn nationale Gerichte eigenmächtig Unionsrecht als ungültig ansehen und unangewendet lassen könnten.[1]

27.47 Gelten dann auch die vom EuGH entwickelten Ausnahmen von der Vorlagepflicht im Falle einer *acte-clair*-**Konstellation**, also wenn über die unionsrechtliche Frage bereits in einem gleichgelagerten Vorlageverfahren entschieden worden ist? Dies hat der EuGH explizit verneint.[2] Der Grund dafür liegt in dem Bestreben, das alleinige Verwerfungsmonopol über sekundäres Unionsrecht beim EuGH zu belassen und damit gleichzeitig den Gültigkeitsanspruch des Unionsrechts zu bewahren. Das bedeutet, dass ein nationales Gericht Fragen zur Gültigkeit von Sekundärrecht auch dann vorlegen muss, wenn die Rechtslage bereits geklärt ist.

27.48 Es ist den nationalen Gerichten grundsätzlich erlaubt, **einstweiligen Rechtsschutz** zu gewähren.[3] Denn auch das Unionsrecht kennt das Prinzip des einstweiligen Rechtsschutzes (Art. 278 AEUV). Dabei sind die Kriterien des nationalen Prozessrechts aber durch Europarecht überformt, um sicherzustellen, dass das Unionsrecht einheitlich angewendet wird.[4] Daher dürfen nationale Gerichte in derartigen Fällen einstweiligen Rechtsschutz nur unter bestimmten Voraussetzungen gewähren.[5]

27.49 Das **Urteil** des EuGH, mit dem die Ungültigkeit des betreffenden Rechtsaktes festgestellt wird, entfaltet Bindungswirkung für alle nationalen Gerichte, auch für die unterinstanzlich zuständigen.[6] Diese Bindungswirkung *erga omnes* tritt allerdings nicht ein, wenn der Gerichtshof die Gültigkeit des Sekundärrechts bestätigt.[7] Sonst wären spätere Vorlageersuchen ausgeschlossen, selbst wenn sich diese auf neue Aspekte, die im ersten Verfahren noch gar nicht berücksichtigt werden konnten, stützen könnten.[8]

27.50 Diskutiert wird, ob die Möglichkeit eines Vorabentscheidungsersuchens von vornherein versagt ist, wenn gleichzeitig eine Nichtigkeitsklage gem. Art. 263 AEUV hätte erhoben werden können und die dafür in Art. 263 Abs. 6 AEUV vorgesehene zweimonatige Klagefrist abgelaufen ist (zu dieser Frist s. Rz. 25.58). Für eine solche Unzulässigkeit von Vorabentscheidungsersuchen lässt sich ins Feld führen, dass die bei Ablauf dieser Klagefrist eintretende Bestandskraft durch ein Vorabentscheidungsverfahren umgangen werden könnte.[9] Andererseits sprechen die unterschiedlichen Funktionen der beiden Verfahren gegen eine solche **Präklusion**.[10] Nach der vermittelnden Rechtsprechung des EuGH tritt die Prä-

---

[1] EuGH v. 22.10.1987 – C-314/85 – Foto-Frost/Hauptzollamt Lübeck, Slg. 1987, 4199 Rz. 14 ff.; *Herrmann*, EuZW 2006, 231 (232).

[2] EuGH v. 6.12.2005 – C-461/03 – Gaston Schul Douane, Slg. 2005, I-10513 Rz. 17 ff.; *Herrmann*, EuZW 2006, 231 (233 f.).

[3] S. auch EuGH v. 21.2.1991 – C-143/88 – Zuckerfabrik Süderdithmarschen, Slg. 1991, I-415 Rz. 21; v. 6.12.2005 – C-461/03 – Gaston Schul Douane, Slg. 2005, I-10513 Rz. 18.

[4] EuGH v. 21.2.1991 – C-143/88 – Zuckerfabrik Süderdithmarschen, Slg. 1991, I-415 Rz. 26; *Classen*, NJW 1995, 2457 (2460); *Seer* in T/K, AO/FGO, § 69 FGO Rz. 13, 100: Verhinderung divergierender Entscheidungen der nationalen Gerichte.

[5] EuGH v. 21.2.1991 – C-143/88 – Zuckerfabrik Süderdithmarschen, Slg. 1991, I-415 Rz. 33; *Seer* in T/K, AO/FGO, § 69 FGO Rz. 13; *Gosch* in Beermann/Gosch § 69 FGO Rz. 21; *Karpenstein* in G/H/N, Art. 267 AEUV Rz. 60. Zur Frage der Besonderheiten, die sich aus dem Unionszollkodex ergeben, s. *Birkenfeld* in H/H/Sp, § 69 FGO Rz. 79 ff.

[6] EuGH v. 13.5.1981 – 66/80 – International Chemical Corporation/Amministrazione delle Finanze dello Stato, Slg. 1981, 1191 Rz. 13. In Rz. 14 der Entscheidung räumt der EuGH den Gerichten aber das Recht zu einer erneuten Vorlage ein, wenn noch Unklarheiten über die Gründe, den Umfang und die Folgen der zuvor festgestellten Ungültigkeit bestehen.

[7] *Pechstein*, EU-Prozessrecht[4], Rz. 867; vgl. EuGH v. 25.6.1997 – C-114/96 – Kieffer und Thill, Slg. 1997, I-3629.

[8] *Ehricke* in Streinz[3], Art. 267 AEUV Rz. 71.

[9] In diesem Sinne EuGH, Schlussanträge des Generalanwalts *Mayras* v. 29.11.1977 – 59/77 – de Bloos, Slg. 1977, 2359 (2381).

[10] *Ehricke* in Streinz[3], Art. 267 AEUV Rz. 26; *Seidel*, EuZW 1999, 369 (374); *Middeke* in Rengeling/Middeke/Gellermann, Handbuch des Rechtsschutzes in der Europäischen Union[3], § 10 Rz. 45.

klusion dann ein, wenn eine Nichtigkeitsklage nicht fristgerecht erhoben wurde, obwohl sie nicht offensichtlich unzulässig gewesen wäre.[1] Falls ein nationales Gericht Zweifel an der Gültigkeit eines EU-Rechtsakts hat und gleichzeitig eine Nichtigkeitsklage zu dieser Frage anhängig ist, sollte das nationale Gericht nach der Rechtsprechung des EuGH das Verfahren grundsätzlich bis zur Entscheidung über die Nichtigkeitsklage aussetzen.[2]

III. Nichtigkeitsklage

Zudem kommt grundsätzlich die Erhebung einer **Nichtigkeitsklage** gem. Art. 263 AEUV in Betracht, um die Rechtmäßigkeit von Sekundärrecht am Primärrecht überprüfen zu lassen. Hiermit wird – im Gegensatz zum Vorabentscheidungsverfahren – unmittelbarer Individualrechtsschutz eingeräumt.

27.51

Die Nichtigkeitsklage ist ein Instrument zur Überwachung der Rechtmäßigkeit von Gesetzgebungsakten sowie von bestimmten Handlungen von Unionsorganen. Sie kann gem. Art. 263 Abs. 1 Satz 1 AEUV gegen Gesetzgebungsakte, aber auch gegen sonstige Handlungen des Rates, der Kommission und der Europäischen Zentralbank (außer Empfehlungen und Stellungnahmen) sowie des Europäischen Parlaments und des Europäischen Rats mit Rechtswirkungen gegenüber Dritten eingelegt werden.[3] Wie sich aus Art. 264 AEUV ergibt, ist sie auf die **Feststellung der Nichtigkeit** der angefochtenen Handlung durch den EuGH gerichtet. Sie kann von Mitgliedstaaten, dem Europäischen Parlament, dem Rat, der Kommission, dem Rechnungshof, der Europäischen Zentralbank, dem Ausschuss der Regionen und schließlich von natürlichen und juristischen Personen eingelegt werden.

27.52

Hinsichtlich des zulässigen Klagegegenstands gibt es Unterschiede zwischen den vorgenannten Klägern. Natürliche und juristische Personen sind gem. Art. 263 Abs. 4 AEUV **nichtprivilegierte Kläger**. Diese dürfen nur gegen an sie gerichtete oder sie unmittelbar und individuell betreffende Handlungen sowie gegen Rechtsakte mit Verordnungscharakter, die sie unmittelbar betreffen und keine Durchführungsmaßnahmen nach sich ziehen, Klage erheben.[4] Der Rechnungshof, die Europäische Zentralbank und der Ausschuss der Regionen hingegen sind teilprivilegierte Kläger und dürfen gem. Art. 263 Abs. 3 AEUV Klagen erheben, die auf die Wahrung ihrer (unionsrechtlichen) Rechte abzielen. Die Mitgliedstaaten, das Europäische Parlament, der Rat und die Kommission schließlich sind privilegierte Kläger und dürfen gem. Art. 263 Abs. 2 AEUV auch ohne individuelle Betroffenheit klagen. Die unterschiedlichen Zulassungsvoraussetzungen spiegeln die abgestuften institutionellen Positionen wieder: Die Mitgliedstaaten, das Europäische Parlament, der Rat und die Kommission können aufgrund ihrer herausgehobenen Stellung unionswidrige Organhandlungen einer abstrakten Normenkontrolle unterziehen, wohingegen natürliche und juristische Personen nur dann klagen dürfen, wenn sie selbst betroffen sind.[5]

27.53

Bei der **Klagebefugnis** ergeben sich besondere Anforderungen bei nichtprivilegierten Klägern. Es ist zu prüfen, ob die Handlung an den Kläger gerichtet ist, Art. 263 Abs. 4 Var. 1 AEUV. Dies ist der Fall,

27.54

---

1 EuGH v. 9.3.1994 – C-188/92 – TWD Textilwerke Deggendorf, Slg. 1994, I-833 Rz. 12 ff.; v. 12.12.1996 – C-241/95 – The Queen/Accrington Beef, Slg. 1996, I-6699 Rz. 15 f.; v. 30.1.1997 – C-178/95 – Wiljo/Belgien, Slg. 1997, I-585 Rz. 21; v. 18.7.2007 – C-119/05 – Lucchini, Slg. 2007, I-6199 Rz. 55. S. Pechstein/Kubicki, NJW 2005, 1825 (1826 ff.).
2 EuGH v. 14.12.2000 – C-344/98 – Masterfoods, Slg. 2000, I-11369 Rz. 57. In dieser Entscheidung hat der EuGH dem nationalen Gericht die Möglichkeit offengelassen, selbst ein Vorabentscheidungsersuchen zu der betreffenden Gültigkeitsfrage zu stellen. Zu dieser Rechtsprechung s. Malferrari, EuR 2001, 605 (610 ff.); Pechstein, EU-Prozessrecht[4], Rz. 779 ff.
3 Gemäß Art. 263 Abs. 1 Satz 2 AEUV wird dies auch auf – hier nicht näher interessierende – Handlungen der Einrichtungen und sonstigen Stellen der Union mit Rechtswirkung gegenüber Dritten erstreckt.
4 Damit sind Popularklagen ausgeschlossen, Dervisopoulos in Rengeling/Middeke/Gellermann, Handbuch des Rechtsschutzes in der Europäischen Union[3], § 7 Rz. 54; Ehricke in Streinz[3], Art. 263 AEUV Rz. 58.
5 Ehricke in Streinz[3], Art. 263 AEUV Rz. 1.

wenn er ihr Adressat ist.¹ Liegt diese Voraussetzung nicht vor, kommt es nach Art. 263 Abs. 4 Var. 2 AEUV darauf an, ob die Handlung den Kläger unmittelbar und individuell betrifft.² Eine Betroffenheit in diesem Sinne ist gegeben, wenn der Kläger durch die Handlung beschwert ist, also wenn seine rechtlich relevanten Interessen verletzt sind.³

27.55 Weiter muss dann eine **unmittelbare Betroffenheit** vorliegen. Dies ist der Fall, wenn die angegriffene Maßnahme selbst in die geschützten Interessen des Klägers eingriff, ohne dass es dazu noch einer weiteren Durchführungsmaßnahme bedürfte.⁴ Dies ist unproblematisch gegeben bei Handlungen, die direkt gegen den Einzelnen wirken. Bei an die Mitgliedstaaten gerichteten Rechtsakten ist die unmittelbare Betroffenheit hingegen besonders darzulegen. Unter anderen darf dem Mitgliedstaat bei der Umsetzung (nahezu) kein Ermessensspielraum mehr verbleiben und der Mitgliedstaat muss sich von Anfang an auf eine bestimmte Vorgehensweise festgelegt haben.⁵ Ist die Unmittelbarkeit demnach zu bejahen, muss schließlich eine individuelle Betroffenheit vorliegen. Dies ist wiederum problematisch, wenn der Kläger nicht Adressat der Handlung ist. Nach der vom EuGH entwickelten „Plaumann-Formel" ist in solchen Fällen die individuelle Betroffenheit gegeben, wenn die streitige Vorschrift den Kläger wegen bestimmter persönlicher Eigenschaften oder besonderer, ihn aus dem Kreis aller übrigen Personen heraushebender Umstände berührt und ihn daher in ähnlicher Weise individualisiert wie den Adressaten einer Entscheidung.⁶ Die Rechtsprechung des EuGH zur näheren Bestimmung dieser Voraussetzung ist seit längerer Zeit im Fluss.⁷

27.56 Darüber hinaus muss bei Klagen natürlicher oder juristischer Personen ein **Rechtsschutzinteresse**, also ein rechtlich schützenswertes Interesse an der Klageerhebung, gegeben sein.⁸ Dies ist in den Fällen, in denen die Klagebefugnis bejaht werden konnte, in der Regel unproblematisch. Fraglich kann das Rechtsschutzinteresse etwa sein, wenn die anzugreifende Maßnahme zum Zeitpunkt der Klageerhebung bereits mit Rückwirkung aufgehoben worden ist.⁹

---

1 Vgl. EuGH v. 11.5.1989 – 193/87 und 194/87 – Maurissen u.a./Rechnungshof, Slg. 1989, 1045 Rz. 19; *Dörr* in G/H/N, Art. 263 AEUV Rz. 57.
2 In seiner dritten Variante stellt Art. 267 Abs. 4 AEUV darauf ab, ob es sich um einen Rechtsakt mit Verordnungscharakter handelt, der die natürliche oder juristische Person unmittelbar betrifft und keine Durchführungsmaßnahme nach sich zieht.
3 Vgl. EuGH v. 23.11.1971 – 62/70 – Bock/Kommission, Slg. 1971, 897; v. 31.3.1977 – 88/76 – Société pour l'exploration du sucre/Kommission, Slg. 1977, 709 Rz. 9, 12; v. 11.11.1981 – 60/81 – IBM/Kommission, Slg. 1981, 2639 Rz. 16 ff. Einzelheiten sind hier unklar, etwa die Frage, ob es auf ein wirtschaftliches, soziales oder tatsächliches Interesse ankommt. Vgl. hierzu *Ehricke* in Streinz³, Art. 263 AEUV Rz. 58; *Erichsen/Weiß*, Jura 1990, 528 (532).
4 EuGH v. 13.5.1971 – 41–44//70 – International Fruit Company, Slg. 1971, 411 Rz. 23, 29; v. 17.1.1985 – 11/82 – Piraiki-Patraiki u. a./Kommission, Slg. 1985, 207 Rz. 6 ff.; *v. Danwitz*, NJW 1993, 1108 (1110); *Sedemund/Heinemann*, DB 1995, 713 (714); *Frenz/Distelrath*, NVwZ 2010, 162 (163 f.).
5 EuGH v. 29.3.1979 – 113/77 – NTN Toyo Bearing Company, Slg. 1979, 1185 Rz. 11; v. 11.7.1984 – 222/83 – Gemeinde Differdange, Slg. 1984, 2889 Rz. 10 ff.; v. 5.5.1998 – C-386/96 P – Dreyfus/Kommission, Slg. 1998, I-2309 Rz. 43. Diskutiert wird, inwieweit dies für Richtlinien gilt, vgl. *Pechstein*, EU-Prozessrecht⁴, Rz. 459 ff.; *Cremer* in Calliess/Ruffert⁵, Art. 263 AEUV Rz. 37; *Ehricke* in Streinz³, Art. 263 AEUV Rz. 66.
6 EuGH v. 15.7.1963 – 25/62 – Plaumann/Kommission, Slg. 1963, 217; v. 11.6.1992 – C-358/89 – Extramet Industrie/Rat, Slg. 1991, I-2501 Rz. 17; v. 29.4.2004 – C-298/00 P – Italien/Kommission, Slg. 2004, I-4087 Rz. 36; v. 13.12.2005 – C-78/03 P – Kommission/Aktionsgemeinschaft Recht und Eigentum, Slg. 2005, I-10737 Rz. 33.
7 Diskutiert wird auch, ob ein Verstoß gegen Unionsgrundrechte als eigenständiges Kriterium anzusehen ist, s. *Cremer* in Calliess/Ruffert⁵, Art. 263 AEUV Rz. 43; s. im Übrigen *Ehricke* in Streinz³, Art. 263 AEUV Rz. 64 ff.; *Schwarze* in Schwarze³, Art. 263 AEUV Rz. 46 ff.; *Sedemund/Heinemann*, DB 1995, 713 (714 ff.); *Cremer*, EWS 1999, 48 (52 ff.); *Pechstein*, EU-Prozessrecht⁴, Rz. 464 ff.; *Borchardt* in Lenz/Borchardt⁶, Art. 263 AEUV Rz. 36 ff.; *Dörr* in G/H/N, Art. 263 AEUV Rz. 69 ff.
8 EuGH v. 16.12.1963 – 14/63 – Forges de Clabecq/Hohe Behörde, Slg. 1963, 767 (799).
9 EuGH v. 28.5.1997 – T-145/95 – Proderec/Kommission, Slg. 1997, II-823 Rz. 26 f. Dann kann ein besonderes Interesse an einer Klageerhebung etwa im Fall der Wiederholungsgefahr, bei Rechtsfragen von be-

Bei Klagen natürlicher oder juristischer Personen ist gem. Art. 256 Abs. 1 Satz 1 AEUV in erster Instanz das EuG **zuständig**; gemäß Art. 256 Abs. 1 Satz 3 AEUV kann gegen dessen Entscheidungen ein Rechtsmittel beim EuGH eingelegt werden. Ein Großteil der Klagen der privilegierten oder teilprivilegierten Kläger wird hingegen durch Art. 51 Satzung Gerichtshof dem EuGH zugewiesen; eine Ausnahme hierzu bilden u.a. Klagen der Mitgliedstaaten gegen Handlungen der Kommission, für die es bei der erstinstanzlichen Zuständigkeit des EuG bleibt. 27.57

Die Klage muss innerhalb der in Art. 263 Abs. 6 AEUV genannten **Klagefrist** eingereicht werden.[1] Die Klagefrist beträgt zwei Monate.[2] 27.58

Die Klage ist begründet, wenn einer der in Art. 263 AEUV genannten **Nichtigkeitsgründe** erfüllt ist, also bei Unzuständigkeit, Verletzung wesentlicher Formvorschriften, Verletzung der Verträge oder einer bei ihrer Durchführung anzuwendenden Rechtsnorm sowie bei Ermessensmissbrauch. Das Kriterium der Verletzung der Verträge schließt die anderen genannten Kriterien mit ein und ist ein Auffangtatbestand.[3] Darunter fallen nicht nur Verletzungen des geschriebenen Primärrechts, sondern des gesamten Unionsrechts.[4] 27.59

Wenn die Nichtigkeitsklage begründet ist, wird die angefochtene Handlung gem. Art. 264 AEUV für **nichtig** erklärt.[5] Das bedeutet, dass die Nichtigkeitsklage eine Gestaltungsklage ist, welche die einem rechtswidrigen Akt bis zu seiner Aufhebung zukommende Geltung beseitigt.[6] 27.60

Ein aktuelles Beispiel für Nichtigkeitsklagen mit steuerlichem Bezug sind die Verfahren zur Unvereinbarkeit von **§ 8c Abs. 1a KStG** mit europäischem Beihilferecht. Nachdem die Kommission die Unvereinbarkeit dieser Ausnahmeregelung mit europäischem Beihilferecht festgestellt hatte,[7] erhoben einige deutsche Steuerpflichtige, die von § 8c Abs. 1a KStG profitiert haben, Nichtigkeitsklagen. Nachdem das EuG in der ersten Instanz die Entscheidung der Kommission aufrechterhalten hatte,[8] hat der EuGH nun festgestellt, dass es sich bei der deutschen Vorschrift um keine unzulässige Beihilfe handelt.[9] 27.61

---

sonderer Bedeutung für das Funktionieren der Union oder im Hinblick auf eine Amtshaftungsklage zu bejahen sein, s. dazu *Ehricke* in Streinz[2], Art. 263 AEUV Rz. 71; *Pechstein*, EU-Prozessrecht[4], Rz. 539 f.; *Schwarze* in Schwarze[3], Art. 263 AEUV Rz. 63; *Borchardt* in Lenz/Borchardt[6], Art. 263 AEUV Rz. 52.

1 Diskutiert wird, welche Auswirkungen die Nichteinhaltung der Frist auf die Möglichkeit zur Vorlage derselben Rechtsfrage an den EuGH im Rahmen eines Vorabentscheidungsersuchens gem. Art. 267 AEUV hat (s. Rz. 27.50).
2 Regelungen zur Fristberechnung enthalten Art. 81 § 2 Verfahrensordnung EuGH sowie Art. 102 § 2 Verfahrensordnung EuG.
3 *Cremer* in Calliess/Ruffert[5], Art. 263 AEUV Rz. 95; *Ehricke* in Streinz[3], Art. 263 AEUV Rz. 84.
4 Daraus folgt, dass mit der Nichtigkeitsklage etwa auch ein Verstoß des Sekundärrechts gegen entgegenstehendes Sekundärrecht gerügt werden kann, s. *Cremer* in Calliess/Ruffert[5], Art. 263 AEUV Rz. 95.
5 Gemäß Art. 264 Abs. 2 AEUV kann der EuGH die Fortgeltung bestimmter Wirkungen der angefochtenen Handlung anordnen.
6 *Cremer* in Calliess/Ruffert[5], Art. 263 AEUV Rz. 1; *Dörr* in G/H/N, Art. 263 AEUV Rz. 3.
7 Beschluss 2011/527/EU v. 26.1.2011, ABl. EU 2011 Nr. L 235, 26.
8 S. EuG v. 4.2.2016 – T-620/11 – GFKL Financial Services AG/Kommission, IStR 2016, 249; s. dazu *Hackemann/Fiedler*, IStR 2016, 259.
9 EuGH v. 28.6.2018 – C-203/16 P – Andres, ECLI:EU:C:2018:505, IStR 2018, 552. Vergleichbare Entscheidungen hat der EuGH in den Rechtssachen C-208/16 P, C-209/16 P und C-219/16 P getroffen, s. dazu *Knebelsberger/Loose*, IWB 2018, 2772. Die Klage der Bundesrepublik gegen die Entscheidung der Europäischen Kommission war zuvor als unzulässig abgewiesen worden, ohne dass zu den materiellen Fragen Stellung genommen worden wäre, EuG v. 18.12.2012 – T-205/11, ISR 2013, 63 m. Anm. *Lang* = DStR 2013, 132, sowie nachfolgend EuGH v. 3.7.2014 – C-102/13 P – Deutschland/Kommission, ECLI:EU:C:2014:2054. S. zum Ganzen auch *Kippenberg*, IStR 2013, 101 (106); *Lang*, ISR 2013, 65 (65 ff.); umfassend zum Ganzen *Klemt*, DStR 2013, 1057 (1057 ff.); *Hackemann/Sydow*, IStR 2013, 786 (787 ff.).

27.62 Ein aktuelles Beispiel für eine steuerliche Nichtigkeitsklage durch einen privilegierten Kläger stellt die am 9.11.2016 eingereichte Klage Irlands gegen die Kommissionsentscheidung vom 30.8.2016 in der Rechtssache „Apple" dar.[1] In dieser Entscheidung hatte die Kommission die steuerliche Behandlung des Apple-Konzerns durch Irland als unzulässige Beihilfe i.S.d. Art. 107 ff. AEUV eingestuft.[2] Die Kommission hatte Irland daher verpflichtet, gegen Apple eine entsprechende Steuernachforderung – in Höhe von bis zu 13 Mrd. Euro[3] – geltend zu machen. Kurz nach der Nichtigkeitsklage Irlands haben auch Tochtergesellschaften des Apple-Konzerns (als nichtprivilegierte Kläger) eigene Nichtigkeitsklagen erhoben.[4] Eine gerichtliche Entscheidung über diese Klagen steht noch aus. Unterdessen hat die Kommission am 4.10.2017 den EuGH wegen der Nichtumsetzung der Beihilfenentscheidung durch Irland angerufen.[5] Irland hat daraufhin angekündigt, die Steuernachforderung eintreiben zu wollen; das Geld soll bis zur gerichtlichen Klärung des Sachverhalts auf einem Treuhandkonto verbleiben.[6]

D. Fazit

27.63 Das EU-Recht sieht unterschiedliche Verfahrenswege vor, mit denen die Vereinbarkeit von nationalem Steuerrecht mit Unionsrecht sowie von steuerlichem Sekundärrecht mit Primärrecht überprüft werden kann. Das Vertragsverletzungsverfahren ist auf ein Zusammenwirken von europäischen und nationalen Gerichten angelegt, wohingegen in einem Vertragsverletzungsverfahren die Kommission als „Hüterin der Verträge" die Feststellung eines unionsrechtswidrigen Verhaltens der Mitgliedstaaten begehren kann. Auffallend ist, dass die Möglichkeiten des Individualrechtsschutzes vergleichsweise schwach ausgeprägt sind. Die insoweit einschlägige Nichtigkeitsklage steht natürlichen und juristischen Personen nur unter bestimmten Voraussetzungen zur Verfügung. Steuerpflichtige, die darüber hinaus eine Entscheidung des EuGH herbeiführen wollen, sind daher darauf verwiesen, beim nationalen Gericht die Vorlage an den EuGH oder bei der Kommission die Durchführung eines Vertragsverletzungsverfahrens anzuregen.

---

1 Anhängig beim EuG, Rs. T-778/16, ABl. EU 2017 Nr. C 38, 35.
2 Beschluss K(2016) 5605 endg. vom 30.8.2016 über die Beihilferegelung SA.38373 (2014/C) Irlands zugunsten von Apple.
3 S. dazu die Pressemitteilung der Kommission vom 30.8.2016, im Internet abrufbar unter: https://ec.europa.eu/germany/news/irland-muss-bis-zu-13-milliarden-euro-steuern-von-apple-nachfordern_de.
4 Klage von Apple Sales International und Apple Operations Europe gegen die Kommission, anhängig beim EuG, Rs. T-892/16, ABl. EU 2017 Nr. C 53, 37.
5 S. dazu die Pressemitteilung der Kommission vom 4.10.2017, im Internet abrufbar unter: http://europa.eu/rapid/press-release_IP-17-3702_de.htm. Dabei stützt sich die Kommission auf Art. 108 Abs. 2 AEUV, demzufolge ein solches „abgekürztes" Vertragsverletzungsverfahren auch ohne Durchführung eines Vorverfahrens möglich ist (denn die Rechtsauffassungen der Beteiligten wurden im zugrunde liegenden Beihilfeverfahren bereits ausgetauscht).
6 FAZ v. 5.12.2017, S. 17 („Irland gibt im Apple-Streit mit Brüssel nach").

Kapitel 28
Umsetzung von Entscheidungen des EuGH und der Kommission

A. Wirkung von Urteilen des EuGH	28.1	3. Urteile mit ex-nunc-Wirkung	28.29
I. Urteile des EuGH	28.1	VI. Ersatzleistungen	28.31
II. Urteile im Vorabentscheidungsverfahren	28.3	1. Überblick	28.31
1. Funktion	28.3	2. Haftung der EU	28.33
2. Auslegungsurteile	28.5	3. Haftung der Mitgliedstaaten	28.37
3. Gültigkeitsurteile	28.10	B. Wirkung von Entscheidungen der Kommission	28.43
III. Urteile im Vertragsverletzungsverfahren	28.13	I. Kompetenzrahmen	28.43
1. Funktion	28.13	II. Entscheidungen im Beihilferecht	28.45
2. Rechtswirkungen	28.15	1. Entscheidungen der Kommission	28.45
IV. Nichtigkeitsurteile	28.18	2. Empfehlungen	28.46
1. Funktion	28.18	3. Beschlüsse	28.47
2. Rechtswirkungen	28.19	4. Rückforderungen	28.48
V. Folgenbeseitigung und Entschädigung	28.23	III. Entscheidungen im Vertragsverletzungsverfahren	28.51
1. Überblick	28.23	IV. Durchführungsrechtsakte	28.54
2. Urteile mit ex-tunc-Wirkung	28.26		

A. Wirkung von Urteilen des EuGH

Literatur: *Armbruster/Kämmerer*, Verjährung von Staatshaftungsansprüchen wegen fehlerhafter Richtlinienumsetzung, NJW 2009, 3601; *Aubin*, Haftung der Europäischen Wirtschaftsgemeinschaft und ihrer Mitgliedstaaten bei gemeinschaftsrechtswidrigen nationalen Verwaltungsakten, Baden-Baden1982; *Böhm*, Voraussetzungen einer Staatshaftung bei Verstößen gegen primäres Gemeinschaftsrecht, JZ 1997, 53; *Capelli/Nehls*, Die außervertragliche Haftung der Europäischen Gemeinschaft und Rechtsbehelfe zur Erlangung von Schadenersatz gem. Art. 215 EGV; Wertung, Kritik und Reformvorschlag, EuR 1997, 132; *Cordewener*, Umsetzung von EuGH-Entscheidungen durch die Finanzrechtsprechung, in Drüen/Hey/Mellinghoff (Hrsg.), 100 Jahre Steuerrechtsprechung in Deutschland 1918-2018, FS BFH, Köln 2018, 895 ff.; *v. Danwitz*, Die gemeinschaftsrechtliche Staatshaftung der Mitgliedstaaten, DVBl. 1997, 1; *Dengler*, Noch keine Auswirkungen der gemeinschaftsrechtlichen Staatshaftung auf die deutsche Staatshaftungsdogmatik bei legislativem Unrecht, IStR 1997, 252; *Detterbeck*, Haftung der Europäischen Gemeinschaft und gemeinschaftsrechtlicher Staatshaftungsanspruch, AöR 2000, 202; *Drüen*, Möglichkeiten und Grenzen einer gesetzlichen Legitimation der Erstattung gemeinschaftsrechtswidrig erhobener Steuern, in Tipke/Spindler/Rödder (Hrsg.), Steuerzentrierte Rechtsberatung, FS für Schaumburg, Köln 2009, 609; *Ehlermann*, Die Verfolgung von Vertragsverletzungen der Mitgliedstaaten durch die Kommission, in Grewe/Rupp/Schneider (Hrsg.), Europäische Gerichtsbarkeit und nationale Verfassungsgerichtsbarkeit, FS für Kutscher, Baden-Baden 1981, 135; *Eilmannsberger/Thyrie*, Die Aufrechnung von gemeinschaftsrechtlichen Rückforderungsansprüchen mit Bereicherungsansprüchen (Abwälzungsdoktrin), in Holoubek/Lang (Hrsg.), Abgabenverfahrensrecht und Gemeinschaftsrecht, Wien 2006, 311; *Englisch*, Anspruch auf Rücknahme gemeinschaftsrechtswidriger belastender Verwaltungsakte nach Eintritt der Bestandskraft, Die Verwaltung 2008, 99; *Forsthoff*, Die Beschränkung der zeitlichen Wirkung von Urteilen des EuGH – Überlegungen zum Fall „Meilicke", DStR 2005, 1840; *Frenz/Götzkes*, Staatshaftung für Gerichtsentscheidungen bei auslegungsbedürftigem Recht, EuR 2009, 622; *Geisenberger*, Der Einfluss des Europarechts auf steuerliches Verfahrensrecht, 2010; *Haack*, Die außervertragliche Haftung der Europäischen Gemeinschaft für rechtmäßiges Verhalten, EuR 1999, 395; *Herdegen*, Die Haftung der EWG für fehlerhafte Rechtsetzungsakte, Berlin 1983; *Herdegen/Rensmann*, Die neuen Konturen der gemeinschaftsrechtlichen Staatshaftung, ZHR 161/1997, 522; *Hey*, Umsetzung der Rechtsprechung des Europäischen Gerichtshofs im nationalen Steuerrecht, StuW 2010, 301; *Hidien*, Die gemeinschaftliche Staatshaftung der EU-Mitgliedstaaten,

Baden-Baden 1999; *Jarass*, Haftung für die Verletzung von EU-Recht durch nationale Organe und Amtsträger, NJW 1994, 881; *Kanitz/Wendel*, Gemeinschaftsrechtlich gebotene Grenzen der Bestandskraftdurchbrechung in europäischen Verwaltungsverfahren?, EuZW 2008, 231; *Karl*, Die Schadenersatzpflicht der Mitgliedstaaten bei Verletzung des Gemeinschaftsrechts, RIW 1992, 440; *Kleinert/Podewils*, Die Amtshaftung im Steuerrecht unter besonderer Berücksichtigung der Problematik legislativen Unrechts, BB 2008, 2329; *Kokott/Henze*, Die Beschränkung der zeitlichen Wirkung von EuGH-Urteilen, NJW 2006, 177; *Kokott/Henze*, Das Zusammenwirken von EuGH und nationalem Recht bei der Herstellung eines europarechtskonformen Zustands, in Mellinghoff/Schön/Viskorf (Hrsg.), Steuerrecht im Rechtsstaat, FS für Spindler, Köln 2011, 279; *Kruthoffer-Röwerkamp*, Die Rechtsprechung des EuGH in ihrer Bedeutung für das nationale und internationale Recht der direkten Steuern, Baden-Baden 2010; *Lange*, Der Anspruch auf Erstattung gemeinschaftsrechtswidrig erhobener Steuern, Berlin 2008; *Lange*, Praxis der Vorabentscheidungsersuchen in der Finanzgerichtsbarkeit, in Drüen/Hey/Mellinghoff (Hrsg.), 100 Jahre Steuerrechtsprechung in Deutschland 1918-2018, FS BFH, Köln 2018, 865 ff.; *Nettesheim*, Gemeinschaftsrechtliche Vorgaben für das deutsche Staatshaftungsrecht, DÖV 1992, 999; *Potacs*, Bestandskraft gemeinschaftswidriger Bescheide in Holoubek/Lang (Hrsg.), Abgabenverfahrensrecht und Gemeinschaftsrecht, Wien 2006, 241; *Rainer*, EG-rechtliche Haftung der Mitgliedstaaten in Steuersachen, IStR 1996, 282; *Ribbrock*, Zeitliche Begrenzung der Wirkung von EuGH-Entscheidungen – das Urteil „Banca Popolare di Cremona" und die neuen Schlussanträge „Meilicke", BB 2006, 2611; *Rodriguez Iglesias*, Der EuGH und die Gerichte der Mitgliedstaaten – Komponenten der richterlichen Gewalt in der Europäischen Union, NJW 2000, 1989; *Röttinger*, Bedeutung der Rechtsgrundlage einer EG-Richtlinie und Folgen einer Nichtigkeit, EuZW 1993, 117; *Sack*, Folgenbeseitigungsanspruch im Gemeinschaftsrecht, EuR 1986, 241; *Schaumburg*, Ansprüche auf Folgenbeseitigung, Entschädigung und Ersatzleistungen durch EuGH-Urteile, ISR 2014, 243; *Schima*, Das Vorabentscheidungsverfahren vor dem EuGH, 4. Aufl. Wien 2015; *Schlücke*, Die Umsetzung von EuGH-Entscheidungen in das deutsche Steuerrecht, Baden-Baden 2014; *Schockweiler*, Die Haftung der EG-Mitgliedstaaten gegenüber dem einzelnen bei Verletzung des Gemeinschaftsrechts, EuR 1993, 107; *Seer*, Rechtsprechung des EuGH: Rechtsfolgen- oder Grundfreiheitsbeschränkung?, in Lüdicke, Europarecht – Ende der nationalen Steuersouveränität? (Forum der Internationalen Besteuerung Bd. 31), Köln 2006, 9 ff.; *Streinz*, Staatshaftung bei Verletzungen primären Gemeinschaftsrechts durch die Bundesrepublik Deutschland, EuZW 1993, 599; *Tanzer*, Rechtsverluste und Gemeinschaftsrecht, in Holoubek/Lang (Hrsg.), Abgabenverfahrensrecht und Gemeinschaftsrecht, Wien 2006, 291; *Tietjen*, Die Bedeutung deutscher Richterprivilegien im System des gemeinschaftsrechtlichen Staatshaftungsrechts – Das EuGH-Urteil „Troghetti del Mediterraneo", EWS 2007, 15; *R. Wägenbaur*, Zur Nichtbefolgung von Urteilen des EuGH durch die Mitgliedstaaten, in Due/Lutter/Schwarze (Hrsg.), FS für Everling, Baden-Baden 1995, Bd. 2, 1611; *Waldhoff*, Die Rückwirkung von EuGH-Entscheidungen, EuR 2006, 615; *de Weerth*, Rückwirkende EuGH-Urteile und Bestandskraft von Steuerbescheiden, DStR 2008, 1669; *de Weerth*, Anmerkung zum EuGH-Urteil „Danske Slagtevier", DStR 2009, 707; *Wiedemann*, Zeitlos wie ungeklärt: Die Beschränkung der zeitlichen Wirkung von Urteilen des EuGH im Vorabentscheidungsvergaben nach Art. 234 EG, EuZW 2007, 692; *Wollenschläger*, Die Erga-Omnes-Wirkung von EuGH-Urteilen in Vorabentscheidungsverfahren und die TK-Verkehrsdatenspeicherung, NJW 2018, 2532.

I. Urteile des EuGH

28.1 Die Entscheidungen des EuGH ergehen durchweg durch Urteile. Dies ergibt sich aus den für die einzelnen Verfahren maßgeblichen Bestimmungen des AEUV, und zwar im **Vorabentscheidungsverfahren** (Art. 267 Abs. 2 AEUV), im **Vertragsverletzungsverfahren** (Art. 260 Abs. 1 AEUV) und bei **Nichtigkeits- und Untätigkeitsklagen** (Art. 266 AEUV). Hierdurch ist dem EuGH aber nicht die Möglichkeit genommen, auch anderweitig etwa durch Beschluss zu entscheiden. Das gilt in den Fällen, in denen ein Vorabentscheidungsersuchen, eine Vertragsverletzungsklage oder eine Nichtigkeits- bzw. Untätigkeitsklage offensichtlich unzulässig ist oder die Zuständigkeit des EuGH nicht gegeben ist (Art. 92 § 1 VerfO).[1]

28.2 Soweit in der Sache selbst entschieden wird, sind allein **Urteile** von Bedeutung. Sie können **schwerwiegende wirtschaftliche Auswirkungen** für die betroffenen Mitgliedstaaten haben, etwa dann, wenn Urteile dazu führen, dass gegen Unionsrecht verstoßende Steuernormen des nationalen Rechts un-

---

1 *Wägenbaur*[2], Art. 92 VerfO – EuGH, Rz. 4 ff.

anwendbar sind und infolge dessen unter Verstoß gegen das Unionsrecht erhobene Steuern zu erstatten sind oder zukünftig entgehen. Urteile des EuGH können somit durchaus desaströse Wirkungen auf die Staatsfinanzen der Mitgliedstaaten haben. Im Hinblick darauf ist von Bedeutung, welche Wirkungen Urteile des EuGH haben. Im Kern geht es hierbei um das Problem der Rückwirkung von Urteilen des EuGH (ex-tunc-Wirkung) insbesondere in den Fällen, in denen die Urteile strikt rechtlich oder präjudiziell-faktisch für und gegen alle (erga-omnes) wirken.[1]

II. Urteile im Vorabentscheidungsverfahren

1. Funktion

Das Vorabentscheidungsverfahren (Art. 267 AEUV) steht im Mittelpunkt des auf die gerichtliche Durchsetzung des Unionsrechts gerichteten Verfahrenssystems.[2] Die wesentliche Funktion besteht darin, zum einen die einheitliche Auslegung des Unionsrechts sicherzustellen und zum anderen Individualrechtschutz zu gewähren.[3] **Die einheitliche Auslegung** des Unionsrechts ist ein Spezifikum des Vorabentscheidungsverfahrens, das als **Zwischenverfahren** in einem in einem Mitgliedstaat anhängigen Rechtsstreit fungiert (vgl. Rz. 5.6 ff., 27.6 ff.). Für diesen Rechtsstreit gibt der EuGH dem betreffenden nationalen Gericht die Hinweise zur Auslegung des Unionsrechts, die zur Entscheidung des bei ihm anhängigen Rechtsstreits benötigt werden.[4] Da das Unionsrecht – Primär-, Sekundär- und Tertiärrecht – gegenüber dem jeweiligen nationalen Recht mit Vorrang ausgestattet ist (vgl. Rz. 4.18 ff.), bedeutet die Auslegung desselben durch den EuGH, dass im Ergebnis das Unionsrecht diese Vorrangstellung nur in der durch den EuGH gefundenen Auslegung einnimmt. Im Rahmen des Vorabentscheidungsverfahrens kann zwar der Individualrechtsschutz nur mittelbar über die Anrufung eines nationalen Gerichts – Klage zum FG oder Revision zum BFH (vgl. Rz. 5.11 ff.) – erreicht werden, im Hinblick auf die inzwischen festzustellende „Vorlagefreudigkeit", insbesondere des BFH[5], erweist sich dieser Individualrechtsschutz in der Praxis aber als sehr effizient.

28.3

Schließlich hat das Vorabentscheidungsverfahren eine über den konkreten Fall hinausgehende Breitenwirkung. Es bildet den Rahmen für Auslegung des Unionsrechts und die Rechtsfortbildung[6] in der EU.[7] Im Wege der Vorabentscheidung urteilt der EuGH über die **Auslegung** der Verträge sowie über die **Gültigkeit** und die Auslegung der Handlungen der Organe, Einrichtungen und sonstigen Stellen der Union (Art. 267 Abs. 1 AEUV). Da Auslegungs- und Gültigkeitsfragen schon von der Sache her eine unterschiedliche Reichweite haben, ist von Bedeutung, ob das Urteil des EuGH hierzu im Gültigkeits- oder im Auslegungsverfahren ergeht (vgl. Rz. 5.19 f.).[8]

28.4

---

1 Zu dieser Fragestellung *Waldhoff*, EuR 2006, 615 ff. (619).
2 *Ehricke* in Streinz[3], Art. 267 AEUV Rz. 1; *Karpenstein* in G/H/N, Art. 267 AEUV Rz. 4; *Pechstein*, EU-Prozessrecht[4], Rz. 742; *Rodriguez Iglesias*, NJW 2000, 1889 (1895).
3 *Ehricke* in Streinz[3], Art. 267 AEUV Rz. 5; *Karpenstein* in G/H/N, Art. 267 AEUV Rz. 2 f.; *Gaitanides* in G/S/H[7,] Art. 267 Rz. 6 ff.; *Borchardt* in Lenz/Borchardt[6], Art. 267 AEUV Rz. 2; *Pechstein*, EU-Prozessrecht[4], Rz. 743.
4 Vgl. EuGH v. 18.10.1990 – C-297/88 u. C-197/89 – Dzodzi, Slg. 1990, I-3763 Rz. 33; v. 12.6.2003 – C-112/00 – Schmidberger, Slg. 2003, I-5659 Rz. 30; v. 21.6.2006 – C-152/03 – Ritter-Coulais, Slg. 2006, I-1711 Rz. 13.
5 Hierzu *Kokott/Henze* in FS Spindler, S. 279 mit dem Hinweis, dass der BFH mehr als alle anderen Gerichte in der EU von Vorabentscheidungsersuchen Gebrauch macht; ferner *Lange* in FS BFH, S. 865 (869 ff.).
6 Zur Kritik an dem Quasi-Gesetzgeber EuGH *Schlemmer-Schulte*, EuZW 1991, 307 (309); vgl. im Übrigen *Pechstein*, EU-Prozessrecht[4], Rz. 10 ff.
7 Vgl. hierzu im Überblick *Nettesheim* in O/C/N, Europarecht[8], § 9 Rz. 165 ff.
8 Zu dieser Unterscheidung *Ehricke* in Streinz[3], Art. 267 AEUV Rz. 17 ff., 23 ff., 68 ff.; *Karpenstein* in G/H/N, Art. 267 AEUV Rz. 104 ff.; *Schima*, Das Vorabentscheidungsverfahren vor dem EuGH[3], S. 23 ff.; *Kokott/Henze*, NJW 2006, 177 (178); *Waldhoff*, EuR 2006, 615 ff. (630 ff.).

2. Auslegungsurteile

28.5 Urteile, die zu Auslegungsfragen ergehen (Auslegungsurteile), erwachsen in Rechtskraft (Art. 91 Abs. 1 VerfO) und sind somit für die vorlegenden und die anderen mit demselben Verfahrensgegenstand befassten Gerichte (Instanzgerichte) verbindlich, so dass sie „an die vom Gerichtshof vorgenommene Auslegung gebunden sind" (Bindungswirkung **inter partes**).[1]

28.6 Die **Reichweite dieser Bindungswirkung** orientiert sich hierbei an dem Auslegungsurteil des EuGH. Das gilt insbesondere in den Fällen, in denen es um die Verhältnismäßigkeit von Beschränkungen der Grundfreiheiten geht. Hier entscheidet der EuGH teilweise selbst, wie dem Grundsatz der Verhältnismäßigkeit zu entsprechen ist. In anderen Fällen wird dem vorlegenden Gericht ein Beurteilungsspielraum überlassen, der allerdings durch entsprechende Hinweise des EuGH begrenzt wird.[2] In diesem vom EuGH vorgegebenen Rahmen wird das vorlegende Gericht durch Schlussurteil entweder auf Grundlage unionsrechtskonformer Auslegung (hierzu Rz. 4.50 ff., 4.62 f.), Rechtsfortbildung[3] oder durch unmittelbare Anwendung etwa von Richtlinien entscheiden (hierzu Rz. 4.60). Die unmittelbare Anwendung von Unionsrecht hat hierbei die Wirkung, dass es entgegenstehendes nationales Recht unangewendet lässt und zugleich ersetzt.[4] Die Nichtanwendung des mit Unionsrecht nicht zu vereinbarenden nationalen Rechts ist aber keineswegs zwingend. Zulässig ist nämlich eine geltungserhaltende Anwendung des nationalen Rechts[5] in dem Sinne, dass es unionsrechtskonform modifiziert dadurch angewendet wird, dass unionsrechtswidrige Tatbestandsmerkmale ausgeblendet oder unionsrechtlich gebotene Tatbestandsmerkmale „hineingelesen" werden.[6]

28.7 Aus der gegenüber dem vorlegenden nationalen Gericht und den Instanzgerichten bestehenden Bindungswirkung inter partes folgt, dass eine **erneute Vorlage** derselben unionsrechtlichen Frage durch die vorgenannten Gerichte grundsätzlich unzulässig ist.[7] Etwas anderes gilt allerdings dann, wenn die Anwendung des Urteils Schwierigkeiten bereitet und deshalb eine Klärung erforderlich ist.[8] Eine erneute Vorlage ist daher (ausnahmsweise) zulässig, wenn im Zusammenhang mit der bereits entschiedenen unionsrechtlichen Frage neue Gesichtspunkte unterbreitet werden, die den EuGH veranlassen könnten, die bereits gestellte Frage nunmehr abweichend zu beantworten.[9]

---

1 EuGH v. 24.6.1969 – 29/68 – Milch-, Fett- und Eierkontor, Slg. 1969, 165 Rz. 3; v. 3.2.1977 – 52/76 – Benedetti, Slg. 1977, 163 Rz. 26; BVerfG v. 8.4.1987 – 2 BvR 687/85, BVerfGE 75, 223 (244) = UR 1987, 355 m. Anm. *Weiß*; *Ehricke* in Streinz², Art. 267 AEUV Rz. 68; *Karpenstein* in G/H/N, Art. 267 AEUV Rz. 102; *Wegener* in Calliess/Ruffert⁵, Art. 267 AEUV Rz. 49.
2 Vgl. zu Einzelheiten *Kokott/Henze* in FS Spindler, S. 279 (284 ff.).
3 Zu Einzelheiten *Schlücke*, Die Umsetzung von EuGH-Entscheidungen in das deutsche Steuerrecht, S. 115 ff.
4 *Kokott/Henze* in FS Spindler, S. 279 (290).
5 *Gosch*, DStR 2007, 1553; *Gosch*, Ubg. 2009, 73 (77 f.); *Gosch* in Kruthoffer-Röwerkamp, Die Rechtsprechung des EuGH in ihrer Bedeutung für das nationale und internationale Recht der direkten Steuern, Baden-Baden 2010, S. 61 (69 ff.).
6 Vgl. etwa BFH v. 17.7.2008 – X R 62/04, BStBl. II 2008, 970 = FR 2009, 228 m. Anm. *Kanzler*; in Umsetzung von EuGH v. 11.9.2007 – C-76/05 – Grootjes Schwarz, Slg. 2007, I-6859; v. 18.12.2013 – I R 71/10, GmbHR 2014, 547 Rz. 27 m. Anm. *Haritz/Werneburg* = ISR 2014, 174 m. Anm. *Pohl* = BFH/NV 2014, 759; in Umsetzung von EuGH v. 28.2.2013 – C-168/11 – Beker/Beker, IStR 2013, 275 = ISR 2013, 134 m. Anm. *Pohl*; vgl. auch BFH v. 3.2.2010 – I R 21/06, BStBl. II 2010, 692 Rz. 31; zu weiteren Beispielen *Kokott/Henze* in FS Spindler, S. 279 (293); *Schlücke*, Die Umsetzung von EuGH-Entscheidungen in das deutsche Steuerrecht, S. 132.
7 *Ehricke* in Streinz³, Art. 267 AEUV Rz. 68; *Seer* in T/K, AO/FGO, EuRS Rz. 47.
8 EuGH v. 26.4.1983 – 38/82 – Hansen, Slg. 1983, 1271 Rz. 7 ff.; v. 5.3.1986 – 69/85 – Wünsche/Deutschland, Slg. 1986, 947 Rz. 15.
9 EuGH v. 5.3.1986 – 69/85 – Wünsche/Deutschland, Slg. 1986, 947 Rz. 15; *Ehricke* in Streinz³, Art. 267 AEUV Rz. 68; *Karpenstein* in G/H/N, Art. 267 AEUV Rz. 103.

Die Wirkungen eines Auslegungsurteils des EuGH gehen weit über den entschiedenen Einzelfall hinaus. Das Auslegungsurteil beantwortet nämlich eine abstrakte Rechtsfrage und klärt damit, wie eine Unionsvorschrift von Anfang an zu verstehen und anzuwenden ist oder gewesen wäre.[1] Da es insoweit um die Anwendung des mit Vorrang ausgestatteten Unionsrechts in der vom EuGH gefundenen Auslegung geht, ergibt sich im Ergebnis eine **erga-omnes-Wirkung**, d.h. auch eine Bindung für alle mitgliedstaatlichen Gerichte und Verwaltungsbehörden[2] bei Anwendung derjenigen Vorschriften, die Gegenstand des Vorabentscheidungsverfahrens waren, also ohne Rücksicht darauf, gegen welche Mitgliedstaaten die EuGH-Entscheidung ergangen ist.[3] Die Bindung trifft auch den jeweiligen Gesetzgeber mit der Folge, dass auf Grund der Vorgaben eines Auslegungsurteils des EuGH das Gesetz geändert werden muss.[4] Die entsprechende Gesetzesänderung hat dabei im Rahmen der verfassungsrechtlichen Möglichkeiten rückwirkend (ex tunc) zu erfolgen.[5] Diese Wirkung ist im Verwaltungsverfahren allerdings insoweit eingeschränkt, als nicht ohne weiteres entgegenstehende nationale Rechtsakte aufzuheben sind; d.h., auf zurückliegende Rechtsverhältnisse ist ein Auslegungsurteil mangels unionsrechtlicher Vorgaben immer nur in den Grenzen der nationalen Verfahrensautonomie[6] anzuwenden (zu Einzelheiten Rz. 28.25),[7] wobei allerdings gleichermaßen das unionsrechtliche Äquivalenzprinzip[8] und Effektivitätsprinzip[9] zu beachten sind.[10] Etwaige Steuerbescheide haben in der Übergangszeit, also bis zur Änderung der betreffenden Rechtsnorm, entweder unter dem Vorbehalt der Nachprüfung (§ 164 AO) oder vorläufig (§ 165 AO) zu ergehen.[11]

28.8

---

1 EuGH v. 6.3.2007 – C-292/04 – Meilicke, Slg. 2007, I-1835 Rz. 34 = GmbHR 2007, 378 m. Anm. *Rehm/Nagler*; v. 22.10.1998 – C-10/97-22/97 – IN.CO.GE, Slg. 1998, I-6307 Rz. 23; v. 27.3.1980 – 61/79 – Denkavit italiana, Slg. 1980, 1205 Rz. 16; *Karpenstein* in G/H/N, Art. 267 AEUV Rz. 104.
2 Rechtsgrundlage Art. 4 Abs. 3 Unterabs. 2 EUV; vgl. zu Einzelheiten *Streinz* in Streinz[3], Art. 4 EUV Rz. 31 ff.; *Pechstein*, EU-Prozessrecht[4], Rz. 868.
3 EuGH v. 17.2.2005 – C-453/02, 462/02 – Linneweber, Slg. 2005, I-1131 Rz. 41; v. 22.10.1998 – C-10/97-22/97 – IN.CO.GE, Slg. 1998, I-6307 Rz. 23; v. 27.3.1980 – 61/79 – Denkavit italiana, Slg. 1980, 1205 Rz. 16; *Karpenstein* in G/H/N, Art. 267 AEUV Rz. 104; *Ehricke* in Streinz[3], Art. 267 AEUV Rz. 72; *Seer* in T/K, AO/FGO, EuRS Rz. 48.
4 Rechtsgrundlage Art. 4 Abs. 3 Unterabs. 2 EUV; zu dieser Loyalitätspflicht *Streinz* in Streinz[3], Art. 4 EUV Rz. 31 ff.
5 Vgl. BFH v. 23.9.2008 – I B 92/08, BStBl. II 2009, 524; v. 25.8.2009 – I R 88, 89/07, BFH/NV 2009, 2047; vgl. zur Rückwirkung von Steuergesetzen allgemein *Hey* in T/L, Steuerrecht[23], § 3 Rz. 260 ff.
6 Vgl. EuGH v. 19.9.2006 – C-392/04 – i-21 Germany-GmbH, Slg. 2006, I-8559 Rz. 57.
7 *Karpenstein* in G/H/N, Art. 267 AEUV Rz. 104; *Waldhoff*, EuR 2006, 615 (631).
8 Dem Anwendungsbereich des Unionsrechts unterliegende Sachverhalte dürfen verfahrensrechtlich nicht ungünstiger behandelt werden als übrige Sachverhalte; vgl. EuGH v. 21.9.1983 – 205-215/82 – Deutsche Milchkontor, Slg. 1983, 2633 Rz. 23.
9 Das Verfahrensrecht darf die Umsetzung unionsrechtlicher Vorgaben nicht übermäßig erschweren oder gar unmöglich machen; vgl. EuGH v. 21.9.1983 – 205-215/82 – Deutsche Milchkontor, Slg. 1983, 2633 Rz. 22.
10 *Streinz* in Streinz[3], Art. 4 EUV Rz. 56; *von Bogdandy/Schill* in G/H/N, Art. 4 EUV Rz. 83 jeweils m.w.N.; speziell zum steuerlichen Verfahrensrecht *Drüen* in FS Schaumburg, S. 609 (613 ff.); *Englisch* in Schön/Beck, Zukunftsfragen des deutschen Steuerrechts, S. 49 ff.
11 Vgl. BMF v. 30.4.2010, BStBl. I 2010, 488 zu § 8c KStG (§ 164 AO, allerdings betreffend Vertragsverletzungsurteil); BMF v. 30.9.2013, BStBl. I 2013, 1612 zu § 34 Abs. 1 Satz 2 EStG (§ 164 AO) betreffend Vorabentscheidungsurteil.

Kap. 28 Rz. 28.9 | Umsetzung von Entscheidungen des EuGH und der Kommission

28.9 In Orientierung an der Funktion von Auslegungsurteilen, nämlich die Klärung von Auslegungsfragen zu Unionsvorschriften seit deren Inkrafttreten (vgl. Rz. 28.8), folgt ihre Wirkung **ex tunc**.[1] Es handelt sich hierbei aber nur um einen Grundsatz. Die Urteilswirkung für die Vergangenheit kann nämlich ausnahmsweise aus Gründen der Rechtssicherheit beschränkt werden, wenn eine objektive und bedeutende Unsicherheit hinsichtlich der Tragweite der Bestimmungen des Unionsrechts bestand und das Urteil des EuGH weitreichende wirtschaftliche Auswirkungen hat.[2] Beide Voraussetzungen müssen kumulativ vorliegen, so dass die finanziellen Auswirkungen des Auslegungsurteils auf die öffentlichen Haushalte allein ohne Bedeutung sind.[3] Neben diesen materiellen Voraussetzungen müssen auch bestimmte formelle Voraussetzungen gegeben sein, um von der im Grundsatz gebotenen ex-tunc-Wirkung von Auslegungsurteilen des EuGH abzuweichen. Hierzu gehört, dass die Beschränkung der Urteilswirkung für die Vergangenheit auf Antrag des betroffenen Mitgliedstaates im Urteil des EuGH selbst vorgenommen wird.[4] Bezugspunkt für eine derartige Beschränkung der Urteilswirkungen pro futuro ist das Verkündungsdatum des betreffenden Urteils.[5] Darüber hinaus sind die Voraussetzungen für eine ausnahmsweise Abkehr von der ex-tunc-Wirkung von dem betreffenden Mitgliedstaat im Einzelnen nachzuweisen.[6] Das gilt nicht nur hinsichtlich etwaiger desaströser finanzieller Auswirkungen auf öffentliche Haushalte, sondern auch dahingehend, ob eine objektive und bedeutende Unsicherheit hinsichtlich der Tragweite der Bestimmungen des Unionsrechts bestand. In diesem Zusammenhang kommt es darauf an, ob der betreffende Mitgliedstaat, der sich insoweit auf Gutgläubigkeit beruft, nachweisen kann, dass die Unklarheiten des anzuwendenden Unionsrechts etwa auf das Verhalten anderer Mitgliedstaaten oder der Unionsorgane zurückzuführen ist.[7] Ergibt sich daher schon aus früheren Vorabentscheidungsverfahren, dass die betreffenden nationalen Vorschriften mit Unionsrecht nicht vereinbar sind, ist ein guter Glaube insoweit von vornherein zu verneinen.[8] Auslegungsurteile des EuGH wir-

---

1 EuGH v. 22.10.1998 – C-10/97–22/97 – IN.CO.GE, Slg. 1998, I-6307 Rz. 23; v. 27.3.1980 – 61/79 – Denkavit italiana, Slg. 1980, 1205 Rz. 16; v. 17.2.2005 – C-453/02 u.a. – Linneweber, Slg. 2005, I-1131 Rz. 41; v. 6.3.2007 – C-292/04 – Meilicke II, Slg. 2007, I-1835 Rz. 34 = GmbHR 2007, 378 m. Anm. *Rehm/Nagler*; v. 27.2.2014 – C-82/12 – Transportes Jordi Besora, ECLI:EU:C:2014:108 – Rz. 40 = ZfZ 2014, 332; *Karpenstein* in G/H/N, Art. 267 AEUV Rz. 111; *Ehricke* in Streinz³, Art. 267 AEUV Rz. 75; *Pechstein*, EU-Prozessrecht⁴, Rz. 870; *Seer* in T/K, AO/FGO, EuRS Rz. 50; *Kokott/Henze*, NJW 2006, 177 (178); *Waldhoff*, EuR 2006, 615 (629).
2 EuGH v. 8.4.1976 – 43/75 – Defrenne/Sabena, Slg. 1976, 455 Rz. 69 ff.; v. 15.10.1980 – 145/79 – Roquette Frères/Frankreich, Slg. 1980, 2917 Rz. 52; v. 15.3.2005 – C-2090/03 – Bidar, Slg. 2005, I-2219 Rz. 67; v. 6.3.2007 – C-292/04 – Meilicke II, Slg. 2007, I-1835 Rz. 19 = GmbHR 2007, 378 m. Anm. *Rehm/Nagler*; v. 8.9.2010 – C-409/06 – Winner Wetten, Slg. 2010, I-8015 Rz. 60; v. 13.4.2010 – C-73/08 – Bresol u.a., Slg. 2010, I-2735 Rz. 89 ff.; v. 27.2.2014 – C-82/12 – Transportes Jordi Besora, ECLI:EU:C:2014:108 – Rz. 41 ff. = ZfZ 2014, 332; *Ehricke* in Streinz³, Art. 267 AEUV Rz. 75; *Karpenstein* in G/H/N, Art. 267 AEUV Rz. 112 ff.; *Kokott/Henze*, NJW 2006, 177 (179); *Waldhoff*, EuR 2006, 615 (634); *Forsthoff*, DStR 2005, 1840 (1841).
3 EuGH v. 17.2.2005 – C-453/02 u.a. – Linneweber, Slg. 2005, I-1131 Rz. 44; v. 31.3.1992 – C-200/90 – Dansk Denkavit, Slg. 1992, I-2217 Rz. 21; v. 23.5.2000 – C-104/98 – Buchner, Slg. 2000, I-3625 Rz. 41; *Seer* in T/K, AO/FGO, EuRS Rz. 50; *Kokott/Henze*, NJW 2006, 177 (179); einschränkend *Waldhoff*, EuR 2006, 615 (633 ff.).
4 EuGH v.16.7.1992 – C-163/90 – Legros u.a., Slg. 1992, I-4625 Rz. 30; v. 15.12.1995 – C-415/93 – Bossman u.a., Slg. 1995, I-4921 Rz. 142; v. 6.3.2007 – C-292/04 – Meilicke II, Slg. 2007, I-1835 Rz. 36 f. = GmbHR 2007, 378 m. Anm. *Rehm/Nagler*; *Ehricke* in Streinz³, Art. 267 AEUV Rz. 75; *Karpenstein* in G/H/N, Art. 267 AEUV Rz. 113.
5 EuGH v. 6.3.2007 – C-292/04 – Meilicke II, Slg. 2007, I-1835 Rz. 37 = GmbHR 2007, 378 m. Anm. *Rehm/Nagler*; *Kokott/Henze*, NJW 2006, 177 (181).
6 EuGH v. 18.1.2007 – C-313/05 – Brzezinski, Slg. 2007, I-513 Rz. 56; v. 3.6.2010 – C-2/09 – Kalinchev, Slg. 2010, I-4939 Rz. 50; *Karpenstein* in G/H/N, Art. 267 AEUV Rz. 114.
7 EuGH v. 18.1.2007 – C-313/05 – Brzezinski, Slg. 2007, I-513 Rz. 57; v. 15.3.2005 – C-209/03 – Bidar, Slg. 2005, I-2119 Rz. 67; *Karpenstein* in G/H/N, Art. 267 AEUV Rz. 115.
8 EuGH v. 6.3.2007 – C-292/04 – Meilicke II, Slg. 2007, I-1835 Rz. 38 ff. = GmbHR 2007, 378 m. Anm. *Rehm/Nagler*.

ken daher nur ausnahmsweise pro futuro und auch nur gegenüber dem antragstellenden Mitgliedstaat[1] (**ex-nunc-Wirkung**; zur Umsetzung der Urteile vgl. Rz. 28.23 ff.).

3. Gültigkeitsurteile

Urteile des EuGH über die Gültigkeit insbesondere von Organhandlungen der EU sind zugleich stets Urteile über die Rechtmäßigkeit der entsprechenden Maßnahmen und damit über die Gültigkeit von sekundärem und tertiärem Unionsrecht.[2] Diesen Urteilen kommt eine **Bindungswirkung erga omnes** zu.[3] Diese weitreichende Bindungswirkung[4] ergibt sich zwar nicht ausdrücklich aus dem AEUV, sie entspricht aber der dem Unionsrecht zugrunde liegenden Konzeption der einheitlichen Anwendung in allen Mitgliedstaaten[5] und folgt zugleich aus der alle Mitgliedstaaten treffenden Loyalitätspflicht (Art. 4 Abs. 3 EUV).[6] Das gilt allerdings nur, soweit der EuGH eine Organhandlung und damit Sekundär- und Tertiärrecht für ungültig erklärt. In diesen Fällen sind die nationalen Gerichte gebunden (erga-omnes-Wirkung).[7] Das schließt aber nicht aus, dass bei Unklarheiten über die Gründe und den Umfang der Ungültigkeit erneut Vorlagen an den EuGH zulässig sind.[8] Soweit der EuGH durch Urteil die Gültigkeit von Organhandlungen feststellt, ist eine derartige Bindungswirkung nicht gegeben mit der Folge, dass jederzeit erneut nationale Gerichte entsprechende Gültigkeitsfragen dem EuGH vorlegen können.[9]

28.10

Wird durch Urteil des EuGH die Ungültigkeit einer Unionshandlung erklärt, tritt insoweit Rückwirkung ein.[10] Von dieser **ex-tunc-Wirkung** von Gültigkeitsurteilen kann der EuGH allerdings Ausnahmen zulassen,[11] wenn es um die Wahrung von Rechtssicherheit und Vertrauensschutz geht.[12]

28.11

Betroffene **Steuerbescheide** sind in der Übergangszeit, also bis zum Ergehen des Gültigkeitsurteils des EuGH, entweder unter dem Vorbehalt der Nachprüfung (§ 164 AO) oder vorläufig (§ 165 AO) zu erlassen.[13]

28.12

---

1 *Schlücke*, Die Umsetzung von EuGH-Entscheidungen in das deutsche Steuerrecht, S. 83 mwN.
2 EuGH v. 21.6.2007 – C-231/06 – Jonkman, NJW 2007, 3625; *Ehricke* in Streinz[3], Art. 267 AEUV Rz. 23; *Wegener* in Calliess/Ruffert[5], Art. 267 AEUV Rz. 13; *Pechstein*, EU-Prozessrecht[4], Rz. 771 ff.
3 *Ehricke* in Streinz[3], Art. 267 AEUV Rz. 69; *Wegener* in Calliess/Ruffert[5], Art. 267 AEUV Rz. 50 f.; *Pechstein*, EU-Prozessrecht[4], Rz. 866.
4 Die Bindungswirkung geht nicht über die sachliche Reichweite der Rechtskraft hinaus, so dass Obiter Dicta nicht von der Erga-Omnes-Wirkung erfasst werden; vgl. *Wegener* in Calliess/Ruffert[5], Art. 267 AEUV Rz. 48; *Wollenschläger*, NJW 2018, 2532 (2534) mit dem Hinweis, dass die nationalen Gesetzgeber Obiter Dicta zum Anlass nehmen sollten, ihre betreffenden Regelungen zu überprüfen.
5 *Ehricke* in Streinz[3], Art. 267 AEUV Rz. 70.
6 EuGH v. 21.6.2007 – C-231/06 – Jonkman, NJW 2007, 3625 Rz. 37.
7 EuGH v. 13.5.1981 – 66/80 – International Chemical Corporation, Slg. 1981, 1191 Rz. 13; v. 8.11.2007 – C-421/06 – Fratelli Martini und Cargill, Slg. 2007, I-152 Rz. 54; *Ehricke* in Streinz[3], Art. 267 AEUV Rz. 70; *Borchardt* in Lenz/Borchardt[6], Art. 267 AEUV Rz. 58.
8 EuGH v. 13.5.1981 – 66/80 – International Chemical Corporation, Slg. 1981, 1191 Rz. 14.
9 EuGH v. 25.6.1997 – C-114/96 – Kieffer & Thill, Slg. 1997, I-3629 Rz. 39; v. 29.5.1997 – C-96/96 – Rotexchemie, Slg. 1997, I-2817 Rz. 25; *Ehricke* in Streinz[3], Art. 267 AEUV Rz. 71; *Pechstein*, EU-Prozessrecht[4], Rz. 867.
10 EuGH v. 26.4.1994 – C-228/92 – Roquettes Fréres, Slg. 1994, I-1445 Rz. 17; *Karpenstein* in G/H/N, Art. 267 AEUV Rz. 116.
11 Nur durch den EuGH selbst; vgl. EuGH v. 8.2.1996 – C-212/94 – FMC, Slg. 1996, I-389; v. 22.5.1985 – 33/84 – Fragd, Slg. 1985, 1605; *Wegener* in Calliess/Ruffert[5], Art. 267 AEUV Rz. 53; *Cremer* in Calliess/Ruffert[5], Art. 264 AEUV Rz. 4.
12 *Ehricke* in Streinz[3], Art. 264 AEUV Rz. 6; *Borchardt* in Lenz/Borchardt[6], Art. 264 AEUV Rz. 8; *Cremer* in Calliess/Ruffert[5], Art. 264 AEUV Rz. 4; Rechtsgrundlage: analoge Anwendung von Art. 264 Abs. 2 AEUV (Nichtigkeitsklage).
13 Vgl. BMF v. 30.4.2010, BStBl. I 2010, 488 zu § 8c KStG (§ 164 AO) allerdings betreffend Vertragsverletzungsurteil; BMF v. 30.9.2013, BStBl. I 2013, 1612 zu § 34c Abs. 1 Satz 2 EStG (§ 165 AO) betreffend Auslegungsurteil.

III. Urteile im Vertragsverletzungsverfahren

1. Funktion

28.13 In einem Vertragsverletzungsverfahren (vgl. Rz. 5.22 ff., 27.27 ff.) geht es um die Feststellung, ob ein Mitgliedstaat „gegen eine Verpflichtung aus den Verträgen" verstoßen hat (Art. 258–260 AEUV).[1] Zuständig hierfür ist der EuGH, der durch **Feststellungsurteil** entscheidet (Art. 260 Abs. 1 AEUV). Zur Feststellungsklage[2] sind die KOM (Art. 258 AEUV)[3] sowie ein anderer Mitgliedstaat (Art. 259 AEUV)[4] befugt. Hierbei spielt es keine Rolle, ob die KOM oder ein anderer Mitgliedstaat durch die geltend gemachte Vertragsverletzung überhaupt in eigenen Rechten verletzt sind.[5] Das Vertragsverletzungsverfahren hat somit eine Ordnungsfunktion im allgemeinen Interesse der Union.[6] Unionsbürger haben daher keine Möglichkeit, den EuGH wegen einer Vertragsverletzung anzurufen. Sie haben aber jederzeit das Recht, die KOM im Rahmen einer Beschwerde auf eine Vertragsverletzung eines Mitgliedstaates hinzuweisen und somit ein Vertragsverletzungsverfahren anzuregen.[7]

28.14 Gegenstand des Vertragsverletzungsverfahrens sind nicht nur mitgliedstaatliche Verstöße gegen die Verträge, also gegen **Primärrecht**, sondern ganz allgemein Verstöße gegen das gesamte geschriebene und ungeschriebene Unionsrecht, also auch gegen **Sekundär- und Tertiärrecht**.[8]

2. Rechtswirkungen

28.15 Auf Grund des eine Vertragsverletzung feststellenden Urteils (Feststellungsurteil) ist der verurteilte Mitgliedstaat verpflichtet, die entsprechenden Maßnahmen zu ergreifen (Art. 260 Abs. 1 AEUV), d.h. den im Urteil festgestellten Vertragsverstoß in „kürzest möglicher Frist" zu beheben.[9] Diese auf die Herstellung eines unionskonformen Zustandes gerichtete **Handlungspflicht** trifft alle staatlichen Organe ohne Rücksicht auf das innerstaatliche Kompetenzgefüge mit der Folge, dass in Deutschland Bund, Länder und Gemeinden gleichermaßen verpflichtet sind.[10] Bis zur Behebung des festgestellten Vertragsverstoßes sind insbesondere die Gerichte und die Verwaltungsbehörden unmittelbar selbst gehalten, alle Entscheidungen zu unterlassen, die zu dem festgestellten Vertragsverstoß führen könnten. Das bedeutet, dass Einspruchsverfahren und Verfahren vor dem FG bzw. dem BFH bis zu einer gesetzlichen Neuregelung auszusetzen sind (§ 363 Abs. 1 AO, § 74 FGO).[11] Etwaige Steuerbescheide haben in dieser

---

1 Angesprochen sind nicht nur Verstöße der gesetzgebenden und verwaltenden Körperschaften (Legislative und Exekutive), sondern auch solche letztinstanzlicher Gerichte, die ihrer Vorlagepflicht gem. Art. 267 Abs. 3 AEUV nicht nachkommen; EuGH v. 4.10.2018 – C-416/17 – KOM/Frankreich, EuZW 2018, 1038; hierzu *Schultze*, IStR 2019, 233.
2 Zum Charakter der Klage *Ehricke* in Streinz[3], Art. 258 AEUV Rz. 5.
3 Aufsichtsklage.
4 Staatenklage.
5 EuGH v. 4.4.1974 – 167/73 – Kom/Frankreich, Slg. 1974, 359; v. 11.8.1995 – C-431/92 – KOM/Deutschland, Slg. 1995, I-2189 Rz. 21; v. 25.4.2002 – C-418/00 u.a. – KOM/Frankreich, Slg. 2002, I-3969 Rz. 29; *Ehricke* in Streinz[3], Art. 258 AEUV Rz. 1.
6 *Ehricke* in Streinz[3], Art. 258 AEUV Rz. 1; *Karpenstein* in G/H/N, Art. 258 AEUV Rz. 1; *Kotzur* in G/K/K[6], Art. 258 AEUV Rz. 3.
7 EuGH v. 11.8.1995 – C-431/92 – KOM/Deutschland, Slg. 1995, I-2189 Rz. 19; v. 10.4.2003 – C-20/01 u.a. – KOM/Deutschland, Slg. 2003, I-3609 Rz. 30; *Ehricke* in Streinz[3], Art. 258 AEUV Rz. 2; *Seer* in T/K, AO/FGO, EuRS Rz. 52; *Pechstein*, EU-Prozessrecht[4], Rz. 256 ff.
8 *Ehricke* in Streinz[3], Art. 258 AEUV Rz. 6; *Kotzur* in G/K/K[6], Art. 258 AEUV Rz. 4; *Pechstein*, EU-Prozessrecht[4], Rz. 286.
9 EuGH v. 4.7.2000 – C-387/97 – KOM/Griechenland, Slg. 2000, I-5047 Rz. 82; v. 13.7.1988 – 131/84 – KOM/Italien, Slg. 1985, 3531 Rz. 7; v. 13.7.1988 – 169/87 – KOM/Frankreich, Slg. 1988, 4093 Rz. 14; v. 7.3.1996 – C-334/94 – KOM/Frankreich, Slg. 1996, I-1307 Rz. 31; v. 4.6.2009 – C-568/07 – KOM/Griechenland, Slg. 2009, I-4505 Rz. 51.
10 *Karpenstein* in G/H/N, Art. 260 AEUV Rz. 10, 22.
11 Vgl. *Brandis* in T/K, § 74 FGO Rz. 14.

Übergangszeit ohne Berücksichtigung der beanstandeten Rechtsnorm unter dem Vorbehalt der Nachprüfung (§ 164 AO) und sonst vorläufig (§ 165 AO) zu ergehen.[1] Dass zu erwarten ist, dass die gesetzlichen Neuregelungen nur mit Wirkung ex nunc erfolgen werden, spielt in dem hier interessierenden Zusammenhang[2] keine Rolle. Eine Anwendung von durch den EuGH festgestellten unionsrechtswidrigen Steuernormen ist somit bis zur gesetzlichen Neuregelung ausgeschlossen.[3] Wird durch den EuGH dagegen die Unvereinbarkeit einer nationalen Steuerrechtsnorm mit einer zugrunde liegenden Richtlinie festgestellt, kann allerdings stets zugunsten des betreffenden Steuerpflichtigen die Richtlinie unmittelbar angewendet werden, wenn sie hinreichend bestimmt ist und Individualrechte begründet (zur unmittelbaren Anwendbarkeit von Richtlinien Rz. 14.60).[4]

Urteile, die auf Grund des Vertragsverletzungsverfahrens ergehen, wirken nur **inter partes**[5] und darüber hinaus grundsätzlich nur in die Zukunft (**ex nunc**), es sei denn, im Tenor des Urteils wird ausdrücklich eine ex tunc-Wirkung angeordnet.[6] Das ändert aber nichts daran, dass der verurteilte Mitgliedstaat nach Maßgabe seiner für ihn geltenden innerstaatlichen Verfahrensvorschriften zu einer Folgenbeseitigung verpflichtet ist (vgl. zu Einzelheiten Rz. 28.23 ff.). 28.16

Kommt der verurteilte Mitgliedstaat seiner sich aus dem Feststellungsurteil des EuGH ergebenden **Handlungspflicht** nicht nach, hat die KOM die Möglichkeit, die Nichtbefolgung des Urteils feststellen zu lassen und darüber hinaus die Verhängung eines Pauschalbetrages oder Zwangsgeldes zu beantragen (Art. 260 Abs. 2 Unterabs. 1 AEUV). In diesem Fall ergeht erneut ein Feststellungsurteil des EuGH, diesmal, soweit die Klage nicht abgewiesen wird,[7] aber mit dem (beschränkten) Inhalt, dass der verurteilte Mitgliedstaat dem Urteil nicht nachgekommen ist, wobei er zugleich zur Zahlung eines Pauschalbetrages oder Zwangsgeldes verurteilen kann (Art. 260 Abs. 2 Unterabs. 2 AEUV).[8] 28.17

IV. Nichtigkeitsurteile

1. Funktion

Zwecks rechtlicher Überprüfung von Rechtsakten der Union werden den Mitgliedstaaten, dem EP, dem Rat und der KOM das Recht eingeräumt, den EuGH anzurufen (Art. 263 Abs. 2 AEUV). Es handelt sich insoweit um privilegierte Kläger, die mit einer **Nichtigkeitsklage**[9] die umfassende rechtliche Prüfung von Rechtsakten der Union veranlassen können, ohne dass es auf die Wahrung eigener Rechte ankommt (vgl. Rz. 5.29, 27.50 ff.). Insoweit zielt die Nichtigkeitsklage auf eine abstrakte Normenkontrolle ab.[10] Darüber hinaus sind auch der Rechnungshof, die EZB und der Ausschuss der Regionen aktiv legitimiert, wobei die Klagebefugnis nur dann gegeben ist, wenn es um die Wahrung ihrer eige- 28.18

---

1 Vgl. BMF v. 30.4.2010, BStBl. I 2010, 488 zu § 8c KStG (§ 164 AO); BMF v. 30.9.2013, BStBl. I 2013, 1612 zu § 34c Abs. 1 Satz 2 EStG (§ 165 AO), allerdings betreffend Vorabentscheidungsurteil.
2 Anders bei zu erwartenden Entscheidungen des BFH; BFH v. 25.3.2003 – X B 212/01, BFH/NV 2003, 1050; v. 5.4.2005 – I B 89/03, BFH/NV 2005, 1865.
3 Vgl. EuGH v. 14.12.1982 – 314–316/81 – Waterkeyn, Slg. 1982, 4337 Rz. 15; *Karpenstein* in G/H/N, Art. 260 AEUV Rz. 11; *Borchardt* in Dauses/Ludwigs, Handbuch des EU-Wirtschaftsrechts, P. I Rz. 47; *Seer* in T/K, AO/FGO, EuRS Rz. 59.
4 *Seer* in T/K, AO/FGO, EuRS Rz. 59.
5 *Karpenstein* in G/H/N, Art. 260 AEUV Rz. 11; *Borchardt* in Dauses/Ludwigs, Handbuch des EU-Wirtschaftsrechts, P. I Rz. 45.
6 Hierzu im Einzelnen *Karpenstein* in G/H/N, Art. 260 AEUV Rz. 12 f.; *Ehricke* in Streinz[3], Art. 260 AEUV Rz. 8.
7 So im Fall des VW-Gesetzes durch EuGH v. 22.10.2013 – C-95/12, AG 2013, 921.
8 Zu den Besonderheiten des Art. 260 Abs. 3 AEUV *Ehricke* in Streinz[3], Art. 260 AEUV Rz. 17.
9 Die Untätigkeitsklage (Art. 265 AEUV) – Spiegelbild der Nichtigkeitsklage – spielt in dem hier interessierenden Zusammenhang keine Rolle und wird daher nicht näher erörtert; zu Einzelheiten vgl. *Pechstein*, EU-Prozessrecht[4], Rz. 570 ff.
10 *Pechstein*, EU-Prozessrecht[4], Rz. 338.

nen Rechte (Organrechte) geht (Art. 263 Abs. 3 AEUV). Schließlich wird auch Individualrechtsschutz in den Fällen gewährt, in denen natürliche oder juristische Personen unmittelbar durch Rechtsakte der Union betroffen sind (Art. 263 Abs. 4 AEUV).[1] Somit wird über die Nichtigkeitsklage zum einen eine objektive Legalitätskontrolle und zum anderen Rechtsschutz gegenüber Rechtsakten der Union angestrebt.[2] In allen Fällen sind Gegenstand der Nichtigkeitsklage stets nur verbindliche Rechtsakte der Union, also im Wesentlichen Sekundär- und Tertiärrecht.[3]

2. Rechtswirkungen

28.19 Soweit die Nichtigkeitsklage begründet ist, wird der angefochtene Rechtsakt der Union für nichtig erklärt und damit zugleich aufgehoben (Art. 264 Abs. 1 AEUV). Insoweit handelt es sich um ein **Gestaltungsurteil**.[4] Soweit durch Nichtigkeitsurteile verbindliche Rechtsakte der Union ganz oder teilweise für nichtig erklärt werden, wirkt die Nichtigerklärung im Grundsatz für und gegen alle (erga omnes).[5] Diese **erga-omnes-Wirkung** gilt ohne weiteres, wenn die Nichtigerklärung Rechtsakte mit allgemeiner Wirkung, etwa Richtlinien und Verordnungen betrifft.[6] Anders verhält es sich dagegen bei Rechtsakten, die nur an einen bestimmten Adressaten gerichtet sind, etwa Beschlüsse i.S.v. Art. 288 Abs. 4 Satz 2 AEUV. In diesem Fall wirkt die Nichtigkeitsfolge lediglich inter partes.[7] Entsprechendes gilt, soweit die Nichtigkeitsklage abgewiesen wird, so dass andere Kläger erneut mit der Nichtigkeitsklage gegen denselben Rechtsakt der Union vorgehen können.[8]

28.20 Mit dem Nichtigkeitsurteil wird der angegriffene Rechtsakt grundsätzlich mit **Wirkung ex tunc** beseitigt mit der Folge, dass er von Anfang an als nicht existent angesehen wird.[9] Das bedeutet, dass alle Folgeakte, also Rechtsakte der Union, die auf dem nichtigen Rechtsakt beruhen, sodann wegen fehlender Rechtsgrundlage rechtswidrig sind.[10] Hieraus ergibt sich dann des Weiteren die Verpflichtung des zuständigen Unionsorgans, derartige Folgeakte aufzuheben (Art. 266 AEUV). Soweit es um Rechtsnormen des nationalen Rechts geht, die auf Grund etwa einer nichtigen Richtlinie erlassen worden sind, besteht auch hier die Verpflichtung des nationalen Gesetzgebers, die betreffenden Normen aufzuheben oder zu ändern.[11]

---

1 Insoweit ist allerdings das EuG erstinstanzlich zuständig (Art. 256 Abs. 1 AEUV, Art. 51 EuGH-Satzung); vgl. hierzu Rz. 5.27 ff., 27.56.
2 *Ehricke* in Streinz³, Art. 263 AEUV Rz. 1.
3 EuGH v. 31.3.1971 – 22/70 – KOM/Rat, Slg. 1971, 263 Rz. 38, 42; v. 5.5.1998 – C-180/96 – Vereinigtes Königreich/KOM, Slg. 1998, I-2265 Rz. 28; v. 6.4.2000 – C-443/97 – Spanien/KOM, Slg. 2000, I-2415 Rz. 34; *Pechstein*, EU-Prozessrecht⁴, Rz. 345 ff.; *Ehricke* in Streinz³, Art. 263 AEUV Rz. 11 mit einem Überblick über die verbindlichen Rechtsakte im Einzelnen.
4 *Ehricke* in Streinz³, Art. 263 AEUV Rz. 3; *Dörr* in G/H/N, Art. 264 AEUV Rz. 3.
5 EuGH v. 1.6.2006 – C-442/03 P u. C-471/03 P – P&O u.a./KOM, Slg. 2006, I-4845 Rz. 43; v. 12.2.2008 – C-199/06 – CELF u.a., Slg. 2008, I-469 Rz. 61; *Ehricke* in Streinz³, Art. 264 AEUV Rz. 3; *Borchardt* in Lenz/Borchardt⁶, Art. 264 AEUV Rz. 3; *Dörr* in G/H/N, Art. 264 AEUV Rz. 7; *Gaitanides* in G/S/H, Art. 264 AEUV Rz. 3.
6 *Ehricke* in Streinz³, Art. 264 AEUV Rz. 3; *Borchardt* in Lenz/Borchardt⁶, Art. 264 AEUV Rz. 3; *Dörr* in G/H/N, Art. 264 AEUV Rz. 7.
7 *Ehricke* in Streinz³, Art. 264 AEUV Rz. 3; *Gaitanides* in G/S/H, Art. 264 AEUV Rz. 3; a.A. *Dörr* in G/H/N, Art. 264 AEUV Rz. 7 unter Hinweis darauf, dass alle Unionsorgane sowie die Mitgliedstaaten die Nichtigerklärung zu beachten haben.
8 *Dörr* in G/H/N, Art. 264 AEUV Rz. 9; *Schwarze/Voet van Vormizeele* in Schwarze⁴, Art. 264 AEUV Rz. 5.
9 EuGH v. 1.6.2006 – C-442/03 P, C-471/03 P – P&O/KOM, Slg. 2006, I-4845 Rz. 43; v. 12.2.2008 – C-199/06 – CELF u.a., Slg. 2008, I-469 Rz. 61–64; *Dörr* in G/H/N, Art. 264 AEUV Rz. 10; *Ehricke* in Streinz³, Art. 264 AEUV Rz. 5.
10 *Dörr* in G/H/N, Art. 264 AEUV Rz. 10; *Schwarze/Voet van Vormizeele* in Schwarze⁴, Art. 264 AEUV Rz. 6.
11 *Dörr* in G/H/N, Art. 264 AEUV Rz. 10.

Betroffene **Steuerbescheide** sind in der Übergangszeit, also bis zum Ergehen des Nichtigkeitsurteils des EuGH, entweder unter dem Vorbehalt der Nachprüfung (§ 164 AO) oder vorläufig (§ 165 AO) zu erlassen.[1] 28.21

Im Hinblick auf die weitreichenden Folgen einer Nichtigerklärung kann die grundsätzlich geltende ex-tunc-Wirkung der Nichtigerklärung beschränkt werden (Art. 264 Abs. 2 AEUV). Hierfür bedarf es einer entsprechenden Anordnung durch den EuGH selbst (Art. 264 Abs. 2 AEUV). Sie wird immer dann erfolgen, wenn hierdurch den Geboten der Rechtssicherheit[2] sowie des Vertrauensschutzes[3] entsprochen wird und sie der Berücksichtigung überragender öffentlicher Interessen, zu denen auch das Unionsinteresse gehört[4], dient. Bei der Beschränkung der Urteilswirkungen geht es um die Fortwirkung des für nichtig erklärten Rechtsaktes, und zwar nicht nur für die Zeit zwischen seinem Erlass und dem Urteil, sondern auch für die Zeit danach.[5] Hierbei hat der EuGH die Möglichkeit, die Fortwirkung ohne jede Einschränkung und Befristung[6] oder befristet[7] aufrechtzuerhalten.[8] Die vorgenannte zeitliche Fortwirkung kann seitens des EuGH auch für einzelne Teile des angegriffenen Rechtsaktes angeordnet werden,[9] wobei keine Hinweise darauf erfolgen, wie die Rechtslage künftig zu gestalten ist.[10] 28.22

V. Folgenbeseitigung und Entschädigung

1. Überblick

Urteile im Vorabentscheidungsverfahren (Art. 267 AEUV) und Vertragsverletzungsverfahren (Art. 258, 260 AEUV) sowie Nichtigkeitsurteile (Art. 263, 264, 266 AEUV) erzeugen über die bloße Rechtskraftwirkung hinaus eine Bindungswirkung insbesondere der mitgliedstaatlichen Organe im Sinne einer **Befolgungspflicht**. Diese ergibt sich entweder allgemein aus dem Grundsatz der Unionstreue (Art. 4 Abs. 3 Unterabs. 2 EUV)[11] oder auf Grund spezieller Regelungen.[12] 28.23

Ob die EuGH-Urteile seitens der Mitgliedstaaten auch tatsächlich umgesetzt werden, obliegt im Rahmen ihrer allgemeinen Überwachungsfunktion der Kontrolle durch die KOM (Art. 17 Abs. 1 Satz 2,3 EUV).[13] Werden im **Vertragsverletzungsverfahren** ergangene EuGH-Urteile nicht umgesetzt, hat die 28.24

---

1 Vgl. BMF v. 30.4.2010, BStBl. I 2010, 488 zu § 8c KStG (§ 164 AO) betreffend Vertragsverletzungsurteil; BMF v. 30.9.2013, BStBl. I 2013, 1612 zu § 34c Abs. 1 Satz 2 EStG (§ 165 AO) betreffend Vorabentscheidungsurteil.
2 Z.B. EuGH v. 31.3.1992 – C-284/90 – Rat/EP, Slg. 1992, I-2277 Rz. 37; v. 5.7.1995 – C-21/94 – EP/Rat, Slg. 1995, I-1827 Rz. 31 f.; v. 22.12.2008 – C-333/07 – Networks, Slg. 2008, I-10807 Rz. 121 f.; v. 9.10.2010 – C-92/09 – C-93/09 – Schecke & Eifert, Slg. 2010, I-11063 Rz. 93; v. 6.9.2012 – C-490/10 – EP/Rat, EuWZ 2012, 29 Rz. 92.
3 EuGH v. 8.2.1996 – C-212/94 – FMC, Slg. 1996, I-389; v. 22.5.1985 – 33/84 – Fragd, Slg. 1985, 1605.
4 Z.B. EuGH v. 1.10.2009 – C-370/07 – KOM/Rat, Slg. 2009, I-8917 Rz. 65; v. 6.11.2008 – C-155/07 – EP/Rat, Slg. 2008, I-8103 Rz. 88; vgl. *Dörr* in G/H/N, Art. 264 AEUV Rz. 14 m.w.N. aus der Rechtsprechung des EuGH.
5 *Dörr* in G/H/N, Art. 264 AEUV Rz. 15; *Schwarze/Voet van Vormizeele* in Schwarze[4], Art. 264 AEUV Rz. 9.
6 Z.B. EuGH v. 1.10.2009 – C-370/07 – KOM/Rat, Slg. 2009, I-8917 Rz. 66.
7 Angemessene Frist: z.B. EuGH v. 10.1.2006 – C-178/03 – KOM/EP u. Rat, Slg. 2006, I-107 Rz. 65; konkret bestimmte Frist: EuGH v. 6.11.2008 – C-155/07 – EP/Rat, Slg. 2008, I-8103 Rz. 89.
8 Zu den einzelnen Varianten im Überblick mit weiteren Nachweisen aus der Rechtsprechung des EuGH *Dörr* in G/H/N, Art. 264 AEUV Rz. 15.
9 *Dörr* in G/H/N, Art. 264 AEUV Rz. 15.
10 Das Nichtigkeitsurteil ist nämlich nur auf Kassation gerichtet; hierzu *Dörr* in G/H/N, Art. 264 AEUV Rz. 16.
11 So für Vorabentscheidungsurteile, vgl. *Ehricke* in Streinz[3], Art. 267 AEUV Rz. 73; für Urteile im Vertragsverletzungsverfahren, vgl. *Pechstein*, EU-Prozessrecht[4], Rz. 309.
12 Art. 266 AEUV für Nichtigkeitsurteile; hierzu *Ehricke* in Streinz[3], Art. 266 AEUV Rz. 4.
13 Die KOM ist „Hüterin der Verträge"; vgl. *Kugelmann* in Streinz[3], Art. 17 EUV Rz. 31; *Ruffert* in Calliess/Ruffert[5], Art. 17 EUV Rz. 7.

KOM die Möglichkeit, ein erneutes, diesmal aber auf die Festsetzung einer Geldstrafe gegen säumige Mitgliedstaaten gerichtetes Vertragsverletzungsverfahren einzuleiten (Art. 260 Abs. 2 AEUV). Im Zuge dieses Verfahrens lenken die betreffenden Mitgliedstaaten zumeist durch entsprechende Gesetzesinitiativen rechtzeitig ein, so dass es zur Einstellung des Verfahrens vor dem EuGH kommt.[1] Werden im **Vorabentscheidungsverfahren** ergangene EuGH-Urteile nicht umgesetzt, kann die KOM durch Aufsichtsklage zum EuGH ein Vertragsverletzungsverfahren einleiten, das letztlich bei Nichtbeachtung des EuGH-Urteils zur Verhängung einer Geldstrafe führen kann.[2]

28.25 Die Befolgungspflicht ist auf die Beseitigung des unionsrechtswidrigen Zustandes gerichtet und beinhaltet zugleich die Pflicht zur Beseitigung der Verstoßfolgen und ggf. auch die Gewährung einer Entschädigung.[3] Diese **Folgenbeseitigungspflicht** trifft in besonderem Maße die Gesetzgebungsorgane und Verwaltungsorgane der Mitgliedstaaten. Für die Gesetzgebungsorgane folgt daraus, dass sie im Rahmen ihrer Kompetenzen die nicht mit Unionsrecht zu vereinbarenden Normen des nationalen Rechts aufheben oder entsprechend anpassen müssen. Soweit die Urteile ex-tunc-Wirkung haben, ergibt sich für die Verwaltungsbehörde die Verpflichtung, bereits in der **Übergangszeit**, also zwischen Urteil und gesetzlicher Neuregelung, das anzuwendende Recht unionsrechtskonform auszulegen und damit geltungserhaltend anzuwenden (hierzu Rz. 28.6) oder aber, soweit dies etwa wegen Überschreitung der Wortlautgrenzen nicht möglich ist, unangewendet zu lassen,[4] wobei dann entsprechende Steuerbescheide vorläufig ergehen sollten (§ 165 Abs. 1 Nr. 2a AO). Die Folgenbeseitigungspflicht steht allerdings unter dem Vorbehalt des nationalen Rechts.[5] Die Reichweite der Folgenbeseitigungspflicht wird also durch das nationale Verfahrensrecht begrenzt, das seinerseits in Orientierung am Prinzip der begrenzten Einzelermächtigung (Art. 13 Abs. 2 EUV) im Grundsatz dem unionsrechtlichen Regelungsbereich entzogen ist. Diese **Verfahrensautonomie** der Mitgliedstaaten findet ihre Grenze im allgemeinen Effektivitäts- und Äquivalenzgrundsatz (Art. 47 GrCh, Art. 4 Abs. 3 EUV),[6] wonach mitgliedstaatliche Verfahrensregelungen nicht ungünstiger ausgestaltet sein dürfen als bei vergleichbaren Klagen ohne Bezug zum Unionsrecht (Äquivalenzgebot) und die Ausübung von unionsrechtlich gewährten Rechten durch mitgliedstaatliche Verfahrensvorschriften nicht unmöglich gemacht oder erheblich erschwert werden darf (Effektivitätsgrundsatz).[7]

2. Urteile mit ex-tunc-Wirkung

28.26 Soweit Urteile ex-tunc-Wirkung haben (vgl. hierzu Rz. 28.9, 28.11, 28.20), besteht unionsrechtlich nicht die Pflicht, die mit dem Unionsrecht nicht zu vereinbarenden Rechtsnormen des nationalen Rechts rückwirkend aufzuheben oder entsprechend anzupassen. Im legislativen Bereich gibt es insoweit keine unionsrechtlichen Vorgaben (Verfahrensautonomie). Für die nationalen Gesetzgeber besteht lediglich die **Verpflichtung, den gebotenen unionsrechtskonformen Zustand unverzüglich herzustellen**.[8] Dass mit Unionsrecht nicht zu vereinbarende Rechtsnormen nicht mit Wirkung für die Vergangenheit

---

1 Hierzu *Cremer* in Calliess/Ruffert[5], Art. 260 AEUV Rz. 16.
2 Vgl zum Ganzen *Schlücke*, Die Umsetzung von EuGH-Entscheidungen in das deutsche Steuerrecht, S. 91 ff.
3 Vgl. *Karpenstein* in G/H/N, Art. 260 AEUV Rz. 12.
4 EuGH v. 9.3.1978 – 106/77 – Simmenthal, Slg. 1978, 629 Rz. 21, 23; v. 19.6.1990 – C-213/89 – Factortame u.a., Slg. 1990, I-2433 Rz. 19 ff.; v. 22.10.1998 – C-10/97 u.a. – IN.CO.GE., Slg. 1998, I-6307 Rz. 21; BFH v. 21.3.1995 – XI R 33/94, UR 1997, 346 m. Anm. *Weiß* = HFR 1995, 38; v. 6.11.1997 – XI R 33/94, BStBl. II 1999, 418; *Ehricke* in Streinz[2], Art. 267 AEUV Rz. 73; *Pechstein*, EU-Prozessrecht[4], Rz. 869.
5 *Ehricke* in Streinz[3], Art. 260 AEUV Rz. 8; *Karpenstein* in G/H/N, Art. 260 AEUV Rz. 12; *Pechstein*, EU-Prozessrecht[4], Rz. 311.
6 Zur Herleitung im Einzelnen *Pechstein*, EU-Prozessrecht[4], Rz. 22 ff.
7 Zu Einzelheiten *Pechstein*, EU-Prozessrecht[4], Rz. 26 ff., 48 ff.
8 EuGH v. 6.11.1985 – 131/84 – KOM/Italien, Slg. 1985, 3531 Rz. 7; v. 4.7.2000 – C-387/97 – KOM/Griechenland, Slg. 2000, I-5047 Rz. 82; v. 25.11.2003 – C-278/01 – KOM/Spanien, Slg. 2003, I-14141 Rz. 27 jeweils zur Umsetzung des im Vertragsverletzungsverfahren ergangenen Urteils.

geändert werden müssen, ändert aber nichts daran, dass die in der Vergangenheit auf dieser Grundlage ergangenen Verwaltungsakte, etwa Steuerbescheide, rechtswidrig und erhobene Steuern insoweit ohne Rechtsgrund gezahlt worden und daher grundsätzlich zu erstatten sind.[1]

Die für die Erstattung von Steuern maßgeblichen Regeln ergeben sich aus dem jeweiligen nationalen Recht. Nach Maßgabe des deutschen Steuerrechts steht die Verpflichtung zur Erstattung von Steuern (§ 37 Abs. 2 AO)[2] unter dem Vorbehalt, dass die entsprechende Steuerfestsetzung aufgehoben oder geändert werden kann. Das ist nur dann der Fall, wenn die Steuerfestsetzung entweder nichtig (§ 125 Abs. 1 AO), nicht bestandskräftig oder trotz Bestandskraft[3] abänderbar ist.[4] Im Ergebnis besteht hiernach eine Verpflichtung zur **Steuererstattung von unionsrechtswidrig erhobenen Steuern** nur dann, wenn die betreffenden Steuerbescheide etwa wegen anhängiger Rechtsbehelfsverfahren noch nicht bestandskräftig sind.[5] Dies ergibt sich aus folgenden Gründen:

28.27

- Steuerfestsetzungen sind nicht allein deswegen nichtig, weil die angewendeten Rechtsnormen nicht mit Unionsrecht vereinbar sind.[6]

- Die Rechtsbehelfsfrist verlängert sich nicht in Fällen, in denen es um die Vereinbarkeit nationalen Rechts mit dem Unionsrecht geht.[7] Es tritt auch keine Anlaufhemmung der Rechtsbehelfsfrist bis zu dem Zeitpunkt ein, zu dem der betreffende Steuerpflichtige Kenntnis von einer einschlägigen EuGH-Entscheidung erlangt.[8]

- Dass die Rechtsbehelfsfrist bereits mit Bekanntgabe des Steuerbescheids und nicht erst zu dem Zeitpunkt der Kenntnis der einschlägigen EuGH-Entscheidung beginnt und darüber hinaus nur einen Monat beträgt, verstößt auch nicht gegen die unionsrechtlichen Vorgaben des Äquivalenz- und des Effektivitätsprinzips.[9] Dies deshalb nicht, weil auch in den vorgenannten Fällen derart betroffene Steuerpflichtige nicht schlechter gestellt sind als jene, die nicht über die entsprechenden Rechtspositionen des innerstaatlichen Rechts Kenntnis haben.[10]

- Im Hinblick darauf, dass Steuerbescheide, die nach Ablauf der einmonatigen Einspruchsfrist (§ 355 Abs. 1 AO) auch dann nicht mehr anfechtbar sind, wenn sie gegen das Unionsrecht verstoßen,[11]

---

1 EuGH v. 8.3.2001 – C-397/98 u.a. – Metallgesellschaft u.a., Slg. 2001, I-1760 Rz. 84; v. 2.10.2003 – C-147/01 – Weber's Wine World, Slg. 2003, I-11365 Rz. 93; v. 10.4.2008 – C-309/06 – Marks & Spencer, UR 2008, 592 Rz. 35; v. 6.9.2011 – C-398/09 – Lady & Kid, Slg. 2011, I-7375 Rz. 17.
2 Vgl. *Drüen* in T/K, § 37 AO Rz. 14a; *Drüen* in FS Schaumburg, S. 609 (611).
3 Zum Begriff *Loose* in T/K, Vor § 172 AO Rz. 1.
4 Vgl. BFH v. 16.9.2010 – V R 57/09, BStBl. II 2011, 151.
5 BFH v. 16.9.2010 – V R 57/09, BStBl. II 2011, 151; *Seer* in T/K, AO/FGO, EuRS Rz. 50; *Kokott/Henze*, NJW 2006, 177 (179).
6 BFH v. 16.9.2010 – V R 57/09, BStBl. II 2011, 151 Rz. 21; BVerwG v. 17.1.2007 – 6 C 32.06, NvWZ 2007, 709; *Seer* in T/K, § 125 AO Rz. 11; *Rozek* in H/H/Sp, § 125 AO Rz. 45; vgl. auch EuGH v. 6.10.2009 – C-40/08 – Asturcom Telecomunicaciones, Slg. 2009, I-9597 = EWS 2009, 475 Rz. 37; a.A. *de Weerth*, DStR 2008, 1368 (1369).
7 BFH v. 16.9.2010 – V R 57/09, BStBl. II 2011, 151 Rz. 27.
8 BFH v. 16.9.2010 – V R 57/09, BStBl. II 2011, 151 Rz. 26, 27: Die sog. Emmott'sche Fristenhemmung (EuGH v. 25.7.1991 – C-208/90 – Emmott, Slg. 1991, I-4269 Rz. 23) greift nur in dem Sonderfall ein, dass der Steuerpflichtige durch das Verhalten der Behörde von der rechtzeitigen Einlegung eines Rechtsbehelfs abgehalten wurde; vgl. EuGH v. 28.11.2000 – C-88/99 – Roquette Fréres, Slg. 2000, I-10465 Rz. 33 f.; *Seer* in T/K, § 355 AO Rz. 7.
9 Vgl. EuGH v. 19.9.2006 – C-392/04 u. C-422/04 – i-21 Germany-GmbH und Arcor, Slg. 2006, I-8559 Rz. 59, 60, 62; BFH v. 23.11.2006 – V R 67/05, BStBl. II 2007, 436; v. 16.9.2010 – V R 57/09, BStBl. II 2011, 151 Rz. 28.
10 Vgl. EuGH v. 8.9.2010 – C-409/06 – Winner Wetten, Slg. 2010, I-8015 Rz. 55, 58.
11 EuGH v. 13.1.2004 – C-453/00 – Kühne & Heitz, Slg. 2004, I-837 Rz. 24; v. 19.9.2006 – C-392/04 u. C-422/04 – i-21 Germany-GmbH und Arcor, Slg. 2006, I-8559 Rz. 51.

scheidet auch eine Wiedereinsetzung in die versäumte Einspruchsfrist (§ 110 AO) wegen Unkenntnis einer einschlägigen EuGH-Entscheidung aus.[1]

– Bestandskräftige Steuerbescheide können bei nachträglich erkannter Unionsrechtswidrigkeit auch nach Maßgabe der abgabenrechtlichen Änderungsvorschriften (§§ 172 ff. AO) nicht geändert werden, da insoweit deren Tatbestandsvoraussetzungen nicht gegeben sind,[2] wobei das Unionsrecht weder verlangt, im nationalen Verfahrensrecht einen entsprechenden Überprüfungs- oder Änderungsanspruch für bestandskräftige unionsrechtswidrige Verwaltungsakte vorzunehmen, noch dass aus dem Unionsrecht ein eigenständiger (vom nationalen Recht losgelöster) Überprüfungs- und Änderungsanspruch abgeleitet werden kann.[3]

– Dass für die Rücknahme unionsrechtswidriger belastender Steuerverwaltungsakte, soweit diese nicht Steuerbescheide sind (§ 130 Abs. 1 AO),[4] auf Grund Ermessensreduzierung jedenfalls eine Änderungspflicht besteht,[5] führt nicht dazu, dass dieses Regelungssystem auch auf Steuerbescheide erstreckt werden muss.[6]

28.28 Zu der einzelnen Mitgliedstaaten vorbehaltenen **Verfahrensautonomie** gehören nicht nur Regelungen über Rechtsbehelfsfristen, sondern auch die Vorschriften über die Änderung von Verwaltungsakten, insbesondere von Steuerbescheiden. Das bedeutet, dass im Hinblick auf das Äquivalenz- und Effektivitätsprinzip etwa unionsrechtswidrige Steuerbescheide nur unter den Voraussetzungen geändert werden müssen, die auch für gegen nationales Recht verstoßende Steuerbescheide gelten.[7] Diese dem nationalen Gesetzgeber vorbehaltene Verfahrensautonomie kann dazu führen, dass die Befolgungspflicht von Urteilen des EuGH nachträglich dadurch unterlaufen wird, dass entsprechende Änderungsvorschriften zu Lasten der betreffenden Steuerpflichtigen verschärft werden. Eine unionsrechtliche Schranke ergibt sich allerdings unter dem Gesichtspunkt des Effektivitätsgrundsatzes, der eine angemessene Übergangsfrist verlangt.[8]

3. Urteile mit ex-nunc-Wirkung

28.29 Während Urteile, die im Rahmen eines Vertragsverletzungsverfahrens ergehen, im Grundsatz ex-nunc-Wirkung haben, erlangen im Übrigen Urteile nur dann eine solche ex-nunc-Wirkung, wenn dies im betreffenden Urteil des EuGH durch Beschränkung der Urteilswirkung für die Vergangenheit ausdrücklich festgestellt wird (vgl. Rz. 28.9, 28.11, 28.22).

28.30 In den Fällen, in denen durch Urteil eine Vertragsverletzung festgestellt wird, wird dem Urteil unionsrechtlich mit einer ex-nunc-Behebung der Vertragsverletzung Genüge getan.[9] Es ist grundsätzlich Sa-

---

1 BFH v. 16.9.2010 – V R 57/09, BStBl. II 2011, 151 Rz. 33 f.
2 BFH v. 23.11.2006 – V R 67/05, BStBl. II 2007, 436; v. 23.11.2006 – V R 28/05, BFH/NV 2007, 872; v. 8.7.2009 – XI R 41/08, BFH/NV 2010, 1; v. 16.9.2010 – V R 57/09, BStBl. II 2011, 151 Rz. 43 m.w.N.
3 BFH v. 16.9.2010 – V R 57/09, BStBl. II 2011, 151 Rz. 44; a.A. *Jahndorf/Oellerich*, DB 2008, 2559 (2563); *Meilicke*, DStR 2007, 1892 (1893); *Schacht/Steffens*, BB 2008, 1254 (1257).
4 Für Steuerbescheide gelten die §§ 172 ff. AO.
5 Vgl. zum parallelen § 48 Abs. 1 VwVfG *Englisch*, Die Verwaltung 2008, 99 (102 ff.).
6 BFH v. 16.9.2010 – V R 57/09, BStBl. II 2011, 151 Rz. 46; unter Hinweis auf EuGH v. 6.10.2009 – C-40/08 – Asturcom Telecomunicaciones, Slg. 2009, I-9579 Rz. 49 f.
7 EuGH v. 6.10.2009 – C-40/08 – Asturcom Telecomunicaciones, Slg. 2009, I-9579 Rz. 49 f.
8 EuGH v. 30.6.2011 – C-262/09 – Meilicke II, Slg. 2011, I-5669 = GmbHR 2011, 875 m. Anm. *Rehm/Nagler* – zu § 175 Abs. 2 Satz 2 AO: Nach dieser Vorschrift gilt die nachträgliche Erteilung oder Vorlage einer Bescheinigung oder Bestätigung nicht als rückwirkendes Ereignis. Die Regelung wurde rückwirkend angewendet auf den Zeitpunkt der 3. Lesung des Gesetzes im Bundestag (28.10.2004), was vom EuGH als Verstoß gegen den Effektivitätsgrundsatz angesehen wurde. Zu dieser lex Manninen (§ 175 Abs. 2 Satz 2 AO) im Einzelnen *Loose* in T/K, § 175 AO Rz. 49 ff. mit Nachweisen zu der in der Literatur kontrovers geführten Diskussion.
9 *Karpenstein* in G/H/N, Art. 260 AEUV Rz. 15.

che des nationalen Gesetzgebers, ob die auf Grund des Urteils gebotene Gesetzesänderung einheitlich erst ab einem in der Zukunft liegenden Zeitpunkt oder aber auf alle noch nicht bestandskräftigen Steuerbescheide oder in Ausnahmefällen sogar auf bestandskräftige Steuerbescheide[1] zur Anwendung gebracht wird.[2] Hierbei ist wie folgt zu differenzieren: Wird der unionsrechtswidrige Zustand durch eine den betroffenen Steuerpflichtigen begünstigende Ergänzung des Gesetzes behoben, sind hierdurch alle noch nicht bestandskräftigen Steuerbescheide zu ändern. Wird der vertragsgemäße Zustand demgegenüber durch die Aufhebung einer den Steuerpflichtigen begünstigenden Regelung oder durch eine ihn belastende Änderung des Gesetzes hergestellt, ist eine Rückwirkung ausgeschlossen.[3] In den übrigen Fällen, in denen der EuGH ausnahmsweise die Wirkungen seiner Auslegungs- und Gültigkeitsurteile (Vorabentscheidungsverfahren) ex nunc begrenzt (vgl. Rz. 28.9, 28.11, 28.22), gilt diese Begrenzung nicht für den Kläger des mitgliedstaatlichen Ausgangsverfahrens selbst.[4] Diese dem Effektivitätsgrundsatz[5] entsprechende Rückausnahme erstreckt sich auch auf diejenigen, die bereits vor dem Urteil des EuGH Einspruch eingelegt haben, mit dem sie sich gegen die vom EuGH beanstandete gesetzliche Regelung gewehrt haben.[6] Entsprechendes gilt für jene Steuerpflichtigen, die im Hinblick auf eine beim EuGH anhängige Nichtigkeitsklage (Art. 263 AEUV) Einspruch gegen entsprechende Steuerbescheide eingelegt haben.

VI. Ersatzleistungen

1. Überblick

Die mit eigener Rechtspersönlichkeit ausgestattete EU übt in Beschränkung der Zuständigkeiten der Mitgliedstaaten oder auf Grund der Übertragung von Hoheitsrechten derselben unmittelbar Hoheitsrechte aus[7] mit der Folge, dass hierdurch auch individuelle Rechtspositionen der Unionsbürger betroffen sein können. Eine Beeinträchtigung solcher Rechtspositionen kann gleichermaßen durch administrative und normative Maßnahmen erfolgen. Da die EU mit einer eigenen Rechtspersönlichkeit ausgestattet ist, kann sie auch außerhalb hoheitlichen Handelns im Privatrechtsverkehr auftreten. Es entspricht rechtsstaatlichen Grundsätzen, wenn die EU nicht nur für ihr Handeln im Privatrechtsbereich, sondern auch für ihr hoheitliches Handeln einzustehen hat und ggf. zu Ersatzleistungen verpflichtet ist.[8] Die **Haftungsfähigkeit der EU** ist somit die Folge ihrer Rechtspersönlichkeit.[9] Die entsprechende vertragliche und außervertragliche Haftung der EU ist primärrechtlich verankert (Art. 340 Abs. 1, 2 AEUV), wobei die außervertragliche Haftung Grundrechtsqualität genießt (Art. 41 Abs. 3 GrCh).

28.31

Neben der Haftung der Union[10] haben auch die Mitgliedstaaten für durch unionsrechtswidriges Verhalten entstandene Schäden einzustehen. Entsprechende Rechtsgrundlagen für einen dahingehenden Schadensersatz ergeben sich zwar aus den nationalen Rechtsordnungen, das dort jeweils verankerte

28.32

---

1 Vgl. EuGH v. 13.1.2004 – C-453/00 – Kühne & Heitz, Slg. 2004, I-837 Rz. 24.
2 *Karpenstein* in G/H/N, Art. 260 AEUV Rz. 19.
3 Beispiel: § 8b Abs. 4 KStG wurde durch das Gesetz zur Umsetzung des EuGH-Urt. v. 20.10.2011 in der Rechtssache C-284/09 – KOM/Deutschland, IStR 2011, 840 v. 21.3.2013, BGBl. I 2013, 561 zum Nachteil des Steuerpflichtigen geändert, und zwar erstmals für Bezüge i.S.d. § 8b Abs. 1 KStG, die nach dem 28.2.2013 zugeflossen sind (§ 34 Abs. 7a Satz 2 KStG).
4 EuGH v. 26.4.1994 – C-228/92 – Roquette Frères/HZA Geldern, Slg. 1994, I-1445 Rz. 27 f.; *Pechstein*, EU-Prozessrecht[4], Rz. 872.
5 Vgl. hierzu *Pechstein*, EU-Prozessrecht[4], Rz. 21 ff.
6 EuGH v. 26.4.1994 – C-228/92 – Roquette Frères/HZA Geldern, Slg. 1994, I-1445 Rz. 29; *Pechstein*, EU-Prozessrecht[4], Rz. 872; *Kokott/Henze*, NJW 2006, 177 ff. (179).
7 Grundlegend EuGH v. 15.7.1964 – 6/64 – Costa/E.N.E.L, Slg. 1964, 1251; v. 17.12.1970 – 11/70 – Internationale Handelsgesellschaft, Slg. 1970, 1125; v. 9.3.1978 – 106/77 – Simmenthal, Slg. 1978, 6219.
8 *Gellermann* in Streinz[3], Art. 340 AEUV Rz. 1.
9 *Classen* in O/C/N, Europarecht[8], § 14 Rz. 1.
10 Sonderregelung für die EZB in Art. 340 Abs. 3 AEUV.

Staatshaftungsrecht[1] ist aber unterschiedlich ausgestaltet. Da auch das Unionsrecht keine ausdrückliche Regelung zur mitgliedstaatlichen Staatshaftung wegen Verletzung von Unionsrecht enthält, wurde seitens des EuGH ein entsprechendes „unmittelbar im Gemeinschaftsrecht begründetes" Haftungsregime entwickelt, auf Grund dessen die Mitgliedstaaten für Schäden einzustehen haben, die dem Einzelnen aus einer dem Staat zurechenbaren Verletzung des Unionsrechts erwachsen.[2] Dieser letztlich auf Richterrecht beruhende **unionsrechtliche Staatshaftungsanspruch** ergibt sich im Wesentlichen aus der primärrechtlich begründeten Pflicht zur Behebung der Folgen eines unionswidrigen Verhaltens durch die Mitgliedstaaten (Art. 4 Abs. 3 EUV).[3] Ein Mitgliedstaat ist also grundsätzlich verpflichtet, unter Verstoß gegen das Unionsrecht erhobene Abgaben entsprechend den nationalen Verfahrensmodalitäten nach den Grundsätzen der Äquivalenz und der Effektivität zu erstatten.[4] Diese primärrechtlich verankerte **Folgenbeseitigungspflicht der Mitgliedstaaten** korrespondiert – wenn auch in unterschiedlicher Ausprägung – mit dem in den nationalen Rechtsordnungen verankerten Staatshaftungsanspruch, der im Grundsatz ebenfalls auf Ersatzleistungen abzielt.[5] Auch dieser gegen die Mitgliedstaaten gerichtete Anspruch betrifft unionsrechtswidriges Verhalten insbesondere im legislativen und exekutiven Bereich. Damit ergibt sich eine Parallelität der Haftung von Union und den Mitgliedstaaten.[6]

2. Haftung der EU

28.33 Als eigenständiger Rechtsträger kann die EU als Vertragspartner privatschriftliche Verträge abschließen. Die sich hieraus ergebende vertragliche Haftung und überhaupt das hierfür maßgebliche Recht hat eine primärrechtliche Sonderregelung erfahren (Art. 340 Abs. 1 AEUV), die im Ergebnis klarstellt, dass die EU keinerlei Privilegien gegenüber anderen Rechtsträgern genießt.[7] Darüber hinaus wird auch klargestellt, dass auf einen von der EU geschlossenen Vertrag die Regelungen des internationalen Privatrechts Anwendung finden.[8] Mangels spezifischer Zuständigkeitsnorm[9] sind für Streitigkeiten über die **vertragliche Haftung der EU** grundsätzlich die nationalen Gerichte zuständig (Art. 274 AEUV).[10] Die vertragliche Haftung, die sich nicht nur auf privatrechtliche Verträge, sondern auch auf öffentlichrechtliche Verträge bezieht,[11] wird in der Praxis kraft Vereinbarung zumeist der Anwendung belgischen Rechts oder des Rechts des Mitgliedstaates unterstellt, in dem z.B. die vertraglich geschuldete Leistung zu erbringen ist.[12]

28.34 Während die vertragliche Haftung der EU für den Bereich des Steuerrechts keine Bedeutung hat, erfasst die **außervertragliche Haftung der EU** (Art. 340 Abs. 2 AEUV) im Grundsatz auch einen steuerlichen Schadensersatz. Die Haftung greift nämlich bei unionsrechtswidrigem Organverhalten ein, wenn etwa der Unionsbürger in seiner Rechtsposition durch administrative oder normative Maßnah-

---

1 In Deutschland § 839 BGB, Art. 34 GG.
2 Grundlegend EuGH v. 19.11.1991 – C-6 u. 9/90 – Francovich u.a., Slg. 1991, I-5357 Rz. 41; seitdem st. Rspr.; vgl. etwa EuGH v. 24.3.2009 – C-445/06 – Danske Slagterier, Slg. 2009, I-2119 Rz. 20 ff.; v. 26.1.2010 – C-118/08 – Transportes Urbanos, Slg. 2010, I-635 Rz. 25; vgl. auch die Rechtsprechungsübersicht bei *Gellermann* in Streinz³, Art. 340 AEUV Rz. 39.
3 Vgl. EuGH v.19.11.1991 – C-6/90 u. 9/90 – Francovich u.a., Slg. 1991, I-5357 Rz. 36.
4 EuGH v. 9.11.1983 – 189/82 – San Giorgio, ECLI:EU:C:1983:318 Rz. 12; EuGH v. 14.1.1997 – C-192-218/95 – Comateb, ECLI:EU:C:1997:12 Rz. 20; EuGH v. 12.12.2013 – C-362/12 – Test Claimants in the Franked Investment, ECLI:EU:C:2013: 834 Rz. 30; EuGH v. 1.3.2018 – C – 76/17 – Petrotel-Lukoil u. Georgesen, ZfZ 2018, 126 Rz. 32.
5 EuGH v. 5.3.1996 – C-46/93 u. C-48/93 – Brasserie du pêcheur, Slg. 1996, I-1029 Rz. 29; zu Einzelheiten *Guckelberger*, EuR 2011, 75 ff.
6 *Jacob/Kottmann* in G/H/N, Art. 340 AEUV Rz. 5.
7 *Gellermann* in Streinz³, Art. 340 AEUV Rz. 3; *Jacob/Kottmann* in G/H/N, Art. 340 AEUV Rz. 19.
8 *Ruffert* in Calliess/Ruffert⁵, Art. 340 AEUV Rz. 4; *Gellermann* in Streinz³, Art. 340 AEUV Rz. 5.
9 Vgl. Art. 13 Abs. 2 Satz 1 AEUV.
10 Hierzu *Karpenstein* in G/H/N, Art. 274 AEUV Rz. 10 f.
11 *Jacob/Kottmann* in G/H/N, Art. 340 AEUV Rz. 26.
12 *Gellermann* in Streinz³, Art. 340 AEUV Rz. 5.

men der EU beeinträchtigt und geschädigt wird. Angesprochen ist hiermit insbesondere der Erlass von Verordnungen und Richtlinien und sonstigen Rechtsakten – z.B. Beschlüsse –, die mit Primärrecht nicht vereinbar sind.[1] Die Frage einer vertraglichen Haftung der EU stellt sich insbesondere im Anschluss an eine Nichtigkeitsklage (Art. 263 AEUV; vgl. hierzu Rz. 5.29, 27.50 ff., 28.18 ff.), in deren Rahmen der angefochtene Rechtsakt der Union für nichtig erklärt wird (Art. 264 AEUV).

Die außervertragliche Haftung wird durch eine **Amtshaftungsklage** geltend gemacht (Art. 268 AEUV), wobei das EuG für Klagen von natürlichen oder juristischen Personen und der EuGH für Klagen seitens der Mitgliedstaaten[2] zuständig ist (Art. 256 Abs. 1 Satz 1 AEUV, Art. 51 EuGH-Satzung).[3]

28.35

Die außervertragliche Haftung der EU setzt voraus, dass ein Organ oder ein Bediensteter der EU in Ausübung einer Amtstätigkeit eine höherrangige, dem Schutz des Einzelnen dienende Rechtsnorm in qualifizierter Weise verletzt und dadurch unmittelbar einen kausalen Schaden verursacht hat.[4] Zum **haftungsbegründenden Verhalten** gehören gleichermaßen administratives, legislatives/normatives und judikatives Fehlverhalten.[5] Eine in der Praxis bedeutsame Schranke ergibt sich dadurch, dass im Rahmen einer den Betroffenen obliegenden **Schadensminderungspflicht**[6] eine außervertragliche Haftung der EU nur in Betracht kommt, wenn zuvor alle staatlichen Rechtsbehelfe, soweit dies zumutbar ist,[7] ausgeschöpft sind.[8] Schließlich kommt eine außervertragliche Haftung der EU ohnehin nur in Betracht, wenn der geltend gemachte Ersatzanspruch nicht bereits zum Zeitpunkt der Einreichung der Klageschrift verjährt ist.[9]

28.36

3. Haftung der Mitgliedstaaten

Während die Haftung der EU für administratives, legislatives, normatives und judikatives Unrecht im Primärrecht eine ausdrückliche Regelung gefunden hat (Art. 340 Abs. 2 AEUV), wird eine entsprechende Haftung der Mitgliedstaaten ohne konkrete Verortung aus dem Unionsrecht abgeleitet.[10] Mit dieser Haftung der Mitgliedstaaten korrespondiert ein entsprechender **unionsrechtlicher Staatshaftungsanspruch** natürlicher und juristischer Personen. Die Rechtsgrundlage hierfür ergibt sich auch im nationalen Recht, das allerdings durch den originär unionsrechtlichen Anspruch zu modifizieren ist.[11] Soweit sich nationales Recht (in Deutschland: § 839 BGB i.V.m. Art. 34 GG) und Unionsrecht überlagern, entsteht eine Anspruchskonkurrenz, wobei wegen des Anwendungsvorrangs des Unionsrechts ein etwa gerichtlich zugesprochener Schadensersatz nicht hinter dem zurückbleiben darf, was

28.37

---

1 *Gellermann* in Streinz³, Art. 340 AEUV Rz. 16.
2 Auch diese sind anspruchsberechtigt; vgl. *Gellermann* in Streinz³, Art. 340 AEUV Rz. 9.
3 *Pechstein*, EU-Prozessrecht⁴, Rz. 684.
4 Vgl. EuGH v. 17.12.1981 – 197/80 u.a. – Ludwigshafener Walzmühle, Slg. 1981, 3211 Rz. 18; v. 30.6.2005 – C-295/03 – Alessandrini, Slg. 2005, I-5673 Rz. 61; v. 9.11.2006 – C-243/05 – Agraz, Slg. 2006, I-10833 Rz. 26; v. 9.9.2008 – C-120/06 u.a. – FIAMM und Fedon, Slg. 2008, I-6513 Rz. 106; *Gellermann* in Streinz³, Art. 340 AEUV Rz. 11; *Pechstein*, EU-Prozessrecht⁴, Rz. 707.
5 Hierzu im Überblick *Gellermann* in Streinz³, Art. 340 AEUV Rz. 16.
6 *Gellermann* in Streinz³, Art. 340 AEUV Rz. 31.
7 EuGH v. 4.10.1979 – 238/78 – Ireks Arkady, Slg. 1979, 2955 Rz. 14.
8 *Jacob/Kottmann* in G/H/N, Art. 340 AEUV Rz. 60 f.; *Gellermann* in Streinz³, Art. 340 AEUV Rz. 31; *Detterbeck*, AÖR 125 (2000), 202 (220 ff.).
9 Verjährungsfrist fünf Jahre; vgl. Art. 46 EuGH-Satzung.
10 Es handelt sich um einen Anspruch, der „seine Grundlage unmittelbar im Gemeinschaftsrecht findet", so oder so ähnlich seit EuGH v. 19.11.1991 – C-6/90, 9/90 – Francovich u.a., Slg. 1991, I-5357 Rz. 41; zuletzt EuGH v. 1.3.2018 – C-76/17 – Petrotel Lukoil u. Georgesen, ZfZ 2018, 126 Rz. 32; vgl. auch die Rechtsprechungsübersicht bei *Gellermann* in Streinz³, Art. 340 AEUV Rz. 39.
11 Vgl. BGH v. 24.10.1996 – III ZR 127/91, NJW 1997, 123 (124); v. 24.11.2005 – III ZR 4/05 (KG), NJW 2006, 690; v. 22.1.2009 – III ZR 233/07, NJW 2009, 2534 (2535); *Ruffert* in Calliess/Ruffert⁵, Art. 340 AEUV Rz. 70; *Gellermann* in Streinz³, Art. 340 AEUV Rz. 41.

auf Grund des unionsrechtlichen Staatshaftungsanspruchs zuzubilligen ist.[1] Hieraus folgt, dass der unionsrechtliche Staatshaftungsanspruch stets eingreift, wenn das staatliche Haftungsrecht den vom Unionsrecht geforderten Schadensersatz nicht gewährt. Aus der Sicht des deutschen Rechts gilt das insbesondere in den Fällen, in denen es um legislatives/normatives Unrecht geht, für das ein Staatshaftungsanspruch nach deutschem Recht überhaupt nicht vorgesehen ist.[2] Darüber hinaus greift der unionsrechtliche Staatshaftungsanspruch auch insoweit durch, als hiernach das sog. Richterprivileg (§ 839 Abs. 2 BGB) ausscheidet[3] und ein etwaiges Verschulden der betreffenden Amtsträger ohne Bedeutung ist.[4]

28.38 Der **Schadensersatzanspruch** wegen Verstoßes gegen das Unionsrecht ist unter den folgenden drei Voraussetzungen gegeben:

– Die unionsrechtliche Norm, gegen die verstoßen worden ist, bezweckt die Verleihung von Rechten an die Geschädigten,

– der Verstoß gegen diese Norm ist hinreichend qualifiziert (schwerwiegend) und

– zwischen diesem Verstoß und dem dem Geschädigten entstandenen Schaden besteht ein unmittelbarer Kausalzusammenhang.[5] Diese Voraussetzungen entsprechen denjenigen, die für außervertragliche Ansprüche gegen die EU maßgeblich sind (vgl. Rz. 28.34).[6]

28.39 Im **Steuerrecht** spielen insbesondere Verstöße gegen das Sekundär- und Tertiärrecht eine Rolle. Diese können durch legislatives Handeln oder Unterlassen begangen werden,[7] vor allem im Zusammenhang mit verspäteter oder fehlerhafter Umsetzung von Richtlinien. Derartige Verstöße sind dem betreffenden Mitgliedstaat unmittelbar zuzurechnen. Geht es demgegenüber darum, dass eine Richtlinie ihrerseits gegen höherrangiges Primärrecht verstößt (vgl. hierzu Rz. 4.7), so löst die bloße Umsetzung in nationales Recht keine Staatshaftung aus. In diesem Fall ist der legislative Verstoß gegen Unionsrecht dem Unionsgesetzgeber zuzurechnen, so dass hierfür die EU selbst zur Haftung herangezogen werden kann (Art. 340 Abs. 2 AEUV).[8] Gegen Unionsrecht verstoßende Verwaltungsanweisungen und Fehlentscheidungen letztinstanzlicher Gerichte, etwa wegen Nichtbeachtung verbindlichen Unionsrechts, sind dagegen stets dem Mitgliedstaat selbst zuzurechnen, so dass insoweit eine Ersatzpflicht bestehen kann.[9] Soweit die unionsrechtliche Staatshaftung davon abhängt, dass die verletzte Norm des Unionsrechts die Verleihung subjektiver Rechte bezweckt, kann dies für den Bereich des Steuerrechts jedenfalls stets dann bejaht werden, wenn es etwa bei der MwSt um Steuerbefreiungen und den Vorsteuerabzug geht.[10]

---

1 *Gellermann* in Streinz[3], Art. 340 AEUV Rz. 41; *Wöstmann* in Staudinger, § 839 BGB Rz. 529.
2 Vgl. BGH v. 29.3.1971 – III ZR 110/68, BGHZ 56, 40 (44 f.); v. 30.5.1983 – III ZR 195/81, BGHZ 87, 321 (335); v. 7.7.1988 – III ZR 198/87, NJW 1989, 101; *Wöstmann* in Staudinger, § 839 BGB Rz. 177 ff., dort auch mit Hinweis auf die Besonderheit des „enteignungsgleichen Eingriffs".
3 Vgl. EuGH v. 13.6.2006 – C-173/03 – Traghetti del Mediterraneo, Slg. 2006, I-5177 Rz. 37 ff.; *Gellermann* in Streinz[3], Art. 340 AEUV Rz. 58; *Wöstmann* in Staudinger, § 839 BGB Rz. 544.
4 EuGH v. 5.3.1996 – C-46/93 u.a. – Brasserie du pêcheur, Slg. 1996, I-1029 Rz. 75 ff.; *Gellermann* in Streinz[3], Art. 340 AEUV Rz. 55.
5 Vgl. EuGH v. 5.3.1996 – C-46/93 u.a. – Brasserie du pêcheur, Slg. 1996, I-1029 Rz. 51; v. 23.5.1996 – C-5/94 – Hedley Lomas, Slg. 1996, I-2553 Rz. 25; v. 8.10.1996 – C-178/94 u.a. – Dillenkofer u.a., Slg. 1996, I-4845 Rz. 21; v. 24.3.2009 – 445/06 – Danske Slagterier, DStR 2009, 703 Rz. 19.
6 Zur Parallelität der Ansprüche vgl. *Wöstmann* in Staudinger, § 839 BGB Rz. 524.
7 EuGH v. 5.3.1996 – C-46/93 u.a. – Brasserie du pêcheur, Slg. 1996, I-1029 Rz. 32; v. 30.9.2003 – C-224/01 – Köbler, Slg. 2003, I-10290 Rz. 31.
8 *Wöstmann* in Staudinger, § 839 BGB Rz. 527 m.w.N.
9 Zur Haftung für gerichtliche Fehlentscheidungen EuGH v. 30.9.2003 – C-224/01 – Köbler, Slg. 2003, I-10290 Rz. 30 ff.; v. 13.6.2006 – C-173/03 – Traghetti del Mediterraneo, Slg. 2006, I-51077 Rz. 30 f.
10 Vgl. etwa BGH v. 26.4.2012 – III ZR 215/11, UR 2012, 632 zu § 4 Nr. 9b UStG 1980; v. 12.5.2001 – III ZR 59/10, WM 2011, 1670.

28.40 In den vorgenannten Fällen scheitert ein Ersatzanspruch allerdings nicht selten daran, dass der Verstoß gegen das Unionsrecht nicht hinreichend qualifiziert ist.[1] Durch diese **Haftungshürde** sollen den Organen und Amtsträgern der Mitgliedstaaten insbesondere die ihnen bei der Umsetzung von Richtlinien zur Verfügung stehenden Entscheidungsspielräume nicht genommen werden.[2] In den Fällen fehlerhafter Umsetzung von Richtlinien ist ein derart „**hinreichend qualifizierter Verstoß**" stets dann gegeben, wenn die Umsetzungsfrist überschritten wird.[3] Ist die maßgebliche Richtlinie fristgerecht, aber inhaltlich fehlerhaft umgesetzt worden, ist ein hinreichend qualifizierter Verstoß nur anzunehmen, wenn damit offenkundig gegen Wortlaut und Ziel der Richtlinie verstoßen wird.[4] Ist dagegen eine Richtlinie so umgesetzt worden, dass das Ergebnis auch bei richtlinienkonformer Auslegung als vertretbar erscheint, von anderen Mitgliedstaaten ebenfalls so vorgenommen wurde oder aber eine unklare Richtlinienbestimmung zugrunde gelegt wird, ist ein hinreichend qualifizierter Rechtsverstoß und somit eine Haftung ausgeschlossen.[5]

28.41 Selbst wenn alle für die unionsrechtliche Staatshaftung maßgeblichen Voraussetzungen erfüllt sind, scheitert ein Anspruch, wenn nicht zuvor in zumutbarer Weise alle Rechtsmittel ausgeschöpft worden sind (§ 839 Abs. 3 BGB).[6] Für den Bereich des Steuerrechts folgt daraus, dass der betroffene Steuerpflichtige den Verstoß gegen Unionsrecht durch Einspruch, Klage und ggf. Revision gegen den Steuerbescheid bzw. Feststellungsbescheid geltend macht. Ist bereits wegen des nämlichen Unionsrechtsverstoßes ein anderes Verfahren (Einspruch, Klage, Revision) anhängig, reicht es aus, wenn im Hinblick darauf das Verfahren ausgesetzt wird (§ 363 Abs. 1 AO, § 74 FGO). Soweit die Rechtsbehelfe im Ergebnis Erfolg haben, wird von Amts wegen eine Änderung der wegen Unionsrechtsverstoßes angefochtenen Steuer- bzw. Feststellungsbescheide vorgenommen, so dass die zu Unrecht gezahlten Steuern zu erstatten sind. Die Frage der unionsrechtlichen Staatshaftung stellt sich somit in diesem Fall nicht. Sie wird nur dann relevant, wenn die außergerichtlichen und gerichtlichen Rechtsbehelfe ohne Erfolg geblieben sind, so dass die angefochtenen Steuer- oder Feststellungsbescheide in Bestandskraft erwachsen sind. Der **Schadensersatz**, der nicht nur eine bloße Entschädigung umfasst,[7] kann in diesem Fall nur durch einen **Erlass der Steuer** (§ 227 AO) bewirkt werden.[8] Hiernach gilt Folgendes: Bestandskräftig festgesetzte Steuern sind nur dann im Billigkeitsverfahren zu erlassen (§ 227 AO), wenn die Steuerfestsetzung offensichtlich und eindeutig unrichtig ist und es dem betreffenden Steuerpflichtigen nicht zuzumuten war, sich hiergegen in dem dafür vorgesehenen Festsetzungsverfahren rechtzeitig zu wehren.[9] Hierbei ist aus der Sicht des nationalen Rechts und des Unionsrechts auf den Zeitpunkt der letzten Verwaltungsentscheidung abzustellen.[10] Im Hinblick darauf kommt ein Erlass bestandskräftig festgesetzter, gegen das Unionsrecht verstoßender Steuern auch unter Beachtung der Grundsätze der Effektivität[11]

---

1 Der „hinreichend qualifizierte" Verstoß ist auch Voraussetzung für die Haftung der EU selbst.
2 Vgl. EuGH v. 5.3.1996 – C-46/93 u.a. – Brasserie du pêcheur, Slg. 1996, I-1029 Rz. 37 ff.; BGH v. 22.1.2009 – III ZR 33/07, NVwZ 2009, 795 (798); *Gellermann* in Streinz³, Art. 340 AEUV Rz. 47.
3 EuGH v. 23.5.1996 – C-5/94 – Hedley Lomas, Slg. 1996, I-2553 Rz. 31; LG Bonn v. 16.4.1999 – 1 O 186/98, WM 1999, 1972 (1975).
4 EuGH v. 26.3.1996 – C-392/93 – British Telecom, Slg. 1996, I-1631 Rz. 42 f.
5 EuGH v. 26.3.1996 – C-392/93 – British Telecom, Slg. 1996, I-1631 Rz. 43; v. 24.9.1998 – C-319/96 – Brinkmann, Slg. 1998, I-5255 Rz. 30 f.
6 EuGH v. 24.3.2009 – C-445/06 – Danske Slagterier, Slg. 2009, I-2119 Rz. 64; BGH v. 9.10.2003 – III ZR 342/02, BGHZ 156, 294 (297 f.); v. 4.6.2009 – III ZR 144/05, BGHZ 181, 199 (211).
7 *Gellermann* in Streinz³, Art. 340 AEUV Rz. 59.
8 BFH v. 13.1.2005 – V R 35/03, BStBl. II 2005, 460; v. 29.5.2008 – V R 45/06, BFH/NV 2008, 1889; v. 5.6.2009 – V B 52/08, BFH/NV 2009, 1593; v. 16.9.2010 – V R 57/09, BStBl. II 2011, 151 Rz. 55.
9 BFH v. 29.5.2008 – V R 45/06, BFH/NV 2008, 1889; v. 14.11.2007 – II R 3/06, BFH/NV 2008, 574; v. 13.1.2005 – V R 35/03, BStBl. II 2005, 460.
10 Ex-ante-Betrachtung: EuGH v. 19.9.2006 – C-392/04 – i-21 Germany-GmbH, Slg. 2006, I-8559 Leitsatz 2; BFH v. 29.5.2008 – V R 45/06, BFH/NV 2008, 1889.
11 Die Ausübung des Unionsrechts darf nicht praktisch unmöglich oder erschwert werden; vgl. EuGH v. 24.4.2008 – C-55/06 – Arcor, EuZW 2008, 319.

und der Äquivalenz[1] nur ganz ausnahmsweise in Betracht, etwa dann, wenn der Steuerpflichtige auf Grund sachlich unzutreffender Hinweise seitens des FA oder des FG den betreffenden Steuer- oder Feststellungsbescheid durch Rücknahme von Einspruch und Klage bestandskräftig werden lässt.[2] Soweit unter den vorgenannten Voraussetzungen ein unionsrechtlicher Schadensersatz durch Erlass von Steuern in Betracht kommt, spielt die Steuerart grundsätzlich keine Rolle.[3] Hieraus folgt, dass eine Ersatzleistung auch durch Erlass von abwälzbaren Steuern in Betracht kommt. Aus unionsrechtlicher Sicht kann allerdings die Ersatzleistung versagt werden, wenn erwiesen ist, dass die Steuer tatsächlich überwälzt worden ist.[4] Nach Maßgabe des deutschen Steuerrechts führt das dazu, dass der Ersatzanspruch entfällt,[5] weil stets nur der Steuerschuldner anspruchsberechtigt ist (§ 37 AO).[6] Soweit im Übrigen unionsrechtlich eine Verzinsung der Ersatzansprüche vorgesehen ist,[7] gelten im Anwendungsbereich des deutschen Steuerrechts die in der AO verankerten Zinsregelungen (§§ 233 ff. AO).

28.42 Der unionsrechtliche Staatshaftungsanspruch unterliegt letztlich den nationalen **Verjährungsvorschriften**,[8] wobei auch unter dem Grundsatz der Effektivität und Äquivalenz die Regelverjährungsfrist von drei Jahren für zivilrechtliche Ansprüche (§ 195 BGB) keiner unionsrechtlichen Beanstandung unterliegt.[9] Da der steuerrechtliche Ersatzanspruch durch Erlass von Steuern zu verwirklichen ist (vgl. hierzu Rz. 28.39), gelten hierfür die in der AO verankerten Verjährungsvorschriften (§§ 169 AO), die unionsrechtlich unter dem Gesichtspunkt der Effektivität und Äquivalenz ebenfalls akzeptabel sind. Das gilt auch unter dem Gesichtspunkt, dass eine Unterbrechung oder Ablaufhemmung für anhängig gemachte Vertragsverletzungsverfahren oder sonstige Verfahren vor dem EuGH nicht vorgesehen ist.[10]

B. Wirkung von Entscheidungen der Kommission

Literatur: *Bartosch*, EU-Beihilfenrecht, München 2009; *Birkenmaier*, Die Vorgaben der Beihilfevorschriften des EG-Vertrages für die direkte Unternehmensbesteuerung, Baden-Baden 2007; *Blumenberg/Kring*, Europäisches Beihilferecht und Besteuerung, IFSt-Schrift Nr. 473 (2011); *Blumenberg/Lausterer*, Staatliche Beihilfen im Bereich der direkten Unternehmensbesteuerung, in Breuninger/Müller/Strobl-Haarmann (Hrsg.), Steuerrecht und Europäische Integration, FS für Rädler, München 1999, 1; *Forst/Kofmann/Pittelkow*, Die mögliche Europarechtswidrigkeit der sog. Sanierungsklausel (§ 8c Abs. 1a KStG), EStB 2010, 309; *Gundel*, Die Rückabwicklung von nicht notifizierten, aber schließlich genehmigten Beihilfen vor den nationalen Gerichten: Vorgaben für die Bewehrung des Durchführungsverbots, EWS 2008, 161; *Hackemann/Momen*, Sa-

---

1 (Gerichtliche) Verfahren mit Bezug zum Unionsrecht dürfen nicht ungünstiger ausgestaltet sein als vergleichbare Verfahren ohne Bezug zum Unionsrecht; EuGH v. 21.9.1983 – 205–215/82 – Deutsche Milchkontor, Slg. 1983, 2633 Rz. 23; zu beiden Grundsätzen *Pechstein*, EU-Prozessrecht[4], Rz. 22 ff.; speziell zu Fällen der Bestandskraftdurchbrechung *Kanitz/Wandel*, EuZW 2008, 231.
2 Zu diesen Fallkonstellationen vgl. *Loose* in T/K, § 227 AO Rz. 47, 49.
3 Vgl. allgemein *Loose* in T/K, § 227 AO Rz. 31.
4 EuGH v. 27.2.1980 – 68/79 – Just, Slg. 1980, 401 Rz. 26; v. 9.11.1983 – 199/82 – San Giorgio, Slg. 1983, 3595 Rz. 13; v. 14.1.1997 – 192/95 u.a. – Comateb, Slg. 1997, I-165 Rz. 27 f.; v. 2.10.2003 – C-147/01 – Webers Wine World, Slg. 2003, I-11365 Rz. 94 ff.; v. 10.4.2008 – C-309/06 – Marks & Spencer, UR 2008, 592 Rz. 41; v. 6.9.2011 – C-398/09 – Lady & Kid, Slg. 2011, I-7375 Rz. 18 ff.; EuGH v. 1.3.2008 – C-76/17 – Petrotel-Lukoil u. Georgesen, ZfZ 2018, 126, Rz. 33 f.
5 Es wäre auch konsequent, dem Steuerträger den Ersatzanspruch zuzubilligen; vgl. EuGH v. 20.10.2011 – C-94/10 – Danfoss u.a., Slg. 2011, I-9963 Rz. 19 ff.; vgl. auch *Eilmannsberger/Thyrie* in Holoubek/Lang, Abgabenverfahrensrecht und Gemeinschaftsrecht, S. 311 (318 ff.); *Englisch* in T/L, Steuerrecht[23], § 4 Rz. 43.
6 *Drüen* in T/K, § 37 AO Rz. 58, 63.
7 EuGH v. 13.3.2007 – C-524/04 – Thin Cap Group Litigation, Slg. 2007, I-2107 Rz. 112.
8 *Gellermann* in Streinz[3], Art. 340 AEUV Rz. 60.
9 EuGH v. 24.3.2009 – C-445/06 – Danske Slagterier, Slg. 2009, I-2119 Rz. 32 f.; zu Einzelheiten *Armbruster/Kämmerer*, NJW 2009, 3601 ff.
10 Vgl. EuGH v. 24.3.2009 – C-445/06 – Danske Slagterier, Slg. 2009, I-2119 Rz. 45 f.

nierungsklausel (§ 8c Abs. 1a KStG) – Analyse der Entscheidungsbegründung der EU-Kommission, BB 2011, 2135; *Heidenhain*, Handbuch des Europäischen Beihilfenrechts, München 2003; *Krumm*, Verfahrensrechtliche Aspekte steuerlicher Beihilfen, in Lang (Hrsg.), Europäisches Steuerrecht, DStJG 41 (2018), 561; *Kube*, Die Gleichheitsdogmatik des europäischen Wettbewerbsrechts – zur Beihilfenkontrolle staatlicher Ausgleichszahlungen, EuR 2004, 230; *M. Lang*, Europäisches Beihilferecht und Besteuerung am Beispiel des § 8c KStG, in Lüdicke, Praxis und Zukunft des deutschen Internationalen Steuerrechts (Forum der Internationalen Besteuerung, Bd. 40), Köln 2012, 85; *M. Lang*, Die gesetzeswidrige Begünstigung von Steuerpflichtigen als gemeinschaftsrechtswidrige Beihilfe?, in Beiser/Kirchmayr/Mayr/Zorn (Hrsg.), Ertragsteuern in Wissenschaft und Praxis, FS für Doralt, Wien 2007, 233; *Lübbig/Martin-Ehlers*, Beihilfenrecht der EU, 2. Aufl., München 2009; *Musil*, Europäisches Beihilferecht und nationales Steuerrecht, FR 2014, 953; *Olking*, Wie europatauglich ist Deutschland?, GmbH-StB 2013, 89; *Rode*, Steuervergünstigungen, Beihilfen und Steuerwettbewerb, Hamburg 2006; *Schön*, Aktuelle Fragen des EG-Beihilfenrechts, ZHR 2001, 111 (Beihefter); *Schön*; Steuerliche Beihilfen, in Koenig/Roth/*Schön*, Aktuelle Fragen des EG-Beihilfenrechts, Heidelberg 2001, 106; *Sutter*, Das EG-Beihilfenverbot und sein Durchführungsverbot in Steuersachen, Wien 2005; *de Weerth*, Die Sanierungsklausel des § 8c KStG und europäisches Beihilferecht, DB 2010, 1205.

I. Kompetenzrahmen

Die Europäische Kommission hat als Organ der Union (Art. 13 Abs. 1 Unterabs. 2 EUV) insbesondere Exekutivaufgaben und darüber hinaus auch legislative Befugnisse.[1] In Orientierung an dem Prinzip der begrenzten Einzelermächtigung (Art. 5 Abs. 1 Satz 1, Abs. 2 EUV; vgl. Rz. 11.1 ff.) bedarf es für das Tätigwerden der Kommission einer ausdrücklichen Ermächtigung (Art. 13 Abs. 2 Satz 1 EUV). Hierbei hat sie auf der Grundlage der loyalen Zusammenarbeit mit anderen Organen der EU und den Mitgliedstaaten (Art. 13 Abs. 2 Satz 2 EUV) die vorrangige Pflicht, die allgemeinen Interessen der Union zu fördern (Art. 17 Abs. 1 Satz 1 EUV). Darüber hinaus, und zwar nachrangig, hat sie auch die Interessen der Mitgliedstaaten zu berücksichtigen (Art. 4 Abs. 2 EUV).[2] Zu ihren Aufgaben gehören insbesondere die Durchführung und die Kontrolle der Einhaltung des Unionsrechts.[3] In Erfüllung dieser Aufgaben wird die Kommission nicht nur gegenüber den Mitgliedstaaten, sondern auch gegenüber privaten Rechtssubjekten tätig. Hierbei trifft sie **Entscheidungen**, die entweder rechtsverbindlich sind oder jedenfalls rechtserhebliche Bedeutung haben. Hierzu gehören z.B. 28.43

– Entscheidungen im Beihilferecht (Art. 108 AEUV), in dem es um eine Beihilfekontrolle gegenüber den jeweiligen Mitgliedstaaten geht,

– Mahnschreiben und Stellungnahmen im Vorverfahren zum Vertragsverletzungsverfahren vor dem EuGH sowie Erhebung der Aufsichtsklage (Art. 258 AEUV),

– delegierte Rechtsakte (Art. 290 AEUV) und Durchführungsakte (Art. 291 AEUV) und

– an private Rechtssubjekte gerichtete Beschlüsse vor allem im Wettbewerbsrecht (Art. 101 AEUV) und im Außenwirtschaftsrecht (Art. 207 AEUV).

Im Bereich des Steuerrechts sind nur die Entscheidungen im Beihilferecht, die Maßnahmen im Vorverfahren zum Vertragsverletzungsverfahren sowie Durchführungsakte von rechtlicher Relevanz. 28.44

II. Entscheidungen im Beihilferecht

1. Entscheidungen der Kommission

Beihilfen – auch steuerliche Beihilfen (Rz. 9.1 ff.) – sind zwar mit dem Binnenmarkt grundsätzlich unvereinbar (Art. 107 Abs. 1 AEUV), hiervon gibt es aber wesentliche Ausnahmen für schadensbeseitigende und nachteilausgleichende Beihilfen (Art. 107 Abs. 2 AEUV) und darüber hinaus für solche 28.45

---

1 Hierzu im Überblick *Ruffert* in Calliess/Ruffert[5], Art. 17 EUV Rz. 3 ff.
2 *Kugelmann* in Streinz[3], Art. 17 EUV Rz. 13.
3 „Hüterin der Verträge"; vgl. *Kugelmann* in Streinz[3], Art. 17 EUV Rz. 31.

Beihilfen, die von der KOM genehmigt werden können (Art. 107 Abs. 3 AEUV). Im Hinblick darauf gibt es kein absolutes Beihilfenverbot,[1] sondern im Grundsatz[2] lediglich ein **präventives Verbot mit Genehmigungsvorbehalt**.[3] Damit unterliegt die Beihilfegewährung seitens der Mitgliedstaaten weitgehend einer umfassenden Kontrolle durch die KOM (Art. 108 AEUV). Die in diesem Aufsichtsverfahren von der KOM zu treffenden Entscheidungen sind entweder an die Adresse der Mitgliedstaaten gerichtete Empfehlungen oder Beschlüsse, die unmittelbare rechtliche Wirkungen erzeugen (vgl. Rz. 9.57 ff.).

2. Empfehlungen

28.46 **Bestehende Beihilfen**, also solche, die bereits vor Inkrafttreten des EWGV (1958) bzw. vor dem Beitritt des jeweiligen Mitgliedstaates gewährt wurden, sowie solche, die von der KOM bereits genehmigt wurden, unterliegen der fortlaufenden **Überprüfung** durch die KOM (Art. 108 Abs. 1 AEUV, Art. 21-23 BeihilfeVerfVO).[4] Es geht hierbei um eine nachträgliche Bestandsaufnahme verbunden mit einer Prüfung, ob insbesondere bereits genehmigte Beihilfen angesichts veränderter Marktbedingungen weiterhin keine für den Binnenmarkt schädlichen Wirkungen entfalten.[5] Zu diesem Zweck besteht für die Mitgliedstaaten die Verpflichtung, der KOM regelmäßig die erforderlichen Auskünfte und Jahresberichte über bestehende Beihilferegelungen zu übermitteln (Art. 21 Abs. 1, Art. 26 BeihilfeVerfVO). Kommt die KOM nach Prüfung zu dem vorläufigen Ergebnis, dass die betreffenden Beihilfenregelungen nicht mehr binnenmarktkonform sind, wird der betreffende Mitgliedstaat hiervon in Kenntnis gesetzt und ihm Gelegenheit zur Stellungnahme gegeben (Art. 21 Abs. 2 BeihilfeVerfVO). Bleibt die KOM bei ihrer Auffassung, so schlägt sie zweckdienliche Maßnahmen vor, die die Änderung oder auch Abschaffung der bestehenden Beihilfenregelung zum Gegenstand haben können (Art. 108 Abs. 1 Satz 2 AEUV, Art. 22 BeihilfeVerfVO). Bei diesem Vorschlag handelt es sich um eine **Empfehlung**, die nicht verbindlich ist (Art. 288 Abs. 5 AEUV).[6] Kommt der betreffende Mitgliedstaat der Empfehlung nicht nach, sind die Voraussetzungen für ein förmliches **Prüfverfahren** durch die KOM gegeben (Art. 23 Abs. 2, Art. 4 Abs. 4 BeihilfeVerfVO). Dieses förmliche Prüfverfahren kann sodann zu dem Ergebnis kommen, dass die beanstandete Beihilfenregelung geändert oder aufzuheben ist (Art. 108 Abs. 2 Unterabs. 1 AEUV). Dieser **Negativbeschluss** der KOM ist bindend (Art. 288 Abs. 4 AEUV) und wirkt ex tunc.[7] Kommt der betreffende Mitgliedstaat dem Beschluss der KOM innerhalb der festgesetzten Frist nicht nach, kann die KOM unmittelbar den EuGH anrufen (Art. 108 Abs. 2 Unterabs. 2 AEUV, Art. 28 Abs. 1 BeihilfeVerfVO). Es handelt sich hierbei um eine **Vertragsverletzungsklage** (Art. 258 AEUV),[8] in deren Rahmen es allein um die Frage geht, ob der betreffende Mitgliedstaat gegen den Beschluss der KOM verstoßen hat.

---

1 EuGH v. 22.3.1977 – 78/76 – Steinike & Weinlig, Slg. 1977, 595 Rz. 8; v. 14.2.1990 – C-301/87 – Boussac, Slg. 1990, I-307 Rz. 15; v. 27.10.1993 – C-72/92 – Scharbatke, Slg. 1993, I-5509 Rz. 19; v. 11.7.1996 – C-39/94 – SFEI, Slg. 1996, I-3547 Rz. 36; hierzu im Überblick *Jestaedt/Schweda* in Heidenhain, Hdb. des Europäischen Beihilferechts, § 14 Rz. 1 ff.

2 Ausnahme: Gruppenfreistellungsverordnungen (GVO) der KOM, die in jedem Mitgliedstaat unmittelbare Geltung haben, vgl. hierzu im Überblick *Koenig/Paul* in Streinz[3], Art. 109 AEUV Rz. 8 ff.; ferner Rz. 9.51.

3 *Kühling/Rüchardt* in Streinz[3], Art. 107 AEUV Rz. 4.

4 VO (EU) 2015/1589 des Rates über besondere Vorschriften für die Anwendung von Art. 108 AEUV v. 13.7.2015, ABl. EU 2015 Nr. L 248, 9; vgl. auch Rz. 9.60.

5 Vgl. EuGH v. 22.3.1977 – 78/76 – Steinike & Weinlig, Slg. 1977, 595 Rz. 9.

6 EuG v. 22.10.1996 – T-330/94 – Salt Union, Slg. 1996, II-1475 Rz. 34 ff.; *Kühling/Rüchardt* in Streinz[3], Art. 108 AEUV Rz. 11; *Bartosch*, EU-Beihilfenrecht[2], Art. 22 VerfVO Rz. 1.

7 EuGH v. 5.10.1994 – C-47/91 – Italgrani, Slg. 1994, I-4635 Rz. 25; v. 15.3.1994 – C-387/92 – Banco Exterior Espania, Slg. 1994, I-877 Rz. 20 f.; *Kühling/Rüchardt* in Streinz[3], Art. 108 AEUV Rz. 12.

8 EuGH v. 3.7.2001 – C-378/98 – KOM/Belgien, Slg. 2001, I-5107 Rz. 26; *Kühling/Rüchardt* in Streinz[3], Art. 108 AEUV Rz. 56.

3. Beschlüsse

Im **steuerlichen Beihilferecht** (hierzu Rz. 9.1 ff.) haben Beschlüsse der KOM über die Vereinbarkeit neuer Beihilfen mit dem Binnenmarkt besondere Bedeutung.[1] Bereits im Vorfeld sind die Mitgliedstaaten verpflichtet, jede beabsichtigte Einführung bzw. Umgestaltung von Beihilfen der KOM zu melden (Art. 108 Abs. 3 Satz 1 AEUV, Art. 2 VerfVO). Mit dieser Notifizierungspflicht korrespondiert ein Durchführungsverbot (hierzu Rz. 9.62 ff.), wonach angemeldete Beihilfen bis zur Beendigung des Prüfverfahrens durch die KOM nicht eingeführt werden dürfen (Art. 108 Abs. 3 Satz 3 AEUV, Art. 3 VerfVO).[2] Das bedeutet, dass etwa direkte Beihilfen nicht ausgezahlt[3] oder entsprechende steuerliche Verschonungsregelungen nicht gewährt werden dürfen. Gesetzestechnisch geschieht das dadurch, dass die betreffende Steuerrechtsnorm erst in Kraft tritt, wenn sie als Beihilfe von der KOM genehmigt worden ist[4] oder aber deren Anwendung bis zur Genehmigung ausgesetzt wird.[5] Das angemeldete Beihilfevorhaben wird sodann einer vorläufigen Prüfung durch die KOM unterzogen (Art. 4 Abs. 5 BeihilfeVerfVO) und durch einen Beschluss beendet (Art. 4 Abs. 1 BeihilfeVerfVO). Soweit der Beschluss beinhaltet, dass es sich bei dem Vorhaben um keine Beihilfe handelt oder dass die geplante Beihilfe mit dem Binnenmarkt vereinbar ist (**Positivbeschluss**), ist das Verfahren und damit automatisch das Durchführungsverbot aufgehoben. Andernfalls ergeht ein Beschluss der KOM über die Eröffnung des förmlichen **Prüfverfahrens** (Art. 4 Abs. 4 BeihilfeVerfVO). Kommt hiernach die KOM zu dem Ergebnis, dass das angemeldete Vorhaben keine Beihilfe darstellt oder als Beihilfe mit dem Binnenmarkt vereinbar ist, erfolgt (wiederum) ein Positivbeschluss (Art. 9 Abs. 2–4 BeihilfeVerfVO). Rechtsfolge hiervon ist die Aufhebung des Durchführungsverbotes.[6] Erfolgt ein **Negativbeschluss**, wird also die Beihilfe nicht genehmigt (Art. 7 Abs. 5 VerfVO), darf die Beihilfe nicht eingeführt werden. Verstößt der betreffende Mitgliedstaat hiergegen, kann der EuGH durch die KOM angerufen werden (Art. 108 Abs. 2 Unterabs. 1 AEUV), womit ein **Vertragsverletzungsverfahren** (Art. 258 AEUV) eingeleitet wird. Betroffene natürliche und juristische Personen haben die Möglichkeit, im ersten Rechtszug mit einer Nichtigkeitsklage zum EuG gegen den Negativbeschluss der KOM vorzugehen (Art. 263 Abs. 4,5 AEUV). Gegen das Urteil des EuG ist sodann ein auf Rechtsfragen beschränktes Rechtsmittel zum EuGH gegeben (Art. 256 Abs. 1 Unterabs. 1 AEUV; Art. 56 f. EuGH-Satzung; Art. 110 ff. VerfO-EuGH).[7]

28.47

4. Rückforderungen

Werden unter Verstoß gegen das Durchführungsverbot Beihilfen vergeben, etwa steuerliche Verschonungsregelungen gewährt, sind auf Grund eines Rückforderungsbeschlusses der KOM die gewährten Beihilfen durch den betreffenden Mitgliedstaat zurückzufordern (Art. 15 Abs. 1 Satz 2, Art. 16, Art. 9 Abs. 5 BeihilfeVerfVO). Dieser Rückforderungsbeschluss (vgl. Rz. 9.66) ist an die Adresse des jeweiligen Mitgliedstaats gerichtet.[8] Hiernach hat er alle notwendigen Maßnahmen zur **Rückforderung der**

28.48

---

1 Vgl. z.B. Beschluss der KOM v. 26.1.2011 – C-7/2010, K (2011) 275, ABl. EU 2011 Nr. L 235, 26.
2 Das Durchführungsverbot gilt auch dann, wenn ein Notifizierungsverfahren nicht durchgeführt wurde; EuGH v. 21.11.2013 – C-284/12 – Deutsche Lufthansa, ECLI:EU:2013.755, Rz. 29.
3 Im Falle bereits erfolgter Auszahlung sind sie ggf. zurückzufordern; vgl. EuGH v. 21.11.2013 – C-284/12 – Dt. Lufthansa, NJW 2013, 3771.
4 Beispiel § 8c Abs. 2 KStG, angef. durch MoRaKG v. 12.8.2008 (BGBl. I 2008, 1672), der mangels Genehmigung durch die KOM v. 30.9.2009 gem. Art. 8 Abs. 2 MoRaKG nicht in Kraft getreten ist.
5 Beispiel § 8c Abs. 1a i.V.m. § 34 Abs. 7c KStG; BMF v. 30.4.2010, BStBl. I 2010, 488; zur Zulässigkeit einer solchen Vorgehensweise EuGH v. 8.11.2001 – C-143/99 – Adria-Wien Pipeline, Slg. 2001, I-8365 Rz. 24.
6 *Kühling/Rüchardt* in Streinz³, Art. 108 AEUV Rz. 19.
7 So im Falle der Sanierungsklausel des § 8c bs. 1a KStG, wonach das vorangegangene Urteil des EuG v. 4.2.2016 – Heitkamp/KOM-T-287/11, EU:T:2016:60 aufgehoben und der Beschluss der KOM v. 26.1.2011 – C 7/10 für nicht erklärt wurde (EuGH v. 28.6.2018 – C-203/156 P – Andres (Heitkamp), ECLI:EU: C2018:505; ferner EuGH v. 28.6.2018 – C-2018/16 P – Deutschland ./. Kommission) EuZW 2018, 686; EuGH v. 28.6.2018 – C-219/16 P – Lowell Financial Services, DStRK 2018, 243.
8 *Kühling/Ghazarian* in Streinz³, Art. 108 AEUV Rz. 31; *Quardt* in Heidenhain, Hdb. des Europäischen Beihilferechts, § 50 Rz. 3.

Beihilfen vom Empfänger zu ergreifen (Art. 16 Abs. 1 Satz 1 BeihilfeVerfVO). Welche Maßnahmen hierfür in Betracht kommen, richtet sich allein nach nationalem Recht,[1] das allerdings insoweit unter dem Vorbehalt des unionsrechtlich verankerten Diskriminierungsverbots[2] und des Äquivalenz-[3] und Effektivitätsgebots[4] steht. Eine Konkretisierung des Effektivitätsgebots enthält die BeihilfeVerfVO dahingehend, dass die Rückforderung „unverzüglich und nach den Verfahren des betreffenden Mitgliedstaats, sofern hierdurch die sofortige und tatsächliche Vollstreckung der KOM-Entscheidung ermöglicht wird", zu erfolgen hat (Art. 16 Abs. 3 Satz 1 VerfVO). Das bedeutet, dass nationales Recht nur Anwendung findet, sofern hierdurch die sofortige und tatsächliche Umsetzung der KOM-Entscheidung ermöglicht wird.[5] Für den Bereich des steuerlichen Beihilferechts folgt hieraus im Ergebnis, dass die Rückforderung rechtswidriger Steuerbeihilfen wegen des Vorrangs des Unionsrechts grundsätzlich ohne Rücksicht auf die Bestandskraft der betreffenden Steuerbescheide oder bereits eingetretener Festsetzungsverjährung durchzusetzen ist.[6] Gegen diesen strikten Umsetzungsbefehl sind allerdings unionsrechtliche Schranken gerichtet. Hierzu gehören insbesondere die Grundsätze der Verhältnismäßigkeit, Rechtssicherheit und des Vertrauensschutzes.[7]

28.49 Unter dem Gesichtspunkt des **Verhältnismäßigkeitsgrundsatzes** ergibt sich, dass eine Rückforderung nicht schon bei bloßer formeller Rechtswidrigkeit erfolgen darf, etwa dann, wenn die KOM während des mitgliedstaatlichen Rückforderungsverfahrens[8] die Beihilfe durch positiven Beschluss für materiell rechtmäßig erklärt.[9] In diesem Fall besteht allenfalls die Verpflichtung, für die Dauer der formellen Rechtswidrigkeit der Beihilfemaßnahmen Zinsen zu zahlen.[10] Unter dem Gesichtspunkt der Rechtssicherheit und des Vertrauensschutzes sowie der im Primärrecht verankerten rechtsstaatlichen Garantien[11] ist eine rückwirkend belastende Normsetzung grundsätzlich unzulässig.[12] Dieses **Rückwirkungsverbot**[13] führt dazu, dass die Rückforderung der Beihilfe durch nachträgliche Versagung auf einer zunächst gültigen Rechtsnorm beruhenden, inzwischen aber als Beihilfe qualifizierten Steuervergüns-

---

1 *Quardt* in Heidenhain, Hdb. des Europäischen Beihilferechts, § 50 Rz. 6.
2 EuGH v. 6.10.2006 – C-232/05 – Scott, Slg. 2006, I-10071 Rz. 42; v. 12.5.2005 – C-415/03 – KOM/Griechenland, Slg. 2005, I-3875 Rz. 44.
3 EuGH v. 5.10.2006 – C-368/04 – Transalpine Ölleitung, Slg. 2006, I-9957 Rz. 48.
4 EuGH v. 5.10.2006 – C-368/04 – Transalpine Ölleitung, Slg. 2006, I-9957 Rz. 48; Bekanntmachung der KOM v. 25.2.2009 über die Durchsetzung des Beihilferechts durch die einzelstaatlichen Gerichte, ABl. EU 2009 Nr. C 85, 1 Rz. 22.
5 *Bartosch*, EU-Beihilfenrecht², Art. 16 VerfVO Rz. 15.
6 Vgl. EuGH v. 20.3.1997 – C-24/95 – Alcan, Slg. 1997, I-1591 Rz. 24; v. 5.10.2006 – C-232/05 – Scott, Slg. 2006, I-10071 Rz. 53; BFH v. 30.1.2009 – VII B 180/08, BFH/NV 2009, 857; *Bartosch*, EU-Beihilfenrecht², Art. 16 VerfVO Rz. 15, 16; *Hackemann/Momen*, BB 2011, 2135 (2136); *Hackemann/Fiedler*, BB 2011, 2972; *Forst/Kofmann/Pittelkow*, EStB 2010, 309 (310) jeweils zur Sanierungsklausel des § 8c Abs. 1a KStG; z.T. wird auf § 130 Abs. 1 AO und auf § 175 Abs. 1 Satz 1 Nr.1 AO als Änderungsgrundlage zurückgegriffen; vgl. die Nachweise bei *Krumm*, DStJG 42 (2018), 561 598 ff.; vgl. auch Rz. 9.67.
7 Vgl. Art. 16 Abs. 1 Satz 2 VerfVO, wonach die KOM die Rückforderung der Beihilfe nicht verlangt, „wenn dies gegen einen allgemeinen Grundsatz des Gemeinschaftsrechts verstoßen würde". Vgl. Rz. 9.69.
8 Zur Sicherung des Art. 108 Abs. 3 Satz 3 AEUV (Durchführungsverbot).
9 EuGH v. 12.2.2008 – C-199/06 – CELF, Slg. 2008, I-469 Rz. 48 ff.; zuvor schon EuGH v. 14.2.1990 – C-301/87 – Boussac, Slg. 1990, I-307 Rz. 11 ff.; vgl. auch *Koenig/Ghazarian* in Streinz³, Art. 108 AEUV Rz. 28 f.; *Martin-Ehlers/Stromayr*, EuZW 2009, 557; *Gundel*, EWS 2008, 161; *Bartosch*, EuZW 2008, 235.
10 EuGH v. 12.2.2008 – C-199/06 – CELF, Slg. 2008, I-469 Rz. 53.
11 Hierzu im Überblick *Streinz* in Streinz³, Art. 6 EUV Rz. 31, 33; *Schroeder* in Streinz³, Art. 288 AEUV Rz. 18.
12 *Pechstein* in Streinz³, Art. 2 EUV Rz. 6.
13 Vgl. EuGH v. 25.1.1979 – 98/78 – Racke, Slg. 1979, 69 Rz. 20; v. 25.1.1979 – 99/78 – Decker, Slg. 1979, 101 Rz. 8; v. 11.7.1991 – C-368/89 – Crispoltoni, Slg. 1991, I-3695 Rz. 17; EuGH v. 17.11.1998 – C-228/96 – Aprile, Slg. 1998, I-7141 Rz. 28; v. 11.7.2002 – C-62/00 – Marks & Spencer, Slg. 2002, I-6325 Rz. 36 f.; v. 29.4.2004 – C-17/01 – Sudholz, Slg. 2004, I-4243 = UR 2004, 315 m. Anm. *Burgmaier*; v. 26.4.2005 – C-376/02 – Stichting „Goed Wonen", Slg. 2005, I-3445.

tigung ausgeschlossen ist, wenn der betreffende Steuerpflichtige auf die Rechtmäßigkeit der betreffenden Regelung vertraut hat und vertrauen durfte.[1] Abzustellen ist hierbei auf den Zeitpunkt, zu dem die KOM das förmliche Prüfverfahren eingeleitet hat.[2] Im Ergebnis besteht damit kein Unterschied zwischen den innerstaatlich aus dem Rechtsstaatsprinzip und den unionsrechtlich aus dem rechtsstaatlichen Garantien abgeleiteten Grundsätzen der Rechtssicherheit und des Vertrauensschutzes. Damit gilt in dem hier interessierenden Zusammenhang: Ein bestandskräftiger Steuerbescheid, der eine im Nachhinein als Beihilfe qualifizierte Steuervergünstigung gewährt, darf nicht zu Ungunsten des Steuerpflichtigen geändert werden, wenn zum Zeitpunkt des Ergehens des Steuerbescheides ein formelles Prüfungsverfahren wegen verbotener Beihilfe durch die KOM noch nicht eingeleitet war.[3]

Zu den im Primärrecht verankerten rechtsstaatlichen Garantien gehört auch die **Rechtschutzgarantie**[4] mit der Folge, dass jeder Unionsbürger im Rahmen der Zuständigkeitsregelungen wegen der Anwendung von Unionsrecht auch innerstaatliche Gerichte anrufen darf. Das bedeutet, dass Steuerpflichtige nicht nur die Möglichkeit haben, sich mit der Nichtigkeitsklage an das EuG zu wenden (vgl. Rz. 5.26 ff.), sondern auch vor nationalen Gerichten, etwa vor dem FG, die Aufhebung wegen verbotener Beihilfen geänderter Steuerbescheide und deren Aussetzung der Vollziehung zu begehren.[5] Das gilt allerdings dann nicht, wenn gegen den Beschluss der KOM keine Nichtigkeitsklage erhoben oder hierüber bereits entschieden wurde.[6] 28.50

III. Entscheidungen im Vertragsverletzungsverfahren

Die Einhaltung des Unionsrechts seitens der Mitgliedstaaten ist einer Kontrolle insbesondere durch die KOM unterworfen (Art. 258 AEUV). Im Hinblick darauf ist sie unter bestimmten Voraussetzungen befugt, gegen Mitgliedstaaten vorzugehen und letztlich den EuGH im Rahmen eines Vertragsverletzungsverfahrens anzurufen (**Aufsichtsklage**).[7] Die KOM wird hierbei zumeist auf Grund von Beschwerden natürlicher und juristischer Personen tätig, womit dem Vertragsverletzungsverfahren insoweit auch eine individualrechtliche Bedeutung zukommt.[8] Sobald die KOM von einem mitgliedstaatlichen Verstoß gegen Unionsrecht erfährt, informiert sie in aller Regel zunächst informell den betreffenden Mitgliedstaat mit dem Ziel, den Sachverhalt im Einzelnen aufzuklären und ggf. ihm bereits im Vorfeld die Möglichkeit einzuräumen, den Vertragsverstoß abzustellen.[9] Wird hierbei nicht bereits die Angelegenheit erledigt, wird durch die KOM ein formelles (außergerichtliches) Vorverfahren eingeleitet (Art. 258 Abs. 1 AEUV). Dieses **Vorverfahren**, deren Einleitung im Ermessen der KOM steht,[10] gliedert sich in 28.51

---

1 Allgemein zum Rückwirkungsverbot im nationalen Recht *Hey* in T/L, Steuerrecht[23], § 3 Rz. 260 ff.
2 Vgl. *Forst/Kofmann/Pittelkow*, EStB 2010, 309 (311).
3 Enger die Rechtsprechung des EuGH, z.B. EuGH v. 19.6.2008 – C-39/06 – KOM/Deutschland, Slg. 2008, I-93; v. 20.3.1997 – C-24/95 – Alcan, Slg. 1997, I-1591 Rz. 25; BFH v. 30.1.2009 – VII B 180/08, BFH/NV 2009, 857, wonach nur ganz außergewöhnliche Umstände als Vertrauensschutzgesichtspunkte zu berücksichtigen sind, wenn die gem. Art. 108 AEUV gebotene Anmeldepflicht des Mitgliedstaates nicht eingehalten worden ist, anders dagegen in der Tendenz EuGH v. 22.6.2006 – C-182/03 u.a. – Belgien, Slg. 2006, I-5479; wie hier im Ergebnis *Reimer* in Holoubek/Lang, Abgabenverfahrensrecht und Gemeinschaftsrecht, S. 185 (240); *de Weerth*, DB 2011, 2070; vgl. auch Rz. 9.70.
4 *Pechstein* in Streinz[3], Art. 2 EUV Rz. 6.
5 Zu Einzelheiten Rz. 9.71 f.
6 Vgl. EuGH v. 9.3.2004 – C-188/92 – Deggendorf, DVBl. 1994, 1122 Rz. 12 ff.; BFH v. 12.10.2000 – III R 35/95, BStBl. II 2001, 499 = FR 2001, 258 m. Anm. *Kanzler*; v. 30.1.2009 – VII B 180/08, BFH/NV 2009, 857.
7 Die daneben bestehende Befugnis auch anderer Mitgliedstaaten (Staatenklage, Art. 259 AEUV) hat in der Praxis dagegen kaum Bedeutung erlangt.
8 *Karpenstein* in G/H/N, Art. 258 AEUV Rz. 15; *Ehricke* in Streinz[3], Art. 258 AEUV Rz. 2, 15.
9 *Borchardt* in Lenz/Borchardt[6], Art. 258 AEUV Rz. 12; *Ehricke* in Streinz[3], Art. 258 AEUV Rz. 16.
10 EuGH v. 17.5.1990 – C-87/89 – Sonito u.a., Slg. 1990, I-1981 (I-2009) Rz. 6; v. 6.7.2000 – C-236/99 – KOM/Belgien, Slg. 2000, I-5657 Rz. 28; v. 4.7.2000 – C-62/98 – KOM/Portugal, Slg. 2000, I-5171 Rz. 37; *Karpenstein* in G/H/N, Art. 258 AEUV Rz. 34.

drei Abschnitte: Mahnschreiben der KOM, Gegendarstellung des betroffenen Mitgliedstaates und begründete Stellungnahme der KOM.[1]

28.52 Das **Mahnschreiben** dient in erster Linie dazu, dem betroffenen Mitgliedstaat rechtliches Gehör zu gewähren.[2] Hierdurch wird (wiederum)[3] die Möglichkeit eingeräumt, die Angelegenheit außergerichtlich zu erledigen.[4] Das Mahnschreiben erzeugt gegenüber dem betroffenen Mitgliedstaat zwar keine unmittelbaren rechtlichen Wirkungen, es ist aber dennoch rechtlich nicht ohne Bedeutung; dies deshalb nicht, weil mit ihm bereits der für die spätere Vertragsverletzungsklage maßgebliche Streitgegenstand festgelegt wird.[5] Das bedeutet, dass die spätere Vertragsverletzungsklage nur auf die Gründe gestützt werden darf, die bereits im Mahnschreiben benannt worden sind.[6] Soll der Streitgegenstand erweitert werden, bedarf es daher eines erneuten Mahnschreibens.[7] In der Praxis erfolgen in diesem Stadium des Vorverfahrens nicht selten informelle Gespräche zwischen der KOM und den zuständigen Regierungsstellen der betroffenen Mitgliedstaaten.[8] Auch hierbei geht es darum, die Beanstandungen der KOM durch entsprechende Maßnahmen der Mitgliedstaaten umzusetzen. Geschieht dies nicht, erfolgt innerhalb einer von der KOM gesetzten Frist eine **Gegendarstellung** der Mitgliedstaaten, zu der allerdings keine Verpflichtung besteht.[9]

28.53 Danach ergeht seitens der KOM eine **begründete Stellungnahme**, in der die KOM dem Mitgliedstaat eine Frist zur Herstellung eines vertragsgemäßen Zustandes setzt (Art. 258 Abs. 2 AEUV). Der betroffene Mitgliedstaat hat somit außergerichtlich die letzte Möglichkeit, einzulenken und den Rügen der KOM durch entsprechende Maßnahmen abzuhelfen. Geschieht dies nicht, erhebt die KOM eine Vertragsverletzungsklage (Aufsichtsklage) zum EuGH.[10]

IV. Durchführungsrechtsakte

28.54 Im Grundsatz obliegt den Mitgliedstaaten die Pflicht, „alle zur Durchführung der verbindlichen Rechtsakte der Union erforderlichen Maßnahmen nach innerstaatlichem Recht" zu ergreifen (Art. 291 Abs. 1 AEUV). Diese Pflicht trifft alle drei Staatsgewalten, so dass neben dem exekutiv-administrativen Vollzug, die legislative Umsetzung und die judikative Kontrolle angesprochen sind.[11] Diese in der **Zuständigkeit der Mitgliedstaaten** liegende Durchführungsverpflichtung entspricht dem primärrechtlich verankerten Grundsatz der begrenzten Einzelermächtigung (Art. 5 Abs. 2 EUV).[12] Für den legislativen Bereich, also für die Umsetzung etwa von Richtlinien, ist die Möglichkeit vorgesehen, der KOM entsprechende Durchführungsbefugnisse zu übertragen, soweit es einheitlichen Bedingungen für die Durch-

---

1 *Ehricke* in Streinz[3], Art. 258 AEUV Rz. 17; *Pechstein*, EU-Prozessrecht[4], Rz. 266 ff.
2 EuGH v. 15.12.1982 – 211/81 – KOM/Dänemark, Slg. 1982, 4547 Rz. 8; v. 11.1.1985 – 192/84 – KOM/Griechenland, Slg. 1985, 3973 Rz. 16; *Kotzur* in G/K/K[6], Art. 258 AEUV Rz. 11; *Ehricke* in Streinz[3], Art. 258 AEUV Rz. 18.
3 So bereits im informellen Vorverfahren.
4 EuGH v. 15.2.2001 – C-230/99 – KOM/Frankreich, Slg. 2001, I-1169 Rz. 31; EuGH v. 17.4.2011 – C-20/09 – KOM/Portugal, Slg. 2011, I-2637 Rz. 19; *Karpenstein* in G/H/N, Art. 258 AEUV Rz. 28.
5 *Karpenstein* in G/H/N, Art. 258 AEUV Rz. 40; *Pechstein*, EU-Prozessrecht[4], Rz. 271.
6 EuGH v. 29.9.1998 – C-191/95 – KOM/Deutschland, Slg. 1998, I-5449 Rz. 55; *Ehricke* in Streinz[3], Art. 258 AEUV Rz. 20; *Pechstein*, EU-Prozessrecht[4], Rz. 274.
7 *Karpenstein* in G/H/N, Art. 258 AEUV Rz. 40; *Ehricke* in Streinz[3], Art. 258 AEUV Rz. 20.
8 Sog. Paketgespräche; vgl. *Karpenstein* in G/H/N, Art. 258 AEUV Rz. 32.
9 EuGH v. 14.6.2007 – C-422/05 – KOM/Belgien, Slg. 2007, I-4749 Rz. 25; v. 18.12.2007 – C-186/06 – KOM/Spanien, Slg. 2007, I-12093 Rz. 15; v. 29.9.1998 – C-191/95 – KOM/Deutschland, Slg. 1998, I-5449 Rz. 55; *Karpenstein* in G/H/N, Art. 258 AEUV Rz. 47.
10 Die Klageerhebung steht im Ermessen der KOM; vgl. EuGH v. 6.7.2000 – C-236/99 – KOM/Belgien, Slg. 2000, I-5657 Rz. 28; v. 27.11.1990 – C-209/88 – KOM/Italien, Slg. 1990, I-4313 Rz. 16; vgl. hierzu *Borchardt* in Dauses/Ludwigs, Handbuch EU-Wirtschaftsrecht, P.I. Rz. 31.
11 *Kotzur* in G/K/K[6], Art. 291 AEUV Rz. 2; *Gellermann* in Streinz[3], Art. 291 AEUV Rz. 7 ff.
12 *Gellermann* in Streinz[3], Art. 291 AEUV Rz. 5.

führung bedarf (Art. 291 Abs. 2 AEUV). Das bedeutet, dass die KOM zu einer Rechtsetzung nur dann befugt ist, wenn eine gleichgerichtete Durchführung des Unionsrechts in den Mitgliedstaaten andernfalls nicht gesichert ist.[1] Die Übertragung der entsprechenden Durchführungsbefugnisse auf die KOM muss in dem jeweiligen Basisrechtsakt verankert sein.[2] Dieses von der KOM erlassene Tertiärrecht hat insbesondere im Zollrecht in Form von Durchführungsverordnungen Bedeutung erlangt.[3]

Die entsprechenden **von der KOM erlassenen Durchführungsrechtsakte** (DVO) haben in den Mitgliedstaaten unmittelbare Geltung und sind daher verbindlich. Hieraus folgt, dass die Mitgliedstaaten im exekutiv-administrativen Bereich die von der KOM erlassenen Durchführungsrechtsakte (DVO) zu beachten haben. Die Kontrolle hierüber übt wiederum die KOM im Rahmen von Vertragsverletzungsverfahren (Art. 258 AEUV) aus,[4] wobei insbesondere im Vorverfahren der betroffene Mitgliedstaat angehalten wird, durch entsprechendes Verwaltungshandeln den Durchführungsrechtsakten der KOM zu folgen.

28.55

---

1 *Nettesheim* in G/H/N, Art. 291 AEUV Rz. 7, 20; *Gellermann* in Streinz³, Art. 291 AEUV Rz. 11.
2 *Nettesheim* in G/H/N, Art. 291 AEUV Rz. 25; *Gellermann* in Streinz³, Art. 291 AEUV Rz. 15.
3 Z.B. VO (EWG) Nr. 2658/87 v. 23.7.1987 über die zolltarifliche und statistische Nomenklatur sowie den gemeinsamen Zolltarif.
4 Gegenstand von Vertragsverletzungsklagen ist auch die Verletzung von Tertiärrecht; *Ehricke* in Streinz³, Art. 258 AEUV Rz. 6; *Karpenstein* in G/H/N, Art. 258 AEUV Rz. 25.

Stichwortverzeichnis

Abgabe
- Diskriminierungsverbot 6.8
- parafiskalische 6.19
- Protektionsverbot 6.8
- zollgleiche 6.51

Abgabe auf Ware
- Diskriminierungsverbot 1.12

Abgabe, inländische
- Diskriminierungsverbot 6.8
- Protektionsverbot 6.8

Abgabenbelastungsvergleich
- Berechnungsmodalität 6.34

Abgabenerhebung
- Warenbezug 6.11

Abgabenlast
- Berechnung 6.36

Abgeltungswirkung
- Bruttobesteuerung 8.38
- privater Kapitalertrag 8.40
- Steuerabzug 8.38

Abgrenzung befreiter Einkünfte
- EU-Steuererhebungsverordnung 22.11 ff.

Abgrenzung befreiter Einkunftsarten
- EU-Steuererhebungsverordnung 22.14

Abgrenzung der Quellenbesteuerung von Besteuerung der Tochtergesellschaft
- Mutter-Tochter-Richtlinie 14.82

Abgrenzung der Steuerbefugnisse
- Steuerregime für Bedienstete der Europäischen Union 22.2 f.

Abgrenzung zu anderen Grundfreiheiten
- allgemeines Diskriminierungsverbot 7.119
- Arbeitnehmerfreizügigkeit 7.67
- Dienstleistungsfreiheit 7.83
- Freizügigkeit der Unionsbürger 7.112
- Kapitalverkehrsfreiheit 7.88 ff.
- Niederlassungsfreiheit 7.72 ff.

Abgrenzung zu Diskriminierung
- beschränkende Wirkung des Steuereingriffs 7.185 ff.

Abgrenzung zwischen Eigen- und Fremdkapitalinstrument
- Zinsen-Lizenzgebühren-Richtlinie 15.29

Abhilfeverfahren
- Verständigungsverfahren 23.16 f.

Abkommen
- gemischtes 4.13

Abkommen über den Europäischen Wirtschaftsraum 2.32

Abkommensberechtigung
- Doppelbesteuerungsabkommensrecht 8.194

Abkommensrecht 8.182 ff.; → auch „Doppelbesteuerungsabkommensrecht"
- Zinsen-Lizenzgebühren-Richtlinie 15.1

Abkommensrechtliche Missbrauchsklausel
- Unionsrechtsvereinbarkeit 8.205 ff.

Abschreibung
- Richtlinienentwurf vom 25.10.2016 für Gemeinsame konsolidierte Körperschaftsteuerbemessungsgrundlage (GKKB) 18.49

Absetzung, erhöhte
- Gebäude in Sanierungsgebieten und bei Baudenkmälern 8.16

Abspaltung
- Fusions-Richtlinie 16.18, 16.30, 16.34

Abstrakte Normenkontrolle
- Nichtigkeitsklage 28.18

Abwägungsfehler
- Beihilfenverbot im Steuerrecht 9.50

Abzugsverbot im Quellenstaat
- Zinsen-Lizenzgebühren-Richtlinie 15.1

acte claire 5.19

acte-claire-Doktrin
- Vorlagepflichtsentfall 27.16

acte-claire-Konstellation
- Vorabentscheidungsverfahren 27.47

acte éclairé
- Vorabentscheidungsverfahren 27.16
- Vorlagepflicht 5.19

Adressierung an alle Mitgliedstaaten
- Mutter-Tochter-Richtlinie 14.9
- Zinsen-Lizenzgebühren-Richtlinie 15.6

AEUV 2.11
- europäisches Normensystem 1.2
- Primärrecht 3.4
- Unionsvertragsrecht 4.4

Agrarabgabeeinnahme
- Eigenmittel der EU 1.24

AKP-Länder
- Assoziierungsabkommen 2.31

Aktienrückkauf
- Mutter-Tochter-Richtlinie 14.42

Aktive Dienstleistungsfreiheit
- Unionsrechtseinwirkung auf innerstaatliches Steuerrecht 4.44

Aktive Wirkung
- allgemeine Grundfreiheitslehre 7.43 ff.

Aktivitätsklausel
- Doppelbesteuerungsabkommensrecht 8.212 f.
- europarechtliche Beurteilung 8.213
- Missbrauchstypisierung 8.213
- Typisierung 8.213

Stichwortverzeichnis

Alkohol
- Harmonisierungsentwicklung und -stand 10.16
- Verbrauchsteuer 10.16, 11.34

Alkoholsteuer 11.36
- Bemessungsgrundlage 20.50 ff.
- Gesetzgebungskompetenz der EU für Rechtsangleichung 1.10
- Harmonisierungsentwicklung und -stand 20.43 f.
- steuerbare Alkoholwaren 20.45 f.
- Steuerbefreiung für Alkoholwaren 20.47 ff.
- Steuersätze für Alkoholwaren 20.50 ff.
- Verfahren der Besteuerung 20.54

Alkoholsteuerstruktur-Richtlinie 11.35

Alkopopsteuer
- nicht harmonisierte deutsche Verbrauchsteuer 11.37

Allgemeine Grundfreiheitslehre
- aktive und passive Wirkung 7.43 ff.
- Anwendungsbereichseröffnung 7.26 ff.
- direkte und indirekte Wirkung 7.46 f.
- Diskriminierungs- und Beschränkungsverbot 7.34 ff.
- gegenständlicher Unionsbezug 7.28
- grenzüberschreitender Bezug 7.30 ff.
- persönlicher Unionsbezug 7.26
- räumlicher Marktbezug 7.29
- Rechtfertigungsgrund 7.48 f.
- Verhältnismäßigkeitsgrundsatz 7.50 ff.
- zeitlicher Binnenmarktbezug 7.33

Allgemeine Gruppenfreistellungsverordnung 9.51

Allgemeine Mitwirkungspflicht
- Steuerpflichtiger 25.4

Allgemeines Diskriminierungsverbot
- Abgrenzung zu anderen Grundfreiheiten 7.119
- Anwendungsbereich einzelner Grundfreiheit 7.117 ff.
- effet utile 7.121
- Grundlagen 7.117 f.
- objektive und subjektive Diskriminierung 7.122
- persönlicher Anwendungsbereich 7.120
- Rechtfertigungsebene 7.123 f.
- tatbestandliche Diskriminierung 7.121 f.

Allgemeines Freiheitsrecht 4.9

Allphasen-Netto-Umsatzsteuer mit Vorsteuerabzug
- Rechtsangleichung bei indirekten Steuern 1.15

Amts- und Rechtshilfe → auch „Grenzüberschreitende Amts- und Rechtshilfe"
- Entwicklungstendenzen 25.12 ff.
- grenzüberschreitende 25.1 ff.

Amtsermittlungsgrundsatz
- grenzüberschreitende Amts- und Rechtshilfe 25.1
- Schlichtungsverfahren 23.2

Amtshaftungsklage
- Ersatzleistung 28.35

Amtshilfe
- Wegzugsbesteuerung bei natürlicher Person 8.81

Amtshilfe-Richtlinie
- Anwendungsbereich 25.15 ff.
- Auskunftsersuchen 25.19 ff.
- automatische Auskunft 25.26 ff
- Durchsetzung innerstaatlichen Steuerrechts 25.16
- Einkommensteuer 25.17
- Erbschaft- und Schenkungsteuer 25.17
- Ermessen der Behörde 25.19
- Ersuchensauskunft 25.19 ff.
- Gesetzgebungskompetenz in Steuerpolitik 11.41
- Gewerbesteuer 25.17
- grenzüberschreitende Amts- und Rechtshilfe 25.15 ff.
- grenzüberschreitender Informationsaustausch 25.15
- Harmonisierungsbereitschaft der Mitgliedsstaaten 10.21
- Körperschaftsteuer 25.17
- rechtliches Gehör 25.20
- Spontanauskunft 25.52 ff.
- Verwaltungszusammenarbeit 25.55 ff.
- vorherige Anhörung 25.20

Änderungs-Richtlinie 2003
- Mutter-Tochter-Richtlinie 14.72 ff.

Anfechtungsklage
- Rechtsschutz 25.96

Anforderungsvergleich mit Mutter-Tochter-Richtlinie
- Zinsen-Lizenzgebühren-Richtlinie 15.17

Angemessenheit
- Rechtfertigungsmöglichkeit von Diskriminierungs- und Beschränkungsverboten im direkten Steuerrecht 7.227

Angleichung
- nationale Steuersysteme 1.4 ff.

Angleichung der Rechtsvorschriften
- Binnenmarkt 1.4

Angleichung der Steuersysteme in der Gemeinschaft
- Europäische Kommission 11.43

Angleichung, punktuelle
- direkte Steuer 10.20 ff.

Anhänge
- geschriebenes Primärrecht 3.4
- Unionsvertragsrecht 4.4

Anhörung
- Mehrwertsteuerzusammenarbeitsverordnung 25.108
- Rechtsschutz 25.95

Anhörungserfordernis
- Auskunftsersuchen 25.88
- Auskunftserteilung 25.88

Anhörungspflicht
- Ersuchensauskunft 25.103

Stichwortverzeichnis

Anhörungsrecht
- Auskunftserteilung 25.24

Ankündigungseffekt 12.43

Anrechnung
- Mutter-Tochter-Richtlinie 14.4
- Richtlinienentwurf vom 25.10.2016 für Gemeinsame konsolidierte Körperschaftsteuerbemessungsgrundlage (GKKB) 18.33
- unbeschränkte Steuerpflicht 8.28
- Unionsrechtsvereinbarkeit 8.197

Anrechnungsmethode
- Doppelbesteuerungsabkommensrecht 8.197 f.
- EuGH 8.198
- Mutter-Tochter-Richtlinie 14.60 ff.

Anrechnungsmöglichkeit für ausländische Erbschaftsteuer
- Erbschaft- und Schenkungsteuerrecht 8.72

Ansässigkeit
- Zinsen-Lizenzgebühren-Richtlinie 15.36, 15.38

Ansässigkeit der Gesellschaft
- Fusions-Richtlinie 16.27

Ansässigkeitsbescheinigung
- Mutter-Tochter-Richtlinie 14.6

Ansässigkeitserfordernis
- Mutter-Tochter-Richtlinie 14.18 f.

Ansässigkeitsstaat der Muttergesellschaft
- Mutter-Tochter-Richtlinie 14.3

Anspruch auf Wiederaufgreifen des Verfahrens nach Bestandskrafteintritt
- kumulative Voraussetzungen 26.18

Anteilseigneransässigkeit
- Mutter-Tochter-Richtlinie 14.13
- Zinsen-Lizenzgebühren-Richtlinie 15.11

Anteilseignerebene
- Fusions-Richtlinie 16.57 ff.

Anteilstausch
- Fusions-Richtlinie 16.30, 16.38

Anti-Missbrauchsklausel
- Fusions-Richtlinie 14.89
- Mutter-Tochter-Richtlinie 14.85

Anti-Missbrauchsklausel des Mitgliedstaats
- unmittelbare Anwendbarkeit von Unionsrecht 13.13

Anti-Missbrauchsvorschrift
- Zinsen-Lizenzgebühren-Richtlinie 15.9

Anti-Missbrauchsvorschrift im deutschen Recht
- Mutter-Tochter-Richtlinie 14.98

Anti Tax Avoidance Directive (ATAD)
- Abwehrregelungen gegen hybride Gestaltungen 17.93 ff.
- allgemeine Anti-Missbrauchsregelung 17.57, 17.112
- Angleichung der direkten Steuern 10.21
- Anti Tax Avoidance Package 17.10
- Anwendungsbereich 17.29 f.
- Anwendungsvorrang 17.15
- ATAD2 17.12, 17.87 ff.
- Ausnahmen Zinsschranke 17.41 ff.
- Beherrschung 17.72
- Bekämpfung von unfairem Wettbewerb und aggressiver Steuerplanung 17.1
- belastende Regelung 17.18
- BEPS-Projekt 17.4 ff.
- Beschränkung auf unilateral umzusetzende BEPS-Empfehlungen 17.25 f.
- Besteuerung stiller Reserven 17.47
- betriebliche Entstrickungsbesteuerung 7.230
- deduction/non-inclusion 17.83
- De-minimis-Grenze 17.41
- doppelt ansässige Steuerpflichtige 17.101
- double deduction 17.83
- dual inclusion income 17.91
- EBITDA 17.38
- Eigenkapital-Escape 17.43
- Einkünfteberechnung 17.79
- Entstrickungsbesteuerung 17.108 ff.
- Entstrickungsregelungen 17.48 ff.
- Entwicklung 17.10 ff.
- Exit-Tax-Regelung 17.47 ff.
- Finanzunternehmen 17.45
- Fremdkapitalkosten 17.36
- Fusions-Richtlinie 23.24, 23.50, 23.78, 23.85, 23.96, 17.20
- Grundfreiheit 17.16
- Hinzurechnungsbesteuerung 17.68 ff., 17.114
- Historie 17.1 ff.
- hybride Betriebsstätte 17.98
- hybride Gestaltung 17.83 ff., 17.120
- imported mismatches 17.96
- Mindestschutzniveau 17.23, 17.31, 17.69
- Mutter-Tochter-Richtlinie 17.20 f.
- Optionsrechte 17.78
- passive Einkünfte 17.75
- passive Entstrickung 17.52
- periodenübergreifende Ausgleichsregelungen 17.44
- Quellensteuerreduzierung 17.99
- Rang 17.19
- Rechtsgrundlage 17.13
- Rechtsnatur 17.13 ff.
- Regelungskonzept 17.27 ff.
- Richtlinienentwurf 17.10 f.
- Sekundärrecht 17.19
- Sonderstellung 17.18
- stand-alone-Befreiung 17.41
- stille Reserven 17.47
- strukturierte Gestaltung 17.92
- Stundungsregelung 17.110
- transaktionsbezogener Ansatz 17.76
- transparente Gesellschaften 17.30
- überschüssige Fremdkapitalkosten 17.37
- Übertragung von Vermögenswerten 17.47 ff.
- umgekehrt hybride Gestaltungen 17.100
- Umsetzung in nationales Recht 17.14, 17.105

1085

Stichwortverzeichnis

- Umsetzungsfristen 17.103
- Umsetzungsspielraum 17.23
- verbundene Unternehmen 17.89
- Wegzugsbesteuerung 17.47 ff.
- Zielsetzung 17.22 ff.
- Zinsen 17.54
- Zinsen-Lizenzgebühren-Richtlinie 17.20
- Zinsschranke 17.35, 17.106
- Zusammenfassende Mitteilung 17.10

Antragsfrist
- Verständigungsverfahren 23.46

Antragstellung
- Verständigungsverfahren 23.13

Antragstellungsgeltung
- Schiedsverfahrenskonvention zu Verrechnungspreiskorrekturen 23.14
- Verständigungsverfahren 23.14

Anwendbarkeit
- unionsrechtskonforme Auslegung nationaler Umsetzungsakte 13.12 f.

Anwendungsbereich
- Amtshilfe-Richtlinie 25.15 ff.
- Beitreibungs-Richtlinien 25.61 ff.
- Einwirkung allgemeiner Rechtsgrundsätze des EU-Rechts 12.6 ff.
- Fusions-Richtlinie 16.25 ff., 16.91 f.
- Grundfreiheit 7.62 ff.
- Mehrwertsteuerzusammenarbeitsverordnung 25.99 ff.
- Mutter-Tochter-Richtlinie 14.11 ff.
- Schiedsverfahrenskonvention zu Verrechnungspreiskorrekturen 23.7 ff.
- Verbrauchsteuerzusammenarbeitsverordnung 25.119 ff.

Anwendungsbereich des EU-Rechts
- Freiheitsstrafe 12.9
- Geldstrafe 12.9
- Handeln der Mitgliedstaaten 12.8 ff.
- Rechtsbehelfsverfahren 12.9
- Sanktion 12.9

Anwendungsbereich einzelner Grundfreiheit
- allgemeines Diskriminierungsverbot 7.117 ff.
- Arbeitnehmerfreizügigkeit 7.66 ff.
- Dienstleistungsfreiheit 7.82 ff.
- Freizügigkeit der Unionsbürger 7.110 ff.
- Kapitalverkehrsfreiheit 7.87 ff.
- Niederlassungsfreiheit 7.71 ff.
- Warenverkehrsfreiheit 7.62 ff.

Anwendungsbereich, persönlicher
- Beitreibungs-Richtlinien 25.63
- Fusions-Richtlinie 16.92
- Zinsen-Lizenzgebühren-Richtlinie 15.11 ff.

Anwendungsbereich, sachlicher
- Fusions-Richtlinie 16.91
- Mutter-Tochter-Richtlinie 14.41 ff.
- Schiedsverfahrenskonvention zu Verrechnungspreiskorrekturen 23.8

- Zinsen-Lizenzgebühren-Richtlinie 15.20

Anwendungsbereich, territorialer
- Mutter-Tochter-Richtlinie 14.51
- Zinsen-Lizenzgebühren-Richtlinie 15.21

Anwendungsbereichseinschränkung
- Zinsen-Lizenzgebühren-Richtlinie 15.9

Anwendungsbereichseröffnung
- allgemeine Grundfreiheitslehre 7.26 ff.

Anwendungsfragen bei Umsetzung in innerstaatliches Recht
- Fusions-Richtlinie 16.25 ff.
- Mutter-Tochter-Richtlinie 14.11 ff., 14.52 ff.
- Zinsen-Lizenzgebühren-Richtlinie 15.8 ff.

Anwendungsfragen im deutschen Steuerrecht
- Auslandsverlustberücksichtigung 8.103 ff.
- Doppelbesteuerungsabkommensrecht 8.182 ff.
- Eintritt in die EU, Ausschluss und Austritt aus der EU 8.215 ff.
- Erbschaft- und Schenkungsteuerrecht 8.57 ff.
- europäisches Steuerrecht 8.1 ff.
- Funktionsverlagerung 8.161 ff.
- Gemeinnützigkeits- und Spendenrecht 8.43 ff.
- Gemeinnützigkeitsrecht 8.47 ff.
- Hinzurechnungsbesteuerung 8.168 ff.
- Organschaftsregelungen 8.119 ff.
- persönliche Einkommensteuer 8.1 ff.
- persönliche Steuerpflicht 8.1 ff.
- Spendenrecht 8.43 ff., 8.54 ff.
- unbeschränkte Steuerpflicht 8.1 ff.
- Unternehmensbesteuerung 8.76 ff.
- Verrechnungspreis und Funktionsverlagerung 8.152 ff.

Anwendungsvoraussetzung
- Fusions-Richtlinie 16.25 ff.
- Mutter-Tochter-Richtlinie 14.5

Anwendungsvorrang des Unionsrechts 4.18 ff.
- Bundesrecht 4.19
- Grundsätze 4.18 ff.
- Kommunalrecht 4.19
- Kompetenzgrenzeneinhaltung 4.23
- Landesrecht 4.19
- verfassungsrechtliche Vorbehalte 4.21

Anwendungsvorrang und unmittelbare Anwendbarkeit 7.15 ff.

Anwendungsvorrang Unionsrecht
- unionsrechtliche Auslegung nationalen Rechts 13.14 ff.

Anwesenheits- und Teilnahmerecht
- Beitreibungs-Richtlinien 25.91 f.
- Beobachterstatus 25.92
- Verbrauchsteuerzusammenarbeitsverordnung 25.126

Anwesenheitsrecht
- Verwaltungszusammenarbeit 25.55 ff., 25.115

APA 23.40, 23.51

Äquivalenzprinzip
- Auslegungsurteil 28.8

1086

- Beitreibungsersuchen 25.91
- Schadenersatz 28.41
- steuerrechtsbedeutsame allgemeine Rechtsgrundsätze 12.47 f.

Arbeitnehmerfreizügigkeit
- Abgrenzung zu anderen Grundfreiheiten 7.67
- Anwendungsbereich einzelner Grundfreiheit 7.66 ff.
- Einwirkung europäischen Normensystems 1.2
- europäisches Steuerrecht 8.1
- Grundfreiheit 4.9
- Grundfreiheit als Herzstück des europäischen Steuerrechts 7.3
- persönlicher Anwendungsbereich 7.68
- Primärrecht 3.4
- Rechtfertigungsebene 7.70
- sachlicher Anwendungsbereich 7.69
- Unionsrechtseinwirkung auf innerstaatliches Steuerrecht 4.30, 4.36 f.
- Unionstreue 1.5

Arbeitsfaktor
- Richtlinienentwurf vom 25.10.2016 für Gemeinsame konsolidierte Körperschaftsteuerbemessungsgrundlage (GKKB) 18.90

Arbeitsmarktförderung
- Rechtfertigungsunmöglichkeit von Diskriminierungs- und Beschränkungsverboten im direkten Steuerrecht 7.216

Arbeitsweise
- Europäische Union 5.12

Arrest, dinglicher und persönlicher
- Sicherungsmaßnahme 25.73

Arrestanordnung
- Sicherungsmaßnahme 25.84
- Zustellungsersuchen 25.77

Asset-Deal
- Fusions-Richtlinie 16.1

Assoziierungsabkommen
- AKP-Länder 2.31
- Drittstaat 3.21, 6.6
- Drittstaatenanbindung 2.30
- Mazedonien 2.31
- Montenegro 2.31
- Schweiz 2.31
- Türkei 2.31, 6.6
- völkerrechtlicher Vertrag 3.21

Asymmetrische Durchsetzung
- Neutralitätsprinzip 12.23

ATAD; s. Anti Tax Avoidance Directive

Aufhebung rechtswidriger Beihilfe
- EuGH 9.68
- nachträgliche Herstellung der Normalbelastung 9.68
- Rückforderung beihilferechtswidriger Steuervergünstigungen 9.66 ff.

Aufsichtsklage
- Europäische Kommission 28.51

Aufsichtsrats- oder Verwaltungsratsvergütung
- automatischer Informationsaustausch 25.27

Aufspaltung
- Fusions-Richtlinie 16.100

Aufteilung konsolidierter Steuerbemessungsgrundlage
- Formel 18.89
- Richtlinienentwurf vom 25.10.2016 für Gemeinsame konsolidierte Körperschaftsteuerbemessungsgrundlage (GKKB) 18.89

Aufwand für Forschung und Entwicklung
- Richtlinienentwurf vom 25.10.2016 für Gemeinsame konsolidierte Körperschaftsteuerbemessungsgrundlage (GKKB) 18.92

Aufwandsteuer
- Luftverkehrsteuer 11.38

Ausblick
- Richtlinienentwurf vom 25.10.2016 für Gemeinsame (konsolidierte) Körperschaftsteuerbemessungsgrundlage (GKKB) 18.104 ff.

Ausfuhr 2.14
- Höherbelastung 6.22

Ausfuhrbeschränkung
- Vorgaben im Recht europäischer Verträge 6.3

Ausgangsverfahren
- Entscheidungswirkung des EuGH 5.23 ff.

Ausgehendes Ersuchen
- Beitreibungs-Richtlinien 25.67 ff.
- grenzüberschreitende Amts- und Rechtshilfe 25.67 ff.
- Verbrauchsteuerzusammenarbeitsverordnung 25.120

Ausgestaltung, folgerichtige
- Rechtfertigungsmöglichkeit von Diskriminierungs- und Beschränkungsverboten im direkten Steuerrecht 7.199

Ausgleichsposten
- Wegzug von Kapitalgesellschaft 8.89 f.

Ausgleichspostenauflösung
- Sofortversteuerung 8.91

Ausgleichssteuererstattung
- Mutter-Tochter-Richtlinie 14.42

Auskunftsaustausch
- automatischer 25.12 f.

Auskunftsersuchen
- Amtshilfe-Richtlinie 25.19 ff.
- Anhörungserfordernis, kein 25.88
- Auskunftserteilungspflicht 25.86
- Beitreibungs-Richtlinien 25.75 ff., 25.86 ff.
- eingehendes 25.86 ff.
- Ermessen der Behörde 25.19
- Ermessensausübung 25.20
- grenzüberschreitende Amts- und Rechtshilfe 25.75 ff., 25.86 ff.
- Gruppenanfrage 25.19
- Haftungsschuldner 25.75
- Schuldner 25.75

Stichwortverzeichnis

- Spontanauskunft 25.87
- Steuergeheimnis 25.21
- Verhältnismäßigkeit 25.20
- Zumutbarkeit 25.20

Auskunftsersuchen auf Grundlage der Amtshilfe-Richtlinie
- Rechtfertigungsmöglichkeit von Diskriminierungs- und Beschränkungsverboten im direkten Steuerrecht 7.293

Auskunftserteilung
- Anhörungserfordernis, kein 25.88
- Anhörungsrecht 25.24
- automatische Auskunft 25.26 ff.
- automatischer Datenaustausch 25.26
- Bankgeheimnis 25.23
- Frist 25.25
- Gegenseitigkeitsprinzip 25.23
- Geschäftsgeheimnis 25.23
- Gesetzesmäßigkeitsgrundsatz 25.23
- grenzüberschreitende Amts- und Rechtshilfe 25.22 ff.
- Mehrwertsteuerzusammenarbeitsverordnung 25.104
- öffentliche Ordnung 25.23

Auskunftserteilungsanspruch
- grenzüberschreitende Amts- und Rechtshilfe 25.6

Auskunftserteilungspflicht
- Auskunftsersuchen 25.86
- grenzüberschreitende Amts- und Rechtshilfe 25.23

Ausländerdiskriminierung
- gleichheitsrechtliche Ausweitung unionsrechtlich vermittelter Rechtsposition 4.71 f.

Ausländische Kapitalgesellschaft
- privat gehaltene Beteiligung 8.10

Auslandstätigkeitserlass
- Steueranrechnung 8.31

Auslandsverlust
- Berechnung nach inländischen Gewinnermittlungsvorschriften 7.246
- Freistellung EU-ausländischer Einkünfte durch Doppelbesteuerungsabkommen 8.103 ff.

Auslandsverlustberücksichtigung
- Anwendungsfragen im deutschen Steuerrecht 8.103 ff.
- Doppelbesteuerungsabkommen 8.103 ff.
- Drittstaat 8.118
- Tochtergesellschaft 8.104
- Unternehmensbesteuerung 8.103 ff.
- Vergleichbarkeit 8.104 ff.

Auslandsverlustnichtberücksichtigung
- EuGH 7.239 ff
- Rechtfertigungsmöglichkeit von Diskriminierungs- und Beschränkungsverboten im direkten Steuerrecht 7.239 ff.
- steuerliche Kohärenz 7.243
- symmetrische Nichterfassung ausländischer Einkünfte 7.239

Auslandszulage
- Beamter der Europäischen Union 22.7

Auslegung
- autonome 13.2
- europäische Gerichtsbarkeit 5.12
- EU-Verordnungen und EU-Richtlinien 13.1 ff.
- Fusions-Richtlinie 16.22
- Gemeinsame Körperschaftsteuer-Bemessungsgrundlage (GKB) 18.28 ff.
- Grundfreiheit 5.12
- Unionsrecht 13.1 ff.

Auslegung der Verträge
- Vorabentscheidungsverfahren im Steuerrecht 5.11 ff.

Auslegung, primärrechtskonforme
- Unionsrechtseinwirkung auf innerstaatliches Steuerrecht 4.50 f.

Auslegung, richtlinienkonforme
- Unionsrechtseinwirkung auf innerstaatliches Steuerrecht 4.62 f.

Auslegung und Anwendung harmonisierten Steuerrechts 13.1 ff.
- inverser vertikaler Effekt 13.13
- Verbot missbräuchlicher Berufung auf Unionsrecht 13.17 ff.
- vertikaler Effekt 13.12

Auslegungsfrage
- EuGH 5.24

Auslegungsmethode
- Arten 13.1
- EuGH 13.3
- Gewichtung 13.1
- rechtsvergleichende 13.2
- systematische Auslegung 13.4
- systematische Interpretation 13.1
- teleologische Interpretation 13.1
- Wortauslegung 13.3
- Wortlaut 13.1
- Wortsinn 13.7
- Ziel und System von Richtlinie 13.1

Auslegungsurteil
- Äquivalenzprinzip 28.8
- Bindungswirkung inter partes 28.5 ff.
- Bindungswirkungsreichweite 28.6
- Effektivitätsgrundsatz 28.8
- Erga-omnes-Wirkung 28.8
- EuGH 28.5 ff.
- Ex-nunc-Wirkung 28.9
- Reduktion nationalen Rechts 28.6
- Vorabentscheidungsverfahren 28.5 ff.
- Wirkung ex tunc 28.9

Ausnahmekatalog
- Zinsen-Lizenzgebühren-Richtlinie 15.29

Ausschließlichkeit
- unionsrechtliche Kompetenzausübung 11.3 f.

Stichwortverzeichnis

Ausschlussfrist
- Verständigungsverfahren 23.18

Ausschlussfrist bei Antragstellung
- Schiedsverfahrenskonvention zu Verrechnungspreiskorrekturen 23.14

Ausschöpfung der Vollstreckungsmöglichkeit nach nationalem Recht als Voraussetzung
- Beitreibungsersuchen 25.70

Ausschüttungsarten
- Mutter-Tochter-Richtlinie 14.45

Ausschüttungsbegriff
- Mutter-Tochter-Richtlinie 14.45
- zeitlicher Aspekt bei Mutter-Tochter-Richtlinie 14.49 f.

Außenprüfung
- grenzüberschreitende Amts- und Rechtshilfe 25.56 f.
- Simultanprüfung 25.56
- Verbrauchsteuerzusammenarbeitsverordnung 25.126

Außenprüfung, gemeinsame
- Verwaltungszusammenarbeit 25.57

Außensteuer
- Progressionsvorbehalt 8.26

Außenzoll
- einheitlicher 10.6

Außergewöhnliche Belastung
- privater Abzug 8.23 f.

Aussetzung der Vollziehung 5.26
- Rechtsschutz 25.96
- Schiedsverfahren 23.48
- Verständigungsverfahren 23.48
- Zustellungsersuchen 25.77

Ausstrahlung auf Steuerprozess
- Grundsatz und Grenzen beim Vollzug harmonisierten Steuerrechts 26.33 ff.

Ausstrahlung auf Verwaltungsorganisation
- Grundsatz und Grenzen beim Vollzug harmonisierten Steuerrechts 26.31 f.

Ausstrahlungswirkung auf Steuerverfahren
- Grundsatz und Grenzen beim Vollzug harmonisierten Steuerrechts 26.7 ff.

Austausch von Anteilen
- Fusions-Richtlinie 16.38

Austritt aus der EU → auch „Brexit"
- Anwendungsfragen im deutschen Steuerrecht 8.215 ff.
- Ausschluss 2.39
- Austrittsabkommen 2.41 ff.
- Austrittserklärung 2.38
- Austrittsverfahren 2.41
- Auswirkungen 2.45
- Europäische Gerichtsbarkeit 5.46 ff., 8.216
- Frist 2.41
- nationales Verfassungsrecht 2.38
- Rücknahme Austrittserklärung 2.41
- Schiedsverfahrenskonvention 23.9
- unionale Prüfungskompetenz 2.38, 8.216
- Verhandlungen 2.41
- Währungsunion 2.44

Austrittsabkommen
- Backstop 8.220
- Brexit 5.49 ff., 8.219 ff.
- harter Brexit 8.221
- weicher Brexit 8.222

Automatische Auskunft
- Auskunftserteilung 25.26 ff.
- automatischer Informationsaustausch 25.26 ff.
- automatisierter Zugang 25.111
- Country-by-Country-Reporting 25.34 ff.
- erweiterter Kontenabruf 25.37 f.
- Finanzkonten 25.28 ff.
- grenzüberschreitende Gestaltung 25.41
- Intermediär 25.39
- konkretisierende Kennzeichen 25.42 ff.
- länderbezogene Berichte 25.34 ff.
- main benefit-Test 25.43
- Mehrwertsteuer-Informations-Austausch-System (MIAS) 25.109
- Mehrwertsteuerzusammenarbeitsverordnung 25.101, 25.109 ff.
- meldepflichtige Gestaltung 25.41 ff.
- meldepflichtige Person 25.45
- systematische Übermittlung 25.109
- Übermittlung auf elektronischem Weg 25.110
- verbindliche Auskünfte 25.31 ff.
- verbindliche Zusagen 25.31 ff.
- Verbrauchsteuerzusammenarbeitsverordnung 25.123 f.

Automatischer Datenaustausch
- Auskunftserteilung 25.26

Automatischer Informationsaustausch
- Änderungsrichtlinien 25.27
- Aufsichtsrats- oder Verwaltungsratsvergütung 25.27
- automatische Auskunft 25.26 ff.
- Eigentum an unbeweglichem Vermögen und Einkünfte daraus 25.27
- Erweiterung 25.27
- Lebensversicherungsprodukt 25.27
- Rente und ähnliche Zahlung 25.27
- Ruhegehalt 25.27
- Sachverhaltsgruppen 25.27
- Vergütung aus unselbständiger Arbeit 25.27

Automatisierter Zugang
- automatische Auskunft 25.111

Autonome Auslegung
- Unionsrecht 13.2

avoir fiscal
- Unternehmensbesteuerung 7.144

Backstop
- Austrittsabkommen 8.220

Bankgeheimnis
- Auskunftserteilung 25.23

Barzuzahlung
- Fusions-Richtlinie 16.32

Base Erosion and Profit Shifting (BEPS) 10.36 ff.
- ATAD 17.1 ff.
- BEPS-Empfehlungen 7.227, 10.39, 11.44, 17.4 ff.
- BEPS-Roadmap 17.8
- DAC 3 17.9

Base-Erosion-and-Profit-Shifting-Projekt 17.4 ff.
- Entwicklung 17.4 ff.
- Richtlinienentwurf vom 25.10.2016 für Gemeinsame Körperschaftsteuerbemessungsgrundlage (GKKB) 18.68

Basisgesellschaft
- Hinzurechnungsbesteuerung 8.168

Baudenkmal
- erhöhte Absetzung 8.16

Beamtenstatut
- Steuerregime für Bedienstete der Europäischen Union 22.4

Beamter der Europäischen Union
- Auslandszulage 22.7
- Berichtigungskoeffizient 22.7
- Dienstbezüge 22.7
- Familienzulage 22.7
- Grundgehalt 22.7
- Ruhegehalt 22.7
- Sonderabgabe 22.7
- Sozialabgabe 22.7
- Steuerbefreiung 22.2

Bedeutung
- Dienstleistungsfreiheit 7.82
- Freizügigkeit der Unionsbürger 7.110 f.
- Kapitalverkehrsfreiheit 7.87
- Niederlassungsfreiheit 7.71

Bediensteter der Europäischen Union → auch „Steuerregime für Bedienstete der Europäischen Union"
- Steuerbefreiung 22.2
- Steuerregime 22.1 ff.

Befolgungspflicht
- Nichtigkeitsurteil 28.23
- Vertragsverletzungsverfahrensurteil 28.23
- Vorabentscheidungsverfahrensurteil 28.23

Befreiung
- Steuerregime für Bedienstete der Europäischen Union 22.1

Befreiung innerstaatlicher Besteuerung
- EU-Steuererhebungsverordnung 22.11

Befreiungsmethode
- Mutter-Tochter-Richtlinie 14.60 ff.

Begrenzung
- richtlinienkonforme Auslegung 13.16

Begriff → „Definition"

Begründete Stellungnahme
- Entscheidung im Vertragsverletzungsverfahren 28.53
- Europäische Kommission 28.53

Begünstigung von Betriebsvermögen
- deutsche Rechtslage 8.66 ff.
- Erbschaft- und Schenkungsteuerrecht 8.66
- Verschonungsabschlag 8.66, 8.67

Begünstigungswirkung
- faktisch selektive 9.31
- Selektivität 9.30

Beihilfe
- Bekanntmachung zum Beihilfebegriff 9.5
- Definition 9.4
- Differenzierung zwischen neuer und bestehender 9.57
- Durchführungsverbot 9.58
- Einzelmaßnahmen 9.4
- Entschädigungen 9.4
- Entscheidung der Europäischen Kommission 28.45
- EuGH 9.4
- gesetzliche Steuervergünstigungen für Unternehmen im Steuerrecht 9.4
- gezielte steuerliche Mehrbelastung 9.14
- Rückforderungsbeschluss 9.66
- Verhältnis zu Subvention 9.4
- Verwaltungspraxis 9.4

Beihilfe an Unternehmen mit Schwierigkeiten
- Leitlinie 9.52

Beihilfendurchführungsverbot 9.58

Beihilfenkontrolle 9.5
- Beihilfenverbot im Steuerrecht 9.57 ff.
- Durchsetzung des Durchführungsverbots nach Art. 108 Abs. 3 Satz 3 AEUV 9.62 ff.
- europäisches Steuerrecht 9.1
- Gleichheitssatz 9.33
- indirekte Steuern 9.34
- Instrument industriepolitischer Steuerung 9.3
- materiell-rechtlicher Prüfungsmaßstab 9.64
- Prüfungsverfahren 9.59
- Prüfverfahren nach Art. 108 AEUV 9.57 ff.
- Steuerfreiheit von Sanierungsgewinnen 9.57
- Vermeidung internationaler Doppelbesteuerung 9.33
- vorläufige Prüfung 9.59
- Wettbewerbsschutz EU-Binnenmarkt 9.2

Beihilfen-Modernisierungsinitiative
- Europäische Kommission 9.5, 9.52

Beihilfenrechtsmodernisierung 9.5
- Bekanntmachung zum Beihilfebegriff 9.5

Beihilfenverbot im Steuerrecht 9.7 ff.
- Abwägungsfehler 9.50
- Abweichung von Belastungsprinzipien 9.18
- A-priori-Selektivität 9.23
- begünstigende Abweichung belastungsverschärfende Subsysteme 9.29

Stichwortverzeichnis

- Begünstigung von Unternehmen 9.8
- Beihilfenkontrolle 9.57 ff.
- Beweispflicht 9.35
- Branchenzugehörigkeit 9.30
- De-facto-Selektivität 9.26
- De-jure-Selektivität 9.21
- Einwirkung europäischen Normensystems 1.2
- Ermessen 9.49 ff.
- Ermessensfehler 9.50
- europäisches Steuerrecht 9.1 ff.
- faktisch selektive Begünstigungswirkung 9.31
- Finanzierung 9.36
- Gemeinnützigkeitsrecht 8.44
- Gewährung aus staatlichen Mitteln und auf staatliche Veranlassung hin 9.36 ff.
- Gewährung selektiven Vorteils 9.12 ff.
- gezielte steuerliche Mehrbelastung 9.14
- Handelsbeeinträchtigung 9.43 ff.
- Hypothetisches Idealsystem der Besteuerung 9.27
- indirekte bzw. mittelbare Begünstigung von Unternehmen 9.10
- indirekter Vorteil zugunsten bestimmter Unternehmen 9.21
- Kategorien zulässiger Beihilfen 9.47
- Mangel rechtsdogmatischer Stringenz bei Prüfung selektiven Vorteils durch Kommission und EuGH 9.28
- materielle Selektivität 9.30
- mit dem Binnenmarkt vereinbare Beihilfen 9.47 ff.
- Normalbelastung 9.17
- privater Gläubiger 9.13
- privater Kapitalgeber 9.13
- Rechtsform 9.30
- Referenzrahmen für Bestimmung des Belastungsgrunds 9.28 ff.
- regionale Selektivität 9.20
- Rückforderung beihilferechtswidriger Steuervergünstigungen 9.66 ff.
- Saldierung von Begünstigung und Belastung 9.15
- Sanierungsklausel des § 8c Abs. 1a KStG 9.29
- Schnittmenge von Beihilfen- und Grundfreiheitsbeschränkungsverbot 9.53
- Selektivität 9.16
- Sonderabgabe 9.14
- staatliche Veranlassung 9.36 ff.
- Steuerentlastung wg. Sicherung der Staatseinnahmen 9.13
- Steuerfreiheit von Sanierungsgewinnen 9.30
- Tax Ruling Verfahren 9.26
- Unternehmensfunktion 9.30
- Unternehmensgröße 9.30
- Unternehmensrechtsform 9.30
- Unternehmensspezifische Begünstigung 9.30
- Verbesserung der Wettbewerbsfähigkeit bestimmter Unternehmen 9.24
- Vergleichbarkeitsprüfung 9.32
- Vergleichsmaßstab 9.22
- Verhältnis zu Grundfreiheitsverstößen 9.53 ff.
- Verhältnismäßigkeitsgrundsatz 9.25
- Verstoßrechtsfolge 9.56
- vierstufige Prüfungsstruktur 9.7
- Waren und Dienstleistungen 9.34
- Wettbewerbsverfälschung 9.43 ff.
- Zurechenbarkeit 9.36

Beihilferecht
- Beschluss der Europäischen Kommission 28.47

Beihilferechtliche Prüfung 9.7 ff.
- EuGH 9.19
- Unabhängigkeit von Zielsetzung oder tatbestandlicher Ausgestaltung der Begünstigung 9.19

Beihilferechtsentscheidung
- Wirkung von Entscheidung der Europäischen Kommission 28.45 ff.

Beihilfe-Verfahrensverordnung 9.57

Beitreibungsersuchen
- Äquivalenzprinzip 25.81
- Ausschöpfung der Vollstreckungsmöglichkeit nach nationalem Recht als Voraussetzung 25.70
- Beitreibungs-Richtlinien 25.67 ff.
- Bindung an nationales Recht 25.80
- eingehendes Ersuchen 25.78 ff.
- einheitlicher Vollstreckungstitel 25.78
- Erledigung 25.79
- Gegenseitigkeitsprinzip 25.78
- Mahnung 25.83
- missbräuchliche Rechtsausübung 25.69
- nationales Recht 25.80
- Schonungspflicht 25.81
- Unbilligkeit 25.81
- Verständigungsverfahren 25.82
- Vollstreckung wegen rückständiger Steuer 25.67
- Vollstreckungsmaßnahme 25.81
- Vollstreckungspflicht 25.78
- Vollstreckungstitel 25.71
- Vollstreckungsvoraussetzung 25.68
- Vorfeld 25.75

Beitreibungs-Richtlinien 25.361ff.
- Anwendungsbereich 25.61 ff.
- Anwesenheits- und Teilnahmerecht 25.91 f.
- ausgehendes Ersuchen 25.67 ff.
- Auskunftsersuchen 25.75 ff., 25.86 ff.
- Beitreibungsersuchen 25.67 ff.
- gegenseitiges Teilnahmerecht 25.91
- Gesetzgebungskompetenz in Steuerpolitik 11.41
- grenzüberschreitende Amts- und Rechtshilfe 25.61 ff.
- Negativkatalog 25.65
- persönlicher Anwendungsbereich 25.63
- Positivkatalog 25.65
- Rechtsbehelf 25.93

1091

Stichwortverzeichnis

- Rechtsschutz 25.93 ff.
- Rechtsschutzzuständigkeit 25.94
- Sicherungsmaßnahmenersuchen 25.84 f.
- Teilnahmerecht 25.91 f.

Beitrittsassoziierung
- Drittstaatenanbindung 2.31

Belastungsausgleich
- parafiskalische Abgabe 6.50

Belastungsauslösende Verschiedenheit
- Diskriminierung grenzüberschreitender ggü. innerstaatlichen Vorgängen 7.153 ff.

Belastungsgrundbestimmung
- Referenzrahmen 9.29

Belastungsobergrenze
- Beschränkende Wirkung des Steuereingriffs 7.196 ff.

Belastungsprinzipabweichung
- Beihilfenverbot im Steuerrecht 9.18

Belastungsvergleich
- Diskriminierung 6.42
- Protektion 6.42

Belegenheitsfiktion
- Erbschaftsteuer 22.20
- EU-Steuererhebungsverordnung 22.20

Bemessungsgrundlage
- Berichtigung 19.178 ff.
- Ersatzwerte 19.183 ff.
- EU-Steuererhebungsverordnung 22.8 f.
- Gegenleistung, Bestimmung und Bewertung 19.172 ff.
- Gesamtmarge 19.186 ff.
- Gutschein 19.181 ff.
- Mehrwertsteuer 19.170 ff.
- Wert der Gegenleistung 19.171 ff.

Beobachterstatus
- Anwesenheits- und Teilnahmerecht 25.95

BEPS → „Base Erosion and Profit Shifting"

Beratender Ausschuss
- Schlichtungsverfahren 23.22 f., 23.25 ff., 23.30
- Zweijahresfrist 23.23

Berechnung
- mittelbare inländische Abgabenlast 6.36

Berechnung nach inländischen Gewinnermittlungsvorschriften
- Auslandsverlust 7.246

Berechnungsmodalität
- Abgabenbelastungsvergleich 6.34

Berichtigungskoeffizient
- Beamter der Europäischen Union 22.7
- EU-Steuererhebungsverordnung 22.9

Berichtspflicht
- Verhältnismäßigkeitsanforderung 7.236

Beschäftigungsbedingungen für sonstige Bedienstete
- Steuerregime für Bedienstete der Europäischen Union 22.4

Beschleunigtes Verfahren
- EU-Joint-Transfer-Pricing-Forum 23.53

Beschluss
- Bedeutungslosigkeit im Steuerrecht 3.14
- Rechtsakt der EU 3.13
- Rechtsquellen des europäischen Steuerrechts 3.13
- Rechtswirkung 3.13
- Reichweite der Bindungswirkung 3.13
- Sekundärrecht 3.13, 4.4

Beschluss der Europäischen Kommission 28.47
- Durchführungsverbot 28.47
- Negativbeschluss 28.47
- Positivbeschluss 28.47
- Prüfverfahren 28.47
- steuerliches Beihilferecht 28.47
- Vertragsverletzungsverfahren 28.47

Beschränkende Mehrfachbelastung grenzüberschreitender Vorgänge
- internationale Doppelbesteuerung 7.180 ff.
- steuerliche Diskriminierung und Beschränkung 7.180 ff.
- verfahrensrechtliche Doppelbelastung 7.183

Beschränkende Wirkung
- Kfz-Zulassungssteuer 6.70
- Steuererhebung 6.67 ff.

Beschränkende Wirkung des Steuereingriffs
- Abgrenzung zu Diskriminierung 7.185 ff.
- absolute Belastungsobergrenze 7.196 ff.
- Beschränkung im engeren Sinne als Anwendungsfall der Grundfreiheiten 7.191 ff.
- steuerliche Diskriminierung und Beschränkung 7.184 ff.

Beschränkte Steuerpflicht 8.33 ff.
- Brexit 8.230
- Bruttobesteuerung 8.38 ff.
- Erbschaft- und Schenkungsteuerrecht 8.69 f.
- inländische Einkünfte 8.36 f.
- Künstlerverleihgesellschaft 8.37
- Nutzungsrecht 8.41
- objektives Nettoprinzip 8.38
- Steuerabzug 8.38 ff.

Beschränkte Steuerpflicht im Wohnsitzstaat
- EU-Steuererhebungsverordnung 22.18 f.

Beschränkung der ex-tunc-Wirkung
- öffentliches Interesse 28.22
- Unionsinteresse 28.22

Beschränkung im engeren Sinne als Anwendungsfall der Grundfreiheiten
- beschränkende Wirkung des Steuereingriffs 7.191 ff.
- Zweitwohnungsteuer 7.193

Beschränkungsverbot 1.5, 2.16
- Dienstleistungsfreiheit 4.45
- Inländergleichbehandlung 4.31
- Unionsrechtseinwirkung auf innerstaatliches Steuerrecht 4.42

Beschränkungsverbot der Dienstleistungsfreiheit
- EuGH 6.59
Beschränkungsverbote im direkten Steuerrecht 7.1 ff.
Beschwerde einzelner Unionsbürger als Anlass für Europäische Kommission
- Vertragsverletzungsverfahren 5.27
Beseitigung doppelten Inlandsbezugs
- Organschaft 8.121 ff.
- Unionsrechtsvereinbarkeit 8.121 ff.
Besondere Mitwirkungspflicht
- Mitwirkungspflicht des Steuerpflichtigen 25.4
Beständigkeit der Rechtslage
- Vertrauensschutz 12.37 f.
Bestandskraftdurchbrechung
- BFH 5.19
- Steuerverfahren 26.18 f.
- unionsrechtswidrige Steuersubvention 26.26
Bestandskraftregelung
- Steuerverfahren 26.14 ff.
Bestehende Beihilfe
- Prüfungsverfahren 9.60
Bestehenskriterium
- grundfreiheitsbeschränkende Regelung 7.302
Besteuerung
- Bezug 22.6 ff.
- Gehalt 22.6 ff.
- Lohn 22.6 ff.
Besteuerung, inländische
- Wettbewerbsneutralität 6.7
Besteuerung stiller Reserven
- Rechtfertigungsmöglichkeit von Diskriminierungs- und Beschränkungsverboten im direkten Steuerrecht 7.228
Besteuerungsaufschub auf Anteilseignerebene
- Fusions-Richtlinie 16.57 ff.
Besteuerungsaufschub auf der Ebene der einbringenden Gesellschaft
- Fusions-Richtlinie 16.41
Besteuerungsaufschub für stille Reserven
- Fusions-Richtlinie 16.40
Besteuerungsbefugnisaufteilung
- EuGH 7.225
- Rechtfertigungsmöglichkeit von Diskriminierungs- und Beschränkungsverboten im direkten Steuerrecht 7.224, 7.260
Bestimmtheitsgebot
- Normenbestimmtheit 12.30
- Normenklarheit 12.30
- Richtlinienumsetzung 13.10
- steuerrechtsbedeutsame allgemeine Rechtsgrundsätze 12.30 f.
Bestimmungslandprinzip
- Verbrauchsteuer 11.34
Beteiligung
- privat gehaltene 8.10

Beteiligungsbefreiung in § 8b KStG
- Mutter-Tochter-Richtlinie 14.89
Beteiligungsertragsbefreiungsausnahme
- Mutter-Tochter-Richtlinie 14.93
Beteiligungskausalität
- Mutter-Tochter-Richtlinie 14.47 f.
Beteiligungskette
- Mutter-Tochter-Richtlinie 14.64
Beteiligungskosten
- Mutter-Tochter-Richtlinie 14.70 f.
Beteiligungsveräußerungsgewinnbesteuerung
- Mutter-Tochter-Richtlinie 14.8
Beteiligungswertkorrektur bei Verschmelzung
- Fusions-Richtlinie 16.97 f.
Betriebsstätte
- Abkommensberechtigung 8.194
- Definition 16.44
- Definition nach Mutter-Tochter-Richtlinie 14.13
- Fusions-Richtlinie 16.44
- Mutter-Tochter-Richtlinie 14.13, 14.24 f., 14.54 ff.
- Richtlinienentwurf vom 25.10.2016 für Gemeinsame konsolidierte Körperschaftsteuerbemessungsgrundlage (GKKB) 18.80
- Schiedsverfahrenskonvention zu Verrechnungspreiskorrekturen 23.7
- signifikante digitale Präsenz 10.23 ff.
- Zinsen-Lizenzgebühren-Richtlinie 15.8, 15.13 ff., 15.36
Betriebsstätteneinbringung
- Fusions-Richtlinie 16.65 f.
Betriebsstättensituation
- Mutter-Tochter-Richtlinie 14.37 ff., 14.90
- Zinsen-Lizenzgebühren-Richtlinie 15.24
Betriebsstättensituation im deutschen Recht
- Mutter-Tochter-Richtlinie 14.95
Betriebsstättenverlust 8.103 ff.
Betriebsstättenvorbehalt
- Fusions-Richtlinie 16.43
Betriebsvermögen
- Erbschaft- und Schenkungsteuerrecht 8.66
Betroffenheit, unmittelbare
- Nichtigkeitsklage 9.61, 27.55
Beweislast
- Fusions-Richtlinie 16.83
- Motivtest 8.176
Beweislastverteilungsregel
- Schlichtungsverfahren 23.29
Beweismaßreduzierung
- Steuerpflichtiger 25.5
Beweispflicht
- Beihilfenverbot im Steuerrecht 9.35
Beweisverwertungsverbot
- EuGH 26.13
- Steuerverfahren 26.13
Beweiswürdigung
- Steuerpflichtiger 25.5

1093

Stichwortverzeichnis

Bewertungsunterschied
- Funktionsverlagerung 8.165

Bezug
- innerstaatliche Steuerbefreiung für Beamte und Bedienstete der Europäischen Union 22.2
- Steuerregime für Bedienstete der Europäischen Union 22.6 ff.
- unionsautonome Besteuerung 22.6 ff.

Bezug jeder Art
- EU-Steuererhebungsverordnung 22.9

BFH
- Bestandskraftdurchbrechung 5.19
- Hinzurechnungsbesteuerung 8.170 ff.
- Vorlageberechtigung 5.18 f.
- Vorlagefreudigkeit 28.3
- Vorlagepflicht 5.18 f.
- Vorlagepflicht im Vorabentscheidungsverfahren 27.15

Biersteuer 11.36

Bilanz-Richtlinien-Gesetz 2.7

Bilaterale und multilaterale Außenprüfung
- Verwaltungszusammenarbeit 25.117

Bilateraler Vertrag
- grenzüberschreitende Amts- und Rechtshilfe 25.6

Bilaterales Abkommen
- Europäische Union – Schweiz 7.9 ff.

Bilaterales Handelsabkommen
- völkerrechtlicher Vertrag 3.21

Bilaterales Verhältnis
- Diskriminierung zwischen verschiedenen grenzüberschreitenden Vorgängen 7.163 ff.

Bilaterales Zollabkommen
- völkerrechtlicher Vertrag 3.21

Bindung an nationales Recht
- Beitreibungsersuchen 25.80

Bindungswirkung 23.40
- EuGH 5.23 ff.

Bindungswirkung des EuGH-Urteils
- Vorabentscheidungsverfahren 27.49

Bindungswirkung erga omnes
- Gültigkeitsurteil 28.10
- Vorabentscheidungsverfahren 27.22, 27.49

Bindungswirkung inter partes
- Auslegungsurteil 28.5 ff.
- Vorabentscheidungsverfahren 27.22

Bindungswirkungsreichweite
- Auslegungsurteil 28.6
- Beschluss 3.13

Binnenmarkt 1.6, 2.2; → auch „Europäischer Binnenmarkt"
- Angleichung der Rechtsvorschriften 1.4
- Beihilfenverbot im Steuerrecht 9.47
- Erbschaft- und Schenkungsteuerrecht 8.57
- Fusions-Richtlinie 16.4
- Gesetzgebungskompetenz 1.11
- Instrumentarium zur Verwirklichung 1.4

- Subsidiaritätsprinzip 1.8
- Verbrauchsteuerharmonisierung 20.1
- Verwirklichung 1.4
- Wettbewerbsschutz 9.2

Binnenmarktfinalität 6.11
- Grundfreiheit 4.29

Binnenmarkt-Richtlinie 2.9
- Gesetzgebungskompetenz in Steuerpolitik 11.29 f.

Binnenmarktziel 2.16

Binnenmarktzielsetzung
- Gesetzgebungskompetenz in Steuerpolitik 11.22

Binnentransaktionsignorierung innerhalb der Gruppe
- Richtlinienentwurf vom 25.10.2016 für Gemeinsame konsolidierte Körperschaftsteuerbemessungsgrundlage (GKKB) 18.84

Bolkestein-Bericht
- Europäische Kommission 11.43
- Unternehmensbesteuerung 18.7

Branchenzugehörigkeit
- materielle Selektivität 9.30

Brexit → auch „Austritt aus der EU"
- Austrittsabkommen 5.49 ff., 8.219 ff.
- Austrittserklärung 2.38
- Auswirkungen 2.45, 8.215 ff.
- Backstop 8.220
- beschränkte Steuerpflicht 8.230
- Brexit-StBG 2.45, 8.224
- BrexitÜG 8.223
- degressive Gebäude-AfA 8.236
- Doppelbesteuerungsabkommen 8.227
- Ehegattensplitting 8.232
- Eigenmittel der EU 1.24 f.
- Europäische Gerichtsbarkeit 5.46 ff.
- fiktive unbeschränkte Steuerpflicht 8.231
- Grundfreiheiten 8.221, 8.225
- Einlagenrückgewähr 8.241
- Entstrickungsregelungen 8.228
- Erbschaftsteuer 8.243
- Europäisches Primärrecht 8.221, 8.225
- Europäisches Sekundärrecht 8.226
- Gesellschaften britischen Rechts 8.240
- gewerbesteuerliches Schachtelprivileg 8.242
- Grunderwerbsteuer 8.244
- harter Brexit 8.221
- Hinzurechnungsbesteuerung 8.239
- Kindergeld 8.238
- Lohnersatzleistungen 8.235
- nationale Bestimmungen 8.221
- negative Einkünfte 8.233
- politische Erklärung 8.222
- Private Company Limited by Shares 8.240
- Repeal Bill 8.249
- Riester-Rente 8.237
- Sonderausgaben 8.231
- Umsatzsteuer 8.245

- Verbrauchsteuer 8.246
- Versicherungsteuer 8.247
- weicher Brexit 8.222
- Zahlungsstreckung Ersatzwirtschaftsgüter 8.229

Bruttobesteuerung
- Abgeltungswirkung 8.38
- beschränkte Steuerpflicht 8.38 ff.

Bruttomethode bei Organschaft
- Mutter-Tochter-Richtlinie 14.90

Bruttonationaleinkommen
- Eigenmittel der EU 1.24

Buchwertansatz
- Fusions-Richtlinie 16.51, 16.77

Buchwertverknüpfung
- Fusions-Richtlinie 16.61, 16.108 f.

Bundesgesetzgeber
- Vollzugsdefizit 26.28

Bundesrecht
- Anwendungsvorrang des Unionsrechts 4.19

Bundesverfassungsgericht 5.20
- Erbschaft- und Schenkungsteuerrecht 8.68
- Grundrechtskontrolle 4.22
- Kontrolldichte bei gerichtlichen Entscheidungen 27.21
- strukturelles Vollzugsdefizit Zinsurteil 12.26
- Verwerfungsmonopol 4.3

CbC-MCAA 25.13

Chartagrundrecht
- Unionsrechtseinwirkung auf innerstaatliches Steuerrecht 4.26

Country-by-Country-Reporting
- automatische Auskunft 25.39 ff.
- BEPS 10.36 f
- grenzüberschreitende Amts- und Rechtshilfe 25.4 ff.
- grenzüberschreitende Gestaltung 25.41 ff.
- öffentlich 10.35 ff.

CRS-MCAA 25.13

DAC 3 17.9

Dauer
- Vertragsverletzungsverfahren 5.30

Dauerhafter Wertverlust
- Richtlinienentwurf vom 25.10.2016 für Gemeinsame konsolidierte Körperschaftsteuerbemessungsgrundlage (GKKB) 18.54

Deduction/non-inclusion 17.83

De-facto-Selektivität
- Beihilfenverbot im Steuerrecht 9.26
- EuGH 9.26

Definition
- Beihilfe 9.4
- Betriebsstätte 14.13, 16.44
- direkte Steuer 11.39
- EBITDA 17.38
- Erträge 18.31
- europäisches Steuerrecht 1.1 ff.
- Fremdkapitalkosten 17.36
- Grundfreiheit 7.3
- Gruppe 18.80
- hybride Gestaltung 17.90
- inländische Ware 6.23
- Lizenzgebühr 15.35
- Primärrecht 3.4
- Quellensteuer 14.83 f.
- Sekundärrecht 3.6
- Selektivität 9.30
- Steuerabzug an der Quelle 14.78
- steuerfreie Erträge 18.32
- strukturierte Gestaltung 17.92
- Teilbetrieb 16.35, 16.101 f.
- Tertiärrecht 3.15, 4.15
- Unternehmen 9.9
- verbundenes Unternehmen 15.16, 17.89
- Ware 6.9
- Zins 15.35

Deformierung
- Grundrechtsdogmatik 12.7

Delegierter Rechtsakt
- exekutive Rechtsetzung 4.15
- Nichtigkeit 4.17
- Steuerrechtsbedeutsamkeit 3.19
- Tertiärrecht 3.15 f.

Delegierter Rechtsakt der Europäischen Kommission
- Tertiärrecht 4.15

De-minimis-Schwelle
- Diskriminierungsverbot 6.31
- Zinsschranke 17.41

De-minimis-Verordnung
- Verschonungssubvention 9.46

Deutsche Finanzverwaltung
- Vollzugsdefizit 26.30

Deutscher Bundesgesetzgeber
- Vollzugsdefizit 26.28

Deutscher Bundestag
- Europäischer Rat 2.23

Deutscher Landesgesetzgeber
- Vollzugsdefizit 26.29

Deutsches Steuerrecht → auch „Anwendungsfragen im deutschen Steuerrecht"
- Anwendungsfragen 8.1 ff.

Deutschland
- Quellenbesteuerungsverbotsausnahme vor Änderungs-Richtlinie 2003 14.73

Dienstbezüge
- Beamter der Europäischen Union 22.7

Dienstleistung
- im Zusammenhang mit Waren 6.12

Dienstleistungsbesteuerung
- Diskriminierungsverbot 6.4
- Protektionismusverbot 6.4

Stichwortverzeichnis

Dienstleistungsfreiheit
- Abgrenzung zu anderen Grundfreiheiten 7.83
- aktive 4.44
- Anwendungsbereich einzelner Grundfreiheit 7.82 ff.
- Bedeutung 7.82
- Beschränkungsverbot 4.45
- Diskriminierungsverbot 4.45, 6.60
- Einwirkung europäischen Normensystems 1.2
- Grundfreiheit 4.9
- Grundfreiheit als Herzstück des europäischen Steuerrechts 7.3
- persönlicher Anwendungsbereich 7.84
- Rechtfertigungsebene 7.86
- sachlicher Anwendungsbereich 7.85
- Schutz vor steuerlicher Benachteiligung 4.45
- Unionsrechtseinwirkung auf innerstaatliches Steuerrecht 4.30, 4.43 ff.
- Unionstreue 1.5

Dienstleistungshandel
- Diskriminierung 6.59 ff.
- Internationalisierung 6.4

Dienstleistungshandelsdiskriminierung 6.59 ff.
- Verhältnismäßigkeitskontrolle 6.62

Dienstleistungs-Richtlinie
- Vorgaben im Recht europäischer Verträge 6.4

Dienstleistungsverkehr 2.14

Digitalisierung
- digitale Dienstleistung 10.24
- signifikante digitale Präsenz 10.23
- Sondersteuer 10.24
- steuerliche Auswirkungen 10.23 ff.

Digitalsteuer
- Harmonisierungsansätze 21.27

Dinglicher Arrest
- Sicherungsmaßnahme 25.84

Dinglicher und persönlicher Arrest
- Sicherungsmaßnahme 25.73

Directive Shopping
- Missbrauch 7.250, 8.145, 14.88, 15.27
- Mutter-Tochter-Richtlinie 14.88
- Zinsen-Lizenzgebühren-Richtlinie 15.27

Direkte Steuer
- Amtshilfe-Richtlinie, geänderte 2.13
- Amtshilfe-Richtlinien-Umsetzungsgesetz 2.13
- Angleichung der Rechtsvorschriften 10.20
- Beitreibungs-Richtlinie 2.13
- Beitreibungs-Richtlinie-Umsetzungsgesetz 2.13
- Definition 11.39
- Ermächtigungsgrundlage 11.39
- EU-Amtshilfegesetz 2.13
- EU-Beitreibungsgesetz 2.13
- europäische Gerichtsbarkeit 5.12
- Gesetzgebungskompetenz für EU, keine 1.18
- Gesetzgebungskompetenz in Steuerpolitik 11.39 ff.
- harmonisiertes Steuerrecht 13.20

- Harmonisierung 2.7
- Harmonisierungsbereitschaft der Mitgliedsstaaten 10.21
- Harmonisierungsentwicklung und -stand 10.1
- Harmonisierungsgrad 10.1 f.
- Individualklage 5.32 ff.
- punktuelle Angleichung 10.20 ff.
- Rechtsangleichung 1.18 ff., 10.1
- Richtlinie 11.41
- Subsidiarität 1.19
- Vorabentscheidungsverfahren im Steuerrecht 5.12
- Warenverkehrsfreiheit 7.64 f.
- Wettbewerb der Steuersysteme 1.19

Direkte Wirkung
- allgemeine Grundfreiheitslehre 7.46 f.

Direkter Vollzug des Unionsrechts
- Untersuchungsgrundsatz 26.7 f.

Direktes Steuerrecht
- Diskriminierungs- und Beschränkungsverbote 7.1 ff.

Direktinvestition
- Rechtfertigungsmöglichkeit von Diskriminierungs- und Beschränkungsverboten im direkten Steuerrecht 7.301
- Spendenrecht 8.55

Direktklage im Steuerrecht
- Unmöglichkeit 5.43

Diskriminierende Beschränkung
- Verhältnis zur klassischen Diskriminierung 7.40 f.

Diskriminierung 7.125 ff.; → auch „Steuerliche Diskriminierung und Beschränkung"
- Belastungsvergleich 6.42
- Dienstleistungshandel 6.59 ff.
- faktische Belastungswirkungen 6.40
- geografische Vergleichsgruppe 6.45
- mittelbare 6.40 ff.
- Verrechnungspreis und Funktionsverlagerung 8.153 f.
- Warenhandel 6.7

Diskriminierung durch Erfordernis eines Ergebnisabführungsvertrags
- Organschaft 8.125 ff.

Diskriminierung grenzüberschreitender ggü. innerstaatlichen Vorgängen 7.125 ff.
- belastungsauslösende Verschiedenheit 7.153 ff.
- fiktiver Vergleichspartner 7.137
- Inlandsfall 7.146
- materiell-rechtliche Benachteiligung 7.158 f.
- Outboundfall 7.146
- Privatperson 7.143
- realer Steuerpflichtiger 7.136
- steuerliche Benachteiligung und ihre Kategorien 7.158 ff.
- umgekehrte Diskriminierung 7.161

- Unbeachtlichkeit punktueller Schlechterstellung bei anderweitiger Kompensation 7.162
- Unternehmensbesteuerung 7.144
- Unvergleichbarkeitsdogma 7.141
- verfahrensrechtliche Benachteiligung 7.160
- Vergleichbarkeit 7.129 ff.
- Vergleichspaarbildung 7.128 ff.

Diskriminierung zwischen verschiedenen grenzüberschreitenden Vorgängen 7.163 ff.
- Rechtsformneutralität der Besteuerung 7.171 f.
- steuerliche Diskriminierung im bilateralen Verhältnis 7.163 ff.
- steuerliche Meistbegünstigung in Dreiecksverhältnissen 7.169 f.

Diskriminierungs- und Beschränkungsverbot
- allgemeine Grundfreiheitslehre 7.34 ff.
- Konvergenz 7.35 f.

Diskriminierungs- und Beschränkungsverbot im direkten Steuerrecht 7.1 ff.
- europäisches Steuerrecht 7.1 ff.
- Grundfreiheit als Herzstück des europäischen Steuerrechts 7.1 ff.
- Methodologie 7.15 ff.
- Rechtfertigungsmöglichkeit 7.199 ff.
- Überblick 7.1 ff.

Diskriminierungs- und Beschränkungsverbot im Recht der Steuern auf Waren und Dienstleistungen 6.1 ff.
- relevante Vorgaben im Recht europäischer Verträge 6.1 ff.
- Verbot protektionistischer Besteuerung 6.2

Diskriminierungs- und Protektionsverbot
- Berechnungsmodalität 6.34
- Erhebungsmodalität 6.37
- gleichheitsrechtlich strukturierte Garantie 6.20
- Prüfungsreihenfolge 6.23 ff.
- Rechtfertigungsmöglichkeit 6.53
- Rechtssicherheit 6.54
- regionale Differenzierung 6.27
- relevante Höherbelastung grenzüberschreitenden Handels 6.34 ff.
- steuerspezifische Ausprägung 6.16
- steuerspezifische Konkretisierung des Verbots mengenmäßiger Beschränkung i.S.v. Art. 34 AEUV 6.56
- Vergleichsgruppenbildung bei Prüfung 6.23 ff.

Diskriminierungsstandard 6.53

Diskriminierungsverbot 1.5, 2.16
- Abgabe auf Ware 1.12
- Abgabenarten 6.8
- De-minimis-Schwelle, keine 6.31
- Dienstleistungsbesteuerung 6.4
- Dienstleistungsfreiheit 4.45, 6.60
- Exklusivitätsverhältnis 1.12
- Fusions-Richtlinie 16.99
- Gesetzgebungskompetenz 1.11
- Gleichbehandlung gleichartiger Waren in- und ausländischer Provenienz 6.29 ff.
- Grundfreiheit als Herzstück des europäischen Steuerrechts 7.4
- indirekte Steuer 1.12
- inländische Abgabe 6.8
- Protektionsverbot 1.13
- Rechtsangleichung bei indirekten Steuern 1.12 ff.
- Rücklage 16.79
- Rückstellung 16.79
- speziell steuerliches 6.2
- Unionsrechtseinwirkung auf innerstaatliches Steuerrecht 4.26 ff., 4.34, 4.41
- Unionsrechtsreichweite 4.64

Diskriminierungsverbot, allgemeines
- Abgrenzung zu anderen Grundfreiheiten 7.119
- effet utile 7.121
- Grundlagen 7.117 f.
- objektive und subjektive Diskriminierung 7.122
- persönlicher Anwendungsbereich 7.120
- Rechtfertigungsebene 7.123 f.
- tatbestandliche Diskriminierung 7.121 f.

Diskriminierungsverbot bei Verlustübergang
- Fusions-Richtlinie 16.53 f.

Diskriminierungsverbot von Rücklage
- Fusions-Richtlinie 16.79

Diskriminierungsverbot von Rückstellung
- Fusions-Richtlinie 16.79

Diskussionspunkte bei Umsetzung in deutsches Recht
- Fusions-Richtlinie 16.89 ff.

Dividende
- Mutter-Tochter-Richtlinie 14.42

Dogmatische Leitfunktion
- Warenverkehrsfreiheit 7.63

Dokumentationspflicht
- grenzüberschreitende Amts- und Rechtshilfe 25.4 ff.
- Mitwirkungspflicht des Steuerpflichtigen 25.4

Doppelansässige Gesellschaft
- Mutter-Tochter-Richtlinie 14.14 f.

Doppelbelastung
- beschränkende Mehrfachbelastung grenzüberschreitender Vorgänge 7.183

Doppelbesteuerung
- beschränkende Mehrfachbelastung grenzüberschreitender Vorgänge 7.180 f.
- deutsche mit ausländischer Erbschaftsteuer 8.72
- internationale 6.63 ff.
- Mutter-Tochter-Richtlinie 14.52
- Wegzugsbesteuerung bei natürlicher Person 8.84
- Welteinkommensprinzip 8.8

Doppelbesteuerung, unentlastete
- Mutter-Tochter-Richtlinie 14.63

Doppelbesteuerungsabkommen 4.3
- Auslandsverlustberücksichtigung 8.103 ff.

- Brexit 8.227
- Fusions-Richtlinie 16.59
- Hinzurechnungsbesteuerung 8.181
- Mutter-Tochter-Richtlinie 14.4
- signifikante digitale Präsenz 10.23

Doppelbesteuerungsabkommensrecht 8.182 ff.
- Abkommensberechtigung 8.194
- Abkommensberechtigung von Betriebsstätten 8.194
- Aktivitätsklausel 8.212 f.
- Anrechnungsmethode 8.197 f.
- Anwendbarkeit der Grundfreiheiten 8.182 ff.
- Anwendungsfragen im deutschen Steuerrecht 8.182 ff.
- europäisches Steuerrecht 8.182 ff.
- fehlende Kompetenz der Union kein Rechtfertigungsgrund 8.191
- Freistellungsmethode 8.197 f.
- Grundfreiheiten 8.189 f.
- Inländergleichbehandlungsgrundsatz 8.189
- Meistbegünstigungsgrundsatz 8.189 f.
- Missbrauchsabwehr 8.199 ff.
- Missbrauchsklausel 8.205
- nach 1.1.1958 abgeschlossenes Doppelbesteuerungsabkommen zwischen zwei Mitgliedstaaten 8.183
- nach 1.1.1958 oder Beitritt abgeschlossenes Doppelbesteuerungsabkommen mit Drittstaat 8.188
- Problemstellungen bzgl. Grundfreiheit 8.194 ff.
- Rechtfertigungsgrund der Kohärenz 8.192 f.
- rechtskreisspezifische Missbrauchsabwehr 8.202 f.
- Subject-to-tax-Klauseln 8.214
- Transformationsakt 8.183
- Unionsrechtsvereinbarkeit von Missbrauchsklausel 8.205 ff.
- Vereinbarkeit von Verteilungsnormen mit Unionsrecht 8.195 f.
- vor 1.1.1958 abgeschlossenes Doppelbesteuerungsabkommen zwischen zwei Mitgliedstaaten 8.185
- vor 1.1.1958 oder Beitritt abgeschlossenes Doppelbesteuerungsabkommen mit Drittstaat 8.186
- weiße Einkünfte 8.214

Doppelbesteuerungsbeseitigung
- Schiedsverfahrenskonvention zu Verrechnungspreiskorrekturen 23.3

Doppelbesteuerungsentlastung
- Mutter-Tochter-Richtlinie 14.89 ff.

Doppelbesteuerungsverbot 8.27

Doppelbesteuerungsvermeidung 8.27
- Mutter-Tochter-Richtlinie 14.3
- Schiedsverfahrenskonvention 2.7

Doppelbesteuerungsvermeidungsanspruch
- Schiedsverfahrenskonvention zu Verrechnungspreiskorrekturen 23.2

Doppelte Buchwertverknüpfung
- Fusions-Richtlinie 16.61

Doppelte Buchwertverknüpfung bei § 20 UmwStG
- Fusions-Richtlinie 16.108 f.

Doppelte Nichtbesteuerung
- Vermeidung 10.38

Doppelter Betriebsausgabenabzug
- § 4i EStG 8.137 ff.
- Missbrauchsvermeidung 8.137 ff.
- Unionsrechtskonformität, Beschränkung 8.140

Doppelter Inlandsbezug
- Unionsrechtsvereinbarkeit 8.121 ff.

double deduction 17.83

double dip
- Rechtfertigungsmöglichkeit von Diskriminierungs- und Beschränkungsverboten im direkten Steuerrecht 7.264, 7.269 ff.

Downstream-Beteiligung
- Zinsen-Lizenzgebühren-Richtlinie 15.36

Downstream-Merger
- Fusions-Richtlinie 16.97

Dreieckskonstellation
- EU-Joint-Transfer-Pricing-Forum 23.52

Dreieckskonstellation zwischen Mitgliedstaaten
- Schiedsverfahrenskonvention zu Verrechnungspreiskorrekturen 23.43

Dreiecksverhältnis
- Diskriminierung zwischen verschiedenen grenzüberschreitenden Vorgängen 7.169 f.

Drittland
- Ware 1.12

Drittstaat
- Assoziierungsabkommen 3.21, 6.6
- EU-Steuererhebungsverordnung 22.15
- gemeinsamer Zolltarif 1.9
- Limitation-on-Benefit-Klausel 8.209
- Mutter-Tochter-Richtlinie 14.14
- Partnerschaftsabkommen 3.21
- Rechtfertigungsmöglichkeit von Diskriminierungs- und Beschränkungsverboten im direkten Steuerrecht 7.300 ff.
- Schiedsverfahrenskonvention zu Verrechnungspreiskorrekturen 23.7
- Spendenrecht 8.55
- Verhältnismäßigkeitsanforderung 7.238
- Wegzugsbesteuerung bei natürlicher Person 8.85 f.
- Wohnsitzfiktion 22.22

Drittstaatenanbindung 2.28 ff.
- Assoziierungsabkommen 2.30
- Beitrittsassoziierung 2.31
- Entwicklungsassoziierung 2.31
- Freihandelsassoziierung 2.31

Drittstaateneinkünfte
- Unionsrechtseinwirkung auf innerstaatliches Steuerrecht 4.24

Drittstaat-Personengesellschaft
- Mutter-Tochter-Richtlinie 14.33

Drittstaatsbetriebsstätte
- Gemeinsame Körperschaftsteuerbemessungsgrundlage (GKB) 18.33

Drittstaatsbezug
- Kapitalverkehrsfreiheit 7.106 ff.

Drittstaatsgesellschaft
- Richtlinienentwurf vom 25.10.2016 für Gemeinsame konsolidierte Körperschaftsteuerbemessungsgrundlage (GKKB) 18.80

Drittstaatskontext
- Rechtfertigungsmöglichkeit von Diskriminierungs- und Beschränkungsverboten im direkten Steuerrecht 7.238 ff.

Drittstaatssachverhalt
- Erbschaft- und Schenkungsteuerrecht 8.60

Drittstaatsverlust
- Freistellung EU-ausländischer Einkünfte durch Doppelbesteuerungsabkommen 8.118

Drohverlustrückstellung
- Richtlinienentwurf vom 25.10.2016 für Gemeinsame Körperschaftsteuerbemessungsgrundlage (GKB) 18.46

Durchbrechung der Rechtskraft 23.39
- EuGH 27.20
- Vertragsverletzungsverfahren 27.20

Durchführungsakt
- Kompetenzübertragung 4.16
- Nichtigkeit 4.17

Durchführungsakt der Europäischen Kommission und ggf. des Europäischen Rats
- Tertiärrecht 4.15

Durchführungsrechtsakt
- Europäische Kommission 3.15, 3.17
- Tertiärrecht 3.15, 3.17
- Wirkung von Entscheidung der Europäischen Kommission 28.54 f.

Durchführungsverbot
- Beihilfe 9.58
- Beschluss der Europäischen Kommission 28.47

Durchführungsverbot nach Art. 108 Abs. 3 Satz 3 AEUV
- Durchsetzung 9.62 ff.
- unmittelbar geltendes Recht in Mitgliedstaaten 9.63

Durchführungsverbotsdurchsetzung nach Art. 108 Abs. 3 Satz 3 AEUV
- Beihilfenkontrolle 9.62 ff.

Durchführungsverordnung
- Verbrauchsteuersystem-Richtlinie 11.35
- Unionszollkodex 10.9

Durchführungsvorschrift
- Unionszollkodex 10.7

Dzodzi-Rechtsprechung
- EuGH 13.11

EAGV
- Unionsvertragsrecht 4.4

ECOFIN-Resolution
- Steuervergünstigungen 9.6

Effektivitätsgrundsatz
- Auslegungsurteil 28.8
- negative Harmonisierung 26.5
- Steuerprozess 26.33
- steuerrechtsbedeutsame allgemeine Rechtsgrundsätze 12.47 f.
- Unionsrechtsordnung 26.5
- Urteil mit Ex-nunc-Wirkung 28.30
- Verfahrensautonomieeinschränkung 26.5
- Verfahrensrecht 26.5

Effektivitätsgrundsatzverstoß
- § 175 Abs. 2 Satz 2 AO 26.23

effet utile
- allgemeines Diskriminierungsverbot 7.121
- Einzelermächtigung 11.1
- Unionsrechtsnorm 13.5
- Unionsvertragsrecht 4.6

Effizienzgebot 2.18

EFTA-Abkommen 7.8

Ehegatte
- europäisches Steuerrecht 8.7

Ehegattensplitting
- Brexit 8.232
- Unionsrechtseinwirkung auf innerstaatliches Steuerrecht 4.24

Eigenkapital
- Mutter-Tochter-Richtlinie 14.45

Eigenkapitalinstrument
- Zinsen-Lizenzgebühren-Richtlinie 15.29

Eigenmittelbeschluss 2014
- Finanzierungskompetenz der EU 1.23

Eigenmittel der EU
- Brexit 1.24
- Britenrabatt 1.24
- Bruttonationaleinkommen 1.24
- Einnahmen aus Agrarabgaben, Zöllen und Umsatzsteuer 1.24

Eigenmittel-System 2.2

Eigentum an unbeweglichem Vermögen und Einkünfte daraus
- automatischer Informationsaustausch 25.27

Eigentumsgrundrecht
- Rechts- und Rechtserkenntnisquelle 12.3

Einbringung von Betriebsstätte
- Fusions-Richtlinie 16.65 f.

Einbringung von Unternehmensteil
- Fusions-Richtlinie 16.30, 16.37, 16.64

Einbringungsgewinn I
- Fusions-Richtlinie 16.110 ff.

Einbringungsgewinn II
- Fusions-Richtlinie 16.110 ff.

Einfuhr 2.14
- steuerliche Besserstellung 6.22

1099

Einfuhrbeschränkung
- Vorgaben im Recht europäischer Verträge 6.3

Einfuhrumsatzsteuer 2.5

Eingehendes Ersuchen
- Auskunftsersuchen 25.86 ff.
- Beitreibungsersuchen 25.78 ff.
- Ersuchen um Sicherungsmaßnahme 25.84 f.
- grenzüberschreitende Amts- und Rechtshilfe 25.78 ff.
- Mehrwertsteuerzusammenarbeitsverordnung 25.105
- Sicherungsmaßnahmenersuchen 25.84 f.
- Verbrauchsteuerzusammenarbeitsverordnung 25.121
- Zustellungsersuchen 25.89 f.

Einheitliche Auslegung
- Unionsrecht 28.3

Einheitliche Europäische Akte (EEA) 2.4

Einheitliche Rechtsanwendung
- Schiedsverfahrenskonvention zu Verrechnungspreiskorrekturen 23.5

Einheitliche Wirksamkeit des Rechts 5.1

Einheitlicher Vollstreckungstitel
- Beitreibungsersuchen 25.78

Einheitlichkeit der Rechtsanwendung
- EuGH 27.12

Einheitsorganisation
- Europäische Union 2.11

Einigungsverfahren
- innerstaatliche Umsetzung 23.35 ff.
- Schiedsspruch 23.33
- Schiedsverfahrenskonvention zu Verrechnungspreiskorrekturen 23.10, 23.33 ff.
- Verwaltungsabkommen 23.35 ff.

Einkommensteuer
- Amtshilfe-Richtlinie 25.17

Einkommensteuertarif
- unbeschränkte Steuerpflicht 8.25

Einkünfte aus Vermietung und Verpachtung
- Verlustausgleichsbeschränkung 8.12

Einkünftekorrektur
- Rechtfertigungsmöglichkeit von Diskriminierungs- und Beschränkungsverboten im direkten Steuerrecht 7.254 ff.
- Verhältnismäßigkeitsanforderung 7.255
- Verrechnungspreis und Funktionsverlagerung 8.153

Einleitung
- Schlichtungsverfahren 23.24

Einschätzungsprärogative
- Grundrechtsbindung 5.45

Einschränkung der nationalen Steuersouveränität
- Richtlinienentwurf vom 25.10.2016 für Gemeinsame konsolidierte Körperschaftsteuerbemessungsgrundlage (GKKB) 18.80

Einspruch 23.36
- Rechtsbehelfsverfahren 23.13

- Rechtsschutz 25.96

Einstweilige Anordnung 5.26
- Rechtsschutz 25.95

Einstweiliger Rechtsschutz 5.26
- Rückforderung beihilferechtswidriger Steuervergünstigungen 9.72
- Vorabentscheidungsverfahren 27.48

Einwanderungspolitik
- Rechtfertigungsunmöglichkeit von Diskriminierungs- und Beschränkungsverboten im direkten Steuerrecht 7.222

Einwirkung allgemeiner Rechtsgrundsätze des EU-Rechts 12.1 ff.
- Anwendungsbereich 12.6 ff.
- Entwicklung sowie Rechts- und Rechtserkenntnisquelle 12.1 ff.
- Grundrechtskatalog 12.1
- primärrechtskonforme Auslegung des Sekundärrechts 12.6
- Rechtsstaatsprinzip 12.1

Einwirkung europäischen Normensystems
- Arbeitnehmerfreizügigkeit 1.2
- Beihilfeverbot 1.2
- Dienstleistungsfreiheit 1.2
- Grundfreiheit 1.2
- Kapitalverkehrsfreiheit 1.2
- Niederlassungsfreiheit 1.2
- Schrankenrecht 1.2
- Warenverkehrsfreiheit 1.2

Einzelabschreibung
- Richtlinienentwurf vom 25.10.2016 für Gemeinsame Körperschaftsteuerbemessungsgrundlage (GKKB) 18.49

Einzelermächtigung 1.8
- effet utile 11.1
- unionsrechtliche Kompetenzausübung 11.1
- Wirksamkeit 11.1

Einzelermächtigungsprinzip 2.19
- Europäische Union 6.4

Einzelfallprüfung
- Rechtfertigungsmöglichkeit von Diskriminierungs- und Beschränkungsverboten im direkten Steuerrecht 7.257 ff.

Einzelfallumstände
- Konsequenz aus Rückforderungsentscheidung rechtswidriger Beihilfe 9.68

Empfängerbetriebsstätte
- Zinsen-Lizenzgebühren-Richtlinie 15.25

Empfehlung
- Äußerung der Organe der EU 3.25
- Bedeutsamkeit 3.25
- Europäische Kommission 11.43, 28.46
- Gesetzgebungsverfahren 3.25
- Prozessvoraussetzung vor EuGH 3.25
- Rechtsquellen des europäischen Steuerrechts 3.24, 3.26
- Unverbindlichkeit 3.24

Stichwortverzeichnis

Empfehlung der Europäischen Kommission 28.46
Energie- und Stromsteuer 11.36
Energie- und Stromstruktur-Richtlinie 11.35
Energieerzeugnis
- Harmonisierungsentwicklung und -stand 10.16
- Verbrauchsteuer 10.16

Energiesteuer
- Bemessungsgrundlage für Energiewaren 20.39
- Gesetzgebungskompetenz der EU für Rechtsangleichung 1.10
- Harmonisierungsentwicklung und -stand 20.27 ff.
- steuerbare Energiewaren 20.30 ff.
- Steuerbefreiung für Energiewaren 20.33 ff.
- Verbrauchsteuern 20.27 ff.
- Verfahren der Besteuerung 20.41 ff.

Energiesteuerbefreiung 9.52
Energiesteuer-Richtlinie 2003
- harmonisierte Steuer 1.17

Energiewaren
- Begriff 20.30
- Bemessungsgrundlage 20.39 f.
- Steuerbarkeit 20.30 ff.
- Steuerbefreiung 20.33 ff.
- Steuersätze 20.40
- Verfahren der Besteuerung 20.41 f.

Enkelgesellschaft
- Mutter-Tochter-Richtlinie 14.62
- Richtlinienentwurf vom 25.10.2016 für Gemeinsame konsolidierte Körperschaftsteuerbemessungsgrundlage (GKKB) 18.79

Entlastung im Staat der Muttergesellschaft bzw. Betriebsstätte
- Mutter-Tochter-Richtlinie 14.54 ff.

Entlastung von wirtschaftlicher Doppelbesteuerung
- Mutter-Tochter-Richtlinie 14.89 ff.

Entlastungsberechtigung
- Zinsen-Lizenzgebühren-Richtlinie 15.38

Entlastungsberechtigung im deutschen Recht
- Mutter-Tochter-Richtlinie 14.98 f.

Entschädigung
- Wirkung von Urteil des EuGH 28.23 ff.

Entscheidung der Europäischen Kommission
- Beihilfe 28.45
- Durchführungsrechtsakt 28.54 f.

Entscheidung im ersten Rechtszug
- EuG 5.31

Entscheidung im Vertragsverletzungsverfahren
- begründete Stellungnahme 28.53
- Europäische Kommission 28.51 ff.
- Gegendarstellung 28.52
- Mahnschreiben 28.52
- Vorverfahren 28.51

Entscheidungserheblichkeit
- EuGH 5.22

- Perspektive des vorlegenden Gerichts 27.10
- subjektive Einschätzung des vorlegenden Gerichts 5.22
- Vorabentscheidungsverfahren 27.9 f.

Entscheidungspraxis
- Europäischer Gerichtshof für Menschenrechte 12.3

Entscheidungsumsetzung → auch „Umsetzung von Entscheidung des EuGH und der Kommission"
- EuGH 28.1 ff.

Entscheidungsvorwirkung
- EuGH 5.26

Entscheidungswirkung des EuGH
- Bedeutung für Ausgangsverfahren 5.23 ff.

Entschließung
- soft law 3.25

Entstrickung
- Warenverkehrsfreiheit 7.65

Entstrickungsbesteuerung
- ATAD 7.230, 17.48 ff., 17.108
- Rechtfertigungsmöglichkeit von Diskriminierungs- und Beschränkungsverboten im direkten Steuerrecht 7.231
- Verhältnismäßigkeitsanforderung 7.231

Entstrickungsbesteuerung bei Wegzug von Europäischer Genossenschaft (SCE) oder Europäischer Gesellschaft (SE)
- Fusions-Richtlinie 16.96

Entstrickungsregelung
- § 16 Abs. 3a EStG 8.100
- Brexit 8.228
- Fusions-Richtlinie 16.93
- Richtlinienentwurf vom 25.10.2016 für Gemeinsame Körperschaftsteuerbemessungsgrundlage (GKB) 18.48

Entstrickungstatbestand
- § 4 Abs. 1 Satz 3 EStG 8.97 ff.
- Fusions-Richtlinie 16.93 ff.
- Synchronisierungsnotwendigkeit 8.102
- Unionsrechtsvereinbarkeit 8.76 ff.
- Unternehmensbesteuerung 8.76 ff.

Entstrickungstatbestand des § 4 Abs. 1 Satz 3 EStG
- Theorie der finalen Entnahme 8.97 ff.

Entwicklung
- ATAD 17.10 ff.
- BEPS 17.4 ff.
- Mutter-Tochter-Richtlinie 14.1 ff.

Entwicklung sowie Rechts- und Rechtserkenntnisquellen
- Einwirkung allgemeiner Rechtsgrundsätze des EU-Rechts 12.1 ff.

Entwicklungsassoziierung
- Drittstaatenanbindung 2.31

Erbschaft- und Schenkungsteuer
- Amtshilfe-Richtlinie 25.17

1101

Erbschaft- und Schenkungsteuerrecht
– Anwendungsfragen im deutschen Steuerrecht 8.57 ff.
– Begünstigung von Betriebsvermögen 8.66
– beschränkte Steuerpflicht 8.69 f.
– Betriebsvermögen 8.66
– Binnenmarkt 8.57
– Bundesverfassungsgericht 8.68
– deutsche Rechtslage 8.66 ff.
– Drittstaatssachverhalt 8.60
– erweiterte unbeschränkte Steuerpflicht 8.62 f.
– EuGH 8.62 f., 8.73
– europäisches Steuerrecht 8.57 ff.
– fehlende Anrechnungsmöglichkeit für ausländische Erbschaftsteuer 8.72
– Freibetrag bei beschränkter Steuerpflicht 8.71
– Freizügigkeitsabkommen zwischen EU und Schweiz 8.61
– gemeinnützige Körperschaft 8.65
– Grundfreiheitsbedeutung 8.57 ff.
– Kapitalverkehrsfreiheit 8.57, 8.73
– Kapitalverkehrsfreiheitsvereinbarkeit 8.75
– land- und forstwirtschaftliches Vermögen 8.66
– Lohnsummenfrist 8.67
– mehrfacher Erwerb desselben Vermögens 8.74 f.
– Mindestlohnsumme 8.67
– Nachlassverbindlichkeit bei beschränkter Steuerpflicht 8.69 f.
– Niederlassungsfreiheit 8.59
– Religionsgemeinschaft 8.65
– Schweiz 8.61
– Steuerbefreiung 8.64 ff.
– Steuerhoheitsaufteilung 8.62
– Unionsrechtsvereinbarkeit 8.57 ff.
– Unionsrechtsvereinbarkeit mit deutscher Rechtslage 8.68 f.
– Verschonungsabschlag 8.67
– Wegzugsstaat 8.63
– Zuwendung an Religionsgemeinschaften und gemeinnützige Körperschaften 8.65
– Zuzugsstaat 8.63

Erbschaftsteuer
– Belegenheitsfiktion 22.20
– EU-Steuererhebungsverordnung 22.14
– Steuerermäßigung 8.32 f.
– Wohnsitzfiktion 22.16 ff.

Erdrosselungssteuer
– grenzüberschreitender Handel 6.67

Erfolgte Politische Zusammenarbeit (EPZ) 2.3

Erga-omnes-Bindungswirkung
– Gültigkeitsurteil 28.10

Erga-omnes-Wirkung
– Auslegungsurteil 28.8
– EuGH 5.25
– Nichtigkeitsurteil 28.19

Ergebnisabführungsvertrag
– Unionsrechtswidrigkeit 8.125 ff.

Erhebungsmodalität
– Diskriminierungs- und Protektionsverbot 6.37

Erkennbarkeit und Durchsetzbarkeit von Rechten
– Richtlinienumsetzung 13.10

Erklärung
– Rechtsquellen des europäischen Steuerrechts 3.26
– Unionsvertragsrecht 4.4

Erledigung
– Beitreibungsersuchen 25.79

Ermächtigung
– völkerrechtlicher Vertrag 3.21

Ermächtigungsgrundlage
– direkte Steuer 11.39

Ermessen 12.10
– Beihilfenverbot im Steuerrecht 9.49 ff.

Ermessensausübung
– Verhältnismäßigkeit 25.20
– Zumutbarkeit 25.20

Ermessensausübung durch Europäische Kommission
– Gruppenfreistellungs-Verordnung 9.51

Ermessensfehler
– Beihilfenverbot im Steuerrecht 9.50

Ermessensspielraum
– Vertragsverletzungsverfahrenseinleitung 27.33

Ermittlungsbefugnisausübungsgrenze
– Grundrecht des Unionsrechts 26.12
– Rechtsgrundsätze des Unionsrechts 26.12
– Steuerverfahren 26.12 f.

Ersatzleistung
– Amtshaftungsklage 28.35
– Haftung der Europäischen Union 28.33 ff.
– Haftung der Mitgliedstaaten 28.37 ff.
– Haftungsfähigkeit der Europäischen Union 28.31 ff.
– Haftungshürde 28.40
– Rechtsmittel 28.41
– Schadensminderungspflicht 28.36
– unionsrechtlicher Staatshaftungsanspruch 28.32, 28.37, 28.42
– Wirkung von Urteil des EuGH 28.31 ff.

Ersatzrealisationstatbestand
– Funktionsverlagerung 8.164
– Wegzug von Kapitalgesellschaft 8.88

Ersatzwirtschaftsgutprivilegierung
– Richtlinienentwurf vom 25.10.2016 für Gemeinsame Körperschaftsteuerbemessungsgrundlage (GKB) 18.55

Erstberichtigung
– Schiedsverfahrenskonvention zu Verrechnungspreiskorrekturen 23.11 f.

Ersuchen um Sicherungsmaßnahme 25.72 ff.
– eingehendes 25.84 f.
– grenzüberschreitende Amts- und Rechtshilfe 25.84 f.

Stichwortverzeichnis

Ersuchensauskunft
- Amtshilfe-Richtlinie 25.19 ff.
- Anhörungspflicht 25.103
- ausgehendes Ersuchen 25.120
- eingehendes Ersuchen 25.121
- Mehrwertsteuerzusammenarbeitsverordnung 25.101 ff.
- Verbrauchsteuerzusammenarbeitsverordnung 25.120 ff.

Erträge
- Definition 18.24
- Richtlinienentwurf vom 25.10.2016 für Gemeinsame Körperschaftsteuerbemessungsgrundlage (GKB) 18.31

Ertragshoheit
- Steuersouveränität 1.1

Ertragsteuerliche Vergünstigung
- Fusions-Richtlinie 16.13

Erweiterte beschränkte Steuerpflicht
- europäisches Steuerrecht 8.42 ff.
- Unionsrechtsvereinbarkeit 8.42

Erweiterte Mitwirkungspflicht
- Mitwirkungspflicht des Steuerpflichtigen 25.4

Erweiterte unbeschränkte Steuerpflicht
- Erbschaft- und Schenkungsteuerrecht 8.62 f.
- europäisches Steuerrecht 8.3
- Unionsrechtseinwirkung auf innerstaatliches Steuerrecht 4.24

Erzwingbarkeit
- Vertragsverletzungsverfahren 5.30

EU-externe Dreieckskonstellation
- EU-Joint-Transfer-Pricing-Forum 23.52

EuG
- Bedeutung für steuerrechtliche Verfahren 5.31 ff.
- beigeordnete Fachgerichte 5.5
- Entscheidung im ersten Rechtszug 5.4, 5.31
- europäische Gerichtsbarkeit 5.4, 5.31 ff.
- Individualklage 5.32 f.
- Klagegegenstand 5.32 f.
- Kompetenz und Zuständigkeit 5.4 f.
- Rechtsmittel 5.5
- Verfahrensarten 5.31 ff.
- Vorabentscheidung 5.4
- Zuständigkeit 5.6

EuGH 2.2; → auch „Umsetzung von Entscheidung des EuGH und der Kommission", „Urteil des EuGH" und „Wirkung von Urteil des EuGH"
- Anrechnungsmethode 8.198
- Aufgabenbereich 2.25
- Ausdehnung des Gewährleistungsgehalts des Art. 110 AEUV 6.52
- Auslandsverlustnichtberücksichtigung 7.239 ff.
- Auslegungsfrage 5.24
- Auslegungsmethode 13.3
- Auslegungsurteil 28.5 ff.
- Beihilfe 9.4
- beihilferechtliche Prüfung 9.19
- beihilferechtliches Durchführungsverbot 9.56
- Beschränkungsverbot der Dienstleistungsfreiheit 6.59
- Besteuerungsbefugnisaufteilung 7.225
- Beweisverwertungsverbot 26.13
- Bindungswirkung 5.23 ff.
- Bindungswirkung inter partes im Vorabentscheidungsverfahren 5.24
- Brexit 5.46 ff., 8.216
- De-facto-Selektivität 9.26
- Durchbrechung der Rechtskraft 27.20
- Dzodzi-Rechtsprechung 13.11
- Effektivitätsprinzip 26.22
- Einheitlichkeit der Rechtsanwendung 27.12
- Entscheidung bei Vertragsverletzungsverfahren 27.34 ff.
- Entscheidungserheblichkeit 5.22
- Entscheidungsumsetzung 28.1 ff.
- Entscheidungswirkung 5.23 ff.
- Erbschaft- und Schenkungsteuerrecht 8.62 f., 8.73
- europäische Gerichtsbarkeit 5.7
- europäische Grundrechtskontrolle 12.9
- Ex-tunc-Urteil 5.23
- Feststellungsklage 28.13
- Feststellungsurteil 28.13
- Finalität von Verlust 8.105 ff.
- freiheitsschonende Besteuerung 12.27
- Fusions-Richtlinie 16.19, 16.84
- Gemeinnützigkeitsrecht 8.45 f.
- gerichtliche Durchsetzung des Unionsrechts 27.2
- Gesetzmäßigkeit der Besteuerung 12.12
- Gleichartigkeitserfordernis 6.32
- gleichheitsrechtliche Kontrolle 12.24
- Gleichheitssatz 12.23
- Grundrechtskatalog 12.1
- Grundsatz-Entscheidungen 2.2
- Gültigkeitsurteil 28.10 ff.
- harmonisierter Konsumsteuer 6.64
- Hinzurechnungsbesteuerung 8.170 ff., 17.71
- Identitätskontrolle 4.23
- indirekte Steuer 5.13
- induktive Entscheidungsfindung 26.20
- Klage 5.7
- Kompensationsverbot 6.58
- konkrete Betrachtungsweise 27.15
- minimalistische gleichheitsrechtliche Kontrolle 12.24
- Missbrauchsregelungen 17.59 ff.
- Motivtest 8.159
- Motor der Integration 5.3
- Mutter-Tochter-Richtlinie 14.17, 14.23, 14.86
- Nichtigkeitsklage 28.1, 28.18, 27.62
- Nichtigkeitsurteil 28.18 ff.

1103

Stichwortverzeichnis

- Nutzungsberechtigter der Zinsen oder Lizenzgebühren 15.15
- Organe der EU 2.20
- Organhandlung 5.13
- praktische Anweisungen für Klagen und Rechtsmittel 5.7
- Prüfung von Steuerbelastungseingriff 7.194
- Rechtfertigungsmöglichkeit des Diskriminierungs- und Protektionsverbots 6.53
- rechtliche Grundlagen 5.7
- Rechtsfortbildung 12.2
- Rechtsfrage 5.23
- Rechtskraftdurchbrechung 27.20
- Rechtsmittel 5.7
- Rechtssicherheitsgrundsatz 5.23
- Rechtstaatsprinzip 12.1
- Rückforderung beihilferechtswidriger Steuervergünstigungen 9.68
- Satzung 5.7
- Sekundärrechtsgültigkeitsfrage 5.25
- Selektivitätstest 9.16 ff., 9.33
- Spendenrecht 8.54
- Steuerabzug an der Quelle 14.78
- steuerrechtliches Verfahren 5.6
- stille Reserven 7.228 ff.
- substanzlose Gestaltung 7.249 ff.
- Territorialitätsprinzip 7.225
- Umsetzung von Entscheidungen 28.1 ff.
- unionsrechtliche Gerichtsbarkeit 5.3
- Untätigkeitsklage 28.1
- Unternehmen 9.9
- Urteil 28.1 ff.
- Urteil im Vertragsverletzungsverfahren 28.13 ff.
- Urteil im Vorabentscheidungsverfahren 28.3
- Verfahrensordnung 5.7
- Verhältnismäßigkeit 6.53
- Verhältnismäßigkeitsprüfung im engeren Sinne 12.16
- Verlustausgleichsbeschränkung 8.9
- Vertragsverletzungsverfahren 5.27 ff.
- Verwerfungsmonopol 4.23, 5.25
- Verwerfungsmonopol für Sekundärrecht 5.14, 5.16
- Vorabentscheidungsverfahren 4.14, 5.8 ff., 27.22, 28.1
- Vorlage des nationalen Gerichts 5.22
- Vorlagefrage 27.13
- Vorwirkung der Entscheidung 5.26
- Warenverkehr 6.63 ff.
- Wegzugsbesteuerung bei natürlichen Personen 8.83
- Wegzug von Kapitalgesellschaft 8.92, 8.94
- Wirkung erga omnes 5.25
- Wirkungen von Urteilen 28.1 ff.

EuG-Zuständigkeit
- Nichtigkeitsklage 27.57

EU-Joint-Transfer-Pricing-Forum
- beschleunigtes Verfahren 23.53
- Dreieckskonstellation 23.52
- EU-externe Dreieckskonstellation 23.52
- Schiedsverfahrenskonvention zu Verrechnungspreiskorrekturen 23.41 ff.
- Verhaltenskodex 23.42

EURIBOR-Zinssatz
- Richtlinienentwurf vom 25.10.2016 für Gemeinsame Körperschaftsteuerbemessungsgrundlage (GKB) 18.46
- Rückstellungsabzinsung 18.46

Europäische Atomgemeinschaft (EAG) 2.2

Europäische Gemeinschaft für Kohle und Stahl (EGKS)
- Montanunion 2.1

Europäische Genossenschaft (SCE)
- Fusions-Richtlinie 16.16, 16.72 ff.
- Mutter-Tochter-Richtlinie 14.16
- Sitzverlegung 16.75
- Wegzug 16.96
- Zinsen-Lizenzgebühren-Richtlinie 15.4

Europäische Gerichtsbarkeit 5.1 ff.; → auch „Gerichtsbarkeit" und „Unionsrechtliche Gerichtsbarkeit"
- Auslegung 5.12
- Bestandskraftdurchbrechung 5.19
- Brexit 5.46 ff.
- direkte Steuer 5.12
- dreistufiger Ausbau 5.2
- EuG 5.4, 5.31 ff.
- EuGH 5.7
- Fachgericht 5.5
- Finanzgerichtsverfahren 5.15 ff.
- Grundfreiheit 5.12
- indirekte Steuer 5.13
- Organhandlung 5.13
- Plaumann-Formel 5.34
- Rechtsschutzbewertung 5.43 ff.
- Steuersachen 5.1 ff.
- Teil europäischen Rechtsschutzverbunds 5.1 ff.
- Urteilsverfassungsbeschwerde 5.44
- Verfahren vor BFH 5.18 f.
- Vertragsverletzungsverfahren 5.27 ff.
- Vorabentscheidungsverfahren im Steuerrecht 5.13
- Vorlageberechtigung 5.18 f.
- Vorlagepflicht 5.18 f.
- Vorlagepflichtsverletzung 5.20 f.
- Zuständigkeit 5.6 ff.

Europäische Gesellschaft (SE)
- Fusions-Richtlinie 16.16, 16.75
- Mutter-Tochter-Richtlinie 14.16
- Sitzverlegung 16.75
- Wegzug 16.96
- Zinsen-Lizenzgebühren-Richtlinie 15.4

Europäische Integration 2.1 ff.

Europäische Kommission 2.24, 28.43 ff.; → auch „Wirkung von Entscheidung der Europäischen Kommission"
- Angleichung der Steuersysteme in der Gemeinschaft 11.43
- Aufsichtsklage 28.51
- begründete Stellungnahme 28.53
- Beihilfen-Modernisierungsinitiative 9.52
- Beschluss 28.47
- Bolkestein-Bericht 11.43
- Durchführungsrechtsakt 3.15, 3.17, 28.54 f.
- Empfehlung 11.43, 28.46
- Entscheidung 28.45
- Entscheidung im Vertragsverletzungsverfahren 28.51 ff.
- Exekutivgesetzgebung 12.13
- Gegendarstellung 28.52
- Gemeinsame konsolidierte Körperschaftsteuerbemessungsgrundlage (GKKB) 11.43
- Mahnschreiben 28.52
- Monti-Bericht 1996 11.43
- Organe der EU 2.20
- Richtlinienentwurf zur Schaffung eines einheitlichen Körperschaftsteuersystems von 1975 18.3
- Rückforderung 28.48
- Ruding-Report 1992 11.43
- Stellungnahme 11.43
- Umsetzung von Entscheidungen 28.1 ff.
- Vermeidung doppelter Nichtbesteuerung 10.38
- Weißbuch über Vollendung des Binnenmarkts 11.43

Europäische Körperschaftsteuer 18.8

Europäische Menschenrechtskonvention
- Rechts- und Rechtserkenntnisquelle 12.2

Europäische Nachbarschaftspolitik (ENP)
- Aufgabenbereich 2.29

Europäische Politische Gemeinschaft (EPG) 2.1

Europäische Privatgesellschaft
- Zinsen-Lizenzgebühren-Richtlinie 15.5

Europäische Steuerrechtsverfassung 1.21 ff.
- Finanzierungskompetenz der EU 1.23 ff.
- Kompetenzordnung 1.21 ff.

Europäische Union
- Arbeitsweise 5.12
- Einheitsorganisation 2.11
- Einzelermächtigungsprinzip 6.4
- Entwicklung und Gründung 2.1 ff.
- Gerichtsbarkeit 5.1 ff.
- Gesetzgebungskompetenz 2.16
- Gewaltengefüge 2.17 ff.
- Gründung 2.8 ff.
- Historie 2.1 ff.
- institutionelles Gefüge 2.17 ff.
- Rechtsgemeinschaft 5.1
- Rechtsschutz 5.1
- Staatenverbund ohne Staatscharakter 2.11
- Staatsqualität, keine 2.17
- Steuergesetzgebungskompetenz 11.1 ff.
- Steuersystemwettbewerb 11.41
- Subsidiaritätsprinzip 1.8
- Vertrag von Maastricht 2.8
- Völkerrechtssubjekt 4.12
- Wettbewerb der Steuersysteme 11.41

Europäische Verteidigungsgemeinschaft (EVG) 2.1
- Scheitern 2.2

Europäische Verträge
- relevante Vorgaben 6.1 ff.

Europäische Wirtschaftsgemeinschaft (EWG) 6.1
- Europäische Integration 2.2
- Spaak-Bericht 2.2
- Weg zur Europäischen Union 2.1 ff.

Europäische Zahlungsunion (EZU) 2.1

Europäische Zentralbank
- Aufgabenbereich 2.27
- Klagebefugnis 28.18
- Organe der EU 2.20

Europäischer Binnenmarkt 2.2, 2.14 ff.; → auch „Binnenmarkt"

Europäischer Gerichtshof für Menschenrechte
- Entscheidungspraxis 12.3
- Rechts- und Rechtserkenntnisquelle 12.3
- Steuerrecht 12.3

Europäischer öffentlicher Dienst 22.1

Europäischer Rat 2.22 f.
- Deutscher Bundestag 2.22
- Flexibilitätsklausel 4.6
- Organe der EU 2.20
- Zusammenkunft der Staats- und Regierungschefs 2.3

Europäischer Rechnungshof
- Aufgabenbereich 2.26
- Organe der EU 2.20

Europäischer Stabilitätsmechanismus (ESM)
- Steuerregime für Bedienstete der Europäischen Union 22.5

Europäisches Bilanzrecht für Kapitalgesellschaften
- Maßgeblichkeitsprinzip 2.7

Europäisches Gericht erster Instanz → „EuG"

Europäisches Gesellschaftsrecht
- nicht steuerliche Dossiers mit steuerlicher Bedeutung 10.33
- tax-in-non-tax 10.33

Europäisches Normensystem
- AEUV 1.2
- EUV 1.2
- Primärrecht 1.2
- Sekundärrecht 1.2

Europäisches Parlament 2.21
- Organe der EU 2.20

Europäisches Steuerrecht
- Anwendungsfragen im deutschen Steuerrecht 8.1 ff.

- Arbeitnehmerfreizügigkeit 8.1
- Auslandsverlustberücksichtigung 8.103 ff.
- Beihilfenkontrolle 9.1
- Beihilfenverbot 9.1 ff.
- Definition 1.1 ff.
- Dimensionen 1.1 ff.
- Diskriminierungs- und Beschränkungsverbot im direkten Steuerrecht 7.1 ff.
- Doppelbesteuerungsabkommensrecht 8.182 ff.
- Ehegatte 8.7
- Einbettung in Prozess europäischer Integration 2.1 ff.
- Einwirkung auf nationales Steuerrecht 1.3
- Erbschaft- und Schenkungsteuerrecht 8.57 ff.
- erweiterte beschränkte Steuerpflicht 8.42 ff.
- erweiterte unbeschränkte Steuerpflicht 8.3
- Europäische Integration 2.1 ff.
- fingierte unbeschränkte Steuerpflicht 8.3 f.
- Fusions-Richtlinie 16.1 ff.
- Gemeinnützigkeits- und Spendenrecht 8.43 ff.
- Gemeinsame (konsolidierte) Körperschaftsteuerbemessungsgrundlage (GKB/GKKB) 18.1 ff.
- Grenzgänger 8.1
- Grundlagen 1.1 ff.
- Grundsatz und Grenzen mitgliedstaatlicher Verfahrensautonomie beim Vollzug harmonisierten Steuerrechts 26.1 ff.
- Harmonisierungsentwicklung und -stand 10.1 ff.
- Ländergruppeneinteilung 8.6
- Lebenspartner 8.7
- Mutter-Tochter-Richtlinie 14.1 ff.
- negative Integration 6.1 ff.
- Niederlassungsfreiheit 8.1
- normatives Mehrebenensystem 4.1 ff.
- Normenhierarchie 4.1 ff.
- positive Integration 10.1 ff.
- Realsplitting 8.7
- Rechtsquellen 3.1 ff.
- Rechtsquellensystem 3.1 ff.
- Spendenrecht 8.43 ff., 8.54 ff.
- Splitting 8.7
- Steuergesetzgebungskompetenz der Europäischen Union 11.1 ff.
- Steuersouveränität 1.1
- Umsetzung von Entscheidung des EuGH und der Kommission 28.1 ff.
- Unionsrecht 1.3
- Unternehmensbesteuerung 8.76 ff.
- verbotene steuerliche Beihilfen 9.7 ff.
- Verhältnis zu nationalem Recht 1.2
- Verrechnungspreis und Funktionsverlagerung 8.152 ff.
- Vorsorgeaufwendung 8.18
- Wohnsitzprinzip 8.1

Europäisches Währungssystem 2.3

Europarat
- Gründung 2.1
- Konvention zum Schutz der Menschenrechte und Grundfreiheiten (EMRK) 2.1

Europarechtliche Beurteilung
- Aktivitätsklausel 8.213

Europarechtliche Zulässigkeit
- Hundesteuer 1.17
- Vergnügungssteuer 1.17
- Zweitwohnsteuer 1.17

EU-Steuererhebungsverordnung
- Abgrenzung befreiter Einkünfte 22.11 ff.
- Abgrenzung befreiter Einkunftsarten 22.14
- Befreiung innerstaatlicher Besteuerung 22.11
- Belegenheitsfiktion 22.20
- Bemessungsgrundlage 22.8 f.
- Berichtigungskoeffizient 22.9
- beschränkte Steuerpflicht im Wohnsitzstaat 22.18 f.
- Bezug jeder Art 22.9
- Drittstaat 22.15
- Erbschaftsteuer 22.14
- Familienzulage 22.9
- Funktionsweise 22.9
- Gebühr für staatliche Leistung 22.14
- Gehalt 22.9
- Grundsteuer 22.14
- Herkunftsmitgliedstaat 22.17
- innerstaatliche Steuer 22.14
- Kinder 22.9
- Konsumsteuer 22.14
- Kraftfahrzeugsteuer 22.14
- Lohn 22.9
- Pauschale für persönliche Aufwendungen 22.9
- Pkw-Registrierungsabgabe 22.14
- Progressionsvorbehalt 22.13
- progressiver Steuertarif 22.9
- Schweiz 22.15
- Solidaritätsabgabe 22.10
- Sonderabgabe 22.10
- Sozialabgabe 22.9
- Sozialversicherungsbeitrag 22.14
- Steuertarif 22.8 f.
- Territorialabgrenzung 22.15
- Unionssteuer 22.4
- Vermögensteuer 22.14
- Wegzugsbesteuerung 22.18
- Werbungskostenpauschale 22.9
- Wohnsitzmitgliedstaat 22.17

EUV
- europäisches Normensystem 1.2
- Primärrecht 3.4
- Unionsvertragsrecht 4.4
- Verträge von Amsterdam und Nizza 2.8

EU-Verhaltenskodex
- Transparenzgrundsatz 23.47
- Verrechnungspreisdokumentation 23.49

EU-Verrechnungspreisforum → „EU-Joint-Transfer-Pricing-Forum"

Evidenzprüfung
- Kompetenzausübungsschranke 11.14

EWR-Abkommen 2.32, 6.5
- Grundfreiheit 7.7
- völkerrechtlicher Vertrag 3.21

Exekutivagentur
- Steuerregime für Bedienstete der Europäischen Union 22.5

Exekutive 1.5
- richtlinienkonforme Auslegung 4.62

Exekutive Rechtsetzung
- delegierter Rechtsakt 4.15

Exekutivgesetzgebung
- Europäische Kommission 12.13

Exit-Tax-Rechtsprechung
- Fusions-Richtlinie 16.49

Exklusivitätsverhältnis
- Diskriminierungsverbot 1.12

Ex-nunc-Wirkung
- Auslegungsurteil 28.9
- Vertrauensschutz 12.42

Extrafiskalisches Ziel
- Steuer 6.46

Ex-tunc-Urteil
- EuGH 5.23

Ex-tunc-Wirkung
- Auslegungsurteil 28.9
- Gültigkeitsurteil 28.11
- Nichtigerklärung 28.22
- Nichtigkeitsurteil 28.20
- Rechtssicherheit 28.22
- Vertrauensschutz 28.22

Fachgericht
- europäische Gerichtsbarkeit 5.5
- praktische Bedeutung 5.42
- Zuständigkeit 5.6

Faktisch selektive Begünstigungswirkung
- Beihilfenverbot im Steuerrecht 9.31

Faktische Anwendbarkeit
- Mutter-Tochter-Richtlinie 14.6

Familienbezogene Entlastung
- fiktive unbeschränkte Steuerpflicht 8.6 f.

Familienwohnsitz
- Unionsrechtseinwirkung auf innerstaatliches Steuerrecht 4.24

Familienzulage
- Beamter der Europäischen Union 22.7
- EU-Steuererhebungsverordnung 22.9

Festsetzungsverfahren
- Richtlinienentwurf vom 25.10.2016 für Gemeinsame konsolidierte Körperschaftsteuerbemessungsgrundlage (GKKB) 18.97

Festsetzungsverjährung
- Rechtfertigungsmöglichkeit von Diskriminierungs- und Beschränkungsverboten im direkten Steuerrecht 7.292

Feststellungsklage
- EuGH 28.13
- Rechtsschutz 25.95
- Rechtsschutzmöglichkeit 25.60

Feststellungsurteil
- EuGH 28.13
- Urteil im Vertragsverletzungsverfahren 28.13
- Vertragsverletzungsverfahrensurteil 28.13

Feststellungsverfahren
- Gemeinnützigkeitsrecht 8.53
- Vertragsverletzungsverfahren 27.34

Fiktive unbeschränkte Steuerpflicht
- Brexit 8.231
- europäisches Steuerrecht 8.4
- familienbezogene Entlastung 8.6
- Grenzgänger 8.4
- Wesentlichkeitsgrenze 8.5

Fiktiver Vergleichspartner
- Diskriminierung grenzüberschreitender ggü. innerstaatlichen Vorgängen 7.137
- Outboundfall 7.138

Finale-Entnahme-Theorie
- Aufgabe durch BFH 8.97
- Entstrickungstatbestand des § 4 Abs. 1 Satz 3 EStG 8.97 ff.

Finaler Verlust 8.104 ff.
- Fusions-Richtlinie 16.54
- Gestaltungsmissbrauch 8.106
- Rechtfertigungsmöglichkeit von Diskriminierungs- und Beschränkungsverboten im direkten Steuerrecht 7.244 f.

Finanzanlagevermögen
- Richtlinienentwurf vom 25.10.2016 für Gemeinsame Körperschaftsteuerbemessungsgrundlage (GKB) 18.54

Finanzbehörde
- Schuldner der Grundfreiheit 7.18

Finanzgericht
- Schuldner der Grundfreiheit 7.18
- Vorlageberechtigung im Vorabentscheidungsverfahren 27.15

Finanzgerichtsverfahren
- Vorlageberechtigung 5.15 ff.
- Vorlagepflicht 5.15 ff.

Finanzierung
- Beihilfenverbot im Steuerrecht 9.36

Finanzierungskompetenz der EU
- Eigenmittelbeschluss 2014 1.23
- Haushaltsfinanzierung 1.23

Finanzinstitut
- automatischer Informationsaustausch 25.14

Finanzsektor
- Darlehen 19.146 f.
- Kapitalanlage 19.150
- Mehrwertsteuerbefreiung 19.137 ff.
- Sicherungsrechte 19.146 f.
- Versicherungen 19.148 f,

- Zahlungsverkehr 19.142 ff.
Finanztransaktionsteuer
- Harmonisierungsentwicklung und -stand 10.18 f.; 21.25 f.
- Nichtigkeitsklage 27.62
- Prozedere verstärkter Zusammenarbeit 10.19
- Tertiärrechtsetzung 12.13
- verstärkte Zusammenarbeit 11.11

Finanzverwaltung
- Vollzugsdefizit 26.30

Fingierte Ausschüttung
- Mutter-Tochter-Richtlinie 14.42

Fingierte unbeschränkte Steuerpflicht
- europäisches Steuerrecht 8.3 f.
- Grenzgänger 8.4

Fiscalis-Programm
- grenzüberschreitende Amts- und Rechtshilfe 25.9 ff.

Fischereipolitik
- unionsrechtliche Kompetenzausübung 11.4

Fiskalische Erwägung
- Rechtfertigungsunmöglichkeit von Diskriminierungs- und Beschränkungsverboten im direkten Steuerrecht 7.209 ff.

Flexibilitätsklausel
- Europäischer Rat 4.6
- unionsrechtliche Kompetenzausübung 11.1

Folgenbeseitigung und Entschädigung
- Urteil mit Ex-nunc-Wirkung 28.29 f.
- Urteil mit Ex-tunc-Wirkung 28.26 ff.
- Wirkung von Urteil des EuGH 28.24 ff.

Folgenbeseitigungspflicht
- Gesetzgebungsorgan 28.25
- Verwaltungsorgan 28.25
- Wirkung von Urteil des EuGH 28.25

Folgerichtigkeit
- Rechtfertigungsmöglichkeit von Diskriminierungs- und Beschränkungsverboten im direkten Steuerrecht 7.205 ff.

Form- und Mittelwahl innerstaatlicher Stellen
- Umsetzungsverpflichtung von Richtlinie und Verordnung 13.9

Formel
- Aufteilung konsolidierter Steuerbemessungsgrundlage 18.89

Formelle Territorialität
- grenzüberschreitende Amts- und Rechtshilfe 25.2

Formelles Vorverfahren
- Vertragsverletzungsverfahren 27.30

Forschung und Entwicklung
- Richtlinienentwurf vom 25.10.2016 für Gemeinsame konsolidierte Körperschaftsteuerbemessungsgrundlage (GKKB) 18.92

Forschungs- und Entwicklungs-Beihilfe
- Unionsrahmen 9.52

Fortbildung
- innerstaatliche Rechtsnorm 13.8
- Unionsrecht 13.7 f.

Fortführung der Buchwertansätze
- Fusions-Richtlinie 16.51, 16.77

Foto-Frost-Doktrin
- Vorabentscheidungsverfahren 27.46

Freibetrag bei beschränkter Steuerpflicht
- Erbschaft- und Schenkungsteuerrecht 8.71

Freihandelsabkommen 1972
- Schweiz 7.9 ff.

Freihandelsassoziierung
- Drittstaatenanbindung 2.31

Freiheitsprüfung
- Nachrangigkeit von Gleichheitsprüfung 7.37 ff.

Freiheitsrecht
- allgemeines 4.9

Freiheitsrechtsgarantie im engeren Sinne 7.42

Freiheitsschonende Besteuerung
- EuGH 12.27
- steuerrechtsbedeutsame allgemeine Rechtsgrundsätze 12.27 ff.

Freiheitsstrafe
- Anwendungsbereich des EU-Rechts 12.9

Freistellung
- Richtlinienentwurf vom 25.10.2016 für Gemeinsame Körperschaftsteuerbemessungsgrundlage (GKB) 18.33

Freistellung des Übernahmegewinns bei Verschmelzung
- Fusions-Richtlinie 16.98

Freistellung EU-ausländischer Einkünfte durch Doppelbesteuerungsabkommen
- Auslandsverlust 8.103 ff.
- Drittstaatsverlust 8.118

Freistellungs- bzw. Anrechnungsmethode
- Europarechtskonformität 8.197

Freistellungsbescheinigung
- Zinsen-Lizenzgebühren-Richtlinie 15.38

Freistellungsmethode
- Doppelbesteuerungsabkommensrecht 8.197 f.
- Inländergleichbehandlung 8.171
- Kapitalimportneutralität 8.197
- Rechtfertigung durch Kohärenz 8.171

Freizügigkeit
- Grundfreiheit als Herzstück des europäischen Steuerrechts 7.4

Freizügigkeit der Unionsbürger
- Abgrenzung zu anderen Grundfreiheiten 7.112
- Anwendungsbereich einzelner Grundfreiheit 7.110 ff.
- Bedeutung 7.110 f.
- persönlicher Anwendungsbereich 7.113
- Rechtfertigungsebene 7.116
- sachlicher Anwendungsbereich 7.114 f.

Freizügigkeitsabkommen
- EU und Schweiz 8.2, 8.86

Stichwortverzeichnis

Freizügigkeitsabkommen 1999
- Schweiz 7.12 ff.

Freizügigkeitsabkommen zwischen EU und Schweiz
- Erbschaft- und Schenkungsteuerrecht 8.61

Freizügigkeitsrecht
- Unionsrechtseinwirkung auf innerstaatliches Steuerrecht 4.26 ff.

Fremdkapitalinstrument
- Zinsen-Lizenzgebühren-Richtlinie 15.29

Fremdvergleichsgrundsatz
- Rechtfertigungsmöglichkeit von Diskriminierungs- und Beschränkungsverboten im direkten Steuerrecht 7.255
- Richtlinienentwurf vom 25.10.2016 für Gemeinsame Körperschaftsteuerbemessungsgrundlage (GKB) 18.65
- Schlichtungsverfahren 23.31 f.
- Verhältnismäßigkeitsanforderung 7.255
- Verrechnungspreis und Funktionsverlagerung 8.152

Frist
- Auskunftserteilung 25.25
- Richtlinienumsetzung 13.10

full credit
- unbeschränkte Steuerpflicht 8.28

Funktion
- Nichtigkeitsurteil 28.18 ff.
- Urteil im Vertragsverletzungsverfahren 28.13 f.
- Urteil im Vorabentscheidungsverfahren 28.3 f.

Funktionsverlagerung
- Anwendungsfragen im deutschen Steuerrecht 8.161 ff.
- Bewertungsunterschied 8.165
- derivative Unionsrechtswidrigkeit 8.167
- Ersatzrealisationstatbestand 8.164
- geltende Gesetzeslage 8.161 f.
- Nutzungseinlage 8.165
- Ungleichbehandlung zulasten transnationaler Sachverhalte 8.163 ff.
- Unionsrechtsvereinbarkeit 8.163 ff.
- Unternehmensbesteuerung 8.161 ff.

Funktionsverlagerung und Verrechnungspreis
- Unternehmensbesteuerung 8.152 ff.

Funktionsweise
- EU-Steuererhebungsverordnung 22.9

Fusion
- Fusions-Richtlinie 16.30 f.

Fusions-Richtlinie 16.1 ff.
- Abspaltung 16.18, 16.30, 16.34
- Ansässigkeit der Gesellschaft 16.27
- Anteilseignerebene 16.57 ff.
- Anteilstausch 16.30, 16.38
- Anti-Missbrauchsklausel 14.86
- Anwendungsbereich 16.25 ff., 16.91 f.
- Anwendungsfragen bei Umsetzung in innerstaatliches Recht 16.25 ff.
- ATAD 23.24, 23.50, 23.78, 23.85, 23.96
- Asset-Deal 16.1
- Aufdeckung stiller Reserven 16.1
- Aufspaltung 16.100
- Auslegung 16.22
- Austausch von Anteilen 16.38
- Barzuzahlung 16.32
- Besteuerungsaufschub auf Anteilseignerebene 16.57 ff.
- Besteuerungsaufschub auf der Ebene der einbringenden Gesellschaft 16.41
- Besteuerungsaufschub für stille Reserven 16.40
- Beteiligungswertkorrektur bei Verschmelzung 16.97 f.
- Betriebsstätte 16.44
- Betriebsstätteneinbringung 16.65 f.
- Betriebsstättenvorbehalt 16.43
- Beweislast 16.83
- Binnenmarkt 16.4, 16.12
- Buchwertansatz 16.51, 16.77
- Buchwertverknüpfung 16.61, 16.10 f.
- Diskriminierungsverbot 16.99
- Diskriminierungsverbot bei Verlustübergang 16.53 f.
- Diskriminierungsverbot von Rücklage 16.79
- Diskriminierungsverbot von Rückstellung 16.79
- Diskussionspunkte bei Umsetzung in deutsches Recht 16.89 ff.
- Doppelbesteuerungsabkommen 16.59
- doppelte Buchwertverknüpfung 16.61
- doppelte Buchwertverknüpfung bei § 20 UmwStG 16.108 f.
- Downstream-Merger 16.97
- Einbringung von Betriebsstätte 16.65 f.
- Einbringung von Unternehmensteil 16.30, 16.37, 16.64
- Einbringungsgewinn I 16.110 ff.
- Einbringungsgewinn II 16.110 ff.
- einheitliche Standards 16.14
- Entstrickungsbesteuerung bei Wegzug von Europäischer Genossenschaft (SCE) oder Europäischer Gesellschaft (SE) 16.96
- Entstrickungsregelung 16.93
- Entstrickungstatbestand 16.93 ff.
- Entwicklung 16.1 ff., 16.4
- erfasste Rechtsnorm 16.25 ff.
- erfasste Vorgänge 16.30 ff.
- ertragsteuerliche Vergünstigung 16.13
- EuGH 16.19, 16.84
- Europäische Genossenschaft (SCE) 16.16, 16.72 ff.
- Europäische Gesellschaft (SE) 16.16, 16.72 ff.
- europäisches Steuerrecht 16.1 ff.
- Exit-Tax-Rechtsprechung 16.49
- finaler Verlust 16.54
- Fortführung der Buchwertansätze 16.51, 16.77

- Freistellung des Übernahmegewinns bei Verschmelzung 16.98
- Fusion 16.30 f.
- Gemeinsame konsolidierte Körperschaftsteuerbemessungsgrundlage (GKKB) 16.114
- Gesellschafterebene 16.80
- Gesetzgebungskompetenz in Steuerpolitik 11.41
- Gewährleistungsgehalt 16.40 ff.
- Gewährung neuer Anteile bei §§ 20, 21 UmwStG 16.107
- Gibraltar-Gesellschaft 16.29
- grenzüberschreitende Umwandlung 16.3
- Grundfreiheit als Prüfungsmaßstab 16.23
- Grundfreiheit des Primärrechts 16.78
- Grundfreiheitsvereinbarkeit des Betriebsstättenvorbehalts 16.45
- Harmonisierung 16.48
- Harmonisierungsbereitschaft der Mitgliedstaaten 10.21
- Historie 16.1 ff., 16.4
- hybride Gesellschaft 16.67 ff.
- inhaltliche Ausweitung in 2005 16.7
- Interessenausgleich 16.47
- Kodifizierung 16.9
- kumulative Anwendungsvoraussetzungen 16.25 ff.
- Missbrauchsregelung 16.105 ff.
- Missbrauchsvorbehalt 16.81 ff.
- Mitbestimmungsrecht und steuerliche Wertung 16.88
- Mitbestimmungsvorbehalt 16.86 ff.
- persönlicher Anwendungsbereich 16.92
- Primärrechtsgrundfreiheit 16.78
- Primärrechtsvereinbarkeit 16.94
- Rechtsform 16.26
- Regelungskonzept 16.1 ff., 16.20 ff.
- Rücklagenübertragung 16.52
- Rückstellungsübertragung 16.52
- sachlicher Anwendungsbereich 16.91
- Sekundärrecht 16.24
- SEStEG 16.90
- Share-Deal 16.1
- Sitzverlegung 16.39
- Sitzverlegung von Europäischer Genossenschaft (SCE) 16.75
- Sitzverlegung von Europäischer Gesellschaft (SE) 16.75
- Spaltung 16.18, 16.30, 16.33
- spezielle Missbrauchsregelung gem. § 15 Abs. 2 UmwStG 16.105 ff.
- steuerneutrale Sitzverlegung 16.16
- Steuervergünstigung für Europäische Genossenschaft (SCE) 16.72 ff.
- Steuervergünstigung für Europäische Gesellschaft (SE) 16.72 ff.
- stille Reserven 16.40
- Tausch von Anteilen 16.30

- Teilbetrieb 16.35, 16.101 ff.
- Teilbetriebsübertragung 16.36, 16.104
- Teilbetriebsübertragung bei Aufspaltung 16.100
- Übernahmegewinn 16.98
- Übernahmegewinnfreistellung 16.98
- Übernahmeverlust 16.98
- Übertragung eines Teilbetriebs bei Aufspaltung 16.100
- Übertragung von Rückstellung und Rücklage 16.52
- Umsetzung in deutsches Recht 16.89 ff.
- Umwandlungssituation 16.2
- Unternehmensteil 16.64
- Unternehmensverkauf 16.1
- Upstream-Merger 16.55 f., 16.97
- Veräußerungsgewinnbesteuerung 16.76
- Verlustfinalität 16.54
- Verlustübergang 16.53 f., 16.99
- Verschmelzung 16.98
- Verschmelzungs-Richtlinie 16.18
- Wahrung finanzieller Interessen der Mitgliedstaaten 16.15
- Wertverknüpfung 16.60
- Zielsetzung 16.1 ff., 16.11 ff.

Geänderte Steuerveranlagung
- Richtlinienentwurf vom 25.10.2016 für Gemeinsame konsolidierte Körperschaftsteuerbemessungsgrundlage (GKKB) 18.98

Gebietshoheit
- grenzüberschreitende Amts- und Rechtshilfe 25.2
- Online-Durchsuchung auf ausländischem Server 25.2

Gebietskörperschaft
- Mutter-Tochter-Richtlinie 14.78

Gebot der loyalen Zusammenarbeit 2.18

Gebot effektiver Umsetzung
- Richtlinie 13.11

Gebrauchtwarenhändler
- Mehrwertsteuerrecht1 9.245 ff.

Gebühr für staatliche Leistung
- EU-Steuererhebungsverordnung 22.14

Gegenberichtigung
- Schiedsverfahrenskonvention zu Verrechnungspreiskorrekturen 23.11 f.

Gegendarstellung
- Entscheidung im Vertragsverletzungsverfahren 28.52
- Europäische Kommission2 28.51

Gegenseitige Anerkennung
- steuerliche Diskriminierung und Beschränkung 7.173 ff.

Gegenseitiges Teilnahmerecht
- Beitreibungs-Richtlinien 25.91

Gegenseitigkeitsprinzip
- Auskunftserteilung 25.23

- Beitreibungsersuchen 25.78

Gegenständlicher Unionsbezug
- allgemeine Grundfreiheitslehre 7.50

Gehalt
- EU-Steuererhebungsverordnung 22.9
- innerstaatliche Steuerbefreiung für Beamte und Bedienstete der Europäischen Union 22.2
- Steuerregime für Bedienstete der Europäischen Union 22.6 ff.
- unionsautonome Besteuerung 22.6 ff.

Geheimnisschutz
- Mehrwertsteuerzusammenarbeitsverordnung 25.106

Geldstrafe
- Anwendungsbereich des EU-Rechts 12.9

Geldvollstreckung
- persönlicher Arrest 25.74

Geltungsdauer der Freistellungsbescheinigung
- Zinsen-Lizenzgebühren-Richtlinie 15.38

Gemeinnützige Einrichtung
- Richtlinienentwurf vom 25.10.2016 für Gemeinsame Körperschaftsteuerbemessungsgrundlage (GKB) 18.38

Gemeinnützige Körperschaft
- Erbschaft- und Schenkungsteuerrecht 8.65

Gemeinnützigkeit
- Rechtfertigungsunmöglichkeit von Diskriminierungs- und Beschränkungsverboten im direkten Steuerrecht 7.219 ff.

Gemeinnützigkeits- und Spendenrecht
- Anwendungsfragen im deutschen Steuerrecht 8.43 ff.
- europäisches Steuerrecht 8.43 ff.
- Staatsentlastungseffekt 8.44 f.
- Steuervergünstigung 8.43
- Überblick 8.43 ff.
- unionsrechtliche Defizite 8.46

Gemeinnützigkeitsrecht
- Anwendungsfragen im deutschen Steuerrecht 8.47 ff.
- ausländische Körperschaft 8.48
- Ausnahme vom Unmittelbarkeitsgrundsatz 8.51
- Beihilfeverbot 8.44
- Brexit 8.234
- EuGH 8.45 f.
- Feststellung der Satzungsmäßigkeit 8.53
- gemeinnützige, mildtätige und kirchliche Zwecke 8.47
- Körperschaft als Empfänger der Steuervergünstigung 8.47
- Personengesellschaftsausschluss 8.47
- Satzung 8.52
- Typenvergleich 8.48
- Unionsrechtsdefizit 8.46
- Unionsrechtsvereinbarkeit 8.49
- Vermögensbindung 8.50
- Vermutungsregelung 8.49

Gemeinnützigkeitsstatus
- Voraussetzung 8.50 f.

Gemeinsame Außenprüfung
- Verwaltungszusammenarbeit 25.57

Gemeinsame Erklärung
- Kapitalverkehrsfreiheit 7.101 ff.

Gemeinsame konsolidierte Körperschaftsteuerbemessungsgrundlage (GKKB) → Richtlinienentwurf vom 25.10.2016 für Gemeinsame konsolidierte Körperschaftsteuerbemessungsgrundlage (GKKB)

Gemeinsame Körperschaftsteuer-Bemessungsgrundlage (GKB) → Richtlinienentwurf vom 25.10.2016 für Gemeinsame Körperschaftsteuerbemessungsgrundlage (GKB)

Gemeinsamer Markt 2.14 ff.
- Definition, keine 2.14
- Ersetzung durch den Ausdruck Binnenmarkt 2.15

Gemeinsamer Zolltarif
- Drittstaaten 1.9

Gemeinsames Steuersystem
- Mutter-Tochter-Richtlinie 14.3

Gemeinwohlbelang
- Verhältnismäßigkeitsprüfung im engeren Sinne 12.16

Gemeinwohlorientierte Mehrwertsteuerbefreiung
- Bildung 19.125 ff.
- Gesundheit 19.115 ff.
- Kultur 19.128 ff.
- öffentl. Aufgaben 19.132 f.
- Outsourcing, gemeinschaftl. 19.134 ff.
- Soziales 19.120 ff.
- Sport 19.130 f.

Gemischtes Abkommen 4.13

Generalermächtigung
- Unionsvertragsrecht 4.6

Geografische Vergleichsgruppe
- Diskriminierung 6.45
- Protektion 6.45

Gericht, vorlageberechtigtes
- Vorabentscheidungsverfahren 27.7

Gerichtliche Durchsetzung des Unionsrechts 27.1 ff.
- EuGH 27.2
- nationale Gerichte als funktionales Unionsgericht 27.1
- Primärrechtswidrigkeit sekundären Unionsrechts 27.43 ff.
- Steuerrecht 27.5
- Überblick 27.1 ff.
- Unionsgericht 27.1
- Unionsrechtswidrigkeit nationalen Steuerrechts 27.6 ff.
- Verfahrensarten 27.3 f.
- Vertragsverletzungsverfahren 27.26 ff.

Stichwortverzeichnis

Gerichtliche Kontrolldichte
- Verhältnismäßigkeitsgrundsatz 12.17
- Willkürkontrolle 12.17

Gerichtliche Kontrolle
- völkerrechtlicher Vertrag 3.22

Gerichtlicher Rechtsschutz
- nicht kodifizierter Rechtsgrundsatz 4.9
- rechtsstaatliche Prinzipien 3.5

Gerichtsbarkeit → auch „Europäische Gerichtsbarkeit" und „Unionsrechtliche Gerichtsbarkeit"
- EuGH 5.3
- Europäische Union 5.1 ff.

Geringwertiges Wirtschaftsgut
- Richtlinienentwurf vom 25.10.2016 für Gemeinsame Körperschaftsteuerbemessungsgrundlage (GKB) 18.51

Geschäftsgeheimnis
- Auskunftserteilung 25.45

Geschriebene und ungeschriebene Rechtfertigungsgründe
- Rechtfertigungsmöglichkeit von Diskriminierungs- und Beschränkungsverboten im direkten Steuerrecht 7.200 ff.

Gesellschaft eines Mitgliedstaats
- Mutter-Tochter-Richtlinie 14.13 ff.

Gesellschafterebene
- Fusions-Richtlinie 16.80

Gesellschaftsrecht
- europäisches 10.33

Gesetzbindung der Verwaltung
- steuerrechtsbedeutsame allgemeine Rechtsgrundsätze 12.12

Gesetzeserschleichung
- Verbot missbräuchlicher Berufung auf Unionsrecht 13.18

Gesetzesimmanente Rechtsfortbildung
- Unionsrecht 13.7

Gesetzesmäßigkeitsgrundsatz
- Auskunftserteilung 25.45

Gesetzesumgehung
- Verbot missbräuchlicher Berufung auf Unionsrecht 13.19

Gesetzesvorbehalt
- steuerrechtsbedeutsame allgemeine Rechtsgrundsätze 12.12

Gesetzgebungsakt
- Richtlinie 1.10

Gesetzgebungsauftrag
- Rechtsangleichung 1.6

Gesetzgebungshoheit
- Steuersouveränität 1.1

Gesetzgebungskompetenz 1.6
- Binnenmarkt 1.11
- direkte Steuer 1.18
- Diskriminierungsverbot 1.11
- Europäische Union 2.16, 11.1
- Gesundheitsschutz 1.11
- Implied-Powers-Doktrin 11.1
- Kompetenzausübungsschranke 1.11
- Rechtsangleichung bei indirekten Steuern 1.10 ff.
- Schranke 1.11
- Sozialpolitik 1.11
- Steuerpolitik 11.15 ff.
- Steuersouveränität der Mitgliedstaaten 1.11
- Subsidiaritätsprinzip 1.11
- Umweltschutz 1.11
- Verbraucherschutz 1.11
- Verhältnismäßigkeitsgrundsatz 1.11
- Verordnung 3.7
- Wettbewerbsverzerrung 1.11
- Wirtschaftspolitik 1.11

Gesetzgebungskompetenz der EU für Rechtsangleichung
- Alkoholsteuer 1.10
- Energiesteuer 1.10
- Tabaksteuer 1.10
- Umsatzsteuer 1.10

Gesetzgebungskompetenz des Rates
- Schranke 1.11

Gesetzgebungskompetenz in Steuerpolitik
- Amtshilfe-Richtlinie 11.41
- Beitreibungs-Richtlinie 11.41
- Binnenmarkt-Richtlinie 11.29 f.
- Binnenmarktzielsetzung 11.22
- direkte Steuer 11.39 ff.
- Fusions-Richtlinie 11.41
- gemeinsamer Zolltarif 11.18
- indirekte Steuer 11.21 ff., 11.32
- Konzern-Richtlinie 11.41
- Mehrwertsteuersystem 11.24
- Mehrwertsteuersystem-Richtlinie 11.31
- Mutter-Tochter-Richtlinie 11.41
- Richtlinie 11.41
- Schiedsverfahrenskonvention 11.42
- Umsatzsteuer 11.23 ff.
- Unionszollkodex 11.18
- Verbrauchsteuer 11.32 ff.
- Verbrauchsteuersystem-Richtlinie 11.33
- Vollharmonisierung bei indirekter Steuer 11.21
- wirtschafts-, binnenmarkt- und finanzpolitische Ziele bei 6. Umsatzsteuer-Richtlinie 11.25
- Zinsen-Lizenzgebühren-Richtlinie 11.41
- Zollunion 11.15 ff.
- Zollverbot 11.17
- Zusammenarbeit 11.20

Gesetzgebungsverfahren
- Empfehlung 3.25
- Stellungnahme 3.25

Gesetzmäßigkeit der Besteuerung
- EuGH 12.12
- steuerrechtsbedeutsame allgemeine Rechtsgrundsätze 12.12 ff.

Gestaltungsmissbrauch
- finaler Verlust 8.106

Gestaltungsspielraum des Mitgliedstaats
- unmittelbare Anwendbarkeit von Unionsrecht 13.13

Gestaltungsurteil
- Nichtigkeitsurteil 28.19

Gesteigerte Mitwirkungspflicht
- Mitwirkungspflicht des Steuerpflichtigen 25.4

Gesundheitsschutz
- Gesetzgebungskompetenz 1.11

Gewährleistung tatsächlicher und vollständiger Anwendung
- Richtlinienumsetzung 13.10

Gewährleistungsgehalt
- Fusions-Richtlinie 16.40 ff.
- Mutter-Tochter-Richtlinie 14.52 ff.
- Warenhandelsdiskriminierung 6.20 ff.
- Zinsen-Lizenzgebühren-Richtlinie 15.22 ff.

Gewährleistungsgehalt des Art. 110 AEUV
- EuGH 6.52

Gewährung neuer Anteile bei §§ 20, 21 UmwStG
- Fusions-Richtlinie 16.107

Gewährung selektiven Steuervorteils
- Beihilfenverbot im Steuerrecht 9.12 ff.

Gewährungsverpflichtung
- Vollstreckungshilfe 25.62

Gewaltengefüge
- Europäische Union 2.17 ff.

Gewaltenteilungsprinzip 2.17

Gewaltenverschränkung 2.18 f.
- Prinzip der begrenzten Einzelermächtigung 2.18

Gewerbesteuerliches Schachtelprivileg
- Brexit 8.242
- Missbrauchsvermeidung 8.150 f.
- Realsteuerprinzip 8.150
- Unionsrechtskonformität 8.150 f.

Gewichtung
- Auslegungsmethode 13.1

Gewinnausschüttung
- Mutter-Tochter-Richtlinie 14.1, 14.41 ff.

Gewinnbesteuerung und Verlustabzug
- Symmetriethese 8.103

Gewinnbeteiligungsanspruch
- Richtlinienentwurf vom 25.10.2016 für Gemeinsame konsolidierte Körperschaftsteuerbemessungsgrundlage (GKKB) 18.79

Gewinntransfer
- Rechtfertigungsmöglichkeit von Diskriminierungs- und Beschränkungsverboten im direkten Steuerrecht 7.262

Gewohnheitsrecht
- ungeschriebenes Primärrecht 3.5

Gibraltar-Gesellschaft
- Fusions-Richtlinie 16.29

GKB → „Gemeinsame Körperschaftsteuer-Bemessungsgrundlage (GKB)"

GKKB → „Gemeinsame konsolidierte Körperschaftsteuerbemessungsgrundlage (GKKB)"

Gleichartigkeit
- Warenhandelsdiskriminierung 6.29 ff.

Gleichartigkeitserfordernis
- EuGH 6.32

Gleichbehandlung gleichartiger Waren in- und ausländischer Provenienz 6.29 ff.

Gleichheitsprüfung
- Vorrang vor Freiheitsprüfung 7.37 ff.

Gleichheitsrechtlich strukturierte Garantie
- Diskriminierungs- und Protektionsverbot 6.20

Gleichheitsrechtliche Ausweitung unionsrechtlich vermittelter Rechtsposition
- Ausländerdiskriminierung 4.71 f.
- Inländerdiskriminierung 4.68 ff.
- normatives Mehrebenensystem 4.64 ff.

Gleichheitsrechtliche Kontrolle
- EuGH 12.24

Gleichheitssatz
- Beihilfenkontrolle 9.33
- EuGH 12.23
- Grundgesetz 4.70 f.
- Pauschalierung 12.25
- Rechtsanwendungsgleichheit 12.18
- Rechtsetzungsgleichheit 12.18
- Rechtsprechung 12.22
- Typisierung 12.25

Gleichheitssatzkonforme Besteuerung
- Neutralitätsprinzip 12.21
- Rechtsanwendungsgleichheit 12.26
- steuerrechtsbedeutsame allgemeine Rechtsgrundsätze 12.18 ff.
- strukturelles Vollzugsdefizit 12.26
- Vergleichsmaßstab 12.19

Gleichmäßigkeit der Besteuerung
- steuerrechtsbedeutsame allgemeine Rechtsgrundsätze 12.20

Gleichwertigkeitsgrundsatz
- Steuerprozess 26.33
- Verfahrensautonomieeinschränkung 26.6

Glücksspiel
- Mehrwertsteuerbefreiung 19.158

Gratisaktie
- Mutter-Tochter-Richtlinie 14.42

Grenzgänger
- europäisches Steuerrecht 8.1
- fingierte unbeschränkte Steuerpflicht 8.4

Grenzkontrolle 2.6

Grenzüberschreitende Amts- und Rechtshilfe 25.1 ff.
- Amtsermittlungsgrundsatz 25.1
- Amtshilfe-Richtlinie 25.15 ff.
- Anwesenheitsrecht 25.55 ff.
- ausgehendes Ersuchen 25.67 ff.
- Auskunftsersuchen 25.75 ff., 25.86 ff.
- Auskunftserteilung 25.22 ff.

Stichwortverzeichnis

- Auskunftserteilungsanspruch 25.6
- Auskunftserteilungsverpflichtung 25.23
- automatische Auskunft 25.26 ff.
- Beitreibungs-Richtlinien 25.61 ff.
- bilateraler Vertrag 25.6
- Country-by-Country-Report 25.4
- Dokumentationspflicht 25.4 ff.
- eingehendes Ersuchen 25.78 ff.
- Entwicklungstendenzen 25.12 ff.
- Ersuchen um Sicherungsmaßnahme 25.84 f.
- Ersuchensauskunft 25.19 ff.
- Fiscalis-Programm 25.9 ff.
- formelle Territorialität 25.2
- Gebietshoheit 25.2
- Grundsätze 25.1 ff.
- Inanspruchnahme 25.7
- international koordinierte Außenprüfung 25.56 f.
- materielle Universalität 25.2
- Mehrwertsteuerzusammenarbeitsverordnung 25.6
- Mitwirkungs- und Dokumentationspflicht 25.4 ff.
- Mitwirkungspflicht 25.1
- multilateraler Vertrag 25.6
- Rechtsgrundlage 25.6 ff.
- Rechtsschutz 25.60
- Sachaufklärung 25.1 ff.
- Schrankenwirkung 25.8
- Sicherungsmaßnahmenersuchen 25.84 f.
- Spontanauskunft 25.52 ff.
- Untersuchungsgrundsatz 25.1
- Verbrauchsteuerzusammenarbeitsverordnung 25.6
- Vertrag über Amts- und Rechtshilfe in Steuersachen 25.6
- Verwaltungszusammenarbeit 25.55 ff.
- völkerrechtliche Schranken der Sachaufklärung 25.1 ff.
- Welteinkommensprinzip 25.2
- Zinsinformationsverordnung 25.6
- Zusammenarbeitsverordnung 25.97 ff.
- Zustellungsersuchen 25.58 ff., 25.77, 25.89 f.

Grenzüberschreitende Gewinnausschüttung
- Mutter-Tochter-Richtlinie 14.1

Grenzüberschreitende Rechtshilfe 25.1 ff.

Grenzüberschreitende Umwandlung
- Fusions-Richtlinie 16.3

Grenzüberschreitende Zustellung 25.59

Grenzüberschreitender Bezug
- allgemeine Grundfreiheitslehre 7.30 ff.

Grenzüberschreitender Handel
- Diskriminierung 6.7
- Erdrosselungssteuer 6.67

Grenzüberschreitender Informationsaustausch
- Amtshilfe-Richtlinie 25.15

Grenzüberschreitender Sachverhalt
- Verifikation 26.10

Grenzüberschreitender Warenhandel
- Einfuhr eines Gegenstands 19.90 ff.
- innergemeinschaftl. Erwerb eines Gegenstands gegen Entgelt 19.92 ff.
- Steuertatbestände 19.88 ff.
- Verbringung/Verwendung 19.97 ff.

Griechenland
- Quellenbesteuerungsverbotsausnahme vor Änderungs-Richtlinie 2003 14.73
- Übergangsregelung für Quellensteuerverzichtsanwendung 15.26

Grundfreibetrag 8.7

Grundfreiheit
- Anwendungsbereich 7.62 ff.
- Arbeitnehmerfreizügigkeit 4.9
- Auslegung 5.12
- Binnenmarktfinalität 4.29
- Definition 7.3
- Dienstleistungsfreiheit 4.9
- Doppelbesteuerungsabkommensrecht 8.189 f.
- Einwirkung europäischen Normensystems 1.2
- europäische Gerichtsbarkeit 5.12
- EWR-Abkommen 7.7
- Marktfreiheit 7.3 ff.
- Maßgeblichkeit 7.19 f.
- Mitgliedstaat 4.32
- Niederlassungsfreiheit 4.9
- Schrankenwirkung 4.29
- Unionsrechtseinwirkung auf innerstaatliches Steuerrecht 4.24, 4.29
- Unionsrechtsreichweite 4.65
- Verbot missbräuchlicher Berufung auf Unionsrecht 13.17
- Verhältnis zum Sekundärrecht 7.19 f.

Grundfreiheit als Herzstück des europäischen Steuerrechts
- Arbeitnehmerfreizügigkeit 7.3
- Dienstleistungsfreiheit 7.3
- Diskriminierungs- und Beschränkungsverbot im direkten Steuerrecht 7.1 ff.
- Diskriminierungsverbot 7.3
- Freizügigkeit 7.3
- Niederlassungsfreiheit 7.3
- Rechtsquelle 7.3 ff.
- Überblick 7.1 ff.
- Warenverkehrsfreiheit 7.3

Grundfreiheit als Prüfungsmaßstab
- Fusions-Richtlinie 16.23

Grundfreiheit des Primärrechts
- Fusions-Richtlinie 16.78

Grundfreiheit durch Sekundärrecht
- Vor- und Nachverdichtung 7.21

Grundfreiheitsanwendbarkeit
- Doppelbesteuerungsabkommensrecht 8.182 ff.

Grundfreiheitsbedeutung
– Erbschaft- und Schenkungsteuerrecht 8.57 ff.
Grundfreiheitsbeschränkende Regelung
– Bestehenskriterium 7.302
Grundfreiheitsbeschränkungsverbot 9.53
Grundfreiheitsgeltung
– nicht harmonisierter Bereich 7.22 ff.
Grundfreiheitslehre, allgemeine → auch „Allgemeine Grundfreiheitslehre"
– Anwendungsbereichseröffnung 7.26 ff.
Grundfreiheitsmaßgeblichkeitsgrundsatz 7.19 f.
Grundfreiheitsproblematik
– Doppelbesteuerungsabkommensrecht 8.194 ff.
Grundfreiheitsschuldner 7.53 ff.
– Finanzbehörde 7.18
– Finanzgericht 7.18
– Organ und Untergliederungen der Mitgliedstaaten 7.53 f.
– Privatperson 7.56 f.
– Unionsorgan und mittelbare Unionsverwaltung 7.55
Grundfreiheitsvereinbarkeit des Betriebsstättenvorbehalts
– Fusions-Richtlinie 16.45
Grundfreiheitsverstoß
– Beihilfenverbot im Steuerrecht 9.53 ff.
– Individualschutz 7.61
– Kausalzusammenhang 7.61
– Rechtsfolge 7.58 ff.
– Staatshaftungsanspruch 7.61
– steuerliche Nebenleistung 7.61
Grundgehalt
– Beamter der Europäischen Union 22.7
Grundgesetz
– Gleichheitssatz 4.70 f.
– Normenhierarchie 4.3
Grundlage
– allgemeines Diskriminierungsverbot 7.117 f.
Grundrecht
– Unionsrechtseinwirkung auf innerstaatliches Steuerrecht 4.26 ff.
Grundrecht des Unionsrechts
– Ermittlungsbefugnisausübungsgrenze 26.12
Grundrechte-Charta 2.8
– Rechts- und Rechtserkenntnisquelle 12.3
Grundrechtliche Bedingung
– faktische Suspendierung 12.7
Grundrechtsbindung
– Einschätzungsprärogative 5.45
Grundrechtsdogmatik
– Deformierung 12.7
Grundrechtsgarantie
– Rechts- und Rechtserkenntnisquelle 12.3
Grundrechtskatalog
– EuGH 12.1
Grundrechtskontrolle
– Bundesverfassungsgericht 4.22

– europäische 12.9
Grundrechtsstandard
– kodifizierter 4.9
Grundrechtsunvereinbarkeit 4.11
Grundrechtsverbürgung
– Rechts- und Rechtserkenntnisquelle 12.2
Grundsatz der begrenzten Einzelermächtigung 1.22
Grundsatz ordentlicher Verwaltung
– Verwaltungsrecht 4.10
Grundsatz und Grenzen beim Vollzug harmonisierten Steuerrechts
– Ausstrahlung auf Steuerprozess 26.33 ff.
– Ausstrahlung auf Verwaltungsorganisation 26.31 f.
– Ausstrahlungswirkung auf Steuerverfahren 26.7 ff.
– indirekter Vollzug 26.1 f.
– mitgliedstaatliche Verfahrensautonomie 26.1 ff.
– Mitwirkungspflicht des Steuerpflichtigen 26.9 ff.
– Rechtsfolge bei Vollzugsdefizit 26.27 ff.
– Steuerprozess 26.33 ff.
– Steuerverfahren 26.7 ff.
– Untersuchungsgrundsatz 26.7 f.
– Verfahrensautonomie als weitere Komponente der Verwaltungshoheit 26.3
– Verfahrensautonomieeinschränkung 26.4
– Verwaltungsorganisation 26.31 f.
Grundsteuer
– EU-Steuererhebungsverordnung 22.14
Grundstück
– Mehrwertsteuerbefreiung 19.155 ff.
Gründungsverträge 6.4
Gruppe
– Definition 18.80
– Richtlinienentwurf vom 25.10.2016 für Gemeinsame konsolidierte Körperschaftsteuerbemessungsgrundlage (GKKB) 18.80
Gruppe als Synonym für Konsolidierungskreis
– Richtlinienentwurf vom 25.10.2016 für Gemeinsame konsolidierte Körperschaftsteuerbemessungsgrundlage (GKKB) 18.79
Gruppenanfrage
– Auskunftsersuchen 25.19
Gruppenfreistellungsverordnung
– Ermessensausübung durch Europäische Kommission 9.51
Gruppeninterne Transaktion
– Richtlinienentwurf vom 25.10.2016 für Gemeinsame konsolidierte Körperschaftsteuerbemessungsgrundlage (GKKB) 18.86
Gültigkeit und Auslegung von Organhandlungen
– Vorabentscheidungsverfahren im Steuerrecht 5.13
Gültigkeitskontrolle
– sekundäres Unionsrecht 4.7

Stichwortverzeichnis

Gültigkeitsurteil
- Bindungswirkung erga omnes 28.10
- EuGH 28.10 ff.
- Ex-tunc-Wirkung 28.11
- Organhandlung 28.10
- Vorabentscheidungsverfahren 28.10 ff.

Gutschein
- Bemessungsgrundlage 19.181 f.
- echter 19.72 ff.
- Mehrwertsteuer 19.70 ff.
- Verkörperung best. Leistungen 19.71

GuV-orientierter Ansatz
- Richtlinienentwurf vom 25.10.2016 für Gemeinsame Körperschaftsteuerbemessungsgrundlage (GKB) 18.27

Haager Gipfelkonferenz 2.3

Haftung der Europäischen Union
- Ersatzleistung 28.33 ff.

Haftung der Mitgliedstaaten
- Ersatzleistung 28.37 ff.

Haftungsfähigkeit der Europäischen Union
- Ersatzleistung 28.31 ff.

Haftungshürde
- Ersatzleistung 28.40
- hinreichend qualifizierter Verstoß 28.40

Haftungsschuldner
- Auskunftsersuchen 25.75

Handelsabkommen
- völkerrechtlicher Vertrag 3.21

Handelsbeeinträchtigung
- Beihilfenverbot im Steuerrecht 9.43 ff.
- untergeordnete praktische Bedeutung 9.43

Handelspolitik
- unionsrechtliche Kompetenzausübung 11.4

Handlungspflicht
- Urteil im Vertragsverletzungsverfahren 28.15

Harmonisierte Steuer
- Energiesteuer-Richtlinie 2003 1.17
- Rechtsangleichung bei indirekten Steuern 1.15 ff.
- Verbrauchsteuer 1.17 ff.
- Verbrauchsteuersystemrichtlinie 2008 1.17

Harmonisiertes Steuerrecht → auch „Verfahrensautonomie bei Vollzug harmonisierten Steuerrechts"
- Auslegung und Anwendung 13.1 ff.
- direkte Steuer 13.20
- indirekter Vollzug 26.1 f.
- Verbot missbräuchlicher Berufung auf Unionsrecht 13.17
- Verfahrensautonomie 26.1 ff.

Harmonisierung 2.12; → auch „Rechtsangleichung"
- direkte Steuer 2.7
- Entwicklung und Stand 10.1 ff.
- Fusions-Richtlinie 16.48
- Mehrwertsteuersystemrichtlinie 2016 1.16

- Umsatzsteuer 1.16
- Umsatzsteuersätze 11.31
- unionsrechtliche 6.13
- Verbrauchsteuer 2.6

Harmonisierung direkter Steuern
- Richtlinie 3.12

Harmonisierung, negative
- Effektivitätsgrundsatz 26.5

Harmonisierung, stille 2.10

Harmonisierungsauftrag
- Gesetzgebungskompetenz 1.10
- indirekte Steuer 10.10 f.
- Umsatzsteuer 10.12

Harmonisierungsbereitschaft der Mitgliedstaaten
- Amtshilfe-Richtlinie 10.21
- ATAD 10.21
- direkte Steuer 10.21
- Fusions-Richtlinie 10.21
- Mutter-Tochter-Richtlinie 10.21
- Schiedsrichtlinie 10.21
- Schiedsverfahrenskonvention 10.21
- Zinsen-Lizenzgebühren-Richtlinie 10.21
- Zins-Richtlinie 10.21

Harmonisierungsentwicklung und -stand
- Alkohol 10.16
- direkte Steuer 10.1
- Energieerzeugnis 10.16
- europäisches Steuerrecht 10.1 ff.
- Finanztransaktionsteuer 10.18 f.
- indirekte Steuer 10.2, 10.10 ff.
- länderspezifische Empfehlungen 10.28
- Mineralölbesteuerung 10.16
- positive Integration 10.1
- qualifizierte Mehrheitsentscheidungen 10.29
- Richtlinieninitiativen 10.31
- soft law 10.27
- Strom 10.16
- Tabakwarenbesteuerung 10.16
- tax-in-non-tax 10.32 ff.
- Unionszollkodex 10.7
- Verbrauchsteuer 10.16 f.
- Verhaltenskodex 10.27 ff.
- Vermeidung doppelter Nichtbesteuerung 10.38
- Vertragsverletzungsverfahren 10.30
- Zollrecht 10.2
- Zollrechtsvereinheitlichung 10.3 ff.
- Zollunion 10.4

Harmonisierungsgrad
- direkte Steuer 10.1
- indirekte Steuer 10.2
- Zollrecht 10.3

Harmonisierungswiderstand
- Ursachen 10.22

Hauptsteuerbehörde
- Richtlinienentwurf vom 25.10.2016 für Gemeinsame konsolidierte Körperschaftsteuerbemessungsgrundlage (GKKB) 18.98

Stichwortverzeichnis

Haushaltsfinanzierung
- Finanzierungskompetenz der EU 1.23

Herkunftsmitgliedsstaat
- EU-Steuererhebungsverordnung 22.17

Hinreichend qualifizierter Verstoß
- Haftungshürde 28.40

Hinzurechnungsbesteuerung
- §§ 7–14 AStG 8.168
- Anwendungsfragen im deutschen Steuerrecht 8.168 ff.
- ATAD 17.68 ff., 17.114
- Basisgesellschaft 8.168
- Beseitigung unionsrechtlicher Bedenken durch Einführung von Motivtest 8.175 ff.
- Brexit 8.239
- Doppelbesteuerungsabkommen 8.181
- Einkünfte ausländischer Betriebsstätte 8.169
- EuGH und BFH 8.170 ff.
- Missbrauchstypisierung 8.172
- Regelungsgehalt 8.168 f.
- Richtlinienentwurf vom 25.10.2016 für Gemeinsame Körperschaftsteuerbemessungsgrundlage (GKB) 18.67
- Treaty Override 8.181
- unionsrechtliche Beurteilung aktueller Rechtslage 8.175 ff.
- unionsrechtskonforme Auslegung 8.172
- Unionsrechtsvereinbarkeit 8.170 ff.
- Unionsrechtswidrigkeit 8.172
- Unternehmensbesteuerung 8.168 ff.
- zwischengeschaltete Betriebsstätten 8.179

Historie
- ATAD 17.1 ff.
- Europäische Union 2.1 ff.
- Fusions-Richtlinie 16.1 ff., 16.4
- Mutter-Tochter-Richtlinie 14.1 ff., 14.7
- Zinsen-Lizenzgebühren-Richtlinie 15.1 ff.

Historische Auslegung
- Protokollerklärung des Europäischen Rats und der Europäischen Kommission 13.6
- Unionsrecht 13.6
- Unionsrechtsnorm 13.6

Höchstbetragsanrechnung, länderbezogene
- Steueranrechnung 8.29

Höchstbetragsberechnung
- Steueranrechnung 8.30

Hoheitsakt
- Verwaltungsaktbekanntgabe 25.58

Höherbelastung grenzüberschreitenden Handels
- Diskriminierungs- und Protektionsverbot 6.34 ff.

Höherbelastung von Ausfuhren 6.22

Hundesteuer
- europarechtliche Zulässigkeit 1.17

Hybride Gesellschaft
- Fusions-Richtlinie 16.67 ff.
- Mutter-Tochter-Richtlinie 14.66

Hybride Gestaltung
- ATAD 17.83 ff., 17.120
- Rechtfertigungsmöglichkeit von Diskriminierungs- und Beschränkungsverboten im direkten Steuerrecht 7.269

Hybride Tochtergesellschaft
- Mutter-Tochter-Richtlinie 14.52

Hybrides Finanzinstrument
- Mutter-Tochter-Richtlinie 14.45

IAS-Verordnung 2.9

Identitätskontrolle
- EuGH 4.23

IFRS-Konzernabschluss 2.9

Implementation in nationales Recht
- Erkennbarkeit und Durchsetzbarkeit von Rechten 13.10
- Gewährleistung tatsächlicher und vollständiger Anwendung der Richtlinie 13.10
- Richtlinie 13.10

Implied Powers
- Unionsvertragsrecht 4.6

Implied-Powers-Doktrin
- Gesetzgebungskompetenz 11.1

Inanspruchnahme
- grenzüberschreitende Amts- und Rechtshilfe 25.7

Indirekte Aufwandsteuer
- Luftverkehrsteuer 11.38

Indirekte Steuer 3.4
- Beihilfenkontrolle 9.34
- Digitalsteuer 21.27
- Diskriminierungsverbot 1.12
- europäische Gerichtsbarkeit 5.13
- Finanztransaktionssteuer 21.25
- Gesetzgebungskompetenz in Steuerpolitik 11.21 ff., 11.32
- Harmonisierung 21.1, 21.23 ff.
- Harmonisierungsauftrag 10.10 f.
- Harmonisierungsentwicklung und -stand 10.2, 10.10 ff.
- Harmonisierungsgrad 10.2
- Kapitalverkehrsteuern 21.1
- Mehrwertsteuersystem-Richtlinie 2.13
- Mehrwertsteuerzusammenarbeitsverordnung 2.13
- Telekommunikationssteuern 21.24
- Verbrauchsteuersystem-Richtlinie 2.13
- Verbrauchsteuerzusammenarbeitsverordnung 2.13
- Versicherungssteuern 21.23
- Vollharmonisierung 11.21
- Vorabentscheidungsverfahren im Steuerrecht 5.13
- Waren und Dienstleistungen 9.34

Indirekte Wirkung
- allgemeine Grundfreiheitslehre 7.46 f.

1117

Individualbelang
- Verhältnismäßigkeitsprüfung im engeren Sinne 12.16

Individualklage
- Beihilferecht 5.33
- direkte Steuer 5.32
- EuG 5.32 ff.
- Frist 5.38
- Klagebefugnis 5.34 ff.
- Klagegegenstand 5.32 f.
- Plaumann-Formel 5.34
- Rechtsmittel 5.40
- Rechtsschutzinteresse 5.37
- Sanierungsklausel 5.33 ff.

Individualrechtsschutz
- Grundfreiheitsverstoß 7.61
- Nichtigkeitsklage 27.52
- Nichtigkeitsurteil 28.18
- Unionsrechtswidrigkeit nationalen Steuerrechts 27.41 f.
- Vorabentscheidungsverfahren 27.24

Induktive Entscheidungsfindung
- EuGH 26.20

Informationsaustausch
- Mehrwertsteuerzusammenarbeitsverordnung 25.99

Informationsaustausch, automatischer
- Amts- und Rechtshilfe 25.12 f.

Informationsaustausch, grenzüberschreitender
- Amtshilfe-Richtlinie 25.15

Inländerdiskriminierung
- gleichheitsrechtliche Ausweitung unionsrechtlich vermittelter Rechtsposition 4.68 ff.
- umgekehrte Diskriminierung 4.68
- Unionsrechtsreichweite 4.68

Inländergleichbehandlung
- Beschränkungsverbot 4.31
- Freistellungsmethode 8.171
- Unionsrechtseinwirkung auf innerstaatliches Steuerrecht 4.30

Inländergleichbehandlungsgrundsatz
- Doppelbesteuerungsabkommensrecht 8.189

Inländische Besteuerung
- Wettbewerbsneutralität 6.7

Inländische Einkünfte
- beschränkte Steuerpflicht 8.36 f.
- isolierende Betrachtungsweise 8.36
- Territorialitätsprinzip 8.36

Inländische Ware
- Definition 6.23

Inlandsbezug
- doppelter 8.121 ff.
- Organgesellschaft 8.127 f.

Inlandsfall
- Diskriminierung grenzüberschreitender ggü. innerstaatlichen Vorgängen 7.146

Innergemeinschaftlicher Reiseverkehr
- Ursprungslandprinzip 11.34

Innerstaatliche Rechtsnorm
- Fortbildung 13.8

Innerstaatliche Steuer
- EU-Steuererhebungsverordnung 22.14

Innerstaatliche Umsetzung
- Einigungsverfahren 23.35 ff.

Innerstaatliches Recht
- Zollrecht 10.6

Innerstaatliches Steuerrecht
- Unionsrechtseinwirkung 4.24 ff.

Innerstaatliches Umsetzungsverfahren
- Verständigungsverfahren 23.16, 23.21

Institutionelles Gefüge
- Europäische Union 2.17 ff.

Integration
- positive 10.1 ff.

Integration, europäische 2.1 ff.

Integration, negative
- europäisches Steuerrecht 6.1 ff.

Intermediär
- automatischer Informationsaustausch 25.39

inter partes
- EuGH 5.24

Interessenausgleich
- Fusions-Richtlinie 16.47

International koordinierte Außenprüfung
- Schrankenwirkung 25.56
- Verbrauchsteuerzusammenarbeitsverordnung 25.126
- Verwaltungszusammenarbeit 25.56 f.

Internationale Doppelbesteuerung 6.63 ff.
- beschränkende Mehrfachbelastung grenzüberschreitender Vorgänge 7.180 f.

Internationalisierung
- Dienstleistungshandel 6.4

Intransparenz
- Mutter-Tochter-Richtlinie 14.66

Inverser vertikaler Effekt
- Auslegung und Anwendung harmonisierten Steuerrechts 13.13

Investmentinstitut
- automatischer Informationsaustausch 25.14

Isolierende Betrachtungsweise
- inländische Einkünfte 8.36

Judikative 1.5
- richtlinienkonforme Auslegung 4.62

Juristische Doppelbesteuerung
- Mutter-Tochter-Richtlinie 14.52
- Vermeidung 14.3

Juristische Person
- Klagebefugnis 4.17
- nicht privilegierter Kläger bei Nichtigkeitsklage 27.53

- Rechtsschutzinteresse bei Nichtigkeitsklage 27.56

Justiziabilität
- Vorlagepflichtsverletzung 27.19

Kaffeesteuer
- nicht harmonisierte deutsche Verbrauchsteuer 11.37

Kapitalanlage
- Anlagegold 19.154
- Mehrwertsteuerbefreiung 19.150 ff.
- Verwaltung von Investmentfonds 19.151 ff.
- Wertpapiere 19.150

Kapitalbeteiligung
- Mutter-Tochter-Richtlinie 14.5, 14.30 ff.
- Zinsen-Lizenzgebühren-Richtlinie 15.8, 15.16

Kapitalertrag
- Abgeltungswirkung 8.40
- automatischer Informationsaustausch 25.13

Kapitalexportneutralität
- Mutter-Tochter-Richtlinie 14.4

Kapitalgesellschaft
- Schiedsverfahrenskonvention zu Verrechnungspreiskorrekturen 23.7
- Wegzugsbesteuerung 8.88 ff.

Kapitalherabsetzung
- Mutter-Tochter-Richtlinie 14.42

Kapitalimportneutralität
- Freistellungsmethode 8.197
- Mutter-Tochter-Richtlinie 14.4

Kapitalverkehr 2.14

Kapitalverkehrsbeschränkung
- Rechtfertigungsmöglichkeit von Diskriminierungs- und Beschränkungsverboten im direkten Steuerrecht 7.300 ff.

Kapitalverkehrsfreiheit 8.9
- Abgrenzung zu anderen Grundfreiheiten 7.88 ff.
- Anwendungsbereich einzelner Grundfreiheit 7.87 ff.
- Bedeutung 7.87
- Drittstaatsbezug 7.106 ff.
- Einwirkung europäischen Normensystems 1.2
- Erbschaft- und Schenkungsteuerrecht 8.57, 8.73
- Gegenstand nationaler Rechtsvorschrift 7.94
- Gemeinsame Erklärung 7.101 ff.
- Grundfreiheit als Herzstück des europäischen Steuerrechts 7.3
- Kritik 7.95 ff.
- persönlicher Anwendungsbereich 7.99
- Rechtfertigungsebene 7.104 f.
- sachlicher Anwendungsbereich 7.100
- Spendenrecht 8.55
- Standstillklausel 8.10
- Steuervorbehalt 7.101 ff.
- Unionsrechtseinwirkung auf innerstaatliches Steuerrecht 4.46 ff.
- Unionstreue 1.5

Kapitalverkehrsfreiheitsvereinbarkeit
- Erbschaft- und Schenkungsteuerrecht 8.75

Kapitalverkehrsteuern
- Besteuerungsverbote Kapitalgesellschaften 21.5 ff.
- Besteuerungsverbote Wertpapiere 21.14 ff.
- gesellschaftsteuerähnliche Abgabe 21.1, 21.10 ff.
- Gesellschaftsteuern 21.1, 21.7 ff.
- Harmonisierung 21.1
- indirekte Steuern auf Umstrukturierungen 21.12 f.
- Kapitalverkehrsteuerrichtlinie 21.2, 21.3 f.
- sonstige Abgaben 21.18 ff.
- Umsetzung in dt. Recht 21.21 f.
- Verbot sonstiger Abgaben 21.18
- Wertpapiersteuern 21.1, 21.14 ff.

Kausalzusammenhang
- Grundfreiheitsverstoß 7.61

Kinder
- EU-Steuererhebungsverordnung 22.9

Kirchensteuer
- Vorsorgeaufwendung 8.21

Klage
- EuGH 5.7
- Rechtsbehelfsverfahren 23.13

Klagebefugnis
- Europäische Zentralbank 28.18
- juristische Person 4.17
- natürliche Person 4.17
- Nichtigkeitsklage 9.61, 27.54
- Rechnungshof 28.18

Klagefrist
- Nichtigkeitsklage 27.58

Klagegegenstand
- EuG 5.32 f.

Klagemöglichkeit
- Schiedsverfahrenskonvention zu Verrechnungspreiskorrekturen 23.2

Klageverfahren 23.37

Klarheit
- Richtlinienumsetzung 13.10

Kleine und mittlere Unternehmen
- Sitzlandbesteuerung 18.10

Kleinunternehmen
- Mehrwertsteuerbefreiung 19.159 f., 19.232 ff.

Kodifizierung
- Fusions-Richtlinie 16.9

Kohärenz als Rechtfertigungsgrund
- Doppelbesteuerungsabkommensrecht 8.192 f.

Kohärenz des Steuerrechts
- Rechtfertigungsmöglichkeit von Diskriminierungs- und Beschränkungsverboten im direkten Steuerrecht 7.207, 7.240, 7.243, 7.268, 7.279 ff.

Kohärenz des Unionsrechts 5.4

Kohärenzgebot 2.18

Kollision
- Unionsrecht und nationales Recht 4.19

Stichwortverzeichnis

Komitologie-Beschluss 3.18
Komitologie-Verordnung
- Kontrollmechanismus 3.17
Kommunalrecht
- Anwendungsvorrang des Unionsrechts 4.19
Kompensationsverbot
- EuGH 6.58
- Saldierung steuerlicher Mehrbelastung bzw. Vergünstigung 6.58
Kompetenzabgrenzung 1.22
Kompetenzarten
- unionsrechtliche Kompetenzausübung 11.2
Kompetenzausübung, unionsrechtliche → „Unionsrechtliche Kompetenzausübung"
Kompetenzausübungsschranke
- Evidenzprüfung 11.14
- Gesetzgebungskompetenz 1.11
- Subsidiaritätsprinzip 11.12 ff.
- Verhältnismäßigkeitsprüfung 11.13
Kompetenzgrenzeneinhaltung
- Anwendungsvorrang des Unionsrechts 4.23
Kompetenznorm
- Unionsvertragsrecht 4.6
Kompetenzordnung
- europäische Steuerrechtsverfassung 1.21 ff.
Kompetenzrahmen
- Wirkung von Entscheidung der Europäischen Kommission 28.43 ff.
Kompetenzteilung
- unionsrechtliche Kompetenzausübung 11.5
Kompetenzübertragung
- Durchführungsakt 4.16
Konkrete Betrachtungsweise
- EuGH 27.15
Konkrete Normenkontrolle gem. Art. 100 GG
- Vorabentscheidungsverfahren 27.25
Konkretisierende Kennzeichen
- grenzüberschreitende Gestaltung 25.42 ff.
Konkretisierung durch EU-Joint-Transfer-Pricing-Forum
- Schiedsverfahrenskonvention zu Verrechnungspreiskorrekturen 23.41 ff.
Konkurrentenklage
- negative 9.63
Konsolidierung und Aufteilung
- Richtlinienentwurf vom 25.10.2016 für Gemeinsame konsolidierte Körperschaftsteuerbemessungsgrundlage (GKKB) 18.79 ff.
Konsolidierungsrechtsfolge
- Richtlinienentwurf vom 25.10.2016 für Gemeinsame konsolidierte Körperschaftsteuerbemessungsgrundlage (GKKB) 18.84 f.
Konsumsteuer
- EuGH 6.64
- EU-Steuererhebungsverordnung 22.14
Konsumsteuer, harmonisierte
- Verbot internationaler Doppelbesteuerung 6.64

Kontinuitätsgebot 2.18
Kontrolldefizit
- Unionsgesetzgeber 12.7
Kontrolldichte
- Rechtsschutz 5.45
- Verhältnismäßigkeitsgrundsatz 12.17
Kontrolle
- Maßnahmen der Mitgliedstaaten 12.8
Konvergenz
- Diskriminierungs- und Beschränkungsverbot 7.35 f.
Konzernabschluss kapitalmarktorientierter Unternehmen 2.9
Konzern-Richtlinie
- Gesetzgebungskompetenz in Steuerpolitik 11.41
Koordinationskompetenz
- unionsrechtliche Kompetenzausübung 11.7
Körperschaft als Empfänger der Steuervergünstigung
- Gemeinnützigkeitsrecht 8.47
Körperschaftsteuer
- Amtshilfe-Richtlinie 25.17
- europäische 18.8
- Zinsen-Lizenzgebühren-Richtlinie 15.11
Körperschaftsteuer des Gründungsstaats
- Mutter-Tochter-Richtlinie 14.15
Körperschaftsteuersysteme
- Wettbewerb der Steuersysteme 1.19
Körperschaftsteuervorauszahlung
- Mutter-Tochter-Richtlinie 14.74
Korrespondenzprinzip, materielles
- Mutter-Tochter-Richtlinie 14.92
Kostenabzugsverbot
- Mutter-Tochter-Richtlinie 14.92
Kostenentscheidung
- Vorabentscheidungsverfahren 5.10
Kostenreduzierung für Unternehmen
- Richtlinienentwurf vom 25.10.2016 für Gemeinsame Körperschaftsteuerbemessungsgrundlage (GKB) 18.19
Kraftfahrzeugsteuer
- EU-Steuererhebungsverordnung 22.14
Kredit- und Finanzdienstleistungsinstitut
- Mutter-Tochter-Richtlinie 14.93
Kritik
- Kapitalverkehrsfreiheit 7.95 ff.
- Richtlinienentwurf vom 25.10.2016 für Gemeinsame konsolidierte Körperschaftsteuerbemessungsgrundlage (GKKB) 18.104 ff.
Künstlerverleihgesellschaft
- beschränkte Steuerpflicht 8.37
- Rule Shopping 8.201

Land- und Forstwirtschaft
- Mehrwertsteuerrecht 19.236 f.
Land- und forstwirtschaftliches Vermögen
- Erbschaft- und Schenkungsteuerrecht 8.66

Länderbezogene Höchstbetragsanrechnung
– Steueranrechnung 8.29
Ländergruppeneinteilung
– europäisches Steuerrecht 8.6
– Kürzung 8.6
Landesgesetzgeber
– Vollzugsdefizit 26.29
Landesrecht
– Anwendungsvorrang des Unionsrechts 4.19
Langfristiger Vertrag
– Richtlinienentwurf vom 25.10.2016 für Gemeinsame Körperschaftsteuerbemessungsgrundlage (GKB) 18.45
Lebenspartner
– europäisches Steuerrecht 8.7
Lebensversicherungsprodukt
– automatischer Informationsaustausch 25.27
Legalitätsprinzip
– Richtlinienumsetzung 4.59
Legislative 1.5
– richtlinienkonforme Auslegung 4.62
Legitimer Rechtfertigungsgrund
– Rechtfertigungsmöglichkeit von Diskriminierungs- und Beschränkungsverboten im direkten Steuerrecht 7.199
Lehrer an Europaschulen
– Steuerregime für Bedienstete der Europäischen Union 22.5
Leichtfertige Steuerverkürzung
– Strafrechtsvorbehalt 23.15
Leistungsklage, allgemeine
– Rechtsschutz 25.95
Leitlinie
– Beihilfe an Unternehmen mit Schwierigkeiten 9.52
– Regionalbeihilfe 9.52
– Risikokapitalbeihilfe 9.52
– soft law 3.25
– Streitvermeidungs- und Streitbeilegungsverfahren und Verrechnungspreiszusagen 23.50
– Umweltschutzbeihilfe 9.52
– Vereinbarkeit von Beihilfe mit Binnenmarkt 9.52
Letztinstanzliche Zuständigkeit 27.14
Lex Manninen
– Unionsrechtswidrigkeit 26.23 ff.
Lex-posterior-Regel 4.5
Lex-specialis-Charakter
– Schiedsverfahrenskonvention zu Verrechnungspreiskorrekturen 23.5
Limitation-on-Benefit-Klausel
– Drittstaat 8.209
– europarechtliche Beurteilung 8.208 ff.
– Missbrauchsklausel 8.207
Liquidationsgewinn
– Mutter-Tochter-Richtlinie 14.42 f.

Lissabon-Vertrag 2.1, 2.9, 2.11 ff.
Lizenzgebühr
– Definition 15.35
– Zinsen-Lizenzgebühren-Richtlinie 15.1 ff.
Lizenzschranke
– § 4j EStG 8.141 ff.
– Missbrauchsvermeidung 8.141 ff.
– Unionsrechtskonformität 8.143
– Zins- und Lizenzrichtlinie 8.144
Lohn
– EU-Steuererhebungsverordnung 22.9
– innerstaatliche Steuerbefreiung für Beamte und Bedienstete der Europäischen Union 22.2
– Steuerregime für Bedienstete der Europäischen Union 22.6 ff.
– unionsautonome Besteuerung 22.6 ff.
Lohnsummenfrist
– Erbschaft- und Schenkungsteuerrecht 8.67
Loyale Zusammenarbeit
– unionsrechtliche Auslegung nationalen Rechts 13.14
Loyalitätspflicht 1.5
– Richtlinie 3.10
Luftverkehrsteuer
– indirekte Aufwandsteuer 11.38
– nicht harmonisierte deutsche Verbrauchsteuer 11.38

Maastrichter Vertrag 2.8
Mahnschreiben
– Entscheidung im Vertragsverletzungsverfahren 28.52
– Europäische Kommission 28.52
Mahnung
– Beitreibungsersuchen 25.83
Main benefit-Test 25.43
Makro-Nachteilsausgleich 7.273
Marktfreiheit
– Grundfreiheit 7.3 ff.
Marktzugangshemmnis
– beschränkende Wirkung der Steuererhebung 6.68
Maßgeblichkeit
– Grundfreiheit 7.19 f.
Maßgeblichkeit, umgekehrte
– Prägung und Konkretisierung der Grundfreiheit durch Sekundärrecht 7.21 ff.
Maßgeblichkeitsprinzip
– Europäisches Bilanzrecht für Kapitalgesellschaften 2.7
Materielle Selektivität
– Beihilfenverbot im Steuerrecht 9.30
Materielle Universalität
– grenzüberschreitende Amts- und Rechtshilfe 25.2
Materielles Korrespondenzprinzip
– Mutter-Tochter-Richtlinie 14.92

1121

Materiell-rechtliche Benachteiligung
- Diskriminierung grenzüberschreitender ggü. innerstaatlichen Vorgängen 7.158 f.

Materiell-rechtlicher Prüfungsmaßstab
- Beihilfenkontrolle 9.64

Mazedonien
- Assoziierungsabkommen 2.31

Mehrebenensystem 4.1 ff.; → auch „Normatives Mehrebenensystem"

Mehrfachbelastung 7.180 ff.; → auch „Beschränkende Mehrfachbelastung grenzüberschreitender Vorgänge"

Mehrfacher Erwerb desselben Vermögens
- Erbschaft- und Schenkungsteuerrecht 8.74 f.

Mehrwertsteuer; → auch Umsatzsteuer
- Bemessungsgrundlage 19.170 ff., → auch Bemessungsgrundlage
- Berücksichtigung der wirtschaftl. Realität 19.21
- Dienstleistung 19.56 ff.
- Entgelt 19.67 ff.
- entgeltl. Leistung 19.53 ff.
- EU-Mehrwertsteuer, Grundsätze 19.15 ff.
- Forstwirtschaft 19.236 ff.
- Gebrauchtwarenhändler 19.245 ff.
- Grundsatz der steuerl. Neutralität 19.16 ff., → auch Neutralitätsprinzip
- Gutscheine 19.70 ff.
- Harmonisierung 19.1 ff.
- Kleinunternehmen 19.159 f., 19.232 ff.
- Konkurrenz mit nationalen Steuern auf den Umsatz 19.13 ff.
- Landwirtschaft 19.236 ff.
- Leistung 19.54 ff., 19.76 ff.
- Lieferung eines Gegenstands 19.54 ff.
- Mehrwertsteuersystem-Richtlinie 19.8 ff.
- Ort der Leistung im Unionsgebiet 19.77 ff.
- Rechtsmissbrauch 19.22
- Rechtsquellen 19.8 ff.
- Reiseleistungen 19.240 ff.
- Sonderregelungen 19.232 ff., 19.256
- Steuerbefreiung 19.108 ff., 19.254, → auch Steuerbefreiung
- Steuerdestinatar 19.15
- Steuerpflichtiger 19.26 ff., 19.76, 19.253, → auch Steuerpflichtiger
- Steuerschuldner 19.195 ff., → auch Steuerschuldner
- Steuertatbestände 19.50 ff., → auch Steuertatbestände
- Tarif 19.189 ff., 19.255, → auch Tarif
- Tertiärrechtsetzung 12.13
- Umfang der steuerbaren Leistung 19.63 ff.
- Umsetzung in dt. Recht 19.250 ff.
- Umsetzungsprobleme 19.253 ff.
- unionsrechtl. Vorgaben 19.26 ff.
- Vermögensnachfolge 19.61 f.
- Vorsteuerabzug 19.205 ff., → auch Vorsteuerabzug
- Zahlungsmittel 19.59 f.
- Zeitpunkt der Erfüllung des Steuertatbestands 19.86 f.

Mehrwertsteuerbegünstigung 9.41

Mehrwertsteuerbetrug
- Zusammenarbeitsverordnung 25.98

Mehrwertsteuergruppe
- Mitglieder 19.42 ff.
- Option für Mitgliedstaaten 19.40
- Steuerpflichtiger 19.38 ff.

Mehrwertsteuer-Informations-Austausch-System (MIAS)
- automatische Auskunft 25.109

Mehrwertsteuersystem 2.5
- Gesetzgebungskompetenz in Steuerpolitik 11.24
- wettbewerbsneutrales Umsatzsteuer-Systems 2.5

Mehrwertsteuersystem-Richtlinie 10.14
- Gesetzgebungskompetenz in Steuerpolitik 11.31
- indirekte Steuer 2.13

Mehrwertsteuerzusammenarbeitsverordnung 25.97
- Anhörung 25.108
- Anwendungsbereich 25.99 ff.
- Auskunftserteilung 25.104
- automatische Auskunft 25.101, 25.109 ff.
- eingehendes Ersuchen 25.105
- Ersuchensauskunft 25.101 ff.
- Geheimnisschutz 25.106
- grenzüberschreitende Amts- und Rechtshilfe 25.6
- indirekte Steuer 2.13
- Informationsaustausch 25.99
- öffentliche Ordnung 25.106
- Spontanauskunft 25.101, 25.112
- Verwaltungszusammenarbeit 25.114 ff.
- Vorrangstellung ggü. nationalem Recht 25.100
- Zustellungsersuchen 25.113

Meistbegünstigung
- Schiedsverfahrenskonvention zu Verrechnungspreiskorrekturen 23.4

Meistbegünstigungsgebot 6.21

Meistbegünstigungsgrundsatz
- Doppelbesteuerungsabkommensrecht 8.189 f.

Meldepflicht
- Finanzinstitut 25.14

Menschenrechtskatalog
- Rechts- und Rechtserkenntnisquelle 12.3

Menschenrechtskonvention
- europäische 12.2

Methodologie
- Diskriminierungs- und Beschränkungsverbot im direkten Steuerrecht 7.15 ff.

Mietentgelt
- Zinsen-Lizenzgebühren-Richtlinie 15.20

Mikro-Nachteilsausgleich 7.273

Minderwert durch Ausschüttung
- Mutter-Tochter-Richtlinie 14.70 f.

Mindestbehaltedauer
- Mutter-Tochter-Richtlinie 14.5, 14.12, 14.26, 14.76
- qualifiziertes Mutter-Tochter-Verhältnis 14.5, 14.26

Mindestbehaltedauer, zweijährige
- Zinsen-Lizenzgebühren-Richtlinie 15.18

Mindestbesitzzeit im deutschen Recht
- Mutter-Tochter-Richtlinie 14.97

Mindestbeteiligung
- Zinsen-Lizenzgebühren-Richtlinie 15.36

Mindestbeteiligungsdauer
- Mutter-Tochter-Richtlinie 14.35 f.

Mindestbeteiligungshöhe
- Mutter-Tochter-Richtlinie 14.34, 14.91

Mindestkapitalbeteiligung
- Mutter-Tochter-Richtlinie 4.26
- qualifiziertes Mutter-Tochter-Verhältnis 14.26

Mindestlohnsumme
- Erbschaft- und Schenkungsteuerrecht 8.67

Mindeststeuerregelung
- Rechtfertigungsmöglichkeit von Diskriminierungs- und Beschränkungsverboten im direkten Steuerrecht 7.263

Mindeststimmrechtsbeteiligung
- Mutter-Tochter-Richtlinie 14.26
- qualifiziertes Mutter-Tochter-Verhältnis 14.26

Mineralöl
- Verbrauchsteuer 11.34

Mineralölbesteuerung
- Harmonisierungsentwicklung und -stand 10.16
- Verbrauchsteuer 10.16

Missbrauch
- Directive Shopping 7.250, 8.145, 14.88, 15.27
- Rule Shopping 8.201
- Treaty Shopping 7.250, 8.145, 8.201
- Zinsen-Lizenzgebühren-Richtlinie 15.37

Missbräuchliche Berufung auf Unionsrecht
- Auslegung und Anwendung harmonisierten Steuerrechts 13.17 ff.

Missbräuchliche Rechtsausübung
- Beitreibungsersuchen 25.69

Missbrauchsabwehr
- Doppelbesteuerungsabkommensrecht 8.199 ff.
- rechtskreisspezifische 8.202 f.
- Treaty Override 8.145, 8.202

Missbrauchsbekämpfung → auch „Vermeidung missbräuchlicher Steuerumgehung"
- Steuerflucht 7.248 ff.
- Steuerumgehung 7.248 ff.
- substanzlose Gestaltung 7.250

Missbrauchsbekämpfungsvorschrift
- Richtlinienentwurf vom 25.10.2016 für Gemeinsame Körperschaftsteuerbemessungsgrundlage (GKB) 18.66

Missbrauchsgefahr
- Vorabentscheidungsverfahren 27.17

Missbrauchsklausel
- Doppelbesteuerungsabkommensrecht 8.205
- Limitation-on-Benefit-Klausel 8.207
- Mutter-Tochter-Richtlinie 14.85 ff.
- Typisierung bzgl. Annahme 8.205
- Unionsrechtsvereinbarkeit 8.205 ff.

Missbrauchsklausel, allgemeine
- Richtlinienentwurf vom 25.10.2016 für Gemeinsame Körperschaftsteuerbemessungsgrundlage (GKB) 18.66

Missbrauchskriterien
- Mutter-Tochter-Richtlinie 14.88

Missbrauchsregelung
- ATAD 17.57 ff., 17.112
- Fusions-Richtlinie 23.10, 16.105 f.

Missbrauchstypisierung
- Aktivitätsklausel 8.213
- Hinzurechnungsbesteuerung 8.172

Missbrauchsvermeidung
- Beschränkung des Sonderbetriebsausgabenabzugs 8.137 ff.
- Directive Shopping 8.145 ff.
- gewerbesteuerliches Schachtelprivileg 8.150 f.
- Lizenzschranke 8.141 ff.
- Treaty Shopping 8.145 ff.

Missbrauchsvorbehalt
- Fusions-Richtlinie 16.81 ff.
- Zinsen-Lizenzgebühren-Richtlinie 15.27 ff.

Mitbestimmungsrecht und steuerliche Wertung
- Fusions-Richtlinie 16.88

Mitbestimmungsvorbehalt
- Fusions-Richtlinie 16.86 ff.

Mitgliedstaat
- Anwendungsbereich des EU-Rechts 12.8 ff.
- Grundfreiheit 4.32
- Unionsrechtsbindung 12.8
- verfassungsrechtliche Heterogenität 12.4

Mitgliedstaatliche Steuergesetzgebung
- bloße Willkürprüfung 12.7

Mitteilung
- Rechtsquellen des europäischen Steuerrechts 3.26
- soft law 3.25

Mittelbare Diskriminierung
- Bandbreite an qualitativen und quantitativen Kriterien spezifischer Benachteiligungswirkungen 6.43
- Besonderheiten 6.40 ff.
- Prüfungsstufen 6.41

Mittelbare Protektion
- Bandbreite an qualitativen und quantitativen Kriterien spezifischer Benachteiligungswirkungen 6.43
- Besonderheiten 6.40 ff.
- Prüfungsstufen 6.41

Mitwirkungs- und Dokumentationspflicht
- grenzüberschreitende Amts- und Rechtshilfe 25.4 ff.
- Sachaufklärung der Finanzbehörde 25.4

Mitwirkungspflicht
- grenzüberschreitende Amts- und Rechtshilfe 25.1

Mitwirkungspflicht des Steuerpflichtigen
- allgemeine Mitwirkungspflicht 25.4
- besondere Mitwirkungspflicht 25.4
- Dokumentationspflicht 25.4
- erweiterte Mitwirkungspflicht 25.4
- gesteigerte Mitwirkungspflicht 25.4
- Grundsatz und Grenzen beim Vollzug harmonisierten Steuerrechts 26.9 ff.
- sphärenorientierte Mitverantwortung 26.9
- Steuerverfahren 26.9 ff.

Mitwirkungspflichtverletzung
- Steuerpflichtiger 25.5

Mitwirkungsrecht
- Schlichtungsverfahren 23.28

Mitwirkungsverpflichtung
- Schlichtungsverfahren 23.27

Montanunion
- Europäische Gemeinschaft für Kohle und Stahl (EGKS) 2.1

Montenegro
- Assoziierungsabkommen 2.31

Monti-Bericht
- Unternehmensbesteuerungsangleichung 18.6

Monti-Bericht 1996
- Europäische Kommission 11.43

Motivtest
- Hinzurechnungsbesteuerung 8.175 ff.
- objektive Beweislast bei Steuerpflichtigem 8.176
- Unionsrechtskonformität § 1 Abs. 1 AStG 8.159
- zwischengeschaltete Betriebsstätten 8.179

Motor der Integration
- EuGH 5.3

Multilateraler Vertrag
- grenzüberschreitende Amts- und Rechtshilfe 25.6

Multilateraler völkerrechtlicher Vertrag
- Schiedsverfahrenskonvention zu Verrechnungspreiskorrekturen 23.5

Multilaterales Abkommen
- Schiedsverfahrenskonvention zu Verrechnungspreiskorrekturen 23.2

Muttergesellschaft
- Mutter-Tochter-Richtlinie 14.54 ff.
- Richtlinienentwurf vom 25.10.2016 für Gemeinsame konsolidierte Körperschaftsteuerbemessungsgrundlage (GKKB) 18.79

Mutter-Tochter-Richtlinie
- §§ 8b, 43b EStG 14.10
- Abgrenzung der Quellenbesteuerung von Besteuerung der Tochtergesellschaft 14.82

- Adressierung an alle Mitgliedstaaten 14.9
- Aktienrückkauf 14.42
- Änderungs-Richtlinie 2003 14.72 ff.
- Änderungs-Richtlinie 2015 14.1, 14.7, 14.11, 14.85, 14.87
- Anrechnung 14.4
- Anrechnungsmethode 14.60 ff.
- Ansässigkeitsbescheinigung 14.6
- Ansässigkeitserfordernis 14.18 f.
- Ansässigkeitsstaat der Muttergesellschaft 14.3
- Anteilseigneransässigkeit 14.13
- Anti-Missbrauchsklausel 14.1, 14.11, 14.85
- Anti-Missbrauchsvorschrift im deutschen Recht 14.98
- Anwendungsbereich 14.11 ff.
- Anwendungsfragen bei Umsetzung in innerstaatliches Recht 14.11 ff., 14.52 ff.
- Asymmetrie zwischen Art. 4 und 5 MTRL 14.44
- Ausgleichssteuererstattung 14.42
- Ausschüttungsarten 14.45
- Ausschüttungsbegriff 14.45
- Befreiungsmethode 14.60 ff.
- Beteiligungsbefreiung in § 8b KStG 14.89
- Beteiligungsertragsbefreiungsausnahme 14.93
- Beteiligungskausalität 14.47 f.
- Beteiligungskette 14.64
- Beteiligungskosten 14.70 f.
- Beteiligungsveräußerungsgewinnbesteuerung 14.8
- Betriebsstätte 14.13, 14.24 f.
- Betriebsstättensituation 14.37 ff., 14.90
- Betriebsstättensituation im deutschen Recht 14.95
- Bruttomethode bei Organschaft 14.90
- De-minimis-Missbrauchsbekämpfungsvorschrift 14.1, 14.11, 14.85
- Directive Shopping 8.149, 14.88
- Dividende 14.42
- doppelansässige Gesellschaft 14.14 f.
- Doppelbesteuerungsabkommen 14.4
- Doppelbesteuerungsentlastung 14.89 ff.
- Doppelbesteuerungsvermeidung 14.3
- Drittstaat 14.14
- Drittstaat-Personengesellschaft 14.33
- Enkelgesellschaft 14.62
- Entlastung im Staat der Muttergesellschaft bzw. Betriebsstätte 14.54 ff.
- Entlastung von wirtschaftlicher Doppelbesteuerung 14.89 ff.
- Entlastungsberechtigung im deutschen Recht 14.98 f.
- Entwicklung 14.1 ff.
- EuGH zu Rechtsform 14.17
- Europäische Genossenschaft (SCE) 14.16
- Europäische Gesellschaft (SE) 14.16
- europäisches Steuerrecht 14.1 ff.
- faktische Anwendbarkeit 14.6

Stichwortverzeichnis

- fingierte Ausschüttung 14.42
- Gebietskörperschaft 14.78
- Gesellschaft eines Mitgliedstaats 14.13 ff.
- Gesetzgebungskompetenz in Steuerpolitik 11.41
- Gewährleistungsgehalt 14.52 ff.
- Gewinnausschüttung 14.41 ff.
- Gratisaktie 14.42
- grenzüberschreitende Gewinnausschüttung 14.1
- Harmonisierungsbereitschaft der Mitgliedstaaten 10.21
- Historie 14.1 ff., 14.7
- hybride Gesellschaft 14.66
- hybride Tochtergesellschaft 14.52
- hybrides Finanzinstrument 14.45
- Intransparenz 14.66
- Kapitalbeteiligung 14.5, 14.30 ff.
- Kapitalexportneutralität 14.4
- Kapitalherabsetzung 14.42
- Kapitalimportneutralität 14.4
- Körperschaftsteuer des Gründungsstaats 14.15
- Körperschaftsteuervorauszahlung 14.74
- Kredit- und Finanzdienstleistungsinstitut 14.93
- kumulative Voraussetzungen 14.5
- Liquidationsgewinn 14.42 f.
- materielles Korrespondenzprinzip 14.92
- Minderwert durch Ausschüttung 14.70 f.
- Mindestbehaltedauer 14.5, 14.12, 14.26, 14.76
- Mindestbesitzzeit im deutschen Recht 14.97
- Mindestbeteiligungsdauer 14.35 f.
- Mindestbeteiligungshöhe 14.34, 14.91
- Mindestkapitalbeteiligung 14.26
- Mindeststimmrechtsbeteiligung 14.26
- Missbrauchskriterien 14.88
- OECD-MA 14.4
- Organschaft 14.90
- pauschales Kostenabzugsverbot 14.92
- Personengesellschaft 14.21
- persönlicher Anwendungsbereich 14.12 ff.
- Präambel 14.52
- Qualifikationskonflikt 14.66
- qualifiziertes Mutter-Tochter-Verhältnis 14.5, 14.12, 14.26 ff.
- quasi-subjektive Steuerbefreiung 14.23
- Quellenabzug 14.79
- Quellenbesteuerungsausschluss 14.80
- Quellenbesteuerungsverbot 14.75
- Quellenbesteuerungsverbotsausnahme vor Änderungs-Richtlinie 2003 14.73
- Quellenentlastung im Staat der Tochtergesellschaft 14.72 ff.
- Quellensteuer 14.4
- Quellensteuerabzugsverbot unabhängig von Doppelbesteuerungsabkommen 14.80
- Quellensteuerbefreiung im deutschen Recht 14.94 ff.
- Quellensteuerbegriff 14.83 f.
- Quellensteuerentlastung 14.47

- Quellensteuerverbot 14.77
- Rechtsform 14.14
- Rechtsformerfordernis 14.16 f.
- reduziertes Anrechnungssubstrat 14.63
- Regelungskonzept 14.1 ff.
- Rückerstattungsverfahrensunzulässigkeit 14.80
- Rückkauf von Aktien 14.42
- sachlicher Anwendungsbereich 14.41 ff.
- Sandwichstruktur 14.28
- Schaffung gemeinsamen Steuersystems 14.3
- sekundäre Verrechnungspreiskorrektur 14.45
- Societas Privata Europea (SPE) 14.8
- Stammaktie 14.31
- Stammfassung 14.62
- Steuerabzug an der Quelle 14.52, 14.78
- Steueranrechnung 14.60 ff.
- Steuerbefreiung 14.60 ff.
- Steuerbetrug 14.1, 14.7, 14.87
- Steuergutschrift 14.42
- Steuerhinterziehung 14.1, 14.7, 14.87
- Steuerneutralität 14.4
- Steuerpflichterfordernis 14.20 ff.
- Steuerschuldnerschaft des Ausschüttungsempfängers 14.83 f.
- Stimmrechtsbeteiligung 14.5
- Subject-to-Tax-Klausel 14.22
- territorialer Anwendungsbereich 14.51
- Tochtergesellschaft 14.47
- Transparenz 14.66
- Treaty-Shopping 8.149
- Typenvergleich 14.75, 14.90
- Umqualifikation von Zinszahlung 14.45
- Umsetzung 13.11
- Umsetzung in deutsches Recht 14.89 ff.
- Umsetzung in deutsches Steuerrecht 14.10
- Umsetzungsverpflichtung 14.9
- unentlastete Doppelbesteuerung 14.63
- Ungleichbehandlung mit rein innerstaatlichen Situationen 14.74
- unionseinheitliche Anwendung Missbrauchsbekämpfungsstandard 14.87
- Unterkapitalisierungsregel 14.45
- verdecktes Eigenkapital 14.45
- Vermeidung der Mehrfachbesteuerung von Dividenden zwischen Kapitalgesellschaften 2.7
- Vermeidung juristischer Doppelbesteuerung 14.3, 14.52
- Vermeidung wirtschaftlicher Doppelbesteuerung 14.52
- Vorauszahlung auf Körperschaftsteuerschuld 14.82
- vorgelagerte Betriebsstätte 14.40
- Vorzugsaktie 14.31, 14.42
- Wertpapierentleiher 14.30
- wirtschaftliche Doppelbesteuerung 14.4
- Zeitaspekt bei Ausschüttung 14.49 f.
- Zielsetzung 14.1 ff.

1125

- Zinszahlung 14.45
- Zurechnungskonflikt 14.66
- Zusammenschlusserleichterung von Gesellschaften auf Unionsebene 14.3

Nachgelagerte Besteuerung
- Rechtfertigungsmöglichkeit von Diskriminierungs- und Beschränkungsverboten im direkten Steuerrecht 7.282

Nachholwirkung von Wegzugsbesteuerung
- Rechtfertigungsmöglichkeit von Diskriminierungs- und Beschränkungsverboten im direkten Steuerrecht 7.228, 7.233

Nachlassverbindlichkeit bei beschränkter Steuerpflicht
- Erbschaft- und Schenkungsteuerrecht 8.69 f.

Nachteilsausgleich 7.273 ff.
- Rechtfertigungsmöglichkeit von Diskriminierungs- und Beschränkungsverboten im direkten Steuerrecht 7.275 ff.

Nachteilsausgleich durch Saldierung der Mehrbelastungseffekte einer grundfreiheitsbeschränkenden Steuerrechtsnorm
- Rechtfertigungsmöglichkeit von Diskriminierungs- und Beschränkungsverboten im direkten Steuerrecht 7.273
- zwischenstaatlich vereinbarter grenzüberschreitender Nachteilsausgleich 7.275 ff.

Nachverdichtung
- Grundfreiheit durch Sekundärrecht 7.21

Nachweis für Entlastungsberechtigung
- Zinsen-Lizenzgebühren-Richtlinie 15.38

Nachweisverpflichtung
- Zinsen-Lizenzgebühren-Richtlinie 15.10

National entsandter Beamter
- Steuerregime für Bedienstete der Europäischen Union 22.5

Nationale Gerichte als funktionales Unionsgericht
- gerichtliche Durchsetzung des Unionsrechts 27.1

Nationale Rechtsvorschrift
- Kapitalverkehrsfreiheit 7.94

Nationaler Umsetzungsakt
- unionsrechtskonforme Auslegung 13.9 ff.

Nationales Gericht
- Vorabentscheidungsverfahren 5.9
- Vorlage an EuGH zur Vorabentscheidung 5.22

Nationales Recht
- Beitreibungsersuchen 25.80
- Kollision mit Unionsrecht 4.19
- Normenhierarchie 4.2, 4.5
- Verhältnis zu europäischem Normensystem 1.2

Nationales Steuerrecht
- Unionsrechtswidrigkeit 27.6 ff.; → auch „Unionsrechtswidrigkeit nationalen Steuerrechts"

Natürliche Person
- Klagebefugnis 4.17
- nicht privilegierter Kläger bei Nichtigkeitsklage 27.53
- Rechtsschutzinteresse bei Nichtigkeitsklage 27.56
- Wegzugsbesteuerung bei natürlicher Person 8.77 ff.

Nebeneinkunft
- Wohnsitzfiktion 22.16 ff.
- steuerliche Berücksichtigung 8.15

Negativbeschluss
- Beschluss der Europäischen Kommission 28.47

Negative Integration
- europäisches Steuerrecht 6.1 ff.

Negative Konkurrentenklage 9.63

Negativentscheidung
- Rechtsschutz 9.61

Negativer Progressionsvorbehalt 8.13

Negativkatalog
- Beitreibungs-Richtlinien 25.65

Nettobasis
- Steuerabzug 8.39

Nettoprinzip
- Rechtfertigungsmöglichkeit von Diskriminierungs- und Beschränkungsverboten im direkten Steuerrecht 7.267

Nettoprinzip, objektives
- beschränkte Steuerpflicht 8.38

Neue Beihilfe
- Prüfungsverfahren 9.59

Neumark-Bericht
- Gemeinsame konsolidierte Körperschaftsteuerbemessungsgrundlage (GKKB) 18.2

Neutralitätsprinzip
- asymmetrische Durchsetzung 12.23
- Belastungsneutralität 19.19
- EuGH-Rechtsprechung 19.16
- Gleichbehandlung 19.17
- gleichheitssatzkonforme Besteuerung 12.21
- objektive Rechtfertigung bei Abweichung 12.23
- Sachgerechtigkeitsmaßstab 12.21
- steuerrechtsbedeutsame allgemeine Rechtsgrundsätze 12.21 ff.
- Vermeidung der Doppelbesteuerung 19.20
- Wettbewerbsneutralität 19.17

Nicht abziehbare Aufwendungen
- Richtlinienentwurf vom 25.10.2016 für Gemeinsame Körperschaftsteuerbemessungsgrundlage (GKB) 18.39

Nicht harmonisierte deutsche Verbrauchsteuer
- Alkopopsteuer 11.37
- Kaffeesteuer 11.37
- Luftverkehrsteuer 11.38

Nicht harmonisierter Bereich
- Grundfreiheitsgeltung 7.22 ff.

Nicht rechtsverbindliche Instrumente
- Harmonisierungsentwicklung und -stand 10.27 ff

Nicht steuerliche Dossiers mit steuerlicher Bedeutung
- Harmonisierungsentwicklung und -stand 10.27 ff.

Nichtanwendungsgesetz
- § 175 Abs. 2 Satz 2 AO 26.24

Nichteinziehung der Steuer
- Wegzug von Kapitalgesellschaft 8.92

Nichtigkeit
- delegierter Rechtsakt 4.17
- Durchführungsakt 4.17

Nichtigkeitserklärung 4.17

Nichtigkeitsklage 23.2
- § 8c Abs. 1a KStG 27.61
- abstrakte Normenkontrolle 28.18
- EuGH 4.17, 28.1, 28.18, 27.62
- EuG-Zuständigkeit bei Klage natürlicher oder juristischer Person 27.57
- Finanztransaktionsteuer 27.62
- Klagebefugnis 9.61, 27.54
- Klagefrist 27.58
- Primärrechtswidrigkeit sekundären Unionsrechts 27.51 ff.
- Überprüfung der Rechtmäßigkeit von Sekundärrecht am Primärrecht 27.51
- unmittelbare Betroffenheit 9.61, 27.55
- unmittelbarer Individualrechtsschutz 27.52

Nichtigkeitsklage durch Mitgliedstaat
- Verfahrensarten 5.41

Nichtigkeitsklage, parallele
- Vorabentscheidungsverfahren 27.50

Nichtigkeitsurteil
- Befolgungspflicht 28.23
- betroffener Steuerbescheid 28.21
- Erga-omnes-Wirkung 28.19
- EuGH 28.18 ff.
- Ex-tunc-Wirkung 28.20
- Funktion 28.18 ff.
- Gestaltungsurteil 28.19
- Individualrechtsschutz 28.18
- Rechtswirkung 28.19 ff.
- Wirkung von Urteil des EuGH 28.18 ff.

Nichtvorlage an EuGH
- Sanktionierbarkeit, keine effektive 5.43

Niederlassungsfreiheit
- Abgrenzung zu anderen Grundfreiheiten 7.72 ff.
- Anwendungsbereich einzelner Grundfreiheit 7.71 ff.
- Bedeutung 7.71
- Einwirkung europäischen Normensystems 1.2
- Erbschaft- und Schenkungsteuerrecht 8.59
- europäisches Steuerrecht 8.1
- Grundfreiheit 4.9

- Grundfreiheit als Herzstück des europäischen Steuerrechts 7.3
- persönlicher Anwendungsbereich 7.75 f.
- Primärrecht 3.4
- Rechtfertigungsebene 7.81
- sachlicher Anwendungsbereich 7.77 ff.
- Unionsrechtseinwirkung auf innerstaatliches Steuerrecht 4.30, 4.38 ff.
- Unionstreue 1.5
- Verlustausgleichsbeschränkung 8.12

Normalbelastung
- Beihilfenverbot im Steuerrecht 9.17

Normatives Mehrebenensystem
- europäisches Steuerrecht 4.1 ff.
- gleichheitsrechtliche Ausweitung unionsrechtlich vermittelter Rechtsposition 4.64 ff.
- Normenhierarchie 4.1 ff.

Normenbestimmtheit
- steuerrechtsbedeutsame allgemeine Rechtsgrundsätze 12.30

Normenhierarchie
- deutsches Recht 4.3
- europäisches Steuerrecht 4.1 ff.
- Grundgesetz 4.3
- nationales Recht 4.2
- Normenkollision 4.1
- Primärrecht 4.4
- Sekundärrecht 4.4
- Stufenaufbau der Rechtsordnung 4.1
- Tertiärrecht 3.15
- Überblick 4.1 ff.
- Unionsrecht 4.2, 4.4
- Wertungswiderspruch 4.1
- Widerspruchsfreiheit 4.1

Normenhierarchie innerhalb des Unionsrechts
- Rechtsgrundsätze und Sekundärrecht 4.8 ff.
- Sekundärrecht und Tertiärrecht 4.15 ff.
- Unionsvertragsrecht und Sekundärrecht 4.6 ff.
- völkerrechtlicher Vertrag und Sekundärrecht 4.12 ff.

Normenklarheit
- steuerrechtsbedeutsame allgemeine Rechtsgrundsätze 12.30

Normenkollision
- Normenhierarchie 4.1

Normerhaltende Reduktion
- primärrechtskonforme Auslegung 4.51

Nutzungsberechtigter der Zinsen oder Lizenzgebühren
- EuGH 15.15
- Zinsen-Lizenzgebühren-Richtlinie 15.15

Nutzungseinlage
- Funktionsverlagerung 8.165

Nutzungsrecht
- beschränkte Steuerpflicht 8.41

Stichwortverzeichnis

Objektive Komponente
- Vertragsverletzungsverfahren 5.27

Objektive und subjektive Diskriminierung
- allgemeines Diskriminierungsverbot 7.122

Objektives Nettoprinzip
- beschränkte Steuerpflicht 8.38

Objektives Rechtsschutzbedürfnis
- Vertragsverletzungsverfahren 27.32

Objektives Zwischenverfahren
- Vorabentscheidungsverfahren 5.8 f.

Objektsteuercharakter
- § 50 Abs. 1 EStG 8.33

OECD-MA
- Mutter-Tochter-Richtlinie 14.4

Öffentliche Ordnung
- Auskunftserteilung 25.23
- Mehrwertsteuerzusammenarbeitsverordnung 25.106

Öffentlicher Dienst
- europäischer 22.1

Öffentliches Interesse
- Beschränkung der Ex-tunc-Wirkung 28.22
- Steuerbefreiung 8.64

One-Stop-Shop
- Richtlinienentwurf vom 25.10.2016 für Gemeinsame konsolidierte Körperschaftsteuerbemessungsgrundlage (GKKB) 18.96

Online-Durchsuchung auf ausländischem Server
- Gebietshoheit 25.2

Option des Mitgliedstaats
- unmittelbare Anwendbarkeit von Unionsrecht 13.13

Optionalität
- Richtlinienentwurf vom 25.10.2016 für Gemeinsame (konsolidierte) Körperschaftsteuerbemessungsgrundlage (GKB) 18.58, 18.82

Optionsmöglichkeit zum Ausscheiden aus Körperschaftbesteuerung
- Zinsen-Lizenzgebühren-Richtlinie 15.12

ordre public
- Auskunftserteilung 25.23

Organe der EU 2.20 ff.
- EuGH 2.20
- Europäische Kommission 2.20
- Europäische Zentralbank 2.20
- Europäischer Rat 2.20
- Europäischer Rechnungshof 2.20
- Europäisches Parlament 2.20

Organe und Untergliederungen der Mitgliedstaaten
- Grundfreiheitsschuldner 7.53 f.

Organgesellschaft
- Inlandsbezug 8.127 f.

Organhandlung
- europäische Gerichtsbarkeit 5.13
- Gültigkeitsurteil 28.10

Organization for European Co-Operation (OEEC) 2.1

Organschaft
- Beseitigung doppelten Inlandsbezugs 8.121 ff.
- doppelter Inlandsbezug 8.121 ff.
- Mutter-Tochter-Richtlinie 14.90
- Regelungsgehalt §§ 14 ff. KStG 8.120 ff.
- Unionsrechtsvereinbarkeit 8.121 ff.
- Unionsrechtswidrigkeit geltender Rechtslage 8.152 ff.
- versteckte Diskriminierung durch Erfordernis eines Ergebnisabführungsvertrags 8.125 ff.
- Zinsschranke 8.133 f.

Organschaftsregelung
- Unionsrechtsvereinbarkeit 8.119 ff.

Outboundfall
- Diskriminierung grenzüberschreitender ggü. innerstaatlichen Vorgängen 7.146
- fiktiver Vergleichspartner 7.138

Parafiskalische Abgabe 6.19
- Belastungsausgleich 6.50
- Sonderabgabe mit Finanzierungsfunktion 6.49 ff.

Parallelkompetenz
- unionsrechtliche Kompetenzausübung 11.6

Parlamentsgesetz
- Richtlinienumsetzung 13.10

Partnerschaftsabkommen
- Drittstaat 3.21
- völkerrechtlicher Vertrag 3.21

Passive Wirkung
- allgemeine Grundfreiheitslehre 7.43 ff.

Patentrecht
- verstärkte Zusammenarbeit 11.11

Pauschalbetrag
- Vertragsverletzungsverfahren 27.37

Pauschale für persönliche Aufwendungen
- EU-Steuererhebungsverordnung 22.9

Pauschales Kostenabzugsverbot
- Mutter-Tochter-Richtlinie 14.92

Pauschalierung
- Gleichheitssatz 12.25

Personengesellschaft
- Mutter-Tochter-Richtlinie 14.21
- Richtlinienentwurf vom 25.10.2016 für Gemeinsame Körperschaftsteuerbemessungsgrundlage (GKB) 18.59
- Schiedsverfahrenskonvention zu Verrechnungspreiskorrekturen 23.7

Personengesellschaftsausschluss
- Gemeinnützigkeitsrecht 8.47

Personenkreis
- Steuerbefreiung für Beamte und Bedienstete der Europäischen Union 22.4 f.

Personenverkehr 2.14

Persönliche Steuerpflicht 8.33 ff.
- Anwendungsfragen im deutschen Steuerrecht 8.1 ff.
- Welteinkommenserfassung 8.8 ff.
- Wohnsitzprinzip 8.1

Persönlicher Anwendungsbereich
- allgemeines Diskriminierungsverbot 7.120
- Arbeitnehmerfreizügigkeit 7.68
- Beitreibungs-Richtlinien 25.63
- Dienstleistungsfreiheit 7.84
- Freizügigkeit der Unionsbürger 7.113
- Fusions-Richtlinie 16.92
- Kapitalverkehrsfreiheit 7.99
- Niederlassungsfreiheit 7.75 f.
- Zinsen-Lizenzgebühren-Richtlinie 15.11 ff.

Persönlicher Arrest 25.73 f.
- Sicherung künftiger Geldvollstreckung 25.74

Persönlicher Unionsbezug
- allgemeine Grundfreiheitslehre 7.26

Pflegepauschbetrag
- privater Abzug 8.24

Phasenverschiebung
- Verlustfinalität 7.247

Pkw-Registrierungsabgabe
- EU-Steuererhebungsverordnung 22.14

Plaumann-Formel
- europäische Gerichtsbarkeit 5.34
- unmittelbare Betroffenheit 27.55

Plausibilitätsbetrachtung
- Protektionsverbot 6.39

Poolabschreibung
- Richtlinienentwurf vom 25.10.2016 für Gemeinsame konsolidierte Körperschaftsteuerbemessungsgrundlage (GKKB) 18.35

Poolabschreibung mit weitgehendem Anwendungsbereich
- Richtlinienentwurf vom 25.10.2016 für Gemeinsame Körperschaftsteuerbemessungsgrundlage (GKB) 18.52

Portfolioinvestition 8.10

Portugal
- Quellenbesteuerungsverbotsausnahme vor Änderungs-Richtlinie 2003 14.73
- Übergangsregelung für Quellensteuerverzichtsanwendung 15.26

Positivbeschluss
- Europäische Kommission 28.47

Positive Integration 10.1 ff.

Positiventscheidung
- Rechtsschutz 9.55

Positivkatalog
- Beitreibungs-Richtlinien 25.65

Präambel
- Mutter-Tochter-Richtlinie 14.52

Präklusion
- Vorabentscheidungsverfahren 27.50

Praktische Anweisungen für Klagen und Rechtsmittel
- EuGH 5.7

Praktische Bedeutung
- Fachgericht 5.42

Primäres Unionsrecht 4.4

Primärrecht 2.8, 3.20
- AEUV 3.4
- Arbeitnehmerfreizügigkeit 3.4
- Definition 3.4
- europäisches Normensystem 1.2
- EUV 3.4
- geschriebenes 3.4
- Niederlassungsfreiheit 3.4
- Normenhierarchie 4.4
- Protokoll über Vorrechte und Befreiungen 22.1
- Rechtsangleichung 1.4
- Rechtsquellen des europäischen Steuerrechts 3.4 ff.
- ungeschriebenes 3.5
- Unionsrechtseinwirkung auf innerstaatliches Steuerrecht 4.24 ff.
- Unionsrechtsreichweite 4.64
- Warenlieferung zwischen Mitgliedstaaten 10.5

Primärrechtlich abgeleitetes Recht
- Sekundärrecht 3.6

Primärrechtsgrundfreiheit
- Fusions-Richtlinie 16.78

Primärrechtskonforme Auslegung
- normerhaltende Reduktion 4.51
- Unionsrechtseinwirkung auf innerstaatliches Steuerrecht 4.50 f.
- Unionstreue 4.50
- Unionsvertragsrecht 4.7

Primärrechtskonforme Auslegung des Sekundärrechts
- Einwirkung allgemeiner Rechtsgrundsätze des EU-Rechts 12.6

Primärrechtsvereinbarkeit
- Fusions-Richtlinie 16.94

Primärrechtswidrigkeit
- sekundäres Unionsrecht 27.43 ff.

Primärrechtswidrigkeit sekundären Unionsrechts
- Foto-Frost-Doktrin 27.46
- gerichtliche Durchsetzung des Unionsrechts 27.43 ff.
- Nichtigkeitsklage 27.51 ff.
- Vorabentscheidungsverfahren 27.44 ff.

Prinzip begrenzter Einzelermächtigung 1.8

Prinzip der begrenzten Einzelermächtigung
- Gewaltenverschränkung 2.18

Privat gehaltene Beteiligung
- ausländische Kapitalgesellschaft 8.10

Private Nutzungen
- Entnahmen 19.102 ff.
- Mehrwertsteuerpflicht 19.100 ff.
- sonstige - 19.105 ff.

Privater Abzug
- außergewöhnliche Belastung 8.23
- Pflegepauschbetrag 8.24
- Schulgeld 8.22
- unbeschränkte Steuerpflicht 8.17

Privater Gläubiger
- Beihilfenverbot im Steuerrecht 9.13

Privater Kapitalgeber
- Beihilfenverbot im Steuerrecht 9.13

Privatperson
- Diskriminierung grenzüberschreitender ggü. innerstaatlichen Vorgängen 7.143
- Grundfreiheitsschuldner 7.56 f.
- Wegzugsbesteuerung 7.231

Privatvermögen
- Wirtschaftsgut 7.231

Progressionsvorbehalt 8.13
- Außensteuer 8.26
- EU-Steuererhebungsverordnung 22.13
- Rechtfertigungsmöglichkeit von Diskriminierungs- und Beschränkungsverboten im direkten Steuerrecht 7.240

Progressiver Steuertarif
- EU-Steuererhebungsverordnung 22.9

Protektion
- Belastungsvergleich 6.42
- geografische Vergleichsgruppe 6.45
- mittelbare 6.40 ff.

Protektionismus 6.1

Protektionsverbot
- Abgabenarten 6.8
- Berechnungsmodalität 6.34
- Dienstleistungsbesteuerung 6.4
- Diskriminierungsverbot 1.13
- Eignung der unterschiedlichen Besteuerung zum Schutz nationaler Produktion 6.38
- Erhebungsmodalität 6.37
- gleichheitsrechtlich strukturierte Garantie 6.20
- inländische Abgabe 6.8
- Plausibilitätsbetrachtung 6.39
- Prüfungsreihenfolge 6.23 ff.
- Rechtfertigungsmöglichkeit 6.53
- Rechtssicherheit 6.54
- relevante Höherbelastung grenzüberschreitenden Handels 6.34 ff.
- steuerspezifische Ausprägung 6.16
- steuerspezifische Konkretisierung des Verbots mengenmäßiger Beschränkung i.S.v. Art. 34 AEUV 6.56
- unverfälschter Wettbewerb zwischen unvollkommenen Substitutionsgütern 6.32
- Vergleichsgruppenbildung bei Prüfung 6.23 ff.
- Wettbewerbsverzerrung 6.38

Protokoll
- geschriebenes Primärrecht 3.4
- Unionsvertragsrecht 4.4

Protokoll über Vorrechte und Befreiungen
- Primärrecht 22.1
- Steuerregime für Bedienstete der Europäischen Union 22.1

Protokollerklärung des Europäischen Rats und der Europäischen Kommission
- historische Auslegung 13.6

Prozessvoraussetzung vor EuGH
- Empfehlung 3.25
- Stellungnahme 3.25

Prüfung von Steuerbelastungseingriff
- EuGH 7.194

Prüfungsmaßstab
- Vertragsverletzungsverfahren 27.27

Prüfungsmaßstab, materiell-rechtlicher
- Beihilfenkontrolle 9.64

Prüfungsreihenfolge
- Diskriminierungs- und Protektionsverbot 6.23 ff.
- Protektionsverbot 6.23 ff.

Prüfungsschema
- Rechtfertigungsmöglichkeit von Diskriminierungs- und Beschränkungsverboten im direkten Steuerrecht 7.199

Prüfungsstufen
- mittelbare Diskriminierung 6.41
- mittelbare Protektion 6.41

Prüfungsverfahren
- Beihilfenkontrolle 9.59
- bestehende Beihilfe 9.60
- neue Beihilfe 9.59

Prüfverfahren
- Beschluss der Europäischen Kommission 28.47

Prüfverfahren nach Art. 108 AEUV
- Beihilfenkontrolle 9.57 ff.

Publizität
- Richtlinienumsetzung 13.10

Qualifikationskonflikt
- Mutter-Tochter-Richtlinie 14.66

Qualifiziertes Mutter-Tochter-Verhältnis
- Kapitalbeteiligung 14.5
- Mindestbehaltedauer 14.5, 14.26
- Mindestkapitalbeteiligung 14.26
- Mindeststimmrechtsbeteiligung 14.26
- Mutter-Tochter-Richtlinie 14.5, 14.12, 14.26 ff.
- Stimmrechtsbeteiligung 14.5

Quasi-verfassungsrechtlicher Beurteilungsmaßstab
- Rechtsgrundsatz 12.6

Quellenabzug
- Mutter-Tochter-Richtlinie 14.79

Quellenbesteuerung
- Zinsen-Lizenzgebühren-Richtlinie 15.1

Quellenbesteuerungsausschluss
- Mutter-Tochter-Richtlinie 14.80

Quellenbesteuerungsverbot
– Mutter-Tochter-Richtlinie 14.75
Quellenbesteuerungsverbotsausnahme vor Änderungs-Richtlinie 2003
– Deutschland 14.73
– Griechenland 14.73
– Mutter-Tochter-Richtlinie 14.73
– Portugal 14.73
Quellenentlastung im Staat der Tochtergesellschaft
– Mutter-Tochter-Richtlinie 14.72 ff.
Quellensteuer
– Definition 14.83 f.
– Mutter-Tochter-Richtlinie 14.4
– Richtlinienentwurf vom 25.10.2016 für Gemeinsame konsolidierte Körperschaftsteuerbemessungsgrundlage (GKKB) 18.101 f.
Quellensteuerabzugsverbot unabhängig von Doppelbesteuerungsabkommen
– Mutter-Tochter-Richtlinie 14.80
Quellensteuerbefreiung im deutschen Recht
– Mutter-Tochter-Richtlinie 14.94 ff.
Quellensteuerbegriffsmerkmale
– kumulative 14.83
Quellensteuerentlastung
– Mutter-Tochter-Richtlinie 14.47
Quellensteuererstattung
– Zinsen-Lizenzgebühren-Richtlinie 15.10
Quellensteuerverbot
– Mutter-Tochter-Richtlinie 14.77

Räumlicher Marktbezug
– allgemeine Grundfreiheitslehre 7.29
Realer Steuerpflichtiger
– Diskriminierung grenzüberschreitender ggü. innerstaatlichen Vorgängen 7.136
Realisationsprinzip
– Wegzugsbesteuerung bei natürlicher Person 8.82
Realsplitting
– europäisches Steuerrecht 8.7
Realsteuerprinzip
– gewerbesteuerliches Schachtelprivileg 8.150
Rechnungshof
– Klagebefugnis 28.18
Rechtfertigungsebene
– allgemeines Diskriminierungsverbot 7.123 f.
– Arbeitnehmerfreizügigkeit 7.70
– Dienstleistungsfreiheit 7.86
– Freizügigkeit der Unionsbürger 7.116
– Kapitalverkehrsfreiheit 7.104 f.
– Niederlassungsfreiheit 7.81
Rechtfertigungsgrund
– allgemeine Grundfreiheitslehre 7.48 f.
Rechtfertigungsgrund, legitimer
– Rechtfertigungsmöglichkeit von Diskriminierungs- und Beschränkungsverboten im direkten Steuerrecht 7.199

Rechtfertigungsmöglichkeit
– Diskriminierungs- und Beschränkungsverbot im direkten Steuerrecht 7.199 ff.
– Diskriminierungs- und Protektionsverbot 6.53
Rechtfertigungsmöglichkeit von Diskriminierungs- und Beschränkungsverboten im direkten Steuerrecht 7.199 ff.
– anerkannte Gründe 7.223 ff.
– Angemessenheit 7.227
– Ausdehnung auf Einkünftekorrektur nach Fremdvergleichsgrundsatz 7.254 ff.
– Auskunftsersuchen auf Grundlage der Amtshilfe-Richtlinie 7.293
– Auslandsverlust 7.246
– Auslandsverlustnichtberücksichtigung 7.239 ff.
– BEPS-Empfehlungen 7.227
– Besteuerung stiller Reserven 7.228 f.
– Besteuerungsbefugnisaufteilung 7.224 ff.
– Darlegungslast 7.202
– Direktinvestition 7.301
– double dip 7.264, 7.269 ff.
– Drittstaat 7.300 ff.
– Drittstaatskontext 7.238 ff.
– Einkünftekorrektur 7.254 ff.
– Einzelfallprüfung 7.257 f.
– einzelne Rechfertigungsgründe 7.208 ff.
– Entstrickungsbesteuerung 7.231
– Festsetzungsverjährung 7.292
– finaler Verlust 7.244 f.
– folgerichtige Ausgestaltung 7.199
– Fremdvergleichsgrundsatz 7.254 ff.
– geschriebene und ungeschriebene Rechtfertigungsgründe 7.200 ff.
– hybride Gestaltung 7.269
– Kapitalverkehrsbeschränkung 7.300 ff.
– kohärenter Vorteilsausgleich im nationalen Steuersystem 7.279 ff.
– legitimer Rechtfertigungsgrund 7.199
– Makro-Nachteilsausgleich 7.273
– Mikro-Nachteilsausgleich 7.273
– Mindeststeuerregelung 7.263
– nachgelagerte Besteuerung 7.282
– Nachholwirkung von Wegzugsbesteuerung 7.228, 7.233
– Nachteilsausgleich durch Saldierung der Mehrbelastungseffekte einer grundfreiheitsbeschränkenden Steuerrechtsnorm 7.273
– Neutralisierung unfairer Steuerregime 7.253
– Progressionsvorbehalt 7.240
– Prüfungsschema 7.199
– Rechtfertigungsuntauglichkeit 7.208 ff.
– rechtsmissbräuchliche Steuerflucht 7.248 ff.
– rule of reason 7.202 f.
– Sicherstellung der Steueranspruchsdurchsetzung 7.297 ff.
– Steuerabzug 7.267
– Steuerarbitrage 7.263

- Steuerentstrickung 7.228 f.
- Steuerfreibetrag 7.267
- Steuerhoheitssicherung 7.225
- Steuerhoheitswahrnehmung 7.225
- steuerliche Gleichstellung 7.232
- steuerliche Kohärenz 7.207, 7.240, 7.243, 7.268, 7.279 ff., 8.135
- Steuerwettbewerb 7.263
- stille Reserven 7.228 f.
- subjektives Nettoprinzip 7.267
- substanzlose Gestaltung 7.250 ff.
- symmetrische Nichtberücksichtigung von Auslandsverlust 7.239 ff.
- Territorialitätsprinzip 7.225, 7.242
- Übergangsregelung für Kapitalverkehrsbeschränkung mit Drittstaaten 7.300 ff.
- unrealisierter Wertzuwachs 7.228
- Verhältnismäßigkeit 7.199
- Verhältnismäßigkeit und Folgerichtigkeit der Rechtfertigung 7.205 ff.
- Verhältnismäßigkeitsanforderung 7.229 ff.
- Verlustfinalität 7.244 f.
- Verlustverrechnungsmöglichkeitskumulation 7.265
- Vermeidung internationaler Kumulation von Steuervergünstigung 7.264 ff.
- Vermeidung missbräuchlicher Steuerumgehung 2.248 ff.
- Vorteilskumulationsvermeidung 7.268
- Wegzugsbesteuerung 7.228
- weiße Einkünfte 7.271
- Wertzuwachs 7.228
- wirksame steuerliche Kontrolle 7.289 ff.
- wirtschaftlich unbegründeter Gewinntransfer 7.262

Rechtfertigungsprüfung
- Verhältnismäßigkeitskontrolle 6.56

Rechtfertigungsunmöglichkeit von Diskriminierungs- und Beschränkungsverboten im direkten Steuerrecht
- Arbeitsmarktförderung 7.216
- drohender Steuerausfall 7.209 ff.
- Einwanderungspolitik 7.222
- fiskalische Erwägung 7.209 ff.
- Gemeinnützigkeit 7.219 ff.
- kulturpolitisch begründete Steuervergünstigung 7.217
- Repatriierungspolitik 7.222
- Standortpolitik 7.213 ff.
- Wirtschaftsförderung 7.216

Rechtfertigungsuntauglichkeit
- Diskriminierungs- und Beschränkungsverbote im direkten Steuerrecht 7.208 ff.

Rechtliche Grundlagen
- EuGH 5.7

Rechtliches Gehör
- Amtshilfe-Richtlinie 25.20

- Verständigungsverfahren 23.20

Rechtmäßigkeit von Auskünften
- Vertrauensschutz 12.35

Rechtmäßigkeit von Sekundärrecht am Primärrecht
- Nichtigkeitsklage 27.51

Rechts- und Rechtserkenntnisquelle
- Eigentumsgrundrecht 12.3
- EU-Recht 12.1 ff.
- Europäischer Gerichtshof für Menschenrechte 12.3
- Grundrechts-Charta 12.3
- Grundrechtsgarantie 12.3
- Grundrechtsverbürgung 12.2
- Menschenrechtskatalog 12.3
- Rechtsgrundsatz 12.3
- Unionsgrundrecht 12.3
- Verfassungsüberlieferung der Mitgliedstaaten 12.2, 12.4

Rechts- und Verwaltungsvorschrift 13.10

Rechtsakt
- Typus 3.6

Rechtsakt, delegierter
- Tertiärrecht 3.15 f.

Rechtsakt der EU
- Beschluss 3.13
- Rechtsnormcharakter 3.2

Rechtsangleichung 2.12
- direkte Steuer 10.1
- Gesetzgebungsauftrag 1.6
- indirekte Steuern 1.10 ff.
- Mitgliedstaaten 1.5
- negative 1.4 f.
- Primärrecht 1.4
- Sekundärrecht 1.4
- Tertiärrecht 1.7
- Verhältnismäßigkeit 1.6
- Zölle und Abgaben gleicher Wirkung 1.9

Rechtsangleichung bei direkten Steuern 1.18 ff.
- Wettbewerbsverzerrung 1.20

Rechtsangleichung bei indirekten Steuern
- Diskriminierungsverbot 1.12 ff.
- Gesetzgebungskompetenz 1.10 ff.
- harmonisierte Steuer 1.15 ff.
- Umsatzsteuer 1.15 f.
- Verbrauchsteuer 1.17 ff.

Rechtsanspruch auf Vermeidung von Doppelbesteuerung
- Schiedsverfahrenskonvention zu Verrechnungspreiskorrekturen 23.2

Rechtsanwendung, einheitliche
- Schiedsverfahrenskonvention zu Verrechnungspreiskorrekturen 23.5

Rechtsanwendungsgleichheit
- Gleichheitssatz 12.18
- gleichheitssatzkonforme Besteuerung 12.26

Stichwortverzeichnis

Rechtsbehelf
- Rechtsschutz 25.94

Rechtsbehelfsverfahren
- Anwendungsbereich des EU-Rechts 12.9
- Einspruch 23.13
- Klage 23.13
- Revision 23.13
- Schlichtungsverfahren 23.24

Rechtserhebliche Bedeutung
- Wirkung von Entscheidung der Europäischen Kommission 28.43

Rechtserheblichkeit
- Wirkung von Entscheidung der Europäischen Kommission 28.43

Rechtserkenntnisquelle
- EU-Recht 12.1 ff.

Rechtsetzungsgleichheit 12.24 f.
- Gleichheitssatz 12.18

Rechtsfolge
- Grundfreiheitsverstoß 7.58 ff.
- Vollzugsdefizit 26.27 ff.

Rechtsform
- Fusions-Richtlinie 16.26
- materielle Selektivität 9.30
- Mutter-Tochter-Richtlinie 14.14
- Zinsen-Lizenzgebühren-Richtlinie 15.11, 15.36

Rechtsformerfordernis
- Mutter-Tochter-Richtlinie 14.16 f.

Rechtsformneutralität der Besteuerung
- Diskriminierung zwischen verschiedenen grenzüberschreitenden Vorgängen 7.171 f.

Rechtsfortbildung
- EuGH 12.2
- gesetzesimmanente 13.7
- Unionsrecht 13.7 f.

Rechtsfortbildung contra legem
- unionsrechtliche Auslegung nationalen Rechts 13.16

Rechtsfrage
- EuGH 5.23

Rechtsgemeinschaft
- Europäische Union 5.1
- supranationale 5.1

Rechtsgrundlage
- grenzüberschreitende Amts- und Rechtshilfe 25.6 ff.
- Vollstreckungshilfe 25.62

Rechtsgrundsatz
- quasi-verfassungsrechtlicher Beurteilungsmaßstab 12.6
- Rechts- und Rechtserkenntnisquelle 12.3
- verfassungsrechtlicher Natur 4.8
- verwaltungsrechtlicher Natur 4.8

Rechtsgrundsatz, nicht kodifizierter
- gerichtlicher Rechtsschutz 4.9
- Rechtsklarheit 4.9
- Rechtssicherheit 4.9

Rechtsgrundsatzbedeutung
- Steuerrecht 12.11 ff.

Rechtsgrundsätze des EU-Rechts 12.1 ff.; → auch „Einwirkung allgemeiner Rechtsgrundsätze des EU-Rechts"

Rechtsgrundsätze und Sekundärrecht
- Normenhierarchie innerhalb des Unionsrechts 4.8 ff.

Rechtshilfe
- grenzüberschreitende 25.1 ff.; → auch „Grenzüberschreitende Amts- und Rechtshilfe"

Rechtsklarheit
- nicht kodifizierter Rechtsgrundsatz 4.9
- rechtsstaatliche Prinzipien 3.5

Rechtskraftdurchbrechung 23.39
- EuGH 27.20

Rechtsmissbrauch
- Steuerflucht 7.248 ff.
- Steuerumgehung 7.248 ff.

Rechtsmissbrauchsverbot
- steuerrechtsbedeutsame allgemeine Rechtsgrundsätze 12.45 f.

Rechtsmittel
- Ersatzleistung 28.41
- EuG 5.5
- EuGH 5.7

Rechtsnormcharakter
- Rechtsakte der Union 3.2
- Verordnung 3.7

Rechtsnormfortbildung
- Unionsrecht 13.8

Rechtsprechung
- Gleichheitssatz 12.22
- rechtsvergleichende Auslegungsmethode 13.2

Rechtsprinzip im eigentlichen Sinne
- steuerrechtsbedeutsame allgemeine Rechtsgrundsätze 12.11

Rechtsquellen
- EU-Recht 12.1 ff.
- europäisches Steuerrecht 3.1 ff.
- Grundfreiheit als Herzstück des europäischen Steuerrechts 7.3 ff.

Rechtsquellen des europäischen Steuerrechts 3.1 ff.
- Beschluss 3.13
- Empfehlung 3.24, 3.26
- Erklärung 3.26
- Mitteilung 3.26
- Primärrecht 3.4 ff.
- Richtlinie 3.9 ff.
- Sekundärrecht 3.6 ff.
- soft law 3.24 ff.
- Stellungnahme 3.24, 3.26
- Tertiärrecht 3.15 ff.
- Verordnung 3.7
- völkerrechtlicher Vertrag 3.20 ff.
- Wertekanon 3.4

1133

Stichwortverzeichnis

Rechtsquellensystem
- europäisches Steuerrecht 3.1 ff.
- Strukturprinzipien 3.2

Rechtsschutz
- allgemeine Leistungsklage 25.95
- Anfechtungsklage 25.96
- Anhörung 25.95
- Aussetzung der Vollziehung 25.96
- Beitreibungs-Richtlinie 25.93 ff.
- Einspruch 25.96
- einstweilige Anordnung 25.95
- einstweiliger 9.72
- Europäische Union 5.1
- Feststellungsklage 25.95
- grenzüberschreitende Amts- und Rechtshilfe 25.60
- Kontrolldichte 5.45
- Negativentscheidung 9.61
- Positiventscheidung 9.55
- Rechtsbehelf 25.93
- Rückforderung beihilferechtswidriger Steuervergünstigungen 9.71
- Sicherungsmaßnahme 25.96
- Unionsrechtswidrigkeit der Richtlinie 26.34
- Verhältnismäßigkeitsprüfung 5.45
- vorbeugende Unterlassungsklage 25.95

Rechtsschutzbewertung
- europäische Gerichtsbarkeit 5.43 ff.

Rechtsschutzbewertung durch europäische Gerichtsbarkeit
- Urteilsverfassungsbeschwerde 5.44

Rechtsschutzgarantie
- Rückforderung 28.50

Rechtsschutzinteresse bei Nichtigkeitsklageerhebung
- juristische Person 27.56
- natürliche Person 27.56

Rechtsschutzlücke 4.72

Rechtsschutzmöglichkeit
- Feststellungsklage 25.60

Rechtsschutzmöglichkeit von Wettbewerbern 9.61

Rechtsschutzverbund
- Europäische Union 5.1

Rechtsschutzzuständigkeit
- Beitreibungs-Richtlinie 25.94

Rechtssetzungsakt der Europäischen Union 12.6 ff.

Rechtssicherheit
- Diskriminierungs- und Protektionsverbot 6.54
- Ex-tunc-Wirkung 28.22
- nicht kodifizierter Rechtsgrundsatz 4.9
- rechtsstaatliche Prinzipien 3.5
- steuerrechtsbedeutsame allgemeine Rechtsgrundsätze 12.30 f.
- unionsrechtliche Auslegung nationalen Rechts 13.16

Rechtssicherheitsgrundsatz
- Auslegungsmaxime für Bestimmungen harmonisierten Steuerrechts 12.31
- EuGH 5.23

Rechtsstaatliche Prinzipien
- EuGH 12.1
- gerichtlicher Rechtsschutz 3.5
- Rechtsklarheit 3.5
- Rechtssicherheit 3.5

Rechtsvereinheitlichung
- Unionsrechtseinwirkung auf innerstaatliches Steuerrecht 4.53

Rechtsvereinheitlichungscharakter
- Verordnung 3.7

Rechtsvergleichende Auslegungsmethode
- komparative Begriffsanalyse 13.2
- Rechtsprechung 13.2

Rechtsverordnung
- Richtlinienumsetzung 13.10

Rechtswirkung
- Beschluss 3.13
- einheitliche 5.1
- Nichtigkeitsurteil 28.19 ff.
- Urteil im Vertragsverletzungsverfahren 28.15 ff.
- Vertragsverletzungsverfahren 28.15 ff.

Reduktion nationalen Rechts
- Auslegungsurteil 28.6

Referenzrahmen
- Belastungsgrundbestimmung 9.29

Reformüberlegungen
- Umsatzbesteuerung 10.15

Regelungen
- Gemeinsame Körperschaftsteuer-Bemessungsgrundlage (GKB) 18.27 ff.

Regelungsdichte
- Richtlinie 3.10

Regelungskonzept
- Fusions-Richtlinie 16.20 ff.
- Mutter-Tochter-Richtlinie 14.1 ff.
- Zinsen-Lizenzgebühren-Richtlinie 15.1 ff.

Regelungssouveränität
- Schiedsverfahrenskonvention zu Verrechnungspreiskorrekturen 23.5

Regionalbeihilfe
- Leitlinie 9.52

Regionale Differenzierung
- Vergleichsgruppenbildung 6.27

Regulierungsagentur
- Steuerregime für Bedienstete der Europäischen Union 22.5

Rein künstliche Gestaltung → Substanzlose Gestaltung

Reiseleistung
- Mehrwertsteuerrecht 19.240 ff.

Reiseverkehr
- Ursprungslandprinzip 11.34

Religionsgemeinschaft
- Erbschaft- und Schenkungsteuerrecht 8.65

Rente und ähnliche Zahlung
- automatischer Informationsaustausch 25.49

Repatriierungspolitik
- Rechtfertigungsunmöglichkeit von Diskriminierungs- und Beschränkungsverboten im direkten Steuerrecht 7.222

Repeal Bill
- Brexit 8.249

Revision
- Rechtsbehelfsverfahren 23.13
- Verfahren 23.38

Richtlinie
- Auslegung 13.1 ff.
- direkte Steuer 11.41
- fristgemäße und zielkonforme Umsetzung 4.58
- Gebot effektiver Umsetzung 13.11
- Gesetzgebungsakt 1.10
- Gesetzgebungskompetenz in Steuerpolitik 11.41
- Harmonisierung direkter Steuern 3.12
- Implementation in nationales Recht 13.10
- Loyalitätspflicht 3.10
- Rechtsquellen des europäischen Steuerrechts 3.9 ff.
- Regelungsdichte 3.10
- Sekundärrecht 3.9 ff., 4.4
- Sperrwirkung 4.58
- Umsatzsteuer 4.61
- Umsetzung in nationales Recht 3.9, 4.57
- Umsetzungsverpflichtung 13.9
- Unionsrechtseinwirkung auf innerstaatliches Steuerrecht 4.24, 4.57 ff.
- Unionsrechtswidrigkeit 26.34
- Unionstreue 3.9
- unmittelbare Wirkung 4.60
- Verbindlichkeit 3.9
- Vorwirkung 4.58
- Wirksamkeit 13.15
- Zielverbindlichkeit 3.10

Richtlinienanwendbarkeit
- Vertrauensschutz 12.39

Richtlinienentwurf vom 25.10.2016 für Gemeinsame konsolidierte Körperschaftsteuerbemessungsgrundlage (GKKB)
- Abkehr von der Optionalität 18.82
- allgemeine Schutzklausel 18.94
- Betriebsstätte 18.80
- Arbeitsfaktor 18.90
- Aufwand für Forschung und Entwicklung 18.92
- Binnentransaktionsignorierung innerhalb der Gruppe 18.84
- Drittstaatsgesellschaft 18.80
- formulary apportionment 18.89
- Gruppe 18.79
- Gruppe als Synonym für Konsolidierungskreis 18.79
- gruppeninterne Transaktionen 18.86
- Konsolidierung 18.79
- Rechtsgrundlage 18.75
- Regelungen 18.79 ff.
- Schwellenwert bei Konsolidierung 18.79
- Steuerbemessungsgrundlagenzusammenfassung aller Gruppenangehörigen 18.83
- Stimmrechtsanteil 18.79
- Umsatzfaktor 18.93
- ursprünglicher Entwurf 18.77
- Vermögensfaktor 18.91
- Water's-Edge-Approach 18.80
- Zielsetzung 18.78
- zwingende Anwendung 18.82

Richtlinienentwurf vom 25.10.2016 für Gemeinsame Körperschaftsteuerbemessungsgrundlage (GKB)
- Abkehr von der Optionalität 18.58
- Abschreibung 18.49
- allgemeine Missbrauchsklausel 18.66
- allgemeine Prinzipien 18.28
- Anrechnung 18.33
- Anwendungsbereich, persönlich 18.56
- Auslegung 18.28 ff.
- Betriebsstätteneinkünfte 18.34
- Bezugnahme auf Rechnungslegungsstandards, keine 18.29
- Bildung von Rückstellungen 18.46
- dauerhafter Wertverlust 18.54
- Einzelabschreibung 18.49
- Entstrickungsregelung 18.48
- Ersatzwirtschaftsgüter 18.55
- Erträge 18.31 f.
- fiktive Eigenkapitalverzinsung 18.39
- Finanzanlagevermögen 18.54
- Freibetrag für Wachstum und Investitionen 18.39
- Freistellung 18.33
- Fremdvergleichsgrundsatz 18.65
- FuE-Förderung 18.35 ff.
- geringwertige Wirtschaftsgüter 18.51
- GuV-orientierter Ansatz 18.27
- Hinzurechnungsbesteuerung 18.67
- Historie 18.1 ff.
- hybride Gestaltung 18.69
- Komitologieverfahren 18.39
- mittellebige Wirtschaftsgüter 18.53
- nicht abziehbare Aufwendungen 18.41
- passive Einkünfte 18.67
- Patentboxen 18.37
- Personengesellschaft 18.74
- Poolabschreibung 18.49
- qualifiziertes Beteiligungsverhältnis 18.59
- Quellensteuer 18.64
- recapture 18.61
- Regelungen 18.27 ff.
- Sachanlage 18.54

Stichwortverzeichnis

- Sonderabschreibung 18.54
- Spenden an gemeinnützige Einrichtungen 18.38
- Übergangsbestimmungen 18.63
- unfertige Erzeugnisse 18.43
- Verhältnis GKB und ATAD 18.25
- Verlustausgleich über die Grenze 18.61
- Verluste 18.60
- Verrechnungspreise 18.65
- Verträge mit langer Laufzeit 18.45
- Vorräte 18.18.47
- Water's-Edge-Approach 18.34
- wirtschaftliche Substanz 18.67
- Zielsetzung 18.26
- Zinsschranke 18.39, 18.42 f.
- Zuwendungen an gemeinnützige Einrichtungen 18.38
- zwingende Anwendung 18.58

Richtlinienentwurf zur Schaffung eines einheitlichen Körperschaftsteuersystems von 1975
- Europäische Kommission 18.3

Richtlinienentwurfsdiskussion
- Gemeinsame (konsolidierte) Körperschaftsteuerbemessungsgrundlage (GKB/GKKB) 16.114, 18.1 ff.

Richtlinienerlass 11.41

Richtlinieninitiativen
- Harmonisierungsentwicklung und -stand 10.31

Richtlinienkonforme Auslegung
- Begrenzung 13.16
- Exekutive 4.62
- Judikative 4.62
- Legislative 4.62
- unionsrechtliche Auslegung nationalen Rechts 13.14
- Unionsrechtseinwirkung auf innerstaatliches Steuerrecht 4.62 f.
- vollharmonisiertes Steuerrecht 4.63
- Wortlaut und Zweck 13.14

Richtlinienkonformität
- Unionsrechtseinwirkung auf innerstaatliches Steuerrecht 4.24

Richtlinienrecht
- Standards 13.20

Richtlinienumsetzung
- Bestimmtheit 13.10
- Erkennbarkeit und Durchsetzbarkeit von Rechten 13.10
- Frist 13.10
- Gewährleistung tatsächlicher und vollständiger Anwendung 13.10
- Klarheit 13.10
- Legalitätsprinzip 4.59
- Parlamentsgesetz 13.10
- Publizität 13.10
- Rechtsverordnung 13.10
- überschießende 13.11

Richtlinienwirksamkeit
- unionsrechtliche Auslegung nationalen Rechts 13.15
- unmittelbare 3.11

Risikokapitalbeihilfe
- Leitlinie 9.52

Römische Verträge 2.1
- Fortentwicklung 2.2 ff.

Rückausnahme
- Urteil mit Ex-nunc-Wirkung 28.30

Rückerstattungsverfahrensunzulässigkeit
- Mutter-Tochter-Richtlinie 14.80

Rückforderung
- Rechtsschutzgarantie 28.50
- Rückwirkungsverbot 28.49
- Verhältnismäßigkeitsgrundsatz 28.49
- Wirkung von Entscheidung der Europäischen Kommission 28.48 ff.

Rückforderung beihilferechtswidriger Steuervergünstigungen
- Aufhebung rechtswidriger Beihilfe 9.66
- Beihilfenverbot im Steuerrecht 9.66 ff.
- einstweiliger Rechtsschutz 9.72
- Einzelfallumstände 9.68
- EuGH 9.68
- nachträgliche Herstellung der Normalbelastung 9.66
- Rechtsschutz 9.71
- Vertrauensschutz 9.69, 9.71

Rückforderungsbeschluss
- Beihilfe 9.66

Rückforderungsbeschluss von Beihilfe
- Umsetzung nach nationalem Verfahrensrecht 9.67

Rückkauf von Aktien
- Mutter-Tochter-Richtlinie 14.42

Rücklage
- Diskriminierungsverbot 16.79

Rücklagenübertragung
- Fusions-Richtlinie 16.52

Rückstellung
- Diskriminierungsverbot 16.79
- Richtlinienentwurf vom 25.10.2016 für Gemeinsame konsolidierte Körperschaftsteuerbemessungsgrundlage (GKKB) 18.46

Rückstellungsabzinsung
- EURIBOR-Zinssatz 18.46
- Richtlinienentwurf vom 25.10.2016 für Gemeinsame Körperschaftsteuerbemessungsgrundlage (GKB) 18.46

Rückstellungsübertragung
- Fusions-Richtlinie 16.52

Rückvergütung
- inländische indirekte Steuer und Abgabe bei Warenausfuhr in anderen Mitgliedstaat 1.14

Rückvergütung für inländische Abgabe
- Unionsrechtseinwirkung auf innerstaatliches Steuerrecht 4.35

Rückwirkende Aufhebung
- Urteil mit Ex-tunc-Wirkung 28.26

Rückwirkungsverbot
- Rückforderung 28.49
- steuerrechtsbedeutsame allgemeine Rechtsgrundsätze 12.30 f.
- unionsrechtliche Auslegung nationalen Rechts 13.16

Ruding-Bericht 18.8

Ruding-Komitee
- Unternehmensbesteuerungsangleichung 18.5

Ruding-Report 1992
- Europäische Kommission 11.43

Ruhegehalt
- automatischer Informationsaustausch 25.27
- Beamter der Europäischen Union 22.7

Rule Shopping
- Künstlerverleihgesellschaft 8.201
- Missbrauch 8.201

Sachanlage
- Richtlinienentwurf vom 25.10.2016 für Gemeinsame Körperschaftsteuerbemessungsgrundlage (GKB) 18.54

Sachaufklärung
- grenzüberschreitende Amts- und Rechtshilfe 25.1 ff.

Sachaufklärung der Finanzbehörde
- Mitwirkungs- und Dokumentationspflicht 25.4 ff.

Sachgerechtigkeitsmaßstab
- Neutralitätsprinzip 12.21

Sachlicher Anwendungsbereich
- Arbeitnehmerfreizügigkeit 7.69
- Dienstleistungsfreiheit 7.85
- Freizügigkeit der Unionsbürger 7.114 f.
- Fusions-Richtlinie 16.91
- Kapitalverkehrsfreiheit 7.100
- Mutter-Tochter-Richtlinie 14.41 ff.
- Niederlassungsfreiheit 7.77 ff.
- Schiedsverfahrenskonvention zu Verrechnungspreiskorrekturen 23.8
- Zinsen-Lizenzgebühren-Richtlinie 15.20

Sachverhaltsklärung
- Sekundärrecht 7.25
- Vertragsverletzungsverfahren 27.30

Saldierung steuerlicher Mehrbelastung bzw. Vergünstigung
- Kompensationsverbot 6.58

Saldierung von Begünstigung und Belastung
- Beihilfenverbot im Steuerrecht 9.15

Sandwichstruktur
- Mutter-Tochter-Richtlinie 14.28

Sanierungsgebiet
- erhöhte Absetzung 8.16

Sanierungsklausel des § 8c Abs. 1a KStG
- Beihilfenverbot im Steuerrecht 9.29

Sanktion
- Anwendungsbereich des EU-Rechts 12.9

Sanktionierbarkeit
- Nichtvorlage an EuGH 5.43

Satzung
- EuGH 5.7
- Gemeinnützigkeitsrecht 8.52

Satzungsmäßigkeitsfeststellung
- Gemeinnützigkeitsrecht 8.53

Schadenersatz
- Äquivalenzprinzip 28.41
- Effektivitätsgrundsatz 28.41
- Steuererlass 28.41

Schadenersatzanspruch bei Unionsrechtsverstoß
- Voraussetzungen 28.38 ff.

Schadensminderungspflicht
- Ersatzleistung 28.36

Schattenrechnung
- Richtlinienentwurf vom 25.10.2016 für Gemeinsame Körperschaftsteuerbemessungsgrundlage (GKB) 18.58

Schaumweinsteuer 11.36

Scheidungsrecht
- verstärkte Zusammenarbeit 11.11

Schiedsspruch
- Einigungsverfahren 23.33

Schiedsverfahren
- Aussetzung der Vollziehung 23.48

Schiedsverfahrenskonvention
- Bericht über die Verbesserung der Funktionsfähigkeit der Schiedsverfahrenskonvention 23.54
- Doppelbesteuerungsvermeidung 2.7
- Gesetzgebungskompetenz in Steuerpolitik 11.42
- Harmonisierungsbereitschaft der Mitgliedstaaten 10.21
- Verrechnungspreiskorrektur 23.1 ff.

Schiedsverfahrenskonvention zu Verrechnungspreiskorrekturen 23.1 ff.
- Antragstellungsgeltung 23.14
- Anwendungsbereich 23.7 ff.
- Ausschlussfrist bei Antragstellung 23.14
- Beseitigung wirtschaftlicher Doppelbesteuerung 23.3
- Betriebsstätte 23.7
- Doppelbesteuerungsvermeidungsanspruch 23.2
- Dreieckskonstellation zwischen Mitgliedstaaten 23.43
- Drittstaat 23.7
- einheitliche Rechtsanwendung 23.5
- Einigungsverfahren 23.10, 23.33 ff.
- Erstberichtigung 23.11 f.
- EU-Joint-Transfer-Pricing-Forum 23.41 ff.

- Gegenberichtigung 23.11 f.
- Grundlagen 23.1 ff.
- Kapitalgesellschaft 23.7
- Klagemöglichkeit, keine 23.2
- Konkretisierung durch EU-Joint-Transfer-Pricing-Forum 23.41 ff.
- Lex-specialis-Charakter 23.5
- Meistbegünstigung 23.4
- multilateraler völkerrechtlicher Vertrag 23.5
- multilaterales Abkommen 23.2
- partieller Rechtsanspruch auf Vermeidung von Doppelbesteuerung 23.2
- Personengesellschaft 23.7
- Regelungssouveränität 23.5
- sachlicher Anwendungsbereich 23.8
- Schlichtungsverfahren 23.10, 23.22 ff.
- Schutzwirkung 23.3
- Strafrechtsvorbehalt 23.45
- Unterkapitalisierung 23.44
- Unternehmensgewinn 23.8
- Verfahrensabschnitte 23.10 ff.
- Verfahrensarten 23.10 ff.
- Verhaltenskodex zur Anwendung des EU-Schiedsübereinkommens als Auslegungshilfe 23.6
- Verhältnis zu Unionsrecht 23.1
- Verständigungsregelung 23.4
- Verständigungsverfahren 23.4, 23.10, 23.13 ff.
- Vorverfahren 23.10, 23.11 f.

Schlechterstellung bei anderweitiger Kompensation
- Diskriminierung grenzüberschreitender ggü. innerstaatlichen Vorgängen 7.162

Schlichtungsverfahren
- Amtsermittlungsgrundsatz 23.27
- beratender Ausschuss 23.22 f., 23.25 ff., 23.30
- Beschlussfassung über Stellungnahme 23.32
- Beweislastverteilungsregel 23.29
- Einleitung 23.24
- Fremdvergleichsgrundsatz 23.31
- Mitwirkungsrecht 23.28
- Mitwirkungsverpflichtung 23.27
- Schiedsverfahrenskonvention zu Verrechnungspreiskorrekturen 23.10, 23.22 ff.
- Verfahrensordnung, keine 23.27
- zeitgleiches Rechtsbehelfsverfahren 23.24

Schonungspflicht
- Beitreibungsersuchen 25.81

Schranke
- Gesetzgebungskompetenz des Rates 1.11

Schrankenrecht
- Einwirkung europäischen Normensystems 1.2

Schrankenwirkung
- grenzüberschreitende Amts- und Rechtshilfe 25.8
- Grundfreiheit 4.29

Schuldner
- Auskunftsersuchen 25.75

Schuldgeld
- privater Abzug 8.22

Schutz vor steuerlicher Benachteiligung
- Dienstleistungsfreiheit 4.45

Schutzwirkung
- Schiedsverfahrenskonvention zu Verrechnungspreiskorrekturen 23.3

Schweiz
- Assoziierungsabkommen 2.31
- bilaterales Abkommen mit Europäischer Union 7.9 ff.
- Erbschaft- und Schenkungsteuerrecht 8.61
- EU-Steuererhebungsverordnung 22.15
- Freihandelsabkommen 1972 7.9 ff.
- Freizügigkeitsabkommen 1999 7.12 ff.
- Freizügigkeitsabkommen mit EU 8.61, 8.86
- Zinsbesteuerungsabkommen 14.2, 15.2

Schwellenwert bei Konsolidierung
- Richtlinienentwurf vom 25.10.2016 für Gemeinsame konsolidierte Körperschaftsteuerbemessungsgrundlage (GKKB) 18.79

Schwestergesellschaft
- Zinsen-Lizenzgebühren-Richtlinie 15.16

Schwestergesellschaftssituation
- Zinsen-Lizenzgebühren-Richtlinie 15.36

Sekundäre Verrechnungspreiskorrektur
- Mutter-Tochter-Richtlinie 14.45

Sekundäres Unionsrecht
- Gültigkeitskontrolle 4.7
- Primärrechtswidrigkeit 27.43 ff.

Sekundärrecht 3.20
- Bedeutung 3.6
- Beschluss 3.13, 4.4
- Definition 3.6
- europäisches Normensystem 1.2
- Fusions-Richtlinie 16.24
- Normenhierarchie 4.4
- primärrechtlich abgeleitetes Recht 3.6
- Rechtsangleichung 1.4
- Rechtsquellen des europäischen Steuerrechts 3.6 ff.
- Richtlinie 3.9 ff., 4.4
- Sachverhaltsklärung 7.25
- Selbstorganisationsrecht 3.6
- Typenzwang 3.6
- Unionsrechtsreichweite 4.66
- Unionsvertragsrecht 4.7
- Verordnung 3.7, 4.4

Sekundärrecht und Tertiärrecht
- Normenhierarchie innerhalb des Unionsrechts 4.15 ff.
- Unionsrechtseinwirkung auf innerstaatliches Steuerrecht 4.52 ff.

Sekundärrechtlicher Rang ggü. anderen Richtlinien
– ATAD 17.19
Sekundärrechtsakt
– Steuerrecht 12.13
Sekundärrechtsgültigkeitsfrage
– EuGH 5.25
Sekundärrechtsverhältnis
– Grundfreiheit 7.19 f.
Selbsterklärung des Steuerpflichtigen bei Festsetzungsverfahren
– Richtlinienentwurf vom 25.10.2016 für Gemeinsame konsolidierte Körperschaftsteuerbemessungsgrundlage (GKKB) 18.97
Selbstorganisationsrecht
– Sekundärrecht 3.6
Selektivität
– Beihilfenverbot im Steuerrecht 9.16
– de facto 9.26
– Definition 9.30
– faktische 9.31
– materielle 9.30
– nicht systemkonforme Begünstigungswirkung 9.30
– Regelmethode der Prüfung selektiver Wirkung 9.16
Selektivität, materielle
– Branchenzugehörigkeit 9.30
– Rechtsform 9.30
– Unternehmensfunktion 9.30
– Unternehmensgröße 9.30
– Unternehmensrechtsform 9.30
Selektivität, regionale
– Beihilfenverbot im Steuerrecht 9.20
Selektivitätstest
– EuGH 9.16 ff., 9.33
SEStEG
– Fusions-Richtlinie 16.90
Share-Deal
– Fusions-Richtlinie 16.1
Sicherheitsverlangen
– Verhältnismäßigkeitsanforderung 7.235
Sicherstellung der Steueranspruchsdurchsetzung
– Rechtfertigungsmöglichkeit von Diskriminierungs- und Beschränkungsverboten im direkten Steuerrecht 7.297 ff.
Sicherungsmaßnahme
– Arrestanordnung 25.84
– dinglicher Arrest 25.84
– dinglicher und persönlicher Arrest 25.73
– Rechtsschutz 25.96
– Zurückweisung 25.85
Sicherungsmaßnahmenersuchen 25.72 ff.
– Beitreibungs-Richtlinien 25.84 f.
– eingehendes 25.84 f.
– grenzüberschreitende Amts- und Rechtshilfe 25.84 f.

Simultanprüfung
– Außenprüfung 25.56
Sitzlandbesteuerung
– kleine und mittlere Unternehmen 18.10
Sitzverlegung
– Europäische Genossenschaft (SCE) 16.75
– Europäische Gesellschaft (SE) 16.75
– Fusions-Richtlinie 16.39
Sitzverlegung, steuerneutrale
– Fusions-Richtlinie 16.16
Skepsis
– Richtlinienentwurf vom 25.10.2016 für Gemeinsame konsolidierte Körperschaftsteuerbemessungsgrundlage (GKKB) 18.106
Societas Privata Europea (SPE)
– Mutter-Tochter-Richtlinie 14.8
– Zinsen-Lizenzgebühren-Richtlinie 15.5
Sofortversteuerung
– Ausgleichspostenauflösung 8.91
– Wegzug von Kapitalgesellschaft 8.89
– Wegzugsbesteuerung bei natürlicher Person 8.78
soft law 1.3
– Entschließung 3.25
– Harmonisierungsentwicklung und -stand 10.27
– Instrument 10.31
– Leitlinie 3.25
– Mitteilung 3.25
– Rechtsquellen des europäischen Steuerrechts 3.24 ff.
– Steuerrechtsbedeutsamkeit 3.26
Solidaritätsabgabe
– EU-Steuererhebungsverordnung 22.10
Sonderabgabe
– Beamter der Europäischen Union 22.7
– Beihilfenverbot im Steuerrecht 9.14
– EU-Steuererhebungsverordnung 22.10
Sonderabgabe mit Finanzierungsfunktion
– parafiskalische Abgabe 6.49 ff.
Sonderabschreibung
– Richtlinienentwurf vom 25.10.2016 für Gemeinsame Körperschaftsteuerbemessungsgrundlage (GKB) 18.454
Sonderausgabe
– Brexit 8.231
– unbeschränkte Steuerpflicht 8.17
– Versorgungsleistung 8.20
Sonderausgabenabzug
– Spendenrecht 8.54
Sonderbelastung
– extrafiskalisches Ziel 6.69
Sonderbetriebsausgabenabzug
– § 4i EStG 8.137 ff.
– Missbrauchsvermeidung 8.137 ff.
– Unionsrechtskonformität Beschränkung 8.140
Sozialabgabe
– Beamter der Europäischen Union 22.7
– EU-Steuererhebungsverordnung 22.9

Sozialpolitik
- Gesetzgebungskompetenz 1.11

Sozialversicherungsbeitrag
- EU-Steuererhebungsverordnung 22.14

Spaak-Bericht
- Europäische Wirtschaftsgemeinschaft (EWG) 2.2

Spaltung
- Fusions-Richtlinie 16.18, 16.30, 16.33

Spanien
- Übergangsregelung für Quellensteuerverzichtsanwendung 15.26

Sparzins-Richtlinie 12.13

Spendenabzugsvoraussetzung 8.54

Spendenrecht
- Anwendungsfragen im deutschen Steuerrecht 8.43 ff., 8.54 ff.
- Direktinvestition 8.55
- Drittstaat 8.55
- EuGH 8.54
- europäisches Steuerrecht 8.43 ff., 8.54 ff.
- Kapitalverkehrsfreiheit 8.55
- Sonderausgabenabzug 8.54
- Standstillklausel 8.55
- Unionsrechtsvereinbarkeit 8.54 ff.
- Zuwendungsbestätigung 8.56

Sperrwirkung
- Richtlinie 4.58
- unionsrechtliche Kompetenzausübung 11.3

Spezielle Missbrauchsregelung gem. § 15 Abs. 2 UmwStG
- Fusions-Richtlinie 16.105 f.

Sphärenorientierte Mitverantwortung
- Mitwirkungspflicht des Steuerpflichtigen 26.9

Splitting
- europäisches Steuerrecht 8.7

Spontanauskunft
- Amtshilfe-Richtlinie 25.52 ff.
- Auskunftsersuchen 25.87
- Mehrwertsteuerzusammenarbeitsverordnung 25.101, 25.112
- Verbrauchsteuerzusammenarbeitsverordnung 25.125
- Verpflichtung 25.53

Staatenverbund
- EU 1.21
- Rechtsstaatsgebundenheit 2.17

Staatenverbund ohne Staatscharakter
- Europäische Union 2.11

Staatliche Beihilfe 9.37
- Abgrenzung von Unionsbeihilfe 9.40
- Verzicht auf Steueraufkommen 9.38

Staatliche Veranlassung
- Beihilfenverbot im Steuerrecht 9.36 ff.

Staatsangehörigkeitsdiskriminierungsverbot 7.4

Staatsentlastungseffekt
- Gemeinnützigkeits- und Spendenrecht 8.44 f.

Staatshaftungsanspruch
- Grundfreiheitsverstoß 7.61

Staatshaftungsanspruch, unionsrechtlicher
- Ersatzleistung 28.32, 28.38, 28.42
- Verjährung 28.42

Staatsqualität
- Europäische Union 2.17

Stammaktie
- Mutter-Tochter-Richtlinie 14.31

Stammhaus
- Zinsen-Lizenzgebühren-Richtlinie 15.25

Standardform rechtlichen Handelns
- Verordnung 3.7

Standards des Richtlinienrechts 13.20

Standortpolitik
- Rechtfertigungsunmöglichkeit von Diskriminierungs- und Beschränkungsverboten im direkten Steuerrecht 7.213 ff.

Standstillklausel
- Kapitalverkehrsfreiheit 8.10
- Spendenrecht 8.55

Statusmitteilung
- Verhältnismäßigkeitsanforderung 7.236

Stellungnahme
- Äußerung der Organe der EU 3.25
- Bedeutsamkeit 3.25
- Europäische Kommission 11.43
- Gesetzgebungsverfahren 3.25
- Prozessvoraussetzung vor EuGH 3.25
- Rechtsquellen des europäischen Steuerrechts 3.24, 3.26
- Unverbindlichkeit 3.24

Steuer
- Unionsbediensteter 1.24

Steuer auf Zwischenerzeugnisse 11.36

Steuerabzug
- Abgeltungswirkung 8.38
- beschränkte Steuerpflicht 8.38 ff.
- Nettobasis 8.39
- Rechtfertigungsmöglichkeit von Diskriminierungs- und Beschränkungsverboten im direkten Steuerrecht 7.267

Steuerabzug an der Quelle
- Definition 14.78
- EuGH 14.78
- Mutter-Tochter-Richtlinie 14.52, 14.78

Steuerabzug auf Nettobasis
- beschränkte Steuerpflicht 8.39

Steueranrechnung
- Auslandstätigkeitserlass 8.31
- Höchstbetragsberechnung 8.30
- länderbezogene Höchstbetragsanrechnung 8.29
- Mutter-Tochter-Richtlinie 14.60 ff.
- Richtlinienentwurf vom 25.10.2016 für Gemeinsame Körperschaftsteuerbemessungsgrundlage (GKB) 18.33
- unbeschränkte Steuerpflicht 8.27 ff.

Steueranspruchsdurchsetzung
- Rechtfertigungsmöglichkeit von Diskriminierungs- und Beschränkungsverboten im direkten Steuerrecht 7.297 ff.

Steuerarbitrage
- Rechtfertigungsmöglichkeit von Diskriminierungs- und Beschränkungsverboten im direkten Steuerrecht 7.263

Steueraufsicht 8.11

Steuerausfall
- Richtlinienentwurf vom 25.10.2016 für Gemeinsame konsolidierte Körperschaftsteuerbemessungsgrundlage (GKKB) 18.105

Steuerausfall, drohender
- Rechtfertigungsunmöglichkeit von Diskriminierungs- und Beschränkungsverboten im direkten Steuerrecht 7.209 ff.

Steuerbefreite Ausfuhr
- Umsatzsteuer 2.5

Steuerbefreiung
- Abgrenzung der Steuerhoheit 19.161 ff.
- Allgemeines 19.108 ff.
- Anlagegold 19.154
- Beamter der Europäischen Union 22.2
- Bediensteter der Europäischen Union 22.2
- Bezug 22.2
- Bildung 19.125 ff.
- Erbschaft- und Schenkungsteuerrecht 8.64 ff.
- Darlehen 19.146 ff.
- Finanzsektor 19.137 ff.
- Gehalt 22.2
- gemeinwohlorientierte 19.112 ff.
- Gesundheit 19.115 ff.
- Glücksspiel 19.158
- Grundstück 19.155 ff.
- innergemeinschaftl. Umsätze 19.166 ff.
- Kapitalanlage 19.150 ff.
- Kleinunternehmen 19.159 f.
- Kultur 19.128 f.
- Lohn 22.2
- Mehrwertsteuer 19.108 ff.
- Mutter-Tochter-Richtlinie 14.60 ff.
- öffentl. Aufgaben 19.132 f.
- Outsourcing, gemeinschaftl. 19.134 ff.
- Sicherungsrechte 19.146 ff.
- Soziales 19.120 ff.
- Sport 19.130 f.
- Umsätze mit Drittstaaten 19.163 ff.
- Versicherungen 19.148 ff.
- Verwaltung von Investmentfonds 19.151 ff.
- Wertpapiere 19.150
- Zahlungsverkehr 19.142 ff.

Steuerbefreiung für Beamte und Bedienstete der Europäischen Union
- erfasster Personenkreis 22.4 f.

Steuerbefreiung im Erbschaft- und Schenkungsteuerrecht
- öffentliches Interesse 8.64

Steuerbefugnisabgrenzung
- Steuerregime für Bedienstete der Europäischen Union 22.2 f.

Steuerbehörde des anderen Mitgliedstaats
- Zinsen-Lizenzgebühren-Richtlinie 15.38

Steuerbelastungseingriffsprüfung
- EuGH 7.194

Steuerbemessungsgrundlagenzusammenfassung aller Gruppenangehörigen
- Richtlinienentwurf vom 25.10.2016 für Gemeinsame konsolidierte Körperschaftsteuerbemessungsgrundlage (GKKB) 18.81

Steuerbescheid
- Nichtigkeitsurteil 28.21
- Vorbehalt der Nachprüfung 28.12
- vorläufiger 28.12
- Zustellungsersuchen 25.77

Steuerbetrug
- Mutter-Tochter-Richtlinie 14.1, 14.7, 14.87
- Umsatzsteuer 10.15

Steuerentlastung wg. Sicherung der Staatseinnahmen
- Beihilfenverbot im Steuerrecht 9.13

Steuerentstrickung
- Rechtfertigungsmöglichkeit von Diskriminierungs- und Beschränkungsverboten im direkten Steuerrecht 7.228

Steuererhebung
- beschränkende Wirkung 6.67 ff.
- Kfz-Zulassungssteuer 6.70

Steuererhebungsverordnung der Europäischen Union → „EU-Steuererhebungsverordnung"

Steuererlass
- Schadenersatz 28.41
- unbeschränkte Steuerpflicht 8.27 ff.

Steuerermäßigung
- Erbschaftsteuer 8.32 f.
- unbeschränkte Steuerpflicht 8.27 ff.

Steuererstattung
- Urteil mit Ex-tunc-Wirkung 28.27

Steuerflucht
- Missbrauchsbekämpfung 7.248 ff.

Steuerflucht, rechtsmissbräuchliche
- Missbrauchsbekämpfung 7.248 ff.
- Rechtfertigungsmöglichkeit von Diskriminierungs- und Beschränkungsverboten im direkten Steuerrecht 7.248 ff.
- substanzlose Gestaltung 7.250

Steuerfreibetrag
- Rechtfertigungsmöglichkeit von Diskriminierungs- und Beschränkungsverboten im direkten Steuerrecht 7.267

Steuerfreie Erträge
- Definition 18.32
- Richtlinienentwurf vom 25.10.2016 für Gemeinsame Körperschaftsteuerbemessungsgrundlage (GKB) 18.32

Steuerfreistellung
- Richtlinienentwurf vom 25.10.2016 für Gemeinsame Körperschaftsteuerbemessungsgrundlage (GKB) 18.33

Steuergefährdung
- Strafrechtsvorbehalt 23.15

Steuergeheimnis
- Auskunftsersuchen 25.21

Steuergesetzgebung
- mitgliedstaatliche 12.7

Steuergesetzgebungskompetenz der Europäischen Union 11.1 ff.

Steuergesetzvollzug durch Landesfinanzbehörden
- Verwaltungsorganisation 26.32

Steuergrenze 2.6

Steuergutschrift
- Mutter-Tochter-Richtlinie 14.42

Steuerhinterziehung
- Mutter-Tochter-Richtlinie 14.1, 14.7, 14.87
- Strafrechtsvorbehalt 23.15
- Umsatzsteuer 10.15
- Zinsen-Lizenzgebühren-Richtlinie 15.27

Steuerhoheit
- innergemeinschaftl. Umsätze 19.166 ff.
- Mehrwertsteuerbefreiung 19.161 f.
- Umsätze mit Drittstaaten 19.163 ff.

Steuerhoheitsaufteilung
- Erbschaft- und Schenkungsteuerrecht 8.62

Steuerhoheitssicherung
- Rechtfertigungsmöglichkeit von Diskriminierungs- und Beschränkungsverboten im direkten Steuerrecht 7.225

Steuerhoheitswahrnehmung
- Rechtfertigungsmöglichkeit von Diskriminierungs- und Beschränkungsverboten im direkten Steuerrecht 7.225

Steuerinzidenz 9.34

Steuerkontrolle 8.11

Steuerliche Benachteiligung und ihre Kategorien
- Diskriminierung grenzüberschreitender ggü. innerstaatlichen Vorgängen 7.158 ff.

Steuerliche Besserstellung für Einfuhren
- Verbot 6.21

Steuerliche Diskriminierung grenzüberschreitenden Handels
- Warenhandel 6.7 ff.
- Wettbewerbsneutralität 6.7

Steuerliche Diskriminierung im bilateralen Verhältnis
- Diskriminierung zwischen verschiedenen grenzüberschreitenden Vorgängen 7.163 ff.

Steuerliche Diskriminierung und Beschränkung 7.125 ff.
- beschränkende Mehrfachbelastung grenzüberschreitender Vorgänge 7.180 ff.
- beschränkende Wirkung des Steuereingriffs 7.184 ff.
- Gebot gegenseitiger Anerkennung 7.173 ff.
- grenzüberschreitender vs. innerstaatlicher Vorgang 7.125 ff.

Steuerliche Gleichstellung
- Rechtfertigungsmöglichkeit von Diskriminierungs- und Beschränkungsverboten im direkten Steuerrecht 7.232

Steuerliche Kohärenz
- Rechtfertigungsmöglichkeit von Diskriminierungs- und Beschränkungsverboten im direkten Steuerrecht 7.207, 7.240, 7.243, 7.268, 7.279 ff.

Steuerliche Kontrolle
- Rechtfertigungsmöglichkeit von Diskriminierungs- und Beschränkungsverboten im direkten Steuerrecht 7.289 ff.

Steuerliche Meistbegünstigung in Dreiecksverhältnissen
- Diskriminierung zwischen verschiedenen grenzüberschreitenden Vorgängen 7.169 f.

Steuerliche Nebenleistung
- Grundfreiheitsverstoß 7.61

Steuerliches Beihilferecht
- Beschluss der Europäischen Kommission 28.47

Steuern
- Kompetenzen der EU 2.12

Steuerneutrale Sitzverlegung
- Fusions-Richtlinie 16.16

Steuerneutralität
- Mutter-Tochter-Richtlinie 14.4

Steuerpflicht, beschränkte 8.33 ff.

Steuerpflicht, persönliche
- Anwendungsfragen im deutschen Steuerrecht 8.1 ff.
- Wohnsitzprinzip 8.1

Steuerpflichterfordernis
- Mutter-Tochter-Richtlinie 14.20 ff.

Steuerpflichtiger
- Beweismaßreduzierung 25.5
- Beweiswürdigung 25.5
- Definition 19.27
- Leistung 19.76
- Mehrwertsteuergruppe 19.38 ff.
- Mitwirkungspflichtverletzung 25.5
- Nachhaltigkeit 19.34 ff.
- Selbständigkeit 19.33
- unionsrechtl. Vorgaben 19.26 ff.
- wirtschaftl. Tätigkeit 19.28 ff.

Steuerplanung internationaler Konzerne
- Projekt Base Erosion and Profit Shifting (BEPS) 10.39

Stichwortverzeichnis

Steuerpolitik
- Gesetzgebungskompetenz 11.15 ff.

Steuerprivileg
- Umwandlung 16.2

Steuerprozess
- Effektivitätsgrundsatz 26.33
- europäisches Steuerrecht 26.1 ff.
- Gleichwertigkeitsgrundsatz 26.33
- Grundsatz und Grenzen beim Vollzug harmonisierten Steuerrechts 26.33 ff.
- vorläufiger Rechtsschutz bei Zweifel an Unionsrechtswidrigkeit der Richtlinie 26.34

Steuerrecht
- Europäischer Gerichtshof für Menschenrechte 12.3
- gerichtliche Durchsetzung des Unionsrechts 27.5
- Rechtsgrundsatzbedeutung 12.11 ff.
- Sekundärrechtsakt 12.13
- Verbot missbräuchlicher Berufung auf Unionsrecht 13.17

Steuerrecht, deutsches
- Anwendungsfragen 8.1 ff.; → auch „Anwendungsfragen im deutschen Steuerrecht"

Steuerrecht, europäisches → auch „Europäisches Steuerrecht"
- Dimensionen 1.1 ff.

Steuerrecht, harmonisiertes
- Auslegung und Anwendung 13.1 ff.

Steuerrecht, nationales
- Unionsrechtswidrigkeit 27.6 ff.

Steuerrecht, vollharmonisiertes
- richtlinienkonforme Auslegung 4.63

Steuerrechtliches Verfahren
- Bedeutung des EuG 5.31 ff.
- EuGH 5.6

Steuerrechtsbedeutsame allgemeine Rechtsgrundsätze 12.11 ff.
- Äquivalenzprinzip 12.47 f.
- Bestimmtheitsgebot 12.30 f.
- Effektivitätsgrundsatz 12.47 f.
- freiheitsschonende Besteuerung 12.27 ff.
- Gesetzbindung der Verwaltung 12.12
- Gesetzesvorbehalt 12.12
- Gesetzmäßigkeit der Besteuerung 12.12 ff.
- gleichheitssatzkonforme Besteuerung 12.18 ff.
- Gleichmäßigkeit der Besteuerung 12.20
- Neutralitätsprinzip 12.21 ff.
- Normenbestimmtheit 12.30
- Normenklarheit 12.30
- Rechtsmissbrauchsverbot 12.45 f.
- Rechtsprinzip im eigentlichen Sinne 12.11
- Rechtssicherheit 12.30 f.
- Rückwirkungsverbot 12.30 f.
- Verhältnismäßigkeitsgrundsatz 12.16
- Vertrauensschutz 12.30 f., 12.33 ff.

Steuerrechtsbedeutsamkeit
- Beschluss als Rechtsakt 3.14
- delegierter Rechtsakt 3.19
- soft law 3.26
- Verordnung 3.18
- Vertragsverletzungsverfahren 5.29 f.
- völkerrechtlicher Vertrag 3.23

Steuerrechtsverfassung 1.21 ff.

Steuerrechtsverfassung, europäische 1.21 ff.; → auch „Europäische Steuerrechtsverfassung"

Steuerregime für Bedienstete der Europäischen Union 22.1 ff.
- Abgrenzung der Steuerbefugnisse 22.2
- Beamtenstatut 22.4
- Beschäftigungsbedingungen für sonstige Bedienstete 22.4
- Bezug 22.6 ff.
- europäischer Stabilitätsmechanismus 22.5
- Exekutivagentur 22.5
- Gehalt 22.6 ff.
- Lehrer an Europaschulen 22.5
- Lohn 22.6 ff.
- national entsandter Beamter 22.5
- Protokoll über Vorrechte und Befreiungen 22.1
- Regulierungsagentur 22.5
- Unionseinrichtung 22.5
- Wohnsitzfiktion 22.4, 22.16 ff.

Steuersatz, ermäßigter
- Mehrwertsteuer 19.191 ff.

Steuerschuldbegleichung
- ratierliche Geltendmachung der festgesetzten Steuer 7.230
- Verhältnismäßigkeitsanforderung 7.230

Steuerschuldner
- Bestimmungslandprinzip 19.201
- Betrugsbekämpfung 19.198 ff.
- kraft Rechnungsausweis 19.202 ff.
- Leistungsempfänger 19.196 ff.
- Mehrwertsteuer 19.195 ff.

Steuerschuldnerschaft des Ausschüttungsempfängers
- Mutter-Tochter-Richtlinie 14.83 f.

Steuersouveränität
- Ertragshoheit 1.1
- europäisches Steuerrecht 1.1
- Gesetzgebungshoheit 1.1
- Verwaltungshoheit 1.1

Steuersouveränität der Mitgliedstaaten
- Gesetzgebungskompetenz 1.11

Steuerspezifische Ausprägung
- Diskriminierungs- und Protektionsverbot 6.16

Steuersubvention, unionsrechtswidrige
- Bestandskraftdurchbrechung 26.26

Steuersystemwettbewerb
- direkte Steuer 1.19
- Europäische Union 11.41

Steuertarif
- EU-Steuererhebungsverordnung 22.8 f.

Steuertatbestände
- entgeltliche Leistung 19.53 ff.
- grenzüberschreitender Warenhandel 19.88 ff., → auch Grenzüberschreitender Warenhandel
- Mehrwertsteuererhebung 19.50 ff.
- private Nutzung 19.100 ff., → auch Private Nutzungen

Steuerumgehung
- Missbrauchsbekämpfung 7.248 ff.
- substanzlose Gestaltung 7.250
- Zinsen-Lizenzgebühren-Richtlinie 15.27

Steuerveranlagung
- Verhältnismäßigkeitsanforderung 7.229

Steuerverfahren
- Anspruch auf Wiederaufgreifen des Verfahrens 26.18
- Ausübungsgrenze von Ermittlungsbefugnis 26.12 f.
- Bestandskraftdurchbrechung 26.18 f.
- Bestandskraftregelung 26.14 ff.
- europäisches Steuerrecht 26.1 ff.
- Grundsatz und Grenzen beim Vollzug harmonisierten Steuerrechts 26.7 ff.
- Mitwirkungspflicht des Steuerpflichtigen 26.9 ff.
- Rechtsfolge bei Vollzugsdefizit 26.27 ff.
- Verfahrensgewährleistungspflicht des Mitgliedstaats 26.21
- Verfahrensgewährleistungspflicht zur Reaktion auf EuGH-Urteile 26.14 ff.
- Verifikation grenzüberschreitenden Sachverhalts 26.10
- Wiederaufgreifen des Verfahrens 26.18

Steuerverfahrensrecht
- Unionsrechtsbindung 12.9

Steuervergünstigung
- ECOFIN-Resolution 9.6
- Gemeinnützigkeits- und Spendenrecht 8.43
- Rückforderung beihilferechtswidriger 9.66 ff.

Steuervergünstigung für Europäische Genossenschaft (SCE)
- Fusions-Richtlinie 16.72 ff.

Steuervergünstigung für Europäische Gesellschaft (SE)
- Fusions-Richtlinie 16.72 ff.

Steuervergünstigung, kulturpolitisch begründete
- Rechtfertigungsunmöglichkeit von Diskriminierungs- und Beschränkungsverboten im direkten Steuerrecht 7.217

Steuervergünstigungskumulation
- Linking rules 7.264
- Rechtfertigungsmöglichkeit von Diskriminierungs- und Beschränkungsverboten im direkten Steuerrecht 7.264 ff.

Steuervermeidung
- Zinsen-Lizenzgebühren-Richtlinie 15.37

Steuervorbehalt
- Kapitalverkehrsfreiheit 7.101 ff.

Steuerwettbewerb
- Rechtfertigungsmöglichkeit von Diskriminierungs- und Beschränkungsverboten im direkten Steuerrecht 7.263

Stille Harmonisierung 2.10

Stille Reserven
- EuGH 7.228 ff.
- Fusions-Richtlinie 16.1, 16.40
- Rechtfertigungsmöglichkeit von Diskriminierungs- und Beschränkungsverboten im direkten Steuerrecht 7.228
- Unionsrechtsverstoßfrage 27.11
- Wegzug von Kapitalgesellschaft 8.88
- Wegzugsbesteuerung 8.77

Stimmrechtsanteil
- Richtlinienentwurf vom 25.10.2016 für Gemeinsame konsolidierte Körperschaftsteuerbemessungsgrundlage (GKKB) 18.79

Stimmrechtsbeteiligung
- Mutter-Tochter-Richtlinie 14.5

Stimmrechtsmindestanteil
- Zinsen-Lizenzgebühren-Richtlinie 15.16

Stipendium
- steuerliche Berücksichtigung 8.15

Strafrechtsvorbehalt
- leichtfertige Steuerverkürzung 23.15
- Schiedsverfahrenskonvention zu Verrechnungspreiskorrekturen 23.45
- Steuergefährdung 23.15
- Steuerhinterziehung 23.15
- Verständigungsverfahren 23.15

Streitbeilegungs-Richtlinie
- Abgrenzung zu nationalen Rechtsbehelfen 24.39 ff.
- Abgrenzung zu Verständigungs- u. Schiedsverfahren 24.36 ff.
- Anwendungsbereich 24.19 ff.
- Anwendungsfragen bei Umsetzung 24.19 ff.
- Ausschuss für alternative Streitbeilegung 24.73 ff.
- beratender Ausschuss 24.60 ff.
- Beschwerdestadium 24.42 ff.
- Beschwerdeverfahren 24.48 ff.
- Bundeszentralamt für Steuern 24.90
- Entwicklung 24.1 ff.
- Geheimhaltungspflicht 24.78
- Gewährleistungsgehalt 24.42 ff.
- Kosten des Verfahrens 24.79
- persönl. Anwendungsbereich 24.20 ff.
- Regelungskonzept 24.13
- sachl. Anwendungsbereich 24.28 ff.
- Schiedsverfahren 24.60 ff.
- Schiedsverfahren nach DBA u. EU-Schiedskonvention 24.36 ff.
- Sprache 24.92

- Streitbeilegung 24.42 ff., 24.60 ff., 24.73 ff.
- Streitfrage 24.28, 24.91
- territorialer Anwendungsbereich 24.33
- Umsetzung im dt. Recht 24.86 ff.
- Vereinbarkeit des Verfahrens mit höherrangigem Unionsrecht 24.81 ff.
- Verfahrensstadien 24.42 ff.
- Veröffentlichung 24.80
- Verständigungsverfahren 24.44 ff., 24.55 ff.
- Verständigungsverfahren nach DBA u. EU-Schiedskonvention 24.36 ff.
- zeitl. Anwendungsbereich 24.34 f.
- Zielsetzung 24.12
- Zulassungsverfahren 24.48 ff.

Streitvermeidungs- und Streitbeilegungsverfahren und Verrechnungspreiszusagen
- Leitlinien 23.50

Strom 6.10
- Harmonisierungsentwicklung und -stand 10.16
- Verbrauchsteuer 10.16, 11.34

Strukturprinzipien
- Rechtsquellensystem 3.3

Struktur-Richtlinie
- Verbrauchsteuer 11.35

Stufenaufbau der Rechtsordnung
- Normenhierarchie 4.1

Stundung
- Wegzugsbesteuerung bei natürlicher Person 8.78, 8.82
- Zustellungsersuchen 25.77

Stundungsregelung
- Verhältnismäßigkeitsanforderung 7.230 ff.

Stundungswiderrufung
- Wegzugsbesteuerung bei natürlicher Person 8.80

Subject-to-Tax-Klausel
- Mutter-Tochter-Richtlinie 14.22

Subjektive Einschätzung des vorlegenden Gerichts
- Entscheidungserheblichkeit 5.22

Subjektive Komponente
- Vertragsverletzungsverfahren 5.27

Subjektives Nettoprinzip
- Rechtfertigungsmöglichkeit von Diskriminierungs- und Beschränkungsverboten im direkten Steuerrecht 7.267

Subsidiarität
- direkte Steuer 1.19

Subsidiaritätsprinzip 18.23
- Binnenmarkt 1.8
- Europäische Union 1.8
- Gesetzgebungskompetenz 1.11
- Kompetenzausübungsschranken 11.12 ff.
- unionsrechtliche Kompetenzausübung 11.3, 11.12
- Zustellungsersuchen 25.90

Substanzlose Gestaltung → auch Rein künstliche Gestaltung
- EuGH 7.249 ff.
- Missbrauchsbekämpfung 7.250 ff.

Substituierbarkeit
- Warenhandelsdiskriminierung 6.29 ff.

Substituierbarkeitsgrad
- Warenhandelsdiskriminierung 6.31

Substitutionsgut
- Protektionsverbot 6.32

Subvention
- Verhältnis zu Beihilfe 9.4

Summarisches Verfahren
- Vorabentscheidungsverfahren 27.18

Suspendierung
- grundrechtlicher Bedingungen 12.7

Symmetriethese
- Gewinnbesteuerung und Verlustabzug 8.103

Synchronisierungsnotwendigkeit
- Entstrickungstatbestände 8.102

Systematische Auslegung
- Unionsrecht 13.4

Systematische Interpretation
- Auslegungsmethode 13.1

Tabak
- Verbrauchsteuer 11.34

Tabaksteuer 11.36
- Bemessungsgrundlage 20.61
- Gesetzgebungskompetenz der EU für Rechtsangleichung 1.10
- Harmonisierungsentwicklung und -stand 20.55 ff.
- steuerbare Tabakwaren 20.58 f.
- Steuerbefreiungen 20.60
- Steuersätze 20.61 ff.
- Verfahren der Besteuerung von Tabakwaren 20.64

Tabaksteuerstruktur-Richtlinie 11.35

Tabakwarenbesteuerung
- Harmonisierungsentwicklung und -stand 10.16
- Verbrauchsteuer 10.16

Tarif
- ermäßigter Steuersatz 19.191 ff.
- Mehrwertsteuer 19.189 ff.
- Normalsatz 19.190
- unbeschränkte Steuerpflicht 8.25

Tatbestandliche Diskriminierung
- allgemeines Diskriminierungsverbot 7.121 f.

Tatsächliche Verständigung 23.40

Tausch von Anteilen
- Fusions-Richtlinie 16.30

Tax-in-non-tax
- nicht steuerliche Dossiers mit steuerlicher Bedeutung 10.32

Teilbetrieb
- Definition 16.35, 16.101 ff.
- Fusions-Richtlinie 16.35, 16.101 ff.

Teilbetriebsübertragung
- Fusions-Richtlinie 16.36, 16.104

Teilbetriebsübertragung bei Aufspaltung
- Fusions-Richtlinie 16.100

Teilnahmerecht
- Beitreibungs-Richtlinien 25.91 f.
- Verbrauchsteuerzusammenarbeitsverordnung 25.126
- Verwaltungszusammenarbeit 25.116

Telekommunikationssteuern
- Harmonisierungsansätze 21.24

Teleologische Auslegung
- Präambel bei Richtlinie und Verordnung 13.5
- Unionsrecht 13.5

Teleologische Interpretation
- Auslegungsmethode 13.1

Territorialabgrenzung
- EU-Steuererhebungsverordnung 22.15

Territorialer Anwendungsbereich
- Mutter-Tochter-Richtlinie 14.51
- Zinsen-Lizenzgebühren-Richtlinie 15.21

Territorialitätsprinzip
- EuGH 7.225
- inländische Einkünfte 8.36
- Rechtfertigungsmöglichkeit von Diskriminierungs- und Beschränkungsverboten im direkten Steuerrecht 7.225, 7.242

Tertiärrecht
- Arten 3.15
- Definition 3.15, 4.15
- delegierter Rechtsakt 3.15 f.
- delegierter Rechtsakt der Europäischen Kommission 4.15
- Durchführungsakt der Europäischen Kommission und ggf. des Europäischen Rats 4.15
- Durchführungsrechtsakt 3.15, 3.17
- europäisches Normensystem 1.3
- Normenhierarchie 3.15
- Rechtsakt auf Grundlage des Sekundärrechts 4.4
- Rechtsangleichung 1.7
- Rechtsquellen des europäischen Steuerrechts 3.15 ff.
- Unionsrechtseinwirkung auf innerstaatliches Steuerrecht 4.54
- Unionsrechtsreichweite 4.67
- Verhältnis zu Primär- und Sekundärrecht 3.15

Tertiärrechtsetzung
- Finanztransaktionsteuer 12.13
- Gemeinsame konsolidierte Körperschaftsteuerbemessungsgrundlage (GKKB) 12.13
- Mehrwertsteuer 12.13
- Umsatzsteuer 12.13
- Verbrauchsteuerrecht 12.13

Tochtergesellschaft
- Auslandsverlust 8.104
- Mutter-Tochter-Richtlinie 14.47
- Richtlinienentwurf vom 25.10.2016 für Gemeinsame konsolidierte Körperschaftsteuerbemessungsgrundlage (GKKB) 18.79

Tochtergesellschaft, hybride
- Mutter-Tochter-Richtlinie 14.52

Transformationsakt
- Doppelbesteuerungsabkommensrecht 8.183

Transparenz
- Mutter-Tochter-Richtlinie 14.66

Transparenzgrundsatz
- EU-Verhaltenskodex 23.47

Treaty Override
- Hinzurechnungsbesteuerung 8.181
- Missbrauchsabwehr 8.145, 8.202
- völkerrechtlicher Vertrag 3.20

Treaty Shopping
- Missbrauch 7.250, 8.145, 8.201

Türkei
- Assoziierungsabkommen 2.31, 6.6

Typenvergleich
- Mutter-Tochter-Richtlinie 14.75, 14.90
- Zinsen-Lizenzgebühren-Richtlinie 15.11

Typenzwang
- Sekundärrecht 3.6

Typisierung
- Aktivitätsklausel 8.213
- Gleichheitssatz 12.25
- Missbrauchsklausel 8.205
- Unverhältnismäßigkeit 7.258

Typus
- Rechtsakt 3.6

Übergangsbestimmung
- Richtlinienentwurf vom 25.10.2016 für Gemeinsame konsolidierte Körperschaftsteuerbemessungsgrundlage (GKKB) 18.99

Übergangsregelung
- Vertrauensschutz 12.44

Übergangsregelung für Kapitalverkehrsbeschränkung mit Drittstaaten
- Rechtfertigungsmöglichkeit von Diskriminierungs- und Beschränkungsverboten im direkten Steuerrecht 7.300 ff.

Übergangsregelung für Quellensteuerverzichtsanwendung
- Griechenland 15.26
- Portugal 15.26
- Spanien 15.26
- Zinsen-Lizenzgebühren-Richtlinie (Ländertabelle) 15.26

Übermittlung auf elektronischem Weg
- automatische Auskunft 25.110

Übernahmegewinn
- Fusions-Richtlinie 16.98

Übernahmegewinnfreistellung
- Fusions-Richtlinie 16.98

Übernahmeverlust
- Fusions-Richtlinie 16.98

Überschießende Richtlinienumsetzung 13.11

Übertragung eines Teilbetriebs
- Fusions-Richtlinie 16.36, 16.104

Übertragung eines Teilbetriebs bei Aufspaltung
- Fusions-Richtlinie 16.100

Übertragung stiller Reserven
- Veräußerung bestimmter Anlagegüter 8.135 f.

Übertragung von Rückstellung und Rücklage
- Fusions-Richtlinie 16.52

Ultima-Ratio-Klausel
- unionsrechtliche Kompetenzausübung 11.9

Umgekehrte Diskriminierung
- Diskriminierung grenzüberschreitender ggü. innerstaatlichen Vorgängen 7.161

Umgekehrte Maßgeblichkeit
- Prägung und Konkretisierung der Grundfreiheit durch Sekundärrecht 7.21 ff.

Umqualifikation von Zinszahlung
- Mutter-Tochter-Richtlinie 14.45

Umsatzbesteuerung
- Reformüberlegungen 10.15

Umsatzfaktor
- Richtlinienentwurf vom 25.10.2016 für Gemeinsame konsolidierte Körperschaftsteuerbemessungsgrundlage (GKKB) 18.93

Umsatzsteuer; → auch Mehrwertsteuer
- Aktionsplan zur Umsatzsteuer 10.15
- Allphasen-Netto-Umsatzsteuer mit Vorsteuerabzug 1.15
- Brexit 8.245
- Bruttoallphasensystem mit Vorsteuerabzug 19.2
- Gesetzgebungskompetenz der EU für Rechtsangleichung 1.10
- Gesetzgebungskompetenz in Steuerpolitik 11.23 ff.
- Harmonisierung 19.1 ff.
- Harmonisierungsauftrag 10.12
- Mehrwertsteuersystem-Richtlinie 10.14
- Rechtsangleichung bei indirekten Steuern 1.15 f.
- Richtlinie 4.61
- Steuerbetrug 10.15
- Steuerhinterziehung 10.15
- Systemangleichung i.S.v. Allphasen-Netto-Umsatzsteuer mit Vorsteuerabzug 1.15
- Tertiärrechtsetzung 12.13
- vollständige Harmonisierung 1.16
- Vorsteuerabzug 1.15, 10.13

Umsatzsteuerbegünstigung 9.41

Umsatzsteuerbetrug
- Zusammenarbeitsverordnung 25.98

Umsatzsteuereinnahme
- Eigenmittel der EU 1.24

Umsatzsteuer-Richtlinie; → auch Mehrwertsteuersystemrichtlinie 11.25 ff.
- erste und zweite 2.5
- sechste 2.5, 10.13

Umsatzsteuersätze
- Harmonisierung 11.31

Umsatzsteuersystem
- wettbewerbsneutrales 2.5

Umsetzung in deutsches Recht
- Fusions-Richtlinie 16.89 ff.
- Mutter-Tochter-Richtlinie 14.89 ff.
- Zinsen-Lizenzgebühren-Richtlinie 15.7 ff., 15.31 ff.

Umsetzung in innerstaatliches Recht
- ATAD 17.14, 17.23 f., 17.105
- Mutter-Tochter-Richtlinie 14.11 ff.
- Richtlinie 3.9, 4.57

Umsetzung von Entscheidung des EuGH und der Kommission
- europäisches Steuerrecht 28.1 ff.
- Umsetzung von Entscheidungen 28.1 ff.
- Wirkungen von Urteilen 28.1 ff.

Umsetzungsakt, nationaler
- unionsrechtskonforme Auslegung 13.9 ff.

Umsetzungsspielraum
- Vorlagepflicht 5.17

Umsetzungsverpflichtung
- Form- und Mittelwahl innerstaatlicher Stellen 13.9
- Mutter-Tochter-Richtlinie 14.9
- Richtlinie 13.9
- unionsrechtskonforme Auslegung nationaler Umsetzungsakte 13.9 ff.
- Verordnung 13.9

Umstrukturierung von Unternehmen
- Richtlinienentwurf vom 25.10.2016 für Gemeinsame konsolidierte Körperschaftsteuerbemessungsgrundlage (GKKB) 18.100

Umwandlung
- Steuerprivileg in vielen Staaten 16.2

Umwandlungssituation
- Fusions-Richtlinie 16.2

Umweltschutz
- Gesetzgebungskompetenz 1.11

Umweltschutzbeihilfe
- Leitlinie 9.52

Unbeschränkte Steuerpflicht
- Anrechnung 8.28
- Anwendungsfragen im deutschen Steuerrecht 8.1 ff.
- Einkommensteuertarif 8.25
- full credit 8.28
- privater Abzug 8.17
- Sonderausgabe 8.17
- Steueranrechnung 8.27 ff.
- Steuererlass 8.27 ff.
- Steuerermäßigung 8.27 ff.

- Tarif 8.25
- Unterhaltsleistung 8.19
- Vollanrechnung 8.28
- Welteinkommensprinzip 8.8 ff.

Unbilligkeit
- Beitreibungsersuchen 25.81

Unfaires Steuerregime
- Rechtfertigungsmöglichkeit von Diskriminierungs- und Beschränkungsverboten im direkten Steuerrecht 7.253

Unfertiges Erzeugnis
- Richtlinienentwurf vom 25.10.2016 für Gemeinsame Körperschaftsteuerbemessungsgrundlage (GKB) 18.47

Ungleichbehandlung mit rein innerstaatlichen Situationen
- Mutter-Tochter-Richtlinie 14.74

Ungleichbehandlung zulasten transnationaler Sachverhalte
- Funktionsverlagerung 8.163 ff.

Unionsautonome Besteuerung
- Bezug 22.6 ff.
- Gehalt 22.6 ff.
- Lohn 22.6 ff.

Unionsbediensteter
- Steuer 1.24

Unionsbeihilfe
- Abgrenzung von staatlicher Beihilfe 9.40

Unionsbürgerliche Garantie
- jenseits des Binnenmarkts 7.6

Unionseinrichtung
- Steuerregime für Bedienstete der Europäischen Union 22.5

Unionsgericht
- gerichtliche Durchsetzung des Unionsrechts 27.2

Unionsgesetzgeber 6.15
- Kontrolldefizit 12.7
- Vollzugsdefizit 26.27 ff.

Unionsgrundrecht
- Rechts- und Rechtserkenntnisquelle 12.3
- Unionsrechtseinwirkung auf innerstaatliches Steuerrecht 4.26

Unionsgrundrechtsbeachtung
- Freiheitsstrafe 12.9
- Geldbuße 12.9
- Geldstrafe 12.9
- Sanktion 12.9

Unionsinteresse
- Beschränkung der Ex-tunc-Wirkung 28.22

Unionsnormauslegung
- Vorabentscheidungsverfahren 27.9

Unionsorgan und mittelbare Unionsverwaltung
- Grundfreiheitsschuldner 7.55

Unionsrahmen
- Forschungs- und Entwicklungs-Beihilfe 9.52

- Vereinbarkeit von Beihilfe mit Binnenmarkt 9.52

Unionsrecht
- Anwendungsvorrang 4.18 ff., 8.217
- Auslegung 13.1 ff.
- autonome Auslegung 13.2
- eigene und spezifische Auslegung 13.2
- einheitliche Auslegung 28.3
- europäisches Steuerrecht 1.3
- Fortbildung 13.7 f.
- gerichtliche Durchsetzung 27.1 ff.
- gesetzesimmanente Rechtsfortbildung 13.7
- historische Auslegung 13.6
- Kollision mit nationalem Recht 4.19
- Normenhierarchie 4.2, 4.4
- Rechtsfortbildung 13.7 f.
- Rechtsnormfortbildung 13.8
- systematische Auslegung 13.4
- teleologische Auslegung 13.5
- Verhältnis zu Schiedsverfahrenskonvention zu Verrechnungspreiskorrekturen 23.1
- Vorrang vor nationalem Recht 4.5

Unionsrechtliche Auslegung nationalen Rechts
- Anwendungsvorrang Unionsrecht 13.14 ff.
- Grenzen 13.16
- Grundsatz loyaler Zusammenarbeit 13.14
- Rechtsfortbildung contra legem 13.16
- Rechtssicherheit 13.16
- richtlinienkonforme Auslegung 13.14
- Richtlinienwirksamkeit 13.15
- Rückwirkungsverbot 13.16

Unionsrechtliche Defizite
- Gemeinnützigkeits- und Spendenrecht 8.46

Unionsrechtliche Fragestellung
- Vorabentscheidungsverfahren 27.8

Unionsrechtliche Gerichtsbarkeit → auch „Europäische Gerichtsbarkeit" und „Gerichtsbarkeit"
- Aufbau 5.2 ff.

Unionsrechtliche Kompetenzausübung
- Ausschließlichkeit 11.3 f.
- Ausübungsschranken 11.12 ff.
- begrenzte Einzelermächtigung 11.1
- Fischereipolitik 11.4
- Flexibilitätsklausel 11.1
- Grundsätze 11.1 ff.
- Handelspolitik 11.4
- Kompetenzarten 11.2
- Kompetenzteilung 11.5
- Koordinationskompetenz 11.7
- Parallelkompetenz 11.6
- Sperrwirkung 11.3
- Subsidiaritätsprinzip 11.3, 11.12
- Ultima-Ratio-Klausel 11.9
- verstärkte Zusammenarbeit 11.8 ff.
- Währungspolitik 11.4
- Wettbewerbsregeln 11.4
- Zollunion 11.4

Unionsrechtlicher Rechtsschutz
- Kontrolldichteproblematik 5.45
- Verhältnismäßigkeitsprüfung 5.45

Unionsrechtlicher Staatshaftungsanspruch
- Ersatzleistung 28.32, 28.37, 28.42
- Verjährung 28.42

Unionsrechtsbindung
- Mitgliedstaat 12.8
- Steuerverfahrensrecht 12.9

Unionsrechtsdefizit
- Gemeinnützigkeitsrecht 8.53

Unionsrechtseinwirkung auf innerstaatliches Steuerrecht 4.24 ff.
- aktive Dienstleistungsfreiheit 4.44
- Arbeitnehmerfreizügigkeit 4.30, 4.36 f.
- Beschränkungsverbot 4.42
- Chartagrundrecht 4.26
- Dienstleistungsfreiheit 4.30, 4.43 ff.
- Diskriminierungsverbot 4.26 ff., 4.34, 4.41
- Drittstaateneinkünfte 4.24
- Ehegattensplitting 4.24
- erweiterte unbeschränkte Steuerpflicht 4.24
- Familienwohnsitz 4.24
- Freizügigkeitsrecht 4.26 ff.
- Grundfreiheit 4.24 f., 4.29
- Grundrecht 4.26 ff.
- Inländergleichbehandlung 4.30
- Kapitalverkehrsfreiheit 4.46 ff.
- Niederlassungsfreiheit 4.30, 4.38 ff.
- Primärrecht 4.24 ff.
- primärrechtskonforme Auslegung 4.50 f.
- Rechtsvereinheitlichung 4.53
- Richtlinie 4.24, 4.57 ff.
- richtlinienkonforme Auslegung 4.62 f.
- Richtlinienkonformität 4.24
- Rückvergütung für inländische Abgabe 4.35
- Sekundärrecht und Tertiärrecht 4.52 ff.
- Tertiärrecht 4.54
- Unionsgrundrecht 4.26
- Verlustausgleichsbeschränkung 4.24
- Verordnung 4.55 f.
- Warenverkehrsfreiheit 4.33
- Wegzugsbesteuerung 4.24

Unionsrechtsfortbildung 13.7 f.

Unionsrechtskonforme Auslegung 12.10
- nationaler Umsetzungsakt 13.9 ff.

Unionsrechtskonforme Auslegung nationaler Umsetzungsakte
- unmittelbare Anwendbarkeit 13.12 f.
- unmittelbare Geltung und Umsetzungsverpflichtung 13.9 ff.

Unionsrechtsnorm
- effet utile 13.5
- historische Auslegung 13.6

Unionsrechtsordnung
- Effektivitätsgrundsatz 26.5

Unionsrechtsreichweite 4.64 ff.
- Diskriminierungsverbot 4.64
- Grundfreiheit 4.65
- Inländerdiskriminierung 4.68
- Primärrecht 4.64
- Schrankentrias 4.64
- Sekundärrecht 4.66
- Tertiärrecht 4.67

Unionsrechtsvereinbarkeit
- § 1 Abs. 1 AStG 8.156 ff.
- § 6 AStG 8.82
- § 7 Abs. 6 AStG 8.180
- § 4 Abs. 1 Satz 3 EStG 8.98 f.
- § 4g EStG 8.95 f., 8.98 f.
- abkommenrechtliche Missbrauchsklausel 8.205 ff.
- Beseitigung doppelten Inlandsbezugs 8.121 ff.
- doppelter Inlandsbezug 8.121 ff.
- Entstrickungstatbestand 8.76 ff.
- Erbschaft- und Schenkungsteuerrecht 8.57 ff.
- erweiterte beschränkte Steuerpflicht 8.42
- Freistellungs- bzw. Anrechnungsmethode 8.197
- Funktionsverlagerung 8.163 ff.
- Gemeinnützigkeitsrecht 8.49
- Hinzurechnungsbesteuerung 8.170 ff.
- Limitation-on-Benefit-Klausel 8.208 ff.
- Organschaft 8.121 ff.
- Organschaftsregelungen 8.119 ff.
- Spendenrecht 8.54 ff.
- Subject-to-tax-Klauseln 8.214
- Verrechnungspreis und Funktionsverlagerung 8.153 f.
- Wegzug von Kapitalgesellschaft 8.92 ff.
- Wegzugsbesteuerung bei natürlicher Person 8.82 ff.
- Zinsschranke 8.130 ff.

Unionsrechtsvereinbarkeit bei Drittstaatssachverhalt
- Wegzugsbesteuerung bei natürlicher Person 8.85 f.

Unionsrechtsvereinbarkeit der Entstrickungstatbestände
- § 4 Abs. 1 Satz 3 EStG 8.98 ff.
- Unternehmensbesteuerung 8.76 ff.

Unionsrechtsvereinbarkeit des § 6b EStG
- § 6b Abs. 2a EStG 8.136
- Unternehmensbesteuerung 8.135 f.

Unionsrechtsvereinbarkeit mit deutscher Rechtslage
- Erbschaft- und Schenkungsteuerrecht 8.68 f.

Unionsrechtsvereinbarkeit von Verteilungsnormen
- Doppelbesteuerungsabkommensrecht 8.195 f.

Unionsrechtsvorrang
- vor nationalem Recht 4.5

Unionsrechtswidrige Steuersubvention
- Bestandskraftdurchbrechung 26.26

Unionsrechtswidrigkeit
- § 175 Abs. 2 Satz 2 AO 26.23 ff.
- § 1 Abs. 1 AStG 8.152 ff.
- § 14 Abs. 1 Satz 1 Nr. 5 KStG 8.129
- Ergebnisabführungsvertrag 8.125 ff.
- Funktionsverlagerung 8.167
- Hinzurechnungsbesteuerung 8.172
- Lex Manninen 26.23 ff.
- Organschaft und geltende Rechtslage 8.152 ff.

Unionsrechtswidrigkeit der Richtlinie
- vorläufiger Rechtsschutz 26.34

Unionsrechtswidrigkeit nationalen Steuerrechts
- gerichtliche Durchsetzung des Unionsrechts 27.6 ff.
- Individualrechtsschutzfrage 27.41 f.
- Vertragsverletzungsverfahren 27.26 ff.
- Vorabentscheidungsverfahren 27.6 ff.

Unionssteuer
- EU-Steuererhebungsverordnung 22.4
- Gesamtaufkommen 22.6

Unionstreue
- Arbeitnehmerfreizügigkeit 1.5
- Dienstleistungsfreiheit 1.5
- Kapitalverkehrsfreiheit 1.5
- Niederlassungsfreiheit 1.5
- primärrechtskonforme Auslegung 4.50
- Richtlinie 3.9
- Warenverkehrsfreiheit 1.5

Unionsvertragsrecht 4.4
- AEUV 4.4
- Anhänge 4.4
- EAGV 4.4
- effet utile 4.6
- Erklärung 4.4
- EUV 4.4
- Generalermächtigung 4.6
- Implied Powers 4.6
- Kompetenznorm 4.6
- primärrechtskonforme Auslegung 4.7
- Protokolle 4.4
- Sekundärrecht 4.7

Unionsvertragsrecht und Sekundärrecht
- Normenhierarchie innerhalb des Unionsrechts 4.6 ff.

Unmittelbare Anwendbarkeit von Unionsrecht
- Anti-Missbrauchs-Klausel des Mitgliedstaats 13.13
- Gestaltungsspielraum des Mitgliedstaats 13.13
- inverser vertikaler Effekt 13.13
- Option des Mitgliedstaats 13.13
- unionsrechtskonforme Auslegung nationaler Umsetzungsakte 13.12 f.
- Wahlrecht des Mitgliedstaats 13.13

Unmittelbare Betroffenheit
- Nichtigkeitsklage 9.61, 27.55
- Plaumann-Formel 5.34, 9.61, 27.55

Unmittelbare Geltung
- unionsrechtskonforme Auslegung nationaler Umsetzungsakte 13.9 ff.

Unmittelbarer Individualrechtsschutz
- Nichtigkeitsklage 27.52

Unmittelbarkeitserfordernis
- Zinsen-Lizenzgebühren-Richtlinie 15.36

Unmöglichkeit
- Direktklage im Steuerrecht 5.43

Unrealisierter Wertzuwachs
- Rechtfertigungsmöglichkeit von Diskriminierungs- und Beschränkungsverboten im direkten Steuerrecht 7.228

Untätigkeitsklage
- EuGH 28.1

Unterhaltsleistung
- unbeschränkte Steuerpflicht 8.19

Unterkapitalisierung
- Schiedsverfahrenskonvention zu Verrechnungspreiskorrekturen 23.44

Unterkapitalisierungsregel
- Mutter-Tochter-Richtlinie 14.45

Unterlassungsklage, vorbeugende
- Rechtsschutz 25.95

Unternehmen
- Definition 9.9
- EuGH 9.9

Unternehmensbesteuerung
- Anwendungsfragen im deutschen Steuerrecht 8.76 ff.
- Auslandsverlustberücksichtigung 8.103 ff.
- avoir fiscal 7.144
- Bolkestein-Bericht 18.7
- Diskriminierung grenzüberschreitender ggü. innerstaatlichen Vorgängen 7.144
- Entstrickungstatbestand 8.76 ff.
- europäisches Steuerrecht 8.76 ff.
- Funktionsverlagerung 8.161 ff.
- Hinzurechnungsbesteuerung 8.168 ff.
- Organschaftsregelungen 8.119 ff.
- Unionsrechtskonformität besonderer Missbrauchsvermeidungsvorschriften 8.137 ff.
- Unionsrechtsvereinbarkeit der Entstrickungstatbestände 8.76 ff.
- Unionsrechtsvereinbarkeit der Zinsschranke 8.130 ff.
- Unionsrechtsvereinbarkeit des § 6b EStG 8.135 f.
- Verhaltenskodex 10.27
- Verrechnungspreise und Funktionsverlagerung 8.152 ff.
- Wegzugsbesteuerung 8.77 ff.

Unternehmensbesteuerungsangleichung
- Monti-Bericht 18.6
- Ruding-Komitee 18.5

Unternehmensfunktion
- materielle Selektivität 9.30

Unternehmensgewinn
- Schiedsverfahrenskonvention zu Verrechnungspreiskorrekturen 23.8

Unternehmensgröße
- materielle Selektivität 9.30

Unternehmensrechtsform
- materielle Selektivität 9.30

Unternehmensteil
- Fusions-Richtlinie 16.64

Unternehmensverkauf
- Fusions-Richtlinie 16.1

Untersuchungsgrundsatz
- grenzüberschreitende Amts- und Rechtshilfe 25.1
- Grundsatz und Grenzen beim Vollzug harmonisierten Steuerrechts 26.7 f.

Unverbindlichkeit
- Empfehlung 3.24
- Stellungnahme 3.24

Unvergleichbarkeitsdogma
- Diskriminierung grenzüberschreitender ggü. innerstaatlichen Vorgängen 7.141

Unverhältnismäßigkeit
- Typisierung 7.258
- unwiderlegbare gesetzliche Vermutung 7.257

Unwiderlegbare gesetzliche Vermutung
- Unverhältnismäßigkeit 7.257

Upstream-Beteiligung
- Zinsen-Lizenzgebühren-Richtlinie 15.36

Upstream-Merger
- Fusions-Richtlinie 16.55 f., 16.97

Ursprungslandprinzip
- innergemeinschaftlicher Reiseverkehr 11.34

Urteil des EuGH 28.1 ff.
- Vorabentscheidungsverfahren 28.3 ff.

Urteil im Vertragsverletzungsverfahren
- Feststellungsurteil 28.13
- Funktion 28.13 f.
- Handlungspflicht 28.15
- Rechtswirkung 28.15 ff.
- Wirkung von Urteil des EuGH 28.13 ff.

Urteil im Vorabentscheidungsverfahren
- EuGH 28.3
- Funktion 28.3 f.

Urteil mit Ex-nunc-Wirkung
- Effektivitätsgrundsatz 28.30
- Folgenbeseitigung und Entschädigung 28.29 f.
- Rückausnahme 28.30

Urteil mit ex-tunc-Wirkung
- Folgenbeseitigung und Entschädigung 28.26 ff.
- rückwirkende Aufhebung 28.26
- Steuererstattung 28.27

- Verfahrensautonomie 28.28

Urteilsverfassungsbeschwerde
- Rechtsschutzbewertung durch europäische Gerichtsbarkeit 5.44

Veranlagungswahlrecht
- beschränkte Steuerpflicht 8.39

Veräußerung bestimmter Anlagegüter
- Übertragung stiller Reserven 8.135 f.

Veräußerungsgewinnbesteuerung
- Fusions-Richtlinie 16.76

Verbindliche Auskunft 23.40

Verbindlichkeit
- Richtlinie 3.9

Verbot
- Ergebung von Zöllen und Abgaben gleicher Art 11.15
- steuerliche Besserstellung für Einfuhren 6.21
- Zölle und Abgaben gleicher Wirkung 6.17

Verbot internationaler Doppelbesteuerung 6.63 ff.
- harmonisierte Konsumsteuer 6.64

Verbot mengenmäßiger Beschränkung i.S.v. Art. 34 AEUV
- Diskriminierungs- und Protektionsverbot 6.56

Verbot missbräuchlicher Berufung auf Unionsrecht
- Auslegung und Anwendung harmonisierten Steuerrechts 13.17 ff.
- Gesetzeserschleichung 13.18
- Gesetzesumgehung 13.19
- Grundfreiheit 13.17
- harmonisiertes Steuerrecht 13.17

Verbot protektionistischer Besteuerung
- Diskriminierungs- und Beschränkungsverbot im Recht der Steuern auf Waren und Dienstleistungen 6.2

Verbot überhöhter Rückvergütung
- inländische indirekte Steuer und Abgabe bei Warenausfuhr in anderen Mitgliedstaat 1.14

Verbot zollgleicher Abgaben 6.51

Verbraucherschutz
- Gesetzgebungskompetenz 1.11

Verbrauchsteuer
- Abgrenzung zur Mehrwertsteuer 20.2
- Alkohol 10.16, 11.34, 20.69 ff.
- alkoholhaltige Getränke 11.34
- Alkoholsteuern 20.43 ff.
- Bemessungsgrundlage 20.18
- Bestimmungslandprinzip 11.34
- Brexit 8.246
- Energieerzeugnis 10.16
- Energiesteuern 20.27 ff., 20.66 ff.
- Entstehung der Steuer 20.8 ff.
- Gesetzgebungskompetenz in Steuerpolitik 11.32 ff.
- Grundlagen 20.1

1151

- harmonisierte Steuer 1.17 ff.
- Harmonisierung 2.6, 20.1
- Harmonisierungsentwicklung und -stand 10.16 f., 20.1
- Konkurrenz mit anderen nationalen indirekten Steuern 20.4 f.
- Mineralöl 11.34
- Mineralölbesteuerung 10.16
- Rechtsangleichung bei indirekten Steuern 1.17 ff.
- Steuerbefreiungen 20.14 ff.
- Steuersätze 20.19
- Steuerschuldner 20.20 ff.
- Strom 10.16, 11.34
- Stromsteuern 20.66 ff.
- Struktur-Richtlinie 11.35
- Tabak 11.34
- Tabaksteuern 20.55 ff., 20.73
- Tabakwarenbesteuerung 10.16
- Umsetzung in dt. Recht 20.65 ff.
- unionsrechtl. Vorgaben 20.6 f.
- Verfahren 20.23 ff.
- Wettbewerbsverzerrung 10.17

Verbrauchsteuerbetrug
- Zusammenarbeitsverordnung 25.98

Verbrauchsteuerbinnenmarktgesetz 2.6, 11.33

Verbrauchsteuerhinterziehungsbekämpfung
- Verbrauchsteuerzusammenarbeitsverordnung 11.35

Verbrauchsteuerrecht
- Tertiärrechtsetzung 12.13

Verbrauchsteuer-Richtlinie 2.6

Verbrauchsteuersystem-Richtlinie
- Durchführungsverordnung 11.35
- Gesetzgebungskompetenz in Steuerpolitik 11.33
- Grundlage deutschen Verbrauchsteuerrechts 11.33
- indirekte Steuer 2.13

Verbrauchsteuerzusammenarbeitsverordnung 25.97, 25.119 ff.
- Anwendungsbereich 25.119 ff.
- Anwesenheits- und Teilnahmerecht 25.126
- ausgehendes Ersuchen 25.120
- Außenprüfung 25.126
- automatische Auskunft 25.123 f.
- Bekämpfung der Verbrauchsteuerhinterziehung 11.35
- eingehendes Ersuchen 25.121
- Ersuchensauskunft 25.120 ff.
- grenzüberschreitende Amts- und Rechtshilfe 25.6
- indirekte Steuer 2.13
- international koordinierte Außenprüfung 25.126
- Spontanauskunft 25.125
- Teilnahmerecht 25.126
- Zustellungsersuchen 25.126

Verbundenes Unternehmen
- Definition 15.16
- Zinsen-Lizenzgebühren-Richtlinie 15.16

Verdecktes Eigenkapital
- Mutter-Tochter-Richtlinie 14.45

Vereinbarkeit materiellen innerstaatlichen Rechts mit Primärrecht
- Vertragsverletzungsverfahren 5.28

Vereinbarkeit mit Unionsrecht → „Unionsrechtsvereinbarkeit"

Vereinbarkeit von Beihilfe mit Binnenmarkt
- Leitlinie 9.52
- Unionsrahmen 9.52

Vereinfachungseffekt bei Poolabschreibung
- Richtlinienentwurf vom 25.10.2016 für Gemeinsame Körperschaftsteuerbemessungsgrundlage (GKB) 18.53

Verfahren vor BFH
- Vorlageberechtigung 5.18 f.
- Vorlagepflicht 5.18 f.

Verfahren vor Finanzgericht
- Vorlageberechtigung 5.15 f.
- Vorlagepflicht 5.15 f.

Verfahrensabschnitte
- Schiedsverfahrenskonvention zu Verrechnungspreiskorrekturen 23.10 ff.
- Verständigungsverfahren 23.16

Verfahrensarten
- EuG 5.31 ff.
- gerichtliche Durchsetzung des Unionsrechts 27.3 f.
- Nichtigkeitsklage durch Mitgliedstaat 5.41
- Schiedsverfahrenskonvention zu Verrechnungspreiskorrekturen 23.10 ff.

Verfahrensautonomie 12.32
- Grundsatz und Grenzen beim Vollzug harmonisierten Steuerrechts 26.1 ff.
- Urteil mit Ex-tunc-Wirkung 28.28

Verfahrensautonomie als weitere Komponente der Verwaltungshoheit
- Grundsatz und Grenzen beim Vollzug harmonisierten Steuerrechts 26.3

Verfahrensautonomie bei Vollzug harmonisierten Steuerrechts 26.1 ff.

Verfahrensautonomieeinschränkung
- Effektivitätsgrundsatz 26.5
- Gleichwertigkeitsgrundsatz 26.6
- Grundsatz und Grenzen beim Vollzug harmonisierten Steuerrechts 26.4

Verfahrensgewährleistungspflicht des Mitgliedstaats
- Steuerverfahren 26.21

Verfahrensgewährleistungspflicht zur Reaktion auf EuGH-Urteile
- Steuerverfahren 26.14 ff.

Verfahrensimmanente Schwächen
- Vertragsverletzungsverfahren 5.30

Verfahrensordnung
- EuGH 5.7
- Schlichtungsverfahren 23.27

Verfahrensrecht
- Effektivitätsgrundsatz 26.5

Verfahrensrechtliche Benachteiligung
- Diskriminierung grenzüberschreitender ggü. innerstaatlichen Vorgängen 7.160

Verfahrensrechtliche Doppelbelastung
- beschränkende Mehrfachbelastung grenzüberschreitender Vorgänge 7.183

Verfassungskonforme Auslegung 4.3

Verfassungsrecht
- Rechtsgrundsatz 4.8
- Vorrang vor Völkerrecht 4.3

Verfassungsrechtliche Heterogenität
- Mitgliedstaaten 12.4

Verfassungsrechtsvorbehalt
- Anwendungsvorrang des Unionsrechts 4.21

Verfassungsüberlieferung der Mitgliedstaaten
- Rechts- und Rechtserkenntnisquelle 12.2, 12.4

Vergleichbarkeit
- Diskriminierung grenzüberschreitender ggü. innerstaatlichen Vorgängen 7.129 ff.

Vergleichbarkeitsprüfung
- Beihilfenverbot im Steuerrecht 9.32

Vergleichsgruppenbildung
- geografische Dimension 6.27
- regionale Differenzierung 6.27
- Warenhandelsdiskriminierung 6.23

Vergleichsgruppenbildung bei Prüfung
- Diskriminierungs- und Protektionsverbot 6.23 ff.
- Protektionsverbot 6.23 ff.

Vergleichsmaßstab
- Beihilfenverbot im Steuerrecht 9.22
- gleichheitssatzkonforme Besteuerung 12.19

Vergleichspaarbildung
- Diskriminierung grenzüberschreitender ggü. innerstaatlichen Vorgängen 7.128 ff.

Vergnügungsteuer
- europarechtliche Zulässigkeit 1.17

Vergütung aus unselbständiger Arbeit
- automatischer Informationsaustausch 25.27

Verhaltenskodex
- EU-Joint-Transfer-Pricing-Forum 23.42
- Gruppe „Verhaltenskodex" 10.27, 17.84
- Unternehmensbesteuerung 10.27

Verhaltenskodex zur Anwendung des EU-Schiedsübereinkommens als Auslegungshilfe
- Schiedsverfahrenskonvention zu Verrechnungspreiskorrekturen 23.6

Verhältnismäßigkeit 1.19
- Ermessensausübung 25.20
- EuGH 6.53

- Rechtfertigungsmöglichkeit von Diskriminierungs- und Beschränkungsverboten im direkten Steuerrecht 7.199
- Rechtsangleichung 1.6
- Typisierung 7.258
- unwiderlegbare gesetzliche Vermutung 7.257

Verhältnismäßigkeit und Folgerichtigkeit der Rechtfertigung
- Rechtfertigungsmöglichkeit von Diskriminierungs- und Beschränkungsverboten im direkten Steuerrecht 7.205 ff.

Verhältnismäßigkeitsanforderung
- Berichtspflicht 7.236
- Drittstaat 7.238
- Einkünftekorrektur 7.255
- Entstrickungsbesteuerung 7.231
- Fremdvergleichsgrundsatz 7.255
- ratierliche Geltendmachung der festgesetzten Steuer 7.230
- Rechtfertigungsmöglichkeit von Diskriminierungs- und Beschränkungsverboten im direkten Steuerrecht 7.229 ff.
- Sicherheitsverlangen 7.235
- Statusmitteilung 7.236
- Steuerschuldbegleichung 7.230
- Steuerveranlagung 7.229
- Stundungsregelung 7.230 ff.
- Verzinsung 7.232

Verhältnismäßigkeitsgrundsatz
- allgemeine Grundfreiheitslehre 7.50 ff.
- Beihilfenverbot im Steuerrecht 9.25
- gerichtliche Kontrolldichte 12.17
- Gesetzgebungskompetenz 1.11
- Rückforderung 28.49
- steuerrechtsbedeutsame allgemeine Rechtsgrundsätze 12.16

Verhältnismäßigkeitskontrolle
- Dienstleistungshandelsdiskriminierung 6.62
- Rechtfertigungsprüfung 6.56

Verhältnismäßigkeitsprüfung
- Kompetenzausübungsschranke 11.13
- unionsrechtlicher Rechtsschutz 5.45
- Zweckmittelrelation 11.13

Verhältnismäßigkeitsprüfung im engeren Sinne
- EuGH 12.16
- Gemeinwohlbelang 12.16
- Individualbelang 12.16

Verifikation
- grenzüberschreitender Sachverhalt 26.10

Verjährung
- unionsrechtlicher Staatshaftungsanspruch 28.42

Verkehrsteuer
- Vorgaben im Recht europäischer Verträge 6.4

Verlust
- ausländischer 8.26
- Betriebsstätte 8.104
- Drittstaat 8.118

1153

- finaler 8.104 ff.
- Richtlinienentwurf vom 25.10.2016 für Gemeinsame Körperschaftsteuerbemessungsgrundlage (GKB) 18.59
- Vergleichbarkeit der Sachverhalte 8.110 ff.

Verlustausgleichsbeschränkung 8.12 ff.
- Einkünfte aus Vermietung und Verpachtung 8.12
- EuGH-Rechtsprechung 8.9
- Niederlassungsfreiheit 8.12
- Unionsrechtseinwirkung auf innerstaatliches Steuerrecht 4.24

Verlustfinalität
- EuGH 8.105 ff.
- Fusions-Richtlinie 16.54
- Phasenverschiebung 7.247
- Rechtfertigungsmöglichkeit von Diskriminierungs- und Beschränkungsverboten im direkten Steuerrecht 7.244 f.

Verlustübergang
- Fusions-Richtlinie 16.53 f., 16.99

Verlustverrechnungsmöglichkeitskumulation
- Rechtfertigungsmöglichkeit von Diskriminierungs- und Beschränkungsverboten im direkten Steuerrecht 7.265

Vermeidung doppelter Nichtbesteuerung
- Europäische Kommission 10.38

Vermeidung juristischer Doppelbesteuerung
- Mutter-Tochter-Richtlinie 14.3, 14.52

Vermeidung missbräuchlicher Steuerumgehung
- Angemessenheitsbetrachtung 7.252
- Besteuerungsbefugnisaufteilung 7.260
- Einkünftekorrektur nach dem Fremdvergleichsgrundsatz 7.254
- Einzelfallprüfung 7.257
- Rechtfertigungsmöglichkeit von Diskriminierungs- und Beschränkungsverboten im direkten Steuerrecht 7.248 ff.
- substanzlose Gestaltung 7.250
- unionsrechtliches Missbrauchsverbot 7.259
- Verhältnismäßigkeitsprüfung 7.259

Vermeidung wirtschaftlicher Doppelbesteuerung
- Mutter-Tochter-Richtlinie 14.52

Vermietung und Verpachtung 8.12

Vermögensbindung
- Gemeinnützigkeitsrecht 8.50

Vermögensteuer
- EU-Steuererhebungsverordnung 22.14
- Wohnsitzfiktion 22.16 ff.

Vermögenswertfaktor
- Richtlinienentwurf vom 25.10.2016 für Gemeinsame konsolidierte Körperschaftsteuerbemessungsgrundlage (GKKB) 18.91

Vermutungsregelung
- Gemeinnützigkeitsrecht 8.49

Verordnung
- Auslegung 13.1 ff.

- ausschließliche Gesetzgebungskompetenz 3.7
- Mehrwertsteuerzusammenarbeitsverordnung 3.8
- Rechtsquellen des europäischen Steuerrechts 3.7
- Rechtsvereinheitlichungscharakter 3.7
- Sekundärrecht 3.7, 4.4
- Standardform rechtlichen Handelns 3.7
- steuerrechtliche 3.8
- Steuerrechtsbedeutsamkeit 3.18
- Umsetzung in nationales Recht, keine 3.7
- Umsetzungsverpflichtung 13.9
- uneingeschränkter Rechtsnormcharakter 3.7
- Unionsrechtseinwirkung auf innerstaatliches Steuerrecht 4.55 f.
- unvollständige 3.7
- Verbrauchsteuerzusammenarbeitsverordnung 3.8
- Unionszollkodex 10.7
- Zollrecht 3.7

Verpflichtung
- Spontanauskunft 25.53

Verrechnungspreis
- Richtlinienentwurf vom 25.10.2016 für Gemeinsame Körperschaftsteuerbemessungsgrundlage (GKB) 18.65

Verrechnungspreis und Funktionsverlagerung
- Diskriminierungssachverhalte 8.153 f.
- Einkünftekorrektur 8.153
- Fremdvergleichsgrundsatz 8.152
- Unionsrechtsvereinbarkeit 8.153 f.
- Unternehmensbesteuerung 8.152 ff.

Verrechnungspreisdokumentation
- EU-Verhaltenskodex 23.49

Verrechnungspreiskorrektur
- Mutter-Tochter-Richtlinie 14.45
- Schiedsverfahrenskonvention 23.1 ff.

Versagungsanforderung
- Vertrauensschutz 12.40 ff.

Verschmelzung
- Fusions-Richtlinie 16.98

Verschmelzungs-Richtlinie
- Fusions-Richtlinie 16.18

Verschonungsabschlag
- Begünstigung von Betriebsvermögen 8.66, 8.67
- Erbschaft- und Schenkungsteuerrecht 8.67

Verschonungssubvention 9.4
- De-minimis-Verordnung 9.46

Versicherungsteuern
- Harmonisierungsansätze 21.23

Versicherungsunternehmen
- automatischer Informationsaustausch 25.14

Versorgungsleistung
- Sonderausgabe 8.20

Verständigungs- und Schiedsverfahren 23.4

Verständigungsregelung
- Schiedsverfahrenskonvention zu Verrechnungspreiskorrekturen 23.4

Stichwortverzeichnis

Verständigungsverfahren
- Abhilfeverfahren 23.16 f.
- Antragsfrist 23.46
- Antragstellung 23.13
- Antragstellungsgeltung 23.14
- Ausschlussfrist 23.18
- Aussetzung der Vollziehung 23.48
- Beitreibungsersuchen 25.82
- innerstaatliches Umsetzungsverfahren 23.16, 23.21
- rechtliches Gehör 23.20
- Schiedsverfahrenskonvention zu Verrechnungspreiskorrekturen 23.4, 23.10, 23.13 ff.
- Strafrechtsvorbehalt 23.15
- Verfahrensabschnitte 23.16

Verstoßrechtsfolge
- Beihilfenverbot im Steuerrecht 9.56
- beihilferechtliches Durchführungsverbot 9.56
- EuGH 9.56
- Vertrauensschutz 9.56

Vertikaler Effekt
- Auslegung und Anwendung harmonisierten Steuerrechts 13.12

Vertrag mit langer Laufzeit
- Richtlinienentwurf vom 25.10.2016 für Gemeinsame Körperschaftsteuerbemessungsgrundlage (GKB) 18.45

Vertrag über Amts- und Rechtshilfe in Steuersachen
- grenzüberschreitende Amts- und Rechtshilfe 25.6

Vertragsverletzungsklage 23.2

Vertragsverletzungsverfahren
- Bedeutung im Steuerrecht 5.29 f.
- Beschluss der Europäischen Kommission 28.47
- Beschwerde einzelner Unionsbürger als Anlass für Europäische Kommission 5.27
- Charakter und Bedeutung 27.39 f.
- Dauer 5.30
- Entscheidung des EuGH 27.34 ff.
- Entzug des gesetzlichen Richters 27.21
- Erzwingbarkeit, keine 5.30
- EuGH 5.27 ff.
- europäische Gerichtsbarkeit 5.27 ff.
- Feststellung der Nichtbefolgung des Urteils 27.36
- Feststellungsverfahren 27.34
- formelles Vorverfahren 27.30
- Gegenstand 5.28
- gerichtliche Durchsetzung des Unionsrechts 27.26 ff.
- Harmonisierungsentwicklung und -stand 10.27 ff.
- Klagebefugnis der Europäischen Kommission 27.31
- objektive Komponente 5.27
- objektives Rechtsschutzbedürfnis 27.32
- Pauschalbetrag 27.37
- Prüfungsmaßstab 27.27
- Rechtswirkung 28.15 ff.
- Sachverhaltsaufklärung 27.30
- Stufen des Vorverfahrens 27.29
- subjektive Komponente 5.27
- Überprüfung der Vereinbarkeit materiellen innerstaatlichen Rechts mit Primärrecht 5.28
- Unionsrechtswidrigkeit nationalen Steuerrechts 27.26 ff.
- Urteil 28.13 ff.
- verfahrensimmanente Schwächen 5.30
- Verpflichtungsklagecharakter, kein 27.34
- Verstoß durch Mitgliedstaat 27.28
- Voraussetzungen und Ablauf 27.26 ff.
- Vorlagepflichtverletzung 27.20
- Vorverfahren 27.29
- Wesen 5.27
- Wirkung von Urteil des EuGH 28.13 ff.
- Zulässigkeitsvoraussetzung 27.29
- Zwangsgeld 27.37

Vertragsverletzungsverfahrenseinleitung
- Ermessensspielraum der Europäischen Kommission 27.33

Vertragsverletzungsverfahrensurteil
- Befolgungspflicht 28.23
- Feststellungsurteil 28.13

Vertrauensschutz
- Beständigkeit der Rechtslage 12.37 f.
- Ex-nunc-Wirkung 12.42
- Ex-tunc-Wirkung 28.22
- Rechtmäßigkeit von Auskünften 12.35
- Richtlinienanwendbarkeit 12.39
- Rückforderung beihilferechtswidriger Steuervergünstigungen 9.69, 9.71
- steuerrechtsbedeutsame allgemeine Rechtsgrundsätze 12.30 f., 12.33 ff.
- Übergangsregelung 12.44
- Versagungsanforderung 12.40 ff.
- Verwaltungsrecht 4.10

Verwaltungs- und Verfahrensvorschriften
- Richtlinienentwurf vom 25.10.2016 für Gemeinsame konsolidierte Körperschaftsteuerbemessungsgrundlage (GKKB) 18.95 ff.

Verwaltungsabkommen
- Einigungsverfahren 23.35 ff.

Verwaltungsakt
- Zustellungsersuchen 25.77

Verwaltungsaktbekanntgabe
- Hoheitsakt 25.58

Verwaltungshoheit
- Grundsatz und Grenzen beim Vollzug harmonisierten Steuerrechts 26.3
- Steuersouveränität 1.1

Verwaltungskosten
- Richtlinienentwurf vom 25.10.2016 für Gemeinsame Körperschaftsteuerbemessungsgrundlage (GKB) 18.58

Verwaltungsorganisation
- Grundsatz und Grenzen beim Vollzug harmonisierten Steuerrechts 26.31 f.
- Steuergesetzvollzug durch Landesfinanzbehörden 26.32

Verwaltungsrecht
- Grundsatz ordentlicher Verwaltung 4.10
- Rechtsgrundsatz 4.8
- Vertrauensschutz 4.10

Verwaltungszusammenarbeit
- Amtshilfe-Richtlinie 25.55 ff.
- Anwesenheitsrecht 25.55 ff., 25.115
- bilaterale und multilaterale Außenprüfung 25.117
- international koordinierte Außenprüfung 25.56 f.
- Mehrwertsteuerzusammenarbeitsverordnung 25.114 ff.
- Rechtsschutz 25.60
- sonstige Formen 25.114 ff.
- Teilnahmerecht 25.116
- Zustellungsersuchen 25.58 f.

Verwerfungsmonopol
- EuGH 4.23, 5.25

Verwerfungsmonopol für Sekundärrecht
- EuGH 5.14, 5.25

Verzinsung
- Verhältnismäßigkeitsanforderung 7.232

Verzinsungspflicht
- Zinsen-Lizenzgebühren-Richtlinie 15.38

Völkerrechtliche Schranken der Sachaufklärung
- grenzüberschreitende Amts- und Rechtshilfe 25.1 ff.

Völkerrechtlicher Vertrag 1.3
- Assoziierungsabkommen 3.21
- bilaterales Handelsabkommen 3.21
- bilaterales Zollabkommen 3.21
- Ermächtigung 3.21
- EWR-Abkommen 3.21
- gerichtliche Kontrolle 3.22
- Partnerschaftsabkommen 3.21
- Rechtsquellen des europäischen Steuerrechts 3.20 ff.
- Steuerrechtsbedeutsamkeit 3.23
- Treaty Override 3.20
- WTO-Übereinkommen 3.21
- Zwischenstellung zwischen Primär- und Sekundärrecht 4.12

Völkerrechtlicher Vertrag und Sekundärrecht
- Normenhierarchie innerhalb des Unionsrechts 4.12 ff.

Völkerrechtssubjekt
- Europäische Union 4.12

Vollanrechnung
- unbeschränkte Steuerpflicht 8.28

Vollharmonisierung bei indirekter Steuer
- Gesetzgebungskompetenz in Steuerpolitik 11.21

Vollstreckbarer Verwaltungsakt
- Zustellungsersuchen 25.89

Vollstreckung wegen rückständiger Steuer
- Beitreibungsersuchen 25.67

Vollstreckungshilfe
- Gewährungsverpflichtung 25.62
- Rechtsgrundlage 25.62

Vollstreckungsmaßnahme
- Beitreibungsersuchen 25.81

Vollstreckungspflicht
- Beitreibungsersuchen 25.78

Vollstreckungstitel
- Beitreibungsersuchen 25.71

Vollstreckungsvoraussetzung
- Beitreibungsersuchen 25.68

Vollzug harmonisierten Steuerrechts
- Verfahrensautonomie 26.1 ff.

Vollzug, indirekter
- harmonisiertes Steuerrecht 26.1 f.; → auch „Grundsatz und Grenzen beim Vollzug harmonisierten Steuerrechts"

Vollzugsdefizit
- deutscher Bundesgesetzgeber 26.28
- deutscher Landesgesetzgeber 26.29
- Finanzverwaltung 26.30
- gleichheitssatzkonforme Besteuerung 12.26
- Rechtsfolge 26.27 ff.
- Unionsgesetzgeber 26.27 ff.
- Wegzugsbesteuerung bei natürlicher Person 8.81
- Zinsurteil 12.26

Vorabentscheidung
- EuG 5.4 f.

Vorabentscheidungsverfahren
- acte-claire-Doktrin 27.16
- acte-claire-Konstellation 27.47
- acte éclairé 27.16
- Auslegungsurteil 28.5 ff.
- Bindungswirkung des EuGH-Urteils 27.49
- Bindungswirkung erga omnes 27.22, 27.49
- Bindungswirkung inter partes 27.22
- Charakter 27.23 ff.
- Dialog zwischen nationaler Gerichtsbarkeit und EuGH 27.23 ff.
- einstweiliger Rechtsschutz 27.48
- Entscheidungen des EuGH 27.22
- Entscheidungserheblichkeit 27.9 f.
- EuGH 4.14, 5.8 ff., 5.24, 28.1
- Foto-Frost-Doktrin 27.46
- Gültigkeitsurteil 28.10 ff.
- Individualrechtsschutz, kein unmittelbarer 27.24
- Kostenentscheidung 5.10
- Missbrauchsgefahr 27.17
- nationales Gericht 5.9

- objektives Zwischenverfahren 5.8 f.
- parallele Nichtigkeitsklage 27.50
- Parallele zu konkreter Normenkontrolle gem. Art. 100 GG 27.25
- Präklusion 27.50
- Primärrechtswidrigkeit sekundären Unionsrechts 27.44 ff.
- summarisches Verfahren 27.18
- unionsrechtliche Fragestellung 27.8
- Unionsrechtswidrigkeit nationalen Steuerrechts 27.6 ff.
- Urteil des EuGH 28.3 ff.
- Voraussetzungen 27.6 ff.
- vorlageberechtigtes Gericht 27.7
- Vorlageberechtigung durch Finanzgericht 27.15
- Vorlagepflicht 27.14 ff., 27.46
- Vorlagepflicht durch BFH 27.15
- Vorlagepflichtverletzung 27.19 ff.
- Vorlagerecht 27.14 ff.
- Wesen 5.8 ff.
- Wirkung von Urteil des EuGH 28.3 ff.
- Zweifel bzgl. Unionsnormauslegung 27.9

Vorabentscheidungsverfahren im Steuerrecht 5.11 ff.
- Auslegung der Verträge 5.11 ff.
- direkte Steuer 5.12
- europäische Gerichtsbarkeit 5.13
- Gegenstand 5.11
- Gültigkeit und Auslegung von Organhandlungen 5.13
- indirekte Steuer 5.13

Vorabentscheidungsverfahrensurteil
- Befolgungspflicht 28.23

Voraussetzung steuerlicher Abzugsfähigkeit
- Zinsen-Lizenzgebühren-Richtlinie 15.13

Vorauszahlung auf Körperschaftsteuerschuld
- Mutter-Tochter-Richtlinie 14.82

Vorbehalt der Nachprüfung
- § 164 AO 28.12, 28.15
- Steuerbescheid 28.12

Vorgaben im Recht europäischer Verträge
- Ausfuhrbeschränkung 6.3
- Dienstleistungs-Richtlinie 6.4
- Diskriminierungs- und Beschränkungsverbot im Recht der Steuern auf Waren und Dienstleistungen 6.1 ff.
- Einfuhrbeschränkung 6.3
- Verkehrsteuer 6.4
- Welthandelsrecht 6.4

Vorgelagerte Betriebsstätte
- Mutter-Tochter-Richtlinie 14.40

Vorherige Anhörung
- Amtshilfe-Richtlinie 25.20

Vorlageberechtigtes Gericht
- Vorabentscheidungsverfahren 27.7

Vorlageberechtigung
- Verfahren vor BFH 5.18 f.
- Verfahren vor Finanzgericht 5.15 ff.

Vorlagefrage
- EuGH 27.13

Vorlagefreudigkeit
- BFH 28.3

Vorlagepflicht
- Umfang 27.14 ff.
- Umsetzungsspielraum 5.17
- Verfahren vor BFH 5.18 f.
- Verfahren vor Finanzgericht 5.15 ff.
- Verletzung 5.20
- Vorabentscheidungsverfahren 27.14 ff., 27.46

Vorlagepflichtsentfall
- acte-claire-Doktrin 27.16

Vorlagepflichtsverletzung
- europäische Gerichtsbarkeit 5.20 f.
- Folgen 27.19 ff.
- Justiziabilität 27.19
- Verletzung des Rechts auf gesetzlichen Richter 5.20
- Vertragsverletzungsverfahren 27.20
- Vorabentscheidungsverfahren 27.19 ff.

Vorlagerecht
- Umfang 27.14 ff.
- Vorabentscheidungsverfahren 27.14 ff.

Vorläufiger Rechtsschutz bei Zweifel an Unionsrechtswidrigkeit der Richtlinie
- Steuerprozess 26.34

Vorläufiger Steuerbescheid
- § 165 AO 28.12, 28.15

Vorrang des Unionsrechts 4.18 ff.
- verfassungsrechtliche Vorbehalte 4.21

Vorrangklausel bzgl. Betriebsstätte
- Zinsen-Lizenzgebühren-Richtlinie 15.14

Vorrangstellung ggü. nationalem Recht
- Mehrwertsteuerzusammenarbeitsverordnung 25.100

Vorräte
- Richtlinienentwurf vom 25.10.2016 für Gemeinsame Körperschaftsteuerbemessungsgrundlage (GKB) 18.47

Vorrechte
- Steuerregime für Bedienstete der Europäischen Union 22.1

Vorsorgeaufwendung
- europäisches Steuerrecht 8.18
- Kirchensteuer 8.21

Vorsteuerabzug
- abziehbare Vorsteuer 19.209 ff.
- Aufteilung von Vorsteuerbeträgen 19.224 f.
- Ausgangsumsätze, berechtigende 19.218 ff.
- Berichtigung 19.230 f.
- Erwerb f. Zwecke der wirtschaftl. Tätigkeit 19.213 ff.
- Fälligkeit 19.226
- formelle Voraussetzungen 19.227 ff.
- materielle Voraussetzungen 19.208 ff.

- Umsatzsteuer 1.15, 10.13, 19.205 ff.
- Verwendung 19.221 ff.
- Verwendung für berechtigende Ausgangsumsätze 19.217 ff.
- Zuordnung 19.213 ff.

Vorteilsausgleich im nationalen Steuersystem
- Rechtfertigungsmöglichkeit von Diskriminierungs- und Beschränkungsverboten im direkten Steuerrecht 7.279 ff.

Vorteilsgewährung, selektive
- Beihilfenverbot im Steuerrecht 9.12

Vorteilskumulationsvermeidung
- Rechtfertigungsmöglichkeit von Diskriminierungs- und Beschränkungsverboten im direkten Steuerrecht 7.268

Vorverdichtung
- Grundfreiheit durch Sekundärrecht 7.21

Vorverfahren
- Entscheidung im Vertragsverletzungsverfahren 28.51
- Schiedsverfahrenskonvention zu Verrechnungspreiskorrekturen 23.10, 23.11 f.
- Stufen 27.29
- Vertragsverletzungsverfahren 27.29

Vorwirkung
- Richtlinie 4.58

Vorwirkung der Entscheidung
- EuGH 5.26

Vorzugsaktie
- Mutter-Tochter-Richtlinie 14.31, 14.42

Wahlrecht des Mitgliedstaats
- unmittelbare Anwendbarkeit von Unionsrecht 13.13

Währungspolitik
- unionsrechtliche Kompetenzausübung 11.4

Ware
- Definition 6.9

Waren und Dienstleistungen
- Beihilfenverbot im Steuerrecht 9.34
- indirekte Steuer 9.34

Warenbezug
- Abgabenerhebung 6.11

Warenhandel
- steuerliche Diskriminierung grenzüberschreitenden Handels 6.7 ff.

Warenhandelsdiskriminierung
- Gewährleistungsgehalt 6.20 ff.
- Gleichartigkeit 6.29 ff.
- steuerliche 6.7 ff.
- Substituierbarkeit 6.29 ff.
- Substituierbarkeitsgrad 6.31
- Vergleichsgruppenbildung 6.23

Warenlieferung zwischen Drittstaaten und Mitgliedstaaten
- einheitlicher Außenzoll der Europäischen Union 10.6

Warenlieferung zwischen Mitgliedstaaten
- Primärrecht 10.5

Warenverkehr
- EuGH 6.63 ff.

Warenverkehrsfreiheit 2.14, 2.32, 6.10
- Anwendungsbereich einzelner Grundfreiheit 7.63 ff.
- direkte Steuer 7.64 f.
- dogmatische Leitfunktion 7.63
- Einwirkung europäischen Normensystems 1.2
- Entstrickung 7.65
- Grundfreiheit als Herzstück des europäischen Steuerrechts 7.3
- Unionsrechtseinwirkung auf innerstaatliches Steuerrecht 4.33
- Unionstreue 1.5

Water's-Edge-Approach
- Richtlinienentwurf vom 25.10.2016 für Gemeinsame (konsolidierte) Körperschaftsteuerbemessungsgrundlage (GKB/GKKB) 18.44, 18.40

Wechsel von Freistellung zu Anrechnung
- Richtlinienentwurf vom 25.10.2016 für Gemeinsame konsolidierte Körperschaftsteuerbemessungsgrundlage (GKKB) 18.34, 18

Wegzug
- Europäische Genossenschaft (SCE) 16.96
- Europäische Gesellschaft (SE) 16.96

Wegzug von Kapitalgesellschaft 8.88 ff.
- Ausgleichsposten 8.89 f.
- Ersatzrealisationstatbestand 8.88
- EuGH 8.92, 8.94
- nationale Rechtslage 8.88 ff.
- Nichteinziehung der Steuer 8.92
- Sofortversteuerung 8.89
- stille Reserven 8.88
- Umlaufvermögen 8.96
- Unionsrechtsvereinbarkeit 8.92 ff.

Wegzugsbesteuerung
- Besteuerung der stillen Reserven 8.77
- EU-Steuererhebungsverordnung 22.18
- Kapitalgesellschaft 8.88 ff., 8.93
- Privatperson 7.231
- Rechtfertigungsmöglichkeit von Diskriminierungs- und Beschränkungsverboten im direkten Steuerrecht 7.228
- Unionsrechtseinwirkung auf innerstaatliches Steuerrecht 4.24
- Unternehmensbesteuerung 8.77 ff.
- Zielsetzung 8.77

Wegzugsbesteuerung bei natürlicher Person
- Amtshilfe 8.81
- Doppelbesteuerung 8.84
- Drittstaat 8.85 f.
- nationale Rechtslage 8.78 ff.
- Realisationsprinzip 8.82
- Sofortbesteuerung, keine 8.79
- Stundung 8.82

- Stundungsvoraussetzung 8.79
- Stundungswiderrufung 8.80
- Unionsrechtsvereinbarkeit 8.82 ff.
- Unionsrechtsvereinbarkeit bei Drittstaatssachverhalt 8.85 f.
- Versteuerung fiktiven Veräußerungsgewinns auf Anteile 8.78
- Vollzugsdefizit 8.81

Wegzugsstaat
- Erbschaft- und Schenkungsteuerrecht 8.63
- erweiterte unbeschränkte Steuerpflicht 8.63

Weißbuch über Vollendung des Binnenmarkts
- Europäische Kommission 11.43

Weiße Einkünfte
- Rechtfertigungsmöglichkeit von Diskriminierungs- und Beschränkungsverboten im direkten Steuerrecht 7.271
- Subject-to-tax-Klauseln 8.214

Welteinkommensprinzip
- Doppelbesteuerung 8.8
- grenzüberschreitende Amts- und Rechtshilfe 25.2
- persönliche Steuerpflicht 8.8 ff.
- unbeschränkte Steuerpflicht 8.8 ff.

Welthandelsrecht
- Vorgaben im Recht europäischer Verträge 6.4

Weltweite Geltung, keine
- Richtlinienentwurf vom 25.10.2016 für Gemeinsame konsolidierte Körperschaftsteuerbemessungsgrundlage (GKKB) 18.88

Werbungskostenpauschale
- EU-Steuererhebungsverordnung 22.9

Wertekanon
- Rechtsquellen des europäischen Steuerrechts 3.4

Wertpapierentleiher
- Mutter-Tochter-Richtlinie 14.30

Wertungswiderspruch
- Normenhierarchie 4.1

Wertverknüpfung
- Fusions-Richtlinie 16.60

Wertzuwachs
- Rechtfertigungsmöglichkeit von Diskriminierungs- und Beschränkungsverboten im direkten Steuerrecht 7.228

Wesentlichkeitsgrenze
- fiktive unbeschränkte Steuerpflicht 8.5

Westeuropäische Union (WEU) 2.1

Wettbewerb der Steuersysteme
- direkte Steuer 1.19
- Europäische Union 11.41
- Körperschaftsteuersysteme 1.19

Wettbewerb zwischen unvollkommenen Substitutionsgütern
- Protektionsverbot 6.32

Wettbewerber
- Rechtsschutzmöglichkeit 9.61

Wettbewerbsfähigkeitsverbesserung
- Beihilfenverbot im Steuerrecht 9.24

Wettbewerbsneutralität 1.4
- inländische Besteuerung 6.7
- steuerliche Diskriminierung grenzüberschreitenden Handels 6.7

Wettbewerbsregeln
- unionsrechtliche Kompetenzausübung 11.4

Wettbewerbsschutz
- Beihilfenkontrolle 9.2

Wettbewerbsverfälschung
- Beihilfenverbot im Steuerrecht 9.43 ff.
- untergeordnete praktische Bedeutung 9.43

Wettbewerbsverhältnis
- dynamische Beurteilung 6.33

Wettbewerbsverzerrung
- Gesetzgebungskompetenz 1.11
- Protektionsverbot 6.38
- Rechtsangleichung bei direkten Steuern 1.20
- Verbrauchsteuer 10.17

Widerspruchsfreiheit
- Normenhierarchie 4.1

Wiederaufgreifen des Verfahrens
- nach Bestandskrafteintritt 26.18

Willkürprüfung
- mitgliedstaatliche Steuergesetzgebung 12.7

Wirksamkeit
- Richtlinie 13.15

Wirkung von Entscheidung der Europäischen Kommission 28.423 ff.
- Beihilferechtsentscheidung 28.45 ff.
- Durchführungsrechtsakt 28.54 f.
- Entscheidungsfelder 28.43
- Kompetenzrahmen 28.43 ff.
- rechtserhebliche Bedeutung 28.43
- Rechtserheblichkeit 28.43
- Rückforderung 28.48 ff.

Wirkung von Urteil des EuGH 28.1 ff.
- Ersatzleistung 28.31 ff.
- Folgenbeseitigung und Entschädigung 28.23 ff.
- Nichtigkeitsurteil 28.18 ff.
- Vertragsverletzungsverfahren 28.13 ff.
- Vorabentscheidungsverfahren 28.3 ff.

Wirtschaftlich unbegründeter Gewinntransfer
- Rechtfertigungsmöglichkeit von Diskriminierungs- und Beschränkungsverboten im direkten Steuerrecht 7.262

Wirtschaftliche Doppelbesteuerung
- Mutter-Tochter-Richtlinie 14.4, 14.52

Wirtschaftsförderung
- Rechtfertigungsunmöglichkeit von Diskriminierungs- und Beschränkungsverboten im direkten Steuerrecht 7.216

Wirtschaftsgut
- Privatvermögen 7.231

Wirtschaftspolitik 2.1
- Gesetzgebungskompetenz 1.11

Wohnsitzfiktion
- Drittstaat 22.22
- Erbschaftsteuer 22.16 ff.
- Nebeneinkunft 22.16 ff.
- Steuerregime für Bedienstete der Europäischen Union 22.4, 22.16 ff.
- Vermögensteuer 22.16 ff.

Wohnsitzmitgliedstaat
- EU-Steuererhebungsverordnung 22.17

Wohnsitzprinzip
- persönliche Steuerpflicht 8.1
- Vereinbarkeit mit Unionsrecht 8.1

Wortauslegung
- Auslegungsmethode 13.3

Wortlaut
- Auslegungsmethode 13.1

Wortlaut und Zweck
- richtlinienkonforme Auslegung 13.14

Wortsinn
- Auslegungsmethode 13.7

WTO-Übereinkommen
- völkerrechtlicher Vertrag 3.21

Zahlung nach Ablauf der Mindestbehaltedauer
- Zinsen-Lizenzgebühren-Richtlinie 15.19

Zahlungsaufschub
- Zustellungsersuchen 25.77

Zeitaspekt bei Ausschüttung
- Mutter-Tochter-Richtlinie 14.49 f.

Zeitkomponente
- Vertragsverletzungsverfahren 5.30

Zeitlicher Binnenmarktbezug
- allgemeine Grundfreiheitslehre 7.33

Ziel und System von Richtlinie
- Auslegungsmethode 13.1

Zielsetzung
- Mutter-Tochter-Richtlinie 14.1 ff.
- Richtlinienentwurf vom 25.10.2016 für Gemeinsame (konsolidierte) Körperschaftsteuerbemessungsgrundlage (GKB/GKKB) 18.26 f., 18.78
- Zinsen-Lizenzgebühren-Richtlinie 15.1 ff.

Zielsetzung der Mindestbehaltedauer
- Zinsen-Lizenzgebühren-Richtlinie 15.19

Zinsbesteuerungsabkommen
- Schweiz 15.2
- Schweiz mit Europäischer Union 14.2

Zinsen-Lizenzgebühren-Richtlinie
- Abgrenzung zwischen Eigen- und Fremdkapitalinstrument 15.29
- Abkommensrecht 15.1
- Abzugsverbot im Quellenstaat 15.1
- Adressierung an alle Mitgliedstaaten 15.6
- Anforderungsvergleich mit Mutter-Tochter-Richtlinie 15.17
- Ansässigkeit 15.36, 15.38
- Anteilseignerransässigkeit 15.11
- Anti-Missbrauchsvorschrift 15.9
- Anwendungsbereichseinschränkung 15.9
- Anwendungsfragen bei Umsetzung in innerstaatliches Recht 15.8 ff.
- Ausnahmekatalog 15.29
- Betriebsstätte 15.8, 15.13 ff., 15.36
- Betriebsstättensituation 15.24
- Directive Shopping 15.27
- Downstream-Beteiligung 15.36
- Eigenkapitalinstrument 15.29
- Empfängerbetriebsstätte 15.25
- Entlastungsberechtigung 15.38
- Entwicklung, Zielsetzung und Regelungskonzept 15.1 ff.
- erfasste Vorgänge 15.23
- Europäische Genossenschaft (SCE) 15.4
- Europäische Gesellschaft (SE) 15.4
- Europäische Privatgesellschaft 15.5
- Freistellungsbescheinigung 15.38
- Fremdkapitalinstrument 15.29
- Geltungsdauer der Freistellungsbescheinigung 15.38
- Gesetzgebungskompetenz in Steuerpolitik 11.41
- Gewährleistungsgehalt 15.22 ff.
- Harmonisierungsbereitschaft der Mitgliedstaaten 10.21
- Kapitalbeteiligung 15.8, 15.16
- Körperschaftsteuer 15.11
- Mietentgelt 15.20
- Mindestbeteiligung 15.36
- Missbrauch 15.37
- Missbrauchsvorbehalt 15.27 ff.
- Nachweis für Entlastungsberechtigung 15.38
- Nachweisverpflichtung 15.10
- Nutzungsberechtigter der Zinsen oder Lizenzgebühren 15.15
- Optionsmöglichkeit zum Ausscheiden aus Körperschaftbesteuerung 15.12
- persönlicher Anwendungsbereich 15.11 ff.
- Quellenbesteuerung 15.1
- Quellensteuererstattung 15.10
- Rechtsform 15.11, 15.36
- sachlicher Anwendungsbereich 15.20
- Schwestergesellschaft 15.16
- Schwestergesellschaftssituation 15.36
- Societas Privata Europea (SPE) 15.5
- Stammhaus 15.25
- Steuerbehörde des anderen Mitgliedstaats 15.38
- Steuerhinterziehung 15.27
- Steuerumgehung 15.27
- Steuervermeidung 15.37
- Stimmrechtsmindestanteil 15.16
- territorialer Anwendungsbereich 15.21
- Typenvergleich 15.11
- Übergangsregelung für Quellensteuerverzichtsanwendung (Ländertabelle) 15.26
- Umsetzung in deutsches Recht 15.7, 15.31 ff.
- Unmittelbarkeitserfordernis 15.36

- Upstream-Beteiligung 15.36
- verbundenes Unternehmen 15.16
- Verstoß gegen Sekundärrecht 8.134
- Verzinsungspflicht 15.38
- Voraussetzung steuerlicher Abzugsfähigkeit 15.13
- Vorrangklausel bzgl. Betriebsstätte 15.14
- Zahlung nach Ablauf der Mindestbehaltedauer 15.19
- Zielsetzung der Mindestbehaltedauer 15.19
- zweijährige Mindestbehaltedauer 15.18

Zinsertrags-Richtlinie
- Gesetzgebungskompetenz in Steuerpolitik 11.41

Zinsinformationsverordnung
- grenzüberschreitende Amts- und Rechtshilfe 25.6

Zinsschranke 2.9
- ATAD 17.35, 17.106
- Ausweichgestaltung durch Organschaft 8.120 f.
- BEPS-Empfehlungen 17.35
- GKB-E
- Grundtatbestand 8.130
- legislatives Dilemma 8.130
- Richtlinienentwurf vom 25.10.2016 für Gemeinsame Körperschaftsteuerbemessungsgrundlage (GKB) 18.42 ff.
- Unionsrechtsvereinbarkeit 8.130 ff.
- Unionsrechtswidrigkeit in Randbereichen 8.131 f.

Zinsurteil
- Bundesverfassungsgericht 12.26

Zinszahlung
- automatischer Informationsaustausch 25.13
- Mutter-Tochter-Richtlinie 14.45

Zoll 2.14

Zollabkommen
- völkerrechtlicher Vertrag 3.21

Zölle und Abgaben gleicher Art
- Verbot 11.15

Zölle und Abgaben gleicher Wirkung 6.1
- Verbot 6.17

Zolleinnahme
- Eingenmittel der EU 1.24

Zollgleiche Abgabe 6.51

Zollkodex der Union 1.9, 10.7 ff., 11.16 ff.
- Delegierte Verordnung 1.9
- Durchführungsverordnung 1.9, 10.9
- Durchführungsvorschriften 10.7
- Gesetzgebungskompetenz in Steuerpolitik 11.18 f.
- Harmonisierungsentwicklung und -stand 10.7
- Verordnung 10.7

Zollkodex-Durchführungsverordnung der Kommission (UZK-IA) 1.9, 11.16 ff.

Zollrecht
- Harmonisierungsentwicklung und -stand 10.2
- Harmonisierungsniveau 10.3

- Rückgriff auf innerstaatliches Recht 10.6
- Verordnung 3.7

Zollrechtsvereinheitlichung
- Harmonisierungsentwicklung und -stand 10.3 ff.

Zolltarif
- Gesetzgebungskompetenz in Steuerpolitik 11.18 f.

Zolltarif, gemeinsamer
- Drittstaaten 1.9

Zollunion 1.9, 6.1 f.
- Einführungsverbot neuer Zölle 10.5
- Gesetzgebungskompetenz in Steuerpolitik 11.15 ff.
- Harmonisierungsentwicklung und -stand 10.4
- unionsrechtliche Kompetenzausübung 11.4

Zollverbot
- Gesetzgebungskompetenz in Steuerpolitik 11.17

Zollverfahrensrecht 1.9

Zulässigkeit von Beihilfe 9.47

Zulässigkeitsvoraussetzung
- Vertragsverletzungsverfahren 27.29

Zumutbarkeit
- Ermessensausübung 25.20

Zurechenbarkeit
- Beihilfenverbot im Steuerrecht 9.36

Zurechnungskonflikt
- Mutter-Tochter-Richtlinie 14.66

Zurückweisung
- Sicherungsmaßnahme 25.85

Zusammenarbeit
- Finanztransaktionsteuer 11.11
- Gesetzgebungskompetenz in Steuerpolitik 11.20
- Patentrecht 11.11
- Scheidungsrecht 11.11
- unionsrechtliche Kompetenzausübung 11.8 ff.

Zusammenarbeit, verstärkte
- Finanztransaktionsteuer 10.19

Zusammenarbeitsverordnung
- grenzüberschreitende Amts- und Rechtshilfe 25.97 ff.
- Mehrwertsteuerbetrug 25.98
- Mehrwertsteuerzusammenarbeitsverordnung 25.97
- Überblick 25.97 ff.
- Umsatzsteuerbetrug 25.98
- Verbrauchsteuerbetrug 25.98
- Verbrauchsteuerzusammenarbeitsverordnung 25.97

Zusammenfassende Mitteilung 17.10

Zusammenschlusserleichterung von Gesellschaften auf Unionsebene
- Mutter-Tochter-Richtlinie 14.3

Zusammenveranlagung 8.2

Zuständigkeit
- EuG 5.6
- Fachgericht 5.6
- Gerichtsbarkeit für Steuerrecht 5.6 ff.

Zustellungsersuchen
- Arrestanordnung 25.77
- Aussetzung der Vollziehung 25.77
- eingehendes Ersuchen 25.89 f.
- grenzüberschreitende Amts- und Rechtshilfe 25.58 ff., 25.77, 25.89 f.
- Mehrwertsteuerzusammenarbeitsverordnung 25.113
- Steuerbescheid 25.77
- Stundung 25.77
- Subsidiaritätsgrundsatz 25.80
- Verbrauchsteuerzusammenarbeitsverordnung 25.126
- Verwaltungsakt 25.77
- vollstreckbarer Verwaltungsakt 25.89
- Zahlungsaufschub 25.77

Zuwendung an Religionsgemeinschaften und gemeinnützige Körperschaften
- Erbschaft- und Schenkungsteuerrecht 8.65

Zuwendungsbestätigung
- Spendenrecht 8.56

Zuzugsstaat
- Erbschaft- und Schenkungsteuerrecht 8.63
- erweiterte unbeschränkte Steuerpflicht 8.63

Zwangsgeld
- Vertragsverletzungsverfahren 27.37

Zweckmittelrelation
- Verhältnismäßigkeitsprüfung 11.13

Zweifel bzgl. Unionsnormauslegung
- Vorabentscheidungsverfahren 27.9

Zweitwohnungsteuer
- Beschränkung im engeren Sinne als Anwendungsfall der Grundfreiheiten 7.193
- europarechtliche Zulässigkeit 1.17

Zwischengeschaltete Betriebsstätte
- Motivtest 8.179

Zwischenverfahren
- objektives 5.8 f.